한자능력
검정시험

1급

권하는 글

우리 겨레는 아득한 옛날부터 우리말을 쓰면서 살아 왔다. 아마 처음에는 요사이 우리가 쓰고 있는 '아버지, 어머니, 위, 아래, 하나, 둘, 바위, 돌, 물, 불'같은 基礎語彙가 먼저 쓰였을 것이다.

그러다가 약 2천년 전부터, 당시로는 우리 겨레보다 文化水準이 높았던 이웃나라의 中國사람들과 접촉하면서 그들의 글자와 글인 漢字와 漢文을 받아들이게 되고 漢字로 이루어진 語彙도 많이 빌려 쓰게 되었다. 이리하여 우리 겨레는 우리의 固有語와 함께, '父・母, 上・下, 一・二, 岩・石'과 같은 漢字語를 쓰게 되었으며, 본래 우리말의 基礎語彙에 없던 抽象的인 말, 예를 들면 '希望, 進步, 勇氣, 特別'과 같은 語彙와, 사회제도 및 정부 기구를 나타내는 '科擧, 試驗, 判書, 捕校' 등도 함께 써 오게 되었다.

이러한 현상은 오늘날에도 마찬가지여서, 새로운 文物制度가 생기고 學問이 발달하면, 자연스러이 漢字로 새 단어를 만들어 쓰는 일이 많다. '治安監, 元士, 修能試驗, 面接考査, 高速電鐵, 宇宙探索, 公認仲介士' 등 예를 이루 다 들 수가 없다.

따라서 우리는 이미 우리말 안에 녹아들어 있는 漢字語를 정확하게 이해하여, 순수한 우리의 固有語와 함께 우리말을 더욱 올바르게 사용하기 위하여 漢字를 공부하여야 한다.

韓國語文敎育硏究會에서는 우리 국민의 漢字에 대한 이해를 促進시키고 國語 생활의 수준을 向上시키고자 여러 漢字 학습 敎材를 編纂해 왔다. 또 한편으로는 韓國漢字能力檢定會에서 시행하고 있는 全國漢字能力檢定試驗에도 對備할 수 있도록 級數別로 漢字를 配定하고, 漢字마다 標準이 된 訓과 音, 그리고 長短音을 표시하였으며, 누구나 알아야 될 類義語, 反意語(相對語), 故事成語, 漢字의 部首, 널리 쓰이고 있는 略字 등도 자세히 제시해 두고 있다.

우리의 漢字學習 目的은 어디까지나 國語 안의 漢字語를 제대로 알고자 하는 데 있으나, 이러한 漢字학습을 통하여 우리의 文化遺産인 漢文典籍을 읽어 내고, 漢語를 배우는 데도 도움이 될 수 있을 것이라고 믿는다.

2005年 7月 5日

韓國語文敎育硏究會 會長　姜 信 沆

머리말

　　國語 어휘의 70% 정도를 차지하고 있는 것이 漢字語입니다. 30여 년 간의 한글 專用 교육은 국민의 國語 能力을 低下시킴으로써 상호간 意思疏通을 모호하게 하고, 學習 能力을 減少시켰을 뿐만 아니라, 傳統과의 단절, 漢字文化圈 내에서의 孤立이라는 결과를 빚어냈습니다.

　　이미 30여 년 전에 이런 한글 專用 교육의 盲點을 파악하고 漢字 교육을 통한 國語 교육 正常化를 기치로 발족한 韓國語文敎育硏究會는 잘못된 語文 정책을 바로잡기 위한 여러 활동을 꾸준히 벌여 왔습니다. 語文 정책을 바로잡기 위한 활동의 강화 차원에서 社團法人 韓國語文會를 창립하였고, 公敎育에서 담당하지 못하고 있는 漢字 교육을 장려하기 위하여 韓國漢字能力檢定會를 설립하였습니다.

　　국민의 言語 能力, 事務 能力 低下는 필연적으로 國家와 社會 양 쪽에서부터 반성을 불러 일으켰습니다. 政府는 公文書에 漢字를 倂記하자는 결정을 내렸으며, 한편으로 經濟 단체에서는 漢字 교육의 필요성을 力說하고 있습니다. 머지않아 公敎育에서도 漢字가 混用된 교재로 정상적인 학습을 할 날이 到來할 것을 의심치 않습니다.

　　한글 전용 교육을 받고 자라난 世代가 이제는 社會의 중장년층이 된 바, 漢字를 모르는 데서 오는 불편을 후손에게 대물림하지 않기 위하여 漢字 교육에 관심을 보이고 있습니다. 이는 全國漢字能力檢定試驗에 응시하는 미취학 아동과 초등학생 지원자의 수가 꾸준히 증가하는 것에서 확인할 수 있습니다.

　　韓國語文敎育硏究會는 全國漢字能力檢定試驗 교재를 이미 10여 년 전에 출간하였으나 그 내용이 지나치게 간단하였기에, 학습자들이 보다 쉽게 漢字를 익히고, 全國漢字能力檢定試驗에 대비할 수 있는 級數別 自習書의 보급이 필요하다고 판단하여, 이 학습서를 출간하게 된 것입니다. 이 책은 각 級數別 읽기와 쓰기 配定 漢字를 구별하여, 각각의 활용 단어를 넣었으며, 그 외 字源, 訓音, 讀音, 長短音, 筆順, 四字成語 등을 갖춤으로써 종합적 漢字 학습을 가능케 하였습니다.

　　이 학습서가 全國漢字能力檢定試驗을 준비하는 모든 분들에게 훌륭한 길잡이가 되기를 바라마지 않습니다.

韓國語文敎育硏究會 編纂委員長　　　　南 基 卓

일러두기

이 冊의 特徵은 漢字能力檢定試驗에 必要한 모든 情報를 受驗者에게 提供하고 있다는 것이다. 읽기配定漢字와 쓰기配定漢字를 分類하였고, 그 글자에 該當하는 類義字, 相對字, 略字 等을 整理하였을 뿐만 아니라, 附錄에 이들을 모아 全體를 한 눈으로 보고 集中的으로 工夫할 수 있도록 하였다. 旣出問題와 實際 漢字能力檢定試驗의 旣出問題와 같은 類型의 實戰問題를 두어 試驗에 對備하도록 하였다.

이 冊을 利用하는데 꼭 알아두어야 할 事項들은 다음과 같다.

1 漢字의 基礎 篇을 두어 學習에 參考토록 하였다.

2 漢字의 排列은 漢字의 音(가나다順)을 基準으로 하였다.

3 級數, 代表訓音, 部首와 劃數 외에도 모양이 비슷한 글자(비), 類義字(동), 相對字(반), 略字(약), 글자풀이를 두어 漢字의 理解를 돕도록 하였다.

4 읽기 漢字語와 쓰기 漢字語를 區分하여 能率的으로 學習할 수 있도록 하였다. 2급 한자 중 1급 쓰기 범위에 속하지 않는 인명·지명용 한자는 '2급(名)'으로 표시하여 구별하였다.

5 代表訓音은 韓國語文教育研究會, 社團法人 韓國語文會, 韓國漢字能力檢定會가 指定한 訓音을 따랐다. 또 訓音에 長短音 表示를 하여 受驗者가 쉽게 長短音을 익히도록 하였다. 오직 長音으로만 發音되는 漢字는 : 로, 長音과 短音이 漢字語에 따라 다른 것은 (:)로, 短音인 것은 表示를 하지 않았다.

6 各 漢字의 部首와 劃數를 밝혔으며, 이 때의 劃數는 總劃에서 部首의 劃數를 뺀 나머지 劃으로 統一하였다.

7 類義字(유), 相對字(반)는 漢字語로 結合되는 것만으로 壓縮하여 效率性을 높이고자 하였다.

8 글자풀이는 漢字를 쉽게 理解할 수 있도록 破字의 方法도 使用하였다.

9 附錄에는 漢字成語, 相對語, 類義語, 轉義語, 多音 漢字語, 俗音 漢字語, 長短音 漢字語, 略字, 同音異義語 等을 모아 集中的으로 工夫할 수 있도록 하였다.

10 旣出問題 4回分과 實戰問題 2回分을 두어 至今까지 學習한 內容을 點檢하고, 實戰에 對備하게 하였다.

한자능력검정시험 응시 요강

 전국한자능력검정시험 급수별 배정한자 수 및 수준

급수	읽기	쓰기	수준 및 특성
특급	5,978	3,500	국한혼용 고전을 불편 없이 읽고, 연구할 수 있는 수준 고급
특급Ⅱ	4,918	2,355	국한혼용 고전을 불편 없이 읽고, 연구할 수 있는 수준 중급
1급	3,500	2,005	국한혼용 고전을 불편 없이 읽고, 연구할 수 있는 수준 초급
2급	2,355	1,817	상용한자의 활용은 물론 인명지명용 기초한자 활용 단계
3급	1,817	1,000	고급 상용한자 활용의 중급 단계
3급Ⅱ	1,500	750	고급 상용한자 활용의 초급 단계
4급	1,000	500	중급 상용한자 활용의 고급 단계
4급Ⅱ	750	400	중급 상용한자 활용의 중급 단계
5급	500	300	중급 상용한자 활용의 초급 단계
5급Ⅱ	400	225	중급 상용한자 활용의 초급 단계
6급	300	150	기초 상용한자 활용의 고급 단계
6급Ⅱ	225	50	기초 상용한자 활용의 중급 단계
7급	150	–	기초 상용한자 활용의 초급 단계
7급Ⅱ	100	–	기초 상용한자 활용의 초급 단계
8급	50	–	한자 학습 동기 부여를 위한 급수

▶▶ 초등학생은 4급, 중·고등학생은 3급, 대학생은 전공자는 특급 취득에 목표를 두고 학습하길 권해 드립니다.

구 분	특급	특급Ⅱ	1급	2급	3급	3급Ⅱ	4급	4급Ⅱ	5급	5급Ⅱ	6급	6급Ⅱ	7급	7급Ⅱ	8급
독음	45	45	50	45	45	45	32	35	35	35	33	32	32	22	24
한자쓰기	40	40	40	30	30	30	20	20	20	20	20	10	0	0	0
훈음	27	27	32	27	27	27	22	22	23	23	22	29	30	30	24
완성형[성어]	10	10	15	10	10	10	5	5	4	4	3	2	2	2	0
반의어	10	10	10	10	10	10	3	3	3	3	3	2	2	2	0
뜻풀이	5	5	10	5	5	5	3	3	3	3	2	2	2	2	0
동음이의어	10	10	10	5	5	5	3	3	3	3	2	0	0	0	0
부수	10	10	10	5	5	5	3	3	0	0	0	0	0	0	0
동의어	10	10	10	5	5	5	3	3	3	3	2	0	0	0	0
장단음	10	10	10	5	5	5	3	0	0	0	0	0	0	0	0
약자	3	3	3	3	3	3	3	3	3	3	0	0	0	0	0
필순	0	0	0	0	0	0	0	0	0	0	3	3	3	2	2
한문	20	20	0	0	0	0	0	0	0	0	0	0	0	0	0
계	200	200	200	150	150	150	100	100	100	100	90	80	70	60	50

▶▶ 상위급수 한자는 모두 하위급수 한자를 포함하고 있습니다.
▶▶ 쓰기 배정 한자는 한두 급수 아래의 읽기 배정한자이거나 그 범위 내에 있습니다.
▶▶ 출제유형표는 기본지침자료로서, 출제자의 의도에 따라 차이가 있을 수 있습니다.
▶▶ 공인급수는 교육과학기술부로부터 국가공인자격 승인을 받은 특급·특급Ⅱ·1급·2급·3급·3급Ⅱ이며, 교육급수는 한국한자능력검정회 시행 민간자격인 4급·4급Ⅱ·5급·5급Ⅱ·6급·6급Ⅱ·7급·7급Ⅱ·8급 입니다.
▶▶ 5급Ⅱ·7급Ⅱ는 신설 급수로 2010년 11월 시험부터 적용됩니다.
▶▶ 6급Ⅱ 읽기 배정한자는 2010년 11월 시험부터 300자에서 225자로 조정되었습니다.

전국한자능력검정시험 시험시간 및 합격 기준

구 분	특급	특급Ⅱ	1급	2급	3급	3급Ⅱ	4급	4급Ⅱ	5급	5급Ⅱ	6급	6급Ⅱ	7급	7급Ⅱ	8급
출제문항	200	200	150				100				90	80	70	60	50
합격문항	160	160	105				70				63	56	49	42	35
시험시간	100분	90분	60분								50분				

▶▶ 특급, 특급Ⅱ, 1급은 출제 문항수의 80% 이상, 2급 ~ 8급은 70% 이상 득점하면 합격입니다.

한자능력검정시험 합격자 우대사항

■ 본 우대사항은 변경이 있을 수 있습니다. 최신 정보는 한국한자능력검정회 홈페이지를 참고하시기 바랍니다.
■ 자격기본법 제27조에 의거 국가자격 취득자와 동등한 대우 및 혜택
■ 대학 수시모집 및 특기자 전형 지원. 대입 면접시 가산점(해당 학교 및 학과)
■ 고려대, 성균관대, 충남대 등 수많은 대학에서 대학의 정한 바에 따라 학점, 졸업인증에 반영
■ 유수 고등학교에서 정한 바에 따라 입시에 가산점 등으로 반영
■ 육군 간부 승진 고과에 반영
■ 한국교육개발원 학점은행의 학점에 반영
■ 기업체 입사 및 인사고과에 반영(해당기업에 한함)

1. 대학 수시모집 및 특기자 전형 지원

대 학	학 과	자 격
건양대학교	중국어, 일본어	한자능력검정시험 5급 이상
경북과학대학	관광영어과, 관광일어과, 관광중국어과	한자능력검정시험 4급 이상
경북대학교	사학과, 한문학과	한자, 한문 특기자
경상대학교	한문학과	한자능력검정시험 2급 이상(한국어문회 주관)
경성대학교	한문학과	한자능력검정시험 3급 이상(한국어문회 주관)
고려대학교	어학특기자(한문학과)	한문 특기자
공주대학교	한문교육과	국가공인 한자급수자격시험(3급 이상) 취득자
국민대학교	중어중문학과	한자능력시험(한국어문회 주관) 1급 이상
군산대학교	어학특기자	중국어 : 한어수평고사(HSK) 6급~11급인 자 또는 한자능력검정 1·2급인 자, 한자능력급수 1·2급인 자 ※ 한자능력검정의 경우 한국한자능력검정회, 한국어문회, 대한민국한자급수검정회, 대한민국한문교육진흥회 발행만 인정
단국대학교 (서울)	한문특기자	한국어문회 주관 한자능력검정시험 3급 이상 취득한 자
대구대학교	문학 및 한자 우수자	한자능력검정시험 3급 이내 합격자
동서대학교	어학, 한자, 문학, 영상	어학, 한자, 문학, 영상에서 3위 이상 입상자
동아대학교	한문특기자	한자능력검정시험(한국한자능력검정회 주최) 3급 이상 자격증 소지자
동의대학교	어학특기자	한자능력검정시험 1급 이상 또는 HSK 6급 이상인 자

대 학	학 과	자 격
명지대학교	어학특기자	한자능력검정회 및 한국어문회에서 주관하는 한자능력검정시험 2급 이상자
부산대학교	모집단위별 가산점 부여	한국어문회 시행 한자능력검정시험(1급~3급) 가산점 부여
상명대학교 (서울)	한문특기자	한자능력검정시험(3급~1급) (한국한자능력검정회 시행)
선문대학교	경시대회입상 전형	국어(백일장, 한문, 문학), 수학, 과학
성결대학교	외국어 및 문학 특기자	한자능력검정시험 3급 이상 취득자
성균관대학교	한문 특기자	전국한자능력검정시험(한국어문회) - 2급 이상
연세대학교	문과대학	한문 특기자
영남대학교	어학 특기자	한자능력검정시험(한국한자능력검정회 시행) 2급 이상 자격증 소지자
원광대학교	한문교육과	최근 3년 이내 행정기관, 언론기관, 4년제 대학 등 본교가 인정하는 공신력 있는 단체에서 주최한 전국 규모의 한문경시대회 개인 입상자
중앙대학교	문과대학 국어국문학과	한자능력검정시험(한국어문회 주관) 3급 이상 합격자
충남대학교	어학특기자	전국한자능력검정시험 3급 이상
한성대학교	한문 특기자	전국한자능력검정시험(사단법인 한국어문회 주최) 1급 이상 취득자
호남대학교	공인 어학능력 인증서 소지자	한문자격시험(한자급수시험)

▶▶ 대입 전형과 관련된 세부사항은 해당 학교 홈페이지, 또는 입학담당부서로 문의바랍니다.

2. 대학 면접 가산·학점 반영·졸업 인증

대 학	내 용	비 고
건양대학교	국문학부 면접시 가산점 부여	대학 입시
경민대학	전교생 대상, 취득시 학점 반영	학점 반영
성균관대학교	졸업인증 3품 중 국제품의 경우 3급 이상 취득시 인증	졸업 인증
경산대학교	전교생을 대상으로 3급 이상 취득시 인증	졸업 인증
서원대학교	국문과를 대상으로 3급 이상 취득시 인증	졸업 인증
제주한라대학	중국어통역과를 대상으로 3급 이상 취득시 인증	졸업 인증
신라대학교	인문/자연/사범/예체능계열을 대상으로 4급 이상 취득시 인증	졸업 인증
경원전문대학	전교생 대상, 취득시 학점 반영	학점 반영
덕성여자대학교	전교생 대상, 취득시 학점 반영	학점 반영
한세대학교	전교생 대상, 취득시 학점 반영(한문 교양 필수)	학점 반영

3. 기업체 입사·승진·인사고과 반영

구 분	내 용	비 고
육 군	부사관 5급 이상 / 위관장교 4급 이상 / 영관장교 3급 이상	인사고과
조선일보	기자채용시 3급 이상 우대	입사

 ## 한자능력검정시험 시험시간

구 분	특급	특급Ⅱ	1급	2급	3급	3급Ⅱ	4급	4급Ⅱ	5급	5급Ⅱ	6급	6급Ⅱ	7급	7급Ⅱ	8급
시험 시간	100분	90분	60분				50분								

▶▶ 응시 후 시험 시간동안 퇴실 가능 시간의 제한은 없습니다.
▶▶ 시험 시작 20분 전(교육급수 – 10:40 / 공인급수 – 14:40)까지 고사실에 입실하여 주시기 바랍니다.

 ## 한자능력검정시험 검정료

구 분	특급	특급Ⅱ	1급	2급	3급	3급Ⅱ	4급	4급Ⅱ	5급	5급Ⅱ	6급	6급Ⅱ	7급	7급Ⅱ	8급
검정료	50,000원		30,000원				25,000원								

▶▶ 창구접수 검정료는 원서 접수일부터, 마감시까지 해당 접수처 창구에서 받습니다.

한자능력검정시험 접수 방법

창구 접수(모든 급수, 해당 접수처)

응시 급수 선택	검정시험 급수 배정을 참고하여, 응시자에게 알맞은 급수를 선택합니다.
원서 작성 준비물 확인	반명함판사진(3×4cm) 3매/급수증 수령 주소/주민번호/이름(한자)/응시료(현금)
원서 작성·접수	정해진 양식의 원서를 작성하여 접수창구에 응시료와 함께 제출합니다.
수험표 확인	수험표를 돌려받으신 후 수험번호, 수험일시, 응시 고사장을 확인하세요.

▶▶ 인터넷 접수 가능 : 접수 방법은 바뀔 수 있으므로 한국어문회 홈페이지(www.hanja.re.kr)를 참고하시기 바랍니다.

한자능력검정시험 시상기준

급 수	문항 수	합격문항	우량상			우수상		
			초등이하	중등	고등	초등이하	중등	고등
특급	200	160	–	–	–	160	160	160
특급Ⅱ	200	160	–	–	–	160	160	160
1급	200	160	–	–	–	160	160	160
2급	150	105	–	105	112	105	112	120
3급	150	105	–	105	112	105	112	120
3급Ⅱ	150	105	112	120	127	120	127	135
4급	100	70	75	80	85	80	85	90
4급Ⅱ	100	70	75	80	85	80	85	90
5급	100	70	85	85	–	90	90	–
5급Ⅱ	100	70	85	85	–	90	90	–
6급	90	63	76	–	–	81	–	–
6급Ⅱ	80	56	68	–	–	72	–	–
7급	70	49	59	–	–	63	–	–
7급Ⅱ	60	42	51	–	–	54	–	–
8급	50	35	42	–	–	45	–	–

▶▶ 시상기준표의 숫자는 "문항 수"입니다.

▶▶ 대학생과 일반인은 시상대상에 해당되지 않습니다.

漢字

한자능력검정시험 1급

목차

漢字의 基礎

1 漢字의 起源과 傳來

漢字의 起源과 관련한 학설은 結繩說, 八卦說, 河圖洛書說, 倉頡造字說, 陶畫 (陶符)說 등이 있다. 이 중 紀元前 4,000年頃의 질그릇에 그려진 그림 또는 부호가 漢字의 起源이라는 陶畫(陶符)說이 현재의 通說이라 할 수 있다. 이 陶文은 殷代의 甲骨文, 周代의 金文(金石文), 戰國文字, 秦代의 篆書(大篆, 小篆), 漢代의 隸書로 변천을 보이다가 漢나라 말기에 드디어 오늘날까지 쓰이는 楷書(正書, 眞書)가 나오고, 이후 行書, 草書 등의 書體도 나오게 되었다. 漢字가 우리나라에 傳來된 시기는 정확하지 않다. 그러나 기원전부터 古朝鮮과 韓 등 만주와 한반도의 古代 정치세력들이 中國과 부단한 접촉을 가졌음은 文獻과 考古 유적 유물로 확인되고 있는 바 이런 交流 속에서 아마도 漢字는 자연스럽게 導入되었을 것이다.
訓民正音이 창제되고, 壬辰倭亂 이후 古代小說 등이 등장하면서 訓民正音의 사용이 점차 증가하였으며, 19세기 이후에는 國漢混用文이 널리 쓰이면서 현재까지도 쓰이고 있다. 解放 이후 한글專用論이 득세하면서 漢字 사용이 많이 줄어들었지만 점차 漢字의 필요성이 인식되면서 필요한 漢字는 混用하자는 주장이 지지를 얻어 가고 있다.

2 漢字와 六書

六書는 後漢시대에 許愼이 『說文解字』에서 정리한 것으로, 象形, 指事, 會意, 形聲, 轉注, 假借이다. 六書는 漢字가 만들어진 원리를 설명하는 방법으로, 한자의 모양(形), 소리(音), 뜻(意)의 세 요소를 가지고 여섯 가지 방법으로 한자를 설명하는 것이다.

(1) 象形文字는 사물의 모양을 본떠서 만든 글자이다. 日, 月, 山, 川, 鳥, 魚 등이 이에 해당한다.

(2) 指事文字는 구체적인 모양을 나타낼 수 없는 사상이나 개념을 선이나 점 등으로 나타낸 글자이다. 上, 下, 一, 二 등이 이에 해당한다.

(3) 會意文字는 두 개 이상의 글자가 뜻으로 결합하여 만들어진 글자이다. 밝은 해(日)와 밝은 달(月)을 합쳐 밝다(明)는 글자를 만드는 식이다. 男, 林, 仕, 炎, 孝 등이 이에 해당한다.

(4) 形聲文字는 모양과 소리, 즉 뜻을 나타내는 漢字와 소리를 나타내는 漢字

를 결합하여 만들어진 글자이다. 聞의 경우 소리는 門이 뜻은 耳가 담당하는 식이다. 이미 있는 글자를 활용하여 뜻과 소리를 배정하는 데서 매우 쉬운 방법이었으므로 대부분의 漢字는 바로 이 形聲의 원리에 의하여 만들어 졌다. 刊, 忙, 仙, 淸 등이 이에 해당한다.

(5) 轉注文字는 바퀴가 굴러 자리를 옮기고(轉), 다른 땅에 물을 대듯(注) 이미 있는 글자의 뜻을 확대, 유추하여 새로운 뜻을 가지게 된 文字이다. 老를 예로 들면 허리를 구부리고 지팡이를 짚은 사람의 모습을 그린 象形文字로 '늙은이'의 뜻이나, 연륜이 쌓이면 그 만큼 경험도 많아 일에 익숙해지는 데서, '익숙하다'의 뜻이 나오게 되었다. 새로운 뜻에는 새로운 소리가 담기는 경우도 있다. 惡은 마음(心)이 온전하지 않은(亞) 것으로 '악할 악'의 訓音이 되었는데, 악한 것은 사람들이 미워한다는 데서 '미워할 오'의 訓音이 파생된 경우를 들 수 있다.

(6) 假借文字는 의성어, 의태어, 외래어 등을 표기하기 위하여 글자의 소리를 빌려다 쓴 文字이다. 예로 佛蘭西는 프랑스를, 五輪은 올림픽을 발음대로 표기하기 위하여 빌려 쓴 글자이다. 이 경우 漢字音이 나라마다 달라 처음으로 假借文字를 만든 나라의 漢字 표기만 가져다가 그 나라의 漢字音으로 읽을 경우 原音과는 차이를 보일 수도 있다. 또 경우에 따라서는 美國 달러화의 표기 모양과 비슷한 漢字인 弗을 빌려서 美國 달러화를 표기하는 등 뜻과는 무관하게 모양만 빌리는 경우도 있다. 또 새로운 글자가 필요하거나 이미 있는 글자를 피하여 다른 글자를 쓰고 싶을 때 모양이나 소리가 비슷한 글자를 빌려다가 쓰는 경우가 있다. 鐘(쇠북 종) 대신에 鍾(술그릇 종 → 쇠북 종)을 쓰거나 脣(입술 순) 대신에 唇(놀랄 진 → 입술 순)을 쓰는 것 등이다. 이 경우의 假借는 漢字를 복잡하게 만드는 측면도 있어 이미 假借文字가 原字의 기능을 대신하는 경우를 제외하고는 가능하면 사용을 자제하는 것이 좋다. 다만 옛 文獻을 읽을 때는 假借가 많아 알아두지 않을 수 없다.

3 漢字와 破字

破字는 漢字의 字劃을 풀어 나누는 것이다. 예로 字는 宀과 子로, 李는 木과 子 또는 十과 八과 子로 나누는 것 등이다. 破字풀이는 이 나누어진 각각의 字劃을 가지고 漢字의 뜻을 풀이하는 것으로 形聲文字 조차도 會意文字 분석법으로 풀이하는 것이 주가 된다. 예로 他는 人(사람)과 也(살무사)로 나누어 '사람은 제 어미를 죽이는 살무사와는 다르다'는 데서 '다르다의 뜻이다'라고 풀이하는 것 등이다.
漢字의 대부분을 이루는 形聲文字는 반드시 形과 聲으로 구분되는 것은 아니다. 聲符는 비단 表音할 뿐만 아니라 또한 表義도 할 수 있다. 예를 들어 衷자의 形符 衣는 이 글자의 지칭 대상이 옷가지 종류임을 나타내며 聲符 中은 이 글자의 字音이 '중'임을 나타냄과 동시에 또한 글자 뜻에 안(內), 裏(속)의 뜻이 있음을 나타낸다. 衷은 衣가 뜻(속옷)을, 中이 소리를 나타내는 形聲文字이고, 동시에 中(속)과 衣(옷)가 결합한 會意文字이기도 한 것이다. 形聲文字의 聲符라도 반드시 소리만을 나타내는 것이 아니고 뜻도 고려하여 聲符를 택했다는 사실은 破字의 원리가 된다.

한편, 더 이상 破字할 수 없는 지경까지 破字하여 글자를 풀이하는 경우와, 六書의 원리를 완전히 무시하고 행해지는 破字도 있는 데, 이는 흥미 위주의 글자 풀이이고, 學術的으로 큰 의미를 부여하기는 어렵다. 本書는 六書를 基本으로 하고 破字를 곁들여 글자를 풀이하였다.

4 漢字의 部首

部首는 字典에서 漢字를 찾는데 필요하기도 하지만 形聲文字의 의미부는 모두 이 部首字이므로 漢字의 뜻을 이해하는 데 불가결한 부분이다. 같은 部首에 속한 글자는 대체로 部首字가 지니고 있는 큰 개념은 공유하고 있다. 예로 人(사람 인)이 部首字로 들어간 代, 信, 仁, 作, 俊, 休 등은 모두 사람 그 자체나 사람이 갖는 성질 또는 상태 등 '사람'과 관련된 의미를 이룬다는 것이다. 宀(집 면)이 부수자로 들어간 家, 宮, 安, 宇, 宙 등은 모두 집 그 자체나 집의 규모, 집에서 무언가를 하는 것 등 '집'과 관련된 뜻을 지니고 있다.

部首는 그 위치에 따라 모양이 바뀌기도 하며 다음과 같이 부른다.

(1) 변(邊) : 부수가 글자의 왼쪽에 있는 경우

仁 (亻은 人의 변형으로 '사람인 변'이라 부름)

(2) 방(傍) : 부수가 글자의 오른쪽에 있는 경우

別 (刂는 刀의 변형으로 '선 칼도 방'이라 부름)

(3) 머리 : 부수가 글자의 위에 있는 경우

室 (宀은 '갓 머리'라 부름)

(4) 발 : 부수가 글자의 아래에 있는 경우

兄 (儿은 '어진사람인 발'이라 부름)

(5) 엄 : 부수가 글자의 위쪽부터 왼쪽에 걸쳐 있는 경우

屠 (尸는 '주검시 엄'이라 부름)

(6) 받침 : 부수가 글자의 왼쪽부터 아래에 걸쳐 있는 경우

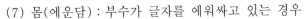 道 (辶은 '책 받침'이라 부름)

(7) 몸(에운담) : 부수가 글자를 에워싸고 있는 경우

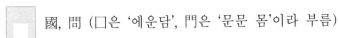 國, 問 (囗은 '에운담', 門은 '문문 몸'이라 부름)

(8) 제부수 : 한 글자 전체가 그대로 부수인 것

 車, 身, 立 등

部首를 최초로 고안한 사람은 後漢 때의 文字學者인 許愼이라는 사람이다. 그는 漢字의 3요소인 形(모양) 音(소리), 意(뜻)를 밝힌 說文解字라는 책을 저술하고, 당시에 존재하던 漢字 9,353字를 540개의 部首를 사용하여 분류하였다. 그 후 淸나라 때에 이르러 康熙字典이 편찬되면서 필요한 새로운 部首를 만들고 部首字 중 불필요하거나 중복된 것은 하나로 통합하여 214개로 정리하였고, 이 214 部首가 오늘날까지 이용되고 있다. 이 214 部首는 다음과 같다.

劃數	部首	部首名稱	部首訓音	劃數	部首	部首名稱	部首訓音
1	一	한 일	한 (일)	2	厂	민엄호	언덕 (엄), (한)
1	丶	점 주	점 (주)	2	又	또 우	또 (우)
1	乙	새 을	새 (을)	2	亠	돼지해머리	돼지해머리 (두)
1	丨	뚫을 곤	뚫을 (곤)	2	儿	어진사람 인	어진사람 (인)
1	丿	삐침 별	삐침 (별)	2	八	여덟 팔	여덟 (팔)
1	亅	갈고리 궐	갈고리 (궐)	2	冖	민갓머리	덮을 (멱)
2	二	두 이	두 (이)	2	几	안석 궤	안석 (궤)
2	人	사람 인	사람 (인)	2	刀	칼 도	칼 (도)
2	入	들 입	들 (입)	2	勹	쌀 포	쌀 (포)
2	冂	멀 경	멀 (경)	2	匚	터진입구	상자 (방)
2	冫	이수변	얼음 (빙)	2	十	열 십	열 (십)
2	凵	위터진입구	입벌릴 (감)	2	卩	병부 절	병부 (절)
2	力	힘 력	힘 (력)	2	厶	마늘모	사사로울 (사)
2	匕	비수 비	비수 (비)	3	口	입 구	입 (구)
2	匸	터진에운담	감출 (혜)	3	囗	에운담, 큰입구	나라 (국)
2	卜	점 복	점 (복)	3	土	흙 토	흙 (토)

劃數	部首	部首名稱	部首訓音	劃數	部首	部首名稱	部首訓音
3	士	선비 사	선비 (사)	4	戈	창 과	창 (과)
3	夂	뒤져올 치	뒤져올 (치)	4	戶	지게 호	지게 (호)
3	夊	천천히걸을 쇠	천천히걸을 (쇠)	4	手	손 수	손 (수)
3	夕	저녁 석	저녁 (석)	4	支	지탱할 지	지탱할 (지)
3	大	큰 대	큰 (대)	4	攴	등글월문	칠 (복)
3	女	계집 녀	계집 (녀)	4	文	글월 문	글월 (문)
3	子	아들 자	아들 (자)	4	斗	말 두	말 (두)
3	宀	갓머리	집 (면)	4	斤	날 근	날/도끼 (근)
3	寸	마디 촌	마디 (촌)	4	方	모 방	모 (방)
3	小	작을 소	작을 (소)	4	日	날 일	날 (일)
3	尢	절름발이 왕	절름발이 (왕)	4	曰	가로 왈	가로 (왈)
3	尸	주검 시	주검 (시)	4	月	달 월	달 (월)
3	屮	풀 철, 왼손 좌	풀/싹날 (철), 왼손 (좌)	4	木	나무 목	나무 (목)
3	山	메 산	메 (산)	4	欠	하품 흠	하품 (흠)
3	巛	개미허리	내 (천)	4	止	그칠 지	그칠 (지)
3	工	장인 공	장인 (공)	4	歹	죽을사	부서진뼈/살발린뼈 (알)
3	己	몸 기	몸 (기)	4	殳	갖은등글월문	창 (수)
3	巾	수건 건	수건 (건)	4	毋	말 무	말 (무)
3	干	방패 간	패 (간)	4	比	견줄 비	견줄 (비)
3	幺	작을 요	작을 (요)	4	毛	터럭 모	터럭 (모)
3	广	엄호	집 (엄)	4	氏	각시(閣氏) 씨	씨 (씨)
3	廴	민책받침	길게걸을/끌 (인)	4	气	기운 기	기운 (기)
3	廾	밑스물입	들/팔짱낄 (공)	4	水	물 수	물 (수)
3	弋	주살 익	주살 (익)	4	火	불 화	불 (화)
3	弓	활 궁	활 (궁)	4	爪	손톱 조	손톱 (조)
3	彐	터진가로왈	돼지머리 (계)	4	父	아비 부	아비 (부)
3	彡	터럭 삼, 삐친석 삼	터럭/삐친석 (삼)	4	爻	점괘 효	점괘 (효)
3	彳	두인변	조금걸을/자축거릴 (척)	4	爿	장수장변	나무조각 (장)
4	心	마음 심	마음 (심)	4	片	조각 편	조각 (편)

劃數	部首	部首名稱	部首訓音	劃數	部首	部首名稱	部首訓音
4	牙	어금니 아	어금니 (아)	6	缶	장군 부	장군 (부)
4	牛	소 우	소 (우)	6	网	그물 망	그물 (망)
4	犬	개 견	개 (견)	6	羊	양 양	양 (양)
4	无	없을 무	없을 (무)	6	羽	깃 우	깃 (우)
5	玄	검을 현	검을 (현)	6	老	늙을 로	늙을 (로)
5	玉	구슬 옥	구슬 (옥)	6	而	말이을 이	말이을 (이)
5	瓜	오이 과	오이 (과)	6	耒	쟁기 뢰	쟁기 (뢰)
5	瓦	기와 와	기와 (와)	6	耳	귀 이	귀 (이)
5	甘	달 감	달 (감)	6	聿	붓 율	붓 (율)
5	生	날 생	날 (생)	6	肉	고기 육	고기 (육)
5	用	쓸 용	쓸 (용)	6	臣	신하 신	신하 (신)
5	田	밭 전	밭 (전)	6	自	스스로 자	스스로 (자)
5	疋	짝/필 필	끗 (필), 발 (소)	6	至	이를 지	이를 (지)
5	疒	병질엄	병들어누울 (녁)	6	臼	절구 구	절구 (구)
5	癶	필발머리	걸을/어그러질 (발)	6	舌	혀 설	혀 (설)
5	白	흰 백	흰 (백)	6	舛	어그러질 천	어그러질 (천)
5	皮	가죽 피	가죽 (피)	6	舟	배 주	배 (주)
5	皿	그릇 명	그릇 (명)	6	艮	머무를 간	머무를 (간)
5	目	눈 목	눈 (목)	6	色	빛 색	빛 (색)
5	矛	창 모	창 (모)	6	艸	초두	풀 (초)
5	矢	화살 시	화살 (시)	6	虍	범 호	범/호피무늬 (호)
5	石	돌 석	돌 (석)	6	虫	벌레 충, 벌레 훼	벌레 (충), 벌레 (훼)
5	示	보일 시	보일 (시)	6	血	피 혈	피 (혈)
5	内	짐승발자국/자귀 유	짐승발자국/자귀 (유)	6	行	다닐 행	다닐 (행)
5	禾	벼 화	벼 (화)	6	衣	옷 의	옷 (의)
5	穴	구멍 혈	구멍 (혈)	6	襾	덮을 아	덮을 (아)
5	立	설 립	설 (립)	7	見	볼 견	볼 (견)
6	竹	대 죽	대 (죽)	7	角	뿔 각	뿔 (각)
6	米	쌀 미	쌀 (미)	7	言	말씀 언	말씀 (언)
6	糸	실 사	실 (사)	7	谷	골 곡	골 (곡)

劃數	部首	部首名稱	部首訓音	劃數	部首	部首名稱	部首訓音
7	豆	콩 두	콩 (두)	9	音	소리 음	소리 (음)
7	豕	돼지 시	돼지 (시)	9	頁	머리 혈	머리 (혈)
7	豸	갖은돼지 시, 발없는벌레 치	갖은돼지 (시), 발없는벌레 (치), 해태 (태)	9	風	바람 풍	바람 (풍)
7	貝	조개 패	조개 (패)	9	飛	날 비	날 (비)
7	赤	붉을 적	붉을 (적)	9	食	밥 식	밥 (사), 밥 (식)
7	走	달아날 주	달아날 (주)	9	首	머리 수	머리 (수)
7	足	발 족	발 (족)	9	香	향기 향	향기 (향)
7	身	몸 신	몸 (신)	10	馬	말 마	말 (마)
7	車	수레 거	수레 (거)	10	骨	뼈 골	뼈 (골)
7	辛	매울 신	매울 (신)	10	高	높을 고	높을 (고)
7	辰	별 진	별 (진)	10	髟	터럭 발	머리털 늘어질 (표)
7	辵	갖은책받침	쉬엄쉬엄갈 (착)	10	鬥	싸울 투	싸울 (투)
7	邑	고을 읍	고을 (읍)	10	鬯	술 창	술 (창)
7	酉	닭 유	닭 (유)	10	鬲	솥 력	솥 (력), 오지병 (격)
7	釆	분별할 변	분별할 (변)	10	鬼	귀신 귀	귀신 (귀)
7	里	마을 리	마을 (리)	11	魚	물고기 어	물고기 (어)
8	金	쇠 금	쇠 (금)	11	鳥	새 조	새 (조)
8	長	길 장	길 (장)	11	鹵	소금밭 로	소금밭 (로)
8	門	문 문	문 (문)	11	鹿	사슴 록	사슴 (록)
8	阜	언덕 부	언덕 (부)	11	麥	보리 맥	보리 (맥)
8	隶	미칠 이	미칠 (이), 미칠 (대)	11	麻	삼 마	삼 (마)
8	隹	새 추	새 (추)	12	黃	누를 황	누를 (황)
8	雨	비 우	비 (우)	12	黍	기장 서	기장 (서)
8	靑	푸를 청	푸를 (청)	12	黑	검을 흑	검을 (흑)
8	非	아닐 비	아닐 (비)	12	黹	바느질할 치	바느질할 (치)
9	面	낯 면	낯 (면)	13	黽	맹꽁이 맹	맹꽁이 (맹)
9	革	가죽 혁	가죽 (혁)	13	鼎	솥 정	솥 (정)
9	韋	다룸가죽 위	가죽 (위)	13	鼓	북 고	북 (고)
9	韭	부추 구	부추 (구)	13	鼠	쥐 서	쥐 (서)

劃數	部首	部首名稱	部首訓音	劃數	部首	部首名稱	部首訓音
14	鼻	코 비	코 (비)	16	龜	거북 귀	거북 (귀)
14	齊	가지런할 제	가지런할 (제)	16	龍	용 룡	용 (룡)
15	齒	이 치	이 (치)	17	龠	피리 약	피리 (약)

部首가 그 위치와 자체에 따라 모양이 바뀌는 경우가 있는데, 이를 變形部首라 부르며, 대개 다음과 같다.

劃數	部首	原部首	部首名稱	劃數	部首	原部首	部首名稱
1	乚	乙	새 을	4	爫	爪	손톱 조 머리
2	刂	刀	선칼 도, 칼도방	4	++	艸	초두, 풀초머리
2	亻	人	사람 인 변	4	灬	火	연화발
2	卪	卩	병부 절 발	4	夂	攴	등글월문
3	犭	犬	개견변	4	罓	网	그물 망
3	阝	阜	언덕부 변	4	罒	网	그물 망
3	扌	手	손수변	4	辶	辵	책받침
3	氵	水	삼수변	4	辶	辵	책받침
3	忄	心	마음심변	5	罒	目	눈 목
3	阝	邑	고을읍 방	5	氺	水	물 수
3	⺿	艸	초두, 풀초머리	5	衤	衣	옷 의
3	尣	尢	절름발이 왕	5	疋	疋	필 필
3	尣	尢	절름발이 왕	5	歺	歹	죽을사
3	川	巛	개미허리	5	罒	网	그물 망
3	⺕	彐	터진가로왈	6	臼	臼	절구 구
3	彑	彐	터진가로왈	6	糸	糸	실사변
4	耂	老	늙을 로	6	羊	羊	양 양
4	无	无	이미기방	6	⺮	竹	대죽머리
4	礻	示	보일 시 변	6	西	襾	덮을 아
4	忄	心	마음심밑	6	覀	襾	덮을 아
4	王	玉	임금왕변	7	𧾷	足	발족변
4	牜	牛	소우변	8	镸	長	길 장
4	月	肉	육 달 월	8	青	靑	푸를 청
4	爫	爪	손톱 조 머리	9	飠	食	밥사변, 밥식변

5 漢字의 字形

漢字의 字形은 漢字의 역사가 오래된 만큼 많은 변화를 겪었다. 옛날에 쓰였거나 지금도 쓰고 있는 자체로는 甲骨文, 金文(金石文), 戰國文字, 篆書(大篆, 小篆), 隷書, 楷書(正書, 眞書), 行書, 草書 등이 있다. 이를 모두 다 공부한다는 것은 專門家에게도 어려운 일이고, 일반인에게는 꼭 필요한 부분도 아니다. 漢字 學習의 대상이고 현재 우리가 쓰는 漢字의 標準이 되는 字體는 楷書이므로 우선 楷書體 字形에 익숙해지면 된다.

漢字는 楷書 계통의 글자체를 기준으로 劃이 분명하고 누구나 알아 볼 수 있게 써야 하며, 흘림체 글씨를 쓰면 타인이 보기에 잘못 쓴 것으로, 글자 모양을 정확히 모르는 것으로 판단할 수 있다.

한편 인쇄체와 필기체를 비롯하여 컴퓨터상에도 하나의 글자이면서도 모양이 조금씩 다른 글자들도 있고, 正字나 略字 또는 俗字가 잘못 正字 반열에 들어가 있는 것들도 있다. 이런 것은 바로 잡고 한 글자로 통일하여 言語와 文字 생활의 불편을 줄이는 것이 바람직할 것이다. 예로 컴퓨터의 글자 중 强이 보통 4,888字 범위 내에 들어 있고, 強은 部首로나 찾아야 나오는데, 이는 強으로 바로잡아야 할 것이다. 畫, 祕, 兎, 戱 등도 각각 畫, 祕, 免, 戲로 바로잡아야 한다.

6 漢字, 正字와 略字

漢字에는 正字, 略字, 俗字, 古字, 本字, 同字, 異體字, 簡化字 등이 있다. 觀을 예로 들면 觀(正字), 观 覌(略字), 観(俗字), 观(簡化字) ; 年을 예로 들면 年(正字), 秊(本字) ; 棋를 예로 들면 棋(正字), 棊(同字), 碁(同字)이다.

이 중 漢字 學習의 대상은 正字와 略字이다. 俗字는 엄밀하게는 틀린 글자이며, 正字의 筆劃을 줄여 많이 쓰이는 것은 略字로 취급하기도 한다. 그 외에 古字, 本字, 同字, 異體字 등은 漢文을 접하면 자연스럽게 익히게 되고, 國語 생활에서 반드시 필요한 부분은 아니므로 標準 字形의 漢字 正字를 익히는데 힘을 써야 한다.

略字는 컴퓨터 환경에서는 그 필요성이 줄어들었다고 볼 수 있으나 아직도 文書를 직접 써야 하는 경우가 있고 그럴 때 略字는 아주 유용하다고 할 수 있다. 簡化字는 正字를 알면 쉽게 익힐 수 있으며, 中國式 略字로 볼 수 있다. 1급 配定 3,500字 범위 내의 略字는 본문에 밝히고, 따로 추려 부록에 넣었으므로 참고하기 바란다.

7 混同하기 쉬운 漢字(形似字)

漢字에는 모양이 거의 같거나 類似한 글자들이 있는데, 이를 잘 구분하여 써야 한다. 已(이미 이), 巳(뱀 사), 己(몸 기) 등이 이런 글자이다. 한편 冑(투구 주), 胄(맏아들 주)처럼 거의 구별하기 어려운 글자도 있는데, 이런 경우는 冑, 胄를 예로부터 같은 글자로 간주하고 어울리는 글자에 따라 맏아들, 투구 등의 뜻으로 같이 쓰고 있다.

1급 配定漢字 3,500字 범위 내에서 혼동하기 쉬운 글자들은 본문에서 밝혀 놓았으므로 참고하기 바란다.

8 漢字의 筆順

漢字를 쓰는 데는 일정한 규칙이 있다. 漢字의 書體 중에 草書라는 흘림 글씨체가 있는데, 이 역시 알아보기 어렵게 쓴 듯하지만 필요한 劃은 갖추고 있다. 漢字를 쓸 때는 그 역사 속의 대부분에서 붓을 이용했으므로, 書體는 붓글씨를 중심으로 이루어져 왔는데, 붓을 한 번 움직여 쓸 수 있는 부분을 한 劃이라고 하며, 劃은 형태에 따라 點과 線으로, 線은 다시 直線과 曲線으로 구별한다. 筆順 또는 劃順이란 결국 이 點과 線을 쓰는 순서를 말하는 것이다. 筆順은 漢字를 그리는 것이 아니라 모양 있게 쓰면서 빠르고 정확하게 쓸 수 있는 방법이므로 部首字를 중심으로 常用漢字의 筆順은 익혀 두는 것이 좋다.

(1) 점 　왼점, 　오른점, 　오른점삐침, 　치킴

(2) 직선 　가로획, 　세로획, 　평갈고리, 　왼갈고리,
　오른갈고리, 　꺾기

(3) 곡선 　삐침, 　파임, 　지게다리, 　누운지게다리,
　새가슴, 　굽은갈고리, 　받침

筆順의 대원칙은 다음과 같다.

(1) 위에서 아래로 쓴다.

例 三 一 二 三

(2) 왼쪽에서 오른쪽으로 쓴다.

例 川 丿 川 川

(3) 가로획을 먼저 쓰고 세로획은 나중에 쓴다.

例▶ 大 一 ナ 大

복합적인 글자는 이의 대원칙이 순서대로 적용된다.

例▶ 共 一 十 壮 壮 共 共

(4) 가로획과 세로획이 교차할 때에는 가로획을 먼저 긋는다.

例▶ 古 一 十 古 古 古

(5) 좌우 대칭일 때는 가운데 획을 먼저 긋는다.

例▶ 小 亅 小 小

(6) 몸(에운담)을 먼저 긋는다.

例▶ 國 丨 冂 冂 冃 冃 冃 囙 國 國 國 國
    同 丨 冂 冂 同 同 同

(7) 글자 전체를 꿰뚫는 획은 나중에 긋는다.

例▶ 中 丶 冂 口 中
    母 乚 q q 母 母

(8) 삐침(丿)과 파임(乀)이 어우를 때는 삐침을 먼저 한다.

例▶ 父 ʼ ʼˊ ʼˊ ʼˊ 父

(9) 오른쪽 위의 점은 맨 나중에 찍는다.

例▶ 代 丿 亻 仁 代 代

(10) 辶, 廴 받침은 맨 나중에 한다.

例▶ 近 ʼ ʼ ʼ 斤 斤 沂 近 近 近
    建 フ ヲ ヲ ヲ ヨ 聿 聿 津 建 建

위의 원칙과 다른 기준도 적용되어 두 가지 이상 筆順이 있는 글자들도 더러 있고, 위의 원칙을 벗어난 예외적인 글자도 혹 있을 수 있다. 그런 경우는 별도로 익혀두는 수밖에 없다.

⑨ 字典의 活用

보통 우리는 字典을 玉篇과 혼동하는데, 본래 玉篇은 梁나라 때 顧野王이라는 學者가 편찬한 字典 중의 하나였다. 이 책의 원본은 오늘날 비록 전하지 않지만 片鱗으로만 살펴보아도 대단한 力作으로 이후 字典의 대명사가 되었던 까닭에 오늘날까지 字典을 대신하는 이름으로도 쓰이고 있는 것이다.

漢字를 접하다 보면 모르는 글자를 만날 수 있고, 알고 있는 訓音으로는 이해되지 않는 말을 만날 수 있다. 이런 경우에는 字典을 찾아 글자의 풀이와 용례 등을 살펴 의문을 풀어야 한다. 字典을 활용하기 위해서는 앞서 언급한 部首字들을 먼저 알아야 한다. 字典은 部首別로 漢字를 분류하고 그 部首에 속한 글자들을 劃順(部首의 劃은 제외)으로 열거하고 있기 때문이다.

따라서 모르는 글자가 있는 경우 먼저 그 글자의 部首字를 찾아낼 수 있어야한다. 다음에는 字典의 部首一覽表에서 그 部首에 속한 글자들이 몇 면에 있는가를 알아보고, 거기서 部首를 제외한 나머지 글자의 劃數를 계산하여 찾으면 된다.

部首를 모르거나 하는 경우에는 음을 추정하여 音價別 漢字一覽表를 통하여 검색할 수 있다. 이도 용이치 않을 때는 漢字의 總劃數를 세어 總劃一覽表를 통하여 검색할 수 있다.

10 漢字語의 構造

하나 또는 둘 이상의 漢字가 結合하여 어떻게 單語와 成語를 만드는가를 알아야 漢字語를 理解할 수 있다. 아래는 간단하게 漢字語의 構造를 설명한 것이다. 복잡한 單語, 成語라도 대략 아래의 관계를 벗어나지 않는다. 알고 있는 訓만으로 뜻이 통하지 않을 경우에는 字典에서 해당 글자를 찾아 다른 뜻이 있는지를 살펴보아야 한다.

(1) 類義 관계 : 뜻이 같거나 비슷한 漢字끼리 연이어 結合한 것

> 例 家屋(가옥 : 집) 樹木(수목 : 나무) 海洋(해양 : 바다) 星辰(성신 : 별) 順序(순서 : 차례) 始初(시초 : 처음) 心情(심정 : 마음) 知識(지식 : 앎) 道路(도로 : 길) 計算(계산 : 셈)

(2) 相對 관계 : 뜻이 서로 상대 또는 반대되는 漢字끼리 연이어 結合한 것

> 例 東西(동서 : 동쪽과 서쪽) 南北(남북 : 남쪽과 북쪽), 古今(고금 : 옛날과 지금), 上下(상하 : 위와 아래) 前後(전후 : 앞과 뒤) 左右(좌우 : 왼쪽과 오른쪽) 父母(부모 : 아버지와 어머니) 兄弟(형제 : 형과 동생) 夫婦(부부 : 지아비와 지어미) 子女(자녀 : 아들과 딸)

(3) 修飾 관계 : 修飾語와 被修飾語의 관계로 결합한 것으로, 體言 수식과 用言 수식이 있음

> 例 ① 冠形語＋體言 : 靑天(청천 : 푸른 하늘) 明月(명월 : 밝은 달) 高談(고담 : 고상한 말) 淸水(청수 : 맑은 물) 短杖(단장 : 짧은 지팡이) 長江(장강 : 긴 물) 學校(학교 : 배우는 터전)

② 副詞語＋用言 : 冷藏(냉장 : 차게 저장하다) 高飛(고비 : 높이 날다) 長流(장류 : 길게 흐르다) 恒愛(항애 : 끝없이 사랑하다) 甚大(심대 : 매우 크다)

(4) 主述 관계 : 主語와 敍述語의 관계로 결합한 것

例 ▶ 鳥飛(조비 : 새가 날다) 水流(수류 : 물이 흐르다) 人造(인조 : 사람이 만들다) 鷄鳴(계명 : 닭이 울다) 國立(국립 : 나라가 세우다) 君命(군명 : 임금이 명령하다) 地動(지동 : 땅이 움직이다) 天高(천고 : 하늘이 높다) 馬肥(마비 : 말이 살찌다)

(5) 述補 관계 : 敍述語와 補語의 관계로 결합한 것

例 ▶ 入社(입사 : 회사에 들어가다) 登校(등교 : 학교에 가다) 浸水(침수 : 물에 잠기다) 無用(무용 : 쓸모가 없다) 歸鄕(귀향 : 고향으로 돌아가다) 伏地(복지 : 땅에 엎드리다)

(6) 述目 관계 : 敍述語와 目的語의 관계로 결합한 것

例 ▶ 走馬(주마 : 말을 달리다) 看山(간산 : 산을 보다) 開會(개회 : 회의를 시작하다) 乘車(승차 : 차를 타다) 救國(구국 : 나라를 구하다) 溫故(온고 : 옛 것을 익히다) 知新(지신 : 새 것을 알다) 植木(식목 : 나무를 심다) 作心(작심 : 마음을 먹다) 成功(성공 : 공을 이루다) 愛國(애국 : 나라를 사랑하다)

(7) 疊語 관계 : 같은 글자가 결합한 것. 뜻을 강조하거나 형용사 역할 등을 함

例 ▶ 曲曲(곡곡 : 굽이굽이) 年年(연년 : 해마다) 高高(고고 : 매우 높다) 處處(처처 : 곳곳) 寂寂(적적 : 매우 쓸쓸하다) 堂堂(당당 : 의젓하다) 悠悠(유유 : 여유가 있다) 急急(급급 : 매우 바쁘다) 浩浩(호호 : 아주 넓고 크다) 深深(심심 : 아주 깊다)

(8) 融合 관계 : 두 개 이상의 글자가 결합하여 새로운 뜻을 만드는 것

例 ▶ 春秋(춘추 : 봄과 가을 → 나이, 연세, 역사) 光陰(광음 : 햇빛과 그늘 → 시간, 세월) 秋毫(추호 : 가을의 짐승 털 → 아주 적음) 白眉(백미 : 흰 눈썹 → 뛰어난 사람, 훌륭한 물건) 茶飯事(다반사 : 차 마시고 밥 먹는 일 → 예삿일, 흔한 일) 未亡人(미망인 : 아직 따라 죽지 못한 사람 → 남편이 죽고 홀로 남은 여자)

11 語助辭

語助辭란 별다른 뜻이 없이 다른 글자를 補助하여 주거나 文章의 흐름을 자연스럽게 연결하여 주는 역할을 하는 것들이다. 漢文은 물론이고, 國語辭典에 보면 語助辭로 이루어진 漢字語들도 등록되어 있고 통상적인 訓音으로는 풀이되지 않는 경우가 있다. 이에 國語辭典에 등록된 語助辭가 들어간 漢字語

를 대강 추려 그 글자의 이해를 돕기로 한다. 또 語助辭가 아닌 것 중에도 몇 가지 다루었다.

也	본래 뱀을 그린 상형문자이나 주로 語助辭로 쓰인다. 최근에 '이끼 야'라고 하지만 이는 입에서 나오는 기운의 뜻으로 쓰인 옛말 '입기(口氣)'의 잘못이다. 이 글자는 문장을 종결하거나 중간에 말 흐름을 일단 끊을 때 쓰인다. 及其也(급기야) 也無妨(야무방) 언즉시야(言則是也) 초야(初也) 필야(必也) 독야청청(獨也青青) 시야비야(是也非也)
耶	邪(야)와 동자로 語助辭로 쓰이는데, 통상적으로 의문을 담는다. 천야만야(千耶萬耶) 유야무야(有耶無耶)
於	주로 처소격(~에, ~에게, ~으로, ~로부터), 목적격(~를), 비교격(~보다) 조사로 쓰인다. 또 감탄사로도 쓰인다. 가정맹어호(苛政猛於虎) 수명어천(受命於天) 승어부(勝於父) 어중간(於中間) 어차피(於此彼) 유어예(遊於藝) 청출어람(青出於藍) 오희(於戲)
焉	문장을 종결하거나 중간에 말 흐름을 일단 끊을 때 쓰인다. 또 대명사로도 쓰인다. 앞에 올 때는 '어찌'의 뜻의 의문 부사로 쓰인다. 결언(缺焉) 소언(少焉) 어언(於焉) 오불관언(吾不關焉) 종언(終焉) 언감생심(焉敢生心)
于	於와 마찬가지로 주로 처소격(~에, ~에게, ~으로, ~로부터), 목적격(~를), 비교격(~보다) 조사로 쓰인다. 당일우귀(當日于歸) 여수장우중문시(與隋將于仲文詩) 우선(于先) 지우금(至于今)
矣	문장을 종결하거나 중간에 말 흐름을 일단 끊을 때 쓰인다. 만사휴의(萬事休矣) 이의물론(已矣勿論) 족차족의(足且足矣)
如	대개 '같다'의 뜻으로 쓰이지만 이 글자가 뒤에 오는 경우에는 然과 마찬가지로 '~한 듯 함, ~같음, ~함'의 뜻을 나타내거나, 앞 글자의 뜻을 강조하는 역할을 한다. 고여금(古如今) 사불여의(事不如意) 사인여천(事人如天) 세월여류(歲月如流) 여산약해(如山若海) 여의주(如意珠) 여하(如何) 결여(缺如) 하여(何如) 혹여(或如)
與	대개 '주다, 참여하다, 그렇다' 등의 뜻으로 쓰인다. 다음은 '~와 더불어'의 뜻으로 쓰이거나, '그리고, ~와, ~과'의 뜻으로 쓰인 사례이다. 여민동락(與民同樂) 유불여불(唯佛與佛) 자여손(子與孫) 자여질(子與姪)

然	모두 '그렇다, 그러하다'의 뜻으로 쓰인다. 접속 부사로 '그러나'의 뜻으로 쓰이는 경우도 있다. 개연(蓋然) 고연(固然) 구태의연(舊態依然) 당연(當然) 연부(然否) 연이나(然--) 연즉(然則)
以	수단, 방법, 자격, 이유 등의 뜻을 가지고 문장을 연결한다. ~로써, 그로써, ~를 가지고, ~로서, ~에, ~ 때문에, ~하여, ~를 거느리고 등으로 풀이된다. 가이동가이서(可以東可以西) 교우이신(交友以信) 미생이전(未生以前) 소이연(所以然) 이민위천(以民爲天) 이이제이(以夷制夷) 자고이래(自古以來)
已	앞에 오면 대개 '이미'의 뜻이고 뒤에 오면 대개 '말다, 그만두다'의 뜻이다. 漢文에서 而已, 而已矣 등을 '뿐이다'로 번역하는 데, 이도 알고 보면 '그리고, 그만이다'의 뜻을 줄인 것 뿐이다. 이결(已決) 이왕(已往) 이연지사(已然之事) 부득이(不得已) 필사내이(必死乃已)
而	말을 연결하여 주는 역할을 하므로 흔히 '말이을 이'라 부른다. 접속사로서 '그리고, 그러나'의 뜻을 갖는다. 곤이지지(困而知之) 구체이미(具體而微) 사이비(似而非) 이금이후(而今以後) 자로이득(自勞而得) 청이불문(聽而不聞)
耳	국어에서는 모두 '귀'의 뜻이나 漢文에서는 '而已, 而已矣'와 마찬가지로 '~일 뿐이다, ~일 따름이다'의 종결사로 쓰이기도 한다. 訓民正音 序文에 '…欲使人人아로 便於日用耳니라'
將	장수나 장차의 뜻으로 쓰이나 '~를 가지고, ~로써, ~로서'로 以와 같은 뜻으로 쓰이는 경우도 있다. 장계취계(將計就計) 장공속죄(將功贖罪) 장공절죄(將功切罪)
哉	보통 감탄형 종결사로 쓰인다. 선재(善哉) 애재(哀哉) 장재(壯哉) 쾌재(快哉)
的	중국어에서는 '~의'의 뜻으로 소유격 조사로 쓰이나 우리나라에서는 특수하게 가치 평가가 담긴 말로도 쓰인다. 예로 歷史的 事實이라 하면 단순히 '역사의 사실'이 아니고 '역사적으로 의미 있는 사실'의 뜻이다. 가급적(可及的) 기초적(基礎的) 다목적(多目的) 반사회적(反社會的) 절대적(絶對的) 창조적(創造的)
諸	'모두'의 뜻이나 漢文에서는 君子求諸己, 小人求諸人, 一言而可以興邦, 有諸처럼 之於와 之乎의 뜻으로 쓰이기도 한다. 종결사로서의 쓰임도 있는 듯 한데, 국어에 거저(居諸) 홀저(忽諸) 일거월저(日居月諸) 등이 있다.

之	'가다'의 뜻은 적고, 소유격 조사 '~의'의 뜻으로 많이 쓰이고, 대명사 또는 종결사로도 쓰인다. 지남지북(之南之北) 감지덕지(感之德之) 견이지지(見而知之) 경이원지(敬而遠之) 가거지지(可居之地) 망국지한(亡國之恨) 역이지언(逆耳之言)

乎	의문이나 감탄형 종결사, 비교격이나 처소격 조사 등으로 쓰인다. 단호(斷乎) 어시호(於是乎) 차호(嗟乎) 환호(煥乎) 국지어음 이호중국(國之語音 異乎中國)

12 漢字의 訓音

訓은 漢字의 새김(뜻)을, 音은 漢字의 소리를 말한다. 예로 天의 訓은 '하늘'이고, 音은 '천'이다. 訓音을 동시에 적을 때는 訓과 音 사이를 한 칸 띄우고, 訓이 形容詞나 動詞인 경우에는 원형을 밝히지 않고 '~ㄹ', '~할' 형태로 표현하는 것이 오랜 원칙이다. 예로 天은 하늘 천, 感은 느낄 감, 動은 움직일 동으로 표현한다. 최근에는 '느끼다 감', '움직이다 동'과 같이 원형을 밝혀 적기도 하지만 그러나 오랜 訓音 표기법을 존중하는 것이 좋다.

漢字는 오랜 세월에 걸쳐 사용되어 오는 동안 원래의 뜻에 다른 訓音이 추가되어 대부분의 漢字가 하나 이상의 訓을 가지게 되었고, 音도 둘 이상인 漢字도 생겼다. 그래서 학습자 사이에 의사소통의 필요상 漢字 한 자 한 자에 이름을 지어 주는 작업이 必要하게 되었다. 예로 天은 '하늘 천, 임금 천, 목숨천, 클 천' 등으로 여러 訓이 있지만 오랜 세월 '하늘 천'이 代表訓音으로 자리 잡아 대부분의 사람이 '하늘 천' 하면 바로 '天'이라는 글자모양을 떠 올리게 된다. 그래서 代表訓音이 생기게 되었다.

한국어문회 한자 시험에서의 훈음 시험과 관련하여 알아두어야 할 것이 있다. 韓國語文敎育硏究會 選定 代表訓音은 『東國正韻』, 『三韻聲彙』, 『全韻玉篇』, 『訓蒙字會』, 『新增類合』, 『石峰千字文』, 『倭語類解』, 『兒學編』, 『字類註釋』, 『字典釋要』, 『新字典』, 기타 諺解文獻 등 傳來文獻에 보이는 漢字 한 자 한 자의 訓音을 검토하여 ① 傳統訓音은 그 글자를 대표할만한 보편적이고 합리적인 訓音으로 오랜 세월 전승되어 왔으므로 이를 존중한다. ② 一字一訓一音을 원칙으로 하고, 부득이한 경우 複數 訓音을 代表訓音으로 한다. ③ 순우리말(固有語) 訓을 살리며, 用例를 訓으로 삼는 것은 避한다. ④ 從來의 俗訓을 避하고, 正訓을 원칙으로 한다. ⑤ 固有語의 의미가 바뀐(轉移) 경우에는 現代語를 살려 訓音으로 삼는다는 등의 원칙 하에 選定되었다.

韓國漢字能力檢定會 試驗이 代表訓音만 정답으로 처리하는 것은 아니다. 典據가 확실한 訓音은 정답으로 처리한다. 그러나 代表訓音은 오랜 세월 전승되어 온, 말 그대로 그 글자를 대표하는 訓音으로 정착된 것이므로 代表訓音을 먼저 외고 답안 작성에 代表訓音을 제시하는 것이 좋다. 참고로 다음의 訓音은 정답으로 처리하지 않는다.

① 어떤 글자의 訓音에 대하여 個人的 見解를 담는 경우 : 字典이나 學習 敎材는 개인적으로 編纂한 것도 있고, 學會나 出版社에서 編纂委員會를 구성하여 共同으로 編纂한 것도 있다. 물론 이런 著作들은 典據를 가지고 編纂되어야 하고 어떤 글자의 訓音에 대하여 개인적 견해를 담는 경우에는 개인적 의견임을 표시하여야 하고, 公式化하려면 關係 學者들의 同意를 얻는 절차를 밟아야 한다. 여러 사람의 同意를 얻지 못한 견해는 한 개인의 의견에 지나지 않으며, 이런 부분은 試驗에서 인정되지 않는다. 물론 妥當性이 있는 訓音이라면 토론을 거쳐 수용하는 절차를 밟게 되지만 當該 試驗에 막 바로 適用되지는 않는다. 字典을 이용하려면 大學의 漢字 關聯 學科에서 많이 이용하는 權威있는 字典을 구입해야 한다.

② 編纂 과정의 실수로 訓音이 잘못된 경우 : 編纂 과정의 실수로 訓音이 잘못된 경우가 있다. 틀린 것으로 바른 것을 바꿀 수는 없으므로 이런 경우는 구제받을 길이 없다. 學習하면서 의심나는 부분은 관련 기관에 質疑를 하고, 해당 기관에서 배포하는 正誤表 등을 이용하여 틀린 것을 바로잡아야 한다.

③ 특별한 경우를 제외하고는 나라이름, 성(姓), 물이름, 나무이름, 땅이름 등으로 訓을 쓰는 것은 정답으로 인정하지 않는다. 이런 漢字는 하나 둘이 아니어서 이를 용인할 경우, 대부분의 漢字가 이러한 訓으로 대체되어 버리고, 정작 중요한 訓들이 후순위로 밀릴 것이기 때문이다. 또 이런 경우는 그 글자가 성(姓)으로 쓰이고, 이름자로도 쓰인다는 것을 보이는 것이지 엄밀하게는 訓이라 보기에는 어려운 것이다. 英(꽃부리 영)을 예로 들면 '나라이름 영', '영국(英國) 영'과 같은 형태의 訓音은 인정하지 않는다. 英國의 英은 英吉利를 줄인 것이고, England의 音借(假借)이다. 소리를 빌리면서 뜻도 취하여 England를 꽃부리 같고, 길하고, 이익이 되는 나라로 지칭하고 있는 것이다. 실제로 英이 英國을 지칭하는 말로 쓰여, '영국 영'이 틀렸다고 할 수는 없으나, 이를 인정하지 않는 것은 이를 용인할 경우, 美는 미국 미, 佛은 프랑스 불 등으로 나라이름으로 쓰이는 대부분의 漢字가 이러한 訓으로 대체되어 버리고, 정작 중요하고 일반적인 訓, 즉 美(아름다울 미), 佛(부처 불) 등이 후순위로 밀릴 것이기 때문이다. 梁의 경우, 나라이름으로도 쓰이고, 성씨로도 쓰이기 때문에 '성(姓) 량', '양(梁)나라 량'이라 할 수도 있지만 이를 인정치 않는 것은 보다 일반적인 '들보 량'을 알고 있는가를 확인하고자 하기 때문이다. 沮의 경우 沮水라는 강이 있어 이를 '물이름(沮水) 저'라 하여도 틀렸다 할 수 없으나 이를 인정치 않는 것은 보다 일반적인 '막을 저'를 알고 있는가를 확인하고자 하기 때문이다. 桑의 경우 이를 '나무이름 상'으로 하면 인정하지 않는다. 구체적으로 '뽕나무 상'으로 답하여야 한다. 그러나 다른 訓이 없이 姓氏, 人名, 地名, 國名, 山名, 水名 등으로 쓰이는 한자는 예외적으로 인정한다. 全國漢字能力檢定試驗이 代表訓音을 내세우는 이유 중의 하나는 보다 일반적인 전통 訓을 익힐 수 있도록 유도하는 취지도 있다는 점을 염두에 두어야 한다.

④ 특별한 경우를 제외하고는 漢字 단어를 訓으로 쓰면 인정되지 않는다. 모든 漢字를 순 우리말 訓으로만 하는 것은 어려움이 있어, 全國漢字能力檢

定試驗도 부득이하게 傳來文獻에 根據가 있는 漢字단어로 된 訓은 수용하고 있다. 그러나 기타의 漢字단어 訓은 대체로 수용치 않는다. 일례로 哨(망볼 초)를 '보초(步哨) 초'로 하면 誤答이 된다. 步哨의 步(걷는다)의 의미가 哨에는 없기 때문이다. 斬(벨 참)을 '참신할 참'으로 하면 誤答이 된다. 斬에는 新(새롭다)의 의미가 없기 때문이다. 예외적으로 區를 '구분(區分)할 구'라 하면 이를 인정한다. 나눌 구(區), 나눌 분(分)으로 區分의 의미를 區 혼자서도 대변할 수 있기 때문이다. 그러나 이런 경우도 순우리말 訓 보다는 이것이 더욱 일반적으로 알려져 있다고 판단하여 인정하는 것이지 모든 漢字에 대하여 인정하는 것은 아니다. 예로 戰(싸움 전)을 '전쟁(戰爭) 전', '전투(戰鬪) 전'이라 하여도 무리는 없으나 '싸움'이라는 전통 훈이 보다 일반적이므로, 이를 인정치 않는다. 漢字의 訓을 익히는 까닭은 그 글자가 들어간 다른 單語를 접했을 때 이미 익힌 訓으로 그 뜻을 쉽게 유추할 수 있을 것이기 때문이다. 漢字 訓을 漢字 單語로 한다면 정확한 의미를 모른 채 역시 漢字의 소리만 외우게 되는 결과를 초래할 것이고, 漢字의 訓은 不知其數로 많아질 것이다. 역시 傳統 訓을 중심으로 學習하는 것이 좋다.

⑤ 특별한 경우를 제외하고는 해당 漢字의 音으로 訓을 쓰면 인정되지 않는다. 예로 學(배울 학)을 '학 학'이라 하면 誤答이다. 그러나 脈(맥 맥), 串(곶 곶), 籠(농 롱) 등은 인정된다. 이런 경우는 漢字의 音이 이미 하나의 독립된 의미체계를 이루면서 單語가 된 것이고, 또, 그 訓을 다른 訓들과 비교하여 대표 訓에 준할 정도로 중요한 자리를 차지하고 있다고 인정되기 때문이다. 그러나 音으로 訓이 되는 글자들도 대부분 다른 訓이 있으므로 가능하면 音으로 訓을 삼는 것은 피하는 것이 좋다.

13 漢字와 頭音法則

國語의 音韻 法則 等과 맞물려 漢字의 音이 변하는 경우가 있는데, 대표적인 것이 頭音法則이다.

1. 한자음 '녀, 뇨, 뉴, 니'가 단어 첫머리에 올 적에는, '여, 요, 유, 이'로 적는다. 단어의 첫머리 이외의 경우에는 본음대로 적는다.

> 例 女軍(녀군 → 여군), 尿石(뇨석 → 요석), 紐帶(뉴대 → 유대),
> 泥海(니해 → 이해)
> 歌女(가녀), 檢尿(검뇨), 結紐(결뉴), 金泥(금니)

▶ 다만, 다음과 같은 의존 명사에서는 '녀'음을 인정한다.

> 몇 年(몇 연 → 몇 년)

▶ 접두사처럼 쓰이는 한자가 붙어서 된 말이나 합성어, 둘 이상의 단어로 이루어진 고유 명사를 붙여 쓰는 경우, 뒷말의 첫소리가 'ㄴ'소리로 나더라도 두음 법칙에 따라 적는다.

新女性(신여성), 空念佛(공염불), 男尊女卑(남존 여비)
高麗女子大學(고려여자대학), 韓國尿素肥料株式會社(한국요소비료주식회사)

2. 한자음 '랴, 려, 례, 료, 류, 리'가 단어의 첫머리에 올 적에는, '야, 여, 예, 요, 유, 이'
로 적는다. 단어의 첫머리 이외의 경우에는 본음대로 적는다.

> 例 兩班(량반 → 양반), 良心(량심 → 양심), 歷史(력사 → 역사),
> 禮儀(례의 → 예의), 龍宮(룡궁 → 용궁) 流行(류행 → 유행),
> 理髮(리발 → 이발)
> 改良(개량), 經歷(경력), 家禮(가례), 鷄龍(계룡), 源流(원류),
> 推理(추리)

▶ 다만 兩이 의존 명사로 쓰이는 경우에는 '냥'으로 적는다.

> 兩重(량중 → 냥쭝), __兩(__량 → __냥)

▶ 다음과 같은 의존 명사는 본음대로 적는다.

> 몇 리(里) 냐?, 그럴 리(理)가 없다.

▶ 모음이나 'ㄴ' 받침 뒤에 이어지는 '렬, 률'은 '열, 율'로 적는다.

> 羅列(나렬 → 나열), 分裂(분렬 → 분열), 比率(비률 → 비율), 戰慄(전률 → 전율)

▶ 외자로 된 이름을 성에 붙여 쓸 경우에도 본음대로 적을 수 있다.

> 申砬(신립), 崔麟(최린), 蔡倫(채륜), 河崙(하륜)

▶ 준말에서 본음으로 소리나는 것은 본음대로 적는다.

> 國聯(국련, 國際聯合), 大韓敎聯(대한교련, 大韓敎育聯合會)

▶ 접두사처럼 쓰이는 한자가 붙어서 된 말이나 합성어, 둘 이상의 단어로 이루어
진 고유 명사를 붙여 쓰는 경우나 십진법에 따라 쓰는 수(數)는 뒷말의 첫소리
가 'ㄴ' 또는 'ㄹ' 소리로 나더라도 두음 법칙에 따라 적는다.

> 逆利用(역이용), 年利率(연이율), 熱力學(열역학), 海外旅行(해외 여행)
> 漢城旅館(한성여관), 新興理髮館(신흥이발관), 六千六百六十六(육천육백육십육)

3. 한자음 '라, 래, 로, 뢰, 루, 르'가 단어의 첫머리에 올 적에는, '나, 내, 노, 뇌, 누, 느'
로 적는다. 단어의 첫머리 이외의 경우에는 본음대로 적는다.

> 例 樂園(락원 → 낙원), 來日(래일 → 내일), 老人(로인 → 노인),
> 雷聲(뢰성 → 뇌성), 樓閣(루각 → 누각), 陵墓(릉묘 → 능묘),
> 娛樂(오락), 去來(거래), 敬老(경로), 水雷(수뢰), 高樓(고루),
> 王陵(왕릉)

▶ 접두사처럼 쓰이는 한자가 붙어서 된 단어는 뒷말을 두음 법칙에 따라 적는다.

> 來來月(내내월), 上老人(상노인), 重勞動(중노동), 非論理的(비논리적)

頭音法則에 해당하는 漢字는 1級 3,500字 범위 내에서 모두 224字이다.

女 年 撚 涅 念 寧 尿 撓 紐 泥 尼 溺 匿 羅 裸 懶 癩 螺 邐 樂 落 絡
洛 烙 酪 駱 亂 卵 欄 蘭 爛 瀾 鸞 剌 辣 覽 濫 藍 籃 拉 臘 蠟 朗 廊
浪 郎 狼 來 萊 冷 略 掠 良 量 兩 糧 涼 梁 諒 亮 樑 輛 倆 粱 旅 麗
慮 勵 呂 廬 礪 驪 侶 戾 濾 閭 黎 力 歷 曆 瀝 礫 練 連 戀 聯 鍊 憐
蓮 漣 煉 輦 列 烈 劣 裂 廉 濂 斂 殮 簾 獵 令 領 嶺 靈 零 玲 囹 逞
鈴 齡 例 禮 隷 體 老 路 勞 爐 露 盧 蘆 魯 鷺 撈 擄 虜 綠 錄 祿 鹿
碌 麓 論 弄 籠 壟 瓏 聾 賴 雷 儡 牢 磊 賂 料 了 僚 療 遼 寮 燎 瞭
聊 寥 龍 樓 屢 淚 漏 累 壘 陋 流 類 留 柳 劉 硫 謬 溜 琉 瘤 六 陸
戮 輪 倫 崙 淪 綸 律 栗 慄 隆 勒 肋 凜 陵 楞 凌 稜 綾 菱 里 利 李
理 離 吏 履 裏 梨 俚 悧 痢 籬 罹 裡 釐 隣 麟 吝 燐 躪 鱗 林 臨 淋
立 笠 粒 率

14 漢字의 俗音

한글 맞춤법은 漢字語에서 本音으로도 나고 俗音으로도 나는 것은 각각 그 소리에 따라 적는다고 규정하고 있다. 이에 따라 俗音으로 소리 나는 漢字語는 俗音 그대로 적어야 한다. 俗音은 漢字의 正音과 달리 一般社會에서 다르게 읽는 음으로 거의 대부분이 옛 字典에 典據가 없는 음이다. 俗音은 일부 漢字語에서만 生成되고 보편적인 것이 아니다. 따라서 頭音法則처럼 특별한 규칙이 있는 것이 아니므로 俗音 漢字를 대하게 되면 多音字로 생각하고 익혀 두는 것이 좋다.

俗音과 正音의 경계는 분명하지 않다. 오랜 세월이 경과하면 俗音이 正音과 자리를 바꾸는 경우도 생긴다. 예로 覆蓋(복개)의 '覆'은 본래 '덮을 부'로 '부'로 읽어야 하나 언제부터인가 일부 漢字語는 '복'으로 읽었다. '복'은 俗音이라 할 수 있다. 그러나 지금은 상황이 역전되어 '부'음은 覆載(부재), 覆育(부육) 등 일부 漢字語에만 남아있고 나머지는 전부 '복'음이다. 결국 지금은 '복'음이 正音이고, '부'음이 俗音이라 할 수 있는 것이다. 그러나 여전히 字典에는 '부'음의 흔적이 남아 있고, '복'음도 인정하고 있으므로 이런 경우는 多音으로 처리하는 것이 편리할 것이다.

俗音은 正音을 밀어내고 俗音으로만 쓰이거나 正音과 공존하는 경우도 있고, 俗音 漢字語가 漢字말이라는 인식이 희박해지면서 한글화한 경우도 있다. 한글화한 경우는 俗音으로 볼 수 없다. 몇 가지 예를 들어 보기로 한다. '許諾'은 正音은 '허낙'이지만 俗音은 '허락'이다. 國語辭典에도 표제어가 '허락(許諾)'으로 되어 있고, '허낙'은 '허락(許諾)의 잘못'이라 적고 있다. 즉, 許諾은 '허락'으로만 읽고 써야 하는 것이다. '十月'은 正音은 '십월'이지만 俗音은 '시월'이다. 國語辭典에도 표제어가 '시월(十月)'로 되어 있고, '십월'은 '시월(十月)의 잘못'이라 적고 있다. 즉, 十月은 '시월'로만 읽고 써야 하는 것이다.

내락(內諾)의 경우는 허락(許諾)과 같은 경우라 볼 수 있음에도 '내락(內諾)'을 표준어로 하고, '내낙(內諾)'을 내락(內諾)의 원말이라 하고 있다. 어떤 경우는 원말이라 하고 어떤 경우는 잘못이라 풀이하고 있어 일관성이 없다. 그러나 역시 원말보다는 표준어에 무게가 실린 것이므로 내락(內諾)이라는 속음이 내낙(內諾)의 정음(원음)에 우선한다고 할 수 있다. 盟誓의 경우에도, '맹서(盟誓)'는 '맹세의 원말'로 풀이하고, '맹세(盟誓)'는 표준말로 풀이하고 있다. 역시 '맹서(盟誓)'의 정음(원음) 보다는 '맹세(盟誓)'의 속음이 우선하는 것으로 볼 수 있다. 契丹이란 漢字語는 '계단, 거란, 글안, 글단'의 3가지 음이 보인다. 국어사전에는 '계단'은 '거란'의 잘못이라 적고, '거란'으로 표제자를 뽑고, '글안(契丹)에서 온 말'로 풀이하고 있고, '글안(契丹)'은 '거란'을 참조하라고 되어 있으며, '글단(契丹)'은 '거란의 원말'이라 적고 있다. 그러면 '契丹'은 정음(원음)이 '글단'이고 俗音이 '글안'이라 할 수 있으며, '거란'이란 한글화한 말과 속음 '글안'은 공존하는 것으로 볼 수 있다.
'과녁'은 '貫革'에서 온 말이다. 즉, '과녁'의 語源(원말)은 '관혁(貫革)'이다. 이런 경우, '과'와 '녁'은 각각 '貫'과 '革'의 俗音이라 할 수 있으나 이미 國語辭典에도 漢字가 부기되지 않고 한글로만 표기되고 있으므로 '관혁(貫革)'은 '과녁'의 語源으로 처리된다. '과녁'은 이제 俗音의 漢字말이 아닌 것으로 '과녁' 그대로 한글로 쓰고, '貫革'이라는 漢字語를 쓸 경우에는 이를 '관혁'으로 읽고 표기하면 된다.
그런데, '장고(杖鼓)'나 '삭월세(朔月貰)'의 경우에는 각각 '장구'와 '사글세'의 語源임에도 불구하고 '장구의 잘못', '사글세의 잘못'이라고 적고 있다. '杖鼓, 朔月貰'라는 漢字語와 '장고, 삭월세'라는 음의 사용 자체를 제한하고 있는 것이다. 오직 한글로 '장구, 사글세'만 써야 한다. 그러나 소리만을 중시해서는 안되고, 漢字의 正音과 뜻도 중요하므로 마땅히 한글화한 '장구', '사글세'는 그대로 쓰고, 한자어 '杖鼓(장고), 朔月貰(삭월세)'도 漢字語로서 쓰는 것을 허용하여야 한다고 본다.
이 책에서의 俗音은 頭音法則의 적용을 받는 경우를 제외하고, 正音과 다른 경우는 모두 흡수하는 것을 원칙으로 하였다. 그리고 佛敎界에서 쓰이는 漢字音들도 俗音에 넣었다. 1급 配定漢字 범위 내에 있는 漢字 만 대상으로 하였지만 예로 든 漢字語는 이 범위를 벗어날 수 있다. 한편 '채비(差備)'의 差는 古字典에 '다를 차, 어긋날 치, 부릴(使) 채'로 '채'음이 등록되어 있음에도 國語辭典에서는 '채비'를 漢字를 부기하지 않고 '차비(差備)'에서 온 말로 풀고 있다. 이는 잘못으로 '채비(差備)'를 그대로 漢字말로 보아야 한다. 俗音 漢字와 해당 漢字語는 부록에 넣었으므로 이를 참고하기 바란다.

15 漢字의 長短音

全國漢字能力檢定試驗에는 長短音 問題가 出題된다. 긴 소리 표기는 韓國語文敎育硏究會 案으로서 일반 國語辭典과 약간 다를 수도 있다. 長短音은 單語의 첫소리 발음이 길거나 짧은 것을 나타낸다. 國語辭典 등에 보통 : (쌍점) 표시를 하여 첫소리 발음이 길다는 것을 표시한다.
세계 어느 나라 언어든 그 나라 언어만이 갖는 특징이 있다. 영어나 독일어의 액센트, 일본어의 濁音과 半濁音, 白話語(중국어)의 高低長短 등이 이에 속할

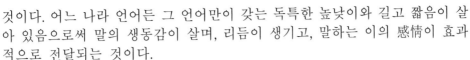

것이다. 어느 나라 언어든 그 언어만이 갖는 독특한 높낮이와 길고 짧음이 살아 있음으로써 말의 생동감이 살며, 리듬이 생기고, 말하는 이의 感情이 효과적으로 전달되는 것이다.

漢字語의 四聲에 의한 高低長短은 흔히 漢詩를 짓거나 鑑賞할 때 韻字를 넣기 위한 것이라고 잘못 알려져 있다. 그러나 四聲에 토대한 長短音은 漢字語에만 있는 것이 아니라 순우리 말에도 엄연히 살아 있다. "어:른 / 임:금 / 계:집 / 거:짓말 / 거:머리 / 까:치 / 섣:달 / 열:쇠 / 안:개 / 없:다 / 적:다[小量] / 작:다" 등 순우리말에서 길게 발음해야 하는 것은 얼마든지 있다.

국어의 高低長短은 平上去入의 四聲으로 구분한다. 平聲은 평탄하고 짧으며, 上聲은 길고 높으며, 去聲은 莊重하며, 入聲은 促急하여 짧다. 入聲('ㄱ', 'ㄷ', 'ㅂ')과 'ㄹ'이 받침으로 들어가는 漢字는 모두 短音으로 되었다. 例를 들면 學生의 學, 入學의 入, 吉鳥의 吉 등은 모두 받침이 入聲과 'ㄹ'로 끝나 모두 短音이다. 그 외 平聲, 上聲, 去聲은 長音으로도 바뀌고 短音으로도 바뀌어 일정하지 않다. 다만 上聲은 대체로 長音으로 平聲과 去聲은 대체로 短音으로 바뀌었다.

또, 長音도 되고, 短音도 되는 글자가 있는데, 이런 경우는 대체로 뜻이 달라지는 경우이다. 예로 長官의 長은 '어른 장'의 뜻으로 길게 발음하고, 長短의 長은 '긴 장'으로 짧게 발음한다.

長短音은 하루아침에 익힐 수는 없고, 日常에서 공부할 기회가 적었기 때문에 공부하기도 어려울 것이다. 그러나 남의 나라 언어의 액센트나 濁音·半濁音, 高低長短은 重視해 공부하면서 國語의 長短을 모른다는 것은 부끄러운 일이므로, 시험공부라고 생각하지 말고 本書를 가지고 하나하나 차근차근 익히다 보면 실력이 향상될 것이다.

참고로 동일 音價의 단어들을 가지고 구분하는 것도 하나의 방법이다. 예로 京畿道 광주와 全羅道 광주는 각각 廣州(광:주)와 光州(광주)로 長短音이 다르다. 姓氏를 예로 들면 鄭韓國(정:한국), 丁韓國(정한국)으로 長短이 다르다. 간신을 예로 들면 諫臣(간:신)은 길고, 奸臣(간신)은 짧다. 영동을 예로 들면 永東(영:동)은 길고 嶺東(영동)은 짧다. 이와 같이 종래 발음상으로 구분하지 못했던 동일 音價의 말들의 長短을 구분하여 가면서 익히면 長短音을 쉽고 재미있게 익힐 수 있을 것이다.

1급 配定漢字 범위 내의 長短音 漢字는 부록에 넣었으므로 참고하기 바란다.

16 同字異音字(多音字)

漢字는 하나 이상의 音을 가진 것도 있다. 대체로 뜻이 달라지는 경우에 音도 다르지만 같은 뜻이면서도 音이 다른 경우도 있다. 1급 配定漢字 범위 내에서 주요한 多音字의 訓音과 해당 漢字語는 본문에서 밝히고, 따로 추려 부록에 넣었으므로 참고하기 바란다.

17 漢字와 사이시옷

한글 맞춤법에 따라 두 音節로 된 다음 漢字語는 사이시옷을 받치어 적는다.

庫間(곳간), 貰房(셋방), 數字(숫자), 車間(찻간), 茶盞(찻잔), 退間(뒷간), 回數(횟수)

漢字

(사) 한국어문회 주관 / 한국한자능력검정회 시행

본문학습

袈 1급   가사(袈裟) **가**   衣 / 5   동 裟

Kasāya의 音譯字로, 장삼 위에 왼쪽 어깨에서 오른쪽 겨드랑이 밑으로 걸쳐(加) 입는 중의 옷(衣), '가사(袈裟)'를 뜻한다.

읽기한자   錦袈(금가)

苛 1급   가혹할 **가:**   艸 / 5   동 虐, 酷

원래 자잘한 풀(艹)을 뜻했으며, 파생하여 사람이 잘고 까다로운 것, '가혹하다, 까다롭다'는 뜻이다.

읽기한자   苛刻(가각) 苛求(가구) 苛禮(가례) 苛法(가법) 苛稅(가세) 苛殃(가앙) 苛政(가정) 苛疾(가질) 苛虐(가학) 苛酷(가혹) 細苛(세가) 小苛(소가) 嚴苛(엄가) 暴苛(폭가)

呵 1급   꾸짖을 **가:**   口 / 5   동 喝, 譴, 罵, 叱, 責

목소리(口)를 입 밖으로 내는(可) 것으로, '꾸짖다, 웃다'는 뜻이다.

읽기한자   呵呵(가가) 呵喝(가갈) 呵怒(가노) 呵凍(가동) 呵止(가지) 呵叱(가질) 呵責(가책) 呵噓(가허) 呵護(가호) 受呵(수가) 笑呵(소가) 前呵(전가) 叱呵(질가) 筆呵(필가)

駕 1급   멍에 **가(:)**   馬 / 5   동 御

수레를 말(馬)에 붙이는(加) 데서, '멍에, 멍에를 메우다, (말을) 부리다'는 뜻이다.

읽기한자   駕六(가륙) 駕士(가사) 駕御(가어) 車駕(거가) 仙駕(선가) 晩駕(만가) 小駕(소가) 從駕(종가) 駐駕(주가)

哥 1급   성(姓) **가**   口 / 7

입김이 퍼지는(可) 것으로, 본래 '노래(歌)'를 뜻하나 국어에서는 金哥, 李哥에서 보듯 주로 '성(姓)'을 뜻한다.

읽기한자   哥哥(가가) 金哥(김가) 李哥(이가) 二哥(이가) 大哥(대가) 八哥(팔가)

嫁 1급   시집갈 **가**   女 / 10   반 娶

계집(女)이 생가를 떠나 남편의 집(家)으로 가는 데서, '시집가다'는 뜻이다.

읽기한자   嫁期(가기) 嫁女(가녀) 嫁母(가모) 嫁資(가자) 嫁娶(가취) 降嫁(강가) 改嫁(개가) 歸嫁(귀가) 娶嫁(취가)

稼 1급   심을 **가**   禾 / 10

벼(禾)를 심고 사는(家) 것으로, '심다, 농사'를 뜻한다. 또, 여문 '벼이삭'을 뜻한다.

읽기한자   稼器(가기) 稼同(가동) 稼事(가사) 稼瑞(가서) 稼政(가정) 共稼(공가) 農稼(농가) 百稼(백가) 五稼(오가) 秋稼(추가)

嘉

1급 아름다울 **가** 口 / 11

신에 대한 제물에 향내(壴)를 피우거나, 음악(壴)을 연주하는 데서, '가상하다, 아름답다, 기리다, 기뻐하다'는 뜻이다.

읽기한자 嘉客(가객) 嘉慶(가경) 嘉穀(가곡) 嘉納(가납) 嘉道(가도) 嘉例(가례) 嘉禮(가례) 嘉聞(가문) 嘉賓(가빈) 嘉辭(가사) 嘉歲(가세) 嘉樂(가악) 嘉愛(가애) 嘉言(가언) 嘉悅(가열) 嘉祐(가우) 嘉績(가적) 嘉稱(가칭) 嘉歎(가탄) 嘉話(가화) 靜嘉(정가) 休嘉(휴가) 珍嘉(진가) 淸嘉(청가)

柯

2급(名) 가지 **가** 木 / 5 동 條

나무(木)가 넓게 퍼진 것(可)을 형용한 것으로 '가지'를 뜻한다.

읽기한자 柯葉(가엽) 柯亭(가정) 柯條(가조) 莖柯(경가) 喬柯(교가) 斧柯(부가)

迦

2급(名) 부처이름 **가** 辵 / 5

梵語 ka(가)의 音譯字로 쓰인다. 또 부처의 이름자로 쓰인다.

읽기한자 迦藍(가람) 迦葉(가섭) 迦維(가유) 釋迦(석가)

賈

2급(名) 성(姓) **가** / 장사 **고** 貝 / 6

상인이 재화(貝)를 덮어 가린다(覀)는 데서, '장사'를 뜻한다.

읽기한자 賈島(가도) 賈師(고사) 賈船(고선) 賈竪(고수) 賈市(고시) 賈勇(고용) 賈怨(고원) 賈人(고인) 賈衒(고현) 賈胡(고호) 賈禍(고화) 都賈(도고) 舶賈(박고) 商賈(상고)

軻

2급(名) 수레 / 사람이름 **가** 車 / 5

수레(車)가 굴러갈 때 찌거덕 거리는 소리를 내는(可) 부분으로 '수레바퀴 굴대'를 뜻한다.

읽기한자 丘軻(구가) 孟軻(맹가) 走軻(주가)

伽

2급(名) 절 **가** 人 / 5

gha(가)의 音譯字로 쓰인다. 사람(亻)이 머물면 보탬(加)이 되는 곳이란 데서, '절'을 뜻한다.

읽기한자 伽羅(가라) 伽藍(가람) 伽倻(가야) 伽陀(가타) 嚬伽(빈가) 僧伽(승가)

架

3급Ⅱ 시렁 **가:** 木 / 5

물건을 더(加) 많이 얹기 위하여 나무(木)를 건너질러 만든 것으로, '시렁'을 뜻한다.

읽기한자 架槽(가조) 戟架(극가) 懶架(나가)
쓰기한자 架空(가공) 架橋(가교) 架構(가구) 架臺(가대) 架尾(가미) 架上(가상) 架線(가선) 架設(가설) 架版(가판) 鏡架(경가) 高架(고가) 藤架(등가) 書架(서가)

본문학습 39

佳 `3급Ⅱ` **아름다울 가:** 人 / 6 　`비` 住
서옥(圭)처럼 아름다운 사람(亻)이라는 데서, '아름답다, 좋다'는 뜻이다.

`읽기한자` 佳壻(가서) 佳冶(가야) 佳饒(가요) 佳甄(가전) 佳蝦(가하)

`쓰기한자` 佳客(가객) 佳景(가경) 佳果(가과) 佳句(가구) 佳局(가국) 佳器(가기) 佳期(가기) 佳氣(가기)
佳郎(가랑) 佳良(가량) 佳名(가명) 佳味(가미) 佳配(가배) 佳婦(가부) 佳朋(가붕) 佳城(가성)
佳詩(가시) 佳實(가실) 佳約(가약) 佳容(가용) 佳月(가월) 佳意(가의) 佳人(가인) 佳日(가일)
佳作(가작) 佳節(가절) 佳絶(가절) 佳兆(가조) 佳酒(가주) 佳辰(가신) 佳餐(가찬) 佳趣(가취)
佳篇(가편) 佳品(가품) 佳話(가화) 佳興(가흥)

暇 `4급` **틈/겨를 가:** 日 / 9 　`동` 隙
쉬는 날(日)을 빌리는(叚) 데서, '틈, 겨를'을 뜻한다.

`읽기한자` 暇隙(가극)

`쓰기한자` 暇式(가식) 暇日(가일) 公暇(공가) 病暇(병가) 餘暇(여가) 寸暇(촌가) 閑暇(한가) 奚暇(해가)
休暇(휴가)

街 `4급Ⅱ` **거리 가(:)** 行 / 6 　`동` 衢, 道, 路, 巷
흙을 돋우어(圭) 많은 사람이 다닐(行) 수 있게 만든 큰 거리로 '거리'를 뜻한다.

`읽기한자` 街衢(가구) 街邏(가라) 街坊(가방) 街娼(가창) 衢街(구가) 陋街(누가) 游街(유가)

`쓰기한자` 街談(가담) 街道(가도) 街頭(가두) 街燈(가등) 街路(가로) 街上(가상) 街業(가업) 街村(가촌)
街販(가판) 街巷(가항) 商街(상가) 市街(시가)

假 `4급Ⅱ` **거짓 가:** 人 / 9 　`약` 仮
사람(亻)은 잔꾀를 빌린다(叚)는 데서, '거짓'을 뜻한다. 또 빌린(叚) 것은 임시로 쓰고 원래의 사람(亻)에게 돌려주어야 한다는 데서, '임시'를 뜻한다.

`읽기한자` 假寐(가매) 假喘(가천) 稟假(품가)

`쓰기한자` 假骨(가골) 假道(가도) 假量(가량) 假令(가령) 假面(가면) 假名(가명) 假髮(가발) 假拂(가불)
假使(가사) 假像(가상) 假想(가상) 假說(가설) 假聲(가성) 假笑(가소) 假睡(가수) 假植(가식)
假飾(가식) 假言(가언) 假熱(가열) 假作(가작) 假葬(가장) 假裝(가장) 假定(가정) 假借(가차)
假齒(가치) 假稱(가칭) 假託(가탁)

價 `5급Ⅱ` **값 가** 人 / 13 　`동` 値, `약` 価
상인(亻)이 가치가 있는 상품(貝)을 상자(襾)에 넣어 놓는 데서, '값'을 뜻한다.

`읽기한자` 歇價(헐가)

`쓰기한자` 價格(가격) 價額(가액) 價値(가치) 減價(감가) 高價(고가) 穀價(곡가) 單價(단가) 代價(대가)
對價(대가) 廉價(염가) 善價(선가) 市價(시가) 時價(시가) 安價(안가) 原價(원가) 低價(저가)
定價(정가) 株價(주가) 酒價(주가) 地價(지가) 紙價(지가) 眞價(진가) 賤價(천가) 平價(평가)
評價(평가) 呼價(호가) 好價(호가)

加 5급 　　더할 **가** 力 / 3 　동累, 增, 添 　반除, 減

손만이 아니고, 입(口)도 모아서 기세(力)를 돕는 데서, '더하다'는 뜻이다.

 읽기한자
加譴(가견) 加删(가산) 加膳(가선)

쓰기한자
加減(가감) 加擊(가격) 加納(가납) 加擔(가담) 加羅(가라) 加療(가료) 加盟(가맹) 加味(가미)
加算(가산) 加設(가설) 加勢(가세) 加稅(가세) 加速(가속) 加飾(가식) 加壓(가압) 加額(가액)
加熱(가열) 加外(가외) 加恩(가은) 加入(가입) 加資(가자) 加錢(가전) 加點(가점) 加除(가제)
加重(가중) 加贈(가증) 加取(가취) 加痛(가통) 加筆(가필) 加害(가해) 加刑(가형) 倍加(배가)
增加(증가) 參加(참가) 添加(첨가) 追加(추가)

可 5급 　　옳을 **가:** 口 / 2 　반否

입(口) 안에 있던 소리가 기세(丁) 좋게 나오는 데서, '옳다'는 뜻이다.

읽기한자
可矜(가긍) 允可(윤가) 恰可(흡가)

쓰기한자
可決(가결) 可驚(가경) 可恐(가공) 可觀(가관) 可能(가능) 可當(가당) 可動(가동) 可憐(가련)
可變(가변) 可否(가부) 可笑(가소) 可逆(가역) 可用(가용) 可危(가위) 可謂(가위) 可疑(가의)
可憎(가증) 可採(가채) 可聽(가청) 可票(가표) 可汗(가한) 可航(가항) 不可(불가) 認可(인가)
裁可(재가) 許可(허가)

歌 7급 　　노래 **가** 欠 / 10 　동曲, 謳, 樂, 詠, 謠, 唱

입을 크게 벌려서(欠) 유창하게 소리를 뽑아 올리는 것(哥)에서, '노래하다'는 뜻이다.

읽기한자
歌偈(가게) 歌嘔(가구) 歌謳(가구) 歌妓(가기) 歌榜(가방) 歌媛(가원) 歌倡(가창) 歌唄(가패)
凱歌(개가) 嬌歌(교가) 謳歌(구가) 蹈歌(도가) 菱歌(능가) 俚歌(이가) 挽歌(만가) 輓歌(만가)
榜歌(방가) 鶯歌(앵가) 艶歌(염가) 戎歌(융가) 樵歌(초가) 巴歌(파가)

쓰기한자
歌曲(가곡) 歌劇(가극) 歌舞(가무) 歌詞(가사) 歌辭(가사) 歌手(가수) 歌謠(가요) 歌唱(가창)
狂歌(광가) 校歌(교가) 國歌(국가) 軍歌(군가) 農歌(농가) 戀歌(연가) 名歌(명가) 牧歌(목가)
悲歌(비가) 聖歌(성가) 頌歌(송가) 詩歌(시가) 哀歌(애가) 詠歌(영가) 讚歌(찬가) 唱歌(창가)
祝歌(축가) 鄕歌(향가)

家 7급II 　　집 **가** 宀 / 7 　비蒙 　동居, 室, 屋, 宅, 戶

옛날 돼지(豕)는 집(宀)에 딸린 가축으로 그 집의 재산이었다. 돼지가 있는 곳은 곧 사람
사는 집이란 데서, '집'을 뜻한다.

 읽기한자
家僕(가복) 家嗣(가사) 家嫂(가수) 家塾(가숙) 家什(가집) 家鴨(가압) 家釀(가양) 家楨(가정)
家稍(가초) 仇家(구가) 妓家(기가) 閭家(여가) 梵家(범가) 媤家(시가) 冤家(원가) 庄家(장가)
杖家(장가) 倡家(창가) 娼家(창가) 渾家(혼가)

쓰기한자
家戒(가계) 家君(가군) 家券(가권) 家禽(가금) 家禮(가례) 家門(가문) 家譜(가보) 家産(가산)
家勢(가세) 家屬(가속) 家損(가손) 家臣(가신) 家業(가업) 家庭(가정) 家職(가직) 家畜(가축)
家統(가통) 家鄕(가향) 家憲(가헌) 家戶(가호) 家訓(가훈) 客家(객가) 官家(관가) 良家(양가)
率家(솔가) 名家(명가) 商家(상가) 生家(생가) 人家(인가) 作家(작가) 宗家(종가) 妻家(처가)
草家(초가) 出家(출가) 治家(치가) 凶家(흉가)

殼 1급 | 껍질 **각** 殳 / 8 | 동 皮 약 殼

껍질을 내려 쳐서(殳) 속에 든 것을 끄집어내는 데서, '껍질'을 뜻한다.

읽기한자 殼果(각과) 殼斗(각두) 殼物(각물) 殼實(각실) 殼族(각족) 介殼(개각) 堅殼(견각) 卵殼(난각)
地殼(지각) 皮殼(피각)

恪 1급 | 삼갈 **각** 心 / 6 | 동 謹, 愼

외지에서 온 사람(各=客)을 맞을 때의 심경(忄)으로, '삼가다'는 뜻이다.

읽기한자 恪虔(각건) 恪勤(각근) 恪謹(각근) 恪敏(각민) 恪守(각수) 恪肅(각숙) 恪愼(각신) 勤恪(근각)
謹恪(근각) 儼恪(엄각) 忠恪(충각)

珏 2급(名) | 쌍옥 **각** 玉 / 5

옥(王, 玉)을 둘 합친 것으로 '쌍옥'을 뜻한다. 주로 사람의 이름자로 쓰인다.

읽기한자 珏圭(각규)

却 3급 | 물리칠 **각** 卩 / 5

몸을 움츠리고(卩) 간다(去)는 데서, '물리치다, 물러나다'는 뜻이다.

읽기한자 牢却(뇌각)
쓰기한자 却說(각설) 却下(각하) 棄却(기각) 冷却(냉각) 忘却(망각) 賣却(매각) 沒却(몰각) 消却(소각)
燒却(소각) 退却(퇴각)

脚 3급Ⅱ | 다리 **각** 肉 / 7

무릎의 마디(卩)를 구부려 걸어가게(去) 하는 몸(月)의 일부분으로, '다리'를 뜻한다.

읽기한자 脚絆(각반) 脚註(각주) 蚊脚(문각) 崖脚(애각) 豹脚(표각)
쓰기한자 脚光(각광) 脚本(각본) 脚色(각색) 脚注(각주) 健脚(건각) 橋脚(교각) 立脚(입각) 馬脚(마각)
木脚(목각) 失脚(실각) 行脚(행각)

閣 3급Ⅱ | 집 **각** 門 / 6

여러 사람이 각각(各) 찾아드는 문(門)이 달린 다락집으로, '집'을 뜻한다.

읽기한자 閣溜(각류) 煖閣(난각) 鸞閣(난각) 梵閣(범각) 芸閣(운각) 棧閣(잔각) 邸閣(저각) 峻閣(준각)
쓰기한자 閣僚(각료) 閣議(각의) 閣下(각하) 改閣(개각) 巨閣(거각) 高閣(고각) 闕閣(궐각) 內閣(내각)
樓閣(누각) 飛閣(비각) 入閣(입각) 殿閣(전각) 組閣(조각) 鍾閣(종각) 珠閣(주각)

覺 `4급` 깨달을 **각** 見 / 13 〔동〕寐,悟 〔약〕覚
보고(見) 배워(學) 사물의 도리를 깨닫는 데서, '깨닫다'는 뜻이다.

〔읽기한자〕 覺寐(각매) 覺醒(각성) 覺寤(각오) 醒覺(성각) 嗅覺(후각)
〔쓰기한자〕 覺苦(각고) 覺書(각서) 覺悟(각오) 覺知(각지) 覺行(각행) 感覺(감각) 警覺(경각) 妄覺(망각)
味覺(미각) 發覺(발각) 先覺(선각) 視覺(시각) 自覺(자각) 知覺(지각) 直覺(직각) 錯覺(착각)
聽覺(청각) 觸覺(촉각) 臭覺(취각) 幻覺(환각)

刻 `4급` 새길 **각** 刀 / 6 〔동〕銘
딱딱한 멧돼지(亥)의 뼈에 칼(刂)로 조각을 해서 장식품으로 하는 데서, '새기다'는 뜻이다.

〔읽기한자〕 苛刻(가각) 刻剝(각박) 刻涅(각날) 刻鑿(각착) 刻繪(각회) 俄刻(아각) 枉刻(왕각) 篆刻(전각)
〔쓰기한자〕 刻苦(각고) 刻骨(각골) 刻漏(각루) 刻銘(각명) 刻木(각목) 刻薄(각박) 刻削(각삭) 刻石(각석)
刻心(각심) 刻印(각인) 刻字(각자) 刻板(각판) 頃刻(경각) 漏刻(누각) 飜刻(번각) 浮刻(부각)
石刻(석각) 時刻(시각) 深刻(심각) 陽刻(양각) 陰刻(음각) 正刻(정각) 彫刻(조각) 卽刻(즉각)
遲刻(지각) 寸刻(촌각) 板刻(판각)

各 `6급Ⅱ` 각각 **각** 口 / 3 〔비〕名
걸어서(夂) 돌아보고, 되돌아와 하는 사람들의 말(口)이 저마다 따로따로 일치하지 않는
데에서, '각각(各各)'을 뜻한다.

〔읽기한자〕 各塵(각전)
〔쓰기한자〕 各各(각각) 各個(각개) 各界(각계) 各其(각기) 各道(각도) 各房(각방) 各散(각산) 各床(각상)
各色(각색) 各姓(각성) 各位(각위) 各自(각자) 各葬(각장) 各種(각종) 各處(각처) 各出(각출)
各層(각층) 各派(각파) 各項(각항)

角 `6급Ⅱ` 뿔 **각** 角 / 0
짐승의 뿔 모양을 본뜬 것으로, '뿔, 모서리'를 뜻한다.

〔읽기한자〕 角巾(각건) 角繭(각견) 角袋(각대) 角犀(각서) 角黍(각서) 角觝(각저) 乖角(괴각) 圭角(규각)
楞角(능각) 稜角(능각) 麟角(인각) 芒角(망각) 犀角(서각) 獐角(장각) 爪角(조각)
〔쓰기한자〕 角端(각단) 角帶(각대) 角度(각도) 角燈(각등) 角膜(각막) 角木(각목) 角粉(각분) 角狀(각상)
角星(각성) 角聲(각성) 角錢(각전) 角點(각점) 角質(각질) 角逐(각축) 角層(각층) 角戲(각희)
傾角(경각) 鼓角(고각) 厥角(궐각) 頭角(두각) 鹿角(녹각) 視角(시각) 銳角(예각) 牛角(우각)
一角(일각) 殿角(전각) 直角(직각) 觸角(촉각) 總角(총각) 八角(팔각) 偏角(편각)

揀 `1급` 가릴 **간:** 手 / 9 〔동〕選,擇
손(扌)으로 될 것 안 될 것을 가려 뽑는(柬) 데서, '가리다'는 뜻이다.

〔읽기한자〕 揀選(간선) 揀擇(간택) 分揀(분간) 選揀(선간) 閱揀(열간) 汰揀(태간)

奸 1급 간사할 **간** 女 / 3 동邪, 僞, 惡
계집(女)이 남녀간의 도덕을 범하는(干) 데서, '간사하다, 부정하다'는 뜻이다.

읽기한자 奸計(간계) 奸曲(간곡) 奸巧(간교) 奸黨(간당) 奸徒(간도) 奸吏(간리) 奸婦(간부) 奸邪(간사)
奸惡(간악) 奸才(간재) 奸凶(간흉) 大奸(대간) 斬奸(참간) 漢奸(한간)

癎 1급 간질 **간(:)** 疒 / 12
사이(間)를 두고 일어나는 발작, 경련 등의 병(疒)으로, '간질'을 뜻한다.

읽기한자 癎病(간병) 癎疾(간질) 癲癎(전간)

諫 1급 간할 **간:** 言 / 9 동諭, 諍
윗사람의 언동의 좋고 나쁨을 골라(柬) 비평하는(言) 것에서, '간(諫)하다'는 뜻이다.

읽기한자 諫鼓(간고) 諫勸(간권) 諫輔(간보) 諫疏(간소) 諫言(간언) 諫正(간정) 諫止(간지) 固諫(고간)
苦諫(고간) 泣諫(읍간) 切諫(절간) 正諫(정간) 至諫(지간) 直諫(직간) 忠諫(충간)

墾 1급 개간할 **간** 土 / 13 비懇 동耕
땅(土)을 여는(貇＝開) 것으로, '개간하다, 땅을 갈다'는 뜻이다.

읽기한자 墾耕(간경) 墾發(간발) 墾闢(간벽) 墾植(간식) 墾田(간전) 墾鑿(간착) 墾荒(간황) 開墾(개간)
勤墾(근간) 未墾(미간) 新墾(신간) 再墾(재간)

竿 1급 낚싯대 **간** 竹 / 3 비竽
대나무(竹)로 만든 깃대나 장대(干)로, '낚싯대'를 뜻한다.

읽기한자 竿頭(간두) 竿尺(간척) 旗竿(기간) 度竿(도간) 帆竿(범간) 修竿(수간) 緣竿(연간)

澗 1급 산골물 **간:** 水 / 12
물(氵)이 산 사이(間)로 흐르는 것으로, '산골 물'을 뜻한다.

읽기한자 澗谷(간곡) 澗礫(간력) 澗水(간수) 澗阿(간아) 澗泉(간천) 澗響(간향) 鷄澗(계간) 溝澗(구간)
冷澗(냉간) 山澗(산간) 阻澗(조간)

艱 1급 어려울 **간** 艮 / 11 비難 동苦, 困, 難 반易
가뭄(堇)이 나 일이 앞으로 나아가지 못하는(艮) 것으로, '어렵다, 괴롭다'는 뜻이다.

읽기한자 艱苦(간고) 艱苟(간구) 艱棘(간극) 艱難(간난) 艱辛(간신) 艱深(간심) 艱虞(간우) 艱患(간환)
苦艱(고간) 曲艱(곡간) 難艱(난간) 內艱(내간) 母艱(모간) 私艱(사간) 辛艱(신간) 丁艱(정간)
阻艱(조간)

艮 2급(名) 괘이름 **간** 艮 / 0 동 止

본래 사람의 눈을 본뜬 글자이나 64괘(卦)의 하나로 쓰이며, '머무르다'는 뜻이다.

읽기한자 艮方(간방) 艮止(간지) 艮峴(간현)

杆 2급(名) 몽둥이 **간** 木 / 3

장대(干=竿)처럼 곧게 뻗은 나무(木)로 만든 것으로, '몽둥이'를 뜻한다. 또 나무(木)로 만든 방패(干)로 '나무 방패'를 뜻한다.

읽기한자 杆城(간성) 欄杆(난간) 槍杆(창간)

姦 3급 간음할 **간:** 女 / 6 동 淫

계집 녀(女) 셋을 써서 간사함을 나타낸 글자로, '간음하다, 간사하다'는 뜻이다.

읽기한자 姦狡(간교) 姦鋒(간봉) 姦訛(간와) 姦枉(간왕) 姦諛(간유) 姦僭(간참) 姦猖(간창) 姦諂(간첨)
姦慝(간특) 姦俠(간협) 姦挾(간협) 姦猾(간활) 姦兇(간흉) 劫姦(겁간) 慝姦(특간)

쓰기한자 姦夫(간부) 姦婦(간부) 姦所(간소) 姦臣(간신) 姦淫(간음) 姦情(간정) 姦通(간통) 輪姦(윤간)
强姦(강간)

肝 3급II 간 **간(:)** 肉 / 3

몸(月)에 들어오는 독을 분해하고 막는 방패(干) 역할을 하는 곳으로 '간(肝)'을 뜻한다.

읽기한자 肝膈(간격) 獐肝(장간) 豬肝(저간)

쓰기한자 肝膽(간담) 肝癌(간암) 肝炎(간염) 肝要(간요) 肝油(간유) 肝腸(간장) 肝臟(간장) 洗肝(세간)
心肝(심간)

懇 3급II 간절할 **간:** 心 / 13 비 墾 동 誠, 切

두 손(豸)과 마음(心)을 다하여(艮) 기도하는 데서, '간절하다'는 뜻이다.

읽기한자 懇摯(간지) 懇囑(간촉) 懇惻(간측) 瀝懇(역간)

쓰기한자 懇曲(간곡) 懇求(간구) 懇切(간절) 懇請(간청)

刊 3급II 새길 **간** 刀 / 3 동 刻

칼(刂)로 나무를 깎는(干) 것으로 '새기다'는 뜻이다.

읽기한자 刊剝(간박) 刊删(간산)

쓰기한자 刊印(간인) 刊行(간행) 季刊(계간) 近刊(근간) 發刊(발간) 夕刊(석간) 續刊(속간) 旬刊(순간)
新刊(신간) 月刊(월간) 日刊(일간) 停刊(정간) 朝刊(조간) 終刊(종간) 週刊(주간) 重刊(중간)
創刊(창간) 初刊(초간) 出刊(출간) 廢刊(폐간) 休刊(휴간)

幹 | 3급Ⅱ | 줄기 **간** 干 / 10 | 비 幹

해가 돋아(軑) 위로 오르듯 하늘을 향해 자란 나무(木)의 줄기가 두드러진 데서, '줄기'의 뜻이다. 줄기가 큰 나무는 마을과 집의 방패 구실을 하는 데서, 뒤에 木이 干으로 바뀌었다.

읽기한자 莖幹(경간) 喬幹(교간) 軀幹(구간) 箭幹(전간)

쓰기한자 幹部(간부) 幹事(간사) 幹枝(간지) 骨幹(골간) 根幹(근간) 棟幹(동간) 語幹(어간) 才幹(재간) 主幹(주간)

簡 | 4급 | 대쪽 / 간략할 **간(:)** 竹 / 12 | 동 略, 札, 擇 | 반 細

틈(間)이 벌어진 대나무(竹)로, '대쪽'의 뜻이다. 또, 옛날 종이가 만들어지기 전에 대쪽에 글자를 써 넣었으므로, '서책, 편지'의 뜻을 나타낸다. 또 대쪽은 온갖 것이 갖추어 지지 않은 간단한 것으로 '간략하다'는 뜻도 나타낸다.

읽기한자 簡樸(간박) 簡捷(간첩) 簡闊(간활) 銓簡(전간)

쓰기한자 簡潔(간결) 簡單(간단) 簡略(간략) 簡明(간명) 簡素(간소) 簡約(간약) 簡易(간이) 簡要(간요) 簡紙(간지) 簡札(간찰) 簡冊(간책) 簡擇(간택) 簡便(간편) 內簡(내간) 書簡(서간) 竹簡(죽간)

干 | 4급 | 방패 **간** 干 / 0 | 비 于, 千 | 반 戈, 滿

손잡이가 달린 방패의 모양을 본뜬 것으로, '방패'를 뜻한다. 적을 찌르거나 막기도 하는 무기에서 '범하다, 거스르다'는 뜻도 나타낸다.

읽기한자 闌干(암간)

쓰기한자 干戈(간과) 干滿(간만) 干冒(간모) 干涉(간섭) 干城(간성) 干與(간여) 干潮(간조) 干證(간증) 干支(간지) 干拓(간척) 欄干(난간) 十干(십간) 若干(약간) 如干(여간) 天干(천간)

看 | 4급 | 볼 **간** 目 / 4

손(手)을 눈(目) 위에 올리고 멀리까지 살펴보는 데서, '보다'는 뜻이다.

읽기한자 看做(간주) 泛看(범간) 羞看(수간) 歇看(헐간)

쓰기한자 看過(간과) 看病(간병) 看守(간수) 看破(간파) 看板(간판) 看護(간호)

間 | 7급Ⅱ | 사이 **간(:)** 門 / 4 | 비 問 | 동 隔, 隙

닫혀있는 문(門) 틈으로 아침 해(日)의 빛이 새어 들어오는 데서, '사이, 틈'을 뜻한다.

읽기한자 間隙(간극) 股間(고간) 窺間(규간) 坊間(방간) 幇間(방간) 腋間(액간) 讒間(참간) 艙間(창간) 晦間(회간)

쓰기한자 間隔(간격) 間斷(간단) 間伐(간벌) 間選(간선) 間食(간식) 間言(간언) 間作(간작) 間接(간접) 間紙(간지) 間諜(간첩) 間或(간혹) 空間(공간) 區間(구간) 近間(근간) 其間(기간) 期間(기간) 年間(연간) 單間(단간) 離間(이간) 幕間(막간) 眉間(미간) 民間(민간) 山間(산간) 世間(세간) 瞬間(순간) 時間(시간) 夜間(야간) 人間(인간) 暫間(잠간) 晝間(주간) 週間(주간) 中間(중간) 巷間(항간) 行間(행간)

褐 | 1급 | 갈색 / 굵은베 **갈** 衣 / 9

칡(曷) 섬유로 짠 거친 베옷(衤)으로, '갈의'를 뜻한다. 또, '갈색'을 뜻한다.

읽기한자 褐博(갈박) 褐夫(갈부) 褐色(갈색) 褐衣(갈의) 褐炭(갈탄) 短褐(단갈) 馬褐(마갈) 毛褐(모갈) 釋褐(석갈) 粗褐(조갈) 振褐(진갈) 布褐(포갈) 皮褐(피갈) 解褐(해갈)

喝 1급 　꾸짖을 **갈** 　口 / 9 　등 呵, 罵, 叱, 責

목소리(口)를 높이는(曷) 데서, '꾸짖다, 목이 쉬다'는 뜻이다.

읽기한자　喝道(갈도) 喝食(갈식) 喝采(갈채) 喝破(갈파) 恐喝(공갈) 大喝(대갈) 捧喝(봉갈) 流喝(유갈)
陰喝(음갈) 引喝(인갈) 叱喝(질갈) 虛喝(허갈) 呼喝(호갈)

竭 1급 　다할 **갈** 　立 / 9 　등 盡

서서(立) 등에 짊어져 높이 올리는(曷) 데서, '높이 올리다'는 뜻이다. 또, 渴과 통하여 '물이 마르다, 다하다'는 뜻이다.

읽기한자　竭力(갈력) 竭論(갈론) 竭誠(갈성) 竭盡(갈진) 竭忠(갈충) 乾竭(건갈) 傾竭(경갈) 空竭(공갈)
窮竭(궁갈) 貧竭(빈갈) 衰竭(쇠갈) 虛竭(허갈)

鞨 2급(名) 　오랑캐이름 **갈** 　革 / 9

말갈(靺鞨) 종족의 이름자이다. 본래는 가죽(革)을 칡(曷=葛)처럼 엮은 신발을 나타낸다.

읽기한자　履鞨(이갈) 靺鞨(말갈)

葛 2급 　칡 **갈** 　艸 / 9

수직으로 자라는 풀의 속성을 어기고(曷) 가로로 자라는 풀(艹)로 '칡'을 뜻한다.

읽기한자　葛巾(갈건)
쓰기한자　葛根(갈근) 葛藤(갈등) 葛籠(갈롱) 葛粉(갈분) 葛衣(갈의) 葛布(갈포) 葛洪(갈홍) 葛花(갈화)
瓜葛(과갈) 管葛(관갈) 細葛(세갈) 虎葛(호갈)

渴 3급 　목마를 **갈** 　水 / 9

햇(日)볕에 싸여서(勹) 사람(人)이 물(氵)을 마시고 싶어 한다는 데서 '목마르다'는 뜻이다.

읽기한자　渴痢(갈리) 渴悶(갈민)
쓰기한자　渴求(갈구) 渴急(갈급) 渴望(갈망) 渴愛(갈애) 渴症(갈증) 枯渴(고갈) 苦渴(고갈) 飢渴(기갈)
燥渴(조갈) 酒渴(주갈) 焦渴(초갈) 解渴(해갈)

紺 1급 　감색 / 연보라 **감** 　糸 / 5

푸른 바탕에 붉은 색을 끼워 넣은(甘=拑) 색으로, '감색, 연보라'를 뜻한다.

읽기한자　紺瞳(감동) 紺碧(감벽) 紺宇(감우) 紺園(감원) 紺靑(감청)

疳 1급 　감질 **감** 　疒 / 5

단(甘) 것을 많이 먹은 어린아이에게 생기는 병(疒)으로, 얼굴이 누렇게 뜨고 몸이 여위며
배가 불러 끓고 영양 장애나 소화 불량 따위의 증상이 나타나는 '감질'을 뜻한다.

읽기한자　疳病(감병) 疳積(감적) 疳疾(감질) 疳瘡(감창) 牙疳(아감) 五疳(오감) 下疳(하감)

堪 | 1급 | 견딜 **감** | 土 / 9 | 통 耐. 忍
본래 흙(土)으로 만든 화덕(甚)을 나타냈으나, 戡 등과 통하여 '견디다, 이겨내다'는 뜻이다.

읽기한자 堪輿(감여) 克堪(극감) 難堪(난감) 不堪(불감) 自堪(자감) 堪當(감당)

瞰 | 1급 | 굽어볼 **감** | 目 / 12
눈(目)으로 위에서 허리를 굽혀 엿보는(敢＝監) 것으로, '굽어 보다'는 뜻이다.

읽기한자 瞰臨(감림) 瞰射(감사) 瞰視(감시) 瞰下(감하) 窺瞰(규감) 延瞰(연감) 鳥瞰(조감) 下瞰(하감)

柑 | 1급 | 귤 **감** | 木 / 5 | 통 橘
단(甘) 열매가 열리는 나무(木)로, '홍귤나무, 귤'을 뜻한다.

읽기한자 金柑(금감) 蜜柑(밀감) 乳柑(유감) 黃柑(황감)

勘 | 1급 | 헤아릴 **감** | 力 / 9 | 통 檢. 校. 査. 審
여러 책을 늘어놓고(匹) 책 갈피표를 끼워서(甘) 힘써(力) 조사하는 데서, '헤아리다'는 뜻이다.

읽기한자 勘檢(감검) 勘校(감교) 勘査(감사) 勘誤(감오) 勘定(감정) 勘合(감합) 檢勘(검감) 校勘(교감) 點勘(점감)

憾 | 2급 | 섭섭할 **감:** | 心 / 13 | 통 怨. 恨
마음(忄)이 커다란 자극에 흔들려 느끼는(感) 것으로, '섭섭하다'는 뜻이다.

읽기한자 挾憾(협감)
쓰기한자 憾怨(감원) 憾悔(감회) 舊憾(구감) 悲憾(비감) 私憾(사감) 素憾(소감) 宿憾(숙감) 遺憾(유감)

鑑 | 3급Ⅱ | 거울 **감** | 金 / 14 | 약 鑑
쇠(金)를 갈고 닦아서 자기 모습을 살펴볼(監) 수 있게 만든 것으로, '거울'을 뜻한다.

읽기한자 宸鑑(신감) 藻鑑(조감)
쓰기한자 鑑戒(감계) 鑑古(감고) 鑑別(감별) 鑑査(감사) 鑑賞(감상) 鑑識(감식) 鑑定(감정) 鑑察(감찰) 鑑札(감찰) 鑑票(감표) 鏡鑑(경감) 龜鑑(귀감) 年鑑(연감) 圖鑑(도감) 寶鑑(보감) 升鑑(승감) 印鑑(인감)

敢 | 4급 | 감히 / 구태여 **감:** | 攴 / 8 | 통 勇
손에 칼을 들고 쳐서(攵) 적의 귀(耳)를 베는(工) 데서, '굳세다, 날래다'는 뜻이다. 또, '감히, 구태여'를 뜻한다.

쓰기한자 敢犯(감범) 敢死(감사) 敢戰(감전) 敢請(감청) 敢鬪(감투) 敢行(감행) 果敢(과감) 豈敢(기감) 勇敢(용감)

甘 4급 달 **감** 甘 / 0 🔄 苦
입 안에 사탕을 물고 있는 모양을 본뜬 것으로, '달다'는 뜻이다.

📖 읽기한자 甘橘(감귤) 甘嗜(감기) 甘煖(감난) 甘棠(감당) 甘醴(감례) 甘暝(감명) 甘鰒(감복) 甘鼠(감서)
✏️ 쓰기한자 甘醇(감순) 甘蔗(감자) 甘饌(감찬) 甘蕉(감초) 甘呑(감탄) 甘鹹(감함)
甘結(감결) 甘苦(감고) 甘瓜(감과) 甘藍(감람) 甘味(감미) 甘美(감미) 甘辭(감사) 甘受(감수)
甘水(감수) 甘食(감식) 甘心(감심) 甘言(감언) 甘雨(감우) 甘油(감유) 甘井(감정) 甘精(감정)
甘酒(감주) 甘旨(감지) 甘泉(감천) 甘草(감초) 甘湯(감탕) 旨甘(지감)

減 4급Ⅱ 덜 **감:** 水 / 9 🔄 滅 🔄 削, 省, 損 🔄 减
물(氵)이 다(咸) 없어지는 데에서, '덜다, 줄다'는 뜻이다.

📖 읽기한자 減耗(감모) 減黜(감출) 耗減(모감) 蕩減(탕감)
✏️ 쓰기한자 加減(가감) 減價(감가) 減軍(감군) 減等(감등) 減量(감량) 減免(감면) 減配(감배) 減俸(감봉)
減産(감산) 減算(감산) 減殺(감쇄) 減勢(감세) 減稅(감세) 減少(감소) 減速(감속) 減損(감손)
減壽(감수) 減收(감수) 減數(감수) 減水(감수) 減額(감액) 減員(감원) 減點(감점) 減縮(감축)
減退(감퇴) 減刑(감형) 激減(격감) 輕減(경감) 急減(급감) 半減(반감) 削減(삭감) 節減(절감)
漸減(점감) 增減(증감) 差減(차감) 遞減(체감)

監 4급Ⅱ 볼 **감** 皿 / 9 🔄 觀, 視, 察 🔄 监
사람(人)이 눈(臣)으로 그릇(皿)에 담긴 물을 내려다보면서 자기의 얼굴을 살핀다는 데서,
'보다'는 뜻이다.

📖 읽기한자 監祠(감사) 台監(태감)
✏️ 쓰기한자 監觀(감관) 監禁(감금) 監奴(감노) 監督(감독) 監理(감리) 監房(감방) 監事(감사) 監査(감사)
監修(감수) 監視(감시) 監營(감영) 監獄(감옥) 監院(감원) 監葬(감장) 監察(감찰) 警監(경감)
校監(교감) 大監(대감) 令監(영감) 舍監(사감) 收監(수감) 移監(이감) 入監(입감) 出監(출감)
統監(통감) 縣監(현감)

感 6급 느낄 **감:** 心 / 9 🔄 覺
모처럼 잘 익은 과일을 다(咸) 먹어서 마음(心)이 움직이는 것으로, '느끼다'는 뜻이다.

📖 읽기한자 感咽(감열) 感涕(감체) 感慟(감통) 感佩(감패) 媚感(미감) 惶感(황감) 嗅感(후감)
✏️ 쓰기한자 感覺(감각) 感激(감격) 感動(감동) 感銘(감명) 感服(감복) 感謝(감사) 感傷(감상) 感想(감상)
感性(감성) 感泣(감읍) 感應(감응) 感電(감전) 感情(감정) 感觸(감촉) 感歎(감탄) 感懷(감회)
共感(공감) 鈍感(둔감) 靈感(영감) 六感(육감) 萬感(만감) 敏感(민감) 反感(반감) 所感(소감)
實感(실감) 豫感(예감) 肉感(육감) 切感(절감) 情感(정감) 增感(증감) 直感(직감) 體感(체감)
觸感(촉감) 快感(쾌감) 痛感(통감) 好感(호감)

匣 1급 갑(匣) **갑** 匚 / 5
넣은 물건을 거북의 등딱지(甲)와 같이 가려서 감추는 작은 상자(匚)로, '갑(匣)'을 뜻한다.

📖 읽기한자 劍匣(검갑) 鏡匣(경갑) 固匣(고갑) 玉匣(옥갑) 漆匣(칠갑) 虛匣(허갑)

閘 | 1급 | 수문 **갑** | 門 / 5

물을 덮어 싸서(甲) 가두는 문(門)으로, '갑문(閘門), 수문'을 뜻한다.

읽기한자　閘頭(갑두) 閘門(갑문) 閘夫(갑부) 閘室(갑실) 水閘(수갑)

 鉀 | 2급(名) | 갑옷 **갑** | 金 / 5

금속류(金)를 이용하여 만든 껍질(甲)로, '갑옷'을 뜻한다.

읽기한자　貫鉀(관갑) 皮鉀(피갑) 被鉀(피갑)

 岬 | 2급(名) | 곶[串] **갑** | 山 / 5

산(山)의 허리(甲=脅) 부분으로, '곶(串), 산기슭, 산허리'를 뜻한다.

읽기한자　갑사(岬寺)

 甲 | 4급 | 갑옷 **갑** | 田 / 0 | 통 殼

호두, 복숭아 등의 씨앗의 모양으로 껍질이 단단하다는 데서, '갑옷'을 뜻한다.

읽기한자　甲袋(갑대) 甲乭(갑돌) 甲煎(갑전) 魁甲(괴갑) 遁甲(둔갑) 鱗甲(인갑) 鱉甲(별갑) 緋甲(비갑)
犀甲(서갑) 戌甲(수갑) 膝甲(슬갑) 牌甲(패갑)

쓰기한자　甲家(갑가) 甲年(갑년) 甲利(갑리) 甲班(갑반) 甲盤(갑반) 甲方(갑방) 甲邊(갑변) 甲兵(갑병)
甲富(갑부) 甲部(갑부) 甲士(갑사) 甲狀(갑상) 甲時(갑시) 甲申(갑신) 甲夜(갑야) 甲宴(갑연)
甲葉(갑엽) 甲午(갑오) 甲衣(갑의) 甲日(갑일) 甲子(갑자) 甲種(갑종) 甲蟲(갑충) 甲板(갑판)
堅甲(견갑) 龜甲(귀갑) 機甲(기갑) 同甲(동갑) 六甲(육갑) 進甲(진갑) 鐵甲(철갑) 華甲(화갑)
環甲(환갑) 還甲(환갑) 回甲(회갑)

 糠 | 1급 | 겨 **강** | 米 / 11

매갈이(康) 때 나오는 미곡(米)의 껍질로, '겨'를 뜻한다.

읽기한자　糠蝦(강하) 糟糠(조강)

薑 | 1급 | 생강 **강** | 艸 / 13

향내와 매운 맛이 강한(彊) 식물(艹)로, '생강'을 뜻한다.

읽기한자　薑桂(강계) 乾薑(건강) 生薑(생강) 片薑(편강)

腔 [1급] 속빌 **강** 肉 / 8 [동] 腸

몸(月) 안이 공허한(空) 데서, '창자, 속 비다'는 뜻이다.

[읽기한자] 腔子(강자) 腔腸(강장) 空腔(공강) 滿腔(만강) 腹腔(복강) 新腔(신강) 體腔(체강) 土腔(토강)

慷 [1급] 슬플 **강:** 心 / 11 [동] 愾

마음(忄)이 상기되어 오르는(康) 것으로, '슬프다'는 뜻이다.

[읽기한자] 慷愾(강개) 愾慷(개강)

彊 [2급(名)] 굳셀 **강** 弓 / 13 [비] 疆

본래는 활(弓)로 밭(田)사이에 경계선을 긋는 것이나 그 행위의 굳셈을 의미하게 되어, '굳세다'는 뜻이다.

[읽기한자] 彊弓(강궁) 彊弩(강노) 彊藩(강번) 彊澁(강삽) 彊禦(강어) 力彊(역강) 武彊(무강) 樸彊(박강) 雄彊(웅강)

岡 [2급(名)] 산등성이 **강** 山 / 5

그물(岡=罔)을 펼쳐 놓은 듯한 나지막한 산 등으로, '산등성이, 언덕'을 뜻한다.

[읽기한자] 岡陵(강릉) 岡阜(강부) 福岡(복강)

姜 [2급(名)] 성(姓) **강** 女 / 6

양(羊) 토템을 지닌 모계사회(女)의 한 부족에 근원을 둔 姓氏이다.

[읽기한자] 姬姜(희강)

崗 [2급(名)] 언덕 **강** 山 / 8

그물(岡=罔)을 펼쳐 놓은 듯한 나지막한 산 등으로, '언덕, 산등성이'를 뜻한다.

疆 [2급(名)] 지경 **강** 田 / 14 [비] 彊 [동] 境, 界, 域

활(弓)로 밭(田) 사이에 경계선을 긋는 데서, '지경'을 뜻한다.

[읽기한자] 疆界(강계) 疆內(강내) 疆吏(강리) 疆上(강상) 疆塞(강새) 疆域(강역) 疆外(강외) 疆土(강토) 無疆(무강) 邊疆(변강) 分疆(분강) 侵疆(침강)

鋼 [3급Ⅱ] 강철 **강** 金 / 8

산등성이(岡)의 바위처럼 굳센 쇠(金)로, '강철'을 뜻한다.

[쓰기한자] 鋼線(강선) 鋼船(강선) 鋼鐵(강철) 鋼板(강판) 鋼筆(강필) 鍊鋼(연강) 製鋼(제강) 鐵鋼(철강)

剛 `3급II` 굳셀 **강** 刀 / 8 圄健, 堅, 勁, 毅 땐柔

칼(刂)이 산등성이(岡)의 바위도 자를 만하다는 데서, '굳세다'는 뜻이다.

임기한자 剛勁(강경) 剛梗(강경) 剛戾(강려) 剛邁(강매) 剛忿(강분) 剛毅(강의) 剛躁(강조) 剛愎(강퍅)

쓰기한자 剛健(강건) 剛氣(강기) 剛斷(강단) 剛度(강도) 剛烈(강렬) 剛毛(강모) 剛性(강성) 剛柔(강유)
剛日(강일) 剛正(강정) 剛志(강지) 剛直(강직) 剛體(강체)

綱 `3급II` 벼리 **강** 糸 / 8 圓網 圄紀, 維

실(糸)로 산등성이(岡) 같이 단단하게 꼬아 놓은 것으로, 그물의 위쪽 코를 꿰어 잡아당겨
그물을 오므렸다 폈다 할 수 있는 줄인 '벼리'를 뜻한다. 나아가, 일이나 글의 뼈대가 되는
'줄거리'를 뜻한다.

임기한자 綱紐(강뉴)

쓰기한자 綱領(강령) 綱目(강목) 綱常(강상) 綱要(강요) 紀綱(기강) 大綱(대강) 三綱(삼강) 要綱(요강)
政綱(정강)

降 `4급` 내릴 **강**: / 항복할 **항** 阜 / 6 圄下

높은 산의 벼랑(阝)에서 낮은 곳으로 내려오는(夅) 데서, '내리다, 항복하다'는 뜻이다.

임기한자 降嫁(강가) 降虜(항로) 降祐(강우) 謫降(적강) 陟降(척강) 貶降(폄강)

쓰기한자 降階(강계) 降壇(강단) 降等(강등) 降臨(강림) 降福(강복) 降伏(항복) 降書(항서) 降水(강수)
降神(강신) 降雨(강우) 降板(강판) 降下(강하) 沈降(침강) 誕降(탄강) 投降(투항) 下降(하강)
滑降(활강)

講 `4급II` 욀 **강**: 言 / 10 圄釋, 誦, 解

배우고 익힌 것을 말씀(言)으로 잘 얽어(冓) 구술하는 것으로, '외다, 풀이하다'는 뜻이다.
또, 말씀을 잘 얽어 상대를 이해시키는 것으로, '화해하다'는 뜻이다.

임기한자 講繹(강역) 講筵(강연) 按講(안강)

쓰기한자 講究(강구) 講壇(강단) 講堂(강당) 講讀(강독) 講論(강론) 講士(강사) 講師(강사) 講習(강습)
講演(강연) 講義(강의) 講座(강좌) 講評(강평) 講和(강화) 講話(강화) 開講(개강) 結講(결강)
缺講(결강) 補講(보강) 續講(속강) 受講(수강) 終講(종강) 聽講(청강) 出講(출강) 特講(특강)
閉講(폐강) 休講(휴강)

康 `4급II` 편안 **강** 广 / 8 圄寧

해가 뜰 때부터 밤에 이르기(隶)까지 집(广)에서 일하면서도 몸이 튼튼한 데서, '편안하다,
튼튼하다'는 뜻이다.

임기한자 康逵(강규) 凱康(개강)

쓰기한자 康居(강거) 康健(강건) 康國(강국) 康年(강년) 康寧(강녕) 康里(강리) 康福(강복) 健康(건강)
萬康(만강) 小康(소강)

强 | 6급 | 강할 **강(:)** | 弓 / 8 | 圄 健, 勁, 硬 | 凲 弱

활(弓)에 사용하는 실은 누에고치(雖)에서 뽑은 실을 송진 등을 발라서 강한 힘으로 당겨도 끊어지지 않도록 한 것에서 '강하다'는 뜻이다.

읽기한자
頑强(완강) 拗强(요강) 强弩(강노) 强頑(강완) 强靭(강인)

쓰기한자
堅强(견강) 屈强(굴강) 列强(열강) 莫强(막강) 補强(보강) 富强(부강) 增强(증강) 最强(최강)
强姦(강간) 强健(강건) 强硬(강경) 强攻(강공) 强勸(강권) 强度(강도) 强盜(강도) 强烈(강렬)
强賣(강매) 强辯(강변) 强盛(강성) 强勢(강세) 强壓(강압) 强弱(강약) 强要(강요) 强壯(강장)
强敵(강적) 强占(강점) 强點(강점) 强制(강제) 强調(강조) 强震(강진) 强打(강타) 强奪(강탈)
强行(강행) 强豪(강호) 强化(강화)

 江 | 7급Ⅱ | 강 **강** | 水 / 3 | 圄 河 | 凲 山

물(氵)이 오랜 세월 흐르면서 만든(工) 것으로, '강(江)'을 뜻한다.

읽기한자
江芒(강망) 江靡(강미) 江畔(강반) 江靄(강애) 江檻(강함) 江瀅(강형) 澄江(징강)

쓰기한자
江郊(강교) 江南(강남) 江陵(강릉) 江邊(강변) 江山(강산) 江心(강심) 江村(강촌) 江幅(강폭)
江湖(강호) 渡江(도강) 漢江(한강)

凱 | 1급 | 개선할 **개:** | 几 / 10

전쟁에 이겨(豈) 제사(几)를 지내며 기뻐하는 것으로, '싸움에 이기고 풍악을 울리며 돌아오다, 개선하다'는 뜻이다.

읽기한자
凱歌(개가) 凱康(개강) 凱歸(개귀) 凱旋(개선) 凱樂(개악) 凱易(개이) 凱悌(개제) 凱陣(개진)
凱風(개풍) 大凱(대개) 元凱(원개) 振凱(진개) 泰凱(태개) 八凱(팔개)

芥 | 1급 | 겨자 **개** | 艸 / 4

혀와 코에 자극을 주는(介＝害) 식물(艹)로, '겨자'를 뜻한다.

읽기한자
芥屑(개설) 芥子(개자) 芥舟(개주) 芥塵(개진) 塵芥(진개) 草芥(초개) 土芥(토개)

箇 | 1급 | 낱 **개(:)** | 竹 / 8 | 圀 个

따로 떨어져 독립성이 굳은(固) 대쪽(竹)으로, 물건을 셀 때의 助辭로 쓰이며, '낱'을 뜻한다.

읽기한자
箇箇(개개) 箇般(개반) 箇數(개수) 箇人(개인) 箇條(개조) 箇中(개중) 幾箇(기개) 苦箇(고개)
眞箇(진개) 此箇(차개) 好箇(호개)

漑 | 1급 | 물댈 **개:** | 水 / 11 | 圄 灌 | 얶 溉

물(氵)이 넘치는(旣) 것으로, '물 대다'는 뜻이다.

읽기한자
漑灌(개관) 漑汲(개급) 漑糞(개분) 漑田(개전) 漑浸(개침) 灌漑(관개) 滌漑(척개) 沆漑(항개)

愾 | 1급 | 성낼 **개:** | 心 / 10 | 圄 慨

마음(忄)의 노여움에서 거칠게 숨(氣)을 토하는 데서, '성내다, 한숨쉬다'는 뜻이다.

읽기한자
愾憤(개분) 憤愾(분개) 敵愾(적개)

塏 **2급(名)** 높은땅 **개:** 土 / 10
땅(土)이 높이 치솟은 산(豈)처럼 높은 데서, '높은 땅'을 뜻한다.

읽기한자 塏塏(개개) 李塏(이개) 爽塏(상개) 勝塏(승개) 幽塏(유개)

 价 **2급(名)** 클 **개:** 人 / 4
갑옷(介) 입은 사람(亻)이 본래 의미이고, '크다, 심부름하다' 등의 뜻으로도 쓰인다.

읽기한자 价人(개인) 使价(사개)

 皆 **3급** 다[總] **개** 白 / 4
나란히(比) 서 있는 사람들의 말(白)이 모두(皆) 같다는 데서, '다(總)'라는 뜻이다.

읽기한자 悉皆(실개)
쓰기한자 皆勤(개근) 皆兵(개병) 擧皆(거개)

 慨 **3급** 슬퍼할 **개:** 心 / 11 비 溉 동 慷 약 慨
이미(旣) 잘못된 일을 마음(忄) 속으로 느끼는 데서, '슬퍼하다'는 뜻이다.

읽기한자 慷慨(강개) 慨慷(개강)
쓰기한자 慨歎(개탄) 憤慨(분개)

介 **3급Ⅱ** 낄 **개:** 人 / 2
사람(人)이 양쪽(刂) 사이에 있는 것으로, '끼다'는 뜻이다.

읽기한자 介殼(개각) 介鱗(개린) 介祉(개지) 鱗介(인개)
쓰기한자 介潔(개결) 介意(개의) 介入(개입) 介在(개재) 媒介(매개) 紹介(소개) 一介(일개) 節介(절개)
仲介(중개)

槪 **3급Ⅱ** 대개 **개:** 木 / 11 비 慨 약 概
곡식을 될 때 용기에 넘치는 부분(旣)을 평미레(木)로 밀어서 대강 비슷하게 되는 데서,
'대개, 대강'을 뜻한다.

읽기한자 槪括(개괄) 梗槪(경개)
쓰기한자 槪觀(개관) 槪念(개념) 槪略(개략) 槪論(개론) 槪算(개산) 槪說(개설) 槪要(개요) 槪況(개황)
景槪(경개) 氣槪(기개) 大槪(대개) 疏槪(소개) 節槪(절개)

蓋 **3급Ⅱ** 덮을 **개(:)** 艸 / 10 동 覆 약 盖
그릇(皿) 속의 물건이 사라지지(去) 않도록 풀잎(艹)으로 덮는 데서, '덮다'는 뜻이다.

읽기한자 蓋棺(개관) 蓋笠(개립) 棺蓋(관개) 扇蓋(선개) 函蓋(함개)
쓰기한자 蓋車(개차) 蓋果(개과) 蓋石(개석) 蓋世(개세) 蓋然(개연) 蓋瓦(개와) 蓋草(개초) 蓋板(개판)
蓋皮(개피) 覆蓋(복개)

個　4급Ⅱ　　　　낱 개(:)　人 / 8　약 个

사람(亻)이 죽어 굳은(固) 몸뚱이를 물건처럼 하나 둘 세는 데서, '낱'을 뜻한다.

🖊 쓰기한자　各個(각개) 個當(개당) 個物(개물) 個別(개별) 個性(개성) 個數(개수) 個人(개인) 個體(개체)
　　　　　　　半個(반개) 別個(별개)

改　5급　　　　고칠 개(:)　攴 / 3　동 悛

손으로 채찍을 잡고 바르지 않은 행동을 한 자기(己)를 치는(攵) 것으로 '고치다'는 뜻이다.

🖊 읽기한자　改嫁(개가) 改刪(개산) 改悛(개전) 改撰(개찬) 改轍(개철) 釐改(이개) 刪改(산개) 撓改(요개)
　　　　　　　悛改(전개)
🖊 쓰기한자　改閣(개각) 改稿(개고) 改良(개량) 改名(개명) 改備(개비) 改書(개서) 改善(개선) 改選(개선)
　　　　　　　改設(개설) 改修(개수) 改惡(개악) 改作(개작) 改定(개정) 改正(개정) 改訂(개정) 改題(개제)
　　　　　　　改造(개조) 改宗(개종) 改差(개차) 改札(개찰) 改築(개축) 改置(개치) 改稱(개칭) 改痛(개통)
　　　　　　　改編(개편) 改廢(개폐) 改標(개표) 改票(개표) 改憲(개헌) 改革(개혁) 悔改(회개)

開　6급　　　　열 개　門 / 4　동 啓, 闢　반 閉

빗장(开)을 양손으로 들어올려 벗기고 출입문(門)을 여는 데서, '열다'는 뜻이다.

🖊 읽기한자　開墾(개간) 開曠(개광) 開襟(개금) 開淘(개도) 開闢(개벽) 開曙(개서) 開潝(개설) 開剪(개전)
　　　　　　　廓開(확개) 劈開(벽개) 鑿開(착개) 綻開(탄개)
🖊 쓰기한자　開講(개강) 開館(개관) 開鑛(개광) 開校(개교) 開國(개국) 開明(개명) 開門(개문) 開發(개발)
　　　　　　　開放(개방) 開封(개봉) 開設(개설) 開始(개시) 開業(개업) 開院(개원) 開議(개의) 開店(개점)
　　　　　　　開廷(개정) 開祖(개조) 開陳(개진) 開拓(개척) 開催(개최) 開通(개통) 開閉(개폐) 開票(개표)
　　　　　　　開學(개학) 開港(개항) 開花(개화) 開會(개회) 公開(공개) 滿開(만개) 未開(미개) 疏開(소개)
　　　　　　　續開(속개) 展開(전개) 切開(절개) 打開(타개)

客　5급Ⅱ　　　　손 객　宀 / 6　동 旅

집(宀)에 각각(各) 찾아 온 사람이 머무르며 이야기한다는 데서, '손'을 뜻한다.

🖊 읽기한자　嘉客(가객) 客坊(객방) 客帆(객범) 客邸(객저) 嬌客(교객) 驕客(교객) 陪客(배객) 謫客(적객)
　　　　　　　逋客(포객) 飄客(표객) 俠客(협객)
🖊 쓰기한자　佳客(가객) 客車(객차) 客苦(객고) 客觀(객관) 客氣(객기) 客兵(객병) 客費(객비) 客使(객사)
　　　　　　　客商(객상) 客席(객석) 客船(객선) 客星(객성) 客室(객실) 客心(객심) 客員(객원) 客店(객점)
　　　　　　　客主(객주) 客地(객지) 客體(객체) 客貨(객화) 劍客(검객) 顧客(고객) 觀客(관객) 旅客(여객)
　　　　　　　論客(논객) 墨客(묵객) 門客(문객) 賓客(빈객) 說客(세객) 乘客(승객) 食客(식객) 刺客(자객)
　　　　　　　醉客(취객) 賀客(하객)

羹　1급　　　　국 갱:　羊 / 13

새끼 양(羔) 따위를 무럭무럭 김이 오르도록 끓인 것으로, '국'을 뜻한다.

🖊 읽기한자　羹湯(갱탕) 羹獻(갱헌) 大羹(대갱) 肉羹(육갱)

坑 | 2급 | 구덩이 **갱** | 土 / 4 | 图 塹

땅(土)이 사람의 목(亢)처럼 움푹하게 패인 데서, '구덩이'를 뜻한다.

읽기한자 煖坑(난갱) 焚坑(분갱)

쓰기한자 坑谷(갱곡) 坑口(갱구) 坑內(갱내) 坑道(갱도) 坑夫(갱부) 鑛坑(광갱) 溫坑(온갱) 銀坑(은갱)
炭坑(탄갱)

醵 | 1급 | 추렴할 **거** / 추렴할 **갹** | 酉 / 13

여럿이 함께(豦) 추렴하여 술(酉)을 마시는 데서, '추렴하다'는 뜻이다.

읽기한자 醵金(거금/갹금) 醵飮(거음/갹음) 醵出(거출/갹출)

渠 | 1급 | 개천 **거** | 水 / 9 | 图 率, 帥, 首

자(榘=尺)를 대고 인공적으로 만든 도랑이나 개울(氵)로, '개천'을 뜻한다.

읽기한자 渠渠(거거) 渠門(거문) 渠眉(거미) 渠堰(거언) 渠黃(거황) 車渠(거거) 溝渠(구거) 船渠(선거)
暗渠(암거) 寧渠(영거) 義渠(의거) 漕渠(조거) 從渠(종거)

倨 | 1급 | 거만할 **거:** | 人 / 8 | 图 慢, 傲

사람(亻)이 철퍼덕 앉는(居) 것으로, '거만하다'는 뜻이다. 또, 踞와 통하여 '웅크리다, 걸터
앉다'는 뜻이다.

읽기한자 倨倨(거거) 倨見(거견) 倨固(거고) 倨氣(거기) 倨慢(거만) 倨侮(거모) 倨視(거시) 倨傲(거오)
簞倨(단거) 驕倨(교거) 句倨(구거) 倂倨(병거) 傲倨(오거)

距 | 3급Ⅱ | 상거(相距)할 **거:** | 足 / 5 | 图 離

발(𧾷)로 크게(巨) 걸어서 출발점에서 크게 멀어지는 데서, '상거하다, 떨어지다'는 뜻이다.

읽기한자 鉤距(구거) 爪距(조거)

쓰기한자 距骨(거골) 距今(거금) 距離(거리) 距星(거성) 距躍(거약) 距跳(거조) 鷄距(계거) 高距(고거)
相距(상거) 石距(석거) 燒距(소거) 視距(시거) 軸距(축거)

據 | 4급 | 근거 **거:** | 手 / 13 | 曾 拠

산에서 호랑이(虍)나 돼지(豖)를 만나면 손(扌)에 든 무기에 의지하여(據) 위기를 면한다
는 데서, '근거'를 뜻한다.

읽기한자 據軾(거식) 憑據(빙거) 按據(안거) 扼據(액거)

쓰기한자 據守(거수) 據室(거실) 據有(거유) 據點(거점) 據執(거집) 根據(근거) 論據(논거) 盤據(반거)
雄據(웅거) 依據(의거) 竊據(절거) 占據(점거) 準據(준거) 證據(증거) 割據(할거)

拒 | 4급 | 막을 **거**: 手 / 5

손(扌)을 크게(巨) 움직여 적과 겨루는 데서, '막다'는 뜻이다.

읽기한자 拒諱(거휘) 牢拒(뇌거)

쓰기한자 拒納(거납) 拒否(거부) 拒守(거수) 拒逆(거역) 拒戰(거전) 拒絶(거절) 抗拒(항거)

居 | 4급 | 살 **거** ： 尸 / 5 | 동 家, 館, 留, 住

일정 장소에 오랫동안(古) 몸(尸)을 의지하여 머무는 데서, '살다'는 뜻이다.

읽기한자 徙居(사거) 棲居(서거) 饒居(요거) 寓居(우거) 佚居(일거) 謫居(적거) 奠居(전거) 蟄居(칩거) 鰥居(환거)

쓰기한자 家居(가거) 康居(강거) 客居(객거) 居家(거가) 居官(거관) 居留(거류) 居民(거민) 居士(거사) 居山(거산) 居喪(거상) 居所(거소) 居室(거실) 居接(거접) 居停(거정) 居住(거주) 居處(거처) 居村(거촌) 居宅(거택) 居鄕(거향) 僑居(교거) 群居(군거) 寄居(기거) 起居(기거) 同居(동거) 別居(별거) 屛居(병거) 卜居(복거) 索居(삭거) 隱居(은거) 逸居(일거) 雜居(잡거) 占居(점거) 住居(주거) 穴居(혈거)

巨 | 4급 | 클 **거**: 工 / 2 | 비 臣 | 동 大 | 반 細

손잡이가 달린 큰(巨) 자의 모양을 본뜬 것으로, '크다'는 뜻이다.

읽기한자 巨鯨(거경) 巨魁(거괴) 巨溟(거명) 巨擘(거벽) 巨鼈(거별) 巨匠(거장) 巨嗤(거치)

쓰기한자 巨閣(거각) 巨金(거금) 巨大(거대) 巨盜(거도) 巨頭(거두) 巨木(거목) 巨物(거물) 巨物級(거물급) 巨步(거보) 巨富(거부) 巨事(거사) 巨商(거상) 巨石(거석) 巨船(거선) 巨勢(거세) 巨視的(거시적) 巨室(거실) 巨額(거액) 巨人(거인) 巨刹(거찰) 巨漢(거한) 巨艦(거함) 名門巨族(명문거족)

去 | 5급 | 갈 **거**: 厶 / 3 | 반 來, 留

안(厶)에 있는 것을 꺼낼 때 뚜껑(土)을 뜯어 제거하는 데서, '가다, 떠나다'는 뜻이다.

읽기한자 去矜(거긍) 去蒭(거약) 斂去(염거) 抹去(말거) 撥去(발거) 擲去(척거)

쓰기한자 去年(거년) 去毒(거독) 去來(거래) 去冷(거냉) 去聲(거성) 去勢(거세) 去處(거처) 去就(거취) 去皮(거피) 過去(과거) 屛去(병거) 逝去(서거) 收去(수거) 除去(제거) 撤去(철거) 退去(퇴거)

擧 | 5급 | 들 **거**: 手 / 14 | 동 動, 擢 | 약 挙, 舉

귀인이 탄 가마를 여럿이서 더불어(與) 손(手)으로 들어 올려 모는 데서, '들다, 높이 올리다'는 뜻이다.

읽기한자 擧觴(거상) 擧踵(거종) 擧擢(거탁) 擧劾(거핵) 擡擧(대거) 捷擧(첩거) 擢擧(탁거) 遐擧(하거) 駭擧(해거)

쓰기한자 擧皆(거개) 擧國(거국) 擧動(거동) 擧論(거론) 擧名(거명) 擧事(거사) 擧手(거수) 擧用(거용) 擧措(거조) 擧止(거지) 擧行(거행) 檢擧(검거) 科擧(과거) 大擧(대거) 列擧(열거) 枚擧(매거) 未擧(미거) 選擧(선거) 義擧(의거) 長擧(장거) 薦擧(천거) 稱擧(칭거) 快擧(쾌거) 暴擧(폭거)

車 7급II | 수레 **거** / 수레 **차** | 車 / 0 | 통 輛
수레의 모양을 본뜬 것으로, '수레'를 뜻한다.

 읽기한자
車駕(거가) 車渠(거거) 車轟(거굉) 車扱(차급) 車輻(거폭) 車轍(거철) 車轄(차할) 巾車(건거)
轎車(교거) 樞車(구거) 鸞車(난거) 輦車(연거) 藩車(번거) 腕車(완거) 枉車(왕거) 戎車(융거)
棧車(잔거) 椎車(추거) 馳車(치차) 箇車(통차) 罕車(한거) 頰車(협차)

 쓰기한자
車庫(차고) 車道(차도) 車輛(차량) 車輪(차륜) 車馬(거마) 車費(차비) 車掌(차장) 車種(차종)
車主(차주) 車窓(차창) 車體(차체) 車軸(차축) 車便(차편) 車票(차표) 汽車(기차) 列車(열차)
獵車(엽거) 馬車(마차) 拍車(박차) 發車(발차) 配車(배차) 白車(백차) 洗車(세차) 乘車(승차)
貳車(이거) 戰車(전차) 停車(정차) 舟車(주거) 駐車(주차) 廢車(폐차) 抛車(포거) 下車(하차)
火車(화차) 貨車(화차)

虔 1급 | 공경할 **건:** | 虍 / 4 | 통 恭, 誠, 肅
범(虎) 가죽 따위에 문신(文)을 놓는 의식의 모양에서, '공경하다, 삼가다'는 뜻이다.

 읽기한자
虔恪(건각) 虔虔(건건) 虔恭(건공) 虔劉(건류) 虔奉(건봉) 虔肅(건숙) 恪虔(각건) 敬虔(경건)
恭虔(공건) 肅虔(숙건) 嚴虔(엄건) 寅虔(인건) 精虔(정건)

巾 1급 | 수건 **건** | 巾 / 0
헝겊에 끈을 달아서 허리띠에 찔러 넣는 형상으로서, '수건'을 뜻한다.

 읽기한자
巾車(건거) 巾券(건권) 巾櫛(건즐) 巾車(건거) 巾布(건포) 巾幅(건폭) 角巾(각건) 葛巾(갈건)
大巾(대건) 頭巾(두건) 紗巾(사건) 手巾(수건) 僧巾(승건) 食巾(식건) 烏巾(오건) 儒巾(유건)
綸巾(윤건) 衣巾(의건) 布巾(포건) 被巾(피건) 解巾(해건)

腱 1급 | 힘줄 **건** | 肉 / 9
근육(月)의 기초(建)가 되는 희고 질긴 살의 줄로, '힘줄'을 뜻한다.

 읽기한자
腱膜(건막) 건삭(腱索)

鍵 2급(名) | 자물쇠 / 열쇠 **건:** | 金 / 9 | 통 關
쇠붙이(金)를 문짝이나 굴대에 세로로(建) 붙인 것으로, '자물쇠, 열쇠'를 뜻한다.

 읽기한자
鍵關(건관) 鍵盤(건반) 鍵閉(건폐) 管鍵(관건) 關鍵(관건)

乾 3급II | 하늘 / 마를 **건** | 乙 / 10 | 통 枯, 燥 | 반 濕, 坤
구불구불하게 생긴 초목의 새싹(乙)이 해가 떠오르듯(倝) 땅을 뚫고 나와 향하는 곳으로,
'하늘'을 뜻한다. 또 暵, 干과 통하여 '마르다'는 뜻이다.

 읽기한자
乾竭(건갈) 乾薑(건강) 乾坤一擲(건곤일척) 乾溜(건류) 乾裡(건리) 乾鰒(건복) 乾瘍(건양)
乾鵲(건작) 乾棗(건조) 乾蝦(건하) 乾柿(건시) 臘乾(납건)

 쓰기한자
乾固(건고) 乾坤(건곤) 乾空(건공) 乾期(건기) 乾達(건달) 乾畓(건답) 乾德(건덕) 乾杯(건배)
乾蔘(건삼) 乾性(건성) 乾濕(건습) 乾位(건위) 乾材(건재) 乾燥(건조) 乾菜(건채) 乾川(건천)
乾草(건초)

健 5급 굳셀 **건:** 人 / 9 비 建 동 剛, 勁
사람(亻)이 글자를 슬슬(聿) 쓰듯(聿) 병치레를 하지 않는 데서, '굳세다'는 뜻이다.

읽기한자 健爽(건상) 健羨(건선) 魁健(괴건)
쓰기한자 剛健(강건) 康健(강건) 健脚(건각) 健康(건강) 健婦(건부) 健勝(건승) 健實(건실) 健兒(건아)
健胃(건위) 健壯(건장) 健在(건재) 健全(건전) 健鬪(건투) 保健(보건) 穩健(온건) 強健(강건)

件 5급 물건 **건** 人 / 4
노예(亻)나 소(牛)와 같이 매여서 자유롭지 못한 데에서, 움직이지 않는 것, '물건'을 뜻한다.

읽기한자 侈件(치건)
쓰기한자 件名(건명) 件數(건수) 立件(입건) 物件(물건) 事件(사건) 案件(안건) 與件(여건) 餘件(여건)
要件(요건) 用件(용건) 條件(조건)

建 5급 세울 **건:** 廴 / 6 비 健 동 立
옛날 붓(聿)을 세워서(廴) 방위나 땅 모양을 확인하고 장소를 정한 데서, '세우다'는 뜻이다.

읽기한자 建盞(건잔)
쓰기한자 建國(건국) 建軍(건군) 建極(건극) 建立(건립) 建物(건물) 建碑(건비) 建設(건설) 建玉(건옥)
建議(건의) 建制(건제) 建除(건제) 建造(건조) 建築(건축) 建坪(건평) 建興(건흥) 再建(재건)
重建(중건) 創建(창건) 土建(토건)

杰 2급(名) 뛰어날 **걸** 木 / 4
불(灬)에 타지 않고 의연히 남아있는 나무(木)로, '뛰어나다'는 뜻이다. 傑의 同字로 주로
이름자에 쓰인다.

桀 2급(名) 하(夏)왕이름 **걸** 木 / 6
본래는 좌우 양발(舛)을 나무(木)에 결박하는 형벌을 나타낸다. 하(夏)나라 마지막 임금의
이름자이다.
읽기한자 桀紂(걸주) 喬桀(교걸) 駿桀(준걸) 暴桀(폭걸) 凶桀(흉걸)

乞 3급 빌 **걸** 乙 / 2 동 求
사람(人)이 새(乙)처럼 몸을 굽힌 데서, '빌다'는 뜻이다.

쓰기한자 乞求(걸구) 乞盟(걸맹) 乞命(걸명) 乞食(걸식) 乞人(걸인) 求乞(구걸)

傑 4급 뛰어날 **걸** 人 / 10
많은 사람(亻) 가운데서 빼어났다(桀) 하여, '뛰어나다'는 뜻이다.

읽기한자 魁傑(괴걸) 宏傑(굉걸) 挺傑(정걸)
쓰기한자 傑觀(걸관) 傑句(걸구) 傑氣(걸기) 傑立(걸립) 傑物(걸물) 傑士(걸사) 傑舍(걸사) 傑作(걸작)
傑出(걸출) 傑行(걸행) 怪傑(괴걸) 女傑(여걸) 英傑(영걸) 人傑(인걸) 俊傑(준걸) 夏傑(하걸)
豪傑(호걸)

劍	3급II	칼 **검:**	刀 / 13	약 剣

여러(僉) 사람이 모여서 칼(刂) 싸움을 한다는 데서 '칼'을 뜻한다.

읽기한자: 劍匣(검갑) 劍戟(검극) 劍戟(검극) 劍鋒(검봉) 劍棧(검잔) 撫劍(무검) 按劍(안검) 仗劍(장검)
杖劍(장검) 槍劍(창검) 佩劍(패검)

쓰기한자: 劍客(검객) 劍道(검도) 劍舞(검무) 劍術(검술) 戈劍(과검) 短劍(단검) 帶劍(대검) 刀劍(도검)
利劍(이검) 名劍(명검) 寶劍(보검) 長劍(장검) 着劍(착검) 隻劍(척검) 銃劍(총검)

儉	4급	검소할 **검:**	人 / 13	비 險, 檢 약 倹

사람(亻)이 생활에서 낭비가 없도록 스스로를 단속(僉=檢)하는 데서, '검소하다'는 뜻이다.

읽기한자: 儉吝(검린) 儉嗇(검색)
쓰기한자: 儉年(검년) 儉德(검덕) 儉省(검생) 儉素(검소) 儉約(검약) 勤儉(근검) 節儉(절검)

檢	4급II	검사할 **검:**	木 / 13	비 儉, 險 동 勘, 督, 査, 按, 閱, 察 약 検

나무(木)를 여러(僉) 개 모아 놓고 방벽을 쌓은 다음 지나가는 사람을 일일이 조사하는 데서, '검사하다'는 뜻이다.

읽기한자: 勘檢(감검) 檢勘(검감) 檢痰(검담) 檢按(검안) 檢勅(검칙) 訊檢(신검) 按檢(안검) 崖檢(애검)
쓰기한자: 檢擧(검거) 檢官(검관) 檢納(검납) 檢尿(검뇨) 檢督(검독) 檢量(검량) 檢流(검류) 檢律(검률)
檢問(검문) 檢事(검사) 檢査(검사) 檢算(검산) 檢索(검색) 檢束(검속) 檢數(검수) 檢屍(검시)
檢視(검시) 檢案(검안) 檢藥(검약) 檢疫(검역) 檢閱(검열) 檢溫(검온) 檢字(검자) 檢定(검정)
檢證(검증) 檢診(검진) 檢察(검찰) 檢出(검출) 檢討(검토) 檢便(검변) 檢票(검표) 檢品(검품)
臨檢(임검) 搜檢(수검) 點檢(점검)

怯	1급	겁낼 **겁**	心 / 5	동 怖

움츠려들어 뒷걸음질치는(去) 마음(忄)으로, '겁내다'는 뜻이다.

읽기한자: 怯懦(겁나) 怯劣(겁렬) 怯夫(겁부) 怯聲(겁성) 怯心(겁심) 怯言(겁언) 怯惰(겁타) 怯怖(겁포)
懦怯(나겁) 老怯(노겁) 卑怯(비겁) 生怯(생겁) 弱怯(약겁) 庸怯(용겁)

劫	1급	위협할 **겁**	力 / 5	동 迫

힘(力)으로 뚜껑을 덮는(盍) 것으로, '위협하다'는 뜻이다.

읽기한자: 劫姦(겁간) 劫劫(겁겁) 劫年(겁년) 劫略(겁략) 劫盟(겁맹) 劫迫(겁박) 劫餘(겁여) 劫獄(겁옥)
劫制(겁제) 劫初(겁초) 劫濁(겁탁) 劫害(겁해) 劫會(겁회)

偈	1급	불시(佛詩) **게:**	人 / 9	동 頌

부처의 공덕이나 가르침을 찬탄하는 노래, '불시(佛詩)'를 뜻한다.

읽기한자: 偈句(게구) 偈頌(게송) 歌偈(가게) 梵偈(범게) 法偈(법게) 寶偈(보게) 佛偈(불게) 遺偈(유게)

2급	높이들[擧] / 걸[掛] **게:** 手 / 9

손(扌)을 이용하여 높이 들어 거는(曷) 것으로, '높이 들다, 높이 걸다'는 뜻이다.

읽기한자 揭榜(게방) 揭帖(게첩)
쓰기한자 揭示(게시) 揭揚(게양) 揭載(게재) 高揭(고게) 上揭(상게)

2급	쉴 **게:** 心 / 12 **동** 息, 休

혀(舌)로 음식을 먹으며 쉰다(息)는 데서 '쉬다'는 뜻이다.

읽기한자 憩臂(게비) 倦憩(권게)
쓰기한자 憩泊(게박) 憩息(게식) 小憩(소게)

1급	가슴 **격** 肉 / 10

다리가 높아 땅위에서부터 멀리 떨어져 있는(鬲) 몸(月)으로, '가슴, 명치'를 뜻한다.

읽기한자 膈膜(격막) 肝膈(간격) 胸膈(흉격)

1급	격문(檄文) **격** 木 / 13

팻말(木)에 쓰인, 사람의 마음을 쳐서(敫) 움직이는 글로, 급히 알리거나 널리 군대를 모으는 '격문(檄文)'을 뜻한다.

읽기한자 檄文(격문) 檄召(격소) 檄致(격치) 軍檄(군격) 文檄(문격) 奉檄(봉격) 捧檄(봉격) 飛檄(비격)
羽檄(우격) 長檄(장격)

1급	박수[男巫] **격** 見 / 7 **반** 巫

신의 뜻을 볼(見) 수 있는 무당(巫)인 '박수[男巫]'를 뜻한다. 巫는 여자 무당, 覡은 남자 무당의 뜻으로 쓰인다.

읽기한자 男覡(남격) 巫覡(무격)

3급Ⅱ	사이뜰 **격** 阜 / 10 **동** 間, 阻

사다리(阝)와 발이 셋 달린 솥(鬲)을 본뜬 것으로 땅과 사이가 떠 있음을 나타내어, '사이 뜨다'는 뜻이다.

읽기한자 隔截(격절) 乖隔(괴격) 杜隔(두격) 遼隔(요격) 疏隔(소격) 壅隔(옹격) 阻隔(조격)
쓰기한자 間隔(간격) 隔年(격년) 隔離(격리) 隔月(격월) 隔意(격의) 隔日(격일) 隔差(격차) 懸隔(현격)

4급	격할 **격** 水 / 13 **동** 烈, 衝

폭포수(氵)가 바위에 부딪쳐(敫) 부서지는 모습에서, '격하다, 거세다'는 뜻이다.

읽기한자 激詭(격궤) 激忿(격분) 激迅(격신) 激箭(격전) 激昂(격앙) 詭激(궤격) 噴激(분격)
쓰기한자 感激(감격) 激減(격감) 激勸(격권) 激怒(격노) 激突(격돌) 激動(격동) 激落(격락) 激浪(격랑)
激勵(격려) 激烈(격렬) 激論(격론) 激流(격류) 激務(격무) 激發(격발) 激變(격변) 激奮(격분)
激憤(격분) 激賞(격상) 激成(격성) 激聲(격성) 激甚(격심) 激語(격어) 激音(격음) 激戰(격전)
激切(격절) 激情(격정) 激增(격증) 激讚(격찬) 激痛(격통) 激鬪(격투) 激波(격파) 激爆(격폭)
激化(격화) 激獎(격장) 過激(과격) 急激(급격)

擊 4급 　칠[打] **격** 手 / 13 　동 叩, 撞, 搏, 撲, 打 　약 擊

맨손(手)으로 또는 창(殳)을 들고 적군(軍)을 치는 데서, '치다'는 뜻이다.

읽기한자 　擊磬(격경) 擊叩(격고) 擊蹶(격궐) 擊撞(격당) 擊搏(격박) 擊撲(격박) 擊賊笏(격적홀)
擊汰(격태) 敲擊(고격) 毆擊(구격) 搏擊(박격) 駁擊(박격) 邀擊(요격) 狙擊(저격) 椎擊(추격)
笞擊(태격) 鞭擊(편격) 笏擊(홀격)

쓰기한자 　加擊(가격) 擊滅(격멸) 擊發(격발) 擊追(격추) 擊沈(격침) 擊退(격퇴) 擊破(격파) 攻擊(공격)
突擊(돌격) 目擊(목격) 反擊(반격) 排擊(배격) 射擊(사격) 襲擊(습격) 一擊(일격) 電擊(전격)
進擊(진격) 遮擊(차격) 銃擊(총격) 追擊(추격) 出擊(출격) 衝擊(충격) 打擊(타격) 砲擊(포격)
爆擊(폭격) 被擊(피격)

格 5급Ⅱ 　격식 **격** 木 / 6 　동 式

나뭇가지(木)가 각각(各) 주위 환경이나 형편에 자연스럽게 어울리며 일정한 틀을 지니고
있는 데서, '격식'을 뜻한다.

읽기한자 　格虜(격로) 縛格(박격)

쓰기한자 　價格(가격) 格納(격납) 格上(격상) 格式(격식) 格言(격언) 格子(격자) 格調(격조) 格差(격차)
格致(격치) 格鬪(격투) 格下(격하) 骨格(골격) 規格(규격) 同格(동격) 性格(성격) 昇格(승격)
神格(신격) 失格(실격) 嚴格(엄격) 人格(인격) 資格(자격) 適格(적격) 主格(주격) 體格(체격)
稱格(칭격) 破格(파격) 品格(품격) 合格(합격)

繭 1급 　고치 **견:** 糸 / 13

누에(虫)가 번데기로 변할 때에 실(糸)을 토하여 제 몸을 둘러싸서 만든 둥글고 길쭉한 모
양의(芇) 집으로, '고치'를 뜻한다.

읽기한자 　繭繭(견견) 繭館(견관) 繭眉(견미) 繭絲(견사) 繭蠶(견잠) 繭紬(견주) 繭紙(견지) 角繭(각견)
累繭(누견) 絲繭(사견) 野繭(야견) 魚繭(어견) 玉繭(옥견) 蠶繭(잠견) 重繭(중견)

譴 1급 　꾸짖을 **견:** 言 / 14 　동 呵, 謫, 責

말(言)로 책망하여 먼 곳으로 내치는(遣) 것으로, '꾸짖다'는 뜻이다.

읽기한자 　譴呵(견가) 譴告(견고) 譴怒(견노) 譴謫(견적) 譴責(견책) 譴黜(견출) 加譴(가견) 呵譴(가견)
怒譴(노견) 大譴(대견) 微譴(미견) 嚴譴(엄견) 罪譴(죄견) 斥譴(척견) 天譴(천견) 禍譴(화견)

鵑 1급 　두견새 **견** 鳥 / 7

가늘고 작은(肙) 새(鳥)로, '두견새'를 뜻한다.

읽기한자 　鵑花(견화)

甄 2급(名) 　질그릇 **견** 瓦 / 9 　동 陶

甄의 왼쪽 부분은 굴뚝을 본뜬 것으로 굴뚝이 있는 가마에서 구운 그릇(瓦)으로, '질그릇'
을 뜻한다.

읽기한자 　甄工(견공) 甄陶(견도)

遣 3급 보낼 **견:** 辵 / 10 〔비〕遺

양손으로 묶은 고기를 들고 먼 길(辶)을 가게 하는 데서, '보내다'는 뜻이다.

읽기한자 黜遣(출견)
쓰기한자 遣歸(견귀) 派遣(파견)

 絹 3급 비단 **견** 糸 / 7 〔비〕狷 〔동〕紗, 紬

누에의 몸(月)의 일부인 주둥이(口)에서 나온 실(糸)로 짠 천으로, '명주'를 뜻한다.

읽기한자 絹紬(견주) 賻絹(부견)
쓰기한자 絹本(견본) 絹絲(견사) 絹織(견직) 生絹(생견)

 肩 3급 어깨 **견** 肉 / 4

몸(月)의 일부로서 물건을 메서 머물게(戶) 할 수 있는 곳으로, '어깨'를 뜻한다.

읽기한자 肩輦(견련) 肩仔(견자) 鳶肩(연견) 仔肩(자견)
쓰기한자 肩骨(견골) 肩帶(견대) 肩等(견등) 肩部(견부) 肩輿(견여) 肩章(견장) 肩次(견차) 肩把(견파) 路肩(노견) 倂肩(병견) 比肩(비견) 雙肩(쌍견)

 牽 3급 이끌 / 끌 **견** 牛 / 7 〔동〕挽, 曳, 引

외양간(冖)에 있는 소(牛)를 새끼줄(玄)로 묶어 끌어내는 데서, '이끌다, 끌다'는 뜻이다.

읽기한자 牽羈(견기) 牽撈(견로) 牽攀(견반) 牽曳(견예) 牽纏(견전) 牽綴(견철) 纏牽(전견)
쓰기한자 牽絲(견사) 牽牛(견우) 牽引(견인) 牽制(견제) 拘牽(구견) 連牽(연견)

 犬 4급 개 **견** 犬 / 0 〔비〕大, 六, 太

개의 옆모양을 본뜬 글자로, '개'를 뜻한다.

읽기한자 犬猿(견원) 狡犬(교견) 尨犬(방견) 鷹犬(응견) 駿犬(준견) 卉犬(훼견)
쓰기한자 犬公(견공) 犬馬(견마) 犬齒(견치) 狂犬(광견) 軍犬(군견) 獵犬(엽견) 猛犬(맹견) 名犬(명견) 愛犬(애견) 忠犬(충견) 鬪犬(투견)

 堅 4급 굳을 **견** 土 / 8 〔동〕剛, 勁, 硬, 固, 強 〔약〕坚

땅(土)이 단단하다(臤)는 데서, '굳다'는 뜻이다.

읽기한자 堅殼(견각) 堅勁(견경) 堅牢(견뢰) 堅壘(견루) 堅靭(견인) 堅緻(견치) 悍堅(한견)
쓰기한자 堅甲(견갑) 堅決(견결) 堅固(견고) 堅果(견과) 堅利(견리) 堅氷(견빙) 堅石(견석) 堅城(견성) 堅守(견수) 堅信(견신) 堅實(견실) 堅約(견약) 堅持(견지) 堅確(견확) 堅強(견강) 中堅(중견) 中堅手(중견수)

見

5급II **볼 견: / 뵈올 현:** 見 / 0

사람(儿)의 가장 위에 큰 눈(目)이 있어 잘 보인다는 데서, '보다, 보이다'는 뜻이다.

 읽기한자 倨見(거견) 窺見(규견) 覲見(근현) 陋見(누견) 瞥見(별견) 鄙見(비견) 臆見(억견) 灼見(작견)
披見(피견) 罕見(한견)

쓰기한자 見聞(견문) 見本(견본) 見佛(견불) 見習(견습) 見識(견식) 見樣(견양) 見積(견적) 見地(견지)
見執(견집) 見責(견책) 見齒(현치) 見退(견퇴) 見解(견해) 高見(고견) 短見(단견) 謬見(유견)
發見(발견) 僻見(벽견) 散見(산견) 所見(소견) 識見(식견) 謁見(알현) 豫見(예견) 外見(외견)
愚見(우견) 意見(의견) 異見(이견) 一見(일견) 接見(접견) 政見(정견) 朝見(조현) 參見(참견)
卓見(탁견) 偏見(편견) 會見(회견) 後見(후견)

訣

3급II **이별할 결** 言 / 4　同 別

각자 따로 흩어져서(夬) 갈 것을 말한다(言)는 데서, '이별하다'는 뜻이다.

 읽기한자 囊訣(낭결)

쓰기한자 訣別(결별) 訣要(결요) 口訣(구결) 道訣(도결) 妙訣(묘결) 辭訣(사결) 生訣(생결) 神訣(신결)
永訣(영결) 要訣(요결) 引訣(인결) 眞訣(진결)

潔

4급II **깨끗할 결** 水 / 12　同 白, 齋, 淨

칼(刀)로 막대 봉(丰)에 멋있게 조각을 새기듯이 실타래(糸)를 모아서 물(氵) 속에 넣어
깨끗이 하는 데서, '깨끗하다'는 뜻이다.

읽기한자 潔癖(결벽) 皎潔(교결) 齋潔(재결)

쓰기한자 簡潔(간결) 介潔(개결) 潔白(결백) 潔身(결신) 高潔(고결) 不潔(불결) 純潔(순결) 淨潔(정결)
精潔(정결) 貞潔(정결) 淸潔(청결)

缺

4급II **이지러질 결** 缶 / 4　同 乏　略 欠

동이(缶)의 한 귀퉁이가 깨졌다(夬)는 데서, '이지러지다'는 뜻이다.

 읽기한자 缺籬(결리) 缺盆(결분) 缺乏(결핍) 淪缺(윤결) 剝缺(박결) 凋缺(조결) 頹缺(퇴결) 欠缺(흠결)

쓰기한자 開缺(개결) 缺講(결강) 缺勤(결근) 缺禮(결례) 缺番(결번) 缺席(결석) 缺損(결손) 缺食(결식)
缺如(결여) 缺員(결원) 缺點(결점) 缺陷(결함) 缺航(결항) 病缺(병결) 補缺(보결)

決

5급II **결단할 결** 水 / 4　比 快　同 潰, 斷, 判

물(氵)을 터놓아(夬) 제방을 끊는다는 데서, '결단하다, 끊다'는 뜻이다.

읽기한자 決潰(결궤) 決賭(결도) 決溜(결류) 決痃(결운) 潰決(궤결) 剖決(부결) 臆決(억결) 溢決(일결)

쓰기한자 可決(가결) 堅決(견결) 決斷(결단) 決裂(결렬) 決死(결사) 決算(결산) 決選(결선) 決勝(결승)
決心(결심) 決案(결안) 決意(결의) 決議(결의) 決裁(결재) 決戰(결전) 決定(결정) 決濟(결제)
決處(결처) 決鬪(결투) 決判(결판) 決行(결행) 對決(대결) 未決(미결) 否決(부결) 先決(선결)
速決(속결) 完決(완결) 議決(의결) 自決(자결) 諮決(자결) 卽決(즉결) 處決(처결) 判決(판결)
票決(표결) 表決(표결) 解決(해결)

結 5급II 맺을 **결** 糸 / 6 동 構, 紐, 縛, 束, 約, 締

물건 주머니의 입구(口)를 끈(糸)으로 확실히 묶어서(土) 물건을 자루 속에 가둔다는 데서, '맺다'는 뜻이다.

읽기한자 結紐(결뉴) 結縛(결박) 結澁(결삽) 結庵(결암) 結冤(결원) 括結(괄결) 撫結(무결) 蘊結(온결)
冤結(원결) 纏結(전결) 穿結(천결) 熾結(치결)

쓰기한자 結果(결과) 結局(결국) 結納(결납) 結論(결론) 結末(결말) 結尾(결미) 結髮(결발) 結付(결부)
結負(결부) 結氷(결빙) 結社(결사) 結辭(결사) 結成(결성) 結稅(결세) 結束(결속) 結實(결실)
結審(결심) 結緣(결연) 結怨(결원) 結義(결의) 結集(결집) 結託(결탁) 結好(결호) 結婚(결혼)
歸結(귀결) 團結(단결) 凍結(동결) 連結(연결) 氷結(빙결) 完結(완결) 鬱結(울결) 凝結(응결)
終結(종결) 集結(집결) 締結(체결) 妥結(타결)

謙 3급II 겸손할 **겸** 言 / 10 동 遜, 讓

말(言)에 아울러 행동까지 단정하다(兼)는 데서, '겸손하다'는 뜻이다.

읽기한자 謙遜(겸손) 謙沖(겸충)
쓰기한자 謙德(겸덕) 謙讓(겸양) 謙稱(겸칭) 謙虛(겸허)

兼 3급II 겸할 **겸** 八 / 8 동 倂

손(彐)에 벼 두 포기(禾禾)를 아울러서(兼) 쥔다는 데서, '겸하다'는 뜻이다.

읽기한자 兼銜(겸함)
쓰기한자 兼務(겸무) 兼倂(겸병) 兼備(겸비) 兼床(겸상) 兼業(겸업) 兼用(겸용) 兼任(겸임) 兼職(겸직)

痙 1급 경련(痙攣) **경** 疒 / 7 동 攣

갑자기 근육이 경직되는(巠) 병(疒)으로, '경련(痙攣)'을 뜻한다.

읽기한자 痙症(경증) 痙風(경풍) 傷痙(상경) 書痙(서경) 鎭痙(진경)

磬 1급 경쇠 **경:** 石 / 11

돌이나 옥으로 만들어 뿔 망치 등으로 쳐서(殳) 소리를 내는 樂器(聲)에서, '경쇠'를 뜻한다. 殸이 原字였으나, 뒤에 石이 덧붙었다.

읽기한자 磬折(경절) 擊磬(격경) 梵磬(범경) 浮磬(부경) 石磬(석경) 玉磬(옥경) 遠磬(원경) 離磬(이경)
淸磬(청경) 特磬(특경) 編磬(편경)

鯨 1급 고래 **경** 魚 / 8

높은 언덕(京)처럼 큰 물고기(魚)로, '고래'를 뜻한다.

읽기한자 鯨浪(경랑) 鯨魚(경어) 鯨油(경유) 鯨音(경음) 鯨呑(경탄) 鯨波(경파) 鯨吼(경후) 巨鯨(거경)
蛟鯨(교경) 修鯨(수경) 雄鯨(웅경) 長鯨(장경) 海鯨(해경)

勁

1급 　굳셀 **경** 　力 / 7 　동 健

곧고(巠) 센 힘(力)에서, '굳세다'는 뜻이다.

읽기한자　勁果(경과) 勁弓(경궁) 勁騎(경기) 勁弩(경노) 勁力(경력) 勁猛(경맹) 勁拔(경발) 勁葉(경엽)
勁敵(경적) 勁捷(경첩) 勁草(경초) 勁風(경풍) 勁悍(경한) 剛勁(강경) 堅勁(견경) 古勁(고경)
果勁(과경) 猛勁(맹경) 肥勁(비경) 雄勁(웅경) 貞勁(정경) 精勁(정경) 淸勁(청경) 忠勁(충경)
後勁(후경)

憬

1급 　깨달을 / 동경할 **경:** 　心 / 12 　동 悟

마음(忄) 속이 밝아지는(景) 것으로, '깨닫다'는 뜻이다. 또, '동경(憧憬)하다'는 뜻이다.

읽기한자　憬悟(경오) 憧憬(동경) 荒憬(황경)

頸

1급 　목 **경** 　頁 / 7

머리(頁)로 연결되는 곧은(巠) 부분, '목'을 뜻한다.

읽기한자　頸骨(경골) 頸聯(경련) 頸領(경령) 頸椎(경추) 頸血(경혈) 交頸(교경) 短頸(단경) 頭頸(두경)
伸頸(신경) 延頸(연경) 長頸(장경) 鶴頸(학경)

脛

1급 　정강이 **경** 　肉 / 7

육체(月) 중에서 힘이 세고 쪽 곧은(巠) 부분, '정강이, 종아리'를 뜻한다.

읽기한자　脛巾(경건) 脛脛(경경) 高脛(고경) 沒脛(몰경) 瘦脛(수경) 赤脛(적경) 寸脛(촌경)

莖

1급 　줄기 **경** 　艸 / 7 　동 幹 　약 茎

풀(艹)의 똑바르고(巠) 강한 부분으로, '줄기'를 뜻한다.

읽기한자　莖柯(경가) 莖幹(경간) 根莖(근경) 丹莖(단경) 碧莖(벽경) 本莖(본경) 細莖(세경) 修莖(수경)
新莖(신경) 弱莖(약경) 紫莖(자경)

梗

1급 　줄기 / 막힐 **경:** 　木 / 7 　동 槪. 塞

단단한(更) 가시가 있는 나무(木)로, '산 느릅나무'를 뜻한다. 또, '줄기, 줄거리, 막히다'는
뜻이다.

읽기한자　梗槪(경개) 梗梗(경경) 梗塞(경색) 梗礙(경애) 梗正(경정) 剛梗(강경) 骨梗(골경) 木梗(목경)
生梗(생경) 土梗(토경)

儆

2급(名) 　경계할 **경:** 　人 / 13 　동 戒

사람(亻)을 경계(敬)하는 데서, '경계하다'는 뜻이다.

읽기한자　儆戒(경계) 儆備(경비) 儆新(경신) 申儆(신경) 自儆(자경)

瓊 **2급(名)** **구슬 경** 玉 / 14　유 玉
한없이 바라보게(敻) 만드는 아름다운 구슬(玉)에서, '구슬, 붉고 아름다운 옥'을 뜻한다.

읽기한자　瓊館(경관) 瓊玖(경구) 瓊盤(경반) 瓊玉(경옥) 瓊蘊(경온) 瓊音(경음) 瓊姿(경자) 瓊章(경장)
紅瓊(홍경)

炅 **2급(名)** **빛날 경** 火 / 4
해(日)와 불(火)처럼 빛나는 데서, '빛나다'는 뜻이다. 주로 이름자로 쓰인다.

읽기한자　寒炅(한경)

璟 **2급(名)** **옥빛 경:** 玉 / 12
높은 언덕에서 비치는 볕(景)처럼 구슬(玉)이 빛을 내는 데서, '옥빛'을 뜻한다. 주로 이름
자로 쓰인다.

읽기한자　宋璟(송경)

竟 **3급** **마침내 경:** 立 / 6
사람(儿)이 음악(音)의 연주를 끝내는 데서, '끝나다, 마치다, 마침내'라는 뜻이다.

읽기한자　究竟(구경) 畢竟(필경)

卿 **3급** **벼슬 경** 卩 / 10　비 鄕　동 尹
출입하는 사람이 많고(卯) 식록(皀)이 많아 부귀를 누리는 데서, '벼슬'을 뜻한다.

읽기한자　卿尹(경윤)
쓰기한자　卿輩(경배) 卿相(경상) 公卿(공경)

庚 **3급** **별 경** 广 / 5
사람(人)이 손(⺕)으로 집(广)과 국가를 위하여 별(庚)을 볼 때까지 일한다는 데서, '별'을
뜻한다.

쓰기한자　庚癸(경계) 庚方(경방) 庚伏(경복) 庚熱(경열) 庚炎(경염) 庚辰(경진) 同庚(동경)

硬 **3급II** **굳을 경** 石 / 7　반 軟
돌(石)은 세월이 지나도 단단함이 고쳐지지(更) 않는다는 데서, '굳다'는 뜻이다.

읽기한자　硬餠(경병) 瘦硬(수경)
쓰기한자　硬度(경도) 硬性(경성) 硬水(경수) 硬式(경식) 硬直(경직) 硬質(경질) 硬化(경화) 硬貨(경화)
生硬(생경) 強硬(강경)

耕 3급Ⅱ 밭갈[犁田] **경** 耒 / 4 동 墾

따비(耒)로 네모지게(井) 구획된 밭을 일구는 데서, '밭 갈다'는 뜻이다.

읽기한자 墾耕(간경) 耕耘(경운) 耕樵(경초) 躬耕(궁경) 陪耕(배경)

쓰기한자 耕作(경작) 耕地(경지) 農耕(농경) 冒耕(모경) 水耕(수경) 春耕(춘경) 筆耕(필경)

頃 3급Ⅱ 이랑 / 잠깐 **경** 頁 / 2 비 項

머리(頁)가 비뚤다(匕)의 뜻이나 전하여, '잠깐, 이랑' 등의 뜻이다.

읽기한자 俄頃(아경)

쓰기한자 頃刻(경각) 頃年(경년) 頃步(경보) 頃歲(경세) 頃日(경일) 頃者(경자) 頃田(경전)

徑 3급Ⅱ 지름길 / 길 **경** 彳 / 7 약 径

베틀의 날실(巠)처럼 곧게 난 길(彳)이란 데서, '지름길, 곧다'는 뜻이다.

읽기한자 蕪徑(무경) 枉徑(왕경) 棧徑(잔경) 捷徑(첩경) 樵徑(초경) 苔徑(태경) 霞徑(하경)

쓰기한자 口徑(구경) 半徑(반경) 直徑(직경) 砲徑(포경)

鏡 4급 거울 **경:** 金 / 11 동 鑑

쇠(金)를 갈고 닦아 마침내(竟) 모습이 비치도록 한 데서, '거울'을 뜻한다.

읽기한자 鏡匣(경갑) 鏡澈(경철) 皎鏡(교경) 鵲鏡(작경) 藻鏡(조경) 瑩鏡(영경)

쓰기한자 檢鏡(검경) 鏡架(경가) 鏡鑑(경감) 鏡臺(경대) 鏡面(경면) 鏡像(경상) 鏡映(경영) 鏡察(경찰) 銅鏡(동경) 水鏡(수경) 眼鏡(안경) 粧鏡(장경) 破鏡(파경)

更 4급 고칠 **경** / 다시 **갱:** 曰 / 3 동 改, 迭

하루하루(曰) 살아가면서 손(攵)으로 다시(更) 일하며, 불편한 것을 고쳐 나가는 데서, '고치다, 다시'를 뜻한다.

읽기한자 更紗(갱사) 更戍(경수) 更迭(경질) 悛更(전경)

쓰기한자 更生(갱생) 更新(갱신) 更張(경장) 更點(경점) 更正(경정) 更紙(갱지) 變更(변경) 三更(삼경) 五更(오경) 追更(추경)

傾 4급 기울 **경** 人 / 11 동 倒, 斜

사람(亻)의 머리가 한 쪽으로 비뚤어진(頃) 모양으로, '기울다'는 뜻이다.

읽기한자 傾竭(경갈) 傾囊(경낭) 傾籃(경람) 傾盆(경분) 傾瀉(경사) 傾膝(경슬) 傾弛(경이) 傾顚(경전) 傾跌(경질) 傾窄(경착) 傾墜(경추) 傾頹(경퇴) 傾駭(경해) 葵傾(규경) 崎傾(기경) 靡傾(미경)

쓰기한자 傾角(경각) 傾庫(경고) 傾國(경국) 傾倒(경도) 傾度(경도) 傾斜(경사) 傾性(경성) 傾注(경주) 傾差(경차) 傾聽(경청) 傾河(경하) 傾向(경향) 右傾(우경) 左傾(좌경)

驚 | 4급 | 놀랄 **경** | 馬 / 13 | 동 訝, 愕, 駭

말(馬)을 공경하는(敬) 것은 정말로 놀랄 만한 일이라는 데서, '놀라다'는 뜻이다.

읽기한자
驚悸(경계) 驚蹶(경궐) 驚濤(경도) 驚遁(경둔) 驚瀾(경란) 驚鱗(경린) 驚渺(경묘) 驚翔(경상)
驚訝(경아) 驚愕(경악) 驚擾(경요) 驚蟄(경칩) 驚駭(경해) 驚惶(경황)

쓰기한자
可驚(가경) 驚句(경구) 驚氣(경기) 驚起(경기) 驚異(경이) 驚歎(경탄) 驚風(경풍) 勿驚(물경)
震驚(진경)

慶 | 4급Ⅱ | 경사 **경:** | 心 / 11 | 동 福, 祝, 賀 | 반 弔

남의 경사에 사슴(鹿) 가죽을 가지고 가서 사랑하는 마음(愛)으로 드린다는 데서, '경사, 하례'를 뜻한다.

읽기한자
嘉慶(가경) 慶宥(경유) 祚慶(조경)

쓰기한자
慶事(경사) 慶瑞(경서) 慶節(경절) 慶弔(경조) 慶祝(경축) 慶賀(경하) 大慶(대경) 同慶(동경)

警 | 4급Ⅱ | 깨우칠 **경:** | 言 / 13 | 동 覺, 戒

존경하는(敬) 분이 오신다고 말하는(言) 데서, '깨우치다, 경계하다'는 뜻이다.

읽기한자
警邏(경라) 警迹(경적) 寇警(구경) 機警有鋒(기경유봉) 烽警(봉경) 猜警(시경)

쓰기한자
警覺(경각) 警監(경감) 警戒(경계) 警告(경고) 警科(경과) 警官(경관) 警句(경구) 警吏(경리)
警務(경무) 警防(경방) 警報(경보) 警部(경부) 警備(경비) 警省(경성) 警世(경세) 警衛(경위)
警長(경장) 警笛(경적) 警政(경정) 警正(경정) 警鍾(경종) 警察(경찰) 警責(경책) 警標(경표)
警護(경호) 軍警(군경) 巡警(순경) 夜警(야경) 義警(의경) 總警(총경) 海警(해경)

境 | 4급Ⅱ | 지경 **경** | 土 / 11 | 동 界, 域

토지(土)의 끝, 마침(竟)으로, '지경, 경계'를 뜻한다.

읽기한자
窘境(군경) 奧境(오경) 蔗境(자경)

쓰기한자
境界(경계) 境內(경내) 境遇(경우) 境地(경지) 困境(곤경) 國境(국경) 暮境(모경) 邊境(변경)
祕境(비경) 死境(사경) 仙境(선경) 心境(심경) 逆境(역경) 越境(월경) 接境(접경) 地境(지경)
塵境(진경) 環境(환경)

經 | 4급Ⅱ | 지날 / 글 **경** | 糸 / 7 | 동 過, 歷, 理, 營 | 반 緯 | 약 経

베틀에서 천을 짤 때 세로로 놓는 실, '날'을 뜻한다. 전하여 '세로, 지나다, 글, 다스리다' 등의 뜻이다.

읽기한자
經綸(경륜) 經屑(경설) 經塚(경총) 經函(경함) 擬經(의경) 帖經(첩경)

쓰기한자
經過(경과) 經口(경구) 經國(경국) 經度(경도) 經絡(경락) 經力(경력) 經歷(경력) 經路(경로)
經理(경리) 經費(경비) 經常(경상) 經常費(경상비) 經書(경서) 經營(경영) 經緯(경위)
經由(경유) 經傳(경전) 經典(경전) 經濟(경제) 經板(경판) 經驗(경험) 經穴(경혈) 讀經(독경)
東經(동경) 佛經(불경) 三經(삼경) 聖經(성경) 詩經(시경) 神經(신경) 易經(역경) 月經(월경)
政經(정경) 曾經(증경) 初經(초경)

輕 5급　가벼울 **경**　車 / 7　凹 重　약 軽

좁은 길을 가는(巠) 수레(車)가 작고 가벼운 데서, '가볍다'는 뜻이다.

<u>읽기한자</u>　輕狡(경교) 輕軀(경구) 輕詭(경궤) 輕衾(경금) 輕綺(경기) 輕煖(경난) 輕輦(경련) 輕帆(경범)
輕紗(경사) 輕袖(경수) 輕迅(경신) 輕蹄(경제) 輕蕩(경탕) 輕猾(경활) 剽輕(표경)

<u>쓰기한자</u>　輕減(경감) 輕量(경량) 輕率(경솔) 輕妄(경망) 輕蔑(경멸) 輕微(경미) 輕薄(경박) 輕犯(경범)
輕傷(경상) 輕視(경시) 輕油(경유) 輕裝(경장) 輕重(경중) 輕症(경증) 輕快(경쾌)

敬 5급Ⅱ　공경 **경:**　攵 / 9　동 慶, 恭, 遜

사람들을 채찍(攵)으로 다스려서 순한 양처럼 착하게(苟) 인사를 하도록 한 데서, '공경하
다'는 뜻이다.

<u>읽기한자</u>
<u>쓰기한자</u>　敬虔(경건) 敬遜(경손) 敬寵(경총) 敬憚(경탄) 瞻敬(첨경)
敬禮(경례) 敬老(경로) 敬慕(경모) 敬拜(경배) 敬愛(경애) 敬語(경어) 敬遠(경원) 敬意(경의)
敬呈(경정) 敬天(경천) 敬稱(경칭) 敬歎(경탄) 敬賀(경하) 恭敬(공경) 畏敬(외경) 尊敬(존경)
致敬(치경)

競 5급　다툴 **경:**　立 / 15　비 兢　동 爭

두 사람(儿儿)이 마주 서서(立立) 치열하게 말(口口)다툼하는 데서, '다투다'는 뜻이다.

<u>읽기한자</u>　競賭(경도) 競漕(경조) 躁競(조경) 馳競(치경)
<u>쓰기한자</u>　競技(경기) 競落(경락) 競馬(경마) 競買(경매) 競賣(경매) 競步(경보) 競演(경연) 競爭(경쟁)
競艇(경정) 競舟(경주) 競走(경주) 競進(경진) 競合(경합)

景 5급　볕 **경(:)**　日 / 8　동 光

해(日)가 큰 언덕, 서울(京) 위에서 비친다는 데서, '볕'을 뜻한다. 또, 높은 곳(京)에서 밖
을 내다보면 볕(日)을 받아 선명하게 정취 있는 모습이 잘 보이는 데서, '경치'를 뜻한다.

<u>읽기한자</u>　景祚(경조) 搏景(박경) 盆景(분경) 曙景(서경)
<u>쓰기한자</u>　佳景(가경) 景槪(경개) 景觀(경관) 景光(경광) 景氣(경기) 景福(경복) 景致(경치) 景品(경품)
景況(경황) 光景(광경) 暮景(모경) 背景(배경) 雪景(설경) 勝景(승경) 夜景(야경) 遠景(원경)
全景(전경) 前景(전경) 絶景(절경) 情景(정경) 造景(조경) 八景(팔경) 風景(풍경)

京 6급　서울 **경**　亠 / 6　동 都　반 鄕

높은 언덕 위에 서 있는 집, 왕궁의 모양을 본떴다. 왕궁 주위에는 많은 사람이 살았으므
로 왕궁을 중심으로 한 마을, '서울'을 뜻한다.

<u>읽기한자</u>　京輦(경련) 京坊(경방) 鎬京(호경)
<u>쓰기한자</u>　京觀(경관) 京劇(경극) 京畿(경기) 京畓(경답) 京府(경부) 京城(경성) 京田(경전) 京制(경제)
京察(경찰) 京板(경판) 京鄕(경향) 歸京(귀경) 東京(동경) 上京(상경) 燕京(연경) 入京(입경)
在京(재경)

悸 1급　두근거릴 **계:**　心 / 8　동 慄

걱정하고(季) 두려워하여 마음(忄)이 움직이는 것으로, '두근거리다, 가슴이 설레다'는 뜻이다.

<u>읽기한자</u>　悸悸(계계) 悸病(계병) 悸慄(계율) 驚悸(경계) 恐悸(공계) 動悸(동계) 悲悸(비계) 心悸(심계)
戰悸(전계) 震悸(진계) 追悸(추계) 惶悸(황계)

繫 | 3급 | 맬 **계:** | 糸 / 13 | 동 縛, 束 | 약 繋

둘 이상의 물건을 끈(糸)으로 묶어 하나로 만드는(毄) 것으로, '매다, 묶다'는 뜻이다.

읽기한자 繫羈(계기) 繫爪(계조) 毆繫(구계) 襪繫(말계) 冤繫(원계) 踵繫(종계) 劾繫(핵계)

쓰기한자 繫留(계류) 繫馬(계마) 繫船(계선) 繫獄(계옥) 連繫(연계) 捕繫(포계)

癸 | 3급 | 북방 / 천간 **계:** | 癶 / 4

두 개의 나무를 열십자로 맞춰 해의 움직임으로 방향을 측정하는 기구를 본뜬 것으로, '헤아리다'는 뜻이다. 천간의 하나이고, 방위는 북방이다.

쓰기한자 庚癸(경계) 癸未(계미) 癸方(계방) 癸水(계수) 癸坐(계좌) 癸丑(계축)

桂 | 3급Ⅱ | 계수나무 **계:** | 木 / 6 | 비 柱

서옥(圭) 같이 아름다운 나무(木)라는 데서, '계수나무'를 뜻한다.

읽기한자 薑桂(강계) 牡桂(모계) 攀桂(반계) 蟾桂(섬계)

쓰기한자 桂冠(계관) 桂樹(계수) 桂皮(계피) 月桂(월계)

械 | 3급Ⅱ | 기계 **계:** | 木 / 7

죄인을 벌 줄(戒) 때 쓰는 나무(木)로, '형틀', 나아가 '기계'를 뜻한다.

쓰기한자 器械(기계) 機械(기계)

契 | 3급Ⅱ | 맺을 **계:** | 大 / 6 | 동 券, 約

손(丰)에 칼(刀)을 들고 크게(大) 새겨서 계약을 맺는 데서, '맺다'는 뜻이다.

읽기한자 契闊(결활)

쓰기한자 契機(계기) 契丹(글안) 契約(계약) 契員(계원) 默契(묵계)

溪 | 3급Ⅱ | 시내 **계** | 水 / 10 | 동 川

손(爫)으로 실(糸)을 길게 늘어뜨린 모양으로 물(氵)이 길게 흐르는 데서, '시내'를 뜻한다.

읽기한자 溪游(계유) 磻溪(반계)

쓰기한자 溪谷(계곡) 溪流(계류) 溪水(계수) 碧溪(벽계) 淸溪(청계)

啓 | 3급Ⅱ | 열 **계:** | 口 / 8 | 반 閉

집집(戶)에 사는 사람(口)들을 가르쳐(攵) 슬기와 지능을 열어주는 데서, '열다'는 뜻이다.

읽기한자 啓撥(계발) 啓緘(계함) 勃啓(발계)

쓰기한자 啓告(계고) 啓導(계도) 啓蒙(계몽) 啓發(계발) 啓示(계시) 謹啓(근계) 狀啓(장계) 肅啓(숙계) 天啓(천계) 抄啓(초계)

戒 | 4급 경계할 **계:** 戈 / 3
두 손(廾)으로 창(戈)을 들고 주변을 살피는 데서, '경계하다'는 뜻이다.

> 읽기한자 儆戒(경계) 兢戒(긍계) 箴戒(잠계) 齋戒(재계) 勅戒(칙계)
> 쓰기한자 家戒(가계) 鑑戒(감계) 警戒(경계) 戒告(계고) 戒功(계공) 戒具(계구) 戒器(계기) 戒壇(계단)
> 戒德(계덕) 戒刀(계도) 戒力(계력) 戒令(계령) 戒律(계율) 戒名(계명) 戒文(계문) 戒法(계법)
> 戒色(계색) 戒世(계세) 戒身(계신) 戒心(계심) 戒嚴(계엄) 戒飮(계음) 戒場(계장) 戒足(계족)
> 戒責(계책) 戒體(계체) 戒行(계행) 戒香(계향) 戒護(계호) 規戒(규계) 十戒(십계) 懲戒(징계)
> 破戒(파계) 訓戒(훈계)

季 | 4급 계절 **계:** 子 / 5 비 秀, 委 동 末, 節
열매(子)가 달린 벼(禾), 익은 벼를 거둬들이는 것은 수확의 계절이고, 농사의 끝이라는 데서, '계절, 끝'을 뜻한다.

> 읽기한자 季嫂(계수) 昆季(곤계)
> 쓰기한자 季刊(계간) 季氏(계씨) 季節(계절) 冬季(동계) 四季(사계) 秋季(추계) 春季(춘계) 夏季(하계)

鷄 | 4급 닭 **계** 鳥 / 10
유달리 배가 커(奚) 보이는 조류(鳥)로, '닭'을 뜻한다.

> 읽기한자 鷄澗(계간) 鷄肋(계륵) 鷄棲(계서) 鷄黍(계서) 鷄雀(계작) 矮鷄(왜계) 駝鷄(타계) 醯鷄(혜계)
> 쓰기한자 鷄冠(계관) 鷄口(계구) 鷄卵(계란) 鷄鳴(계명) 錦鷄(금계) 養鷄(양계) 鬪鷄(투계)

階 | 4급 섬돌 **계** 阜 / 9 동 級, 段, 層
모두(皆)가 돌을 가지고 언덕(阝) 모양으로 쌓아 올린 층계로, '섬돌'을 뜻한다.

> 읽기한자 階梯(계제) 螺階(나계) 踏階(착계) 梯階(제계)
> 쓰기한자 加階(가계) 降階(강계) 階級(계급) 階段(계단) 階層(계층) 段階(단계) 位階(위계) 音階(음계)
> 殿階(전계) 層階(층계) 品階(품계)

系 | 4급 이어맬 **계:** 糸 / 1
손(丿)으로 실 다발(糸)을 걸치고 있는 모양으로, 손과 실이 이어져 있는 데서, '이어 매다, 이어지다'는 뜻이다.

> 읽기한자 系絆(계반) 旁系(방계)
> 쓰기한자 家系(가계) 系圖(계도) 系列(계열) 系譜(계보) 系統(계통) 大系(대계) 同系(동계) 母系(모계)
> 傍系(방계) 父系(부계) 世系(세계) 直系(직계) 體系(체계)

繼 | 4급 이을 **계:** 糸 / 14 동 嗣, 續, 承 반 絶 약 継
실(糸)을 이어 맨다(㡭)는 데서, '잇다'는 뜻이다.

> 읽기한자 繼嗣(계사)
> 쓰기한자 家繼(가계) 繼母(계모) 繼夫(계부) 繼父(계부) 繼續(계속) 繼承(계승) 繼走(계주) 紹繼(소계)
> 承繼(승계) 引繼(인계) 中繼(중계)

係
4급Ⅱ **맬 계:** 人 / 7

사람(亻)이 실(糸)의 끝(丿)을 잡고 이리 저리 움직이는 데서, '매다'는 뜻이다.

읽기한자 係羈(계기)
쓰기한자 係累(계루) 係數(계수) 係員(계원) 係長(계장) 關係(관계)

計
6급Ⅱ **셀 계:** 言 / 2 **비** 訃 **동** 算, 數, 策

열(十)을 한 단계로 크게 소리쳐(言) 가며, 헤아리는 데서, '셈하다'는 뜻이다.

읽기한자 奸計(간계) 計耗(계모) 計帖(계첩) 計偕(계해) 詭計(궤계) 猥計(외계)
쓰기한자 家計(가계) 計巧(계교) 計器(계기) 計略(계략) 計量(계량) 計算(계산) 計上(계상) 計數(계수)
計定(계정) 計座(계좌) 計策(계책) 計測(계측) 計票(계표) 計劃(계획) 大計(대계) 累計(누계)
妙計(묘계) 不計(불계) 生計(생계) 設計(설계) 小計(소계) 時計(시계) 爲計(위계) 日計(일계)
集計(집계) 總計(총계) 推計(추계) 統計(통계) 合計(합계) 會計(회계) 凶計(흉계)

界
6급Ⅱ **지경 계:** 田 / 4 **동** 境, 域

논밭(田)을 구획해서(介) 논밭 사이에 경계를 만드는 데서, '경계'를 뜻한다.

읽기한자 疆界(강계) 界枋(계방) 畔界(반계) 蕃界(번계) 垠界(은계)
쓰기한자 各界(각계) 境界(경계) 界盜(계도) 界面(계면) 界域(계역) 界標(계표) 界限(계한) 官界(관계)
郡界(군계) 道界(도계) 臨界(임계) 魔界(마계) 冥界(명계) 斯界(사계) 世界(세계) 視界(시계)
眼界(안계) 業界(업계) 外界(외계) 幽界(유계) 財界(재계) 政界(정계) 租界(조계) 塵界(진계)
他界(타계) 下界(하계) 學界(학계) 限界(한계)

痼
1급 **고질 고** 疒 / 8

좀처럼 낫지 않는(固) 병(疒)으로, '고질'을 뜻한다.

읽기한자 痼癖(고벽) 痼疾(고질) 痼弊(고폐) 根痼(근고) 癖痼(벽고) 沈痼(침고)

膏
1급 **기름 고** 肉 / 10 **동** 肪, 油

윤기 있는 백색(高＝皜)의 지방(月)으로, '기름'을 뜻한다.

읽기한자 膏粱(고량) 膏露(고로) 膏沐(고목) 膏藥(고약) 膏壤(고양) 膏油(고유) 膏雉(고치) 膏澤(고택)
膏土(고토) 膏汗(고한) 膏血(고혈) 民膏(민고) 鉛膏(연고) 脂膏(지고) 土膏(토고) 豊膏(풍고)

股
1급 **넓적다리 고** 肉 / 4

곧게 뻗은 몽둥이(殳) 모양의 신체(月) 부위에서, '넓적다리'를 뜻한다.

읽기한자 股間(고간) 股肱(고굉) 股慄(고율) 股掌(고장) 股戰(고전) 脛股(경고) 句股(구고) 四股(사고)
赤股(적고) 八股(팔고) 合股(합고)

叩 1급 　두드릴 **고** 　口 / 2

무릎을 꿇고 앉아서(卩) 머리를 땅에 톡톡(口) 두드리는 모양에서, '두드리다'는 뜻이다.

읽기한자 叩叩(고고) 叩頭(고두) 叩勒(고륵) 叩門(고문) 叩首(고수) 擊叩(격고) 雙叩(쌍고) 瞻叩(첨고)

敲 1급 　두드릴 **고** 　攴 / 10 　동 擊

여기의 攴과 高는 모두 '치다, 두드리다'는 뜻으로, 합쳐서 '두드리다'는 뜻이다.

읽기한자 敲擊(고격) 敲拉(고랍) 敲門(고문) 敲朴(고박) 敲榜(고방) 敲折(고절) 推敲(퇴고)

錮 1급 　막을 **고** 　金 / 8

금속(金)을 녹여 구멍을 단단히 막는(固)데서, 구속하여 행동의 자유를 제한하는 '금고(禁錮)하다, 막다'는 뜻이다.

읽기한자 錮送(고송) 錮疾(고질) 久錮(구고) 禁錮(금고) 黨錮(당고) 廢錮(폐고)

袴 1급 　바지 **고:** 　衣 / 6

가랑이를 벌리고 서서(夸) 입는 옷(衤)으로, '바지'를 뜻한다.

읽기한자 袴衣(고의) 故袴(고고) 短袴(단고) 半袴(반고) 紗袴(사고) 小袴(소고) 長袴(장고) 破袴(파고)

呱 1급 　울 **고** 　口 / 5

갓난아기의 울음소리를 나타내는 의성어로, '울다, 갓난아기 울음소리'를 뜻한다.

읽기한자 呱呱(고고)

拷 1급 　칠 **고** 　手 / 6 　동 打

손(扌)에 몽둥이를 들고 치는(考) 것으로, '치다'는 뜻이다.

읽기한자 拷掠(고략) 拷問(고문) 拷訊(고신) 拷責(고책) 拷打(고타)

辜 1급 　허물 **고** 　辛 / 5 　동 罪 　반 功

罪를 지으면 매서운(辛) 형벌을 가하고 단단히 가두는(古＝固) 데서, '죄, 허물'을 뜻한다. 또 제사지낼 때 犧牲을 벽고(磔辜)하는 것으로, '사지 뜨다'는 뜻이다.

읽기한자 辜功(고공) 辜較(고교) 辜負(고부) 辜月(고월) 辜罪(고죄) 無辜(무고) 伏辜(복고) 不辜(불고)
非辜(비고) 遠辜(원고) 罪辜(죄고) 重辜(중고) 恤辜(휼고)

皐 2급(名) 　언덕 **고** 　白 / 6

높은(白) 곳에 있는 물기 어린 땅에서, '늪, 언덕'을 뜻한다. 또 姓氏 중의 하나이다.

읽기한자 皐陶(고요) 皐牢(고뢰)

雇 2급 　品팔 **고** 隹 / 4 　圖 傭

남의 집(戶)에 철새(隹)처럼 잠시 머물러 일하는 사람으로, '품팔다'는 뜻이다.

쓰기한자 　雇兵(고병) 雇役(고역) 雇傭(고용) 雇用(고용) 雇値(고치) 解雇(해고)

顧 3급 　돌아볼 **고** 頁 / 12 　圖 眄

집(戶)에서 기르는 새(隹)가 주인이 다가가자 머리(頁)를 갸웃이 돌아보고 지저귄다는 데서, '돌아보다'는 뜻이다.

읽기한자 　顧眄(고면) 顧眺(고조) 狼顧(낭고) 枉顧(왕고) 左顧右眄(좌고우면) 瞻顧(첨고)

쓰기한자 　顧客(고객) 顧慮(고려) 顧問(고문) 一顧(일고) 回顧(회고) 廻顧(회고)

枯 3급 　마를 **고** 木 / 5 　圖 渴, 萎, 凋

나무(木)가 오래(古)되면 말라 죽는 데서, '마르다'는 뜻이다.

읽기한자 　枯籬(고리) 枯鱗(고린) 枯瘦(고수) 枯萎(고위) 枯凋(고조) 枯桎(고질) 枯萍(고평) 枯朽(고후) 凋枯(조고)

쓰기한자 　枯渴(고갈) 枯骨(고골) 枯木(고목) 枯死(고사) 枯葉(고엽) 拉枯(납고)

鼓 3급Ⅱ 　북 **고** 鼓 / 0

손(又)에 북채(十)를 들고 북(壴)을 치는 데서, '북, 북을 치다'는 뜻이다.

읽기한자 　諫鼓(간고) 鼓盆(고분) 鼓扇(고선) 鼓煽(고선) 鼓脹(고창) 鼓鐸(고탁) 鼓喊(고함) 臘鼓(납고) 烽鼓(봉고) 簫鼓(소고) 戍鼓(수고) 旌鼓(정고) 疊鼓(첩고)

쓰기한자 　鼓角(고각) 鼓動(고동) 鼓膜(고막) 鼓舞(고무) 鼓手(고수) 鼓吹(고취) 法鼓(법고) 小鼓(소고)

姑 3급Ⅱ 　시어미 **고** 女 / 5 　반 婦, 舅

여자(女)가 늙으면(古) 며느리를 본다는 데서, '시어미'를 뜻한다.

읽기한자 　姑舅(고구) 姑婆(고파) 舅姑(구고) 勃姑(발고) 鼠姑(서고)

쓰기한자 　姑母(고모) 姑婦(고부) 姑息(고식) 姑從(고종)

稿 3급Ⅱ 　원고 / 볏짚 **고** 禾 / 10

볏단(禾)을 높이(高) 쌓아 올린다는 데서, '볏짚'을 뜻한다. 또 원고(稿)를 많이 쓰면 볏단이 쌓이므로, '원고'를 뜻한다.

쓰기한자 　改稿(개고) 稿料(고료) 稿本(고본) 寄稿(기고) 送稿(송고) 玉稿(옥고) 原稿(원고) 遺稿(유고) 拙稿(졸고) 草稿(초고) 脫稿(탈고) 投稿(투고)

庫 4급 　곳집 **고** 广 / 7

수레(車) 등을 넣어 두는 집(广)이라는 데서, '창고'를 뜻한다.

읽기한자 　庫裡(고리) 勅庫(칙고)

쓰기한자 　車庫(차고) 傾庫(경고) 國庫(국고) 金庫(금고) 文庫(문고) 寶庫(보고) 府庫(부고) 氷庫(빙고) 書庫(서고) 入庫(입고) 在庫(재고) 倉庫(창고) 出庫(출고)

孤 | 4급 | 외로울 **고** | 子 / 5 | 동 獨

오이(瓜)가 열매만 남고 덩굴은 시들어 버리듯 자식(子)만 남아있고 부모가 없다는 데서, '외롭다'는 뜻이다.

읽기한자 孤衾(고금) 孤壘(고루) 孤陋(고루) 孤帆(고범) 孤孀(고상) 孤撑(고탱) 孤飄(고표)

쓰기한자 孤苦(고고) 孤高(고고) 孤單(고단) 孤島(고도) 孤獨(고독) 孤立(고립) 孤城(고성) 孤兒(고아)
孤寂(고적)

故 | 4급Ⅱ | 연고 **고(:)** | 攴 / 5 | 동 舊

오래된 것(古)을 지키도록 때려서(攵) 강제하는 데서, '낡다, 묵다'는 뜻이다. 또 사람이 쓰던 물건이 낡아졌다는 말로 사람의 죽음을 완곡하게 이르기도 한다. 기타, '연고, 본디, 예'등의 뜻이다.

읽기한자 故袴(고고) 故侶(고려) 故棲(고서) 故址(고지) 故瘡(고창) 故墟(고허) 垢故(구고)

쓰기한자 家故(가고) 故國(고국) 故事(고사) 故苑(고원) 故意(고의) 故人(고인) 故障(고장) 故鄕(고향)
忌故(기고) 無故(무고) 別故(별고) 事故(사고) 緣故(연고) 有故(유고) 作故(작고) 疾故(질고)
託故(탁고) 奚故(해고)

告 | 5급Ⅱ | 고할 **고:** | 口 / 4 | 동 白, 示, 喩, 諭

신령님께 소(牛)를 잡아 바치면서 소원을 비는(口) 데서, '고하다, 알리다'는 뜻이다.

읽기한자 譴告(견고) 告訃(고부) 告遡(고소) 告喩(고유) 告劾(고핵) 誣告(무고) 訃告(부고) 枉告(왕고)
諭告(유고) 詔告(조고) 饗告(향고)

쓰기한자 警告(경고) 啓告(계고) 戒告(계고) 告發(고발) 告白(고백) 告別(고별) 告祀(고사) 告訴(고소)
告示(고시) 告知(고지) 公告(공고) 廣告(광고) 勸告(권고) 謹告(근고) 論告(논고) 密告(밀고)
報告(보고) 敷告(부고) 赴告(부고) 社告(사고) 上告(상고) 宣告(선고) 申告(신고) 豫告(예고)
原告(원고) 催告(최고) 追告(추고) 忠告(충고) 通告(통고) 布告(포고) 被告(피고) 抗告(항고)

固 | 5급 | 굳을 **고(:)** | 口 / 5

옛날(古)부터 계속 지켜 온 귀중한 사물을 한층 엄중하게 지키기 위해서, 바깥쪽을 둘러싼다(口)는 데서, '굳다, 단단하다'는 뜻이다.

읽기한자 倨固(거고) 固諫(고간) 固匣(고갑) 固陋(고루) 固邀(고요) 鞏固(공고) 頑固(완고)

쓰기한자 乾固(건고) 堅固(견고) 固辭(고사) 固守(고수) 固有(고유) 固定(고정) 固執(고집) 固着(고착)
固體(고체) 固形(고형) 膠固(교고) 凝固(응고) 確固(확고)

考 | 5급 | 생각할 **고(:)** | 老 / 2 | 비 老, 孝 | 동 究, 慮 | 반 妣

나이 많은 노인(耂)은 지금까지의 경험을 토대로 해서 생각을 키우는(丂) 것이 가능하므로, '생각하다'는 뜻이다.

읽기한자 考槃(고반) 考妣(고비) 考訊(고신) 考按(고안) 妣考(비고) 銓考(전고)

쓰기한자 考課(고과) 考究(고구) 考慮(고려) 考試(고시) 考案(고안) 考定(고정) 考證(고증) 考察(고찰)
論考(논고) 備考(비고) 思考(사고) 先考(선고) 熟考(숙고) 一考(일고) 長考(장고) 再考(재고)
祖考(조고) 參考(참고) 推考(추고) 顯考(현고) 皇考(황고)

高 6급II　　　높을 **고**　高 / 0　동 峻, 卓, 亢　반 下, 低, 卑

성(城) 위에 높이 치솟은 망루를 본뜬 글자로, '높다'는 뜻이다.

읽기한자 高脛(고경) 高廓(고확) 高顴(고관) 高曠(고광) 高矩(고구) 高穹(고궁) 高蹈(고도) 高粱(고량)
高齡(고령) 高肇(고롱) 高壘(고루) 高邁(고매) 高謨(고모) 高蕪(고무) 高榜(고방) 高阜(고부)
高棚(고붕) 高庇(고비) 高爽(고상) 高翔(고상) 高樓(고서) 高灑(고쇄) 高蘊(고온) 高聳(고용)
高椅(고의) 高誼(고의) 高齋(고재) 高澄(고징) 高塹(고참) 高馳(고치) 高喊(고함) 高亢(고항)
高晦(고회)

쓰기한자 高價(고가) 高閣(고각) 高揭(고게) 高見(고견) 高潔(고결) 高貴(고귀) 高級(고급) 高度(고도)
高麗(고려) 高率(고율) 高尙(고상) 高逝(고서) 高城(고성) 高聲(고성) 高速(고속) 高手(고수)
高僧(고승) 高額(고액) 高揚(고양) 高熱(고열) 高位(고위) 高低(고저) 高潮(고조) 高調(고조)
高祖(고조) 高卒(고졸) 高地(고지) 高層(고층) 崇高(숭고) 殘高(잔고) 提高(제고) 最高(최고)
波高(파고)

 苦 6급　　　쓸[味覺] **고**　艸 / 5　비 若　동 艱, 難, 辛　반 樂

막 나온 풀은 쓰지 않지만 오래된(古) 풀(艹)은 쓰다는 데서, '쓰다, 괴롭다'는 뜻이다.

읽기한자 艱苦(간고) 苦艱(고간) 苦諫(고간) 苦箇(고개) 苦杞(고기) 苦悶(고민) 苦澁(고삽) 苦楚(고초)
苦眩(고현) 澁苦(삽고) 鹹苦(함고)

쓰기한자 刻苦(각고) 覺苦(각고) 甘苦(감고) 客苦(객고) 苦渴(고갈) 孤苦(고고) 苦難(고난) 苦惱(고뇌)
苦樂(고락) 苦味(고미) 苦杯(고배) 苦蔘(고삼) 苦生(고생) 苦笑(고소) 苦心(고심) 苦言(고언)
苦役(고역) 苦辱(고욕) 苦戰(고전) 苦衷(고충) 苦痛(고통) 苦學(고학) 苦海(고해) 苦行(고행)
勞苦(노고) 病苦(병고) 産苦(산고) 辛苦(신고) 獄苦(옥고) 忍苦(인고) 疾苦(질고)

 古 6급　　　예 **고:**　口 / 2　비 右, 石　동 昔　반 今

십대(十), 즉 아주 많은 세대에 걸쳐 입(口)으로 전해 내려오는 옛날이라는 데서, '예'를 뜻한다.

읽기한자 古勁(고경) 古樸(고박) 古祠(고사) 古諺(고언) 古塚(고총) 曠古(광고) 亘古(긍고)
亘萬古(긍만고) 擬古(의고) 踵古(종고) 耽古(탐고)

쓰기한자 鑑古(감고) 古家(고가) 古宮(고궁) 古今(고금) 古談(고담) 古代(고대) 古都(고도) 古來(고래)
古木(고목) 古文(고문) 古物(고물) 古墳(고분) 古事(고사) 古史(고사) 古書(고서) 古語(고어)
古屋(고옥) 古蹟(고적) 古典(고전) 古刹(고찰) 古參(고참) 古鐵(고철) 古體(고체) 古風(고풍)
古稀(고희) 蒙古(몽고) 復古(복고) 上古(상고) 中古(중고) 千古(천고) 最古(최고) 太古(태고)
懷古(회고)

 鵠 1급　　　고니 / 과녁 **곡**　鳥 / 7　동 的

흰(告=皓) 새(鳥)로, '고니'를 뜻한다. 또 '과녁(貫革)'을 뜻한다.

읽기한자 鵠鵠(곡곡) 鵠企(곡기) 鵠卵(곡란) 鵠立(곡립) 鵠髮(곡발) 鵠侍(곡시) 鵠鼎(곡정) 鵠志(곡지)
丹鵠(단곡) 白鵠(백곡) 正鵠(정곡) 海鵠(해곡) 鴻鵠(홍곡) 黃鵠(황곡) 侯鵠(후곡)

 梏 1급　　　수갑 **곡**　木 / 7　반 桎

잡힌 소(告)에게 채워져 있는 목제(木)의 고랑에서, '수갑'을 뜻한다.

읽기한자 梏亡(곡망) 梏桎(곡질) 杖梏(장곡) 重梏(중곡) 脫梏(탈곡)

3급II   **골 곡**   谷 / 0

바위가 있고 물이 흐르는 골짜기의 모양을 본뜬 글자로, '골'을 뜻한다.

읽기한자 澗谷(간곡) 谷汲(곡급) 昧谷(매곡) 鶯谷(앵곡) 隅谷(우곡) 壑谷(학곡)
쓰기한자 坑谷(갱곡) 溪谷(계곡) 谷泉(곡천) 谷風(곡풍) 栗谷(율곡) 陵谷(능곡) 峽谷(협곡)

3급II   **울 곡**   口 / 7   圖 泣

개(犬)처럼 크게 소리 내어(口口) 우는 데서, '울다'는 뜻이다.

읽기한자 哭踊(곡용) 啼哭(제곡) 慟哭(통곡)
쓰기한자 哭聲(곡성) 哭泣(곡읍) 弔哭(조곡) 卒哭(졸곡) 痛哭(통곡) 號哭(호곡)

4급   **곡식 곡**   禾 / 10   圖 糧 약 穀

껍질(殼)을 쓰고 있는 곡물(禾)로, '곡식'을 뜻한다.

읽기한자 嘉穀(가곡) 穀臼(곡구) 穀疸(곡달) 穀璧(곡벽) 穀鼠(곡서) 綺穀(기곡) 芒穀(망곡) 聚穀(취곡)
쓰기한자 穀價(곡가) 穀氣(곡기) 穀類(곡류) 穀紋(곡문) 穀物(곡물) 穀食(곡식) 穀日(곡일) 穀倉(곡창)
畓穀(답곡) 斗穀(두곡) 糧穀(양곡) 貿穀(무곡) 米穀(미곡) 百穀(백곡) 五穀(오곡) 雜穀(잡곡)
秋穀(추곡) 脫穀(탈곡) 夏穀(하곡) 禾穀(화곡)

5급   **굽을 곡**   曰 / 2   圖 鞠, 撓 반 直

갈고리처럼 굽은 물건을 본뜬 것으로, '굽다'는 뜻이다.

읽기한자 奸曲(간곡) 曲娘(곡간) 曲肱(곡굉) 曲几(곡궤) 曲戟(곡극) 曲媚(곡미) 曲阜(곡부) 曲庇(곡비)
曲宛(곡완) 曲撓(곡뇨) 曲隅(곡우) 曲棧(곡잔) 曲杖(곡장) 曲脊(곡척) 彎曲(만곡) 婉曲(완곡)
枉曲(왕곡) 迂曲(우곡) 隅曲(우곡) 詰曲(힐곡)
쓰기한자 歌曲(가곡) 懇曲(간곡) 曲流(곡류) 曲目(곡목) 曲蔘(곡삼) 曲線(곡선) 曲水(곡수) 曲藝(곡예)
曲折(곡절) 曲節(곡절) 曲調(곡조) 曲直(곡직) 曲盡(곡진) 曲筆(곡필) 曲解(곡해) 款曲(관곡)
屈曲(굴곡) 樂曲(악곡) 名曲(명곡) 舞曲(무곡) 盤曲(반곡) 別曲(별곡) 序曲(서곡) 選曲(선곡)
新曲(신곡) 歪曲(왜곡) 作曲(작곡) 雜曲(잡곡) 奏曲(주곡) 編曲(편곡) 戲曲(희곡)

1급   **곤룡포 곤:**   衣 / 5

공식적(公)으로 입는 옷(衣)에서, 임금의 정복, '곤룡포'를 뜻한다.

읽기한자 袞袞(곤곤) 袞闕(곤궐) 袞龍(곤룡) 袞命(곤명) 袞服(곤복) 袞裳(곤상) 袞衣(곤의) 袞職(곤직)
御袞(어곤) 龍袞(용곤) 玄袞(현곤) 華袞(화곤)

1급   **맏 곤**   日 / 4   圖 裔, 後 반 弟

발이 많은 벌레를 본뜬 것으로, '벌레'를 뜻한다. 또, '맏, 형(兄)' 등의 뜻을 나타낸다.

읽기한자 昆季(곤계) 昆鳴(곤명) 昆苗(곤묘) 昆孫(곤손) 昆陽(곤양) 昆裔(곤예) 昆玉(곤옥) 昆弟(곤제)
昆布(곤포) 昆後(곤후) 玉昆(옥곤) 弟昆(제곤) 諸昆(제곤) 天昆(천곤) 後昆(후곤)

棍 1급 　몽둥이 **곤**　木 / 8　[통] 棒, 杖
나무(木)가 많은(昆) 데서, '묶다, 몽둥이'를 뜻한다.

　읽기한자　棍徒(곤도) 棍棒(곤봉) 棍杖(곤장) 惡棍(악곤) 游棍(유곤)

坤 3급 　따 **곤**　土 / 5
흙(土)이 넓고 넓게 펼쳐져(申) 있는 데서, '따(땅)'을 뜻한다.

　읽기한자　坤卦(곤괘)
　쓰기한자　乾坤(건곤) 坤方(곤방) 坤殿(곤전)

困 4급 　곤할 **곤:**　口 / 4　[통] 窘, 窮, 憊, 悴, 乏
좁은 울타리(口) 속에 나무(木)가 갇혀서 자라지 못하는 데서, '곤하다'는 뜻이다.

　읽기한자　困悴(곤췌) 窘困(군곤) 乏困(핍곤)
　쓰기한자　見困(견곤) 困境(곤경) 困窮(곤궁) 困馬(곤마) 困辱(곤욕) 困惑(곤혹) 勞困(노곤) 貧困(빈곤)
　　　　　　春困(춘곤) 疲困(피곤)

汨 1급 　골몰할 **골** / 물이름 **멱**　水 / 4　[통] 沒
깊은(日＝冥) 물(氵)에 잠기듯, 한 가지 생각이나 일에 깊이 파묻히는 것으로, '골몰하다'
는 뜻이다. 또 물이름으로 쓰인다.

　읽기한자　汨汨(골골) 汨篤(골독) 汨董(골동) 汨沒(골몰) 汨陳(골진) 汨活(골활) 汨羅(멱라) 汨水(멱수)
　　　　　　陵汨(능골) 紛汨(분골) 墮汨(타골) 滑汨(골골)

骨 4급 　뼈 **골**　骨 / 0　[통] 骸
동물의 몸을 지탱하고 있는 뼈(冎)와 살점(月)을 합쳐서, 뼈가 섞인 고기를 말하였는데, 나
아가 '뼈, 뼈대'를 뜻한다.

　읽기한자　頸骨(경골) 骨梗(골경) 骨董(골동) 骨髓(골수) 骨牌(골패) 骨骸(골해) 顴骨(관골) 枸骨(구골)
　　　　　　肌骨(기골) 肋骨(늑골) 腕骨(완골) 灼骨(작골) 駿骨(준골) 肢骨(지골) 脊骨(척골) 癡骨(치골)
　　　　　　骸骨(해골) 俠骨(협골) 朽骨(후골)
　쓰기한자　假骨(가골) 刻骨(각골) 肩骨(견골) 枯骨(고골) 骨幹(골간) 骨格(골격) 骨膜(골막) 骨盤(골반)
　　　　　　骨相(골상) 骨子(골자) 骨材(골재) 骨折(골절) 貴骨(귀골) 筋骨(근골) 露骨(노골) 毛骨(모골)
　　　　　　無骨(무골) 尾骨(미골) 反骨(반골) 色骨(색골) 弱骨(약골) 軟骨(연골) 玉骨(옥골) 遺骨(유골)
　　　　　　折骨(절골) 接骨(접골) 眞骨(진골) 鐵骨(철골) 齒骨(치골) 皮骨(피골)

鞏 1급 　굳을 **공**　革 / 6　[통] 固
연장을 조심스럽게 꼭 쥐는 모양을 본뜬 것으로, '굳다'는 뜻이다.

　읽기한자　鞏固(공고) 鞏膜(공막) 鞏昌(공창)

拱 1급　팔짱낄 **공:**　手 / 6

양 손(扌)을 함께 하는(共) 것으로, '팔짱 끼다'는 뜻이다.

읽기한자　拱璧(공벽) 拱手(공수) 拱辰(공신) 拱押(공압) 拱揖(공읍) 拱把(공파) 端拱(단공) 拜拱(배공)
垂拱(수공) 把拱(파공) 合拱(합공)

恭 3급Ⅱ　공손할 **공**　心 / 6　통 虔, 敬, 遜

상대편의 뜻에 마음(忄)을 함께(共)하여 공경하고 받든다는 데서, '공손하다'는 뜻이다.

읽기한자　虔恭(건공) 恭虔(공건) 恭遜(공손) 允恭(윤공)
쓰기한자　恭敬(공경) 恭待(공대) 不恭(불공)

恐 3급Ⅱ　두려울 **공(:)**　心 / 6　통 怯, 悸, 懼, 慄, 悚, 怖, 惶

모든(凡) 공사(工)에는 마음(心) 속에 안전사고와 실수를 염려하는 두려움(恐)이 따른다는
데서, '두렵다'는 뜻이다.

읽기한자　恐喝(공갈) 恐悸(공계) 恐慄(공률) 恐悚(공송) 恐惶(공황) 顚恐(전공) 惶恐(황공)
쓰기한자　可恐(가공) 恐龍(공룡) 恐怖(공포) 震恐(진공)

貢 3급Ⅱ　바칠 **공:**　貝 / 3　통 納, 獻

백성들이 땀 흘려 생산한(工) 재물(貝)을 나라에 공물로 바친다는 데서, '바치다'는 뜻이다.

읽기한자　禹貢(우공)
쓰기한자　貢女(공녀) 貢物(공물) 貢獻(공헌) 朝貢(조공)

供 3급Ⅱ　이바지할 **공:**　人 / 6　통 給, 與　반 需

사람(亻)이 두 손을 함께(共) 써서 물건을 바치는 데서 '이바지하다, 받들어 모시다'는 뜻이다.

읽기한자　供餞(공전)
쓰기한자　供給(공급) 供物(공물) 供需(공수) 供述(공술) 供養(공양) 供與(공여) 供出(공출) 供託(공탁)
佛供(불공) 提供(제공)

孔 4급　구멍 **공:**　子 / 1　통 穴

아기(子)가 젖(乚)을 물고 젖의 구멍에서 나오는 젖을 빨아 먹는다는 데서, '구멍'을 뜻한다.

읽기한자　孔隙(공극) 孔雀(공작) 瞳孔(동공) 鍼孔(침공)
쓰기한자　孔劇(공극) 孔子(공자) 孔穴(공혈) 氣孔(기공) 鼻孔(비공)

攻 4급 칠[擊] **공:** 攴 / 3 동 擊, 伐, 討 반 守, 防
장인(工)이 만든 무기를 손에 들고 상대방을 친다(攴)는 데서, '치다'는 뜻이다.

읽기한자 攻剽(공표) 攻逼(공핍) 焚攻(분공) 挾攻(협공)

쓰기한자 攻擊(공격) 攻略(공략) 攻防(공방) 攻勢(공세) 攻守(공수) 攻襲(공습) 反攻(반공) 先攻(선공)
速攻(속공) 專攻(전공) 侵攻(침공) 強攻(강공)

功 6급II 공[勳] **공** 力 / 3 비 巧, 朽 동 勳 반 罪, 過
힘(力)을 다하고 궁리를 다해 한 일(工)은 평가받는다는 데서, '공(勳)'을 뜻한다.

읽기한자 辠功(고공) 粗功(조공) 竣功(준공)

쓰기한자 戒功(계공) 功過(공과) 功德(공덕) 功勞(공로) 功利(공리) 功名(공명) 功臣(공신) 功績(공적)
功效(공효) 功勳(공훈) 武功(무공) 成功(성공) 有功(유공) 恩功(은공) 戰功(전공) 勳功(훈공)

公 6급II 공평할 **공** 八 / 2 반 私
사방으로 길이 뚫린(八) 공공의 장소에서는 사사롭게(厶) 일을 처리하지 못한다는 데서,
'공평하다'는 뜻이다.

읽기한자 公僕(공복) 公憑(공빙) 公衙(공아) 公邸(공저) 公牒(공첩) 寅公(우공) 狙公(저공) 沛公(패공)

쓰기한자 犬公(견공) 公告(공고) 公共(공공) 公館(공관) 公黨(공당) 公論(공론) 公賣(공매) 公明(공명)
公募(공모) 公務(공무) 公法(공법) 公社(공사) 公訴(공소) 公示(공시) 公式(공식) 公約(공약)
公演(공연) 公營(공영) 公益(공익) 公認(공인) 公正(공정) 公衆(공중) 公證(공증) 公職(공직)
公債(공채) 公採(공채) 公薦(공천) 公判(공판) 公平(공평) 公評(공평) 公布(공포) 公表(공표)
公翰(공한) 公害(공해) 公海(공해)

共 6급II 한가지 **공:** 八 / 4 동 同
많은 사람들(卄)이 힘을 합쳐서(一) 일하는(八) 데서, '한가지, 함께'라는 뜻이다.

읽기한자 共稼(공가) 靖共(정공)

쓰기한자 共感(공감) 公共(공공) 共同(공동) 共鳴(공명) 共謀(공모) 共犯(공범) 共匪(공비) 共生(공생)
共榮(공영) 共用(공용) 共有(공유) 共著(공저) 共存(공존) 共地(공지) 共通(공통) 共學(공학)
滅共(멸공) 反共(반공) 勝共(승공) 容共(용공)

空 7급II 빌 **공** 穴 / 3 동 虛 반 陸
굴(穴)을 뚫는 공사(工)를 끝내니 하늘이 보인다는 데서, '비다, 하늘'을 뜻한다.

읽기한자 空竭(공갈) 空腔(공강) 空棺(공관) 空轎(공교) 空簞(공단) 空囹(공령) 空杳(공묘) 空甁(공병)
空費(공비) 空觴(공상) 空疎(공소) 空臆(공억) 空樽(공준) 空闊(공활) 匿空(익공) 壘空(누공)
防空壕(방공호) 圉空(어공) 聳空(용공) 澄空(징공) 鑿空(착공) 鑽空(찬공)

쓰기한자 架空(가공) 乾空(건공) 高空(고공) 空間(공간) 空軍(공군) 空氣(공기) 空洞(공동) 空欄(공란)
空冷(공랭) 空論(공론) 空白(공백) 空腹(공복) 空事(공사) 空想(공상) 空席(공석) 空輪(공수)
空襲(공습) 空言(공언) 空前(공전) 空中(공중) 空砲(공포) 空港(공항) 空行(공행) 空虛(공허)
對空(대공) 領空(영공) 防空(방공) 碧空(벽공) 危空(위공) 低空(저공) 眞空(진공) 蒼空(창공)
太空(태공) 虛空(허공)

工 7급Ⅱ　　　　장인 **공**　工 / 0　⑧ 作, 匠, 造
　　　　어려운 작업을 할 때 사용하는 잣대(工)에서, '장인, 만들다'는 뜻이다.

읽기한자　甄工(견공) 工伎(공기) 工曹(공조) 工廠(공창) 伎工(기공) 幇工(방공) 冶工(야공) 竣工(준공)
　　　　鍼工(침공) 舵工(타공)
쓰기한자　加工(가공) 客工(객공) 工巧(공교) 工具(공구) 工團(공단) 工兵(공병) 工夫(공부) 工事(공사)
　　　　工業(공업) 工藝(공예) 工員(공원) 工人(공인) 工作(공작) 工場(공장) 工程(공정) 工學(공학)
　　　　技工(기공) 起工(기공) 女工(여공) 陶工(도공) 理工(이공) 木工(목공) 沙工(사공) 石工(석공)
　　　　細工(세공) 手工(수공) 施工(시공) 完工(완공) 人工(인공) 鑄工(주공) 職工(직공) 着工(착공)
　　　　鐵工(철공) 化工(화공) 靴工(화공)

顆 1급　　　　낱알 **과**　頁 / 8　⑧ 粒
　　　　나무 열매(果)처럼 둥근(頁) 작은 알로, '낱알'을 뜻한다.

읽기한자　顆粒(과립) 幾顆(기과) 飯顆(반과) 蓬顆(봉과) 熟顆(숙과) 玉顆(옥과)

菓 2급　　　　과자 **과** / 실과 **과:**　艹 / 8
　　　　초목(艹)에 열리는 열매(果)로, '실과, 과일'을 뜻한다. 韓國에서는 주로 '과자'를 나타낸다.

쓰기한자　菓子(과자) 菓品(과품) 茶菓(다과) 銘菓(명과) 氷菓(빙과) 生菓(생과) 乳菓(유과) 製菓(제과)
　　　　造菓(조과) 漢菓(한과)

瓜 2급　　　　외 **과**　瓜 / 0　⑪ 爪
　　　　오이가 덩굴에 달린 모양을 본뜬 것으로, '외(오이)'를 뜻한다.

읽기한자　瓜剖(과부)
쓰기한자　甘瓜(감과) 瓜葛(과갈) 瓜年(과년) 瓜菜(과채) 木瓜(모과) 破瓜(파과)

戈 2급　　　　창 **과**　戈 / 0　⑧ 戟, 矛　⑪ 盾
　　　　손잡이가 있고 날이 달린 창을 본뜬 것으로, '창'을 뜻한다.

읽기한자　戈戟(과극) 戈鋒(과봉) 鋒戈(봉과)
쓰기한자　干戈(간과) 戈劍(과검) 矛戈(모과) 兵戈(병과)

誇 3급Ⅱ　　　　자랑할 **과:**　言 / 6　⑧ 矜
　　　　말(言)로써 자기의 재주가 비상하다고 잘난체한다(夸)는 데서, '자랑하다'는 뜻이다.

읽기한자　誇矜(과긍) 驕誇(교과) 矜誇(긍과)
쓰기한자　誇大(과대) 誇示(과시) 誇飾(과식) 誇言(과언) 誇張(과장)

寡 3급II 적을 **과:** 宀 / 11 图 少

집(宀)의 머리(頁)인 남편과 나뉘어져서(分) 사는 데서, '과부'를 뜻한다. 또 옛날에는 여자 혼자 살기 힘들었으므로 재산이 적다는 데서, '적다'는 뜻이다.

읽기한자 鰥寡(환과)

쓰기한자 寡默(과묵) 寡婦(과부) 寡少(과소) 寡守(과수) 寡慾(과욕) 寡欲(과욕) 寡人(과인) 寡占(과점) 多寡(다과)

課 5급II 공부할 / 과정 **과(:)** 言 / 8 图 程

공부한 결과(果)를 물어본다(言)는 데서, '공부하다, 시험하다'는 뜻이다. 또 농사의 결과(果)를 말(言)로 물어 세금을 매긴다는 데서, '부세(賦稅)'를 뜻한다.

읽기한자 辦課(판과)

쓰기한자 考課(고과) 課稅(과세) 課業(과업) 課外(과외) 課長(과장) 課程(과정) 課題(과제) 放課(방과) 賦課(부과) 附課(부과) 日課(일과)

過 5급II 지날 **과:** 辶 / 9 图 去, 謬, 失, 誤, 剩

소용돌이(咼)와 같이 잠시 스쳐 지나가는(辶) 데서, '지나다'는 뜻이다. 또, '(도에) 지나치다, 허물' 등을 뜻한다.

읽기한자 過眷(과권) 過隙(과극) 過剩(과잉) 過褒(과포) 濾過(여과) 饒過(요과) 剩過(잉과) 蹉過(차과)

쓰기한자 看過(간과) 經過(경과) 功過(공과) 過去(과거) 過激(과격) 過納(과납) 過年(과년) 過多(과다) 過當(과당) 過勞(과로) 過敏(과민) 過分(과분) 過小(과소) 過少(과소) 過速(과속) 過食(과식) 過信(과신) 過失(과실) 過言(과언) 過熱(과열) 過誤(과오) 過慾(과욕) 過用(과용) 過飮(과음) 過程(과정) 過重(과중) 過讚(과찬) 默過(묵과) 不過(불과) 謝過(사과) 前過(전과) 罪過(죄과) 超過(초과) 通過(통과)

科 6급II 과목 **과** 禾 / 4 图 目

말(斗)로 벼(禾)를 달아 검사해서 품질별로 종류를 나누는 데서, '과목, 조목'을 뜻한다.

쓰기한자 警科(경과) 科擧(과거) 科落(과락) 科目(과목) 科程(과정) 科學(과학) 內科(내과) 單科(단과) 大科(대과) 登科(등과) 理科(이과) 武科(무과) 文科(문과) 法科(법과) 兵科(병과) 本科(본과) 實科(실과) 眼科(안과) 外科(외과) 前科(전과) 罪科(죄과) 齒科(치과) 學科(학과)

果 6급II 실과 **과:** 木 / 4 图 敢, 實

나무(木)에 열매(曰)가 달린 모양을 본뜬 것으로, '실과, 과일'을 뜻한다.

읽기한자 殼果(각과) 勁果(경과) 果勁(과경) 果悍(과한) 漿果(장과)

쓰기한자 佳果(가과) 蓋果(개과) 堅果(견과) 結果(결과) 果敢(과감) 果斷(과단) 果糖(과당) 果木(과목) 果箱(과상) 果實(과실) 果然(과연) 果核(과핵) 沙果(사과) 成果(성과) 熟果(숙과) 實果(실과) 藥果(약과) 因果(인과) 戰果(전과) 靑果(청과) 核果(핵과) 效果(효과)

廓 1급 둘레 **곽** / 클 **확** 广 / 11 图 大

넓은 도시의 주위를 에워싼(郭) 울타리(广)에서, '둘레, 크다'는 뜻이다.

읽기한자 廓開(확개) 廓寧(확녕) 廓大(확대) 廓然(확연) 廓正(확정) 廓淸(확청) 廓廓(확확) 高廓(고확) 城廓(성곽) 外廓(외곽) 橫廓(횡확) 宏廓(굉확)

槨 1급 　외관(外棺) **곽** 木 / 11

관(棺)의 겉을 둘러 싼(郭) 것으로, '외관(外棺), 밧집'을 뜻한다.

읽기한자　槨柩(곽구)

藿 1급 　콩잎 / 미역 **곽** 艸 / 16

잎자루가 떨어지기 쉬운(霍) 식물(艹)의 잎에서, '콩잎'을 뜻한다. 韓國에서는 '미역'을 나타낸다.

읽기한자　藿羹(곽갱) 藿亂(곽란) 藿田(곽전) 塵藿(진곽) 芳藿(방곽) 春藿(춘곽)

郭 3급 　둘레 / 외성 **곽** 邑 / 8

고을(阝)의 평안을 누리기(享) 위하여 쌓은 성으로, '둘레, 외성'을 뜻한다.

읽기한자　郭禿(곽독) 匡郭(광곽)

쓰기한자　郭氏(곽씨) 城郭(성곽) 外郭(외곽)

顴 1급 　광대뼈 **관** 頁 / 18

머리(頁)의 관자놀이 아래에 있는 뼈(雚)로, '광대뼈'를 뜻한다.

읽기한자　顴骨(관골) 高顴(고관) 煩顴(번관)

棺 1급 　널 **관** 木 / 8 　동 柩

死體를 감싸서 밖으로 둘러싸는(官) 나무(木)로, '널(棺)'을 뜻한다.

읽기한자　棺蓋(관개) 棺槨(관곽) 棺柩(관구) 棺材(관재) 棺板(관판) 蓋棺(개관) 空棺(공관) 槨棺(곽관)
石棺(석관) 入棺(입관) 出棺(출관)

灌 1급 　물댈 **관** 水 / 18 　동 漑, 沃

물(氵)을 돌리듯(雚)이 끼얹는 것으로, '물 대다'는 뜻이다.

읽기한자　灌漑(관개) 灌救(관구) 灌瀆(관독) 灌佛(관불) 灌輸(관수) 灌域(관역) 灌沃(관옥) 灌腸(관장)
灌叢(관총) 漑灌(개관) 漫灌(만관) 沃灌(옥관) 浸灌(침관)

串 2급(名) 　꿸 관 / 땅이름 **곶** | / 6

조개껍질(口)을 실로 꿴(丨) 것으로, '꿰다'는 뜻이다. 또 바다 쪽으로 좁고 길게 뻗어 있는 땅, '곶'을 뜻한다.

읽기한자　魚串(어관) 串柿(관시) 甲串(갑곶) 親串(친관)

琯 2급(名) 옥피리 **관** 玉 / 8

옥(玉)으로 만든 대롱(官)으로, '옥피리'를 뜻한다.

읽기한자 白琯(백관) 玉琯(옥관)

款 2급 항목 **관:** 欠 / 8 동 誠, 項

사내(士)가 품은 뜻을 보이고자(示) 하나 쓰지 못해 탄식하는(欠) 데서, '하고자하다, 정성, 한탄하다'는 뜻이다. 또 '항목, 문서, 기록, 새기다'는 뜻도 나타낸다.

읽기한자 篆款(전관)

쓰기한자 款曲(관곡) 款談(관담) 款待(관대) 款誠(관성) 落款(낙관) 約款(약관) 定款(정관) 借款(차관)

冠 3급II 갓 **관** 冖 / 7 동 帽

법도(寸)와 신분에 따라 머리(元)에 쓰는(冖) 물건으로, '갓'을 뜻한다.

읽기한자 荊冠(형관)

쓰기한자 鷄冠(계관) 冠帶(관대) 冠禮(관례) 冠帽(관모) 冠詞(관사) 冠絶(관절) 金冠(금관) 弱冠(약관)
王冠(왕관) 衣冠(의관) 彈冠(탄관)

貫 3급II 꿸 **관(:)** 貝 / 4 동 穿, 徹, 通

조개 화폐(貝)를 실로 뚫어 꿰는(毋) 데서, '꿰다'는 뜻이다.

읽기한자 貫鉀(관갑) 貫穿(관천)

쓰기한자 貫祿(관록) 貫徹(관철) 貫通(관통) 貫鄕(관향) 本貫(본관) 一貫(일관)

寬 3급II 너그러울 **관** 宀 / 12 동 宥, 綽 반 猛 약 寛

집(宀)에서 화초(艹)를 보는(見) 마음(丶)이 즐겁다는 데서, '너그럽다'는 뜻이다.

읽기한자 寬愉(관유) 寬綽(관작) 寬闊(관활)

쓰기한자 寬大(관대) 寬待(관대) 寬猛(관맹) 寬赦(관사) 寬恕(관서) 寬容(관용) 寬厚(관후) 裕寬(유관)

慣 3급II 익숙할 **관** 心 / 11 동 習

마음(忄)이 사물의 원리를 꿰뚫으면(貫) 여유 있고, 능숙해지는 데서, '익숙하다'는 뜻이다.

쓰기한자 慣例(관례) 慣性(관성) 慣習(관습) 慣用(관용) 慣行(관행) 習慣(습관)

館 3급II 집 **관** 食 / 8 동 閣 약 舘

옛날 벼슬아치(官)들이 먹고(食) 묵어 갈 수 있도록 지은 건물로, '집'을 뜻한다.

읽기한자 繭館(견관) 瓊館(경관) 甥館(생관) 俄館(아관) 捐館(연관) 倭館(왜관)

쓰기한자 開館(개관) 公館(공관) 館舍(관사) 館驛(관역) 館長(관장) 舊館(구관) 旅館(여관) 別館(별관)
本館(본관) 新館(신관) 入館(입관) 會館(회관) 休館(휴관)

管 | 4급 | 대롱 / 주관할 **관** | 竹 / 8 | 동 理, 籬, 掌, 轄

관청(官)에서 대나무(竹)로 만들어 불던 악기로, '대롱, 피리'를 뜻한다. 또 공식행사에서 연주에 따라 사람들이 움직이는 데서, '주관하다'는 뜻이다.

읽기한자 管鍵(관건) 管窺(관규) 管簫(관소) 管轄(관할) 蘆管(노관) 簫管(소관) 膵管(췌관)

쓰기한자 開管(개관) 管葛(관갈) 管內(관내) 管理(관리) 管掌(관장) 管下(관하) 汽管(기관) 卵管(난관) 雷管(뇌관) 脈管(맥관) 木管(목관) 配管(배관) 保管(보관) 絲管(사관) 所管(소관) 腎管(신관) 移管(이관) 綜管(종관) 主管(주관) 總管(총관) 土管(토관) 血管(혈관)

官 | 4급Ⅱ | 벼슬 **관** | 宀 / 5 | 동 尹, 爵 반 民

건물(宀) 안에 여러 사람이 모여(目) 일하는 데서, '벼슬, 벼슬아치'를 뜻한다.

읽기한자 官妓(관기) 官侶(관려) 官衙(관아) 官尹(관윤) 官箴(관잠) 官楷(관해) 祠官(사관) 衙官(아관) 虞官(우관) 蔭官(음관) 銓官(전관) 稗官(패관) 宦官(환관) 嗅官(후관)

쓰기한자 警官(경관) 官家(관가) 官權(관권) 官紀(관기) 官能(관능) 官祿(관록) 官僚(관료) 官吏(관리) 官邊(관변) 官報(관보) 官署(관서) 官營(관영) 官運(관운) 官印(관인) 官認(관인) 官職(관직) 官廳(관청) 官許(관허) 官憲(관헌) 敎官(교관) 貴官(귀관) 器官(기관) 郞官(낭관) 法官(법관) 仕官(사관) 史官(사관) 新官(신관) 尉官(위관) 任官(임관) 長官(장관) 次官(차관) 祝官(축관)

關 | 5급Ⅱ | 관계할 **관** | 門 / 11 | 동 鍵, 鎖, 與 약 関

문(門)을 통해 교류하면서 얼기설기(絲) 관계를 맺는다는 데서, '관계하다'는 뜻이다.

읽기한자 鍵關(건관) 關鍵(관건) 關牡(관모) 關腕(관완) 關尹(관윤)

쓰기한자 開關(개관) 關係(관계) 關東(관동) 關聯(관련) 關門(관문) 關北(관북) 關西(관서) 關稅(관세) 關與(관여) 關節(관절) 機關(기관) 難關(난관) 相關(상관) 稅關(세관) 有關(유관) 通關(통관) 玄關(현관)

觀 | 5급Ⅱ | 볼 **관** | 見 / 18 | 동 覽, 視, 察 약 观, 覌, 観

민첩하게(雚) 큰 눈으로 본다(見)는 데서, '보다'는 뜻이다.

읽기한자 旁觀(방관) 陪觀(배관) 泛觀(범관) 瞥觀(별관) 俯觀(부관) 邸觀(저관) 諦觀(체관) 頰觀(협관)

쓰기한자 可觀(가관) 監觀(감관) 槪觀(개관) 客觀(객관) 傑觀(걸관) 京觀(경관) 景觀(경관) 觀客(관객) 觀光(관광) 觀念(관념) 觀燈(관등) 觀覽(관람) 觀望(관망) 觀相(관상) 觀賞(관상) 觀心(관심) 觀戰(관전) 觀點(관점) 觀照(관조) 觀衆(관중) 觀察(관찰) 觀測(관측) 達觀(달관) 大觀(대관) 樂觀(낙관) 美觀(미관) 傍觀(방관) 悲觀(비관) 史觀(사관) 外觀(외관) 壯觀(장관) 靜觀(정관) 主觀(주관) 直觀(직관) 參觀(참관)

刮 | 1급 | 긁을 **괄** | 刀 / 6 | 동 磨, 削

칼(刂)로 깎아내는(舌) 것으로, '긁다'는 뜻이다.

읽기한자 刮摩(괄마) 刮磨(괄마) 刮目(괄목) 刮削(괄삭) 刮刷(괄쇄) 磨刮(마괄) 洗刮(세괄) 淸刮(청괄) 寒刮(한괄)

括 **1급** 묶을 **괄** 手 / 6 통 結
손(扌)으로 모아 합치는(舌) 것으로, '묶다'는 뜻이다.

읽기한자 括結(괄결) 括囊(괄낭) 括髮(괄발) 括約(괄약) 括弧(괄호) 概括(개괄) 收括(수괄) 隱括(은괄)
一括(일괄) 總括(총괄) 包括(포괄)

壙 **1급** 뫼구덩이 **광:** 土 / 15 통 穴
땅(土) 속의 넓은(廣) 구멍으로, 시체가 놓이는 무덤의 구덩이 부분, '광중(壙中), 뫼구덩이'를 뜻한다.

읽기한자 壙僚(광료) 壙中(광중) 壙穴(광혈)

匡 **1급** 바를 **광** 匚 / 4 통 矯, 正
본래 속이 넓은(王=坒) 상자(匚)를 나타내나 상자를 만들기 위하여 구부리거나 곧게 펴서 모양을 바르게 한다는 데서, '바루다, 바로잡다'는 뜻이다.

읽기한자 匡諫(광간) 匡嬌(광교) 匡救(광구) 匡輔(광보) 匡床(광상) 匡肅(광숙) 匡言(광언) 匡正(광정)
匡濟(광제) 匡坐(광좌) 畏匡(외광) 一匡(일광) 正匡(정광) 弼匡(필광)

曠 **1급** 빌 **광:** 日 / 15
해(日)가 넓게(廣) 비추는 데서, '밝다'는 뜻이다. 派生하여, '훤하다, 광활하다, 멀다, 크다, 비다' 등의 뜻을 나타낸다.

읽기한자 曠古(광고) 曠廓(광곽) 曠闕(광궐) 曠年(광년) 曠達(광달) 曠大(광대) 曠朗(광랑) 曠茫(광망)
曠世(광세) 曠野(광야) 曠恩(광은) 曠日(광일) 曠職(광직) 曠蕩(광탕) 曠土(광토) 曠廓(광확)
曠懷(광회) 問曠(문광) 開曠(개광) 高曠(고광) 崇曠(숭광) 深曠(심광) 怨曠(원광) 淸曠(청광)
平曠(평광) 廢曠(폐광) 浩曠(호광) 弘曠(홍광)

胱 **1급** 오줌통 **광** 肉 / 6
오줌을 받아 모으는 주머니 모양의 비뇨기로, '방광(膀胱), 오줌통'을 뜻한다.

읽기한자 膀胱(방광)

狂 **3급Ⅱ** 미칠 **광** 犬 / 4
개(犭)가 미쳐서 여기저기 나다닌다(王=往)는 데서, '미치다'는 뜻이다.

읽기한자 狂濤(광도) 狂瀾(광란) 狂勃(광발) 狂煽(광선) 狂闇(광암) 狂攘(광양) 狂顚(광전) 狂癡(광치)
狂悖(광패) 顚狂(전광) 躁狂(조광) 倡狂(창광) 猖狂(창광)
쓰기한자 狂歌(광가) 狂客(광객) 狂犬(광견) 狂氣(광기) 狂亂(광란) 狂夫(광부) 狂奔(광분) 狂藥(광약)
狂飮(광음) 狂人(광인) 狂症(광증) 狂態(광태) 狂暴(광포) 狂風(광풍) 發狂(발광) 熱狂(열광)

鑛 | 4급 | 쇳돌 **광:** | 金 / 15 | 약 鉱

금, 은이나 쇠붙이 따위(金)의 광물질을 캐낸 뒤의 갱도가 넓게(廣) 텅 비어 있는 모습에서 그곳에서 캐낸, '쇳돌'을 뜻한다.

읽기한자 錫鑛(석광) 碎鑛(쇄광)

쓰기한자 [開鑛(개광) 鑛坑(광갱) 鑛工業(광공업) 鑛區(광구) 鑛口(광구) 鑛脈(광맥) 鑛物(광물) 鑛夫(광부) 鑛山(광산) 鑛石(광석) 鑛業(광업) 鑛泉(광천) 金鑛(금광) 銀鑛(은광) 採鑛(채광) 鐵鑛(철광) 炭鑛(탄광) 廢鑛(폐광)

廣 | 5급Ⅱ | 넓을 **광:** | 广 / 12 | 동 漠, 博, 衍, 闊 | 반 狹 | 약 広

집(广) 앞에 누른(黃) 밭이 넓게 펼쳐져 있는 데서, '넓다'는 뜻이다.

읽기한자 廣牡(광모) 廣汎(광범) 廣闢(광벽) 廣狹(광협) 廣闊(광활)

쓰기한자 廣告(광고) 廣軌(광궤) 廣大(광대) 廣木(광목) 廣額(광액) 廣野(광야) 廣域(광역) 廣義(광의) 廣場(광장) 深廣(심광) 幅廣(폭광)

光 | 6급Ⅱ | 빛 **광** | 儿 / 4 | 동 明, 色, 耀, 彩, 輝 | 반 陰

사람(儿)이 불(火)을 들고 있으니 빛이 난다는 데서, '빛'을 뜻한다.

읽기한자 光芒(광망) 光焰(광염) 光艷(광염) 光膺(광응) 光闡(광천) 光翠(광취) 光絢(광현) 光洽(광흡) 駒光(구광) 燐光(인광) 曙光(서광) 蟾光(섬광) 閃光(섬광) 旭光(욱광) 晶光(정광) 霞光(하광)

쓰기한자 脚光(각광) 景光(경광) 觀光(관광) 光景(광경) 光年(광년) 光度(광도) 光臨(광림) 光明(광명) 光武(광무) 光復(광복) 光線(광선) 光速(광속) 光域(광역) 光陰(광음) 光彩(광채) 光澤(광택) 光輝(광휘) 極光(극광) 發光(발광) 瑞光(서광) 眼光(안광) 夜光(야광) 陽光(양광) 榮光(영광) 圓光(원광) 月光(월광) 日光(일광) 遮光(차광) 採光(채광) 燭光(촉광) 風光(풍광) 後光(후광)

卦 | 1급 | 점괘 **괘** | 卜 / 6 | 동 兆

점(卜)칠 때 나타나는 갖가지 연결(圭), '점괘'를 뜻한다.

읽기한자 卦辭(괘사) 卦象(괘상) 卦兆(괘조) 吉卦(길괘) 內卦(내괘) 上卦(상괘) 神卦(신괘) 陽卦(양괘) 外卦(외괘) 陰卦(음괘) 尊卦(존괘) 八卦(팔괘) 下卦(하괘)

罫 | 1급 | 줄[罫線] **괘** | 网 / 8

그물(罒)코나 점괘(卦)처럼 가로세로로 교차한 선으로, '줄(罫線)'을 뜻한다.

읽기한자 罫中(괘중) 罫紙(괘지) 罫版(괘판)

掛 | 3급 | 걸[懸] **괘** | 手 / 8

점괘(卦)를 누구나 볼 수 있도록 손(扌)으로 벽에 걸어 놓는 데서, '걸다'는 뜻이다.

읽기한자 鉤掛(구괘)

쓰기한자 掛念(괘념) 掛圖(괘도)

魁 1급 | 괴수 **괴** | 鬼 / 4 | 동 帥, 首
유다른(鬼) 별(斗)로, 북두칠성의 첫째별을 나타내는 데서, 무리의 '우두머리, 괴수'를 뜻한다.

 읽기한자
魁甲(괴갑) 魁健(괴건) 魁傑(괴걸) 魁黨(괴당) 魁頭(괴두) 魁壘(괴루) 魁陵(괴릉) 魁選(괴선)
魁星(괴성) 魁首(괴수) 魁宿(괴숙) 魁岸(괴안) 魁偉(괴위) 魁壯(괴장) 魁蛤(괴합) 魁形(괴형)
巨魁(거괴) 黨魁(당괴) 大魁(대괴) 首魁(수괴) 雄魁(웅괴) 元魁(원괴) 里魁(이괴) 賊魁(적괴)
酒魁(주괴) 八魁(팔괴) 花魁(화괴)

乖 1급 | 어그러질 **괴** | 丿 / 7 | 동 戾, 悖, 愎
양(羊)의 뿔과 등이 서로 등져 어그러지거나 떨어진 형상을 본떠, '어그러지다'는 뜻이다.

읽기한자
乖角(괴각) 乖隔(괴격) 乖亂(괴란) 乖剌(괴랄) 乖彎(괴만) 乖背(괴배) 乖別(괴별) 乖疏(괴소)
乖異(괴이) 乖爭(괴쟁) 乖錯(괴착) 乖悖(괴패) 乖愎(괴팍) 乖謔(괴학) 分乖(분괴) 中乖(중괴)
醜乖(추괴)

拐 1급 | 후릴 **괴** | 手 / 5 | 동 騙
무언가를 걸어 끌어당기는 갈고리(另)를 손(扌)으로 다루는 데서, '유괴하다, 후리다'는 뜻이다.

읽기한자
拐帶(괴대) 拐兒(괴아) 拐騙(괴편) 誘拐(유괴) 鐵拐(철괴)

傀 2급 | 허수아비 **괴:** | 人 / 10 | 동 儡
귀신(鬼)에 홀려 넋 빠진 사람(亻)에서, '허수아비'를 뜻한다.

읽기한자
傀儡(괴뢰) 傀俄(괴아)

쓰기한자
傀奇(괴기) 傀網(괴망) 傀面(괴면) 傀然(괴연)

槐 2급(名) | 회화나무 / 느티나무 **괴** | 木 / 10
구불구불하고 못생긴(鬼) 나무(木)에서, '회화나무, 홰나무, 느티나무'를 뜻한다.

읽기한자
槐木(괴목) 槐門(괴문) 槐宸(괴신) 槐實(괴실) 槐葉(괴엽) 槐花(괴화) 三槐(삼괴)

愧 3급 | 부끄러울 **괴:** | 心 / 10 | 동 羞, 慙, 恥
부끄러운 마음(忄)에 얼굴이 도깨비(鬼)처럼 붉어진다는 데서, '부끄럽다, 부끄러워하다'는 뜻이다.

읽기한자
愧忿(괴분) 愧寤(괴오) 愧慚(괴참) 羞愧(수괴)

쓰기한자
愧色(괴색) 自愧(자괴) 慙愧(참괴)

塊 3급 | 흙덩이 **괴** | 土 / 10
도깨비(鬼) 머리통처럼 못생긴 흙(土) 뭉치에서, '흙덩이'를 뜻한다.

읽기한자
磊塊(뇌괴) 疊塊(누괴) 撒塊(살괴) 粘塊(점괴) 銜塊(함괴)

쓰기한자
塊石(괴석) 金塊(금괴) 銀塊(은괴) 地塊(지괴) 土塊(토괴)

怪 3급Ⅱ 괴이할 **괴(:)** 心 / 5 [동] 奇, 訝, 異

손(又)으로 흙(土)을 주물러 늘 보는 사람의 모양을 만들려고 해도 마음(↑)대로 되지 않는 데서, '괴이하다'는 뜻이다.

읽기한자 怪詭(괴궤) 怪譚(괴담) 怪訝(괴아) 怪愕(괴악) 怪腕(괴완) 怪迂(괴우) 駭怪(해괴)

쓰기한자 怪傑(괴걸) 怪奇(괴기) 怪談(괴담) 怪盜(괴도) 怪力(괴력) 怪聞(괴문) 怪物(괴물) 怪變(괴변) 怪獸(괴수) 怪異(괴이) 怪漢(괴한) 奇怪(기괴) 妖怪(요괴)

壞 3급Ⅱ 무너질 **괴:** 土 / 16 [비] 壤, 懷 [약] 壊

호주머니 속의 거울(裏)이 땅(土)에 떨어져서 깨진다는 데서, '무너지다, 무너뜨리다'는 뜻이다.

읽기한자 壞琦(괴기) 弛壞(이괴) 朽壞(후괴)

쓰기한자 壞滅(괴멸) 倒壞(도괴) 崩壞(붕괴) 損壞(손괴) 破壞(파괴)

轟 1급 울릴 / 수레소리 **굉** 車 / 14

많은 수레(車車車)가 지나가는 소리로, '떠들썩하다, 크게 울리다, 수레 소리'를 뜻한다.

읽기한자 轟轟(굉굉) 轟笑(굉소) 轟然(굉연) 轟飮(굉음) 轟醉(굉취) 轟沈(굉침) 轟破(굉파) 雷轟(뇌굉) 嘲轟(조굉) 車轟(거굉)

宏 1급 클 **굉** 宀 / 4 [동] 廓, 大

집안(宀)이 깊숙하고도 넓은(厷) 데서, '크다'는 뜻이다.

읽기한자 宏傑(굉걸) 宏規(굉규) 宏達(굉달) 宏圖(굉도) 宏博(굉박) 宏富(굉부) 宏材(굉재) 宏敞(굉창) 宏弘(굉홍) 宏闊(굉활) 宏徽(굉휘) 快宏(쾌굉) 泓宏(홍굉)

肱 1급 팔뚝 **굉** 肉 / 4

사람의 몸(月)에 붙어 있는 팔(厷)에서, '팔'을 뜻한다.

읽기한자 股肱(고굉) 曲肱(곡굉) 折肱(절굉) 枕肱(침굉)

轎 1급 가마 **교** 車 / 12

앞뒤 사람에 의해 메어져서, 마치 다리(喬=橋)처럼 보이는 수레(車)로, '가마'를 뜻한다.

읽기한자 轎夫(교부) 轎子(교자) 轎丁(교정) 轎車(교차) 轎行(교행) 空轎(공교) 大轎(대교) 兜轎(두교) 山轎(산교) 小轎(소교) 輿轎(여교)

蛟 1급 교룡(蛟龍) **교** 虫 / 6

몸이 뒤틀어져(交) 있는 생물(虫)로, '교룡(蛟龍)'을 뜻한다.

읽기한자 蛟龍(교룡) 蛟蛇(교사) 蛟篆(교전) 素蛟(소교) 水蛟(수교) 龍蛟(용교) 潛蛟(잠교) 黑蛟(흑교)

驕 1급 교만할 **교** 馬 / 12 동 倨, 慢, 傲, 逸, 恣

높이(喬) 6척의 말(馬), 사람을 따르지 않는 키가 큰(喬) 말(馬)에서, '교만하다'는 뜻이다.

읽기한자 驕客(교객) 驕倨(교거) 驕驕(교교) 驕慢(교만) 驕兵(교병) 驕奢(교사) 驕尙(교상) 驕兒(교아) 驕揚(교양) 驕戰(교전) 驕悖(교패) 驕暴(교포) 驕亢(교항) 矜驕(긍교) 狼驕(낭교) 淫驕(음교) 寵驕(총교) 悍驕(한교)

狡 1급 교활할 **교** 犬 / 6 동 猾, 獪

개(犭) 같은 사귐(交)이라는 데서, '교활하다'는 뜻이다.

읽기한자 狡犬(교견) 狡童(교동) 狡弄(교롱) 狡吏(교리) 狡憤(교분) 狡詐(교사) 狡惡(교악) 狡焉(교언) 狡智(교지) 狡捷(교첩) 狡蟲(교충) 狡猾(교활) 姦狡(간교) 輕狡(경교) 老狡(노교) 童狡(동교) 雄狡(웅교) 壯狡(장교) 凶狡(흉교)

喬 1급 높을 **교** 口 / 9

높은 樓閣 위에 깃발이 세워진 모양을 본떠, '큰 나무, 높다'는 뜻이다.

읽기한자 喬柯(교가) 喬幹(교간) 喬桀(교걸) 喬林(교림) 喬木(교목) 喬松(교송) 喬樹(교수) 喬然(교연) 喬志(교지) 喬遷(교천) 喬詰(교힐) 松喬(송교) 昇喬(승교) 遷喬(천교)

皎 1급 달밝을 **교** 白 / 6

달이 희고(白) 고운(交=姣) 데서, '달이 밝다'는 뜻이다.

읽기한자 皎潔(교결) 皎鏡(교경) 皎如(교여) 皎然(교연) 皎月(교월)

咬 1급 물[齧] / 새소리 **교** 口 / 6

입(口)으로 깨무는(交=齩) 데서, '물다, 깨물다, 새소리'를 뜻한다.

읽기한자 咬咬(교교) 咬菜(교채)

嬌 1급 아리따울 **교** 女 / 12 동 艶

계집(女)이 아름다우면 콧대가 높다(喬)는 데서, '아리땁다'는 뜻이다.

읽기한자 嬌歌(교가) 嬌客(교객) 嬌娘(교낭) 嬌女(교녀) 嬌童(교동) 嬌面(교면) 嬌奢(교사) 嬌聲(교성) 嬌兒(교아) 嬌愛(교애) 嬌逸(교일) 嬌姿(교자) 嬌稚(교치) 嬌妬(교투) 嬌喉(교후) 阿嬌(아교) 愛嬌(애교) 春嬌(춘교) 含嬌(함교) 黃嬌(황교)

攪 1급 흔들 **교** 手 / 20 동 亂, 撓

손(扌)으로 휘저어 뒤섞는(覺) 데서, '흔들다, 어지럽히다'는 뜻이다.

읽기한자 攪亂(교란) 攪撓(교요) 亂攪(난교) 悲攪(비교) 情攪(정교)

僑 | 2급 | 더부살이 **교** | 人 / 12 | 통 寓

스스로를 높게(喬) 생각하는 사람(亻)은 결국 남의 집에 더부살이하고, 상주할 곳이 없다는 데서, '더부살이, 우거하다'는 뜻이다.

읽기한자 僑廬(교려)

쓰기한자 僑居(교거) 僑胞(교포) 華僑(화교)

絞 | 2급 | 목맬 **교** | 糸 / 6 | 통 縊

목을 끈(糸)으로 묶는(交) 것으로, '목매다'는 뜻이다.

읽기한자 絞縊(교액)

쓰기한자 絞死(교사) 絞殺(교살)

膠 | 2급 | 아교 **교** | 肉 / 11

옛적에 죽임을 당한(翏=戮) 동물의 뼈와 가죽(月)을 접착제로 쓴 데서, '갖풀, 아교'를 뜻한다.

쓰기한자 膠固(교고) 膠沙(교사) 膠着(교착) 膠漆(교칠) 阿膠(아교) 漆膠(칠교)

郊 | 3급 | 들[野] **교** | 邑 / 6 | 통 野

인구가 밀집한 고을(阝)과 인접하여 사귀고(交) 있는 땅에서, '들'을 뜻한다. 또, 나무를 엇갈려(交) 쌓아 불을 붙여 하늘에 제사를 지내는 땅(阝)을 뜻한다.

읽기한자 郊燎(교료) 郊鄙(교비) 郊廛(교전) 郊犧(교희)

쓰기한자 江郊(강교) 郊外(교외) 近郊(근교)

矯 | 3급 | 바로잡을 **교:** | 矢 / 12 | 통 正, 直

휘어진 화살(矢)을 나무틀에 끼워서 펴면 길고 높아지는(喬) 데서, '바로잡다'는 뜻이다.

읽기한자 矯誣(교무) 詭矯(궤교)

쓰기한자 矯導(교도) 矯僞(교위) 矯正(교정)

較 | 3급Ⅱ | 견줄 / 비교할 **교** | 車 / 6

수레(車)가 서로 엇갈리며(交) 지나갈 때, 크기나 모양 등을 서로 견주게 된다는 데서, '견주다, 비교하다'는 뜻이다.

읽기한자 辜較(고교)

쓰기한자 較略(교략) 比較(비교)

巧 | 3급Ⅱ | 공교할 **교** | 工 / 2 | 비 功, 朽 | 통 妙 | 반 拙

끌(工)과 굽은 조각칼(丂)로 나무를 깎아 교묘하게 물건을 만드는 데서, '공교하다, 재주'를 뜻한다.

읽기한자 奸巧(간교) 巧捷(교첩) 巧宦(교환) 巧猾(교활) 伎巧(기교) 諂巧(첨교)

쓰기한자 計巧(계교) 工巧(공교) 巧妙(교묘) 巧拙(교졸) 技巧(기교) 纖巧(섬교) 精巧(정교)

橋 5급 다리 **교** 木 / 12 통 梁

낭떠러지 등의 높은(高) 곳에 나무(木)가 걸려 있는데서, '다리'를 뜻한다.

읽기한자 橋畔(교반) 橋柵(교책) 筏橋(벌교) 鞍橋(안교) 鵲橋(작교) 棧橋(잔교) 虹橋(홍교)

쓰기한자 架橋(가교) 橋脚(교각) 橋梁(교량) 陸橋(육교) 浮橋(부교) 石橋(석교) 弔橋(조교) 鐵橋(철교)

 交 6급 사귈 **교** 亠 / 4

사람이 두 다리를 엇걸리게(交) 꼬고 있는 모양으로, '사귀다, 엇갈리다'는 뜻이다.

읽기한자 交頸(교경) 交鉤(교구) 交戟(교극) 交拏(교나) 交賭(교도) 交鋒(교봉) 交臂(교비) 交觴(교상)
交迭(교질) 交叉(교차) 交驩(교환) 交喙(교훼)

쓰기한자 交感(교감) 交代(교대) 交流(교류) 交尾(교미) 交配(교배) 交付(교부) 交分(교분) 交涉(교섭)
交信(교신) 交易(교역) 交友(교우) 交遊(교유) 交雜(교잡) 交戰(교전) 交接(교접) 交際(교제)
交差(교차) 交着(교착) 交錯(교착) 交替(교체) 交通(교통) 交換(교환) 國交(국교) 斷交(단교)
社交(사교) 性交(성교) 修交(수교) 手交(수교) 外交(외교) 絕交(절교) 締交(체교) 親交(친교)
平交(평교) 下交(하교)

 教 8급 가르칠 **교:** 攴 / 7 통 誨, 訓 반 學, 習

어른(耂)이 아이(子)에게 열심히 배우도록 손에 채찍을(攵) 들고 가르친다는 데서, '가르치다'는 뜻이다.

읽기한자 教撫(교무) 教坊(교방) 教馴(교순) 教鞭(교편) 教誨(교회) 撫教(무교) 諭教(유교) 頹教(퇴교)

쓰기한자 教官(교관) 教區(교구) 教權(교권) 教壇(교단) 教導(교도) 教錬(교련) 教務(교무) 教門(교문)
教範(교범) 教唆(교사) 教師(교사) 教書(교서) 教勢(교세) 教授(교수) 教習(교습) 教示(교시)
教室(교실) 教養(교양) 教育(교육) 教材(교재) 教條(교조) 教主(교주) 教職(교직) 教派(교파)
教化(교화) 教會(교회) 教訓(교훈) 道教(도교) 佛教(불교) 說教(설교) 殉教(순교) 儒教(유교)
宗教(종교) 胎教(태교) 回教(회교)

 校 8급 학교 **교:** 木 / 6 통 勘

나무(木)를 엇갈리게(交) 해서 만든 책상이나 걸상이 있는 곳으로, 선생과 학생이 섞여 공부하는 곳, '학교'를 뜻한다.

읽기한자 勘校(감교) 校勘(교감) 庠校(상교) 讎校(수교) 闡校(천교) 稗校(패교)

쓰기한자 開校(개교) 校歌(교가) 校監(교감) 校旗(교기) 校內(교내) 校名(교명) 校門(교문) 校服(교복)
校舍(교사) 校閱(교열) 校外(교외) 校友(교우) 校尉(교위) 校長(교장) 校庭(교정) 校正(교정)
校訂(교정) 校誌(교지) 校則(교칙) 校訓(교훈) 登校(등교) 母校(모교) 復校(복교) 本校(본교)
分校(분교) 愛校(애교) 入校(입교) 將校(장교) 廢校(폐교) 閉校(폐교) 下校(하교) 學校(학교)
鄕校(향교) 休校(휴교)

 鉤 1급 갈고리 **구** 金 / 5 약 鈎

금속제(金)의 갈고리(句)에서, '갈고리'를 뜻한다.

읽기한자 鉤掛(구괘) 鉤戟(구극) 鉤連(구련) 鉤狀(구상) 鉤援(구원) 鉤餌(구이) 鉤爪(구조) 交鉤(교구)
金鉤(금구) 大鉤(대구) 帶鉤(대구) 垂鉤(수구) 純鉤(순구) 吳鉤(오구) 銀鉤(은구) 長鉤(장구)
中鉤(중구) 沈鉤(침구) 吞鉤(탄구) 縣鉤(현구)

嘔　1급　게울 **구(:)**　口 / 11　통 吐

해로운 것을 몸이 분별(區)하여 입(口)으로 배출하는 데서, '게우다'는 뜻이다.

읽기한자　嘔心(구심) 嘔啞(구아) 嘔軋(구알) 嘔吐(구토) 嘔喩(구유) 歌嘔(가구) 啞嘔(아구)

枸　1급　구기자(枸杞子) **구**　木 / 5　통 杞, 櫞

작고 가지가 굽은(句) 나무(木)에서, '구기자나무'를 나타내고, 또 그 열매인 '구기자'를 뜻한다.

읽기한자　枸骨(구골) 枸橘(구귤) 枸杞(구기) 枸木(구목) 株枸(주구) 枳枸(지구)

柩　1급　널[棺] **구**　木 / 5

오랫동안(久) 사람의 시체를 담아 두는 목제(木)의 궤짝에서, '널(棺)'을 뜻한다.

읽기한자　柩車(구차) 槨柩(곽구) 棺柩(관구)

衢　1급　네거리 **구**　行 / 18　통 街, 巷

왕래(行)가 빈번하고, 번화하여 새처럼 눈을 두리번거리게(瞿) 만드는 거리로, '네거리'를 뜻한다.

읽기한자　衢街(구가) 衢國(구국) 衢道(구도) 衢路(구로) 衢巷(구항) 街衢(가구) 路衢(노구) 四衢(사구)
雲衢(운구) 長衢(장구) 天衢(천구) 通衢(통구) 皇衢(황구)

謳　1급　노래 **구**　言 / 11　통 歌, 詠, 謠, 吟, 唱

말(言)을 구획(區) 짓는 데서, 가락을 붙여 '노래하다, 노래'를 뜻한다.

읽기한자　謳歌(구가) 謳頌(구송) 謳詠(구영) 謳謠(구요) 謳吟(구음) 謳唱(구창) 歌謳(가구) 謠謳(요구)
樵謳(초구)

溝　1급　도랑 **구**　水 / 10　통 渠, 瀆, 壑, 洫, 澮

인공적으로 그물눈처럼 조합한(冓) 물길(氵)에서, '도랑'을 뜻한다.

읽기한자　溝渠(구거) 溝瀆(구독) 溝封(구봉) 溝猶(구유) 溝中(구중) 溝池(구지) 金溝(금구) 防溝(방구)
羊溝(양구) 御溝(어구) 汚溝(오구) 陰溝(음구) 漕溝(조구) 推溝(추구) 鶴溝(학구)

寇 1급 　도적 **구**　宀 / 8　**동** 盜, 掠, 賊, 奪

남의 집(宀)에 들어가 사람(元)을 치는(攴) 모양에서, 남에게 해를 주는, '도적'을 뜻한다.

읽기한자 寇警(구경) 寇難(구난) 寇盜(구도) 寇亂(구란) 寇攘(구양) 寇賊(구적) 寇害(구해) 寇患(구환)
窮寇(궁구) 劇寇(극구) 內寇(내구) 邊寇(변구) 兵寇(병구) 伏寇(복구) 司寇(사구) 外寇(외구)
流寇(유구) 侵寇(침구) 凶寇(흉구)

垢 1급 　때 **구**　土 / 6　**동** 滓

두껍게(后=厚) 낀 흙먼지(土)에서, '때'를 뜻한다.

읽기한자 垢故(구고) 垢面(구면) 垢穢(구예) 垢汚(구오) 垢滓(구재) 垢濁(구탁) 垢弊(구폐) 面垢(면구)
無垢(무구) 浮垢(부구) 身垢(신구) 汚垢(오구) 塵垢(진구) 汗垢(한구)

毆 1급 　때릴 **구**　殳 / 11　**동** 擊, 打

본래 선한 것과 악한 것을 구별(區)하여 때리는(殳) 것이나, 일반으로 '때리다'는 뜻이다.

읽기한자 毆擊(구격) 毆繫(구계) 毆縛(구박) 毆殺(구살) 毆杖(구장) 毆打(구타) 毆斃(구폐)

灸 1급 　뜸 **구:**　火 / 3　**비** 炙

몸의 한 점을 태워(火) 치료나 형벌로서 사용하는 약쑥(久)에서 '뜸'을 뜻한다.

읽기한자 灸薑(구강) 灸師(구사) 灸刺(구자) 針灸(침구)

廏 1급 　마구 **구**　广 / 11　**약** 厩

말이 몸을 수그리고(皀) 들어가는 집(广)에서, '마구(馬廏), 마구간'을 뜻한다.

읽기한자 廏吏(구리) 廏舍(구사) 廏人(구인) 廏閑(구한) 宮廏(궁구) 內廏(내구) 馬廏(마구) 御廏(어구)
外廏(외구) 龍廏(용구) 典廏(전구) 華廏(화구)

駒 1급 　망아지 **구**　馬 / 5

굽이굽이(句) 뛰어 돌아다니는 말(馬)의 새끼에서, '망아지'를 뜻한다.

읽기한자 駒光(구광) 駒隙(구극) 駒馬(구마) 駒影(구영) 駒齒(구치) 隙駒(극구) 白駒(백구) 龍駒(용구)
元駒(원구) 異駒(이구) 株駒(주구) 千里駒(천리구) 草駒(초구) 春駒(춘구) 玄駒(현구)

矩 1급 　모날 / 법 **구**　矢 / 5　**동** 度

곧고 바르며(矢) 손잡이가 있어 모가 난 자(巨=尺)에서, '곱자, 모나다'는 뜻이다. 또 자로
바르게 재는 데서, '법도'를 뜻한다.

읽기한자 矩度(구도) 矩墨(구묵) 矩步(구보) 矩繩(구승) 矩坐(구좌) 矩地(구지) 矩尺(구척) 矩形(구형)
高矩(고구) 度矩(도구) 模矩(모구) 方矩(방구) 師矩(사구) 聖矩(성구) 靈矩(영구) 遺矩(유구)
前矩(전구) 風矩(풍구) 下矩(하구)

軀 1급 몸 **구** 身 / 11 　동 體
잘게 구분(區)이 가능한 부분으로 이루어진 몸(身)에서, '몸'을 뜻한다.

읽기한자　軀殼(구각) 軀幹(구간) 軀命(구명) 軀體(구체) 軀骸(구해) 輕軀(경구) 棄軀(기구) 衰軀(쇠구)
瘦軀(수구) 神軀(신구) 安軀(안구) 賤軀(천구) 體軀(체구) 投軀(투구) 形軀(형구)

鳩 1급 비둘기 **구** 鳥 / 2
구구(九는 擬聲語)하고 우는 새(鳥)로, '비둘기'를 뜻한다.

읽기한자　鳩斂(구렴) 鳩尾(구미) 鳩婦(구부) 鳩杖(구장) 鳩聚(구취) 鳩合(구합) 鳴鳩(명구) 蒙鳩(몽구)
蒼鳩(창구) 荊鳩(형구)

舅 1급 시아비 / 외삼촌 **구** 臼 / 7 　반 姑. 甥
오랜(臼=久) 교제가 있는 사내(男)로, '시아비, 외삼촌, 장인'을 뜻한다.

읽기한자　舅姑(구고) 舅母(구모) 舅父(구부) 舅甥(구생) 舅氏(구씨) 舅弟(구제) 姑舅(고구) 國舅(국구)
母舅(모구) 伯舅(백구) 父舅(부구) 叔舅(숙구) 外舅(외구) 元舅(원구) 從舅(종구) 賢舅(현구)

仇 1급 원수 **구** 人 / 2 　동 讎. 敵. 匹
사람(亻)이 구하여 찾는 상대(九=逑)에서, '짝'을 뜻한다. 또 원한을 끝(九)까지 잊을 수
없는 사람(亻)에서, '원수'를 뜻한다.

읽기한자　仇家(구가) 仇隙(구극) 仇邦(구방) 仇惡(구오) 仇怨(구원) 仇敵(구적) 仇匹(구필)
仇恨(구한) 雪仇(설구) 世仇(세구)

臼 1급 절구 **구** 臼 / 0
땅을 파거나, 나무나 돌 등을 파서 만든 절구를 본뜬 것으로, '절구'를 뜻한다.

읽기한자　臼磨(구마) 臼狀(구상) 臼齒(구치) 臼砲(구포) 穀臼(곡구) 茶臼(다구) 路臼(노구) 石臼(석구)
井臼(정구) 脫臼(탈구)

嶇 1급 험할 **구** 山 / 11
메(山)가 다른 메와 구별될(區) 정도로 험하고 울퉁불퉁하다는 데서, '험하다'는 뜻이다.

읽기한자　嶇路(구로) 崎嶇(기구)

鷗 2급 갈매기 **구** 鳥 / 11
일정한 구역(區)에 살고 흰색으로 다른 새와 쉽게 구분되는(區) 해변에서만 사는 새(鳥)에
서, '갈매기'를 뜻한다.

읽기한자　鷺鷗(노구)

쓰기한자　白鷗(백구) 海鷗(해구)

歐 | 2급 | 구라파 / 칠 **구** 欠 / 11 | 동 打, 吐 약 欧

입을 벌리고(欠) 몸 안에 저장되어 있는 것(區)을 끄집어내는 데서, '토하다'는 뜻이다. 또 毆와 통하여 '치다'는 뜻이다. 유럽(Europe)의 음차(音借)로도 쓴다.

읽기한자 歐泄(구설)
쓰기한자 歐文(구문) 歐美(구미) 東歐(동구) 北歐(북구) 西歐(서구)

購 | 2급 | 살 **구** 貝 / 10 | 동 買

물건을 갖고 있는 사람과 만나(冓) 돈(貝)을 건네는 데서, '사다'는 뜻이다.

읽기한자 購繭(구견) 購捕贖良(구포속량)
쓰기한자 購讀(구독) 購買(구매) 購書(구서) 購入(구입) 購販(구판) 急購(급구) 博購(박구) 希購(희구)

邱 | 2급(名) | 언덕 **구** 邑 / 5

언덕 구의 본자는 丘이나 이것이 孔子의 이름자인 관계로 避하여 淸나라 때부터 邱를 언덕 구로 썼다.

읽기한자 大邱(대구)

玖 | 2급(名) | 옥돌 **구** 玉 / 3

오래된(久) 구슬(王)같은 돌로, '옥돌'을 뜻한다.

읽기한자 瓊玖(경구) 玖璇(구선)

狗 | 3급 | 개 **구** 犬 / 5

갈고리(句) 모양으로 머리를 꼬리 쪽으로 돌려 몸을 구부정하게 하여 빙글빙글 주변을 도는 개(犭)에서, '(작은) 개'를 뜻한다.

읽기한자 尨狗(방구) 癲狗(전구) 芻狗(추구)
쓰기한자 狗盜(구도) 鬪狗(투구) 水狗(수구) 狗肉(구육) 走狗(주구) 海狗(해구) 黃狗(황구)

龜 | 3급 | 거북 **구** / 거북 **귀** / 터질 **균** 龜 / 0 | 동 裂 약 亀

거북의 모양을 본뜬 것으로, '거북'을 뜻한다. 옛날에 거북 등 껍데기를 불에 그슬려 갈라진 모양을 보고 길흉을 판단한 데서, '터지다'는 뜻이다.

읽기한자 龜紐(귀뉴) 龜齡(귀령) 龜鼈(귀별) 龜腹(구복)
쓰기한자 龜鑑(귀감) 龜甲(귀갑) 龜頭(귀두) 龜裂(균열) 龜卜(귀복) 龜船(귀선) 龜占(귀점)
龜旨歌(구지가)

懼 | 3급 | 두려워할 **구** 心 / 18

독수리의 침입을 당한 새(隹)가 마음(忄)에 두려움이 생겨 눈을 이리저리 돌리는(目目) 데서, '두려워하다'는 뜻이다.

읽기한자 兢懼(긍구) 悚懼(송구) 兇懼(흉구)
쓰기한자 懼然(구연) 危懼(위구) 疑懼(의구) 怖懼(포구)

驅 | 3급 | 몰 **구** | 馬 / 11 | 통 馳
말(馬)을 채찍으로 때려(區＝毆) 달리게 하는 데서, '몰다'는 뜻이다.

읽기한자 驅儺(구나) 驅駭(구해)
쓰기한자 驅迫(구박) 驅步(구보) 驅使(구사) 驅逐(구축) 驅蟲(구충) 先驅(선구)

苟 | 3급 | 진실로 / 구차할 **구** | 艸 / 5 | 통 且
글(句)하는 선비로 가난하여 풀(艹)만 먹고 살아 생활이 구차하지만 심지는 곧다는 데서,
'진실로, 구차하다'는 뜻이다.

읽기한자 艱苟(간구)
쓰기한자 苟免(구면) 苟安(구안) 苟且(구차) 苟活(구활)

俱 | 3급 | 함께 **구** | 人 / 8
함께 일할 사람(亻)이 다 갖추어(具) 졌다는 데서, '함께, 다'라는 뜻이다.

쓰기한자 俱樂(구락) 俱存(구존) 俱現(구현)

丘 | 3급Ⅱ | 언덕 **구** | 一 / 4 | 비 兵 | 통 壟, 陵, 阜
언덕의 모양을 본뜬 것으로, '언덕'을 뜻한다.

읽기한자 丘軻(구가) 丘壟(구롱) 丘阜(구부) 丘嫂(구수) 丘墟(구허) 宛丘(완구) 糟丘(조구)
쓰기한자 丘陵(구릉) 丘木(구목) 丘墓(구묘) 丘民(구민) 丘山(구산) 阿丘(아구) 靑丘(청구)

久 | 3급Ⅱ | 오랠 **구:** | 丿 / 2 | 통 遠
떠나려는 사람(人)의 다리(丿)를 꼭 잡고(丶) 놓지 않아 오래도록 머물게 한다는 데서, '오래다'는 뜻이다.

읽기한자 久錮(구고) 久闊(구활) 迂久(우구)
쓰기한자 久遠(구원) 良久(양구) 長久(장구) 未久(미구) 永久(영구) 悠久(유구) 持久(지구) 恒久(항구)

拘 | 3급Ⅱ | 잡을 **구** | 手 / 5 | 통 擒, 拿
손(扌)으로 사람을 잡아 묶거(句)나, 손(扌)으로 갈고리(句)를 거는 데서, '잡다'는 뜻이다.

읽기한자 拘擒(구금) 拘杞(구기) 拘拿(구나) 拘斂(구렴) 拘哺(구포) 絆拘(반구) 摯拘(지구)
쓰기한자 拘牽(구견) 拘禁(구금) 拘留(구류) 拘束(구속) 拘礙(구애) 拘置(구치) 不拘(불구)

構 | 4급 | 얽을 **구** | 木 / 10 | 통 造, 築
나무(木)를 격지격지(井) 거듭(再) 짜서 얽는 데서, '얽다'는 뜻이다.

읽기한자 構扮(구분) 鱗構(인구) 讒構(참구)
쓰기한자 架構(가구) 結構(결구) 構內(구내) 構圖(구도) 構文(구문) 構想(구상) 構成(구성) 構造(구조)
構築(구축) 機構(기구) 締構(체구) 虛構(허구)

求

4급Ⅱ 구할[索] 구 水 / 2 동 乞, 索

가죽옷을 본뜬 글자로, 가죽옷은 누구나 갖고 싶어하는 데서, '구하다'는 뜻이다.

읽기한자 苛求(가구) 誅求(주구)

쓰기한자 懇求(간구) 渴求(갈구) 乞求(걸구) 求乞(구걸) 求道(구도) 求得(구득) 求命(구명) 求愛(구애) 求人(구인) 求職(구직) 求刑(구형) 求婚(구혼) 急求(급구) 祈求(기구) 要求(요구) 慾求(욕구) 請求(청구) 促求(촉구) 追求(추구) 探求(탐구) 希求(희구)

句

4급Ⅱ 글귀 구 口 / 2 비 旬 약 勾

한 묶음으로 묶여질(勹) 수 있는 입(口)에서 나오는 말로, '글귀, 구절'을 뜻한다.

읽기한자 偈句(게구) 句倨(구거) 句股(구고) 句戟(구극) 句芒(구망) 句贅(구췌) 覓句(멱구) 截句(절구) 贅句(췌구)

쓰기한자 佳句(가구) 傑句(걸구) 結句(결구) 警句(경구) 驚句(경구) 句文(구문) 句節(구절) 金句(금구) 聯句(연구) 例句(예구) 文句(문구) 聖句(성구) 語句(어구) 字句(자구) 絶句(절구) 隻句(척구)

究

4급Ⅱ 연구할 구 穴 / 2 동 竟, 考

굴(穴)의 끝(九)까지 조사한다는 데서, '연구하다, 궁구하다'는 뜻이다.

읽기한자 究詰(구힐) 闡究(천구)

쓰기한자 講究(강구) 考究(고구) 究竟(구경) 究極(구극) 究明(구명) 窮究(궁구) 研究(연구) 追究(추구) 探究(탐구) 學究(학구)

具

5급Ⅱ 갖출 구(:) 八 / 6 비 貝 동 備

두 손(廾)으로 보물(貝)을 받치고 있는 데서, '갖추다'는 뜻이다.

읽기한자 衾具(금구) 榜具(방구) 什具(집구) 釀具(양구) 鑽具(찬구) 饌具(찬구) 唾具(타구)

쓰기한자 家具(가구) 戒具(계구) 工具(공구) 敎具(교구) 具備(구비) 具象(구상) 具色(구색) 具眼(구안) 具陳(구진) 具現(구현) 器具(기구) 機具(기구) 農具(농구) 道具(도구) 文具(문구) 不具(불구) 用具(용구) 寢具(침구)

救

5급 구원할 구: 攴 / 7 동 援, 濟, 恤

재난에 빠진 사람을 구하기 위해 북 등을 쳐서(攵) 사람들을 한 곳에 모으는(求) 데서, '구원하다'는 뜻이다.

읽기한자 灌救(관구) 匡救(광구) 救恤(구휼) 矜救(긍구) 撈救(노구) 恤救(휼구)

쓰기한자 救國(구국) 救難(구난) 救命(구명) 救援(구원) 救濟(구제) 救助(구조) 救出(구출) 救護(구호) 急救(급구) 自救(자구)

舊

5급II　　　예 **구:**　臼 / 12　　동 故　약 旧

풀이나 검불(艹)을 새(隹)가 물어다가 절구(臼) 모양의 둥지를 엮은 것이 오래되었다는 데서, '예'를 뜻한다.

읽기한자 舊眷(구권) 舊臘(구랍) 舊簾(구렴) 舊癖(구벽) 舊祠(구사) 舊址(구지) 舊套(구투) 舊驩(구환) 舊痕(구흔) 舊欠(구흠)

쓰기한자 舊憾(구감) 舊官(구관) 舊館(구관) 舊敎(구교) 舊記(구기) 舊面(구면) 舊聞(구문) 舊習(구습) 舊式(구식) 舊惡(구악) 舊正(구정) 舊派(구파) 舊型(구형) 舊形(구형) 復舊(복구) 新舊(신구) 依舊(의구) 親舊(친구)

球

6급II　　　공 **구**　玉 / 7

털(求)을 둥글게 해서 만든 구슬(玉)에서, '공, 아름다운 옥'을 뜻한다. 또 둥근 형태의 물건 등을 지칭한다.

읽기한자 籃球(남구) 琉球(유구) 棒球(봉구) 膣球(질구) 楕球(타구)

쓰기한자 球菌(구균) 球根(구근) 球技(구기) 球團(구단) 球速(구속) 球審(구심) 球場(구장) 氣球(기구) 籠球(농구) 網球(망구) 半球(반구) 排球(배구) 氷球(빙구) 水球(수구) 眼球(안구) 野球(야구) 電球(전구) 庭球(정구) 地球(지구) 直球(직구) 蹴球(축구) 卓球(탁구) 投球(투구) 捕球(포구)

區

6급　　　구분할 / 지경 **구**　匚 / 9　　동 別, 分, 域　약 区

일정한 구역(匚) 안에 건물이나 인구(品)를 구별하는 데서, '구분하다, 지경'을 뜻한다.

읽기한자 僕區(복구) 奧區(오구)

쓰기한자 特區(특구) 鑛區(광구) 敎區(교구) 區間(구간) 區內(구내) 區民(구민) 區別(구별) 區分(구분) 區域(구역) 區廳(구청) 區劃(구획) 地區(지구)

口

7급　　　입 **구(:)**　口 / 0

입의 모양을 본뜬 글자로, '입'을 뜻한다.

읽기한자 口倦(구권) 口訥(구눌) 口唾(구타) 口頰(구협) 訥口(눌구) 袂口(몌구) 繡口(수구) 袖口(수구) 餌口(이구) 藉口(자구) 讒口(참구) 瘡口(창구) 捷口(첩구) 侈口(치구) 緘口(함구) 糊口(호구)

쓰기한자 家口(가구) 坑口(갱구) 經口(경구) 鷄口(계구) 鑛口(광구) 口訣(구결) 口徑(구경) 口頭(구두) 口令(구령) 口文(구문) 口味(구미) 口辯(구변) 口述(구술) 口承(구승) 口實(구실) 口語(구어) 口演(구연) 口傳(구전) 口座(구좌) 口號(구호) 口話(구화) 洞口(동구) 水口(수구) 食口(식구) 人口(인구) 入口(입구) 窓口(창구) 出口(출구) 浦口(포구) 河口(하구) 港口(항구) 險口(험구) 戶口(호구) 虎口(호구) 黃口(황구)

九

8급　　　아홉 **구**　乙 / 1　　비 丸

1에서 9까지의 숫자 중 맨 마지막으로 '아홉'을 뜻한다. 또 아홉은 숫자의 마지막이었던 때도 있어, '많다'의 뜻으로 쓰였다.

읽기한자 九逵(구규) 九棘(구극) 九貊(구맥) 九鼎(구정)

쓰기한자 九孔(구공) 九牛(구우) 九日(구일) 九重(구중) 九尺(구척) 九泉(구천) 九回(구회)

鞠 2급(名) 성(姓) / 국문할 **국** 革 / 8 圖 養, 育

가죽(革)으로 만든 주머니에 털(米)을 넣고 싼(勹) 것으로, '공'을 뜻한다. 또, '기르다, 국문하다' 등의 뜻을 나타낸다.

읽기한자 鞠問(국문) 鞠育(국육) 鞠戱(국희) 拿鞠(나국) 蹴鞠(축국)

 菊 3급Ⅱ 국화 **국** 艸 / 8

꽃잎(艹)이 두 손으로 물건을 떠서 잡을(匊) 때의 손가락 모양으로 모여 피는 화초에서, '국화'를 뜻한다.

읽기한자 籬菊(이국)
쓰기한자 菊月(국월) 菊判(국판) 菊版(국판) 菊花(국화) 霜菊(상국) 水菊(수국) 黃菊(황국)

 局 5급Ⅱ 판[形局] **국** 尸 / 4

사람(尺)이 몸을 굽히고(句) 바둑판의 형세를 살피는 데서, '판, 판국'을 뜻한다.

읽기한자 局窄(국착) 楸局(추국) 騙局(편국)
쓰기한자 佳局(가국) 開局(개국) 結局(결국) 局量(국량) 局面(국면) 局番(국번) 局部(국부)
局外者(국외자) 局長(국장) 局地戰(국지전) 局限(국한) 棋局(기국) 難局(난국) 當局(당국)
對局(대국) 亂局(난국) 本局(본국) 分局(분국) 時局(시국) 藥局(약국) 政局(정국) 終局(종국)
支局(지국) 總局(총국) 破局(파국) 形局(형국)

 國 8급 나라 **국** 口 / 8 圖 国

방책(口)을 둘러치고, 창(戈)을 들고, 국민(口)과 영토(一)를 지킨다는 데서, '나라'를 뜻한다.

읽기한자 衢國(구국) 國舅(국구) 國嗣(국사) 國庠(국상) 國甥(국생) 國壻(국서) 國粹(국수) 國讎(국수)
國楨(국정) 國胄(국주) 旁國(방국) 蕃國(번국) 藩國(번국) 倭國(왜국) 疵國(자국) 肇國(조국)
擧國(거국) 傾國(경국) 國慶(국경) 國旗(국기) 國樂(국악) 國名(국명) 國民(국민) 國防(국방)
國史(국사) 國喪(국상) 國選(국선) 國手(국수) 國是(국시) 國語(국어) 國威(국위) 國葬(국장)
國籍(국적) 國際(국제) 國號(국호) 歸國(귀국) 母國(모국) 邦國(방국) 鎖國(쇄국) 殉國(순국)
我國(아국) 愛國(애국) 祖國(조국) 霸國(패국) 韓國(한국) 護國(호국) 還國(환국) 興國(흥국)
强國(강국)

 窘 1급 군색할 **군:** 穴 / 7 圖 困, 窮, 急, 迫, 塞

궁지(穴)에 몰려 괴로워하는(君=困) 데서, '군색하다'는 뜻이다.

읽기한자 窘境(군경) 窘困(군곤) 窘迫(군박) 窘厄(군액) 窘辱(군욕) 窘乏(군핍) 艱窘(간군) 因窘(인군)
窮窘(궁군) 危窘(위군) 逐窘(축군)

群 4급 무리 **군** 羊 / 7 圖 黨, 黎, 衆

전체를 통괄하는(君) 양치기에 의해 한 무리가 된 양(羊)들의 모습에서, '무리'를 뜻한다.

읽기한자 群譏(군기) 群黎(군려) 群謗(군방) 群翔(군상) 群丞(군승) 群鵲(군작) 群萃(군췌) 群兇(군흉)
蚊群(문군)
쓰기한자 群居(군거) 群島(군도) 群落(군락) 群舞(군무) 群民(군민) 群像(군상) 群生(군생) 群小(군소)
群英(군영) 群衆(군중) 拔群(발군) 語群(어군) 魚群(어군) 學群(학군)

君 4급 임금 **군** 口 / 4 통 王, 主 만 臣, 民

손(⺕)에 신성한 지팡이(丿)를 쥐고 神에 대한 제사를 주관하며, 축문을 읽는(口) 데서, 최고 권력의 행사자임을 보여 주며, '임금'을 뜻한다.

읽기한자 嗣君(사군) 允君(윤군) 胤君(윤군)

쓰기한자 家君(가군) 君臨(군림) 君臣(군신) 君子(군자) 君主(군주) 檀君(단군) 大君(대군) 東君(동군)
郎君(낭군) 夫君(부군) 府君(부군) 聖君(성군) 暗君(암군) 諸君(제군) 暴君(폭군)

郡 6급 고을 **군:** 邑 / 7 통 邑, 縣

임금(君)의 명령을 받아서 다스리는 지역(⻖)이란 데서, '고을'을 뜻한다. 현재는 행정 구역의 이름으로 쓰인다.

쓰기한자 郡界(군계) 郡內(군내) 郡民(군민) 郡守(군수) 郡廳(군청) 州郡(주군)

軍 8급 군사 **군** 車 / 2 통 旅, 兵, 士

전차(車)를 빙 둘러싸고(冖) 있는 사람으로 '군사(軍士)'를 뜻한다.

읽기한자 軍檄(군격) 軍壘(군루) 軍鋒(군봉) 軍伍(군오) 軍戎(군융) 軍廚(군주) 軍麾(군휘)
將軍塚(장군총) 聚軍(취군)

쓰기한자 減軍(감군) 建軍(건군) 軍歌(군가) 軍犬(군견) 軍警(군경) 軍氣(군기) 軍納(군납) 軍隊(군대)
軍亂(군란) 軍糧(군량) 軍律(군율) 軍帽(군모) 軍番(군번) 軍閥(군벌) 軍服(군복) 軍部(군부)
軍費(군비) 軍事(군사) 軍營(군영) 軍用(군용) 軍裝(군장) 軍縮(군축) 軍艦(군함) 軍港(군항)
軍靴(군화) 魔軍(마군) 叛軍(반군) 我軍(아군) 友軍(우군) 援軍(원군) 將軍(장군) 敵軍(적군)
從軍(종군) 進軍(진군) 撤軍(철군) 回軍(회군)

窟 2급 굴 **굴** 穴 / 8 통 穴

몸을 굽히고(屈) 들어가는 구멍(穴)으로, '굴'을 뜻한다.

읽기한자 巢窟(소굴)

쓰기한자 窟居(굴거) 窟室(굴실) 窟穴(굴혈) 洞窟(동굴) 魔窟(마굴) 巖窟(암굴) 土窟(토굴)

掘 2급 팔 **굴** 手 / 8

몸을 구부려(屈) 손(扌)으로 땅을 파는 데서, '파다'는 뜻이다.

읽기한자 掘塚(굴총) 勒掘(늑굴) 蟠掘(반굴) 鑿掘(착굴)

쓰기한자 掘穴(굴혈) 盜掘(도굴) 濫掘(남굴) 發掘(발굴) 試掘(시굴) 採掘(채굴)

屈 4급 굽힐 **굴** 尸 / 5 통 曲, 枉, 撓, 折 만 伸

굴속을 출입할 때(出) 몸(尸)을 굽히는 데서, '굽히다'는 뜻이다.

읽기한자 屈紐(굴뉴) 屈蟠(굴반) 淪屈(윤굴) 彎屈(만굴) 撓屈(요굴) 冤屈(원굴) 詰屈(힐굴)

쓰기한자 見屈(견굴) 屈曲(굴곡) 屈力(굴력) 屈伏(굴복) 屈服(굴복) 屈伸(굴신) 屈辱(굴욕) 屈折(굴절)
屈指(굴지) 屈強(굴강) 不屈(불굴) 卑屈(비굴)

躬 1급 몸 **궁** 身 / 3
本字는 躳으로 등뼈(呂)가 있는 몸(身)으로, 구부렸다 폈다 할 수 있는 '몸'을 뜻한다.

읽기한자 躬稼(궁가) 躬耕(궁경) 躬桑(궁상) 躬行(궁행) 躬化(궁화) 末躬(말궁) 微躬(미궁) 反躬(반궁)
保躬(보궁) 聖躬(성궁) 直躬(직궁) 責躬(책궁) 賤躬(천궁) 治躬(치궁)

穹 1급 하늘 **궁** 穴 / 3 동 天, 昊
활(弓)처럼 굽은 모양을 한 구멍(穴)처럼 생긴 데서, '하늘'을 뜻한다.

읽기한자 穹靈(궁령) 穹壤(궁양) 穹窒(궁질) 穹天(궁천) 穹昊(궁호) 高穹(고궁) 上穹(상궁) 陸穹(육궁)
蒼穹(창궁) 淸穹(청궁) 秋穹(추궁) 玄穹(현궁) 皇穹(황궁)

弓 3급Ⅱ 활 **궁** 弓 / 0 반 矢
활의 모양을 본뜬 것으로, '활'을 뜻한다.

읽기한자 彊弓(강궁) 勁弓(경궁) 弓戟(궁극) 弓弩(궁노) 賭弓(도궁) 彎弓(만궁) 挽弓(만궁) 撥弓(발궁)
弧弓(호궁)
쓰기한자 國弓(국궁) 弓道(궁도) 弓術(궁술) 弓矢(궁시) 弓腰(궁요) 名弓(명궁) 洋弓(양궁)

窮 4급 다할 / 궁할 **궁** 穴 / 10 동 竭, 困, 究, 窘, 極, 塞, 盡
굴(穴) 속으로 몸(身)을 활(弓)처럼 구부리고 피신한다는 데서, '궁하다, 다하다'는 뜻이다.

읽기한자 窮竭(궁갈) 窮寇(궁구) 窮窘(궁군) 窮臘(궁랍) 窮鱗(궁린) 窮溟(궁명) 窮鼠(궁서) 窮桎(궁질)
窮鰥(궁환) 窮詰(궁힐) 詰窮(힐궁)
쓰기한자 困窮(곤궁) 窮究(궁구) 窮極(궁극) 窮氣(궁기) 窮理(궁리) 窮迫(궁박) 窮狀(궁상) 窮塞(궁색)
窮色(궁색) 窮地(궁지) 無窮(무궁) 貧窮(빈궁) 四窮(사궁) 追窮(추궁) 春窮(춘궁)

宮 4급Ⅱ 집 **궁** 宀 / 7 동 家, 闕, 殿
건물(宀) 안에 방이 연이어 있는 모양(呂)에서, 규모가 큰 '집'을 뜻한다. 주로 대궐의 뜻을
나타낸다.

읽기한자 宮妓(궁기) 宮侶(궁려) 宮坊(궁방) 宮媛(궁원) 宮陛(궁폐) 宮廐(궁구) 嬪宮(빈궁) 殯宮(빈궁)
璇宮(선궁) 璿宮(선궁) 蟾宮(섬궁) 齋宮(재궁) 春宮坊(춘궁방) 沛宮(패궁) 后宮(후궁)
쓰기한자 古宮(고궁) 宮闕(궁궐) 宮女(궁녀) 宮城(궁성) 宮苑(궁원) 宮殿(궁전) 宮庭(궁정) 宮調(궁조)
宮中(궁중) 宮體(궁체) 宮合(궁합) 宮刑(궁형) 龍宮(용궁) 迷宮(미궁) 尙宮(상궁) 王宮(왕궁)
月宮(월궁) 子宮(자궁) 胞宮(포궁) 合宮(합궁) 皇宮(황궁) 後宮(후궁)

捲 1급 거둘 / 말 **권** 手 / 8
손(扌)으로 멍석 등의 물건을 둘둘 마는(卷) 데서, '거두다, 말다'는 뜻이다.

읽기한자 捲手(권수) 捲握(권악) 捲勇(권용) 捲土(권토) 席捲(석권)

倦 1급 　게으를 **권:** 人 / 8 　동 憊, 惰, 怠 　반 勤

사람(亻)이 피로하여 무릎을 오그리는 모양(卷)에서, '고달프다'는 뜻이다. 나아가 '게으르다'는 뜻이다.

읽기한자 倦憩(권게) 倦極(권극) 倦憊(권비) 倦游(권유) 倦程(권정) 倦怠(권태) 倦罷(권파) 口倦(구권) 忘倦(망권) 目倦(목권) 神倦(신권) 耳倦(이권) 怠倦(태권) 休倦(휴권)

眷 1급 　돌볼 **권:** 目 / 6 　동 顧

궁한 사람을 돕기 위해 시선(目)을 이리저리 굴리는(卷) 데서, '돌보다'는 뜻이다.

읽기한자 眷嘉(권가) 眷寄(권기) 眷庇(권비) 眷愛(권애) 眷佑(권우) 眷注(권주) 過眷(과권) 舊眷(구권) 門眷(문권) 殊眷(수권) 宿眷(숙권) 深眷(심권) 哀眷(애권) 延眷(연권) 恩眷(은권) 朝眷(조권) 天眷(천권) 親眷(친권) 廻眷(회권)

圈 2급 　우리[牢] **권** 囗 / 8 　동 牢

사방에 담장(囗)을 쳐서 짐승이 몸을 웅크리고 있도록(卷) 가두는 곳으로, '우리'라는 뜻이다.

 읽기한자 圈牢(권뢰)

쓰기한자 圈內(권내) 圈外(권외) 商圈(상권)

拳 3급Ⅱ 　주먹 **권:** 手 / 6

손(手)가락을 둘둘 말아(卷) 쥔 것으로, '주먹'을 뜻한다.

읽기한자 跆拳(태권)

쓰기한자 拳法(권법) 拳銃(권총) 拳鬪(권투) 鐵拳(철권)

勸 4급 　권할 **권:** 力 / 18 　비 歡 　동 勵, 勉, 獎 　약 勧, 劝

노력(力)하는 사람을 돕는(萑=援) 데서, '권하다'는 뜻이다.

 읽기한자 諫勸(간권) 靡勸(미권) 喩勸(유권) 褒勸(포권)

쓰기한자 激勸(격권) 勸告(권고) 勸農(권농) 勸勉(권면) 勸士(권사) 勸誘(권유) 勸酒(권주) 勸學(권학) 勸獎(권장) 强勸(강권)

券 4급 　문서 **권** 刀 / 6 　비 卷 　동 契

옛날에 약속을 한 사람들이 증빙을 삼기 위해, 나무판을 칼(刀)로 새겨 나누어 가진 데서, '문서, 계약서'를 뜻한다.

 읽기한자 巾券(건권)

쓰기한자 家券(가권) 契券(계권) 旅券(여권) 馬券(마권) 發券(발권) 福券(복권) 誓券(서권) 食券(식권) 株券(주권) 證券(증권) 債券(채권)

4급 책 **권(:)** 卩 / 6 비 券

무릎을 구부리고(卩) 무언가를 둘둘 마는(卷) 데서, '두루마리'를 뜻한다. 한 때에는 책이 두루마리 형태였으므로, '책'을 뜻한다.

읽기한자 卷帙(권질) 舒卷(서권)

쓰기한자 卷頭(권두) 卷末(권말) 卷數(권수) 上卷(상권) 席卷(석권) 壓卷(압권) 通卷(통권) 下卷(하권)

 4급Ⅱ 권세 **권** 木 / 18 동 稱, 衡 약 权, 権

나무(木)로 만들어 무게를 다는 것을 돕는(雚=援) 데서, '저울, 저울대, 저울추, 저울질하다'는 뜻이다. 힘의 균형을 유지하는 저울의 원리에서 '권세'를 뜻한다.

읽기한자 權柄(권병) 權藉(권자) 秉權(병권) 擅權(천권)

쓰기한자 公權(공권) 敎權(교권) 國權(국권) 權能(권능) 權道(권도) 權量(권량) 權力(권력) 權利(권리) 權勢(권세) 權威(권위) 權座(권좌) 權軸(권축) 權稱(권칭) 權限(권한) 權衡(권형) 棄權(기권) 黨權(당권) 利權(이권) 物權(물권) 民權(민권) 復權(복권) 分權(분권) 商權(상권) 失權(실권) 實權(실권) 越權(월권) 人權(인권) 政權(정권) 職權(직권) 質權(질권) 執權(집권) 債權(채권) 特權(특권) 霸權(패권)

 1급 일어설 / 넘어질 **궐** 足 / 12 동 起

발(足)로 돌을 파는(厥) 모양에서, 발부리에 걸려 '넘어지다'는 뜻이다. 나아가 넘어지는 것의 반작용으로 뛰어 일어나는 데서, '일어나다'는 뜻이다.

읽기한자 蹶起(궐기) 蹶失(궐실) 蹶然(궐연) 蹶張(궐장) 竭蹶(갈궐) 擊蹶(격궐) 驚蹶(경궐) 熱蹶(열궐) 誤蹶(오궐) 顚蹶(전궐)

 2급 대궐 **궐** 門 / 10 동 失

큰 입(欮)같은 출입구가 있는 성문(門)에서, '대궐'을 뜻한다. 크면 허술한 부분도 있기 마련이어서, '빠트리다, 제쳐놓다' 등의 뜻으로도 쓰인다.

읽기한자 袞闕(곤궐) 曠闕(광궐) 闕狄(궐적) 宸闕(신궐) 詣闕(예궐)

쓰기한자 宮闕(궁궐) 闕閣(궐각) 闕內(궐내) 闕漏(궐루) 闕本(궐본) 闕席(궐석) 闕食(궐식) 闕誤(궐오) 闕疑(궐의) 闕字(궐자) 大闕(대궐) 補闕(보궐) 入闕(입궐)

 3급 그[其] **궐** 厂 / 10

벼랑(厂) 밑에서 입을 크게 벌리고 기침을 하면서(欮) 돌을 파내는 데서, '파다'는 뜻이다. 또 대명사로 쓰여 '그(其)'라는 뜻이다.

읽기한자 癎厥(간궐) 厥聾(궐롱) 厥弛(궐이)

쓰기한자 厥角(궐각) 厥女(궐녀) 厥尾(궐미) 厥者(궐자) 厥後(궐후) 突厥(돌궐)

1급 궤짝 **궤:** 木 / 14

귀한(貴) 것을 넣어 두는 나무(木) 상자(匚)에서, '궤(櫃)'를 뜻한다.

읽기한자 飯櫃(반궤) 書櫃(서궤) 朱櫃(주궤)

潰 | 1급 | 무너질 **궤:** 水 / 12 | 동 決, 裂, 崩, 瘍

제방이 무너져서(貴=毁) 물(氵)이 새는 데서, '무너지다'는 뜻이다

읽기한자 潰決(궤결) 潰亂(궤란) 潰裂(궤열) 潰瘍(궤양) 潰溢(궤일) 潰敗(궤패) 決潰(결궤) 亂潰(난궤)
粉潰(분궤) 魚潰(어궤) 敗潰(패궤) 洪潰(홍궤) 禍潰(화궤)

詭 | 1급 | 속일 **궤:** 言 / 6 | 동 詐, 僞

불안하게, 위태위태하게(危) 이어나가는 말(言)에서, '속이다, 거짓'을 뜻한다.

읽기한자 詭激(궤격) 詭計(궤계) 詭矯(궤교) 詭妄(궤망) 詭服(궤복) 詭詐(궤사) 詭術(궤술) 詭言(궤언)
詭異(궤이) 詭策(궤책) 詭誕(궤탄) 詭形(궤형) 激詭(격궤) 輕詭(경궤) 怪詭(괴궤) 奇詭(기궤)
卓詭(탁궤) 特詭(특궤) 虛詭(허궤)

几 | 1급 | 안석 **궤:** 几 / 0

다리가 뻗어 있고 안정돼 있는 책상을 본뜬 것으로, '책상'을 뜻한다. 또, 앉을 때 몸을 기
대는 '안석'을 뜻한다.

읽기한자 几席(궤석) 几筵(궤연) 几杖(궤장) 曲几(곡궤) 床几(상궤) 書几(서궤) 玉几(옥궤) 淨几(정궤)
竹几(죽궤)

机 | 1급 | 책상 **궤:** 木 / 2 | 동 案

나무(木)로 만든 책상(几)에서, '책상'이라는 뜻이다.

읽기한자 机上(궤상) 机案(궤안) 机下(궤하)

軌 | 3급 | 바퀴 자국 **궤:** 車 / 2 | 동 轍

수레(車)가 움직이면 바퀴자국이 수레가 멈출 때까지 끝(九)까지 구불구불(九) 이어지는
데서, '바퀴 자국'을 뜻한다.

읽기한자 軌轍(궤철) 狹軌(협궤)
쓰기한자 廣軌(광궤) 軌度(궤도) 軌道(궤도) 軌範(궤범) 軌跡(궤적) 同軌(동궤) 常軌(상궤)

鬼 | 3급Ⅱ | 귀신 **귀:** 鬼 / 0 | 비 蒐 동 神

도깨비의 모양을 본뜬 것으로, '귀신, 도깨비'를 뜻한다.

읽기한자 鬼燐(귀린) 鬼斧(귀부) 鬼薪(귀신) 鬼誅(귀주) 冤鬼(원귀)
쓰기한자 客鬼(객귀) 鬼面(귀면) 鬼神(귀신) 鬼才(귀재) 鬼火(귀화) 魔鬼(마귀) 餓鬼(아귀) 惡鬼(악귀)
暗鬼(암귀) 妖鬼(요귀) 雜鬼(잡귀)

歸 `4급` 돌아갈 **귀:** 止 / 14 〔동〕還 〔약〕帰
며느리(婦)가 친정에 갔다가 시집(戶)을 향해 발(止)걸음을 재촉한다는 데서, '돌아가다'는 뜻이다.

읽기한자 凱歸(개귀) 歸嫁(귀가) 歸帆(귀범) 歸殯(귀빈) 歸憑(귀빙) 歸檣(귀장)

쓰기한자 遣歸(견귀) 歸家(귀가) 歸結(귀결) 歸京(귀경) 歸國(귀국) 歸農(귀농) 歸路(귀로) 歸省(귀성)
歸屬(귀속) 歸順(귀순) 歸依(귀의) 歸一(귀일) 歸任(귀임) 歸着(귀착) 歸趨(귀추) 歸港(귀항)
歸航(귀항) 歸鄕(귀향) 歸化(귀화) 歸還(귀환) 歸休(귀휴) 未歸(미귀) 復歸(복귀) 不歸(불귀)
于歸(우귀) 適歸(적귀) 回歸(회귀)

貴 `5급` 귀할 **귀:** 貝 / 5 〔동〕重 〔반〕賤
선물로 가지고 와 양손으로 마주잡고(臾) 바치는 귀한 재물(貝)에서, '귀하다'는 뜻이다.

읽기한자 貴嬪(귀빈) 貴酬(귀수) 貴諺(귀언) 翔貴(상귀) 踊貴(용귀) 昂貴(앙귀)

쓰기한자 高貴(고귀) 貴骨(귀골) 貴官(귀관) 貴賓(귀빈) 貴孃(귀양) 貴人(귀인) 貴族(귀족) 貴中(귀중)
貴重(귀중) 貴誌(귀지) 貴賤(귀천) 貴體(귀체) 貴側(귀측) 貴宅(귀댁) 貴下(귀하) 騰貴(등귀)
富貴(부귀) 尊貴(존귀) 珍貴(진귀) 品貴(품귀) 勳貴(훈귀) 稀貴(희귀)

硅 `1급` 규소 **규** 石 / 6
기하학적 무늬(圭)를 가진 원소(石)에서, '규소'를 뜻한다.

읽기한자 硅素(규소)

逵 `1급` 길거리 **규** 辵 / 8 〔동〕路
죽 이어져서 나는 버섯(坴)처럼 갈(辶) 길이 아홉 방향으로 통하는 길, '길거리, 구 거리'를 뜻한다.

읽기한자 逵路(규로) 康逵(강규) 九逵(구규) 大逵(대규) 通逵(통규)

葵 `1급` 아욱 / 해바라기 **규** 艸 / 9
태양으로 방위를 재는 기구(癸)처럼, 태양 방향으로 돌아가는 식물(++)에서, '해바라기'를 뜻한다. 또, '아욱'을 뜻한다.

읽기한자 葵傾(규경) 葵藿(규곽) 葵扇(규선) 葵心(규심) 葵花(규화) 露葵(노규) 山葵(산규) 水葵(수규)
戎葵(술규) 楚葵(초규) 蒲葵(포규) 寒葵(한규)

窺 `1급` 엿볼 **규** 穴 / 11 〔동〕伺
구멍(穴) 속을 들여다보는(規) 데서, '엿보다'는 뜻이다.

읽기한자 窺間(규간) 窺見(규견) 窺知(규지) 窺測(규측) 管窺(관규) 俯窺(부규) 詳窺(상규) 潛窺(잠규)
坐窺(좌규) 踐窺(천규) 遍窺(편규)

奎 `2급(名)` 별 **규** 大 / 6 〔동〕星, 宿
큰(大) 圭(홀)처럼 생긴 별이라는 데서, 규성(奎星), '별'을 뜻한다. 안드로메다자리라고 한다.

읽기한자 奎文(규문) 奎星(규성) 奎宿(규수) 奎運(규운) 奎章(규장)

圭 | 2급(名) 서옥(瑞玉) / 쌍토 **규** 土 / 3

홀을 본뜬 것으로, '서옥(瑞玉)'을 뜻한다. 위가 둥글고 아래가 모진 길쭉한 모양의 玉으로, 天子가 諸侯를 封할 때 내려주며, 신분의 상징이다. 글자가 흙토(土) 둘을 합친 모양으로, '쌍토 규'라 통칭한다.

> 읽기한자 圭角(규각) 圭璧(규벽) 圭勺(규작) 圭璋(규장) 圭田(규전) 圭瓚(규찬) 圭撮(규촬) 簪圭(잠규)

閨 | 2급 안방 **규** 門 / 6 동 房

홀(圭)처럼 생긴 문(門)에서, 궁중의 작은 문, '협문(夾門)'을 뜻한다. 여기서, 안주인이 거처하는 '안방'의 뜻이 나왔다.

> 읽기한자 孀閨(상규)

> 쓰기한자 空閨(공규) 閨房(규방) 閨秀(규수) 閨怨(규원) 閨中(규중)

揆 | 2급(名) 헤아릴 **규** 手 / 9 동 度

손(扌)으로 재거나 헤아리는(癸)데서, '헤아리다'는 뜻이다.

> 읽기한자 揆度(규탁) 揆策(규책) 度揆(탁규) 一揆(일규) 測揆(측규)

珪 | 2급(名) 홀 **규** 玉 / 6

위가 둥글고 아래가 모진 형태(圭)의 옥(王)으로 天子가 諸侯를 封할 때 내려주는 '홀'을 뜻한다.

> 읽기한자 珪石(규석) 珪璋(규장) 珪幣(규폐)

叫 | 3급 부르짖을 **규** 口 / 2 동 喚, 吼

입(口)을 가로세로로 크게 움직이는 데서, '부르짖다'는 뜻이다.

> 읽기한자 叫罵(규매) 叫喚(규환) 叫吼(규후) 喚叫(환규)

> 쓰기한자 叫聲(규성) 絶叫(절규)

糾 | 3급 얽힐 **규** 糸 / 2 동 結, 明, 察, 彈

새끼줄이 얽혀있는 모양을 본뜨고, 여기에 실(糸)을 더해, '얽히다'는 뜻이다. 역으로 얽힌 것을 풀어낸다는 뜻으로도 쓰인다.

> 읽기한자 糾戮(규륙) 糾按(규안) 糾纏(규전) 蟠糾(반규) 窈糾(요규)

> 쓰기한자 糾明(규명) 糾紛(규분) 糾正(규정) 糾錯(규착) 糾察(규찰) 糾彈(규탄) 糾合(규합) 紛糾(분규)

規 | 5급 법 **규** 見 / 4 동 格, 度, 例, 律, 範, 式, 則

한 사람 몫을 해내는 어른(夫)은 사물을 보는 시각(見)이 옳다고 생각되어 왔다. 곧 어른은 아이의 본보기였으므로, '법, 본보기'를 뜻한다.

> 읽기한자 宏規(굉규) 規誨(규회)

> 쓰기한자 規格(규격) 規戒(규계) 規律(규율) 規模(규모) 規範(규범) 規約(규약) 規切(규절) 規定(규정) 規程(규정) 規制(규제) 規準(규준) 規則(규칙) 內規(내규) 例規(예규) 法規(법규) 社規(사규) 新規(신규) 正規(정규)

菌 | 3급II | 버섯 **균** 艸 / 8
생긴 모양이 짚을 쌓아 엮은 버섯 모양의 곳집(困)같은 식물(艹)에서, '버섯'을 뜻한다.

읽기한자 癩菌(나균)
쓰기한자 球菌(구균) 菌根(균근) 菌類(균류) 滅菌(멸균) 病菌(병균) 保菌(보균) 殺菌(살균) 細菌(세균)
雜菌(잡균)

均 | 4급 | 고를 **균** 土 / 4 동 等, 調, 平
울퉁불퉁한 토지(土)를 메우거나 깎아내어 고르는(勻) 데서, '고르다'는 뜻이다.

읽기한자 均霑(균점)
쓰기한자 均等(균등) 均排(균배) 均配(균배) 均分(균분) 均一(균일) 均質(균질) 均衡(균형) 平均(평균)

橘 | 1급 | 귤 **귤** 木 / 12
과시하는(矞), 시위하는 가시를 가진 나무(木)와 그 열매로, '귤, 귤나무'를 뜻한다.

읽기한자 橘顆(귤과) 橘餅(귤병) 橘葉(귤엽) 橘井(귤정) 橘包(귤포) 橘核(귤핵) 甘橘(감귤) 柑橘(감귤)
金橘(금귤) 盧橘(노귤) 緣橘(연귤) 朱橘(주귤) 包橘(포귤) 香橘(향귤)

棘 | 1급 | 가시 **극** 木 / 8
가시가 돋친 나무(朿)를 겹쳐 써 '가시, 가시나무'를 뜻한다.

읽기한자 棘籬(극리) 棘門(극문) 棘矢(극시) 棘院(극원) 棘刺(극자) 棘針(극침) 艱棘(간극) 九棘(구극)
杞棘(기극) 蒙棘(몽극) 列棘(열극) 楚棘(초극) 險棘(험극)

剋 | 1급 | 이길 **극** 刀 / 7 동 勝
칼(刂)로 상대를 이기는(克) 데서, '이기다'는 뜻이다.

읽기한자 剋殲(극섬) 剋勝(극승) 剋定(극정) 劍剋(검극) 忌剋(기극) 相剋(상극) 嚴剋(엄극)

戟 | 1급 | 창 **극** 戈 / 8 반 盾
나무줄기(榦)의 가지처럼 가지 날이 내민 창(戈)에서, '미늘창, 창'을 뜻한다.

읽기한자 戟架(극가) 戟盾(극순) 劍戟(검극) 曲戟(곡극) 交戟(교극) 戈戟(과극) 句戟(구극) 弓戟(궁극)
旗戟(기극) 刀戟(도극) 矛戟(모극) 兵戟(병극) 電戟(전극) 持戟(지극)

隙 | 1급 | 틈 **극** 阜 / 10 동 間
언덕(阝)에 벽의 틈 같은 공간이 생긴 데서, '틈'을 뜻한다.

읽기한자 隙駒(극구) 隙地(극지) 間隙(간극) 孔隙(공극) 過隙(과극) 農隙(농극) 門隙(문극) 邊隙(변극)
尤隙(우극) 怨隙(원극) 寸隙(촌극) 穴隙(혈극)

克 3급II · 이길 **극** · 儿 / 5 · 툉 堪, 勝
머리(口)에 무거운 투구(十)를 쓴 사람(儿)이 그 무게를 능히 이겨내고 있는 데서, '이기다'
는 뜻이다.

읽기한자 克堪(극감) 猜克(시극)

쓰기한자 克己(극기) 克明(극명) 克復(극복) 克服(극복)

劇 4급 · 심할 **극** · 刀 / 13 · 툉 甚
범(虍)과 멧돼지(豕)의 싸움이나 칼(刂) 싸움은 격렬하다는 데서, '심하다'는 뜻이다.

읽기한자 劇寇(극구) 劇虜(극로) 碎劇(쇄극) 猿劇(원극) 叢劇(총극) 謔劇(학극)

쓰기한자 歌劇(가극) 京劇(경극) 孔劇(공극) 劇團(극단) 劇本(극본) 劇藥(극약) 劇場(극장) 劇的(극적)
劇化(극화) 樂劇(악극) 悲劇(비극) 史劇(사극) 演劇(연극) 慘劇(참극) 唱劇(창극) 寸劇(촌극)
活劇(활극) 喜劇(희극) 戲劇(희극)

極 4급II · 다할 / 극진할 **극** · 木 / 9 · 툉 窮, 端, 盡
나무(木)로 만든 용마루는 사람의 손이 닿지 않는 집의 끝자리, 가장(亟) 높은 곳에 있다
는 데서, '다하다, 극진하다'는 뜻이다.

읽기한자 倦極(권극) 極贖(극속) 極摯(극지) 峻極(준극)

쓰기한자 建極(건극) 窮極(궁극) 極端(극단) 極度(극도) 極東(극동) 極樂(극락) 極力(극력) 極烈(극렬)
極祕(극비) 極貧(극빈) 極上(극상) 極甚(극심) 極言(극언) 極點(극점) 極左(극좌) 極盡(극진)
極讚(극찬) 極致(극치) 極限(극한) 極刑(극형) 南極(남극) 多極(다극) 登極(등극) 騰極(등극)
罔極(망극) 無極(무극) 北極(북극) 陽極(양극) 陰極(음극) 磁極(자극) 積極(적극) 電極(전극)
至極(지극) 太極(태극)

覲 1급 · 뵐 **근** · 見 / 11 · 툉 見, 謁, 接
가을에 諸侯가 임금을 뵙고(見) 王事에 힘써 복무하는(堇=勤) 데서, '뵙다'는 뜻이다.

읽기한자 覲禮(근례) 覲接(근접) 覲天(근천) 覲親(근친) 覲見(근현) 來覲(내근) 王覲(왕근) 入覲(입근)
朝覲(조근) 參覲(참근)

饉 1급 · 주릴 **근:** · 食 / 11
식량(飠)이 진흙 덩어리(堇) 만큼이라는 데서, '주리다'는 뜻이다.

읽기한자 飢饉(기근) 餓饉(아근) 疲饉(피근) 荒饉(황근) 凶饉(흉근)

槿 2급(名) · 무궁화 **근:** · 木 / 11
조금의 황토(堇)만 있어도 자라는 나무(木)로 '무궁화나무'를 뜻한다. 무궁화(無窮花)는 아
침에 피었다가 저녁에 시든다고들 하는데, 사실 한 송이가 지면 다음날 다른 송이가 다시
피어난다.

읽기한자 槿籬(근리) 槿域(근역) 槿花(근화)

瑾 2급(名) 아름다운옥 **근:** 玉 / 11
노란 진흙(堇) 색 빛깔을 띤 구슬(王)로, '아름다운 옥'을 뜻한다.

읽기한자 細瑾(세근) 懷瑾(회근)

 僅 3급 겨우 **근:** 人 / 11
사람(亻)이 가진 것이 벽이나 바를 진흙(堇) 뿐이라는 데서, '겨우, 적다'는 뜻이다.

쓰기한자 僅僅(근근) 僅少(근소)

 斤 3급 근[무게단위] / 날[刃] **근** 斤 / 0　　비 斥
도끼를 본떠 만든 글자로, '도끼'를 뜻한다. '날(刃)'을 나타내기도 하고, 지금은 주로 무게의 단위로 쓰인다.

읽기한자 煤斤(매근) 斧斤(부근)
쓰기한자 斤兩(근량) 斤量(근량) 百斤(백근) 千斤(천근)

謹 3급 삼갈 **근:** 言 / 11　　동 恪, 愼
누런 진흙(堇)을 빚어 토기를 만들듯 말(言)을 조심하고 정성스럽게 하는 데서, '삼가다'는 뜻이다.

읽기한자 恪謹(각근) 謹恪(근각) 謹樸(근박) 謹澁(근삽) 謹悌(근제) 惇謹(돈근) 醇謹(순근)
쓰기한자 謹啓(근계) 謹告(근고) 謹識(근지) 謹愼(근신) 謹身(근신) 謹嚴(근엄) 謹呈(근정) 謹弔(근조)
謹賀(근하)

 勤 4급 부지런할 **근(:)** 力 / 11　　비 慢, 惰, 怠
진흙(堇)을 힘써(力) 잘 개어서 토기를 만들듯이, 온 힘을 다 바쳐 일하는 데서, '부지런하다'는 뜻이다.

읽기한자 恪勤(각근) 勤恪(근각) 勤懇(근간) 勤惰(근타)
쓰기한자 皆勤(개근) 缺勤(결근) 勤儉(근검) 勤勞(근로) 勤勉(근면) 勤務(근무) 勤續(근속) 勤實(근실)
勤學(근학) 內勤(내근) 常勤(상근) 夜勤(야근) 外勤(외근) 轉勤(전근) 出勤(출근) 通勤(통근)
退勤(퇴근)

筋 4급 힘줄 **근** 竹 / 6
대나무(竹)에는 힘(力)이 느껴지는 알통(月)같은 마디가 있고, 힘줄 같은 줄기가 곧게 뻗어 사람의 팔을 연상시키는 데서, '힘줄'을 뜻한다.

읽기한자 筋骸(근해) 骸筋(해근)
쓰기한자 筋骨(근골) 筋力(근력) 筋肉(근육) 心筋(심근) 鐵筋(철근)

近 **6급** 　　가까울 **근:** 　辵 / 4
걸어가야 할 거리(辶)나 시간을 도끼(斤)로 자른 것으로, '가깝다'는 뜻이다.

읽기한자　近耗(근모) 俚近(이근) 輓近(만근)
쓰기한자　近刊(근간) 近間(근간) 近郊(근교) 近年(근년) 近代(근대) 近東(근동) 近來(근래) 近方(근방)
　　　　　近似(근사) 近世(근세) 近侍(근시) 近影(근영) 近因(근인) 近日(근일) 近者(근자) 近接(근접)
　　　　　近處(근처) 近海(근해) 近況(근황) 隣近(인근) 迫近(박근) 附近(부근) 遠近(원근) 接近(접근)
　　　　　最近(최근) 側近(측근) 親近(친근)

根 **6급** 　　뿌리 **근** 　木 / 6 　동 本
나무(木)의 생명력은 뿌리에 머무는(艮) 데서, '뿌리'를 뜻한다.

읽기한자　根莖(근경) 根痼(근고) 根紐(근뉴) 根蟠(근반) 籬根(이근)
쓰기한자　葛根(갈근) 球根(구근) 菌根(균근) 根幹(근간) 根據(근거) 根本(근본) 根性(근성) 根源(근원)
　　　　　根絶(근절) 根治(근치) 男根(남근) 蓮根(연근) 毛根(모근) 語根(어근) 齒根(치근) 禍根(화근)

擒 **1급** 　　사로잡을 **금** 　手 / 13 　동 捉 　반 縱
손(扌)으로 그물을 이용하여 새를 사로잡는(禽) 데서, '사로잡다'는 뜻이다.

읽기한자　擒縛(금박) 擒生(금생) 擒縱(금종) 擒捉(금착) 擒斬(금참) 拘擒(구금) 生擒(생금) 就擒(취금)

襟 **1급** 　　옷깃 **금:** 　衣 / 13
옷(依)에 덮어 걸치는(禁=禽) 의복의 깃 언저리(衤)에서, '옷깃'을 뜻한다.

읽기한자　襟帶(금대) 襟要(금요) 襟抱(금포) 襟懷(금회) 襟喉(금후) 開襟(개금) 分襟(분금) 素襟(소금)
　　　　　愁襟(수금) 憂襟(우금) 幽襟(유금) 衣襟(의금) 整襟(정금) 塵襟(진금) 靑襟(청금) 懷襟(회금)
　　　　　胸襟(흉금)

衾 **1급** 　　이불 **금:** 　衣 / 4
사람의 몸을 완전히 덮는(今＝含) 덮개(衣)로, '이불'을 뜻한다.

읽기한자　衾具(금구) 衾枕(금침) 輕衾(경금) 孤衾(고금) 羅衾(나금) 單衾(단금) 同衾(동금) 複衾(복금)
　　　　　重衾(중금) 枕衾(침금) 布衾(포금) 被衾(피금) 夏衾(하금)

琴 **3급II** 　　거문고 **금** 　玉 / 8 　동 瑟
거문고를 본뜨고(王王), 아름다운 울림(今＝吟)을 보탠 것으로, '거문고'를 뜻한다.

읽기한자　琴袋(금대) 琴屠(금도) 琴瑟(금슬) 琴呪(금주) 撫琴(무금)
쓰기한자　琴道(금도) 琴書(금서) 琴心(금심) 心琴(심금) 彈琴(탄금) 風琴(풍금) 奚琴(해금)

錦 3급Ⅱ 　비단 **금:** 　金 / 8 　동 綺

금(金)처럼 아름답게 빛나는 흰(白) 천(巾)에서, '비단'을 뜻한다.

읽기한자 錦褧(금가) 錦囊(금낭) 錦棠(금당) 錦礫(금력) 錦帆(금범) 錦繃(금붕) 錦繡(금수)

쓰기한자 錦鷄(금계) 錦紋(금문) 錦衣(금의) 錦地(금지)

禽 3급Ⅱ 　새 **금** 　内 / 8 　동 鳥

본래 굽은 뿔(今), 뿔 사이가 움푹한 머리(凶), 네 발(内)을 가진 '짐승'의 뜻이었으나 전하여 주로 날짐승, '새'의 뜻으로 쓰인다.

읽기한자 禽剪(금전) 蜚禽(비금) 棲禽(서금)

쓰기한자 家禽(가금) 禽獸(금수) 禽獲(금획) 猛禽(맹금) 鳴禽(명금)

禁 4급Ⅱ 　금할 **금:** 　示 / 8 　동 錮

신령(示=神)한 땅 근처에 나무 울타리(林)를 만들어 사람들의 출입을 막은 데서, '금하다'는 뜻이다.

읽기한자 禁錮(금고) 禁奧(금오) 禁陛(금폐) 禁圃(금포) 弛禁(이금)

쓰기한자 監禁(감금) 拘禁(구금) 禁軍(금군) 禁忌(금기) 禁斷(금단) 禁獵(금렵) 禁物(금물) 禁書(금서) 禁食(금식) 禁漁(금어) 禁煙(금연) 禁慾(금욕) 禁酒(금주) 禁中(금중) 禁止(금지) 禁婚(금혼) 勿禁(물금) 嚴禁(엄금) 軟禁(연금) 通禁(통금) 販禁(판금) 解禁(해금)

今 6급Ⅱ 　이제 **금** 　人 / 2 　만 昔, 古

과거부터 흐르는 시간(ㄱ)이 모인(合) 데서, '지금'을 뜻한다.

읽기한자 今宵(금소) 爾今(이금)

쓰기한자 古今(고금) 今年(금년) 今般(금반) 今昔(금석) 今時(금시) 今月(금월) 今日(금일) 今玆(금자) 今週(금주) 今號(금호) 今回(금회) 今後(금후) 方今(방금) 尙今(상금) 昨今(작금) 至今(지금) 現今(현금)

金 8급 　쇠 **금** / 성(姓) **김** 　金 / 0 　동 鐵

흙(土) 속에 금속(丶丶)이 포함(今)되어 있다는 데서, '쇠'를 뜻한다.

읽기한자 醵金(갹금) 金哥(김가) 金柑(금감) 金溝(금구) 金鉤(금구) 金橘(금귤) 金鍍(금도) 金皿(금명) 金珀(금박) 金箔(금박) 金帛(금백) 金瓶(금병) 金盆(금분) 金獅(금사) 金鞍(금안) 金瘍(금양) 金鏞(금용) 金盞(금잔) 金簪(금잠) 金貂(금초) 金鎚(금추) 金鍼(금침) 金槌(금퇴) 淘金(도금) 鍍金(도금) 釐金(이금) 餠金(병금) 冶金(야금) 捐金(연금) 剩金(잉금) 汰金(태금)

쓰기한자 巨金(거금) 公金(공금) 金庫(금고) 金冠(금관) 金鑛(금광) 金塊(금괴) 金句(금구) 金力(금력) 金髮(금발) 金賞(금상) 金額(금액) 金塔(금탑) 金貨(금화) 基金(기금) 年金(연금) 料金(요금) 募金(모금) 拜金(배금) 罰金(벌금) 賞金(상금) 誠金(성금) 稅金(세금) 送金(송금) 預金(예금) 烏金(오금) 賃金(임금) 資金(자금) 殘金(잔금) 貯金(저금) 積金(적금) 出金(출금) 合金(합금) 獻金(헌금) 現金(현금) 黃金(황금)

扱 | 1급 | 거둘 **급** / 꽂을 **삽** | 手 / 4

손(扌)으로 곡식을 끌어들이는(及＝吸) 데서, '거두다'는 뜻이다. 또 挿과 통하여, '꽂다'는 뜻이다.

읽기한자 小扱(소급) 車扱(차급) 取扱(취급)

汲 | 1급 | 물길을 **급** | 水 / 4

 물(氵)을 끌어들이는(及＝吸) 데서, '물을 긷다'는 뜻이다.

읽기한자 汲器(급기) 汲路(급로) 汲流(급류) 汲索(급삭) 汲泉(급천) 漑汲(개급) 谷汲(곡급) 寄汲(기급) 引汲(인급)

及 | 3급Ⅱ | 미칠 **급** | 又 / 2 | 반 落

앞서가는 사람(人)을 쫓아가서 손(又)으로 잡는다는 데서, '미치다'는 뜻이다.

읽기한자 及瀉(급사) 遡及(소급) 埃及(애급)

쓰기한자 及落(급락) 及第(급제) 及逮(급체) 論及(논급) 未及(미급) 普及(보급) 言及(언급) 波及(파급)

給 | 5급 | 줄 **급** | 糸 / 6 | 비 絡 동 賜, 與

실(糸)이 끊어지면 곧 이어 대어 붙이는(合) 데서, '주다, 보태다'는 뜻이다.

읽기한자 給賻(급부) 頒給(반급) 饒給(요급) 捷給(첩급) 寵給(총급)

쓰기한자 供給(공급) 官給(관급) 給料(급료) 給付(급부) 給仕(급사) 給水(급수) 給食(급식) 給與(급여) 給油(급유) 女給(여급) 都給(도급) 無給(무급) 班給(반급) 發給(발급) 配給(배급) 補給(보급) 俸給(봉급) 受給(수급) 需給(수급) 月給(월급) 有給(유급) 日給(일급) 自給(자급) 週給(주급) 支給(지급) 初給(초급) 還給(환급)

急 | 6급Ⅱ | 급할 **급** | 心 / 5 | 동 迫, 速, 躁, 促 | 반 緩

도망가는 사람(人)을 쫓아가 손(크)으로 잡으려는 마음(心)에서, '급하다, 서두르다'는 뜻이다.

읽기한자 急湍(급단) 急縛(급박) 急煞(급살) 急澮(급준) 急飄(급표) 迅急(신급) 躁急(조급) 浚急(준급) 凄急(처급) 喘急(천급) 遑急(황급) 洶急(흉급)

쓰기한자 渴急(갈급) 急減(급감) 急激(급격) 急救(급구) 急求(급구) 急落(급락) 急冷(급랭) 急流(급류) 急賣(급매) 急募(급모) 急迫(급박) 急變(급변) 急報(급보) 急死(급사) 急速(급속) 急送(급송) 急襲(급습) 急錢(급전) 急造(급조) 急增(급증) 急症(급증) 急進(급진) 急派(급파) 急行(급행) 緊急(긴급) 憫急(민급) 時急(시급) 緩急(완급) 危急(위급) 焦急(초급) 促急(촉급) 特急(특급) 火急(화급)

級 | 6급 | 등급 **급** | 糸 / 4

실(糸)에도 날실, 씨줄이 있고, 앞의 실에 다음 실이 따라붙는(及) 데서, '등급'을 뜻한다.

읽기한자 巍級(외급) 梯級(제급)

쓰기한자 階級(계급) 高級(고급) 級數(급수) 級友(급우) 級訓(급훈) 同級(동급) 等級(등급) 留級(유급) 上級(상급) 首級(수급) 昇級(승급) 低級(저급) 中級(중급) 進級(진급) 斬級(참급) 體級(체급) 初級(초급) 特級(특급) 下級(하급) 學級(학급) 勳級(훈급)

亘 1급 뻗칠 **긍:** / 베풀 **선** 二 / 4
소용돌이 모양을 본뜬 것으로, '돌다'는 뜻이다. 나아가 '뻗치다, 걸치다, 베풀다'는 뜻이다.

 읽기한자　亘古(긍고) 亘長(긍장) 綿亘(면긍) 延亘(연긍)

矜 1급 자랑할 **긍:** 矛 / 4 **동** 誇, 衒, 恤
손으로 덮어(今) 쥐는 창(矛)의 부분으로 '창 자루'를 뜻한다. 또, '자랑하다, 불쌍히 여기다'는 뜻이다.

 읽기한자　矜救(긍구) 矜憐(긍련) 矜憫(긍민) 矜恕(긍서) 矜哀(긍애) 矜育(긍육) 矜惻(긍측) 矜恤(긍휼)
可矜(가긍) 去矜(거긍) 伐矜(벌긍) 哀矜(애긍) 仁矜(인긍) 自矜(자긍)

兢 2급(名) 떨릴 **긍:** 儿 / 12 **비** 競
무거운 투구(十)를 머리(口)에 쓴 사람(儿) 둘이 싸우는 데서, '떨다, 조심하다'는 뜻이다.

읽기한자　兢戒(긍계) 兢懼(긍구) 兢惶(긍황) 凜兢(늠긍) 凌兢(능긍) 戰兢(전긍) 慫兢(종긍)

肯 3급 즐길 **긍:** 肉 / 4
뼈(止)에 붙은 살(月)에서, '뼈 살, 뼈 사이 살'을 뜻한다. 또, 뼈에 붙은 살이 맛있다고 인정하고 먹는 데서, '즐기다, 수긍하다'는 뜻이다.

쓰기한자　肯定(긍정) 首肯(수긍)

杞 1급 구기자(枸杞子) **기** 木 / 3
사람이 무릎 꿇은 형태로 구부린 실패(己) 모양으로, 구부려 바구니 따위를 겯는 데 쓰이는 나무(木)와 그 열매로, '구기자, 구기자나무'를 뜻한다.

 읽기한자　杞柳(기류) 苦杞(고기) 拘杞(구기) 樹杞(수기)

羈 1급 굴레 / 나그네 **기** 网 / 19 **동** 縻, 絆
말(馬)의 머리에 씌우는 가죽(革) 그물(罒)로, '굴레'를 뜻한다. 나아가 '나그네'를 뜻한다.

 읽기한자　羈梏(기곡) 羈絆(기반) 羈維(기유) 牽羈(견기) 係羈(계기) 繫羈(계기) 絆羈(반기)

妓 1급 기생 **기:** 女 / 4 **비** 技, 枝
나뭇가지를 손에 들고(支) 교묘히 연기하는 계집(女)에서, '여자 광대, 기생'을 뜻한다.

읽기한자　妓家(기가) 妓女(기녀) 妓樓(기루) 妓生(기생) 妓樂(기악) 妓筵(기연) 妓院(기원) 歌妓(가기)
官妓(관기) 宮妓(궁기) 童妓(동기) 名妓(명기) 妙妓(묘기) 舞妓(무기) 美妓(미기) 聲妓(성기)
小妓(소기) 藝妓(예기) 義妓(의기) 娼妓(창기)

朞 1급 돌 **기** 月 / 8
옛날에 세월의 흐름은 달(月)을 기준으로 하였다. 하루나 한달, 한 해가 꽉 차는 것, '돌(周年, 週年)'을 뜻한다.

읽기한자　朞年(기년) 朞月(기월) 大朞(대기) 小朞(소기)

畸 1급 돼기밭 / 불구(不具) **기** 田 / 8

井田法에 의해서 정리되고 남은 구획되지 않아 별난(奇) 모양의 밭(田)으로, '돼기밭'을 뜻한다. 또, 구조, 생김새 따위가 정상과는 다른 것으로, '불구(不具)'를 뜻한다.

읽기한자 畸人(기인) 畸形(기형)

綺 1급 비단 **기** 糸 / 8 동 絹, 綾, 紈

평범하지 않아(奇) 사람의 눈길을 끌 정도의 고운 무늬의 천(糸)으로, '비단'을 뜻한다.

읽기한자 綺縠(기곡) 綺麗(기려) 綺綾(기릉) 綺袖(기수) 綺繡(기수) 綺帳(기장) 輕綺(경기) 羅綺(나기) 緣綺(연기) 文綺(문기) 紫綺(자기) 淸綺(청기) 華綺(화기)

譏 1급 비웃을 **기** 言 / 12 동 弄, 謗, 嘲

남의 단점을 자잘한(幾) 것까지 찾아 낮추어 말하는(言) 데서, '조롱하다, 비웃다'는 뜻이다.

읽기한자 譏謗(기방) 譏刺(기자) 譏嘲(기조) 譏讒(기참) 譏評(기평) 譏嫌(기혐) 群譏(군기) 剋譏(극기) 嘲譏(조기)

肌 1급 살[膚肉] **기** 肉 / 2 동 膚, 肉 반 骨

육체(月)를 덮는 팽팽한(几=緊) 것으로, '살(肌肉)'을 뜻한다.

읽기한자 肌膏(기고) 肌骨(기골) 肌理(기리) 肌膚(기부) 肌肉(기육) 粉肌(분기) 永肌(영기) 死肌(사기) 雪肌(설기) 細肌(세기) 素肌(소기) 玉肌(옥기) 鳥肌(조기) 侵肌(침기) 豊肌(풍기) 皮肌(피기)

伎 1급 재간 **기** 人 / 4 동 巧, 倆, 藝

나뭇가지를 받쳐 들고(支) 연기하는 사람(亻)에서, '광대, 재간'을 뜻한다.

읽기한자 伎工(기공) 伎巧(기교) 伎能(기능) 伎倆(기량) 伎術(기술) 伎藝(기예) 伎戱(기희) 工伎(공기) 方伎(방기) 聲伎(성기)

嗜 1급 즐길 **기** 口 / 10 동 慾, 好

맛있는(耆=旨) 음식을 먹는(口) 데서, '즐기다, 먹다'는 뜻이다.

읽기한자 嗜眠(기면) 嗜僻(기벽) 嗜愛(기애) 嗜慾(기욕) 嗜好(기호) 甘嗜(감기) 愛嗜(애기) 情嗜(정기) 貪嗜(탐기) 和嗜(화기)

崎 1급 험할 **기** 山 / 8 동 嶇, 險

산(山)길이 구불구불(奇)한 데서, '산길이 험하다'는 뜻이다.

읽기한자 崎傾(기경) 崎嶇(기구)

岐 2급(名) 갈림길 **기** 山 / 4

산(山)이 갈라진(支) 곳에서 길도 갈라진다는 데서, '갈림길'을 뜻한다.

📖 읽기한자　岐塗(기도) 岐路(기로) 岐山(기산) 岐崖(기애) 岐州(기주) 多岐(다기) 分岐(분기)

가

麒 2급(名) 기린 **기** 鹿 / 8　동 麟

검은색에 연두빛(其=綦)을 띤 사슴(鹿) 비슷한 짐승으로, '기린'을 뜻한다.

📖 읽기한자　麒麟(기린)

耆 2급(名) 늙을 **기** 老 / 4　동 老

맛있는 음식(旨)은 늙은(老) 뒤에야 누릴 수 있고, 모두가 바라는 바인 데서, '늙다, 바라다'는 뜻이다.

📖 읽기한자　耆年(기년) 耆蒙(기몽) 耆儒(기유) 屠耆(도기)

沂 2급(名) 물이름 **기** 水 / 4

형성문자로, 中國 山東省에서 발원하는 江(氵)인 沂河의 이름자이다.

📖 읽기한자　沂水(기수) 沂河(기하)

淇 2급(名) 물이름 **기** 水 / 8

형성문자로, 中國 河南省 林縣에서 發源하는 黃河의 支流(氵)인 淇河를 나타낸다.

📖 읽기한자　淇水(기수) 淇河(기하)

棋 2급 바둑 **기** 木 / 8

키(其) 모양으로 정연하게 선이 그어진 나무(木)로 만든 바둑 또는 장기판에서, '바둑'을 뜻한다.

✏️ 쓰기한자　國棋(국기) 棋客(기객) 棋局(기국) 棋列(기열) 棋盤(기반) 棋譜(기보) 棋聖(기성) 棋院(기원) 棋子(기자) 棋戰(기전) 博棋(박기) 復棋(복기) 速棋(속기) 將棋(장기)

冀 2급(名) 바랄 **기** 八 / 14　동 望, 願

북방(北)의 이민족(異)이 중국을 바라본다는 데서 '바라다'는 뜻이다.

📖 읽기한자　冀圖(기도) 冀望(기망) 冀願(기원) 冀州(기주)

璣 2급(名) 별이름 **기** 玉 / 12

크기가 얼마 안되는 작은(幾) 구슬(玉)로, '작은 구슬'을 뜻한다. 또, 北斗七星의 셋째별을 나타내기도 한다.

📖 읽기한자　珠璣(주기)

琪 2급(名) 아름다운옥 **기** 玉 / 8
형성문자로 아름다운 옥(王)을 나타내는 글자이다.

읽기한자 琪樹(기수) 琪花(기화)

琦 2급(名) 옥이름 **기** 玉 / 8
다른 구슬과는 다른(奇) 뛰어나게 아름다운 구슬(王)의 이름자이다.

읽기한자 壞琦(괴기) 琦辭(기사) 琦珍(기진) 琦行(기행)

騏 2급(名) 준마 **기** 馬 / 8
검은색에 연두빛(其=綦)을 띤 좋은 말(馬)에서, '준마'를 뜻한다.

읽기한자 騏驥(기기)

驥 2급(名) 천리마 **기** 馬 / 16
북방(北)의 이민족(異) 땅에서 난 뛰어난 말(馬)에서, '준마, 천리마'를 뜻한다.

읽기한자 騏驥(기기) 驥足(기족) 駑驥(노기) 老驥(노기) 駿驥(준기)

箕 2급(名) 키 **기** 竹 / 8
키(其)를 본뜬 글자에 그 재료인 대오리(竹)를 보태, '키'를 뜻한다.

읽기한자 箕星(기성) 箕子(기자) 箕張(기장) 箕察(기찰)

忌 3급 꺼릴 **기** 心 / 3 통 憚, 嫌, 諱
위험 속에서 스스로(己)를 보호하는 마음(心)이 생기는 데서, '미워하다, 꺼리다'는 뜻이다.

읽기한자 忌剋(기극) 忌憚(기탄) 猜忌(시기) 妬忌(투기) 諱忌(휘기)
쓰기한자 家忌(가기) 禁忌(금기) 忌故(기고) 忌日(기일) 忌祭(기제) 忌中(기중) 忌避(기피) 相忌(상기)
厭忌(염기) 嫌忌(혐기)

幾 3급 몇 **기** 幺 / 9
창(戈)을 가진 군사(人)가 너무 멀리 있어서 가는 실(絲)처럼 가물가물하여 몇 명인지 모른다는 데서, '몇'이라는 뜻이다.

읽기한자 幾箇(기개) 幾顆(기과)
쓰기한자 幾微(기미) 幾百(기백) 幾日(기일) 幾何(기하) 幾許(기허) 庶幾(서기)

棄 3급 　버릴 **기**　木 / 8　통 捐, 擲　약 弃
나무(木)로 만든 쓰레받기(世)에 담겨 쓰레기통에 간다(去)는 데서, '버리다'는 뜻이다.

읽기한자　棄軀(기구) 棄唾(기타) 撥棄(발기) 斡棄(알기) 奄棄(엄기) 湮棄(인기)
쓰기한자　棄却(기각) 棄權(기권) 棄世(기세) 棄兒(기아) 委棄(위기) 遺棄(유기) 破棄(파기) 廢棄(폐기)
　　　　　 抛棄(포기)

欺 3급 　속일 **기**　欠 / 8　통 瞞, 誣, 詐, 騙
입을 크게 벌리고(欠) 장황하게 이것저것 설명하면서 사람에게 뭔가 이루어질 듯한 기대
감(其＝期)을 갖게 만드는 데서, '속이다'는 뜻이다.

읽기한자　欺瞞(기만) 欺誣(기무) 欺騙(기편) 誣欺(무기)
쓰기한자　欺弄(기롱) 欺罔(기망) 欺冒(기모) 詐欺(사기) 誕欺(탄기)

豈 3급 　어찌 **기**　豆 / 3
개선할 때 연주하는 위에 장식을 단 군악기를 본뜬 글자로, '승전하다'는 뜻이다. 전쟁에
이긴 것이 어찌 경사스럽지 않은가 하는 데서, '어찌'를 뜻한다.

쓰기한자　豈敢(기감) 豈不(기불)

旣 3급 　이미 **기**　无 / 7　통 已　약 既
맛있는 음식(皀)을 목이 멜(旡) 정도로 이미 다 먹었다는 데서, '이미, 다하다'는 뜻이다.

읽기한자　蝕旣(식기)
쓰기한자　旣望(기망) 旣往(기왕) 旣存(기존) 旣婚(기혼)

飢 3급 　주릴 **기**　食 / 2　통 饉, 餓　반 飽
먹을(食) 것은 밥상(几) 뿐이라는 데서, '주리다'는 뜻이다.

읽기한자　飢饉(기근)
쓰기한자　飢渴(기갈) 飢餓(기아) 飢寒(기한) 療飢(요기) 虛飢(허기)

畿 3급II 　경기(京畿) **기**　田 / 10　통 甸
서울에서 거리가 얼마(幾) 안 되는 곳에 있는 밭(田)에서, 천자의 직할지, 도성(서울) 주위
의 땅, '경기'를 뜻한다.

읽기한자　畿甸(기전)
쓰기한자　京畿(경기) 畿內(기내) 畿湖(기호)

其 3급II 　그 **기**　八 / 6
곡식을 까부는 키의 모양을 본뜬 것으로, '키'를 뜻한다. 주로 대명사, '그'의 뜻으로 쓰인다.

읽기한자　凄其(처기)
쓰기한자　各其(각기) 其間(기간) 其實(기실) 其人(기인) 其他(기타)

企 3급Ⅱ 　꾀할 **기** 人 / 4 　동 望
사람(人)이 발(止) 돋움하여 멀리 바라보면서 살피고, 무언가를 기대하는 데서, '꾀하다, 바라다'는 뜻이다.

> 읽기한자 　鵠企(곡기)
> 쓰기한자 　企待(기대) 企圖(기도) 企望(기망) 企業(기업) 企劃(기획)

騎 3급Ⅱ 　말탈 **기** 馬 / 8
다리를 구부려(奇) 말(馬)에 올라타는 데서, '말 타다'는 뜻이다.

> 읽기한자 　勁騎(경기) 邏騎(나기)
> 쓰기한자 　騎馬(기마) 騎兵(기병) 騎士(기사) 騎手(기수) 銳騎(예기) 隻騎(척기)

祈 3급Ⅱ 　빌 **기** 示 / 4 　동 禱, 祝
제단(示) 앞에서 두 손을 도끼날(斤)처럼 모으고 행복을 빈다는 데서, '빌다'는 뜻이다.

> 읽기한자 　祈禱(기도) 禱祈(도기)
> 쓰기한자 　祈求(기구) 祈雨(기우) 祈願(기원)

奇 4급 　기특할 **기** 大 / 5 　동 怪
크게(大) 좋은(可) 일은 드물게 나타나는 기이한 일이라는 데서, '기이하다, 기특하다'는 뜻이다.

> 읽기한자 　奇詭(기궤) 奇譚(기담) 奇煤(기매) 奇謨(기모) 奇癖(기벽) 奇澁(기삽) 奇咳(기해) 恢奇(회기)
> 쓰기한자 　怪奇(괴기) 奇怪(기괴) 奇談(기담) 奇妙(기묘) 奇薄(기박) 奇拔(기발) 奇僻(기벽) 奇書(기서) 奇聲(기성) 奇襲(기습) 奇巖(기암) 奇緣(기연) 奇遇(기우) 奇異(기이) 奇人(기인) 奇籍(기적) 奇蹟(기적) 奇智(기지) 奇特(기특) 獵奇(엽기) 新奇(신기) 神奇(신기) 珍奇(진기)

紀 4급 　벼리 **기** 糸 / 3 　동 綱
실이나 그물(糸)의 첫머리(己)로, 엉키기 않게 풀어 나가는 근본이라는 데서, '벼리, 실마리, 다스리다'는 뜻이다.

> 쓰기한자 　官紀(관기) 軍紀(군기) 紀綱(기강) 紀念(기념) 紀錄(기록) 紀律(기율) 紀元(기원) 紀傳(기전) 紀行(기행) 檀紀(단기) 黨紀(당기) 西紀(서기) 世紀(세기)

寄 4급 　부칠 **기** 宀 / 8 　동 付, 寓
때를 못 만나(奇) 남의 집(宀)에 몸을 의탁하여 잠시 기거하는 데서, '부치다(寓)'는 뜻이다. 또 편지나 물건 따위를 '부치다'는 뜻으로도 쓴다.

> 읽기한자 　眷寄(권기) 寄汲(기급) 寄挺(기정)
> 쓰기한자 　寄居(기거) 寄稿(기고) 寄留(기류) 寄附(기부) 寄生(기생) 寄宿(기숙) 寄食(기식) 寄與(기여) 寄贈(기증) 寄託(기탁) 寄港(기항)

機 4급 　틀 **기**　木 / 12　⑤械

지키고(戍) 앉아 실(絲)을 가지고 피륙을 짜는 나무(木)로 만든 도구에서, '베틀'을 뜻한다.
여기에서 '틀, 기틀, 기계'의 뜻이 나왔다.

읽기한자　機鋒(기봉) 機槍(기창) 機樞(기추) 樞機(추기)

쓰기한자　見機(견기) 契機(계기) 機甲(기갑) 機械(기계) 機關(기관) 機具(기구) 機構(기구) 機能(기능)
機動(기동) 機微(기미) 機敏(기민) 機密(기밀) 機先(기선) 機運(기운) 機長(기장) 機種(기종)
機軸(기축) 機會(기회) 待機(대기) 動機(동기) 美機(미기) 乘機(승기) 勝機(승기) 時機(시기)
失機(실기) 危機(위기) 轉機(전기) 重機(중기) 投機(투기) 好機(호기)

器 4급Ⅱ　그릇 **기**　口 / 13　⑤具, 皿, 什　⑭器

제사에 쓸 개(犬) 고기를 담은 그릇(皿)에서, '그릇'을 뜻한다.

읽기한자　稼器(가기) 汲器(급기) 器皿(기명) 器蘊(기온) 器仗(기장) 祠器(사기) 粹器(수기) 什器(집기)
甕器(옹기) 鍮器(유기) 瓷器(자기)

쓰기한자　佳器(가기) 計器(계기) 器械(기계) 器官(기관) 器具(기구) 器樂(기악) 器量(기량) 器物(기물)
茶器(다기) 陶器(도기) 鈍器(둔기) 樂器(악기) 利器(이기) 武器(무기) 兵器(병기) 沙器(사기)
食器(식기) 牙器(아기) 瓦器(와기) 容器(용기) 用器(용기) 磁器(자기) 臟器(장기) 才器(재기)
祭器(제기) 鐵器(철기) 銃器(총기) 漆器(칠기) 土器(토기) 便器(변기) 火器(화기) 凶器(흉기)

起 4급Ⅱ　일어날 **기**　走 / 3　⑤立, 發　⑪伏, 陷, 結

무릎을 꿇고(己) 있다가 일어나 달리는(走) 데서, '일어나다'는 뜻이다.

읽기한자　蹶起(궐기) 勃起(발기) 鋒起(봉기) 夙起(숙기) 晏起(안기) 涌起(용기) 聳起(용기) 殷起(은기)
喚起(환기)

쓰기한자　驚起(경기) 起居(기거) 起工(기공) 起動(기동) 起立(기립) 起伏(기복) 起床(기상) 起訴(기소)
起案(기안) 起用(기용) 起源(기원) 起因(기인) 起點(기점) 起債(기채) 起草(기초) 起寢(기침)
突起(돌기) 斗起(두기) 隆起(융기) 發起(발기) 倂起(병기) 蜂起(봉기) 奮起(분기) 想起(상기)
惹起(야기) 再起(재기) 提起(제기)

期 5급　기약할 **기**　月 / 8

키(其)가 대오리나 나뭇가지가 정연하게 엮어져 있듯, 달(月)그림자는 정연하게 시간을 구획
한다는 데서, '때(時)'를 뜻한다. 또 달의 움직임, 때를 기다리는 데서, '기약하다'는 뜻이다.

읽기한자　嫁期(가기) 弛期(이기)

쓰기한자　佳期(가기) 乾期(건기) 期間(기간) 期年(기년) 期待(기대) 期末(기말) 期成(기성) 期約(기약)
期必(기필) 期限(기한) 納期(납기) 短期(단기) 待期(대기) 同期(동기) 滿期(만기) 末期(말기)
所期(소기) 時期(시기) 延期(연기) 豫期(예기) 雨期(우기) 任期(임기) 適期(적기) 前期(전기)
定期(정기) 早期(조기) 週期(주기) 次期(차기) 初期(초기) 夏期(하기) 學期(학기) 刑期(형기)
婚期(혼기) 會期(회기) 後期(후기)

己 5급Ⅱ　몸 **기**　己 / 0　⑭巳, 巳　⑤身

허리를 굽히고 있는 사람 모양으로, '몸, 저(自己)'를 뜻한다.

읽기한자　枉己(왕기)

쓰기한자　克己(극기) 利己(이기) 愛己(애기) 爲己(위기) 自己(자기) 知己(지기)

汽 5급 　물끓는김 **기**　水 / 4

물(氵)을 끓일 때 나오는 김(气)에서, '물 끓는 김'을 뜻한다.

읽기한자　汽筒(기통)

쓰기한자　汽車(기차) 汽管(기관) 汽船(기선) 汽笛(기적)

技 5급 　재주 **기**　手 / 4　비 妓, 枝　동 倆, 術, 藝

손(扌)으로 나뭇가지(支)를 가지고 재주를 부리거나 목제품을 만드는 데서, '재주'를 뜻한다.

읽기한자　技倆(기량) 技癢(기양) 賭技(도기)

쓰기한자　競技(경기) 球技(구기) 技工(기공) 技巧(기교) 技能(기능) 技法(기법) 技士(기사) 技師(기사)
技術(기술) 技藝(기예) 技指(기지) 末技(말기) 名技(명기) 妙技(묘기) 神技(신기) 實技(실기)
餘技(여기) 演技(연기) 雜技(잡기) 長技(장기) 珍技(진기) 鬪技(투기) 特技(특기)

基 5급Ⅱ 　터 **기**　土 / 8　동 址

키(其)의 가지런한 모양으로 땅(土)을 골라 집터를 닦는 데서, '터, 근본'을 뜻한다.

읽기한자　基楨(기정) 丕基(비기) 肇基(조기)

쓰기한자　國基(국기) 基金(기금) 基盤(기반) 基本(기본) 基數(기수) 基因(기인) 基底(기저) 基調(기조)
基準(기준) 基地(기지) 基礎(기초) 基軸(기축) 基層(기층) 鴻基(홍기)

旗 7급 　기 **기**　方 / 10　동 幟

키(其)처럼 가지런하게 일정한 모양을 한 기(㫃)에서, '기'를 뜻한다.

읽기한자　旗竿(기간) 旗戟(기극) 旗幟(기치) 戍旗(수기) 旌旗(정기) 槍旗(창기) 罕旗(한기)

쓰기한자　校旗(교기) 國旗(국기) 軍旗(군기) 旗手(기수) 旗章(기장) 旗幅(기폭) 團旗(단기) 大旗(대기)
半旗(반기) 反旗(반기) 叛旗(반기) 白旗(백기) 赤旗(적기) 弔旗(조기)

記 7급Ⅱ 　기록할 **기**　言 / 3　동 錄, 識

무릎을 꿇고(己) 말씀(言)하는 바를 받아 적는 데서, '기록하다, 적다'는 뜻이다.

읽기한자　烙記(낙기) 牢記(뇌기) 詔記(조기) 識記(참기) 撮記(촬기)

쓰기한자　舊記(구기) 記念(기념) 記錄(기록) 記事(기사) 記述(기술) 記憶(기억) 記入(기입) 記者(기자)
記載(기재) 記號(기호) 登記(등기) 謄記(등기) 禮記(예기) 銘記(명기) 倂記(병기) 簿記(부기)
史記(사기) 書記(서기) 速記(속기) 手記(수기) 暗記(암기) 誤記(오기) 雜記(잡기) 傳記(전기)
前記(전기) 轉記(전기) 左記(좌기) 追記(추기) 標記(표기) 表記(표기) 筆記(필기) 後記(후기)
勳記(훈기)

氣 7급Ⅱ　　기운 **기**　气 / 6　약 気

밥(米)을 지을 때 솥에서 나는 김(气)의 모양에서, '기운'을 뜻한다.

읽기한자
倨氣(거기) 氣魄(기백) 氣焰(기염) 氣泡(기포) 氣稟(기품) 氣噓(기허) 氣俠(기협) 煖氣(난기)
馥氣(복기) 疝氣(산기) 爽氣(상기) 泄氣(설기) 洩氣(설기) 腋氣(액기) 穢氣(예기) 仗氣(장기)
腫氣(종기) 喘氣(천기) 沖氣(충기) 惰氣(타기) 瘧氣(학기) 眩氣(현기) 衒氣(현기) 馨氣(형기)
薰氣(훈기)

쓰기한자
感氣(감기) 客氣(객기) 景氣(경기) 穀氣(곡기) 狂氣(광기) 氣槪(기개) 氣象(기상) 氣勢(기세)
氣壓(기압) 氣質(기질) 氣品(기품) 氣合(기합) 氣候(기후) 怒氣(노기) 殺氣(살기) 生氣(생기)
瑞氣(서기) 濕氣(습기) 煙氣(연기) 傲氣(오기) 勇氣(용기) 人氣(인기) 日氣(일기) 精氣(정기)
蒸氣(증기) 醉氣(취기) 稚氣(치기) 霸氣(패기) 肺氣(폐기) 香氣(향기) 虛氣(허기) 換氣(환기)
活氣(활기) 吸氣(흡기)

緊 3급Ⅱ　　긴할 **긴**　糸 / 8　동 要　약 紧

실(糸)로 단단히(臤) 죄는 데서, '팽팽하다, 급하다'는 뜻이다. 또 긴장감이 느껴질 정도로, 급한 일이라는 데서, '긴하다'는 뜻이다.

읽기한자
緊縛(긴박) 緊紗(긴사) 緊囑(긴촉) 緊歇(긴헐) 喫緊(끽긴)

쓰기한자
緊急(긴급) 緊密(긴밀) 緊迫(긴박) 緊要(긴요) 緊張(긴장) 緊縮(긴축) 要緊(요긴)

拮 1급　　일할 **길**　手 / 6　동 据, 抗

마음을 긴장(吉)시켜서 손(扌)을 놀리는 것으로, '일하다'는 뜻이다. 또, 서로 굽히지 아니 하고 마주 겨루어 버티는 '맞서다'는 뜻이다.

읽기한자
拮抗(길항)

吉 5급　　길할 **길**　口 / 3　반 凶

낱붙이(土)를 놓고, 복을 비는(口) 데서, '길하다'는 뜻이다. 또, 선비(士)의 입(口)에서는 길한 말이 나온다는 데서, '길하다'는 뜻이라고 한다.

읽기한자
吉卦(길괘) 吉祚(길조)

쓰기한자
吉年(길년) 吉禮(길례) 吉夢(길몽) 吉報(길보) 吉祥(길상) 吉瑞(길서) 吉運(길운) 吉日(길일)
吉兆(길조) 吉鳥(길조) 吉凶(길흉) 大吉(대길) 不吉(불길) 延吉(연길)

喫 1급　　먹을 **끽**　口 / 9

입(口) 안에서 작게 쪼개어 먹는(契) 데서, '먹다'는 뜻이다.

읽기한자
喫怯(끽겁) 喫茶(끽다) 喫飯(끽반) 喫着(끽착) 喫破(끽파) 滿喫(만끽)

懦 1급　　나약할 **나:**　心 / 14　동 弱

마음(忄)이 부드러운(需) 데서, '나약하다'는 뜻이다.

읽기한자
懦弱(나약) 懦語(나어) 懦劣(나열) 懦者(나자) 怯懦(겁나) 老懦(노나) 衰懦(쇠나) 畏懦(외나)
庸懦(용나) 幼懦(유나) 淺懦(천나) 退懦(퇴나)

1급 　잡을 **나:** 手 / 5 　됩 捕
손(手)을 맞대어 묶은 노예(奴)에서, '잡다'는 뜻이다.

　읽기한자　 拏捕(나포) 交拏(교나) 猛拏(맹나) 盤拏(반나) 紛拏(분나)

 1급 　잡을[拏同] **나:** 手 / 6 　됩 捕
손(手)을 모아 마주하는(合) 데서, '잡다'는 뜻이다.

　읽기한자　 拿勘(나감) 拿鞠(나국) 拿來(나래) 拿命(나명) 拿問(나문) 拿法(나법) 拿送(나송) 拿囚(나수)
拿引(나인) 拿入(나입) 拿處(나처) 拿推(나추) 拿就(나취) 拿致(나치) 拿罷(나파) 拿捕(나포)
拿獲(나획) 拘拿(구나) 先拿(선나) 推拿(추나) 罷拿(파나) 捕拿(포나)

 1급 　푸닥거리 **나** 人 / 19
사람(亻)이 재앙을 몰아내기 위해 새를 불에 태우는(難) 데서, '푸닥거리'를 뜻한다.

　읽기한자　 驅儺(구나) 贈儺(증나) 追儺(추나) 行儺(행나)

那 3급 　어찌 **나:** 邑 / 4
본래 고을(阝)의 이름자였으나, 의문사로 쓰여, '어찌'라는 뜻이다.

　읽기한자　 夭那(요나)
　쓰기한자　 那邊(나변) 那何(나하) 刹那(찰나)

諾 3급Ⅱ 　허락할 **낙** 言 / 9 　반 否
신의 뜻을 받드는 무당의 모양(若)에, 말(言)을 보탠 글자로, '따르다, 허락하다'는 뜻이다.

　읽기한자　 欣諾(흔낙)
　쓰기한자　 內諾(내락) 受諾(수락) 承諾(승낙) 應諾(응낙) 快諾(쾌락) 許諾(허락)

 1급 　더울 **난:** 火 / 9
불(火)을 끌어당기는(爰) 데서, '덥다'는 뜻이다.

　읽기한자　 煖閣(난각) 煖坑(난갱) 煖氣(난기) 煖爐(난로) 煖房(난방) 煖室(난실) 煖香(난향) 甘煖(감난)
輕煖(경난) 飽煖(포난) 寒煖(한난) 噓煖(허난)

 4급Ⅱ 　따뜻할 **난:** 日 / 9
해(日)가 나오면 어깨가 축 늘어질(爰) 정도로 추위가 풀어진다는 데서, '따뜻하다'는 뜻이다.

　읽기한자　 暖簾(난렴) 暖寮(난료)
　쓰기한자　 暖帶(난대) 暖冬(난동) 暖流(난류) 暖房(난방) 寒暖(한란)

難 4급II　어려울 **난(:)**　隹 / 11　비 艱　동 艱, 苦　반 易

진흙(堇)도 꽂지 짧은 재빠른 새(隹)도 다르기는 어렵다는 데서, '어렵다'는 뜻이다.

읽기한자　艱難(간난) 寇難(구난) 難艱(난간) 難堪(난감) 難駁(난박) 難澁(난삽) 難詰(난힐) 罹難(이난)
靖難(정난) 遭難(조난) 阻難(조난) 詰難(힐난)

쓰기한자　家難(가난) 苦難(고난) 救難(구난) 國難(국난) 難攻(난공) 難關(난관) 難局(난국) 難民(난민)
難産(난산) 難色(난색) 難易(난이) 難題(난제) 難處(난처) 難聽(난청) 難治(난치) 難破(난파)
難航(난항) 難解(난해) 盜難(도난) 萬難(만난) 無難(무난) 非難(비난) 受難(수난) 甚難(심난)
災難(재난) 至難(지난) 避難(피난) 海難(해난) 險難(험난) 患難(환난)

捏 1급　꾸밀 **날**　手 / 7

절구(臼) 속에 흙(土)을 넣고, 손(扌)을 써서 흙을 이기는 데서, '이기다, 꾸미다'는 뜻이다.

읽기한자　捏詞(날사) 捏造(날조)

捺 1급　누를 **날**　手 / 8

손(扌)으로 눌러(奈) 무늬나 흔적을 남기는 것으로, '손으로 누르다'는 뜻이다.

읽기한자　捺染(날염) 捺印(날인) 捺章(날장) 捺糊(날호)

男 7급II　사내 **남**　田 / 2　반 女

밭(田)에서 힘써(力) 일하는 데서, '사내'를 뜻한다.

읽기한자　男覡(남격) 嫡男(적남)

쓰기한자　男根(남근) 男女(남녀) 男妹(남매) 男性(남성) 男優(남우) 男子(남자) 男爵(남작) 男裝(남장)
男便(남편) 得男(득남) 美男(미남) 生男(생남) 長男(장남) 丁男(정남) 次男(차남) 妻男(처남)
醜男(추남) 快男(쾌남)

南 8급　남녘 **남**　十 / 7　반 北

지면(冂)을 뚫고, 초목(屮)이 움터 나오는(十=屮) 남풍(따뜻한 바람)이 부는 데서, '남녘'을
뜻한다.

읽기한자　南溟(남명) 南畝(남무) 南蕃(남번) 南宋(남송) 南狩(남수) 南誾(남은) 南怡(남이)

쓰기한자　江南(강남) 南國(남국) 南極(남극) 南端(남단) 南道(남도) 南方(남방) 南部(남부) 南山(남산)
南洋(남양) 南進(남진) 南侵(남침) 南派(남파) 南風(남풍) 南下(남하) 南韓(남한) 南海(남해)
南行(남행) 南向(남향) 對南(대남) 嶺南(영남) 三南(삼남) 越南(월남) 以南(이남) 湖南(호남)

衲 1급　기울[縫] **납**　衣 / 4

옷(衤)의 안(內) 쪽에 손을 대는 것으로, '깁다(縫)'는 뜻이다.

읽기한자　衲僧(납승) 衲衣(납의) 衲子(납자) 衲被(납피) 老衲(노납) 半衲(반납) 梵衲(범납) 野衲(야납)
愚衲(우납) 寒衲(한납)

納 4급 　들일 **납** 糸 / 4 　통貢, 入, 獻

예쁜 색으로 물들여 말린 실(糸)을 집안(內)에 보관한다는 데서, '들이다, 받다, 바치다'는 뜻이다.

읽기한자 　嘉納(가납) 納賂(납뢰) 納鱉(납별) 納陛(납폐) 捧納(봉납) 袖納(수납) 允納(윤납)

쓰기한자 　加納(가납) 拒納(거납) 檢納(검납) 格納(격납) 公納(공납) 過納(과납) 軍納(군납) 歸納(귀납)
納骨(납골) 納期(납기) 納得(납득) 納涼(납량) 納本(납본) 納付(납부) 納稅(납세) 納入(납입)
納品(납품) 代納(대납) 未納(미납) 返納(반납) 別納(별납) 分納(분납) 上納(상납) 先納(선납)
受納(수납) 收納(수납) 完納(완납) 容納(용납) 呈納(정납) 滯納(체납) 出納(출납) 畢納(필납)
獻納(헌납)

囊 1급 　주머니 **낭** 口 / 19 　비囊

바닥은 막히고 위는 뚫려 여러 물건을 채워 넣는 자루로, '주머니'를 뜻한다.

읽기한자 　囊括(낭괄) 囊刀(낭도) 傾囊(경낭) 錦囊(금낭) 米囊(미낭) 背囊(배낭) 浮囊(부낭) 氷囊(빙낭)
水囊(수낭) 詩囊(시낭) 心囊(심낭) 藥囊(약낭) 陰囊(음낭) 衣囊(의낭) 財囊(재낭) 智囊(지낭)
寢囊(침낭) 土囊(토낭) 行囊(행낭) 香囊(향낭)

娘 3급Ⅱ 　계집 **낭** 女 / 7

여자(女)의 가장 보기 좋은 (良) 시절은 소녀, 처녀(娘) 시절이라는 데서, '아가씨'를 뜻하나, 사내의 대칭으로 '계집'의 뜻으로 쓰인다.

읽기한자 　嬌娘(교낭) 廚娘(주낭)

쓰기한자 　娘娘(낭낭) 娘子(낭자)

奈 3급 　어찌 **내** 大 / 5

본래의 모양은 柰로 사람을 하늘, 신(示)과 연결시켜 주는 나무(木)를 나타냈으나, 의문사로 쓰여, '어찌'의 뜻이다.

쓰기한자 　奈落(나락) 奈何(내하) 莫無可奈(막무가내)

乃 3급 　이에 **내:** 丿 / 1

본래 뱃속의 태아를 본뜬 글자이나 주로 조사로 쓰여, '이에, 이리하여'라는 뜻이다.

읽기한자 　靄乃(애내)

쓰기한자 　乃子(내자) 乃至(내지) 人乃天(인내천) 終乃(종내)

耐 3급Ⅱ 　견딜 **내:** 而 / 3 　통忍

팔꿈치(寸)를 수염(而)처럼 부드럽게 하고 있는 것으로, 느긋하게 기다리는 것, '견디다, 참다'는 뜻이다.

읽기한자 　耐乏(내핍)

쓰기한자 　耐久性(내구성) 耐性(내성) 耐熱(내열) 耐震(내진) 耐寒(내한) 耐火(내화) 耐火性(내화성)
忍耐(인내)

內 7급Ⅱ 　안 **내:** 入 / 2 　반 外
집(冂) 안으로 들어가는(入) 데서, '안, 속, 들이다'는 뜻이다.

읽기한자 疆內(강내) 內艱(내간) 內卦(내괘) 內寇(내구) 內坊(내방) 內蘊(내온) 內讒(내참) 內寵(내총)
內逼(내핍) 內訌(내홍) 內宦(내환) 內廐(내구) 衙內(아내)

쓰기한자 家內(가내) 境內(경내) 管內(관내) 內閣(내각) 內簡(내간) 內勤(내근) 內諾(내락) 內亂(내란)
內幕(내막) 內密(내밀) 內賓(내빈) 內申(내신) 內緣(내연) 內容(내용) 內資(내자) 內臟(내장)
內政(내정) 內通(내통) 內包(내포) 內翰(내한) 內訓(내훈) 案內(안내) 域內(역내) 營內(영내)
邑內(읍내) 以內(이내) 場內(장내) 殿內(전내) 體內(체내) 胎內(태내) 宅內(댁내)

女 8급 　계집 **녀** 女 / 0 　동 娘
두 손을 모으고, 무릎을 꿇고 있는 얌전한 여자를 본뜬 것으로, '계집'을 뜻한다.

읽기한자 嫁女(가녀) 嬌女(교녀) 妓女(기녀) 女閭(여려) 女楷(여해) 女衒(여현) 倭女(왜녀) 熊女(웅녀)
媛女(원녀) 游女(유녀) 佚女(일녀) 嫡女(적녀) 娼女(창녀) 樵女(초녀) 妬女(투녀) 衒女(현녀)

쓰기한자 貢女(공녀) 宮女(궁녀) 厥女(궐녀) 女傑(여걸) 女權(여권) 女給(여급) 女流(여류) 女史(여사)
女性(여성) 女僧(여승) 女息(여식) 女王(여왕) 女優(여우) 女人(여인) 女子(여자) 女裝(여장)
烈女(열녀) 母女(모녀) 美女(미녀) 父女(부녀) 石女(석녀) 仙女(선녀) 聖女(성녀) 少女(소녀)
修女(수녀) 淑女(숙녀) 養女(양녀) 織女(직녀) 姪女(질녀) 次女(차녀) 處女(처녀) 醜女(추녀)
下女(하녀) 海女(해녀) 孝女(효녀)

撚 1급 　비빌 **년** 手 / 12
불길이 소용돌이치듯(然) 손(扌)으로 끈 등을 말아 올리는 것으로, '손으로 비비다, (비파를) 타다'는 뜻이다.

읽기한자 撚斷(연단) 撚撥(연발) 撚絲(연사) 撚紙(연지) 強撚(강연) 檢撚(검년) 交撚(교연) 左撚(좌연)
合撚(합연)

年 8급 　해 **년** 干 / 3 　동 齡, 歲
달리 秊으로도 쓰는데, 많은(千) 곡물(禾)이 여문다는 데서, 농사의 주기인 1년, '해'를 뜻한다.

읽기한자 劫年(겁년) 曠年(광년) 朞年(기년) 耆年(기년) 年齡(연령) 嗇年(색년) 踰年(유년) 翌年(익년)
椿年(춘년) 遐年(하년) 禧年(희년)

쓰기한자 康年(강년) 隔年(격년) 頃年(경년) 瓜年(과년) 年鑑(연감) 年金(연금) 年輪(연륜) 年末(연말)
年輩(연배) 年譜(연보) 年俸(연봉) 年歲(연세) 年齒(연치) 年表(연표) 年號(연호) 晩年(만년)
末年(말년) 瑞年(서년) 旬年(순년) 往年(왕년) 昨年(작년) 停年(정년) 靑年(청년) 初年(초년)
編年(편년) 平年(평년) 豊年(풍년) 學年(학년) 享年(향년) 荒年(황년) 凶年(흉년) 稀年(희년)

涅 1급 　열반(涅槃) **널** 水 / 7
본래 물(氵) 밑의 흙(土)으로, '개흙'의 뜻이나, 梵語 nirvāna(涅槃)의 音借로 주로 쓰인다.

읽기한자 涅墨(열묵) 涅槃(열반) 涅髮(열발) 涅汚(열오) 刻涅(각날)

念 5급Ⅱ 　　생각 **념:** 　心 / 4 　<동> 慮, 想

마음(心) 속에 무엇인가를 머금고 있다(今=含)는 데서, '생각'을 뜻한다.

읽기한자 　宸念(신념) 諦念(체념) 欽念(흠념)

쓰기한자 　概念(개념) 觀念(관념) 掛念(괘념) 紀念(기념) 記念(기념) 念頭(염두) 念慮(염려) 念佛(염불)
念願(염원) 念珠(염주) 斷念(단념) 留念(유념) 理念(이념) 默念(묵념) 想念(상념) 信念(신념)
餘念(여념) 寅念(인념) 一念(일념) 雜念(잡념) 專念(전념) 竊念(절념) 執念(집념) 滯念(체념)
追念(추념) 通念(통념)

寧 3급Ⅱ 　　편안 **녕** 　宀 / 11 　<약> 寍, 寧

집(宀)에서 밥상(丁) 위에 음식 그릇(皿)을 올려놓았을 때 마음(心)이 편안해진다는 데서, '편안하다'는 뜻이다. '차라리, 어찌' 등의 조사로도 쓰인다.

읽기한자 　廓寧(확녕) 寧渠(영거) 寧謐(영밀) 寧靖(영정) 遼寧(요령) 晏寧(안녕)

쓰기한자 　康寧(강녕) 寧日(영일) 寧親(영친) 安寧(안녕)

駑 1급 　　둔한 말 **노** 　馬 / 5 　<동> 鈍, 駘 <반> 驥

노예(奴)가 끄는 질이 떨어지는 말(馬)로, '둔한 말'을 뜻한다.

읽기한자 　駑怯(노겁) 駑驥(노기) 駑鈍(노둔) 駑力(노력) 駑闇(노암) 駑頑(노완) 愚駑(우노) 策駑(책노)
罷駑(피노)

弩 1급 　　쇠뇌 **노** 　弓 / 5

부드럽고 탄력이 있는(奴) 용수철 장치의 활(弓)로, '쇠뇌'를 뜻한다.

읽기한자 　弩樓(노루) 弩師(노사) 弩手(노수) 弩牙(노아) 弩砲(노포) 強弩(강노) 彊弩(강노) 弓弩(궁노)
道弩(도노) 萬弩(만노) 伏弩(복노)

奴 3급Ⅱ 　　종 **노** 　女 / 2 　<비> 如 <동> 隸, 僕 <반> 婢

남의 손(又)에 잡혀 일하는 계집(女)으로 본래, '계집 종'의 뜻이나 뒤에 '사내 종'으로 바뀌었고, 일반으로 '종'의 뜻으로 쓰인다.

읽기한자 　奴虜(노로) 奴僕(노복) 駱奴(낙노) 僕奴(복노) 倭奴(왜노) 廚奴(주노) 匈奴(흉노)

쓰기한자 　家奴(가노) 監奴(감노) 奴隸(노예) 奴婢(노비) 雁奴(안노) 奚奴(해노)

怒 4급Ⅱ 　　성낼 **노:** 　心 / 5 　<비> 恕 <동> 哮

종(奴)의 마음(心)으로, 일은 많고 사람대접은 제대로 못 받는 데서, '성내다'는 뜻이다.

읽기한자 　呵怒(가노) 譴怒(견노) 怒譴(노견) 怒濤(노도) 怒罵(노매) 怒洑(노복) 怒臂(노비) 怒叱(노질)
怒漲(노창) 怒哮(노효) 勃怒(발노) 忿怒(분노) 憑怒(빙노) 宸怒(신노) 躁怒(조노) 嗔怒(진노)
赫怒(혁노) 吼怒(후노)

쓰기한자 　激怒(격노) 怒氣(노기) 怒號(노호) 大怒(대로) 奮怒(분노) 憤怒(분노) 鬱怒(울노) 震怒(진노)
觸怒(촉노) 喜怒(희로)

努

4급Ⅱ 힘쓸 **노** 力 / 5 동 力

종(奴)이 힘써(力) 일하는 것 같이 하는 데서, '힘쓰다'는 뜻이다.

읽기한자 努力(노력) 努肉(노육) 努責(노책)

膿

1급 고름 **농** 肉 / 13

살(月)에 생기는 끈적거리는(農) 물질로, '고름'을 뜻한다.

읽기한자 膿團(농단) 膿漏(농루) 膿墨(농묵) 膿死(농사) 膿汁(농즙) 膿血(농혈) 釀膿(양농) 化膿(화농)

濃

2급 짙을 **농:** 水 / 13 동 厚 반 淡

농경지(農)에 물(氵)을 댈 때는 황토물이 짙은 데서, '짙다, 걸쭉하다'는 뜻이다.

읽기한자 濃抹(농말) 濃霧(농분) 濃艶(농염) 濃煎(농전) 濃翠(농취)
쓰기한자 濃淡(농담) 濃度(농도) 濃霧(농무) 濃縮(농축) 濃厚(농후)

農

7급Ⅱ 농사 **농** 辰 / 6 동 耕

아직 별(辰)이 보이는 이른 시간에 일어나 도구(曲)를 갖고 일하는 데서, '농사'를 뜻한다.

읽기한자 農稼(농가) 農隙(농극) 農畝(농무) 農糞(농사) 惰農(타농)
쓰기한자 勸農(권농) 歸農(귀농) 農家(농가) 農歌(농가) 農耕(농경) 農具(농구) 農軍(농군) 農大(농대)
農樂(농악) 農老(농로) 農路(농로) 農林(농림) 農民(농민) 農夫(농부) 農事(농사) 農藥(농약)
農業(농업) 農謠(농요) 農牛(농우) 農園(농원) 農作(농작) 農場(농장) 農政(농정) 農酒(농주)
農地(농지) 農村(농촌) 農土(농토) 農學(농학) 都農(도농) 篤農(독농) 富農(부농) 貧農(빈농)
榮農(영농) 營農(영농) 廢農(폐농)

惱

3급 번뇌할 **뇌** 心 / 9 약 悩

마음(忄) 그리고 머리 털(巛)과 두개골(囟)이 있는 부분, 머리에 고민거리가 생긴 데서, '괴로워하다, 번뇌하다'는 뜻이다.

읽기한자 懊惱(오뇌)
쓰기한자 苦惱(고뇌) 惱殺(뇌쇄) 煩惱(번뇌)

腦

3급Ⅱ 골 / 뇌수 **뇌** 肉 / 9 약 脳

머리 털(巛)과 두개골(囟)에 딸려 있는 물질 또는 장기(月)로, '골, 뇌수'를 뜻한다.

읽기한자 腦麝(뇌사) 腦髓(뇌수) 腦漿(뇌장) 髓腦(수뇌)
쓰기한자 腦裏(뇌리) 腦死(뇌사) 腦炎(뇌염) 腦波(뇌파) 大腦(대뇌) 頭腦(두뇌) 洗腦(세뇌) 首腦(수뇌)

尿 2급 　　　오줌 **뇨** 尸 / 4 　통 糞

꼬리(尸=尾)에서 나오는 물(水)로, '오줌'을 뜻한다.

 읽기한자 尿糞(요분) 糞尿(분뇨)

쓰기한자 檢尿(검뇨) 尿道(요도) 尿意(요의) 尿精(요정) 尿閉(요폐) 尿血(요혈) 糖尿(당뇨) 利尿(이뇨)
放尿(방뇨) 排尿(배뇨) 夜尿(야뇨) 血尿(혈뇨)

撓 1급 　　　휠 **뇨:** 手 / 12 　통 屈

손(扌)으로 나긋나긋하게(堯=弱) 만드는 것으로, '휘다'는 뜻이다. 또, 擾와 통하여, '어지럽히다'는 뜻이다.

읽기한자 撓改(요개) 撓屈(요굴) 撓撓(요뇨) 撓亂(요란) 撓法(요법) 撓折(요절) 撓敗(요패) 曲撓(곡뇨)
枉撓(왕뇨) 侵撓(침뇨) 敗撓(패뇨) 陷撓(함뇨)

訥 1급 　말 더듬거릴 **눌** 言 / 4 　통 澁

말(言)이 들어가(內) 나오지 않는다는 데서, '말을 더듬거리다'는 뜻이다.

읽기한자 訥口(눌구) 訥辯(눌변) 訥澁(눌삽) 訥言(눌언) 訥直(눌직) 口訥(구눌) 本訥(본눌) 質訥(질눌)

紐 1급 　　　맺을 **뉴** 糸 / 4

끈(糸)을 비틀어서(丑) 단단히 매는 데서, '끈, 맺다'는 뜻이다.

읽기한자 紐星(유성) 紐折(유절) 紐情(유정) 綱紐(강뉴) 結紐(결뉴) 龜紐(귀뉴) 屈紐(굴뉴) 根紐(근뉴)
解紐(해뉴)

能 5급Ⅱ 　　　능할 **능** 肉 / 6

곰을 본뜬 글자로, 곰은 재주가 여러 가지라는 데서, '능하다'는 뜻이다.

읽기한자 伎能(기능)

쓰기한자 可能(가능) 官能(관능) 權能(권능) 技能(기능) 機能(기능) 能動(능동) 能力(능력) 能率(능률)
能事(능사) 能熟(능숙) 能通(능통) 萬能(만능) 無能(무능) 本能(본능) 不能(불능) 性能(성능)
藝能(예능) 有能(유능) 才能(재능) 全能(전능) 知能(지능) 職能(직능) 體能(체능) 效能(효능)

尼 2급 　　　여승 **니** 尸 / 2

梵語를 漢譯한 比丘尼(여승)의 略稱으로, '여승'을 뜻한다.

읽기한자 牟尼(모니)

쓰기한자 尼房(이방) 尼寺(이사) 尼僧(이승) 尼院(이원) 僧尼(승니)

泥 3급II 진흙 **니** 水 / 5

수렁(氵)에 빠져, 두 사람(尸, 匕는 모두 사람을 본떴다)이 엉켜있는 모양에서, '진흙, 수렁'을 뜻한다.

읽기한자 泥塑(이소) 泥滓(이재) 泥菖(이창) 泥鰍(이추)

쓰기한자 泥田(이전) 泥土(이토) 塗泥(도니)

匿 1급 숨길 **닉** 匚 / 9

가려서 뽑은 채소(若)를 갈무리하는(匚) 데서, '숨기다, 숨다'는 뜻이다.

읽기한자 匿空(익공) 匿名(익명) 匿伏(익복) 匿諱(익휘) 亡匿(망닉) 伏匿(복닉) 隱匿(은닉) 藏匿(장닉)
退匿(퇴닉) 避匿(피닉)

溺 2급 빠질 **닉** 水 / 10 동 沒

물(氵)에 약(弱)하면 헤어나오지 못하고 빠지게 되는데서, '빠지다'는 뜻이다.

읽기한자 焚溺(분닉) 耽溺(탐닉)

쓰기한자 溺沒(익몰) 溺死(익사) 溺信(익신) 溺愛(익애) 沒溺(몰닉)

茶 3급II 차 **다** / 차 **차** 艸 / 6

사람(人)이 풀(艹)이나 나무(木)의 열매, 잎을 달여서 차로 마시는 데서, '차'를 뜻한다.

읽기한자 喫茶(끽다) 茶臼(다구) 茶坊(다방) 茶匙(다시) 茶靄(다애) 茶盞(찻잔) 臘茶(납다) 抹茶(말차)
煎茶(전다)

쓰기한자 茶菓(다과) 茶器(다기) 茶道(다도) 茶禮(다례) 茶房(다방) 綠茶(녹차) 葉茶(엽차) 紅茶(홍차)

多 6급 많을 **다** 夕 / 3 반 少, 寡

어제의 저녁(夕)과 오늘의 저녁(夕)으로, 날짜가 쌓이는 데서, '많다'는 뜻이다.

읽기한자 多岐(다기) 多虞(다우) 多祜(다호) 猥多(외다) 饒多(요다)

쓰기한자 過多(과다) 多感(다감) 多寡(다과) 多極(다극) 多端(다단) 多大(다대) 多讀(다독) 多量(다량)
多發(다발) 多辯(다변) 多福(다복) 多分(다분) 多産(다산) 多少(다소) 多濕(다습) 多額(다액)
多樣(다양) 多元(다원) 多作(다작) 多彩(다채) 多幸(다행) 繁多(번다) 雜多(잡다) 最多(최다)
播多(파다) 頗多(파다) 許多(허다)

緞 1급 비단 **단** 糸 / 9 동 絹

층층이(段) 두껍게 짠 천(糸)으로, 광택과 무늬가 있고 두꺼운 '비단'을 뜻한다.

읽기한자 緞子(단자) 緋緞(비단) 絨緞(융단)

蛋 1급 　새알 **단:** 虫 / 5
뱀이나 벌레(虫)가 생겨나는(疋=誕) 곳이라는 데서, '새알'을 뜻한다.

읽기한자 蛋殼(단각) 蛋白(단백) 蛋黃(단황)

簞 1급 　소쿠리 **단** 竹 / 12 　비 簟
대오리(竹)로 만든 납작한(單=坦) 작은 상자로, '소쿠리'를 뜻한다.

읽기한자 空簞(공단) 一簞(일단) 簞食(단사)

鍛 2급 　쇠불릴 **단** 金 / 9 　동 鍊
쇠(金)를 불에 달구어 두드리는(段) 데서, '쇠 불리다'는 뜻이다.

읽기한자 鍛冶(단야) 鍛鎚(단추)
쓰기한자 鍛工(단공) 鍛金(단금) 鍛鍊(단련) 鍛鐵(단철)

湍 2급(名) 　여울 **단** 水 / 9
물(氵)이 비롯되는 시초(耑)는 폭이 좁고, 바닥이 얕아 물이 빨리 흐르는 데서, '여울'을 뜻한다.

읽기한자 急湍(급단) 湍流(단류) 湍狀(단복) 湍水(단수) 湍深(단심) 湍中(단중) 峻湍(준단) 馳湍(치단)

但 3급II 　다만 **단:** 人 / 5 　동 只
사람(亻)은 다만 아침(旦)이 오기를 기다린다는 데서, '다만'이라는 뜻이다.

읽기한자 但空(단공) 但書(단서) 但只(단지) 非但(비단)

丹 3급II 　붉을 **단** 丶 / 3
붉은 광석(丶), 단사(丹砂)를 채굴하는 우물(井)을 본뜬 글자로, 광석의 붉은 색깔에서, '붉다'는 뜻이다.

읽기한자 丹莖(단경) 丹鵠(단곡) 丹礫(단력) 丹堊(단악) 丹陛(단폐) 丹霞(단하) 丹虹(단홍)
쓰기한자 契丹(글안) 丹誠(단성) 丹心(단심) 丹藥(단약) 丹粧(단장) 丹田(단전) 丹脂(단지) 丹靑(단청)
丹楓(단풍) 煉丹(연단) 牧丹(목단) 仙丹(선단)

旦 3급II 　아침 **단** 日 / 1 　비 且 　반 夕
해(日)가 지평선(一)위에 나타났다는 데서, '아침'을 뜻한다.

읽기한자 昧旦(매단) 詰旦(힐단)
쓰기한자 旦暮(단모) 元旦(원단) 一旦(일단)

4급 층계 **단** 殳 / 5 동 階

손(又)에 도구(几)를 들고, 벼랑에 디딜 곳을 만드는 데서, '층계'를 뜻한다.

읽기한자 段罫(단괘)

쓰기한자 階段(계단) 段階(단계) 段落(단락) 段步(단보) 段數(단수) 文段(문단) 分段(분단) 上段(상단)
手段(수단) 昇段(승단) 一段(일단) 全段(전단) 初段(초단) 下段(하단)

 4급Ⅱ 끊을 **단:** 斤 / 14 동 決, 切, 截, 絶 반 續 약 断

이어져 있는 실들(㡭)을 도끼(斤)로 끊는다는 데서, '끊다'는 뜻이다.

읽기한자 撚斷(연단) 斷咽(단인) 斷棧(단잔) 斷箭(단전) 斷截(단절) 斷綻(단탄) 壟斷(농단) 剖斷(부단)
宸斷(신단) 臆斷(억단) 剪斷(전단) 截斷(절단) 擅斷(천단) 勅斷(칙단) 朽斷(후단)

쓰기한자 間斷(간단) 剛斷(강단) 決斷(결단) 果斷(과단) 禁斷(금단) 斷交(단교) 斷念(단념) 斷面(단면)
斷髮(단발) 斷續(단속) 斷案(단안) 斷言(단언) 斷然(단연) 斷熱(단열) 斷腸(단장) 斷電(단전)
斷切(단절) 斷絶(단절) 斷定(단정) 斷乎(단호) 斷罪(단죄) 獨斷(독단) 武斷(무단) 無斷(무단)
分斷(분단) 不斷(부단) 速斷(속단) 英斷(영단) 勇斷(용단) 裁斷(재단) 中斷(중단) 診斷(진단)
遮斷(차단) 處斷(처단) 判斷(판단)

4급Ⅱ 끝 **단** 立 / 9 비 瑞 동 末, 正

식물의 끝인 싹이 땅위로 막 올라(耑)와 서 있는(立) 데서, '바르다, 비롯하다, 싹, 실마리, 끝'을 뜻한다.

읽기한자 端拱(단공) 端粹(단수) 端膝(단슬) 端崖(단애) 端隅(단우) 端揖(단읍) 端唄(단패) 鋒端(봉단)
椽端(연단) 侈端(치단)

쓰기한자 角端(각단) 極端(극단) 南端(남단) 多端(다단) 端麗(단려) 端緖(단서) 端雅(단아) 端役(단역)
端然(단연) 端午(단오) 端裝(단장) 端的(단적) 端正(단정) 兩端(양단) 末端(말단) 發端(발단)
北端(북단) 事端(사단) 四端(사단) 上端(상단) 舌端(설단) 惹端(야단) 異端(이단) 一端(일단)
尖端(첨단) 弊端(폐단) 下端(하단) 毫端(호단)

4급Ⅱ 박달나무 **단** 木 / 13

높고 큰(亶) 나무(木)로, '박달나무'를 뜻한다.

읽기한자 檀槽(단조)

쓰기한자 檀君(단군) 檀紀(단기) 檀木(단목) 震檀(진단)

 4급Ⅱ 홑 **단** 口 / 9 동 獨 반 複 약 単

본래 두 갈래진 나무 끝에 돌을 매달아 만든 사냥도구(새총)를 본뜬 글자이나, '홑, 홀로'의 뜻으로 쓰인다.

읽기한자 單衾(단금) 單陋(단루) 單蓑(단사) 單棲(단서) 單蹄(단제) 孀單(상단)

쓰기한자 簡單(간단) 孤單(고단) 單價(단가) 單間(단간) 單科(단과) 單獨(단독) 單利(단리) 單複(단복)
單色(단색) 單線(단선) 單手(단수) 單數(단수) 單純(단순) 單式(단식) 單身(단신) 單語(단어)
單元(단원) 單位(단위) 單音(단음) 單一(단일) 單子(단자) 單調(단조) 單層(단층) 單行(단행)
名單(명단) 食單(식단) 傳單(전단) 單于(선우)

壇 5급 　단 **단** 土 / 13

여럿이 제사지낼 수 있도록 흙(土)으로 높고 크게(亶) 쌓고, 바닥을 평평하게 만든, '단'을 뜻한다.

읽기한자 燎壇(요단) 戎壇(융단) 齋壇(재단) 杏壇(행단)

쓰기한자 講壇(강단) 降壇(강단) 戒壇(계단) 敎壇(교단) 壇上(단상) 登壇(등단) 樂壇(악단) 論壇(논단) 文壇(문단) 演壇(연단) 祭壇(제단) 花壇(화단)

團 5급II 　둥글 **단** 口 / 11 　동圓 　약団

테두리(口)가 실을 감은 실패(專) 모양으로 둥근 데서, '둥글다'의 뜻이다. 나아가, 둥글게 덩어리지는 데서, '덩이지다, 모이다'는 뜻이다.

읽기한자 膿團(농단) 團黍(단서) 團扇(단선)

쓰기한자 工團(공단) 球團(구단) 劇團(극단) 團結(단결) 團旗(단기) 團束(단속) 團員(단원) 團圓(단원) 團長(단장) 團地(단지) 團體(단체) 團合(단합) 樂團(악단) 旅團(여단) 師團(사단) 社團(사단) 入團(입단) 財團(재단) 宗團(종단) 集團(집단)

短 6급II 　짧을 **단(:)** 矢 / 7 　반長

서 있는 사람(矢)이 다리 달린 그릇(豆)만하다는 데서, '짧다'는 뜻이다.

읽기한자 短褐(단갈) 短頸(단경) 短袴(단고) 短陋(단루) 短籬(단리) 短簑(단사) 短椽(단연) 短箋(단전) 短窄(단착) 短槍(단창) 短鍼(단침) 短弧(단호) 短狐(단호) 陋短(누단)

쓰기한자 短劍(단검) 短見(단견) 短期(단기) 短刀(단도) 短頭(단두) 短慮(단려) 短命(단명) 短文(단문) 短髮(단발) 短時日(단시일) 短信(단신) 短身(단신) 短點(단점) 短調(단조) 短縮(단축) 短打(단타) 短波(단파) 短篇(단편) 短靴(단화) 長短(장단)

撻 1급 　때릴 **달** 手 / 13 　동笞

손(扌)으로 때려 매질 소리(達은 의성어)가 나는 것으로, '때리다'는 뜻이다.

읽기한자 撻脛(달경) 撻罰(달벌) 撻辱(달욕) 撻笞(달태) 戮撻(육달) 杖撻(장달) 楚撻(초달) 笞撻(태달)

疸 1급 　황달 **달** 疒 / 5

쓸개즙(旦=膽)이 원활하게 흐르지 못하여 온몸과 눈 따위가 누렇게 되고, 온몸이 노곤하고 입맛이 없으며 몸이 여위게 되는 병(疒)으로, '황달'을 뜻한다.

읽기한자 疸病(달병) 疸症(달증) 穀疸(곡달) 酒疸(주달) 黃疸(황달) 黑疸(흑달)

達 4급II 　통달할 **달** 辶 / 9 　동成, 通

오래된 양치기는 눈감고도 양(羊)이 노닐고 있는 땅(土)으로 발걸음이 간다(辶)는 데서, '통달하다'는 뜻이다.

읽기한자 曠達(광달) 宏達(굉달) 亮達(양달) 邁達(매달) 爽達(상달) 悉達(실달) 睿達(예달) 諭達(유달) 稟達(품달) 宦達(환달) 闊達(활달)

쓰기한자 乾達(건달) 達觀(달관) 達磨(달마) 達辯(달변) 達成(달성) 達人(달인) 達筆(달필) 到達(도달) 洞達(통달) 得達(득달) 未達(미달) 發達(발달) 配達(배달) 上達(상달) 先達(선달) 速達(속달) 送達(송달) 熟達(숙달) 示達(시달) 榮達(영달) 傳達(전달) 調達(조달) 綜達(종달) 奏達(주달) 暢達(창달) 通達(통달) 下達(하달) 顯達(현달) 曉達(효달)

痰 | 1급 | 가래 **담:** | 疒 / 8
몸의 분비액이 타오르는 불꽃처럼(炎) 큰 熱을 받아서 생기는 병(疒)을 통틀어 이르는 말로, '담'을 뜻한다.

읽기한자 痰癖(담벽) 痰唾(담타) 痰火(담화) 檢痰(검담) 血痰(혈담)

澹 | 1급 | 맑을 **담** | 水 / 13
물(氵)이 맑고 깨끗한(詹=淡) 데서, '말갛다, 맑다'는 뜻이다.

읽기한자 澹泊(담박) 澹如(담여) 澹艶(담염) 澹容(담용) 澹靜(담정) 澹蕩(담탕) 澹乎(담호) 暗澹(암담) 慘澹(참담) 淸澹(청담) 平澹(평담)

憺 | 1급 | 참담할 **담** | 心 / 13
본래 마음(忄)이 담담하여(詹) 편안하다는 뜻이나 慘이나 畏 등과 어울려 '참담하다'는 뜻이다.

읽기한자 憺憺(담담) 憺畏(담외) 蕭憺(소담) 威憺(위담) 慘憺(참담)

譚 | 1급 | 클 / 말씀 **담** | 言 / 12
크고 깊은(覃) 말씀(言)에서, '말씀, 이야기, 깊다, 크다'는 뜻이다.

읽기한자 譚思(담사) 譚詩(담시) 怪譚(괴담) 奇譚(기담) 常譚(상담) 參譚(참담)

曇 | 1급 | 흐릴 **담** | 日 / 12
해(日)가 구름(雲) 속으로 가라앉는 데서, '흐리다'는 뜻이다.

읽기한자 曇摩(담마) 曇天(담천) 悉曇(실담) 赤曇(적담) 晴曇(청담)

潭 | 2급 | 못[池] **담** | 水 / 12 | 동 沼, 淵
물(氵)이 깊다(覃)는 데서, '못(池), 깊다'는 뜻이다.

읽기한자 潭奧(담오) 潭渦(담와) 濬潭(준담) 澄潭(징담) 瀑潭(폭담)
쓰기한자 潭思(담사) 潭水(담수)

膽 | 2급 | 쓸개 **담:** | 肉 / 13 | 약 胆
담즙을 끊임없이(詹) 배출하는 신체 부위(月)라는 데서, '쓸개'를 뜻한다.

읽기한자 膽礬(담반) 熊膽(웅담) 豬膽(저담)
쓰기한자 肝膽(간담) 膽大(담대) 膽略(담략) 膽力(담력) 大膽(대담) 落膽(낙담)

淡 3급II 　　맑을 **담** 　水 / 8
물(氵)처럼 맑다(炎=澹)는 데서, '맑다, 싱겁다, 묽다'는 뜻이다.

　읽기한자　淡抹(담말) 沖淡(충담)
　쓰기한자　濃淡(농담) 淡淡(담담) 淡泊(담박) 淡白(담백) 淡水(담수) 冷淡(냉담) 雅淡(아담)

擔 4급II 　　멜 **담** 　手 / 13 　동 任 　약 担
어떤 사람(人)이 위태하다(危)는 말(言)을 듣고 손(扌)에 들 것을 들고 가 메고 온다는 데서, '메다'는 뜻이다.

　읽기한자　擔糞(담분)
　쓰기한자　加擔(가담) 擔當(담당) 擔保(담보) 擔稅(담세) 擔任(담임) 負擔(부담) 分擔(분담) 自擔(자담)
　　　　　全擔(전담) 專擔(전담)

談 5급 　　말씀 **담** 　言 / 8 　동 說, 言, 話
불이 활활 타오르듯(炎) 말(言)이 계속 입 밖으로 나오는 데서, '말씀, 이야기하다'는 뜻이다.

　읽기한자　談鋒(담봉) 談筵(담연) 談叢(담총) 游談(유담) 鼎談(정담) 叢談(총담) 贅談(췌담) 悖談(패담)
　쓰기한자　街談(가담) 懇談(간담) 古談(고담) 款談(관담) 怪談(괴담) 奇談(기담) 談論(담론) 談笑(담소)
　　　　　談判(담판) 談合(담합) 談話(담화) 德談(덕담) 弄談(농담) 漫談(만담) 面談(면담) 密談(밀담)
　　　　　放談(방담) 私談(사담) 相談(상담) 俗談(속담) 惡談(악담) 野談(야담) 餘談(여담) 雜談(잡담)
　　　　　壯談(장담) 座談(좌담) 眞談(진담) 淸談(청담) 筆談(필담) 巷談(항담) 險談(험담) 婚談(혼담)
　　　　　歡談(환담) 會談(회담)

遝 1급 　　뒤섞일 **담** 　辵 / 10 　동 至
길 가는(辶) 사람들이 겹치고 뒤섞이는(眔=沓) 데서, '뒤섞이다'는 뜻이다. 또 '뒤미치다, 미치다(至)'는 뜻이다.

　읽기한자　遝至(답지) 雜遝(잡답) 合遝(합답)

畓 3급 　　논 **답** 　田 / 4
밭(田) 위에 물(水)이 있으니 水田으로, 곧 '논'을 뜻한다. 韓國에서 만든 한자이다.

　읽기한자　沃畓(옥답)
　쓰기한자　乾畓(건답) 京畓(경답) 畓穀(답곡) 田畓(전답)

踏 3급II 　　밟을 **답** 　足 / 8 　비 蹈
거듭해서(沓) 발(𧾷)을 땅에 대는 데서, '밟다'는 뜻이다.

　읽기한자　踏碎(답쇄) 踏藉(답자) 踏踵(답종)
　쓰기한자　高踏(고답) 踏步(답보) 踏査(답사) 踏襲(답습) 踏至(답지) 踏靑(답청) 踏破(답파) 遍踏(편답)

答 7급Ⅱ 　　대답 **답** 竹 / 6 　밴 問

대쪽(竹)에 써 온 편지 내용에 맞게(合) 답을 써 보낸다는 데서, '대답'을 뜻한다.

> 읽기한자　答酬(답수) 酬答(수답)
> 쓰기한자　答禮(답례) 答訪(답방) 答辯(답변) 答辭(답사) 答狀(답장) 答書(답서) 答信(답신) 答申(답신)
> 答案(답안) 對答(대답) 名答(명답) 問答(문답) 報答(보답) 誤答(오답) 應答(응답) 正答(정답)
> 筆答(필답) 解答(해답) 和答(화답) 確答(확답) 回答(회답)

 螳 1급 　버마재비(사마귀) **당** 虫 / 11 　동 螂

낫(도끼) 모양의 앞발에서 '쟁강'(堂은 擬聲語) 소리가 들릴 것 같은 벌레(虫)로, '버마재비
(사마귀)'를 뜻한다.

> 읽기한자　螳斧(당부)

 棠 1급 　아가위 **당** 木 / 8

산사(山査)나무와 그 열매로, '아가위, 산사나무'를 뜻한다.

> 읽기한자　棠梨(당리) 甘棠(감당) 錦棠(금당) 落棠(낙당) 沙棠(사당) 海棠(해당)

撞 1급 　칠 **당** 手 / 12 　비 憧 　동 突

손(扌)으로 쳐서 '둥'(童은 擬聲語) 소리가 나는 데서, '치다'는 뜻이다.

> 읽기한자　撞撞(당당) 撞突(당돌) 撞木(당목) 撞入(당입) 撞着(당착) 擊撞(격당) 突撞(돌당) 白撞(백당)
> 衝撞(충당) 香撞(향당)

塘 2급(名) 　못[池] **당** 土 / 10

본래 넓고 크게(唐) 쌓은 흙(土)으로 '둑'을 뜻하나, 의미가 전이되어 둑으로 둘러싸인, '못'
을 뜻한다.

> 읽기한자　塘池(당지) 蓮塘(연당) 芳塘(방당) 堤塘(제당) 池塘(지당) 春塘(춘당) 坡塘(파당)

唐 3급Ⅱ 　당나라 / 당황할 **당**(:) 口 / 7

도리깨를 잡고 곡식을 털듯(庚) 낟알이 이곳저곳으로 튀듯이 어떤 사람은 말(口)이 종잡
을 수 없는 데서, '당황하다, 황당하다'는 뜻이다. 또 '당나라'의 이름자이다.

> 읽기한자　唐虞(당우) 隋唐(수당) 虞唐(우당) 頹唐(퇴당)
> 쓰기한자　唐突(당돌) 唐詩(당시) 荒唐(황당)

糖 3급Ⅱ 　엿 **당** / 사탕 **탕** 米 / 10

쌀(米)을 삭힌 뒤에 도리깨질 하듯 막대기로 두드리면(庚) 입(口)에 착착 달라붙는 엿이
된다는 데서, '엿'을 뜻한다.

> 읽기한자　蔗糖(자당)
> 쓰기한자　果糖(과당) 糖尿(당뇨) 糖分(당분) 糖質(당질) 雪糖(설탕) 製糖(제당) 血糖(혈당)

黨

4급II　　　　무리 **당**　黑 / 8　　약 党

어두운 것(黑)을 숭상하여(尙) 이익을 도모하기 위해 모인 사람들 또는 어두운(黑) 현실을 개척하려고 높은(尙) 뜻을 가지고 모인 사람들이라는 데서, '무리'를 뜻한다.

읽기한자 奸黨(간당) 魁黨(괴당) 黨錮(당고) 黨魁(당괴) 兇黨(흉당)

쓰기한자 結黨(결당) 公黨(공당) 黨權(당권) 黨紀(당기) 黨略(당략) 黨論(당론) 黨費(당비) 黨舍(당사)
黨勢(당세) 黨首(당수) 黨員(당원) 黨爭(당쟁) 黨籍(당적) 黨派(당파) 黨憲(당헌) 徒黨(도당)
分黨(분당) 朋黨(붕당) 肅黨(숙당) 新黨(신당) 惡黨(악당) 野黨(야당) 與黨(여당) 一黨(일당)
入黨(입당) 作黨(작당) 殘黨(잔당) 政黨(정당) 脫黨(탈당) 偏黨(편당) 鄕黨(향당)

當

5급II　　　　마땅 **당**　田 / 8　　동 該　반 否, 落　약 当

밭(田)을 소중히 여기고 높이(尙) 평가하는 것은 마땅하다는 데서, '마땅하다, 맞다'는 뜻이다.

읽기한자 勘當(감당) 當爾(당이) 當讖(당참) 允當(윤당)

쓰기한자 可當(가당) 擔當(담당) 當局(당국) 當到(당도) 當落(당락) 當面(당면) 當番(당번) 當付(당부)
當選(당선) 當身(당신) 當然(당연) 當爲(당위) 當場(당장) 當座(당좌) 當直(당직) 當初(당초)
當惑(당혹) 配當(배당) 不當(부당) 相當(상당) 手當(수당) 穩當(온당) 瓦當(와당) 應當(응당)
日當(일당) 抵當(저당) 適當(적당) 典當(전당) 至當(지당) 充當(충당) 妥當(타당) 割當(할당)
合當(합당) 該當(해당)

堂

6급II　　　　집 **당**　土 / 8　　동 室

흙(土)을 높이(尙) 돋우어 기반을 다지고 세운 큰 건물로, '집'을 뜻한다.

읽기한자 堂壘(당루) 堂姨(당이) 堂帖(당첩) 陪堂(배당) 祠堂(사당) 塾堂(숙당) 椿堂(춘당) 哄堂(홍당)

쓰기한자 講堂(강당) 客堂(객당) 內堂(내당) 堂內(당내) 堂堂(당당) 堂上(당상) 堂叔(당숙) 堂直(당직)
堂姪(당질) 堂號(당호) 明堂(명당) 廟堂(묘당) 法堂(법당) 別堂(별당) 本堂(본당) 佛堂(불당)
書堂(서당) 聖堂(성당) 食堂(식당) 雁堂(안당) 慈堂(자당) 殿堂(전당) 政堂(정당) 天堂(천당)
學堂(학당)

擡

1급　　　　들[擧] **대**　手 / 14　　동 擧　약 抬

손(扌)으로 높이(臺) 들어 올리는 데서, '들다'는 뜻이다.

읽기한자 擡擧(대거) 擡頭(대두)

袋

1급　　　　자루 **대**　衣 / 5

물건을 바꾸어(代) 가면서 속에 물건을 담을 수 있도록 헝겊(衣) 따위로 길고 크게 만든 주머니로, '자루'를 뜻한다.

읽기한자 袋鼠(대서) 角袋(각대) 甲袋(갑대) 琴袋(금대) 麻袋(마대) 書袋(서대) 手袋(수대) 魚袋(어대)
石袋(석대) 布袋(포대) 皮袋(피대) 香袋(향대)

戴 2급 일[首荷] 대: 戈 / 13　비 載
귀신 머리 모양(異)의 탈을 두손으로 머리에 이고(土戈) 있는 데서, '이다, 받들다'는 뜻이다.

읽기한자　翊戴(익대)
쓰기한자　戴白(대백) 戴星(대성) 奉戴(봉대) 推戴(추대)

坮 2급 집터 대 土 / 5
대대로(代) 살아 온 땅(土)으로, '집터'를 뜻한다.

쓰기한자　家坮(가대) 坮地(대지)

臺 3급Ⅱ 대 대 至 / 8　일 台, 坮
사람들이 이르는(至) 길하고(吉) 높은(冖) 곳이라는 데서, '대, 돈대, 관청'을 뜻한다.

읽기한자　臺笠(대립) 烽臺(봉대) 盞臺(잔대) 錐臺(추대)
쓰기한자　架臺(가대) 鏡臺(경대) 臺灣(대만) 臺木(대목) 臺詞(대사) 臺帳(대장) 臺紙(대지) 燈臺(등대)
　　　　　望臺(망대) 舞臺(무대) 釣臺(조대) 燭臺(촉대) 築臺(축대) 寢臺(침대) 土臺(토대)

貸 3급Ⅱ 빌릴 / 꿀 대: 貝 / 5　반 借
재물(貝)의 임자가 바뀌는(代) 데서, '빌리다, 꾸다'는 뜻이다.

읽기한자　貸宥(대유) 饒貸(요대) 宥貸(유대) 逋貸(포대)
쓰기한자　貸金(대금) 貸物(대물) 貸付(대부) 貸損(대손) 貸與(대여) 貸用(대용) 貸越(대월) 貸切(대절)
　　　　　貸借(대차) 貸出(대출) 先貸(선대) 賃貸(임대)

帶 4급Ⅱ 띠 대(:) 巾 / 8
천을 겹쳐 장식을 붙인 허리띠의 모양을 본뜬 것으로, '띠'를 뜻한다.

읽기한자　拐帶(괴대) 襟帶(금대) 帶鉤(대구) 帶笏(대홀) 繃帶(붕대) 韋帶(위대) 靭帶(인대) 簪帶(잠대)
쓰기한자　角帶(각대) 肩帶(견대) 冠帶(관대) 救命帶(구명대) 暖帶(난대) 帶劍(대검) 帶同(대동)
　　　　　冷帶(냉대) 附帶(부대) 聲帶(성대) 眼帶(안대) 熱帶(열대) 玉帶(옥대) 溫帶(온대) 腰帶(요대)
　　　　　一帶(일대) 戰帶(전대) 地帶(지대) 寒帶(한대) 革帶(혁대) 橫帶(횡대) 携帶(휴대)

隊 4급Ⅱ 무리 대 阜 / 9
언덕(阝)의 좌우로 나뉘어(八)서 멧돼지(豕)들이 떼를 이루고 있는 데서, '무리'를 뜻한다.

읽기한자　仗隊(장대) 站隊(참대)
쓰기한자　軍隊(군대) 隊列(대열) 隊商(대상) 隊員(대원) 隊長(대장) 樂隊(악대) 本隊(본대) 部隊(부대)
　　　　　小隊(소대) 入隊(입대) 除隊(제대) 縱隊(종대) 中隊(중대) 編隊(편대) 艦隊(함대) 橫隊(횡대)

待 6급 기다릴 **대:** 彳 / 6 비 侍

중요한 일로 관청(寺)에 갔어도 사람이 많아서 서성대며(彳) 자신의 차례를 기다린다는 데서, '기다리다'는 뜻이다.

읽기한자 寵待(총대)

쓰기한자 客待(객대) 恭待(공대) 寬待(관대) 款待(관대) 企待(기대) 期待(기대) 待期(대기) 待機(대기)
待令(대령) 待望(대망) 待遇(대우) 待接(대접) 待避(대피) 冷待(냉대) 薄待(박대) 優待(우대)
應待(응대) 接待(접대) 賤待(천대) 招待(초대) 下待(하대) 虐待(학대) 忽待(홀대) 歡待(환대)
厚待(후대)

代 6급II 대신할 **대:** 人 / 3 비 伐 동 替

국경에 세워 두었던 말뚝(弋) 대신에 사람(亻)을 당번병으로 세워 둔 데서, '바뀌다, 대신하다'는 뜻이다.

읽기한자 代餞(대전) 代辦(대판)

쓰기한자 古代(고대) 交代(교대) 近代(근대) 年代(연대) 當代(당대) 代價(대가) 代納(대납) 代讀(대독)
代理(대리) 代數(대수) 代身(대신) 代案(대안) 代役(대역) 代用(대용) 代錢(대전) 代替(대체)
代置(대치) 代播(대파) 代表(대표) 代筆(대필) 歷代(역대) 累代(누대) 萬代(만대) 先代(선대)
世代(세대) 時代(시대) 食代(식대) 地代(지대) 遞代(체대) 初代(초대) 現代(현대) 花代(화대)
後代(후대) 稀代(희대)

對 6급II 대할 **대:** 寸 / 11 약 対

일거리(業)와 손(寸)이 서로 마주 대한다는 데서, '대하다'는 뜻이다.

읽기한자 對捧(대봉) 對酬(대수) 對牌(대패) 酬對(수대) 陛對(폐대)

쓰기한자 對價(대가) 對決(대결) 對局(대국) 對談(대담) 對答(대답) 對等(대등) 對聯(대련) 對面(대면)
對美(대미) 對邊(대변) 對備(대비) 對比(대비) 對象(대상) 對案(대안) 對野(대야) 對與(대여)
對外(대외) 對偶(대우) 對應(대응) 對敵(대적) 對照(대조) 對坐(대좌) 對陣(대진) 對質(대질)
對策(대책) 對處(대처) 對替(대체) 對稱(대칭) 對抗(대항) 對話(대화) 反對(반대) 相對(상대)
應對(응대) 絕對(절대)

大 8급 큰 **대(:)** 大 / 0 비 犬, 太, 六 동 巨 반 小

사람이 크게 팔과 다리를 벌리고 있는 모습을 본뜬 글자로, '크다'는 뜻이다.

읽기한자 曠大(광대) 大喝(대갈) 大凱(대개) 大羹(대갱) 大譴(대견) 大魁(대괴) 大橋(대교) 大邱(대구)
大鉤(대구) 大逵(대규) 大碁(대기) 大戾(대려) 大牢(대뢰) 大戮(대륙) 大皿(대명) 大帛(대백)
大藩(대번) 大鵬(대붕) 大袖(대수) 大宛(대원) 大匠(대장) 大篆(대전) 大詔(대조) 大捷(대첩)
大腿(대퇴) 大鹹(대함) 大饗(대향) 大俠(대협) 大諱(대휘) 大麾(대휘) 厖大(방대) 猥大(외대)
膨大(팽대) 渾大(혼대)

쓰기한자 誇大(과대) 寬大(관대) 廣大(광대) 膽大(담대) 大綱(대강) 大系(대계) 大闕(대궐) 大怒(대로)
大腦(대뇌) 大凡(대범) 大赦(대사) 大賞(대상) 大勢(대세) 大業(대업) 大運(대운) 大義(대의)
大抵(대저) 大衆(대중) 大破(대파) 大便(대변) 大幅(대폭) 大艦(대함) 肥大(비대) 盛大(성대)
甚大(심대) 雄大(웅대) 遠大(원대) 偉大(위대) 壯大(장대) 重大(중대) 增大(증대) 至大(지대)
最大(최대) 擴大(확대)

悳 2급(名) 큰[德] **덕** 心 / 8

바른(直) 마음(心)으로, '德'을 뜻한다. 德의 古字로 주로 사람의 이름자에 쓰인다.

읽기한자　大悳(대덕)

德 5급Ⅱ 큰 **덕** 彳 / 12 약 徳

바르고 곧은(直) 마음(心)씨로 인생길을 걸어가는(彳) 데서, '바른 마음, 덕(德)'을 뜻한다. 보통 뛰어나고 훌륭함, 도량이 넓음 등의 뜻에서, '큰 덕'이라 부른다.

읽기한자　德沼(덕소) 滔德(도덕) 惇德(돈덕) 邁德(매덕) 爽德(상덕) 盈德(영덕) 穢德(예덕) 耀德(요덕)
　　　　　諭德(유덕) 蔭德(음덕) 峻德(준덕) 台德(이덕) 悖德(패덕)

쓰기한자　乾德(건덕) 儉德(검덕) 謙德(겸덕) 戒德(계덕) 功德(공덕) 德談(덕담) 德望(덕망) 德目(덕목)
　　　　　德分(덕분) 德性(덕성) 德澤(덕택) 德行(덕행) 道德(도덕) 美德(미덕) 薄德(박덕) 變德(변덕)
　　　　　婦德(부덕) 不德(부덕) 碩德(석덕) 盛德(성덕) 聖德(성덕) 淑德(숙덕) 惡德(악덕) 恩德(은덕)
　　　　　陰德(음덕) 人德(인덕) 逸德(일덕) 才德(재덕) 俊德(준덕) 彰德(창덕) 齒德(치덕) 稱德(칭덕)
　　　　　厚德(후덕) 勳德(훈덕) 休德(휴덕)

賭 1급 내기 **도** 貝 / 9 비 睹 통 博

금품(貝)을 쏟아 부어(者) 노름을 하는 데서, '내기'를 뜻한다.

읽기한자　賭弓(도궁) 賭技(도기) 賭命(도명) 賭博(도박) 賭坊(도방) 賭射(도사) 賭場(도장) 賭錢(도전)
　　　　　決賭(결도) 競賭(경도) 交賭(교도)

堵 1급 담 **도** 土 / 9 통 墻, 牆

받침대 위에 섶나무 따위를 쌓아(者) 골격을 잡고 진흙(土)을 넣고 다져서 만든 것으로, '담'을 뜻한다.

읽기한자　堵塞(도색) 堵列(도열) 堵墻(도장) 粉堵(분도) 阿堵(아도) 安堵(안도) 按堵(안도) 案堵(안도)
　　　　　周堵(주도) 環堵(환도)

鍍 1급 도금할 **도:** 金 / 9

얇은 금은(金) 따위를 다른 금속에 씌워 건네는(度) 것으로, '도금하다'는 뜻이다.

읽기한자　鍍金(도금) 金鍍(금도)

濤 1급 물결 **도** 水 / 14 통 瀾, 波

길게 이어진(壽) 물(氵)로, '물결'을 뜻한다.

읽기한자　濤瀾(도란) 濤雷(도뢰) 濤灣(도만) 濤聲(도성) 濤波(도파) 驚濤(경도) 狂濤(광도) 怒濤(노도)
　　　　　素濤(소도) 松濤(송도) 震濤(진도) 銀濤(은도) 波濤(파도) 風濤(풍도) 玄濤(현도) 洪濤(홍도)
　　　　　環濤(환도)

 滔 1급 　물넘칠 **도** 水 / 10
물(氵)이 줄이어(舀=壽) 퍼지는 데서, '물이 넘치다'는 뜻이다.

읽기한자　滔德(도덕) 滔騰(도등) 滔天(도천) 滔蕩(도탕) 滔風(도풍) 滔乎(도호) 振滔(진도)

 蹈 1급 　밟을 **도** 足 / 10 　비 踏 동 踐
발(⻊)을 위로 뽑아 올린다(舀)는 데서, '밟다'는 뜻이다.

읽기한자　蹈歌(도가) 蹈履(도리) 蹈舞(도무) 蹈水(도수) 蹈襲(도습) 蹈踐(도천) 高蹈(고도) 陵蹈(능도)
　　　　　舞蹈(무도) 犯蹈(범도) 越蹈(월도) 襲蹈(습도) 足蹈(족도) 踐蹈(천도)

 睹 1급 　볼 **도** 目 / 9 　비 賭
시선(目)을 한 점에 모으는(者) 데서, '보다'는 뜻이다.

읽기한자　睹聞(도문) 目睹(목도) 逆睹(역도)

 禱 1급 　빌 **도** 示 / 14 　동 祈, 祝
神(示)에게 수명이 길기를 비는(壽) 데서, '빌다'는 뜻이다.

읽기한자　禱祈(도기) 禱福(도복) 禱祠(도사) 禱雨(도우) 禱請(도청) 祈禱(기도) 默禱(묵도) 拜禱(배도)
　　　　　祠禱(사도) 素禱(소도) 齊禱(제도) 請禱(청도) 祝禱(축도)

 淘 1급 　쌀일 **도** 水 / 8 　동 汰
질그릇(匋)에 쌀을 넣고 물(氵)을 부어 잡물을 제거하는 데서, '쌀을 일다'는 뜻이다.

읽기한자　淘金(도금) 淘米(도미) 淘洗(도세) 淘汰(도태) 淘河(도하) 開淘(개도) 冷淘(냉도) 淨淘(정도)

 屠 1급 　죽일 **도** 尸 / 9 　동 戮, 殺
시체(尸)가 많이 모이는(者) 데서, '죽이다'는 뜻이다.

읽기한자　屠潰(도궤) 屠耆(도기) 屠戮(도륙) 屠腹(도복) 屠殺(도살) 屠燒(도소) 屠兒(도아) 屠者(도자)
　　　　　屠販(도판) 屠割(도할) 琴屠(금도) 浮屠(부도) 市屠(시도) 廢屠(폐도) 休屠(휴도)

擣 1급 　찧을 **도** 手 / 10
절구에 곡식을 넣고 손(扌)으로 오랜 시간(島=壽) 공이질하는 데서, '찧다'는 뜻이다.

읽기한자　擣衣(도의) 擣精(도정) 麻擣(마도)

萄 `1급` **포도 도** 艸 / 8
덩굴나무로 둥근 모양의 열매가 가을에 열리는 '포도'를 뜻한다.

`읽기한자` 葡萄(포도)

掉 `1급` **흔들 도** 手 / 8 `비` 棹
손(扌)을 높이(卓) 치켜 올려 움직이는 데서, '흔들다'는 뜻이다.

`읽기한자` 掉尾(도미) 掉舌(도설) 搖掉(요도) 戰掉(전도) 振掉(진도) 蕩掉(탕도) 揮掉(휘조)

燾 `2급(名)` **비칠 도** 火 / 14 `약` 燾
불빛(灬)이 길게 이어져(壽) 두루 비치는 데서, '비치다'는 뜻이다. 주로 이름자로 쓰인다.

`읽기한자` 燾育(도육)

悼 `2급` **슬퍼할 도** 心 / 8 `동` 懼, 慄
마음(忄)이 평정을 유지하지 못하고 압력이 높은 동요하고(卓) 있는 상태로, '슬퍼하다'는 뜻이다.

`읽기한자` 悼慄(도율) 悼灼(도작) 嗟悼(차도)
`쓰기한자` 悲悼(비도) 哀悼(애도) 追悼(추도)

挑 `3급` **돋울 도** 手 / 6 `비` 桃
손(扌)으로 싸움의 조짐(兆)을 보여 상대방의 화를 돋우는 데서, '돋우다'는 뜻이다.

`읽기한자` 挑撥(도발) 挑扮(도분) 挑揄(도유) 挑雀(도작) 挑擲(도척) 撓挑(효조)
`쓰기한자` 挑發(도발) 挑戰(도전)

跳 `3급` **뛸 도** 足 / 6 `동` 躍
몸속의 많은(兆) 힘을 발(足)에 모은다는 데서, '뛰다'는 뜻이다.

`읽기한자` 跳沫(도말) 跳噴(도분) 跳蕭(도소) 跳哮(도효) 闇跳(암도)
`쓰기한자` 高跳(고도) 跳躍(도약)

稻 `3급` **벼 도** 禾 / 10
절구(臼)에 넣어 손(爪)으로 찧어야 먹을 수 있는 곡식(禾)이라는 데서, '벼'를 뜻한다.

`읽기한자` 稻粱(도량) 稻穗(도수) 黍稻(서도) 秧稻(앙도)
`쓰기한자` 稻作(도작) 陸稻(육도) 早稻(조도)

塗

3급 　　　칠할 **도** 　 土 / 10

도랑(涂)에 있는 흙(土)으로, '진흙, (진흙을) 칠하다'는 뜻이다.

읽기한자 　岐塗(기도) 塗擦(도찰) 堊塗(악도) 糊塗(호도)

쓰기한자 　塗工(도공) 塗泥(도니) 塗路(도로) 塗料(도료) 塗壁(도벽) 塗裝(도장) 塗炭(도탄) 廻塗(회도)

渡

3급Ⅱ 　　　건널 **도** 　 水 / 9 　 **동** 涉

강을 건널 때 먼저 물(氵)의 깊이를 헤아리는(度) 데서, '건너다'는 뜻이다.

읽기한자 　渡丞(도승)

쓰기한자 　渡江(도강) 渡來(도래) 渡美(도미) 渡日(도일) 渡河(도하) 渡航(도항) 賣渡(매도) 明渡(명도)
　　　　　　不渡(부도) 讓渡(양도) 言渡(언도) 津渡(진도)

途

3급Ⅱ 　　　길[行中] **도:** 　 辵 / 7

끊임없이 남아있는(余) 가야할 길(辶)로, '길'을 뜻한다.

읽기한자 　坦途(탄도)

쓰기한자 　途上(도상) 方途(방도) 別途(별도) 用途(용도) 壯途(장도) 長途(장도) 征途(정도) 中途(중도)

倒

3급Ⅱ 　　　넘어질 **도:** 　 人 / 8

사람(亻)의 머리가 땅에 도달하는(到) 데서, '넘어지다'는 뜻이다.

읽기한자 　倒狀(도복) 倒繃(도붕) 倒曳(도예) 罵倒(매도) 顚倒(전도) 跌倒(질도)

쓰기한자 　傾倒(경도) 倒壞(도괴) 倒立(도립) 倒産(도산) 倒着(도착) 倒錯(도착) 倒置(도치) 壓倒(압도)
　　　　　　卒倒(졸도) 打倒(타도)

桃

3급Ⅱ 　　　복숭아 **도** 　 木 / 6 　 **비** 挑

점칠 때 거북 껍질에 금이 갈라지듯(兆) 두 개로 쪼갤 수 있는 나무(木)와 그 열매로, '복숭아, 복숭아나무'를 뜻한다.

읽기한자 　桃夭(도요) 桃弧(도호) 蟠桃(반도) 櫻桃(앵도) 夭桃(요도)

쓰기한자 　桃李(도리) 桃園(도원) 桃仁(도인) 桃花(도화) 天桃(천도) 胡桃(호도) 紅桃(홍도) 黃桃(황도)

陶

3급Ⅱ 　　　질그릇 **도** 　 阜 / 8 　 **동** 甕

언덕(阝) 위의 가마(勹)에서 흙을 빚어 구워 내는 항아리(缶)에서, '질그릇'을 뜻한다.

읽기한자 　甄陶(견도) 皐陶(고요) 陶摸(도모) 陶冶(도야) 陶窯(도요) 窯陶(요도) 蒲陶(포도) 薰陶(훈도)

쓰기한자 　陶工(도공) 陶器(도기) 陶然(도연) 陶藝(도예) 陶人(도인) 陶磁(도자) 陶醉(도취)

刀 3급II 칼 도 刀 / 0 비刃, 力 동劍

칼의 모양을 본뜬 글자로, '칼'을 뜻한다.

읽기한자 囊刀(낭도) 刀戟(도극) 刀剖(도부) 刀槍(도창) 刀脊(도척) 刀砧(도침) 刀痕(도흔) 鸞刀(난도)
閃刀紙(섬도지) 倭刀(왜도) 剪刀(전도) 錐刀(추도) 佩刀(패도) 牌刀(패도) 膾刀(회도)

쓰기한자 戒刀(계도) 短刀(단도) 刀劍(도검) 亂刀(난도) 面刀(면도) 纖刀(섬도) 竹刀(죽도) 執刀(집도)
快刀(쾌도)

盜 4급 도둑 도(:) 皿 / 7 동賊, 竊

그릇(皿) 속의 음식을 보고 군침을 흘리다(次)가 몰래 집어 먹는다는 데서, '훔치다'는 뜻이다.

읽기한자 寇盜(구도) 剽盜(표도)

쓰기한자 巨盜(거도) 界盜(계도) 怪盜(괴도) 大盜(대도) 盜掘(도굴) 盜難(도난) 盜伐(도벌) 盜殺(도살)
盜用(도용) 盜賊(도적) 盜聽(도청) 盜汗(도한) 竊盜(절도) 捕盜(포도) 強盜(강도)

逃 4급 도망할 도 辵 / 6 동亡, 避

죄지은 사람은 어떤 조짐(兆)이 보이면 살던 곳을 급히 떠나가는(辶) 데서, '도망하다'는 뜻이다.

읽기한자 逃遁(도둔) 遁逃(둔도)

쓰기한자 逃亡(도망) 逃走(도주) 逃避(도피)

徒 4급 무리 도 彳 / 7 비徙 동黨, 輩

스승이나 상전의 수레를 쫓아 발(足)로 흙(土)을 밟고 다니는(彳) 사람들로, '무리'를 뜻한다.

읽기한자 奸徒(간도) 棍徒(곤도) 徒侶(도려) 徒搏(도박) 徒胥(도서) 徒爾(도이) 靡徒(미도) 胥徒(서도)

쓰기한자 敎徒(교도) 徒黨(도당) 徒勞(도로) 徒輩(도배) 徒配(도배) 徒步(도보) 徒刑(도형) 叛徒(반도)
佛徒(불도) 匪徒(비도) 使徒(사도) 生徒(생도) 聖徒(성도) 信徒(신도) 賊徒(적도) 卒徒(졸도)
暴徒(폭도) 學徒(학도)

導 4급II 인도할 도: 寸 / 13 동引, 訓

손(寸)을 끌고 길(道)을 가는 데서, '이끌다, 인도하다'는 뜻이다.

읽기한자 弼導(필도) 嚮導(향도)

쓰기한자 啓導(계도) 敎導(교도) 矯導(교도) 導入(도입) 導出(도출) 補導(보도) 先導(선도) 善導(선도)
誤導(오도) 誘導(유도) 引導(인도) 傳導(전도) 主導(주도) 指導(지도) 唱導(창도)

都 5급 도읍 도 邑 / 9 동市, 邑 반農

사람(者)이 많이 모여 사는 고을(阝)에서, '도읍'을 뜻한다.

읽기한자 都賈(도고) 都輦(도련) 都鄙(도비) 都蔗(도자) 都匠(도장) 陪都(배도) 奠都(전도)

쓰기한자 古都(고도) 都給(도급) 都農(도농) 都賣(도매) 都城(도성) 都數(도수) 都市(도시) 都心(도심)
都邑(도읍) 都下(도하) 都合(도합) 首都(수도) 市都(시도) 王都(왕도) 遷都(천도) 港都(항도)
還都(환도)

島 5급 　　　섬 도　山 / 7　비 鳥, 鳥　동 嶼

바다에 떠있는 산(山)에서 철새(鳥)가 쉬거나 살기도 한다는 데서, '섬'을 뜻한다.

읽기한자　賈島(가도) 島嶼(도서) 莞島(완도) 獐島(장도)

쓰기한자　孤島(고도) 群島(군도) 落島(낙도) 列島(열도) 半島(반도) 屬島(속도) 海島(해도)

到 5급II 　　　이를 도:　刀 / 6　동 達, 着

무사가 칼(刂)을 가지고 소집 장소에 도착한다(至)는 데서, '이르다'는 뜻이다.

읽기한자　馳到(치도)

쓰기한자　當到(당도) 到達(도달) 到來(도래) 到着(도착) 到處(도처) 來到(내도) 殺到(쇄도) 周到(주도)

圖 6급II 　　　그림 도　囗 / 11　동 畫　약 図

밭(啚)의 경계(囗)를 그림을 그려 분명히 한 데서, '그림, 그리다, 헤아리다'는 뜻이다.

읽기한자　宏圖(굉도) 冀圖(기도) 圖讖(도참) 圖繪(도회) 鵬圖(붕도) 丕圖(비도) 膺圖(응도) 繪圖(회도)

쓰기한자　系圖(계도) 掛圖(괘도) 構圖(구도) 企圖(기도) 圖鑑(도감) 圖錄(도록) 圖面(도면) 圖謀(도모)
圖上(도상) 圖書(도서) 圖式(도식) 圖案(도안) 圖表(도표) 圖解(도해) 圖形(도형) 圖畫(도화)
略圖(약도) 試圖(시도) 意圖(의도) 全圖(전도) 製圖(제도) 地圖(지도) 縮圖(축도) 版圖(판도)
海圖(해도)

度 6급 　　　법도 도(:) / 헤아릴 탁　广 / 6　동 矩, 揆, 量

집(广)의 크기를 손(又)에 자(甘)를 들고 재는 데서, '헤아리다'는 뜻이다. 또 자로 재듯 맞
아야 하고 지켜야 한다는 데서, '법도'라는 뜻이다.

읽기한자　矩度(구도) 揆度(규탁) 度竿(도간) 度矩(도구) 度揆(탁규) 度牒(도첩) 裵度(배도) 臆度(억탁)
忖度(촌탁) 鹹度(함도)

쓰기한자　角度(각도) 感度(감도) 剛度(강도) 傾度(경도) 硬度(경도) 經度(경도) 權度(권도) 軌度(궤도)
極度(극도) 濃度(농도) 度量(도량) 度支(탁지) 禮度(예도) 明度(명도) 密度(밀도) 法度(법도)
頻度(빈도) 鮮度(선도) 速度(속도) 純度(순도) 預度(예탁) 溫度(온도) 緯度(위도) 印度(인도)
節度(절도) 程度(정도) 制度(제도) 震度(진도) 差度(차도) 尺度(척도) 態度(태도) 限度(한도)
衡度(형도) 強度(강도)

道 7급II 　　　길 도:　辵 / 9　동 塗, 途, 路, 理

사람의 머리(首)가 움직이며 오가는(辶) 데는 길이 있다는 데서, '길'을 뜻한다. 길은 사람
을 특정 장소로 바르게 이끈다는 데서, '도리'를 뜻한다.

읽기한자　嘉道(가도) 喝道(갈도) 衢道(구도) 道弩(도노) 道畔(도반) 道樞(도추) 輦道(연도) 羨道(연도)
枉道(왕도) 佚道(일도) 棧道(잔도) 倡道(창도) 蜀道(촉도)

쓰기한자　街道(가도) 坑道(갱도) 權道(권도) 軌道(궤도) 尿道(요도) 茶道(다도) 道敎(도교) 道具(도구)
道德(도덕) 道理(도리) 道伯(도백) 道術(도술) 道場(도장) 道廳(도청) 道通(도통) 得道(득도)
武道(무도) 報道(보도) 佛道(불도) 師道(사도) 索道(삭도) 勢道(세도) 修道(수도) 沿道(연도)
王道(왕도) 外道(외도) 酒道(주도) 遮道(차도) 鐵道(철도) 治道(치도) 彈道(탄도) 霸道(패도)
片道(편도) 孝道(효도)

1급 대머리 **독** 禾 / 2

곡식의 둥근 알(禾)처럼 頭髮이 없는 사람(儿)으로, '대머리'를 뜻한다.

읽기한자 禿巾(독건) 禿頭(독두) 禿山(독산) 禿樹(독수) 禿翁(독옹) 禿者(독자) 禿丁(독정) 禿筆(독필)
禿毫(독호) 老禿(노독) 斑禿(반독) 酒禿(주독)

 1급 도랑 / 더럽힐 **독** 水 / 15 **동** 汚

물(氵)을 팔아(賣) 먹는 것은 더러운 일이고 장사꾼을 더럽히는 것이며, 상도덕상 그런 물은 더럽다고 느낀 데서, '도랑, 더럽히다'는 뜻이다.

읽기한자 瀆慢(독만) 瀆汚(독오) 瀆職(독직) 灌瀆(관독) 溝瀆(구독) 四瀆(사독) 汚瀆(오독)

 3급 도타울 **독** 竹 / 10

죽마(竹馬)를 타고 놀던 친구 사이와 같은 절친한 관계라는 데서, '도탑다'는 뜻이다.

읽기한자 汨篤(골독) 篤膺(독응) 醇篤(순독)
쓰기한자 篤農(독농) 篤信(독신) 篤實(독실) 篤志(독지) 敦篤(돈독) 危篤(위독)

 4급Ⅱ 감독할 **독** 目 / 8

눈(目)을 부릅뜨고 일꾼들을 통솔하는 아재비(叔)에서, '감독하다'는 뜻이다.

읽기한자 督撫(독무) 董督(동독) 煎督(전독)
쓰기한자 監督(감독) 檢督(검독) 督勵(독려) 督促(독촉) 提督(제독) 總督(총독)

 4급Ⅱ 독 **독** 毋 / 4 **동** 害 **약** 毒

사람을 음란하게(毒) 만들어 해치는 풀(屮=艹)에서, '독'을 뜻한다.

읽기한자 毒辣(독랄) 毒煞(독살) 毒箭(독전) 戎毒(융독) 杖毒(장독) 腫毒(종독) 瘡毒(창독) 悍毒(한독)
쓰기한자 去毒(거독) 毒氣(독기) 毒物(독물) 毒杯(독배) 毒婦(독부) 毒死(독사) 毒蛇(독사) 毒殺(독살)
毒舌(독설) 毒性(독성) 毒素(독소) 毒藥(독약) 毒種(독종) 毒酒(독주) 毒草(독초) 毒蟲(독충)
毒針(독침) 旅毒(여독) 路毒(노독) 梅毒(매독) 猛毒(맹독) 蛇毒(사독) 消毒(소독) 惡毒(악독)
飮毒(음독) 除毒(제독) 酒毒(주독) 中毒(중독) 至毒(지독) 胎毒(태독) 害毒(해독) 解毒(해독)
酷毒(혹독)

 5급Ⅱ 홀로 **독** 犬 / 13 **비** 濁, 燭 **동** 孤 **약** 独

개(犭)는 먹이를 보면 곤충(虫)처럼 몸을 둥글게(勹) 하고 그물(罒)에 걸린 듯 꼼짝하지 않고 혼자 먹어 치우면서 침입자를 경계하는 데서, '홀로'를 뜻한다.

읽기한자 獨擅(독천)
쓰기한자 孤獨(고독) 單獨(단독) 獨斷(독단) 獨立(독립) 獨房(독방) 獨白(독백) 獨床(독상) 獨善(독선)
獨食(독식) 獨身(독신) 獨語(독어) 獨逸(독일) 獨子(독자) 獨裁(독재) 獨占(독점) 獨奏(독주)
獨走(독주) 獨唱(독창) 獨特(독특) 獨學(독학) 東獨(동독) 西獨(서독) 惟獨(유독)

讀 6급II 읽을 **독** / 구절 **두** 言 / 15 약 読

책을 읽는 것은 장사꾼이 물건을 팔기(賣) 위해 소리 내는(言) 것 같이 소리내어 읽어야 한다는 데서, '읽다'는 뜻이다.

읽기한자 捧讀(봉독) 耽讀(탐독) 諷讀(풍독) 披讀(피독)
쓰기한자 講讀(강독) 購讀(구독) 句讀(구두) 多讀(다독) 代讀(대독) 讀經(독경) 讀本(독본) 讀書(독서)
讀者(독자) 讀奏(독주) 讀破(독파) 朗讀(낭독) 吏讀(이두) 速讀(속독) 誦讀(송독) 熟讀(숙독)
愛讀(애독) 閱讀(열독) 音讀(음독) 一讀(일독) 精讀(정독) 通讀(통독) 判讀(판독) 解讀(해독)
訓讀(훈독)

沌 1급 엉길 **돈** 水 / 4

물(氵)이 모여, 뒤섞여(屯) 갈피를 잡을 수 없는 데서, '혼돈하다, 엉기다'는 뜻이다.

읽기한자 沌沌(돈돈) 混沌(혼돈) 渾沌(혼돈)

惇 2급(名) 도타울 **돈** 心 / 8

조상에게 정성스러운 마음(忄)으로 제사지내는(享) 데서, '도탑다'는 뜻이다.

읽기한자 惇謹(돈근) 惇德(돈덕) 惇信(돈신) 惇惠(돈혜)

燉 2급(名) 불빛 **돈** 火 / 12

불(火)이 두텁다(敦)는 데서, '불빛'을 뜻한다. 주로 이름자로 쓰인다.

읽기한자 亨燉(형돈)

頓 2급(名) 조아릴 **돈:** 頁 / 4

머리(頁)를 땅에다 대는(屯) 데서, '조아리다'는 뜻이다. 그 외 '갑자기', '가지런히 하다', '머무르다' 등의 뜻으로 쓰인다.

읽기한자 頓憊(돈비) 頓舍(돈사) 頓然(돈연) 頓頑(돈완) 頓挫(돈좌) 査頓(사돈) 頑頓(완돈) 顛頓(전돈)
停頓(정돈) 整頓(정돈) 挫頓(좌돈) 乏頓(핍돈)

敦 3급 도타울 **돈** 攴 / 8 통 篤, 厚

즐거움을 함께 누리고(享) 때로는 치고(攵) 받고 싸움도 하는 가운데 우정이 도타워 진다는 데서, '도탑다'는 뜻이다.

읽기한자 敦穆(돈목) 敦圉(돈어) 敦煌(돈황)
쓰기한자 敦篤(돈독) 敦睦(돈목) 敦厚(돈후)

豚 3급 돼지 **돈** 豕 / 4

살(月)이 통통하게 찐 돼지(豕)란 데서, '돼지'를 뜻한다.

읽기한자 豚柵(돈책)
쓰기한자 家豚(가돈) 豚舍(돈사) 豚兒(돈아) 豚肉(돈육) 養豚(양돈) 種豚(종돈)

2급(名) 　　**이름 돌** 　乙 / 5

돌(石)이라는 우리말의 뜻을 취하는 동시에 소리나는 그대로 한자로 적기 위해 우리나라에서 만든 글자이다. 이름자로 쓰인다.

🖊 **읽기한자** 　甲乭(갑돌) 乭石(돌석)

突 　**3급Ⅱ** 　　**갑자기 돌** 　穴 / 4 　[동] 撞, 忽

개(犬)가 구멍(穴)에서 갑자기 튀어나오는 데서, '갑자기'라는 뜻이다.

🖊 **읽기한자** 　撞突(당돌) 突撞(돌당) 突棒(돌봉) 突梯(돌제) 豬突(저돌) 馳突(치돌)

✏ **쓰기한자** 　激突(격돌) 唐突(당돌) 突擊(돌격) 突厥(돌궐) 突起(돌기) 突發(돌발) 突變(돌변) 突然(돌연) 突入(돌입) 突進(돌진) 突出(돌출) 突破(돌파) 突風(돌풍) 煙突(연돌) 溫突(온돌) 追突(추돌) 衝突(충돌)

瞳 　**1급** 　　**눈동자 동:** 　目 / 12 　[동] 睛

눈(目) 속의 아이(童)로, '눈동자'를 뜻한다.

🖊 **읽기한자** 　瞳孔(동공) 瞳焉(동언) 瞳人(동인) 瞳子(동자) 瞳睛(동정) 紺瞳(감동) 綠瞳(녹동) 明瞳(명동) 方瞳(방동) 雙瞳(쌍동) 龍瞳(용동) 重瞳(중동) 靑瞳(청동) 漆瞳(칠동) 昏瞳(혼동)

憧 　**1급** 　　**동경할 동:** 　心 / 12 　[비] 撞 [동] 憬

마음(忄)이 움직이는(童=動) 데서, 뜻을 정하지 못한 상태, 흐리멍텅한 상태, 무언가에 막연히 마음이 끌리는 상태에서, '동경(憧憬)하다'는 뜻이다.

🖊 **읽기한자** 　憧憬(동경) 憧憧(동동) 愚憧(우동)

 1급 　　**아플 동:** 　疒 / 5 　[동] 痛

겨울(冬) 추위에 몸이 쑤시는 것 같은 병(疒)으로, '아프다'는 뜻이다.

🖊 **읽기한자** 　疼腫(동종) 疼痛(동통)

胴 　**1급** 　　**큰창자 / 몸통 동** 　肉 / 6

대롱(同=筒) 모양으로 생긴 大腸(月)에서, '큰창자'를 뜻한다. 韓國에서는 팔다리와 머리를 제외한 '몸통'이라는 뜻이다.

🖊 **읽기한자** 　胴體(동체)

 2급 　　**마룻대 동** 　木 / 8

집 지을 때 가장 중요한(東) 위치에 올리는 나무(木)에서, '마룻대'를 뜻한다.

🖊 **읽기한자** 　棟樑(동량) 藻棟(조동)

✏ **쓰기한자** 　棟幹(동간) 棟梁(동량) 病棟(병동)

董
2급(名)　바를[正] **동:**　艹 / 9　〔동〕 正

풀(艹)을 겹(重)으로 쌓을 때는 감독을 두어, 작업을 잘못하는 경우에는 바로잡아야 한다는 데서, '바로잡다'는 뜻이다.

읽기한자　汩董(골동)　董督(동독)　董役(동역)　董正(동정)

桐
2급　오동나무 **동**　木 / 6

나무(木) 결이 한결같이(同) 고운 나무에서, '오동나무'를 뜻한다.

읽기한자　喬桐(교동)　桐油(동유)　箭桐(전동)
쓰기한자　梧桐(오동)　靑桐(청동)

凍
3급Ⅱ　얼 **동:**　冫 / 8

동녘(東)에 해가 뜨지 않으면 얼음(冫)이 언다는 데서, '얼다'는 뜻이다.

읽기한자　呵凍(가동)　凍瘡(동창)　凍脆(동취)
쓰기한자　凍結(동결)　凍氷(동빙)　凍死(동사)　凍傷(동상)　凍土(동토)　凍破(동파)　冷凍(냉동)　不凍(부동)
　　　　　解凍(해동)

銅
4급Ⅱ　구리 **동**　金 / 6

빛깔이 금(金)과 같은(同) 쇠붙이란 데서, '구리'를 뜻한다.

읽기한자　銅瓶(동병)
쓰기한자　銅鏡(동경)　銅像(동상)　銅錢(동전)　銅版(동판)　靑銅(청동)

童
6급Ⅱ　아이 **동(:)**　立 / 7

마을(里)에 들어가 보면 아이들은 서서(立) 논다는 데서, '아이'를 뜻한다.

읽기한자　嬌童(교동)　狡童(교동)　童狡(동교)　童妓(동기)　童粱(동량)　童昧(동매)　竪童(수동)　樵童(초동)
쓰기한자　童詩(동시)　童心(동심)　童顔(동안)　童謠(동요)　童貞(동정)　童話(동화)　牧童(목동)　使童(사동)
　　　　　神童(신동)　兒童(아동)　惡童(악동)　奚童(해동)

冬
7급　겨울 **동(:)**　冫 / 3　〔반〕 夏

본래 노끈의 양쪽의 끝을 묶어 매듭을 지은 모양을 본뜬 글자로, '마치다'는 뜻이었다. 농사를 마치고 집에서 새끼나 꼬는 계절이라는 데서, '겨울'을 뜻한다.

읽기한자　冬釀(동양)　冬蟄(동칩)　游冬(유동)　肇冬(조동)
쓰기한자　客冬(객동)　暖冬(난동)　冬季(동계)　冬眠(동면)　冬柏(동백)　冬服(동복)　冬至(동지)　立冬(입동)
　　　　　孟冬(맹동)　三冬(삼동)　越冬(월동)

洞 7급 **골 동: / 밝을 통:** 水 / 6　逬窟, 達, 里, 通, 穴

통로의 너비가 같아(同) 물(氵)이 앞에서 뒤로 막힘없이 흐르는 데서, '골, 통하다, 밝다'는 뜻이다. 또 우물이나 냇물(氵)을 같이(同) 쓰는 지역이라는 데서, '동네'를 뜻한다.

읽기한자 洞闢(통벽) 洞鑿(동착) 洞壑(동학) 霞洞(하동) 虹洞(홍동) 洞簫(통소)

쓰기한자 空洞(공동) 洞口(동구) 洞窟(동굴) 洞達(통달) 洞里(동리) 洞長(동장) 洞察(통찰) 洞燭(통촉)
洞穴(동혈)

動 7급Ⅱ **움직일 동:** 力 / 9　逬搖　逬靜, 止

아무리 무거운(重) 것이라도 힘(力)을 가하면 움직인다는 데서, '움직이다'는 뜻이다.

읽기한자 動悸(동계) 動顚(동전) 動蕩(동탕) 萌動(맹동) 扇動(선동) 煽動(선동) 顫動(전동) 蠢動(준동)
哄動(홍동) 洶動(흉동)

쓰기한자 可動(가동) 感動(감동) 擧動(거동) 激動(격동) 鼓動(고동) 起動(기동) 能動(능동) 動機(동기)
動脈(동맥) 動産(동산) 動搖(동요) 動靜(동정) 律動(율동) 微動(미동) 拍動(박동) 變動(변동)
使動(사동) 生動(생동) 騷動(소동) 始動(시동) 躍動(약동) 搖動(요동) 運動(운동) 移動(이동)
振動(진동) 震動(진동) 策動(책동) 出動(출동) 衝動(충동) 胎動(태동) 波動(파동) 暴動(폭동)
行動(행동) 活動(활동)

同 7급 **한가지 동** 口 / 3　逬等, 一　逬異

둥근 통 모양을 본뜬 글자로 대나무의 앞뒤로 구멍을 뚫으면 구멍이 앞이나 뒤나 모두 같은 데서, '한가지, 같다'는 뜻이다.

읽기한자 稼同(가동) 同衾(동금) 同侶(동려) 同輦(동련) 同寮(동료) 同壻(동서) 同棲(동서) 同邀(동요)
同轍(동철) 同袍(동포) 同庖(동포) 闇同(암동) 襄同(양동)

쓰기한자 共同(공동) 帶同(대동) 同感(동감) 同甲(동갑) 同軌(동궤) 同級(동급) 同期(동기) 同氣(동기)
同僚(동료) 同類(동류) 同盟(동맹) 同門(동문) 同伴(동반) 同腹(동복) 同封(동봉) 同宿(동숙)
同乘(동승) 同意(동의) 同議(동의) 同情(동정) 同調(동조) 同族(동족) 同種(동종) 同志(동지)
同窓(동창) 同寢(동침) 同胞(동포) 雷同(뇌동) 不同(부동) 贊同(찬동) 合同(합동) 協同(협동)
混同(혼동) 會同(회동)

東 8급 **동녘 동** 木 / 4　逬束, 束　逬西

나뭇가지(木) 사이에서 해(日)가 나오는 모양으로, 해뜨는 방향, '동녘'을 뜻한다.

읽기한자 東萊(동래) 東籬(동리) 東暹(동섬) 東濊(동예) 東宛(동완) 東魏(동위) 東晉(동진)

쓰기한자 關東(관동) 極東(극동) 近東(근동) 東京(동경) 東經(동경) 東歐(동구) 東國(동국) 東君(동군)
東獨(동독) 東廟(동묘) 東方(동방) 東北(동북) 東洋(동양) 東夷(동이) 東窓(동창) 東學(동학)
東海(동해) 東向(동향) 東軒(동헌) 嶺東(영동) 中東(중동) 海東(해동)

痘 1급 **역질 두** 疒 / 7

콩알(豆)과 비슷한 마마(천연두) 자국이 생기는 병(疒)으로, '역질, 천연두'를 뜻한다.

읽기한자 痘面(두면) 痘苗(두묘) 痘疫(두역) 痘漿(두장) 痘瘡(두창) 痘痕(두흔) 水痘(수두) 神痘(신두)
牛痘(우두) 種痘(종두)

兜

| 1급 | 투구 **두** | 儿 / 9 | 🗏 鍪 |
| | 도솔천(兜率天) **도** | | |

사람(儿)의 머리(白)를 덮는다(卯)는 데서, '투구'를 뜻한다. 또 '도솔천(兜率天)'이라는 뜻이다.

🔖 읽기한자   兜率(도솔) 兜轎(두교) 兜籠(두롱) 兜侵(두침)

杜

| 2급(名) | 막을 **두** | 木 / 3 |

나무(木)와 흙(土)으로 집을 지어 비바람을 막는 데서, '막다'는 뜻이다.

🔖 읽기한자   杜隔(두격) 杜魄(두백) 杜甫(두보) 杜撰(두찬)

斗

| 4급Ⅱ | 말 **두** | 斗 / 0 |

곡식 따위의 분량을 되는 데 쓰는 그릇인 말을 본뜬 것으로, '말'을 뜻한다.

🔖 읽기한자   斛斗(각두) 斗柄(두병) 斗聳(두용) 斗桶(두통) 斗杓(두표)
📝 쓰기한자   斗斛(두곡) 斗起(두기) 斗量(두량) 斗升(두승) 斗牛(두우) 尉斗(위두) 泰斗(태두)

豆

| 4급Ⅱ | 콩 **두** | 豆 / 0 |

본래 고기를 신에게 바칠 때 쓰는 다리 있는 그릇을 본뜬 글자인데, 발음이 같은 데서, '콩'의 뜻으로 쓰이게 되었다.

🔖 읽기한자   豆剖(두부) 豆醬(두장) 巴豆(파두)
📝 쓰기한자   大豆(대두) 豆腐(두부) 豆乳(두유) 豆油(두유) 豆太(두태) 綠豆(녹두)

頭

| 6급 | 머리 **두** | 頁 / 7 | 🗏 首 🗏 尾 |

사람의 머리(頁)가 윗부분이 큰 제사용 그릇(豆) 모양과 같다는 데서, '머리'를 뜻한다.

🔖 읽기한자   竿頭(간두) 閘頭(갑두) 叩頭(고두) 魁頭(괴두) 擡頭(대두) 禿頭(독두) 頭巾(두건) 頭頸(두경)
頭註(두주) 頭陀(두타) 頭搭(두탑) 饅頭(만두) 樸頭(박두) 劈頭(벽두) 埠頭(부두) 搔頭(소두)
塾頭(숙두) 檣頭(장두) 纏頭(전두) 釘頭(정두) 套頭(투두)
📝 쓰기한자   街頭(가두) 巨頭(거두) 口頭(구두) 龜頭(귀두) 卷頭(권두) 念頭(염두) 頭角(두각) 頭腦(두뇌)
頭領(두령) 頭目(두목) 頭髮(두발) 頭緒(두서) 頭痛(두통) 吏頭(이두) 冒頭(모두) 沒頭(몰두)
迫頭(박두) 白頭(백두) 序頭(서두) 石頭(석두) 先頭(선두) 語頭(어두) 原頭(원두) 乳頭(유두)
斬頭(참두) 出頭(출두) 枕頭(침두) 軒頭(헌두) 話頭(화두) 喉頭(후두)

臀

| 1급 | 볼기 **둔** | 肉 / 13 |

엉덩이(殿) 살(月)로, '볼기'를 뜻한다.

🔖 읽기한자   臀肉(둔육) 臀腫(둔종)

遁 1급 　숨을 **둔:** 　辵 / 9 　통 竄, 避

몸을 숨기어(盾) 달아나는(辶) 것으로, '달아나다, 숨다'는 뜻이다.

읽기한자 　遁甲(둔갑) 遁逃(둔도) 遁北(둔배) 遁思(둔사) 遁世(둔세) 遁迹(둔적) 遁走(둔주) 遁避(둔피)
遁化(둔화) 驚遁(경둔) 逃遁(도둔) 鼠遁(서둔) 隱遁(은둔) 浚遁(준둔) 逐遁(축둔) 敗遁(패둔)

鈍 3급 　둔할 **둔:** 　金 / 6 　비 純 　통 頑 　반 敏

새싹처럼(屯) 부드러운 쇠(金)는 날카롭지 못하고 무디다는 데서, '둔하다'는 뜻이다.

읽기한자 　駑鈍(노둔) 魯鈍(노둔) 樸鈍(박둔) 闇鈍(암둔) 頑鈍(완둔) 迂鈍(우둔) 癡鈍(치둔)
쓰기한자 　鈍感(둔감) 鈍器(둔기) 鈍才(둔재) 鈍濁(둔탁) 鈍化(둔화) 肥鈍(비둔) 愚鈍(우둔)

屯 3급 　진칠 **둔** 　屮 / 1 　통 陣

사람들이 방어와 주둔을 위해 풀(屮)을 엮는(丿) 모양을 본뜬 것으로, '진 치다'는 뜻이다.

읽기한자 　屯剝(준박) 屯堡(둔보) 屯戍(둔수) 屯禦(둔어) 屯萃(둔췌) 屯聚(둔취)
쓰기한자 　屯防(둔방) 屯兵(둔병) 屯守(둔수) 屯營(둔영) 屯田(둔전) 屯陳(둔진) 駐屯(주둔)

得 4급Ⅱ 　얻을 **득** 　彳 / 8 　반 失, 喪

돈(旦=貝)을 구하러 다니다가(彳)에서 마침내 손(寸)에 넣게 되었다는 데서, '얻다'는 뜻이다.

읽기한자 　得髓(득수) 覓得(멱득) 娶得(취득) 攄得(터득)
쓰기한자 　求得(구득) 納得(납득) 得男(득남) 得達(득달) 得道(득도) 得勢(득세) 得失(득실) 得音(득음)
得意(득의) 得點(득점) 得票(득표) 利得(이득) 說得(설득) 所得(소득) 拾得(습득) 習得(습득)
體得(체득) 取得(취득) 解得(해득) 會得(회득) 獲得(획득) 曉得(효득)

橙 1급 　귤 / 걸상 **등** 　木 / 12

발을 올리거나 얹는(登) 나무(木) 발판으로, '걸상'을 뜻한다. 또, '귤(橙子)'이라는 뜻이다.

읽기한자 　橘橙(귤등) 綠橙(녹등) 木橙(목등) 霜橙(상등) 朱橙(주등) 香橙(향등) 黃橙(황등)

鄧 2급(名) 　나라이름 **등:** 　邑 / 12

中國 上古의 鄧나라를 표시하기 위해 만든 글자이나 주로 姓으로 쓰인다.

읽기한자 　鄧林(등림)

藤 2급 　등나무 **등** 　艸 / 15

물이 솟아 오르(滕)듯이 덩굴(艹)이 위로 퍼지는데서, '등나무'를 뜻한다.

읽기한자 　鉤藤(구등) 藤牌(등패) 藤鞭(등편)
쓰기한자 　葛藤(갈등) 交藤(교등) 藤架(등가) 藤菊(등국) 藤柳(등류) 藤梨(등리) 藤床(등상) 藤枕(등침)

謄 2급 | 베낄 **등** | 言 / 10 | 됨 寫

한쪽에서 입 벌려서 말을 전달(朕=滕)하면 한쪽에서는 그 말(言)을 적는 데서, '베끼다'는 뜻이다.

읽기한자 喧謄(훤등)

쓰기한자 謄記(등기) 謄錄(등록) 謄本(등본) 謄寫(등사) 謄抄(등초)

騰 3급 | 오를 **등** | 馬 / 10

물이 솟아오르듯이(朕=滕) 말(馬)이 뛰어 오르는 데서, '오르다'는 뜻이다.

읽기한자 滔騰(도등) 騰沸(등불) 騰擾(등요) 噴騰(분등) 沸騰(비등) 蜚騰(비등) 昻騰(앙등)

쓰기한자 騰貴(등귀) 騰極(등극) 騰落(등락) 反騰(반등) 飛騰(비등) 續騰(속등) 漸騰(점등) 暴騰(폭등)

燈 4급Ⅱ | 등 **등** | 火 / 12 | 약 灯

불(火)을 켜서 높은 데 올려(登) 놓는다는 데서, '등불, 등(燈)'을 뜻한다.

읽기한자 燈穗(등수) 燈盞(등잔)

쓰기한자 街燈(가등) 角燈(각등) 觀燈(관등) 燈臺(등대) 燈油(등유) 石燈(석등) 消燈(소등) 燒燈(소등) 燃燈(연등) 電燈(전등) 點燈(점등)

等 6급Ⅱ | 무리 **등:** | 竹 / 6 | 됨 級, 類

관청(寺)에서 죽간(竹)에 쓴 문서를 같은 것끼리 분류하고 등급을 정하는 데서, '무리, 등급, 같다' 등의 뜻이다.

읽기한자 等牌(등패)

쓰기한자 減等(감등) 降等(강등) 肩等(견등) 均等(균등) 對等(대등) 同等(동등) 等級(등급) 等邊(등변) 等分(등분) 等屬(등속) 等數(등수) 等身(등신) 等溫(등온) 等位(등위) 等第(등제) 等差(등차) 等閑(등한) 劣等(열등) 無等(무등) 比等(비등) 余等(여등) 汝等(여등) 吾等(오등) 優等(우등) 越等(월등) 一等(일등) 差等(차등) 初等(초등) 特等(특등) 平等(평등) 下等(하등) 何等(하등) 勳等(훈등)

登 7급 | 오를 **등** | 癶 / 7 | 됨 陟 | 반 降, 落

두 발을 벌리고 걸어(癶) 디딤대(豆) 위에 발을 올려놓는 데서, '오르다'는 뜻이다.

읽기한자 登攀(등반) 登眺(등조) 登擢(등탁) 登遐(등하) 攀登(반등) 擢登(탁등) 飄登(표등)

쓰기한자 登科(등과) 登校(등교) 登極(등극) 登記(등기) 登壇(등단) 登錄(등록) 登山(등산) 登庸(등용) 登用(등용) 登院(등원) 登場(등장) 登載(등재) 登程(등정) 登頂(등정) 登板(등판) 咸登(함등)

懶 1급 | 게으를 **라:** | 心 / 16 | 됨 慢, 惰, 怠

몸이 야위고, 마음(忄)이 지치는(賴=羸) 데서, '게으르다'는 뜻이다.

읽기한자 懶架(나가) 懶慢(나만) 懶眠(나면) 懶婦(나부) 懶性(나성) 懶意(나의) 懶惰(나타) 懶怠(나태) 因懶(인라) 老懶(노라) 放懶(방라) 廢懶(폐라) 嫌懶(혐뢰)

癩 | 1급 | 문둥이 **라:** | 疒 / 16

피부에 반점 같은 것이 생기고 눈썹이 빠지며 손발이나 얼굴이 변형되는 병(疒)인 '문둥병'과 또 그 병에 걸린 사람인 '문둥이'를 뜻한다.

읽기한자 　癩菌(나균) 癩病(나병) 癩子(나자) 癩腫(나종) 癩疹(나진) 癩漢(나한)

螺 | 1급 | 소라 **라** | 虫 / 11

껍데기가 나사 모양으로 겹친(累) 생물(虫)로, '소라'를 뜻한다.

읽기한자 　螺階(나계) 螺髮(나발) 螺杯(나배) 螺絲(나사) 螺旋(나선) 陵螺(능라) 文螺(문라) 法螺(법라)
田螺(전라) 靑螺(청라) 吹螺(취라) 翠螺(취라) 陀螺(타라) 香螺(향라)

邏 | 1급 | 순라 **라** | 辵 / 19

그물을 치듯(羅) 이곳저곳을 돌아다니는(辶) 것으로, '돌다(巡邏), 순라'를 뜻한다.

읽기한자 　邏騎(나기) 邏吏(나리) 邏子(나자) 邏卒(나졸) 街邏(가라) 警邏(경라) 烽邏(봉라) 巡邏(순라)
夜邏(야라) 游邏(유라) 紫邏(자라) 偵邏(정라) 候邏(후라)

裸 | 2급 | 벗을 **라:** | 衣 / 8

실과(果)는 단단한 껍질(衤)이 없는 벌거벗은 열매라는 데서, '벗다'는 뜻이다.

쓰기한자 　裸麥(나맥) 裸婦(나부) 裸體(나체) 半裸(반라)

羅 | 4급Ⅱ | 벌릴 **라** | 网 / 14 | 동 列

새(隹)를 잡는 실(糸)로 짠 그물(罒)을 펼친다는 데서, '벌리다'는 뜻이다.

읽기한자 　伽羅(가라) 汨羅(멱라) 羅衾(나금) 羅綺(나기) 羅襪(나말) 羅繃(나붕) 羅紗(나사) 羅扇(나선)
羅袖(나수) 羅雀(나작) 羅綴(나철) 濾水羅(여수라) 綾羅(능라) 鱗羅(인라) 娑羅(사라)
紗羅(사라) 暹羅(섬라) 蒐羅(수라) 雀羅(작라) 耽羅(탐라)

쓰기한자 　加羅(가라) 羅列(나열) 羅網(나망) 羅紋(나문) 羅城(나성) 羅王(나왕) 羅漢(나한) 網羅(망라)
纖羅(섬라) 新羅(신라)

駱 | 1급 | 낙타 **락** | 馬 / 6 | 동 駝

외국에서 온(各=至) 말(馬)로, '낙타'를 뜻한다.

읽기한자 　駱駱(낙락) 駱馬(낙마) 駱漠(낙막) 駱丞(낙승) 駱驛(낙역) 駱駝(낙타)

酪 | 1급 | 쇠젖 **락** | 酉 / 6

외국에서 들어온(各=至) 발효유(酉)로, '쇠젖'을 뜻한다.

읽기한자 　酪奴(낙노) 酪母(낙모) 酪漿(낙장)

烙 | 1급 | 지질 **락** | 火 / 6

불(火)을 앞으로 내어 밀어(各) 몸에 단근질을 하는 것으로, '지지다'는 뜻이다.

읽기한자 烙記(낙기) 烙印(낙인) 鍼烙(침락)

洛 | 2급 | 물이름 **락** | 水 / 6

빗물(氵)이 각각(各) 모여서 된 큰물에서, '물 이름'을 뜻한다.

읽기한자 駕洛(가락)
쓰기한자 洛水(낙수) 洛陽(낙양)

絡 | 3급Ⅱ | 이을 / 얽을 **락** | 糸 / 6 | 비 給 동 脈

각각(各) 떨어져 있는 실(糸)을 이어서 줄을 만든다는 데서, '잇다, 얽다'는 뜻이다.

읽기한자 絡繹(낙역) 絡繹不絶(낙역부절) 絡蹄(낙제) 閃絡(섬락)
쓰기한자 經絡(경락) 絡車(낙거) 聯絡(연락) 連絡(연락) 籠絡(농락) 脈絡(맥락)

落 | 5급 | 떨어질 **락** | 艸 / 9 | 동 墮

풀(艹)이 시들고 물(氵)이 방울지면 저마다(各) 땅에 떨어지는 데서, '떨어지다'의 뜻이다.

읽기한자 落棠(낙당) 落寞(낙막) 落剝(낙박) 落魄(낙백) 落帆(낙범) 落伍(낙오) 落瀑(낙폭) 落霞(낙하) 漣落(연락) 牢落(뇌락) 磊落(뇌락) 淪落(윤락) 剝落(박락) 撲落(박락) 藩落(번락) 灑落(쇄락) 萎落(위락) 顚落(전락) 凋落(조락) 墜落(추락) 聚落(취락) 頹落(퇴락) 飄落(표락) 墟落(허락) 闊落(활락)

쓰기한자 競落(경락) 科落(과락) 及落(급락) 急落(급락) 奈落(나락) 段落(단락) 當落(당락) 騰落(등락) 落款(낙관) 落膽(낙담) 落島(낙도) 落馬(낙마) 落望(낙망) 落選(낙선) 落英(낙영) 落張(낙장) 落第(낙제) 落照(낙조) 落塵(낙진) 落差(낙차) 落札(낙찰) 落薦(낙천) 落胎(낙태) 落幅(낙폭) 落鄕(낙향) 零落(영락) 漏落(누락) 沒落(몰락) 部落(부락) 衰落(쇠락) 村落(촌락) 墮落(타락) 脫落(탈락) 暴落(폭락) 陷落(함락)

樂 | 6급Ⅱ | 즐길 **락** / 노래 **악** 좋아할 **요** | 木 / 11 | 동 歌, 欣 약 楽

나무(木) 틀에 실(絲)이나 북(白)을 매달아 풍악을 즐기며 좋아한다는 데서, '즐기다, 풍류, 좋아하다'는 뜻이다.

읽기한자 嘉樂(가악) 凱樂(개악) 妓樂(기악) 樂胥(낙서) 樂廚(낙주) 樂欣(낙흔) 梵樂(범악) 愉樂(유락) 游樂(유락) 佚樂(일락) 耽樂(탐락) 偕樂(해락) 嬉樂(희락)

쓰기한자 苦樂(고락) 國樂(국악) 極樂(극락) 器樂(기악) 農樂(농악) 道樂(도락) 樂曲(악곡) 樂觀(낙관) 樂器(악기) 樂團(악단) 樂隊(악대) 樂譜(악보) 樂山樂水(요산요수) 樂聖(악성) 樂勝(낙승) 樂園(낙원) 樂章(악장) 樂材(악재) 樂調(악조) 樂土(낙토) 般樂(반락) 三樂(삼락) 說樂(열락) 聲樂(성악) 雅樂(아악) 悅樂(열락) 娛樂(오락) 音樂(음악) 奏樂(주악) 至樂(지락) 快樂(쾌락) 風樂(풍악) 行樂(행락) 鄕樂(향악)

鸞 | 1급 | 난새 **란** | 鳥 / 19 | 약 鸾

천자의 수레에 다는 방울(鑾=鑾)의 소리를 내는 새(鳥), 천하 태평한 때에 나타나는 神鳥로, '난새'를 뜻한다.

읽기한자 鸞駕(난가) 鸞閣(난각) 鸞車(난거) 鸞刀(난도) 鸞鈴(난령) 鸞路(난로) 鸞門(난문) 鸞鳳(난봉) 鸞殿(난전) 鸞和(난화) 鳴鸞(명란) 文鸞(문란) 鳳鸞(봉란) 飛鸞(비란) 祥鸞(상란) 錫鸞(석란) 神鸞(신란) 紫鸞(자란) 彩鸞(채란)

 瀾 | 1급 | 물결 **란** | 水 / 17 | 비 瀾 동 濤, 波

물(氵)이 줄이어진 모양(闌=連)으로, '물결'을 뜻한다.

읽기한자 瀾濤(난도) 瀾瀾(난란) 瀾漫(난만) 瀾文(난문) 瀾波(난파) 瀾汗(난한) 驚瀾(경란) 狂瀾(광란) 漫瀾(만란) 微瀾(미란) 碧瀾(벽란) 澄瀾(징란) 波瀾(파란) 洪瀾(홍란)

 爛 | 2급 | 빛날 **란:** | 火 / 17

불(火)길이 난간(闌)의 기둥 줄기처럼 피어오르는 데서, '빛나다'는 뜻이다.

읽기한자 爛虹(난홍) 靡爛(미란) 斑爛(반란) 灼爛(작란) 燦爛(찬란) 絢爛(현란) 煥爛(환란)
쓰기한자 爛發(난발) 爛熟(난숙) 腐爛(부란)

欄 | 3급Ⅱ | 난간 **란** | 木 / 17 | 동 檻

문(門) 둘레에 나무(木)로 안팎의 경계를 가리는(柬) 데서, '난간, 테두리'를 뜻한다.

읽기한자 欄杆(난간) 欄檻(난함) 檻欄(함란)
쓰기한자 空欄(공란) 欄干(난간)

蘭 | 3급Ⅱ | 난초 **란** | 艸 / 17

문(門)안에 가려서(柬) 심은 화초(艹)에서, '난초'를 뜻한다.

읽기한자 蘭芬(난분) 蘭奢(난사) 蘭麝(난사) 蘭艾(난애) 蘭蕉(난초) 芬蘭(분란) 汀蘭(정란) 芝蘭(지란)
쓰기한자 蘭草(난초) 春蘭(춘란) 和蘭(화란)

 卵 | 4급 | 알 **란:** | 卩 / 5

둥글게 엮여있는 계란의 모양에서, '알'을 뜻한다.

읽기한자 鵠卵(곡란) 卵殼(난각) 卵巢(난소) 鰒卵(복란) 孵卵(부란)
쓰기한자 檢卵(검란) 鷄卵(계란) 卵管(난관) 卵白(난백) 卵子(난자) 累卵(누란) 明卵(명란) 排卵(배란) 産卵(산란) 熟卵(숙란) 土卵(토란)

亂

4급 　어지러울 **란:**　乙 / 12　동 攪　약 乱

실타래를 두 손(爪, 又)으로 다룰 때 실이 구불구불(乚) 놓여 있는 모양에서, '어지럽다'는 뜻이다.

읽기한자 藿亂(곽란) 乖亂(괴란) 攪亂(교란) 寇亂(구란) 潰亂(궤란) 亂攪(난교) 亂潰(난궤) 亂撲(난박) 亂撥(난발) 亂槍(난창) 亂礁(난초) 凌亂(능란) 燐亂(인란) 勃亂(발란) 撥亂(발란) 倭亂(왜란) 撓亂(요란) 擾亂(요란) 僭亂(참란) 悖亂(패란)

쓰기한자 家亂(가란) 狂亂(광란) 內亂(내란) 動亂(동란) 亂局(난국) 亂動(난동) 亂離(난리) 亂立(난립) 亂麻(난마) 亂脈(난맥) 亂舞(난무) 亂射(난사) 亂刺(난자) 亂雜(난잡) 亂場(난장) 亂政(난정) 亂打(난타) 亂鬪(난투) 亂暴(난폭) 紊亂(문란) 民亂(민란) 叛亂(반란) 變亂(변란) 兵亂(병란) 紛亂(분란) 危亂(위란) 淫亂(음란) 戰亂(전란) 錯亂(착란) 平亂(평란) 避亂(피란) 胡亂(호란) 混亂(혼란) 患亂(환란)

辣

1급 　매울 **랄**　辛 / 7

바늘이나 칼로 찌르듯(刺) 맛이 몹시 매운(辛) 데서, '맵다'는 뜻이다.

읽기한자 辣手(날수) 辣腕(날완) 老辣(노랄) 毒辣(독랄) 辛辣(신랄) 惡辣(악랄) 香辣(향랄) 酷辣(혹랄)

剌

1급 　발랄할 **랄**　刀 / 7

칼(刂)로 섶나무(束)를 베려는데 나뭇가지가 튀는 데서, '어그러지다'는 뜻이다. 또 물고기가 뛰는 소리를 나타낸 의성어로서 표정이나 행동이 밝고 활기가 있는 데서, '발랄하다'는 뜻이다. 또 '수라'를 뜻한다.

읽기한자 剌剌(날랄) 剌謬(날류) 跋剌(발랄) 潑剌(발랄) 撥剌(발랄) 操剌(조랄)

籃

1급 　대바구니 **람**　竹 / 14　비 藍　약 篮

대오리(竹)로 만든 무엇을 덮어(監) 씌우는 것으로, '대바구니'를 뜻한다.

읽기한자 籃球(남구) 籃輿(남여) 傾籃(경람) 藥籃(약람) 魚籃(어람) 搖籃(요람) 竹籃(죽람)

藍

2급 　쪽 **람**　艸 / 14　비 籃　약 蓝

야산에서 여러 가지 풀(艹)들을 살펴서(監) 염료로 쓸 풀을 찾는다는 데서, '쪽'을 뜻한다.

읽기한자 伽藍(가람) 迦藍(가람) 藍汁(남즙)

쓰기한자 甘藍(감람) 藍實(남실) 藍輿(남여) 出藍(출람)

濫

3급 　넘칠 **람:**　水 / 14　약 滥

장마가 진 후 냇물(氵)을 살펴보니(監) 홍수가 나서 냇물이 넘친다(藍)는 뜻이다.

읽기한자 濫觴(남상) 氾濫(범람) 猥濫(외람) 冤濫(원람) 滌濫(척람) 侈濫(치람)

쓰기한자 濫掘(남굴) 濫發(남발) 濫伐(남벌) 濫用(남용) 濫獲(남획) 冒濫(모람)

볼 람 見 / 14 약 览, 覽

큰 그릇에 물을 담아 물거울(監)로 자기 모습을 본다(見)는 데서, '보다'는 뜻이다.

읽기한자 泛覽(범람) 俯覽(부람) 眺覽(조람) 披覽(피람) 洽覽(흡람)
쓰기한자 觀覽(관람) 閱覽(열람) 要覽(요람) 遊覽(유람) 綜覽(종람) 便覽(편람) 回覽(회람)

밀 랍 虫 / 15 약 蜡

벌집을 만들기 위하여 꿀벌이 분비하는 물질인 '밀'을 뜻한다.

읽기한자 蠟淚(납루) 蠟書(납서) 蠟詔(납조) 蠟紙(납지) 蠟燭(납촉) 蠟花(납화) 蠟丸(납환) 綠蠟(녹랍)
蜜蠟(밀랍) 白蠟(백랍) 封蠟(봉랍) 香蠟(향랍) 紅蠟(홍랍) 黃蠟(황랍)

섣달 랍 肉 / 15

긴 갈기(巤)가 있는 동물(月), 큰 사냥을 하여 얻은 사냥감으로 조상에게 지내는 제사인, '납향제(臘享祭)' 또 그것을 거행하는 연말, '섣달'을 뜻한다.

읽기한자 臘乾(납건) 臘鼓(납고) 臘茶(납다) 臘梅(납매) 臘尾(납미) 臘半(납반) 臘日(납일) 臘祭(납제)
臘平(납평) 臘享(납향) 臘虎(납호) 舊臘(구랍) 窮臘(궁랍) 法臘(법랍) 伏臘(복랍) 壽臘(수랍)
一臘(일랍) 正臘(정랍) 眞臘(진랍) 初臘(초랍) 夏臘(하랍) 寒臘(한랍)

끌 랍 手 / 5

자리를 확실하게 잡고 서서(立) 손(扌)에 힘을 주어 물건을 꺾거나 끄는 데서, '끌다, 꺾다'는 뜻이다.

읽기한자 敲拉(고랍)
쓰기한자 拉枯(납고) 拉北(납북) 拉致(납치) 被拉(피랍)

 이리 랑: 犬 / 7 비 狼 동 狽

밀려오는 물결(良=浪)처럼 떼를 지어 덮쳐오는 '이리'를 뜻한다.

읽기한자 狼顧(낭고) 狼戾(낭려) 狼猛(낭맹) 狼心(낭심) 狼煙(낭연) 狼疾(낭질) 狼貪(낭탐) 狼抗(낭항)
狼虎(낭호) 白狼(백랑) 豺狼(시랑) 餓狼(아랑) 貪狼(탐랑) 虎狼(호랑)

물결 랑(:) 水 / 7 비 狼 동 漫

물(氵)이 보기 좋게(良) 흔들리고 있는 모습에서, '물결'을 뜻한다.

읽기한자 鯨浪(경랑) 浪沫(낭말) 聊浪(요랑) 淋浪(임랑) 疊浪(첩랑) 謔浪(학랑) 駭浪(해랑)
쓰기한자 激浪(격랑) 浪漫(낭만) 浪費(낭비) 浪說(낭설) 浪人(낭인) 流浪(유랑) 孟浪(맹랑) 放浪(방랑)
浮浪(부랑) 滄浪(창랑) 波浪(파랑) 風浪(풍랑)

사내 랑 邑 / 7 비 朗

고을(阝)에서 어진(良) 일을 하는 사람이라는 데서, '사내, 남편'을 뜻한다.

읽기한자 輦郞(연랑) 壻郞(서랑) 簫郞(소랑) 蕭郞(소랑) 冶郞(야랑) 齋郞(재랑)
쓰기한자 佳郞(가랑) 郞官(낭관) 郞君(낭군) 郞子(낭자) 侍郞(시랑) 新郞(신랑) 花郞(화랑)

廊 3급Ⅱ 사랑채 / 행랑 **랑** 广 / 10
사내(郞)들만이 기거하는 집(广)에서, '사랑채, 곁채, 행랑'을 뜻한다.

✏️ 쓰기한자 廊下(낭하) 舍廊(사랑) 舍廊房(사랑방) 殿廊(전랑) 行廊(행랑) 畫廊(화랑) 回廊(회랑)
廻廊(회랑)

朗 5급Ⅱ 밝을 **랑:** 月 / 7 비 郞
태양이 빛을 내며 움직이듯(良) 달(月)이 빛나고 있다는 데서, '밝다'는 뜻이다.

📖 읽기한자 曠朗(광랑) 朗諷(낭풍)
✏️ 쓰기한자 朗讀(낭독) 朗朗(낭랑) 朗報(낭보) 朗誦(낭송) 明朗(명랑)

萊 2급(名) 명아주 **래** 艸 / 8
보리(來=麥)처럼 생긴 풀(++)에서, '명아주'를 뜻한다.

📖 읽기한자 東萊(동래) 萊蕪(내무) 萊婦(내부) 萊夷(내이)

來 7급 올 **래(:)** 人 / 6 반 往, 去 약 来
이삭, 잎, 뿌리가 있는 보리를 본뜬 글자인데, 옛날에 보리는 귀한 곡식으로 하늘에서 내
려주어 이 땅에 온 것이라 생각한 데서, '오다'는 뜻이다.

📖 읽기한자 拿來(나래) 來覲(내근) 覓來(멱래) 爾來(이래)
✏️ 쓰기한자 去來(거래) 古來(고래) 近來(근래) 到來(도래) 渡來(도래) 來客(내객) 來年(내년) 來到(내도)
來歷(내력) 來臨(내림) 來訪(내방) 來世(내세) 來襲(내습) 來往(내왕) 來月(내월) 來日(내일)
來週(내주) 來診(내진) 來侵(내침) 來韓(내한) 未來(미래) 本來(본래) 襲來(습래) 往來(왕래)
元來(원래) 由來(유래) 以來(이래) 將來(장래) 在來(재래) 傳來(전래) 從來(종래) 招來(초래)

冷 5급 찰 **랭:** 冫 / 5 동 涼, 寒 반 溫, 熱, 暖, 煖
군주가 부하에게 얼음(冫)처럼 차갑게 명령(令)을 내리는 데서, '차다'는 뜻이다.

📖 읽기한자 冷澗(냉간) 冷淘(냉도) 冷痺(냉비) 冷艷(냉염) 冷宦(냉환)
✏️ 쓰기한자 去冷(거랭) 空冷(공랭) 急冷(급랭) 冷却(냉각) 冷氣(냉기) 冷淡(냉담) 冷帶(냉대) 冷待(냉대)
冷凍(냉동) 冷冷(냉랭) 冷房(냉방) 冷笑(냉소) 冷水(냉수) 冷濕(냉습) 冷嚴(냉엄) 冷溫(냉온)
冷藏(냉장) 冷戰(냉전) 冷情(냉정) 冷靜(냉정) 冷泉(냉천) 冷徹(냉철) 冷湯(냉탕) 冷害(냉해)
冷血(냉혈) 冷酷(냉혹) 熟冷(숙랭) 溫冷(온랭) 陰冷(음랭) 治冷(치랭) 寒冷(한랭)

掠 3급 노략질할 **략** 手 / 8 동 奪
높은 언덕(京), 곧 산에서 산적이 손(扌)을 놀려 행인을 해치거나 재물을 강제로 빼앗는
데서, '노략질하다'는 뜻이다.

📖 읽기한자 拷掠(고략) 掠笞(약태) 擄掠(노략) 焚掠(분략) 剽掠(표략)
✏️ 쓰기한자 掠奪(약탈) 抄掠(초략) 侵掠(침략)

略

4급 | 간략할 / 약할 **략** | 田 / 6 | 동 省

수확을 늘리기 위해 밭(田)의 경계를 저마다(各) 멋대로 늘리려는 데서, '꾀, 계략'을 뜻한다. 또 저마다 자기 밭의 경계를 세워 실경작지가 주는 데서, '간략하다'는 뜻이다.

읽기한자 劫略(겁략) 虜略(노략) 刪略(산략) 疎略(소략) 闊略(활략)

쓰기한자 簡略(간략) 槪略(개략) 計略(계략) 攻略(공략) 較略(교략) 膽略(담략) 黨略(당략) 大略(대략)
略圖(약도) 略歷(약력) 略史(약사) 略述(약술) 略式(약식) 略語(약어) 略字(약자) 略取(약취)
略稱(약칭) 略號(약호) 謀略(모략) 倂略(병략) 省略(생략) 約略(약략) 前略(전략) 戰略(전략)
電略(전략) 政略(정략) 中略(중략) 智略(지략) 策略(책략) 草略(초략) 治略(치략) 侵略(침략)
脫略(탈략) 霸略(패략) 下略(하략)

 梁

1급 | 기장 **량** | 米 / 7 | 비 粱

良質(粱=良)의 米穀類(米)에서, '기장'을 뜻한다.

읽기한자 粱米(양미) 粱飯(양반) 粱肉(양육) 高粱(고량) 膏粱(고량) 稻粱(도량) 童粱(동량) 白粱(백량)
靑粱(청량) 黃粱(황량)

 倆

1급 | 재주 **량** | 人 / 8

저울로 무게를 달 듯(兩), 計量하는 솜씨가 있는 사람(亻)에서, '재주'를 뜻한다. 또, 兩人으로 '두 사람'을 뜻한다.

읽기한자 伎倆(기량) 技倆(기량)

 樑

2급(名) | 들보 **량** | 木 / 11

두 기둥 사이에 다리(梁)처럼 걸쳐있는 나무(木)에서, '들보'를 뜻한다.

읽기한자 棟樑(동량) 柱樑(주량)

亮

2급(名) | 밝을 **량** | 亠 / 7

높은 곳(高)에 있는 사람(儿)은 사방을 한 눈에 살필 수 있다는 데서, '밝다'는 뜻이다.

읽기한자 亮達(양달) 亮直(양직) 亮察(양찰) 亮許(양허) 寥亮(요량) 淸亮(청량)

輛

2급 | 수레 **량:** | 車 / 8 | 약 輛

바퀴가 두개(兩) 있는 수레(車)에서, '수레'를 뜻한다.

쓰기한자 車輛(차량)

 諒

3급 | 살펴알 / 믿을 **량** | 言 / 8 | 동 知

생각이 크고(京) 깊은 사람이 말(言)을 할 때에는 사전에 충분히 살펴 알아듣게 이야기한다는 데서, '살펴 알다, 믿다'는 뜻이다.

읽기한자 諒闇(양암)

쓰기한자 諒知(양지) 諒察(양찰) 諒解(양해) 海諒(해량)

| 梁 | 3급Ⅱ | 들보 / 돌다리 **량** | 木 / 7 | 비 樑 |

물(氵) 위에 칼날(刃)로 잘 다듬은(丶) 나무(木)나 돌을 걸쳐 놓아 통행할 수 있게 하는 데서, '다리(橋), 돌다리'를 뜻한다. 또, '들보'의 뜻도 나타낸다.

읽기한자 夯梁(척량)

쓰기한자 橋梁(교량) 棟梁(동량) 上梁(상량) 魚梁(어량) 津梁(진량)

| 涼 | 3급Ⅱ | 서늘할 **량** | 水 / 8 | 약 凉 |

강(氵)가의 언덕에(京) 물기 있는 센 바람이 불어 서늘한 데서, '서늘하다'는 뜻이다.

읽기한자 涼棚(양붕) 爽涼(상량)

쓰기한자 納涼(납량) 涼風(양풍) 炎涼(염량) 淸涼(청량) 荒涼(황량)

| 糧 | 4급 | 양식 **량** | 米 / 12 | 동 穀 |

쌀(米)을 헤아리고(量) 사들여 양식으로 하는 데서, '양식'을 뜻한다.

읽기한자 柴糧(시량)

쓰기한자 軍糧(군량) 軍糧米(군량미) 糧穀(양곡) 糧食(양식) 食糧(식량) 絶糧(절량)

| 兩 | 4급Ⅱ | 두 **량:** | 入 / 6 | 약 両 |

수레의 두 바퀴의 형태처럼 좌우가 같은 형태의 사물에서, '두, 둘'을 뜻한다.

읽기한자 兩肋(양륵) 兩腋(양액) 銖兩(수량)

쓰기한자 斤兩(근량) 兩家(양가) 兩國(양국) 兩極(양극) 兩端(양단) 兩大(양대) 兩論(양론) 兩立(양립) 兩面(양면) 兩半(양반) 兩班(양반) 兩分(양분) 兩性(양성) 兩側(양측) 兩親(양친)

| 良 | 5급Ⅱ | 어질 **량** | 艮 / 1 | 동 善, 好 반 否 |

곡물에 섞인 쭉정이 따위를 날려서 좋은 곡물만 추리는 농기구인 풍구를 본뜬 글자이나 추려진 곡물은 좋다는 데서, '좋다, 어질다'는 뜻이다.

읽기한자 良傅(양부) 良嬪(양빈) 良宵(양소) 良媛(양원) 良箴(양잠) 良匠(양장) 良鍼(양침) 良庖(양포) 淳良(순량) 馴良(순량) 駿良(준량)

쓰기한자 佳良(가량) 改良(개량) 良家(양가) 良久(양구) 良民(양민) 良書(양서) 良識(양식) 良心(양심) 良藥(양약) 良質(양질) 良妻(양처) 良好(양호) 良貨(양화) 不良(불량) 善良(선량) 選良(선량) 優良(우량) 最良(최량) 閑良(한량)

| 量 | 5급 | 헤아릴 **량** | 里 / 5 | |

쌀이나 조 같은 것의 부피(曰)와 무게(重)를 잰다는 데서, '헤아리다'는 뜻이다.

읽기한자 狹量(협량)

쓰기한자 假量(가량) 減量(감량) 計量(계량) 局量(국량) 權量(권량) 器量(기량) 氣量(기량) 多量(다량) 度量(도량) 量産(양산) 量子(양자) 力量(역량) 料量(요량) 無量(무량) 微量(미량) 商量(상량) 聲量(성량) 少量(소량) 數量(수량) 食量(식량) 雅量(아량) 雨量(우량) 裁量(재량) 載量(재량) 積量(적량) 適量(적량) 酒量(주량) 重量(중량) 質量(질량) 總量(총량) 測量(측량) 稱量(칭량) 含量(함량)

1급 　　**거를 려:** 水 / 15
액체(氵)를 천 따위의 속에서 뻥 돌리는(慮) 것으로, '거르다'는 뜻이다.

　　읽기한자　濾過(여과)

 1급 　　**검을 려** 黍 / 3 　類 黑
이웃하는(利=隣) 기장(黍)에서, '많다'는 뜻이다. 또, '검다, 동트다'는 뜻도 나타낸다.

　　읽기한자　黎明(여명) 黎民(여민) 黎庶(여서) 黎杖(여장) 黎軒(여헌) 群黎(군려) 萌黎(맹려) 生黎(생려)
庶黎(서려) 遠黎(원려) 遊黎(유려) 重黎(중려) 懸黎(현려)

 1급 　　**마을 려** 門 / 7 　類 里, 閭
등뼈가 죽 이어져 있는 모양(呂)으로, 문(門)이 잇달아 있는 것으로, '마을'을 뜻한다.

　　읽기한자　閭家(여가) 閭里(여리) 閭門(여문) 閭市(여시) 閭閻(여염) 閭伍(여오) 閭井(여정) 閭巷(여항)
衢閭(구려) 門閭(문려) 尾閭(미려) 民閭(민려) 坊閭(방려) 比閭(비려) 飛閭(비려) 石閭(석려)
式閭(식려) 庵閭(암려) 女閭(여려) 邑閭(읍려) 里閭(이려) 異閭(이려) 田閭(전려) 州閭(주려)
村閭(촌려) 鄕閭(향려)

 1급 　　**어그러질 려:** 戶 / 4
문(戶)간에 있는 집 지키는 개(犬)에서, '사납다'는 뜻이고, 파생하여 '어그러지다'는 뜻이다.

　　읽기한자　戾轉(여전) 戾止(여지) 戾蟲(여충) 剛戾(강려) 乖戾(괴려) 狡戾(교려) 狼戾(낭려) 大戾(대려)
猛戾(맹려) 返戾(반려) 背戾(배려) 否戾(부려) 惡戾(악려) 逆戾(역려) 怨戾(원려) 違戾(위려)
爭戾(쟁려) 賊戾(적려) 罪戾(죄려) 差戾(차려) 貪戾(탐려) 悖戾(패려) 凶戾(흉려)

 1급 　　**짝 려:** 人 / 7 . 類 伴
등뼈가 죽 이어져 있는 모양(呂)으로, 같은 줄에 나란히 늘어선 사람, '짝'를 뜻한다.

　　읽기한자　侶伴(여반) 侶行(여행) 故侶(고려) 官侶(관려) 宮侶(궁려) 徒侶(도려) 同侶(동려) 伴侶(반려)
法侶(법려) 賓侶(빈려) 僧侶(승려) 詩侶(시려) 遊侶(유려) 義侶(의려) 醉侶(취려) 親侶(친려)
行侶(행려) 好侶(호려)

 2급(名) 　**검은말 려 / 검은말 리** 馬 / 19
윤기가 흐르는 검은(麗=黎) 말(馬)에서, '검은 말'을 뜻한다.

　　읽기한자　驪州(여주) 驪龍(이룡) 驪珠(이주)

 2급(名) 　**농막(農幕)집 려** 广 / 16 　類 庵 略 庐
버들가지를 엮어 만든 밥그릇 모양으로 보잘 것 없는(盧) 집(广)이라는 데서, '농막(農幕)
집, 오두막집'을 뜻한다.

　　읽기한자　僑廬(교려) 廬幕(여막) 廬舍(여사) 廬山(여산) 廬庵(여암) 庵廬(암려) 蝸廬(와려) 憔廬(초려)

呂 | 2급(名) | 성(姓) / 법칙 **려:** 口 / 4

척추뼈(口)가 이어져(丿) 있는 모양을 본뜬 글자로, 본래 '등뼈'를 뜻하나, '성(姓), 법칙, 가락'의 뜻으로 쓰인다.

 읽기한자 呂尙(여상) 六呂(육려) 律呂(율려)

礪 | 2급(名) | 숫돌 **려:** 石 / 15

쇠붙이를 가는(厲) 데 쓰는 돌(石)에서, '숫돌'을 뜻한다.

읽기한자 礪山(여산) 礪石(여석) 礪行(여행) 磨礪(마려) 勉礪(면려) 鑽礪(찬려)

勵 | 3급Ⅱ | 힘쓸 **려:** 力 / 15 | 약 励

벼랑(厂) 밑의 논밭에서 만 가지로(萬) 힘(力)을 들여 농사짓는 데서, '힘쓰다'는 뜻이다.

 읽기한자 匡勵(광려)
쓰기한자 激勵(격려) 督勵(독려) 勉勵(면려) 獎勵(장려)

慮 | 4급 | 생각할 **려:** 心 / 11 | 비 盧, 膚

산길을 가는 나그네가 호랑이(虍)를 만나면 어떻게 하나 하고 생각하는(思) 데서, '염려하다'는 뜻이다.

읽기한자 宸慮(신려)
쓰기한자 客慮(객려) 考慮(고려) 顧慮(고려) 念慮(염려) 短慮(단려) 無慮(무려) 配慮(배려) 思慮(사려)
心慮(심려) 深慮(심려) 預慮(예려) 憂慮(우려) 遠慮(원려)

麗 | 4급Ⅱ | 고울 **려:** 鹿 / 8 | 동 美 약 麗

사슴(鹿)들이 나란히 짝을 짓고 무리를 지어 다니는 모습이 곱고 아름답다는 데서, '곱다'는 뜻이다.

읽기한자 綺麗(기려) 麗靡(여미) 麗艶(여염) 麗藻(여조) 奢麗(사려) 妍麗(연려) 艶麗(염려) 婉麗(완려)
敞麗(창려) 煥麗(환려)
쓰기한자 高麗(고려) 端麗(단려) 麗謠(여요) 麗人(여인) 流麗(유려) 美麗(미려) 纖麗(섬려) 秀麗(수려)
華麗(화려)

旅 | 5급Ⅱ | 나그네 **려:** 方 / 6 | 동 客

군대나 주막의 깃발(队) 밑에 모여든 사람들(氏)이란 데서, '나그네, 군사, 무리'를 뜻한다.

 읽기한자 旅寓(여우)
쓰기한자 客旅(객려) 旅客(여객) 旅館(여관) 旅券(여권) 旅團(여단) 旅毒(여독) 旅路(여로) 旅費(여비)
旅愁(여수) 旅裝(여장) 旅情(여정) 旅程(여정) 旅行(여행) 逆旅(역려)

瀝 1급 　스밀 **력** 水 / 16
물(氵)이 한 방울 한 방울(歷)씩 떨어지는 것으로, '물방울 떨어지다, 물이 스미다'는 뜻이다.

읽기한자 瀝懇(역간) 瀝瀝(역력) 瀝液(역액) 瀝滴(역적) 瀝淸(역청) 瀝血(역혈) 餘瀝(여력) 殘瀝(잔력)
滴瀝(적력)

 礫 1급 　조약돌 **력** 石 / 15
도토리(樂) 모양의 돌(石)에서, '조약돌, 잔돌, 자갈'을 뜻한다.

읽기한자 礫石(역석) 澗礫(간력) 錦礫(금력) 丹礫(단력) 沙礫(사력) 石礫(석력) 燕礫(연력) 瓦礫(와력)
積礫(적력) 卓礫(탁력) 黃礫(황력)

 曆 3급Ⅱ 　책력 **력** 日 / 12 　비 歷
농사는 철이 중요하므로 벼 심는 날을 놓치면 안된다. 벼랑(厂)밑에서 벼를 차례차례 늘어
놓는(禾禾) 날(日)에서, '책력'을 뜻한다.

읽기한자 頒曆(반력) 殷曆(은력)
쓰기한자 曆法(역법) 西曆(서력) 月曆(월력) 陰曆(음력) 冊曆(책력) 編曆(편력)

 歷 5급Ⅱ 　지날 **력** 止 / 12 　비 曆
벼랑(厂)밑에서 벼를 차례차례 늘어놓기(禾禾) 위해 순서대로 발(止)을 놓는 데서, '지나
다'는 뜻이다.

읽기한자 劈歷(벽력) 蹂歷(유력)
쓰기한자 經歷(경력) 來歷(내력) 略歷(약력) 歷代(역대) 歷訪(역방) 歷史(역사) 歷然(역연) 歷任(역임)
歷程(역정) 履歷(이력) 病歷(병력) 前歷(전력) 踐歷(천력) 學歷(학력)

 力 7급Ⅱ 　힘 **력** 力 / 0 　비 刀, 刃
팔에 힘을 주었을 때 알통이 생기는 모양을 본뜬 것으로, '힘'을 뜻한다.

읽기한자 竭力(갈력) 勁力(경력) 駑力(노력) 力彊(역강) 戮力(육력) 魄力(백력) 臂力(비력) 腕力(완력)
惰力(타력)
쓰기한자 經力(경력) 怪力(괴력) 權力(권력) 極力(극력) 筋力(근력) 努力(노력) 膽力(담력) 力戰(역전)
魔力(마력) 魅力(매력) 微力(미력) 浮力(부력) 勢力(세력) 握力(악력) 壓力(압력) 餘力(여력)
磁力(자력) 底力(저력) 精力(정력) 重力(중력) 盡力(진력) 彈力(탄력) 暴力(폭력) 風力(풍력)
筆力(필력) 學力(학력) 協力(협력) 火力(화력) 活力(활력) 效力(효력)

 輦 1급 　가마 **련** 車 / 8 　동 車, 轂
손발에 힘을 준 두 사람(扶)이 나란히 끄는 수레(車)로, '가마'를 뜻한다. 특히 天子가 타는
손수레, '연(輦)'을 뜻한다.

읽기한자 輦道(연도) 輦郞(연랑) 輦路(연로) 輦車(연차) 輦下(연하) 肩輦(견련) 京輦(경련) 輕輦(경련)
大輦(대련) 都輦(도련) 同輦(동련) 步輦(보련) 鳳輦(봉련) 小輦(소련) 乘輦(승련) 御輦(어련)
玉輦(옥련) 停輦(정련) 帝輦(제련) 香輦(향련)

煉 | 2급 | 달굴 **련** | 火 / 9

쇠를 불(火)에 달구어 불순물을 걸러낸다(柬)는 데서, '달구다'는 뜻이다.

- 읽기한자: 煉禱(연도)
- 쓰기한자: 煉丹(연단) 煉獄(연옥) 煉瓦(연와) 煉乳(연유) 煉肉(연육) 煉炭(연탄) 修煉(수련)

漣 | 2급(名) | 잔물결 **련** | 水 / 11 | 동 波

물(氵)이 끊어지지 않고 쭉 이어져(連) 있는데서, '잔물결'을 뜻한다.

- 읽기한자: 漣落(연락) 漣川(연천) 微漣(미련) 細漣(세련)

憐 | 3급 | 불쌍히여길 **련** | 心 / 12 | 비 隣 동 憫, 恤

어려운 처지에 있는 이웃(隣)에 대해 불쌍히 여기는 마음(忄)을 갖는 데서, '불쌍히 여기다'는 뜻이다.

- 읽기한자: 矜憐(긍련) 憐憫(연민)
- 쓰기한자: 可憐(가련) 憐憫(연민) 哀憐(애련) 愛憐(애련) 邑憐(읍련)

戀 | 3급Ⅱ | 그리워할 / 그릴 **련:** | 心 / 19 | 비 蠻 동 慕, 愛 일 恋

임을 그리워하는 마음(心)에 변함(變)이 없는 데서, '그리워하다, 그리다'는 뜻이다.

- 읽기한자: 攀戀(반련)
- 쓰기한자: 戀歌(연가) 戀戀(연연) 戀慕(연모) 戀書(연서) 戀愛(연애) 戀人(연인) 戀情(연정) 悲戀(비련) 思戀(사련) 邪戀(사련) 失戀(실연)

鍊 | 3급Ⅱ | 쇠불릴 / 단련할 **련:** | 金 / 9 | 동 鍛 일 錬

쇠(金) 중에서 좋은 성분을 가려서(柬) 강철을 만든다는 데서, '쇠 불리다, 단련하다'는 뜻이다.

- 읽기한자: 冶鍊(야련)
- 쓰기한자: 敎鍊(교련) 鍛鍊(단련) 鍊鋼(연강) 鍊磨(연마) 老鍊(노련) 修鍊(수련) 試鍊(시련) 再鍊(재련) 製鍊(제련) 操鍊(조련)

蓮 | 3급Ⅱ | 연꽃 **련** | 艸 / 11

줄기와 뿌리가 이어져(連) 있는 화초(艹)에서, '연(蓮), 연꽃'을 뜻한다.

- 읽기한자: 蓮塘(연당)
- 쓰기한자: 蓮根(연근) 蓮葉(연엽) 蓮池(연지) 蓮花(연화) 木蓮(목련)

聯 | 3급Ⅱ | 연이을 **련** | 耳 / 11 | 일 联

바늘 귀(耳)에 실(絲)을 꿰어 잇는데서, '연잇다'는 뜻이다.

- 읽기한자: 頸聯(경련) 聯袂(연메) 壁聯(벽련)
- 쓰기한자: 關聯(관련) 對聯(대련) 聯句(연구) 聯絡(연락) 聯立(연립) 聯盟(연맹) 聯邦(연방) 聯想(연상) 聯合(연합) 蘇聯(소련)

連 4급Ⅱ 이을 **련** 辵 / 7 	통 續

길(辶)에 수레(車)가 줄을 이어 서 지나가는 데서, '잇다'는 뜻이다.

읽기한자 鉤連(구련) 連縛(연박) 連攀(연반) 連絆(연반) 連璧(연벽) 連嶼(연서) 連檣(연장) 連柵(연책)
連綴(연철)

쓰기한자 連繫(연견) 連結(연결) 連繫(연계) 連絡(연락) 連累(연루) 連綿(연면) 連發(연발) 連署(연서)
連續(연속) 連鎖(연쇄) 連勝(연승) 連日(연일) 連任(연임) 連作(연작) 連載(연재) 連坐(연좌)
連逮(연체) 連打(연타) 連敗(연패) 連霸(연패) 連行(연행) 連休(연휴)

練 5급Ⅱ 익힐 **련:** 糸 / 9 	통 習 약 練

실(糸)을 삶아 불순물을 가려내어(柬) 좋은 실을 만드는 일을 반복하는 데서, '익히다'는 뜻이다.

읽기한자 蒐練(수련) 闇練(암련) 疋練(필련) 絢練(현련)

쓰기한자 練武(연무) 練服(연복) 練絲(연사) 練祥(연상) 練習(연습) 練染(연염) 練日(연일) 未練(미련)
洗練(세련) 修練(수련) 熟練(숙련) 調練(조련) 訓練(훈련)

劣 3급 못할 **렬** 力 / 4

문제나 일을 해결할 힘(力)이 적다(少)는 데서, '못하다, 못나다'는 뜻이다.

읽기한자 怯劣(겁렬) 懦劣(나열) 陋劣(누열) 鄙劣(비열) 闇劣(암렬) 乏劣(핍렬)

쓰기한자 劣等(열등) 劣性(열성) 劣勢(열세) 劣惡(열악) 卑劣(비열) 庸劣(용렬) 優劣(우열)
拙劣(졸렬)

裂 3급Ⅱ 찢어질 **렬** 衣 / 6

옷(衣)이 찢어지면 조각조각이 줄줄이 놓이는(列) 데서, '찢어지다'는 뜻이다.

읽기한자 潰裂(궤열) 擘裂(벽렬) 剖裂(부열) 炸裂(작렬) 綻裂(탄열)

쓰기한자 決裂(결렬) 龜裂(균열) 裂傷(열상) 分裂(분열) 破裂(파열)

烈 4급 매울 **렬** 火 / 6

불(灬)이 줄지어(列) 일어나며, 연기가 매운 데서, '맵다'는 뜻이다.

읽기한자 慄烈(율렬) 凜烈(늠렬) 峻烈(준렬) 熾烈(치열) 俠烈(협렬)

쓰기한자 剛烈(강렬) 激烈(격렬) 極烈(극렬) 烈女(열녀) 烈士(열사) 烈祖(열조) 烈火(열화) 猛烈(맹렬)
先烈(선렬) 熱烈(열렬) 遺烈(유렬) 壯烈(장렬) 貞烈(정렬) 忠烈(충렬) 痛烈(통렬) 酷烈(혹렬)
強烈(강렬)

列 | 4급Ⅱ | 벌릴 **렬** | 刀 / 4

짐승의 뼈(歹)를 칼(刂)로 발라내어 고기만 늘어놓는 데서, '벌리다'는 뜻이다.

읽기한자 堵列(도열) 列棘(열극) 列藩(열번) 伍列(오열) 鴛列(원열) 陛列(폐열) 函列(함렬)
쓰기한자 系列(계열) 棋列(기열) 隊列(대열) 羅列(나열) 列擧(열거) 列車(열차) 列國(열국) 列島(열도)
列星(열성) 列聖(열성) 列外(열외) 列傳(열전) 列強(열강) 配列(배열) 竝列(병렬) 分列(분렬)
序列(서열) 數列(수열) 順列(순열) 一列(일렬) 前列(전열) 戰列(전열) 整列(정렬) 陳列(진열)
齒列(치열) 行列(항렬) 行列(행렬) 橫列(횡렬)

斂 | 1급 | 거둘 **렴:** | 攴 / 13 | 동 聚 | 반 散

많은 사람이 異口同聲으로 말하고(僉) 치는(攵) 데서, '거두다'는 뜻이다.

읽기한자 斂去(염거) 斂髮(염발) 斂膝(염슬) 斂容(염용) 斂葬(염장) 斂迹(염적) 斂聚(염취) 斂昏(염혼)
斂穫(염확) 苛斂(가렴) 拘斂(구렴) 大斂(대렴) 賦斂(부렴) 稅斂(세렴) 小斂(소렴) 收斂(수렴)
畏斂(외렴) 秋斂(추렴) 聚斂(취렴) 後斂(후렴)

簾 | 1급 | 발 **렴** | 竹 / 13

대오리(竹)를 엮어 방의 구석에 드리우는 데서, '발'을 뜻한다.

읽기한자 簾幕(염막) 簾外(염외) 簾波(염파) 舊簾(구렴) 撤簾(살렴) 水簾(수렴) 垂簾(수렴) 御簾(어렴)
玉簾(옥렴) 珠簾(주렴) 竹簾(죽렴) 翠簾(취렴) 下簾(하렴)

殮 | 1급 | 염(殮)할 **렴:** | 歹 / 13 | 동 殯

시체(歹)를 거두어(僉=斂) 닦고 옷 입히는 것으로, '염하다'는 뜻이다.

읽기한자 殮襲(염습) 殮布(염포)

濂 | 2급(名) | 물이름 **렴** | 水 / 13

형성문자로, 中國 湖南省 道縣에 있는 시내(氵)의 이름이다.

읽기한자 濂溪(염계)

廉 | 3급 | 청렴할 **렴** | 广 / 10

벼슬하는 사람이 자기 식량을 책임지기 위해 집(广)에서 농사일을 겸한다(兼)는 데서, '청렴하다'는 뜻이다.

읽기한자 廉隅(염우)
쓰기한자 廉價(염가) 廉恥(염치) 廉探(염탐) 冒廉(모렴) 低廉(저렴) 淸廉(청렴)

3급 　　　　사냥 **렵** 　犬 / 15 　약 猎

개(犭)가 긴 갈기의 짐승(巤)을 잡는 데서, '사냥하다'는 뜻이다.

> 읽기한자 　燎獵(요렵) 狩獵(수렵) 蒐獵(수렵)
> 쓰기한자 　禁獵(금렵) 獵車(엽거) 獵犬(엽견) 獵官(엽관) 獵奇(엽기) 獵夫(엽부) 獵師(엽사) 獵色(엽색)
> 　　　　　　獵銃(엽총) 密獵(밀렵) 涉獵(섭렵) 田獵(전렵)

 1급 　　　　나이 **령** 　齒 / 5 　약 齢

같은 간격으로 늘어서(令=令) 매겨지는 이(齒)에서, '나이'를 뜻한다. 齒도 치아의 象形으로, 사람의 나이와 관계가 깊어 나이의 뜻으로 쓰인다.

> 읽기한자 　高齡(고령) 龜齡(귀령) 老齡(노령) 馬齡(마령) 妙齡(묘령) 衰齡(쇠령) 壽齡(수령) 樹齡(수령)
> 　　　　　　弱齡(약령) 餘齡(여령) 延齡(연령) 年齡(연령) 月齡(월령) 幼齡(유령) 長齡(장령) 適齡(적령)
> 　　　　　　學齡(학령)

 1급 　　　　방울 **령** 　金 / 5 　동 鐸

서늘한(令=冷) 소리가 나는 쇠(金) 조각으로, '방울'을 뜻한다.

> 읽기한자 　鈴鈴(영령) 鈴語(영어) 鈴鐸(영탁)

 1급 　　　　옥(獄) **령** 　囗 / 5 　동 圄

울타리(囗) 안에 무릎 꿇은 사람(令)의 모양에서, '옥(獄)'을 뜻한다.

> 읽기한자 　囹圄(영어) 空囹(공령) 圄囹(어령) 圍囹(위령) 幽囹(유령)

 1급 　　　　쾌할 **령** 　辵 / 7

자기의 뜻을 드러내어(呈) 일을 진행시킨다(辶)는 데서, '쾌하다, 기운이 왕성하다'는 뜻이다.

> 읽기한자 　逞欲(영욕) 逞志(정지) 勁逞(경령) 驕逞(교령) 不逞(불령) 億逞(억령) 橫逞(횡령)

 2급(名) 　　　옥소리 **령** 　玉 / 5 　동 瓏

구슬(玉)이 울리는 아름다운 소리(令)에서, '옥소리'를 뜻한다.

> 읽기한자 　玲玲(영령) 玲瓏(영롱) 瓏玲(농령)

零 **3급** 　떨어질 / 영[數字] **령** 　雨 / 5 　동 落

명령(令)이 위에서 아래로 내려지듯 빗(雨)방울이 위에서 아래로 떨어진다는 데서, '떨어지다'는 뜻이다.

> 읽기한자 　零碎(영쇄) 零凋(영조) 零墜(영추) 零悴(영췌) 零唾(영타) 零歇(영헐) 涕零(체령)
> 쓰기한자 　零落(영락) 零封(영봉) 零上(영상) 零細(영세) 零時(영시) 零點(영점) 零下(영하)

嶺 | 3급II | 고개 **령** | 山 / 14

산(山)의 우두머리(領)로, '봉우리'의 뜻이다. 봉우리가 있으면 재가 있게 마련이라, '고개'를 뜻한다.

> 읽기한자 嶺脊(영척) 蹂嶺(유령) 峻嶺(준령) 疊嶺(첩령)

> 쓰기한자 嶺南(영남) 嶺東(영동) 嶺西(영서)

靈 | 3급II | 신령 **령** | 雨 / 16 | 동 魄, 神, 魂 | 약 灵, 霊

무당(巫)이 제물(口口口)을 차려 놓고 비를(雨) 주십사 비는 대상으로, '신령'을 뜻한다.

> 읽기한자 穹靈(궁령) 靈矩(영구) 靈巫(영무) 靈祠(영사) 靈胥(영서) 靈迹(영적) 靈芝(영지) 靈蔡(영채) 靈墟(영허) 鼈靈(별령) 粹靈(수령)

> 쓰기한자 靈感(영감) 靈物(영물) 靈山(영산) 靈安(영안) 靈藥(영약) 靈肉(영육) 靈長(영장) 靈前(영전) 靈驗(영험) 靈魂(영혼) 亡靈(망령) 妄靈(망령) 聖靈(성령) 神靈(신령) 心靈(심령) 惡靈(악령) 英靈(영령) 曜靈(요령) 慰靈(위령) 幽靈(유령) 精靈(정령) 魂靈(혼령)

領 | 5급 | 거느릴 **령** | 頁 / 5 | 동 率, 受, 統

우두머리(頁)가 명령(令)을 내리는 데서, '거느리다, 우두머리'를 뜻한다.

> 읽기한자 頸領(경령) 咽領(인령) 酋領(추령)

> 쓰기한자 綱領(강령) 敎領(교령) 頭領(두령) 領空(영공) 領內(영내) 領導(영도) 領事(영사) 領相(영상) 領受(영수) 領收(영수) 領域(영역) 領有(영유) 領議(영의) 領主(영주) 領地(영지) 領置(영치) 領土(영토) 領海(영해) 少領(소령) 受領(수령) 守領(수령) 首領(수령) 要領(요령) 占領(점령) 中領(중령) 項領(항령) 橫領(횡령)

令 | 5급 | 하여금 **령(:)** | 人 / 3

사람들이 모여(合) 무릎을 꿇고 명령을 듣는(卪) 데서, '하여금, 부리다, 명령하다'는 뜻이다.

> 읽기한자 令嗣(영사) 令諡(영시) 令尹(영윤) 令胤(영윤) 令坦(영탄) 榜令(방령) 藉令(자령) 詔令(조령)

> 쓰기한자 假令(가령) 戒令(계령) 口令(구령) 待令(대령) 道令(도령) 令監(영감) 令望(영망) 令名(영명) 令狀(영장) 令息(영식) 令愛(영애) 令孃(영양) 令節(영절) 命令(명령) 發令(발령) 法令(법령) 部令(부령) 赦令(사령) 辭令(사령) 設令(설령) 月令(월령) 傳令(전령) 指令(지령) 打令(타령) 縣令(현령) 號令(호령) 訓令(훈령)

醴 | 2급(名) | 단술[甘酒] **례:** | 酉 / 13

祭器에 바쳐진 단술(豊=豐)을 본뜨고, 술(酉)을 보탠 것으로, '단술(甘酒)'을 뜻한다.

> 읽기한자 甘醴(감례) 醴酒(예주) 醴泉(예천) 牲醴(생례) 醇醴(순례)

隷 3급 　　종 **례:** 隶 / 8 　동 僕

죄인이나 이민족을 붙잡아(隶) 제사(示)를 담당하는 관원(士)의 종으로 삼은 데서, '종'을 뜻한다.

읽기한자 　隷僕(예복) 隷楷(예해) 萌隷(맹례) 陪隷(배례) 僕隷(복례) 衙隷(아례) 篆隷(전례) 楷隷(해례)

쓰기한자 　奴隷(노예) 同隷(동례) 隷事(예사) 隷書(예서) 隷屬(예속) 隷臣(예신) 隷役(예역) 隷人(예인)
　　　　　輿隷(여례) 直隷(직례) 賤隷(천례)

例 6급 　　법식 **례:** 人 / 6 　동 規, 法, 式, 典

사람(亻)이 본보기나 사례를 보이기 위해 어떤 일이나 물건을 늘어놓는(列) 데서, '법식, 본보기, 전례'를 뜻한다.

읽기한자 　嘉例(가례)

쓰기한자 　慣例(관례) 年例(연례) 例句(예구) 例規(예규) 例年(예년) 例文(예문) 例事(예사) 例示(예시)
　　　　　例外(예외) 例題(예제) 類例(유례) 凡例(범례) 法例(법례) 比例(비례) 事例(사례) 上例(상례)
　　　　　常例(상례) 先例(선례) 實例(실례) 用例(용례) 月例(월례) 依例(의례) 異例(이례) 一例(일례)
　　　　　典例(전례) 前例(전례) 定例(정례) 條例(조례) 次例(차례) 通例(통례) 判例(판례)

禮 6급 　　예도 **례:** 示 / 13 　약 礼

제물을 풍성하게(豊) 차려놓고 신(示)에 제사 지내는 데서, '예도'를 뜻한다.

읽기한자 　嘉禮(가례) 苛禮(가례) 覲禮(근례) 禮鼠(예서) 禮誼(예의) 禮帖(예첩) 緬禮(면례) 懺禮(참례)
　　　　　慝禮(특례) 悖禮(패례)

쓰기한자 　家禮(가례) 缺禮(결례) 敬禮(경례) 冠禮(관례) 禮記(예기) 禮度(예도) 禮物(예물) 禮訪(예방)
　　　　　禮拜(예배) 禮法(예법) 禮佛(예불) 禮書(예서) 禮俗(예속) 禮式(예식) 禮遇(예우) 禮儀(예의)
　　　　　禮節(예절) 禮讚(예찬) 禮砲(예포) 默禮(묵례) 拜禮(배례) 謝禮(사례) 喪禮(상례) 巡禮(순례)
　　　　　失禮(실례) 儀禮(의례) 葬禮(장례) 祭禮(제례) 終禮(종례) 主禮(주례) 參禮(참례) 賀禮(하례)
　　　　　婚禮(혼례) 廻禮(회례)

撈 1급 　　건질 **로:** 手 / 12 　동 漁

손(扌)을 수고롭게(勞)하여 물 속에서 어떤 것을 건지는 데서, '건지다'는 뜻이다. 한국에서는 '꽁게'의 뜻으로도 쓰인다.

읽기한자 　撈救(노구) 撈漁(노어) 撈採(노채) 撈取(노취) 牽撈(견로) 漁撈(어로) 曳撈(예로) 拗撈(요로)
　　　　　把撈(파로) 板撈(판로)

擄 1급 　　노략질할 **로:** 手 / 13 　동 掠

손(扌)으로 사로잡는(虜) 데서, '노략질하다, 사로잡다'는 뜻이다.

읽기한자 　擄掠(노략) 侵擄(침노)

虜 1급 　　사로잡을 **로:** 虍 / 6 　동 獲

힘(力)으로 호랑이(虍)를 끈으로 꿰어(毌=貫) 구속하는 것으로, '사로잡다'는 뜻이다.

읽기한자 　虜略(노략) 虜兵(노병) 虜囚(노수) 虜將(노장) 虜庭(노정) 虜艦(노함) 虜獲(노획) 格虜(격로)
　　　　　驕虜(교로) 劇虜(극로) 奴虜(노로) 亡虜(망로) 僕虜(복로) 因虜(인로) 守錢虜(수전로)
　　　　　臣虜(신로) 身虜(신로) 敵虜(적로) 降虜(항로)

蘆 2급(名) 갈대 **로** 艸 / 16 ^약芦

창자루(盧)처럼 길게 자라는 풀(艹)이라는 데서, '갈대'를 뜻한다.

읽기한자 蘆管(노관) 蘆笛(노적) 蘆汀(노정) 蘆錐(노추) 蘆花(노화) 蒲蘆(포로)

魯 2급(名) 노나라 / 노둔할 **로** 魚 / 4

본래 입을 벌리고(曰) 물고기(魚)를 먹는 모양에서 맛있다의 뜻이나 나라이름과 姓으로 쓰이고, '노둔하다'는 뜻으로 많이 쓰인다.

읽기한자 魯鈍(노둔) 魯論(노론) 樸魯(박로) 魚魯不辨(어로불변) 頑魯(완로) 鄒魯(추로)

盧 2급(名) 성(姓) **로** 皿 / 11 ^비慮, 膚

대나무나 나무를 엮어 만든 그릇(虍, 田, 皿)을 본뜬 글자들을 합친 것으로, '밥그릇'을 뜻하나 주로 姓으로 쓰인다.

읽기한자 盧橘(노귤)

鷺 2급(名) 해오라기 / 백로 **로** 鳥 / 13

이슬(路=露)처럼 맑고 하얀 새(鳥)로, '해오라기, 백로'를 뜻한다.

읽기한자 鷺鷗(노구) 鷺序(노서) 鷺羽(노우) 白鷺(백로) 鴛鷺(원로)

露 3급Ⅱ 이슬 **로(:)** 雨 / 13

길(路)가의 풀잎 위에 비(雨)처럼 내린 것에서, '이슬'을 뜻한다.

읽기한자 膏露(고로) 露洩(노설) 露霑(노점) 露歇(노헐) 泄露(설로) 曝露(폭로)

쓰기한자 露骨(노골) 露宿(노숙) 露積(노적) 露店(노점) 露呈(노정) 露天(노천) 露出(노출) 發露(발로)
白露(백로) 瑞露(서로) 雨露(우로) 珠露(주로) 塵露(진로) 草露(초로) 吐露(토로) 暴露(폭로)

爐 3급Ⅱ 화로 **로** 火 / 16 ^약炉

불(火)을 담는 그릇(盧)에서, '화로'를 뜻한다.

읽기한자 煖爐(난로) 爐錘(노추) 鴨爐(압로) 冶爐(야로)

쓰기한자 爐邊(노변) 香爐(향로) 紅爐(홍로) 火爐(화로)

勞 5급Ⅱ 일할 **로** 力 / 10 ^동勤, 務 ^반使 ^약労

집(宀)에 불을 환하게 밝히고(火火) 밤늦게까지 힘(力)을 다해 일하는 데서, '일하다'는 뜻이다.

읽기한자 勞咳(노해) 勞憊(노해) 撫勞(무로) 旌勞(정로)

쓰기한자 功勞(공로) 過勞(과로) 勤勞(근로) 徒勞(도로) 勞苦(노고) 勞困(노곤) 勞力(노력) 勞務(노무)
勞使(노사) 勞役(노역) 勞銀(노은) 勞賃(노임) 勞總(노총) 慰勞(위로) 疲勞(피로) 勳勞(훈로)

路 6급　　길 **로**: 足 / 6
저마다 각각(各) 걸어 다니면(足) 길이 생기는 데서, '길'을 뜻한다.

읽기한자 嶇路(구로) 衢路(구로) 逵路(규로) 汲路(급로) 岐路(기로) 鸞路(난로) 輦路(연로) 路岐(노구)
路衢(노구) 路葵(노규) 路旁(노방) 迂路(우로) 峻路(준로) 叉路(차로) 捷路(첩로) 坦路(탄로)
阪路(판로) 荊路(형로) 宦路(환로)

쓰기한자 街路(가로) 經路(경로) 歸路(귀로) 道路(도로) 旅路(여로) 路肩(노견) 路毒(노독) 路面(노면)
路邊(노변) 路上(노상) 路線(노선) 路資(노자) 路程(노정) 末路(말로) 迷路(미로) 僻路(벽로)
線路(선로) 要路(요로) 進路(진로) 遮路(차로) 鐵路(철로) 通路(통로) 退路(퇴로) 販路(판로)
航路(항로) 海路(해로) 險路(험로) 血路(혈로) 活路(활로) 回路(회로)

老 7급　　늙을 **로**: 老 / 0　비 考, 孝　동 翁　반 幼, 少, 童
허리를 구부리고 지팡이를 짚은 노인의 모습을 본뜬 글자로, '늙다, 늙은이'를 뜻한다.

읽기한자 老怯(노겁) 老狡(노교) 老驥(노기) 老懦(노나) 老衲(노납) 老禿(노독) 老懶(노라) 老辣(노랄)
老齡(노령) 老魃(노발) 老鱉(노별) 老僕(노복) 老憊(노비) 老鼠(노서) 老瘦(노수) 老身(노신)
老鶯(노앵) 老爺(노야) 老梢(노초) 老頹(노퇴) 老婆(노파) 老圃(노포) 老猾(노활) 老檜(노회)
老朽(노후) 孀老(상로) 佚老(일로) 偕老(해로) 朽老(후로)

쓰기한자 敬老(경로) 農老(농로) 老年(노년) 老鍊(노련) 老妄(노망) 老母(노모) 老木(노목) 老兵(노병)
老病(노병) 老少(노소) 老松(노송) 老衰(노쇠) 老眼(노안) 老炎(노염) 老翁(노옹) 老幼(노유)
老人(노인) 老將(노장) 老莊(노장) 老親(노친) 老兄(노형) 老化(노화) 老患(노환) 老後(노후)
父老(부로) 養老(양로) 元老(원로) 長老(장로) 早老(조로) 村老(촌로)

麓 1급　　산기슭 **록**　鹿 / 8
산자락에 길게 이어지는(鹿=絡) 임야(林)로, '산기슭'을 뜻한다.

읽기한자 嚴麓(엄록) 林麓(임록) 蒼麓(창록) 麓麓(녹록) 麓林(녹림) 大麓(대록) 山麓(산록) 城麓(성록)
翠麓(취록) 旱麓(한록)

碌 1급　　푸른돌 **록**　石 / 8
푸른빛의 작은 돌(石)이 평범하고 보잘 것 없는 데서 '푸른 돌, 녹록하다'는 뜻이다.

읽기한자 碌碌(녹록) 碌靑(녹청)

鹿 3급　　사슴 **록**　鹿 / 0
사슴의 모양을 본뜬 글자로, '사슴'을 뜻한다.

읽기한자 鹿茸(녹용) 馴鹿(순록)
쓰기한자 鹿角(녹각) 鹿苑(녹원) 鹿皮(녹비) 鹿血(녹혈) 逐鹿(축록)

祿 | 3급Ⅱ | 녹 **록** | 示 / 8 | 비 綠, 錄, 緣 | 동 俸, 祉

나무를 깎아(彔) 만든 위패를 모시고 제사(示)지내는 사당을 맡은 관리에게 주던 금품이나 물품에서, '녹'을 뜻한다.

📖 읽기한자 祿祉(녹지) 祉祿(지록)

✏️ 쓰기한자 官祿(관록) 貫祿(관록) 國祿(국록) 祿米(녹미) 祿俸(녹봉) 福祿(복록) 俸祿(봉록) 食祿(식록) 爵祿(작록)

錄 | 4급Ⅱ | 기록할 **록** | 金 / 8 | 비 綠, 祿, 緣 | 일 録

금(金)이나 청동의 표면을 조각칼(彔)로 깎아내어 문자나 그림을 새겨 넣는 데서, '기록하다'는 뜻이다.

📖 읽기한자 錄牒(녹첩) 撰錄(찬록) 纂錄(찬록)

✏️ 쓰기한자 紀錄(기록) 記錄(기록) 圖錄(도록) 登錄(등록) 謄錄(등록) 錄音(녹음) 錄畫(녹화) 目錄(목록) 附錄(부록) 史錄(사록) 收錄(수록) 實錄(실록) 語錄(어록) 餘錄(여록) 輯錄(집록) 採錄(채록) 抄錄(초록)

綠 | 6급 | 푸를 **록** | 糸 / 8 | 비 錄, 祿, 緣 | 동 靑

실(糸)이 작은 칼(彔)로 껍질을 벗긴 대나무나 나무껍질의 색처럼 푸른 데서, '푸르다'는 뜻이다.

📖 읽기한자 綠瞳(녹동) 綠橙(녹등) 綠蠟(녹랍) 綠蕪(녹무) 綠礬(녹반) 綠蔭(녹음) 綠瓷(녹자) 綠蕉(녹초) 綠苔(녹태) 頒綠(반록) 緋綠(비록)

✏️ 쓰기한자 綠茶(녹차) 綠豆(녹두) 綠末(녹말) 綠肥(녹비) 綠色(녹색) 綠陰(녹음) 綠地(녹지) 綠草(녹초) 綠化(녹화) 常綠(상록) 新綠(신록) 葉綠(엽록) 淺綠(천록) 草綠(초록)

論 | 4급Ⅱ | 논할 **론** | 言 / 8 | 동 議

책(冊)을 모아(合) 가지런히 정리하듯 말(言)을 한다는 데서, '논하다'는 뜻이다.

📖 읽기한자 竭論(갈론) 魯論(노론) 論駁(논박) 論鋒(논봉) 論繹(논역) 論撰(논찬) 論纂(논찬) 駁論(박론) 謗論(방론) 汎論(범론) 峻論(준론) 劾論(핵론)

✏️ 쓰기한자 講論(강론) 槪論(개론) 擧論(거론) 激論(격론) 談論(담론) 黨論(당론) 兩論(양론) 論客(논객) 論據(논거) 論考(논고) 論壇(논단) 論說(논설) 論述(논술) 論語(논어) 論議(논의) 論爭(논쟁) 論著(논저) 論旨(논지) 論評(논평) 理論(이론) 辯論(변론) 緖論(서론) 時論(시론) 詩論(시론) 輿論(여론) 定論(정론) 廷論(정론) 衆論(중론) 持論(지론) 總論(총론) 推論(추론) 通論(통론) 評論(평론)

聾 | 1급 | 귀먹을 **롱** | 耳 / 16 | 동 聵

귀(耳)가 꽉 차서(龍) 똑똑히 들리지 않는다는 뜻으로, '귀먹다'는 뜻이다.

📖 읽기한자 聾昧(농매) 聾盲(농맹) 聾俗(농속) 聾啞(농아) 聾昏(농혼) 盲聾(맹롱) 頑聾(완롱) 耳聾(이롱)

壟 | 1급 | 밭두둑 **롱:** | 土 / 16 | 동 畔

용(龍)의 등처럼 너울거리는 언덕(土)으로, '밭두둑'을 뜻한다.

📖 읽기한자 壟斷(농단) 壟畔(농반) 高壟(고롱) 丘壟(구롱) 先壟(선롱) 一壟(일롱) 峻壟(준롱) 頹壟(퇴롱) 厚壟(후롱)

瓏

1급 　옥소리 **롱** 　玉 / 16 　<u>동</u> 玲

용(龍) 무늬가 있는 옥(玉)을 나타내며, '옥소리'의 의성어로서 구슬 소리나 사람 목소리 등이 맑고 아름답다, '영롱하다'의 뜻이다. 또 옥빛처럼 '환하다'는 뜻이다.

<u>읽기한자</u> 　瓏玲(농령) 瓏瓏(농롱) 玲瓏(영롱) 瓦瓏(와롱) 鴻瓏(홍롱)

籠

2급 　대바구니 **롱(:)** 　竹 / 16 　<u>약</u> 篭

흙을 날쌔게(龍) 나르기 위해 대나무(竹)를 엮어 만든 그릇으로, '대바구니'를 뜻한다.

<u>읽기한자</u> 　兜籠(두롱) 籠餠(농병) 籠鷹(농응) 籠檻(농함) 牢籠(뇌롱)
<u>쓰기한자</u> 　葛籠(갈롱) 籠球(농구) 籠絡(농락) 籠城(농성) 箱籠(상롱) 藥籠(약롱) 香籠(향롱)

弄

3급Ⅱ 　희롱할 **롱:** 　廾 / 4 　<u>동</u> 玩

어린 아이가 구슬(王)을 두 손(廾)에 들고 재미있게 논다는 데서, '희롱하다'는 뜻이다.

<u>읽기한자</u> 　狡弄(교롱) 弄璋(농장) 弄燻(농훈) 嘲弄(조롱)
<u>쓰기한자</u> 　欺弄(기롱) 弄談(농담) 弄瓦(농와) 弄月(농월) 弄調(농조) 侮弄(모롱) 愚弄(우롱) 才弄(재롱)
　　　　　捉弄(착롱) 戲弄(희롱)

傀

1급 　꼭두각시 **뢰:** 　人 / 15

흙을 쌓아서 머리를 둥글게 만들어 빙그르르 움직이는(畾) 인형(亻)으로, '허수아비, 꼭두각시'를 뜻한다.

<u>읽기한자</u> 　傀儡(뇌뢰) 傀身(뇌신) 傀儡(괴뢰) 大傀(대뢰) 水傀(수뢰)

賂

1급 　뇌물 **뢰** 　貝 / 6

재물(貝)이 어딘가에 도달하는(各=至) 것으로 남에게 재물을 주는 것인데, 주로 특정 목적으로 몰래 주는 '뇌물'을 뜻한다.

<u>읽기한자</u> 　賂物(뇌물) 賂謝(뇌사) 賂遺(뇌유) 納賂(납뢰) 寶賂(보뢰) 緩賂(완뢰) 重賂(중뢰) 貨賂(화뢰)
　　　　　厚賂(후뢰)

磊

1급 　돌무더기 **뢰** 　石 / 10 　<u>동</u> 砢

돌(石)을 셋 포개어, 쌓여 있는 많은 돌(石)의 뜻인, '돌무더기'를 뜻한다.

<u>읽기한자</u> 　磊塊(뇌괴) 磊落(뇌락) 磊磊(뇌뢰)

牢

1급 　우리[畜舍] **뢰** 　牛 / 3 　<u>동</u> 獄

우리(宀)에 들어간 소(牛)를 형상화한 것으로, 우리에서 기르는 산 제물의 뜻과 '우리(畜舍)'를 뜻한다.

<u>읽기한자</u> 　牢却(뇌각) 牢拒(뇌거) 牢記(뇌기) 牢落(뇌락) 牢籠(뇌롱) 牢死(뇌사) 牢牲(뇌생) 牢棧(뇌잔)
　　　　　牢包(뇌포) 牢乎(뇌호) 堅牢(견뢰) 皐牢(고뢰) 圈牢(권뢰) 大牢(대뢰) 牲牢(생뢰) 小牢(소뢰)
　　　　　沙牢(사뢰) 搜牢(수뢰) 獄牢(옥뢰) 完牢(완뢰) 將牢(장뢰) 中牢(중뢰) 太牢(태뢰) 土牢(토뢰)

 본문학습 **175**

雷 3급Ⅱ 　우레 **뢰** 雨 / 5 　동 震

비(雨)가 올 때 수레바퀴(田)가 굴러가는 듯한 요란한 소리가 나는 데서, '우레'를 뜻한다.

읽기한자 濤雷(도뢰) 雷轟(뇌굉) 雷斧(뇌부) 雷吼(뇌후) 蚊雷(문뢰) 迅雷(신뢰)

쓰기한자 落雷(낙뢰) 雷管(뇌관) 雷同(뇌동) 魚雷(어뢰) 地雷(지뢰) 震雷(진뢰) 避雷(피뢰)

賴 3급Ⅱ 　의뢰할 **뢰:** 貝 / 9

칼(刀)과 돈(貝)을 묶어(束) 가져다주면서 어떤 일을 부탁하는 데서, '의뢰하다'는 뜻이다.

읽기한자 賴庇(뇌비) 聊賴(요뢰) 庇賴(비뢰)

쓰기한자 無賴(무뢰) 信賴(신뢰) 依賴(의뢰)

寮 1급 　동관(同官) **료** 宀 / 12

벼슬아치, 특히 지위가 같은 벼슬아치, '동관(同官)'을 뜻한다.

읽기한자 寮舍(요사) 寮屬(요속) 寮佐(요좌) 同寮(동료) 百寮(백료) 禪寮(선료) 僧寮(승료) 新寮(신료)
草寮(초료) 下寮(하료) 學寮(학료)

瞭 1급 　밝을 **료** 目 / 12

눈(目)이 횃불처럼 밝은 데서, '밝다'는 뜻이다.

읽기한자 瞭瞭(요료) 瞭然(요연) 明瞭(명료) 照瞭(조료)

聊 1급 　애오라지 **료** 耳 / 5 　동 賴

귀(耳)에 머물러(卯=留) 붙는 데서, '귀 울음(耳鳴)'을 뜻한다. 또, '애오라지, 힘입다, 두려워하다' 등의 뜻이다.

읽기한자 聊浪(요랑) 聊賴(요뢰) 聊城(요성) 聊爾(요이) 亡聊(망료) 無聊(무료)

燎 1급 　횃불 **료** 火 / 12 　동 炬

불(火) 위에 엮어 세운 나무와 흩어지는 불티의 象形으로, '횃불, 화톳불, 불을 놓다'는 뜻이다.

읽기한자 燎壇(요단) 燎獵(요렵) 燎毛(요모) 燎野(요야) 燎祭(요제) 燎燭(요촉) 燎火(요화) 郊燎(교료)
猛燎(맹료) 門燎(문료) 焚燎(분료) 守燎(수료) 炎燎(염료)

遼 2급(名) 　멀 **료** 辶 / 12 　동 遠

벼슬아치(寮)의 진급은 쉬엄쉬엄(辶) 이루어지므로 높은 벼슬이 아득히 멀게 느껴진다는 데서, '멀다'는 뜻이다.

읽기한자 遼隔(요격) 遼寧(요령) 遼東(요동) 遼史(요사) 遼遠(요원) 遼河(요하) 阻遼(조료)

療 2급　병 고칠 **료** 疒 / 12

병(疒)을 고치는 직무의 벼슬아치(寮)가 병을 고친다는 데서, '병 고치다'는 뜻이다.

쓰기한자　加療(가료) 療飢(요기) 療方(요방) 療法(요법) 療病(요병) 療養(요양) 醫療(의료) 診療(진료)
治療(치료)

僚 3급　동료 **료** 人 / 12

관청(寮)에서 함께 일하는 사람(亻)에서, '벼슬아치, 동료'를 뜻한다.

읽기한자　壙僚(광료)
쓰기한자　閣僚(각료) 官僚(관료) 同僚(동료) 僚吏(요리) 僚友(요우) 幕僚(막료)

寥 1급　쓸쓸할 **료** 宀 / 11　**동** 寂

집(宀)에 아무도 없고 바람소리(翏) 뿐이라는 데서, '쓸쓸하다, 공허하다'는 뜻이다.

읽기한자　寥亮(요량) 寥寥(요요) 寥廓(요확) 寥闊(요활) 碧寥(벽료) 蕭寥(소료) 寂寥(적요) 凄寥(처료)
荒寥(황료)

了 3급　마칠 **료:** 亅 / 1

일을 마치고 쓰던 갈고리(亅)를 벽 선반 못(　)에 거는 데서, '마치다'는 뜻이다.

읽기한자　了勘(요감) 了叉(요차)
쓰기한자　了解(요해) 滿了(만료) 魅了(매료) 修了(수료) 完了(완료) 終了(종료)

料 5급　헤아릴 **료(:)** 斗 / 6　**동** 度, 量

곡물(米)의 양을 말(斗)로 재는 데서, '헤아리다'는 뜻이다.

읽기한자　諦料(체료)
쓰기한자　稿料(고료) 給料(급료) 塗料(도료) 料金(요금) 料量(요량) 料理(요리) 料亭(요정) 無料(무료)
肥料(비료) 史料(사료) 思料(사료) 飼料(사료) 送料(송료) 試料(시료) 顔料(안료) 燃料(연료)
染料(염료) 原料(원료) 飮料(음료) 資料(자료) 材料(재료) 香料(향료)

龍 4급　용 **룡** 龍 / 0　**약** 竜

머리를 쳐들고(立) 몸(月)을 위(上)를 향해 꿈틀거리며(己) 하늘(三=天)로 오르는 동물로,
'용'을 뜻한다.

읽기한자　袞龍(곤룡) 蛟龍(교룡) 龍袞(용곤) 龍蛟(용교) 龍駒(용구) 龍瞳(용동) 龍鱗(용린) 龍蟠(용반)
龍麝(용사) 龍犀(용서) 龍沼(용소) 龍邸(용저) 龍廐(용구) 蟄龍(칩룡)
쓰기한자　恐龍(공룡) 龍宮(용궁) 龍頭(용두) 龍馬(용마) 龍尾(용미) 龍床(용상) 龍顔(용안) 龍王(용왕)
蛇龍(사룡) 臥龍(와룡) 靑龍(청룡) 土龍(토룡)

陋 1급 　더러울 **루**: 阜 / 6　동 鄙, 隘

언덕(阝) 속의 좁은(匛) 곳에서, '더럽다'는 뜻이다.

읽기한자　陋街(누가) 陋見(누견) 陋短(누단) 陋劣(누열) 陋鄙(누비) 陋屋(누옥) 陋族(누족) 陋地(누지)
陋賤(누천) 陋醜(누추) 陋忠(누충) 陋態(누태) 陋風(누풍) 陋巷(누항) 固陋(고루) 孤陋(고루)
短陋(단루) 單陋(단루) 朴陋(박루) 凡陋(범루) 卑陋(비루) 貧陋(빈루) 俗陋(속루) 闇陋(암루)
野陋(야루) 愚陋(우루) 頑陋(완루) 幽陋(유루) 淺陋(천루) 賤陋(천루) 寢陋(침루) 寒陋(한루)

 壘 1급 　보루 **루**: 土 / 15　동 堡　약 壘

흙(土)을 포개서(畾) 쌓은 진(陣), '보루'를 뜻한다.

읽기한자　壘空(누공) 壘塊(누괴) 壘門(누문) 壘壁(누벽) 壘堡(누보) 壘舍(누사) 壘城(누성) 壘土(누토)
堅壘(견루) 孤壘(고루) 高壘(고루) 軍壘(군루) 堂壘(당루) 滿壘(만루) 壁壘(벽루) 邊壘(변루)
本壘(본루) 城壘(성루) 營壘(영루) 鳥壘(조루) 離壘(이루) 殘壘(잔루) 敵壘(적루) 走壘(주루)
進壘(진루) 出壘(출루) 陷壘(함루) 險壘(험루)

淚 3급 　눈물 **루**: 水 / 8　약 涙

허물(戾)을 뉘우치며 눈에서 흐르는 물(氵)에서, '눈물'을 뜻한다.

읽기한자　蠟淚(납루) 淚霑(누점) 灑淚雨(쇄루우) 隕淚(운루) 凄淚(처루) 涕淚(체루)
쓰기한자　落淚(낙루) 淚珠(누주) 催淚(최루) 血淚(혈루)

 屢 3급 　여러 **루**: 尸 / 11

많은 사람(尸)이 잇달아(婁) 집에 들락거리는 데서, '여러'의 뜻이다.

쓰기한자　屢年(누년) 屢代(누대) 屢屢(누누) 屢世(누세) 屢次(누차)

 樓 3급Ⅱ 　다락 **루** 木 / 11　동 閣, 館　약 楼

나무(木)를 여러(婁)개 이어서 지은 건물로, '다락'을 뜻한다.

읽기한자　妓樓(기루) 弩樓(노루) 樓簫(누소) 戍樓(수루) 檣樓(장루) 倡樓(창루) 翠樓(취루) 牌樓(패루)
쓰기한자　樓閣(누각) 樓上(누상) 望樓(망루) 玉樓(옥루) 危樓(위루) 鍾樓(종루)

 漏 3급Ⅱ 　샐 **루**: 水 / 11　동 泄, 洩

비(雨)가 내려 빗물(氵)이 집(尸) 지붕에 스며 아래로 흐른 데서, '새다'는 뜻이다.

읽기한자　膿漏(농루) 漏泄(누설) 漏洩(누설) 洩漏(설루) 痔漏(치루) 頹漏(퇴루) 滲漏(삼루)
쓰기한자　刻漏(각루) 闕漏(궐루) 漏刻(누각) 漏氣(누기) 漏落(누락) 漏水(누수) 漏電(누전) 漏出(누출)
疏漏(소루) 早漏(조루) 燭漏(촉루) 脫漏(탈루)

累 | 3급Ⅱ | 여러 / 자주 **루:** | 糸 / 5

밭(田) 사이에 실(糸)처럼 가늘게 나 있는 밭두렁이 여러 개, 포개어(累) 보인다는 데서, '여러, 자주'를 뜻한다.

읽기한자 累繭(누견) 累觴(누상) 累宵(누소) 嬰累(영루)

쓰기한자 加累(가루) 係累(계루) 連累(연루) 累計(누계) 累代(누대) 累卵(누란) 累名(누명) 累犯(누범)
累積(누적) 累增(누증) 累進(누진) 累差(누차) 累責(누책)

 琉 | 1급 | 유리 **류** | 玉 / 7 | 동 璃

투명하고 단단하며 잘 깨지는 물질로 유리창의 재료로 흔히 쓰이는 '유리(琉璃)'를 뜻한다.

읽기한자 琉球(유구)

 溜 | 1급 | 처마물 **류** | 水 / 10

애초에는 강의 이름이었다. 물(氵)이 흘러내리는(畱=流) 데서, '낙숫물, 처마물'을 뜻한다.

읽기한자 溜水(유수) 溜飮(유음) 溜滴(유적) 閣溜(각류) 乾溜(건류) 決溜(결류) 飛溜(비류) 氷溜(빙류)
水溜(수류) 滴溜(적류) 叢溜(총류) 瀑溜(폭류) 廻溜(회류)

 瘤 | 1급 | 혹 **류:** | 疒 / 10 | 동 贅

피의 흐름이 막혀서(留) 부어오르는 병(疒)에서, '혹'을 뜻한다.

읽기한자 瘤腫(유종) 瘤贅(유췌) 宿瘤(숙류) 腫瘤(종류) 贅瘤(췌류)

 謬 | 2급 | 그르칠 **류** | 言 / 11 | 동 誤

멀리 벗어나 높이 날아가는(翏) 말(言)은 잘못이라는 데서, '그르치다'는 뜻이다.

읽기한자 刺謬(날류) 訛謬(와류) 悖謬(패류)

쓰기한자 謬見(유견) 謬算(유산) 謬想(유상) 謬習(유습) 謬傳(유전) 誤謬(오류)

 硫 | 2급 | 유황 **류** | 石 / 7

돌(石)에 약간의 열만 가해도 녹아 흘러내린다(流)는 데서, '유황'을 뜻한다.

쓰기한자 硫酸(유산) 硫黃(유황) 脫硫(탈류)

 劉 | 2급(名) | 죽일/묘금도(卯金刂) **류** | 刀 / 13

쇠붙이(金)로 만든 말 재갈(卯)과 칼(刂)은 모두 무기이므로, '무기, 죽이다'는 뜻이다. 나중에 주로 姓氏로 쓰이게 되었다. 破字하여 흔히 '묘금도(卯金刂)류'라 부른다.

읽기한자 虔劉(건류) 劉邦(유방) 劉備(유비) 曹劉(조류)

柳 4급 버들 **류(:)** 木 / 5

나무(木) 가지가 토끼(卯) 털처럼 부드러운 데서, '버들, 버드나무'를 뜻한다.

읽기한자 杞柳(기류) 楡柳(유류)

쓰기한자 路柳(노류) 柳器(유기) 垂柳(수류) 楊柳(양류) 編柳(편류) 花柳(화류)

留 4급Ⅱ 머무를 **류** 田 / 5 동 住

토끼(卯)가 풀밭(田)에 머물러(留) 풀을 뜯어 먹는 데서, '머무르다'는 뜻이다.

읽기한자 挽留(만류) 奄留(엄류)

쓰기한자 居留(거류) 繫留(계류) 拘留(구류) 寄留(기류) 留級(유급) 留念(유념) 留保(유보) 留宿(유숙)
留意(유의) 留任(유임) 留置(유치) 留學(유학) 保留(보류) 押留(압류) 抑留(억류) 遺留(유류)
殘留(잔류) 停留(정류) 駐留(주류) 滯留(체류)

類 5급Ⅱ 무리 **류(:)** 頁 / 10

대가리(頁)에 쌀겨(米)가 묻어 어느 놈인지 구분하기 어려운 개(犬)들이 모여 있는 데서,
'닮다, 무리'를 뜻한다.

읽기한자 類祠(유사) 麪類(면류) 譬類(비류) 薯類(서류) 藻類(조류) 簒類(찬류) 悖類(패류) 彙類(휘류)

쓰기한자 穀類(곡류) 菌類(균류) 同類(동류) 類例(유례) 類別(유별) 類似(유사) 類推(유추) 類型(유형)
部類(부류) 分類(분류) 書類(서류) 語類(어류) 魚類(어류) 肉類(육류) 衣類(의류) 人類(인류)
鳥類(조류) 種類(종류) 酒類(주류)

流 5급Ⅱ 흐를 **류** 水 / 7 동 浪

아이가 나올 때 양수가 흐르듯(㐬) 물(氵)이 흐르는 데서, '흐르다'는 뜻이다.

읽기한자 汲流(급류) 湍流(단류) 流喝(유갈) 流寇(유구) 流沫(유말) 流邁(유매) 流眄(유면) 流觴(유상)
流鶯(유앵) 流裔(유예) 流寓(유우) 流謫(유적) 流涕(유체) 流萍(유평) 流逋(유포) 流飆(유표)
流彗(유혜) 流洽(유흡) 洑流(복류) 潟流(석류) 遡流(소류) 斡流(알류) 溢流(일류) 嫡流(적류)
貶流(폄류)

쓰기한자 激流(격류) 溪流(계류) 暖流(난류) 同流(동류) 流動(유동) 流浪(유랑) 流量(유량) 流民(유민)
流配(유배) 流産(유산) 流逝(유서) 流域(유역) 流轉(유전) 流暢(유창) 流出(유출) 流彈(유탄)
流通(유통) 流布(유포) 流行(유행) 流血(유혈) 流刑(유형) 時流(시류) 亞流(아류) 逆流(역류)
源流(원류) 電流(전류) 潮流(조류) 濁流(탁류) 漂流(표류) 風流(풍류) 寒流(한류) 海流(해류)

戮 1급 죽일 **륙** 戈 / 11 동 殺, 誅

창(戈)으로 죽이는(翏) 데서, '죽이다'는 뜻이다.

읽기한자 戮力(육력) 戮笑(육소) 戮辱(육욕) 戮誅(육주) 糾戮(규륙) 大戮(대륙) 屠戮(도륙) 殺戮(살육)
夷戮(이륙) 殘戮(잔륙) 誅戮(주륙) 討戮(토륙) 刑戮(형륙)

陸 5급Ⅱ 　　　**뭍 륙**　阜 / 8　　비 睦　동 地　반 海

솟아오른 언덕(阝)이 있고 흙(土)과 흙(土)이 널리 나뉘어(八) 끝없이 펼쳐져 있는 데서, '뭍'을 뜻한다.

읽기한자　陸穹(육궁)

쓰기한자　內陸(내륙) 大陸(대륙) 陸橋(육교) 陸軍(육군) 陸稻(육도) 陸路(육로) 陸離(육리) 陸土(육사) 陸上(육상) 陸送(육송) 陸運(육운) 陸地(육지) 離陸(이륙) 上陸(상륙) 水陸(수륙) 揚陸(양륙) 着陸(착륙)

六 8급 　　　**여섯 륙**　八 / 2　　비 大, 太, 犬

지붕(亠)과 기둥(八)만 있는 집을 본뜬 글자로, 동, 서, 남, 북, 상, 하의 여섯 방향과 통하는 데서, '여섯'을 뜻한다.

읽기한자　駕六(가륙) 六呂(육려) 六腑(육부) 六牲(육생) 六摯(육지) 六鑿(육착) 六爻(육효) 什六(십륙)

쓰기한자　六感(육감) 六甲(육갑) 六禮(육례) 六法(육법) 六書(육서) 六旬(육순) 六親(육친) 六月(유월)

綸 1급 　　　**벼리 륜**　糸 / 8

가닥이 잡힌(侖) 실(糸)에서, '벼리'를 뜻한다.

읽기한자　綸巾(관건) 綸命(윤명) 綸子(윤자) 綸詔(윤조) 綸布(윤포) 經綸(경륜) 彌綸(미륜) 紛綸(분륜) 絲綸(사륜) 垂綸(수륜) 修綸(수륜) 靑綸(청륜) 沈綸(침륜) 投綸(투륜)

淪 1급 　　　**빠질 륜**　水 / 8　　동 沒, 陷

물 속에 무엇이 빠지면서 물결(氵)이 바퀴(侖=輪)처럼 퍼지는 데서, '빠지다, 잔물결'을 뜻한다.

읽기한자　淪缺(윤결) 淪屈(윤굴) 淪匿(윤닉) 淪落(윤락) 淪埋(윤매) 淪滅(윤멸) 淪沒(윤몰) 淪謝(윤사) 淪塞(윤색) 淪失(윤실) 淪替(윤체) 淪飄(윤표) 淪陷(윤함) 憤淪(분륜) 隱淪(은륜) 煙淪(연륜) 沈淪(침륜) 漂淪(표륜) 混淪(혼륜)

崙 2급(名) 　　　**산이름 륜**　山 / 8

형성문자로, 中國 新疆省에 있는 산(山)인, 崑崙山의 이름자이다.

읽기한자　河崙(하륜)

倫 3급Ⅱ 　　　**인륜 륜**　人 / 8

사람(亻)의 도리를 밝힌 책(冊)들을 모아(合) 놓은 데서, '인륜'을 뜻한다.

읽기한자　倫擬(윤의) 倫弛(윤이) 蔡倫(채륜) 悖倫(패륜)

쓰기한자　倫理(윤리) 倫匹(윤필) 不倫(불륜) 人倫(인륜) 天倫(천륜)

輪 | 4급 | 바퀴 **륜** | 車 / 8 | 동 廻
책을 모아 이루어진 서가(侖)처럼 여러 살대가 모여 이루어진 수레(車)의 바퀴에서, '바퀴'를 뜻한다.

읽기한자 輪輻(윤복) 輪轄(윤할) 暈輪(훈륜)

쓰기한자 車輪(차륜) 年輪(연륜) 輪姦(윤간) 輪番(윤번) 輪伐(윤벌) 輪作(윤작) 輪轉(윤전) 輪禍(윤화) 輪回(윤회) 輪廻(윤회) 五輪(오륜) 五輪旗(오륜기) 銀輪(은륜) 後輪(후륜)

慄 | 1급 | 떨릴 **률** | 心 / 10
밤(栗)이 들어있는 밤송이 가시를 보고 마음(忄) 속으로 조심하는데서, '떨리다, 두려워하다, 무서워하다'는 뜻이다.

읽기한자 慄烈(율렬) 悸慄(계율) 恐慄(공률) 凜慄(늠률) 悼慄(도율) 悚慄(송률) 嚴慄(엄률) 畏慄(외율) 戰慄(전율) 齊慄(제율) 寒慄(한율)

栗 | 3급II | 밤 **률** | 木 / 6 | 비 粟
바구니(襾) 같은 밤송이가 달리는 나무(木)에서, '밤, 밤나무'를 뜻한다.

읽기한자 栗粒(율립) 栗帛(율백)

쓰기한자 栗谷(율곡) 生栗(생률) 黃栗(황률)

率 | 3급II | 비율 **률** / 거느릴 **솔** | 玄 / 6
새그물을 본뜬 글자로, 새가 빠져 나가지 못하게 그물코를 일정한 비율로 엮고, 그물에 걸린 새를 마음대로 부리는 데서, '비율, 거느리다'는 뜻이다.

읽기한자 兜率(도솔) 率壻(솔서) 率禦(솔어) 率詣(솔예) 率爾(솔이) 橢率(타율) 坦率(탄솔)

쓰기한자 輕率(경솔) 高率(고율) 能率(능률) 率家(솔가) 率先(솔선) 率直(솔직) 利率(이율) 倍率(배율) 比率(비율) 稅率(세율) 勝率(승률) 食率(식솔) 引率(인솔) 低率(저율) 眞率(진솔) 草率(초솔) 打率(타율) 統率(통솔) 確率(확률) 換率(환율) 效率(효율)

律 | 4급II | 법칙 **률** | 彳 / 6 | 동 法
법률은 붓(聿)으로 쓰여진 뒤 나라 전체에 퍼져 나가는(彳) 데서, '법칙'을 뜻한다.

읽기한자 律呂(율려) 擬律(의율) 秦律(진율)

쓰기한자 加律(가율) 檢律(검률) 戒律(계율) 軍律(군율) 規律(규율) 紀律(기율) 律動(율동) 律法(율법) 律士(율사) 律師(율사) 律詩(율시) 排律(배율) 法律(법률) 旋律(선율) 聲律(성률) 韻律(운율) 音律(음률) 自律(자율) 調律(조율) 他律(타율)

隆 | 3급II | 높을 **륭** | 阜 / 9 | 동 盛, 昌, 興
평지(一)를 천천히 걷다(夂) 보면 높이 불쑥 솟아난(生) 언덕(阝)도 만나는 데서, '높다'는 뜻이다.

읽기한자 隆熾(융치) 蘊隆(온륭)

쓰기한자 隆起(융기) 隆盛(융성) 隆崇(융숭) 隆恩(융은) 隆準(융준) 隆昌(융창) 隆替(융체) 隆興(융흥)

肋 1급 　갈빗대 **륵**　肉 / 2

가슴(月)에 줄지어(力=理) 보이는 뼈대로, '갈빗대'를 뜻한다.

읽기한자　肋骨(늑골) 肋膜(늑막) 鷄肋(계륵) 沙肋(사륵) 山肋(산륵) 羊肋(양륵) 兩肋(양륵)

勒 1급 　굴레 **륵**　力 / 9

힘(力)을 들여 말의 움직임을 억누를 수 있는 가죽(革)으로, '굴레'를 뜻한다.

읽기한자　勒掘(늑굴) 勒買(늑매) 勒銘(늑명) 勒兵(늑병) 勒捧(늑봉) 勒碑(늑비) 勒葬(늑장) 勒停(늑정)
勒住(늑주) 勒徵(늑징) 勒奪(늑탈) 勒婚(늑혼) 勒痕(늑흔) 銘勒(명륵) 彌勒(미륵) 剖勒(부륵)
整勒(정륵) 貝勒(패륵)

凜 1급 　찰 **름**　冫 / 13

얼 듯한(冫), 몸이 오므라들(稟) 듯한 추위로, '차다'는 뜻이다.

읽기한자　凜兢(늠긍) 凜烈(늠렬) 凜慄(늠률) 凜凜(늠름) 凜嚴(늠엄) 凜然(늠연) 凜綴(늠철) 凜秋(늠추)
凜乎(늠호) 慘凜(참름) 凄凜(처름) 淸凜(청름) 寒凜(한름)

菱 1급 　마름 **릉**　艸 / 8

열매 모양에 모(夌)가 있는 水草(艹)로, '마름'을 뜻한다.

읽기한자　菱歌(능가) 菱池(능지) 菱唱(능창) 菱荷(능하) 菱形(능형) 菱花(능화) 採菱(채릉) 鐵菱(철릉)

稜 1급 　모날 **릉**　禾 / 8 　동 角

두 면이 만나서 생기는 선으로 물체의 가장자리가 모나는 데서, '모서리, 모나다'는 뜻이다.

읽기한자　稜角(능각) 稜稜(능릉) 稜威(능위) 稜疊(능첩) 三稜(삼릉) 巖稜(암릉) 威稜(위릉) 旱稜(한릉)

綾 1급 　비단 **릉**　糸 / 8 　동 綺

도드라진(夌) 무늬를 짜 넣은 천(糸)에서, '비단'을 뜻한다.

읽기한자　綾衾(능금) 綾綺(능기) 綾羅(능라) 綾帽(능모) 綾文(능문) 綾扇(능선) 綾屬(능속) 綺綾(기릉)
文綾(문릉) 色綾(색릉) 細綾(세릉) 吳綾(오릉) 異綾(이릉) 靑綾(청릉) 胡綾(호릉)

凌 1급 　업신여길 **릉**　冫 / 8 　동 蔑

얼음(冫)이 언덕(夌)을 이룬 것으로, '얼음'을 뜻한다. 또, 陵과 통하여 '업신여기다, 능가하
다'는 뜻이다.

읽기한자　凌駕(능가) 凌喬(능교) 凌兢(능긍) 凌亂(능란) 凌摩(능마) 凌罵(능매) 凌蔑(능멸) 凌侮(능모)
凌辱(능욕) 凌雲(능운) 凌遲(능지) 凌波(능파) 凌逼(능핍) 陵虐(능학) 侵凌(침릉)

楞 2급(名) 네모질[四角] **릉** 木 / 9

사방(四)의 기둥(木)이 모서리(方)가 있다는 데서, '네모지다'는 뜻이다.

읽기한자 楞角(능각)

陵 3급Ⅱ 언덕 **릉** 阜 / 8 동 丘

흙(土)이 완만한 비탈을 이루며 넓게 펼쳐져(八) 있어서 천천히 걸어(夂) 올라갈 수 있는 언덕(阝)에서, '언덕'이라는 뜻이다.

읽기한자 岡陵(강릉) 魁陵(괴릉) 陵汩(능골) 陵蹈(능도) 陵螺(능라) 陵邁(능매) 陵緬(능면) 陵曳(능예) 阜陵(부릉) 憑陵(빙릉)

쓰기한자 江陵(강릉) 丘陵(구릉) 陵谷(능곡) 陵蔑(능멸) 陵冒(능모) 陵碑(능비) 陵越(능월) 陵夷(능이) 陵遲(능지) 陵寢(능침) 陵虐(능학) 王陵(왕릉)

罹 1급 걸릴 **리** 网 / 11

그물(罒)에 걸린 새(隹)가 마음(忄)에 걸린다는 데서 '걸리다, 근심하다'는 뜻이다.

읽기한자 罹難(이난) 罹病(이병) 罹厄(이액) 罹災(이재)

釐 1급 다스릴 **리** 里 / 11 약 厘

조리를 바로 세워 '다스리다'는 뜻이다. 또 厘와 같이 '수량의 이름'[1푼(分)의 10분의 1]으로 쓰인다.

읽기한자 釐改(이개) 釐金(이금) 釐分(이분) 釐正(이정) 釐定(이정) 釐替(이체) 釐革(이혁) 陟釐(척리) 毫釐(호리)

裡 1급 속 **리:** 衣 / 7

솔기의 줄(里)이 보이는 옷(衤)의 안, '속'을 뜻한다.

읽기한자 裡里(이리) 裡水(이수) 乾裡(건리) 庫裡(고리) 帖裡(첩리)

俚 1급 속될 **리:** 人 / 7 동 鄙, 俗

시골(里) 사람(亻)의 뜻에서, '속되다, 촌스럽다'는 뜻이다.

읽기한자 俚歌(이가) 俚近(이근) 俚婦(이부) 俚鄙(이비) 俚辭(이사) 俚語(이어) 俚諺(이언) 俚儒(이유) 俚醫(이의) 俚耳(이이) 蕪俚(무리) 鄙俚(비리) 庸俚(용리) 淺俚(천리) 巴俚(파리) 下俚(하리)

悧 1급 영리할 **리** 心 / 7

俐와 同字로, 마음(忄)이 날카롭다는(利) 데서, '영리하다'는 뜻이다.

籬 1급 울타리 **리** 竹 / 19 🈂藩

대오리(竹)나 섶을 엮어서 친 '울타리'를 뜻한다.

📖 읽기한자 籬菊(이국) 籬窺(이규) 籬根(이근) 籬門(이문) 籬藩(이번) 籬邊(이변) 籬柵(이책) 籬楓(이풍)
籬下(이하) 缺籬(결리) 枯籬(고리) 棘籬(극리) 槿籬(근리) 短籬(단리) 東籬(동리) 疏籬(소리)
肉籬(육리) 竹籬(죽리) 荒籬(황리)

痢 1급 이질 **리:** 疒 / 7

날카로운(利) 아랫배의 아픔과 더불어 뒤가 잦은 증상을 보이는 전염병(疒)에서 '이질'을
뜻한다.

📖 읽기한자 痢症(이증) 痢疾(이질) 渴痢(갈리) 瀉痢(사리) 泄痢(설리) 疫痢(역리) 赤痢(적리) 下痢(하리)

梨 3급 배 **리** 木 / 7

갈증에 이로운(利) 열매가 달리는 나무(木)에서, '배, 배나무'를 뜻한다.

📖 읽기한자 棠梨(당리)
✏️ 쓰기한자 梨園(이원) 梨花(이화)

履 3급II 밟을 **리:** 尸 / 12

사람(尸)이 되풀이하여(復) 걸으려면 신을 신고 가급적 평평한 길을 밟아 나가야 한다는
데서, '밟다'는 뜻이다.

📖 읽기한자 蹈履(도리) 履鞱(이갈) 芒履(망리) 跋履(발리)
✏️ 쓰기한자 履歷(이력) 履修(이수) 履行(이행) 木履(목리) 珠履(주리) 廢履(폐리)

吏 3급II 벼슬아치 / 관리 **리:** 口 / 3 🈂胥 🈂民

벼슬아치는 한결같은(一) 마음과 중정한(中) 입장으로 손(又)에 붓을 들고 정사를 처리해
야 한다는 데서, '벼슬아치, 관리'를 뜻한다.

📖 읽기한자 奸吏(간리) 疆吏(강리) 狡吏(교리) 邏吏(나리) 胥吏(서리) 竪吏(수리) 什吏(십리) 猾吏(활리)
廐吏(구리)
✏️ 쓰기한자 警吏(경리) 官吏(관리) 僚吏(요리) 吏道(이도) 吏讀(이두) 吏頭(이두) 吏房(이방) 吏屬(이속)
稅吏(세리) 廷吏(정리) 酷吏(혹리)

裏 3급II 속 **리:** 衣 / 7

옷(衣) 안쪽에는 밭이랑 같은 이음매(里)가 있는 데서, '속, 안'을 뜻한다.

📖 읽기한자 瓶裏(병리) 袖裏(수리) 庵裏(암리)
✏️ 쓰기한자 腦裏(뇌리) 裏面(이면) 裏書(이서) 表裏(표리)

| 離 | 4급 | 떠날 **리:** | 隹 / 11 | 통 別 | 반 合 | 약 难 |

날짐승(禽)인 꽁지 짧은 철새(隹)는 계절이 바뀌면 둥지를 버리고 떠나는 데서, '떠나다'는 뜻이다.

읽기한자 離磬(이경) 離壘(이루) 離靡(이미) 離畔(이반) 離披(이피) 離懈(이해) 離闊(이활)

쓰기한자 距離(거리) 隔離(격리) 亂離(난리) 陸離(육리) 離間(이간) 離陸(이륙) 離別(이별) 離散(이산)
離任(이임) 離籍(이적) 離職(이직) 離脫(이탈) 離婚(이혼) 別離(별리) 分離(분리) 騷離(소리)
遊離(유리) 長距離(장거리) 電離(전리)

| 理 | 6급II | 다스릴 **리:** | 玉 / 7 | 반 亂 |

밭(田) 이랑(土)처럼 옥(王)의 결(里)이 아름답게 보이도록 옥을 갈고 다듬는 데서, '다스리다'는 뜻이다.

읽기한자 肌理(기리) 爕理(섭리) 悖理(패리)

쓰기한자 監理(감리) 經理(경리) 管理(관리) 窮理(궁리) 論理(논리) 料理(요리) 倫理(윤리) 理科(이과)
理念(이념) 理髮(이발) 理事(이사) 理想(이상) 理致(이치) 理學(이학) 理解(이해) 物理(물리)
生理(생리) 署理(서리) 攝理(섭리) 受理(수리) 數理(수리) 順理(순리) 審理(심리) 義理(의리)
情理(정리) 調理(조리) 地理(지리) 眞理(진리) 處理(처리) 總理(총리) 推理(추리) 治理(치리)
合理(합리)

| 李 | 6급 | 오얏 / 성(姓) **리:** | 木 / 3 |

나무(木)의 열매(子)란 뜻인데, 특히 '오얏(자두)'을 나타내며, 姓氏로 쓰인다.

읽기한자 李哥(이가) 李塏(이개) 李玖(이구) 李垠(이은) 李珥(이이) 李棗(이조) 李滉(이황)

쓰기한자 桃李(도리) 李氏(이씨) 李孃(이양) 行李(행리)

| 利 | 6급II | 이할 **리:** | 刀 / 5 | 통 益 | 반 害 |

벼(禾)를 베는 칼(刂)이 날카로워 벼가 잘 베어지는 데서, '날카롭다, 이하다'는 뜻이다.

읽기한자 利鋒(이봉) 利爪(이조) 利錐(이추) 牟利(모리) 犀利(서리) 剩利(잉리) 寵利(총리)

쓰기한자 公利(공리) 功利(공리) 國利(국리) 權利(권리) 利權(이권) 利器(이기) 利尿(이뇨) 利得(이득)
利率(이율) 利息(이식) 利殖(이식) 利潤(이윤) 利益(이익) 利敵(이적) 利點(이점) 利害(이해)
名利(명리) 謀利(모리) 薄利(박리) 福利(복리) 複利(복리) 舍利(사리) 勝利(승리) 殖利(식리)
失利(실리) 實利(실리) 營利(영리) 銳利(예리) 有利(유리) 長利(장리) 低利(저리) 地利(지리)
便利(편리) 暴利(폭리)

| 里 | 7급 | 마을 **리:** | 里 / 0 | 통 閭 |

밭(田)과 흙(土)이 있는 곳에는 마을이 있는 데서, '마을'을 뜻한다.

읽기한자 閭里(여리) 里魁(이괴) 里閭(이려) 裡里(이리) 里諺(이언) 墟里(허리)

쓰기한자 康里(강리) 洞里(동리) 里數(이수) 里長(이장) 里程(이정) 十里(십리) 千里(천리) 海里(해리)
鄕里(향리)

燐 1급 　도깨비불 **린**　火 / 12

도깨비불(粦)에 불(火)을 덧붙여 뜻을 분명히 한 것으로, '도깨비불'을 뜻한다.

읽기한자　燐光(인광) 燐亂(인란) 燐火(인화) 鬼燐(귀린) 白燐(백린) 野燐(야린) 赤燐(적린) 黃燐(황린)

鱗 1급 　비늘 **린**　魚 / 12

물고기(魚) 비늘이 도깨비불(粦)처럼 희미하게 빛나는 데서, '비늘'을 뜻한다.

읽기한자　鱗甲(인갑) 鱗介(인개) 鱗莖(인경) 鱗構(인구) 鱗羅(인라) 鱗淪(인륜) 鱗鱗(인린) 鱗毛(인모)
鱗物(인물) 鱗比(인비) 鱗羽(인우) 鱗接(인접) 鱗次(인차) 鱗萃(인췌) 鱗鴻(인홍) 鱗彙(인휘)
介鱗(개린) 驚鱗(경린) 枯鱗(고린) 窮鱗(궁린) 文鱗(문린) 凡鱗(범린) 伏鱗(복린) 常鱗(상린)
細鱗(세린) 魚鱗(어린) 逆鱗(역린) 龍鱗(용린) 羽鱗(우린) 銀鱗(은린) 片鱗(편린) 活鱗(활린)

吝 1급 　아낄 **린**　口 / 4　　동 嗇

잃은 것을 실제 이상으로 꾸며(文) 말하는(口) 데서, '아끼다'는 뜻이다.

읽기한자　吝嗇(인색) 吝惜(인석) 吝愛(인애) 儉吝(검린) 惜吝(석린) 貪吝(탐린) 悔吝(회린)

躪 1급 　짓밟을 **린**　足 / 20

형성문자로 躙, 躪과 同字인데, 발(⻊)로 밟는 데서, '밟다, 짓밟다'는 뜻이다.

읽기한자　蹂躪(유린)

麟 2급(名) 　기린 **린**　鹿 / 12

사슴(鹿) 종류 중에서 눈에 띄게 빛나는(粦=燐) 것이 기린이라는 데서, '기린'을 뜻한다.

읽기한자　麒麟(기린) 麟角(인각) 麟鳳(인봉) 麟筆(인필) 鳳麟(봉린)

隣 3급 　이웃 **린**　阜 / 12　　동 憐

언덕(阝) 밑에서 왼발 오른발(舛)로 걸어 다니면서 쌀(米) 농사를 짓는 동네 사람에서, '이웃'을 뜻한다.

읽기한자　隣畔(인반) 逼隣(핍린)
쓰기한자　隣近(인근) 隣接(인접) 隣村(인촌) 善隣(선린)

淋 1급 　임질 **림**　水 / 8　　동 灕, 灡

곧추 선(林=立) 것을 타고 물(氵)이 흐르는 것으로, '물이 흘러 떨어지다'는 뜻이다. 또 痳과 同字로 '임질'을 뜻한다.

읽기한자　淋浪(임랑) 淋瀝(임력) 淋淋(임림) 淋滲(임삼) 淋灑(임쇄) 淋疾(임질) 淋巴(임파) 淋汗(임한)
積淋(적림)

臨 3급Ⅱ 　임할 **림** 　臣 / 11 　약 临

물건(品)을 보기 위해 몸을 굽혀(臥) 물건 가까이에 다가가는 데서, '임하다'는 뜻이다.

읽기한자 瞰臨(감림) 枉臨(왕림) 眺臨(조림)

쓰기한자 降臨(강림) 光臨(광림) 君臨(군림) 來臨(내림) 臨檢(임검) 臨界(임계) 臨機(임기) 臨迫(임박)
臨床(임상) 臨時(임시) 臨戰(임전) 臨政(임정) 臨終(임종) 臨海(임해) 辱臨(욕림) 再臨(재림)

林 7급 　수풀 **림** 　木 / 4 　비 材

나무(木) 옆에 또 나무(木)가 자라나 있는 데서, '숲'을 뜻한다.

읽기한자 喬林(교림) 鄧林(등림) 麓林(녹림) 林麓(임록) 林叢(임총) 矮林(왜림) 叢林(총림) 杏林(행림)

쓰기한자 農林(농림) 林立(임립) 林野(임야) 林業(임업) 茂林(무림) 密林(밀림) 士林(사림) 山林(산림)
森林(삼림) 松林(송림) 樹林(수림) 鬱林(울림) 儒林(유림) 造林(조림)

粒 1급 　낟알 **립** 　米 / 5

하나하나가 독립된(立) 꼴을 가진 곡물(米)로, '낟알'을 뜻한다.

읽기한자 粒米(입미) 粒雪(입설) 粒食(입식) 粒子(입자) 米粒(미립) 飯粒(반립) 遺粒(유립) 栗粒(율립)
種粒(종립) 慘粒(참립)

笠 1급 　삿갓 **립** 　竹 / 5

대오리(竹) 등을 이용하여 만든 것으로, 안정되어 놓으면 그대로 서는(立) '삿갓'을 뜻한다.

읽기한자 笠帽(입모) 笠房(입방) 笠子(입자) 笠澤(입택) 笠標(입표) 蓋笠(개립) 臺笠(대립) 蓬笠(봉립)
蓑笠(사립) 圓笠(원립) 氈笠(전립) 行笠(행립)

立 7급Ⅱ 　설 **립** 　立 / 0

사람이 땅 위에 서 있는 모양을 나타낸 글자로, '서다'는 뜻이다.

읽기한자 鵠立(곡립) 立錐(입추) 竪立(수립) 愕立(악립) 聳立(용립) 雀立(작립) 挺立(정립) 鼎立(정립)
站立(참립) 篡立(찬립)

쓰기한자 建立(건립) 孤立(고립) 起立(기립) 對立(대립) 亂立(난립) 兩立(양립) 聯立(연립) 立脚(입각)
立件(입건) 立法(입법) 立案(입안) 立場(입장) 立證(입증) 立地(입지) 立志(입지) 立體(입체)
立春(입춘) 立憲(입헌) 竝立(병립) 設立(설립) 成立(성립) 樹立(수립) 擁立(옹립) 而立(이립)
積立(적립) 定立(정립) 組立(조립) 存立(존립) 創立(창립) 冊立(책립) 卓立(탁립) 確立(확립)

魔 2급 　마귀 **마** 　鬼 / 11 　비 鬼

사람을 놀라게 해 삼대(麻)처럼 뻣뻣하게 만드는 귀신(鬼)이라는 데서, '마귀'를 뜻한다.

읽기한자 魔魁(마괴) 蘊魔(온마)

쓰기한자 魔界(마계) 魔軍(마군) 魔窟(마굴) 魔鬼(마귀) 魔力(마력) 魔法(마법) 魔手(마수) 魔術(마술)
魔王(마왕) 病魔(병마) 伏魔殿(복마전) 色魔(색마) 心魔(심마) 惡魔(악마)

摩 **2급** 문지를 **마** 手 / 11 동 擦
삼(麻)을 손(手)에 쥐고 비벼서 실을 만드는 데서, '문지르다, 어루만지다'는 뜻이다.

읽기한자 刮摩(괄마) 曇摩(담마) 凌摩(능마) 摩撫(마무) 摩娑(마사) 摩徙(마사) 摩擦(마찰) 撫摩(무마)
按摩(안마) 蕩摩(탕마)
쓰기한자 肩摩(견마) 摩鑛(마광) 摩尼(마니) 摩震(마진) 摩擦(마찰) 摩天(마천) 切摩(절마) 漸摩(점마)

 痲 **2급** 저릴 **마** 疒 / 8 동 痺
몸이 삼대(麻)처럼 뻣뻣해지는 병(疒)이라는 데서, '중풍, 저리다'는 뜻이다.

읽기한자 痲疹(마진)
쓰기한자 痲藥(마약) 痲醉(마취)

 磨 **3급Ⅱ** 갈 **마** 石 / 11 동 刮, 耗, 研
거칠거칠한 삼(麻)을 돌(石)로 문지르고 가는 데서, '갈다'는 뜻이다.

읽기한자 刮磨(괄마) 臼磨(구마) 磨刮(마괄) 磨礪(마려) 磨拭(마식) 磨錐(마추)
쓰기한자 達磨(달마) 鍊磨(연마) 磨滅(마멸) 研磨(연마)

 麻 **3급Ⅱ** 삼 **마(:)** 麻 / 0
집에서 삼 껍질을 벗겨 삼실을 만드는 것을 나타낸 글자였으나, 뒤에 '삼' 자체를 지칭하는 글자가 되었다.

읽기한자 麻袋(마대) 麻搗(마도) 麻雀(마작) 披麻(피마)
쓰기한자 加麻(가마) 大麻(대마) 亂麻(난마) 麻衣(마의) 麻布(마포) 亞麻(아마) 菜麻(채마)

 馬 **5급** 말 **마:** 馬 / 0
말의 옆모양을 본뜬 글자로, '말'을 뜻한다.

읽기한자 駒馬(구마) 駱馬(낙마) 馬褐(마갈) 馬齡(마령) 馬勃(마발) 馬坊(마방) 馬糞(마분) 馬棧(마잔)
馬迹(마적) 馬氈(마전) 馬蹄(마제) 馬槽(마조) 馬藻(마조) 馬鞭(마편) 馬疋(마필) 馬銜(마함)
馬廐(마구) 斑馬(반마) 駙馬(부마) 扇馬(선마) 鞍馬(안마) 戎馬(융마) 仗馬(장마) 駿馬(준마)
瘠馬(척마) 馳馬(치마) 疋馬(필마) 悍馬(한마)
쓰기한자 車馬(거마) 犬馬(견마) 競馬(경마) 繫馬(계마) 困馬(곤마) 軍馬(군마) 騎馬(기마) 落馬(낙마)
龍馬(용마) 馬脚(마각) 馬車(마차) 馬券(마권) 馬力(마력) 馬賊(마적) 馬匹(마필) 名馬(명마)
木馬(목마) 白馬(백마) 兵馬(병마) 卜馬(복마) 乘馬(승마) 驛馬(역마) 傳馬(전마) 天馬(천마)
鐵馬(철마) 出馬(출마) 匹馬(필마) 下馬(하마) 河馬(하마)

寞 **1급** 고요할 **막** 宀 / 11
집(宀) 안에 아무도 없는(莫) 것으로, '고요하다'는 뜻이다.

읽기한자 寞寞(막막) 落寞(낙막) 索寞(삭막) 窈寞(요막) 寂寞(적막) 沖寞(충막)

膜 2급 꺼풀 / 막 **막** 肉 / 11
몸(月)의 여러 기관들을 둘러싼(莫=幕) 것으로, '꺼풀, 막'을 뜻한다.

읽기한자 腱膜(건막) 膈膜(격막) 鞏膜(공막) 肋膜(늑막) 膜唄(막패) 粘膜(점막)
쓰기한자 角膜(각막) 鼓膜(고막) 骨膜(골막) 網膜(망막) 胎膜(태막)

漠 3급Ⅱ 넓을 **막** 水 / 11
물(氵)이 없는(莫) 사막은 넓고 아득한 데서, '넓다'는 뜻이다.

읽기한자 駱漠(낙막)
쓰기한자 漠漠(막막) 漠然(막연) 茫漠(망막) 沙漠(사막)

莫 3급Ⅱ 없을 **막** 艸 / 7
초목(艹) 밑으로 큰(大) 해(日)가 져서 빛이 없는 데서, '없다'는 뜻이다.

읽기한자 闇莫(암막)
쓰기한자 莫大(막대) 莫論(막론) 莫甚(막심) 莫逆(막역) 莫重(막중) 莫強(막강) 索莫(삭막)

幕 3급Ⅱ 장막 **막** 巾 / 11
풀(艹)이 큰(大) 해(日)의 빛을 가리듯 천(巾)으로 덮어 가리는 데서, '장막, 천막'을 뜻한다.

읽기한자 廬幕(여막) 簾幕(염막) 袖幕(수막)
쓰기한자 開幕(개막) 內幕(내막) 幕間(막간) 幕僚(막료) 幕府(막부) 幕舍(막사) 幕下(막하) 幕後(막후)
序幕(서막) 煙幕(연막) 園頭幕(원두막) 銀幕(은막) 字幕(자막) 帳幕(장막) 除幕(제막)
終幕(종막) 酒幕(주막) 天幕(천막) 閉幕(폐막) 懸垂幕(현수막) 黑幕(흑막)

彎 1급 굽을 **만** 弓 / 19 통 曲, 屈
활(弓)을 당기어 구부러진(䜌) 모양에서, '굽다'는 뜻이다.

읽기한자 彎曲(만곡) 彎屈(만굴) 彎弓(만궁) 彎彎(만만) 彎月(만월) 彎形(만형) 彎環(만환) 少彎(소만)

輓 1급 끌 / 애도할 **만:** 車 / 7 통 推
수레(車)를 끌어내는(免) 데서, '수레를 끌다'는 뜻이다. 나아가 喪家 수레를 끄는 데서, '애도하다'는 뜻이다.

읽기한자 輓歌(만가) 輓近(만근) 輓詞(만사) 輓送(만송) 輓輸(만수) 輓章(만장) 輓推(만추) 漕輓(조만)
推輓(추만)

挽 1급 당길 **만:** 手 / 7 통 引
아기를 낳을(免) 때 아기를 손(扌)으로 당기는 데서, '당기다, 손으로 당겨 꺼내다'는 뜻이다. 나아가 喪家 수레를 끄는 데서, '애도하다'는 뜻이다.

읽기한자 挽歌(만가) 挽弓(만궁) 挽留(만류) 挽詞(만사) 挽引(만인) 挽回(만회) 木挽(목만)

蔓　1급　덩굴 **만**　艸 / 11　동 延

늘어지게, 길게 자라는(曼) 풀(++)로, '덩굴'을 뜻한다.

읽기한자　蔓茂(만무) 蔓生(만생) 蔓延(만연) 蔓引(만인) 蔓草(만초)

卍　1급　만(卍) **만:**　十 / 4

본디, 인도의 크리슈나신(神)의 가슴의 선모(旋毛)의 상형으로, 吉祥의 뜻이다. 보통 불교나 절의 표지로 이 글자를 쓴다.

읽기한자　卍字(만자)

饅　1급　만두 **만**　食 / 11

밀가루를 발효시켜서 늘인(曼) 음식(飠)으로, '만두'를 뜻한다.

읽기한자　饅頭(만두)

鰻　1급　뱀장어 **만**　魚 / 11

늘어진, 길게 뻗은(曼) 물고기(魚)로, '뱀장어'를 뜻한다.

읽기한자　養鰻(양만) 風鰻(풍만) 海鰻(해만)

瞞　1급　속일 **만**　目 / 11

눈(目)을 가리는(㒼＝丙) 모양으로, '속이다'는 뜻이다.

읽기한자　瞞着(만착) 欺瞞(기만) 阿瞞(아만)

娩　2급　낳을 **만:**　女 / 7

계집(女)이 아이를 낳는다는(免) 데서, '낳다'는 뜻이다.

읽기한자　娩娩(완만)
쓰기한자　娩痛(만통) 分娩(분만)

灣　2급　물굽이 **만**　水 / 22　약 湾

바다(氵)가 육지를 향해 굽어(彎) 들어 온 곳으로, '물굽이'를 뜻한다.

읽기한자　濤灣(도만) 澄灣(징만)
쓰기한자　臺灣(대만) 灣商(만상) 港灣(항만)

蠻 2급 　오랑캐 **만** 　虫 / 19 　비 戀 　편 狄 　약 蛮

모양이나 색이 잘 변하는(變) 벌레(虫)가 사방에 득실거리는 남쪽의 야만인에서, '오랑캐'를 뜻한다.

읽기한자 　蠻貊(만맥) 蠻酋(만추)

쓰기한자 　蠻勇(만용) 蠻行(만행) 野蠻(야만)

慢 3급 　거만할 **만:** 　心 / 11 　비 漫

마음(忄)이 늘어진(曼) 상태로, '게으르다, 거만하다'는 뜻이다.

읽기한자 　倨慢(거만) 驕慢(교만) 瀆慢(독만) 懶慢(나만) 慢撚(만연) 慢悖(만패) 渫慢(설만) 頑慢(완만)
黜慢(출만) 悖慢(패만) 逋慢(포만) 懈慢(해만)

쓰기한자 　慢性(만성) 侮慢(모만) 傲慢(오만) 緩慢(완만) 自慢(자만) 怠慢(태만)

漫 3급 　흩어질 **만:** 　水 / 11 　비 慢

땅바닥에 물(氵)이 흘러 퍼져(曼) 질펀하고 물건이 흩어져 떠다니는 데서, '질펀하다, 흩어지다'는 뜻이다.

읽기한자 　瀾漫(난만) 漫灌(만관) 漫瀾(만란) 漫撒(만살) 漫糊(만호) 渺漫(묘만) 堊漫(악만) 滋漫(자만)
罕漫(한만) 闊漫(활만)

쓰기한자 　浪漫(낭만) 漫談(만담) 漫然(만연) 漫評(만평) 漫筆(만필) 漫畫(만화) 放漫(방만) 散漫(산만)
爛漫(난만)

晩 3급II 　늦을 **만:** 　日 / 7

해(日)가 서산으로 져서 햇빛을 면할(免) 만큼 시간이 흐른 데서, '날이 저물다, 늦다'는 뜻이다.

읽기한자 　晩駕(만가) 晩帆(만범) 晩靄(만애) 晩鶯(만앵) 晩眺(만조) 晩樽(만준) 晩樵(만초) 晩翠(만취)
晩霞(만하) 晩虹(만홍)

쓰기한자 　晩年(만년) 晩成(만성) 晩時(만시) 晩鍾(만종) 晩餐(만찬) 晩秋(만추) 晩學(만학) 晩婚(만혼)

滿 4급II 　찰 **만(:)** 　水 / 11 　동 盈 　반 干 　약 満

이십(廾) 명이 두(兩) 손으로 물(氵)을 길어다 부으니 독에 물이 가득차는 데서, '가득차다'는 뜻이다.

읽기한자 　滿腔(만강) 滿喫(만끽) 滿疂(만루) 滿箔(만박) 滿帆(만범) 滿壅(만용) 滿溢(만일) 滿盞(만잔)
滿斟(만짐) 彌滿(미만) 撲滿(박만) 盈滿(영만) 漲滿(창만) 脹滿(창만)

쓰기한자 　干滿(간만) 滿開(만개) 滿期(만기) 滿了(만료) 滿面(만면) 滿發(만발) 滿朔(만삭) 滿船(만선)
滿員(만원) 滿月(만월) 滿場(만장) 滿載(만재) 滿點(만점) 滿潮(만조) 滿足(만족) 滿洲(만주)
滿醉(만취) 未滿(미만) 不滿(불만) 肥滿(비만) 圓滿(원만) 秩滿(질만) 充滿(충만) 飽滿(포만)
豊滿(풍만)

萬　8급　　일만 **만:**　艸 / 9　얩 万
별을 본뜬 글자로 그 수가 많다는 데서, '골(數多)'을 뜻한다. 뒤에 '일만'의 뜻을 나타냈다.

읽기한자　萬弩(만노) 萬萌(만맹) 萬鎰(만일) 萬樞(만추) 萬壑(만학) 萬喙(만훼)
쓰기한자　萬感(만감) 萬康(만강) 萬國(만국) 萬難(만난) 萬年(만년) 萬能(만능) 萬代(만대) 萬里(만리)
　　　　　萬無(만무) 萬物(만물) 萬民(만민) 萬邦(만방) 萬福(만복) 萬不當(만부당) 萬石(만석)
　　　　　萬世(만세) 萬歲(만세) 萬若(만약) 萬人(만인) 萬一(만일) 萬全(만전) 拾萬(십만)

沫　1급　　물거품 **말**　水 / 5　비 沫
나무의 끝(末)처럼 여기 저기 튀어 흩어진 물(氵)의 끝으로, '물거품, 물보라'를 뜻한다.

읽기한자　沫沸(말비) 沫水(말수) 浪沫(낭말) 跳沫(도말) 浮沫(부말) 沸沫(비말) 飛沫(비말) 水沫(수말)
　　　　　流沫(유말) 珠沫(주말) 泡沫(포말) 瀑沫(폭말) 幻沫(환말)

襪　1급　　버선 **말**　衣 / 15
풀어도 짧아서 가볍게(蔑) 보일 실로 이루어진 헝겊(衤)으로, '버선'을 뜻한다.

읽기한자　襪繫(말계) 羅襪(나말) 洋襪(양말)

抹　1급　　지울 **말**　手 / 5　동 撥
손(扌)으로 잘게(末) 만들고, 비비어 잘 보이지 않게 하는(末) 데서, '지우다, 문지르다'는 뜻이다.

읽기한자　抹去(말거) 抹殺(말살) 抹消(말소) 抹茶(말차) 抹擦(말찰) 抹香(말향) 濃抹(농말) 淡抹(담말)
　　　　　眉抹(미말) 一抹(일말) 電抹(전말) 朱抹(주말) 紅抹(홍말)

靺　2급(名)　　말갈(靺鞨) **말**　革 / 5
중국에서 멀리 떨어져(末) 있는 곳에서 갖옷(革) 입고 사는 종족이라는 데서, '말갈'을 뜻한다.

읽기한자　靺鞨(말갈)

末　5급　　끝 **말**　木 / 1　비 未　동 端, 尾
나무(木)의 끝에 '一' 표시를 한 것으로, '끝'이라는 뜻이다.

읽기한자　末躬(말궁) 末萌(말맹) 末曹(말조) 末梢(말초) 些末(사말) 裔末(예말) 顚末(전말)
쓰기한자　結末(결말) 卷末(권말) 期末(기말) 年末(연말) 綠末(녹말) 末技(말기) 末期(말기) 末年(말년)
　　　　　末端(말단) 末路(말로) 末尾(말미) 末伏(말복) 末席(말석) 末世(말세) 末葉(말엽) 末日(말일)
　　　　　粉末(분말) 始末(시말) 月末(월말) 終末(종말) 週末(주말) 韓末(한말) 毫末(호말)

| 芒 | 1급 | 까끄라기 **망** | 艸 / 3 |

벼, 보리(艹) 등의 맨 끝 가는 털로(亡=萌), '까끄라기'를 뜻한다.

읽기한자 芒角(망각) 芒穀(망곡) 芒履(망리) 芒洋(망양) 芒銳(망예) 芒刃(망인) 芒刺(망자) 芒種(망종) 芒硝(망초) 江芒(강망) 光芒(광망) 句芒(구망) 鋒芒(봉망) 北芒(북망) 星芒(성망) 雄芒(웅망) 赤芒(적망) 精芒(정망) 靑芒(청망) 寒芒(한망)

| 惘 | 1급 | 멍할 **망** | 心 / 8 |

마음(忄)이 그물에 붙잡힌(罔) 것으로, '멍하다'는 뜻이다.

읽기한자 惘惘(망망) 惘然(망연) 悽惘(처망) 慌惘(황망)

| 網 | 2급 | 그물 **망** | 糸 / 8 | 비 綱 |

실(糸)로 짠 그물(罔)에서, '그물'을 뜻한다.

읽기한자 網巾(망건) 網笠(망립) 網紗(망사) 網箭(망전) 曳網(예망) 箭網(전망) 狐網(호망)
쓰기한자 羅網(나망) 網球(망구) 網羅(망라) 網膜(망막) 法網(법망) 漁網(어망) 魚網(어망) 鐵網(철망) 投網(투망)

| 忙 | 3급 | 바쁠 **망** | 心 / 3 |

바빠서 마음(忄) 속에 간직한 기억을 잃어버릴(亡) 정도라는 데서, '바쁘다'는 뜻이다.

읽기한자 慌忙(황망)
쓰기한자 多忙(다망) 忙中閑(망중한) 奔忙(분망)

| 茫 | 3급 | 아득할 **망** | 艸 / 6 |

홍수(氵)가 모든 것을 삼켜 없어지게(亡) 하여 아득히 초목(艹)의 끝만 보일 정도라는 데서, '질펀하다, 아득하다'는 뜻이다.

읽기한자 曠茫(광망) 茫昧(망매) 茫惚(망홀) 昧茫(매망) 渺茫(묘망) 汪茫(왕망) 沆茫(항망)
쓰기한자 茫漠(망막) 茫茫(망망) 茫然(망연) 滄茫(창망)

| 罔 | 3급 | 없을 **망** | 网 / 3 |

그물(罒)에 걸렸던 고기가 도망쳐 없는(亡) 데서, '없다'는 뜻이다.

읽기한자 誣罔(무망) 罕罔(한망) 慌罔(황망)
쓰기한자 欺罔(기망) 罔極(망극) 罔民(망민) 罔測(망측)

忘 | 3급 | 잊을 **망** | 心 / 3 | 동 失

마음(心) 속에 간직했던 기억이 없어진(亡) 데서, '잊다'는 뜻이다.

읽기한자 忘倦(망권) 捐忘(연망)

쓰기한자 健忘(건망) 忘却(망각) 忘年(망년) 忘失(망실) 忘恩(망은) 勿忘草(물망초) 背恩忘德(배은망덕)
不忘(불망) 備忘(비망) 三忘(삼망)

妄 | 3급II | 망령될 **망:** | 女 / 3

도리와 예법을 잃은(亡) 여자(女)라는 데서, '망령되다'는 뜻이다.

읽기한자 詭妄(궤망) 躁妄(조망) 僭妄(참망)

쓰기한자 輕妄(경망) 老妄(노망) 妄覺(망각) 妄靈(망령) 妄發(망발) 妄言(망언) 妖妄(요망) 誕妄(탄망)
虛妄(허망)

亡 | 5급 | 망할 **망** | 亠 / 1 | 동 逋

죽은 사람을 매장하기 위해 사람 눈에 띄지 않도록 한 데서, '없어지다, 잃다, 죽다, 망하다'는 뜻이다.

읽기한자 楛亡(곡망) 亡匿(망닉) 亡虜(망로) 亡聊(망료) 亡魄(망백) 亡逋(망포)

쓰기한자 逃亡(도망) 亡國(망국) 亡靈(망령) 亡命(망명) 亡夫(망부) 亡身(망신) 亡失(망실) 亡室(망실)
亡人(망인) 亡者(망자) 亡兆(망조) 滅亡(멸망) 未亡人(미망인) 奔亡(분망) 死亡(사망)
衰亡(쇠망) 脣亡(순망) 存亡(존망) 敗亡(패망) 興亡(흥망)

望 | 5급II | 바랄 **망:** | 月 / 7

떠나간(亡) 임이 돌아오길 바라며 달(月)을 우두커니 서서(壬) 쳐다보는 데서, '바라다'는 뜻이다.

읽기한자 冀望(기망) 望堡(망보) 望祠(망사) 毋望(무망) 彌望(미망) 羨望(선망) 眺望(조망) 瞻望(첨망)

쓰기한자 可望(가망) 渴望(갈망) 企望(기망) 旣望(기망) 德望(덕망) 落望(낙망) 令望(영망) 望樓(망루)
望遠(망원) 望鄕(망향) 名望(명망) 物望(물망) 伏望(복망) 朔望(삭망) 聲望(성망) 素望(소망)
信望(신망) 失望(실망) 仰望(앙망) 野望(야망) 興望(여망) 餘望(여망) 熱望(열망) 要望(요망)
遙望(요망) 怨望(원망) 願望(원망) 有望(유망) 人望(인망) 潛望(잠망) 展望(전망) 責望(책망)
希望(희망)

邁 | 1급 | 갈[行] **매** | 辵 / 13 | 동 進

전갈(萬) 꼬리가 길게 뻗쳐 가는(辶) 데서, '가다'는 뜻이다.

읽기한자 邁達(매달) 邁德(매덕) 邁進(매진) 邁勳(매훈) 剛邁(강매) 高邁(고매) 陵邁(능매) 敏邁(민매)
放邁(방매) 衰邁(쇠매) 英邁(영매) 運邁(운매) 雄邁(웅매) 流邁(유매) 超邁(초매) 抗邁(항매)

煤 | 1급 | 그을음 **매** | 火 / 9 | 동 煙

불(火) 타고 남은 검은 재, 검댕(某)으로, '그을음, 석탄'을 뜻한다.

읽기한자 煤斤(매근) 煤埃(매애) 煤煙(매연) 煤油(매유) 煤印(매인) 煤炭(매탄) 奇煤(기매) 墨煤(묵매)
寶煤(보매) 松煤(송매) 寵煤(총매)

罵 1급 꾸짖을 **매:** 网 / 10 통 譏, 詈

그물(罒)을 덮어씌우듯(馬)이 말을 퍼 붓는 것으로, '꾸짖다, 욕설을 퍼붓다'는 뜻이다.

읽기한자 罵譏(매기) 罵倒(매도) 罵言(매언) 罵辱(매욕) 罵曹(매조) 罵坐(매좌) 呵罵(가매) 叫罵(규매)
怒罵(노매) 面罵(면매) 侮罵(모매) 笑罵(소매) 惡罵(악매) 仰罵(앙매) 嘲罵(조매) 卒罵(졸매)
責罵(책매) 推罵(추매) 痛罵(통매)

昧 1급 어두울 **매** 日 / 5 미 眛 통 冥

날(日)이 아직 완전히 밝아오지 아니하였다(未)는 데서, '어둡다, 먼동이 트다'는 뜻이다.

읽기한자 昧谷(매곡) 昧旦(매단) 昧茫(매망) 昧沒(매몰) 昧事(매사) 昧者(매자) 童昧(동매) 茫昧(망매)
蒙昧(몽매) 迷昧(미매) 不昧(불매) 三昧(삼매) 深昧(심매) 暗昧(암매) 愚昧(우매) 幼昧(유매)
隱昧(은매) 寂昧(적매) 造昧(조매) 草昧(초매) 虛昧(허매) 荒昧(황매)

呆 1급 어리석을 **매** 口 / 4

강보에 싸인 아기의 象形으로, 아직 미숙한데서, '어리석다'는 뜻이다.

읽기한자 癡呆(치매)

寐 1급 잘 **매:** 宀 / 9 약 寢

집(宀)의 침상(爿＝牀)에서 눈을 감는(未) 것으로, '자다'는 뜻이다.

읽기한자 寐息(매식) 寐語(매어) 寤寐(오매) 假寐(가매) 覺寐(각매) 夢寐(몽매) 睡寐(수매)
夙夜夢寐(숙야몽매) 失寐(실매) 坐寐(좌매) 寢寐(침매) 昏寐(혼매)

枚 2급 낱 **매** 木 / 4

채찍(攵)과 그 재료인 나무(木)의 줄기를 나타내는 글자였으나 의미가 변하여 세는 단위인 '낱'을 뜻한다.

읽기한자 銜枚(함매)
쓰기한자 枚擧(매거) 枚數(매수) 十枚(십매) 條枚(조매)

魅 2급 매혹할 **매** 鬼 / 5

도깨비(鬼)가 사람을 홀려 제정신이 아니게(未) 만든다는 데서, '홀리다, 매혹하다'는 뜻이다.

쓰기한자 魅力(매력) 魅了(매료) 魅殺(매쇄) 魅醉(매취) 魅惑(매혹) 鬼魅(귀매) 邪魅(사매) 山魅(산매)
妖魅(요매)

埋 3급 묻을 **매** 土 / 7

사람을 묻을 때는 밭이랑(里)처럼 흙을 돋우고 물고랑도 내는 데서, '묻다'는 뜻이다.

읽기한자 淪埋(윤매) 埋蘊(매온) 埋湮(매인) 椎埋(추매)
쓰기한자 假埋(가매) 埋沒(매몰) 埋伏(매복) 埋葬(매장) 埋藏(매장) 生埋(생매) 暗埋(암매)

| 3급Ⅱ | 매화 **매** | 木 / 7 | 비 海

나무(木) 중에서 늘(每) 아름다운 꽃이 피는 나무라는 데서, '매화'를 뜻한다.

읽기한자 臘梅(납매) 梅櫻(매앵)

쓰기한자 梅毒(매독) 梅蘭菊竹(매란국죽) 梅實(매실) 梅雨(매우) 梅花(매화) 梅畫(매화) 雪中梅(설중매)

 | 3급Ⅱ | 중매 **매** | 女 / 9

여자(女)를 아무개(某) 사내에게 소개하는 데서, '중매하다'는 뜻이다.

읽기한자 媒衒(매현) 溶媒(용매)

쓰기한자 媒介(매개) 媒體(매체) 中媒(중매) 仲媒(중매) 觸媒(촉매)

 | 4급 | 누이 **매** | 女 / 5

아직 뻗지 못한 나뭇가지(未)처럼 아직 다 자라지 못한 여자(女) 형제에서, '손아래 누이'를 뜻한다.

읽기한자 姨妹(이매)

쓰기한자 男妹(남매) 妹夫(매부) 妹兄(매형) 姉妹(자매)

 | 5급 | 살 **매:** | 貝 / 5

그물(罒)로 잡은 물고기를 돈이나 다른 물품을(貝) 주고 사는 데서, '사다'는 뜻이다.

읽기한자 勒買(늑매) 買辦(매판)

쓰기한자 競買(경매) 購買(구매) 買氣(매기) 賣買(매매) 買名(매명) 買上(매상) 買受(매수) 買收(매수)
買食(매식) 買入(매입) 買占(매점) 買票(매표) 不買(불매) 收買(수매) 豫買(예매) 預買(예매)
換買(환매) 強買(강매)

 | 5급 | 팔 **매(:)** | 貝 / 8 | 반 買 | 약 売

사들인(買) 물건을 다시 내놓는(士=出) 데서, '팔다'는 뜻이다.

읽기한자 衒賣(현매)

쓰기한자 競賣(경매) 公賣(공매) 急賣(급매) 都賣(도매) 賣却(매각) 賣官(매관) 賣國(매국) 賣渡(매도)
賣買(매매) 賣名(매명) 賣物(매물) 賣上(매상) 賣笑(매소) 賣淫(매음) 賣店(매점) 賣盡(매진)
賣春(매춘) 賣出(매출) 賣票(매표) 賣血(매혈) 密賣(밀매) 發賣(발매) 放賣(방매) 不賣(불매)
非賣(비매) 散賣(산매) 先賣(선매) 小賣(소매) 豫賣(예매) 專賣(전매) 直賣(직매) 投賣(투매)
販賣(판매) 強賣(강매)

| 每 | 7급Ⅱ | 매양 **매(:)** | 母 / 3 | 동 常

어미가 매양 아기를 안고 젖을 물리듯(母) 풀은 매양 돋아난다(屮)는 데서, '매양'을 뜻한다.

쓰기한자 每年(매년) 每番(매번) 每事(매사) 每時(매시) 每樣(매양) 每月(매월) 每人(매인) 每日(매일)
每週(매주) 每回(매회)

貉 **2급(名)** 맥국(貊國) **맥** 豸 / 6
곰 또는 담비 따위와 비슷한 어떤 동물(豸)의 이름이고 그 동물과 유관한 종족의 이름이기도 하다. 고구려 등은 맥족이 건설한 나라이다.

 읽기한자 九貉(구맥) 蠻貊(만맥) 貊人(맥인) 貊族(맥족) 濊貊(예맥) 胡貊(호맥)

麥 **3급Ⅱ** 보리 **맥** 麥 / 0 약 麦
보리의 모양을 본뜬 글자로, 보리를 뜻한다.

읽기한자 麥麭(맥면) 麥穗(맥수) 麥醬(맥장) 菽麥(숙맥) 雀麥(작맥)
쓰기한자 裸麥(나맥) 麥飯(맥반) 麥芽(맥아) 麥酒(맥주) 麥秋(맥추) 小麥(소맥) 精麥(정맥)

脈 **4급Ⅱ** 줄기 **맥** 肉 / 6 동 絡
몸(月) 속의 피가 갈래(派)져서 나뉘어 흐르는 통로로, '줄기'를 뜻한다.

 읽기한자 脈搏(맥박)
쓰기한자 鑛脈(광맥) 動脈(동맥) 亂脈(난맥) 脈管(맥관) 脈絡(맥락) 命脈(명맥) 文脈(문맥) 山脈(산맥)
水脈(수맥) 人脈(인맥) 靜脈(정맥) 診脈(진맥) 血脈(혈맥)

萌 **1급** 움[芽] **맹** 艸 / 8 동 芽
밤이 새기 시작하듯(明=朙) 풀(艹)의 싹이 트는(明=朙) 것으로, '움'이라는 뜻이다.

 읽기한자 萌動(맹동) 萌黎(맹려) 萌隸(맹례) 萌生(맹생) 萌芽(맹아) 萌兆(맹조) 萌乎(맹호) 萬萌(만맹)
末萌(말맹) 邪萌(사맹) 竹萌(죽맹) 衆萌(중맹)

孟 **3급Ⅱ** 맏 **맹(:)** 子 / 5
혈연(皿)을 잇는 자식(子)이란 데서, '맏, 첫째'를 뜻한다.

읽기한자 孟軻(맹가) 孟婆(맹파)
쓰기한자 孟冬(맹동) 孟浪(맹랑) 孟母(맹모) 孟子(맹자) 孟秋(맹추) 孟春(맹춘) 孟夏(맹하)

盟 **3급Ⅱ** 맹세 **맹** 皿 / 8 동 誓
옛적에 맹세를 할 때는 말의 피 등을 그릇(皿)에 담아 해(日)와 달(月)을 두고 마셨던 데서, '맹세'를 뜻한다.

 읽기한자 劫盟(겁맹) 盟盆(맹분) 盟詛(맹저) 詛盟(저맹)
쓰기한자 加盟(가맹) 乞盟(걸맹) 同盟(동맹) 聯盟(연맹) 盟邦(맹방) 盟誓(맹서) 盟約(맹약) 盟主(맹주)
誓盟(서맹) 締盟(체맹) 血盟(혈맹)

猛 3급Ⅱ 사나울 **맹:** 犬 / 8 　동 勇, 暴, 悍

짐승(犭)의 우두머리(孟)인 호랑이는 사납고, 날래다는 데서, '사납다'는 뜻이다.

읽기한자: 勁猛(경맹) 狼猛(낭맹) 猛勁(맹경) 猛拏(맹나) 猛戾(맹려) 猛燎(맹료) 猛攘(맹양) 猛爪(맹조)
猛捷(맹첩) 猛悍(맹한) 兇猛(흉맹)

쓰기한자: 寬猛(관맹) 猛犬(맹견) 猛禽(맹금) 猛毒(맹독) 猛烈(맹렬) 猛暑(맹서) 猛獸(맹수) 猛威(맹위)
猛將(맹장) 猛打(맹타) 猛爆(맹폭) 猛虎(맹호) 勇猛(용맹)

盲 3급Ⅱ 소경 / 눈 멀 **맹** 目 / 3

눈(目)을 잃어버린(亡) 데서, '눈 멀다, 소경'을 뜻한다.

읽기한자: 聾盲(농맹) 盲聾(맹롱) 雀盲(작맹)

쓰기한자: 盲目(맹목) 盲信(맹신) 盲兒(맹아) 盲人(맹인) 盲腸(맹장) 盲點(맹점) 盲從(맹종) 文盲(문맹)
色盲(색맹) 夜盲(야맹)

覓 2급(名) 찾을 **멱** 見 / 4 　동 索

손톱(爪)으로 땅을 파 헤쳐 살펴보는(見) 데서, '찾다'는 뜻이다.

읽기한자: 覓句(멱구) 覓得(멱득) 覓來(멱래) 覓索(멱색)

眄 1급 곁눈질할 **면:** 目 / 4

탈을 써서 눈(目)이 가려져(丏) 잘 보이지 않는 데서, '곁눈질하다'는 뜻이다.

읽기한자: 眄視(면시) 顧眄(고면) 仰眄(앙면) 要眄(요면) 流眄(유면) 游眄(유면) 恩眄(은면) 長眄(장면)
幻眄(환면)

麪 1급 국수 **면** 麥 / 4

반죽하면 실 모양으로 이어지는(丏) 밀가루(麥)로, '국수'를 뜻한다.

읽기한자: 麪類(면류) 麪粉(면분) 麪床(면상) 麪牲(면생) 麪杖(면장) 麪包(면포) 麥麪(맥면) 線麪(선면)
新麪(신면) 雜麪(잡면)

緬 1급 멀 **면(:)** 糸 / 9

실(糸)처럼 늘어진 산줄기의 어떤 대상을 향하여 아득히 바라다보고(面) 있는 것으로, '멀다, 아득하다, 생각하다'는 뜻이다.

읽기한자: 緬禮(면례) 緬奉(면봉) 緬羊(면양) 緬憶(면억) 緬然(면연) 緬維(면유) 緬甸(면전) 陵緬(능면)
冥緬(명면) 崇緬(숭면) 悠緬(유면) 超緬(초면) 懷緬(회면)

棉

1급 목화 **면** 木 / 8 回 綿

깁(帛)을 만드는 식물(木)로, '목화'를 뜻한다.

읽기한자 棉布(면포) 棉花(면화) 木棉(목면) 米棉(미면) 印棉(인면) 草棉(초면)

冕

2급(名) 면류관 **면:** 冂 / 9

머리에 썼다가 벗을(免) 수 있는 모자(曰)를 나타냈으나 뒤에 임금만이 쓰는 모자가 되어, '면류관'을 뜻한다.

읽기한자 冕服(면복) 弁冕(변면)

沔

2급(名) 물이름 / 빠질 **면:** 水 / 4

中國 陝西省(섬서성) 略陽縣에서 發源한 漢水의 支流(氵)인 沔水의 이름자이다. '빠지다' 는 뜻으로도 쓰인다.

읽기한자 沔水(면수) 沔川(면천) 渺沔(묘면)

俛

2급(名) 힘쓸 / 구푸릴 **면:** 人 / 7 图 仰

아랫사람(亻)이 윗사람을 만나면 모자를 벗고(免) 고개를 숙여 인사하는 데서, '구푸리다' 는 뜻이다. 또 勉과 통하여 '힘쓰다'는 뜻이다.

읽기한자 俛首(면수) 俛視(면시) 眉俛(미면)

免

3급II 면할 **면:** 儿 / 5 回 免

토끼(免)가 덫에 걸렸다가 꼬리(丶)만 잘리고 죽음을 면한다는 데서, '면하다'는 뜻이다.

읽기한자 庇免(비면) 贖免(속면) 宥免(유면)

쓰기한자 減免(감면) 苟免(구면) 免稅(면세) 免訴(면소) 免役(면역) 免疫(면역) 免除(면제) 免罪(면죄)
免職(면직) 免責(면책) 免許(면허) 謀免(모면) 放免(방면) 赦免(사면) 辭免(사면) 罷免(파면)
解免(해면)

綿

3급II 솜 **면** 糸 / 8

실(糸)로 뽑아 흰(白) 천(巾)을 짜는 재료에서, '솜'을 뜻한다.

읽기한자 綿亘(면긍) 綿帛(면백) 綿袍(면포) 纏綿(전면) 繰綿(조면)

쓰기한자 連綿(연면) 綿綿(면면) 綿密(면밀) 綿絲(면사) 綿羊(면양) 石綿(석면) 純綿(순면) 原綿(원면)
海綿(해면)

眠

3급II 잘 **면** 目 / 5 回 眼

사람(民)이 눈(目)을 감고 있는 데서, '잠자다'는 뜻이다.

읽기한자 嗜眠(기면) 懶眠(나면) 晏眠(안면)

쓰기한자 冬眠(동면) 不眠(불면) 睡眠(수면) 熟眠(숙면) 安眠(안면) 永眠(영면) 催眠(최면) 沈眠(침면)
休眠(휴면)

勉 4급 힘쓸 **면:** 力 / 7　　동 勵

토끼(免)는 재빨라 잡으려면 힘(力)을 많이 들여야 한다는 데서, '힘쓰다'는 뜻이다.

읽기한자　勉礪(면려) 諷勉(풍면)

쓰기한자　勸勉(권면) 勤勉(근면) 勉勵(면려) 勉學(면학)

面 7급 낯 **면:** 面 / 0　　동 貌, 顔, 容

테두리(囗)를 하고 그 안에 눈(目) 또는 코 따위를 그려 넣은 것으로, '낯, 얼굴'을 뜻한다.

읽기한자　嬌面(교면) 垢面(구면) 痘面(두면) 面垢(면구) 面罵(면매) 面縛(면박) 面諭(면유) 面瘡(면창)
面詰(면힐) 瘦面(수면) 羞面(수면) 凹面(요면)

쓰기한자　假面(가면) 舊面(구면) 局面(국면) 鬼面(귀면) 內面(내면) 斷面(단면) 當面(당면) 對面(대면)
圖面(도면) 裏面(이면) 滿面(만면) 面談(면담) 面貌(면모) 面像(면상) 面識(면식) 面長(면장)
面積(면적) 面接(면접) 面責(면책) 覆面(복면) 斜面(사면) 相面(상면) 書面(서면) 洗面(세면)
顔面(안면) 額面(액면) 紙面(지면) 體面(체면) 初面(초면) 側面(측면) 平面(평면) 表面(표면)
海面(해면) 畫面(화면)

蔑 2급 업신여길 **멸** 艸 / 11

수자리(戍) 서는 병사가 피곤하여 눈썹(艹)이 눈(罒)을 가리는 듯한 모양으로 쳐다보거나 아예 쳐다보지도 않는다는 데서, '업신여기다'는 뜻이다.

읽기한자　凌蔑(능멸)

쓰기한자　輕蔑(경멸) 陵蔑(능멸) 蔑視(멸시) 蔑然(멸연) 侮蔑(모멸)

滅 3급Ⅱ 꺼질 / 멸할 **멸** 水 / 10　　비 減　동 亡

물(氵)과 도끼(戌)로 불(火)을 끈다는 데서, '꺼지다, 멸하다'는 뜻이다.

읽기한자　淪滅(윤멸) 滅烽(멸봉) 撲滅(박멸) 殲滅(섬멸) 熄滅(식멸) 燼滅(신멸) 埃滅(애멸) 湮滅(인멸)
剪滅(전멸) 誅滅(주멸) 吞滅(탄멸) 朽滅(후멸)

쓰기한자　擊滅(격멸) 壞滅(괴멸) 磨滅(마멸) 滅共(멸공) 滅菌(멸균) 滅亡(멸망) 滅門(멸문) 滅族(멸족)
滅種(멸종) 明滅(명멸) 不滅(불멸) 死滅(사멸) 掃滅(소멸) 消滅(소멸) 燒滅(소멸) 夷滅(이멸)
入滅(입멸) 自滅(자멸) 寂滅(적멸) 全滅(전멸) 點滅(점멸) 破滅(파멸) 幻滅(환멸) 還滅(환멸)

皿 1급 그릇 **명:** 皿 / 0

음식을 담는 그릇을 본뜬 것으로, '그릇'을 뜻한다.

읽기한자　金皿(금명) 器皿(기명) 大皿(대명) 小皿(소명)

螟 1급 멸구 **명** 虫 / 10

줄기 속 어두운 곳 깊숙이(冥) 숨어 농작물을 갉아 먹는 벌레(虫)로, '멸구, 뽕나무벌레, 마디충'을 뜻한다.

읽기한자　螟蟲(명충) 飛螟(비명) 焦螟(초명) 秋螟(추명) 蟲螟(충명)

溟 1급　　　　　바다 **명**　水 / 10　동 海

물(氵)이 가득 덮이어 속이 보이지 않을 정도로 어두운(冥) 데서, '바다, 어둡다'는 뜻이다.

읽기한자　溟沐(명목) 溟渤(명발) 溟洲(명주) 溟池(명지) 溟漲(명창) 巨溟(거명) 窮溟(궁명) 南溟(남명)
杳溟(묘명) 北溟(북명) 四溟(사명) 重溟(중명) 滄溟(창명) 鴻溟(홍명)

酩 1급　　　　　술취할 **명**:　酉 / 6　동 酊

눈이 어두워질(名＝冥) 정도로 술(酉)을 마신 것으로, '술 취하다'는 뜻이다.

읽기한자　酩酊(명정) 飮酩(음명)

暝 1급　　　　　저물 **명**　日 / 10　비 瞑

해(日)가 져서 어둡다(冥)는 것으로, '저물다, 희미하다'는 뜻이다.

읽기한자　暝暝(명명) 暝帆(명범) 暝投(명투) 甘暝(감명) 闇暝(암명) 晦暝(회명)

冥 3급　　　　　어두울 **명**　冖 / 8　동 闇

음력 그믐을 전후한 육일(六日) 동안은 달이 가려져(冖) 어둡다는 데서, '어둡다'는 뜻이다.

읽기한자　冥緬(명면) 冥頑(명완) 冥晦(명회) 杳冥(묘명) 闇冥(암명) 窈冥(요명)
쓰기한자　冥界(명계) 冥冥(명명) 冥福(명복) 冥府(명부) 冥想(명상) 冥王(명왕)

銘 3급II　　　　　새길 **명**　金 / 6

금(金)이나 청동 등의 표면을 깎아 이름(名)을 새기는 데서, '새기다'는 뜻이다.

읽기한자　勒銘(늑명) 銘勒(명륵) 銘佩(명패) 箴銘(잠명) 篆銘(전명) 鼎銘(정명)
쓰기한자　刻銘(각명) 感銘(감명) 銘菓(명과) 銘記(명기) 銘文(명문) 銘心(명심) 碑銘(비명)
座右銘(좌우명)

鳴 4급　　　　　울 **명**　鳥 / 3

새(鳥)가 주둥이(口)로 지저귀는 데서, '울다'는 뜻이다.

읽기한자　昆鳴(곤명) 鳴鳩(명구) 鳴鸞(명란) 鳴軋(명알) 鳴鳶(명연) 鳴箭(명전) 鳴鐸(명탁) 鳴咆(명포)
鳴吼(명후)
쓰기한자　鷄鳴(계명) 共鳴(공명) 鳴禽(명금) 悲鳴(비명) 自鳴(자명)

明

6급Ⅱ 　　밝을 **명** 　日 / 4 　　비 朋 　동 光, 朗, 瞭, 白, 輝 　반 暗, 滅

해(日)와 달(月)은 밝다는 데서, '밝다'는 뜻이다. 또 창문(日=囧)을 비추는 달(月)에서, '밝다'는 뜻이라고 한다.

읽기한자
黎明(여명) 明瞳(명동) 明瞭(명료) 明媚(명미) 明珀(명박) 明礬(명반) 明晳(명석) 明粹(명수) 明悉(명실) 明喩(명유) 明毅(명의) 明箴(명잠) 明匠(명장) 明詔(명조) 明澄(명징) 明諦(명체) 明駝(명타) 明絢(명현) 明晦(명회) 爽明(상명) 註明(주명) 闡明(천명) 嚮明(향명)

쓰기한자
簡明(간명) 開明(개명) 糾明(규명) 克明(극명) 明記(명기) 明堂(명당) 明朗(명랑) 明滅(명멸) 明細(명세) 明示(명시) 明暗(명암) 明哲(명철) 明快(명쾌) 明確(명확) 微明(미명) 發明(발명) 辨明(변명) 鮮明(선명) 說明(설명) 聲明(성명) 昭明(소명) 疏明(소명) 神明(신명) 幽明(유명) 照明(조명) 證明(증명) 遲明(지명) 淸明(청명) 聰明(총명) 透明(투명) 判明(판명) 表明(표명) 解明(해명) 賢明(현명)

命

7급 　　목숨 **명:** 　口 / 5 　　동 令

모여서(亼) 무릎을 꿇고(卩) 하늘의 명령(口)을 듣고 있는 데서, '명령'을 뜻한다. 또 목숨은 하늘의 명령인 데서, '목숨'을 뜻한다.

읽기한자
袞命(곤명) 軀命(구명) 拿命(나명) 賭命(도명) 綸命(윤명) 丕命(비명) 佑命(우명) 寓命(우명) 殞命(운명) 祚命(조명) 勅命(칙명) 稟命(품명) 銜命(함명) 欽命(흠명)

쓰기한자
乞命(걸명) 救命(구명) 短命(단명) 亡命(망명) 命令(명령) 命脈(명맥) 命名(명명) 命題(명제) 命中(명중) 密命(밀명) 別命(별명) 復命(복명) 非命(비명) 使命(사명) 生命(생명) 召命(소명) 壽命(수명) 宿命(숙명) 承命(승명) 御命(어명) 嚴命(엄명) 延命(연명) 運命(운명) 任命(임명) 殘命(잔명) 絶命(절명) 策命(책명) 天命(천명) 特命(특명) 下命(하명) 抗命(항명) 革命(혁명)

名

7급Ⅱ 　　이름 **명** 　口 / 3 　　비 各 　동 稱, 號

저녁(夕)에는 얼굴이 보이지 않으므로 큰 소리(口)로 서로의 이름을 부르는 데서, '이름'을 뜻한다.

읽기한자
匿名(익명) 名妓(명기) 名藩(명번) 名倡(명창) 名娼(명창) 名帖(명첩) 名牒(명첩) 名宦(명환) 綽名(작명) 慝名(특명) 糊名(호명) 諱名(휘명)

쓰기한자
佳名(가명) 擧名(거명) 功名(공명) 令名(영명) 累名(누명) 賣名(매명) 名曲(명곡) 名技(명기) 名答(명답) 名望(명망) 名簿(명부) 名聲(명성) 名手(명수) 名譽(명예) 名醫(명의) 名著(명저) 名節(명절) 名札(명찰) 名筆(명필) 芳名(방명) 署名(서명) 姓名(성명) 兒名(아명) 藝名(예명) 汚名(오명) 著名(저명) 除名(제명) 題名(제명) 罪名(죄명) 品名(품명) 筆名(필명) 學名(학명) 呼名(호명)

袂

1급 　　소매 **메** 　衣 / 4

옷(衤)에서 손을 내밀기 위하여 갈라(夬) 꿰맨 부분으로, '옷소매'를 뜻한다.

읽기한자
袂口(메구) 袂別(메별) 分袂(분메) 拂袂(불메) 聯袂(연메) 衣袂(의메) 振袂(진메) 把袂(파메) 行袂(행메) 香袂(향메) 華袂(화메)

摸

1급 　　더듬을 **모** 　手 / 11 　　동 擬

손(扌)으로 더듬어 찾는(莫) 것으로, '더듬다, 쓰다듬다, 찾다'는 뜻이다.

읽기한자
摸倣(모방) 摸本(모본) 摸寫(모사) 摸索(모색) 摸擬(모의) 摸造(모조) 摸繪(모회) 陶摸(도모) 描摸(묘모) 手摸(수모) 收摸(수모)

糢 1급 　　　모호할 **모** 米 / 11 　동 糊

模의 俗字로 '어름거리다, 모호하다'는 뜻으로 쓰인다.

읽기한자 糢糊(모호)

耗 1급 　　　소모할 **모** 耒 / 4

秏와 통하여 본래 벼의 뜻이나 '소모하다, 써서 없애다'는 뜻을 나타낸다.

읽기한자 耗減(모감) 耗間(모문) 耗散(모산) 耗少(모소) 耗損(모손) 耗盡(모진) 減耗(감모) 計耗(계모)
近耗(근모) 省耗(생모) 消耗(소모) 損耗(손모) 衰耗(쇠모) 息耗(식모) 信耗(신모) 抑耗(억모)
音耗(음모) 雀耗(작모) 虛耗(허모)

牡 1급 　　　수컷 **모** 牛 / 3

性器(土)를 가진 소(牛)로, '수소'를 뜻하나 일반으로, '수컷'을 나타낸다.

읽기한자 牡桂(모계) 牡瓦(모와) 牡牛(모우) 牡痔(모치) 牡蛤(모합) 牡荊(모형) 關牡(관모) 廣牡(광모)
門牡(문모) 肥牡(비모) 四牡(사모)

謨 2급(名) 　　　꾀 **모** 言 / 11

헤쳐 나갈 길을 찾지 못할 어두운(莫) 상황에 필요한 말씀(言)으로, '꾀'를 뜻한다. 謀와는
달리 주로 天子나 政治上의 큰 計策을 지칭한다.

읽기한자 高謨(고모) 奇謨(기모) 謨訓(모훈) 聖謨(성모) 雄謨(웅모) 遠謨(원모)

茅 2급(名) 　　　띠[草名] **모** 艸 / 5

창(矛)처럼 가늘고 길며 끝이 뾰족한 풀(艹)에서, '띠'를 뜻한다.

읽기한자 茅蒐(모수) 茅屋(모옥) 茅廠(모창) 茅草(모초) 茅蒲(모포) 蔣茅(장모)

帽 2급 　　　모자 **모** 巾 / 9

머리를 덮는(冒) 수건(巾)으로, '모자'를 뜻한다.

읽기한자 綾帽(능모) 笠帽(입모) 氈帽(전모)
쓰기한자 冠帽(관모) 軍帽(군모) 帽子(모자) 防寒帽(방한모) 安全帽(안전모) 中折帽(중절모) 着帽(착모)
脫帽(탈모)

牟 2급(名) 　　성(姓) / 보리[大麥] **모** 牛 / 2 　동 麥

본래 소(牛)가 우는(厶) 것을 나타낸 글자이나, '성(姓)'으로 쓰이고, '보리(大麥), 탐내다'는
뜻으로 쓰인다.

읽기한자 牟利(모리) 牟食(모식) 牟然(모연) 牟取(모취) 牟尼(모니)

矛 2급 창 **모** 矛 / 0 비 予, 子 동 戈, 戟 반 盾

창(矛)의 모양을 본뜬 글자로, '창'을 뜻한다.

읽기한자 矛戟(모극) 矛叉(모차) 矛麾(모휘)
쓰기한자 利矛(이모) 矛戈(모과) 矛盾(모순)

 募 3급 모을 / 뽑을 **모** 力 / 11 동 集

큰일을 앞두고 해가 질(莫) 때까지 사람을 힘써(力) 불러 모아 필요한 사람을 가리는 데서, '모으다, 뽑다'는 뜻이다.

읽기한자 募捐(모연)
쓰기한자 公募(공모) 急募(급모) 募金(모금) 募集(모집) 應募(응모)

 冒 3급 무릅쓸 **모** 冂 / 7 비 胃

눈(目)에 덮개(冃)를 씌운 데서, '무릅쓰다'는 뜻이다.

읽기한자 冒瀆(모독) 僭冒(참모)
쓰기한자 干冒(간모) 感冒(감모) 欺冒(기모) 陵冒(능모) 冒耕(모경) 冒頭(모두) 冒濫(모람) 冒廉(모렴)
冒犯(모범) 冒死(모사) 冒色(모색) 冒涉(모섭) 冒雨(모우) 冒認(모인) 冒進(모진) 冒稱(모칭)
冒寒(모한) 冒險(모험) 覆冒(복모) 僞冒(위모) 侵冒(침모) 貪冒(탐모) 布冒(포모)

某 3급 아무 **모:** 木 / 5

단(甘) 열매를 맺는 나무(木)는 열매를 먹어 보기 전에는 아무도 모른다는 데서, '아무'라는 뜻이다.

쓰기한자 某某(모모) 某氏(모씨) 某孃(모양) 某種(모종) 某處(모처)

侮 3급 업신여길 **모(:)** 人 / 7 비 悔 동 蔑

사람(亻)이 어두운(每＝晦) 곳에서는 앞이 잘 안보이게 된다. 여기에서 아예 처다보지도 않는다는 뜻으로 발전하여, '업신여기다'는 뜻이다.

읽기한자 倨侮(거모) 凌侮(능모) 侮罵(모매) 侮謔(모학) 禦侮(어모) 嗤侮(치모)
쓰기한자 侮弄(모롱) 侮慢(모만) 侮蔑(모멸) 侮笑(모소) 侮言(모언) 侮辱(모욕) 受侮(수모)

 暮 3급 저물 **모:** 日 / 11

莫 자체가 초목(卄) 밑으로 큰(大) 해(日)가 져서 빛이 없는 데서, '저물다, 없다'는 뜻이나 뒤에 '없다'의 뜻이 강해지자 해(日)가 없다(莫)는 글자를 만든 것으로, '저물다'는 뜻이다.

읽기한자 暮砧(모침) 夙暮(숙모)
쓰기한자 旦暮(단모) 暮境(모경) 暮景(모경) 暮秋(모추) 歲暮(세모) 日暮(일모)

 慕 3급Ⅱ 그릴 **모:** 心 / 11 동 戀, 愛

해가 질(莫) 무렵이면 마음(忄) 속으로 정든 사람이 생각난다는 데서, '그리다'는 뜻이다.

읽기한자 攀慕(반모) 羨慕(선모) 欽慕(흠모)
쓰기한자 敬慕(경모) 戀慕(연모) 慕情(모정) 伏慕(복모) 思慕(사모) 崇慕(숭모) 愛慕(애모) 追慕(추모)
稱慕(칭모) 毁慕(훼모)

謀 3급Ⅱ 꾀 **모** 言 / 9 ⑤ 策
아무개(某)에게만 소근소근 말(言)을 하는 데서, '꾀하다, 꾀'를 뜻한다.

📖 읽기한자 謀泄(모설) 宸謀(신모) 僉謀(첨모)

✏️ 쓰기한자 共謀(공모) 圖謀(도모) 謀略(모략) 謀免(모면) 謀反(모반) 謀叛(모반) 謀事(모사) 謀議(모의)
謀陷(모함) 無謀(무모) 逆謀(역모) 陰謀(음모) 諮謀(자모) 智謀(지모) 參謀(참모)

貌 3급Ⅱ 모양 **모** 豸 / 7 ⑤ 樣 약 皃
맹수가 덤벼드는 모양(豸)과 사람의 모양(皃)을 합하여, '모양'을 뜻한다.

✏️ 쓰기한자 面貌(면모) 貌樣(모양) 美貌(미모) 變貌(변모) 外貌(외모) 容貌(용모) 全貌(전모) 體貌(체모)
醜貌(추모) 片貌(편모) 風貌(풍모)

模 4급 본뜰 **모** 木 / 11 ⑤ 倣, 範, 擬, 楷
나무(木)로 틀을 만들어 어떤 물건을 쉽게 많이 만들기를 꾀하는(莫) 데서, '본 뜨다'는 뜻이다.

📖 읽기한자 模矩(모구) 模擬(모의) 模糊(모호) 楷模(해모)

✏️ 쓰기한자 規模(규모) 模倣(모방) 模範(모범) 模寫(모사) 模樣(모양) 模作(모작) 模造(모조) 模唱(모창)
模型(모형)

毛 4급Ⅱ 터럭 **모** 毛 / 0 ⑤ 髮
짐승의 꼬리털이나 새의 깃털의 모양을 본뜬 글자로, '터럭'을 뜻한다.

📖 읽기한자 燎毛(요모) 鱗毛(인모) 毛褐(모갈) 竪毛(수모) 腋毛(액모) 獐毛(장모) 豬毛(저모)

✏️ 쓰기한자 剛毛(강모) 毛骨(모골) 毛根(모근) 毛髮(모발) 毛絲(모사) 毛彫(모조) 毛織(모직) 毛布(모포)
毛皮(모피) 毛筆(모필) 無毛(무모) 不毛地(불모지) 純毛(순모) 植毛(식모) 羊毛(양모)
羽毛(우모) 原毛(원모) 體毛(체모) 脫毛(탈모) 翰毛(한모) 紅毛(홍모) 鴻毛(홍모)

母 8급 어미 **모:** 母 / 1 비 母, 冊 반 子
여자(女)가 자라서 아이를 갖게 되면 젖무덤(ヽヽ)이 붙는(<) 모양이 되는 데서, '어미'를
뜻한다.

📖 읽기한자 嫁母(가모) 舅母(구모) 酪母(낙모) 母艱(모간) 母舅(모구) 母后(모후) 釀母(양모) 姨母(이모)
孕母(잉모) 嫡母(적모) 饌母(찬모)

✏️ 쓰기한자 繼母(계모) 姑母(고모) 代母(대모) 老母(노모) 母系(모계) 母校(모교) 母國(모국) 母女(모녀)
母法(모법) 母性(모성) 母乳(모유) 母音(모음) 母子(모자) 母情(모정) 母親(모친) 母胎(모태)
母艦(모함) 母型(모형) 伯母(백모) 父母(부모) 分母(분모) 聘母(빙모) 産母(산모) 庶母(서모)
食母(식모) 岳母(악모) 雲母(운모) 乳母(유모) 字母(자모) 丈母(장모) 祖母(조모) 酒母(주모)
胎母(태모) 偏母(편모) 漂母(표모) 航母(항모)

沐 2급 머리감을 **목** 水 / 4 ⑤ 浴
나무(木) 그늘이 있는 냇가(氵)에서 머리를 감는다는 데서, '머리 감다'는 뜻이다.

📖 읽기한자 膏沐(고목) 溟沐(명목) 沐櫛(목즐) 梳沐(소목) 櫛沐(즐목) 澣沐(한목)

✏️ 쓰기한자 沐浴(목욕) 沐雨(목우)

穆 2급(名) 　화목할 **목**　禾 / 11

벼(禾)의 줄기에서 알곡(彡)이 떨어지는 수확의 계절에서, '기쁘다, 편안하다, 아름답다, 화목하다'는 뜻이다.

敦穆(돈목) 穆穆(목목) 粹穆(수목) 安穆(안목) 悅穆(열목) 雍穆(옹목) 婉穆(완목) 和穆(화목)

 睦 3급II 　화목할 **목**　目 / 8　비 陸

흙(土)과 흙(土)이 널리 나뉘어(八) 끝없이 펼쳐지듯 웃을 때 눈(目) 주위의 얼굴이 펴지는 모양에서, '화목하다'는 뜻이다.

읽기한자　邕睦(옹목) 雍睦(옹목)

쓰기한자　敦睦(돈목) 親睦(친목) 和睦(화목)

 牧 4급II 　칠[養] **목**　牛 / 4

소(牛)를 초원에서 채찍(攵)으로 몰아 사육하는 데서, '치다(養)'는 뜻이다.

읽기한자　牧芻(목추) 游牧(유목)

쓰기한자　軍牧(군목) 牧歌(목가) 牧丹(목단) 牧童(목동) 牧民(목민) 牧夫(목부) 牧使(목사) 牧師(목사)
牧牛(목우) 牧者(목자) 牧場(목장) 牧草(목초) 牧畜(목축) 牧會(목회) 放牧(방목) 遊牧(유목)
字牧(자목)

目 6급 　눈 **목**　目 / 0　비 月

눈의 모양을 본뜬 것으로, '눈'을 뜻한다.

읽기한자　刮目(괄목) 目倦(목권) 目睹(목도) 目汁(목즙) 榜目(방목) 鼠目(서목) 醒目(성목) 拭目(식목)
寓目(우목) 隅目(우목) 囑目(촉목)

쓰기한자　綱目(강목) 科目(과목) 德目(덕목) 頭目(두목) 盲目(맹목) 面目(면목) 名目(명목) 目擊(목격)
目禮(목례) 目錄(목록) 目的(목적) 目次(목차) 目測(목측) 目標(목표) 目下(목하) 反目(반목)
費目(비목) 稅目(세목) 眼目(안목) 要目(요목) 耳目(이목) 節目(절목) 題目(제목) 條目(조목)
種目(종목) 罪目(죄목) 注目(주목) 地目(지목) 指目(지목) 側目(측목) 品目(품목) 項目(항목)

木 8급 　나무 **목**　木 / 0

나무의 모양을 본뜬 것으로, '나무'를 뜻한다.

읽기한자　槐木(괴목) 喬木(교목) 枸木(구목) 撞木(당목) 木梗(목경) 木橙(목등) 木挽(목만) 木棉(목면)
木鼈(목별) 木煞(목살) 木犀(목서) 木鳶(목연) 木蔭(목음) 木匠(목장) 木箭(목전) 木柵(목책)
木槌(목퇴) 木牌(목패) 槃木(반목) 斧木(부목) 柴木(시목) 薪木(신목) 橡木(연목) 栓木(전목)
鑽木(찬목) 楸木(추목) 卉木(훼목)

쓰기한자　刻木(각목) 巨木(거목) 枯木(고목) 果木(과목) 檀木(단목) 臺木(대목) 老木(노목) 木脚(목각)
木工(목공) 木瓜(모과) 木管(목관) 木蓮(목련) 木履(목리) 木箱(목상) 木手(목수) 木雁(목안)
木材(목재) 木質(목질) 木枕(목침) 木炭(목탄) 木版(목판) 木花(목화) 苗木(묘목) 伐木(벌목)
樹木(수목) 原木(원목) 接木(접목) 枕木(침목) 板木(판목) 布木(포목) 玄木(현목)

殁 1급 　　　죽을 **몰** 　歹 / 4

소용돌이치는 물 속에서 손만 보이는 것을 형용한 것이고 여기에 죽음(歹)을 붙여, '죽다'는 뜻이다.

읽기한자　蕪殁(무몰) 隕殁(운몰) 戰殁(전몰) 在殁(재몰) 陣殁(진몰)

沒 3급Ⅱ 　　　빠질 **몰** 　水 / 4 　동 溺

사람의 손에서(又) 떨어진 물건이 물(氵)속으로 빠져 들어가는(勹) 데서, '빠지다'는 뜻이다.

읽기한자　汩沒(골몰) 淪沒(윤몰) 昧沒(매몰) 沒脛(몰경) 蕪沒(무몰) 湮沒(인몰)
쓰기한자　溺沒(익몰) 埋沒(매몰) 沒却(몰각) 沒溺(몰닉) 沒頭(몰두) 沒落(몰락) 沒死(몰사) 沒殺(몰살)
　　　　　沒收(몰수) 沒我(몰아) 沒入(몰입) 水沒(수몰) 日沒(일몰) 出沒(출몰) 沈沒(침몰) 陷沒(함몰)

夢 3급Ⅱ 　　　꿈 **몽** 　夕 / 11 　반 醒 약 梦

저녁(夕)에 이불을 덮고(冖) 잘 때 눈(罒)에 나타나는 스무(卄)개의 환상에서, '꿈'을 뜻한다.

읽기한자　夢寐(몽매) 夢醒(몽성) 寤夢(오몽)
쓰기한자　吉夢(길몽) 夢想(몽상) 夢精(몽정) 夢幻(몽환) 迷夢(미몽) 瑞夢(서몽) 惡夢(악몽) 蝶夢(접몽)
　　　　　診夢(진몽) 春夢(춘몽) 胎夢(태몽) 解夢(해몽) 現夢(현몽) 幻夢(환몽) 凶夢(흉몽)

蒙 3급Ⅱ 　　　어두울 **몽** 　艸 / 10 　비 家 동 昧

돼지(豕)의 머리(一)에 이엉(卄)을 덮은(冖) 어둡게 만든 데서, '입다, 덮다, 어둡다'는 뜻이다.

읽기한자　耆蒙(기몽) 蒙鳩(몽구) 蒙棘(몽극) 蒙昧(몽매) 蒙鄙(몽비) 蒙茸(몽용) 蒙戎(몽융)
쓰기한자　啓蒙(계몽) 蒙古(몽고) 蒙塵(몽진) 訓蒙(훈몽)

猫 1급 　　　고양이 **묘:** 　犬 / 9

'야옹'(苗는 의성어) 소리를 내는 동물(犭)로, '고양이'를 뜻한다.

읽기한자　猫兒(묘아) 猫柔(묘유)

描 1급 　　　그릴 **묘:** 　手 / 9 　동 寫

손(扌)으로 물건의 모양(苗＝貌)을 그리는 데서, '그리다'는 뜻이다.

읽기한자　描摸(묘모) 描寫(묘사) 描畫(묘화) 白描(백묘) 線描(선묘) 素描(소묘) 點描(점묘) 寸描(촌묘)

杳 1급 　　　아득할 **묘** 　木 / 4 　동 冥

해(日)가 나무(木) 밑으로 지는 데서, '어둡다, 아득하다'는 뜻이다.

읽기한자　杳昧(묘매) 杳冥(묘명) 杳杳(묘묘) 杳然(묘연) 杳乎(묘호) 空杳(공묘) 深杳(심묘) 天杳(천묘)
　　　　　靑杳(청묘)

1급 | 아득할 / 물 질펀할 **묘:** 　水 / 9 　　동 茫
물(氵)이 아득히 펼쳐져 멀리 보이는(眇) 모양에서, '아득하다, 물 질펀하다'는 뜻이다.

읽기한자　渺漫(묘만) 渺茫(묘망) 渺沔(묘면) 渺然(묘연) 驚渺(경묘) 杳渺(묘묘) 窈渺(요묘) 浩渺(호묘)

 2급(名) | 별이름 **묘:** 　日 / 5 　　비 昻
백호 일곱 자리 별(白虎七宿) 가운데 넷째 성수(星宿)로, '별 이름'이다.

읽기한자　昴宿(묘수) 星昴(성묘)

 3급 | 모 **묘:** 　艹 / 5 　　비 笛
밭(田)에 일부러 심어 싹을 나게 한 풀(艹)에서, '모'를 뜻한다.

읽기한자　昆苗(곤묘) 痘苗(두묘) 苗裔(묘예) 蒐苗(수묘) 秧苗(앙묘)
쓰기한자　苗木(묘목) 苗床(묘상) 苗族(묘족) 苗板(묘판) 育苗(육묘) 種苗(종묘)

 3급 | 사당 **묘:** 　广 / 12 　　동 祠 약 庿, 庙
아침(朝)에 제사를 지내는 집(广)에서, '사당'을 뜻한다.

읽기한자　廟犧(묘희) 祠廟(사묘)
쓰기한자　東廟(동묘) 廟堂(묘당) 廟議(묘의) 文廟(문묘) 謁廟(알묘) 宗廟(종묘)

 3급 | 토끼 **묘:** 　卩 / 3
대문을 활짝 연 모양을 본뜬 글자로, 시간으로는 6시 전후, 띠로는 토끼이다.

읽기한자　木卯(목묘) 卯方(묘방) 卯時(묘시) 卯日(묘일) 乙卯(을묘) 破卯(파묘)

 4급 | 묘할 **묘:** 　女 / 4
계집(女)은 젊을수록(少) 예쁘고 묘하다는 데서, '예쁘다, 묘하다'는 뜻이다.

읽기한자　妙妓(묘기) 妙齡(묘령) 妙靡(묘미) 妙諦(묘체) 妙楷(묘해) 奧妙(오묘) 宛妙(완묘)
쓰기한자　巧妙(교묘) 奇妙(기묘) 妙訣(묘결) 妙計(묘계) 妙技(묘기) 妙味(묘미) 妙方(묘방) 妙手(묘수)
妙案(묘안) 妙藥(묘약) 妙策(묘책) 妙態(묘태) 微妙(미묘) 尤妙(우묘) 絶妙(절묘) 玄妙(현묘)

 4급 | 무덤 **묘:** 　土 / 11
속에는 햇빛이 없게(莫) 만든 흙무지(土)라는 데서, '무덤'을 뜻한다.

읽기한자　諛墓(유묘) 塚墓(총묘) 墟墓(허묘)
쓰기한자　丘墓(구묘) 墓碑(묘비) 墓所(묘소) 墓域(묘역) 墓地(묘지) 墓穴(묘혈) 墳墓(분묘) 省墓(성묘)
展墓(전묘)

蕪 1급 　·　 거칠 **무** 艸 / 12 　동 荒

땅을 풀(艹)이 덮고(無) 있는 것으로, '거칠다'는 뜻이다.

읽기한자 蕪徑(무경) 蕪昧(무매) 蕪沒(무몰) 蕪繁(무번) 蕪辭(무사) 蕪然(무연) 蕪穢(무예) 蕪雜(무잡)
蕪淺(무천) 蕪荒(무황) 高蕪(고무) 萊蕪(내무) 綠蕪(녹무) 疎蕪(소무) 衰蕪(쇠무) 野蕪(야무)
蒼蕪(창무) 靑蕪(청무) 春蕪(춘무) 平蕪(평무) 荒蕪(황무)

毋 1급 　 말[勿] **무** 毋 / 0 　비 母, 毌

본디 母와 同形으로, '어머니'의 뜻이나 뒤에 두 點을 하나의 세로획으로 고쳐, '말다(勿), 없다'는 否定의 뜻으로 쓰이게 되었다.

읽기한자 毋追(무추) 毋望(무망) 毋害(무해) 四毋(사무) 將毋(장무)

巫 1급 　 무당 **무:** 工 / 4 　비 覡

신을 제사지내는 장막 속에서 사람이 양손으로 제구를 받드는 모양을 형상화한 글자로, '무당'을 뜻한다.

읽기한자 巫覡(무격) 巫卜(무복) 巫史(무사) 巫山(무산) 巫俗(무속) 巫陽(무양) 巫醫(무의) 巫呪(무주)
巫祝(무축) 覡巫(격무) 靈巫(영무)

誣 1급 　 속일 **무:** 言 / 7 　동 欺

말(言)로 眞實을 덮어 가리는(巫) 것으로, '속이다, 거짓'을 뜻한다.

읽기한자 誣告(무고) 誣欺(무기) 誣罔(무망) 誣報(무보) 誣殺(무살) 誣訴(무소) 誣言(무언) 誣染(무염)
誣汚(무오) 誣淫(무음) 誣引(무인) 誣罪(무죄) 誣陷(무함) 矯誣(교무) 欺誣(기무) 讒誣(참무)
虛誣(허무)

撫 1급 　 어루만질 **무(:)** 手 / 12

손(扌)을 덮어 씌워서(無) 쓰다듬는 것으로, '어루만지다'는 뜻이다.

읽기한자 撫劍(무검) 撫結(무결) 撫敎(무교) 撫琴(무금) 撫勞(무로) 撫摩(무마) 撫安(무안) 撫養(무양)
撫御(무어) 撫慰(무위) 撫育(무육) 撫字(무자) 撫情(무정) 撫鎭(무진) 撫抱(무포) 撫恤(무휼)
敎撫(교무) 督撫(독무) 摩撫(마무) 宣撫(선무) 巡撫(순무) 安撫(안무) 愛撫(애무) 柔撫(유무)
恩撫(은무) 在撫(재무) 制撫(제무) 鎭撫(진무) 懷撫(회무)

憮 1급 　 어루만질 **무:** 心 / 12

마음(忄)이 없어지는(無) 데서, '失意하다'는 뜻이다. 또, 덮어 가리는(無) 마음(忄)으로, '어루만지다'는 뜻이다.

읽기한자 憮然(무연) 歡憮(환무)

拇 1급 　엄지손가락 **무:**　手 / 5
손(扌)가락 가운데 어머니(母)격인 손가락으로, '엄지손가락'을 뜻한다.

읽기한자　拇印(무인) 拇指(무지) 手拇(수무)

畝 1급 　이랑 **무:** / 이랑 **묘:**　田 / 5
田을 제외한 획은 본래 젖통이 있는 여성의 象形. 밭(田)의 젖통과 같이 볼록한 부분, '밭
이랑'을 뜻한다.

읽기한자　頃畝(경무) 田畝(전묘)

霧 3급 　안개 **무:**　雨 / 11
여름철에 비(雨)가 힘쓰게(務) 되면 안개도 자욱해지는 데서, '안개'를 뜻한다.

읽기한자　霧雰(무분) 霧披(무피)
쓰기한자　濃霧(농무) 霧散(무산) 煙霧(연무) 妖霧(요무) 雲霧(운무)

戊 3급 　천간 **무:**　戈 / 1　비 成, 戌, 戍
본래 초목이 우거진 모양을 본뜬 글자이나 뒤에 천간(天干)의 하나로 쓰게 되었다.

쓰기한자　戊年(무년) 戊戌(무술) 戊夜(무야) 戊日(무일)

茂 3급II 　무성할 **무:**　艸 / 5　동 盛
戊는 초목이 무성한 모양을 본뜬 글자이나 '천간'으로 쓰임에 초목(艹)을 보탠 것으로, '우
거지다, 무성하다'는 뜻이다.

읽기한자　蔓茂(만무) 茂挺(무정) 茂梢(무초) 滋茂(자무) 熾茂(치무)
쓰기한자　茂林(무림) 茂盛(무성) 茂才(무재) 茂學(무학) 鬱茂(울무) 暢茂(창무)

貿 3급II 　무역할 **무:**　貝 / 5　동 易
활짝 열린 대문(卯)으로 재물(貝)이 드나드는 데서, '무역하다'는 뜻이다.

읽기한자　貿辦(무판)
쓰기한자　貿穀(무곡) 貿易(무역)

舞 4급 　춤출 **무:**　舛 / 8　동 佾
양발을 움직이며(舛) 몸을 흔드는(血) 데서, '춤추다'는 뜻이다.

읽기한자　蹈舞(도무) 舞妓(무기) 舞蹈(무도) 舞扇(무선) 舞袖(무수) 舞筵(무연) 舞踊(무용) 翔舞(상무)
쓰기한자　歌舞(가무) 劍舞(검무) 鼓舞(고무) 群舞(군무) 獨舞(독무) 亂舞(난무) 舞曲(무곡) 舞臺(무대)
　　　　　舞姬(무희) 僧舞(승무) 圓舞(원무) 鶴舞(학무)

武 4급Ⅱ 　　호반 **무:** 止 / 4

창(戈)을 들고 걸어 다니는(止) 무사에서, '날래고 굳세다'는 뜻이며, 또 무사 벼슬에 속한 사람들, '호반(虎班)'을 뜻한다.

 읽기한자 武彊(무강) 毅武(의무) 踵武(종무)

쓰기한자 光武(광무) 練武(연무) 武功(무공) 武科(무과) 武官(무관) 武器(무기) 武斷(무단) 武道(무도) 武力(무력) 武班(무반) 武士(무사) 武術(무술) 武神(무신) 武藝(무예) 武勇(무용) 武運(무운) 武人(무인) 武將(무장) 武裝(무장) 武勳(무훈) 文武(문무) 尙武(상무) 右武(우무) 威武(위무) 振武(진무) 玄武(현무)

務 4급Ⅱ 　　힘쓸 **무:** 力 / 9

사람을 창(矛)이나 채찍(攵)으로 두드려서 힘써(力) 일하게 만드는 데서, '힘쓰다'는 뜻이다.

읽기한자 碎務(쇄무) 樞務(추무)

쓰기한자 家務(가무) 激務(격무) 兼務(겸무) 警務(경무) 公務(공무) 敎務(교무) 勤務(근무) 內務(내무) 勞務(노무) 常務(상무) 庶務(서무) 實務(실무) 業務(업무) 用務(용무) 義務(의무) 任務(임무) 殘務(잔무) 財務(재무) 專務(전무) 職務(직무) 執務(집무) 債務(채무) 責務(책무) 總務(총무) 休務(휴무)

無 5급 　　없을 **무** 火 / 8

우거진 숲(無)에 불(灬)이 나서 숲(林)이 사라진 데서, '없다'는 뜻이다.

 읽기한자 無疆(무강) 無辜(무고) 無垢(무구) 無聊(무료) 無恙(무양) 無虞(무우) 無疵(무자)

쓰기한자 無故(무고) 無關(무관) 無窮(무궁) 無難(무난) 無能(무능) 無斷(무단) 無量(무량) 無慮(무려) 無禮(무례) 無料(무료) 無理(무리) 無謀(무모) 無數(무수) 無順(무순) 無視(무시) 無識(무식) 無我(무아) 無顔(무안) 無礙(무애) 無爲(무위) 無益(무익) 無賃(무임) 無敵(무적) 無籍(무적) 無情(무정) 無罪(무죄) 無職(무직) 無慘(무참) 無效(무효) 無休(무휴) 有無(유무) 全無(전무) 虛無(허무)

墨 3급Ⅱ 　　먹 **묵** 土 / 12 　약 墨

흙(土)을 반죽하듯 그을음(黑)을 아교 녹인 물에 반죽하여 굳혀 만든 것으로, '먹'이라는 뜻이다.

읽기한자 矩墨(구묵) 膿墨(농묵) 墨煤(묵매) 墨豬(묵저) 墨汁(묵즙) 墨帖(묵첩) 墨勅(묵칙) 墨繪(묵회) 墨痕(묵흔) 窮墨(사묵) 繩墨(승묵) 涅墨(열묵) 瘠墨(척묵) 貼墨(첩묵)

쓰기한자 墨客(묵객) 墨字(묵자) 墨紙(묵지) 墨香(묵향) 墨刑(묵형) 墨畫(묵화) 白墨(백묵) 水墨(수묵) 餘墨(여묵) 筆墨(필묵) 翰墨(한묵)

默 3급Ⅱ 　　잠잠할 **묵** 黑 / 4 　약 默

깜깜한(黑) 밤에 통행하는 사람이 없으면 개(犬)도 조용해지는 데서, '잠잠하다'는 뜻이다.

 읽기한자 默禱(묵도) 悶默(민묵) 喊默(함묵) 緘默(함묵)

쓰기한자 寡默(과묵) 默契(묵계) 默過(묵과) 默念(묵념) 默禮(묵례) 默祕(묵비) 默殺(묵살) 默想(묵상) 默誓(묵서) 默示(묵시) 默認(묵인) 默珠(묵주) 沈默(침묵)

蚊 1급 　모기 **문** 虫 / 4

本字는 民+蚊의 형태를 취하고 있는데, '윙'(民은 의성어) 날개 소리를 내는 곤충(蚊)으로, '모기'를 뜻한다.

읽기한자 蚊脚(문각) 蚊群(문군) 蚊雷(문뢰) 蚊煙(문연) 蚊帳(문장) 聚蚊(취문) 避蚊(피문)

汶 2급(名)　물이름 **문** 水 / 4

中國 山東省에 있는 江(氵)인 汶水의 이름자이다.

읽기한자 汶山(문산) 汶水(문수)

紊 2급　어지러울 / 문란할 **문** 糸 / 4　**동** 亂

옷감에 무늬(文)를 놓으려면 실(糸)을 교차시켜야 하는 데서, '어지럽다, 문란하다'는 뜻이다.

읽기한자 弛紊(이문)
쓰기한자 紊亂(문란) 紊緖(문서)

紋 3급Ⅱ　무늬 **문** 糸 / 4

본래 文이 무늬의 뜻이나 文에 많은 뜻이 파생함에 구별을 위해 '糸'를 덧붙인 것으로, '무늬'를 뜻한다.

읽기한자 繡紋(수문) 渦紋(와문)
쓰기한자 家紋(가문) 縠紋(곡문) 錦紋(금문) 羅紋(나문) 紋銀(문은) 細紋(세문) 手紋(수문) 水紋(수문)
魚紋(어문) 衣紋(의문) 縱紋(종문) 指紋(지문) 波紋(파문)

聞 6급Ⅱ　들을 **문(:)** 耳 / 8

문(門)에 귀(耳)를 대고 반대쪽에서 나는 소리를 듣는 데서, '듣다'는 뜻이다.

읽기한자 嘉聞(가문) 睹聞(도문) 訃聞(부문) 艶聞(염문) 洽聞(흡문)
쓰기한자 見聞(견문) 怪聞(괴문) 舊聞(구문) 未聞(미문) 美聞(미문) 新聞(신문) 奏聞(주문) 聽聞(청문)
醜聞(추문) 探聞(탐문) 飽聞(포문) 風聞(풍문) 後聞(후문)

文 7급　글월 **문** 文 / 0　**동** 書, 章, 彩　**반** 言, 武

사람의 가슴에 글씨, 그림, 무늬 등 문신을 새겨 넣은 모습을 본뜬 글자로, '무늬, 문채, 글월'을 뜻한다.

읽기한자 檄文(격문) 奎文(규문) 瀾文(난문) 綾文(능문) 文檄(문격) 文綺(문기) 文螺(문라) 文鸞(문란)
文鱗(문린) 文憑(문빙) 文繡(문수) 文訛(문와) 文箴(문잠) 文圃(문포) 文豹(문표) 文蛤(문합)
文虹(문홍) 斑文(반문) 跋文(발문) 梵文(범문) 諺文(언문) 衍文(연문) 艶文(염문) 郁文(욱문)
篆文(전문) 呪文(주문) 註文(주문) 撰文(찬문) 綴文(철문) 贅文(췌문) 豹文(표문) 徽文(휘문)
쓰기한자 句文(구문) 構文(구문) 例文(예문) 銘文(명문) 文庫(문고) 文壇(문단) 文廟(문묘) 文武(문무)
文飾(문식) 文案(문안) 文樣(문양) 文藝(문예) 文苑(문원) 文彩(문채) 文筆(문필) 文獻(문헌)
文豪(문호) 碑文(비문) 祕文(비문) 斯文(사문) 散文(산문) 誓文(서문) 韻文(운문) 祭文(제문)
弔文(조문) 祝文(축문) 波文(파문) 表文(표문) 漢文(한문)

問 7급 　 물을 **문:** 口 / 8 　 비 間 　 동 訊 　 반 答

문(門)에서 입(口)으로 '이리오너라' 하고, '뉘시오' 하며 서로 묻는 데서, '묻다'는 뜻이다.

읽기한자 　 拷問(고문) 鞫問(국문) 拿問(나문) 耗問(모문) 問曠(문광) 問訊(문신) 問歆(문흠) 讎問(수문) 訊問(신문) 按問(안문) 杖問(장문) 斟問(짐문) 勅問(칙문) 喚問(환문) 恤問(휼문) 詰問(힐문)

쓰기한자 　 檢問(검문) 顧問(고문) 問答(문답) 問病(문병) 問喪(문상) 問安(문안) 問議(문의) 問題(문제) 問責(문책) 問招(문초) 反問(반문) 訪問(방문) 設問(설문) 審問(심문) 愚問(우문) 慰問(위문) 疑問(의문) 諮問(자문) 弔問(조문) 存問(존문) 質問(질문) 借問(차문) 策問(책문) 探問(탐문) 下問(하문) 學問(학문)

門 8급 　 문 **문** 門 / 0 　 동 戶

좌우의 여닫이문을 본뜬 글자로, '문'을 뜻한다.

읽기한자 　 渠門(거문) 叩門(고문) 蔽門(고문) 槐門(괴문) 棘門(극문) 鸞門(난문) 閭門(여문) 壘門(누문) 籬門(이문) 門眷(문권) 門隙(문극) 門閭(문려) 門燎(문료) 門牡(문모) 門扉(문비) 門塾(문숙) 門牌(문패) 璧門(벽문) 噴門(분문) 糞門(분문) 羨門(연문) 衙門(아문) 詣門(예문) 旌門(정문) 踵門(종문) 肛門(항문) 荊門(형문)

쓰기한자 　 家門(가문) 開門(개문) 關門(관문) 敎門(교문) 校門(교문) 同門(동문) 滅門(멸문) 門客(문객) 門閥(문벌) 門人(문인) 門中(문중) 門下(문하) 門戶(문호) 房門(방문) 部門(부문) 北門(북문) 佛門(불문) 釋門(석문) 水門(수문) 玉門(옥문) 陰門(음문) 入門(입문) 專門(전문) 正門(정문) 尊門(존문) 朱門(주문) 窓門(창문) 鐵門(철문) 破門(파문) 閉門(폐문) 砲門(포문) 喉門(후문) 後門(후문) 勳門(훈문)

勿 3급Ⅱ 　 말[禁] **물** 勹 / 2

금지를 나타내는 기(旗)의 모양으로 금지 신호의 깃발이 올랐으니 하지 말라는 데서, '말다'는 뜻이다.

읽기한자 　 勿捧(물봉)

쓰기한자 　 勿驚(물경) 勿禁(물금) 勿論(물론) 勿忘(물망)

物 7급Ⅱ 　 물건 **물** 牛 / 4 　 동 件, 品 　 반 心

옛날 농업사회에서 소중한 물건 가운데 소만한 것은 없었다. 소(牛) 이외에 다른 물건은 언급을 말라(勿)는 데서, '물건'을 뜻한다.

읽기한자 　 穀物(각물) 賂物(뇌물) 鱗物(인물) 膳物(선물) 什物(집물) 穢物(예물) 奠物(전물) 佩物(패물) 卉物(훼물)

쓰기한자 　 建物(건물) 傑物(걸물) 穀物(곡물) 貢物(공물) 器物(기물) 靈物(영물) 禮物(예물) 賣物(매물) 物價(물가) 物色(물색) 物議(물의) 物情(물정) 物體(물체) 寶物(보물) 藥物(약물) 汚物(오물) 妖物(요물) 尤物(우물) 臟物(장물) 財物(재물) 祭物(제물) 退物(퇴물) 編物(편물) 幣物(폐물) 風物(풍물) 現物(현물) 貨物(화물) 凶物(흉물)

靡 1급 　 쓰러질 **미** 非 / 11

섬유를 빼내기(非) 위하여 물에 불린 삼(麻) 껍질이 힘없이 쓰러지는 모양에서, '쓰러지다, 문드러지다'는 뜻이다.

읽기한자 　 靡傾(미경) 靡勸(미권) 靡徒(미도) 靡爛(미란) 靡薄(미박) 靡徙(미사) 靡然(미연) 靡盡(미진) 靡草(미초) 靡他(미타) 江靡(강미) 綺靡(기미) 妙靡(묘미) 封靡(봉미) 浮靡(부미) 麗靡(여미) 妖靡(요미) 委靡(위미) 淫靡(음미) 離靡(이미) 草靡(초미) 風靡(풍미) 華靡(화미)

媚 1급　아첨할 / 예쁠 **미**　女 / 9　동 嫵

계집(女)이 눈썹(眉)을 움직여 교태를 짓는 것으로, '예쁘다, 아양 떨다, 아첨하다'는 뜻이다.

읽기한자　媚感(미감) 媚附(미부) 媚辭(미사) 媚笑(미소) 媚承(미승) 媚藥(미약) 媚語(미어) 媚奧(미오)
媚趣(미취) 媚態(미태) 曲媚(곡미) 綺媚(기미) 明媚(명미) 邪媚(사미) 鮮媚(선미) 淑媚(숙미)
阿媚(아미) 婉媚(완미) 容媚(용미) 柔媚(유미) 側媚(측미) 狐媚(호미)

薇 1급　장미 **미**　艸 / 13

형성문자로, 야채(艹)인 '고비'를 나타내나 주로 '장미'의 뜻으로 쓰인다.

읽기한자　薇蕪(미무) 芳薇(방미) 薔薇(장미)

彌 2급(名)　미륵 / 오랠 **미**　弓 / 14　동 久　약 弥

본래는 활을 부린다는 뜻이나, '퍼지다, 두루, 오래다, 꿰매다'의 뜻으로 쓰인다. 또 '미륵(彌勒)'을 나타낸다.

읽기한자　彌綸(미륜) 彌勒(미륵) 彌滿(미만) 彌望(미망) 彌甥(미생) 彌陀(미타)

眉 3급　눈썹 **미**　目 / 4

사람(尸)의 얼굴을 양분하는 모양으로 난 눈썹과 그 아래의 눈(目)을 보여, '눈썹'을 뜻한다.

읽기한자　渠眉(거미) 繭眉(견미) 眉抹(미말) 眉俛(미면) 嚬眉(빈미) 舒眉(서미) 啼眉(제미) 芝眉(지미)
쓰기한자　眉間(미간) 眉目(미목) 白眉(백미) 纖眉(섬미) 焦眉(초미)

迷 3급　미혹할 **미(:)**　辵 / 6　동 惑

길(辶)이 사방팔방(米)으로 나서 갈 곳 몰라 헤맨다는 데서, '미혹하다'는 뜻이다.

읽기한자　迷昧(미매) 迷悶(미민) 迷迭(미질)
쓰기한자　迷宮(미궁) 迷路(미로) 迷夢(미몽) 迷信(미신) 迷兒(미아) 迷惑(미혹) 昏迷(혼미)

尾 3급Ⅱ　꼬리 **미:**　尸 / 4　동 末

몸(尸)의 꽁무니에 난 털(毛)에서, '꼬리'를 뜻한다.

읽기한자　鳩尾(구미) 掉尾(도미) 臘尾(납미) 尾閭(미려) 鼠尾(서미) 曳尾(예미) 豹尾(표미)
쓰기한자　架尾(가미) 結尾(결미) 交尾(교미) 厥尾(궐미) 龍尾(용미) 末尾(말미) 尾骨(미골) 尾行(미행)
蛇尾(사미) 首尾(수미) 肉尾(육미) 語尾(어미) 燕尾服(연미복) 接尾辭(접미사) 艦尾(함미)
後尾(후미)

微 3급II 　작을 **미** 　彳 / 10 　回 徵, 徴 　동 細, 小

막 돋아난 싹(耑)을 치면(攵) 작아지거나 없어지듯 움직임(彳)이 그와 같다는 데서, '작다, 없다'는 뜻이다.

읽기한자 微譴(미견) 微躬(미궁) 微瀾(미란) 微漣(미련) 微鄙(미비) 微闇(미암) 微恙(미양) 微婉(미완) 微諷(미풍) 微瑕(미하) 些微(사미)

쓰기한자 輕微(경미) 幾微(기미) 機微(기미) 微官(미관) 微動(미동) 微量(미량) 微力(미력) 微明(미명) 微妙(미묘) 微微(미미) 微服(미복) 微分(미분) 微細(미세) 微小(미소) 微少(미소) 微笑(미소) 微弱(미약) 微熱(미열) 微指(미지) 微震(미진) 微賤(미천) 微風(미풍) 微行(미행) 寒微(한미) 稀微(희미)

味 4급II 　맛 **미:** 　口 / 5

나무 열매가 완숙되지 않은(未) 때에 먹어도 될 지 여부를 가리기 위해 입(口)으로 살짝 맛을 보는 데서, '맛'을 뜻한다.

읽기한자 醇味(순미) 繹味(역미) 溢味(일미) 嚼味(작미) 脆味(취미) 耽味(탐미) 宦味(환미)

쓰기한자 佳味(가미) 加味(가미) 甘味(감미) 客味(객미) 苦味(고미) 口味(구미) 氣味(기미) 妙味(묘미) 味覺(미각) 美味(미미) 別味(별미) 酸味(산미) 嘗味(상미) 性味(성미) 肉味(육미) 吟味(음미) 意味(의미) 珍味(진미) 眞味(진미) 趣味(취미) 風味(풍미) 後味(후미) 興味(흥미)

未 4급II 　아닐 **미(:)** 　木 / 1 　비 末

나무(木)에 달린 과일(一)이 아직 안 익었다는 데서, 가로획을 짧게 그은 것으로, '아니다'는 뜻이다.

읽기한자 未墾(미간) 未銓(미전) 未宦(미환) 未遑(미황)

쓰기한자 癸未(계미) 未開(미개) 未擧(미거) 未決(미결) 未久(미구) 未歸(미귀) 未及(미급) 未納(미납) 未達(미달) 未來(미래) 未練(미련) 未滿(미만) 未明(미명) 未聞(미문) 未拂(미불) 未備(미비) 未詳(미상) 未收(미수) 未遂(미수) 未時(미시) 未安(미안) 未然(미연) 未完(미완) 未定(미정) 未濟(미제) 未知(미지) 未盡(미진) 未逮(미체) 未婚(미혼)

米 6급II 　쌀 **미** 　米 / 0

쌀을 본뜬 글자로, '쌀'을 뜻한다.

읽기한자 淘米(도미) 粱米(양미) 粒米(입미) 米囊(미낭) 米粒(미립) 米棉(미면) 米潘(미번) 米汁(미즙) 薪米(신미) 粗米(조미) 炒米(초미) 芻米(추미) 恤米(휼미)

쓰기한자 祿米(녹미) 米穀(미곡) 米壽(미수) 米飮(미음) 米作(미작) 白米(백미) 俸米(봉미) 粟米(속미) 節米(절미) 精米(정미) 珠米(주미) 秩米(질미) 縮米(축미) 玄米(현미)

美 6급 　아름다울 **미(:)** 　羊 / 3 　동 麗, 艶 　만 醜

살쪄 몸집이 큰(大) 양(羊)을 보고, 흡족하여 아름답게 여기는 데서, '아름답다'는 뜻이다.

읽기한자 美妓(미기) 美諡(미시) 美醬(미장) 美饌(미찬) 美繪(미회) 淘美(순미) 醇美(순미) 艶美(염미) 耽美(탐미) 絢美(현미)

쓰기한자 甘美(감미) 歐美(구미) 美感(미감) 美觀(미관) 美國(미국) 美男(미남) 美女(미녀) 美談(미담) 美德(미덕) 美麗(미려) 美貌(미모) 美文(미문) 美聞(미문) 美蘇(미소) 美術(미술) 美食(미식) 美容(미용) 美展(미전) 美化(미화) 美姬(미희) 反美(반미) 讚美(찬미) 稱美(칭미) 韓美(한미) 好美(호미)

悶 1급 답답할 **민** 心 / 8 ≒ 懣

해결책을 찾기 위해 이것저것 물어 보고(門=問) 생각(心)하나 잘 풀리지 않는 데서, '답답하다'는 뜻이다.

읽기한자 悶默(민묵) 悶死(민사) 悶癢(민양) 悶絶(민절) 悶歎(민탄) 悶懷(민회) 渴悶(갈민) 苦悶(고민) 迷悶(미민) 排悶(배민) 愁悶(수민) 憂悶(우민) 滯悶(체민) 解悶(해민)

閔 2급(名) 성(姓) **민** 門 / 4

姓氏로 쓰이지만 憫과 같이 쓰여, '근심하다, 불쌍히 여기다'는 뜻으로도 쓰인다.

읽기한자 憐閔(연민) 閔然(민연) 憂閔(우민)

玟 2급(名) 아름다운돌 **민** 玉 / 4

구슬(王)처럼 아름다운(文) 돌에서, '옥돌, 아름다운 돌'을 뜻한다.

읽기한자 鍾玟(종민)

珉 2급(名) 옥돌 **민** 玉 / 5

백성(民)과 가까운 구슬(王)이라는 데서, '옥돌'을 뜻한다.

읽기한자 貞珉(정민)

旻 2급(名) 하늘 **민** 日 / 4 ≒ 天

가을 햇살(日)이 좋아 모든 것이 익어 아름다운 무늬(文)를 이룬다는 데서, '가을 하늘'을 뜻한다.

읽기한자 旻天(민천) 蒼旻(창민) 淸旻(청민) 秋旻(추민)

旼 2급(名) 화할 **민** 日 / 4

가을 햇살(日)이 좋아 모든 것이 익어 아름다운 무늬(文)를 이루면 삶이 화목해지는 데서, '화하다'는 뜻이다.

읽기한자 杰旼(걸민)

憫 3급 민망할 **민** 心 / 12 ≒ 憐, 惻

식객 노릇이라도 할까하여 벼슬아치 집 대문(門)안으로 들어서는 서생(文)을 마음(忄) 속으로 딱하고 안타깝게 여기는 데서, '민망하다'는 뜻이다.

읽기한자 矜憫(긍민) 憫惻(민측) 憫恤(민휼) 惻憫(측민)
쓰기한자 憐憫(연민) 憫急(민급)

敏

3급 　민첩할 **민** 　攴 / 7 　 §速, 捷

매를 들어 자주(每) 때리며(攵) 훈련시키면 날쌔지는 데서, '민첩하다'는 뜻이다.

읽기한자 恪敏(각민) 敏邁(민매) 敏腕(민완) 敏捷(민첩) 夙敏(숙민) 駿敏(준민)

쓰기한자 過敏(과민) 機敏(기민) 敏感(민감) 敏活(민활) 不敏(불민) 銳敏(예민) 聰敏(총민) 該敏(해민)

民

8급 　백성 **민** 　氏 / 1 　 反官

본래 한쪽 눈을 바늘로 찌른 모양을 본뜬 글자로, '노예'를 뜻한다. 뒤에 모든 성씨(氏)를 포괄하는(宀) 것으로 보아, '백성'의 뜻이 되었다.

읽기한자 黎民(여민) 民膏(민고) 民譚(민담) 民閭(민려) 民坊(민방) 裔民(예민) 佚民(일민) 惰民(타민) 鰥民(환민) 猾民(활민) 恤民(휼민)

쓰기한자 居民(거민) 難民(난민) 農民(농민) 良民(양민) 流民(유민) 牧民(목민) 民權(민권) 民度(민도) 民亂(민란) 民泊(민박) 民選(민선) 民俗(민속) 民營(민영) 民謠(민요) 民怨(민원) 民願(민원) 民意(민의) 民族(민족) 民衆(민중) 民弊(민폐) 貧民(빈민) 庶民(서민) 漁民(어민) 爲民(위민) 移民(이민) 人民(인민) 逸民(일민) 兆民(조민) 住民(주민) 賤民(천민) 治民(치민) 平民(평민)

謐

1급 　고요할 **밀** 　言 / 10

고요하여, 소리(言)가 없는 것으로, '고요하다'는 뜻이다.

읽기한자 謐然(밀연) 安謐(안밀) 寧謐(영밀) 寂謐(적밀) 靜謐(정밀) 澄謐(징밀) 淸謐(청밀) 平謐(평밀)

蜜

3급 　꿀 **밀** 　虫 / 8 　 比密

나무가 빽빽한(宓) 눈에 잘 안 띄는 은밀한(密) 곳에 벌레(虫)가 저장해 놓은 것이라는 데서, '꿀'을 뜻한다.

읽기한자 蜜柑(밀감) 蜜蠟(밀랍) 蜜汁(밀즙)

쓰기한자 蜜語(밀어) 蜂蜜(봉밀)

密

4급II 　빽빽할 **밀** 　宀 / 8 　 比蜜 §緻

나무가 빽빽한(宓) 산(山) 속에서 남의 눈에 띄지 않게 일하는 데서, '빽빽하다, 비밀'을 뜻한다.

읽기한자 密蘊(밀온) 密栓(밀전) 密櫛(밀즐) 密緻(밀치) 密辦(밀판) 密萍(밀평) 密函(밀함) 密詰(밀힐) 疎密(소밀) 有密(유밀) 稠密(조밀) 樞密(추밀) 緻密(치밀)

쓰기한자 機密(기밀) 緊密(긴밀) 內密(내밀) 綿密(면밀) 密告(밀고) 密談(밀담) 密度(밀도) 密獵(밀렵) 密林(밀림) 密賣(밀매) 密命(밀명) 密封(밀봉) 密使(밀사) 密輸(밀수) 密室(밀실) 密約(밀약) 密語(밀어) 密接(밀접) 密偵(밀정) 密酒(밀주) 密旨(밀지) 密集(밀집) 密着(밀착) 密閉(밀폐) 密航(밀항) 密會(밀회) 祕密(비밀) 細密(세밀) 嚴密(엄밀) 隱密(은밀) 精密(정밀) 周密(주밀) 親密(친밀)

駁

1급 　논박할 **박** 　馬 / 4

빛깔이 섞인(爻) 말(馬)로, '얼룩말'의 뜻이며, 또 사나운(爻＝暴) 말(馬)에서 '따지다, 논박하다'는 뜻이다.

읽기한자 駁擊(박격) 駁論(박론) 駁辭(박사) 駁羽(박우) 駁議(박의) 駁雜(박잡) 駁正(박정) 駁錯(박착) 難駁(난박) 論駁(논박) 反駁(반박) 斑駁(반박) 辨駁(변박) 雜駁(잡박) 評駁(평박)

搏 1급 　두드릴 **박** 　手 / 10 　웹 搏, 博 　⬛ 擊

손(扌)으로 도끼나 메(尃＝斧)를 잡고 치는 것으로, '두드리다, 치다'는 뜻이다.

읽기한자 　搏擊(박격) 搏景(박경) 搏殺(박살) 搏戰(박전) 搏執(박집) 搏鬪(박투) 搏獲(박획) 擊搏(격박)
徒搏(도박) 脈搏(맥박) 手搏(수박) 執搏(집박) 虎搏(호박)

 箔 1급 　발[簾] **박** 　竹 / 8

얇고(泊＝薄) 납작한 대오리(竹)로 엮은 '발(簾), 엷은 금은(金銀)종이'라는 뜻이다.

읽기한자 　金箔(금박) 滿箔(만박) 縫箔(봉박) 魚箔(어박) 銀箔(은박) 珠箔(주박) 翠箔(취박)

 剝 1급 　벗길 **박** 　刀 / 8 　⬛ 削, 剽, 割

칼(刂)로 째거나 써는 것으로, '벗기다'는 뜻이다.

읽기한자 　剝缺(박결) 剝落(박락) 剝放(박방) 剝復(박복) 剝削(박삭) 剝蝕(박식) 剝刺(박자) 剝製(박제)
剝抄(박초) 剝奪(박탈) 剝剽(박표) 剝割(박할) 刻剝(각박) 刊剝(간박) 鉤剝(구박) 落剝(낙박)
屯剝(준박) 否剝(비박) 生剝(생박) 切剝(절박) 黜剝(출박) 吞剝(탄박) 解剝(해박)

 樸 1급 　순박할 **박** 　木 / 12 　웹 撲 　⬛ 素, 質

가공하지 않은 자연 그대로의(業) 나무(木)에서, '통나무, 순박하다'는 뜻이다.

읽기한자 　樸彊(박강) 樸頭(박두) 樸鈍(박둔) 樸魯(박로) 樸鄙(박비) 樸素(박소) 樸淳(박순) 樸愼(박신)
樸實(박실) 樸野(박야) 樸愚(박우) 樸壹(박일) 樸拙(박졸) 樸重(박중) 樸直(박직) 樸質(박질)
樸椎(박추) 樸學(박학) 樸厚(박후) 簡樸(간박) 古樸(고박) 謹樸(근박) 鄙樸(비박) 散樸(산박)
素樸(소박) 純樸(순박) 醇樸(순박) 粗樸(조박) 拙樸(졸박) 質樸(질박)

 縛 1급 　얽을 **박** 　糸 / 10

볏모를 손으로 움켜쥐고(尃) 끈(糸)으로 묶는 것에서, '묶다, 얽다'는 뜻이다.

읽기한자 　縛格(박격) 縛擒(박금) 縛繩(박승) 縛纏(박전) 縛執(박집) 縛着(박착) 劫縛(겁박) 結縛(결박)
急縛(급박) 面縛(면박) 反縛(반박) 生縛(생박) 束縛(속박) 因縛(인박) 連縛(연박) 執縛(집박)
就縛(취박)

 粕 1급 　지게미 **박** 　米 / 5

곡물(米)로 빚은 술을 짜낸 뒤에 남는 하얀 재강(白)으로, '지게미'를 뜻한다.

읽기한자 　糟粕(조박) 酒粕(주박) 沈粕(침박)

撲

| 1급 | 칠[擊] **박** | 手 / 12 | 비 樸 동 打 |

칠 때 나는 '팍' 소리의 의성어에, 치는 손(扌)을 보탠 것으로, '치다'는 뜻이다.

읽기한자 撲落(박락) 撲滿(박만) 撲滅(박멸) 撲罰(박벌) 撲朔(박삭) 撲殺(박살) 撲地(박지) 撲打(박타)
撲筆(박필) 擊撲(격박) 亂撲(난박) 相撲(상박) 殲撲(섬박) 打撲(타박)

脯

| 1급 | 팔뚝 **박** | 肉 / 10 |

두들겨 얇게 펴서(尃) 말린 고기(月)로, 본래 '포'를 뜻하며, 또 '어깨, 팔'을 나타낸다.

읽기한자 肩膊(견박) 膊脯(박포) 臂膊(비박) 上膊(상박) 前膊(전박) 下膊(하박)

珀

| 1급 | 호박(琥珀) **박** | 玉 / 5 |

지질 시대 나무의 진 따위가 땅속에 묻혀서 탄소, 수소, 산소 따위와 화합하여 굳어진 누런색 광물인 '호박(琥珀)'을 나타낸다.

읽기한자 明珀(명박) 琥珀(호박)

舶

| 2급 | 배 **박** | 舟 / 5 | 동 船 |

숙박(白=泊) 시설을 갖추어 먼 데까지 운행이 가능한 배(舟)에서, '큰 배, 배'를 뜻한다.

읽기한자 舶賈(박고)
쓰기한자 商舶(상박) 船舶(선박) 海舶(해박)

泊

| 3급 | 머무를 / 배댈 **박** | 水 / 5 |

물(氵)가에 배를 대고 날이 밝을(白) 때까지 묵는다는 데서, '머무르다, 배대다'는 뜻이다.

읽기한자 澹泊(담박) 碇泊(정박) 萍泊(평박) 飄泊(표박) 歇泊(헐박)
쓰기한자 憩泊(계박) 淡泊(담박) 民泊(민박) 宿泊(숙박) 外泊(외박) 駐泊(주박)

薄

| 3급II | 엷을 **박** | 艸 / 13 |

풀(艹)이 드러나 보일 정도로 물(氵)이 얇게 퍼져(尃) 있는 데서, '엷다, 얇다'는 뜻이다.

읽기한자 靡薄(미박) 薄賻(박부) 薄蝕(박식) 薄奠(박전) 薄醋(박초) 薄緻(박치) 薄宦(박환) 疎薄(소박)
嘲薄(조박) 瘠薄(척박) 悴薄(췌박) 脆薄(취박) 狹薄(협박)
쓰기한자 刻薄(각박) 輕薄(경박) 奇薄(기박) 薄待(박대) 薄德(박덕) 薄利(박리) 薄命(박명) 薄福(박복)
薄俸(박봉) 薄氷(박빙) 薄謝(박사) 薄色(박색) 薄弱(박약) 薄情(박정) 薄荷(박하) 浮薄(부박)
野薄(야박) 肉薄(육박) 淺薄(천박) 厚薄(후박) 稀薄(희박)

迫 | 3급Ⅱ | 핍박할 **박** | 辵 / 5 | 동 劫, 急, 脅 | 약 廹

어떤 일이 명백하게(白) 닥쳐오고(辶), 또 그런 상황이 사람을 핍박하는 데서, '닥치다, 핍박하다'는 뜻이다.

읽기한자 劫迫(겁박) 窘迫(군박) 迫狹(박협) 煎迫(전박) 乏迫(핍박) 逼迫(핍박) 惶迫(황박)

쓰기한자 驅迫(구박) 窮迫(궁박) 急迫(급박) 緊迫(긴박) 臨迫(임박) 迫近(박근) 迫頭(박두) 迫力(박력)
迫切(박절) 迫眞(박진) 迫害(박해) 壓迫(압박) 切迫(절박) 促迫(촉박) 脅迫(협박)

拍 | 4급 | 칠 **박** | 手 / 5

손(扌)바닥에 핏기가 사라져 희어질(白) 정도로 친다는 데서, '치다'는 뜻이다.

읽기한자 歇拍(헐박)

쓰기한자 拍車(박차) 拍動(박동) 拍手(박수) 拍子(박자) 拍掌(박장)

博 | 4급Ⅱ | 넓을 **박** | 十 / 10 | 비 搏, 博

배움이나 일의 손길이 여러(十) 방향으로 퍼져(尃) 있는 데서, '넓다'는 뜻이다.

읽기한자 褐博(갈박) 宏博(굉박) 賭博(도박) 博汎(박범) 博洽(박흡) 汎博(범박) 蒲博(포박)

쓰기한자 博購(박구) 博棋(박기) 博覽(박람) 博物(박물) 博士(박사) 博碩(박석) 博識(박식) 博愛(박애)
博學(박학) 該博(해박)

朴 | 6급 | 성(姓) **박** | 木 / 2 | 동 素, 質

나무(木) 껍질(卜)이 자연 그대로의 꾸밈이 없는 상태인 데서, '순박하다'는 뜻이다. 성씨로 쓰인다.

읽기한자 敲朴(고박) 朴陋(박루) 朴漱(박삽) 疎朴(소박) 淳朴(순박) 醇朴(순박) 頑朴(완박)

쓰기한자 朴氏(박씨) 素朴(소박) 質朴(질박)

頒 | 1급 | 나눌 **반** | 頁 / 4 | 동 布

흑백으로 나뉜(分) 머리(頁) 털에서, '나누다'는 뜻이다. 또 나눈 것을 남에게 주는 데서, '널리 퍼뜨리다'는 뜻이다.

읽기한자 頒給(반급) 頒綠(반록) 頒賜(반사) 頒布(반포) 頒行(반행) 散頒(산반) 時頒(시반) 平頒(평반)

攀 | 1급 | 더위 잡을 **반** | 手 / 15

손(手)으로 무엇인가 당기는(樊=拔) 것으로 '더위 잡다, 끌어 잡다'는 뜻이다.

읽기한자 攀桂(반계) 攀登(반등) 攀戀(반련) 攀慕(반모) 攀附(반부) 攀緣(반연) 攀援(반원) 牽攀(견반)
登攀(등반) 仰攀(앙반) 連攀(연반) 追攀(추반)

畔 | 1급 | 밭두둑 **반** | 田 / 5 | 동 畝, 疇

논밭(田)을 구분하는(半) 부분으로, '밭두둑'을 뜻한다.

읽기한자 畔界(반계) 畔散(반산) 畔岸(반안) 畔逆(반역) 畔援(반원) 畔疇(반주) 畔換(반환) 江畔(강반)
橋畔(교반) 道畔(도반) 倍畔(배반) 水畔(수반) 離畔(이반) 隣畔(인반) 池畔(지반) 天畔(천반)
澤畔(택반) 河畔(하반) 海畔(해반) 湖畔(호반)

礬 | 1급 | 백반 **반** 石 / 15 | 비 攀

돌(石) 덩어리 모양으로 생긴 금속의 황산염으로 이루어진 복염(複鹽)으로, 백반(白礬)을 나타낸다.

읽기한자 礬石(반석) 礬紙(반지) 礬紅(반홍) 綠礬(녹반) 膽礬(담반) 明礬(명반) 白礬(백반) 山礬(산반) 石礬(석반)

拌 | 1급 | 버릴 **반** 手 / 5

손(扌)으로 못 쓸 것을 갈라내는(半) 것으로, '버리다'는 뜻이다.

읽기한자 攪拌(교반)

蟠 | 1급 | 서릴 **반** 虫 / 12

몸을 둥그렇게 위로 포개어 감은(番) 벌레(虫)에서, '서리다'는 뜻이다.

읽기한자 蟠掘(반굴) 蟠絆(반규) 蟠桃(반도) 蟠石(반석) 屈蟠(굴반) 根蟠(근반) 龍蟠(용반) 潛蟠(잠반)

斑 | 1급 | 아롱질 **반** 文 / 8 | 비 班

本字는 辬으로, 빛깔이나 무늬(文)가 나뉘어(辡) 있는 데서, '아롱지다, 얼룩'을 뜻한다.

읽기한자 斑鳩(반구) 斑禿(반독) 斑爛(반란) 斑馬(반마) 斑猫(반묘) 斑文(반문) 斑駁(반박) 斑髮(반발) 斑然(반연) 斑點(반점) 斑竹(반죽) 斑疹(반진) 斑布(반포) 一斑(일반) 雀斑(작반) 豹斑(표반) 虎斑(호반)

絆 | 1급 | 얽어맬 **반** 糸 / 5 | 동 羈

끈(糸)으로, 소나 말을 비끄러매는(半＝攀) 것으로, '얽어매다, 굴레'를 뜻한다.

읽기한자 絆拘(반구) 脚絆(각반) 系絆(계반) 勒絆(늑반) 因絆(인반) 連絆(연반) 釘絆(정반) 華絆(화반)

槃 | 1급 | 쟁반 **반** 木 / 10

큰 배(般)의 모양을 한 나무(木) 그릇으로, '쟁반'을 뜻한다.

읽기한자 槃木(반목) 槃散(반산) 槃停(반정) 槃錯(반착) 槃桓(반환) 考槃(고반) 涅槃(열반) 玉槃(옥반)

磻 | 2급(名) | 반계(磻溪) **반** / 반계 **번** 石 / 12

中國 陝西省(섬서성)에 있는 시내인 磻溪를 나타내는 물 이름자이다. 강태공이 일찍이 이 곳에서 낚시질하였다고 한다.

읽기한자 磻溪(반계)

潘 | 2급(名) | 성(姓) **반** 水 / 12
형성문자로, 본래 쌀을 일은 물(氵)에서, 쌀뜨물을 뜻했으나 주로 姓氏로 쓰인다.

읽기한자 米潘(미번) 潘岳(반악)

搬 | 2급 | 옮길 **반** 手 / 10 동 運
손(扌)으로 물건을 옮겨(般) 나르는 데서, '옮기다'는 뜻이다.

쓰기한자 搬移(반이) 搬入(반입) 搬出(반출) 運搬(운반)

返 | 3급 | 돌이킬 **반:** 辶 / 4 동 還
가던 길(辶)을 되돌아온다(反)는 데서, '돌이키다, 되돌아오다'는 뜻이다.

읽기한자 返戾(반려)
쓰기한자 返納(반납) 返送(반송) 返品(반품) 返還(반환)

叛 | 3급 | 배반할 **반:** 又 / 7
하나였던 것이 절반(半)으로 나뉘어 서로 반대하고(反) 싸운다는 데서, '배반하다'는 뜻이다.

읽기한자 悖叛(패반)
쓰기한자 謀叛(모반) 叛軍(반군) 叛旗(반기) 叛徒(반도) 叛亂(반란) 叛逆(반역) 背叛(배반)

伴 | 3급 | 짝 **반:** 人 / 5 동 侶
하나의 물건을 절반(半)으로 나눈 것처럼 두 사람(亻)이 똑같다는 데서, '짝'을 뜻한다.

읽기한자 侶伴(여반) 伴侶(반려) 伍伴(오반) 做伴(주반)
쓰기한자 同伴(동반) 伴偶(반우) 伴奏(반주) 伴行(반행) 隨伴(수반)

般 | 3급Ⅱ | 가지 / 일반 **반** 舟 / 4
배(舟)를 노(殳) 저어 움직이는 데서, '옮기다'는 뜻이다. 또 옛날 마을 공용 배도 있었고 누구나 한가지로 이용할 수 있었던 데서, '가지, 일반'을 뜻한다.

읽기한자 箇般(개반) 般臂(반비)
쓰기한자 今般(금반) 般樂(반락) 般師(반사) 般遊(반유) 般逸(반일) 一般(일반) 全般(전반) 諸般(제반)

飯 | 3급Ⅱ | 밥 **반** 食 / 4 비 飮 동 食
밥(食)을 먹을 때 입안에서 밥알이 이리저리 뒤집히며(反) 씹히는 데서, '먹다, 밥'을 뜻한다.

읽기한자 喫飯(끽반) 粱飯(양반) 飯顆(반과) 飯櫃(반궤) 飯粒(반립) 飯鉢(반발) 飯噴(반분) 飯匙(반시) 飯饌(반찬) 噴飯(분반) 泡飯(포반)
쓰기한자 麥飯(맥반) 飯店(반점) 飯酒(반주) 白飯(백반) 蔬飯(소반) 殘飯(잔반) 朝飯(조반) 餐飯(찬반) 炊飯(취반)

盤 3급II 소반 **반** 皿 / 10
음식 등을 담아 옮기는(般) 그릇(皿)에서, '소반, 쟁반'을 뜻한다.

읽기한자 鍵盤(건반) 瓊盤(경반) 盤拏(반나) 盤渦(반와) 盤陀(반타) 盤桓(반환) 渦盤(와반) 鍼盤(침반)
쓰기한자 甲盤(갑반) 骨盤(골반) 基盤(기반) 棋盤(기반) 落盤(낙반) 盤據(반거) 盤曲(반곡) 盤石(반석)
盤旋(반선) 盤松(반송) 盤還(반환) 杯盤(배반) 旋盤(선반) 小盤(소반) 巖盤(암반) 原盤(원반)
音盤(음반) 終盤(종반) 中盤(중반) 地盤(지반) 初盤(초반) 胎盤(태반) 吸盤(흡반)

班 6급II 나눌 **반** 玉 / 6 비 斑 반 常
여러 개의 구슬(玨)을 나누는(刂) 데서, '나누다'는 뜻이다. 여러 개로 나뉜 각각의 조직으
로서의 반(班)의 뜻도 나타낸다.

읽기한자 班媛(반원) 班綴(반철)
쓰기한자 甲班(갑반) 兩班(양반) 武班(무반) 文班(문반) 班給(반급) 班師(반사) 班常(반상) 班長(반장)
班村(반촌) 首班(수반) 越班(월반)

反 6급II 돌이킬 / 돌아올 **반:** 又 / 2 반 正
판자(厂)를 손(又)으로 밀면 굽었다가 손을 떼면 다시 원래대로 돌아오는 데서, '돌이키다,
돌아오다'는 뜻이다.

읽기한자 反躬(반궁) 反縛(반박) 反駁(반박) 反撥(반발) 反腋(반액) 反芻(반추) 反哺(반포) 隅反(우반)
쓰기한자 謀反(모반) 反感(반감) 反擊(반격) 反骨(반골) 反旗(반기) 反對(반대) 反動(반동) 反騰(반등)
反落(반락) 反亂(반란) 反論(반론) 反面(반면) 反目(반목) 反問(반문) 反美(반미) 反復(반복)
反射(반사) 反省(반성) 反逆(반역) 反影(반영) 反映(반영) 反應(반응) 反轉(반전) 反正(반정)
反帝(반제) 反證(반증) 反側(반측) 反則(반칙) 反託(반탁) 反抗(반항) 反響(반향) 背反(배반)
相反(상반) 違反(위반) 贊反(찬반)

半 6급II 반(半) **반:** 十 / 3
소(牛)를 2등분(八)한 한쪽으로, '반, 절반, 반쪽'을 뜻한다.

읽기한자 臘半(납반) 半袴(반고) 半衲(반납) 半帆(반범) 半臂(반비) 半袖(반수) 宵半(소반)
쓰기한자 過半(과반) 兩半(양반) 半減(반감) 半個(반개) 半開(반개) 半徑(반경) 半球(반구) 半旗(반기)
半納(반납) 半年(반년) 半島(반도) 半導(반도) 半裸(반라) 半白(반백) 半分(반분) 半熟(반숙)
半身(반신) 半額(반액) 半月(반월) 半音(반음) 半字(반자) 半切(반절) 半折(반절) 半點(반점)
半破(반파) 半偏(반편) 相半(상반) 折半(절반) 太半(태반) 殆半(태반) 後半(후반)

魃 1급 가물 **발** 鬼 / 5
가물게 하여 지상의 생물을 제거하는(犮) 귀신(鬼)에서, '가물 귀신, 가물다, 가물'을 뜻한다.

읽기한자 驕魃(교발) 老魃(노발) 暑魃(서발) 炎魃(염발) 妖魃(요발) 旱魃(한발)

勃 | 1급 | 노할 **발** | 力 / 7
갑자기 기세 좋게(力) 성하게(孛) 일어나는 모양으로, '발끈하다, 노하다'는 뜻이다.

읽기한자 勃啓(발계) 勃姑(발고) 勃起(발기) 勃怒(발노) 勃亂(발란) 勃發(발발) 勃屑(발설) 勃焉(발언) 勃如(발여) 勃鬱(발울) 勃爾(발이) 勃海(발해) 勃興(발흥) 狂勃(광발) 馬勃(마발) 蓬勃(봉발) 暴勃(폭발) 凶勃(흉발)

撥 | 1급Ⅱ | 다스릴 **발** | 手 / 12 | 비 潑
손(扌)에서 놓아(發) 버리는 것, 어지러워진 상태를 제거하는 것으로, '다스리다'는 뜻이다.

읽기한자 撥去(발거) 撥弓(발궁) 撥棄(발기) 撥亂(발란) 撥剌(발랄) 撥條(발조) 啓撥(계발) 亂撥(난발) 挑撥(도발) 反撥(반발) 指撥(지발) 觸撥(촉발)

潑 | 1급 | 물뿌릴 **발** | 水 / 12 | 비 撥
물(氵)이 넓게 펼쳐지는(發) 것으로, '물 뿌리다'는 뜻이다. 또, 뿌릴 때의 물이 생기 있고 시원스러운 데서 '활발하다'는 뜻이다.

읽기한자 潑剌(발랄) 潑潑(발발) 潑散(발산) 潑皮(발피) 潑寒(발한) 噴潑(분발) 活潑(활발)

跋 | 1급 | 밟을 **발** | 足 / 5
본래 '밟다'의 뜻이고, 발(足)은 몸의 끝인 데서, 책의 끝에 본문 내용의 大綱이나 간행 경위에 관한 사항을 간략하게 적은 글, '跋文(발문)'을 뜻한다.

읽기한자 跋剌(발랄) 跋履(발리) 跋文(발문) 跋辭(발사) 跋涉(발섭) 跋魚(발어) 跋扈(발호) 序跋(서발) 題跋(제발) 草跋(초발) 馳跋(치발)

醱 | 1급 | 술괼 **발** | 酉 / 12 | 동 酵, 酷
술(酉)이 효소가 열려(發) 퍼져 나가는 것으로, '술 괴다'는 뜻이다.

읽기한자 醱酵(발효)

渤 | 2급(名) | 바다이름 **발** | 水 / 9
바닷물(氵)이 육지쪽으로 밀려들어 온(勃) 곳으로 渤海를 나타낸다. 渤海는 나라이름으로도 사용되었다.

읽기한자 溟渤(명발) 渤海(발해)

鉢 | 2급(名) | 바리때 **발** | 金 / 5
본래 글자는 本이 아니라 그릇 모양을 본뜬 글자였다. 쇠붙이로 만든 밥그릇을 나타냈으나 주로 승려의 밥그릇, '바리때'의 뜻으로 쓰인다.

읽기한자 飯鉢(반발) 夫鉢(부발) 衣鉢(의발) 周鉢(주발) 綴鉢(철발)

拔 3급Ⅱ **뽑을 발** 手 / 5 图 擢

개가 달아날(友) 때 발을 퉁기듯 재빠르게 손(扌)을 움직여 물건을 빼는 데서, '빼다, 뽑다'는 뜻이다.

읽기한자 勁拔(경발) 拔徙(발사) 拔釘(발정) 拔萃(발췌) 拔擢(발탁) 挺拔(정발) 擢拔(탁발)

쓰기한자 奇拔(기발) 拔群(발군) 拔本(발본) 拔取(발취) 選拔(선발) 卓拔(탁발) 海拔(해발)

髮 4급 **터럭 발** 髟 / 5

긴(長) 터럭(彡)이 개꼬리(友)처럼 늘어진다는 데서, '터럭'을 뜻한다.

읽기한자 鵠髮(곡발) 括髮(괄발) 螺髮(나발) 斂髮(염발) 斑髮(반발) 梳髮(소발) 涅髮(열발) 翠髮(취발)
披髮(피발) 皓髮(호발)

쓰기한자 假髮(가발) 結髮(결발) 金髮(금발) 斷髮(단발) 短髮(단발) 頭髮(두발) 亂髮(난발) 理髮(이발)
毛髮(모발) 白髮(백발) 削髮(삭발) 散髮(산발) 洗髮(세발) 握髮(악발) 銀髮(은발) 長髮(장발)
祝髮(축발) 編髮(변발) 鶴髮(학발) 毫髮(호발) 華髮(화발) 黑髮(흑발)

發 6급Ⅱ **필 발** 癶 / 7 图 起, 射, 展 밴 着 일 発

활(弓)이나 손에 든 창(殳)을 두 손(癶)으로 쏜다는 데서, '쏘다'는 뜻이다. 그 밖에 '피다, 일어나다, 베풀다' 등의 뜻을 나타낸다.

읽기한자 墾發(간발) 勃發(발발) 發窩(발오) 發迹(발적) 發祉(발지) 發疹(발진) 發蟄(발칩) 發酵(발효)
炸發(작발)

쓰기한자 開發(개발) 啓發(계발) 挑發(도발) 突發(돌발) 濫發(남발) 滿發(만발) 妄發(망발) 發覺(발각)
發狂(발광) 發掘(발굴) 發端(발단) 發露(발로) 發賣(발매) 發付(발부) 發射(발사) 發聲(발성)
發芽(발아) 發源(발원) 發育(발육) 發走(발주) 發着(발착) 發破(발파) 發汗(발한) 發揮(발휘)
奮發(분발) 頻發(빈발) 誤發(오발) 偶發(우발) 誘發(유발) 摘發(적발) 蒸發(증발) 徵發(징발)
觸發(촉발) 向發(향발)

肪 1급 **기름 방** 肉 / 4

육체(月)가 양쪽으로 내밀린(方) 것으로, '기름, 살지다'는 뜻이다.

읽기한자 肪脆(방취) 膏肪(고방) 松肪(송방) 截肪(절방) 脂肪(지방) 割肪(할방)

枋 1급 **다목 방** 木 / 4

콩과의 작은 상록 교목 '다목(丹木)'을 나타낸다. 또, 나무(木)를 나란히 늘어놓아(方) 물을 막고 고기를 잡는 '어살'을 뜻한다.

읽기한자 界枋(계방) 蘇枋(소방)

幫 1급 **도울 방** 巾 / 9 图 助

幇과 同字로, '돕다'는 뜻이다. 또, '단체, 패거리'를 뜻한다.

읽기한자 幫間(방간) 幫助(방조) 幫工(방공) 助幫(조방)

坊 `1급` 동네 **방** 土 / 4 동 閭, 里
좌우로 펼쳐진(方) 마을(土)에서, '동네'를 뜻한다.

 읽기한자
坊間(방간) 坊閭(방려) 坊本(방본) 坊舍(방사) 坊長(방장) 坊廚(방주) 街坊(가방) 客坊(객방)
京坊(경방) 敎坊(교방) 宮坊(궁방) 內坊(내방) 茶坊(다방) 馬坊(마방) 民坊(민방) 別坊(별방)
本坊(본방) 宿坊(숙방) 僧坊(승방) 作坊(작방) 酒坊(주방) 春坊(춘방)

昉 `1급` 밝을 **방** 日 / 4
아침 햇빛(日)이 사방으로 퍼지는(方) 것으로, '밝다, 빛나다'는 뜻이다.

 읽기한자
神昉(신방) 申昉(신방)

榜 `1급` 방(榜)붙일 **방:** 木 / 10
나무(木)를 좌우로 펼친(旁) 것으로 여러 사람이 볼 수 있게 써 붙이는 글인 '방(榜), 방 붙이다'는 뜻이다.

 읽기한자
榜歌(방가) 榜具(방구) 榜令(방령) 榜目(방목) 榜服(방복) 榜船(방선) 榜眼(방안) 榜額(방액)
榜楚(방초) 歌榜(가방) 高榜(고방) 放榜(방방) 賞榜(상방) 試榜(시방) 吳榜(오방) 酒榜(주방)
板榜(판방) 標榜(표방) 懸榜(현방) 黃榜(황방)

尨 `1급` 삽살개 **방** 尢 / 4
털북숭이 개의 모양을 본뜬 것으로, '삽살개'를 뜻한다.

 읽기한자
尨犬(방견) 尨狗(방구) 尨大(방대) 尨服(방복) 尨然(방연) 尨茸(방용) 尨雜(방잡)

膀 `1급` 오줌통 **방** 肉 / 10 동 胱
몸(月)의 옆구리(旁)의 한 쪽에 달린 것으로, '오줌통'을 뜻한다.

읽기한자
膀胱(방광)

謗 `1급` 헐뜯을 **방:** 言 / 10 동 譏, 罵, 讒
惡意에 찬 말(言)로 남의 일을 방해하는(旁＝妨) 것으로, '나무라다, 헐뜯다, 하리놀다'는 뜻이다.

읽기한자
謗譏(방기) 謗論(방론) 謗罵(방매) 謗書(방서) 謗言(방언) 謗怨(방원) 謗政(방정) 謗嘲(방조)
謗讒(방참) 謗毀(방훼) 群謗(군방) 譏謗(기방) 誣謗(무방) 分謗(분방) 非謗(비방) 誹謗(비방)
怨謗(원방) 造謗(조방) 虛謗(허방) 毀謗(훼방)

彷 `1급` 헤맬 **방(:)** 彳 / 4 동 彿, 徨
좌우로 펼쳐진(方) 곳을 이리 저리 왔다 갔다(彳)하는 것으로, '방황하다, 헤매다'는 뜻이다.

읽기한자
彷彿(방불) 彷徨(방황)

旁 2급(名) 곁 **방:** 方 / 6
원래 글자는 凡+方의 형태였는데 변형된 것이다. 凡과 方 모두 사면팔방에 퍼져 있는 모든 것, '곁'을 뜻한다.

읽기한자 路旁(노방) 旁系(방계) 旁觀(방관) 旁國(방국) 旁魄(방백) 旁人(방인) 旁註(방주) 旁蹉(방차)
四旁(사방)

紡 2급 길쌈 **방** 糸 / 4 동 績, 織
실(糸)을 사방에 늘어놓은(方) 데서, '잣다, 길쌈'을 뜻한다.

읽기한자 紡錘(방추)
쓰기한자 紡績(방적) 紡織(방직) 紡車(방차) 混紡(혼방)

龐 2급(名) 높은집 **방** 龍 / 3
높고 큰(龍) 집(广)에서, '높은 집'을 뜻한다.

읽기한자 龐統(방통)

傍 3급 곁 **방:** 人 / 10
사람(亻)들은 서로 이웃(旁)하여 의지하며 살아야 한다는 데서, '곁, 의지하다'는 뜻이다.

읽기한자 傍腫(방종) 傍籤(방첨)
쓰기한자 傍系(방계) 傍觀(방관) 傍白(방백) 傍助(방조) 傍證(방증) 傍聽(방청)

邦 3급 나라 **방** 邑 / 4 동 國
풀이 무성하고(丰) 언덕진(阝) 고을에서, 뒤에 '나라'의 뜻이 되었다.

읽기한자 仇邦(구방) 劉邦(유방) 邦媛(방원) 藩邦(번방)
쓰기한자 聯邦(연방) 萬邦(만방) 盟邦(맹방) 邦國(방국) 邦畫(방화) 友邦(우방) 異邦(이방) 合邦(합방)

倣 3급 본뜰 **방** 人 / 8
사람이 자신의 좋은 점은 놓아버리고(放) 남(亻)을 본뜨려 한다는 데서, '본뜨다'는 뜻이다.

읽기한자 摸倣(모방)
쓰기한자 模倣(모방) 倣似(방사)

芳 3급Ⅱ 꽃다울 **방** 艸 / 4
꽃의 풀(艹) 향기가 사방(方)으로 퍼진다는 데서, '향내 나다, 꽃답다'는 뜻이다.

읽기한자 芳藿(방곽) 芳塘(방당) 芳薇(방미) 芳馥(방복) 芳樽(방준) 芳叢(방총) 芳卉(방훼) 芬芳(분방)
姸芳(연방)
쓰기한자 芳年(방년) 芳名(방명) 芳草(방초) 芳香(방향)

妨 | 4급 | 방해할 **방** | 女 / 4 | 图 害
여자(女)가 방의 한쪽 모서리(方)에 있으면 일이나 공부에 방해가 된다는 데서, '방해하다'
는 뜻이다.

읽기한자 妨阻(방조)
쓰기한자 無妨(무방) 妨礙(방애) 妨害(방해)

防 | 4급Ⅱ | 막을 **방** | 阜 / 4 | 图 禦
물이나 적의 침입을 막기 위해 모(方)가 지게 흙 등을 쌓아 언덕(阝)을 만든 데서, '막다'
는 뜻이다.

읽기한자 防溝(방구) 防禦(방어) 防牌(방패) 雍防(옹방)
쓰기한자 警防(경방) 攻防(공방) 國防(국방) 屯防(둔방) 民防(민방) 防空(방공) 防毒(방독) 防犯(방범)
防壁(방벽) 防腐(방부) 防備(방비) 防守(방수) 防水(방수) 防疫(방역) 防衛(방위) 防音(방음)
防除(방제) 防潮(방조) 防止(방지) 防塵(방진) 防諜(방첩) 防彈(방탄) 防波(방파) 防風(방풍)
防寒(방한) 防護(방호) 防火(방화) 消防(소방) 豫防(예방) 堤防(제방)

房 | 4급Ⅱ | 방 **방** | 戶 / 4
집(戶) 안에 네모진(方) 공간에서, '방'을 뜻한다.

읽기한자 煖房(난방) 笠房(입방) 棧房(잔방) 廛房(전방) 廚房(주방) 饌房(찬방) 廠房(창방)
쓰기한자 各房(각방) 監房(감방) 客房(객방) 閨房(규방) 暖房(난방) 尼房(이방) 茶房(다방) 獨房(독방)
冷房(냉방) 吏房(이방) 房門(방문) 房貰(방세) 書房(서방) 禪房(선방) 貰房(세방) 神房(신방)
藥房(약방) 右心房(우심방) 乳房(유방) 冊房(책방)

訪 | 4급Ⅱ | 찾을 **방:** | 言 / 4
누군가를 찾아가 일의 해결 방법(方)을 말해(言) 줄 것을 청하는 데서, '찾다'는 뜻이다.

읽기한자 訊訪(신방)
쓰기한자 答訪(답방) 來訪(내방) 歷訪(역방) 禮訪(예방) 訪問(방문) 訪議(방의) 訪日(방일) 訪韓(방한)
搜訪(수방) 巡訪(순방) 尋訪(심방) 探訪(탐방)

放 | 6급Ⅱ | 놓을 **방(:)** | 攴 / 4 | 图 釋, 蕩
죄인을 채찍(攵)으로 때리고 서울의 사방(方)으로 쫓아내는 데서, '떼 내다, 놓다'는 뜻이다.

읽기한자 剝放(박방) 放懶(방라) 放邁(방매) 放榜(방방) 放擲(방척) 放黜(방출) 放惰(방타) 放蕩(방탕)
疎放(소방) 侈放(치방)
쓰기한자 開放(개방) 放課(방과) 放尿(방뇨) 放談(방담) 放浪(방랑) 放流(방류) 放漫(방만) 放賣(방매)
放免(방면) 放牧(방목) 放射(방사) 放赦(방사) 放飼(방사) 放生(방생) 放送(방송) 放心(방심)
放言(방언) 放熱(방열) 放映(방영) 放任(방임) 放恣(방자) 放電(방전) 放縱(방종) 放出(방출)
放置(방치) 放學(방학) 放火(방화) 奔放(분방) 釋放(석방) 追放(추방) 解放(해방) 豪放(호방)
訓放(훈방)

方
| 7급II | 모[棱] **방** | 方 / 0 | 동 矩, 道, 隅, 正 | 반 圓 |

두 척의 배를 나란히 묶어 놓은 모양을 본뜬 글자로, 배 주위가 네모져 보이는 데서, '모나다, 모'를 뜻한다.

읽기한자 艮方(간방) 方罫(방패) 方矩(방구) 方伎(방기) 方瞳(방동) 方睛(방정) 方牌(방패) 方頰(방협) 方賄(방회) 兌方(태방)

쓰기한자 坤方(곤방) 東方(동방) 療方(요방) 妙方(묘방) 方途(방도) 方伯(방백) 方席(방석) 方案(방안) 方位(방위) 方正(방정) 方策(방책) 方寸(방촌) 方針(방침) 方便(방편) 方向(방향) 邊方(변방) 祕方(비방) 朔方(삭방) 雙方(쌍방) 前方(전방) 地方(지방) 處方(처방) 丑方(축방) 平方(평방) 韓方(한방) 亥方(해방) 行方(행방) 向方(향방) 後方(후방)

陪
| 1급 | 모실 **배:** | 阜 / 8 | 동 隨, 侍, 從 |

갑절(음＝倍)의 언덕(阝)으로, 아래 언덕위에 또 언덕이 있는 모양에서, '모시다'는 뜻이다.

읽기한자 陪客(배객) 陪耕(배경) 陪觀(배관) 陪堂(배당) 陪都(배도) 陪隷(배례) 陪僕(배복) 陪席(배석) 陪乘(배승) 陪遊(배유) 陪接(배접) 陪行(배행) 奉陪(봉배) 趨陪(추배) 追陪(추배)

湃
| 1급 | 물결칠 **배** | 水 / 9 |

물(氵)이 절(拜)하듯 넘실거리는 것으로, '물결 소리, 물결치다'는 뜻이다.

읽기한자 湃湃(배배)

胚
| 1급 | 아기밸 **배** | 肉 / 5 | 동 孕, 胎 |

태내(月)에서 아이가 크는(丕) 것으로, '아기 배다'는 뜻이다.

읽기한자 胚芽(배아) 胚乳(배유) 胚孕(배잉) 胚子(배자) 胚珠(배주) 胚胎(배태)

徘
| 1급 | 어정거릴 **배** | 彳 / 8 | 비 俳, 排 | 동 徊 |

갈 듯 아닌(非) 듯 움직이는(彳) 것으로, '어정거리다, 머뭇거리다'는 뜻이다.

읽기한자 徘徊(배회)

賠
| 2급 | 물어줄 **배:** | 貝 / 8 |

남에게 손해를 끼치면 곱절(倍)의 재물(貝)을 내어 준다는 데서, '물다, 물어 주다'는 뜻이다.

쓰기한자 賠款(배관) 賠償(배상) 均賠(균배)

俳 2급　배우 **배**　人 / 8　回 徘, 排　동 優, 倡

상식에 맞지 않는(非) 익살스러운 행동을 하는 사람(亻)에서, '광대(배우)'를 뜻한다.

읽기한자　嘉俳(가배) 俳倡(배창) 俳娼(배창) 俳諧(배해)
쓰기한자　俳優(배우)

裵 2급(名)　성(姓) **배**　衣 / 8

裴로도 쓰며, 본래 아래로 늘어진 긴 옷(衣)을 나타냈으나, 주로 姓氏로 쓰인다.

읽기한자　裵度(배도)

杯 3급　잔 **배**　木 / 4

다리가 있는 술잔 모양(不)의 나무(木)로 만든 그릇에서, '잔'을 뜻한다.

읽기한자　螺杯(나배) 杯觴(배상) 餞杯(전배) 銜杯(함배)
쓰기한자　乾杯(건배) 苦杯(고배) 毒杯(독배) 杯盤(배반) 祝杯(축배)

輩 3급Ⅱ　무리 **배:**　車 / 8　약 軰

새의 깃(非)처럼 수레(車)가 줄지어 있는 데서, '무리'를 뜻한다.

읽기한자　曹輩(조배)
쓰기한자　卿輩(경배) 年輩(연배) 徒輩(도배) 輩出(배출) 輩行(배행) 先輩(선배) 若輩(약배) 汝輩(여배)
後輩(후배)

排 3급Ⅱ　밀칠 **배**　手 / 8　回 徘, 俳　동 斥

아닌(非) 것은 손(扌)을 내젓거나 뻗으며 물리치는 데서, '밀치다, 물리치다'는 뜻이다.

읽기한자　排悶(배민) 排闥(배벽) 排泄(배설) 排水溝(배수구) 排斡(배알) 排穿(배천) 排墜(배추)
排劾(배핵) 觝排(저배)
쓰기한자　均排(균배) 排擊(배격) 排球(배구) 排氣(배기) 排尿(배뇨) 排卵(배란) 排律(배율) 排佛(배불)
排除(배제) 排斥(배척) 排出(배출) 排他(배타) 排便(배변) 排布(배포)

培 3급Ⅱ　북돋울 **배:**　土 / 8

흙(土)을 파고 갈라(音＝剖) 생육의 힘을 높이는 데서, '북돋다'는 뜻이다.

읽기한자　培壅(배옹) 培堆(배퇴) 饒培(요배) 耘培(운배)
쓰기한자　培養(배양) 培判(배판) 栽培(재배)

配 4급Ⅱ 　나눌 / 짝 **배:** 　酉 / 3 　동分, 匹

혼례 때 술(酉)을 따라 사람들(己)과 나누어 마시며 짝을 맞이하는 데서, '나누다, 짝'이라는 뜻이다.

읽기한자 　配擬(배의) 配塡(배전)

쓰기한자 　佳配(가배) 減配(감배) 交配(교배) 均配(균배) 徒配(도배) 流配(유배) 配車(배차) 配管(배관)
配給(배급) 配達(배달) 配當(배당) 配慮(배려) 配列(배열) 配本(배본) 配付(배부) 配分(배분)
配色(배색) 配線(배선) 配食(배식) 配役(배역) 配電(배전) 配置(배치) 配布(배포) 配匹(배필)
配合(배합) 分配(분배) 喪配(상배) 受配(수배) 手配(수배) 支配(지배) 集配(집배) 宅配(택배)
婚配(혼배)

背 4급Ⅱ 　등 **배:** 　肉 / 5 　반向

몸(月)의 앞쪽의 가슴, 배와 등지고(北) 있는 쪽으로, '등'을 뜻한다.

읽기한자 　乖背(괴배) 背囊(배낭) 背戾(배려) 背馳(배치) 捐背(연배) 炙背(자배) 曝背(폭배) 嚮背(향배)

쓰기한자 　見背(견배) 背景(배경) 背反(배반) 背叛(배반) 背番(배번) 背書(배서) 背水(배수) 背信(배신)
背泳(배영) 背恩(배은) 背任(배임) 背後(배후) 違背(위배) 向背(향배) 胸背(흉배)

拜 4급Ⅱ 　절 **배:** 　手 / 5 　약拝

양손(手手)을 마주하여 고개를 숙이는(丅) 모양에서, '절, 절하다'는 뜻이다.

읽기한자 　拜拱(배공) 拜禱(배도) 拜捧(배봉) 拜俯(배부) 拜揖(배읍) 拜詔(배조) 俯拜(부배)

쓰기한자 　敬拜(경배) 禮拜(예배) 拜見(배견) 拜金(배금) 拜禮(배례) 拜命(배명) 拜伏(배복) 拜上(배상)
拜謁(배알) 拜呈(배정) 歲拜(세배) 肅拜(숙배) 崇拜(숭배) 再拜(재배) 參拜(참배) 趨拜(추배)
向拜(향배)

倍 5급 　곱 **배(:)** 　人 / 8

사람(亻)들이 물건을 가를(咅＝剖) 때마다 그 個數가 곱이 된다는 데서, '곱'을 뜻한다.

읽기한자 　倍畔(배반)

쓰기한자 　倍加(배가) 倍率(배율) 倍數(배수) 倍額(배액) 倍前(배전)

魄 1급 　넋 **백** 　鬼 / 5

생기를 잃은(白) 혼(鬼)으로, 육체에 깃들여 있다가, 죽으면 그 육체를 떠나는 '넋'을 뜻한다.

읽기한자 　魄力(백력) 魄散(백산) 魄兆(백조) 氣魄(기백) 落魄(낙백) 杜魄(두백) 亡魄(망백) 旁魄(방백)
死魄(사백) 生魄(생백) 素魄(소백) 心魄(심백) 夜魄(야백) 營魄(영백) 玉魄(옥백) 妖魄(요백)
圓魄(원백) 月魄(월백) 精魄(정백) 地魄(지백) 體魄(체백) 蜀魄(촉백) 險魄(험백) 形魄(형백)
虎魄(호백) 皓魄(호백) 魂魄(혼백) 曉魄(효백)

帛 | 1급 | 비단 **백** | 巾 / 5

흰(白) 천(巾)으로, '비단'을 뜻한다.

읽기한자 帛巾(백건) 帛袴(백고) 帛書(백서) 帛信(백신) 帛布(백포) 金帛(금백) 大帛(대백) 綿帛(면백)
璧帛(벽백) 絲帛(사백) 生帛(생백) 束帛(속백) 栗帛(율백) 玉帛(옥백) 財帛(재백) 竹帛(죽백)
采帛(채백) 通帛(통백) 布帛(포백)

 柏 | 2급 | 측백 **백** | 木 / 5

나무(木) 결이 희고(白) 고운 나무에서, '측백'을 뜻한다.

읽기한자 扁柏(편백)
쓰기한자 柏臺(백대) 柏木(백목) 柏府(백부) 柏山(백산) 柏松(백송) 柏子(백자) 卷柏(권백) 冬柏(동백)
松柏(송백) 側柏(측백) 黃柏(황백)

 伯 | 3급Ⅱ | 맏 **백** | 人 / 5

여러 형제(亻) 중에서 머리가 흰(白) 사람에서, '맏'이라는 뜻이다.

읽기한자 伯舅(백구) 什伯(십백) 伍伯(오백) 匠伯(장백)
쓰기한자 道伯(도백) 方伯(방백) 伯母(백모) 伯父(백부) 伯氏(백씨) 伯爵(백작) 伯仲(백중) 伯兄(백형)
畫伯(화백) 五伯(오패)

百 | 7급 | 일백 **백** | 白 / 1 | 비 白, 自

하나(一)에서 일백까지 세면 크게 외쳐(白) 計數를 일단락지은 데서, '일백'을 뜻한다.

읽기한자 百稼(백가) 百寮(백료)
쓰기한자 幾百(기백) 百果(백과) 百穀(백곡) 百科(백과) 百斤(백근) 百年(백년) 百方(백방) 百弗(백불)
百事(백사) 百選(백선) 百姓(백성) 百歲(백세) 百日(백일) 百戰(백전) 百合(백합) 百花(백화)
百貨(백화)

白 | 8급 | 흰 **백** | 白 / 0 | 비 自, 百 | 반 黑

햇빛을 본뜬 글자로, 해(日)가 비치면 그 빛(ヽ)이 밝은 데서, '희다, 밝다'는 뜻이다.

읽기한자 蛋白(단백) 白鵠(백곡) 白琯(백관) 白駒(백구) 白撞(백당) 白蠟(백랍) 白狼(백랑) 白粱(백량)
白鷺(백로) 白燐(백린) 白描(백묘) 白礬(백반) 白帆(백범) 白璧(백벽) 白扇(백선) 白堊(백악)
白熊(백웅) 白狄(백적) 白睛(백정) 白菖(백창) 白疊(백첩) 白貂(백초) 白癡(백치) 白萍(백평)
白蒲(백포) 白瑕(백하) 白狐(백호) 白虹(백홍) 粹白(수백) 曳白(예백) 狐白(호백)
쓰기한자 潔白(결백) 淡白(담백) 戴白(대백) 獨白(독백) 傍白(방백) 白鷗(백구) 白旗(백기) 白露(백로)
白墨(백묵) 白眉(백미) 白飯(백반) 白蛇(백사) 白蔘(백삼) 白夜(백야) 白雲(백운) 白衣(백의)
白磁(백자) 白丁(백정) 白鳥(백조) 白晝(백주) 白紙(백지) 白鶴(백학) 白虎(백호) 白花(백화)
白話(백화) 純白(순백) 餘白(여백) 自白(자백) 精白(정백) 蒼白(창백) 太白(태백) 漂白(표백)
黑白(흑백)

蕃 1급 　불을 **번**　艹 / 12　동 茂, 盛, 殖, 滋

초목(艹)이 퍼지는(番) 것, 번성하는 것으로, '붇다, 우거지다'는 뜻이다.

읽기한자　蕃界(번계) 蕃國(번국) 蕃阜(번부) 蕃盛(번성) 蕃殖(번식) 蕃弱(번약) 蕃育(번육) 蕃人(번인)
蕃滋(번자) 蕃昌(번창) 南蕃(남번) 生蕃(생번) 熟蕃(숙번) 實蕃(실번) 諸蕃(제번) 靑蕃(청번)
吐蕃(토번)

藩 1급 　울타리 **번**　艹 / 15　동 籬

물(氵)가에 초목이 우거진(蕃) 데서, '울타리'를 뜻한다. 나아가 帝王의 나라를 수호하는
울타리 나라, '諸侯의 나라'를 뜻한다.

읽기한자　藩車(번거) 藩國(번국) 藩落(번락) 藩籬(번리) 藩邦(번방) 藩屛(번병) 藩臣(번신) 藩職(번직)
藩戚(번척) 藩蔽(번폐) 藩侯(번후) 彊藩(강번) 大藩(대번) 名藩(명번) 小藩(소번) 列藩(열번)
外藩(외번) 雄藩(웅번) 遠藩(원번) 籬藩(이번) 諸藩(제번) 宗藩(종번) 重藩(중번) 親藩(친번)
脫藩(탈번) 廢藩(폐번) 翰藩(한번)

煩 3급 　번거로울 **번**　火 / 9　동 苛, 悶, 數　반 簡

일의 갈피가 어수선하고 복잡하여 머리(頁)가 불(火)처럼 뜨겁고 열이 난다는 데서, '번거
롭다'는 뜻이다.

읽기한자　煩顴(번관) 煩悶(번민) 煩碎(번쇄) 煩冤(번원) 煩膺(번응) 叢煩(총번)

쓰기한자　煩惱(번뇌) 煩雜(번잡) 頻煩(빈번)

飜 3급 　번역할 **번**　飛 / 12　동 譯

새가 날아갔다가 되돌아오는 동작을 반복하며 차례로(番) 날아다니는(飛) 데서, '번역하
다, 뒤치다'는 뜻이다.

읽기한자　飜袖(번수)

쓰기한자　飜刻(번각) 飜覆(번복) 飜案(번안) 飜譯(번역)

繁 3급Ⅱ 　번성할 **번**　糸 / 11　동 茂　약 繁

매양(每) 바디에 날실을 꿰고 씨실(糸)을 쳐서(攵) 천을 짜는 것은 번거로우나 집안이 번
성한다는 데서, '번성하다, 번거롭다'는 뜻이다.

읽기한자　蕪繁(무번) 繁稠(번조) 繁熾(번치) 殷繁(은번)

쓰기한자　農繁(농번) 繁多(번다) 繁盛(번성) 繁殖(번식) 繁榮(번영) 繁雜(번잡) 繁昌(번창) 繁華(번화)
頻繁(빈번)

番 6급 　차례 **번**　田 / 7　동 第, 次

손(丿)으로 곡식(禾)의 씨를 밭(田)에 차례대로 뿌리는 데서, '차례'를 뜻한다. 또 차례로
숙직이나 당직을 하는 일을 나타낸다.

쓰기한자　缺番(결번) 局番(국번) 軍番(군번) 當番(당번) 輪番(윤번) 每番(매번) 背番(배번) 番外(번외)
番地(번지) 番號(번호) 非番(비번) 順番(순번) 除番(제번) 主番(주번) 週番(주번) 地番(지번)

2급(名) 뗏목 **벌** 竹 / 6

적을 치기(伐) 위해 대나무(竹)를 엮어 물에 띄운 데서, '뗏목'이라는 뜻한다.

읽기한자　筏橋(벌교) 筏夫(벌부) 津筏(진벌)

 2급 문벌 **벌** 門 / 6

사람(亻)이 무기(戈)를 들고 대문(門)을 지키는 지체와 세력있는 집안에서, '문벌'을 뜻한다.

쓰기한자　軍閥(군벌) 門閥(문벌) 閥閱(벌열) 閥族(벌족) 財閥(재벌) 族閥(족벌) 派閥(파벌) 學閥(학벌)
勳閥(훈벌)

 4급Ⅱ 벌할 **벌** 网 / 9

칼(刂)을 차고 위엄 있게 죄지은 자를 꾸짖어(詈) 벌하는 데서, '벌하다'는 뜻이다.

읽기한자　撻罰(달벌) 撲罰(박벌) 佚罰(일벌) 杖罰(장벌) 誅罰(주벌) 陟罰(척벌) 黜罰(출벌) 鞭罰(편벌)
쓰기한자　罰金(벌금) 罰點(벌점) 罰責(벌책) 罰則(벌칙) 賞罰(상벌) 嚴罰(엄벌) 重罰(중벌) 懲罰(징벌)
責罰(책벌) 處罰(처벌) 天罰(천벌) 體罰(체벌) 刑罰(형벌)

 4급Ⅱ 칠[討] **벌** 人 / 4　**비** 代

사람(亻)이 창(戈)을 들고 찌른다는 데서, '치다, 베다'는 뜻이다.

읽기한자　伐矜(벌긍) 伐挫(벌좌) 爕伐(섭벌) 攘伐(양벌) 剪伐(전벌) 誅伐(주벌)
쓰기한자　間伐(간벌) 盜伐(도벌) 濫伐(남벌) 輪伐(윤벌) 伐木(벌목) 伐採(벌채) 伐草(벌초) 北伐(북벌)
殺伐(살벌) 征伐(정벌) 斬伐(참벌) 採伐(채벌) 討伐(토벌)

 1급 넘칠 **범:** 水 / 2　**동** 濫, 溢

물(氵)이 넘쳐 멀리 퍼지는(已=氾) 것으로, '넘치다'는 뜻이다.

읽기한자　氾濫(범람) 氾論(범론) 氾博(범박) 氾船(범선) 氾水(범수) 氾溢(범일) 氾乎(범호) 廣氾(광범)
博氾(박범) 普氾(보범) 淸氾(청범)

 1급 돛 **범:** 巾 / 3

凡은 본래 돛의 象形인데, '모든'의 뜻으로 쓰이게 되자, 巾을 덧붙인 것으로, '돛'을 뜻한다.

읽기한자　帆竿(범간) 帆席(범석) 帆船(범선) 帆影(범영) 帆檣(범장) 帆布(범포) 客帆(객범) 輕帆(경범)
孤帆(고범) 歸帆(귀범) 錦帆(금범) 落帆(낙범) 滿帆(만범) 晩帆(만범) 半帆(반범) 白帆(백범)
席帆(석범) 揚帆(양범) 雲帆(운범) 征帆(정범) 眞帆(진범) 出帆(출범) 片帆(편범) 布帆(포범)
風帆(풍범) 軒帆(헌범)

泛 뜰 **범:** 水 / 5

잎이 물(氵)에 떠(乏=汎)있는 데서, '물에 뜨다'는 뜻이다.

읽기한자　泛看(범간) 泛觀(범관) 泛覽(범람) 泛使(범사) 泛溢(범일) 泛舟(범주) 泛漲(범창) 泛浸(범침)
泛宅(범택) 游泛(유범) 萍泛(평범) 飄泛(표범)

梵 1급 불경 **범:** 木 / 7

수풀(林) 위를 부는 바람(凡)의 뜻을 나타냈으나, 梵語 Brahman의 音譯字로 쓰이고 또,
'불경'의 뜻을 나타낸다.

읽기한자　梵家(범가) 梵閣(범각) 梵偈(범게) 梵衲(범납) 梵文(범문) 梵坊(범방) 梵士(범사) 梵書(범서)
梵樂(범악) 梵王(범왕) 梵宇(범우) 梵字(범자) 梵刹(범찰) 梵冊(범책) 梵天(범천) 梵唄(범패)
梵學(범학) 梵行(범행) 釋梵(석범) 仙梵(선범) 晨梵(신범) 夜梵(야범) 牛梵(우범) 幽梵(유범)
淸梵(청범) 香梵(향범) 曉梵(효범)

汎 2급 넓을 **범:** 水 / 3

홍수가 나서 물(氵)에 모든(凡) 것이 잠겨 있다는 데서, '넓다'는 뜻이다.

읽기한자　汎灑(범쇄) 汎游(범유) 汎沛(범패)
쓰기한자　汎論(범론) 汎舟(범주) 汎稱(범칭)

范 2급(名) 성(姓) **범:** 艸 / 5

본래 물에 떠다니는(氾) 풀(艹)인 물풀을 나타낸 것이나 주로 姓氏로 쓰인다.

읽기한자　鎔范(용범)

凡 무릇 **범(:)** 几 / 1

흩어진 부스러기(丶)를 틀(几)에 넣어 대강 합치는 데서, '대강, 모두'를 뜻한다.

읽기한자　凡陋(범루) 凡鱗(범린)
쓰기한자　大凡(대범) 凡例(범례) 凡夫(범부) 凡常(범상) 凡失(범실) 凡野(범야) 凡人(범인) 非凡(비범)
平凡(평범)

犯 4급 범할 **범:** 犬 / 2

개(犭)가 사람의 다리(㔾)를 물려고 덤비는 것은 해서는 안될 짓이라는 데서, '범하다'는
뜻이다.

읽기한자　犯蹈(범도) 犯諱(범휘) 虞犯(우범)
쓰기한자　敢犯(감범) 輕犯(경범) 共犯(공범) 累犯(누범) 冒犯(모범) 防犯(방범) 犯法(범법) 犯人(범인)
犯罪(범죄) 犯則(범칙) 犯行(범행) 雜犯(잡범) 再犯(재범) 戰犯(전범) 主犯(주범) 重犯(중범)
眞犯(진범) 初犯(초범) 侵犯(침범)

範 4급 | 법 **범:** 竹 / 9

수레(車)가 길을 이탈하거나 비탈로 구르지 않도록 다니는 길 양쪽에 대나무(竹)를 심어 테두리(㔾)를 만들어 수레 길의 본보기를 삼은 데서, '법'을 뜻한다.

읽기한자 範疇(범주)

쓰기한자 家範(가범) 廣範(광범) 敎範(교범) 軌範(궤범) 規範(규범) 模範(모범) 範圍(범위) 師範(사범) 垂範(수범) 示範(시범) 儀範(의범) 典範(전범) 洪範(홍범)

法 5급Ⅱ | 법 **법** 水 / 5 | 동 規, 度, 例, 律, 式, 典, 則

물(氵)은 높은 데서 낮은 데로 흘러가는(去) 것이 자연법칙이라는 데서, '법'이라는 뜻이다.

읽기한자 苟法(가법) 拿法(나법) 法偈(법게) 法螺(법라) 法臘(법랍) 法侶(법려) 法賻(법부) 法嗣(법사) 法筵(법연) 法爾(법이) 法曹(법조) 法帖(법첩) 諡法(시법) 枉法(왕법) 撓法(요법) 峻法(준법) 槍法(창법)

쓰기한자 拳法(권법) 技法(기법) 落法(낙법) 曆法(역법) 論法(논법) 療法(요법) 律法(율법) 魔法(마법) 母法(모법) 方法(방법) 犯法(범법) 法鼓(법고) 法規(법규) 法度(법도) 法令(법령) 法例(법례) 法律(법률) 法網(법망) 法式(법식) 法悅(법열) 法典(법전) 法廷(법정) 法則(법칙) 祕法(비법) 司法(사법) 乘法(승법) 違法(위법) 適法(적법) 遵法(준법) 唱法(창법) 脫法(탈법) 筆法(필법) 解法(해법) 憲法(헌법) 酷法(혹법)

璧 1급 | 구슬 **벽** 玉 / 13 | 동 玉

임금(辟)이 가지는 옥(玉)을 지칭하였으나, 일반으로 玉의 통칭으로 쓰여, '구슬'을 뜻한다.

읽기한자 璧聯(벽련) 璧門(벽문) 璧帛(벽백) 璧沼(벽소) 璧玉(벽옥) 璧月(벽월) 璧人(벽인) 璧田(벽전) 璧池(벽지) 穀璧(곡벽) 拱璧(공벽) 圭璧(규벽) 白璧(백벽) 寶璧(보벽) 符璧(부벽) 雙璧(쌍벽) 御璧(어벽) 連璧(연벽) 玉璧(옥벽) 完璧(완벽) 印璧(인벽) 趙璧(조벽) 楚璧(초벽) 合璧(합벽) 和璧(화벽)

癖 1급 | 버릇 **벽** 疒 / 13

몸의 균형이 한 쪽으로 치우쳐(辟=僻) 생기는 병(疒)으로, '뱃병'을 뜻한다. 또 파생된 의미로, '버릇'을 뜻한다.

읽기한자 癖痼(벽고) 癖病(벽병) 癖性(벽성) 癎癖(간벽) 疳癖(감벽) 潔癖(결벽) 痼癖(고벽) 舊癖(구벽) 奇癖(기벽) 嗜癖(기벽) 病癖(병벽) 書癖(서벽) 性癖(성벽) 睡癖(수벽) 習癖(습벽) 詩癖(시벽) 惡癖(악벽) 一癖(일벽) 腸癖(장벽) 錢癖(전벽) 酒癖(주벽)

擘 1급 | 엄지손가락 **벽** 手 / 13

손(手)으로 쪼개는(辟) 것으로, '쪼개다, 열다'는 뜻인데, '엄지손가락'도 나타낸다.

읽기한자 擘裂(벽렬) 擘指(벽지) 擘畫(벽획) 巨擘(거벽) 雲擘(운벽)

闢 1급 | 열 **벽** 門 / 13

문짝을 문(門)의 양옆으로 밀어붙이는(辟) 것으로, '열다'는 뜻이다.

읽기한자 闢墾(벽간) 闢戶(벽호) 開闢(개벽) 廣闢(광벽) 洞闢(통벽) 排闢(배벽) 疏闢(소벽) 判闢(판벽) 軒闢(헌벽)

劈 1급 　쪼갤 **벽** 刀 / 13

칼(刀)로 사람을 찢어 죽이는 형벌(辟)에서, '칼로 베어 쪼개다'는 뜻이다.

읽기한자 劈開(벽개) 劈頭(벽두) 劈歷(벽력) 劈碎(벽쇄) 劈破(벽파) 斧劈(부벽)

僻 2급 　궁벽할 **벽** 人 / 13

성격이 한쪽으로 기울어진(辟) 사람(亻)은 외톨이가 되어 후미지고 궁벽한데 처하므로, '궁벽하다, 치우치다'는 뜻이다.

읽기한자 嗜僻(기벽)

쓰기한자 奇僻(기벽) 僻見(벽견) 僻路(벽로) 僻論(벽론) 僻書(벽서) 僻字(벽자) 僻村(벽촌) 偏僻(편벽)

碧 3급Ⅱ 　푸를 **벽** 石 / 9 　동 綠, 靑

푸른 무늬가 나뭇결처럼 나 있고 빛나는(白) 옥(玉) 돌(石)에서, '푸르다'는 뜻이다.

읽기한자 紺碧(감벽) 碧莖(벽경) 碧瀾(벽란) 碧雰(벽분) 碧寥(벽료) 碧聳(벽용) 碧苔(벽태) 澄碧(징벽)
涵碧(함벽) 渾碧(혼벽)

쓰기한자 碧溪(벽계) 碧空(벽공) 碧眼(벽안) 碧昌牛(벽창우) 碧天(벽천) 碧海(벽해) 桑田碧海(상전벽해)

壁 4급Ⅱ 　벽 **벽** 土 / 13

중앙을 피하여 가장자리 한쪽으로 치우쳐 있는 (辟) 흙(土)으로 쌓은 담으로, '벽'을 뜻한다.

읽기한자 壘壁(누벽) 壁壘(벽루) 堡壁(보벽) 堊壁(악벽)

쓰기한자 塗壁(도벽) 防壁(방벽) 壁報(벽보) 壁紙(벽지) 壁畵(벽화) 付壁(부벽) 氷壁(빙벽) 石壁(석벽)
城壁(성벽) 巖壁(암벽) 胃壁(위벽) 腸壁(장벽) 障壁(장벽) 絶壁(절벽) 鐵壁(철벽) 灰壁(회벽)

弁 2급(名) 　고깔 **변:** 廾 / 2

모자(厶)를 두손(廾)으로 쓰고 있는 데서, '고깔'을 뜻한다.

읽기한자 弁髦(변면) 弁韓(변한) 將弁(장변)

卞 2급(名) 　성(姓) **변:** 卜 / 2

중요한 결정을 앞두고는 가장 먼저(亠) 점(卜)치는 법이라는 데서, '법'의 뜻이나 주로 姓氏로 쓰인다.

읽기한자 卞隨(변수)

辨 3급 　분별할 **변:** 辛 / 9 　비 辯

죄인 둘(辛辛)이 말다툼하는 것을 보고 칼(刂)로 베듯이 옳고 그름을 분별하는 데서, '분별하다'는 뜻이다.

읽기한자 辨駁(변박) 辨鐸(변탁) 辨詰(변힐)

쓰기한자 辨理(변리) 辨明(변명) 辨別(변별) 辨償(변상) 辨濟(변제) 辨證(변증)

辯 | 4급 | 말씀 **변:** | 辛 / 14 | 비 辨

두 죄인(辛辛)이 서로 자기에게 유리하게 말한다(言)는 데서, '말씀, 말 잘하다'는 뜻이다.

읽기한자 訥辯(눌변) 辯捷(변첩) 贅辯(췌변) 馳辯(치변)

쓰기한자 口辯(구변) 多辯(다변) 達辯(달변) 答辯(답변) 辯論(변론) 辯士(변사) 辯護(변호) 言辯(언변)
熱辯(열변) 雄辯(웅변) 通辯(통변) 抗辯(항변) 強辯(강변)

邊 | 4급Ⅱ | 가[側] **변** | 辵 / 15 | 동 際 | 약 辺, 边

자기(自) 집(宀)을 지을 때 여덟(八) 방면(方)으로 뛰어다니며(辶) 집 자리 주변을 본다는
데서, '가'라는 뜻이다.

읽기한자 籬邊(이변) 邊疆(변강) 邊寇(변구) 邊隙(변극) 邊壘(변루) 邊簫(변소) 邊戍(변수) 邊裔(변예)
邊隅(변우) 戍邊(수변) 膝邊(슬변) 靖邊(정변)

쓰기한자 甲邊(갑변) 江邊(강변) 官邊(관변) 那邊(나변) 年邊(연변) 對邊(대변) 等邊(등변) 路邊(노변)
無邊(무변) 邊境(변경) 邊利(변리) 邊方(변방) 邊錢(변전) 身邊(신변) 沿邊(연변) 緣邊(연변)
一邊(일변) 低邊(저변) 底邊(저변) 左邊(좌변) 周邊(주변) 借邊(차변) 海邊(해변)

變 | 5급Ⅱ | 변할 **변:** | 言 / 16 | 비 戀 | 동 改, 更, 易, 革, 化 | 약 変

실(絲)이 이어지듯 끊임없이 아이를 말(言)로 타이르고 매(攵)로 가르쳐서 옳게 변하도록
하는 데서, '변하다'는 뜻이다.

읽기한자 兌變(흥변)

쓰기한자 可變(가변) 激變(격변) 怪變(괴변) 急變(급변) 突變(돌변) 變更(변경) 變德(변덕) 變動(변동)
變亂(변란) 變貌(변모) 變色(변색) 變聲(변성) 變速(변속) 變數(변수) 變心(변심) 變異(변이)
變裝(변장) 變節(변절) 變造(변조) 變奏(변주) 變遷(변천) 變則(변칙) 變態(변태) 變通(변통)
變革(변혁) 變幻(변환) 變換(변환) 逢變(봉변) 事變(사변) 異變(이변) 政變(정변) 慘變(참변)

瞥 | 1급 | 눈깜짝할 **별** | 目 / 12

눈(目)이 찢어져(敝) 좌우의 시선이 집중되지 않아, 균형이 깨진 것으로, '얼핏 보다, 눈 깜
짝하다'는 뜻이다.

읽기한자 瞥見(별견) 瞥觀(별관) 瞥瞥(별별) 瞥然(별연) 斜瞥(사별) 一瞥(일별) 電瞥(전별)

鼈 | 1급 | 자라 **별** | 黽 / 12

鱉과 同字로, 등이 터진(敝) 듯한 모양에 맹꽁이(黽) 배처럼 둥그런 몸뚱아리를 가진 물고
기(魚) 종류에서, '자라'를 뜻한다.

읽기한자 鼈甲(별갑) 鼈靈(별령) 巨鼈(거별) 龜鼈(귀별) 納鼈(납별) 老鼈(노별) 木鼈(목별) 魚鼈(어별)
將鼈(장별) 釣鼈(조별)

別 6급 다를 / 나눌 **별** 刀 / 5 〔통〕離, 選, 差

잡아온 동물의 뼈와 살을 칼(刂)로 끊어 나누어(另) 구별하는 데서, '나누다, 다르다'는 뜻이다.

읽기한자 乖別(괴별) 袂別(메별) 別坊(별방) 別邸(별저) 揖別(읍별) 孕別(잉별) 銓別(전별) 餞別(전별) 闊別(활별)

쓰기한자 鑑別(감별) 訣別(결별) 告別(고별) 類別(유별) 離別(이별) 辨別(변별) 別居(별거) 別故(별고) 別館(별관) 別納(별납) 別堂(별당) 別途(별도) 別離(별리) 別味(별미) 別食(별식) 別室(별실) 別莊(별장) 別種(별종) 別差(별차) 別添(별첨) 別號(별호) 分別(분별) 惜別(석별) 選別(선별) 性別(성별) 送別(송별) 識別(식별) 作別(작별) 種別(종별) 差別(차별) 特別(특별) 判別(판별) 戶別(호별)

餅 1급 떡 **병:** 食 / 8

곡물 가루를 이겨 붙이고(幷), 쪄서 만드는 식품(食)으로, '떡'을 뜻한다.

읽기한자 餅金(병금) 餅銀(병은) 餅餌(병이) 硬餅(경병) 籠餅(농병) 一餅(일병) 煎餅(전병) 湯餅(탕병) 畫餅(화병)

瓶 1급 병 **병** 瓦 / 8

주로 액체나 가루를 담는 데에 쓰는 목과 아가리가 좁은 그릇, '병'을 뜻한다.

읽기한자 瓶裏(병리) 瓶盆(병분) 瓶錫(병석) 瓶洗(병세) 瓶子(병자) 空瓶(공병) 金瓶(금병) 銅瓶(동병) 銀瓶(은병) 酒瓶(주병) 鐵瓶(철병) 土瓶(토병) 花瓶(화병)

昺 2급(名) 밝을 **병:** 日 / 5

해(日)처럼 밝다(丙＝炳)는 데서, '밝다, 빛나다'는 뜻이며 주로 이름자로 사용된다.

읽기한자 昺男(병남)

昞 2급(名) 밝을 **병:** 日 / 5

해(日)처럼 밝다(丙＝炳)는 데서, '밝다, 빛나다'는 뜻이며 주로 이름자로 사용된다.

읽기한자 昞龍(병룡)

炳 2급(名) 불꽃 **병:** 火 / 5

물고기 꼬리(丙) 모양으로 불(火)이 위로 솟는 데서, '불꽃, 밝다'는 뜻이다.

읽기한자 炳然(병연) 炳燭(병촉) 炳絢(병현)

2급 　　아우를 **병**: 　人 / 8 　　동 兼, 合 　약 併

사람(亻)이 어울리도록(幷) 하는 데서, '아우르다'는 뜻이다.

읽기한자　併倨(병거)

쓰기한자　倂肩(병견) 倂記(병기) 倂起(병기) 倂略(병략) 倂殺(병살) 倂用(병용) 倂合(병합) 合倂(합병)

2급(名) 　　자루 **병**: 　木 / 5

물고기 꼬리(丙) 모양의 손잡이 나무(木)로, '자루'를 뜻한다.

읽기한자　權柄(권병) 斗柄(두병) 兵柄(병병) 柄用(병용) 柄杓(병표) 宰柄(재병) 樞柄(추병)

2급(名) 　　잡을 **병**: 　禾 / 3

벼(禾)를 손(彐)으로 잡은 모습으로, '잡다'는 뜻이다.

읽기한자　秉權(병권) 秉燭(병촉) 秉軸(병축)

3급 　　나란히 **병**: 　立 / 5 　　약 並

한 사람이 서있고(立) 또 한 사람이 나란히 서있는(立) 데서, '나란하다'는 뜻이다.

읽기한자　竝呑(병탄)

쓰기한자　竝列(병렬) 竝立(병립) 竝書(병서) 竝設(병설) 竝用(병용) 竝進(병진) 竝行(병행)

3급 　　병풍 **병(:)**: 　尸 / 8 　　약 屛

지붕(尸) 아래에 나무틀을 만들어 종이를 발라 그림이나 글씨를 붙이고(幷) 벽을 둘러 바람 등을 막는 물건에서, '병풍'을 뜻한다.

읽기한자　藩屛(번병) 屛黜(병출)

쓰기한자　屛去(병거) 屛居(병거) 屛氣(병기) 屛風(병풍)

3급Ⅱ 　　남녘 **병**: 　一 / 4

벽으로 둘러싸인(冂) 공간 안에 불(火)을 켜 놓은 데서, '밝다'는 뜻이다. 천간의 하나로 방위로는 남쪽이라 '남녘 병'이라 부른다.

쓰기한자　丙夜(병야) 丙子(병자) 丙坐(병좌)

兵

5급Ⅱ　　병사 **병**　八 / 5　Ⅱ丘　图士, 戎, 卒

두 손(八)에 전투용 도끼(斤)를 들고 있는 사람에서, '병사'를 뜻한다.

읽기한자　驕兵(교병) 虜兵(노병) 勒兵(늑병) 兵寇(병구) 兵戟(병극) 兵柄(병병) 兵殲(병섬) 兵伍(병오) 兵戎(병융) 兵仗(병장) 兵站(병참) 兵訌(병홍) 忿兵(분병) 祠兵(사병) 犀兵(서병) 衙兵(아병) 倭兵(왜병) 戎兵(융병) 凋兵(조병) 汰兵(태병)

쓰기한자　甲兵(갑병) 皆兵(개병) 雇兵(고병) 騎兵(기병) 屯兵(둔병) 練兵(연병) 兵戈(병과) 兵科(병과) 兵亂(병란) 兵務(병무) 兵法(병법) 兵士(병사) 兵勢(병세) 兵役(병역) 兵營(병영) 兵籍(병적) 兵丁(병정) 兵卒(병졸) 伏兵(복병) 士兵(사병) 閱兵(열병) 備兵(용병) 勇兵(용병) 用兵(용병) 義兵(의병) 將兵(장병) 精兵(정병) 卒兵(졸병) 徵兵(징병) 撤兵(철병) 尖兵(첨병) 哨兵(초병) 砲兵(포병) 憲兵(헌병)

病

6급　　병 **병**:　疒 / 5　图患

아궁이의 불(丙)처럼 열이 나는 병(疒)이란 데서, '병, 병들다'는 뜻이다.

읽기한자　癇病(간병) 疳病(감병) 悸病(계병) 疸病(달병) 癩病(나병) 罹病(이병) 癖病(벽병) 病癖(병벽) 病巢(병소) 腺病(선병) 恙病(양병) 疵病(자병) 腫病(종병) 瘡病(창병)

쓰기한자　看病(간병) 療病(요병) 問病(문병) 發病(발병) 病暇(병가) 病缺(병결) 病苦(병고) 病菌(병균) 病棟(병동) 病歷(병력) 病理(병리) 病魔(병마) 病床(병상) 病席(병석) 病勢(병세) 病身(병신) 病院(병원) 病因(병인) 病蟲(병충) 病痛(병통) 病害(병해) 病患(병환) 性病(성병) 養病(양병) 熱病(열병) 臥病(와병) 中病(중병) 重病(중병) 持病(지병) 診病(진병) 疾病(질병) 治病(치병) 稱病(칭병) 鬪病(투병) 肺病(폐병)

洑

1급　　보 **보** / 스며흐를 **복**　水 / 6

물(氵)이 숨어서 흐르는(伏) 것으로, '스며 흐르다'의 뜻인데, 한국에서는 논에 물을 대기 위한 수리 시설의 하나인 '보'를 나타낸다.

읽기한자　洑稅(보세) 洑主(보주) 洑流(복류) 怒洑(노복) 湍洑(단복) 倒洑(도복)

菩

1급　　보살 **보**　艸 / 8

梵語 Bo의 音譯字로 菩提薩埵(Bodhisattva)의 준말인 '菩薩'을 나타낼 때 주로 쓰인다.

읽기한자　菩提(보리) 菩提樹(보리수) 菩薩(보살)

堡

1급　　작은성 **보**:　土 / 9　图壘, 砦

외적으로부터 나라를 지키는(保) 토축물(土)로, '작은 성, 보루(堡壘)'를 뜻한다.

읽기한자　堡壘(보루) 堡壁(보벽) 堡障(보장) 堡聚(보취) 屯堡(둔보) 望堡(망보) 烽堡(봉보) 城堡(성보) 營堡(영보) 戰堡(전보) 哨堡(초보)

輔

2급(名)　　도울 **보**:　車 / 7　图助

넓고 큰 밭(甫)에 수레(車)는 일손을 도우므로, '돕다'는 뜻이다.

읽기한자　諫輔(간보) 匡輔(광보) 輔相(보상) 輔翊(보익) 輔翼(보익) 輔仁(보인) 輔佐(보좌) 輔弼(보필) 宰輔(재보) 挾輔(협보) 頰輔(협보)

潽 2급(名) 　물이름 **보:** 水 / 12
물(氵)이 넓다(普)는 뜻으로, 주로 이름자로 쓰인다.

甫 2급(名) 　클 **보:** 用 / 2
본래 글자는 屮+田으로 밭(田)에 새싹(屮)이 그득한 모양에서, '많다, 넓다, 크다'는 뜻이다.

📖 읽기한자 　杜甫(두보) 甫甫(보보) 甫田(보전)

補 3급Ⅱ 　기울 **보:** 衣 / 7 　통 裨, 葺
어린이가 자라서 커지면(甫) 부족한 옷(衤)의 단을 늘리고 터진 곳은 메우는 데서, '깁다'는 뜻이다. 나아가, '돕다'는 뜻이다.

📖 읽기한자 　補塡(보전) 補葺(보즙) 補貼(보첩) 毘補(비보) 裨補(비보) 刪補(산보) 蒐補(수보) 捐補(연보)
蔭補(음보) 塡補(전보)

✏️ 쓰기한자 　補講(보강) 補缺(보결) 補闕(보궐) 補給(보급) 補導(보도) 補償(보상) 補色(보색) 補選(보선)
補修(보수) 補腎(보신) 補身(보신) 補藥(보약) 補完(보완) 補任(보임) 補整(보정) 補正(보정)
補助(보조) 補佐(보좌) 補職(보직) 補輯(보집) 補聽(보청) 補充(보충) 補血(보혈) 補強(보강)
相補(상보) 繕補(선보) 轉補(전보) 增補(증보) 候補(후보)

譜 3급Ⅱ 　족보 **보:** 言 / 12
혈연을 넓게(普) 찾아서 자세히 말(言)할 수 있게 적은 책에서, '족보'를 뜻한다.

✏️ 쓰기한자 　家譜(가보) 系譜(계보) 棋譜(기보) 年譜(연보) 樂譜(악보) 譜表(보표) 譜學(보학) 族譜(족보)

普 4급 　넓을 **보:** 日 / 8
농작물을 넓게 나란히(並) 펴서 두루 햇빛(日)을 쪼이는 데서, '넓다, 두루'를 뜻한다.

📖 읽기한자 　普氾(보범) 普晏(보안) 普霑(보점) 普洽(보흡)

✏️ 쓰기한자 　普及(보급) 普通(보통) 普遍(보편)

報 4급Ⅱ 　갚을 / 알릴 **보:** 土 / 9 　통 告, 償, 酬
죄를 지으면 차꼬와 쇠고랑(幸)에 손(又)과 발(卪)을 맡겨 죄를 갚고, 또 죄의 내용과 처벌이 일반에 공지되는 데서, '갚다, 알리다'는 뜻이다.

📖 읽기한자 　誣報(무보) 報祠(보사) 報酬(보수) 報牒(보첩) 訃報(부보) 酬報(수보) 鵲報(작보) 邸報(저보)
牒報(첩보) 饗報(향보) 彙報(휘보)

✏️ 쓰기한자 　警報(경보) 官報(관보) 急報(급보) 吉報(길보) 朗報(낭보) 壁報(벽보) 報告(보고) 報國(보국)
報答(보답) 報道(보도) 報復(보복) 報償(보상) 報恩(보은) 悲報(비보) 飛報(비보) 詳報(상보)
續報(속보) 速報(속보) 旬報(순보) 業報(업보) 豫報(예보) 誤報(오보) 月報(월보) 電報(전보)
情報(정보) 週報(주보) 諜報(첩보) 通報(통보) 特報(특보) 弘報(홍보) 畫報(화보) 回報(회보)
會報(회보) 喜報(희보)

步 4급II　　걸음 **보**: 止 / 3
왼발과 오른발(止)을 차례로 내딛는 데서, '걸음, 걷다'는 뜻이다.

- 읽기한자 矩步(구보) 步輦(보련) 步叉(보차) 跰步(지보) 讖步(참보) 闊步(활보)
- 쓰기한자 巨步(거보) 競步(경보) 頃步(경보) 驅步(구보) 段步(단보) 踏步(답보) 徒步(도보) 步道(보도) 步兵(보병) 步調(보조) 步哨(보초) 步幅(보폭) 步行(보행) 散步(산보) 讓步(양보) 一步(일보) 駐步(주보) 進步(진보) 進一步(진일보) 初步(초보) 趨步(추보) 退步(퇴보) 行步(행보) 橫步(횡보)

寶 4급II　　보배 **보**: 宀 / 17　　약 宝
집(宀) 안에 옥(玉)과 도자기(缶) 등 값나가는 재물(貝)이 많은 데서, '보배'라는 뜻이다.

- 읽기한자 寶偈(보게) 寶賂(보뢰) 寶媒(보매) 寶璧(보벽) 寶扇(보선) 寶唾(보타) 什寶(집보)
- 쓰기한자 家寶(가보) 寶鑑(보감) 寶劍(보검) 寶庫(보고) 寶物(보물) 寶石(보석) 寶藏(보장) 寶殿(보전) 寶座(보좌) 寶珠(보주) 寶貨(보화) 七寶(칠보)

保 4급II　　지킬 **보**(:) 人 / 7　　동 衛, 護
사람(亻)이 아기(呆)를 소중히 안고 있는 데서, '지키다, 보살피다'는 뜻이다.

- 읽기한자 保躬(보궁) 保庇(보비) 保伍(보오) 保佑(보우) 保祐(보우) 保有(보유) 保恤(보휼) 庇保(비보)
- 쓰기한자 擔保(담보) 留保(유보) 保健(보건) 保管(보관) 保菌(보균) 保留(보류) 保釋(보석) 保稅(보세) 保守(보수) 保身(보신) 保安(보안) 保眼(보안) 保養(보양) 保溫(보온) 保有(보유) 保育(보육) 保障(보장) 保全(보전) 保存(보존) 保佐(보좌) 保證(보증) 保持(보지) 保險(보험) 保護(보호) 安保(안보) 確保(확보)

匐 1급　　길 **복** 勹 / 9
사람이 몸을 굽혀 물건을 안은 모양(勹)을 그리고, 개처럼 엎드려 김(畐=伏)을 드러내어, '엉금엉금 기다'는 뜻이다.

- 읽기한자 匐枝(복지) 扶匐(부복) 顚匐(전복) 匍匐(포복)

輻 1급　　바퀴살 **복**/바퀴살 **폭** 車 / 9
수레(車)의 바퀴통과 테를 연결하는 금속 또는 목제의 살로, '바퀴살'을 뜻한다.

- 읽기한자 輻射(복사) 輻輳(폭주) 員輻(원복) 輪輻(윤복) 折輻(절복) 車輻(거폭) 脫輻(탈복)

鰒 1급　　전복 **복** 魚 / 9
형성문자로, 물에서 얻는 고기인 데서 魚가 들어 있으며, 조개류의 한 가지인 '전복'을 나타낸다.

- 읽기한자 鰒卵(복란) 鰒魚(복어) 甘鰒(감복) 乾鰒(건복) 龜鰒(구복) 生鰒(생복) 熟鰒(숙복) 銀鰒(은복) 全鰒(전복) 採鰒(채복)

僕 1급 　　　종 **복** 人 / 12 　비 撲 　동 奴, 隷, 從
甲骨文을 보면 죄인 또는 노예가 오물을 버리고 있는 것을 나타낸 글자로, '종'을 뜻한다.

읽기한자 　僕區(복구) 僕奴(복노) 僕隷(복례) 僕虜(복로) 僕婢(복비) 僕爾(복이) 僕從(복종) 僕妾(복첩)
家僕(가복) 公僕(공복) 奴僕(노복) 老僕(노복) 婢僕(비복) 臣僕(신복) 隷僕(예복) 傭僕(용복)
從僕(종복) 忠僕(충복) 太僕(태복) 下僕(하복)

馥 2급(名) 　　향기 **복** 香 / 9
향기(香)는 한 곳에 머물지 않고 바람을 타고 다른 곳으로 퍼져 가는(复) 데서, '향기'를
뜻한다.

읽기한자 　芳馥(방복) 馥氣(복기) 郁馥(욱복) 香馥(향복)

卜 3급 　　　점 **복** 卜 / 0
옛날에 점(卜)을 칠 때는 거북 등을 태워서 나타나는 무늬를 보았는데 그 무늬를 본뜬 것
으로, '점'을 뜻한다.

읽기한자 　巫卜(무복)
쓰기한자 　龜卜(귀복) 卜居(복거) 卜馬(복마) 卜師(복사) 卜債(복채)

覆 3급Ⅱ 　다시 **복** / 덮을 **부** 襾 / 12 　동 蓋
덮을 아(襾)에 무게가 실려 '덮다'는 뜻으로 쓰이고, 덮은(襾) 것을 되돌리는(復) 데서, '뒤
집다, 다시'의 뜻으로도 쓰인다.

읽기한자 　覆訊(복신) 覆按(복안) 覆轍(복철) 覆墜(복추) 蕩覆(탕복)
쓰기한자 　飜覆(번복) 覆刻(복각) 覆蓋(복개) 覆面(복면) 覆冒(복모) 覆掌(복장) 天覆(천부) 覆育(부육)
覆翼(부익)

 腹 3급Ⅱ 　　　배 **복** 肉 / 9 　반 背
몸(月)의 일부로 되풀이하여(复) 음식이 들어오고 나가고 하는 곳에서, '배'를 뜻한다.

읽기한자 　屠腹(도복) 腹腔(복강) 腹誹(복비) 捧腹(봉복) 坦腹(탄복)
쓰기한자 　開腹(개복) 空腹(공복) 同腹(동복) 腹部(복부) 腹上死(복상사) 腹水(복수) 腹案(복안)
腹痛(복통) 私腹(사복) 心腹(심복) 異腹(이복) 抱腹(포복) 割腹(할복)

複 4급 　　겹칠 **복** 衣 / 9 　비 復
옷(衤)을 입고 또 입고 되풀이하여(复) 껴입은 데서, '겹치다'는 뜻이다.

읽기한자 　複衾(복금) 複塹(복참)
쓰기한자 　單複(단복) 複道(복도) 複利(복리) 複寫(복사) 複線(복선) 複數(복수) 複式(복식) 複眼(복안)
複雜(복잡) 複製(복제) 複合(복합) 重複(중복)

伏

4급 　엎드릴 **복**　人 / 4

사람(亻) 옆에 개(犬)가 엎드려 주인의 말을 따르는 데서, '엎드리다, 굴복하다'는 뜻이다.

읽기한자
匿伏(익복) 伏辜(복고) 伏寇(복구) 伏弩(복노) 伏匿(복닉) 伏臘(복랍) 伏鱗(복린) 伏獅(복사) 伏熊(복웅) 伏眺(복조) 俯伏(부복) 棲伏(서복) 冤伏(원복) 蟄伏(칩복)

쓰기한자
降伏(항복) 庚伏(경복) 屈伏(굴복) 起伏(기복) 末伏(말복) 埋伏(매복) 拜伏(배복) 伏望(복망) 伏慕(복모) 伏兵(복병) 伏線(복선) 伏奏(복주) 伏中(복중) 三伏(삼복) 說伏(설복) 雌伏(자복) 潛伏(잠복) 中伏(중복) 初伏(초복)

復

4급Ⅱ 　회복할 **복** / 다시 **부:**　彳 / 9　**약** 复

길을 떠났다가(彳) 다시 되돌아온다(夏)는 데서, '회복하다, 다시'라는 뜻이다.

읽기한자
剝復(박복) 復讎(복수) 恢復(회복)

쓰기한자
光復(광복) 克復(극복) 反復(반복) 報復(보복) 復古(복고) 復校(복교) 復舊(복구) 復權(복권) 復歸(복귀) 復棋(복기) 復命(복명) 復習(복습) 復元(복원) 復原(복원) 復員(복원) 復籍(복적) 復職(복직) 復唱(복창) 復學(복학) 復活(부활) 復興(부흥) 蘇復(소복) 修復(수복) 收復(수복) 往復(왕복) 回復(회복)

福

5급Ⅱ 　복 **복**　示 / 9　**동** 慶. 祐. 祚. 祉. 祜. 禧

제단(示) 위에 가득히 술(畐)을 올리고, 정성껏 제사를 지내면 복을 받는다는 데서, '복'을 뜻한다.

읽기한자
禱福(도복) 福岡(복강) 福祐(복우) 福祚(복조) 福祉(복지) 福脯(복포) 福祜(복호) 福禧(복희) 祉福(지복) 遐福(하복) 宦福(환복)

쓰기한자
康福(강복) 降福(강복) 景福(경복) 多福(다복) 萬福(만복) 冥福(명복) 薄福(박복) 福券(복권) 福金(복금) 福祿(복록) 福利(복리) 福音(복음) 福地(복지) 壽福(수복) 食福(식복) 五福(오복) 裕福(유복) 飮福(음복) 祝福(축복) 幸福(행복) 禍福(화복)

服

6급 　옷 **복**　月 / 4

손(又)과 발(卩)을 사용하여 몸(月)에 걸치는 물건에서, '옷'이라는 뜻이다. 또 옷은 사람의 크기를 따라 지어지는 데서, '따르다, 복종하다'는 뜻이다.

읽기한자
袞服(곤복) 詭服(궤복) 冕服(면복) 尨服(방복) 榜服(방복) 服臆(복억) 服佩(복패) 膳服(선복) 馴服(순복) 嗟服(차복) 憚服(탄복) 佩服(패복) 駭服(해복) 絢服(현복) 卉服(훼복) 欣服(흔복) 欽服(흠복)

쓰기한자
感服(감복) 校服(교복) 軍服(군복) 屈服(굴복) 克服(극복) 內服(내복) 冬服(동복) 練服(연복) 服飾(복식) 服藥(복약) 服役(복역) 服用(복용) 服人(복인) 服裝(복장) 服從(복종) 喪服(상복) 說服(설복) 素服(소복) 承服(승복) 衣服(의복) 長服(장복) 征服(정복) 正服(정복) 制服(제복) 祭服(제복) 除服(제복) 朝服(조복) 着服(착복) 歎服(탄복) 平服(평복) 被服(피복) 夏服(하복) 韓服(한복) 咸服(함복)

本 6급 근본 **본** 木 / 1 동 根, 源 반 末
나무의 근본은 뿌리에 있으므로 나무(木) 뿌리에 一 표시를 한 데서, '근본'을 뜻한다.

읽기한자 摸本(모본) 坊本(방본) 本莖(본경) 本訥(본눌) 本疊(본루) 本坊(본방) 本膳(본선) 本邸(본저)
本函(본함)

쓰기한자 脚本(각본) 敎本(교본) 闕本(궐본) 納本(납본) 膽本(등본) 配本(배본) 本貫(본관) 本局(본국)
本隊(본대) 本論(본론) 本流(본류) 本分(본분) 本署(본서) 本姓(본성) 本性(본성) 本然(본연)
本意(본의) 本籍(본적) 本錢(본전) 本店(본점) 本質(본질) 本妻(본처) 本土(본토) 本鄕(본향)
寫本(사본) 原本(원본) 印本(인본) 資本(자본) 製本(제본) 拓本(탁본) 抄本(초본) 板本(판본)
標本(표본) 合本(합본)

棒 1급 막대 **봉** 木 / 8 동 杖
받들어(奉) 가지고 다닐 수 있는 나무(木)로, '막대, 몽둥이'를 뜻한다.

읽기한자 棒喝(봉갈) 棒球(봉구) 敲棒(고봉) 棍棒(곤봉) 突棒(돌봉) 杖棒(장봉) 鐵棒(철봉) 痛棒(통봉)

捧 1급 받들 **봉** 手 / 8 비 捧
손(扌)으로 받드는(奉) 것으로, '받들다'는 뜻이다.

읽기한자 捧納(봉납) 捧讀(봉독) 捧腹(봉복) 捧負(봉부) 捧持(봉지) 詭捧(궤봉) 對捧(대봉) 拜捧(배봉)
手捧(수봉) 承捧(승봉) 執捧(집봉)

烽 1급 봉화 **봉** 火 / 7 동 燧
봉우리(夆＝峯)처럼 높이 올라가는 불(火)에서, '봉화'를 뜻한다.

읽기한자 烽警(봉경) 烽鼓(봉고) 烽臺(봉대) 烽邏(봉라) 烽堡(봉보) 烽戍(봉수) 烽煙(봉연) 烽涌(봉용)
烽子(봉자) 烽火(봉화) 滅烽(멸봉) 嚴烽(엄봉) 僞烽(위봉)

鋒 1급 칼날 **봉** 金 / 7 동 刃
금속(金)으로 만든 뾰족한 끝(夆＝峯)으로, '칼날'을 뜻한다.

읽기한자 鋒戈(봉과) 鋒起(봉기) 鋒端(봉단) 鋒芒(봉망) 鋒刃(봉인) 鋒尖(봉첨) 鋒俠(봉협) 鋒毫(봉호)
姦鋒(간봉) 劍鋒(검봉) 戈鋒(과봉) 交鋒(교봉) 軍鋒(군봉) 機鋒(기봉) 論鋒(논봉) 談鋒(담봉)
詞鋒(사봉) 先鋒(선봉) 舌鋒(설봉) 銳鋒(예봉) 利鋒(이봉) 藏鋒(장봉) 爭鋒(쟁봉) 敵鋒(적봉)
前鋒(전봉) 戰鋒(전봉) 折鋒(절봉) 挫鋒(좌봉) 筆鋒(필봉)

縫 2급 꿰맬 **봉** 糸 / 11
해진 옷감을 맞대어(逢) 실(糸)로 묶는 데서, '꿰매다'는 뜻이다.

읽기한자 彌縫(미봉) 縫箔(봉박) 縫腋(봉액)

쓰기한자 縫製(봉제) 縫合(봉합) 裁縫(재봉) 天衣無縫(천의무봉)

俸

2급 　　　　녹[祿] 봉: 　人 / 8 　동 祿

관리가 된 사람(亻)이 나랏일을 받들고(奉) 받는 대가로, '녹(祿)'을 뜻한다. 지금은 일반인이 받는 급료도 나타낸다.

🖊 쓰기한자　減俸(감봉) 年俸(연봉) 祿俸(녹봉) 薄俸(박봉) 本俸(본봉) 俸給(봉급) 俸祿(봉록) 俸米(봉미) 月俸(월봉) 日俸(일봉) 初俸(초봉) 號俸(호봉)

 蓬

2급(名) 　　　　쑥 봉 　艸 / 11

무성하게(逢) 자라는 풀(艹)로, '쑥'이라는 뜻이다.

🖊 읽기한자　蓬顆(봉과) 蓬萊(봉래) 蓬笠(봉립) 蓬勃(봉발) 蓬矢(봉시) 蓬庵(봉암) 蓬艾(봉애) 蓬婆(봉파) 蓬飄(봉표)

 蜂

3급 　　　　벌 봉 　虫 / 7

높은 데서 만나서(夆) 교접하는 벌레(虫)에서, '벌'을 뜻한다.

🖊 쓰기한자　蜂起(봉기) 蜂蜜(봉밀) 養蜂(양봉)

 逢

3급II 　　　　만날 봉 　辵 / 7 　동 遇

길을 걸어 가다가(辶) 아는 사람을 만나는(夆) 데서, '만나다'는 뜻이다.

🖊 읽기한자　遭逢(조봉)
🖊 쓰기한자　逢變(봉변) 逢辱(봉욕) 逢着(봉착) 相逢(상봉)

 鳳

3급II 　　　　봉새 봉: 　鳥 / 3 　반 凰

무릇 모든(凡) 새(鳥) 중에서 으뜸가는 새는 봉새라는 데서, '봉새'를 뜻한다.

🖊 읽기한자　鸞鳳(난봉) 鳳駕(봉가) 鳳鸞(봉란) 鳳輦(봉련) 鳳麟(봉린) 鳳翔(봉상) 鳳棲(봉서) 鳳扇(봉선) 鳳簫(봉소) 鳳凰(봉황) 麟鳳(인봉) 翠鳳(취봉)
🖊 쓰기한자　高鳳(고봉) 丹鳳(단봉) 白鳳(백봉) 鳳闕(봉궐) 鳳燈(봉등) 鳳曆(봉력) 鳳城(봉성) 鳳仙花(봉선화) 鳳眼(봉안) 鳳翼(봉익) 鳳湯(봉탕) 龍鳳(용봉) 吐鳳(토봉) 彩鳳(채봉)

峯

3급II 　　　　봉우리 봉 　山 / 7

산(山)마루가 엇갈려 만나는(夆) 곳에 뾰족하게 높이 솟은 곳으로, '봉우리'를 뜻한다.

🖊 읽기한자　峻峯(준봉) 疊峯(첩봉) 駝峯(타봉)
🖊 쓰기한자　主峯(주봉) 高峯(고봉)

封 3급Ⅱ 　봉할 **봉** 　寸 / 6 　동 緘

천자가 제후에게 영토(土)를 나누어 주고 가서 법도(寸)에 따라 다스리게 한 데서, '봉하다'는 뜻이다.

읽기한자 溝封(구봉) 封蠟(봉랍) 封靡(봉미) 封嵎(봉우) 封采(봉채) 封筒(봉통) 封套(봉투) 封緘(봉함) 封狐(봉호) 函封(함봉) 緘封(함봉)

쓰기한자 開封(개봉) 同封(동봉) 零封(영봉) 密封(밀봉) 封建(봉건) 封墳(봉분) 封書(봉서) 封鎖(봉쇄) 封印(봉인) 封爵(봉작) 封紙(봉지) 封窓(봉창) 封合(봉합) 冊封(책봉)

奉 5급Ⅱ 　받들 **봉:** 　大 / 5 　동 仕, 承, 獻

예쁜 꽃다발(丰)을 두 손으로 받들어 바치면(廾) 이를 손(扌)으로 받는 데서, '받들다'는 뜻이다.

읽기한자 虔奉(건봉) 緬奉(면봉) 奉檄(봉격) 奉陪(봉배) 奉嬪(봉빈) 奉祠(봉사) 奉邀(봉요) 嗣奉(사봉) 瞻奉(첨봉)

쓰기한자 奉戴(봉대) 奉事(봉사) 奉仕(봉사) 奉養(봉양) 奉呈(봉정) 奉唱(봉창) 奉祝(봉축) 奉行(봉행) 奉獻(봉헌) 信奉(신봉)

俯 1급 　구부릴 **부:** 　人 / 8 　반 仰

사람(亻)이 숙이고(府＝俛) 있는 것으로, '구부리다, 엎드리다'는 뜻이다.

읽기한자 俯瞰(부감) 俯觀(부관) 俯覽(부람) 俯拜(부배) 俯伏(부복) 俯視(부시) 俯仰(부앙) 俯養(부양) 俯察(부찰) 俯項(부항) 拜俯(배부) 卑俯(비부) 畏俯(외부) 陰俯(음부)

斧 1급 　도끼 **부** 　斤 / 4 　동 斤, 鉞, 斫

구부러진 자루의 도끼(斤)를 손에 들고 있는 모양(父)에서, '도끼'를 뜻한다.

읽기한자 斧柯(부가) 斧斤(부근) 斧木(부목) 斧氷(부빙) 斧依(부의) 鬼斧(귀부) 雷斧(뇌부) 樵斧(초부)

訃 1급 　부고 **부:** 　言 / 2 　비 計

사람이 갑자기 저 세상으로 간 것(卜＝赴)을 말(言)하는 것으로, '부고, 죽음을 알림'을 뜻한다.

읽기한자 訃告(부고) 訃聞(부문) 訃報(부보) 訃音(부음) 告訃(고부) 捧訃(봉부) 省訃(성부) 承訃(승부) 遠訃(원부)

埠 1급 　부두 **부:** 　土 / 8

층이 진 언덕(阜) 모양의 땅(土)에서, '부두'라는 뜻이다.

읽기한자 埠頭(부두) 商埠(상부) 船埠(선부)

駙 1급 　부마 **부:** 　馬 / 5

곁따르는(付) 말(馬)에서, '곁마'의 뜻이나 특히 천자가 타는 수레에 딸린 말에서 임금의 사위인 '부마'라는 뜻이다.

읽기한자 駙馬(부마) 左駙(좌부)

賻 1급 　부의 **부:** 貝 / 10

돕는(尃) 재물(貝)에서, 상주(喪主)를 돕기 위해 부조하는 재화(財貨), '부의'를 뜻한다.

읽기한자 賻絹(부견) 賻儀(부의) 賻祭(부제) 賻助(부조) 賻贈(부증) 給賻(급부) 薄賻(박부) 法賻(법부)
賞賻(상부) 弔賻(조부) 助賻(조부) 贈賻(증부)

吩 1급 　분부할 / 불[吹] **부** 口 / 5

말을 할 때 숨이 내뿜어지는 데서, '분부하다, 불다'는 뜻이다.

읽기한자 吩囑(부촉) 吩咐(분부)

孵 1급 　알깔 **부** 子 / 11

알(卵)을 껴안은(孚) 모양에서, '알을 까다'는 뜻이다.

읽기한자 孵卵(부란) 孵化(부화)

芙 1급 　연꽃 **부** 艸 / 4 　동 蓉

연못에서 자라는 수련과의 여러해살이 수초인, '연꽃'을 나타낸다.

읽기한자 芙蓉(부용)

腑 1급 　육부(六腑) **부** 肉 / 8 　동 臟

내장(月)을 간수하는 곳간(府)같은 부분으로, 배 속에 있는 여섯 가지 기관 '小腸, 胃, 膽
(쓸개), 大腸, 膀胱, 命門'의 '육부(六腑)'를 뜻한다.

읽기한자 腑臟(부장) 襟腑(금부) 六腑(육부) 藏腑(장부) 臟腑(장부) 肺腑(폐부)

剖 1급 　쪼갤 **부:** 刀 / 8 　동 判, 割

칼(刂)로 갈라 떼내는(咅) 데서, '쪼개다'는 뜻이다.

읽기한자 剖決(부결) 剖斷(부단) 剖分(부분) 剖析(부석) 剖裂(부열) 剖折(부절) 剖破(부파) 剖判(부판)
剖割(부할) 瓜剖(과부) 刀剖(도부) 豆剖(두부) 不剖(불부) 裁剖(재부) 評剖(평부) 解剖(해부)

釜 2급(名) 　가마[鬴] **부** 金 / 2

양쪽에 손잡이용 귀(父)가 달린 쇠(金)로 만든 그릇으로, '가마'를 뜻한다.

읽기한자 釜山(부산) 釜鼎(부정)

膚 | 2급 | 살갗 **부** | 肉 / 11 | 비 盧, 慮

몸 속에는 밥통(胃)이 있고 겉에는 호랑이(虍) 가죽 같은 살갗이 있다는 데서, '살갗'을 뜻한다.

읽기한자: 肌膚(기부)

쓰기한자: 膚淺(부천) 雪膚(설부) 皮膚(피부)

 傅 | 2급(名) | 스승 **부:** | 人 / 10

바른 길을 가도록 가르침을 펼치는(尃) 사람(亻)으로, '스승'을 뜻한다.

읽기한자: 良傅(양부) 傅儀(부의) 傅佐(부좌) 師傅(사부) 台傅(태부)

 阜 | 2급(名) | 언덕 **부:** | 阜 / 0

층이 진 흙산의 모양을 본뜬 것으로, '언덕'이라는 뜻이다.

읽기한자: 岡阜(강부) 高阜(고부) 曲阜(곡부) 丘阜(구부) 蕃阜(번부) 阜陵(부릉) 山阜(산부)

 敷 | 2급 | 펼 **부(:)** | 攴 / 11 | 약 旉

본래 글자는 尃+攵이다. 두드려서(攵) 넓게 퍼지도록(尃)하는 데서, '펴다'는 뜻이다.

읽기한자: 敷衍(부연)

쓰기한자: 敷告(부고) 敷設(부설) 敷地(부지)

 赴 | 3급 | 다다를[趨而至] /
갈[趨] **부:** | 走 / 2

길흉을 점친(卜) 뒤에 급히 달려가 목적지에 도달하는 데서, '다다르다, 가다'는 뜻이다.

읽기한자: 嚮赴(향부)

쓰기한자: 赴告(부고) 赴役(부역) 赴任(부임) 走赴(주부)

扶 | 3급II | 도울 **부** | 手 / 4 | 통 助, 護

장부(夫)가 집안일을 돕기 위해 손(扌)을 놀리는 데서, '돕다'는 뜻이다.

읽기한자: 扶匐(부복) 扶疎(부소) 扶挾(부협) 逼扶(핍부)

쓰기한자: 扶養(부양) 扶助(부조) 扶持(부지) 扶支(부지)

浮 | 3급II | 뜰 **부** | 水 / 7 | 통 泛 반 沈

새가 알을 품고 있는 모양(孚)처럼 물(氵)에 잠기지 않고 떠 있는 데서, '뜨다'는 뜻이다.

읽기한자 浮磬(부경) 浮垢(부구) 浮囊(부낭) 浮屠(부도) 浮沫(부말) 浮靡(부미) 浮訛(부와) 浮躁(부조)
浮腫(부종) 浮礁(부초) 浮脆(부취) 浮侈(부치) 浮萍(부평) 浮剽(부표) 浮喧(부훤)

쓰기한자 浮刻(부각) 浮橋(부교) 浮氣(부기) 浮動(부동) 浮浪(부랑) 浮力(부력) 浮流(부류) 浮薄(부박)
浮上(부상) 浮生(부생) 浮說(부설) 浮揚(부양) 浮雲(부운) 浮遊(부유) 浮彫(부조) 浮沈(부침)
浮漂(부표) 浮黃(부황)

簿 | 3급II | 문서 **부:** | 竹 / 13

포구(浦)에 배가 드나들듯 물건이 들어오고 나가는 내용을 손(寸)으로 대쪽(竹)에 적는 데서, '장부, 문서'를 뜻한다.

읽기한자 勘簿(감부) 簿牒(부첩)
쓰기한자 名簿(명부) 簿記(부기) 原簿(원부) 帳簿(장부) 主簿(주부) 置簿(치부)

賦 | 3급II | 부세 **부:** | 貝 / 8 | 통 與

군사(武) 비용을 조달하기 위하여 재물(貝)을 거두는 데서, '부세'를 뜻한다.

읽기한자 賦斂(부렴) 賦稟(부품) 稟賦(품부)
쓰기한자 賦課(부과) 賦金(부금) 賦與(부여) 賦役(부역) 賦題(부제) 賦存(부존) 詞賦(사부) 月賦(월부)
天賦(천부) 割賦(할부)

付 | 3급II | 부칠 **부:** | 人 / 3 | 통 託

사람(亻)이 손(寸)으로 물건을 내미는 데서, '부치다, 주다'는 뜻이다.

읽기한자 貼付(첩부) 囑付(촉부)
쓰기한자 結付(결부) 交付(교부) 給付(급부) 納付(납부) 當付(당부) 貸付(대부) 發付(발부) 配付(배부)
付壁(부벽) 付送(부송) 付託(부탁) 分付(분부) 送付(송부) 植付(식부) 還付(환부)

符 | 3급II | 부호 **부(:)** | 竹 / 5

대쪽(竹)에 글씨를 써 쪼개 한쪽을 주어(付) 군대 동원의 신표로 삼은 데서, '병부'를 뜻한다. 나아가 '부호'라는 뜻이다.

읽기한자 符璧(부벽) 符呪(부주) 符讖(부참) 璽符(새부) 伍符(오부)
쓰기한자 符書(부서) 符信(부신) 符籍(부적) 符節(부절) 符合(부합) 符號(부호)

附 | 3급II | 붙을 **부(:)** | 阜 / 5 | 통 屬, 着

큰 산 옆에 나지막한 언덕(阝)이 붙어(付) 있는 듯한 모양에서, '붙다'는 뜻이다.

읽기한자 媚附(미부) 攀附(반부) 附蚓(부인) 附贅(부췌) 帖附(첩부) 驩附(환부)
쓰기한자 寄附(기부) 附加(부가) 附課(부과) 附近(부근) 附記(부기) 附帶(부대) 附錄(부록) 附設(부설)
附屬(부속) 附隨(부수) 附言(부언) 附與(부여) 附逆(부역) 附着(부착) 附則(부칙) 附合(부합)
附和(부화) 阿附(아부) 添附(첨부) 回附(회부)

썩을 부: 肉 / 8 圈 朽 `3급II`

곳집(府)에 오랜 시간 고기(肉)를 놓아두면 썩어버리는 데서, '썩다'는 뜻이다.

읽기한자 腐朽(부후) 朽腐(후부)

쓰기한자 豆腐(두부) 防腐(방부) 腐爛(부란) 腐植(부식) 腐心(부심) 腐葉(부엽) 腐敗(부패) 腐刑(부형)
陳腐(진부)

否 **아닐 부:** 口 / 4 `4급`

아니라고(不) 말하는(口) 데서, '아니다'는 뜻이다.

읽기한자 否戾(부려) 否剝(부박)

쓰기한자 可否(가부) 拒否(거부) 否決(부결) 否認(부인) 否定(부정) 否票(부표) 安否(안부) 與否(여부)
適否(적부) 眞否(진부) 贊否(찬부) 否塞(비색) 否運(비운)

 질[荷] 부: 貝 / 2 圈 荷 `4급`

사람이 쪼그려 앉아(勹) 재물(貝)을 짊어지려고 하는 데서, '지다'는 뜻이다. 재물을 짊어
지고 화해를 청하는 데서 싸움에 지다는 뜻도 나타낸다.

읽기한자 辜負(고부) 捧負(봉부) 負薪(부신) 負雀(부작) 負逋(부포) 負荊(부형) 負欠(부흠) 逋負(포부)
欠負(흠부)

쓰기한자 結負(결부) 負擔(부담) 負傷(부상) 負約(부약) 負債(부채) 負荷(부하) 勝負(승부) 自負(자부)
請負(청부) 抱負(포부)

 바

府 **마을[官廳] 부(:)** 广 / 5 `4급II`

세금과 주고받은 공문서 등을 틈새 없이 딱 붙여(付) 넣어 놓은 곳집(广)이 있는 곳인 '마
을(관청)'을 뜻한다.

읽기한자 椿府(춘부)

쓰기한자 京府(경부) 幕府(막부) 冥府(명부) 府庫(부고) 府君(부군) 府使(부사) 上府(상부) 陰府(음부)
臟府(장부) 藏府(장부) 宰府(재부) 政府(정부) 春府(춘부) 學府(학부)

 며느리 부: 女 / 8 `4급II`

비(帚)를 들고 청소하며 집안일을 하는 계집(女)에서, '며느리, 지어미'를 뜻한다.

읽기한자 奸婦(간부) 鳩婦(구부) 懶婦(나부) 萊婦(내부) 俚婦(이부) 婦椽(부연) 孀婦(상부) 鼠婦(서부)
孕婦(잉부) 娼婦(창부) 樵婦(초부) 悍婦(한부) 荊婦(형부)

쓰기한자 佳婦(가부) 姦婦(간부) 健婦(건부) 姑婦(고부) 寡婦(과부) 毒婦(독부) 裸婦(나부) 婦德(부덕)
婦道(부도) 夫婦(부부) 婦人(부인) 新婦(신부) 妖婦(요부) 姙婦(임부) 子婦(자부) 酌婦(작부)
節婦(절부) 情婦(정부) 主婦(주부) 織婦(직부) 姪婦(질부) 村婦(촌부) 孝婦(효부)

 버금 부: 刀 / 9 圈 次 `4급II`

가득한 술(畐)을 나누어(刂) 토지 신과 곡식 신에게 제사 지내는 일은 조상신에게 제사지
내는 것에 버금간다는 데서, '버금'이라는 뜻이다.

읽기한자 副槨(부곽) 副棺(부관) 副輦(부련) 副扉(부비) 副衙(부아) 副牌(부패)

쓰기한자 副官(부관) 副木(부목) 副本(부본) 副詞(부사) 副産(부산) 副賞(부상) 副食(부식) 副業(부업)
副葬(부장) 副長(부장) 副葬(부장) 副題(부제) 副次(부차)

富

4급Ⅱ 부자 **부:** 宀 / 9 _약 冨

병에 술이 가득(畐)한 것처럼 집(宀)에 재물이 많은 데서, '부자'를 뜻한다.

읽기한자 宏富(굉부) 富饒(부요) 富溢(부일) 饒富(요부) 殷富(은부) 猝富(졸부)

쓰기한자 甲富(갑부) 巨富(거부) 國富(국부) 富貴(부귀) 富農(부농) 富力(부력) 富裕(부유) 富者(부자)
富村(부촌) 富戶(부호) 富豪(부호) 富強(부강) 貧富(빈부) 致富(치부) 豊富(풍부)

部

6급Ⅱ 떼 **부** 邑 / 8 _통 隊, 類

국토를 여러 고을(阝)로 갈라(剖) 관청을 두고 다스리는 데서, '마을(관청)'을 뜻한다. 또 사람들이 떼 지어 사는 곳을 기준으로 구획하는 데서, '떼'라는 뜻이다.

읽기한자 部伍(부오) 部帙(부질) 部彙(부휘) 銓部(전부)

쓰기한자 幹部(간부) 肩部(견부) 警部(경부) 局部(국부) 軍部(군부) 腹部(복부) 本部(본부) 部隊(부대)
部落(부락) 部令(부령) 部類(부류) 部門(부문) 部分(부분) 部署(부서) 部屬(부속) 部數(부수)
部首(부수) 部員(부원) 部位(부위) 部族(부족) 部處(부처) 部品(부품) 部下(부하) 陰部(음부)
全部(전부) 支部(지부) 耻部(치부) 學部(학부) 患部(환부) 胸部(흉부)

夫

7급 지아비 **부** 大 / 1 _비 天, 天 _반 妻, 婦

다 자란 사람(大)이 갓(一)을 쓰고 있는 것을 나타내는 글자로, '지아비, 사내'라는 뜻이다.

읽기한자 褐夫(갈부) 怯夫(겁부) 轎夫(교부) 筏夫(벌부) 夫鉢(부발) 嗇夫(색부) 膳夫(선부) 芸夫(운부)
姨夫(이부) 嗟夫(차부) 站夫(참부) 樵夫(초부) 鰥夫(환부)

쓰기한자 姦夫(간부) 坑夫(갱부) 繼夫(계부) 工夫(공부) 狂夫(광부) 鑛夫(광부) 農夫(농부) 獵夫(엽부)
亡夫(망부) 妹夫(매부) 牧夫(목부) 凡夫(범부) 夫君(부군) 夫權(부권) 夫婦(부부) 夫人(부인)
夫子(부자) 夫妻(부처) 漁夫(어부) 驛夫(역부) 人夫(인부) 丈夫(장부) 征夫(정부) 情夫(정부)
津夫(진부) 醜夫(추부) 匹夫(필부) 兄夫(형부)

父

8급 아비 **부** 父 / 0 _반 子, 母

손에 회초리를 들고 있는 모양을 본뜬 글자로, 집안을 거느리는 '아비'를 뜻한다.

읽기한자 舅父(구부) 父舅(부구) 姨父(이부)

쓰기한자 繼父(계부) 國父(국부) 代父(대부) 伯父(백부) 父系(부계) 父權(부권) 父女(부녀) 父老(부로)
父母(부모) 父執(부집) 父親(부친) 父兄(부형) 聘父(빙부) 師父(사부) 生父(생부) 聖父(성부)
叔父(숙부) 神父(신부) 漁父(어부) 義父(의부) 祖父(조부) 祖父母(조부모)

北

8급 북녘 **북** / 달아날 **배** 匕 / 3 _비 比, 此 _반 南

두 사람이 서로 등을 지고 있는 모양에서, '배반하다, 달아나다'는 뜻이다. 또 사람은 따뜻한 남쪽을 향하고 북쪽을 등지는 데서, '북녘'이라는 뜻이다.

읽기한자 遁北(둔배) 北芒(북망) 北溟(북명) 北宋(북송) 北魏(북위) 北狄(북적) 北朕(북짐) 挫北(좌배)

쓰기한자 關北(관북) 東北(동북) 拉北(납북) 北歐(북구) 北極(북극) 北端(북단) 北道(북도) 北斗(북두)
北門(북문) 北方(북방) 北伐(북벌) 北部(북부) 北上(북상) 北辰(북신) 北魚(북어) 北緯(북위)
北進(북진) 北窓(북창) 北風(북풍) 北韓(북한) 北向(북향) 越北(월북) 以北(이북) 敗北(패배)

扮 1급 　　　　 꾸밀 **분** 手 / 4 　통 飾, 裝

가루(分=粉)를 손(扌)에 가지고 있는 것으로, '꾸미다'는 뜻이다.

읽기한자 扮飾(분식) 扮裝(분장) 扮戲(분희) 鉤扮(구분) 構扮(구분) 挑扮(도분) 搜扮(수분) 摘扮(적분)
披扮(피분)

雰 1급 　　　　 눈날릴 **분** 雨 / 4

비(雨)가 날려 흩어지는(分) 데서, '안개'를 뜻한다. 또 '눈이 날리다'는 뜻이다.

읽기한자 雰雰(분분) 雰虹(분홍) 濃雰(농분) 霧雰(무분) 碧雰(벽분) 霜雰(상분) 朱雰(주분)

盆 1급 　　　　 동이 **분** 皿 / 4

흙이 뿜어 나온 모양의 무덤(分=墳)처럼, 놓은 꼴이 무덤과 같은 그릇(皿)에서, '동이'를 뜻한다.

읽기한자 盆景(분경) 盆山(분산) 盆種(분종) 盆地(분지) 盆下(분하) 缺盆(결분) 傾盆(경분) 鼓盆(고분)
金盆(금분) 盟盆(맹분) 沙盆(사분) 瓦盆(와분) 浴盆(욕분) 載盆(재분) 彫盆(조분) 酒盆(주분)
花盆(화분) 火盆(화분)

糞 1급 　　　　 똥 **분** 米 / 11 　통 尿

본디 두 손으로 쓰레받기를 잡고 쓰레기를 치는 것으로, '청소하다'의 뜻이나, 주로 '똥'을
나타낸다.

읽기한자 糞尿(분뇨) 糞門(분문) 糞壤(분양) 糞除(분제) 糞汁(분즙) 糞土(분토) 漑糞(개분) 擔糞(담분)
馬糞(마분) 掃糞(소분) 尿糞(요분) 遺糞(유분) 除糞(제분)

吩 1급 　　　　 분부할 **분:** 口 / 4 　통 咐

일을 나누어(分) 아랫사람에게 수행하도록 명령(口)하는 데서, '분부하다'는 뜻이다.

읽기한자 吩咐(분부)

焚 1급 　　　　 불사를 **분** 火 / 8 　통 燒, 灼

숲(林)을 불사르는(火)는 데서, '태우다, 불사르다'는 뜻이다.

읽기한자 焚坑(분갱) 焚劫(분겁) 焚攻(분공) 焚溺(분닉) 焚掠(분략) 焚燒(분소) 焚身(분신) 焚炙(분자)
焚灼(분작) 焚擲(분척) 焚蕩(분탕) 焚斃(분폐) 焚香(분향) 焚火(분화) 燒焚(소분)

噴 1급 　　　　 뿜을 **분** 口 / 12

입(口)에서 침 등이 내 뿜어지는(賁) 데서, '뿜어내다, 재채기하다'는 뜻이다.

읽기한자 噴激(분격) 噴騰(분등) 噴門(분문) 噴飯(분반) 噴雪(분설) 噴水(분수) 噴火(분화) 跳噴(도분)
飯噴(반분) 吼噴(후분)

忿 1급 　성낼 **분:** 心 / 4 　동 怒

성내는(分=憤) 마음(心)으로, '성내다, 성나다'는 뜻이다.

읽기한자　忿隙(분극) 忿怒(분노) 忿戾(분려) 忿兵(분병) 忿心(분심) 忿言(분언) 忿爭(분쟁) 忿疾(분질)
忿恨(분한) 剛忿(강분) 激忿(격분) 勁忿(경분) 愧忿(괴분) 私忿(사분) 小忿(소분) 餘忿(여분)
爭忿(쟁분) 積忿(적분) 前忿(전분) 躁忿(조분) 懲忿(징분)

芬 2급(名) 　향기 **분** 艸 / 4 　동 香

풀(艹)이 싹틀 때면 짙은 향기가 사방에 흩어져(分) 퍼지는 데서, '향기'를 뜻한다.

읽기한자　蘭芬(난분) 芬蘭(분란) 芬芳(분방) 芬芬(분분) 芬香(분향) 芬馨(분형) 麝芬(사분)

墳 3급 　무덤 **분** 土 / 12 　비 憤 　동 墓, 塚

흙(土)을 돋우어 높고 크게(賁) 만든 데서, '무덤'을 뜻한다.

읽기한자　墳衍(분연) 壚墳(허분)
쓰기한자　古墳(고분) 封墳(봉분) 墳墓(분묘) 雙墳(쌍분)

奔 3급Ⅱ 　달릴 **분** 大 / 6 　동 走

손을 셀 수 없이 많이(卉) 휘저으며 달려가는 사람(大)에서, '달리다'는 뜻이다.

읽기한자　奔駭(분해) 奔渾(분혼)
쓰기한자　狂奔(광분) 奔亡(분망) 奔忙(분망) 奔放(분방) 奔散(분산) 奔走(분주)

奮 3급Ⅱ 　떨칠 **분:** 大 / 13

큰(大) 새(隹)가 밭(田)에서 날개를 치며 날아가는 모양에서, '떨치다'는 뜻이다.

읽기한자　奮迅(분신)
쓰기한자　激奮(격분) 發奮(발분) 奮起(분기) 奮怒(분노) 奮發(분발) 奮然(분연) 奮戰(분전) 奮鬪(분투)
興奮(흥분)

紛 3급Ⅱ 　어지러울 **분** 糸 / 4 　비 粉 　동 擾

실(糸)이 여러 갈래로 나뉘어(分) 뒤엉켜 있는 데서, '어지럽다'는 뜻이다.

읽기한자　紛汨(분골) 紛拏(분나) 紛綸(분륜) 紛奢(분사) 紛擾(분요) 紛蕩(분탕) 紛披(분피) 紛訌(분홍)
紛喧(분훤)
쓰기한자　糾紛(규분) 內紛(내분) 紛糾(분규) 紛亂(분란) 紛紛(분분) 紛失(분실) 紛爭(분쟁)

가루 분(:) 米 / 4 📘 粉

쌀(米)을 나누고(分) 또 나누면 잘게 부수어져 가루가 되는 데서, '가루'를 뜻한다.

📖 읽기한자　麪粉(면분) 粉潰(분궤) 粉肌(분기) 粉堵(분도) 粉碎(분쇄) 粉繪(분회) 澱粉(전분)

✏️ 쓰기한자　角粉(각분) 葛粉(갈분) 白粉(백분) 粉末(분말) 粉食(분식) 粉飾(분식) 粉塵(분진) 粉筆(분필)
製粉(제분) 脂粉(지분) 花粉(화분)

 분할 분: 心 / 12 📘 塡 📗 憤, 慨

마음(忄) 속으로 크게(賁) 못마땅하여 성을 내는 데서, '분하다'는 뜻이다.

📖 읽기한자　愾憤(개분) 狡憤(교분) 憤憓(분개) 憤淪(분륜) 憤叱(분질) 憤嫉(분질) 冤憤(원분)

✏️ 쓰기한자　激憤(격분) 公憤(공분) 發憤(발분) 憤慨(분개) 憤怒(분노) 憤死(분사) 憤然(분연) 憤痛(분통)
憤敗(분패) 鬱憤(울분) 義憤(의분) 痛憤(통분)

 나눌 분(:) 刀 / 2 📗 區, 配, 別, 析, 割 📘 合

칼(刀)로 베어 두 개로 나누는(八) 데서, '나누다'는 뜻이다.

📖 읽기한자　釐分(이분) 剖分(부분) 分揀(분간) 分疆(분강) 分乖(분괴) 分襟(분금) 分岐(분기) 分袂(분메)
分謗(분방) 分銓(분전) 分披(분피) 分轄(분할) 銖分(수분) 鼎分(정분) 彙分(휘분)

✏️ 쓰기한자　過分(과분) 區分(구분) 均分(균분) 氣分(기분) 德分(덕분) 等分(등분) 名分(명분) 微分(미분)
配分(배분) 本分(본분) 分權(분권) 分斷(분단) 分黨(분당) 分類(분류) 分離(분리) 分娩(분만)
分別(분별) 分數(분수) 分讓(분양) 分掌(분장) 分秒(분초) 分割(분할) 分解(분해) 身分(신분)
緣分(연분) 積分(적분) 情分(정분) 職分(직분) 處分(처분) 充分(충분) 親分(친분)

 비슷할 불 彳 / 5

형성문자로, 髴과 同字이며, '비슷하다'는 뜻이다.

📖 읽기한자　彷佛(방불)

 아닐 / 말[勿] 불 弓 / 2

본래는 굽은 화살을 바르게 펴는 도구를 나타낸 것이나, 아니라고 하고 하지 말라고 하며
활(弓)과 칼(刂)로 대항하고 반대한다고 풀어, '아니다, 말(勿)다'는 뜻이다.

📖 읽기한자　百弗(백불) 弗豫(불예)

떨칠 불 手 / 5 📘 佛 📗 拭 📙 払

자기에게 해당되지 아니하는(弗) 것은 손(扌)으로 털어버리는 데서, '떨치다'는 뜻이다.

📖 읽기한자　拂袂(불메) 拂曙(불서) 拂拭(불식) 拭拂(식불)

✏️ 쓰기한자　假拂(가불) 過拂(과불) 年拂(연불) 未拂(미불) 拂逆(불역) 拂入(불입) 拂下(불하) 拂曉(불효)
先拂(선불) 延拂(연불) 完拂(완불) 支拂(지불) 換拂(환불) 還拂(환불)

佛

4급Ⅱ   부처 **불**   人 / 5   비 拂   약 仏

사람(亻)이 아닌(弗) 신의 경지에 도달한 존재로, 모든 번뇌와 생사의 경계를 뛰어 넘은 존재, '부처'를 뜻한다.

읽기한자   灌佛(관불) 佛偈(불게) 佛祠(불사) 佛陀(불타)

쓰기한자   見佛(견불) 念佛(염불) 禮佛(예불) 排佛(배불) 佛家(불가) 佛經(불경) 佛供(불공) 佛敎(불교) 佛國(불국) 佛堂(불당) 佛徒(불도) 佛道(불도) 佛蘭西(불란서) 佛文(불문) 佛門(불문) 佛法(불법) 佛像(불상) 佛心(불심) 佛語(불어) 佛譯(불역) 佛者(불자) 佛典(불전) 佛殿(불전) 佛塔(불탑) 佛畫(불화) 生佛(생불) 石佛(석불) 先佛(선불) 成佛(성불) 英佛(영불) 支佛(지불) 滯佛(체불) 後佛(후불)

不

7급Ⅱ   아닐 **불**   一 / 3

지면(一) 아래에 뿌리(小)만 있고, 지면 위로 싹이 움트지 아니한 모양을 본떠, '아니다'는 뜻이다.

읽기한자   不堪(불감) 不辜(불고) 不逞(불령) 不昧(불매) 不剖(불부) 不屑(불설) 不遜(불손) 不粹(불수) 不虞(불우) 不悌(부제) 不遑(불황) 不朽(불후) 不諱(불휘)

쓰기한자   不潔(불결) 不恭(불공) 不過(불과) 不拘(불구) 不屈(불굴) 不當(부당) 不渡(부도) 不滿(불만) 不買(불매) 不滅(불멸) 不敏(불민) 不純(불순) 不實(부실) 不穩(불온) 不遇(불우) 不在(부재) 不適(부적) 不足(부족) 不參(불참) 不肖(불초) 不忠(불충) 不治(불치) 不齒(불치) 不快(불쾌) 不通(불통) 不敗(불패) 不便(불편) 不下(불하) 不幸(불행) 不惑(불혹) 不和(불화) 不況(불황) 不孝(불효)

繃

1급   묶을 **붕**   糸 / 11

널리 퍼지는(崩=凡) 것으로, 탄력성이 있어 피부 감촉이 보드라운 섬유(糸)로, '붕대'를 뜻한다. 또 '묶다'는 뜻이다.

읽기한자   繃帶(붕대) 錦繃(금붕) 羅繃(나붕) 倒繃(도붕) 繡繃(수붕) 懷繃(회붕)

硼

1급   붕사(硼砂) **붕**   石 / 8

유리, 법랑, 유약의 원료 등으로 쓰이는 돌(石) 모양의 광물로, '붕사'를 나타낸다.

읽기한자   硼酸(붕산) 硼隱(평은)

棚

1급   사다리 **붕**   木 / 8   동 棧

나무(木)를 짜 맞춰서 건너질러 넓혀(朋=凡) 만든 것으로, '사다리, 비계(棧橋)'를 뜻한다.

읽기한자   棚棧(붕잔) 高棚(고붕) 山棚(산붕) 書棚(서붕) 涼棚(양붕) 帳棚(장붕) 戰棚(전붕) 彩棚(채붕)

鵬

2급(名)   새 **붕**   鳥 / 8

봉황새(朋=鳳)같은 새(鳥)로, '붕새'를 뜻한다. 붕새는 하루에 구만리를 난다는 상상 속의 새이다.

읽기한자   大鵬(대붕) 鵬圖(붕도) 鵬飛(붕비) 鵬翼(붕익)

崩 3급 무너질 **붕** 山 / 8 [동]壞, 潰

산(山) 봉우리가 무너져 등성이와 하나의 무리(朋)를 이루는 데서, '무너지다'는 뜻이다.

읽기한자 崩藉(붕자)

쓰기한자 崩壞(붕괴) 崩御(붕어) 土崩(토붕)

朋 3급 벗 **붕** 月 / 4 [비]明 [동]友

조개(月=貝)를 나란히 놓은 모양에서 '쌍 조개'를 뜻한다. 또 나란히 붙어 있는 데서, '벗'을 뜻한다.

읽기한자 朋曹(붕조)

쓰기한자 佳朋(가붕) 朋黨(붕당) 朋友(붕우)

憊 1급 고단할 **비:** 心 / 12 [동]困

마음(心)에 고민거리가 찰싹 달라붙는(備) 것으로, '고달프다, 고단하다'는 뜻이다.

읽기한자 憊色(비색) 憊臥(비와) 憊喘(비천) 倦憊(권비) 老憊(노비) 頓憊(돈비) 衰憊(쇠비) 憂憊(우비) 因憊(인비) 疲憊(피비) 昏憊(혼비)

沸 1급 끓을 **비:** / 용솟음할 **불** 水 / 5 [동]涌, 湯

물(氵)이 내뿜어(弗=噴) 지는 데서, '용솟음하다, 물 끓다'는 뜻이다.

읽기한자 沸羹(비갱) 沸騰(비등) 沸聲(비성) 沸熱(비열) 沸鼎(비정) 沸湯(비탕) 沸響(비향) 沸潰(불궤) 沸沫(불말) 沸水(불수) 沸渭(불위) 沸泉(불천) 沸派(불파) 騰沸(등불) 沃沸(옥비) 鼎沸(정비) 喧沸(훤비) 洶沸(흉불)

鄙 1급 더러울 **비:** 邑 / 11 [동]陋, 俚, 吝, 穢

마을의 쌀 곳집(啚)이 있는 시골마을(阝)의 뜻에서 파생하여, 행동이나 성질이 '더럽다, 너절하다'는 뜻이다.

읽기한자 鄙見(비견) 鄙軀(비구) 鄙劣(비열) 鄙陋(비루) 鄙笑(비소) 鄙言(비언) 鄙諺(비언) 鄙儒(비유) 鄙淺(비천) 鄙賤(비천) 鄙懷(비회) 郊鄙(교비) 陋鄙(누비) 都鄙(도비) 昧鄙(매비) 蒙鄙(몽비) 微鄙(미비)

庇 1급 덮을 **비:** 广 / 4 [동]蔭

일을 돕고(比) 잘못을 가려주는(广) 데서, '감싸다, 덮다'는 뜻이다.

읽기한자 庇賴(비뢰) 庇免(비면) 庇保(비보) 庇蔭(비음) 庇護(비호) 高庇(고비) 曲庇(곡비) 賴庇(뇌비) 保庇(보비) 影庇(영비) 援庇(원비) 蔭庇(음비) 依庇(의비)

裨 1급 도울 **비** 衣 / 8 [동]補, 助

옷(衤)에 덧붙이는 것(卑=俾)으로, '깁다, 돕다'는 뜻이다.

읽기한자 裨補(비보) 裨王(비왕) 裨將(비장) 裨助(비조) 裨販(비판) 裨海(비해)

바

翡 1급 물총새 **비:** 羽 / 8 맨 翠

물가에 사는 여름새인 '물총새(쇠새)' 수컷을 말한다, 암컷은 翠라 하고, 보통 翡翠새로 연칭한다. 翡鳥는 청호반새(青湖畔-), 翠鳥는 물총새로 구분하기도 한다.

읽기한자 翡翠(비취)

蜚 1급 바퀴 / 날[飛] **비** 虫 / 8

날개를 펴서 나는(非) 벌레(虫)에서, '바퀴, 날다'는 뜻이다.

읽기한자 蜚禽(비금) 蜚騰(비등) 蜚語(비어) 蜚芻(비추) 蜚鴻(비홍)

緋 1급 비단 **비:** 糸 / 8 동 緞

본래 붉은 빛의 피륙(糸)을 나타내나, '비단, 붉은 빛'의 뜻으로 쓰인다.

읽기한자 緋甲(비갑) 緋衲(비납) 緋緞(비단) 緋綠(비록) 上緋(상비) 染緋(염비)

砒 1급 비상 **비:** 石 / 4

돌(石)처럼 생긴 비금속성 유독물질인 '비석(砒石)'을 나타내며, 또 비석에 열을 가하여 승화시켜 얻은 유독물질인 '비상(砒霜)'을 나타낸다.

읽기한자 砒酸(비산) 砒霜(비상) 砒石(비석) 砒素(비소)

匕 1급 비수 **비:** 匕 / 0 맨 箸

숟가락의 象形으로, '숟가락'을 뜻한다. 또 그 모양이 날이 예리하고 짧은 칼인 비수를 연상시키는데서, '비수'를 뜻한다.

읽기한자 匕首(비수) 匕箸(비저) 食匕(식비) 失匕(실비) 玉匕(옥비)

譬 1급 비유할 **비:** 言 / 13 동 喩, 諭

직접 말하지 않고, 짐짓 비켜서(辟) 말하는(言) 것으로, '비유하다'는 뜻이다.

읽기한자 譬類(비류) 譬說(비설) 譬喩(비유) 譬解(비해) 譬況(비황) 空譬(공비) 慰譬(위비) 證譬(증비) 曉譬(효비)

琵 1급 비파 **비** 玉 / 8 동 琶

원형은 珡+比의 형태로, 珡은 琴의 本字이다. 손으로 치는(比=批) 거문고(珡)에서, '비파'라는 뜻이다.

읽기한자 琵琶(비파)

扉 1급 사립문 **비** 戶 / 8 비 扉

문(戶)이 좌우로 갈라지는(非) 것으로, 나뭇가지를 엮어서 만든 문짝인 '사립문'을 뜻한다.

읽기한자 扉戶(비호) 門扉(문비) 山扉(산비) 石扉(석비) 扇扉(선비) 巖扉(암비) 野扉(야비) 竹扉(죽비) 鐵扉(철비) 畫扉(화비)

痺 | 1급 | 저릴 **비** | 疒 / 8
본래 痹의 誤用이지만 일반으로 痺를 쓰며, '마비하다, 저리다'는 뜻이다.

읽기한자 冷痺(냉비) 頑痺(완비) 坐痺(좌비) 風痺(풍비)

妣 | 1급 | 죽은어미 **비** | 女 / 4 | 맨 考
돌아가신 아버지와 나란히(比) 있는 계집(女)에서, 돌아가신 어머니, '죽은 어미'를 뜻한다.

읽기한자 妣考(비고) 妣祖(비조) 考妣(고비) 先妣(선비) 祖妣(조비) 皇妣(황비)

脾 | 1급 | 지라 **비(:)** | 肉 / 8
胃보다 낮은 곳(卑)에 있는 몸(月)의 器官으로, '지라'를 뜻한다.

읽기한자 脾胃(비위) 脾臟(비장)

秕 | 1급 | 쭉정이 **비:** | 禾 / 4
벼(禾)에 껍질만 나란히 늘어서(比) 있는 것으로, 껍질만 있고 속에 알맹이가 들지 아니한 곡식인, '쭉정이'를 뜻한다.

읽기한자 秕政(비정) 垢秕(구비) 揚秕(양비)

臂 | 1급 | 팔 **비:** | 肉 / 13 | 동 膊 | 맨 脚
人體의 옆(辟)에 붙어 있는 몸(月)의 한 부분에서, '팔'이라는 뜻이다.

읽기한자 臂力(비력) 臂膊(비박) 臂使(비사) 臂環(비환) 憩臂(게비) 交臂(교비) 怒臂(노비) 半臂(반비) 般臂(반비) 攘臂(양비)

誹 | 1급 | 헐뜯을 **비** | 言 / 8 | 동 謗, 訕 | 맨 譽
사람이 서로 등을 돌리고(非) 말하는(言) 것으로, '헐뜯다'는 뜻이다.

읽기한자 誹謗(비방) 誹怨(비원) 誹諧(비해) 誹毀(비훼) 腹誹(복비) 怨誹(원비) 沮誹(저비)

毗 | 2급(名) | 도울 **비** | 比 / 5
본래는 囟+比이다. 정수리(囟)에 견줄(比)만큼 중요한 신체 부위로, '배꼽'을 뜻한다. 배꼽은 태아의 생장을 돕는 데서, '돕다'는 뜻이 나왔다.

읽기한자 毗補(비보) 毗益(비익) 毗翼(비익) 毗佐(비좌) 毗贊(비찬)

泌 | 2급(名) | 분비할 **비:** / 스며흐를 **필** | 水 / 5
물(氵)은 막힌 곳에서도 반드시(必) 스며들어 통로를 만들어 내는 데서, '분비하다, 스며 흐르다'는 뜻이다.

읽기한자 分泌(분비) 泌尿(비뇨) 泗泌(사비)

| 匪 | 2급 | 비적 **비:** | 匚 / 8 |

대나무 그릇(匚)에 그릇된(非) 방법으로 얻은 것을 담고 있는 것으로, '도둑, 비적'을 뜻한다.

읽기한자 匪魁(비괴) 匪躬(비궁) 匪擾(비요)

쓰기한자 共匪(공비) 匪徒(비도) 匪賊(비적) 土匪(토비) 討匪(토비)

| 怭 | 2급(名) | 삼갈 **비** | 比 / 5 |

是非와 善惡을 견주어(比) 올바른 삶을 期必(必)함에서, '삼가다'는 뜻이다.

읽기한자 懲毖(징비)

| 丕 | 2급(名) | 클 **비** | 一 / 4 |

한 물체가 하늘(一)과 땅(一)에 잇닿아(小) 있는 데서, '크다'는 뜻이다.

읽기한자 丕基(비기) 丕圖(비도) 丕命(비명) 丕業(비업) 丕績(비적) 丕闡(비천) 丕訓(비훈)

| 婢 | 3급II | 계집종 **비:** | 女 / 8 |

신분이 낮은(卑) 여자(女)에서, '계집종'을 뜻한다.

읽기한자 僕婢(복비) 婢僕(비복)

쓰기한자 奴婢(노비) 婢子(비자) 婢妾(비첩)

| 卑 | 3급II | 낮을 **비:** | 十 / 6 | 동 賤 | 반 高 |

손(十)에 술 바가지(由)를 들어 술을 퍼내는 사람은 신분이 낮다는 데서, '낮다, 천하다'는 뜻이다.

읽기한자 卑怯(비겁) 卑陋(비루) 卑俯(비부) 卑疵(비자)

쓰기한자 卑屈(비굴) 卑劣(비열) 卑小(비소) 卑俗(비속) 卑屬(비속) 卑賤(비천) 卑下(비하) 鮮卑(선비)
野卑(야비)

| 肥 | 3급II | 살찔 **비:** | 肉 / 4 | 반 瘠 |

뱀(巴)은 보약으로 몸(月)을 살찌우는 데서, '살찌다'는 뜻이다.

읽기한자 肥勁(비경) 肥牡(비모) 肥嬪(비빈) 肥牲(비생) 肥沃(비옥) 肥糟(비조) 肥瘠(비척) 肥脆(비취)
肥脯(비포) 溢肥(일비) 堆肥(퇴비)

쓰기한자 金肥(금비) 綠肥(녹비) 肥大(비대) 肥鈍(비둔) 肥料(비료) 肥滿(비만) 施肥(시비)

| 妃 | 3급II | 왕비 **비** | 女 / 3 |

본래 자기(己)의 여자(女)라는 데서, '아내'를 의미했으나 뒤에 임금의 아내인 '왕비'의 뜻
이 되었다.

읽기한자 妃嬪(비빈) 嬪妃(빈비) 媛妃(원비) 后妃(후비)

쓰기한자 王妃(왕비) 皇妃(황비)

碑 | 4급 | 비석 **비** | 石 / 8

돌(石)을 깎아 고인의 성명이나 행적 등을 새겨 무덤 앞에 지세보다는 낮게(卑) 세우는 데서, '비석'을 뜻한다.

읽기한자 勒碑(늑비) 頑碑(완비) 苔碑(태비)

쓰기한자 建碑(건비) 陵碑(능비) 墓碑(묘비) 碑銘(비명) 碑文(비문) 碑石(비석)

批 | 4급 | 비평할 **비:** | 手 / 4 | 동 評

손(扌)으로 물건을 여러모로 견주며(比) 좋고 나쁨 등을 논하는 데서, '비평하다'는 뜻이다.

읽기한자 批頰(비협) 匿名批評(익명비평)

쓰기한자 批點(비점) 批准(비준) 批判(비판) 批評(비평)

祕 | 4급 | 숨길 **비:** | 示 / 5

귀신(示)은 반드시(必) 은밀히 움직여 그 행적을 잘 알아볼 수 없게 하는 데서, '숨기다'는 뜻이다.

읽기한자 祕蘊(비온) 祕讖(비참) 緘祕(함비) 諱祕(휘비)

쓰기한자 極祕(극비) 默祕(묵비) 祕境(비경) 祕文(비문) 祕密(비밀) 祕方(비방) 祕法(비법) 祕書(비서) 祕苑(비원) 祕藏(비장) 祕策(비책) 祕標(비표) 祕話(비화) 神祕(신비) 便祕(변비)

備 | 4급II | 갖출 **비:** | 人 / 10

사람(亻)은 함께(共) 써야(用)할 때를 위해서 물자를 비축해야 한다는 데서, '갖추다'는 뜻이다.

읽기한자 儆備(경비) 劉備(유비) 備悉(비실) 醇備(순비)

쓰기한자 改備(개비) 兼備(겸비) 警備(경비) 具備(구비) 軍備(군비) 對備(대비) 未備(미비) 防備(방비) 不備(불비) 備考(비고) 備忘(비망) 備盡(비진) 備蓄(비축) 備置(비치) 備品(비품) 常備(상비) 設備(설비) 守備(수비) 豫備(예비) 預備(예비) 完備(완비) 雨備(우비) 裝備(장비) 整備(정비) 準備(준비)

飛 | 4급II | 날 **비** | 飛 / 0 | 동 翔 | 반 踊

새가 날개짓을 하고 있는 모양을 본뜬 글자로, '날다'는 뜻이다.

읽기한자 鵬飛(붕비) 飛檄(비격) 飛鸞(비란) 飛閭(비려) 飛溜(비류) 飛沫(비말) 飛螟(비명) 飛翔(비상) 飛觴(비상) 飛鼠(비서) 飛灑(비쇄) 飛鳶(비연) 飛踊(비용) 飛隕(비운) 飛猿(비원) 飛棧(비잔) 飛箭(비전) 飛梯(비제) 飛馳(비치) 飛陛(비폐) 飛瀑(비폭)

쓰기한자 飛閣(비각) 飛騰(비등) 飛報(비보) 飛上(비상) 飛躍(비약) 飛魚(비어) 飛行(비행) 飛火(비화) 雄飛(웅비) 翰飛(한비)

悲 | 4급II | 슬플 **비:** | 心 / 8 | 동 愾, 哀, 慘, 愴, 惻 | 반 樂, 歡, 驩, 喜

상대와 마음(心)이 통하지 아니하는(非) 데서, '슬프다'는 뜻이다.

읽기한자 悲悸(비계) 悲攪(비교) 悲咽(비열) 悲嗁(비제) 悲嗟(비차) 悲愴(비창) 悲惻(비측) 悲驩(비환)

쓰기한자 大悲(대비) 悲歌(비가) 悲感(비감) 悲觀(비관) 悲劇(비극) 悲悼(비도) 悲戀(비련) 悲鳴(비명) 悲報(비보) 悲哀(비애) 悲運(비운) 悲願(비원) 悲壯(비장) 悲慘(비참) 悲痛(비통) 悲話(비화) 慈悲(자비) 喜悲(희비)

非 4급Ⅱ　아닐 **비(:)**　非 / 0

새의 날개의 모양으로 왼쪽 날개와 오른쪽 날개는 서로 다르다는 데서, '아니다'는 뜻이다.

 읽기한자　非辜(비고) 非謗(비방)

쓰기한자　非難(비난) 非禮(비례) 非理(비리) 非賣(비매) 非命(비명) 非番(비번) 非凡(비범) 非常(비상)
非違(비위) 非情(비정) 非行(비행) 是非(시비)

比 5급　견줄 **비:**　比 / 0　回 北, 此　동 較

두 사람을 나란히 세워 놓은 모양으로, 나란히 세워 놓고 키를 비교하는 데서, '견주다'는 뜻이다.

 읽기한자　鱗比(인비) 比閭(비려) 比疎(비소) 比喩(비유) 比擬(비의) 比踵(비종) 櫛比(즐비) 諧比(해비)
洽比(흡비)

쓰기한자　對比(대비) 比肩(비견) 比較(비교) 比等(비등) 比例(비례) 比率(비율) 比重(비중)

費 5급　쓸 **비:**　貝 / 5　동 耗, 用

돈(貝)을 모으려고 하나 아니(弗) 모이고 자꾸 쓰게 되는 데서, '쓰다'는 뜻이다.

 읽기한자　釀費(양비) 廚費(주비)

쓰기한자　客費(객비) 車費(차비) 經費(경비) 國費(국비) 軍費(군비) 黨費(당비) 浪費(낭비) 旅費(여비)
費目(비목) 費用(비용) 社費(사비) 私費(사비) 消費(소비) 食費(식비) 實費(실비) 自費(자비)
雜費(잡비) 學費(학비) 虛費(허비) 會費(회비)

鼻 5급　코 **비:**　鼻 / 0

본래 코를 본뜬 글자였고, 남에게 자기를 가리킬 때 코를 가리킨다는 데서 '코'를 뜻한다.

 읽기한자　鼻勺(비작) 鼻涕(비체) 鞍鼻(안비)

쓰기한자　鼻孔(비공) 鼻笑(비소) 鼻炎(비염) 鼻祖(비조) 鼻血(비혈) 酸鼻(산비)

嬪 1급　궁녀벼슬이름 **빈**　女 / 14

손님(賓)을 접대하는 계집(女), 남편을 섬기는 계집으로, '아내, 궁녀'를 뜻한다. 또, '궁녀 벼슬 이름'이라는 뜻이다.

 읽기한자　嬪宮(빈궁) 嬪妃(빈비) 嬪侍(빈시) 嬪然(빈연) 嬪從(빈종) 嬪妾(빈첩) 貴嬪(귀빈) 奉嬪(봉빈)
妃嬪(비빈) 肥嬪(비빈) 良嬪(양빈)

濱 1급　물가 **빈**　水 / 14　일 浜

물결(氵)이 주름(賓)처럼 밀려드는 곳으로, '물가'를 뜻한다. 또, '잇닿다, 임박하다'는 뜻이다.

읽기한자　濱死(빈사) 濱塞(빈새) 濱海(빈해) 水濱(수빈) 海濱(해빈)

瀕 1급　물가 / 가까울 **빈**　水 / 16

형성문자로 濱과 同字이며, '물가, 잇닿다, 임박하다, 가깝다'는 뜻이다.

읽기한자　瀕死(빈사) 瀕水(빈수) 瀕海(빈해)

殯 1급 　　빈소 **빈** 歹 / 14

죽음(歹)의 세계의 손님(賓)으로, 死體를 入棺한 후 장사지낼 때까지 安置하는 것, 또 그 장소인 '빈소(殯所)'를 뜻한다.

읽기한자　殯宮(빈궁) 殯所(빈소) 殯殿(빈전) 歸殯(귀빈) 虞殯(우빈)

嚬 1급 　　찡그릴 **빈** 口 / 16 　　동 顰

嚬은 형성문자로, 矉, 顰과 동자이며, '찡그리다'는 뜻인데, 찌그러지는 부위를 중심으로 각 각 口, 頁, 目이 들어간 것으로 보인다.

읽기한자　嚬伽(빈가) 嚬眉(빈미) 嚬笑(빈소) 嚬呻(빈신)

彬 2급(名) 　　빛날 **빈** 彡 / 8

우거진 숲(林)처럼 눈부신 무늬(彡)가 펼쳐지는 데서, '빛나다'는 뜻이다.

읽기한자　彬彬(빈빈) 彬蔚(빈울)

賓 3급 　　손 **빈** 貝 / 7 　　동 客 　반 主

집(宀)의 아늑한(丏) 장소에서 재물(貝)을 내어 정중히 대접하는 데서, '손'을 뜻한다.

읽기한자　嘉賓(가빈) 賓侶(빈려) 賓筵(빈연) 訝賓(아빈)
쓰기한자　國賓(국빈) 貴賓(귀빈) 內賓(내빈) 賓客(빈객) 賓服(빈복) 紹賓(소빈) 迎賓(영빈) 外賓(외빈) 接賓(접빈) 主賓(주빈)

頻 3급 　　자주 **빈** 頁 / 7

물을 건널(步) 때의 파문처럼 이마(頁)에 주름이 잡히는 데서, '찡그리다'는 뜻이다. 또 파 문이 잇달아 일어나는 데서, '자주'를 뜻한다.

쓰기한자　頻度(빈도) 頻發(빈발) 頻煩(빈번) 頻繁(빈번)

貧 4급Ⅱ 　　가난할 **빈** 貝 / 4 　　비 貪 　동 困, 窮 　반 富

재산(貝)이 흩어져 나가(分) 적어지고 없어지는 데서, '가난하다'는 뜻이다.

읽기한자　貧竭(빈갈) 貧陋(빈루) 貧隘(빈애) 貧悴(빈췌) 貧乏(빈핍) 貧鰥(빈환) 惰貧(타빈) 恤貧(휼빈)
쓰기한자　家貧(가빈) 極貧(극빈) 貧困(빈곤) 貧國(빈국) 貧窮(빈궁) 貧農(빈농) 貧民(빈민) 貧富(빈부) 貧弱(빈약) 貧者(빈자) 貧村(빈촌) 貧寒(빈한) 貧血(빈혈) 內貧(내빈) 赤貧(적빈) 淸貧(청빈) 活貧(활빈)

憑 1급 　　비길[依] **빙** 心 / 12 　　동 據, 依, 藉, 證

마음(心)이 어떤 것에 기대는(馮) 데서, '비기다'는 뜻이다.

읽기한자　憑據(빙거) 憑怒(빙노) 憑陵(빙릉) 憑恃(빙시) 憑軾(빙식) 憑信(빙신) 憑妖(빙요) 憑藉(빙자) 憑仗(빙장) 憑眺(빙조) 憑虛(빙허) 公憑(공빙) 歸憑(귀빙) 文憑(문빙) 神憑(신빙) 信憑(신빙) 依憑(의빙) 準憑(준빙) 證憑(증빙) 追憑(추빙) 狐憑(호빙)

聘 　3급　　부를 **빙**　　耳 / 7　　통 召, 招

훌륭하다는 말을 듣고(耳) 마음이 끌려(粤) 불러 맞이하는 데서, '부르다'는 뜻이다.

 읽기한자　聘嫁(빙가) 聘殮(빙렴)

쓰기한자　聘母(빙모) 聘父(빙부) 聘召(빙소) 聘丈(빙장) 招聘(초빙)

氷 　5급　　얼음 **빙**　　水 / 1　　비 水, 永　　반 炭

물(水)이 얼어(丶) 굳어진 것으로, '얼음'을 뜻한다.

읽기한자　斧氷(부빙) 氷囊(빙낭) 氷溜(빙류) 氷鼠(빙서)

쓰기한자　堅氷(견빙) 結氷(결빙) 流氷(유빙) 薄氷(박빙) 氷結(빙결) 氷庫(빙고) 氷菓(빙과) 氷球(빙구)
氷壁(빙벽) 氷山(빙산) 氷上(빙상) 氷水(빙수) 氷原(빙원) 氷點(빙점) 氷板(빙판) 氷河(빙하)
製氷(제빙) 解氷(해빙) 滑氷(활빙)

馮 　2급(名)　　탈[乘] **빙** / 성(姓) **풍**　　馬 / 2

얼음에 금이 가듯(冫) 빨리 달리는 말(馬)에 탄 데서, '타다'는 뜻이다. 姓氏로도 쓰인다.

읽기한자　馮氣(빙기) 馮陵(빙릉) 馮河(빙하) 馮夷(풍이) 馮翊(풍익) 馮相(풍상) 馮氏(풍씨)

蓑 　1급　　도롱이 **사**　　艸 / 10

짚, 띠 따위로 엮어 허리나 어깨에 걸쳐 두르는 비옷, '도롱이'를 뜻한다. 본래 衰로 나타냈으
나 衰의 의미가 바뀜에 따라 여기에 재료인 짚, 띠 등을 나타내는 艸(艹)를 덧붙인 것이다.

읽기한자　蓑笠(사립) 蓑城(사성) 蓑翁(사옹) 蓑衣(사의) 蓑唱(사창) 農蓑(농사) 單蓑(단사) 短蓑(단사)
漁蓑(어사) 雨蓑(우사) 一蓑(일사) 長蓑(장사) 釣蓑(조사)

紗 　1급　　비단 **사**　　糸 / 4　　통 絹, 錦, 緞

천(糸)의 무게가 조금(少)밖에 안나가는 데서, 얇고 가벼운, '비단'을 뜻한다.

읽기한자　紗巾(사건) 紗羅(사라) 紗障(사장) 紗窓(사창) 更紗(갱사) 輕紗(경사) 羅紗(나사) 素紗(소사)
窓紗(창사)

祠 　1급　　사당 **사**　　示 / 5　　통 廟

신에 관한 일(示)을 담당하는(司) 데서, '봉제사'를 뜻한다. 또 조상의 신주(神主)를 모셔
놓은 집인, '사당'을 뜻한다.

 읽기한자　祠官(사관) 祠器(사기) 祠堂(사당) 祠廟(사묘) 祠兵(사병) 祠屋(사옥) 祠院(사원) 祠祭(사제)
監祠(감사) 古祠(고사) 舊祠(구사) 望祠(망사) 報祠(보사) 奉祠(봉사) 佛祠(불사) 社祠(사사)
生祠(생사) 先祠(선사) 小祠(소사) 崇祠(숭사) 靈祠(영사) 類祠(유사) 淫祠(음사) 仁祠(인사)
祖祠(조사) 種祠(종사) 重祠(중사) 叢祠(총사) 解祠(해사) 行祠(행사) 昏祠(혼사) 荒祠(황사)

獅 1급 사자 **사(:)** 犬 / 10

형성문자로, 고양이과의 동물(犭)인 백수의 왕, 사자(獅子)를 나타낸다.

읽기한자 獅子(사자) 金獅(금사) 伏獅(복사)

奢 1급 사치할 **사** 大 / 9 동 侈

지나치게(大) 많은 것을 모은다(者)는 데서, '사치하다'는 뜻이다.

읽기한자 奢麗(사려) 奢靡(사미) 奢傲(사오) 奢慾(사욕) 奢佚(사일) 奢恣(사자) 奢僭(사참) 奢侈(사치)
奢華(사화) 嬌奢(교사) 驕奢(교사) 蘭奢(난사) 紛奢(분사) 縱奢(종사) 潛奢(잠사) 侈奢(치사)
豊奢(풍사)

麝 1급 사향노루 **사:** 鹿 / 10

향내를 내는(射) 사슴류(鹿)로, '사향노루'를 뜻한다.

읽기한자 麝煤(사매) 麝墨(사묵) 麝芬(사분) 麝香(사향) 麝薰(사훈) 蘭麝(난사) 腦麝(뇌사) 水麝(수사)
龍麝(용사) 沈麝(침사) 香麝(향사)

瀉 1급 쏟을 **사(:)** 水/15 비 潟 동 痢

물(氵)을 온 면에 자리 깔듯(寫=席)하는 데서, '물을 쏟다'는 뜻이다.

읽기한자 瀉溜(사류) 瀉痢(사리) 瀉出(사출) 瀉土(사토) 瀉下(사하) 傾瀉(경사) 及瀉(급사) 泄瀉(설사)
注瀉(주사) 澤瀉(택사) 吐瀉(토사)

徙 1급 옮길 **사:** 彳 / 8 비 徒

나아가다(辵)가 어떤 지점에서 멈추는(止) 것으로, '옮기다'는 뜻이다.

읽기한자 徙居(사거) 徙散(사산) 徙植(사식) 徙月(사월) 徙逐(사축) 摩徙(마사) 拔徙(발사) 抵徙(저사)
轉徙(전사) 遷徙(천사)

嗣 1급 이을 **사:** 口 / 10 동 續

代를 이를 자식을 세울 때의 詔勅(冊)을 廟堂에서 읽는(口) 의식을 관장하는(司) 데서, '후
사, 잇다'는 뜻이다.

읽기한자 嗣君(사군) 嗣奉(사봉) 嗣歲(사세) 嗣續(사속) 嗣守(사수) 嗣人(사인) 嗣子(사자) 嗣適(사적)
嗣纂(사찬) 嗣響(사향) 家嗣(가사) 繼嗣(계사) 國嗣(국사) 法嗣(법사) 聖嗣(성사) 守嗣(수사)
令嗣(영사) 遺嗣(유사) 一嗣(일사) 嫡嗣(적사) 天嗣(천사) 追嗣(추사) 統嗣(통사) 血嗣(혈사)
後嗣(후사)

些 | 1급 | 적을 **사** | 二 / 6 | 圖 微, 少
둘뿐(此二)의 뜻에서 파생된 뜻으로, '조금, 약간, 적다'는 뜻이다.

읽기한자　些末(사말) 些微(사미) 些些(사사) 些細(사세) 些少(사소)

娑 | 1급 | 춤출 / 사바세상 **사** | 女 / 7
고운 모래(沙)가 슬슬 굴러가듯이 계집(女)이 옷소매를 펄럭이며 움직이는 데서, '춤추다'는 뜻이다. 주로 梵語 Sabah(娑婆＝現世)의 Sa의 音譯字로 쓰여 '사바세상'을 나타낸다.

읽기한자　娑羅(사라) 娑婆(사바) 摩娑(마사)

飼 | 2급 | 기를 **사** | 食 / 5 | 圖 養, 育
동물의 먹이(食)를 담당(司)하는 데서, '기르다'는 뜻이다.

읽기한자　飼馴(사순) 飼槽(사조) 飼桶(사통)
쓰기한자　放飼(방사) 飼料(사료) 飼養(사양) 飼育(사육)

泗 | 2급(名) | 물이름 **사:** | 水 / 5
發源處가 네(四) 곳인 강(氵)으로 中國에 있는 강의 이름이다.

읽기한자　泗泌(사비) 泗水(사수) 泗河(사하) 洙泗(수사) 涕泗(체사)

唆 | 2급 | 부추길 **사** | 口 / 7
좌우로 왕복하는 베틀 북(梭)처럼 오고가며 입(口)으로 사람을 꾀는 데서, '부추기다'는 뜻이다.

읽기한자　唆哄(사홍)
쓰기한자　敎唆(교사) 示唆(시사)

赦 | 2급 | 용서할 **사:** | 赤 / 4
죄인을 용서하여 놓아주어 채찍질(攵) 하는 곳이 비어(赤) 있다는 데서, '용서하다'는 뜻이다.

읽기한자　赦贖(사속) 宥赦(유사) 擅赦(천사)
쓰기한자　寬赦(관사) 大赦(대사) 放赦(방사) 赦令(사령) 赦免(사면) 赦罪(사죄) 恩赦(은사) 特赦(특사)

似 | 3급 | 닮을 **사:** | 人 / 5
사람(亻)이 틀을 써서(以) 만든 제품은 서로 비슷하다는 데서, '닮다'는 뜻이다.

읽기한자　宛似(완사) 恰似(흡사)
쓰기한자　近似(근사) 類似(유사) 倣似(방사) 相似(상사) 肖似(초사) 酷似(혹사)

巳 3급 뱀 **사:** 己 / 0 비 己, 已

뱀의 모양을 본뜬 것으로, '뱀'을 뜻한다.

쓰기한자 己巳(기사) 巳時(사시)

 捨 3급 버릴 **사:** 手 / 8

손(扌)에서 놓는(舍) 데서, '버리다, 놓다'는 뜻이다.

쓰기한자 捨身(사신) 捨撤(사철) 用捨(용사) 淨捨(정사) 取捨(취사) 喜捨(희사)

 詐 3급 속일 **사** 言 / 5 동 欺, 騙

잠깐(乍) 사이에 그럴듯한 거짓말(言)을 지어내는 데서, '속이다'는 뜻이다.

읽기한자 狡詐(교사) 詭詐(궤사) 詐騙(사편) 狙詐(저사) 諂詐(첨사) 挾詐(협사)

쓰기한자 詐欺(사기) 詐取(사취) 詐稱(사칭)

 斯 3급 이 **사** 斤 / 8

키(其)를 만들려고 도끼(斤)로 나무를 쪼갠다는 뜻이나, 뒤에 지시사 '이'의 뜻이 되었다.

쓰기한자 斯界(사계) 斯文(사문) 斯學(사학)

 賜 3급 줄 **사:** 貝 / 8 동 給

아랫사람이 마음을 바꾸지(易) 않도록 윗사람이 재물(貝)을 내려준다는 데서, '주다'는 뜻이다.

읽기한자 頒賜(반사) 賜諡(사시)

쓰기한자 賜藥(사약) 下賜(하사) 惠賜(혜사) 厚賜(후사)

邪 3급Ⅱ 간사할 **사** 邑 / 4 동 惡 반 正

어금니(牙) 같이 튼튼한 지형의 고을(阝), 지명이었으나 그 땅 사람들의 풍속이 못된 데서 연유하여, '간사하다'는 뜻이다.

읽기한자 奸邪(간사) 邪萌(사맹) 邪媚(사미) 邪揄(사유) 邪纏(사전) 邪諂(사첨) 邪侈(사치) 邪猾(사활) 慝邪(특사)

쓰기한자 邪敎(사교) 邪氣(사기) 邪戀(사련) 邪心(사심) 邪惡(사악) 邪慾(사욕) 妖邪(요사) 酒邪(주사) 閑邪(한사) 回邪(회사)

蛇 3급Ⅱ 긴뱀 **사** 虫 / 5

대가리를 쳐들고 꼬리를 늘어뜨린 뱀을 본뜬 글자(它)에 벌레(虫)의 의미를 보탠 것으로, '뱀, 긴 뱀'을 뜻한다.

읽기한자 蛟蛇(교사) 蟾蛇(섬사)

쓰기한자 毒蛇(독사) 白蛇(백사) 蛇毒(사독) 蛇龍(사룡) 蛇心(사심) 蛇足(사족) 蛇行(사행) 長蛇(장사)
靑蛇(청사)

詞 3급Ⅱ 말 / 글 **사** 言 / 5

맡은(司) 일에 대하여 의견을 말하거나(言) 글로 보고하는 데서, '말, 글'을 뜻한다.

읽기한자 捏詞(날사) 挽詞(만사) 輓詞(만사) 詞鋒(사봉) 詞藻(사조) 塡詞(전사)

쓰기한자 歌詞(가사) 冠詞(관사) 臺詞(대사) 動詞(동사) 名詞(명사) 副詞(부사) 詞賦(사부) 詞話(사화)
作詞(작사) 助詞(조사) 弔詞(조사) 致詞(치사) 品詞(품사)

司 3급Ⅱ 맡을 **사** 口 / 2

허리를 구부린 사람( )이 임금의 명령(口)을 받아 일을 맡아 보는 데서, '맡다'는 뜻이다.

읽기한자 司寇(사구) 尹司(윤사)

쓰기한자 公司(공사) 司法(사법) 司書(사서) 司正(사정) 司祭(사제) 司憲(사헌) 司會(사회) 上司(상사)

沙 3급Ⅱ 모래 **사** 水 / 4 동 汰

물(氵) 속의 자잘하게(少) 부서진 돌가루에서, '모래'를 뜻한다.

읽기한자 沙棠(사당) 沙礫(사력) 沙牢(사뢰) 沙肋(사륵) 沙盆(사분) 沙陀(사타) 沙汰(사태) 汀沙(정사)
汰沙(태사) 爬沙(파사)

쓰기한자 膠沙(교사) 白沙(백사) 沙工(사공) 沙果(사과) 沙器(사기) 沙漠(사막) 黃沙(황사)

斜 3급Ⅱ 비낄 **사** 斗 / 7 동 傾

말(斗)에 넘치도록 곡식을 담으면 차고도 남은(余) 곡식이 비스듬히 흘러내리는 데서, '비끼다'는 뜻이다.

읽기한자 斜瞥(사별) 斜簪(사잠) 夭斜(요사)

쓰기한자 傾斜(경사) 斜面(사면) 斜線(사선) 斜視(사시) 斜陽(사양)

祀 3급Ⅱ 제사 **사** 示 / 3

제단(示)에서 절을 하는(巳) 데서, '제사'를 뜻한다.

읽기한자 叢祀(총사)

쓰기한자 告祀(고사) 祀天(사천) 祭祀(제사) 享祀(향사)

辭 | 4급 | 말씀 **사** | 辛 / 12 | 통 說, 讓 | 약 辞

실패(內)의 실을 두 손(爪又)으로 풀듯이 죄인(辛)의 죄를 설명하여 인정하고 사죄하게 만드는 데서, '말씀, 글'을 뜻한다.

읽기한자 嘉辭(가사) 卦辭(괘사) 琦辭(기사) 俚辭(이사) 蕪辭(무사) 媚辭(미사) 駁辭(박사) 跋辭(발사) 辭彙(사휘) 遜辭(손사) 碎辭(쇄사) 軋辭(알사) 諛辭(유사) 貶辭(폄사) 爻辭(효사)

쓰기한자 歌辭(가사) 甘辭(감사) 客辭(객사) 結辭(결사) 固辭(고사) 答辭(답사) 不辭(불사) 辭訣(사결) 辭令(사령) 辭免(사면) 辭說(사설) 辭讓(사양) 辭意(사의) 辭任(사임) 辭典(사전) 辭證(사증) 辭職(사직) 辭退(사퇴) 辭表(사표) 頌辭(송사) 修辭(수사) 式辭(식사) 言辭(언사) 弔辭(조사) 措辭(조사) 錯辭(조사) 讚辭(찬사) 祝辭(축사) 致辭(치사) 稱辭(칭사) 託辭(탁사) 虛辭(허사)

私 | 4급 | 사사(私事) **사** | 禾 / 2

수확한 벼(禾)를 끌어안고 자신(厶)의 것으로 하는 데서, '나, 자기 일, 사사(私事)'를 뜻한다.

읽기한자 私艱(사간) 私忿(사분) 私塾(사숙) 私釀(사양) 私煮(사자) 私邸(사저) 私撰(사찬) 私娼(사창) 挾私(협사)

쓰기한자 公私(공사) 私感(사감) 私憾(사감) 私見(사견) 私談(사담) 私立(사립) 私兵(사병) 私服(사복) 私腹(사복) 私費(사비) 私事(사사) 私席(사석) 私設(사설) 私淑(사숙) 私食(사식) 私信(사신) 私心(사심) 私用(사용) 私有(사유) 私意(사의) 私藏(사장) 私財(사재) 私的(사적) 私製(사제) 私債(사채) 私宅(사택) 私學(사학)

絲 | 4급 | 실 **사** | 糸 / 6

가는 실(糸) 둘을 합해 두꺼운 실을 나타냈으나 일반적으로, '실'을 뜻한다.

읽기한자 繭絲(견사) 撚絲(연사) 螺絲(나사) 絲繭(사견) 絲綸(사륜) 絲帛(사백) 繰絲(조사) 鞭絲(편사)

쓰기한자 牽絲(견사) 絹絲(견사) 金絲(금사) 練絲(연사) 綿絲(면사) 毛絲(모사) 絲管(사관) 生絲(생사) 原絲(원사) 蠶絲(잠사) 製絲(제사) 鐵絲(철사)

射 | 4급 | 쏠 **사(:)** | 寸 / 7

활을 쏠 때는 몸(身)을 법도(寸)에 맞게 움직여야 하는 데서, '쏘다'는 뜻이다.

읽기한자 瞰射(감사) 賭射(도사) 輻射(복사) 射圃(사포)

쓰기한자 亂射(난사) 反射(반사) 發射(발사) 放射(방사) 射擊(사격) 射殺(사살) 射線(사선) 射手(사수) 射程(사정) 射精(사정) 射出(사출) 應射(응사) 注射(주사) 投射(투사)

謝 | 4급Ⅱ | 사례할 **사:** | 言 / 10

상대에게 사양이나 고마움의 말(言)을 쏘는(射) 데서, '사절하다, 사례하다'는 뜻이다.

읽기한자 賂謝(뇌사) 淪謝(윤사) 凋謝(조사)

쓰기한자 感謝(감사) 薄謝(박사) 謝過(사과) 謝禮(사례) 謝恩(사은) 謝意(사의) 謝絶(사절) 謝罪(사죄) 陳謝(진사) 致謝(치사) 厚謝(후사)

師 | 4급II | 스승 **사** | 巾 / 7 | 비 帥 동 傅 반 弟 약 师

언덕(阜) 위의 기(帀) 밑에 모여있는 사람으로, '군대'를 뜻하나, 뒤에 군대를 지휘하고 전술을 가르치는 사람으로서, '스승'이라는 뜻이 생겼다.

읽기한자) 賈師(고사) 灸師(구사) 弩師(노사) 師矩(사구) 師傅(사부) 師尹(사윤) 圃師(포사)

쓰기한자) 講師(강사) 教師(교사) 技師(기사) 大師(대사) 獵師(엽사) 律師(율사) 醫師(의사) 牧師(목사)
班師(반사) 般師(반사) 卜師(복사) 師團(사단) 師道(사도) 師範(사범) 師父(사부) 師弟(사제)
師親(사친) 師表(사표) 禪師(선사) 藥師(약사) 恩師(은사) 醫師(의사) 舟師(주사) 出師(출사)

寺 | 4급II | 절 **사** | 寸 / 3 | 동 刹

손(寸)과 발(土)을 법도에 맞게 움직여 일하는 곳에서, '관청'을 뜻한다. 불교가 처음에 관청을 빌어 불법을 강론한 데서, '절'의 뜻이 생겼다.

읽기한자) 岬寺(갑사) 寺址(사지)

쓰기한자) 尼寺(이사) 寺院(사원) 寺刹(사찰) 山寺(산사) 寺人(시인) 寺正(시정) 官寺(관시) 九寺(구시)

舍 | 4급II | 집 **사** | 舌 / 2 | 동 屋, 宅

집의 지붕과 기둥, 벽 등을 본뜬 것으로, '집'을 뜻한다.

읽기한자) 頓舍(돈사) 廬舍(여사) 寮舍(요사) 壘舍(누사) 坊舍(방사) 塾舍(숙사) 寓舍(우사) 齋舍(재사)
邸舍(저사) 頹舍(퇴사) 廐舍(구사)

쓰기한자) 家舍(가사) 客舍(객사) 傑舍(걸사) 官舍(관사) 館舍(관사) 校舍(교사) 黨舍(당사) 豚舍(돈사)
幕舍(막사) 兵舍(병사) 舍監(사감) 舍廊(사랑) 舍利(사리) 舍宅(사택) 舍兄(사형) 獄舍(옥사)
第舍(제사) 廳舍(청사) 畜舍(축사) 趣舍(취사) 學舍(학사)

寫 | 5급 | 베낄 **사** | 宀 / 12 | 약 写, 写, 寫

집(宀)에 앉아 나무 위의 까치(鳥)를 실물 그대로 베껴 그리는 데서, '그리다, 베끼다'는 뜻이다.

읽기한자) 摸寫(모사) 描寫(묘사) 貼寫(첩사)

쓰기한자) 謄寫(등사) 模寫(모사) 複寫(복사) 寫本(사본) 寫植(사식) 寫實(사실) 寫眞(사진) 速寫(속사)
試寫(시사) 映寫(영사) 轉寫(전사) 筆寫(필사)

史 | 5급II | 사기(史記) **사:** | 口 / 2

손(又)에 붓을 들고 사실을 떳떳하게, 중정하게(中) 기록하는 사람 및 그 결과물에서, '사기(史記), 사관(史官)'을 뜻한다.

읽기한자) 遼史(요사) 巫史(무사) 史牒(사첩) 丞史(승사) 繹史(역사) 穢史(예사) 稗史(패사)

쓰기한자) 古史(고사) 國史(국사) 女史(여사) 略史(약사) 歷史(역사) 史家(사가) 史官(사관) 史觀(사관)
史劇(사극) 史記(사기) 史錄(사록) 史料(사료) 史上(사상) 史書(사서) 史乘(사승) 史實(사실)
史的(사적) 史籍(사적) 史蹟(사적) 史草(사초) 史學(사학) 史話(사화) 修史(수사) 野史(야사)
情史(정사) 正史(정사) 靑史(청사) 通史(통사)

思 | 5급 | 생각 **사(:)** | 心 / 5 | 비 恩 동 考, 念, 慮, 慕, 想, 惟

머리(田)와 심장(心)은 모두 생각하는 역할을 하는 곳으로 본 데서, '생각'을 뜻한다.

읽기한자 譚思(담사) 遁思(둔사) 思繹(사역)

쓰기한자 潭思(담사) 思考(사고) 思慮(사려) 思力(사력) 思戀(사련) 思料(사료) 思慕(사모) 思想(사상)
思索(사색) 思惟(사유) 思潮(사조) 思春(사춘) 思鄉(사향) 恕思(서사) 意思(의사) 沈思(침사)

士 | 5급II | 선비 **사:** | 士 / 0 | 비 土 동 兵 반 民

하나(一)를 들으면 열(十)을 아는 슬기로운 사람이라는 데서, '선비'를 뜻한다.

읽기한자 駕士(가사) 梵士(범사) 士伍(사오) 彦士(언사) 游士(유사) 戎士(융사) 誼士(의사) 爪士(조사)
闡士(천사) 衒士(현사) 俠士(협사)

쓰기한자 甲士(갑사) 講士(강사) 居士(거사) 軍士(군사) 技士(기사) 騎士(기사) 烈士(열사) 律士(율사)
博士(박사) 辯士(변사) 兵士(병사) 士官(사관) 士氣(사기) 士林(사림) 士兵(사병) 士禍(사화)
修士(수사) 紳士(신사) 演士(연사) 隱士(은사) 義士(의사) 逸士(일사) 壯士(장사) 才士(재사)
戰士(전사) 志士(지사) 進士(진사) 鬪士(투사)

仕 | 5급II | 섬길 **사(:)** | 人 / 3

사람(亻)이 학식과 덕망을 쌓은 선비(士)가 되어야 벼슬하여 어진 임금을 섬길 수 있다는
데서, '섬기다, 벼슬'을 뜻한다.

읽기한자 仕宦(사환) 蔭仕(음사)

쓰기한자 給仕(급사) 奉仕(봉사) 仕官(사관) 出仕(출사) 致仕(치사)

查 | 5급 | 조사할 **사** | 木 / 5 | 동 檢, 閱, 察

제기에 고기를 높이 쌓은 모양(且)으로 나무(木)를 쌓아 방책을 만들고 통행인을 조사한
다는 데서, '조사하다'는 뜻이다.

읽기한자 勘查(감사) 查頓(사돈)

쓰기한자 監査(감사) 鑑査(감사) 檢査(검사) 內査(내사) 踏査(답사) 査實(사실) 査閱(사열) 査丈(사장)
査定(사정) 査正(사정) 査證(사증) 査察(사찰) 搜査(수사) 審査(심사) 調査(조사) 走査(주사)
探査(탐사)

社 | 6급II | 모일 **사** | 示 / 3 | 동 會

토지(土)의 신(示)으로, '땅 귀신'을 뜻한다. 이 때의 땅은 집단 농경지나 나라 전체를 의미
하며, 여기에서, '모임, 모이다, 단체'의 뜻이 나왔다.

읽기한자 社祠(사사) 社鼠(사서) 社稷(사직)

쓰기한자 結社(결사) 公社(공사) 本社(본사) 社告(사고) 社交(사교) 社規(사규) 社團(사단) 社名(사명)
社費(사비) 社說(사설) 社屋(사옥) 社友(사우) 社運(사운) 社員(사원) 社長(사장) 社債(사채)
社宅(사택) 社會(사회) 社訓(사훈) 商社(상사) 神社(신사) 愛社(애사) 入社(입사) 政社(정사)
支社(지사) 退社(퇴사) 弊社(폐사) 會社(회사)

死

6급 　　　　죽을 **사:** 　 歹 / 2 　 [반] 活, 生

사람(匕)이 죽으면 살이 떨어지고 뼈(歹)가 드러나는 데서, '죽다'는 뜻이다.

읽기한자 　膿死(농사) 牢死(뇌사) 悶死(민사) 瀕死(빈사) 瀨死(빈사) 死肌(사기) 死魄(사백) 死瘍(사양)
死骸(사해) 戍死(수사) 縊死(액사) 枉死(왕사) 夭死(요사) 殞死(운사) 冤死(원사) 謫死(적사)
猝死(졸사) 斃死(폐사)

쓰기한자 　客死(객사) 決死(결사) 枯死(고사) 絞死(교사) 腦死(뇌사) 溺死(익사) 凍死(동사) 冒死(모사)
死力(사력) 死亡(사망) 死滅(사멸) 死別(사별) 死産(사산) 死色(사색) 死線(사선) 死守(사수)
死藥(사약) 死因(사인) 死藏(사장) 死地(사지) 死體(사체) 死鬪(사투) 死海(사해) 死刑(사형)
死活(사활) 生死(생사) 殉死(순사) 餓死(아사) 壓死(압사) 獄死(옥사) 戰死(전사) 爆死(폭사)
橫死(횡사) 效死(효사)

使

6급 　하여금 / 부릴 **사:** 　 人 / 6 　 [동] 令, 役

윗사람(亻)이 아전(吏)으로 하여금 어떤 일을 하도록 시키는 데서, '하여금, 부리다'는 뜻이다.

읽기한자 　泛使(범사) 臂使(비사) 使价(사개) 使嗾(사주) 勅使(칙사) 函使(함사)

쓰기한자 　假使(가사) 客使(객사) 公使(공사) 驅使(구사) 大使(대사) 勞使(노사) 牧使(목사) 密使(밀사)
府使(부사) 使徒(사도) 使動(사동) 使童(사동) 使命(사명) 使臣(사신) 使役(사역) 使用(사용)
使者(사자) 使節(사절) 設使(설사) 御使(어사) 差使(차사) 天使(천사) 特使(특사) 行使(행사)

事

7급II 　　　　일 **사:** 　 亅 / 7 　 [동] 務, 業

신을 섬기는 사람이 기원문을 매단 깃대를 손에 쥐고 있는 모양을 본뜬 글자로, '일, 섬기다'는 뜻이다.

읽기한자 　稼事(가사) 昧事(매사) 嗇事(색사) 戎事(융사) 稍事(초사) 繪事(회사) 欠事(흠사)

쓰기한자 　幹事(간사) 監事(감사) 擧事(거사) 慶事(경사) 公事(공사) 軍事(군사) 農事(농사) 領事(영사)
隷事(예사) 理事(이사) 謀事(모사) 奉事(봉사) 事端(사단) 事務(사무) 事變(사변) 事實(사실)
事育(사육) 事親(사친) 事項(사항) 訟事(송사) 時事(시사) 議事(의사) 從事(종사) 知事(지사)
執事(집사) 慘事(참사) 處事(처사) 託事(탁사) 判事(판사) 虛事(허사) 婚事(혼사) 後事(후사)

四

8급 　　　　넉 **사:** 　 囗 / 2

본래는 막대기 넷을 늘어놓아, '넉'의 뜻을 나타냈다. 뒤에 모양을 바꾼 四자로 '넉'의 뜻을 나타낸다.

읽기한자 　四股(사고) 四衢(사구) 四瀆(사독) 四溟(사명) 四牡(사모) 四母(사무) 四旁(사방) 四裔(사예)
四隅(사우) 四肢(사지)

쓰기한자 　四季(사계) 四窮(사궁) 四端(사단) 四方(사방) 四書(사서) 四聖(사성) 四聲(사성) 四時(사시)
四維(사유) 四足(사족) 四柱(사주) 四寸(사촌) 四通(사통) 四海(사해)

朔

3급 　　　초하루 **삭** 　 月 / 6 　 [반] 晦

달(月)이 그믐에는 안보이다가 초하루가 되면 거꾸로(屰) 커진다는 데서, '초하루'를 뜻한다.

읽기한자 　撲朔(박삭) 朔晦(삭회) 晦朔(회삭)

쓰기한자 　滿朔(만삭) 朔望(삭망) 朔方(삭방) 朔風(삭풍) 八朔(팔삭)

削 | 3급Ⅱ | 깎을 **삭** | 刀 / 7 | 동 減, 剝

나무나 청동 등의 몸통(月)을 조금씩(小) 칼(刂)로 깎는다는 데서, '깎다'는 뜻이다.

읽기한자　刮削(괄삭) 剝削(박삭) 削黜(삭출) 削哺(삭포) 刪削(산삭) 瘦削(수삭)

쓰기한자　刻削(각삭) 削減(삭감) 削髮(삭발) 削除(삭제) 削奪(삭탈) 添削(첨삭)

刪 | 1급 | 깎을 **산** | 刀 / 5 | 비 削, 省

글자가 씌어진 대쪽을 엮어 놓은 책(冊)에서 글씨 등이 잘못된 것은 칼(刂)로 깎아내는데서, '깎다'는 뜻이다.

읽기한자　刪改(산개) 刪略(산략) 刪蔓(산만) 刪補(산보) 刪削(산삭) 刪省(산생) 刪詩(산시) 刪潤(산윤)
刪定(산정) 刪次(산차) 刪撰(산찬) 刪革(산혁) 加刪(가산) 刊刪(간산) 改刪(개산) 採刪(채산)
擇刪(택산) 討刪(토산) 筆刪(필산)

疝 | 1급 | 산증[疝症] **산** | 疒 / 3

생식기와 고환이 붓고, 아랫배가 땅기며 통증이 있고 대소변이 막히기도 하는 병(疒)으로, '산증(疝症)'을 뜻한다.

읽기한자　疝氣(산기) 疝症(산증)

珊 | 1급 | 산호 **산** | 玉 / 5 | 동 瑚

바다 밑에 산호충이 모여 나뭇가지(冊) 모양의 군체를 이루는데서 만들어지는 보석류(玉)로, '산호'를 뜻한다.

읽기한자　珊珊(산산) 珊瑚(산호)

酸 | 2급 | 실[味覺] **산** | 酉 / 7

막걸리(酉)가 오래되면(夋) 그 맛이 시어진다는 데서, '시다'는 뜻이다.

읽기한자　硼酸(붕산) 砒酸(비산) 酸棗(산조) 酸愴(산창) 酸鹹(산함) 硝酸(초산) 醋酸(초산)

쓰기한자　硫酸(유산) 酸味(산미) 酸鼻(산비) 酸性(산성) 酸素(산소) 酸敗(산패) 酸化(산화) 辛酸(신산)
鹽酸(염산) 胃酸(위산) 窒酸(질산) 炭酸(탄산) 黃酸(황산)

傘 | 2급 | 우산 **산** | 人 / 10

비를 막고 햇빛을 가리는 우산과 일산의 모양을 본뜬 것으로, '우산, 일산'을 뜻한다.

쓰기한자　傘下(산하) 陽傘(양산) 雨傘(우산) 日傘(일산)

散 4급 　흩을 **산:** 　攴 / 8 　동 漫

한 곳에 함께(共) 모여 있는 사람이나 짐승(月)을 손으로 채찍(攵)을 휘둘러 흩어지게 하는 데서, '흩다'는 뜻이다.

읽기한자 　耗散(모산) 槃散(반산) 畔散(반산) 潑散(발산) 魄散(백산) 徙散(사산) 散樸(산박) 散頒(산반)
泄散(설산) 蕭散(소산) 靄散(애산) 湮散(인산) 凋散(조산) 聚散(취산) 飄散(표산)

쓰기한자 　各散(각산) 離散(이산) 霧散(무산) 發散(발산) 分散(분산) 奔散(분산) 散見(산견) 散官(산관)
散亂(산란) 散漫(산만) 散賣(산매) 散文(산문) 散發(산발) 散髮(산발) 散步(산보) 散藥(산약)
散在(산재) 散調(산조) 散策(산책) 散村(산촌) 散花(산화) 散華(산화) 散會(산회) 胃散(위산)
陰散(음산) 沮散(저산) 閑散(한산) 解散(해산) 擴散(확산)

産 5급Ⅱ 　낳을 **산:** 　生 / 6 　동 生

기슭(厂)에서 물이 솟거나(立) 풀이 나거나(生) 여러 광물이 채집되는 데서, '생기다, 낳다'는 뜻이다.

읽기한자 　産婆(산파)

쓰기한자 　家産(가산) 減産(감산) 共産(공산) 國産(국산) 難産(난산) 倒産(도산) 動産(동산) 量産(양산)
流産(유산) 産苦(산고) 産卵(산란) 産母(산모) 産物(산물) 産室(산실) 産兒(산아) 産業(산업)
産出(산출) 生産(생산) 順産(순산) 殖産(식산) 遺産(유산) 資産(자산) 財産(재산) 助産(조산)
增産(증산) 初産(초산) 畜産(축산) 出産(출산) 破産(파산) 解産(해산)

算 7급 　셈 **산:** 　竹 / 8 　동 數

대나무(竹)로 만든 산가지를 갖추고(具) 계산을 하는 데서, '셈하다'는 뜻이다.

읽기한자 　臆算(억산)

쓰기한자 　加算(가산) 減算(감산) 槪算(개산) 檢算(검산) 決算(결산) 計算(계산) 公算(공산) 謬算(유산)
算數(산수) 算術(산술) 算入(산입) 算定(산정) 算出(산출) 勝算(승산) 暗算(암산) 逆算(역산)
豫算(예산) 誤算(오산) 電算(전산) 定算(정산) 精算(정산) 珠算(주산) 採算(채산) 淸算(청산)
推算(추산) 打算(타산) 通算(통산) 合算(합산) 換算(환산)

山 8급 　메 **산** 　山 / 0 　동 陵, 岳 　반 河, 川, 海

메(산)의 모양을 본뜬 것으로, '메'를 뜻한다.

읽기한자 　巫山(무산) 汶山(문산) 釜山(부산) 盆山(분산) 山澗(산간) 山岬(산갑) 山轎(산교) 山葵(산규)
山麓(산록) 山肋(산륵) 山礬(산반) 山阜(산부) 山棚(산붕) 山扉(산비) 山棲(산서) 山蒐(산수)
山靄(산애) 山櫻(산앵) 山虞(산우) 山嵎(산우) 山鵲(산작) 山齋(산재) 山猪(산저) 山巓(산전)
山脊(산척) 山樵(산초) 山雉(산치) 山蛤(산합) 山墟(산허) 蔚山(울산) 稷山(직산) 泡山(포산)
峴山(현산)

쓰기한자 　江山(강산) 鑛山(광산) 丘山(구산) 登山(등산) 靈山(영산) 山間(산간) 山林(산림) 山脈(산맥)
山寺(산사) 山蔘(산삼) 山城(산성) 山勢(산세) 山所(산소) 山水(산수) 山神(산신) 山岳(산악)
山野(산야) 山莊(산장) 山賊(산적) 山頂(산정) 山菜(산채) 山川(산천) 山村(산촌) 山下(산하)
山河(산하) 山行(산행) 山峽(산협) 先山(선산) 野山(야산) 入山(입산) 鎭山(진산) 靑山(청산)
治山(치산) 下山(하산) 火山(화산)

薩　　1급　　　　보살 **살**　艸 / 14
梵語 sat의 音譯字로, '보살'을 나타낼 때 쓰인다.

　　읽기한자　　菩薩(보살) 布薩(포살)

撒　　1급　　　　뿌릴 **살**　手 / 12
손(扌)으로 흩뿌리는(散) 데서, '뿌리다'는 뜻이다.

　　읽기한자　　撒塊(살괴) 撒扇(살선) 撒水(살수) 撒菽(살숙) 撒布(살포) 漫撒(만살)

煞　　1급　　　　죽일 **살**　火 / 9
본래 殺과 同字이나 주로, '갑자기 닥쳐오는 재액(急煞), 사람을 해치거나 물건을 깨뜨리는 모질고 독한 귀신의 기운'의 뜻으로 쓰인다.

　　읽기한자　　急煞(급살) 毒煞(독살) 木煞(목살) 厄煞(액살) 制煞(제살) 地煞(지살) 解煞(해살) 凶煞(흉살)

殺　　4급Ⅱ　　　　죽일 **살**　殳 / 7　　 **동** 戮　 **반** 活　 **약** 殺
　　　　　　감할 / 빠를 **쇄:**

낫(乂)으로 나무(木)를 베듯(丶) 창(殳)으로 동물을 죽이는 데서, '죽이다'는 뜻이다. 사람의 베는 손길이 미치면 동식물이 빠르게 감소하는 데서, '감하다, 빠르다'는 뜻으로도 쓰인다.

　　읽기한자　　毆殺(구살) 屠殺(도살) 抹殺(말살) 誣殺(무살) 搏殺(박살) 撲殺(박살) 殺戮(살육) 牲殺(생살)
　　　　　　　　讐殺(수살) 弑殺(시살) 按殺(안살) 扼殺(액살) 縊殺(액살) 誅殺(주살) 擲殺(척살) 擅殺(천살)
　　　　　　　　妬殺(투살) 鞭殺(편살)
　　쓰기한자　　減殺(감쇄) 絞殺(교살) 惱殺(뇌쇄) 盜殺(도살) 毒殺(독살) 沒殺(몰살) 默殺(묵살) 倂殺(병살)
　　　　　　　　射殺(사살) 殺菌(살균) 殺氣(살기) 殺到(쇄도) 殺伐(살벌) 殺傷(살상) 殺生(살생) 殺意(살의)
　　　　　　　　殺人(살인) 殺蟲(살충) 殺害(살해) 相殺(상쇄) 暗殺(암살) 自殺(자살) 刺殺(척살) 宰殺(재살)
　　　　　　　　斬殺(참살) 銃殺(총살) 他殺(타살) 打殺(타살) 被殺(피살) 虐殺(학살)

蔘　　2급　　　　삼 **삼**　艸 / 11
한 뿌리로 환자 셋(參)을 구한다는 약초(艹)로, '인삼'을 뜻한다.

　　읽기한자　　蔓蔘(만삼) 蔘茸(삼용) 蔘圃(삼포) 圃蔘(포삼)
　　쓰기한자　　乾蔘(건삼) 苦蔘(고삼) 曲蔘(곡삼) 白蔘(백삼) 山蔘(산삼) 蔘鷄(삼계) 水蔘(수삼) 人蔘(인삼)
　　　　　　　　直蔘(직삼) 海蔘(해삼) 紅蔘(홍삼)

森　　3급Ⅱ　　　　수풀 **삼**　木 / 8　　 **동** 林
나무(木)를 세 개 나열하여, '나무가 빽빽하다, 수풀'을 뜻한다.

　　읽기한자　　森聳(삼용) 蕭森(소삼)
　　쓰기한자　　森林(삼림) 森嚴(삼엄) 鬱森(울삼)

三 | 8급 | 석 **삼** | 一 / 2
막대기 셋(三)을 가로로 늘어놓은 것으로, '석'을 뜻한다.

 읽기한자
三槐(삼괴) 三稜(삼릉) 三稜錐(삼릉추) 三昧(삼매) 三牲(삼생) 三宥(삼유) 三揖(삼읍)
三晋(삼진) 三叉(삼차) 三陟(삼척) 三諦(삼체) 三鍼(삼침) 三台(삼태) 三巴(삼파) 三澣(삼한)
三緘(삼함) 三鉉(삼현)

쓰기한자
三角(삼각) 三綱(삼강) 三更(삼경) 三經(삼경) 三國(삼국) 三權(삼권) 三南(삼남) 三多(삼다)
三段(삼단) 三冬(삼동) 三樂(삼락) 三流(삼류) 三輪(삼륜) 三忘(삼망) 三面(삼면) 三伏(삼복)
三府(삼부) 三災(삼재) 三族(삼족) 三振(삼진) 三韓(삼한)

滲 | 1급 | 스밀 **삼** | 水 / 11 | 동 透 | 약 渗
물(氵)이 침투(參=侵)하는 데서, '스미다'는 뜻이다.

읽기한자
滲漏(삼루) 滲泄(삼설) 滲淫(삼음) 滲入(삼입) 滲出(삼출) 滲透(삼투) 淋滲(임삼) 血滲(혈삼)

澁 | 1급 | 떫을 **삽** | 水 / 12 | 약 澀
물(氵)이 매끄럽게 흐르지 않는(歮는 발이 얽히는 모양으로 지체하다의 뜻을 나타냄) 데서, '막히다, 껄끄럽다, 맛이 떫다'는 뜻이다.

 읽기한자
澁苦(삽고) 澁勒(삽륵) 澁語(삽어) 澁滯(삽체) 澁體(삽체) 艱澁(간삽) 彊澁(강삽) 結澁(결삽)
梗澁(경삽) 苦澁(고삽) 謹澁(근삽) 奇澁(기삽) 難澁(난삽) 訥澁(눌삽) 朴澁(박삽) 羞澁(수삽)
頑澁(완삽) 粗澁(조삽) 險澁(험삽)

插 | 2급 | 꽂을 **삽** | 手 / 9 | 약 挿
손(扌)으로 절구(臼)에 절구공이(千)를 꽂는(臿) 데서, '꽂다'는 뜻이다.

읽기한자
插秧(삽앙) 秧插(앙삽)

쓰기한자
插入(삽입) 插紙(삽지) 插花(삽화) 插話(삽화) 插畫(삽화)

翔 | 1급 | 날[飛] **상** | 羽 / 6 | 반 踊
날개(羽)를 퍼덕이며 위로 올라가는(羊=揚) 데서, '날다'는 뜻이다.

읽기한자
翔貴(상귀) 翔舞(상무) 翔翔(상상) 翔實(상실) 翔陽(상양) 翔泳(상영) 翔集(상집) 驚翔(경상)
高翔(고상) 群翔(군상) 鳳翔(봉상) 飛翔(비상) 馴翔(순상) 燕翔(연상) 雲翔(운상) 遊翔(유상)
趨翔(추상) 沈翔(침상) 回翔(회상)

爽 | 1급 | 시원할 **상:** | 爻 / 7 | 동 快
해가 뜨기 직전의 새벽을 나타낸 글자로, '상쾌하다, 시원하다'는 뜻이다.

읽기한자
爽塏(상개) 爽氣(상기) 爽達(상달) 爽德(상덕) 爽涼(상량) 爽昧(상매) 爽明(상명) 爽實(상실)
爽然(상연) 爽節(상절) 爽快(상쾌) 爽惑(상혹) 健爽(건상) 高爽(고상) 昧爽(매상) 秀爽(수상)
英爽(영상) 精爽(정상) 俊爽(준상) 澄爽(징상) 差爽(차상) 凄爽(처상) 淸爽(청상) 豪爽(호상)

觴 1급 　잔 **상**　角 / 11
뿔에 작은 틈을 내어 만든 술잔에서, '잔'을 뜻한다.

읽기한자　觴詠(상영) 觴飮(상음) 觴酌(상작) 觴政(상정) 擧觴(거상) 空觴(공상) 交觴(교상) 累觴(누상)
泛觴(범상) 杯觴(배상) 飛觴(비상) 壽觴(수상) 玉觴(옥상) 羽觴(우상) 流觴(유상) 重觴(중상)
行觴(행상) 獻觴(헌상)

孀 1급 　홀어미 **상**　女 / 17　閉 鰥
남편을 잃은(霜＝喪) 계집(女)에서, '홀어미'를 뜻한다.

읽기한자　孀閨(상규) 孀單(상단) 孀老(상로) 孀婦(상부) 孀雌(상자) 孀妻(상처) 孤孀(고상) 遺孀(유상)
靑孀(청상)

箱 2급 　상자 **상**　竹 / 9
대나무(⺮)를 엮어 보기좋은 모양(相)으로 만든 바구니에서, '상자'를 뜻한다.

쓰기한자　果箱(과상) 木箱(목상) 箱籠(상롱) 箱子(상자) 書箱(서상)

庠 2급(名) 　학교 **상**　广 / 6　동 校
古典을 상세하게(羊＝詳) 강의하는 집(广)에서, '학교'를 뜻한다. 학교를 夏나라 때는 校,
殷나라 때는 序, 周나라 때는 庠이라 했다.

읽기한자　國庠(국상) 庠校(상교) 上庠(상상) 庠序(상서) 下庠(하상)

嘗 3급 　맛볼 **상**　口 / 11　약 甞
맛(旨) 좋기로 성가가 높은(尙) 음식은 누구나 맛보고 싶어 하는 데서, '맛보다'는 뜻이다.

읽기한자　歆嘗(흠상)
쓰기한자　未嘗不(미상불) 嘗味(상미) 嘗試(상시)

祥 3급 　상서 **상**　示 / 6　동 瑞, 禎
제단(示)에 양(羊)을 제물로 하여 제사를 지내는 것은 복되고 길한 일이 일어날 조짐이라
는 데서, '상서(祥瑞)'를 뜻한다.

읽기한자　祥鸞(상란) 祥禎(상정) 祥祉(상지) 禎祥(정상)
쓰기한자　吉祥(길상) 大祥(대상) 練祥(연상) 發祥(발상) 不祥(불상) 祥瑞(상서) 祥雲(상운) 瑞祥(서상)
小祥(소상)

償 3급II 　　갚을 **상** 人 / 15

빚돈을 갚아 다른 사람(亻)의 재산(貝)을 높이는(尙) 데서, '갚다'는 뜻이다.

읽기한자 贖償(속상)

쓰기한자 求償(구상) 無償(무상) 賠償(배상) 辨償(변상) 報償(보상) 補償(보상) 償却(상각) 償還(상환)
有償(유상)

像 3급II 　　모양 **상** 人 / 12

사람(亻)이 코끼리(象)의 모양을 그리는 데서, '모양'을 뜻한다.

읽기한자 塑像(소상) 繡像(수상) 繪像(회상)

쓰기한자 假像(가상) 結像(결상) 鏡像(경상) 群像(군상) 氣像(기상) 銅像(동상) 面像(면상) 佛像(불상)
想像(상상) 石像(석상) 受像(수상) 實像(실상) 影像(영상) 映像(영상) 偶像(우상) 彫像(조상)
坐像(좌상) 肖像(초상) 虛像(허상) 幻像(환상) 胸像(흉상)

桑 3급II 　　뽕나무 **상** 木 / 6 　약 桒

뽕잎을 손으로 따고(又) 또 따서(双) 누에를 치는 나무(木)란 데서, '뽕나무'를 뜻한다.

읽기한자 躬桑(궁상) 桑秧(상앙) 桑弧(상호)

쓰기한자 桑葉(상엽) 桑田碧海(상전벽해) 滄桑之變(창상지변)

霜 3급II 　　서리 **상** 雨 / 9

지표면의 수증기가 올라와 지상의 물체 표면에 얼어붙은 것이 마치 빗(雨)방울이 언 모습
(相)과 비슷한 데서, '서리'를 뜻한다.

읽기한자 砒霜(비상) 霜橙(상등) 霜雰(상분) 霜砧(상침) 霜柿(상시) 殞霜(운상)

쓰기한자 霜菊(상국) 霜葉(상엽) 霜刃(상인) 霜害(상해) 星霜(성상) 秋霜(추상) 風霜(풍상)

尙 3급II 　　오히려 **상(:)** 小 / 5

창문(冋) 밖에 연기나 김이 하늘로 올라가는(小) 모양에서, '높다'는 뜻이다. '오히려'의 뜻
으로도 쓰인다.

읽기한자 驕尙(교상) 呂尙(여상)

쓰기한자 高尙(고상) 尙宮(상궁) 尙今(상금) 尙武(상무) 尙存(상존) 崇尙(숭상) 和尙(화상)

喪 3급II 　　잃을 **상(:)** 口 / 9 　비 失

목 놓아 울고(口口) 있는 상제(喪制)의 두건(亠)과 상복(衣)의 모양에서, '복(服) 입다, 잃
다'는 뜻이다.

읽기한자 剝喪(박상) 喪扇(상선) 喪杖(상장) 頑喪(완상)

쓰기한자 居喪(거상) 國喪(국상) 問喪(문상) 喪家(상가) 喪亂(상란) 喪禮(상례) 喪配(상배) 喪服(상복)
喪失(상실) 喪心(상심) 喪輿(상여) 喪人(상인) 喪章(상장) 喪葬(상장) 喪主(상주) 喪中(상중)
喪妻(상처) 沮喪(저상) 弔喪(조상) 初喪(초상) 親喪(친상) 好喪(호상)

詳 3급Ⅱ 　자세할 **상** 言 / 6 　略

거짓(羊＝佯) 말(言)을 할 때는 상대방의 귀가 솔깃할 정도로 자세히 그럴듯하게 설명하는 데서, '자세하다'는 뜻이다.

읽기한자 詳窺(상규) 詳悉(상실) 詳諦(상체) 詳緻(상치) 仔詳(자상)

쓰기한자 未詳(미상) 詳報(상보) 詳細(상세) 詳述(상술) 昭詳(소상)

裳 3급Ⅱ 　치마 **상** 衣 / 8

서있는 사람의 높은(尙) 곳 아래에 옷(衣)이 있는 데서, '치마'를 뜻한다.

읽기한자 袞裳(곤상) 繡裳(수상)

쓰기한자 甲裳(갑상) 羅裳(나상) 垂裳(수상) 衣裳(의상) 裳板(상판) 赤裳(적상) 彩裳(채상) 靑裳(청상) 紅裳(홍상)

傷 4급 　다칠 **상** 人 / 11 　痍, 愴

아군 병사(亻)가 아침(旦)에 올린 깃발(勿)이 적군 병사(人)의 수중에 떨어져 찢기듯 몸과 마음을 다친다는 데서, '다치다'는 뜻이다.

읽기한자 傷痙(상경) 傷痍(상이) 傷挫(상좌) 傷嗟(상차) 傷涕(상체) 傷悴(상쉬) 傷惻(상측) 傷痕(상흔) 鞍傷(안상) 夭傷(요상) 冤傷(원상) 痍傷(이상) 挫傷(좌상) 擦傷(찰상)

쓰기한자 感傷(감상) 輕傷(경상) 凍傷(동상) 落傷(낙상) 裂傷(열상) 負傷(부상) 殺傷(살상) 傷心(상심) 傷處(상처) 傷害(상해) 色傷(색상) 損傷(손상) 食傷(식상) 外傷(외상) 刃傷(인상) 中傷(중상) 重傷(중상) 創傷(창상) 銃傷(총상) 火傷(화상) 毀傷(훼상)

象 4급 　코끼리 **상** 豕 / 5 　形

서 있는 코끼리의 모양을 본뜬 것으로, '코끼리, 본뜨다'는 뜻이다.

읽기한자 卦象(괘상) 象胥(상서) 象箸(상저) 象櫛(상즐) 犧象(희상)

쓰기한자 觀象(관상) 具象(구상) 氣象(기상) 對象(대상) 物象(물상) 象牙(상아) 象徵(상징) 象形(상형) 印象(인상) 抽象(추상) 表象(표상) 現象(현상) 形象(형상)

常 4급Ⅱ 　떳떳할 **상** 巾 / 8 　班

사람은 항상 옷(巾) 입는 것을 높게(尙) 여기는 데서, '항상'을 뜻한다. 또 사람은 옷을 입는 것이 떳떳하다는 데서, '떳떳하다'는 뜻이다.

읽기한자 常譚(상담) 常鱗(상린) 常膳(상선) 常羞(상수) 常套(상투)

쓰기한자 綱常(강상) 居常(거상) 經常(경상) 班常(반상) 凡常(범상) 非常(비상) 常軌(상궤) 常勤(상근) 常道(상도) 常例(상례) 常理(상리) 常務(상무) 常民(상민) 常設(상설) 常習(상습) 常時(상시) 常識(상식) 常溫(상온) 常用(상용) 常人(상인) 常存(상존) 常主(상주) 常駐(상주) 常餐(상찬) 殊常(수상) 尋常(심상) 五常(오상) 異常(이상) 日常(일상) 正常(정상) 通常(통상) 平常(평상) 恒常(항상)

床 4급II 　　　　상 **상** 广 / 4

집(广)에서 쓰는 나무(木)로 만든 평상, 책상 등에서, '상'을 뜻한다.

읽기한자 匡床(광상) 笏床(면상) 床几(상궤)

쓰기한자 [各床(각상) 客床(객상) 兼床(겸상) 交子床(교자상) 起床(기상) 獨床(독상) 龍床(용상)
臨床(임상) 苗床(묘상) 病床(병상) 床播(상파) 溫床(온상) 着床(착상) 冊床(책상) 寢床(침상)
沈床(침상) 平床(평상)

想 4급II 　　　生각 **상:** 心 / 9 　동 念, 思

나무(木)의 발육 상태를 자세히 보듯이(目) 마음(心)으로 사물에 대해 충분히 생각하는 데서, '생각'을 뜻한다.

읽기한자 沖想(충상)

쓰기한자 假想(가상) 感想(감상) 空想(공상) 構想(구상) 樂想(악상) 聯想(연상) 謬想(유상) 理想(이상)
冥想(명상) 夢想(몽상) 默想(묵상) 發想(발상) 思想(사상) 想起(상기) 想念(상념) 想像(상상)
詩想(시상) 惡想(악상) 豫想(예상) 預想(예상) 着想(착상) 追想(추상) 虛想(허상) 幻想(환상)
回想(회상)

狀 4급II 형상 **상** / 문서 **장:** 犬 / 4 　동 態 　약 状

개(犬)가 널판(爿) 모양으로 다리를 쭉 뻗고 나뒹구는 모습에서, '형상'을 뜻한다. 널판(爿)에 개 견(犬)자를 쓴 것도 문서라는 데서, '문서'를 뜻한다.

읽기한자 臼狀(구상) 鉤狀(구상) 牒狀(첩상) 劾狀(핵장)

쓰기한자 角狀(각상) 甲狀(갑상) 客狀(객상) 窮狀(궁상) 答狀(답장) 令狀(영장) 病狀(병상) 狀啓(장계)
上狀(상장) 賞狀(상장) 狀態(상태) 狀況(상황) 實狀(실상) 原狀(원상) 異狀(이상) 罪狀(죄상)
症狀(증상) 慘狀(참상) 行狀(행장) 險狀(험상) 現狀(현상) 形狀(형상) 環狀(환상)

賞 5급 　　　상줄 **상** 貝 / 8 　반 罰

수훈을 세운 사람을 높이(尙) 평가하여 돈이나 재물(貝)을 주는 데서, '상주다'는 뜻이다.

읽기한자 賞榜(상방) 賞賻(상부) 賞牌(상패) 旌賞(정상) 嗟賞(차상) 褒賞(포상) 欣賞(흔상)

쓰기한자 鑑賞(감상) 激賞(격상) 觀賞(관상) 金賞(금상) 大賞(대상) 副賞(부상) 賞金(상금) 賞罰(상벌)
賞狀(상장) 賞品(상품) 受賞(수상) 授賞(수상) 施賞(시상) 銀賞(은상) 入賞(입상) 懸賞(현상)
勳賞(훈상)

相 5급II 　　　서로 **상** 目 / 4 　동 互

나무(木)의 모습에서 발육 상태를 보는(目) 것으로, '모습'을 뜻한다. 또 나무(木)에 올라 밑에 사람을 바라 볼(目) 때 밑의 사람도 마주 바라본다는 데서, '서로'를 뜻한다.

읽기한자 輔相(보상) 相剋(상극) 相撲(상박) 相胥(상서) 相邀(상요) 相觗(상저) 丞相(승상) 蜀相(촉상)
樞相(추상)

쓰기한자 卿相(경상) 觀相(관상) 領相(영상) 面相(면상) 相公(상공) 相關(상관) 相忌(상기) 相談(상담)
相當(상당) 相對(상대) 相面(상면) 相補(상보) 相逢(상봉) 相似(상사) 相殺(상쇄) 相續(상속)
相應(상응) 相議(상의) 相異(상이) 相從(상종) 相通(상통) 相互(상호) 相好(상호) 首相(수상)
實相(실상) 樣相(양상) 右相(우상) 位相(위상) 貳相(이상) 宰相(재상) 眞相(진상) 形相(형상)
幻相(환상)

商 5급II 　장사 **商** 口 / 8 　동 賈, 量

볕이 잘 드는 높은 땅에 세워진 전각으로 殷(은)나라의 다른 이름이다. 나라가 망한 뒤 그 유민이 행상으로 업을 삼아, '셈하다, 헤아리다, 장사'의 뜻이 나왔다.

읽기한자 商賈(상고) 商埠(상부) 商兌(상태) 殷商(은상)

쓰기한자 客商(객상) 巨商(거상) 大商(대상) 隊商(대상) 灣商(만상) 商家(상가) 商街(상가) 商圈(상권) 商權(상권) 商量(상량) 商舶(상박) 商法(상법) 商社(상사) 商船(상선) 商術(상술) 商業(상업) 商人(상인) 商店(상점) 商標(상표) 商品(상품) 商港(상항) 商號(상호) 商魂(상혼) 商會(상회) 銀商(은상) 通商(통상) 行商(행상) 協商(협상) 華商(화상)

上 7급II 　윗 **上:** 一 / 2 　동 昇 반 下

기준선(一) 보다 위쪽에 획을 그은( )데서, '위'를 뜻한다.

읽기한자 疆上(강상) 机上(궤상) 上卦(상괘) 上穹(상궁) 上膊(상박) 上緋(상비) 上庠(상상) 上顎(상악) 上腕(상완) 上饒(상요) 上游(상유) 上諭(상유) 上肢(상지) 上澣(상한) 上爻(상효) 沼上(소상) 筵上(연상) 灘上(탄상)

쓰기한자 格上(격상) 計上(계상) 壇上(단상) 零上(영상) 拜上(배상) 飛上(비상) 上揭(상게) 上氣(상기) 上納(상납) 上達(상달) 上梁(상량) 上府(상부) 上司(상사) 上船(상선) 上聲(상성) 上訴(상소) 上旬(상순) 上映(상영) 上場(상장) 上奏(상주) 上策(상책) 上篇(상편) 上下(상하) 上廻(상회) 席上(석상) 屋上(옥상) 以上(이상) 呈上(정상) 祖上(조상) 紙上(지상) 進上(진상) 枕上(침상) 獻上(헌상)

璽 1급 　옥새(玉璽) **새** 玉 / 14 　약 壐

옥(玉)으로 만든 아름답고 성한(爾) 물건으로, '도장', 특히 '임금의 도장, 나라의 도장'을 뜻한다.

읽기한자 璽符(새부) 璽書(새서) 璽節(새절)

嗇 1급 　아낄 **색** 口 / 10

보리(來)를 곡식 창고(靣)에 집어넣고 안의 물건은 밖으로 잘 나오지 않는데서, '아끼다'는 뜻이다.

읽기한자 嗇年(색년) 嗇夫(색부) 嗇事(색사) 嗇用(색용) 嗇禍(색화) 儉嗇(검색) 澁嗇(삽색) 吝嗇(인색) 節嗇(절색)

塞 3급II 　막힐 **색** / 변방 **새** 土 / 10 　동 壅

추위(寒)를 이겨내기 위하여 바람구멍을 흙(土)으로 막는 데서, '막다, 막히다'는 뜻이다. 또 적의 침입을 막는 것으로까지 확대되어, '변방(邊方)'을 뜻한다.

읽기한자 疆塞(강새) 梗塞(경색) 堵塞(도색) 淪塞(윤색) 濱塞(빈새) 塞甕(색옹) 閼塞(알색) 壅塞(옹색) 咽塞(열색) 湮塞(인색) 塡塞(전색) 栓塞(전색) 逼塞(핍색) 檻塞(함색)

쓰기한자 窮塞(궁색) 塞翁(새옹) 要塞(요새) 鬱塞(울색) 窒塞(질색) 蔽塞(폐색) 閉塞(폐색)

索 3급Ⅱ 찾을 **색** / 노[새끼줄] **삭** 糸 / 4

덩굴손(糸)이 나무를 휘감으며(冖) 옆과 위로 꼬아 올라간(十) 모양에서, '끈'을 뜻한다. 또 덩굴이 뻗어나갈 곳을 찾는 데서, '찾다'는 뜻이다.

읽기한자 腱索(건삭) 汲索(급삭) 覓索(멱색) 摸索(모색) 索寞(삭막) 繩索(승삭) 纏索(전삭) 梯索(제삭) 徽索(휘삭)

쓰기한자 檢索(검색) 思索(사색) 索居(삭거) 索道(삭도) 索莫(삭막) 索引(색인) 索出(색출) 搜索(수색) 鐵索(철삭) 探索(탐색) 討索(토색)

色 7급 빛 **색** 色 / 0 图 光, 彩

낯빛이 고운사람(人) 앞에서는 자연스럽게 무릎을 꿇는다(巴)는 데서, '빛, 낯빛, 여자의 아름다운 자태'를 뜻한다.

읽기한자 褐色(갈색) 憊色(비색) 色綾(색릉) 色駭(색해) 遜色(손색) 鳶色(연색) 艶色(염색) 愉色(유색) 怡色(이색) 嗔色(진색) 褪色(퇴색) 蒲色(포색)

쓰기한자 脚色(각색) 具色(구색) 窮色(궁색) 難色(난색) 綠色(녹색) 名色(명색) 冒色(모색) 無色(무색) 物色(물색) 薄色(박색) 配色(배색) 變色(변색) 補色(보색) 服色(복색) 本色(본색) 死色(사색) 色魔(색마) 色盲(색맹) 色調(색조) 色彩(색채) 生色(생색) 顔色(안색) 染色(염색) 潤色(윤색) 着色(착색) 退色(퇴색) 敗色(패색) 好色(호색) 灰色(회색) 喜色(희색)

甥 1급 생질 **생** 生 / 7 图 姪 凹 舅

누이(姉妹)가 낳은(生) 아들(男)에서, '생질'을 뜻한다.

읽기한자 甥館(생관) 甥舅(생구) 舅甥(구생) 國甥(국생) 彌甥(미생) 外甥(외생) 姪甥(질생)

牲 1급 희생 **생** 牛 / 5 图 牷

산채(生)로 신에게 바치는 소(牛)에서, '산 제물, 희생'을 뜻한다.

읽기한자 牲醴(생례) 牲牢(생뢰) 牲殺(생살) 牲酒(생주) 牢牲(뇌생) 肥牲(비생) 三牲(삼생) 野牲(야생) 五牲(오생) 玉牲(옥생) 六牲(육생) 特牲(특생) 犧牲(희생)

生 8급 날 **생** 生 / 0 图 産, 出, 活 凹 死, 殺, 沒, 滅

흙에서(土) 싹(屮)이 나오는 모양을 본뜬 것으로, '낳다, 살다'는 뜻이다.

읽기한자 擒生(금생) 妓生(기생) 蔓生(만생) 萌生(맹생) 生薑(생강) 生怯(생겁) 生梗(생경) 生擒(생금) 生黎(생려) 生剝(생박) 生縛(생박) 生帛(생백) 生魄(생백) 生蕃(생번) 生鰒(생복) 生祠(생사) 生疎(생소) 生肇(생조) 生卉(생훼) 甦生(소생) 瘦生(수생) 塾生(숙생) 寤生(오생) 迂生(우생) 蔭生(음생) 簇生(족생)

쓰기한자 更生(갱생) 寄生(기생) 放生(방생) 殺生(살생) 生硬(생경) 生菓(생과) 生死(생사) 生産(생산) 生色(생색) 生鮮(생선) 生成(생성) 生涯(생애) 生藥(생약) 生業(생업) 生員(생원) 生育(생육) 生長(생장) 生存(생존) 生辰(생신) 生捕(생포) 生還(생환) 生活(생활) 攝生(섭생) 蘇生(소생) 養生(양생) 優生(우생) 儒生(유생) 衆生(중생) 畜生(축생) 出生(출생) 誕生(탄생) 胎生(태생) 派生(파생) 畢生(필생) 厚生(후생)

薯 1급 감자 **서:** 艸 / 14

맛과 또는 가짓과의 여러해살이 풀(艹)로, 뿌리를 식용하는 마, 참마, 감자를 나타낸다.

📖 읽기한자 　薯童(서동)　薯類(서류)　甘薯(감서)

黍 1급 기장 **서:** 黍 / 0

술(水)의 재료로 알맞은 곡물(禾)에서, '기장'을 뜻한다.

📖 읽기한자 　黍稻(서도)　黍酒(서주)　黍稷(서직)　黍禾(서화)　角黍(각서)　鷄黍(계서)　團黍(단서)　食黍(식서)
　　　　　　委黍(위서)　稷黍(직서)　春黍(춘서)　禾黍(화서)　黃黍(황서)　黑黍(흑서)

棲 1급 깃들일 **서:** 木 / 8

새가 나무(木)에서 조용히 쉬고(妻＝私) 있는 데서, '깃들이다, 살다'는 뜻이다.

📖 읽기한자 　棲居(서거)　棲禽(서금)　棲遁(서둔)　棲伏(서복)　棲屑(서설)　棲息(서식)　棲隱(서은)　棲遲(서지)
　　　　　　鷄棲(계서)　故棲(고서)　高棲(고서)　羈棲(기서)　單棲(단서)　同棲(동서)　鳳棲(봉서)　山棲(산서)
　　　　　　水棲(수서)　宿棲(숙서)　雙棲(쌍서)　嚴棲(엄서)　幽棲(유서)　隱棲(은서)　特棲(특서)

犀 1급 무소 **서:** 牛 / 8

형성문자로, 소(牛)처럼 생긴 동물에서, 무소(코뿔소)를 나타낸다.

📖 읽기한자 　犀角(서각)　犀甲(서갑)　犀利(서리)　犀兵(서병)　犀舟(서주)　犀函(서함)　角犀(각서)　木犀(목서)
　　　　　　文犀(문서)　野犀(야서)　燃犀(연서)　龍犀(용서)

壻 1급 사위 **서:** 士 / 9

자기의 혈육(月)인 딸과 同居하는(疋) 사내(士)에서, '사위'를 뜻한다.

📖 읽기한자 　壻郎(서랑)　壻屋(서옥)　佳壻(가서)　國壻(국서)　同壻(동서)　率壻(솔서)　豫壻(예서)　翁壻(옹서)
　　　　　　姪壻(질서)　賢壻(현서)

曙 1급 새벽 **서:** 日 / 14

햇빛(日)이 붉게(署＝緒) 빛나기 시작하는 데서, '새벽'을 뜻한다.

📖 읽기한자 　曙景(서경)　曙光(서광)　曙星(서성)　曙鴬(서앵)　曙野(서야)　曙日(서일)　曙天(서천)　開曙(개서)
　　　　　　拂曙(불서)　煙曙(연서)　殘曙(잔서)　淸曙(청서)　初曙(초서)　昏曙(혼서)

胥 1급 　　　서로 **서** 肉 / 5 　동 吏

본래 게장을 표시한 형성문자이나, 하급관리인 '아전, 서리'를 나타내며, 또 '서로'의 뜻으로 쓰인다.

읽기한자 　胥匡(서광) 胥徒(서도) 胥吏(서리) 樂胥(낙서) 徒胥(도서) 相胥(상서) 象胥(상서) 閭胥(여서)
餘胥(여서) 靈胥(영서) 淪胥(윤서) 追胥(추서) 熏胥(훈서)

嶼 1급 　　　섬 **서(:)** 山 / 14

바다 가운데에 산(山) 모양의 돌출물들이 몇 모여있는(與) 데서, '섬'을 뜻한다.

읽기한자 　島嶼(도서) 連嶼(연서) 蔚嶼(울서) 長嶼(장서) 洲嶼(주서)

鼠 1급 　　　쥐 **서:** 鼠 / 0

이를 드러내고, 꼬리가 긴 쥐의 모양을 본뜬 것으로, '쥐'를 뜻한다.

읽기한자 　鼠姑(서고) 鼠狼(서랑) 鼠目(서목) 鼠尾(서미) 鼠樸(서박) 鼠婦(서부) 鼠矢(서시) 鼠疫(서역)
鼠賊(서적) 甘鼠(감서) 穀鼠(곡서) 拱鼠(공서) 窮鼠(궁서) 老鼠(노서) 飛鼠(비서) 氷鼠(빙서)
社鼠(사서) 碩鼠(석서) 仙鼠(선서) 水鼠(수서) 首鼠(수서) 禮鼠(예서) 隱鼠(은서) 陰鼠(음서)
耳鼠(이서) 雀鼠(작서) 田鼠(전서) 倉鼠(창서) 天鼠(천서) 香鼠(향서) 狐鼠(호서) 火鼠(화서)
黑鼠(흑서)

抒 1급 　　　풀 **서:** 手 / 4

손(扌)을 뻗는(予) 데서, '물을 뜨다, 펴다, 감정을 쏟다'는 뜻이다.

읽기한자 　抒情(서정)

瑞 2급 　　　상서 **서:** 玉 / 9 　비 端 　동 祥

산(山)에서 구슬(王)이 연이어(而) 나오는 것은 좋은 징조라는 데서, '상서'를 뜻한다.

읽기한자 　稼瑞(가서) 瑞芝(서지) 禎瑞(정서)
쓰기한자 　慶瑞(경서) 吉瑞(길서) 祥瑞(상서) 瑞光(서광) 瑞氣(서기) 瑞年(서년) 瑞露(서로) 瑞夢(서몽)
瑞祥(서상) 瑞雪(서설) 瑞玉(서옥) 瑞雨(서우) 瑞雲(서운) 瑞兆(서조) 瑞鳥(서조) 瑞草(서초)

舒 2급(名) 　　　펼 **서:** 舌 / 6

집(舍)에서 사람이 팔다리를 쭉 뻗고(予) 편안하게 누워 있는 것으로, '펴다'는 뜻이다.

읽기한자 　舒卷(서권) 舒眉(서미) 舒泄(서설) 舒情(서정) 安舒(안서)

逝 3급 갈 **서:** 辶 / 7 통 去

길 떠나는(辶) 사람이 고개 마루까지 보이다가 나무가 꺾이듯(折) 눈앞에서 사라지는 데서, '가다, 떠나다'는 뜻이다.

읽기한자 夭逝(요서)

쓰기한자 高逝(고서) 急逝(급서) 流逝(유서) 逝去(서거) 逝世(서세) 逝水(서수) 逝川(서천) 仙逝(선서) 永逝(영서) 遠逝(원서) 長逝(장서) 電逝(전서) 遷逝(천서)

暑 3급 더울 **서:** 日 / 9 비 署 통 熱 반 寒

사람(者)의 머리 위에 해(日)가 비치는 데서, '덥다'는 뜻이다.

읽기한자 暑魃(서발) 蘊暑(온서)

쓰기한자 大暑(대서) 猛暑(맹서) 暑氣(서기) 小暑(소서) 處暑(처서) 暴暑(폭서) 避暑(피서) 避暑地(피서지) 寒暑(한서) 酷暑(혹서)

誓 3급 맹세할 **서:** 言 / 7 통 盟

옛적에는 화살을 꺾으면서(折) 말(言)로 다짐하였던 데서, '맹세하다'는 뜻이다.

읽기한자 盟誓(맹서) 默誓(묵서) 誓券(서권) 誓盟(서맹) 誓文(서문) 誓約(서약) 誓言(서언) 誓願(서원) 宣誓(선서)

庶 3급 여러 **서:** 广 / 8 반 嫡

집(广) 안에 불(灬)을 밝히고 많은(卄) 사람이 모여 있는 데서, '많다, 여러'를 뜻한다.

읽기한자 黎庶(여서) 庶黎(서려) 庶尹(서윤)

쓰기한자 庶幾(서기) 庶母(서모) 庶務(서무) 庶民(서민) 庶子(서자) 庶出(서출)

敍 3급 펼 **서:** 攴 / 7 약 叙

곳간에 남아있는(余) 곡식을 멍석 위에 펼쳐 놓고 고무래로 밀거나(攴) 손(又)으로 펼쳐 말리는 데서, '펴다'는 뜻이다.

읽기한자 銓敍(전서)

쓰기한자 加敍(가서) 敍事(서사) 敍述(서술) 敍用(서용) 敍任(서임) 敍情(서정) 自敍(자서) 秩敍(질서) 追敍(추서)

署 3급Ⅱ 마을[官廳] **서:** 网 / 9 비 暑

그물(罒)의 코와 같이 서로 연관성을 가지도록 사람(者)을 배치하는 곳이라는 데서, '마을(관청)'을 뜻한다.

읽기한자 衙署(아서) 滌署(척서)

쓰기한자 官署(관서) 連署(연서) 本署(본서) 部署(부서) 署理(서리) 署名(서명) 署員(서원) 署長(서장) 支署(지서)

緒 3급II 　실마리 **서:** 　糸 / 9 　약 緒

실(糸)로 바느질을 하려는 사람(者)은 먼저 실마리를 찾아야 바늘에 실을 꿸 수 있다는 데서, '실마리'를 뜻한다.

 읽기한자　墜緒(추서)

쓰기한자　端緒(단서) 頭緒(두서) 紊緒(문서) 緒論(서론) 由緒(유서) 遺緒(유서) 情緒(정서)

恕 3급II 　용서할 **서:** 　心 / 6 　비 怒

상대방과 같은(如) 마음(心), 즉 상대방의 심정으로 생각해 본다는 데서, '용서하다'는 뜻이다.

읽기한자　矜恕(긍서) 恕宥(서유) 恕恍(서황) 饒恕(요서) 宥恕(유서)

쓰기한자　寬恕(관서) 恕思(서사) 容恕(용서) 忠恕(충서) 海恕(해서)

徐 3급II 　천천할 **서(:)** 　彳 / 7 　동 緩

시간이 남아 여유(余)가 있어서 천천히 걷는(彳) 데서, '천천하다'는 뜻이다.

 쓰기한자　徐看(서간) 徐冷(서랭) 徐脈(서맥) 徐步(서보) 徐緩(서완) 徐行(서행) 安徐(안서) 緩徐(완서)
徐徐(질서) 執徐(집서)

序 5급 　차례 **서:** 　广 / 4 　반 跋

집이나 관청(广)에서 하는 사업은 미리(予) 순서를 정해 놓는다 하여, '차례'를 뜻한다.

읽기한자　鷺序(노서) 庠序(상서) 序跋(서발)

쓰기한자　序曲(서곡) 序頭(서두) 序列(서열) 序論(서론) 序幕(서막) 序文(서문) 序說(서설) 序詩(서시)
序言(서언) 序章(서장) 序次(서차) 小序(소서) 順序(순서) 秩序(질서)

書 6급II 　글 **서** 　曰 / 6 　비 晝, 畫 　동 籍, 册

붓(聿)을 쥐고 종이(口)에 글씨(一)를 쓰는 데서, '글, 편지, 쓰다'는 뜻이다.

 읽기한자　蠟書(납서) 謗書(방서) 帛書(백서) 梵書(범서) 璽書(새서) 書痙(서경) 書櫃(서궤) 書几(서궤)
書袋(서대) 書癖(서벽) 書棚(서붕) 書齋(서재) 書廚(서주) 書帙(서질) 書帖(서첩) 書癡(서치)
書函(서함) 隋書(수서) 闇書(암서) 魏書(위서) 佚書(일서) 篆書(전서) 詔書(조서) 註書(주서)
晋書(진서) 讖書(참서) 捷書(첩서) 疊書(첩서) 套書(투서) 曝書(폭서) 諷書(풍서) 楷書(해서)

쓰기한자　覺書(각서) 經書(경서) 禁書(금서) 但書(단서) 圖書(도서) 戀書(연서) 背書(배서) 封書(봉서)
祕書(비서) 史書(사서) 書簡(서간) 書堂(서당) 書類(서류) 書生(서생) 書藝(서예) 書院(서원)
書籍(서적) 書札(서찰) 書冊(서책) 書翰(서한) 書畫(서화) 譯書(역서) 葉書(엽서) 擁書(옹서)
遺書(유서) 藏書(장서) 證書(증서) 親書(친서) 投書(투서) 判書(판서) 血書(혈서) 惠書(혜서)
橫書(횡서) 勳書(훈서)

西 8급 　　　서녘 **서** 襾 / 0 　비 酉

새가 둥지에 깃들은 모양을 그린 글자로, 새가 둥지를 찾아드는 것은 해가 서쪽으로 질 때라는 데서, '서녘'을 뜻한다.

읽기한자 西魏(서위) 西晉(서진)

쓰기한자 關西(관서) 嶺西(영서) 西歐(서구) 西紀(서기) 西獨(서독) 西曆(서력) 西岸(서안) 西洋(서양) 西窓(서창) 西風(서풍) 西學(서학) 西海(서해)

潟 1급 　　　개펄 **석** 水 / 12 　비 瀉

까치(舃)가 날아오는 물가(氵)에서, '개펄'을 뜻한다.

읽기한자 潟流(석류) 鹹潟(함석)

晳 2급(名) 　　　밝을 **석** 日 / 8 　비 晳

해(日)에서 나온 빛이 나뉘어(析) 사방을 비추는 데서, '밝다'는 뜻이다.

읽기한자 明晳(명석)

錫 2급(名) 　　　주석 **석** 金 / 8

모양이 쉽게(易) 변하는 쇠붙이(金)에서, '주석'을 뜻한다.

읽기한자 瓶錫(병석) 錫鑛(석광) 錫鸞(석란) 錫杖(석장) 錫錢(석전) 朱錫(주석)

碩 2급 　　　클 **석** 石 / 9

머리(頁)가 바위(石)같다는 데서 본래 머리가 큼을 나타냈으나, 일반적으로 '크다'는 뜻이다.

읽기한자 碩鼠(석서)

쓰기한자 博碩(박석) 碩德(석덕) 碩望(석망) 碩士(석사) 碩儒(석유) 碩學(석학)

奭 2급(名) 　　　클 / 쌍백 **석** 大 / 12

많은(皕) 食客을 거둘 수 있을 정도로 세력이 크다(大)는 데서, '크다'는 뜻이다. 百이 둘 있는 모양(皕)에서 흔히, '쌍백 석'이라 부른다.

읽기한자 範奭(범석)

昔 3급 　　　예[古] **석** 日 / 4

포개어 쌓아 놓은 고기 모양으로 날(日)이 많이 쌓인 지난날이라는 데서, '예(古)'를 뜻한다.

읽기한자 夙昔(숙석) 伊昔(이석)

쓰기한자 今昔(금석) 宿昔(숙석) 憶昔(억석)

析 | 3급 | 쪼갤 **석** | 木 / 4 | 비 折
나무(木)에 도끼(斤)를 대는 데서, '쪼개다'는 뜻이다.

읽기한자 剖析(부석) 析瘍(석양) 蕩析(탕석)

쓰기한자 分析(분석) 綜析(종석) 解析(해석)

惜 | 3급II | 아낄 **석** | 心 / 8 | 비 借
마음(忄) 속에 오래도록(昔) 간직하는 데서, '아끼다'는 뜻이다.

읽기한자 吝惜(인석) 惜吝(석린)

쓰기한자 惜別(석별) 惜敗(석패) 哀惜(애석) 愛惜(애석)

釋 | 3급II | 풀 **석** | 釆 / 13 | 비 譯 동 放 약 釈
사물을 자세히 살펴보고(釆) 무엇인지 분별하는(釆) 데서, '풀다'는 뜻이다.

읽기한자 釋迦(석가) 釋褐(석갈) 釋梵(석범) 箋釋(전석) 註釋(주석)

쓰기한자 保釋(보석) 釋門(석문) 釋放(석방) 釋然(석연) 釋尊(석존) 解釋(해석) 訓釋(훈석) 稀釋(희석)

石 | 6급 | 돌 **석** | 石 / 0 | 비 右, 古
벼랑(厂) 밑에 흩어져 있는 돌(口)을 본뜬 것으로, '돌'을 뜻한다.

읽기한자 珪石(규석) 礦石(여석) 礫石(역석) 礬石(반석) 蟠石(반석) 砒石(비석) 石磬(석경) 石棺(석관)
石臼(석구) 石袋(석대) 石閭(석려) 石礫(석력) 石珀(석박) 石礬(석반) 石扉(석비) 石筍(석순)
石堰(석언) 石頑(석완) 石絨(석융) 石棧(석잔) 石槽(석조) 石鑿(석착) 石菖(석창) 石苔(석태)
碎石(쇄석) 隕石(운석) 箴石(잠석) 硝石(초석) 礁石(초석) 砧石(침석) 苔石(태석)

쓰기한자 刻石(각석) 蓋石(개석) 鑛石(광석) 塊石(괴석) 萬石(만석) 木石(목석) 盤石(반석) 寶石(보석)
碑石(비석) 石橋(석교) 石女(석녀) 石頭(석두) 石燈(석등) 石佛(석불) 石像(석상) 石手(석수)
石油(석유) 石耳(석이) 石炭(석탄) 石塔(석탑) 石花(석화) 石灰(석회) 矢石(시석) 巖石(암석)
烏石(오석) 雲石(운석) 磁石(자석) 定石(정석) 柱石(주석) 鐵石(철석) 礎石(초석) 齒石(치석)
布石(포석) 化石(화석)

席 | 6급 | 자리 **석** | 巾 / 7
풀(艹)로 짠 깔개에 면포(巾)를 씌운 방석을 집안(广)에 두고 그 곳을 앉는 장소로 한 데서, '자리, (자리를) 깔다'는 뜻이다.

읽기한자 几席(궤석) 陪席(배석) 帆席(범석) 席捲(석권) 席帆(석범) 筍席(순석) 筵席(연석) 餞席(전석)
鼎席(정석) 鉉席(현석)

쓰기한자 客席(객석) 缺席(결석) 空席(공석) 闕席(궐석) 同席(동석) 連席(연석) 末席(말석) 方席(방석)
病席(병석) 私席(사석) 上席(상석) 席卷(석권) 席上(석상) 席次(석차) 首席(수석) 安席(안석)
案席(안석) 宴席(연석) 議席(의석) 坐席(좌석) 座席(좌석) 主席(주석) 酒席(주석) 卽席(즉석)
次席(차석) 着席(착석) 參席(참석) 出席(출석) 打席(타석) 合席(합석)

夕 | 7급 | 저녁 **석** | 夕 / 0

초저녁에 달이 산위로 떠오르는 모양을 본뜬 글자로, '저녁'을 뜻한다. 밤이 아니므로 완전히 떠오르지 않아 月에서 한 획이 줄어든 모습이다.

읽기한자 夕靄(석애) 夕奠(석전) 夕霞(석하) 爾夕(이석) 翌夕(익석) 熏夕(훈석)
쓰기한자 夕刊(석간) 夕室(석실) 夕陽(석양) 朝夕(조석) 秋夕(추석) 七夕(칠석)

銑 | 1급 | 무쇠 **선** | 金 / 6

본래 씻긴(先＝洗) 듯이 윤이 나는 금속(金)에서, '금, 활고자에 鍍金하다'는 뜻이나, 주로 '무쇠'의 뜻으로 쓰인다.

읽기한자 銑錢(선전) 銑鐵(선철)

羨 | 1급 | 부러워할 **선:** / 무덤길 **연:** | 羊 / 7 | **동** 慕

양고기(羊) 따위의 맛있는 음식을 보고 군침을 흘리는(次) 데서, '부러워하다'는 뜻이다. 또, '무덤길'의 뜻을 나타낸다.

읽기한자 羨望(선망) 羨慕(선모) 羨餘(선여) 羨溢(선일) 羨道(연도) 羨門(연문) 嘉羨(가선) 健羨(건선)
仰羨(앙선) 充羨(충선) 歎羨(탄선) 豊羨(풍선) 歆羨(흠선)

扇 | 1급 | 부채 **선** | 戶 / 6 | **동** 扉

새의 깃(羽)처럼 펴졌다, 닫혔다 하는 문짝(戶)으로, 펼친 깃처럼 생긴 '부채'를 뜻한다.

읽기한자 扇蓋(선개) 扇動(선동) 扇馬(선마) 扇揚(선양) 扇誘(선유) 扇子(선자) 扇形(선형) 扇惑(선혹)
鼓扇(고선) 羅扇(나선) 團扇(단선) 舞扇(무선) 白扇(백선) 寶扇(보선) 羽扇(우선) 障扇(장선)
鐵扇(철선) 戶扇(호선)

煽 | 1급 | 부채질할 **선** | 火 / 10

불(火)을 일으키기 위해 부채질(扇)하는 데서, '부채질하다, 불 붙이다'는 뜻이다.

읽기한자 煽動(선동) 煽誘(선유) 煽熾(선치) 煽惑(선혹) 鼓煽(고선) 狂煽(광선) 挾煽(협선)

腺 | 1급 | 샘 **선** | 肉 / 9

살(月) 속에 수분이 괴는 곳(泉)으로, 생물체 몸속의 액체 물질을 분비, 배설하는 기능을 하는 상피 조직성의 기관인 '샘'을 뜻한다.

읽기한자 腺病(선병) 乳腺(유선) 汗腺(한선)

膳 | 1급 | 선물 / 반찬 **선:** | 肉 / 12
좋은(善) 고기(月)에서, '잘 갖추어진 요리, 반찬, 선물'을 뜻한다.

🔖 읽기한자 膳物(선물) 膳服(선복) 膳夫(선부) 膳羞(선수) 膳宰(선재) 加膳(가선) 本膳(본선) 常膳(상선)
御膳(어선) 典膳(전선) 珍膳(진선) 饗膳(향선)

璿 | 2급(名) | 구슬 **선** | 玉 / 14
윤기나고 깨끗해서 매우 밝은(睿) 아름다운 구슬(玉)에서, '구슬'을 뜻한다.

🔖 읽기한자 璿宮(선궁) 璿珠(선주)

繕 | 2급 | 기울 **선:** | 糸 / 12 | 동 葺
해진 옷을 실(糸)로 기워 좋게(善) 만드는 데서, '깁다'는 뜻이다.

🔖 읽기한자 繕葺(선즙) 葺繕(즙선)
✏️ 쓰기한자 繕補(선보) 修繕(수선) 營繕(영선)

瑄 | 2급(名) | 도리옥 **선** | 玉 / 9
궁전(宣)에서 일하는 벼슬아치의 관에 붙이는 구슬(玉)로, '도리옥'을 뜻한다. 도리옥은 길이가 6寸인 玉이다.

🔖 읽기한자 瑄玉(선옥)

璇 | 2급(名) | 옥 **선** | 玉 / 11
잘 도는 모난 데가 없는(旋) 아름다운 구슬(玉)로, '구슬, 옥'이라는 뜻이다.

🔖 읽기한자 玖璇(구선) 璇宮(선궁) 璇瑢(선용) 璇珠(선주)

旋 | 3급Ⅱ | 돌[廻] **선** | 方 / 7 | 동 回
장수가 깃발(㫃)을 움직임에 따라 병사들이 발(疋)을 움직여 좌로 돌고 우로 돌아 진을 이루고, 싸움이 끝나면 돌아오는 데서, '돌다, 돌아오다'는 뜻이다.

🔖 읽기한자 凱旋(개선) 螺旋(나선) 旋渦(선와) 旋眩(선현) 斡旋(알선) 渦旋(와선)
✏️ 쓰기한자 盤旋(반선) 旋律(선율) 旋盤(선반) 旋風(선풍) 旋回(선회) 周旋(주선) 回旋(회선) 廻旋(회선)

禪 | 3급Ⅱ | 선 **선** | 示 / 12 | 약 禅
도구를 하나로 묶어(單) 합심하여 제사(示)지낼 터를 닦듯, 정신 수양을 하는 데서, '선'을 뜻한다.

🔖 읽기한자 禪寮(선료) 禪庵(선암) 禪齋(선재)
✏️ 쓰기한자 禪房(선방) 禪師(선사) 禪讓(선양) 禪位(선위) 禪宗(선종) 坐禪(좌선) 參禪(참선)

宣 4급 　베풀 **선** 宀 / 6 　비 宜

천지(二) 사이에 햇빛(日)이 퍼지듯이 모든 집(宀)이 다 알게 한다는 데서, '펴다, 베풀다'는 뜻이다.

읽기한자 宣撫(선무) 宣喚(선환) 宣洽(선흡)

쓰기한자 宣告(선고) 宣敎(선교) 宣明(선명) 宣誓(선서) 宣言(선언) 宣傳(선전) 宣旨(선지) 宣布(선포) 旬宣(순선)

選 5급 　가릴 **선:** 辵 / 12 　동 揀, 拔, 別, 擢, 擇

상대방을 공경하여(巽) 선물을 하면서 길을 가면서(辶) 지니고 다니기에 좋은 물건만을 고르는 데서, '가리다'는 뜻이다.

읽기한자 揀選(간선) 魁選(괴선) 選揀(선간) 選揄(선유) 選擢(선탁) 蒐選(수선)

쓰기한자 間選(간선) 改選(개선) 決選(결선) 當選(당선) 落選(낙선) 民選(민선) 百選(백선) 補選(보선) 選擧(선거) 選曲(선곡) 選良(선량) 選拔(선발) 選別(선별) 選手(선수) 選用(선용) 選任(선임) 選定(선정) 選出(선출) 選擇(선택) 嚴選(엄선) 豫選(예선) 人選(인선) 入選(입선) 再選(재선) 精選(정선) 初選(초선) 特選(특선) 被選(피선) 互選(호선)

鮮 5급II 　고울 **선** 魚 / 6 　동 麗

양(羊)고기처럼 맛있는 물고기(魚)로, '생선'을 뜻한다. 또 맛있는 생선은 빛깔이 곱고 싱싱한 데서, '곱다, 싱싱하다'는 뜻이다.

읽기한자 鮮媚(선미) 鮮繪(선회) 鮮膾(선회)

쓰기한자 生鮮(생선) 鮮度(선도) 鮮明(선명) 鮮卑(선비) 鮮少(선소) 鮮魚(선어) 鮮血(선혈) 新鮮(신선) 朝鮮(조선)

船 5급 　배 **선** 舟 / 5 　비 般 　동 舶, 艦 　약 舩

구비를 따라 흐르는 계곡물(㕣)을 헤치고 다니는 배(舟)의 모습에서, '배'를 뜻한다.

읽기한자 賈船(고선) 榜船(방선) 帆船(범선) 汎船(범선) 船渠(선거) 船埠(선부) 船艙(산창) 船暈(선훈) 漕船(조선) 搭船(탑선) 撑船(탱선) 暈船(훈선)

쓰기한자 鋼船(강선) 客船(객선) 巨船(거선) 繫船(계선) 龜船(귀선) 汽船(기선) 滿船(만선) 上船(상선) 商船(상선) 船舶(선박) 船上(선상) 船首(선수) 船員(선원) 船人(선인) 船長(선장) 船積(선적) 船主(선주) 乘船(승선) 漁船(어선) 傭船(용선) 造船(조선) 釣船(조선) 破船(파선) 下船(하선) 荷船(하선) 艦船(함선) 回船(회선)

仙 5급II 　신선 **선** 人 / 3

산(山) 속에서 자연을 벗하여 살며 고통이나 질병도 없고, 죽지도 않는다고 하는 상상 속의 사람(亻)으로, '신선'을 뜻한다.

읽기한자 仙駕(선가) 仙梵(선범) 仙鼠(선서) 仙漿(선장)

쓰기한자 鳳仙花(봉선화) 仙境(선경) 仙女(선녀) 仙丹(선단) 仙逝(선서) 仙人(선인) 仙人掌(선인장) 水仙花(수선화) 詩仙(시선) 神仙(신선) 十仙(십선)

善 | 5급 | 착할 **선:** | 口 / 9 | 동 良 반 惡

양(羊)처럼 온순한 사람이라고 두 사람(丷)이 입(口)을 같이하여 한결같이(一) 말하는 데서, '착하다'는 뜻이다.

읽기한자 善諡(선시) 善喩(선유) 善諛(선유) 善嘲(선조) 善謔(선학) 善誨(선회) 旌善(정선)

쓰기한자 改善(개선) 獨善(독선) 善價(선가) 善導(선도) 善良(선량) 善隣(선린) 善心(선심) 善惡(선악)
善用(선용) 善意(선의) 善人(선인) 善戰(선전) 善政(선정) 善處(선처) 善行(선행) 修善(수선)
僞善(위선) 慈善(자선) 積善(적선) 次善(차선) 責善(책선) 最善(최선) 親善(친선) 稱善(칭선)

線 | 6급Ⅱ | 줄 **선** | 糸 / 9

샘물(泉)이 솟아올라 끊임없이 흐르고 실(糸)이 가늘고 길게 이어져 그침이 없다는 데서, 가늘고 긴 물줄기와 실 같은 '줄'을 뜻한다.

읽기한자 線麪(선면) 線描(선묘) 渦線(와선) 唾線(타선)

쓰기한자 架線(가선) 鋼線(강선) 曲線(곡선) 光線(광선) 單線(단선) 斷線(단선) 路線(노선) 無線(무선)
配線(배선) 伏線(복선) 複線(복선) 本線(본선) 射線(사선) 斜線(사선) 死線(사선) 線路(선로)
線上(선상) 視線(시선) 一線(일선) 前線(전선) 戰線(전선) 電線(전선) 點線(점선) 接線(접선)
直線(직선) 針線(침선) 打線(타선) 脫線(탈선) 合線(합선) 混線(혼선) 回線(회선) 橫線(횡선)

先 | 8급 | 먼저 **선** | 儿 / 4 | 반 後

길에 이미 다른 사람(儿)이 지나간 발자국(牛)이 나 있는 데서, '먼저, 앞서다'는 뜻이다.

읽기한자 先拿(선나) 先壟(선롱) 先鋒(선봉) 先妣(선비) 先祠(선사) 先游(선유) 先秦(선진) 先鞭(선편)

쓰기한자 機先(기선) 率先(솔선) 先覺(선각) 先決(선결) 先考(선고) 先攻(선공) 先納(선납) 先達(선달)
先代(선대) 先貸(선대) 先導(선도) 先頭(선두) 先烈(선열) 先例(선례) 先賣(선매) 先物(선물)
先輩(선배) 先拂(선불) 先山(선산) 先生(선생) 先手(선수) 先約(선약) 先任(선임) 先占(선점)
先祖(선조) 先着(선착) 先唱(선창) 先親(선친) 先行(선행) 先驗(선험) 先賢(선현) 先後(선후)
于先(우선) 優先(우선)

屑 | 1급 | 가루 **설** | 尸 / 7

몸(尸)이 가루가 되어 부서지도록 힘쓰는(肖) 데서, '가루, 잔부스러기'를 뜻한다.

읽기한자 屑屑(설설) 屑然(설연) 屑意(설의) 屑塵(설진) 經屑(경설) 羈屑(기설) 勃屑(발설) 不屑(불설)
碎屑(쇄설) 玉屑(옥설)

洩 | 1급 | 샐 **설** / 퍼질 **예** | 水 / 6 | 동 漏

물(氵)이 실을 쭉 끌어당긴(曳) 모양을 이루고 있는 데서, '물이 새다, 퍼지다'는 뜻이다.
泄과 同字이다.

읽기한자 洩氣(설기) 洩漏(설루) 露洩(노설) 漏洩(누설)

泄 [1급] 샐 **설** 水 / 5 동 瀉
괸 물(氵)을 잡아 늘이는(世=曳) 데서, '물이 새다'는 뜻이다. 洩과 同字이다.

읽기한자 泄氣(설기) 泄露(설로) 泄瀉(설사) 泄散(설산) 泄用(설용) 歐泄(구설) 漏泄(누설) 謀泄(모설)
排泄(배설) 滲泄(삼설) 舒泄(서설) 下泄(하설)

 渫 [1급] 파낼 **설** 水 / 9
물(氵) 밑의 개흙을 깎아내는(枼=刪) 데서, '치다, 파내다'는 뜻이다.

읽기한자 渫慢(설만) 渫渫(접접) 開渫(개설) 浚渫(준설) 淸渫(청설)

 卨 [2급(名)] 사람이름 **설** 卜 / 9
어떤 짐승(벌레)을 본뜬 글자이다. 이 글자를 모르는 사람이 탱크처럼 생긴 글자라 하여
웃음을 산 일이 있다. 주로 이름자로 쓰인다.

읽기한자 相卨(상설)

 薛 [2급(名)] 성(姓) **설** 艹 / 13
본래는 쑥을 나타내는 글자였으나 姓氏로 주로 쓰인다.

읽기한자 薛聰(설총)

 舌 [4급] 혀 **설** 舌 / 0
혀의 모양을 본뜬 글자로, '혀'를 뜻한다.

읽기한자 掉舌(도설) 舌鋒(설봉) 鶯舌(앵설)
쓰기한자 口舌(구설) 毒舌(독설) 舌端(설단) 舌癌(설암) 舌音(설음) 舌戰(설전) 舌禍(설화) 筆舌(필설)

設 [4급Ⅱ] 베풀 **설** 言 / 4 동 施
지시사항을 말하여(言) 손(又)에 연장(几)을 들고 주변을 정리하고, 물건을 만들게 하는
데서, '베풀다'는 뜻이다.

읽기한자 設弧(설호) 訛設(와설)
쓰기한자 加設(가설) 架設(가설) 改設(개설) 開設(개설) 建設(건설) 竝設(병설) 敷設(부설) 附設(부설)
私設(사설) 常設(상설) 設計(설계) 設令(설령) 設立(설립) 設問(설문) 設備(설비) 設使(설사)
設定(설정) 設置(설치) 設或(설혹) 熟設(숙설) 施設(시설) 新設(신설) 增設(증설) 陳設(진설)
創設(창설) 特設(특설)

說 5급Ⅱ 말씀 **설**/달랠 **세:** 言 / 7 ▣ 設 ⑤ 話
사람들이 이해하고 기꺼워(兌) 하도록 말씀한다(言)는 데서, '말씀, 달래다, 기쁘다'는 뜻이다.

📖 읽기한자 讆說(비설) 臆說(억설) 讒說(참설) 叢說(총설) 悖說(패설) 稗說(패설) 兌說(흥설)

✏️ 쓰기한자 假說(가설) 却說(각설) 槪說(개설) 浪說(낭설) 論說(논설) 發說(발설) 浮說(부설) 社說(사설)
辭說(사설) 序說(서설) 說客(세객) 說得(설득) 說樂(열락) 說明(설명) 說法(설법) 說伏(설복)
說服(설복) 說破(설파) 說話(설화) 小說(소설) 逆說(역설) 演說(연설) 辱說(욕설) 遊說(유세)
異說(이설) 傳說(전설) 定說(정설) 吐說(토설) 通說(통설) 學說(학설) 巷說(항설) 解說(해설)

雪 6급Ⅱ 눈 **설** 雨 / 3
비(雨)처럼 하늘에서 내리는 것으로서 손바닥(크)에 올려놓을 수 있는 물체, '눈'을 뜻한다.

📖 읽기한자 粒雪(입설) 噴雪(분설) 雪仇(설구) 雪肌(설기) 雪冤(설원) 雪肢(설지) 皓雪(호설) 枾雪(시설)

✏️ 쓰기한자 降雪(강설) 大雪(대설) 白雪(백설) 瑞雪(서설) 雪景(설경) 雪糖(설탕) 雪膚(설부) 雪辱(설욕)
雪恥(설치) 小雪(소설) 殘雪(잔설) 積雪(적설) 除雪(제설) 暴雪(폭설) 寒雪(한설) 螢雪(형설)

殲 1급 다죽일 **섬** 歹 / 17 ⑤ 滅
原字는 韱으로, 수많은 사람을 얼마 남지 않을 때까지 모조리 죽임을 나타내고, 뒤에 시체의 뜻인 歹을 덧붙여 뜻을 분명히 한 것으로, '다 죽이다'는 뜻이다.

📖 읽기한자 殲滅(섬멸) 殲撲(섬박) 殲夷(섬이) 剋殲(극섬) 兵殲(병섬) 盡殲(진섬)

閃 1급 번쩍일 **섬** 門 / 2
문(門) 안쪽을 사람(人)이 퍼뜩 통과하는 것을 보는 모양에서, '언뜻보다, 번쩍이다'는 뜻이다.

📖 읽기한자 閃光(섬광) 閃閃(섬섬) 閃屍(섬시) 閃影(섬영) 閃電(섬전) 閃爍(섬찬) 閃忽(섬홀) 閃火(섬화)
電閃(전섬) 廻閃(회섬)

纖 2급 가늘 **섬** 糸 / 17 ⑤ 細 ⑭ 纤
가는 실(糸)과 가는 산부추(韱)를 함께 써서, '가늘다'는 뜻이다.

📖 읽기한자 纖婉(섬완)

✏️ 쓰기한자 纖巧(섬교) 纖刀(섬도) 纖羅(섬라) 纖麗(섬려) 纖眉(섬미) 纖細(섬세) 纖腰(섬요) 纖月(섬월)
纖維(섬유)

蟾 2급(名) 두꺼비 **섬** 虫 / 13
모양이 흉측하고, 울음소리 역시 기분 나빠 사람들이 싫어하는(詹) 벌레(虫)로, '두꺼비'를 뜻한다. 달속에 두꺼비가 있다는 전설에서 달(月)의 별칭으로도 쓰인다.

📖 읽기한자 蟾桂(섬계) 蟾光(섬광) 蟾宮(섬궁)

陝 | 2급(名) | 땅이름 **섬** | 阜 / 7

옛날 虢(괵) 나라의 땅이름에서 연유하여, '땅 이름'으로 쓰인다.

> 읽기한자 　陝西(섬서) 陝縣(섬현)

暹 | 2급(名) | 햇살 치밀 / 나라이름 **섬** | 日 / 12

해(日)가 나온다(進)는 데서, '햇살 치미다'는 뜻이다. 나라이름으로 쓰인다.

> 읽기한자 　東暹(동섬) 暹羅(섬라)

燮 | 2급(名) | 불꽃 **섭** | 火 / 13 | 약 変

본래는 짐승을 손(又)으로 잡고 화톳불(火)에 굽는 데서, '불꽃, 굽다'는 뜻이나 짐승 글자 모양이 言으로 바뀌면서 '화(和)하다'는 뜻이 되었다.

> 읽기한자 　燮理(섭리) 燮伐(섭벌) 燮友(섭우) 燮和(섭화) 調燮(조섭)

涉 | 3급 | 건널 **섭** | 水 / 7

물(氵)을 가로질러 걸어(步)가는 데서, '건너다'는 뜻이다.

> 읽기한자 　跋涉(발섭)
> 쓰기한자 　干涉(간섭) 交涉(교섭) 冒涉(모섭) 涉獵(섭렵) 涉水(섭수) 涉外(섭외)

攝 | 3급 | 다스릴 / 잡을 **섭** | 手 / 18 | 동 理 | 약 摂

손(扌)으로 잡는(聶) 것에서, '잡다, 쥐다'는 뜻이다. 잡은 것은 몸쪽으로 당기므로 '당길 섭', 끌려오지 않으면 으르므로 '으를 섭', 끌려오면 거느리게 된 것이므로 '거느릴 섭, 다스릴 섭, 대신할 섭' 등의 뜻이 파생되었다.

> 읽기한자 　攝餌(섭이) 爪攝(조섭)
> 쓰기한자 　攝理(섭리) 攝生(섭생) 攝政(섭정) 攝取(섭취) 包攝(포섭)

醒 | 1급 | 깰 **성** | 酉 / 9 | 동 寤 | 반 醉

술(酉) 기운이 깨어서 기분이 맑은 별처럼 산뜻하다는(星) 데서, '술 깨다, 꿈 깨다, 깨다'는 뜻이다.

> 읽기한자 　醒覺(성각) 醒目(성목) 醒然(성연) 醒悟(성오) 醒寤(성오) 醒日(성일) 覺醒(각성) 夢醒(몽성) 睡醒(수성) 酒醒(주성)

晟 | 2급(名) | 밝을 **성** | 日 / 7

해(日)의 모양이 완전히 이루어(成)진 것으로, '밝다'는 뜻이다. 주로 이름자로 쓰인다.

星   4급Ⅱ 별 **성** 日 / 5
하늘에서 해(日)처럼 빛을 내는(生) 데서, '별'을 뜻한다.

읽기한자　魁星(괴성) 奎星(규성) 箕星(기성) 紐星(유성) 曙星(서성) 星芒(성망) 星昴(성묘) 星纏(성전)
　　　　　星馳(성치) 隕星(운성) 彗星(혜성) 煌星(황성)

쓰기한자　角星(각성) 客星(객성) 戴星(대성) 列星(열성) 流星(유성) 木星(목성) 星霜(성상) 星宿(성수)
　　　　　星雲(성운) 星座(성좌) 星火(성화) 水星(수성) 妖星(요성) 衛星(위성) 遊星(유성) 將星(장성)
　　　　　土星(토성) 恒星(항성) 行星(행성) 惑星(혹성) 火星(화성) 曉星(효성)

聖 4급Ⅱ 성인 **성:** 耳 / 7
세상 돌아가는 이야기를 듣고(耳), 올바른 도리를 말하면서(口) 세상을 교화하는 책임을
짊어진(壬) 사람에서, '성인'을 뜻한다.

읽기한자　聖矩(성구) 聖躬(성궁) 聖謨(성모) 聖嗣(성사) 聖詔(성조) 聖誨(성회)

쓰기한자　棋聖(기성) 樂聖(악성) 列聖(열성) 四聖(사성) 聖歌(성가) 聖經(성경) 聖句(성구) 聖君(성군)
　　　　　聖女(성녀) 聖堂(성당) 聖德(성덕) 聖徒(성도) 聖靈(성령) 聖母(성모) 聖父(성부) 聖上(성상)
　　　　　聖域(성역) 聖恩(성은) 聖人(성인) 聖子(성자) 聖者(성자) 聖典(성전) 聖殿(성전) 聖旨(성지)
　　　　　聖職(성직) 聖餐(성찬) 聖體(성체) 聖賢(성현) 聖火(성화) 詩聖(시성) 神聖(신성) 亞聖(아성)

盛 4급Ⅱ 성할 **성:** 皿 / 7　동 旺　반 衰
그릇(皿)마다 가득히 음식이 이루어진(成) 데서, '성하다'는 뜻이다.

읽기한자　蕃盛(번성) 盛溢(성일) 盛餞(성전) 盛饌(성찬) 盛寵(성총) 盛熾(성치) 旺盛(왕성) 猥盛(외성)
　　　　　殷盛(은성) 熾盛(치성)

쓰기한자　隆盛(융성) 茂盛(무성) 繁盛(번성) 盛大(성대) 盛德(성덕) 盛衰(성쇠) 盛業(성업) 盛炎(성염)
　　　　　盛裝(성장) 盛典(성전) 盛行(성행) 盛況(성황) 全盛(전성) 昌盛(창성) 豊盛(풍성) 興盛(흥성)
　　　　　強盛(강성)

聲   4급Ⅱ 소리 **성** 耳 / 11　동 音　약 声
돌로 만든 악기(聲)를 방망이로 두드려(殳) 그 소리가 들리도록(耳) 한 데서, '소리'를 뜻한다.

읽기한자　怯聲(겁성) 嬌聲(교성) 濤聲(도성) 沸聲(비성) 聲伎(성기) 聲妓(성기) 聲焰(성염) 聲呑(성탄)
　　　　　豺聲(시성) 鶯聲(앵성) 穢聲(예성) 鵲聲(작성) 鄭聲(정성) 秦聲(진성) 砧聲(침성) 呑聲(탄성)
　　　　　灘聲(탄성) 喊聲(함성) 譜聲(해성) 喚聲(환성)

쓰기한자　假聲(가성) 去聲(거성) 激聲(격성) 哭聲(곡성) 叫聲(규성) 奇聲(기성) 名聲(명성) 發聲(발성)
　　　　　變聲(변성) 四聲(사성) 上聲(상성) 聲帶(성대) 聲樂(성악) 聲量(성량) 聲律(성률) 聲望(성망)
　　　　　聲明(성명) 聲優(성우) 聲援(성원) 聲調(성조) 聲討(성토) 怨聲(원성) 肉聲(육성) 音聲(음성)
　　　　　入聲(입성) 終聲(종성) 初聲(초성) 銃聲(총성) 歎聲(탄성) 平聲(평성) 砲聲(포성) 混聲(혼성)
　　　　　歡聲(환성)

城 4급II 재 **성** 土 / 7

흙(土)과 돌을 쌓아 이룬(成) 담에서, '재(城)'를 뜻한다. 또 그 담으로 둘러싸여 있는 도시를 지칭하기도 한다.

읽기한자 杆城(간성) 聊城(요성) 疊城(누성) 蓑城(사성) 城廓(성곽) 城麓(성록) 城壘(성루) 城堡(성보) 城戍(성수) 城址(성지) 城柵(성책) 城狐(성호) 嬰城(영성)

쓰기한자 佳城(가성) 干城(간성) 開城(개성) 堅城(견성) 京城(경성) 孤城(고성) 高城(고성) 宮城(궁성) 內城(내성) 都城(도성) 羅城(나성) 籠城(농성) 山城(산성) 城郭(성곽) 城壁(성벽) 城主(성주) 城濠(성호) 牙城(아성) 築城(축성) 土城(토성) 漢城(한성) 華城(화성) 荒城(황성)

誠 4급II 정성 **성** 言 / 7 **동** 款

말한(言) 바를 이루기(成) 위해 온갖 노력을 다하는 데서, '정성'을 뜻한다.

읽기한자 竭誠(갈성)

쓰기한자 款誠(관성) 丹誠(단성) 誠金(성금) 誠實(성실) 誠意(성의) 熱誠(열성) 赤誠(적성) 精誠(정성) 至誠(지성) 忠誠(충성) 衷誠(충성) 致誠(치성) 下誠(하성) 孝誠(효성)

性 5급II 성품 **성:** 心 / 5 **동** 心

태어날(生) 때부터 갖고 있는 마음(忄)에서, '성품'을 뜻한다.

읽기한자 懶性(나성) 癖性(벽성) 性癖(성벽) 馴性(순성) 惰性(타성) 稟性(품성)

쓰기한자 感性(감성) 乾性(건성) 硬性(경성) 慣性(관성) 根性(근성) 耐性(내성) 女性(여성) 德性(덕성) 劣性(열성) 理性(이성) 慢性(만성) 變性(변성) 本性(본성) 酸性(산성) 性格(성격) 性能(성능) 性味(성미) 性別(성별) 性情(성정) 性質(성질) 性徵(성징) 性品(성품) 性向(성향) 屬性(속성) 心性(심성) 悟性(오성) 優性(우성) 陰性(음성) 異性(이성) 人性(인성) 適性(적성) 知性(지성) 天性(천성) 特性(특성) 品性(품성)

省 6급II 살필 **성** / 덜 **생** 目 / 4 **동** 減, 略, 察

눈(目)을 가늘게(少) 뜨고 물체를 자세히 살피는 데서, '살피다, 덜다'는 뜻이다.

읽기한자 删省(산생) 省耗(생모) 省訃(성부)

쓰기한자 客省(객성) 儉省(검생) 警省(경성) 歸省(귀성) 反省(반성) 省略(생략) 省墓(성묘) 省察(성찰) 自省(자성)

成 6급II 이룰 **성** 戈 / 3 **비** 戍, 戌, 戎 **동** 就 **반** 敗

장정(丁)이 창(戊＝戈)을 가지고 적을 무찌르거나 짐승을 잡는 데서, '이루다'는 뜻이다.

읽기한자 夙成(숙성) 釀成(양성) 翊成(익성) 狄成(적성) 竣成(준성) 簒成(찬성) 弼成(필성) 渾成(혼성)

쓰기한자 結成(결성) 構成(구성) 達成(달성) 晩成(만성) 成功(성공) 成立(성립) 成分(성분) 成佛(성불) 成事(성사) 成熟(성숙) 成語(성어) 成長(성장) 成績(성적) 成就(성취) 成敗(성패) 成形(성형) 成婚(성혼) 速成(속성) 守成(수성) 熟成(숙성) 養成(양성) 完成(완성) 育成(육성) 作成(작성) 助成(조성) 造成(조성) 輯成(집성) 贊成(찬성) 促成(촉성) 編成(편성) 合成(합성) 形成(형성) 混成(혼성)

姓 7급II 　성 **성:** 女 / 5 　唐 氏

한 여자(女)에게서 태어난(生) 사람들로, 조상이 같음을 표시하는 '성(姓)'을 뜻한다.

읽기한자 剝姓(박성) 姓銜(성함)

쓰기한자 各姓(각성) 百姓(백성) 本姓(본성) 姓名(성명) 姓氏(성씨) 集姓村(집성촌) 他姓(타성)
通姓名(통성명) 稀姓(희성)

貰 2급 　세놓을 **세:** 貝 / 5

재물(貝)을 사고팔고 시간이 흐른 뒤(世)에 그 값을 주고받는 데서, '외상, 빌리다, 세놓다'는 뜻이다.

읽기한자 貰盆(세분)

쓰기한자 房貰(방세) 貰家(세가) 貰房(세방) 貰錢(세전) 月貰(월세) 專貰(전세)

細 4급II 　가늘 **세:** 糸 / 5 　唐 微 　反 大

실(糸)도 가늘고, 뇌 속의 혈관(田)도 가는 데서, '가늘다'는 뜻이다.

읽기한자 些細(사세) 細苛(세가) 細莖(세경) 細瑾(세근) 細肌(세기) 細漣(세련) 細綾(세릉) 細鱗(세린)
細碎(세쇄) 細疵(세자) 細斟(세짐) 仔細(자세)

쓰기한자 零細(영세) 明細(명세) 微細(미세) 詳細(상세) 纖細(섬세) 細葛(세갈) 細工(세공) 細菌(세균)
細紋(세문) 細密(세밀) 細分(세분) 細心(세심) 細則(세칙) 細胞(세포) 細筆(세필) 委細(위세)
精細(정세)

稅 4급II 　세금 **세:** 禾 / 7

늘 떫은 얼굴의 세리도 벼(禾)를 세금으로 거두어 드릴 때는 기뻐한다(兌)는 데서, '세금'을 뜻한다.

읽기한자 苛稅(가세) 洑稅(보세) 稅斂(세렴)

쓰기한자 加稅(가세) 減稅(감세) 結稅(결세) 課稅(과세) 關稅(관세) 納稅(납세) 擔稅(담세) 免稅(면세)
保稅(보세) 稅關(세관) 稅金(세금) 稅率(세율) 稅吏(세리) 稅目(세목) 稅法(세법) 稅收(세수)
稅源(세원) 稅入(세입) 稅制(세제) 稅則(세칙) 人稅(인세) 印稅(인세) 租稅(조세) 酒稅(주세)
重稅(중세) 地稅(지세) 脫稅(탈세)

勢 4급II 　형세 **세:** 力 / 11

흙을 갈아 돋우고 펼쳐(埶) 이랑을 내어 씨앗(丸)을 뿌리면 곡식과 채소가 힘차게(力) 자라는 데서, '기세, 형세'를 뜻한다.

읽기한자 勢焰(세염) 頹勢(퇴세)

쓰기한자 加勢(가세) 家勢(가세) 減勢(감세) 去勢(거세) 攻勢(공세) 權勢(권세) 氣勢(기세) 黨勢(당세)
得勢(득세) 劣勢(열세) 病勢(병세) 山勢(산세) 勢道(세도) 勢力(세력) 守勢(수세) 勝勢(승세)
時勢(시세) 實勢(실세) 弱勢(약세) 外勢(외세) 優勢(우세) 威勢(위세) 姿勢(자세) 戰勢(전세)
情勢(정세) 症勢(증세) 地勢(지세) 趨勢(추세) 態勢(태세) 行勢(행세) 虛勢(허세) 形勢(형세)
強勢(강세)

洗 [5급Ⅱ] 씻을 **세:** 水 / 6 [동] 滌, 濯

길을 가다 계곡물이나 시냇물(氵)을 만나면 마시기에 앞서 먼저(先) 손부터 씻는 데서, '씻다'는 뜻이다.

[읽기한자] 淘洗(도세) 瓶洗(병세) 洗刮(세괄) 洗拭(세식) 梳洗(소세) 懺洗(참세) 滌洗(척세)

[쓰기한자] 洗肝(세간) 洗車(세차) 洗腦(세뇌) 洗練(세련) 洗禮(세례) 洗面(세면) 洗髮(세발) 洗手(세수) 洗眼(세안) 洗劑(세제) 洗濯(세탁)

歲 [5급Ⅱ] 해 **세:** 止 / 9 [약] 岁, 崴

가을에 도끼(戌)로 산 짐승을 잡아 신에게 제사 지내어 한 해의 수확과 안녕에 감사하며, 다음 해로 걸어가는(步) 데서, '해(年)'를 뜻한다.

[읽기한자] 嘉歲(가세) 嗣歲(사세) 肇歲(조세)

[쓰기한자] 客歲(객세) 頃歲(경세) 過歲(과세) 年歲(연세) 萬歲(만세) 百歲(백세) 歲暮(세모) 歲拜(세배) 歲時(세시) 歲月(세월) 歲入(세입) 歲次(세차) 歲出(세출)

世 [7급Ⅱ] 인간 **세:** 一 / 4 [동] 界, 代

30년(卅)은 한(一) 세대라는 데서, '세대'를 뜻한다. 또 자손 대대로 살아가는 세상에서, '인간(＝세상)'의 뜻이 나왔다.

[읽기한자] 曠世(광세) 遁世(둔세) 世仇(세구) 世嬰(세영) 世箴(세잠) 世嫡(세적) 世諦(세체) 夙世(숙세) 捐世(연세)

[쓰기한자] 蓋世(개세) 警世(경세) 戒世(계세) 近世(근세) 棄世(기세) 亂世(난세) 來世(내세) 屢世(누세) 萬世(만세) 別世(별세) 逝世(서세) 世界(세계) 世系(세계) 世代(세대) 世俗(세속) 世孫(세손) 世習(세습) 世襲(세습) 世人(세인) 世稱(세칭) 世態(세태) 世波(세파) 俗世(속세) 塵世(진세) 處世(처세) 出世(출세) 治世(치세) 濁世(탁세) 現世(현세) 惑世(혹세) 後世(후세) 稀世(희세)

遡 [1급] 거스를 **소** 辵 / 10

물 흐름에 거슬러(朔) 올라가는(辶) 데서, '거슬러 올라가다, 거스르다'는 뜻이다.

[읽기한자] 遡及(소급) 遡流(소류) 遡源(소원) 遡風(소풍) 告遡(고소)

搔 [1급] 긁을 **소** 手 / 10 [동] 爬

벼룩(蚤)에 물린 곳을 손(扌)으로 긁는 데서, '긁다'는 뜻이다.

[읽기한자] 搔頭(소두) 搔首(소수) 搔擾(소요) 抑搔(억소) 爬搔(파소)

甦 [1급] 깨어날 **소** 生 / 7

다시(更) 태어난다(生)는 데서, '다시 살아나다, 깨어나다'는 뜻이다.

[읽기한자] 甦生(소생) 甦息(소식)

逍 1급 　노닐 **소** 　辵 / 7 　동 遙
좁은(肖) 걸음걸이로 슬슬 걷는(辶) 데서, '노닐다, 거닐다'는 뜻이다.

　읽기한자 　逍搖(소요) 逍遙(소요)

宵 1급 　밤[夜] **소** 　宀 / 7 　반 晨
달빛(月)이 창문(宀)에 조금(小) 비치는 데서, '밤'을 뜻한다.

　읽기한자 　宵半(소반) 宵晨(소신) 宵餘(소여) 宵宴(소연) 宵月(소월) 宵人(소인) 宵滴(소적) 宵征(소정)
宵燭(소촉) 宵行(소행) 今宵(금소) 累宵(누소) 良宵(양소) 終宵(종소) 淸宵(청소) 春宵(춘소)
通宵(통소)

疎 1급 　성길 **소** 　疋 / 7 　동 隔 　반 密
疏와 여러 가지 뜻을 공유하나 주로 '성기다, 드물다'는 뜻은 주로 이 글자를 쓴다.

　읽기한자 　疎隔(소격) 疎略(소략) 疎籬(소리) 疎密(소밀) 疎朴(소박) 疎薄(소박) 疎放(소방) 疎少(소소)
疎野(소야) 疎影(소영) 疎外(소외) 疎愚(소우) 疎遠(소원) 疎脫(소탈) 疎蕩(소탕) 疎忽(소홀)
空疎(공소) 扶疎(부소) 比疎(비소) 蕭疎(소소) 情疎(정소) 親疎(친소)

蕭 1급 　쓸쓸할 **소** 　艸 / 13 　동 寥, 寂
쑥을 나타내는 글자이나, 주로 '쓸쓸하다'는 뜻으로 쓰인다.

　읽기한자 　蕭郎(소랑) 蕭敷艾榮(소부애영) 蕭散(소산) 蕭森(소삼) 蕭瑟(소슬) 蕭遠(소원) 蕭張(소장)
蕭寂(소적) 蕭條(소조) 跳蕭(도소) 采蕭(채소) 飄蕭(표소)

梳 1급 　얼레빗 **소** 　木 / 7 　동 櫛
머리카락을 갈라서 통하게 하는(疏) 나무(木)로 만든 물건으로, 빗살이 굵고 성긴 큰 빗, '얼레빗'을 뜻한다.

　읽기한자 　梳沐(소목) 梳髮(소발) 梳洗(소세) 梳櫛(소즐) 爬梳(파소)

簫 1급 　퉁소 **소** 　竹 / 13 　동 管
입을 오므리고(肅) 부는 대나무(竹)로 만든 管樂器에서, '퉁소'를 뜻한다.

　읽기한자 　簫鼓(소고) 簫管(소관) 簫郎(소랑) 簫笛(소적) 管簫(관소) 樓簫(누소) 邊簫(변소) 雅簫(아소)
玉簫(옥소) 吹簫(취소) 風簫(풍소) 洞簫(통소)

瘙 | 1급 | 피부병 **소** | 疒 / 10
살갗이 아프고 가려워서 긁게(蚤=搔) 만드는 병(疒)에서, '피부병'을 뜻한다.

🖋 읽기한자 　瘙癢(소양) 風瘙(풍소)

塑 | 1급 | 흙 빚을 **소** | 土 / 10
진흙덩이를 깎아 사람이나 동물의 상을 만드는 데서, '흙 빚다, 토우(土偶)'를 뜻한다.

🖋 읽기한자 　塑像(소상) 泥塑(이소) 彫塑(조소) 繪塑(회소)

邵 | 2급(名) | 땅이름 / 성[姓] **소** | 邑 / 5
中國 春秋時代 진나라의 고을 이름에서 연유하여 '땅이름'으로 쓰이고, 성씨로도 쓰인다.

🖋 읽기한자 　邵雍(소옹)

沼 | 2급(名) | 못 **소** | 水 / 5
물(氵)을 本流에서 불러(召)들여 이루어진 늪(못)에서, '늪, 못'을 뜻한다.

🖋 읽기한자 　德沼(덕소) 龍沼(용소) 璧沼(벽소) 沼上(소상) 沼池(소지) 沼澤(소택) 淵沼(연소) 苑沼(원소)

巢 | 2급(名) | 새집 **소** | 巛 / 8
나무(木) 위의 새집(田 또는 臼)에 새 3마리(巛)가 있는 모양을 본뜬 것으로, '새집'을 뜻한다.

🖋 읽기한자 　卵巢(난소) 病巢(병소) 巢窟(소굴) 鵲巢(작소)

紹 | 2급 | 이을 **소** | 糸 / 5 | 🔲 絶
사람을 불러서(召) 끈(糸)으로 묶는 것으로, '잇다'는 뜻이다.

🖋 읽기한자 　袁紹(원소) 纂紹(찬소)
🖋 쓰기한자 　紹介(소개) 紹繼(소계) 紹賓(소빈) 紹述(소술) 紹興(소흥)

蔬 | 3급 | 나물 **소** | 艸 / 12 | 🔲 菜
사람을 땅의 기운과 소통하게(疏) 해주는 푸성귀(艹)에서, '나물, 푸성귀'를 뜻한다.

🖋 읽기한자 　熊蔬(웅소)
🖋 쓰기한자 　蔬果(소과) 蔬飯(소반) 蔬店(소점) 蔬菜(소채) 菜蔬(채소) 春蔬(춘소) 香蔬(향소)

騷 3급 떠들 **소** 馬 / 10　圄 擾

말(馬)이 벼룩(蚤)한테 물려 가려워서 시끄럽게 날뛰는 데서, '떠들다'는 뜻이다.

읽기한자　騷擾(소요) 繹騷(역소) 喧騷(훤소)

쓰기한자　騷客(소객) 騷動(소동) 騷亂(소란) 騷離(소리) 騷音(소음) 騷人(소인)

昭 3급 밝을 **소** 日 / 5

해(日)가 어둠을 몰아내고 만물을 부르면(召) 온 세상이 환하게 밝아오는 데서, '밝다'는 뜻이다.

읽기한자　昭闡(소천)

쓰기한자　昭明(소명) 昭詳(소상)

召 3급 부를 **소** 口 / 2　圄 喚

윗사람이 칼(刀)을 차고 위엄을 부리며 아랫사람을 오라고 말하는(口) 데서, '부르다'는 뜻이다.

읽기한자　撤召(격소) 召喚(소환)

쓰기한자　聘召(빙소) 召命(소명) 召集(소집) 召還(소환) 應召(응소)

蘇 3급II 되살아날 **소** 艸 / 16

앓던 사람이 약초(艹)와 물고기(魚)와 곡식(禾)을 먹고 다시 기운을 차리는 데서, '되살아나다'는 뜻이다.

읽기한자　蘇枋(소방) 蘇軾(소식)

쓰기한자　美蘇(미소) 蘇聯(소련) 蘇復(소복) 蘇生(소생) 蘇息(소식) 蘇子(소자)

燒 3급II 사를 **소(:)** 火 / 12　圄 焚, 灼　얅 焼

불(火)꽃이 높이(堯) 오르는 데서, '사르다'는 뜻이다.

읽기한자　屠燒(도소) 焚燒(분소) 燒焚(소분) 熏燒(훈소)

쓰기한자　燒却(소각) 燒燈(소등) 燒滅(소멸) 燒失(소실) 燒印(소인) 燒酒(소주) 燒盡(소진) 燃燒(연소)
全燒(전소)

疏 3급II 소통할 **소** 疋 / 7　圄 註　맨 阻

아기가 나올 때 양막을 차고(𤴓) 양수가 흘러(充) 아기가 나오는 통로가 통하는 데서, '소통하다'는 뜻이다.

읽기한자　諫疏(간소) 乖疏(괴소) 疏籬(소리) 疏闢(소벽) 疏頑(소완) 疏迂(소우) 疏奠(소전) 疏鑿(소착)
疏翠(소취) 迂疏(우소) 註疏(주소) 闊疏(활소)

쓰기한자　疏槪(소개) 疏開(소개) 疏漏(소루) 疏明(소명) 疏脫(소탈) 疏通(소통) 疏忽(소홀) 奏疏(주소)

訴 3급Ⅱ　호소할 **소**　言 / 5　동 訟

억울한 일을 물리치기(斥) 위하여 관청에 그 사정을 말(言)로서 하소연한다는 데서, '호소하다'는 뜻이다.

읽기한자　誣訴(무소) 冤訴(원소) 牒訴(첩소)

쓰기한자　告訴(고소) 公訴(공소) 起訴(기소) 免訴(면소) 上訴(상소) 訴訟(소송) 訴願(소원) 訴請(소청)
　　　　　訴追(소추) 勝訴(승소) 泣訴(읍소) 呈訴(정소) 提訴(제소) 敗訴(패소) 被訴(피소) 抗訴(항소)
　　　　　呼訴(호소)

素 4급Ⅱ　본디 / 흴[白] **소(:)**　糸 / 4　동 朴. 樸. 質

누에고치에서 뽑은(主) 실(糸)은 희고, 비단 짜는 바탕이 된다는 데서, '본디, 희다(白)'는 뜻이다.

읽기한자　硅素(규소) 樸素(박소) 砒素(비소) 素蛟(소교) 素襟(소금) 素肌(소기) 素燾(소도) 素禱(소도)
　　　　　素描(소묘) 素樸(소박) 素魄(소백) 素紗(소사) 素堊(소악) 素瓷(소자) 素繪(소회)
　　　　　繪事後素(회사후소) 繪素(회소)

쓰기한자　簡素(간소) 儉素(검소) 毒素(독소) 酸素(산소) 色素(색소) 素憾(소감) 素望(소망) 素朴(소박)
　　　　　素服(소복) 素食(소식) 素養(소양) 素願(소원) 素因(소인) 素子(소자) 素材(소재) 素地(소지)
　　　　　素質(소질) 素餐(소찬) 素行(소행) 水素(수소) 鹽素(염소) 要素(요소) 元素(원소) 音素(음소)
　　　　　窒素(질소) 炭素(탄소) 平素(평소)

掃 4급Ⅱ　쓸[掃除] **소(:)**　手 / 8

손(扌)에 비(帚)를 들었으니, '쓸다'는 뜻이다.

읽기한자　掃糞(소분) 掃截(소절) 掃蕩(소탕) 掃彗(소혜) 灑掃(쇄소) 彗掃(혜소)

쓰기한자　掃滅(소멸) 掃除(소제) 掃地(소지) 一掃(일소) 淸掃(청소)

笑 4급Ⅱ　웃음 **소:**　竹 / 4

바람이 불면 아직 다 자라지 못한 여린(夭) 대나무(竹)는 활 모양으로 구부러지는 데, 그 모양이 사람이 허리를 구부리고 배를 움켜쥐고 웃는 모양과 닮았다는 데서, '웃다'는 뜻이다.

읽기한자　轟笑(굉소) 戮笑(육소) 媚笑(미소) 鄙笑(비소) 嚬笑(빈소) 笑呵(소가) 笑罵(소매) 笑嗤(소치)
　　　　　笑跛(소파) 嘲笑(조소) 諂笑(첨소) 嗤笑(치소) 謔笑(학소) 哄笑(홍소)

쓰기한자　假笑(가소) 可笑(가소) 苦笑(고소) 談笑(담소) 冷笑(냉소) 侮笑(모소) 微笑(미소) 鼻笑(비소)
　　　　　笑納(소납) 失笑(실소) 一笑(일소) 爆笑(폭소) 熙笑(희소) 戱笑(희소)

消 6급Ⅱ　사라질 **소**　水 / 7　동 滅. 耗

물(氵)을 마시고 써서 양이 점점 줄어든다(肖)는 데서, '사라지다'는 뜻이다.

읽기한자　抹消(말소) 消耗(소모) 消歇(소헐)

쓰기한자　消却(소각) 消毒(소독) 消燈(소등) 消滅(소멸) 消防(소방) 消費(소비) 消息(소식) 消失(소실)
　　　　　消音(소음) 消印(소인) 消日(소일) 消長(소장) 消盡(소진) 消風(소풍) 消化(소화) 消火(소화)
　　　　　取消(취소) 解消(해소)

所 7급 바 **소:** 戶 / 4

옛날에 도끼(斤)는 신분의 상징이었다. 사람들이 도끼가 있는 집(戶)이라고 가리키는 데서, '곳, 바'를 뜻한다.

읽기한자 殯所(빈소) 所轄(소할) 謫所(적소)

쓰기한자 姦所(간소) 開所(개소) 居所(거소) 急所(급소) 名所(명소) 墓所(묘소) 配所(배소) 山所(산소) 所感(소감) 所管(소관) 所期(소기) 所望(소망) 所屬(소속) 所信(소신) 所要(소요) 所願(소원) 所謂(소위) 所有(소유) 所以(소이) 所藏(소장) 所長(소장) 所在(소재) 所持(소지) 所請(소청) 所出(소출) 所避(소피) 所懷(소회) 宿所(숙소) 要所(요소) 入所(입소) 場所(장소) 住所(주소) 處所(처소) 哨所(초소) 出所(출소) 便所(변소)

少 7급 적을 **소:** 小 / 1 비 小

점 네 개로 모래를 표시하였으나 그 양이 적은 데서, '적다'는 뜻이다. 또 나이가 적다는 데서 '젊다'는 뜻도 있다.

읽기한자 耗少(모소) 些少(사소) 少彎(소만) 疎少(소소) 乏少(핍소)

쓰기한자 減少(감소) 寡少(과소) 過少(과소) 極少(극소) 僅少(근소) 多少(다소) 老少(노소) 微少(미소) 鮮少(선소) 少女(소녀) 少年(소년) 少量(소량) 少領(소령) 少額(소액) 少尉(소위) 最少(최소) 稀少(희소)

小 8급 작을 **소:** 小 / 0 비 少 동 微

작은 점 세 개를 본뜬 글자로, '작다'는 뜻이다. 또 칼(丿)로 나누면(八) 크기가 작아지는 데서, '작다'는 뜻이라고도 한다.

읽기한자 小苛(소가) 小駕(소가) 小袴(소고) 小轎(소교) 小扱(소급) 小妓(소기) 小朞(소기) 小輦(소련) 小斂(소렴) 小牢(소뢰) 小皿(소명) 小藩(소번) 小忿(소분) 小祠(소사) 小什(소집) 小戎(소융) 小姨(소이) 小雀(소작) 小篆(소전) 小斟(소짐) 小腿(소퇴) 矮小(왜소) 窄小(착소) 狹小(협소)

쓰기한자 過小(과소) 群小(군소) 極小(극소) 大小(대소) 微小(미소) 小康(소강) 小憩(소게) 小鼓(소고) 小隊(소대) 小麥(소맥) 小盤(소반) 小祥(소상) 小生(소생) 小序(소서) 小暑(소서) 小說(소설) 小臣(소신) 小室(소실) 小兒(소아) 小子(소자) 小艇(소정) 小題(소제) 小銃(소총) 小便(소변) 小包(소포) 小幅(소폭) 小學(소학) 小寒(소한) 小型(소형) 弱小(약소) 最小(최소) 縮小(축소)

贖 1급 속죄할 **속** 貝 / 15

재물(貝)로 상대방의 눈을 현혹시켜서 속이는(賣) 데서, 지은 죄를 재물로 비겨 없애는 '속 바치다, 속죄하다'는 뜻이다.

읽기한자 贖免(속면) 贖錢(속전) 贖罪(속죄) 贖刑(속형) 極贖(극속) 赦贖(사속) 助贖(조속) 重贖(중속) 厚贖(후속)

粟 3급 조 **속** 米 / 6 비 栗

쌀(米)에 버금가는(覀) 곡식이란 데서, '조'를 뜻한다.

읽기한자 黍粟(서속) 粟帛(속백) 菽粟(숙속) 蘆粟(노속) 粟殼(속각) 粟粒(속립) 粟餅(속병)

쓰기한자 粟米(속미) 穀粟(곡속) 納粟(납속) 粟麥(속맥) 粟飯(속반) 粟租(속조)

屬 4급 붙일 **속** 尸 / 18 역 属

짐승이나 벌레(蜀)의 꼬리(尾)가 등뼈에 붙어 있다는 데서, '붙다, 붙이다'는 뜻이다.

읽기한자 寮屬(요속) 綾屬(능속)

쓰기한자 家屬(가속) 歸屬(귀속) 等屬(등속) 隷屬(예속) 吏屬(이속) 配屬(배속) 部屬(부속) 附屬(부속)
卑屬(비속) 所屬(소속) 屬國(속국) 屬島(속도) 屬文(속문) 屬性(속성) 專屬(전속) 轉屬(전속)
族屬(족속) 尊屬(존속) 從屬(종속) 直屬(직속) 還屬(환속)

續 4급Ⅱ 이을 **속** 糸 / 15 반 斷 약 続

실(糸)은 길게 이어지고, 파는(賣) 일도 계속 이어지는 데서, '잇다'는 뜻이다.

읽기한자 嗣續(사속) 續貂(속초)

쓰기한자 繼續(계속) 勤續(근속) 斷續(단속) 連續(연속) 相續(상속) 續刊(속간) 續講(속강) 續開(속개)
續騰(속등) 續報(속보) 續成(속성) 續出(속출) 續篇(속편) 續編(속편) 續行(속행) 續絃(속현)
續會(속회) 手續(수속) 永續(영속) 接續(접속) 存續(존속) 持續(지속)

俗 4급Ⅱ 풍속 **속** 人 / 7 비 裕

사람(亻)이 한 골짜기(谷)에 모여 살면 집단적 습관이 생기는 데서, '풍속'을 뜻한다.

읽기한자 聾俗(농속) 巫俗(무속) 俗陋(속루) 俗諺(속언) 俗諦(속체) 頹俗(퇴속)

쓰기한자 禮俗(예속) 民俗(민속) 卑俗(비속) 世俗(세속) 俗談(속담) 俗物(속물) 俗說(속설) 俗世(속세)
俗語(속어) 俗謠(속요) 俗人(속인) 俗字(속자) 俗稱(속칭) 習俗(습속) 野俗(야속) 低俗(저속)
塵俗(진속) 脫俗(탈속) 土俗(토속) 通俗(통속) 風俗(풍속) 還俗(환속)

束 5급Ⅱ 묶을 **속** 木 / 3 비 東, 柬 동 縛

나무(木)의 가지나 고목 등 땔감을 모아서 동아줄로 감은(口) 데서, '묶다'는 뜻이다.

읽기한자 束縛(속박) 束帛(속백) 束薪(속신) 束脯(속포)

쓰기한자 檢束(검속) 結束(결속) 拘束(구속) 團束(단속) 約束(약속)

速 6급 빠를 **속** 辵 / 7

땔감을 단단히 묶듯(束) 마음을 다잡고 부지런히 길을 걸어가는(辶) 데서, '빠르다'는 뜻이다.

읽기한자 迅速(신속) 捷速(첩속)

쓰기한자 加速(가속) 減速(감속) 高速(고속) 過速(과속) 光速(광속) 球速(구속) 急速(급속) 變速(변속)
速決(속결) 速攻(속공) 速棋(속기) 速記(속기) 速斷(속단) 速達(속달) 速度(속도) 速讀(속독)
速力(속력) 速報(속보) 速寫(속사) 速成(속성) 速行(속행) 時速(시속) 音速(음속) 低速(저속)
早速(조속) 拙速(졸속) 秒速(초속) 快速(쾌속) 風速(풍속) 航速(항속)

遜 1급 　겸손할 **孫:** 　辵 / 10 　圖 恭

재물을 뿌리치고 달아나고(孫=遁), 떠나가는(辶) 데서, '달아나다, 사양하다, 겸손하다'는 뜻이다.

> 읽기한자 　遜辭(손사) 遜色(손색) 遜讓(손양) 遜位(손위) 遜弟(손제) 遜志(손지) 遜避(손피) 謙遜(겸손)
> 敬遜(경손) 恭遜(공손) 不遜(불손) 揖遜(읍손)

損 4급 　덜 **손:** 　手 / 10 　圓 捐 　圖 減, 傷, 失, 貶, 害 　回 益, 得

손(扌)으로 값을 치를 돈이나 불필요한 인원(員)을 집어내는 데서, '덜다, 줄이다'는 뜻이다.

> 읽기한자 　耗損(모손) 損耗(손모) 損貶(손폄) 貶損(폄손) 朽損(후손)
> 쓰기한자 　家損(가손) 減損(감손) 缺損(결손) 貸損(대손) 損壞(손괴) 損傷(손상) 損失(손실) 損益(손익)
> 損財(손재) 損害(손해) 汚損(오손) 破損(파손)

孫 6급 　손자 **손(:)** 　子 / 7

자식(子)의 대를 잇는(系) 사람이라는 데서, '손자'를 뜻한다.

> 읽기한자 　昆孫(곤손) 裔孫(예손) 嫡孫(적손)
> 쓰기한자 　世孫(세손) 孫子(손자) 外孫(외손) 子孫(자손) 宗孫(종손) 曾孫(증손) 玄孫(현손) 後孫(후손)

悚 1급 　두려울 **송:** 　心 / 7 　圖 懼, 慄, 惶

마음(忄)이 죄어 오므라들어 다발로 묶은 땔나무(束)처럼 되는 데서, '마음이 죄어들어 오므라들다, 두렵다'는 뜻이다.

> 읽기한자 　悚懼(송구) 悚慄(송률) 悚息(송식) 恐悚(공송) 危悚(위송) 戰悚(전송) 震悚(진송) 惶悚(황송)

宋 2급(名) 　성(姓) **송:** 　宀 / 4

본래는 들보(木)가 지붕을 버티고 있는 건물(宀)에서, 집과 방을 나타냈으나, 주로 나라이름과 姓氏로 쓰인다.

> 읽기한자 　南宋(남송) 北宋(북송) 宋學(송학)

誦 3급 　욀 **송:** 　言 / 7

샘물이 솟아오르듯(甬) 말소리(言)를 내며 글을 읽는 데서, '외다, 읊다'는 뜻이다.

> 읽기한자 　誦呪(송주)
> 쓰기한자 　朗誦(낭송) 誦讀(송독) 暗誦(암송) 愛誦(애송)

訟 3급Ⅱ 송사할 **송**: 言 / 4 통 訴

관청에 옳고 그름을 공정하게(公) 판결하여 달라고 호소하는(言) 데서, '송사하다'는 뜻이다.

읽기한자 聚訟(취송)

쓰기한자 訴訟(소송) 訟事(송사)

頌 4급 기릴/칭송할 **송**: 頁 / 4

누구에게나 공평한(公) 얼굴(頁)로 대하여 사사로움이 없으면 사람들이 칭송하는 데서, '기리다'는 뜻이다.

읽기한자 偈頌(게송) 謳頌(구송) 攎頌(터송)

쓰기한자 頌歌(송가) 頌德(송덕) 頌辭(송사) 頌祝(송축) 讚頌(찬송) 稱頌(칭송)

松 4급 소나무 **송**: 木 / 4

나무(木) 중에 기상이 있어 벼슬(公)하는 나무는 소나무라는 데서, '소나무'를 뜻한다.

읽기한자 喬松(교송) 松喬(송교) 松濤(송도) 松煤(송매) 松肪(송방) 松秧(송앙) 松檜(송회)

쓰기한자 老松(노송) 盤松(반송) 松林(송림) 松柏(송백) 松葉(송엽) 松竹(송죽) 松津(송진) 松花(송화) 赤松(적송) 靑松(청송)

送 4급Ⅱ 보낼 **송**: 辵 / 6 반 受. 迎

등짐(關)을 지고 길(辶)을 떠나는 사람에서, '보내다'는 뜻이다.

읽기한자 錮送(고송) 拏送(나송) 輓送(만송) 餞送(전송) 檻送(함송)

쓰기한자 急送(급송) 返送(반송) 發送(발송) 放送(방송) 付送(부송) 送稿(송고) 送金(송금) 送年(송년) 送達(송달) 送別(송별) 送付(송부) 送信(송신) 送迎(송영) 送電(송전) 送出(송출) 送致(송치) 輸送(수송) 押送(압송) 郵送(우송) 運送(운송) 移送(이송) 傳送(전송) 轉送(전송) 呈送(정송) 差送(차송) 遞送(체송) 託送(탁송) 虛送(허송) 護送(호송) 歡送(환송) 還送(환송) 後送(후송)

碎 1급 부술 **쇄**: 石 / 8 동 破

돌(石)의 돌다운 모양이 완전히 끝나 버리는(卒) 데서, '부수다'는 뜻이다.

읽기한자 碎鑛(쇄광) 碎劇(쇄극) 碎務(쇄무) 碎辭(쇄사) 碎石(쇄석) 碎身(쇄신) 碎銀(쇄은) 碎破(쇄파) 碎貨(쇄화) 苛碎(가쇄) 踏碎(답쇄) 煩碎(번쇄) 粉碎(분쇄) 細碎(세쇄) 零碎(영쇄) 雜碎(잡쇄) 鐵山碎(철산쇄) 敗碎(패쇄) 毀碎(훼쇄)

灑 1급 뿌릴 **쇄**: 水 / 19

먼지 나는 거리를 물(氵)을 뿌려 아름답게(麗) 하는 데서, '물 뿌리다, 깨끗하다'는 뜻이다.

읽기한자 灑落(쇄락) 灑掃(쇄소) 灑灑(쇄쇄) 灑然(쇄연) 灑沃(쇄옥) 灑泣(쇄읍) 灑塵(쇄진) 灑濯(쇄탁) 灑汗(쇄한) 高灑(고쇄) 汎灑(범쇄) 飛灑(비쇄) 淋灑(임쇄) 霑灑(점쇄) 淸灑(청쇄) 脫灑(탈쇄) 揮灑(휘쇄)

鎖 3급Ⅱ 　　쇠사슬 **쇄:** 金 / 10

쇠(金)를 작은(小) 조개(貝) 껍질처럼 둥글게 만들어 이은 데서, '쇠사슬'을 뜻한다.

읽기한자 　緘鎖(함쇄)

쓰기한자 　連鎖(연쇄) 封鎖(봉쇄) 鎖國(쇄국) 閉鎖(폐쇄) 項鎖(항쇄)

刷 3급Ⅱ 　　인쇄할 **쇄:** 刀 / 6

글을 새긴(刂) 목판을 사람(尸)이 천(巾)을 가지고 닦는 데서, '인쇄하다'는 뜻이다.

읽기한자 　刮刷(괄쇄)

쓰기한자 　刷新(쇄신) 印刷(인쇄) 縮刷(축쇄)

衰 3급Ⅱ 　　쇠할 **쇠** 衣 / 4 　비 哀, 衷 　동 弱

띠를 엮어(丑) 비가 올 때 옷(衣)에 걸치는 도롱이를 나타낸 글자이나 도롱이를 걸친 농부 모습이 쇠약해 보이는 데서, '쇠하다'는 뜻이다.

읽기한자 　衰竭(쇠갈) 衰軀(쇠구) 衰懦(쇠나) 衰齡(쇠령) 衰邁(쇠매) 衰耗(쇠모) 衰蕪(쇠무) 衰憊(쇠비)
衰萎(쇠위) 衰頹(쇠퇴) 衰骸(쇠해) 衰歇(쇠헐) 衰朽(쇠후)

쓰기한자 　老衰(노쇠) 盛衰(성쇠) 衰落(쇠락) 衰亡(쇠망) 衰弱(쇠약) 衰殘(쇠잔) 衰退(쇠퇴) 斬衰(참최)

酬 1급 　　갚을 **수** 酉 / 6 　동 報

주객이 서로 술잔(酉)을 주고받기를 잇달아 하는 데서, '술을 권하다, 갚다'는 뜻이다.

읽기한자 　酬答(수답) 酬對(수대) 酬報(수보) 酬悉(수실) 酬應(수응) 酬酌(수작) 酬唱(수창) 酬和(수화)
貴酬(귀수) 答酬(답수) 對酬(대수) 報酬(보수) 應酬(응수) 重酬(중수) 唱酬(창수) 獻酬(헌수)
厚酬(후수)

蒐 1급 　　모을 **수** 艸 / 10 　비 鬼 　동 輯, 集

숲(艹)으로 도깨비(鬼)들을 불러 모으듯, 연구나 취미 등과 관련하여 관계되는 것들을 모으는 데서, '모으다'는 뜻이다.

읽기한자 　蒐羅(수라) 蒐練(수련) 蒐獵(수렵) 蒐苗(수묘) 蒐補(수보) 蒐選(수선) 蒐田(수전) 蒐輯(수집)
蒐集(수집) 大蒐(대수) 茅蒐(모수) 山蒐(산수) 春蒐(춘수)

羞 1급 　　부끄러울 **수** 羊 / 5 　동 愧, 恥

손(丑)으로 희생의 양(羊)을 올리는 데서, '음식을 바치다'는 뜻이다. 또 '부끄러워하다'는 뜻으로 쓰인다.

읽기한자 　羞看(수간) 羞悸(수계) 羞愧(수괴) 羞面(수면) 羞辱(수욕) 羞恥(수치) 羞汗(수한) 嘉羞(가수)
常羞(상수) 膳羞(선수) 珍羞(진수) 慙羞(참수) 豊羞(풍수) 香羞(향수) 好羞(호수)

髓 1급 　　　뼛골 **수** 　骨 / 13 　약 髄
뼈의 중심부인 골강(骨腔)에 가득 차 있는 결체질(結締質)의 물질로, '골수'를 뜻한다.

읽기한자 髓腦(수뇌) 髓海(수해) 骨髓(골수) 腦髓(뇌수) 得髓(득수) 神髓(신수) 怨入骨髓(원입골수)
精髓(정수) 眞髓(진수) 脊髓(척수)

狩 1급 　　　사냥할 **수** 　犬 / 6 　동 獵
동물(犭)을 테두리 안에 에워싸서 달아나지 못하게(守) 하는 데서, '사냥하다'는 뜻이다.

읽기한자 狩獵(수렵) 狩人(수인) 狩田(수전) 南狩(남수) 蒐狩(수수) 岳狩(악수) 田狩(전수)

竪 1급 　　　세울 **수** 　立 / 8 　동 立
안정되게 세우다, 아이, 더벅머리 등의 뜻을 나타낸다.

읽기한자 竪褐(수갈) 竪童(수동) 竪吏(수리) 竪立(수립) 竪毛(수모) 竪臣(수신) 竪儒(수유) 竪子(수자)
竪穴(수혈) 賈竪(고수) 二竪(이수)

袖 1급 　　　소매 **수** 　衣 / 5
구멍이 깊은(由) 옷(衤)에서, 사람이 팔을 꿰는 옷의 부분, '소매'를 뜻한다.

읽기한자 袖口(수구) 袖納(수납) 袖裏(수리) 袖幕(수막) 袖手(수수) 袖刃(수인) 袖珍(수진) 輕袖(경수)
羅袖(나수) 大袖(대수) 舞袖(무수) 半袖(반수) 修袖(수수) 衣袖(의수) 長袖(장수) 闊袖(활수)

繡 1급 　　　수놓을 **수:** 　糸 / 13 　약 繍, 綉
여러 가지 색실을 바늘에 꿰어 피륙에 그림, 글씨, 무늬 따위를 떠서 놓는 데서, '수놓다'는
뜻이다.

읽기한자 繡口(수구) 繡囊(수낭) 繡紋(수문) 繡像(수상) 繡裳(수상) 繡衣(수의) 繡帳(수장) 繡虎(수호)
錦繡(금수) 綺繡(기수) 文繡(문수) 夜行被繡(야행피수) 刺繡(자수) 錯繡(착수)

戍 1급 　　　수자리 **수** 　戈 / 2 　비 戊, 戌, 戎
사람(人)이 창(戈)을 들고 지키고 있는 데서, '수자리'를 뜻한다.

읽기한자 戍甲(수갑) 戍鼓(수고) 戍旗(수기) 戍樓(수루) 戍邊(수변) 戍死(수사) 戍守(수수) 戍役(수역)
戍衛(수위) 戍人(수인) 戍卒(수졸) 更戍(경수) 屯戍(둔수) 邊戍(변수) 城戍(성수) 遠戍(원수)
謫戍(적수) 鎭戍(진수) 行戍(행수)

粹 | 1급 | 순수할 **수** | 米 / 8 | 약 粋
끝까지(卒), 완전히 精米한 쌀(米)에서, '순수하다'는 뜻이다.

읽기한자 粹器(수기) 粹靈(수령) 粹穆(수목) 粹白(수백) 粹液(수액) 粹然(수연) 粹學(수학) 國粹(국수)
端粹(단수) 明粹(명수) 不粹(불수) 秀粹(수수) 純粹(순수) 神粹(신수) 雅粹(아수) 貞粹(정수)
眞粹(진수) 天粹(천수) 平粹(평수) 和粹(화수)

瘦 | 1급 | 여윌 **수** | 疒 / 9 | 비 廋 동 瘠 반 肥
병(疒)으로 몸의 살이 줄어드는(叟=縮) 데서, '여위다'는 뜻이다.

읽기한자 瘦硬(수경) 瘦軀(수구) 瘦面(수면) 瘦削(수삭) 瘦生(수생) 瘦身(수신) 瘦容(수용) 瘦長(수장)
瘦瘠(수척) 瘦鶴(수학) 枯瘦(고수) 老瘦(노수) 疏瘦(소수) 瘠瘦(척수) 淸瘦(청수) 鶴瘦(학수)

讎 | 1급 | 원수 **수** | 言 / 16 | 동 仇. 敵
두 마리의 새(隹)가 마주하여 말하고(言) 있는 것으로, '동등하다, 同類, 대답하다, 원수'를 뜻한다.

읽기한자 讎校(수교) 讎仇(수구) 讎斂(수렴) 讎問(수문) 讎殺(수살) 讎怨(수원) 讎夷(수이) 讎敵(수적)
讎疾(수질) 讎嫌(수혐) 寇讎(구수) 國讎(국수) 復讎(복수) 怨讎(원수) 敵讎(적수)

穗 | 1급 | 이삭 **수** | 禾 / 12 | 약 穂
곡식(禾)의 부위 중에서도 은혜로운(惠) 곳으로, '이삭'을 뜻한다.

읽기한자 稻穗(도수) 燈穗(등수) 實穗(실수) 麥穗(맥수) 實穗(실수) 一穗(일수) 好穗(호수) 禾穗(화수)

嫂 | 1급 | 형수 **수** | 女 / 9
늙은(叟=耆) 계집(女)에서, '노부인', 또는 '형수'를 뜻한다.

읽기한자 嫂叔(수숙) 家嫂(가수) 季嫂(계수) 丘嫂(구수) 梵嫂(범수) 兄嫂(형수)

洙 | 2급(名) | 물가 **수** | 水 / 6
얕은 물은 돌이나 흙의 색깔이 비쳐 물(氵)이 붉게(朱) 보인다는 데서, '물가'를 뜻한다.

읽기한자 洙水(수수)

隋 | 2급(名) | 수나라 **수** | 阜 / 9
中國의 고대 제후국이고, 또 楊堅(양견)이 세운 중국의 통일왕조의 하나로, 高句麗를 침략
하였다가 쇠약해져, 唐에 망한 나라의 이름이다.

읽기한자 隋唐(수당) 隋帝(수제) 隋書(수서)

銖 | 2급(名) | 저울눈 **수** | 金 / 6

쇠(金)로 저울추를 만들어 붉은(朱) 조 12알의 무게를 잰데서 '조 12알의 무게(1兩의 1/24), 저울눈'을 뜻한다. '아주 적은 양'이라는 뜻으로 쓰인다.

읽기한자　銖兩(수량) 銖分(수분) 銖寸(수촌)

囚 | 3급 | 가둘 **수** | 口 / 2

울타리(口) 속에 사람(人)이 갇혀 있는 데서, '가두다, 죄수'를 뜻한다.

읽기한자　拿囚(나수) 虜囚(노수) 囚桎(수질)
쓰기한자　囚役(수역) 囚衣(수의) 囚人(수인) 罪囚(죄수)

誰 | 3급 | 누구 **수** | 言 / 8

꽁지 짧은 새(隹)의 지저귀는 말(言)을 누가 알아듣겠는가? 하는 데서, '누구'를 뜻한다.

쓰기한자　誰得(수득) 誰某(수모) 誰怨(수원) 誰何(수하) 孰誰(숙수)

遂 | 3급 | 드디어 **수** | 辵 / 9 | 비 逐

팔방(八)에서 멧돼지(豕)를 몰아 도망갈 길(辶)을 차단하여 드디어 잡는다는 데서, '드디어'를 뜻한다.

쓰기한자　未遂(미수) 遂行(수행) 完遂(완수)

須 | 3급 | 모름지기 **수** | 頁 / 3

얼굴(頁) 아래에 난 터럭(彡)에서, '턱수염'을 뜻한다. 사내는 모름지기 턱수염이 있어야 한다는 데서, '모름지기'를 뜻한다.

쓰기한자　須要(수요) 須知(수지) 公須(공수) 斯須(사수) 相須(상수) 要須(요수) 必須(필수)

雖 | 3급 | 비록 **수** | 隹 / 9

비록 벌레(虫)나 새(隹)가 주둥이(口)로 논밭의 곡식을 먹더라도 수확은 크게 줄지 않는다는 데서, '비록'을 뜻한다.

쓰기한자　雖然(수연)

睡 | 3급 | 졸음 **수** | 目 / 8 | 동 寐, 眠

눈(目)꺼풀을 아래로 늘어뜨리고(垂) 있는 데서, '졸다, 졸음'을 뜻한다.

읽기한자　睡寐(수매) 睡癖(수벽) 睡醒(수성)
쓰기한자　假睡(가수) 睡眠(수면) 午睡(오수) 昏睡(혼수)

搜 | 3급 | 찾을 **수** | 手 / 9 | 역 搜

叟의 본 모양은 쯏자로 집(宀)에서 손(又)에 불(火)을 들고 무언가를 찾고 있는 것을 그려 '찾다'는 뜻이다. 뒤에 叟가 늙은이를 지칭함에 따라 더듬는 손(扌)을 보탠 것으로, '찾다'는 뜻이다.

읽기한자 搜牢(수뢰) 搜扮(수분) 搜爬(수파)

쓰기한자 搜檢(수검) 搜訪(수방) 搜査(수사) 搜索(수색)

愁 | 3급Ⅱ | 근심 **수** | 心 / 9

가을(秋)에 겨울을 앞두고 온갖 초목이 시들듯 마음(心)도 시든다는 데서, '근심'을 뜻한다.

읽기한자 愁襟(수금) 愁悶(수민) 愁猿(수원) 愁啼(수제) 猿愁(원수)

쓰기한자 旅愁(여수) 愁心(수심) 哀愁(애수) 憂愁(우수) 鄕愁(향수)

殊 | 3급Ⅱ | 다를 **수** | 歹 / 6 | 동 異, 特

죄인을 칼로 목을 베어 죽이니(歹) 붉은(朱) 피가 나온다는 데서, '남다르다, 뛰어나다'는 뜻이다.

읽기한자 殊眷(수권) 殊裔(수예)

쓰기한자 殊常(수상) 殊異(수이) 特殊(특수)

垂 | 3급Ⅱ | 드리울 **수** | 土 / 5

땅(土)을 향해 초목(卄)의 꽃이나 잎이 늘어져(千) 있는 데서, '드리우다'는 뜻이다.

읽기한자 垂拱(수공) 垂鉤(수구) 垂簾(수렴) 垂綸(수륜)

쓰기한자 垂範(수범) 垂柳(수류) 垂楊(수양) 垂直(수직) 懸垂(현수)

隨 | 3급Ⅱ | 따를 **수** | 阜 / 13 | 약 随

웃어른을 조금 뒤떨어져서(隋) 좇아서 가는(辶) 데서, '따르다'는 뜻이다.

읽기한자 卞隨(변수)

쓰기한자 附隨(부수) 隨伴(수반) 隨時(수시) 隨意(수의) 隨筆(수필) 隨行(수행)

壽 | 3급Ⅱ | 목숨 **수** | 士 / 11 | 동 命 | 반 夭 | 약 寿

선비(士)가 한(一) 평생 공부(工)에 뜻을 두고 입(口)과 손(寸)을 한결같이(一) 하면 목숨이 길게 이어진다는 데서, '목숨, 수하다'는 뜻이다.

읽기한자 壽臘(수랍) 壽齡(수령) 壽觴(수상) 壽筵(수연) 壽夭(수요) 壽祉(수지) 椿壽(춘수) 遐壽(하수)

쓰기한자 減壽(감수) 米壽(미수) 壽命(수명) 壽福(수복) 壽宴(수연) 壽衣(수의) 長壽(장수) 祝壽(축수) 胡壽(호수) 喜壽(희수) 稀壽(희수)

輸 3급Ⅱ 　보낼 **수** 　車 / 9 　통 送

물건을 보내달라는 요구에 응답하여(兪) 수레(車)로 짐을 실어 보내는 데서, '보내다'는 뜻이다.

읽기한자 灌輸(관수) 輓輸(만수)

쓰기한자 空輸(공수) 禁輸(금수) 密輸(밀수) 輸送(수송) 輸入(수입) 輸出(수출) 輸血(수혈) 運輸(운수)

需 3급Ⅱ 　쓰일 / 쓸 **수** 　雨 / 6 　반 給

비(雨)가 내려 수염(而)을 적셔 초라한 몰골이 되더라도 필요한 것은 여기저기서 구하여 써야 한다는 데서, '구하다, 쓰이다, 쓰다'는 뜻이다.

읽기한자 饌需(찬수)

쓰기한자 軍需(군수) 民需(민수) 盛需(성수) 需給(수급) 需要(수요) 需用(수용) 祭需(제수) 必需(필수) 婚需(혼수)

帥 3급Ⅱ 　장수 **수** 　巾 / 6 　비 師 　약 帅

언덕(阜) 위의 기(巾) 밑에서 지휘하는 사람으로, '장수'를 뜻한다.

읽기한자 酋帥(추수)

쓰기한자 元帥(원수) 將帥(장수) 總帥(총수) 統帥(통수)

獸 3급Ⅱ 　짐승 **수** 　犬 / 15 　비 畜 　약 獣

개(犬)를 제외한 부분은 單의 다른 모양으로 본디 활을 본뜬 것이다. 개와 활을 가지고 사냥하는 짐승에서, '짐승'을 뜻한다.

읽기한자 獸蹄(수제) 獸檻(수함) 馴獸(순수) 摯獸(지수) 蟄獸(칩수)

쓰기한자 怪獸(괴수) 禽獸(금수) 猛獸(맹수) 獸心(수심) 獸醫(수의) 野獸(야수) 鳥獸(조수)

秀 4급 　빼어날 **수** 　禾 / 2 　비 季, 委 　통 傑, 挺

벼(禾) 이삭 중에서 쭉정이가 아닌 알이 통통한(乃=孕) 것이 아름답다는 데서, '빼어나다'는 뜻이다.

읽기한자 秀爽(수상) 秀粹(수수) 秀聳(수용) 秀挺(수정) 挺秀(정수) 峻秀(준수) 擢秀(탁수)

쓰기한자 閨秀(규수) 秀麗(수려) 秀英(수영) 秀才(수재) 優秀(우수) 俊秀(준수)

收 4급Ⅱ 　거둘 **수** 　攵 / 2 　통 斂, 拾, 穫 　반 支, 給 　약 収

이삭이 달린 곡식(　)을 손에 낫을 들고 치는(攵) 데서, '거두다'는 뜻이다.

읽기한자 收括(수괄) 收斂(수렴) 收摸(수모) 收拭(수식) 收賄(수회)

쓰기한자 減收(감수) 領收(영수) 買收(매수) 沒收(몰수) 未收(미수) 稅收(세수) 收監(수감) 收去(수거) 收納(수납) 收錄(수록) 收買(수매) 收復(수복) 收受(수수) 收拾(수습) 收養(수양) 收容(수용) 收益(수익) 收入(수입) 收藏(수장) 收支(수지) 收集(수집) 收縮(수축) 收奪(수탈) 收穫(수확) 收悔(수회) 押收(압수) 接收(접수) 徵收(징수) 撤收(철수) 秋收(추수) 還收(환수) 回收(회수) 吸收(흡수)

修 4급Ⅱ 　닦을 **수** 人 / 8 　图 習, 飾, 葺

사람(亻)이 냇물(丨=川)을 쳐서 (攵) 머리털(彡)에 뿌려주는 것으로 머리털을 감고 꾸미는 것이 본뜻이나 마음을 닦는 데까지 확장되어, '닦다'는 뜻이다.

읽기한자 修竿(수간) 修莖(수경) 修鯨(수경) 修綸(수륜) 修袖(수수) 修椽(수연) 修葺(수즙) 修勅(수칙)
쓰기한자 監修(감수) 改修(개수) 履修(이수) 補修(보수) 修交(수교) 修女(수녀) 修道(수도) 修練(수련)
修了(수료) 修理(수리) 修復(수복) 修史(수사) 修士(수사) 修辭(수사) 修善(수선) 修繕(수선)
修習(수습) 修飾(수식) 修身(수신) 修養(수양) 修業(수업) 修整(수정) 修正(수정) 修訂(수정)
修築(수축) 修學(수학) 修行(수행) 修好(수호) 嚴修(엄수) 硏修(연수) 再修(재수) 重修(중수)
編修(편수)

受 4급Ⅱ 　받을 **수(:)** 又 / 6 　图 領 反 給, 與, 贈, 拂

손(爪)으로 내미는 술잔(冖)을 손(又)으로 받는다는 데서, '받다'는 뜻이다.

읽기한자 受呵(수가) 膺受(응수) 稟受(품수)
쓰기한자 甘受(감수) 領受(영수) 買受(매수) 受講(수강) 受給(수급) 受諾(수락) 受難(수난) 受納(수납)
受動(수동) 受領(수령) 受理(수리) 受侮(수모) 受配(수배) 受賞(수상) 授受(수수) 受信(수신)
受業(수업) 受容(수용) 受益(수익) 受任(수임) 受精(수정) 受注(수주) 受託(수탁) 受胎(수태)
受學(수학) 受驗(수험) 受惠(수혜) 與受(여수) 傳受(전수) 接受(접수) 享受(향수)

授 4급Ⅱ 　줄 **수** 手 / 8 　图 與 反 受

손(扌)으로 내밀어 받게(受) 한다는 데서, '주다'는 뜻이다.

읽기한자 誨授(회수)
쓰기한자 敎授(교수) 授賞(수상) 授受(수수) 授業(수업) 授與(수여) 授乳(수유) 授精(수정) 傳授(전수)
除授(제수)

守 4급Ⅱ 　지킬 **수** 宀 / 3 　图 衛

관문(宀)에서 손(寸)을 내밀어 통행을 저지하는 데서, '지키다'는 뜻이다.

읽기한자 恪守(각수) 嗣守(사수) 守燎(수료) 守嗣(수사) 戍守(수수) 守冢(수총) 頑守(완수)
쓰기한자 看守(간수) 拒守(거수) 據守(거수) 堅守(견수) 固守(고수) 攻守(공수) 寡守(과수) 郡守(군수)
屯守(둔수) 防守(방수) 保守(보수) 死守(사수) 守舊(수구) 守領(수령) 守門(수문) 守兵(수병)
守備(수비) 守成(수성) 守勢(수세) 守衛(수위) 守節(수절) 守則(수칙) 守護(수호) 嚴守(엄수)
遵守(준수) 把守(파수)

首 5급Ⅱ 　머리 **수** 首 / 0 　[동] 魁, 頭 [반] 尾
사람의 머리 모양을 본뜬 글자로, '머리'를 뜻한다.

읽기한자 　叩首(고수) 魁首(괴수) 俛首(면수) 匕首(비수) 搔首(소수) 首魁(수괴) 首鼠(수서) 首陀(수타)
　　　　　　 倡首(창수) 皓首(호수)

쓰기한자 　絞首(교수) 黨首(당수) 部首(부수) 船首(선수) 首級(수급) 首肯(수긍) 首腦(수뇌) 首都(수도)
　　　　　　 首領(수령) 首尾(수미) 首班(수반) 首相(수상) 首席(수석) 首位(수위) 元首(원수) 自首(자수)
　　　　　　 斬首(참수)

樹 6급 　나무 **수** 木 / 12 　[동] 林, 木
나무(木)를 땅에 심어 똑바로 세우는(尌) 데서, '나무, 세우다'는 뜻이다.

읽기한자 　喬樹(교수) 琪樹(기수) 禿樹(독수) 樹杞(수기) 樹齡(수령) 樹蔭(수음) 樹顚(수전)

쓰기한자 　桂樹(계수) 果樹(과수) 樹林(수림) 樹立(수립) 樹木(수목) 樹液(수액) 樹脂(수지) 樹海(수해)
　　　　　　 植樹(식수) 苑樹(원수)

數 7급 　셈 **수:** 攴 / 11 　[약] 数
드문드문 흩어져 있는(婁) 물건을 막대기를 들고 돌아다니며 치면서(攵) 하나 둘 셈하는
데서, '셈, 세다'는 뜻이다.

읽기한자 　箇數(개수) 剩數(잉수)

쓰기한자 　件數(건수) 基數(기수) 段數(단수) 等數(등수) 枚數(매수) 複數(복수) 算數(산수) 數列(수열)
　　　　　　 數式(수식) 數値(수치) 術數(술수) 實數(실수) 暗數(암수) 額數(액수) 約數(약수) 英數(영수)
　　　　　　 偶數(우수) 運數(운수) 有數(유수) 張數(장수) 財數(재수) 點數(점수) 定數(정수) 指數(지수)
　　　　　　 寸數(촌수) 總數(총수) 打數(타수) 坪數(평수) 虛數(허수) 號數(호수) 劃數(획수) 疏數(소삭)
　　　　　　 煩數(번삭)

手 7급Ⅱ 　손 **수(:)** 手 / 0 　[반] 足
손가락과 손목 등 손을 본뜬 글자로, '손'을 뜻한다.

읽기한자 　拱手(공수) 捲手(권수) 弩手(노수) 辣手(날수) 手巾(수건) 手袋(수대) 手摸(수모) 手拇(수무)
　　　　　　 手搏(수박) 手捧(수봉) 袖手(수수) 手迹(수적) 手槍(수창) 按手(안수) 炙手(자수) 叉手(차수)
　　　　　　 唾手(타수) 舵手(타수)

쓰기한자 　歌手(가수) 擧手(거수) 旗手(기수) 魔手(마수) 拍手(박수) 選手(선수) 手當(수당) 手續(수속)
　　　　　　 手術(수술) 手製(수제) 手票(수표) 手話(수화) 雙手(쌍수) 義手(의수) 入手(입수) 敵手(적수)
　　　　　　 助手(조수) 着手(착수) 隻手(척수) 觸手(촉수) 祝手(축수) 打手(타수) 投手(투수) 把手(파수)
　　　　　　 捕手(포수) 下手(하수) 訓手(훈수)

사

水

| 8급 | 물 **수** | 水 / 0 | 비 氷, 永 | 반 火, 陸 |

흐르는 물의 모양을 본뜬 글자로, '물'을 뜻한다.

읽기한자
澗水(간수) 汨水(멱수) 湍水(단수) 蹈水(도수) 溜水(유수) 沔水(면수) 汶水(문수) 氾水(범수)
噴水(분수) 沸水(불수) 瀕水(빈수) 撒水(살수) 水蛟(수교) 水痘(수두) 水簾(수렴) 水溜(수류)
水珀(수박) 水畔(수반) 水濱(수빈) 水麝(수사) 水棲(수서) 水鼠(수서) 水鴨(수압) 水筒(수통)
水泡(수포) 薪水(신수) 瀋水(심수) 邕水(옹수) 渦水(와수) 澄水(징수) 漲水(창수) 秤水(칭수)
鹹水(함수) 泓水(홍수)

쓰기한자
降水(강수) 硬水(경수) 潭水(담수) 漏水(누수) 腹水(복수) 逝水(서수) 涉水(섭수) 水耕(수경)
水菊(수국) 水陸(수륙) 水脈(수맥) 水壓(수압) 水災(수재) 水害(수해) 溫水(온수) 潛水(잠수)
貯水(저수) 潮水(조수) 治水(치수) 浸水(침수) 炭水(탄수) 脫水(탈수) 廢水(폐수) 漢水(한수)
香水(향수) 峽水(협수) 湖水(호수) 洪水(홍수) 吸水(흡수)

塾

| 1급 | 글방 **숙** | 土 / 11 |

어린이에게 사물의 이치를 잘 익히도록(孰) 하기 위하여, 흙으로 지은 집(土)에서, '글방'을 뜻한다.

읽기한자
塾堂(숙당) 塾頭(숙두) 塾舍(숙사) 塾生(숙생) 塾長(숙장) 家塾(가숙) 門塾(문숙) 私塾(사숙)
義塾(의숙) 村塾(촌숙) 鄕塾(향숙)

夙

| 1급 | 이를 **숙** | 夕 / 3 |

날이 새기 전 이른 아침부터 조심스럽게 일하는 데서, '이르다(早), 일찍'을 뜻한다.

읽기한자
夙起(숙기) 夙暮(숙모) 夙敏(숙민) 夙昔(숙석) 夙成(숙성) 夙世(숙세) 夙夜(숙야) 夙悟(숙오)
夙志(숙지) 夙就(숙취) 夙興(숙흥)

菽

| 1급 | 콩 **숙** | 艹 / 8 |

尗는 본래 가지에 달린 풋콩의 象形이다. 뒤에 뜻을 분명하게 하기 위해 艹(++) 등을 덧붙인 것으로 '콩'을 뜻한다.

읽기한자
菽麥(숙맥) 菽粟(숙속) 菽水(숙수) 菽醬(숙장)

孰

| 3급 | 누구 **숙** | 子 / 8 | 동 誰 |

제사지낼(享) 때 고기를 잡아(丸=埶) 굽는 데서, '익히다'는 뜻이다. 또 그 일을 누가 하느냐 하는 데서, '누구'를 뜻한다.

쓰기한자
孰誰(숙수) 孰是(숙시) 孰若(숙약) 孰尤(숙우)

淑

| 3급Ⅱ | 맑을 **숙** | 水 / 8 | 동 淸 |

콩(叔)은 깨끗한 물(氵)에서 싹튼다는 데서, '맑다'는 뜻이다.

읽기한자
淑媚(숙미) 淑婉(숙완) 淑媛(숙원) 淑慝(숙특)
쓰기한자
私淑(사숙) 淑女(숙녀) 淑德(숙덕) 淑淸(숙청) 貞淑(정숙) 靜淑(정숙) 賢淑(현숙)

熟 | 3급Ⅱ | 익을 **숙** | 火 / 11 | 통 練

불(灬)로 익힌다(孰)는 데서, '익다'는 뜻이다.

읽기한자
熟顆(숙과) 熟蕃(숙번) 熟鰒(숙복)

쓰기한자
能熟(능숙) 爛熟(난숙) 未熟(미숙) 半熟(반숙) 成熟(성숙) 熟客(숙객) 熟考(숙고) 熟果(숙과)
熟達(숙달) 熟讀(숙독) 熟卵(숙란) 熟冷(숙랭) 熟練(숙련) 熟眠(숙면) 熟面(숙면) 熟設(숙설)
熟成(숙성) 熟語(숙어) 熟議(숙의) 熟知(숙지) 熟醉(숙취) 完熟(완숙) 圓熟(원숙) 早熟(조숙)

叔 | 4급 | 아재비 **숙** | 又 / 6 | 반 姪

손(又) 위(上) 항렬의 아버지 보다 작은(小) 아버지에서, '아재비(작은아버지)'를 뜻한다.

읽기한자
嫂叔(수숙) 叔舅(숙구) 媤叔(시숙)

쓰기한자
堂叔(당숙) 叔父(숙부) 叔姪(숙질) 叔行(숙항) 外叔(외숙)

肅 | 4급 | 엄숙할 **숙** | 聿 / 7 | 통 虔, 嚴 | 약 甫, 肃

붓(聿)에 먹물(淵)을 묻혀 글씨를 쓸 때는 몸가짐을 조심한다는 데서, '엄숙하다, 삼가다'는 뜻이다.

읽기한자
恪肅(각숙) 虔肅(건숙) 匡肅(광숙) 肅虔(숙건) 肅澄(숙징)

쓰기한자
肅啓(숙계) 肅軍(숙군) 肅黨(숙당) 肅拜(숙배) 肅然(숙연) 肅正(숙정) 肅淸(숙청) 嚴肅(엄숙)
自肅(자숙) 靜肅(정숙)

宿 | 5급Ⅱ | 잘 **숙** / 별자리 **수:** | 宀 / 8 | 통 寢

집(宀)에서 수많은(百) 사람(亻)이 묵는다는 데서, '묵다, 자다'는 뜻이다. 또 잠든 밤하늘에 별이 보이는 데서, '별자리'를 뜻한다.

읽기한자
魁宿(괴숙) 奎宿(규수) 昴宿(묘수) 宿眷(숙권) 宿瘤(숙류) 宿坊(숙방) 宿棲(숙서) 宿逋(숙포)
寓宿(우숙) 碇宿(정숙) 歇宿(헐숙)

쓰기한자
寄宿(기숙) 同宿(동숙) 露宿(노숙) 留宿(유숙) 星宿(성수) 宿憾(숙감) 宿命(숙명) 宿泊(숙박)
宿昔(숙석) 宿所(숙소) 宿食(숙식) 宿怨(숙원) 宿願(숙원) 宿敵(숙적) 宿題(숙제) 宿主(숙주)
宿直(숙직) 宿醉(숙취) 宿患(숙환) 辰宿(진수) 投宿(투숙) 下宿(하숙) 合宿(합숙) 混宿(혼숙)

馴 | 1급 | 길들일 **순** | 馬 / 3 | 통 擾

내(川)가 일정한 길을 따라 흐르듯, 말(馬)이 사람의 뜻에 따라 움직이게 하는 데서, '길들이다'는 뜻이다.

읽기한자
馴良(순량) 馴鹿(순록) 馴服(순복) 馴性(순성) 馴獸(순수) 馴養(순양) 馴擾(순요) 馴制(순제)
馴致(순치) 馴行(순행) 敎馴(교순) 識馴(식순) 雅馴(아순) 柔馴(유순) 調馴(조순) 風馴(풍순)

醇 | 1급 | 전국술 **순** | 酉 / 8
물을 타지 아니한 맛이 짙은 진한(享) 술(酉)에서, '전국술'을 뜻한다.

읽기한자 醇謹(순근) 醇篤(순독) 醇醴(순례) 醇味(순미) 醇美(순미) 醇朴(순박) 醇備(순비) 醇儒(순유)
醇壹(순일) 醇酒(순주) 醇化(순화) 甘醇(감순) 醇乎醇(순호순) 雅醇(아순) 貞醇(정순)
淸醇(청순) 化醇(화순)

筍 | 1급 | 죽순 **순** | 竹 / 6
대의 땅 속 줄기에서 돋아나는 어린 싹인, '죽순(竹筍)'을 뜻한다.

읽기한자 筍席(순석) 筍芽(순아) 筍輿(순여) 筍皮(순피) 萌筍(맹순) 石筍(석순) 牙筍(아순) 春筍(춘순)
稚筍(치순)

盾 | 2급 | 방패 **순** | 目 / 4
창이나 도끼(斤)의 공격으로부터 머리와 눈(目)을 보호하는 물건으로, '방패'를 뜻한다.

읽기한자 戟盾(극순)
쓰기한자 戈盾(과순) 矛盾(모순) 圓盾(원순)

淳 | 2급(名) | 순박할 **순** | 水 / 8
본래 글자는 산골에 흐르는 맑고 깨끗한 물을 표현한 것이나 사람의 마음 씀이 그와 같다
는 데서, '정이 도탑다, 꾸밈이 없다, 순박하다'는 뜻이다.

읽기한자 樸淳(박순) 淳良(순량) 淳朴(순박) 淳厚(순후)

舜 | 2급(名) | 순임금 **순** | 舛 / 6
中國 上古시대의 임금인 순(舜)임금을 나타낸다. 또 '무궁화'를 나타낸다.

읽기한자 舜禹(순우) 堯舜(요순)

珣 | 2급(名) | 옥이름 **순** | 玉 / 6
둥근(旬) 구슬(玉)로, 옥의 이름인데, 주로 이름자로 쓰인다.

읽기한자 名珣(명순)

洵 | 2급(名) | 참으로 **순** | 水 / 6
본래는 강의 이름인 듯하나 '진실로, 참으로' 등의 뜻으로 쓰인다.

읽기한자 洵美(순미)

荀 | 2급(名) | 풀이름 **순** | 艹 / 6
좋은 얼굴빛으로 되돌아가(旬) 몸이 정상을 찾게 해 주는 약이 되는 풀(艹)로 풀의 이름자이다.

> **읽기한자** 荀子(순자) 荀草(순초)

循 | 3급 | 돌 **순** | 彳 / 9
방패(盾)를 들고 성곽 주변을 돌아다니는(彳) 데서, '돌다'는 뜻이다.

> **읽기한자** 恪循(각순) 撫循(무순)
> **쓰기한자** 循行(순행) 循環(순환)

殉 | 3급 | 따라죽을 **순** | 歹 / 6
죽은(歹) 사람의 뒤를 이어 열흘(旬) 안에 따른다는 데서, '따라 죽다'는 뜻이다.

> **쓰기한자** 殉敎(순교) 殉國(순국) 殉死(순사) 殉葬(순장) 殉職(순직)

脣 | 3급 | 입술 **순** | 肉 / 7
조개(辰) 모양을 한 몸(月) 부위라는 데서, '입술'을 뜻한다.

> **읽기한자** 櫻脣(앵순) 鶯脣(앵순)
> **쓰기한자** 脣亡(순망) 脣音(순음) 脣焦(순초) 焦脣(초순) 免脣(토순)

瞬 | 3급Ⅱ | 눈깜짝일 **순** | 目 / 12
눈(目)을 한번 감았다가 뜨는 시간을 아침에 피었다가 저녁에 지는 무궁화(舜) 꽃에 비긴 것으로, '눈깜짝이다'는 뜻이다. 참고로 무궁화는 저녁에 졌다가 다음날 아침 다시 피어난다.

> **쓰기한자** 瞬間(순간) 一瞬(일순)

巡 | 3급Ⅱ | 돌[廻] / 순행할 **순** | 巛 / 4 | 통 邏, 廻
냇물(巛)이 굽이굽이 흐르듯 길(辶)을 따라 굽이굽이 돌아다닌다는 데서, '돌다, 순행하다'는 뜻이다.

> **읽기한자** 巡邏(순라) 巡撫(순무) 巡按(순안)
> **쓰기한자** 巡警(순경) 巡禮(순례) 巡訪(순방) 巡視(순시) 巡洋(순양) 巡察(순찰) 巡哨(순초) 巡航(순항) 巡行(순행) 巡廻(순회)

旬 | 3급Ⅱ | 열흘 **순** | 日 / 2 | 비 句
천간(＝십간 甲乙丙丁戊己庚辛壬癸)을 하나로 포괄하여(勹) 날(日)의 계산 단위로 삼아 열흘에 한번씩 甲日이 다시 돌아오는 데서, '열, 열흘'을 뜻한다.

> **쓰기한자** 六旬(육순) 上旬(상순) 旬刊(순간) 旬年(순년) 旬報(순보) 旬宣(순선) 旬日(순일) 呈旬(정순) 中旬(중순) 初旬(초순) 七旬(칠순) 下旬(하순)

純 | 4급Ⅱ | 순수할 **순** | 糸 / 4 | 비 鈍 동 潔, 粹

막 돋아난 새싹(屯) 같은 실(糸), 삶아서 익히지 않은 생실은 잡것이 섞이지 않은 데서, '순수하다'는 뜻이다.

읽기한자 純鉤(순구) 純樸(순박) 純粹(순수) 純犧(순희) 綴純(철순)

쓰기한자 單純(단순) 不純(불순) 純潔(순결) 純金(순금) 純度(순도) 純綿(순면) 純毛(순모) 純白(순백)
純益(순익) 純情(순정) 純種(순종) 純眞(순진) 純化(순화) 淸純(청순)

順 | 5급Ⅱ | 순할 **순:** | 頁 / 3 | 비 須 반 逆

냇물(川)이 위에서 아래로 흐르듯 사람의 머리(頁)를 상류 쪽으로 두는 것은 순리를 따르는 것인데서, '순하다, 좇다'는 뜻이다.

읽기한자 婉順(완순)

쓰기한자 歸順(귀순) 無順(무순) 不順(불순) 順列(순열) 順理(순리) 順番(순번) 順産(순산) 順序(순서)
順延(순연) 順位(순위) 順應(순응) 順調(순조) 順從(순종) 順次(순차) 順天(순천) 順風(순풍)
式順(식순) 語順(어순) 逆順(역순) 溫順(온순) 耳順(이순) 筆順(필순) 和順(화순) 畫順(획순)

戌 | 3급 | 개 **술** | 戈 / 2 | 비 成, 戊, 戍

우거진(戊) 초목이 성장을 멈추는(一), 음력 9월의 개달을 나타내는 데서, '개'를 뜻한다.

읽기한자 戌葵(술규)

쓰기한자 甲戌(갑술) 庚戌(경술) 戊戌(무술) 丙戌(병술) 戌年(술년) 戌末(술말) 戌方(술방) 戌兵(술병)
戌生(술생) 戌時(술시) 戌月(술월) 戌日(술일) 戌正(술정) 戌坐(술좌) 戌初(술초) 壬戌(임술)

述 | 3급Ⅱ | 펼 **술** | 辵 / 5

차조(朮) 열매가 정연히 죽 이어져 있듯 先人의 언행을 이어받아 간다(辶)는 데서, '좇다, 잇다, 짓다'는 뜻이다. 또 '펴다, 말하다'는 뜻이다.

읽기한자 撰述(찬술)

쓰기한자 供述(공술) 口述(구술) 記述(기술) 略述(약술) 論述(논술) 上述(상술) 詳述(상술) 敍述(서술)
紹述(소술) 述語(술어) 述懷(술회) 著述(저술) 陳述(진술)

術 | 6급Ⅱ | 재주 **술** | 行 / 5 | 동 藝

차조(朮) 줄기처럼 쭉 뻗어있는 길(行)에서, '길'을 뜻한다. 여기에서, '꾀, 재주'의 뜻이 나왔다.

읽기한자 詭術(궤술) 伎術(기술) 呪術(주술) 讖術(참술) 鍼術(침술) 挾術(협술)

쓰기한자 劍術(검술) 弓術(궁술) 技術(기술) 道術(도술) 魔術(마술) 武術(무술) 美術(미술) 算術(산술)
商術(상술) 手術(수술) 術法(술법) 術數(술수) 術策(술책) 施術(시술) 心術(심술) 藝術(예술)
妖術(요술) 醫術(의술) 仁術(인술) 戰術(전술) 占術(점술) 學術(학술) 話術(화술) 幻術(환술)

崇 | 4급 | 높을 **숭** | 山 / 8 | 동 高, 尙

산(山)이 크고 높다(宗)는 데서, '높다'는 뜻이다.

읽기한자 崇曠(숭광) 崇緬(숭면) 崇祠(숭사) 崇蘊(숭온) 崇岨(숭조) 蘊崇(온숭)
쓰기한자 隆崇(융숭) 崇高(숭고) 崇慕(숭모) 崇拜(숭배) 崇尙(숭상)

膝 | 1급 | 무릎 **슬** | 肉 / 11 | 동 臏

사람이 무릎을 꿇은 모양(卩)과 무릎(桼=節)을 뜻하는 글자를 합친 것으로, '무릎'을 뜻한다.

읽기한자 膝甲(슬갑) 膝邊(슬변) 膝下(슬하) 膝寒(슬한) 膝行(슬행) 傾膝(경슬) 端膝(단슬) 鶴膝(학슬)
容膝(용슬) 前膝(전슬) 接膝(접슬)

瑟 | 2급(名) | 큰거문고 **슬** | 玉 / 9

본래는 사람(人)이 거문고의 줄(珏)을 건드리는 것을 나타낸 글자인데, 뒤에 人이 必로 바뀌었다. '큰 거문고'를 뜻한다.

읽기한자 琴瑟(금슬) 琴瑟(금실) 琴瑟之樂(금실지락) 蕭瑟(소슬)

襲 | 3급Ⅱ | 엄습할 **습** | 衣 / 16

적이 갑자기 쳐들어와 두려워(龍=龖) 옷(衣)을 입을 새도 없이 피하고 본다는 데서, '엄습하다'는 뜻이다. 또 죽은 이를 공경하여(龍=龖) 몸을 씻기고, 수의(衣)를 입히는 데서, '염습하다'는 뜻이다.

읽기한자 蹈襲(도습) 殮襲(염습) 襲蹈(습도) 什襲(십습)
쓰기한자 攻襲(공습) 空襲(공습) 急襲(급습) 奇襲(기습) 踏襲(답습) 來襲(내습) 世襲(세습) 襲擊(습격)
襲來(습래) 襲爵(습작) 逆襲(역습) 因襲(인습) 一襲(일습) 被襲(피습)

濕 | 3급Ⅱ | 젖을 **습** | 水 / 14 | 동 潤 약 湿

볕(日)을 받은 실(絲)을 물(氵)에 담그면 축축해지는 데서, '젖다, 축축하다'는 뜻이다.

읽기한자 濕疹(습진)
쓰기한자 乾濕(건습) 多濕(다습) 冷濕(냉습) 濕氣(습기) 濕度(습도) 濕地(습지) 濕布(습포) 陰濕(음습)
治濕(치습)

拾 | 3급Ⅱ | 주울 **습** / 열 **십** | 手 / 6

손(扌)과 물건이 합해진다(合)는 데서, '줍다'는 뜻이다. 양손(扌)가락의 합(合)이 10이 되는 데서, 열 십(十)의 갖은자로 쓰인다.

읽기한자 拾薪(습신)
쓰기한자 收拾(수습) 拾得(습득) 拾萬(십만)

習 6급 익힐 **습** 羽 / 5 통 慣, 練, 癖, 學

새끼 새가 옆구리의 흰(白)털이 보일 정도로 자주 날개(羽)를 퍼덕여 나는 연습을 하는 데서, '익히다'는 뜻이다.

읽기한자 習癖(습벽) 畜習(예습) 套習(투습) 悖習(패습)

쓰기한자 講習(강습) 見習(견습) 慣習(관습) 敎習(교습) 舊習(구습) 練習(연습) 謬習(유습) 復習(복습) 常習(상습) 世習(세습) 修習(수습) 習慣(습관) 習得(습득) 習性(습성) 習俗(습속) 習字(습자) 習作(습작) 實習(실습) 惡習(악습) 演習(연습) 豫習(예습) 因習(인습) 自習(자습) 弊習(폐습) 風習(풍습) 學習(학습)

丞 1급 정승 **승** 一 / 5

함정에 빠진 사람을 두 손으로 건져 올리는 모양에서, '돕다'는 뜻이다. 나아가 나랏일을 돕는 고위 벼슬아치인 '정승'을 뜻한다.

읽기한자 丞史(승사) 丞相(승상) 群丞(군승) 驛丞(역승) 縣丞(현승)

繩 2급(名) 노끈 **승** 糸 / 13 약 縄

실(糸)을 꼬면 꼰 부분이 맹꽁이(黽) 배 모양으로 볼록해지는 데서, '노끈'을 뜻한다.

읽기한자 矩繩(구승) 縛繩(박승) 繩墨(승묵) 繩索(승삭) 繩尺(승척) 繩縛(승박) 捕繩(포승) 緘繩(함승)

升 2급 되 **승** 十 / 2

곡식을 일정한 분량으로 되는 그릇으로, '되'를 뜻한다.

읽기한자 升勺(승작) 黜升(출승)

쓰기한자 斗升(두승) 升鑑(승감) 升平(승평) 十升(십승)

昇 3급Ⅱ 오를 **승** 日 / 4 반 降

해(日)가 돋아 하늘 위로 오른다(升)는 데서, '오르다'는 뜻이다.

읽기한자 昇喬(승교)

쓰기한자 上昇(상승) 昇降(승강) 昇格(승격) 昇級(승급) 昇段(승단) 昇進(승진) 昇天(승천) 昇華(승화)

僧 3급Ⅱ 중 **승** 人 / 12

속인 보다 일찍(曾) 세상이 허망함을 깨달아 속세를 떠난 사람(亻)에서, '중'을 뜻한다.

읽기한자 衲僧(납승) 僧伽(승가) 僧巾(승건) 僧侶(승려) 僧寮(승료) 僧坊(승방)

쓰기한자 高僧(고승) 女僧(여승) 尼僧(이승) 僧家(승가) 僧尼(승니) 僧舞(승무) 僧服(승복) 妖僧(요승)

乘 3급Ⅱ 　탈 **승** 　ノ / 9 　반 除, 降 　약 乗

사람(ノ＝大)이 나무(木) 위에 두 발을 어긋 딛은(北＝舛) 데서, '오르다'는 뜻이다. 뒤에 수레 따위에 오르는 것도 이 글자를 써서, '타다'는 뜻이다.

읽기한자 　陪乘(배승) 乘輦(승련) 乘鞍(승안) 搭乘(탑승)

쓰기한자 　同乘(동승) 分乘(분승) 史乘(사승) 乘客(승객) 乘車(승차) 乘機(승기) 乘馬(승마) 乘務(승무) 乘法(승법) 乘船(승선) 乘勝(승승) 乘積(승적) 乘艦(승함) 野乘(야승) 傳乘(전승) 便乘(편승) 合乘(합승)

承 4급Ⅱ 　이을 **승** 　手 / 4 　동 繼, 奉, 捧

적통을 이을 아기(ㄱ＝卩)를 양손으로 받들어(廾) 신께 고하는 데서, '잇다, 받다'는 뜻이다. 뒤에 손(手)의 획이 추가되었다.

읽기한자 　媚承(미승) 承捧(승봉) 承訃(승부) 承藉(승자) 承稟(승품) 承乏(승핍)

쓰기한자 　繼承(계승) 口承(구승) 起承(기승) 承繼(승계) 承諾(승낙) 承命(승명) 承服(승복) 承恩(승은) 承認(승인) 承前(승전) 承重(승중) 演承(연승) 傳承(전승)

勝 6급 　이길 **승** 　力 / 10 　반 敗, 負

배(月＝舟)에 스며든 물을 몸을 구부리고(卷) 힘써(力) 퍼내, 물과 싸워 이겨 배의 침몰을 막는 데서, '이기다'는 뜻이다.

읽기한자 　剋勝(극승) 勝塏(승개)

쓰기한자 　健勝(건승) 決勝(결승) 景勝(경승) 樂勝(낙승) 連勝(연승) 名勝(명승) 勝景(승경) 勝共(승공) 勝機(승기) 勝率(승률) 勝利(승리) 勝負(승부) 勝算(승산) 勝勢(승세) 勝訴(승소) 勝者(승자) 勝戰(승전) 勝敗(승패) 壓勝(압승) 完勝(완승) 優勝(우승) 全勝(전승) 戰勝(전승) 必勝(필승)

柿 1급 　감 **시:** 　木 / 5

형성문자로, 식용 과일을 내는 나무(木)인 감나무와 그 열매인 감을 나타낸다.

읽기한자 　柿餠(시병) 柿雪(시설) 柿漆(시칠) 乾柿(건시) 霜柿(상시) 樽柿(준시) 紅柿(홍시) 黑柿(흑시)

匙 1급 　숟가락 **시:** 　匕 / 9 　반 箸

匕는 숟가락의 상형이고, 是도 숟가락총이 긴 숟가락의 상형으로, '숟가락'을 뜻한다.

읽기한자 　匙抄(시초) 茶匙(다시) 飯匙(반시) 玉匙(옥시) 銀匙(은시) 停匙(정시)

豺 1급 　승냥이 **시:** 　豸 / 3

고기를 물어뜯는(才) 짐승(豸)에서, '승냥이'를 뜻한다.

읽기한자 　豺狼(시랑) 豺聲(시성) 豺虎(시호)

猜 | 1급 | 시기할 **시** | 犬 / 8 | 동 忌, 妬

시선을 끄는 검푸른(靑) 개(犭)에서, '의심하다, 시샘하다, 시기하다'는 뜻이다.

읽기한자　猜警(시경) 猜克(시극) 猜忌(시기) 猜惡(시오) 猜畏(시외) 猜怨(시원) 猜阻(시조) 猜察(시찰) 猜讒(시참) 猜憚(시탄) 猜妬(시투) 猜恨(시한) 猜嫌(시혐) 雄猜(웅시) 怨猜(원시) 疑猜(의시) 嫌猜(혐시)

媤 | 1급 | 시집 **시** | 女 / 9

새 색시(女)가 친정집을 그리워하는(思) 곳으로, 한국에서 쓰이며, '시집'을 뜻한다.

읽기한자　媤宅(시댁) 媤叔(시숙) 媤家(시가)

諡 | 1급 | 시호 **시:** | 言 / 9

평가의 말(言)을 보태는(益) 것으로, 死後에, 그 사람의 공덕을 고려하여 내리는 칭호, '시호'를 뜻한다.

읽기한자　諡法(시법) 諡議(시의) 諡號(시호) 美諡(미시) 賜諡(사시) 善諡(선시) 令諡(영시) 追諡(추시)

弑 | 1급 | 윗사람죽일 **시:** | 弋 / 9 | 동 戮

아랫사람이 윗사람을 죽이고(殺) 그 자리의 임자를 바꾸어(式) 다른 사람을 대신 들어앉히는 데서, '윗사람 죽이다'는 뜻이다.

읽기한자　弑殺(시살) 弑逆(시역) 弑虐(시학) 弑害(시해)

柴 | 2급(名) | 섶[薪] **시:** | 木 / 6 | 동 薪

땔감으로나 써야 할 흠이 있는(此＝疵) 나무(木)로, '섶, 땔나무'를 뜻한다.

읽기한자　柴糧(시량) 柴木(시목) 柴地(시지) 柴草(시초) 柴炭(시탄)

屍 | 2급 | 주검 **시:** | 尸 / 6

죽은(死) 몸(尸)으로, '주검'을 뜻한다.

읽기한자　閃屍(섬시)
쓰기한자　檢屍(검시) 屍山(시산) 屍身(시신) 屍體(시체)

矢 | 3급 | 화살 **시:** | 矢 / 0 | 비 失

화살의 모양을 본뜬 글자로, '화살'이라는 뜻이다.

읽기한자　棘矢(극시) 蓬矢(봉시) 鼠矢(서시) 弧矢(호시) 嚆矢(효시)
쓰기한자　弓矢(궁시) 矢石(시석) 矢心(시심) 矢言(시언) 弦矢(현시)

侍 3급Ⅱ 　모실 **시:** 　人 / 6 　비 待 동 陪

사람(亻)이 관청(寺)에서 상관을 모신다는 데서, '모시다'는 뜻이다.

읽기한자 　鵠侍(곡시) 嬪侍(빈시) 憑侍(빙시) 宦侍(환시)
쓰기한자 　近侍(근시) 內侍(내시) 侍女(시녀) 侍郞(시랑) 侍衛(시위) 侍醫(시의) 侍從(시종)

施 4급Ⅱ 　베풀 **시:** 　方 / 5 　동 設

둘둘 말아두었던(也) 깃발(㫃)을 매달아 펼치는 데서, '펴다, 베풀다'는 뜻이다.

읽기한자 　施齋(시재) 施錠(시정) 施鍼(시침)
쓰기한자 　施工(시공) 施肥(시비) 施賞(시상) 施設(시설) 施術(시술) 施政(시정) 施主(시주) 施策(시책)
　　　　　施行(시행) 施惠(시혜) 實施(실시)

視 4급Ⅱ 　볼 **시:** 　見 / 5 　동 眺

신령(示)에 공양하며 눈(見)을 크게 뜨고 진지하게 기원하는 데서, '보다'는 뜻이다.

읽기한자 　瞰視(감시) 倨視(거시) 眄視(면시) 俛視(면시) 俯視(부시) 視眺(시조) 愕視(악시) 鷹視(응시)
　　　　　嫉視(질시) 駭視(해시)
쓰기한자 　監視(감시) 檢視(검시) 輕視(경시) 亂視(난시) 蔑視(멸시) 無視(무시) 斜視(사시) 巡視(순시)
　　　　　視覺(시각) 視角(시각) 視界(시계) 視力(시력) 視線(시선) 視野(시야) 視點(시점) 視差(시차)
　　　　　視察(시찰) 視聽(시청) 傲視(오시) 遠視(원시) 凝視(응시) 正視(정시) 坐視(좌시) 注視(주시)
　　　　　重視(중시) 直視(직시) 疾視(질시) 錯視(착시) 賤視(천시) 透視(투시) 環視(환시)

詩 4급Ⅱ 　시 **시** 　言 / 6

관청(寺)의 기강처럼 어떤 규칙과 운율을 갖춘 말과 글(言)에서, '시'를 뜻한다.

읽기한자 　譚詩(담시) 刪詩(산시) 詩囊(시낭) 詩侶(시려) 詩癖(시벽) 詩什(시집) 詩顚(시전) 詩讖(시참)
　　　　　詩逋(시포)
쓰기한자 　佳詩(가시) 唐詩(당시) 童詩(동시) 律詩(율시) 序詩(서시) 詩歌(시가) 詩經(시경) 詩論(시론)
　　　　　詩想(시상) 詩仙(시선) 詩聖(시성) 詩人(시인) 詩作(시작) 詩的(시적) 詩情(시정) 詩題(시제)
　　　　　詩集(시집) 詩篇(시편) 詩評(시평) 詩風(시풍) 詩學(시학) 詩畫(시화) 英詩(영시) 作詩(작시)
　　　　　長詩(장시) 題詩(제시) 漢詩(한시)

試 4급Ⅱ 　시험 **시(:)** 　言 / 6 　동 驗

말하는(言) 것이 일정한 법식(式)에 따르는 지 여부를 보는 데서, '시험'을 뜻한다.

읽기한자 　試榜(시방) 試錐(시추) 諦試(체시)
쓰기한자 　考試(고시) 嘗試(상시) 試掘(시굴) 試金石(시금석) 試圖(시도) 試鍊(시련) 試料(시료)
　　　　　試食(시식) 試藥(시약) 試演(시연) 試用(시용) 試飮(시음) 試作(시작) 試合(시합) 試驗(시험)
　　　　　應試(응시) 入試(입시) 殿試(전시)

是 | 4급Ⅱ | 이[斯] / 옳을 **시:** | 日 / 5 | 반 非

해(日)와 같이 광명정대(疋=正)하다는 데서, '옳다'는 뜻이다. '이(斯)'의 뜻으로도 쓰인다.

쓰기한자 國是(국시) 是非(시비) 是認(시인) 是日(시일) 是正(시정) 亦是(역시) 壹是(일시) 必是(필시)
或是(혹시)

示 | 5급 | 보일 **시:** | 示 / 0

신에게 제사지내는 곳인 제단의 모양을 본뜬 글자로, 神의 뜻을 내포하고 있고, 신에게 기도하는 마음이 표시되는 데서, '보이다'는 뜻이다.

읽기한자 諭示(유시) 貼示(첩시)

쓰기한자 揭示(게시) 啓示(계시) 告示(고시) 公示(공시) 誇示(과시) 敎示(교시) 例示(예시) 明示(명시)
默示(묵시) 示達(시달) 示範(시범) 示唆(시사) 示威(시위) 暗示(암시) 豫示(예시) 展示(전시)
呈示(정시) 提示(제시) 指示(지시) 彰示(창시) 標示(표시) 表示(표시) 訓示(훈시)

始 | 6급Ⅱ | 비로소 **시:** | 女 / 5 | 동 創, 初 | 반 終, 末, 端

사람은 어머니(女)가 낳아 기르므로(台) 어머니는 인생의 시초라는 데서, '비로소, 처음'을 뜻한다.

쓰기한자 開始(개시) 始動(시동) 始末(시말) 始務(시무) 始發(시발) 始作(시작) 始祖(시조) 始終(시종)
始初(시초) 原始(원시) 爲始(위시) 終始(종시) 創始(창시)

時 | 7급Ⅱ | 때 **시** | 日 / 6 | 동 期

옛날에 관청이나 절(寺)에서 해(日)의 위치로 시각을 잰 데서, '때'를 뜻한다. 또 해가 뜨고 지는 위치로 계절을 안 데서, '철'을 뜻한다.

읽기한자 時頒(시반) 伊時(이시) 爾時(이시)

쓰기한자 零時(영시) 臨時(임시) 每時(매시) 四時(사시) 常時(상시) 隨時(수시) 時價(시가) 時間(시간)
時局(시국) 時急(시급) 時期(시기) 時論(시론) 時事(시사) 時勢(시세) 時速(시속) 時運(시운)
時節(시절) 時點(시점) 時調(시조) 時差(시차) 時評(시평) 時限(시한) 時效(시효) 酉時(유시)
暫時(잠시) 適時(적시) 戰時(전시) 卽時(즉시) 丑時(축시) 平時(평시) 何時(하시) 向時(향시)
或時(혹시)

市 | 7급Ⅱ | 저자 **시:** | 巾 / 2 | 동 都

천(巾)을 사러 가는(亠=之) 곳이라는 데서, '저자'를 뜻한다.

읽기한자 賈市(고시) 閭市(여시) 市屠(시도) 市廛(시전) 市脯(시포) 蜃市(신시) 廛市(전시)

쓰기한자 都市(도시) 市價(시가) 市街(시가) 市內(시내) 市道(시도) 市都(시도) 市立(시립) 市民(시민)
市勢(시세) 市營(시영) 市場(시장) 市長(시장) 市政(시정) 市中(시중) 市廳(시청) 市販(시판)
市況(시황) 證市(증시) 撤市(철시) 波市(파시)

熄 | 1급 | 불꺼질 **식** | 火 / 10

불(火)이 활동을 쉬고(息) 있는 데서, '불 꺼지다'는 뜻이다.

읽기한자 熄滅(식멸) 熄火(식화) 終熄(종식)

拭 | 1급 | 씻을 **식** | 手 / 6 | 통 拂

가로 세로로 실을 짜듯(式=織) 손(扌)을 가로 세로로 움직이는 데서, '씻다, 닦다'는 뜻이다.

읽기한자 拭目(식목) 拭拂(식불) 拭淨(식정) 拭淸(식청) 磨拭(마식) 拂拭(불식) 洗拭(세식) 收拭(수식) 按拭(안식)

蝕 | 1급 | 좀먹을 **식** | 虫 / 9

벌레(虫)가 먹는(飠) 데서, '좀먹다, 벌레먹다'는 뜻이다.

읽기한자 蝕旣(식기) 煤蝕(매식) 薄蝕(박식) 雨蝕(우식) 震蝕(진식) 侵蝕(침식)

湜 | 2급(名) | 물맑을 **식** | 水 / 9

맑음은 물(氵)의 옳은(是) 상태라는 데서, '물 맑다'는 뜻이다.

읽기한자 湜湜(식식) 淸湜(청식)

殖 | 2급 | 불릴 **식** | 歹 / 8 | 비 植

죽은(歹) 것은 땅에 묻혀(直=植) 자양분이 되어 새 생명을 일으키는 데서, '불리다, 번성하다'는 뜻이다.

읽기한자 蕃殖(번식) 滋殖(자식)
쓰기한자 利殖(이식) 繁殖(번식) 生殖(생식) 殖利(식리) 殖産(식산) 殖財(식재) 養殖(양식) 增殖(증식)

軾 | 2급(名) | 수레가로나무 **식** | 車 / 6

수레(車)를 탈 때 사람이 의지할(式) 수 있도록 만든 가로로 걸린 손잡이 나무에서, '수레가로나무'를 뜻한다.

읽기한자 據軾(거식) 憑軾(빙식) 蘇軾(소식) 依軾(의식)

飾 | 3급Ⅱ | 꾸밀 **식** | 食 / 5 | 통 粧

사람(人)은 음식(飠)을 먹은 다음에는 옷(巾)을 꾸민다는 데서, '꾸미다'는 뜻이다.

읽기한자 扮飾(분식) 飾褒(식포) 絢飾(현식)
쓰기한자 假飾(가식) 加飾(가식) 誇飾(과식) 文飾(문식) 服飾(복식) 粉飾(분식) 修飾(수식) 緣飾(연식) 粧飾(장식) 裝飾(장식) 彫飾(조식)

息 4급Ⅱ 쉴 **식** 心 / 6

거친 숨을 토하지 않고 코(自)로 숨을 쉬는 것은 마음(心)이 편안함을 나타낸다. '쉬다'는
뜻이다.

 읽기한자　寐息(매식) 棲息(서식) 甦息(소식) 悚息(송식) 息耗(식모) 息晏(식안) 息喘(식천) 晏息(안식)
　　　　　　雀息(작식) 踵息(종식) 喘息(천식) 帖息(첩식) 喙息(훼식)

　읽기한자　憩息(게식) 姑息(고식) 女息(여식) 令息(영식) 利息(이식) 消息(소식) 蘇息(소식) 安息(안식)
　　　　　　宴息(연식) 燕息(연식) 子息(자식) 窒息(질식) 寢息(침식) 歎息(탄식) 休息(휴식)

識 5급Ⅱ 알 **식** / 기록할 **지** 言 / 12

소리(音)내서 말하는(言) 바를 칼이나 창(戈)으로 누구나 보면 알 수 있게 새겨 적는 데서,
알다, 기록하다'는 뜻이다.

　읽기한자　識馴(식순) 識荊(식형)

　읽기한자　鑑識(감식) 見識(견식) 謹識(근지) 良識(양식) 面識(면식) 無識(무식) 博識(박식) 常識(상식)
　　　　　　識見(식견) 識別(식별) 識字(식자) 唯識(유식) 有識(유식) 意識(의식) 認識(인식) 智識(지식)
　　　　　　知識(지식) 標識(표지) 學識(학식)

式 6급 법 **식** 弋 / 3 동 例, 典

주살(弋)을 만드는(工) 데는 정해진 방식이 있다는 데서, '법, 본보기, 본뜨다'는 뜻이다.

　읽기한자　式閭(식려) 倭式(왜식)

　읽기한자　暇式(가식) 開式(개식) 格式(격식) 硬式(경식) 公式(공식) 舊式(구식) 年式(연식) 單式(단식)
　　　　　　圖式(도식) 略式(약식) 禮式(예식) 立式(입식) 方式(방식) 法式(법식) 複式(복식) 書式(서식)
　　　　　　數式(수식) 式辭(식사) 式順(식순) 式場(식장) 式典(식전) 式前(식전) 新式(신식) 樣式(양식)
　　　　　　洋式(양식) 軟式(연식) 儀式(의식) 定式(정식) 正式(정식) 閉式(폐식) 韓式(한식) 形式(형식)

食 7급Ⅱ 밥 / 먹을 **식** 食 / 0

그릇에 음식을 담고 뚜껑을 덮은 모양을 본뜬 것으로, '밥, 먹다'는 뜻이다.

　읽기한자　喝食(갈식) 粒食(입식) 牟食(모식) 食巾(식건) 食匕(식비) 食黍(식서) 食餌(식이) 食蔗(식자)
　　　　　　倭食(왜식) 稍食(초식)

　읽기한자　間食(간식) 缺食(결식) 穀食(곡식) 斷食(단식) 配食(배식) 疏食(소사) 宿食(숙식) 試食(시식)
　　　　　　食客(식객) 食年(식년) 食代(식대) 食糧(식량) 食率(식솔) 食母(식모) 食費(식비) 食事(식사)
　　　　　　食鹽(식염) 食邑(식읍) 食蟲(식충) 食貪(식탐) 藥食(약식) 飮食(음식) 蠶食(잠식) 絶食(절식)
　　　　　　定食(정식) 餐食(찬식) 菜食(채식) 寢食(침식) 偏食(편식) 飽食(포식) 寒食(한식) 韓食(한식)
　　　　　　混食(혼식) 後食(후식)

植 7급 심을 **식** 木 / 8 비 殖 동 栽

나무(木)를 똑바로(直) 세우는 데서, '심다'는 뜻이다.

　읽기한자　墾植(간식) 徙植(사식)

　읽기한자　假植(가식) 腐植(부식) 寫植(사식) 植毛(식모) 植木(식목) 植木日(식목일) 植物(식물)
　　　　　　植民(식민) 植付(식부) 植樹(식수) 植字(식자) 移植(이식)

宸 1급 　대궐 **신** 宀 / 7 　동 闕

가옥(宀)의 입술(辰=脣)로, '처마'를 뜻한다. 처마는 높은 자리를 차지하는 데서, 제왕(帝王)이 있는 곳, '대궐'을 뜻한다.

읽기한자 宸鑑(신감) 宸眷(신권) 宸闕(신궐) 宸襟(신금) 宸念(신념) 宸怒(신노) 宸斷(신단) 宸謀(신모) 宸輿(신여) 宸憂(신우) 宸威(신위) 宸儀(신의) 宸意(신의) 宸慈(신자) 宸章(신장) 宸衷(신충) 宸筆(신필) 宸翰(신한) 槐宸(괴신) 玉宸(옥신) 紫宸(자신) 帝宸(제신) 中宸(중신) 楓宸(풍신)

訊 1급 　물을 **신:** 言 / 3 　동 問

말(言)을 빨리(卂)하여 상대를 몰아붙이는 데서, '죄를 묻다'는 뜻이다.

읽기한자 訊檢(신검) 訊問(신문) 訊責(신책) 訊治(신치) 考訊(고신) 問訊(문신) 覆訊(복신) 音訊(음신) 振訊(진신) 驗訊(험신)

燼 1급 　불탄끝 **신:** 火 / 14

불(火)이 다한(盡) 뒤에서, '불, 타다 남은 나무, 불탄 끝'을 뜻한다.

읽기한자 燼滅(신멸) 燼餘(신여) 燼灰(신회) 焚燼(분신) 餘燼(여신) 煙燼(연신) 火燼(화신) 灰燼(회신)

迅 1급 　빠를 **신** 辵 / 3 　동 急, 速, 疾, 捷

빨리(卂) 나아가는(辶) 데서, '빠르다'는 뜻이다.

읽기한자 迅急(신급) 迅雷(신뢰) 迅速(신속) 迅羽(신우) 迅雨(신우) 迅傳(신전) 迅捷(신첩) 迅趨(신추) 迅辦(신판) 迅風(신풍) 激迅(격신) 勁迅(경신) 輕迅(경신) 奮迅(분신) 振迅(진신)

薪 1급 　섶 **신** 艸 / 13 　동 柴, 樵

본래 땔나무의 原字는 新이나 '새롭다'는 뜻으로 쓰이게 되자, 艸(++)를 덧붙인 것으로, '섶, 땔나무'를 뜻한다.

읽기한자 薪燎(신료) 薪木(신목) 薪米(신미) 薪水(신수) 薪采(신채) 薪樵(신초) 薪炭(신탄) 鬼薪(귀신) 負薪(부신) 拾薪(습신) 束薪(속신) 臥薪(와신) 錯薪(착신) 采薪(채신)

娠 1급 　아이밸 **신** 女 / 7

계집(女)의 뱃속에서 아이가 움직이고(辰=振) 있는 데서, '아이 배다'는 뜻이다.

읽기한자 妊娠(임신)

呻 1급 　읊조릴 **신** 口 / 5 　동 吟

입(口)에서 목소리를 늘어지게(申) 내는 데서, '읊조리다, 신음하다'는 뜻이다.

읽기한자 呻吟(신음) 呻呼(신호)

蜃 | 1급 | 큰조개 **신** | 虫 / 7 | 통 蛤

辰이 본래 雙殼類 큰 조개의 상형자이나 '용'의 뜻으로 쓰이자 뒤에 虫를 덧붙인 것으로, '큰 조개'를 뜻한다.

읽기한자 蜃氣(신기) 蜃市(신시) 蜃蛤(신합) 老蜃(노신) 文蜃(문신) 蚊蜃(문신) 海蜃(해신)

紳 | 2급 | 띠[帶] **신:** | 糸 / 5

허리에 늘어뜨린(申) 띠(糸)에서, '띠(帶)'를 뜻한다. 또 이것이 상징하는 '벼슬아치'와 '교양있고 예의바른 사람'의 뜻으로도 쓰인다.

읽기한자 紳笏(신홀)
쓰기한자 紳士(신사) 鄕紳(향신)

腎 | 2급 | 콩팥 **신:** | 肉 / 8 | 약 肾

다른 신체기관에 비해 단단한(堅) 신체부위(月)에서, '콩팥'이라는 뜻이다.

읽기한자 腎脹(신창)
쓰기한자 補腎(보신) 腎管(신관) 腎氣(신기) 腎臟(신장) 海狗腎(해구신)

辛 | 3급 | 매울 **신** | 辛 / 0 | 통 苦, 辣, 烈

문신할 때 쓰는 날붙이를 본뜬 글자로, 문신에는 매움과 괴로움이 따른다는 데서, '맵다, 괴롭다'는 뜻이다.

읽기한자 艱辛(간신) 辛艱(신간) 辛辣(신랄) 辛鹹(신함)
쓰기한자 辛苦(신고) 辛方(신방) 辛酸(신산) 辛亥(신해) 香辛料(향신료)

晨 | 3급 | 새벽 **신** | 日 / 7

별(辰)이 지고 해(日)가 오를 무렵에서, '새벽'을 뜻한다.

읽기한자 宵晨(소신) 晨梵(신범) 詰晨(힐신)
쓰기한자 晨鍾(신종) 昏定晨省(혼정신성)

伸 | 3급 | 펼 **신** | 人 / 5 | 통 張 반 縮

번갯불이 퍼지듯(申) 사람(亻)이 기지개를 켜는 데서, '펴다'는 뜻이다.

읽기한자 伸頸(신경) 伸冤(신원) 伸欠(신흠) 欠伸(흠신)
쓰기한자 屈伸(굴신) 伸張(신장) 伸長(신장) 伸縮(신축) 引伸(인신) 追伸(추신)

3급Ⅱ 삼갈 **신:** 心 / 10 동 謹, 重

마음(小)이 참되면(眞) 언행을 삼가는 데서, '삼가다'는 뜻이다.

읽기한자 恪愼(각신) 樸愼(박신)

쓰기한자 謹愼(근신) 愼重(신중)

4급Ⅱ 납[猿] **신** 田 / 0 동 告

번갯불이 위에서 아래로 퍼지는 모양을 본뜬 것으로, '펴다'는 뜻이다. 12지의 하나로 띠로 는 납(원숭이)이다.

읽기한자 申儆(신경) 申昉(신방)

쓰기한자 甲申(갑신) 內申(내신) 答申(답신) 上申(상신) 申告(신고) 申聞(신문) 申方(신방) 申請(신청)

5급Ⅱ 신하 **신** 臣 / 0 비 巨 반 民

임금 앞에 고개를 숙이고 있는 신하의 내리뜬 눈 모양을 본뜬 글자로, '신하'를 뜻한다.

읽기한자 藩臣(번신) 竪臣(수신) 臣虜(신로) 臣僕(신복) 寵臣(총신)

쓰기한자 家臣(가신) 姦臣(간신) 客臣(객신) 功臣(공신) 君臣(군신) 隸臣(예신) 文臣(문신) 使臣(사신)
小臣(소신) 臣下(신하) 貳臣(이신) 宰臣(재신) 朝臣(조신) 戚臣(척신) 忠臣(충신) 勳臣(훈신)

6급Ⅱ 귀신 **신** 示 / 5 동 鬼, 靈

축원을 아뢰며(申) 제사(示)를 지내는 대상으로, '귀신'을 뜻한다. 또 사람의 마음이 귀신 의 불가사의함과 닮은 데가 있는 데서, '마음'이라는 뜻이다.

읽기한자 神卦(신괘) 神軀(신구) 神倦(신권) 神痘(신두) 神鸞(신란) 神昉(신방) 神憑(신빙) 神粹(신수)
神髓(신수) 神崖(신애) 神祐(신우) 神蔡(신채) 神祜(신호) 怡神(이신)

쓰기한자 降神(강신) 客神(객신) 鬼神(귀신) 武神(무신) 山神(산신) 神格(신격) 神訣(신결) 神經(신경)
神奇(신기) 神技(신기) 神童(신동) 神靈(신령) 神明(신명) 神房(신방) 神父(신부) 神祕(신비)
神社(신사) 神仙(신선) 神性(신성) 神聖(신성) 神位(신위) 神意(신의) 神殿(신전) 神主(신주)
神通(신통) 神話(신화) 失神(실신) 入神(입신) 精神(정신) 地神(지신)

6급Ⅱ 몸 **신** 身 / 0 동 軀, 體 반 心

사람이 애를 밴 몸의 모양을 본뜬 글자로, '애 배다, 몸'을 뜻한다.

읽기한자 儡身(뇌신) 焚身(분신) 碎身(쇄신) 瘦身(수신) 身垢(신구) 身虜(신로) 仗身(장신) 纏身(전신)
挺身(정신) 欠身(흠신)

쓰기한자 潔身(결신) 戒身(계신) 謹身(근신) 當身(당신) 代身(대신) 獨身(독신) 等身(등신) 亡身(망신)
文身(문신) 變身(변신) 補身(보신) 分身(분신) 捨身(사신) 屍身(시신) 身邊(신변) 身病(신병)
身分(신분) 身體(신체) 心身(심신) 運身(운신) 肉身(육신) 隱身(은신) 自身(자신) 赤身(적신)
操身(조신) 處身(처신) 隻身(척신) 出身(출신) 致身(치신) 託身(탁신) 投身(투신) 避身(피신)
獻身(헌신) 化身(화신)

信 6급II 　믿을 **신:** 人 / 7 　반 疑

사람(亻)의 말(言)에 거짓이 없어야 하고 듣는 사람도 그대로 믿어야 한다는 데서, '믿다'는 뜻이다.

 읽기한자　惇信(돈신) 帛信(백신) 憑信(빙신) 信耗(신모) 信憑(신빙) 信仗(신장)

쓰기한자　過信(과신) 交信(교신) 溺信(익신) 答信(답신) 篤信(독신) 迷信(미신) 發信(발신) 背信(배신)
符信(부신) 書信(서신) 送信(송신) 受信(수신) 信念(신념) 信賴(신뢰) 信望(신망) 信仰(신앙)
信愛(신애) 信用(신용) 信義(신의) 信託(신탁) 信標(신표) 信號(신호) 雁信(안신) 與信(여신)
外信(외신) 威信(위신) 音信(음신) 自信(자신) 電信(전신) 遞信(체신) 通信(통신) 花信(화신)
確信(확신) 回信(회신)

新 6급II 　새 **신** 斤 / 9 　반 舊, 古

서(立) 있는 나무(木)를 도끼(斤)로 쳐서 새롭고 싱싱한 나무 속살이 드러난 데서, '새롭다'는 뜻이다.

읽기한자　徹新(경신) 新墾(신간) 新腔(신강) 新疆(신강) 新莖(신경) 新寮(신료) 新麪(신면) 新什(신집)
新鶯(신앵) 新脆(신취) 新灘(신탄) 新銜(신함) 新禧(신희)

쓰기한자　更新(갱신) 刷新(쇄신) 新刊(신간) 新舊(신구) 新規(신규) 新奇(신기) 新黨(신당) 新羅(신라)
新綠(신록) 新聞(신문) 新婦(신부) 新書(신서) 新鮮(신선) 新設(신설) 新銳(신예) 新任(신임)
新接(신접) 新正(신정) 新種(신종) 新株(신주) 新進(신진) 新參(신참) 新築(신축) 新春(신춘)
新型(신형) 新婚(신혼) 新興(신흥) 維新(유신) 日新(일신) 斬新(참신) 薦新(천신) 最新(최신)
革新(혁신)

悉 1급 　다 **실** 心 / 7 　동 皆, 盡

짐승이 발톱(釆)으로 다른 짐승의 심장(心)을 후벼내는 모습에서, '남김없이 떼어 내다, 다 하다, 모두, 다'는 뜻이다.

 읽기한자　悉皆(실개) 悉達(실달) 悉曇(실담) 悉銳(실예) 悉盡(실진) 明悉(명실) 備悉(비실) 詳悉(상실)
嚴悉(엄실) 精悉(정실) 該悉(해실)

實 5급II 　열매 **실** 宀 / 11 　동 果 　반 否 　약 実

집(宀)에 돈꿰미(貫)가 가득 찼다는 데서, '알차다', 또 그 모양이 주렁주렁 달린 열매와 같은 데서, '열매'를 뜻한다.

읽기한자　殼實(각실) 槐實(괴실) 樸實(박실) 爽實(상실) 翔實(상실) 實蕃(실번) 實穗(실수) 顚實(전실)
樽實(준실) 萍實(평실)

쓰기한자　健實(건실) 結實(결실) 口實(구실) 篤實(독실) 藍實(남실) 梅實(매실) 不實(부실) 査實(사실)
誠實(성실) 實果(실과) 實錄(실록) 實務(실무) 實數(실수) 實習(실습) 實戰(실전) 實情(실정)
實踐(실천) 實吐(실토) 實學(실학) 實話(실화) 實效(실효) 的實(적실) 切實(절실) 眞實(진실)
着實(착실) 充實(충실) 忠實(충실) 行實(행실) 虛實(허실) 現實(현실) 確實(확실)

失 | 6급 | 잃을 **실** | 大 / 2 | 비 矢 | 동 敗 | 반 得
사람의 손(手)에서 물건이 떨어지는(乀) 데서, '잃다, 그르치다'는 뜻이다.

 읽기한자　蹶失(궐실) 淪失(윤실) 失寐(실매) 失匕(실비) 失隕(실운) 失墜(실추) 跌失(질실)

쓰기한자　過失(과실) 得失(득실) 流失(유실) 亡失(망실) 忘失(망실) 凡失(범실) 紛失(분실) 喪失(상실)
消失(소실) 損失(손실) 失脚(실각) 失格(실격) 失戀(실연) 失禮(실례) 失明(실명) 失色(실색)
失笑(실소) 失手(실수) 失神(실신) 失言(실언) 失業(실업) 失意(실의) 失點(실점) 失足(실족)
失職(실직) 失錯(실착) 失策(실책) 失彈(실탄) 失敗(실패) 失鄕(실향) 失火(실화) 失效(실효)

室 | 8급 | 집 **실** | 宀 / 6 | 동 家
사람이 이르러(至) 머무는 집(宀)에서, '집, 방'을 뜻한다. 또 집안에는 아내가 머문다는 데서, '아내'를 뜻한다.

읽기한자　煖室(난실) 堊室(악실) 庵室(암실) 闇室(암실) 蔭室(음실) 廚室(주실) 悍室(한실)

쓰기한자　客室(객실) 居室(거실) 巨室(거실) 據室(거실) 敎室(교실) 窟室(굴실) 內室(내실) 亡室(망실)
密室(밀실) 別室(별실) 病室(병실) 分室(분실) 産室(산실) 夕室(석실) 小室(소실) 室內(실내)
室人(실인) 室長(실장) 暗室(암실) 溫室(온실) 王室(왕실) 浴室(욕실) 入室(입실) 蠶室(잠실)
前室(전실) 正室(정실) 妾室(첩실) 寢室(침실) 畫室(화실) 皇室(황실)

瀋 | 2급(名) | 즙낼 / 물이름 **심:** | 水 / 15
遼寧省 瀋陽에 있는 강의 이름자이다.

읽기한자　瀋水(심수) 瀋陽(심양)

尋 | 3급 | 찾을 **심** | 寸 / 9 | 동 訪
좌(工)우(口)의 양손(彐)으로 길이(寸)를 재는 것을 나타낸 것으로, 문제 해결의 실마리를 찾는 데서, '찾다'는 뜻이다.

읽기한자　尋撞(심당) 尋繹(심역)

쓰기한자　尋究(심구) 尋問(심문) 尋訪(심방) 尋常(심상) 根尋(근심) 巡尋(순심) 硏尋(연심) 推尋(추심)

審 | 3급Ⅱ | 살필 **심(:)** | 宀 / 12 | 동 査
집(宀)에서 밭(田) 곡식을 찬찬히 살펴가며 분별하는(釆) 데서, '살피다'는 뜻이다.

읽기한자　陪審(배심)

쓰기한자　結審(결심) 球審(구심) 審理(심리) 審問(심문) 審査(심사) 審議(심의) 審判(심판) 豫審(예심)
誤審(오심) 原審(원심) 再審(재심) 主審(주심) 初審(초심)

甚 | 3급II | 심할 **심:** | 甘 / 4 | 동 酷

배우자(匹)와의 사랑이 정도에 지나치게 달콤하다(甘)는 데서, '지나치다, 심하다'는 뜻이다.

읽기한자 滋甚(자심) 藉甚(자심)

쓰기한자 激甚(격심) 極甚(극심) 莫甚(막심) 甚難(심난) 甚大(심대) 甚至於(심지어) 尤甚(우심)
已甚(이심) 益甚(익심) 太甚(태심)

深 | 4급II | 깊을 **심** | 水 / 8 | 비 探 | 동 奧 | 만 淺

물(氵)이 나무(木)에 오른 사람(儿)도 덮칠(冖) 정도로 깊다는 데서, '깊다'는 뜻이다.

읽기한자 艱深(간심) 湍深(단심) 深曠(심광) 深眷(심권) 深昧(심매) 深杳(심묘) 深淵(심연) 深奧(심오)
深冤(심원) 深啼(심제) 深蒲(심포) 阻深(조심)

쓰기한자 水深(수심) 深刻(심각) 深度(심도) 深慮(심려) 深山(심산) 深夜(심야) 深穩(심온) 深遠(심원)
深淺(심천) 深趣(심취) 深層(심층) 深海(심해) 深化(심화) 夜深(야심)

心 | 7급 | 마음 **심** | 心 / 0 | 동 性 | 만 體, 身

심장의 모양을 본뜬 것으로 옛사람들은 마음의 활용이 심장에서 비롯하는 것으로 이해한
데서, '마음'을 뜻한다.

읽기한자 怯心(겁심) 嘔心(구심) 葵心(규심) 狼心(낭심) 忿心(분심) 首邱初心(수구초심) 心悸(심계)
心囊(심낭) 心魄(심백) 心恙(심양) 心匠(심장) 穢心(예심) 寓心(우심) 悛心(전심) 嫉心(질심)
惻心(측심) 秤心(칭심) 妬心(투심) 婆心(파심) 炯心(형심)

쓰기한자 苦心(고심) 丹心(단심) 良心(양심) 銘心(명심) 變心(변심) 邪心(사심) 傷心(상심) 愁心(수심)
心肝(심간) 心琴(심금) 心慮(심려) 心腹(심복) 心弱(심약) 心底(심저) 心證(심증) 心醉(심취)
心血(심혈) 野心(야심) 慾心(욕심) 貳心(이심) 點心(점심) 操心(조심) 盡心(진심) 衷心(충심)
恒心(항심) 核心(핵심) 歡心(환심) 孝心(효심) 黑心(흑심)

什 | 1급 | 열사람 **십** / 세간 **집** | 人 / 2 | 동 器, 物

열(十) 명의 사람(亻)으로, '열 사람'을 뜻한다. 또, 집안 살림에 쓰는 온갖 물건으로, '세간'
을 뜻한다.

읽기한자 什六(십륙) 什吏(십리) 什伯(십백) 什襲(십습) 什長(십장) 什具(집구) 什器(집기) 什物(집물)
什寶(집보) 家什(가집) 小什(소집) 詩什(시집) 新什(신집) 章什(장집) 篇什(편집)

十 | 8급 | 열 **십** | 十 / 0

一은 숫자를 | 은 열의 단위를 나타낸다. 十은 '열'이다. 廿으로는 스물, 卅으로는 서른, 卌
으로는 마흔을 나타낸다.

쓰기한자 九十(구십) 六十(육십) 十干(십간) 十戒(십계) 十年(십년) 十里(십리) 十枚(십매) 十仙(십선)
十升(십승) 十葉(십엽) 十長(십장) 二十(이십) 赤十字(적십자)

雙 3급Ⅱ 두 / 쌍 **쌍** 隹 / 10 약 双

손(又)에 새 두 마리(隹隹)를 올려 놓고 있는 데서, '둘, 쌍'을 뜻한다.

읽기한자 雙叩(쌍고) 雙瞳(쌍동) 雙璧(쌍벽) 雙棲(쌍서) 雙樽(쌍준)

쓰기한자 無雙(무쌍) 雙肩(쌍견) 雙務(쌍무) 雙方(쌍방) 雙墳(쌍분) 雙手(쌍수) 雙眼鏡(쌍안경)
雙親(쌍친) 雙胎(쌍태) 雙和湯(쌍화탕)

氏 4급 각시 / 성씨(姓氏) **씨** 氏 / 0

나무뿌리를 본떠 같은 뿌리에서 나온 사람들을 나타낸다. '각시, 성씨(姓氏)'를 뜻한다.

읽기한자 舅氏(구씨) 冶氏(야씨) 芮氏(예씨) 匠氏(장씨) 曹氏(조씨)

쓰기한자 季氏(계씨) 郭氏(곽씨) 李氏(이씨) 某氏(모씨) 無名氏(무명씨) 朴氏(박씨) 伯氏(백씨)
姓氏(성씨) 氏族(씨족) 諸氏(제씨) 宗氏(종씨) 創氏(창씨) 沈氏(심씨) 兄氏(형씨)

衙 1급 마을[官廳] **아** 行 / 7 비 衛 동 府, 署

통행과 출입(行)을 막아(吾) 통제하는 데서, '막다'는 뜻을, 또 그런 곳이 '마을(官廳)'이라는 뜻이다.

읽기한자 衙官(아관) 衙內(아내) 衙隷(아례) 衙門(아문) 衙兵(아병) 衙署(아서) 衙前(아전) 衙參(아참)
衙牒(아첩) 衙推(아추) 公衙(공아) 官衙(관아) 殿衙(전아) 正衙(정아) 退衙(퇴아)

啞 1급 벙어리 **아(:)** 口 / 8 약 唖

말(言)이 막히는(亞) 데서, '말이 막히다, 벙어리'를 뜻한다.

읽기한자 啞嘔(아구) 啞啞(아아) 啞然(아연) 啞咽(아열) 啞子(아자) 啞然(액연) 嘔啞(구아) 暗啞(암아)

俄 1급 아까 **아** 人 / 7

아주 짧은 시간, '아까, 조금, 갑자기'의 뜻이며, 또 러시아(俄羅斯)의 약칭으로 쓰인다.

읽기한자 俄刻(아각) 俄頃(아경) 俄館(아관) 俄然(아연) 俄爾(아이) 傀俄(괴아)

訝 1급 의심할 **아** 言 / 4 동 惑

형성문자로, 말(言)로 의문을 표시하고, 말로 환영을 표하는 데서, '맞이하다, 의심하다'는 뜻이다.

읽기한자 訝賓(아빈) 訝惑(아혹) 驚訝(경아) 怪訝(괴아) 猜訝(시아) 疑訝(의아) 嗟訝(차아)

餓 3급 　　　주릴 **아:** 食 / 7 　 圖 饉

먹지(食) 못해 피골이 상접한 모양을 이 빠진 도끼날(我)에 비긴 것으로, '주리다'는 뜻이다.

읽기한자 餓饉(아근) 餓狼(아랑)

쓰기한자 飢餓(기아) 餓鬼(아귀) 餓死(아사)

我 3급II 　　　나 **아:** 戈 / 3

손(手)에 창(戈)을 들고 적으로부터 자기를 보호한다는 데서, '나'를 뜻한다.

읽기한자 我曹(아조)

쓰기한자 沒我(몰아) 無我(무아) 小我(소아) 我國(아국) 我軍(아군) 我田(아전) 我執(아집) 唯我(유아)
自我(자아) 彼我(피아)

雅 3급II 　　　맑을 **아(:)** 隹 / 4 　 밴 俗

이빨(牙)이 부딪는 듯한 맑은 소리를 내는 새(隹)로, '갈 까마귀'를 나타낸다. 그 맑은 울음
소리에서, '맑다'는 뜻이다.

읽기한자 雅簫(아소) 雅粹(아수) 雅醇(아순) 雅馴(아순) 爾雅(이아)

쓰기한자 端雅(단아) 雅淡(아담) 雅樂(아악) 雅量(아량) 雅兄(아형) 雅號(아호) 優雅(우아) 幽雅(유아)
淸雅(청아)

亞 3급II 　　　버금 **아(:)** 二 / 6 　 임 亜

두 곱사등이가 마주 선 모양을 본뜬 것으로, 곱사등이가 온전한 사람보다는 못하다는 데
서, '버금'을 뜻한다.

읽기한자 亞銓(아전) 亞樽(아준)

쓰기한자 東亞(동아) 亞流(아류) 亞麻(아마) 亞聖(아성) 亞細亞(아세아) 亞鉛(아연) 亞熱帶(아열대)
亞洲(아주) 亞獻(아헌)

芽 3급II 　　　싹 **아** 艸 / 4

풀(艹)이 어금니(牙)가 살 속에서 나오듯 땅 속에서 돋아난다는 데서, '싹'을 뜻한다.

읽기한자 萌芽(맹아) 胚芽(배아) 筍芽(순아) 腋芽(액아)

쓰기한자 麥芽(맥아) 發芽(발아) 摘芽(적아) 胎芽(태아)

牙 3급II 　　　어금니 **아** 牙 / 0

이빨의 모양을 본뜬 글자로, '어금니'를 뜻한다.

읽기한자 弩牙(노아) 牙疳(아감) 牙筍(아순) 牙獐(아장) 牙爪(아조) 牙蕉(아초) 牙牌(아패) 牙頰(아협)
檣牙(장아) 狄牙(적아) 爪牙(조아) 叉牙(차아)

쓰기한자 毒牙(독아) 象牙(상아) 牙器(아기) 牙山(아산) 牙城(아성) 齒牙(치아)

阿 3급II 　　　　언덕 **아**　阜 / 5　동 丘, 詔

구부러진 모양(可)의 언덕(阝)에서, '언덕'을 뜻한다.

📖 읽기한자　澗阿(간아) 阿嬌(아교) 阿堵(아도) 阿瞞(아만) 阿媚(아미) 阿爺(아야) 阿婉(아완) 阿諛(아유)
阿叱(아질) 阿諂(아첨) 阿婆(아파)

✏️ 쓰기한자　阿膠(아교) 阿丘(아구) 阿附(아부) 阿修羅場(아수라장) 阿片(아편)

兒 5급II 　　　　아이 **아**　儿 / 6　동 童　약 児

아이의 머리(臼)와 다리(儿) 모양을 나타낸 데서, '아이'를 뜻한다.

📖 읽기한자　拐兒(괴아) 嬌兒(교아) 驕兒(교아) 屠兒(도아) 猫兒(묘아) 兒曹(아조) 鶯兒(앵아) 嬰兒(영아)
寵兒(총아)

✏️ 쓰기한자　家兒(가아) 健兒(건아) 孤兒(고아) 棄兒(기아) 豚兒(돈아) 盲兒(맹아) 迷兒(미아) 産兒(산아)
小兒(소아) 兒童(아동) 兒名(아명) 兒役(아역) 園兒(원아) 院兒(원아) 乳兒(유아) 幼兒(유아)
育兒(육아) 胎兒(태아) 奚兒(해아)

愕 1급 　　　　놀랄 **악**　心 / 9

속(忄)으로 생각했던 것과는 어긋나는(咢) 데서, '놀라다'는 뜻이다.

📖 읽기한자　愕立(악립) 愕視(악시) 愕愕(악악) 愕然(악연) 驚愕(경악) 怪愕(괴악) 哀愕(애악) 卒愕(졸악)
嗟愕(차악) 錯愕(착악) 駭愕(해악)

顎 1급 　　　　턱 **악**　頁 / 9

턱뼈를 포함하여 口腔의 상하에 있는 '턱'을 뜻한다.

📖 읽기한자　上顎(상악) 下顎(하악)

堊 1급 　　　　흰 흙 **악**　土 / 8

고대의 墓室(亞) 벽에 바르는 흙(土)에서, '흰 흙'을 뜻한다.

📖 읽기한자　堊塗(악도) 堊漫(악만) 堊壁(악벽) 堊室(악실) 丹堊(단악) 白堊(백악) 素堊(소악)

握 2급 　　　　쥘 **악**　手 / 9

손(扌) 안(屋)에 무엇을 잡고 있는 데서, '쥐다'는 뜻이다.

📖 읽기한자　捲握(권악)

✏️ 쓰기한자　握力(악력) 握髮(악발) 掌握(장악) 把握(파악)

岳 | 3급 | 큰 산 **악** | 山 / 5
산(山)이 있고 그 위에 또 언덕(丘)이 있는 데서, '큰 산'을 뜻한다.

읽기한자 潘岳(반악) 岳狩(악수) 雉岳(치악)

쓰기한자 山岳(산악) 岳母(악모) 岳丈(악장)

惡 | 5급Ⅱ | 악할 **악** / 미워할 **오** | 心 / 8 | 동 憎 | 약 悪
마음(心)이 온전하지 않은(亞) 데서, '악하다'는 뜻이다. 사람들이 악한 것은 미워하는 데서, '미워하다'는 뜻이다.

읽기한자 奸惡(간악) 狡惡(교악) 仇惡(구오) 猜惡(시오) 惡棍(악곤) 惡辣(악랄) 惡戾(악려) 惡罵(악매)
惡癖(악벽) 惡阻(악조) 惡瘡(악창) 頑惡(완악) 粗惡(조악) 嫉惡(질악) 慝惡(특악) 悖惡(패악)
猾惡(활악) 簒惡(찬악)

쓰기한자 改惡(개악) 劣惡(열악) 邪惡(사악) 善惡(선악) 惡感(악감) 惡黨(악당) 惡毒(악독) 惡童(악동)
惡靈(악령) 惡夢(악몽) 惡法(악법) 惡手(악수) 惡習(악습) 惡心(악심) 惡役(악역) 惡緣(악연)
惡材(악재) 惡疾(악질) 惡質(악질) 惡臭(악취) 惡評(악평) 惡筆(악필) 惡寒(오한) 惡漢(악한)
愚惡(우악) 殘惡(잔악) 憎惡(증오) 醜惡(추악) 暴惡(포악) 害惡(해악) 險惡(험악) 嫌惡(혐오)
好惡(호오) 凶惡(흉악)

按 | 1급 | 누를 **안(:)** | 手 / 6 | 동 檢. 撫. 察. 劾
손(扌)으로 눌러, 편안하게(安) 하는 데서, '누르다, 어루만지다' 또 그 살핌에서 '알아보다, 살피다'는 뜻이다.

읽기한자 按講(안강) 按據(안거) 按劍(안검) 按檢(안검) 按堵(안도) 按摩(안마) 按撫(안무) 按問(안문)
按殺(안살) 按手(안수) 按察(안찰) 按擦(안찰) 檢按(검안) 考按(고안) 糾按(규안) 覆按(복안)
巡按(순안) 抑按(억안) 察按(찰안) 推按(추안)

晏 | 1급 | 늦을 **안:** | 日 / 6
날(日)이 편안한(安) 데서, '편안하다, 하늘이 맑다'는 뜻을, 또 해(日)가 활동을 쉬고 편안(安)해지는 저녁때에서, '늦다'는 뜻이다.

읽기한자 晏駕(안가) 晏起(안기) 晏寧(안녕) 晏眠(안면) 晏息(안식) 晏如(안여) 晏然(안연) 晏嬰(안영)
晏娛(안오) 晏朝(안조) 晏淸(안청) 普晏(보안) 息晏(식안) 安晏(안안) 靜晏(정안) 淸晏(청안)

鞍 | 1급 | 안장 **안:** | 革 / 6
말 위에 얹어 놓아 몸을 편안(安)하게 하는 가죽(革)제의 마구에서, '안장'을 뜻한다.

읽기한자 鞍橋(안교) 鞍馬(안마) 鞍鼻(안비) 鞍傷(안상) 鞍裝(안장) 鞍銜(안함) 金鞍(금안) 乘鞍(승안)
玉鞍(옥안) 征鞍(정안) 荷鞍(하안) 解鞍(해안)

雁 3급 기러기 **안**: 隹 / 4

언덕(厂) 아래에서 사람(亻)처럼 가족을 이루고 살아가는 새(隹)라는 데서, '기러기'를 뜻한다.

읽기한자 奠雁(전안)

쓰기한자 木雁(목안) 雁奴(안노) 雁堂(안당) 雁信(안신) 雁行(안항) 雁行(안행)

顔 3급Ⅱ 낯 **안**: 頁 / 9 동 面

彦은 본래 얼굴을 단장하는 연지 등의 안료를 말한다. 화장품(彦)을 바르는 머리(頁) 부위로, '얼굴'을 뜻한다.

읽기한자 悴顔(췌안)

쓰기한자 童顔(동안) 龍顔(용안) 無顔(무안) 顔料(안료) 顔面(안면) 顔色(안색) 顔厚(안후) 玉顔(옥안)
容顔(용안) 紅顔(홍안) 花顔(화안) 厚顔(후안)

岸 3급Ⅱ 언덕 **안**: 山 / 5

바다나 강물의 침입을 막고(干) 있는 산(山)의 벼랑(厂)에서, '언덕, 낭떠러지'를 뜻한다.

읽기한자 魁岸(괴안) 畔岸(반안) 汀岸(정안) 墜岸(추안) 頹岸(퇴안) 坡岸(파안)

쓰기한자 對岸(대안) 西岸(서안) 沿岸(연안) 津岸(진안) 彼岸(피안) 海岸(해안)

眼 4급Ⅱ 눈 **안**: 目 / 6 비 眠 동 目

보는(目) 것이 일정 범위에서 그친다(艮)는 데서, 측면이나 후면은 볼 수 없는 '눈'을 뜻한다.

읽기한자 榜眼(방안) 眼睛(안정) 箭眼(전안) 炯眼(형안)

쓰기한자 開眼(개안) 具眼(구안) 老眼(노안) 碧眼(벽안) 複眼(복안) 洗眼(세안) 眼鏡(안경) 眼界(안계)
眼科(안과) 眼光(안광) 眼球(안구) 眼帶(안대) 眼目(안목) 眼藥(안약) 眼中(안중) 眼疾(안질)
眼花(안화) 礙眼(애안) 肉眼(육안) 義眼(의안) 主眼(주안) 着眼(착안) 隻眼(척안) 血眼(혈안)
慧眼(혜안)

案 5급 책상 **안**: 木 / 6

음식을 먹거나 공부할 때 편안한(安) 자세를 유지할 수 있도록 나무(木)로 만든 물건에서, '책상, 탁자'를 뜻한다.

읽기한자 机案(궤안) 案堵(안도) 氈案(전안) 牒案(첩안)

쓰기한자 檢案(검안) 決案(결안) 考案(고안) 起案(기안) 斷案(단안) 答案(답안) 代案(대안) 對案(대안)
圖案(도안) 立案(입안) 妙案(묘안) 文案(문안) 方案(방안) 飜案(번안) 法案(법안) 腹案(복안)
書案(서안) 案件(안건) 案內(안내) 案席(안석) 原案(원안) 議案(의안) 提案(제안) 創案(창안)
草案(초안) 懸案(현안)

安 7급II 　편안 **안** 　宀 / 3 　동 康, 寧, 佚, 全, 靖, 平 　반 危, 否
집안(宀)에서 여자(女)가 살림을 잘하면 집안이 편안하다는 데서, '편안하다'는 뜻이다.

읽기한자　撫安(무안) 安軀(안구) 安堵(안도) 安穆(안목) 安撫(안무) 安謐(안밀) 安舒(안서) 安晏(안안)
安佚(안일) 怡安(이안)

쓰기한자　公安(공안) 苟安(구안) 問安(문안) 未安(미안) 保安(보안) 不安(불안) 安價(안가) 安家(안가)
安寧(안녕) 安眠(안면) 安保(안보) 安否(안부) 安席(안석) 安息(안식) 安心(안심) 安易(안이)
安穩(안온) 安危(안위) 安逸(안일) 安葬(안장) 安全(안전) 安定(안정) 安靜(안정) 安住(안주)
安着(안착) 安置(안치) 安打(안타) 慰安(위안) 治安(치안) 便安(편안) 平安(평안)

斡 1급 　돌 **알** 　斗 / 10 　비 幹 　동 旋
방향을 바꾸거나 이 곳 저 곳을 돌아다니며 일을 보는 데서, '돌다, 돌아다니다'는 뜻이다.

읽기한자　斡棄(알기) 斡流(알류) 斡旋(알선) 斡運(알운) 斡遷(알천) 排斡(배알) 運斡(운알) 移斡(이알)
廻斡(회알)

軋 1급 　삐걱거릴 **알** 　車 / 1
수레(車)가 갈지자 모양으로 구불거리며(乙) 움직이는 데서, '수레가 삐걱거리다'는 뜻이다.

읽기한자　軋辭(알사) 軋軋(알알) 嘔軋(구알) 鳴軋(명알) 侵軋(침알)

閼 2급(名) 　막을 **알** 　門 / 8
문(門) 앞에 진흙(於＝淤)을 쌓아 물을 막은 데서, '막다'는 뜻이다.

읽기한자　閼智(알지) 閼塞(알색)

謁 3급 　뵐 **알** 　言 / 9
말(言)로 윗사람을 뵙기를 청하는(曷) 것으로, '뵙다, 아뢰다, 청하다'는 뜻이다.

읽기한자　覲謁(근알) 謁奢(알사)

쓰기한자　拜謁(배알) 謁見(알현) 謁廟(알묘) 謁聖及第(알성급제)

闇 1급 　숨을 **암:** 　門 / 9 　동 冥
문(門)을 닫아 어둡게(音＝暗) 하는 데서, '문을 닫다, 어둡다, 숨다'는 뜻이다.

읽기한자　闇干(암간) 闇跳(암도) 闇同(암동) 闇鈍(암둔) 闇練(암련) 闇劣(암렬) 闇莫(암막) 闇昧(암매)
闇冥(암명) 闇書(암서) 闇室(암실) 闇夜(암야) 闇主(암주) 闇淺(암천) 闇蔽(암폐) 闇虛(암허)
狂闇(광암) 微闇(미암) 愚闇(우암) 至闇(지암) 淺闇(천암) 退闇(퇴암) 昏闇(혼암)

庵 1급   암자 **암** 广 / 8   동 廬

풀잎 등을 덮어(奄) 지붕을 만든 작은 집(广)에서, '암자'를 뜻한다.

읽기한자 庵廬(암려) 庵裏(암리) 庵室(암실) 庵主(암주) 結庵(결암) 蓬庵(봉암) 禪庵(선암) 廬庵(여암)
草庵(초암)

癌 2급   암 **암:** 疒 / 12

바위(嵒)처럼 단단한 종기가 생긴 병(疒)으로, '암'을 뜻한다.

읽기한자 癌腫(암종) 癌汁(암즙) 癌瘡(암창) 膵癌(췌암)
쓰기한자 肝癌(간암) 舌癌(설암) 胃癌(위암) 肺癌(폐암)

巖 3급Ⅱ   바위 **암** 山 / 20   약 岩

산(山) 위에 있는 단단하고 굳센(嚴) 거대한 돌에서, '바위'를 뜻한다.

읽기한자 巖稜(암릉) 巖扉(암비) 巖壑(암학) 頹巖(퇴암)
쓰기한자 奇巖(기암) 巖窟(암굴) 巖盤(암반) 巖壁(암벽) 巖石(암석) 巖鹽(암염) 熔巖(용암)

暗 4급Ⅱ   어두울 **암:** 日 / 9   비 昧, 冥

입술과 혀 사이에서 나오는 소리(音)처럼 햇빛(日)이 틈새로 조금만 새어 드는데서, '어둡다'는 뜻이다.

읽기한자 暗渠(암거) 暗澹(암담) 暗昧(암매) 暗啞(암아) 暗曖(암애) 暗礁(암초) 暗暈(암훈)
쓰기한자 明暗(명암) 暗君(암군) 暗鬼(암귀) 暗記(암기) 暗算(암산) 暗殺(암살) 暗誦(암송) 暗數(암수)
暗示(암시) 暗室(암실) 暗躍(암약) 暗影(암영) 暗愚(암우) 暗雲(암운) 暗鬪(암투) 暗標(암표)
暗票(암표) 暗行(암행) 暗號(암호) 暗黑(암흑)

鴨 2급(名)   오리 **압** 鳥 / 5

꽥꽥(甲=呷) 우는 새(鳥)에서, '오리'를 뜻한다.

읽기한자 家鴨(가압) 水鴨(수압) 鴨爐(압로) 鴨綠(압록) 野鴨(야압) 土鴨(토압) 黃鴨(황압)

押 3급   누를 **압** 手 / 5

甲은 거북의 등딱지로 덮는다는 의미를 내포하고 있다. 손(扌)으로 도장을 덮어(甲) 누르는 데서 '누르다'는 뜻이다.

읽기한자 拱押(공압)
쓰기한자 押留(압류) 押送(압송) 押收(압수) 押韻(압운) 差押(차압)

壓 | 4급Ⅱ | 누를 **압** 土 / 14 | 图 抑 啞 圧

땅(土)이 꺼지도록 세게 누른다(厭)는 데서, '누르다'는 뜻이다.

읽기한자 壓搾(압착)

쓰기한자
加壓(가압) 高氣壓(고기압) 高壓線(고압선) 高血壓(고혈압) 氣壓(기압) 變壓器(변압기)
水壓(수압) 壓卷(압권) 壓倒(압도) 壓力(압력) 壓迫(압박) 壓死(압사) 壓勝(압승) 壓縮(압축)
抑壓(억압) 威壓(위압) 油壓式(유압식) 低氣壓(저기압) 低血壓(저혈압) 電壓(전압) 制壓(제압)
地壓(지압) 指壓(지압) 鎭壓(진압) 彈壓(탄압) 血壓(혈압) 強壓(강압)

昂 | 1급 | 높을 **앙** 日 / 4 | 비 昻

해(日)가 우러러 보게(卬) 높이 걸린 데서, '해가 높이 뜨다, 오르다, 높다, 밝다'는 뜻이다.

읽기한자 昂貴(앙귀) 昂騰(앙등) 昂昂(앙앙) 昂然(앙연) 激昂(격앙) 低昂(저앙) 軒昂(헌앙)

秧 | 1급 | 모 **앙** 禾 / 5 | 图 苗

목에 칼을 쓴 사람(央) 모양의 벼(禾)로, 짚 따위로 묶은 '모, 볏모'를 뜻한다.

읽기한자 秧稻(앙도) 秧苗(앙묘) 秧揷(앙삽) 秧田(앙전) 秧針(앙침) 揷秧(삽앙) 桑秧(상앙) 松秧(송앙)

怏 | 1급 | 원망할 **앙** 心 / 5

목에 칼이 씌워진 사람(央)의 마음(忄) 상태에서, '원망하다'는 뜻이다.

읽기한자 怏怏(앙앙) 怏鬱(앙울)

鴦 | 1급 | 원앙 **앙** 鳥 / 5

금실이 좋다고 알려진 오릿과의 물새, '원앙'을 뜻한다.

읽기한자 鴦衾(앙금) 鴛鴦(원앙) 靑鴦(청앙) 紅鴦(홍앙) 黃鴦(황앙)

殃 | 3급 | 재앙 **앙** 歹 / 5 | 图 災, 禍

죽음(歹)의 위험이 인생의 한가운데(央), 청춘 시기에 이른다는 데서, '재앙'을 뜻한다.

읽기한자 苛殃(가앙)

쓰기한자 殃禍(앙화) 災殃(재앙)

央 3급Ⅱ 　가운데 **앙** 　大 / 2

사람(大)이 성벽(冂) 통로 쪽 중앙에 위치하고 있는 데서, '가운데'를 뜻한다.

읽기한자 扇央(선앙)

쓰기한자 年央(연앙) 中央(중앙) 震央(진앙)

 仰 3급Ⅱ 　우러를 **앙:** 　人 / 4 　반 俯

왼쪽의 사람(亻)을 오른쪽의 무릎 꿇은(卪) 사람이 쳐다보는 모양으로, '우러르다'는 뜻이다.

읽기한자 俛仰(면앙) 俯仰(부앙) 仰罵(앙매) 仰眄(앙면) 仰攀(앙반) 仰羨(앙선) 瞻仰(첨앙) 欽仰(흠앙)

쓰기한자 信仰(신앙) 仰望(앙망) 仰天(앙천) 仰請(앙청) 仰祝(앙축) 推仰(추앙)

 靄 1급 　아지랑이 **애:** 　雨 / 16

구름(雨＝雲)이 수목이 무성하듯(藹) 피어오르는 모양에서, '아지랑이'를 뜻한다.

읽기한자 靄乃(애내) 靄散(애산) 靄靄(애애) 靄然(애연) 江靄(강애) 茶靄(다애) 晚靄(만애) 山靄(산애)
夕靄(석애) 野靄(야애) 朝靄(조애) 蒼靄(창애) 彩靄(채애) 曉靄(효애)

 崖 1급 　언덕 **애** 　山 / 8

산(山)자락의 깎아지른 듯한 언덕(厓)에서, '비탈, 낭떠러지'를 뜻한다.

읽기한자 崖脚(애각) 崖檢(애검) 崖畔(애반) 崖穽(애정) 崖穴(애혈) 岐崖(기애) 端崖(단애) 神崖(신애)
懸崖(현애)

 隘 1급 　좁을 **애** 　阜 / 10 　동 陋, 陜, 狹

언덕(阝)이 좁은(益＝㿜) 데서, '좁다'는 뜻이다.

읽기한자 隘勇(애용) 隘巷(애항) 隘害(애해) 隘險(애험) 隘狹(애협) 隘陜(애협) 陋隘(누애) 貧隘(빈애)
因隘(인애) 阻隘(조애) 險隘(험애)

 曖 1급 　희미할 **애** 　日 / 13 　동 昧

해(日)에 구름이 달라붙은(愛) 데서, '희미하다, 흐리다'는 뜻이다.

읽기한자 曖昧(애매) 曖曖(애애) 曖然(애연) 暗曖(암애) 映曖(영애) 幽曖(유애) 隱曖(은애)

礙 | 2급 | 거리낄 **애:** | 石 / 14 | 약 碍

사람이 돌(石) 앞에서 주저하는 모양(疑)으로, 사람들이 의심하고 통행을 주저하는 데서, '거리끼다'는 뜻이다.

 읽기한자 梗礙(경애) 阻礙(조애)

쓰기한자 拘礙(구애) 無礙(무애) 妨礙(방애) 礙眼(애안) 礙滯(애체) 障礙(장애) 窒礙(질애)

艾 | 2급(名) | 쑥 **애** | 艸 / 2

줄기가 옆으로 얼기설기 퍼진(乂) 풀(艹)로, '쑥'을 뜻한다.

 읽기한자 蘭艾(난애) 蓬艾(봉애) 艾葉(애엽) 灼艾(작애) 鍼艾(침애) 沛艾(패애) 荊艾(형애)

埃 | 2급(名) | 티끌 **애** | 土 / 7

흙(土)이 말라 생명력을 잃게 되면 그 마지막(矣)은 먼지라는 데서, '티끌'을 뜻한다.

읽기한자 煤埃(매애) 埃及(애급) 埃滅(애멸) 煙埃(연애) 塵埃(진애) 土埃(토애) 黃埃(황애)

涯 | 3급 | 물가 **애** | 水 / 8

물(氵)과 잇닿아 있는 언덕(厓)에서, 물이 있는 곳의 가장자리, '물가, 물기슭'을 뜻한다.

 쓰기한자 生涯(생애) 水涯(수애) 際涯(제애) 天涯(천애)

哀 | 3급Ⅱ | 슬플 **애** | 口 / 6 | 비 衰, 衷 | 동 悼 | 반 歡, 樂

옷(衣) 깃으로 눈물을 닦으며, 입(口)으로 소리 내어 슬프게 운다는 데서, '슬프다'는 뜻이다.

읽기한자 矜哀(긍애) 哀眷(애권) 哀矜(애긍) 哀愕(애악) 哀猿(애원) 哀咽(애열) 哀詔(애조) 哀嗟(애차)
哀慟(애통) 剩哀(잉애) 凄哀(처애)

쓰기한자 悲哀(비애) 哀歌(애가) 哀乞(애걸) 哀悼(애도) 哀憐(애련) 哀惜(애석) 哀愁(애수) 哀怨(애원)
哀願(애원) 哀切(애절) 哀絶(애절) 哀調(애조) 哀痛(애통) 哀歡(애환)

愛 | 6급 | 사랑 **애(:)** | 心 / 9 | 동 戀, 慕, 寵 | 반 憎, 惡

사랑스러우면 마음(心)의 발걸음(夂)이 자연스럽게 그 대상을 향하고 손(爪)으로 상대의 얼굴을 감싸는(冖) 데서, '사랑'을 뜻한다.

 읽기한자 嘉愛(가애) 嬌愛(교애) 眷愛(권애) 嗜愛(기애) 吝愛(인애) 愛嬌(애교) 愛嗜(애기) 愛撫(애무)
愛嬰(애영) 愛寵(애총) 寵愛(총애)

쓰기한자 渴愛(갈애) 敬愛(경애) 求愛(구애) 溺愛(익애) 戀愛(연애) 令愛(영애) 愛讀(애독) 愛憐(애련)
愛慕(애모) 愛社(애사) 愛惜(애석) 愛誦(애송) 愛煙(애연) 愛慾(애욕) 愛用(애용) 愛藏(애장)
愛情(애정) 愛酒(애주) 愛憎(애증) 愛着(애착) 愛唱(애창) 愛妾(애첩) 愛稱(애칭) 愛鄕(애향)
愛好(애호) 熱愛(열애) 友愛(우애) 慈愛(자애) 隻愛(척애) 親愛(친애) 偏愛(편애) 割愛(할애)

腋 1급 　겨드랑이 **액**　肉 / 8

양편 팔 밑의 오목한 곳, '겨드랑이'를 뜻한다.

🗨 읽기한자　腋間(액간) 腋氣(액기) 腋毛(액모) 腋芽(액아) 腋臭(액취) 腋汗(액한) 反腋(반액) 縫腋(봉액)
兩腋(양액)

縊 1급 　목맬 **액**　糸 / 10

끈(糸)으로 졸라, 비좁고, 답답하게(益＝㿜) 만드는 데서, '목매다'는 뜻이다.

🗨 읽기한자　縊死(액사) 縊殺(액살) 縊刑(액형) 絞縊(교액) 自縊(자액)

扼 1급 　잡을 **액**　手 / 4

목이나 팔 따위를 좁아(厄)질 정도로 손(扌)으로 세게 조르는 데서, '조르다, 누르다, 쥐다,
잡다, 움키다'는 뜻이다.

🗨 읽기한자　扼據(액거) 扼殺(액살) 扼喉(액후) 衡扼(형액)

厄 3급 　액 **액**　厂 / 2　동 禍

산비탈(厂)에서 굴러 떨어진 위태한 사람이 몸을 웅크리고(㔾) 고통스러워하는 데서, '재
앙, 액'을 뜻한다.

🗨 읽기한자　窘厄(군액) 罹厄(이액) 厄煞(액살) 湮厄(인액) 乏厄(핍액)
✏ 쓰기한자　厄年(액년) 厄運(액운) 災厄(재액) 橫厄(횡액)

額 4급 　이마 **액**　頁 / 9

손님(客)을 전송할 때 머리(頁)를 조아려 인사하며 서로의 이마를 마주보는 데서, '이마'를
뜻한다.

🗨 읽기한자　榜額(방액) 剩額(잉액) 勅額(칙액) 扁額(편액)
✏ 쓰기한자　價額(가액) 加額(가액) 減額(감액) 巨額(거액) 高額(고액) 廣額(광액) 金額(금액) 多額(다액)
半額(반액) 倍額(배액) 少額(소액) 額面(액면) 額數(액수) 額子(액자) 殘額(잔액) 全額(전액)
定額(정액) 題額(제액) 增額(증액) 差額(차액) 遮額(차액) 總額(총액) 偏額(편액)

液 4급Ⅱ 　진 **액**　水 / 8　동 汁

밤(夜)이 되고 나서 마시는 물(氵), 즉 '술'의 뜻이었으나 지금은 주로 생물의 몸 안에서
생겨나는 액체인, '진'의 뜻으로 쓴다.

🗨 읽기한자　瀝液(역액) 粹液(수액) 溶液(용액) 粘液(점액) 膵液(췌액) 唾液(타액)
✏ 쓰기한자　樹液(수액) 水液(수액) 液體(액체) 液化(액화) 融液(융액) 精液(정액) 津液(진액) 湯液(탕액)
血液(혈액)

鶯 1급 꾀꼬리 **앵** 鳥 / 10
문채나 무늬가 선명하고 고운(熒) 새(鳥)에서, '꾀꼬리'를 뜻한다.

읽기한자 鶯歌(앵가) 鶯谷(앵곡) 鶯舌(앵설) 鶯聲(앵성) 鶯脣(앵순) 鶯兒(앵아) 鶯燕(앵연) 鶯吟(앵음)
鶯遷(앵천) 老鶯(노앵) 晚鶯(만앵) 曙鶯(서앵) 新鶯(신앵) 流鶯(유앵) 殘鶯(잔앵) 春鶯(춘앵)
黃鶯(황앵)

櫻 1급 앵두 **앵** 木 / 17
구슬을 목에 두르듯(嬰) 하고 있는 나무(木)에서, '앵두나무, 앵두'를 뜻한다.

읽기한자 櫻桃(앵도) 櫻脣(앵순) 櫻花(앵화) 梅櫻(매앵) 山櫻(산앵) 殘櫻(잔앵) 朱櫻(주앵) 春櫻(춘앵)

爺 1급 아비 **야** 父 / 9 반 孃
아버지의 俗稱, 웃어른에 대한 敬稱으로, '아비, 웃어른'을 뜻한다.

읽기한자 爺爺(야야) 爺孃(야양) 老爺(노야) 阿爺(아야) 太爺(태야)

揶 1급 야유할 **야:** 手 / 9 동 揄
손(扌)을 놀리고 말로 그런가(耶)하면서 의문을 제기하며 비웃듯 상대를 놀리는 데서, '빈정거리다, 야유하다'는 뜻이다.

읽기한자 揶揄(야유)

冶 1급 풀무 **야:** 冫 / 5 비 治 동 鎔, 鑄
본래 입이 벌어져서 기운이 풀리듯(台) 얼음(冫)이 풀리는 것을 뜻하나 의미가 轉移되어
'쇠를 녹이다, 쇠를 불리다, 풀무'를 뜻한다.

읽기한자 冶工(야공) 冶金(야금) 冶郎(야랑) 冶鍊(야련) 冶爐(야로) 冶坊(야방) 冶氏(야씨) 冶艷(야염)
冶容(야용) 冶鎔(야용) 冶人(야인) 冶匠(야장) 冶鑄(야주) 佳冶(가야) 鍛冶(단야) 陶冶(도야)
妖冶(요야) 游冶(유야) 閑冶(한야)

倻 2급(名) 가야 **야** 人 / 9
나라이름으로 古代 韓半島에 있었던 伽倻를 나타낸다.

읽기한자 伽倻(가야) 倻溪(야계)

| 2급 | 이끌 **야:** | 心 / 9

마음(心)을 헝클어뜨리는(若) 데서, '이끌다'는 뜻이다.

✏️ 쓰기한자   惹起(야기) 惹端(야단) 惹出(야출)

耶 | 3급 | 어조사 **야** | 耳 / 3

邪(야)와 동자로 어조사로 쓰이고, 爺와 동자로 '아비'의 뜻으로 쓰인다.

✏️ 쓰기한자   耶蘇(야소) 有耶無耶(유야무야) 千耶萬耶(천야만야)

也 | 3급 | 이끼 / 어조사 **야:** | 乙 / 2

본래 뱀을 그린 상형문자이나 주로 어조사로 쓰인다. '이끼'는 사실은 입에서 나오는 기운의 뜻으로 쓰인 옛말 '입기(口氣)'의 잘못이다.

✏️ 쓰기한자   獨也(독야) 厥也(궐야) 及其也(급기야) 言則是也(언즉시야) 初也(초야) 必也(필야) 或也(혹야)

野 | 6급 | 들[坪] **야:** | 里 / 4

사람 사는 마을(里)에 먹을 곡식을 주는(予) 들판에서, '들(野)'을 뜻한다.

 읽기한자   曠野(광야) 燎野(요야) 樸野(박야) 曙野(서야) 疎野(소야) 野繭(야견) 野衲(야납) 野陋(야루) 野燐(야린) 野蕪(야무) 野扉(야비) 野牲(야생) 野犀(야서) 野鴨(야압) 野靄(야애) 野釀(야양) 野諺(야언) 野猪(야저) 野眺(야조) 野叉(야차) 野翠(야취) 野雉(야치) 野狐(야호) 野卉(야훼) 沃野(옥야)

✏️ 쓰기한자   廣野(광야) 對野(대야) 林野(임야) 分野(분야) 山野(산야) 視野(시야) 野球(야구) 野談(야담) 野黨(야당) 野蠻(야만) 野望(야망) 野薄(야박) 野史(야사) 野山(야산) 野生(야생) 野獸(야수) 野乘(야승) 野營(야영) 野外(야외) 野慾(야욕) 野人(야인) 野積(야적) 野戰(야전) 野菜(야채) 野合(야합) 野話(야화) 與野(여야) 外野(외야) 在野(재야) 朝野(조야) 草野(초야) 平野(평야) 下野(하야) 荒野(황야)

夜 | 6급 | 밤 **야:** | 夕 / 5

사람(亻) 옆구리(亦) 정도까지 달이 떨어지면 어두운 밤이라는 데서, '밤(夜)'을 뜻한다.

 읽기한자   夙夜(숙야) 闇夜(암야) 夜光璧(야광벽) 夜邏(야라) 夜魄(야백) 夜梵(야범) 翌夜(익야)

✏️ 쓰기한자   甲夜(갑야) 戊夜(무야) 白夜(백야) 丙夜(병야) 深夜(심야) 夜間(야간) 夜景(야경) 夜警(야경) 夜光(야광) 夜勤(야근) 夜尿(야뇨) 夜食(야식) 夜深(야심) 夜陰(야음) 夜學(야학) 夜行(야행) 夜話(야화) 乙夜(을야) 日夜(일야) 前夜(전야) 除夜(제야) 晝夜(주야) 徹夜(철야) 逮夜(체야) 初夜(초야) 漆夜(칠야)

藥 | 1급 | 꽃밥 **약** | 艸 / 9

산형(繖形)과의 여러해살이 풀인 '어수리' 또, '수술, 꽃밥'을 뜻한다.

✏️ 읽기한자   藥胞(약포) 去藥(거약)

躍 3급　뛸 **약** 足 / 14

꿩(翟)이 날기 전에 펄쩍펄쩍 뛰면서 달리는(足) 데서, '뛰다'는 뜻이다.

읽기한자 踊躍(용약) 雀躍(작약) 欣躍(흔약)

쓰기한자 跳躍(도약) 飛躍(비약) 暗躍(암약) 躍動(약동) 躍進(약진) 一躍(일약) 活躍(활약)

若 3급Ⅱ　같을 **약** / 반야 **야** 艹 / 5　回 苦

쑥(艹) 중에서 좋은 것을 오른손(右)으로 골라 따는데, 그 크기가 고만고만한 어린 쑥만 골라내는 데서, '어리다, 같다'는 뜻이다.

읽기한자 若瘠(약척) 蹂若(유약)

쓰기한자 萬若(만약) 般若(반야) 傍若無人(방약무인) 孰若(숙약) 若干(약간) 若輩(약배) 若此(약차)
若何(약하) 若或(약혹) 自若(자약) 奚若(해약)

約 5급Ⅱ　맺을 **약** 糸 / 3　동 結, 束

물건(丶)을 보자기 등에 싸서(勹) 끈(糸)으로 얽어매는 데서, '맺다'는 뜻이다.

읽기한자 括約(괄약) 約勅(약칙) 綽約(작약)

쓰기한자 佳約(가약) 簡約(간약) 儉約(검약) 契約(계약) 規約(규약) 盟約(맹약) 密約(밀약) 負約(부약)
誓約(서약) 先約(선약) 新約(신약) 約款(약관) 約略(약략) 約分(약분) 約束(약속) 約數(약수)
約定(약정) 約婚(약혼) 言約(언약) 豫約(예약) 要約(요약) 違約(위약) 節約(절약) 制約(제약)
條約(조약) 請約(청약) 締約(체약) 特約(특약) 解約(해약) 鄕約(향약) 協約(협약) 和約(화약)
確約(확약)

藥 6급Ⅱ　약 **약** 艹 / 15　동 劑　약 薬

몸이 아파 언짢을 때 먹으면 즐거워지는(樂) 풀(艹)에서, '약'을 뜻한다.

읽기한자 膏藥(고약) 媚藥(미약) 藥囊(약낭) 藥籃(약람) 藥餌(약이) 勺藥(작약) 炸藥(작약) 芍藥(작약)
煎藥(전약) 瘡藥(창약) 硝藥(초약) 悍藥(한약)

쓰기한자 劇藥(극약) 農藥(농약) 丹藥(단약) 毒藥(독약) 良藥(양약) 靈藥(영약) 痲藥(마약) 名藥(명약)
妙藥(묘약) 補藥(보약) 服藥(복약) 賜藥(사약) 試藥(시약) 眼藥(안약) 藥果(약과) 藥局(약국)
藥籠(약롱) 藥師(약사) 藥水(약수) 藥苑(약원) 藥典(약전) 藥劑(약제) 藥酒(약주) 藥效(약효)
醫藥(의약) 製藥(제약) 坐藥(좌약) 齒藥(치약) 彈藥(탄약) 湯藥(탕약) 投藥(투약) 爆藥(폭약)
韓藥(한약) 火藥(화약) 丸藥(환약)

弱 6급Ⅱ　약할 **약** 弓 / 7

새끼 새가 날개를 펼친 모양을 본뜬 것으로, '약하다, 어리다'는 뜻이다.

읽기한자 懦弱(나약) 蕃弱(번약) 弱怯(약겁) 弱莖(약경) 弱齡(약령) 弱腕(약완) 婉弱(완약) 脆弱(취약)

쓰기한자 微弱(미약) 薄弱(박약) 貧弱(빈약) 衰弱(쇠약) 心弱(심약) 弱骨(약골) 弱冠(약관) 弱勢(약세)
弱小(약소) 弱點(약점) 弱質(약질) 弱體(약체) 弱化(약화) 軟弱(연약) 柔弱(유약) 虛弱(허약)
强弱(강약)

癢　　1급　　가려울 **양:**　疒 / 15

형성문자로 痒, 懩과 同字이며, 피부의 병(疒) 등으로 몸이 가려운 데서, '가렵다'는 뜻이다.

읽기한자　癢痛(양통) 技癢(기양) 搔癢(소양) 痛癢(통양)

攘　　1급　　물리칠 **양:**　手 / 17

옷 속에 부적 따위를 넣어 요사스러운 기운을 물리치고(襄), 손사래(扌)치는 데서, '밀치다, 물리치다'는 뜻이다.

읽기한자　攘袂(양메) 攘伐(양벌) 攘臂(양비) 攘夷(양이) 攘竊(양절) 攘除(양제) 攘斥(양척) 狂攘(광양)
猛攘(맹양) 揖攘(읍양) 進攘(진양) 奪攘(탈양) 蕩攘(탕양) 披攘(피양)

恙　　1급　　병 / 근심할 **양:**　心 / 6　　동 憂

마음(心)을 앓는(羊＝痒) 데서, '근심하다, 마음이 아프다, 걱정하다, 병'을 뜻한다.

읽기한자　恙病(양병) 無恙(무양) 微恙(미양) 心恙(심양) 疹恙(진양) 疾恙(질양) 疲恙(피양)

釀　　1급　　술빚을 **양**　酉 / 17　　약 醸

술(酉) 단지에 원료를 채워 넣어(襄) 발효시키는 데서, '술 빚다'는 뜻이다.

읽기한자　釀具(양구) 釀母(양모) 釀費(양비) 釀成(양성) 釀甕(양옹) 釀造(양조) 釀酒(양주) 釀禍(양화)
家釀(가양) 冬釀(동양) 私釀(사양) 野釀(야양) 自釀(자양) 重釀(중양) 村釀(촌양)

瘍　　1급　　헐 **양**　疒 / 9

피부가 부어오르는(昜) 병(疒)에서, '부스럼' 또 그로 인해 몸이나 머리 등의 부위가 짓무르는 데서, '헐다'는 뜻이다.

읽기한자　瘍醫(양의) 乾瘍(건양) 潰瘍(궤양) 金瘍(금양) 死瘍(사양) 析瘍(석양) 瘡瘍(창양)

襄　　2급(名)　　도울 **양(:)**　衣 / 11

윗옷을 벗고 밭을 가는 모습을 본뜬 글자로, 밭을 가는 것은 농작물의 생육을 돕는 데서, '돕다'는 뜻이다.

읽기한자　宋襄(송양) 襄同(양동) 襄陽(양양)

孃　　2급　　아가씨 **양**　女 / 17　　약 嬢

윗옷을 벗고 밭을 가는(襄) 계집(女)으로 본래 '어미'의 뜻이나 뒤에 娘과 같이 쓰여, '아가씨'를 뜻한다.

읽기한자　爺孃(야양)
쓰기한자　貴孃(귀양) 令孃(영양) 李孃(이양) 某孃(모양) 村孃(촌양)

楊 | 3급 | 버들 **양** | 木 / 9 | 비 揚, 場 | 동 柳

햇볕(昜)에 피어나는 아지랑이처럼 가지와 잎이 하늘거리는 나무(木)에서, '버드나무, 버들'을 뜻한다.

읽기한자 穿楊(천양)

쓰기한자 綠楊(녹양) 垂楊(수양) 楊柳(양류) 楊梅(양매) 楊枝(양지)

揚 | 3급II | 날릴 **양** | 手 / 9 | 비 楊, 場

볕(昜)이 높은 곳에서 넓은 지역을 비추듯 손(扌)으로 높이 올려 단 깃발이 먼 곳에서도 보일 정도로 휘날리는 데서, '날리다, 올리다'는 뜻이다.

읽기한자 驕揚(교양) 扇揚(선양) 揚帆(양범) 揚秕(양비) 揄揚(유양) 旌揚(정양) 闡揚(천양) 褒揚(포양) 飄揚(표양)

쓰기한자 揭揚(게양) 高揚(고양) 浮揚(부양) 宣揚(선양) 揚陸(양륙) 揚名(양명) 揚水(양수) 揚揚(양양) 抑揚(억양) 引揚(인양) 止揚(지양) 讚揚(찬양)

讓 | 3급II | 사양할 **양:** | 言 / 17 | 약 讓

상대방이 도움(襄)을 주려고 하는 데 대해 말(言)로 거절하는 것으로, '사양하다'는 뜻이다.

읽기한자 遜讓(손양) 揖讓(읍양)

쓰기한자 謙讓(겸양) 分讓(분양) 辭讓(사양) 禪讓(선양) 讓渡(양도) 讓步(양보) 讓與(양여) 讓位(양위) 移讓(이양) 互讓(호양)

壤 | 3급II | 흙덩이 **양:** | 土 / 17 | 비 壞, 懷 | 동 土 | 약 壤

부드럽고 살진(襄) 흙(土)으로, '흙, 흙덩이, 땅'을 뜻한다.

읽기한자 膏壤(고양) 穹壤(궁양) 糞壤(분양) 瘠壤(척양) 撮壤(촬양)

쓰기한자 擊壤(격양) 天壤(천양) 土壤(토양) 平壤(평양)

樣 | 4급 | 모양 **양** | 木 / 11 | 동 態

양(羊) 창자처럼 구불구불 긴(永) 모양의 잎사귀와 열매를 내는 나무(木), 상수리나무이나 가차하여, '모양'을 뜻한다.

읽기한자 髓樣(수양) 成樣(성양)

쓰기한자 各樣(각양) 見樣(견양) 多樣(다양) 每樣(매양) 模樣(모양) 貌樣(모양) 文樣(문양) 樣相(양상) 樣式(양식) 樣態(양태) 外樣(외양)

羊 | 4급II | 양 **양** | 羊 / 0

양(羊)의 머리를 본뜬 글자로, '양'을 뜻한다.

읽기한자 緬羊(면양) 羊溝(양구) 羊肋(양륵) 羊棧(양잔) 檻羊(함양) 犧羊(희양)

쓰기한자 綿羊(면양) 山羊(산양) 羊頭(양두) 羊毛(양모) 羊腸(양장) 羊皮(양피)

養 5급Ⅱ 　기를 **양:**　食 / 6　통 育

양(羊)에게 풀을 먹여(食) 기른다는 데서, '기르다'는 뜻이다.

읽기한자　撫養(무양) 俯養(부양) 馴養(순양) 養鰻(양만) 哺養(포양) 涵養(함양)

쓰기한자　供養(공양) 敎養(교양) 療養(요양) 培養(배양) 保養(보양) 奉養(봉양) 扶養(부양) 飼養(사양)
素養(소양) 修養(수양) 收養(수양) 養鷄(양계) 養女(양녀) 養豚(양돈) 養病(양병) 養蜂(양봉)
養分(양분) 養生(양생) 養成(양성) 養殖(양식) 養魚(양어) 養育(양육) 養子(양자) 養蠶(양잠)
養親(양친) 營養(영양) 入養(입양) 將養(장양) 靜養(정양) 畜養(축양) 休養(휴양)

陽 6급 　볕 **양**　阜 / 9　반 陰

언덕(阝) 남쪽으로 햇볕(昜)이 들어 퍼지는 데서, '볕, 양달'을 뜻한다.

읽기한자　昆陽(곤양) 巫陽(무양) 翔陽(상양) 瀋陽(심양) 陽卦(양괘) 襄陽(양양) 陽焰(양염) 艶陽(염양)
渭陽(위양) 淮陽(회양)

쓰기한자　洛陽(낙양) 斜陽(사양) 夕陽(석양) 陽刻(양각) 陽光(양광) 陽極(양극) 陽氣(양기) 陽傘(양산)
陽性(양성) 陽地(양지) 陽春(양춘) 陽宅(양택) 陰陽(음양) 遮陽(차양) 太陽(태양) 漢陽(한양)

洋 6급 　큰바다 **양**　水 / 6

많은 양(羊) 떼가 한꺼번에 움직이는 모양처럼 출렁이는 큰 물(氵)이란 데서, '큰 바다'를
뜻한다.

읽기한자　芒洋(망양) 洋襪(양말) 汪洋(왕양)

쓰기한자　南洋(남양) 大洋(대양) 東洋(동양) 西洋(서양) 洋弓(양궁) 洋服(양복) 洋式(양식) 洋食(양식)
洋藥(양약) 洋洋(양양) 洋屋(양옥) 洋銀(양은) 洋醫(양의) 洋裝(양장) 洋裁(양재) 洋酒(양주)
洋鐵(양철) 洋行(양행) 洋靴(양화) 洋畫(양화) 洋灰(양회) 遠洋(원양) 海洋(해양)

禦 1급 　막을 **어:**　示 / 11

신(示)을 맞이하여(御) 재앙을 막는 데서, '막다'는 뜻이다.

읽기한자　禦寇(어구) 禦侮(어모) 禦戰(어전) 禦寒(어한) 彊禦(강어) 屯禦(둔어) 防禦(방어) 率禦(솔어)
外禦(외어) 制禦(제어) 抗禦(항어)

瘀 1급 　어혈질 **어:**　疒 / 8

피가 맺혀 핏줄이 막히는 병(疒)에서, '어혈, 어혈 질, 피가 맺히다'는 뜻이다.

읽기한자　瘀熱(어열) 瘀肉(어육) 瘀血(어혈) 消瘀(소어) 逐瘀(축어) 通瘀(통어) 破瘀(파어)

 圄 1급 　옥 **어**　囗 / 7　통 圉

막아 지키는(吾) 울타리(囗)에서, 죄인을 가두는 '옥'을 뜻한다.

읽기한자　圄空(어공) 圄囹(어령) 敦圄(돈어) 囹圄(영어) 獄圄(옥어) 幽圄(유어)

於 | 3급 | 어조사 **어**/탄식할 **오** | 方 / 4
본래 烏와 같은 글자로 감탄사로 쓰이었다가 뒤에 어조사의 기능이 추가되었다.

✏️ 쓰기한자   甚至於(심지어) 於是乎(어시호) 於焉間(어언간) 於中間(어중간) 於此彼(어차피) 於呼(오호)
於戲(오희) 靑出於藍(청출어람)

御 | 3급Ⅱ | 거느릴 **어:** | 彳 / 8 | 동 駕, 領
길(彳)을 가다가 무릎을 꿇고(卩) 술잔(缶)을 올리는 데서, '모시다'는 뜻이다. 또 그런 사
람을 거느리고 있다는 데서, '거느리다'는 뜻이다.

📖 읽기한자   駕御(가어) 撫御(무어) 御袞(어곤) 御溝(어구) 御輦(어련) 御簾(어렴) 御璧(어벽) 御膳(어선)
御筵(어연) 御戎(어융) 御邸(어저) 御箋(어전) 御廚(어주) 御廐(어구)
✏️ 쓰기한자   崩御(붕어) 御命(어명) 御使(어사) 御用(어용) 御苑(어원) 御字(어자) 御殿(어전) 御酒(어주)
制御(제어) 通御(통어)

漁 | 5급 | 고기잡을 **어** | 水 / 11 | 동 撈
물(氵)속에서 물고기(魚)를 잡는 데서, '고기잡다'는 뜻이다.

📖 읽기한자   撈漁(노어) 漁撈(어로) 漁蓑(어사)
✏️ 쓰기한자   禁漁(금어) 漁網(어망) 漁民(어민) 漁夫(어부) 漁父(어부) 漁船(어선) 漁業(어업) 漁場(어장)
漁村(어촌) 漁港(어항) 漁獲(어획) 出漁(출어) 凶漁(흉어)

魚 | 5급 | 고기 / 물고기 **어** | 魚 / 0
물고기의 모양을 본뜬 글자로, '물고기'를 뜻한다.

📖 읽기한자   鯨魚(경어) 跋魚(발어) 鰒魚(복어) 魚繭(어견) 魚串(어관) 魚潰(어궤) 魚袋(어대) 魚籃(어람)
魚鱗(어린) 魚箔(어박) 魚鱉(어별) 魚鳶(어연) 魚炙(어적) 魚醬(어장) 魚藻(어조) 魚樵(어초)
魚蝦(어하) 魚膾(어회) 鰍魚(추어) 鯇魚(환어)
✏️ 쓰기한자   乾魚(건어) 大魚(대어) 北魚(북어) 飛魚(비어) 鮮魚(선어) 養魚(양어) 魚群(어군) 魚梁(어량)
魚雷(어뢰) 魚類(어류) 魚網(어망) 魚紋(어문) 魚物(어물) 魚肉(어육) 魚族(어족) 銀魚(은어)
人魚(인어) 長魚(장어) 釣魚(조어) 靑魚(청어) 稚魚(치어) 活魚(활어)

語 | 7급 | 말씀 **어:** | 言 / 7 | 동 辭
나(吾)의 생각을 말(言)로 나타내는 데서, '말씀'을 뜻한다.

📖 읽기한자   懦語(나어) 鈴語(영어) 俚語(이어) 寐語(매어) 媚語(미어) 蜚語(비어) 澁語(삽어) 語彙(어휘)
讒語(언어) 艶語(염어) 訛語(와어) 剩語(잉어) 鵲語(작어) 套語(투어) 譜語(해어)
✏️ 쓰기한자   敬語(경어) 單語(단어) 略語(약어) 論語(논어) 密語(밀어) 俗語(속어) 熟語(숙어) 述語(술어)
語幹(어간) 語感(어감) 語群(어군) 語根(어근) 語錄(어록) 語類(어류) 語文(어문) 語尾(어미)
語法(어법) 語順(어순) 語源(어원) 語義(어의) 語調(어조) 語學(어학) 言語(언어) 用語(용어)
隱語(은어) 造語(조어) 主語(주어) 致語(치어) 標語(표어)

臆 1급 　가슴 **억** 肉 / 13

감정(意)을 지배하는 장기(月)의 뜻에서, '가슴'을 뜻한다.

읽기한자 臆見(억견) 臆決(억결) 臆斷(억단) 臆算(억산) 臆說(억설) 臆出(억출) 臆測(억측) 臆度(억탁) 臆判(억판) 空臆(공억) 服臆(복억) 含臆(함억)

抑 3급II　누를 **억** 手 / 4　　동 壓, 貶　반 揚

무릎을 꿇고(卩) 올려다보고 있는 사람을 손(扌)으로 내리누르는 데서, '누르다'는 뜻이다.

읽기한자 抑耗(억모) 抑搔(억소) 抑按(억안) 抑挫(억좌) 抑黜(억출) 抑貶(억폄) 冤抑(원억)
쓰기한자 抑留(억류) 抑壓(억압) 抑揚(억양) 抑鬱(억울) 抑制(억제) 抑止(억지) 沮抑(저억)

憶 3급II　생각할 **억** 心 / 13

마음(忄) 속으로 글자의 뜻(意)을 곰곰이 생각하고 외우는 데서, '생각하다, 기억하다'는 뜻이다.

읽기한자 緬憶(면억)
쓰기한자 記憶(기억) 憶昔(억석) 追憶(추억)

億 5급　억[數字] **억** 人 / 13　　비 憶

사람(亻)이 뜻(意) 대로 사는 데서, '편안하다'는 뜻이다. 또 옛날 사람(亻)이 생각해(意) 낼 수 있는 가장 큰 수에서, '억(數字)'이라는 뜻이다.

읽기한자 億逞(억령)
쓰기한자 億萬長者(억만장자) 億兆蒼生(억조창생)

 堰 1급　둑 **언** 土 / 9　　동 堤

물의 흐름을 막아(匽) 보(狀)를 만들기 위하여 쌓는 토축물(土)과 저수지에서, '둑, 방죽, 보'를 뜻한다.

읽기한자 堰堤(언제) 石堰(석언) 廢堰(폐언) 海堰(해언)

 諺 1급　언문 / 속담 **언:** 言 / 9

민간에서 삶의 교훈을 속되게 표현한 말, '속담'과, 민간에서 쓰는 저속한 말, '상말, 언문'을 뜻한다.

읽기한자 諺文(언문) 諺語(언어) 諺言(언언) 諺譯(언역) 諺解(언해) 古諺(고언) 貴諺(귀언) 鄙諺(비언) 俗諺(속언) 野諺(야언) 里諺(이언)

彦

2급(名) 선비 **언:** 彡 / 6

文+厂+弓이 본래 모습이다. 文才(文)와 武才(彡=弓)가 남 보다 높은(厂) 사람에서, '선비'를 뜻한다.

읽기한자 彦士(언사) 彦會(언회) 諸彦(제언)

焉

3급 어찌 **언** 火 / 7

본래 제비나 까마귀류의 새를 나타냈으나 그런 새(鳥)가 바를 정(正)을 아는 것이 어찌 가능하겠는가 하는 데서, '어찌'를 뜻한다.

읽기한자 狡焉(교언) 瞳焉(동언) 勃焉(발언) 沛焉(패언)

쓰기한자 於焉間(어언간) 焉敢生心(언감생심) 終焉(종언)

言

6급 말씀 **언** 言 / 0   **동** 談, 辭, 說, 語   **반** 行, 文

혀와 입을 본뜬 글자를 합한 것으로, '말하다, 말씀'을 뜻한다.

읽기한자 嘉言(가언) 諫言(간언) 怯言(겁언) 匡言(광언) 詭言(궤언) 訥言(눌언) 罵言(매언) 誣言(무언)
謗言(방언) 忿言(분언) 鄙言(비언) 諺言(언언) 寤言(오언) 寓言(우언) 諛言(유언) 箴言(잠언)
繰言(조언) 讒言(참언) 讖言(참언) 囑言(촉언) 芻言(추언) 贅言(췌언) 衒言(현언) 誨言(회언)
徽言(휘언) 諱言(휘언)

쓰기한자 格言(격언) 苦言(고언) 極言(극언) 金言(금언) 發言(발언) 序言(서언) 宣言(선언) 食言(식언)
失言(실언) 言及(언급) 言渡(언도) 言動(언동) 言論(언론) 言辯(언변) 言辭(언사) 言語(언어)
言質(언질) 豫言(예언) 遺言(유언) 提言(제언) 證言(증언) 直言(직언) 隻言(척언) 體言(체언)
忠言(충언) 暴言(폭언) 豪言(호언) 確言(확언) 換言(환언)

掩

1급 가릴 **엄:** 手 / 8   **동** 蔽

손(扌)으로 가리는(奄) 데서, '가리다'는 뜻이다.

읽기한자 掩蓋(엄개) 掩擊(엄격) 掩卷(엄권) 掩匿(엄닉) 掩網(엄망) 掩埋(엄매) 掩門(엄문) 掩殺(엄살)
掩塞(엄색) 掩色(엄색) 掩襲(엄습) 掩身(엄신) 掩映(엄영) 掩耀(엄요) 掩泣(엄읍) 掩耳(엄이)
掩迹(엄적) 掩紙(엄지) 掩體(엄체) 掩涕(엄체) 掩置(엄치) 掩土(엄토) 掩蔽(엄폐) 掩護(엄호)
掩壕(엄호) 掩諱(엄휘) 額掩(액엄) 耳掩(이엄) 遮掩(차엄)

奄

1급 문득 **엄:** 大 / 5   **동** 忽

큰 대(大)와 번개의 형상을 본뜬 申의 合字로, '문득, 잠깐, 크다, 오래다'는 뜻이다.

읽기한자 奄棄(엄기) 奄留(엄류) 奄然(엄연) 奄虞(엄우) 奄遲(엄지) 奄忽(엄홀)

儼

1급 엄연할 **엄** 人 / 20

사람(嚴)됨이 엄격한(嚴) 데서, '엄연하다, 의젓하다'는 뜻이다.

읽기한자 儼恪(엄각) 儼然(엄연) 儼雅(엄아) 儼存(엄존)

4급 　엄할 **엄** 口 / 17 　동 肅, 峻 　약 厳

버티고 서서 호령하는(口口) 모습이 험한(敢) 산(厂)이 버티고 있는 듯하다는 데서, '엄하다'는 뜻이다.

읽기한자 凜嚴(늠엄) 嚴苛(엄가) 嚴虔(엄건) 嚴譴(엄견) 嚴剋(엄극) 嚴麓(엄록) 嚴慄(엄률) 嚴烽(엄봉) 嚴棲(엄서) 嚴悉(엄실) 嚴毅(엄의) 嚴峻(엄준) 嚴礁(엄초) 嚴憚(엄탄)

쓰기한자 戒嚴(계엄) 謹嚴(근엄) 冷嚴(냉엄) 無嚴(무엄) 森嚴(삼엄) 嚴格(엄격) 嚴禁(엄금) 嚴命(엄명) 嚴密(엄밀) 嚴罰(엄벌) 嚴選(엄선) 嚴修(엄수) 嚴守(엄수) 嚴肅(엄숙) 嚴正(엄정) 嚴重(엄중) 嚴親(엄친) 嚴酷(엄혹) 威嚴(위엄) 莊嚴(장엄) 尊嚴(존엄) 俊嚴(준엄) 至嚴(지엄)

 6급Ⅱ 　업 **업** 木 / 9 　동 務, 事

본래 쇠북을 걸어두는 널빤지를 본뜬 것인데, 쇠북 거는 일에도 담당자가 있어 이로써 일 삼는다는 데서, '일'을 뜻한다.

읽기한자 丕業(비업) 窯業(요업) 鼎業(정업) 肇業(조업) 簒業(찬업)

쓰기한자 家業(가업) 課業(과업) 企業(기업) 副業(부업) 産業(산업) 盛業(성업) 漁業(어업) 業界(업계) 業務(업무) 業報(업보) 業績(업적) 業種(업종) 業主(업주) 業體(업체) 營業(영업) 偉業(위업) 轉業(전업) 卒業(졸업) 職業(직업) 創業(창업) 罷業(파업) 霸業(패업) 閉業(폐업) 畢業(필업) 學業(학업) 現業(현업) 協業(협업) 勳業(훈업) 休業(휴업) 興業(흥업)

 3급 　나 **여** 人 / 5

사람(人)이 혼자(一) 나무(木) 의자에 앉아 있는 것으로, 일인칭 대명사 '나'를 뜻한다.

읽기한자 余等(여등) 余輩(여배) 余月(여월) 殘余(잔여)

 3급 　나 **여** 亅 / 3 　비 矛, 子

씨실을 담은 베틀의 북을 본뜬 글자로, 날실 틈으로 주었다 받았다 하면서 씨실을 풀어주는 데서, '주다'는 뜻이다. '나'의 뜻은 가차로 '余'와 소리가 같은 데서 나온 것이다.

쓰기한자 予奪(여탈) 欲取先予(욕취선여)

 3급 　너 **여:** 水 / 5

본래 강 이름이다. '너'의 뜻은 소리를 빌린 것으로 가차다.

읽기한자 爾汝(이여)

쓰기한자 汝等(여등) 汝輩(여배)

 3급 　수레 **여:** 車 / 10 　비 與, 興 　동 地

메거나 마주 들어(舁) 움직이는 수레(車)에서, '수레, 가마'를 뜻한다.

읽기한자 籃輿(남여) 筍輿(순여) 宸輿(신여)

쓰기한자 肩輿(견여) 藍輿(남여) 喪輿(상여) 輿隷(여례) 輿論(여론) 輿望(여망) 輿地(여지)

與 4급 　더불 / 줄 **여:**　臼 / 7　비 輿, 興　만 野, 受　약 与

양손을 마주 잡고 물건을 맞들어(舁) 올려 준다(与)는 데서, '더불다, 주다'는 뜻이다.

읽기한자　與偕(여해)

쓰기한자　干與(간여)　供與(공여)　關與(관여)　給與(급여)　寄與(기여)　對與(대여)　貸與(대여)　賦與(부여)
附與(부여)　授與(수여)　讓與(양여)　與件(여건)　與黨(여당)　與論(여론)　與否(여부)　與受(여수)
與信(여신)　與野(여야)　贈與(증여)　參與(참여)　許與(허여)

如 4급II　　같을 **여**　女 / 3　비 奴

주인의 명령(口)에 따라 계집종(女)이 그대로 행하여 결과가 주인의 뜻과 같은 데서, '같다'는 뜻이다.

읽기한자　皎如(교여)　澹如(담여)　勃如(발여)　晏如(안여)　繹如(역여)　奧如(오여)　婉如(완여)

쓰기한자　缺如(결여)　始終如一(시종여일)　如干(여간)　如反掌(여반장)　如前(여전)　如此(여차)　如何(여하)
如或(여혹)　何如(하여)

餘 4급II　　남을 **여**　食 / 7　동 暇, 饒, 剩　약 余

밥(飠)이 먹고도 남을(余) 만큼 많다는 데서, '남다, 넉넉하다'는 뜻이다.

읽기한자　劫餘(겁여)　羨餘(선여)　宵餘(소여)　燼餘(신여)　餘瀝(여력)　餘齡(여령)　餘忿(여분)　餘胥(여서)
餘燼(여신)　餘裔(여예)　餘蘊(여온)　餘饒(여요)　餘剩(여잉)　餘祉(여지)　餘喘(여천)　餘馨(여형)
餘薰(여훈)　剩餘(잉여)

쓰기한자　餘暇(여가)　餘件(여건)　餘技(여기)　餘念(여념)　餘談(여담)　餘力(여력)　餘錄(여록)　餘望(여망)
餘墨(여묵)　餘白(여백)　餘分(여분)　餘生(여생)　餘勢(여세)　餘韻(여운)　餘裕(여유)　餘滴(여적)
餘罪(여죄)　餘地(여지)　餘震(여진)　餘他(여타)　餘波(여파)　餘恨(여한)　餘興(여흥)　殘餘(잔여)

繹 1급　　풀 **역**　糸 / 13　비 釋

실(糸)을 양손으로 번갈아 당기는(睪) 데서, '실을 당겨 풀어내다, 실마리, 당기다, 찾다, 풀다'는 뜻이다.

읽기한자　繹味(역미)　繹史(역사)　繹騷(역소)　繹如(역여)　講繹(강역)　論繹(논역)　思繹(사역)　演繹(연역)
追繹(추역)　討繹(토역)

亦 3급II　　또 **역**　亠 / 4

사람의 양 옆구리에 점을 찍어 옆구리를 나타낸 글자인데, 옆구리가 오른쪽에도 있고 또 왼쪽에도 있다는 데서, '또'라는 뜻이다.

쓰기한자　其亦(기역)　盜亦有道(도역유도)　亦是(역시)　亦然(역연)　吾亦不知(오역부지)　此亦(차역)

譯 3급II 　번역할 **역** 　言 / 13 　일 訳

다른 나라 말(言)을 엿보아(睪) 풀이하여 나랏말로 옮기는 데서, '번역하다'는 뜻이다.

읽기한자 諺譯(언역) 譯註(역주)

쓰기한자 國譯(국역) 內譯書(내역서) 飜譯(번역) 佛譯(불역) 譯書(역서) 譯者(역자) 誤譯(오역)
完譯(완역) 意譯(의역) 重譯(중역) 直譯(직역) 抄譯(초역) 通譯(통역)

役 3급II 　부릴 **역** 　彳 / 4 　동 使

걸어 다니며(彳) 창(殳)으로 때리면서 일꾼을 부린다는 데서, '부리다'는 뜻이다.

읽기한자 董役(동역) 戍役(수역) 甸役(전역) 竣役(준역)

쓰기한자 苦役(고역) 雇役(고역) 端役(단역) 代役(대역) 隸役(예역) 勞役(노역) 免役(면역) 配役(배역)
兵役(병역) 服役(복역) 賦役(부역) 赴役(부역) 使役(사역) 囚役(수역) 兒役(아역) 惡役(악역)
役軍(역군) 役事(역사) 役員(역원) 役割(역할) 備役(용역) 用役(용역) 雜役(잡역) 轉役(전역)
助役(조역) 主役(주역) 重役(중역) 懲役(징역) 就役(취역) 退役(퇴역) 荷役(하역) 現役(현역)

驛 3급II 　역 **역** 　馬 / 13 　동 站 　일 駅

말(馬)이 탈이 없는지 엿보고(睪) 다른 말을 내주는 데서, '역'을 뜻한다. 지금은 말의 기능을 기차나 버스 등이 하는 데서, 역에 새로운 뜻이 붙었다.

읽기한자 駱驛(낙역) 驛馬煞(역마살) 驛丞(역승) 驛站(역참) 馳驛(치역)

쓰기한자 館驛(관역) 驛馬(역마) 驛夫(역부) 驛長(역장) 驛前(역전) 驛亭(역정) 驛遞(역체) 津驛(진역)
驛勢圈(역세권)

疫 3급II 　전염병 **역** 　疒 / 4

창(殳)을 들고 무찔러야 할 돌림병(疒)이라는 데서, '전염병'을 뜻한다.

읽기한자 痘疫(두역) 鼠疫(서역) 疫痢(역리)

쓰기한자 檢疫(검역) 免疫(면역) 防疫(방역) 疫疾(역질) 紅疫(홍역)

易 4급 　바꿀 **역** / 쉬울 **이:** 　日 / 4

본래 도마뱀을 본뜬 글자이다. 도마뱀의 긴 꼬리가 위험을 당하면 저절로 끊어졌다가 새로 나듯 모양을 쉽게 바꾸는 데서, '바꾸다, 쉽다'는 뜻이다.

읽기한자 凱易(개이) 嗤易(치이) 諧易(해이)

쓰기한자 簡易(간이) 交易(교역) 貿易(무역) 安易(안이) 易經(역경) 易書(역서) 易學(역학) 容易(용이)
周易(주역) 便易(편이) 平易(평이)

域 | 4급 | 지경 **역** | 土 / 8 | 동 境

전쟁이 났을 때 국경(土)에서 병사들이 창을 들고 지키는(或) 모습에서, '지경, 경계'를 뜻한다.

읽기한자 疆域(강역) 灌域(관역) 槿域(근역) 奧域(오역) 禹域(우역) 肇域(조역) 墟域(허역)

쓰기한자 界域(계역) 光域(광역) 廣域(광역) 區域(구역) 領域(영역) 流域(유역) 墓域(묘역) 聖域(성역)
水域(수역) 域內(역내) 音域(음역) 異域(이역) 全域(전역) 兆域(조역) 地域(지역)

逆 | 4급Ⅱ | 거스릴 **역** | 辵 / 6 | 반 順

물구나무(屰) 서서 가는(辶) 것으로, 바른 도리를 거스르는 데서, '거스르다'는 뜻이다.

읽기한자 畔逆(반역) 弑逆(시역) 逆睹(역도) 逆戾(역려) 逆鱗(역린) 逆溢(역일) 悖逆(패역) 篡逆(찬역)

쓰기한자 可逆(가역) 拒逆(거역) 莫逆(막역) 反逆(반역) 叛逆(반역) 附逆(부역) 拂逆(불역) 逆境(역경)
逆旅(역려) 逆流(역류) 逆謀(역모) 逆算(역산) 逆說(역설) 逆順(역순) 逆襲(역습) 逆賊(역적)
逆戰(역전) 逆轉(역전) 逆情(역정) 逆潮(역조) 逆調(역조) 逆風(역풍) 逆行(역행) 逆婚(역혼)

筵 | 1급 | 대자리 **연** | 竹 / 7 | 동 席

바닥에 펼치는(延) 대오리(竹)로 만든 자리에서, '대자리'를 뜻한다.

읽기한자 筵上(연상) 筵席(연석) 講筵(강연) 談筵(담연) 舞筵(무연) 法筵(법연) 賓筵(빈연) 壽筵(수연)
御筵(어연) 長筵(장연) 蒲筵(포연)

捐 | 1급 | 버릴 **연:** | 手 / 7 | 비 損 | 동 棄

손(扌)을 써서, 가늘고 작게(肙) 만드는 데서, '버리다, 덜다'는 뜻이다.

읽기한자 捐館(연관) 捐軀(연구) 捐金(연금) 捐忘(연망) 捐背(연배) 捐補(연보) 捐世(연세) 捐助(연조)
葉捐(엽연) 委捐(위연) 義捐(의연) 出捐(출연) 脫捐(탈연)

椽 | 1급 | 서까래 **연** | 木 / 9

지붕을 만들 때 차례로 올려(彖) 마룻대에서 도리 또는 들보에 걸쳐 지른 나무(木)에서, '서까래'를 뜻한다.

읽기한자 椽端(연단) 椽木(연목) 椽燭(연촉) 椽筆(연필) 短椽(단연) 婦椽(부연) 修椽(수연) 屋椽(옥연)
竹椽(죽연) 采椽(채연)

鳶 | 1급 | 솔개 **연** | 鳥 / 3

공중에서 맴돌다가 주살(弋)이 날아가듯 내리 꽂히며 먹이를 채 가는 새(鳥)로, '솔개'를 뜻한다.

읽기한자 鳶肩(연견) 鳶色(연색) 鳴鳶(명연) 木鳶(목연) 飛鳶(비연) 魚鳶(어연) 紙鳶(지연) 風鳶(풍연)

妍 2급(名) 고울 **연:** 女 / 6 동 麗, 艶 일 姸

매무새를 다듬은(幵) 고운 계집(女)에서, '곱다'는 뜻이다.

읽기한자 　妍麗(연려) 妍芳(연방) 妍粧(연장) 妍醜(연추) 華妍(화연)

衍 2급(名) 넓을 **연:** 行 / 3

물(氵)이 넘쳐 길(行)에 까지 들어 온 데서, '넘치다, 넓다'는 뜻이다.

읽기한자 　敷衍(부연) 墳衍(분연) 衍文(연문) 衍義(연의) 衍字(연자) 鄒衍(추연)

淵 2급(名) 못 **연** 水 / 9 동 潭 일 渊, 淵

양 기슭 사이에 깊은 못이 있는 모양을 그려 못을 나타내고, 물(氵)을 보태어 그 뜻을 분명히 한 것으로, '못'을 뜻한다.

읽기한자 　深淵(심연) 淵沼(연소) 淵奧(연오) 淵源(연원) 淵澄(연징) 淵叢(연총) 淵洽(연흡) 澄淵(징연) 泃淵(홍연)

硯 2급 벼루 **연:** 石 / 7

내려다 보면서(見) 먹을 가는 돌(石)에서, '벼루'를 뜻한다.

읽기한자 　缸硯(항연)

쓰기한자 　硯滴(연적) 硯池(연지) 筆硯(필연)

沿 3급Ⅱ 물따라갈 / 따를 **연(:)** 水 / 5

물(氵)은 산 정상에서 흘러 내려 산 속의 늪(㕣)을 거쳐 계곡을 타고 아래로 흐르는데, 산 길도 물길을 따라서 있는 데서, '물 따르다, 따르다'는 뜻이다.

쓰기한자 　沿道(연도) 沿邊(연변) 沿岸(연안) 沿海(연해) 沿革(연혁)

軟 3급Ⅱ 연할 **연:** 車 / 4 동 脆

수레(車) 바퀴가 부드럽게 굴러 말이 하품(欠)을 할 수 있을 정도로 길바닥 흙이 부드러운 데서, '연하다'는 뜻이다.

읽기한자 　軟薑(연강) 軟巾(연건) 軟膏(연고) 軟媚(연미) 軟柿(연시) 軟餌(연이) 軟脆(연취) 軟翠(연취) 軟泡(연포)

쓰기한자 　軟骨(연골) 軟禁(연금) 軟性(연성) 軟水(연수) 軟式(연식) 軟食(연식) 軟弱(연약) 軟質(연질) 軟化(연화) 柔軟(유연)

宴 | 3급Ⅱ | 잔치 **연:** | 宀 / 7

집(宀) 안으로 태양(日)이 들어 온 것은 남편이 벼슬하거나 크게 성공한 것을 나타낸다. 부인(女)이 잔치를 아니할 수 없다. '잔치'를 뜻한다.

읽기한자 宵宴(소연) 宴饗(연향) 饗宴(향연) 孤宴(호연)

쓰기한자 家宴(가연) 甲宴(갑연) 壽宴(수연) 宴居(연거) 宴席(연석) 宴息(연식) 宴會(연회)

燕 | 3급Ⅱ | 제비 **연(:)** | 火 / 12

제비의 벌린 부리(廿), 몸통(口), 좌우 날개(北), 갈라진 꼬리(灬)를 본뜬 것으로, '제비'를 뜻한다.

읽기한자 鶯燕(앵연) 燕礫(연력) 燕翔(연상) 燕雀(연작) 燕惰(연타) 燕饗(연향)

쓰기한자 燕京(연경) 燕息(연식) 燕會(연회) 胡燕(호연)

鉛 | 4급 | 납 **연** | 金 / 5 | 약 鈆

산 속의 늪(合)처럼 잿빛을 띠는 금속(金)에서, '납'을 뜻한다.

읽기한자 鉛膏(연고) 鉛錘(연추)

쓰기한자 亞鉛(아연) 鉛版(연판) 鉛筆(연필) 黑鉛(흑연)

延 | 4급 | 늘일 **연** | 廴 / 4 | 비 廷

발(止)을 끌며(丿) 길게 걷는(廴) 데서, '끌다, 늘이다'는 뜻이다.

읽기한자 蔓延(만연) 延瞰(연감) 延頸(연경) 延眷(연권) 延亘(연긍) 延齡(연령) 延叱(연질) 呪延(주연)

쓰기한자 順延(순연) 延見(연견) 延期(연기) 延吉(연길) 延命(연명) 延拂(연불) 延長(연장) 延着(연착)
延滯(연체) 遲延(지연) 遷延(천연)

緣 | 4급 | 인연 **연** | 糸 / 9 | 비 綠, 錄, 祿 동 因

천이 끊어진(彖) 데를 실(糸)로 감치며 잇듯 서로를 이어 인연을 맺어준다는 데서, '인연'을 뜻한다.

읽기한자 攀緣(반연) 緣竿(연간) 緣橘(연귤) 緣綺(연기)

쓰기한자 結緣(결연) 奇緣(기연) 內緣(내연) 惡緣(악연) 緣故(연고) 緣邊(연변) 緣分(연분) 緣飾(연식)
緣由(연유) 因緣(인연) 絶緣(절연) 地緣(지연) 學緣(학연) 血緣(혈연)

燃 | 4급 | 탈 **연** | 火 / 12 | 동 燒

개고기를 불에 굽는 然의 뜻이 '그렇다'로 바뀌자 여기에 불(火)을 보태어 본래 뜻을 남긴 것으로, '불사르다, 타다'는 뜻이다.

읽기한자 燃犀(연서)

쓰기한자 耐燃(내연) 不燃(불연) 燃燈(연등) 燃料(연료) 燃燒(연소) 再燃(재연)

研 | 4급Ⅱ | 갈 **연:** | 石 / 6 | 통 究, 磨, 修 | 약 研
돌(石)의 울퉁불퉁한 부분을 없애 평평하게(幵) 되도록 돌을 가는 데서, '갈다'는 뜻이다.

읽기한자 研鑽(연찬) 研娼(연창) 研槌(연퇴)
쓰기한자 研究(연구) 研磨(연마) 研修(연수)

煙 | 4급Ⅱ | 연기 **연** | 火 / 9 | 통 煤
흙(土)을 발라 덮어(襾) 만든 부뚜막에 솥을 걸고 아궁이에 불(火)을 때면 굴뚝에서 연기가 나오는 데서, '연기'를 뜻한다.

읽기한자 狼煙(낭연) 煤煙(매연) 蚊煙(문연) 烽煙(봉연) 煙淪(연륜) 煙曙(연서) 煙燼(연신) 煙埃(연애)
煙筒(연통) 涌煙(용연) 硝煙(초연)
쓰기한자 禁煙(금연) 愛煙(애연) 愛煙家(애연가) 煙氣(연기) 煙突(연돌) 煙幕(연막) 煙霧(연무)
煙月(연월) 煙草(연초) 紫煙(자연) 塵煙(진연) 砲煙(포연) 黑煙(흑연) 吸煙(흡연)

演 | 4급Ⅱ | 펼 **연:** | 水 / 11
물(氵)이 흐르고 동방(寅)의 아침 햇살이 널리 퍼지듯이 생각한 바를 펼치는 데서, '펴다'는 뜻이다.

읽기한자 演繹(연역) 演撰(연찬)
쓰기한자 講演(강연) 競演(경연) 公演(공연) 口演(구연) 上演(상연) 試演(시연) 演劇(연극) 演技(연기)
演壇(연단) 演士(연사) 演說(연설) 演習(연습) 演承(연승) 演藝(연예) 演義(연의) 演題(연제)
演奏(연주) 演出(연출) 熱演(열연) 再演(재연) 助演(조연) 主演(주연) 初演(초연) 出演(출연)
協演(협연)

然 | 7급 | 그럴 **연** | 火 / 8 | 반 否
개고기(肰)를 불(灬)에 굽는 데서, '불에 굽다'는 뜻이었으나, 이는 또한 당연한 일이라는 데서, '그렇다'는 뜻이 되었다.

읽기한자 廓然(확연) 蹶然(궐연) 凜然(늠연) 惘然(망연) 杳然(묘연) 渺然(묘연) 蕉然(무연) 靡然(미연)
謐然(밀연) 瞥然(별연) 炳然(병연) 爽然(상연) 灑然(쇄연) 啞然(아연) 愕然(악연) 儼然(엄연)
宛然(완연) 巍然(외연) 窈然(요연) 聳然(용연) 毅然(의연) 綽然(작연) 猝然(졸연) 萃然(췌연)
坦然(탄연) 頹然(퇴연) 赫然(혁연) 瑩然(영연) 渾然(혼연) 煥然(환연) 喧然(훤연) 恤然(휼연)
洽然(흡연) 昂然(앙연)
쓰기한자 蓋然(개연) 懼然(구연) 當然(당연) 突然(돌연) 歷然(역연) 漠然(막연) 蔑然(멸연) 未然(미연)
本然(본연) 憤然(분연) 釋然(석연) 雖然(수연) 肅然(숙연) 亦然(역연) 然而(연이) 然則(연즉)
偶然(우연) 鬱然(울연) 悠然(유연) 隱然(은연) 依然(의연) 自然(자연) 卒然(졸연) 棲然(처연)
天然(천연) 超然(초연) 卓然(탁연) 泰然(태연) 漂然(표연) 必然(필연) 忽然(홀연)

閱 | 3급 | 볼[覽] **열** | 門 / 7
문(門) 앞에서 짐을 벗기고(兌=脫) 일일이 조사하는 데서, '보다, 살피다'는 뜻이다. 또 그렇게 할 수 있는 세력을 지닌 집안이라는 데서, '문벌'을 뜻한다.

읽기한자 閱揀(열간) 披閱(피열)
쓰기한자 檢閱(검열) 校閱(교열) 閥閱(벌열) 査閱(사열) 閱讀(열독) 閱覽(열람) 閱兵(열병)

悅   3급Ⅱ   기쁠 **열**   心 / 7   〔동〕樂, 欣

마음(忄)이 기쁘다(兌)는 데서, '기쁘다, 즐겁다'는 뜻이다.

읽기한자   嘉悅(가열) 悅穆(열목) 悅欣(열흔) 悅憙(열희) 諛悅(유열) 怡悅(이열)

쓰기한자   法悅(법열) 悅樂(열락) 咸悅(함열) 喜悅(희열)

熱   5급   더울 **열**   火 / 11

밭에 이랑(坴)을 내어 심은 씨앗(丸)이 잘 자라듯 불(灬) 기운이 위로 치솟음을 나타낸 것으로, '덥다, 뜨겁다'는 뜻이다.

읽기한자   沸熱(비열) 熱蹶(열궐) 熾熱(치열)

쓰기한자   假熱(가열) 加熱(가열) 客熱(객열) 庚熱(경열) 高熱(고열) 過熱(과열) 耐熱(내열) 斷熱(단열) 微熱(미열) 發熱(발열) 放熱(방열) 熱狂(열광) 熱氣(열기) 熱帶(열대) 熱量(열량) 熱烈(열렬) 熱望(열망) 熱病(열병) 熱誠(열성) 熱心(열심) 熱愛(열애) 熱演(열연) 熱意(열의) 熱戰(열전) 熱情(열정) 熱中(열중) 熱湯(열탕) 熱風(열풍) 熱火(열화) 情熱(정열) 地熱(지열) 滄熱(창열) 解熱(해열)

艷   1급   고울 **염:**   色 / 13   〔동〕美

艶이 본자로, 풍성하다(豐)는 뜻과 계집의 아름다운 자태(色)의 뜻을 보탠 것으로, '곱다'는 뜻이다.

읽기한자   艷歌(염가) 艷麗(염려) 艷文(염문) 艷聞(염문) 艷美(염미) 艷色(염색) 艷羨(염선) 艷冶(염야) 艷陽(염양) 艷語(염어) 艷姿(염자) 艷情(염정) 艷質(염질) 艷妻(염처) 艷態(염태) 光艷(광염) 嬌艷(교염) 冷艷(냉염) 濃艷(농염) 麗艷(여염) 婉艷(완염) 妖艷(요염) 豊艷(풍염)

焰   1급   불꽃 **염**   火 / 8

불꽃(臽=炎)을 나타내는 글자에 불(火)을 덧붙인 데서, '불꽃'을 뜻한다.

읽기한자   光焰(광염) 氣焰(기염) 聲焰(성염) 勢焰(세염) 陽焰(양염) 紅焰(홍염) 火焰(화염)

閻   2급(名)   마을 **염**   門 / 8

구덩이(臽)를 파고 세운 문(門)으로 본래 마을의 문(里門)을 나타냈으나 나아가 '마을'을 뜻한다. 姓氏로도 쓰인다.

읽기한자   閻閭(여염) 閻羅(염라)

厭   2급   싫어할 **염:**   厂 / 12

개(犬) 고기(月)를 입(口)에 물고(一) 실컷 먹어 배가 불러 호흡이 어려운 것이 마치 언덕(厂)에 짓눌리는 듯하다는 데서, '누르다, 배부르다'는 뜻이다. 배부르면 맛있는 것에도 물리게 되므로 '물리다, 싫어하다'는 뜻이다.

읽기한자   厭詛(염저)

쓰기한자   厭忌(염기) 厭足(염족) 厭症(염증) 嫌厭(혐염)

| 3급Ⅱ | 물들 염: | 木 / 5 |

치자나무 등 물감의 재료가 되는 나무(木)나 그 나무 열매의 즙에서 뽑아낸 물감(氵)에 여러 번(九) 천을 담그는 데서, '물들이다'는 뜻이다.

읽기한자 捺染(날염) 誣染(무염) 染緋(염비)

쓰기한자 感染(감염) 練染(연염) 染料(염료) 染色(염색) 染織(염직) 汚染(오염) 傳染(전염) 漸染(점염)
浸染(침염)

| 3급Ⅱ | 불꽃 염 | 火 / 4 | 凉 |

불(火) 위에 또 불(火)이 있는 데서, '불꽃'을 뜻한다.

읽기한자 炎燎(염료) 炎魃(염발) 炎灼(염작) 膣炎(질염)

쓰기한자 肝炎(간염) 庚炎(경염) 腦炎(뇌염) 老炎(노염) 鼻炎(비염) 盛炎(성염) 炎涼(염량) 炎上(염상)
炎症(염증) 炎蒸(염증) 炎天(염천) 胃炎(위염) 肺炎(폐렴) 暴炎(폭염) 酷炎(혹염)

| 3급Ⅱ | 소금 염 | 鹵 / 13 | 약 塩 |

소금밭(鹵)을 잘 살펴(監) 소금을 생산해 내는 데서, '소금'을 뜻한다.

읽기한자 鹽醯(염혜)

쓰기한자 食鹽(식염) 巖鹽(암염) 鹽分(염분) 鹽酸(염산) 鹽素(염소) 鹽田(염전) 鹽化(염화) 竹鹽(죽염)

| 2급(名) | 빛날 엽 | 火 / 12 |

해가 빛나듯 불(火)이 빛난다(華=曄)는 데서, '빛나다'는 뜻이다.

읽기한자 燁然(엽연) 燁燁(엽엽)

| 5급 | 잎 엽 | 艸 / 9 |

풀(艹)과 나무(木)에 달리는 잎사귀(世)에서, '잎'을 뜻한다.

읽기한자 迦葉(가섭) 柯葉(가엽) 勁葉(경엽) 槐葉(괴엽) 橘葉(귤엽) 艾葉(애엽) 葉捐(엽연) 簇葉(족엽)
蕉葉(초엽)

쓰기한자 甲葉(갑엽) 枯葉(고엽) 落葉(낙엽) 蓮葉(연엽) 末葉(말엽) 桑葉(상엽) 霜葉(상엽) 松葉(송엽)
十葉(십엽) 葉茶(엽차) 葉書(엽서) 葉錢(엽전) 葉菜(엽채) 葉草(엽초) 中葉(중엽) 枝葉(지엽)
初葉(초엽) 胎葉(태엽) 楓葉(풍엽)

| 1급 | 어린아이 영 | 女 / 14 | 동 孩 |

본래 목걸이(賏)를 하고 있는 계집(女)을 나타내는 글자였으나, 주로 '어린 아이'를 뜻한다.

읽기한자 嬰累(영루) 嬰羅(영리) 嬰鱗(영린) 嬰城(영성) 嬰兒(영아) 嬰提(영제) 嬰稚(영치) 嬰禍(영화)
嬌嬰(교영) 世嬰(세영) 愛嬰(애영) 退嬰(퇴영)

暎 | 2급(名) | 비칠 **영:** | 日 / 9

본자는 映이다. 해(日)가 하늘의 한 가운데(央)에 있어 만물을 두루 비추는 데서, '비치다' 는 뜻이다.

읽기한자 暎發(영발) 暎湖(영호)

瑛 | 2급(名) | 옥빛 **영** | 玉 / 9

구슬(玉)이 꽃(英)처럼 아름다운 빛을 내뿜는 데서, '옥빛'을 뜻한다.

읽기한자 藍瑛(남영) 赤瑛(적영)

盈 | 2급(名) | 찰 **영** | 皿 / 4 | 동 滿 | 반 虛

사람이 손(又)으로 활을 당겨 펼친(乃) 모양처럼 그릇(皿)에 음식이 가득한 데서, '차다'는 뜻이다.

읽기한자 盈德(영덕) 盈滿(영만) 盈月(영월) 盈斟(영짐) 盈虛(영허) 沖盈(충영)

詠 | 3급 | 읊을 **영:** | 言 / 5 | 동 歌, 吟, 唱

시조창을 들어보면 알 수 있듯 말(言)을 길게(永) 늘여 읊는데서, '읊다'는 뜻이다.

읽기한자 謳詠(구영) 觴詠(상영) 諷詠(풍영)

쓰기한자 詠歌(영가) 歌詠(가영) 朗詠(낭영) 舞詠(무영) 芳詠(방영) 誦詠(송영) 詩詠(시영) 愛詠(애영) 詠物(영물) 詠史(영사) 詠雪(영설) 詠誦(영송) 詠吟(영음) 詠懷(영회) 吟詠(음영) 題詠(제영) 獻詠(헌영) 詠詩(영시) 詠唱(영창)

泳 | 3급 | 헤엄칠 **영:** | 水 / 5

물(氵) 속에서 팔과 다리를 길게(永) 펴는 데서, '헤엄치다'는 뜻이다.

읽기한자 翔泳(상영) 涵泳(함영)

쓰기한자 背泳(배영) 水泳(수영) 泳法(영법) 遊泳(유영) 蝶泳(접영) 混泳(혼영)

影 | 3급II | 그림자 **영:** | 彡 / 12

햇빛(景)에 물체의 형상이 붓(彡)으로 그린 듯 드러나는 데서, '그림자'를 뜻한다.

읽기한자 駒影(구영) 帆影(범영) 閃影(섬영) 疎影(소영) 影庇(영비) 撮影(촬영) 鞭影(편영) 泡影(포영)

쓰기한자 近影(근영) 反影(반영) 暗影(암영) 影像(영상) 影印(영인) 影響(영향) 眞影(진영) 免影(토영) 投影(투영) 弦影(현영) 幻影(환영)

4급 경영할 **영** 火 / 13　비 榮　약 営

화려하게(火火) 지은 집(宮)은 지을 때 계획을 잘 세우고 이후에도 관리 계획을 잘 세워 다스려야 하는 데서, '경영하다'는 뜻이다.

읽기한자 營壘(영루) 營魄(영백) 營堡(영보)

쓰기한자 監營(감영) 經營(경영) 公營(공영) 官營(관영) 國營(국영) 軍營(군영) 屯營(둔영) 民營(민영)
兵營(병영) 市營(시영) 野營(야영) 營內(영내) 營農(영농) 營利(영리) 營繕(영선) 營養(영양)
營業(영업) 營外(영외) 營爲(영위) 營倉(영창) 運營(운영) 入營(입영) 直營(직영) 陣營(진영)
脫營(탈영)

 4급 맞을 **영** 辵 / 4　반 餞, 送

길(辶)을 따라 나아가 무릎을 꿇고 우러르며(卬) 손님을 맞이하는 데서, '맞다(迎)'는 뜻이다.

읽기한자 驩迎(환영)

쓰기한자 送迎(송영) 迎賓(영빈) 迎入(영입) 迎接(영접) 迎合(영합) 趨迎(추영) 出迎(출영) 歡迎(환영)

 4급 비칠 **영(:)** 日 / 5　동 照

햇빛(日)이 하늘의 한가운데(央)에서 밝게 비치는 데서, '비치다'는 뜻이다.

읽기한자 映曖(영애)

쓰기한자 鏡映(경영) 反映(반영) 放映(방영) 上映(상영) 映像(영상) 映畫(영화) 終映(종영)

 4급Ⅱ 영화 **영** 木 / 10　비 營　동 華　반 枯, 辱　약 栄

불꽃(火火)이 일어나는 모양으로 나무(木)가 꽃으로 덮이는(冖) 데서, '영화, 번영'을 뜻한다.

읽기한자 榮褒(영포)

쓰기한자 共榮(공영) 繁榮(번영) 榮光(영광) 榮農(영농) 榮達(영달) 榮譽(영예) 榮辱(영욕) 榮轉(영전)
榮華(영화) 虛榮(허영) 虛榮心(허영심)

永 **6급** 길 **영:** 水 / 1　비 水, 氷　동 久, 遠

강물이 지류로 흐르기도 하고 지류의 물이 본류에 합류하기도 하는 모습을 나타낸 글자로, 지류가 있는 큰 강은 길게 흐르는 데서, '길다'는 뜻이다.

읽기한자 永肌(영기)

쓰기한자 永訣(영결) 永久(영구) 永眠(영면) 永生(영생) 永逝(영서) 永世(영세) 永續(영속) 永永(영영)
永遠(영원) 永有(영유) 永住(영주)

英 6급 꽃부리 **영** 艹 / 5 圖 特
화초(艹)의 중심(央)이 되는 부분이라는 데서, '꽃부리'를 뜻한다.

읽기한자 英邁(영매) 英爽(영상) 英挺(영정) 英稟(영품) 英絢(영현) 褪英(퇴영)
쓰기한자 群英(군영) 落英(낙영) 秀英(수영) 英傑(영걸) 英國(영국) 英斷(영단) 英靈(영령) 英美(영미)
英佛(영불) 英數(영수) 英詩(영시) 英語(영어) 英雄(영웅) 英字(영자) 英才(영재) 英材(영재)
英俊(영준) 英特(영특) 育英(육영)

曳 1급 끌 **예:** 曰 / 2 圖 引
얽힌 실의 한쪽을 양손으로 끌어올리는 모양을 본뜬 것으로, '끌다'는 뜻이다.

읽기한자 曳尾(예미) 曳白(예백) 曳杖(예장) 牽曳(견예) 陵曳(능예) 倒曳(도예) 搖曳(요예)

穢 1급 더러울 **예:** 禾 / 13 圖 汚, 濁
곡식(禾)의 줄기가 도에 넘치게(歲=越) 많은 데서, '땅이 거칠다, 더럽다'는 뜻이다.

읽기한자 穢氣(예기) 穢德(예덕) 穢物(예물) 穢史(예사) 穢聲(예성) 穢心(예심) 穢汚(예오) 穢慾(예욕)
穢草(예초) 穢濁(예탁) 穢慝(예특) 苛穢(가예) 蕪穢(무예) 鄙穢(비예) 汚穢(오예) 草穢(초예)
觸穢(촉예) 濁穢(탁예) 貪穢(탐예) 汗穢(한예)

詣 1급 이를[至] **예:** 言 / 6
말(言)을 하면서 맛있는 음식에 손가락(旨=指)을 대는 데서, '이르다, 나아가다'는 뜻이다.

읽기한자 詣闕(예궐) 詣門(예문) 率詣(솔예) 遊詣(유예) 前詣(전예) 造詣(조예) 參詣(참예) 馳詣(치예)
險詣(험예)

裔 1급 후손 **예:** 衣 / 7 圖 孫, 胄
臺座에 옷(衣)을 놓고 조상에게 비는 모양(冏)에서, '후손(後孫)'을 뜻한다.

읽기한자 裔末(예말) 裔民(예민) 裔孫(예손) 裔習(예습) 裔夷(예이) 裔子(예자) 裔土(예토) 苗裔(묘예)
邊裔(변예) 四裔(사예) 殊裔(수예) 餘裔(여예) 容裔(용예) 遠裔(원예) 幽裔(유예) 流裔(유예)
融裔(융예) 醜裔(추예) 遐裔(하예) 海裔(해예) 荒裔(황예) 後裔(후예)

預 2급 맡길 / 미리 **예:** 頁 / 4
머리(頁)가 편안(予)한 데서, '즐기다, 놀다'는 뜻이다. '맡기다'는 韓國에서만 쓰이는 뜻이다. 豫와 통하여 '미리'의 뜻이 있고, 與와 통하여 '참여하다'는 뜻으로도 쓰인다.

읽기한자 預妓(예기)
쓰기한자 預金(예금) 預度(예탁) 預慮(예려) 預買(예매) 預備(예비) 預想(예상) 預入(예입) 預置(예치)
預託(예탁) 參預(참예)

2급(名) 　성[姓] **예:** 艸 / 4

땅(冂)을 뚫고 막 솟아난(入) 풀(艹)로 작고 연한 새싹이 돋아나는 모습을 나타낸다. 주로 姓氏로 쓰인다.

🔖 읽기한자　芮芮(예예) 芮氏(예씨)

 2급(名) 　슬기 **예:** 目 / 9

골짜기(谷)를 깊이 훑어 치워 통하듯, 사물을 바라보는 눈(目)이 뚫린 데서, '슬기'를 뜻한다.

🔖 읽기한자　睿達(예달) 睿宗(예종) 睿智(예지)

 2급(名) 　종족이름 **예:** 水 / 13

물(氵)이 넘치는(歲＝越) 데서 물이 깊고 넓음을, 또 물(氵)이 도끼(歲＝戉)처럼 검은데서 더러움을 나타낸다. 주로 國史에 등장하는 종족, 나라의 이름으로 쓰인다.

🔖 읽기한자　東濊(동예) 濊貊(예맥) 汚濊(오예) 汪濊(왕예)

 3급 　날카로울 **예:** 金 / 7　동 利　반 鈍

장인은 자기만 만든 칼의 쇠(金)가 날카로워야 기뻐한다(兌)는 데서, '날카롭다'는 뜻이다.

🔖 읽기한자　芒銳(망예) 悉銳(실예) 銳鋒(예봉)
✏️ 쓰기한자　新銳(신예) 銳角(예각) 銳騎(예기) 銳利(예리) 銳敏(예민) 銳智(예지) 精銳(정예) 尖銳(첨예)

 3급Ⅱ 　기릴 / 명예 **예:** 言 / 14　약 誉

여러 사람이 더불어(與) 떠받드는 말(言)을 하는 데서, '기리다, 명예'를 뜻한다.

🔖 읽기한자　溢譽(일예) 諂譽(첨예)
✏️ 쓰기한자　名譽(명예) 榮譽(영예)

 4급 　미리 **예:** 豕 / 9　반 決　약 予

코끼리(象)는 의심이 많아 먹을 것을 주면(予) 머뭇거리다가 코로 받아 미리 감별하고 난 뒤에 먹는 데서, '머뭇거리다, 미리'를 뜻한다.

🔖 읽기한자　豫壻(예서)
✏️ 쓰기한자　弗豫(불예) 豫感(예감) 豫見(예견) 豫告(예고) 豫期(예기) 豫買(예매) 豫賣(예매) 豫防(예방)
　　　　　豫報(예보) 豫備(예비) 豫算(예산) 豫想(예상) 豫選(예선) 豫習(예습) 豫示(예시) 豫審(예심)
　　　　　豫約(예약) 豫言(예언) 豫定(예정) 豫題(예제) 豫測(예측) 豫行(예행) 猶豫(유예)

藝

4급Ⅱ　　　재주 **예**:　艸 / 15　[동] 術　[약] 芸, 藝

초목(艹)의 씨앗(丸)을 심을 때 땅을 파기도 하고 돋우기도 하며 잘 다스리는(坴) 데서, '심다'는 뜻과 그러한 '재주'를 나타냈고, 云을 보태 말이나 글재주의 뜻도 겸하게 하였다.

[읽기한자] 伎藝(기예) 藝妓(예기)

[쓰기한자] 曲藝(곡예) 工藝(공예) 技藝(기예) 陶藝(도예) 武藝(무예) 文藝(문예) 書藝(서예) 手藝(수예)
演藝(연예) 藝能(예능) 藝名(예명) 藝術(예술) 藝苑(예원) 園藝(원예) 種藝(종예) 學藝(학예)

奧

1급　　　깊을 **오(:)**　大 / 10　[반] 淺

눈이 미치지 않아 두 손(廾)으로 밖에는 자세히 살필(審) 수 없는 구석진 곳에서, '깊다, 모퉁이'를 뜻한다.

[읽기한자] 奧境(오경) 奧區(오구) 奧妙(오묘) 奧如(오여) 奧域(오역) 奧藏(오장) 奧旨(오지) 禁奧(금오)
潭奧(담오) 深奧(심오) 淵奧(연오) 精奧(정오) 險奧(험오) 玄奧(현오)

伍

1급　　　다섯사람 **오**:　人 / 4

다섯(五) 사람(亻)을 나타내는 글자로, '다섯 사람, 다섯'을 뜻한다.

[읽기한자] 伍伴(오반) 伍伯(오백) 伍符(오부) 伍列(오열) 伍長(오장) 伍籍(오적) 伍候(오후) 軍伍(군오)
落伍(낙오) 兵伍(병오) 保伍(보오) 部伍(부오) 士伍(사오) 什伍(십오) 閭伍(여오) 曹伍(조오)
編伍(편오) 行伍(항오)

寤

1급　　　잠 깰 **오**　宀 / 11　[반] 寐

집(宀)의 침상(爿=牀)에서 깨어 일어나는(吾) 데서, '잠 깨다'는 뜻이다.

[읽기한자] 寤寐(오매) 寤夢(오몽) 寤生(오생) 寤言(오언) 覺寤(각오) 悸寤(계오) 愧寤(괴오) 發寤(발오)
醒寤(성오) 燎寤(요오) 幽寤(유오) 興寤(흥오)

懊

1급　　　한할 **오**:　心 / 13　[동] 恨

마음(忄)이 깊숙이(奧) 추락하는 데서, '한하다, 괴로워하다'는 뜻이다.

[읽기한자] 懊惱(오뇌) 懊悔(오회) 悔懊(회오)

墺

2급(名)　　　물가 **오**:　土 / 13

육지(土)의 깊숙히(奧) 파고 든 '물가'의 뜻으로, 주로 땅이름으로 쓰인다.

[읽기한자] 墺地利(오지리) 獨墺(독오) 韓墺(한오)

吳 | 2급(名) | 성(姓) **오** | 口 / 4

머리를 옆으로 젖히고 큰 소리로 떠드는 사람의 모습을 그린 것으로, '떠들다'는 뜻이나 주로 國名과 姓氏로 쓰인다.

읽기한자 吳鉤(오구) 吳綾(오릉) 吳榜(오방) 吳吟(오음) 吳子(오자)

 梧 | 2급 | 오동나무 **오(:)** | 木 / 7 | 图 桐

우리(吾)가 거문고 등의 악기나 가구를 만들 때 쓰는 나무(木)에서, '오동나무'를 뜻한다.

읽기한자 彊梧(강오) 魁梧(괴오)

쓰기한자 梧桐(오동) 梧葉(오엽) 梧右(오우) 梧月(오월) 梧陰(오음) 梧秋(오추) 梧下(오하) 枝梧(지오)

 傲 | 3급 | 거만할 **오:** | 人 / 11 | 图 倨, 慢

사람(亻)이 잘난 체하며 남을 업신여기고 제멋대로 노는(敖) 데서, '거만하다'는 뜻이다. 敖는 제 땅(土)의 사방(方)을 다니며 제 맘에 들지 않는 사람은 두들긴다(攵)는 뜻이다.

읽기한자 倨傲(거오) 奢傲(사오) 傲倨(오거) 傲頑(오완) 侈傲(치오)

쓰기한자 傲氣(오기) 傲慢(오만) 傲霜孤節(오상고절) 傲視(오시)

 吾 | 3급 | 나 **오** | 口 / 4

다섯(五) 손가락으로 자기를 가리키며 말하는(口) 데서, '나'를 뜻한다.

쓰기한자 吾君(오군) 吾黨(오당) 吾道(오도) 吾東(오동) 吾等(오등) 吾門(오문) 吾輩(오배)
吾鼻三尺(오비삼척) 吾人(오인) 吾主(오주) 吾兄(오형) 眞吾(진오)

 汚 | 3급 | 더러울 **오:** | 水 / 3 | 图 瀆, 穢, 濁

움푹 파인(亏) 웅덩이의 괸 물(氵)은 더럽다는 데서, '더럽다'는 뜻이다.

읽기한자 垢汚(구오) 瀆汚(독오) 誣汚(무오) 涅汚(열오) 穢汚(예오) 汚垢(오구) 汚溝(오구) 汚瀆(오독)
汚瀡(오예) 汚穢(오예) 霑汚(점오)

쓰기한자 汚吏(오리) 汚名(오명) 汚物(오물) 汚損(오손) 汚水(오수) 汚染(오염) 汚辱(오욕) 汚點(오점)

嗚 | 3급 | 슬플 **오** | 口 / 10

탄식 소리, 한숨 소리(烏는 의성어)가 입(口)에서 나오는 데서, '슬프다, 탄식하다'는 뜻이다.

읽기한자 嗚咽(오열)

쓰기한자 嗚泣(오읍) 嗚呼(오호) 噫嗚(희오)

娛 3급 　즐길 **오:** 女 / 7 　동 樂

여자(女)와 더불어 먹고 마시며 떠들썩하게(吳) 노래하고 춤추며 노는 데서, '즐기다'는 뜻이다.

읽기한자 晏娛(안오)

쓰기한자 娛樂(오락) 娛遊(오유)

烏 3급II 　까마귀 **오** 火 / 6 　비 島, 鳥

몸이 검기 때문에 눈을 구별하기 어려운 새(鳥)라서 눈의 표시(一)를 없앤 것으로, '까마귀, 검다'는 뜻이다.

읽기한자 烏巾(오건) 烏桓(오환) 烏喙(오훼)

쓰기한자 烏金(오금) 烏飛梨落(오비이락) 烏石(오석) 烏有(오유) 烏竹軒(오죽헌) 烏合之卒(오합지졸) 烏呼(오호)

悟 3급II 　깨달을 **오:** 心 / 7

나(吾)라는 인간 존재를 마음(忄)으로 바르게 알면 깨달음이 비롯한다는 데서, '깨닫다'는 뜻이다.

읽기한자 憬悟(경오) 醒悟(성오) 夙悟(숙오)

쓰기한자 覺悟(각오) 悟性(오성) 悔悟(회오)

誤 4급II 　그르칠 **오:** 言 / 7 　동 謬, 錯

떠들썩하게(吳) 말(言)을 내고 추진하는 일은 그르치기 쉬운 데서, '그르치다'는 뜻이다.

읽기한자 勘誤(감오) 誤蹶(오궐)

쓰기한자 過誤(과오) 闕誤(궐오) 誤記(오기) 誤答(오답) 誤導(오도) 誤謬(오류) 誤發(오발) 誤報(오보) 誤算(오산) 誤審(오심) 誤譯(오역) 誤用(오용) 誤認(오인) 誤入(오입) 誤字(오자) 誤診(오진) 誤差(오차) 誤判(오판) 誤解(오해) 正誤(정오) 錯誤(착오)

午 7급II 　낮 **오:** 十 / 2 　비 牛

두 사람이 번갈아 가며 찧는 절굿공이를 본뜬 글자였으나 음양이 교차하는 십이지의 일곱 번째가 되었고, 시간으로는 오전 11시에서 오후 1시 사이를 나타내는 데서, '낮'을 뜻한다.

쓰기한자 甲午(갑오) 端午(단오) 上午(상오) 午睡(오수) 午時(오시) 午午(오오) 午前(오전) 午餐(오찬) 午後(오후) 正午(정오) 下午(하오)

五 8급 　다섯 **오:** 二 / 2

천지(二) 사이에서 오행(木火土金水)이 교차(乂)함을 보여, '다섯'을 뜻한다.

읽기한자 五稼(오가) 五疳(오감) 五牲(오생) 五蘊(오온) 五甕(오옹)

쓰기한자 五經(오경) 五倫(오륜) 五帝(오제) 五戒(오계) 五感(오감) 五更(오경) 五穀(오곡) 五官(오관) 五輪(오륜) 五目(오목) 五福(오복) 五常(오상) 五言(오언) 五音(오음) 五賊(오적) 五行(오행) 五霸(오패)

沃 2급(名) 기름질 **옥** 水 / 4 롱 灌

물(氵)을 대주면 초목이 왕성하게(夭) 자라는 데서, '기름지다'는 뜻이다.

읽기한자 灌沃(관옥) 沃畓(옥답) 肥沃(비옥) 灑沃(쇄옥) 沃灌(옥관) 沃沸(옥비) 沃野(옥야) 沃饒(옥요)
沃沮(옥저) 沃田(옥전) 沃川(옥천) 沃土(옥토) 汰沃(태옥)

鈺 2급(名) 보배 **옥** 金 / 5

옛사람들에게 쇠붙이(金)와 구슬(玉)은 다 귀한 것이었으므로, '보배'를 뜻한다. 이름자로 주로 쓰인다.

읽기한자 鈺圭(옥규)

獄 3급Ⅱ 옥[囚舍] **옥** 犬 / 11 롱 牢, 圄

개(犭)와 개(犬)가 싸우듯이 서로 말다툼(言)하여 소송에 이르면 죄의 경중을 따진 뒤에 감옥에 넣는 데서, '옥(囚舍)'이라는 뜻이다.

읽기한자 劫獄(겁옥) 獄牢(옥뢰) 獄圄(옥어) 冤獄(원옥) 蹂獄(유옥) 廠獄(창옥) 檻獄(함옥)

쓰기한자 監獄(감옥) 繫獄(계옥) 煉獄(연옥) 獄苦(옥고) 獄事(옥사) 獄死(옥사) 獄舍(옥사) 獄中(옥중)
疑獄(의옥) 地獄(지옥) 出獄(출옥) 脫獄(탈옥) 投獄(투옥) 下獄(하옥)

玉 4급Ⅱ 구슬 **옥** 玉 / 0 비 王 롱 璧 반 石

세 개의 구슬을 끈으로 꿴 모양(王)을 본뜬 것이나 뒤에 임금 왕(王)과의 구분을 위해 점(丶)을 찍은 것으로, '구슬, 옥'을 뜻한다.

읽기한자 瓊玉(경옥) 璧玉(벽옥) 玉匣(옥갑) 玉繭(옥견) 玉磬(옥경) 玉昆(옥곤) 玉顆(옥과) 玉琯(옥관)
玉輦(옥련) 玉簾(옥렴) 玉槃(옥반) 玉帛(옥백) 玉魄(옥백) 玉璧(옥벽) 玉匕(옥비) 玉觴(옥상)
玉簫(옥소) 玉匙(옥시) 玉宸(옥신) 玉珥(옥이) 玉盞(옥잔) 玉簪(옥잠) 玉箸(옥저) 玉釧(옥천)
玉佩(옥패) 玉陛(옥폐) 玉杓(옥표) 玉函(옥함) 玉缸(옥항) 允玉(윤옥) 胤玉(윤옥) 翠玉(취옥)

쓰기한자 建玉(건옥) 白玉(백옥) 瑞玉(서옥) 玉稿(옥고) 玉骨(옥골) 玉帶(옥대) 玉樓(옥루) 玉門(옥문)
玉水(옥수) 玉顔(옥안) 玉座(옥좌) 玉體(옥체) 玉篇(옥편) 彫玉(조옥) 珠玉(주옥) 琢玉(탁옥)
紅玉(홍옥) 還玉(환옥)

屋 5급 집 **옥** 尸 / 6 롱 舍, 宇

사람이 이르러(至) 머무는 지붕이 있는 곳(尸)에서, '집'을 뜻한다.

읽기한자 陋屋(누옥) 茅屋(모옥) 祠屋(사옥) 墦屋(서옥) 屋椽(옥연) 屋脊(옥척) 蝸屋(와옥) 矮屋(왜옥)
葺屋(즙옥) 庖屋(포옥)

쓰기한자 家屋(가옥) 古屋(고옥) 社屋(사옥) 洋屋(양옥) 屋內(옥내) 屋上(옥상) 屋外(옥외) 屋宇(옥우)
屋號(옥호) 草屋(초옥)

蘊

1급 쌓을 온: 艸 / 16 동 蓄

뜸(緼) 들일 때 열기가 치솟듯 풀(艹)이 높이 쌓이는 데서, '쌓다'는 뜻이다.

읽기한자 蘊結(온결) 蘊淪(온륜) 蘊隆(온릉) 蘊暑(온서) 蘊崇(온숭) 蘊奧(온오) 蘊藉(온자) 蘊蓄(온축) 蘊抱(온포) 蘊合(온합) 瓊蘊(경온) 高蘊(고온) 器蘊(기온) 內蘊(내온) 埋蘊(매온) 密蘊(밀온) 祕蘊(비온) 崇蘊(숭온) 餘蘊(여온) 五蘊(오온) 幽蘊(유온) 潛蘊(잠온) 藏蘊(장온) 才蘊(재온) 底蘊(저온) 精蘊(정온) 賢蘊(현온) 幻蘊(환온)

穩

2급 편안할 온 禾 / 14 동 全 약 穏, 稳

곡식(禾)을 쌓아두고(㥯) 있으면 걱정없이 마음이 든든한 데서, '편안하다'는 뜻이다.

읽기한자 穩婆(온파)

쓰기한자 不穩(불온) 深穩(심온) 安穩(안온) 穩健(온건) 穩當(온당) 穩全(온전) 平穩(평온)

溫

6급 따뜻할 온 水 / 10 동 暖, 煖 반 冷, 涼 약 温

죄수(囚)에게 그릇(皿)에 가득하게 음식을 주는 것은 따뜻한 마음의 발로이다. 나그네에게 물(氵)을 따뜻한 마음으로 건네는 데서, '따뜻하다'는 뜻이다.

읽기한자 溫藉(온자) 溫祚(온조) 溫瘧(온학)

쓰기한자 檢溫(검온) 氣溫(기온) 等溫(등온) 冷溫(냉온) 保溫(보온) 常溫(상온) 水溫(수온) 溫坑(온갱) 溫故(온고) 溫氣(온기) 溫暖(온난) 溫帶(온대) 溫度(온도) 溫突(온돌) 溫冷(온랭) 溫床(온상) 溫水(온수) 溫順(온순) 溫室(온실) 溫柔(온유) 溫情(온정) 溫泉(온천) 溫風(온풍) 溫和(온화) 溫厚(온후) 低溫(저온) 體溫(체온) 恒溫(항온)

壅

1급 막을 옹 土 / 13 동 塞, 滯

외부로부터의 침입에 대비하여 흙(土)을 북돋아 주변을 에워싸는(雍) 데서, '막다, 북돋다'는 뜻이다.

읽기한자 壅劫(옹겁) 壅隔(옹격) 壅塞(옹색) 壅阻(옹조) 壅滯(옹체) 壅蔽(옹폐) 梗壅(경옹) 滿壅(만옹) 培壅(배옹) 塞壅(색옹) 五壅(오옹) 沈壅(침옹)

甕

2급(名) 독 옹: 瓦 / 13

사람, 불, 흙이 조화(雍)를 이루어야만 커다란 질그릇(瓦)를 빚을 수 있다는 데서, '항아리, 독'을 뜻한다.

읽기한자 釀甕(양옹) 甕器(옹기) 甕津(옹진) 糟甕(조옹) 鐵甕(철옹)

邕

2급(名) 막힐 옹 邑 / 3

내(巛)로 둘러싸인 마을(邑)은 교통이 막히므로, '막히다'는 뜻이다. 교통이 막힌 곳에서는 주민이 서로를 의지하여 화목하게 지내는 데서, '화목하다'는 뜻이다.

읽기한자 邕睦(옹목) 邕水(옹수)

雍 2급(名) 화(和)할 **옹** 隹 / 5 〔동〕和
雍의 본 모양은 雝으로 邕과 통한다. '막히다, 화(和)하다'는 뜻이다.

🔲 읽기한자   邵雍(소옹) 雍睦(옹목) 雍穆(옹목) 雍防(옹방) 雍蔽(옹폐) 雍和(옹화)

擁 3급 낄 **옹:** 手 / 13
손(扌)으로 통로를 막으면서(雍＝雝＝邕) 사람을 에워싸거나 옆구리에 끼어 보호하는 데서, '막다, 끼다, 안다'는 뜻이다.

🔲 읽기한자   簇擁(족옹)
✏️ 쓰기한자   擁立(옹립) 擁書(옹서) 擁衛(옹위) 擁護(옹호) 抱擁(포옹)

翁 3급 늙은이 **옹** 羽 / 4 〔반〕壻
턱수염이 하얗게 새의 깃털(羽)처럼 늘어져 있는 어른(公)에서, '늙은이, 어른'을 뜻한다.

🔲 읽기한자   禿翁(독옹) 蓑翁(사옹) 翁壻(옹서) 圃翁(포옹)
✏️ 쓰기한자   老翁(노옹) 塞翁之馬(새옹지마) 翁主(옹주)

訛 1급 그릇될 **와:** 言 / 4 〔동〕謬, 誤, 僞
본래의 뜻과 다른 변한(化) 말(言)로서, '거짓말, 그릇되다, 어긋나다'는 뜻이다.

🔲 읽기한자   訛謬(와류) 訛說(와설) 訛語(와어) 訛僞(와위) 訛跡(와적) 訛火(와화) 姦訛(간와) 文訛(문와)
浮訛(부와) 妖訛(요와) 轉訛(전와) 差訛(차와) 遷訛(천와)

蝸 1급 달팽이 **와** 虫 / 9
소용돌이(咼＝渦) 모양의 껍질이 있는 벌레(虫)에서, '달팽이'를 뜻한다.

🔲 읽기한자   蝸角(와각) 蝸廬(와려) 蝸屋(와옥) 蝸牛(와우) 蝸跡(와적) 蝸篆(와전)

渦 1급 소용돌이 **와** 水 / 9
빙 도는(咼＝亘) 물(氵)에서, '소용돌이'를 뜻한다.

🔲 읽기한자   渦紋(와문) 渦盤(와반) 渦旋(와선) 渦線(와선) 渦水(와수) 渦中(와중) 潭渦(담와) 盤渦(반와)
旋渦(선와)

臥 3급 누울 **와:** 臣 / 2
사람(人)이 임금 앞에 고개를 숙이고 있는 신하의 내리뜬 눈 모양(臣)을 하고 있다는 데서, 눈을 감고 누워 쉬는 상태에서, '눕다'는 뜻이다.

🔲 읽기한자   憊臥(비와) 臥薪(와신)
✏️ 쓰기한자   臥龍(와룡) 臥病(와병) 坐臥(좌와)

瓦 | 3급II | 기와 **와:** | 瓦 / 0 | 비 互

암키와와 수키와가 서로 어울려 있는 모양을 본뜬 글자로, '기와'를 뜻한다.

> 읽기한자 牡瓦(모와) 瓦礫(와력) 瓦瓏(와롱) 瓦盆(와분) 瓦窯(와요) 瓦盞(와잔) 瓦樽(와준)

> 쓰기한자 蓋瓦(개와) 煉瓦(연와) 弄瓦(농와) 瓦器(와기) 瓦當(와당) 瓦全(와전) 瓦解(와해)

阮 | 1급 | 성(姓) **완:** | 阜 / 4

성(姓)으로 쓰일 때는 '완', 나라이름일 때는 '원'으로 발음한다.

> 읽기한자 阮元(완원) 阮籍(완적) 阮咸(완함)

婉 | 1급 | 순할 / 아름다울 **완:** | 女 / 8 | 비 麗, 媚, 美

몸이 나긋나긋하고 움푹 들어가고 나와 몸의 굴곡(宛)이 있는 계집(女)에서, '아름답다, 순하다'는 뜻이다.

> 읽기한자 婉曲(완곡) 婉麗(완려) 婉娩(완만) 婉穆(완목) 婉媚(완미) 婉順(완순) 婉弱(완약) 婉如(완여) 婉艶(완염) 婉愉(완유) 微婉(미완) 纖婉(섬완) 淑婉(숙완) 阿婉(아완) 貞婉(정완) 沈婉(침완) 諧婉(해완)

頑 | 1급 | 완고할 **완** | 頁 / 4 | 동 固, 鈍, 愚, 癡

머리(頁)를 도리질(元=圓)하는 데서, 융통성없이 고집이 세고 미련한 것, '완고하다'는 뜻이다.

> 읽기한자 頑強(완강) 頑固(완고) 頑頓(완돈) 頑鈍(완둔) 頑魯(완로) 頑慢(완만) 頑昧(완매) 頑朴(완박) 頑碑(완비) 頑守(완수) 頑惡(완악) 頑敵(완적) 強頑(강완) 頓頑(돈완) 冥頑(명완) 石頑(석완) 疏頑(소완) 傲頑(오완) 訂頑(정완) 昏頑(혼완)

宛 | 1급 | 완연할 **완** | 宀 / 5 | 동 似

모양이 서로 비슷함, 전과 다름이 없음의 '어슴푸레하다, 완연(宛然)하다'는 뜻이다. 나라이름일 때는 '원'으로 발음한다.

> 읽기한자 宛丘(완구) 宛妙(완묘) 宛似(완사) 宛然(완연) 宛宛(완완) 宛轉(완전) 曲宛(곡완) 東宛(동완) 柔宛(유완) 大宛(대원)

玩 | 1급 | 즐길 **완:** | 玉 / 4 | 동 弄

옥(王)에 마음을 빼앗겨 손안에서 돌리며(元) 가지고 노는 데서, '희롱하다'는 뜻이다.

> 읽기한자 玩見(완견) 玩景(완경) 玩具(완구) 玩器(완기) 玩讀(완독) 玩覽(완람) 玩弄(완롱) 玩物(완물) 玩味(완미) 玩賞(완상) 玩索(완색) 玩愛(완애) 玩繹(완역) 玩月(완월) 玩藏(완장) 玩好(완호) 器玩(기완) 奇玩(기완) 嗜玩(기완) 弄玩(농완) 祕玩(비완) 賞玩(상완) 申玩(신완) 愛玩(애완) 雜玩(잡완) 珍玩(진완)

腕 1급 　팔뚝 **완(:)** 　肉 / 8

자유롭고 부드럽게 구부릴(宛) 수 있는 육체(月)의 부분, '팔, 팔뚝, 팔목'을 뜻한다.

📖 **읽기한자** 腕車(완거) 腕骨(완골) 腕力(완력) 腕釧(완천) 關腕(관완) 怪腕(괴완) 敏腕(민완) 上腕(상완)
弱腕(약완) 提腕(제완) 鐵腕(철완) 懸腕(현완)

 莞 2급(名) 　빙그레할 **완** / 왕골 **관** 　艸 / 7

줄기가 둥근(完) 풀(艹)에서, '왕골'을 뜻한다. 또 입을 약간 벌리고 소리 없이 부드럽게 웃
는 모양도 나타내, '빙그레하다'는 뜻이다.

📖 **읽기한자** 莞島(완도) 莞爾(완이) 莞枕(관침) 莞蒲(관포)

 緩 3급Ⅱ 　느릴 **완:** 　糸 / 9 　동 徐 반 急

실(糸)을 손톱(爫)과 두(二) 손(友)으로 풀어 늘어지게 하고, 걸음을 늘어지게 걷는 데서,
'늘어지다, 느리다'는 뜻이다.

📖 **읽기한자** 緩賂(완뢰) 緩箭(완전) 緩頰(완협) 弛緩(이완)
✍ **쓰기한자** 緩急(완급) 緩慢(완만) 緩衝(완충) 緩行(완행) 緩刑(완형) 緩和(완화)

 完 5급 　완전할 **완** 　宀 / 4 　동 全

집(宀)에서 무탈하게 지내는 사람(元)을 나타낸 것으로, '완전하다'는 뜻이다.

📖 **읽기한자** 完牢(완뢰) 完璧(완벽) 完葺(완즙)
✍ **쓰기한자** 未完(미완) 補完(보완) 完決(완결) 完結(완결) 完工(완공) 完納(완납) 完了(완료) 完拂(완불)
完備(완비) 完成(완성) 完遂(완수) 完熟(완숙) 完勝(완승) 完譯(완역) 完全(완전) 完輯(완집)
完治(완치) 完快(완쾌) 完板(완판) 完敗(완패)

 曰 3급 　가로 **왈** 　曰 / 0 　비 日

입(口)을 열어 혀(一)가 움직이고 있음을 보인 것으로, '가로다, 가로되, 말하다'는 뜻이다.

✍ **쓰기한자** 所曰(소왈) 曰可曰否(왈가왈부) 一曰(일왈) 號曰百萬(호왈백만) 或曰(혹왈) 曰字(왈자)

枉 1급 　굽을 **왕:** 　木 / 4 　동 曲, 屈, 撓

나무(木)를 구부리는(王) 데서, '굽다, 굽히다'는 뜻이다.

📖 **읽기한자** 枉駕(왕가) 枉刻(왕각) 枉車(왕거) 枉徑(왕경) 枉告(왕고) 枉顧(왕고) 枉曲(왕곡) 枉己(왕기)
枉道(왕도) 枉戮(왕륙) 枉臨(왕림) 枉法(왕법) 枉死(왕사) 枉撓(왕요) 枉罪(왕죄) 枉奪(왕탈)
枉惑(왕혹) 姦枉(간왕) 誣枉(무왕) 怨枉(원왕) 幽枉(유왕)

汪 2급(名) 넓을 **왕(:)** 水 / 4 동 洋
물(氵)이 넓게(王) 흐르는 데서, '넓다'는 뜻이다. 姓氏로도 쓰인다.

읽기한자 汪茫(왕망) 汪洋(왕양) 汪濊(왕예)

旺 2급(名) 왕성할 **왕:** 日 / 4 동 盛, 興
해(日)의 빛이 크고 넓게(王) 비치면 만물의 생육이 왕성해지는 데서, '왕성하다'는 뜻이다.

읽기한자 旺盛(왕성) 旺運(왕운) 儀旺(의왕) 興旺(흥왕)

往 4급Ⅱ 갈 **왕:** 彳 / 5 반 來, 復, 返,
풀이 왕성하게(王) 자라듯(出) 앞으로 나아가는(彳) 데서, '가다, 지나가다'는 뜻이다.

읽기한자 往誨(왕회) 嚮往(향왕)
쓰기한자 旣往(기왕) 來往(내왕) 往年(왕년) 往來(왕래) 往復(왕복) 往生(왕생) 往往(왕왕) 往診(왕진)
已往(이왕) 曾往(증왕)

王 8급 임금 **왕** 玉 / 0 비 玉
날이 넓고 손잡이가 달린 도끼를 본뜬 글자로, 고대에 도끼는 권력의 상징이었음에서, '왕'
을 뜻한다. 하늘과 땅과 사람(三)을 연결하는(丨) 매개체로서, '왕'의 뜻이라고도 한다.

읽기한자 梵王(범왕) 裨王(비왕) 王覲(왕근) 王迹(왕적) 王彗(왕혜) 禹王(우왕) 鵲王(작왕) 紂王(주왕)
后王(후왕)
쓰기한자 國王(국왕) 女王(여왕) 大王(대왕) 羅王(나왕) 龍王(용왕) 魔王(마왕) 王家(왕가) 王冠(왕관)
王國(왕국) 王宮(왕궁) 王權(왕권) 王道(왕도) 王都(왕도) 王陵(왕릉) 王命(왕명) 王妃(왕비)
王室(왕실) 王位(왕위) 王子(왕자) 王者(왕자) 王丈(왕장) 王政(왕정) 王朝(왕조) 王座(왕좌)
王姬(왕희) 帝王(제왕) 霸王(패왕) 漢王(한왕)

矮 1급 난쟁이 **왜** 矢 / 8 동 短
짧은 화살(矢)과 시들어(委＝萎) 쇠한 사람의 뜻을 합쳐, '난쟁이, 키가 작다'는 뜻이다.

읽기한자 矮軀(왜구) 矮陋(왜루) 矮林(왜림) 矮小(왜소) 矮屋(왜옥) 矮草(왜초) 足矮(족왜)

歪 2급 기울 **왜** / 기울 **외** 止 / 5
바르지(正) 않은(不) 데서, '비뚤다, 기울다'는 뜻이다.

쓰기한자 舌歪(설왜) 歪曲(왜곡) 歪力(왜력) 歪形(왜형) 歪調(외조)

倭 2급(名) 왜나라 **왜** 人 / 8

사람(亻)을 믿고 따른다(委)는 데서 성격이 유순함을 나타냈으나 주로 日本을 지칭하는데 쓰였다.

읽기한자 倭館(왜관) 倭國(왜국) 倭女(왜녀) 倭奴(왜노) 倭刀(왜도) 倭亂(왜란) 倭兵(왜병) 倭式(왜식) 倭食(왜식) 倭人(왜인) 倭將(왜장) 倭賊(왜적) 倭政(왜정) 倭風(왜풍)

 巍 1급 높고클 **외** 山 / 18

산(山)이 크고 높은(魏) 데서, '높고 크다'는 뜻이다.

읽기한자 巍然(외연) 巍巍(외외) 崔巍(최외)

 猥 1급 외람할 **외:** 犬 / 9 동 濫

개(犭)가 컹컹(畏) 짖어대는 소리를 나타내는 글자로, '외람하다, 분수에 넘치다, 더럽다, 함부로'라는 뜻이다.

읽기한자 猥計(외계) 猥多(외다) 猥大(외대) 猥濫(외람) 猥盛(외성) 猥人(외인) 猥雜(외잡) 鄙猥(비외) 淫猥(음외) 雜猥(잡외) 貪猥(탐외)

 畏 3급 두려워할 **외:** 田 / 4 동 怯, 懼, 慄

옛날 아이들은 귀신(田=鬼)이나 어른(長)을 공경하고 두려워한 데서, '두려워하다'는 뜻이다.

읽기한자 憺畏(담외) 猜畏(시외) 畏匡(외광) 畏懦(외나) 畏斂(외렴) 畏慄(외율) 畏俯(외부) 畏逼(외핍) 憚畏(탄외)

쓰기한자 畏敬(외경) 畏友(외우) 怖畏(포외)

 外 8급 바깥 **외:** 夕 / 2

저녁(夕)에 거북의 등을 태워서 점(卜)을 치는 것은 바람직하지 않은 일로 비상시에 이루어졌다. 여기서, '외대다, 멀리하다, 바깥'의 뜻이 나왔다.

읽기한자 疆外(강외) 簾外(염외) 疎外(소외) 外廓(외곽) 外卦(외괘) 外寇(외구) 外舅(외구) 外藩(외번) 外甥(외생) 外禦(외어) 外虞(외우) 外游(외유) 外邸(외저) 外塹(외참) 外寨(외채) 外娶(외취) 外套(외투) 外廐(외구)

쓰기한자 課外(과외) 郊外(교외) 內外(내외) 例外(예외) 番外(번외) 涉外(섭외) 野外(야외) 外見(외견) 外觀(외관) 外面(외면) 外賓(외빈) 外叔(외숙) 外遊(외유) 外敵(외적) 外債(외채) 外戚(외척) 外風(외풍) 外港(외항) 外換(외환) 意外(의외) 以外(이외) 場外(장외) 在外(재외) 除外(제외) 中外(중외) 塵外(진외) 體外(체외) 海外(해외) 號外(호외)

窈 1급 고요할 **요:** 穴 / 5 동 寞

구멍이나 굴(穴)이 빛이 희미하여 어둡고 그윽한(幼=幽) 데서, '고요하다, 그윽하다, 어둡다'는 뜻이다.

읽기한자 窈糾(요규) 窈冥(요명) 窈渺(요묘) 窈然(요연)

窯 | 1급 | 기와가마 **요** | 穴 / 10
양을 굽는(羔) 구멍(穴)에서, 변하여, 아궁이와 굴뚝을 갖추고, 질그릇이나 기와를 굽는 '가마'를 뜻한다.

읽기한자 窯陶(요도) 窯業(요업) 窯戶(요호) 陶窯(도요) 瓦窯(와요) 靑窯(청요)

饒 | 1급 | 넉넉할 **요** | 食 / 12 | 동 足
먹을 것(倉)이 풍성한(堯) 데서, '넉넉하다, 배부르다, 남다'는 뜻이다.

읽기한자 饒居(요거) 饒過(요과) 饒給(요급) 饒多(요다) 饒貸(요대) 饒培(요배) 饒富(요부) 饒恕(요서)
饒益(요익) 饒足(요족) 饒侈(요치) 饒飽(요포) 饒幸(요행) 佳饒(가요) 富饒(부요) 上饒(상요)
餘饒(여요) 沃饒(옥요) 豊饒(풍요) 洪饒(홍요)

邀 | 1급 | 맞을 **요** | 辵 / 13 | 동 招
나가서(辶) 오기를 기다렸다가 맞는(敫) 데서, '맞다, 부르다'는 뜻이다.

읽기한자 邀喝(요갈) 邀擊(요격) 邀請(요청) 邀招(요초) 邀討(요토) 固邀(고요) 同邀(동요) 奉邀(봉요)
相邀(상요) 遮邀(차요) 招邀(초요)

擾 | 1급 | 시끄러울 **요** | 手 / 15 | 동 亂
손(扌)을 써서 상대의 마음을 흔들리게(憂) 하는 데서, '시끄럽다, 어지럽다, 길들이다'는 뜻이다.

읽기한자 擾亂(요란) 擾攘(요양) 擾擾(요요) 擾奪(요탈) 驚擾(경요) 騰擾(등요) 紛擾(분요) 騷擾(소요)
憂擾(우요) 雜擾(잡요) 侵擾(침요) 惶擾(황요)

凹 | 1급 | 오목할 **요** | 凵 / 3 | 반 凸
가운데가 오목한 모양을 본뜬 것으로, '오목하다'는 뜻이다.

읽기한자 凹面(요면) 凹處(요처) 凹凸(요철) 凸凹(철요)

僥 | 1급 | 요행 **요** | 人 / 12 | 동 倖
懤와 同字로, '바라고 구하다, 뜻밖에 얻는 행운, 요행'을 뜻한다.

읽기한자 僥幸(요행)

拗 | 1급 | 우길 **요** | 手 / 5
손(扌)을 써서 나긋나긋하게 가늘게(幼) 만드는 데서, '우기다, 고집스럽다, 꺾다'는 뜻이다.

읽기한자 拗強(요강) 拗體(요체) 執拗(집요)

夭 | 1급 | 일찍죽을 **요:** | 大 / 1 | 비 天, 夫 동 殤 반 壽

젊은 무녀가 나긋나긋 몸을 움직이며 神을 부르는 춤을 추는 모양을 본떠, '어리다, 아리 땁다'는 뜻이다. 또 妖와 同字로 '일찍 죽다'는 뜻이다.

읽기한자 　夭那(요나) 夭桃(요도) 夭死(요사) 夭斜(요사) 夭傷(요상) 夭逝(요서) 夭枉(요왕) 夭折(요절) 夭札(요찰) 夭昏(요혼) 桃夭(도요) 壽夭(수요) 早夭(조요) 胎夭(태요) 橫夭(횡요)

耀 | 2급(名) | 빛날 **요** | 羽 / 14

꿩(翟)의 깃털이 빛(光)을 받으면 빛나는 데서, '빛나다'는 뜻이다.

읽기한자 　耀德(요덕) 耀耀(요요) 晶耀(정요) 藻耀(조요) 眩耀(현요) 晃耀(황요) 煌耀(황요) 輝耀(휘요)

姚 | 2급(名) | 예쁠 **요** | 女 / 6

아들을 낳을 조짐(兆)이 있는 계집(女)은 아름답다는 데서, '예쁘다'는 뜻이다.

읽기한자 　姚江(요강)

妖 | 2급 | 요사할 **요** | 女 / 4 | 동 艶

계집(女)처럼 알 수 없고, 엉경퀴(夭=芺)처럼 기이하다는 데서, '기괴하다, 요사하다'는 뜻이다. 여자의 기괴한 아름다움을 나타내기도 한다.

읽기한자 　憑妖(빙요) 妖靡(요미) 妖魃(요발) 妖魄(요백) 妖冶(요야) 妖艶(요염) 妖訛(요와) 妖彗(요혜) 妖狐(요호)
쓰기한자 　妖怪(요괴) 妖鬼(요귀) 妖氣(요기) 妖女(요녀) 妖妄(요망) 妖霧(요무) 妖物(요물) 妖婦(요부) 妖邪(요사) 妖書(요서) 妖星(요성) 妖術(요술) 妖僧(요승) 妖言(요언) 妖雲(요운) 妖異(요이) 妖人(요인) 妖精(요정) 妖態(요태) 妖花(요화)

堯 | 2급(名) | 요임금 **요** | 土 / 9 | 약 尭

높이 쌓은 흙(垚)과 높고 위가 평평한 대지(兀)에서, '높다'는 뜻으로, 주로 中國 上古의 帝王인 '요임금'을 나타낸다.

읽기한자 　堯舜(요순) 堯堯(요요)

遙 | 3급 | 멀 **요** | 辵 / 10 | 동 遠 약 遥

말린 고기(月)와 질그릇(缶)을 지고 길(辶)을 떠나는 것은 먼 길을 갈 때라는 데서, '멀다'는 뜻이다.

읽기한자 　逍遙(소요)
쓰기한자 　遙望(요망) 遙遠(요원) 超遙(초요)

腰 | 3급 | 허리 **요** | 肉 / 9

본래 要는 여자가 두 손으로 허리를 잡고 있는 모양을 본뜬 것으로, '허리'의 뜻이었으나 중요한 신체 부위라는 데서, '요긴하다'는 뜻이 되자 肉(月)을 보태 腰로 '허리'의 뜻을 나타냈다.

읽기한자 腰纏(요전) 腰肢(요지) 楚腰(초요)

쓰기한자 弓腰(궁요) 纖腰(섬요) 腰帶(요대) 腰折腹痛(요절복통) 腰痛(요통) 折腰(절요)

搖 | 3급 | 흔들 **요** | 手 / 10 | **동** 掉, 動 | **약** 揺

취객이 손(扌)에 고기(月)와 술병(缶)을 들고 흔들흔들하는 데서, '흔들다'는 뜻이다.

읽기한자 逍搖(소요) 搖掉(요도) 搖籃(요람) 搖曳(요예) 搖蕩(요탕)

쓰기한자 動搖(동요) 不搖不屈(불요불굴) 搖動(요동) 搖亂(요란) 搖之不動(요지부동)

謠 | 4급Ⅱ | 노래 **요** | 言 / 10 | **동** 謳 | **약** 謡

말(言)을 흔들어(䍃＝搖) 고저장단이 있게 한데서, '노래'를 뜻한다.

읽기한자 謳謠(구요) 謠謳(요구)

쓰기한자 歌謠(가요) 農謠(농요) 童謠(동요) 麗謠(여요) 民謠(민요) 俗謠(속요) 謠言(요언)

曜 | 5급 | 빛날 **요:** | 日 / 14

해(日)가 꿩(翟)의 휘황찬란한 깃처럼 높이 하늘에서 빛나는 데서, '빛나다'는 뜻이다.

읽기한자 芒曜(망요) 曜魄(요백)

쓰기한자 曜靈(요령) 曜曜(요요) 曜日(요일)

要 | 5급Ⅱ | 요긴할 **요(:)** | 襾 / 3 | **동** 求, 緊

여자가 두 손으로 허리를 잡고 있는 모양을 본뜬 것으로, '허리'의 뜻이었으나 중요한 신체 부위라는 데서, '요긴하다'는 뜻이다.

읽기한자 襟要(금요) 要眄(요면) 要塞(요채) 要諦(요체) 要樞(요추) 樞要(추요)

쓰기한자 簡要(간요) 綱要(강요) 槪要(개요) 訣要(결요) 緊要(긴요) 需要(수요) 要綱(요강) 要件(요건) 要訣(요결) 要求(요구) 要緊(요긴) 要談(요담) 要覽(요람) 要領(요령) 要路(요로) 要望(요망) 要目(요목) 要塞(요새) 要所(요소) 要素(요소) 要約(요약) 要員(요원) 要因(요인) 要點(요점) 要旨(요지) 要職(요직) 要請(요청) 要害(요해) 摘要(적요) 主要(주요) 重要(중요) 必要(필요) 強要(강요)

辱 | 3급Ⅱ | 욕될 **욕** | 辰 / 3

별(辰)의 움직임을 따라 농사철에 맞게 부지런히 손(寸)을 놀리지 않으면 가을에 수확이 없어 욕을 보게 된다는 데서, '욕되다'는 뜻이다.

읽기한자 窘辱(군욕) 撻辱(달욕) 戮辱(육욕) 凌辱(능욕) 罵辱(매욕) 羞辱(수욕) 挫辱(좌욕) 叱辱(질욕)

쓰기한자 苦辱(고욕) 困辱(곤욕) 屈辱(굴욕) 侮辱(모욕) 逢辱(봉욕) 雪辱(설욕) 榮辱(영욕) 汚辱(오욕) 辱臨(욕림) 辱說(욕설) 辱知(욕지) 忍辱(인욕) 恥辱(치욕)

慾 3급II 　　욕심 **욕**　心 / 11

하고자 하는(欲) 마음(心)으로, 무언가를 탐내는 '욕심'을 뜻한다.

읽기한자　嗜慾(기욕) 奢慾(사욕) 穢慾(예욕)

쓰기한자　寡慾(과욕) 過慾(과욕) 禁慾(금욕) 物慾(물욕) 邪慾(사욕) 色慾(색욕) 性慾(성욕) 食慾(식욕)
愛慾(애욕) 野慾(야욕) 慾求(욕구) 慾望(욕망) 慾心(욕심) 肉慾(육욕) 意慾(의욕) 情慾(정욕)
貪慾(탐욕) 虛慾(허욕)

欲 3급II 　　하고자할 **욕**　欠 / 7

뱃속이 물 마른 골짜기(谷)처럼 비어 입을 벌리고(欠) 먹고 싶어 하듯 무언가 하고 싶어
하는 데서, '하고자 하다'는 뜻이다.

읽기한자　逞欲(영욕)

쓰기한자　寡欲(과욕) 欲求不滿(욕구불만) 欲情(욕정) 情欲(정욕)

浴 5급 　　목욕할 **욕**　水 / 7

옛날에는 골짜기(谷)에 흐르는 깨끗한 물(氵)로 몸을 닦아 심신을 정화한 데서, '목욕하다'
는 뜻이다.

읽기한자　浴盆(욕분) 浴槽(욕조)

쓰기한자　沐浴(목욕) 浴室(욕실) 日光浴(일광욕) 海水浴(해수욕)

踊 1급 　　뛸 **용:**　足 / 7　　동 躍

발(足)을 굴러 솟아오르는(甬) 데서, '뛰다, 춤추다'는 뜻이다.

 읽기한자　踊貴(용귀) 踊躍(용약) 踊溢(용일) 踊塔(용탑) 踊現(용현) 哭踊(곡용) 舞踊(무용) 飛踊(비용)
翔踊(상용) 號踊(호용) 喜踊(희용)

涌 1급 　　물 솟을 **용:**　水 / 7

湧과 同字로, 물(氵)이 솟아오르는(甬) 데서, '물이 솟다'는 뜻이다.

읽기한자　涌起(용기) 涌沫(용말) 涌煙(용연) 涌裔(용예) 涌溢(용일) 涌泉(용천) 涌出(용출) 沸涌(비용)
洶涌(흉용)

聳 1급 　　솟을 **용:**　耳 / 11　　동 峙

청각(耳) 신경을 죄듯이(從＝束) 긴장시키는 데서, '두려워하다, 귀 기울이다'는 뜻을, 또
귀를 빳빳이 치켜세운 모양에서, '솟다'는 뜻이다.

읽기한자　聳空(용공) 聳起(용기) 聳立(용립) 聳然(용연) 聳耳(용이) 聳擢(용탁) 高聳(고용) 斗聳(두용)
碧聳(벽용) 森聳(삼용) 秀聳(수용) 直聳(직용) 青聳(청용) 特聳(특용)

蓉 1급 　　연꽃 **용**　艸 / 10

모든 것을 받아들일(容) 듯이 못을 온통 뒤덮고 있는 화초(艹)에서, '연꽃'을 뜻한다.

 읽기한자　芙蓉(부용)

茸 | 1급 | 풀날 **용:** / 버섯 **이:** | 艸 / 6
머리카락이 귀(耳)를 덮듯, 풀(艹)이 무성한 데서, '풀 나다, 우거지다, 버섯'을 뜻한다.

> 읽기한자 茸茸(용용) 鹿茸(녹용) 蒙茸(몽용) 尨茸(방용) 叢茸(총용)

溶 | 2급(名) | 녹을 **용** | 水 / 10
물(氵)이 모든 것을 받아들이고(容) 또 모든 것은 그렇게 물 속에 녹아드는 데서, '녹다'는 뜻이다.

> 읽기한자 水溶(수용) 溶媒(용매) 溶液(용액) 溶溶(용용) 溶解(용해) 洶溶(흉용)

熔 | 2급 | 녹을 **용** | 火 / 10
불(火)은 모든 것을 받아들이고(容) 모든 것은 불에 녹는 데서, '녹다'는 뜻이다.

> 쓰기한자 熔鑛爐(용광로) 熔巖(용암) 熔解(용해)

鎔 | 2급(名) | 쇠녹일 **용** | 金 / 10 | **동** 冶
녹인 쇠붙이(金)를 받아들이는(容) 그릇으로, '거푸집'을 뜻한다. 또 쇠붙이(金)를 받아들여(容) 녹이는 데서, '쇠 녹이다'는 뜻이다.

> 읽기한자 冶鎔(야용) 鎔范(용범) 鎔接(용접) 鎔解(용해) 鑄鎔(주용)

鏞 | 2급(名) | 쇠북 **용** | 金 / 11
쇠붙이(金)로 만들어 법도에 맞게 쓰는(庸) 물건에서, '쇠북'을 뜻한다.

> 읽기한자 金鏞(금용) 大鏞(대용)

瑢 | 2급(名) | 패옥소리 **용** | 玉 / 10
패옥 소리를 들으면 그 옥(王)을 차고 있는 사람의 얼굴(容)이 떠오르는 데서, '패옥 소리'를 뜻한다.

> 읽기한자 璇瑢(선용)

傭 | 2급 | 품팔 **용** | 人 / 11
삯을 주고받으며 사람(亻)의 힘이 쓰이는(庸) 것으로, '품 팔다'는 뜻이다.

> 읽기한자 傭僕(용복)
> 쓰기한자 雇傭(고용) 傭兵(용병) 傭船(용선) 傭役(용역) 傭人(용인) 傭賃(용임)

庸 3급 떳떳할 **용** 广 / 8 통 常

자기 집(广)에서도 삼가며 엄숙한(肅) 자세를 유지하는 데서, '떳떳하다'는 뜻이다.

읽기한자 庸怯(용겁) 庸懦(용나) 庸俚(용리)

쓰기한자 登庸(등용) 庸劣(용렬) 庸人(용인) 庸才(용재) 庸拙(용졸) 中庸(중용)

 容 4급Ⅱ 얼굴 **용** 宀 / 7 통 貌

산의 흐르는 물을 모두 담아내는 골짜기(谷)처럼 집(宀)이 넓어서 물건을 많이 넣을 수 있는 데서, '넣다, 담다'는 뜻이다. 또, 얼굴이 온갖 표정을 담을 수 있다는 데서, '얼굴'을 뜻한다.

읽기한자 澹容(담용) 斂容(염용) 瘦容(수용) 冶容(야용) 容媚(용미) 容膝(용슬) 容裔(용예) 容賄(용회) 容喙(용훼) 悛容(전용) 悴容(췌용) 惰容(타용) 嬅容(화용)

쓰기한자 佳容(가용) 寬容(관용) 內容(내용) 理容(이용) 美容(미용) 受容(수용) 收容(수용) 容共(용공) 容器(용기) 容納(용납) 容量(용량) 容貌(용모) 容恕(용서) 容顔(용안) 容易(용이) 容認(용인) 容積(용적) 容態(용태) 偉容(위용) 儀容(의용) 陳容(진용) 包容(포용) 許容(허용) 形容(형용) 回容(회용)

 勇 6급Ⅱ 날랠 **용:** 力 / 7 통 敢, 猛

물이 솟아오르듯(甬) 힘(力)이 솟구치는 데서, '날래다'는 뜻이다.

읽기한자 賈勇(고용) 捲勇(권용) 隘勇(애용) 勇躁(용조) 勇俠(용협) 毅勇(의용) 豬勇(저용) 剽勇(표용) 悍勇(한용) 俠勇(협용)

쓰기한자 蠻勇(만용) 武勇(무용) 勇敢(용감) 勇氣(용기) 勇斷(용단) 勇猛(용맹) 勇兵(용병) 勇士(용사) 勇壯(용장) 勇退(용퇴) 義勇(의용)

 用 6급Ⅱ 쓸 **용:** 用 / 0 통 費 반 捨

본래 큰 종을 본뜬 것으로, 필요한 일이 있으면 이 종을 쓴 데서, '쓰다'는 뜻이다.

읽기한자 柄用(병용) 嗇用(색용) 泄用(설용) 用箋(용전) 饌用(찬용) 疊用(첩용) 貼用(첩용) 擢用(탁용) 佩用(패용)

쓰기한자 雇用(고용) 慣用(관용) 盜用(도용) 濫用(남용) 倂用(병용) 服用(복용) 費用(비용) 誤用(오용) 用件(용건) 用器(용기) 用量(용량) 用法(용법) 用捨(용사) 用役(용역) 用紙(용지) 用便(용변) 運用(운용) 應用(응용) 作用(작용) 專用(전용) 遵用(준용) 徵用(징용) 借用(차용) 採用(채용) 通用(통용) 恒用(항용) 混用(혼용) 效用(효용)

 隅 1급 모퉁이 **우** 阜 / 9 통 奧

언덕(阝)의 잘 보이지 않는 구석진 곳(禺)에서, '모퉁이'를 뜻한다.

읽기한자 隅曲(우곡) 隅谷(우곡) 隅目(우목) 隅反(우반) 隅奧(우오) 隅中(우중) 曲隅(곡우) 端隅(단우) 邊隅(변우) 四隅(사우) 廉隅(염우) 坐隅(좌우) 天隅(천우) 海隅(해우)

寓 1급 　부칠[寄] **우:** 　宀 / 9

일정한 집이 없이 나뭇가지에 매달려 잠을 자는 나무늘보류(禺)의 집(宀)에서, '부치다, 남에게 기대어 살다'는 뜻이다.

읽기한자 寓居(우거) 寓公(우공) 寓命(우명) 寓目(우목) 寓舍(우사) 寓宿(우숙) 寓心(우심) 寓言(우언) 寓意(우의) 寓接(우접) 寓話(우화) 羈寓(기우) 旅寓(여우) 流寓(유우) 託寓(탁우) 漂寓(표우) 飄寓(표우)

嵎 1급 　산굽이 **우** 　山 / 9

산(山) 모퉁이(禺=隅)가 휘어서 구부러진 곳에서, '산굽이, 산모롱이, 해돋는 곳'을 뜻한다.

읽기한자 嵎嵎(우우) 嵎夷(우이) 封嵎(봉우) 山嵎(산우)

迂 1급 　에돌 **우** 　辵 / 3 　曲, 遠, 闊, 廻

활꼴 모양으로 굴곡진(于) 길을 가는(辵) 데서, '에돌다, 빙 돌아가다'는 뜻을, 또 에도는 데서 '세상일에 어둡다, 우활하다'는 뜻이다.

읽기한자 迂曲(우곡) 迂久(우구) 迂鈍(우둔) 迂路(우로) 迂生(우생) 迂疏(우소) 迂遇(우우) 迂遠(우원) 迂拙(우졸) 迂誕(우탄) 迂闊(우활) 迂回(우회) 怪迂(괴우) 疏迂(소우) 廻迂(회우)

虞 1급 　염려할 / 나라이름 **우** 　虍 / 7

호랑이(虍) 비슷한 짐승을 두려워하는(吳=懼) 데서, '염려하다'는 뜻이다. 나라 이름으로도 쓰인다.

읽기한자 虞官(우관) 虞唐(우당) 虞犯(우범) 虞殯(우빈) 虞人(우인) 虞衡(우형) 虞侯(우후) 艱虞(간우) 多虞(다우) 唐虞(당우) 無虞(무우) 不虞(불우) 山虞(산우) 外虞(외우) 澤虞(택우) 騶虞(환우)

佑 2급(名) 　도울 **우:** 　人 / 5

사람(亻)이 손(ナ)과 입(口)으로 돕는 데서, '돕다'는 뜻이다. 右가 본래 돕는다는 뜻이었으나 오른쪽의 뜻으로 굳어지자 돕는 주체인 사람(亻)을 덧붙여 佑로 나타낸 것이다.

읽기한자 眷佑(권우) 保佑(보우) 佑命(우명) 佑助(우조)

祐 2급(名) 　복(福) **우:** 　示 / 5

신(示)이 돕는다(右)는 뜻이다. 또 신(示)의 도움(右)에서, '복(福)'을 뜻한다.

읽기한자 嘉祐(가우) 降祐(강우) 保祐(보우) 福祐(복우) 神祐(신우) 祐助(우조) 天祐(천우)

禹 2급(名) 　성(姓) **우(:)** 　内 / 4

본래 벌레의 모양을 그린 글자이다. 中國 上古 夏나라의 始祖인 우임금을 나타내며 姓氏로 쓰인다.

읽기한자 舜禹(순우) 禹貢(우공) 禹域(우역) 禹王(우왕) 夏禹(하우)

尤 3급 　더욱 **우** 　尤 / 1

손에 회초리를 들고 있음을 나타내는 글자로, 허물을 나무라며 더욱 잘할 것을 바라는 데서, '더욱, 나무라다, 허물'을 뜻한다.

 읽기한자　尤隙(우극)

쓰기한자　尤妙(우묘) 尤物(우물) 尤甚(우심)

又 3급 　또 **우:** 　又 / 0 　비 叉

본래 오른손의 모양을 본뜬 글자로 손을 대표했으나 왼손도 또 있다는 데서, '또'라는 뜻이다.

쓰기한자　減之又減(감지우감) 又賴(우뢰) 又況(우황) 一又(일우) 罪中又犯(죄중우범)

于 3급 　어조사 **우** 　二 / 1 　비 干, 千

입김(丿)이 막혔다 퍼져 나가는 모습을 나타낸 것으로, '입김, 입 기운, 어조사'를 뜻한다.

 읽기한자　于勒(우륵)

쓰기한자　于歸(우귀) 于先(우선) 至于今(지우금)

憂 3급II 　근심 **우** 　心 / 11 　동 慮, 愁, 患

마음(心) 속에 걱정이 있으면 뒤따라(夊) 얼굴(頁) 표정에 나타나는 데서, '근심, 걱정'을 뜻한다.

읽기한자　杞憂(기우) 宸憂(신우) 憂襟(우금) 憂悶(우민) 憂閔(우민) 憂悲(우비) 憂擾(우요) 憂惶(우황) 殷憂(은우)

쓰기한자　內憂(내우) 憂慮(우려) 憂愁(우수) 憂鬱(우울) 憂患(우환) 丁憂(정우)

羽 3급II 　깃 **우:** 　羽 / 0 　동 翼

깃털(羽)의 모양을 본뜬 글자로, '깃'을 뜻한다.

읽기한자　鷺羽(노우) 鱗羽(인우) 駮羽(박우) 迅羽(신우) 羽檄(우격) 羽鱗(우린) 羽觴(우상) 羽扇(우선)

쓰기한자　羽毛(우모) 羽聲(우성) 羽翼(우익)

愚 3급II 　어리석을 **우** 　心 / 9 　동 頑, 癡

마음(心) 씀씀이가 원숭이(禺)같다는 데서, '어리석다'는 뜻이다.

 읽기한자　樸愚(박우) 疎愚(소우) 愚衲(우납) 愚駑(우노) 愚憧(우동) 愚陋(우루) 愚昧(우매) 愚闇(우암) 愚癡(우치) 蠢愚(준우) 癡愚(치우)

쓰기한자　暗愚(암우) 愚見(우견) 愚鈍(우둔) 愚劣(우열) 愚弄(우롱) 愚問(우문) 愚民(우민) 愚惡(우악) 愚弟(우제) 愚直(우직)

宇 3급Ⅱ 　　**집 우:** 宀 / 3 　囘字 圄宙

지붕(宀)이 있는 막혔던 숨을 토해낼(于) 수 있는 곳에서, '집'을 뜻한다.

📖 읽기한자 　紺宇(감우) 梵宇(범우) 祠宇(사우)

✏️ 쓰기한자 　氣宇(기우) 屋宇(옥우) 宇宙(우주) 宇宙船(우주선) 宇宙人(우주인) 殿宇(전우)

偶 3급Ⅱ 　　**짝 우:** 人 / 9

사람(亻)이나 원숭이(禺) 모양으로 만든 허수아비에서, '짝'을 뜻한다.

📖 읽기한자 　偕偶(해우)

✏️ 쓰기한자 　對偶(대우) 伴偶(반우) 配偶者(배우자) 偶發(우발) 偶像(우상) 偶數(우수) 偶然(우연)
　　　　　偶人(우인)

優 4급 　　**넉넉할 우:** 人 / 15 　圄倡 囲劣

남(亻)의 어려움을 근심하여(憂) 주는 도량이 큰 사람에서, '넉넉하다'는 뜻이다. 또 사람(亻)의 근심(憂)을 해소시키기 위해 연극하는 사람에서, '광대'를 뜻한다.

📖 읽기한자 　優倡(우창) 優娼(우창) 優擢(우탁) 優恤(우휼) 倡優(창우) 娼優(창우)

✏️ 쓰기한자 　男優(남우) 女優(여우) 俳優(배우) 聲優(성우) 優待(우대) 優等(우등) 優良(우량) 優劣(우열)
　　　　　優生(우생) 優先(우선) 優性(우성) 優勢(우세) 優秀(우수) 優勝(우승) 優雅(우아) 優越(우월)
　　　　　優位(우위)

遇 4급 　　**만날 우:** 辵 / 9

원숭이(禺)가 이리저리 다니다가(辶) 서로 만난다는 데서, '만나다'는 뜻이다.

📖 읽기한자 　迂遇(우우) 遭遇(조우)

✏️ 쓰기한자 　境遇(경우) 奇遇(기우) 待遇(대우) 禮遇(예우) 不遇(불우) 遇害(우해) 際遇(제우) 知遇(지우)
　　　　　處遇(처우) 値遇(치우)

郵 4급 　　**우편 우:** 邑 / 8

중앙의 공문이 고을(阝)로 내려진다(垂)는 데서, '우편'을 뜻한다.

📖 읽기한자 　郵丞(우승)

✏️ 쓰기한자 　郵送(우송) 郵遞(우체) 郵便(우편) 郵票(우표)

友 5급Ⅱ 　　**벗 우:** 又 / 2

두 사람이 손(　)과 손(又)을 마주잡고 서로 돕는 데서, '벗'을 뜻한다.

📖 읽기한자 　燮友(섭우) 友悌(우제) 允友(윤우) 胤友(윤우) 悌友(제우)

✏️ 쓰기한자 　交友(교우) 敎友(교우) 校友(교우) 級友(급우) 僚友(요우) 朋友(붕우) 社友(사우) 畏友(외우)
　　　　　友軍(우군) 友邦(우방) 友愛(우애) 友人(우인) 友情(우정) 友好(우호) 戰友(전우) 親友(친우)
　　　　　學友(학우) 賢友(현우)

雨 5급Ⅱ 　비 **우:** 　雨 / 0 　밴 晴

하늘의 구름에서 물방울이 떨어지는 모양을 본뜬 글자로, '비'를 뜻한다.

읽기한자　禱雨(도우) 迅雨(신우) 雨蓑(우사) 雨蝕(우식) 雨泡(우포) 滋雨(자우)

쓰기한자　甘雨(감우) 降雨(강우) 祈雨(기우) 梅雨(매우) 冒雨(모우) 沐雨(목우) 瑞雨(서우) 雨期(우기)
雨量(우량) 雨露(우로) 雨備(우비) 雨傘(우산) 雨天(우천) 陰雨(음우) 晴雨(청우) 澤雨(택우)
暴雨(폭우) 暴風雨(폭풍우) 豪雨(호우)

牛 5급 　소 **우** 　牛 / 0 　비 午

소의 머리 모양을 본뜬 글자로, '소'를 뜻한다.

읽기한자　牡牛(모우) 蝸牛(와우) 牛痘(우두) 牛梵(우범) 牛蹄(우제) 牛饌(우찬)

쓰기한자　牽牛(견우) 農牛(농우) 斗牛(두우) 牧牛(목우) 牛角(우각) 牛公(우공) 牛乳(우유) 牛皮(우피)
牛黃(우황) 宰牛(재우) 畜牛(축우) 鬪牛(투우) 黃牛(황우)

右 7급Ⅱ 　오를 / 오른(쪽) **우:** 　口 / 2 　비 石, 古 밴 左

기도(口)에 응하여 신이 도움의 오른손(　) 손길을 뻗는 데서, '돕다'는 뜻이었으나 뒤에
'오른쪽'의 뜻이 되었다. 　는 金文 등을 보면 口의 오른 쪽에 위치하여 오른손을 본뜬 것
임을 알 수 있다.

읽기한자　戎右(융우)

쓰기한자　極右(극우) 右傾(우경) 右武(우무) 右相(우상) 右手(우수) 右翼(우익) 右側(우측) 右派(우파)
右便(우편) 左右(좌우) 座右銘(좌우명)

煜 2급(名) 　빛날 **욱** 　火 / 9

불(火)이 햇빛이 밝은(昱) 것처럼 밝은 데서, '빛나다'는 뜻으로, 주로 이름자로 쓰인다.

읽기한자　煜煜(욱욱)

頊 2급(名) 　삼갈 **욱** 　頁 / 4

옥(王)처럼 귀중한 존재 앞에서는 머리(頁)를 숙이고 삼간다는 데서, '삼가다'는 뜻이다. 이
름자로 쓰인다.

읽기한자　瑞頊(서욱)

郁 2급(名) 　성할 **욱** 　邑 / 6

본래는 땅이름이었다. 손(ナ)에 고기(月)를 들고 먹을 정도의 고을(阝)은 번성한다는 데서,
'성하다'는 뜻이다.

읽기한자　郁文(욱문) 郁馥(욱복) 郁郁(욱욱) 鬱郁(울욱)

旭 2급(名) 아침해 **욱** 日 / 2

九는 본래 수효의 끝으로서 많다, 더 이상은 없다는 의미를 내포한다. 돋을 때의 해(日) 이상으로 밝은 해는 없다(九)는 데서, '아침 해'를 뜻한다.

읽기한자 　旭光(욱광) 旭日(욱일) 紅旭(홍욱)

昱 2급(名) 햇빛밝을 **욱** 日 / 5

해(日)가 돋아 하늘에 자리한(立) 데서, '햇빛 밝다'는 뜻으로, 주로 이름자로 쓰인다.

읽기한자 　昱昱(욱욱) 晃昱(황욱)

耘 1급 김맬 **운** 耒 / 4

구름이 돌아 움직이는(云) 것처럼 쟁기(耒)로 흙을 움직이는 데서, '김매다, 잡풀을 뽑아 없애다'는 뜻이다.

읽기한자 　耘培(운배) 耘耘(운운) 決耘(결운) 耕耘(경운)

隕 1급 떨어질 **운:** 阜 / 10

언덕(阝)의 흙이 깎여 떨어지면서 무너지는(員=毀) 데서, '떨어지다, 무너지다'는 뜻이다.

읽기한자 　隕潰(운궤) 隕淚(운루) 隕石(운석) 隕星(운성) 隕越(운월) 隕絶(운절) 隕涕(운체) 隕穫(운확) 飛隕(비운) 失隕(실운) 沈隕(침운)

殞 1급 죽을 **운:** 歹 / 10 　동 死

나뭇잎 따위가 말라 죽어(歹) 둥근 돈(員) 모양으로 동그랗게 오그라드는 데서, '죽다, 시들어 떨어지다'는 뜻이다.

읽기한자 　殞命(운명) 殞死(운사) 殞霜(운상) 殞碎(운쇄) 殞泣(운읍) 殞斃(운폐) 凋殞(조운) 秋殞(추운) 灰殞(회운)

芸 2급(名) 향풀 **운** 艸 / 4

구름(云=雲)이 떠다니듯 향기가 널리 퍼져 떠다니는 풀(艹)로, '향풀'을 뜻한다. 藝(재주 예)의 약자로도 쓰인다.

읽기한자 　芸閣(운각) 芸夫(운부) 芸芸(운운) 芸窓(운창) 芸香(운향)

云 3급 이를 **운** 二 / 2 　동 謂

사람이 말할 때의 입김이 구름처럼 피어오르는 모양으로, '이르다, 구름'을 뜻한다.

읽기한자 　云爾(운이)

쓰기한자 　云云(운운) 云爲(운위)

3급Ⅱ　　　　운 **운:** 音 / 10

관원(員)이 소리(音)를 하는데 운에 잘 맞는다는 데서, '운, 운치, 울림'을 뜻한다.

읽기한자 窄韻(착운)

쓰기한자 押韻(압운) 餘韻(여운) 韻律(운율) 韻文(운문) 韻士(운사) 韻致(운치) 音韻(음운)

 5급Ⅱ　　　　구름 **운** 雨 / 4

비(雨)를 내리게 하는 뭉게구름(云)의 형태에서, '구름'을 뜻한다.

읽기한자 凌雲(능운) 雲衢(운구) 雲帆(운범) 雲擘(운벽) 雲翔(운상) 雲椅(운의) 雲梯(운제) 雲萃(운췌)
雲聚(운취) 雲霞(운하) 雲罕(운한) 棧雲(잔운) 叢雲(총운)

쓰기한자 白雲(백운) 浮雲(부운) 祥雲(상운) 瑞雲(서운) 星雲(성운) 暗雲(암운) 妖雲(요운) 雲母(운모)
雲霧(운무) 雲石(운석) 雲集(운집) 雲海(운해) 戰雲(전운) 靑雲(청운) 峽雲(협운)

 6급Ⅱ　　　　옮길 **운:** 辶 / 9　　**동** 動, 搬

군사(軍)가 전쟁할 때 쓰는 수레를 끌면서 길(辶)을 가는 데서, '옮기다'는 뜻이다.

읽기한자 奎運(규운) 斡運(알운) 旺運(왕운) 運邁(운매) 運斡(운알) 運漕(운조) 漕運(조운) 頹運(퇴운)

쓰기한자 家運(가운) 官運(관운) 國運(국운) 機運(기운) 氣運(기운) 吉運(길운) 大運(대운) 陸運(육운)
武運(무운) 悲運(비운) 社運(사운) 時運(시운) 試運(시운) 惡運(악운) 厄運(액운) 運動(운동)
運命(운명) 運搬(운반) 運送(운송) 運數(운수) 運輸(운수) 運身(운신) 運營(운영) 運賃(운임)
運轉(운전) 運筆(운필) 運河(운하) 運航(운항) 運行(운행) 天運(천운) 通運(통운) 海運(해운)
幸運(행운)

 2급(名)　　　　고을이름 **울** 艹 / 11

본래 풀이름으로 제비쑥을 나타낸다. 또 초목이 우거져 울창한 모양을 나타내며, 고을이
름으로도 쓰인다.

읽기한자 彬蔚(빈울) 蔚山(울산) 蔚嶼(울서) 蔚然(울연)

 2급　　　　답답할 **울** 鬯 / 19　　**약** 欝

숲(林)이 우거져 향기(鬯)와 무늬(彡)는 덮이고(冖) 숲의 통로는 독(缶) 크기의 구멍 정도
에 지나지 않는데서, '우거지다, 답답하다'는 뜻이다.

읽기한자 勃鬱(발울) 怏鬱(앙울) 鬱郁(울욱) 湮鬱(인울)

쓰기한자 抑鬱(억울) 憂鬱(우울) 鬱結(울결) 鬱氣(울기) 鬱怒(울노) 鬱林(울림) 鬱茂(울무) 鬱憤(울분)
鬱森(울삼) 鬱塞(울색) 鬱然(울연) 鬱鬱(울울) 鬱寂(울적) 鬱蒼(울창) 鬱火(울화) 陰鬱(음울)
沈鬱(침울)

 2급(名)　　　　곰 **웅** 火 / 10

본래 能이 곰을 그린 글자였으나 '능하다'는 뜻으로 쓰이자 불(灬)을 더해 '곰'을 나타냈다.
灬를 보탠 것은 곰이 불 속에서도 재주를 부릴 줄 아는 짐승이었기 때문이라고들 한다.

읽기한자 白熊(백웅) 伏熊(복웅) 熊女(웅녀) 熊膽(웅담) 熊津(웅진)

雄 | 5급 | 수컷 **웅** | 隹 / 4 | 밴 雌
튼튼한 날개(玄)를 가진 새(隹), 수컷 새에서, '수컷'을 뜻한다.

읽기한자 雄彊(웅강) 雄勁(웅경) 雄鯨(웅경) 雄魁(웅괴) 雄狡(웅교) 雄芒(웅망) 雄邁(웅매) 雄謨(웅모)
雄藩(웅번) 雄猜(웅시) 雄擅(웅천) 雄捷(웅첩) 雄侈(웅치) 雄悍(웅한) 雄狐(웅호) 雄渾(웅혼)
雄虹(웅홍) 桓雄(환웅)

쓰기한자 群雄(군웅) 大雄殿(대웅전) 英雄(영웅) 雄據(웅거) 雄大(웅대) 雄辯(웅변) 雄飛(웅비)
雄姿(웅자) 雄壯(웅장) 雌雄(자웅)

猿 | 1급 | 원숭이 **원** | 犬 / 10 | 동 狙
축 늘어져 긴 옷(袁)처럼 손이 긴 짐승(犭)에서, '원숭이'를 뜻한다.

읽기한자 猿劇(원극) 猿臂(원비) 猿愁(원수) 猿狙(원저) 犬猿(견원) 飛猿(비원) 愁猿(수원) 哀猿(애원)
類人猿(유인원) 蒼猿(창원) 巴猿(파원)

鴛 | 1급 | 원앙 **원** | 鳥 / 5 | 밴 鴦
등이 둥글게 굽은(夗) 새(鳥)에서, '원앙'을 뜻한다.

읽기한자 鴛綺(원기) 鴛侶(원려) 鴛鷺(원로) 鴛鴦(원앙) 鴛列(원열) 鴛行(원행)

冤 | 1급 | 원통할 **원(:)** | 冖 / 8 | 동 痛
그물에 걸린(冖=网) 토끼(免)에서, '서럽다, 원통하다'는 뜻이다.

읽기한자 冤家(원가) 冤結(원결) 冤繫(원계) 冤屈(원굴) 冤鬼(원귀) 冤濫(원람) 冤伏(원복) 冤憤(원분)
冤死(원사) 冤傷(원상) 冤訴(원소) 冤抑(원억) 冤獄(원옥) 冤枉(원왕) 冤罪(원죄) 冤親(원친)
冤痛(원통) 冤恨(원한) 冤魂(원혼) 結冤(결원) 煩冤(번원) 雪冤(설원) 雠冤(수원) 伸冤(신원)
深冤(심원) 幽冤(유원)

媛 | 2급(名) | 계집 **원** | 女 / 9
마음이 끌리는(爰) 여자(女)에서, '예쁜 계집, 계집'을 뜻한다.

읽기한자 歌媛(가원) 宮媛(궁원) 良媛(양원) 班媛(반원) 邦媛(방원) 淑媛(숙원) 媛女(원녀) 媛妃(원비)
才媛(재원)

瑗 | 2급(名) | 구슬 **원** | 玉 / 9
구슬(玉)을 당겨(爰) 늘어뜨려 놓은 것처럼 길게 늘어진 둥근 고리 모양의 구슬, '도리옥'을
뜻한다. 이름자로 쓰인다.

읽기한자 泰瑗(태원)

苑 2급　　나라동산 **원:**　艸 / 5

짐승이 누워 뒹굴며(夗) 놀 수 있는 초원(艹)이 펼쳐져 있는 동산, 특히 '나라동산'을 뜻한다.

- 읽기한자　苑沼(원소)
- 쓰기한자　故苑(고원) 宮苑(궁원) 鹿苑(녹원) 文苑(문원) 祕苑(비원) 藥苑(약원) 御苑(어원) 藝苑(예원)
　　　　　苑樹(원수) 苑池(원지) 苑花(원화) 學苑(학원) 花苑(화원)

袁 2급(名)　　성(姓) **원**　衣 / 4

遠(멀 원)의 본래 글자이나 姓氏로 쓰인다.

- 읽기한자　袁紹(원소)

源 4급　　근원 **원**　水 / 10

언덕(厂)에서 물(氵)이 솟아나와 내를 이루는(泉) 데서, '근원'을 뜻한다.

- 읽기한자　遡源(소원) 淵源(연원) 濬源(준원)
- 쓰기한자　根源(근원) 起源(기원) 發源(발원) 本源(본원) 稅源(세원) 水源(수원) 語源(어원) 源流(원류)
　　　　　源泉(원천) 字源(자원) 資源(자원) 財源(재원) 電源(전원) 震源(진원)

援 4급　　도울 **원:**　手 / 9　동 救

함정에 빠진 사람에게 손(扌)을 내밀어 상대의 손과 나의 손을 막대기로 연결(爰)하여 당겨 구하는 데서, '돕다'는 뜻이다.

- 읽기한자　鉤援(구원) 攀援(반원) 畔援(반원) 援庇(원비)
- 쓰기한자　救援(구원) 聲援(성원) 援軍(원군) 援用(원용) 援助(원조) 援筆(원필) 援護(원호) 應援(응원)
　　　　　增援(증원) 支援(지원) 後援(후원)

怨 4급　　원망할 **원(:)**　心 / 5　동 恨　반 恩

누워서 뒹구는(夗) 신세를 한탄하며 그렇게 만든 상대에게 분한 마음(心)을 갖는 데서, '원망하다'는 뜻이다.

- 읽기한자　賈怨(고원) 仇怨(구원) 謗怨(방원) 誹怨(비원) 讎怨(수원) 猜怨(시원) 怨曠(원광) 怨隙(원극)
　　　　　怨戾(원려) 怨謗(원방) 怨誹(원비) 怨讎(원수) 怨猜(원시) 怨枉(원왕) 怨詛(원저) 嗔怨(진원)
- 쓰기한자　憾怨(감원) 結怨(결원) 閨怨(규원) 民怨(민원) 宿怨(숙원) 哀怨(애원) 怨望(원망) 怨聲(원성)
　　　　　怨恨(원한) 蓄怨(축원)

圓 4급Ⅱ　　둥글 **원**　囗 / 10

둥근(囗＝○) 돈(貝)을 중심으로 많은 사람이 둥글게 에워싸는 데서, '둥글다, 돈'을 뜻한다.

- 읽기한자　圓笠(원립) 圓魄(원백) 圓弧(원호) 楕圓(타원)
- 쓰기한자　團圓(단원) 圓光(원광) 圓滿(원만) 圓舞(원무) 圓佛敎(원불교) 圓熟(원숙) 圓卓(원탁)
　　　　　圓形(원형) 圓滑(원활) 一圓(일원)

員 | 4급II 　　인원 **원** | 口 / 7 　유 負

둥근(口＝○) 돈(貝)을 세는 관원, 나아가, 돈을 받고 일하는 사람에서, '인원'을 뜻한다.

 읽기한자 　員輻(원복) 剩員(잉원) 僉員(첨원)

쓰기한자 　減員(감원) 客員(객원) 缺員(결원) 契員(계원) 官員(관원) 教員(교원) 團員(단원) 黨員(당원)
　　　　　隊員(대원) 動員(동원) 滿員(만원) 復員(복원) 部員(부원) 社員(사원) 生員(생원) 署員(서원)
　　　　　要員(요원) 委員(위원) 議員(의원) 人員(인원) 一員(일원) 任員(임원) 全員(전원) 店員(점원)
　　　　　定員(정원) 諸員(제원) 增員(증원) 職員(직원) 總員(총원) 充員(충원) 行員(행원) 會員(회원)

原 | 5급 　　언덕 **원** | 厂 / 8

물이 솟아나와 내를 이루는(泉) 언덕(厂)에서, '언덕'이라는 뜻이다.

읽기한자 　蘆原(노원) 原宥(원유)

쓰기한자 　高原(고원) 復原(복원) 氷原(빙원) 原稿(원고) 原料(원료) 原木(원목) 原本(원본) 原書(원서)
　　　　　原審(원심) 原案(원안) 原油(원유) 原因(원인) 原作(원작) 原帳(원장) 原典(원전) 原點(원점)
　　　　　原題(원제) 原初(원초) 原則(원칙) 原版(원판) 原形(원형) 原畫(원화) 草原(초원) 平原(평원)

願 | 5급 　　원할 **원:** | 頁 / 10 　동 望

벼랑(厂) 아래에서 솟아 흐르는 냇물(泉)에 얼굴(頁)을 비쳐 보고 예뻐지고 싶다고 생각하는 데서, '원하다'는 뜻이다.

읽기한자 　冀願(기원) 呪願(주원)

쓰기한자 　結願(결원) 祈願(기원) 念願(염원) 民願(민원) 發願(발원) 悲願(비원) 誓願(서원) 所願(소원)
　　　　　素願(소원) 訴願(소원) 宿願(숙원) 哀願(애원) 願望(원망) 願書(원서) 自願(자원) 志願(지원)
　　　　　請願(청원) 祝願(축원) 出願(출원) 歎願(탄원) 希願(희원)

元 | 5급II 　　으뜸 **원** | 儿 / 2

사람(儿)의 가장 위(二)에 있는 것은 머리이며, 머리는 몸의 으뜸이라는 데서, '으뜸'을 뜻한다.

읽기한자 　阮元(완원) 元凱(원개) 元魁(원괴) 元舅(원구) 元駒(원구) 元嫡(원적) 元兇(원흉)

쓰기한자 　紀元(기원) 多元(다원) 單元(단원) 復元(복원) 上元(상원) 元金(원금) 元氣(원기) 元年(원년)
　　　　　元旦(원단) 元來(원래) 元老(원로) 元素(원소) 元帥(원수) 元首(원수) 元子(원자) 元祖(원조)
　　　　　二元(이원) 一元(일원) 壯元(장원) 次元(차원) 還元(환원)

院 | 5급 　　집 **원** | 阜 / 7 　동 宇

완전히(完) 집을 둘러싸고 있는 흙 담(阝)에서, 담장 안의 뜰을 나타냈고, 나아가 '집'을 뜻한다.

읽기한자 　妓院(기원) 祠院(사원)

쓰기한자 　監院(감원) 開院(개원) 棋院(기원) 尼院(이원) 登院(등원) 法院(법원) 病院(병원) 本院(본원)
　　　　　寺院(사원) 上院(상원) 書院(서원) 院內(원내) 院生(원생) 院兒(원아) 院長(원장) 議院(의원)
　　　　　醫院(의원) 入院(입원) 支院(지원) 退院(퇴원) 學院(학원)

園 6급 동산 **원** 囗 / 10

옷이 치렁거리듯(袁) 나무 열매가 주렁주렁 매달려 있고, 울타리(囗)에 둘러싸여 있는 곳으로, '동산'을 뜻한다.

📖 읽기한자 紺園(감원) 園圃(원포) 庄園(장원)

✏️ 쓰기한자 公園(공원) 農園(농원) 桃園(도원) 樂園(낙원) 梨園(이원) 園頭幕(원두막) 園所(원소)
園兒(원아) 園藝(원예) 園丁(원정) 遊園(유원) 幼稚園(유치원) 莊園(장원) 田園(전원)
庭園(정원) 學園(학원) 花園(화원) 後園(후원)

 遠 6급 멀 **원:** 辶 / 10 반近 약远

옷(袁)을 챙겨 떠나야(辶) 할 만큼 길이 멀다는 데서, '멀다'는 뜻이다.

📖 읽기한자 遼遠(요원) 疎遠(소원) 蕭遠(소원) 迂遠(우원) 遠磬(원경) 遠辜(원고) 遠黎(원려) 遠謨(원모)
遠藩(원번) 遠訃(원부) 遠戍(원수) 遠裔(원예) 遠謫(원적) 遠冑(원주) 峻遠(준원) 稍遠(초원)
黜遠(출원) 遐遠(하원)

✏️ 쓰기한자 敬遠(경원) 久遠(구원) 深遠(심원) 永遠(영원) 遙遠(요원) 遠景(원경) 遠近(원근) 遠大(원대)
遠慮(원려) 遠逝(원서) 遠視(원시) 遠洋(원양) 遠征(원정) 遠祖(원조) 蒼遠(창원)

 越 3급Ⅱ 넘을 **월** 走 / 5

도끼(戉)를 들고 쫓아오면 급한 김에 담장을 넘어 달아난다(走)는 데서, '넘다'는 뜻이다.

📖 읽기한자 吳越(오월) 隕越(운월) 越蹈(월도)

✏️ 쓰기한자 貸越(대월) 陵越(능월) 優越(우월) 越境(월경) 越權(월권) 越南(월남) 越冬(월동) 越等(월등)
越班(월반) 越北(월북) 越尺(월척) 越便(월편) 移越(이월) 超越(초월) 追越(추월) 卓越(탁월)

 月 8급 달 **월** 月 / 0 비目 반日

이지러진 초승달을 본뜬 글자로, '달'을 뜻한다.

📖 읽기한자 辜月(고월) 皎月(교월) 朞月(기월) 彎月(만월) 璧月(벽월) 徙月(사월) 宵月(소월) 盈月(영월)
月齡(월령) 月魄(월백) 月晦(월회) 月暈(월훈) 蹦月(유월) 翌月(익월) 喘月(천월) 蒲月(포월)
皓月(호월)

✏️ 쓰기한자 佳月(가월) 客月(객월) 隔月(격월) 菊月(국월) 弄月(농월) 滿月(만월) 望月(망월) 每月(매월)
明月(명월) 半月(반월) 纖月(섬월) 歲月(세월) 煙月(연월) 月刊(월간) 月經(월경) 月宮(월궁)
月給(월급) 月曆(월력) 月令(월령) 月例(월례) 月報(월보) 月俸(월봉) 月賦(월부) 月貰(월세)
月收(월수) 月食(월식) 月次(월차) 月出(월출) 閏月(윤월) 日月(일월) 前月(전월) 正月(정월)
至月(지월) 風月(풍월) 月氏(월지)

萎 1급 시들 **위** 艸 / 8 동凋

풀(艹)이 나긋나긋한 여인(委) 모양으로 부드러워진 데서, '시들다'는 뜻이다.

📖 읽기한자 萎落(위락) 萎靡(위미) 萎縮(위축) 萎悴(위췌) 枯萎(고위) 衰萎(쇠위) 委萎(위위)

韋 2급(名) 가죽 **위** 韋 / 0

본래 마을(口)의 위아래로 내디딘 방향이 다른 발(止)을 그려 어긋남을 나타냈다. 나중에는 발(止)로 다져서 부드럽게 만든 가죽(口)으로 본 데서, '가죽'을 뜻한다.

읽기한자 韋帶(위대) 韋衣(위의) 韋陀(위타) 韋布(위포) 韋革(위혁) 脂韋(지위)

渭 2급(名) 물이름 **위** 水 / 9

中國 甘肅省(감숙성)에 있는 渭水(위수)의 이름자이다.

읽기한자 沸渭(불위) 渭水(위수) 渭陽(위양)

尉 2급 벼슬 **위** 寸 / 8

본래 불에 달군 다리미를 손에 들고 있는 모양에서, '다림질'을 뜻하나, 뒤에 법도(寸)를 엄격하게 보여주는(示) 사람(尸)으로 풀이하게 되어, '벼슬아치, 벼슬'을 뜻한다.

읽기한자 校尉(교위) 大尉(대위) 少尉(소위) 尉官(위관) 尉斗(위두) 准尉(준위) 中尉(중위)

魏 2급(名) 성(姓) **위** 鬼 / 8

본래 巍(높을 외)와 마찬가지로 높다는 뜻으로 쓰였다. 뒤에 나라이름과 姓氏로 쓰이고 있다.

읽기한자 東魏(동위) 北魏(북위) 西魏(서위) 魏書(위서) 魏徵(위징) 後魏(후위)

緯 3급 씨 **위** 糸 / 9

베를 짤 때 날실 사이를 어긋나게(韋) 왔다 갔다 하면서 풀어지는 씨실(糸)에서, '씨, 씨실'을 뜻한다.

읽기한자 讖緯(참위) 恤緯(휼위)

쓰기한자 經緯(경위) 北緯(북위) 緯度(위도)

違 3급 어긋날 **위** 辵 / 9 동 乖, 戾, 錯

특정 장소(口)에서 다른 방향으로 발걸음을 내디뎌(舛) 걸어가는(辶) 데서, '어기다'는 뜻이다.

읽기한자 違戾(위려) 違欠(위흠)

쓰기한자 非違(비위) 違反(위반) 違背(위배) 違法(위법) 違約(위약) 違憲(위헌) 違和(위화)

僞 3급Ⅱ 거짓 **위** 人 / 12 일 偽

자연의 법칙에는 거짓이 없으나 사람(亻)이 하는(爲) 일에는 거짓이 있다는 데서, '거짓'을 뜻한다.

읽기한자 訛僞(와위) 僞烽(위봉)

쓰기한자 矯僞(교위) 僞冒(위모) 僞善(위선) 僞裝(위장) 僞造(위조) 僞證(위증) 僞幣(위폐) 眞僞(진위) 虛僞(허위)

胃 3급Ⅱ　밥통 **위**　肉 / 5　비 冒

논밭에서 나온 음식물(田)이 들어가는 몸(月)의 한 부분으로, '밥통'을 뜻한다.

읽기한자　脾胃(비위)

쓰기한자　健胃(건위) 胃壁(위벽) 胃散(위산) 胃酸(위산) 胃癌(위암) 胃炎(위염) 胃腸(위장) 胃痛(위통)

謂 3급Ⅱ　이를 **위**　言 / 9

밥통(胃)이 음식물을 소화시키듯 보고 들은 것들을 소화시켜 말하는(言) 것으로, '이르다'는 뜻이다.

쓰기한자　可謂(가위) 所謂(소위) 云謂(운위) 稱謂(칭위)

委 4급　맡길 **위**　女 / 5　비 季, 秀　비 任, 託

익은 벼(禾) 이삭이 고개를 숙이듯 여자(女)가 바깥일을 남편에게 맡기고 전면에 나서지 않는 데서, '맡기다'는 뜻이다.

읽기한자　委靡(위미) 委黍(위서) 委捐(위연) 委萎(위위) 委仗(위장) 委塡(위전) 委囑(위촉) 顚委(전위)

쓰기한자　敎委(교위) 委棄(위기) 委細(위세) 委員(위원) 委任(위임) 委積(위적) 委託(위탁)

圍 4급　에워쌀 **위**　囗 / 9　약 囲

샘 둘레(韋)에 울타리(囗)를 치는 데서, '에워싸다, 둘레'를 뜻한다.

읽기한자　圍囹(위령) 圍塹(위참) 圍陀(위타) 暈圍(훈위)

쓰기한자　範圍(범위) 周圍(주위) 包圍(포위) 胸圍(흉위)

慰 4급　위로할 **위**　心 / 11

말이나 행동으로 다리미질(尉)하여 상대방 마음(心) 속의 주름살을 펴게 하는 데서, '위로하다'는 뜻이다.

읽기한자　撫慰(무위) 慰譬(위비)

쓰기한자　慰靈(위령) 慰勞(위로) 慰問(위문) 慰安(위안) 自慰(자위) 弔慰(조위)

威 4급　위엄 **위**　女 / 6

여자(女)에게 도끼(戊)를 든 병사는 무서워 떨 만큼 위압감을 느끼게 하는 데서, '위엄'을 뜻한다.

읽기한자　稜威(능위) 宸威(신위) 威憺(위담) 威稜(위릉)

쓰기한자　國威(국위) 權威(권위) 猛威(맹위) 示威(시위) 威力(위력) 威武(위무) 威勢(위세) 威信(위신) 威壓(위압) 威嚴(위엄) 威儀(위의) 威風(위풍) 威脅(위협)

危 | 4급 | 위태할 **위** | 卩 / 4 | 툉 殆

산비탈(厂)에서 굴러 떨어진 위태한 사람(巳)을 위에 있는 사람(⺈)이 걱정스럽게 내려다
보는 모양에서, '위태하다'는 뜻이다.

읽기한자 危窘(위군) 危悚(위송) 危礁(위초)

쓰기한자 可危(가위) 安危(안위) 危空(위공) 危急(위급) 危機(위기) 危篤(위독) 危亂(위란) 危樓(위루)
危重(위중) 危殆(위태) 危害(위해) 危險(위험)

衛 | 4급II | 지킬 **위** | 行 / 9 | 비 衝

성의 둘레(韋)를 돌아다니면서(行) 경계 근무를 하고 있는 데서, '지키다'는 뜻이다.

읽기한자 戍衛(수위) 扈衛(호위)

쓰기한자 警衛(경위) 防衛(방위) 守衛(수위) 侍衛(시위) 擁衛(옹위) 衛生(위생) 衛星(위성)
有人衛星(유인위성) 自衛(자위) 前衛(전위) 護衛(호위)

爲 | 4급II | 하 / 할 **위(:)** | 爪 / 8 | 얍 為

손(爫)으로 코끼리(象)를 길들이는 것을 나타낸 글자로, '하다'는 뜻이다.

읽기한자 爾爲(이위)

쓰기한자 當爲(당위) 無爲(무위) 所爲(소위) 營爲(영위) 云爲(운위) 爲計(위계) 爲己(위기) 爲民(위민)
爲始(위시) 爲業(위업) 爲人(위인) 爲政(위정) 爲主(위주) 以爲(이위) 作爲(작위) 行爲(행위)

位 | 5급 | 자리 **위** | 人 / 5

사람(亻)은 그 신분과 지위에 따라 서(立)는 곳이 정해져 있었던 데서, '자리, 지위'를 뜻한다.

읽기한자 遜位(손위) 位牌(위패) 簒位(찬위)

쓰기한자 各位(각위) 乾位(건위) 高位(고위) 單位(단위) 同位(동위) 等位(등위) 方位(방위) 本位(본위)
部位(부위) 上位(상위) 禪位(선위) 水位(수위) 順位(순위) 神位(신위) 讓位(양위) 王位(왕위)
優位(우위) 位階(위계) 位相(위상) 位置(위치) 爵位(작위) 在位(재위) 帝位(제위) 諸位(제위)
卽位(즉위) 地位(지위) 職位(직위) 體位(체위) 充位(충위) 致位(치위) 退位(퇴위) 品位(품위)
學位(학위)

偉 | 5급II | 클 **위** | 人 / 9 | 툉 大

다른 사람(亻)들이 추구하는 바와는 어긋나는(韋) 더 큰 이상을 실천해 가는 데서, '크다,
훌륭하다'는 뜻이다.

읽기한자 魁偉(괴위) 偉餞(위전)

쓰기한자 偉大(위대) 偉力(위력) 偉業(위업) 偉容(위용) 偉人(위인) 偉勳(위훈)

깨우칠 유 口 / 9

諭와 同字로, 잘못된 점, 분명치 않은 점 등을 뽑아내어(兪) 말한다(口)는 데서, '깨우치다'
는 뜻이다.

읽기한자 喩勸(유권) 喩喩(유유) 告喩(고유) 明喩(명유) 比喩(비유) 善喩(선유) 隱喩(은유) 引喩(인유)
直喩(직유) 風喩(풍유) 解喩(해유) 訓喩(훈유)

 너그러울 유 宀 / 6

동산, 정원(有=囿)처럼 넓은 집(宀)으로, 여유있음에서, '너그럽다'는 뜻이다.

읽기한자 宥貸(유대) 宥免(유면) 宥密(유밀) 宥赦(유사) 宥恕(유서) 宥弼(유필) 慶宥(경유) 貸宥(대유)
保宥(보유) 三宥(삼유) 原宥(원유) 在宥(재유) 蕩宥(탕유) 特宥(특유) 護宥(호유)

 놋쇠 유 金 / 9

구리에 아연을 넣어 만든 합금인 황동(黃銅), '놋쇠'를 뜻한다.

읽기한자 鍮器(유기) 眞鍮(진유)

 밟을 유 足 / 9 동 躪, 躙, 踐, 躪

발(足)을 써서 벼 따위를 부드럽게(柔) 되도록 하는 데서, '밟다, 짓밟다'는 뜻이다.

읽기한자 蹂躪(유린) 蹂若(유약) 蹂踐(유천)

 병나을 유 疒 / 13

瘉와 同字로, 병(疒)을 끌어내는(兪) 데서, '병이 낫다'는 뜻이다.

읽기한자 全癒(전유) 治癒(치유) 快癒(쾌유) 平癒(평유)

 아첨할 유 言 / 8 동 佞, 媚, 諂

교묘한 말(言)로 사람의 기분을 북돋아(臾) 기뻐 어쩔 줄 모르게 만드는 데서, '아첨하다,
아당하다'는 뜻이다.

읽기한자 諛墓(유묘) 諛媚(유미) 諛辭(유사) 諛言(유언) 諛悅(유열) 諛諂(유첨) 姦諛(간유) 善諛(선유)
阿諛(아유) 從諛(종유) 諂諛(첨유)

 야유할 유 手 / 9

손(扌)으로 특정인을 뽑아내어(兪) 질질 끌고 다니는 데서, '빈정거리다, 끌어당기다, 야유
하다'는 뜻이다.

읽기한자 揄袂(유몌) 揄揚(유양) 揄狄(요적) 挑揄(도유) 邪揄(사유) 選揄(선유) 揶揄(야유) 樞揄(추유)

柚 1급 　　　유자 **유** 木 / 5
운향과의 상록 관목(木)인 유자나무와 그 열매인 유자를 나타낸다.

읽기한자 柚子(유자) 柚酒(유주) 橘柚(귤유) 橙柚(등유) 臭柚(취유)

愉 1급 　　　즐거울 **유** 心 / 9 　동 樂, 悅
마음(忄)에서 불쾌한 기억을 뽑아내는(兪) 데서, '즐겁다, 기쁘다'는 뜻이다.

읽기한자 愉樂(유락) 愉色(유색) 愉愉(유유) 愉逸(유일) 愉歡(유환) 寬愉(관유) 婉愉(완유) 怡愉(이유)
歡愉(환유)

諭 1급 　　　타이를 **유** 言 / 9 　동 告, 曉
喩와 同字로, 잘못된 점, 분명치 않은 점 등을 뽑아내어(兪) 말한다(言)는 데서, '타이르다,
깨우치다'는 뜻이다.

읽기한자 諭告(유고) 諭敎(유교) 諭達(유달) 諭德(유덕) 諭示(유시) 諭旨(유지) 諭蜀(유촉) 諭曉(유효)
諫諭(간유) 面諭(면유) 譬諭(비유) 上諭(상유) 隱諭(은유) 諷諭(풍유) 訓諭(훈유)

游 1급 　　　헤엄칠 **유** 水 / 9
깃대에 단 기(㫃)가 흔들리 듯, 물(氵)의 흐름(子=流)을 타는 데서, '헤엄치다'는 뜻이다.

읽기한자 游街(유가) 游女(유녀) 游談(유담) 游冬(유동) 游樂(유락) 游牧(유목) 游泛(유범) 游士(유사)
游兆(유조) 游就(유취) 游蕩(유탕) 游魂(유혼) 溪游(계유) 汎游(범유) 上游(상유) 先游(선유)
外游(외유) 秋游(추유) 出游(출유) 下游(하유) 回游(회유)

庾 2급(名) 곳집 / 노적가리 **유** 广 / 8
풀을 엮어 만든 그릇(臾) 모양의 집(广)에서, '곳집, 노적가리'를 뜻한다.

읽기한자 庾積(유적)

踰 2급(名) 넘을 **유** 足 / 9 　동 僭
발(足)이 통나무배(兪) 역할을 하는 것으로 통나무배를 타고 물을 건너듯 발로 일정 경계
나 한계를 넘어서는 데서, '넘다'는 뜻이다.

읽기한자 踰年(유년) 踰歷(유력) 踰嶺(유령) 踰獄(유옥) 踰月(유월) 踰僭(유참) 踰限(유한)

楡 2급(名) 느릅나무 **유** 木 / 9
통나무배(兪)를 만들기에 적당한 나무(木)에서, '느릅나무'를 뜻한다.

읽기한자 楡柳(유류)

2급(名) 대답할 / 人 / 7
인월도(人月刂) **유**

본래 통나무의 가운데를 파서 만든 배인 '통나무배'의 뜻으로, 성씨로 쓰이고 있다. 인월도(人月刂)는 兪를 풀어 말하는 것으로 뜻은 아니다.

 3급 나을 **유** 心 / 9

상태가 호전되면서 마음(心) 속에서 불안감이 뽑아내어(兪) 지는 데서, '낫다'는 뜻이다.

📖 읽기한자   愈盛(유성) 愈甚(유심) 愈愈(유유)

 3급 닭 **유** 酉 / 0   비 西

술그릇을 본뜬 글자로 술은 닭이 해에 오르는 저녁에 마신다는 데서, 띠로는 닭을 나타낸다.

✏️ 쓰기한자   酉年(유년) 酉方(유방) 酉時(유시) 己酉(기유) 卯酉(묘유) 辛酉(신유)

惟 **3급** 생각할 **유** 心 / 8   비 推, 椎

새(隹)가 날듯 마음(忄) 속에 상상의 날개를 펴는 데서, '생각하다'는 뜻이다.

📖 읽기한자   惟獨(유독) 惟房(유방) 惟憂(유우) 恭惟(공유) 伏惟(복유) 思惟(사유) 竊惟(절유)

唯 **3급** 오직 **유** 口 / 8

새(隹)가 주둥이(口)로 낼 수 있는 소리는 오직 우는 소리일 뿐이라는 데서, '오직'을 뜻한다.

✏️ 쓰기한자   唯物(유물) 唯識(유식) 唯一(유일)

 3급Ⅱ 그윽할 **유** 幺 / 6

어리고(幺) 작은(幺) 것들이 산(山)에 들면 조용히 산에 가릴 뿐이라는 데서, '그윽하다, 가두다'는 뜻이다.

📖 읽기한자   幽垲(유개) 幽襟(유금) 幽囹(유령) 幽陋(유루) 幽梵(유범) 幽棲(유서) 幽曖(유애) 幽圄(유어) 幽裔(유예) 幽寤(유오) 幽蘊(유온) 幽枉(유왕) 幽冤(유원) 幽浚(유준) 幽蟄(유칩) 幽遐(유하) 幽晦(유회) 幽欣(유흔)

✏️ 쓰기한자   幽界(유계) 幽谷(유곡) 幽靈(유령) 幽明(유명) 幽雅(유아) 幽宅(유택) 幽閉(유폐) 幽玄(유현)

 3급Ⅱ 꾈 **유** 言 / 7   동 拐

말(言)을 빼어나게(秀) 하여 상대방을 속이거나 부추긴다는 데서, '꾀다'는 뜻이다.

📖 읽기한자   扇誘(선유) 煽誘(선유) 誘拐(유괴)

✏️ 쓰기한자   勸誘(권유) 誘導(유도) 誘發(유발) 誘引(유인) 誘致(유치) 誘惑(유혹)

裕 3급Ⅱ 넉넉할 **유:** 衣 / 7 비俗 동足
산의 물을 다 받아들이는 골짜기(谷)처럼 옷(衤)이 크다는 데서, '넉넉하다'는 뜻이다.

읽기한자 裕綽(유작)

쓰기한자 富裕(부유) 餘裕(여유) 裕寬(유관) 裕福(유복) 裕足(유족)

悠 3급Ⅱ 멀 **유** 心 / 7 동久
기다란 줄(攸)의 끝자락이 저 멀리 있어 마음(心)에 멀게 느껴지는 데서, '멀다, 아득하다'는 뜻이다.

읽기한자 悠緬(유면)

쓰기한자 悠久(유구) 悠然(유연) 悠悠(유유)

維 3급Ⅱ 벼리 **유** 糸 / 8
실(糸)로 새(隹)의 발목을 매어 새를 부리는 것처럼, 끈으로 그물코를 꿰어 그물을 다스린다는 데서, '벼리'를 뜻한다.

읽기한자 迦維(가유) 羈維(기유) 緬維(면유)

쓰기한자 四維(사유) 纖維(섬유) 維新(유신) 維舟(유주) 維持(유지)

柔 3급Ⅱ 부드러울 **유** 木 / 5 동懦
창(矛)의 자루로 쓰는 나무(木)는 탄력이 있고 부드러워야 하는 데서, '부드럽다'는 뜻이다.

읽기한자 猫柔(묘유) 柔撫(유무) 柔媚(유미) 柔馴(유순) 柔宛(유완) 柔脆(유취)

쓰기한자 剛柔(강유) 內柔(내유) 溫柔(온유) 外柔(외유) 優柔(우유) 柔道(유도) 柔弱(유약) 柔軟(유연) 懷柔(회유)

幼 3급Ⅱ 어릴 **유** 幺 / 2 동少, 稚
아직 어려 힘(力)이 작은(幺) 데서, '어리다'는 뜻이다.

읽기한자 幼懦(유나) 幼齡(유령) 幼昧(유매)

쓰기한자 老幼(노유) 幼年(유년) 幼兒(유아) 長幼(장유)

猶 3급Ⅱ 오히려 **유** 犬 / 9
술(酋)을 주면 의심하여 머뭇거리다가 오히려 사람같이 먹는 개(犭) 비슷한 동물에서, '원숭이, 머뭇거리다, 같다, 오히려'를 뜻한다.

읽기한자 溝猶(구유)

쓰기한자 猶父猶子(유부유자) 猶豫(유예)

遺 4급 남길 **유** 辵 / 12 비 遣 동 失

길(辶)을 가다가 귀(貴)한 물건을 떨어뜨리는 데서, '잃어버리다, 남기다'는 뜻이다.

읽기한자 賂遺(뇌유) 遺偈(유게) 遺矩(유구) 遺粒(유립) 遺糞(유분) 遺嗣(유사) 遺孀(유상) 遺佚(유일)
遺孕(유잉) 遺奠(유전) 遺址(유지) 遺骸(유해) 遺欠(유흠)

쓰기한자 遺憾(유감) 遺稿(유고) 遺骨(유골) 遺棄(유기) 遺烈(유열) 遺物(유물) 遺産(유산) 遺書(유서)
遺緖(유서) 遺言(유언) 遺業(유업) 遺作(유작) 遺跡(유적) 遺蹟(유적) 遺傳(유전) 遺族(유족)
遺品(유품) 遺恨(유한) 遺訓(유훈)

遊 4급 놀 **유** 辵 / 9 동 泳, 戲

어린이(子)가 깃발(㫃)을 들고 뛰어다니며(辶) 논다는 데서, '놀다'는 뜻이다.

읽기한자 陪遊(배유) 遊侶(유려) 遊黎(유려) 遊翔(유상) 遊詣(유예) 遊宦(유환) 佚遊(일유) 萍遊(평유)
嬉遊(희유)

쓰기한자 客遊(객유) 交遊(교유) 夢遊(몽유) 般遊(반유) 浮遊(부유) 野遊(야유) 娛遊(오유) 外遊(외유)
遊擊(유격) 遊覽(유람) 遊離(유리) 遊牧(유목) 遊說(유세) 遊星(유성) 遊泳(유영) 遊學(유학)
遊休(유휴) 遊興(유흥) 遊戲(유희) 釣遊(조유) 回遊(회유)

儒 4급 선비 **유** 人 / 14 동 士

사람(亻)에게 필수(需)이고, 필수적(需) 사람(亻)이라는 데서, '유학(儒學), 선비'를 뜻한다.

읽기한자 耆儒(기유) 俚儒(이유) 鄙儒(비유) 堅儒(수유) 醇儒(순유) 儒巾(유건)

쓰기한자 碩儒(석유) 儒家(유가) 儒敎(유교) 儒林(유림) 儒生(유생) 儒宗(유종) 儒學(유학)

乳 4급 젖 **유** 乙 / 7

어머니가 몸을 구부려 앉아(乚) 아기(子)를 손(爪)으로 잡고 젖을 먹이는 데서, '젖'을 뜻한다.

읽기한자 胚乳(배유) 乳柑(유감) 乳腺(유선) 乳汁(유즙) 乳哺(유포) 孕乳(잉유) 搾乳(착유) 哺乳(포유)

쓰기한자 豆乳(두유) 煉乳(연유) 母乳(모유) 授乳(수유) 牛乳(우유) 乳菓(유과) 乳頭(유두) 乳母(유모)
乳房(유방) 乳兒(유아) 乳業(유업) 乳脂(유지)

油 6급 기름 **유** 水 / 5 동 膏, 脂

나무 열매(由)를 짜내 받은 액체(氵)로, '기름'을 뜻한다.

읽기한자 鯨油(경유) 膏油(고유) 煤油(매유)

쓰기한자 肝油(간유) 甘油(감유) 輕油(경유) 給油(급유) 豆油(두유) 燈油(등유) 産油(산유) 石油(석유)
送油(송유) 原油(원유) 油脂(유지) 油畫(유화) 精油(정유) 注油(주유) 重油(중유) 採油(채유)
香油(향유)

由

6급 **말미암을 유** 田 / 0

나뭇가지에 달린 열매의 모양으로, 열매가 나뭇가지로 말미암아 달린다는 데서, '말미암다'는 뜻이다.

읽기한자 紐由(유유)

쓰기한자 經由(경유) 理由(이유) 事由(사유) 緣由(연유) 由來(유래) 由緖(유서) 自由(자유) 呈由(정유)
請由(청유)

有

7급 **있을 유:** 月 / 2 **반** 無

오른 손(⚊)에 고기(月)를 가지고 있다는 데서, '가지다, 있다'는 뜻이다.

쓰기한자 據有(거유) 固有(고유) 領有(영유) 永有(영유) 烏有(오유) 有感(유감) 有故(유고) 有功(유공)
有給(유급) 有毒(유독) 有利(유리) 有望(유망) 有名(유명) 有無(유무) 有別(유별) 有償(유상)
有識(유식) 有用(유용) 有意(유의) 有益(유익) 有終(유종) 有罪(유죄) 有志(유지) 有限(유한)
有害(유해) 有形(유형) 有效(유효) 占有(점유) 特有(특유) 含有(함유) 享有(향유) 稀有(희유)

肉

4급Ⅱ **고기 육** 肉 / 0 **동** 身, 體

고기와 그 근육의 모양을 본뜬 글자로, '고기'를 뜻한다.

읽기한자 肌肉(기육) 臀肉(둔육) 粱肉(양육) 肉羹(육갱) 肉離(육리) 肉醬(육장) 肉棗(육조) 肉汁(육즙)
肉膾(육회) 豬肉(저육) 脯肉(포육)

쓰기한자 骨肉(골육) 筋肉(근육) 豚肉(돈육) 煉肉(연육) 靈肉(영육) 肥肉(비육) 食肉(식육) 魚肉(어육)
肉感(육감) 肉類(육류) 肉味(육미) 肉聲(육성) 肉食(육식) 肉身(육신) 肉眼(육안) 肉慾(육욕)
肉體(육체) 肉親(육친) 肉彈(육탄) 肉筆(육필) 精肉(정육) 脂肉(지육) 血肉(혈육)
肉薄戰(육박전)

育

7급 **기를 육** 肉 / 4 **동** 鞠, 養

어머니의 자궁(月)에서 아이(子)가 거꾸로 머리부터 나오는 모습에서, '낳다, 기르다'는 뜻이다.

읽기한자 鞠育(국육) 矜育(긍육) 撫育(무육) 蕃育(번육) 孕育(잉육) 誨育(회육) 薰育(훈육)

쓰기한자 敎育(교육) 發育(발육) 保育(보육) 事育(사육) 飼育(사육) 生育(생육) 養育(양육) 育苗(육묘)
育成(육성) 育兒(육아) 育英(육영) 體育(체육) 訓育(훈육)

允

2급(名) **맏[伯] 윤:** 儿 / 2

본래 머리(厶)가 빼어난 사람(儿)을 본뜬 글자로, '걸출한 사람'을 뜻하였다. 파생하여 '진실로, 승낙하다' 등의 뜻으로도 사용되며 胤과 통하여 '자손, 맏'의 뜻도 나타낸다.

읽기한자 允可(윤가) 允恭(윤공) 允君(윤군) 允納(윤납) 允當(윤당) 允玉(윤옥) 允友(윤우) 允許(윤허)

尹

2급(名) **성[姓] 윤:** 尸 / 1

손(⺕)에 신성한 지팡이(丿)를 잡고 있는 모습을 그린 것으로, '벼슬, 다스리다'는 뜻으로, 姓氏로 쓰인다.

읽기한자 卿尹(경윤) 官尹(관윤) 關尹(관윤) 令尹(영윤) 師尹(사윤) 庶尹(서윤) 尹司(윤사)

胤 2급(名) 자손 **윤** 肉 / 5　등 裔

혈통(月)이 나뉘(八)면서도 이어지는(幺＝糸) 것으로, '잇다, 자손'을 뜻한다.

읽기한자　令胤(영윤) 胤君(윤군) 胤玉(윤옥) 胤友(윤우) 胤子(윤자) 胄胤(주윤)

 鈗 2급(名) 창 **윤** 金 / 4

임금 곁에서는 쇠붙이를 지닐 수 없으나 예외로 호위무사는 허락된(允) 쇠붙이(金), 창을 지닐 수 있었던 데서, '창'을 뜻한다.

읽기한자　鈗人(윤인) 執鈗(집윤)

 閏 3급 윤달 **윤:** 門 / 4

달력의 계절과 실제 계절과의 차이를 조절하는 윤달에는 왕(王)이 대궐의 문(門)밖 출입을 하지 않았다는 데서 '윤달'을 뜻한다.

쓰기한자　閏年(윤년) 閏朔(윤삭) 閏餘(윤여) 閏月(윤월) 閏位(윤위) 閏秒(윤초) 閏統(윤통) 閏下(윤하)
再閏(재윤) 正閏(정윤)

아

 潤 3급Ⅱ 불을 **윤:** 水 / 12　등 濕, 霈, 澤

5년에 두 번 정도로 윤달(閏)이 보태지듯 물(氵)이 불어나는 데서, '붇다'는 뜻이다.

읽기한자　刪潤(산윤) 潤霈(윤점) 霈潤(점윤)
쓰기한자　利潤(이윤) 潤氣(윤기) 潤色(윤색) 潤澤(윤택) 潤筆(윤필) 潤滑油(윤활유) 浸潤(침윤)

 絨 1급 가는 베 **융** 糸 / 6

오랑캐(戎)가 사용하는 실(糸)이라는 뜻인데, '삶은 털실, 삶은 털실로 짠 보풀이 있는 두꺼운 모직물, '가는 베'라는 뜻이다.

읽기한자　絨緞(융단) 絨衣(융의) 絨氈(융전) 石絨(석융) 製絨(제융)

 戎 1급 병장기 / 오랑캐 **융** 戈 / 2　등 兵

창(戈)과 거북 등딱지의 상형인 갑옷(十)을 합한 것으로, '병장기, 오랑캐'를 뜻한다.

읽기한자　戎歌(융가) 戎車(융거) 戎壇(융단) 戎毒(융독) 戎虜(융로) 戎馬(융마) 戎兵(융병) 戎事(융사)
戎士(융사) 戎右(융우) 戎夷(융이) 戎場(융장) 戎裝(융장) 戎狄(융적) 戎捷(융첩) 戎醜(융추)
戎艦(융함) 戎軒(융헌) 戎華(융화) 軍戎(군융) 大戎(대융) 蒙戎(몽융) 兵戎(병융) 小戎(소융)
御戎(어융) 佐戎(좌융) 八戎(팔융)

融 | 2급 | 녹을 **융** | 虫 / 10 | 통 通, 和

솥(鬲) 안으로 들어 간 벌레(虫)는 끓는 물에 녹아 버리는 데서, '녹다'는 뜻이다.

읽기한자 融裔(융예)

쓰기한자 金融(금융) 融液(융액) 融資(융자) 融暢(융창) 融通(융통) 融合(융합) 融解(융해) 融化(융화)
融和(융화)

殷 | 2급(名) | 은나라 **은** | 殳 / 6

배가 튀어 나오도록 얻어맞는다는(殳) 데서, '근심하다'는 뜻이다. 또 배가 나온 모양에서,
'번성하다'는 뜻이다. 나라이름으로 많이 알려져 있다.

읽기한자 殷起(은기) 殷繁(은번) 殷富(은부) 殷商(은상) 殷盛(은성) 殷憂(은우) 殷殷(은은) 殷正(은정)
殷昌(은창) 殷熾(은치)

垠 | 2급(名) | 지경 **은** | 土 / 6

땅(土)의 끝, 경계(艮=限)에서, '지경'을 뜻한다.

읽기한자 李垠(이은) 垠界(은계) 垠際(은제) 地垠(지은)

誾 | 2급(名) | 향기 **은** | 言 / 8

문(門) 밖으로 소리(言) 나가지 않도록 조용히, 향기롭게 말하는 데서, '향기'를 뜻한다.

읽기한자 南誾(남은) 誾誾(은은)

隱 | 4급 | 숨을 **은** | 阜 / 14 | 통 匿, 遁, 祕, 諱 | 반 現, 顯, 見 | 약 隠, 隐

들키지 않으려고 언덕(阝) 밑에서 마음(心) 졸이며 두 손(爪, 크)으로 무언가를 하고(工)
있는 데서, '숨다'는 뜻이다.

읽기한자 硼隱(평은) 棲隱(서은) 隱括(은괄) 隱匿(은닉) 隱遁(은둔) 隱淪(은륜) 隱昧(은매) 隱棲(은서)
隱鼠(은서) 隱曖(은애) 隱喩(은유) 隱諛(은유) 隱疵(은자) 隱呪(은주) 隱帙(은질) 隱諱(은휘)
樵隱(초은) 惻隱(측은) 豹隱(표은)

쓰기한자 隱居(은거) 隱密(은밀) 隱士(은사) 隱身(은신) 隱語(은어) 隱然(은연) 隱逸(은일) 隱者(은자)
隱退(은퇴) 隱蔽(은폐)

恩 | 4급II | 은혜 **은** | 心 / 6 | 비 思 | 통 寵, 惠 | 반 怨, 讎

큰 도움으로 인하여(因) 감사하는 마음(心)이 생긴다는 데서, '은혜'를 뜻한다.

읽기한자 曠恩(광은) 恩眷(은권) 恩昄(은면) 恩撫(은무) 恩蔭(은음) 恩恤(은휼) 寵恩(총은)

쓰기한자 加恩(가은) 隆恩(융은) 忘恩(망은) 背恩(배은) 報恩(보은) 謝恩(사은) 聖恩(성은) 承恩(승은)
恩功(은공) 恩德(은덕) 恩師(은사) 恩赦(은사) 恩人(은인) 恩典(은전) 恩情(은정) 恩惠(은혜)
天恩(천은) 鴻恩(홍은) 皇恩(황은)

銀 | 6급 | 은 **은** | 金 / 6

금이 되기 직전에 머물러(艮) 주저앉은 금속(金)에서, 금 다음으로 값을 쳐 주는, '은'을 뜻한다.

읽기한자 餠銀(병은) 碎銀(쇄은) 銀鉤(은구) 銀壽(은도) 銀鱗(은린) 銀箔(은박) 銀甁(은병) 銀鰒(은복) 銀匙(은시) 銀釘(은정) 銀錠(은정) 銀側(은측) 銀杏(은행)

쓰기한자 勞銀(노은) 紋銀(문은) 水銀(수은) 洋銀(양은) 銀坑(은갱) 銀鑛(은광) 銀塊(은괴) 銀輪(은륜) 銀幕(은막) 銀髮(은발) 銀商(은상) 銀賞(은상) 銀魚(은어) 銀錢(은전) 銀製(은제) 銀漢(은한) 銀行(은행) 銀貨(은화)

 乙 | 3급Ⅱ | 새 **을** | 乙 / 0

새의 모양을 본뜬 글자로, '새'를 뜻한다.

쓰기한자 乙女(을녀) 乙卯(을묘) 乙未(을미) 乙夜(을야) 乙丑(을축) 乙亥(을해)

 蔭 | 1급 | 그늘 **음** | 艸 / 11 | 동 庇

초목(艹)이 우거져 주변을 덮어, 그늘(陰)을 만드는 데서, '덮다'는 뜻이다.

읽기한자 蔭官(음관) 蔭德(음덕) 蔭補(음보) 蔭仕(음사) 蔭生(음생) 蔭室(음실) 蔭子(음자) 嘉蔭(가음) 綠蔭(녹음) 木蔭(목음) 樹蔭(수음) 恩蔭(은음) 資蔭(자음) 勳蔭(훈음)

 吟 | 3급 | 읊을 **음** | 口 / 4 | 동 詠

입(口)으로 지금(今) 시를 읊는다는 데서, '읊다'는 뜻이다.

읽기한자 謳吟(구음) 呻吟(신음) 鶯吟(앵음) 吳吟(오음) 吟嚼(음작) 吟杖(음장) 吟嘲(음조) 吟唄(음패) 吟諷(음풍)

쓰기한자 吟味(음미) 吟風弄月(음풍농월)

 淫 | 3급Ⅱ | 음란할 **음** | 水 / 8 | 동 姦

婬과 동자로 여자(女)와 더불어 손(爪)을 놀리고 알랑거리는(壬) 데서, '음란하다, 음탕하다'는 뜻이다.

읽기한자 誣淫(무음) 淫驕(음교) 淫靡(음미) 淫祠(음사) 淫猥(음외) 淫慝(음특) 滲淫(삼음)

쓰기한자 姦淫(간음) 賣淫(매음) 手淫(수음) 淫亂(음란) 淫行(음행) 荒淫(황음)

陰 4급II 그늘 **음** 阜 / 8 반 陽, 晴
언덕(阝)위에 지금(今) 뭉게구름(云)이 있어서 빛을 가린다는 데서, '그늘'을 뜻한다.

읽기한자 陰喝(음갈) 陰卦(음괘) 陰溝(음구) 陰囊(음낭) 陰俯(음부) 陰鼠(음서) 陰腫(음종) 陰苔(음태)
陰慝(음특) 陰晦(음회)

쓰기한자 光陰(광음) 綠陰(녹음) 夜陰(야음) 陰刻(음각) 陰極(음극) 陰氣(음기) 陰德(음덕) 陰冷(음냉)
陰曆(음력) 陰謀(음모) 陰門(음문) 陰府(음부) 陰部(음부) 陰散(음산) 陰性(음성) 陰聲(음성)
陰濕(음습) 陰陽(음양) 陰雨(음우) 陰鬱(음울) 陰地(음지) 陰沈(음침) 陰宅(음택) 陰害(음해)
陰凶(음흉) 寸陰(촌음)

飮 6급II 마실 **음(:)** 食 / 4 비 飯
국같은 음식(飤)을 입을 벌리고(欠) 마시는 데서, '마시다'는 뜻이다.

읽기한자 醵飮(갹음) 轟飮(굉음) 溜飮(유음) 觴飮(상음) 飮酩(음명) 飮漿(음장) 飮餞(음전) 勺飮(작음)

쓰기한자 戒飮(계음) 過飮(과음) 狂飮(광음) 米飮(미음) 試飮(시음) 食飮(식음) 飮毒(음독) 飮料(음료)
飮福(음복) 飮食(음식) 飮泣(음읍) 飮酒(음주) 痛飮(통음) 暴飮(폭음)

音 6급II 소리 **음** 音 / 0 동 聲, 韻 반 訓, 義
해(日)가 뜨면 사람들이 일어나서(立) 소리를 내기 시작한다는 데서, '소리'를 뜻한다.

읽기한자 瓊音(경음) 鯨音(경음) 訃音(부음) 音耗(음모) 音訊(음신) 音栓(음전) 音癡(음치) 綴音(철음)
唄音(패음) 徽音(휘음)

쓰기한자 激音(격음) 輕音(경음) 硬音(경음) 得音(득음) 錄音(녹음) 母音(모음) 發音(발음) 防音(방음)
舌音(설음) 騷音(소음) 脣音(순음) 原音(원음) 音階(음계) 音讀(음독) 音樂(음악) 音律(음률)
音盤(음반) 音聲(음성) 音速(음속) 音信(음신) 音域(음역) 音韻(음운) 音節(음절) 音標(음표)
音響(음향) 音訓(음훈) 子音(자음) 雜音(잡음) 長音(장음) 低音(저음) 清音(청음) 濁音(탁음)
和音(화음)

揖 1급 읍할 **읍** 手 / 9
좌우의 손(扌)을 가슴에 모았다(咠)가 앞으로 내미는 禮로, '읍하다'는 뜻이다.

읽기한자 揖別(읍별) 揖遜(읍손) 揖讓(읍양) 拱揖(공읍) 端揖(단읍) 拜揖(배읍) 三揖(삼읍) 長揖(장읍)
獻揖(헌읍)

泣 3급 울 **읍** 水 / 5 동 哭
눈물(氵)의 물줄기가 서 있는(立) 듯 이어져 흐르는 데서, '울다'는 뜻이다.

읽기한자 灑泣(쇄읍) 殞泣(운읍) 泣諫(읍간) 泣涕(읍체) 啼泣(제읍) 涕泣(체읍) 慟泣(통읍) 銜泣(함읍)

쓰기한자 感泣(감읍) 哭泣(곡읍) 飮泣(음읍) 泣訴(읍소) 泣血(읍혈) 號泣(호읍)

7급 　고을 **읍** 邑 / 0

무릎을 꿇은(巴) 모양의 일하는 사람들이 일정한 테두리(口) 안에 모여 산다는 데서, '고을'을 뜻한다.

🖊 읽기한자 邑閭(읍려) 邑塵(읍전) 埰邑(채읍)

🖊 쓰기한자 都邑(도읍) 小邑(소읍) 食邑(식읍) 邑內(읍내) 邑民(읍민) 邑人(읍인) 邑長(읍장) 邑村(읍촌)

 1급 　가슴 **응:** 肉 / 13

팔꿈치에 앉힌 매(雁)를 몸(月)의 일부인 가슴쪽으로 끌어당기는 데서, '가슴'을 뜻한다.

🖊 읽기한자 膺圖(응도) 膺受(응수) 膺懲(응징) 光膺(광응) 鉤膺(구응) 篤膺(독응) 煩膺(번응) 懲膺(징응)

 2급(名) 　매 **응(:)** 鳥 / 13

언덕(广=厂)아래 사는 새(隹, 鳥)에서, '매'를 뜻한다.

🖊 읽기한자 鷹犬(응견) 鷹視(응시) 秋鷹(추응)

아

 3급 　엉길 **응:** 冫 / 14

생각의 갈피를 잡지 못하고(疑) 얼음이 얼 듯(冫) 굳어 버린 것으로, '얼다, 굳다, 엉기다'는 뜻이다.

🖊 읽기한자 凝結(응결) 凝固(응고) 凝視(응시) 凝積(응적) 凝脂(응지) 凝集(응집) 凝滯(응체) 凝縮(응축) 凝血(응혈)

 4급Ⅱ 　응할 **응:** 心 / 13 　약 応

매(鷹)가 꿩을 잡아 주인의 마음(心)에 호응한다는 데서, '응하다'는 뜻이다.

🖊 읽기한자 酬應(수응) 應酬(응수) 饗應(향응)

🖊 쓰기한자 感應(감응) 對應(대응) 反應(반응) 不應(불응) 相應(상응) 順應(순응) 應諾(응낙) 應答(응답) 應當(응당) 應對(응대) 應待(응대) 應募(응모) 應分(응분) 應射(응사) 應召(응소) 應試(응시) 應用(응용) 應援(응원) 應戰(응전) 應接(응접) 應札(응찰) 適應(적응) 響應(향응) 呼應(호응)

 1급 　굳셀 **의** 殳 / 11 　동 勇

멧돼지를 때리고(殳), 바늘에 찔린 멧돼지가 털을 곤두세우며 성내는(豙) 데서, '굳세다, 발끈 성내다'는 뜻이다.

🖊 읽기한자 毅武(의무) 毅魄(의백) 毅然(의연) 毅勇(의용) 剛毅(강의) 明毅(명의) 嚴毅(엄의) 忠毅(충의) 弘毅(홍의)

擬 | 1급 | 비길 **의:** | 手 / 14 | 통 像

손(扌)으로 지팡이를 짚고 꼼짝 않고 서서 생각하는 모양(疑)에서, '헤아리다'는 뜻이다. 또, 두 개의 물건을 의심스러울(疑) 정도로 비슷하게 만드는 손(扌) 재주에서, '비기다'는 뜻이다.

읽기한자 擬經(의경) 擬古(의고) 擬律(의율) 擬人(의인) 擬作(의작) 擬製(의제) 擬造(의조) 擬態(의태) 模擬(모의) 配擬(배의) 比擬(비의) 倫擬(윤의) 進擬(진의)

椅 | 1급 | 의자 **의** | 木 / 8

기대어 의지하는(奇＝寄) 나무(木)에서, '의자'를 뜻한다. 또, '노나무, 가래나무'를 뜻한다.

읽기한자 椅几(의궤) 椅子(의자) 高椅(고의) 雲椅(운의) 靑椅(청의)

誼 | 1급 | 정(情) **의** | 言 / 8

義와 同字로 옳다(宜)고 말하는(言) 데서, '옳다'는 뜻이나, 주로 '情, 情分'의 뜻으로 쓰인다.

읽기한자 誼士(의사) 誼主(의주) 高誼(고의) 大誼(대의) 禮誼(예의) 情誼(정의) 行誼(행의)

宜 | 3급 | 마땅 **의** | 宀 / 5 | 비 宣 통 當 약 宜

집(宀)에서 제기에 음식을 많이 쌓아(且) 놓고 제사를 지내는 일은 마땅하고, 옳은 일이라는 데서, '마땅하다'는 뜻이다.

쓰기한자 宜當(의당) 宜稻(의도) 宜稱(의칭) 權宜(권의) 機宜(기의) 物宜(물의) 時宜(시의) 量宜(양의) 便宜(편의)

矣 | 3급 | 어조사 **의** | 矢 / 2

화살(矢)이 날아가 꽂히는 곳(厶)이란 데서, 말을 마칠 때 등에 쓰이는 '어조사'이다.

쓰기한자 萬事休矣(만사휴의) 汝矣島(여의도) 矣任(의임) 足且足矣(족차족의)

儀 | 4급 | 거동 **의** | 人 / 13

사람(亻)은 몸을 움직일 때 올바르게(義) 하여야 한다는 데서, '거동'을 뜻한다.

읽기한자 傅儀(부의) 賻儀(부의) 宸儀(신의) 儀旺(의왕) 儀仗(의장) 奠儀(전의)

쓰기한자 禮儀(예의) 威儀(위의) 儀禮(의례) 儀範(의범) 儀式(의식) 儀容(의용) 儀典(의전) 儀表(의표) 葬儀(장의) 祝儀(축의)

疑 4급 의심할 **의** 疋 / 9 통 訝

비수(匕)나 화살(矢), 창(矛)이 날아올 가능성이 있는 적지에서 발걸음(疋)이 더디고 무거운 데서, '의심하다'는 뜻이다.

읽기한자 疑猜(의시) 疑訝(의아) 疑塚(의총) 疑幟(의치) 疑狐(의호)

쓰기한자 可疑(가의) 闕疑(궐의) 容疑(용의) 疑懼(의구) 疑問(의문) 疑心(의심) 疑獄(의옥) 疑妻(의처)
疑惑(의혹) 質疑(질의) 被疑(피의) 嫌疑(혐의) 懷疑(회의)

依 4급 의지할 **의** 人 / 6 통 據, 憑

사람(亻)은 추위 등을 견디기 위하여 옷(衣)에 의지하여 산다는 데서, '의지하다'는 뜻이다.

읽기한자 斧依(부의) 依庇(의비) 依憑(의빙) 依軾(의식) 依囑(의촉)

쓰기한자 歸依(귀의) 依據(의거) 依舊(의구) 依例(의례) 依賴(의뢰) 依法(의법) 依然(의연) 依存(의존)
依支(의지) 依他(의타) 依託(의탁)

義 4급Ⅱ 옳을 **의:** 羊 / 7

나(我)의 마음씨를 양(羊)처럼 착하게 하고, 나(我)를 양(羊)처럼 희생시킨다는 데서, '옳다, 바르다, 의리'를 뜻한다.

읽기한자 衍義(연의) 義渠(의거) 義妓(의기) 義侶(의려) 義塾(의숙) 義捐(의연) 義漿(의장) 義肢(의지)
義塚(의총) 仗義(장의)

쓰기한자 講義(강의) 結義(결의) 廣義(광의) 大義(대의) 道義(도의) 名義(명의) 本義(본의) 信義(신의)
語義(어의) 演義(연의) 義擧(의거) 義理(의리) 義務(의무) 義兵(의병) 義父(의부) 義憤(의분)
義士(의사) 義手(의수) 義眼(의안) 意義(의의) 義賊(의적) 義絶(의절) 義足(의족) 義齒(의치)
仁義(인의) 字義(자의) 定義(정의) 正義(정의) 主義(주의) 旨義(지의) 忠義(충의) 解義(해의)

議 4급Ⅱ 의논할 **의(:)** 言 / 13 통 論

옳은(義) 결론을 얻기 위하여 말씀(言)으로 상담하는 데서, '의논하다'는 뜻이다.

읽기한자 駁議(박의) 諡議(시의) 僉議(첨의) 贅議(췌의) 稟議(품의)

쓰기한자 閣議(각의) 開議(개의) 建議(건의) 決議(결의) 動議(동의) 同議(동의) 論議(논의) 謀議(모의)
廟議(묘의) 問議(문의) 物議(물의) 發議(발의) 訪議(방의) 相議(상의) 熟議(숙의) 審議(심의)
議決(의결) 議席(의석) 議案(의안) 議員(의원) 議院(의원) 議場(의장) 議長(의장) 議題(의제)
議會(의회) 異議(이의) 諮議(자의) 爭議(쟁의) 沮議(저의) 提議(제의) 討議(토의) 合議(합의)
抗議(항의) 協議(협의) 會議(회의)

意 6급Ⅱ 뜻 **의:** 心 / 9 통 思, 義, 志, 趣

마음(心) 속에서 우러나는 소리(音)에서, '뜻'이라는 뜻이다.

읽기한자 懶意(나의) 屑意(설의) 宸意(신의) 寓意(우의) 意匠(의장) 匠意(장의) 僉意(첨의)

쓰기한자 佳意(가의) 隔意(격의) 故意(고의) 得意(득의) 發意(발의) 謝意(사의) 誠意(성의) 熱意(열의)
意氣(의기) 意圖(의도) 意味(의미) 意識(의식) 意譯(의역) 意義(의의) 意志(의지) 意表(의표)
意向(의향) 異意(이의) 任意(임의) 底意(저의) 贊意(찬의) 創意(창의) 他意(타의) 合意(합의)
好意(호의) 會意(회의) 厚意(후의)

衣

6급 　　　　　　　옷 **의** 　衣 / 0 　동 服

옷옷의 모양을 본뜬 글자로, '옷'을 뜻한다.

 읽기한자　褐衣(갈의) 袴衣(고의) 袞衣(곤의) 衲衣(납의) 搗衣(도의) 蓑衣(사의) 繡衣(수의) 韋衣(위의)
絨衣(융의) 衣巾(의건) 衣襟(의금) 衣囊(의낭) 衣袂(의메) 衣鉢(의발) 衣袖(의수) 衣廚(의주)
衣綻(의탄) 僭衣(참의) 苔衣(태의) 曝衣(폭의) 澣衣(한의) 卉衣(훼의)

　　쓰기한자　葛衣(갈의) 甲衣(갑의) 麻衣(마의) 白衣(백의) 法衣(법의) 上衣(상의) 囚衣(수의) 壽衣(수의)
衣冠(의관) 衣類(의류) 衣紋(의문) 衣服(의복) 衣裳(의상) 着衣(착의) 脫衣(탈의) 布衣(포의)
下衣(하의)

醫

6급 　　　　　　　의원 **의** 　酉 / 11 　동 療 약 医

화살(矢)과 창(殳)에 맞아 움푹 파인 상처(匸)를 술(酉)로 소독하여 고치는 사람에서, '의원, 병 고치다'는 뜻이다.

　　읽기한자　俚醫(이의) 巫醫(무의) 瘍醫(양의)
　　쓰기한자　軍醫(군의) 東醫(동의) 名醫(명의) 獸醫(수의) 侍醫(시의) 洋醫(양의) 醫療(의료) 醫師(의사)
醫術(의술) 醫藥(의약) 醫院(의원) 醫學(의학) 韓醫(한의)

爾

1급 　　　　　　　너 **이:** 　爻 / 10 　동 汝 약 尔

아름답게 빛나는 꽃의 象形으로, 아름답고 盛한 꽃을 나타내며, 또 二人稱, '너'를 뜻한다.

　　읽기한자　爾今(이금) 爾來(이래) 爾夕(이석) 爾時(이시) 爾雅(이아) 爾汝(이여) 爾爲(이위) 爾爾(이이)
爾祖(이조) 爾馨(이형) 當爾(당이) 徒爾(도이) 法爾(법이) 率爾(솔이) 云爾(운이) 卒爾(졸이)
卓爾(탁이)

弛

1급 　　　　　　　늦출 **이:** 　弓 / 3 　동 緩, 解

주전자(也)에 가득한 물이 흘러내리듯이, 활(弓) 시위가 늘어지는 데서, '늦추다'는 뜻이다.

　　읽기한자　弛壞(이괴) 弛禁(이금) 弛期(이기) 弛紊(이문) 弛緩(이완) 弛張(이장) 弛墜(이추) 弛惰(이타)
弛解(이해) 傾弛(경이) 張弛(장이) 倫弛(윤이) 廢弛(폐이) 逋弛(포이)

餌

1급 　　　　　　　미끼 **이:** 　食 / 6

부드럽게 푹 쪘(耳=聏) 음식(𩙿)에서, '미끼'를 뜻한다.

　　읽기한자　餌口(이구) 鉤餌(구이) 餅餌(병이) 食餌(식이) 藥餌(약이) 香餌(향이) 好餌(호이)

痍

1급 　　　　　　　상처 **이** 　疒 / 6 　동 傷

다친다(夷)는 뜻에 병(疒)을 보탠 것으로, '다치다, 상처'를 뜻한다.

　　읽기한자　痍傷(이상) 傷痍(상이) 創痍(창이) 瘡痍(창이)

姨 1급 이모 **이** 女 / 6

어머니의 형제(夷=弟) 중 계집(女)이라는 데서, '이모'를 뜻한다.

읽기한자 姨妹(이매) 姨母(이모) 姨父(이부) 姨夫(이부) 姨子(이자) 姨從(이종) 姨姪(이질) 堂姨(당이) 大姨(대이) 小姨(소이)

珥 2급(名) 귀고리 **이:** 玉 / 6

옥(玉)으로 만들어 귀(耳)에 거는 것으로, '귀고리'를 뜻한다.

읽기한자 李珥(이이) 玉珥(옥이) 簪珥(잠이) 珠珥(주이) 貂珥(초이)

怡 2급(名) 기쁠 **이** 心 / 5 동 悅

台는 쟁기를 본뜬 글자로 땅을 풀어 부드럽게 하듯 사람의 마음을 풀어 주는 데서, '기쁘다'는 뜻이다. 뒤에 台가 '나, 별' 등의 뜻으로 바뀌자 '기쁘다'는 뜻은 마음(忄)을 덧붙였다.

읽기한자 南怡(남이) 怡色(이색) 怡神(이신) 怡安(이안) 怡悅(이열) 怡愉(이유) 怡怡(이이) 歡怡(환이) 嬉怡(희이)

貳 2급 두 / 갖은두 **이:** 貝 / 5 약 弍, 弐

주살(弋)을 두번(二) 쏘면 재화(貝)가 두배로 거듭 늘어나는 데서, '둘, 거듭'을 뜻한다. 二의 갖은자로 쓰인다.

읽기한자 貳衙(이아) 岐貳(기이)

쓰기한자 貳車(이거) 貳極(이극) 貳相(이상) 貳臣(이신) 貳心(이심) 佐貳(좌이) 懷貳(회이) 携貳(휴이)

伊 2급(名) 저[彼] **이** 人 / 4

다스리는(尹) 사람(亻)이 손가락으로 이 사람 저 사람을 가리키며 지시하는 데서, 지시대명사, '저'를 뜻한다.

읽기한자 伊昔(이석) 伊時(이시) 伊人(이인)

而 3급 말이을 **이** 而 / 0

본래 수염을 본뜬 글자이나 수염이 얼굴과 가슴을 이어주듯 '말을 이어주는' 어조사로 쓰여, '그리고, 그리하여, 그러나' 등의 뜻을 나타낸다.

쓰기한자 似而非(사이비) 學而時習(학이시습) 然而(연이) 而公(이공) 而立(이립) 而已(이이)

夷 3급 오랑캐 **이** 大 / 3 동 坦

큰(大) 활(弓)을 가지고 다니는 종족을 지칭하였으나 뒤에 '오랑캐'의 뜻이 붙었다.

읽기한자 萊夷(내이) 殲夷(섬이) 讎夷(수이) 攘夷(양이) 裔夷(예이) 嵎夷(우이) 戎夷(융이) 夷戮(이륙) 夷狄(이적) 夷剪(이전) 夷坦(이탄) 剪夷(전이) 淮夷(회이)

쓰기한자 東夷(동이) 陵夷(능이) 夷滅(이멸)

已 3급Ⅱ **이미 이:** 己 / 0　ⓑ 己, 巳
뱀(巳)을 칼로 이미 베어 끊었다(己)는 데서, '이미, 그치다, 말다'는 뜻이다.

✏ 쓰기한자　不得已(부득이) 已甚(이심) 已往(이왕) 而已(이이)

異 4급 **다를 이:** 田 / 6　ⓑ 同
밭(田)은 함께(共) 갈지만 작물은 다른 데서, '다르다'는 뜻이다.

✏ 읽기한자　乖異(괴이) 詭異(궤이) 異駒(이구) 異閭(이려) 異綾(이릉) 悖異(패이) 馮異(풍이)
✏ 쓰기한자　驚異(경이) 怪異(괴이) 奇異(기이) 變異(변이) 相異(상이) 妖異(요이) 異見(이견) 異端(이단)
　　　　　異例(이례) 異論(이론) 異物(이물) 異邦(이방) 異變(이변) 異腹(이복) 異本(이본) 異常(이상)
　　　　　異狀(이상) 異色(이색) 異說(이설) 異性(이성) 異域(이역) 異意(이의) 異議(이의) 異蹟(이적)
　　　　　異質(이질) 異彩(이채) 異體(이체) 異稱(이칭) 異形(이형) 差異(차이) 特異(특이) 判異(판이)

移 4급Ⅱ **옮길 이:** 禾 / 6　ⓢ 徙, 運, 轉
많은(多) 양의 벼(禾)를 창고로 옮기는 데서, '옮기다'는 뜻이다.

✏ 읽기한자　移斡(이알) 移牒(이첩)
✏ 쓰기한자　搬移(반이) 變移(변이) 移監(이감) 移管(이관) 移動(이동) 移民(이민) 移送(이송) 移植(이식)
　　　　　移讓(이양) 移越(이월) 移葬(이장) 移籍(이적) 移轉(이전) 移住(이주) 移職(이직) 移替(이체)
　　　　　移行(이행) 轉移(전이) 推移(추이)

耳 5급 **귀 이:** 耳 / 0
귀의 모양을 본뜬 글자로, '귀'를 뜻한다.

✏ 읽기한자　俚耳(이이) 聳耳(용이) 耳倦(이권) 耳聾(이롱) 耳鼠(이서) 穿耳(천이) 諂耳(첨이) 帖耳(첩이)
✏ 쓰기한자　隔墻有耳(격장유이) 馬耳東風(마이동풍) 石耳(석이) 耳目(이목) 耳順(이순) 充耳(충이)

以 5급Ⅱ **써 이:** 人 / 3
쟁기를 본뜬 글자로 밭갈 때 쟁기를 가지고 쓰는 데서, '쓰다, 가지다'는 뜻이다.

✏ 쓰기한자　所以(소이) 以南(이남) 以內(이내) 以來(이래) 以北(이북) 以上(이상) 以外(이외) 以爲(이위)
　　　　　以前(이전) 以下(이하) 以後(이후)

二 8급 **두 이:** 二 / 0
막대기 두 개를 가로로 놓아 一에 一을 포갠 데서, '둘, 곱'을 뜻한다.

✏ 읽기한자　二哥(이가) 二竪(이수) 二爻(이효)
✏ 쓰기한자　二將(이장) 二君(이군) 不二(불이) 十二(십이) 無二(무이) 二輪(이륜) 二律(이율) 二分(이분)
　　　　　二十(이십) 二元(이원) 二人(이인) 二重(이중) 二次(이차) 二言(이언) 二鳥(이조)

1급 다음날 **익** 羽 / 5

새가 하룻밤을 보내고 날갯짓(羽)하며 서는(立) 데서, '다음 날'을 뜻한다.

🖊️ 읽기한자　翌年(익년) 翌夕(익석) 翌夜(익야) 翌月(익월) 翌日(익일) 翌朝(익조)

 2급(名) 도울 **익** 羽 / 5

깃(羽)을 세운(立) 것으로, '날다'는 뜻이다. 翼과 통하여, '돕다'는 뜻으로 쓴다.

🖊️ 읽기한자　輔翊(보익) 翊戴(익대) 翊成(익성)

 3급Ⅱ 날개 **익** 羽 / 11

서로 다른(異) 깃(羽)들이 모여 날개가 되는 데서, '날개'를 뜻한다.

🖊️ 읽기한자　輔翼(보익) 鵬翼(붕익) 毖翼(비익)
✏️ 쓰기한자　右翼(우익) 羽翼(우익) 左翼(좌익) 鶴翼(학익)

 4급Ⅱ 더할 **익** 皿 / 5

물(水)을 화분(皿)에 부어 초목의 생기를 더하는 데서, '더하다'는 뜻이다.

🖊️ 읽기한자　毖益(비익) 饒益(요익)
✏️ 쓰기한자　公益(공익) 國益(국익) 權益(권익) 利益(이익) 無益(무익) 損益(손익) 受益(수익) 收益(수익)
純益(순익) 有益(유익) 益甚(익심) 益鳥(익조) 差益(차익) 便益(편익) 弘益人間(홍익인간)

 1급 목구멍 **인** / 口 / 6　[동] 喉
목멜 **열** / 삼킬 **연**

먹기 위하여 의지하는(因) 입(口) 부분으로, '목구멍(인)'을 뜻한다. 또, '삼키다(연), 목메다
(열)'는 뜻이다.

🖊️ 읽기한자　咽嶺(인령) 咽咽(인인) 咽喉(인후) 咽下(인하) 咽塞(열색) 感咽(감열) 斷咽(단인) 悲咽(비열)
哀咽(애열) 充咽(충열) 呑咽(탄연) 下咽(하인) 含咽(함연)

 1급 묻힐 **인** 水 / 9　[동] 沒, 沈

물(氵) 따위에 의해 헤쳐 나갈 길이 막힌(堙) 데서, '빠지다, 가라앉다, 묻히다'는 뜻이다.

🖊️ 읽기한자　湮棄(인기) 湮淪(인륜) 湮滅(인멸) 湮沒(인몰) 湮散(인산) 湮厄(인액) 湮替(인체) 湮晦(인회)
湮塞(인색) 湮鬱(인울) 埋湮(매인) 沈湮(침인)

蚓 1급   지렁이 **인**   虫 / 4

몸을 끌어(引) 움직이는 벌레(虫)에서, '지렁이'를 뜻한다.

🔖 읽기한자   附蚓(부인) 紫蚓(자인) 秋蚓(추인) 寒蚓(한인)

靭 1급   질길 **인**   革 / 3

가죽(革)이 부드럽고 강한(刃=忍) 데서, '질기다'는 뜻이다.

🔖 읽기한자   靭帶(인대) 靭皮(인피) 強靭(강인) 堅靭(견인)

刃 2급   칼날 **인:**   刀 / 1   🔲 刀, 力

칼(刀)에 칼날의 표시로 점(丶)을 더한 것으로, '칼날'을 뜻한다.

🔖 읽기한자   芒刃(망인) 鋒刃(봉인) 袖刃(수인) 兇刃(흉인)
✏️ 쓰기한자   白刃(백인) 霜刃(상인) 刃傷(인상) 自刃(자인)

寅 3급   범[虎] / 동방 **인**   宀 / 8

활을 본뜬 글자로, 고대에 활쏘기는 군자가 예절을 지키며 하는 운동 겸 수양인 데서, '공경하다'는 뜻이 나왔다. 띠로는 '범'이고, 방위로는 '동방'이 된다.

🔖 읽기한자   寅虔(인건)
✏️ 쓰기한자   甲寅(갑인) 寅念(인념) 寅方(인방) 寅時(인시)

姻 3급   혼인 **인**   女 / 6

여자(女)가 인연(因)이 닿아 결혼을 한다는 데서, '혼인'을 뜻한다.

✏️ 쓰기한자   姻叔(인숙) 姻弟(인제) 姻姪(인질) 姻戚(인척) 姻兄(인형) 舊姻(구인) 連姻(연인) 締姻(체인)
親姻(친인) 婚姻(혼인)

忍 3급Ⅱ   참을 **인**   心 / 3   🔲 耐

칼날(刃)을 잡은 고통도 참아내는 마음(心)으로, '참다'는 뜻이다.

🔖 읽기한자   堪忍(감인) 猜忍(시인) 忍凌(인릉)
✏️ 쓰기한자   不忍(불인) 隱忍(은인) 忍苦(인고) 忍耐(인내) 忍辱(인욕) 忍從(인종) 殘忍(잔인)

仁 4급 　어질 **인** 人 / 2 　동 慈

사람(亻)이 둘(二) 이상 같이 살 때에는 상대방을 배려해야 한다는 데서, '어질다'는 뜻이다.

읽기한자 輔仁(보인) 仁矜(인긍) 仁祠(인사) 仁誨(인회) 杏仁(행인)

쓰기한자 京仁(경인) 桃仁(도인) 成仁(성인) 小仁(소인) 仁術(인술) 仁義(인의) 仁慈(인자) 仁者(인자)
仁祖(인조)

引 4급Ⅱ　끌 **인** 弓 / 1 　동 牽, 導

활(弓) 시위를 당기는(丨) 데서, '당기다, 끌다'는 뜻이다.

읽기한자 拏引(나인) 挽引(만인) 蔓引(만인) 誣引(무인) 引喝(인갈) 引汲(인급) 引喩(인유)

쓰기한자 牽引(견인) 拘引(구인) 索引(색인) 誘引(유인) 引見(인견) 引訣(인결) 引繼(인계) 引導(인도)
引力(인력) 引率(인솔) 引上(인상) 引性(인성) 引伸(인신) 引揚(인양) 引用(인용) 引接(인접)
引責(인책) 引出(인출) 引下(인하) 引火(인화) 割引(할인) 吸引(흡인)

印 4급Ⅱ　도장 **인** 卩 / 4

무릎을 꿇고 있는 사람(卩)을 내리누르고 있는 데서, '누르다'는 뜻이나, 도장을 눌러 찍는 데서, '도장'을 뜻한다.

읽기한자 捺印(날인) 烙印(낙인) 煤印(매인) 拇印(무인) 印棉(인면) 印璧(인벽) 印呪(인주) 爪印(조인)

쓰기한자 刻印(각인) 刊印(간인) 官印(관인) 封印(봉인) 消印(소인) 燒印(소인) 手印(수인) 影印(영인)
印鑑(인감) 印度(인도) 印本(인본) 印象(인상) 印稅(인세) 印刷(인쇄) 印章(인장) 印朱(인주)
印紙(인지) 印出(인출) 印畫(인화) 調印(조인) 職印(직인) 火印(화인)

認 4급Ⅱ　알[知] **인** 言 / 7 　동 識, 知

말씀(言)을 깨달아 알고 마음(心) 속에 새겨두는(刃) 데서, '알다'는 뜻이다.

쓰기한자 公認(공인) 官認(관인) 冒認(모인) 默認(묵인) 法認(법인) 否認(부인) 承認(승인) 是認(시인)
誤認(오인) 容認(용인) 認可(인가) 認識(인식) 認定(인정) 認准(인준) 認證(인증) 認知(인지)
認許(인허) 自認(자인) 追認(추인) 確認(확인)

因 5급 　인할 **인** 囗 / 3 　동 緣 　반 果

사람(大)이 울타리(囗) 안에 누워있는 것은 까닭이 있다는 데서, '인하다'는 뜻이다.

읽기한자 因窘(인군) 因懶(인라) 因虜(인로) 因縛(인박) 因絆(인반) 因憊(인비) 因隘(인애)

쓰기한자 近因(근인) 基因(기인) 起因(기인) 動因(동인) 病因(병인) 死因(사인) 素因(소인) 心因(심인)
要因(요인) 原因(원인) 因果(인과) 因習(인습) 因襲(인습) 因緣(인연) 因子(인자) 主因(주인)
火因(화인) 禍因(화인)

人 | 8급 | 사람 **인** | 人 / 0 | 🅑 入, 八 🅜 天
손을 내밀고 허리를 굽히고 있는 사람을 옆쪽에서 본 것을 그린 글자로, '사람'을 뜻한다.

📖 읽기한자
賈人(고인) 价人(개인) 箇人(개인) 畸人(기인) 瞳人(동인) 貊人(맥인) 旁人(방인) 蕃人(번인)
璧人(벽인) 嗣人(사인) 宵人(소인) 戍人(수인) 狩人(수인) 冶人(야인) 倭人(왜인) 猥人(외인)
虞人(우인) 鈗人(윤인) 擬人(의인) 伊人(이인) 人乏(인핍) 人銜(인함) 佃人(전인) 廚人(주인)
稍人(초인) 癡人(치인) 巴人(파인) 函人(함인) 邢人(형인) 宦人(환인) 廏人(구인)

✏️ 쓰기한자
佳人(가인) 故人(고인) 寡人(과인) 教人(교인) 達人(달인) 浪人(낭인) 戀人(연인) 隸人(예인)
亡人(망인) 法人(법인) 婦人(부인) 成人(성인) 聖人(성인) 俗人(속인) 詩人(시인) 愛人(애인)
野人(야인) 偉人(위인) 義人(의인) 人格(인격) 人權(인권) 人類(인류) 人倫(인륜) 人物(인물)
人蔘(인삼) 人情(인정) 人質(인질) 人體(인체) 人和(인화) 罪人(죄인) 證人(증인) 哲人(철인)
超人(초인) 賢人(현인)

溢 | 1급 | 넘칠 **일** | 水 / 10
접시에 물(氵)이 넘치는 모양(益)에서, '물이 넘치다'는 뜻이다.

📖 읽기한자
溢決(일결) 溢流(일류) 溢味(일미) 溢肥(일비) 溢譽(일예) 溢血(일혈) 溢喜(일희) 驕溢(교일)
滿溢(만일) 富溢(부일) 盛溢(성일) 逆溢(역일) 縱溢(종일) 充溢(충일) 豊溢(풍일) 海溢(해일)

佚 | 1급 | 편안 **일** / 질탕 **질** | 人 / 5 | 🅔 蕩
사람(亻)이 예의를 차리는 구속과 번거로움에서 벗어난(失) 데서, '편안하다'는 뜻이다. 한
편 편안함은 사람을 느슨하게 만드는 데서, '늘어지다'는 뜻이다.

📖 읽기한자
佚居(일거) 佚女(일녀) 佚道(일도) 佚樂(일락) 佚老(일로) 佚民(일민) 佚罰(일벌) 佚書(일서)
佚遊(일유) 佚蕩(질탕) 安佚(안일) 遺佚(유일)

鎰 | 2급(名) | 무게이름 **일** | 金 / 10
한 근(16兩)이 넘는(益) 쇠붙이(金)의 무게로 24兩의 무게를 나타낸다.

📖 읽기한자
萬鎰(만일)

佾 | 2급(名) | 줄 춤 **일** | 人 / 6
여덟(八) 명의 사람(亻)이 줄지어 몸(月)으로 추는 춤으로, '줄 춤'이라는 뜻이다.

📖 읽기한자
八佾(팔일)

壹 | 2급 | 한 / 갖은한 **일** | 士 / 9 | 🅐 壱
술단지(壺)에 한결같이 좋은(吉) 술만 담는다는 데서, '한 일'의 뜻이 나왔다. 一의 갖은자
로 쓰인다.

📖 읽기한자
樸壹(박일) 醇壹(순일)

✏️ 쓰기한자
壹是(일시) 壹意(일의)

逸 3급II 편안할 **일** 辵 / 8
토끼(免)가 빠르게 달아나(辶) 숨으니 편안하다는 데서, '편안하다, 숨다'는 뜻이다.

읽기한자 嬌逸(교일) 愉逸(유일) 蕩逸(탕일)

쓰기한자 獨逸(독일) 般逸(반일) 安逸(안일) 隱逸(은일) 逸居(일거) 逸德(일덕) 逸民(일민) 逸士(일사)
逸品(일품) 逸話(일화)

日 8급 날 **일** 日 / 0 동 日 약 月
해의 모양을 본뜬 글자로, '해'를 뜻한다.

읽기한자 曠日(광일) 臘日(납일) 曙日(서일) 醒日(성일) 翌日(익일) 日蹉(일차) 日暈(일훈) 齋日(재일)
挾日(협일)

쓰기한자 佳日(가일) 隔日(격일) 忌日(기일) 寧日(영일) 當日(당일) 連日(연일) 美日(미일) 消日(소일)
曜日(요일) 日刊(일간) 日氣(일기) 日當(일당) 日暮(일모) 日傘(일산) 日夜(일야) 日月(일월)
日程(일정) 日辰(일진) 日淺(일천) 昨日(작일) 終日(종일) 遮日(차일) 擇日(택일) 平日(평일)
韓日(한일) 抗日(항일) 後日(후일) 休日(휴일)

一 8급 한 **일** 一 / 0 동 同
막대기 하나(一)를 가로로 놓은 것으로, '하나'를 뜻한다.

읽기한자 一括(일괄) 一匡(일광) 一揆(일규) 一簞(일단) 一臘(일랍) 一壟(일롱) 一抹(일말) 一斑(일반)
一癖(일벽) 一瞥(일별) 一餠(일병) 一嗣(일사) 一簑(일사) 一穗(일수) 一撮(일촬)

쓰기한자 歸一(귀일) 均一(균일) 唯一(유일) 一貫(일관) 一理(일리) 一邊(일변) 一瞬(일순) 一戰(일전)
一體(일체) 一蹴(일축) 一致(일치) 一針(일침) 一派(일파) 一品(일품) 一環(일환) 全一(전일)
第一(제일) 擇一(택일) 統一(통일) 合一(합일) 劃一(획일)

妊 2급 아이밸 **임:** 女 / 4 동 娠
계집(女)이 실이 감겨 배가 불룩한 도투마리(壬) 모양의 배를 하고 있는 데서, '아이 배다'
는 뜻이다.

읽기한자 妊娠(임신)

쓰기한자 不妊(불임) 妊婦(임부) 胎妊(태임) 避妊(피임) 懷妊(회임)

壬 3급II 북방 **임:** 士 / 1
사람이 벼를 베어 앞뒤로 안고 진 것을 본뜬 것으로, '짊어지다'는 뜻이다. 뒤에 천간의 하
나가 되었고 방위로는 '북방'이다.

쓰기한자 壬公(임공) 壬年(임년) 壬亂(임란) 壬方(임방) 壬人(임인) 壬坐(임좌) 壬辰(임진) 六壬(육임)

賃 | 3급II | 품삯 **임:** | 貝 / 6 | 동 貸
일을 맡기고(任) 돈(貝)을 준다는 데서, '품삯'을 뜻한다.

읽기한자 賃搗(임도)

쓰기한자 勞賃(노임) 無賃(무임) 傭賃(용임) 運賃(운임) 賃金(임금) 賃貸(임대) 賃借(임차) 滯賃(체임)

任 | 5급II | 맡길 **임(:)** | 人 / 4 | 반 免
어떤 일에 대한 책임과 권한을 다른 사람(亻)에게 짊어지게(壬) 하는 데서, '맡기다'는 뜻이다.

읽기한자 坊任(방임) 藩任(번임) 齋任(재임) 勅任(칙임)

쓰기한자 兼任(겸임) 擔任(담임) 大任(대임) 歷任(역임) 留任(유임) 離任(이임) 背任(배임) 補任(보임)
赴任(부임) 辭任(사임) 敍任(서임) 選任(선임) 委任(위임) 任官(임관) 任期(임기) 任命(임명)
任務(임무) 任用(임용) 任意(임의) 任地(임지) 任置(임치) 自任(자임) 再任(재임) 適任(적임)
專任(전임) 轉任(전임) 主任(주임) 重任(중임) 責任(책임) 初任(초임) 就任(취임) 退任(퇴임)
解任(해임) 後任(후임)

入 | 7급 | 들 **입** | 入 / 0 | 비 人, 八 | 동 納 | 반 出, 落
두 개의 길이 만나 합쳐져 한 길로 들어서는 모양을 본뜬 글자로, '들다, 들어가다'는 뜻이다.

읽기한자 拏入(나입) 撞入(당입) 入棺(입관) 入覲(입근) 滲入(삼입)

쓰기한자 購入(구입) 導入(도입) 突入(돌입) 沒入(몰입) 搬入(반입) 揷入(삽입) 稅入(세입) 輸入(수입)
迎入(영입) 入閣(입각) 入監(입감) 入校(입교) 入口(입구) 入隊(입대) 入力(입력) 入賞(입상)
入聲(입성) 入試(입시) 入養(입양) 入院(입원) 入寂(입적) 入籍(입적) 入札(입찰) 入荷(입하)
入憲(입헌) 潛入(잠입) 轉入(전입) 差入(차입) 出入(출입) 吹入(취입) 侵入(침입) 投入(투입)
編入(편입) 吸入(흡입)

剩 | 1급 | 남을 **잉:** | 刀 / 10 | 동 過, 餘
이익(刂＝利)이 올라가는(乘) 데서, '남다'는 뜻이다.

읽기한자 剩過(잉과) 剩金(잉금) 剩利(잉리) 剩數(잉수) 剩哀(잉애) 剩額(잉액) 剩語(잉어) 剩員(잉원)
剩錢(잉전) 過剩(과잉) 餘剩(여잉) 足剩(족잉)

孕 | 1급 | 아이밸 **잉:** | 子 / 2 | 동 胎
본래 乃는 배가 불룩하여 아이를 밴 것을 형용하였으나, 뒤에 의미가 바뀌자, 아들(子)을
보탠 것으로, '아이배다'는 뜻이다.

읽기한자 孕母(잉모) 孕別(잉별) 孕婦(잉부) 孕乳(잉유) 孕育(잉육) 孕重(잉중) 孕胎(잉태) 遺孕(유잉)
字孕(자잉) 胎孕(태잉) 含孕(함잉) 懷孕(회잉)

炙 | 1급 | 구울 **자** / 구울 **적** | 火 / 4 | 비 灸 반 膾

고기(肉)를 불(火) 위에 얹은 모양에서, '굽다'는 뜻이다.

읽기한자 炙背(자배) 炙手(자수) 炙鐵(적철) 炙膾(적회) 魚炙(어적) 親炙(친자) 膾炙(회자)

藉 | 1급 | 깔 / 핑계할 **자:** | 艸 / 14 | 비 籍

제사용의 풀(艹)로 엮은 자리(積=席)로, '깔다, 깔개'를 뜻한다. 파생하여 '핑계하다, 빙자하다, 잘 대접하다, 어수선하다'는 뜻이다.

읽기한자 藉口(자구) 藉令(자령) 藉甚(자심) 藉藉(자자) 權藉(권자) 踏藉(답자) 崩藉(붕자) 承藉(승자) 薀藉(온자) 枕藉(침자)

瓷 | 1급 | 사기그릇 **자** | 瓦 / 6

진흙으로 질그릇(瓦)을 만들어 약간 구운 다음, 윤기가 돌도록 오짓물 등을 입혀 다시(次) 구운 질그릇에서 '사기그릇, 오지그릇'을 뜻한다.

읽기한자 瓷器(자기) 綠瓷(녹자) 素瓷(소자) 紫瓷(자자) 花瓷(화자)

蔗 | 1급 | 사탕수수 **자** | 艸 / 11

볏과의 여러(庶) 해 살이 풀(艹)에서, '사탕수수'를 뜻한다. 줄기에서 짠 즙으로 설탕을 만든다.

읽기한자 蔗境(자경) 蔗糖(자당) 蔗漿(자장) 甘蔗(감자) 都蔗(도자) 食蔗(식자)

煮 | 1급 | 삶을 **자(:)** | 火 / 9

쌓아 놓은 땔나무(者)에 밑으로부터 불(灬)을 지피는 데서, '삶다, 다리다'는 뜻이다.

읽기한자 煮沸(자비) 煮字(자자) 煮湯(자탕) 羹煮(갱자) 私煮(사자) 雜煮(잡자) 炊煮(취자) 亨煮(형자)

仔 | 1급 | 자세할 **자** | 人 / 3 | 동 詳, 細

어른(亻)이 아이(子)를 거느리고 살아가는 법에 대해 하나하나 일러 주는 데서 '자세하다'는 뜻이다.

읽기한자 仔肩(자견) 仔詳(자상) 仔細(자세) 仔蟲(자충) 肩仔(견자) 蛤仔(합자)

疵 | 1급 | 허물 **자** | 疒 / 6 | 비 疵 동 瑕, 痕

희미하게 조금 열린(此) 상처(疒)에서, '허물, 흉터, 병'을 뜻한다.

읽기한자 疵國(자국) 疵病(자병) 疵瑕(자하) 疵痕(자흔) 無疵(무자) 卑疵(비자) 細疵(세자) 隱疵(은자) 箴疵(잠자) 八疵(팔자) 毀疵(훼자)

諮 | 2급 | 물을 **자:** | 言 / 9 | 동 問

여러 사람에게 차례로(次) 물어서(口) 대답(言)을 듣는 데서, '묻다, 의논하다'는 뜻이다.

쓰기한자 諮決(자결) 諮謀(자모) 諮問(자문) 諮議(자의)

滋 | 2급(名) | 불을[益] **자** | 水 / 10

어린(幺幺) 초목(艹)에 물(氵)을 주어 가꾸면 가지와 잎이 무성하게 자라는 데서, '붇다, 자라다, 더욱'을 뜻한다.

읽기한자 蕃滋(번자) 滋漫(자만) 滋茂(자무) 滋殖(자식) 滋甚(자심) 滋雨(자우)

雌 | 2급 | 암컷 **자** | 隹 / 6 | 반 雄

힘이 약해 수컷 아래 머무르는(此) 새(隹)에서, '암컷'을 뜻한다.

읽기한자 孀雌(상자)
쓰기한자 雌伏(자복) 雌雄(자웅)

磁 | 2급 | 자석 **자** | 石 / 10

쇠를 끌어당기는 검은(玆) 돌(石)로, '자석'을 뜻한다. 瓷와 통하여 '사기그릇'의 뜻도 나타낸다.

읽기한자 磁殼(자각)
쓰기한자 陶磁(도자) 白磁(백자) 磁極(자극) 磁器(자기) 磁氣(자기) 磁力(자력) 磁石(자석) 磁性(자성) 磁場(자장) 磁針(자침) 電磁(전자) 電磁波(전자파) 靑磁(청자)

恣 | 3급 | 마음대로 / 방자할 **자:** | 心 / 6 | 비 姿 | 동 擅

마음(心)에 내키는 대로 차례차례(次) 제멋대로 행한다는 데서, '마음대로, 방자하다'는 뜻이다.

읽기한자 奢恣(사자) 僭恣(참자)
쓰기한자 放恣(방자) 恣行(자행)

玆 | 3급 | 이 **자** | 玄 / 5

이것은 검은(玆) 흙이라고 말하는 데서, 또 '이'를 뜻한다.

쓰기한자 龜玆(구자) 今玆(금자) 來玆(내자)

慈 | 3급Ⅱ | 사랑 **자** | 心 / 10 | 동 愛, 仁

자식을 사랑하는 마음(心)이 풀이 우거져 무성하듯(玆) 한없는 데서, '사랑'을 뜻한다.

읽기한자 宸慈(신자) 慈寵(자총) 慈誨(자회)
쓰기한자 慈母(자모) 仁慈(인자) 慈堂(자당) 慈悲(자비) 慈善(자선) 慈愛(자애) 慈惠(자혜)

紫 3급II 　　　자줏빛 **자**　糸 / 6

자주 빛의 실은 이(此) 실(糸)이라고 하는 데서, '자주 빛'을 뜻한다.

📖 읽기한자　紫莖(자경) 紫綺(자기) 紫邏(자라) 紫鸞(자란) 紫宸(자신) 紫蚓(자인) 紫瓷(자자) 佩紫(패자)

✏️ 쓰기한자　紫色(자색) 紫煙(자연)

刺 3급II 　찌를 **자**: / 찌를 **척**　刀 / 6　📘 戟, 衝

가시 있는 나무(束)나 칼(刂)은 모두 찌르는 데 쓴다는 데서, '찌르다'는 뜻이다.

📖 읽기한자　灸刺(구자) 棘刺(극자) 譏刺(기자) 芒刺(망자) 剝刺(박자) 刺戟(자극) 刺繡(자수) 撐刺(탱자) 諷刺(풍자)

✏️ 쓰기한자　亂刺(난자) 刺客(자객) 刺殺(척살) 刺字(자자)

姿 4급 　　　모양 **자**:　女 / 6　📙 恣 📗 貌

아름다운 마음이 우선이지만 여자(女)에게 두 번째(次)로 중요한 것은 맵시라는 데서, '모양'을 뜻한다.

📖 읽기한자　瓊姿(경자) 嬌姿(교자) 艶姿(염자)

✏️ 쓰기한자　雄姿(웅자) 姿色(자색) 姿勢(자세) 姿質(자질) 姿態(자태)

姉 4급 　　　손윗누이 **자**　女 / 5　📕 妹

여자(女) 형제 중 성숙하게 자라(市), 성장이 끝난 사람으로, '손윗누이'를 뜻한다.

📖 읽기한자　姉壻(자서)

✏️ 쓰기한자　姉妹(자매) 姉兄(자형) 姑姉(고자) 伯姉(백자) 實姉(실자) 愚姉(우자) 義姉(의자)

資 4급 　　　재물 **자**　貝 / 6　📗 財, 質, 貨

생명과 마음 다음(次)에 중요한 것은 생활 밑천인 돈(貝)이라는 데서, '재물, 밑천'을 뜻한다.

📖 읽기한자　嫁資(가자) 資蔭(자음) 資稟(자품) 資賄(자회) 脯資(포자)

✏️ 쓰기한자　加資(가자) 家資(가자) 軍資(군자) 內資(내자) 路資(노자) 物資(물자) 祕資(비자) 融資(융자)
　　　　　　資格(자격) 資金(자금) 資力(자력) 資料(자료) 資本(자본) 資産(자산) 資源(자원) 資材(자재)
　　　　　　資財(자재) 資質(자질) 增資(증자) 出資(출자) 投資(투자) 學資(학자) 合資(합자)

者 6급 　　　놈 **자** 　老 / 5 　약 者
노인(耂)에게 아뢸(白) 때는 자기를 낮추는 데서, '놈'을 뜻한다.

읽기한자 懦者(나자) 屠者(도자) 禿者(독자) 昧者(매자) 寵者(총자) 嚮者(향자) 俠者(협자) 宦者(환자)

쓰기한자 頃者(경자) 厥者(궐자) 近者(근자) 記者(기자) 讀者(독자) 亡者(망자) 牧者(목자) 病者(병자)
富者(부자) 佛者(불자) 使者(사자) 聖者(성자) 勝者(승자) 業者(업자) 譯者(역자) 隱者(은자)
仁者(인자) 作者(작자) 著者(저자) 前者(전자) 走者(주자) 諜者(첩자) 打者(타자) 霸者(패자)
編者(편자) 筆者(필자) 學者(학자) 賢者(현자) 或者(혹자) 話者(화자) 患者(환자) 後者(후자)
強者(강자)

字 7급 　　　글자 **자** 　子 / 3 　비 宇
집(宀)에서 아이(子)를 낳아 기르듯 글에는 글자가 생성 소멸하는 데서, '글자'를 뜻한다.

읽기한자 卍字(만자) 撫字(무자) 梵字(범자) 衍字(연자) 字孕(자잉) 煮字(자자) 字彙(자휘) 篆字(전자)
綴字(철자) 疊字(첩자) 銜字(함자) 楷字(해자) 諱字(휘자)

쓰기한자 刻字(각자) 檢字(검자) 闕字(궐자) 略字(약자) 墨字(묵자) 文字(문자) 僻字(벽자) 俗字(속자)
習字(습자) 植字(식자) 識字(식자) 誤字(오자) 字句(자구) 字幕(자막) 字母(자모) 字源(자원)
字意(자의) 刺字(자자) 字典(자전) 字解(자해) 字形(자형) 字訓(자훈) 赤字(적자) 點字(점자)
題字(제자) 隻字(척자) 打字(타자) 破字(파자) 八字(팔자) 漢字(한자) 活字(활자) 黑字(흑자)

自 7급II 　　　스스로 **자** 　自 / 0 　비 白, 百 　동 己 　반 他
코의 모양을 본뜬 글자로, 코의 뜻이었으나 코를 가리키며 자기를 지칭한 데서, '스스로,
자기'의 뜻이 되었다.

읽기한자 自堪(자감) 自儆(자경) 自矜(자긍) 自縊(자액) 自釀(자양) 自嘲(자조) 自誅(자주) 自撰(자찬)
自貶(자폄) 自劾(자핵) 自衒(자현) 自挾(자협) 自晦(자회)

쓰기한자 各自(각자) 自覺(자각) 自愧(자괴) 自己(자기) 自擔(자담) 自律(자율) 自慢(자만) 自滅(자멸)
自白(자백) 自負(자부) 自費(자비) 自殺(자살) 自省(자성) 自肅(자숙) 自習(자습) 自信(자신)
自身(자신) 自我(자아) 自若(자약) 自然(자연) 自慰(자위) 自由(자유) 自意(자의) 自酌(자작)
自讚(자찬) 自薦(자천) 自炊(자취) 自稱(자칭) 自他(자타) 自派(자파) 自爆(자폭) 自筆(자필)
自虐(자학) 自活(자활)

子 7급II 　　　아들 **자** 　子 / 0 　비 予, 矛 　반 母, 女
머리가 크고 손발에는 아직 힘이 들어가지 않은 젖먹이를 본뜬 글자로, '아들'을 뜻한다.

읽기한자 腔子(강자) 芥子(개자) 轎子(교자) 衲子(납자) 緞子(단자) 瞳子(동자) 癩子(나자) 邏子(나자)
綸子(윤자) 笠子(입자) 粒子(입자) 胚子(배자) 嗣子(사자) 獅子(사자) 扇子(선자) 竪子(수자)
荀子(순자) 裔子(예자) 柚子(유자) 胤子(윤자) 椅子(의자) 姨子(이자) 嫡子(적자) 冑子(주자)
廚子(주자) 籤子(첨자) 帖子(첩자) 贅子(췌자) 蕩子(탕자) 悖子(패자) 庖子(포자) 杓子(표자)

쓰기한자 孔子(공자) 菓子(과자) 娘子(낭자) 獨子(독자) 量子(양자) 帽子(모자) 夫子(부자) 箱子(상자)
庶子(서자) 素子(소자) 額子(액자) 養子(양자) 子宮(자궁) 子女(자녀) 子婦(자부) 子孫(자손)
子息(자식) 子音(자음) 子爵(자작) 子正(자정) 子弟(자제) 赤子(적자) 弟子(제자) 冊子(책자)
卓子(탁자) 孝子(효자)

勺 | 1급 | 구기 **작** | 勹 / 1
물건을 떠내는 구기의 모양을 본뜬 것으로, '구기'를 뜻한다.

읽기한자 勺藥(작약) 勺飮(작음) 圭勺(규작) 鼻勺(비작) 升勺(승작) 觸勺(촉작)

鵲 | 1급 | 까치 **작** | 鳥 / 8
지난(昔) 날을 돌이키게 하고, 울면 반가운 손님이 온다 하여 吉鳥로 여기는 새(鳥)에서, '까치'를 뜻한다.

읽기한자 鵲鏡(작경) 鵲橋(작교) 鵲報(작보) 鵲聲(작성) 鵲巢(작소) 鵲語(작어) 鵲王(작왕) 乾鵲(건작)
群鵲(군작) 山鵲(산작) 鳥鵲(조작) 朱鵲(주작) 扁鵲(편작) 喜鵲(희작)

綽 | 1급 | 너그러울 **작** | 糸 / 8
하얀 실(糸＝素)과 뛰어나다(卓)는 뜻에서 파생되어, '너그럽다'는 뜻이다.

읽기한자 綽名(작명) 綽約(작약) 綽然(작연) 綽態(작태) 綽兮(작혜) 綽號(작호) 寬綽(관작) 卓綽(탁작)
弘綽(홍작) 和綽(화작)

灼 | 1급 | 불사를 **작** | 火 / 3
불(火)이 밝은(勺＝的) 모양에서, '불사르다'는 뜻이다.

읽기한자 灼見(작견) 灼骨(작골) 灼爛(작란) 灼艾(작애) 灼懸(작현) 悼灼(도작) 焚灼(분작) 炎灼(염작)
照灼(조작) 鑽灼(찬작) 焦灼(초작) 熏灼(훈작)

嚼 | 1급 | 씹을 **작** | 口 / 18
음식을 입(口)에 넣고 잘게(爵＝雀) 만드는 데서, '씹다'는 뜻이다.

읽기한자 嚼蠟(작랍) 嚼味(작미) 吟嚼(음작) 咀嚼(저작) 呑嚼(탄작) 含嚼(함작)

雀 | 1급 | 참새 **작** | 隹 / 3
적은(少) 새(隹)로, '참새'를 뜻한다.

읽기한자 雀羅(작라) 雀立(작립) 雀麥(작맥) 雀盲(작맹) 雀斑(작반) 雀息(작식) 雀躍(작약) 鷄雀(계작)
孔雀(공작) 羅雀(나작) 挑雀(도작) 麻雀(마작) 負雀(부작) 小雀(소작) 燕雀(연작) 鳥雀(조작)
靑雀(청작) 楚雀(초작) 黃雀(황작)

炸 | 1급 | 터질 **작** | 火 / 5
잠깐(乍) 사이에 불붙는다는(火) 데서 '기름에 지지다, 화약이 터지다'는 뜻이다.

읽기한자 炸裂(작렬) 炸發(작발) 炸藥(작약) 炸彈(작탄)

芍 1급   함박꽃 **작**   艸 / 3

빛나는(勺＝灼) 꽃을 피우는 화초(艹)에서, '함박꽃, 작약'을 뜻한다.

읽기한자   芍藥(작약)

爵 3급   벼슬 **작**   爪 / 14

참새 모양의 고급 술잔을 그린 것으로, 벼슬아치가 사용하는 데서, '벼슬'을 뜻한다.

읽기한자   爵帖(작첩) 奠爵(전작)

쓰기한자   公爵(공작) 男爵(남작) 伯爵(백작) 封爵(봉작) 襲爵(습작) 人爵(인작) 子爵(자작) 爵祿(작록) 爵位(작위) 爵號(작호) 進爵(진작) 天爵(천작) 獻爵(헌작) 侯爵(후작) 勳爵(훈작)

酌 3급   술부을 / 잔질할 **작**   酉 / 3   동 斟

술(酒)을 국자(勺)로 따른다는 데서, '술 붓다, 잔질하다'는 뜻이다.

읽기한자   觴酌(상작) 酬酌(수작) 酌斟(작짐) 斟酌(짐작)

쓰기한자   自酌(자작) 酌婦(작부) 酌定(작정) 參酌(참작) 淸酌(청작)

昨 6급II   어제 **작**   日 / 5   반 今

하루 해(日)가 잠깐(乍) 사이에 획 지나가 버렸다는 데서, '어제'를 뜻한다.

읽기한자   昨宵(작소)

쓰기한자   昨今(작금) 昨年(작년) 昨晚(작만) 昨夢(작몽) 昨報(작보) 昨日(작일) 昨紙(작지) 昨秋(작추)

作 6급II   지을 **작**   人 / 5

사람(亻)이 기둥을 세워서 집을 만들고(乍) 있는 데서, '짓다'는 뜻이다.

읽기한자   擬作(의작) 作坊(작방) 借作(해작)

쓰기한자   佳作(가작) 間作(간작) 傑作(걸작) 耕作(경작) 稻作(도작) 動作(동작) 輪作(윤작) 發作(발작) 習作(습작) 試作(시작) 原作(원작) 作故(작고) 作曲(작곡) 作黨(작당) 作動(작동) 作裂(작렬) 作別(작별) 作詞(작사) 作詩(작시) 作用(작용) 作爲(작위) 作戰(작전) 作定(작정) 作態(작태) 作破(작파) 作弊(작폐) 作況(작황) 著作(저작) 操作(조작) 拙作(졸작) 振作(진작) 創作(창작) 豊作(풍작) 合作(합작) 凶作(흉작)

棧 1급   사다리 **잔**   木 / 8   동 橋   약 栈

나무(木)를 작게(戔) 깎아내어 평평하게 늘어놓은 데서, '사다리, 비계'를 뜻한다.

읽기한자   棧閣(잔각) 棧車(잔거) 棧徑(잔경) 棧橋(잔교) 棧道(잔도) 棧房(잔방) 棧雲(잔운) 棧棧(전전) 劍棧(검잔) 曲棧(곡잔) 斷棧(단잔) 馬棧(마잔) 棚棧(붕잔) 飛棧(비잔) 石棧(석잔) 羊棧(양잔) 虹棧(홍잔)

盞 1급 　잔 **잔** 皿 / 8
작고 얇은(戔) 그릇(皿)에서, '술잔'을 뜻한다.

읽기한자 　盞臺(잔대) 建盞(건잔) 金盞(금잔) 滿盞(만잔) 玉盞(옥잔) 瓦盞(와잔) 酒盞(주잔)

殘 4급 　남을 **잔** 歹 / 8 　동 餘 　약 残
창을 마주대고(戔) 서로 싸우고 해치니 주검(歹)만 남는다는 데서, '남다'는 뜻이다.

읽기한자 　殘瀝(잔력) 殘壘(잔루) 殘戮(잔륙) 殘曙(잔서) 殘櫻(잔앵) 殘鶯(잔앵) 殘樽(잔준) 殘汁(잔즙)
　殘喘(잔천) 殘剽(표표) 殘霞(잔하) 殘骸(잔해) 殘兇(잔흉) 殘痕(잔흔) 凋殘(조잔) 誅殘(주잔)

쓰기한자 　衰殘(쇠잔) 殘高(잔고) 殘金(잔금) 殘黨(잔당) 殘留(잔류) 殘命(잔명) 殘務(잔무) 殘飯(잔반)
　殘雪(잔설) 殘惡(잔악) 殘額(잔액) 殘業(잔업) 殘余(잔여) 殘餘(잔여) 殘忍(잔인) 殘在(잔재)
　殘存(잔존) 殘暴(잔포) 殘虐(잔학) 殘酷(잔혹)

箴 1급 　경계 **잠** 竹 / 9 　동 警, 戒
본래 鍼, 針과 同字로 천을 한데 합치는(咸) 대나무(竹)로 만든 '바늘'을 나타냈으나 의미
가 轉移되어 '경계(警戒)'라는 뜻이다.

읽기한자 　箴戒(잠계) 箴銘(잠명) 箴石(잠석) 箴言(잠언) 箴訓(잠훈) 官箴(관잠) 明箴(명잠) 文箴(문잠)
　世箴(세잠) 良箴(양잠) 酒箴(주잠)

簪 1급 　비녀 **잠** 竹 / 12
대나무(竹) 등을 깎아 만들어, 계집의 쪽진 머리가 풀어지지 않도록 꽂는 장신구에서, '비
녀'를 뜻한다.

읽기한자 　簪圭(잠규) 簪帶(잠대) 簪珥(잠이) 簪筆(잠필) 簪笏(잠홀) 金簪(금잠) 斜簪(사잠) 玉簪(옥잠)
　珠簪(주잠) 投簪(투잠)

 蠶 2급 　누에 **잠** 虫 / 18 　약 蚕
입김을 내듯(朁) 실을 토해내는 벌레(蚰)에서, '누에'를 뜻한다.

읽기한자 　繭蠶(견잠) 蠶繭(잠견)

쓰기한자 　養蠶(양잠) 蠶絲(잠사) 蠶食(잠식) 蠶室(잠실)

 潛 3급Ⅱ 　잠길 **잠** 水 / 12
물(氵) 속에 숨는다(朁)는 데서, '잠기다, 자맥질하다'는 뜻이다.

읽기한자 　潛蛟(잠교) 潛窺(잠규) 潛蟠(잠반) 潛奢(잠사) 潛蘊(잠온) 潛邸(잠저) 潛涵(잠함) 潛晦(잠회)

쓰기한자 　潛伏(잠복) 潛水(잠수) 潛入(잠입) 潛在(잠재) 潛跡(잠적) 潛行(잠행) 沈潛(침잠)

暫 3급Ⅱ 잠깐 **잠(:)** 日 / 11

하루의 날(日)을 잘라(斬)내면 잠깐의 순간들이라는 데서, '잠깐'이라는 뜻이다.

✎ 쓰기한자 暫間(잠간) 暫留(잠류) 暫福(잠복) 暫逢(잠봉) 暫時(잠시) 暫定(잠정) 暫行(잠행) 暫許(잠허)
暫革(잠혁)

雜 4급 섞일 **잡** 隹/10 약 雑

온갖 빛의 새들이 나무에 모여들듯(集) 여러 빛깔의 천(衣)이 모인데서, '섞이다'는 뜻이다.

✎ 읽기한자 蕪雜(무잡) 駁雜(박잡) 厖雜(방잡) 猥雜(외잡) 雜遝(잡답) 雜麪(잡면) 雜駁(잡박) 雜碎(잡쇄)
雜猥(잡외) 雜擾(잡요) 雜煮(잡자) 雜猝(잡졸) 粗雜(조잡) 挾雜(협잡)

✎ 쓰기한자 交雜(교잡) 亂雜(난잡) 煩雜(번잡) 繁雜(번잡) 複雜(복잡) 雜居(잡거) 雜曲(잡곡) 雜穀(잡곡)
雜鬼(잡귀) 雜菌(잡균) 雜技(잡기) 雜記(잡기) 雜念(잡념) 雜多(잡다) 雜談(잡담) 雜木(잡목)
雜文(잡문) 雜物(잡물) 雜犯(잡범) 雜費(잡비) 雜食(잡식) 雜役(잡역) 雜音(잡음) 雜種(잡종)
雜誌(잡지) 雜草(잡초) 雜湯(잡탕) 雜貨(잡화) 錯雜(착잡) 醜雜(추잡) 混雜(혼잡)

檣 1급 돛대 **장** 木 / 13

돛을 달기 위하여 배에 세운 기둥으로, '돛대'를 뜻한다.

✎ 읽기한자 檣竿(장간) 檣頭(장두) 檣樓(장루) 檣牙(장아) 檣竹(장죽) 歸檣(귀장) 帆檣(범장) 連檣(연장)
舟檣(주장)

仗 1급 의장[儀仗] **장** 人 / 3 비 杖

사람(亻)이 지팡이를 손에 쥐고(丈) 있는 모양에서, '병장기'를 뜻한다. 또 이것이 신분의
상징으로 의식에 쓰이는 데서, '의장(儀仗)'이라는 뜻이다.

✎ 읽기한자 仗劍(장검) 仗氣(장기) 仗隊(장대) 仗馬(장마) 仗身(장신) 仗義(장의) 仗策(장책) 器仗(기장)
兵仗(병장) 馮仗(빙장) 信仗(신장) 委仗(위장) 儀仗(의장) 玄仗(현장)

 醬 1급 장 **장:** 酉 / 11 약 醤

조리대(爿)에서 고기(肉)를 잘게(寸) 썰어, 술(酉) 등에 담근 요리에서, '식해(食醢)'를 뜻한
다. 또, 간장, 된장, 고추장 등의 '장'을 통칭한다.

✎ 읽기한자 豆醬(두장) 麥醬(맥장) 美醬(미장) 魚醬(어장) 肉醬(육장) 脯醬(포장) 醢醬(혜장)

奬 4급 장려할 **장(:)** 犬 / 11 동 勸, 勵 약 奨, 獎

개(犬)를 날쌔도록 훈련시키듯, 앞으로 장수(將)가 되라고 권하며 돕는 데서, '장려하다'는
뜻이다.

✎ 읽기한자 奬擢(장탁)

✎ 쓰기한자 激奬(격장) 勸奬(권장) 奬勵(장려) 奬學(장학)

薔 | 1급 | 장미 **장** | 艹 / 13 | 동 薇
관상용 꽃나무인 장미와 그 꽃인 장미꽃을 나타낸다.

읽기한자 薔棘(장극)

匠 | 1급 | 장인 **장** | 匚 / 4 | 동 工
곱자(匚)와 도끼(斤)를 사용하는 사람에서, '장인, 기술자'를 뜻한다.

읽기한자 匠伯(장백) 匠氏(장씨) 匠意(장의) 匠宰(장재) 匠戶(장호) 巨匠(거장) 大匠(대장) 都匠(도장)
明匠(명장) 木匠(목장) 心匠(심장) 良匠(양장) 宰匠(재장) 宗匠(종장) 鐵匠(철장) 筆匠(필장)
火匠(화장)

漿 | 1급 | 즙 **장** | 水 / 11
고기를 요리하는 모양(將)과 마실 수 있는 성분(水)을 합하여, '즙, 미음, 초장'을 뜻한다.

읽기한자 漿果(장과) 酪漿(낙장) 腦漿(뇌장) 仙漿(선장) 水漿(수장) 飮漿(음장) 義漿(의장) 酒漿(주장)
鐵漿(철장) 寒漿(한장) 血漿(혈장)

杖 | 1급 | 지팡이 **장(:)** | 木 / 3 | 비 仗 동 棒
나무 몽둥이를 손에 든 모양(丈)에 나무(木)를 보탠 것으로, '지팡이'를 뜻한다.

읽기한자 杖家(장가) 杖劍(장검) 杖毒(장독) 杖問(장문) 杖罰(장벌) 杖罪(장죄) 杖策(장책) 杖鄕(장향)
曲杖(곡장) 鳩杖(구장) 錫杖(석장) 吟杖(음장) 柱杖(주장) 鐵杖(철장)

獐 | 2급(名) | 노루 **장** | 犬 / 11
사슴과의 포유 동물(犭)인 '노루'를 나타낸다.

읽기한자 牙獐(아장) 獐角(장각) 獐肝(장간) 獐島(장도) 獐毛(장모) 獐腋(장액) 獐茸(장용) 獐足(장족)
獐脯(장포) 獐皮(장피) 獐血(장혈) 獐毫(장호) 香獐(향장)

蔣 | 2급(名) | 성[姓] **장** | 艹 / 11 | 약 蒋
본래 줄이라는 식물을 나타냈으나 姓氏로 쓰인다.

읽기한자 蔣茅(장모)

庄 | 2급(名) | 전장[田莊] **장** | 广 / 3
莊의 俗字로 쓰이며 농토(土) 주변에 세운 집(广)으로, '농막, 전장(田莊)'을 뜻한다.

읽기한자 庄家(장가) 庄園(장원)

璋 | 2급(名) | 홀[圭] **장** | 玉 / 11
글(章)을 써 넣은 옥(玉)으로, '홀(圭)'을 뜻한다.

읽기한자 圭璋(규장) 珪璋(규장) 弄璋(농장) 璋瓚(장찬)

墻 | 3급 | 담 **장** | 土 / 13
거두어들인 곡식(嗇)을 보존하기 위하여 흙(土)으로 높게 담을 쌓은 데서, '담(墻)'을 뜻한다.

읽기한자 堵墻(도장)
쓰기한자 隔墻有耳(격장유이) 路柳墻花(노류장화) 墻內(장내)

藏 | 3급Ⅱ | 감출 **장:** | 艸 / 14 | 동 匿, 蟄 | 약 蔵
사람의 눈에 띄지 않게 풀(艹)로 두텁게 덮어 감춘다(臧)는 데서, '감추다'는 뜻이다.

읽기한자 奧藏(오장) 藏匿(장닉) 藏鋒(장봉) 藏腑(장부) 藏蘊(장온) 藏蟄(장칩) 藏挾(장협) 藏諱(장휘)
蟄藏(칩장) 晦藏(회장)
쓰기한자 內藏(내장) 冷藏庫(냉장고) 埋藏(매장) 寶藏(보장) 祕藏(비장) 死藏(사장) 私藏(사장)
所藏(소장) 收藏(수장) 愛藏(애장) 藏府(장부) 藏書(장서) 藏中(장중) 藏獲(장획) 貯藏(저장)
退藏(퇴장)

粧 | 3급Ⅱ | 단장할 **장** | 米 / 6 | 동 飾
농막(庄)에서 쌀(米)을 찧을 때 가루를 뒤집어 써 마치 분을 바른 듯 하다는 데서, '단장하다'는 뜻이다.

읽기한자 姸粧(연장) 啼粧(제장)
쓰기한자 內粧(내장) 丹粧(단장) 粧鏡(장경) 粧飾(장식) 治粧(치장) 化粧(화장)

掌 | 3급Ⅱ | 손바닥 **장:** | 手 / 8 | 동 管
손(手)의 거의(尚) 대부분을 차지한다는 데서, '손바닥'을 뜻한다.

읽기한자 股掌(고장) 銓掌(전장)
쓰기한자 車掌(차장) 管掌(관장) 覆掌(복장) 分掌(분장) 掌握(장악) 典掌(전장) 合掌(합장)

莊 | 3급Ⅱ | 씩씩할 **장** | 艸 / 7 | 약 荘
초목(艹)이 왕성하게(壯) 자라는 데서, '씩씩하다'는 뜻, 또 그러한 시골 농토 근처에 지은 '별장, 전사, 농막'을 뜻한다.

읽기한자 矜莊(긍장) 鄙莊(비장)
쓰기한자 老莊(노장) 別莊(별장) 山莊(산장) 莊嚴(장엄) 莊園(장원) 莊子(장자) 莊重(장중)

3급Ⅱ 　　어른 **장:** 　一 / 2 　　통 夫

긴 지팡이를 손에 든 모양을 그린 글자로, '어른'을 뜻한다.

쓰기한자 　聘丈(빙장) 査丈(사장) 岳丈(악장) 王丈(왕장) 丈母(장모) 丈夫(장부) 丈人(장인) 丈尺(장척)

 3급Ⅱ 　　오장 **장:** 　肉 / 18 　　통 腑 　약 臓

몸(月) 속에 감추어진(藏) 장기로, 간장, 심장, 비장, 폐장, 신장의 다섯 가지 내장, '오장'을 뜻한다.

읽기한자 　腑臟(부장) 脾臟(비장) 臟腑(장부) 膵臟(췌장)
쓰기한자 　肝臟(간장) 內臟(내장) 腎臟(신장) 心臟(심장) 臟器(장기) 臟物(장물) 臟府(장부)

 3급Ⅱ 　　장사지낼 **장:** 　艸 / 9

옛날에 사람이 죽으면(死) 풀(廾)을 밑에 깔고 풀(艹)을 위에 덮은 뒤 묶어 장사 지낸 데서, '장사 지내다'는 뜻이다.

읽기한자 　斂葬(염장) 勒葬(늑장)
쓰기한자 　假葬(가장) 各葬(각장) 監葬(감장) 國葬(국장) 埋葬(매장) 副葬(부장) 喪葬(상장)
　　　　　生埋葬(생매장) 水葬(수장) 殉葬(순장) 安葬(안장) 移葬(이장) 葬禮(장례) 葬儀(장의)
　　　　　葬地(장지) 合葬(합장) 火葬(화장)

 4급 　　꾸밀 **장** 　衣 / 7 　　약 装

무사는 씩씩해(壯) 보이는 옷(衣)차림을 하여 상대에게 위압감을 주는 데서, '꾸미다'는 뜻이다.

읽기한자 　扮裝(분장) 鞍裝(안장) 戎裝(융장) 裝塡(장전) 裝幀(장정) 裝貼(장첩) 裝繪(장회)
쓰기한자 　假裝(가장) 客裝(객장) 輕裝(경장) 軍裝(군장) 男裝(남장) 女裝(여장) 端裝(단장) 塗裝(도장)
　　　　　旅裝(여장) 武裝(무장) 變裝(변장) 服裝(복장) 盛裝(성장) 洋裝(양장) 僞裝(위장) 裝備(장비)
　　　　　裝飾(장식) 裝身具(장신구) 裝着(장착) 裝置(장치) 正裝(정장) 重裝備(중장비) 治裝(치장)
　　　　　包裝(포장) 行裝(행장)

 4급 　　베풀 **장** 　弓 / 8

활(弓) 시위를 길게(長) 잡아당기고, 또 놓아 활을 쏘는 데서, '늘이다, 베풀다'는 뜻이다.

읽기한자 　蹶張(궐장) 箕張(기장) 蕭張(소장) 弛張(이장) 張弛(장이) 張顚(장전) 衒張(현장) 弧張(호장)
쓰기한자 　更張(경장) 誇張(과장) 緊張(긴장) 落張(낙장) 伸張(신장) 張力(장력) 張本人(장본인)
　　　　　張數(장수) 張皇(장황) 主張(주장) 冊張(책장) 出張(출장) 鋪張(포장) 擴張(확장)

帳 | 4급 　　　장막 **장** 巾 / 8 　동 幕

천(巾)을 길게(長) 늘어 뜨려 만든 것으로, '장막'을 뜻한다.

읽기한자　綺帳(기장) 蚊帳(문장) 繡帳(수장) 帳棚(장붕) 氈帳(전장) 翠帳(취장)
쓰기한자　臺帳(대장) 原帳(원장) 帳幕(장막) 帳簿(장부) 通帳(통장) 布帳(포장) 揮帳(휘장)

壯 | 4급 　　　장할 **장:** 士 / 4 　약 壮

통나무를 조각(爿)낼 수 있는 무사(士)에서, '씩씩하다, 장하다'는 뜻이다.

읽기한자　魁壯(괴장) 壯狡(장교)
쓰기한자　健壯(건장) 悲壯(비장) 勇壯(용장) 雄壯(웅장) 壯觀(장관) 壯年(장년) 壯談(장담) 壯大(장대)
　　　　　壯途(장도) 壯烈(장렬) 壯士(장사) 壯元(장원) 壯丁(장정) 壯快(장쾌) 壯版(장판) 強壯(강장)

腸 | 4급 　　　창자 **장** 肉 / 9

햇볕(昜)에 피어나는 아지랑이처럼 음식물이 들어가면 몸(月) 안에서 구불구불 활동하는 부위에서, '창자'를 뜻한다.

읽기한자　腔腸(강장) 灌腸(관장) 腸癖(장벽)
쓰기한자　肝腸(간장) 結腸(결장) 斷腸(단장) 大腸(대장) 盲腸(맹장) 小腸(소장) 心腸(심장) 胃腸(위장)
　　　　　腸壁(장벽) 直腸(직장) 脫腸(탈장)

障 | 4급II 　　　막을 **장** 阜 / 11 　동 礙

수많은 글자가 모여 글(章)을 이루듯 언덕(阝)이 모여 험한 산을 이루어 사람의 통행을 막는 데서, '막다'는 뜻이다.

읽기한자　堡障(보장) 紗障(사장) 障扇(장선)
쓰기한자　故障(고장) 保障(보장) 障壁(장벽) 障礙(장애) 障害(장해) 支障(지장)

將 | 4급II 　　　장수 **장(:)** 寸 / 8 　동 帥 　반 卒, 兵, 士 　약 将

싸움을 앞두고 널빤지(爿)에 고기(月)를 손(寸)으로 올려놓고 승리를 기원하는 제사를 주관하는 사람에서, '장수'를 뜻한다.

읽기한자　虜將(노장) 裨將(비장) 倭將(왜장) 將牢(장뢰) 將母(장무) 將弁(장변) 將鼈(장별)
쓰기한자　客將(객장) 老將(노장) 猛將(맹장) 名將(명장) 武將(무장) 小將(소장) 將校(장교) 將軍(장군)
　　　　　將棋(장기) 將來(장래) 將兵(장병) 將星(장성) 將帥(장수) 將養(장양) 將次(장차) 主將(주장)
　　　　　准將(준장) 中將(중장) 智將(지장) 統將(통장)

章 | 6급 | 글 **장** | 立 / 6

소리(音)는 글자가 되고, 많이(十) 모이면 글이 되는 데서, '글'을 뜻한다. 본래는 문신용 칼(辛)로 만든 문신(日)에서, '무늬, 문채'를 뜻한다.

읽기한자 瓊章(경장) 奎章(규장) 捺章(날장) 輓章(만장) 宸章(신장) 章什(장집) 徽章(휘장)

쓰기한자 肩章(견장) 國章(국장) 旗章(기장) 樂章(악장) 文章(문장) 喪章(상장) 序章(서장) 印章(인장)
章理(장리) 章程(장정) 終章(종장) 中章(중장) 指章(지장) 初章(초장) 憲章(헌장) 後章(후장)
勳章(훈장)

場 | 7급Ⅱ | 마당 **장** | 土 / 9 | 비 揚, 楊

햇볕(昜)이 드는 지붕이 없는 땅(土)에서, '마당'을 뜻한다.

읽기한자 賭場(도장) 戎場(융장) 場圃(장포) 齋場(재장) 芻場(추장)

쓰기한자 開場(개장) 戒場(계장) 工場(공장) 廣場(광장) 球場(구장) 劇場(극장) 農場(농장) 當場(당장)
道場(도장) 登場(등장) 亂場(난장) 立場(입장) 牧場(목장) 上場(상장) 市場(시장) 式場(식장)
漁場(어장) 議場(의장) 入場(입장) 磁場(자장) 場內(장내) 場面(장면) 場所(장소) 場外(장외)
職場(직장) 初場(초장) 出場(출장) 退場(퇴장) 罷場(파장) 現場(현장) 刑場(형장) 會場(회장)
後場(후장)

長 | 8급 | 긴 **장(:)** | 長 / 0 | 동 久 만 幼, 短

머리가 긴 노인이 지팡이를 짚고 서 있는 모양을 본뜬 글자로, '길다, 어른'을 뜻한다.

읽기한자 亘長(긍장) 坊長(방장) 瘦長(수장) 塾長(숙장) 什長(십장) 伍長(오장) 長檄(장격) 長頸(장경)
長鯨(장경) 長袴(장고) 長衢(장구) 長鉤(장구) 長齡(장령) 長眄(장면) 長蓑(장사) 長嶼(장서)
長袖(장수) 長筵(장연) 長揖(장읍) 長齋(장재) 長嫡(장적) 長悌(장제) 長嵯(장차) 長塹(장참)
長槍(장창) 長鞭(장편) 長虹(장홍) 長喙(장훼) 齋長(재장) 嫡長(적장) 酋長(추장)

쓰기한자 校長(교장) 靈長(영장) 部長(부장) 生長(생장) 署長(서장) 成長(성장) 消長(소장) 邑長(읍장)
長考(장고) 長官(장관) 長技(장기) 長髮(장발) 長壽(장수) 長身(장신) 長魚(장어) 長點(장점)
長征(장정) 長足(장족) 長打(장타) 長篇(장편) 長兄(장형) 長靴(장화) 助長(조장) 族長(족장)
總長(총장) 最長(최장) 特長(특장) 波長(파장) 學長(학장) 艦長(함장) 行長(행장) 訓長(훈장)

齋 | 1급 | 재계할 / 집 **재** | 齊 / 3 | 동 潔, 戒, 室

몸과 마음을 가지런히(齊) 하여 신(示)을 섬기고, 부정한 일을 가까이 하지 않는 데서, '재계하다'는 뜻이다. 또 그와 같이 수양하는 거처에서, '집'을 뜻한다.

읽기한자 齋潔(재결) 齋戒(재계) 齋宮(재궁) 齋禱(재도) 齋壇(재단) 齋郞(재랑) 齋舍(재사) 齋筵(재연)
齋日(재일) 齋場(재장) 齋長(재장) 齋七(재칠) 齋會(재회) 高齋(고재) 山齋(산재) 書齋(서재)
禪齋(선재) 長齋(장재) 淸齋(청재) 致齋(치재) 寢齋(침재)

滓 | 1급 | 찌끼 **재** | 水 / 10

조리할(宰) 때 국물(氵) 밑에 가라앉는 것으로, '찌끼'를 뜻한다.

읽기한자 滓穢(재예) 滓濁(재탁) 垢滓(구재) 泥滓(이재) 塵滓(진재) 沈滓(침재)

哉 3급 　어조사 **재** 　口 / 6 　웹 哉

말(口)을 자른다(十戈)는 데서, 말이나 문장이 끊어질 때 쓰이는, '어조사'이다.

쓰기한자 　嗚呼痛哉(오호통재) 快哉(쾌재)

宰 3급 　재상 **재:** 　宀 / 7

辛은 조리용 칼을 본뜬 것이다. 집(宀)에서 조리용 칼(辛)로 요리하는 것을 나타낸다. '재상', '다스리다'는 음식을 다스리는 것이 사람에게로 넓혀짐에 따라 파생된 뜻이다.

읽기한자 　膳宰(선재) 匠宰(장재) 宰柄(재병) 宰輔(재보) 宰匠(재장) 廚宰(주재) 庖宰(포재)
쓰기한자 　宰府(재부) 宰殺(재살) 宰相(재상) 宰臣(재신) 宰牛(재우) 宰人(재인) 主宰(주재) 總宰(총재)

載 3급II 　실을 **재:** 　車 / 6 　비 戴

한 무더기의 짐을 갈라(十戈) 실을 수 있을 정도로만 수레(車)에 싣는 데서, '싣다'는 뜻이다.

읽기한자 　載盆(재분) 搭載(탑재)
쓰기한자 　揭載(게재) 記載(기재) 登載(등재) 連載(연재) 滿載(만재) 載量(재량) 積載(적재) 全載(전재)
　　　　　轉載(전재)

栽 3급II 　심을 **재:** 　木 / 6 　비 裁 　동 植

뿌리에서 양분을 충분히 흡수할 수 있도록 나무의 가지를 잘라내고(十戈) 나무(木)를 심는 데서, '심다'는 뜻이다.

읽기한자 　盆栽(분재)
쓰기한자 　栽培(재배) 栽揷(재삽) 栽植(재식) 植栽(식재) 輪栽(윤재) 移栽(이재)

裁 3급II 　옷마를 **재** 　衣 / 6 　비 栽

옷감(衣)을 치수에 맞도록 재거나 잘라(十戈)내는 데서, '옷 마르다, 마름질하다'는 뜻이다.

읽기한자 　裁剖(재부) 剪裁(전재) 勅裁(칙재)
쓰기한자 　決裁(결재) 獨裁(독재) 洋裁(양재) 裁可(재가) 裁斷(재단) 裁量(재량) 裁縫(재봉) 裁定(재정)
　　　　　裁判(재판) 制裁(제재) 仲裁(중재) 體裁(체재) 總裁(총재)

再 5급 　두 **재:** 　冂 / 4

통나무를 쌓고(冉) 그 위에 한 번 더(一) 어긋나게 쌓아 올린다는 데서, '거듭'을 뜻한다.

읽기한자 　再墾(재간) 再繰(재조)
쓰기한자 　再建(재건) 再考(재고) 再起(재기) 再鍊(재련) 再論(재론) 再臨(재림) 再拜(재배) 再犯(재범)
　　　　　再三(재삼) 再生(재생) 再選(재선) 再修(재수) 再審(재심) 再演(재연) 再燃(재연) 再任(재임)
　　　　　再製(재제) 再從(재종) 再次(재차) 再唱(재창) 再請(재청) 再侵(재침) 再湯(재탕) 再版(재판)
　　　　　再編(재편) 再現(재현) 再婚(재혼) 再活(재활) 再會(재회)

| 5급Ⅱ | 재목 **재** | 木 / 3 | 비 林

건물을 지을 때 바탕(才)이 되는 나무(木)에서, '재목'을 뜻한다.

읽기한자 棺材(관재) 宏材(굉재) 乏材(핍재)

쓰기한자 乾材(건재) 骨材(골재) 敎材(교재) 器材(기재) 樂材(악재) 木材(목재) 石材(석재) 素材(소재)
惡材(악재) 藥材(약재) 人材(인재) 資材(자재) 材料(재료) 材木(재목) 材質(재질) 製材(제재)
取材(취재) 破材(파재) 好材(호재) 橫材(횡재)

 | 5급Ⅱ | 재물 **재** | 貝 / 3 | 동 貨, 賄

장차 크게 평가받을 조짐이 있는(才) 재산(財)에서, '재물'을 뜻한다.

읽기한자 財囊(재낭) 財帛(재백) 財賄(재회)

쓰기한자 理財(이재) 私財(사재) 損財(손재) 殖財(식재) 資財(자재) 財界(재계) 財團(재단) 財力(재력)
財務(재무) 財物(재물) 財閥(재벌) 財産(재산) 財數(재수) 財源(재원) 財政(재정) 財貨(재화)
蓄財(축재) 橫財(횡재)

 | 5급 | 재앙 **재** | 火 / 3 | 동 殃, 厄, 禍

내(巛)가 범람하거나 불(火)이 나는 것은 사람과 재물을 상하게 하는 데서, '재앙'을 뜻한다.

읽기한자 罹災(이재)

쓰기한자 官災(관재) 三災(삼재) 水災(수재) 災難(재난) 災殃(재앙) 災厄(재액) 災害(재해) 災禍(재화)
震災(진재) 蟲災(충재) 旱災(한재) 火災(화재) 橫災(횡재)

在 | 6급 | 있을 **재:** | 土 / 3 | 비 左

땅(土)이 있으면 어디서나 반드시 식물의 싹(才)이 움트는 데서, '있다'는 뜻이다.

읽기한자 在歿(재몰) 在撫(재무) 在宥(재유) 晦在(회재)

쓰기한자 介在(개재) 健在(건재) 內在(내재) 不在(부재) 散在(산재) 所在(소재) 實在(실재) 殘在(잔재)
潛在(잠재) 在家(재가) 在京(재경) 在庫(재고) 在來(재래) 在野(재야) 在外(재외) 在位(재위)
在籍(재적) 在中(재중) 在職(재직) 在學(재학) 存在(존재) 駐在(주재) 滯在(체재) 偏在(편재)
現在(현재)

才 | 6급Ⅱ | 재주 **재** | 手 / 0 | 동 術, 藝

지면을 뚫고 올라 온 싹을 본뜬 글자로 장차 크게 자랄 조짐이 있는 데서, '재주'를 뜻한다.

읽기한자 奸才(간재) 才蘊(재온) 才媛(재원) 才藻(재조)

쓰기한자 鬼才(귀재) 器才(기재) 鈍才(둔재) 茂才(무재) 秀才(수재) 英才(영재) 庸才(용재) 人才(인재)
才幹(재간) 才器(재기) 才能(재능) 才談(재담) 才德(재덕) 才量(재량) 才力(재력) 才弄(재롱)
才士(재사) 才質(재질) 才致(재치) 俊才(준재) 天才(천재)

錚 | 1급 | 쇳소리 **쟁** | 金 / 8
금속(金)이 서로 부딪치는(爭) 소리에서, '쇳소리'를 뜻한다.

 읽기한자　錚錚(쟁쟁)

爭 | 5급 | 다툴 **쟁** | 爪 / 4 | 동 競, 鬪 | 약 争
손(爫)과 손(ㅋ)에 갈고리(亅)를 들고 싸운다는 데서, '다투다'는 뜻이다.

읽기한자　乖爭(괴쟁) 忿爭(분쟁) 爭戾(쟁려) 爭鋒(쟁봉) 爭忿(쟁분) 挺爭(정쟁)
쓰기한자　競爭(경쟁) 黨爭(당쟁) 論爭(논쟁) 分爭(분쟁) 紛爭(분쟁) 言爭(언쟁) 爭議(쟁의) 爭點(쟁점)
爭取(쟁취) 爭奪(쟁탈) 爭霸(쟁패) 戰爭(전쟁) 鬪爭(투쟁) 派爭(파쟁) 抗爭(항쟁)

豬 | 1급 | 돼지 **저** | 豕 / 9 | 약 猪
세 개의 털이 모여서(者) 하나의 털구멍에 난 돼지(豕)에서, '돼지'를 뜻한다.

읽기한자　豬肝(저간) 豬膽(저담) 豬突(저돌) 豬毛(저모) 豬水(저수) 豬勇(저용) 豬肉(저육) 鸞豬(난저)
墨豬(묵저) 山豬(산저) 野豬(야저) 箭豬(전저) 豪豬(호저)

躇 | 1급 | 머뭇거릴 **저** | 足 / 13
발(足)이 땅에 붙은(著) 듯이 나아가지 않는 데서, '머뭇거리다, 망설이다'는 뜻이다.

읽기한자　躇階(착계) 躊躇(주저)

觝 | 1급 | 씨름 **저:** | 角 / 5 | 동 觸
뿔(角)이 어떤 사물에 이르는(氐), 맞닥뜨리는 데서, '찌르다, 씨름'을 뜻한다.

읽기한자　觝排(저배) 觝觸(저촉) 觝戲(저희) 角觝(각저) 相觝(상저)

咀 | 1급 | 씹을 **저:** | 口 / 5 | 동 嚼, 呪
제물을 얹어 놓은 대(且)에서, 음식을 집어 맛보는(口) 데서, '씹다'는 뜻이다.

읽기한자　咀嚼(저작) 咀呪(저주) 涵咀(함저)

狙 | 1급 | 원숭이 / 엿볼 **저:** | 犬 / 5
사람의 빈틈을 엿보는(且=相) 동물(犭)에서, '원숭이, 엿보다'는 뜻이다.

읽기한자　狙擊(저격) 狙公(저공) 狙縛(저박) 狙詐(저사) 狙害(저해) 猿狙(원저)

詛 1급 　저주할 **저:** 言 / 5 　동 呪
祭物 받침대(且)에 제물을 바쳐 神에게 남의 災禍를 비는(言) 데서, '저주하다'는 뜻이다.

　읽기한자　詛盟(저맹) 詛呪(저주) 詛祝(저축) 盟詛(맹저) 謗詛(방저) 厭詛(염저) 怨詛(원저) 呪詛(주저)

箸 1급 　젓가락 **저** 竹 / 9 　비 著
음식을 모아서(者) 집는 대(竹)로 만든 물건에서, '젓가락'을 뜻한다.

　읽기한자　匕箸(비저) 象箸(상저) 玉箸(옥저) 竹箸(죽저) 火箸(화저)

邸 1급 　집 **저:** 邑 / 5 　비 阺 　동 閣, 舍, 第, 宅
제후가 서울에 올라왔을 때 숙소로 충당하는(氐) 장소(阝)에서, '집'을 뜻한다.

　읽기한자　邸閣(저각) 邸觀(저관) 邸報(저보) 邸舍(저사) 邸第(저제) 邸宅(저택) 客邸(객저) 公邸(공저)
別邸(별저) 本邸(본저) 私邸(사저) 御邸(어저) 外邸(외저) 龍邸(용저) 潛邸(잠저) 皇邸(황저)

沮 2급 　막을[遮] **저:** 水 / 5
물(氵)이 들어 온 질퍽질퍽한 땅(且)은 사람의 통행을 어렵게 하는 데서, '막다'는 뜻이다.

　읽기한자　沃沮(옥저) 沮誹(저비)
　쓰기한자　沮氣(저기) 沮散(저산) 沮喪(저상) 沮抑(저억) 沮議(저의) 沮止(저지) 沮澤(저택) 沮害(저해)

著 3급II 　나타날 **저:** 艸 / 9 　비 箸 　동 作
풀(艹)의 섬유로 만든 옷을 모아(者) 전시하는 데서, '입다, 나타나다, 짓다'는 뜻이다.

　읽기한자　撞著(당착) 撰著(찬저)
　쓰기한자　共著(공저) 論著(논저) 名著(명저) 著名(저명) 著書(저서) 著述(저술) 著者(저자) 著作(저작)
拙著(졸저) 編著(편저) 顯著(현저) 著押(착압)

抵 3급II 　막을[抗] **저:** 手 / 5 　동 抗
손(扌)에 무기를 들고 성벽을 오르는 적을 낮은(氐) 곳으로 밀어내는 데서, '막다'는 뜻이다.

　읽기한자　抵徙(저사)
　쓰기한자　大抵(대저) 抵當(저당) 抵觸(저촉) 抵抗(저항)

底

| 4급 | 밑 저: | 广 / 5 |

바위 집(广) 아래의 낮은(氐) 곳에서, '밑'을 뜻한다.

읽기한자 底蘊(저온) 底靖(저정) 艙底(창저) 函底(함저)

쓰기한자 基底(기저) 心底(심저) 底力(저력) 底邊(저변) 底意(저의) 徹底(철저) 海底(해저)

低

| 4급Ⅱ | 낮을 저: | 人 / 5 | 반 昂 |

서열이 밑(氐)인 사람(亻)에서, '낮다'는 뜻이다.

읽기한자 低昂(저앙)

쓰기한자 高低(고저) 低價(저가) 低空(저공) 低級(저급) 低頭(저두) 低廉(저렴) 低流(저류) 低率(저율)
低利(저리) 低邊(저변) 低俗(저속) 低速(저속) 低溫(저온) 低音(저음) 低調(저조) 低地(저지)
低質(저질) 低下(저하) 最低(최저)

貯

| 5급 | 쌓을 저: | 貝 / 5 | 동 積, 蓄 |

집(宀)에서 고무래(丁)로 벼를 긁어모으듯 재물(貝)을 쌓는 데서, '쌓다'는 뜻이다.

쓰기한자 貯金(저금) 貯水(저수) 貯水池(저수지) 貯藏(저장) 貯蓄(저축) 貯炭(저탄)

謫

| 1급 | 귀양갈 적 | 言 / 11 | 동 咎 |

어떤 잘못을 들추어내어(啇) 말하고(言) 멀리 쫓아내는 데서, '꾸짖다, 귀양가다'는 뜻이다.

읽기한자 謫降(적강) 謫客(적객) 謫居(적거) 謫死(적사) 謫所(적소) 謫遷(적천) 謫墮(적타) 譴謫(견적)
遠謫(원적) 流謫(유적) 遷謫(천적) 貶謫(폄적)

狄

| 1급 | 오랑캐 적 | 犬 / 4 |

漢族의 겨드랑이(火＝亦)에 붙어사는 異民族으로, '북녘 오랑캐'를 뜻한다. 개(犭)를 붙인
것은 멸시를 뜻한다.

읽기한자 狄成(적성) 狄牙(적아) 狄卒(적졸) 闕狄(궐적) 白狄(백적) 北狄(북적) 夷狄(이적) 赤狄(적적)
胡狄(호적)

迹

| 1급 | 자취 적 | 辵 / 6 |

겹쳐 쌓인(亦) 발자국(辶)에서, '자취'를 뜻한다.

읽기한자 警迹(경적) 馬迹(마적) 發迹(발적) 手迹(수적) 靈迹(영적) 王迹(왕적) 前迹(전적) 鳥迹(조적)
超迹(초적) 治迹(치적) 風迹(풍적) 筆迹(필적) 行迹(행적) 形迹(형적)

嫡 | 1급 | 정실 **적** | 女 / 11 | 庶

남편이 집안의 중심(商＝啇)인 계집(女)으로 대하는 상대에서, '정실(正室)'을 뜻한다. 또 정실 소생의 아들을 나타낸다.

읽기한자　嫡男(적남) 嫡女(적녀) 嫡流(적류) 嫡母(적모) 嫡孫(적손) 嫡子(적자) 嫡長(적장) 嫡妻(적처) 嫡出(적출) 嫡統(적통) 嫡派(적파) 嗣嫡(사적) 世嫡(세적) 元嫡(원적) 長嫡(장적) 匹嫡(필적)

滴 | 3급 | 물방울 **적** | 水 / 11 | 適

물(氵)이 중심의 한 점에 둥글게 맺히는(啇) 데서, '물방울'을 뜻한다.

읽기한자　瀝滴(역적) 溜滴(유적) 宵滴(소적) 滴瀝(적력) 滴溜(적류)
쓰기한자　餘滴(여적) 硯滴(연적) 滴水(적수)

寂 | 3급II | 고요할 **적** | 宀 / 8 | 寞, 謐, 寥, 靜

손(又)으로 콩(尗)이나 주워 먹고 사는 가난한 집(宀)은 늘 사람이 없어 조용한 데서, '고요하다'는 뜻이다.

읽기한자　蕭寂(소적) 寂寞(적막) 寂昧(적매) 寂謐(적밀) 寂寥(적요) 沖寂(충적)
쓰기한자　孤寂(고적) 鬱寂(울적) 入寂(입적) 寂滅(적멸) 寂寂(적적) 靜寂(정적) 閑寂(한적)

摘 | 3급II | 딸[手收] **적** | 手 / 11

손(扌)을 중심의 한 점으로 모아(啇) 열매를 따는 데서, '따다'는 뜻이다.

읽기한자　摘扮(적분)
쓰기한자　摘發(적발) 摘芽(적아) 摘要(적요) 摘出(적출) 指摘(지적)

跡 | 3급II | 발자취 **적** | 足 / 6

사람의 양쪽 겨드랑이(亦)처럼 길 양쪽에 생기는 발자국(足)에서, '발자취'를 뜻한다.

읽기한자　蝸跡(와적) 訛跡(와적) 踪跡(종적) 瑕跡(하적)
쓰기한자　軌跡(궤적) 遺跡(유적) 人跡(인적) 潛跡(잠적) 跡捕(적포) 足跡(족적) 追跡(추적) 筆跡(필적)

蹟 | 3급II | 자취 **적** | 足 / 11

발자취를 남기는 것은 발(足)의 책임(責)이라는 데서, '(발)자취'를 뜻한다.

읽기한자　痕蹟(흔적)
쓰기한자　古蹟(고적) 奇蹟(기적) 事蹟(사적) 史蹟(사적) 遺蹟(유적) 異蹟(이적) 行蹟(행적)

笛
3급Ⅱ **피리 적** 竹 / 5 비 苗

대(竹)통에 뚫은 구멍으로 말미암아(由) 소리를 내는 악기에서, '피리'를 뜻한다.

읽기한자 蘆笛(노적) 蕭笛(소적)
쓰기한자 警笛(경적) 鼓笛(고적) 汽笛(기적) 胡笛(호적)

績
4급 **길쌈 적** 糸 / 11

실(糸)을 한 올 한 올 책임(責)있게 엮어 천을 짜는 데서, '길쌈'을 뜻한다.

읽기한자 嘉績(가적) 丕績(비적) 紬績(주적)
쓰기한자 功績(공적) 紡績(방적) 乘績(승적) 實績(실적) 業績(업적) 績工(적공) 政績(정적) 治績(치적)
行績(행적) 勳績(훈적)

賊
4급 **도둑 적** 貝 / 6 동 盜

병장기(戎)를 들고 남의 재물(貝)을 훔치는 데서, '도둑'을 뜻한다.

읽기한자 寇賊(구적) 鼠賊(서적) 倭賊(왜적) 賊魁(적괴) 賊戾(적려) 剽賊(표적) 猾賊(활적) 兇賊(흉적)
쓰기한자 盜賊(도적) 馬賊(마적) 匪賊(비적) 山賊(산적) 逆賊(역적) 五賊(오적) 義賊(의적) 賊徒(적도)
賊心(적심) 竊賊(절적) 海賊(해적)

適
4급 **맞을 적** 辶 / 11 비 滴

나무뿌리(啇)는 가지가 자라기에 알맞게 뻗어 나간다(辶)는 데서, '(알)맞다'는 뜻이다.

읽기한자 嗣適(사적) 適齡(적령) 稠適(조적) 偕適(해적) 煩適(협적)
쓰기한자 不適(부적) 自適(자적) 適格(적격) 適歸(적귀) 適期(적기) 適當(적당) 適量(적량) 適法(적법)
適性(적성) 適時(적시) 適用(적용) 適應(적응) 適人(적인) 適任(적임) 適切(적절) 適正(적정)
適地(적지) 適合(적합) 最適(최적) 快適(쾌적)

籍
4급 **문서 적** 竹 / 14 비 藉

따비 질(耒)이 시작된 옛날(昔)부터 대쪽(竹)에 소유와 관련된 글을 남기기 시작한 데서, '문서'를 뜻한다.

읽기한자 伍籍(오적) 阮籍(완적) 牒籍(첩적) 欠籍(흠적)
쓰기한자 國籍(국적) 奇籍(기적) 黨籍(당적) 離籍(이적) 無籍(무적) 兵籍(병적) 復籍(복적) 本籍(본적)
符籍(부적) 史籍(사적) 書籍(서적) 原籍(원적) 移籍(이적) 入籍(입적) 在籍(재적) 典籍(전적)
轉籍(전적) 除籍(제적) 地籍(지적) 學籍(학적) 戶籍(호적)

積 4급 쌓을 **적** 禾 / 11 통累, 貯, 疊, 蓄

자기가 벤 볏단(禾)을 책임(責)지고 쌓는다는 데서, '쌓다'는 뜻이다.

읽기한자 疳積(감적) 庾積(유적) 積礫(적력) 積淋(적림) 積忿(적분) 積漲(적창) 積疊(적첩) 積欠(적흠)
沖積(충적) 堆積(퇴적)

쓰기한자 見積(견적) 露積(노적) 累積(누적) 面積(면적) 山積(산적) 船積(선적) 野積(야적) 容積(용적)
委積(위적) 凝積(응적) 積極的(적극적) 積金(적금) 積量(적량) 積立(적립) 積分(적분)
積善(적선) 積雪(적설) 積載(적재) 積滯(적체) 集積(집적) 蓄積(축적) 治積(치적)

敵 4급II 대적할 **적** 攴 / 11 통讎

힘을 한 곳으로 모아(商) 쳐들어(攵)오는 적에게 대항한다는 데서, '대적하다'는 뜻이다.
또 대적하는 상대방, '적'을 뜻한다.

읽기한자 勁敵(경적) 仇敵(구적) 讎敵(수적) 頑敵(완적) 敵愾(적개) 敵虜(적로) 敵壘(적루) 敵鋒(적봉)
敵讎(적수)

쓰기한자 對敵(대적) 利敵(이적) 無敵(무적) 宿敵(숙적) 外敵(외적) 敵國(적국) 敵軍(적군) 敵手(적수)
敵意(적의) 敵情(적정) 敵地(적지) 敵陣(적진) 政敵(정적) 天敵(천적) 遷敵(천적) 匹敵(필적)
強敵(강적)

的 5급II 과녁 **적** 白 / 3

흰(白) 바탕의 과녁(勺)의 모양에서, '과녁'을 뜻한다.

읽기한자 鵠的(곡적)
쓰기한자 公的(공적) 劇的(극적) 內的(내적) 端的(단적) 量的(양적) 目的(목적) 物的(물적) 法的(법적)
病的(병적) 史的(사적) 私的(사적) 數的(수적) 詩的(시적) 心的(심적) 人的(인적) 的實(적실)
的中(적중) 的確(적확) 靜的(정적) 縱的(종적) 知的(지적) 標的(표적) 橫的(횡적)

赤 5급 붉을 **적** 赤 / 0

본래 사람(大)이 불(火)빛을 받아 얼굴이 붉게 보이는 것을 나타낸 글자로, '붉다'는 뜻이다.

 읽기한자 赤脛(적경) 赤股(적고) 赤曇(적담) 赤痢(적리) 赤燐(적린) 赤芒(적망) 赤狄(적적) 赤腫(적종)
赤幟(적치) 赤頰(적협)
쓰기한자 赤軍(적군) 赤旗(적기) 赤道(적도) 赤貧(적빈) 赤色(적색) 赤誠(적성) 赤松(적송) 赤身(적신)
赤子(적자) 赤字(적자) 赤潮(적조) 赤化(적화)

廛 1급 가게 **전:** 广 / 12 통肆, 鋪 약厘

한 가족에게 나누어(八) 준 마을(里)의 집(广) 터(土)를 뜻한다. 또, 店과 통하여 '가게'를
뜻한다.

 읽기한자 廛房(전방) 廛市(전시) 廛布(전포) 廛鋪(전포) 郊廛(교전) 市廛(시전) 邑廛(읍전)

剪 1급 가위 **전(:)** 刀 / 9

가지런히 자르는(前) 데서, '베다, 가위'를 뜻한다. 뒤에 前이 '앞'의 뜻으로 쓰이게 되자, 刀를 보태었다.

읽기한자 剪斷(전단) 剪刀(전도) 剪滅(전멸) 剪伐(전벌) 剪夷(전이) 剪裁(전재) 剪定(전정) 剪取(전취) 開剪(개전) 禽剪(금전) 碎剪(쇄전) 夷剪(이전) 除剪(제전) 誅剪(주전)

悛 1급 고칠 **전:** 心 / 7 图 改, 更, 換

才智가 뛰어난 사람(夋=俊)의 마음(忄) 상태가 되어 잘못을 뉘우쳐 고친다는 데서, '고치다'는 뜻이다.

읽기한자 悛改(전개) 悛更(전경) 悛心(전심) 悛容(전용) 悛換(전환) 改悛(개전)

箋 1급 기록할 **전** 竹 / 8 图 釋, 注, 註

글을 쓸 수 있도록 얇고 납작하게(戔) 만든 대(竹)쪽에서, '기록하다, 주(註)내다'는 뜻이다.

읽기한자 箋釋(전석) 箋注(전주) 箋註(전주) 箋紙(전지) 箋惠(전혜) 短箋(단전) 御箋(어전) 用箋(용전) 紅箋(홍전) 花箋(화전)

煎 1급 달일 **전(:)** 火 / 9

진국만을 빼내기(前=剚) 위해 불 때는(灬) 데서, '달이다, 졸이다, 지지다, 불에 말리다'는 뜻이다.

읽기한자 煎茶(전다) 煎督(전독) 煎迫(전박) 煎藥(전약) 煎調(전조) 甲煎(갑전) 濃煎(농전) 焚煎(분전) 合煎(합전)

氈 1급 담[毯] **전:** 毛 / 13

짐승의 털(毛)을 물에 빨아 짓이겨 펼칠(亶=展) 수 있게, 평평하고 두툼하게 만든 조각에서, '시욱, 담(毯)'을 뜻한다.

읽기한자 氈笠(전립) 氈帽(전모) 氈案(전안) 氈帳(전장) 佳氈(가전) 馬氈(마전) 靑氈(청전) 敗氈(패전) 好氈(호전)

輾 1급 돌아누울 **전:** 車 / 10

누운 채로 몸을 반만 돌려(轉之半) 반대쪽으로 향하는 것으로, '돌아 눕다'는 뜻이다.

읽기한자 輾轉(전전)

顫 1급 떨 **전:** 頁 / 13

머리(頁)가 고정되어 있지 않고 떨리는(亶=戰) 모양에서, '떨다'는 뜻이다.

읽기한자 顫恐(전공) 顫動(전동) 顫筆(전필)

栓　1급　마개 전　木 / 6
물건이 움직이지 않도록 보지하는(全) 나무(木) 물건에서, '나무못, 마개'를 뜻한다.

📖 읽기한자　栓木(전목) 栓塞(전색) 給水栓(급수전) 密栓(밀전) 音栓(음전) 打栓(타전) 血栓(혈전) 活栓(활전)

塡　1급　메울 전　土 / 10　⑤ 塞, 充
흙(土)을 채워서(眞) 구멍을 막는 데서, '메우다'는 뜻이다.

📖 읽기한자　塡補(전보) 塡詞(전사) 塡塞(전색) 塡然(전연) 塡足(전족) 塡充(전충) 配塡(배전) 補塡(보전)
委塡(위전) 裝塡(장전) 充塡(충전)

癲　1급　미칠 전:　疒 / 19　⑤ 癎, 狂
정신이 거꾸로(顚) 되는 병(疒)에서, '미치다'는 뜻이다.

📖 읽기한자　癲癎(전간) 癲狂(전광) 癲狗(전구) 癲疾(전질) 酒癲(주전)

餞　1급　보낼 전:　食 / 8　⑤ 送
여행길을 떠나는(戔=踐) 사람을 위해 神에게 제사지내고 잔치를 벌여 보낼 때의 음식(食)
에서, '전별 잔치, 전별 선물, 보내다, 전별하다'는 뜻이다.

📖 읽기한자　餞杯(전배) 餞別(전별) 餞席(전석) 餞送(전송) 餞筵(전연) 餞春(전춘) 供餞(공전) 代餞(대전)
盛餞(성전) 偉餞(위전) 飮餞(음전) 祖餞(조전) 追餞(추전) 親餞(친전)

銓　1급　사람가릴 전(:)　金 / 6　⑤ 衡
무게를 재기(全=算) 위한 금속제(金)의 도구에서, '저울, 저울질하다, 전형(銓衡)하다, 사
람가리다'는 뜻이다.

📖 읽기한자　銓簡(전간) 銓考(전고) 銓官(전관) 銓別(전별) 銓部(전부) 銓敍(전서) 銓掌(전장) 銓次(전차)
銓汰(전태) 銓判(전판) 銓衡(전형) 未銓(미전) 分銓(분전) 釘銓(정전) 執銓(집전) 判銓(판전)

箭　1급　살[矢] 전:　竹 / 9
앞으로 나아가는(前), 공중을 날아가는 대(竹)로, '살(矢), 화살'을 뜻한다.

📖 읽기한자　箭幹(전간) 箭眼(전안) 激箭(격전) 斷箭(단전) 毒箭(독전) 鳴箭(명전) 木箭(목전) 飛箭(비전)
緩箭(완전) 叢箭(총전) 快箭(쾌전) 火箭(화전)

澱　1급　앙금 전:　水 / 13
엉덩이(殿)처럼 무겁게 물(氵) 속에 가라앉아 자리하는 데서, '찌끼, 앙금'을 뜻한다.

📖 읽기한자　澱粉(전분) 沈澱(침전)

纏 1급 얽을 **전** 糸 / 15 통 繞
끈(糸)을 두르는(廛=帶) 데서, '얽다, 묶다'는 뜻이다.

읽기한자 纏牽(전견) 纏結(전결) 纏頭(전두) 纏綿(전면) 纏縛(전박) 纏索(전삭) 纏身(전신) 纏足(전족)
纏着(전착) 牽纏(견전) 糾纏(규전) 邪纏(사전) 星纏(성전) 腰纏(요전) 包纏(포전)

顚 1급 엎드러질 / 이마 **전:** 頁 / 10 통 倒, 仆
머리(頁)의 꼭대기(眞=天)에서, '이마'를 뜻한다. 또, '엎드러지다'는 뜻도 나타낸다.

읽기한자 顚狂(전광) 顚倒(전도) 顚頓(전돈) 顚落(전락) 顚末(전말) 顚實(전실) 顚委(전위) 顚跌(전질)
顚墜(전추) 顚沛(전패) 傾顚(경전) 狂顚(광전) 動顚(동전) 山顚(산전) 樹顚(수전) 詩顚(시전)
張顚(장전) 酒顚(주전) 華顚(화전)

篆 1급 전자[篆字] **전:** 竹 / 9
붓을 돌리(象=轉)듯 움직여 쓰는 서체(書體)에서, '전자(篆字)'를 뜻한다.

읽기한자 篆刻(전각) 篆款(전관) 篆隷(전례) 篆銘(전명) 篆文(전문) 篆書(전서) 篆字(전자) 大篆(대전)
小篆(소전) 鳥篆(조전) 秦篆(진전) 草篆(초전)

奠 1급 정할 / 제사 **전:** 大 / 9 통 定
甲骨文은 祭床(一)에 술(酉)을 올리는 데서, '제사하다'는 뜻이다. 또, 定과 통하여, '정하다'
는 뜻이다.

읽기한자 奠居(전거) 奠都(전도) 奠物(전물) 奠雁(전안) 奠儀(전의) 奠接(전접) 奠菜(전채) 薄奠(박전)
夕奠(석전) 疏奠(소전) 遺奠(유전) 祭奠(제전) 助奠(조전) 進奠(진전)

甸 2급(名) 경기 **전** 田 / 2
王城을 둘러싼(勹) 500里 이내의 땅(田)으로 天子의 直轄地인 왕터, '경기(京畿)'를 뜻한다.

읽기한자 畿甸(기전) 緬甸(면전) 甸役(전역) 甸人(전인) 甸地(전지)

殿 3급Ⅱ 전각 **전:** 殳 / 9
본래 엉덩이를 나타낸 글자이나 엉덩이와 같이 안정감이 있는, '큰집, 전각'을 나타내게 되
었고 본래 뜻은 肉을 조태 臀(볼기 둔)으로 썼다.

읽기한자 鸞殿(난전) 殯殿(빈전) 殿衙(전아) 殿陛(전폐)
쓰기한자 坤殿(곤전) 宮殿(궁전) 內殿(내전) 大殿(대전) 別殿(별전) 寶殿(보전) 佛殿(불전) 聖殿(성전)
神殿(신전) 御殿(어전) 殿角(전각) 殿閣(전각) 殿階(전계) 殿內(전내) 殿堂(전당) 殿廊(전랑)
殿試(전시) 殿宇(전우) 殿最(전최) 殿下(전하) 正殿(정전) 珠殿(주전)

4급 **구를 전:** 車 / 11 동 移. 回 약 転

수레(車) 바퀴는 오로지(專) 구를 뿐이라는 데서, '구르다'는 뜻이다.

읽기한자 戾轉(여전) 宛轉(완전) 轉徙(전사) 轉訛(전와) 輾轉(전전) 轉漕(전조) 轉銜(전함) 漕轉(조전)

쓰기한자 公轉(공전) 空轉(공전) 流轉(유전) 反轉(반전) 逆轉(역전) 榮轉(영전) 運轉(운전) 移轉(이전)
一轉(일전) 自轉(자전) 轉勤(전근) 轉機(전기) 轉記(전기) 轉補(전보) 轉寫(전사) 轉屬(전속)
轉送(전송) 轉業(전업) 轉役(전역) 轉用(전용) 轉移(전이) 轉任(전임) 轉入(전입) 轉載(전재)
轉籍(전적) 轉轉(전전) 轉職(전직) 轉出(전출) 轉向(전향) 轉化(전화) 轉換(전환) 好轉(호전)
回轉(회전) 廻轉(회전)

 4급 **돈 전:** 金 / 8 동 幣 약 錢

옛날에는 동전도 모양이 여러 가지였다. 쇠(金)를 창 모양으로 깎아 줄에 엮은(戔) 데서, '돈'을 뜻한다.

읽기한자 賭錢(도전) 錫錢(석전) 銑錢(선전) 贖錢(속전) 剩錢(잉전) 錢癖(전벽) 貼錢(첩전)

쓰기한자 加錢(가전) 加戸錢(가호전) 角錢(각전) 結錢(결전) 金錢(금전) 急錢(급전) 代錢(대전) 銅錢(동전)
邊錢(변전) 本錢(본전) 貰錢(세전) 葉錢(엽전) 銀錢(은전) 一錢(일전) 錢主(전주) 錢票(전표)
鑄錢(주전) 紙錢(지전) 換錢(환전)

 4급 **오로지 전** 寸 / 8 동 擅

손(寸)으로 물레(車)를 돌리는 모양을 나타낸 글자로, 물레는 한쪽으로만 돈다는 데서, '오로지'를 뜻한다.

읽기한자 專擅(전천) 專娶(전취) 專侈(전치) 專愎(전퍅)

쓰기한자 專攻(전공) 專念(전념) 專斷(전단) 專擔(전담) 專賣(전매) 專務(전무) 專門(전문) 專貰(전세)
專屬(전속) 專用(전용) 專任(전임) 專制(전제) 專橫(전횡)

 4급Ⅱ **밭 전** 田 / 0 비 畓

이랑이 있는 밭(田)의 모양을 본뜬 글자로, '밭'을 뜻한다.

읽기한자 墾田(간전) 漑田(개전) 藿田(곽전) 圭田(규전) 壁田(벽전) 甫田(보전) 狩田(수전) 蒐田(수전)
秧田(앙전) 沃田(옥전) 田螺(전라) 田閭(전려) 田畝(전묘) 田鼠(전서) 田狩(전수) 田疇(전주)
苔田(태전) 阪田(판전) 圃田(포전)

쓰기한자 京田(경전) 頃田(경전) 丹田(단전) 屯田(둔전) 鹽田(염전) 田畓(전답) 田獵(전렵) 田園(전원)
田地(전지) 火田(화전)

 5급Ⅱ **법 전:** 八 / 6 동 例, 律, 範, 法, 式, 籍

책(冊)을 두 손으로 받들고 있는(廾) 데서, 법을 기록한 책, '법'을 뜻한다.

읽기한자 典膳(전선) 典貼(전첩) 典庖(전포) 典廐(전구) 貼典(첩전) 墜典(추전)

쓰기한자 經典(경전) 古典(고전) 大典(대전) 法典(법전) 佛典(불전) 事典(사전) 辭典(사전) 上典(상전)
盛典(성전) 聖典(성전) 式典(식전) 藥典(약전) 原典(원전) 恩典(은전) 儀典(의전) 字典(자전)
典例(전례) 典範(전범) 典掌(전장) 典籍(전적) 典質(전질) 典型(전형) 祭典(제전) 祝典(축전)
出典(출전) 特典(특전)

傳 5급Ⅱ　　전할 **전**　人 / 11　약 伝

옛날 사람(亻)은 스승의 가르침을 오로지(專) 보고 듣고 배운 대로 전함을 사명으로 생각한 데서, '전하다'는 뜻이다.

읽기한자　迅傳(신전) 傳帖(전첩) 傳諷(전풍) 廚傳(주전)

쓰기한자　經傳(경전) 口傳(구전) 列傳(열전) 謬傳(유전) 宣傳(선전) 遺傳(유전) 傳記(전기) 傳單(전단)
傳達(전달) 傳導(전도) 傳來(전래) 傳令(전령) 傳馬(전마) 傳說(전설) 傳送(전송) 傳受(전수)
傳授(전수) 傳乘(전승) 傳承(전승) 傳言(전언) 傳染(전염) 傳統(전통) 傳播(전파) 遞傳(체전)
評傳(평전)

展 5급Ⅱ　　펄 **전:**　尸 / 7　동 舒

사람(尸)이 옷을 입고 누우면 옷(衣)이 펼쳐지는 데서, '펴다'는 뜻이다.

읽기한자　展牲(전생) 展舒(전서) 展采(전채) 披展(피전)

쓰기한자　國展(국전) 美展(미전) 發展(발전) 展開(전개) 展望(전망) 展墓(전묘) 展示(전시) 進展(진전)

戰 6급Ⅱ　　싸움 **전:**　戈 / 12　동 爭, 鬪　약 战, 戦

사람마다 한명씩(單) 창(戈)을 들고 있는 데서, '싸우다'는 뜻이다.

읽기한자　股戰(고전) 驕戰(교전) 搏戰(박전) 禦戰(어전) 戰悸(전계) 戰掉(전도) 戰慄(전율) 戰歿(전몰)
戰堡(전보) 戰鋒(전봉) 戰棚(전붕) 戰悚(전송) 戰捷(전첩) 戰惶(전황)

쓰기한자　開戰(개전) 激戰(격전) 觀戰(관전) 棋戰(기전) 挑戰(도전) 冷戰(냉전) 奮戰(분전) 善戰(선전)
舌戰(설전) 勝戰(승전) 逆戰(역전) 戰功(전공) 戰亂(전란) 戰略(전략) 戰列(전열) 戰犯(전범)
戰死(전사) 戰線(전선) 戰術(전술) 戰勝(전승) 戰友(전우) 戰雲(전운) 戰爭(전쟁) 戰鬪(전투)
戰艦(전함) 接戰(접전) 終戰(종전) 參戰(참전) 出戰(출전) 敗戰(패전) 抗戰(항전) 混戰(혼전)
休戰(휴전)

電 7급Ⅱ　　번개 **전:**　雨 / 5

비(雨)가 내릴 때 하늘에서 번쩍하고 빛이 퍼져(電=申) 나가는 데서, '번개'를 뜻한다.

읽기한자　閃電(섬전) 電戟(전극) 電抹(전말) 電瞥(전별) 電閃(전섬) 電馳(전치) 電泡(전포)

쓰기한자　感電(감전) 漏電(누전) 無電(무전) 發電(발전) 送電(송전) 電擊(전격) 電球(전구) 電氣(전기)
電燈(전등) 電流(전류) 電離(전리) 電報(전보) 電算(전산) 電逝(전서) 電送(전송) 電信(전신)
電壓(전압) 電源(전원) 電子(전자) 電磁(전자) 電池(전지) 電鐵(전철) 電蓄(전축) 電波(전파)
電話(전화) 節電(절전) 弔電(조전) 震電(진전) 祝電(축전) 蓄電(축전) 充電(충전) 打電(타전)
休電(휴전)

前 7급II 　　앞 **전** 刀 / 7 　반 後

밧줄로 묶어 멈추어(=止) 있는 배(月=舟)를 칼(刂)로 밧줄을 끊어 나아가게 하는 데서, 배가 나아가는 쪽의 뱃머리, '앞'을 뜻한다.

읽기한자 衙前(아전) 前呵(전가) 前矩(전구) 前膊(전박) 前鋒(전봉) 前忿(전분) 前膝(전슬) 前詣(전예) 前迹(전적) 前秦(전진)

쓰기한자 空前(공전) 靈前(영전) 目前(목전) 倍前(배전) 事前(사전) 式前(식전) 食前(식전) 如前(여전) 驛前(역전) 午前(오전) 以前(이전) 日前(일전) 前景(전경) 前過(전과) 前記(전기) 前略(전략) 前歷(전력) 前例(전례) 前文(전문) 前生(전생) 前線(전선) 前說(전설) 前室(전실) 前衛(전위) 前提(전제) 前奏(전주) 前職(전직) 前進(전진) 前妻(전처) 前哨(전초) 前篇(전편) 前後(전후) 從前(종전) 直前(직전)

全 7급II 　　온전 **전** 入 / 4 　동 完

귀한 옥(玉)을 입구(入)와 지키는 사람이 있는 창고에 보관하고 있는 데서, '온전하다'는 뜻이다.

읽기한자 全鰒(전복) 全癒(전유) 全豹(전표) 全渾(전혼)

쓰기한자 健全(건전) 保全(보전) 安全(안전) 穩全(온전) 瓦全(와전) 完全(완전) 全景(전경) 全國(전국) 全權(전권) 全能(전능) 全擔(전담) 全圖(전도) 全量(전량) 全力(전력) 全滅(전멸) 全貌(전모) 全無(전무) 全部(전부) 全書(전서) 全盛(전성) 全燒(전소) 全勝(전승) 全身(전신) 全額(전액) 全域(전역) 全員(전원) 全一(전일) 全載(전재) 全紙(전지) 全集(전집) 全體(전체) 全破(전파) 全敗(전패) 全篇(전편)

截 1급 　　끊을 **절** 戈 / 10 　동 斷

새(隹)를 창(戈)으로 조각조각 작게(小) 베는 모양에서, '끊다, 베다, 째다'는 뜻이다.

읽기한자 截句(절구) 截斷(절단) 截然(절연) 截破(절파) 隔截(격절) 斷截(단절) 剖截(부절) 掃截(소절) 直截(직절) 割截(할절)

竊 3급 　　훔칠 **절** 穴 / 17 　동 盜 　약 窃

짐승 또는 벌레(禼)가 구멍(穴)을 뚫고 들어와 쌀(米)을 훔쳐 빼내가는(丿) 것으로 '훔치다, 몰래'를 뜻한다.

읽기한자 攘竊(양절)

쓰기한자 竊據(절거) 竊念(절념) 竊盜(절도) 竊賊(절적) 竊脂(절지) 竊聽(절청) 竊取(절취)

折 4급 　　꺾을 **절** 手 / 4 　비 析 　동 挫

손(扌)에 든 도끼(斤)로 나무를 치는 데서, '꺾다, 부러뜨리다'는 뜻이다.

읽기한자 磬折(경절) 敲折(고절) 紐折(유절) 剖折(부절) 粹折(쇄절) 夭折(요절) 撓折(요절) 折肱(절굉) 折撚(절연) 折輻(절복) 折鋒(절봉) 折挫(절좌) 折肢(절지) 阻折(조절) 挫折(좌절)

쓰기한자 曲折(곡절) 骨折(골절) 屈折(굴절) 面折(면절) 半折(반절) 折骨(절골) 折半(절반) 折腰(절요) 折衝(절충) 折衷(절충)

絕

4급II　끊을 **절**　糸 / 6　동 斷　반 嗣

실(糸)로 묶은 마치 뱀이 똬리를 튼 모양의 매듭(巴)을 칼(刀)로 자른다는 데서, '끊다'는 뜻이다.

읽기한자　悶絕(민절) 隕絕(운절) 絕乏(절핍) 絕壑(절학) 絕亢(절항) 頹絕(퇴절)

쓰기한자　佳絕(가절) 拒絕(거절) 冠絕(관절) 根絕(근절) 氣絕(기절) 斷絕(단절) 不絕(부절) 謝絕(사절)
哀絕(애절) 義絕(의절) 絕景(절경) 絕交(절교) 絕句(절구) 絕叫(절규) 絕斷(절단) 絕對(절대)
絕糧(절량) 絕望(절망) 絕命(절명) 絕妙(절묘) 絕壁(절벽) 絕食(절식) 絕緣(절연) 絕頂(절정)
絕讚(절찬) 絕版(절판) 絕筆(절필) 絕絃(절현) 絕好(절호) 絕後(절후) 中絕(중절) 遮絕(차절)
悽絕(처절) 昏絕(혼절)

切

5급II　끊을 **절** / 온통 **체**　刀 / 2　동 斷

칼(刀)로 막대 봉을 자르는(七) 데서, '끊다'는 뜻이다. 또 그 끊어진 토막 모두를 지칭하는
데서, '온통'을 뜻한다.

읽기한자　切諫(절간) 切剝(절박) 凄切(처절) 楚切(초절)

쓰기한자　懇切(간절) 激切(격절) 規切(규절) 斷切(단절) 貸切(대절) 迫切(박절) 半切(반절)
時宜適切(시의적절) 哀切(애절) 一切(일체) 適切(적절) 切感(절감) 切開(절개) 切斷(절단)
切望(절망) 切迫(절박) 切上(절상) 切實(절실) 切切(절절) 切除(절제) 切親(절친) 切下(절하)
親切(친절) 痛切(통절) 品切(품절)

節

5급II　마디 **절**　竹 / 9　동 季　약 節

대나무(⺮)가 싹이 나면 곧(卽) 마디가 생기는 데서, '마디'를 뜻한다.

읽기한자　爽節(상절) 璽節(새절) 節嗇(절색) 節穿(절천) 節俠(절협) 節麾(절휘) 挺節(정절) 旌節(정절)
靖節(정절) 峻節(준절) 蒲節(포절) 麾節(휘절)

쓰기한자　佳節(가절) 慶節(경절) 季節(계절) 曲節(곡절) 關節(관절) 句節(구절) 氣節(기절) 令節(영절)
禮節(예절) 名節(명절) 變節(변절) 符節(부절) 使節(사절) 守節(수절) 時節(시절) 音節(음절)
節減(절감) 節介(절개) 節槪(절개) 節儉(절검) 節氣(절기) 節度(절도) 節目(절목) 節婦(절부)
節約(절약) 節電(절전) 節制(절제) 節操(절조) 節次(절차) 貞節(정절) 調節(조절) 忠節(충절)

粘

1급　붙을 **점**　米 / 5　동 着

미곡(米) 가루를 손가락으로 집을(占＝拈) 때 느껴지는 차진 기운에서, '붙다, 차지다'는
뜻이다.

읽기한자　粘塊(점괴) 粘膜(점막) 粘液(점액) 粘着(점착) 粘綴(점철) 粘土(점토)

霑

1급　젖을 **점**　雨 / 8　동 潤, 洽

비(雨)가 점점이(沾＝點) 떨어져 내려 만물을 적시는 데서, '적시다, 젖다'는 뜻이다.

읽기한자　霑灑(점쇄) 霑汚(점오) 霑潤(점윤) 霑醉(점취) 霑被(점피) 霑汗(점한) 均霑(균점) 露霑(노점)
淚霑(누점) 普霑(보점) 潤霑(윤점)

漸　3급Ⅱ　점점 **점:**　水 / 11

빗물(氵)이 끊어지면(斬) 강물이 점점 줄어드는 데서, '점점'을 뜻한다.

✏️ 쓰기한자　漸減(점감) 漸騰(점등) 漸染(점염) 漸增(점증) 漸進(점진) 漸次(점차)

點　4급　점 **점(:)**　黑 / 5　약 点, 夿

먹물(黑)이 종이의 한 부분을 차지하는(占) 데서, '점찍다, 점'을 뜻한다.

✏️ 읽기한자　斑點(반점) 點勘(점감) 點描(점묘) 點睛(점정) 點註(점주) 點綴(점철) 點瑕(점하) 嗤點(치점)

✏️ 쓰기한자　角點(각점) 減點(감점) 據點(거점) 缺點(결점) 更點(경점) 觀點(관점) 極點(극점) 起點(기점) 短點(단점) 零點(영점) 利點(이점) 盲點(맹점) 罰點(벌점) 批點(비점) 氷點(빙점) 視點(시점) 弱點(약점) 汚點(오점) 要點(요점) 爭點(쟁점) 點檢(점검) 點滅(점멸) 點數(점수) 點心(점심) 點點(점점) 點呼(점호) 點火(점화) 接點(접점) 採點(채점) 焦點(초점) 打點(타점) 評點(평점) 虛點(허점)

占　4급　점령할 **점:** / 점칠 **점**　卜 / 3

입(口)으로 중얼대며 길흉을 점치는(卜) 데서, '점치다'는 뜻이다. 또, 땅(口)을 차지하려고 깃대(卜)를 꽂는 데서, '점령하다'는 뜻이다.

✏️ 읽기한자　占卦(점괘)

✏️ 쓰기한자　寡占(과점) 龜占(귀점) 獨占(독점) 買占(매점) 先占(선점) 占居(점거) 占據(점거) 占領(점령) 占術(점술) 占用(점용) 占有(점유) 兆占(조점) 強占(강점)

店　5급Ⅱ　가게 **점:**　广 / 5　동 鋪

점(占)칠 때 여러 가지를 늘어놓으며 이야기하듯이 집(广)에 여러 가지 물품을 갖추고 파는 데서, '가게'를 뜻한다.

✏️ 읽기한자　坊店(방점) 邸店(저점)

✏️ 쓰기한자　開店(개점) 客店(객점) 連鎖店(연쇄점) 露店(노점) 賣店(매점) 飯店(반점) 本店(본점) 分店(분점) 商店(상점) 書店(서점) 店頭(점두) 店員(점원) 店鋪(점포) 酒店(주점) 支店(지점) 閉店(폐점)

蝶　3급　나비 **접**　虫 / 9

초목(木)의 잎사귀(世)를 찾는 벌레(虫)의 하나라는 데서, '나비'를 뜻한다.

✏️ 읽기한자　鶯蝶(앵접) 蝶簪(접잠)

✏️ 쓰기한자　蝶夢(접몽) 蝶泳(접영) 孤蝶(고접) 蜂蝶(봉접) 花蝶(화접) 黃蝶(황접) 胡蝶(호접)

接 4급II 이을 **접** 手 / 8 图續

옛날 관청에서 노예를 표시하는 문신을(辛) 한 여자(女)는 관원이 마음대로 손(扌)을 잡을 수 있었다는 데서, '잇다, 접하다'는 뜻이다.

읽기한자 覲接(근접) 鱗接(인접) 陪接(배접) 鎔接(용접) 寓接(우접) 奠接(전접) 接膝(접슬) 接町(접정) 接踵(접종) 踵接(종접) 晋接(진접)

쓰기한자 間接(간접) 居接(거접) 交接(교접) 近接(근접) 待接(대접) 隣接(인접) 面接(면접) 密接(밀접) 新接(신접) 迎接(영접) 應接(응접) 引接(인접) 接見(접견) 接境(접경) 接骨(접골) 接近(접근) 接待(접대) 接木(접목) 接線(접선) 接續(접속) 接受(접수) 接收(접수) 接戰(접전) 接點(접점) 接種(접종) 接着(접착) 接觸(접촉) 接合(접합) 直接(직접)

幀 1급 그림족자 **정** 巾 / 9

벽에 걸거나 말아 둘 수 있도록 양 끝에 가름대를 대고 표구한 그림, '그림 족자'를 뜻한다.

읽기한자 影幀(영정) 裝幀(장정) 幀畫(탱화)

睛 1급 눈동자 **정** 目 / 8

눈(目)의 파랗게 맑은(靑) 부분으로, '눈동자'를 뜻한다.

읽기한자 瞳睛(동정) 方睛(방정) 白睛(백정) 眼睛(안정) 點睛(점정) 橫睛(횡정) 黑睛(흑정)

碇 1급 닻 **정** 石 / 8

배를 정한(定) 위치에 머물러 두게 하는 돌(石)에서, '닻'을 뜻한다.

읽기한자 碇泊(정박) 碇宿(정숙) 擧碇(거정)

錠 1급 덩이 **정** 金 / 8

안정감(定)이 있는 금속제(金)의 '제기(祭器)'를 뜻한다. 또, 작게 뭉쳐서 이루어진 것으로, '덩이'라는 뜻이다.

읽기한자 銀錠(은정)

釘 1급 못 **정** 金 / 2

쇠붙이(金)로 만든 못(丁)에서, '못'을 뜻한다.

읽기한자 釘頭(정두) 撞釘(당정) 拔釘(발정) 銀釘(은정)

町 1급 밭두둑 **정** 田 / 2 图畦

논밭(田)의 경계에 못처럼 박힌(丁) 두둑 길에서, '밭두둑'을 뜻한다.

읽기한자 町米(정미) 町步(정보) 鉤町(구정) 接町(접정)

挺 1급 빼어날 **정** 手 / 7 통 傑, 拔, 秀

손(扌)으로 좋은 것을 뽑아내는(廷) 데서, '뽑다, 빼다, 빼어나다, 뛰어나다'는 뜻이다.

읽기한자 挺傑(정걸) 挺立(정립) 挺拔(정발) 挺秀(정수) 挺身(정신) 挺然(정연) 挺爭(정쟁) 挺節(정절) 挺出(정출) 挺特(정특) 寄挺(기정) 茂挺(무정) 秀挺(수정) 英挺(영정) 峻挺(준정) 天挺(천정) 特挺(특정) 標挺(표정)

酊 1급 술취할 **정** 酉 / 2

술(酉)을 마시고 있는 장정(丁)의 모양에서, '술취하다'는 뜻이다.

읽기한자 酩酊(명정) 酒酊(주정)

靖 1급 편안할 **정(:)** 靑 / 5 통 安

조용히(靑=靜) 서는(立) 것에서, '편안하다'는 뜻이다.

읽기한자 靖嘉(정가) 靖共(정공) 靖難(정난) 靖邊(정변) 靖節(정절) 靖獻(정헌) 嘉靖(가정) 簞靖(단정) 寧靖(영정) 底靖(저정) 淸靖(청정) 閑靖(한정)

穽 1급 함정 **정** 穴 / 4

우물(井)처럼 움푹 파인 구덩이(穴)에서, '함정'을 뜻한다.

읽기한자 穽陷(정함) 深穽(심정) 墜穽(추정) 陷穽(함정) 檻穽(함정) 虛穽(허정)

楨 2급(名) 광나무 **정** 木 / 9

곧은(貞) 나무(木)로, '광나무'를 뜻한다. 광나무는 담을 칠 때 근본이 되는 중요한 나무인 데서, '근본, 人材'의 뜻이 파생되었다.

읽기한자 家楨(가정) 國楨(국정) 基楨(기정)

旌 2급(名) 기 **정** 方 / 7 통 旗

깃대(㫃)와 깃대의 장식(生)을 본뜬 것으로, '기'를 뜻한다. 본래 旌은 벼슬아치만이 사용할 수 있었던 데서, '표창하다'는 뜻이 파생되었다.

읽기한자 旌鼓(정고) 旌旗(정기) 旌勞(정로) 旌門(정문) 旌賞(정상) 旌善(정선) 旌揚(정양) 旌節(정절) 弧旌(호정) 麾旌(휘정)

鄭 2급(名) 나라 **정:** 邑 / 12

제사지낼(奠) 때는 점잖고 무게있게 행동하므로, '정중하다'는 뜻이다. 본래 나라이름이었기로 고을(阝)이 붙어 있다. 주로 姓氏로 쓰인다.

읽기한자 鄭聲(정성) 鄭重(정중) 鄭澈(정철) 鄭玄(정현)

呈 | 2급 | 드릴 **정** | 口 / 4

北方(壬)은 임금 계신 곳이다. 임금(壬)에게 말(口)한다는 데서, '드러내다'를, 임금(壬)에게 입(口)에 맞는 음식을 올린다는 데서, '드리다'는 뜻이다.

읽기한자 呈媚(정미) 牒呈(첩정)

쓰기한자 敬呈(경정) 謹呈(근정) 露呈(노정) 拜呈(배정) 奉呈(봉정) 呈納(정납) 呈上(정상) 呈訴(정소)
呈送(정송) 呈示(정시) 贈呈(증정) 進呈(진정) 獻呈(헌정)

晶 | 2급(名) | 맑을 **정** | 日 / 8

반짝 반짝 빛나는 별을 본뜬 글자로, '밝다, 맑다'는 뜻이다. 또 맑다는 데서, '수정'의 뜻이 파생되었다.

읽기한자 水晶(수정) 晶光(정광) 晶耀(정요)

汀 | 2급(名) | 물가 **정** | 水 / 2

물(氵)의 움직임이 못(丁)을 친 물건이 움직이지 않듯 잔잔해져 오는 곳으로, '물가'를 뜻한다.

읽기한자 蘆汀(노정) 汀蘭(정란) 汀沙(정사) 汀岸(정안) 汀澄(정형)

艇 | 2급 | 배 **정** | 舟 / 7

배(舟)가 마당(廷)처럼 편편하게 생긴 데서, '거룻배, 배'를 뜻한다.

읽기한자 漕艇(조정)

쓰기한자 競艇(경정) 小艇(소정) 艦艇(함정)

禎 | 2급(名) | 상서로울 **정** | 示 / 9 | 图 祥

신(示)의 뜻을 점쳐(貞) 알고 그대로 행하면 복이 온다는 데서, '복, 상서롭다'는 뜻이다.

읽기한자 祥禎(상정) 禎祥(정상) 禎瑞(정서) 禎闡(정천)

鼎 | 2급(名) | 솥 **정** | 鼎 / 0

세 발과 두 귀가 달려있는 솥을 그린 것으로, '솥'을 뜻한다. 솥을 지탱하고 있는 세발이 중요한 의미 요소로 사용되어 三公, 三國의 비유로 쓰이고 세발(삼공)의 보필을 받는 솥(帝王)의 비유로 쓰이기도 한다.

읽기한자 鵠鼎(곡정) 九鼎(구정) 釜鼎(부정) 沸鼎(비정) 鼎談(정담) 鼎立(정립) 鼎銘(정명) 鼎分(정분)
鼎沸(정비) 鼎席(정석) 鼎業(정업) 鼎足(정족) 讒鼎(참정)

偵 2급 　염탐할 **정**　人 / 9　旨 探

남(亻)의 비밀을 몰래 살피는(貞) 데서, '엿보다, 염탐하다'는 뜻이다.

읽기한자　偵邏(정라)

쓰기한자　密偵(밀정) 偵客(정객) 偵察(정찰) 偵探(정탐) 探偵(탐정)

珽 2급(名)　옥이름 **정**　玉 / 7

조정(廷)에서 쓰이는 옥(王)으로 옥홀을 나타낸다.

읽기한자　玉珽(옥정)

訂 3급　바로잡을 **정**　言 / 2

못을 쳐서 물체를 고정시키듯(丁) 말(言)로 잘못을 치는 데서, '바로잡다'는 뜻이다.

읽기한자　訂頑(정완)

쓰기한자　改訂(개정) 校訂(교정) 修訂(수정) 訂定(정정) 訂正(정정)

貞 3급Ⅱ　곧을 **정**　貝 / 2　旨 直

갑골로 점치는(貞) 사람은 마음이 곧아야 올바른 점괘를 얻어 올바로 풀이할 수 있다는 데서, '곧다'는 뜻이다.

읽기한자　貞勁(정경) 貞粹(정수) 貞醇(정순) 貞婉(정완)

쓰기한자　童貞(동정) 不貞(부정) 貞潔(정결) 貞烈(정렬) 貞淑(정숙) 貞節(정절) 貞操(정조) 貞察(정찰)

淨 3급Ⅱ　깨끗할 **정**　水 / 8　旨 潔　반 穢　약 浄

계곡의 물(氵)이 어울려 다투며(爭) 흐르는 데서, '깨끗하다'는 뜻이다.

읽기한자　拭淨(식정) 淨几(정궤) 淨淘(정도) 澄淨(징정)

쓰기한자　不淨(부정) 淨潔(정결) 淨捨(정사) 淨書(정서) 淨水(정수) 淨土(정토) 淨化(정화) 清淨(청정)

井 3급Ⅱ　우물 **정(:)**　二 / 2

우물(井)의 둘레에 두른 난간의 모양을 본뜬 것으로, '우물'을 뜻한다.

읽기한자　橘井(귤정) 閭井(여정) 井臼(정구) 藻井(조정) 浚井(준정) 鑿井(착정)

쓰기한자　甘井(감정) 井然(정연) 井華水(정화수)

頂 3급Ⅱ　정수리 **정**　頁 / 2

못(丁)의 머리(頁)에서, '꼭대기'를 뜻한다.

쓰기한자　登頂(등정) 路頂(노정) 山頂(산정) 絶頂(절정) 頂上(정상) 頂點(정점)

亭 | 3급Ⅱ | 정자 **정** | 亠 / 7

높게(高) 고무래 모양의 기둥(丁)을 세워서 지은 건물로, '정자'를 뜻한다.

- 읽기한자 　柯亭(가정)
- 쓰기한자 　料亭(요정) 驛亭(역정) 亭子(정자)

廷 | 3급Ⅱ | 조정 **정** | 廴 / 4 | 비 延

일을 맡은(壬) 사람들이, 천천히 걸으며(廴) 심사숙고하여 일을 처리하는 곳에서, '조정'을 뜻한다.

- 쓰기한자 　開廷(개정) 闕廷(궐정) 法廷(법정) 廷論(정론) 廷吏(정리) 朝廷(조정) 出廷(출정) 退廷(퇴정) 閉廷(폐정) 休廷(휴정)

征 | 3급Ⅱ | 칠 **정** | 彳 / 5 | 동 伐

적의 그릇됨을 바로잡기(正) 위해 군대를 동원하여 나아가는(彳) 데서, '치다'는 뜻이다.

- 읽기한자 　宵征(소정) 征帆(정범) 征鞍(정안) 征誅(정주) 彙征(휘정)
- 쓰기한자 　遠征(원정) 長征(장정) 征途(정도) 征伐(정벌) 征服(정복) 征夫(정부) 征人(정인) 出征(출정)

整 | 4급 | 가지런할 **정:** | 攴 / 12 | 동 頓, 齊

땔감을 꼭 매고(束) 튀어나온 데를 탕탕 두드려(攵) 바르게(正) 정리하는 데서, '가지런하다'는 뜻이다.

- 읽기한자 　整襟(정금) 整頓(정돈) 整勒(정륵)
- 쓰기한자 　補整(보정) 修整(수정) 整列(정렬) 整理(정리) 整備(정비) 整齊(정제) 整地(정지) 調整(조정)

丁 | 4급 | 고무래 / 장정 **정** | 一 / 1

못의 모양을 본떠, '못'을 뜻한다. 또, 고무래모양과 같고, 고무래질하는 장정에서 '고무래, 장정'의 뜻이 나왔다.

- 읽기한자 　轎丁(교정) 禿丁(독정) 丁艱(정간) 庖丁(포정)
- 쓰기한자 　白丁(백정) 兵丁(병정) 園丁(원정) 壯丁(장정) 丁男(정남) 丁憂(정우)

靜 | 4급 | 고요할 **정** | 靑 / 8 | 동 謐, 寂 | 약 静

나무들이 푸름(靑)을 다투는(爭) 것은 고요한 가운데 이루어진다는 데서, '고요하다'는 뜻이다.

- 읽기한자 　澹靜(담정) 靜嘉(정가) 靜謐(정밀) 靜晏(정안) 靜躁(정조) 躁靜(조정) 沖靜(충정)
- 쓰기한자 　動靜(동정) 冷靜(냉정) 安靜(안정) 靜觀(정관) 靜脈(정맥) 靜物(정물) 靜淑(정숙) 靜肅(정숙) 靜養(정양) 靜寂(정적) 靜的(정적) 靜坐(정좌) 靜止(정지) 鎭靜(진정) 平靜(평정)

政 4급II　정사(政事) 정　攴 / 5
나쁜 부분을 채찍으로 때려서(攵) 고치고 올바른(正) 행동을 하게끔 하는 데서, '다스리다, 정사(政事)'를 뜻한다.

읽기한자　稼政(가정) 苛政(가정) 謗政(방정) 秕政(비정) 觴政(상정) 倭政(왜정) 政樞(정추)

쓰기한자　家政(가정) 國政(국정) 農政(농정) 亂政(난정) 臨政(임정) 攝政(섭정) 施政(시정) 王政(왕정)
財政(재정) 政綱(정강) 政見(정견) 政經(정경) 政局(정국) 政權(정권) 政黨(정당) 政略(정략)
政府(정부) 政事(정사) 政敵(정적) 政策(정책) 政治(정치) 政派(정파) 政訓(정훈) 帝政(제정)
親政(친정) 暴政(폭정) 虐政(학정) 憲政(헌정) 惠政(혜정)

精 4급II　정할 정　米 / 8　반 粗
푸른(靑) 빛이 감돌 정도로 찧고 쓿은 쌀(米)이 맑고 깨끗하다는 데서, '정하다'는 뜻이다.

읽기한자　搗精(도정) 精虔(정건) 精勁(정경) 精芒(정망) 精魄(정백) 精爽(정상) 精髓(정수) 精悉(정실)
精奧(정오) 精蘊(정온) 精鑿(정착) 精翠(정취) 精緻(정치) 精辦(정판) 精悍(정한) 精洽(정흡)

쓰기한자　甘精(감정) 尿精(요정) 夢精(몽정) 射精(사정) 受精(수정) 授精(수정) 妖精(요정) 精潔(정결)
精巧(정교) 精氣(정기) 精讀(정독) 精力(정력) 精靈(정령) 精麥(정맥) 精密(정밀) 精白(정백)
精兵(정병) 精算(정산) 精選(정선) 精誠(정성) 精細(정세) 精神(정신) 精液(정액) 精銳(정예)
精油(정유) 精子(정자) 精製(정제) 精進(정진) 精通(정통) 精華(정화) 精確(정확) 酒精(주정)

程 4급II　한도 / 길[道] 정　禾 / 7
벼(禾)의 성장 정도를 나타낸다(呈)는 데서, '정도, 한도'를 뜻한다. 또, '길'의 뜻을 나타낸다.

읽기한자　倦程(권정)

쓰기한자　客程(객정) 工程(공정) 科程(과정) 課程(과정) 過程(과정) 規程(규정) 道程(도정) 登程(등정)
旅程(여정) 歷程(역정) 路程(노정) 射程(사정) 上程(상정) 日程(일정) 章程(장정) 程度(정도)
程道(정도)

情 5급II　뜻 정　心 / 8　동 意, 誼
마음(忄)이 푸른(靑) 하늘, 푸른 나무 같이 생명력 있고 깨끗하다는 데서, '정'을 뜻한다.

읽기한자　紐情(유정) 撫情(무정) 抒情(서정) 舒情(서정) 艶情(염정) 情攪(정교) 情嗜(정기) 情疎(정소)
情誼(정의) 情癡(정치) 癡情(치정) 劾情(핵정) 宦情(환정)

쓰기한자　激情(격정) 旅情(여정) 戀情(연정) 母情(모정) 薄情(박정) 性情(성정) 實情(실정) 心情(심정)
熱情(열정) 友情(우정) 人情(인정) 敵情(적정) 情感(정감) 情報(정보) 情分(정분) 情緒(정서)
情熱(정열) 情操(정조) 情趣(정취) 情表(정표) 情況(정황) 眞情(진정) 陳情(진정) 忠情(충정)
衷情(충정) 探情(탐정) 通情(통정) 表情(표정) 下情(하정)

자

停 5급 머무를 **정** 人 / 9 등 留, 住, 駐, 止

사람(亻)이 정자(亭)에 올라 쉬는 데서, '머물다'는 뜻이다.

 읽기한자 勒停(늑정) 槃停(반정) 停頓(정돈) 停輦(정련) 停匙(정시)

쓰기한자 居停(거정) 停刊(정간) 停車(정차) 停年(정년) 停戰(정전) 停電(정전) 停駐(정주) 停止(정지)
停滯(정체) 停學(정학) 停會(정회) 調停(조정)

庭 6급Ⅱ 뜰 **정** 广 / 7

집(广)에서 젊어진(壬) 일을 생각하며 천천히 걸으며(廴) 노니는 곳에서, '뜰'을 뜻한다.

읽기한자 虜庭(노정) 椿庭(춘정)

쓰기한자 家庭(가정) 校庭(교정) 宮庭(궁정) 庭球(정구) 庭園(정원) 親庭(친정)

定 6급 정할 **정:** 宀 / 5 약 㝎

집(宀) 안의 한 쪽에 자리를 잡고 움직이지(疋) 않는 데서, '정하다'는 뜻이다.

읽기한자 勘定(감정) 剋定(극정) 釐定(이정) 刪定(산정) 剪定(전정) 欽定(흠정)

쓰기한자 鑑定(감정) 改定(개정) 計定(계정) 國定(국정) 肯定(긍정) 否定(부정) 算定(산정) 設定(설정)
約定(약정) 酌定(작정) 裁定(재정) 定款(정관) 定例(정례) 定理(정리) 定立(정립) 定算(정산)
定食(정식) 定額(정액) 訂定(정정) 定礎(정초) 定評(정평) 定型(정형) 定婚(정혼) 制定(제정)
策定(책정) 推定(추정) 特定(특정) 判定(판정) 限定(한정) 協定(협정) 確定(확정) 劃定(획정)

正 7급Ⅱ 바를 **정(:)** 止 / 1 등 匡, 方, 直 반 誤, 邪, 僞, 副, 反

오랑캐의 나라(一=口)를 향해 걸어 나아가는(止) 데서, '치다'는 뜻이다. 나아가 그 일은
올바르고 마땅하다는 데서, '바르다'는 뜻이다.

읽기한자 諫正(간정) 梗正(경정) 廓正(확정) 匡正(광정) 董正(동정) 釐正(이정) 駁正(박정) 殷正(은정)
正諫(정간) 正鵠(정곡) 正匡(정광) 正臘(정랍) 正衙(정아) 正梢(정초) 叱正(질정) 楷正(해정)

쓰기한자 剛正(강정) 改正(개정) 更正(경정) 矯正(교정) 糾正(규정) 端正(단정) 反正(반정) 方正(방정)
司正(사정) 査正(사정) 肅正(숙정) 是正(시정) 嚴正(엄정) 子正(자정) 適正(적정) 正刻(정각)
正官(정관) 正當(정당) 正道(정도) 正史(정사) 正常(정상) 正室(정실) 正午(정오) 正義(정의)
正裝(정장) 訂正(정정) 正直(정직) 正初(정초) 正統(정통) 正弦(정현) 正確(정확) 中正(중정)
衷正(충정) 賀正(하정)

悌 1급 공손할 **제:** 心 / 7

형에 대한 아우(弟)의 마음(忄)으로, '공손하다'는 뜻이다.

읽기한자 悌友(제우) 悌弟(제제) 謹悌(근제) 不悌(부제) 友悌(우제) 長悌(장제) 和悌(화제)

蹄 1급 　　　굽 **제** 　足 / 9

발(足) 가락이 하나로 뭉쳐진(帝) 것으로, '발굽'을 뜻한다.

읽기한자 蹄鐵(제철) 輕蹄(경제) 單蹄(단제) 馬蹄(마제) 獸蹄(수제) 牛蹄(우제) 枝蹄(지제) 鐵蹄(철제)
駝蹄(타제) 侯蹄(후제)

梯 1급 　　　사다리 **제** 　木 / 7

순서(弟)를 밟아 오르내리는 나무(木)로 만든 물건에서, '사다리'를 뜻한다.

읽기한자 梯階(제계) 梯索(제삭) 梯衝(제충) 梯航(제항) 梯形(제형) 階梯(계제) 突梯(돌제) 飛梯(비제)
雲梯(운제) 罪梯(죄제) 懸梯(현제)

啼 1급 　　　울 **제** 　口 / 9 　동 哭, 泣

아이고아이고(帝는 의성어) 우는 소리를 내는(口) 데서, '울다'는 뜻이다.

읽기한자 啼哭(제곡) 啼眉(제미) 啼泣(제읍) 啼粧(제장) 啼鳥(제조) 啼血(제혈) 悲啼(비제) 愁啼(수제)
深啼(심제) 含啼(함제)

劑 2급 　　　약제 **제** 　刀 / 14 　약 剤

약초 등의 약재를 칼(刂)로 가지런히(齊) 썰어서 조제한 약으로, '약제'를 뜻한다.

읽기한자 劫劑(겁제) 膏劑(고제) 臘劑(납제) 瀉劑(사제) 澁劑(삽제) 漿劑(장제) 煎劑(전제) 錠劑(정제)
擦劑(찰제)
쓰기한자 防腐劑(방부제) 洗劑(세제) 藥劑(약제) 營養劑(영양제) 製劑(제제) 調劑(조제) 湯劑(탕제)
丸劑(환제)

堤 3급 　　　둑 **제** 　土 / 9 　비 提 　반 堰

흙(土)을 제대로(是) 쌓아 물을 막는 데서, '둑'을 뜻한다.

읽기한자 堰堤(언제) 堤塘(제당)
쓰기한자 防潮堤(방조제) 防波堤(방파제) 堤防(제방)

齊 3급II 　　　가지런할 **제** 　齊 / 0 　동 整 　약 斉

곡물의 이삭이 가지런하게 자라난 모양을 본뜬 글자로, '가지런하다'는 뜻이다.

읽기한자 齊禱(제도) 齊慄(제율)
쓰기한자 一齊(일제) 整齊(정제) 齊家(제가) 齊唱(제창)

諸 3급Ⅱ 　　모두 **제** 言 / 9

말씀(言)을 모으는(者) 데서, '모두'를 뜻한다. 또 어조사로 쓰인다.

🖌️ **읽기한자** 諸昆(제곤) 諸蕃(제번) 諸藩(제번) 諸彦(제언) 諸酋(제추)

🖌️ **쓰기한자** 諸國(제국) 諸君(제군) 諸般(제반) 諸氏(제씨) 諸員(제원) 諸位(제위) 諸賢(제현) 諸侯(제후)
忽諸(홀저) 居諸(거저)

帝 4급 　　임금 **제:** 巾 / 6 　동 王

나무를 엮어 만든 제단을 본뜬 글자로, 하늘에 지내는 제사는 황제만이 할 수 있었던 데서, '임금'을 뜻한다.

🖌️ **읽기한자** 帝輦(제련) 帝宸(제신) 帝祉(제지)

🖌️ **쓰기한자** 反帝(반제) 日帝(일제) 帝王(제왕) 帝位(제위) 帝政(제정) 帝姬(제희) 天帝(천제) 稱帝(칭제)
皇帝(황제)

濟 4급Ⅱ 　　건널 **제:** 水 / 14 　약 済

물(氵)을 여럿이 줄 지어 가지런한(齊) 모양으로 같이 건너고 건너게 돕는 데서, '건너다,
빠진 사람을 건지다, 돕다'는 뜻이다.

🖌️ **읽기한자** 匡濟(광제)

🖌️ **쓰기한자** 決濟(결제) 經濟(경제) 共濟(공제) 救濟(구제) 未濟(미제) 辨濟(변제) 濟度(제도) 濟美(제미)
濟民(제민) 濟世(제세) 弘濟(홍제)

提 4급Ⅱ 　　끌 **제** 手 / 9 　비 堤

물건을 손(扌)으로 바르게(是) 잡아끄는 데서, '끌다'는 뜻이다.

🖌️ **읽기한자** 菩提(보리) 菩提樹(보리수) 嬰提(영제) 提腕(제완) 闡提(천제) 槌提(퇴제)

🖌️ **쓰기한자** 前提(전제) 提高(제고) 提供(제공) 提起(제기) 提督(제독) 提訴(제소) 提示(제시) 提案(제안)
提言(제언) 提議(제의) 提唱(제창) 提請(제청) 提出(제출) 提携(제휴)

除 4급Ⅱ 　　덜 **제** 阜 / 7 　동 減

길에 흙이 남아(余) 돌아 언덕(阝)을 이루듯 쌓이는 것을 치워 버리는 데서, '덜다'는 뜻이다.

🖌️ **읽기한자** 糞除(분제) 攘除(양제) 除糞(제분) 除剪(제전) 懺除(참제)

🖌️ **쓰기한자** 加除(가제) 建除(건제) 免除(면제) 防除(방제) 排除(배제) 削除(삭제) 掃除(소제) 切除(절제)
除去(제거) 除隊(제대) 除毒(제독) 除幕(제막) 除名(제명) 除番(제번) 除法(제법) 除服(제복)
除雪(제설) 除授(제수) 除夜(제야) 除外(제외) 除籍(제적) 除草(제초) 解除(해제)

制 4급Ⅱ 절제할 **제:** 刀 / 6

툭 튀어 나온 나뭇가지와 나무줄기(未)를 칼(刂)로 알맞게 자르는 데서, '절제하다'는 뜻이다.

읽기한자 劫制(겁제) 馴制(순제) 制撫(제무) 制煞(제살) 制馭(제어) 制詔(제조) 制撰(제찬) 制勅(제칙)
緘制(함제)

쓰기한자 建制(건제) 牽制(견제) 結制(결제) 京制(경제) 官制(관제) 規制(규제) 法制(법제) 服制(복제)
稅制(세제) 抑制(억제) 自制(자제) 專制(전제) 節制(절제) 制度(제도) 制動(제동) 制服(제복)
制書(제서) 制壓(제압) 制約(제약) 制御(제어) 制裁(제재) 制定(제정) 制止(제지) 制霸(제패)
制限(제한) 制憲(제헌) 創制(창제) 體制(체제) 統制(통제) 編制(편제) 學制(학제) 强制(강제)

祭 4급Ⅱ 제사 **제:** 示 / 6 [동] 祀

제단(示) 위에 손(又)으로 고기(月)를 올려놓는 데서, '제사'를 뜻한다.

읽기한자 臘祭(납제) 燎祭(요제) 賻祭(부제) 祠祭(사제) 祭奠(제전) 祭饗(제향)

쓰기한자 忌祭(기제) 司祭(사제) 時祭(시제) 祭官(제관) 祭器(제기) 祭壇(제단) 祭禮(제례) 祭文(제문)
祭物(제물) 祭服(제복) 祭祀(제사) 祭需(제수) 祭典(제전) 祭主(제주) 祭酒(제주) 祭天(제천)
祭祝(제축) 祭享(제향) 祝祭(축제)

際 4급Ⅱ 즈음 / 가[邊] **제:** 阜 / 11

제사(祭)를 지내는 언덕(阝)이 서로 맞닿은 데를 가리켜 '가', 중대사를 치를 즈음에는 언덕에
서 제사를 지내는 데서, '즈음', 제사 지내면서 많은 사람을 사귀는 데서, '사귀다'는 뜻이다.

읽기한자 垠際(은제) 遭際(조제)

쓰기한자 交際(교제) 國際(국제) 實際(실제) 際涯(제애) 際遇(제우) 際會(제회) 此際(차제)

製 4급Ⅱ 지을 **제:** 衣 / 8 [동] 作, 造

나뭇가지를 칼로 알맞게 쳐내듯(制) 옷(衣)감을 알맞게 잘라 옷을 만드는 데서, '짓다, 만
들다'는 뜻이다.

읽기한자 剝製(박제) 擬製(의제) 製絨(제융)

쓰기한자 木製(목제) 美製(미제) 複製(복제) 私製(사제) 手製(수제) 外製(외제) 銀製(은제) 再製(재제)
精製(정제) 製鋼(제강) 製菓(제과) 製糖(제당) 製圖(제도) 製鍊(제련) 製本(제본) 製粉(제분)
製氷(제빙) 製絲(제사) 製藥(제약) 製作(제작) 製材(제재) 製劑(제제) 製造(제조) 製紙(제지)
製鐵(제철) 製品(제품) 調製(조제) 創製(창제) 鐵製(철제) 特製(특제)

題 6급Ⅱ 제목 **제** 頁 / 9 [동] 目

머리(頁)의 반듯한(是) 부분에서, '이마'를 뜻한다. 이마는 이목구비의 출발점인 데서, 글의
출발점인 '제목'을 뜻한다.

읽기한자 題跋(제발) 籤題(첨제) 扁題(편제)

쓰기한자 改題(개제) 課題(과제) 難題(난제) 例題(예제) 論題(논제) 命題(명제) 無題(무제) 問題(문제)
賦題(부제) 宿題(숙제) 時題(시제) 詩題(시제) 演題(연제) 豫題(예제) 原題(원제) 議題(의제)
題名(제명) 題目(제목) 題詩(제시) 題額(제액) 題言(제언) 題字(제자) 題品(제품) 題號(제호)
題畫(제화) 主題(주제) 出題(출제) 破題(파제) 標題(표제) 表題(표제) 解題(해제) 話題(화제)

第 6급Ⅱ　　차례 **제**: 竹 / 5　비 弟　동 次, 宅

대(竹)나무를 말아 올라간 풀줄기의 아래 꼬리 모양(弟)으로, 사물의 순서를 보인 것으로, '차례'를 뜻한다.

읽기한자　邸第(저제) 擢第(탁제)

쓰기한자　及第(급제) 等第(등제) 落第(낙제) 第舍(제사) 第一(제일) 第宅(제택) 次第(차제) 鄕第(향제)

弟 8급　　아우 **제**: 弓 / 4　비 第　반 兄, 昆

땅(丿) 속에 박힌 말뚝(丫)에 새끼줄을 차례차례 감은(弓) 모양을 그린 글자로, '차례'를 뜻하나 뒤에 머리(ㆍ)를 땋고 활(弓)을 들고 노는 사람(人), '아우'의 뜻으로 바뀌었다.

읽기한자　昆弟(곤제) 舅弟(구제) 遜弟(손제) 弟昆(제곤) 悌弟(제제)

쓰기한자　師弟(사제) 愚弟(우제) 子弟(자제) 弟子(제자) 妻弟(처제) 兄弟(형제)

粗 1급　　거칠 **조**: 米 / 5　비 租　동 澁

성기어(且=疏) 차지지 않은 쌀(米)에서, '거칠다'는 뜻이다.

읽기한자　粗功(조공) 粗痰(조담) 粗澹(조담) 粗米(조미) 粗粕(조박) 粗惡(조악) 粗雜(조잡) 粗醜(조추) 粗通(조통) 粗暴(조포) 粗忽(조홀)

繰 1급　　고치 켤 **조**: 糸 / 13

繅와 同字로, 고치(巢)에서 실(糸)을 뽑아내는 것으로, '고치 켜다'는 뜻이다.

읽기한자　繰綿(조면) 繰絲(조사) 繰言(조언) 繰替(조체) 繰出(조출) 再繰(재조) 鑄繰(주조)

槽 1급　　구유 **조**: 木 / 11　동 櫪

마주 향한 두 쌍(棘)의 面이 있는 사각형의 나무(木) 통으로, 말과 소의 먹이를 담는 통인 '구유'를 뜻한다.

읽기한자　槽廠(조창) 架槽(가조) 檀槽(단조) 馬槽(마조) 石槽(석조) 浴槽(욕조) 酒槽(주조) 齒槽(치조)

棗 1급　　대추 **조**: 木 / 8

가시(朿)가 많은 나무(木)에서, '대추나무, 대추'를 뜻한다.

읽기한자　棗栗(조율) 乾棗(건조) 大棗(대조) 蜜棗(밀조) 酸棗(산조) 肉棗(육조) 李棗(이조)

藻 1급　　마름 **조**: 艸 / 16

물(氵) 속에서 씻기고(澡) 있는 풀(艹)에서, 水草인 '마름'을 뜻한다.

읽기한자　藻鑑(조감) 藻鏡(조경) 藻棟(조동) 藻類(조류) 藻耀(조요) 藻井(조정) 藻翰(조한) 綺藻(기조) 馬藻(마조) 斧藻(부조) 詞藻(사조) 魚藻(어조) 麗藻(여조) 才藻(재조) 品藻(품조) 翰藻(한조)

阻 1급 | 막힐 **조** | 阜 / 5 | 동 隔, 塞

겹쳐 쌓인(且) 언덕(阝)에서, '막히다, 험하다'는 뜻이다.

읽기한자 阻澗(조간) 阻隔(조격) 阻難(조난) 阻遼(조료) 阻深(조심) 阻礙(조애) 阻折(조절) 阻限(조한)
艱阻(간조) 妨阻(방조) 崇阻(숭조) 惡阻(악조) 峻阻(준조) 天阻(천조) 廻阻(회조)

遭 1급 | 만날 **조** | 辵 / 11 | 동 逢, 遇

길을 가던(辶) 두 사람이 마주 대하는(棘) 데서, '만나다'는 뜻이다.

읽기한자 遭難(조난) 遭逢(조봉) 遭遇(조우) 遭際(조제) 遭値(조치)

曹 1급 | 무리 **조** | 曰 / 7 | 동 輩

재판할 때 원고와 피고가 각자 맹세를 나타내는 화살 따위가 든 주머니를 들고 마주 서서
(棘) 옥신각신(曰)하는 곳에 많은 사람이 모여 있는 데서, '무리'를 뜻한다.

읽기한자 曹劉(조류) 曹瞞(조만) 曹輩(조배) 曹操(조조) 曹參(조참) 工曹(공조) 末曹(말조) 法曹(법조)
兒曹(아조) 我曹(아조) 重曹(중조) 刑曹(형조)

漕 1급 | 배로 실어나를 **조** | 水 / 11

물(氵)에서 배 젓는 사람이 배의 앞과 뒤에서 마주 대하여(棘) 짐의 균형을 잡으며 곡물
등을 나르는 데서, '배로 실어 나르다'는 뜻이다.

읽기한자 漕渠(조거) 漕溝(조구) 漕船(조선) 漕運(조운) 漕轉(조전) 漕艇(조정) 競漕(경조) 運漕(운조)
轉漕(전조) 回漕(회조)

眺 1급 | 볼 **조:** | 目 / 6 | 동 覽, 望

시선(目)을 좌우로 돌리는(兆) 데서, '보다'는 뜻이다.

읽기한자 眺覽(조람) 眺臨(조림) 眺望(조망) 眺聽(조청) 顧眺(고조) 羈眺(기조) 登眺(등조) 晚眺(만조)
伏眺(복조) 視眺(시조) 野眺(야조) 閑眺(한조)

肇 1급 | 비롯할 **조:** | 聿 / 8 | 동 始

힘(攵)과 붓(聿)으로 문(戶)을 두드리는 것으로, '처음으로 나라를 열다, 비롯하다'는 뜻이다.

읽기한자 肇國(조국) 肇基(조기) 肇冬(조동) 肇歲(조세) 肇業(조업) 肇域(조역) 肇造(조조) 肇秋(조추)
肇夏(조하) 生肇(생조) 初肇(초조)

嘲 | 1급 | 비웃을 **조** 口 / 12 | 통 譏, 弄, 嗤, 謔

입(口)에서 침을 튀기며 지껄이는 소리(朝)를 내는 데서, '비웃다, 조롱하다'는 뜻이다.

읽기한자 嘲轟(조굉) 嘲譏(조기) 嘲弄(조롱) 嘲罵(조매) 嘲薄(조박) 嘲笑(조소) 嘲評(조평) 嘲謔(조학)
謗嘲(방조) 善嘲(선조) 吟嘲(음조) 自嘲(자조) 解嘲(해조)

稠 | 1급 | 빽빽할 **조** 禾 / 8 | 통 密

벼(禾)가 두루 널리 펴져(周) 있는 데서, '빽빽하다, 많다'는 뜻이다.

읽기한자 稠密(조밀) 稠適(조적) 稠濁(조탁) 繁稠(번조) 粘稠(점조)

爪 | 1급 | 손톱 **조** 爪 / 0 | 비 瓜

손을 엎어서 밑에 있는 물건을 집어 드는 모양을 형상화한 것으로, '손톱'을 뜻한다.

읽기한자 爪角(조각) 爪距(조거) 爪土(조사) 爪牙(조아) 爪印(조인) 爪槌(조퇴) 爪痕(조흔) 繫爪(계조)
猛爪(맹조) 牙爪(아조) 利爪(이조) 指爪(지조) 鴻爪(홍조)

凋 | 1급 | 시들 **조** 冫 / 8 | 통 枯, 萎

추위(冫) 때문에 초목의 수명이 다하는(周=弔) 것으로, '시들다'는 뜻이다.

읽기한자 凋缺(조결) 凋枯(조고) 凋落(조락) 凋兵(조병) 凋謝(조사) 凋散(조산) 凋殞(조운) 凋殘(조잔)
凋歇(조헐) 枯凋(고조) 零凋(영조) 後凋(후조)

躁 | 1급 | 조급할 **조** 足 / 13 | 통 急

발(足)을 시끄럽게(喿) 빨리 움직이는 데서, '조급하다'는 뜻이다.

읽기한자 躁競(조경) 躁狂(조광) 躁急(조급) 躁怒(조노) 躁妄(조망) 躁忿(조분) 躁擾(조요) 躁靜(조정)
躁進(조진) 躁虐(조학) 剛躁(강조) 矜躁(긍조) 浮躁(부조) 勇躁(용조) 靜躁(정조) 險躁(험조)

詔 | 1급 | 조서 **조:** 言 / 5 | 통 勅

불러서(召) 말하는(言) 데서, '告하다, 알리다, 조서'를 뜻한다.

읽기한자 詔告(조고) 詔記(조기) 詔令(조령) 詔書(조서) 詔諭(조유) 詔旨(조지) 詔冊(조책) 詔草(조초)
詔勅(조칙) 詔黃(조황) 大詔(대조) 明詔(명조) 拜詔(배조) 聖詔(성조) 哀詔(애조) 制詔(제조)
天詔(천조) 草詔(초조)

糟 1급 지게미 **조** 米 / 11 동 粕

곡물(米)을 釀造하여 알짜 성분과 찌끼가 마주 대하여(曹) 混在되어 있는 데서, '지게미'를 뜻한다.

읽기한자 糟糠(조강) 糟丘(조구) 糟粕(조박) 糟魄(조박) 糟甕(조옹) 肥糟(비조) 酒糟(주조)

趙 2급(名) 나라 **조:** 走 / 7

본래 걸음(走)이 더딘(肖) 것을 나타냈으나, 주로 나라이름과 姓氏로 사용된다.

읽기한자 趙璧(조벽) 前趙(전조) 後趙(후조)

釣 2급 낚을 / 낚시 **조:** 金 / 3

쇠붙이(金)를 구부려 국자(勺) 모양의 낚시를 만들어 고기를 낚는데서, '낚시, 낚다'는 뜻이다.

읽기한자 釣鼈(조별) 釣蓑(조사)
쓰기한자 釣臺(조대) 釣名(조명) 釣船(조선) 釣魚(조어) 釣遊(조유)

措 2급 둘[置] **조** 手 / 8

손(扌)을 놀리는 것은 행위를 뜻하고, 행위의 근거를 세우는 것, 두는 것은 그 모범이 예(昔)에 있는 데서, '두다'는 뜻이다.

읽기한자 措辦(조판)
쓰기한자 擧措(거조) 罔措(망조) 失措(실조) 措辭(조사) 措處(조처) 措置(조치)

祚 2급(名) 복(福) **조** 示 / 5 동 慶

신(示)이 갑자기(乍) 사람에게 내려 주는 선물로, '복(福)'을 뜻한다.

읽기한자 景祚(경조) 吉祚(길조) 福祚(복조) 溫祚(온조) 祚慶(조경) 祚命(조명)

彫 2급 새길 **조** 彡 / 8 동 刻

무늬(彡)를 두루(周) 새겨 놓는 것으로, '새기다'는 뜻이다.

읽기한자 彫盆(조분) 彫塑(조소) 彫絢(조현)
쓰기한자 毛彫(모조) 木彫(목조) 浮彫(부조) 彫刻(조각) 彫像(조상) 彫飾(조식) 彫玉(조옥) 彫琢(조탁)

曺 2급(名) 성(姓) **조** 曰 / 6

曹(무리 조)의 俗字로 韓國에서 姓氏로 쓰인다. 中國에서는 曹를 쓴다.

읽기한자 曺氏(조씨)

燥 | **3급** | 마를 **조** | 火 / 13 | 비 操 | 반 濕

나무(木)가 불(火)기운을 받아 소리를 내며(品) 눋는 데서, '마르다'는 뜻이다.

읽기한자 燥痰(조담) 燥澁(조삽)

쓰기한자 乾燥(건조) 燥渴(조갈) 焦燥(초조)

弔 | **3급** | 조상할 **조:** | 弓 / 1

싸움터에서 사람이 죽으면 그 사람이 쓰던 무기(弓)를 무덤에 세워(|) 조상하는 데서, '조상하다'는 뜻이다. 최근에는 총을 세우고 철모를 얹곤 한다.

읽기한자 弔賻(조부) 弔恤(조휼)

쓰기한자 慶弔(경조) 謹弔(근조) 弔客(조객) 弔哭(조곡) 弔橋(조교) 弔旗(조기) 弔問(조문) 弔文(조문)
弔詞(조사) 弔辭(조사) 弔喪(조상) 弔意(조의) 弔電(조전)

照 | **3급Ⅱ** | 비칠 **조:** | 火 / 9 | 동 映

불(灬)을 밝혀 사방을 밝게(昭) 비추는 데서, '비치다'는 뜻이다.

읽기한자 照瞭(조료) 照灼(조작) 照澄(조징) 浚照(준조)

쓰기한자 觀照(관조) 對照(대조) 落照(낙조) 照度(조도) 照明(조명) 照準(조준) 照會(조회) 參照(참조)
探照(탐조)

兆 | **3급Ⅱ** | 억조 **조** | 儿 / 4 | 동 朕

거북의 등을 태워서 점을 칠 때 나타나는 무늬의 모양을 본뜬 것으로, '조짐'을 뜻한다. 일상에서는 수의 구체적 단위보다는 셀 수 없을 만큼 많은 수를 나타낼 때 쓰여, '억조'를 뜻한다.

읽기한자 卦兆(괘조) 萌兆(맹조) 魄兆(백조) 游兆(유조) 朕兆(짐조)

쓰기한자 佳兆(가조) 吉兆(길조) 亡兆(망조) 瑞兆(서조) 前兆(전조) 兆民(조민) 兆域(조역) 兆占(조점)
徵兆(징조) 宅兆(택조) 凶兆(흉조)

租 | **3급Ⅱ** | 조세 **조** | 禾 / 5 | 비 祖 | 동 賦, 稅

벼(禾)를 수확하여 그 중의 일부는 국가에 바쳐 임금이 제기에 쌓아(且) 신에게 제사지내도록 한 데서, '세금'을 뜻한다.

읽기한자 逋租(포조)

쓰기한자 租界(조계) 租稅(조세) 租借(조차)

條 | **4급** | 가지 **조** | 木 / 7 | 약 条

바람에 몸을 맡기고 유연하게(攸) 뻗어있는 나뭇가지(木)에서, '가지'를 뜻한다. 또, 가지의 뻗어나가는 것이 질서가 있다는 데서, '조리'의 뜻으로도 쓰인다.

읽기한자 柯條(가조) 箇條(개조) 撥條(발조) 蕭條(소조) 條彙(조휘)

쓰기한자 敎條(교조) 信條(신조) 條件(조건) 條例(조례) 條理(조리) 條枚(조매) 條目(조목) 條文(조문)
條約(조약) 條項(조항) 枝條(지조) 逐條(축조)

潮 **4급** 밀물 / 조수 **조** 水 / 12
아침(朝)에 밀려들어 왔다가 나가는 바닷물(氵)로, '조수, 밀물'을 뜻한다.

 읽기한자 潮痕(조흔)

쓰기한자 干潮(간조) 高潮(고조) 滿潮(만조) 思潮(사조) 逆潮(역조) 赤潮(적조) 潮流(조류) 潮水(조수)
初潮(초조) 退潮(퇴조) 風潮(풍조) 紅潮(홍조)

組 **4급** 짤 **조** 糸 / 5 동 織
실(糸)을 고기를 얹어 놓은 제기 모양(且)으로 가로 세로로 얽고 또 얽는 데서, '짜다'는
뜻이다.

 읽기한자 棒組(봉조)

쓰기한자 組閣(조각) 組立(조립) 組成(조성) 組長(조장) 組織(조직) 組版(조판) 組合(조합)

助 **4급II** 도울 **조:** 力 / 5 동 幇
제기에 고기를 얹어 쌓는(且) 일에 힘(力)을 보탠다는 데서, '돕다'는 뜻이다.

읽기한자 幫助(방조) 賻助(부조) 裨助(비조) 捐助(연조) 佑助(우조) 祐助(우조) 助幫(조방) 助賻(조부)
助贖(조속) 助奠(조전) 纂助(찬조)

쓰기한자 救助(구조) 內助(내조) 傍助(방조) 補助(보조) 扶助(부조) 援助(원조) 一助(일조) 自助(자조)
助敎(조교) 助力(조력) 助詞(조사) 助産(조산) 助成(조성) 助手(조수) 助言(조언) 助役(조역)
助演(조연) 助長(조장) 贊助(찬조) 協助(협조)

鳥 **4급II** 새 **조** 鳥 / 0 비 島, 烏
새를 본뜬 글자로, '새'를 뜻한다.

읽기한자 啼鳥(제조) 鳥瞰(조감) 鳥肌(조기) 鳥疊(조루) 鳥雀(조작) 鳥鵲(조작) 鳥迹(조적) 鳥篆(조전)
鳥喙(조훼) 蜀鳥(촉조) 駝鳥(타조)

쓰기한자 九官鳥(구관조) 吉鳥(길조) 籠鳥戀雲(농조연운) 籠中鳥(농중조) 白鳥(백조) 不死鳥(불사조)
瑞鳥(서조) 益鳥(익조) 一石二鳥(일석이조) 鳥類(조류) 鳥獸(조수) 鳥足之血(조족지혈)
七面鳥(칠면조) 花鳥(화조) 黃鳥(황조) 候鳥(후조)

早 **4급II** 이를 **조:** 日 / 2 비 旱 동 速 반 晚
해(日)가 지평선(一) 위(丨)로 막 떠오르는 데서, '새벽'을 뜻한다. 새벽은 이른 아침인데
서, '이르다, 빠르다'는 뜻이다.

 읽기한자 早夭(조요) 早鰥(조환)

쓰기한자 早期(조기) 早稻(조도) 早老(조로) 早漏(조루) 早晚(조만) 早産(조산) 早速(조속) 早熟(조숙)
早朝(조조) 早春(조춘) 早退(조퇴) 早婚(조혼)

造 4급II 지을 **조:** 辶 / 7 图作

주문받은 물건이 다 만들어졌음을 알리러(告) 가는(辶) 데서, '만들다, 짓다'는 뜻이다.

읽기한자 捏造(날조) 摸造(모조) 釀造(양조) 擬造(의조) 造昧(조매) 造謗(조방) 造詣(조예) 肇造(조조)

쓰기한자 改造(개조) 建造(건조) 構造(구조) 急造(급조) 模造(모조) 木造(목조) 密造(밀조) 變造(변조)
石造(석조) 僞造(위조) 人造(인조) 人造絹(인조견) 製造(제조) 造景(조경) 造菓(조과) 造林(조림)
造船(조선) 造成(조성) 造語(조어) 造作(조작) 造幣(조폐) 造形(조형) 造化(조화) 造花(조화)
鑄造(주조) 織造(직조) 創造(창조) 築造(축조)

調 5급II 고를 **조** 言 / 8 图均, 和

말씀(言)을 두루(周) 듣고 튀어 나온 것은 깎아내고, 파인 것은 메워 평평하게 하는 데서,
'고르다'는 뜻이다.

읽기한자 煎調(전조) 調燮(조섭) 調馴(조순)

쓰기한자 強調(강조) 格調(격조) 曲調(곡조) 基調(기조) 同調(동조) 樂調(악조) 亂調(난조) 論調(논조)
弄調(농조) 步調(보조) 散調(산조) 聲調(성조) 時調(시조) 語調(어조) 逆調(역조) 長調(장조)
調達(조달) 調練(조련) 調律(조율) 調理(조리) 調査(조사) 調書(조서) 調印(조인) 調節(조절)
調停(조정) 調整(조정) 調劑(조제) 調製(조제) 調和(조화) 取調(취조) 快調(쾌조) 協調(협조)
好調(호조)

操 5급 잡을 **조(:)** 手 / 13

나무(木)에 앉은 새들이 떠들썩하게 지저귀는(品) 것을 손(扌)을 써서 잡거나 쫓고 조용하
게 만드는 데서, '잡다, 부리다'는 뜻이다.

읽기한자 操剌(조랄) 曹操(조조)

쓰기한자 節操(절조) 情操(정조) 貞操(정조) 操鍊(조련) 操身(조신) 操心(조심) 操業(조업) 操作(조작)
操縱(조종) 操筆(조필) 操行(조행) 志操(지조) 體操(체조)

朝 6급 아침 **조** 月 / 8 땓野, 夕, 暮

해가 돋아(軯) 주위가 밝아오지만 서녘에는 아직 달(月)이 보임을 나타내어 동틀 녘의 이
른 아침, '아침'을 뜻한다.

읽기한자 晏朝(안조) 翌朝(익조) 朝眷(조권) 朝覲(조근) 朝靄(조애) 朝哺(조포) 詰朝(힐조)

쓰기한자 王朝(왕조) 朝刊(조간) 朝見(조현) 朝貢(조공) 朝禮(조례) 朝飯(조반) 朝服(조복) 朝夕(조석)
朝鮮(조선) 朝臣(조신) 朝野(조야) 朝廷(조정) 朝餐(조찬) 朝會(조회)

祖 7급 할아비 **조** 示 / 5 땓祖 땓孫

고기를 얹어 놓은 제기(且)를 놓고 조상신(示)에게 제사지내는 데서, '할아비, 조상, 선조,
사당'을 뜻한다.

읽기한자 妣祖(비조) 禰祖(이조) 祖妣(조비) 祖祠(조사) 祖餞(조전) 祖洽(조흡) 彭祖(팽조)

쓰기한자 開祖(개조) 烈祖(열조) 鼻祖(비조) 先祖(선조) 始祖(시조) 元祖(원조) 遠祖(원조) 祖考(조고)
祖國(조국) 祖母(조모) 祖父(조부) 祖上(조상) 祖宗(조종) 太祖(태조)

簇 1급 　가는대[小竹] **족** 　竹 / 11

대나무(竹)가 한 군데 모여(族) 나는 데서, '모이다'는 뜻이다. 또, '가는 대(小竹)'를 뜻한다.

　읽기한자　簇生(족생) 簇葉(족엽) 簇擁(족옹) 簇酒(족주) 簇出(족출)

族 6급 　겨레 **족** 　方 / 7

유사시 한 깃발(㫃) 아래 화살(矢)을 들고 모이는 같은 핏줄의 무리에서, '겨레'를 뜻한다.

　읽기한자　殼族(각족) 陋族(누족) 貊族(맥족) 族褒(족포) 族庖(족포) 族罕(족한) 族麾(족휘)
　쓰기한자　家族(가족) 貴族(귀족) 同族(동족) 滅族(멸족) 苗族(묘족) 民族(민족) 閥族(벌족) 部族(부족)
　　　　　三族(삼족) 水族(수족) 氏族(씨족) 魚族(어족) 遺族(유족) 族閥(족벌) 族譜(족보) 族屬(족속)
　　　　　族長(족장) 族姪(족질) 宗族(종족) 種族(종족) 妻族(처족) 親族(친족) 漢族(한족) 韓族(한족)
　　　　　血族(혈족) 豪族(호족) 皇族(황족)

足 7급Ⅱ 　발 **족** 　足 / 0

무릎(口) 아래에 있는 발(止)을 나타내는 글자로, '발'을 뜻한다.

　읽기한자　驥足(기족) 饒足(요족) 獐足(장족) 纏足(전족) 塡足(전족) 鼎足(정족) 足蹈(족도) 足矮(족왜)
　　　　　足剩(족잉) 駿足(준족) 捷足(첩족) 洽足(흡족)
　쓰기한자　戒足(계족) 滿足(만족) 發足(발족) 不足(부족) 四足(사족) 蛇足(사족) 手足(수족) 失足(실족)
　　　　　厭足(염족) 裕足(유족) 義足(의족) 自足(자족) 長足(장족) 足跡(족적) 充足(충족) 濯足(탁족)
　　　　　豊足(풍족)

存 4급 　있을 **존** 　子 / 3 　비 在 　반 亡, 無, 廢, 沒, 滅

흙 속에 남아있는 뿌리(才)는 아이(子)가 자라듯 머지않아 싹을 틔운다는 데서, 보이지 않아도 있는 것이므로, '있다'는 뜻이다.

　읽기한자　存撫(존무) 儼存(엄존)
　쓰기한자　共存(공존) 俱存(구존) 旣存(기존) 保存(보존) 賦存(부존) 尙存(상존) 常存(상존) 生存(생존)
　　　　　實存(실존) 依存(의존) 殘存(잔존) 存立(존립) 存亡(존망) 存問(존문) 存續(존속) 存在(존재)
　　　　　存廢(존폐) 現存(현존) 惠存(혜존)

尊 4급Ⅱ 　높을 **존** 　寸 / 9 　비 高, 貴, 崇 　반 卑, 侍

오래된 잘 익은 술(酋)을 손(寸)으로 받들고 신령에게 바치는 데서, '높다'는 뜻이다.

　읽기한자　尊卦(존괘) 尊寵(존총) 尊饗(존향) 尊諱(존휘) 僉尊(첨존)
　쓰기한자　釋尊(석존) 自尊(자존) 尊敬(존경) 尊貴(존귀) 尊門(존문) 尊屬(존속) 尊嚴(존엄) 尊重(존중)
　　　　　尊稱(존칭) 尊兄(존형) 至尊(지존)

猝 1급 　갑자기 **졸**　犬 / 8
개(犭)가 갑작스레(卒＝突) 뛰어나가는 데서, '갑자기'라는 뜻이다.

읽기한자 　猝富(졸부) 猝死(졸사) 猝然(졸연) 猝嗟(졸차) 猝寒(졸한) 猝曉(졸효) 雜猝(잡졸) 倉猝(창졸)

拙 3급 　졸할 **졸**　手 / 5　통 劣
손(扌)으로 만들어 낸(出) 작품이 실물보다 못하다는 데서, '못하다'는 뜻이다.

읽기한자 　樸拙(박졸) 迂拙(우졸) 拙樸(졸박) 拙荊(졸형)
쓰기한자 　巧拙(교졸) 庸拙(용졸) 拙稿(졸고) 拙劣(졸렬) 拙速(졸속) 拙作(졸작) 拙著(졸저) 拙筆(졸필)
　　　　 　稚拙(치졸)

卒 5급Ⅱ 　마칠 **졸**　十 / 6　통 兵　약 卆
똑같은 옷(衣)을 입은 열(十) 명의 사람에서, '병졸'을 뜻한다. 병졸은 싸움에서 잘 죽는 데서, '죽다, 마치다'는 뜻이 나왔다.

읽기한자 　邏卒(나졸) 戍卒(수졸) 狄卒(적졸) 卒罵(졸매) 卒愕(졸악) 卒爾(졸이) 惰卒(타졸)
쓰기한자 　高卒(고졸) 國卒(국졸) 大卒(대졸) 兵卒(병졸) 卒哭(졸곡) 卒倒(졸도) 卒徒(졸도) 卒兵(졸병)
　　　　 　卒業(졸업) 卒業狀(졸업장) 卒然(졸연) 中卒(중졸) 津卒(진졸) 捕卒(포졸)

慫 1급 　권할 **종**　心 / 11　통 慂　약 㣪
마음(心)이 바짝 켕기는(從＝束) 데서, '놀라다'는 뜻이다. 또 '권(勸)하다'는 뜻이다.

읽기한자 　慫兢(종긍) 慫慂(종요) 憑慫(빙종)

踵 1급 　발꿈치 **종**　足 / 9
뒤 따라(重) 걷는(𧾷) 데서, '뒤를 따르다'는 뜻이다. 또, 무게(重)가 실리는 발(𧾷)의 부분에서, '발꿈치'를 뜻한다.

읽기한자 　踵繫(종계) 踵古(종고) 踵武(종무) 踵門(종문) 踵息(종식) 踵接(종접) 踵踐(종천) 擧踵(거종)
　　　　 　踏踵(답종) 比踵(비종) 接踵(접종) 追踵(추종)

踪 1급 　자취 **종**　足 / 8　통 跡
蹤과 同字로, 사람의 발(𧾷)의 자취를 더듬는(從) 데서, '발자취'를 뜻한다.

읽기한자 　踪跡(종적) 昧踪(매종) 失踪(실종)

腫 1급 　　　 종기 **종:** 肉 / 9 　 동 瘍

부풀어서 무거운 자루(重)처럼, 육체(月)의 일부가 부푼 것으로, '부스럼, 종기'를 뜻한다.

읽기한자　腫氣(종기) 腫毒(종독) 腫病(종병) 腫瘍(종양) 腫脹(종창) 腫處(종처) 腫膾(종회) 疼腫(동종)
　　　　　浮腫(부종) 水腫(수종) 陰腫(음종) 赤腫(적종) 瘡腫(창종) 黃腫(황종)

綜 2급 　　　 모을 **종** 糸 / 8 　 동 合 　 판 析

실(糸)을 다스리는 우두머리(宗)로 본래 '잉아'를 뜻한다. 잉아는 베틀의 날실을 한 칸씩 걸러서 끌어 올리도록 맨 굵은 실로 그 기능에서, '모으다'는 뜻이 나왔다.

읽기한자　綜管(종관) 綜達(종달) 綜覽(종람) 綜理(종리) 綜析(종석) 綜合(종합) 綜核(종핵)

琮 2급(名) 　　　 옥홀 **종** 玉 / 8

천자나 제후 등 우두머리(宗)가 사용하는 옥(王)으로 만든 홀로, '옥홀'을 뜻한다.

읽기한자　琮花(종화)

縱 3급Ⅱ 　　　 세로 **종** 糸 / 11 　 판 擒, 橫 　 약 縦

실(糸)이 앞의 실을 따라(從) 길게 아래로 늘어진 데서, '세로'를 뜻한다.

읽기한자　擒縱(금종) 縱奢(종사) 縱溢(종일)
쓰기한자　放縱(방종) 操縱(조종) 縱斷(종단) 縱隊(종대) 縱紋(종문) 縱書(종서) 縱的(종적) 縱走(종주)
　　　　　縱橫(종횡)

鍾 4급 　　　 쇠북 **종** 金 / 9

본디 금속제(金)의 무거운(重) 그릇으로 '술병, 술그릇'을 나타냈으나, 鐘과 함께 '쇠북 종'의 뜻으로 주로 쓰이며, 술그릇에서 옮겨온 뜻인 '종지(작은 그릇)'의 뜻으로도 많이 쓰인다.

읽기한자　卦鍾(괘종)
쓰기한자　警鍾(경종) 晩鍾(만종) 晨鍾(신종) 鍾閣(종각) 鍾樓(종루) 打鍾(타종) 土鍾(토종) 曉鍾(효종)

從 4급 　　　 좇을 **종(:)** 彳 / 8 　 동 僕 　 약 从, 従

앞서 걸어가는 두 사람(人人)의 발자국(止)을 따라 걸어가는(彳) 데서, '좇다'는 뜻이다.

읽기한자　僕從(복종) 嬪從(빈종) 姨從(이종) 從駕(종가) 從渠(종거) 從舅(종구) 從僕(종복) 從諛(종유)
　　　　　扈從(호종)
쓰기한자　姑從(고종) 盲從(맹종) 服從(복종) 相從(상종) 順從(순종) 侍從(시종) 忍從(인종) 再從(재종)
　　　　　從軍(종군) 從來(종래) 從事(종사) 從屬(종속) 從前(종전) 主從(주종) 追從(추종)

宗 4급Ⅱ　　마루 종　宀 / 5

조상신(示)을 섬기는 사당(宀)이 있는 곳으로, '마루, 종가'를 뜻한다.

읽기한자 睿宗(예종) 宗藩(종번) 宗匠(종장)

쓰기한자 改宗(개종) 禪宗(선종) 儒宗(유종) 祖宗(조종) 宗家(종가) 宗敎(종교) 宗團(종단) 宗廟(종묘)
宗孫(종손) 宗氏(종씨) 宗族(종족) 宗旨(종지) 宗親(종친) 宗派(종파) 太宗(태종)

終 5급　　마칠 종　糸 / 5　　(동) 結, 端, 了, 末, 止　(반) 始

실(糸)을 감을 때 실마리에서 시작하여 끄트머리에 이르면 양쪽의 끝을 묶어 매듭을 짓는
(冬) 것으로 끝나는 데서, '끝내다, 마치다'는 뜻이다.

읽기한자 終宵(종소) 終熄(종식)

쓰기한자 臨終(임종) 始終(시종) 有終(유종) 終刊(종간) 終講(종강) 終結(종결) 終局(종국) 終乃(종내)
終禮(종례) 終了(종료) 終幕(종막) 終末(종말) 終盤(종반) 終聲(종성) 終世(종세) 終始(종시)
終身(종신) 終焉(종언) 終映(종영) 終日(종일) 終章(종장) 終戰(종전) 終點(종점) 終止(종지)
最終(최종)

種 5급Ⅱ　　씨 종(:)　禾 / 9

거둔 벼(禾) 중에서 알차고 무거운(重) 것을 다음 해에 뿌릴 종자로 쓴다는 데서, '씨'를
뜻한다.

읽기한자 芒種(망종) 盆種(분종) 種痘(종두) 種粒(종립) 種祠(종사) 罕種(한종)

쓰기한자 各種(각종) 甲種(갑종) 車種(차종) 機種(기종) 毒種(독종) 同種(동종) 滅種(멸종) 某種(모종)
變種(변종) 別種(별종) 純種(순종) 新種(신종) 惡種(악종) 業種(업종) 人種(인종) 一種(일종)
雜種(잡종) 接種(접종) 種豚(종돈) 種類(종류) 種目(종목) 種苗(종묘) 種別(종별) 種藝(종예)
種子(종자) 種族(종족) 職種(직종) 土種(토종) 特種(특종) 播種(파종) 品種(품종)

挫 1급　　꺾을 좌:　手 / 7　　(동) 折

손(扌)으로, 무릎을 꺾는(坐) 데서, '꺾다'는 뜻이다.

읽기한자 挫頓(좌돈) 挫北(좌배) 挫鋒(좌봉) 挫傷(좌상) 挫辱(좌욕) 挫折(좌절) 挫鍼(좌침) 頓挫(돈좌)
伐挫(벌좌) 傷挫(상좌) 抑挫(억좌) 折挫(절좌)

佐 3급　　도울 좌:　人 / 5

사람(亻)의 왼손(左) 노릇을 하여 준다는 데서, '돕다'는 뜻이다.

읽기한자 寮佐(요좌) 輔佐(보좌) 傅佐(부좌) 毘佐(비좌) 佐戎(좌융)

쓰기한자 保佐(보좌) 補佐(보좌) 上佐(상좌)

坐 3급Ⅱ　　앉을 **좌:** 　土 / 4　　밴 立, 臥
두 사람(人人)이 흙바닥(土) 위에 마주앉아 있는 데서, '앉다'는 뜻이다.

읽기한자　匡坐(광좌) 矩坐(구좌) 罵坐(매좌) 坐窺(좌규) 坐寐(좌매) 坐痺(좌비) 坐隅(좌우) 陞坐(폐좌)
쓰기한자　癸坐(계좌) 對坐(대좌) 連坐(연좌) 丙坐(병좌) 正坐(정좌) 靜坐(정좌) 坐像(좌상) 坐席(좌석)
　　　　　　坐禪(좌선) 坐視(좌시) 坐藥(좌약) 坐臥(좌와) 坐罪(좌죄) 坐板(좌판) 坐向(좌향)

座 4급　　자리 **좌:** 　广 / 7　　동 席
집(广)안에 앉을(坐) 수 있게 마련한 것으로, '자리'를 뜻한다.

쓰기한자　講座(강좌) 客座(객좌) 計座(계좌) 口座(구좌) 權座(권좌) 當座(당좌) 寶座(보좌) 上座(상좌)
　　　　　　星座(성좌) 玉座(옥좌) 王座(왕좌) 座談(좌담) 座上(좌상) 座席(좌석) 座中(좌중) 座標(좌표)
　　　　　　座下(좌하)

左 7급Ⅱ　　왼 **좌:** 　工 / 2　　비 在　밴 右
金文 등을 보면 왼손(　)에 자(工)를 쥐고 오른 손이 하는 일을 돕는 것으로 풀이된다. 右와
마찬가지로 '돕다'는 뜻이었으나 뒤에 왼손이 하는 일이라는 데서, '왼쪽'의 뜻이 되었다.

읽기한자　左駙(좌부) 左黜(좌출)
쓰기한자　極左(극좌) 左傾(좌경) 左記(좌기) 左邊(좌변) 左手(좌수) 左右(좌우) 左翼(좌익) 左遷(좌천)
　　　　　　左側(좌측) 左派(좌파) 證左(증좌)

罪 5급　　허물 **죄:** 　网 / 8　　동 辜, 過　밴 刑, 罰
사람의 도리가 아닌(非) 행실을 하여 법의 그물(罒)에 걸리는 데서, '죄, 허물'을 뜻한다.

읽기한자　辜罪(고죄) 誣罪(무죄) 贖罪(속죄) 枉罪(왕죄) 冤罪(원죄) 杖罪(장죄) 罪譴(죄견) 罪辜(죄고)
　　　　　　罪戾(죄려) 罪梯(죄제)
쓰기한자　斷罪(단죄) 大罪(대죄) 論罪(논죄) 免罪(면죄) 無罪(무죄) 犯罪(범죄) 謝罪(사죄) 赦罪(사죄)
　　　　　　餘罪(여죄) 原罪(원죄) 有罪(유죄) 坐罪(좌죄) 罪科(죄과) 罪過(죄과) 罪名(죄명) 罪目(죄목)
　　　　　　罪狀(죄상) 罪囚(죄수) 罪惡(죄악) 罪人(죄인) 罪質(죄질) 罪責(죄책) 重罪(중죄) 討罪(토죄)

註 1급　　글뜻 풀 **주:** 　言 / 5　　동 疏, 解
어려운 말(言)에 쉬운 말을 쏟아 붓는(主＝注) 데서, '글뜻을 풀다, 주내다'는 뜻이다.

읽기한자　註明(주명) 註文(주문) 註書(주서) 註釋(주석) 註疏(주소) 註解(주해) 脚註(각주) 頭註(두주)
　　　　　　旁註(방주) 點註(점주) 側註(측주) 標註(표주) 解註(해주)

躊 1급　　머뭇거릴 **주:** 　足 / 14　　동 躇
말이나 행동 따위를 선뜻 결단하여 행하지 못하고 자꾸 망설이는 데서, '머뭇거리다'는 뜻
이다.

읽기한자　躊躇(주저) 躊躊(주주)

紬 | 1급 | 명주 **주** | 糸 / 5 | 통 緞, 綾
누에고치에서 뽑은 가늘고 고운 실로 무늬 없이 짠 피류에서, '명주'를 뜻한다.

📖 읽기한자　紬緞(주단) 紬繹(주역) 紬績(주적) 紬次(주차) 絹紬(견주)

輳 | 1급 | 몰려들 **주** | 車 / 9
수레(車) 바퀴의 살이 바퀴통으로 모이는(奏＝湊) 데서, '몰려들다'는 뜻이다.

📖 읽기한자　輻輳(폭주)

誅 | 1급 | 벨 **주** | 言 / 6 | 통 戮, 斬
말(言)로 꾸짖고 목을 치는(朱＝殳) 데서, '꾸짖다, 베다, 죽이다'는 뜻이다.

📖 읽기한자　誅求(주구) 誅滅(주멸) 誅伐(주벌) 誅罰(주벌) 誅殺(주살) 誅殘(주잔) 誅斬(주참) 誅責(주책)
　　　　　　 誅討(주토) 鬼誅(귀주) 自誅(자주) 征誅(정주) 天誅(천주) 筆誅(필주) 詰誅(힐주)

廚 | 1급 | 부엌 **주** | 广 / 12 | 통 庖
음식을 담는 식기를 손에 들고(尌) 무언가를 만드는 건물(广)에서, '부엌'을 뜻한다.

📖 읽기한자　廚奴(주노) 廚娘(주낭) 廚房(주방) 廚費(주비) 廚室(주실) 廚人(주인) 廚子(주자) 廚宰(주재)
　　　　　　 廚傳(주전) 廚庖(주포) 廚下(주하) 軍廚(군주) 樂廚(낙주) 坊廚(방주) 書廚(서주) 御廚(어주)
　　　　　　 衣廚(의주) 齋廚(재주) 庖廚(포주)

嗾 | 1급 | 부추길 **주** | 口 / 11
입(口)으로 자꾸 재촉하는(族＝促) 데서, '부추기다'는 뜻이다.

📖 읽기한자　使嗾(사주) 指嗾(지주) 嗾囑(주촉)

呪 | 1급 | 빌 **주:** | 口 / 5 | 통 詛
사람(儿)이 입(口)으로 비는(口) 데서, '빌다'는 뜻이다.

📖 읽기한자　呪罵(주매) 呪文(주문) 呪術(주술) 呪延(주연) 呪願(주원) 琴呪(금주) 巫呪(무주) 符呪(부주)
　　　　　　 誦呪(송주) 隱呪(은주) 印呪(인주) 詛呪(저주)

胄 | 1급 | 자손 **주** | 肉 / 5 | 비 冑 | 통 裔, 胤
육체상으로(月) 말미암은(由) 바가 있어 서로 깊이 통한다는 데서, '자손'을 뜻한다.

📖 읽기한자　胄裔(주예) 胄胤(주윤) 胄子(주자) 國胄(국주) 遠胄(원주) 皇胄(황주)

紂 1급 　　　주임금 **주** 糸 / 3
殷나라의 마지막 임금인 紂王의 이름자로, '주(紂) 임금'을 뜻한다.

🔖 읽기한자　紂王(주왕) 桀紂(걸주) 殷紂(은주)

做 1급 　　　지을 **주** 人 / 9 　동 作
사람(亻)이 故意로(故) 무엇을 하는 데서, '짓다'는 뜻이다.

🔖 읽기한자　做恭(주공) 做伴(주반) 做事(주사) 做況(주황) 看做(간주) 自做(자주)

駐 2급 　　　머무를 **주:** 馬 / 5 　동 留
말(馬)이 머물고(主) 있는 곳에는 군인이나 관리가 머물게 마련이므로, '머물다'는 뜻이다.

🔖 읽기한자　駐駕(주가)
✏️ 쓰기한자　常駐(상주) 停駐(정주) 駐車(주차) 駐軍(주군) 駐屯(주둔) 駐留(주류) 駐泊(주박) 駐兵(주병)
　　　　　　　駐步(주보) 駐日(주일) 駐在(주재) 駐韓(주한) 進駐(진주)

疇 2급(名) 　　　이랑 **주** 田 / 14
본래 밭을 그린 데서 출발하여 모양에 많은 변형이 생겼다. '밭이랑'을 뜻한다. 또 밭이랑,
밭고랑이 분류되듯 분류된 '항목, 부류'의 뜻으로 쓰인다.

🔖 읽기한자　畔疇(반주) 範疇(범주) 田疇(전주)

舟 3급 　　　배 **주** 舟 / 0 　동 船
작은 배의 모양을 본뜬 글자로, '배'를 뜻한다.

🔖 읽기한자　芥舟(개주) 泛舟(범주) 犀舟(서주) 舟檣(주장) 扁舟(편주)
✏️ 쓰기한자　競舟(경주) 汎舟(범주) 維舟(유주) 片舟(편주) 舟車(주거) 舟師(주사)

珠 3급Ⅱ 　　　구슬 **주** 玉 / 6 　동 玉
나무에서 열리는 붉고 광택이 나는 열매처럼 붉고(朱) 고운 빛깔의 구슬(王)에서, '진주, 구
슬'을 뜻한다.

🔖 읽기한자　胚珠(배주) 璇珠(선주) 璿珠(선주) 珠璣(주기) 珠簾(주렴) 珠沫(주말) 珠箔(주박) 珠珥(주이)
　　　　　　　珠簪(주잠) 珠唾(주타) 珠蛤(주합)
✏️ 쓰기한자　念珠(염주) 淚珠(누주) 默珠(묵주) 寶珠(보주) 珠閣(주각) 珠露(주로) 珠履(주리) 珠米(주미)
　　　　　　　珠算(주산) 珠玉(주옥) 珠殿(주전) 珠汗(주한) 珍珠(진주) 眞珠(진주)

株 | 3급II | 그루 **주** | 木 / 6

나무(木)를 베면 붉은(朱) 색의 밑동만 남는다는 데서, '그루'를 뜻한다.

읽기한자 株枸(주구) 株駒(주구)

쓰기한자 新株(신주) 株價(주가) 株券(주권) 株式(주식) 株主(주주) 株總(주총)

柱 | 3급II | 기둥 **주** | 木 / 5 | 비 桂

집을 버티는 데 주된(主) 역할을 하는 나무(木)에서, '기둥'을 뜻한다.

읽기한자 柱樑(주량) 柱杖(주장)

쓰기한자 四柱(사주) 電柱(전주) 柱石(주석) 柱式(주식) 柱礎(주초) 支柱(지주)

洲 | 3급II | 물가 **주** | 水 / 6

강이나 물(氵) 가운데 있는 고을(州)에서, '물가, 섬'을 뜻한다. 강의 섬은 洲, 바다의 섬은 島이다.

읽기한자 溟洲(명주) 洲嶼(주서)

쓰기한자 滿洲(만주) 美洲(미주) 亞洲(아주) 濠洲(호주)

鑄 | 3급II | 쇠불릴 **주** | 金 / 14 | 약 鋳

오랜 시간(壽) 동안 쇠(金)를 다루어 단단하게 만드는 데서, '쇠 불리다'는 뜻이다.

읽기한자 冶鑄(야주) 鑄鎔(주용) 鑄繰(주조)

쓰기한자 鑄工(주공) 鑄錢(주전) 鑄造(주조) 鑄鐵(주철) 鑄型(주형)

奏 | 3급II | 아뢸 **주(:)** | 大 / 6

글자모양이 많이 바뀌었으나 본래는 윗사람 앞에 엎드려 아뢰는 모양, 음악을 연주하는 모양을 본뜬 것으로, '아뢰다, 연주하다'는 뜻이다.

읽기한자 劾奏(핵주)

쓰기한자 獨奏(독주) 讀奏(독주) 面奏(면주) 伴奏(반주) 變奏(변주) 伏奏(복주) 上奏(상주) 演奏(연주)
前奏(전주) 奏曲(주곡) 奏達(주달) 奏樂(주악) 奏文(주문) 奏聞(주문) 奏疏(주소) 奏請(주청)
奏效(주효) 重奏(중주) 進奏(진주) 吹奏(취주) 彈奏(탄주) 合奏(합주) 協奏(협주)

宙 | 3급II | 집 **주:** | 宀 / 5

지붕(宀)으로 말미암아(由) 이루어진 건물에서, '집'을 뜻한다. 宇와 宙는 그 의미 범위가 확장되어 지구를 포함한 모든 천체를 포괄하는 공간을 지칭한다.

쓰기한자 宇宙(우주) 宙水(주수)

周 4급 두루 **주** 口 / 5 통 圍
경계(冂) 안에 농토(土)와 인구(口)가 두루 퍼져 있는 데서, '두루'를 뜻한다.

읽기한자 周堵(주도) 周鉢(주발) 周馳(주치)

쓰기한자 一周(일주) 周年(주년) 周到(주도) 周密(주밀) 周邊(주변) 周旋(주선) 周易(주역) 周圍(주위)
周知(주지) 姬周(희주)

朱 4급 붉을 **주** 木 / 2 통 紅
나무(木) 가지(一)에 달린 붉은 과일(丿)을 나타낸 글자로, '붉다'는 뜻이다.

읽기한자 朱櫃(주궤) 朱橘(주귤) 朱橙(주등) 朱抹(주말) 朱雰(주분) 朱錫(주석) 朱櫻(주앵) 朱鵲(주작)
朱熹(주희) 堆朱(퇴주)

쓰기한자 印朱(인주) 朱木(주목) 朱門(주문) 朱書(주서) 朱子(주자) 朱紅(주홍) 朱黃(주황)

酒 4급 술 **주(:)** 酉 / 3
술 단지(酉)에 담긴 액체(氵)에서, '술'을 뜻한다.

읽기한자 醴酒(예주) 牲酒(생주) 黍酒(서주) 醇酒(순주) 釀酒(양주) 柚酒(유주) 簇酒(족주) 酒魁(주괴)
酒疸(주달) 酒禿(주독) 酒粕(주박) 酒坊(주방) 酒榜(주방) 酒癖(주벽) 酒瓶(주병) 酒盆(주분)
酒醒(주성) 酒盞(주잔) 酒箴(주잠) 酒漿(주장) 酒癲(주전) 酒顚(주전) 酒槽(주조) 酒糟(주조)
酒饌(주찬) 酒醋(주초) 酒逋(주포) 酒杓(주표) 酒缸(주항) 酒酵(주효) 酒暈(주훈) 樽酒(준주)
斟酒(짐주)

쓰기한자 佳酒(가주) 甘酒(감주) 勸酒(권주) 禁酒(금주) 農酒(농주) 毒酒(독주) 麥酒(맥주) 密酒(밀주)
飯酒(반주) 燒酒(소주) 藥酒(약주) 洋酒(양주) 御酒(어주) 飮酒(음주) 祭酒(제주) 酒價(주가)
酒渴(주갈) 酒客(주객) 酒道(주도) 酒毒(주독) 酒量(주량) 酒類(주류) 酒幕(주막) 酒母(주모)
酒邪(주사) 酒席(주석) 酒稅(주세) 酒店(주점) 酒精(주정) 淸酒(청주) 置酒(치주) 濁酒(탁주)
退酒(퇴주) 暴酒(폭주)

走 4급Ⅱ 달릴 **주** 走 / 0
팔을 사방(十)으로 휘저으며 발(疋)을 재빠르게 놀리는 데서, '달리다'는 뜻이다.

읽기한자 遁走(둔주) 走軻(주가) 走壘(주루) 馳走(치주)

쓰기한자 競走(경주) 繼走(계주) 逃走(도주) 獨走(독주) 力走(역주) 發走(발주) 奔走(분주) 縱走(종주)
走狗(주구) 走力(주력) 走法(주법) 走赴(주부) 走査(주사) 走者(주자) 走破(주파) 走行(주행)
疾走(질주) 快走(쾌주) 脫走(탈주) 敗走(패주) 滑走(활주)

州 5급Ⅱ 고을 **주** 巛 / 3 통 郡
본래 하천(川)에 흙과 모래가 쌓여 섬(丶)이 만들어지는 것을 보인 것이나 그 곳에 사람
사는 마을이 형성되는 데서, '고을'을 뜻한다.

읽기한자 冀州(기주) 岐州(기주) 驪州(여주) 州閭(주려) 晉州(진주) 坡州(파주)

쓰기한자 州郡(주군) 州縣(주현) 州閭(주려) 州司(주사) 州境(주경) 九州(구주) 慶州(경주) 公州(공주)
廣州(광주) 光州(광주) 原州(원주) 濟州(제주)

週 5급Ⅱ 　주일 **주** 　辵 / 8

둘레(周)를 한 바퀴 걷는다(辶)는 데서, '돌다'는 뜻이다. 또 '월화수목금토일'의 요일이 한 번 도는 것을 나타내, '주일(週日)'을 뜻한다.

읽기한자 쯸週(익주)

쓰기한자 今週(금주) 來週(내주) 每週(매주) 一週(일주) 週刊(주간) 週間(주간) 週給(주급) 週期(주기)
週年(주년) 週末(주말) 週番(주번) 週報(주보) 週日(주일) 週初(주초)

晝 6급 　낮 **주** 　日 / 7 　비 書.畫 반 夜.宵 약 昼

해가 떠(旦) 서당에 가서 붓(聿)을 잡고 글공부를 할 시간이라는 데서, '낮'을 뜻한다.

읽기한자 晝宵(주소)

쓰기한자 白晝(백주) 晝間(주간) 晝夜(주야) 晝餐(주찬)

注 6급Ⅱ 　부을 **주:** 　水 / 5

물(氵)을 부어 타오르는 불꽃(主)을 잡듯이 필요한 곳에 물을 대는 데서, '붓다'는 뜻이다.

읽기한자 眷注(권주) 箋注(전주) 注瀉(주사) 注醯(주혜)

쓰기한자 脚注(각주) 傾注(경주) 受注(수주) 注目(주목) 注文(주문) 注射(주사) 注視(주시) 注油(주유)
注意(주의) 注入(주입) 集注(집주)

住 7급 　살 **주:** 　人 / 5 　비 佳 동 居

불꽃이 한 곳에 머물러 타오르듯(主) 사람(亻)이 한 곳에 머무른다는 데서, '살다, 머무르다'는 뜻이다.

읽기한자 勒住(늑주) 搭住(탑주)

쓰기한자 居住(거주) 安住(안주) 永住(영주) 原住(원주) 移住(이주) 入住(입주) 住居(주거) 住民(주민)
住所(주소) 住宅(주택)

主 7급 　임금 / 주인 **주** 　丶 / 4 　동 君 반 賓. 客. 僕. 從

횃대에서 불이 타오르고 있는 모양을 본뜬 글자로, 불이 있는 곳은 사람이 모이는 곳의 중심이고 주재자가 있는 데서, '임금, 주인'을 뜻한다.

읽기한자 洑主(보주) 庵主(암주) 闇主(암주) 誼主(의주) 主辦(주판) 塚主(총주)

쓰기한자 客主(객주) 領主(영주) 盟主(맹주) 物主(물주) 喪主(상주) 神主(신주) 爲主(위주) 自主(자주)
祭主(제주) 主幹(주간) 主觀(주관) 主導(주도) 主番(주번) 主犯(주범) 主峯(주봉) 主婦(주부)
主賓(주빈) 主上(주상) 主席(주석) 主演(주연) 主張(주장) 主宰(주재) 主從(주종) 株主(주주)
主唱(주창) 主體(주체) 主催(주최) 主軸(주축) 主筆(주필) 荷主(하주) 戶主(호주) 婚主(혼주)
貨主(화주)

竹

4급Ⅱ　　　　대 죽　竹 / 0
대나무(竹)와 대나무 잎의 모양을 본뜬 글자로, '대'를 뜻한다.

읽기한자　斑竹(반죽) 檣竹(장죽) 竹几(죽궤) 竹籃(죽람) 竹簾(죽렴) 竹籬(죽리) 竹萌(죽맹) 竹帛(죽백)
竹扉(죽비) 竹椽(죽연) 竹箸(죽저) 竹柵(죽책) 竹叢(죽총) 竹牌(죽패)

쓰기한자　松竹(송죽) 烏竹(오죽) 竹簡(죽간) 竹刀(죽도) 竹馬(죽마) 竹鹽(죽염) 爆竹(폭죽)

蠢

1급　　　　꾸물거릴 준:　虫 / 15
봄(春)이 되어 많은 벌레(虫)가 움직이는 데서, '꾸물거리다'는 뜻이다.

읽기한자　蠢動(준동) 蠢然(준연) 蠢愚(준우) 蠢爾(준이) 蠢蠢(준준) 窘蠢(군준)

竣

1급　　　　마칠 준:　立 / 7
어떤 하던 일을 완성(立)하여 끝내는 데서, '일 마치다'는 뜻이다.

읽기한자　竣工(준공) 竣功(준공) 竣成(준성) 竣役(준역)

樽

1급　　　　술통 준　木 / 12
尊이 본래 '술통'의 뜻이나, '높다'는 뜻으로 쓰이게 되자, 재료인 나무(木)를 보탠 것으로,
'술통'을 뜻한다.

읽기한자　樽實(준실) 樽杓(준작) 樽酒(준주) 空樽(공준) 晩樽(만준) 芳樽(방준) 雙樽(쌍준) 瓦樽(와준)
殘樽(잔준)

浚

2급(名)　　　　깊게할 준:　水 / 7　동 濬
물(氵)을 모으려면 끊임없이(夋) 흙을 퍼내야 하는 데서, '퍼내다, 치다'는 뜻이다. 또 흙을
퍼내면 그 곳이 깊어지므로, '깊다, 깊게 하다'는 뜻이다.

읽기한자　幽浚(유준) 浚急(준급) 浚遁(준둔) 浚渫(준설) 浚井(준정) 浚照(준조) 浚塹(준참) 浚湖(준호)

濬

2급(名)　　　　깊을 준:　水 / 14
물(氵)이 깊은(睿) 데서, '깊다'는 뜻이다. 또 물(氵)을 깊게(睿)하기 위해 물밑의 바닥을 치
는 데서, '치다'는 뜻이다.

읽기한자　急濬(급준) 濬潭(준담) 濬源(준원) 濬池(준지) 濬川(준천) 濬哲(준철)

埈

2급(名)　　　　높을 준:　土 / 7
땅(土)이 다른 곳 보다 빼어나다(夋)는 데서, '높다'는 뜻이다. 이름자로 쓰인다.

읽기한자　埈馨(준형)

峻

2급(名) 높을 / 준엄할 **준:** 山 / 7　圖 嚴, 險

산(山)이 다른 곳 보다 빼어나다(夋)는 데서, '높다, 준엄하다'는 뜻이다.

읽기한자　嚴峻(엄준) 峻閣(준각) 峻極(준극) 峻湍(준단) 峻德(준덕) 峻烈(준열) 峻嶺(준령) 峻路(준로) 峻論(준론) 峻壟(준롱) 峻法(준법) 峻峯(준봉) 峻秀(준수) 峻遠(준원) 峻節(준절) 峻挺(준정) 峻阻(준조) 峻責(준책) 險峻(험준)

晙

2급(名) 밝을 **준:** 日 / 7

해(日)가 무엇보다 빼어나다(夋)는 데서, '밝다'는 뜻이다. 이름자로 쓰인다.

읽기한자　奎晙(규준)

准

2급 비준 **준:** 冫 / 8

얼음(冫)이 어는 계절에 철새(隹)가 머물도록 허락한다는 데서, '비준하다, 승인하다'는 뜻이다. 또 '견주다(準)'의 뜻으로도 쓰인다.

읽기한자　准擬(준의)

쓰기한자　批准(비준) 認准(인준) 准尉(준위) 准將(준장)

駿

2급(名) 준마 **준:** 馬 / 7

말(馬)이 다른 말 보다 빼어나다(夋)는 데서, '준마'를 뜻한다.

읽기한자　駿桀(준걸) 駿犬(준견) 駿骨(준골) 駿驥(준기) 駿良(준량) 駿馬(준마) 駿敏(준민) 駿足(준족)

遵

3급 좇을 **준:** 辵 / 12　圖 守

존경하는(尊) 사람의 가르침대로 길을 간다(辶)는 데서, '따라가다, 좇다'는 뜻이다.

쓰기한자　遵法(준법) 遵守(준수) 遵用(준용) 遵行(준행)

俊

3급 준걸 **준:** 人 / 7　圖 傑

고개 숙이고(允) 오직 걷기만(夂) 하는 사람(亻)은 행동이 민첩하여 남보다 빼어난 데서, '준걸'을 뜻한다.

읽기한자　俊爽(준상)

쓰기한자　英俊(영준) 俊傑(준걸) 俊德(준덕) 俊秀(준수) 俊嚴(준엄) 俊才(준재)

4급Ⅱ 준할 **준:** 水 / 10 (약) 準

새매(隹)가 물(氵)의 표면의 일렁거림을 따라 그에 준하여 평행하게 나는 데서, '고르다, 준하다'는 뜻이다.

읽기한자 準憑(준빙)

쓰기한자 規準(규준) 基準(기준) 隆準(융준) 水準(수준) 照準(조준) 準據(준거) 準備(준비) 準用(준용)
準則(준칙) 平準(평준) 標準(표준)

 3급Ⅱ 버금 **중(:)** 人 / 4

사람(亻)이 어떤 일의 중간(中)에 끼인 데서, '중개하다'는 뜻이다. 또 사람(亻)의 서열의 중간(中)으로 伯仲叔季의 차례 중 伯의 버금이라는 데서, '버금'을 뜻한다.

쓰기한자 伯仲(백중) 仲介(중개) 仲媒(중매) 仲裁(중재) 仲兄(중형)

 4급Ⅱ 무리 **중:** 血 / 6 (반) 寡

전쟁터에서 피(血)를 흘리며 여러 사람(人人人)이 모여 있는 데서, '무리'를 뜻한다.

읽기한자 衆萌(중맹) 衆祉(중지) 衆喙(중훼)

쓰기한자 公衆(공중) 觀衆(관중) 群衆(군중) 大衆(대중) 民衆(민중) 衆論(중론) 衆生(중생) 衆人(중인)
衆智(중지) 衆評(중평) 聽衆(청중) 出衆(출중)

 7급 무거울 **중:** 里 / 2 (동) 複, 疊 (반) 輕

사람(人)이 짐을 넣은 주머니(東)를 짊어지고 있다. 또 천(千) 리(里)를 걸으면 발이 무겁다는 데서, '무겁다'는 뜻이다.

읽기한자 樸重(박중) 孕重(잉중) 鄭重(정중) 重繭(중견) 重皐(중고) 重梏(중곡) 重衾(중금) 重瞳(중동)
重黎(중려) 重胳(중뢰) 重溟(중명) 重藩(중번) 重祠(중사) 重觴(중상) 重贖(중속) 重酬(중수)
重釀(중양) 重曹(중조) 重疊(중첩) 嵯重(차중) 疊重(첩중)

쓰기한자 加重(가중) 輕重(경중) 貴重(귀중) 莫重(막중) 比重(비중) 承重(승중) 愼重(신중) 嚴重(엄중)
二重(이중) 尊重(존중) 重刊(중간) 重機(중기) 重大(중대) 重量(중량) 重力(중력) 重複(중복)
重傷(중상) 重修(중수) 重視(중시) 重要(중요) 重任(중임) 重點(중점) 重唱(중창) 重責(중책)
重態(중태) 重刑(중형) 重婚(중혼) 重厚(중후) 體重(체중) 置重(치중) 沈重(침중) 偏重(편중)
荷重(하중)

8급 가운데 **중** │ / 3 (동) 央 (반) 外

군 주둔지(囗) 중앙 본부에 세운(│) 깃발을 나타내는 글자로, '가운데, 속'을 뜻한다.

읽기한자 箇中(개중) 壙中(광중) 野中(패중) 溝中(구중) 湍中(단중) 渦中(와중) 隅中(우중) 中乖(중괴)
中鉤(중구) 中牢(중뢰) 中宸(중신) 中澣(중한)

쓰기한자 貴中(귀중) 閨中(규중) 忌中(기중) 命中(명중) 門中(문중) 伏中(복중) 喪中(상중) 熱中(열중)
獄中(옥중) 的中(적중) 座中(좌중) 中堅(중견) 中級(중급) 中斷(중단) 中隊(중대) 中途(중도)
中毒(중독) 中領(중령) 中媒(중매) 中盤(중반) 中旬(중순) 中央(중앙) 中葉(중엽) 中外(중외)
中庸(중용) 中正(중정) 中卒(중졸) 中秋(중추) 中湯(중탕) 中退(중퇴) 中風(중풍) 中和(중화)
醉中(취중) 胸中(흉중)

卽 3급Ⅱ 　곧 **즉** 　卩 / 7 　약 即

맛있는 음식(皀) 앞에서 무릎을 꿇고 있는(卩) 사람이 곧 먹으려 드는 데서, '곧'을 뜻한다.

쓰기한자　立卽(입즉) 一觸卽發(일촉즉발) 卽刻(즉각) 卽決(즉결) 卽死(즉사) 卽席(즉석) 卽時(즉시)
卽位(즉위) 卽興(즉흥)

櫛 1급 　빗 **즐** 　木 / 15

나무(木)로 만든 빗살(節)이 절도 있게 줄지어 서 있는 데서 '빗'을 뜻한다.

읽기한자　櫛沐(즐목) 櫛比(즐비) 櫛櫛(즐즐) 巾櫛(건즐) 沐櫛(목즐) 密櫛(밀즐) 象櫛(상즐) 梳櫛(소즐)
爬櫛(파즐) 風櫛(풍즐)

葺 1급 　기울 **즙** 　艸 / 9 　동 繕

띠(艹)를 그러모아(耳) 지붕을 이는 데서, '기우다'는 뜻이다.

읽기한자　葺繕(즙선) 葺屋(즙옥) 補葺(보즙) 繕葺(선즙) 修葺(수즙) 完葺(완즙) 草葺(초즙) 治葺(치즙)

汁 1급 　즙 **즙** 　水 / 2 　동 液

과실 속에 함유된 수액(氵)을 찾아(十=探) 짜낸 것으로, '즙'을 뜻한다.

읽기한자　汁滓(즙재) 藍汁(남즙) 目汁(목즙) 墨汁(묵즙) 米汁(미즙) 蜜汁(밀즙) 乳汁(유즙) 肉汁(육즙)
殘汁(잔즙) 灰汁(회즙)

贈 3급 　줄[送] **증** 　貝 / 12 　동 給, 與, 呈 　만 答

상대방의 재물(貝)을 거듭(曾) 늘리는 데서, '주다'는 뜻이다.

읽기한자　賻贈(부증) 贈儺(증나) 贈賻(증부)
쓰기한자　加贈(가증) 寄贈(기증) 贈與(증여) 贈呈(증정) 惠贈(혜증)

憎 3급Ⅱ 　미울 **증** 　心 / 12 　동 惡 　만 愛

섭섭한 마음(忄)이 거듭되는(曾) 데서, '미워하다'는 뜻이다.

읽기한자　憎嫉(증질) 憎妬(증투)
쓰기한자　可憎(가증) 愛憎(애증) 憎惡(증오)

曾 3급Ⅱ 　일찍 **증** 　日 / 8 　약 曽

본래 시루를 본뜬 글자이다. 시루에 떡을 찌는 일은 일찍이 되풀이 되어 온 일이니, '일찍이, 거듭'을 뜻한다.

쓰기한자　曾經(증경) 曾發(증발) 曾孫(증손) 曾往(증왕)

症 3급Ⅱ 증세 **증(:)** 疒 / 5

어떤 병(疒)인가를 바르게(正) 알아 낼 수 있는 병의 상태에서, '증세'를 뜻한다.

읽기한자 痙症(경증) 疸症(달증) 痢症(이증) 疝症(산증) 脹症(창증)

쓰기한자 渴症(갈증) 輕症(경증) 狂症(광증) 急症(급증) 厭症(염증) 炎症(염증) 症狀(증상) 症勢(증세)
症候(증후) 滯症(체증) 痛症(통증)

蒸 3급Ⅱ 찔 **증** 艸 / 10 약 苤

마른 풀(艹)과 땔감으로 솥에 재료를 넣고 불(灬)을 때는(烝) 데서, '찌다'는 뜻이다.

읽기한자 蒸膾(증회)

쓰기한자 炎蒸(염증) 蒸氣(증기) 蒸發(증발) 汗蒸(한증)

證 4급 증거 **증** 言 / 12 동 憑 약 証

여러 사람이 잘 보이는 단 위에 올라가(登) 사실을 말하는(言) 데서, '증거'를 뜻한다.

읽기한자 證譬(증비) 證憑(증빙)

쓰기한자 干證(간증) 檢證(검증) 考證(고증) 公證(공증) 立證(입증) 物證(물증) 反證(반증) 傍證(방증)
辨證(변증) 保證(보증) 查證(사증) 辭證(사증) 實證(실증) 心證(심증) 僞證(위증) 認證(인증)
證據(증거) 證券(증권) 證明(증명) 證書(증서) 證市(증시) 證言(증언) 證人(증인) 證左(증좌)
證紙(증지) 證參(증참) 證驗(증험) 確證(확증) 辨證法(변증법)

增 4급Ⅱ 더할 **증** 土 / 12 동 加 반 減, 損, 删, 削 약 增

흙(土) 위에 흙을 거듭(曾) 쌓는 데서, '더하다'는 뜻이다.

읽기한자 增劫(증겁) 增捧(증봉) 增删(증산) 增註(증주)

쓰기한자 激增(격증) 急增(급증) 累增(누증) 漸增(점증) 增加(증가) 增感(증감) 增減(증감) 增大(증대)
增補(증보) 增産(증산) 增設(증설) 增殖(증식) 增額(증액) 增員(증원) 增援(증원) 增資(증자)
增進(증진) 增築(증축) 增派(증파) 增便(증편) 增幅(증폭) 增強(증강) 遞增(체증) 追增(추증)
割增(할증)

祉 1급 복(福) **지** 示 / 4 동 祿, 福

신(示)이 머무르는(止) 행복한 곳에서, '복(福)'을 뜻한다.

읽기한자 祉祿(지록) 祉福(지복) 嘉祉(가지) 介祉(개지) 祿祉(녹지) 發祉(발지) 福祉(복지) 祥祉(상지)
壽祉(수지) 餘祉(여지) 帝祉(제지) 衆祉(중지) 休祉(휴지)

咫 1급 여덟치 **지** 口 / 6

길이(尺) '여덟 치'(只)를 나타내며, 또 아주 짧은 거리, '지척'을 뜻한다.

읽기한자 咫步(지보) 咫尺(지척)

摯 | 1급 | 잡을 **지** | 手 / 11 | 동 拘

손(手)으로 물건을 단단히 잡는(執) 데서, '잡다'는 뜻이다.

읽기한자 摯拘(지구) 摯獸(지수) 懇摯(간지) 極摯(극지) 六摯(육지) 眞摯(진지)

枳 | 1급 | 탱자 **지** / 탱자 **기** | 木 / 5 | 동 枸

울타리용으로 쓰이며, 가을에 노란 열매가 열리는 나무와 그 열매로, '탱자나무, 탱자'를 뜻한다.

읽기한자 枳殼(지각) 枳棘(지극) 棘枳(극지) 枳塞(기색) 枳礙(기애)

肢 | 1급 | 팔다리 **지** | 肉 / 4

육체(月) 중에서 가랑이가 갈라진(支) 부분으로, '팔다리'를 뜻한다.

읽기한자 肢骨(지골) 肢體(지체) 肢解(지해) 四肢(사지) 上肢(상지) 雪肢(설지) 腰肢(요지) 義肢(의지)
折肢(절지)

脂 | 2급 | 기름 **지** | 肉 / 6 | 동 膏, 肪, 油

고기(月)가 기름기가 있어 맛있는(旨) 데서, '기름'이라는 뜻이다. 또 '연지'를 뜻한다.

읽기한자 脂膏(지고) 脂肪(지방) 脂韋(지위)
쓰기한자 丹脂(단지) 樹脂(수지) 乳脂(유지) 油脂(유지) 凝脂(응지) 竊脂(절지) 脂粉(지분) 脂肉(지육)
脂澤(지택) 脫脂(탈지)

旨 | 2급 | 뜻 **지** | 日 / 2 | 동 意

음식을 숟가락(匕)으로 떠서 혀(日)로 맛보는데서, '맛'을 뜻한다. 또 '뜻'의 의미로도 쓴다.

읽기한자 奧旨(오지) 諭旨(유지) 詔旨(조지)
쓰기한자 甘旨(감지) 論旨(논지) 密旨(밀지) 本旨(본지) 宣旨(선지) 聖旨(성지) 要旨(요지) 宗旨(종지)
主旨(주지) 旨甘(지감) 旨意(지의) 旨義(지의) 趣旨(취지)

芝 | 2급(名) | 지초 **지** | 艸 / 4

곰팡이에 의해 퍼져 나가서(之) 번식하는 다년생 식물(艹)이라는 데서, '芝草(영지버섯)'을 뜻한다.

읽기한자 靈芝(영지) 瑞芝(서지) 芝蘭(지란) 芝眉(지미) 芝草(지초)

址 | 2급(名) | 터 **지** | 土 / 4

집이나 건축물이 머물러(止) 있는 땅(土)으로, '터'를 뜻한다.

읽기한자 故址(고지) 舊址(구지) 寺址(서지) 城址(성지) 遺址(유지)

只 3급 　　다만 **지** 口 / 2

입(口)에서 나온 말이 흩어져서(八) 단지(只) 여운이 남아있을 뿐이라는 데서, '다만'을 뜻한다.

읽기한자 賭只(도지)

쓰기한자 只今(지금) 只此(지차) 但只(단지)

遲 3급 　더딜 / 늦을 **지** 辶 / 12 　反 速 　약 遅

코뿔소(犀)처럼 천천히 걸어가는(辶) 데서, '더디다, 늦다'는 뜻이다.

읽기한자 凌遲(능지) 棲遲(서지) 奄遲(엄지)

쓰기한자 陵遲(능지) 遲刻(지각) 遲明(지명) 遲延(지연) 遲進(지진) 遲參(지참) 遲滯(지체)

枝 3급II 　　가지 **지** 木 / 4 　比 技, 妓 　同 條

가지(支)에 나무(木)의 뜻을 보탠 것으로, '가지'를 뜻한다.

읽기한자 匐枝(복지) 枝蹄(지제) 枝梢(지초) 枝撐(지탱)

쓰기한자 幹枝(간지) 楊枝(양지) 枝葉(지엽) 枝梧(지오) 枝條(지조)

之 3급II 　　갈 **지** 丿 / 3

본디 땅을 딛고 서 있는 발의 모양을 나타낸 글자로, '가다'는 뜻이다. 어조사로 많이 쓰인다.

쓰기한자 隔世之感(격세지감) 結者解之(결자해지) 傾國之色(경국지색) 金蘭之交(금란지교)
愛之重之(애지중지) 人之常情(인지상정) 鳥足之血(조족지혈) 之東之西(지동지서)

池 3급II 　　못 **지** 水 / 3

물(氵)이 입김이 퍼지듯(也) 폭이 넓어지며 또한 모이는 곳인 데서, '못'을 뜻한다.

읽기한자 溝池(구지) 塘池(당지) 菱池(능지) 溟池(명지) 璧池(벽지) 沼池(소지) 潴池(준지) 池塘(지당)
池畔(지반) 池卉(지훼)

쓰기한자 湯池(탕지) 蓮池(연지) 硯池(연지) 苑池(원지) 電池(전지) 酒池(주지) 天池(천지) 咸池(함지)

持 4급 　　가질 **지** 手 / 6

관청(寺)에서 보낸 공문서를 손(扌)에 소중히 가지고 있다는 데서, '가지다'는 뜻이다.

읽기한자 捧持(봉지) 持戟(지극) 挾持(협지)

쓰기한자 堅持(견지) 保持(보지) 扶持(부지) 所持(소지) 維持(유지) 持久(지구) 持論(지론) 持病(지병)
持續(지속) 支持(지지) 持參(지참) 把持(파지)

誌 4급   기록할 **지**   言 / 7

말(言)이나 뜻(志)은 적는다는 데서, '기록하다'는 뜻이다.

읽기한자   壙誌(광지) 誌齡(지령) 叢誌(총지)

쓰기한자   校誌(교지) 貴誌(귀지) 書誌(서지) 外誌(외지) 日誌(일지) 雜誌(잡지) 誌面(지면) 誌文(지문)
誌上(지상) 會誌(회지)

智 4급   슬기 / 지혜 **지**   日 / 8   통 慧   반 愚

해(日)와 같이 밝게 안다(知)는 데서, '슬기, 지혜'를 뜻한다.

읽기한자   狡智(교지) 睿智(예지) 智囊(지낭) 猾智(활지)

쓰기한자   奇智(기지) 理智(이지) 銳智(예지) 衆智(중지) 智略(지략) 智謀(지모) 智識(지식) 智將(지장)
智慧(지혜)

指 4급Ⅱ   가리킬 **지**   手 / 6

맛(旨)있는 것을 집어 먹는 손(扌)의 모습에서, '손가락'을 뜻한다. 또 손가락으로 지시하
는 데서, '가리키다'는 뜻이다.

읽기한자   拇指(무지) 擘指(벽지) 指撥(지발) 指爪(지조) 指嗾(지주) 指麾(지휘) 錐指(추지)

쓰기한자   屈指(굴지) 技指(기지) 斷指(단지) 微指(미지) 長指(장지) 中指(중지) 指導(지도) 指令(지령)
指名(지명) 指目(지목) 指紋(지문) 指數(지수) 指示(지시) 指壓(지압) 指章(지장) 指摘(지적)
指定(지정) 指針(지침) 指稱(지칭) 指彈(지탄) 指標(지표) 指向(지향) 指環(지환) 指揮(지휘)

志 4급Ⅱ   뜻 **지**   心 / 3   통 意

선비(士)의 마음(心) 속에는 깊은 뜻이 있다는 데서, '뜻'을 뜻한다.

읽기한자   鵠志(곡지) 喬志(교지) 逞志(영지) 遜志(손지) 夙志(숙지)

쓰기한자   剛志(강지) 篤志(독지) 同志(동지) 立志(입지) 有志(유지) 意志(의지) 志望(지망) 志士(지사)
志願(지원) 志操(지조) 志向(지향) 寸志(촌지) 鬪志(투지) 片志(편지)

至 4급Ⅱ   이를 **지**   至 / 0   통 邇

새가 땅에 내려앉은 모양을 본뜬 글자로, '이르다'는 뜻이다.

읽기한자   遝至(답지) 至諫(지간) 至闇(지암) 至驩(지환)

쓰기한자   乃至(내지) 踏至(답지) 冬至(동지) 至極(지극) 至今(지금) 至難(지난) 至當(지당) 至大(지대)
至毒(지독) 至樂(지락) 至論(지론) 至上(지상) 至誠(지성) 至嚴(지엄) 至月(지월) 至日(지일)
至尊(지존) 至親(지친) 夏至(하지)

支 | 4급Ⅱ | 지탱할 **지** | 支 / 0 | 통 撐

손(又)에 나뭇가지를 올려놓고 중심을 잡고 있는 모양(十)을 본뜬 것으로, '가지, 지탱하다'는 뜻이다.

읽기한자 支叉(지차) 支撐(지탱) 撐支(탱지)

쓰기한자 干支(간지) 度支(탁지) 扶支(부지) 收支(수지) 依支(의지) 支局(지국) 支給(지급) 支流(지류)
支配(지배) 支部(지부) 支佛(지불) 支拂(지불) 支社(지사) 支署(지서) 支援(지원) 支院(지원)
支障(지장) 支店(지점) 支柱(지주) 地支(지지) 支持(지지) 支軸(지축) 支出(지출)

止 | 5급 | 그칠 **지** | 止 / 0

본래 발을 본뜬 글자로, 길을 가다가 발을 멈추면 가던 길이나 하던 일을 그치는 데서, '그치다'는 뜻이다.

읽기한자 呵止(가지) 艮止(간지) 諫止(간지) 戾止(여지)

쓰기한자 擧止(거지) 禁止(금지) 防止(방지) 抑止(억지) 沮止(저지) 停止(정지) 靜止(정지) 制止(제지)
終止(종지) 中止(중지) 止揚(지양) 止血(지혈) 遮止(차지) 廢止(폐지) 閉止(폐지) 解止(해지)
休止(휴지)

知 | 5급Ⅱ | 알 **지** | 矢 / 3 | 통 識 | 반 行

화살(矢)이 날아가 과녁을 맞추는 것처럼 말(口)이 정곡을 찌르는 데서, '알다'는 뜻이다.

읽기한자 窺知(규지)

쓰기한자 覺知(각지) 感知(감지) 告知(고지) 諒知(양지) 無知(무지) 未知(미지) 不知(부지) 須知(수지)
熟知(숙지) 辱知(욕지) 認知(인지) 周知(주지) 知覺(지각) 知己(지기) 知能(지능) 知面(지면)
知名(지명) 知事(지사) 知性(지성) 知識(지식) 知遇(지우) 知人(지인) 知的(지적) 知慧(지혜)
諜知(첩지) 親知(친지) 探知(탐지) 通知(통지)

地 | 7급 | 따 **지** | 土 / 3 | 통 輿 | 반 天

꿈틀거리는 뱀(也)처럼 땅(土)의 모양이 꾸불꾸불 이어져 있는 데서, '따(땅)'을 뜻한다.

읽기한자 矩地(구지) 隙地(극지) 陌地(누지) 撲地(박지) 盆地(분지) 柴地(시지) 甸地(전지) 地殼(지각)
地魄(지백) 地煞(지살) 地垠(지은) 地朕(지짐) 埰地(채지) 塚地(총지) 鹹地(함지)

쓰기한자 耕地(경지) 坮地(대지) 領地(영지) 産地(산지) 素地(소지) 濕地(습지) 心地(심지) 輿地(여지)
餘地(여지) 葬地(장지) 整地(정지) 地塊(지괴) 地代(지대) 地圖(지도) 地雷(지뢰) 地目(지목)
地盤(지반) 地勢(지세) 地域(지역) 地緣(지연) 地獄(지옥) 地位(지위) 地籍(지적) 地軸(지축)
地形(지형) 處地(처지) 天地(천지) 測地(측지) 宅地(택지) 土地(토지) 現地(현지)

紙 | 7급 | 종이 **지** | 糸 / 4
나무의 섬유질(糸)을 근원(氏) 재료로 하여 만든 것이라는 데서, '종이'를 뜻한다.

읽기한자　繭紙(견지)　罫紙(괘지)　撚紙(연지)　蠟紙(납지)　礬紙(반지)　箋紙(전지)　紙撚(지연)　紙鳶(지연)
　　　　　牒紙(첩지)

쓰기한자　簡紙(간지)　間紙(간지)　更紙(갱지)　臺紙(대지)　墨紙(묵지)　白紙(백지)　壁紙(벽지)　別紙(별지)
　　　　　本紙(본지)　封紙(봉지)　揷紙(삽지)　色紙(색지)　外紙(외지)　用紙(용지)　原紙(원지)　印紙(인지)
　　　　　全紙(전지)　製紙(제지)　證紙(증지)　紙價(지가)　紙面(지면)　紙上(지상)　紙錢(지전)　紙質(지질)
　　　　　紙幣(지폐)　破紙(파지)　板紙(판지)　便紙(편지)　片紙(편지)　標紙(표지)　表紙(표지)　韓紙(한지)
　　　　　休紙(휴지)

稙 | 2급(名) | 올벼 **직** | 禾 / 8
다른 벼는 아직 이삭이 익지 않아서 곧게(直) 서있는 상황에 이미 익어버린 벼(禾)로, '올벼'를 뜻한다. 주로 이름자로 쓰인다.

읽기한자　稙禾(직화)

稷 | 2급(名) | 피[穀名] **직** | 禾 / 10
밭갈아(畟) 얻는 중요한 곡식(禾)으로, '기장, 피'를 뜻한다. 옛날에는 기장이 중요한 곡물이었으므로 五穀(쌀, 보리, 콩, 조, 기장)의 총칭으로도 쓰이고 穀神을 나타내기도 한다.

읽기한자　黍稷(서직)　稷山(직산)　稷黍(직서)　稷狐(직호)　后稷(후직)

織 | 4급 | 짤 **직** | 糸 / 12 | 비 熾, 幟
찰진 흙(戠)을 모아 질그릇을 빚듯 실(糸)로 천을 짠다는 데서, '짜다'는 뜻이다.

읽기한자　織匠(직장)　綾織(능직)
쓰기한자　絹織(견직)　毛織(모직)　紡織(방직)　手織(수직)　染織(염직)　組織(조직)　織女(직녀)　織物(직물)
　　　　　織婦(직부)　織造(직조)　編織(편직)

職 | 4급Ⅱ | 직분 **직** | 耳 / 12
귀(耳)로 듣는 소리(音)를 창(戈)이나 칼로 새기는 일을 맡는다는 데서, '직분'을 뜻한다.

읽기한자　袞職(곤직)　曠職(광직)　瀆職(독직)　藩職(번직)
쓰기한자　家職(가직)　兼職(겸직)　敎職(교직)　求職(구직)　離職(이직)　免職(면직)　補職(보직)　復職(복직)
　　　　　辭職(사직)　殉職(순직)　要職(요직)　在職(재직)　轉職(전직)　職權(직권)　職能(직능)　職務(직무)
　　　　　職分(직분)　職印(직인)　職場(직장)　職種(직종)　職責(직책)　職品(직품)　天職(천직)　賤職(천직)
　　　　　就職(취직)　稱職(칭직)　退職(퇴직)　罷職(파직)　閑職(한직)　解職(해직)　現職(현직)　休職(휴직)

直 7급Ⅱ 　곧을 **직** 目 / 3

많은(十) 사람의 눈(目)이 살피면 굽은( ) 것도 곧게 되고 바르지 않은 일은 할 수 없다는 데서, '곧다, 바르다'는 뜻이다.

읽기한자　訥直(눌직) 亮直(양직) 樸直(박직) 直諫(직간) 直躬(직궁) 直聳(직용) 直喩(직유) 直截(직절) 直鍼(직침) 直披(직피) 直轄(직할)

쓰기한자　剛直(강직) 硬直(경직) 曲直(곡직) 當直(당직) 率直(솔직) 垂直(수직) 宿直(숙직) 愚直(우직) 正直(정직) 直覺(직각) 直角(직각) 直結(직결) 直徑(직경) 直系(직계) 直觀(직관) 直賣(직매) 直面(직면) 直線(직선) 直屬(직속) 直視(직시) 直言(직언) 直譯(직역) 直營(직영) 直腸(직장) 直前(직전) 直接(직접) 直進(직진) 直通(직통) 直播(직파) 直販(직판) 直航(직항) 直行(직행) 直後(직후) 下直(하직)

疹 1급 　마마 **진** 疒 / 5

열이나 여러 가지 자극물로 인하여 피부에 두드러기가 나는 것으로, 마마, 홍역, 역질, 두창, 천연두 등의 질병을 나타낸다.

읽기한자　疹恙(진양) 痲疹(마진) 發疹(발진) 濕疹(습진) 疾疹(질진) 汗疹(한진)

嗔 1급 　성낼 **진** 口 / 10 　동 怒

입(口)으로 참되게(眞) 살라고 꾸짖는 데서, '성내다'는 뜻이다.

읽기한자　嗔喝(진갈) 嗔怒(진노) 嗔色(진색) 嗔怨(진원) 嗔責(진책)

津 2급 　나루 **진(:)** 水 / 6

물이 끝나고 마침내(聿) 물(氵)이 있는 곳에 이르렀다는 데서, '나루'를 뜻한다. 또 저절로(聿) 몸에서 넘쳐 나오는 물(氵)에서, '침, 넘치다'는 뜻이다.

읽기한자　甕津(옹진) 熊津(웅진) 津筏(진벌)

쓰기한자　松津(송진) 津軍(진군) 津氣(진기) 津渡(진도) 津梁(진량) 津夫(진부) 津岸(진안) 津液(진액) 津驛(진역) 津卒(진졸)

秦 2급(名) 　성(姓) **진** 禾 / 5

본래 절구공이로 벼(禾)를 찧는(春) 것을 나타낸 글자인데 나라이름과 姓氏로 굳어졌다.

읽기한자　先秦(선진) 前秦(전진) 秦律(진율) 秦聲(진성) 秦篆(진전) 秦稟(진품) 秦劾(진핵)

晋 2급(名) 　진나라 **진:** 日 / 6

본래 화살통(日)에 화살 두개가 꽂혀 있는(至至) 것을 그려, '꽂다'는 뜻인 데 주로 나라이름으로 쓰인다.

읽기한자　東晋(동진) 三晋(삼진) 西晋(서진) 晋書(진서) 晋接(진접) 晋州(진주) 晋秩(진질)

診 | 2급 | 진찰할 **진** | 言 / 5

일이나 병을 살필 때 자잘한 것까지 여러가지(今)를 물어(言) 보는 데서, '진찰하다'는 뜻이다.

읽기한자 按診(안진)

쓰기한자 檢診(검진) 來診(내진) 誤診(오진) 往診(왕진) 診斷(진단) 診療(진료) 診脈(진맥) 診夢(진몽) 診病(진병) 診察(진찰) 診治(진치) 聽診(청진) 打診(타진) 宅診(택진) 特診(특진) 回診(회진) 休診(휴진)

 塵 | 2급 | 티끌 **진** | 土 / 11

사슴(鹿)이 마른 땅(土)에서 달리면 먼지가 일어나는 데서, '티끌'을 뜻한다.

읽기한자 芥塵(개진) 屑塵(설진) 灑塵(쇄진) 塵芥(진개) 塵藿(진곽) 塵垢(진구) 塵襟(진금) 塵埃(진애) 塵滓(진재) 塵喧(진훤)

쓰기한자 落塵(낙진) 蒙塵(몽진) 防塵(방진) 粉塵(분진) 塵境(진경) 塵界(진계) 塵露(진로) 塵世(진세) 塵俗(진속) 塵煙(진연) 塵外(진외) 塵土(진토) 風塵(풍진)

振 | 3급Ⅱ | 떨칠 **진:** | 手 / 7 | 통 掉

별(辰)이 항상 움직이듯 손(扌)을 흔들어 움직인다는 데서, '떨치다, 떨다'는 뜻이다.

읽기한자 振褐(진갈) 振凱(진개) 振掉(진도) 振滔(진도) 振袂(진메) 振訊(진신) 振迅(진신) 振鐸(진탁) 振恤(진휼)

쓰기한자 不振(부진) 三振(삼진) 振動(진동) 振武(진무) 振作(진작) 振幅(진폭) 振興(진흥)

陳 | 3급Ⅱ | 베풀 **진:** / 묵을 **진** | 阜 / 8 | 통 列

언덕(阝)에 오래 묵은 나무(木)들이 줄지어 펴져(申) 있다는 데서, '베풀다, 묵다'는 뜻이다.

읽기한자 汨陳(골진) 陳牒(진첩) 陳套(진투)

쓰기한자 開陳(개진) 具陳(구진) 屯陳(둔진) 陳頭(진두) 陳列(진열) 陳腐(진부) 陳謝(진사) 陳設(진설) 陳述(진술) 陳容(진용) 陳情(진정) 出陳(출진)

 辰 | 3급Ⅱ | 별 **진** / 때 **신** | 辰 / 0 | 통 宿

별의 모양을 본뜬 글자로, '별'을 뜻한다.

읽기한자 拱辰(공신)

쓰기한자 佳辰(가신) 庚辰(경진) 北辰(북신) 生辰(생신) 日辰(일진) 辰方(진방) 辰宿(진수) 辰時(진시) 誕辰(탄신)

震 3급Ⅱ 우레 **진:** 雨 / 7 동 雷

비(雨)가 올 때 별(辰)처럼 번쩍이는 것으로, '우레'를 뜻한다. 또 우레는 사람을 놀라게 하고, 천지를 흔들므로, '흔들리다, 두려워 떨다'는 뜻을 나타낸다.

읽기한자 震悸(진계) 震濤(진도) 震悚(진송) 震蝕(진식) 震疊(진첩) 震蕩(진탕) 震駭(진해) 震眩(진현) 震惶(진황)

쓰기한자 耐震(내진) 微震(미진) 餘震(여진) 地震(지진) 震驚(진경) 震恐(진공) 震怒(진노) 震檀(진단) 震度(진도) 震動(진동) 震雷(진뢰) 震死(진사) 震源(진원) 震災(진재) 震電(진전) 强震(강진)

 鎭 3급Ⅱ 진압할 **진(:)** 金 / 10

물건을 쇳(金)덩어리같이 참으로(眞) 무거운 것으로, 눌러 흔들리지 않게 하는 데서, '누르다, 진압하다'는 뜻이다.

읽기한자 撫鎭(무진) 鎭痙(진경) 鎭撫(진무) 鎭戍(진수)

쓰기한자 文鎭(문진) 書鎭(서진) 重鎭(중진) 鎭山(진산) 鎭壓(진압) 鎭定(진정) 鎭靜(진정) 鎭痛(진통) 鎭魂(진혼) 鎭火(진화)

 盡 4급 다할 **진:** 皿 / 9 약 尽

식사가 끝난 뒤에 손에 솔을 잡고(聿) 그릇(皿) 속의 찌꺼기(灬)를 털어내는 데서, '다하다, 끝나다'는 뜻이다.

읽기한자 竭盡(갈진) 耗盡(모진) 靡盡(미진) 悉盡(실진) 盡殲(진섬) 蕩盡(탕진) 乏盡(핍진)

쓰기한자 曲盡(곡진) 極盡(극진) 賣盡(매진) 無盡(무진) 未盡(미진) 備盡(비진) 消盡(소진) 燒盡(소진) 盡力(진력) 盡心(진심) 脫盡(탈진)

珍 4급 보배 **진** 玉 / 5 동 寶 약 珎

사람(人)의 머릿결(彡) 같이 고운 무늬가 있는 구슬(玉)에서, '보배'를 뜻한다.

읽기한자 琦珍(기진) 袖珍(수진) 珍嘉(진가) 珍膳(진선) 珍羞(진수) 珍饌(진찬) 珍卉(진훼)

쓰기한자 珍貴(진귀) 珍奇(진기) 珍技(진기) 珍味(진미) 珍珠(진주) 珍重(진중)

陣 4급 진칠 **진** 阜 / 7

언덕(阝)을 의지하여 병차(車)를 중심으로 진을 친다는 데서, '진 치다'는 뜻이다.

읽기한자 凱陣(개진) 陣歿(진몰)

쓰기한자 對陣(대진) 敵陣(적진) 直陣(직진) 陣營(진영) 陣地(진지) 陣痛(진통) 出陣(출진) 退陣(퇴진) 布陣(포진)

進 4급Ⅱ 나아갈 **진:** 辵 / 8 통 陟, 出, 就 반 來, 退
새(隹)가 날려고 앞으로 걸어가듯(辶) 걷는 데서, '나아가다'는 뜻이다.

읽기한자 邁進(매진) 躁進(조진) 進壘(진루) 進攘(진양) 進擬(진의) 進奠(진전) 進陟(진척) 進逼(진핍)
亢進(항진)

쓰기한자 競進(경진) 急進(급진) 突進(돌진) 累進(누진) 冒進(모진) 發進(발진) 竝進(병진) 昇進(승진)
新進(신진) 躍進(약진) 前進(전진) 漸進(점진) 精進(정진) 增進(증진) 進甲(진갑) 進擊(진격)
進級(진급) 進度(진도) 進步(진보) 進上(진상) 進言(진언) 進爵(진작) 進展(진전) 進駐(진주)
進出(진출) 進退(진퇴) 進學(진학) 進獻(진헌) 進化(진화) 促進(촉진) 推進(추진) 特進(특진)
行進(행진) 後進(후진)

眞 4급Ⅱ 참 **진** 目 / 5 통 實 반 假, 僞
참된 사람의 마음을 나누어(八) 보면 곧음(直) 뿐이라는 데서, '참, 참되다'는 뜻이다.

읽기한자 眞箇(진개) 眞臘(진랍) 眞帆(진범) 眞粹(진수) 眞髓(진수) 眞鍮(진유) 眞摯(진지) 眞諦(진체)
眞楷(진해) 逼眞(핍진)

쓰기한자 迫眞(박진) 寫眞(사진) 純眞(순진) 眞價(진가) 眞訣(진결) 眞骨(진골) 眞空(진공) 眞談(진담)
眞率(진솔) 眞理(진리) 眞味(진미) 眞犯(진범) 眞否(진부) 眞相(진상) 眞性(진성) 眞數(진수)
眞實(진실) 眞心(진심) 眞言(진언) 眞影(진영) 眞僞(진위) 眞意(진의) 眞情(진정) 眞正(진정)
眞珠(진주) 眞品(진품) 天眞(천진)

迭 1급 갈마들 **질** 辵 / 5 통 代
가던(辶) 길을 벗어나(失) 다른 길로 가는 데서, '갈마들다'는 뜻이다.

읽기한자 更迭(경질) 交迭(교질) 迷迭(미질)

跌 1급 거꾸러질 **질** 足 / 5 통 倒, 宕
발(足)을 헛디디는(失) 데서, '넘어지다'는 뜻이다.

읽기한자 跌倒(질도) 跌失(질실) 跌墜(질추) 跌宕(질탕) 傾跌(경질) 蹉跌(차질) 側跌(측질)

叱 1급 꾸짖을 **질** 口 / 2 통 呵, 喝, 罵, 責, 咤
입(口)으로 남의 가슴을 도려내(七) 듯 하는 것으로, '꾸짖다'는 뜻이다.

읽기한자 叱呵(질가) 叱喝(질갈) 叱辱(질욕) 叱正(질정) 叱嗟(질차) 怒叱(노질) 憤叱(분질) 阿叱(아질)
延叱(연질) 虎叱(호질)

嫉 1급 　미워할 **질** 女 / 10 　동 妬

계집(女)의 마음에 병(疾)이 들었다는 데서, '미워하다, 시샘하다'는 뜻이다.

읽기한자　嫉視(질시) 嫉心(질심) 嫉惡(질악) 嫉妬(질투) 嫉害(질해) 嫉毀(질훼) 謗嫉(방질) 憤嫉(분질) 憎嫉(증질) 娼嫉(창질)

膣 1급 　음도 **질** 肉 / 11

몸(月)의 구멍(穴)이 메워(至=塡) 지는 데서, '새살이 나다'는 뜻이다. 또 '음도'를 뜻한다.

읽기한자　膣腔(질강) 膣球(질구) 膣炎(질염)

桎 1급 　차꼬 **질** 木 / 6 　비 梏

발을 막아(至=窒) 부자유스럽게 하는 나무(木)에서, '차꼬'를 뜻한다.

읽기한자　桎梏(질곡) 桎檻(질함) 枯桎(고질) 窮桎(궁질) 囚桎(수질)

帙 1급 　책권차례 **질** 巾 / 5

책의 질서를 잡아(失=秩) 넣어 둘 수 있게 만든 주머니(巾)나 상자로, '책갑(冊匣)'을 뜻한다. 또, 여러 권으로 된 책의 한 벌을 세는 단위로도 쓰인다.

읽기한자　帙子(질자) 卷帙(권질) 梵帙(범질) 部帙(부질) 書帙(서질) 隱帙(은질)

窒 2급 　막힐 **질** 穴 / 6 　동 塞

구멍(穴)에 무엇이 이르러(至) 메워지는 데서, '막히다'는 뜻이다.

읽기한자　穹窒(궁질)

쓰기한자　窒氣(질기) 窒酸(질산) 窒塞(질색) 窒素(질소) 窒息(질식) 窒礙(질애)

姪 3급 　조카 **질** 女 / 6 　동 甥

형수나 제수 또는 자매(女)의 몸에서 태어나 세상에 이른(至), 피붙이에서, '조카'를 뜻한다.

읽기한자　姨姪(이질) 姪甥(질생) 姪壻(질서)

쓰기한자　堂姪(당질) 叔姪(숙질) 族姪(족질) 姪女(질녀) 姪婦(질부)

疾 3급II 병 **질** 疒 / 5 　동 病, 患

화살(矢)에 맞아 병(疒)에 걸린다는 데서, '병'을 뜻한다.

읽기한자 苛疾(가질) 癎疾(간질) 疳疾(감질) 痼疾(고질) 錮疾(고질) 狼疾(낭질) 痢疾(이질) 淋疾(임질) 忿疾(분질) 雠疾(수질) 疾恙(질양) 疾疹(질진) 瘡疾(창질) 捷疾(첩질) 痔疾(치질) 慓疾(표질) 飄疾(표질) 瘧疾(학질) 眩疾(현질)

쓰기한자 惡疾(악질) 眼疾(안질) 疫疾(역질) 疾故(질고) 疾苦(질고) 疾病(질병) 疾視(질시) 疾走(질주) 疾患(질환) 痼疾(칭질) 託疾(탁질)

秩 3급II 차례 **질** 禾 / 5 　동 序

벼(禾)를 실수(失)없이 차례차례 쌓는다는 데서, '쌓다'는 뜻이다.

읽기한자 晋秩(진질)

쓰기한자 秩滿(질만) 秩米(질미) 秩序(질서) 秩敍(질서)

質 5급II 바탕 **질** 貝 / 8 　동 朴, 樸, 素, 正 약 貭

도끼 두 자루(斤斤)를 맡기고 돈(貝)을 빌리는 데서, '볼모'를 뜻한다. 또 바탕이 좋은 도끼(斤)를 돈(貝)을 주고 사는 데서, '바탕'이라는 뜻이다.

읽기한자 樸質(박질) 艶質(염질) 質訥(질눌) 質樸(질박) 稟質(품질)

쓰기한자 角質(각질) 氣質(기질) 糖質(당질) 對質(대질) 同質(동질) 良質(양질) 物質(물질) 變質(변질) 本質(본질) 性質(성질) 素質(소질) 實質(실질) 惡質(악질) 弱質(약질) 言質(언질) 軟質(연질) 異質(이질) 人質(인질) 姿質(자질) 資質(자질) 典質(전질) 罪質(죄질) 中質(중질) 地質(지질) 質權(질권) 質量(질량) 質問(질문) 質朴(질박) 質疑(질의) 質責(질책) 體質(체질) 土質(토질) 品質(품질) 形質(형질)

朕 1급 나 **짐:** 月 / 6 　동 兆

배(月=舟)가 물을 가르며(八) 상류를 향해 거슬러 올라가며(关) 물 자취를 남기는 데서, '자국'을 뜻한다. 파생하여 '조짐'의 뜻과, 天子의 自稱, '나'의 뜻을 나타낸다.

읽기한자 朕兆(짐조) 北朕(북짐) 地朕(지짐) 天朕(천짐)

斟 1급 짐작할 **짐** 斗 / 9 　동 酌

국이나 술 따위를 국자(斗)로 더듬는(甚=探) 데서, '짐작하다, 술 붓다'는 뜻이다.

읽기한자 斟問(짐문) 斟酌(짐작) 斟酒(짐주) 滿斟(만짐) 細斟(세짐) 小斟(소짐) 盈斟(영짐) 酌斟(작짐) 淺斟(천짐) 獻斟(헌짐)

輯 2급 모을 **집** 車 / 9

수레(車)를 타고 다니며 묻고 들으면서(咠) 자료를 모으는 데서, '모으다'는 뜻이다.

읽기한자 蒐輯(수집) 綴輯(철집)

쓰기한자 補輯(보집) 收輯(수집) 完輯(완집) 輯錄(집록) 輯成(집성) 招輯(초집) 特輯(특집) 編輯(편집)

執 3급Ⅱ 잡을 **집** 土 / 8

쇠고랑(幸)을 차고 무릎 꿇고 있는 사람(丮)에서, '잡다'는 뜻이다.

읽기한자 搏執(박집) 縛執(박집) 執搏(집박) 執縛(집박) 執捧(집봉) 執拗(집요) 執鈗(집윤) 執銓(집전) 執鞭(집편)

쓰기한자 據執(거집) 見執(견집) 固執(고집) 父執(부집) 我執(아집) 執權(집권) 執念(집념) 執刀(집도) 執務(집무) 執事(집사) 執着(집착) 執筆(집필) 執行(집행)

集 6급Ⅱ 모을 **집** 隹 / 4 동 團, 募, 會 반 散, 配

온갖 새(隹)들이 나무(木)에 모여든다는 데서, '모으다, 모이다'는 뜻이다.

읽기한자 翔集(상집) 蒐集(수집) 集註(집주) 撰集(찬집) 喚集(환집)

쓰기한자 結集(결집) 募集(모집) 文集(문집) 密集(밀집) 召集(소집) 收集(수집) 詩集(시집) 雲集(운집) 凝集(응집) 全集(전집) 集結(집결) 集計(집계) 集團(집단) 集配(집배) 集約(집약) 集積(집적) 集注(집주) 集中(집중) 集合(집합) 集賢(집현) 集會(집회) 徵集(징집) 採集(채집) 咸集(함집)

澄 1급 맑을 **징** 水 / 12 동 淸

파문이 가라앉고, 흐름이 한 순간 정지된(登＝止) 고요한 물(氵)에서, '맑다'는 뜻이다.

읽기한자 澄江(징강) 澄空(징공) 澄潭(징담) 澄瀾(징란) 澄灣(징만) 澄碧(징벽) 澄水(징수) 澄淵(징연) 澄淨(징정) 澄泉(징천) 澄汰(징태) 澄湖(징호) 高澄(고징) 明澄(명징) 肅澄(숙징) 淵澄(연징) 照澄(조징) 淸澄(청징) 平澄(평징) 泓澄(홍징)

懲 3급 징계할 **징** 心 / 15 동 戒

죄인을 불러(徵) 마음(心)으로 뉘우치도록 벌을 준다는 데서, '징계하다'는 뜻이다.

읽기한자 膺懲(응징) 懲忿(징분) 懲毖(징비) 懲膺(징응) 懲貶(징폄) 襃懲(포징)

쓰기한자 懲惡(징악) 懲戒(징계) 懲罰(징벌) 懲役(징역)

徵 3급Ⅱ 부를 **징** 彳 / 12 비 聘, 收 동 微, 徽 약 徴

작은(微) 존재로 숨어 있어도 임무를 맡기기(壬) 위하여 부른다는 데서, '부르다'는 뜻이다.

읽기한자 勒徵(늑징) 魏徵(위징)

쓰기한자 象徵(상징) 性徵(성징) 徵發(징발) 徵兵(징병) 徵收(징수) 徵用(징용) 徵兆(징조) 徵集(징집) 徵表(징표) 徵驗(징험) 徵候(징후) 追徵(추징) 特徵(특징) 徵調(치조)

叉 1급 갈래 **차** 又 / 1 비 又

손가락 사이에 물건을 끼운 꼴을 본뜬 글자로, '깍지 끼우다'는 뜻이다. 또 손가락의 갈라진 모양에서, '갈래'를 뜻한다.

읽기한자 叉竿(차간) 叉路(차로) 叉手(차수) 叉牙(차아) 交叉(교차) 戟叉(극차) 矛叉(모차) 步叉(보차) 三叉(삼차) 野叉(야차) 支叉(지차) 畫叉(화차)

蹉 1급 　미끄러질 **차** 足 / 10 　图 跌, 跎
발(足)이 엇갈리는(差) 데서, '미끄러지다'는 뜻이다.

　임기한자 　蹉過(차과) 蹉跌(차질) 旁蹉(방차) 日蹉(일차)

嗟 1급 　탄식할 **차:** 口 / 10 　图 咨, 嘆, 歎
탄식 소리(差는 의성어)를 입(口)에서 내뱉는 데서, '슬프다, 탄식하다'는 뜻이다.

　임기한자 　嗟悼(차도) 嗟服(차복) 嗟夫(차부) 嗟賞(차상) 嗟重(차중) 嗟稱(차칭) 嗟歎(차탄) 嗟乎(차호)
　　　　　　悲嗟(비차) 傷嗟(상차) 哀嗟(애차) 長嗟(장차) 稱嗟(칭차) 呼嗟(호차)

遮 2급 　가릴 **차(:)** 辵 / 11 　图 掩
여러 사람(庶)이 길을 가면(辶) 길이 막히고 시야가 가려지는 데서, '막다, 가리다'는 뜻이다.

　임기한자 　遮邀(차요)
　쓰기한자 　遮擊(차격) 遮光(차광) 遮斷(차단) 遮道(차도) 遮路(차로) 遮額(차액) 遮陽(차양) 遮日(차일)
　　　　　　遮絶(차절) 遮止(차지) 遮蔽(차폐)

且 3급 　또 **차:** 一 / 4 　비 旦
제사용 그릇 위에 음식을 쌓고 또 쌓은 모양을 본뜬 글자로, '또'라는 뜻이다.

　쓰기한자 　苟且(구차) 重且大(중차대) 且置(차치) 況且(황차)

借 3급Ⅱ 　빌 / 빌릴 **차:** 人 / 8 　비 惜 　반 貸
옛날(昔)에는 나라의 주인인 임금의 땅을 빌려 농사를 짓는 것으로 사람(亻)들이 생각한 데서, '빌리다'는 뜻이다.

　임기한자 　借銜(차함)
　쓰기한자 　假借(가차) 貸借(대차) 賃借(임차) 租借(조차) 借款(차관) 借名(차명) 借問(차문) 借邊(차변)
　　　　　　借用(차용) 借入(차입)

此 3급Ⅱ 　이 **차** 止 / 2 　비 北, 比
멈춰 서서(止) 비수(匕)로 이곳(此)이라고 지시하는 데서, '이'를 뜻한다.

　임기한자 　此箇(차개)
　쓰기한자 　若此(약차) 如此(여차) 此際(차제) 此後(차후) 彼此(피차)

差

4급 다를 **차** 工 / 7 뜻 別, 異

다른 벼 포기와 달리 유독 하나의 벼 포기가 왼쪽(左)으로 이삭이 드리워진(垂) 데서, '다르다'는 뜻이다.

읽기한자 差戾(차려) 差爽(차상) 差訛(차와)

쓰기한자 改差(개차) 格差(격차) 隔差(격차) 傾差(경차) 交差(교차) 等差(등차) 落差(낙차) 累差(누차)
別差(별차) 時差(시차) 視差(시차) 誤差(오차) 差減(차감) 差度(차도) 差等(차등) 差別(차별)
差使(차사) 差送(차송) 差押(차압) 差額(차액) 差異(차이) 差益(차익) 差入(차입) 差出(차출)
參差(참치) 快差(쾌차) 偏差(편차) 差備(채비)

次

4급Ⅱ 버금 **차** 欠 / 2 뜻 第

입을 크게 벌리고(欠) 하품(欠)을 하고 나서 다음 작업에 들어간다는 데서, '다음'을 뜻한다. 또, 다음은 순번으로 두 번째인데서, 으뜸의 아래 '버금'의 뜻이 나왔다.

읽기한자 鱗次(인차) 刪次(산차) 銓次(전차) 紬次(주차) 撰次(찬차) 疊次(첩차)

쓰기한자 肩次(견차) 年次(연차) 屢次(누차) 目次(목차) 序次(서차) 席次(석차) 歲次(세차) 數次(수차)
順次(순차) 月次(월차) 二次(이차) 一次(일차) 將次(장차) 再次(재차) 節次(절차) 漸次(점차)
次官(차관) 次期(차기) 次男(차남) 次女(차녀) 次例(차례) 次席(차석) 次善(차선) 次元(차원)
次長(차장) 次點(차점) 次第(차제) 篇次(편차) 行次(행차)

鑿

1급 뚫을 **착** 金 / 20

구멍을 뚫는 금속제(金)의 끌로, '뚫다'는 뜻이다.

읽기한자 鑿開(착개) 鑿空(착공) 鑿掘(착굴) 鑿井(착정) 鑿八(착팔) 刻鑿(각착) 洞鑿(동착) 斧鑿(부착)
石鑿(석착) 疏鑿(소착) 六鑿(육착) 精鑿(정착) 鑽鑿(찬착) 穿鑿(천착)

窄

1급 좁을 **착** 穴 / 5 뜻 狹

굴(穴)을 만든(乍) 것인데, 입구 등이 좁은 데서, '좁다'는 뜻이다.

읽기한자 窄小(착소) 窄袖(착수) 窄韻(착운) 傾窄(경착) 局窄(국착) 短窄(단착) 險窄(험착)

搾

1급 짤 **착** 手 / 10

나무(扌＝木)로 만든 기름틀의 구멍(穴)에서 기름을 만들어(乍) 내는 모양에서, '짜다'는 뜻이다.

읽기한자 搾乳(착유) 搾取(착취) 壓搾(압착)

捉

3급 잡을 **착** 手 / 7

범인이 도망을 못가도록 범인의 발(足)을 손(扌)으로 꽉 잡는다는 데서, '잡다'는 뜻이다.

읽기한자 擒捉(금착) 捉撮(착촬)

쓰기한자 捉弄(착롱) 捉筆(착필) 捕捉(포착)

錯 3급II 　어긋날 **착**　金 / 8　동 誤

옛날(昔)에 쇠붙이(金)에 새긴 글씨를 읽을 때 녹슬어 판독이 틀리는 일이 있었던 데서, '어긋나다'는 뜻이다.

읽기한자 乖錯(괴착) 駁錯(박착) 槃錯(반착) 錯繡(착수) 錯薪(착신) 錯愕(착악)

쓰기한자 交錯(교착) 糾錯(규착) 倒錯(도착) 失錯(실착) 錯覺(착각) 錯亂(착란) 錯辭(조사) 錯視(착시) 錯誤(착오) 錯雜(착잡)

着 5급II 　붙을 **착**　目 / 7　반 發

양(羊)은 눈(目)으로 서로 바라보면서 착 붙어서(着) 떼를 이룬다는 데서, '붙다'는 뜻이다.

읽기한자 喫着(끽착) 撞着(당착) 瞞着(만착) 縛着(박착) 纏着(전착) 粘着(점착) 着鞭(착편) 帖着(첩착)

쓰기한자 固着(고착) 交着(교착) 膠着(교착) 歸着(귀착) 落着(낙착) 密着(밀착) 發着(발착) 逢着(봉착) 附着(부착) 安着(안착) 愛着(애착) 延着(연착) 裝着(장착) 接着(접착) 定着(정착) 執着(집착) 着劍(착검) 着工(착공) 着陸(착륙) 着服(착복) 着床(착상) 着想(착상) 着生(착생) 着席(착석) 着手(착수) 着實(착실) 着眼(착안) 着用(착용) 着地(착지) 着靴(착화) 沈着(침착) 土着(토착) 漂着(표착) 活着(활착) 吸着(흡착)

纂 1급 　모을 **찬:**　糸 / 14　동 輯, 集

모아서 정리하여(算) 책 따위를 끈(糸)으로 엮는 데서, '편찬하다'는 뜻이다.

읽기한자 纂錄(찬록) 纂類(찬류) 纂成(찬성) 纂紹(찬소) 纂業(찬업) 纂助(찬조) 纂撰(찬찬) 論纂(논찬) 嗣纂(사찬) 纘纂(전찬) 參纂(참찬) 編纂(편찬)

饌 1급 　반찬 **찬:**　食 / 12　동 膳

갖추어(巽) 차려진 음식(食) 모양에서, '반찬'을 뜻한다.

읽기한자 饌具(찬구) 饌母(찬모) 饌房(찬방) 饌需(찬수) 饌用(찬용) 饌庖(찬포) 甘饌(감찬) 美饌(미찬) 飯饌(반찬) 盛饌(성찬) 牛饌(우찬) 酒饌(주찬) 珍饌(진찬) 淸饌(청찬) 豊饌(풍찬) 華饌(화찬)

簒 1급 　빼앗을 **찬:**　竹 / 10　동 奪

계획적으로(算) 가래(厶)로 흙을 떠서 밭을 일구는 데서 파생하여, 계획적으로 남의 물건 이나 자리를 '빼앗다'는 뜻이다.

읽기한자 簒立(찬립) 簒弒(찬시) 簒惡(찬악) 簒逆(찬역) 簒位(찬위) 簒奪(찬탈) 簒虐(찬학)

撰 1급 　지을 **찬:**　手 / 12　동 述

손(扌)을 가지런히 정돈하는(巽) 데서, '짓다'는 뜻이다.

읽기한자 撰錄(찬록) 撰文(찬문) 撰述(찬술) 撰著(찬저) 撰集(찬집) 撰次(찬차) 改撰(개찬) 論撰(논찬) 杜撰(두찬) 私撰(사찬) 演撰(연찬) 自撰(자찬) 制撰(제찬) 抄撰(초찬)

鑽 2급(名) 뚫을 **찬** 金 / 19 图 鑿 약 鑚
구멍 뚫는 것을 돕는(贊) 쇠붙이(金)로, '끌, 송곳, 뚫다'는 뜻이다.

読기한자 研鑽(연찬) 鑽空(찬공) 鑽具(찬구) 鑽礪(찬려) 鑽木(찬목) 鑽灼(찬작) 鑽鑿(찬착)

餐 2급 밥 **찬** 食 / 7 图 飯
손(又)으로 뼈(歹)를 들고 먹는(食) 데서, '먹다, 밥'을 뜻한다.

読기한자 薩餐(살찬) 伊餐(이찬) 粗餐(조찬)
쓰기한자 佳餐(가찬) 晚餐(만찬) 常餐(상찬) 聖餐(성찬) 素餐(소찬) 午餐(오찬) 朝餐(조찬) 餐飯(찬반)
餐食(찬식)

燦 2급(名) 빛날 **찬:** 火 / 13 图 爛
불(火)빛이 쓿은 쌀(粲)처럼 깨끗한 데서, '빛나다'는 뜻이다.

読기한자 閃燦(섬찬) 燦爛(찬란) 燦然(찬연) 燦煥(찬환)

璨 2급(名) 옥빛 **찬:** 玉 / 13
옥(玉)이 쓿은 쌀(粲)처럼 깨끗하게 빛을 내는 데서, '옥빛'을 뜻한다.

読기한자 璨璨(찬찬)

瓚 2급(名) 옥잔 **찬** 玉 / 19 약 瓉
제사를 돕는(贊) 옥(玉) 그릇인데, 손잡이가 홀로 되어 있는 玉으로 만든 술그릇, '옥잔'을
뜻한다.
読기한자 圭瓚(규찬) 璋瓚(장찬)

贊 3급Ⅱ 도울 **찬:** 貝 / 12 반 反 약 賛
어려움에 처한 사람에게 앞을 다투어(先先) 재물(貝)을 내서 돕는다는 데서, '돕다'는 뜻이다.

読기한자 毘贊(비찬) 贊唄(찬패) 贊饗(찬향)
쓰기한자 贊同(찬동) 贊否(찬부) 贊成(찬성) 贊意(찬의) 贊助(찬조) 協贊(협찬)

讚 4급 기릴 **찬:** 言 / 19 图 譽 약 讃
상대의 좋은 점을 말(言)로 칭찬하며 재물로 돕는다(贊)는 데서, '기리다'는 뜻이다.

読기한자 唄讚(패찬) 褒讚(포찬) 欣讚(흔찬)
쓰기한자 激讚(격찬) 過讚(과찬) 極讚(극찬) 禮讚(예찬) 自讚(자찬) 絶讚(절찬) 讚歌(찬가) 讚美(찬미)
讚辭(찬사) 讚頌(찬송) 讚揚(찬양) 稱讚(칭찬)

擦 | 1급 | 문지를 **찰** | 手 / 14
손(扌)으로 물건을 비비는 소리(察은 의성어)에서, '문지르다'는 뜻이다.

읽기한자 擦傷(찰상) 塗擦(도찰) 摩擦(마찰)

刹 | 2급 | 절 **찰** | 刀/6
본래 高僧이 있음을 알리기 위해 절 앞에 세우는 깃대 비슷한 물건을 나타내는 梵語 kse 의 音譯이다. 이 깃대가 있는 곳은 절인 데서, '절'을 뜻한다.

읽기한자 梵刹(범찰)
쓰기한자 巨刹(거찰) 古刹(고찰) 名刹(명찰) 寺刹(사찰) 刹那(찰나)

札 | 2급 | 편지 **찰** | 木 / 1
종이가 없던 시절에 나무(木)에 쇠꼬챙이(乙)로 글자를 새겨 넣어 글을 쓴 데서, '패찰, 편지'의 뜻이다.

읽기한자 夭札(요찰) 緘札(함찰)
쓰기한자 簡札(간찰) 鑑札(감찰) 改札(개찰) 開札(개찰) 落札(낙찰) 名札(명찰) 書札(서찰) 應札(응찰) 入札(입찰) 札翰(찰한) 標札(표찰) 翰札(한찰) 現札(현찰)

察 | 4급Ⅱ | 살필 **찰** | 宀 / 11 | 통 見, 觀, 按
집(宀)에서 제사(祭) 지낼 때 제물의 종류나 놓이는 위치 등을 정성껏 살피는 데서, '살피다'는 뜻이다.

읽기한자 箕察(기찰) 亮察(양찰) 俯察(부찰) 猜察(시찰) 按察(안찰) 察按(찰안)
쓰기한자 監察(감찰) 鑑察(감찰) 檢察(검찰) 京察(경찰) 警察(경찰) 鏡察(경찰) 考察(고찰) 觀察(관찰) 糾察(규찰) 洞察(통찰) 諒察(양찰) 不察(불찰) 査察(사찰) 省察(성찰) 巡察(순찰) 視察(시찰) 偵察(정찰) 貞察(정찰) 診察(진찰) 燭察(촉찰)

塹 | 1급 | 구덩이 **참** | 土 / 11 | 통 壕, 濠
인위적으로 흙(土)을 베어(斬) 낸 것으로, '구덩이, 해자'를 뜻한다.

읽기한자 塹壘(참루) 塹壕(참호) 高塹(고참) 複塹(복참) 外塹(외참) 圍塹(위참) 長塹(장참) 浚塹(준참) 天塹(천참)

懺 | 1급 | 뉘우칠 **참** | 心 / 17 | 통 悔
마음(忄)이 산부추(韱)처럼 약하고 가냘프게 된 데서, '뉘우치다'는 뜻이다.

읽기한자 懺禮(참례) 懺洗(참세) 懺除(참제) 懺悔(참회) 愧懺(괴참)

站 1급 역[驛]마을 **참(:)** 立 / 5

교통상의 특정 지점(占=點)을 차지하고(立) 있는 데서, '역마을'을 뜻한다.

읽기한자 站隊(참대) 站立(참립) 站夫(참부) 兵站(병참) 驛站(역참)

讖 1급 예언 **참** 言 / 17 동 緯

미세한(鐵) 현상을 들어 미래를 예언하는(言) 것으로, '참위, 참서, 예언'을 뜻한다.

읽기한자 讖記(참기) 讖步(참보) 讖書(참서) 讖術(참술) 讖言(참언) 讖緯(참위) 當讖(당참) 圖讖(도참)
符讖(부참) 祕讖(비참) 詩讖(시참)

僭 1급 주제넘을 **참:** 人 / 12 동 濫

아랫사람(亻)이 숨어서(朁) 믿을 수 없는 짓거리를 한다는 데서, '주제넘다, 참람하다'는 뜻이다.

읽기한자 僭亂(참란) 僭妄(참망) 僭冒(참모) 僭奢(참사) 僭衣(참의) 僭恣(참자) 僭稱(참칭) 姦僭(간참)
驕僭(교참) 凌僭(능참) 踰僭(유참) 華僭(화참)

讒 1급 참소할 **참** 言 / 17 동 謗

사람의 눈을 속이는 토끼처럼 사람의 판단력을 혼란시키는(毚) 말(言)에서, '참소하다'는 뜻이다.

읽기한자 讒間(참간) 讒口(참구) 讒構(참구) 讒誣(참무) 讒謗(참방) 讒說(참설) 讒言(참언) 讒鼎(참정)
讒慝(참특) 讒陷(참함) 內讒(내참) 謗讒(방참) 毁讒(훼참)

斬 2급 벨 **참(:)** 斤 / 7

옛날에 중죄인을 형틀(車)에 묶고 도끼(斤)로 목을 쳐서 베어 죽인 데서, '베다'는 뜻이다.

읽기한자 擒斬(금참) 誅斬(주참) 斬奸(참간)
쓰기한자 斬級(참급) 斬頭(참두) 斬伐(참벌) 斬殺(참살) 斬衰(참최) 斬首(참수) 斬新(참신) 斬刑(참형)

慙 3급 부끄러울 **참** 心 / 11 동 愧, 羞

양심에 가책을 느끼면 마음(心)이 베임(斬)을 당하는 듯 아픈 데서, '부끄럽다'는 뜻이다.

읽기한자 慙羞(참수)
쓰기한자 愧慙(괴참) 慙慨(참개) 慙愧(참괴) 慙德(참덕) 慙伏(참복) 慙服(참복) 慙憤(참분) 慙死(참사)
慙色(참색) 慙恨(참한) 慙汗(참한)

慘 **3급** 참혹할 **참** 心 / 11 동 酷 약 惨
심장(忄)이 세(參) 갈래로 찢어지는 듯이 아프다는 데서, '참혹하다'는 뜻이다.

읽기한자 慘憺(참담) 慘澹(참담) 慘凜(참름) 慘粒(참립) 慘愴(참창) 凄慘(처참)
쓰기한자 無慘(무참) 悲慘(비참) 慘劇(참극) 慘變(참변) 慘事(참사) 慘死(참사) 慘狀(참상) 慘敗(참패)
慘酷(참혹) 慘禍(참화) 悽慘(처참)

 參 **5급II** 참여할 **참**/석 **삼** 厶 / 9 동 與 약 参
사람(人)이 머리(彡)에 장식을 한 비녀(厽)를 꽂고 의식에 참가한다는 데서, '참가하다'는
뜻이다. 彡과 厽이 3을 연상시켜 三의 갖은자로도 쓰인다.

읽기한자 衙參(아참) 曹參(조참) 參覲(참근) 參譚(참담) 參詣(참예) 參纂(참찬) 參緘(참함)
쓰기한자 古參(고참) 不參(불참) 新參(신참) 證參(증참) 持參(지참) 遲參(지참) 參加(참가) 參見(참견)
參考(참고) 參觀(참관) 參禮(참례) 參謀(참모) 參拜(참배) 參席(참석) 參禪(참선) 參與(참여)
參預(참예) 參酌(참작) 參戰(참전) 參政(참정) 參照(참조) 參差(참치) 參拾(삼십)

廠 **1급** 공장 **창** 广 / 12
물건을 만들어 내는 설비를 갖춘 넓은(敞) 곳(广)에서, '공장'을 뜻한다.

읽기한자 廠房(창방) 廠獄(창옥) 工廠(공창) 茅廠(모창)

 倡 **1급** 광대 **창:** 人 / 8 동 優
가면극, 인형극, 줄타기, 땅재주, 판소리 따위를 하던 직업적 예능인을 통틀어 이르는 글자
로, '광대'를 뜻한다.

읽기한자 倡家(창가) 倡狂(창광) 倡妓(창기) 倡道(창도) 倡樓(창루) 倡首(창수) 倡優(창우) 倡和(창화)
歌倡(가창) 名倡(명창) 俳倡(배창) 優倡(우창) 天倡(천창)

 漲 **1급** 넘칠 **창:** 水 / 11 동 溢
물(氵)이 불어서 사방으로 뻗치는(張) 데서, '물이 넘치다'는 뜻이다.

읽기한자 漲濤(창도) 漲滿(창만) 漲水(창수) 漲溢(창일) 漲海(창해) 漲痕(창흔) 怒漲(노창) 溟漲(명창)
泛漲(범창) 積漲(적창) 暴漲(폭창)

猖 **1급** 미쳐날뛸 **창** 犬 / 8
개(犭)가 무섭게 짖어대는(昌) 데서, '놀라다, 미쳐 날뛰다'는 뜻이다.

읽기한자 猖狂(창광) 猖悖(창패) 猖披(창피) 姦猖(간창) 披猖(피창)

艙 1급 　　부두 **창** 舟 / 10

배(舟) 안에 만든 곳간(倉)으로, '선창(船倉), 배 곳간'을 뜻한다. 또, 물가에 다리처럼 만들어 배가 닿을 수 있게 한 곳으로, '부두(船艙)'를 뜻한다.

📖 읽기한자　　艙間(창간) 艙底(창저) 船艙(선창)

瘡 1급 　　부스럼 **창** 疒 / 10 　동 瘍, 痍, 腫, 痔

상처(倉＝創)가 있는 병(疒)에서, '부스럼, 창질'을 뜻한다.

📖 읽기한자　　瘡口(창구) 瘡毒(창독) 瘡病(창병) 瘡藥(창약) 瘡瘍(창양) 瘡腫(창종) 瘡疾(창질) 故瘡(고창) 凍瘡(동창) 痘瘡(두창) 面瘡(면창) 百孔千瘡(백공천창) 惡瘡(악창)

脹 1급 　　부을 **창:** 肉 / 8

배(月)가 팽팽해지는(長) 데서, '배가 붓다'는 뜻이다.

📖 읽기한자　　脹滿(창만) 脹症(창증) 脹脹(창창) 鼓脹(고창) 腫脹(종창) 膨脹(팽창)

愴 1급 　　슬플 **창:** 心 / 10 　동 惻

마음(忄)에 상처를 입은(倉＝刅) 데서, '슬퍼하다, 슬프다'는 뜻이다.

📖 읽기한자　　愴囊(창낭) 愴然(창연) 愴恨(창한) 悲愴(비창) 酸愴(산창) 慘愴(참창) 悽愴(처창) 惻愴(측창)

槍 1급 　　창 **창** 木 / 10 　동 矛

상처를 입히는(倉＝刅) 나무(木) 몽둥이에서, '창'이라는 뜻이다.

📖 읽기한자　　槍杆(창간) 槍劍(창검) 槍旗(창기) 槍壘(창루) 槍法(창법) 機槍(기창) 亂槍(난창) 短槍(단창) 刀槍(도창) 手槍(수창) 長槍(장창) 鐵槍(철창) 標槍(표창)

娼 1급 　　창녀 **창(:)** 女 / 8

노래(昌＝唱)로 흥을 돋우며 노는 계집(女)에서, '계집 광대, 창녀'를 뜻한다. 지금은 娼女가 '갈보'의 뜻으로 쓰인다.

📖 읽기한자　　娼家(창가) 娼妓(창기) 娼女(창녀) 娼婦(창부) 娼優(창우) 街娼(가창) 名娼(명창) 俳娼(배창) 私娼(사창) 硏娼(연창) 優娼(우창) 天娼(천창)

菖 1급 　　창포 **창** 艸 / 8 　동 蒲

잎과 뿌리를 삶아 단오날에 여자들이 머리를 감거나 몸을 씻는데 쓰는 '창포'를 뜻한다.

📖 읽기한자　　菖蒲(창포) 白菖(백창) 石菖(석창) 泥菖(이창) 夏菖(하창)

彰 2급 　드러날 **창** 彡 / 11
무늬(章, 彡)가 밝게 드러나는 데서, '밝다, 드러나다'는 뜻이다.

읽기한자 褒彰(포창)
쓰기한자 彰德(창덕) 彰示(창시) 表彰(표창)

敞 2급(名) 　시원할 **창** 攴 / 8
높은 곳(尙)의 땅을 깎고 다져(攴) 만든 집은 전망이 좋은 데서, '높다, 시원하다'는 뜻이다.

읽기한자 宏敞(굉창) 敞麗(창려) 通敞(통창) 華敞(화창)

滄 2급 　큰 바다 **창** 水 / 10 　동 浪
창고(倉)만한 큰 파도가 일어나는 바다(氵)에서, '큰 바다'를 뜻한다.

읽기한자 滄溟(창명)
쓰기한자 滄波(창파) 滄浪(창랑) 滄茫(창망) 滄熱(창열) 滄波(창파) 滄海(창해)

昶 2급(名) 　해 길 **창:** 日 / 5
해(日)가 긴(永) 데서, '해 길다'는 뜻이다. 해가 길면 날이 화창한데서, '화창하다'는 뜻이다. 이름자로 쓰인다.

읽기한자 和昶(화창)

暢 3급 　화창할 **창:** 日 / 10
햇볕(昜)이 넓게 퍼져(申) 날씨가 좋은 데서, '화창하다'는 뜻이다.

읽기한자 涵暢(함창) 諧暢(해창) 洽暢(흡창)
쓰기한자 流暢(유창) 融暢(융창) 暢達(창달) 暢茂(창무) 暢懷(창회) 和暢(화창)

倉 3급Ⅱ 　곳집 **창(:)** 人 / 8 　동 庫, 猝
곡식을 쌓아두는 창고 모양을 본뜬 글자로, '곳집'을 뜻한다.

읽기한자 倉鼠(창서) 倉猝(창졸) 檻倉(함창)
쓰기한자 穀倉(곡창) 營倉(영창) 倉庫(창고) 倉皇(창황) 彈倉(탄창)

昌 3급Ⅱ 　창성할 **창(:)** 日 / 4
해(日)와 해(日)을 합해서 해가 지지 않을 정도로 번영함을 나타낸 것으로, '창성하다'는 뜻이다.

읽기한자 鞏昌(공창) 蕃昌(번창) 殷昌(은창) 昌熾(창치) 昌披(창피) 熾昌(치창)
쓰기한자 隆昌(융창) 繁昌(번창) 昌盛(창성)

蒼 3급Ⅱ 　푸를 **창** 　艸 / 10
풀(艹)을 베어 창고(倉)에 쌓으니 푸른빛이 가득한 데서, '푸르다'는 뜻이다.

읽기한자 蒼鳩(창구) 蒼穹(창궁) 蒼麓(창록) 蒼蕪(창무) 蒼旻(창민) 蒼靄(창애) 蒼猿(창원) 蒼翠(창취)
蒼苔(창태) 蒼昊(창호) 蒼惶(창황)
쓰기한자 蒼然(창연) 蒼波(창파) 蒼生(창생) 鬱蒼(울창) 蒼空(창공) 蒼白(창백) 蒼遠(창원) 蒼天(창천)

創 4급Ⅱ 　비롯할 **창:** 　刀 / 10 　동 始, 作, 初
창고(倉)에서 재료들을 꺼내 칼질(刂)하여 다듬으며 음식 준비를 시작하는 데서, '비롯하다'는 뜻이다.

읽기한자 創痍(창이)
쓰기한자 獨創(독창) 創刊(창간) 創建(창건) 創立(창립) 創傷(창상) 創設(창설) 創世(창세) 創始(창시)
創氏(창씨) 創案(창안) 創業(창업) 創意(창의) 創作(창작) 創制(창제) 創製(창제) 創造(창조)
創出(창출) 草創(초창)

唱 5급 　부를 **창:** 　口 / 8 　동 歌
입(口)을 벌리고 소리를 크게(昌) 하여 노래하는 데서, '부르다'는 뜻이다.

읽기한자 謳唱(구창) 菱唱(능창) 蓑唱(사창) 酬唱(수창) 唱酬(창수) 哄唱(홍창)
쓰기한자 歌唱(가창) 獨唱(독창) 名唱(명창) 模唱(모창) 復唱(복창) 奉唱(봉창) 先唱(선창) 再唱(재창)
提唱(제창) 齊唱(제창) 主唱(주창) 重唱(중창) 唱歌(창가) 唱劇(창극) 唱導(창도) 唱法(창법)
合唱(합창)

窓 6급Ⅱ 　창 **창** 　穴 / 6
벽에 도구(厶)로 구멍(穴)을 뚫어 창을 내어 빛과 바람이 통하면 마음(心)이 시원하고 밝아지는 데서, '창'을 뜻한다.

읽기한자 紗窓(사창) 芸窓(운창) 窓紗(창사)
쓰기한자 客窓(객창) 車窓(차창) 同窓(동창) 東窓(동창) 封窓(봉창) 北窓(북창) 西窓(서창) 窓口(창구)
窓門(창문) 窓戶(창호) 鐵窓(철창) 學窓(학창)

寨 1급 　목책(木柵) **채** 　宀 / 11
나무(木)를 엮어서 담 대신에 거주지(宀)의 경계를 지어 막는 물건에서, '목책(木柵), 나무 울타리'를 뜻한다.

읽기한자 外寨(외채) 要寨(요채)

埰 2급(名) 　사패지(賜牌地) **채:** 　土 / 8
采는 본래 손(爪)으로 나무(木)의 열매를 따거나 뿌리를 캐는 것, 나아가 그런 권리가 부여된 땅(食邑, 領地, 賜牌地)을 나타낸다. 나중에 풍채 등의 의미로 轉用되자 사패지의 뜻은 땅(土)을 더해 埰를 만들어 썼다.

읽기한자 埰邑(채읍) 埰地(채지)

蔡 2급(名) 성(姓) **채:** 艸 / 11

옛날에 신에게 제사(祭)지낸 뒤 마른 풀(艹)위에 글을 새긴 거북 껍질을 놓고 태워 껍질의 갈라진 틈을 보고 길흉을 판단한 데서, '거북'의 뜻인데 姓氏로 사용된다.

읽기한자 靈蔡(영채) 神蔡(신채) 蔡倫(채륜)

采 2급(名) 풍채 **채:** 采 / 1

본래 손(爪)으로 나무(木)의 열매를 따거나 뿌리를 캐는 것을 나타낸다. 나중에 '풍채' 등의 뜻으로 轉用되자 '캐다, 따다' 등의 뜻은 손(扌)을 더해 採를 만들어 썼다.

읽기한자 喝采(갈채) 封采(봉채) 薪采(신채) 采帛(채백) 采蕭(채소) 采薪(채신) 采椽(채연) 風采(풍채)

菜 3급Ⅱ 나물 **채:** 艸 / 8   통 蔬

손(爪)으로 풀(艹)이나 나무(木)에서 나물을 뜯는다는 데서, '나물'을 뜻한다.

읽기한자 咬菜(교채) 奠菜(전채)

쓰기한자 乾菜(건채) 瓜菜(과채) 山菜(산채) 生菜(생채) 野菜(야채) 葉菜(엽채) 菜毒(채독) 菜麻(채마) 菜蔬(채소) 菜松花(채송화) 菜食(채식)

債 3급Ⅱ 빚 **채:** 人 / 11

빚을 진 사람(亻)은 책임(責)지고 이를 갚아야 한다는 데서, '빚'을 뜻한다.

읽기한자 邸債(저채) 債勒(채륵) 蕩債(탕채)

쓰기한자 公債(공채) 國債(국채) 起債(기채) 卜債(복채) 負債(부채) 社債(사채) 私債(사채) 外債(외채) 債券(채권) 債權(채권) 債務(채무)

彩 3급Ⅱ 채색 **채:** 彡 / 8   통 紋, 色

손(爪)에 붓(彡)을 들어 나무(木)에 채색한다는 데서, '채색'을 뜻한다.

읽기한자 彩鸞(채란) 彩棚(채붕) 彩靄(채애) 彩霞(재하) 彩絢(채현) 彩虹(채홍) 彩繪(채회) 霞彩(하채) 虹彩(홍채)

쓰기한자 光彩(광채) 多彩(다채) 文彩(문채) 色彩(색채) 生彩(생채) 異彩(이채) 彩色(채색)

採 4급 캘 **채:** 手 / 8   통 光, 擇

손(扌)과 손(爪)으로 삽이나 괭이를 써서 나무(木)를 캔다는 데서, '캐다'는 뜻이다.

읽기한자 撈採(노채) 採菱(채릉) 採鰒(채복) 採刪(채산) 樵採(초채)

쓰기한자 可採(가채) 公採(공채) 伐採(벌채) 採光(채광) 採鑛(채광) 採掘(채굴) 採錄(채록) 採伐(채벌) 採算(채산) 採石(채석) 採用(채용) 採油(채유) 採點(채점) 採集(채집) 採取(채취) 採炭(채탄) 採擇(채택) 採血(채혈) 採火(채화) 特採(특채)

栅 1급 　울타리 **책**　木 / 5

나무(木)나 대를 엮어 만든(冊) 것으로, '울타리'를 뜻한다.

읽기한자　栅壘(책루) 橋栅(교책) 豚栅(돈책) 木栅(목책) 城栅(성책) 連栅(연책) 竹栅(죽책) 鐵栅(철책)
荒栅(황책)

策 3급Ⅱ　꾀 **책**　竹 / 6　同 謀

대나무(竹)나 가시나무(束)로 만든 채찍(策)도 꾀를 써서 다루어야 한다는 데서, '꾀'를 뜻한다.

읽기한자　詭策(궤책) 揆策(규책) 仗策(장책) 杖策(장책) 策駑(책노)
쓰기한자　計策(계책) 國策(국책) 對策(대책) 妙策(묘책) 方策(방책) 別策(별책) 祕策(비책) 散策(산책)
上策(상책) 術策(술책) 施策(시책) 時策(시책) 失策(실책) 政策(정책) 策動(책동) 策略(책략)
策命(책명) 策問(책문) 策定(책정) 劃策(획책)

冊 4급　책 **책**　冂 / 3　同 書

대쪽에 글자를 써서 한데 묶은 것을 본뜬 것으로, '책'을 뜻한다.

읽기한자　梵冊(범책) 詔冊(조책)
쓰기한자　簡冊(간책) 分冊(분책) 書冊(서책) 冊曆(책력) 冊立(책립) 冊名(책명) 冊房(책방) 冊封(책봉)
冊床(책상) 冊子(책자) 冊張(책장)

責 5급Ⅱ　꾸짖을 **책**　貝 / 4　同 罵, 任

가시(束)로 콕콕 찌르듯 돈(貝)을 돌려달라고 볶아대는 데서, '꾸짖다'는 뜻이다.

읽기한자　呵責(가책) 譴責(견책) 拷責(고책) 訊責(신책) 誅責(주책) 峻責(준책) 嗔責(진책) 責躬(책궁)
責罵(책매) 責黜(책출) 答責(태책) 詰責(힐책)
쓰기한자　見責(견책) 警責(경책) 戒責(계책) 累責(누책) 免責(면책) 面責(면책) 問責(문책) 罰責(벌책)
引責(인책) 自責(자책) 罪責(죄책) 重責(중책) 職責(직책) 質責(질책) 責望(책망) 責務(책무)
責罰(책벌) 責善(책선) 責任(책임) 總責(총책)

凄 1급　쓸쓸할 **처**　冫 / 8　同 涼, 寒

얼음(冫)이 차가운(妻) 데서, '춥다, 쓸쓸하다'는 뜻이다.

읽기한자　凄急(처급) 凄其(처기) 凄涼(처량) 凄淚(처루) 凄爽(처상) 凄哀(처애) 凄切(처절) 凄慘(처참)
凄風(처풍) 凄寒(처한) 寒凄(한처)

悽 2급　슬퍼할 **처:**　心 / 8　同 慘, 愴

남편을 잃은 아내(妻)의 마음(忄)에서, '슬퍼하다'는 뜻이다.

읽기한자　悽惘(처망) 悽愴(처창) 悽惻(처측)
쓰기한자　悽然(처연) 悽絶(처절) 悽慘(처참)

妻 3급Ⅱ 　　　아내 **처** 女 / 5
손(ㅋ)으로 많은(十) 일을 하며 집안의 살림을 맡아서 하는 여자(女)에서, '아내'를 뜻한다.

읽기한자 孀妻(상처) 艶妻(염처) 嫡妻(적처) 娶妻(취처) 妬妻(투처) 荊妻(형처)

쓰기한자 恐妻(공처) 良妻(양처) 本妻(본처) 夫妻(부처) 喪妻(상처) 惡妻(악처) 愛妻(애처) 嚴妻(엄처)
疑妻(의처) 多妻(다처) 前妻(전처) 妻家(처가) 妻男(처남) 妻子(처자) 妻弟(처제) 妻族(처족)
妻妾(처첩) 妻兄(처형) 良妻(양처)

處 4급Ⅱ 　　　곳 **처**: 虍 / 5 　약 処
호랑이(虍)가 천천히 걷고(夊) 있는 곳이란 데서, '곳'을 뜻한다.

읽기한자 拏處(나처) 凹處(요처) 腫處(종처) 稟處(품처) 鰥處(환처) 欠處(흠처)

쓰기한자 各處(각처) 去處(거처) 居處(거처) 決處(결처) 近處(근처) 難處(난처) 對處(대처) 到處(도처)
某處(모처) 部處(부처) 傷處(상처) 善處(선처) 自處(자처) 措處(조처) 處決(처결) 處女(처녀)
處斷(처단) 處理(처리) 處方(처방) 處罰(처벌) 處分(처분) 處事(처사) 處暑(처서) 處世(처세)
處所(처소) 處身(처신) 處遇(처우) 處地(처지) 處置(처치) 處刑(처형) 出處(출처) 何處(하처)
婚處(혼처)

擲 1급 　　　던질 **척** 手 / 15
손에 든 물건을 다른 곳에 떨어지게 손(扌)을 움직여 공중으로 내보내는 데서, '던지다'는
뜻이다.

읽기한자 擲去(척거) 擲殺(척살) 挑擲(도척) 放擲(방척) 打擲(타척) 投擲(투척)

脊 1급 　　　등마루 **척** 肉 / 6 　동 膂
몸(月)의 등에 겹쳐 쌓여 있는 뼈로, '등뼈, 등마루'를 뜻한다.

읽기한자 脊骨(척골) 脊梁(척량) 脊椎(척추) 曲脊(곡척) 刀脊(도척) 山脊(산척) 嶺脊(영척) 屋脊(옥척)

滌 1급 　　　씻을 **척** 水 / 11 　동 漑, 洗, 濯
물(氵)을 기다란 줄(條) 모양으로 등에 흘리는 것으로, '씻다'는 뜻이다.

읽기한자 滌漑(척개) 滌濫(척람) 滌署(척서) 滌洗(척세) 滌濯(척탁) 滌瑕(척하)

瘠 1급 　　　여윌 **척** 疒 / 10 　동 瘦
병(疒)이 들어 등뼈(脊)만 남은 것으로, '여위다'는 뜻이다.

읽기한자 瘠馬(척마) 瘠墨(척묵) 瘠薄(척박) 瘠瘦(척수) 瘠壤(척양) 瘠土(척토) 肥瘠(비척) 瘦瘠(수척)
若瘠(약척) 疲瘠(피척) 毀瘠(훼척)

陟 | 2급(名) | 오를 **척** | 阜 / 7 | 벤 降
언덕(阝)을 걸어(步) 오르는 데서, '오르다'는 뜻이다.

읽기한자 三陟(삼척) 進陟(진척) 陟降(척강) 陟釐(척리) 陟罰(척벌) 黜陟(출척)

隻 | 2급 | 외짝 **척** | 隹 / 2
雙과 달리 손(又)에 한 마리의 새(隹)를 잡고 있는 데서, '외짝'을 뜻한다. 배를 세는 단위로도 쓰인다.

쓰기한자 五隻(오척) 隻劍(척검) 隻句(척구) 隻騎(척기) 隻手(척수) 隻身(척신) 隻眼(척안) 隻愛(척애) 隻言(척언) 隻字(척자)

斥 | 3급 | 물리칠 **척** | 斤 / 1 | 비 斤 | 동 黜
도끼(斤)로 찍어(丶) 적을 물리친다는 데서, '물리치다'는 뜻이다.

읽기한자 攘斥(양척) 斥譴(척견) 斥黜(척출) 黜斥(출척) 詰斥(힐척)
쓰기한자 排斥(배척) 斥和(척화) 斥候(척후)

拓 | 3급Ⅱ | 넓힐 **척** / 박을 **탁** | 手 / 5
황량한 땅에서 손(扌)으로 돌(石)을 가려내어 밭을 넓힌다는 데서, '넓히다'는 뜻이다.

읽기한자 拓跋(탁발)
쓰기한자 干拓(간척) 開拓(개척) 拓本(탁본)

尺 | 3급Ⅱ | 자 **척** | 尸 / 1
몸(尸)의 일부인 손목에서 팔꿈치(乀)까지의 길이가 한 자(尺)라는 데서, '자'를 뜻한다.

읽기한자 竿尺(간척) 矩尺(구척) 繩尺(승척) 咫尺(지척) 鮑尺(포척)
쓰기한자 九尺(구척) 三尺(삼척) 越尺(월척) 丈尺(장척) 尺貫法(척관법) 尺度(척도) 尺土(척토) 縮尺(축척)

戚 | 3급Ⅱ | 친척 **척** | 戈 / 7
콩대에 달린 콩(尗=菽)처럼 작은 도끼(戈)를 나타낸 글자였으나 도끼 들고 같이 일하고 싸우는 사람, 콩처럼 무성하게 퍼져가는 사람에서, '친척'을 뜻한다.

읽기한자 藩戚(번척)
쓰기한자 外戚(외척) 姻戚(인척) 戚臣(척신) 親戚(친척) 婚戚(혼척) 休戚(휴척)

穿 | 1급 | 뚫을 **천:** | 穴 / 4 | 동 鑿
엄니(牙)로 구멍(穴)을 파는 데서, '뚫다'는 뜻이다.

읽기한자 穿結(천결) 穿耳(천이) 穿鑿(천착) 穿築(천축) 穿幣(천폐) 貫穿(관천) 排穿(배천) 節穿(절천)

擅 1급 멋대로할 **천:** 手 / 13 동 恣

혼자서(亶=單) 모든 것을 손(扌) 안에 쥐고 있는 데서, '오로지하다, 멋대로 하다'는 뜻이다.

읽기한자 擅權(천권) 擅斷(천단) 擅赦(천사) 擅殺(천살) 擅擬(천의) 奸擅(간천) 獨擅(독천) 雄擅(웅천)
專擅(전천) 豪擅(호천)

闡 1급 밝힐 **천:** 門 / 12 동 明

시야를 가리고 있던 문(門)을 떼어내어(單) 여는 데서, '열다, 밝히다'는 뜻이다.

읽기한자 闡校(천교) 闡究(천구) 闡明(천명) 闡士(천사) 闡揚(천양) 闡提(천제) 光闡(광천) 丕闡(비천)
昭闡(소천) 禎闡(정천) 遐闡(하천)

喘 1급 숨찰 **천:** 口 / 9

가쁜(耑=遄) 숨을 입(口)으로 내뱉는 데서, '숨차다, 천식'을 뜻한다.

읽기한자 喘急(천급) 喘氣(천기) 喘息(천식) 喘月(천월) 喘促(천촉) 喘汗(천한) 假喘(가천) 息喘(식천)
餘喘(여천) 殘喘(잔천) 咳喘(해천)

釧 2급(名) 팔찌 **천** 金 / 3

산을 끼고 굴곡을 이루며 흘러가는 내(川)처럼 팔목을 빙 두르는 금속(金)제 물건으로, '팔찌'를 뜻한다.

읽기한자 玉釧(옥천) 腕釧(완천)

薦 3급 천거할 **천:** 艸 / 13

윗사람에게 약초(艹)나 녹용(鹿)이나 새(鳥)를 바치며 사람을 추천하는 데서, '천거하다'는 뜻이다.

읽기한자 繡薦(수천) 齋薦(재천) 薦羞(천수) 薦擬(천의)
쓰기한자 公薦(공천) 落薦(낙천) 自薦(자천) 薦擧(천거) 薦新(천신) 推薦(추천) 他薦(타천)

踐 3급Ⅱ 밟을 **천:** 足 / 8 동 踏, 蹈 약 践

창들(戔)을 들고 발(足)로 걸어 다닌다는 데서, '밟다'는 뜻이다.

읽기한자 蹈踐(도천) 蹂踐(유천) 踵踐(종천) 踐窺(천규) 踐蹈(천도)
쓰기한자 實踐(실천) 踐歷(천력) 踐約(천약)

淺 3급Ⅱ 얕을 **천:** 水 / 8 [동]薄 [반]深 [약]浅

물(氵)속의 창들(㦮)이 보일 정도로 물이 얕은 데서, '얕다'는 뜻이다.

[읽기한자] 蕪淺(무천) 鄙淺(비천) 闇淺(암천) 淺懦(천나) 淺陋(천루) 淺俚(천리) 淺闇(천암) 淺斟(천짐) 淺狹(천협)

[쓰기한자] 膚淺(부천) 深淺(심천) 日淺(일천) 淺綠(천록) 淺薄(천박) 淺學(천학)

遷 3급Ⅱ 옮길 **천:** 辵 / 11 [동]徙 [약]迁

사람(己)이 큰(大) 바구니(西)를 지고 가는(辶) 데서, '옮기다'는 뜻이다.

[읽기한자] 喬遷(교천) 幹遷(알천) 鶯遷(앵천) 謫遷(적천) 遷喬(천교) 遷徙(천사) 遷訛(천와) 遷謫(천적) 貶遷(폄천)

[쓰기한자] 變遷(변천) 三遷(삼천) 左遷(좌천) 遷都(천도) 遷逝(천서) 遷延(천연) 遷敵(천적) 播遷(파천)

賤 3급Ⅱ 천할 **천:** 貝 / 8 [약]贱

신분이 낮아 재화(貝)라고는 창 두개(㦮) 뿐이라는 데서, '천하다'는 뜻이다.

[읽기한자] 陋賤(누천) 鄙賤(비천) 賤軀(천구) 賤躬(천궁) 賤陋(천루) 悴賤(췌천)

[쓰기한자] 貴賤(귀천) 微賤(미천) 卑賤(비천) 賤價(천가) 賤待(천대) 賤隸(천례) 賤民(천민) 賤視(천시) 賤人(천인) 賤職(천직)

泉 4급 샘 **천** 水 / 5

본래 물이 바위틈에서 일어나 내를 이루는 모양을 본뜬 글자이나 깨끗한(白) 물(水)로 풀어, '샘'을 뜻한다.

[읽기한자] 澗泉(간천) 汲泉(급천) 醴泉(예천) 沸泉(불천) 涌泉(용천) 澄泉(징천) 苔泉(태천) 瀑泉(폭천) 虹泉(홍천)

[쓰기한자] 甘泉(감천) 谷泉(곡천) 鑛泉(광천) 九泉(구천) 冷泉(냉천) 溫泉(온천) 源泉(원천) 泉布(천포) 黃泉(황천)

川 7급 내 **천** 巛 / 0

양 기슭 사이를 물이 구불구불 흐르는 모양을 본뜬 것으로, '내'를 뜻한다.

[읽기한자] 漣川(연천) 沔川(면천) 沃川(옥천) 濬川(준천) 陜川(합천)

[쓰기한자] 乾川(건천) 大川(대천) 山川(산천) 逝川(서천) 川邊(천변) 溪川(계천) 河川(하천)

千 7급 일천 **천** 十 / 1 [비]干, 于

사람(人)이 많다(十)는 데서, '일천'의 뜻이 나왔다. 옛날에 셈이 불분명하던 때에는 九가 '많다'는 뜻이었고, 十, 百, 千 등도 마찬가지였다.

[쓰기한자] 數千(수천) 千古(천고) 千斤(천근) 千金(천금) 千年(천년) 千慮(천려) 千里(천리) 千字(천자) 千載(천재) 千秋(천추) 千篇(천편)

天 7급 　　　하늘 **천** 　大 / 1 　　비 天, 夫 　동 穹, 覆 　반 地, 人, 壞
머리 부분을 강조하여 사람을 그린 글자로, 머리, 위, 높은 곳에서 '하늘'을 뜻한다.

읽기한자 　穹天(궁천) 覲天(근천) 曇天(담천) 滔天(도천) 旻天(민천) 梵天(범천) 曙天(서천) 天譴(천견)
天昆(천곤) 天衢(천구) 天眷(천권) 天杳(천묘) 天畔(천반) 天嗣(천사) 天祐(천우) 天詔(천조)
天阻(천조) 天誅(천주) 天朕(천짐) 天塹(천참) 天倡(천창) 天娼(천창) 天寵(천총) 天樞(천추)
天癡(천치) 天秤(천칭) 天陛(천폐) 天稟(천품) 天墟(천허) 天祜(천호) 沖天(충천) 呑天(탄천)
昊天(호천) 皓天(호천)

쓰기한자 　開天(개천) 露天(노천) 順天(순천) 昇天(승천) 雨天(우천) 祭天(제천) 蒼天(창천) 天干(천간)
天啓(천계) 天氣(천기) 天桃(천도) 天倫(천륜) 天理(천리) 天幕(천막) 天命(천명) 天文(천문)
天罰(천벌) 天賦(천부) 天性(천성) 天涯(천애) 天然(천연) 天運(천운) 天子(천자) 天爵(천작)
天才(천재) 天敵(천적) 天帝(천제) 天地(천지) 天職(천직) 天眞(천진) 天惠(천혜) 晴天(청천)
寒天(한천)

轍 1급 　　　바퀴자국 **철** 　車 / 12
수레(車)가 통과한(徹) 다음에 남는 '바퀴 자국'을 뜻한다.

읽기한자 　轍迹(철적) 改轍(개철) 同轍(동철) 覆轍(복철) 車轍(거철)

凸 1급 　　　볼록할 **철** 　凵 / 3 　　반 凹
가운데가 볼록 내민 모양을 본뜬 것으로, '볼록하다'는 뜻이다.

읽기한자 　凸形(철형) 凹凸(요철)

綴 1급 　　　엮을 **철** 　糸 / 8
실(糸)을 한데 이어 꿰맨(叕) 데서, '엮다, 잇다'는 뜻이다.

읽기한자 　綴文(철문) 綴鉢(철발) 綴純(철순) 綴音(철음) 綴字(철자) 綴輯(철집) 綴宅(철택) 綴學(철학)
牽綴(견철) 羅綴(나철) 班綴(반철) 連綴(연철) 點綴(점철) 編綴(편철)

撤 2급 　　　거둘 **철** 　手 / 12 　　동 收
扌＋徹인데 획이 줄었다. 徹은 본래 鬲과 又의 합자로 손(又)으로 솥(鬲)을 치우는 것을 나타
내, '거두다'는 뜻이나 글꼴이 바뀌고 뜻이 轉移되자 다시 손(扌)을 보태 撤을 만들어 썼다.

읽기한자 　撤簾(철렴) 撤膳(철선) 撤廛(철전) 撤饌(철찬) 撤庖(철포)
쓰기한자 　捨撤(사철) 撤去(철거) 撤軍(철군) 撤兵(철병) 撤收(철수) 撤市(철시) 撤廢(철폐) 撤回(철회)

澈 2급(名) 　　　맑을 **철** 　水 / 12
물(氵)이 바닥까지 꿰뚫어(徹) 쳐다 볼 수 있을 정도로 맑은 데서, '맑다'는 뜻이다.

읽기한자 　鏡澈(경철) 鄭澈(정철) 淸澈(청철) 瑩澈(영철)

喆 2급(名) 밝을 / 쌍길[吉] **철** 口 / 9

哲과 同字로, '밝다'는 뜻이다. 吉이 두개인 데서 흔히 '쌍길 철'이라 부른다. 이름자로 쓰인다.

 읽기한자　羅喆(나철)

哲 3급II 밝을 **철** 口 / 7　비 晣

사리의 옳고 그름을 나무를 꺾듯이(折) 입(口)으로 말한다는 데서, '밝다'는 뜻이다.

읽기한자　濬哲(준철)
쓰기한자　明哲(명철) 哲理(철리) 哲人(철인) 哲學(철학) 賢哲(현철)

徹 3급II 통할 **철** 彳 / 12

徹은 본래 鬲(솥 력)과 又(손을 의미)의 합성자로 식사 뒤치닥거리로 손(又)으로 솥(鬲)을 치우는 것을 나타냈다. 지금은 예전에 어린이가 걷기(彳) 시작한 때부터는 잘 기르기(育) 위해 회초리를 들고 때려(攵) 가면서 가르쳐 사리에 통하게 하였다는 데서, '통하다'는 뜻으로 푼다.

읽기한자　徹宵(철소)
쓰기한자　貫徹(관철) 冷徹(냉철) 徹夜(철야) 徹底(철저) 透徹(투철)

鐵 5급 쇠 **철** 金 / 13　동 鋼　반 石　약 鉄

창(戈)을 만드는데 으뜸(王)으로 좋은(吉) 금속(金)이 쇠라는 데서, '쇠'를 뜻한다.

읽기한자　銑鐵(선철) 炙鐵(적철) 蹄鐵(제철) 鐵拐(철괴) 鐵菱(철릉) 鐵瓶(철병) 鐵棒(철봉) 鐵扉(철비) 鐵扇(철선) 鐵腕(철완) 鐵匠(철장) 鐵杖(철장) 鐵漿(철장) 鐵蹄(철제) 鐵槍(철창) 鐵柵(철책) 鐵鎚(철추) 鐵鍼(철침) 鐵搭(철탑) 鐵槌(철퇴) 佩鐵(패철)
쓰기한자　鋼鐵(강철) 古鐵(고철) 鍛鐵(단철) 洋鐵(양철) 電鐵(전철) 製鐵(제철) 鑄鐵(주철) 鐵甲(철갑) 鐵鋼(철강) 鐵骨(철골) 鐵工(철공) 鐵鑛(철광) 鐵橋(철교) 鐵拳(철권) 鐵筋(철근) 鐵器(철기) 鐵道(철도) 鐵路(철로) 鐵馬(철마) 鐵網(철망) 鐵門(철문) 鐵物(철물) 鐵壁(철벽) 鐵絲(철사) 鐵索(철삭) 鐵石(철석) 鐵人(철인) 鐵製(철제) 鐵窓(철창) 鐵則(철칙) 鐵塔(철탑) 鐵板(철판) 鐵筆(철필)

僉 1급 다 / 여러 **첨** 人 / 11

 입으로 말을 하고 있는 사람(兄)과 사람(兄)이 모두 모여(亼=合) 있는 데서, '다, 여러'를 뜻한다.

읽기한자　僉謀(첨모) 僉員(첨원) 僉意(첨의) 僉議(첨의) 僉尊(첨존)

諂 1급 아첨할 **첨:** 言 / 8　동 佞, 諛

 자기 자신을 떨어뜨려(臽) 말하여(言) 남의 비위를 맞추는 데서, '아첨하다'는 뜻이다.

읽기한자　諂巧(첨교) 諂詐(첨사) 諂笑(첨소) 諂譽(첨예) 諂諛(첨유) 諂耳(첨이) 姦諂(간첨) 邪諂(사첨) 阿諂(아첨) 諛諂(유첨) 讒諂(참첨)

籤 1급 　제비(점대) **첨** 竹 / 17

가는(韱) 대오리(竹)로, 점괘의 글이 적혀 있어 길흉을 판단하는데 쓰이는 '점대, 제비'를 뜻한다.

 籤子(첨자) 籤題(첨제) 籤爪(첨조)

瞻 2급(名) 　볼 **첨** 目 / 13

눈(目)이 어딘가에 도달하는(詹) 데서, '보다'는 뜻이다.

 瞻敬(첨경) 瞻叩(첨고) 瞻顧(첨고) 瞻望(첨망) 瞻奉(첨봉) 瞻仰(첨앙)

添 3급 　더할 **첨** 水 / 8 　동 加 　반 減, 削

화초를 사랑하고 예뻐하는(天) 마음(忄)으로 물(氵)을 준다는 데서, '더하다'는 뜻이다.

 添捧(첨봉) 添盞(첨잔) 添炙(첨적)
쓰기한자 別添(별첨) 添加(첨가) 添附(첨부) 添削(첨삭)

尖 3급 　뾰족할 **첨** 小 / 3 　동 端

창날이나 칼날은 몸체(大)부분에서 점점 가늘어져(小) 끝이 뾰족하다는 데서, '뾰족하다'는 뜻이다.

읽기한자 鋒尖(봉첨) 翠尖(취첨)
쓰기한자 尖端(첨단) 尖兵(첨병) 尖銳(첨예)

疊 1급 　거듭 **첩** 田 / 17 　동 重 　약 畳

상(冖)의 제기에 고기가 포개져 얹혀 있는 모양(且)과 맛있는 음식이 포개져 있는 모양(畾)에서, '거듭, 포개다, 겹치다'는 뜻이다.

 疊鼓(첩고) 疊濤(첩도) 疊浪(첩랑) 疊嶺(첩령) 疊峯(첩봉) 疊書(첩서) 疊用(첩용) 疊字(첩자)
疊重(첩중) 疊次(첩차) 疊疊(첩첩) 疊出(첩출) 白疊(백첩) 積疊(적첩) 重疊(중첩) 震疊(진첩)
層疊(층첩)

帖 1급 　문서 **첩** 巾 / 5

글씨를 쓸 수 있는, 또는 글씨가 쓰여 있는 얇고 납작한(占=牒) 천(巾)에서, '문서'를 뜻한다. 또, '침상 앞의 휘장'의 뜻도 나타낸다.

 帖經(첩경) 帖括(첩괄) 帖附(첩부) 帖息(첩식) 帖耳(첩이) 帖子(첩자) 帖着(첩착) 計帖(계첩)
堂帖(당첩) 名帖(명첩) 墨帖(묵첩) 法帖(법첩) 書帖(서첩) 禮帖(예첩) 傳帖(전첩) 請帖(청첩)
標帖(표첩) 下帖(하첩) 戶帖(호첩)

貼 1급 붙일 **첩** 貝 / 5 통 付

재화(貝)가 특정한 장소에 달라붙어(占=粘) 움직이지 않는 데서, '전당잡히다, 붙이다'는 뜻이다.

📖 읽기한자 貼墨(첩묵) 貼付(첩부) 貼寫(첩사) 貼示(첩시) 貼用(첩용) 貼典(첩전) 貼錢(첩전) 補貼(보첩) 裝貼(장첩) 典貼(전첩) 妥貼(타첩) 販貼(판첩)

捷 1급 빠를 **첩** 手 / 8 통 速, 疾

손(扌)을 재빠르게(疌) 놀려서 사냥감을 잡는다는 데서, '빠르다, 이기다'는 뜻이다.

📖 읽기한자 捷擧(첩거) 捷勁(첩경) 捷徑(첩경) 捷口(첩구) 捷給(첩급) 捷路(첩로) 捷書(첩서) 捷速(첩속) 捷足(첩족) 捷疾(첩질) 捷捷(첩첩) 簡捷(간첩) 巧捷(교첩) 大捷(대첩) 猛捷(맹첩) 敏捷(민첩) 辯捷(변첩) 雄捷(웅첩) 戰捷(전첩) 便捷(편첩)

牒 1급 편지 **첩** 片 / 9

나뭇잎(枼)과 같이 얇고 납작한 패(片)에서, '편지, 문서'를 뜻한다.

📖 읽기한자 牒報(첩보) 牒訴(첩소) 牒案(첩안) 牒狀(첩장) 牒籍(첩적) 牒紙(첩지) 公牒(공첩) 錄牒(녹첩) 度牒(도첩) 名牒(명첩) 報牒(보첩) 史牒(사첩) 移牒(이첩) 陳牒(진첩) 請牒(청첩) 通牒(통첩)

諜 2급 염탐할 **첩** 言 / 9

바람에 날리어 어디든지 가는 잎사귀(枼)처럼 적진에 스며들어가 말(言)을 주고받으며 동정을 살피는 데서, '염탐하다'는 뜻이다.

📖 읽기한자 間諜(간첩) 防諜(방첩) 偵諜(정첩) 諜報(첩보) 諜人(첩인) 諜者(첩자) 諜知(첩지) 諜候(첩후)

차

妾 3급 첩 **첩** 女 / 5

늘 사람 옆에 서서(立) 시중을 드는 계집(女) 몸종을 나타냈으나 뒤에 '첩'의 뜻의 되었다.

📖 읽기한자 僕妾(복첩) 嬪妾(빈첩) 寵妾(총첩)
✍ 쓰기한자 婢妾(비첩) 愛妾(애첩) 妻妾(처첩) 妾室(첩실) 蓄妾(축첩) 姬妾(희첩)

晴 3급 갤 **청** 日 / 8 반 雨, 曇, 陰

해(日)가 나고 하늘이 푸르러(靑) 날이 갠 데서, '개다'는 뜻이다.

📖 읽기한자 晴曇(청담) 晴昊(청호)
✍ 쓰기한자 晴雨(청우) 晴天(청천) 快晴(쾌청)

廳 | 4급 | 관청 **청** | 广 / 22 | 약 庁
백성의 소리를 듣는(聽) 집(广)이라는 데서, '관청'을 뜻한다.

읽기한자) 廳枋(청방) 椽廳(연청)
쓰기한자) 官廳(관청) 區廳(구청) 郡廳(군청) 大廳(대청) 道廳(도청) 市廳(시청) 調達廳(조달청) 廳舍(청사)

聽 | 4급 | 들을 **청** | 耳 / 16 | 동 聞 약 聴
귀(耳)가 맡은(壬) 역할은 바른(直) 마음(心)에서 나오는 소리를 듣는 것이라는 데서, '듣다'는 뜻이다.

읽기한자) 眺聽(조청) 諦聽(체청)
쓰기한자) 可聽(가청) 傾聽(경청) 難聽(난청) 盜聽(도청) 傍聽(방청) 視聽(시청) 竊聽(절청) 聽覺(청각)
聽講(청강) 聽力(청력) 聽聞(청문) 聽衆(청중) 聽診(청진) 聽取(청취) 聽許(청허) 幻聽(환청)

請 | 4급II | 청할 **청** | 言 / 8 | 동 囑
청년(靑)이 웃어른께 부탁의 말씀(言)을 드린다는 데서, '청하다'는 뜻이다.

읽기한자) 禱請(도청) 邀請(요청) 請禱(청도) 請帖(청첩) 請牒(청첩) 請囑(청촉)
쓰기한자) 懇請(간청) 敢請(감청) 所請(소청) 訴請(소청) 申請(신청) 仰請(앙청) 要請(요청) 自請(자청)
再請(재청) 提請(제청) 奏請(주청) 請求(청구) 請負(청부) 請約(청약) 請願(청원) 請由(청유)
請託(청탁) 請婚(청혼) 招請(초청) 下請(하청) 強請(강청)

淸 | 6급II | 맑을 **청** | 水 / 8 | 동 潔, 淑, 湜, 淨, 澄, 澈 반 濁
푸릇푸릇한 풀잎처럼 파랗게(靑) 맑은 물(氵)의 아름다움에서, '맑다'는 뜻이다.

읽기한자) 廓淸(확청) 瀝淸(역청) 拭淸(식청) 晏淸(안청) 淸嘉(청가) 淸勁(청경) 淸磬(청경) 淸刮(청괄)
淸曠(청광) 淸穹(청궁) 淸綺(청기) 淸澹(청담) 淸亮(청량) 淸凜(청름) 淸旻(청민) 淸謐(청밀)
淸梵(청범) 淸氾(청범) 淸爽(청상) 淸曙(청서) 淸渫(청설) 淸宵(청소) 淸灑(청쇄) 淸瘦(청수)
淸醇(청순) 淸湜(청식) 淸晏(청안) 淸齋(청재) 淸靖(청정) 淸澄(청징) 淸澈(청철) 淸楚(청초)
淸脆(청취) 淸蕩(청탕)
쓰기한자) 石淸(석청) 淑淸(숙청) 肅淸(숙청) 淸潔(청결) 淸溪(청계) 淸談(청담) 淸涼(청량) 淸廉(청렴)
淸料理(청요리) 淸明(청명) 淸貧(청빈) 淸算(청산) 淸書(청서) 淸掃(청소) 淸純(청순) 淸雅(청아)
淸音(청음) 淸酌(청작) 淸淨(청정) 淸酒(청주) 淸濁(청탁) 血淸(혈청)

靑 | 8급 | 푸를 **청** | 靑 / 0 | 동 綠, 碧, 蒼, 翠
우물(丹)에서 푸른 이끼가 돋아나는(生) 데서, '푸르다'는 뜻이다.

읽기한자) 紺靑(감청) 碌靑(녹청) 靑襟(청금) 靑瞳(청동) 靑螺(청라) 靑粱(청량) 靑綸(청륜) 靑綾(청릉)
靑芒(청망) 靑杳(청묘) 靑蕪(청무) 靑蕃(청번) 靑孀(청상) 靑鴦(청앙) 靑窯(청요) 靑聳(청용)
靑椅(청의) 靑雀(청작) 靑甄(청전) 靑塚(청총) 靑芻(청추) 靑翠(청취) 靑萍(청평)
쓰기한자) 丹靑(단청) 踏靑(답청) 靑果(청과) 靑丘(청구) 靑年(청년) 靑桐(청동) 靑龍(청룡) 靑史(청사)
靑蛇(청사) 靑山(청산) 靑色(청색) 靑松(청송) 靑魚(청어) 靑雲(청운) 靑磁(청자) 靑春(청춘)

涕 1급 눈물 **체** 水 / 7 〔동〕涙, 洟

물(氵)이 차례로(弟) 흘러 떨어지는 데서, '눈물, 콧물'을 뜻한다.

〔읽기한자〕 涕零(체령) 涕涙(체루) 涕泗(체사) 涕泣(체읍) 感涕(감체) 鼻涕(비체) 傷涕(상체) 流涕(유체)
泣涕(읍체) 歎涕(탄체) 揮涕(휘체)

諦 1급 살필 **체** 言 / 9

살피다(審)는 뜻인데, 佛敎에서는 '이치, 도리'의 뜻으로 쓰며, 진제(眞諦), 속제(俗諦), 세
제(世諦) 등 '제'로 읽기도 한다.

〔읽기한자〕 諦觀(체관) 諦念(체념) 諦料(체료) 諦試(체시) 諦聽(체청) 諦號(체호) 明諦(명체) 妙諦(묘체)
三諦(삼체) 詳諦(상체) 世諦(세체) 俗諦(속체) 要諦(요체) 眞諦(진체)

締 2급 맺을 **체** 糸 / 9 〔동〕結

꼭지(蒂)가 잎이나 열매를 나뭇가지와 연결하듯 양쪽을 연결(糸)하는 데서, '맺다'는 뜻이다.

〔읽기한자〕 締結(체결) 締交(체교) 締構(체구) 締盟(체맹) 締約(체약)

遞 3급 갈릴 **체** 辵 / 10 〔약〕逓

가지런하지 않게(虒) 여기저기로 왔다갔다(辶) 하는 데서, '갈마들다, 갈리다'는 뜻이다. 물
건이나 소식의 전달 과정에서 임무 교대가 이루어짐을 나타낸다.

〔읽기한자〕 貶遞(폄체)
〔쓰기한자〕 瓜遞(과체) 驛遞(역체) 郵遞(우체) 遞加(체가) 遞減(체감) 遞代(체대) 遞送(체송) 遞信(체신)
遞傳(체전) 遞增(체증)

替 3급 바꿀 **체** 曰 / 8 〔동〕代, 換

두 사내(夫夫)가 마주 앉아 말(曰)을 하는데 서로 번갈아(替) 가면서 말한다는 데서, '바꾸
다'는 뜻이다.

〔읽기한자〕 淪替(윤체) 蠹替(이체) 湮替(인체) 繰替(조체) 替懈(체해) 頹替(퇴체)
〔쓰기한자〕 交替(교체) 代替(대체) 對替(대체) 隆替(융체) 立替(입체) 移替(이체)

逮 3급 잡을 **체** 辵 / 8

꼬리(氺)를 잡으려는 손(크)이 뒤에서 미치는(辶) 데서, '미치다, 잡다'는 뜻이다.

〔쓰기한자〕 及逮(급체) 連逮(연체) 津逮(진체) 未逮(미체) 逮夜(체야) 逮捕(체포)

滯 3급Ⅱ 막힐 **체** 水 / 11 🔊 塞
허리에 띠(帶)를 두르듯 흙을 쌓아 물(氵)의 흐름을 막는 데서, '막다, 막히다'는 뜻이다.

📖 읽기한자 澁滯(삽체) 壅滯(옹체) 滯悶(체민)

✏️ 쓰기한자 礙滯(애체) 延滯(연체) 凝滯(응체) 積滯(적체) 停滯(정체) 遲滯(지체) 滯納(체납) 滯念(체념)
滯留(체류) 滯佛(체불) 滯賃(체임) 滯在(체재) 滯症(체증) 沈滯(침체)

體 6급Ⅱ 몸 **체** 骨 / 13 🔊 軀, 身 약 体
뼈(骨)를 중심으로 내장과 같이 풍성히(豊=豐) 붙어서 된 것이라는 데서, '몸'을 뜻한다.

📖 읽기한자 軀體(구체) 胴體(동체) 澁體(삽체) 拗體(요체) 肢體(지체) 體腔(체강) 體軀(체구) 體魄(체백)
墜體(추체)

✏️ 쓰기한자 客體(객체) 固體(고체) 團體(단체) 裸體(나체) 媒體(매체) 文體(문체) 書體(서체) 身體(신체)
業體(업체) 肉體(육체) 全體(전체) 正體(정체) 體感(체감) 體系(체계) 體能(체능) 體得(체득)
體面(체면) 體貌(체모) 體罰(체벌) 體育(체육) 體制(체제) 體臭(체취) 體統(체통) 體驗(체험)
總體(총체) 筆體(필체) 抗體(항체) 解體(해체) 形體(형체)

梢 1급 나무끝 **초** 木 / 7
나무(木) 가지가 점점 가늘고 작아지면서 없어지는 부분(肖)으로, '나무 끝'을 뜻한다.

📖 읽기한자 梢溝(초구) 老梢(노초) 末梢(말초) 茂梢(무초) 蕭梢(소초) 玉梢(옥초) 正梢(정초) 枝梢(지초)
抽梢(추초)

樵 1급 나무할 **초** 木 / 12
불태우는(焦) 나무(木)에서, '땔나무'를 뜻한다. 또, 땔나무를 구하는 데서, '나무하다'는 뜻이다.

📖 읽기한자 樵歌(초가) 樵徑(초경) 樵女(초녀) 樵童(초동) 樵夫(초부) 樵婦(초부) 樵隱(초은) 樵子(초자)
樵採(초채) 樵戶(초호) 耕樵(경초) 晩樵(만초) 山樵(산초) 薪樵(신초) 魚樵(어초) 芻樵(추초)

貂 1급 담비 **초** 豸 / 5
족제빗과에 속하는 동물(豸)로, '돈피, 담비'를 뜻한다.

📖 읽기한자 貂珥(초이) 金貂(금초) 白貂(백초) 續貂(속초) 玉貂(옥초) 黑貂(흑초)

炒 1급 볶을 **초** 火 / 4
음식 재료를 이리저리 자주 저으면서 익히는 데서, '볶다'는 뜻이다.

📖 읽기한자 炒米(초미) 煎炒(전초)

礁 | 1급 | 암초 **초** | 石 / 12

뱃사람의 애를 태우는(焦) 돌(石)에서, '암초'를 뜻한다.

읽기한자 礁石(초석) 亂礁(난초) 撞礁(당초) 浮礁(부초) 嚴礁(엄초) 暗礁(암초) 危礁(위초)

稍 | 1급 | 점점 **초** | 禾 / 7

이제 막 싹이 나온 작은(肖) 벼(禾)의 뜻에서, 副詞 '점점'의 뜻으로 쓰인다.

읽기한자 稍事(초사) 稍食(초식) 稍遠(초원) 稍人(초인) 稍侵(초침) 稍解(초해) 家稍(가초)

醋 | 1급 | 초 **초** | 酉 / 8 | 동 酸

몇 날을 지나(昔) 시어진 술(酉)에서, '초, 식초'를 뜻한다.

읽기한자 醋酸(초산) 醋醬(초장) 薄醋(박초) 醬醋(장초) 酒醋(주초)

憔 | 1급 | 파리할 **초** | 心 / 12 | 동 悴

마음(忄) 고생으로 애가 타(焦) 몸이 마르는 것으로, '파리하다'는 뜻이다.

읽기한자 憔廬(초려) 憔悴(초췌)

蕉 | 1급 | 파초 **초** | 艸 / 12

불태우는(焦) 검불(艹)에서, '섶(薪)'을 뜻한다. 또, '파초(芭蕉)'라는 뜻이다.

읽기한자 蕉葉(초엽) 蕉萃(초췌) 蕉布(초포) 甘蕉(감초) 綠蕉(녹초) 牙蕉(아초) 翠蕉(취초) 敗蕉(패초)

硝 | 1급 | 화약 **초** | 石 / 7

녹아 없어지는(肖) 폭발성이 있는 돌(石)에서, '초석(硝石), 화약(焰硝), 망초(芒硝)'를 뜻한다.

읽기한자 硝酸(초산) 硝石(초석) 硝藥(초약) 硝煙(초연) 硝子(초자)

哨 | 2급 | 망볼 **초** | 口 / 7

몸을 작게(肖)하듯 입(口)을 작게 하여 말소리를 내지 않고 경계를 서는 데서, '망보다'는 뜻이다.

읽기한자 哨堡(초보)

쓰기한자 步哨(보초) 巡哨(순초) 前哨(전초) 哨戒(초계) 哨兵(초병) 哨所(초소)

楚 2급(名) 초나라 **초** 木 / 9

본래 '가시나무'를 나타냈는데, 이후 많은 의미가 파생되어 '회초리, 매질하다, 곱다, 아프다' 등의 뜻으로 쓰이고 나라이름으로도 쓰인다.

읽기한자 苦楚(고초) 榜楚(방초) 淸楚(청초) 楚葵(초규) 楚棘(초극) 楚撻(초달) 楚璧(초벽) 楚腰(초요)
楚雀(초작) 楚切(초절) 楚楚(초초) 楚楚(초초) 剽楚(표초)

焦 2급 탈[燥] **초** 火 / 8

새(隹)를 불(灬)에 굽는 데서, '태우다, 타다'는 뜻이다.

읽기한자 焦螟(초명) 焦灼(초작) 焦朽(초후)
쓰기한자 焦渴(초갈) 焦急(초급) 焦眉(초미) 焦脣(초순) 焦點(초점) 焦燥(초조) 焦土(초토)

秒 3급 분초 **초** 禾 / 4

본래 벼(禾)에 붙어있는 작은(小) 부분(丿)으로, '까끄라기'를 뜻한다. 여기에서 작은(적은) 시간 단위를 나타내게 되었다.

읽기한자 秒弧(초호)
쓰기한자 分秒(분초) 閏秒(윤초) 秒速(초속) 秒針(초침)

抄 3급 뽑을 **초** 手 / 4

손(扌)으로 원본의 일부인 적은(少) 부분만 가려 뽑는다는 데서, '뽑다'는 뜻이다.

읽기한자 剝抄(박초) 匙抄(시초) 抄撰(초찬) 抄撮(초촬)
쓰기한자 謄抄(등초) 抄啓(초계) 抄掠(초략) 抄錄(초록) 抄本(초본) 抄譯(초역)

肖 3급Ⅱ 닮을 / 같을 **초** 肉 / 3 동 似

자식은 어버이의 몸(月)을 작게(小) 줄인 것이라는 데서, '닮다'는 뜻이다.

읽기한자 不肖(불초) 肖似(초사) 肖像(초상)

超 3급Ⅱ 뛰어넘을 **초** 走 / 5 동 過, 越

임금의 부르심(召)에 평지는 달리고(走) 시냇물은 뛰어넘는다는 데서 '뛰어넘다'는 뜻이다.

읽기한자 超邁(초매) 超緬(초면) 超迹(초적) 超擢(초탁)
쓰기한자 超過(초과) 超黨(초당) 超然(초연) 超遙(초요) 超越(초월) 超人(초인) 超脫(초탈)

礎 | 3급Ⅱ | **주춧돌 초** | 石 / 13

기둥의 무게를 견디려고 아픈(楚) 고생을 하고 있는 돌(石)이라는 데서, '주춧돌'을 뜻한다.

읽기한자　巢礎(소초)

쓰기한자　基礎(기초) 定礎(정초) 柱礎(주초) 礎石(초석)

招 | 4급 | **부를 초** | 手 / 5 | 동 聘, 邀

손(扌)을 내밀어 손짓하여 부른다(召)는 데서, '부르다'는 뜻이다.

읽기한자　邀招(요초) 招邀(초요) 招麾(초휘) 函招(함초)

쓰기한자　問招(문초) 自招(자초) 招待(초대) 招來(초래) 招聘(초빙) 招輯(초집) 招請(초청) 招致(초치)
招魂(초혼)

初 | 5급 | **처음 초** | 刀 / 5 | 동 創 | 반 終

옷감(衣)을 칼(刀)로 자르는 것이 옷 짓는 일의 시작이라는 데서, '처음'을 뜻한다.

읽기한자　劫初(겁초) 初臘(초랍) 初曙(초서) 初肇(초조) 初爻(초효)

쓰기한자　年初(연초) 當初(당초) 始初(시초) 原初(원초) 正初(정초) 週初(주초) 初刊(초간) 初經(초경)
初級(초급) 初期(초기) 初段(초단) 初代(초대) 初等(초등) 初面(초면) 初盤(초반) 初犯(초범)
初伏(초복) 初俸(초봉) 初喪(초상) 初選(초선) 初聲(초성) 初旬(초순) 初審(초심) 初演(초연)
初葉(초엽) 初場(초장) 初章(초장) 初潮(초조) 初版(초판) 初行(초행) 初婚(초혼) 最初(최초)
太初(태초)

草 | 7급 | **풀 초** | 艸 / 6

이른(早) 봄부터 풀(艹)이 돋아난다는 데서, '풀'을 뜻한다.

읽기한자　勁草(경초) 蔓草(만초) 茅草(모초) 靡草(미초) 荀草(순초) 柴草(시초) 穢草(예초) 矮草(왜초)
詔草(조초) 芝草(지초) 草芥(초개) 草駒(초구) 草寮(초료) 草昧(초매) 草棉(초면) 草靡(초미)
草跋(초발) 草庵(초암) 草穢(초예) 草篆(초전) 草詔(초조) 草茸(초즙)

쓰기한자　甘草(감초) 乾草(건초) 起草(기초) 毒草(독초) 蘭草(난초) 綠草(녹초) 木草(목초) 牧草(목초)
伐草(벌초) 史草(사초) 瑞草(서초) 藥草(약초) 煙草(연초) 葉草(엽초) 雜草(잡초) 除草(제초)
草家(초가) 草稿(초고) 草略(초략) 草露(초로) 草綠(초록) 草率(초솔) 草木(초목) 草本(초본)
草書(초서) 草食(초식) 草案(초안) 草野(초야) 草屋(초옥) 草原(초원) 草地(초지) 海草(해초)
行草(행초) 花草(화초)

囑 | 1급 | **부탁할 촉** | 口 / 21 | 동 付, 託 | 약 嘱

말(口)로 사람을 따라붙게(屬) 하고, 말로 사람을 복속시키는 데서, '부탁하다'는 뜻이다.

읽기한자　囑目(촉목) 囑付(촉부) 囑言(촉언) 囑託(촉탁) 懇囑(간촉) 咐囑(부촉) 委囑(위촉) 依囑(의촉)
請囑(청촉)

蜀 | 2급(名) | 나라이름 **촉** | 虫 / 7

본래 큰 눈(罒)과 구부러진 몸(勹)을 가진 벌레(虫)로 나비애벌레를 나타냈다. 뒤에 나라
이름으로 쓰이게 되자 본래 뜻은 虫을 더 보태 蠋으로 썼다.

읽기한자 諭蜀(유촉) 蜀道(촉도) 蜀魄(촉백) 蜀相(촉상) 蜀鳥(촉조) 蜀漢(촉한) 蜀魂(촉혼) 巴蜀(파촉)

燭 | 3급 | 촛불 **촉** | 火 / 13 | 비 濁, 獨

불(火)이 하나씩 하나씩 홀로(蜀) 타고 있는 데서, '촛불'을 뜻한다.

읽기한자 蠟燭(납촉) 燎燭(요촉) 炳燭(병촉) 秉燭(병촉) 宵燭(소촉) 椽燭(연촉)
쓰기한자 洞燭(통촉) 燭光(촉광) 燭臺(촉대) 燭漏(촉루) 燭數(촉수) 燭察(촉찰) 花燭(화촉) 華燭(화촉)

觸 | 3급II | 닿을 **촉** | 角 / 13 | 약 触

곤충(蜀)의 뿔(角), 즉 촉각이 무엇을 살피느라고 물건에 닿는 데서, '닿다'는 뜻이다.

읽기한자 骶觸(저촉) 觸撥(촉발) 觸穢(촉예) 觸勺(촉작) 觸諱(촉휘)
쓰기한자 感觸(감촉) 抵觸(저촉) 接觸(접촉) 觸覺(촉각) 觸角(촉각) 觸感(촉감) 觸怒(촉노) 觸媒(촉매)
觸發(촉발) 觸手(촉수)

促 | 3급II | 재촉할 **촉** | 人 / 7 | 동 急, 迫

발(足)걸음을 빨리 하라고 사람(亻)을 몰아붙이는 데서, '재촉하다'는 뜻이다.

읽기한자 喘促(천촉)
쓰기한자 督促(독촉) 促求(촉구) 促急(촉급) 促迫(촉박) 促成(촉성) 促進(촉진) 催促(최촉) 販促(판촉)

忖 | 1급 | 헤아릴 **촌:** | 心 / 3 | 동 度

사람의 맥을 짚어 재듯(寸) 마음(忄)을 재는 데서, '헤아리다'는 뜻이다.

읽기한자 忖度(촌탁)

村 | 7급 | 마을 **촌:** | 木 / 3 | 동 落, 閭, 里

커다란 나무(木)가 있는 곳에 촌수(寸)가 가까운 사람들이 모여 집성촌을 형성하는 데서,
'마을'을 뜻한다.

읽기한자 村閭(촌려) 村塾(촌숙) 村釀(촌양) 村墟(촌허)
쓰기한자 街村(가촌) 江村(강촌) 居村(거촌) 農村(농촌) 隣村(인촌) 班村(반촌) 僻村(벽촌) 富村(부촌)
貧村(빈촌) 山村(산촌) 散村(산촌) 漁村(어촌) 邑村(읍촌) 村落(촌락) 村老(촌로) 村婦(촌부)
村孃(촌양) 村長(촌장) 浦村(포촌) 寒村(한촌) 鄕村(향촌)

寸 8급 　마디 **촌:** 寸 / 0 　᠍ 節

오른손 손목에 엄지손가락을 대고 맥을 짚는 데서, '헤아리다'는 뜻. 또, 손바닥과 손목의 경계(十)에서 맥을 짚는 곳(丶)까지의 거리는 대개 한 치(寸) 정도라는 데서, '치'의 뜻. 또 촌수 등 구분점을 나타내는 데서, '마디'를 뜻한다.

읽기한자 銖寸(수촌) 寸脛(촌경) 寸隙(촌극) 寸描(촌묘)

쓰기한자 方寸(방촌) 四寸(사촌) 寸暇(촌가) 寸刻(촌각) 寸劇(촌극) 寸分(촌분) 寸數(촌수) 寸陰(촌음)
寸志(촌지) 寸鐵(촌철) 寸評(촌평)

叢 1급 　떨기 / 모일 **총** 又 / 16 　᠍ 攢, 萃, 聚

식물의 한 뿌리에서 여러 개의 줄기가 나와 떼 지어 모여(取=聚) 더부룩하게 된 무더기에서, '떨기, 모으다, 모이다'는 뜻이다.

읽기한자 叢劇(총극) 叢談(총담) 叢林(총림) 叢煩(총번) 叢祠(총사) 叢說(총설) 叢穢(총예) 叢雲(총운)
叢挫(총좌) 談叢(담총) 芳叢(방총) 淵叢(연총) 林叢(임총) 竹叢(죽총)

塚 1급 　무덤 **총** 土 / 10 　᠍ 墓

발을 묶은 돼지(豕)의 산 제물을 덮는(冖) 흙(土) 구덩이에서, '무덤'을 뜻한다.

읽기한자 塚墓(총묘) 塚主(총주) 塚地(총지) 塚戶(총호) 經塚(경총) 古塚(고총) 掘塚(굴총) 守塚(수총)
義塚(의총) 疑塚(의총) 靑塚(청총) 置塚(치총) 貝塚(패총) 荒塚(황총)

寵 1급 　사랑할 **총:** 宀 / 16 　᠍ 愛, 恩, 嬖

용(龍)을 모신 존귀한 집(宀)에서 파생하여, '후궁(後宮), 사랑하다'는 뜻이다.

읽기한자 寵嘉(총가) 寵給(총급) 寵待(총대) 寵利(총리) 寵臣(총신) 寵兒(총아) 寵愛(총애) 寵恩(총은)
寵者(총자) 寵妾(총첩) 寵擢(총탁) 寵幸(총행) 寵厚(총후) 敬寵(경총) 內寵(내총) 盛寵(성총)
愛寵(애총) 慈寵(자총) 尊寵(존총) 天寵(천총) 親寵(친총)

聰 3급 　귀밝을 **총** 耳 / 11 　᠍ 明 　᠍ 聡, 聰

귀(耳)로 상대방의 말을 재빨리(悤) 알아듣는 데서, '귀 밝다'는 뜻이다.

읽기한자 薛聰(설총)

쓰기한자 聰氣(총기) 聰明(총명) 聰敏(총민)

總 4급Ⅱ 　다[皆] **총:** 糸 / 11 　᠍ 総, 緫

실(糸)로 바쁘게(悤) 베를 짜도록 여러 사람들을 모아 거느린다는 데서, '다'라는 뜻이다.

읽기한자 總括(총괄) 總辦(총판) 總轄(총할)

쓰기한자 結總(결총) 勞總(노총) 株總(주총) 總角(총각) 總警(총경) 總計(총계) 總管(총관) 總局(총국)
總督(총독) 總量(총량) 總力(총력) 總論(총론) 總理(총리) 總務(총무) 總帥(총수) 總數(총수)
總額(총액) 總員(총원) 總長(총장) 總宰(총재) 總裁(총재) 總點(총점) 總責(총책) 總體(총체)
總則(총칙) 總稱(총칭) 總統(총통) 總販(총판) 總評(총평) 總和(총화) 總會(총회)

銃 | 4급II | 총 **총** 金 / 6
쇠(金)를 알차게(充) 조립하여 만든 것이라는 데서, '총'을 뜻한다.

🖊 쓰기한자 拳銃(권총) 獵銃(엽총) 小銃(소총) 長銃(장총) 銃劍(총검) 銃擊(총격) 銃器(총기) 銃殺(총살)
銃傷(총상) 銃聲(총성) 銃彈(총탄) 銃砲(총포)

撮 | 1급 | 모을 / 사진찍을 **촬** 手 / 12
最가 본래 '집다, 모으다'는 뜻이나, '가장'의 뜻으로 전용되자, 'ㅊ'를 보탠 것으로, '집다, 모으다'는 뜻이다. 한국에서는 '사진 찍다'는 뜻이다.

🖊 읽기한자 撮記(촬기) 撮壤(촬양) 撮影(촬영) 撮土(촬토) 圭撮(규촬) 搏撮(박촬) 一撮(일촬) 捉撮(착촬)
抄撮(초촬) 把撮(파촬) 會撮(회촬)

崔 | 2급(名) | 성(姓) / 높을 **최** 山 / 8
새(隹)만이 오를 수 있는 산(山)으로, '높다'는 뜻인데, 주로 姓氏로 쓰인다.

🖊 읽기한자 崔巍(최외) 崔瑩(최영)

催 | 3급II | 재촉할 **최:** 人 / 11 | 동 促
사람(亻)이 높은(崔) 지위에 앉아 어떤 일을 빨리 하도록 몰아붙이는 데서, '재촉하다'는 뜻이다.

🖊 읽기한자 訥催(눌최)
🖊 쓰기한자 開催(개최) 主催(주최) 催告(최고) 催淚(최루) 催眠(최면) 催促(최촉)

最 | 5급 | 가장 **최:** 曰 / 8
옛날 전쟁에서 위험을 무릅쓰고(曰=冒) 적의 귀를 잘라오는(取) 것은 가장 큰 모험이라는 데서, '가장'을 뜻한다.

🖊 읽기한자 最嗜(최기) 最歇(최헐)
🖊 쓰기한자 殿最(전최) 最古(최고) 最高(최고) 最近(최근) 最多(최다) 最大(최대) 最良(최량) 最善(최선)
最小(최소) 最少(최소) 最新(최신) 最惡(최악) 最長(최장) 最低(최저) 最適(최적) 最終(최종)
最初(최초) 最下(최하) 最後(최후) 最強(최강)

芻 | 1급 | 꼴 **추** 艸 / 4
손으로 풀을 모아 잡아 뜯는 모양을 형상화한 글자로, '꼴'을 뜻한다.

🖊 읽기한자 芻狗(추구) 芻米(추미) 芻言(추언) 芻場(추장) 牧芻(목추) 反芻(반추) 玉芻(옥추) 靑芻(청추)

墜 | 1급 | 떨어질 **추** | 土 / 12 | 비 墮 동 落

隊가 본래 '떨어지다'는 뜻이나, '무리'의 뜻으로 전용되자, '土'을 보탠 것으로, '떨어지다'는 뜻이다.

읽기한자 墜落(추락) 墜緒(추서) 墜岸(추안) 墜典(추전) 墜體(추체) 墜廢(추폐) 墜下(추하) 傾墜(경추) 排墜(배추) 覆墜(복추) 失墜(실추) 零墜(영추) 跌墜(질추) 飄墜(표추) 毁墜(훼추)

 鰍 | 1급 | 미꾸라지 **추** | 魚 / 9

'추'하고 우는 소리(秋는 의성어)를 내는 물고기(魚)에서, '미꾸라지'를 뜻한다.

읽기한자 泥鰍(이추) 鰍魚(추어)

 錐 | 1급 | 송곳 **추** | 金 / 8

끝이 날카로워 삐져나오는(隹=出) 쇠붙이(金)에서, '송곳'을 뜻한다.

읽기한자 錐股(추고) 錐臺(추대) 錐刀(추도) 錐指(추지) 蘆錐(노추) 磨錐(마추) 利錐(이추) 立錐(입추) 置錐(치추) 鍼錐(침추)

 鎚 | 1급 | 쇠망치 **추** | 金 / 10

쇠(金)로 만든 방망이(追=椎)에서, '쇠망치'를 뜻한다.

읽기한자 金鎚(금추) 鍛鎚(단추) 鐵鎚(철추) 秤鎚(칭추)

 椎 | 1급 | 쇠몽치 / 쇠골 **추** | 木 / 8 | 비 惟, 推 동 擊

나무(木)를 깎거나 다듬어 만든 것으로, '방망이'를 뜻한다. 파생하여 '치다, 등골, 쇠몽치'의 뜻을 나타낸다.

읽기한자 椎車(추거) 椎擊(추격) 椎埋(추매) 椎鑿(추착) 椎打(추타) 椎破(추파) 樸椎(박추) 脊椎(척추) 鐵椎(철추)

 酋 | 1급 | 우두머리 **추** | 酉 / 2 | 동 渠, 帥

술 그릇 속에서 술 향기가 내뿜겨져 나오는 모양을 본뜬 글자로, 오래된 술, 술 빚는 일을 주관하는 벼슬아치를 나타내며, 파생하여 '우두머리'를 뜻한다.

읽기한자 酋渠(추거) 酋領(추령) 酋帥(추수) 酋長(추장) 大酋(대추) 蠻酋(만추) 諸酋(제추) 悍酋(한추)

錘 | 1급 | 저울추 **추** | 金 / 8

저울대에 늘어져(垂) 있는 일정한 무게의 쇠(金)에서, '저울추'를 뜻한다.

읽기한자 爐錘(노추) 紡錘(방추) 鉛錘(연추) 玉錘(옥추)

樞 1급 　지도리 **추**　木 / 11

문짝을 문설주에 달아 여닫는 데 편리하도록 고안된 중요한 부속품으로, '지도리'를 뜻한다.

📖 읽기한자 　樞機(추기) 樞紐(추뉴) 樞務(추무) 樞密(추밀) 樞柄(추병) 樞相(추상) 樞要(추요) 樞軸(추축)
樞衡(추형) 機樞(기추) 道樞(도추) 萬樞(만추) 宸樞(신추) 要樞(요추) 政樞(정추) 天樞(천추)
戶樞(호추)

楸 2급(名)　가래 **추**　木 / 9

단풍이 드는 가을(秋)의 나무(木)처럼 잎과 줄기는 빨갛고 꽃은 노란데서, '가래나무, 가래'를 뜻한다. 가래나무로 바둑판을 만든 데서, '바둑판'을 나타내기도 한다.

📖 읽기한자 　楸局(추국) 楸木(추목)

趨 2급　달아날 **추**　走 / 10

길이가 짧고 양이 많은 꼴(芻)처럼 걸음 폭을 짧고 많게(芻) 하여 달리는(走) 데서, '달아나다(走行), 종종걸음하다'는 뜻이다.

📖 읽기한자 　迅趨(신추) 趨陪(추배) 趨翔(추상)
✍️ 쓰기한자 　歸趨(귀추) 趨拜(추배) 趨步(추보) 趨勢(추세) 趨迎(추영)

鄒 2급(名)　추나라 **추**　邑 / 10

나라이름과 姓氏로 쓰인다. 魯는 孔子, 鄒는 孟子의 나라로, 鄒魯 두 글자로 孔孟을 나타낸다.

📖 읽기한자 　鄒魯(추로) 鄒衍(추연)

抽 3급　뽑을 **추**　手 / 5　🔁 拔, 擢

손(扌)으로 과일(由)을 따듯이 어떤 물건을 빼내거나 뽑는 데서, '뽑다'는 뜻이다.

📖 읽기한자 　抽梢(추초) 抽擢(추탁)
✍️ 쓰기한자 　抽象(추상) 抽出(추출)

醜 3급　추할 **추**　酉 / 10　🔀 美

술(酉)에 취하면 도깨비(鬼)처럼 날뛰는 꼴이 보기에 추하다는 데서, '추하다'는 뜻이다.

📖 읽기한자 　陋醜(누추) 妍醜(연추) 戎醜(융추) 粗醜(조추) 醜乖(추괴) 醜裔(추예)
✍️ 쓰기한자 　醜男(추남) 醜女(추녀) 醜貌(추모) 醜聞(추문) 醜夫(추부) 醜惡(추악) 醜雜(추잡) 醜態(추태)
醜行(추행)

追

3급II 쫓을 / 따를 **추** 辶 / 6　동 隨, 從

조상신께 고기를 바치러 가는 것을 나타내는 글자로, 조상님을 잘 모시고 따르는 데서, '쫓다, 따르다'는 뜻이다.

읽기한자 毋追(무추) 追悸(추계) 追儺(추나) 追攀(추반) 追陪(추배) 追憑(추빙) 追嗣(추사) 追胥(추서) 追諡(추시) 追繹(추역) 追餞(추전) 追踵(추종) 追喚(추환)

쓰기한자 擊追(격추) 訴追(소추) 追加(추가) 追擊(추격) 追更(추경) 追告(추고) 追求(추구) 追究(추구) 追窮(추궁) 追記(추기) 追念(추념) 追悼(추도) 追突(추돌) 追慕(추모) 追放(추방) 追想(추상) 追敍(추서) 追伸(추신) 追憶(추억) 追越(추월) 追認(추인) 追跡(추적) 追從(추종) 追增(추증) 追徵(추징) 追後(추후)

推

4급 밀 **추** 手 / 8　비 惟, 椎　반 挽, 輓, 引

새(隹)들이 싸울 때 날개를 치며 적을 밀어내듯이 손(扌)을 써서 상대방을 밀어낸다는 데서, '밀다'는 뜻이다.

읽기한자 拿推(나추) 輓推(만추) 衙推(아추) 推敲(퇴고) 推溝(추구) 推拿(추나) 推輓(추만) 推罵(추매) 推按(추안) 推剽(추표) 推劾(추핵)

쓰기한자 類推(유추) 推計(추계) 推考(추고) 推戴(추대) 推論(추론) 推理(추리) 推算(추산) 推尋(추심) 推仰(추앙) 推移(추이) 推定(추정) 推進(추진) 推薦(추천) 推測(추측)

秋

7급 가을 **추** 禾 / 4

곡식(禾)을 거두어 햇볕에 말리는(火) 계절이라는 데서, '가을'을 뜻한다.

읽기한자 凜秋(늠추) 肇秋(조추) 秋稼(추가) 秋穹(추궁) 秋斂(추렴) 秋螟(추명) 秋旻(추민) 秋殞(추운) 秋游(추유) 秋鷹(추응) 秋蚓(추인) 秋砧(추침)

쓰기한자 客秋(객추) 立秋(입추) 晚秋(만추) 麥秋(맥추) 孟秋(맹추) 暮秋(모추) 中秋(중추) 千秋(천추) 秋季(추계) 秋穀(추곡) 秋分(추분) 秋霜(추상) 秋夕(추석) 秋收(추수) 秋波(추파) 秋享(추향) 秋毫(추호) 春秋(춘추)

軸

2급 굴대 **축** 車 / 5

수레(車)가 말미암는(由) 바, 즉 수레가 굴러갈 수 있게 하는 의지처로, '굴대'를 뜻한다.

읽기한자 秉軸(병축) 樞軸(추축)

쓰기한자 車軸(차축) 權軸(권축) 基軸(기축) 機軸(기축) 主軸(주축) 地軸(지축) 支軸(지축)

蹴

2급 찰 **축** 足 / 12

발(𧾷)이 어떤 물체로 나아가는(就) 데서, '차다'는 뜻이다.

읽기한자 蹴鞠(축국) 鞭蹴(편축)

쓰기한자 一蹴(일축) 蹴球(축구)

丑 | 3급 | **소 축** | 一 / 3

손(⼑)으로 소의 코뚜레(丨)를 잡은 것으로, '소'를 뜻한다.

🖋 쓰기한자 癸丑(계축) 公孫丑(공손추) 乙丑(을축) 丑方(축방) 丑時(축시)

逐 | 3급 | **쫓을 축** | 辵 / 7 | 回 遂

돼지(豕)가 달아나는(辶) 것을 쫓는다는 데서, '쫓다'는 뜻이다.

🖋 읽기한자 徙逐(사축) 逐窘(축군) 逐遁(축둔) 貶逐(폄축)

🖋 쓰기한자 角逐(각축) 驅逐(구축) 驅逐艦(구축함) 逐鹿(축록) 逐條(축조) 逐出(축출)

畜 | 3급Ⅱ | **짐승 축** | 田 / 5 | 동 牛

가축을 기르면 바닥의 흙(田)이 검게(玄) 된다는 데서, '기르다, 가축'을 뜻한다.

🖋 읽기한자 屠畜(도축) 牡畜(모축) 仔畜(자축) 斃畜(폐축)

🖋 쓰기한자 家畜(가축) 牧畜(목축) 畜舍(축사) 畜産(축산) 畜産業(축산업) 畜生(축생) 畜養(축양) 畜牛(축우)

縮 | 4급 | **줄일 축** | 糸 / 11

집안에 사람이 몸을 웅크리고 잠자듯(宿) 실(糸)을 꼭 매서 작게 하는 데서, '줄이다'는 뜻이다.

🖋 읽기한자 萎縮(위축)

🖋 쓰기한자 減縮(감축) 軍縮(군축) 緊縮(긴축) 濃縮(농축) 短縮(단축) 收縮(수축) 伸縮(신축) 壓縮(압축) 凝縮(응축) 縮圖(축도) 縮米(축미) 縮小(축소) 縮刷(축쇄) 縮尺(축척)

蓄 | 4급Ⅱ | **모을 축** | 艸 / 10 | 동 積

곡식을 거두어 쌓아 놓고(畜) 풀(艹)로 덮은 데서, '쌓다, 모으다'는 뜻이다.

🖋 읽기한자 蘊蓄(온축) 涵蓄(함축)

🖋 쓰기한자 備蓄(비축) 貯蓄(저축) 電蓄(전축) 蓄怨(축원) 蓄音(축음) 蓄財(축재) 蓄積(축적) 蓄電(축전) 蓄妾(축첩) 含蓄(함축)

築 | 4급Ⅱ | **쌓을 축** | 竹 / 10 | 동 構

대나무(竹)와 나무(木)로 여러 가지(凡) 공사(工)를 한다는 데서, '짓다, 쌓다'는 뜻이다.

🖋 읽기한자 穿築(천축)

🖋 쓰기한자 改築(개축) 建築(건축) 構築(구축) 修築(수축) 新築(신축) 增築(증축) 築臺(축대) 築城(축성) 築造(축조) 築港(축항)

祝 5급 빌 **축** 示 / 5 　**동** 慶, 禧
제단(示) 앞에서 축문을 낭독하는 사람(兄)의 모습에서, '빌다'는 뜻이다.

읽기한자 巫祝(무축) 詛祝(저축) 祝禱(축도)

쓰기한자 慶祝(경축) 奉祝(봉축) 頌祝(송축) 仰祝(앙축) 自祝(자축) 祭祝(제축) 祝歌(축가) 祝官(축관)
祝文(축문) 祝髮(축발) 祝杯(축배) 祝福(축복) 祝辭(축사) 祝壽(축수) 祝手(축수) 祝願(축원)
祝儀(축의) 祝典(축전) 祝電(축전) 祝祭(축제) 祝砲(축포) 祝賀(축하)

椿 2급(名) 참죽나무 **춘** 木 / 9
본래 '참죽나무'를 나타내나 上古에 大椿이 만년 이상을 살았다는 莊子의 寓言에 의해 '長壽'의 비유로 쓰이고, 남의 아비의 敬稱으로 쓰인다.

읽기한자 椿年(춘년) 椿堂(춘당) 椿府(춘부) 椿壽(춘수) 椿庭(춘정)

春 7급 봄 **춘** 日 / 5 　**반** 秋
풀(艹)이 햇빛(日)을 받아 떼지어 더부룩하게(屯) 나는 데서, '봄'을 뜻한다.

읽기한자 餞春(전춘) 春藿(춘곽) 春嬌(춘교) 春駒(춘구) 春塘(춘당) 春蕪(춘무) 春坊(춘방) 春黍(춘서)
春宵(춘소) 春蒐(춘수) 春筍(춘순) 春櫻(춘앵) 春鶯(춘앵)

쓰기한자 客春(객춘) 立春(입춘) 賣春(매춘) 孟春(맹춘) 新春(신춘) 早春(조춘) 靑春(청춘) 初春(초춘)
春耕(춘경) 春季(춘계) 春困(춘곤) 春窮(춘궁) 春蘭(춘란) 春夢(춘몽) 春府(춘부) 春分(춘분)
春情(춘정) 春秋(춘추) 春風(춘풍) 回春(회춘)

黜 1급 내칠 **출** 黑 / 5 　**동** 斥
얼굴이나 팔뚝의 살을 따고 홈을 내어 먹물로 죄명을 찍어 넣던 刺字의 벌(黑)을 내리고, 쫓아내는(出) 데서, '내치다'는 뜻이다.

읽기한자 黜遣(출견) 黜慢(출만) 黜剝(출박) 黜罰(출벌) 黜升(출승) 黜遠(출원) 黜斥(출척) 黜陟(출척)
黜會(출회) 減黜(감출) 放黜(방출) 削黜(삭출) 抑黜(억출) 左黜(좌출) 責黜(책출) 斥黜(척출)
廢黜(폐출) 顯黜(현출)

出 7급 날[生] **출** 凵 / 3 　**동** 生 **반** 入, 納, 沒, 缺
발(止)을 구덩이(凵)에서 빼내는 모양을 본뜬 글자로, '나오다'는 뜻이다. 또 싹이 돋아나다(屮)는 뜻을 겹쳐, '나다(生)'는 뜻이다.

읽기한자 醵出(갹출) 瀉出(사출) 臆出(억출) 涌出(용출) 嫡出(적출) 挺出(정출) 繰出(조출) 簇出(족출)
疊出(첩출) 出棺(출관) 出壘(출루) 出帆(출범) 出捐(출연) 出游(출유) 出萃(출췌) 出贅(출췌)
滲出(삼출)

쓰기한자 家出(가출) 傑出(걸출) 突出(돌출) 露出(노출) 搬出(반출) 算出(산출) 索出(색출) 庶出(서출)
輸出(수출) 月出(월출) 摘出(적출) 轉出(전출) 差出(차출) 出刊(출간) 出勤(출근) 出沒(출몰)
出席(출석) 出世(출세) 出漁(출어) 出獄(출옥) 出戰(출전) 出衆(출중) 出處(출처) 出他(출타)
出土(출토) 出版(출판) 出荷(출하) 出港(출항) 出現(출현) 脫出(탈출) 特出(특출) 派出(파출)
表出(표출) 呼出(호출)

衷 | 2급 | 속마음 **충** | 衣 / 4 | 비 衰, 哀

속(中)에 입는 옷(衣)에서, '속옷'을 뜻한다. 여기에서, '속마음, 진심'의 뜻이 파생되었다.

읽기한자 宸衷(신충)

쓰기한자 苦衷(고충) 折衷(절충) 衷誠(충성) 衷心(충심) 衷情(충정) 衷正(충정)

沖 | 2급(名) | 화[和]할 **충** | 水 / 4 | 동 和 | 약 冲

물(氵) 속(中)에서, 본래 '깊다'는 뜻이다. 깊은 물은 모든 것을 받아들이는 데서, '화(和)하다'는 뜻이 파생되었다.

읽기한자 謙沖(겸충) 沖氣(충기) 沖淡(충담) 沖寬(충막) 沖想(충상) 沖盈(충영) 沖寂(충적) 沖積(충적) 沖靜(충정) 沖天(충천) 沖虛(충허) 沖和(충화) 和沖(화충)

衝 | 3급Ⅱ | 찌를 **충** | 行 / 9 | 동 激, 突

길(行)에서 짐을 가득 실은 무거운(重) 수레끼리 부딪친다는 데서, '찌르다, 부딪치다'는 뜻이다.

읽기한자 梯衝(제충) 衝撞(충당)

쓰기한자 上衝(상충) 緩衝(완충) 要衝(요충) 折衝(절충) 衝擊(충격) 衝突(충돌) 衝動(충동) 衝天(충천)

蟲 | 4급Ⅱ | 벌레 **충** | 虫 / 12 | 약 虫

벌레들이 모여 있는 모양을 본뜬 것으로, '벌레'를 뜻한다.

읽기한자 狡蟲(교충) 戾蟲(여충) 螟蟲(명충) 仔蟲(자충) 蟲螟(충명) 蟄蟲(칩충) 爬蟲(파충) 蛔蟲(회충)

쓰기한자 甲蟲(갑충) 驅蟲(구충) 毒蟲(독충) 病蟲(병충) 殺蟲(살충) 食蟲(식충) 蟲災(충재) 蟲齒(충치) 害蟲(해충)

忠 | 4급Ⅱ | 충성 **충** | 心 / 4 | 반 奸, 逆

어느 쪽으로도 기울지 않고(中) 정성을 다하는 거짓이 없는 참된 마음(心)을 이르는 것으로, '충성'을 뜻한다.

읽기한자 竭忠(갈충) 陋忠(누충) 忠恪(충각) 忠諫(충간) 忠勁(충경) 忠僕(충복) 忠毅(충의)

쓰기한자 不忠(불충) 忠犬(충견) 忠告(충고) 忠烈(충렬) 忠恕(충서) 忠誠(충성) 忠臣(충신) 忠實(충실) 忠心(충심) 忠言(충언) 忠義(충의) 忠節(충절) 忠情(충정) 忠魂(충혼) 忠孝(충효)

充 | 5급Ⅱ | 채울 **충** | 儿 / 4 | 동 滿, 塡

아이를 낳아 기를(育) 때, 해가 차면 스스로 걸을 수 있는 사람(儿)이 되는 데서, '차다, 가득하다'는 뜻이다.

읽기한자 塡充(전충) 充羨(충선) 充咽(충열) 充溢(충일) 充塡(충전)

쓰기한자 補充(보충) 充當(충당) 充滿(충만) 充分(충분) 充實(충실) 充員(충원) 充位(충위) 充耳(충이) 充電(충전) 充足(충족) 充血(충혈) 擴充(확충)

1급 **모을 췌:** 艸 / 8　동 聚

풀(艹)이 풀다움의 끝(卒)에 이른 것으로, 다 자라고 모여서 풀숲을 이루고 있는 데서, '모으다'는 뜻이다.

읽기한자　萃然(췌연) 萃聚(췌취) 群萃(군췌) 屯萃(둔췌) 拔萃(발췌) 雲萃(운췌) 叢萃(총췌) 出萃(출췌) 咸萃(함췌)

 1급 **췌장 췌:** 肉 / 12

위의 아래쪽에 위치한 몸(月)의 한 기관으로, '이자(胰子), 췌장'을 뜻한다. 日本字인데, 한국과 중국에서도 사용한다.

읽기한자　膵管(췌관) 膵臟(췌장) 膵液(췌액)

 1급 **파리할 췌:** 心 / 8

근심으로 마음(忄) 씀이 끝(卒)에까지 이른 것으로, '파리하다'는 뜻이다.

읽기한자　悴薄(췌박) 悴顔(췌안) 悴容(췌용) 悴賤(췌천) 困悴(곤췌) 貧悴(빈췌) 傷悴(상췌) 零悴(영췌) 憔悴(초췌) 疲悴(피췌) 毀悴(훼췌)

 1급 **혹 췌:** 貝 / 11　동 瘤

제멋대로(敖) 함부로 다루어도 좋은 재화(貝)에서, '군더더기, 쓸모없는 것, 혹'을 뜻한다.

읽기한자　贅句(췌구) 贅談(췌담) 贅文(췌문) 贅辯(췌변) 贅言(췌언) 贅議(췌의) 贅子(췌자) 句贅(구췌) 附贅(부췌) 瘤贅(유췌) 出贅(출췌)

 1급 **연할 취:** 肉 / 6　동 弱, 軟

약해서(危) 끊어지기 쉬운 고기(月)의 뜻에서, '무르다, 연하다'는 뜻이다.

읽기한자　脆味(취미) 脆薄(취박) 脆弱(취약) 脆破(취파) 嬌脆(교취) 凍脆(동취) 肪脆(방취) 浮脆(부취) 肥脆(비취) 新脆(신취) 柔脆(유취) 淸脆(청취)

1급 **장가들 취:** 女 / 8　반 嫁

아내(女)를 가지는(取) 데서, '장가들다'는 뜻이다.

읽기한자　娶嫁(취가) 娶得(취득) 娶妻(취처) 嫁娶(가취) 外娶(외취) 前娶(전취) 婚娶(혼취)

翠 　

| 1급 | 푸를 / 물총새 **취:** | 羽 / 8 | 图 碧 |

순수한(卒＝粹) 날개 짓(羽)의 모양에서, '물총새(암컷)'을 뜻한다. 또 물총새의 푸른 날개 빛에서, '푸르다'는 뜻이다. 수컷은 翡라 한다. 翡鳥는 청호반새(靑湖畔-), 翠鳥는 물총새로 구분하기도 한다.

 翠樓(취루) 翠髮(취발) 翠鳳(취봉) 翠玉(취옥) 翠帳(취장) 翠尖(취첨) 翠華(취화) 光翠(광취) 濃翠(농취) 晚翠(만취) 疏翠(소취) 野翠(야취) 精翠(정취) 蒼翠(창취) 靑翠(청취)

聚

| 2급(名) | 모을 **취:** | 耳 / 8 | 图 斂, 集 世 散 |

많은 사람(人人人)을 모은다(取)는 데서, '모으다'는 뜻이다. 또 많은 사람(人人人)이 모여 (取)사는 곳에서, '마을'을 뜻한다.

 鳩聚(구취) 屯聚(둔취) 斂聚(염취) 堡聚(보취) 雲聚(운취) 萃聚(췌취) 聚穀(취곡) 聚軍(취군) 聚落(취락) 聚斂(취렴) 聚蚊(취문) 聚散(취산) 聚訟(취송) 聚土(취토) 聚爬(취파) 聚合(취합)

炊

| 2급 | 불 땔 **취:** | 火 / 4 |

입을 크게 벌리고(欠) 입김을 불어 넣어 불(火)길을 일으키는 것으로, '불 때다'는 뜻이다.

 읽기한자 炊煮(취자)
쓰기한자 自炊(자취) 炊飯(취반) 炊事(취사) 炊湯(취탕)

臭

| 3급 | 냄새 **취:** | 自 / 4 |

개(犬)의 코(自)는 냄새를 잘 맡는다는 데서, '냄새'를 뜻한다.

 읽기한자 腋臭(액취) 臭柚(취유) 狐臭(호취)
쓰기한자 惡臭(악취) 體臭(체취) 臭覺(취각) 臭氣(취기)

吹

| 3급Ⅱ | 불 **취:** | 口 / 4 | 图 嘘 |

입(口)을 크게 벌리고(欠) 입김을 불어내는 데서, '불다'는 뜻이다.

 읽기한자 吹螺(취라) 吹簫(취소) 吹筒(취통) 吹嘘(취허)
쓰기한자 鼓吹(고취) 吹入(취입) 吹奏(취주)

醉

| 3급Ⅱ | 취할 **취:** | 酉 / 8 | 世 醒 啊 酔 |

술(酉)을 마시면 마침내(卒) 취한다는 데서, '취하다'는 뜻이다.

읽기한자 轟醉(굉취) 霑醉(점취) 醉侶(취려) 醉暈(취훈)
쓰기한자 陶醉(도취) 痲醉(마취) 滿醉(만취) 宿醉(숙취) 熟醉(숙취) 心醉(심취) 醉客(취객) 醉氣(취기) 醉中(취중) 醉興(취흥)

就 **4급** 나아갈 **취:** 尢 / 9
더욱(尤) 공부를 열심히 하여 서울(京)의 벼슬길에 나아간다는 데서, '나아가다'는 뜻이다.

읽기한자 拿就(나취) 夙就(숙취) 游就(유취) 就擒(취금) 就縛(취박)

쓰기한자 去就(거취) 成就(성취) 進就(진취) 就勞(취로) 就業(취업) 就役(취역) 就任(취임) 就職(취직)
就寢(취침) 就學(취학) 就航(취항)

趣 **4급** 뜻 **취:** 走 / 8 **동** 意
물고기를 잡기(取) 위하여 쉬는 날마다 낚시터로 달려간다(走)는 데서, '취미'를 뜻한다.

읽기한자 媚趣(미취)

쓰기한자 佳趣(가취) 深趣(심취) 情趣(정취) 趣味(취미) 趣舍(취사) 趣旨(취지) 趣向(취향) 興趣(흥취)

取 **4급Ⅱ** 가질 **취:** 又 / 6 **반** 捨, 貸
옛날 전쟁에서는 적을 죽이면 귀(耳)를 손(又)으로 베어 가지고 전공을 따진 데서, '가지다'는 뜻이다.

읽기한자 撈取(노취) 牟取(모취) 剪取(전취) 搾取(착취) 取扱(취급) 騙取(편취)

쓰기한자 加取(가취) 略取(약취) 拔取(발취) 詐取(사취) 先取(선취) 攝取(섭취) 受取(수취) 爭取(쟁취)
竊取(절취) 進取(진취) 採取(채취) 聽取(청취) 取得(취득) 取捨(취사) 取消(취소) 取食(취식)
取材(취재) 取調(취조) 奪取(탈취)

惻 **1급** 슬플 **측** 心 / 9 **동** 怛, 憫, 愴, 痛
어려운 사람을 보면 불쌍하여 재산(貝)을 나누어(刂) 주고 싶은 마음(忄)이 드는 데서, '슬프다, 불쌍히 여기다'는 뜻이다.

읽기한자 惻憫(측민) 惻心(측심) 惻隱(측은) 惻愴(측창) 惻痛(측통) 懇惻(간측) 憫惻(민측) 悲惻(비측)
傷惻(상측) 銀惻(은측) 愴惻(창측) 悽惻(처측)

側 **3급Ⅱ** 곁 **측** 人 / 9 **동** 傍
사람(亻)은 법칙(則)을 곁에 두고 살아야 한다는 데서, '곁'을 뜻한다.

읽기한자 側媚(측미) 側註(측주) 側跌(측질)

쓰기한자 貴側(귀측) 兩側(양측) 反側(반측) 外側(외측) 右側(우측) 左側(좌측) 側近(측근) 側面(측면)
側目(측목)

測 **4급Ⅱ** 헤아릴 **측** 水 / 9 **동** 揆, 度
물(氵)의 깊이를 일정한 규칙(則)에 의하여 잰다는 데서, '헤아리다'는 뜻이다.

읽기한자 窺測(규측) 臆測(억측) 測揆(측규)

쓰기한자 計測(계측) 觀測(관측) 罔測(망측) 目測(목측) 實測(실측) 豫測(예측) 推測(추측) 測量(측량)
測雨(측우) 測定(측정) 測地(측지) 測候(측후) 凶測(흉측)

層 4급 　층[層階] **층** 尸 / 12 　동 階
집(尸) 위에 집이 거듭(曾) 있다는 데서, '층(層)'을 뜻한다.

📖 읽기한자　層疊(층첩)

✏️ 쓰기한자　各層(각층) 角層(각층) 階層(계층) 高層(고층) 基層(기층) 單層(단층) 斷層(단층) 上層(상층)
　　　　　　　深層(심층) 地層(지층) 層階(층계) 炭層(탄층) 下層(하층)

幟 1급 　기(旗) **치** 巾 / 12 　비 織, 熾
어떤 사물을 다른 것과 구별하게 하는 표지(戠=識)로 삼는 천(巾)에서, '기(旗)'를 뜻한다.

📖 읽기한자　旗幟(기치) 疑幟(의치) 赤幟(적치) 標幟(표치) 虛幟(허치)

馳 1급 　달릴 **치** 馬 / 3 　동 驅, 騁, 走
말(馬)이 등을 넘실거리며(也) 달리는 모양에서, '달리다'는 뜻이다.

📖 읽기한자　馳競(치경) 馳湍(치단) 馳突(치돌) 馳馬(치마) 馳辯(치변) 馳驛(치역) 馳走(치주) 馳車(치차)
　　　　　　　馳魂(치혼) 高馳(고치) 背馳(배치) 飛馳(비치) 星馳(성치) 電馳(전치) 周馳(주치) 匹馳(필치)

嗤 1급 　비웃을 **치** 口 / 10
입(口)에서 얕잡아 보는(蚩) 기운을 뱉는 것에서, '비웃다'는 뜻이다.

📖 읽기한자　嗤罵(치매) 嗤侮(치모) 嗤笑(치소) 嗤易(치이) 嗤點(치점) 巨嗤(거치) 謗嗤(방치) 笑嗤(소치)
　　　　　　　嘲嗤(조치)

緻 1급 　빽빽할 **치** 糸 / 10 　동 密
실(糸)의 결이 촘촘해서 빈틈이 없는(致) 것에서, '빽빽하다'는 뜻이다.

📖 읽기한자　緻密(치밀) 堅緻(견치) 密緻(밀치) 薄緻(박치) 詳緻(상치) 精緻(정치) 叢緻(총치) 會緻(회치)

侈 1급 　사치할 **치** 人 / 6 　동 奢
재화가 많은(多) 사람(亻)에서, '사치하다'는 뜻이다.

📖 읽기한자　侈口(치구) 侈端(치단) 侈濫(치람) 侈靡(치미) 侈放(치방) 侈奢(치사) 侈傲(치오) 侈泰(치태)
　　　　　　　侈風(치풍) 驕侈(교치) 浮侈(부치) 邪侈(사치) 雄侈(웅치) 專侈(전치) 汰侈(태치) 弘侈(홍치)

熾 1급 　　성할 **치** 火 / 12 　비 織, 幟

불(火)이 가로세로의 실을 어긋매끼게 짜듯(戠) 타오르는 것에서, '불이 활활 타다, 성하다'는 뜻이다.

✏️ 읽기한자 熾結(치결) 熾茂(치무) 熾盛(치성) 熾熱(치열) 熾烈(치열) 熾昌(치창) 繁熾(번치) 盛熾(성치)
殷熾(은치) 隆熾(융치) 昌熾(창치) 豊熾(풍치)

癡 1급 　　어리석을 **치** 疒 / 14 　동 鈍, 呆, 頑, 愚

결단을 내리지 못하고 망설이는(疑) 병(疒)에서, '어리석다'는 뜻이다.

✏️ 읽기한자 癡骨(치골) 癡鈍(치둔) 癡呆(치매) 癡頑(치완) 癡愚(치우) 癡人(치인) 癡情(치정) 癡漢(치한)
癡行(치행) 狂癡(광치) 嬌癡(교치) 驕癡(교치) 白癡(백치) 書癡(서치) 頑癡(완치) 愚癡(우치)
音癡(음치) 情癡(정치) 天癡(천치) 虎癡(호치)

痔 1급 　　치질 **치** 疒 / 6

항문 부근의 피가 막혀서(寺) 일어나는 병(疒)에서, '치질'을 뜻한다.

✏️ 읽기한자 痔漏(치루) 痔疾(치질) 痔核(치핵) 血痔(혈치)

雉 2급(名) 　　꿩 **치** 隹 / 5

화살(矢)처럼 곧바르게 날아가는 새(隹)로, '꿩'을 뜻한다.

✏️ 읽기한자 膏雉(고치) 山雉(산치) 野雉(야치) 雉岳(치악)

峙 2급(名) 　　언덕 **치** 山 / 6

옛날 관청은 평지보다 높은 산언덕을 깎아 만들었으므로 관청(寺)이 있는 산(山), '언덕'을 뜻한다.

✏️ 읽기한자 大峙(대치)

値 3급Ⅱ 　　값 **치** 人 / 8

사람(亻)은 곧고(直) 바르게 살아야 값있는 인생이 될 수 있다는 데서, '값'을 뜻한다.

✏️ 읽기한자 遭値(조치)
✏️ 쓰기한자 價値(가치) 雇値(고치) 相値(상치) 數値(수치) 値遇(치우)

恥 3급Ⅱ 　　부끄러울 **치** 心 / 6

부끄러운 마음(心)이 생기면 귀(耳)가 붉어지는 데서, '부끄럽다'는 뜻이다.

✏️ 읽기한자 羞恥(수치)
✏️ 쓰기한자 國恥(국치) 廉恥(염치) 雪恥(설치) 恥部(치부) 恥事(치사) 恥辱(치욕)

稚 3급II　어릴 **치**　禾 / 8　됨 幼

벼(禾)가 꽁지 짧은 새(隹)의 꼬리처럼 짧아 덜 자랐다는 데서, '어리다'는 뜻이다.

읽기한자　嬌稚(교치) 嬰稚(영치) 稚筍(치순)
쓰기한자　幼稚(유치) 稚氣(치기) 稚魚(치어) 稚拙(치졸)

治 4급II　다스릴 **치**　水 / 5　비 冶　됨 經, 理　반 亂

물(氵)을 잘 다스려 물길을 내서 홍수를 막으면 마음이 기쁘다(台)는 데서, '다스리다'는
뜻이다.

읽기한자　訊治(신치) 治躬(치궁) 治癒(치유) 治迹(치적) 治茸(치즙) 歇治(헐치)
쓰기한자　根治(근치) 難治(난치) 內治(내치) 法治(법치) 不治(불치) 完治(완치) 自治(자치) 全治(전치)
　　　　　政治(정치) 診治(진치) 治家(치가) 治國(치국) 治道(치도) 治冷(치랭) 治略(치략) 治療(치료)
　　　　　治理(치리) 治民(치민) 治病(치병) 治山(치산) 治世(치세) 治水(치수) 治濕(치습) 治安(치안)
　　　　　治粧(치장) 治裝(치장) 治積(치적) 治績(치적) 治下(치하) 統治(통치) 退治(퇴치)

置 4급II　둘[措] **치:**　网 / 8

정직한(直) 사람은 잡혀가도(罒) 바로 풀려나와 처음 상태로 두어진다는 데서, '두다'는 뜻
이다.

읽기한자　置塚(치총) 置錐(치추)
쓰기한자　改置(개치) 拘置(구치) 代置(대치) 倒置(도치) 領置(영치) 放置(방치) 配置(배치) 備置(비치)
　　　　　設置(설치) 安置(안치) 預置(예치) 位置(위치) 任置(임치) 裝置(장치) 措置(조치) 且置(차치)
　　　　　處置(처치) 置毒(치독) 置簿(치부) 置酒(치주) 置中(치중) 置重(치중) 置標(치표) 置換(치환)
　　　　　抛置(포치)

齒 4급II　이 **치**　齒 / 0　약 歯

입(凵) 속의 윗니(人人)와 아랫니(人人)가 가지런히(一) 닫혀(止) 있는 모양을 본뜬 글자
로, '이'를 뜻한다.

읽기한자　臼齒(구치) 駒齒(구치) 皓齒(호치) 齒槽(치조)
쓰기한자　假齒(가치) 犬齒(견치) 見齒(현치) 年齒(연치) 不齒(불치) 義齒(의치) 蟲齒(충치) 齒骨(치골)
　　　　　齒科(치과) 齒根(치근) 齒德(치덕) 齒列(치열) 齒石(치석) 齒牙(치아) 齒藥(치약) 齒痛(치통)
　　　　　風齒(풍치)

致 5급　이를 **치:**　至 / 4

채찍(攵)으로 말을 때려 달리면 목적지에 다다른다(至)는 데서, '이르다'는 뜻이다.

읽기한자　檄致(격치) 拿致(나치) 馴致(순치) 致齋(치재) 檻致(함치)
쓰기한자　格致(격치) 景致(경치) 極致(극치) 拉致(납치) 理致(이치) 送致(송치) 韻致(운치) 誘致(유치)
　　　　　一致(일치) 才致(재치) 招致(초치) 致家(치가) 致敬(치경) 致富(치부) 致仕(치사) 致詞(치사)
　　　　　致謝(치사) 致辭(치사) 致誠(치성) 致身(치신) 致語(치어) 致位(치위) 致意(치의) 致賀(치하)
　　　　　致享(치향) 風致(풍치) 筆致(필치) 合致(합치)

勅 1급 　칙서 **칙** 力 / 7 동 詔

임금이 특정인에게 훈계하거나 알릴 내용을 적은 글이나 문서에서, '칙서'를 뜻한다. 敕, 勑과 同字이다.

읽기한자 勅戒(칙계) 勅庫(칙고) 勅斷(칙단) 勅命(칙명) 勅問(칙문) 勅使(칙사) 勅額(칙액) 勅裁(칙재) 勅牒(칙첩) 勅行(칙행) 檢勅(검칙) 墨勅(묵칙) 修勅(수칙) 約勅(약칙) 制勅(제칙)

則 5급 　법칙 **칙** / 곧 **즉** 刀 / 7

조개(貝)를 칼(刂)로 쪼개듯, 재산(貝)을 일정한 원칙에 따라 나눈다(刂)는 데서, '법칙'을 뜻한다.

읽기한자 楷則(해칙)

쓰기한자 校則(교칙) 規則(규칙) 反則(반칙) 罰則(벌칙) 犯則(범칙) 法則(법칙) 變則(변칙) 附則(부칙) 稅則(세칙) 細則(세칙) 守則(수칙) 然則(연즉) 原則(원칙) 準則(준칙) 鐵則(철칙) 總則(총칙) 學則(학칙) 會則(회칙) 效則(효칙)

親 6급 　친할 **친** 見 / 9 반 疏

나무(木) 아래에 서서(立) 일 나간 자식이 돌아오기를 바라보는(見) 데서, '어버이'를 뜻한다. 사람 사이의 두터운 정은 어버이의 마음 같은 데가 있어 '친하다'는 뜻도 나왔다.

읽기한자 覲親(근친) 冤親(원친) 親眷(친권) 親侶(친려) 親藩(친번) 親疏(친소) 親炙(친자) 親餞(친전) 親寵(친총)

쓰기한자 寧親(영친) 兩親(양친) 老親(노친) 母親(모친) 父親(부친) 事親(사친) 先親(선친) 雙親(쌍친) 養親(양친) 嚴親(엄친) 切親(절친) 宗親(종친) 至親(지친) 親家(친가) 親交(친교) 親舊(친구) 親近(친근) 親睦(친목) 親密(친밀) 親喪(친상) 親書(친서) 親善(친선) 親愛(친애) 親友(친우) 親切(친절) 親庭(친정) 親族(친족) 親知(친지) 親戚(친척) 親筆(친필) 親和(친화) 和親(화친)

漆 3급Ⅱ 　옻 **칠** 水 / 11

옻나무(木)에서 사람(人)이 진액(水)을 뽑아서 기름(氵)과 배합하며 옻칠을 한다는 데서, '옻'을 뜻한다.

읽기한자 漆匣(칠갑) 漆瞳(칠동) 漆桶(칠통) 柿漆(시칠)

쓰기한자 膠漆(교칠) 金漆(금칠) 漆膠(칠교) 漆器(칠기) 漆夜(칠야) 漆板(칠판) 漆黑(칠흑)

七 8급 　일곱 **칠** 一 / 1

본래는 十의 모양으로 열(丨)을 둘로 쪼개고 좌우로 둘을 보탠 데서, '일곱'의 뜻이었으나 뒤에 열(十)과 구별하기 위하여 七의 모양으로 바뀌었다.

읽기한자 齋七(재칠)

쓰기한자 七年(칠년) 七寶(칠보) 七夕(칠석) 七星(칠성) 七旬(칠순) 七言(칠언) 七月(칠월) 七音(칠음) 七情(칠정)

砧 1급 　다듬잇돌 **침:** 石 / 5

천이나 옷의 潤氣를 내기 위하여, 일정한 장소에 고정시켜(占) 놓아두는 돌(石)에서, '다듬잇돌'을 뜻한다.

읽기한자 砧斧(침부) 砧石(침석) 砧聲(침성) 刀砧(도침) 暮砧(모침) 霜砧(상침) 秋砧(추침) 寒砧(한침)

鍼

갈라진 것을 하나로 합치는(咸) 쇠붙이(金)에서, '바늘'을 뜻한다. 본래 針과 同字이나 국어에서는 같이 쓰되, 병을 다스리는 데에 쓰는 의료 기구로서의 침은 鍼만을 쓴다.

 읽기한자　鍼孔(침공) 鍼工(침공) 鍼灸(침구) 鍼盤(침반) 鍼術(침술) 鍼艾(침애) 鍼錐(침추) 鍼筒(침통)
　　　　　金鍼(금침) 短鍼(단침) 三鍼(삼침) 良鍼(양침) 直鍼(직침) 鐵鍼(철침)

枕 3급 베개 **침:** 木 / 4

사람(儿)이 나무(木)로 만든 베개(冖)를 베고 있는 데서, '베개'를 뜻한다.

읽기한자　衾枕(금침) 枕肱(침굉) 枕衾(침금) 枕藉(침자)
쓰기한자　木枕(목침) 枕頭(침두) 枕木(침목) 枕上(침상)

沈 3급Ⅱ 잠길 **침(:)** / 水 / 4 　　통 淪, 沒, 默, 湮, 潛, 沔 반 浮
　　　　성(姓) **심:**

물(氵) 속으로 사람이 잠기는 모양(尤)을 나타내어, '잠기다'는 뜻이다. 성(姓)으로도 쓰이며, 이 때는 음이 '심'이다.

읽기한자　轟沈(굉침) 沈痼(침고) 沈鉤(침구) 沈淪(침륜) 沈綸(침륜) 沈粕(침박) 沈麝(침사) 沈翔(침상)
　　　　　沈壅(침옹) 沈婉(침완) 沈隕(침운) 沈湮(침인) 沈滓(침재) 沈澱(침전) 沈涵(침함)
쓰기한자　擊沈(격침) 浮沈(부침) 陰沈(음침) 沈降(침강) 沈眠(침면) 沈沒(침몰) 沈默(침묵) 沈思(침사)
　　　　　沈床(침상) 沈水(침수) 沈氏(심씨) 沈鬱(침울) 沈潛(침잠) 沈重(침중) 沈着(침착) 沈滯(침체)
　　　　　沈痛(침통)

浸 3급Ⅱ 잠길 **침:** 水 / 7 　　통 透

물(氵)이 침입한다(侵)는 데서, '잠기다'는 뜻이다.

읽기한자　漑浸(개침) 泛浸(범침) 浸灌(침관)
쓰기한자　浸禮(침례) 浸水(침수) 浸染(침염) 浸潤(침윤) 浸透(침투)

針 4급 바늘 **침(:)** 金 / 2

쇠(金)로 만든 바늘(十)에서, '바늘'을 뜻한다. 十은 바늘에 실을 꿴 모양을 나타낸다.

읽기한자　棘針(극침) 秧針(앙침) 針灸(침구) 披針(피침)
쓰기한자　毒針(독침) 羅針盤(나침반) 方針(방침) 分針(분침) 時針(시침) 一針(일침) 磁針(자침) 指針(지침)
　　　　　秒針(초침) 針線(침선) 針葉(침엽)

寢 4급 잘 **침:** 宀 / 11 　　통 寐

집(宀)에서 손(又)으로 침상(爿)을 쓸고(帚) 잠자리에 든다는 데서, '자다'는 뜻이다.

 읽기한자　寢囊(침낭) 寢陋(침루) 寢寐(침매) 寢齋(침재)
쓰기한자　起寢(기침) 同寢(동침) 陵寢(능침) 就寢(취침) 寢具(침구) 寢臺(침대) 寢床(침상) 寢息(침식)
　　　　　寢食(침식) 寢室(침실)

侵 4급Ⅱ 침노할 **침** 人 / 7 통 掠, 犯

사람(亻)이 손(又)에 비(帚)를 들고 마당을 점점 쓸어 들어간다는 데서, '침노하다'는 뜻이다.

읽기한자 兜侵(두침) 稍侵(초침) 侵疆(침강) 侵寇(침구) 侵肌(침기) 侵擄(침노) 侵凌(침릉) 侵蝕(침식)
侵軋(침알) 侵撓(침뇨) 侵擾(침요)

쓰기한자 南侵(남침) 來侵(내침) 再侵(재침) 侵攻(침공) 侵掠(침략) 侵略(침략) 侵冒(침모) 侵犯(침범)
侵水(침수) 侵入(침입) 侵奪(침탈) 侵害(침해)

蟄 1급 숨을 **칩** 虫 / 11 통 伏, 藏

땅이 벌레(虫)를 붙잡아(執) 감추고 있는 데서, '숨다'는 뜻이다.

읽기한자 蟄居(칩거) 蟄龍(칩룡) 蟄伏(칩복) 蟄獸(칩수) 蟄藏(칩장) 蟄蟲(칩충) 驚蟄(경칩) 冬蟄(동칩)
發蟄(발칩) 幽蟄(유칩) 藏蟄(장칩) 土蟄(토칩) 閉蟄(폐칩)

秤 1급 저울 **칭** 禾 / 5 통 衡

벼(禾)의 무게를 달아 고르게(平)하는 데서, 물건의 무게를 다는 데 쓰는 기구인, '저울'을
뜻한다.

읽기한자 秤竿(칭간) 秤水(칭수) 秤心(칭심) 秤衡(칭형) 天秤(천칭)

稱 4급 일컬을 **칭** 禾 / 9 통 名, 褒 약 称

벼(禾)의 무게를 다는(爯) 데서, '저울질하다'는 뜻이다. 또 소리 내어 무게를 말하고 좋은
물건은 칭찬하는 데서, '일컫다, 칭찬하다'는 뜻이다.

읽기한자 嘉稱(가칭) 嗟稱(차칭) 僭稱(참칭) 稱嗟(칭차) 稱褒(칭포) 褒稱(포칭)

쓰기한자 假稱(가칭) 敬稱(경칭) 權稱(권칭) 對稱(대칭) 略稱(약칭) 名稱(명칭) 冒稱(모칭) 汎稱(범칭)
詐稱(사칭) 愛稱(애칭) 人稱(인칭) 自稱(자칭) 尊稱(존칭) 指稱(지칭) 總稱(총칭) 稱擧(칭거)
稱格(칭격) 稱德(칭덕) 稱道(칭도) 稱量(칭량) 稱名(칭명) 稱慕(칭모) 稱美(칭미) 稱病(칭병)
稱辭(칭사) 稱善(칭선) 稱頌(칭송) 稱帝(칭제) 稱職(칭직) 稱讚(칭찬) 稱託(칭탁) 稱衡(칭형)
稱號(칭호) 通稱(통칭) 呼稱(호칭)

快 4급Ⅱ 쾌할 **쾌** 心 / 4 비 決 반 鈍

손으로 물건의 일부를 깎아내듯이 마음(忄)을 열어 제쳐(夬) 트이고 거침이 없는 데서, '쾌
하다'는 뜻이다.

읽기한자 爽快(상쾌) 快宏(쾌굉) 快癒(쾌유) 快箭(쾌전) 快闊(쾌활) 欣快(흔쾌)

쓰기한자 輕快(경쾌) 明快(명쾌) 不快(불쾌) 完快(완쾌) 壯快(장쾌) 快感(쾌감) 快擧(쾌거) 快諾(쾌락)
快刀(쾌도) 快樂(쾌락) 快速(쾌속) 快哉(쾌재) 快適(쾌적) 快調(쾌조) 快走(쾌주) 快差(쾌차)
快晴(쾌청) 快活(쾌활) 痛快(통쾌) 豪快(호쾌)

惰	1급	게으를 **타:**	心 / 9	동 怠

마음(忄)의 긴장이 풀어지는(隋) 데서, '게으르다'는 뜻이다.

읽기한자 惰氣(타기) 惰農(타농) 惰力(타력) 惰民(타민) 惰貧(타빈) 惰性(타성) 惰容(타용) 惰卒(타졸)
惰怠(타태) 惰廢(타폐) 勤惰(근타) 懶惰(나타) 放惰(방타) 燕惰(연타) 頹惰(퇴타) 廢惰(폐타)
懈惰(해타)

楕	1급	길고둥글 **타:**	木 / 9

나무(木) 모양이 원형이 무너져(隋=墮) 길고 둥글게 된 것에서, '길고 둥글다'는 뜻이다.
원자는 橢이다.

읽기한자 楕球(타구) 楕圓(타원) 楕率(타율)

駝	1급	낙타 **타**	馬 / 5

말(馬)과 비슷하지만 다른(它) 종류의 동물에서, '낙타'를 뜻한다.

읽기한자 駝峯(타봉) 駝鳥(타조) 駱駝(낙타) 明駝(명타)

陀	1급	비탈질 / 부처 **타**	阜 / 5

산이나 언덕 따위가 기울어진 것에서, '비탈지다'는 뜻이나, 주로 梵語 ta, dha의 音譯字로
쓰여 '부처'를 나타낸다.

읽기한자 伽陀(가타) 頭陀(두타) 彌陀(미타) 盤陀(반타) 佛陀(불타) 沙陀(사타) 首陀(수타) 韋陀(위타)
圍陀(위타)

唾	1급	침[涎] **타:**	口 / 8

입(口)에서 드리워(垂) 흘러 떨어지는 액체에서, '침'을 뜻한다.

읽기한자 唾具(타구) 唾罵(타매) 唾線(타선) 唾手(타수) 唾液(타액) 口唾(구타) 棄唾(기타) 寶唾(보타)
零唾(영타) 珠唾(주타) 涕唾(체타) 咳唾(해타)

舵	1급	키[正船木] **타**	舟 / 5

뱀(它)의 꼬리처럼 마음대로 움직여서 배(舟)의 방향을 잡는 기구에서, '키(正船木)'를 뜻
한다.

읽기한자 舵工(타공) 舵手(타수)

墮	3급	떨어질 **타:**	土 / 12	비 墜 동 落 약 陏

언덕(阝) 왼편으로(左) 몸(月)이 굴러 흙바닥(土)에 뒹군다는 데서, '떨어지다'는 뜻이다.

읽기한자 謫墮(적타) 墮汨(타골)
쓰기한자 墮落(타락) 墮胎(타태) 失墮(실타) 墮漏(타루) 墮淚(타루) 墮獄(타옥) 墮罪(타죄) 墮地(타지)

妥 | 3급 | 온당할 **타:** | 女 / 4

남자가 성년이 되어 손(爪)으로 아내인 여자(女)를 맞이하는 일은 아주 당연하다는 데서, '온당하다'는 뜻이다.

읽기한자 妥貼(타첩)

쓰기한자 妥結(타결) 妥當(타당) 妥協(타협)

他 | 5급 | 다를 **타** | 人 / 3

사람(亻)은 제 어미를 죽이는 살모사(也)와는 다르다는 데서, '다르다'는 뜻이다.

읽기한자 靡他(미타)

쓰기한자 其他(기타) 排他(배타) 餘他(여타) 依他(의타) 自他(자타) 出他(출타) 他界(타계) 他官(타관) 他國(타국) 他力(타력) 他律(타율) 他殺(타살) 他姓(타성) 他意(타의) 他人(타인) 他地(타지) 他薦(타천) 他鄕(타향)

打 | 5급 | 칠 **타:** | 手 / 2 | 비슷 擊, 撞, 撲

손(扌)으로 못(丁)을 탕탕 두드려 박는 데서, '치다'는 뜻이다.

읽기한자 拷打(고타) 毆打(구타) 撲打(박타) 椎打(추타) 打撲(타박) 打栓(타전) 打擲(타척)

쓰기한자 歐打(구타) 短打(단타) 代打(대타) 亂打(난타) 連打(연타) 猛打(맹타) 安打(안타) 長打(장타) 打開(타개) 打擊(타격) 打倒(타도) 打力(타력) 打令(타령) 打率(타율) 打算(타산) 打殺(타살) 打席(타석) 打線(타선) 打手(타수) 打數(타수) 打字(타자) 打者(타자) 打電(타전) 打點(타점) 打鍾(타종) 打診(타진) 打破(타파) 強打(강타)

鐸 | 1급 | 방울 **탁** | 金 / 13 | 비슷 鈴

얇은 쇠붙이(金)를 속이 비도록 동그랗게 당겨(睪) 만들어 그 속에 단단한 물건을 넣어서 흔들면 소리가 나는 물건에서, '방울'을 뜻한다.

읽기한자 鐸鈴(탁령) 鼓鐸(고탁) 大鐸(대탁) 鳴鐸(명탁) 瓣鐸(변탁) 鈴鐸(영탁) 振鐸(진탁) 風鐸(풍탁)

擢 | 1급 | 뽑을 **탁** | 手 / 14 | 비슷 擧, 拔

많은 것 중에서 꿩(翟)을 손(扌)으로, 뽑아내는 데서, '뽑다'는 뜻이다.

읽기한자 擢擧(탁거) 擢登(탁등) 擢拔(탁발) 擢秀(탁수) 擢用(탁용) 擢第(탁제) 擧擢(거탁) 登擢(등탁) 拔擢(발탁) 選擢(선탁) 優擢(우탁) 獎擢(장탁) 銓擢(전탁) 超擢(초탁) 抽擢(추탁) 表擢(표탁)

琢 | 2급 | 다듬을 **탁** | 玉 / 8

옥(玉)을 끌로 쪼아(豕) 다듬는 데서, '쪼다, 다듬다'는 뜻이다.

쓰기한자 彫琢(조탁) 琢器(탁기) 琢磨(탁마) 琢玉(탁옥)

託 2급 　부탁할 **탁** 言 / 3

말(言)로 부탁(乇)하는 데서, '부탁하다, 핑계하다'는 뜻이다.

 읽기한자　囑託(촉탁) 託寓(탁우)

쓰기한자　假託(가탁) 結託(결탁) 供託(공탁) 寄託(기탁) 反託(반탁) 付託(부탁) 受託(수탁) 信託(신탁)
預託(예탁) 委託(위탁) 依託(의탁) 請託(청탁) 稱託(칭탁) 託故(탁고) 託國(탁국) 託事(탁사)
託辭(탁사) 託送(탁송) 託身(탁신) 託言(탁언) 託疾(탁질)

托 3급 　맡길 **탁** 手 / 3

손(扌)으로 맡아서(乇) 할 일거리를 주는 데서, '맡기다'는 뜻이다.

 읽기한자　托鉢(탁발) 藉托(자탁) 托盞(탁잔)

쓰기한자　托子(탁자) 托毒(탁독) 花托(화탁) 依托(의탁) 托生(탁생) 內托(내탁)

濯 3급 　씻을 **탁** 水 / 14　동 澣

새(隹)가 깃, 날개(羽)를 물(氵)에서 씻는다는 데서, '씻다, 빨래하다'는 뜻이다.

읽기한자　灑濯(쇄탁) 滌濯(척탁) 濯澣(탁한) 澣濯(한탁)

쓰기한자　洗濯(세탁) 濯足(탁족)

濁 3급 　흐릴 **탁** 水 / 13　비 燭, 獨　동 穢, 汚

미꾸라지 한(蜀) 마리가 온 도랑물(氵)을 흐린다는 데서, '흐리다'는 뜻이다.

읽기한자　劫濁(겁탁) 垢濁(구탁) 穢濁(예탁) 滓濁(재탁) 稠濁(조탁) 濁穢(탁예) 渾濁(혼탁)

쓰기한자　鈍濁(둔탁) 淸濁(청탁) 濁流(탁류) 濁世(탁세) 濁音(탁음) 濁酒(탁주) 混濁(혼탁)

卓 5급 　높을 **탁** 十 / 6　동 越

새벽(早)에 해가 떠서 곧 하늘 위(上)로 높이 오른다는 데서, '높다, 뛰어나다'는 뜻이다.

읽기한자　卓詭(탁궤) 卓礫(탁력) 卓爾(탁이) 卓綽(탁작)

쓰기한자　食卓(식탁) 圓卓(원탁) 卓見(탁견) 卓球(탁구) 卓立(탁립) 卓拔(탁발) 卓然(탁연) 卓越(탁월)
卓子(탁자)

憚 1급 　꺼릴 **탄** 心 / 12　동 避

單은 활의 상형으로, 활이 휘듯 곤란한 상황에서 마음(忄)이 반발하는 것으로, '꺼리다'는
뜻이다.

 읽기한자　憚服(탄복) 憚畏(탄외) 憚避(탄피) 憚赫(탄혁) 敬憚(경탄) 忌憚(기탄) 忿憚(분탄) 嚴憚(엄탄)
寵憚(총탄) 回憚(회탄)

吞 | 1급 | 삼킬 **탄** | 口 / 4 | 음 咽 반 吐
목젖을 본뜬 글자의 변형(天)과 입(口)을 합한 글자로, '삼키다'는 뜻이다.

읽기한자 吞滅(탄멸) 吞剝(탄박) 吞聲(탄성) 吞咽(탄연) 吞天(탄천) 吞吐(탄토) 吞恨(탄한) 甘吞(감탄)
鯨吞(경탄) 狼吞(낭탄) 竝吞(병탄) 聲吞(성탄) 咀吞(저탄)

綻 | 1급 | 터질 **탄:** | 糸 / 8
숨어 있던 것이 얼굴을 내밀(定=旦) 듯, 솔기가 터져 속옷이 보이는 것에서, '터지다'는 뜻이다.

읽기한자 綻開(탄개) 綻裂(탄열) 綻破(탄파) 斷綻(단탄) 衣綻(의탄) 破綻(파탄) 紅綻(홍탄)

坦 | 1급 | 평탄할 **탄:** | 土 / 5 | 음 夷, 平
땅(土)이 해(日)가 떠오르는 지평선(一)같은 데서, '평탄하다'는 뜻이다.

읽기한자 坦途(탄도) 坦路(탄로) 坦腹(탄복) 坦率(탄솔) 坦然(탄연) 坦蕩(탄탕) 坦懷(탄회) 令坦(영탄)
夷坦(이탄) 平坦(평탄)

灘 | 2급(名) | 여울 **탄** | 水 / 19
강 또는 바다(氵)의 바닥이 얕거나 폭이 좁아 물살이 세게 흘러 건너기가 어렵다(難)는 데서, '여울'을 뜻한다.

읽기한자 新灘(신탄) 灘上(탄상) 灘聲(탄성) 灘響(탄향) 海灘(해탄)

誕 | 3급 | 낳을 / 거짓 **탄:** | 言 / 7
말(言)을 길게 늘여(延)하는 것으로, '거짓말하다, 속이다'는 뜻이다. 또 오랫동안(延) 성인이 탄생할 것이라는 예언(言)이 있은 뒤에 성인이 태어난다는 데서, '태어나다'는 뜻이다.

읽기한자 詭誕(궤탄) 迂誕(우탄)
쓰기한자 佛誕(불탄) 聖誕(성탄) 誕降(탄강) 誕欺(탄기) 誕妄(탄망) 誕生(탄생) 誕辰(탄신)

歎 | 4급 | 탄식할 **탄:** | 欠 / 11
어려운(堇) 일을 당하여 입을 크게 벌리고(欠) 한숨쉰다는 데서, '탄식하다'는 뜻이다.

읽기한자 嘉歎(가탄) 悶歎(민탄) 嗟歎(차탄) 歎羨(탄선) 歎涕(탄체) 欣歎(흔탄)
쓰기한자 感歎(감탄) 慨歎(개탄) 敬歎(경탄) 驚歎(경탄) 自歎(자탄) 歎服(탄복) 歎聲(탄성) 歎息(탄식)
痛歎(통탄) 恨歎(한탄)

彈 | 4급 | 탄알 **탄:** | 弓 / 12 | 음 劾 약 弾
화살을 쏘는 활(弓)처럼 돌멩이를 끼워 튕기는 새총(單)에서, '탄알'을 뜻한다.

읽기한자 炸彈(작탄) 彈詰(탄힐) 劾彈(핵탄)
쓰기한자 糾彈(규탄) 流彈(유탄) 防彈(방탄) 失彈(실탄) 實彈(실탄) 肉彈(육탄) 指彈(지탄) 銃彈(총탄)
彈冠(탄관) 彈琴(탄금) 彈道(탄도) 彈力(탄력) 彈性(탄성) 彈壓(탄압) 彈藥(탄약) 彈奏(탄주)
彈倉(탄창) 彈丸(탄환) 砲彈(포탄) 爆彈(폭탄) 凶彈(흉탄)

타

炭

| 5급 | 숯 **탄:** | 火 / 5 | 반 氷 |

산(山)기슭이나 높은 언덕(厂)에서 숯가마를 만들고 장작을 태워(火) 숯을 굽는 데서, '숯'을 뜻한다.

읽기한자 褐炭(갈탄) 煤炭(매탄) 柴炭(시탄) 薪炭(신탄) 炭峴(탄현) 骸炭(해탄)

쓰기한자 塗炭(도탄) 煉炭(연탄) 木炭(목탄) 白炭(백탄) 石炭(석탄) 貯炭(저탄) 採炭(채탄) 炭坑(탄갱) 炭鑛(탄광) 炭酸(탄산) 炭素(탄소) 炭水(탄수) 炭層(탄층)

奪

| 3급II | 빼앗을 **탈** | 大 / 11 | 통 掠 |

큰(大) 새(隹)를 손(寸)에 넣는다는 데서, '빼앗다'는 뜻이다.

읽기한자 勒奪(늑탈) 剝奪(박탈) 枉奪(왕탈) 擾奪(요탈) 奪攘(탈양) 剽奪(표탈) 逼奪(핍탈) 篡奪(찬탈)

쓰기한자 掠奪(약탈) 削奪(삭탈) 收奪(수탈) 予奪(여탈) 爭奪(쟁탈) 侵奪(침탈) 奪氣(탈기) 奪取(탈취) 奪胎(탈태) 奪還(탈환) 強奪(강탈)

脫

| 4급 | 벗을 **탈** | 肉 / 7 |

몸(月)에 살이 빠지거나 곤충 따위가 껍질을 벗는 데서, '벗다'는 뜻이다.

읽기한자 疎脫(소탈) 脫梏(탈곡) 脫臼(탈구) 脫藩(탈번) 脫輻(탈복) 脫灑(탈쇄) 脫捐(탈연) 脫肛(탈항)

쓰기한자 離脫(이탈) 疏脫(소탈) 超脫(초탈) 脫稿(탈고) 脫穀(탈곡) 脫黨(탈당) 脫落(탈락) 脫略(탈략) 脫漏(탈루) 脫硫(탈류) 脫帽(탈모) 脫毛(탈모) 脫法(탈법) 脫色(탈색) 脫線(탈선) 脫稅(탈세) 脫俗(탈속) 脫水(탈수) 脫營(탈영) 脫獄(탈옥) 脫衣(탈의) 脫腸(탈장) 脫走(탈주) 脫脂(탈지) 脫盡(탈진) 脫出(탈출) 脫胎(탈태) 脫退(탈퇴) 脫皮(탈피) 解脫(해탈) 虛脫(허탈)

眈

| 1급 | 노려볼 **탐** | 目 / 4 | 비 耽 |

무엇에 마음이 쏠리어(冘=沈) 열중하여 보는(目) 것에서, '노려보다'는 뜻이다.

읽기한자 眈眈(탐탐)

耽

| 2급(名) | 즐길 **탐** | 耳 / 4 | 비 眈 통 樂 |

본래는 귀(耳)가 늘어진(冘) 것을 나타냈으나 귀가 늘어진 사람은 행동이 급하지 않고 여유있게 사색하고 생을 즐긴다는 데서, '즐기다'는 뜻이다.

읽기한자 耽古(탐고) 耽溺(탐닉) 耽讀(탐독) 耽羅(탐라) 耽樂(탐락) 耽味(탐미) 耽美(탐미)

貪

| 3급 | 탐낼 **탐** | 貝 / 4 | 비 貧 통 慾 |

지금(今) 눈앞에 재물(貝)이 있으면 갖고 싶은 마음이 생기는 데서, '탐내다'는 뜻이다.

읽기한자 狼貪(낭탐) 貪嗜(탐기) 貪狼(탐랑) 貪戾(탐려) 貪吝(탐린) 貪穢(탐예) 貪猥(탐외) 貪悖(탐패) 貪愎(탐퍅) 貪猾(탐활)

쓰기한자 食貪(식탐) 貪官(탐관) 貪冒(탐모) 貪慾(탐욕)

4급 찾을 **탐** 手 / 8　비 深　동 索, 偵

깊은(深) 굴속에서 손(扌)을 더듬어 물건을 찾는 데서, '찾다'는 뜻이다.

읽기한자　探鯨(탐경) 探囊(탐낭)

쓰기한자　內探(내탐) 廉探(염탐) 偵探(정탐) 探求(탐구) 探究(탐구) 探問(탐문) 探聞(탐문) 探訪(탐방)
探査(탐사) 探索(탐색) 探偵(탐정) 探情(탐정) 探照(탐조) 探知(탐지) 探險(탐험)

 1급 탈[乘] **탑** 手 / 10　동 乘, 載

탈것이나 짐승의 등 따위에 몸을 얹는 것에서, '타다(乘)'는 뜻이다.

읽기한자　搭鉤(탑구) 搭船(탑선) 搭乘(탑승) 搭載(탑재) 搭住(탑주) 頭搭(두탑) 鐵搭(철탑)

 3급Ⅱ 탑 **탑** 土 / 10

흙(土) 위에 돌을 모아 합한(合) 후 지붕(艹)을 올린 구조물에서, '탑'을 뜻한다.

읽기한자　踊塔(용탑)

쓰기한자　金塔(금탑) 佛塔(불탑) 司令塔(사령탑) 石塔(석탑) 鐵塔(철탑)

 1급 방탕할 **탕:** 艸 / 12

자유로이 요동하는 끓는 물(湯)처럼, 풀(艹)이 자유롭게 흔들려 움직이는 데서, '방탕하다, 호탕(浩蕩)하다'는 뜻이다.

읽기한자　蕩竭(탕갈) 蕩摩(탕마) 蕩覆(탕복) 蕩析(탕석) 蕩攘(탕양) 蕩逸(탕일) 蕩子(탕자) 蕩滌(탕척)
蕩敗(탕패) 蕩平(탕평) 輕蕩(경탕) 動蕩(동탕) 放蕩(방탕) 紛蕩(분탕) 掃蕩(소탕) 搖蕩(요탕)
震蕩(진탕) 淸蕩(청탕) 波蕩(파탕) 浩蕩(호탕)

 1급 호탕할 **탕:** 宀 / 5

언행에 제약이 없이 크고 넓어(石=碭) 우렁차고 씩씩한 데서, '호탕(豪宕)하다'는 뜻이다.
또 언행에 정도가 지나친 데서, '방탕(放蕩)하다'는 뜻도 나타낸다.

읽기한자　佚宕(질탕) 跌宕(질탕) 豪宕(호탕)

 3급Ⅱ 끓을 **탕:** 水 / 9

물(氵)이 햇볕(昜)을 받아 부글거린다는 데서, '끓다'는 뜻이다.

읽기한자　羹湯(갱탕) 沸湯(비탕) 煮湯(자탕) 湯餠(탕병) 湯婆(탕파)

쓰기한자　甘湯(감탕) 冷湯(냉탕) 熱湯(열탕) 雜湯(잡탕) 再湯(재탕) 中湯(중탕) 重湯(중탕) 炊湯(취탕)
湯液(탕액) 湯藥(탕약) 湯劑(탕제)

跆 **1급** 밟을 **태** 足 / 5　동 藉

발(足)로 밟는 것으로, '밟다'는 뜻이다. 국어에서는 주로 跆拳道를 지칭할 때 쓰인다.

읽기한자　跆拳(태권) 跆藉(태적)

笞 1급 | 볼기칠 **태** 竹 / 5 〔동〕撻
대나무(⺮) 채찍으로, 罪人의 볼기를 치는(台) 데서, '볼기 치다'는 뜻이다.

[읽기한자] 笞擊(태격) 笞撻(태달) 笞罵(태매) 笞杖(태장) 笞責(태책) 撻笞(달태) 掠笞(약태)

苔 1급 | 이끼 **태** 艸 / 5 〔동〕蘚
잎과 줄기의 구별이 분명하지 않고 고목이나 바위, 습지에서 자라는 꽃이 피지 않는 식물에서, '이끼'를 뜻한다.

[읽기한자] 苔徑(태경) 苔碑(태비) 苔石(태석) 苔衣(태의) 苔田(태전) 苔泉(태천) 綠苔(녹태) 碧苔(벽태) 石苔(석태) 陰苔(음태) 蒼苔(창태) 海苔(해태)

汰 1급 | 일[淘] **태** 水 / 4 〔동〕沙, 侈
물(氵)에 흔들어 씻어서 쓸 것과 못 쓸 것을 가려내는 데서, '일다(淘)'는 뜻이다. 또 '미끄러지다'는 뜻을 나타낸다.

[읽기한자] 汰揀(태간) 汰金(태금) 汰兵(태병) 汰沙(태사) 汰沃(태옥) 汰侈(태치) 汰虐(태학) 擊汰(격태) 淘汰(도태) 沙汰(사태) 人爲淘汰(인위도태) 銓汰(전태) 蕩汰(탕태)

兌 2급(名) | 바꿀 / 기쁠 **태** 儿 / 5 〔동〕換 〔약〕兊
입가(口)에 주름(八)이 잡히도록 웃으며 기뻐하는 사람(儿)을 그려, '기쁘다'는 뜻이다. 또 사람(八)과 사람(儿) 사이에 물건(口)이 오가는 데서, '바꾸다'는 뜻이다. 괘 이름으로도 사용된다.

[읽기한자] 商兌(상태) 兌方(태방) 兌換(태환)

台 2급(名) | 별 **태** 口 / 2
쟁기를 본뜬 것으로 쟁기가 땅을 풀어 부드럽게 하듯 사람의 마음을 풀어 주는 데서, '기쁘다'는 뜻이다. 뒤에 '나, 별' 등의 뜻으로 轉移되었다. '기쁘다'는 뜻은 忄을 덧붙여 怡로 썼다. 현재 전혀 다른 글자인 臺의 俗字로도 쓰인다.

[읽기한자] 三台(삼태) 台監(태감) 台德(이덕) 台傅(태부) 鉉台(현태)

胎 2급(名) | 아이 밸 **태** 肉 / 5 〔동〕孕, 胞
사람의 몸(月)의 비롯함(台＝始)이라는 데서, '아이 배다'는 뜻이다.

[읽기한자] 胚胎(배태) 孕胎(잉태) 胎夭(태요) 胎孕(태잉) 胎誨(태회)
[쓰기한자] 落胎(낙태) 母胎(모태) 受胎(수태) 雙胎(쌍태) 墮胎(타태) 奪胎(탈태) 脫胎(탈태) 胎敎(태교) 胎氣(태기) 胎內(태내) 胎毒(태독) 胎動(태동) 胎膜(태막) 胎母(태모) 胎夢(태몽) 胎盤(태반) 胎生(태생) 胎息(태식) 胎兒(태아) 胎芽(태아) 胎葉(태엽) 胎妊(태임) 胞胎(포태) 懷胎(회태)

颱 2급 | 태풍 **태** 風 / 5
하늘의 별(台)을 흔들 정도로 강한 바람(風)이라는 데서, '태풍'을 뜻한다.

[쓰기한자] 颱風(태풍)

怠 3급 　게으를 **태**　心 / 5　圖 倦, 慢, 惰, 懈

마음(心)은 별(台)처럼 높고 빛나지만 행동은 따르지 않는 데서, '게으르다'는 뜻이다.

읽기한자　倦怠(권태) 懶怠(나태) 惰怠(타태) 怠倦(태권) 怠懈(태해) 怠遑(태황) 懈怠(해태)

쓰기한자　怠慢(태만) 怠業(태업)

殆 3급II　　거의 **태**　歹 / 5

죽음(歹)이 시작(台)되는 듯 거의 죽을 지경으로 위태하다는 데서, '거의, 위태하다'는 뜻이다.

쓰기한자　危殆(위태) 殆半(태반)

泰 3급II　　클 **태**　水 / 5　圖 平

불(火)이나 물(氺)의 힘은 둘(二)다 크다는 데서, '크다'는 뜻이다.

읽기한자　侈泰(치태) 泰凱(태개) 泰憮(태호)

쓰기한자　泰斗(태두) 泰山(태산) 泰然(태연) 泰平(태평)

態 4급II　　모습 **태:**　心 / 10　圖 樣

마음(心) 먹기에 따라서는 능히(能) 밖으로 드러나는 모양을 바꿀 수 있는 데서, '모습'을 뜻한다.

읽기한자　陋態(누태) 媚態(미태) 艶態(염태) 擬態(의태) 綽態(작태)

쓰기한자　狂態(광태) 動態(동태) 妙態(묘태) 變態(변태) 事態(사태) 狀態(상태) 生態(생태) 世態(세태)
實態(실태) 樣態(양태) 妖態(요태) 容態(용태) 姿態(자태) 作態(작태) 重態(중태) 醜態(추태)
態度(태도) 態勢(태세) 形態(형태)

太 6급　　클 **태**　大 / 1　圖 大, 六, 犬

큰 대(大) 두 개를 써서 아주 큼을 나타내, '크다'는 뜻이다.

읽기한자　太牢(태뢰) 太僕(태복) 太爺(태야) 太婆(태파) 太后(태후) 樺太(화태)

쓰기한자　豆太(두태) 明太(명태) 太古(태고) 太空(태공) 太極(태극) 太半(태반) 太白(태백) 太甚(태심)
太陽(태양) 太陰(태음) 太子(태자) 太祖(태조) 太宗(태종) 太初(태초) 太平(태평)

澤 3급II　　못 **택**　水 / 13　圖 擇　圙 沢

물(氵)이 주변을 엿보고(睪) 자리 잡은 뒤에 오래도록 머무는 데서, '못'을 뜻한다.

읽기한자　膏澤(고택) 笠澤(입택) 沼澤(소택) 澤畔(택반) 澤瀉(택사) 澤虞(택우) 沛澤(패택)

쓰기한자　光澤(광택) 德澤(덕택) 潤澤(윤택) 沮澤(저택) 脂澤(지택) 澤雨(택우) 惠澤(혜택)

擇 4급 　　　　가릴 **택** 　手 / 13 　回 澤 　웹 択

여러 물건을 엿보고(睪) 손(扌)으로 좋은 것을 고른다는 데서, '가리다'는 뜻이다.

읽기한자 　揀擇(간택) 擇刪(택산)
쓰기한자 　簡擇(간택) 選擇(선택) 採擇(채택) 擇一(택일) 擇日(택일)

宅 5급Ⅱ 　　　　집 **택** 　宀 / 3 　동 舍

지붕(宀) 아래 몸을 맡기고(乇) 쉬는 공간에서, '집'을 뜻한다.

읽기한자 　泛宅(범택) 徙宅(사택) 媤宅(시댁) 邸宅(저택) 綴宅(철택)
쓰기한자 　家宅(가택) 居宅(거택) 貴宅(귀댁) 社宅(사택) 私宅(사택) 舍宅(사택) 陽宅(양택) 幽宅(유택)
　　　　陰宅(음택) 自宅(자택) 第宅(제택) 住宅(주택) 宅內(댁내) 宅配(택배) 宅兆(택조) 宅地(택지)
　　　　宅診(택진)

撐 1급 　　　　버틸 **탱** 　手 / 12 　동 支

손(扌)을 써서 기울어지거나 쓰러지지 않도록 버팀목(掌)을 괴는 데서, '버티다'는 뜻이다.

읽기한자 　撐船(탱선) 撐刺(탱자) 撐支(탱지) 孤撐(고탱) 支撐(지탱) 枝撐(지탱)

攄 1급 　　　　펼 **터:** 　手 / 15

이리저리 생각(慮)을 하듯 손(扌)을 이리저리 움직이는 데서, '펴다'는 뜻이다.

읽기한자 　攄得(터득) 攄頌(터송) 攄破(터파) 攄抱(터포) 攄懷(터회)

兔 3급Ⅱ 　　　　토끼 **토** 　儿 / 6 　回 免 　웹 兎

토끼의 모양을 본뜬 것으로, '토끼'를 뜻한다.

읽기한자 　家兔(가토) 兔脣(토순) 兔影(토영)

吐 3급Ⅱ 　　　　토할 **토(:)** 　口 / 3 　맨 呑, 納

입(口)을 땅(土)으로 향하는 데서, '토하다'는 뜻이다.

읽기한자 　嘔吐(구토) 呑吐(탄토) 吐蕃(토번) 吐瀉(토사) 吐哺(토포) 吐眩(토현)
쓰기한자 　歐吐(구토) 實吐(실토) 吐氣(토기) 吐露(토로) 吐說(토설) 吐血(토혈)

討 4급 　　　　칠 **토(:)** 　言 / 3 　동 伐

법도(寸)에 맞는 말(言)로써 상대의 잘못을 꾸짖고 치는 데서, '치다'는 뜻이다.

읽기한자 　邀討(요토) 誅討(주토) 討戮(토륙) 討刪(토산) 討繹(토역)
쓰기한자 　檢討(검토) 聲討(성토) 討論(토론) 討伐(토벌) 討匪(토비) 討索(토색) 討議(토의) 討罪(토죄)

8급 　흙 **토**　土 / 0　비士　동 壤, 地
흙에서 싹이 올라오는 모양을 본뜬 글자로, '흙'을 뜻한다.

　읽기한자　疆土(강토) 膏土(고토) 曠土(광토) 捲土(권토) 壘土(누토) 糞土(분토) 瀉土(사토) 裔土(예토)
沃土(옥토) 粘土(점토) 瘠土(척토) 撮土(촬토) 聚土(취토) 土腔(토강) 土芥(토개) 土梗(토경)
土膏(토고) 土囊(토낭) 土牢(토뢰) 土瓶(토병) 土鴨(토압) 土埃(토애) 土蟄(토칩) 土堆(토퇴)
遐土(하토) 鹹土(함토) 后土(후토)

　쓰기한자　客土(객토) 國土(국토) 農土(농토) 泥土(이토) 樂土(낙토) 領土(영토) 本土(본토) 淨土(정토)
塵土(진토) 尺土(척토) 出土(출토) 土塊(토괴) 土窟(토굴) 土器(토기) 土臺(토대) 土龍(토룡)
土木(토목) 土匪(토비) 土城(토성) 土俗(토속) 土壤(토양) 土人(토인) 土種(토종) 土地(토지)
土質(토질) 土着(토착) 土豪(토호) 風土(풍토) 鄕土(향토) 荒土(황토) 黃土(황토)

1급 　서러워할 **통:**　心 / 11　동 哭
서러운 마음(忄)에 몸을 움직여(動) 떠는 데서, '서러워하다'는 뜻이다.

　읽기한자　慟哭(통곡) 慟泣(통읍) 感慟(감통) 哀慟(애통) 號慟(호통)

1급 　통(桶) **통**　木 / 7
속이 텅 빈(甬) 나무(木) 그릇에서, '통(桶)'이라는 뜻이다.

　읽기한자　斗桶(두통) 水桶(수통) 漆桶(칠통)

1급 　통[筒] **통**　竹 / 6
쪼개지 않고 짧게 자른 속이 뚫린(同＝通) 대나무(竹)의 토막으로, 편지나 화살 따위를 넣
는 '대통(竹筒)'을 뜻한다.

　읽기한자　筒車(통차) 封筒(봉통) 算筒(산통) 水筒(수통) 煙筒(연통) 竹筒(죽통) 吹筒(취통) 號筒(호통)

4급 　아플 **통:**　疒 / 7　동 冤
상처(疒)가 꽃봉오리 모양으로 부풀어 오르고(甬) 아픔이 심한 데서, '아프다'는 뜻이다.

　읽기한자
　쓰기한자　疼痛(동통) 癢痛(양통) 冤痛(원통) 惻痛(측통) 痛罵(통매) 痛棒(통봉) 痛癢(통양)
加痛(가통) 改痛(개통) 激痛(격통) 苦痛(고통) 頭痛(두통) 婉痛(만통) 病痛(병통) 腹痛(복통)
憤痛(분통) 悲痛(비통) 哀痛(애통) 腰痛(요통) 胃痛(위통) 鎭痛(진통) 陣痛(진통) 齒痛(치통)
沈痛(침통) 痛感(통감) 痛哭(통곡) 痛烈(통렬) 痛憤(통분) 痛心(통심) 痛飮(통음) 痛切(통절)
痛症(통증) 痛快(통쾌) 痛歎(통탄) 痛恨(통한) 便痛(변통) 脅痛(협통)

統

4급Ⅱ 　거느릴 **통:**　糸 / 6　동 領, 率, 帥, 合
실(糸)을 알차게(充) 모아서 동아줄을 꼬듯이 힘을 모은다는 데서, '거느리다'는 뜻이다.

　읽기한자
　쓰기한자　龐統(방통) 嫡統(적통) 統嗣(통사) 統轄(통할)
家統(가통) 系統(계통) 法統(법통) 心統(심통) 傳統(전통) 正統(정통) 體統(체통) 總統(총통)
統監(통감) 統計(통계) 統率(통솔) 統一(통일) 統將(통장) 統制(통제) 統治(통치) 統合(통합)
血統(혈통)

通 | 6급 | 통할 **통** | 辵 / 7 | 동 貫, 達, 融, 徹, 透
봉우리가 하늘 높이 솟아(甬)오르듯 길(辶)이 쭉 이어져 뻗어나가는 데서, '통하다'는 뜻이다.

읽기한자 粗通(조통) 通衢(통구) 通逵(통규) 通帛(통백) 通宵(통소) 通敞(통창) 通牒(통첩) 通喚(통환)
通宦(통환) 通洽(통흡)

쓰기한자 姦通(간통) 貫通(관통) 交通(교통) 能通(능통) 道通(도통) 流通(유통) 普通(보통) 不通(불통)
疏通(소통) 神通(신통) 融通(융통) 精通(정통) 通過(통과) 通念(통념) 通達(통달) 通讀(통독)
通路(통로) 通辯(통변) 通報(통보) 通史(통사) 通商(통상) 通常(통상) 通說(통설) 通信(통신)
通御(통어) 通譯(통역) 通帳(통장) 通稱(통칭) 通風(통풍) 通學(통학) 通婚(통혼) 通貨(통화)
通曉(통효) 亨通(형통)

腿 | 1급 | 넓적다리 **퇴:** | 肉 / 10
다리에서 무릎 관절 위의 부분으로, '넓적다리'를 뜻한다.

읽기한자 腿骨(퇴골) 腿節(퇴절) 大腿(대퇴) 小腿(소퇴) 下腿(하퇴)

頹 | 1급 | 무너질 **퇴** | 頁 / 7 | 동 圮
머리(頁)가 벗어진다(禿)는 데서 파생하여, '무너지다'는 뜻이다.

읽기한자 頹缺(퇴결) 頹敎(퇴교) 頹唐(퇴당) 頹落(퇴락) 頹齡(퇴령) 頹壟(퇴롱) 頹漏(퇴루) 頹淪(퇴륜)
頹舍(퇴사) 頹勢(퇴세) 頹俗(퇴속) 頹岸(퇴안) 頹巖(퇴암) 頹然(퇴연) 頹運(퇴운) 頹絶(퇴절)
頹挫(퇴좌) 頹替(퇴체) 頹隳(퇴추) 頹波(퇴파) 頹風(퇴풍) 頹乎(퇴호) 傾頹(경퇴) 老頹(노퇴)
衰頹(쇠퇴) 敗頹(패퇴)

褪 | 1급 | 바랠[褪色] **퇴:** | 衣 / 10
옷(衤)의 빛깔이 물러나는(退) 것에서, '바래다'는 뜻이다.

읽기한자 褪色(퇴색) 褪英(퇴영) 褪紅(퇴홍)

堆 | 1급 | 쌓을 **퇴:** | 土 / 8 | 동 積
흙(土)을 통통한 새(隹) 모양으로 쌓은 것으로, '쌓다, 흙무더기'를 뜻한다.

읽기한자 堆肥(퇴비) 堆積(퇴적) 堆朱(퇴주) 堆疊(퇴첩) 堆紅(퇴홍) 培堆(배퇴) 土堆(토퇴)

槌 | 1급 | 칠[擊] **추** / 방망이 **퇴** | 木 / 10 | 동 擊
椎와 同字로, '치다(擊), 방망이'를 뜻한다.

읽기한자 槌鑿(추착) 槌提(퇴제) 金槌(금퇴) 木槌(목퇴) 硏槌(연퇴) 鐵槌(철퇴)

退 [4급II] 물러날 **퇴:**　辵 / 6　⊟ 却
가던 길(辶)이 그쳤으니(艮) 물러날 수밖에 없다는 데서, '물러나다'는 뜻이다.

읽기한자 退懦(퇴나) 退匿(퇴닉) 退衙(퇴아) 退闇(퇴암) 退嬰(퇴영) 貶退(폄퇴)
쓰기한자 減退(감퇴) 擊退(격퇴) 見退(견퇴) 辭退(사퇴) 衰退(쇠퇴) 勇退(용퇴) 隱退(은퇴) 自退(자퇴)
早退(조퇴) 進退(진퇴) 脫退(탈퇴) 退却(퇴각) 退去(퇴거) 退勤(퇴근) 退物(퇴물) 退社(퇴사)
退役(퇴역) 退院(퇴원) 退任(퇴임) 退場(퇴장) 退藏(퇴장) 退廷(퇴정) 退潮(퇴조) 退酒(퇴주)
退職(퇴직) 退治(퇴치) 退學(퇴학) 退行(퇴행) 退化(퇴화) 敗退(패퇴) 後退(후퇴)

妬 [1급] 샘낼 **투**　女 / 5　⊟ 忌, 媢, 嫉
계집(女)이 쌓여서 모인(石=貯) 감정으로, '시샘하다, 샘내다'는 뜻이다.

읽기한자 妬忌(투기) 妬女(투녀) 妬昧(투매) 妬殺(투살) 妬心(투심) 妬嫉(투질) 妬妻(투처) 妬悍(투한)
嬌妬(교투) 憎妬(증투) 嫉妬(질투)

套 [1급] 씌울 **투**　大 / 7
키(長)가 크다(大)는 뜻이다. 또, 긴(長) 물체를 무언가로 덮은(大) 모양에서, '씌우다'는 뜻
이다. 또, '낡다'는 뜻도 나타낸다.

읽기한자 套頭(투두) 套書(투서) 套袖(투수) 套習(투습) 套語(투어) 舊套(구투) 封套(봉투) 常套(상투)
外套(외투) 陳套(진투) 河套(하투)

透 [3급II] 사무칠 **투**　辵 / 7　⊟ 徹, 浸, 通
벼이삭(秀)이 볏짚을 뚫고 나오는(辶) 데서, '꿰뚫다, 사무치다'는 뜻이다.

읽기한자 滲透(삼투)
쓰기한자 浸透(침투) 透明(투명) 透視(투시) 透徹(투철)

投 [4급] 던질 **투**　手 / 4　⊟ 擲　⊞ 打
손(扌)으로 창(殳)을 던지는 데서, '던지다'는 뜻이다.

읽기한자 瞑投(명투) 投軀(투구) 投綸(투륜) 投簪(투잠) 投擲(투척) 投鞭(투편) 投轄(투할) 投笏(투홀)
쓰기한자 投降(투항) 投稿(투고) 投球(투구) 投機(투기) 投網(투망) 投賣(투매) 投射(투사) 投書(투서)
投石(투석) 投手(투수) 投宿(투숙) 投身(투신) 投藥(투약) 投影(투영) 投獄(투옥) 投入(투입)
投資(투자) 投票(투표) 投下(투하)

鬪 [4급] 싸움 **투**　鬥 / 10　⊟ 爭, 戰
손(寸)에 제사용 그릇(豆)을 들고, 서로 자기 것이라며 싸우는(鬥)데서, '싸움'을 뜻한다.

읽기한자 搏鬪(박투)
쓰기한자 敢鬪(감투) 健鬪(건투) 格鬪(격투) 激鬪(격투) 決鬪(결투) 拳鬪(권투) 亂鬪(난투) 力鬪(역투)
奮鬪(분투) 死鬪(사투) 暗鬪(암투) 戰鬪(전투) 鬪犬(투견) 鬪鷄(투계) 鬪技(투기) 鬪病(투병)
鬪士(투사) 鬪牛(투우) 鬪爭(투쟁) 鬪志(투지) 鬪魂(투혼) 血鬪(혈투) 花鬪(화투)

慝 1급 　　 사특할 **特** 心 / 11 　 동 邪, 惡
마음(心)에 숨기는(匿) 것이 있는 데서, '사특하다'는 뜻이다.

읽기한자　慝姦(특간) 慝禮(특례) 慝名(특명) 慝邪(특사) 慝惡(특악) 姦慝(간특) 淑慝(숙특) 淫慝(음특)
陰慝(음특) 讒慝(참특) 荒慝(황특)

特 6급 　　 특별할 **特** 牛 / 6 　 동 殊, 異
관청(寺)에서 특별한 일이 있으면 소(牛)를 잡아 제사를 지낸다는 데서, '특별하다'는 뜻이다.

읽기한자　挺特(정특) 特磬(특경) 特詭(특궤) 特牲(특생) 特棲(특서) 特舂(특용) 特宥(특유) 特挺(특정)
特稟(특품)

쓰기한자　奇特(기특) 獨特(독특) 英特(영특) 特講(특강) 特權(특권) 特急(특급) 特級(특급) 特技(특기)
特命(특명) 特使(특사) 特赦(특사) 特選(특선) 特設(특설) 特性(특성) 特殊(특수) 特有(특유)
特異(특이) 特長(특장) 特典(특전) 特定(특정) 特製(특제) 特種(특종) 特診(특진) 特進(특진)
特輯(특집) 特徵(특징) 特採(특채) 特出(특출) 特派(특파) 特許(특허) 特惠(특혜) 特化(특화)
特效(특효)

爬 1급 　　 긁을 **파** 爪 / 4 　 동 搔
뱀이 땅바닥에 바짝 엎드린(巴) 모양으로 손과 손톱(爪)을 땅바닥에 찰싹 붙인 데서, '긁다, 기다(手行)'는 뜻이다.

읽기한자　爬沙(파사) 爬搔(파소) 爬櫛(파즐) 爬蟲(파충) 爬行(파행) 搔爬(소파) 搜爬(수파) 聚爬(취파)

巴 1급 　　 꼬리 **파** 己 / 1
뱀이 땅바닥에 바짝 엎드린 모양을 형상화한 것으로, '꼬리, 뱀'을 뜻한다. 또, 땅이름으로 쓰인다.

읽기한자　巴歌(파가) 巴戟(파극) 巴豆(파두) 巴俚(파리) 巴猿(파원) 巴人(파인) 巴蜀(파촉) 巴峽(파협)
卍巴(만파) 三巴(삼파)

琶 1급 　　 비파 **파** 玉 / 8
둥글고 긴(巴) 타원형이며, 자루는 곧고 짧은 거문고(珡)로, '비파'를 뜻한다.

읽기한자　琵琶(비파)

跛 1급 　　 절름발이 **파** 足 / 5
　　 비스듬히 설 **피:**
발(足)이 자유롭지 못하여 걸을 때 몸이 물결(皮=波)처럼 흔들려 기울어지는 모양에서, '절름발이, 비스듬히 서다'는 뜻이다.

읽기한자　跛鱉(파별) 跛行(파행) 笑跛(소파) 偏跛(편파) 跛立(피립)

芭 1급 　　 파초 **파** 艸 / 4 　 동 蕉
긴(巴) 타원형의 여러해살이 풀(艹)에서, '파초'를 뜻한다.

읽기한자　芭蕉(파초) 芭葉(파엽)

婆 1급 　할미 **파** 女 / 8

나이가 많아 힘이 달려 물결(波)이 일렁이듯 비틀거리며 걷는 계집(女)에서, '할미'를 뜻한다. 또, 梵語 bha(바)의 音譯字로 쓰인다.

읽기한자 婆娑(파사) 婆心(파심) 婆然(파연) 姑婆(고파) 老婆(노파) 孟婆(맹파) 蓬婆(봉파) 産婆(산파) 阿婆(아파) 奪衣婆(탈의파) 湯婆(탕파) 太婆(태파)

坡 2급(名) 　언덕 **파** 土 / 5

벗겨 놓은 가죽(皮)처럼 울퉁불퉁한 땅(土)으로, '고개, 언덕'을 뜻한다.

읽기한자 靑坡(청파) 坡塘(파당) 坡岸(파안) 坡州(파주)

罷 3급 　마칠 **파:** 网 / 10

재능(能)이 있는 사람이라도 죄를 지어 법의 그물(罒)에 걸리면 내쫓기고 하던 일을 마치게 되는 데서, '내쫓다, 마치다'는 뜻이다.

읽기한자 倦罷(권파) 拏罷(나파) 罷拏(파나) 罷駑(피노)
쓰기한자 罷免(파면) 罷業(파업) 罷場(파장) 罷職(파직)

播 3급 　뿌릴 **파(:)** 手 / 12

손(扌)으로 차례차례(番) 밭에 씨를 뿌린다는 데서, '뿌리다'는 뜻이다.

읽기한자 逋播(포파)
쓰기한자 代播(대파) 床播(상파) 傳播(전파) 直播(직파) 播多(파다) 播種(파종) 播遷(파천)

頗 3급 　자못 **파** 頁 / 5

머리(頁) 가죽(皮)에 머리카락이 한쪽으로 자못 치우쳐서 나 있다는 데서, '치우치다, 자못'을 뜻한다.

쓰기한자 頗多(파다) 偏頗(편파)

把 3급 　잡을 **파:** 手 / 4 　동 握

머리를 쳐든 뱀(巴)의 머리를 손(扌)으로 잡는데서 '잡다'는 뜻이다.

읽기한자 拱把(공파) 把拱(파공) 把撈(파로) 把袂(파메) 把撮(파촬)
쓰기한자 肩把(견파) 把守(파수) 把手(파수) 把握(파악) 把持(파지)

派 4급 　갈래 **파** 水 / 6

물(氵)이 여러 갈래로 갈라져 흐르는 모양을 나타내어, '갈래, 물갈래'를 뜻한다.

읽기한자 沸派(불파) 嫡派(적파)
쓰기한자 加派(가파) 各派(각파) 敎派(교파) 舊派(구파) 急派(급파) 南派(남파) 黨派(당파) 密派(밀파) 分派(분파) 新派(신파) 右派(우파) 一派(일파) 自派(자파) 政派(정파) 宗派(종파) 左派(좌파) 增派(증파) 直派(직파) 特派(특파) 派遣(파견) 派閥(파벌) 派兵(파병) 派生(파생) 派爭(파쟁) 派出(파출) 學派(학파)

破
4급Ⅱ 　깨뜨릴 **파:** 　石 / 5 　圖 碎
돌(石)로 만든 도끼로 짐승의 가죽(皮)을 찢고, 뼈를 부순다는 데서, '깨뜨리다'는 뜻이다.

읽기한자 喝破(갈파) 轟破(굉파) 喫破(끽파) 劈破(벽파) 剖破(부파) 碎破(쇄파) 截破(절파) 椎破(추파)
脆破(취파) 綻破(탄파) 破袴(파고) 破綻(파탄)

쓰기한자 看破(간파) 擊破(격파) 難破(난파) 踏破(답파) 讀破(독파) 突破(돌파) 發破(발파) 分破(분파)
說破(설파) 作破(작파) 全破(전파) 走破(주파) 打破(타파) 破格(파격) 破鏡(파경) 破戒(파계)
破瓜(파과) 破壞(파괴) 破棄(파기) 破滅(파멸) 破卯(파묘) 破門(파문) 破産(파산) 破船(파선)
破損(파손) 破字(파자) 破材(파재) 破題(파제) 破紙(파지) 破片(파편) 破婚(파혼) 爆破(폭파)

波
4급Ⅱ 　물결 **파** 　水 / 5 　圖 濤, 瀾, 浪
물(氵)의 흐름이 동물의 가죽(皮)처럼 구불구불한 데서, '물결'을 뜻한다.

읽기한자 鯨波(경파) 濤波(도파) 瀾波(난파) 簾波(염파) 凌波(능파) 頹波(퇴파) 波濤(파도) 波瀾(파란)
波蕩(파탕)

쓰기한자 檢波(검파) 激波(격파) 腦波(뇌파) 短波(단파) 流波(유파) 世波(세파) 餘波(여파) 音波(음파)
人波(인파) 電波(전파) 滄波(창파) 秋波(추파) 波高(파고) 波及(파급) 波動(파동) 波浪(파랑)
波文(파문) 波紋(파문) 波市(파시) 波長(파장) 風波(풍파) 寒波(한파)

辦
1급 　힘들일 **판** 　辛 / 9
힘(力)을 쓰며 두 사람의 죄인이 서로 말다툼하는(辡) 데서, '힘들이다'는 뜻이다.

읽기한자 辦公(판공) 辦納(판납) 辦理(판리) 辦務(판무) 代辦(대판) 買辦(매판) 密辦(밀판) 精辦(정판)
主辦(주판) 總辦(총판) 會辦(회판)

阪
2급(名) 　언덕 **판** 　阜 / 4
산기슭(厂)을 손(又)으로 기어오르는 데서 언덕의 뜻인데, 언덕(阝)을 다시 보태 그 뜻을
분명히 한 것으로, '언덕'을 뜻한다.

읽기한자 大阪(대판) 阪路(판로) 阪田(판전) 蒲阪(포판)

販
3급 　팔[賣] **판** 　貝 / 4 　圖 賣
돈(貝)을 받고 반대로(反) 물건을 준다는 데서, '팔다'는 뜻이다.

읽기한자 屠販(도판) 裨販(비판) 販貼(판첩) 稗販(패판)

쓰기한자 街販(가판) 市販(시판) 外販(외판) 自販(자판) 直販(직판) 總販(총판) 販禁(판금) 販路(판로)
販賣(판매) 販促(판촉)

版
3급Ⅱ 　판목 **판** 　片 / 4
뒤집을(反) 수 있는 나무 조각(片)에서, '널빤지'를 뜻하나 주로 인쇄를 위하여 그림이나
글씨를 새긴 목판 또는 그런 용도에 쓰이는 목판인, '판목'을 뜻한다.

읽기한자 鈑版(패판)

쓰기한자 架版(가판) 降版(강판) 菊版(국판) 銅版(동판) 木版(목판) 新版(신판) 鉛版(연판) 原版(원판)
壯版(장판) 再版(재판) 絶版(절판) 組版(조판) 重版(중판) 初版(초판) 出版(출판) 版權(판권)
版圖(판도) 版木(판목) 版畫(판화) 活版(활판)

判 4급 판단할 **판** 刀 / 5 图決

어디가 절반(半)이라고 판단을 내려 칼(刂)로 가르듯이 시비를 정확히 가르는 데서, '판단하다'는 뜻이다.

읽기한자 剖判(부판) 臆判(억판) 銓判(전판) 判閥(판벌) 判銓(판전) 判尹(판윤)

쓰기한자 決判(결판) 公判(공판) 菊判(국판) 談判(담판) 培判(배판) 批判(비판) 審判(심판) 誤判(오판)
裁判(재판) 判決(판결) 判斷(판단) 判讀(판독) 判例(판례) 判明(판명) 判別(판별) 判事(판사)
判書(판서) 判異(판이) 判定(판정) 判型(판형) 評判(평판) 合判(합판)

板 5급 널 **판** 木 / 4

나무(木)를 얇게 켜서 이리저리 뒤집을(反) 수 있도록 만든 데서, '널'을 뜻한다.

읽기한자 棺板(관판) 板撈(판로) 板榜(판방)

쓰기한자 刻板(각판) 看板(간판) 甲板(갑판) 鋼板(강판) 蓋板(개판) 京板(경판) 經板(경판) 登板(등판)
木板(목판) 苗板(묘판) 氷板(빙판) 完板(완판) 原板(원판) 坐板(좌판) 鐵板(철판) 漆板(칠판)
板刻(판각) 板權(판권) 板木(판목) 板本(판본) 板書(판서) 板子(판자) 板紙(판지) 合板(합판)
懸板(현판) 畫板(화판) 黑板(흑판)

八 8급 여덟 **팔** 八 / 0 圓人, 入

엄지손가락 둘을 구부리고 삼각형 모양으로 위로 올린 두 손을 그린 것으로, '여덟'을 뜻한다.

읽기한자 鑿八(착팔) 八哥(팔가) 八凱(팔개) 八股(팔고) 八卦(팔괘) 八魁(팔괴) 八戎(팔융) 八佾(팔일)
八疵(팔자)

쓰기한자 百八(백팔) 八字(팔자) 八達(팔달) 三八線(삼팔선) 初八日(초파일) 八角(팔각) 八景(팔경)
八道(팔도) 八方(팔방) 八朔童(팔삭동) 八字(팔자)

悖 1급 거스를 **패:** 心 / 7 图亂, 戾, 逆

초목이 무성(孛)하듯 마음(忄)이 온갖 생각으로 복잡한 데서, '어지럽다, 盛하다'는 뜻이다.
또, 背와 통하여, '거스르다'는 뜻이다.

읽기한자 悖談(패담) 悖德(패덕) 悖亂(패란) 悖戾(패려) 悖禮(패례) 悖謬(패류) 悖類(패류) 悖倫(패륜)
悖理(패리) 悖慢(패만) 悖叛(패반) 悖說(패설) 悖習(패습) 悖惡(패악) 悖逆(패역) 悖異(패이)
悖子(패자) 悖鄕(패향) 狂悖(광패) 驕悖(교패) 慢悖(만패) 猖悖(창패) 貪悖(탐패) 暴悖(폭패)
荒悖(황패) 凶悖(흉패)

沛 1급 비 쏟아질 **패:** 水 / 4

빗물(氵)이 바닥에 넓게 깔리는(布) 데서, '비 쏟아지다'는 뜻이다.

읽기한자 沛公(패공) 沛宮(패궁) 沛艾(패애) 沛焉(패언) 沛澤(패택) 沛乎(패호) 汎沛(범패) 顚沛(전패)

唄 1급 염불소리 **패:** 口 / 7

梵語 pantaka의 音譯字로, '염불 소리'를 뜻한다.

읽기한자 唄音(패음) 唄讚(패찬) 歌唄(가패) 端唄(단패) 膜唄(모패) 梵唄(범패) 吟唄(음패) 贊唄(찬패)
諷唄(풍패)

佩　1급　찰[帶] **패:** 人 / 6

사람(亻)이 장식 천(巾)을 띠에 늘어뜨려 차는(凡) 데서, '차다, 노리개'를 뜻한다.

읽기한자　佩巾(패건) 佩劍(패검) 佩刀(패도) 佩物(패물) 佩服(패복) 佩用(패용) 佩紫(패자) 佩鐵(패철) 佩香(패향) 感佩(감패) 銘佩(명패) 服佩(복패) 玉佩(옥패)

牌　1급　패(牌) **패** 片 / 8

그림이나 글씨를 그리거나 새긴 나무 따위의 조그마한 조각, 또는 같이 어울려 다니는 사람의 무리, '패(牌)'를 뜻한다.

읽기한자　牌甲(패갑) 牌刀(패도) 牌樓(패루) 牌標(패표) 骨牌(골패) 對牌(대패) 木牌(목패) 方牌(방패) 賞牌(상패) 牙牌(아패) 位牌(위패) 竹牌(죽패) 標牌(표패)

稗　1급　피[穀類] **패:** 禾 / 8

벼(禾)보다 작고 가치가 낮은(卑) 곡물에서, '피'를 뜻한다. 또, 轉하여, '잘다'는 뜻이다.

읽기한자　稗官(패관) 稗校(패교) 稗史(패사) 稗說(패설) 稗販(패판)

霸　2급　으뜸 **패:** 雨 / 13　약 覇

비(雨)가 내리고 빛이 사그라들면 하늘의 으뜸이 바뀌어(革) 달(月)이 되는 데서, '으뜸'을 뜻한다. 어둠의 으뜸이므로 仁義에 바탕을 두지 않고 武力과 權道에 의지하므로 霸道는 王道와 대립적이다.

쓰기한자　連霸(연패) 爭霸(쟁패) 制霸(제패) 霸國(패국) 霸權(패권) 霸氣(패기) 霸道(패도) 霸略(패략) 霸業(패업) 霸王(패왕) 霸者(패자)

貝　3급　조개 **패:** 貝 / 0　비 具

조개의 모양을 본뜬 글자로, '조개'를 뜻한다. 옛날에는 조개껍질을 화폐로 쓴 데서 돈, 재물, 재산의 뜻을 지닌다.

읽기한자　貝勒(패륵) 貝塚(패총) 貝殼(패각) 螺貝(나패)

쓰기한자　貝物(패물) 錦貝(금패) 龜貝(귀패) 成貝(성패) 魚貝(어패) 珠貝(주패) 貝類(패류) 貨貝(화패)

敗　5급　패할 **패:** 攴 / 7　동 亡, 北　반 興

적이 우리의 재화(貝)를 두드려(攵) 깨트리고 부수는 데서, '패하다, 지다'는 뜻이다.

읽기한자　潰敗(궤패) 撓敗(요패) 蕩敗(탕패) 敗潰(패궤) 敗遁(패둔) 敗碎(패쇄) 敗撓(패뇨) 敗氈(패전) 敗蕉(패초) 敗頹(패퇴) 敗朽(패후) 朽敗(후패)

쓰기한자　大敗(대패) 連敗(연패) 腐敗(부패) 憤敗(분패) 不敗(불패) 酸敗(산패) 惜敗(석패) 成敗(성패) 勝敗(승패) 失敗(실패) 完敗(완패) 全敗(전패) 慘敗(참패) 敗家(패가) 敗亡(패망) 敗北(패배) 敗色(패색) 敗訴(패소) 敗子(패자) 敗殘兵(패잔병) 敗戰(패전) 敗走(패주) 敗退(패퇴)

澎　1급　물소리 **팽** 水 / 12　동 湃

북소리(彭)처럼 물(氵)이 맞부딪칠 때 나는 소리에서, '물소리'를 뜻한다.

읽기한자　澎湃(팽배)

膨 | 1급 | 불을 **팽** | 肉 / 12 | 통 脹
북소리(彭)가 울릴 때 북이 일시 부푸는 것처럼 배(月)가 불룩해지는 데서, '붇다, 부풀다'
는 뜻이다.

읽기한자　膨大(팽대) 膨脹(팽창)

彭 | 2급(名) | 성(姓) **팽** | 彡 / 9
북(壴)의 소리가 울려 퍼지는 모양(彡)을 나타낸다. 姓氏로 쓰인다.

읽기한자　彭祖(팽조)

愎 | 1급 | 강퍅할 **퍅** | 心 / 9 | 통 戾
남의 말을 따르지 않고 제 고집만 부리는 것으로, '괴퍅하다, 강퍅하다'는 뜻이다. '퍅'음이
나 乖愎만큼은 독음이 '괴팍'임에 주의하여야 한다.

읽기한자　愎戾(퍅려) 剛愎(강퍅) 乖愎(괴팍) 矜愎(긍퍅) 頑愎(완퍅) 專愎(전퍅) 貪愎(탐퍅)

騙 | 1급 | 속일 **편** | 馬 / 9 | 통 欺
뛰어서 말에 올라타는 것이 본 뜻이나 '속이다'는 뜻으로 쓰인다.

읽기한자　騙局(편국) 騙取(편취) 拐騙(괴편) 欺騙(기편) 詐騙(사편)

鞭 | 1급 | 채찍 **편** | 革 / 9 | 통 撻, 策, 鞘, 笞
사람이 편리하게(便) 마소를 부릴 수 있도록 가죽(革)으로 만든 물건에서, '채찍'을 뜻한다.

읽기한자　鞭擊(편격) 鞭撻(편달) 鞭罰(편벌) 鞭絲(편사) 鞭殺(편살) 鞭影(편영) 鞭杖(편장) 鞭芻(편추)
鞭蹴(편축) 鞭笞(편태) 敎鞭(교편) 掉鞭(도편) 馬鞭(마편) 先鞭(선편) 長鞭(장편) 執鞭(집편)
着鞭(착편) 投鞭(투편) 揮鞭(휘편)

扁 | 2급(名) | 작을 **편** | 戶 / 5
문(戶)에 걸려 있는 글을 적은 나무쪽(冊)으로, '액자'를 뜻한다. 액자가 작고 납작한 데서,
'작다, 편평하다'는 뜻이다.

읽기한자　扁額(편액) 扁鵲(편작) 扁題(편제) 扁舟(편주) 扁平(편평)

遍 | 3급 | 두루 **편** | 辶 / 9
이 집 저 집(戶)을 돌아다니며(辶) 책(冊)을 두루 본다는 데서, '두루'를 뜻한다.

읽기한자　遍窺(편규)
쓰기한자　普遍(보편) 遍踏(편답)

編

3급II 엮을 **편** 糸 / 9 　동 纂

집(戶)에서 책(冊)을 실(糸)로 엮는다는 데서, '엮다'는 뜻이다.

읽기한자 韋編(위편) 編磬(편경) 編伍(편오) 編纂(편찬) 編綴(편철)

쓰기한자 改編(개편) 續編(속편) 再編(재편) 編曲(편곡) 編年(편년) 編隊(편대) 編曆(편력) 編柳(편류) 編物(편물) 編髮(변발) 編成(편성) 編修(편수) 編入(편입) 編者(편자) 編著(편저) 編制(편제) 編織(편직) 編輯(편집)

片

3급II 조각 **편(:)** 片 / 0

나무(木)의 오른쪽 반의 모양을 본뜬 글자로, '조각'을 뜻한다.

읽기한자 片薑(편강) 片鱗(편린) 片帆(편범)

쓰기한자 斷片(단편) 阿片(아편) 片舟(편주) 一片(일편) 破片(파편) 片道(편도) 片貌(편모) 片志(편지) 片紙(편지)

偏

3급II 치우칠 **편** 人 / 9 　동 僻

옛집의 액자(扁)가 건물 여러 출입문들 중에서 한 쪽에 걸려 가운데에서 벗어나 있듯 사람(亻)의 생각이 어는 한 쪽으로 치우쳐 있는 데서, '치우치다'는 뜻이다.

읽기한자 偏跛(편파) 偏狹(편협) 偏諱(편휘)

쓰기한자 半偏(반편) 偏角(편각) 偏見(편견) 偏黨(편당) 偏母(편모) 偏僻(편벽) 偏食(편식) 偏愛(편애) 偏額(편액) 偏在(편재) 偏重(편중) 偏執(편집) 偏差(편차) 偏頗(편파) 偏向(편향)

篇

4급 책 **편** 竹 / 9

옛날에 대나무(竹)를 쪼갠 조각(扁)을 모아 엮어 책을 만든 데서, '책'을 뜻한다.

읽기한자 篇什(편집)

쓰기한자 佳篇(가편) 短篇(단편) 上篇(상편) 續篇(속편) 詩篇(시편) 玉篇(옥편) 長篇(장편) 掌篇(장편) 全篇(전편) 前篇(전편) 中篇(중편) 千篇(천편) 篇次(편차) 下篇(하편) 後篇(후편)

便

7급 편할 **편(:)**/똥오줌 **변** 人 / 7 　동 安

사람(亻)은 불편한 것을 고쳐서(更) 편하게 만든다는 데서, '편하다'는 뜻이다. 또 배설하고 나면 편안해지는 데서, '똥오줌'을 뜻한다.

읽기한자 便捷(편첩)

쓰기한자 簡便(간편) 車便(차편) 檢便(검변) 男便(남편) 大便(대변) 方便(방편) 排便(배변) 不便(불편) 小便(소변) 用便(용변) 右便(우편) 郵便(우편) 越便(월편) 人便(인편) 增便(증편) 便器(변기) 便覽(편람) 便利(편리) 便法(편법) 便祕(변비) 便所(변소) 便乘(편승) 便安(편안) 便易(편이) 便宜(편의) 便益(편익) 便紙(편지) 便痛(변통) 形便(형편) 後便(후편)

貶

1급 낮출 **폄:** 貝 / 5 　동 降, 損, 下

재화(貝)가 모자란(乏) 데서, '깎다, 낮추다'는 뜻이다.

읽기한자 貶降(폄강) 貶流(폄류) 貶辭(폄사) 貶損(폄손) 貶謫(폄적) 貶遷(폄천) 貶逐(폄축) 貶退(폄퇴) 損貶(손폄) 抑貶(억폄) 自貶(자폄) 懲貶(징폄) 顯貶(현폄)

萍 1급 부평초(浮萍草) **평** 艸 / 8 통 藻

물(氵) 위에 평평하게(平) 떠서 사는 다년생 물풀(艹)인 개구리밥(苹)으로, '개구리밥, 부평초'를 뜻한다.

읽기한자 萍梗(평경) 萍泊(평박) 萍實(평실) 萍遊(평유) 萍藻(평조) 萍漂(평표) 萍鄉(평향) 枯萍(고평)
密萍(밀평) 白萍(백평) 浮萍(부평) 流萍(유평) 靑萍(청평) 漂萍(표평)

坪 2급 들 **평** 土 / 5

본래 평평한(平) 땅(土)으로, '들'을 뜻한다. 현재 韓日 양국에서 넓이의 단위로 쓰이는데 사방 6尺이 1坪이다.

쓰기한자 建坪(건평) 坪當價格(평당가격) 坪數(평수)

評 4급 평할 **평:** 言 / 5

평평하게(平) 느낀 그대로를 말하는(言) 데서, '평하다'는 뜻이다.

읽기한자 譏評(기평) 嘲評(조평) 評駁(평박) 評剖(평부)
쓰기한자 講評(강평) 公評(공평) 論評(논평) 漫評(만평) 批評(비평) 世評(세평) 時評(시평) 詩評(시평)
惡評(악평) 定評(정평) 衆評(중평) 寸評(촌평) 總評(총평) 評價(평가) 評論(평론) 評傳(평전)
評點(평점) 評定(평정) 評判(평판) 品評(품평) 好評(호평) 酷評(혹평)

平 7급Ⅱ 평평할 **평** 干 / 2 통 均, 等, 安, 坦, 和

고요하게 물 표면에 떠있는 물풀을 본뜬 글자로, '평평하다'는 뜻이다. 좌우 대칭의 저울을 본떴다고도 한다.

읽기한자 臘平(납평) 蕩平(탕평) 扁平(편평) 平曠(평광) 平澹(평담) 平蕪(평무) 平謐(평밀) 平頒(평반)
平粹(평수) 平癒(평유) 平澄(평징) 平坦(평탄) 平闊(평활)
쓰기한자 公平(공평) 水平(수평) 升平(승평) 太平(태평) 泰平(태평) 平價(평가) 平均(평균) 平年(평년)
平等(평등) 平亂(평란) 平面(평면) 平民(평민) 平方(평방) 平凡(평범) 平服(평복) 平常(평상)
平生(평생) 平聲(평성) 平素(평소) 平安(평안) 平野(평야) 平壤(평양) 平易(평이) 平穩(평온)
平原(평원) 平定(평정) 平靜(평정) 平準(평준) 平行(평행) 平衡(평형) 平和(평화) 衡平(형평)
和平(화평)

陛 1급 대궐섬돌 **폐:** 阜 / 7

쌓아 놓은 흙이 이어져 있는 섬돌(坒)의 규모가 언덕(阝)처럼 큰 것에서, '대궐 섬돌'을 뜻한다.

읽기한자 陛戟(폐극) 陛覲(폐근) 陛對(폐대) 陛列(폐열) 陛坐(폐좌) 陛下(폐하) 宮陛(궁폐) 禁陛(금폐)
納陛(납폐) 丹陛(단폐) 飛陛(비폐) 玉陛(옥폐) 殿陛(전폐) 天陛(천폐)

斃 1급 죽을 **폐:** 攴 / 14 통 死

부서져(敝) 죽는(死) 것에서, '죽다'는 뜻이다.

읽기한자 斃死(폐사) 斃畜(폐축) 病斃(병폐) 瘦斃(수폐) 殞斃(운폐) 誅斃(주폐) 疲斃(피폐)

蔽 3급 　덮을 **폐:**　艸 / 12

비단(敝)이 해져서 그 부분을 나뭇잎(艹)으로 가린다는 데서, '덮다, 가리다'는 뜻이다.

읽기한자　藩蔽(번폐) 闇蔽(암폐) 壅蔽(옹폐) 雍蔽(옹폐)

쓰기한자　建蔽率(건폐율) 隱蔽(은폐) 遮蔽(차폐) 蔽塞(폐색) 蔽一言(폐일언)

幣 3급 　화폐 **폐:**　巾 / 12　비 弊　동 帛

해진(敝) 천(巾)도 돈이 된다는 데서, '돈, 화폐'를 뜻한다.

읽기한자　珪幣(규폐) 穿幣(천폐)

쓰기한자　納幣(납폐) 禮幣(예폐) 僞幣(위폐) 造幣(조폐) 紙幣(지폐) 幣物(폐물) 貨幣(화폐)

弊 3급II 　폐단 / 해질 **폐:**　廾 / 12　비 幣　동 害

비단(敝) 옷이 해져 온전치 않아 두 손(廾)으로 꿰매야 한다는 데서, '해지다, 폐단'을 뜻한다.

읽기한자　痼弊(고폐) 垢弊(구폐)

쓰기한자　民弊(민폐) 惡弊(악폐) 作弊(작폐) 通弊(통폐) 弊家(폐가) 弊端(폐단) 弊社(폐사) 弊習(폐습)
弊風(폐풍) 弊害(폐해) 疲弊(피폐)

廢 3급II 　폐할 / 버릴 **폐:**　广 / 12　동 棄, 亡　만 置, 立　약 廃

집(广)에 살던 사람이 모두 집을 버리고 떠나가(發) 없다는 데서, '폐하다, 버리다'는 뜻이다.

읽기한자　墜廢(추폐) 惰廢(타폐) 廢錮(폐고) 廢曠(폐광) 廢屠(폐도) 廢懶(폐라) 廢藩(폐번) 廢堰(폐언)
廢弛(폐이) 廢黜(폐출) 廢惰(폐타) 廢墟(폐허) 朽廢(후폐)

쓰기한자　改廢(개폐) 食飮全廢(식음전폐) 存廢(존폐) 撤廢(철폐) 廢家(폐가) 廢刊(폐간) 廢車(폐차)
廢鑛(폐광) 廢校(폐교) 廢棄(폐기) 廢農(폐농) 廢履(폐리) 廢物(폐물) 廢石(폐석) 廢水(폐수)
廢業(폐업) 廢人(폐인) 廢止(폐지) 廢品(폐품) 廢合(폐합) 荒廢(황폐)

肺 3급II 　허파 **폐:**　肉 / 4

좌우로 나뉘어(巿) 공기가 들어가고 나오는 기능을 하는 몸(月)의 일부라는 데서, '허파'를 뜻한다.

읽기한자　肺腑(폐부)

쓰기한자　塵肺症(진폐증) 肺結核(폐결핵) 肺氣量(폐기량) 肺病(폐병) 肺癌(폐암) 肺炎(폐렴) 肺患(폐환)
肺活量(폐활량)

閉 4급 　닫을 **폐:**　門 / 3　비 閑, 開

문(門)에 빗장을 걸은(才) 데서, '닫다'는 뜻이다.

읽기한자　鍵閉(건폐) 閉蟄(폐칩)

쓰기한자　開閉(개폐) 尿閉(요폐) 密閉(밀폐) 幽閉(유폐) 自閉症(자폐증) 閉講(폐강) 閉校(폐교)
閉幕(폐막) 閉門(폐문) 閉塞(폐색) 閉鎖(폐쇄) 閉式(폐식) 閉業(폐업) 閉店(폐점) 閉廷(폐정)
閉止(폐지) 閉會(폐회)

泡 1급 거품 **포** 水 / 5 [동] 沫

공기를 싸서(包) 부푼 물에서, '물거품'을 뜻한다.

[읽기한자] 泡沫(포말) 泡飯(포반) 泡山(포산) 泡影(포영) 泡幻(포환) 氣泡(기포) 水泡(수포) 雨泡(우포) 電泡(전포) 幻泡(환포)

 咆 1급 고함지를[咆哮] **포** 口 / 5 [동] 號, 哮

짐승이 입(口)으로 으르렁거리는(包는 의성어) 것에서, '우르다, 고함지르다'는 뜻이다.

[읽기한자] 咆勃(포발) 咆號(포호) 咆哮(포효) 鳴咆(명포) 哮咆(효포)

 褒 1급 기릴 **포** 衣 / 9 [동] 讚, 稱 [반] 貶

몸이 편안한(保) 품이 넓은 옷(衣)에서, '두루마기'를 뜻한다. 또, '기리다, 칭찬하다'는 뜻을 나타낸다.

[읽기한자] 褒勸(포권) 褒賞(포상) 褒揚(포양) 褒懲(포징) 褒讚(포찬) 褒稱(포칭) 過褒(과포) 飾褒(식포) 榮褒(영포) 族褒(족포) 寵褒(총포) 稱褒(칭포)

 匍 1급 길 **포** 勹 / 7 [동] 匐

사람이 몸을 앞으로 구부리고(勹) 밭에서 모를 심는 모양(甫)에서, '엎드려 기다, 엉금엉금 기다'는 뜻이다.

[읽기한자] 匍匐(포복) 匍行(포행)

 逋 1급 도망갈 **포** 辵 / 7 [동] 逃, 亡, 竄

기어서(甫=匍) 몰래 달아나는(辶) 데서, '도망가다'는 뜻이다.

[읽기한자] 逋客(포객) 逋貸(포대) 逋慢(포만) 逋負(포부) 逋租(포조) 逋播(포파) 逋欠(포흠) 亡逋(망포) 負逋(부포) 宿逋(숙포) 詩逋(시포) 流逋(유포) 酒逋(주포)

 袍 1급 도포 **포** 衣 / 5

몸을 싸는(包) 옷(衤)에서, 남자의 웃옷인 '두루마기, 도포'를 뜻한다.

[읽기한자] 袍仗(포장) 袍笏(포홀) 同袍(동포) 綿袍(면포)

 哺 1급 먹일 **포:** 口 / 7

밭에 모를 심어(甫) 키워 입(口) 안에 넣는 것에서, '먹다, 먹이다'는 뜻이다.

[읽기한자] 哺養(포양) 哺乳(포유) 拘哺(구포) 反哺(반포) 削哺(삭포) 乳哺(유포) 朝哺(조포) 吐哺(토포)

疱 1급 　물집 **포:** 疒 / 5

물을 싼(包) 것같이 살가죽이 부풀어 오르는 데서, '물집'을 뜻한다.

🔊 읽기한자　疱瘡(포창) 水疱(수포)

蒲 1급 　부들 **포** 艸 / 10

개울이나 연못 등의 물가(浦)에 저절로 나는 여러해살이 풀(++)에서, '부들'을 뜻한다.

🔊 읽기한자　蒲葵(포규) 蒲陶(포도) 蒲蘆(포로) 蒲博(포박) 蒲色(포색) 蒲月(포월) 蒲節(포절) 蒲阪(포판)
蒲黃(포황) 茅蒲(모포) 白蒲(백포) 深蒲(심포) 莞蒲(완포) 菖蒲(창포)

庖 1급 　부엌 **포** 广 / 5 　동 廚

고기를 싸(包) 두고 요리하는 방(广)에서, '부엌'을 뜻한다.

🔊 읽기한자　庖屋(포옥) 庖宰(포재) 庖子(포자) 庖丁(포정) 庖廚(포주) 庖犧(포희) 同庖(동포) 良庖(양포)
典庖(전포) 族庖(족포) 寒庖(한포)

圃 1급 　채마밭 **포** 囗 / 7

일정한 경계(囗) 안에 채소 등을 심어(甫) 키우는 곳에서, '채마밭'을 뜻한다.

🔊 읽기한자　圃師(포사) 圃翁(포옹) 圃田(포전) 禁圃(금포) 老圃(노포) 文圃(문포) 射圃(사포) 園圃(원포)
場圃(장포) 玄圃(현포)

脯 1급 　포(脯) **포** 肉 / 7 　동 脩

고기(月)를 저미어 얇게(甫＝薄) 만들어 말린 것으로, '포(脯)'를 뜻한다.

🔊 읽기한자　脯肉(포육) 脯資(포자) 福脯(복포) 肥脯(비포) 束脯(속포) 市脯(시포)

抛 2급 　던질 **포:** 手 / 4 　동 棄, 擲

한쪽 발을 들고(九＝尢) 내딛으면서 힘써(力) 손(扌)을 휘두르는 데서, '던지다'는 뜻이다.

🔊 읽기한자　抛擲(포척)
✍ 쓰기한자　抛車(포거) 抛棄(포기) 抛物線(포물선) 抛置(포치)

怖 2급 　두려워할 **포** 心 / 5 　동 悸, 懼, 慄

베는 옛날 화폐의 대용이었고, 제사옷을 짓거나 세금낼 때 사용한 귀중품이었다. 베를 지
닌 사람은 늘 베(布)의 손상이나 분실에 마음(忄)을 쓰는 데서, '두려워하다'는 뜻이다.

🔊 읽기한자　怯怖(겁포)
✍ 쓰기한자　恐怖(공포) 怖懼(포구) 怖畏(포외)

鮑

2급(名) | 절인물고기 **포:** | 魚 / 5

생선(魚)이 소금에 싸여(包) 간이 배었다는 데서, '절인 물고기'를 뜻한다. 생선(魚)이 껍질에 둘러싸여(包) 있다는 데서, '전복'을 뜻한다. 姓氏로도 쓰인다.

🖌 읽기한자　鮑尺(포척)

鋪

2급 | 펼 / 가게 **포** | 金 / 7

쇠붙이(金)를 넓게(甫) 만든다는 데서, '펴다'는 뜻이다. 또 돈(金)이 많이(甫) 쌓여 있는 것으로 보아, '가게'를 뜻한다.

🖌 읽기한자　廛鋪(전포)

✍ 쓰기한자　典當鋪(전당포) 店鋪(점포) 紙物鋪(지물포) 鋪張(포장) 鋪裝道路(포장도로)

葡

2급(名) | 포도 **포** | 艸 / 9　통 萄

匍는 많은(甫) 열매를 감싼(勹) 송이를 나타낸다. 송이(匍)져서 열매가 열리는 식물(艹)에서, '포도'를 뜻한다.

🖌 읽기한자　葡萄(포도)

飽

3급 | 배부를 **포:** | 食 / 5

뱃속에 음식(飠)을 가득 싸고(包) 있는 데서, '배부르다'는 뜻이다.

🖌 읽기한자　饒飽(요포) 飽煖(포난)

✍ 쓰기한자　飽滿(포만) 飽聞(포문) 飽食(포식) 飽和(포화)

抱

3급 | 안을 **포:** | 手 / 5　통 擁, 懷

어미 뱃속에 아기가 싸여 있듯(包) 손(扌)으로 가슴에 감싸 안는 데서, '안다'는 뜻이다.

🖌 읽기한자　襟抱(금포) 撫抱(무포) 蘊抱(온포) 攄抱(터포)

✍ 쓰기한자　抱腹絶倒(포복절도) 抱負(포부) 抱擁(포옹) 抱主(포주) 懷抱(회포)

浦

3급Ⅱ | 개[水邊] **포** | 水 / 7

물가(氵)에 배를 대는 일을 돕는(甫) 곳에서, '개(水邊)'를 뜻한다.

🖌 읽기한자　泛浦(범포)

✍ 쓰기한자　浦口(포구) 浦邊(포변) 浦村(포촌) 浦港(포항) 木浦(목포) 三浦(삼포) 鹽浦(염포)

捕

3급Ⅱ | 잡을 **포:** | 手 / 7　통 拿, 虜, 捉, 獲

포위망을 크게 펼쳐(甫) 죄인을 손으로 잡는다(扌)는 데서, '잡다'는 뜻이다.

🖌 읽기한자　拏捕(나포) 拿捕(나포) 捕拿(포나) 捕繩(포승)

✍ 쓰기한자　生捕(생포) 跡捕(적포) 逮捕(체포) 捕繫(포계) 捕球(포구) 捕盜大將(포도대장) 捕手(포수)
捕卒(포졸) 捕捉(포착) 捕獲(포획)

胞 4급 세포 **포(:)** 肉 / 5 동 胎
어미 뱃속에서 아기를 감싸고(包) 있는 인체의 기관(月)에서, '세포, 태반'을 뜻한다.

읽기한자 藥胞(약포)

쓰기한자 僑胞(교포) 同胞(동포) 細胞(세포) 胞宮(포궁) 胞子(포자) 胞胎(포태)

砲 4급II 대포 **포:** 石 / 5
옛날에는 돌(石)을 여러 개 싸서(包) 한 번에 발사한 데서, '대포'를 뜻한다. 뒤에 화약을 쓰는 대포 등도 이 글자를 그대로 썼다.

읽기한자 臼砲(구포) 弩砲(노포)

쓰기한자 空砲(공포) 大砲(대포) 禮砲(예포) 發砲(발포) 銃砲(총포) 祝砲(축포) 砲擊(포격) 砲徑(포경)
砲門(포문) 砲兵(포병) 砲聲(포성) 砲手(포수) 砲煙(포연) 砲彈(포탄) 砲艦(포함) 砲火(포화)
砲丸(포환) 艦砲(함포)

布 4급II 베/펼 **포(:)**/보시 **보:** 巾 / 2
손( )으로 짠 천(巾)에서, '베'를 뜻한다. 또, 둘둘 말은 베를 펼치는 데서, '펴다'는 뜻이다.

읽기한자 巾布(건포) 昆布(곤포) 殮布(염포) 綸布(윤포) 萬丈瀑布(만장폭포) 棉布(면포) 斑布(반포)
頒布(반포) 帛布(백포) 帆布(범포) 撒布(살포) 韋布(위포) 廛布(전포) 蕉布(초포) 布褐(포갈)
布巾(포건) 布衾(포금) 布袋(포대) 布帛(포백) 布帆(포범) 布薩(포살) 瀑布(폭포)

쓰기한자 葛布(갈포) 公布(공포) 流布(유포) 麻布(마포) 毛布(모포) 發布(발포) 排布(배포) 配布(배포)
分布(분포) 宣布(선포) 濕布(습포) 泉布(천포) 布告(포고) 布教(포교) 布冒(포모) 布木(포목)
布石(포석) 布衣(포의) 布子(포자) 布帳(포장) 布陣(포진) 布施(보시)

包 4급II 쌀[裹] **포(:)** 勹 / 3 동 括, 容, 圍, 含
어미 뱃속에 아기(巳)가 감싸여(勹) 있는 모양에서, '싸다'는 뜻이다.

읽기한자 橘包(귤포) 牢包(뇌포) 麪包(면포) 包括(포괄) 包橘(포귤) 包纏(포전) 包涵(포함)

쓰기한자 內包(내포) 分包(분포) 小包(소포) 包攝(포섭) 包容(포용) 包圍(포위) 包裝(포장) 包含(포함)

曝 1급 쪼일 **폭** / 쪼일 **포** 日 / 15 동 曬
볕(日)에 드러내는(暴) 데서, '볕 쪼이다'는 뜻이다.

읽기한자 曝露(폭로) 曝背(폭배) 曝書(폭서) 曝衣(폭의) 曝白(포백) 曝氣(포기)

瀑 1급 폭포 **폭** / 소나기 **포** 水 / 15
물(氵)이 거센(暴) 데서, '폭포, 소나기'를 뜻한다.

읽기한자 瀑潭(폭담) 瀑泉(폭천) 瀑布(폭포) 落瀑(낙폭) 飛瀑(비폭) 懸瀑(현폭)

幅 | 3급 | 폭 **폭** | 巾 / 9

천(巾)이 옆으로 가득하게(畐) 벌려져 있는 데서, '폭'을 뜻한다.

🔊 **읽기한자** 巾幅(건폭)

✏️ **쓰기한자** 江幅(강폭) 旗幅(기폭) 大幅(대폭) 落幅(낙폭) 路幅(노폭) 步幅(보폭) 小幅(소폭)
全幅的(전폭적) 增幅(증폭) 振幅(진폭) 幅廣(폭광) 畫幅(화폭)

爆 | 4급 | 불터질 **폭** | 火 / 15

불(火)길이 사납게(暴) 솟구치며 장작이 튀는 데서, '불 터지다'는 뜻이다.

🔊 **읽기한자** 爆宏(폭굉)

✏️ **쓰기한자** 激爆(격폭) 猛爆(맹폭) 原爆(원폭) 自爆(자폭) 爆擊(폭격) 爆發(폭발) 爆死(폭사) 爆笑(폭소)
爆藥(폭약) 爆竹(폭죽) 爆彈(폭탄) 爆破(폭파)

暴 | 4급Ⅱ | 사나울 **폭**/모질 **포:** | 日 / 11 | 🔁 露, 虐, 悍

해(日)는 가뭄을, 물(氺)은 수해를 가져오니 해와 물은 한가지로(共) 사납다는 데서, '사납다, 모질다'는 뜻이다.

🔊 **읽기한자** 驕暴(교포) 粗暴(조포) 暴苛(폭가) 暴桀(폭걸) 暴勃(폭발) 暴漲(폭창) 暴悖(폭패) 暴悍(폭한)
暴駭(폭해) 兇暴(흉포)

✏️ **쓰기한자** 狂暴(광포) 亂暴(난폭) 自暴自棄(자포자기) 殘暴(잔포) 暴擧(폭거) 暴君(폭군) 暴徒(폭도)
暴動(폭동) 暴騰(폭등) 暴落(폭락) 暴力(폭력) 暴露(폭로) 暴利(폭리) 暴發(폭발) 暴死(폭사)
暴暑(폭서) 暴雪(폭설) 暴惡(포악) 暴言(폭언) 暴炎(폭염) 暴雨(폭우) 暴飮(폭음) 暴政(폭정)
暴酒(폭주) 暴虐(포학) 暴行(폭행) 橫暴(횡포)

剽 | 1급 | 겁박할 **표** | 刀 / 11 | 🔁 剝, 勇

칼(刂)을 갖고 날뛰는(票=暴) 데서, '칼로 끊다, 칼로 찌르다, 표독하다, 겁박하다'는 뜻이다.

🔊 **읽기한자** 剽輕(표경) 剽盜(표도) 剽掠(표략) 剽剝(표박) 剽勇(표용) 剽賊(표적) 剽竊(표절) 剽楚(표초)
剽奪(표탈) 剽悍(표한) 攻剽(공표) 浮剽(부표) 殘剽(잔표) 推剽(추표)

慓 | 1급 | 급할 **표** | 心 / 11 | 🔁 疾, 悍

마음(忄)이 사나운(票=暴) 데서, '성질이 급하다, 사납다'는 뜻이다.

🔊 **읽기한자** 慓毒(표독) 慓疾(표질) 慓悍(표한)

飄 | 1급 | 나부낄 **표** | 風 / 11

날래고 사나운(票=暴) 바람(風)에 나뭇잎 등이 흔들리는 모양에서, '회오리바람, 빠른 바람, 나부끼다'는 뜻이다.

🔊 **읽기한자** 飄客(표객) 飄登(표등) 飄落(표락) 飄泊(표박) 飄散(표산) 飄揚(표양) 飄疾(표질) 飄墜(표추)
飄蕩(표탕) 飄風(표풍) 飄忽(표홀) 孤飄(고표) 急飄(급표) 蓬飄(봉표) 流飄(유표) 淪飄(윤표)

豹 | 1급 표범 **표** 豸 / 3

검고 둥근 또렷한(勺) 무늬가 온몸에 덮여 있는 짐승(豸)에서, '표범'을 뜻한다.

읽기한자 豹脚(표각) 豹文(표문) 豹尾(표미) 豹斑(표반) 豹變(표변) 豹隱(표은) 豹皮(표피) 文豹(문표)
獅豹(사표) 水豹(수표) 全豹(전표) 虎豹(호표)

杓 | 2급(名) 북두자루 **표** 木 / 3

나무(木)로 만든 국자(勺)나 국자의 자루를 나타낸다. 또, 국자 모양인 북두칠성의 별 가운데 자루에 해당하는 세 개의 별, '북두 자루'를 나타낸다.

읽기한자 斗杓(두표) 柄杓(병표) 玉杓(옥표) 酒杓(주표) 樽杓(준작) 杓子(표자)

漂 | 3급 떠다닐 **표** 水 / 11

쪽지(票)가 물(氵) 위에 떠다니듯 한다는 데서, '떠다니다, 빨래하다'는 뜻이다.

읽기한자 萍漂(평표) 漂淪(표륜) 漂寓(표우) 漂萍(표평)
쓰기한자 浮漂(부표) 漂流(표류) 漂母(표모) 漂白(표백) 漂然(표연) 漂着(표착) 漂漂(표표)

標 | 4급 표할 **표** 木 / 11 동 榜

신령한테 받은 부적(票)을 나무(木)판에 붙이는 데서, '표하다'는 뜻이다.

읽기한자 笠標(입표) 牌標(패표) 標榜(표방) 標挺(표정) 標註(표주) 標槍(표창) 標帖(표첩) 標幟(표치)
標牌(표패)
쓰기한자 加標(가표) 改標(개표) 警標(경표) 界標(계표) 目標(목표) 物標(물표) 祕標(비표) 商標(상표)
手標(수표) 信標(신표) 暗標(암표) 音標(음표) 座標(좌표) 指標(지표) 置標(치표) 標記(표기)
標本(표본) 標示(표시) 標識(표지) 標語(표어) 標的(표적) 標題(표제) 標準(표준) 標紙(표지)
標札(표찰)

票 | 4급II 표 **표** 示 / 6

바구니(襾)에 신령(示)한테 받은 액막이 부적이 들어있는 데서, '글씨를 써 넣은 종이쪽지, 표'를 뜻한다.

읽기한자 票函(표함)
쓰기한자 可票(가표) 鑑票(감표) 改票(개표) 開票(개표) 車票(차표) 檢票(검표) 計票(계표) 軍票(군표)
得票(득표) 買票(매표) 否票(부표) 手票(수표) 暗票(암표) 郵票(우표) 錢票(전표) 投票(투표)
票決(표결) 票然(표연) 換票(환표)

表 | 6급II 겉 **표** 衣 / 3 동 皮 반 裏

털(毛=土) 옷(衣)을 겉에 입고 밖으로 나타난다는 데서, '겉, 나타나다'는 뜻이다.

읽기한자 表擢(표탁)
쓰기한자 公表(공표) 年表(연표) 代表(대표) 圖表(도표) 發表(발표) 別表(별표) 譜表(보표) 師表(사표)
辭表(사표) 數表(수표) 儀表(의표) 意表(의표) 情表(정표) 地表(지표) 徵表(징표) 表決(표결)
表記(표기) 表裏(표리) 表面(표면) 表明(표명) 表文(표문) 表象(표상) 表示(표시) 表情(표정)
表題(표제) 表紙(표지) 表彰(표창) 表出(표출) 表皮(표피) 表現(표현)

稟 1급 　　여쭐 **품:** 禾 / 8

곡식(禾) 창고(亩)로, 벼슬아치가 녹봉을 받는 것을 나타내며, 나아가 '命을 받다, 여쭙다'는 뜻이다.

읽기한자　稟假(품가) 稟達(품달) 稟命(품명) 稟賦(품부) 稟性(품성) 稟受(품수) 稟議(품의) 稟質(품질)
稟處(품처) 稟刑(품형) 氣稟(기품) 賦稟(부품) 承稟(승품) 英稟(영품) 資稟(자품) 秦稟(진품)
天稟(천품) 特稟(특품)

 品 5급Ⅱ 　　물건 **품:** 口 / 6 　**동** 件, 物

물건(口)을 층을 이루며 쌓은 것으로 보아, '물건'을 뜻한다.

읽기한자　品藻(품조) 品繪(품회) 品彙(품휘)
쓰기한자　佳品(가품) 景品(경품) 金品(금품) 氣品(기품) 納品(납품) 名品(명품) 物品(물품) 返品(반품)
備品(비품) 商品(상품) 賞品(상품) 性品(성품) 食品(식품) 藥品(약품) 用品(용품) 遺品(유품)
人品(인품) 逸品(일품) 作品(작품) 眞品(진품) 出品(출품) 廢品(폐품) 品格(품격) 品階(품계)
品貴(품귀) 品詞(품사) 品性(품성) 品位(품위) 品切(품절) 品質(품질) 品評(품평) 品行(품행)
現品(현품)

 諷 1급 　　풍자할 **풍** 言 / 9

바람(風)처럼 말하는(言) 데서, '빗대다, 풍자하다'는 뜻이다.

읽기한자　諷諫(풍간) 諷讀(풍독) 諷勉(풍면) 諷書(풍서) 諷詠(풍영) 諷刺(풍자) 譏諷(기풍) 朗諷(낭풍)
微諷(미풍) 吟諷(음풍) 箴諷(잠풍) 傳諷(전풍) 嗟諷(차풍)

 楓 3급Ⅱ 　　단풍 **풍** 木 / 9

나무(木)에 겨울의 찬 바람(風)이 불면 잎이 물드는 데서, '단풍, 단풍나무'를 뜻한다.

읽기한자　籬楓(이풍) 楓宸(풍신)
쓰기한자　丹楓(단풍) 楓葉(풍엽)

 豊 4급Ⅱ 　　풍년 **풍** 豆 / 6 　**동** 饒, 足, 厚 　**반** 凶

豐이 본래 글자로, 제기(豆) 위에 제물을 두 손(丰丰)으로 산(山)같이 올려놓는다는 데서 '풍성하다'는 뜻이다.

읽기한자　豊膏(풍고) 豊肌(풍기) 豊奢(풍사) 豊羨(풍선) 豊羞(풍수) 豊艶(풍염) 豊饒(풍요) 豊溢(풍일)
豊饌(풍찬) 豊熾(풍치) 豊頰(풍협)
쓰기한자　豊年(풍년) 豊滿(풍만) 豊富(풍부) 豊盛(풍성) 豊作(풍작) 豊足(풍족)

風 6급II 바람 풍 風 / 0

바람을 받아야 달리는 돛(凡＝帆)처럼 애벌레(虫)는 바람을 쐬어야 생긴다는 데서, '바람'을 뜻한다.

읽기한자 凱風(개풍) 勁風(경풍) 痙風(경풍) 滔風(도풍) 陋風(누풍) 遡風(소풍) 迅風(신풍) 倭風(왜풍) 凄風(처풍) 侈風(치풍) 頹風(퇴풍) 飄風(표풍) 風矩(풍구) 風濤(풍도) 風鰻(풍만) 風靡(풍미) 風帆(풍범) 風痺(풍비) 風瘙(풍소) 風簫(풍소) 風馴(풍순) 風鳶(풍연) 風喩(풍유) 風迹(풍적) 風櫛(풍즐) 風采(풍채) 風鐸(풍탁) 風披(풍피) 薰風(훈풍)

쓰기한자 狂風(광풍) 突風(돌풍) 微風(미풍) 防風(방풍) 屛風(병풍) 朔風(삭풍) 旋風(선풍) 消風(소풍) 詩風(시풍) 逆風(역풍) 熱風(열풍) 外風(외풍) 威風(위풍) 中風(중풍) 颱風(태풍) 通風(통풍) 風景(풍경) 風琴(풍금) 風樂(풍악) 風浪(풍랑) 風流(풍류) 風貌(풍모) 風聞(풍문) 風物(풍물) 風味(풍미) 風霜(풍상) 風俗(풍속) 風習(풍습) 風月(풍월) 風潮(풍조) 風塵(풍진) 風致(풍치) 風土(풍토) 風波(풍파) 學風(학풍) 虛風(허풍)

披 1급 헤칠 피 手 / 5

손(扌)으로 짐승의 가죽을 벗겨 내는(皮) 데서, '헤치다'는 뜻이다.

읽기한자 披見(피견) 披讀(피독) 披覽(피람) 披麻(피마) 披髮(피발) 披攘(피양) 披閱(피열) 披針(피침) 披懷(피회) 霧披(무피) 分披(분피) 紛披(분피) 離披(이피) 直披(직피) 昌披(창피) 風披(풍피)

皮 3급II 가죽 피 皮 / 0 🔵 殼, 膚, 革 🔴 骨

짐승 가죽을 벗기는 모양을 본뜬 글자로, '가죽'을 뜻한다.

읽기한자 潑皮(발피) 筍皮(순피) 靭皮(인피) 獐皮(장피) 豹皮(표피) 皮殼(피각) 皮褐(피갈) 皮鉀(피갑) 皮肌(피기) 皮袋(피대) 檜皮(회피)

쓰기한자 蓋皮(개피) 去皮(거피) 桂皮(계피) 內皮(내피) 鹿皮(녹비) 毛皮(모피) 羊皮(양피) 外皮(외피) 牛皮(우피) 脫皮(탈피) 表皮(표피) 皮骨(피골) 皮膚(피부) 皮下(피하) 皮革(피혁)

被 3급II 입을 피: 衣 / 5 🔵 衾

사람이 몸에 옷(衤)이나 가죽(皮)을 걸친다는 데서, '입다, 덮다'는 뜻이다.

읽기한자 衲被(납피) 霑被(점피) 被鉀(피갑) 被巾(피건) 被衾(피금) 遐被(하피)

쓰기한자 被擊(피격) 被告(피고) 被拉(피랍) 被服(피복) 被殺(피살) 被選(피선) 被訴(피소) 被襲(피습) 被害(피해)

彼 3급II 저 피: 彳 / 5 🔴 我, 此

발 가죽(皮)이 부르틀 정도로 걸어가면(彳) 산 저쪽에 도달한다는 데서, '저'를 뜻한다.

쓰기한자 彼我(피아) 彼岸(피안) 彼此(피차) 彼隻(피척)

疲 4급 피곤할 피 疒 / 5 🔵 困, 勞, 憊, 瘠

살가죽(皮)이 부르트는 병(疒)이 생길 정도라는 데서, '피곤하다, 고달프다'는 뜻이다.

읽기한자 疲饉(피근) 疲憊(피비) 疲恙(피양) 疲瘠(피척) 疲悴(피췌) 疲斃(피폐) 疲乏(피핍)

쓰기한자 疲困(피곤) 疲勞(피로) 疲弊(피폐)

4급 　　　피할 **피:** 　辵 / 13 　同 諱

길(辶)을 가는 사람(尸)이 돌(口)이나 죄인(辛)을 피한다는 데서, '피하다'는 뜻이다.

읽기한자 　遁避(둔피) 遜避(손피) 憚避(탄피) 避匿(피닉) 避蚊(피문) 避諱(피휘) 諱避(휘피)

쓰기한자 　忌避(기피) 待避(대피) 逃避(도피) 所避(소피) 避難(피난) 避亂(피란) 避雷(피뢰) 避暑(피서)
　　　　　避身(피신) 避妊(피임) 回避(회피) 廻避(회피)

足 　**1급** 　　　필(匹, 疋) **필** 　疋 / 0

본디 足과 같은 꼴로, 발의 모양을 본뜬 것이나 주로 匹과 함께 베를 세는 단위인 '끗, 필'의 뜻으로 쓰인다.

읽기한자 　疋緞(필단) 疋練(필련) 疋馬(필마) 疋帛(필백) 馬疋(마필)

弼 　**2급(名)** 　　　도울 **필** 　弓 / 9

여기의 百은 모양이 많이 변하였으나 본래 휜 활을 바로잡는 틀인 도지개를 본뜬 것이다.
휜 활(弓)을 바로잡는 것을 도지개(百)가 돕는 데서, '돕다'는 뜻이다.

읽기한자 　輔弼(보필) 宥弼(유필) 弼匡(필광) 弼導(필도) 弼成(필성)

匹 　**3급** 　　　짝 **필** 　匸 / 2

포목상에서 피륙을 짝지어(匹) 쌓아 놓은 모양을 본뜬 것으로, '짝'을 뜻한다.

읽기한자 　仇匹(구필) 匹嫡(필적) 匹馳(필치)

쓰기한자 　倫匹(윤필) 馬匹(마필) 配匹(배필) 匹馬(필마) 匹夫(필부) 匹敵(필적)

 3급Ⅱ 　　　마칠 **필** 　田 / 6 　同 竟

본래 그물로 사냥하는 뜻을 나타내는 글자였으나, 그 물질로 사냥을 마치는 데서, '마치다'는 뜻이다.

읽기한자 　畢罕(필한) 罕畢(한필)

쓰기한자 　檢查畢(검사필) 檢定畢(검정필) 畢竟(필경) 畢納(필납) 畢生(필생) 畢業(필업)

 5급Ⅱ 　　　반드시 **필** 　心 / 1

꼭 하겠다는 결심을 마음(心)에 말뚝(丿)을 치는 것으로 나타내어, '반드시'라는 뜻이다.

쓰기한자 　期必(기필) 生必品(생필품) 必讀(필독) 必死的(필사적) 必須(필수) 必需(필수) 必勝(필승)
　　　　　必是(필시) 必然(필연) 必要(필요) 何必(하필)

筆

5급Ⅱ 　　붓 **필** 　竹 / 6

붓대(⺮)와 붓을 쥔 손(聿)의 모양을 합한 것으로, '붓'을 뜻한다.

읽기한자 禿筆(독필) 麟筆(인필) 撲筆(박필) 宸筆(신필) 椽筆(연필) 簪筆(잠필) 顚筆(전필) 筆呵(필가) 筆鋒(필봉) 筆刪(필산) 筆匠(필장) 筆迹(필적) 筆誅(필주)

쓰기한자 加筆(가필) 鋼筆(강필) 達筆(달필) 代筆(대필) 文筆(문필) 粉筆(분필) 隨筆(수필) 鉛筆(연필) 運筆(운필) 絶筆(절필) 拙筆(졸필) 主筆(주필) 執筆(집필) 捉筆(착필) 親筆(친필) 筆耕(필경) 筆記(필기) 筆談(필담) 筆答(필답) 筆力(필력) 筆名(필명) 筆法(필법) 筆舌(필설) 筆順(필순) 筆硯(필연) 筆者(필자) 筆跡(필적) 筆體(필체) 筆致(필치) 筆禍(필화) 畫筆(화필) 戱筆(희필)

乏

1급 　　모자랄 **핍** 　丿 / 4 　**동** 困, 匱

足을 거꾸로 쓴 것으로, '모자라다, 다하다(匱)'는 뜻한다.

읽기한자 乏困(핍곤) 乏頓(핍돈) 乏劣(핍렬) 乏迫(핍박) 乏少(핍소) 乏厄(핍액) 乏材(핍재) 乏盡(핍진) 缺乏(결핍) 耐乏(내핍) 貧乏(빈핍) 承乏(승핍) 人乏(인핍) 絶乏(절핍) 疲乏(피핍) 懸乏(현핍)

逼

1급 　　핍박할 **핍** 　辵 / 9 　**동** 迫

迫과 같은 뜻으로, '핍박하다'는 뜻이다.

읽기한자 逼隣(핍린) 逼迫(핍박) 逼扶(핍부) 逼塞(핍색) 逼眞(핍진) 逼奪(핍탈) 攻逼(공핍) 內逼(내핍) 畏逼(외핍) 進逼(진핍) 脅逼(협핍)

霞

1급 　　노을 **하** 　雨 / 9

붉은(叚) 비(雨)의 뜻에서, 비가 되지 않은 수증기가 햇빛을 받아 붉게 보이는 '노을'을 뜻한다.

읽기한자 霞徑(하경) 霞光(하광) 霞洞(하동) 霞觴(하상) 霞彩(하채) 落霞(낙하) 丹霞(단하) 晚霞(만하) 夕霞(석하) 雲霞(운하) 殘霞(잔하) 彩霞(채하) 形霞(형하)

蝦

1급 　　두꺼비 / 새우 **하** 　虫 / 9 　**동** 蟆

껍데기를 둘러 쓴(叚) 벌레(虫)에서, '두꺼비'의 뜻이다. 鰕와 통하여 주로 '새우'의 뜻으로 쓰인다.

읽기한자 佳蝦(가하) 乾蝦(건하) 魚蝦(어하)

遐

1급 　　멀 **하** 　辵 / 9 　**동** 遠

크게(叚) 많이 가야(辶)하는 데서, '멀다'는 뜻이다.

읽기한자 遐擧(하거) 遐年(하년) 遐福(하복) 遐齡(하령) 遐壽(하수) 遐遠(하원) 遐迹(하적) 遐土(하토) 遐被(하피) 遐荒(하황) 登遐(등하) 升遐(승하) 幽遐(유하) 荒遐(황하)

瑕

1급 　　허물 **하** 　玉 / 9 　**동** 疵

본래 叚는 막 캐낸 흠이 있는 옥을 나타냈는데, 여기에 구슬(王)을 보태 뜻을 분명히 한 것으로, '흠이 있는 옥, 흠, 허물'을 뜻한다.

읽기한자 瑕穢(하예) 瑕疵(하자) 瑕跡(하적) 瑕痕(하흔) 微瑕(미하) 白瑕(백하) 點瑕(점하) 毀瑕(훼하)

荷 3급Ⅱ 　 멜 **하(:)** 　 艸 / 7

옛날에는 사람들이 짐을 무엇이건(何) 풀(艹)을 엮어 싼 데서, '짐'을 뜻한다.

읽기한자　菱荷(능하) 荷鞍(하안)

쓰기한자　薄荷(박하) 負荷(부하) 手荷物(수하물) 入荷(입하) 出荷(출하) 荷物(하물) 荷船(하선)
荷役(하역) 荷主(하주) 荷重(하중) 荷置場(하치장) 荷香(하향) 荷花(하화)

何 3급Ⅱ 　 어찌 **하** 　 人 / 5

짐을 지고 있는(可) 사람(亻)의 옆모습으로 지고 있는 물건이 무엇인지 궁금하다는 데서,
'무엇, 어찌'라는 뜻이다.

쓰기한자　幾何(기하) 那何(나하) 奈何(내하) 誰何(수하) 若何(약하) 抑何心情(억하심정) 如何(여하)
何等(하등) 何時(하시) 何如(하여) 何人(하인) 何處(하처) 何必(하필)

賀 3급Ⅱ 　 하례할 **하:** 　 貝 / 5 　 동 慶

돈(貝)이나 물건을 보태어(加) 주면서 축하하는 데서, '하례하다'는 뜻이다.

읽기한자　賀筵(하연)

쓰기한자　慶賀(경하) 敬賀(경하) 謹賀(근하) 年賀狀(연하장) 祝賀(축하) 致賀(치하) 賀客(하객)
賀禮(하례) 賀正(하정)

河 5급 　 물 **하** 　 水 / 5 　 동 川

물(氵)의 흐름이 보기에 좋다(可)는 데서, '물, 강'을 뜻한다.

읽기한자　沂河(기하) 淇河(기하) 淘河(도하) 遼河(요하) 泗河(사하) 河畔(하반) 河套(하투)

쓰기한자　傾河(경하) 渡河(도하) 氷河(빙하) 山河(산하) 運河(운하) 銀河(은하) 河口(하구) 河馬(하마)
河上(하상) 河川(하천) 河海(하해)

下 7급Ⅱ 　 아래 **하:** 　 一 / 2 　 동 降

기준선(一) 보다 아래쪽에 획을 그은( ) 데서, '아래'를 뜻한다.

읽기한자　瞰下(감하) 机下(궤하) 輦下(연하) 籬下(이하) 盆下(분하) 瀉下(사하) 膝下(슬하) 咽下(인하)
廚下(주하) 墜下(추하) 陛下(폐하) 下疳(하감) 下瞰(하감) 下卦(하괘) 下矩(하구) 下簾(하렴)
下寮(하료) 下俚(하리) 下痢(하리) 下膊(하박) 下僕(하복) 下庠(하상) 下泄(하설) 下顎(하악)
下游(하유) 下咽(하인) 下箸(하저) 下帖(하첩) 下腿(하퇴) 下澣(하한) 下爻(하효) 麾下(휘하)

쓰기한자　却下(각하) 降下(강하) 高下(고하) 貴下(귀하) 廊下(낭하) 零下(영하) 幕下(막하) 門下(문하)
卑下(비하) 上下(상하) 殿下(전하) 座下(좌하) 天下(천하) 下降(하강) 下校(하교) 下落(하락)
下賜(하사) 下宿(하숙) 下野(하야) 下獄(하옥) 下請(하청) 下層(하층) 下篇(하편) 下向(하향)
下血(하혈) 下廻(하회) 現下(현하)

夏 7급 　여름 **하:** 夂 / 7 　땐 冬

머리(頁)에 쓴 관을 벗고 발(夂)을 다 드러내야 할 만큼 덥다는 데서, '여름'을 뜻한다.

읽기한자 　肇夏(조하) 夏衾(하금) 夏臘(하랍) 夏禹(하우) 夏菖(하창)

쓰기한자 　客夏(객하) 立夏(입하) 孟夏(맹하) 夏傑(하걸) 夏季(하계) 夏穀(하곡) 夏期(하기) 夏服(하복)
夏節(하절) 夏至(하지) 華夏(화하)

壑 1급 　구렁 **학** 土 / 14 　통 谷

산과 산 사이에 땅(土)이 움푹 들어간 곳(叡)에서, '골짜기, 구렁'을 뜻한다.

읽기한자 　壑谷(학곡) 洞壑(동학) 萬壑(만학) 巖壑(암학) 絶壑(절학)

瘧 1급 　학질(瘧疾) **학** 疒 / 9

비참한(虐) 병(疒)에서, '고금, 학질'을 뜻한다.

읽기한자 　瘧氣(학기) 瘧疾(학질) 溫瘧(온학)

謔 1급 　희롱할 **학** 言 / 9

호랑이가 사람을 얼러 잡아먹듯(虐) 사람을 말(言)로 농락하는 데서, '희롱하다'는 뜻이다.

읽기한자 　謔劇(학극) 謔浪(학랑) 謔笑(학소) 乖謔(괴학) 侮謔(모학) 善謔(선학) 嘲謔(조학) 諧謔(해학)
戲謔(희학)

虐 2급 　모질 **학** 虍 / 3

본래 虍＋爪＋人의 합字인데, 모양에 변형이 있었다. 범(虍)이 발톱(爪)으로 사람(人)을 해
치는 것을 나타내, '해치다, 모질다'는 뜻이다.

읽기한자 　苛虐(가학) 弑虐(시학) 躁虐(조학) 汰虐(태학) 簒虐(찬학)

쓰기한자 　陵虐(능학) 自虐(자학) 殘虐(잔학) 暴虐(포학) 虐待(학대) 虐殺(학살) 虐政(학정) 酷虐(혹학)
凶虐(흉학)

鶴 3급Ⅱ 　학 **학** 鳥 / 10

머리 위에 살이 붉게 드러나 있는 새라는 데서, '두루미, 학'을 뜻한다.

읽기한자 　瘦鶴(수학) 鶴頸(학경) 鶴溝(학구) 鶴瘦(학수) 鶴膝(학슬)

쓰기한자 　白鶴(백학) 鶴舞(학무) 鶴髮(학발) 鶴首苦待(학수고대) 鶴翼(학익)

學 8급 배울 **학** 子 / 13 팀 習 맵 問 막 学
아이들(子)이 서당(宀)에서 두 손으로 책을 잡고(臼) 스승을 본받으며(爻) 글을 배운다는
데서, '배우다'는 뜻이다.

읽기한자
樸學(박학) 梵學(범학) 宋學(송학) 粹學(수학) 綴學(철학) 學齡(학령) 學寮(학료) 衒學(현학)
宦學(환학)

쓰기한자
開學(개학) 勸學(권학) 獨學(독학) 晚學(만학) 勉學(면학) 文學(문학) 博學(박학) 譜學(보학)
史學(사학) 斯學(사학) 遊學(유학) 醫學(의학) 奬學(장학) 通學(통학) 學科(학과) 學級(학급)
學歷(학력) 學問(학문) 學閥(학벌) 學習(학습) 學緣(학연) 學藝(학예) 學苑(학원) 學位(학위)
學籍(학적) 學窓(학창) 學派(학파) 學會(학회) 化學(화학) 休學(휴학)

罕 1급 드물 **한:** 网 / 3 동 罔
긴 자루(干)가 달린 그물(网)에서, '그물'을 뜻한다. 또, '드물다'는 뜻이다.

읽기한자
罕車(한거) 罕見(한견) 罕旗(한기) 罕漫(한만) 罕罔(한망) 罕種(한종) 罕畢(한필) 雲罕(운한)
族罕(족한) 畢罕(필한)

澣 1급 빨래할 / 열흘 **한** 水 / 13 동 滌, 濯
浣(완)과 同字로, '빨래하다, 열흘(旬)'을 뜻한다.

읽기한자
澣沐(한목) 澣帛(한백) 澣衣(한의) 澣滌(한척) 澣濯(한탁) 三澣(삼한) 上澣(상한) 中澣(중한)
濯澣(탁한) 下澣(하한)

悍 1급 사나울 **한:** 心 / 7 동 毒
남을 犯하고(루=干) 제 길만 가려는 마음(↑)에서, '독살스럽다, 사납다'는 뜻이다.

읽기한자
悍堅(한견) 悍梗(한경) 悍毒(한독) 悍戾(한려) 悍馬(한마) 悍婦(한부) 悍室(한실) 悍藥(한약)
悍勇(한용) 果悍(과한) 猛悍(맹한) 雄悍(웅한) 精悍(정한) 暴悍(폭한) 剽悍(표한) 凶悍(흉한)

翰 2급 편지 **한:** 羽 / 10
깃대(龺)처럼 긴 날개(羽)라는 데서, '깃'을 뜻한다. 깃은 날 수 있게 하므로, '날다'는 뜻이
다. 새깃으로 붓을 만들었으므로, '붓'을 뜻한다. 붓은 글을 쓰므로, '글, 문인, 학자'를 뜻한
다. 또 새의 발목에 편지를 묶어 전한 데서, '편지'를 뜻한다.

읽기한자
宸翰(신한) 藻翰(조한) 翰藩(한번) 翰藻(한조) 緘翰(함한)

쓰기한자
公翰(공한) 內翰(내한) 書翰(서한) 札翰(찰한) 翰毛(한모) 翰墨(한묵) 翰飛(한비) 翰札(한찰)
惠翰(혜한)

旱 3급 가물 **한:** 日 / 3 비 早 동 魃
해(日)를 방패로 막아야(干) 할 만큼 볕이 강하고 비도 없는 데서, '가물다'는 뜻이다.

읽기한자
旱麓(한록) 旱稜(한릉) 旱魃(한발)

쓰기한자
旱災(한재) 旱害(한해)

汗 | 3급II | 땀 **한(:)** 水 / 3
더위를 이겨내는 방패(干) 역할을 하는 물(氵)에서, '땀'을 뜻한다.

읽기한자 膏汗(고한) 瀾汗(난한) 淋汗(임한) 灑汗(쇄한) 羞汗(수한) 腋汗(액한) 霑汗(점한) 喘汗(천한)
汗垢(한구) 汗腺(한선) 汗穢(한예) 汗疹(한진) 汗眩(한현) 駭汗(해한) 惶汗(황한)

쓰기한자 可汗(가한) 盜汗(도한) 發汗(발한) 珠汗(주한) 汗蒸(한증)

邯 | 2급(名) | 조(趙)나라서울 **한** 邑 / 5
사람이름 **감**
中國 戰國時代 趙나라 서울 邯鄲(한단)을 나타낸다.

恨 | 4급 | 한[怨] **한:** 心 / 6 동 歎
상처가 마음(忄)에 머물러(艮) 잊혀지지 않는 데서, '원한'을 뜻한다.

읽기한자 仇恨(구한) 忿恨(분한) 猜恨(시한) 冤恨(원한) 愴恨(창한) 呑恨(탄한)

쓰기한자 客恨(객한) 餘恨(여한) 怨恨(원한) 遺恨(유한) 痛恨(통한) 恨歎(한탄) 悔恨(회한)

閑 | 4급 | 한가할 **한** 門 / 4 비 開, 閉 동 隙 반 忙
문(門) 안에 나무(木)가 여유롭게 서 있는 데서, '한가하다'는 뜻이다.

읽기한자 閑冶(한야) 閑靖(한정) 閑眺(한조) 廏閑(구한)
쓰기한자 等閑(등한) 閑暇(한가) 閑良(한량) 閑邪(한사) 閑散(한산) 閑人(한인) 閑寂(한적) 閑職(한직)

限 | 4급II | 한할 **한:** 阜 / 6
험한 산언덕(阝)에 막혀 걸음을 멈추어야(艮) 하는 데서, '한하다, 막히다'는 뜻이다.

읽기한자 踰限(유한) 阻限(조한)
쓰기한자 界限(계한) 局限(국한) 權限(권한) 極限(극한) 期限(기한) 年限(연한) 無限(무한) 上限(상한)
時限(시한) 有限(유한) 制限(제한) 下限(하한) 限界(한계) 限度(한도) 限定(한정)

寒 | 5급 | 찰 **한** 宀 / 9 동 冷, 凜, 凄 반 溫, 熱, 暖, 煖, 暑
땅이 어는 겨울(冬)에 움집(宀) 바닥에 풀을 깔고(廿) 사람이 그 위에서 자는 모습에서,
'춥다'는 뜻이다.

읽기한자 潑寒(발한) 禦寒(어한) 猝寒(졸한) 淒寒(처한) 寒刮(한괄) 寒葵(한규) 寒煖(한란) 寒衲(한납)
寒臘(한랍) 寒陋(한루) 寒慄(한율) 寒凜(한름) 寒芒(한망) 寒蚓(한인) 寒漿(한장) 寒凄(한처)
寒砧(한침) 寒庖(한포) 寒墟(한허) 寒卉(한훼) 寒兇(한흉)

쓰기한자 客寒(객한) 極寒(극한) 飢寒(기한) 耐寒(내한) 大寒(대한) 冒寒(모한) 防寒(방한) 貧寒(빈한)
小寒(소한) 惡寒(악한) 寒氣(한기) 寒暖(한난) 寒帶(한대) 寒冷(한랭) 寒流(한류) 寒微(한미)
寒暑(한서) 寒食(한식) 寒天(한천) 寒村(한촌) 寒波(한파) 寒害(한해) 酷寒(혹한)

漢 7급II 한수 / 한나라 **한:** 水 / 11

진흙(堇)이 섞인 탁한 물(氵)이 흐르는 양자강 상류의 '한수', 거기에서 발생한 종족인 '한족', 거기에서 출발한 나라인 '한나라'를 뜻한다.

읽기한자 癩漢(나한) 蜀漢(촉한) 癡漢(치한) 漢奸(한간) 兇漢(흉한)

쓰기한자 巨漢(거한) 怪漢(괴한) 羅漢(나한) 惡漢(악한) 銀漢(은한) 漢江(한강) 漢菓(한과) 漢文(한문) 漢城(한성) 漢水(한수) 漢詩(한시) 漢陽(한양) 漢王(한왕) 漢字(한자) 漢族(한족) 漢學(한학)

韓 8급 한국 / 나라 **한(:)** 韋 / 8

해가 돋는(倝) 쪽, 동방의 위대한(韋＝偉) 나라에서, '한국, 나라'를 뜻한다.

읽기한자 弁韓(변한)

쓰기한자 南韓(남한) 對韓(대한) 來韓(내한) 訪韓(방한) 北韓(북한) 三韓(삼한) 駐韓(주한) 韓國(한국) 韓末(한말) 韓美(한미) 韓方(한방) 韓服(한복) 韓式(한식) 韓食(한식) 韓藥(한약) 韓醫(한의) 韓人(한인) 韓日(한일) 韓族(한족) 韓紙(한지) 韓貨(한화)

轄 1급 다스릴 **할** 車 / 10

수레(車) 바퀴가 빠지는 것을 막기(害) 위해 굴대 머리 구멍에 끼는 큰 못과 또 그 못이 바퀴를 단속하는 기능에서, '비녀장, 다스리다'는 뜻이다.

읽기한자 管轄(관할) 分轄(분할) 所轄(소할) 輪轄(윤할) 直轄(직할) 車轄(차할) 總轄(총할) 統轄(통할) 投轄(투할)

割 3급II 벨 **할** 刀 / 10 **동** 剝

칼(刂)로 베어 해친다(害)는 데서, '베다, 가르다, 나누다'는 뜻이다.

읽기한자 屠割(도할) 剝割(박할) 剖割(부할) 割肪(할방) 割截(할절)

쓰기한자 分割(분할) 役割(역할) 割據(할거) 割當(할당) 割禮(할례) 割腹(할복) 割賦(할부) 割愛(할애) 割引(할인) 割引券(할인권) 割增(할증)

檻 1급 난간 **함:** 木 / 14 **동** 欄

죄수나 猛獸 따위를 가두어 감시하는(監) 나무(木) 구조물에서, '우리'를 뜻한다. 또, 사람이 떨어지지 않도록 감호하는(監) 나무(木) 구조물에서, '난간(欄干/欄杆)'을 뜻한다.

읽기한자 檻欄(함란) 檻塞(함색) 檻送(함송) 檻羊(함양) 檻獄(함옥) 檻穽(함정) 檻倉(함창) 檻致(함치) 檻虎(함호) 江檻(강함) 欄檻(난함) 籠檻(농함) 獸檻(수함) 橫檻(횡함)

緘 1급 봉할 **함** 糸 / 9 **동** 封

상자에 물건을 다(咸) 집어넣고 마지막으로 실(糸)로 꿰매어 입구를 닫는 데서, '봉하다'는 뜻이다.

읽기한자 緘口(함구) 緘默(함묵) 緘封(함봉) 緘祕(함비) 緘鎖(함쇄) 緘繩(함승) 緘制(함제) 緘札(함찰) 緘翰(함한) 啓緘(계함) 封緘(봉함) 三緘(삼함) 參緘(참함) 披緘(피함) 華緘(화함)

하

喊 | 1급 | 소리칠 **함:** | 口 / 9
입(口)에서 목소리를 한껏 내는(咸) 데서, '소리치다'는 뜻이다.

> **읽기한자** 喊默(함묵) 喊聲(함성) 高喊(고함) 鼓喊(고함)

銜 | 1급 | 재갈 **함** | 金 / 6 | **동** 勒 | **약** 啣
말을 가게(行) 하기 위하여, 말의 입에 물리는 금속(金) 도구에서, '재갈'을 뜻한다.

> **읽기한자** 銜塊(함괴) 銜勒(함륵) 銜枚(함매) 銜命(함명) 銜杯(함배) 銜冤(함원) 銜泣(함읍) 銜字(함자)
> 羈銜(기함) 馬銜(마함) 新銜(신함) 人銜(인함) 轉銜(전함)

涵 | 1급 | 젖을 **함** | 水 / 8
물(氵) 성분을 포함하고(函) 있는 데서, '젖다, 적시다'는 뜻이다.

> **읽기한자** 涵碧(함벽) 涵養(함양) 涵泳(함영) 涵咀(함저) 涵暢(함창) 涵蓄(함축) 潛涵(잠함) 沈涵(침함)
> 包涵(포함) 海涵(해함)

鹹 | 1급 | 짤[鹽味] **함** | 鹵 / 9 | **반** 淡 | **약** 醎
전부(咸) 소금(鹵)이라는 데서, '짜다'는 뜻이다.

> **읽기한자** 鹹苦(함고) 鹹度(함도) 鹹潟(함석) 鹹水(함수) 鹹地(함지) 鹹土(함토) 甘鹹(감함) 大鹹(대함)
> 酸鹹(산함) 辛鹹(신함) 海鹹(해함)

函 | 1급 | 함(函) **함** | 凵 / 6
화살을 넣는 동개에 화살이 들어 있는 모양을 본뜬 것으로, '궤(櫃), 상자, 함(函)'을 뜻한다.

> **읽기한자** 函蓋(함개) 函宏(함굉) 函列(함렬) 函封(함봉) 函使(함사) 函人(함인) 函底(함저) 函招(함초)
> 函活(함활) 經函(경함) 密函(밀함) 本函(본함) 書函(서함) 玉函(옥함)

艦 | 2급 | 큰 배 **함:** | 舟 / 14 | **동** 船, 艇 | **약** 艦
적의 동태를 감시(監)하고 유사시에는 싸움에 나서는 배(舟)에서, 싸움배인 '큰 배'를 뜻한다.

> **읽기한자** 虜艦(노함) 戎艦(융함)
> **쓰기한자** 巨艦(거함) 軍艦(군함) 大艦(대함) 母艦(모함) 乘艦(승함) 潛水艦(잠수함) 戰艦(전함)
> 砲艦(포함) 艦隊(함대) 艦尾(함미) 艦船(함선) 艦長(함장) 艦艇(함정) 艦砲(함포)

咸 | 3급 | 다 **함** | 口 / 6
도끼(戌)의 서슬이 모든 사람(口)에게 위압감을 느끼게 한다는 데서, '다, 모두'를 뜻한다.

> **읽기한자** 阮咸(완함) 咸萃(함췌)
> **쓰기한자** 咸登(함등) 咸服(함복) 咸悅(함열) 咸池(함지) 咸集(함집)

含 3급II 머금을 **함** 口 / 4

입(口) 속에 무언가( )를 넣고 다문(今) 것으로, '머금다'는 뜻이다.

읽기한자 含嬌(함교) 含臆(함억) 含咽(함연) 含孕(함잉) 含嚼(함작) 含啼(함제) 含糊(함호) 含欣(함흔)
쓰기한자 包含(포함) 含量(함량) 含有(함유) 含蓄(함축)

陷 3급II 빠질 **함:** 阜 / 8 동 沒

언덕(阝)에 있는 함정(臼) 속에 사람(人)이 있는 데서, '빠지다'는 뜻이다.

읽기한자 淪陷(윤함) 誣陷(무함) 穽陷(정함) 讒陷(참함) 陷壘(함루) 陷撓(함뇨) 陷穽(함정)
쓰기한자 缺陷(결함) 謀陷(모함) 陷落(함락) 陷沒(함몰) 陷害(함해)

蛤 1급 조개 **합** 虫 / 6

두 개의 조가비가 합쳐지는(合) 생물(虫)에서, '조개'를 뜻한다.

읽기한자 蛤仔(합자) 魁蛤(괴합) 牡蛤(모합) 文蛤(문합) 山蛤(산합) 珠蛤(주합) 花蛤(화합)

盒 1급 합(盒) **합** 皿 / 6

둥글넓적하며 뚜껑이 있는 작은 그릇에서 '합(盒)'을 뜻한다. 본래 合이 原字이나 다른 뜻으로 전용되자, 그릇(皿)을 덧붙여 구별하였다.

읽기한자 空盒(공합) 卵盒(난합) 飯盒(반합) 寶盒(보합) 盆盒(분합) 粉盒(분합) 煙盒(연합) 烏盒(오합)
印盒(인합) 茶盒(차합) 饌盒(찬합) 香盒(향합)

合 6급 합할 **합** 口 / 3 동 倂

밥그릇의 뚜껑과 그릇의 모양으로 뚜껑을 닫으면 서로 합쳐지는 데서, '닫다, 합하다'는 뜻이다. 또 각 사람(人)의 말(口)이 서로 맞아 의견이 하나(一)로 합치는 데서, '일치하다, 맞다'는 뜻이다.

읽기한자 勘合(감합) 鳩合(구합) 蘊合(온합) 聚合(취합) 合股(합고) 合拱(합공) 合遝(합답) 合璧(합벽)
合煎(합전) 合驩(합환)
쓰기한자 結合(결합) 宮合(궁합) 糾合(규합) 氣合(기합) 聯合(연합) 複合(복합) 符合(부합) 野合(야합)
迎合(영합) 適合(적합) 統合(통합) 合格(합격) 合當(합당) 合流(합류) 合理(합리) 合席(합석)
合成(합성) 合勢(합세) 合宿(합숙) 合乘(합승) 合議(합의) 合資(합자) 合作(합작) 合掌(합장)
合唱(합창) 合致(합치) 混合(혼합) 和合(화합) 會合(회합) 十合(십홉)

肛 1급 항문 **항** 肉 / 3 비 缸

몸(月)의 붉은(工=紅) 부분에서, '밑, 항문(肛門)'을 뜻한다.

읽기한자 肛門(항문) 脫肛(탈항)

缸 1급 항아리 **항** 缶 / 3

커다란(工) 질그릇(缶)에서, '항아리'를 뜻한다.

읽기한자 缸硯(항연) 玉缸(옥항) 酒缸(주항) 花缸(화항)

沆 2급(名) 넓을 **항:** 水 / 4

물(氵)이 목(亢)처럼 길게 흐르는 것은 水量이 풍부하여 물이 깊고 넓게 마련인데서, '넓다'는 뜻이다.

📖 읽기한자 沆漑(항개) 沆茫(항망)

亢 2급(名) 높을 **항** 亠 / 2

머리(亠)와 목(几)을 본뜬 것으로, '목'을 뜻한다. 또, 머리와 목은 인체의 윗부분에 있는 데서, '높다'는 뜻이다.

📖 읽기한자 高亢(고항) 驕亢(교항) 絶亢(절항) 亢進(항진)

巷 3급 거리 **항:** 己 / 6

고을(己) 사람들이 함께(共) 사는 곳이란 데서, '거리, 마을'을 뜻한다.

📖 읽기한자 衢巷(구항) 閭巷(여항) 陋巷(누항) 隘巷(애항) 狹巷(협항)
✏️ 쓰기한자 街巷(가항) 巷間(항간) 巷談(항담) 巷說(항설)

項 3급Ⅱ 항목 **항:** 頁 / 3 🔲 頃

머리(頁) 아래 우묵하게 들어간(工) 부위로 '목'을 뜻한다. 지금은 머리(頁)를 기준으로 수를 세듯(工) 일이나 문장의 낱낱의 갈래를 나타내, '항목'을 뜻한다.

📖 읽기한자 俯項(부항) 獐項(장항)
✏️ 쓰기한자 各項(각항) 事項(사항) 條項(조항) 項領(항령) 項目(항목) 項鎖(항쇄)

恒 3급Ⅱ 항상 **항:** 心 / 6

하늘과 땅 사이에 해가 늘 뜨듯(亘) 마음(忄)도 늘 한결같다는 데서, '늘, 항상'을 뜻한다.

📖 읽기한자 恒卦(항괘) 恒套(항투)
✏️ 쓰기한자 恒常(항상) 恒星(항성) 恒心(항심) 恒溫(항온) 恒用(항용)

抗 4급 겨룰 **항:** 手 / 4 🔲 拒

손(扌)으로 적의 목(亢)을 친다는 데서, '겨루다'는 뜻이다.

📖 읽기한자 拮抗(길항) 狼抗(낭항) 抗邁(항매) 抗禦(항어)
✏️ 쓰기한자 對抗(대항) 反抗(반항) 抵抗(저항) 抗拒(항거) 抗告(항고) 抗命(항명) 抗辯(항변) 抗訴(항소)
抗手(항수) 抗議(항의) 抗日(항일) 抗爭(항쟁) 抗戰(항전) 抗體(항체)

航 4급Ⅱ 배 **항:** 舟 / 4 🔲 船

돛대가 우뚝하니 높이(亢) 선 배(舟)에서, '배'를 뜻한다.

📖 읽기한자 梯航(제항)
✏️ 쓰기한자 可航(가항) 缺航(결항) 歸航(귀항) 難航(난항) 渡航(도항) 密航(밀항) 巡航(순항) 運航(운항)
直航(직항) 出航(출항) 就航(취항) 航路(항로) 航母(항모) 航速(항속) 航海(항해) 回航(회항)

港 4급II　항구 **항:**　水 / 9
배의 출입이 가능한 물(氵)에 접하고 있는 마을(巷)에서, '항구'를 뜻한다.

📖 읽기한자　閘港(갑항)
✏️ 쓰기한자　開港(개항) 空港(공항) 軍港(군항) 歸港(귀항) 寄港(기항) 內港(내항) 商港(상항) 漁港(어항)
外港(외항) 入港(입항) 築港(축항) 出港(출항) 港口(항구) 港都(항도) 港灣(항만)

懈 1급　게으를 **해:**　心 / 13　🔄 倦, 惰, 怠
마음(忄)의 긴장이 흐트러지는(解) 데서, '게으르다'는 뜻이다.

📖 읽기한자　懈倦(해권) 懈慢(해만) 懈弛(해이) 懈惰(해타) 懈怠(해태) 勞懈(노해) 離懈(이해) 替懈(체해)
懈怠(해태)

咳 1급　기침 **해**　口 / 6　🔄 嗽, 喘
입(口)에서 기침소리(亥는 擬聲語)가 나는 데서, '기침'을 뜻한다.

📖 읽기한자　咳嬰(해영) 咳喘(해천) 咳唾(해타) 咳唾(해타) 咳咳(해해) 奇咳(기해) 勞咳(노해)

駭 1급　놀랄 **해**　馬 / 6　🔄 愕
말(馬)이 놀라는(亥=侅) 모양에서, '놀라다'는 뜻이다.

📖 읽기한자　駭擧(해거) 駭怪(해괴) 駭浪(해랑) 駭服(해복) 駭視(해시) 駭愕(해악) 駭悖(해패) 駭汗(해한)
傾駭(경해) 驚駭(경해) 驅駭(구해) 奔駭(분해) 色駭(색해) 震駭(진해) 暴駭(폭해) 歡駭(환해)

楷 1급　본보기 **해**　木 / 9　🔸 偕　🔄 模, 正
바른 것을 모두(皆) 갖춘 나무(木)에서, 본래 孔子墓 위에 난, 굽지 않은 나무, '해(楷)나무'
를 뜻한다. 여기에서 '본보기, 곧다, 곧은 글자(楷書)'의 뜻이 파생되었다.

📖 읽기한자　楷隸(해례) 楷模(해모) 楷書(해서) 楷字(해자) 楷篆(해전) 楷正(해정) 楷則(해칙) 官楷(관해)
妙楷(묘해) 女楷(여해) 隸楷(예해) 眞楷(진해)

骸 1급　뼈 **해**　骨 / 6　🔄 骨
뼈(骨)에 중요한 부분(亥=核)의 의미를 보탠 것으로, '뼈'를 뜻한다.

📖 읽기한자　骸骨(해골) 骸軀(해구) 骸筋(해근) 骸炭(해탄) 骨骸(골해) 筋骸(근해) 煖骸(난해) 死骸(사해)
衰骸(쇠해) 遺骸(유해) 殘骸(잔해) 形骸(형해)

邂 1급　우연히 만날 **해:**　辵 / 13　🔄 逅
모든 계획이나 약속을 풀어버리고(解) 무작정 길을 가다(辶) 만나는 데서, '우연히 만나다'
는 뜻이다.

📖 읽기한자　邂逅(해후)

偕	1급	함께 **해**	人 / 9	비 楷

사람(亻)이 모두(皆) 모여 함께 하는 데서, '함께'라는 뜻이다.

읽기한자 　偕樂(해락) 偕老(해로) 偕偶(해우) 偕作(해작) 偕適(해적) 偕行(해행) 計偕(계해) 與偕(여해)

諧	1급	화할 **해**	言 / 9	동 暢, 謔, 和

모두(皆)가 한 목소리로 즐겁게 말하는(言) 데서, '화하다, 농지거리하다'는 뜻이다.

읽기한자 　諧比(해비) 諧聲(해성) 諧語(해어) 諧易(해이) 諧暢(해창) 諧謔(해학) 嘲諧(조해) 和諧(화해)
諧諧(환해)

該	3급	갖출[備] / 마땅[當] **해**	言 / 6	동 當

고사지낼 때 돼지(亥) 머리가 갖추어 졌다고 말하는(言) 데서, '갖추다, 마땅하다'는 뜻이다.

읽기한자 　該悉(해실)
쓰기한자 　該當(해당) 該敏(해민) 該博(해박) 該地(해지)

亥	3급	돼지 **해**	亠 / 4

돼지를 본뜬 것으로, '돼지'를 뜻한다. 12지의 하나이다.

읽기한자 　仇亥(구해) 亥囊(해낭)
쓰기한자 　辛亥(신해) 乙亥(을해) 亥方(해방) 亥時(해시)

奚	3급	어찌 **해**	大 / 7

손(爪)으로 머리털을 실타래(糸)처럼 크게(大) 땋는 종족을 뜻한다. 또, 그 종족을 종으로 부린 데서 '종'의 뜻이, 그 종족을 어디서 어떻게 잡아오나 하는 데서, '어찌'의 뜻이 나왔다.

읽기한자 　奚囊(해낭)
쓰기한자 　奚暇(해가) 奚故(해고) 奚琴(해금) 奚奴(해노) 奚童(해동) 奚兒(해아) 奚若(해약)

解	4급Ⅱ	풀 **해:**	角 / 6	동 放, 散, 釋, 消, 弛, 註

칼(刀)로 소(牛)의 뿔(角)을 잘라내듯 잘라 떼 내어 푸는 데서, '풀다'는 뜻이다.

읽기한자 　譬解(비해) 諺解(언해) 溶解(용해) 鎔解(용해) 弛解(이해) 註解(주해) 肢解(지해) 稍解(초해)
解褐(해갈) 解巾(해건) 解紐(해뉴) 解悶(해민) 解剝(해박) 解剖(해부) 解祠(해사) 解煞(해살)
解鞍(해안) 解喻(해유) 解嘲(해조) 解註(해주)
쓰기한자 　見解(견해) 曲解(곡해) 圖解(도해) 諒解(양해) 了解(요해) 理解(이해) 誤解(오해) 瓦解(와해)
熔解(용해) 融解(융해) 字解(자해) 解渴(해갈) 解決(해결) 解雇(해고) 解答(해답) 解讀(해독)
解得(해득) 解明(해명) 解放(해방) 解散(해산) 解産(해산) 解析(해석) 解釋(해석) 解消(해소)
解約(해약) 解熱(해열) 解任(해임) 解題(해제) 解止(해지) 解職(해직) 解體(해체) 解脫(해탈)
和解(화해)

害 5급Ⅱ 해할 **해:** 宀 / 7　동 毒, 損

손(手)이나 입(口)을 잘못 놀리면 집(宀)을 해치게 된다는 데서, '해하다'는 뜻이다.

읽기한자　劫害(겁해) 寇害(구해) 毋害(무해) 弑害(시해) 隘害(애해) 狙害(저해) 嫉害(질해)

쓰기한자　加害(가해) 公害(공해) 冷害(냉해) 利害(이해) 迫害(박해) 妨害(방해) 病害(병해) 殺害(살해)
傷害(상해) 霜害(상해) 損害(손해) 水害(수해) 要害(요해) 遇害(우해) 危害(위해) 有害(유해)
陰害(음해) 自害(자해) 障害(장해) 災害(재해) 沮害(저해) 侵害(침해) 弊害(폐해) 被害(피해)
寒害(한해) 旱害(한해) 陷害(함해) 害毒(해독) 害惡(해악) 害蟲(해충)

海 7급Ⅱ 바다 **해:** 水 / 7　비 梅　동 洋　반 陸, 空

강물(氵)은 매양(每) 바다로 흘러든다는 데서, '바다'를 뜻한다.

읽기한자　勃海(발해) 渤海(발해) 裨海(비해) 濱海(빈해) 瀕海(빈해) 髓海(수해) 漲海(창해) 海鯨(해경)
海鵠(해곡) 海棠(해당) 海鰻(해만) 海畔(해반) 海濱(해빈) 海蜃(해신) 海堰(해언) 海裔(해예)
海隅(해우) 海溢(해일) 海苔(해태) 海涵(해함) 海鹹(해함)

쓰기한자　苦海(고해) 公海(공해) 東海(동해) 領海(영해) 碧海(벽해) 深海(심해) 沿海(연해) 雲海(운해)
滄海(창해) 河海(하해) 航海(항해) 海警(해경) 海鷗(해구) 海難(해난) 海圖(해도) 海東(해동)
海諒(해량) 海流(해류) 海拔(해발) 海邊(해변) 海蔘(해삼) 海恕(해서) 海岸(해안) 海洋(해양)
海外(해외) 海運(해운) 海底(해저) 海賊(해적) 海戰(해전) 海草(해초) 海風(해풍) 海峽(해협)
黃海(황해) 黑海(흑해)

劾 1급 꾸짖을 **핵** 力 / 6　동 按, 彈

힘(力)써 사람의 죄를 파묻고(亥=亟) 꾸짖는 데서, '파묻다, 꾸짖다'는 뜻이다.

읽기한자　劾繫(핵계) 劾論(핵론) 劾按(핵안) 劾狀(핵장) 劾情(핵정) 劾奏(핵주) 劾彈(핵탄) 擧劾(거핵)
告劾(고핵) 誣劾(무핵) 排劾(배핵) 按劾(안핵) 自劾(자핵) 奏劾(진핵) 推劾(추핵) 險劾(험핵)

核 4급 씨 **핵** 木 / 6

나무(木)의 씨앗이 살 속의 뼈(亥)처럼 외피에 쌓여 있는 데서, '씨, 알맹이'를 뜻한다.

읽기한자　橘核(귤핵) 痔核(치핵)

쓰기한자　結核(결핵) 果核(과핵) 綜核(종핵) 核家族(핵가족) 核果(핵과) 核武器(핵무기) 核心(핵심)
核子(핵자)

杏 2급(名) 살구 **행:** 木 / 3

사람이 먹으면(口) 몸에 좋은 열매가 열리는 나무(木), 사람(口)과 가까운 나무(木)에서,
'살구나무, 살구'를 뜻한다.

읽기한자　銀杏(은행) 杏壇(행단) 杏林(행림) 杏仁(행인) 杏花(행화)

行 6급 다닐 **행(:)** / 항렬 **항** 行 / 0 **동** 動, 爲

사람과 우마차가 다니는 네 거리의 모양을 본뜬 글자로, '다니다'는 뜻이다.

 읽기한자

轎行(교행) 躬行(궁행) 琦行(기행) 侶行(여행) 礪行(여행) 頒行(반행) 陪行(배행) 梵行(범행) 宵行(소행) 馴行(순행) 膝行(슬행) 鴛行(원행) 瘝行(치행) 勅行(칙행) 爬行(파행) 跛行(파행) 偕行(해행) 行儺(행나) 行囊(행낭) 行侶(행려) 行笠(행립) 行袂(행메) 行祠(행사) 行觴(행상) 行戍(행수) 行伍(항오) 行誼(행의) 行迹(행적) 兇行(흉행)

 쓰기한자

刊行(간행) 擧行(거행) 履行(이행) 隨行(수행) 叔行(숙항) 巡行(순행) 實行(실행) 雁行(안항) 豫行(예행) 銀行(은행) 恣行(자행) 潛行(잠행) 遵行(준행) 醜行(추행) 暴行(폭행) 行脚(행각) 行廊(행랑) 行列(항렬) 行李(행리) 行步(행보) 行商(행상) 行狀(행장) 行實(행실) 行員(행원) 行績(행적) 行次(행차) 行草(행초) 行刑(행형) 現行(현행) 橫行(횡행) 孝行(효행) 興行(흥행)

幸 6급Ⅱ 다행 **행:** 干 / 5

토지(土)와 양(羊) 따위의 가축이 많으면 다행하다는 데서, '다행'을 뜻한다.

읽기한자 僥幸(요행) 寵幸(총행) 欣幸(흔행)
쓰기한자 多幸(다행) 不幸(불행) 天幸(천행) 幸福(행복) 幸運(행운) 行幸(행행)

嚮 1급 길잡을 **향:** 口 / 16

어떤 장소(鄕)를 향(向)하는 데서, '길잡다, 향하다'는 뜻이다. 또, 지나 온 방향을 되돌아보는 모양에서 '접때'를 뜻한다.

읽기한자 嚮導(향도) 嚮明(향명) 嚮背(향배) 嚮赴(향부) 嚮往(향왕) 嚮者(향자) 嚮晦(향회)

饗 1급 잔치할 **향:** 食 / 13

음식(食)을 사이에 두고 두 사람이 마주 보는 모양(鄕)에서, '잔치하다'는 뜻이다.

 읽기한자

饗告(향고) 饗報(향보) 饗宴(향연) 饗應(향응) 大饗(대향) 祠饗(사향) 宴饗(연향) 燕饗(연향) 祭饗(제향) 尊饗(존향) 贊饗(찬향)

享 3급 누릴 **향:** 亠 / 6 **비** 亨

조상신에게 음식을 바치는 모양을 그린 글자로, '드리다'는 뜻을, 제사를 드리고 복을 받아 누린다는 데서, '누리다'는 뜻이다.

읽기한자 臘享(납향)
쓰기한자 時享(시향) 祭享(제향) 秋享(추향) 致享(치향) 享年(향년) 享樂(향락) 享祀(향사) 享受(향수) 享有(향유)

響 3급Ⅱ 울릴 **향:** 音 / 13

고요한 시골(鄕)에서는 소리(音)가 잘 울려 퍼진다는 데서, '울리다'는 뜻이다.

읽기한자 澗響(간향) 沸響(비향) 嗣響(사향) 灘響(탄향)
쓰기한자 反響(반향) 影響(영향) 音響(음향) 響應(향응)

鄕 4급II   시골 **향**   邑 / 10   卿   村   郷

본래 사람들이 시골 마당에서 음식을 가운데 두고 둘러앉아 있는 모양을 그린 글자로, '시골'을 뜻한다.

읽기한자   杖鄕(장향) 悖鄕(패향) 萍鄕(평향) 鄕閭(향려) 鄕塾(향숙)

쓰기한자   家鄕(가향) 客鄕(객향) 居鄕(거향) 京鄕(경향) 故鄕(고향) 貫鄕(관향) 歸鄕(귀향) 同鄕(동향) 落鄕(낙향) 望鄕(망향) 本鄕(본향) 思鄕(사향) 色鄕(색향) 他鄕(타향) 鄕歌(향가) 鄕校(향교) 鄕軍(향군) 鄕黨(향당) 鄕樂(향악) 鄕里(향리) 鄕愁(향수) 鄕紳(향신) 鄕約(향약) 鄕第(향제) 鄕村(향촌) 鄕土(향토)

香 4급II   향기 **향**   香 / 0   馥

쌀(禾)로 빚은 술이 단(日은 甘의 변형)맛을 풍긴다는 데서, '향기'를 뜻한다.

읽기한자   煖香(난향) 抹香(말향) 焚香(분향) 芬香(분향) 麝香(사향) 芸香(운향) 佩香(패향) 香橘(향귤) 香囊(향낭) 香撞(향당) 香袋(향대) 香橙(향등) 香螺(향라) 香辣(향랄) 香蠟(향랍) 香蓮(향련) 香袂(향몌) 香梵(향범) 香馥(향복) 香麝(향사) 香鼠(향서) 香羞(향수) 香餌(향이) 香獐(향장) 香盒(향합) 香薰(향훈) 馨香(형향)

쓰기한자   戒香(계향) 墨香(묵향) 芳香(방향) 荷香(하향) 香氣(향기) 香爐(향로) 香籠(향롱) 香料(향료) 香水(향수) 香油(향유) 香火(향화)

向 6급   향할 **향:**   口 / 3   背

창문의 모양으로, 동쪽과 서쪽 또는 남쪽과 북쪽의 창이 서로 마주 향하게 만드는 데서, '향하다'는 뜻이다.

쓰기한자   傾向(경향) 南向(남향) 動向(동향) 東向(동향) 方向(방향) 北向(북향) 上向(상향) 性向(성향) 意向(의향) 轉向(전향) 坐向(좌향) 志向(지향) 指向(지향) 趣向(취향) 偏向(편향) 風向(풍향) 下向(하향) 向發(향발) 向方(향방) 向拜(향배) 向背(향배) 向上(향상) 向時(향시) 向後(향후) 廻向(회향)

 噓 1급   불[吹] **허**   口 / 12   吸   嘘

입(口)으로 숨을 '후'(虛는 擬聲語)하고 내뱉는 데서, '불다(吹)'는 뜻이다.

읽기한자   噓呵(허가) 噓吸(허흡) 呵噓(가허) 氣噓(기허) 吹噓(취허) 呼噓(호허)

 墟 1급   터 **허**   土 / 12

공허한(虛) 땅(土)에서, '터, 옛터'를 뜻한다.

읽기한자   墟落(허락) 墟里(허리) 墟墓(허묘) 墟墳(허분) 墟域(허역) 故墟(고허) 丘墟(구허) 山墟(산허) 靈墟(영허) 天墟(천허) 村墟(촌허) 廢墟(폐허) 寒墟(한허)

虛 4급II　　　　　빌 **허**　　虍 / 6　　圄空, 無, 僞　🈺實　🈶虚

호랑이(虎)를 잡으려고 함정(業)을 파 놓았는데, 걸린 것이 없다는 데서, '비다'는 뜻이다.

읽기한자 憑虛(빙허) 闇虛(암허) 盈虛(영허) 沖虛(충허) 虛喝(허갈) 虛竭(허갈) 虛匣(허갑) 虛詭(허궤) 虛昧(허매) 虛耗(허모) 虛誣(허무) 虛謗(허방) 虛幟(허치)

쓰기한자 謙虛(겸허) 空虛(공허) 氣虛(기허) 虛空(허공) 虛構(허구) 虛氣(허기) 虛飢(허기) 虛妄(허망) 虛無(허무) 虛費(허비) 虛事(허사) 虛辭(허사) 虛像(허상) 虛想(허상) 虛勢(허세) 虛送(허송) 虛數(허수) 虛實(허실) 虛弱(허약) 虛言(허언) 虛榮(허영) 虛慾(허욕) 虛僞(허위) 虛點(허점) 虛脫(허탈) 虛風(허풍) 虛荒(허황)

許 5급　　　　　허락할 **허**　　言 / 4　　圄可, 諾

낮 12시 전후(午)의 밝음과 같이 환하게 분명하게 좋다고 말하는(言) 데서, '허락하다'는 뜻이다.

읽기한자 亮許(양허) 允許(윤허)

쓰기한자 官許(관허) 幾許(기허) 免許(면허) 認許(인허) 聽許(청허) 特許(특허) 許可(허가) 許諾(허락) 許多(허다) 許與(허여) 許容(허용)

軒 3급　　　　　집 **헌**　　車 / 3

긴 두개의 줏대에 외바퀴가 밑으로 달린 모양(干)을 한 수레(車)로, '초헌(軺軒)'의 뜻이나 그 생김새에서 처마, 추녀를 가리키고 '집'의 뜻으로 발전하였다.

읽기한자 黎軒(여헌) 戎軒(융헌) 軒帆(헌범) 軒闢(헌벽) 軒昂(헌앙)

쓰기한자 東軒(동헌) 軒頭(헌두)

獻 3급II　　　　　드릴 **헌:**　　犬 / 16　　圄納　🈶献

개(犬)를 솥(鬳)에 넣고 삶아서 바친다는 데서, '드리다, 바치다'는 뜻이다.

읽기한자 羹獻(갱헌) 靖獻(정헌) 獻觴(헌상) 獻酬(헌수) 獻揖(헌읍) 獻斟(헌짐)

쓰기한자 貢獻(공헌) 文獻(문헌) 奉獻(봉헌) 亞獻(아헌) 進獻(진헌) 獻金(헌금) 獻納(헌납) 獻上(헌상) 獻身(헌신) 獻爵(헌작) 獻呈(헌정) 獻血(헌혈) 獻花(헌화)

憲 4급　　　　　법 **헌:**　　心 / 12　　圄法

집(宀)에서 손(丰) 넷(罒)이 마음(心)을 같이하여 일하려면 법칙에 따라야 한다는 데서, '법'을 뜻한다.

읽기한자 匡憲(광헌)

쓰기한자 家憲(가헌) 改憲(개헌) 官憲(관헌) 黨憲(당헌) 立憲(입헌) 違憲(위헌) 入憲(입헌) 制憲(제헌) 憲法(헌법) 憲兵(헌병) 憲章(헌장) 憲政(헌정) 護憲(호헌)

歇 1급　　　　　쉴 **헐**　　欠 / 9　　圄息

하던 일을 중단하고(曷＝割) 허리를 펴고 숨을 쉬는(欠) 데서, '쉬다'는 뜻이다. 또 쉬는 것은 기력이 다하였다는 의미도 되므로 '스러지다, 다하다'는 뜻이다.

읽기한자 歇價(헐가) 歇看(헐간) 歇拍(헐박) 歇泊(헐박) 歇宿(헐숙) 歇杖(헐장) 歇治(헐치) 歇後(헐후) 歇驕(갈교) 露歇(노헐) 問歇(문헐) 消歇(소헐) 衰歇(쇠헐) 零歇(영헐) 凋歇(조헐) 休歇(휴헐)

險 | 4급 | 험할 **험:** | 阜 / 13 | 🔲 儉, 檢 🔳 峻 🔳 険

언덕(阝)이 모여(僉) 언덕의 앞뒤로 다 언덕인 데서, '험하다'는 뜻이다.

읽기한자 隘險(애험) 險棘(험극) 險壘(험루) 險魄(험백) 險澁(험삽) 險隘(험애) 險詣(험예) 險奧(험오)
險躁(험조) 險峻(험준) 險窄(험착) 險劾(험핵) 險狹(험협) 險猾(험활)

쓰기한자 冒險(모험) 保險(보험) 危險(위험) 探險(탐험) 險口(험구) 險難(험난) 險談(험담) 險路(험로)
險狀(험상) 險惡(험악)

驗 | 4급Ⅱ | 시험 **험:** | 馬 / 13 | 🔳 験

말(馬)을 여러(僉) 사람이 타 보고, 살펴보아 좋고 나쁨을 가리는 데서, '시험'을 뜻한다.

읽기한자 驗訊(험신)

쓰기한자 檢驗(검험) 經驗(경험) 靈驗(영험) 先驗(선험) 受驗(수험) 試驗(시험) 實驗(실험) 證驗(증험)
徵驗(징험) 體驗(체험) 效驗(효험)

爀 | 2급(名) | 불빛 **혁** | 火 / 14

불(火)이 빛나는(赫) 모양으로, '불빛'을 뜻한다. 이름자로 쓰인다.

읽기한자 尙爀(상혁)

赫 | 2급(名) | 빛날 **혁** | 赤 / 7

불빛을 받은 사람을 본뜬 글자인 赤을 겹쳐 쓴 데서, '빛나다'는 뜻이다. 또 불길이 일어나
듯 사람이 크게 성내는 것을 나타내어, '성내다'는 뜻이다.

읽기한자 憚赫(탄혁) 赫怒(혁노) 赫然(혁연) 赫赫(혁혁) 赫喧(혁훤)

革 | 4급 | 가죽 **혁** | 革 / 0

머리에서부터 꼬리까지 벗긴 짐승의 가죽을 본뜬 글자로, '가죽'을 뜻한다. 가죽의 모양과
용도를 바꾸는 데서, '고치다'는 뜻으로도 쓰인다.

읽기한자 鼇革(이혁) 刪革(산혁) 韋革(위혁)

쓰기한자 改革(개혁) 變革(변혁) 沿革(연혁) 皮革(피혁) 革帶(혁대) 革命(혁명) 革新(혁신)

絢 | 1급 | 무늬 **현:** | 糸 / 6

같은(旬＝均) 품질의 질 좋은 직물(糸)로 짠 아름다운 옷감의 무늬에서, '문채(文彩/文采)
나다, 무늬'를 뜻한다.

읽기한자 絢爛(현란) 絢練(현련) 絢美(현미) 絢服(현복) 絢飾(현식) 光絢(광현) 明絢(명현) 炳絢(병현)
英絢(영현) 彫絢(조현) 彩絢(채현) 華絢(화현)

眩 | 1급 | 어지러울 **현:** | 目 / 5

눈(目)이 어둡고 희미해(玄)지는 데서, '어지럽다, 아찔하다'는 뜻이다.

읽기한자 眩氣(현기) 眩耀(현요) 眩疾(현질) 眩惑(현혹) 眩晃(현황) 苦眩(고현) 旋眩(선현) 震眩(진현)
吐眩(토현) 汗眩(한현)

衒 | 1급 | 자랑할 **현:** | 行 / 5

남의 눈을 어둡게(玄) 할 정도로 상품을 과장 선전하며 다니는(行) 데서, '자랑하다, 팔다'는 뜻이다.

📖 읽기한자 衒氣(현기) 衒女(현녀) 衒賣(현매) 衒士(현사) 衒言(현언) 衒張(현장) 衒學(현학) 賈衒(고현)
矜衒(긍현) 媒衒(매현) 女衒(여현) 自衒(자현)

峴 | 2급(名) | 고개 **현:** | 山 / 7

본래 산의 이름이나 뜻이 轉移되어, '고개, 재'를 뜻한다.

📖 읽기한자 艮峴(간현) 炭峴(탄현) 峴山(현산)

炫 | 2급(名) | 밝을 **현:** | 火 / 5

불(火)은 어두운(玄) 곳에서 더욱 빛나므로, '밝다'는 뜻이다. 이름자로 주로 쓰인다.

📖 읽기한자 炫炫(현현) 炫煌(현황)

鉉 | 2급(名) | 솥귀 **현:** | 金 / 5

쇠붙이(金)를 꼬아서 만든 손잡이(玄)로, '솥귀'를 뜻한다. 鼎과 마찬가지로 발이 셋 달린 솥을 나타내어 三公의 비유로 쓰인다. 다만 鼎이 帝王도 나타내나 鉉은 三公만을 나타낸다.

📖 읽기한자 三鉉(삼현) 鉉席(현석) 鉉台(현태)

弦 | 2급 | 시위 **현** | 弓 / 5

활(弓) 시위에 손때가 묻어 검은(玄) 빛을 띠는 데서, '활시위'를 뜻한다.

✏️ 쓰기한자 上弦(상현) 正弦(정현) 下弦(하현) 弦矢(현시) 弦影(현영)

縣 | 3급 | 고을 **현:** | 糸 / 10 | 약 県

눈(目)에 잘 띄게 나무(木)에 줄(糸)을 걸어 매다는 데서, '매달다'는 뜻이다. 뒤에 縣은 州나 郡 등의 큰 고을에 매달려 있는 작은 고을이라는 데서, '고을'의 뜻이 되었다.

📖 읽기한자 陝縣(섬현) 縣鉤(현구) 縣丞(현승)
✏️ 쓰기한자 縣監(현감) 縣令(현령)

絃 | 3급 | 줄 **현** | 糸 / 5 | 동 線

현악기의 줄처럼 현묘한(玄) 소리를 내는 실(糸)에서, '줄'을 뜻한다.

📖 읽기한자 絃喧(현훤)
✏️ 쓰기한자 管絃樂(관현악) 續絃(속현) 絶絃(절현)

玄 | 3급Ⅱ | 검을 **현** | 玄 / 0 | 동妙 반素

검은 실을 길게 묶은 모양을 본뜬 글자로, '검다, 현묘하다'는 뜻이다.

읽기한자 鄭玄(정현) 玄袞(현곤) 玄駒(현구) 玄穹(현궁) 玄濤(현도) 玄奧(현오) 玄仗(현장) 玄圃(현포)

쓰기한자 幽玄(유현) 玄關(현관) 玄木(현목) 玄妙(현묘) 玄武(현무) 玄米(현미) 玄孫(현손) 玄黃(현황)

懸 | 3급Ⅱ | 달[繫] **현:** | 心 / 16 | 동掛

마음(心)에 오래 간직하도록 고을(縣) 사람들이 모두 볼 수 있는 곳에 매단다는 데서, '달다, 걸다'는 뜻이다.

읽기한자 灼懸(작현) 懸黎(현려) 懸榜(현방) 懸崖(현애) 懸腕(현완) 懸梯(현제) 懸瀑(현폭) 懸乏(현핍) 懸弧(현호) 懸欠(현흠)

쓰기한자 懸隔(현격) 懸賞(현상) 懸垂幕(현수막) 懸案(현안) 懸板(현판)

顯 | 4급 | 나타날 **현:** | 頁 / 14 | 동現 반密, 微 약顕

누에머리(頁)에서 나온 고치를 솥(日)에 넣어 삶으면 실(絲)이 나타나는 데서, '나타나다'는 뜻이다.

읽기한자 顯黜(현출) 顯貶(현폄) 顯晦(현회)

쓰기한자 發顯(발현) 顯考(현고) 顯達(현달) 顯微鏡(현미경) 顯著(현저) 顯職(현직) 顯忠日(현충일)

賢 | 4급Ⅱ | 어질 **현** | 貝 / 8 | 동良 반愚 약贤

신하(臣)가 손(又)으로 재물(貝)을 잘 다스려 낭비하지 않고 국력을 키우는 데서, '어질다'는 뜻이다.

읽기한자 賢舅(현구) 賢壻(현서) 賢蘊(현온)

쓰기한자 名賢(명현) 先賢(선현) 聖賢(성현) 諸賢(제현) 賢明(현명) 賢淑(현숙) 賢友(현우) 賢人(현인) 賢者(현자) 賢哲(현철)

現 | 6급Ⅱ | 나타날 **현:** | 玉 / 7

옥(王)을 갈고 닦으면 아름다운 빛깔이 드러난다(見)는 데서, '나타나다'는 뜻이다.

읽기한자 踊現(용현)

쓰기한자 俱現(구현) 具現(구현) 發現(발현) 實現(실현) 再現(재현) 出現(출현) 表現(표현) 現今(현금) 現金(현금) 現代(현대) 現夢(현몽) 現物(현물) 現狀(현상) 現象(현상) 現世(현세) 現實(현실) 現業(현업) 現役(현역) 現場(현장) 現在(현재) 現存(현존) 現地(현지) 現職(현직) 現札(현찰) 現品(현품) 現下(현하) 現行(현행) 現況(현황)

穴 | 3급Ⅱ | 굴 **혈** | 穴 / 0

굴, 터널 입구의 모양을 본뜬 글자로, '굴'을 뜻한다.

읽기한자 壙穴(광혈) 堅穴(수혈) 崖穴(애혈) 穴隙(혈극)

쓰기한자 經穴(경혈) 孔穴(공혈) 掘穴(굴혈) 窟穴(굴혈) 洞穴(동혈) 墓穴(묘혈) 穴居(혈거) 虎穴(호혈)

하

血 4급Ⅱ 　　　피 **혈** 血 / 0
신에게 바치는 희생의 피를 그릇에 담은 모양을 본뜬 글자로, '피'를 뜻한다.

읽기한자 頸血(경혈) 膏血(고혈) 膿血(농혈) 瀝血(역혈) 瘀血(어혈) 溢血(일혈) 獐血(장혈) 啼血(제혈)
血痰(혈담) 血嗣(혈사) 血漿(혈장) 血栓(혈전) 血痔(혈치) 血痕(혈흔) 血滲(혈삼)

쓰기한자 尿血(요혈) 冷血(냉혈) 鹿血(녹혈) 補血(보혈) 鮮血(선혈) 輸血(수혈) 心血(심혈) 泣血(읍혈)
凝血(응혈) 採血(채혈) 吐血(토혈) 下血(하혈) 獻血(헌혈) 血管(혈관) 血氣(혈기) 血尿(혈뇨)
血糖(혈당) 血淚(혈루) 血脈(혈맥) 血盟(혈맹) 血書(혈서) 血眼(혈안) 血壓(혈압) 血液(혈액)
血緣(혈연) 血肉(혈육) 血戰(혈전) 血族(혈족) 血淸(혈청) 血統(혈통) 血鬪(혈투) 混血(혼혈)

嫌 3급 　　　싫어할 **혐** 女 / 10 　동 忌, 惡
여자(女)가 일이 겹쳐(兼) 있어 마음이 불편한데서, '의심하다, 싫어하다'는 뜻이다.

읽기한자 譏嫌(기혐) 讎嫌(수혐) 猜嫌(시혐) 嫌懶(혐뢰) 嫌猜(혐시)
쓰기한자 嫌家(혐가) 嫌忌(혐기) 嫌惡(혐오) 嫌厭(혐염) 嫌疑(혐의)

挾 1급 　　　낄 **협** 手 / 7 　비 挾 　약 挟
손(扌)으로 끼는(夾) 데서, '끼다'는 뜻이다.

읽기한자 挾憾(협감) 挾攻(협공) 挾輔(협보) 挾私(협사) 挾詐(협사) 挾術(협술) 挾日(협일) 挾雜(협잡)
挾持(협지) 姦挾(간협) 詭挾(궤협) 扶挾(부협) 自挾(자협) 藏挾(장협) 懷挾(회협)

頰 1급 　　　뺨 **협** 頁 / 7 　약 頬
머리(頁) 전체를 양쪽에서 끼고(夾) 있는 부분에서, '뺨'을 뜻한다.

읽기한자 頰觀(협관) 頰輔(협보) 頰適(협적) 頰車(협차) 口頰(구협) 方頰(방협) 牙頰(아협) 緩頰(완협)
赤頰(적협) 豊頰(풍협) 紅頰(홍협)

俠 1급 　　　의기로울 **협** 人 / 7 　약 侠
약한 사람(亻)을 겨드랑이에 끼어(夾) 부축하고 보호하는 데서, '의기롭다'는 뜻이다.

읽기한자 俠骨(협골) 俠客(협객) 俠烈(협렬) 俠士(협사) 俠勇(협용) 俠者(협자) 姦俠(간협) 氣俠(기협)
大俠(대협) 鋒俠(봉협) 勇俠(용협) 節俠(절협) 凶俠(흉협)

狹 1급 　　　좁을 **협** 犬 / 7 　동 隘, 窄 　약 狭
개(犭)가 출입문에 끼어(夾) 있는 데서, '좁다'는 뜻이다.

읽기한자 狹量(협량) 狹薄(협박) 狹小(협소) 狹隘(협애) 狹窄(협착) 狹巷(협항) 廣狹(광협) 迫狹(박협)
隘狹(애협) 窄狹(착협) 淺狹(천협) 偏狹(편협) 險狹(험협)

峽 2급 골짜기 **협** 山 / 7 圖 谷 옙 峡
양쪽에 산(山)을 끼고(夾)있는 데서, '골짜기'를 뜻한다.

읽기한자 巴峽(파협)
쓰기한자 山峽(산협) 海峽(해협) 峽谷(협곡) 峽路(협로) 峽水(협수) 峽雲(협운)

脅 3급Ⅱ 위협할 **협** 肉 / 6 圖 迫
세 사람의 힘(劦)으로 상대방 사람(月)에게 으름장을 놓는 데서, '위협하다'는 뜻이다.

읽기한자 脅逼(협핍)
쓰기한자 威脅(위협) 脅迫(협박) 脅痛(협통)

協 4급Ⅱ 화할 **협** 十 / 6 圖 和
세 사람의 힘(劦)을 한데 묶어서(十) 서로 돕는 모양이 따뜻하고 부드러운 데서, '화하다'는 뜻이다.

읽기한자 協洽(협흡)
쓰기한자 妥協(타협) 協同(협동) 協力(협력) 協商(협상) 協心(협심) 協約(협약) 協業(협업) 協演(협연)
協議(협의) 協定(협정) 協助(협조) 協調(협조) 協奏(협주) 協贊(협찬) 協會(협회)

陜 2급(名) 좁을 **협** / 땅이름 **합** 阜 / 7 옙 陕
언덕(阝)의 사이에 낀(夾) 땅은 좁다는 데서, '좁다'는 뜻이다. 현재는 주로 땅이름으로 쓰이고 '좁다'는 뜻으로는 주로 狹을 쓴다.

읽기한자 隘陜(애협) 陜川(합천)

荊 1급 가시 **형** 艸 / 6 圖 棘
옛날 죄인의 볼기를 치는 형벌(刑)에 쓰던 초목(艹)에서, '댑싸리, 광대싸리, 가시나무, 가시'를 뜻한다.

읽기한자 荊芥(형개) 荊冠(형관) 荊棘(형극) 荊路(형로) 荊門(형문) 荊婦(형부) 荊扉(형비) 荊艾(형애)
荊妻(형처) 蔓荊(만형) 牡荊(모형) 負荊(부형) 識荊(식형) 拙荊(졸형) 黃荊(황형)

馨 2급(名) 꽃다울 **형** 香 / 11
경쇠(磬) 소리처럼 멀리 퍼지는 향기(香)와 아름다움을 지닌 데서, '향기, 꽃답다'는 뜻이다.

읽기한자 芬馨(분형) 餘馨(여형) 爾馨(이형) 馨氣(형기) 馨香(형향)

型 2급 모형 **형** 土 / 6
형벌(刑)은 사람을 틀, 기준에 맞게 행위하게 하므로 틀, 기준의 의미를 내포하고 있다. 흙(土)으로 만든 틀(刑)로, '거푸집, 모형, 본보기'를 뜻한다.

읽기한자 型蠟(형랍) 捺型(날형) 蠟型(납형)
쓰기한자 舊型(구형) 大型(대형) 類型(유형) 模型(모형) 母型(모형) 小型(소형) 新型(신형) 原型(원형)
典型(전형) 定型(정형) 鑄型(주형) 體型(체형) 判型(판형)

瀅 | 2급(名) 　**물 맑을 형:**　水 / 15
물(氵)이 맑다(瑩)는 데서, '물 맑다'는 뜻이다.

　읽기한자　江瀅(강형) 汀瀅(정형)

瑩 | 2급(名) 　**밝을 형 / 옥돌 영**　玉 / 10
구슬(玉)처럼 빛나는(熒) 돌에서, '옥돌'을 뜻한다. 옥돌이 맑고 밝은 데서, '맑다, 밝다'는 뜻이다.

　읽기한자　崔瑩(최영) 瑩鏡(영경) 瑩然(영연) 瑩澈(영철) 未瑩(미형)

炯 | 2급(名) 　**빛날 형**　火 / 5
불(火)이 빛나면(冋=冏) 밝은 데서, '밝다, 빛나다'는 뜻이다.

　읽기한자　炯心(형심) 炯眼(형안) 炯炯(형형)

邢 | 2급(名) 　**성(姓) 형**　邑 / 4
견족(开)이 살던 땅(阝)으로 周公의 아들을 封하여 나라가 되었다. 姓氏로도 쓰인다.

　읽기한자　邢人(형인)

螢 | 3급 　**반딧불 형**　虫 / 10　 약 蛍
벌레(虫)를 두르고(冖) 있는 밝은 불(火火)에서, '반딧불이, 반딧불'을 뜻한다.

　쓰기한자　螢光(형광) 螢雪(형설) 螢雪之功(형설지공)

亨 | 3급 　**형통할 형**　亠 / 5　 비 享
조상신에게 음식을 바치는 모양을 그린 글자로, 제사를 드리고 복을 받아 만사형통한다는 데서, '형통하다'는 뜻이다.

　읽기한자　亨嘉(형가) 亨煮(형자)
　쓰기한자　亨光(형광) 亨國(형국) 亨通(형통)

衡 | 3급Ⅱ 　**저울대 형**　行 / 10
소(大)를 몰고 길을 다닐(行) 때 쇠뿔(角)이 사람에 접촉되어도 받히지 않도록 양쪽 뿔 위에 가로로 걸어 놓은 나무(木)에서 본래 쇠뿔나무를 나타냈으나 이것이 평평한데서 연유하여, '평형을 이루다, 저울대, 저울, 저울질하다'는 뜻이다.

　읽기한자　虞衡(우형) 銓衡(전형) 樞衡(추형) 秤衡(칭형) 衡扼(형액)
　쓰기한자　權衡(권형) 均衡(균형) 度量衡(도량형) 稱衡(칭형) 平衡(평형) 衡度(형도) 衡平(형평)

| 刑 | 4급 | 형벌 **형** | 刀 / 4 | 동 罰 반 罪 |

형틀(开)에 올려놓고 매를 치거나 칼(刂)로 벌을 내리는 데서, '형벌'을 뜻한다.

읽기한자 贖刑(속형) 縊刑(액형) 稟刑(품형) 刑戮(형륙) 刑曹(형조)

쓰기한자 加刑(가형) 減刑(감형) 求刑(구형) 宮刑(궁형) 極刑(극형) 徒刑(도형) 流刑(유형) 墨刑(묵형)
腐刑(부형) 死刑(사형) 實刑(실형) 惡刑(악형) 緩刑(완형) 重刑(중형) 斬刑(참형) 處刑(처형)
體刑(체형) 行刑(행형) 刑期(형기) 刑罰(형벌) 刑法(형법) 刑場(형장) 酷刑(혹형) 火刑(화형)

| 形 | 6급Ⅱ | 모양 **형** | 彡 / 4 | 동 貌, 像, 象, 式, 容, 態 반 影 |

단정한 자세(开)로 머리(彡)를 빗어 모양을 내는 데서, '모양, 꼴'을 뜻한다.

읽기한자 魁形(괴형) 矩形(구형) 詭形(궤형) 畸形(기형) 菱形(능형) 彎形(만형) 扇形(선형) 梯形(제형)
凸形(철형) 形軀(형구) 形魄(형백) 形迹(형적) 形霞(형하) 形骸(형해)

쓰기한자 固形(고형) 舊形(구형) 大形(대형) 圖形(도형) 無形(무형) 變形(변형) 象形(상형) 成形(성형)
小形(소형) 外形(외형) 原形(원형) 圓形(원형) 有形(유형) 異形(이형) 人形(인형) 字形(자형)
造形(조형) 地形(지형) 體形(체형) 形局(형국) 形狀(형상) 形相(형상) 形象(형상) 形色(형색)
形成(형성) 形勢(형세) 形式(형식) 形言(형언) 形容(형용) 形質(형질) 形體(형체) 形態(형태)
形便(형편)

| 兄 | 8급 | 형 **형** | 儿 / 3 | 반 弟 |

먼저 태어나서 걸음마(儿)를 하게 되고, 어린 사람에게 말(口)로 지시를 하는 사람에서, '형'을 뜻한다.

읽기한자 兄嫂(형수)

쓰기한자 老兄(노형) 妹兄(매형) 伯兄(백형) 父兄(부형) 舍兄(사형) 雅兄(아형) 吾兄(오형) 姉兄(자형)
長兄(장형) 尊兄(존형) 仲兄(중형) 妻兄(처형) 學兄(학형) 兄夫(형부) 兄氏(형씨) 兄弟(형제)

| 彗 | 1급 | 살별 **혜:** | 彐 / 8 |

끝이 가지런한 비를 손에 잡은 형상을 본뜬 것으로, '비'를 뜻한다. 또, 그 비 모양과 닮은 별인 '살별'을 뜻한다.

읽기한자 彗芒(혜망) 彗星(혜성) 彗掃(혜소) 掃彗(소혜) 王彗(왕혜) 妖彗(요혜) 流彗(유혜)

| 醯 | 1급 | 식혜 **혜** | 酉 / 12 |

신 맛이 나는 조미료인 '식초(食醋)'와 밥을 엿기름으로 삭혀서 설탕을 넣고 차게 식힌 음료인 '식혜(食醯)'를 나타낸다. 생선에 약간의 소금과 쌀밥을 섞어 숙성시킨 식품인 젓갈류의 식해(食醢)와는 구별하여야 한다.

읽기한자 醯鷄(혜계) 醯醬(혜장) 鹽醯(염혜) 注醯(주혜)

| 兮 | 3급 | 어조사 **혜** | 八 / 2 |

입김(八)이 퍼져 나가다가 일단 멈춰짐(丂)을 나타내는 데서, '어조사'를 뜻한다.

읽기한자 綽兮(작혜)

쓰기한자 樂兮(낙혜) 沙八兮(사팔혜) 實兮歌(실혜가)

慧 3급Ⅱ 슬기로울 **혜:** 心 / 11 圐 智
두 손에 비를 들고(彗) 마당을 쓸듯 마음(心)의 잡념을 제거하는 데서, '슬기롭다'는 뜻이다.

읽기한자 慧灌(혜관) 慧縛(혜박)
쓰기한자 智慧(지혜) 知慧(지혜) 慧眼(혜안)

惠 4급Ⅱ 은혜 **혜:** 心 / 8 圐 恩, 澤
물레(車)가 한쪽으로만 돌듯 사람의 마음(心)이 한쪽으로 베풀어지는 데서, '은혜'를 뜻한다.

읽기한자 惇惠(돈혜) 箋惠(전혜) 惠恤(혜휼)
쓰기한자 受惠(수혜) 施惠(시혜) 恩惠(은혜) 慈惠(자혜) 天惠(천혜) 特惠(특혜) 惠賜(혜사) 惠書(혜서)
惠聲(혜성) 惠政(혜정) 惠存(혜존) 惠贈(혜증) 惠澤(혜택) 惠翰(혜한) 互惠(호혜)

瑚 1급 산호 **호** 玉 / 9
나무인지 옥(王)인지 구분이 모호한(胡) 데서, '산호'를 뜻한다. 珊瑚는 바다 밑에 산호충이
모여 나뭇가지(冊) 모양의 군체를 이루는 데서 만들어지는 보석류(王)이다.

읽기한자 珊瑚(산호)

狐 1급 여우 **호** 犬 / 5
머리 부분이 작고 뒤꼬리가 커다랗게 부푼 호리병 모양을 한 오이(瓜)처럼 생긴 개과(犭)
의 짐승에서, '여우'를 뜻한다.

읽기한자 狐狼(호랑) 狐白(호백) 狐鼠(호서) 狐擬(호의) 狐臭(호취) 狐惑(호혹) 短狐(단호) 白狐(백호)
封狐(봉호) 城狐(성호) 野狐(야호) 妖狐(요호) 雄狐(웅호) 疑狐(의호) 稷狐(직호)

糊 1급 풀칠할 **호** 米 / 9
쌀을 끓여 만든 것으로 쌀(米)인지 아닌지 모호하다는(胡) 데서, '풀(黏), 풀칠하다, 모호하
다'는 뜻이다.

읽기한자 糊口(호구) 糊塗(호도) 糊名(호명) 漫糊(만호) 模糊(모호) 含糊(함호)

琥 1급 호박(琥珀) **호:** 玉 / 8 圐 珀
호랑이(虎)의 모양을 한 옥(王)그릇에서, '호박(琥珀)'을 뜻한다.

읽기한자 琥珀(호박)

弧 1급 활 **호** 弓 / 5 圐 弓 圕 矢
활처럼 몸통이 휜 오이(瓜)와 활(弓)을 합친 글자로, '활'을 뜻한다.

읽기한자 弧弓(호궁) 弧剌(호랄) 弧矢(호시) 弧宴(호연) 弧張(호장) 弧旌(호정) 括弧(괄호) 短弧(단호)
桃弧(도호) 桑弧(상호) 設弧(설호) 圓弧(원호) 懸弧(현호)

澔 2급(名) 　넓을 **호:** 　水 / 12

浩(넓을 호)와 同字로 字源도 같다. 물(氵) 흐르는 소리가 홍수가 일어났음을 아뢴다(告白)는 데서 '홍수'를 뜻한다. 홍수가 나면 물이 넓게 흐르므로, '넓다'는 뜻이다.

읽기한자 　在澔(재호)

扈 2급(名) 　따를 **호:** 　戶 / 7

한 집안(戶)의 아래에 고을(邑)이 속해 있는 데서 알 수 있듯 권세있는 사람을 따라 다니며 시중을 드는 데서, '따르다'는 뜻이다.

읽기한자 　跋扈(발호) 扈衛(호위) 扈從(호종)

晧 2급(名) 　밝을 **호:** 　日 / 7

해(日)가 뜨면서 세상에 어둠이 물러갔다는 것을 알리는(告) 데서, '해뜨다, 밝다'는 뜻이다.

읽기한자 　碩晧(석호)

祜 2급(名) 　복(福) **호** 　示 / 5

사람이 오래도록(古) 착한 일을 하면 신(示)이 그 代價로 복을 내린다는 데서, '복(福)'을 뜻한다.

읽기한자 　多祜(다호) 福祜(복호) 神祜(신호) 天祜(천호)

昊 2급(名) 　하늘 **호:** 　日 / 4 　동 天

여름에 하늘(天)에 떠 있는 해(日)의 기운이 가장 널리 미쳐 만물을 왕성하게 자라게 하는 데서, '여름 하늘, 하늘'을 뜻한다.

읽기한자 　穹昊(궁호) 蒼昊(창호) 晴昊(청호) 昊天(호천)

壕 2급(名) 　해자 **호** 　土 / 14 　동 塹

산돼지(豪)의 갈기털처럼 길게 흙(土)을 파서 城 주변에 도랑으로 방어막을 쌓는 데서, '해자(垓字)'를 뜻한다.

읽기한자 　塹壕(참호)

鎬 2급(名) 　호경 **호:** 　金 / 10

현재의 中國 陝西省(섬서성) 西安 지역으로 周나라 武王의 도읍지인 '鎬京'을 나타낸다. 본래는 금속(金)으로 높게(高) 만들어 음식 조리 기구로 썼던 '냄비'를 뜻한다.

읽기한자 　鎬京(호경)

濠 2급 　호주 **호** 　水 / 14 　동 塹

산돼지(豪)의 갈기털처럼 길게 城 주변에 도랑을 파서 물(氵)을 채워 방어막을 형성한 데서, '해자(垓字)'를 뜻한다. 현재 '호주'(Australia)를 나타낼 때 주로 사용된다.

쓰기한자 　空濠(공호) 內濠(내호) 雪濠(설호) 城濠(성호) 外濠(외호) 濠洲(호주)

皓 | 2급(名) 흴[白] **호** | 白 / 7 | 통 白

흰(白) 빛은 밝은 빛으로 세상에 어둠이 물러갔다는 것을 알리는(告) 데서, '희다, 밝다'는 뜻이다.

읽기한자 皓髮(호발) 皓魄(호백) 皓雪(호설) 皓首(호수) 皓月(호월) 皓天(호천)

互 | 3급 서로 **호:** | 二 / 2 | 비 瓦 통 相

가운데에 마디가 있는 대나무 실패를 그린 것으로, 실패에는 여러 종류의 실이 서로 번갈아 감기는 데서, '서로'를 뜻한다.

읽기한자 相互(상호) 互選(호선) 互讓(호양) 互惠(호혜) 互換(호환)

乎 | 3급 어조사 **호** | ノ / 4

입김의 모양을 나타낸 것으로, '어조사'를 뜻한다.

읽기한자 澹乎(담호) 滔乎(도호) 牢乎(뇌호) 凜乎(늠호) 萌乎(맹호) 杳乎(묘호) 氾乎(범호) 嗟乎(차호) 頹乎(퇴호) 沛乎(패호)

쓰기한자 斷乎(단호) 確乎(확호)

毫 | 3급 터럭 **호** | 毛 / 7 | 비 豪 통 毛

고품질(高)의 털(毛)과 그 털로 만든 붓에서, '붓, 터럭'을 뜻한다.

읽기한자 禿毫(독호) 鋒毫(봉호) 獐毫(장호) 毫釐(호리)

쓰기한자 秋毫(추호) 毫末(호말) 毫髮(호발) 揮毫(휘호)

浩 | 3급Ⅱ 넓을 **호:** | 水 / 7 | 비 活

넓은 물(氵)은 그 흐르는 소리로써 스스로의 넓음을 알린다(告)는 데서, '넓다'는 뜻이다.

읽기한자 浩曠(호광) 浩渺(호묘) 浩蕩(호탕)

쓰기한자 浩歌(호가) 浩氣(호기) 浩大(호대) 浩博(호박) 浩繁(호번) 浩然(호연) 浩然之氣(호연지기) 浩亭(호정) 浩歎(호탄)

胡 | 3급Ⅱ 되[狄] **호** | 肉 / 5

예(古)로부터 북쪽에 사는 오랑캐 종족(月)이라는 데서, '되(狄)'를 뜻한다.

읽기한자 賈胡(고호) 胡綾(호릉) 胡貊(호맥) 胡狄(호적)

쓰기한자 胡桃(호도) 胡亂(호란) 胡壽(호수) 胡燕(호연) 胡人(호인) 胡笛(호적) 胡蝶(호접)

虎 | 3급Ⅱ 범 **호(:)** | 虍 / 2

호랑이의 모양을 본뜬 것으로, '호랑이'를 뜻한다.

읽기한자 臘虎(납호) 狼虎(낭호) 繡虎(수호) 豺虎(시호) 檻虎(함호) 虎狼(호랑) 虎搏(호박) 虎斑(호반) 虎魄(호백) 虎叱(호질) 虎癡(호치) 虎豹(호표) 虎喙(호훼)

쓰기한자 客虎(객호) 猛虎(맹호) 白虎(백호) 養虎遺患(양호유환) 虎葛(호갈) 虎口(호구) 虎穴(호혈) 虎死留皮(호사유피)

豪 | 3급Ⅱ 호걸 **호** 豕 / 7 비 毫 동 宕, 俠
등덜미가 높게(高) 솟은 멧돼지(豕)같이 강하다는 데서, '뛰어나다, 호걸'을 뜻한다.

읽기한자 豪爽(호상) 豪猪(호저) 豪擅(호천) 豪宕(호탕)

쓰기한자 文豪(문호) 富豪(부호) 土豪(토호) 豪傑(호걸) 豪放(호방) 豪言(호언) 豪雨(호우) 豪族(호족)
豪快(호쾌) 豪華(호화) 強豪(강호)

護 | 4급Ⅱ 도울 **호:** 言 / 14
숲(卄)에서 손(又) 위에 앵무새(隹)를 올려놓고 사람 말(言)을 흉내 내도록 돕고 돌보는
데서, '돕다, 지키다'는 뜻이다.

읽기한자 阿護(아호) 庇護(비호) 護宥(호유)

쓰기한자 加護(가호) 看護(간호) 警護(경호) 戒護(계호) 救護(구호) 防護(방호) 辯護(변호) 保護(보호)
守護(수호) 愛護(애호) 養護(양호) 擁護(옹호) 援護(원호) 護國(호국) 護送(호송)
護身術(호신술) 護衛(호위) 護憲(호헌)

呼 | 4급Ⅱ 부를 **호** 口 / 5 동 噓 반 吸, 應
입(口)에서 입김(乎)이 퍼져 나가는 데서, '부르다'는 뜻이다.

읽기한자 呻呼(신호) 呼喝(호갈) 呼嗟(호차) 呼噓(호허) 呼喚(호환) 喚呼(환호)

쓰기한자 嗚呼(오호) 點呼(점호) 呼價(호가) 呼客(호객) 呼名(호명) 呼訴(호소) 呼應(호응) 呼出(호출)
呼稱(호칭) 呼吸(호흡) 歡呼(환호)

好 | 4급Ⅱ 좋을 **호:** 女 / 3 반 惡
여자(女)가 아들(子)을 보면 좋아한다는 데서, '좋아하다'는 뜻이다.

읽기한자 嗜好(기호) 好箇(호개) 好侶(호려) 好穗(호수) 好羞(호수) 好餌(호이) 好甎(호전) 恰好(흡호)

쓰기한자 結好(결호) 良好(양호) 相好(상호) 選好(선호) 修好(수호) 愛好(애호) 友好(우호) 絶好(절호)
好價(호가) 好感(호감) 好機(호기) 好奇心(호기심) 好美(호미) 好事(호사) 好喪(호상)
好色(호색) 好惡(호오) 好言(호언) 好意(호의) 好材(호재) 好轉(호전) 好調(호조) 好評(호평)
好況(호황)

戶 | 4급Ⅱ 집 **호:** 戶 / 0
여닫이문의 한쪽을 본뜬 것으로, '문'의 뜻이었으나 문이 있으면 집이 있게 마련인 데서
'집'을 뜻한다.

읽기한자 闢戶(벽호) 扉戶(비호) 窯戶(요호) 匠戶(장호) 樵戶(초호) 塚戶(총호) 戶扇(호선) 戶帖(호첩)
戶樞(호추)

쓰기한자 家戶(가호) 客戶(객호) 門戶(문호) 富戶(부호) 上戶(상호) 窓戶(창호) 戶口(호구) 戶當(호당)
戶別(호별) 戶籍(호적) 戶主(호주)

湖 | 5급 호수 **호** 水 / 9
물(氵)이 예(古)로부터 머물러 있는 곳에 달(月) 그림자가 비치는 데서, '호수'를 뜻한다.

읽기한자 浚湖(준호) 澄湖(징호) 湖畔(호반)

쓰기한자 江湖(강호) 畿湖(기호) 湖南(호남) 湖水(호수)

號

6급 　　이름 호(:)　虍 / 7　<small>약</small> 号

호랑이(虎)의 울음소리처럼 입을 크게 가로 세로로(号) 움직여 부르짖는 데서, '부르짖다'는 뜻이다. 또 이름을 소리쳐 부르는 데서, '이름'을 뜻한다.

<small>읽기한자</small> 諡號(시호) 綽號(작호) 諦號(체호) 號踊(호용) 號慟(호통) 號筒(호통) 吼號(후호) 徽號(휘호)

<small>쓰기한자</small> 口號(구호) 國號(국호) 今號(금호) 記號(기호) 年號(연호) 怒號(노호) 堂號(당호) 略號(약호)
番號(번호) 別號(별호) 符號(부호) 商號(상호) 信號(신호) 雅號(아호) 暗號(암호) 屋號(옥호)
字號(자호) 爵號(작호) 題號(제호) 稱號(칭호) 號哭(호곡) 號令(호령) 號俸(호봉) 號數(호수)
號外(호외) 號泣(호읍)

酷

2급 　　심할 혹　酉 / 7　<small>동</small> 毒, 甚

술(酉)은 냄새로 그 존재를 스스로 알리는(告) 까닭에 본래 '술 맛이 독하다'는 뜻인데, 그 의미가 확장되어, '독하다, 심하다'는 뜻이다.

<small>읽기한자</small> 苛酷(가혹) 酷辣(혹랄)

<small>쓰기한자</small> 冷酷(냉혹) 嚴酷(엄혹) 殘酷(잔혹) 慘酷(참혹) 酷毒(혹독) 酷烈(혹렬) 酷吏(혹리) 酷法(혹법)
酷似(혹사) 酷暑(혹서) 酷炎(혹염) 酷評(혹평) 酷虐(혹학) 酷寒(혹한) 酷刑(혹형)

惑

3급Ⅱ 　　미혹할 혹　心 / 8

혹시나(或) 하는 마음(心)이 생기는 데서, '미혹하다'는 뜻이다.

<small>읽기한자</small> 爽惑(상혹) 扇惑(선혹) 煽惑(선혹) 訝惑(아혹) 枉惑(왕혹) 眩惑(현혹) 狐惑(호혹) 惶惑(황혹)
晦惑(회혹)

<small>쓰기한자</small> 困惑(곤혹) 當惑(당혹) 魅惑(매혹) 迷惑(미혹) 不惑(불혹) 誘惑(유혹) 疑惑(의혹) 惑星(혹성)
惑世(혹세) 幻惑(환혹)

或

4급 　　혹 혹　戈 / 4

나라(國)에 성벽 등의 울타리(口)가 없으면 혹 적이 쉽게 쳐들어 올 수 있고, 창(戈)을 들고 백성(口)과 땅(一)을 지킨다 해도 혹시나 하는 데서, '혹'을 뜻한다.

<small>쓰기한자</small> 間或(간혹) 設或(설혹) 若或(약혹) 如或(여혹) 或是(혹시) 或時(혹시) 或者(혹자)

渾

1급 　　흐릴 혼:　水 / 9　<small>동</small> 沌, 濁

물(氵)의 주위를 수레(車)가 덮고(冖) 있어 물이 혼탁한데서, '흐리다'는 뜻이다.

<small>읽기한자</small> 渾家(혼가) 渾大(혼대) 渾沌(혼돈) 渾淪(혼륜) 渾碧(혼벽) 渾成(혼성) 渾然(혼연) 渾濁(혼탁)
胚渾(배혼) 奔渾(분혼) 雄渾(웅혼) 全渾(전혼)

昏

3급 　　어두울 혼　日 / 4　<small>동</small> 冥, 闇　<small>반</small> 明, 曙

나무뿌리(氐) 밑으로 해(日)가 져서 날이 저문 데서, '어둡다'는 뜻이다.

<small>읽기한자</small> 斂昏(염혼) 聾昏(농혼) 夭昏(요혼) 昏瞳(혼동) 昏寐(혼매) 昏憊(혼비) 昏祠(혼사) 昏曙(혼서)
昏闇(혼암) 昏頑(혼완) 昏晦(혼회)

<small>쓰기한자</small> 昏迷(혼미) 昏睡(혼수) 昏絕(혼절) 昏定晨省(혼정신성) 黃昏(황혼)

魂 | 3급II | 넋 혼 | 鬼 / 4 | 동 靈, 魄

뭉게구름(云)처럼 떠다니는 귀신(鬼)에서, '넋'을 뜻한다.

읽기한자 冤魂(원혼) 游魂(유혼) 蜀魂(촉혼) 馳魂(치혼) 魂魄(혼백)

쓰기한자 靈魂(영혼) 商魂(상혼) 鎭魂(진혼) 招魂(초혼) 忠魂(충혼) 鬪魂(투혼) 魂膽(혼담) 魂靈(혼령)

混 | 4급 | 섞을 혼: | 水 / 8 | 동 沌, 亂, 雜, 濁

맑거나 흐린 물(氵)이 모두 같은(昆) 곳으로 흘러든다는 데서, '섞다'는 뜻이다.

읽기한자 混沌(혼돈) 混淪(혼륜)

쓰기한자 混同(혼동) 混亂(혼란) 混紡(혼방) 混線(혼선) 混成(혼성) 混聲(혼성) 混宿(혼숙) 混食(혼식)
混泳(혼영) 混用(혼용) 混入(혼입) 混雜(혼잡) 混戰(혼전) 混濁(혼탁) 混合(혼합) 混血(혼혈)

婚 | 4급 | 혼인할 혼 | 女 / 8 | 동 姻, 娶

예전에 신부(女)를 맞는 혼례식은 저물녘(昏)에 촛불을 켜고 진행한 데서, '혼인하다'는 뜻이다.

읽기한자 勒婚(늑혼) 婚齡(혼령) 婚娶(혼취)

쓰기한자 開婚(개혼) 結婚(결혼) 求婚(구혼) 禁婚(금혼) 旣婚(기혼) 離婚(이혼) 晚婚(만혼) 未婚(미혼)
成婚(성혼) 新婚(신혼) 約婚(약혼) 逆婚(역혼) 再婚(재혼) 定婚(정혼) 早婚(조혼) 重婚(중혼)
請婚(청혼) 初婚(초혼) 通婚(통혼) 破婚(파혼) 婚期(혼기) 婚談(혼담) 婚禮(혼례) 婚配(혼배)
婚事(혼사) 婚需(혼수) 婚姻(혼인) 婚主(혼주) 婚處(혼처) 婚戚(혼척) 華婚(화혼) 回婚(회혼)

笏 | 1급 | 홀(笏) 홀 | 竹 / 4

깜빡 잊는(勿=忽) 일이 생기지 않도록 임금의 명령을 적어 넣은 대(竹)쪽으로 띠에 끼고
다닌 '홀(笏)'을 뜻한다.

읽기한자 笏擊(홀격) 帶笏(대홀) 紳笏(신홀) 投笏(투홀)

惚 | 1급 | 황홀할 홀 | 心 / 8 | 동 恍

의식(忄)이 갑자기 멍해지는(忽) 것으로, 흐릿하여 분명치 않거나, 무언가에 마음이 쏠리
어 들뜬 상태, '황홀하다'는 뜻이다.

읽기한자 惚恍(홀황) 茫惚(망홀) 恍惚(황홀) 慌惚(황홀)

忽 | 3급II | 갑자기 홀 | 心 / 4

마음(心)에 없던(勿) 일이 막 생각난다는 데서, '갑자기'를 뜻한다.

읽기한자 閃忽(섬홀) 疏忽(소홀) 奄忽(엄홀) 粗忽(조홀) 飄忽(표홀)

쓰기한자 疏忽(소홀) 忽待(홀대) 忽然(홀연)

哄 | 1급 | 떠들썩할 홍 | 口 / 6

여러 사람이 모여 함께(共) 와자지껄 이야기(口)를 하는 데서, '떠들썩하다'는 뜻이다.

읽기한자 哄堂(홍당) 哄動(홍동) 哄笑(홍소) 哄然(홍연) 哄唱(홍창) 唆哄(사홍)

虹 | 1급 | 무지개 **홍** | 虫 / 3 | 통 霓, 蜺

공중을 꿰뚫는(工) 뱀(虫)의 모양에서, '무지개'를 뜻한다.

읽기한자: 虹橋(홍교) 虹洞(홍동) 虹彩(홍채) 虹泉(홍천) 爛虹(난홍) 丹虹(단홍) 晚虹(만홍) 文虹(문홍) 白虹(백홍) 雄虹(웅홍) 長虹(장홍) 彩虹(채홍)

訌 | 1급 | 어지러울 **홍** | 言 / 3 | 비 肛

말(言)로 상대를 공격하여(工=攻) 치고받는 데서, '어지럽다'는 뜻이다.

읽기한자: 內訌(내홍) 兵訌(병홍) 紛訌(분홍)

泓 | 2급(名) | 물깊을 **홍** | 水 / 5

물(氵)이 넓으면(弘) 수심이 깊게 마련이므로, '물이 깊다'는 뜻이다.

읽기한자: 泓宏(홍굉) 泓水(홍수) 泓澄(홍징) 泓泓(홍홍)

鴻 | 3급 | 기러기 **홍** | 鳥 / 6 | 통 雁

강(江) 위를 나는 새(鳥)에서, '기러기'를 뜻한다.

읽기한자: 鱗鴻(인홍) 蜚鴻(비홍) 鴻鵠(홍곡) 鴻朧(홍롱) 鴻溟(홍명) 鴻爪(홍조)
쓰기한자: 鴻基(홍기) 鴻毛(홍모) 鴻恩(홍은)

弘 | 3급 | 클 **홍** | 弓 / 2

활(弓)을 쏘기 위하여 팔(厶)을 크게 편다는 데서, '크다'는 뜻이다.

읽기한자: 宏弘(굉홍) 弘曠(홍광) 弘毅(홍의) 弘綽(홍작) 弘侈(홍치) 恢弘(회홍)
쓰기한자: 弘報(홍보) 弘益人間(홍익인간) 弘濟(홍제)

洪 | 3급Ⅱ | 넓을 **홍** | 水 / 6

장마가 져서 물(氵)이 사방팔방으로 넓게 퍼져 함께(共)한다는 데서, '넓다'는 뜻이다.

읽기한자: 洪潰(홍궤) 洪濤(홍도) 洪瀾(홍란) 洪饒(홍요)
쓰기한자: 葛洪(갈홍) 洪範(홍범) 洪水(홍수)

紅 | 4급 | 붉을 **홍** | 糸 / 3

실(糸)을 빨갛게 물들여 만든(工) 데서, '붉다'는 뜻이다.

읽기한자: 攀紅(반홍) 堆紅(퇴홍) 紅瓊(홍경) 紅蠟(홍랍) 紅抹(홍말) 紅鴦(홍앙) 紅焰(홍염) 紅旭(홍욱) 紅箋(홍전) 紅綻(홍탄) 紅頰(홍협) 紅柿(홍시)
쓰기한자: 紅裳(홍상) 軟粉紅(연분홍) 朱紅(주홍) 紅茶(홍차) 紅桃(홍도) 紅燈(홍등) 紅爐(홍로) 紅毛(홍모) 紅蔘(홍삼) 紅顔(홍안) 紅疫(홍역) 紅玉(홍옥) 紅潮(홍조)

樺 2급(名) 벚나무 / 자작나무 **화** 木 / 11

껍질로 신(華＝鞾)을 만드는 나무(木)에서, '벚나무, 자작나무'를 뜻한다.

읽기한자 　樺太(화태)

靴 2급 신[履, 鞋] **화** 革 / 4

가죽(革)을 다루어 모양을 바꾸어(化) 신을 만드는 데서, '신(履, 鞋)'을 뜻한다.

쓰기한자 　軍靴(군화) 短靴(단화) 洋靴(양화) 長靴(장화) 着靴(착화) 靴工(화공)

嬅 2급(名) 탐스러울 **화** 女 / 11

계집(女)이 꽃(華)처럼 아름다운 데서, '탐스럽다'는 뜻이다. 주로 이름자로 쓰인다.

읽기한자 　嬅容(화용)

禾 3급 벼 **화** 禾 / 0

이삭이 늘어진 벼의 모양을 본뜬 글자로, '벼'를 뜻한다.

읽기한자 　黍禾(서화) 稙禾(직화) 禾黍(화서) 禾穗(화수) 嘉禾(가화) 禾竿(화간) 稷禾(직화)

쓰기한자 　禾穀(화곡) 晩禾(만화) 田禾(전화) 禾苗(화묘) 禾積(화적) 禾主(화주) 禾尺(화척) 禾草(화초)
禾利(화리)

禍 3급II 재앙 **화:** 示 / 9　동 殃, 厄, 災　반 福

사람의 도리를 저버리는 잘못(過)을 저지르면 신(示)이 재앙을 내린다는 데서, '재앙'을 뜻한다.

읽기한자 　賈禍(고화) 嗇禍(색화) 釀禍(양화) 嬰禍(영화) 禍譴(화견) 禍潰(화궤)

쓰기한자 　輪禍(윤화) 士禍(사화) 舌禍(설화) 殃禍(앙화) 災禍(재화) 戰禍(전화) 慘禍(참화) 筆禍(필화)
禍根(화근) 禍福(화복) 禍因(화인) 黃禍(황화)

華 4급 빛날 **화** 艸 / 7

화초(艹)가 흐드러지게 피어 드리워진(垂) 모양에서, '꽃, 빛나다'는 뜻이다.

읽기한자 　奢華(사화) 戎華(융화) 翠華(취화) 華袞(화곤) 華綺(화기) 華袂(화메) 華靡(화미) 華絆(화반)
華妍(화연) 華顚(화전) 華饌(화찬) 華僭(화참) 華敞(화창) 華緘(화함) 華絢(화현) 華繪(화회)
華廏(화구)

쓰기한자 　繁華(번화) 散華(산화) 昇華(승화) 榮華(영화) 精華(정화) 中華(중화) 豪華(호화) 華甲(화갑)
華僑(화교) 華麗(화려) 華髮(화발) 華商(화상) 華城(화성) 華燭(화촉) 華夏(화하) 華婚(화혼)

貨 | 4급Ⅱ | 재물 **화:** | 貝 / 4 | 동 財, 幣, 賄

돈(貝)으로 바꿀(化) 수 있는 물품에서, '재물'을 뜻한다.

임기한자 碎貨(쇄화) 貨賂(화뢰) 貨賄(화회)

쓰기한자 客貨(객화) 硬貨(경화) 金貨(금화) 良貨(양화) 美貨(미화) 百貨(백화) 寶貨(보화) 惡貨(악화)
外貨(외화) 銀貨(은화) 日貨(일화) 雜貨(잡화) 財貨(재화) 通貨(통화) 韓貨(한화) 貨車(화차)
貨物(화물) 貨主(화주) 貨幣(화폐)

化 | 5급Ⅱ | 될 **화(:)** | 匕 / 2 | 동 變

바로 서 있는 사람(亻)이 거꾸로 선 사람(匕)이 된 데서, '바뀌다, 되다'는 뜻이다.

임기한자 躬化(궁화) 遁化(둔화) 孵化(부화) 醇化(순화) 化膿(화농) 化醇(화순) 化洽(화흡) 薰化(훈화)
洽化(흡화)

쓰기한자 强化(강화) 感化(감화) 歸化(귀화) 鈍化(둔화) 綠化(녹화) 酸化(산화) 消化(소화) 純化(순화)
鹽化(염화) 融化(융화) 淨化(정화) 造化(조화) 進化(진화) 退化(퇴화) 特化(특화) 化工(화공)
化石(화석) 化成(화성) 化身(화신) 化粧(화장) 化學(화학) 化合(화합)

畫 | 6급 | 그림 **화:** / 그을 획(劃) | 田 / 7 | 비 畫, 書 | 동 圖 | 약 画

손에 붓을 잡고(聿) 도화지(一)에 밭(田)을 그리거나 밭의 경계선을 긋는 데서, '그리다, 긋다'는 뜻이다.

임기한자 描畫(묘화) 擘畫(벽획) 畫餠(화병) 畫扉(화비) 畫叉(화차) 繪畫(회화)

쓰기한자 圖畫(도화) 錄畫(녹화) 漫畫(만화) 梅畫(매화) 名畫(명화) 墨畫(묵화) 邦畫(방화) 壁畫(벽화)
佛畫(불화) 山水畫(산수화) 挿畫(삽화) 書畫(서화) 詩畫(시화) 洋畫(양화) 映畫(영화)
外畫(외화) 原畫(원화) 油畫(유화) 印畫(인화) 題畫(제화) 版畫(판화) 畫家(화가) 畫廊(화랑)
畫面(화면) 畫伯(화백) 畫法(화법) 畫報(화보) 畫順(획순) 畫室(화실) 畫板(화판) 畫幅(화폭)
畫筆(화필) 戲畫(희화)

和 | 6급Ⅱ | 화할 **화** | 口 / 5 | 동 睦, 穆, 沖, 平, 諧, 協 | 반 戰

벼(禾)가 잘 익어 기쁨에 차서 따듯하고 부드러운 말씨로 말하는(口) 데서, '화하다'는 뜻이다.

임기한자 鸞和(난화) 燮和(섭화) 酬和(수화) 雍和(옹화) 倡和(창화) 沖和(충화) 和嗜(화기) 和穆(화목)
和璧(화벽) 和粹(화수) 和綽(화작) 和悌(화제) 和昶(화창) 和沖(화충) 和諧(화해)

쓰기한자 講和(강화) 不和(불화) 溫和(온화) 緩和(완화) 違和(위화) 融和(융화) 人和(인화) 調和(조화)
中和(중화) 斥和(척화) 總和(총화) 親和(친화) 平和(평화) 飽和(포화) 和氣(화기) 和答(화답)
和蘭(화란) 和睦(화목) 和尙(화상) 和色(화색) 和順(화순) 和約(화약) 和音(화음) 和暢(화창)
和親(화친) 和平(화평) 和合(화합) 和解(화해)

花 7급 　　꽃 **화** 　艸 / 4

풀(艹)이 자라 변화하여(化) 아름다운 꽃이 된다는 데서, '꽃'을 뜻한다.

읽기한자　鵑花(견화) 槐花(괴화) 葵花(규화) 槿花(근화) 蠟花(납화) 蘆花(노화) 菱花(능화) 棉花(면화)
櫻花(앵화) 琼花(종화) 杏花(행화) 花魁(화괴) 花珀(화박) 花瓶(화병) 花盆(화분) 花瓷(화자)
花箋(화전) 花蛤(화합) 花缸(화항) 花卉(화훼)

쓰기한자　葛花(갈화) 開花(개화) 菊花(국화) 桃花(도화) 落花(낙화) 蓮花(연화) 梨花(이화) 梅花(매화)
木花(목화) 散花(산화) 揷花(삽화) 石花(석화) 松花(송화) 眼花(안화) 妖花(요화) 苑花(원화)
造花(조화) 荷花(하화) 獻花(헌화) 花壇(화단) 花代(화대) 花郞(화랑) 花粉(화분) 花信(화신)
花顔(화안) 花園(화원) 花苑(화원) 花鳥(화조) 花草(화초) 花燭(화촉) 花鬪(화투) 花環(화환)

話 7급Ⅱ　　말씀 **화** 　言 / 6 　동 說, 言

혀(舌)와 입술을 사용하여 마음에 생각하고 있는 것을 말한다(言)는 데서, '말씀, 이야기'
를 뜻한다.

읽기한자　嘉話(가화) 寓話(우화)

쓰기한자　佳話(가화) 講話(강화) 口話(구화) 談話(담화) 對話(대화) 童話(동화) 白話(백화) 悲話(비화)
祕話(비화) 史話(사화) 詞話(사화) 揷話(삽화) 說話(설화) 手話(수화) 神話(신화) 實話(실화)
夜話(야화) 野話(야화) 逸話(일화) 電話(전화) 通話(통화) 話頭(화두) 話法(화법) 話術(화술)
話者(화자) 話題(화제) 會話(회화) 訓話(훈화)

火 8급　　불 **화(:)** 　火 / 0

불이 타오르는 모양을 본뜬 것으로, '불'을 뜻한다.

읽기한자　痰火(담화) 燎火(요화) 燐火(인화) 烽火(봉화) 噴火(분화) 焚火(분화) 閃火(섬화) 訛火(와화)
火盆(화분) 火鼠(화서) 火燼(화신) 火焰(화염) 火匠(화장) 火箸(화저) 火箭(화전)

쓰기한자　客火(객화) 鬼火(귀화) 耐火(내화) 烈火(열화) 發火(발화) 放火(방화) 防火(방화) 兵火(병화)
飛火(비화) 聖火(성화) 消火(소화) 失火(실화) 熱火(열화) 鬱火(울화) 引火(인화) 點火(점화)
鎭火(진화) 採火(채화) 砲火(포화) 香火(향화) 火車(화차) 火急(화급) 火氣(화기) 火力(화력)
火爐(화로) 火傷(화상) 火星(화성) 火食(화식) 火藥(화약) 火印(화인) 火因(화인) 火葬(화장)
火災(화재) 火刑(화형)

穫 3급　　거둘 **확** 　禾 / 14 　비 獲

풀숲(艹)의 새(隹)를 손(又)으로 잡듯이 벼(禾)를 움켜쥐고 베는 데서, '거두다'는 뜻이다.

읽기한자　斂穫(염확) 隕穫(운확)

쓰기한자　耕穫(경확) 收穫(수확) 秋穫(추확)

擴 3급　　넓힐 **확** 　手 / 15 　약 拡

손(扌)을 쭉 펴서 넓게(廣) 늘린다는 데서, '넓히다'는 뜻이다.

쓰기한자　擴大(확대) 擴散(확산) 擴聲(확성) 擴張(확장) 擴充(확충)

確 4급II 　　굳을 **확**　石 / 10　图 固
돌(石)처럼 단단하고 높이 나는 새(隺)처럼 지조가 높고 굳은 데서, '굳다'는 뜻이다.

읽기한자　瞭確(요확) 牢確(뇌확)

쓰기한자　堅確(견확) 明確(명확) 的確(적확) 正確(정확) 精確(정확) 確固(확고) 確答(확답) 確率(확률)
確立(확립) 確保(확보) 確信(확신) 確實(확실) 確約(확약) 確言(확언) 確認(확인) 確定(확정)
確證(확증) 確乎(확호)

驩 1급　　기뻐할 **환**　馬 / 18
말(馬)이 왕골 풀(藿)을 만난 데서, '기뻐하다'는 뜻이다.

읽기한자　驩兜(환두) 驩附(환부) 驩然(환연) 驩迎(환영) 驩洽(환흡) 交驩(교환) 舊驩(구환) 悲驩(비환)
至驩(지환) 合驩(합환)

宦 1급　　벼슬 **환:**　宀 / 6
대궐(宀)에서 몸을 굽혀 임금을 섬기는 사람(臣＝臥)에서, '벼슬, 벼슬아치'의 뜻인데, 주로
'내시(內侍)'의 뜻으로 쓰인다.

읽기한자　宦官(환관) 宦達(환달) 宦路(환로) 宦味(환미) 宦福(환복) 宦侍(환시) 宦人(환인) 宦者(환자)
宦情(환정) 宦學(환학) 巧宦(교환) 內宦(내환) 冷宦(냉환) 名宦(명환) 未宦(미환) 薄宦(박환)
仕宦(사환) 遊宦(유환) 通宦(통환)

喚 1급　　부를 **환**　口 / 9　图 叫
흩어져 있는(奐) 사람을 한 곳에 모으기 위하여 소리를 내는(口) 데서, '부르다'는 뜻이다.

읽기한자　喚叫(환규) 喚起(환기) 喚問(환문) 喚聲(환성) 喚醒(환성) 喚集(환집) 喚呼(환호) 叫喚(규환)
宣喚(선환) 召喚(소환) 追喚(추환) 通喚(통환) 呼喚(호환)

鰥 1급　　홀아비 **환**　魚 / 10
물고기(魚)의 눈에서 눈물이 떨어지는 모양을 본뜬 것으로, 그와 같은 모양새의 사람, '홀
아비'를 뜻한다.

읽기한자　鰥居(환거) 鰥寡(환과) 鰥民(환민) 鰥夫(환부) 鰥魚(환어) 鰥處(환처) 鰥鰥(환환) 窮鰥(궁환)
貧鰥(빈환) 孀鰥(상환) 弔鰥(조환)

桓 2급(名)　　굳셀 **환**　木 / 6
行人이 찾는(亘) 나무(木)에서 본래 우정(郵亭)의 푯말, 이정표(里程標)를 나타냈다. 이 푯
말은 튼튼하게 세워 놓았고, 행인은 그 푯말 앞에서 정보를 얻기 위해 머뭇거리게 되므로
여기에서 '굳세다, 머뭇거리다'는 뜻이 나왔다.

읽기한자　槃桓(반환) 盤桓(반환) 烏桓(오환) 桓雄(환웅) 桓桓(환환)

煥 2급(名)　　빛날 **환:**　火 / 9
불(火)이 성대하여 활활 타오르면(奐) 사방이 밝아지는 데서, '빛나다'는 뜻이다.

읽기한자　燦煥(찬환) 煥爛(환란) 煥麗(환려) 煥然(환연)

幻 2급　　헛보일 **환:**　　幺 / 1

본래 글자는 물속에 비친 어떤 물체를 그린 것인데, 물속에 비친 것은 실체가 아닌 데서, '허깨비, 헛보이다'는 뜻이다.

읽기한자　泡幻(포환) 幻沫(환말) 幻眄(환면) 幻蘊(환온) 幻泡(환포)

쓰기한자　夢幻(몽환) 變幻(변환) 幻覺(환각) 幻滅(환멸) 幻夢(환몽) 幻法(환법) 幻像(환상) 幻想(환상)
幻相(환상) 幻生(환생) 幻術(환술) 幻影(환영) 幻聽(환청) 幻惑(환혹)

丸 3급　　둥글 **환**　　丶 / 2　　비 九

반죽한 물건, 약재를 여러(九) 번 굴려서 덩어리(丶)가 둥근 알을 만든다는 데서, '둥글다'는 뜻이다.

읽기한자　蠟丸(납환)

쓰기한자　一丸(일환) 彈丸(탄환) 砲丸(포환) 丸藥(환약) 丸劑(환제)

還 3급Ⅱ　　돌아올 **환**　　辶 / 13　　동 歸

휘둥그런 눈(睘) 모양의 길(辶)을 가면 먼저 있던 자리로 돌아온다는 데서, '돌아오다'는 뜻이다.

읽기한자　還蕩(환탕) 還巢(환소) 還臂(환비) 還耗(환모) 還駕(환가) 逋還(포환) 有還(유환) 戾還(여환)
贖還(속환) 坊還(방환) 牟還(모환) 凱還(개환)

쓰기한자　歸還(귀환) 返還(반환) 償還(상환) 生還(생환) 召還(소환) 送還(송환) 奪還(탈환) 還甲(환갑)
還國(환국) 還給(환급) 還都(환도) 還流(환류) 還滅(환멸) 還付(환부) 還拂(환불) 還生(환생)
還俗(환속) 還屬(환속) 還送(환송) 還收(환수) 還玉(환옥) 還元(환원)

換 3급Ⅱ　　바꿀 **환:**　　手 / 9

크게(奐) 필요한 것을 손(扌)에 넣으려고 다른 물건을 내놓는 데서, '바꾸다'는 뜻이다.

읽기한자　畔換(반환) 悛換(전환) 兌換(태환)

쓰기한자　交換(교환) 變換(변환) 外換(외환) 轉換(전환) 置換(치환) 互換(호환) 換氣(환기) 換率(환율)
換買(환매) 換物(환물) 換拂(환불) 換算(환산) 換言(환언) 換錢(환전) 換票(환표)

環 4급　　고리 **환(:)**　　玉 / 13

옥(王)으로 놀라 휘둥그렇게 뜬 사람의 눈(睘)처럼 둥글게 만든 가락지로, '고리'를 뜻한다.

읽기한자　彎環(만환) 臂環(비환) 環堵(환도) 環濤(환도)

쓰기한자　金環(금환) 循環(순환) 一環(일환) 指環(지환) 花環(화환) 環甲(환갑) 環境(환경) 環狀(환상)
環視(환시)

歡 4급　　기쁠 **환**　　欠 / 18　　비 勸　　동 悅, 喜　　약 欢, 歓

풀숲(艹)에서 여러 마리의 새(隹)가 입과 입(口)을 벌려 노래하는(欠) 데서, '기쁘다'는 뜻이다.

읽기한자　愉歡(유환) 歡憮(환무) 歡愉(환유) 歡怡(환이) 歡諧(환해) 歡駭(환해) 歡欣(환흔) 洽歡(흡환)

쓰기한자　哀歡(애환) 歡談(환담) 歡待(환대) 歡樂(환락) 歡聲(환성) 歡送(환송) 歡心(환심) 歡迎(환영)
歡呼(환호) 歡呼聲(환호성) 歡喜(환희)

患 | 5급 | 근심 **환:** 心 / 7 | 동 憂
꼬챙이(串)가 심장(心)을 쑤시는 듯 마음이 편치 않은 데서, '근심'을 뜻한다.

읽기한자 艱患(간환) 寇患(구환) 癩患(나환)

쓰기한자 急患(급환) 內患(내환) 老患(노환) 病患(병환) 宿患(숙환) 外患(외환) 憂患(우환) 疾患(질환)
肺患(폐환) 患難(환난) 患亂(환란) 患部(환부) 患者(환자) 後患(후환)

猾 | 1급 | 교활할 **활** 犬 / 10
매끄럽게(骨＝滑) 잔꾀를 쓰는 짐승(犭)같은 사람에서, '교활하다'는 뜻이다.

읽기한자 猾吏(활리) 猾民(활민) 猾胥(활서) 猾惡(활악) 猾賊(활적) 猾智(활지) 奸猾(간활) 姦猾(간활)
輕猾(경활) 巧猾(교활) 狡猾(교활) 老猾(노활) 邪猾(사활) 貪猾(탐활) 險猾(험활)

闊 | 1급 | 넓을 **활** 門 / 9 | 반 狹
왕래가 자유로운(活) 넓은 문(門)에서, '넓다'는 뜻이다.

읽기한자 闊達(활달) 闊落(활락) 闊略(활략) 闊漫(활만) 闊別(활별) 闊步(활보) 闊疏(활소) 闊疎(활소)
闊袖(활수) 闊然(활연) 闊狹(활협) 簡闊(간활) 契闊(결활) 空闊(공활) 寬闊(관활) 廣闊(광활)
久闊(구활) 疎闊(소활) 迂闊(우활) 離闊(이활) 快闊(쾌활) 平闊(평활)

滑 | 2급 | 미끄러울 **활** / 水 / 10
익살스러울 **골**
물(氵)이 뼈(骨)의 표면에 묻으면 미끄러운 데서, '미끄럽다'는 뜻이다. 또 말이나 몸짓을
미끄럽게 잘하는 데서, '익살스럽다'는 뜻이다.

읽기한자 滑泪(골골)

쓰기한자 圓滑(원활) 潤滑(윤활) 滑降(활강) 滑氷(활빙) 滑走(활주)

活 | 7급Ⅱ | 살 **활** 水 / 6 | 비 浩 반 殺
혀(舌)을 놀리며 음식을 먹듯 둑을 부수고 활발히 움직이는 물(氵)의 모습에서 '물소리, 물
이 세차게 흐르다'는 뜻인데, 생동하는 물의 모습에서, '살다'는 뜻이다.

읽기한자 泪活(골활) 函活(함활) 活鱗(활린) 活潑(활발) 活栓(활전)

쓰기한자 苟活(구활) 敏活(민활) 復活(부활) 死活(사활) 生活(생활) 自活(자활) 再活(재활) 快活(쾌활)
活劇(활극) 活氣(활기) 活動(활동) 活力(활력) 活路(활로) 活貧(활빈) 活性(활성) 活躍(활약)
活魚(활어) 活用(활용) 活字(활자) 活着(활착) 活版(활판) 活況(활황)

遑 | 1급 | 급할 **황** 辵 / 9 | 동 急
사람들이 크게 퍼져(皇) 이곳저곳으로 다니는(辶) 데서, '급하다'는 뜻이다. 또 '겨를'을 뜻
한다.

읽기한자 遑急(황급) 遑遑(황황) 大遑(대황) 未遑(미황) 不遑(불황) 棲遑(서황) 怠遑(태황)

惶 1급 두려울 **황** 心 / 9 동 怯, 悸, 恐, 懼, 悚

안심이 안되어 마음(忄)이 갈피를 잡지 못하고 방황(皇=徨)하는 데서, '두렵다'는 뜻이다.

읽기한자 惶感(황감) 惶怯(황겁) 惶恐(황공) 惶凜(황름) 惶迫(황박) 惶悚(황송) 惶擾(황요) 惶汗(황한) 惶惑(황혹) 驚惶(경황) 恐惶(공황) 兢惶(긍황) 憂惶(우황) 戰惶(전황) 震惶(진황) 蒼惶(창황) 駭惶(해황)

凰 1급 봉황 **황** 几 / 9

바람에 날개를 펄럭이는(几) 상상 속의 큰(皇) 새에서 '봉황'을 뜻한다. 봉황의 수컷은 鳳, 암컷은 凰이라 한다.

읽기한자 鳳凰(봉황)

煌 1급 빛날 **황** 火 / 9 동 耀

크게 盛한(皇) 세찬 불(火)빛에서, '빛나다'는 뜻이다.

읽기한자 煌星(황성) 煌耀(황요) 敦煌(돈황) 炫煌(현황) 輝煌(휘황)

慌 1급 어리둥절할 **황** 心 / 10 동 惚

마음(忄) 속에 아무것도 없는(荒=亡) 데서, '어리둥절하다, 멍하다'는 뜻이다.

읽기한자 慌忙(황망) 慌罔(황망) 慌惘(황망) 慌悴(황췌) 慌惚(황홀) 恕慌(서황)

徨 1급 헤맬 **황** 彳 / 9

크게 퍼진(皇) 곳에서 갈 방향을 잡지 못해 조금씩 이리저리 다니는(彳) 데서, '방황하다, 헤매다'는 뜻이다.

읽기한자 迷徨(미황) 彷徨(방황)

恍 1급 황홀할 **황** 心 / 6 동 惚

의식(忄)이 뚜렷하지 않은(光) 데서, 흐릿하여 분명치 않거나, 무언가에 마음이 쏠리어 달뜬 상태, '황홀하다'는 뜻이다.

읽기한자 恍然(황연) 恍游(황유) 恍惚(황홀) 昏恍(혼황)

滉 2급(名) 깊을 **황** 水 / 10

물(氵)은 깊고 넓어야 그 이름이 빛나는(晃) 데서, '깊다'는 뜻이다.

읽기한자 李滉(이황)

晃 2급(名) 밝을 **황** 日 / 6

해(日)가 빛나는(光) 데서, '밝다'는 뜻이다.

읽기한자 眩晃(현황) 晃耀(황요) 晃昱(황욱) 晃晃(황황)

荒 3급II 　거칠 **황** 艸 / 6 　통 蕪, 廢

냇(川)물과 초목(艹)이 말라 죽어(亡) 들이 생기가 없는 데서, '거칠다'는 뜻이다.

　읽기한자　墾荒(간황) 蕪荒(무황) 遐荒(하황) 荒憬(황경) 荒饉(황근) 荒籬(황리) 荒昧(황매) 荒蕪(황무)
荒祠(황사) 荒裔(황예) 荒寥(황료) 荒柵(황책) 荒塚(황총) 荒愿(황특) 荒悖(황패) 荒遐(황하)

　쓰기한자　虛荒(허황) 荒年(황년) 荒唐(황당) 荒涼(황량) 荒城(황성) 荒野(황야) 荒淫(황음) 荒土(황토)
荒廢(황폐) 凶荒(흉황)

皇 3급II 　임금 **황** 白 / 4 　통 王, 帝 　반 民

흰(白) 면류관을 쓴 임금(王)이란 데서, '임금, 황제'를 뜻한다.

　읽기한자　皇儔(황구) 皇穹(황궁) 皇妣(황비) 皇邸(황저) 皇胄(황주) 皇后(황후)

　쓰기한자　敎皇(교황) 三皇(삼황) 張皇(장황) 倉皇(창황) 皇考(황고) 皇國(황국) 皇宮(황궁) 皇女(황녀)
皇妃(황비) 皇室(황실) 皇恩(황은) 皇帝(황제) 皇族(황족)

況 4급 　상황 **황:** 水 / 5

물(氵)이 크게(兄) 불어나거나 작게 줄어드는 상황을 알아본다는 데서, '상황'을 뜻한다.

　읽기한자　譬況(비황)

　쓰기한자　槪況(개황) 客況(객황) 景況(경황) 近況(근황) 不況(불황) 狀況(상황) 盛況(성황) 市況(시황)
實況(실황) 作況(작황) 戰況(전황) 情況(정황) 現況(현황) 好況(호황) 活況(활황) 況且(황차)

黃 6급 　누를 **황** 黃 / 0

모든 밭(田)이 한 가지로(共) 누렇게 곡식이 익은 데서, '누르다, 누렇다'는 뜻이다.

　읽기한자　渠黃(거황) 蛋黃(단황) 詔黃(조황) 蒲黃(포황) 黃柑(황감) 黃鵠(황곡) 黃嬌(황교) 黃疸(황달)
黃橙(황등) 黃蠟(황랍) 黃粱(황량) 黃礫(황력) 黃燐(황린) 黃榜(황방) 黃紗(황사) 黃黍(황서)
黃鴨(황압) 黃鶯(황앙) 黃埃(황애) 黃鶯(황앵) 黃雀(황작) 黃腫(황종) 黃荊(황형)

　쓰기한자　硫黃(유황) 浮黃(부황) 牛黃(우황) 朱黃(주황) 玄黃(현황) 黃口(황구) 黃狗(황구) 黃菊(황국)
黃金(황금) 黃桃(황도) 黃道(황도) 黃栗(황률) 黃沙(황사) 黃酸(황산) 黃牛(황우) 黃鳥(황조)
黃泉(황천) 黃土(황토) 黃海(황해) 黃昏(황혼) 黃禍(황화)

誨 1급 　가르칠 **회:** 言 / 7

事理에 어두운(每) 사람에게 말(言)로 이치를 깨치게 하는 데서, '가르치다'는 뜻이다.

　읽기한자　誨授(회수) 誨言(회언) 誨諭(회유) 誨育(회육) 敎誨(교회) 規誨(규회) 善誨(선회) 聖誨(성회)
往誨(왕회) 仁誨(인회) 慈誨(자회) 胎誨(태회) 訓誨(훈회)

繪 1급 　그림 **회**: 糸 / 13 　동 畫 　약 絵
여러 빛깔의 실(糸)을 모아(會) 수를 놓는 데서, '그림'을 뜻한다.

읽기한자 　繪圖(회도) 繪事(회사) 繪像(회상) 繪素(회소) 繪塑(회소) 繪畫(회화) 刻繪(각회) 圖繪(도회)
墨繪(묵회) 文繪(문회) 美繪(미회) 粉繪(분회) 鮮繪(선회) 素繪(소회) 裝繪(장회) 彩繪(채회)
品繪(품회) 華繪(화회)

晦 1급 　그믐 **회** 日 / 7 　반 朔
빛(日)이 없어 어두운(每) 데서, '그믐'을 뜻한다.

읽기한자 　晦間(회간) 晦匿(회닉) 晦昧(회매) 晦朔(회삭) 晦藏(회장) 晦在(회재) 晦惑(회혹) 高晦(고회)
明晦(명회) 冥晦(명회) 朔晦(삭회) 月晦(월회) 幽晦(유회) 陰晦(음회) 自晦(자회) 潛晦(잠회)
遵養時晦(준양시회) 顯晦(현회) 昏晦(혼회)

恢 1급 　넓을 **회** 心 / 6 　동 廣
마음(忄)이 넓고 큰(灰=宏) 데서, '넓다'는 뜻이다.

읽기한자 　恢宏(회굉) 恢奇(회기) 恢復(회복) 恢然(회연) 恢闡(회천) 恢弘(회홍) 恢廓(회확)

徊 1급 　머뭇거릴 **회** 彳 / 6
한가하게 이리저리(回) 왔다갔다(彳) 하는 데서, '노닐다, 배회하다, 머뭇거리다'는 뜻이다.

읽기한자 　徘徊(배회) 低徊(저회) 遲徊(지회)

賄 1급 　재물 / 뇌물 **회**: 貝 / 6 　동 賂
식사를 남에게 권하듯(有) 재화(貝)를 남에게 보내는 데서, '뇌물'을 뜻한다. 또 재물(貝)을
가지고(有) 있는 데서, '재물'을 뜻한다.

읽기한자 　賄賂(회뢰) 方賄(방회) 收賄(수회) 容賄(용회) 資賄(자회) 財賄(재회) 貨賄(화회)

膾 1급 　회(膾) **회**: 肉 / 13 　반 炙
잘게 저민 고기(月)를 날로 먹게 만들어 모아(會) 담은 데서, '회'를 뜻한다.

읽기한자 　膾羹(회갱) 膾刀(회도) 膾炙(회자) 膾截(회절) 鮮膾(선회) 魚膾(어회) 肉膾(육회) 蒸膾(증회)

蛔 1급 　회충 **회** 虫 / 6
뱃속을 돌아다니며(回) 사람 몸에 기생하는 벌레(虫)에서, '거위, 회충(蛔蟲)'을 뜻한다.

읽기한자 　蛔疳(회감) 蛔厥(회궐) 蛔藥(회약) 蛔積(회적) 蛔症(회증) 蛔蟲(회충) 蛔痛(회통) 蛟蛔(교회)
動蛔(동회) 安蛔(안회)

廻 2급 　돌[旋] **회** 　廴 / 6 　동 斡, 迂

빙빙 돌면서(回) 제자리걸음(廴) 하는 데서, '돌다'는 뜻이다. 또, 돌아서(回) 간다(廴)는 데서, '피하다'는 뜻이다.

읽기한자 　廻眷(회권) 廻溜(회류) 廻閃(회섬) 廻斡(회알) 廻迂(회우) 廻阻(회조)

쓰기한자 　輪廻(윤회) 上廻(상회) 巡廻(순회) 下廻(하회) 廻顧(회고) 廻塗(회도) 廻廊(회랑) 廻禮(회례)
　　　　　廻旋(회선) 廻轉(회전) 廻風(회풍) 廻避(회피) 廻向(회향)

淮 2급(名) 　물이름 **회** 　水 / 8

中國 安徽省(안휘성), 江蘇省(강소성) 일대를 흐르는 강의 이름자이다.

읽기한자 　淮水(회수) 淮陽(회양) 淮夷(회이)

檜 2급(名) 　전나무 **회:** 　木 / 13

잣나무와 소나무가 만나서(會) 만들어진 나무(木)라는 데서, '전나무'를 뜻한다. 전나무는 잎은 잣나무와 같고 줄기는 소나무와 같다고 한다.

읽기한자 　老檜(노회) 松檜(송회) 檜皮(회피)

悔 3급Ⅱ 　뉘우칠 **회:** 　心 / 7 　비 侮 동 恨

지나간 잘못을 마음(忄) 속으로 매양(每) 뉘우친다는 데서, '뉘우치다'는 뜻이다.

읽기한자 　懊悔(오회) 懺悔(참회) 悔吝(회린) 悔懊(회오)

쓰기한자 　感悔(감회) 憾悔(감회) 收悔(수회) 悔改(회개) 悔心(회심) 悔悟(회오) 悔恨(회한) 後悔(후회)

懷 3급Ⅱ 　품을 **회** 　心 / 16 　비 壞, 壤 동 孕, 抱 약 懐

호주머니에 거울을 간직하듯(褱) 마음(忄)에 간직하는 데서, '품다'는 뜻이다.

읽기한자 　曠懷(광회) 襟懷(금회) 悶懷(민회) 鄙懷(비회) 坦懷(탄회) 披懷(피회) 懷瑾(회근) 懷襟(회금)
　　　　　懷緬(회면) 懷撫(회무) 懷繃(회붕) 懷孕(회잉) 懷挾(회협)

쓰기한자 　感懷(감회) 所懷(소회) 述懷(술회) 暢懷(창회) 下懷(하회) 懷古(회고) 懷柔(회유) 懷疑(회의)
　　　　　懷妊(회임) 懷胎(회태) 懷抱(회포)

灰 4급 　재 **회** 　火 / 2

손(𠂇)에 드는 것이 가능한 불(火)씨에서, 다 타버리고 남은 '재'를 뜻한다.

읽기한자 　燼灰(신회) 灰燼(회신) 灰殞(회운) 灰汁(회즙)

쓰기한자 　石灰(석회) 洋灰(양회) 灰壁(회벽) 灰色(회색)

回 4급Ⅱ 　돌아올 **회** 　口 / 3 　동 歸, 旋, 轉
소용돌이 또는 돌아가는 바퀴 모양을 본뜬 것으로, '돌다'는 뜻이다.

 읽기한자 挽回(만회) 迂回(우회) 回翔(회상) 回游(회유) 回漕(회조) 回憚(회탄)
쓰기한자 輪回(윤회) 旋回(선회) 數回(수회) 撤回(철회) 下回(하회) 回甲(회갑) 回顧(회고) 回敎(회교)
回軍(회군) 回歸(회귀) 回答(회답) 回覽(회람) 回廊(회랑) 回路(회로) 回報(회보) 回復(회복)
回附(회부) 回想(회상) 回旋(회선) 回線(회선) 回船(회선) 回收(회수) 回數(회수) 回信(회신)
回心(회심) 回容(회용) 回遊(회유) 回轉(회전) 回診(회진) 回春(회춘) 回避(회피) 回航(회항)
回婚(회혼)

會 6급Ⅱ 　모일 **회:** 　日 / 9 　동 社, 集 　반 散 　약 会
사람의 얼굴에 눈, 귀, 코, 입 따위가 모인 모양을 본뜬 글자로, '모이다'는 뜻이다.

 읽기한자 劫會(겁회) 彦會(언회) 齋會(재회) 黜會(출회) 會撮(회촬) 會緻(회치) 會辦(회판)
쓰기한자 開會(개회) 國會(국회) 機會(기회) 納會(납회) 流會(유회) 面會(면회) 密會(밀회) 法會(법회)
司會(사회) 社會(사회) 商會(상회) 宴會(연회) 議會(의회) 停會(정회) 朝會(조회) 總會(총회)
學會(학회) 協會(협회) 會見(회견) 會計(회계) 會談(회담) 會得(회득) 會報(회보) 會社(회사)
會食(회식) 會員(회원) 會意(회의) 會議(회의) 會場(회장) 會誌(회지) 會則(회칙) 會合(회합)
會話(회화) 休會(휴회)

劃 3급Ⅱ 　그을 **획** 　刀 / 12
손에 붓을 잡고(聿) 도화지(一)에 밭(田)을 그리거나 밭의 경계선을 그어 경계를 나누는
(刂) 데서, '긋다'는 뜻이다.

 쓰기한자 計劃(계획) 區劃(구획) 企劃(기획) 碩劃(석획) 劃期(획기) 劃數(획수) 劃一(획일) 劃定(획정)
劃策(획책)

獲 3급Ⅱ 　얻을 **획** 　犬 / 14 　비 穫 　동 得
사냥개(犭)를 수풀(艹) 속에 데리고 가서 새(隹)를 손(又)으로 잡는 데서, '얻다'는 뜻이다.

 읽기한자 拿獲(나획) 虜獲(노획) 搏獲(박획)
쓰기한자 禽獲(금획) 濫獲(남획) 漁獲(어획) 藏獲(장획) 捕獲(포획) 獲得(획득)

橫 3급Ⅱ 　가로 **횡** 　木 / 12 　반 竪
대문의 빗장으로 쓰이는 가로지른(黃) 나무(木)로, '가로, 비끼다'는 뜻이다.

 읽기한자 橫廓(횡확) 橫涅(횡렬) 橫夭(횡요) 橫睛(횡정) 橫檻(횡함)
쓰기한자 專橫(전횡) 縱橫(종횡) 橫斷(횡단) 橫帶(횡대) 橫隊(횡대) 橫列(횡렬) 橫領(횡령) 橫流(횡류)
橫步(횡보) 橫死(횡사) 橫書(횡서) 橫線(횡선) 橫數(횡수) 橫厄(횡액) 橫材(횡재) 橫災(횡재)
橫財(횡재) 橫的(횡적) 橫暴(횡포) 橫行(횡행)

爻 1급 　사귈 / 가로그을 **효** 　爻 / 0
팔랑개비처럼 물건을 엮어 맞춘 모양을 형상화하여, '사귀다'는 뜻이다. 또, 易의 卦를 이
루는 여섯 개의 가로 그은 획에서, '육효(六爻), 가로 긋다'는 뜻이다.

읽기한자 爻辭(효사) 卦爻(괘효) 上爻(상효) 六爻(육효) 二爻(이효) 初爻(초효) 下爻(하효)

酵 | 1급 | 삭힐 **효:** | 酉 / 7

술(酉), 간장, 식초 따위를 발효시키는 데서, '삭히다, 술 괴다, 누룩'을 뜻한다. 原音은 '교'로 무교병(無酵餅) 등에 아직 '교'음이 남아 있다.

읽기한자 酵母(효모) 酵素(효소) 發酵(발효) 醱酵(발효) 糟酵(조효) 酒酵(주효)

哮 | 1급 | 성낼 **효** | 口 / 7 | **동** 咆, 吼

동물이 으르렁(孝는 擬聲語)거리는 소리를 내는(口) 데서, '성내다'는 뜻이다.

읽기한자 哮咆(효포) 哮吼(효후) 怒哮(노효) 跳哮(도효) 咆哮(포효) 曉哮(효효)

嚆 | 1급 | 울릴 **효** | 口 / 14

외치거나 우는 소리(蒿는 擬聲語)가 나는(口) 데서, '울다, 울리다, 외치다'는 뜻이다.

읽기한자 嚆矢(효시)

曉 | 3급 | 새벽 **효:** | 日 / 12 | **동** 晨, 喩, 諭 | **약** 暁

해(日)가 높은(堯) 산이나 언덕 위로 떠오르는 밝은 녘으로, '새벽'을 뜻한다.

읽기한자 諭曉(유효) 猝曉(졸효) 曉魄(효백) 曉梵(효범) 曉譬(효비) 曉靄(효애) 曉哮(효효)
쓰기한자 拂曉(불효) 通曉(통효) 曉達(효달) 曉得(효득) 曉星(효성) 曉鍾(효종)

效 | 5급Ⅱ | 본받을 **효:** | 攴 / 6 | **약** 効

착한 사람과 사귀어(交) 그 행실을 본받도록 타이르고 회초리질(攵)한다는 데서, '본받다'는 뜻이다.

쓰기한자 功效(공효) 無效(무효) 發效(발효) 時效(시효) 失效(실효) 實效(실효) 藥效(약효) 有效(유효)
奏效(주효) 特效(특효) 效果(효과) 效能(효능) 效力(효력) 效率(효율) 效死(효사) 效用(효용)
效則(효칙) 效驗(효험)

孝 | 7급Ⅱ | 효도 **효:** | 子 / 4 | **비** 考, 老

자식(子)이 나이든(耂) 부모를 등에 업은 형태에서, '어버이를 잘 섬기다, 효도'를 뜻한다.

읽기한자 孝廬(효려) 孝巾(효건) 孝悌(효제)
쓰기한자 不孝(불효) 忠孝(충효) 孝女(효녀) 孝道(효도) 孝婦(효부) 孝誠(효성) 孝心(효심) 孝子(효자)
孝行(효행)

逅 | 1급 | 만날 **후:** | 辵 / 6

무작정 길을 가다(辶) 우연히 만나는(后=遘) 데서, '우연히 만나다'는 뜻이다.

읽기한자 邂逅(해후)

嗅 1급 | 맡을 **후:** 口 / 10
齅와 同字로 코(鼻)로 냄새를 맡는(臭) 데서, '냄새 맡다'는 뜻이다.

임기한자 嗅覺(후각) 嗅感(후감) 嗅官(후관)

朽 1급 | 썩을 **후:** 木 / 2 | 비 功, 巧 | 통 腐
나무(木)가 썩어 굽은(丂) 데서, '썩다'는 뜻이다.

임기한자 朽骨(후골) 朽壞(후괴) 朽斷(후단) 朽老(후로) 朽滅(후멸) 朽腐(후부) 朽損(후손) 朽棧(후잔)
朽敗(후패) 朽廢(후폐) 枯朽(고후) 老朽(노후) 腐朽(부후) 不朽(불후) 衰朽(쇠후) 焦朽(초후)
敗朽(패후)

吼 1급 | 울부짖을 **후:** 口 / 4 | 통 號
짐승이 성내어 평소와는 다른 큰(孔) 울부짖는 소리를 내는(口) 데서, '울부짖다'는 뜻이다.

임기한자 吼怒(후노) 吼號(후호) 鯨吼(경후) 叫吼(규후) 雷吼(뇌후) 鳴吼(명후) 哮吼(효후)

喉 2급 | 목구멍 **후** 口 / 9
숨이 입(口)에서 과녁(侯)인 허파에 이르는 동안 목구멍을 통하는 데서, '목구멍'을 뜻한다.

임기한자 嬌喉(교후) 襟喉(금후) 扼喉(액후) 咽喉(인후)
쓰기한자 喉頭(후두) 喉門(후문) 喉舌(후설)

后 2급(名) | 임금 / 왕후 **후:** 口 / 3
입(口)으로 명령을 내리는 앉아 있는 사람(人의 변형)에서, '임금, 왕후'를 뜻한다. 또, '토
지 신'을 나타내기도 한다.

임기한자 母后(모후) 太后(태후) 皇后(황후) 后宮(후궁) 后妃(후비) 后王(후왕) 后稷(후직) 后土(후토)

侯 3급 | 제후 **후** 人 / 7 | 비 候 | 통 鵠
옛날에 화살(矢)을 쏘아 과녁(ᄀ)에 맞추는 나라를 잘 지킬 사람(亻)을 제후에 봉한 데서,
'제후'라는 뜻이다.

임기한자 藩侯(번후) 虞侯(우후) 侯鵠(후곡) 侯蹄(후제)
쓰기한자 王侯(왕후) 諸侯(제후) 土侯(토후) 侯爵(후작)

候 4급 | 기후 **후:** 人 / 8 | 비 侯
사람(亻)이 활을 쏠 때 과녁(侯)을 살피는 데서, '살피다'는 뜻이다. 또, 활쏘기에 좋은 날
씨를 살피는 데서, '기후'를 뜻한다.

임기한자 伍候(오후) 候邏(후라)
쓰기한자 氣候(기후) 上候(상후) 症候(증후) 徵候(징후) 斥候(척후) 諜候(첩후) 測候(측후) 候補(후보)
候鳥(후조)

厚 4급 　　 두터울 **후:** 厂 / 7 　 빤 薄

포대기(冃)로 아이(子)를 두텁게 감싼 모양으로 산기슭(厂)에 두텁게 흙과 돌 등이 쌓여
있는 데서, '두텁다'는 뜻이다.

📖 읽기한자　 樸厚(박후) 淳厚(순후) 寵厚(총후) 厚壟(후롱) 厚賂(후뢰) 厚贖(후속) 厚酬(후수)

✏️ 쓰기한자　 寬厚(관후) 濃厚(농후) 敦厚(돈후) 顔厚(안후) 溫厚(온후) 重厚(중후) 厚待(후대) 厚德(후덕)
　　　　　　 厚薄(후박) 厚謝(후사) 厚賜(후사) 厚生(후생) 厚意(후의)

後 7급Ⅱ 　　 뒤 **후:** 彳 / 6 　 동 昆 　 빤 先

길을 걷는(彳)데 어린(幺)아이는 발걸음(夂)이 느려 뒤쳐진다는 데서, '뒤, 뒤지다'는 뜻이다.

📖 읽기한자　 昆後(곤후) 歇後(헐후) 後勁(후경) 後昆(후곤) 後斂(후렴) 後嗣(후사) 後裔(후예) 後魏(후위)
　　　　　　 後凋(후조)

✏️ 쓰기한자　 厥後(궐후) 落後(낙후) 幕後(막후) 背後(배후) 事後(사후) 産後(산후) 先後(선후) 食後(식후)
　　　　　　 午後(오후) 以後(이후) 前後(전후) 戰後(전후) 絶後(절후) 追後(추후) 向後(향후) 後宮(후궁)
　　　　　　 後代(후대) 後輪(후륜) 後聞(후문) 後半(후반) 後輩(후배) 後生(후생) 後孫(후손) 後園(후원)
　　　　　　 後援(후원) 後任(후임) 後進(후진) 後天(후천) 後退(후퇴) 後篇(후편) 後學(후학) 後患(후환)
　　　　　　 後悔(후회)

暈 1급 　　 무리[光環] **훈** 日 / 9

어떤 물체를 빙 두른 둥그런(軍) 빛(日)의 고리에서, 태양이나 달의 둘레에 생기는 불그스
름한 빛의 둥근 테, '무리(光環)'를 뜻한다. 또 머리 속에 무리(光環)가 생기는 현상에서,
'어질어질하다'는 뜻이다.

📖 읽기한자　 暈輪(훈륜) 暈船(훈선) 暈圍(훈위) 船暈(선훈) 暗暈(암훈) 月暈(월훈) 日暈(일훈) 酒暈(주훈)
　　　　　　 醉暈(취훈) 眩暈(현훈)

勳 2급 　　 공(功) **훈** 力 / 14 　 동 功 　 약 勲

나랏일에 힘(力)을 써서 연기가 하늘 높이 올라가듯(熏) 높은 업적을 쌓은 데서, '공(功)'을
뜻한다.

📖 읽기한자　 邁勳(매훈) 勳蔭(훈음)

✏️ 쓰기한자　 功勳(공훈) 武勳(무훈) 偉勳(위훈) 勳功(훈공) 勳貴(훈귀) 勳級(훈급) 勳記(훈기) 勳德(훈덕)
　　　　　　 勳等(훈등) 勳勞(훈로) 勳門(훈문) 勳閥(훈벌) 勳賞(훈상) 勳書(훈서) 勳臣(훈신) 勳業(훈업)
　　　　　　 勳爵(훈작) 勳章(훈장) 勳績(훈적)

熏 2급(名) 　　 불길 **훈** 火 / 10

불(灬)을 때면 아궁이(土)에 불기운이 일어나고 굴뚝(申)을 거쳐 연기가 위(丿)와 좌우
(一)로 퍼지는 데서, '불길, 불태우다, 연기가 끼다'는 뜻이다.

📖 읽기한자　 熏胥(훈서) 熏夕(훈석) 熏燒(훈소) 熏灼(훈작)

壎 2급(名) 　　 질나팔 **훈** 土 / 14

흙(土)을 불에 구워(熏) 만든 악기로, '질 나팔'을 뜻한다.

📖 읽기한자　 弄壎(농훈)

薰 2급(名) 　　향풀 **훈** 　艸 / 14

연기(熏)처럼 향기가 피어올라 널리 퍼지는 풀(艹)에서, '향풀, 향기, 향기롭다'는 뜻이다. 또, 향기로 사람의 마음을 정화시키듯 덕으로 사람을 감화시키는 데서, '감화시키다'는 뜻이다.

읽기한자 　麝薰(사훈) 餘薰(여훈) 香薰(향훈) 薰氣(훈기) 薰陶(훈도) 薰育(훈육) 薰風(훈풍) 薰化(훈화)

訓 6급 　　가르칠 **훈:** 　言 / 3 　동 教, 導, 誨 　반 學

냇(川)물이 위에서 아래로 흐르듯이 윗사람의 말(言)을 아랫사람이 잘 따르도록 하는 데서, '가르치다'는 뜻이다.

읽기한자 　謨訓(모훈) 丕訓(비훈) 箴訓(잠훈) 訓喩(훈유) 訓諭(훈유) 訓誨(훈회)

쓰기한자 　家訓(가훈) 教訓(교훈) 校訓(교훈) 級訓(급훈) 內訓(내훈) 社訓(사훈) 遺訓(유훈) 音訓(음훈) 字訓(자훈) 政訓(정훈) 訓戒(훈계) 訓讀(훈독) 訓練(훈련) 訓令(훈령) 訓放(훈방) 訓釋(훈석) 訓手(훈수) 訓示(훈시) 訓育(훈육) 訓長(훈장) 訓話(훈화)

喧 1급 　　지껄일 **훤** 　口 / 9

소리가 널리 퍼지도록(宣) 말하는(言) 데서, '지껄이다, 떠들썩하다'는 뜻이다.

읽기한자 　喧騰(훤등) 喧騷(훤소) 喧然(훤연) 浮喧(부훤) 紛喧(분훤) 塵喧(진훤) 赫喧(혁훤) 絃喧(현훤)

喙 1급 　　부리 **훼** 　口 / 9

멧돼지(彖)의 주둥이(口)에서, 짐승의 '주둥이', 날짐승의 '부리'를 뜻한다.

읽기한자 　喙息(훼식) 交喙(교훼) 萬喙(만훼) 烏喙(오훼) 容喙(용훼) 長喙(장훼) 鳥喙(조훼) 衆喙(중훼) 虎喙(호훼)

卉 1급 　　풀 **훼** 　十 / 3

芔와 同字로 풀(屮)과 풀(艹)이 모인 데서, '풀(草)'을 뜻한다.

읽기한자 　卉犬(훼견) 卉木(훼목) 卉物(훼물) 卉服(훼복) 卉衣(훼의) 嘉卉(가훼) 芳卉(방훼) 生卉(생훼) 野卉(야훼) 池卉(지훼) 珍卉(진훼) 寒卉(한훼) 花卉(화훼)

毁 3급 　　헐 **훼:** 　殳 / 9 　동 壞, 碎 　반 譽

땅(土) 위에 절구(臼)를 놓고 공이(几)를 손(又)에 들어 빻는 데서, '헐다, 무너뜨리다'는 뜻이다.

읽기한자 　謗毁(방훼) 誹毁(비훼) 嫉毁(질훼) 毁謗(훼방) 毁碎(훼쇄) 毁疵(훼자) 毁讒(훼참) 毁瘠(훼척) 毁墜(훼추) 毁悴(훼췌) 毁瑕(훼하)

쓰기한자 　毁損(훼손) 毁慕(훼모) 毁傷(훼상)

麾 1급 　　기(旗) **휘** 　麻 / 4

손(毛=手)에 기를 들고 휘두르면 군사가 이리 쏠리고 저리 쏠리며(靡) 기의 움직임에 따라 움직이는 데서, '대장기(大將旗), 기'라는 뜻이다.

읽기한자 　麾節(휘절) 麾旌(휘정) 麾下(휘하) 軍麾(군휘) 大麾(대휘) 矛麾(모휘) 節麾(절휘) 族麾(족휘) 指麾(지휘) 招麾(초휘)

彙 | 1급 | 무리 **휘** | ⊐ / 10 | 통 類

본래 털이 무리지어 난 고슴도치를 나타내는 글자이나, '무리(類), 모으다'는 뜻으로 쓰인다.

읽기한자 彙類(휘류) 彙報(휘보) 彙分(휘분) 彙征(휘정) 彙纂(휘찬) 剝彙(박휘) 部彙(부휘) 辭彙(사휘)
語彙(어휘) 字彙(자휘) 條彙(조휘) 品彙(품휘)

諱 | 1급 | 숨길 / 꺼릴 **휘** | 言 / 9 | 통 忌, 祕, 避

떨어져(韋) 말하는(言) 데서, '숨기다, 꺼리다'는 뜻이다.

읽기한자 諱忌(휘기) 諱名(휘명) 諱祕(휘비) 諱言(휘언) 諱字(휘자) 諱避(휘피) 拒諱(거휘) 大諱(대휘)
犯諱(범휘) 不諱(불휘) 隱諱(은휘) 藏諱(장휘) 尊諱(존휘) 觸諱(촉휘) 偏諱(편휘) 避諱(피휘)

徽 | 2급(名) | 아름다울 **휘** | 彳 / 14 | 비 微, 徵

가는(微) 실(糸)을 세 가닥으로 꼬아 만든 끈인데, 이 끈이 신분과 지위를 표시하는 데서,
'標識(표지)'를 뜻한다. 또, 이 끈이 아름다운 데서, '아름답다'는 뜻이다.

읽기한자 宏徽(굉휘) 徽文(휘문) 徽索(휘삭) 徽言(휘언) 徽音(휘음) 徽章(휘장) 徽號(휘호)

輝 | 3급 | 빛날 **휘** | 車 / 8 | 비 揮 통 光, 耀, 煌

기치와 창검을 들고 행진하는 군인(軍)의 행진이 빛(光)나 보인다는 데서, '빛나다'는 뜻이다.

읽기한자 輝耀(휘요) 輝燼(휘신) 輝煌(휘황) 蟾輝(섬휘)
쓰기한자 光輝(광휘) 德輝(덕휘) 明輝(명휘) 星輝(성휘) 十輝(십휘) 顔輝(안휘) 愛輝(애휘) 揚輝(양휘)
餘輝(여휘) 再輝(재휘) 輝光(휘광) 輝度(휘도) 輝幕(휘막) 輝石(휘석) 輝線(휘선) 輝巖(휘암)
輝點(휘점) 輝炭(휘탄) 淸輝(청휘)

揮 | 4급 | 휘두를 **휘** | 手 / 9 | 비 輝

전차(車)를 둘러싸고(冖) 있는 군대를 손(扌)을 휘두르며 지시하는 데서, '휘두르다'는 뜻이
다.

읽기한자 揮掉(휘도) 揮灑(휘쇄) 揮涕(휘체) 揮鞭(휘편)
쓰기한자 發揮(발휘) 指揮(지휘) 揮發油(휘발유) 揮帳(휘장) 揮毫(휘호)

烋 | 2급(名) | 아름다울 **휴** | 火 / 6

지쳐 쉬는(休) 사람에게 불(灬)을 지펴 주는 행위는 아름답다는 데서, '아름답다'는 뜻이
다. 주로 이름자로 쓰인다.

읽기한자 金烋(김휴)

携 | 3급 | 이끌 **휴** | 手 / 10 | 통 帶

사냥꾼은 사냥하러 갈 때 곧(乃) 손(扌)으로 새매(隹)를 이끌어 지니고 가는 데서, '이끌다,
지니다'는 뜻이다.

쓰기한자 提携(제휴) 携貳(휴이) 携帶(휴대)

休 7급 | 쉴 **휴** | 人 / 4 | 통 憩, 息, 歇

사람(亻)이 큰 나무(木) 아래에서 쉬고 있는 데서, '쉬다'는 뜻이다.

읽기한자 休嘉(휴가) 休倦(휴권) 休屠(휴도) 休祉(휴지) 休歇(휴헐)

쓰기한자 公休(공휴) 歸休(귀휴) 年休(연휴) 連休(연휴) 無休(무휴) 遊休(유휴) 休暇(휴가) 休刊(휴간) 休講(휴강) 休憩室(휴게실) 休館(휴관) 休校(휴교) 休德(휴덕) 休眠(휴면) 休務(휴무) 休息(휴식) 休養(휴양) 休業(휴업) 休日(휴일) 休戰(휴전) 休電(휴전) 休戰(휴전) 休廷(휴정) 休止(휴지) 休紙(휴지) 休職(휴직) 休診(휴진) 休戚(휴척) 休學(휴학) 休會(휴회)

 恤 1급 | 불쌍할 **휼** | 心 / 6 | 통 救

마음(忄)으로부터 피(血)가 흐르는 데서, '불쌍하다, 불쌍히 여기다'는 뜻이다.

읽기한자 恤救(휼구) 恤問(휼문) 恤米(휼미) 恤民(휼민) 恤貧(휼빈) 恤然(휼연) 恤緯(휼위) 救恤(구휼) 矜恤(긍휼) 憫恤(민휼) 保恤(보휼) 優恤(우휼) 恩恤(은휼) 弔恤(조휼) 振恤(진휼) 惠恤(혜휼)

 洶 1급 | 용솟음칠 **흉** | 水 / 6 | 통 涌

불길한 일을 앞에 두고 가슴이 설레듯(匈) 물(氵)이 일렁이는 데서, '물결이 세차다, 용솟음치다'는 뜻이다.

읽기한자 洶急(흉급) 洶動(흉동) 洶淵(흉연) 洶溶(흉용) 洶洶(흉흉)

 兇 1급 | 흉악할 **흉** | 儿 / 4 | 통 惡

흉악한(凶) 사람(儿)에서, '흉악하다'는 뜻이다.

읽기한자 兇懼(흉구) 兇黨(흉당) 兇猛(흉맹) 兇變(흉변) 兇說(흉설) 兇刃(흉인) 兇賊(흉적) 兇暴(흉포) 兇漢(흉한) 兇行(흉행) 兇兇(흉흉) 姦兇(간흉) 群兇(군흉) 元兇(원흉) 殘兇(잔흉) 寒兇(한흉)

 匈 2급(名) | 오랑캐 **흉** | 勹 / 4

양쪽 젖가슴 사이의 움푹하게 패인 부분(凶)이 오장육부를 가린다(勹)는 데서, '가슴'을 뜻한다. 뒤에 중국 북방 이민족인 흉노를 지칭하게 됨에 따라 가슴은 肉을 더해 胸으로 썼다.

읽기한자 匈奴(흉노)

胸 3급Ⅱ | 가슴 **흉** | 肉 / 6 | 통 膈, 襟, 臆 | 반 背

匈은 양쪽 젖가슴 사이의 움푹하게 패인 부분(凶)이 오장육부를 가린다(勹)는 데서 본래는 가슴을 나타냈다. 뒤에 중국 북방 이민족인 흉노를 지칭하게 됨에 따라 肉(月)을 더해 胸으로 썼다.

읽기한자 胸膈(흉격) 胸襟(흉금)

쓰기한자 胸背(흉배) 胸部(흉부) 胸像(흉상) 胸圍(흉위) 胸中(흉중)

凶 5급II 흉할 **흉** 凵 / 2 	[동] 猛, 惡, 暴 	[반] 吉, 豊
가시(乂)가 가득한 함정(凵)에 빠지는 것은 운 사나운 일이라는 데서, '흉하다'는 뜻이다.

[읽기한자] 奸凶(간흉) 凶桀(흉걸) 凶狡(흉교) 凶寇(흉구) 凶饉(흉근) 凶戾(흉려) 凶勃(흉발) 凶煞(흉살)
凶悖(흉패) 凶悍(흉한) 凶俠(흉협)

[쓰기한자] 吉凶(길흉) 陰凶(음흉) 凶家(흉가) 凶計(흉계) 凶器(흉기) 凶年(흉년) 凶夢(흉몽) 凶物(흉물)
凶事(흉사) 凶相(흉상) 凶惡(흉악) 凶漁(흉어) 凶作(흉작) 凶兆(흉조) 凶測(흉측) 凶彈(흉탄)
凶虐(흉학) 凶荒(흉황)

黑 5급 검을 **흑** 黑 / 0 	[반] 白 	[약] 黒
불(火)을 피우면 그을음으로 굴뚝(里)이 까맣게 되는 데서, '검다'는 뜻이다.

[읽기한자] 黑蛟(흑교) 黑疸(흑달) 黑黍(흑서) 黑鼠(흑서) 黑睛(흑정) 黑貂(흑초) 黑柿(흑시)
[쓰기한자] 暗黑(암흑) 漆黑(칠흑) 黑幕(흑막) 黑髮(흑발) 黑白(흑백) 黑色(흑색) 黑心(흑심) 黑煙(흑연)
黑鉛(흑연) 黑人(흑인) 黑人種(흑인종) 黑子(흑자) 黑字(흑자) 黑點(흑점) 黑板(흑판)
黑海(흑해)

欣 1급 기쁠 **흔** 欠 / 4 	[동] 悅, 喜
도끼(斤)질 할 때 호흡이 가빠지는 것처럼 기쁨으로, 호흡(欠)이 찔름거리는 데서, '기쁘다'는 뜻이다.

[읽기한자] 欣嘉(흔가) 欣諾(흔낙) 欣睹(흔도) 欣服(흔복) 欣賞(흔상) 欣躍(흔약) 欣愉(흔유) 欣讚(흔찬)
欣快(흔쾌) 欣歎(흔탄) 欣幸(흔행) 樂欣(낙흔) 悅欣(열흔) 幽欣(유흔) 含欣(함흔) 歡欣(환흔)

痕 1급 흔적 **흔** 疒 / 6 	[동] 跡, 蹟, 迹
병(疒)이 치유되고 몸에 남은(艮) 자국에서, '딱지(瘢), 흔적'을 뜻한다.

[읽기한자] 痕垢(흔구) 痕迹(흔적) 痕蹟(흔적) 舊痕(구흔) 刀痕(도흔) 痘痕(두흔) 墨痕(묵흔) 傷痕(상흔)
殘痕(잔흔) 潮痕(조흔) 漲痕(창흔) 苔痕(태흔) 血痕(혈흔)

欠 1급 하품 **흠:** 欠 / 0 	[동] 缺, 乏
사람이 입을 벌리고 있는 모양을 본뜬 것으로, '하품'을 뜻한다. 또, '모자르다'는 뜻이며,
缺의 약자로도 쓰인다.

[읽기한자] 欠缺(흠결) 欠負(흠부) 欠事(흠사) 欠伸(흠신) 欠身(흠신) 欠剩(흠잉) 欠籍(흠적) 欠處(흠처)
欠乏(흠핍) 舊欠(구흠) 負欠(부흠) 伸欠(신흠) 違欠(위흠) 遺欠(유흠) 積欠(적흠) 逋欠(포흠)
懸欠(현흠)

歆 1급 흠향할 **흠** 欠 / 9 	[동] 羨, 饗
神이 제사 음악(音)을 듣고, 제사 음식을 받아들이는(欠) 데서, '흠향하다'는 뜻이다.

[읽기한자] 歆感(흠감) 歆格(흠격) 歆嘗(흠상) 歆羨(흠선) 歆饗(흠향)

欽 2급(名) 공경할 **흠** 欠 / 8 동 敬

자신에게 모자란(欠) 것을 갖춘 것을 대할 때는 쇠(金)처럼 무거운 태도로 대한다는 데서, '삼가다, 공경하다'는 뜻이다. 또, 공경 대상인 황제의 명령을 나타내는 접두사로 쓰인다.

읽기한자 欽念(흠념) 欽命(흠명) 欽慕(흠모) 欽服(흠복) 欽仰(흠앙) 欽定(흠정)

 恰 1급 흡사할 **흡** 心 / 6

마음(忄)으로 생각했던 바와 들어맞는(合) 데서, '마침하다, 흡사하다'는 뜻이다.

읽기한자 恰可(흡가) 恰似(흡사) 恰然(흡연) 恰好(흡호)

 洽 1급 흡족할 **흡** 水 / 6

물(氵)이 만나는(合) 것으로, 물이 이 곳 저 곳을 흐르며 두루 땅을 적시는 데서, '두루 젖다, 흡족하다'는 뜻이다.

읽기한자 洽覽(흡람) 洽聞(흡문) 洽比(흡비) 洽然(흡연) 洽足(흡족) 洽暢(흡창) 洽化(흡화) 洽歡(흡환) 光洽(광흡) 博洽(박흡) 普洽(보흡) 宣洽(선흡) 淵洽(연흡) 流洽(유흡) 精洽(정흡) 祖洽(조흡) 通洽(통흡) 協洽(협흡) 化洽(화흡)

 吸 4급Ⅱ 마실 **흡** 口 / 4 동 飮

입(口)을 벌리고 있으면 공기가 연이어 따라 붙듯이(及) 들어오는 데서, '마시다'는 뜻이다.

읽기한자 噓吸(허흡)
쓰기한자 呼吸(호흡) 吸氣(흡기) 吸力(흡력) 吸盤(흡반) 吸收(흡수) 吸水(흡수) 吸煙(흡연) 吸引(흡인) 吸入(흡입) 吸着(흡착) 吸血(흡혈)

興 4급Ⅱ 일[盛] **흥(:)** 臼 / 9 비 輿, 與 동 起, 隆, 旺 반 亡, 敗 약 兴

손을 맞잡고(舁) 힘을 합하면(同) 사업이 흥성하게 일어난다는 데서, '일다'는 뜻이다.

읽기한자 勃興(발흥) 夙興(숙흥) 興轎(흥교) 興窩(흥오) 興旺(흥왕)
쓰기한자 佳興(가흥) 建興(건흥) 隆興(융흥) 發興(발흥) 復興(부흥) 紹興(소흥) 新興(신흥) 餘興(여흥) 遊興(유흥) 作興(작흥) 中興(중흥) 卽興(즉흥) 振興(진흥) 醉興(취흥) 興國(흥국) 興亡(흥망) 興味(흥미) 興奮(흥분) 興盛(흥성) 興信(흥신) 興業(흥업) 興趣(흥취) 興行(흥행)

 犧 1급 희생 **희** 牛 / 16 동 牲

제사에 양(羊)이나 소(牛) 따위를 창(我)을 들고 베고 째어 김이 무럭무럭 오르게 하는(兮) 데서, '희생(犧牲)'을 뜻한다.

읽기한자 犧象(희상) 犧牲(희생) 犧羊(희양) 犧樽(희준) 郊犧(교희) 廟犧(묘희) 純犧(순희) 醇犧(순희)

姬 2급 계집 **희** 女 / 6

女 옆에 臣으로 쓰는 것은 俗字이고 본래 글자는 음이 '이'로 빗을 그린 글자다. 빗질하는 계집으로 본래 신분과 재력이 있는 '계집'을 뜻한다. 中國 周나라 王室의 姓氏이기도 하다.

읽기한자 姬姜(희강)
쓰기한자 舞姬(무희) 美姬(미희) 王姬(왕희) 帝姬(제희) 姬周(희주) 姬妾(희첩)

憙 | 2급(名) | 기뻐할 **희** | 心 / 12
마음(心)이 즐거운(喜) 데서, '기뻐하다'는 뜻이다.

<u>읽기한자</u> 悅憙(열희)

禧 | 2급(名) | 복(福) **희** | 示 / 12
신(示)에게 빌어서 얻은 기쁨(喜)으로, '복(福)'이라는 뜻이다.

<u>읽기한자</u> 福禧(복희) 新禧(신희) 禧年(희년)

羲 | 2급(名) | 복희(伏羲) **희** | 羊 / 10
본래 창(我)으로 양(羊)을 베고 째어 김이 무럭무럭 오르는 모양(兮)에서, '희생'을 뜻한다.
사람이름으로 쓰이고 특히 '복희(伏羲)'를 나타낸다.

<u>읽기한자</u> 伏羲氏(복희씨) 王羲之(왕희지)

熹 | 2급(名) | 빛날 **희** | 火 / 12
북(壴)처럼 생긴 그릇(口)에 불(灬)을 때는 데서, '굽다'는 뜻이다. 불은 빛을 내 주위를 밝
히는 데서, '빛나다'는 뜻이다.

<u>읽기한자</u> 朱熹(주희)

熙 | 2급 | 빛날 **희** | 火 / 9
아기(巳)를 밴 불룩한 배(臣) 모양으로 불(灬)빛이 넓게 일어나 빛나는 데서, '빛나다'는 뜻
이다.

<u>쓰기한자</u> 熙笑(희소) 熙熙(희희)

嬉 | 2급(名) | 아름다울 **희** | 女 / 12 | 동 樂
계집(女)이 즐겁게(喜) 노는 모양에서, '즐기다, 아름답다'는 뜻이다.

<u>읽기한자</u> 嬉樂(희락) 嬉遊(희유) 嬉怡(희이) 嬉戲(희희)

噫 | 2급 | 한숨쉴 **희** | 口 / 13
일이 뜻(意)대로 되지 않아서 입(口)으로 길게 숨을 내쉬는 데서, '한숨 쉬다'는 뜻이다.

<u>쓰기한자</u> 噫氣(애기) 噫嗚(희오) 噫噫(희희)

戲 | 3급Ⅱ | 놀이 **희** | 戈 / 13 | 동 遊, 謔 | 약 戯
범(虍)의 탈을 쓰고, 창(戈)을 들고 춤추는 연극판에서 그릇(豆)의 음식을 먹고 논다는 데
서, '놀이'를 뜻한다.

<u>읽기한자</u> 鞠戲(국희) 伎戲(기희) 扮戲(분희) 觝戲(저희) 戲謔(희학) 嬉戲(희희)
<u>쓰기한자</u> 角戲(각희) 於戲(오희) 遊戲(유희) 戲曲(희곡) 戲劇(희극) 戲弄(희롱) 戲笑(희소) 戲筆(희필)
戲畫(희화)

稀 **3급Ⅱ** 　　드물 **희**　禾 / 7　비 貴, 少

벼(禾)농사가 바라는(希) 만큼 풍년이 드는 일은 드물다는 데서, '드물다'는 뜻이다.

읽기한자　稀闊(희활) 稀罕(희한)

쓰기한자　古稀(고희) 稀貴(희귀) 稀年(희년) 稀代(희대) 稀微(희미) 稀薄(희박) 稀釋(희석) 稀姓(희성)
稀世(희세) 稀少(희소) 稀壽(희수) 稀有(희유)

喜 **4급** 　　기쁠 **희**　口 / 9　비 樂, 悅　반 悲, 怒

길하다고(吉) 두 손(艹)으로 북을 치고 입(口)으로 노래하는 데서, '기쁘다'는 뜻이다.

읽기한자　溢喜(일희) 喜踊(희용) 喜鵲(희작)

쓰기한자　歡喜(환희) 喜劇(희극) 喜怒哀樂(희로애락) 喜報(희보) 喜悲(희비) 喜捨(희사) 喜色(희색)
喜壽(희수) 喜悅(희열)

希 **4급Ⅱ** 　　바랄 **희**　巾 / 4　비 望, 願

실이 엇갈리며 무늬가 놓인(爻) 천(布)은 누구나 갖고 싶어 한다는 데서, '바라다'는 뜻이다.

읽기한자　希臘(희랍) 希冀(희기)

쓰기한자　希求(희구) 希購(희구) 希望(희망) 希願(희원)

詰 **1급** 　　꾸짖을 **힐**　言 / 6　비 責

말(言)로 바짝 죄어(吉=緊) 추궁하는 데서, '꾸짖다'는 뜻이다.

읽기한자　詰曲(힐곡) 詰屈(힐굴) 詰窮(힐궁) 詰難(힐난) 詰旦(힐단) 詰問(힐문) 詰晨(힐신) 詰朝(힐조)
詰責(힐책) 詰斥(힐척) 究詰(구힐) 窮詰(궁힐) 難詰(난힐) 面詰(면힐) 密詰(밀힐) 辨詰(변힐)
彈詰(탄힐)

麻姑搔痒

마고소양

마고 선녀가 긴 손톱으로 가려운 데를 긁음,
바라던 일이 뜻대로 잘 됨

漢字

(사) 한국어문회 주관 / 한국한자능력검정회 시행

부록 Ⅰ

※ 읽기와 쓰기 漢字 구분을 위하여 부록의 漢字語 목록에는 각 漢字의 級數를 표기하였다. 표기 기호는 다음과 같다. 1級[10], 2級(人名地名用)[12], 2級[20], 3級[30], 3級Ⅱ[32], 4級[40], 4級Ⅱ[42], 5級[50], 5級Ⅱ[52], 6級, 6級Ⅱ[62], 7級[70], 7級Ⅱ[72], 8級[80]

전의어(轉義語)

脚光(각광) [3262] 다리 빛, 무대의 앞쪽 아래에 장치하여 배우를 비추는 광선. → 사회적 관심이나 흥미, 주목

干城(간성) [4042] 방패와 성. → 나라를 지키는 믿음직한 군대나 인물.

傾國(경국) [4080] 나라를 기울어지게 함. → 뛰어나게 아름다운 여인.

鷄肋(계륵) [4010] 닭의 갈비. → 그다지 큰 소용은 없으나 버리기에는 아까운 것.

鷄皮(계피) [4032] 닭의 살갗처럼 거친 살갗. → 늙은 사람.

股肱(고굉) [1010] 다리와 팔 → 임금이 가장 신임하는 신하. * 股肱之臣의 준말.

膏粱(고량) [1010] 기름과 기장. → 기름진 고기와 좋은 곡식, 맛있는 음식, 부귀한 가문.

高枕(고침) [6230] 베개를 높이 함. → 편안히 잠. 근심 없이 편안히 지냄.

敲推(고퇴) [1040] 敲字와 推字. → 시문을 지을 때 고치고 다듬는 것. * 唐나라의 시인 賈島가 '僧推月下門'이란 시구를 지을 때 '推'를 '敲'로 바꿀까 말까 망설이다가 韓愈를 만나 그의 조언으로 '推'로 결정하였다는 데서 유래. 推敲(퇴고)라고도 함.

古稀(고희) [6032] 예로부터 드묾. → 일흔 살.

骨肉(골육) [4042] 뼈와 살. → 겨레붙이, 혈육

瓜期(과기) [2050] 외의 시기. → 여자 나이 16세, 벼슬에서 물러날 때. * 春秋시대 齊나라의 양공이 관리를 임지로 보내면서 다음 해 오이가 익을 무렵에는 돌아오게 하겠다고 말한 데서 유래.

瓜滿(과만) [2042] 외가 가득함. → 벼슬에서 물러날 때, 여자 나이 16세 * 瓜를 破字하면 八八이 되므로 16세를 뜻함.

觀火(관화) [5280] 불을 봄. → 분명함, 뻔함.

光陰(광음) [6242] 햇빛과 그늘. → 시간, 세월

掛冠(괘관) [3032] 冠을 벗어 城門에 걺. → 벼슬아치가 벼슬을 내놓고 물러남.

槐夢(괴몽) [1232] 괴안국(槐安國)의 꿈. → 헛된 한때의 부귀영화. * 唐나라의 淳于棼이 술에 취하여 홰나무의 남쪽으로 뻗은 가지 밑에서 잠이 들었는데 槐安國으로부터 영접을 받아 20년 동안 영화를 누리는 꿈을 꾸었다는 데서 유래. 南柯一夢.

嬌客(교객) [1052] 아리따운 손. → 사위.

驅馳(구치) [3010] 말을 몰아 달리며 돌아다님. → 매우 바쁘게 돌아다님.

國色(국색) [8070] 나라의 빛. → 나라 안에서 으뜸가는 미인.

國香(국향) [8042] 나라의 향기. → 나라 안에서 으뜸가는 미인.

權輿(권여) [4230] 저울대와 수레 바탕. → 사물의 시초.

規矩(규구) [5010] 목수가 쓰는 그림쇠, 곱자. → 일상생활에서 지켜야 할 법도.

克己(극기) [3252] 자기를 이김. → 욕심을 눌러 이김.

錦歸(금귀) [3240] 비단옷을 입고 고향에 돌아감. → 출세하여 고향에 돌아감.

琴瑟(금실) [3212] 금슬(거문고와 비파)의 조화. → 부부간의 사랑.

杞憂(기우) [1032] 기나라 사람의 근심. → 앞일에 대한 쓸데없는 걱정. * 옛날 杞나라에 살던 한 사람이 '만일 하늘이 무너지면 어디로 피해야 좋을 것인가?' 하고 침식을 잊고 걱정하였다는 데서 유래, 列子 天瑞篇에 보임.

南面(남면) [8070] 얼굴을 남쪽으로 함. → 임금이 되어 나라를 다스림.

濫觴(남상) [3010] 잔을 띄움. → 사물의 처음이나 기원. * 揚子江같은 큰 하천의 근원도 잔을 띄울 만큼 가늘게 흐르는 시냇물에서 비롯한다는 데서 유래, 荀子 子道篇에 보임.

綠林(녹림) [6070] 푸른 숲. → 적이나 도둑의 소굴.

壟斷(농단) [1042] 깎아 세운 듯한 높은 언덕. → 이익이나 권리를 독차지함. * 어떤 사람이 시장에서 높은 곳에 올라가 사방을 살펴보고 자기 물건을 팔기에 적당한 곳으로 가서 상업상의 이익을 독점하였다는 데서 유래, 孟子 公孫丑(공손추)에 보임.

籠絡(농락) [2032] 대로 엮은 새장 속의 발을 묶인 새. → 가두거나 속박함, 상대를 제 마음대로 놀림.

牢籠(뇌롱) [1020] 우리 속의 가축과 대로 엮은 새장 속의 새. → 가두거나 속박함, 상대를 제 마음대로 놀림.

累卵(누란) [3240] 계란을 포개 쌓음. → 대단히 위태로움.

圖南(도남) [6280] 남쪽으로 가려고 기도함. → 웅대한 일을 계획하고 있음.

桃源(도원) [3240] 복숭아꽃이 핀 수원지. → 살기 좋은 이상향, 별천지.

塗炭(도탄) [3050] 진흙땅에 빠지고 숯불에 탐. → 몹시 어렵고 고통스러움.

棟梁(동량) [2032] 마룻대와 들보. → 한 집안이나 한 나라를 맡을 만한 인재, 吳越春秋 句踐入臣外傳에 보임.

凍梨(동리) [3230] 언 배 껍질. → 아흔 살.

冬扇(동선) [7010] 겨울의 부채. → 철에 맞지 아니함, 論衡의 逢遇篇에 보임.

銅臭(동취) [4230] 동전에서 나는 냄새. → 돈으로 벼슬을 사거나 수전노 짓을 함.

頭角(두각) [6062] 짐승의 머리에 있는 뿔. → 뛰어난 학식이나 재능.

杜撰(두찬) [1210] 두묵(杜默)이 시를 지음. → 전거나 출처가 확실하지 못한 저술, 틀린 곳이 많은 작품. * 杜默이 詩를 한 수 지었는데 운율이 맞지 않는 데가 여러 군데 있었다는데서 유래, 野客叢書에 보임.

望九(망구) [5280] 구십 살을 바라봄. → 81세.

望百(망백) [5270] 백 살을 바라봄. → 91세.

望八(망팔) [5280] 팔십 살을 바라봄. → 71세.

矛盾(모순) [2020] 창과 방패. → 두 가지 이치가 서로 어긋나 맞지 않음. * 楚나라의 상인이 창과 방패를 팔면서 창은 어떤 방패도 막지 못하는 창이라 하고 방패는

부록
Ⅰ

어떤 창으로도 뚫지 못하는 방패라 하여, 앞뒤가 안 맞는 말을 하였다는 데서 유래, 韓非子 難勢篇에 보임.

木鐸(목탁) [8010] 나무로 만든 방울. → 세상 사람들을 각성시키고 가르쳐 인도하는 사람. * 木鐸은 중국에서 불교가 전래되기 이전부터 사용했는데 백성들에게 節氣에 따른 농사일을 알리기 위해 관리는 매년 봄만 되면 커다란 방울을 치면서 市內를 돌아다니며 '봄이 왔으니 씨를 뿌려라'고 알렸는데 그 방울 속의 혀가 나무로 되어 있었으므로 木鐸이라고 함, 論語 八佾에 보임.

蒙塵(몽진) [3220] 머리에 먼지를 뒤집어씀. → 임금이 난리를 피하여 안전한 곳으로 떠남.

米壽(미수) [6032] 쌀미(米)字의 나이. → 米字를 破字하면 八十八이 되므로 88세를 의미. 농부가 모를 심어 추수할 때까지 88번의 손질이 필요하다는데서 유래했다는 설도 있음.

半壽(반수) [6232] 절반의 나이. → 81세. 半을 破字하면 八十一이 되는 데서 유래.

半子(반자) [6272] 절반의 아들. → 사위.

跋扈(발호) [1012] 민초를 짓밟고 권세만을 따름. → 권세를 멋대로 부리며 함부로 날뜀, 제어하기 어려운 강한 세력, 後漢書 梁冀傳에 보임.

白眉(백미) [8030] 흰 눈썹. → 여럿 가운데에서 가장 뛰어난 사람이나 훌륭한 물건, 작품.

魄散(백산) [1040] 넋이 흩어짐. → 몹시 놀람.

白壽(백수) [8032] 아흔아홉 살. → '百'에서 '一'을 빼면 99가 되고 '白' 자가 되는 데서 유래.

伏龍(복룡) [4040] 엎드려 있는 용. → 숨어 세상에 나오지 않은 뛰어난 선비.

覆轍(복철) [3210] 엎어진 수레바퀴. → 前轍, 앞서 가던 사람이 실패한 자취.

鳳兒(봉아) [3252] 봉황의 새끼. → 장차 큰 인물이 될 만한 소년.

駙馬(부마) [1050] 천자가 타는 수레에 딸린 말. → 임금의 사위.

不肖(불초) [7232] 닮지 않음. → 어버이의 덕망에 미치지 못하는 어리석은 사람.

不惑(불혹) [7232] 미혹되지 않음. → 마흔 살.

鵬圖(붕도) [1262] 붕새의 도모. → 한없이 큰 포부, 雄圖, 莊子 逍遙遊에 보임.

比翼(비익) [5032] 날개를 같이 함. → 부부 금실이 좋음.

蛇足(사족) [3272] 뱀의 발. → 쓸데없는 짓.

傘壽(산수) [2032] 우산의 나이. → 80세, 八과 十사이에 人이 있는 모양에서 유래, 祝福.

三徙(삼사) [8010] 세 번을 이사함. → 자식의 교육에 정성을 다함. * 孟母三遷之敎

桑年(상년) [3280] 뽕나무의 나이. → 48세. * 桑의 俗字인 桒은 破字하면 十자 4개와 八字가 됨.

嘗膽(상담) [3020] 쓸개를 맛봄. → 원수를 갚거나 마음먹은 일을 이루기 위하여 온갖 어려움과 괴로움을 참고 견딤, * 臥薪嘗膽. 春秋시대 吳나라의 왕 夫差가 아버지의 원수를 갚기 위하여 장작더미 위에서 잠을 자며 越나라의 왕 句踐에게 복수할 것을 맹세하였고, 그에게 패배한 越나라의 왕 구천이 쓸개를 핥으면서 복수를 다짐한 데서 유래, 史記 越王句踐世家에 보임.

桑弧(상호) [3210] 뽕나무로 만든 활. → 남자가 큰 뜻을 세움. 옛날 중국에서 남자가 태어나면 뽕나무로 만든 활과 쑥대로 만든 살을 천지 사방에 쏘아 큰 뜻을 이루기를 빌던 풍속에서 유래.

鼠竊(서절) [1030] 쥐새끼가 물건을 훔침. → 좀도둑.

首鼠(수서) [5210] 구멍에서 머리를 내민 쥐. → 머뭇거리며 진퇴나 거취를 정하지 못함.

守株(수주) [4232] 그루터기를 지킴. → 융통성이 없는 어리석은 사람. * 守株待兔

菽麥(숙맥) [1032] 콩과 보리. → 콩과 보리도 구분 못하는 어리석은 사람, 세상 물정을 모르는 사람, 사리분별을 못하는 사람. * 菽麥不辨

市虎(시호) [7232] 저자의 호랑이. → 여러 사람이 한 입으로 하는 거짓말은 쇠도 녹임.

食言(식언) [7260] 입 밖에 낸 말을 먹음. → 약속을 지키지 않음.

宸襟(신금) [1010] 대궐의 옷깃. → 임금의 마음.

薪米(신미) [1060] 땔나무와 쌀. → 생활의 재료.

握髮(악발) [2040] 감고 있던 머리를 거머쥐고 손님을 맞음. → 政事에 바쁨. 吐哺握髮.

雁書(안서) [3062] 기러기 편지. → 먼 곳에서 온 소식이나 편지.

壓卷(압권) [4240] 위의 책이 아래 책을 누름. → 제일 잘된 책이나 작품.

艾年(애년) [1280] 머리털이 쑥처럼 희어진 나이. → 쉰 살.

粱肉(양육) [1042] 좋은 곡식과 고기. → 좋은 음식.

逆鱗(역린) [4210] 거슬러 난 비늘. → 임금의 분노, 용의 턱 아래에 거슬러 난 비늘을 건드리면 용이 크게 노한다는 전설에서 나온 말, 韓非子 說難編에 보임.

燃眉(연미) [4030] 눈썹에 불이 붙음. → 매우 급함.

煙霞(연하) [4210] 안개와 노을. → 고요한 산수의 경치.

蝸角(와각) [1062] 달팽이의 더듬이. → 세상이 좁음.

臥龍(와룡) [3040] 누워있는 용. → 숨어 세상에 나오지 않은 뛰어난 선비.

完璧(완벽) [5010] 흠이 없는 완전한 구슬. → 결함이 없이 완전함. 史記 藺相如列傳에 보임.

鴛鴦(원앙) [1010] 원앙새 암컷과 수컷. → 사이좋은 부부.

衣鉢(의발) [6012] 가사와 바리때. → 불교에서 스승으로부터 전하는 敎法이나 불교의 깊은 뜻.

而立(이립) [3072] 그리고 섬. → 30세. * 孔子가 30에 자립했다는 데서 유래.

耳順(이순) [5052] 귀가 순함. → 60세. * 孔子가 60세가 되어서 이치에 통달하여, 남이 하는 말을 들으면 듣는 것에 따라서 이해가 되었다는 데서 이와 같이 일컬음.

一髮(일발) [8040] 한 가닥의 머리털. → 극히 작음, 아주 짧음, 여유가 없음.

蔗境(자경) [1042] 점점 더 좋은 경계가 펼쳐짐. → 이야기 따위가 점점 재미있어짐.

刺股(자고) [3210] 다리를 찌름. → 졸음을 극복하고 열심히 공부함. * 戰國시대의 蘇秦은 졸음이 오면 송곳으로 허벅다리를 찔러 졸음을 쫓았다는 데서 유래.

長川(장천) [8070] 긴 내. → 밤낮으로 쉬지 아니하고 연달아.

折角(절각) [4062] 뿔을 부러뜨림. → 상대방의 기세를 누르거나 콧대를 납작하게 만듦.

切磨(절마) [5232] 옥을 깎고 갊. → 덕행과 학문을 닦음.

折箭(절전) [4010] 화살을 부러뜨림. → 힘을 한 군데로 모으면 강해짐. * 土谷渾(토욕혼)의 왕 阿豺(아시)가 아들 20명을 모아 놓고 화살을 손에 쥐고 부러뜨려 보게 하고 말하기를 "화살 하나는 쉽게 부러졌으나 많은 것은 그렇지 않았다. 나라도 이와 같다. 각기 혼자서 행동하면 분열되지만, 모두가 하나로 의지를 모으면 견고해지는 것이다"라고 후손을 경계한데서 유래. 北史 吐谷渾傳에 보임.

折檻(절함) [4010] 난간이 부러짐. → 강경하게 간(諫)함, 엄하게 꾸짖음. * 前漢의 朱雲이 成帝에게 간하니 성난 임금이 그를 끌어내라고 하자, 어전의 난간을 붙잡고 계속 간하다가 그가 잡았던 난간이 부러졌다는 데에서 유래, 漢書 朱雲傳에 보임.

點額(점액) [4040] 이마에 점이 찍힘. → 시험에 낙제함.

點睛(점정) [4010] 점을 찍어 눈동자를 그림. → 가장 중요한 부분을 완성함. * 용을 그리고 난 후에 마지막으로 눈동자를 그려 넣었더니 그 용이 실제 용이 되어 홀연히 구름을 타고 하늘로 날아 올라갔다는 고사에서 유래, 畫龍點睛, 水衡記에 보임.

糟糠(조강) [1010] 술지게미와 쌀겨. → 가난한 사람이 먹는 초라한 음식, 가난을 함께 한 아내.

卒壽(졸수) [5232] 마치는 나이. → 90세. * 卒의 俗字 卆를 破字하면 九十인데서 유래.

踵武(종무) [1042] 발자국을 따라 밟음. → 뒤를 이음, 先人의 사업을 이음.

從心(종심) [4070] 마음을 좇음. → 일흔 살. * 孔子가 七十而從心所欲不踰矩라고 한 것에서 유래.

櫛雨(즐우) [1052] 머리털을 바람으로 빗질하고 빗물에 머리를 감음. → 오랜 세월을 객지에서 방랑하며 온갖 고생을 다 함. 櫛風沐雨의 준말.

知音(지음) [5262] 소리를 알아 줌. → 마음이 서로 통하는 친한 벗.

咫尺(지척) [1032] 여덟 치와 열 치(한 자). → 아주 가까운 거리.

津梁(진량) [2032] 나루터에서 배타고, 다리를 건넘. → 사방으로 이리저리 몹시 바쁘게 돌아다님.

秦火(진화) [1280] 秦나라의 불태움. → 秦의 始皇帝가 儒學과 諸子百家의 서적을 불태운 일, 焚書坑儒.

桎梏(질곡) [1010] 수갑과 차꼬. → 자유가 없는 고통스런 상태.

蹉跌(차질) [1010] 발을 헛디디어 넘어짐. → 하던 일이나 계획이 틀어짐.

滄桑(창상) [2032] 푸른 바다와 뽕나무밭. → 뽕나무 밭이 변하여 푸른 바다가 됨, 세상일의 변천이 심함, 桑田碧海.

楚歌(초가) [1270] 楚나라 노래. → 사방 어디에도 도울 사람이 없는 외롭고 곤란한 지경. * 楚나라 項羽가 사면을 둘러싼 漢나라 군사 쪽에서 들려오는 楚나라의 노랫소리를 듣고 楚나라 군사가 이미 항복한 줄 알고 놀랐다는 데서 유래, 史記 項羽本記에 보임, 四面楚歌.

焦眉(초미) [2030] 눈썹을 태움. → 매우 급함, 焦眉之急의 준말, 五燈會元에 보임.

錐囊(추낭) [1010] 송곳과 주머니. → 재능이 뛰어난 사람. * 송곳이 주머니 속을 뚫고 나오듯 재능을 감출 수 없다는 데서 유래.

秋扇(추선) [7010] 가을의 부채. → 철이 지나서 쓸모없이 된 물건, 이성의 사랑을 잃은 사람. 秋豊扇. 文選의 怨歌行이라는 시에 보임.

秋毫(추호) [7030] 가을 털. → 매우 작거나 적음.

逐鹿(축록) [3030] 사슴을 쫓음. → 서로 경쟁하여 어떤 지위를 얻고자 하는 일. 서로 이기려고 다투며 덤벼듦.

春秋(춘추) [7070] 봄과 가을. → 나이, 연세, 해(세월), 역사.

破鏡(파경) [4240] 깨어진 거울. → 이지러진 달, 부부가 헤어짐.

破瓜(파과) [4220] 瓜字를 쪼갬. → 여자 나이 16세, 남자 나이 64세. * 瓜를 破字하면 八八이 되는 데서 유래.

破僻(파벽) [4220] 궁벽한 상태를 깨트려 부숨. → 양반이 없는 시골이나 인구수가 적은 성씨에 인재가 나서 본래의 미천한 상태를 벗어남. 破天荒.

幣帛(폐백) [3010] 비단. → 예물, 선물.

風燈(풍등) [6242] 바람의 등불. → 매우 위태함.

風燭(풍촉) [6230] 바람의 촛불. → 매우 위태함.

鶴髮(학발) [3240] 두루미의 깃털처럼 흰 머리. → 늙은 사람.

懸梁(현량) [3232] 들보에 머리카락을 매닮. → 졸음을 극복하고 열심히 공부함. * 楚나라의 孫敬은 머리카락을 새끼로 묶어 대들보에 매달아 졸음을 쫓았다는 데서 유래.

血肉(혈육) [4242] 피와 살. → 겨레붙이, 골육.

荊妻(형처) [1032] 가시나무 비녀를 꽂은 아내. → 남에게 자기의 아내를 낮추어 이르는 말, 荊婦라고도 함. * 後漢 때에 梁鴻의 아내 孟光이 가시나무 비녀를 꽂고 무명으로 만든 치마를 입었다는 데서 유래. 後漢書 梁鴻傳에 보임.

糊口(호구) [1070] 입에 풀칠을 함. → 겨우 끼니를 이어 감.

毫釐(호리) [3010] 저울 눈금의 毫와 釐. → 조금, 아주 적은 분량.

畫餠(화병) [6010] 그림의 떡. → 아무 소용없는 것.

還甲(환갑) [3240] 갑자년이 되돌아 옴. → 만 60세.

換骨(환골) [3240] 뼈대를 바꿈. → 더 좋게 바뀜.

黃口(황구) [6070] 누런 입. → 철없는 사람.

膾炙(회자) [1010] 날고기와 구운 고기의 냄새가 널리 퍼짐. → 어떤 사물이 칭찬을 받으며 사람의 입에 자주 오르내리며 널리 퍼짐.

嚆矢(효시) [1030] 우는살. → 어떤 사물이나 현상이 시작되어 나온 맨 처음, 전쟁을 시작할 때 우는살을 먼저 쏘았다는 데에서 유래. 莊子 在宥篇에 보임.

喜壽(희수) [4032] 기쁜 나이. → 77세, 喜를 草書에는 七十七로 쓰는 데서 유래.

茶飯事(다반사) [323272] 차 마시고 밥 먹는 일. → 예삿일, 흔한 일.

斷末摩(단말마) [425020] 급소를 자름. → 숨이 끊어질 때의 모진 고통, 임종(臨終)

東郭履(동곽리) [803032] 동곽의 신발. → 매우 가난함.

登龍門(등용문) [704080] 용문을 오름. → 크게 출세함. 출세를 위한 관문.

巫山雲(무산운) [108052] 무산의 구름. → 남녀의 情交 * 楚나라 襄王이 낮잠을 자다가 꿈속에서 무산의 神女를 만나 즐거움을 누렸다는 고사에서 유래.

未亡人(미망인) [425080] 아직 따라 죽지 못한 사람. → 남편이 죽고 홀로 남은 여자.

彌縫策(미봉책) [122032] 꿰매어 깁는 계책. → 임시방편의 계책, 姑息之計, 春秋左氏傳 桓公五年條에 보임.

白眼視(백안시) [804242] 흰 눈으로 봄. → 남을 업신여기거나 무시함.

獅子吼(사자후) [107210] 사자의 울부짖음. → 부처의 위엄 있는 설법, 열변을 토하는 연설, 질투심이 강한 아내가 남편에게 암팡스럽게 떠드는 일. 維摩經, 傳燈錄, 本草綱目 등에 보임.

三昧境(삼매경) [801042] 삼매의 경지. → 잡념을 떠나서 오직 하나의 대상에만 정신을 집중하는 경지. 대승의장(大乘義章) 지론(智論)에 보임. 三昧

笑中刀(소중도) [428032] 웃음 속의 칼. → 겉으로는 웃으나 속에는 해칠 마음을 품음.

蜃氣樓(신기루) [107232] 이무기가 토해낸 기운이 만들어 놓은 건물. → 대기 속에서 빛의 굴절 현상에 의하여 공중이나 땅 위에 무엇이 있는 것처럼 보이는 현상, 홀연히 나타나 짧은 시간 동안 유지되다가 사라지는 아름답고 환상적인 일이나 현상 따위, 空中樓閣. 海市

眼中釘(안중정) [428010] 눈엣가시. → 눈에 거슬리는 사람, 新五代史 趙在禮傳에 보임.

如反掌(여반장) [426232] 손바닥을 뒤집음. → 일이 매우 쉬움.

連理枝(연리지) [426232] 두 나무의 가지가 서로 맞닿아 결이 서로 통함. → 부부의 사이가 좋음.

五車書(오거서) [807262] 다섯 수레에 실을 만한 책. → 아주 많은 책. 장서(藏書).

蝸角觝(와각저) [106210] 달팽이 더듬이 위에서 겨룸. → 하찮은 일로 벌이는 싸움, 작은 나라끼리의 싸움, 莊子 則陽篇에 보임.

鴛鴦契(원앙계) [101032] 원앙새 암컷과 수컷의 맺음. → 금실이 좋음.

一字師(일자사) [807042] 한 글자를 가르쳐 준 스승. → 핵심을 짚어주는 스승.

知天命(지천명) [527070] 天命을 앎. → 50세.

指呼間(지호간) [424272] 손짓하여 부를만한 간격. → 아주 가까운 거리.

千里眼(천리안) [707042] 천 리 밖의 것을 볼 수 있는 시력. → 뛰어난 통찰력.

鐵面皮(철면피) [507032] 쇠로 만든 낯가죽. → 염치가 없고 뻔뻔스러운 사람.

靑眼視(청안시) [804242] 푸른 눈으로 봄. → 좋게 보고 잘 대함.

破天荒(파천황) [427032] 천황을 깨뜨림. → 이전에 아무도 하지 못한 일을 처음으로 해냄.

蒲柳質(포류질) [104052] 부들과 버들같은 바탕, 연약한 나무. → 몸이 약하여 병에 걸리기 쉬운 체질, 世說新語 言語篇에 나오는 말.

披肝膽(피간담) [103220] 간과 쓸개를 열어 보임. → 서로 속마음을 털어놓고 친하게 사귐.

解語花(해어화) [427070] 말을 풀이하는 꽃. → 아름다운 여인, 기생

糊口策(호구책) [107032] 입에 풀칠하는 계책. → 겨우겨우 먹고 살아갈 계책.

紅一點(홍일점) [408040] 푸른 잎 가운데 피어 있는 한 송이의 붉은 꽃. → 많은 남자 사이에 끼어 있는 한 사람의 여자.

花風病(화풍병) [706260] 꽃바람 병. → 相思病.

고사성어 및 사자성어(故事成語 및 四字成語)

家家戶戶(가가호호) [72724242] 한 집 한 집 (유) 家家門前

加減乘除(가감승제) [50423242] 덧셈, 뺄셈, 곱셈, 나눗셈을 아울러 이르는 말.

可居之地(가거지지) [50403270] 머물러 살 만한 살기 좋은 곳. (유) 可居之處

家鷄野雉(가계야치) [72406012] 집의 닭을 미워하고 들의 꿩을 사랑한다는 뜻으로, 아내를 소박(素朴)하고 첩을 좋아함 또는 좋은 필적(筆跡)을 버리고 나쁜 필적(筆跡)을 좋아함 또는 흔한 것을 멀리하고 언제나 새롭고 진귀(珍貴)한 것을 중히 여김 <출> 晉中與書(진중여서) (유) 家鷄野鶩

架空人物(가공인물) [32728072] 상상으로 꾸며낸 인물.

家給人足(가급인족) [72508072] 집집마다 먹고 사는 것에 부족함이 없이 넉넉함. <출> 한서(漢書)

街談巷說(가담항설) [42503052] 거리나 항간에 떠도는 소문. <출> 한서(漢書) 예문지(藝文志) (유) 街談巷語, 街談巷議, 街說巷談, 道聽塗說, 流言蜚語

街談巷語(가담항어) [42503070] 街談巷說 참조. 거리나 항간에 떠도는 소문.

街談巷議(가담항의) [42503042] 街談巷說 참조. 거리나 항간에 떠도는 소문.

家徒壁立(가도벽립) [72404272] 세간 하나 없고 집안에 단지 사방 벽만 있을 뿐임. 집안이 가난함. <출> 수서(隋書) 조원숙(趙元淑) 열전 (유) 家徒四壁

家徒四壁(가도사벽) [72408042] 집안이 네 벽 뿐이라는 뜻으로, 집안 형편이 매우 어려움 <출> 한서(漢書) 사마상여전(司馬相如傳) (유) 家徒壁立

可東可西(가동가서) [50805080] 동쪽이라 할 수도 있고 서쪽이라 할 수도 있다는 뜻으로, 이러나 저러나 상관(相關)없다는 말. 가이동가이서(可以東可以西)의 준말

苛斂誅求(가렴주구) [10101042] 세금을 가혹하게 거두어들이고, 무리하게 재물을 빼앗음.

假弄成眞(가롱성진) [42326242] 장난삼아 한 것이 진심으로 한 것같이 됨. (유) 弄假成眞

家無擔石(가무담석) [72504260] 석(石)은 한 항아리, 담(擔)은 두 항아리라는 뜻으로 집에 모아 놓은 재산이 조금도 없음. <출> 후한서(後漢書) 열전(列傳) 第十七

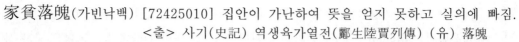

家貧落魄(가빈낙백) [72425010] 집안이 가난하여 뜻을 얻지 못하고 실의에 빠짐. <출> 사기(史記) 역생육가열전(酈生陸賈列傳) (유) 落魄

家貧親老(가빈친로) [72426070] 집이 가난하고 부모가 늙었을 때는 마음에 들지 않은 벼슬자리라도 얻어서 어버이를 봉양(奉養)해야 한다는 말 <출> 공자가어(孔子家語)

家常茶飯(가상다반) [72423232] 집에서 먹는 평소의 식사라는 뜻으로, 일상의 일이나 당연지사(當然之事)를 이르는 말

加上尊號(가상존호) [50724260] 임금이나 왕후(王后)의 존호(尊號)에 다시 존호(尊號)를 더함

家書萬金(가서만금) [72628080] 여행 중에 가족에게 서신을 받으면 그 기쁨이 만금을 얻는 데 해당함. 가서저만금(家書抵萬金)의 준말. <출> 두보(杜甫)의 시 춘망(春望)

街說巷談(가설항담) [42523050] 街談巷說 참조. 거리나 항간에 떠도는 소문.

加膝墜淵(가슬추연) [50101012] 무릎에 앉혀 귀여워하거나 연못에 빠뜨린다는 뜻으로, 사랑과 미움을 기분(氣分)에 따라 나타냄으로써 그 언행(言行)이 예에 벗어남 <출> 예기(禮記)

可信之人(가신지인) [50623280] 믿을 만한 사람. 믿음직한 사람

假我年數(가아연수) [42328070] 몇 년이라도 더 오래 살기를 바람 <출> 논어(論語)

加用貢物(가용공물) [50623272] 공물을 적은 장부인 공안(貢案)에 들어 있지 않은 가외의 공물

家喩戶曉(가유호효) [72104230] 집집마다 알려주어 알아듣게 한다는 뜻으로, 누구나 다 아는 것을 이르는 말. <출> 열녀전(列女傳)

佳人薄命(가인박명) [32803270] 아름다운 여자는 수명이 짧음 <출> 소식(蘇軾)의 가인박명(佳人薄命) 시 (유) 美人薄命, 紅顔薄命

價重連城(가중연성) [52704242] 여러 성(城)을 합할 정도로 그 값어치가 귀중하다는 말 <출> 사기(史記) 상여전(相如傳) (유) 連城之寶, 價値連城

加重處罰(가중처벌) [50704242] 형을 더 무겁게 하여 내리는 벌.

假支給金(가지급금) [42425080] 정한 날보다 앞당겨 임시로 지급하는 돈.

刻骨難忘(각골난망) [40404230] 結草報恩 참조. 남에게 입은 은혜가 뼈에 새길 만큼 커서 잊혀지지 아니함.

刻骨銘心(각골명심) [40403270] 뼈에 새기고 마음에 새김, 마음속 깊이 새겨 두고 잊지 아니함. (유) 鏤骨銘心, 銘肌鏤骨

刻骨痛恨(각골통한) [40404040] 뼈에 사무칠 만큼 원통하고 한스러움.

恪勤勉勵(각근면려) [10404032] 정성을 다하여 부지런히 힘씀.

脚踏實地(각답실지) [32325270] 발이 실제로 땅에 붙었다는 뜻으로, 일 처리 솜씨가 착실함을 말함. 행실이 바르고 태도가 성실함을 말함 <출> 宋史(송사)

各得其所(각득기소) [62423270] 저마다 제자리를 얻음. 결국에는 각자의 능력과 적성에 맞게 적절한 위치에 놓이게 됨. <출> 한서(漢書) 동

방삭전(東方朔傳)

刻船求劍(각선구검) [40504232] 刻舟求劍 참조. 칼을 물에 떨어뜨리고 움직이는 배에 위치를 새겼다가 배가 멈춘 뒤에 칼을 찾음.

各樣各色(각양각색) [62406270] 저마다 다른 여러 가지 모양과 빛깔.

各自圖生(각자도생) [62726280] 저마다 스스로 삶의 계획을 꾸려감.

角者無齒(각자무치) [62605042] 뿔이 있는 짐승은 이가 없다는 뜻으로 한 사람이 여러 가지 재주나 복을 다 가질 수 없음을 이름

各自爲政(각자위정) [62724242] 저마다 스스로 정치를 함. 전체와의 조화나 타인과의 협력이 어렵게 됨. <출> 춘추좌씨전(春秋左氏傳) 선공(宣公) 2년조

刻舟求劍(각주구검) [40304232] 융통성 없이 현실에 맞지 않는 낡은 생각을 고집하는 어리석음. 초나라 사람이 배에서 칼을 물속에 떨어뜨리고 그 위치를 뱃전에 표시하였다가 나중에 배가 움직인 것을 생각하지 않고 칼을 찾았다는 데서 유래. <출> 여씨춘추(呂氏春秋) 찰금편(察今篇) (유) 刻船求劍, 守株待兎, 守株, 株守

刻燭賦詩(각촉부시) [40303242] 정한 시간 안에 시를 짓는 놀이

脚下照顧(각하조고) [32723230] 자기의 발 밑을 잘 비추어 돌이켜본다는 뜻으로, 가깝고 친할수록 더욱 조심해야 함

刻畫無鹽(각화무염) [40605032] 무염은 중국 齊(제)나라의 지명이며, 못생긴 것으로 이름 높은 제나라 宣王(선왕)의 妃(비)인 鍾離春(종리춘)이 태어난 고장. 아무리 꾸며도 무염이란 뜻으로, 얼굴이 못생긴 여자가 아무리 화장을 해도 미인과 비교할 바가 못됨

干卿何事(간경하사) [40303272] 다른 사람의 일에 참견하는 것을 비웃음 <출> 남당서(南唐書) (유) 底事干卿, 干卿底事, 干卿甚事

幹國之器(간국지기) [32803242] 나라를 다스릴 만한 그릇 <출> 後漢書(후한서)

肝腦塗地(간뇌도지) [32323070] 참혹한 죽음을 당하여 간장(肝臟)과 뇌수(腦髓)가 땅에 널려 있음. 나라를 위하여 목숨을 돌보지 않고 애를 씀. <출> 사기(史記) 유경열전(劉敬列傳)

肝膽相照(간담상조) [32205232] 간과 쓸개를 서로 비춤. 서로 속마음을 털어놓고 친하게 사귐. <출> 한유(韓愈) 유자후묘지명(柳子厚墓誌銘) (유) 披肝膽

肝膽濕熱(간담습열) [32203250] 간담에 생긴 습기와 열기가 합쳐진 나쁜 기운 또는 그로 인한 병.

肝膽楚越(간담초월) [32201232] 간과 쓸개의 거리가 초나라와 월나라의 관계처럼 멂. 거리상으로는 서로 가까이 있지만 관계가 매우 멂. <출> . <출> 장자(莊子) 덕충부(德充符) (유) 肝膽胡越

肝膽胡越(간담호월) [32203232] 肝膽楚越 참조. <출> 회남자(淮南子) 숙진편(俶眞篇)

竿頭之勢(간두지세) [10603242] 累卵之危 참조. 대막대기 끝에 선 형세. 매우 위태로운 형세.

簡髮而櫛(간발이즐) [40403010] 머리를 한 가닥씩 골라서 빗는다는 뜻으로, 몹시 좀스러움. <출> 장자(莊子)

間不容髮(간불용발) [72724240] 머리털 하나 들어갈 틈도 없이 사태가 매우 급박
　　　　　　　함

干城之材(간성지재) [40423252] 棟梁之器 참조. 성(나라)을 지키는 인재.

間世之材(간세지재) [72723252] 여러 세대를 통하여 드물게 나는 인재.

奸臣賊子(간신적자) [10524072] 亂臣賊子 참조. 간사한 신하와 부모를 거스르는
　　　　　　　자식.

間於齊楚(간어제초) [72303212] 鯨戰蝦死 참조. 약자가 강자들 틈에 끼어서 괴로
　　　　　　　움을 겪음. 중국의 주나라 말엽 등나라가 제나라와 초나라 사
　　　　　　　이에 끼어서 괴로움을 겪었다는 데서 유래.

看雲步月(간운보월) [40524280] 고향 생각이 간절하여, 낮이면 고향 쪽 구름을 보
　　　　　　　고, 밤이면 달을 보며 거닐 <출> 後漢書(후한서)

干雲蔽日(간운폐일) [40523080] 구름을 침범하고 해를 덮는다는 뜻으로, 큰 나무
　　　　　　　가 하늘을 찌를 듯이 높이 솟음

干將莫耶(간장막야) [40423230] 중국 춘추(春秋) 시대의 도장(刀匠)인 간장과 그
　　　　　　　의 아내 막야가 만든 칼로 좋은 칼을 이름 <출> 吳越春秋(오
　　　　　　　월춘추) 합려내전 (유) 雄劍

葛巾野服(갈건야복) [20106060] 칡베로 만든 두건과 베옷, 隱士(은사)나 處士(처
　　　　　　　사)의 거칠고 소박한 옷차림.

渴而穿井(갈이천정) [30301032] 亡羊補牢 참조. 목이 마를 때에야 비로소 우물을
　　　　　　　팜. 미리 대비하지 않으면 일이 임박해서 소용이 없음 <출>
　　　　　　　설원

竭澤而漁(갈택이어) [10323050] 연못의 물을 말려서 고기를 잡는다는 뜻으로 멀
　　　　　　　리 내다보지 못하고 눈앞의 이익만을 꾀함. <출> 여씨춘추
　　　　　　　(呂氏春秋) 의상(義賞)편

減價償却(감가상각) [42523230] 토지를 제외한 고정 자산에 생기는 가치의 소모
　　　　　　　를 셈하는 회계상의 절차로 소모 비율 만큼 자산의 가치를 줄
　　　　　　　여 잡는 행위.

感慨無量(감개무량) [60305050] 마음속에서 느끼는 감동이나 느낌이 끝이 없음.

甘棠遺愛(감당유애) [40104060] 청렴결백하거나 선정을 베푼 사람을 그리워하는
　　　　　　　마음 <출> 詩經(시경)

敢不生心(감불생심) [40728070] 감히 엄두도 내지 못함. (유) 敢不生意, 焉敢生心

敢不生意(감불생의) [40728062] 敢不生心 참조. 감히 엄두도 내지 못함.

減壓療法(감압요법) [42422052] 정상보다 높은 뇌압을 낮추는 치료법.

甘言利說(감언이설) [40606252] 달콤한 말과 이로운 말, 남의 비위를 맞추거나 꾀
　　　　　　　는 말.

敢言之地(감언지지) [40603270] 거리낌 없이 말할 만한 자리나 처지.

甘井先竭(감정선갈) [40328010] 甘泉先竭 참조. 물맛이 좋은 우물이 길어가는 사
　　　　　　　람이 많아서 먼저 마른다는 말로 재능 많은 사람이 일찍 몸을
　　　　　　　망치기 쉬움

感之德之(감지덕지) [60325232] 분에 넘치는 듯싶어 매우 고맙게 여김.

減之又減(감지우감) [42323042] 덜어 낸 데에서 또 덞.

甘泉先竭(감천선갈) [40408010] 물맛이 좋은 샘은 빨리 마름. 재주가 뛰어난 사람이 일찍 쇠함. (유) 甘井先竭

甘吞苦吐(감탄고토) [40106032] 달면 삼키고 쓰면 뱉음. 자신의 비위에 따라서 사리의 옳고 그름을 판단함.

甲骨文字(갑골문자) [40407070] 거북의 등딱지나 짐승의 뼈에 새긴 상형 문자.

甲男乙女(갑남을녀) [40723280] 갑이란 남자와 을이란 여자. 평범한 사람들. (유) 張三李四, 匹夫匹婦

綱擧目張(강거목장) [32506040] 大綱(대강)을 들면 細目(세목)도 저절로 밝히어짐 <출> 詩經(시경)

康衢煙月(강구연월) [42104280] 평화로운 큰 길거리에서 밥 짓는 연기에 달빛이 비치는 모습. 태평한 세상의 평화로운 풍경. 鼓腹擊壤 참조. 2010년 새해 사자성어

强近之族(강근지족) [60603260] 强近之親 참조. 도움을 줄 만한 아주 가까운 겨레붙이.

强近之親(강근지친) [60603260] 도움을 줄 만한 아주 가까운 친척. (유) 强近之族, 朞功親, 期功親, 朞功强近之親

强弩之末(강노지말) [60103250] 강대한 힘일지라도 마지막에는 쇠약해짐. 센 놋쇠로 쏜 화살도 먼 데까지 다 가면 힘이 다해서 노(魯)나라에서 나는 얇은 명주도 뚫을 수 없다(强弩之末, 力不能入魯縞)는 데서 유래. <출> 漢書(한서) 韓安國傳(한안국전)

剛戾自用(강려자용) [32107262] 스스로의 재능과 지혜만 믿고 남의 말을 듣지 않음을 말함 (유) 固執不通, 剛愎自用

剛木水生(강목수생) [32808080] 乾木水生 참조. 물기 없는 나무에서 물이 남.

强迫觀念(강박관념) [60325252] 마음속에서 떨쳐 버리려 해도 떠나지 아니하는 억눌린 생각.

剛柔雙濟(강유쌍제) [32323242] 강함과 부드러움이 서로 도움이 됨.

剛毅木訥(강의목눌) [32108010] 강직하고, 의연하고, 질박하고, 어눌함. <출> 논어(論語) 자로편(子路篇) (상) 巧言令色

剛愎自用(강퍅자용) [32107262] 고집을 부려 제멋대로 함. <출> 좌전(左傳) (유) 固執不通, 剛戾自用

江湖煙波(강호연파) [72504242] 강이나 호수 위에 안개처럼 보얗게 이는 기운과 그 수면의 잔물결. 대자연의 풍경.

改過自新(개과자신) [50527262] 改過遷善 참조. 허물을 고쳐 스스로 새롭게 함.

改過遷善(개과천선) [50523250] 허물을 고쳐 착하게 됨. (유) 改過自新, 悔過遷善

蓋棺事定(개관사정) [32107260] 시체를 관에 넣고 뚜껑을 덮은 후에야 일을 결정함. 사람이 죽은 후에야 비로소 그 사람에 대한 평가가 제대로 됨. <출> 두보(杜甫)의 군불견간소계(君不見簡蘇係) 시

開卷有益(개권유익) [60407042] 책을 읽으면 유익함. 독서를 무척 좋아했던 중국 송나라 태종(太宗)의 말. <출> 왕벽지(王闢之) 승수연담록(澠水燕談錄)

開門納賊(개문납적) [60804040] 開門揖盜 참조. 문을 열어 도둑을 맞아들임.

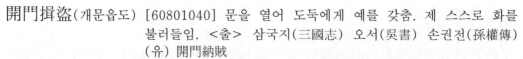

開門揖盜(개문읍도) [60801040] 문을 열어 도둑에게 예를 갖춤. 제 스스로 화를 불러들임. <출> 삼국지(三國志) 오서(吳書) 손권전(孫權傳) (유) 開門納賊

開物成務(개물성무) [60726242] 만물의 뜻을 열어 천하의 사무(事務)를 성취함 또는 사람이 아직 모르는 곳을 개발(開發)하여 뜻을 성취함 <출> 易經(역경)

改善匡正(개선광정) [50501072] 고쳐서 좋고 바르게 함.

蓋世之才(개세지재) [32723262] 세상을 뒤덮을 만큼 뛰어난 재주나 그 재주를 가진 사람.

改玉改行(개옥개행) [50425060] 차고 다닐 옥의 종류를 바꾸면 걸음걸이도 바꾸어야 함. 법을 변경하면 일도 고쳐야 함.

開源節流(개원절류) [60405252] 재원을 늘리고 지출을 줄임. <출> 순자(荀子) 부국(富國)편

開天闢地(개천벽지) [60701070] 하늘이 열리고 땅이 열린다는 뜻으로, 중국의 천지창조(天地創造) 신화에서 유래한 말 <출> 삼오력기(三五歷記) (유) 天地開闢 , 開闢

客反爲主(객반위주) [52624270] 손님이 도리어 주인이 됨. (유) 主客顚倒

坑儒焚書(갱유분서) [20401062] 焚書坑儒 참조. 선비를 구덩이에 묻고 책을 불태움.

擧國內閣(거국내각) [50807232] 특정한 정당이나 정파를 배경으로 하지 않는 전국민적 내각.

擧棋不定(거기부정) [50207260] 바둑돌을 들고 놓을 곳을 정하지 못함. 확고한 주관이 없거나 계획이 수시로 바뀜. <출> 춘추좌씨전(春秋左氏傳) 양공(襄公) 25년조

去頭截尾(거두절미) [50601032] 머리와 꼬리를 잘라 버림. 어떤 일의 요점만 간단히 말함.

車水馬龍(거수마룡) [72805040] 수레들은 흐르는 강물과 같고, 마필(馬匹)들의 움직임은 물에서 헤엄치는 교룡(蛟龍)과 같다(車如流水, 馬如游龍)는 뜻으로, 권세있는 자에게 줄을 대보려는 아부꾼들의 차량 행렬을 묘사한 말. 수레와 말의 왕래가 많아 매우 떠들석한 상황. <출> 후한서(後漢書) 명덕마황후기(明德馬皇后紀)

居安思危(거안사위) [40725040] 편안할 때에 어려움이 닥칠 것을 미리 대비하여야 함. <출> 춘추좌씨전(春秋左氏傳) (유) 安居危思, 有備無患 (상) 亡羊補牢, 死後藥方文, 死後淸心丸

擧案齊眉(거안제미) [50503230] 밥상을 눈썹과 가지런하도록 공손히 들어 남편 앞에 가지고 감. 남편을 깍듯이 공경함. <출> 후한서(後漢書) 일민전(逸民傳)

車魚之歎(거어지탄) [72503240] 수레와 고기가 없음을 탄식한다는 데서 사람의 욕심에는 한이 없음을 이르는 말. <출> 전국시대 제나라 孟嘗君(맹상군)의 식객 중 馮諼(풍훤)이란 자가 처음엔 상에 고기가 없다고 노래했고, 고기가 나온 뒤에는 출입할 때 타고 다닐 수레가 없다고 노래한 고사에서 유래. <출> 戰國策(전국

책).

擧一反三(거일반삼) [50806280] 하나를 들면 셋을 돌이켜 앎. 스승으로부터 하나를 배우면 다른 것까지도 유추해서 앎. <출> 논어(論語) 술이(述而)편

去者日疎(거자일소) [50608010] 죽어서 이 세상(世上)을 떠나면 점점 서로의 정이 멀어짐

車載斗量(거재두량) [72324250] 수레에 싣고 말로 됨. 물건이나 인재 따위가 많아서 그다지 귀하지 않음. <출> 삼국지(三國志) 오서(吳書) 오주손권전(吳主孫權傳)

車在馬前(거재마전) [72605072] 경험이 없는 말로 수레를 끌게 하려면, 먼저 다른 말이 끄는 수레 뒤에 매어 따라다니게 하여 길들여야 한다는 뜻으로, 작은 일에서부터 훈련을 거듭한 뒤 본업에 종사해야 함

擧措失當(거조실당) [50206052] 모든 조치가 정당하지 않음. <출> 사기(史記) 진시황본기(秦始皇本紀)

乾坤一擲(건곤일척) [32308010] 하늘과 땅에 한번 던져봄. 주사위를 던져 승패를 겪. 운명을 걸고 단판걸이로 승부를 겨룸. <출> 한유(韓愈)의 과홍구(過鴻溝) 시에서 유래. (유) 一擲乾坤

乾畓直播(건답직파) [32307230] 마른논에 물을 대지 않고 그대로 씨를 뿌림.

乾木生水(건목생수) [32808080] 乾木水生 참조. 마른나무에서 물이 남.

乾木水生(건목수생) [32808080] 마른나무에서 물이 남. 아무것도 없는 사람에게 무리하게 무엇을 내라고 요구함. (유) 剛木水生, 乾木生水

乞不竝行(걸불병행) [30723060] 비럭질은 여럿이 함께 하지 않음, 어떤 것을 요구하는 사람이 여럿이면 그것을 얻기가 어려움.

乞人憐天(걸인연천) [30803070] 거지가 하늘을 불쌍히 여김. 불행한 처지에 놓여 있는 사람이 부질없이 행복한 사람을 동정함.

格物致知(격물치지) [52725052] 실제 사물의 이치를 연구하여 앎에 이름. <출> 대학(大學) (유) 格致

隔世之感(격세지감) [32723260] 오래지 않은 동안에 몰라보게 변하여 아주 다른 세상이 된 것 같은 느낌. (유) 今昔之感

擊壤之歌(격양지가) [40323270] 鼓腹擊壤 참조. 땅을 두드리며 부르는 노래.

激濁揚淸(격탁양청) [40303262] 탁류를 몰아내고 맑은 물결을 끌어 들임. 惡을 미워하고 善을 좋아함.

隔靴搔癢(격화소양) [32201010] 신을 신고 발바닥을 긁음. 성에 차지 않아 안타까움. (유) 隔鞋搔癢, 隔靴爬癢

隔靴爬癢(격화파양) [32201010] 隔靴搔痒 참조. 신을 신고 발바닥을 긁음.

牽強附會(견강부회) [30603262] 이치에 맞지 않는 말을 억지로 끌어 붙여 자기에게 유리하게 함. (유) 郢書燕說

見金如石(견금여석) [52804260] 황금을 보기를 돌같이 함. 지나친 욕심을 절제함. 최영 장군이 어린 시절 그의 아버지가 항상 그에게 경계하여 말하기를 "황금 보기를 돌같이 하라"라고 하였다. 이 말을 들은 최영은 항상 이 네 자로 띠에 새겨놓고 죽을 때까지 가슴

에 품고서 잃지를 않았다. <출> 성현(成俔)의 용재총화(傭齋叢話)

見卵求鷄(견란구계) [52404240] 달걀을 보고 닭이 되어 울기를 바라는 것처럼 지나치게 성급함. <출> 장자(莊子) (유) 見彈求炙, 見卵而求時夜, 見彈求鴞

見獵心喜(견렵심희) [52307040] 사냥하는 모습을 보니 마음이 기쁘다는 뜻으로, 어렸을 때를 그리워하는 마음

見利思義(견리사의) [52625042] 눈앞의 이익을 보면 의리를 먼저 생각함. (상) 見利忘義

犬馬之勞(견마지로) [40503252] 개나 말 정도의 하찮은 힘. 윗사람에게 충성을 다하는 자신의 노력을 낮추어 이르는 말. (유) 犬馬之役, 犬馬之心, 犬馬之誠, 狗馬之心, 粉骨碎身, 盡忠竭力, 驅馳

犬馬之誠(견마지성) [40503242] 犬馬之勞 참조. 개나 말의 정성.

犬馬之心(견마지심) [40503270] 犬馬之勞 참조. 개나 말의 마음.

犬馬之養(견마지양) [40503252] 개나 말을 기르는 것의 기름. 부모를 모시는 데 먹는 것이나 돌보고 만다면 개와 말을 기르는 것과 다를 바 없다는 것으로 부모를 소홀히 대접하고 공경하지 않음을 뜻함. <출> 논어(論語) 위정(爲政)편

犬馬之役(견마지역) [40503232] 犬馬之勞 참조. 개나 말의 노역.

犬馬之齒(견마지치) [40503242] 개나 말이 하는 일없이 나이만 더하듯이 일없이 나이만 먹는 일이나 자기 나이를 겸손하게 이르는 말 <출> 한서(漢書) (유) 犬馬之年, 犬馬之齡

見蚊拔劍(견문발검) [52103232] 모기를 보고 칼을 뺌. 사소한 일에 크게 성내어 덤빔. (유) 怒蠅拔劍

見物生心(견물생심) [52728070] 어떠한 실물을 보게 되면 그것을 가지고 싶은 욕심이 생김.

堅白同異(견백동이) [40807040] 중국 전국(戰國) 시대의 공손용이 내어 건 일종의 궤변(詭辯). 단단하고 흰 돌은 눈으로 보아서는 그것이 흰 것을 알 수 있으나 단단한지는 모르며, 손으로 만져 보았을 때에는 그것이 단단한 것인 줄 알 수 있을 뿐 빛깔은 흰지 모르므로, 단단하고 흰 돌은 동일한 물건이 아니라고 설명하는 것. (유) 堅白論, 堅石白馬, 詭辯, 詭辭

堅壁淸野(견벽청야) [40426260] 성에 들어가 지키며 적에게 먹을 것을 주지 않기 위해 들판을 비움.

見不逮聞(견불체문) [52723062] 눈으로 직접 보니 들었던 것보다 못하다는 말로 헛된 명성을 이름 <출> 당서(唐書) (유) 見不如聞

見善如渴(견선여갈) [52504230] 착한 일을 보기를 마치 목마른 것같이 함.

見善從之(견선종지) [52504032] 착한 일이나 착한 사람을 보면 그것을 따름.

犬牙相制(견아상제) [40325242] 犬牙相錯 참조. 땅의 경계가 일직선으로 되어 있지 않고 개의 이빨처럼 들쭉날쭉 서로 어긋남.

犬牙相錯(견아상착) [40325232] 땅의 경계가 일직선으로 되어 있지 않고 개의 이빨처럼 들쭉날쭉 서로 어긋남. <출> 한서(漢書) 중산정왕전

(中山靖王傳) (유) 犬牙相制, 犬牙相値, 犬牙差互

犬羊之質(견양지질) [40423252] 재능이 없이 태어난 바탕

牽牛織女(견우직녀) [30504080] 견우와 직녀, 견우성과 직녀성.

見危授命(견위수명) [52404270] 見危致命 참조. 나라가 위태로울 때 자기의 몸을 나라에 바침.

見危致命(견위치명) [52405070] 나라가 위태로울 때 자기의 몸을 나라에 바침. <출> 논어(論語) 자장(子張)편 (유) 見危授命

堅忍不拔(견인불발) [40327232] 굳게 참고 견디어 마음이 흔들리지 않음

見免放狗(견토방구) [52326230] 토끼를 발견한 후에 사냥개를 풀어도 늦지 않음. 일이 되어가는 것을 본 뒤에 대처함 <출> 新序(신서)

犬免之爭(견토지쟁) [40323250] 개와 토끼의 다툼. 두 사람의 싸움에 제삼자가 이익을 봄. <출> 전국책(戰國策) 제책(齊策) (유) 蚌鷸之爭, 鷸蚌之爭, 漁夫之利, 田夫之功, 漁人之功

結弓獐皮(결궁장피) [52321232] 활에 매는 노루 가죽

決死反對(결사반대) [52606262] 죽기를 각오하고 있는 힘을 다하여 반대함.

結義兄弟(결의형제) [52428080] 桃園結義 참조. 형제의 의리를 맺음.

結者解之(결자해지) [52604232] 맺은 사람이 풂. 자기가 저지른 일은 자기가 해결함. 이 말은 속담 "맺은 놈이 풀지"를 홍만종(洪萬宗)이 순오지(旬五志)에 한역(漢譯)해 실은 것임.

結草報恩(결초보은) [52704242] 죽은 뒤에라도 은혜를 잊지 않고 갚음. <출> 춘추시대에, 진나라의 위과(魏顆)가 아버지가 세상을 떠난 후에 서모를 개가시켜 순사(殉死)하지 않게 하였더니, 그 뒤 싸움터에서 그 서모 아버지의 혼이 적군의 앞길에 풀을 묶어 적을 넘어뜨려 위과가 공을 세울 수 있도록 하였다는 고사에서 유래. <출> 춘추좌씨전(春秋左氏傳) 선공(宣公) 15年 秋七月條 (유) 結草, 刻骨難忘, 白骨難忘, 難忘之澤, 難忘之恩

兼人之勇(겸인지용) [32803262] 혼자서 능히 몇 사람을 당해 낼만한 용기. <출> 논어(論語) 선진편(先進篇)

兼聽則明(겸청즉명) [32405062] 여러 사람의 의견을 들어 보면 시비를 정확하게 판단할 수 있음. <출> 자치통감(資治通鑑) 당기(唐紀) 태종(太宗) 정관(貞觀) 2년조

輕擧妄動(경거망동) [50503272] 가볍고 망령되게 행동함. 또는 그런 행동. (상) 隱忍自重, 思慮分別

輕車熟路(경거숙로) [50723260] 경쾌한 수레를 타고 익숙한 길을 간다는 뜻으로, 일에 숙달되어 조금도 막힘이 없음 <출> 한유(韓愈)

經國濟世(경국제세) [42804272] 나라를 잘 다스려 세상을 구제함.

傾國之色(경국지색) [40803270] 임금이 혹하여 나라가 기울어져도 모를 정도로 뛰어나게 아름다운 여인. <출> 사기(史記) 항우본기(項羽本紀) (유) 傾國, 傾城, 傾城之色, 無比一色, 天下一色, 天下絶色, 絶世佳人, 萬古絶色, 羞花閉月, 閉月羞花, 國香, 國色, 丹脣皓齒, 明眸皓齒, 朱脣皓齒, 朱脣白齒, 皓齒丹脣, 沈魚落雁, 解語花, 花容月態, 雪膚花容, 月態花容, 雲鬢花容 (상) 薄色

驚弓之鳥(경궁지조) [40323242] 懲羹吹齏 참조. 한 번 화살에 맞은 새는 구부러진 나무만 보아도 놀람.

耕當問奴(경당문노) [32527032] 농사일은 머슴에게 물어야 한다는 뜻으로, 일은 항상 그 부문의 전문가와 상의하여야 함 <출> 송서(宋書)

敬老孝親(경로효친) [52707260] 늙은이를 공경하고 어버이에게 효도함.

輕薄浮虛(경박부허) [50323242] 輕佻浮薄 참조. 말하고 행동하는 것이 신중하지 못하고 실속이 없음.

卿士大夫(경사대부) [30528070] 조선 시대에, 영의정, 좌의정, 우의정 이외의 모든 벼슬아치를 통틀어 이르는 말.

傾城之色(경성지색) [40423270] 傾國之色 참조. 성(나라)을 기울어뜨릴 정도의 예쁜 용모.

經世濟民(경세제민) [42724280] 세상을 다스리고 백성을 구제함. 經濟(경제)의 어원.

經世致用(경세치용) [42725062] 利用厚生 참조. 학문은 세상을 다스리는 데에 실질적인 이익을 줄 수 있는 것이어야 한다는 유교의 한 주장.

庚戌國恥(경술국치) [30308032] 경술년(1910년)의 국가의 치욕, 일본이 대한제국을 병탄한 일을 지칭함.

傾危之士(경위지사) [40403252] 국가를 위태롭게 하는 사람.

敬而遠之(경이원지) [52306032] 공경하되 가까이하지는 않음. <출> 논어(論語) 옹야편(雍也篇) (유) 敬遠

鯨戰蝦死(경전하사) [10621060] 고래 싸움에 새우 등 터짐. 강한 자끼리 서로 싸우는 통에 아무 상관도 없는 약한 자가 해를 입음. (유) 間於齊楚

瓊枝玉葉(경지옥엽) [12324250] 옥으로 된 가지와 잎. (유) 金枝玉葉

敬天勤民(경천근민) [52704080] 하늘을 공경하고 백성을 위하여 부지런히 일함.

驚天動地(경천동지) [40707270] 하늘을 놀라게 하고 땅을 뒤흔듦. 세상을 몹시 놀라게 함. (유) 驚天

敬天愛人(경천애인) [52706080] 하늘을 숭배하고 인간을 사랑함.

鏡花水月(경화수월) [40708080] 거울에 비친 꽃과 물에 비친 달. 눈으로 볼 수 있으나 잡을 수는 없음. 시문에서 느껴지기는 하나 표현할 수 없는 미묘한 정취.

鷄犬昇天(계견승천) [40403270] 다른 사람의 권세에 빌붙어 승진하거나 한 사람의 출세로 집안이 덕을 보는 일 <출> 신선전(神仙傳) (유) 淮南鷄犬, 拔宅飛升

桂冠詩人(계관시인) [32324280] 17세기부터 영국 왕실에서 국가적으로 뛰어난 시인을 이르는 명예로운 칭호.

鷄口牛後(계구우후) [40705072] 닭의 주둥이와 소의 꼬리. 큰 단체의 꼴찌보다는 작은 단체의 우두머리가 되는 것이 오히려 나음. <출> 전국책(戰國策) 한책(韓策)과 사기(史記) 소진열전(蘇秦列傳)

鷄群孤鶴(계군고학) [40404032] 群鷄一鶴 참조. 닭 무리 가운데의 한 마리 학.

鷄群一鶴(계군일학) [40408032] 群鷄一鶴 참조. 닭 무리 가운데의 한 마리 학.

鷄卵有骨(계란유골) [40407040] 달걀에도 뼈가 있음. 어렵게 얻은 계란이 운 사납게 곯은 계란이었다는 데서 운수가 나쁜 사람은 모처럼 좋은 기회를 만나도 역시 일이 잘 안됨을 이르는 말. <출> 송남잡지(松南雜識)

桂林一枝(계림일지) [32708032] 진(晉)나라의 詵(극선)이 현량(賢良) 제1호로 천거된 것을 가리켜 계수나무 한 가지를 얻은 데에 불과하다고 한 데서 온 것으로, 대수롭지 않은 출세를 일컬음 사람됨이 비범하면서도 겸손함이나 대수롭지 않은 출세의 비유 <출> 진서(晉書)

鷄鳴狗盜(계명구도) [40403040] 하찮은 재주라도 쓰임이 있음. 제나라의 맹상군(孟嘗君)이 진(秦)나라 소왕(昭王)에게 죽게 되었을 때, 식객(食客) 가운데 개를 가장하여 남의 물건을 잘 훔치는 사람과 닭의 울음소리를 잘 흉내 내는 사람의 도움으로 위기에서 빠져나왔다는 데서 유래. <출> 사기(史記) 맹상군열전(孟嘗君列傳) (유) 鷄鳴之客

鷄鳴之客(계명지객) [40403252] 鷄鳴狗盜 참조. 닭의 울음소리를 잘 흉내 내는 식객.

計無所出(계무소출) [62507070] 百計無策 참조. 계획하여 보나 소득이 없음.

季札掛劍(계찰괘검) [40203032] 신의(信義)를 중히 여김. 오(吳)나라의 계찰(季札)이 서(徐)나라의 군주에게 자신의 보검을 주려고 마음먹었는데, 이미 그가 죽은 뒤라 자신의 보검을 풀어 그의 무덤가의 나무에 걸어놓고 떠났다는 고사에서 유래. <출> 사기(史記) 오태백세가(吳太伯世家)

季布一諾(계포일낙) [40428032] 초(楚)나라 계포는 약속을 반드시 지키는 사람이었다. 항우(項羽)와 유방(劉邦)이 천하를 걸고 싸울 때, 계포가 초나라 대장이 되어 유방을 여러 차례 괴롭혔는데, 한나라가 천하를 통일을 하자 쫓겨다녀야 하는 신세가 되었다. 그런데 그를 잘 아는 이가 유방에게 천거하여 사면시킨 뒤 벼슬까지 얻게 하였다. 계포가 한번 한 약속이라는 뜻으로 틀림없이 승낙함을 뜻함 <출> 사기(史記) (유) 季札繫劍, 季札掛劍, 一諾千金

鷄皮鶴髮(계피학발) [40323240] 닭의 가죽처럼 거칠고 머리칼은 학의 털처럼 희다는 뜻으로, 늙은 사람을 이르는 말 <출> 당현종(唐玄宗) (유) 鷄皮, 鶴髮

溪壑之慾(계학지욕) [32103232] 得隴望蜀 참조. 시냇물이 흐르는 산골짜기의 욕심. 끝이 없는 욕심.

高官大爵(고관대작) [62428030] 지위가 높고 훌륭한 벼슬. 또는 그런 벼슬아치.

股肱之臣(고굉지신) [10103252] 다리와 팔 같이 중요한 신하. 임금이 가장 신임하는 신하. <출> 서경(書經) 익직편(益稷篇) (유) 股肱, 股掌之臣, 肱脅

孤軍奮鬪(고군분투) [40803240] 외로이 떨어져 있는 군사가 많은 수의 적군과 용감하게 잘 싸움, 남의 도움을 받지 아니하고 힘에 벅찬 일을 잘 해 나가는 것을 비유적으로 이름.

古今東西(고금동서) [60628080] 옛날과 지금, 동양과 서양을 통틀어 이르는 말.

高臺廣室(고대광실) [62325280] 지대를 높게 다지고 크게 지은 좋은 집.

孤獨單身(고독단신) [40524262] 子子單身 참조. 외로운 홀몸.

叩頭謝罪(고두사죄) [10604250] 머리를 조아리며 잘못을 빎. (유) 叩謝

膏粱珍味(고량진미) [10104042] 기름진 고기와 좋은 곡식으로 만든 맛있는 음식.
<출> 맹자(孟子) 고자상(告子上) (유) 膏粱, 山海珍味, 山珍海味, 山珍海錯, 山珍海饌, 水陸珍味, 水陸珍饌, 海陸珍味, 龍味鳳湯

苦輪之海(고륜지해) [60403272] 고뇌가 끊임없이 돌고 도는 인간 세계

孤立無援(고립무원) [40725040] 四面楚歌 참조. 고립되어 구원을 받을 데가 없음.

枯木發榮(고목발영) [30806242] 고목에서 꽃이 핌 또는 죽은 사람이 다시 살아남
<출> 조식(曹植) (유) 枯木生花

枯木死灰(고목사회) [30806040] 겉모습은 마른나무와 같고 마음은 재와 같음. 생기와 의욕이 없는 사람.

枯木生花(고목생화) [30808070] 마른 나무에서 꽃이 핀다는 뜻으로, 곤궁한 처지의 사람이 행운을 만나 신기하게도 잘 됨을 말함 <출> 송남잡식(松南雜識) (유) 枯木發榮

枯木朽株(고목후주) [30801032] 마른 나무와 썩은 등걸이라는 뜻으로, 쓰이지 못하는 사람이나 물건 또는 자신을 낮추어 겸손하게 표현하는 말 <출> 추양(鄒陽)의 옥중상양왕서(獄中上梁王書) (유) 枯株朽木

鼓腹擊壤(고복격양) [32324032] 태평한 세월을 즐김. 요 임금 때 한 노인이 배를 두드리고 땅을 치면서 요 임금의 덕을 찬양하고 태평성대를 즐겼다는 데서 유래. <출> 십팔사략(十八史略) 악부시집(樂府詩集) 격양가(擊壤歌) (유) 擊壤之歌, 擊壤歌, 康衢煙月

高峯峻嶺(고봉준령) [62321232] 높이 솟은 산봉우리와 험준한 산마루.

叩盆之歎(고분지탄) [10103240] 아내가 죽은 한탄 (유) 叩盆之嘆, 鼓盆之嘆, 鼓盆之歎

高山流水(고산유수) [62805280] 管鮑之交 참조. 높은 산과 흐르는 물. 풍류의 곡조를 잘 아는 사람이 아니면 알지 못할 미묘한 거문고의 소리. 자기 마음속과 가치를 잘 알아주는 참다운 친구.

古色蒼然(고색창연) [60703270] 오래되어 예스러운 풍치나 모습이 그윽함.

孤城落日(고성낙일) [40425080] 외딴 성과 서산에 지는 해. 세력이 다하고 남의 도움이 없는 매우 외로운 처지. <출> 당(唐)나라 왕유(王維)의 시 송위평사(送韋評事)

高聲放歌(고성방가) [62426270] 술에 취하여 거리에서 큰 소리를 지르거나 노래를 부르는 짓.

高水敷地(고수부지) [62802070] 큰물이 날 때만 물에 잠기는 하천 언저리의 터, 둔치, 강턱.

姑息之計(고식지계) [32423262] 우선 당장 편한 것만을 택하는 꾀나 방법. 한때의 안정을 얻기 위하여 임시로 둘러맞추어 처리하거나 이리저리

주선하여 꾸며 내는 계책. <출> 예기(禮記) 단궁편(檀弓篇) (유) 姑息策, 目前之計, 凍足放尿, 下石上臺, 上石下臺, 上下撑石, 彌縫策, 彌縫之策, 臨時變通, 臨時防牌, 臨時方便, 臨時排布, 臨時處變, 颺湯止沸

孤臣冤淚(고신원루) [40521030] 임금의 신임이나 사랑을 받지 못하는 외로운 신하의 원통한 눈물.

孤身隻影(고신척영) [40622032] 몸 붙일 곳 없이 외로이 떠도는 홀몸.

苦心慘憺(고심참담) [60703010] 몹시 애를 태우며 근심 걱정을 함

苦心血誠(고심혈성) [60704242] 마음과 힘을 다하는 지극한 정성

高岸深谷(고안심곡) [62324232] 桑田碧海 참조. 높은 언덕이 깊은 골짜기가 됨.

高陽酒徒(고양주도) [62604040] 술을 좋아하여 제멋대로 행동하는 사람. 진(秦)나라 말기 유방(劉邦)을 도와 한(漢)나라의 창업을 도운 고양(高陽)땅의 역이기(酈食其)가 유생(儒生)을 싫어하는 유방을 처음 만날 때 자기는 유생이 아니라 고양 땅의 술꾼이라 한 데서 유래. <출> 사기(史記) 역생육가(酈生陸賈)열전

古往今來(고왕금래) [60426270] 예전과 지금.

苦肉之計(고육지계) [60423262] 苦肉之策 참조. 자신의 괴로움을 무릅쓰고 꾸미는 계책.

苦肉之策(고육지책) [60423232] 적을 속이기 위하여 자신의 괴로움을 무릅쓰고 꾸미는 계책. <출> 삼국지(三國志) 오지(吳志). (유) 苦肉之計

苦逸之復(고일지복) [60323242] 안일이 있음으로 고통이 찾아옴 <출> 열자(列子)

孤掌難鳴(고장난명) [40324240] 외손뼉만으로는 소리가 울리지 아니함. 혼자의 힘만으로 어떤 일을 이루기 어려움 <출> 수호전(水滸傳) (유) 獨掌難鳴

股掌之臣(고장지신) [10323252] 股肱之臣 참조. 다리와 손같이 중요한 신하.

高低長短(고저장단) [62428062] 높고 낮음과 길고 짧음.

孤注一擲(고주일척) [40628010] 도박꾼이 마지막 밑천을 다 걸고 달라붙음 <출> 진서(晉書)

苦盡甘來(고진감래) [60404070] 쓴 것이 다하면 단 것이 옴. 고생 끝에 즐거움이 옴. 세상일은 순환되는 것임. (상) 興盡悲來

高枕安眠(고침안면) [62307232] 高枕而臥 참조. 베개를 높이 하여 편안히 잠 <출> 사기(史記)

高枕而臥(고침이와) [62303030] 高枕安眠 참조. 베개를 높이 하여 잠. 근심 없이 편안히 지냄. <출> 사기(史記) 장의열전(張儀列傳). (유) 高枕, 高枕安眠

告解聖事(고해성사) [52424272] 告白聖事(고백성사)

曲高和寡(곡고화과) [50626232] 곡이 높으면 화답하는 사람이 적음. 사람의 재능이 너무 높으면 따르는 무리들이 적음. <출> 춘추전국시대 송옥(宋玉)의 말에서 유래.

曲突徙薪(곡돌사신) [50321010] 亡羊補牢, 有備無患 참조. 굴뚝을 구부리고 땔나무를 다른 곳으로 옮김. 화근을 미리 치움으로써 재앙을 미연에 방지함. <출> 한서(漢書) 곽광(霍光)전.

曲直不問(곡직불문) [50727270] 不問曲直 참조. 바르거나 바르지 않음을 묻지 아니함.

穀倉地帶(곡창지대) [40327042] 쌀 따위의 곡식이 많이 나는 지대.

曲學阿世(곡학아세) [50803272] 바른 길에서 벗어난 학문으로 세상 사람에게 아첨함. <출> 사기(史記) 유림열전(儒林列傳).

困獸猶鬪(곤수유투) [40323240] 위급할 때는 아무리 약한 짐승이라도 싸우려고 덤빔. (유) 窮鼠齧猫

困而知之(곤이지지) [40305232] 三知 참조. 피곤해지도록 공부하여 앎.

骨肉相殘(골육상잔) [40425240] 가까운 혈족끼리 서로 해치고 죽임. (유) 骨肉相爭, 骨肉相戰, 煮豆燃萁, 兄弟鬩牆

骨肉相爭(골육상쟁) [40425250] 骨肉相殘 참조. 가까운 혈족끼리 서로 싸움.

骨肉相戰(골육상전) [40425262] 骨肉相殘 참조. 가까운 혈족끼리 서로 싸움.

骨肉之親(골육지친) [40423260] 부자, 형제 등의 육친(肉親). <출> 여씨춘추(呂氏春秋) 정통(精通)편. (유) 骨肉, 血肉, 血肉之親

空谷足音(공곡족음) [72327262] 空谷跫音 참조. 아무도 없는 골짜기에 울리는 사람 발자국 소리.

功過相半(공과상반) [62525262] 세운 공과 허물이 절반씩임.

公明正大(공명정대) [62627280] 하는 일이나 태도가 사사로움이나 그릇됨이 없이 분명하고, 정당하고 떳떳함.

公私多忙(공사다망) [62406030] 공적인 일과 사적인 일로 많이 바쁨.

孔席墨突(공석묵돌) [40603232] 여기저기 몹시 바쁘게 돌아다님. 한(漢)나라 반고(班固)는 춘추전국시대의 공자와 . <출> 묵자의 유세 활동을 '공자의 자리는 따뜻해 질 틈이 없고, . <출> 묵자 집의 굴뚝에는 그을음이 낄 새가 없다(孔席不暖, 墨突不黔).'고 표현한데서 유래. <출> 반고(班固)의 답빈희(答賓戲).

公示送達(공시송달) [62504242] 민사 소송법에서, 당사자의 주거 불명 따위의 사유로 소송에 관한 서류를 전달하기 어려울 때에 그 서류를 법원 게시판이나 신문에 일정한 기간 동안 게시함으로써 송달한 것과 똑같은 효력을 발생시키는 송달 방법.

攻玉以石(공옥이석) [40425260] 옥을 가는 데 돌로 한다는 뜻으로, 하찮은 물건이나 사람도 중요한 일을 할 땐 귀하게 쓰인다는 말 <출> 후한서(後漢書)

孔子穿珠(공자천주) [40721032] 不恥下問 참조. 공자가 구슬을 꿰. 자기보다 못한 사람에게 모르는 것을 묻는 것이 부끄러운 일이 아님. <출> 조정사원(祖庭事苑).

空前絶後(공전절후) [72724272] 前無後無 참조. 앞에는 비었고, 뒤에는 끊어짐.

共存共榮(공존공영) [62406242] 다 같이 잘 살아나감.

空中樓閣(공중누각) [72803232] 공중에 떠 있는 누각. 아무런 근거나 토대가 없는 사물이나 생각. 신기루(蜃氣樓). <출> 심괄(沈括)의 몽계필담 (夢溪筆談).

公平無私(공평무사) [62725040] 공평하여 사사로움이 없음.

過恭非禮(과공비례) [52324260] 지나친 공손은 예의가 아님.

誇大妄想(과대망상) [32803242] 자신의 능력, 재산, 용모 따위의 현재 상태를 실제보다 턱없이 크게 과장하여 그것을 사실인 것처럼 믿는 일이나 그런 생각.

寡頭政治(과두정치) [32604242] 적은 수의 우두머리가 국가의 최고 기관을 조직하여 행하는 독재적인 정치.

過門不入(과문불입) [52807270] 아는 이의 문전을 지나가면서도 들르지 못할 만큼 바쁨 (유) 過門, 憂過

寡不敵衆(과부적중) [32724242] 衆寡不敵 참조. 적은 것으로 많은 것을 대적하지 못함.

過失相規(과실상규) [52605250] 향약의 네 가지 덕목 가운데 하나. 나쁜 행실을 하지 못하도록 서로 규제함을 이름.

過猶不及(과유불급) [52327232] 정도를 지나침은 미치지 못함과 같음. 중용(中庸)이 중요함. <출> 논어(論語) 선진편(先進篇).

瓜田李下(과전이하) [20426072] 의심받기 쉬운 행동은 피하는 것이 좋음. 李下는 이하부정관(李下不整冠), 瓜田은 과전불납리(瓜田不納履)의 준말로 오이 밭에서 신을 고쳐 신지 말고 오얏(자두)나무 밑에서 갓을 고쳐 쓰지 말라는 뜻. <출> 문선(文選)의 군자행(君子行). (유) 李下, 李下不整冠, 瓜田不納履

冠蓋相望(관개상망) [32325252] 수레 덮개를 서로 바라본다는 뜻으로, 앞뒤의 차가 서로 잇달아 사신의 왕래가 그치지 않음 <출> 사기(史記)

觀過知仁(관과지인) [52525240] 사람의 과실은 군자와 소인에 따라 달라, 그 잘못함을 보고 사람이 어진 성품인지를 안다는 말 <출> 논어(論語)

管窺錐指(관규추지) [40101042] 대나무 대롱으로 보고 송곳이 가리키는 곳을 본다는 말로 학식이나 견문이 좁음 또는 자신의 의견을 낮추어 하는 말

寬猛相濟(관맹상제) [32325242] 너그러움과 엄격함이 서로 조화를 이루어야 함 <출> 좌전(左傳)

寬仁大度(관인대도) [32408060] 마음이 너그럽고 인자하며 도량이 넓음

官製葉書(관제엽서) [42425062] 정부에서 발행한 일정한 규격의 우편엽서.

管中窺豹(관중규표) [40801010] 井中之蛙 참조. 대롱 속으로 표범을 엿봄. 시야가 매우 좁음. <출> 진서(晉書) 왕헌지전(王獻之傳).

觀天望氣(관천망기) [52705272] 구름이나 여러 대기 현상을 살펴보고 날씨를 예측하는 일

管鮑之交(관포지교) [40123260] 아주 친한 친구 사이의 사귐. 春秋시대의 管仲과 鮑叔牙의 우정이 아주 돈독하였다는 고사에서 유래. <출> 史記(사기) 管仲列傳(관중열전). (유) 高山流水, 刎頸之交, 刎頸之友, 水魚之交, 水魚, 水魚之親, 魚水之交, 魚水親, 魚水之親,

金蘭之交, 金蘭之契, 金蘭契, 金蘭交, 金蘭之誼, 淡水之交, 淡交, 芝蘭之交, 斷金之契, 斷金之交, 膠漆之交, 膠漆之心, 莫逆之友, 知己之友, 知己, 心友, 知音, 知音人 (상) 市道之交

管絃樂器(관현악기) [40306242] 대롱과 줄로 만든 악기의 통칭.

冠婚喪祭(관혼상제) [32403242] 관례, 혼례, 상례, 제례를 아울러 이르는 말.

刮垢磨光(괄구마광) [10103262] 때를 벗기고 닦아 빛이 나게 닦는다는 뜻으로, 사람의 결점을 고치고 장점을 발휘하게 함

刮目相對(괄목상대) [10605262] 눈을 비비고 상대편을 본다는 뜻으로, 남의 학식이나 재주가 놀랄 만큼 부쩍 늚을 이르는 말. <출> 삼국지(三國志) 오지(吳志) 여몽전주(呂蒙傳注). (유) 日就月將, 日進月步

光明正大(광명정대) [62627280] 말과 행동이 떳떳하고 정당함 (유) 公明, 公正, 大公至平, 至公, 至公無私, 至公至平

狂言綺語(광언기어) [32601070] 이치에 맞지 않는 말이나 교묘하게 수식한 말 <출> 백씨문집(白氏文集)

狂言妄說(광언망설) [32603252] 이치에 맞지 않고 道義(도의)에 어긋나는 말. (유) 狂談悖說

光陰如箭(광음여전) [62424210] 세월이 쏜 화살과 같아서 한번 지나면 되돌아오지 않음 (유) 光陰流水

光陰流水(광음유수) [62425280] 세월이 흐르는 물처럼 빠름 <출> 안씨가훈(顔氏家訓) (유) 光陰如箭

曠日彌久(광일미구) [10801232] 헛되이 세월을 보내며 일을 오래 끎. <출> 전국책(戰國策) 조책(趙策). (유) 曠日持久

曠日持久(광일지구) [10804032] 曠日彌久 참조. 헛되이 세월을 보내며 날짜만 끎.

曠前絶後(광전절후) [10724272] 前無後無 참조. 앞에는 비었고, 뒤에는 끊어짐.

怪常罔測(괴상망측) [32423042] 괴이하고 이상하고, 추측이 불가능할 정도로 이치에 맞지 아니함.

矯角殺牛(교각살우) [30624250] 소의 뿔을 바로잡으려다가 소를 죽임. 잘못된 점을 고치려다가 그 방법이나 정도가 지나쳐 오히려 일을 그르침.

蛟龍得水(교룡득수) [10404280] 교룡이 물을 얻음. 좋은 기회를 얻음. <출> 북사(北史) 양대안전(楊大眼傳).

驕兵必敗(교병필패) [10525250] 자기 군대의 힘만 믿고 교만하여 적에게 위엄을 보이려는 병정은 적의 군대에게 반드시 패함

喬松之壽(교송지수) [10403232] 교(喬)는 주나라 시대의 신선 왕자교(王子喬). 송(松)은 신농씨 무렵의 신선 적송자(赤松子)로 교송(喬松)의 수명(壽命)처럼 오래 삶

巧言令色(교언영색) [32605070] 아첨하는 말과 알랑거리는 태도. <출> 논어(論語) 학이편(學而篇). (상) 剛毅木訥, 誠心誠意

矯枉過正(교왕과정) [30105272] 굽은 것을 바로 잡으면서 정도를 지나침. 잘못된 것을 바로잡으려다가 너무 지나쳐서 오히려 나쁘게 됨. <출> 후한서(後漢書) 중장통(仲長統)전. (유) 矯枉過直

矯枉過直(교왕과직) [30105272] 矯枉過正 참조. 굽은 것을 바로 잡으면서 정도를 지나침.

校外指導(교외지도) [80804242] 교사가 학교 밖에서 학생들의 생활을 단속하고 지도하는 일.

交友以信(교우이신) [60525262] 믿음으로 벗을 사귐. 화랑도 세속 오계의 하나.

敎子採薪(교자채신) [80724010] 자식에게 땔나무 캐오는 법을 가르침. 무슨 일이든 장기적인 안목을 갖고 근본적인 처방에 힘씀. <출> 속맹자(續孟子).

膠柱鼓瑟(교주고슬) [20323212] 거문고의 기러기발을 갖풀로 붙임. 소용없는 행위. 고지식하여 조금도 융통성이 없음. <출> 사기(史記) 인상여전(藺相如傳). (유) 膠瑟

巧遲拙速(교지졸속) [32303060] 교묘하기는 하나 느린 것보다 서투르지만 빠른 것이 나음 <출> 손자(孫子)

交淺言深(교천언심) [60326042] 사귄 지는 오래지 않으나 서로 심중을 털어놓고 이야기함 <출> 전국책

膠漆之交(교칠지교) [20323260] 管鮑之交 참조. 아교[膠]와 옻칠[漆]처럼 끈끈한 사귐. 당(唐)나라의 시인인 백거이(白居易)가 친구 원미지(元微之)에게 보낸 편지에서 유래. <출> 원미지(元微之)의 백씨문집(白氏文集).

膠漆之心(교칠지심) [20323270] 管鮑之交 참조. 아교[膠]와 옻칠[漆]처럼 끈끈한 사귐. 당(唐)나라의 시인인 백거이(白居易)가 친구 원미지(元微之)에게 보낸 편지에서 유래. <출> 원미지(元微之)의 백씨문집(白氏文集).

狡免三窟(교토삼굴) [10328020] 교활한 토끼는 세 개의 숨을 굴을 파 놓음. 사람이 교묘하게 잘 숨어 재난을 피함. <출> 사기(史記) 맹상군열전(孟嘗君列傳).

敎學相長(교학상장) [80805280] 가르치고 배우면서 서로 성장함. <출> 예기(禮記).

口角春風(구각춘풍) [70627062] 좋은 말재주로 남을 칭찬하여 즐겁게 함 또는 그런 말

口蓋音化(구개음화) [70326252] 입천장소리로 됨, 끝소리가 'ㄷ,ㅌ'인 형태소가 구개음 'ㅈ,ㅊ'이 되거나, 'ㅌ'이 'ㅊ'이 되는 현상.

鳩居鵲巢(구거작소) [10401012] 비둘기는 스스로 자기의 집을 짓지 않고 까치집에서 사는 데서 나온 말로, 아내가 남편의 집을 자기 집으로 삼는 것을 비유적으로 이르는 말

究竟不淨(구경부정) [42307232] 사람이 죽으면 그 육신은 땅에 묻히어 흙이 되고, 벌레가 먹으면 똥이 되는 등 신체의 종말이 깨끗하지가 못함을 이르는 불교의 말

究竟涅槃(구경열반) [42301010] 모든 번뇌를 완전히 소멸시키고 최상의 깨달음을 얻은 경지 (유) 大般涅槃, 無上涅槃

九曲肝腸(구곡간장) [80503240] 굽이굽이 서린 창자. 깊은 마음속 또는 시름이 쌓인 마음속.

九曲羊腸(구곡양장) [80504240] 九折羊腸 참조. 아홉 번 꼬부라진 양의 창자.

救國干城(구국간성) [50804042] 나라를 구하는 방패와 성이란 뜻으로, 나라를 구하여 지키는 믿음직한 군인이나 인물 (유) 干城之材, 棟梁之器

舊弓新矢(구궁신시) [52326230] 묵은 활과 새 화살이란 뜻으로, 그래야만 잘 맞는다는 데서 나온 말

九年面壁(구년면벽) [80807042] 面壁九年 참조. 달마가 숭산(嵩山) 소림사에서 9년 동안 벽을 보고 좌선하여 도를 깨달은 일. <출> 오등회원(五燈會元) 동토조사(東土祖師)편.

求道於盲(구도어맹) [42723032] 길을 맹인에게 묻는다는 뜻으로, 방법이 잘못되어 있기 때문에 아무런 효과도 없음 <출> 韓愈 答陣生書

口頭三昧(구두삼매) [70608010] 경문(經文)의 글귀만 읽고 참된 선리(禪理)를 닦음이 없는 수도(修道)를 뜻하는 말로 화두(話頭)만 주장하는 선(禪) (유) 口頭禪

鷗鷺忘機(구로망기) [20123040] 바닷가에서 갈매기와 해오라기 노는 것을 보며 세상일을 잊음, 숨어 살면서 속세의 일을 잊음.

丘里之言(구리지언) [32703260] 시골사람들의 말로 근거없는 헛말 <출> 장자(莊子)

狗馬之心(구마지심) [30503270] 犬馬之勞 참조. 개나 말이 주인에게 충성하는 마음 <출> 한서(漢書)

狗猛酒酸(구맹주산) [30324020] 술집의 개가 사나우면 손님들이 오지 않아 술이 시어짐. 한 나라에 간신배가 있으면 어진 신하가 모이지 않음. <출> 한비자(韓非子) 외저설(外儲說) 右

口無完人(구무완인) [70505080] 그 입에 오르면 온전한 사람이 없음이라는 뜻으로, 그런 사람을 욕하는 말

狗尾續貂(구미속초) [30324210] 담비 꼬리가 모자라 개의 꼬리로 이음. 벼슬을 함부로 줌. 훌륭한 것 뒤에 보잘것없는 것이 뒤따름. 진서(晉書) 조왕륜전(趙王倫傳)에 나옴.

口蜜腹劍(구밀복검) [70303232] 입에는 꿀이 있고 배 속에는 칼이 있음(口有蜜腹有劍). 말로는 친한 듯하나 속으로는 해칠 생각이 있음. <출> 신당서(新唐書), 자치통감(資治通鑑) 당기(唐紀). (유) 笑中刀, 笑裏藏刀, 笑中有劍, 笑中有刀

口腹之計(구복지계) [70323262] 먹고 살아 가는 방법 <출> 송남잡식(松南雜識)

救死不瞻(구사불첨) [50607212] 매우 곤란하여 다른 일을 돌아볼 겨를이 없음

九死一生(구사일생) [80608080] 아홉 번 죽을 뻔하다 한 번 살아남. 죽을 고비를 여러 차례 넘기고 겨우 살아남. <출> 이소(離騷). (유) 百死一生, 十生九死, 萬死一生, 起死回生

口尙乳臭(구상유취) [70324030] 입에서 아직 젖내가 남. 말이나 행동이 유치함. <출> 사기(史記) 고조기(高祖記). (유) 黃口乳臭

救世濟民(구세제민) [50724280] 세상을 구하고 민생을 구제함

鳩首凝議(구수응의) [10523042] 비둘기가 머리를 조아리고 모이를 쪼듯 사람이 모여서 이마를 맞대고 의논하는 모양 (유) 鳩首會議

九十春光(구십춘광) [80807062] 석 달 동안의 화창한 봄 날씨 또는 노인의 마음이 청년처럼 젊음

口若懸河(구약현하) [70323250] 진(晉)나라 때 곽상(郭象)은 논쟁을 벌일 때마다 풍부한 지식을 바탕으로 이치를 논하였다. 왕연(王練)이 '곽상의 말을 듣고 있으면 마치 흐르는 물이 큰 물줄기로 쏟아져 마르지 않는 것과 같다.(廳象語면 如懸河하여 瀉水注而不竭이라.' 며 칭찬한데서 유래하여, 거침없이 말을 잘하는 것을 이름 <출> 한유(韓愈) (유) 口如懸河, 青山流水

九牛一毛(구우일모) [80508042] 아홉 마리의 소 가운데 박힌 하나의 털. 매우 많은 것 가운데 극히 적은 수. <출> 한서(漢書) 사마천전(司馬遷傳). (유) 滄海一粟, 滄海一滴, 大海一滴, 大海一粟

口耳之學(구이지학) [70503280] 들은 것을 자기 생각 없이 그대로 남에게 전하는 것이 고작인 학문. <출> 순자(荀子) 권학편(勸學篇).

求田問舍(구전문사) [42427042] 논밭과 집을 구하고 문의하여 산다는 뜻으로, 자기의 이익에만 마음을 쓰고 국가의 대사를 돌보지 아니함 <출> 위지(魏志)

求全之毁(구전지훼) [42723230] 몸과 마음을 닦아 행실을 온전히 하려다가 뜻밖에 남으로부터 듣는 욕 <출> 맹자(孟子)

九折羊腸(구절양장) [80404240] 아홉 번 꼬부라진 양의 창자. 꼬불꼬불하며 험한 산길. (유) 九曲羊腸, 九折

口誅筆伐(구주필벌) [70105242] 입과 붓으로 잘못을 꾸짖음

九重宮闕(구중궁궐) [80704220] 겹겹이 문으로 막은 깊은 궁궐, 임금이 있는 대궐 안. 九重의 九는 반드시 아홉이 아니라 그만큼 많다는 뜻.

求卽得之(구즉득지) [42324232] 무엇을 구하면 이를 얻을 수 있음 <출> 맹자(孟子)

九尺長身(구척장신) [80328062] 아홉 자나 되는 아주 큰 키. 또는 그런 사람.

九天直下(구천직하) [80707272] 一瀉千里 참조. 하늘에서 땅을 향하여 일직선으로 떨어짐. 일사천리의 형세.

舊態依然(구태의연) [52424070] 예전 모습 그대로임.

購捕贖良(구포속량) [20321052] 조선시대에, 범인을 고발하여 잡게 하는 공을 세움으로써 노비의 신분을 벗어나 양인의 신분을 얻던 일.

口血未乾(구혈미건) [70424232] 맹세할 때에 입에 묻힌 피가 아직 마르지 않았다는 뜻으로, 맹세한 지가 오래되지 않았음 <출> 춘추좌씨전(春秋左氏傳)

口禍之門(구화지문) [70323280] 駟不及舌 참조. 입은 재앙을 불러들이는 문. 풍도(馮道)가 지은 설시(舌詩)에서 유래. 전당시(全唐詩).

救火投薪(구화투신) [50804010] 불을 끄려고 섶나무를 집어 던짐. 잘못된 일의 근본을 다스리지 않고 성급하게 행동하다가 도리어 그 해를 더 크게 함. (유) 抱薪救火, 負薪救火

鞠躬盡力(국궁진력) [12104072] 몸과 마음을 다하여 나랏일에 힘씀.

國利民福(국리민복) [80628052] 나라의 이익과 국민의 행복.

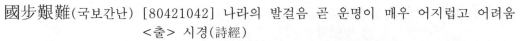

國步艱難(국보간난) [80421042] 나라의 발걸음 곧 운명이 매우 어지럽고 어려움 <출> 시경(詩經)

國士無雙(국사무쌍) [80525032] 나라에서 견줄 사람이 없을 정도로 빼어난 선비. <출> 사기(史記) 회음후열전(淮陰侯列傳).

國憂民恤(국우민휼) [80328010] 나랏일을 근심하고 고통스런 삶을 사는 백성을 불쌍하게 여김.

國威宣揚(국위선양) [80404032] 나라의 위신을 널리 떨치게 함.

國泰民安(국태민안) [80328072] 나라가 태평하고 백성이 편안함.

群輕折軸(군경절축) [40504020] 아무리 가벼운 것이라도 많이 모이면 수레의 굴대를 구부러뜨릴 수 있다는 뜻으로, 아무리 적은 힘이라도 협력하면 강적에 대항할 수 있다는 말 <출> 사기(史記)

群鷄一鶴(군계일학) [40408032] 닭의 무리 가운데에서 한 마리의 학. 많은 사람 가운데서 뛰어난 인물. <출> 진서(晋書)의 혜소전(嵇紹傳). (유) 鷄群孤鶴, 鷄群一鶴, 白眉

群盲撫象(군맹무상) [40321040] 장님 여럿이 코끼리를 만짐. 사물을 좁은 소견과 주관으로 잘못 판단함. <출> 涅槃經(열반경). (유) 群盲評象

群盲評象(군맹평상) [40324040] 群盲撫象 참조. 장님 여럿이 코끼리를 평가함.

軍不厭詐(군불염사) [80722030] 兵不厭詐 참조. 군사상의 일은 속임수를 싫어하지 아니함.

君射臣決(군사신결) [40405252] 임금이 활쏘기를 좋아하면 신하는 깍지를 낀다는 뜻으로 윗사람이 즐겨하면 아랫사람이 반드시 본받음 <출> 순자(荀子)

君臣有義(군신유의) [40527042] 五倫(오륜)의 하나. 임금과 신하 사이에는 의리가 잇어야 함.

群雄割據(군웅할거) [40503240] 여러 영웅이 각기 한 지방씩 차지하고 위세를 부림.

君爲臣綱(군위신강) [40425232] 신하는 임금을 섬기는 것이 근본임 .

君子務本(군자무본) [40724260] 군자는 근본에 온 힘을 다 쏟음. <출> 논어(論語) 학이(學而)편.

君子不器(군자불기) [40727242] 군자는 그릇이 아님. 군자는 그릇처럼 국한되지 않음. <출> 논어(論語) 위정(爲政)편.

君子三樂(군자삼락) [40728062] 군자의 세 가지 즐거움. 부모가 살아 계시고 형제가 무고한 것, 하늘과 사람에게 부끄러워할 것이 없는 것, 천하의 영재를 얻어서 가르치는 것. <출> 맹자(孟子) 진심장(盡心章).

君子豹變(군자표변) [40721052] 군자는 허물을 고쳐 올바로 행함이 아주 빠르고 뚜렷함. <출> 논어(論語) 자로(子路) 편.

群衆心理(군중심리) [40427062] 많은 사람이 모였을 때에, 자제력을 잃고 쉽사리 흥분하거나 다른 사람의 언동에 따라 움직이는 일시적이고 특수한 심리 상태.

群策群力(군책군력) [40324072] 많은 사람들의 지혜와 능력

軍行旅進(군행여진) [80605242] 군대가 전쟁터로 나아감.

掘墓鞭屍(굴묘편시) [20401020] 오(吳)나라로 망명한 자서(子胥)는 뜻을 이루어 초(楚)나라로 쳐들어가 자신을 죽이려 했던 평왕(平王)의 무덤을 파헤치고 시체에 분을 풀었다고 한다.묘를 파헤쳐 시체에 매질을 한다는 뜻으로, 통쾌한 복수나 지나친 행동을 일컫는 말 <출> 오자서(伍子胥)

掘井取水(굴정취수) [20324280] 우물을 파서 물을 얻음.

窮狗莫追(궁구막추) [40303232] 피할 곳 없는 개를 쫓지 말 것. 곤란한 지경에 있는 사람을 모질게 다루면 해를 입으니 건드리지 말라는 말. (유) 窮寇勿迫, 窮寇勿追, 窮鼠莫追

窮寇勿迫(궁구물박) [40103232] 窮狗莫追 참조. 피할 곳 없는 도적을 쫓지 말 것.

窮寇勿追(궁구물추) [40103232] 窮狗莫追 참조. 피할 곳 없는 도적을 쫓지 말 것.

窮年累世(궁년누세) [40803272] 자신의 일생(一生)과 자손 대대.

窮鼠莫追(궁서막추) [40103232] 窮狗莫追 참조. 피할 곳 없는 쥐를 쫓지 말 것.

窮餘一策(궁여일책) [40428032] 窮餘之策 참조. 궁한 나머지 생각다 못하여 짜낸 하나의 계책.

窮餘之策(궁여지책) [40423232] 궁한 나머지 생각다 못하여 짜낸 계책. (유) 窮餘一策

窮鳥入懷(궁조입회) [40427032] 쫓기던 새가 사람의 품안으로 날아든다는 뜻으로, 사람이 궁하면 적에게도 의지함 <출> 안씨가훈(顔氏家訓)

權謀術數(권모술수) [42326270] 목적 달성을 위하여 수단과 방법을 가리지 아니하는 온갖 모략이나 술책. (유) 權謀術策, 權數, 權術

權謀術策(권모술책) [42326232] 權謀術數 참조. 목적 달성을 위하여 수단과 방법을 가리지 아니하는 온갖 모략이나 술책.

權不十年(권불십년) [42728080] 권세는 십 년을 가지 못함. 아무리 높은 권세라도 오래가지 못함. (유) 勢不十年

勸善懲惡(권선징악) [40503052] 착한 일을 권장하고 악한 일을 징계함. <출> 춘추좌씨전(春秋左氏傳). (유) 勸懲, 懲勸, 勸誡, 彰善懲惡

捲土重來(권토중래) [10807070] 땅을 말아 일으킬 것 같은 기세로 다시 옴. 한 번 실패하였으나 힘을 회복하여 다시 쳐들어옴. 어떤 일에 실패한 뒤에 힘을 가다듬어 다시 그 일에 착수함. 항우가 유방과의 결전에서 패하여 오강(烏江) 근처에서 자결한 것을 탄식한 말에서 유래. <출> 두목(杜牧)의 시 제오강정(題烏江亭).

貴鵠賤鷄(귀곡천계) [50103240] 고니를 귀하게 여기고 닭을 천하게 여김. 먼 데 있는 것을 귀하게 여기고 가까운 데 있는 것을 천하게 여김. (유) 貴耳賤目

歸馬放牛(귀마방우) [40506250] 전쟁에 썼던 말과 소를 놓아줌. 더 이상 전쟁을 하지 아니함. <출> 상서(尙書) 무성(武成)편.

歸命頂禮(귀명정례) [40703260] 부처에게 몸과 마음으로 돌아가 머리를 부처의 발에 대고 절을 함 또는 예불할 때 부르는 말

龜毛兔角(귀모토각) [30423262] 거북의 털과 토끼의 뿔, 있을 수 없는 일.

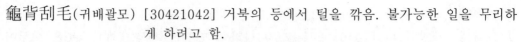

龜背刮毛(귀배괄모) [30421042] 거북의 등에서 털을 깎음. 불가능한 일을 무리하게 하려고 함.

歸巢本能(귀소본능) [40126052] 동물이 자기 서식처나 둥지로 되돌아오는 성질이나 능력.

貴耳賤目(귀이천목) [50503260] 貴鵠賤鷄 참조. 귀를 귀하게 여기고 눈을 천하게 여김. 가까운 것을 나쁘게 여기고 먼 곳에 있는 것을 좋게 여김(비판적).

規矩準繩(규구준승) [50104212] 목수가 쓰는 그림쇠, 자, 수준기, 먹줄을 통틀어 이르는 말 ②일상생활에서 지켜야 할 기준과 법칙을 이름 (유) 規矩

閨中七友(규중칠우) [20808052] 부녀자가 바느질을 하는데 필요한 침선(針線)의 7가지 물건인 바늘, 실, 골무, 가위, 자 , 인두, 다리미. 조선 후기에 간행된 작자미상의 규중칠우쟁론기(閨中七友爭論記)는 이런 규중칠우를 의인화(擬人化)해 인간사회를 풍자한 작품.

橘中之樂(귤중지락) [10803262] 옛날 중국의 파공땅에 살던 사람이 큰 귤을 쪼개어 보니, 그 속에서 두 노인이 바둑을 두고 있었다는 고사에서 바둑 두는 즐거움을 뜻함

橘化爲枳(귤화위지) [10524210] 南橘北枳 참조. 귤이 변하여 탱자가 됨.

隙駒光陰(극구광음) [10106242] 몹시 빨리 지나가는 세월.

克己復禮(극기복례) [32524260] 자기의 욕심을 누르고 착한 본성의 예도를 회복함. <출> 논어(論語) 안연(顔淵)편. (유) 克復

克己奉公(극기봉공) [32525262] 자기 자신의 욕망을 억누르고 나라와 사회를 위해 일한다는 것을 이르는 말 <출> 논어(論語)

極樂往生(극락왕생) [42624280] 죽어서 극락세계에 다시 태어남.

極樂淨土(극락정토) [42623280] 아미타불(阿彌陀佛)이 살고 있다는 정토(淨土). 이 세상(世上)에서 서쪽으로 십만 억의 불토를 지나서 있으며, 모든 것이 완전히 갖추어 불과(佛果)를 얻은 사람이 죽어서 다시 태어나는 곳으로 불교에서 말하는 내세의 이상 세계 (유) 極樂安養淨土, 無量淸淨土, 安樂國, 安養界

克伐怨慾(극벌원욕) [32424032] 네 가지 악덕(惡德), 남을 이기려 하고, 자기를 자랑하는 일, 원망하고 화내는 일, 욕심을 내고 탐내는 일 <출> 논어(論語)

極惡無道(극악무도) [42525072] 더할 나위 없이 악하고 도리에 완전히 어긋나 있음.

僅僅得生(근근득생) [30304280] 겨우겨우 살아감.

近墨者黑(근묵자흑) [60326050] 먹을 가까이하는 사람은 검어짐. 나쁜 사람과 가까이 지내면 나쁜 버릇에 물들기 쉬움. (유) 近朱者赤 (상) 麻中之蓬

近悅遠來(근열원래) [60326070] 가까운 곳에서는 기뻐하고 먼 곳에서는 옴. 정치를 잘 하면 국내와 인근 국가의 사람들이 그 혜택을 입게 되어 기뻐하고 먼 나라의 사람들도 흠모하여 모여듦. <출> 논어(論語) 자로(子路) 편.

近憂遠慮(근우원려) [60326040] 內憂外患 참조. 가까운 곳에서는 근심하고 먼 곳에서는 염려함.

勤將補拙(근장보졸) [40423230] 서투른 것을 보충)하려면 부지런함이 으뜸임

近朱者赤(근주자적) [60406050] 近墨者黑 참조. 붉은 것을 가까이 하면 붉어짐.

近親相姦(근친상간) [60605230] 촌수가 가까운 일가 사이의 남녀가 서로 성적 관계를 맺음.

謹賀新年(근하신년) [30326280] 삼가 새해를 축하함. 새해의 복을 비는 인사말.

禽困覆車(금곤복거) [32403272] 새도 곤경에 빠지면 수레를 뒤엎음, 약자도 기운을 내면 큰 힘을 낼 수 있음을 비유적으로 이름 <출> 사기(史記)

金科玉條(금과옥조) [80624240] 금이나 옥처럼 귀중히 여겨 꼭 지켜야 할 법칙이나 규정.

金冠朝服(금관조복) [80326060] 조선시대에, 벼슬아치들이 입던 금관과 조복을 아울러 이르는 말.

金口木舌(금구목설) [80708040] 주의를 환기시키는 종을 가리키는 말로 훌륭한 말로 사회(社會)를 가르치고 이끌어 나가는 사람을 이름

金權萬能(금권만능) [80428052] 돈만 있으면 모든 일을 다 할 수 있음.

金蘭之契(금란지계) [80323232] 管鮑之交 참조. 쇠처럼 단단하고 난초 향기처럼 그윽한 사귐의 의리를 맺음.

金蘭之交(금란지교) [80323260] 管鮑之交 참조. 쇠처럼 단단하고 난초 향기처럼 그윽한 사귐. <출> 역경(易經) 계사상전(繫辭上傳).

金蘭之誼(금란지의) [80323210] 管鮑之交 참조. 쇠처럼 단단하고 난초 향기처럼 그윽한 사귐.

金迷紙醉(금미지취) [80307032] 금종이에 정신이 미혹되고 취함. 사치스런 생활. <출> 송(宋)나라의 도곡(陶谷)이 편찬한 청이록(淸異錄).

錦上添花(금상첨화) [32723070] 비단 위에 꽃을 더함. 좋은 일 위에 또 좋은 일이 더하여짐. <출> 왕안석(王安石)의 시 즉사(卽事). (상) 雪上加霜, 前虎後狼, 雪上加雪

金石牢約(금석뇌약) [80601052] 金石之約 참조. 쇠나 돌처럼 굳고 변함없는 약속.

金石盟約(금석맹약) [80603252] 金石之約 참조. 쇠나 돌처럼 굳고 변함없는 약속.

金石相約(금석상약) [80605252] 金石之約 참조. 쇠나 돌처럼 굳고 변함없는 약속.

金石爲開(금석위개) [80604260] 中石沒鏃 참조. 쇠와 돌을 열리게 함. 정신을 집중해서 전력을 다하면 어떤 일에도 성공할 수 있음. <출> 신서(新序) 잡사(雜事) 4편.

今昔之感(금석지감) [62303260] 隔世之感 참조. 지금과 옛날의 차이가 너무 심하여 생기는 느낌.

金石之交(금석지교) [80603260] 쇠나 돌처럼 굳고 변함없는 사귐.

金石之約(금석지약) [80603252] 쇠나 돌처럼 굳고 변함없는 약속. (유) 金石牢約, 金石盟約, 金石相約

金城鐵壁(금성철벽) [80425042] 金城湯池 참조. 쇠로 만든 성과 철로 만든 벽. 방

어 시설이 잘되어 있어서 공격하기 어려운 성. <출> 서적(徐積)의 화예복(和倪復).

金城湯池(금성탕지) [80423232] 쇠로 만든 성과, 그 둘레에 파 놓은 뜨거운 물로 가득 찬 못. 방어 시설이 잘되어 있는 성. <출> 한서(漢書) 괴통전(蒯通傳). (유) 金城鐵壁, 湯池鐵城, 難攻不落

琴瑟相和(금슬상화) [32125262] 琴瑟之樂(금실지락) 참조. 琴瑟(금슬), 즉 거문고 와 비파 소리가 조화를 이룸. 부부 사이가 다정하고 화목함.

琴瑟之樂(금슬지락) [32123262] 거문고와 비파를 부부에 비유. 부부간의 사랑. 조화를 잘 이루는 부부 사이의 즐거움. <출> 시경(詩經) 관저편(關雎篇). (유) 琴瑟, 琴瑟相和, 如鼓琴瑟, 鴛鴦之契, 鴛鴦契, 二姓之樂, 比翼連理, 連理比翼, 比翼, 連理, 比翼鳥, 連理枝

今是昨非(금시작비) [62426242] 오늘은 옳고 어제는 그르다는 뜻으로, 과거의 잘 못을 이제야 깨달음 <출> 도잠(陶潛) 귀거래사(歸去來辭) (유) 昨非今是

今始初聞(금시초문) [62625062] 지금 비로소 처음으로 들음.

今時初聞(금시초문) [62725062] 바로 지금 처음으로 들음.

錦心繡口(금심수구) [32701070] 훌륭한 착상과 아름다운 말 또는 글을 짓는 재주 가 뛰어남

金旺之節(금왕지절) [80123252] 五行(오행) 중에서 金氣(금기)가 가장 왕성한 절 기, 가을.

錦衣夜行(금의야행) [32606060] 비단옷을 입고 밤길을 다님. 생색이 나지 않음. 아무 보람이 없는 일을 함. 입신출세하고도 고향으로 돌아가지 않음. <출> 사기(史記) 항우본기(項羽本紀). (유) 夜行被繡, 衣錦夜行, 繡衣夜行 (상) 錦衣還鄉

錦衣玉食(금의옥식) [32604272] 비단옷과 흰 쌀밥. 호화스럽고 사치스러운 생활. (유) 好衣好食, 暖衣飽食, 暖飽, 飽食暖衣 (상) 惡衣惡食, 粗衣惡食, 粗衣粗食

錦衣晝行(금의주행) [32606060] 錦衣還鄉 참조. 비단옷을 입고 낮에 다님.

錦衣還鄉(금의환향) [32603242] 錦衣夜行 참조. 비단옷을 입고 고향에 돌아옴. 출 세를 하여 고향에 감.

金枝玉葉(금지옥엽) [80324250] 금으로 된 가지와 옥으로 된 잎. 임금의 가족. 귀 한 자손. (유) 瓊枝玉葉

及瓜而代(급과이대) [32203062] 오이가 익을 무렵이 되면 교체해준다는 뜻으로 임기가 끝나면 자리를 옮겨준다는 말 또는 약속을 제대로 지 키지 않는다는 뜻도 있음 <출> 춘추좌씨전(春秋左氏傳) (유) 瓜代, 瓜時而代

汲水功德(급수공덕) [10806252] 목마른 사람에게 물을 길어다 주는 공덕.

急轉直下(급전직하) [62407272] 형세가 걷잡을 수 없을 만큼 급작스럽게 안 좋은 방향으로 전개됨.

兢兢業業(긍긍업업) [12126262] 항상 조심하여 삼감.

氣高萬丈(기고만장) [72628032] 기운이 높이 치솟고 멀리까지 뻗침. 꺼드럭거리는 우쭐하여 뽐내는 기세가 대단함. (유) 豪氣萬丈, 氣焰萬丈

己飢己溺(기기기닉) [52305220] 자기가 굶주리고 자기가 물에 빠진 듯이 여김. 다른 사람의 고통을 자기의 고통으로 생각하고 그들의 고통을 덜어주기 위해 책임을 다함. <출> 맹자(孟子) 이루상(離樓上). (유) 人溺己溺, 人飢己飢

技能妖術(기능요술) [50522062] 고도로 숙련된 손 기술을 가지고 사람의 눈을 속이는 요술.

己卯士禍(기묘사화) [52305232] 기묘년(조선 중종 14년 1519년)에 일어난 선비의 재앙, 훈구파가 조광조 등의 신진파를 죽이거나 귀양 보냄.

記問之學(기문지학) [72703280] 단순히 책을 읽거나 외기만 할 뿐 제대로 이해하지 못하는 학문.

己未運動(기미운동) [52426272] 기미년(1919년)의 운동, 삼일운동.

驥服鹽車(기복염거) [12603272] 천리마가 소금 수레를 끔. 유능한 사람이 알아주는 이를 만나지 못해, 천한 일에 종사함. <출> 전국책(戰國策).

幾死僅生(기사근생) [30603080] 거의 죽을 뻔하다가 겨우 살아남 (유) 起死回生

起死回生(기사회생) [42604280] 九死一生 참조. 거의 죽을 뻔하다가 도로 살아남. <출> 여씨춘추(呂氏春秋) 별류편(別類篇) (유) 幾死僅生

箕山之志(기산지지) [12803242] 속세의 때를 묻히지 않고 은둔해 사는 고결한 뜻. 許由(허유)가 요임금이 자기에게 천하를 물려주겠다고 하는 말을 듣고 기산에 숨어 영수(穎水)에서 귀를 씻었다는 데서 유래.

奇想天外(기상천외) [40427080] 착상이나 생각 따위가 쉽게 짐작할 수 없을 정도로 기발하고 엉뚱함.

技成眼昏(기성안혼) [50624230] 재주를 다 배우니 눈이 어두움

欺世盜名(기세도명) [30724072] 세상 사람을 속이고 헛된 명예를 탐냄

起訴猶豫(기소유예) [42323240] 검사가 형사 사건에 대하여 범죄의 혐의를 인정하나 범인의 성격, 연령, 환경, 범죄의 경중, 정상, 범행 후의 정황 따위를 참작하여 공소를 제기하지 않는 일.

騎獸之勢(기수지세) [32323242] 騎虎之勢 참조. 짐승을 타고 달리는 형세.

起承轉結(기승전결) [42424052] 한시에서, 기는 시를 시작하는 부분, 승은 그것을 이어받아 전개하는 부분, 전은 시의를 한 번 돌리어 전환하는 부분, 결은 전체 詩意(시의)를 끝맺는 부분임, 논설문 따위의 글을 짜임새 있게 짓는 형식에도 적용됨.

奇巖怪石(기암괴석) [40323260] 기이하게 생긴 바위와 괴상하게 생긴 돌.

奇巖絶壁(기암절벽) [40324242] 기이하게 생긴 바위와 깎아지른 듯한 낭떠러지.

記憶喪失(기억상실) [72323260] 이전의 어느 기간 동안의 기억이 사라져 버리는 일.

企業合倂(기업합병) [32626020] 둘 이상의 기업이 하나의 기업으로 합병하는 일.

氣焰萬丈(기염만장) [72108032] 氣高萬丈 참조. 꺼드럭거리는 기세가 대단하여 멀리까지 뻗침.

旣往之事(기왕지사) [30423272] 이미 지나간 일.

氣韻生動(기운생동) [72328072] 글씨나 그림의 기품·정취가 생생하게 약동하는 듯한 화법(畫法) <출> 철경록(輟耕錄)

棄爾幼志(기이유지) [30103242] 아이의 마음을 버림

杞人之憂(기인지우) [10803232] 기나라 사람의 근심. 앞일에 대한 쓸데없는 걱정. 옛날 기(杞)나라에 살던 한 사람이 '만일 하늘이 무너지면 어디로 피해야 좋을 것인가?' 하고 침식을 잊고 걱정하였다는 데서 유래. <출> . <출> 열자(列子) 천서편(天瑞篇). (유) 杞憂

氣絶招風(기절초풍) [72424062] 기 흐름이 막히고 풍증에 걸림. 몹시 놀란 상태를 나타냄.

旣定事實(기정사실) [30607252] 이미 결정되어 있는 사실.

基調演說(기조연설) [52524252] 중요 인물이 나와 모임의 기본 취지나 정책, 방향 따위에 대하여 설명하는 연설.

氣盡脈盡(기진맥진) [72404240] 기운과 의지력이 다하여 스스로 가누지 못할 지경이 됨.

機銃掃射(기총소사) [40424240] 비행기에서 목표물을 비로 쓸어 내듯이 기관총으로 쏘는 일.

旗幟鮮明(기치선명) [70105262] 깃발의 색깔이 뚜렷하다는 뜻으로 의견이나 입장이 분명함

幾何級數(기하급수) [30326070] 서로 이웃하는 항의 비(比)가 일정한 급수. 일정하게 배로 늘어나는 급수.

騎虎難下(기호난하) [32324272] 騎虎之勢 참조. 호랑이 등에 올라타고 달려 내리기 어려운 형세. <출> 수서(隋書) 독고황후전(獨孤皇后傳).

騎虎之勢(기호지세) [32323242] 호랑이를 타고 달리는 형세라. 이미 시작한 일을 중도에서 그만둘 수 없음. <출> 수서(隋書) 독고황후전(獨孤皇后傳). (유) 騎獸之勢, 騎虎難下

奇貨可居(기화가거) [40425040] 진기한 물건은 잘 간직할만함. 나중에 이익을 남기고 팜. 좋은 기회를 놓치지 말아야 함. <출> 사기(史記) 여불위열전(呂不韋列傳).

棄灰之刑(기회지형) [30403240] 길에 재를 버린 사람까지도 잡아 형벌을 내린다는 뜻으로 엄격하고 융통성이 없으며 지나친 형벌 <출> 사기(史記) 이사전(李斯傳)

吉凶禍福(길흉화복) [50523252] 길흉과 화복을 아울러 이름.

落膽喪魂(낙담상혼) [50203232] 실의에 빠지고 마음이 상해서 넋을 잃음. (유) 喪魂落膽

落落長松(나락장송) [50508040] 가지가 길게 축축 늘어진 키가 큰 소나무.

落帽之辰(나모지신) [50203232] 중국 진(晉)나라 때 정서대장군(征西大將軍) 환온(桓溫)이 연 용산의 연회에서 참군(參軍) 맹가(孟嘉)의 관모(冠帽)가 떨어진 데서 유래하여 소탈하면서도 활달한 풍모 또는 그 연회가 열린 음력 9월9일 중양절을 달리 부르는 말 (유) 孟嘉落帽, 龍山落帽

落木寒天(낙목한천) [50805070] 나뭇잎이 다 떨어진 겨울의 춥고 쓸쓸한 풍경. 또

는 그런 계절.

落心千萬(낙심천만) [50707080] 마음이 천길만길 떨어짐, 바라던 일을 이루지 못하여 마음이 몹시 상함.

洛陽紙價(낙양지가) [20607052] 낙양땅의 종이 값이 귀함. 책의 평판이 좋아 매우 잘 팔림. <출> 진서(晋書) 문원전(文苑傳). (유) 洛陽紙貴

洛陽紙貴(낙양지귀) [20607050] 낙양땅의 종이 값이 귀함. 책의 평판이 좋아 매우 잘 팔림. <출> 진서(晋書) 문원전(文苑傳). (유) 洛陽紙價

絡繹不絶(낙역부절) [32107242] 실이 이어져 끊어지지 않음, 왕래가 잦아 소식이 끊이지 아니함. (유) 連絡不絶

落葉歸根(낙엽귀근) [50504060] 잎이 떨어져 뿌리로 돌아감. 결국은 자기가 본래 났거나 자랐던 곳으로 돌아감. <출> 전등록(傳燈錄).

落月屋梁(낙월옥량) [50805032] 꿈 속에서 벗을 만나 즐기다가 꿈을 깨니 벗은 간데 없고 지붕 위에 싸늘한 달빛만이 흩어져 있었다 함 <출> 두보(杜甫) 몽이백(夢李白)

樂而不淫(낙이불음) [62307232] 즐기되 음탕하지는 않음. 즐거움의 도를 지나치지 않음. <출> 논어(論語) 팔일(八佾) 편.

樂而思蜀(낙이사촉) [62305012] 중국의 삼국시대에 촉한(蜀漢)의 유선(劉禪)이 위나라에 굴복하여 사마소가 잔치를 벌이자 촉의 신하들은 망국의 슬픔으로 통한의 눈물을 흘렸지만 유선은 희희낙락하자 사마소가 격멸하며 촉이 그립지 않느냐 물으니 이곳이 즐겁다 보니 촉나라는 생각나지 않는다고 한 고사로 눈앞의 즐거움에 빠져 근본을 잊는 잘못을 지적하는 말

落穽下石(낙정하석) [50107260] 함정에 빠진 사람에게 돌을 떨어뜨림. 어려운 처지에 놓인 사람을 도와주기는커녕 도리어 괴롭힘. (유) 下穽投石

落花流水(낙화유수) [50705280] 떨어지는 꽃과 흐르는 물. 가는 봄의 경치. 살림이나 세력이 약해져 아주 보잘것없이 됨. 떨어지는 꽃은 물이 흐르는 대로 흐르기를 바라고 흐르는 물은 떨어지는 꽃을 띄워 흐르기를 바란다는 데서, 남녀가 서로 그리워함을 이르는 말. 춘앵전이나 처용무에서, 두 팔을 좌우로 한 번씩 뿌리는 춤사위.

難攻不落(난공불락) [42407250] 金城湯池 참조. 공격하기가 어려워 쉽사리 함락되지 아니함.

難忘之恩(난망지은) [42303242] 結草報恩 참조. 잊기 어려운 은혜.

難忘之澤(난망지택) [42303232] 結草報恩 참조. 잊기 어려운 은택.

難伯難仲(난백난중) [42324232] 難兄難弟 참조. 누구를 형이라 하고 누구를 아우라 하기 어려움.

爛商公論(난상공론) [20526242] 爛商討議 참조. 충분히 생각하고 의견을 나누어 토의함.

爛商公議(난상공의) [20526242] 爛商討議 참조. 충분히 생각하고 의견을 나누어 토의함.

爛商熟議(난상숙의) [20523242] 爛商討議 참조. 충분히 생각하고 의견을 나누어

토의함.

爛商討論(난상토론) [20524042] 爛商討議 참조. 충분히 생각하고 의견을 나누어
토의함.

爛商討議(난상토의) [20524042] 충분히 생각하고 의견을 나누어 토의함. (유) 爛
商熟議, 爛議, 爛商公議, 爛商公論, 爛商討論

亂臣賊子(난신적자) [40524072] 나라를 어지럽히는 불충한 무리. <출> 맹자(孟
子) 등문공(滕文公) 하편. (유) 奸臣賊子

蘭艾同焚(난애동분) [32127010] 난초(蘭草)와 쑥을 함께 불태운다는 뜻으로, 군자
와 소인을 구별하지 않고 처벌함 (유) 玉石俱焚

爛若披錦(난약피금) [20321032] 손흥공(孫興公)이 현란하기가 마치 비단을 펼친
듯하여 아름답지 않은 부분이 없다(爛若披錦 無處不鮮)고 반
악(潘岳)의 문장을 칭찬하여 한 말로 빛나는 문체의 문장을
말함 <출> 세설신어(世說新語)

暖衣飽食(난의포식) [42603072] 錦衣玉食 참조. 따뜻하게 입고 배불리 먹음.
<출> 맹자(孟子) 등문공상(滕文公上).

卵翼之恩(난익지은) [40323242] 알을 까서 날개로 품어 준 은혜란 뜻으로, 자기를
낳아 길러 준 어버이의 은혜를 말함 <출> 좌전(左傳)

蘭亭殉葬(난정순장) [32323032] 당나라 태종이 왕희지(王羲之)의 난정첩을 몹시
사랑하여 자기가 죽거든 관에 넣어 달라고 한 고사로 서화나
도자기 등의 물건을 사랑하는 마음이 두터움 <출> 상서고실
(尙書故實)

難解難入(난해난입) [42424270] 이해하기 어렵고, 깨달음에 들기도 어려움 <출>
법화경(法華經)

難兄難弟(난형난제) [42804280] 누구를 형이라 하고 누구를 아우라 하기 어려움.
두 사물이 비슷하여 낫고 못함을 정하기 어려움. <출> 세설
신어(世說新語) 덕행편(德行篇). (유) 伯仲, 伯仲之間, 伯仲之
勢, 伯仲勢, 莫上莫下, 難伯難仲

南柯一夢(남가일몽) [80128032] 꿈과 같이 헛된 한 때의 부귀영화. 당나라의 순우
분(淳于棼)이 술에 취하여 홰나무의 남쪽으로 뻗은 가지 밑에
서 잠이 들었는데 괴안국(槐安國)으로부터 영접을 받아 20년
동안 영화를 누리는 꿈을 꾸었다는 데서 유래. <출> 명나라
때 탕현조가 지은 희곡 남가기(南柯記) 이문집(異聞集). (유)
槐夢, 槐安夢, 南柯夢, 南柯之夢, 邯鄲之夢, 邯鄲之枕, 邯鄲夢
枕, 盧生之夢, 一炊之夢, 榮枯一炊, 黃粱之夢, 一場春夢

南柯之夢(남가지몽) [80123232] 南柯一夢 참조. 남쪽으로 뻗은 가지에서의 꿈.

南郭濫吹(남곽남취) [80303032] 무능한 사람이 재능이 있는 체하거나 실력이 없
는 사람이 어떤 지위에 붙어 있음. 제(齊)나라 때에, 남곽이라
는 사람이 생황을 불 줄 모르면서 악사(樂仕)들 가운데에 끼
어 있다가 한 사람씩 불게 하자 도망하였다는 데서 유래.
<출> 한비자(韓非子) 내저설(內儲說) 상편. (유) 濫竽充數,
濫竽, 濫吹

南橘北枳(남귤북지) [80108010] 강남의 귤을 강북에 심으면 탱자가 됨. 사람은 사
는 곳의 환경에 따라 착하게도 되고 악하게도 됨. <출> 안자

춘추(晏子春秋) 내잡(內雜) 하편. (유) 橘化爲枳

南箕北斗(남기북두) [80128042] 남쪽의 기성(箕星)은 키로 쌀을 까불지 못하고, 북두칠성(北斗七星)은 쌀을 되지 못한다는 뜻으로, 유명무실함

南男北女(남남북녀) [80728080] 우리나라에서, 남자는 남쪽 지방 사람이 잘나고 여자는 북쪽 지방 사람이 고움을 이르는 말.

男女老少(남녀노소) [72807070] 남자와 여자, 늙은이와 젊은이이란 뜻으로, 모든 사람을 이름.

男女有別(남녀유별) [72807060] 유교 사상에서 남자와 여자 사이에 분별이 있어야 함을 이름.

男女平等(남녀평등) [72807262] 남자와 여자의 법률적 권리나 사회적 대우에 차별이 없음.

南蠻北狄(남만북적) [80208010] 남쪽 오랑캐와 북쪽 오랑캐.

南面出治(남면출치) [80707042] 임금의 자리에 올라 나라를 다스림. 임금이 남쪽을 향하여 신하와 대면한 데서 유래. (유) 南面

男負女戴(남부여대) [72408020] 남자는 짐을 지고 여자는 짐을 이고 이동함. 가난한 사람들이 살 곳을 찾아 이리저리 떠돌아다님.

南船北馬(남선북마) [80508050] 東奔西走 참조. 남쪽은 강이 많아서 배를 이용하고 북쪽은 산과 사막이 많아서 말을 이용함. 늘 쉬지 않고 여기저기 여행을 하거나 돌아다님. (유) 北馬南船

藍田生玉(남전생옥) [20428042] 중국 진(秦)나라 때의 현으로 아름다운 옥으로 유명한 남전에서 옥이 난다는 뜻으로, 명문 집안에서 뛰어난 젊은이가 나옴 <출> 삼국지(三國志)

男尊女卑(남존여비) [72428032] 남자는 존귀하고 여자는 비천함. 여자보다 남자를 우대하고 존중함. . <출> 열자(列子) 천서편(天瑞篇)에 나옴. (상) 女尊男卑

"南風不競(남풍불경) [80627250] 춘추시대, 초(楚)나라의 영윤(令尹) 자경(子庚)은 군사를 거느리고 정(鄭)나라로 쳐 들어갔으나 자전과 자서는 방비를 튼튼하게 하였다. 초나라의 출병 소식을 들은 진(秦)나라 악관(樂官) 사광(師曠)은 ""내가 간혹 남방의 노래, 북방의 노래를 부르는데, 남방의 음조는 미약하고 조금도 생기가 없다(南風不競 多死聲). 초군은 반드시 멸망할 것이다.""라고 하였다는 고사에서 유래. 세력이 크게 떨치지 못함을 이르는 말 <출> 남풍(南風),춘추좌씨전(春秋左氏傳)"

南行北走(남행북주) [80608042] 남으로 가고 북으로 달린다는 말로 바삐 돌아다님 (유) 南船北馬, 東奔西走, 東馳西走, 東行西走, 津梁

狼多肉少(낭다육소) [10604270] 이리는 많은데 고기는 적다는 말로 돈은 적은데 나눌 사람을 많음을 이름

廊廟之器(낭묘지기) [32303242] 묘당에 앉아서 천하 일을 보살필만한 재상감으로 큰 인물을 이름 <출> 삼국지(三國志) 촉서(蜀書)

狼子野心(낭자야심) [10726070] 이리의 야성. 잘 길들여지지 아니함. 신의가 없는 사람은 쉽게 교화할 수 없음.

囊中之錐(낭중지추) [10803210] 주머니 속의 송곳. 재능이 뛰어난 사람은 숨어 있

어도 저절로 사람들에게 알려짐. <출> 사기(史記) 평원군전
(平原君傳). (유) 錐囊, 錐處囊中, 穎脫, 穎脫而出

囊中取物(낭중취물) [10804272] 주머니 속의 물건을 얻음. 아주 쉬운 일. (유) 探
囊取物

郞廳坐起(낭청좌기) [32403242] 벼슬이 낮은 낭관(郞官)이 멋대로 나서서 일을
본다는 뜻으로, 아랫사람이 윗사람보다 더 지독함

內剛外柔(내강외유) [72328032] 外柔內剛 참조. 안으로 굳세고 밖으로 부드러움.

內憂外患(내우외환) [72328050] 나라 안팎의 여러 가지 어려움. <출> 국어(國
語) 진어(晋語), 관자(管子) 계(戒)편. (유) 近憂遠慮

內柔外剛(내유외강) [72328032] 外剛內柔 참조. 안으로 부드럽고 밖으로 굳셈.

內潤外朗(내윤외랑) [72328052] 옥의 광택이 안에 함축된 것을 내윤(內潤)이라
하고, 밖으로 나타난 것을 외랑(外朗)이라 함. 재주와 덕망을
겸비한 것.

來者可追(내자가추) [70605032] 지나간 일은 어찌할 수가 없지만 장차 다가올 일
은 조심하여야 전과 같은 과실을 범하지 않을 수 있음 <출>
논어(論語)

內殿菩薩(내전보살) [72321010] 내전에 앉은 보살이라는 뜻으로, 알면서도 모르는
체하고 가만히 있는 사람

內助之功(내조지공) [72423262] 안에서 돕는 공. 아내가 가정에서 남편이 바깥일
을 잘 할 수 있도록 도와줌. <출> 삼국지(三國志).

內淸外濁(내청외탁) [72628030] 속은 맑으나 겉은 흐림. 어지러운 세상을 살아가
려면 마음은 맑게 가지면서도 행동은 흐린 것처럼 하여야 함.

冷暖自知(냉난자지) [50427252] 물이 차가운지, 따뜻한지는 그 물을 마신 자만이
안다는 뜻으로, 자기 일은 남이 말하기 전에 자기 스스로 안다
는 말 <출> 전등록(傳燈錄)

冷汗三斗(냉한삼두) [50328042] 식은땀이 서 말이나 나온다는 뜻으로 몹시 부끄
러워하거나 무서워함을 이르는 말.

怒甲乙移(노갑을이) [42403242] 怒甲移乙 참조. 갑에게서 당한 노여움을 을에게
옮김.

怒甲移乙(노갑이을) [42404232] 갑에게서 당한 노여움을 을에게 옮김. 어떠한 사
람에게서 당한 노여움을 애꿎은 다른 사람에게 화풀이함. (유)
怒甲乙移, 怒室色市

盧弓盧矢(노궁노시) [12321230] 검은 칠을 한 활과 화살을 아울러 이름, 고대 중
국에서 큰 공이 있는 제후에게 천자가 검은 활과 화살을 하사
한 데에서 정벌의 권한을 상징함.

怒氣衝天(노기충천) [42723270] 성이 하늘을 찌를 듯이 머리끝까지 치받쳐 있음.

老當益壯(노당익장) [70524240] 늙었지만 의욕이나 기력은 점점 좋아짐. <출>
후한서(後漢書) 마원전(馬援傳). (유) 老益壯

老萊之戲(노래지희) [70123232] 효도. 자식이 나이가 들어도 부모의 자식에 대한
마음은 똑같으므로 변함없이 효도해야 함. 春秋時代 楚나라 사
람 노래자(老萊子)가 칠십의 나이에 무늬있는 옷을 입고 동자
의 모습으로 재롱을 부려 부모에게 자식의 늙음을 잊게 해드

린 일에서 유래. (유) 斑衣之戱

路柳墻花(노류장화) [60403070] 아무나 쉽게 꺾을 수 있는 길가의 버들과 담 밑의 꽃. 창녀나 기생.

老馬識途(노마식도) [70505232] 老馬之智 참조. 늙은 말이 갈 길을 앎.

駑馬十駕(노마십가) [10508010] 느리고 둔한 말도 준마의 하룻길을 열흘에는 갈 수 있음. 둔하고 재능이 모자라는 사람도 열심히 하면 훌륭한 사람이 될 수 있음. 말이 수레를 끌고 다니는 하루 동안의 노정(路程)이 一駕로, 十駕는 열흘간의 노정. <출> 순자(荀子) 수신편(修身篇).

老馬之智(노마지지) [70503240] 늙은 말의 지혜. 아무리 하찮은 것일지라도 저마다 장기나 장점을 지니고 있음. 풍부한 경험에서 나오는 지혜. <출> 한비자(韓非子) 세림편(說林篇). (유) 老馬識途

怒目疾視(노목질시) [42603242] 미워하여 성난 눈으로 쳐다봄.

魯般之巧(노반지교) [12323232] 노반은 노(魯)나라 때의 유명한 목수(木手) 공수반(公輪班) 후세에 공인(工人)의 제신(祭神)이 된 고사에서 유래하여 손재주가 있어 무엇이든 잘 만드는 것을 이름 <출> 맹자(孟子)

怒發大發(노발대발) [42628062] 몹시 노하여 크게 성을 냄. <출> 사기(史記) 인상여전(藺相如傳). (유) 怒髮衝冠

怒髮衝冠(노발충관) [42403232] 怒發大發 참조. 노하여 일어선 머리카락이 관을 추켜올림. 몹시 성이 난 모양. <출> 사기(史記) 염파인상여(廉頗藺相如)열전.

爐邊談話(노변담화) [32425072] 화롯가에 둘러앉아서 서로 한가롭게 주고받는 이야기.

爐邊情談(노변정담) [32425250] 화롯가에 둘러앉아서 서로 한가롭게 주고받는 이야기. (유) 爐邊談話

路不拾遺(노불습유) [60723240] 道不拾遺 참조. 길에 떨어진 물건도 주워 가지 않음.

老士宿儒(노사숙유) [70525240] 나이가 많고 학식이 깊은 선비

勞思逸淫(노사일음) [52503232] 일을 하면 좋은 생각을 지니고 안일한 생활을 하면 나쁜 마음이 일어남

勞使和合(노사화합) [52606260] 노동자와 사용자가 화합함.

老生常談(노생상담) [70804250] 노인들이 늘 하는 이야기란 뜻으로 새로운 의견이 없는 상투적인 말

盧生之夢(노생지몽) [12803232] 邯鄲之夢 참조. 노생의 꿈.

老少同樂(노소동락) [70707062] 늙은이와 젊은이가 함께 즐김.

老少不定(노소부정) [70707260] 노인도 소년도 언제 죽을지 모른다는 뜻으로, 사람의 목숨은 덧없어 죽음에는 노소가 따로 없음

怒室色市(노실색시) [42807072] 안방에서 화를 내고 밖에 나가 얼굴 붉힌다는 뜻으로 속담 '종로에서 뺨 맞고 한강에서 눈 흘긴다'는 말과 통함 (유) 怒甲移乙

勞心焦思(노심초사) [52702050] 몹시 마음을 쓰며 애를 태움. <출> 맹자(孟子)
　　　　　　　　　등문공상(滕文公上). (유) 勞思, 焦勞, 焦心苦慮

奴顔婢膝(노안비슬) [32323210] 사내종의 얼굴과 계집종의 무릎이란 뜻으로, 지나
　　　　　　　　　치게 굽실굽실하며 비굴한 태도를 말함

魯陽之戈(노양지과) [12603220] 전국시대(戰國時代)에 초(楚)나라의 노양공이 한
　　　　　　　　　나라와 격전중 해가 넘어가려 하자 창을 들어 해를 부르니 해
　　　　　　　　　가 그의 명령대로 군대의 하룻길인 삼사(三舍)나 뒷걸음질 쳤
　　　　　　　　　다는 고사에서 노양공의 창이란 뜻으로, 위세가 당당함을 이름
　　　　　　　　　<출> 회남자(淮南子)

魯魚之誤(노어지오) [12503242] 비슷한 글자를 혼동하여 잘못 쓰기 쉬움 (유) 魯
　　　　　　　　　魚亥豕

勞燕分飛(노연분비) [52326242] 때까치와 제비가 서로 나뉘어 날아간다는 뜻으로,
　　　　　　　　　사람들 사이의 이별을 뜻함

勞而無功(노이무공) [52305062] 애는 썼으나 보람이 없음. <출> . <출> 장자
　　　　　　　　　(莊子) 천운편(天運篇), 관자(管子) 형세편(形勢篇). (유) 徒
　　　　　　　　　勞無功, 徒勞無益, 萬事休矣

老莊思想(노장사상) [70325042] 노자와 장자의 사상.

老婆心切(노파심절) [70107052] 할머니가 걱정하는 친절한 마음이란 뜻으로 지나
　　　　　　　　　치게 걱정하는 마음을 이르며 여기서 '老婆心(노파심)'이란 말
　　　　　　　　　이 나왔음 <출> 전등록(傳燈錄)

碌碌之輩(녹록지배) [10103232] 녹록은 흔해빠진 것을 뜻하므로 곧 특별히 두드
　　　　　　　　　러진 데도 없이 평범한 인물을 이름

綠林豪客(녹림호객) [60703252] 綠林豪傑 참조. 푸른 숲 속의 호걸.

綠林豪傑(녹림호걸) [60703240] 푸른 숲 속의 호걸. 화적이나 도둑을 달리 이르는
　　　　　　　　　말. <출> 후한서(後漢書) 유현유분자열전(劉玄劉盆子列傳).
　　　　　　　　　(유) 綠林豪客, 綠林客, 梁上君子, 無本大商

鹿死誰手(녹사수수) [30603072] 사슴이 누구의 손에 죽는가라는 뜻으로, 승패(勝
　　　　　　　　　敗)를 결정(決定)하지 못하는 것을 이름 <출> 진서(晉書)

綠水靑山(녹수청산) [60808080] 푸른 물과 푸른 산.

綠楊芳草(녹양방초) [60303270] 푸른 버드나무와 향기로운 풀.

綠陰芳草(녹음방초) [60423270] 푸르게 우거진 나무와 향기로운 풀, 여름철의 자
　　　　　　　　　연경관을 이름.

綠衣使者(녹의사자) [60606060] 푸른 옷을 입은 사자. 앵무새.

綠衣紅裳(녹의홍상) [60604032] 연두저고리에 다홍치마. 젊은 여자의 고운 옷차
　　　　　　　　　림.

論功行賞(논공행상) [42626050] 공적의 크고 작음 따위를 논의하여 그에 알맞은
　　　　　　　　　상을 줌. (유) 賞功

弄假成眞(농가성진) [32426242] 假弄成眞 참조. 장난삼아 한 것이 진심으로 한 것
　　　　　　　　　같이 됨.

弄瓦之慶(농와지경) [32323242] 딸을 낳은 즐거움. 예전에, 중국에서 딸을 낳으면
　　　　　　　　　흙으로 만든 실패를 장난감으로 주었다는 데서 유래. (유) 弄

瓦, 弄瓦之喜 (상) 弄璋之慶

弄瓦之喜(농와지희) [32323240] 弄瓦之慶 참조. 딸을 낳은 기쁨.

農爲政本(농위정본) [72424260] 농사가 정치의 근본이고 나라의 기본임 <출> 제범(帝範)

弄璋之慶(농장지경) [32123242] 弄瓦之慶 참조. 아들을 낳은 즐거움. 예전에, 중국에서 아들을 낳으면 규옥(圭玉)으로 된 구슬의 덕을 본받으라는 뜻으로 구슬을 장난감으로 주었다는 데서 유래.

弄璋之喜(농장지희) [32123240] 弄璋之慶 참조. 아들을 낳은 기쁨.

籠鳥戀雲(농조연운) [20423252] 새장에 갇힌 새가 구름을 그리워함. 속박당한 몸이 자유를 그리워함.

雷同附和(뇌동부화) [32703262] 附和雷同 참조. 우레 소리와 같이하여 붙어 섞임.

雷逢電別(뇌봉전별) [32327260] 우레처럼 만났다가 번개처럼 헤어진다는 뜻으로, 잠깐 만났다가 곧 이별함

腦下垂體(뇌하수체) [32723262] 간뇌 밑에 있는, 돌기 모양의 내분비샘.

屢見不鮮(누견불선) [30527252] 너무 자주 보아 전혀 새롭지 않음. <출> 사기(史記) 역생육가(酈生陸賈)열전.

累卵之勢(누란지세) [32403242] 累卵之危 참조. 계란을 포개어 쌓아놓은 형세.

累卵之危(누란지위) [32403240] 층층이 쌓아 놓은 알의 위태로움. 몹시 아슬아슬한 위기. <출> 사기(史記) 범수채택열전(范睢蔡澤列傳).. (유) 累卵之勢, 危如累卵, 累卵, 百尺竿頭, 竿頭之勢, 風前燈火, 風燈, 風前燈燭, 風前燭火, 風燭, 危機一髮, 危如一髮, 危如朝露

陋塵吹影(누진취영) [10203232] 먼지에 새기고 그림자를 입으로 분다는 뜻으로, 쓸데없는 헛된 노력

訥言敏行(눌언민행) [10603060] 말은 느려도 실제 행동은 재빠르고 능란함. <출> 논어(論語) 이인(里仁) 편.

陵谷之變(능곡지변) [32323252] 桑田碧海 참조. 높은 언덕이 깊은 골짜기가 되고 깊은 골짜기가 높은 언덕으로 변한다는 뜻으로, 세상일이 극심하게 뒤바뀜 (유) 桑田碧海, 桑滄之變, 桑海之變, 滄桑之變, 滄海桑田

能小能大(능소능대) [52805280] 모든 일에 두루 능함.

能手能爛(능수능란) [52725220] 어떤 일에 익숙한 솜씨와 재주.

凌雲之志(능운지지) [10523242] 靑雲之志 참조. 구름을 깔보는 뜻. 속세를 떠나서 초탈하려는 마음. 큰 뜻을 펼치기 위하여 높은 벼슬에 오르고자 하는 뜻.

陵雲之志(능운지지) [32523242] 靑雲之志 참조. 구름을 깔보는 뜻. 속세를 떠나서 초탈하려는 마음. 큰 뜻을 펼치기 위하여 높은 벼슬에 오르고자 하는 뜻.

能者多勞(능자다로) [52606052] 유능한 사람 일수록 많은 일을 함 또는 필요 이상의 수고를 함 <출> 장자(莊子)

凌遲處斬(능지처참) [10304220] 대역죄를 범한 자에게 과하던 극형. 죄인을 죽인 뒤 시신의 머리, 몸, 팔, 다리를 토막 쳐서 각지에 돌려 보이는

형벌. (유) 凌遲/陵遲(능지)

陵遲處斬(능지처참) [32304220] 대역죄를 범한 자에게 과하던 극형. 죄인을 죽인
뒤 시신의 머리, 몸, 팔, 다리를 토막 쳐서 각지에 돌려 보이는
형벌. (유) 陵遲/凌遲(능지)

多岐亡羊(다기망양) [60125042] 달아난 양을 찾으려 할 때 갈림길이 많아 끝내는
양을 잃음. 학문의 길이 여러 갈래로 나뉘어 있어서 진리를 얻
기 어려움. 방침이 많아서 도리어 갈 바를 모름. . <출> 열자
(列子) 설부편(說符篇). (유) 亡羊之歎, 亡羊, 亡羊歎

多難興邦(다난흥방) [60424230] 많은 어려운 일을 겪고서야 나라를 일으킨다는
뜻에서, 어려움을 극복하고 노력해야 큰 일을 이룰 수 있음
<출> 진서(晉書)

多多益善(다다익선) [60604250] 많으면 많을수록 더욱 좋음. 한(漢)나라의 장수
한신(韓信)이 고조(高祖)와 장수의 역량에 대하여 얘기할 때,
고조는 10만 정도의 병사를 지휘할 수 있는 그릇이지만, 자신
은 병사의 수가 많을수록 잘 지휘할 수 있다고 한 말에서 유
래. <출> 사기(史記) 회음후열전(淮陰侯列傳).

多聞博識(다문박식) [60624252] 보고 들은 것이 많고 아는 것이 많음.

多事多難(다사다난) [60726042] 여러 가지 일도 많고 어려움이나 탈도 많음.

多士濟濟(다사제제) [60524242] 여러 선비가 모두 뛰어나다는 뜻으로 훌륭한 인
재가 많음을 이름 <출> 시경(詩經) (유) 濟濟多士

多少不計(다소불계) [60707262] 많고 적음을 헤아리지 아니함.

多才多能(다재다능) [60626052] 재주가 많고 능력이 많음.

多錢善賈(다전선고) [60405012] 長袖善舞 참조. 밑천이 넉넉하면 장사를 잘할 수
있음.

多情多感(다정다감) [60526060] 정이 많고 감정이 풍부함.

多情多恨(다정다한) [60526040] 유난히 잘 느끼고 또 원한도 잘 가짐 또는 애틋
한 정도 많고 한스러운 일도 많음

多賤寡貴(다천과귀) [60323250] 많으면 천하고 적으면 귀하다는 말로 모든 물건
은 많고적음에 따라 그 가치가 정하여짐

斷金之契(단금지계) [42803232] 管鮑之交 참조. 쇠라도 자를 만큼 굳은 약속. 매
우 두터운 우정.

斷金之交(단금지교) [42803260] 管鮑之交 참조. 쇠라도 자를 만큼 강한 사귐. 매
우 두터운 우정.

斷機之戒(단기지계) [42403240] 斷機之教 참조. 짜던 베를 끊어 훈계함.

斷機之教(단기지교) [42403280] 학문을 중도에서 그만두면 짜던 베의 날을 끊는
것처럼 아무 쓸모없음. <출> 맹자가 수학(修學) 도중에 집에
돌아오자, 그의 어머니가 짜던 베를 끊어 그를 훈계하였다는
데서 유래. . <출> 열녀전(列女傳) 모의전(母儀傳) 추맹가모
(鄒孟軻母)조. (유) 孟母三遷, 孟母三遷之教, 三徙, 三遷之教,
孟母斷機, 斷機之戒

單刀直入(단도직입) [42327270] 혼자서 칼 한 자루를 들고 적진으로 곧장 쳐들어
감. 여러 말을 늘어놓지 아니하고 바로 핵심적인 것을 말함.

單獨一身(단독일신) [42528062] 子子單身 참조. 홀몸.

斷爛朝報(단란조보) [42206042] 토막이 나고 일관성이 없는 단편적인 기사밖에 실려 있지 않은 틀에 박힌 보도 <출> 송사(宋史)

單文孤證(단문고증) [42704040] 한 쪽의 문서, 한 개의 증거라는 뜻으로, 불충분한 증거 (상) 博引旁證

簞食豆羹(단사두갱) [10724210] 대나무로 만든 밥그릇 하나에 담은 밥과 제기(祭器) 하나에 떠 놓은 국. 변변치 못한 음식. <출> 맹자(孟子). (유) 一簞食一豆羹, 單食壺漿

丹脣皓齒(단순호치) [32301242] 傾國之色 참조. 붉은 입술과 하얀 치아. 아름다운 여자.

丹崖靑壁(단애청벽) [32108042] 비범하고 고결한 인품을 가진, 한 번 뵙기도 어려운 사람을 만남 <출> 서언고사(書言故事)

斷長補短(단장보단) [42803262] 絶長補短 참조. 긴 곳을 잘라 짧은 곳을 보충함.

斷章取義(단장취의) [42604242] 남의 글에서 전체의 뜻과는 관계없이 자기가 필요한 부분만을 따서 마음대로 해석하여 씀 <출> 춘추좌씨전(春秋左氏傳) 양공(襄公)

膽大心小(담대심소) [20807080] 문장을 지을 때, 담력은 크게 가지되 주의는 세심해야 함. 구당서(舊唐書) 방기전(方伎傳) 손사막(孫思邈)조.

膽大於身(담대어신) [20803062] 쓸개가 몸보다도 크다는 뜻으로, 담력이 큼을 말함 <출> 당서(唐書)

談笑自若(담소자약) [50427232] 근심이나 놀라운 일을 당하였을 때도 보통 때와 같이 웃고 이야기하며 침착함. (유) 言笑自若

淡水之交(담수지교) [32803260] 管鮑之交 참조. 맑은 물의 사귐. 담박(淡泊)하고 변함이 없는 우정. <출> . <출> 장자(莊子) 외편(外篇) 산목(山木) 第二十.

膽如斗大(담여두대) [20424280] 한 말들이 말처럼 배짱이 크다는 뜻으로 배짱이 두둑함 <출> 삼국지(三國志)

談天彫龍(담천조룡) [50702040] 전국시대 제(齊)나라의 추연(騶衍)과 추석(騶奭)의 고사에서 천상(天象)을 이야기하고 용을 조각한다는 뜻으로 변론이나 문장이 원대하고 고상함을 이르는 말 <출> 사기(史記) (유) 談天雕龍

堂狗風月(당구풍월) [62306280] 서당에서 기르는 개가 계속하여 글 읽는 소리를 들으면 풍월을 읊음. 한 분야에서 오래되면 노력하지 않아도 얼마간의 경험과 지식을 지니게 됨.

當機立斷(당기입단) [52407242] 그 자리에서 바로 결단을 내림 <출> 춘추좌씨전(春秋左氏傳)

黨同伐異(당동벌이) [42704240] 일의 옳고 그름은 따지지 않고 뜻이 같으면 한 무리가 되고 그렇지 않으면 공격함. *2004년 올해의 사자성어 <출> 후한서(後漢書) 당동전(黨同傳). (유) 黨閥, 同黨伐異, 黨利黨略

螳臂當車(당비당거) [10105272] 사마귀의 팔뚝이 수레를 당하다라는 뜻으로 막을 수 없는 세력에 대항하려는 무모한 행동 <출> 회남자(淮南

子)

當意卽妙(당의즉묘) [52623240] 그 자리에서 잘 적응하고 재치있게 행동함 또는 임기응변(臨機應變)으로 말을 잘 골라 표현함

大喝一聲(대갈일성) [80108042] 크게 외치는 한마디의 소리 <출> 수호전(水滸傳)

大驚失色(대경실색) [80406070] 크게 놀라 얼굴빛이 하얗게 됨. (유) 大驚失性

大巧若拙(대교약졸) [80323230] 아주 교묘한 재주를 가진 사람은 그 재주를 자랑하지 아니하므로 언뜻 보기엔 서투른 것 같음

大器晚成(대기만성) [80423262] 큰 그릇을 만드는 데는 시간이 오래 걸림. 크게 될 사람은 늦게 이루어짐. <출> 노자(老子) 사십일장(四十一章), 삼국지 위서(魏書) 최염(崔琰)전.

大膽無雙(대담무쌍) [80205032] 담력이 크기가 어디에 비할 데가 없음

大同小異(대동소이) [80708040] 큰 차이 없이 거의 같음. (유) 五十笑百

大明天地(대명천지) [80627070] 아주 환하게 밝은 세상.

戴盆望天(대분망천) [20105270] 머리에 동이를 이고 하늘을 바라보려 함. 한 번에 두 가지 일을 함께 하기 어려움.

大書特記(대서특기) [80626072] 大書特筆 참조. 글자를 크게 쓰고 특별하게 보이게 기록함.

大書特書(대서특서) [80626062] 大書特筆 참조. 글자를 크게 쓰고 특별하게 보이게 씀.

大書特筆(대서특필) [80626052] 글자를 크게 쓰고 특별하게 보이게 씀. 신문 따위의 출판물에서 어떤 기사에 큰 비중을 두어 다룸. (유) 大書特記, 大書特書, 大字特書, 特筆大書

大聲痛哭(대성통곡) [80424032] 큰 소리로 몹시 슬프게 곡을 함.

對岸之火(대안지화) [62323280] 강 건너 불이라는 뜻으로, 아무 관계도 없다는 듯이 관심이 없음

大逆無道(대역무도) [80425072] 사람의 도리를 거스르는 행위로 예전에는 임금에 대한 거스름을 뜻함 <출> 한서(漢書) (유) 大逆不道

對牛彈琴(대우탄금) [62504032] 馬耳東風 참조. 소귀에 거문고 소리란 뜻으로 어리석은 사람에게 깊은 이치를 알려주어도 소용없음 <출> 남조(南朝) 양(梁)나라 승우(僧祐)의 홍명집(弘明集).

大義滅親(대의멸친) [80423260] 대의를 위해서는 친족도 멸함. 국가나 사회의 대의를 위해서는 부모 형제의 정도 돌보지 않음. <출> 춘추좌씨전(春秋左氏傳) 은공(隱公) 三四年條.

大義名分(대의명분) [80427262] 사람으로서 마땅히 지키고 행하여야 할 도리나 본분. 어떤 일을 꾀하는 데 내세우는 합당한 구실이나 이유.

代人捉刀(대인착도) [62803032] 남을 대신하여 일을 함. 흉노(匈奴)의 사신이 위(魏)나라 무제(武帝)를 만나러 왔을 때, 위무제는 대신(大臣) 최계각(崔季珪)으로 하여금 흉노의 사신을 접견하게 하고, 자신은 칼을 잡고 시위(侍衛)처럼 서 있었다는 데서 유래. <출> 세설신어(世說新語) 용지(容止)편.

對人春風(대인춘풍) [62807062] 남을 대할 때는 봄바람과 같이 부드럽게 대함. (상) 持己秋霜

大人虎變(대인호변) [80803252] 호랑이털이 가을이 되어 그 무늬가 뚜렷해지듯 훌륭한 사람은 스스로를 새롭게 하여 큰 변화를 이룰 수 있음 <출> 역경(易經)

大慈大悲(대자대비) [80328042] 넓고 커서 끝이 없는 부처와 보살의 자비, 관세음보살이 중생을 사랑하고 불쌍히 여기는 마음.

大字特書(대자특서) [80706062] 大書特筆 참조. 큰 글자로 특별하게 보이게 씀.

大材小用(대재소용) [80528062] 牛鼎烹鷄 참조. 큰 재목(材木)이 작게 쓰임. 큰 재목은 큰일에 쓰여야 함.

對症下藥(대증하약) [62327262] 증세에 맞게 약을 써야 함. 문제의 핵심을 바로 보고 대처해야함. 화타(華佗)가 증상이 똑같은 두 사람에게 각기 다른 약을 먹게 한 데서 유래. <출> 삼국지(三國志) 위서(魏書) 화타전(華佗傳).

大智如愚(대지여우) [80404232] 큰 지혜를 가진 사람은 잔재주를 부리지 않으므로 언뜻 보기에는 어리석게 보임

戴天之讎(대천지수) [20703210] 不共戴天 참조. 한 하늘을 이고 살지 못할 원수.

大海一粟(대해일속) [80728030] 九牛一毛 참조. 큰 바다의 좁쌀 하나.

大海一滴(대해일적) [80728030] 九牛一毛 참조. 큰 바다의 물 한 방울.

德無常師(덕무상사) [52504242] 덕(德)을 닦는 데는 일정한 스승이 없음. 마주치는 환경, 마주치는 사람 모두가 수행에 도움이 됨.

德本財末(덕본재말) [52605250] 사람이 살아가는 데 덕(德)이 근본이고, 재물(財物)은 사소함.

德必有隣(덕필유린) [52527030] 덕이 있으면 따르는 사람이 있어 외롭지 않음. <출> 논어(論語) 이인편(里仁篇). (유) 德不孤必有隣, 德不孤

陶犬瓦鷄(도견와계) [32403240] 흙으로 구워 만든 개와 기와로 만든 닭이라는 뜻으로, 겉모습만 훌륭하고 실속이 없어 아무 쓸모도 없는 사람 <출> 금루자(金樓子)

圖窮匕見(도궁비현) [62401052] 진왕(秦王) 정(政:뒷날 진시황)을 암살할 계획을 꾸미던 형가(荊軻)라는 자객이 지도를 풀자 그 안에 감추었던 비수가 나왔다는 고사에서 일이 탄로 나고 음모가 드러남을 뜻함 <출> 사기(史記)

跳梁跋扈(도량발호) [30321012] 나쁜 사람들이 거리낌 없이 날뜀

徒勞無功(도로무공) [40525062] 勞而無功 참조. 헛되고 공훈이 없음. <출> . <출> 장자(莊子) 천운(天運)편.

徒勞無益(도로무익) [40525042] 勞而無功 참조. 헛되고 실익이 없음.

屠龍之技(도룡지기) [10403250] 용을 잡는 재주. 쓸데없는 재주. <출> 전국시대 주평만이라는 자는 용을 죽이는 방법을 지리익에게서 배우느라 천금이나 되는 가산을 탕진하여 삼 년 만에 그 재주를 이어받았지만, 그 재주를 쓸 데가 없었다는 데서 유래. <출> . <출> 장자(莊子) 열어구편(列禦寇篇).

倒履相迎(도리상영) [32325240] 신발을 거꾸로 신고 나가 손님을 맞이한다는 뜻으로, 손님을 반갑게 맞이함 <출> 한서(漢書) (유) 倒履迎之, 倒履迎客

道謀是用(도모시용) [72324262] 집을 짓는 데 길가는 사람들에게 의견을 물으면 모두 달라 집을 지을 수 없다는 말로 주관 없이 남의 의견만 좇는 사람은 성공할 수 없음을 이름 <출> 시경(詩經)

屠門戒殺(도문계살) [10804042] 푸줏간에서 죽이기를 경계한다는 뜻으로, 전혀 있을 수 없는 일을 말함 <출> 순오지(旬五志) (유) 屠門談佛

道傍苦李(도방고리) [72306060] 길옆의 쓴 자두나무. 사람들이 버린 물건이나 무용지물. 진서(晋書) 왕융전(王戎傳).

塗不拾遺(도불습유) [30723240] 道不拾遺 참조. 길에 떨어진 물건도 주워 가지 않음.

道不拾遺(도불습유) [72723240] 나라가 잘 다스려지고 풍속이 아름다워서 길에 떨어진 물건도 주워 가지 않음. <출> 한비자(韓非子) 외저설(外儲說) 좌상편(左上篇). (유) 路不拾遺, 塗不拾遺, 堯舜時代, 堯舜之節, 堯舜時節, 太平聖代

徒費脣舌(도비순설) [40503040] 공연히 말만 많이 하고 아무 보람이 없음

桃色雜誌(도색잡지) [32704040] 색정에 관한 내용을 담은 잡지.

徒手體操(도수체조) [40726250] 맨손체조.

盜亦有道(도역유도) [40327072] 도둑에게도 도둑 나름의 도덕이 있음을 이름.

桃園結義(도원결의) [32605242] 의형제를 맺음. 유비, 관우, 장비가 도원에서 의형제를 맺은 데에서 유래. <출> 삼국지연의(三國志演義). (유) 結義兄弟, 盟兄弟

悼二將歌(도이장가) [20804270] 두 장수를 애도하는 노래, 고려 예종이 지은 8구체 향가로 예종 15년(1120) 서경 팔관회가 열렸을 때, 개국공신인 신숭겸과 김낙 두 장수의 공을 추도하기 위하여 지음.

盜憎主人(도증주인) [40327080] 도둑은 주인을 미워함. 자기와 반대되는 입장에 있는 사람을 미워함.

到處春風(도처춘풍) [52427062] 四面春風 참조. 이르는 곳마다 봄바람.

道聽塗說(도청도설) [72403052] 街談巷說 참조. 길거리에 떠도는 소문. <출> 논어(論語) 양화(陽貨)편.

倒置干戈(도치간과) [32424020] 무기를 거꾸로 놓는다는 뜻으로, 세상이 평화로워졌음을 이르는 말 <출> 史記

塗炭之苦(도탄지고) [30503260] 진구렁에 빠지고 숯불에 타는 괴로움. 비참한 생활. <출> 서경(書經)의 중훼지고편(仲虺之誥篇).

倒行逆施(도행역시) [32604242] 차례나 순서를 바꾸어서 행함.

獨當一面(독당일면) [52528070] 혼자서 한 방면이나 한 부문의 임무를 담당하는 것 <출> 한서(漢書) 장량전(張良傳)

獨不將軍(독불장군) [52724280] 혼자서는 장군이 될 수 없음. 무슨 일이든 자기 생각대로 혼자서 처리하는 사람. 다른 사람에게 따돌림을 받는 외로운 사람. 남과 의논하고 협조하여야 함.

讀書亡羊(독서망양) [62625042] 글을 읽는 데 정신이 팔려서 먹이고 있던 양을 잃음. 하는 일에는 뜻이 없고 다른 생각만 하다가 낭패를 봄. <출> . <출> 장자(莊子) 외편(外篇) 변무편(騈拇篇).

讀書三到(독서삼도) [62628052] 독서를 하는 세 가지 방법. 입으로 다른 말을 아니하고 책을 읽는 구도(口到), 눈으로 다른 것을 보지 않고 책만 잘 보는 안도(眼到), 마음속에 깊이 새기는 심도(心到). (유) 三到

讀書三昧(독서삼매) [62628010] 오직 책읽기에만 집중함

讀書三餘(독서삼여) [62628042] 책을 읽기에 적당한 세 가지 여유있는 때. 겨울, 밤, 비가 올 때. (유) 三餘

讀書尙友(독서상우) [62623252] 책을 읽음으로써 옛날의 현인들과 벗이 될 수 있음. <출> 맹자(孟子) 만장하(萬章下).

獨守空房(독수공방) [52427242] 혼자서 빈방을 지킴, 혼자 지냄, 아내가 남편 없이 혼자 지냄.

獨也靑靑(독야청청) [52308080] 홀로 푸르름. 남들이 모두 절개를 꺾는 상황 속에서도 홀로 절개를 굳세게 지키고 있음을 비유적으로 이름.

獨掌難鳴(독장난명) [52324240] 孤掌難鳴 참조. 외손바닥으로는 울림을 내기 어려움.

頓首百拜(돈수백배) [12527042] 머리가 땅에 닿도록 수없이 계속 절을 함. 百拜는 반드시 백번 절한다는 뜻이 아니라 그만큼 많이 절한다는 뜻.

頓悟漸修(돈오점수) [12323242] 한번에 깨달음을 얻었다 할지라도 아직은 부족하기 때문에 지속적으로 부족함을 닦아 나가야함

豚蹄一酒(돈제일주) [30108040] 돼지 발굽과 술 한 잔. 작은 물건으로 많은 물건을 구하려고 하는 것을 비꼬아 하는 말. <출> 사기(史記) 골계열전(滑稽列傳).

突然變異(돌연변이) [32705240] 생물체에서 어버이의 계통에 없던 새로운 형질이 나타나 유전하는 현상.

東家之丘(동가지구) [80723232] 동쪽 이웃집에 사는 공자를 어리석은 이웃사람으로 알고 동가구(東家丘)라고 했다는 고사에서 이웃의 유명한 사람을 알아보지 못함 <출> 공자가어(孔子家語)

同價紅裳(동가홍상) [70524032] 같은 값이면 다홍치마. 같은 값이면 좋은 물건을 가짐.

同苦同樂(동고동락) [70607062] 괴로움도 즐거움도 함께 함.

同工異曲(동공이곡) [70724050] 같은 재주에 다른 곡조. 재주나 솜씨는 같지만 표현된 내용이나 맛이 다름. <출> 한유(韓愈)의 진학해(進學解). (유) 同工異體, 同巧異曲, 同巧異體

同工異體(동공이체) [70724062] 同工異曲 참조. 같은 재주에 만든 것은 다른 형체.

同巧異曲(동교이곡) [70324050] 同工異曲 참조. 같은 재주에 만든 것은 다른 곡조.

同巧異體(동교이체) [70324062] 同工異曲 참조. 같은 재주에 만든 것은 다른 형체.

同根連枝(동근연지) [70604232] 같은 뿌리에서 나온 잇닿은 나뭇가지. 형제자매 (兄弟姉妹).

同氣相求(동기상구) [70725242] 同病相憐 참조. 같은 기운끼리 서로를 구함.

同黨伐異(동당벌이) [70424240] 黨同伐異 참조. 뜻이 같으면 무리를 이루고 다르면 공격함.

棟梁之器(동량지기) [20323242] 마룻대와 들보 역할을 할만한 그릇. 한 집안이나 한 나라를 떠받치는 중대한 일을 맡을 만한 인재. <출> 오월춘추(吳越春秋) 구천입신외전(句踐入臣外傳). (유) 棟梁之材, 棟梁, 干城之材, 干城, 命世之才, 命世才

棟梁之材(동량지재) [20323252] 棟梁之器 참조. 마룻대와 들보 역할을 할만한 재목.

同流合汚(동류합오) [70526030] 세상의 흐름에 동조하고 세상의 더러운 것과도 합류함 <출> 맹자(孟子) 진심장구하(盡心章句下) '同乎流俗合乎汚世'의 준말

動脈硬化(동맥경화) [72423252] 동맥의 벽이 두꺼워지고 굳어져서 탄력을 잃는 질환.

同名異人(동명이인) [70724080] 같은 이름을 가진 서로 다른 사람.

同文同軌(동문동궤) [70707030] 글자체를 한가지로 하고 수레의 너비를 같게 함. 천하가 통일된 상태. (유) 車同軌, 書同文, 車同軌書同文

東問西答(동문서답) [80708072] 동쪽을 물으니 서쪽으로 답함. 물음과는 전혀 상관없는 엉뚱한 대답. (유) 問東答西

洞房華燭(동방화촉) [70424030] 신부의 방에 촛불이 아름답게 비친다는 뜻으로, 신랑이 신부(의 방에서 첫날밤을 지내는 일 또는 결혼식를 이르는 말

同病相憐(동병상련) [70605230] 같은 병을 앓는 사람끼리 서로 가엾게 여김. 어려운 처지에 있는 사람끼리 서로 가엾게 여김. <출> 오월춘추(吳越春秋) 합려내전(闔閭內傳). (유) 同舟相救, 同氣相求, 同聲相應, 類類相從, 草綠同色

東奔西走(동분서주) [80328042] 동쪽으로 뛰고 서쪽으로 뜀. 사방으로 이리저리 몹시 바쁘게 돌아다님. (유) 東西奔走, 東走西奔, 東馳西走, 南船北馬

凍氷寒雪(동빙한설) [32505062] 얼어붙은 얼음과 차가운 눈, 심한 추위를 이름.

東山高臥(동산고와) [80806230] 悠悠自適 참조. 동산에서 베개를 높이고 누워 잠. 속세의 번잡함을 피하여 산중에 은거함. 진(晉)나라의 사안이 속진(俗塵)을 피하여 절강성(浙江省) 동산(東山)에 은거하였다는 데서 유래. <출> 세설신어(世說新語) 언어(言語) 편.

東山再起(동산재기) [80805042] 동진의 사인이 일찍이 동산으로 은퇴했다가 다시 큰 벼슬을 하게 된 고사로, 물러난 사람이나 실패한 사람이 다시 일어나 세상에 나옴을 뜻함 <출> 진서(晉書)

同床各夢(동상각몽) [70426232] 同床異夢 참조. 같은 자리에 자면서 저마다 다른 꿈을 꿈.

同床異夢(동상이몽) [70424032] 같은 자리에 자면서 다른 꿈을 꿈. 겉으로는 같이 행동하면서도 속으로는 각각 딴 생각을 하고 있음. (유) 同牀各夢

東西古今(동서고금) [80806062] 동양과 서양, 옛날과 지금을 통틀어 이르는 말.

東西南北(동서남북) [80808080] 동쪽과 서쪽, 남쪽과 서쪽. 사방.

東西奔走(동서분주) [80803242] 東奔西走 참조. 동쪽과 서쪽을 오고가며 달림.

冬扇夏爐(동선하로) [70107032] 夏爐冬扇 참조. 겨울의 부채와 여름의 화로. 무용지물(無用之物)을 이름.

同姓同本(동성동본) [70727060] 姓(성)과 본관이 모두 같음.

同聲相應(동성상응) [70425242] 同病相憐 참조. 같은 소리끼리는 서로 응하여 울림. 같은 무리끼리 서로 통하고 자연히 모임.

同性戀愛(동성연애) [70523260] 같은 性(성)끼리 하는 연애.

同心同德(동심동덕) [70707052] 일치단결된 마음. <출> 상서(尙書) 태서(泰書).

同惡相助(동악상조) [70525242] 악인도 서로 돕는다는 뜻으로, 같은 무리끼리 서로 도움 <출> 사기(史記)

同業相仇(동업상구) [70625210] 일을 함께 하면 이해 관계로 서로 원수가 되기 쉬움 <출> 소서(素書)

童牛角馬(동우각마) [62506250] 뿔이 없는 송아지와 뿔이 있는 말의 뜻으로 도리에 어긋남

同而不和(동이불화) [70307262] 겉으로는 동의를 표시하면서도 내심은 그렇지 않은 하찮은 소인의 사귐 <출> 논어(論語) (상) 和而不同

東夷西戎(동이서융) [80308010] 동쪽 오랑캐와 서쪽 오랑캐.

凍足放尿(동족방뇨) [32726220] 姑息之計 참조. 언 발에 오줌 누기. 잠시 동안만 효력이 있음. 임시방편의 계책.

同族相殘(동족상잔) [70605240] 같은 겨레끼리 서로 싸우고 죽임.

同舟相救(동주상구) [70305250] 同病相憐 참조. 같은 배를 탄 사람끼리 서로 도움. 같은 운명이나 처지에 놓이면 아는 사람이나 모르는 사람이나 서로 돕게 됨. 손자(孫子) 구지(九地)편.

東走西奔(동주서분) [80428032] 東奔西走 참조. 동쪽으로 달리고 서쪽으로 달림.

東推西貸(동추서대) [80408032] 이곳 저곳에서 빚을 짐 (유) 東西貸取, 東取西貸

東衝西突(동충서돌) [80328032] 左衝右突 참조. 동쪽에서 부딪히고 서쪽에서 부딪힘.

東馳西走(동치서주) [80108042] 東奔西走 참조. 동쪽으로 달리고 서쪽으로 달림.

東敗西喪(동패서상) [80508032] 이르는 곳마다 실패하거나 망함

東海揚塵(동해양진) [80723220] 동해에 티끌만 날림, 바다가 육지로 변함, 세상일의 변화가 큼. (유) 桑田碧海(상전벽해)

董狐之筆(동호지필) [12103252] 사실을 숨기지 아니하고 그대로 씀. <출> 춘추 시대 진(晉)나라의 사관(史官)이었던 동호(董狐)가 위세를 두려워하지 않고 사실을 직필(直筆)하였다는 데서 유래. <출> 춘추좌씨전(春秋左氏傳) 선공이년조(宣公二年條). (유) 太史之

簡

斗南一人(두남일인) [42808080] 북두칠성의 남쪽(온 천하)의 단 한 사람. 천하에
  으뜸가는 훌륭한 인물.

頭童齒闊(두동치활) [60624210] 머리가 벗어지고, 이가 빠져 사이가 벌어진다는
  뜻으로, 곧 늙음을 이름

杜門不出(두문불출) [12807270] 문을 닫고 나가지 아니함. 집에서 은거하면서 관
  직에 나가지 아니하거나 사회의 일을 하지 아니함.

頭髮上指(두발상지) [60407242] 머리털이 곤두선다는 뜻으로 심하게 화난 모습
  <출> 사기(史記) 항우(項羽) (유) 髮植穿冠, 髮衝冠, 怒髮衝
  冠

斗折蛇行(두절사행) [42403260] 북두칠성처럼 꺾여 구부러지고 뱀이 기어가듯 꼬
  불꼬불함 <출> 유종원(柳宗元)의 시

杜漸防萌(두점방맹) [12324210] 점(漸)은 사물의 처음. 맹(萌)은 싹. 싹이 나오지
  못하게 막음. 좋지 못한 일의 조짐이 보였을 때 즉시 그 해로
  운 것을 제거해야 더 큰 해(害)가 되지 않음.

斗酒不辭(두주불사) [42407240] 말술도 사양하지 않음. 술을 매우 잘 마심. <출>
  사기(史記) 항우본기(項羽本紀).

頭寒足熱(두한족열) [60507250] 머리는 차게, 발은 따뜻하게 하면 건강에 좋음

得過且過(득과차과) [42523052] 그럭저럭 되는대로 지낸다는 뜻으로 중국 오대산
  에 다리 넷에 날개가 달린 괴상한 짐승의 울음소리가 '得過且
  過,得過且過(그럭저럭 지내자, 그럭저럭 지내자)'하는 것처럼
  들려서 그 이름을 한호충 또는 한호조라고 했다는 고사에서
  나옴 <출> 남촌철경록

得意忘形(득의망형) [42623062] 뜻을 얻어 자신의 형체마저 잊어버린다는 뜻으로
  우쭐거리는 태도 <출> 진서(晉書)

得意揚揚(득의양양) [42623232] 뜻한 바를 이루어 우쭐거리며 뽐냄. <출> 사기
  (史記) 관안열전(管晏列傳). (유) 意氣揚揚

得一忘十(득일망십) [42803080] 한 가지를 얻고 열 가지를 잃어버림. 기억력이 좋
  지 못함 (상) 聞一知十

登高而招(등고이초) [70623040] 높은 곳에 올라 부르면 먼 곳에 있는 사람도 잘
  볼 수 있으므로, 효과를 올리기 위하여 물건을 잘 이용함 또는
  배움에 의해 높은 깨달음을 얻음 <출> 순자(荀子)

登高自卑(등고자비) [70627232] 높은 곳에 오르려면 낮은 곳에서부터 시작함. 일
  을 순서대로 하여야 함. 지위가 높아질수록 자신을 낮춤.

登樓去梯(등루거제) [70325010] 다락에 오르게 하고 사다리를 치움. 사람을 꾀어
  서 어려운 처지에 빠지게 함 <출> 송남잡식(宋南雜識)

謄寫雜誌(등사잡지) [20504040] 원본을 가지고 등사기로 베끼어 발간한 잡지.

騰勇副尉(등용부위) [30624220] 조선시대, 잡직 정칠품 무관의 품계.

燈下不明(등하불명) [42727262] 등잔 밑이 어두움. 가까이에 있는 물건이나 사람
  을 잘 찾지 못함.

燈火可親(등화가친) [42805060] 등불을 가까이할 만함. 서늘한 가을밤은 등불을
  가까이 하여 글 읽기에 좋음. <출> 한유(韓愈) 부독서성남

(符讀書城南).

馬脚露出(마각노출) [50323270] 말의 다리가 드러난다는 뜻으로, 숨기려던 모습이 드러남 <출> 원곡(元曲)

麻姑搔癢(마고소양) [32321010] 마고 선녀가 긴 손톱으로 가려운 데를 긁음. 바라던 일이 뜻대로 잘됨. <출> 신선전(神仙傳) 마고(麻姑). (유) 麻姑爬痒

麻姑爬癢(마고파양) [32321010] 麻姑搔癢 참조. 마고 선녀가 긴 손톱으로 가려운 데를 긁음.

摩拳擦掌(마권찰장) [20321032] 주먹과 손바닥을 비빈다는 뜻으로, 힘을 모아서 나아갈 기회를 엿봄

磨斧爲針(마부위침) [32104240] 愚公移山 참조. 도끼를 갈아 바늘을 만듦.

磨斧爲鍼(마부위침) [32104210] 磨斧爲針 참조. 도끼를 갈아 바늘을 만듦.

磨斧作針(마부작침) [32106240] 愚公移山 참조. 도끼를 갈아 바늘을 만듦. 작은 노력이라도 끈기있게 계속하면 큰 일을 이룰 수 있음. <출> 당서(唐書) 문원전(文苑傳).

磨斧作鍼(마부작침) [32106210] 磨斧作針 참조. 도끼를 갈아 바늘을 만듦.

馬首是瞻(마수시첨) [50524212] 춘추시대, 12개국과 연합하여 秦나라 공략에 나섰을 때 총지휘를 맡은 진(晉)의 장군 순언(荀偃)은 '오직 나의 말 머리가 향하는 쪽을 보고 따라오라(唯余馬首是瞻)'고 명령을 내렸다는 고사로 말 머리 가는 방향을 보고 따르라는 뜻이며 흐트러짐 없는 행동함을 이름 <출> 춘추좌씨전(春秋左氏傳)

馬耳東風(마이동풍) [50508062] 牛耳讀經 참조. 말귀에 동쪽바람. 남의 말을 귀담아 듣지 않고 그대로 흘려버림. <출> 이백(李白) 답왕십이한야독작유회(答王十二寒夜獨酌有懷). (유) 如風過耳, 牛耳讀經, 對牛彈琴, 牛耳誦經

摩頂放踵(마정방종) [20326210] 정수리부터 갈아 닳아져서 발꿈치까지 이른다는 뜻으로, 자기를 돌보지 아니하고 온힘을 다함 <출> 맹자(孟子)

麻中之蓬(마중지봉) [32803212] 近墨者黑 참조. 삼밭에 나는 쑥. 선한 사람과 사귀면 그 감화를 받아 자연히 선해짐.

馬好替乘(마호체승) [50423032] 말도 갈아타는 것이 좋다는 뜻으로, 예전 것도 좋기는 하지만 새것으로 바꾸어 보는 것도 즐거움 <출> 동언해(東言解)

莫無可奈(막무가내) [32505030] 어찌할 수 없음. 莫無可奈를 '어찌할수 없는 것이 아님'으로 풀이하지 않도록 주의해야 함. (유) 莫可奈何(막가내하) 無可奈何(무가내하) 無可奈(무가내)

莫上莫下(막상막하) [32723272] 難兄難弟 참조. 누구를 위라 하고 누구를 아래라 하기 어려움.

莫逆之友(막역지우) [32423252] 管鮑之交 참조. 사귐에 뜻이 맞아 서로 거스르는 일이 없는 벗, . <출> 장자(莊子) 대종사(大宗師) 편.

幕天席地(막천석지) [32706070] 하늘을 장막으로 삼고 땅을 자리로 삼는다는 뜻

으로, 천지를 자기의 거처로 할 정도로 품은 뜻이 큼

寞天寂也(막천적야) [10703230] 쓸쓸하고 적적함 (유) 寂寞江山

幕後交涉(막후교섭) [32726030] 막사 뒤에서 교섭함, 겉으로 드러나지 아니하게 은밀히 하는 교섭.

萬頃蒼波(만경창파) [80323242] 한없이 넓고 넓은 바다. (유) 萬里滄波

萬古不變(만고불변) [80607252] 아주 오랜 세월 동안 변하지 아니함.

萬古絶色(만고절색) [80604270] 傾國之色 참조. 아주 오랜 세월 동안 나오지 않은 예쁜 용모.

萬古風霜(만고풍상) [80606232] 아주 오랜 세월 동안 겪어 온 많은 고생. (유) 萬古風雪

萬古風雪(만고풍설) [80606262] 萬古風霜 참조. 아주 오랜 세월 동안 겪어 온 많은 고생.

萬口成碑(만구성비) [80706240] 만인의 입이 비를 이룬다는 뜻으로, 여러 사람이 칭찬하는 것이 송덕비를 세우는 것과 같음

萬里滄波(만리창파) [80702042] 萬頃蒼波 참조. 한없이 넓고 넓은 바다.

蠻貊之邦(만맥지방) [20123230] 중국 북쪽과 남쪽에 사는 오랑캐의 나라라는 뜻으로, 미개한 나라를 이름 <출> 논어(論語)

萬病通治(만병통치) [80606042] 한 가지 처방으로 온갖 병을 다 고침.

萬不得已(만부득이) [80724232] 매우 不得已함. 萬은 不得已를 강조.

萬夫之望(만부지망) [80703252] 온세상의 사람들이 우러러 사모함 또는 그 사람 <출> 주역(周易)

萬不成說(만불성설) [80726252] 語不成說 참조. 모든 것이 말이 되지 않음.

萬死無惜(만사무석) [80605032] 만 번 죽어도 아깝지 않을 만큼 죄가 큼

萬事如意(만사여의) [80724262] 모든 일이 뜻과 같음.

萬事亨通(만사형통) [80723060] 모든 것이 뜻대로 잘됨.

萬事休矣(만사휴의) [80727030] 勞而無功 참조. 모든 것이 헛수고로 돌아감. <출> 송사(宋史) 형남고씨세가(荊南高氏世家).

萬世無疆(만세무강) [80725012] 萬壽無疆 참조. 아주 오랫동안 끊없이 삶.

萬壽無疆(만수무강) [80325012] 아주 오랫동안 끊없이 삶. <출> 시경(詩經) 소아(小雅) 남산유대(南山有臺). (유) 萬世無疆, 壽考無疆, 壽耇

萬乘天子(만승천자) [80327072] 많은 군대를 거느린 천자, 황제 * 1승은 4필의 말이 끄는 兵車(戰車)

晩時之歎(만시지탄) [32723240] 시기에 늦어 기회를 놓쳤음을 안타까워하는 탄식. 晩時之嘆 (유) 後時之歎

晩食當肉(만식당육) [32725242] 늦게 배고플 때 먹는 것은 무엇이든 고기 맛과 같게 느껴짐.

萬牛難回(만우난회) [80504242] 만 마리의 소로 끌어도 돌려 세울 수 없을 만큼 고집 센 사람.

萬紫千紅(만자천홍) [80327040] 千紫萬紅 참조. 울긋불긋한 여러 가지 꽃의 빛깔이나 그런 빛깔의 꽃.

滿場一致(만장일치) [42728050] 장내에 모인 모든 사람의 의견이 같음.

萬丈瀑布(만장폭포) [80321042] 매우 높은 데서 떨어지는 폭포. 萬丈은 실제 폭포의 길이가 아니라 폭포의 길이가 매우 길다는 것을 나타냄.

萬全之計(만전지계) [80723262] 萬全之策 참조. 모든 것에 완전한 계책.

萬全之策(만전지책) [80723232] 모든 것에 완전한 계책. <출> 후한서(後漢書) 유표전(劉表傳). (유) 萬全之計, 萬全策

滿朝百官(만조백관) [42607042] 조정의 모든 벼슬아치 (유) 滿朝

萬壑千峯(만학천봉) [80107032] 첩첩이 겹쳐진 깊고 큰 골짜기와 수많은 산봉우리.

萬彙群象(만휘군상) [80104040] 森羅萬象 참조. 우주에 있는 온갖 사물과 현상.

末大必折(말대필절) [50805240] 가지가 크면 줄기가 부러짐 <출> 춘추전씨전(春秋左氏傳)

網開三面(망개삼면) [20608070] 탕왕(湯王)이 짐승들이 달아날 수 있도록 그물의 세 면을 모두 열어놓은 것처럼 어질고 너그러운 덕을 이름

亡國之音(망국지음) [50803262] 나라를 망하게 할 음악. 저속하고 잡스러운 음악. <출> 한비자(韓非子) 십과편(十過篇). (유) 亡國之聲, 鄭衛之音, 鄭音, 鄭衛桑間

亡國之歎(망국지탄) [50803240] 麥秀之歎 참조. 고국의 멸망을 한탄함. (유) 亡國之嘆

亡國之恨(망국지한) [50803240] 麥秀之歎 참조. 고국의 멸망을 한탄함.

亡戟得矛(망극득모) [50104220] 두 갈래로 갈라진 창인 극을 잃고 자루가 긴 창인 모를 얻었다는 뜻으로 얻고 잃음이 비슷하여 이익이 없음 <출> 여씨춘추(呂氏春秋)

罔極之恩(망극지은) [30423242] 끝없이 베풀어 주는 혜택이나 고마움.

忘年之交(망년지교) [30803260] 忘年之友 참조. 나이에 거리끼지 않고 허물없이 사귐.

忘年之友(망년지우) [30803252] 나이에 거리끼지 않고 허물없이 사귄 벗. (유) 忘年交, 忘年友, 忘年之交

網漏呑舟(망루탄주) [20321030] 그물이 새면 배를 삼킴. 탄주는 본래는 呑舟之魚로 배를 삼킬만한 큰 고기를 의미하여, 망루탄주는 큰 고기도 놓칠 그물이라는 뜻임. 법령이 지나치게 관대하면 큰 죄를 짓고도 피할 수 있게 되어 기강이 서지 않음. 史記 酷吏傳(혹리전).

茫茫大海(망망대해) [30308072] 한없이 크고 넓은 바다.

望梅解渴(망매해갈) [52324230] 매실은 생각만 하여도 침이 돌아 목마름이 해소됨. 매실의 맛이 아주 심. 공상으로 잠시 동안의 평안과 위안을 얻음. <출> 세설신어(世說新語) 가휼(假譎)편 (유) 望梅止渴

罔赦之罪(망사지죄) [30203250] 용서할 수 없을 정도로 큰 죄. (유) 罔赦

亡羊得牛(망양득우) [50424250] 양을 잃고 소를 얻음. 손해를 본 것이 오히려 이익이 된다는 뜻.

亡羊補牢(망양보뢰) [50423210] 양을 잃고 우리를 고침. 이미 어떤 일을 실패한 뒤에 뉘우쳐도 아무 소용이 없음. <출> 전국책(戰國策) 초책(楚策). (유) 亡牛補牢, 死後藥方文, 渴而穿井 (상) 曲突徙薪, 有備無患, 居安思危, 安居危思

亡羊之歎(망양지탄) [50423240] 多岐亡羊 참조. 양을 잃어버리고 하는 탄식. (유) 亡羊之嘆

望洋之歎(망양지탄) [52603240] 井中之蛙 참조. 큰 바다를 바라보며 하는 한탄. 어떤 일에 자기 자신의 힘이 미치지 못할 때에 하는 탄식. <출> . <출> 장자(莊子) 추수편(秋水篇). (유) 望洋之嘆

茫然自失(망연자실) [30707260] 멍하니 정신을 잃음.

亡牛補牢(망우보뢰) [50503210] 亡羊補牢 참조. 소를 잃고 우리를 고침.

望雲之情(망운지정) [52523252] 고향 쪽의 구름을 바라보는 마음. 객지에서 고향에 계신 어버이를 생각하는 마음. <출> 당서(唐書) 적인걸(狄仁傑)조. (유) 望雲之懷

望雲之懷(망운지회) [52523232] 望雲之情 참조. 고향 쪽의 구름을 바라보는 마음.

罔有擇言(망유택언) [30704060] 말이 모두 법에 맞아 골라 낼 것이 없음 <출> 서경(書經)

芒刺在背(망자재배) [10326042] 가시를 등에 지고 있음. 마음이 아주 조마조마하고 편하지 아니함. <출> 한서(漢書) 곽광(霍光)전.

妄自尊大(망자존대) [32724280] 망령되게 함부로 스스로를 높이고 잘난 체함. <출> 후한서(後漢書) 마원전(馬援傳).

罔知所措(망지소조) [30527020] 조치할 바를 알지 못함, 당황하거나 급하여 어찌할 줄을 모르고 갈팡질팡함. (유) 罔措(망조) 彷徨失措(방황실조)

望塵莫及(망진막급) [52203232] 먼지를 바라보고 미치지 못한다는 말로, 손에 넣지 못함 <출> 남사(南史)

望蜀之歎(망촉지탄) [52123240] 得隴望蜀 참조. 蜀땅을 얻고 싶어 하는 탄식.

望風而靡(망풍이미) [52623010] 기세를 보고 쏠린다는 뜻으로, 소문을 듣고 놀라서 맞서 보려고도 하지 아니하고 달아남

賣劍買牛(매검매우) [50325050] 검을 팔아 소를 산다는 뜻으로, 병사를 그만두고 농사를 지으니 곧 평화스런 세상이 됨 <출> 한서(漢書)

賣官賣職(매관매직) [50425042] 돈이나 재물을 받고 벼슬을 팖.

埋頭沒身(매두몰신) [30603262] 일에 파묻혀 헤어나지 못함

買死馬骨(매사마골) [50605040] 죽은 말의 뼈를 삼. 귀중한 것을 손에 넣기 위해 먼저 공을 들이는 것. <출> 춘추전국시대에 어떤 왕이 천리마를 얻기 위해 죽은 천리마의 뼈를 비싼 값에 샀더니, 소문이 전해져 천리마를 가진 사람들이 하나 둘 씩 나타나 천리마를 쉽게 손에 넣을 수 있었다는 데서 유래.

賣鹽逢雨(매염봉우) [50323252] 소금을 팔다가 비를 만난다는 뜻으로, 일에 어려움을 만나서 되는 일이 없음 <출> 송남잡식(宋南雜識)

梅妻鶴子(매처학자) [32323272] 悠悠自適 참조. 매화 아내에 학 아들. 속세를 떠

나 유유자적하게 생활하는 것. <출> 시화총귀(詩話總龜).

每況愈下(매황유하) [72403072] 동곽자(東郭子)가 장자(莊子)와 대화하는 고사에서 나온 말로 처음에는 매하유황이었던 말이 나중엔 매황유하로 바뀌고 뜻도 달라졌기에 갈수록 상황이 나빠짐을 이름 <출> 장자(莊子) 지북유(知北遊)편

麥丘邑人(맥구읍인) [32327080] 제(齊)나라 환공(桓公)이 맥구(麥丘)로 사냥을 나갔다가 우연히 곱게 늙은 한 노인을 만나 깊은 깨달음을 얻게 되어 그 노인을 맥구의 우두머리로 임명했다는 고사로 곱고 덕스럽게 늙은 사람, 곧고 슬기로워 인생의 바른 길을 인도할 수 있는 노인을 말함 <출> 신서(新序) 잡사(雜事)편

麥秀黍油(맥수서유) [32401060] 麥秀之歎 참조. 잘자란 보리의 이삭과 기장의 윤기.

麥秀之歎(맥수지탄) [32403240] 麥秀之歎 참조. 잘자란 보리이삭을 보고 하는 탄식. 고국의 멸망을 한탄함. 기자(箕子)가 은(殷)나라가 망한 뒤의 폐허가 된 궁궐터에서도 보리는 잘 자라고, 기장은 윤기 있는 것을 보고 망국을 한탄하였다는 데서 유래. <출> 사기(史記) 송미자세가(宋微子世家). (유) 麥秀之嘆, 亡國之歎, 亡國之恨, 麥秀黍油

盲龜浮木(맹귀부목) [32303280] 盲龜遇木 참조. 눈먼 거북이 우연히 뜬 나무를 붙잡음.

盲龜遇木(맹귀우목) [32304080] 눈먼 거북이 우연히 뜬 나무를 붙잡음. 어려운 형편에 우연히 행운을 얻게 됨 <출> 아함경(阿含經) (유) 盲龜浮木, 千載一遇

孟母斷機(맹모단기) [32804240] 斷機之敎 참조. <출> 맹자의 어머니가 짜던 베의 날을 끊음.

孟母三遷(맹모삼천) [32808032] 斷機之敎 참조. 자식 교육에 정성을 다함. <출> 맹자가 어렸을 때 묘지 가까이 살았더니 장사 지내는 흉내를 내기에, 맹자 어머니가 집을 시전 근처로 옮겼는데 이번에는 물건 파는 흉내를 내므로, 다시 글방이 있는 곳으로 옮겨 공부를 시켰다는 데서, 맹자의 어머니가 아들을 가르치기 위하여 세 번이나 이사를 하였음에서 유래. <출> . <출> 열녀전(列女傳), 모의전(母儀傳).

盲人摸象(맹인모상) [32801040] 장님이 코끼리를 만지고 자신이 만진 부분으로 전체를 알려고 함

盲人直門(맹인직문) [32807280] 盲者正門 참조. 소경이 정문을 바로 찾아 들어감.

盲者正門(맹자정문) [32607280] 소경이 정문을 바로 찾아 들어감. 어리석은 사람이 어쩌다 이치에 들어맞는 일을 함. (유) 盲人直門, 盲者直門

盲者直門(맹자직문) [32607280] 盲者正門 참조. 소경이 정문을 바로 찾아 들어감.

猛虎伏草(맹호복초) [32324070] 풀밭에 엎드려 있는 범이란 뜻으로, 훌륭한 인물은 일시적으로는 숨어 있지만 때가 되면 반드시 세상에 드러남

綿裏藏針(면리장침) [32323240] 솜 속에 바늘을 감추어 꽂는다는 뜻으로, 겉으로는 부드러운 듯하나 마음에 품은 바가 있음

面壁九年(면벽구년) [70428080] 愚公移山 참조. 달마가 숭산(嵩山) 소림사에서 9년 동안 벽을 보고 좌선하여 도를 깨달은 일. 오등회원(五燈會元) 동토조사(東土祖師)편. (유) 九年面壁

面張牛皮(면장우피) [70405032] 얼굴에 쇠가죽을 바름. 몹시 뻔뻔스러움. (유) 鐵面皮, 強顔, 厚顔, 顔厚

面從腹背(면종복배) [70403242] 겉으로는 복종하는 체하면서 내심으로는 배반함. (유) 面從後言, 陽奉陰違

面從後言(면종후언) [70407260] 面從腹背 참조. 대면하여서는 복종하는 체하면서 뒤에서는 다른 말을 함.

免責特權(면책특권) [32526042] 국회의원이 국회에서 직무상 행한 발언과 표결에 대하여 국회 밖에서 책임을 지지 않는 특권.

面紅耳赤(면홍이적) [70405050] 얼굴이 귀 밑까지 붉어질 만큼 부끄러움

滅門之禍(멸문지화) [32803232] 한 집안이 멸망하여 없어짐 (유) 滅門之患, 滅族之禍

滅私奉公(멸사봉공) [32405262] 사사로움을 버리고 공익을 받듦.

明見萬里(명견만리) [62528070] 만리 밖의 일을 환하게 살펴서 알고 있다는 뜻으로, 매우 총명함 <출> 후한서(後漢書)

明鏡高懸(명경고현) [62406232] 높게 매달려 있는 맑은 거울. 시비를 분명하게 따지는 공정무사(公正無私)한 법관. 진(秦)나라에 있었다는 거울로 사람의 마음까지도 비추었다는데서 유래. <출> 서경잡기(西京雜記) 권3. (유) 秦鏡高懸

明鏡止水(명경지수) [62405080] 맑은 거울과 고요한 물. 잡념과 가식과 헛된 욕심 없이 맑고 깨끗한 마음. <출> . <출> 장자(莊子) 덕충부편(德充符篇). (유) 雲心月性

名過其實(명과기실) [72523252] 이름만 좋고 사실은 그만하지 못하다는 뜻으로 빛 좋은 개살구와 통함

名落孫山(명락손산) [72506080] 손산(孫山)의 이름이 마지막이라는 말로 송나라의 손산이 친구와 함께 과거를 치렀는데 자신의 이름이 합격 명단 마지막에 있고 친구는 떨어졌다는 고사에서 시험에 합격하지 못하고 떨어짐을 말함 <출> 과정록(過庭錄) (유) 孫山之外

名列前茅(명렬전모) [72427212] 이름이나 서열이 앞에 있음을 뜻하는 말로 시험에 수석을 함 <출> 춘추좌씨전(春秋左氏傳)

冥冥之志(명명지지) [30303242] 마음 속 깊이 간직한 뜻

明目張膽(명목장담) [62604020] 눈을 밝게 하고 담을 넓힘, 두려워하지 않고 용기를 내어 일을 함.

名門巨族(명문거족) [72804060] 이름나고 크게 번창한 집안.

名不虛傳(명불허전) [72724252] 이름이 헛되이 퍼진 것이 아니라는 뜻으로, 이름날 만한 까닭이 있음을 이르는 말.

命世之才(명세지재) [70723262] 棟梁之器 참조. 한 시대를 바로잡아 구원할 만한 큰 인재.

名實相符(명실상부) [72525232] 이름과 실상이 서로 꼭 맞음.

明若觀火(명약관화) [62325280] 불을 보듯 분명하고 뻔함. (유) 觀火, 不問可知, 不言可知, 不言可想

命緣義輕(명연의경) [70404250] 목숨을 의에 연연하여 가볍게 여기다는 뜻으로, 의로움을 위해서는 목숨도 아끼지 않음 <출> 후한서(後漢書)

明月爲燭(명월위촉) [62804230] 방 안에 비치는 달빛을 촛불로 삼음 <출> 당서(唐書)

命在頃刻(명재경각) [70603240] 거의 죽게 되어 곧 숨이 끊어질 지경에 이름. (유) 命在朝夕

命在朝夕(명재조석) [70606070] 命在頃刻 참조. 아침이나 저녁에 숨이 끊어질 지경.

名正言順(명정언순) [72726052] 뜻이 바르고 말이 이치에 맞음

名從主人(명종주인) [72407080] 사물의 이름은 원래 주인이 붙인 이름을 따름. 사물의 명칭은 현지의 호칭법에 따라야 한다는 말. <출> 춘추곡량전(春秋穀梁傳) 환공(桓公) 2년조.

明珠闇投(명주암투) [62321040] 명주를 어둠 속에서 남에게 던져줌. 귀중한 물건도 남에게 잘못 주면 오히려 원망을 듣게 됨.

明珠彈雀(명주탄작) [62324010] 새를 잡는데 명주를 씀. 작은 것을 탐내다가 큰 것을 손해 보게 됨. <출> 장자(莊子) 양왕(讓王)편.

明察秋毫(명찰추호) [62427030] 가을에 새로 난 동물의 털처럼 사소한 일에 대해서도 빈틈없이 살핌 <출> 맹자(孟子)

明窓淨机(명창정궤) [62623210] 햇빛이 잘 비치는 창밑에 놓여 있는 깨끗한 책상이라는 뜻으로, 말끔히 정돈된 서재의 모습 <출> 구양수(歐陽脩)

明哲保身(명철보신) [62324262] 총명하고 사리에 밝아 일을 잘 처리하여 자기 몸을 보존함. <출> 서경(書經) 열명(說命).

毛骨悚然(모골송연) [42401070] 두려움에 온몸의 털이 곤두서고, 뼈마디가 시림. 화감(畫鑒) 당화(唐畫).

冒沒廉恥(모몰염치) [30323032] 염치 없는 줄 알면서도 이를 무릅쓰고 일을 행함 (유) 冒廉, 冒沒

毛遂自薦(모수자천) [42307230] 자기가 자기를 추천함. 춘추전국 시대에 조나라 평원군(平原君)이 초나라에 구원을 청하기 위하여 사신을 물색할 때에 모수가 스스로를 추천하였다는 데서 유래. <출> 사기(史記) 평원군전(平原君傳).

矛盾撞着(모순당착) [20201052] 自家撞着 참조. 같은 사람의 말이나 행동이 앞뒤가 서로 맞지 아니함.

暮夜無知(모야무지) [30605052] 깊은 밤중에 하는 일이라서 아무도 보고 듣는 사람이 없다는 뜻으로 남 몰래 뇌물이나 선물을 줌

毛皮之附(모피지부) [42323232] 가죽도 없는데 털이 붙는다는 뜻으로 중요한 일은 처리하지 않으면서 부분적인 것만 해결하려고 함 <출> 진서(晉書)

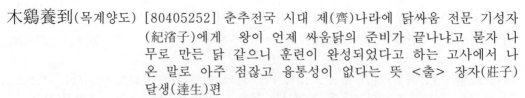

木鷄養到(목계양도) [80405252] 춘추전국 시대 제(齊)나라에 닭싸움 전문 기성자(紀渻子)에게 왕이 언제 싸움닭의 준비가 끝나냐고 묻자 나무로 만든 닭 같으니 훈련이 완성되었다고 하는 고사에서 나온 말로 아주 점잖고 융통성이 없다는 뜻 <출> 장자(莊子) 달생(達生)편

木本水源(목본수원) [80608040] 나무의 밑동과 물의 근원이란 뜻으로, 자식은 자기 몸의 근원인 부모를 생각해야 함 <출> 좌전(左傳)

目不識丁(목불식정) [60725240] 아주 간단한 글자인 '丁' 자를 눈으로 보고도 그것이 '고무래'인 줄을 알지 못함. 까막눈. 신당서(新唐書) 장굉정전(張宏靖傳). (유) 一文不知, 一字不識, 一文不通, 一字無識, 全無識, 判無識, 魚魯不辨

目不忍見(목불인견) [60723252] 눈앞에 벌어진 상황 따위를 눈뜨고는 차마 볼 수 없음. (유) 不忍見

木石不傅(목석불부) [80607212] 나무에도 돌에도 붙을 곳이 없다는 뜻으로 가난하고 외로우며 기댈 곳이 없음 (유) 木石難得, 木石難傅

目食耳視(목식이시) [60725042] 눈으로 먹고 귀로 본다는 뜻으로, 맛있는 것보다 보기에 아름다운 음식을 좋아하고, 몸에 맞는 것보다 귀로 들은 유행하는 의복(衣服)을 입는 것처럼 겉치레만 따름 <출> 사마광(司馬光)의 우서(迂書)

木旺之節(목왕지절) [80123252] 五行(오행)의 木氣(목기)가 성하는 때, 봄철.

木偶人衣(목우인의) [80328060] 나무 인형에 옷을 입힌다는 뜻으로, 쓸데없는 일을 함 <출> 사기(史記)

沐雨櫛風(목우즐풍) [20521062] 비로 목욕하고 바람으로 머리를 빗는다는 뜻으로, 비바람을 무릅쓰고 고생함 <출> 북제서(北齊書) (유) 艱難辛苦

木人石心(목인석심) [80806070] 나무로 만든 인간과 돌의 마음. 의지가 굳어 어떠한 유혹에도 마음이 흔들리지 않는 사람. 진(晉)나라 무제(武帝) 때의 권신(權臣) 가충(賈充)이 한 말로 진서(晉書).

目前之計(목전지계) [60723262] 姑息之計 참조. 눈앞의 계책.

目指氣使(목지기사) [60427260] 눈짓으로 지시하고 얼굴빛으로 사람을 부린다는 말로 사람을 경멸하며 부림 <출> 한서(漢書)

蒙網捉魚(몽망착어) [32203050] 그물을 쓰고 고기를 잡는다는 뜻으로, 그물을 물에 던져야 고기가 걸리는 법인 데, 그물을 머리에 쓰고서도 고기가 잡힌다는 것은 운이 좋았음을 이름 <출> 순오지(旬五志)

夢寐之間(몽매지간) [32103272] 잠을 자며 꿈을 꾸는 동안. (유) 夢寐間

夢想不到(몽상부도) [32427252] 꿈에도 생각하지 못함

夢外之事(몽외지사) [32803272] 천만 뜻밖의 일

夢中相尋(몽중상심) [32805230] 몹시 그리워서 꿈에서까지 서로 찾는다는 뜻으로, 매우 친함 <출> 서언고사(書言故事)

夢中占夢(몽중점몽) [32804032] 꿈속에서 꿈을 점친다는 뜻으로 사람의 인생이 덧없음을 이름 <출> 장자(莊子)

夢幻泡影(몽환포영) [32201032] 꿈과 허깨비, 거품과 그림자와 같다는 뜻으로, 인생의 덧없음을 이름 <출> 금강경(金剛經)

猫頭懸鈴(묘두현령) [10603210] 猫項懸鈴 참조. 고양이 머리에 방울 달기.

猫鼠同處(묘서동처) [10107042] 고양이와 쥐가 함께 있다는 뜻으로, 곧, 도둑을 잡아야 할 사람이 도둑과 한패가 된 것처럼 부정을 저지름

猫項懸鈴(묘항현령) [10323210] 쥐가 고양이 목에 방울을 닮. 실행할 수 없는 헛된 논의. 쥐가 고양이의 습격을 미리 막기 위한 수단으로 고양이의 목에 방울을 다는 일을 의논하였으나, 실행 불가능으로 끝났다는 우화에서 유래. <출> 송세림(宋世琳)의 어면순(禦眠楯). (유) 猫頭懸鈴

無可奈何(무가내하) [50503032] 몹시 고집을 부려 어찌할 수가 없음 <출> 사기(史記), 장자(莊子) (유) 莫可奈何, 莫無可奈, 無可奈

無價大寶(무가대보) [50528042] 값을 헤아릴 수 없을 만큼 귀한 보물 <출> 삼국유사(三國遺事)

無骨好人(무골호인) [50404280] 줏대가 없이 두루뭉술하고 순하여 남의 비위를 다 맞추는 사람.

無愧於心(무괴어심) [50303070] 마음에 조금도 부끄러울 것이 없음

無窮無盡(무궁무진) [50405040] 끝이 없고 다함이 없음.

無男獨女(무남독녀) [50725280] 아들이 없고 하나뿐인 딸.

無念無想(무념무상) [50525042] 무아의 경지에 이르러 일체의 상념을 떠남.

無累之人(무루지인) [50323280] 무슨 일에도 관련을 갖지 않으며 온갖 욕심에서 벗어난 사람 <출> 회남자(淮南子)

武陵桃源(무릉도원) [42323240] 세상과 따로 떨어진 별천지. 이상향. 晉나라 때 武陵의 한 어부가 복숭아꽃이 핀 수원지로 올라가 굴속에서 秦나라의 난리를 피하여 온 사람들을 만났는데, 그들은 매우 살기 좋아 그동안 바깥세상의 변천과 많은 세월이 지난 줄도 몰랐다는 데서 유래. <출> 陶淵明의 桃花源記. (유) 桃源, 桃源鄕, 仙境, 仙界, 仙鄕, 仙寰, 桃源境, 理想鄕, 壺中天地, 壺中天, 壺天, 一壺天, 別世界, 別乾坤, 別有天地, 別天地, 別天界, 別有乾坤, 小國寡民

舞馬之災(무마지재) [40503250] 말이 춤추는 꿈을 꾸면 화재가 일어난다는 데서 나온 말로 화재를 달리 이르는 말 <출> 전국책(全國策) (유) 馬舞之災

毋望之福(무망지복) [10523252] 뜻하지 않게 얻는 복 <출> 전국책(全國策)

無味乾燥(무미건조) [50423230] 재미나 멋이 없이 메마름. (유) 乾燥無味(건조무미)

無病自灸(무병자구) [50607210] 질병이 없는데 스스로 뜸질을 함. 불필요한 노력을 하여 정력을 낭비함. <출> 장자(莊子) 잡편(雜篇) 도척(盜跖) 조.

無病長壽(무병장수) [50608032] 병 없이 건강하게 오래 삶.

無本大商(무본대상) [50608052] 밑천 없이 하는 큰 장사라는 뜻으로 도둑을 비꼬아 하는 말 (유) 綠林豪傑, 梁上君子

無不干涉(무불간섭) [50724030] 함부로 참견하고 간섭하지 않는 일이 없음.

無不通達(무불통달) [50726042] 無不通知 참조. 통달하지 아니한 것이 없음.

無不通知(무불통지) [50726052] 무슨 일이든지 환히 통하여 모르는 것이 없음.
(유) 無不通達

無比一色(무비일색) [50508070] 傾國之色 참조. 견줄 데가 없는 오직 하나의 미
모, 미인.

無辭可答(무사가답) [50405072] 일에 대한 이치가 바르기에 더 이상 따질 말이
없음

無私無偏(무사무편) [50405032] 개인적인 욕심이나 치우침이 없이 매우 공평함

巫山之夢(무산지몽) [10803232] 남녀의 정교(情交). 초나라의 양왕(襄王)이 낮잠
을 자다가 꿈속에서 무산의 신녀(神女)를 만나 즐거움을 누렸
다는 고사에서 유래. <출> 문선(文選) 송옥(宋玉) 고당부(高
唐賦). (유) 巫山夢, 巫山雨, 巫山雲, 巫山之雨, 巫山之雲, 雲雨
之樂, 雲雨樂, 朝雲暮雨, 雲雨之情, 薦枕席

巫山之雨(무산지우) [10803252] 巫山之夢 참조. 무산의 비.

巫山之雲(무산지운) [10803252] 巫山之夢 참조. 무산의 구름.

無常出入(무상출입) [50427070] 아무 때나 거리낌 없이 드나듦.

無所不在(무소부재) [50707260] 있지 않는 데가 없이 어디든지 다 있음

無所不爲(무소불위) [50707242] 하지 못하는 바가 없음. 주로 강한 권력을 말할
때 쓰임.

無始無終(무시무종) [50625050] 시작도 끝도 없다는 뜻으로, 불변의 진리나 윤회
의 무한성을 말함

無信不立(무신불립) [50627272] 신의가 없으면 살아갈 수 없음을 이르는 말.
<출> 논어(論語) 안연편(顔淵篇).

務實力行(무실역행) [42527260] 참되고 실속 있도록 힘써 실행함.

無言不答(무언부답) [50607272] 대답하지 못할 말이 없음

無厭足心(무염족심) [50207270] 싫증 나지 않는 마음이란 뜻으로 그칠 줄 모르는
열의를 이름

無用之物(무용지물) [50623272] 쓸모없는 물건, 쓸모없는 사람.

無用之用(무용지용) [50623262] 쓸모없는 것의 쓰임. 언뜻 보기에 쓸모없는 것이
오히려 큰 구실을 함. <출> . <출> 장자(莊子) 인간세편(人
間世篇).

無爲徒食(무위도식) [50424072] 하는 일 없이 한갓 먹기만 함.

無爲而治(무위이치) [50423042] 聖人의 덕이 지극히 커서 아무 일을 하지 않아도
천하가 저절로 잘 다스려짐. <출> 논어(論語) 위령공편(衛靈
公篇). (유) 無爲之治

無爲而化(무위이화) [50423052] 인위적인 노력을 하지 않아도 스스로 변화함. 성
인의 덕이 크면 클수록 백성들이 스스로 따라서 감화됨.
<출> 노자(老子) 五十七章.

無爲自然(무위자연) [50427270] 인위적인 것이 없고 저절로 그러한 상태. 이상적

인 경지. <출> 노자(老子).

無爲之治(무위지치) [50423242] 無爲而治 참조. 인위적인 노력을 하지 않아도 다스려지는 이상적 정치.

撫育之道(무육지도) [10703272] 어루만져 기르는 도리

無依無托(무의무탁) [50405030] 몸을 의지하고 맡길 곳이 없음. 몹시 가난하고 외로운 상태.

無人不知(무인부지) [50807252] 소문이 널리 퍼져서 모르는 사람이 없음

無人之境(무인지경) [50803242] 사람이 살지 않는 외진 곳.

無賃乘車(무임승차) [50323272] 차비를 내지 않고 차를 탐.

無腸公子(무장공자) [50406272] 창자가 없는 공자라는 뜻으로 담력이나 기개가 없는 사람을 비웃는 말 또는 게(蟹)를 말함

無錢旅行(무전여행) [50405260] 여행에 드는 비용을 가지지 아니하고 길을 떠나 얻어먹으면서 다니는 여행.

無錢取食(무전취식) [50404272] 값을 치를 돈도 없이 남이 파는 음식을 취함.

無主空山(무주공산) [50707280] 주인이 없는 빈 산 또는 쓸쓸한 분위기의 산

無知莫知(무지막지) [50523252] 아는 게 없어 상스러우며 포악함.

無偏無黨(무편무당) [50325042] 어느 한쪽으로 치우치거나 특정 무리에 속하지 않음. (유) 不偏不黨

無風地帶(무풍지대) [50627042] 바람이 불지 아니하는 지역에서 다른 곳의 재난 따위가 미치지 아니하는 안전한 곳을 비유적으로 이르는 말.

無後爲大(무후위대) [50724280] 자손이 없는 것은 가장 큰 불효임

無毀無譽(무훼무예) [50305032] 욕할 것도 칭찬할 것도 없음

默默不答(묵묵부답) [32327272] 잠자코 아무 대답도 하지 않음.

墨守成規(묵수성규) [32426250] 춘추시대 송나라의 묵자(墨子)가 내기에서 성을 잘 지켜 초나라의 공격을 아홉 번이나 물리쳐 실제 전쟁을 막았다는데서 유래하여 자신의 의견이나 주장을 끝까지 지킴 또는 낡은 틀에만 매달림 <출> 묵자(墨子) 공수반편(公輸盤篇) (유) 墨翟之守

墨子悲染(묵자비염) [32724232] 중국 전국시대(戰國時代)의 사상가(思想家)였던 묵자가 하얀 실을 보고, 그것이 어떤 빛깔로도 물들 수 있음을 알고 울었다는 뜻으로, 사람은 습관이나 환경에 따라 그 성품이 착해지기도 악해지기도 함을 이름 (유) 墨子泣絲

文過遂非(문과수비) [70523042] 허물을 숨기고 조금도 뉘우치지 않음

文過飾非(문과식비) [70523242] 허물도 꾸미고 잘못도 꾸민다는 뜻으로, 잘못이 있음에도 뉘우침도 없이 숨길 뿐 아니라 도리어 잘난 체함

聞過則喜(문과즉희) [62525040] 자신의 허물을 듣고 기뻐하다라는 뜻으로 자신의 잘못에 대한 비판을 기꺼이 받아들임

問東答西(문동답서) [70807280] 東問西答 참조. 동쪽을 물으니 서쪽이라고 답함.

文武兼全(문무겸전) [70423272] 학문과 무예를 고루 갖춤. (유) 文武雙全

文武雙全(문무쌍전) [70423272] 학문과 무예를 고루 갖춤. (유) 文武兼全

文房四寶(문방사보) [70428042] 文房四友 참조. 문인의 방의 네 가지 보물.

文房四友(문방사우) [70428052] 문인의 방의 네 가지 벗. 종이, 붓, 먹, 벼루의 네 가지 문방구. (유) 文房四寶, 四友, 四寶

問安視膳(문안시선) [70724210] 웃어른께 안부를 여쭙고 반찬의 맛을 살핀다는 뜻으로, 웃어른을 잘 모시고 받듦

文藝復興(문예부흥) [70424242] 르네상스(Renaissance). 14세기~16세기에, 이탈리아를 중심으로 하여 유럽 여러 나라에서 일어난 인간성 해방을 위한 문화 혁신 운동.

文人相輕(문인상경) [70805250] 문인들이 서로 가벼이 얕잡아봄

聞一知十(문일지십) [62805280] 하나를 듣고 열 가지를 미루어 앎. 지극히 총명함. <출> 논어(論語) 공야장(公冶長).

門墻桃李(문장도리) [80303260] 문장은 스승의 문하를, 도리는 스승이 길러낸 뛰어난 제자를 가리키는 말로 스승이 길러낸 제자들과 그의 문하생을 이름

門前乞食(문전걸식) [80723072] 문앞에서 음식을 구걸한다는 데서 이집 저집 돌아다니며 빌어먹는 것을 이르는 말.

門前成市(문전성시) [80726272] 집 문 앞이 시장을 이루다시피 함. 찾아오는 사람이 많음. <출> 한서(漢書) 정숭전(鄭崇傳). (유) 門庭若市 (상) 門前雀羅

門前沃畓(문전옥답) [80721230] 집 가까이에 있는 기름진 논.

門前雀羅(문전작라) [80721042] 門前成市 참조. 문 밖에 새 그물을 쳐놓을 만함. 손님들의 발길이 끊어짐. <출> 사기(史記) 급정열전(汲鄭列傳). (유) 門外可設雀羅 (상) 門前成市, 門庭若市

門庭若市(문정약시) [80623272] 門前成市 참조. 대문 안 뜰이 시장 같음. 찾아오는 사람이 많음.

文質彬彬(문질빈빈) [70521212] 겉모양의 아름다움과 본바탕이 서로 잘 어울림. <출> 논어(論語) 옹야편擁也篇).

文筆盜賊(문필도적) [70524040] 膝甲盜賊 참조. 남의 글이나 저술을 베껴 마치 제가 지은 것처럼 하는 사람.

勿揀赦前(물간사전) [32102072] 용서받을 수 없을 만큼 무거운 죄

勿輕小事(물경소사) [32508072] 작은 일이라도 가벼이 보지 말라는 뜻. 작은 일에도 정성을 다하라는 가르침.

物薄情厚(물박정후) [72325240] 사람과 사귀는 데 선물이나 음식 대접은 다소 박하더라도 정만은 두터워야 함

物腐蟲生(물부충생) [72324280] 물건이란 반드시 먼저 썩은 뒤에야 벌레가 생김. 내부에 약점이 생기면 곧 외부의 침입이 있게 됨. <출> 소식(蘇軾)의 범증론(范增論).

物色比類(물색비류) [72705052] 물색은 제물로 바친 동물의 털 색깔로 '물색하다'라는 말이 여기서 나왔으며 비류는 물건의 비슷함을 견줘보는 것으로 같은 것을 비교해서 연구하는 것을 말함 <출> 예기(禮記)

勿失好機(물실호기) [32604240] 좋은 기회를 놓치지 말라는 뜻. (유) 時不可失

物心兩面(물심양면) [72704270] 물질적인 것과 정신적인 것의 두 방면.

物心一如(물심일여) [72708042] 사물과 마음이 구분 없이 하나의 근본으로 통합됨.

物我一體(물아일체) [72328062] 외물(外物)과 자아, 객관과 주관, 또는 물질계와 정신계가 어울려 하나가 됨.

物外閑人(물외한인) [72804080] 세상사에 관계하지 않고 한가롭게 지내는 사람.

物以類聚(물이류취) [72525212] 물건은 종류별로 모이게 마련이란 말로 부정적인 의미가 강함

物情騷然(물정소연) [72523070] 세상이 어수선하여 시끄러움 <출> 후한서(後漢書)

微官末職(미관말직) [32425042] 지위가 아주 낮은 벼슬. 또는 그런 위치에 있는 사람.

未能免俗(미능면속) [42523242] 아직도 속된 습관에서 벗어나지 못함 또는 그런 습관은 버리기가 어려움 <출> 세설신어(世說新語) 임탄(任誕)편.

尾大難掉(미대난도) [32804210] 꼬리가 커서 흔들기 어렵다는 뜻으로, 일의 끝이 크게 벌어져서 처리하기가 어려움 (유) 尾大不掉, 尾掉

眉目秀麗(미목수려) [30604042] 눈썹과 눈이 수려하다는 뜻으로, 얼굴이 빼어나게 아름다움

彌縫之策(미봉지책) [12203232] 姑息之計 참조. 꿰매어 깁는 계책. <출> 춘추좌씨전(春秋左氏傳) 환공(桓公) 五年條.

靡不用極(미불용극) [10726242] 마음과 힘을 다하여 함

美辭麗句(미사여구) [60404242] 아름답게, 듣기 좋게 꾸민 글귀.

尾生之信(미생지신) [32803262] 믿음이 두터움. <출> 사기(史記) 소진전(蘇秦傳) 우직하여 융통성이 없이 약속만을 굳게 지킴. <출> 장자(莊子) 도척편(盜跖篇) 춘추시대에 미생(尾生)이라는 자가 다리 밑에서 만나자고 한 여자와의 약속을 지키기 위하여 홍수에도 피하지 않고 기다리다가 마침내 익사하였다는 고사에서 유래.

微吟緩步(미음완보) [32303242] 작은 소리로 읊조리며 천천히 거니는 것

美意延年(미의연년) [60624080] 즐거운 마음으로 사는 사람은 오래 삶 <출> 순자(荀子)

美人薄命(미인박명) [60803270] 佳人薄命 참조. 미인의 목숨은 짧음

米珠薪桂(미주신계) [60321032] 식량은 주옥(珠玉)보다 비싸고, 땔감은 계수나무보다 비쌈. 物價가 치솟아 오름. <출> 전국책(戰國策) 초책(楚策).

迷津寶筏(미진보벌) [30204212] 길을 헤매는 나루에서 길을 찾아가는 훌륭한 배. 삶에 가르침을 주는 책.

美風良俗(미풍양속) [60625242] 아름답고 좋은 풍속이나 기풍.

民膏民脂(민고민지) [80108020] 백성의 피와 땀이라는 뜻으로, 백성에게서 지나치

게 거둔 세금이나 재물

民貴君輕(민귀군경) [80504050] 백성이 존귀하고 사직은 그 다음이며 임금은 가
볍다'라고 말한 데서 유래. 2011년 새해 사자성어. <출> 맹자
(孟子) 진심(盡心)편

密雲不雨(밀운불우) [42527252] 짙은 구름이 끼어 있으나 비가 오지 않음. 어떤
일의 징조만 있고 그 일은 이루어지지 않음. 위에서 내리는 은
택이 아래까지 고루 내려지지 않음. 2006년 올해의 사자성
어. (출) 周易 小畜卦의 卦辭

蜜月旅行(밀월여행) [30805260] 신혼여행. 蜜月은 꿀같이 달콤한 달이라는 뜻으
로, 결혼 직후의 즐겁고 달콤한 시기를 비유적으로 이르는 말.

波羅蜜多(바라밀다) [42423060] 태어나고 죽는 현실의 괴로움에서 번뇌와 고통이
없는 경지인 피안으로 건넌다는 뜻으로, 열반에 이르고자 하는
보살의 수행 (유) 到岸, 到彼岸, 波羅蜜

博古知今(박고지금) [42605262] 널리 옛 일을 알면 오늘날의 일도 알게 됨.

博覽強記(박람강기) [42406072] 여러 가지의 책을 널리 많이 읽고 기억을 잘함.
(유) 博學多識

薄利多賣(박리다매) [32626050] 이익을 적게 보고 많이 파는 것.

博文約禮(박문약례) [42705260] 널리 학문을 닦아 사리를 연구하고, 이것을 실행
하는 데 예의로써 하여 정도에 벗어나지 않게 함 <출> 논어
(論語)

薄氷如臨(박빙여림) [32504232] 살얼음을 밟는 것처럼 위태로움 (유) 如履薄氷

撲朔迷離(박삭미리) [10303040] 남녀 구별이 어렵거나 일이 서로 복잡하게 얽혀
구분하기 힘든 경우 <출> 목란사(木蘭辭)

博施濟衆(박시제중) [42424242] 사랑과 은혜를 널리 베풀어 뭇사람을 구제함
<출> 논어(論語)

博愛主義(박애주의) [42607042] 차별을 버리고 온 인류가 서로 평등하게 사랑하
여야 한다는 주의.

博而不精(박이부정) [42307242] 독서에 있어서 정독(精讀)의 중요성을 뜻하는 말
로 여러 방면으로 널리 알지만 깊지 못함 또는 널리 알되 자
세하지 못함

博引旁證(박인방증) [42421240] 널리 예를 들어 그것을 증거로 사물을 설명함
(상) 單文孤證

拍掌大笑(박장대소) [40328042] 손뼉을 치며 크게 웃음. (유) 拍笑

博學多識(박학다식) [42806052] 博覽強記 참조. 학식이 넓고 아는 것이 많음.

盤溪曲徑(반계곡경) [32325032] 서려 있는 계곡과 구불구불한 길. 일을 순서대로
정당하게 하지 아니하고 그릇된 수단을 써서 억지로 함. (유)
旁岐曲徑

反求諸己(반구저기) [62423252] 돌이켜서 그 원인을 자기에게서 찾음이라는 뜻으
로 반성하여 자신을 꾸짖음 <출> 맹자(孟子), 중용(中庸)

盤根錯節(반근착절) [32603252] 서린 뿌리와 얼크러진 마디. 처리하기가 매우 어
려운 사건. 세력이 깊이 뿌리박고 있어 흔들리지 아니함.
<출> 후한서(後漢書) 우후전(虞詡傳). (유) 盤錯

飯囊酒袋(반낭주대) [32104010] 酒袋飯囊 참조. 밥을 담는 주머니와 술을 담는 부대.

反對給付(반대급부) [62625032] 어떤 일에 대응하여 얻게 되는 이익.

半途而廢(반도이폐) [62323032] 일을 하다가 도중에 그만둠 (유) 中途而廢

攀龍附鳳(반룡부봉) [10403232] 훌륭한 임금을 좇아서 공명을 세움.

反面敎師(반면교사) [62708042] 아주 나쁜 점만 가르쳐주는 선생이란 뜻에서 그와 같이 되지 않기 위한 본보기로 삼음

半面之分(반면지분) [62703262] 얼굴만 약간 알 정도의, 교분이 두텁지 못한 사이. (유) 半面識, 半面之識

半面之識(반면지식) [62703252] 半面之分 참조. 얼굴만 약간 알 정도의, 교분이 두텁지 못한 사이.

班門弄斧(반문농부) [62803210] 목장(木匠)의 시조라는 노반(魯班)의 문 앞에서 도끼 다루는 솜씨를 자랑함. 전문가 앞에서 얄팍한 재주를 뽐냄. <출> 명(明)나라 매지환(梅之渙)의 제이백묘시(題李白墓詩).

斑駁之歎(반박지탄) [10103240] 한 쪽으로 치우치고 공정하지 못함에 대한 탄식 (유) 斑駁之嘆

反覆無常(반복무상) [62325042] 언행이 이랬다저랬다 일정하지 아니함.

半部論語(반부논어) [62624270] 반 권의 논어. 고전의 학습이 매우 중요함을 비유한 말. 산동(山東)사람 조보(趙普)가 송(宋) 태조를 도와 천하를 통일하였는데, "논어의 절반 지식으로 태조께서 천하를 평정하시는 일을 도왔으며, 나머지 절반의 지식으로 폐하께서 천하를 다스리도록 돕고 있습니다."라고 말한 데서 유래. <출> 나대경(羅大經)의 학림옥로(鶴林玉露).

伴食宰相(반식재상) [30723052] 옆에서 밥만 먹는 재상. 재능이 없으면서 유능한 재상 옆에 붙어서 정사를 처리하는 재상.

半信半疑(반신반의) [62626240] 내용의 절반은 믿으면서도 절반은 의심함.

半身不隨(반신불수) [62627232] 병이나 사고로 반신이 마비되는 일. 또는 그런 사람.

般若心經(반야심경) [32327042] 대반야바라밀다경의 요점을 간결하게 설명한 짧은 경전.

斑衣之戲(반의지희) [10603232] 老萊之戲 참조. 효도. 늙도록 다하는 효도. 반의는 여러 빛깔의 옷감으로 지어 만든 어린아이의 옷을 말함. 春秋時代 楚나라 사람 노래자(老萊子)가 칠십의 나이에 무늬있는 옷을 입고 동자의 모습으로 재롱을 부려 부모에게 자식의 늙음을 잊게 해드린 일에서 유래.

半子之名(반자지명) [62723272] 사위를 거의 아들과 다름없이 여김. 사위. (유) 百年之客, 佳婿, 佳壻, 嬌客, 東床, 東廂, 東牀, 半子, 壻郞, 女壻, 令壻

反哺之孝(반포지효) [62103272] 까마귀 새끼가 자라서 늙은 어미에게 먹이를 물어다 주는 효(孝). 자식이 자란 후에 어버이의 은혜를 갚는 효성. (유) 烏鳥私情, 願乞終養

班荊道故(반형도고) [62107242] 초나라의 오거(伍擧)와 공손귀생(公孫貴生)은 정나라의 도읍 부근에서 만나 형초(荊草)를 깔고 앉아 함께 음식을 먹으면서 다시 돌아 갈 것에 대하여 이야기한 고사(班荊相與食, 而言復故)에서 옛 친구를 만나 허물없이 옛정을 이야기함을 이름 <출> 춘추좌씨전(春秋左氏傳) 양공(襄公)

反禍爲福(반화위복) [62324252] 塞翁之馬 참조. 도리어 화가 복이 됨.

拔本塞源(발본색원) [32603240] 뿌리를 뽑고 샘물을 막음. 좋지 않은 일의 근본을 없애 다시는 그러한 일이 생길 수 없도록 함. <출> 춘추좌씨전(春秋左氏傳) 소공(昭公) 九年條.

發憤忘食(발분망식) [62403072] 끼니까지도 잊을 정도로 어떤 일에 열중하여 노력함.

拔山蓋世(발산개세) [32803272] 힘은 산을 뽑을 만큼 세고 기개는 세상을 덮을 만큼 웅대함. 항우(項羽)가 해하(垓下)에서 한(漢)나라 군사에게 포위되었을 때 적군들이 사방에서 초나라 노래를 부르는 것을 듣고 읊었다는 시의 한 구절에서 유래. <출> 사기(史記) 항우본기(項羽本紀). (유) 力拔山氣蓋世

拔山擧鼎(발산거정) [32805012] 항우(項羽)는 중국 진(秦)나라 말기에 진승(陳勝)·오광(吳廣)의 난이 일어나자 숙부 항량(項梁)과 함께 오중(吳中)에 머물러 있을 때, 항우는 체구가 크고 용감하여 무거운 솥도 거뜬히 들어올려서 거정(擧鼎)이라고 불렸기에 산을 뽑고 솥을 들어 올리다라는 뜻으로 힘이 매우 셈을 말함 <출> 사기(史記) 항우본기(項羽本紀)

拔萃抄錄(발췌초록) [32103042] 여럿 속에서 뛰어난 것을 뽑아 간단히 적어 둔 것

旁岐曲徑(방기곡경) [12125032] 盤溪曲徑 참조. 샛길과 굽은 길로서 많은 사람들이 다니는 큰 길이 아니라는 뜻. 일을 바른 길을 좇아서 정당하고 순탄하게 하지 않고 그릇된 수단을 써서 억지로 함을 비유하는 말. 2009년 올해의 사자성어.

放聲大哭(방성대곡) [62428032] 목놓아 크게 통곡함.

傍若無人(방약무인) [30325080] 곁에 사람이 없는 것같음. 거리낌 없이 함부로 말하고 행동하는 태도. <출> 사기(史記) 자객열전(刺客列傳). (유) 眼下無人, 眼中無人

方長不折(방장부절) [72807240] 한창 자라는 풀이나 나무를 꺾지 아니함. 앞길이 유망한 사람이나 사업에 대하여 헤살을 놓지 않음.

方底圓蓋(방저원개) [72404232] 方柄圓鑿(방예원조) 참조. 밑바닥은 모나고 덮개는 둥긂.

防諜部隊(방첩부대) [42206242] 적국의 간첩이나 첩보 활동을 막는 임무를 맡는 부대.

防患未然(방환미연) [42504270] 화를 당하기 전에 재앙을 미리 막음

拜金思想(배금사상) [42805042] 돈을 최고의 가치로 여기고 숭배하는 사상.

杯盤狼藉(배반낭자) [30321010] 잔과 접시들이 어지럽게 흩어져 있음. 잔치가 파할 무렵이나 파한 뒤의 어지러운 술자리. <출> 사기(史記)

골계(滑稽)열전. (유) 觚籌交錯

排山壓卵(배산압란) [32804240] 산을 떠밀어 달걀을 눌러 깨뜨린다는 뜻으로, 일이 아주 쉬움 <출> 진서(晉書)

杯水車薪(배수거신) [30807210] 한 잔의 물을 한 수레의 장작불에 끼얹는다는 뜻으로, 아무 소용 없음 또는 능력이 모자라 도저히 일을 감당할 수 없음 <출> 맹자(孟子) (유) 杯水救車, 杯水輿薪, 以卵擊石, 以卵投石, 漢江投石, 紅爐上一點雪, 紅爐點雪

背水之陣(배수지진) [42803240] 강이나 바다를 등지고 치는 진. 결사항전 의지의 표현, 한(漢)나라의 한신(韓信)이 강을 등지고 진을 쳐서 병사들이 물러서지 못하고 힘을 다하여 싸우도록 하여 조(趙)나라의 군사를 물리쳤다는 데서 유래. <출> 사기(史記) 회음후열전(淮陰侯列傳). (유) 背水陣, 濟河焚舟, 破釜沈舟(船), 捨量沈舟

背恩忘德(배은망덕) [42423052] 남에게 입은 은혜를 저버리고 은덕을 잊음.

杯中蛇影(배중사영) [30803232] 술잔 속에 비친 뱀의 그림자. 쓸데없는 의심을 품고 스스로 고민함. 진서(晉書) 악광전(樂廣傳).

倍稱之息(배칭지식) [50403242] 이자가 빌린 돈의 갑절이 된다는 뜻으로 비싼 이자를 말함

百家爭鳴(백가쟁명) [70725040] 많은 학자나 문화인 등이 자기의 학설이나 주장을 자유롭게 발표하여, 논쟁하고 토론함. 1956년에 중국 공산당이 정치 투쟁을 위하여 내세운 강령.

百計無策(백계무책) [70625032] 어려운 일을 당하여 온갖 계교를 다 써도 해결할 방도를 찾지 못함. (유) 計無所出

白骨難忘(백골난망) [80404230] 結草報恩 참조. 죽어서 백골이 되어도 잊을 수 없음. 잊지 못할 큰 은덕.

百孔千瘡(백공천창) [70407010] 수많은 구멍과 수많은 상처, 온갖 폐단과 결함으로 엉망진창이 된 모양. 百과 千은 꼭 백과 천이라는 수사가 아니라 많다는 뜻.

白駒過隙(백구과극) [80105210] 인생은 빠르게 지나감. 인생은 문틈으로 흰 말이 지나가는 것을 봄과 같다는 데서 유래. <출> 장자(莊子) 지북유(知北遊) 편.

百年佳期(백년가기) [70803250] 百年佳約 참조. 평생을 같이 지낼 것을 굳게 다짐하는 아름다운 언약.

百年佳約(백년가약) [70803252] 젊은 남녀가 부부가 되어 평생을 같이 지낼 것을 굳게 다짐하는 아름다운 언약. (유) 百年佳期, 百年言約, 百年之約

百年大計(백년대계) [70808062] 먼 앞날까지 미리 내다보고 세우는 크고 중요한 계획.

百年同樂(백년동락) [70807062] 百年偕老 참조. 평생 동안 즐거움을 함께 함.

百年言約(백년언약) [70806052] 百年佳約 참조. 평생을 같이 지낼 것을 굳게 다짐하는 아름다운 언약.

百年之客(백년지객) [70803252] 半子之名 참조. 언제나 깍듯하게 대해야 하는 어

려운 손님이라는 뜻으로, 사위를 말함 (유) 半子之名

百年之約(백년지약) [70803252] 百年佳約 참조. 평생을 같이 지낼 것을 굳게 다짐 하는 아름다운 언약.

百年河淸(백년하청) [70805062] 아무리 오랜 시일이 지나도 어떤 일이 이루어지 기 어려움. 황하(黃河)가 늘 흐려 맑을 때가 없다는 데서 유래. <출> 춘추좌씨전(春秋左氏傳) 양왕(襄王) 8년조. (유) 不知何歲月, 千年一淸

百年偕樂(백년해락) [70801062] 百年偕老 참조. 한 평생 즐거움을 같이함.

百年偕老(백년해로) [70801070] 부부가 되어 한평생을 사이좋게 지내고 즐겁게 함께 늙음. <출> 시경(詩經) 격고(擊鼓). (유) 百年同樂, 百年偕樂, 偕老同穴

白頭如新(백두여신) [80604262] 머리가 백발이 되도록 오래 사귀었어도 서로 마 음을 깊이 알지 못하여 새로 사귄 사람과 다름이 없음. 오랫동 안 사귀어 온 사이지만 서로 간의 정이 두텁지 못함.

伯樂一顧(백락일고) [32628030] 알아주는 사람이 있어야 능력을 발휘할 수 있음. 백락(伯樂)은 주(周)나라 때 사람으로 말을 잘 감정하였는데, 명마라도 백락을 만나지 못하면 소금수레를 끌 뿐이었다는 데 서 유래. <출> 전국책(戰國策) 연책(燕策). (유) 世有伯樂然 後有千里馬

白龍魚服(백룡어복) [80405060] 흰 용이 물고기로 모습을 바꾸었다는 뜻으로, 그 때문에 어부에게 붙잡힌다는 데서, 귀한 사람이 허름한 옷을 입고 가난한 사람 모습을 함 <출> 동경부(東京賦)

百萬長者(백만장자) [70808060] 재산이 매우 많은 사람, 아주 큰 부자.

白面書生(백면서생) [80706280] 한갓 글만 읽고 세상일에는 전혀 경험이 없는 사 람. 송서(宋書) 심경지전(沈慶之傳).

百發百中(백발백중) [70627080] 백 번 쏘아 백 번 맞힘. 총이나 활 따위를 쏠 때 마다 겨눈 곳에 다 맞음. 무슨 일이나 틀림없이 잘 들어맞음. (유) 一發必中

白璧微瑕(백벽미하) [80103210] 흰 옥에도 흠이 있다는 뜻으로, 훌륭한 것에도 약 간의 결점이 있음

百死一生(백사일생) [70608080] 九死一生 참조. 백 번 죽을 뻔하다가 한 번 살아 남.

百世之師(백세지사) [70723242] 후세(後世)까지 모든 사람의 스승으로 존경을 받 을 만한 훌륭한 사람.

白手乾達(백수건달) [80723242] 돈 한 푼 없이 빈둥거리며 놀고먹는 건달.

白首北面(백수북면) [80528070] 재주와 덕이 없는 사람은 늙어서도 북쪽을 향하 여 스승의 가르침을 받음이 마땅함. 배움에는 나이 제한이 없 으므로 백발의 노인이 되어서도 배워야 함.

白水眞人(백수진인) [80804280] 옛날 중국에서 후한이 새로 나타나게 될 것을 예 언한 말로 돈의 다른 이름으로 쓰임

伯牙絶絃(백아절현) [32324230] 자기를 알아주는 참다운 벗의 죽음을 슬퍼함. <출> 춘추시대에 백아(伯牙)는 거문고를 매우 잘 탔고 그의

벗 종자기(鍾子期)는 그 거문고 소리를 잘 들었는데, 종자기가 죽어 그 거문고 소리를 들을 사람이 없게 되자 백아가 절망하여 거문고 줄을 끊어 버리고 다시는 거문고를 타지 않았다는 데서 유래. . <출> 열자(列子) 탕문편(湯問篇)과 여씨춘추(呂氏春秋).

白魚入舟(백어입주) [80507030] 주(周)나라의 武王(무왕)이 殷(은)나라의 紂王(주왕)을 치려고 강을 건널 때에 흰 물고기가 배에 뛰어들었는데, 이것이 승리의 징조가 되었다는데서 적이 항복(降伏)함을 말함 <출> 사기(史記)

白雲孤飛(백운고비) [80524042] 흰구름이 외롭게 떠다닌다는 말로 멀리 떠나온 자식이 어버이를 그리워하는 마음 <출> 당서(唐書)

白雲蒼狗(백운창구) [80523230] 桑田碧海 참조. 흰구름이 순식간에 푸른 개로 변한다는 뜻으로 세상 일이 뜻밖으로 빠르게 바뀜 <출> 두보(杜甫)의 가탄(可嘆)

白衣民族(백의민족) [80608060] 흰옷을 입은 민족, 한민족을 이르는 말. 예로부터 우리 민족이 흰옷을 즐겨 입은 데서 유래.

白衣從軍(백의종군) [80604080] 벼슬 없이 군대를 따라 싸움터로 감.

伯夷叔齊(백이숙제) [32304032] 형 백이(백이)와 아우 숙제(숙제). 모두 은(殷)나라 고죽군(孤竹君)의 아들로 무왕(武王)이 은나라를 치고 주(周)나라를 세우자 백이, 숙제 형제는 주나라의 곡식을 먹는 것을 부끄러워하여 수양산에 숨어서 고사리를 캐서(采薇) 먹고 살다 굶어 죽었음.

白刃可蹈(백인가도) [80205010] 날카로운 칼날도 밟을 수 있다는 말로 용기가 있으면 어려운 일로 헤쳐갈 수 있다는 말 <출> 중용(中庸)

百戰老將(백전노장) [70627042] 수많은 싸움을 치른 노련한 장수.

百戰百勝(백전백승) [70627060] 싸울 때마다 다 이김.

百折不屈(백절불굴) [70407240] 어떠한 난관에도 결코 굽히지 않음. (유) 百折不撓

百折不撓(백절불요) [70407210] 百折不屈 참조. 어떠한 난관에도 결코 굽히지 않음.

伯仲叔季(백중숙계) [32324040] 백은 맏이, 중은 둘째, 숙은 셋째, 계는 막내라는 뜻으로, 사형제의 차례를 이르는 말. 예기(禮記) 단궁상편(檀弓上篇). 원래는 4형제일 때의 서열이고 반드시 셋째는 叔, 넷째는 季로 고정되어 있는 것은 아님. 남의 동생은 모두 季氏라 하며, 2兄弟일 때는 兄의 아들이 아버지의 弟(둘째)를 叔父라 함.

伯仲之間(백중지간) [32323272] 難兄難弟 참조. 누가 첫째이고 둘째인지 구분하기 어려움.

伯仲之勢(백중지세) [32323242] 難兄難弟 참조. 누가 첫째이고 둘째인지 구분하기 어려움. 위나라 문제(文帝) 조비(曹丕)의 전론(典論).

白地曖昧(백지애매) [80701010] 까닭 없이 죄를 뒤집어쓰고 재앙을 당하여 억울함

百尺竿頭(백척간두) [70321060] 累卵之危 참조. 백 자나 되는 높은 장대 위에 올

라섬. 몹시 어렵고 위태로운 지경. 전등록(傳燈錄).

百八煩惱(백팔번뇌) [70803030] 사람의 마음속에 있는 엄청난 번뇌. 사람이 지닌 108가지의 번뇌. 육근(六根; 눈, 귀, 코, 혀, 몸, 뜻)에 각기 고(苦), 락(樂), 불고불락(不苦不樂)이 있어 18가지가 되고, 이에 탐(貪)과 무탐(無貪)이 있어 36가지가 되며, 이것을 다시 과거, 현재, 미래로 각각 풀면 108가지임. (유) 百八

百八念珠(백팔염주) [70805232] 작은 구슬 108개를 꿴 염주. 백팔 번뇌를 상징.

百骸俱痛(백해구통) [70103040] 몸의 모든 뼈가 다 아픔

百害無益(백해무익) [70525042] 해롭기만 하고 하나도 이로운 바가 없음.

伐性之斧(벌성지부) [42523210] 사람의 본성을 끊는 도끼라는 뜻으로, 사람의 마음을 혼란하게 하는 여자의 유혹 <출> 여씨춘추(呂氏春秋)

伐齊爲名(벌제위명) [42324272] 겉으로는 어떤 일을 하는 체하고 속으로는 딴 짓을 함. <출> 전국시대 연(燕)나라 장수 악의(樂毅)가 제나라를 칠 때, 제나라의 장수 전단(田單)이 악의가 제나라를 정복한 뒤에 제나라의 왕이 되려고 한다는 헛소문을 퍼뜨리자, 燕王이 의심하여 악의를 불러들이었다는 데서 유래.

碧海桑田(벽해상전) [32723242] 桑田碧海 참조. 푸른 바다가 뽕나무밭이 됨.

便同一室(변동일실) [70708080] 변소를 같이 쓰는 한 집이라는 데서, 남과 아주 가까워 한 집안이나 마찬가지임

邊上加邊(변상가변) [42725042] 기존의 본전에 邊利(변리)를 합쳐 만든 새 본전에 덧붙인 변리.

變化無雙(변화무쌍) [52525032] 비할 데 없이 변화가 심함.

別無神通(별무신통) [60506260] 별로 신통할 것이 없음.

別無長物(별무장물) [60508072] 長物은 여분(餘分)이라는 뜻. 필요한 것 이외에는 갖지 않음. 물욕이 없는 검소한 생활. <출> 세설신어(世說新語) 덕행(德行)편.

別有乾坤(별유건곤) [60703230] 武陵桃源 참조. 이 세상과 따로 존재하는 세계.

別有天地(별유천지) [60707070] 武陵桃源 참조. 이 세상과 따로 존재하는 세계.

兵家常事(병가상사) [52724272] 전쟁에서 이기고 지는 일은 흔히 있는 일임을 이름, 실패는 흔히 있으므로 낙심할 것이 없음을 이르는 말.

兵貴神速(병귀신속) [52506260] 군대는 귀신처럼 빨리 움직임이 중요함 <출> 위지(魏志)

兵不厭詐(병불염사) [52722030] 용병에 있어서는 속임수를 꺼리지 않음. 전쟁에서는 모든 방법으로 적군을 속여야 함. <출> 한비자(韓非子) 난일(難一). (유) 軍不厭詐

炳如日星(병여일성) [12428042] 해와 별처럼 밝고 빛남.

病入骨髓(병입골수) [60704010] 病入膏肓 참조. 병이 고치기 어렵게 몸속 깊이 듦.

秉燭夜遊(병촉야유) [12306040] 촛불을 들고 밤에 논다는 뜻으로, 때에 맞춰 즐김 또는 낮부터 밤중까지 놂

病風傷暑(병풍상서) [60624030] 바람에 병들고 더위에 상한다는 뜻으로, 힘든 세

상살이에 쪼들림

輔車相依(보거상의) [12725240] 脣亡齒寒 참조. 수레에서 덧방나무와 바퀴가 서로 의지함. 긴밀한 관계를 맺으면서 서로 돕고 의지함.

補過拾遺(보과습유) [32523240] 임금의 잘못을 바로잡아 고치게 함 <출> 한서(漢書)

輔國安民(보국안민) [12807280] 나랏일을 돕고 백성을 편안하게 함.

步武堂堂(보무당당) [42426262] 걸음걸이가 씩씩하고 위엄이 있음. 步는 한 걸음, 武는 반걸음.

報本反始(보본반시) [42606262] 천지에 보답하고 처음으로 돌아간다는 뜻으로, 천지와 선조의 은혜에 보답함 <출> 예기(禮記)

輔時救難(보시구난) [12725042] 시대를 도와서 환난을 구한다는 말로서, 잘못된 곳을 바로잡고 미치지 못하는 곳을 보필함 <출> 삼국유사(三國遺事)

保身之策(보신지책) [42623232] 몸을 보전하는 계책.

報怨以德(보원이덕) [42405252] 원한을 덕으로 갚음.

普天率土(보천솔토) [40703280] 普天之下(보천지하) 率土之濱(솔토지빈)'을 줄인 말로, 하늘과 땅을 덮고 있는 온 세상을 가리키는 말 <출> 시경(詩經)

普遍妥當(보편타당) [40303052] 두루 통하여 특별하지 않고 사리에 맞아 타당함.

覆車之戒(복거지계) [32723240] 앞의 수레가 엎어지는 것을 보고 뒤의 수레는 미리 경계하여 엎어지지 않도록 함. 남의 실패를 거울삼아 자기를 경계함. <출> 한서(漢書) 가의전(賈誼傳). (유) 殷鑑不遠, 不踏覆轍, 以古爲鑑, 前車可鑑, 前車覆後車戒, 前覆後戒, 學于古訓

福輕乎羽(복경호우) [52503032] 복은 새털보다 가벼운 것이란 말로 자기의 마음 여하에 따라 행복을 찾을 수 있음 <출전> 장자(壯子)

伏慕區區(복모구구) [40326060] 주로 한문 편지글에서, '삼가 사모하는 마음 그지없습니다'의 뜻으로 쓰임

伏慕無任(복모무임) [40325052] 주로 한문 편지에서, '삼가 사모하는 마음 그지없어 어찌할 바를 모르겠습니다'의 뜻으로 쓰임

腹背之毛(복배지모) [32423242] 배와 등에 난 털이라는 뜻으로 쓸모없음을 이름

覆杯之水(복배지수) [32303280] 엎지른 물이란 뜻으로, 다시 바로 잡기 어렵게 저지른 일 <출> 송남잡식(松南雜識)

覆巢破卵(복소파란) [32124240] 엎어진 둥우리 속의 알을 깨다라는 뜻으로 어버이가 재앙을 받으면 자식도 상처를 입음 (유) 覆巢餘卵

腹心之友(복심지우) [32703252] 마음이 맞는 친구 <출> 한서(漢書)

腹藏遺物(복장유물) [32324072] 불상 뱃속에 든 사리·불경 같은 유물

卜晝卜夜(복주복야) [30603060] 밤낮을 가리지 않고 술 마시고 노는 것 <출> 춘추좌씨전(春秋左氏傳)

伏地不動(복지부동) [40707272] 땅에 엎드려 움직이지 아니한다는 말로 주어진 일이나 업무를 처리하는 데 몸을 사림

本末顚倒(본말전도) [60501032] 일이 처음과 나중 또는 중요한 것과 사소한 것이 뒤바뀜 (유) 主客顚倒, 本末轉倒

本然之性(본연지성) [60703252] 사람이 본디부터 가지고 있는 성품 <출> 주자어류(朱子語類)

本第入納(본제입납) [60627040] 본집으로 들어가는 편지라는 뜻으로, 자기 집으로 편지할 때에 편지 겉봉에 자기 이름을 쓰고 그 밑에 쓰는 말.

奉檄之喜(봉격지희) [52103240] 부모가 살아있는 사람이 고을의 원(員)이 되는 기쁨

封庫罷職(봉고파직) [32403042] 관가의 창고를 봉하여 잠그고, 관직에서 파면함, (유) 封庫 封庫罷黜

奉公滅私(봉공멸사) [52623240] 사욕을 버리고 공익을 위하여 힘씀.

蓬頭亂髮(봉두난발) [12604040] 쑥대강이같이 헙수룩하게 마구 흐트러진 머리털. (유) 蓬頭突鬢

蓬萊弱水(봉래약수) [12126280] 봉래(蓬萊)는 봉래산으로 동쪽 바다에 있고 약수(弱水)는 서쪽 땅을 흐르는 강으로 이 사이가 30만 리 떨어져 있으므로 아주 큰 차이가 있음을 말함 <출> 태평광기(太平廣記) (상) 一衣帶水

鳳麟芝蘭(봉린지란) [32121232] 봉황, 기린과 같이 잘난 남자와 지초, 난초와 같이 예쁜 여자라는 뜻으로, 젊은 남녀의 아름다움을 말함

鳳毛麟角(봉모인각) [32421262] 봉황의 깃털과 기린의 뿔이라는 뜻으로, 보기 힘든 매우 희귀한 물건 또는 뛰어난 인재를 가리킴 <출> 남사(南史)

捧腹絶倒(봉복절도) [10324232] 抱腹絶倒 참조. 배를 잡고 몸을 굽히고 자빠질 정도로 웃음.

奉仕活動(봉사활동) [52527272] 사회나 타인에 대해 정성을 들여 섬기거나 돌보는 일.

附加價値(부가가치) [32505232] 새로 덧붙인 가치.

浮家泛宅(부가범택) [32721052] 물에 떠다니는 배에서 하는 살림살이 또는 그 배

富國强兵(부국강병) [42806052] 나라를 부유하게 만들고 군대를 강하게 함, 부유한 나라와 강한 군대.

富貴功名(부귀공명) [42506272] 재산이 많고 지위가 높으며 공을 세워 이름을 떨침.

富貴浮雲(부귀부운) [42503252] 뜬구름같이 덧없는 부귀 <출> 논어(論語)

富貴榮華(부귀영화) [42504240] 재산이 많고 지위가 높으며 귀하게 되어서 세상에 드러나 온갖 영광을 누림.

富貴在天(부귀재천) [42506070] 부유함과 귀함은 하늘에 달려 있음.

不當利得(부당이득) [72526242] 정당치 못한 방법으로 얻는 이익.

不大不小(부대불소) [72807280] 크지도 작지도 않고 알맞음.

不得其位(부득기위) [72423250] 실력은 충분하나 그 실력을 펴볼 자리를 얻지 못함.

不得不然(부득불연) [72427270] 그렇게 될 수밖에 없음.

不得要領(부득요령) [72425250] 要領不得 참조. 말이나 글 또는 일의 골자나 이치를 알 수가 없음.

駙馬都尉(부마도위) [10505020] 천자가 타는 수레에 딸린 말을 타는 사람에게 주는 칭호. 임금의 사위에게 주던 칭호. (유) 駙馬, 都尉, 粉侯

父母奉養(부모봉양) [80805252] 부모를 받들어 모심.

剖腹藏珠(부복장주) [10323232] 배를 가르고 구슬을 갈무리한다는 뜻으로 재물에 눈이 어두움

夫婦有別(부부유별) [70427060] 五倫(오륜)의 하나, 남편과 아내 사이에는 본분의 구별이 있음.

浮生若夢(부생약몽) [32803232] 뜬 인생이 꿈과 같다는 뜻으로 인생의 허무함을 말함 (유) 浮生如夢

負薪救火(부신구화) [40105080] 救火投薪 참조. 섶을 지고 불을 끄려함.

負薪之憂(부신지우) [40103232] 采薪之憂 참조. 섶을 지어야 하는 근심.

俯仰不愧(부앙불괴) [10327230] 굽어보나 우러러보나 부끄럽지 않음 <출> 맹자(孟子) 진심상(盡心上)

扶養家族(부양가족) [32527260] 처자나 부모 형제 등 자기가 부양하거나 부양 하여야 하는 가족.

附炎棄寒(부염기한) [32323050] 권세를 떨칠 때의 사람을 따르다가 그 권세가 쇠하면 버리고 떠난다는 뜻으로 인정의 가볍고 얕음을 말함

浮雲朝露(부운조로) [32526032] 뜬구름과 아침 이슬이라는 뜻으로, 덧없는 인생이나 세상

夫爲婦綱(부위부강) [70424232] 아내는 남편을 섬기는 것이 근본임.

父爲子綱(부위자강) [80427232] 아들은 아버지를 섬기는 것이 근본임.

扶危定傾(부위정경) [32406040] 위기를 맞아 잘못됨을 바로 잡고 나라를 바로 세움.

婦有長舌(부유장설) [42708040] 여자가 말이 많음은 화의 발단이 됨

不自量力(부자양력) [72725072] 자신의 힘은 생각하지 않고 섣부르게 행동함 <출> 좌전(左傳)

父子有親(부자유친) [80727060] 五倫(오륜)의 하나. 아버지와 아들 사이에는 두터운 정이 있어야 함.

父慈子孝(부자자효) [80327272] 부모는 자녀를 사랑하고, 자녀는 부모에게 효도함

父傳子傳(부전자전) [80527252] 아버지가 아들에게 대대로 전함 (유) 父子相傳, 父傳子承

賦存資源(부존자원) [32404040] 경제적 목적에 이용할 수 있는 지각 안의 지질학적 자원.

釜中生魚(부중생어) [12808050] 오랫동안 밥을 하지 못하여 솥 안에 물고기가 생김, 매우 가난함. 後漢書 范冉傳(범염전).

釜中之魚(부중지어) [12803250] 魚遊釜中 참조. 솥 속의 물고기.

負重致遠(부중치원) [40705060] 무거운 물건을 지고 먼 곳까지 감. 중요한 직책을

말음. <출> 삼국지(三國志) 촉서(蜀書) 방통(龐統)전.

不卽不離(부즉불리) [72327240] 두 관계가 붙지도 아니하고 떨어지지도 아니함, 찬성도 아니하고 반대도 아니함.

不知甘苦(부지감고) [72524060] 달고 씀을 가리지 못한다는 뜻으로 아주 쉬운 이치도 알지 못함을 이르는 말.

不知去處(부지거처) [72525042] 간 곳을 모름.

不知其數(부지기수) [72523270] 헤아릴 수가 없을 만큼 많음.

不知寢食(부지침식) [72524072] 不撤晝夜 참조. 자고 먹는 일을 잊을 만큼 일에 열중함. (유) 不撤晝夜, 不解衣帶, 夜以繼晝, 晝而繼夜

父執尊長(부집존장) [80324280] 아버지의 벗으로 나이가 아버지와 비슷한 어른 (유) 父執 , 父交

夫唱婦隨(부창부수) [70504232] 남편이 주장하고 아내가 이에 잘 따름. (유) 唱隨, 倡隨

赴湯蹈火(부탕도화) [30321080] 끓는 물이나 뜨거운 불도 헤아리지 않고 뛰어든다는 말로, 목숨을 걸고 하는 아주 어렵고 힘든 일에 몸을 던짐 <출> 한서(漢書)

浮萍轉蓬(부평전봉) [32104012] 살 도리가 없어서 떠돌아 다니는 낙오된 신세

父風母習(부풍모습) [80628060] 아버지와 어머니를 골고루 닮음

負荊請罪(부형청죄) [40104250] 가시나무를 짊어지고 죄를 청함. 자신의 잘못을 인정하고 처벌을 자청함. 사기(史記) 염파인상여(廉頗藺相如) 열전.

附和雷同(부화뇌동) [32623270] 우레 소리에 붙어 섞임. 자기 주견이 없이 남의 의견에 따라 움직임. <출> 예기(禮記) 곡례(曲禮). (유) 雷同, 雷同附和, 附同, 附和隨行, 隨衆逐隊, 旅進旅退

附和隨行(부화수행) [32623260] 附和雷同 참조. 자기 주견이 없이 남의 의견에 따라 움직임.

北馬南船(북마남선) [80508050] 南船北馬 참조. 북쪽은 말, 남쪽은 배를 이용하여 돌아다님.

北門之歎(북문지탄) [80803240] 북문(北山)은 궁궐의 상징어. 벼슬자리에 나가기는 하였으나 뜻대로 성공하지 못하여 그 곤궁함을 한탄함.

北山之感(북산지감) [80803260] 북산에서 느끼는 감회. 북산(北山)은 궁궐의 상징어. 나라 일에 힘쓰느라고 부모봉양을 제대로 못한 것을 슬퍼하는 마음.

北窓三友(북창삼우) [80628052] 거문고, 술, 시(詩). 백거이(白居易)의 북창삼우시(北窓三友詩).

粉骨碎身(분골쇄신) [40401062] 犬馬之勞 참조. 뼈가 가루가 되고 몸이 부서지도록 노력함.

奔放自在(분방자재) [32627260] 규정이나 규칙에 따르지 않고 제 멋대로 함

焚書坑儒(분서갱유) [10622040] 중국 진(秦)나라의 시황제가 학자들의 정치적 비판을 막기 위하여 민간의 책 가운데 의약(醫藥), 복서(卜筮), 농업에 관한 것만을 제외하고 모든 서적을 불태우고 수많은

유생을 구덩이에 묻어 죽인 일. <출> 사기(史記) 진시황기 (秦始皇紀). (유) 坑儒焚書, 秦火

分袖相別(분수상별) [62105260] 서로 소매를 나누고 헤어진다는 뜻으로 이별을 말함

粉身靡骨(분신미골) [40621040] 몸이 가루가 되게 하고 뼈를 부러뜨린다 는 뜻으로, 모든 정성과 힘을 다함

粉靑沙器(분청사기) [40803242] 청자에 백토로 분을 발라 다시 구워 낸 그릇.

糞土之言(분토지언) [10803260] 이치에 닿지 않는 터무니없는 말

不可救藥(불가구약) [72505062] 치료약을 구할 수 없음. 일이 만회할 수 없을 지경에 달하였음. <출> 시경(詩經) 대아(大雅)의 판(板) 시.

不可究詰(불가구힐) [72504210] 내용이 복잡하여 참된 사실을 밝힐 수가 없음

不可不念(불가불념) [72507252] 잊어서는 절대 안 됨.

不可思議(불가사의) [72505042] 생각하거나 미루어 헤아릴 수 없음, 이상야릇함.

不可勝數(불가승수) [72506070] 헤아릴 수 없을 만큼 아주 많음.

不暇草書(불가초서) [72407062] 한자 초서를 쓸 때는 획과 점을 일일이 쓰지 않는데 이것마저 쓸 틈이 없을 만큼 매우 바쁨

不可抗力(불가항력) [72504072] 사람의 힘으로는 저항할 수 없는 힘.

不可形言(불가형언) [72506260] 말이나 글로 표현할 수 없음.

不刊之書(불간지서) [72323262] 닳아 없어지지 않고 오래 세상에 전해질 책

不敢生意(불감생의) [72408062] 감히 엄두도 내지 못함. (유) 敢不生心, 焉敢生心

不顧廉恥(불고염치) [72303032] 염치를 돌아보지 아니함. (유) 廉恥不顧

不共戴天(불공대천) [72622070] 하늘을 함께 이지 못함. 이 세상에서 같이 살 수 없을 만큼 큰 원한. (유) 不俱戴天, 戴天之讐, 戴天之怨讐

不攻自破(불공자파) [72407242] 치지 않아도 저절로 깨짐.

不愧屋漏(불괴옥루) [72305032] 옥루(屋漏)는 방의 북서쪽(北西-)의 어두운 구석이란 말로 군자는 사람이 보지 않는 곳에서도 부끄러움이 없음

不敎而誅(불교이주) [72803010] 제대로 가르치지 않다가 일을 저지르면 가볍게 사람을 죽인다는 뜻으로, 교육을 강조하는 말 <출> 논어(論語)

不俱戴天(불구대천) [72302070] 不共戴天 참조. 하늘을 함께 이지 못함. <출> 예기(禮記) 곡례편(曲禮篇).

不求甚解(불구심해) [72423242] 깊이 이해하기를 구하지 않음 <출> 도연명(陶淵明)의 오류선생전(五柳先生傳)

不倦不懈(불권불해) [72107210] 싫증을 내지 않고 게을리 하지 아니함

不軌之心(불궤지심) [72303270] 법이나 도리에 어긋나는 마음, 반역을 꾀하는 마음.

不期而會(불기이회) [72503062] 약속을 하지 않고 우연히 만남.

不念舊惡(불념구악) [72525252] 지나간 잘못을 마음 속에 담아두지 않음 <출> 논어(論語) 공야장(公冶長)편

不能不已(불능불이) [72527232] 그만두지 않을 수 없음.

佛頭著糞(불두착분) [42603210] 부처님 머리에 붙은 똥이란 뜻으로 훌륭한 책의 서투른 서문 또는 착한 사람이 모욕을 당함 <출> 경덕전등록 (景德傳燈錄) 여회선사(如會禪師)편 (유) 佛頭着糞

不良少年(불량소년) [72527080] 행실이나 성품이 나쁜 소년.

不慮胡獲(불려호획) [72403232] 깊이 생각하지 않으면 좋은 결과를 얻지 못함 <출> 서경(書經)

不勞所得(불로소득) [72527042] 직접 일을 하지 아니하고 얻는 이익.

不老長生(불로장생) [72708080] 늙지않고 오래도록 살아감.

不立文字(불립문자) [72727070] 불교에서 문자로 가르침을 세우지 않는다는 의미 에서 마음에서 마음으로 전한다는 뜻으로 쓰임.

不忘之恩(불망지은) [72303242] 잊지 못할 은혜.

不眠不休(불면불휴) [72327270] 자지도 않고 쉬지도 않음. 일에 모든 힘을 쏟음.

不問可知(불문가지) [72705052] 묻지 아니하여도 알 수 있음. (유) 不言可想, 不言可知

不問曲折(불문곡절) [72705040] 不問曲直 참조. 바르고 굽음을 묻지 아니함.

不問曲直(불문곡직) [72705072] 옳고 그름을 따지지 아니함. <출> 사기(史記) 열전(列傳) 이사전(李斯傳). (유) 不問曲折, 曲直不問

不伐己長(불벌기장) [72425280] 자기의 장점을 자랑하지 않는다는 뜻으로, 겸손한 자세를 말함

不辨菽麥(불변숙맥) [72301032] 콩과 보리도 구별하지 못할 만큼 세상물정에 매 우 어두움

不分早白(불분조백) [72624280] 착하고 나쁨, 잘나고 못남을 가리지 않음

不費之惠(불비지혜) [72503242] 자기에게 손해 없이 남에게 베푸는 은혜

不事二君(불사이군) [72728040] 한 사람이 두 임금을 섬기지 아니함.

不世之才(불세지재) [72723262] 세상에서 드문 재주 또는 그 사람

不勝枚擧(불승매거) [72602050] 너무 많아서 다 헤아릴 수 없음

不審檢問(불심검문) [72324270] 아는 것이 의심스러운 대상을 멈추어 깊이 알아 봄

不審之責(불심지책) [72323252] 자세히 살피지 못한 것에 대한 책임을 짐

不言可想(불언가상) [72605042] 不問可知 참조. 말하지 않아도 상상할 수 있음.

不言可知(불언가지) [72605052] 不問可知 참조. 말하지 않아도 알 수 있음.

不言之化(불언지화) [72603252] 말하지 않아도 미치는 감화

不易流行(불역유행) [72405260] 불역(不易)은 예술의 본질은 바뀌지 않음을, 유행 (流行)은 표현 방식은 시대에 따라 끊임없이 변함을 나타내는 말로 이 두 가지가 하나의 바탕으로 돌아가야한다는 생각

不撓不屈(불요불굴) [72107240] 한번 먹은 마음이 흔들리거나 굽힘이 없음.

不要不急(불요불급) [72527262] 중요하지도 않고 급하지도 않음.

不辱君命(불욕군명) [72324070] 외국에 사신으로 가서 임금의 명을 욕되게 하지

않음의 뜻으로 맡은 바를 훌륭히 마침 <출> 논어(論語)

不遠萬里(불원만리) [72608070] 不遠千里 참조. 만 리 길도 멀다하지 않음.

不遠千里(불원천리) [72607070] 천 리 길도 멀다고 여기지 않음. <출> 맹자(孟子)
양혜왕(梁惠王). (유) 不遠萬里

不違農時(불위농시) [72307272] 농사철을 어기지 않음이란 뜻으로 알맞은 때에
농사를 지음 <출> 맹자(孟子)

不爲福先(불위복선) [72425280] 복을 얻는 데 남보다 앞서면 남에게 미움을 받으
므로 남에 앞서서 차지하려 하지 않음.

不爲酒困(불위주곤) [72424040] 술 때문에 곤란하게 되지 아니함 <출> 논어(論語)

不遺餘力(불유여력) [72404272] 있는 힘을 남기지 않고 다 씀 <출> 전국책(戰國策)
(유) 全力投球

不意之變(불의지변) [72623252] 뜻밖의 변고(變故)

不因人熱(불인인열) [72508050] 사람의 열로써 밥을 짓지 않는다는 뜻으로, 남에게
은혜를 입는 것을 떳떳이 여기지 않음 <출> 세설신어(世說新語)

不忍正視(불인정시) [72327242] 차마 바로 볼 수가 없음.

不撤晝夜(불철주야) [72206060] 어떤 일에 몰두하여 조금도 쉴 사이 없이 밤낮을
가리지 아니함. (유) 夜以繼晝, 晝而繼夜, 不知寢食, 不解衣帶

不恥下問(불치하문) [72327270] 손아랫사람이나 지위나 학식이 자기만 못한 사람
에게 모르는 것을 묻는 일을 부끄러워하지 아니함. 논어(論語)
공야장(公冶長) 편. (유) 孔子穿珠

不快指數(불쾌지수) [72424270] 기온과 습도 따위의 기상 요소를 자료로 무더위에
대하여 몸이 느끼는 쾌, 불쾌의 정도를 나타내는 지수.

不偏不黨(불편부당) [72327242] 無偏無黨 참조. 어느 한쪽으로 치우치거나 특정
무리에 속하지 않음.

不避風雨(불피풍우) [72406252] 비바람을 무릅쓰고 일함.

不學無識(불학무식) [72805052] 배운 것이 없어 아는 것이 없음.

不寒而慄(불한이율) [72503010] 춥지 아니한데 떪. 몹시 두려워함. <출> 사기(史記)
혹리(酷吏)열전.

不解衣帶(불해의대) [72426042] 不撤晝夜 참조. 옷 띠를 풀지 않고 잠시도 쉬지
않으며 일에 힘씀 <출> 한서(漢書) (유) 不撤晝夜, 不知寢食,
夜以繼晝, 晝而繼夜

不協和音(불협화음) [72426262] 어울리지 않는 소리 또는 사람들 관계가 잘 어울
리지 않음.

不遑啓處(불황계처) [72103242] 집 안에서 편히 쉴 틈이 없음.

不朽功績(불후공적) [72106240] 썩지 않고 오래 남을 애쓴 보람.

崩城之痛(붕성지통) [30423240] 성(城)이 무너질 만큼 큰 슬픔이라는 뜻으로, 남
편이 죽은 슬픔 (상) 叩盆之痛, 鼓盆之痛, 叩盆之歎(嘆), 鼓盆
之歎(嘆), 鼓盆

朋友有信(붕우유신) [30527062] 五倫(오륜)의 하나로 벗 사이에는 믿음이 있어야 함.

鵬程萬里(붕정만리) [12428070] 붕새가 날아갈 길이 만 리라는 뜻으로, 가야할 머나먼 길 또는 사람의 앞날이 매우 까마득함 <출> 장자(莊子) 소요유(逍遙遊).

比肩接踵(비견접종) [50304210] 사람들의 어깨가 서로 닿고 발뒤꿈치가 서로 맞닿을 만큼 사람이 많음

泌尿器科(비뇨기과) [12204262] 비뇨기에 관한 병을 연구하고 치료하는 임상 의학 또는 그런 의원.

非禮之禮(비례지례) [42603260] 예의에 어긋나지 않은 듯이 보이나, 실제로는 어긋남 <출> 맹자(孟子)

非命橫死(비명횡사) [42703260] 뜻밖의 사고를 당하여 죽음.

非夢似夢(비몽사몽) [42323032] 완전히 잠이 들지도 잠에서 깨어나지도 않은 어렴풋한 상태. (유) 似夢非夢

誹謗之木(비방지목) [10103280] 요(堯) 임금은 도당씨(陶唐氏) 제곡(帝嚳)의 아들로 큰 북을 걸어 놓고 불만이 있는 사람은 그 북을 울린 후에 자기의 생각을 말하게 하여 더 좋은 선정을 베풀 수 있었다는 고사에서 헐뜯는 나무라는 뜻으로 훌륭한 정치의 본보기가 되는 물건이나 사건을 말함 <출> 회남자(淮南子)

臂不外曲(비불외곡) [10728050] 팔은 밖으로 굽지 않는다는 뜻으로 자신에게 도움이 되도록 함 <출> 벽암록(碧巖錄)

比比有之(비비유지) [50507032] 어떤 일이나 현상이 흔히 있음.

匪石之心(비석지심) [20603270] 돌처럼 마음대로 할 수 없는 마음이란 뜻으로 굳은 마음을 말함

飛揚跋扈(비양발호) [42321012] 날아오르고 밟고 뛴다는 뜻으로, 날랜 새가 날고 큰 물고기가 날뛰는 것처럼 거리낌 없이 제멋대로 행동함 <출> 북사(北史)

比屋可封(비옥가봉) [50505032] 집마다 상 받을 만한 사람이 많다는 뜻으로, 요순(堯舜) 시대처럼 평화로움을 말함

脾胃難定(비위난정) [10324260] 비위가 뒤집혀 가라앉지 아니한다는 뜻으로, 밉살스런 꼴을 보고 마음이 아니꼬움

匪夷所思(비이소사) [20307050] 보통 사람으로서는 헤아리지 못할 생각 <출> 역경(易經)

飛耳長目(비이장목) [42508060] 멀리 있는 것을 빨리 듣는 귀와 먼 곳을 보는 눈이라는 뜻으로, 관찰력이 넓고 날카로움 또는 책 <출> 관자(管子) (유) 長目飛耳

比翼連理(비익연리) [50324262] 琴瑟之樂(금실지락) 참조. 비익조(比翼鳥)와 연리지(連理枝). 부부 사이가 아주 화목함.

非一非再(비일비재) [42804250] 같은 현상이나 일이 한둘이 아니고 많음.

飛潛同置(비잠동치) [42327042] 날고 잠기는 표현이 같은 작품에 놓여 있다는 의미로 옛날 한시를 지을 때 좋은 작품을 얻기 위한 기본적인 수사법.

飛將數奇(비장수기) [42427040] 중국 한(漢)나라 때 장군 이광(李廣)이 재주는 많으나 여러 번 어려움을 겪었다는 고사에서 비장(飛將)'은 이광을 가리키고, '수기(數奇)'는 '운수가 사납다'라는 뜻이므로 재주가 많으면 어려움도 많게 됨 <출> 사기(史記) 이장군열전(李將軍列傳)

飛鳥驚蛇(비조경사) [42424032] 打草驚蛇 참조. 새가 날아가는 듯하고 뱀이 놀란다는 뜻으로 움직임이 넘치는 글씨체 <출> 법서원(法書苑) (유) 打草驚蛇, 宿虎衝鼻, 驚蛇入草

鼻下政事(비하정사) [50724272] 코 밑에 닥친 일에 관한 정사(政事)라는 뜻으로, 하루하루를 겨우 먹고 살아가는 일 (유) 鼻下公事

飛黃騰達(비황등달) [42603042] 전설적인 말인 비황(飛黃)이 위로 올라간다는 뜻으로, 지위나 직위가 갑자기 올라 갑자기 부귀와 권력을 얻게 되는 일 <출> 부독서성남(符讀書城南) (유) 飛黃騰踏

貧者一燈(빈자일등) [42608042] 가난한 사람이 바치는 하나의 등(燈). 물질의 많고 적음보다 정성이 중요함. 왕이 부처에게 바친 백 개의 등은 밤사이에 다 꺼졌으나 가난한 노파 난타(難陀)가 정성으로 바친 하나의 등은 꺼지지 않았다는 데서 유래. 賢愚經(현우경).

賓至如歸(빈지여귀) [30424240] 제 집에 돌아온 것 같이 편한 대접을 받음 <출> 춘추좌씨전(春秋左氏傳)

氷上競技(빙상경기) [50725050] 얼음판 위에서 하는 경기를 통틀어 이르는 말.

氷姿玉質(빙자옥질) [50404252] 얼음같이 맑고 깨끗한 살결과 구슬같이 아름다운 자질. (유) 仙姿玉質

氷淸玉潤(빙청옥윤) [50624232] 얼음과 같이 맑고 구슬과 같이 윤이 난다는 뜻으로, 장인과 사위의 인물됨이 다 같이 뛰어남 <출> 진서(晉書)

氷炭之間(빙탄지간) [50503272] 얼음과 숯불의 사이. 서로 화합할 수 없는 사이. 초사(楚辭) 동방삭칠간전(東方朔七諫傳). (유) 氷炭不相容

徙家忘妻(사가망처) [10723032] 이사를 갈 때 아내를 잊고 두고 감. 무엇을 잘 잊음.

四顧無親(사고무친) [80305060] 의지할 만한 사람이 아무도 없음. (유) 四顧無託

四顧無託(사고무탁) [80305020] 四顧無親 참조. 사방을 둘러보아도 의탁할 데가 없음.

思考方式(사고방식) [50507260] 어떤 문제에 대하여 생각하고 궁리하는 방법이나 태도.

射空中鵠(사공중곡) [40728010] 무턱대고 쏘아 과녁을 맞혔다는 뜻으로, 멋모르고 한 일이 우연히 들어맞아 성공함 <출> 순오지(旬五志)

師曠之聰(사광지총) [42103230] 중국 진나라의 악사 사광(師曠)이 앞이 안 보이지만 음조를 듣고 잘 판단하였다는 데서 귀가 예민함을 이름 <출> 맹자(孟子)

事貴迅速(사귀신속) [72501060] 일은 빨리 할수록 좋음.

捨近取遠(사근취원) [30604260] 가까운 것을 버리고 먼 것을 취함, 일의 순서나 차례를 바꾸어서 함.

舍己從人(사기종인) [42524080] 자기의 행위를 버리고 다른 사람의 좋은 점을 본떠 행함.

士氣衝天(사기충천) [52723270] 사기가 하늘을 찌를 듯이 높음.

使驥捕鼠(사기포서) [60123210] 천리마로 하여금 쥐를 잡게 한다는 뜻으로, 사람을 쓸 줄 모르면 유능한 사람도 무능해짐 <출> 장자(莊子)

士農工商(사농공상) [52727252] 예전에, 백성을 나누던 네 가지 계급. 선비, 농부, 공장(工匠), 상인을 이름.

捨短取長(사단취장) [30624280] 나쁜 점은 버리고 좋은 점은 받아들임 <출> 한서(漢書) (유) 舍短取長

四端七情(사단칠정) [80428052] 성리학(性理學)에서 사단(四端)은 인간의 본성에서 우러나오는 마음씨로 인의예지(仁義禮智)를 말하며, 칠정(七情)은 인간의 자연적 감정으로 희로애락애오욕(喜怒哀樂愛惡欲)을 가리킴 <출> 맹자(孟子)

四達五通(사달오통) [80428060] 四通八達 참조. 길이 여러 방면으로 다 통함.

事大主義(사대주의) [72807042] 주체성이 없이 세력이 강한 나라나 사람을 받들어 섬기는 태도.

捨量沈舟(사량침주) [30503230] 背水之陣 참조. 식량을 버리고 배를 침몰시킨다는 뜻으로, 목숨을 걸고 어떤 일에 대처함 <출> 사기(史記) (유) 背水之陣, 濟河焚舟, 破釜沈舟(船)

思慮分別(사려분별) [50406260] 생각을 짜내어 옳고 그름을 잘 구별함 (유) 熟慮斷行 (상) 輕擧妄動

私利私慾(사리사욕) [40624032] 사사로운 이익과 욕심.

四面楚歌(사면초가) [80701270] 아무에게도 도움을 받지 못하는, 외롭고 곤란한 지경에 빠진 형편. 楚나라 項羽가 사면을 둘러싼 漢나라 군사 쪽에서 들려오는 楚나라의 노랫소리를 듣고 楚나라가 이미 漢나라에 다 넘어간 줄 알고 놀랐다는 데서 유래. <출> 사기(史記) 항우본기(項羽本記). (유) 楚歌, 孤立無援

四面春風(사면춘풍) [80707062] 두루 봄바람. 누구에게나 좋게 대함, 또는 그런 사람. (유) 到處春風, 四時春風

徙木之信(사목지신) [10803262] 나라를 다스리는 사람은 백성을 속이지 않아야 하고, 백성의 신임을 받아야 함. 진(秦)의 상앙(商鞅)이 법령을 개정하려 할 때, 수도 남문의 큰 나무를 북문으로 옮기는 백성에게 상금을 걸었는데, 이를 옮기는 사람이 있자 약속대로 포상하여 법령을 신뢰할 수 있음을 보인 데서 유래. <출> 사기(史記) 상군열전(商君列傳).

似夢非夢(사몽비몽) [30324232] 非夢似夢 참조. 꿈인듯하고, 꿈이 아닌 듯도 함.

斯文亂賊(사문난적) [30704040] 儒에 어긋나는 언행을 하는 사람. 斯文은 논어(論語) 자한(子罕)에 보이는 바, 孔子는 文王과 周公이 남긴 학문과 사상을 斯文이라 하고, 자신은 天命으로 斯文을 이어받았다고 자부한 데서, 斯文은 儒를 가리키는 용어가 되었음.

事半功倍(사반공배) [72626250] 들인 노력은 적고 성과는 많음.

沙鉢農事(사발농사) [32127272] 사발(沙鉢)에 짓는 농사라는 뜻으로, 밥을 빌어먹음

沙鉢通文(사발통문) [32126070] 호소문이나 격문 따위를 쓸 때에 누가 주모자인가를 알지 못하도록 서명에 참여한 사람들의 이름을 사발 모양으로 둥글게 삥 돌려 적은 통문.

師範學校(사범학교) [42408080] 사범 교육을 목적으로 하는 학교.

四分五裂(사분오열) [80628032] 여러 갈래로 갈기갈기 찢어짐. 질서 없이 어지럽게 흩어지거나 헤어짐. 천하가 심히 어지러워짐. <출> 전국책(戰國策) 위책(魏策). (유) 三分五裂

死不瞑目(사불명목) [60721060] 죽어서도 눈은 편히 감지 못함 (유) 死不顧目

邪不犯正(사불범정) [32724072] 事必歸正 참조. 바르지 못하고 요사스러운 것이 바른 것을 건드리지 못함. 정의가 반드시 이김.

仕非爲貧(사비위빈) [52424242] 관리는 가난해도 녹을 먹기 위해 일하지 않는다는 뜻으로, 관리는 덕을 천하에 펴야 한다는 말 <출> 맹자(孟子)

四捨五入(사사오입) [80308070] 4 이하의 수는 버리고 5 이상의 수는 그 윗자리에 1을 더하여 주는 방법, 반올림.

沙上樓閣(사상누각) [32723232] 모래 위에 세운 누각이라는 뜻으로, 기초가 튼튼하지 못하여 오래 견디지 못할 일이나 물건을 이르는 말.

泗上弟子(사상제자) [12728072] 공자의 제자. 공자가 회수(淮水)의 지류인 사수(泗水) 변에서 제자를 가르쳤다는 데에서 유래

死生決斷(사생결단) [60805242] 죽고 삶을 돌보지 않고 끝장을 내려고 함.

死生關頭(사생관두) [60805260] 죽고 사는 것이 달린 매우 위험한 고비 (유) 生死關頭

捨生之心(사생지심) [30803270] 자기의 목숨을 버리면서까지 희생하겠다는 마음.

捨生取義(사생취의) [30804242] 목숨을 버리고 의를 좇음. 목숨을 버릴지언정 옳은 일을 함. <출> 맹자(孟子) 고자(告子). (유) 殺身成仁, 殺身立節

四書五經(사서오경) [80628042] 사서(論語, 孟子, 大學,中庸)와 오경(詩經, 書經, 易經, 禮記, 春秋)을 아울러 이르는 말.

射石爲虎(사석위호) [40604232] 中石沒鏃 참조. 호랑이라 여기고 돌에 화살을 쏨.

捨小取大(사소취대) [30804280] 작은 것을 버리고 큰 것을 가짐.

死僧習杖(사승습장) [60326010] 죽은 중의 볼기를 친다는 뜻으로, 힘이 없는 사람을 폭행하거나 위엄을 부림

似是而非(사시이비) [30423042] 그럴듯하나 아님. <출> 맹자(孟子) 진심장하(盡心章下) 편. (유) 似而非

四時春風(사시춘풍) [80727062] 四面春風 참조. 사계절 봄바람. 두루 봄바람.

捨身供養(사신공양) [30623252] 佛事(불사)를 이루기 위해서나 깨달음을 얻기 위하여 손, 발 따위의 신체의 일부, 또는 온몸을 부처나 보살에게 바침.

捨身成道(사신성도) [30626272] 속계에서의 몸을 버리고 불문(佛門)에 들어가 도

를 이룸.

蛇身人首(사신인수) [32628052] 뱀의 몸에 사람의 머리, 중국 상고 시대의 제왕 복희씨의 괴상한 모양을 이르는 말.

事實無根(사실무근) [72525060] 근거가 없음, 터무니없음.

蛇心佛口(사심불구) [32704270] 뱀의 마음과 부처의 입이라는 뜻으로, 마음은 간 악하면서 입으로는 착한 말을 함 또는 그러한 사람

四十初襪(사십초말) [80805010] 갓마흔에 첫 버선이라는 뜻으로, 뒤늦게 비로소 일을 해 봄

使羊將狼(사양장랑) [60424210] 양으로 하여금 이리의 장수가 되게 한다는 뜻으 로, 약자에게 강자를 이끌게 함 <출> 사기(史記) (유) 羊將 狼

辭讓之心(사양지심) [40323270] 四端 참조. 사람의 본성에서 우러나오는 겸손히 남에게 사양하는 마음. 禮의 실마리가 되는 마음.

事有終始(사유종시) [72705062] 일에는 처음과 끝이 있음 <출> 대학(大學)

死而無悔(사이무회) [60305032] 죽어도 후회하지 않는다는 뜻으로 무모한 행동을 말함 <출> 논어(論語)

死而不亡(사이불망) [60307250] 몸은 죽어도 遺德은 잊혀지지 않는 것이 바로 오 래 사는 것임 <출> 노자(老子) (유) 死且不朽

事已至此(사이지차) [72324232] 이미 일이 여기에 이르렀다는 뜻으로, 후회해도 소용 없음

死而後已(사이후이) [60307232] 죽은 뒤에야 일을 그만둠. 있는 힘을 다하여 그 일에 끝까지 힘씀.

使人勿疑(사인물의) [60803240] 의심스러운 사람은 부리지 말고(疑人勿使), 일단 사람을 부리게 되면 그 사람을 의심하지 말아야 함.

斯人斯疾(사인사질) [30803032] '이런 (아까운) 사람에게 이런 병이'라는 뜻으로, 몹시 아끼는 사람이 질병으로 죽음에 놓인 것을 이르며 조문 할 경우에 주로 쓰이는 말 <출> 논어(論語) 옹야편(雍也篇)

獅子奮迅(사자분신) [10723210] 사자가 성낸 듯 그 기세가 거세고 날램.

使錢如水(사전여수) [60404280] 돈을 아끼지 않고 물 쓰듯 함

事齊事楚(사제사초) [72327212] 제나라를 섬겨야 할지 초나라를 섬겨야 할지 중 간에 끼어서 이러지도 저러지도 못하는 딱한 사정 <출> 맹자 (孟子)

四柱八字(사주팔자) [80328070] 사주(생년월일)의 干支(간지)가 되는 여덟 글자. 사주에 따라 운명이 정하여 있다고 믿어 '타고난 운수'의 뜻으 로 쓰임.

死中求生(사중구생) [60804280] 죽을 고비에서 살 길을 찾음 (유) 死中求活

沙中偶語(사중우어) [32803270] 漢나라 高祖 때 벼슬을 받지 못한 신하들이 모래 에 앉아 마주보고 역모를 꾸몄다는 고사에서 신하가 남몰래 임금을 몰아낼 꾀를 속삭임 <출> 사기(史記)

使之聞之(사지문지) [60326232] 자기의 뜻을 다른 사람을 통해서 간접적으로 남 에게 전함

巳進申退(사진신퇴) [30424242] 조선시대에, 벼슬아치가 巳時(사시)에 출근하고 申時(신시)에 퇴근하던 일.

死且不朽(사차불후) [60307210] 죽더라도 썩지 않는다는 뜻으로, 몸은 죽어 썩어 없어져도 그 명성은 길이 후세까지 남음 (유) 死而不亡

事親以孝(사친이효) [72605272] 효도로써 어버이를 섬김. 화랑도 세속 오계의 하나.

四通五達(사통오달) [80608042] 四通八達 참조. 길이 여러 방면으로 두루 통함.

四通八達(사통팔달) [80608042] 도로나 교통망, 통신망 따위가 이리저리 사방으로 통함. (유) 四達五通, 四通五達

事必歸正(사필귀정) [72524072] 모든 일은 반드시 바른길로 돌아감. (유) 邪不犯正

四海同胞(사해동포) [80727040] 四海兄第 참조. 온 세상 사람이 모두 동포.

四海爲家(사해위가) [80724272] 온 세상이 다 제 집이란 뜻으로, 임금의 업적이 큼 또는 떠돌아다녀서 일정하게 머무는 곳이 없음

四海兄第(사해형제) [80728062] 온 세상 사람이 모두 형제. 친밀함을 이르는 말. <출> 논어(論語) 안연편(顔淵篇). (유) 四海同胞

死灰復燃(사회부연) [60404240] 불 꺼진 재가 다시 타오름. 세력을 잃었던 사람이 다시 득세함. <출> 사기(史記) 한장유(韓長孺)열전.

削奪官職(삭탈관직) [32324242] 죄를 지은 자의 벼슬과 품계를 빼앗고 벼슬아치의 명부에서 그 이름을 지우던 일.

山高水長(산고수장) [80628080] 산은 높이 솟고 강은 길게 흐름. 군자의 덕행이 높고 한없이 오래 전하여 내려오는 것을 비유적으로 이름.

山窮水盡(산궁수진) [80408040] 산길이 막히고 물길이 끊어져 더 갈 길이 없음. 막다른 지경에 이름. (유) 山盡水窮, 山盡海渴

山溜穿石(산류천석) [80101060] 愚公移山 참조. 산에서 떨어지는 물방울이 바위를 뚫음.

山明水麗(산명수려) [80628042] 山紫水明 참조. 산 모양이 선명하고 물이 고움.

山明水紫(산명수자) [80628032] 山紫水明 참조. 산 모양이 선명하고 물이 단풍잎에 덮임.

山明水淸(산명수청) [80628062] 山紫水明 참조. 산 모양이 선명하고 물이 맑음.

酸性製鋼(산성제강) [20524232] 산성 내화재를 사용하여 강철을 만드는 정련 공정.

山陽聞笛(산양문적) [80606232] 진(晉)나라의 향수(向秀)는 산양(山陽)을 지나가다가 피리소리를 듣고 어린 시절의 벗들을 그리워 하며 사구부(思舊賦)라는 부(賦)를 지었다는 고사로 이미 죽은 친구를 그리워하는 마음을 말함

山紫水麗(산자수려) [80328042] 山紫水明 참조. 산의 초목에 붉은 단풍이 들고 물이 고움.

山紫秀麗(산자수려) [80324042] 산은 자줏빛으로 선명하고 물은 깨끗하다는 뜻으로, 경치가 아름다움을 이르는 말.

山紫水明(산자수명) [80328062] 산의 초목에 붉은 단풍이 들고 물은 맑음. 경치가

아름다움. (유) 山明水麗, 山明水紫, 山明水淸, 山紫水麗

山戰水戰(산전수전) [80628062] 산에서도 싸우고 물에서도 싸움. 세상의 온갖 고생과 어려움을 다 겪음.

山盡水窮(산진수궁) [80408040] 山窮水盡 참조. 산길이 다하고 물길이 다함을 뜻하며 더 이상 나아갈 길이 없음

山盡海渴(산진해갈) [80407230] 山窮水盡 참조. 산길이 다하고 바닷길이 다함.

山珍海味(산진해미) [80407242] 膏粱珍味 참조. 산에서 나는 진귀한 것과 바다에서 나는 맛있는 것.

山珍海錯(산진해착) [80407232] 膏粱珍味 참조. 산에서 나는 진귀한 것과 바다에서 나는 맛있는 것.

山珍海饌(산진해찬) [80407210] 膏粱珍味 참조. 산에서 나는 진귀한 것과 바다에서 나는 맛있는 것.

山川草木(산천초목) [80707080] 산과 내와 풀과 나무라는 뜻으로, 자연을 이름.

山海珍味(산해진미) [80724042] 膏粱珍味 참조. 산에서 나는 진귀한 것과 바다에서 나는 맛있는 것.

酸化水素(산화수소) [20528042] 산소와 수소의 화학적 결합물로 물을 전문적으로 이르는 말.

殺身成仁(살신성인) [42626240] 捨生取義 참조. 자기의 몸을 희생하여 인(仁)을 이룸. <출> 논어(論語) 위령공편(衛靈公篇).

殺身立節(살신입절) [42627252] 捨生取義 참조. 자기의 몸을 희생하여 절개를 세움.

三綱五倫(삼강오륜) [80328032] 유교 도덕에서 기본이 되는 세 가지의 강령(君爲臣綱, 父爲子綱, 夫爲婦綱)과 지켜야 할 다섯 가지의 도리(父子有親, 君臣有義, 夫婦有別, 長幼有序, 朋友有信).

三顧草廬(삼고초려) [80307012] 인재를 맞아들이기 위하여 참을성 있게 노력함. 중국 삼국시대에, 蜀漢의 劉備가 난양(南陽)에 은거하고 있던 諸葛亮의 초가집으로 세 번이나 찾아갔다는 데서 유래. <출> 삼국지(三國志) 촉지(蜀志) 제갈량전(諸葛亮傳). (유) 草廬三顧

三國鼎立(삼국정립) [80801272] 세 나라가 솥발처럼 서로 견제하고 대립함.

三權分立(삼권분립) [80426272] 국가의 권력을 입법, 사법, 행정의 삼권으로 분리하여 서로 견제하게 함으로써 권력의 남용을 막고, 국민의 권리와 자유를 보장하는 국가 조직의 원리.

三年不飛(삼년불비) [80807242] 3년 동안 날지 않음. 훗날 웅비(雄飛)할 기회를 기다림. <출> 춘추시대 오패(五霸)의 한 사람인 초(楚) 장왕(莊王)이 3년에 걸쳐 주색(酒色)으로 나날을 보내면서 간신과 충신을 가려내어, 국정에 임하자마자 간신을 처단하고 충신을 등용하여 한 번에 나라가 바로잡혔다는 고사에서 유래. 여씨춘추(呂氏春秋) 심응람(審應覽). (유) 一鳴驚人

三頭六臂(삼두육비) [80608010] 머리가 셋이요, 팔이 여섯이라는 말로 힘이 매우 센 사람

森羅萬象(삼라만상) [32428040] 우주에 있는 온갖 사물과 현상. 법구경(法句經).

(유) 萬彙群象

三面六臂(삼면육비) [80708010] 얼굴이 셋, 팔이 여섯이라는 뜻으로, 혼자서 여러 사람 몫의 일을 함 (유) 八面六臂

三釜之養(삼부지양) [80123252] 적은 월급으로도 부모님이 살아계서 효도할 수 있는 즐거움 <출> 장자(莊子)

三分五裂(삼분오열) [80628032] 四分五裂 참조. 셋으로 나뉘고 다섯으로 찢어짐.

三分鼎立(삼분정립) [80621272] 천하를 셋으로 나누어 세 나라가 정립함.

三三五五(삼삼오오) [80808080] 서너 사람 또는 대여섯이 떼를 지은 모양 또는 여기저기 몇몇씩 흩어져 있는 모양 <출> 이백(李白)의 채련곡(采蓮曲)

參商之歎(삼상지탄) [52523240] 서쪽의 별인 삼성(參星)과 동쪽의 별인 상성(商星)이 서로 멀리 떨어져 있듯이, 두 사람이 멀리 헤어져 있어 만나기 어려운 것에 대한 탄식

三省吾身(삼성오신) [80623062] 자기에 대해 하루에 세 가지를 반성함. <출> 논어(論語) 학이편(學而篇). (유) 三省

三旬九食(삼순구식) [80328072] 삼십일 동안 아홉 끼니밖에 먹지 못함. 몹시 가난함. 도연명(陶淵明) 의고시(擬古詩).

三十六計(삼십육계) [80808062] 서른여섯 가지의 꾀. 많은 꾀. 여러 계책 중에 가장 좋은 것은 도망가는 것이라는 말(三十六計走爲上計). 자치통감(資治通鑑).

三位一體(삼위일체) [80508062] 세 가지의 것이 하나의 실체를 구성함.

三人成虎(삼인성호) [80806232] 세 사람이 짜면 거리에 범이 나왔다는 거짓말도 꾸밀 수 있음. 근거 없는 말이라도 여러 사람이 말하면 곧이듣게 됨. <출> 전국책(戰國策) 위책(魏策). (유) 三人成市虎, 市虎, 投杼疑, 投杼踰牆

三日遊街(삼일유가) [80804042] 과거에 급제한 사람이 사흘 동안 시험관과 선배 급제자와 친척을 방문하던 일.

三日天下(삼일천하) [80807072] 五日京兆 참조. 정권을 잡았다가 짧은 기간 내에 밀려나게 됨. 어떤 지위에 발탁, 기용되었다가 며칠 못 가서 떨어지는 일.

三從依托(삼종의탁) [80404030] 三從之道 참조. 세 사람을 좇아 의탁함.

三從之德(삼종지덕) [80403252] 三從之道 참조. 세 사람을 좇는 덕목.

三從之道(삼종지도) [80403272] 예전에, 여자가 따라야 할 세 가지 도리. 어려서는 아버지, 결혼해서는 남편, 남편이 죽은 후에는 아들을 따르는 도리. 예기(禮記) 의례(儀禮) 상복전(喪服傳). (유) 三從, 三從依托, 三從之德, 三從之禮, 三從之法, 三從之義, 三從之托

三從之禮(삼종지례) [80403260] 三從之道 참조. 세 사람을 좇는 예도.

三從之法(삼종지법) [80403252] 三從之道 참조. 세 사람을 좇는 법도.

三從之義(삼종지의) [80403242] 三從之道 참조. 세 사람을 좇는 도의.

三從之托(삼종지탁) [80403230] 三從之道 참조. 세 사람을 좇는 의탁.

三枝之禮(삼지지례) [80323260] 비둘기는 예의를 지켜 어미새가 앉은 가지에서

세 가지 아래에 앉는다는 말

三尺童子(삼척동자) [80326272] 키가 석 자 정도밖에 되지 않는 어린아이, 철없는 어린아이

三遷之敎(삼천지교) [80323280] 斷機之敎 참조. 부모가 자녀 교육에 정성을 다함. <출> 맹자가 어렸을 때 묘지 가까이 살았더니 장사 지내는 흉내를 내기에, 집을 시전 근처로 옮겼더니 이번에는 물건 파는 흉내를 내므로, 다시 글방이 있는 곳으로 옮겨 공부를 시켰다는 데서 유래. <출> . <출> 열녀전(列女傳), 모의전(母儀傳).

三寸之舌(삼촌지설) [80803240] 세 치의 혀라는 뜻으로 뛰어난 말재주 <출>사기(史記) 평원군열전(平原君列傳)

三寸之轄(삼촌지할) [80803210] 할(轄)은 바퀴를 고정시키는 짧은 못으로 사물의 요점 또는 가장 중요한 곳을 가리킴 <출> 회남자(淮南子)

三秋之思(삼추지사) [80703250] 一刻三秋 참조. 하루만 만나지 않아도 삼 년 동안이나 만나지 않은 것처럼 생각함 (유) 一日三秋, 一刻三秋

三寒四溫(삼한사온) [80508060] 7일을 주기로 사흘 동안 춥고 나흘 동안 따뜻함, 한국을 비롯하여 아시아의 동부, 북부에서 나타나는 겨울 기온의 변화 현상을 이름.

三戶亡秦(삼호망진) [80425012] 초(楚)나라가 망하고 세 집만 남아도 그 억울함으로 진(秦)나라를 멸망시킨다는 뜻으로, 힘이 작아도 큰 결심을 하면 승리함 <출> <사기(史記)> 항우본기(項羽本紀)

三皇五帝(삼황오제) [80328040] 삼황(燧人氏, 伏羲氏, 神農氏)과 오제(黃帝, 顓頊, 帝嚳, 堯, 舜)를 아울러 이름.

喪家之狗(상가지구) [32723230] 상가의 개. 몹시 초라하고 수척한 사람을 깔보는 표현. 자신의 뜻을 펼치지 못하여 실의에 빠진 사람. <출> 사기(史記) 공자세가(孔子世家).

相驚伯有(상경백유) [52403270] 춘추시대(春秋時代)에 사나운 백유(伯有)라는 사람의 이름만 들어도 정(鄭)나라 사람들은 놀랐다는 고사에서 온 말로 있지도 않은 일에 놀라서 두려워하며 어쩔 줄 모름 <출> 좌전(左傳)

傷弓之鳥(상궁지조) [40323242] 懲羹吹虀 참조. 한 번 화살에 맞은 새는 구부러진 나무만 보아도 놀람. 한 번 혼이 난 일로 늘 의심과 두려운 마음을 품음.

賞奇析疑(상기석의) [50403040] 훌륭한 작품을 감상하고 미묘한 부분은 서로 따져가며 논의함 <출> 도연명(陶淵明) 이거이수(移居二首)

喪頭服色(상두복색) [32606070] 상여를 꾸미려고 둘러치는 오색 비단의 휘장 또는 겉으로는 번지르르하나 속은 보잘것없는 일이나 사람

上樓擔梯(상루담제) [72324210] 나무에 오르게 해놓고는 사다리를 치워버린다는 뜻으로, 사람을 끌어들여 궁지에 몰아넣음 <출> 세설신어(世說新語) 출면(黜免). (유) 上樓儋梯, 勸上搖木, 上樹拔梯, 登樓去梯

上漏下濕(상루하습) [72327232] 지붕에서 비가 새고 밑에서 습기가 올라온다는 뜻으로 매우 가난한 집을 이름.

常鱗凡介(상린범개) [42103232] 흔한 물고기와 조개라는 뜻으로 평범한 사람을 말함

桑麻之交(상마지교) [32323260] 뽕나무와 삼나무를 벗삼아 지낸다는 뜻으로 소박한 사귐 <출> 두보(杜甫) 기설삼랑중거(奇薛三郞中璩)

喪明之痛(상명지통) [32623240] 눈이 멀 정도로 슬프다는 뜻으로 아들을 잃은 슬픔

常目在之(상목재지) [42606032] 늘 눈여겨 봄

上文右武(상문우무) [72707242] 문무(文武)를 모두 높이 알아줌.

桑蓬之志(상봉지지) [32123242] 남자가 세상을 위하여 공을 세우고자 하는 큰 뜻, 고대 중국에서 아들을 낳으면 뽕나무(桑) 활과 쑥대(蓬) 살로 천지사방을 쏘면서 성공을 축원한데서 유래 <출> 예기(禮記) (유) 桑弧, 桑弧蓬矢

上奉下率(상봉하솔) [72527232] 부모를 받들어 모시고 처와 자식을 거느림.

相扶相助(상부상조) [52325242] 서로서로 도움.

相思不見(상사불견) [52507252] 남녀가 서로 그리워하면서도 만나보지 못함

上山求魚(상산구어) [72804250] 緣木求魚 참조. 산에 올라 물고기를 구함.

上色琢器(상색탁기) [72702042] 빛깔이나 품질이 썩 좋은, 틀에 박아 내어 만든 다음 다시 쪼아서 고르게 만든 그릇.

相鼠有皮(상서유피) [52107032] 쥐를 보아도 가죽이 있다는 뜻으로 예절을 모르는 사람을 말할 때 쓰는 말. 相은 視의 뜻. <출> 시경(詩經) 국풍(國風) 제4 용풍(鄘風)

上石下臺(상석하대) [72607232] 姑息之計 참조. 아랫돌 빼서 윗돌 괴고 윗돌 빼서 아랫돌 굄.

上善若水(상선약수) [72503280] 지극히 착한 것은 마치 물과 같음. 물은 만물을 이롭게 하면서도 다투지 아니하고, 많은 사람들이 싫어하는 곳에 처하니, 그런 까닭으로 도에 가까움. <출> 노자(老子) 8장.

上援下推(상원하추) [72407240] 윗사람이 끌어주고 아랫사람이 밀어주어 벼슬에 나아감. (유) 推戴

桑田碧海(상전벽해) [32423272] 뽕나무 밭이 변하여 푸른 바다가 됨. 세상일의 변천이 심함. 당나라 시인 유정지(劉廷芝)의 대비백두옹(代悲白頭翁)이라는 시. (유) 碧海桑田, 桑碧, 桑田滄海, 桑海, 桑海之變, 滄桑, 滄海桑田, 滄桑之變, 高岸深谷, 陵谷之變, 白雲蒼狗

桑田滄海(상전창해) [32422072] 桑田碧海 참조. 뽕나무 밭이 변하여 푸른 바다가 됨.

象齒焚身(상치분신) [40421062] 코끼리는 상아(象牙)가 있음으로 해서 죽음을 당한다는 뜻으로, 많은 재물을 가지고 있기 때문에 도리어 화를 입음

上下之分(상하지분) [72723262] 윗사람과 아랫사람의 분별.

上下撑石(상하탱석) [72721060] 姑息之計 참조. 아랫돌 빼서 윗돌 괴고 윗돌 빼서 아랫돌 굄.

부록 Ⅰ

傷寒裏症(상한이증) [40503232] 더운 것을 싫어하고 찬 것을 좋아하며 목이 마르고 변비가 생기고 헛소리를 하는 증세

桑海之變(상해지변) [32723252] 桑田碧海 참조. 뽕나무 밭이 변하여 푸른 바다가 되거나 또는 그 반대의 변화.

象形文字(상형문자) [40627070] 물건의 모양을 본떠서 만든 글자.

桑弧蓬矢(상호봉시) [32101230] 옛날, 중국에서 남자가 태어나면, 뽕나무로 만든 활과 쑥대로 만든 화살로 사방을 쏘아 장차 뛰어난 인물이 될 것을 빌었다는 데서 남자가 뜻을 세움을 말함 <출> 예기(禮記) (유) 桑蓬之志, 桑弧

喪魂落膽(상혼낙담) [32325020] 落膽喪魂 참조. 넋을 잃고 실의에 빠짐.

上火下澤(상화하택) [72807232] 위에는 불, 아래에는 못. 불이 위에 놓이고 못이 아래에 놓인 모습으로 사물들이 서로 이반하고 분열하는 현상을 상징. 2005년 올해의 사자성어

上厚下薄(상후하박) [72407232] 윗사람에게는 후하고 아랫사람에게는 박함.

塞翁得失(새옹득실) [32304260] 塞翁之馬 참조. 새옹의 얻은 것과 잃은 것.

塞翁之馬(새옹지마) [32303250] 인생의 길흉화복은 예측하기가 어려움. 새옹이란 노인이 기르던 말이 오랑캐 땅으로 달아나 낙심하였는데, 그 후 그 말이 준마를 한 필 끌고 와서 기뻐하였고, 아들이 그 준마를 타다가 떨어져 다리가 부러져 노인이 다시 낙심하였는데, 그로 인해 아들이 전쟁에 끌려 나가지 아니하고 죽음을 면하여 다시 기뻐하였다는 이야기에서 유래 <출> 회남자(淮南子) 인간훈(人間訓) (유) 塞翁馬, 塞翁得失, 塞翁禍福, 轉禍爲福, 反禍爲福, 禍轉爲福, 黑牛生白犢

塞翁禍福(새옹화복) [32303252] 塞翁之馬 참조. 새옹의 화와 복.

色如死灰(색여사회) [70426040] 얼굴 색이 꺼진 잿빛과 같다는 뜻으로 얼굴에 감정 표현이 없음

色卽是空(색즉시공) [70324272] 형체는 헛것이라는 뜻으로, 모두 인연으로 생기는 것인 데, 그 본질은 허무한 존재임 <출> 반야경(般若經)

生口不網(생구불망) [80707220] 산 입에 거미줄을 치지는 아니함. 아무리 곤궁하여도 그럭저럭 먹고살 수 있음.

生寄死歸(생기사귀) [80406040] 삶은 잠깐 머무르는 것이고, 죽음은 돌아감 <출> 회남자(淮南子)

生面大責(생면대책) [80708052] 잘 알지 못하고 관계 없는 사람을 그릇 꾸짖음

生面不知(생면부지) [80707252] 태어나서 만나 본 적이 없는 전혀 모르는 사람

生巫殺人(생무살인) [80104280] 선무당이 사람을 잡는다는 뜻으로, 미숙한 사람이 일을 그르침

生不如死(생불여사) [80724260] 살아 있음이 차라리 죽는 것만 못함. 몹시 어려운 형편에 있음.

生死苦樂(생사고락) [80606062] 삶과 죽음, 괴로움과 즐거움을 통틀어 이르는 말.

生死肉骨(생사육골) [80604240] 죽은 사람을 살려 내어 뼈에 살을 붙인다는 뜻으로 큰 은혜를 베풂 (유) 生死骨肉

生殺與奪(생살여탈) [80424032] 살리고 죽이는 일과 주고 빼앗는 일, 어떤 사람이나 사물을 마음대로 쥐고 흔듦을 비유적으로 이름.

生三死七(생삼사칠) [80806080] 사람이 태어난 뒤 사흘 동안과 죽은 뒤 이레 동안을 부정하다고 꺼리는 기간

生而知之(생이지지) [80305232] 三知 참조. 태어나면서부터 앎.

生者必滅(생자필멸) [80605232] 생명이 있는 것은 반드시 죽음. 존재의 무상(無常). (유) 雪泥鴻爪, 人生無常, 人生朝露

生呑活剝(생탄활박) [80107210] 산 채로 삼키고 산 채로 껍질을 벗긴다는 뜻으로, 남의 글을 송두리째 인용함 <출> 대당신어(大唐新語)

鼠肝蟲臂(서간충비) [10324210] 쥐의 간과 벌레의 팔이라는 뜻으로, 쓸모없고 하찮은 사람이나 물건을 이르는 말.

胥動浮言(서동부언) [10723260] 거짓말을 퍼뜨려 민심을 선동함

黍離之歎(서리지탄) [10403240] 나라가 멸망하여 궁궐터에 기장만이 자라 황폐해진 것을 보고 하는 탄식이라는 뜻으로, 부귀 영화의 무상함 <출> 시경(詩經) (유) 黍離

西方淨土(서방정토) [80723280] 서쪽에 있다는 아미타불의 극락 세계.

書不借人(서불차인) [62723280] 책을 아껴 남에게 빌려주지 않음

西施捧心(서시봉심) [80421070] 춘추시대 월(越)나라의 미인 서시가 가슴앓이로 괴로워서 자주 가슴에 손을 얹고 얼굴을 찡그리자, 어떤 못 생긴 여자가 이를 아름다운 자태라 여기고 흉내내다가 웃음거리가 되었다는 고사로 함부로 흉내내다가 웃음거리가 됨 <출> 장자(莊子) 천운(天運) (유) 西施矉目, 西施顰目, 效顰

釋迦如來(석가여래) [32124270] 석가모니를 신성하게 이르는 말.

釋階登天(석계등천) [32407070] 사다리를 버리고 하늘에 오르려 하는 것처럼 불가능한 일을 하려 함 <출> 초사(楚辭)

碩果不食(석과불식) [20627272] 큰 과실을 다 먹지 아니하고 남김, 자기만의 욕심을 버리고 자손에게 복을 줌.

席卷之勢(석권지세) [60403242] 거침없이 세력을 다 차지하는 기세

釋根灌枝(석근관지) [32601032] 뿌리를 버려 두고 가지에 물을 준다는 뜻으로, 근본을 잊고 눈에 보이는 것에만 힘씀 <출> 회남자(淮南子)

席不暇暖(석불가난) [60724042] 앉은 자리가 따뜻할 겨를이 없음. 자리나 주소를 자주 옮기거나 매우 바쁘게 돌아다님. <출> 한유(韓愈)의 쟁신론(爭臣論).

釋眼儒心(석안유심) [32424070] 석가의 눈과 공자의 마음이란 뜻으로, 곧 자비롭고 인애가 깊음

碩座敎授(석좌교수) [20408042] 기업이나 개인이 기부한 기금으로 연구 활동을 하도록 대학에서 지정한 교수. 碩座는 碩學(석학)을 위한 자리라는 뜻으로 학식이 높고 깊은 분을 모시려는 뜻이 담겨 있음.

惜指失掌(석지실장) [32426032] 矯角殺牛. 손가락을 아끼려다가 손바닥마저 잃는다는 뜻으로 작을 것을 아끼려다 큰 일을 그르침 (유) 小貪大失, 矯角殺牛, 矯枉過直

石破天驚(석파천경) [60427040] 돌이 깨지자 하늘이 놀란다는 뜻으로 아름다운 음악 또는 기발한 생각을 말함 <출> 이하(李賀)의 이빙공후인(李憑公侯引)

碩學鴻儒(석학홍유) [20803040] 학문이 깊고 넓은 대학자 <출> 진서(晉書)

石火光陰(석화광음) [60806242] 돌이 마주 부딪칠 때에 불이 반짝이는 것과 같이 빠른 세월

旋乾轉坤(선건전곤) [32324030] 천지를 뒤집는다는 뜻으로 천하의 난을 평정함 또는 나라의 나쁜 풍습을 한번에 크게 고침

先見之明(선견지명) [80523262] 어떤 일이 일어나기 전에 미리 앞을 내다보고 아는 지혜.

先景後事(선경후사) [80507272] 먼저 자연 경치를 묘사하고 그 뒤에 화자의 정서나 심사를 묘사하는 한시의 시상 전개법

善供無德(선공무덕) [50325052] 부처에게 공양을 잘 하여도 아무 공덕이 없다는 뜻으로, 남을 위하여 힘써 일을 하였으나 별 소득이 없음

先公後私(선공후사) [80627240] 공적인 일을 먼저 하고 사사로운 일은 뒤로 미룸.

璇璣玉衡(선기옥형) [12124232] 고대 중국에서 천체의 운행과 위치를 관측하던 장치로 지평선을 나타내는 둥근 고리와 지평선에 직각으로 교차하는 자오선을 나타내는 둥근 고리, 하늘의 적도와 위도 따위를 나타내는 눈금이 달린 원형의 고리를 한데 짜 맞추어 만듦. (유) 渾天儀(혼천의) 渾儀器(혼의기) 渾儀(혼의)

善男善女(선남선녀) [50725080] 성품이 착한 남자와 여자, 착하고 어진 사람들을 이름, 곱게 단장을 한 남자와 여자를 이름.

先禮後學(선례후학) [80607280] 먼저 예의를 배우고 나중에 학문을 배우라는 뜻으로, 예의가 우선임을 이르는 말.

先發制人(선발제인) [80624280] 남의 꾀를 사전에 알아차리고 일이 일어나기 전에 미리 막아 냄. (유) 先則制人

先病者醫(선병자의) [80606060] 먼저 앓아 본 사람이 남을 고칠 수 있다는 뜻으로, 경험 있는 사람이 남을 도울 수 있음

先史時代(선사시대) [80527262] 문헌 사료가 전혀 존재하지 않는 시대.

先聲奪人(선성탈인) [80423280] 先則制人 참조. 소문을 미리 퍼뜨려 남의 기세를 꺾음 또는 먼저 큰소리를 질러 남의 기세를 꺾음 (유) 先發制人, 先則制人

先聲後實(선성후실) [80427252] 먼저 말로서 놀라게 하고 실력은 뒤에 가서 보여 줌.

羨魚無網(선어무망) [10505020] 그물이 없으면서 고기를 얻고 싶어한다는 뜻으로 얻을 수단이 없으면서 무엇을 갖고 싶어 함

先憂後樂(선우후락) [80327262] 근심할 일은 남보다 먼저 근심하고 즐길 일은 남보다 나중에 즐김 <출> 고문진보(古文眞寶)

善爲說辭(선위설사) [50425240] 말을 재치 있게 잘 함

善游者溺(선유자닉) [50106020] 헤엄 잘 치는 사람이 물에 빠지기 쉽다는 말로, 한 가지 재주에 뛰어난 사람이 그 재주만 믿고 자만하다가 도

리어 재앙을 당함 <출> 한비자(韓非子)

先意順旨(선의순지) [80625220] 먼저 남의 의중을 알아차리고 그 뜻을 따른다는 뜻으로 처음에는 효도를 가리켰으나 나중엔 다른 사람이 의중을 미리 헤아려 아부함을 말함 <출> 석개(石介)의 격사홀명(擊蛇笏銘), 예기(禮記) 제의(祭儀)편 (유) 先意承旨, 承意順旨

先義後利(선의후리) [80427262] 먼저 도리를 생각하고 이익은 그 뒤에 한다는 말로 장사의 기본 태도를 말함 <출> 맹자(孟子)

仙姿玉質(선자옥질) [52404252] 氷姿玉質 참조. 신선의 자태에 옥의 바탕. 몸과 마음이 매우 아름다운 사람.

善自爲謀(선자위모) [50724232] 자신을 위한 일을 잘 꾸민다는 뜻으로, 자기 속셈을 차리는 데 뛰어남 <출> 남제서(南齊書) 왕승건(王僧虔)전

先制攻擊(선제공격) [80424040] 상대편을 견제하거나 제압하기 위해 선수를 쳐서 공격하는 일.

先則制人(선즉제인) [80504280] 先發制人 참조. 먼저 손을 쓰면 남을 제압할 수 있음. <출> 사기(史記) 항우본기(項羽本記).

先斬後啓(선참후계) [80207232] 군율을 어긴 자를 먼저 처형한 뒤에 임금에게 아뢰던 일.

扇枕溫席(선침온석) [10306060] 昏定晨省 참조. 여름에는 부채질로 시원하게 겨울에는 체온으로 이부자리를 따뜻하게 한다는 뜻으로 부모에게 효도를 다함 <출> 동관한기(東觀漢記) (유) 定省, 朝夕定省, 昏定晨省

仙風道骨(선풍도골) [52627240] 신선의 풍채와 도인의 골격, 남달리 뛰어나고 高雅(고아)한 풍채를 이름.

雪泥鴻爪(설니홍조) [62323010] 生者必滅 참조. 눈이 쌓인 진흙위에 난 기러기의 발자국. 눈이 녹으면 없어지는 데서, 인생의 자취가 눈 녹듯이 사라져 무상함을 비유.

舌芒於劍(설망어검) [40103032] 혀가 칼보다 날카로움. 사건을 논하는 논봉(論鋒)이 날카로움.

雪膚花容(설부화용) [62207042] 傾國之色 참조. 눈처럼 흰 피부와 꽃처럼 아름다운 얼굴.

雪上加霜(설상가상) [62725032] 눈 위에 서리가 덮임. 난처한 일이나 불행한 일이 잇따라 일어남 <출> 전등록(傳燈錄) (유) 前虎後狼, 雪上加雪 (상) 錦上添花

雪上加雪(설상가설) [62725062] 雪上加霜 참조. 눈 위에 또 눈이 덮힘.

設心做意(설심주의) [42701062] 일부러 간사한 꾀를 냄

說往說來(설왕설래) [52425270] 서로 변론을 주고받으며 옥신각신함. 말이 오고 감. (유) 言去言來, 言三語四, 言往說來, 言往言來

舌底有斧(설저유부) [40407010] 혀 아래(밑에) 도끼가 들어있다는 뜻으로 말조심하라는 말

雪中四友(설중사우) [62808052] 옥매(玉梅), 납매(臘梅), 다매(茶梅), 수선(水仙)을 가리킴

雪中松柏(설중송백) [62804020] 歲寒松柏 참조. 눈 속의 소나무와 잣나무.

雪中送炭(설중송탄) [62804250] 추운 날씨에 땔감을 보냄. 급히 필요할 때 필요한 도움을 줌. 송사(宋史) 태종기(太宗紀).

纖纖玉手(섬섬옥수) [20204272] 가냘프고 옥처럼 고운 여자의 손.

葉公好龍(섭공호룡) [50624240] 葉公(섭공)이란 춘추시대 초(楚) 나라의 葉(섭)이란 지방을 다스렸던 영주를 일컫는데 용을 무척 좋아했다고 한다. 하늘에 살던 용이 이 소문을 듣고 반가운 마음에 찾아갔더니, 그만 기겁을 하고 깜짝 놀라서 혼비백산 달아나고 말았다는 고사로 좋아한다고 하지만 정말로 좋아하는 것이 아니라 말로만 외칠 뿐 실제 하는 것은 없음을 가리킴 <출> 신서(新序) 잡사편

涉于春氷(섭우춘빙) [30307050] 봄철의 얼음을 건너는 것처럼 매우 위험함 <출> 서경(書經)

成功者退(성공자퇴) [62626042] 공을 이룬 사람은 물러나야 한다는 뜻으로, 성공한 사람은 물러날 때를 알아야 함 <출> 사기(史記) 범저채택열전(范雎蔡澤列傳) (유) 成功身退, 成功者去

聲東擊西(성동격서) [42804080] 동쪽에서 소리를 내고 서쪽에서 적을 침. 적을 유인하여 이쪽을 공격하는 체하다가 그 반대쪽을 치는 전술. 통전(通典)의 병전(兵典).

星羅雲布(성라운포) [42425242] 별처럼 펼쳐져 있고, 구름처럼 퍼져 있다는 뜻으로, 사물이 여기저기 많이 흩어져 있는 모양 <출> 반고(班固)의 서도부(西都賦)

聲聞過情(성문과정) [42625252] 명성이 실정을 앞선다는 뜻으로, 그 사람의 가치 이상으로 평판이 높음 <출> 맹자(孟子)

盛水不漏(성수불루) [42807232] 가득 찬 물이 조금도 새지 않음, 사물이 빈틈없이 꽉 짜였거나 매우 정밀함을 이름.

性猶湍水(성유단수) [52321280] 사람의 본성은 여울물과 같다는 뜻으로, 여울물이 동쪽으로도 서쪽으로도 흘러갈 수 있듯이, 천성적으로 착하지도 악하지도 않다는 고자(告子)의 주장

盛者必衰(성자필쇠) [42605232] 日月盈昃 참조. 융성한 것은 결국 쇠퇴해짐 <출> 인왕경(仁王經) (유) 生者必滅

誠中形外(성중형외) [42806280] 진실한 마음과 참된 생각은 꾸미지 않아도 결국 겉으로 드러남 <출> 대학(大學)

城下之盟(성하지맹) [42723232] 성 밑까지 쳐들어온 적군과 맺는 맹약. 항복한 나라가 적국과 맺는 굴욕적인 맹약. <출> 춘추좌씨전(春秋左氏傳) 환공(桓公) 12년조.

城狐社鼠(성호사서) [42106210] 성안에 사는 여우와 사단(社壇)에 사는 쥐. 임금의 곁에 있는 간신의 무리나 관청의 세력에 기대어 사는 무리.

星火燎原(성화요원) [42801050] 작은 불씨가 퍼지면 넓은 들은 태운다는 뜻으로, 작은 일이라도 처음에 그르치면 나중에 큰 일이 됨 <출> 서경(書經)

洗踏足白(세답족백) [52327280] 상전의 빨래를 하여 주느라 종의 발꿈치가 희게

된다는 뜻으로 남을 위하여 한 일이 자신에게도 얼마간의 이득이 됨 <출> 순오지(旬五志)

勢不十年(세불십년) [42728080] 權不十年 참조. 권세는 십년을 가지 못함.

世上萬事(세상만사) [72728072] 세상에서 일어나는 온갖 일.

世世相傳(세세상전) [72725252] 여러 대를 두고 전하여 내려옴

世俗五戒(세속오계) [72428040] 신라 진평왕 때에 圓光(원광)이 정한 花郎(화랑)의 다섯 가지 계율. 事君以忠, 事親以孝, 交友以信, 臨戰無退, 殺生有擇.

歲時風俗(세시풍속) [52726242] 계절에 따라 치르는 옛날부터 그 사회에 전해 오는 생활 전반에 걸친 행사나 습관.

勢如破竹(세여파죽) [42424242] 燎原之火 참조. 대를 쪼개는 기세. 적을 거침없이 물리치고 쳐들어가는 기세. 진서(晉書) 두예전(杜預傳).

洗耳恭聽(세이공청) [52503240] 귀를 씻고 공손하게 듣는다는 뜻으로 다른 사람이 하는 말을 잘 들음의 뜻이나 흔히 남의 말을 비웃는 경우나 농담으로 씀. <출> 고사전(高士傳) (유) 潁川洗耳

世態炎涼(세태염량) [72423232] 炎涼世態 참조. 세력이 있을 때는 아첨하여 따르고 세력이 없어지면 푸대접하는 세상인심.

細胞分裂(세포분열) [42406232] 한 개의 모세포가 핵분열과 세포질 분열에 의하여 두 개 이상의 세포로 나누어지는 현상.

歲寒三友(세한삼우) [52508052] 추운 겨울철의 세 벗, 추위에 잘 견디는 소나무, 대나무, 매화나무를 통틀어 이름. 松竹梅.

歲寒松柏(세한송백) [52504020] 추운 겨울의 소나무와 잣나무. 어떤 역경 속에서도 지조를 굽히지 않음. 또는 그런 지조. 歲寒然後 知松栢之後彫也(날씨가 추어진 뒤라야 송백이 늦게 시든다는 것을 안다)라는 말씀이 논어(論語) 자한(子罕). (유) 雪中松柏

小康狀態(소강상태) [80424242] 혼란 따위가 그치고 조금 잠잠하여진 약간 편안한 상태.

素車白馬(소거백마) [42728050] 흰 포장을 두른 수레와 흰말이라는 뜻으로 상여로 쓰이는데 친구의 죽음을 슬퍼하는 마음 또는 아주 친한 친구 사이를 뜻하기도 함 <출> 후한서(後漢書)

少見多怪(소견다괴) [70526032] 본 것이 적으면 괴이한 일이 많다는 뜻으로 견문이 좁은 것을 비웃는 말 <출> 홍명집(弘明集)-이혹론(理惑論)

小國寡民(소국과민) [80803280] 武陵桃源 참조. 작은 나라 적은 백성. 老子가 그린 이상사회, 이상국가. <출> 노자(老子) 80장.

蕭規曹隨(소규조수) [10501032] 소하(蕭何)는 한(漢)나라의 법령과 제도를 제정하였고, 조참(曹參)은 모든 정책과 법령을 소하가 결정해 놓은 것을 따라 집행하였다는 데서 유래하여 앞사람이 만들어 놓은 제도를 그대로 따름 . <출> 양웅(楊雄)의 해조(解嘲).

小隙沈舟(소극침주) [80103230] 조그마한 틈으로 물이 새어들어 배가 가라앉는다는 뜻으로, 작은 일을 게을리하면 큰 재앙이 닥치게 됨 <출> 열자(列子)

笑裏藏刀(소리장도) [42323232] 웃는 마음속에 칼이 있다는 뜻으로 겉으로는 웃고 있으나 마음속에는 해칠 마음을 품고 있음 <출> 당서(唐書) (유) 口蜜腹劍

巢林一枝(소림일지) [12708032] 새집하나 있는 숲과 나뭇가지 하나처럼 규모가 작은 집으로 분수에 맞게 만족하고 사는 것을 말함 <출> 장자(莊子)

燒眉之急(소미지급) [32303262] 焦眉之急 참조. 눈썹에 불이 붙은 지경의 급함

素服丹粧(소복단장) [42603232] 아래위를 하얗게 차려입고 곱고 맵시 있게 꾸밈. 또는 그런 차림.

消費預金(소비예금) [62502080] 소득자가 임금 따위의 소득을 재화나 용역을 구입할 때까지 일시적으로 맡기는 예금.

笑比河淸(소비하청) [42505062] 맑은 황하를 보는 것 만큼이나 웃음을 보기가 어렵다는 데서 나온 말로 근엄하여 좀처럼 웃지 않음 <출> 송사(宋史)

昭昭白髮(소소백발) [30308040] 온통 하얗게 센 머리 또는 그 머리를 한 늙은이 (유) 皓皓白髮

小乘佛教(소승불교) [80324280] 수행을 통한 개인의 해탈을 가르치는 교법인 小乘(소승)을 主旨(주지)로 하는 모든 교파의 불교.

小心翼翼(소심익익) [80703232] 세심하고 조심성이 많다는 뜻으로, 마음이 작고 약하여 작은 일에도 겁을 내는 모양 <출> 시경(詩經)

小異大同(소이대동) [80408070] 五十笑百 참조. 조금 다르고 크게는 같음.

騷人墨客(소인묵객) [30803252] 시문(詩文)과 서화(書畫)를 일삼는 사람.

小人之勇(소인지용) [80803262] 匹夫之勇 참조. 소인의 용기.

小株密播(소주밀파) [80324230] 모를 심는데 한포기당 주수를 적게 해서 베게 심는 방법.

笑中有劍(소중유검) [42807032] 口蜜腹劍 참조. 웃음 속에 칼이 있음. 겉으로는 웃고 있으나 마음속에는 해칠 마음을 품고 있음.

笑中有刀(소중유도) [42807032] 口蜜腹劍 참조. 웃음 속에 칼이 있음. 겉으로는 웃고 있으나 마음속에는 해칠 마음을 품고 있음.

蘇秦張儀(소진장의) [32124040] 옛날 중국 전국 시대에 말을 잘 하기로 유명한 소진(蘇秦)과 장의(張儀)를 뜻하는 말로 말 잘하는 사람을 가리킴

小貪大失(소탐대실) [80308060] 矯角殺牛 참조. 작은 것을 탐하다가 큰 것을 잃음.

所向無敵(소향무적) [70605042] 나아가는 곳마다 적이 없음 <출> 삼국지(三國志)

巢毁卵破(소훼난파) [12304042] 새집이 부서지면 알도 깨짐. 조직이나 집단이 무너지면 그 구성원들도 피해를 입게 됨. <출> 후한서(後漢書) 정공순(鄭孔荀)열전.

速成疾亡(속성질망) [60623250] 빨리 이룬 것은 빨리 망함

束手無策(속수무책) [52725032] 손을 묶은 것처럼 어찌할 도리가 없어 꼼짝 못함.

(유) 束手

速戰速決(속전속결) [60626052] 빨리 몰아쳐 싸워 승부를 빨리 결정함, 어떤 일을 빨리 진행하여 빨리 끝냄을 비유적으로 이름.

束之高閣(속지고각) [52326232] 묶어서 높은 곳에 얹어 둔다는 뜻으로, 한쪽에 치워 놓고 쓰지 아니함을 이르는 말. 고각(高閣)은 벽에 매단 서가.

續貂之譏(속초지기) [42103210] 쓸 만한 인격자가 없어 그만 못한 사람을 등용(登用)함을 비웃는 말 (유) 狗尾續貂

孫康映雪(손강영설) [60424062] 螢雪之功 참조. 열심히 공부함. 진(晉)나라의 손강(孫康)이 몹시 가난하여 겨울밤에는 눈빛으로 공부하였다는 데서 유래.

損上剝下(손상박하) [40721072] 나라에 해를 끼치고 백성의 재물을 빼앗음

損者三樂(손자삼요) [40608062] 사람의 몸에 손실이 되는 세 가지 즉 분에 넘치게 즐기는 것, 일하지 아니하고 노는 것을 즐기는 것, 주색을 좋아하는 것을 말함 <출> 논어(論語)

損者三友(손자삼우) [40608052] 사귀면 손해가 되는 세 종류의 벗. 편벽한 벗, 착하기만 하고 줏대가 없는 벗, 말만 잘하고 성실하지 못한 벗. <출> 논어(論語) 계씨(季氏) 편. (유) 三損友 (상) 益者三友

率口而發(솔구이발) [32703062] 입에서 나오는 대로 말을 가볍게 함

率先垂範(솔선수범) [32803240] 남보다 앞장서서 행동해서 몸소 다른 사람의 본보기가 됨.

率獸食人(솔수식인) [32327280] 폭정으로 백성들에게 고통을 줌. 궁궐 주방에는 고기가 있는데, 들에는 굶어 죽은 백성들의 시체가 있다면 이것은 짐승을 몰아다가 사람을 잡아 먹이는 것과 다름이 없다는 孟子의 말씀에서 유래. <출> 맹자(孟子) 양혜왕상(梁惠王上)편.

松喬之壽(송교지수) [40103232] 고대 중국의 전설상의 인물인 적송자(赤松子)와 주나라의 왕지교(王之喬) 두 사람이 모두 신선으로 장수하였다는 데서 유래하여 오래 삶을 비유적으로 이르는 말

送舊迎新(송구영신) [42524062] 묵은해를 보내고 새해를 맞음. (유) 送迎

松都契員(송도계원) [40503242] 조선시대 전기의 한명회(韓明澮)와 관련된 고사로 '송도계의 일원'이라는 뜻이며 하찮은 지위나 세력을 믿고 남을 멸시하는 사람을 비유함

松茂柏悅(송무백열) [40322032] 소나무가 무성하면 잣나무가 기뻐함. 벗이 잘되는 것을 기뻐함. (참) 蕙焚蘭悲

松柏之質(송백지질) [40203252] 蒲柳之質 참조. 건강한 체질. 소나무와 잣나무는 서리를 맞고 더욱더 무성해지는 데서 유래. <출> 세설신어(世說新語) 언어편(言語篇).

宋襄之仁(송양지인) [12123240] 너무 착하기만 하여 쓸데없는 아량을 베풀어 실속이 없음. <출> 춘추시대에, 宋나라의 양공이 적을 불쌍히 여겨 공자목이(公子目夷)의 진언을 받아들이지 않았다가 오히려 楚나라에 패배하여 세상 사람들이 비웃었다는 데서 유래.

<출> 춘추좌씨전(春秋左氏傳) 희공(僖公) 十八年條.

碎首灰塵(쇄수회진) [10524020] 머리를 부스러뜨려 재와 티끌을 만든다는 뜻으로 온갖 정성을 다함 <출> 三國史記

手脚慌忙(수각황망) [72321030] 손발을 어찌할 바를 모른다는 뜻으로 뜻밖의 일에 놀라고 당황하여 쩔쩔맴

數間斗屋(수간두옥) [70724250] 두서너 칸밖에 안 되는 아주 작은 집 (유) 三間草家, 三間草屋, 數間草屋, 草家三間

壽考無疆(수고무강) [32505012] 萬壽無疆 참조. 목숨이 다함이 없음.

首丘初心(수구초심) [52325070] 여우가 죽을 때에 머리를 자기가 살던 굴 쪽으로 둠. 고향을 그리워하는 마음. <출> 예기(禮記) 단궁(檀弓) 上篇. (유) 首丘, 狐死首丘, 胡馬依北風, 胡馬望北

隨機應變(수기응변) [32404252] 臨機應變 참조. 그때그때 처한 상황에 맞추어 변화함.

修己治人(수기치인) [42524280] 자신의 몸과 마음을 닦은 후에 남을 다스림.

殊途同歸(수도동귀) [32327040] 길은 다르지만 이르는 곳이 같음을 비유한 말. 주역(周易) 계사(繫辭) 下.

水到魚行(수도어행) [80525060] 물이 이르면 물고기가 다님. 무슨 일이건 때가 되면 이루어짐.

垂頭喪氣(수두상기) [32603272] 근심 걱정으로 고개가 숙어지고 맥이 풀림.

垂簾之政(수렴지정) [32103242] 임금이 어린 나이로 즉위하였을 때, 왕대비나 대왕대비가 이를 도와 정사를 돌보던 일. 왕대비가 신하를 접견할 때 그 앞에 발을 늘인 데서 유래.

垂簾聽政(수렴청정) [32104042] 임금이 어린 나이로 즉위하였을 때, 왕대비나 대왕대비가 이를 도와 정사를 돌보던 일. 왕대비가 신하를 접견할 때 그 앞에 발을 늘인 데서 유래.

水陸珍味(수륙진미) [80524042] 膏粱珍味 참조. 물과 뭍에서 나는 진귀하고 맛있는 것.

水陸珍饌(수륙진찬) [80524010] 膏粱珍味 참조. 물과 뭍에서 나는 진귀하고 맛있는 것.

壽福康寧(수복강녕) [32524232] 오래 살고 복을 누리며 건강하고 평안함. (유) 壽便

手不釋卷(수불석권) [72723240] 손에서 책을 놓지 아니하고 늘 글을 읽음.

首鼠兩端(수서양단) [52104242] 구멍에서 머리를 내밀고 나갈까 말까 망설이는 쥐. 머뭇거리며 진퇴나 거취를 정하지 못하는 상태. <출> 사기(史記) 위기무안후열전(魏其武安侯列傳). (유) 首鼠, 左顧右眄, 左右顧眄, 左顧右視, 左眄右顧, 左瞻右顧

袖手傍觀(수수방관) [10723052] 팔짱을 끼고 보고만 있음. 간섭하거나 거들지 아니하고 그대로 버려둠. (유) 吾不關焉

隨時應變(수시응변) [32724252] 臨機應變 참조. 때에 처한 상황에 따라 변화함.

修身齊家(수신제가) [42623272] 몸과 마음을 닦아 수양하고 집안을 다스림.

水魚之交(수어지교) [80503260] 管鮑之交 참조. 물과 물고기의 사귐. <출> 삼국

지(三國志) 촉서(蜀書) 제갈전(諸葛傳).

水魚之親(수어지친) [80503260] 管鮑之交 참조. 물과 물고기의 친함.

羞惡之心(수오지심) [10523270] 四端 참조. 사람의 본성에서 우러나오는 옳지 못함을 부끄러워하고 착하지 못함을 미워하는 마음. 義의 실마리가 되는 마음.

誰怨孰尤(수원숙우) [30403030] 誰怨誰咎 참조. 누구를 원망하고 누구를 탓할 것인가?

隨意契約(수의계약) [32623252] 경쟁이나 입찰에 의하지 않고 상대편을 임의로 선택하여 체결하는 계약.

繡衣夜行(수의야행) [10606060] 錦衣夜行 참조. 비단옷 입고 밤에 다님.

水滴穿石(수적천석) [80301060] 愚公移山 참조. 물방울이 바위를 뚫음.

守株待兔(수주대토) [42326032] 刻舟求劍 참조. 한 가지 일에만 얽매여 발전을 모르는 어리석음. 또 그런 사람. 宋나라의 한 농부가 우연히 나무 그루터기에 토끼가 부딪쳐 죽은 것을 잡은 후, 또 그와 같이 토끼를 잡을까 하여 일도 하지 않고 그루터기만 지키고 있었다는 데서 유래. <출> 한비자(韓非子) 오두편(五蠹篇).

隨衆逐隊(수중축대) [32423042] 附和雷同 참조. 무리를 따르고 대열을 쫓음. 자기의 뚜렷한 주관이 없이 여러 사람의 틈에 끼어 덩달아 행동함.

壽則多辱(수즉다욕) [32506032] 오래 살수록 그만큼 욕됨이 많음. <출> . <출> 장자(莊子) 천지편(天地篇).

羞花閉月(수화폐월) [10704080] 傾國之色 참조. 꽃도 부끄러워하고 달도 숨음. 여인의 얼굴과 맵시가 매우 아름다움.

隋侯之珠(수후지주) [12303232] 和氏之璧 참조. 천하의 귀중한 보배. 隋나라의 국보였던 구슬. 수후(隋侯)가 뱀을 살려 준 뒤 뱀으로부터 받은 보주(寶珠)로, 변화(卞和)의 화씨지벽(和氏之璧)과 함께 천하의 귀중한 보배를 나타냄. (유) 隋珠

菽麥不辨(숙맥불변) [10327230] 콩인지 보리인지를 구별하지 못함. 사리 분별을 못함. 또 그런 모자라고 어리석은 사람. (유) 菽麥

熟不還生(숙불환생) [32723280] 한번 익힌 음식은 날것으로 되돌아갈 수 없음, 그대로 두면 쓸데없다는 뜻으로, 장만한 음식을 남에게 권할 때 쓰는 말.

宿虎衝鼻(숙호충비) [52323250] 打草驚蛇 참조. 자는 호랑이의 코를 찌름. 가만히 있는 사람을 공연히 건드려서 화를 입거나 일을 불리하게 만듦.

夙興夜寐(숙흥야매) [10426010] 새벽에 일어나 밤에 잠. 부지런히 일함.

脣亡齒寒(순망치한) [30504250] 입술이 없으면 이가 시림. 서로 이해관계가 밀접한 사이에 어느 한쪽이 망하면 다른 한쪽도 그 영향을 받아 온전하기 어려움을 이름. <출> 춘추좌씨전(春秋左氏傳) 희공오년조(僖公五年條). (유) 脣齒之國, 脣齒輔車, 輔車相依, 輔車

脣齒輔車(순치보거) [30421272] 脣亡齒寒 참조. 입술과 이 중에서 또는 수레의 덧방나무와 바퀴 중에서 어느 한쪽만 없어도 안됨. 서로 없어서는 안 될 깊은 관계.

脣齒之國(순치지국) [30423280] 脣亡齒寒 참조. 입술과 이처럼 이해관계가 밀접한 두 나라.

順風滿帆(순풍만범) [52624210] 돛이 뒤에서 부는 바람을 받아 배가 잘 달리는 모양. STX 그룹 사자성어

膝甲盜賊(슬갑도적) [10404040] 남의 글이나 저술을 베껴 마치 제가 지은 것처럼 하는 사람. 바지옷인 슬갑을 훔쳤으나 용도를 몰라 머리에 써 남의 비웃음을 산 데서 유래, 홍만종(洪萬宗)의 순오지(旬五志). (유) 文筆盜賊

乘望風旨(승망풍지) [32526220] 망루에 올라 바람결을 헤아림, 남의 눈치를 보아가며 비위를 잘 맞추어 줌.

乘勝長驅(승승장구) [32608030] 싸움에 이긴 형세를 타고 계속 몰아침.

乘風破浪(승풍파랑) [32624232] 바람을 타고 파도를 헤쳐나감 <출> 南史

時機尙早(시기상조) [72403242] 어떤 일을 하기에 아직 때가 이름.

市道之交(시도지교) [72723260] 管鮑之交 참조. 시장과 길거리에서 이루어지는 사귐. 단지 이익만을 위한 사귐. <출> 史記

時不可失(시불가실) [72725060] 勿失好機 참조. 때를 잃어버리면 안됨. 좋은 기회는 한번 지나가면 다시 잡기가 어려움. <출> 상서(尙書) 태서(泰誓)편.

是非曲直(시비곡직) [42425072] 옳고 그르고 굽고 곧음.

是非之心(시비지심) [42423270] 사람의 본성에서 우러나오는 옳고 그름을 가릴 줄 아는 마음. 知의 실마리가 되는 마음. <출> 맹자의 四端 중 하나

視死如歸(시사여귀) [42604240] 視死如生 참조. 죽음을 두려워하지 않고 마치 고향으로 돌아가듯이 여김.

視死如生(시사여생) [42604280] 죽음을 보기를 삶처럼 여김. 죽음을 두려워하지 않음. (유) 視死如歸 <출> . <출> 장자

時事用語(시사용어) [72726270] 당시에 일어난 여러 가지 사회적 사건에 관련된 용어.

屍山血海(시산혈해) [20804272] 시체가 산같이 쌓이고 피가 바다같이 흐름.

是是非非(시시비비) [42424242] 여러 가지의 잘잘못. 서로 옳고 그름을 따지는 일 <출> 순자

市場物價(시장물가) [72727252] 저자(시장)에서 거래되는 물건의 값.

市井雜輩(시정잡배) [72324032] 시정에 떠돌아다니는 점잖지 못한 무리.

始終如一(시종여일) [62504280] 처음부터 끝까지 변함없이 한결같음.

始終一貫(시종일관) [62508032] 일 따위를 처음부터 끝까지 한결같이 함.

施行錯誤(시행착오) [42603242] 행동에 잘못을 저지름, 시행과 착오를 되풀이하다가 점차 목표에 도달할 수 있게 된다는 원리.

時和年豊(시화연풍) [72628042] 나라가 태평하고 풍년이 듦.

食少事煩(식소사번) [72707230] 먹는 것은 적고, 하는 일은 많음. 건강을 돌보지 않고 일만 함, 생기는 것도 없이 헛되이 바쁨. 삼국 시대 위나

라의 사마의가 제갈량을 두고 한 말에서 유래. 食少事煩이었던 제갈량은 결국 병이들어 54세에 죽음.

識字憂患(식자우환) [52703250] 학식이 있는 것이 오히려 근심을 사게 됨. 소동파(蘇東坡) 석창서취묵당(石蒼舒醉墨堂).

新聞記者(신문기자) [62627260] 새로운 소식을 실어 나르는 신문에 실을 자료를 수집, 집필, 편집하는 사람.

紳士協定(신사협정) [20524260] 점잖은 사람들의 협정, 서로 상대편을 믿고 맺는 비공식적 협정. (유) 紳士協約

信賞必罰(신상필벌) [62505242] 공이 있는 자에게는 반드시 상을 주고, 죄가 있는 사람에게는 반드시 벌을 줌. 상과 벌을 공정하고 엄중하게 하는 일.

申申當付(신신당부) [42425232] 거듭하여 간곡히 하는 당부.

申申付託(신신부탁) [42423220] 거듭하여 간곡히 하는 부탁.

身言書判(신언서판) [62606240] 중국 당나라 때에 관리를 선출하던 네 가지 표준. 예전에, 인물을 선택하는 데 표준으로 삼던 조건인 몸가짐, 말솜씨, 글씨쓰기, 판단력.

信用社會(신용사회) [62626262] 거래 따위가 서로간의 믿음으로 움직이는 사회.

信之無疑(신지무의) [62325040] 꼭 믿고 의심하지 아니함.

新陳代謝(신진대사) [62326242] 새로운 것을 늘어놓아 물러난 것을 대신함, 생물체가 생명 활동에 쓰는 물질을 생성하고 필요하지 않은 물질을 몸 밖으로 내보내는 작용.

身體髮膚(신체발부) [62624020] 몸과 머리털과 피부, 몸 전체를 이르는 말.

神出鬼沒(신출귀몰) [62703232] 귀신같이 나타났다가 귀신같이 사라짐. 그 움직임을 쉽게 알 수 없을 만큼 자유자재로 나타나고 사라짐. 회남자(淮南子) 병략훈(兵略訓).

身土不二(신토불이) [62807280] 몸과 땅은 둘이 아니고 하나라는 뜻으로, 자기가 사는 땅에서 산출한 농산물이라야 체질에 잘 맞음을 이르는 말.

腎虛腰痛(신허요통) [20423040] 신장의 기능이 쇠약하거나 지나친 房事(방사)로 허리가 아픈 증상.

室內溫度(실내온도) [80726060] 방안 또는 건물 안의 따뜻함과 차가움의 정도. 또는 그것을 나타내는 수치.

實事求是(실사구시) [52724242] 사실에 토대를 두어 진리를 탐구하는 일. 정확한 고증을 바탕으로 하는 과학적 객관적 학문 태도. 淸나라 고증학의 학문 태도. 조선 시대 실학파의 학문. <출> 한서(漢書) 하간헌왕덕전(河間獻王德傳).

實陳無諱(실진무휘) [52325010] 以實直告 참조. 사실대로 진술하고 숨기는 바가 없음.

心機一轉(심기일전) [70408040] 이제까지 가졌던 마음가짐을 버리고 새로이 함.

深思熟考(심사숙고) [42503250] 깊이 잘 생각함. (유) 深思熟慮

深思熟慮(심사숙려) [42503240] 深思熟考 참조. 깊이 잘 생각함.

深山幽谷(심산유곡) [42803232] 깊은 산속의 으슥한 골짜기.

心心相印(심심상인) [70705242] 以心傳心 참조. 마음과 마음으로 서로 통함.

心在鴻鵠(심재홍곡) [70603010] 학업을 닦으면서 마음은 다른 곳에 씀. 바둑을 두면서 마음은 기러기나 고니가 날아오면 쏘아 맞출 것만 생각한다면 성취가 없을 것이라는 맹자(孟子)의 말씀에서 유래. <출> 맹자(孟子) 고자장구상(告子章句上).

十年減壽(십년감수) [80804232] 수명이 십 년이 줄어듦. 위험한 고비를 겪음을 비유.

十年窓下(십년창하) [80806272] 十年寒窓 참조. 십년을 창을 내리고 사람의 방문을 받지 않음.

十年寒窓(십년한창) [80805062] 십년 동안 사람이 오지 않아 쓸쓸한 창문. 오랫동안 두문불출(杜門不出)하고 열심히 공부한 세월. 유기(劉祁)의 귀잠지(歸潛志). (유) 十年窓下

十目所視(십목소시) [80607042] 여러 사람이 다 보고 있음. 세상 사람을 속일 수 없음. 대학(大學).

十伐之木(십벌지목) [80423280] 열 번 찍어 베는 나무. 열 번 찍어 안 넘어가는 나무가 없음.

十步芳草(십보방초) [80423270] 열 걸음 안에 아름다운 꽃과 풀이 있음. 세상에는 훌륭한 사람이 많음. 한(漢)나라 유향(劉向)의 설원(說苑).

十生九死(십생구사) [80808060] 九死一生 참조. 아홉 번 죽을 뻔하고 열 번을 살아남.

十匙一飯(십시일반) [80108032] 밥 열 술이 밥 한 그릇이 됨. 여러 사람이 조금씩 힘을 합하면 한 사람을 돕기 쉬움.

十二指腸(십이지장) [80804240] 손가락 12개를 옆으로 늘어놓은 길이의 창자(실제 길이는 25~30cm로 12지 보다는 긺), 작은 창자 가운데 幽門(유문)에 이어지는 부분.

十日之菊(십일지국) [80803232] 한창때인 9월 9일이 지난 9월 10일의 국화. 이미 때가 늦은 일.

十顚九倒(십전구도) [80108032] 七顚八倒 참조. 열 번 구르고 아홉 번 거꾸러짐.

十中八九(십중팔구) [80808080] 열 가운데 여덟이나 아홉 정도, 거의 대부분이거나 거의 틀림없음을 이름.

十寒一曝(십한일폭) [80508010] 열흘 동안 춥다가 하루 볕이 쬠. 일이 꾸준하게 진행되지 못하고 중간에 자주 끊김. <출> 맹자(孟子) 고자상(告子上). (유) 一曝十寒

雙務協定(쌍무협정) [32424260] 쌍방이 서로 대등한 의무를 지는 협정.

阿房羅刹(아방나찰) [32424220] 지옥에 있는 獄卒(옥졸). 소머리에 사람의 손을 가지고 있고 발에는 소 발굽이 달려 있다고 하며, 산을 뽑아 들 만한 힘에 강철 창을 들고 있다고 함.

阿鼻叫喚(아비규환) [32503010] 아비지옥과 규환지옥. 여러 사람이 비참한 지경에 빠져 울부짖는 참상.

阿修羅場(아수라장) [32424272] 아수라왕이 제석천과 싸운 마당, 싸움이나 그 밖의 다른 일로 큰 혼란에 빠진 곳. 또는 그런 상태.

我田引水(아전인수) [32424280] 자기 논에 물 대기. 자기에게만 이롭게 되도록 생각하거나 행동함.

握髮吐哺(악발토포) [20403210] 吐哺握髮 참조. 감고 있던 머리를 거머쥐고 먹던 것을 뱉고 영접함.

惡衣惡食(악의악식) [52605272] 錦衣玉食 참조. 너절하고 조잡한 옷을 입고 맛없는 음식을 먹음. 또는 그 옷이나 음식. (유) 粗衣惡食, 粗衣粗食 (상) 錦衣玉食, 好衣好食

惡戰苦鬪(악전고투) [52626040] 매우 어려운 조건을 무릅쓰고 싸우고 고생스럽게 싸움.

安居危思(안거위사) [72404050] 亡羊補牢 참조. 편안할 때에 어려움이 닥칠 것을 미리 대비함.

眼高手卑(안고수비) [42627232] 눈은 높으나 재주가 낮음. 이상만 높고 실천이 따르지 못함. (유) 眼高手低

眼高手低(안고수저) [42627242] 眼高手卑 참조. 눈은 높으나 재주가 낮음.

安分自足(안분자족) [72627272] 자기 분수를 편안히 여기고 스스로 넉넉하다고 여김.

安分知足(안분지족) [72625272] 편안한 마음으로 제 분수를 지키며 만족할 줄을 앎.

安貧樂道(안빈낙도) [72426272] 가난한 생활을 하면서도 편안한 마음으로 도를 즐겨 지킴. (유) 淸貧樂道

安心立命(안심입명) [72707270] 불성(佛性)을 깨닫고 삶과 죽음을 초월함으로써 마음의 편안함을 얻음.

眼中無人(안중무인) [42805080] 傍若無人 참조. 눈 아래에 사람이 없음. 방자하고 교만하여 다른 사람을 업신여김.

眼中之人(안중지인) [42803280] 눈 속에 있는 사람. 정(情)든 사람. 눈앞에 있는 사람이나 눈앞에 없어도 평생 사귄 사람을 일컬음.

眼下無人(안하무인) [42725080] 傍若無人 참조. 눈 아래에 사람이 없음. 방자하고 교만하여 다른 사람을 업신여김.

安閑自適(안한자적) [72407240] 悠悠自適 참조. 평화롭고 한가하여 마음 내키는 대로 즐김.

謁聖及第(알성급제) [30423262] 조선 시대에, 임금이 성균관 문묘에 참배[謁聖]한 뒤 보이는 과거시험에 합격하던 일.

暗衢明燭(암구명촉) [42106230] 어두운 거리에 밝은 등불. 삶의 지혜를 제공하는 책.

暗中摸索(암중모색) [42801032] 물건 따위를 어둠 속에서 더듬어 찾음. 어림으로 무엇을 알아내거나 찾아내려 함. 은밀한 가운데 일의 실마리나 해결책을 찾아내려 함. 수당가화(隋唐佳話). (유) 暗索

暗行御史(암행어사) [42603252] 자기의 정체를 숨기고 순행하는 어사, 조선시대에, 임금의 특명을 받아 지방관의 치적과 비위를 탐문하고 백성의 어려움을 살펴서 개선하는 일을 맡아 하던 임시 벼슬.

殃及池魚(앙급지어) [30323250] 엉뚱하게 재난을 당함. 성문(城門)에 난 불을 못물로 끄니 그 못의 물고기가 다 죽었다는 데서 유래. 여씨춘추(呂氏春秋) 필기편(必己編). (유) 橫來之厄, 橫厄, 池魚之殃

仰望不及(앙망불급) [32527232] 우러러 보아도 미치지 못함.

仰天大笑(앙천대소) [32708042] 터져 나오는 웃음을 참을 수 없거나 어이가 없어서 하늘을 쳐다보고 크게 웃음.

哀乞伏乞(애걸복걸) [32304030] 소원이나 요구 따위를 들어 달라고 애처롭게 빌며 엎드려 간절히 빎.

愛國愛族(애국애족) [60806060] 나라와 겨레를 사랑함.

曖昧模糊(애매모호) [10104010] 말이나 태도 따위가 희미하고 흐려 분명하지 아니함.

哀而不悲(애이불비) [32307242] 슬프지만 겉으로는 슬픔을 나타내지 아니함.

愛之重之(애지중지) [60327032] 사랑하고 소중히 여김.

野球選手(야구선수) [60625072] 야구에서 공격과 수비를 전문으로 하는 사람.

夜郎自大(야랑자대) [60327280] 용렬하거나 우매한 무리 가운데서 가장 세력이 있어 잘난 체하고 뽐냄을 이름. 漢나라 때에 서남쪽의 오랑캐 가운데서 야랑국이 가장 세력이 강하여 오만한 데서 유래. <출> 사기(史記) 서남이(西南夷)열전.

野生動物(야생동물) [60807272] 산이나 들에서 저절로 나서 자라는 동물.

野生植物(야생식물) [60807072] 산이나 들에서 저절로 나서 자라는 식물.

夜以繼晝(야이계주) [60524060] 不撤晝夜 참조. 밤에도 낮을 이어 일하고 공부함.

夜行被繡(야행피수) [60603210] 錦衣夜行 참조. 밤에 비단옷을 입고 다님.

藥籠中物(약롱중물) [62208072] 약롱 속의 약품. 꼭 필요한 사람. 가까이 사귀어 자기편으로 만든 사람. 병을 고치는 약처럼 사람의 잘못을 고치도록 하는 것. (유) 藥籠之物

藥籠之物(약롱지물) [62203272] 藥籠中物 참조. 약롱 속의 약품.

藥房甘草(약방감초) [62424070] 감초가 거의 모든 처방에 들어가는 데서, 아무 일에나 간섭하려 드는 사람, 어떤 일에서든지 두루 통하는 사람 등을 이름.

約法三章(약법삼장) [52528060] 한(漢)나라 고조가 진(秦)나라 군사를 격파하고 함양(咸陽)에 들어가서 지방의 유력자들과 약속한 세 조항의 법. 사람을 살해한 자는 사형에 처하고, 사람을 상해하거나 남의 물건을 훔친 자는 처벌한다는 내용. (유) 法三章

藥石之言(약석지언) [62603260] 사람의 병을 고치는 약과 돌바늘 같은 말, 남의 잘못을 훈계하여 그것을 고치는 데에 도움이 되는 말을 이름.

弱肉強食(약육강식) [62426072] 약한 자가 강한 자에게 먹힘. 강한 자가 약한 자를 희생시켜서 번영함. 약한 자는 끝내 강한 자에게 멸망함. 한창려집(韓昌黎集) 송부도문창사서(送浮屠文暢師序).

良禽擇木(양금택목) [52324080] 새도 가지를 가려 앉음. 현명한 선비는 좋은 군주를 가려서 섬김.

讓渡所得(양도소득) [32327042] 토지나 건물 따위의 자산을 양도함으로써 발생하는 소득.

羊頭狗肉(양두구육) [42603042] 양의 머리를 걸어 놓고 개고기를 팖(懸羊頭賣馬肉). 겉보기만 그럴듯하고 속은 변변하지 아니함. 안자춘추(晏子春秋) 내편(內篇). (유) 羊質虎皮

陽奉陰違(양봉음위) [60524230] 面從腹背 참조. 겉으로는 받들고 속으로는 어긋남.

梁上君子(양상군자) [32724072] 綠林豪傑 참조. 들보 위의 군자. 도둑을 완곡하게 이름. <출> 후한서(後漢書) 진식전(陳寔傳).

良藥苦口(양약고구) [52626070] 병에 이로운 좋은 약은 입에 씀. 충언(忠言), 간언(諫言), 금언(金言)은 귀에 거슬리나 자신에게 이로움. 공자가어(孔子家語) 육본편(六本篇), 설원(說苑) 정간편(正諫篇).

兩者擇一(양자택일) [42604080] 둘 중에서 하나를 고름.

羊質虎皮(양질호피) [42523232] 羊頭狗肉 참조. 속은 양이고 거죽은 범. 본바탕은 아름답지 아니하면서 겉모양만 꾸밈.

量體裁衣(양체재의) [50623260] 몸에 맞게 옷을 고침. 구체적인 상황에 근거하여 문제나 일을 처리함. 남제서(南齊書) 장융전(張融傳).

陽春佳節(양춘가절) [60703252] 따뜻한 봄날의 좋은 시절.

楊布之狗(양포지구) [30423230] 겉모습이 변한 것을 보고, 속까지 변해버렸다고 판단하는 사람. 양포(楊布)가 외출할 때는 흰 옷을 입고 나갔다가 비를 맞아 검은 옷으로 갈아입고 돌아왔는데, 양포의 개가 알아보지 못하고 짖어대서 개를 때리려 했더니, 형 양주(楊朱)가 말하기를 "네 개가 나갈 때는 흰 옷을 입고 나갔다가 검은 옷을 입고 돌아온다면 너 역시 괴상하게 여기지 않겠냐"고 나무랐던 일화에서 유래. . <출> 열자(列子) 설부편(說符篇).

養虎遺患(양호유환) [52324050] 범을 길러서 화근을 남김. 화근이 될 것을 길러서 후환을 당하게 됨. <출> 사기(史記) 항우본기(項羽本紀). (유) 養虎後患

養虎後患(양호후환) [52327250] 養虎遺患 참조. 범을 길러서 뒷날의 화근을 남김.

魚東肉西(어동육서) [50804280] 제사상을 차릴 때, 생선 반찬은 동쪽에 놓고 고기 반찬은 서쪽에 놓는 일.

魚頭肉尾(어두육미) [50604232] 물고기 머리와 짐승 고기의 꼬리, 맛있다는 고기 부위를 이름.

魚魯不辨(어로불변) [50127230] 目不識丁 참조. 어(魚) 자와 노(魯) 자를 구별하지 못함. 아주 무식함.

魚網鴻離(어망홍리) [50203040] 물고기를 잡으려고 쳐 놓은 그물에 기러기가 걸림. 구하는 것이 아닌 딴것을 얻음. 남의 일로 엉뚱하게 화를 입게 됨.

魚目燕石(어목연석) [50603260] 진짜와 비슷하나 본질은 완전히 다른 것. 물고기의 눈과 중국 연산(燕山)에서 나는 돌은 구슬처럼 보이나 구슬이 아니라는 데서 유래. (유) 魚目

魚變成龍(어변성룡) [50526240] 물고기가 변하여서 용이 됨. 아주 곤궁하던 사람이 부귀를 누리게 되거나 보잘것없던 사람이 큰 인물이 됨.

漁夫之利(어부지리) [50703262] 犬兔之爭 참조. 어부의 이익. <출> 전국책(戰國策) 연책(燕策).

漁父之利(어부지리) [50803262] 犬兔之爭 참조. 어부의 이익. <출> 전국책(戰國策) 연책(燕策).

語不成說(어불성설) [70726252] 말이 조금도 사리에 맞지 아니함. (유) 萬不成說, 不成說

魚水之交(어수지교) [50803260] 管鮑之交 참조. 물고기와 물의 사귐.

魚水之親(어수지친) [50803260] 管鮑之交 참조. 물고기와 물의 친함.

魚遊釜中(어유부중) [50401280] 물고기가 솥 안에서 노님. 살아 있기는 하여도 생명이 얼마 남지 아니하였음. 상황이 극히 위험한 상태. <출> 후한서(後漢書) 장강(張綱)전. (유) 釜中之魚

漁人之功(어인지공) [50803262] 犬兔之爭 참조. 어부의 공로.

御前會議(어전회의) [32726242] 임금의 앞에서 중신들이 모여 국가 대사를 의논하던 회의.

抑強扶弱(억강부약) [32603262] 강한 자를 억누르고 약한 자를 도와줌. (상) 抑弱扶強

億萬長者(억만장자) [50808060] 헤아리기 어려울 만큼 많은 재산을 가진 큰부자.

抑弱扶強(억약부강) [32623260] 抑強扶弱 참조. 약한 자를 억누르고 강한 자를 도움.

億兆蒼生(억조창생) [50323280] 수많은 무성한 생물, 수많은 백성을 이름.

抑何心情(억하심정) [32327052] 도대체 무슨 심정이냐라는 뜻으로, 무슨 생각으로 그러는지 마음을 알 수 없음을 이름.

焉敢生心(언감생심) [30408070] 敢不生心 참조. 어찌 감히 그런 생각을 하는가?

言去言來(언거언래) [60506070] 說往說來 참조. 말이 오고 감.

言近旨遠(언근지원) [60602060] 말은 쉬우나 뜻은 심오함.

言三語四(언삼어사) [60807080] 說往說來 참조. 말을 여러 번 주고받음.

言笑自若(언소자약) [60427232] 談笑自若 참조. 웃고 이야기하며 침착함.

言語道斷(언어도단) [60707242] 말할 길이 끊어짐. 어이가 없어서 말하려 해도 말할 수 없음. (유) 道斷, 言語同斷

言語同斷(언어동단) [60707042] 言語道斷 참조. 말씀이 함께 끊어짐.

言往說來(언왕설래) [60425270] 說往說來 참조. 말이 오고 감.

言往言來(언왕언래) [60426070] 說往說來 참조. 말이 오고 감.

言中有骨(언중유골) [60807040] 말 속에 뼈가 있음. 예사로운 말 속에 단단한 속뜻이 들어 있음. (유) 言中有言, 言中有響

言中有言(언중유언) [60807060] 言中有骨 참조. 말 속에 말이 있음. 예사로운 말 속에 어떤 풍자나 암시가 들어 있음.

言中有響(언중유향) [60807032] 言中有骨 참조. 말 속에 울림이 있음. 내용 이상의 깊은 뜻이 있음.

言則是也(언즉시야) [60504230] 말인즉 옳음. 말하는 것이 사리에 맞음.

言行相反(언행상반) [60605262] 말과 행동이 서로 반대됨.

言行一致(언행일치) [60608050] 말과 행동이 서로 같음, 말한 대로 실행함.

嚴冬雪寒(엄동설한) [40706250] 몹시 추운 겨울철 눈 내리기 전후의 심한 추위.

掩目捕雀(엄목포작) [10603210] 눈을 가리고 참새를 잡으려 함. 일을 불성실하게 하는 것에 대한 경계.

嚴父慈母(엄부자모) [40803280] 엄격한 아버지와 사랑이 깊은 어머니, 아버지는 자식들을 엄격히 다루어야 하고 어머니는 자식들을 깊은 사랑으로 보살펴야 함을 이름.

掩耳盜鈴(엄이도령) [10504010] 귀를 막고 방울을 훔침. 모든 사람이 그 잘못을 다 알고 있는데 얕은꾀를 써서 남을 속이려 함. <출> 여씨춘추(呂氏春秋) 불구론(不苟論)의 자지편(自知篇).

嚴妻侍下(엄처시하) [40323272] 엄한 아내를 모시고 있는 처지, 아내에게 쥐여사는 남편의 처지를 놀림조로 이름.

如鼓琴瑟(여고금슬) [42323212] 거문고와 비파를 타는 것과 같음. 부부 사이가 다정하고 화목함.

如履薄氷(여리박빙) [42323250] 살얼음을 밟는 것과 같음. 아슬아슬하고 위험한 일. (유) 履氷

與民同樂(여민동락) [40807062] 임금이 백성과 함께 즐김. (유) 與民偕樂

與民偕樂(여민해락) [40801062] 與民同樂 참조. 임금이 백성과 함께 즐김.

與世推移(여세추이) [40724042] 세상이 변하는 대로 따라 변함. (유) 與世浮沈

如是我聞(여시아문) [42423262] 이와 같이 나는 들었다라는 뜻, 모든 불경의 첫머리에 붙은 말로, 불경이 만들어 낸 말이 아니라 석가모니로부터 들은 내용을 전하는 것이라는 것을 밝히는 것임.

呂氏春秋(여씨춘추) [12407070] 秦(진)나라의 呂不韋(여불위)가 학자들에게 편찬하게 한 史論書(사론서).

與羊謀肉(여양모육) [40423242] 與狐謀皮 참조. 양에게 양고기를 내어 놓으라고 꼬임.

如魚得水(여어득수) [42504280] 물고기가 물을 얻은 것과 같음. 마음에 맞는 사람을 얻거나 자신에게 매우 적합한 환경을 얻게 됨. 유비(劉備)가 제갈량(諸葛亮)을 얻었을 때 한 말에서 유래. <출> 삼국지(三國志) 촉서(蜀書) 제갈량(諸葛亮)전.

如鳥數飛(여조삭비) [42427042] 학습(學習). 배우고 익히는 것은 새가 자주 날갯짓하는 것과 같다는 뜻. <출> 논어(論語) 학이(學而) 편 주자(朱子) 註.

女尊男卑(여존남비) [80427232] 사회적 지위나 권리에 있어 여자를 남자보다 우대하고 존중하는 일. (상) 男尊女卑

旅進旅退(여진여퇴) [52425242] 附和雷同 참조. 줏대 없이 물러나고 나아가는 것을 무리와 함께 함.

如出一口(여출일구) [42708070] 異口同聲 참조. 여러 사람의 말이 한 입에서 나온 것과 같음.

如風過耳(여풍과이) [42625250] 馬耳東風 참조. 바람이 귀를 통과하는 것과 같음.

女必從夫(여필종부) [80524070] 아내는 반드시 남편을 따라야 함.

如合符節(여합부절) [42603252] 부절이 일치하듯 사물이 꼭 들어 맞음.

旅行案內(여행안내) [52605072] 여행하는 사람의 편의를 위하여 교통 여건이나 숙소, 명승고적 따위를 안내하는 일.

與狐謀皮(여호모피) [40103232] 여우에게 가죽을 내어 놓으라고 꼬임. 근본적으로 이룰 수 없는 일. 태평어람(太平御覽) 권208. (유) 與羊謀肉, 與虎謀皮

與虎謀皮(여호모피) [40323232] 與狐謀皮 참조. 호랑이에게 가죽을 내어 놓으라고 꼬임.

易地思之(역지사지) [40705032] 처지를 바꾸어서 생각하여 봄.

淵蓋蘇文(연개소문) [12323270] 고구려의 정치가. 장군.

捐金沈珠(연금침주) [10803232] 재물을 가벼이 보고 부귀를 탐하지 않음. 금을 산에 버리고 구슬을 못에 빠뜨린다(捐金於山, 沈珠於淵)는 말에서 유래. 반고(班固)의 동도부(東都賦).

連帶責任(연대책임) [42425252] 두 사람 이상이 함께 지는 책임.

鉛刀一割(연도일할) [40328032] 납으로 만든 칼로 한 번 벰. 자기의 힘이 없음을 겸손하게 이르는 말. 다시는 쓰지 못함. 우연히 얻게 된 공명이나 영예.

連絡不絶(연락부절) [42327242] 왕래가 잦아 소식이 끊이지 아니함. (유) 絡繹不絶

連理比翼(연리비익) [42625032] 琴瑟之樂(금실지락) 참조. 비익조(比翼鳥)와 연리지(連理枝). 부부 사이가 아주 화목함.

聯立內閣(연립내각) [32727232] 둘 이상의 정당 대표로 구성되는 내각.

年末年始(연말연시) [80508062] 한 해의 마지막 때와 새해의 첫머리를 아울러 이름.

緣木求魚(연목구어) [40804250] 나무에 올라가서 물고기를 구함. 도저히 불가능한 일. <출> 맹자(孟子) 양혜왕(梁惠王) 편. (유) 上山求魚, 與狐謀皮

年富力強(연부역강) [80427260] 나이가 젊고 기력이 왕성함.

鳶飛魚躍(연비어약) [10425030] 솔개가 날고 물고기가 뜀. 온갖 동물이 생을 즐김. <출> 시경(詩經) 대아(大雅) 한록편(旱麓篇).

連席會議(연석회의) [42606242] 둘 이상의 회의체가 합동으로 여는 회의.

連鎖反應(연쇄반응) [42326242] 연결된 사슬처럼 자극에 대한 대응이 잇달음.

燕雁代飛(연안대비) [32306242] 제비가 날아올 때는 기러기가 날아가고 기러기가 날아올 때에는 제비가 날아가 서로 교체하여 각각 다른 방향으로 감. 사람의 일이 서로 어긋남.

戀愛小說(연애소설) [32608052] 남녀 간의 사랑을 주제로 하는 소설.

年月日時(연월일시) [80808072] 해와 달과 날과 시를 아울러 이르는 말.

連載小說(연재소설) [42328052] 신문이나 잡지 따위에 계속해서 매회 싣는 소설.

連戰連勝(연전연승) [42624260] 싸울 때마다 계속하여 이김.

年中行事(연중행사) [80806072] 해마다 일정한 시기를 정하여 놓고 하는 행사.

軟體動物(연체동물) [32627272] 연한 동물, 뼈가 없는 동물로 달팽이, 문어, 조개 따위 등이 해당된다.

煙霞痼疾(연하고질) [42101032] 연하(煙霞; 안개와 노을, 고요한 산수의 경치)를 몹시 사랑하고 즐기는 성벽(性癖). (유) 煙霞之癖, 泉石膏肓

煙霞之癖(연하지벽) [42103210] 煙霞痼疾 참조. 고요한 산수의 경치를 몹시 사랑하고 즐기는 성벽.

燕鴻之歎(연홍지탄) [32303240] 가을에 여름새인 제비는 남쪽으로 날아가고 겨울새인 기러기는 북쪽으로 날아가서 서로 만나지 못하여 탄식함. 길이 어긋나서 서로 만나지 못하여 탄식함.

閻羅大王(염라대왕) [12428080] 저승을 다스리는 왕, 지옥에 떨어지는 사람이 지은 생전의 선악을 심판함.

炎涼世態(염량세태) [32327242] 세력이 있을 때는 아첨하여 따르고 세력이 없어지면 푸대접하는 세상인심. (유) 世態炎涼

厭世主義(염세주의) [20727042] 세계나 인생을 비참한 것으로 보아 싫어하며, 개혁이나 진보는 불가능하다고 보는 경향이나 태도.

斂膝端坐(염슬단좌) [10104232] 무릎을 거두고 옷자락을 바로 하여 단정히 앉음 (유) 斂膝危坐, 斂膝跪坐

榮枯盛衰(영고성쇠) [42304232] 꽃피고 마르고 번성하고 쇠락함. 천지의 시운(時運)이 끊임없이 변화하고 순환하는 일. 인생이나 사물의 번성함과 쇠락함이 서로 바뀜. (유) 興亡盛衰

榮枯一炊(영고일취) [42308020] 南柯一夢 참조. 인생이 꽃피고 시드는 것은 한번 밥짓는 순간같이 덧없고 부질없음. 唐나라 소년 노생(盧生)이 도사인 여옹(呂翁)의 베개를 빌려 베고 잠이 들어 부귀영화를 누리며 80세까지 산 꿈을 꾸었는데, 깨어 보니 아까 주인이 짓던 조밥이 채 익지 않았더라는 데서 유래.

永久不變(영구불변) [60327252] 오래도록 변하지 아니함.

零細業者(영세업자) [30426260] 작고 가늘어 보잘것 없는 생산 규모와 적은 자본을 가지고 기업을 운영하는 상공업자.

營養失調(영양실조) [40526052] 5영양이 조화를 잃음, 영양소의 부족 또는 과잉으로 일어나는 신체의 이상 상태.

營業停止(영업정지) [40625050] 영업을 못하게 함, 단속 규정을 위반하였을 때, 행정 처분에 의하여 일정 기간 영업을 못하게 하는 일.

英雄豪傑(영웅호걸) [60503240] 영웅과 호걸을 아울러 이름.

英才敎育(영재교육) [60628070] 뛰어난 재능을 지닌 사람의 재능을 훌륭하게 발전시키기 위한 특수 교육.

英韓辭典(영한사전) [60804052] 영어를 한국어로 풀이한 사전.

映畫俳優(영화배우) [40602040] 영화에 출연하는 연기자.

藝文類聚(예문유취) [42705212] 唐(당)나라의 歐陽詢(구양순)이 편찬한 백과사전류의 책.

曳尾塗中(예미도중) [10323080] 벼슬을 하지 않고 한가롭게 지냄. 莊子가 거북이

가 죽어서 대접받기 보다는 살아서 흙 속에서 꼬리를 끌며 다니기를 바랄 것이라며 벼슬을 거부한데서 유래. <출> . <출> 장자(莊子) 추수(秋水)편.

禮尙往來(예상왕래) [60324270] 예절은 서로 왕래하여 사귐을 귀하게 여긴다는 말.

禮儀凡節(예의범절) [60403252] 일상생활에서 갖추어야 할 모든 예의와 절차.

五車之書(오거지서) [80723262] 汗牛充棟 참조. 다섯 수레의 책.

五穀百果(오곡백과) [80407062] 대표적으로 벼, 보리, 콩, 조, 기장의 곡식 곧 온갖 곡식과 과실을 이르는 말.

五里霧中(오리무중) [80703080] 오리나 되는 짙은 안개 속. 무슨 일에 대하여 방향이나 갈피를 잡을 수 없음. 2001년 올해의 사자성어. <출> 후한서(後漢書) 장해전(張楷傳).

寤寐不忘(오매불망) [10107230] 자나 깨나 잊지 못함. (유) 寤寐思服

寤寐思服(오매사복) [10105060] 寤寐不忘 참조. 자나 깨나 늘 생각함.

吾不關焉(오불관언) [30725230] 나는 관계하지 않음. (유) 袖手傍觀

吾鼻三尺(오비삼척) [30508032] 내 코가 석자. 자기 사정이 급하여 남을 돌볼 겨를이 없음.

烏飛梨落(오비이락) [32423050] 까마귀 날자 배 떨어짐. 아무 관계도 없이 한 일이 공교롭게도 때가 같아 억울하게 의심을 받거나 난처한 위치에 서게 됨.

傲霜孤節(오상고절) [30324052] 차가운 서릿발 속에서도 굴하지 아니하고 외로이 지키는 절개. 국화(菊花). 절개 있는 선비. (유) 五彩玲瓏

五色玲瓏(오색영롱) [80701210] 여러 가지 색이 한데 섞이어 매우 빛남.

吾舌尙在(오설상재) [30403260] 나의 혀는 아직 있음. 아직도 천하를 움직일 수 있는 힘이 있음. <출> 전국시대 장의(張儀)의 말로, 과연 그는 혀(언변) 하나로 진(秦)나라의 재상이 되어 연횡책(連衡策)으로 일찍이 소진(蘇秦)이 이룩한 합종책(合縱策)을 깨고 진의 세력을 공고히 함. <출> 사기(史記) 장의열전(張儀列傳).

五十笑百(오십소백) [80804270] 조금 낫고 못한 정도의 차이는 있으나 본질적으로는 차이가 없음. 양(梁)나라 혜왕(惠王)이 정사(政事)에 관하여 孟子에게 물었을 때, 전쟁에 패하여 어떤 자는 백 보를, 또 어떤 자는 오십 보를 도망했다면, 도망한 것에는 양자의 차이가 없으므로 오십보 도망간 자가 백보를 도망간 자를 비웃을 수 없다고 대답한 데서 유래. (유) 五十步百步, 大同小異, 小異大同

五言金城(오언금성) [80608042] 五言長城 참조. 오언이 쇠로 만든 성과 같음.

五言長城(오언장성) [80608042] 오언이 만리장성과 같음. 오언의 시에 매우 능숙함. (유) 五言金城

五言絶句(오언절구) [80604242] 漢詩(한시)에서 한 구가 다섯 글자로 된 절구.

吾亦不知(오역부지) [30327252] 나 또한 알지 못함.

吳牛喘月(오우천월) [12501080] 懲羹吹虀 참조. 吳牛(물소)가 더위를 두려워한 나머지 밤에 달이 뜨는 것을 보고도 해인가 하고 헐떡거림. 간이 작아 공연한 일에 미리 겁부터 내고 허둥거림. 또는 그런 사람. <출> 세설신어(世說新語) 언어편(言語篇).

烏雲之陣(오운지진) [32523240] 까마귀나 구름이 모였다 흩어졌다 하듯, 출몰(出沒) 변화가 자유자재한 진법(陣法). 육도(六韜) 표도(豹韜) 편 오운산병(烏雲山兵) 조.

吳越同舟(오월동주) [12327030] 서로 적의를 품은 사람들이 한자리에 있게 된 경우나 서로 협력하여야 하는 상황. <출> 춘추전국시대에, 서로 적대 관계인 吳나라의 왕 부차(夫差)와 越나라의 왕 구천(句踐)이 같은 배를 탔으나 풍랑을 만나서 서로 단합하여야 했다는 데서 유래. 손자(孫子) 구지편(九地篇).

五日京兆(오일경조) [80806032] 오래 계속되지 못하는 일. 京兆는 京兆尹의 준말로 지금의 한국의 서울市長에 해당함. 오일 동안 서울시장을 함. <출> 한서(漢書) 장창전(張敞傳). (유) 三日天下

五臟六腑(오장육부) [80328010] 오장과 육부, 내장을 통틀어 이르는 말.

烏鳥私情(오조사정) [32424052] 反哺之孝 참조. 까마귀의 사사로운 정. 지극한 효심. 까마귀가 자라면 그 어미에게 먹이를 물어다 먹이는 데서 유래. 진(晋)나라 이밀(李密)이 쓴 진정표(陳情表).

五風十雨(오풍십우) [80628052] 닷새 동안 바람 불고 열흘 동안 비가 온다는 뜻으로 기후가 아주 고름을 이르는 말.

烏合之卒(오합지졸) [32603252] 까마귀가 모인 것처럼 질서가 없이 모인 병졸. 임시로 모여들어서 규율이 없고 무질서한 병졸 또는 군중. <출> 후한서(後漢書) 경감전(耿龕傳). (유) 烏合之衆, 瓦合之卒

烏合之衆(오합지중) [32603242] 烏合之卒 참조. 까마귀가 모인 것처럼 질서가 없이 모인 무리.

嗚呼痛哉(오호통재) [30424030] '아, 비통하도다'라는 뜻으로, 슬플 때나 탄식할 때 하는 말.

玉骨仙風(옥골선풍) [42405262] 살빛이 희고 고결하여 신선과 같은 풍채.

玉石俱焚(옥석구분) [42603010] 옥과 돌이 함께 불에 탐. 옳은 사람이나 그른 사람의 구별 없이 모두 재앙을 입음. <출> 서경(書經) 하서(夏書) 윤정편(胤征篇). (유) 玉石同碎, 玉石混淆

玉石同櫃(옥석동궤) [42607010] 玉石同匱 참조. 옥과 돌이 같은 궤에 있음. 좋은 것과 나쁜 것, 혹은 똑똑한 사람과 어리석은 사람이 한데 섞여 있는 경우(境遇)를 말함

玉石同碎(옥석동쇄) [42607010] 玉石俱焚 참조. 옥과 돌이 함께 부수어짐.

沃野千里(옥야천리) [12607070] 끝없이 넓은 기름진 들판.

屋烏之愛(옥오지애) [50323260] 그 사람을 사랑하면 그의 집 지붕에 있는 까마귀까지도 사랑스럽게 보임. 깊은 사랑.

屋下架屋(옥하가옥) [50723250] 지붕 아래 또 지붕을 만듦. 선인(先人)들이 이루어 놓은 일을 후세의 사람들이 무익하게 거듭하여 발전한 바가 조금도 없음.

溫故知新(온고지신) [60425262] 옛것을 익히고 그것을 미루어서 새것을 앎. <출> 논어(論語) 위정편(爲政篇).

蝸角之勢(와각지세) [10623242] 蝸角之爭 참조. 달팽이의 더듬이 위의 형세.

蝸角之爭(와각지쟁) [10623250] 달팽이의 더듬이 위에서 싸움. 하찮은 일로 벌이는 싸움. 작은 나라끼리의 싸움. <출> . <출> 장자(莊子) 칙양편(則陽篇). (유) 蝸角觝, 蝸角之勢

瓦釜雷鳴(와부뇌명) [32123240] 기왓가마가 우레와 같은 소리를 내면서 끓음. 별로 아는 것도 없는 사람이 과장해서 말함.

臥薪嘗膽(와신상담) [30103020] 섶에 몸을 눕히고 쓸개를 맛봄. 원수를 갚거나 마음먹은 일을 이루기 위하여 온갖 어려움과 괴로움을 참고 견딤. <출> 춘추시대 吳나라의 왕 부차(夫差)가 아버지의 원수를 갚기 위하여 장작더미 위에서 잠을 자며 越나라의 왕 구천(句踐)에게 복수할 것을 맹세하였고, 그에게 패배한 越나라의 왕 구천이 쓸개를 핥으면서 복수를 다짐한 데서 유래. <출> 사기(史記) 월왕구천세가(越王句踐世家). (유) 嘗膽

蝸牛角上(와우각상) [10506272] 달팽이의 더듬이 위. 세상이 좁음. (유) 蝸角

瓦合之卒(와합지졸) [32603252] 烏合之卒 참조. 쉽게 깨지는 기와를 모아 놓은 듯한 허약한 병졸.

玩物喪志(완물상지) [10723242] 아끼고 좋아하는 물건을 가지고 노는 데 팔려 소중한 자기의 본심을 잃음.

完璧歸趙(완벽귀조) [50104012] 빌린 물건을 정중히 돌려보냄. <출> 전국시대 趙나라의 인상여(藺相如)가 진(秦)나라의 소양왕이 열다섯 성(城)과 화씨(和氏)의 벽(璧)을 바꾸자고 하여 진나라에 갔으나 소양왕이 거짓말을 하고 있다는 것을 알고, 목숨을 걸고 화씨지벽을 고스란히 도로 찾아왔다는 데서 유래.

完全無缺(완전무결) [50725042] 충분히 갖추어져 있어 아무런 결점이 없음.

完全犯罪(완전범죄) [50724050] 범인이 범행의 증거가 될 만한 물건이나 사실을 전혀 남기지 않아 자기의 범행 사실을 완전하게 숨김으로써 성립하는 범죄.

緩衝地帶(완충지대) [32327042] 대립하는 나라들 사이의 충돌을 완화시키기 위하여 설치한 중립 지대.

玩火自焚(완화자분) [10807210] 무모한 일로 남을 해치려다 결국 자신이 해를 입게 됨. 무력이란 불과 같은 것이어서, 단속하지 않으면 장차 자신이 그 불속에서 타게 될 것이라는 노(魯)나라 중중(衆仲)의 말에서 유래. <출> 춘추좌씨전(春秋左氏傳) 은공(隱公) 4년조.

曰可曰否(왈가왈부) [30503040] 어떤 일에 대하여 옳거니 옳지 아니하거니 하고 말함.

王侯將相(왕후장상) [80304252] 제왕, 제후, 장수, 재상을 아울러 이르는 말.

矮人看場(왜인간장) [10804072] 矮子看戲 참조. 키 작은 사람의 마당극 보기.

矮人看戲(왜인간희) [10804032] 矮子看戲 참조. 키 작은 사람의 연극 보기.

矮人觀場(왜인관장) [10805272] 矮子看戲 참조. 키 작은 사람의 마당극 보기.

矮子看戲(왜자간희) [10724032] 키 작은 사람의 연극 보기. 키가 작은 사람이 큰 사람 틈에 끼여 구경은 못하고서 앞사람의 이야기만 듣고는 자기가 본 체 또는 아는 체한다는 데서, 자신은 아무것도 모르면서 남이 그렇다고 하니까 덩달아서 그렇다고 하는 것을 말함. (유) 矮人看場, 矮人看戲, 矮人觀場

外剛內柔(외강내유) [80327232] 外柔內剛 참조. 겉으로 보기에는 강하게 보이나 속은 부드러움.

外交使節(외교사절) [80606052] 국가 간의 외교 교섭을 위하여 외국에 파견되는 국가의 대표자. 또는 대표 기관.

外柔內剛(외유내강) [80327232] 겉으로는 부드럽고 순하게 보이나 속은 곧고 굳셈. (유) 內剛外柔 (상) 外剛內柔, 內柔外剛

要領不得(요령부득) [52507242] 말이나 글 또는 일 따위의 줄거리나 이치를 알 수가 없음. (유) 不得要領

樂山樂水(요산요수) [62806280] 산수(山水)의 자연을 즐기고 좋아함. <출> 논어 (論語) 옹야편(雍也篇).

堯舜時代(요순시대) [12127262] 道不拾遺 참조. 요임금과 순임금이 덕으로 천하를 다스리던 태평한 시대. 치세(治世)의 모범.

堯舜時節(요순시절) [12127252] 道不拾遺 참조. 요임금과 순임금이 덕으로 천하를 다스리던 태평한 시절.

堯舜之節(요순지절) [12123252] 道不拾遺 참조. 요임금과 순임금이 덕으로 천하를 다스리던 태평한 시절.

燎原之火(요원지화) [10503280] 벌판을 태우며 나가는 불. 세력이 매우 대단하여 막을 수 없음. <출> 서경(書經) 반경(盤庚). (유) 破竹之勢, 勢如破竹

搖之不動(요지부동) [30327272] 흔들어도 꼼짝하지 아니함.

欲蓋彌彰(욕개미창) [32321220] 진상을 감추려 하면 더욱 밝게 드러나게 됨. <출> 춘추시대 주(邾)나라 대부 흑굉(黑肱)이 노나라에 투항하여, 그가 다스렸던 남(濫)땅이 노나라에 편입되었다. 공자는 흑굉으로 인하여 영토의 변동이라는 큰 사건이 발생하였기 때문에 불의를 징벌하기 위해 흑굉의 이름을 남겨야 한다고 주장하고, 그의 이름을 춘추에 기록하였음. <출> 춘추좌씨전(春秋左氏傳) 소공(昭公) 31년조.

欲巧反拙(욕교반졸) [32326230] 잘 만들려고 하다가 도리어 형편없는 물건을 만듦. 너무 잘하려 하면 도리어 잘되지 아니함을 이르는 말.

欲求不滿(욕구불만) [32427242] 하고자 하는 바가 방해받아 만족스럽지 못한 상태.

欲燒筆硯(욕소필연) [32325220] 붓과 벼루를 태워버리고 싶어함. 남이 지은 문장의 뛰어남을 보고 자신의 재주가 그에 미치지 못함을 탄식함.

欲速不達(욕속부달) [32607242] 일을 빨리 하려고 하면 도리어 이루지 못함. <출> 논어(論語) 자로(子路)편.

欲取先予(욕취선여) [32428030] 얻으려면 먼저 주어야 함. <출> 전국시대 진 (晉)나라 임장(任章)의 말에서 유래. <출> 전국책(戰國策)

위책(魏策).

勇氣百倍(용기백배) [62727050] 격려나 응원 따위에 자극을 받아 힘이나 용기를 더 냄.

龍頭蛇尾(용두사미) [40603232] 용의 머리와 뱀의 꼬리. 처음은 왕성하나 끝이 부진한 현상. 벽암록(碧巖錄).

龍門點額(용문점액) [40804040] 시험에 낙제함. 용문을 올라간 잉어는 용이 되고, 그렇지 못한 것은 이마에 점이 찍혀서 돌아간다는 데서 유래. 唐나라 李白의 시 증최시랑(贈崔侍郎). (유) 點額

龍味鳳湯(용미봉탕) [40423232] 용 고기로 맛을 낸 요리와 봉새로 끓인 탕. 膏粱珍味 참조.

龍蛇飛騰(용사비등) [40324230] 용이 날아오르는 듯한 힘이 있는 필력.

用意周到(용의주도) [62624052] 마음 씀이 두루 미쳐 일에 빈틈이 없음.

龍虎相搏(용호상박) [40325210] 용과 범이 서로 치고 싸움, 강자끼리 서로 싸움.

愚公移山(우공이산) [32624280] 우공이 산을 옮김. 어리석은 일 같아도 끝까지 밀고 나가면 목적을 달성할 수 있음. 다는 말. 티끌모아 태산. . <출> 열자(列子) 탕문편(湯問篇). (유) 積土成山, 積小成大, 積塵成山, 塵合泰山, 磨斧爲針, 磨斧作針, 鐵杵成針, 磨杵作鍼, 面壁九年, 水滴穿石, 山溜穿石, 積水成淵

憂國衷情(우국충정) [32802052] 나랏일을 근심하고 염려하는 참된 마음.

愚問賢答(우문현답) [32704272] 어리석은 질문에 대한 현명한 대답.

牛步萬里(우보만리) [50428070] 우직한 소의 걸음이 만리를 간다

偶像崇拜(우상숭배) [32324042] 신 이외의 사람이나 물체를 신앙의 대상으로 숭배하는 일.

雨順風調(우순풍조) [52526252] 비가 때맞추어 알맞게 내리고 바람이 고르게 분다는 뜻으로, 농사에 알맞게 기후가 순조로움을 이르는 말.

優勝劣敗(우승열패) [40603050] 나은 자는 이기고 못난 자는 짐. 생존경쟁(生存競爭)을 이름. (유) 自然淘汰

迂餘曲折(우여곡절) [10425040] 뒤얽혀 복잡하여진 사정.

牛往馬往(우왕마왕) [50425042] 소 갈 데 말 갈 데 다 다님. 함부로 온갖 군데를 다 쫓아다님.

右往左往(우왕좌왕) [72427242] 이리저리 왔다갔다하며 일이나 나아가는 방향을 종잡지 못함. 2003년 올해의 사자성어

優柔不斷(우유부단) [40327242] 마음이 부드럽고 순하여 결단성이 없음, 결정을 내리지 못해 이러지도 저러지도 못함.

牛耳讀經(우이독경) [50506242] 馬耳東風 참조. 소귀에 경 읽기. 다산(茶山) 정약용(鄭若鏞)의 이담속찬(耳談續纂).

牛耳誦經(우이송경) [50503042] 馬耳東風 참조. 소귀에 경 읽기.

友好條約(우호조약) [52424052] 나라와 나라 사이의 우의를 지키기 위하여 맺는 조약.

羽化登仙(우화등선) [32527052] 사람의 몸에 날개가 돋아 하늘로 올라가 신선이 됨. 진서(晉書) 허매전(許邁傳). (유) 羽化

雨後竹筍(우후죽순) [52724210] 비가 온 뒤에 여기저기 솟는 죽순. 어떤 일이 한 때에 많이 생겨남.

旭日昇天(욱일승천) [12803270] 아침 해가 하늘에 떠오름.

雲泥之差(운니지차) [52323240] 구름과 진흙의 차이. 서로 간의 차이가 매우 심함. (유) 天壤之判, 天壤之差, 天壤之間, 天淵之差, 霄壤之差, 霄壤之間, 霄壤之判

雲上氣稟(운상기품) [52727210] 속됨을 벗어난 고상한 기질과 성품.

雲心月性(운심월성) [52708052] 明鏡止水 참조. 구름 같은 마음과 달 같은 성품. 맑고 깨끗하여 욕심이 없음.

雲雨之樂(운우지락) [52523262] 巫山之夢 참조. 楚나라 혜왕(惠王)이 운몽(雲夢)에 있는 고당에 갔을 때에 꿈속에서 무산(巫山)의 신녀(神女)를 만나 즐겼다는 고사에서 유래.

雲雨之情(운우지정) [52523252] 巫山之夢 참조. 楚나라 혜왕(惠王)이 운몽(雲夢)에 있는 고당에 갔을 때에 꿈속에서 무산(巫山)의 신녀(神女)를 만나 즐겼다는 고사에서 유래.

運轉免許(운전면허) [62403250] 도로에서 자동차나 오토바이 따위를 운전할 수 있는 자격.

雲中白鶴(운중백학) [52808032] 구름 속을 나는 백학. 고상한 기품을 가진 사람.

雲蒸龍變(운증용변) [52324052] 물이 증발하여 구름이 되고 뱀이 변하여 용이 되어 하늘로 오름. 영웅호걸이 기회를 얻어 일어남.

願乞終養(원걸종양) [50305052] 反哺之孝 참조. 부모가 돌아가시는 날까지 봉양하기를 원함. 지극한 효성. 진(晉)나라 사람 이밀(李密)이 쓴 진정표(陳情表).

圓孔方木(원공방목) [42407280] 方枘圓鑿(방예원조) 참조. 둥근 구멍에 모난 막대기.

遠交近攻(원교근공) [60606040] 먼 나라와 친교를 맺고 가까운 나라를 공격함. <출> 전국시대의 외교 정책으로, 사기(史記) 범저채택전(范睢蔡澤傳).

願賜骸骨(원사해골) [50301040] 늙은 재상이 벼슬을 내놓고 은퇴하기를 임금에게 청원하던 일. <출> 사기(史記) 항우본기(項羽本記) 장승상열전(張丞相列傳). (유) 乞身, 乞骸, 請老, 乞骸骨

鴛鴦衾枕(원앙금침) [10101030] 원앙을 수놓은 이불과 베개. 부부가 함께 덮는 이불과 베는 베개.

鴛鴦之契(원앙지계) [10103232] 琴瑟之樂(금실지락) 참조. 원앙의 만남. 금실이 좋은 부부의 사이.

怨入骨髓(원입골수) [40704010] 원한이 뼛속에 사무침. 몹시 원망함. <출> 사기(史記) 진본기(秦本記).

遠禍召福(원화소복) [60323052] 화를 물리치고 복을 불러들임.

月明星稀(월명성희) [80624232] 달이 밝으면 별빛은 희미해짐. 새로운 영웅이 나타나면 다른 군웅(群雄)의 존재가 희미해짐. 조조(曹操)의 단가행(短歌行).

月盈則食(월영즉식) [80125072] 日月盈昃 참조. 달이 차면 반드시 이지러짐. 무슨 일이든지 성하면 반드시 쇠하게 됨.

月態花容(월태화용) [80427042] 傾國之色 참조. 달처럼 고운 자태와 꽃처럼 아름다운 얼굴.

月下老人(월하노인) [80727080] 부부의 인연을 맺어 줌. 중매를 섬. 당(唐)나라의 위고(韋固)가 달빛 아래서 글을 읽고 있던 어떤 노인을 만나 장래의 아내에 대한 예언을 들었다는 데서 유래. 태평광기(太平廣記) 정혼점(定婚店). (유) 氷人, 月老, 月下氷人

月下氷人(월하빙인) [80725080] 月下老人 참조. 氷人은 진(晉)나라 때 영고책(令孤策)이라는 사람이 얼음 밑에 있는 사람과 장시간 이야기를 주고받은 꿈을 꾼 뒤 남녀의 결혼중매를 하게 되었다는 데서 유래. 진서(晋書) 예술전(藝術傳).

位階秩序(위계질서) [50403250] 지위나 품계 등 상하 관계에서 마땅히 있어야 하는 차례와 순서.

危機一髮(위기일발) [40408040] 累卵之危 참조. 위험한 고비가 한 가닥 머리털 길이와 같이 여유가 조금도 없이 닥쳐옴.

渭樹江雲(위수강운) [12607252] 위수(渭水)의 나무와 강수(江水)의 구름. 멀리 떨어져 있는 벗이 서로 그리워함.

危如累卵(위여누란) [40423240] 累卵之危 참조. 위험하기가 계란을 쌓아놓은 듯함.

危如一髮(위여일발) [40428040] 累卵之危 참조. 위험이 한 가닥 머리털 길이와 같이 가까이 다가옴.

危如朝露(위여조로) [40426032] 累卵之危 참조. 위험이 해가 뜨면 곧 사라지는 아침 이슬처럼 가까이 다가옴.

威而不猛(위이불맹) [40307232] 위엄이 있으나 사납지는 아니함. 공자의 인품을 나타낸 말. <출>논어(論語) 요왈(堯曰)편

爲人設官(위인설관) [42804242] 어떤 사람을 채용하기 위하여 일부러 벼슬자리를 마련함.

僞造紙幣(위조지폐) [32427030] 진짜처럼 보이게 만든 가짜 지폐. (유) 僞幣(위폐)

韋編三絶(위편삼절) [12328042] 책을 열심히 읽음. 공자가 주역을 즐겨 읽어 책의 가죽 끈이 세 번이나 끊어졌다는 데서 유래. <출> 사기(史記) 공자세가(孔子世家). (유) 三絶

危險千萬(위험천만) [40407080] 위험이 천만이나 되는 수처럼 많음. 위험하기 짝이 없음.

有口無言(유구무언) [70705060] 입은 있어도 할말은 없음. 변명할 말이 없거나 변명을 못함.

柔能勝剛(유능승강) [32526032] 柔能制剛 참조. 부드러운 것이 오히려 능히 굳센 것을 이김.

柔能制剛(유능제강) [32524232] 부드러운 것이 오히려 능히 굳센 것을 누름. <출> 노자(老子) 36장. (유) 柔能勝剛

柳綠花紅(유록화홍) [40607040] 초록빛 버들잎과 붉은 꽃. 봄의 자연 경치.

類萬不同(유만부동) [52807270] 비슷한 것이 아주 많으나 서로 같지는 아니함. 정
　　　　　　　도에 넘치거나 분수에 맞지 아니함.

有名無實(유명무실) [70725052] 내건 이름은 그럴듯하지만 알맹이가 없음.

流芳百世(유방백세) [52327072] 꽃다운 이름이 후세에 길이 전함. 진서(晉書) 환
　　　　　　　온전(桓溫傳). (유) 流芳 (상) 遺臭萬年

猶父猶子(유부유자) [32803272] 아버지와 같고 아들 같은 사람이라는 데서, 삼촌
　　　　　　　과 조카를 아울러 이름.

有備無患(유비무환) [70425050] 亡羊補牢 참조. 미리 준비가 되어 있으면 걱정할
　　　　　　　것이 없음. <출> 서경(書經) 열명편(說命篇).

有償增資(유상증자) [70324240] 新株(신주)를 발행함으로써 자금을 새로 조달하
　　　　　　　여 자본금을 늘리는 일.

流水不腐(유수불부) [52807232] 흐르는 물은 썩지 아니함. 늘 움직이는 것은 썩지
　　　　　　　아니함.

唯我獨尊(유아독존) [30325242] 오직 나만이 존귀함. 세상에서 자기 혼자 잘났다
　　　　　　　고 뽐냄.

有耶無耶(유야무야) [70305030] 있는 듯 없는 듯 흐지부지함.

流言蜚語(유언비어) [52601070] 街談巷說 참조. 사실여부가 분명치 않은 사람 사
　　　　　　　이에 흐르는 소문과 날아 다니는 소문.

悠然自適(유연자적) [32707240] 悠悠自適 참조. 한가하고 여유롭게 자기 가고 싶
　　　　　　　은 데 다니며 속박 없이 편안하게 삶.

唯唯諾諾(유유낙낙) [30303232] 맞다고 하고 그렇다고 함, 명령하는 대로 순종함.

類類相從(유유상종) [52525240] 同病相憐 참조. 끼리끼리 서로 쫓음.

悠悠自適(유유자적) [32327240] 한가하고 여유롭게 자기 가고 싶은 데 다니며 속
　　　　　　　박 없이 편안하게 삶. (유) 悠然自適, 安閑自適, 梅妻鶴子, 東
　　　　　　　山高臥

有人衛星(유인위성) [70804242] 사람이 탄 인공위성.

唯一無二(유일무이) [30805080] 오직 하나뿐이고 둘도 없음.

遺傳因子(유전인자) [40525072] 생물체의 개개의 유전 형질을 발현시키는 원인이
　　　　　　　되는 낱낱의 요소나 물질.

愈出愈怪(유출유괴) [30703032] 갈수록 더 괴상함. 愈~愈는 '~하면 할수록 더욱
　　　　　　　더'의 뜻을 지님, 예로　愈往愈甚은 '갈수록 더 심함'의 뜻이
　　　　　　　됨.

遺臭萬年(유취만년) [40308080] 더러운 이름을 후세에 오래도록 남김. (상) 流芳
　　　　　　　百世

兪扁之術(유편지술) [12123262] 明나라의 兪跗(유부)와 扁鵲(편작)의 의술, 이름
　　　　　　　난 의사의 훌륭한 치료법.

遊必有方(유필유방) [40527072] 집을 떠나 있을 때(遊)는 부모가 걱정하시지 않
　　　　　　　도록 반드시 있는 곳을 알려야 함. 父母在 不遠遊 遊必有方이
　　　　　　　라 한 공자의 말씀에서 유래. <출> 논어(論語) 이인(里仁)
　　　　　　　편.

有閑階級(유한계급) [70404060] 생산 활동에 종사하지 아니하면서 소유한 재산으

로 소비만 하는 계급.

肉山脯林(육산포림) [42801070] 酒池肉林 참조. 고기가 산을 이루고 포(脯)가 숲을 이룸. 몹시 사치스러운 잔치.

六十甲子(육십갑자) [80804072] 甲乙丙丁戊己庚辛壬癸 10개의 天干(천간)과 子丑寅卯辰巳午未申酉戌亥 12개의 地支(지지)를 순차로 배합하여 甲子, 乙丑 부터 壬戌, 癸亥까지 60 가지로 늘어놓은 것.

六尺之孤(육척지고) [80323240] 周나라의 1尺은 二歲半에 해당함. 그러므로 6尺은 15세를 의미. 15세의 고아. 나이가 젊은 후계자.

允文允武(윤문윤무) [12701242] 天子(천자)가 文武(문무)의 덕을 겸비하고 있음을 이르는 말.

輪廻無常(윤회무상) [40205042] 인생은 수레바퀴가 끊임없이 구르는 것과 같이 돌고 돌며 덧없음.

殷鑑不遠(은감불원) [12327260] 覆車之戒 참조. 다른 사람의 실패를 자신의 거울로 삼음. 殷나라의 거울은 멀지 아니한 前代의 夏나라에 있다는 것으로, 夏나라가 멸망한 것을 교훈으로 삼아 정치를 잘해야 한다는 뜻. <출> 시경(詩經) 대아(大雅) 편의 탕시(湯詩) (유) 覆車之戒

隱居放言(은거방언) [40406260] 은거하여 살면서 마음속에 품고 있는 생각을 털어놓음. <출> 논어(論語) 미자(微子) 편.

隱忍自重(은인자중) [40327270] 마음속에 감추어 참고 견디면서 몸가짐을 신중하게 행동함. (상) 輕擧妄動

乙卯倭亂(을묘왜란) [32301240] 을묘년(조선 명종 10년 1555년)에 전라남도 해남군에 있는 達梁浦(달량포)에 倭人(왜인)이 배 60여 척을 끌고 쳐들어와 난리를 일으킨 사건.

乙丑甲子(을축갑자) [32304072] 육십갑자에서 갑자 다음에 을축이 아니 오고 을축이 먼저 왔다는 뜻. 무슨 일이 제대로 되지 아니함, 순서가 뒤바뀜.

陰德陽報(음덕양보) [42526042] 남이 모르게 덕행을 쌓은 사람은 뒤에 그 보답을 받게 됨.

飮水思源(음수사원) [62805040] 물을 마실 때는 그 물의 근원을 생각함. 근본을 잊지 않음. 유자산집(庾子山集) 제7권의 징주곡(徵周曲).

陰陽五行(음양오행) [42608060] 음양과 오행을 아울러 이름.

吟遊詩人(음유시인) [30404280] 중세 구라파에서 여러 지방을 떠돌아다니면서 시를 읊었던 시인.

吟風弄月(음풍농월) [30623280] 맑은 바람과 밝은 달을 대상으로 시를 지어 읊고 흥취를 자아내며 즐겁게 놂. (유) 吟風咏月

衣架飯囊(의가반낭) [60323210] 酒袋飯囊 참조. 옷걸이와 밥주머니. 아무 쓸모없는 사람.

衣錦歸鄉(의금귀향) [60324042] 錦衣還鄉 참조. 비단옷 입고 고향에 돌아감.

衣錦夜行(의금야행) [60326060] 錦衣夜行 참조. 비단옷 입고 밤에 다님.

衣錦之榮(의금지영) [60323242] 錦衣還鄉 참조. 비단옷을 입은 영예.

意氣揚揚(의기양양) [62723232] 得意洋洋 참조. 뜻한 바를 펼치려는 기운이 호응을 얻어 만족한 빛이 얼굴과 행동에 나타남. 안자춘추(晏子春秋) 내편잡상제오(內篇雜上第五).

意氣投合(의기투합) [62724060] 마음이나 뜻이 서로 맞음.

意馬心猿(의마심원) [62507010] 생각은 말처럼 달리고 마음은 원숭이처럼 설렘. 사람의 마음이 세속의 번뇌와 욕정 때문에 항상 어지러움.

依願免職(의원면직) [40503242] 본인의 청원에 의하여 직위를 해면함.

異口同聲(이구동성) [40707042] 입은 다르나 목소리는 같음. 여러 사람의 말이 한결같음. (유) 異口同音, 如出一口

異口同音(이구동음) [40707062] 異口同聲 참조. 입은 다르나 목소리는 같음.

離群索居(이군삭거) [40403240] 벗들의 곁을 떠나 홀로 쓸쓸하게 지냄.

利己主義(이기주의) [62527042] 자기 자신의 이익만을 꾀하고, 사회 일반의 이익은 염두에 두지 않으려는 태도.

以德報怨(이덕보원) [52524240] 덕으로써 원수에 보답함. 원수에게 은덕을 베풂.

以毒制毒(이독제독) [52424242] 다른 독을 써서 독을 없앰. 惡人(악인)을 물리치는 데 다른 악인을 이용함을 이르는 말.

以卵擊石(이란격석) [52404060] 달걀로 돌을 침. 아주 약한 것으로 강한 것에 대항하려는 어리석음. . <출> 묵자(墨子) 귀의(貴義)편. (유) 以卵投石

以卵投石(이란투석) [52404060] 以卵擊石 참조. 달걀로 돌치기.

以貌取人(이모취인) [52324280] 능력보다 겉모습을 보고 사람을 뽑음.

耳目口鼻(이목구비) [50607050] 눈, 코, 입, 귀를 아울러 이름, 눈, 코, 입, 귀를 중심으로 한 얼굴의 생김새.

異腹兄弟(이복형제) [40328080] 배다른 형제, 아버지는 같고 어머니는 다른 형제.

以石投水(이석투수) [52604080] 하기 쉬운 말의 비유. 또는 충고하는 말을 잘 받아들임.

二姓之樂(이성지락) [80723262] 琴瑟之樂 참조. 남성과 여성의 즐거움.

二姓之合(이성지합) [80723260] 성이 다른 남자와 여자가 혼인하는 일.

耳視目聽(이시목청) [50426040] 소문을 듣고 직접 본 듯 상황을 알아차리고(耳視), 표정을 보고 직접 설명을 들은 듯 상황을 알아차림(目聽). 사람의 눈치가 매우 빠름. . <출> 열자(列子) 중니(仲尼)편.

以食爲天(이식위천) [52724270] 백성들은 먹을거리를 하느님 삼음. 사람이 살아가는 데 먹는 것이 가장 중요함. <출> 사기(史記) 역생육가열전(酈生陸賈列傳).

以實告之(이실고지) [52525232] 以實直告 참조. 사실을 아룀.

以實直告(이실직고) [52527252] 사실 그대로 고함. (유) 陳供, 實陣無諱, 以實告之, 從實直告

以心傳心(이심전심) [52705270] 마음과 마음으로 서로 뜻이 통함. 석가가 제자인 가섭(迦葉)에게 말이나 글이 아니라 以心傳心의 방법으로 불

교의 진수(眞髓)를 전했다는 데서 유래. 전등록(傳燈錄). (유)
心心相印, 拈華微笑, 拈華示衆

二十四時(이십사시) [80808072] 하루를 스물넷으로 나누어 각각 이십사방위의 이
름을 붙여 이르는 스물네 시.

以熱治熱(이열치열) [52504250] 열로써 열을 다스림.

已往之事(이왕지사) [32423272] 이미 지나간 일.

利用厚生(이용후생) [62624080] 기구를 편리하게 쓰고 먹을 것과 입을 것을 넉넉
하게 하여, 국민의 생활을 나아지게 함. <출> 상서(尙書) 우
서(虞書)의 대우모(大禹謨). (유) 經世致用

二律背反(이율배반) [80424262] 두 가지 규칙이 서로 등 돌리고 반대됨. 상호모순
으로 양립할 수 없는 두 개의 명제. 칸트에 의하여 널리 쓰이
게 된 용어로 안티노미(antinomy)의 번역어.

以夷制夷(이이제이) [52304230] 오랑캐로 오랑캐를 무찌름, 한 세력을 이용하여
다른 세력을 제어함.

二人三脚(이인삼각) [80808032] 두 사람이 나란히 서서 서로 맞닿은 쪽의 발목을
묶어 세 발처럼 하여 함께 뛰는 경기.

以人爲鑑(이인위감) [52804260] 남의 옳고 그름을 본보기로 삼음.

以一警百(이일경백) [52804270] 一罰百戒 참조. 한명을 벌하여 백명을 경계하게
함.

以逸待勞(이일대로) [52326052] 편안히 쉰 군대가 멀리서 오느라 피곤한 적군을
기다림.

以長補短(이장보단) [52803262] 남의 장점을 거울 삼아 내 단점을 보완함.

泥田鬪狗(이전투구) [32424030] 진흙탕에서 싸우는 개, 자기의 이익을 위하여 비
열하게 다툼, 강인한 성격의 함경도 사람을 이르는 말로도 씀.

以指測海(이지측해) [52424272] 손가락을 가지고 바다의 깊이를 잼. 자기 역량을
모르는 어리석음.

二八靑春(이팔청춘) [80808070] 16세 무렵의 꽃다운 청춘, 혈기 왕성한 젊은 시
절.

離合集散(이합집산) [40606240] 헤어지고, 합치고, 모이고, 흩어짐. 2002년 올해
의 사자성어

利害得失(이해득실) [62524260] 이로움과 해로움과 얻음과 잃음을 아울러 이르는
말.

利害相半(이해상반) [62525262] 이익과 손해가 반반씩임.

利害打算(이해타산) [62525070] 이해관계를 이모저모 모두 따져 보는 일.

以血洗血(이혈세혈) [52425242] 피를 피로 씻음. 악을 악으로 갚거나 거듭 나쁜
짓을 함.

以火救火(이화구화) [52805080] 불로써 불을 끄려함. 일을 처리함에 있어서 오히
려 사태를 더욱 악화시킴. <출> . <출> 장자(莊子) 인간세
(人間世).

匿名批評(익명비평) [10724040] 글쓴이가 자기 이름을 감추고 비평함.

益者三友(익자삼우) [42608052] 사귀어서 자기에게 도움이 되는 세 가지의 벗. 심

성이 곧은 사람, 믿음직한 사람, 문견이 많은 사람. <출> 논어(論語) 계씨(季氏) 편. (유) 三益友 (상) 損者三友

引繼引受(인계인수) [42404242] 넘겨주고 물려받음.

因果報應(인과보응) [50624242] 種豆得豆 참조. 원인과 결과가 서로 호응하여 그대로 갚음.

因果應報(인과응보) [50624242] 種豆得豆 참조. 원인과 결과가 서로 호응하여 그대로 갚음. 전생에 지은 선악에 따라 현재의 행과 불행이 있음. 현세에서의 선악의 결과에 따라 내세에서 행과 불행이 있음.

人琴俱亡(인금구망) [80323050] 사람의 죽음을 몹시 슬퍼함. 진(晋)나라의 왕헌지(王獻之)가 죽자 그가 쓰던 거문고도 소리를 내지 않았다는 데서 유래. <출> 세설신어(世說新語) 상서(傷逝)편. (유) 人琴幷絶, 人琴之歎

人琴之歎(인금지탄) [80323240] 人琴俱亡 참조. 사람과 거문고의 탄식.

人飢己飢(인기기기) [80305230] 己飢己溺 참조. 남의 굶주림을 자기의 굶주림으로 여김.

人溺己溺(인닉기닉) [80205220] 己飢己溺 참조. 남이 물에 빠지면 자기가 물에 빠진 듯이 여김.

印度支那(인도지나) [42604230] '인도차이나'의 음역어.

人面獸心(인면수심) [80703270] 사람의 얼굴을 하고 있으나 마음은 짐승과 같음. 마음이나 행동이 몹시 흉악함. <출> 한서(漢書) 흉노전(匈奴傳).

人名在天(인명재천) [80726070] 사람의 목숨은 하늘에 달려 있음.

人命在天(인명재천) [80706070] 사람의 목숨은 하늘에 달려있음.

人事不省(인사불성) [80727262] 사람으로서의 예절을 차릴 줄 모름, 제 몸에 벌어지는 일을 모를 만큼 정신을 잃은 상태.

人死留名(인사유명) [80604272] 사람은 죽어서 이름을 남김. 사람의 삶이 헛되지 아니하면 그 이름이 길이 남음. (유) 豹死留皮, 虎死留皮

人山人海(인산인해) [80808072] 사람이 산을 이루고 바다를 이룸, 사람이 수없이 많이 모인 상태를 이름.

人相着衣(인상착의) [80525260] 사람의 생김새와 입고 있는 옷.

人生無常(인생무상) [80805042] 生者必滅 참조. 사람의 삶은 덧없음.

人生三樂(인생삼락) [80808062] 인생의 세 가지 즐거움. 사람으로 태어난 것, 사내로 태어난 것, 장수하는 것.

人生朝露(인생조로) [80806032] 生者必滅 참조. 인생은 아침 이슬과 같이 덧없음.

因數分解(인수분해) [50706242] 정수 또는 정식을 몇 개의 간단한 인수의 곱의 꼴로 바꾸어 나타내는 일.

因循姑息(인순고식) [50303242] 낡은 관습이나 폐단을 그대로 따르고, 잠시 숨을 쉬는 데 그치듯 멀리 보지 못하고 당장의 편안함만을 도모함.

引繩批根(인승비근) [42124060] 새끼줄을 걸어서 잡아당겨 뿌리째 뽑아 버림, 둘이서 새끼를 꼬는 것처럼 힘을 합하여 남을 배척하고 그와 사

귀지 않도록 함 (유) 引繩排根

人身攻擊(인신공격) [80624040] 남의 신상에 관한 일을 들어 비난함.

人心難測(인심난측) [80704242] 사람의 마음은 헤아리기 어려움.

人爲淘汰(인위도태) [80421010] 생물집단에서 좋은 것, 우성인 것만 살아남도록 인위적으로 만듦. 품종 개량에서 특수한 형질을 지닌 것만을 가려서 교배함. (유) 人爲選擇, 人工選擇, 人工淘汰 (상) 自然淘汰, 自然選擇

人爲選擇(인위선택) [80425040] 人爲淘汰 참조. 좋은 것, 우성인 것만 살아남도록 인위적으로 만듦.

因人成事(인인성사) [50806272] 어떤 일을 자기 혼자의 힘으로 이루지 못하고 남의 힘을 얻어 이룸.

仁者無敵(인자무적) [40605042] 어진 사람은 모든 사람이 사랑하므로 세상에 적이 없음.

仁者不憂(인자불우) [40607232] 어진 사람은 분수를 지키어 걱정이 없음.

人之常情(인지상정) [80324252] 사람이면 누구나 가지는 보통의 마음.

人海戰術(인해전술) [80726262] 우수한 화기보다 다수의 병력을 투입하여 적을 압도하는 전술.

一家親戚(일가친척) [80726032] 일가와 친족, 외척, 인척의 모든 겨레붙이.

一刻三秋(일각삼추) [80408070] 一日三秋 참조. 일각(15분, 아주 짧은 시간)이 삼년 같음.

一刻千金(일각천금) [80407080] 일각(15분, 아주 짧은 시간)이라도 천금과 같이 귀중함. 소식(蘇軾)의 시 춘소(春宵).

一間斗屋(일간두옥) [80724250] 한 칸밖에 안 되는 한 말들이 말만한 작은 집.

一擧兩得(일거양득) [80504242] 한 가지 일을 하여 두 가지 이익을 얻음. <출> 전국책(戰國策) 진책(秦策). (유) 兩得, 一擧二得, 一石二鳥, 一箭雙鵰, 一擧兩取, 一擧兩實 (상) 一擧兩失

一擧兩失(일거양실) [80504260] 一擧兩得 참조. 한 가지 일을 하여 다른 두 가지 일을 잃음.

一擧兩實(일거양실) [80504252] 一擧兩得 참조. 한 번 손을 들어 두개의 열매를 땀. <출> 사기(史記) 장의열전(張儀列傳).

一擧兩取(일거양취) [80504242] 一擧兩得 참조. 한 번 손을 들어 두 가지를 취함. <출> 전국책(戰國策) 조책(趙策).

一擧二得(일거이득) [80508042] 一擧兩得 참조. 한 가지 일을 하여 두 가지 이익을 얻음.

一擧一動(일거일동) [80508072] 하나하나의 동작이나 움직임.

日久月深(일구월심) [80328042] 날이 오래고 달이 깊어 감. 세월이 흐를수록 더함.

一口二言(일구이언) [80708060] 한 입으로 두 말을 함, 한 가지 일에 대하여 말을 이랬다저랬다 함을 이름.

一國三公(일국삼공) [80808062] 한 나라에 세 임금. 많은 사람들이 저마다 구구한 의견을 제시함을 비유한 말. <출> 춘추좌씨전(春秋左氏傳)

희공(僖公) 5년조.

一氣呵成(일기가성) [80721062] 일을 단숨에 매끄럽게 해낸다는 의미로, 좋은 기회가 주어졌을 때 미루지 않고 이뤄내야 한다는 뜻. <출> 호응린(胡應麟)의 시수(詩藪)

日氣槪況(일기개황) [80723240] 어떤 지역의 기상 상황의 흐름을 대체적으로 종합한 것.

一騎當千(일기당천) [80325270] 한 사람의 기병이 천 사람을 당함, 싸우는 능력이 아주 뛰어남을 이름. (유) 一人當千

一短一長(일단일장) [80628080] 一長一短 참조. 단점도 한 가지 장점도 한 가지.

一黨獨裁(일당독재) [80425232] 하나의 정당이 국가 권력을 장악, 그 권력을 독단적으로 행사하는 일.

一刀兩斷(일도양단) [80324242] 한 칼에 두 도막을 냄. 어떤 일을 머뭇거리지 아니하고 선뜻 결정함. (유) 一刀割斷

一刀割斷(일도할단) [80323242] 一刀兩斷 참조. 한 칼에 쪼개어 도막을 냄.

一連番號(일련번호) [80426060] 일률적으로 연속되어 있는 번호.

一蓮托生(일련탁생) [80323080] 죽은 뒤에도 함께 극락정토에서 같은 연꽃 위에 왕생함. 어떤 일의 선악이나 결과에 대한 예견에 관계없이 끝까지 행동과 운명을 함께 함.

一勞永逸(일로영일) [80526032] 지금의 노고를 통해 오랫동안 안락을 누림.

一律千篇(일률천편) [80427040] 千篇一律 참조. 한 가지 규칙 내지는 특성이 모든 글에 똑같이 나타나 특성이 없음.

一望無涯(일망무애) [80525030] 한눈에 바라볼 수 없을 정도로 아득하게 멀고 넓어서 끝이 없음.

一望無際(일망무제) [80525042] 한눈에 바라볼 수 없을 정도로 아득하게 멀고 넓어서 끝이 없음.

一網打盡(일망타진) [80205040] 한 번 그물을 쳐서 고기를 다 잡음. 어떤 무리를 한꺼번에 모조리 다 잡음. 송사(宋史) 범순인전(范純仁傳). (유) 網打

一脈相通(일맥상통) [80425260] 하나의 맥락으로 서로 통함, 상태나 성질 따위가 서로 통하거나 비슷해짐.

一鳴驚人(일명경인) [80404080] 三年不飛 참조. 한번 시작하면 사람을 놀랠 정도의 대사업을 이룩함. <출> 춘추전국시대의 제나라 순우곤(淳于髡)이 새를 통하여 위왕(威王)에게 諫한 데서 유래. <출> 사기(史記) 골계(滑稽)열전.

日暮途窮(일모도궁) [80303240] 日暮途遠 참조. 날은 저물고 갈 길은 막혀 있음. (유) 日暮途遠

日暮途遠(일모도원) [80303260] 날은 저물고 갈 길은 멂. 늙고 쇠약하나 앞으로 해야 할 일은 많음. <출> 사기(史記) 오자서열전(伍子胥列傳). (유) 日暮途窮

一木難支(일목난지) [80804242] 큰 집이 무너지는 것을 나무 기둥 하나로 떠받치지 못함. 이미 기울어지는 대세를 혼자서는 감당할 수 없음. <출> 세설신어(世說新語) 임탄편(任誕篇). (유) 一柱難支

一無消息(일무소식) [80506242] 咸興差使 참조. 전혀 소식이 없음.

一文不知(일문부지) [80707252] 目不識丁 참조. 한 글자도 알지 못함.

一文不通(일문불통) [80707260] 目不識丁 참조. 한 글자에도 통하지 못함.

一問一答(일문일답) [80708072] 한 번 물음에 대하여 한 번 대답함.

一飯千金(일반천금) [80327080] 조그만 은혜에 크게 보답함. 漢나라의 韓信이 빨래하는 노파에게서 한 끼의 밥을 얻어먹고 뒤에 천금으로 사례하였다는 데서 유래. <출> 사기(史記) 회음후(淮陰侯)열전.

一發必中(일발필중) [80625280] 百發百中 참조. 한 번 쏘아 반드시 맞춤.

一罰百戒(일벌백계) [80427040] 한 사람을 벌주어 백 사람을 경계함. 다른 사람들에게 경각심을 불러일으키기 위하여 본보기로 한 사람에게 엄한 처벌을 하는 일. (유) 以一警百, 懲一勵百

一夫多妻(일부다처) [80706032] 한 남편에게 동시에 여러 아내가 있음.

一夫從事(일부종사) [80704072] 한 남편만을 섬김

一悲一喜(일비일희) [80428040] 한편으로는 슬퍼하고 한편으로는 기뻐함. (유) 一喜一悲

一絲不亂(일사불란) [80407240] 한 오리 실도 엉키지 아니함, 질서가 정연하여 조금도 흐트러지지 아니함을 이름.

一瀉千里(일사천리) [80107070] 강물이 빨리 흘러 천 리를 감. 어떤 일이 거침없이 빨리 진행됨. (유) 九天直下

一石二鳥(일석이조) [80608042] 一擧兩得 참조. 돌 한 개를 던져 새 두 마리를 잡음. 동시에 두 가지 이득을 봄.

一世之雄(일세지웅) [80723250] 그 시대의 가장 뛰어난 인물 (유) 一時之傑

一樹百穫(일수백확) [80607030] 나무 한 그루를 심어서 백 가지의 이익을 봄. 유능한 인재 하나를 길러 여러 가지 효과를 얻음.

一心不亂(일심불란) [80707240] 마음을 한 가지 일에 기울여 다른 것에 주의를 돌리지 않음 <출> 아미타경(阿彌陀經)

一心專力(일심전력) [80704072] 한마음으로 한 곳에만 온 힘을 다함.

一魚濁水(일어탁수) [80503080] 한 마리의 물고기가 물을 흐림. 한 사람의 잘못으로 여러 사람이 피해를 입게 됨.

一言半句(일언반구) [80606242] 한 마디 말과 반 구절, 아주 짧은 말

一言半辭(일언반사) [80606240] 단 한 마디의 말이라는 뜻으로, 아주 짧은 말 <출> 사기(史記) (유) 一言半句

一言之下(일언지하) [80603272] 한 마디로 잘라 말함. 또는 두말할 나위 없음.

一言千金(일언천금) [80607080] 한마디의 말이 천금의 가치가 있음

一言蔽之(일언폐지) [80603032] 한 마디 말로 능히 그 뜻을 다함 <출> 논어(論語) '一言以蔽之'

一葉小船(일엽소선) [80508050] 一葉片舟 참조. 물위에 떠있는 잎사귀 하나처럼 작은 배.

一葉障目(일엽장목) [80504260] 잎사귀 하나로 눈을 가림. 부분적이고 일시적인 현상에 미혹되어 전반적이고 근본적인 문제를 깨닫지 못함. 갈

천자(鶡冠子) 천칙(天則)편.

一葉知秋(일엽지추) [80505270] 하나의 나뭇잎을 보고 가을이 옴을 앎. 조그마한 일을 가지고 장차 올 일을 미리 짐작함. 회남자(淮南子) 설산훈편(說山訓篇).

一葉片舟(일엽편주) [80503230] 한 척의 쪽배. (유) 一葉舟, 一葉小船

一衣帶水(일의대수) [80604280] 한 옷의 띠로 잴 수 있을 만큼 한 줄기 좁은 강물이나 바닷물. 겨우 냇물 하나를 사이에 둔 가까운 이웃. (유) 指呼之間, 指呼間, 咫尺

一以貫之(일이관지) [80523232] 하나의 방법이나 태도로써 처음부터 끝까지 한결같음. <출> 논어(論語) 이인편(里仁篇). (유) 一貫

一人當千(일인당천) [80805270] 한 사람이 천 명의 적을 당해 냄 <출> 北齊書(북제서) (유) 一騎當千

一日三秋(일일삼추) [80808070] 하루가 삼 년 같음. 몹시 애태우며 기다림. <출> 시경(詩經) 왕풍(王風)의 시 채갈(采葛). (유) 一刻三秋, 一刻如三秋, 一日如三秋

一日之雅(일일지아) [80803232] 잠깐 동안의 사귐(교제). 사귐이 얕음. 아(雅)는 평소(平素)의 교제를 나타냄

一日之長(일일지장) [80803280] 하루 먼저 세상에 태어남. 나이가 조금 위임. 조금 나음 또는 그런 선배.

一日千里(일일천리) [80807070] 하루에 천 리를 달림. 말이 매우 빨리 달림. 발전하는 속도가 빠름. 물의 흐름이 빠름. <출> 후한서(後漢書) 왕윤(王允)전.

一字無識(일자무식) [80705052] 目不識丁 참조. 한 글자도 알지 못함.

一字百金(일자백금) [80707080] 一字千金 참조. 글자 하나의 값이 백금의 가치가 있음.

一字不識(일자불식) [80707252] 目不識丁 참조. 한 글자도 알지 못함.

一字千金(일자천금) [80707080] 글자 하나의 값이 천금의 가치가 있음. 글씨나 문장이 아주 훌륭함. 진(秦)나라의 여불위(呂不韋)가 식객들을 동원해 백과사전격인 여씨춘추(呂氏春秋)를 완성하고, 이 책에 대한 강한 자부심의 표현으로, 수도인 함양(咸陽) 성문에 걸어 놓고, 누구든지 한 글자라도 더하거나 뺀다면 천금을 주겠다(有能增省一字者予千金)고 한 데서 유래. <출> 사기(史記) 여불위전(呂不韋傳). (유) 一字百金

一長一短(일장일단) [80808062] 일면의 장점과 다른 일면의 단점을 통틀어 이름. (유) 一短一長

一場春夢(일장춘몽) [80727032] 南柯一夢 참조. 한바탕의 봄꿈. 헛된 영화나 덧없는 일. 一炊之夢

一場風波(일장풍파) [80726242] 한바탕의 심한 야단. 싸움

一齊射擊(일제사격) [80324040] 여럿이 한꺼번에 총포를 쏘는 일.

一朝一夕(일조일석) [80608070] 하루 아침과 하루 저녁이란 뜻으로, 짧은 시일을 이르는 말.

一柱難支(일주난지) [80324242] 一木難支 참조. 기둥 하나로는 버티기 어려움.

一知半解(일지반해) [80526242] 하나쯤 알고 반쯤 깨달음이라는 뜻으로, 지식이 적음 <출> 滄浪詩話(창랑시화)

一陣狂風(일진광풍) [80403262] 한바탕 몰아치는 사나운 바람

日進月步(일진월보) [80428042] 刮目相對 참조. 날마다 앞서가고 달마다 앞으로 걸어감.

一進一退(일진일퇴) [80428042] 한 번 나아감과 한 번 물러섬 <출> 荀子(순자)

一觸卽發(일촉즉발) [80323262] 한 번 건드리면 바로 폭발함. 몹시 위급한 상태.

一寸光陰(일촌광음) [80806242] 매우 짧은 동안의 시간.

日就月將(일취월장) [80408042] 刮目相對 참조. 날마다 자라고 달마다 발전함.

一炊之夢(일취지몽) [80203232] 邯鄲之夢 참조. 밥 한 끼 지을 동안의 꿈.

一致團結(일치단결) [80505252] 여럿이 마음을 합쳐 한 덩어리로 굳게 뭉침.

一波萬波(일파만파) [80428042] 하나의 물결이 연쇄적으로 많은 물결을 일으킨다는 뜻으로, 한 사건이 그 사건에 그치지 아니하고 잇따라 많은 사건으로 번짐을 이름.

一敗塗地(일패도지) [80503070] 싸움에 한 번 패하여 간과 뇌가 땅바닥에 으깨어짐. 여지없이 패하여 다시 일어날 수 없게 되는 지경에 이름. 漢 고조 劉邦의 말. <출> 사기(史記) 고조본기(高祖本紀).

一片丹心(일편단심) [80323270] 한 조각의 붉은 마음. 진심에서 우러나오는 변치 아니하는 마음.

一曝十寒(일폭십한) [80108050] 十寒一曝 참조. 하루 볕 쬐고 십일 동안 추움.

一筆揮之(일필휘지) [80524032] 글씨를 단숨에 죽 내리 씀.

一喜一悲(일희일비) [80408042] 한편으로는 기뻐하고 한편으로는 슬퍼함, 기쁨과 슬픔이 번갈아 일어남.

臨渴掘井(임갈굴정) [32302032] 목이 말라야 우물을 팖. 준비 없이 있다가 일을 당하여 허둥지둥 서두름.

臨機應變(임기응변) [32404252] 그때그때 처한 사태에 맞추어 즉각 그 자리에서 결정하거나 처리함. (유) 應變, 臨時應變, 隨機應變, 隨機, 隨時應變

臨農奪耕(임농탈경) [32723232] 농사지을 시기에 이르러 경작자를 바꿈. 남이 이미 다 마련하여 놓은 것을 가로챔.

臨時防牌(임시방패) [32724210] 姑息之計 참조. 무너진 성벽을 급한 대로 우선 방패로 막음.

臨時方便(임시방편) [32727270] 姑息之計 참조. 그때그때 처한 상황에 맞추어 우선 급하게 내놓은 방법.

臨時排布(임시배포) [32723242] 姑息之計 참조. 그때그때 처한 상황에 맞추어 우선 급하게 내놓은 계획.

臨時變通(임시변통) [32725260] 姑息之計 참조. 그때그때 처한 상황에 맞추어 우선 일을 처리함.

臨時應變(임시응변) [32724252] 臨機應變 참조. 그때그때 처한 상황에 맞추어 우선 변화를 줌.

臨時處變(임시처변) [32724252] 姑息之計 참조. 그때그때 처한 상황에 맞추어 우선 변화를 줌.

臨淵羨魚(임연선어) [32121050] 못에 다다라서 물고기를 보고 군침을 흘린다는 데서, 바라기만 하고 실제로는 아무 것도 하지 않음을 비유한 말.

任人唯賢(임인유현) [52803042] 오직 인품과 능력만을 보고 사람을 임용함. 관중(管仲)의 말. <출> 한비자(韓非子) 외저설좌하(外儲說左下)편.

臨戰無退(임전무퇴) [32625042] 전쟁에 나아가서 물러서지 않음.

壬辰倭亂(임진왜란) [32321240] 임진년(조선 선조 25년 1592년)에 왜인이 침범하여 난리를 일으킨 사건.

入國査證(입국사증) [70805040] 외국인에 대한 입국을 허가하는 내용의 사실 증명.

立稻先賣(입도선매) [72308050] 벼가 서기도 전에 팖, 아직 논에서 자라고 있는 벼를 미리 돈을 받고 팖.

立身揚名(입신양명) [72623272] 출세하여 이름을 세상에 떨침. (유) 立身出世

立身出世(입신출세) [72627072] 立身揚名 참조. 자신의 존재를 드러내고 세상에 나감. 사회적으로 유명해짐.

立地條件(입지조건) [72704050] 논밭 등의 자리가 가지는 지리적 조건.

立春大吉(입춘대길) [72708050] 입춘을 맞이하여 크게 길하기를 바람.

自家撞着(자가당착) [72721052] 같은 사람의 말이나 행동이 앞뒤가 서로 맞지 아니함. (유) 矛盾, 矛盾撞着, 自己矛盾

自強不息(자강불식) [72607242] 스스로 힘써 몸과 마음을 가다듬어 쉬지 아니함.

自激之心(자격지심) [72403270] 자기가 한 일에 대하여 스스로 미흡하게 여기는 마음.

自古以來(자고이래) [72605270] 예로부터 지금까지의 동안.

刺股懸梁(자고현량) [32103232] 懸梁刺股 참조. 허벅다리를 찌르고 머리털을 끈에 묶어 들보에 매닮.

自愧之心(자괴지심) [72303270] 스스로 부끄럽게 여기는 마음. (유) 自愧心

自給自足(자급자족) [72507272] 필요한 물자를 스스로 생산하여 충당함.

磁氣共鳴(자기공명) [20726240] 전자기파 사이에 생기는 공명 현상.

自欺欺人(자기기인) [72303080] 자신을 속이고 남을 속인다. 자신도 믿지 않는 말이나 행동으로 남까지 속이는 사람을 풍자함. 2007년 올해의 사자성어

自己矛盾(자기모순) [72522020] 自家撞着 참조. 같은 사람의 말이나 행동이 앞뒤가 서로 맞지 아니함.

自動移替(자동이체) [72724230] 정한 날에 지급인 예금 계좌에서 자동적으로 출금하여 받는 사람 계좌로 옮기는 것.

子膜執中(자막집중) [72203280] 융통성이 없음. <출> 전국시대에 자막이라는 사람이 중용(中庸)만을 지켰다는 데서 유래.

姉妹結緣(자매결연) [40405240] 자매의 관계를 맺음, 지역이나 단체끼리 서로 돕
　　　　　　　　　　거나 교류하기 위하여 친선 관계를 맺음.

自問自答(자문자답) [72707272] 스스로 묻고 스스로 대답함.

子孫萬代(자손만대) [72608062] 후손에서 후손으로 이어지는 오래도록 내려오는
　　　　　　　　　　여러 대.

自手削髮(자수삭발) [72723240] 자기 손으로 자신의 머리털을 깎음. 어려운 일을
　　　　　　　　　　남의 힘을 빌리지 않고 자기 혼자의 힘으로 감당함. 본인의 뜻
　　　　　　　　　　으로 머리를 깎고 중이 됨.

自手成家(자수성가) [72726272] 물려받은 재산이 없이 자기 혼자의 힘으로 집안
　　　　　　　　　　을 일으키고 재산을 모음.

自勝者強(자승자강) [72606060] 진실로 강한 자는 자신을 이기는 자. 자신을 이기
　　　　　　　　　　는 것은 자기의 사리사욕을 극복하는 것. <출> 노자(老子)
　　　　　　　　　　변덕(辯德). (유) 克己

自繩自縛(자승자박) [72127210] 자기의 줄로 자기 몸을 옭아 묶음. 자기가 한 말
　　　　　　　　　　과 행동에 자기 자신이 옭혀 곤란하게 됨. 제 마음으로 번뇌를
　　　　　　　　　　일으켜 괴로움을 만듦.

自信滿滿(자신만만) [72624242] 스스로에 대한 믿음이 매우 가득함.

自業自得(자업자득) [72627242] 자기가 저지른 일의 결과를 자기가 받음. (유) 自
　　　　　　　　　　業自縛, 自作自受, 自作之孼, 自作孼

自業自縛(자업자박) [72627210] 自業自得 참조. 자기가 저지른 일의 결과로 자신
　　　　　　　　　　이 옭힘.

自然淘汰(자연도태) [72701010] 자연계에서 그 생활 조건에 적응하는 생물은 생
　　　　　　　　　　존하고, 그렇지 못한 생물은 저절로 사라지는 일. 다윈이 도입
　　　　　　　　　　한 개념. (유) 自然選擇 (상) 人爲淘汰, 人爲選擇, 人工選擇,
　　　　　　　　　　人工淘汰

自然選擇(자연선택) [72705040] 自然淘汰 참조. 생물집단에서 생활조건에 적응하
　　　　　　　　　　는 것만 살아남음.

自由自在(자유자재) [72607260] 모든 것을 자기 마음대로 할 수 있음.

子子孫孫(자자손손) [72726060] 자손의 여러 代(대).

自作自受(자작자수) [72627242] 自業自得 참조. 자기가 저지른 일의 결과를 자기
　　　　　　　　　　가 받음.

自淨作用(자정작용) [72326262] 오염된 물이나 땅 따위가 저절로 깨끗해지는 작
　　　　　　　　　　용.

自中之亂(자중지란) [72803240] 같은 편끼리 하는 싸움. (유) 蕭牆之變, 蕭牆之
　　　　　　　　　　亂, 蕭牆之憂, 內訌, 內紛, 內爭

自初至終(자초지종) [72504250] 처음부터 끝까지의 과정.

自暴自棄(자포자기) [72427230] 절망에 빠져 자신에게 사납게 굴고 스스로를 돌
　　　　　　　　　　보지 아니함. 孟子(맹자) 離婁篇(이루편). (유) 自棄, 自暴, 暴
　　　　　　　　　　棄

自畫自讚(자화자찬) [72607240] 자기가 그린 그림을 스스로 칭찬함. 자기가 한 일
　　　　　　　　　　을 스스로 자랑함. (유) 自畫讚, 自讚, 自稱

作心三日(작심삼일) [62708080] 단단히 먹은 마음이 사흘을 가지 못함. 결심이 굳지 못함.

作中人物(작중인물) [62808072] 문학 작품에 나오는 인물.

殘月曉星(잔월효성) [40803042] 스러져가는 달과 새벽녘에 보이는 별, 새벽녘의 달과 샛별.

長頸烏喙(장경오훼) [80103210] 관상에서, 목이 길고 입이 뾰족한 상(相). 참을성이 많아 고생을 이겨 내지만 잔인하고 욕심이 많으며 남을 의심하는 마음이 강하여 안락을 누리기 어렵다고 함. 이런 인물은 어려움은 함께 할 수 있으나 즐거움은 함께 누리기 어렵다고 함. <출> 사기(史記) 월세가(越世家).

"藏頭露尾(장두노미) [32603232] 머리는 숨겼지만 꼬리는 숨기지 못하고 드러낸 모습""을 가리킴. 2010년 올해의 사자성어. <출> 중국 원나라의 문인 장가구가 지은 '점강진·번귀거래사'와 왕엽이 지은 '도화녀'라는 문학작품 (유) 藏形匿影"

張三李四(장삼이사) [40806080] 甲男乙女 참조. 장씨(張氏)의 셋째 아들과 이씨(李氏)의 넷째 아들.

將相之器(장상지기) [42523242] 장수(將帥) 또는 재상(宰相)이 될 만한 그릇.

長袖善舞(장수선무) [80105040] 소매가 길면 춤을 잘 출 수 있음. 재물이 넉넉한 사람은 일을 하거나 성공하기가 쉬움. <출> 한비자(韓非子) 오두편(五蠹篇). (유) 多錢善賈(다전선고)

長夜之飮(장야지음) [80603262] 밤새도록 술을 마심. 또는 밤새도록 마시는 술.

長幼有序(장유유서) [80327050] 五倫(오륜)의 하나. 어른과 어린이 사이에는 엄격한 차례가 있음.

獐耳細辛(장이세신) [12504230] 노루귀, 미나리아재빗과의 여러해살이풀.

長者萬燈(장자만등) [80608042] 부자가 부처님께 올리는 일만 개의 등. 貧者一燈과 대를 이루어 가난한 사람이 올리는 한 개의 등과 정성에서는 같은 것임을 말함.

莊周之夢(장주지몽) [32403232] 胡蝶之夢 참조. 장주의 꿈. <출> . <출> 장자(莊子) 제물편(齊物篇).

掌中寶玉(장중보옥) [32804242] 손안에 있는 보배로운 구슬이란 뜻으로, 귀하고 보배롭게 여기는 존재를 비유적으로 이르는 말.

長風破浪(장풍파랑) [80624232] 멀리 불어가는 대풍을 타고 끝없는 바다 저쪽으로 배를 달린다는 뜻으로 대업을 이룬다는 의미(2011년 현대차 사자성어). <출> 이백(李白)의 詩 <行路難>

再三再四(재삼재사) [50805080] 서너 너덧 번. 여러 번.

才勝薄德(재승박덕) [62603252] 재주는 뛰어나지만 덕이 적음.

才子佳人(재자가인) [62723280] 재주 있는 남자와 아름다운 여자를 아울러 이름.

爭先恐後(쟁선공후) [50803272] 앞을 다투고 뒤처지는 것을 두려워함. 격렬한 경쟁. <출> 한비자(韓非子) 유로(喩老)편.

抵死爲限(저사위한) [32604242] 죽기를 각오하고 굳세게 저항함.

低首下心(저수하심) [42527270] 머리를 낮추고 마음을 아래로 향하게 함. 머리 숙여 복종함. <출> 한유(韓愈)의 제악어문(祭鰐魚文).

賊反荷杖(적반하장) [40623210] 도둑이 도리어 매를 듦. 잘못한 사람이 아무 잘못도 없는 사람을 나무람.

適法節次(적법절차) [40525242] 법에 맞는 행위의 순서나 방법.

赤貧如洗(적빈여세) [50424252] 가진 것이 하나없는 가난함이 마치 물로 씻은 듯함, 아무것도 가진 것이 없을 정도로 매우 가난함.

積善餘慶(적선여경) [40504242] 착한 일을 많이 한 결과로 경사스럽고 복된 일이 자손에게까지 미침. 주역(周易)의 문언전(文言傳). (상) 積惡餘殃

積小成大(적소성대) [40806280] 愚公移山 참조. 작은 것을 쌓아 큰 것을 이룸.

赤手空拳(적수공권) [50727232] 맨손과 맨주먹. 아무것도 가진 것이 없음. (유) 隻手空拳

積水成淵(적수성연) [40806212] 愚公移山 참조. 한 방울의 물이 모여 연못을 이룸.

適時適地(적시적지) [40724070] 알맞은 시기와 장소.

積惡餘殃(적악여앙) [40524230] 남에게 악한 짓을 많이 하여 그 죄에 따르는 재앙이 자손에게 미침. (상) 積善餘慶

適者生存(적자생존) [40608040] 환경에 적응하는 생물만이 살아남고, 그렇지 못한 것은 도태되어 멸망하는 현상.

赤子之心(적자지심) [50723270] 赤子(갓난아이)의 마음. 죄악에 물들지 아니하고 순수하며 거짓이 없는 마음. <출> 맹자(孟子) 이루장구하(離婁章句下).

適材適所(적재적소) [40524070] 알맞은 인재를 알맞은 자리에 씀.

積塵成山(적진성산) [40206280] 愚公移山 참조. 먼지가 쌓여 산을 이룸.

積土成山(적토성산) [40806280] 愚公移山 참조. 흙이 쌓여 산을 이룸.

傳家之寶(전가지보) [52723242] 조상 때부터 대대로 전해오는 보물.

前車覆轍(전거복철) [72723210] 앞 수레가 엎어진 바퀴 자국. 이전 사람의 그릇된 일이나 행동의 자취. <출> 한서(漢書) 가의전(賈誼傳). (유) 前轍, 前軌, 覆轍

前倨後恭(전거후공) [72107232] 전에는 거만하다가 나중에는 공손함. 상대편의 입지에 따라 대하는 태도가 일변하는 것. <출> 사기(史記) 소진열전(蘇秦列傳).

前古未聞(전고미문) [72604262] 前代未聞 참조. 이전이나 옛날에는 들은 바가 없음.

專管水域(전관수역) [40408040] 연안국이 어업이나 그 밖의 자원 발굴 등에 대하여 특권을 가지는 수역.

電光石火(전광석화) [72626080] 번갯불과 부싯돌의 불. 매우 짧은 시간이나 매우 재빠른 움직임 따위.

全國體典(전국체전) [72806252] 전국 체육 대회.

前代未聞(전대미문) [72624262] 이제까지 들어본 적이 없는 일. (유) 前古未聞

前途洋洋(전도양양) [72326060] 사람의 앞날이 한없이 넓음, 발전의 여지가 매우 많음을 이름.

傳來之風(전래지풍) [52703262] 예전부터 전하여 오는 풍속(風俗).

前輪驅動(전륜구동) [72403072] 앞바퀴로 (자동차를) 움직임.

前無後無(전무후무) [72507250] 이전에도 없었고 앞으로도 없음. (유) 空前絶後, 曠前絶後, 空前, 曠前

田夫之功(전부지공) [42703262] 犬兎之爭 참조. 농부의 공덕.

展示效果(전시효과) [52505262] 정치 지도자가 대내외적으로 자신의 업적을 과시하기 위하여 실질적인 효과가 크지도 아니한 상징적인 정책을 실시함으로써 얻고자 하는 효과, 자신의 소득 수준에 따르지 아니하고 타인을 모방함으로써 소비 지출이 늘어나게 되는 사회적,심리적 효과.

前衛藝術(전위예술) [72424262] 이전의 것을 배격하고 새로운 표현 수법을 앞장서서 시도하고 보호하는 실험적이고 혁신적인 예술.

全人敎育(전인교육) [72808070] 인간이 지닌 모든 자질을 조화롭게 발달시키는 것을 목적으로 하는 교육.

前人未踏(전인미답) [72804232] 破天荒 참조. 이제까지 그 누구도 밟아보지 못한 곳. 이제까지 그 누구도 손을 대어 본 일이 없음.

電子産業(전자산업) [72725262] 컴퓨터 따위의 활용과 관련된 산업.

電子娛樂(전자오락) [72723062] 컴퓨터 따위를 이용하여 하는 놀이.

戰戰兢兢(전전긍긍) [62621212] 몹시 두려워서 벌벌 떨며 조심함. <출> 시경(詩經) 소아편(小雅篇)의 소민(小旻)이라는 시. (유) 戰兢

輾轉反側(전전반측) [10406232] 누워서 몸을 이리저리 뒤척이며 잠을 이루지 못함. <출> 시경(詩經) 주남(周南). (유) 輾轉, 輾轉不寐

輾轉不寐(전전불매) [10407210] 輾轉反側 참조. 누워서 몸을 이리저리 뒤척이며 잠을 이루지 못함.

全知全能(전지전능) [72527252] 모든 것을 알고, 모든 일을 다 행할 수 있는 능력.

轉地訓鍊(전지훈련) [40706032] 신체의 적응력을 개발, 향상하기 위하여 환경 조건이 다른 곳으로 옮겨 가서 하는 훈련.

前瞻後顧(전첨후고) [72127230] 앞을 바라보고 뒤를 돌아봄, 일을 당하여 결단하지 못하고 앞뒤를 재며 어물어물함. (유) 瞻前顧後(첨전고후)

前虎後狼(전호후랑) [72327210] 錦上添花, 雪上加霜 참조. 앞문에서 호랑이를 막고 있으려니까 뒷문으로 이리가 들어옴. 재앙이 끊일 사이 없이 닥침.

轉禍爲福(전화위복) [40324252] 塞翁之馬 참조. 화가 바뀌어 오히려 복이 됨. 戰國策(전국책) 燕策(연책).

絶世佳人(절세가인) [42723280] 傾國之色 참조. 세상에 끊어진 미인.

截長補短(절장보단) [10803262] 絶長補短 참조. 긴 것을 잘라서 짧은 것을 보충함.

絶長補短(절장보단) [42803262] 긴 것을 잘라서 짧은 것을 보충함. 장점이나 넉넉

한 것으로 단점이나 부족한 것을 보충함. (유) 絶長補短, 斷長補短

切齒腐心(절치부심) [52423270] 몹시 분하여 이를 갈며 속을 썩임. (유) 切齒扼腕

切齒扼腕(절치액완) [52421010] 이를 갈고 팔을 걷어붙이며 몹시 분해함.

絶海孤島(절해고도) [42724050] 육지에서 아주 멀리 떨어져 있는 외딴섬.

漸入佳境(점입가경) [32703242] 들어갈수록 점점 경치가 좋음(멋있음, 재미있음, 맛있음). 고개지가 사탕수수를 먹을 때, 늘 가느다란 줄기 부분부터 먼저 씹어 먹었는데, 이를 이상하게 여긴 친구들이 물었더니 고개지가 갈수록 점점 단맛이 나기(漸入佳境) 때문이라고 대답한데서 유래. 진서(晉書) 고개지전(顧愷之傳). (유) 蔗境, 佳境

點鐵成金(점철성금) [40506280] 쇠를 달구어 황금을 만듦. 나쁜 것을 고쳐서 좋은 것을 만듦. 옛사람의 말을 따다가 글을 지음. 전습록(傳習錄) 卷下.

接道區域(접도구역) [42726040] 도로와 인접한 구역, 도로 확장용 용지 확보나 도로 보호 등을 위하여 법으로 설정된 도로 인접 구역.

靜觀默照(정관묵조) [40523232] 조용히 사물을 관찰하고 잡념을 없애고 고요히 앉아서 진리를 깨닫고자 하는 불가의 수행 방법.

井臼之役(정구지역) [32103232] 물을 긷고 절구질 하는 일로 살림살이의 수고로움을 이르는 말.

正當防衛(정당방위) [72524242] 자기 또는 남에게 가하여지는 급박하고 부당한 침해를 막기 위하여 침해자에게 어쩔 수 없이 취하는 가해 행위.

正面衝突(정면충돌) [72703232] 두 물체가 정면으로 부딪침, 두 편이 정면으로 맞부딪쳐 싸움.

頂門一針(정문일침) [32808040] 정수리에 침을 놓음. 따끔한 충고나 교훈.

頂門一鍼(정문일침) [32808010] 정수리에 침을 놓음. 따끔한 충고나 교훈. (유) 頂上一鍼

程門立雪(정문입설) [42807262] 제자가 스승을 극진히 섬김. 유초(遊酢)와 양시(楊時) 두 사람이 눈 오는 밤에 스승인 정이천(程伊川)을 모시고 서 있었다는 고사에서 유래.

正副統領(정부통령) [72424250] 대통령과 부통령을 아울러 이름.

頂上一鍼(정상일침) [32728010] 頂門一鍼 참조. 정수리에 침을 놓음.

情狀參酌(정상참작) [52425230] 범죄의 정상에 참작할 만한 사유가 있다고 판단되는 경우에, 법원이 그 형을 줄이거나 가볍게 하는 것.

精神薄弱(정신박약) [42623262] 정신 발달이 약하여 일을 처리하거나 환경에 적응하는 것이 어려운 상태.

精神錯亂(정신착란) [42623240] 의식 장애를 일으켜 지적 능력을 일시적으로 잃어버리는 상태.

挺身出戰(정신출전) [10627062] 앞장서서 나가 싸움. 위급할 때 과감히 나서 모든 책임을 다함. 구당서(舊唐書) 경군홍(敬君弘)전.

鄭衛桑間(정위상간) [12423272] 亡國之音, 鄭衛之音 참조. <출> 춘추전국시대 정
나라와 위나라에서 유행하던 음악은 뽕나무사이의 소리처럼
음란함.

鄭衛之音(정위지음) [12423262] 亡國之音 참조. <출> 춘추전국시대 정나라와 위
나라에서 유행하던 음악. 난세(亂世)의 음(音). 음란한 망국
(亡國)의 음악.

正正堂堂(정정당당) [72726262] 태도나 수단이 바르고 떳떳함.

井中觀天(정중관천) [32805270] 井中之蛙 참조. 우물 속에서 하늘을 쳐다 봄.

整形手術(정형수술) [40627262] 선천적이거나 후천적인 기형, 또는 질환이나 외상
에 따른 운동 기능의 장애를 정상 상태로 회복하기 위하여 실
시 하는 외과 수술.

帝國主義(제국주의) [40807042] 우월한 군사력과 경제력으로 다른 나라나 민족을
정벌하여 대국가를 건설하려는 침략주의.

濟世安民(제세안민) [42727280] 세상을 고통에서 구원하고 백성을 편안하게 살도
록 함.

諸子百家(제자백가) [32727072] 중국 춘추 전국 시대의 여러 학설의 창시자와 그
학파. 孔子(공자)와 儒家(유가), 老子(노자)와 道家(도가) 등.

濟濟多士(제제다사) [42426052] 훌륭한 여러 선비.

祭天儀式(제천의식) [42704060] 하늘을 숭배하고 제사 지내는 종교 의식.

濟河焚舟(제하분주) [42501030] 背水之陣 참조. 배를 타고 물을 건넌 후 배를 태
워버림. 결사항전의 의지의 표현.

朝刊新聞(조간신문) [60326262] 아침에 간행하는 신문.

糟糠之妻(조강지처) [10103232] 지게미와 쌀겨로 끼니를 이을 때의 아내. 몹시 가
난하고 천할 때에 고생을 함께 겪어 온 아내. <출> 후한서
(後漢書) 송홍전(宋弘傳). (유) 糟糠

朝改暮變(조개모변) [60503052] 朝令暮改 참조. 명령이나 법령을 아침에 고쳤다가
저녁에 또 고침.

條件反射(조건반사) [40506240] 특정 환경 조건에서의 일정한 자극에 대한 일정
한 반응.

早期敎育(조기교육) [42508070] 지능 발달이 빠른, 학령 이전의 어린이를 대상으
로 실시하는 교육.

潮力發電(조력발전) [40726272] 조수 간만의 차이로 일어나는 힘을 이용하는 수
력 발전.

朝令暮改(조령모개) [60503050] 아침에 명령을 내렸다가 저녁에 다시 고침. 법령
을 자꾸 고쳐서 갈피를 잡기가 어려움. 계획이나 결정 따위를
일관성이 없이 자주 고침. <출> 사기(史記) 평준서(平準書).
(유) 朝令夕改, 朝變夕改, 朝改暮變, 朝變暮改, 朝夕變改

朝令夕改(조령석개) [60507050] 朝令暮改 참조. 아침에 명령을 내렸다가 저녁에
다시 고침.

朝名市利(조명시리) [60727262] 명예는 조정에서 다투고 이익은 시장에서 다툼.
무슨 일이든 알맞은 곳에서 하여야 함. <출> 전국책(戰國策)

진책(秦策).

朝聞夕死(조문석사) [60627060] 아침에 참된 이치를 들어 깨달으면 저녁에 죽어도 한이 될 것이 없다는 말. 論語 里仁篇(이인편). 朝聞道夕死可矣

朝變暮改(조변모개) [60523050] 朝令暮改 참조. 명령이나 법령을 아침에 고쳤다가 저녁에 또 고침.

朝變夕改(조변석개) [60527050] 아침에 고친 것을 저녁에 또 고침.

朝不慮夕(조불려석) [60724070] 형세가 절박하여 아침에 저녁 일을 헤아리지 못함. 당장을 걱정할 뿐이고 앞일을 생각할 겨를이 없음. (유) 朝不謀夕

朝不謀夕(조불모석) [60723270] 朝不慮夕 참조. 아침에 저녁 일을 꾀하지 못함.

朝三暮四(조삼모사) [60803080] 간사한 꾀로 남을 속여 희롱함. 宋나라의 저공(狙公)의 고사로, 먹이를 아침에 세 개, 저녁에 네 개씩 주겠다는 말에는 원숭이들이 적다고 화를 내더니 아침에 네 개, 저녁에 세 개씩 주겠다는 말에는 좋아하였다는 데서 유래. 생계(生計)를 달리 이르는 말로도 씀. <출>. <출> 장자(莊子) 제물론(齊物論). (유) 朝三

朝夕變改(조석변개) [60705250] 朝令暮改 참조. 아침에 고친 것을 저녁에 또 고침.

措手不及(조수불급) [20727232] 손을 대고자 하나 미치지 못함, 손쓰기에는 때가 늦음.

早失父母(조실부모) [42608080] 어려서 부모를 여읨.

爪牙之士(조아지사) [10323252] 손톱과 어금니 같은 선비. 충성으로 임금을 모시는 신하.

朝雲暮雨(조운모우) [60523052] 巫山之夢 참조. 아침에는 구름이 되고 저녁에는 비가 됨. 남녀 간의 애정이 깊음.

粗衣惡食(조의악식) [10605272] 惡衣惡食 참조. 거친 옷을 입고, 좋지 않은 음식을 먹음.

粗衣粗食(조의조식) [10601072] 惡衣惡食 참조. 거친 옷을 입고, 거친 밥을 먹음.

早朝割引(조조할인) [42603242] 극장 등에서 이른 아침에 입장하는 사람들에게 입장 요금을 조금 깎아 줌.

鳥足之血(조족지혈) [42723242] 새 발의 피. 매우 적은 분량. (유) 蹄涔

朝聚暮散(조취모산) [60123040] 아침에 모였다가 저녁에 헤어짐. 모이고 헤어짐의 덧없음.

朝花月夕(조화월석) [60708070] 花朝月夕 참조. 꽃 피는 아침과 달 밝은 밤.

足且足矣(족차족의) [72307230] 아주 흡족하고 넉넉하여 기준에 차고도 남음.

足脫不及(족탈불급) [72407232] 맨발로 뛰어도 따라가지 못함. 능력 역량 재질 따위가 두드러져 도저히 다른 사람이 따라가지 못할 정도임.

存亡之秋(존망지추) [40503270] 존속과 멸망, 또는 생존과 사망이 결정되는 아주 절박한 경우나 시기.

尊卑貴賤(존비귀천) [42325032] 지위나 신분의 높고 낮음과 귀하고 천함.

種瓜得瓜(종과득과) [52204220] 種豆得豆 참조. 외 심은데 외가 남.

宗敎改革(종교개혁) [42805040] 16세기 유럽에서 로마 가톨릭 교회의 비교리적 행위에 반대하여 일어난 개혁 운동.

終南捷徑(종남첩경) [50801032] 종남산(終南山)은 벼슬길에 오르는 지름길. 명리(名利)를 얻을 수 있는 가장 빠른 길. 노장용(盧藏用)이 조정의 관심을 끌기 위해 종남산에 들어가 은둔생활을 하다가 바로 조정의 부름을 받고 기뻐하자, 사마승정(司馬承禎)이란 사람이 비꼬아 한 말에서 유래. 신당서(新唐書) 노장용전(盧藏用傳).

種豆得豆(종두득두) [52424242] 콩을 심으면 반드시 콩이 나옴. 원인에 따라 결과가 생김. (유) 因果應報, 因果報應, 果報, 種瓜得瓜

宗廟社稷(종묘사직) [42306212] 왕실과 나라를 통틀어 이르는 말. 宗廟는 왕가 조상의 위패를 모시는 사당으로 왕실을, 社稷은 나라를 세울 때 천자나 제후가 제사를 지내던 토지신과 곡식신을 아울러 이르는 말로 나라를 나타냄.

終無消息(종무소식) [50506242] 咸興差使 참조. 끝내 아무 소식이 없음.

從實直告(종실직고) [40527252] 以實直告 참조. 사실로 바로 고함.

縱橫無盡(종횡무진) [32325040] 전후좌우로 움직여 끝이 없음, 활약이 대단하거나 이야기 등이 끝이 없음을 이름.

縱橫錯綜(종횡착종) [32323220] 종과 횡의 모든 것이 한데 뒤섞여 모임.

左顧右眄(좌고우면) [72307210] 首鼠兩端 참조. 왼쪽을 돌아보고 오른쪽을 돌아봄.

左顧右視(좌고우시) [72307242] 首鼠兩端 참조. 왼쪽을 돌아보고 오른쪽을 돌아봄.

左眄右顧(좌면우고) [72107230] 首鼠兩端 참조. 왼쪽을 돌아보고 오른쪽을 돌아봄.

坐不安席(좌불안석) [32727260] 앉아도 자리가 편안하지 않음. 마음이 불안하거나 걱정스러워서 한군데에 가만히 앉아 있지 못하고 안절부절못하는 모양.

左右顧眄(좌우고면) [72723010] 首鼠兩端 참조. 왼쪽을 돌아보고 오른쪽을 돌아봄.

左右衝突(좌우충돌) [72723232] 左衝右突 참조. 왼쪽으로 부딪고, 오른쪽으로 돌진함.

坐井觀天(좌정관천) [32325270] 井中之蛙 참조. 우물 속에 앉아 하늘을 봄. 사람의 견문(見聞)이 매우 좁음.

左之右之(좌지우지) [72327232] 이리저리 제 마음대로 휘두르거나 다룸. (유) 左右之, 左右

左瞻右顧(좌첨우고) [72127230] 首鼠兩端 참조. 왼쪽을 돌아보고 오른쪽을 돌아봄.

左衝右突(좌충우돌) [72327232] 이리저리 마구 찌르고 부딪침. (유) 東衝西突, 左右衝突

左側通行(좌측통행) [72326060] 길을 갈 때에 왼쪽으로 감.

罪中又犯(죄중우범) [50803040] 죄를 짓고 형기를 마치기 전에 거듭 죄를 저지름.

株價指數(주가지수) [32524270] 주가의 변동을 나타내는 지수.

主客一體(주객일체) [70528062] 주인과 손님이 하나가 됨. 주체와 객체가 하나가 됨.

主客顚倒(주객전도) [70521032] 주인과 손의 위치가 서로 뒤바뀜. 사물의 경중, 선후, 완급 따위가 서로 뒤바뀜. (유) 客反爲主

晝耕夜讀(주경야독) [60326062] 낮에는 농사짓고, 밤에는 글을 읽음. 어려운 여건 속에서도 꿋꿋이 공부함. (유) 晴耕雨讀

主權在民(주권재민) [70426080] 나라의 주권이 국민에게 있음.

酒囊飯袋(주낭반대) [40103210] 酒袋飯囊 참조. 술주머니와 밥주머니.

酒袋飯囊(주대반낭) [40103210] 술주머니와 밥주머니. 먹고 마실 줄만 알지 일할 줄을 모르는 쓸모없는 사람. 송(宋)나라 증조(曾慥)의 유설(類說). (유) 飯囊酒袋, 酒囊飯袋, 衣架飯囊

周到綿密(주도면밀) [40523242] 두루 미쳐 자세하고 빈틈이 없음.

走馬加鞭(주마가편) [42505010] 달리는 말에 채찍질함. 잘하는 사람을 더욱 장려함.

走馬看山(주마간산) [42504080] 말을 타고 달리며 산천을 구경함. 자세히 살피지 아니하고 대충대충 보고 지나감.

主務官廳(주무관청) [70424240] 일정한 사무를 주관하여 그 권한과 직무를 관장하는 행정 관청.

酒色雜技(주색잡기) [40704050] 술과 여자의 예쁜 모양과 잡스러운 여러 가지 노름을 아울러 이름.

朱脣白齒(주순백치) [40308042] 傾國之色 참조. 붉은 입술에 흰 이. 초사(楚辭) 卷第十 대초장구(大招章句) 第十.

朱脣皓齒(주순호치) [40301242] 傾國之色 참조. 붉은 입술에 흰 이. 초사(楚辭) 卷第十 대초장구(大招章句) 第十.

株式會社(주식회사) [32606262] 주식의 발행을 통하여 여러 사람으로부터 자본을 조달받는 회사.

晝夜長川(주야장천) [60608070] 밤낮으로 쉬지 아니하고 연달아. (유) 長川

晝而繼夜(주이계야) [60304060] 不撤晝夜 참조. 낮에 하던 일을 이어 밤에도 함.

注入敎育(주입교육) [62708070] 기억과 암기를 주로 하여 지식을 넣어 주는 형태의 교육.

舟中敵國(주중적국) [30804280] 자기 배 안에 적국이 있음. 군주가 덕을 닦지 아니하면 자기편일지라도 모두 곧 적이 될 수 있음. <출> 사기 (史記) 손자오기(孫子吳起)열전.

酒池肉林(주지육림) [40324270] 술로 연못을 이루고 고기로 숲을 이룸. 호사스러운 술잔치. 殷나라 紂왕이 못을 파 술을 채우고 숲의 나뭇가지에 고기를 걸어 잔치를 즐겼던 일에서 유래. <출> 사기(史記) 은본기(殷本紀). (유) 肉山脯林

竹頭木屑(죽두목설) [42608010] 대나무 조각과 나무 부스러기. 쓸모가 적은 물건. 못 쓰게 된 것들을 모아 재활용함. 진서(晉書) 도간전(陶侃傳).

竹林七賢(죽림칠현) [42708042] 晉(진)나라 초기에 노자와 . <출> 장자의 무위 사상을 숭상하여 죽림에 모여 청담으로 세월을 보낸 일곱 명의 선비.

竹馬故友(죽마고우) [42504252] 대말을 타고 놀던 오랜 벗. 어릴 때부터 같이 놀며 자란 벗. 진서(晉書) 은호전(殷浩傳). (유) 竹馬交友, 竹馬舊友, 竹馬之友

竹馬交友(죽마교우) [42506052] 竹馬故友 참조. 대말을 타고 놀던 오랜 벗.

竹馬舊友(죽마구우) [42505252] 竹馬故友 참조. 대말을 타고 놀던 오랜 벗.

竹馬之友(죽마지우) [42503252] 竹馬故友 참조. 대말을 타고 놀던 오랜 벗.

竹帛垂名(죽백수명) [42103272] 죽백(역사서)에 이름을 기록함. 명예로운 이름을 후세에 남김.

遵養時晦(준양시회) [30527210] 道(도)를 좇아 덕을 기르고, 때에 따라서는 자기를 드러내지 아니하고 숨어 언행을 삼감.

衆寡不敵(중과부적) [42327242] 적은 수효로 많은 수효를 대적하지 못함. <출> 맹자(孟子) 양혜왕편(梁惠王篇). (유) 寡不敵衆

衆口難防(중구난방) [42704242] 뭇사람의 말을 막기가 어려움. 막기 어려울 정도로 여럿이 마구 지껄임.

中途而廢(중도이폐) [80323032] 일을 하다가 중간에 그만둠.

衆目環視(중목환시) [42604042] 衆人環視 참조. 여러 사람의 눈이 둘러싸고 지켜봄.

中石沒矢(중석몰시) [80603230] 中石沒鏃 참조. 쏜 화살이 돌에 박힘.

衆心成城(중심성성) [42706242] 여러 사람의 마음이 성을 이룸. 여러 사람의 마음이 하나로 단결하면 성처럼 굳어짐.

重言復言(중언부언) [70604260] 이미 한 말을 자꾸 되풀이함.

中原逐鹿(중원축록) [80503030] 서로 경쟁하여 어떤 지위를 얻고자 하는 일. 군웅(群雄)이 천하「중원」에서 제왕「사슴」의 지위를 얻으려고 다투는 일. <출> 사기(史記) 회음후열전(淮陰侯列傳). (유) 逐鹿, 角逐, 中原之鹿

衆人環視(중인환시) [42804042] 여러 사람이 둘러싸고 지켜봄. (유) 衆目環視

仲秋佳節(중추가절) [32703252] 음력 팔월 보름의 좋은 시절이라는 뜻으로, '추석'을 달리 이르는 말. 음력 팔월의 좋은 가을철.

櫛風沐雨(즐풍목우) [10622052] 머리털을 바람으로 빗질하고 몸은 빗물로 목욕함. 오랜 세월을 객지에서 방랑하며 온갖 고생을 다 함. (유) 櫛雨, 櫛風

知過必改(지과필개) [52525250] 허물임을 알면 반드시 고침.

支給停止(지급정지) [42505050] 채무자가 채권자에게 채무를 변제할 능력이 없음을 표시하는 행위.

知己之友(지기지우) [52523252] 管鮑之交 참조. 자기를 알아주는 벗.

持己秋霜(지기추상) [40527032] 자신을 대할 때는 가을 서리처럼 엄하게 함. (상) 對人春風

知難而退(지난이퇴) [52423042] 형세가 불리한 것을 알면 물러서야 함. <출> 춘추좌씨전(春秋左氏傳) 선공(宣公) 12년조.

之東之西(지동지서) [32803280] 동쪽으로도 가고 서쪽으로도 간다는 뜻으로, 뚜렷한 목적 없이 이리저리 갈팡질팡함을 이름.

芝蘭之交(지란지교) [12323260] 管鮑之交 참조. 지초(芝草)와 난초(蘭草)의 사귐.

芝蘭之室(지란지실) [12323280] 지초 난초 향 같은 좋은 향기가 풍기는 방, 군자를 이름.

指鹿爲馬(지록위마) [42304250] 윗사람을 농락하여 권세를 마음대로 함. 모순된 것을 끝까지 우겨서 남을 속이려는 짓. 진(秦)나라의 조고(趙高)가 자신의 권세를 시험하여 보고자 황제 호해(胡亥)에게 사슴을 가리키며 말이라고 한 데서 유래. <출> 사기(史記) 진시황본기(秦始皇本紀).

支離滅裂(지리멸렬) [42403232] 흩어지고 찢기어 갈피를 잡을 수 없음. (유) 支離分散

支離分散(지리분산) [42406240] 支離滅裂 참조. 찢기고 떠나고 나뉘고 흩어짐.

知命之年(지명지년) [52703280] 50세. 孔子가 나이 50에 天命을 알았다는 데서 由來. (유) 知天命, 知命, 艾年, 艾老, 半百

紙上兵談(지상병담) [70725250] 卓上空論 참조. 종이 위에서 펼치는 용병의 이야기.

至誠感天(지성감천) [42426070] 지극한 정성에는 하늘도 감동함.

至誠盡力(지성진력) [42424072] 지극한 정성을 바쳐 있는 힘을 다해 노력하겠다는 뜻. 2011년 산림청 사자성어

池魚之殃(지어지앙) [32503230] 殃及池魚 참조. 못 속의 물고기의 재앙.

智者一失(지자일실) [40608060] 千慮一失 참조. 슬기로운 사람도 많은 생각 중에는 간혹 실수가 있음.

知足不辱(지족불욕) [52727232] 분수를 지켜 만족할 줄 아는 사람은 욕되지 아니함. <출> 노자(老子) 44장.

遲遲不進(지지부진) [30307242] 매우 더디어서 일 따위가 잘 진척되지 아니함.

指天爲誓(지천위서) [42704230] 하늘에 대고 맹세함.

紙筆硯墨(지필연묵) [70522032] 종이와 붓과 벼루와 먹을 아울러 이르는 말.

知行合一(지행합일) [52606080] 지식과 행동이 서로 맞아 하나가 됨.

指呼之間(지호지간) [42423272] 一衣帶水 참조. 손짓하여 부를 만큼 가까운 거리.

直系卑屬(직계비속) [72403240] 자기로부터 직계로 이어져 내려가는 혈족. 아들, 딸, 손자, 증손 등을 이름.

直系尊屬(직계존속) [72404240] 조상으로부터 직계로 내려와 자기에 이르는 사이의 혈족. ..., 고조부모, 증조부모, 조부모, 부모를 이름.

織錦回文(직금회문) [40324270] 구성이 절묘한 훌륭한 문학작품. 두도(竇滔)의 아내인 소혜(蘇蕙)라는 여인이 만든 선기도(璇璣圖)에는 모두

840자가 새겨져 있는데, 이들을 종횡, 상하, 좌우 등등 어떻게 읽어도 모두 훌륭한 시(回文詩)가 되었다는데서 유래. 진서(晉書). <출> 열녀전(列女傳) 두도처소씨(竇滔妻蘇氏) 조.

直四角形(직사각형) [72806262] 내각이 모두 직각인 사각형.

直射光線(직사광선) [72406262] 정면으로 곧게 비치는 빛살.

直屬上官(직속상관) [72407242] 자기가 직접 속하여 있는 부서의 상관.

秦鏡高懸(진경고현) [12406232] 明鏡高懸 참조. 사람의 마음까지도 비추었다는 진 (秦)나라 거울이 높게 매달려 있음.

盡善完美(진선완미) [40505060] 盡善盡美 참조. 더할 나위 없이 좋고 아름다움.

盡善盡美(진선진미) [40504060] 더할 나위 없이 훌륭하고 아름다움. 완전무결함. (유) 盡善完美

珍羞盛饌(진수성찬) [40104210] 진귀한 반찬으로 가득 차린 음식.

盡忠竭力(진충갈력) [40421072] 犬馬之勞 참조. 충성을 다하고 힘을 다함.

盡忠報國(진충보국) [40424280] 충성을 다하여 나라의 은혜를 갚음.

進退無路(진퇴무로) [42425060] 進退兩難 참조. 나아가고 물러날 길이 없음.

進退兩難(진퇴양난) [42424242] 이러지도 저러지도 못하는 어려운 처지. (유) 進退 維谷, 進退無路

進退幽谷(진퇴유곡) [42423232] 앞뒤로 골짜기라는 데서, 이러지도 저러지도 못하 고 꼼짝할 수 없는 궁지.

進退維谷(진퇴유곡) [42423232] 進退兩難 참조. 나아가고 물러날 길이 오직 골짜 기뿐임.

塵合泰山(진합태산) [20603280] 愚公移山 참조. 먼지가 모여 태산이 됨.

集團農場(집단농장) [62527272] 농지의 소유권을 공동으로 가지고 협동하여 조직 적으로 경영하는 농장.

執行猶豫(집행유예) [32603240] 3년 이하의 징역 또는 금고의 형이 선고된 범 죄자에게 정상을 참작하여 일정한 기간 동안 형의 집행을 유 예하는 일. 그 기간을 사고 없이 넘기면 형의 선고 효력이 없어짐.

懲羹吹菜(징갱취채) [30103232] 뜨거운 국에 데어서 냉채를 후후 불고 먹음.

懲一勵百(징일여백) [30803270] 一罰百戒 참조. 한 사람을 벌하여 백 사람을 격동 시킴.

此月彼月(차월피월) [32803280] 此日彼日 참조. 이 달 저 달. 자꾸 기한을 미루는 모양.

車胤聚螢(차윤취형) [72121230] 螢雪之功 참조. 차윤이 반딧불이를 모음.

此日彼日(차일피일) [32803280] 이날 저 날. 자꾸 기한을 미루는 모양. (유) 此月 彼月

借廳入室(차청입실) [32407080] 대청을 빌려 쓰다가 점점 안방까지 들어감. 처음 에는 남에게 의지하다가 점차 그의 권리까지 침범함. (유) 借廳 借閨

借廳借閨(차청차규) [32403220] 借廳入室 참조. 대청을 빌려 쓰다가 점점 안방까지 들어감.

參差不齊(참치부제) [52407232] 길고 짧고 들쭉날쭉하여 가지런하지 아니함.

滄桑之變(창상지변) [20323252] 桑田碧海 참조. 푸른 바다가 뽕나무밭이 되는 변화.

彰善懲惡(창선징악) [20503052] 勸善懲惡 참조. 착한 것을 드러내고, 악한 것을 징계함.

創氏改名(창씨개명) [42405072] 성씨를 새로 만들고 이름을 고침, 일제가 강제로 우리나라 사람의 성과 이름을 일본식으로 고치게 한 일을 가리킴.

創業守成(창업수성) [42624262] 나라(왕조)를 세우는 것과 나라(왕조)를 지키는 것. <출> 당서(唐書) 방현령전(房玄齡傳).

彰往察來(창왕찰래) [20424270] 이미 지난 일을 분명하게 밝혀서 장차 올 일의 득실을 살핌.

滄海桑田(창해상전) [20723242] 桑田碧海 참조. 푸른 바다가 뽕나무밭이 되는 변화.

滄海遺珠(창해유주) [20724032] 넓고 큰 바다 속에 캐어지지 않은 채 남아 있는 진주. 세상에 미처 알려지지 않은 드물고 귀한 보배. 세상에 미처 알려지지 않은 덕과 지혜가 높은 어진 사람. <출> 당서(唐書).

滄海一粟(창해일속) [20728030] 九牛一毛 참조. 넓고 큰 바다 속의 좁쌀 한 알. 아주 많거나 넓은 것 가운데 있는 매우 하찮고 작은 것. 소식(蘇軾)의 전적벽부(前赤壁賦).

滄海一滴(창해일적) [20728030] 九牛一毛 참조. 넓고 큰 바다 속의 물방울 하나.

采薪之憂(채신지우) [12103232] 섶을 만들어야 하는 근심. 병이 들어서 땔나무를 할 수 없음. 자신의 병을 겸손하게 이르는 말. <출> 맹자(孟子) 공손추(公孫丑) 편. (유) 負薪之憂

妻城子獄(처성자옥) [32427232] 아내는 성(城)이고 자식은 감옥. 처자가 있는 사람은 거기에 얽매여 자유롭게 활동할 수 없음.

隻手空拳(척수공권) [20727232] 赤手空拳 참조. 외손에 빈주먹.

天高馬肥(천고마비) [70625032] 하늘은 높고 말은 살찜. 하늘이 맑고 모든 것이 풍성함. <출> 한서(漢書) 흉노전(匈奴傳). (유) 秋高馬肥

千軍萬馬(천군만마) [70808050] 천 명의 군사와 만 마리의 군마, 아주 많은 수의 군사와 군마를 이름.

千金買骨(천금매골) [70805040] 연(燕)나라의 소왕(昭王)이 어진 자를 구할 때, 곽외가 옛날 어느 임금이 천리마를 구하기 위해서 먼저 말의 뼈를 샀다는 이야기를 예로 들며 자기 자신부터 등용하게 했다는 고사로 열심히 인재를 구함을 말함 <출> 전국책(戰國策)

千年一淸(천년일청) [70808062] 百年河淸 참조. 천 년에 한 번 맑아짐. 가능하지 아니한 일을 바람.

天道是非(천도시비) [70724242] 하늘의 도는 옳은 지 그른 지 알 수 없음. 漢武帝

때 匈奴의 포로가 된 李陵을 司馬遷이 홀로 비호하다가 宮刑을 당하였는데, 뒤에 사마천은 伯夷叔齊는 仁과 德을 쌓았으나 굶어 죽었고, 顔回는 학문을 좋아하였으나 쌀겨도 배불리 못먹고 夭折하였지만, 盜跖은 사람을 죽이는 등 포악방자하였지만 천수를 누렸다고 하면서 선현에 자신의 처지를 빗대 천도에 대해 의문을 제기한 데서 유래. 史記 伯夷叔齊列傳.

千慮一得(천려일득) [70408042] 천 번을 생각하여 하나를 얻음. 어리석은 사람이라도 많은 생각을 하면 그 과정에서 한 가지쯤은 좋은 것이 나올 수 있음. (상) 千慮一失

千慮一失(천려일실) [70408060] 천 번 생각에 한 번 실수. 슬기로운 사람이라도 여러 가지 생각 가운데에는 잘못되는 것이 있을 수 있음. <출> 사기(史記) 회음후열전(淮陰侯列傳). (유) 智者一失 (상) 千慮一得

千萬多幸(천만다행) [70806062] 아주 다행함. (유) 萬萬多幸, 萬分多幸

天方地方(천방지방) [70727072] 하늘 방향이 어디이고 땅의 방향이 어디인지 모름. 마음이 조급하여 허둥지둥 함부로 날뛰는 모양. 天方地軸과 함께 한국 속담이 漢譯된 것. 원래 속담이 무엇인지는 확실치 않음. 동언해(東言解). 유) 天方地軸

天方地軸(천방지축) [70727020] 天方地方 참조. 하늘 방향이 어디이고 땅의 축이 어디인지 모름.

川邊風景(천변풍경) [70426250] 천변 중심의 경치나 삶의 모습, 박태원이 지은 소설의 이름.

千峯萬壑(천봉만학) [70328010] 수많은 산봉우리와 산골짜기.

天上天下(천상천하) [70727072] 하늘 위와 하늘 아래라는 뜻으로, 온 세상을 이름.

天生緣分(천생연분) [70804062] 하늘이 정하여 준 연분.

千歲一時(천세일시) [70528072] 千載一遇 참조. 천년에 한 번 올까 말까한 한 번의 때.

千辛萬苦(천신만고) [70308060] 천 가지 매운 것과 만 가지 쓴 것, 온갖 어려운 고비를 다 겪으며 심하게 고생함.

千耶萬耶(천야만야) [70308030] 가파로운 산이나 벼랑 같은 것이 천길만길이나 되는 듯 까마득하게 높거나 깊은 모양.

天壤之間(천양지간) [70323272] 雲泥之差 참조. 하늘과 땅의 사이.

天壤之差(천양지차) [70323240] 雲泥之差 참조. 하늘과 땅의 차이.

天壤之判(천양지판) [70323240] 雲泥之差 참조. 하늘이라는 판가름과 땅이라는 판가름.

天淵之差(천연지차) [70123240] 雲泥之差 참조. 하늘과 연못과의 거리의 차이.

天佑神助(천우신조) [70126242] 하늘이 돕고 신령이 도움.

天衣無縫(천의무봉) [70605020] 하늘나라 옷은 꿰맨 흔적이 없음. 일부러 꾸민 데 없이 자연스럽고 아름다우면서 완전함. 완전무결하여 흠이 없음. 세상사에 물들지 아니한 어린이와 같은 순진함. 주로 시가 (詩歌)나 문장에 대하여 이르는 말임. 태평광기(太平廣記) 귀

괴신기(鬼怪神寄) 곽한(郭翰)의 이야기.

天人共怒(천인공노) [70806242] 하늘과 사람이 함께 노함, 누구나 분노할 만큼 증오스럽거나 도저히 용납할 수 없음을 이름.

千一夜話(천일야화) [70806072] 1001일 동안 밤에 한 이야기. 아랍 어로 쓰여진 설화집, 아라비안나이트.

千紫萬紅(천자만홍) [70328040] 울긋불긋한 여러 가지 꽃의 빛깔. 또는 그런 빛깔의 꽃. (유) 萬紫千紅

千載一時(천재일시) [70328072] 千載一遇 참조. 천년에 한 번 올까 말까한 한 번의 때.

千載一遇(천재일우) [70328040] 천 년에 단 한 번 만남. 좀처럼 만나기 어려운 좋은 기회. 문선(文選)에 실린 원안(袁宏)의 삼국명신서찬(三國名臣序贊). (유) 千歲一時, 千載一時

天災地變(천재지변) [70507052] 지진, 홍수, 태풍 따위의 자연현상으로 인한 재앙.

天定配匹(천정배필) [70604230] 하늘에서 미리 정하여 준 배필, 잘 어울리는 한 쌍의 부부. (유) 天生配匹(천생배필) 天上配匹(천상배필) 天生佳緣(천생가연)

天井不知(천정부지) [70327252] 천장(天井=天障)을 알지 못함. 하늘 높은 줄 모름. 물가 따위가 한없이 오르기만 함.

天地萬物(천지만물) [70708072] 세상에 있는 모든 것.

天地神明(천지신명) [70706262] 온세상, 대자연을 다스린다는 온갖 신령.

天眞爛漫(천진난만) [70422030] 자연스럽고 참되어 말이나 행동에 아무런 꾸밈이 없음.

千差萬別(천차만별) [70408060] 여러 가지 사물이 모두 차이가 있고 구별이 있음.

千態萬象(천태만상) [70428040] 천 가지 모습과 만 가지 형상, 온갖 모양, 세상 사물이 한결같지 아니하고 각각 모습,모양이 다름을 이름.

千篇一律(천편일률) [70408042] 수많은 글이 모두 하나의 법칙 내지는 특성을 나타냄. 여럿이 개별적 특성이 없이 모두 엇비슷한 현상. 여러 시문의 격조(格調)가 모두 비슷하여 개별적 특성이 없음. (유) 一律千篇

天下一色(천하일색) [70728070] 傾國之色 참조. 세상에 하나뿐인 미모.

天下壯士(천하장사) [70724052] 세상에 비길 데 없는 힘센 사람.

天下絶色(천하절색) [70724270] 傾國之色 참조. 세상에 끊어진 미모.

天下泰平(천하태평) [70723272] 정치가 잘되어 온 세상이 평화로움, 어떤 일에 무관심한 상태로 걱정 없이 편안하게 있는 태도를 가벼운 놀림조로 이르는 말.

徹頭徹尾(철두철미) [32603232] 처음부터 끝까지 빈틈이 없음. (유) 徹上徹下

徹上徹下(철상철하) [32723272] 徹頭徹尾 참조. 위부터 아래까지 빈틈이 없음..

徹地之冤(철지지원) [32703210] 徹天之冤 참조. 땅에 사무치는 크나큰 원한.

徹天之冤(철천지원) [32703210] 하늘에 사무치는 크나큰 원한. (유) 徹地之冤, 徹天之恨

徹天之恨(철천지한) [32703240] 徹天之冤 참조. 하늘에 사무치는 크나큰 원한.

晴耕雨讀(청경우독) [30325262] 晝耕夜讀 참조. 날이 개면 논밭을 갈고 비가 오면 글을 읽음. 부지런히 일하며 공부함.

靑丘永言(청구영언) [80326060] 조선 영조 4년(1728)에 金天澤(김천택)이 역대 시조를 수집하여 펴낸 최초의 시조집.

淸廉潔白(청렴결백) [62304280] 마음이 맑고 깨끗하며 탐욕이 없음.

淸貧樂道(청빈낙도) [62426272] 安貧樂道 참조. 청렴결백하고 가난하게 사는 것을 옳은 것으로 여기고 즐김.

靑酸加里(청산가리) [80205070] '시안화칼륨'을 일상적으로 이르는 말. '청산칼리(靑酸kali)'의 음역어.

靑山流水(청산유수) [80805280] 푸른 산에 거침없이 흐르는 맑은 물에서, 막힘없이 썩 잘하는 말을 비유적으로 이르는 말.

淸純可憐(청순가련) [62425030] 맑고 순수하며 가엾고 불쌍하게 여길만 함, 심성이 맑고 몸매가 갸냘퍼 보여 동정심을 불러 일으키는 여인의 모습을 형용하는 말.

靑雲之志(청운지지) [80523242] 끈 뜻을 펼치기 위하여 벼슬길에 오르고자 하는 뜻. 높은 지위에 오르고자 하는 뜻. 혹 속세를 초탈하려는 뜻을 일컫기도 함. 王勃(왕발)의 藤王閣詩序(등왕각시서), 장구령(張九齡)의 조경견백발(朝鏡見白髮). (유) 凌雲之志 陵雲之志

淸日戰爭(청일전쟁) [62806250] 1894년 조선에 출병하는 문제로 일어난 청나라와 일본과의 전쟁.

靑天白日(청천백일) [80708080] 하늘이 맑게 갠 대낮. 맑은 하늘에 뜬 해. 혐의나 원죄(冤罪)가 풀리어 무죄가 됨. <출> 한유(韓愈)의 여최군서(與崔群書).

靑出於藍(청출어람) [80703020] 쪽에서 뽑아낸 푸른 물감이 쪽보다 더 푸름. 제자나 후배가 스승이나 선배보다 나음. 순자(荀子) 권학(勸學)편. (유) 出藍

淸風明月(청풍명월) [62626280] 맑은 바람과 밝은 달.

草根木皮(초근목피) [70608032] 풀뿌리와 나무껍질, 맛이나 영양 가치가 없는 거친 음식을 비유적으로 이름.

初度巡視(초도순시) [50603242] 한 기관의 책임자나 감독자 등이 부임하여 처음으로 그 관할 지역을 순회하여 시찰함.

初動搜査(초동수사) [50723050] 사건 발생 직후에, 범인을 검거하고 증거를 확보하기 위한 긴급 수사 활동.

草廬三顧(초려삼고) [70128030] 三顧草廬 참조. 초가집을 세 번 돌아봄.

草綠同色(초록동색) [70607070] 同病相憐 참조. 풀색과 녹색은 같은 색. 같은 처지나 경우의 사람들 끼리 어울려 행동함.

焦眉之急(초미지급) [20303262] 눈썹에 불이 붙은 상황처럼 매우 급함. 오등회원(五燈會元). (유) 燒眉之急, 燃眉, 焦眉

草食動物(초식동물) [70727272] 풀을 주로 먹고 사는 동물.

焦心苦慮(초심고려) [20706040] 勞心焦思 참조. 마음을 태우며 애써 생각함.

招搖過市(초요과시) [40305272] 호령하고, 수레 소리 요란하게 울리면서 거들먹거리며 저자거리를 지남. 요란하게 자랑하고 다님. 위(衛)나라 거백옥(蘧伯玉)의 행차 모양으로, 사기(史記) 공자세가(孔子世家).

初志一貫(초지일관) [50428032] 처음에 세운 뜻을 끝까지 밀고 나감.

寸鐵殺人(촌철살인) [80504280] 한 치의 쇠붙이로 사람을 죽임. 간단한 말로도 남을 감동시키거나 남의 약점을 찌름. 나대경(羅大徑)의 학림옥로(學林玉露) 지부(地部) 살인수단(殺人手段).

秋高馬肥(추고마비) [70625032] 天高馬肥 참조. 하늘은 높고 말은 살찜.

推己及人(추기급인) [40523280] 자기 마음을 미루어 보아 남에게도 그렇게 대하거나 행동함 (유) 絜矩之道

鄒魯之鄕(추로지향) [12123242] 공자와 맹자의 고향, 예절을 알고 학문이 왕성한 곳. 鄒魯는 공자는 노나라 사람이고 맹자는 추나라 사람이라는 데서, 공자와 맹자를 아울러 이르는 말.

追友江南(추우강남) [32527280] 친구 따라 강남에 감. 자기주장이 없는 행동.

推舟於陸(추주어륙) [40303052] 漱石枕流 참조. 뭍으로 배를 밀려고 함. 잘못을 인정하지 않고 억지를 씀.

錐處囊中(추처낭중) [10421080] 囊中之錐 참조. 송곳이 주머니 속에 있음.

秋風落葉(추풍낙엽) [70625050] 가을바람에 떨어지는 나뭇잎. 어떤 형세나 세력이 갑자기 기울어지거나 헤어져 흩어지는 모양.

秋毫之末(추호지말) [70303250] 가을의 짐승 털의 끝. 아주 작음, 아주 적음. <출> 맹자(孟子) 양혜왕장구상(梁惠王章句上). (유) 分毫, 秋毫, 一毫, 毫釐, 毫末

逐條審議(축조심의) [30403242] 한 조목씩 차례로 모두 심의함.

春秋鼎盛(춘추정성) [70701242] 나이가 솥발처럼 튼튼하게 서고 혈기가 매우 왕성하다는 데서, 제왕의 나이가 한창 때임을 나타냄.

春秋筆法(춘추필법) [70705252] 춘추의 기록 방법. 공자가 엮은 춘추(春秋)와 같이 역사 사건에 대한 비판적이고 엄정한 필법. 대의명분을 밝히어 세우는 역사 서술 방법.

春雉自鳴(춘치자명) [70127240] 봄철의 꿩이 스스로 욺. 시키거나 요구하지 아니하여도 자기 스스로 함.

春夏秋冬(춘하추동) [70707070] 봄, 여름, 가을, 겨울의 네 계절.

出嫁外人(출가외인) [70108080] 시집 간 딸은 남이나 마찬가지임.

出奇制勝(출기제승) [70404260] 기묘한 계략(計略)을 써서 승리함. <출> 사기(史記) 전단(田單)열전.

出沒無雙(출몰무쌍) [70325032] 나타났다 없어졌다 하는 것이 비길 데 없을 만큼 심함.

出産休暇(출산휴가) [70527040] 근로 여성이 아이를 낳기 위하여 얻는 휴가.

出爾反爾(출이반이) [70106210] 너에게서 나와서 너에게로 돌아감. 행불행과 호악이 결국은 모두 자기 자신에 의하여 초래됨. 증자(曾子)의 말로, 맹자(孟子) 양혜왕(梁惠王) 하편.

出將入相(출장입상) [70427052] 나가서는 장수가 되고 들어와서는 재상이 됨. 문무를 다 갖추어 장상(將相)의 벼슬을 모두 지냄.

衝擊療法(충격요법) [32402052] 환자에게 급격한 충격을 줌으로써 치료 효과를 얻는 방법.

忠言逆耳(충언역이) [42604250] 충직한 말은 귀에 거슬림. <출> 사기(史記) 회남왕전(淮南王傳).

就勞事業(취로사업) [40527262] 영세 근로자의 생계 지원 사업으로 정부에서 실시하는 일거리 제공사업.

吹毛求疵(취모구자) [32424210] 상처를 찾으려고 털을 불어 헤침. 억지로 남의 작은 허물을 들추어냄. <출> 한비자(韓非子) 대체(大體) 편. (유) 吹毛覓疵

吹毛覓疵(취모멱자) [32421210] 吹毛求疵 참조. 상처를 찾으려고 털을 불어 헤침.

取捨選擇(취사선택) [42305040] 쓸 것은 쓰고 버릴 것은 버림.

醉生夢死(취생몽사) [32803260] 술에 취하여 자는 동안에 꾸는 꿈속에 살고 죽음. 한평생을 아무 하는 일 없이 흐리멍덩하게 살아감. (유) 醉死

惻隱之心(측은지심) [10403270] 四端 참조. 사람의 본성에서 우러나오는 불쌍히 여겨 언짢아하는 마음. 仁의 실마리가 되는 마음.

層生疊出(층생첩출) [40801070] 일이 여러 가지로 겹쳐서 자꾸 생겨남.

層巖絶壁(층암절벽) [40324242] 몹시 험한 바위가 겹겹으로 쌓인 낭떠러지.

層層侍下(층층시하) [40403272] 부모, 조부모 등 여러 어른을 모시고 사는 처지.

癡人說夢(치인설몽) [10805232] 어리석은 사람이 꿈 이야기를 함. 허황된 말을 지껄임. 남송(南宋)의 석혜홍(釋惠洪)이 쓴 냉재야화(冷齋夜話) 卷九.

置之度外(치지도외) [42326080] 법도외의 것으로 상관하지 아니하고 내버려둠. <출> 후한서(後漢書) 공손술열전(公孫述列傳). (유) 度外視

七去之惡(칠거지악) [80503252] 예전에, 아내를 내쫓을 수 있는 이유가 되었던 일곱 가지 허물. 시부모를 잘 섬기지 않는 것(不順父母), 무자식(無子), 부정(不貞), 질투(嫉妬), 못된 병(惡疾), 수다(多言), 훔치는 것(竊盜). 공자가어(孔子家語) 본명해편(本命解篇). (유) 七去, 七出 (상) 三不去

七年大旱(칠년대한) [80808030] 칠 년 동안이나 내리 계속되는 큰 가뭄. 殷(은)나라 탕왕 때에 있었던 큰 가뭄에서 유래.

七落八落(칠락팔락) [80508050] 七零八落 참조. 일곱이 떨어지거나 여덟이 떨어짐.

七零八落(칠령팔락) [80308050] 사물이 가지런하게 고르지 못함. 제각기 뿔뿔이 흩어지거나 이리저리 없어짐. (유) 七落八落

七步成詩(칠보성시) [80426242] 七步之才 참조. 일곱 걸음에 한 편의 시를 완성함.

七步之才(칠보지재) [80423262] 일곱 걸음을 걸을 동안에 시를 지을 만한 재주. 아주 뛰어난 글재주. 魏나라의 시인 조식(曹植)이 형 조비(曹

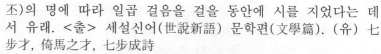

祖)의 명에 따라 일곱 걸음을 걸을 동안에 시를 지었다는 데서 유래. <출> 세설신어(世說新語) 문학편(文學篇). (유) 七步才, 倚馬之才, 七步成詩

七顚八起(칠전팔기) [80108042] 일곱 번 넘어지고 여덟 번 일어남. 여러 번 실패하여도 굴하지 아니하고 꾸준히 노력함.

七顚八倒(칠전팔도) [80108032] 일곱 번 구르고 여덟 번 거꾸러짐. 수없이 실패를 거듭하거나 매우 심하게 고생함. (유) 十顚九倒

七縱七擒(칠종칠금) [80328010] 마음대로 잡았다 놓아 주었다 함. 상대편을 마음대로 요리함. 蜀나라의 諸葛亮이 맹획(孟獲)을 일곱 번이나 사로잡았다가 일곱 번 놓아 주었다는 데서 유래. <출> 삼국지(三國志). (유) 七擒

針小棒大(침소봉대) [40801080] 작은 일을 크게 불리어 떠벌림. 鍼小棒大로도 씀.

鍼小棒大(침소봉대) [10801080] 작은 일을 크게 불리어 떠벌림. 針小棒大로도 씀

沈魚落雁(침어낙안) [32505030] 丹脣皓齒 참조. 아름다운 여인의 용모. 미인. 미인을 보고 물 위에서 놀던 물고기가 부끄러워서 물속 깊이 숨고 하늘 높이 날던 기러기가 부끄러워서 땅으로 떨어졌다는 데서 유래. <출> . <출> 장자(莊子) 제물론(齊物論).

快刀亂麻(쾌도난마) [42324032] 잘 드는 칼로 마구 헝클어진 삼 가닥을 자름. 어지럽게 뒤얽힌 사물을 강력한 힘으로 명쾌하게 처리함.

唾面自乾(타면자건) [10707232] 다른 사람이 나의 얼굴에 침을 뱉으면 절로 그 침이 마를 때까지 기다림. 처세에는 인내가 필요함을 강조하여 이르는 말. 십팔사략(十八史略).

他山之石(타산지석) [50803260] 다른 산의 나쁜 돌이라도 자신의 산의 옥돌을 가는 데에 쓸 수 있음. 본이 되지 않을 남의 말이나 행동도 자신의 지식과 인격을 수양하는 데에 도움이 될 수 있음. <출> 시경(詩經) 소아(小雅) 편의 학명(鶴鳴) 시.

他尙何說(타상하설) [50323252] 다른 무엇을 어찌 말할 필요가 있겠는가? 한 가지를 보면 다른 것은 보지 않아도 헤아릴 수 있음.

打草驚蛇(타초경사) [50704032] 풀을 두들겨서 뱀을 놀라게 함. 불필요하게 상대방을 자극함. 수호전(水滸傳). (유) 宿虎衝鼻, 飛鳥驚蛇, 驚蛇入草

託孤寄命(탁고기명) [20404070] 후견인에게 어린 임금을 부탁하고 국정을 위탁함. 또는 어린 임금을 돕는 후견인이 됨. (유) 託寄

卓上空論(탁상공론) [50727242] 현실성이 없는 허황한 이론이나 논의. (유) 机上空論, 机上論, 紙上兵談

炭水化物(탄수화물) [50805272] 탄소와 물분자로 이루어진 유기 화합물.

炭化水素(탄화수소) [50528042] 탄소와 수소만으로 이루어진 화합물을 통틀어 이름.

脫脂粉乳(탈지분유) [40204040] 지방분을 제거한 우유를 건조시켜 만든 가루우유.

脫兔之勢(탈토지세) [40323242] 우리를 빠져나가 달아나는 토끼의 기세. 매우 빠르고 날랜 기세.

貪官汚吏(탐관오리) [30423032] 백성의 재물을 탐내어 빼앗는, 행실이 깨끗하지

못한 관리.

探囊取物(탐낭취물) [40104272] 囊中取物 참조. 주머니를 뒤져 물건을 얻음.

貪賂無藝(탐뢰무예) [30105042] 貪欲無藝 참조. 뇌물을 탐함에 그 끝이 없음.

貪小失大(탐소실대) [30806080] 작은 이익을 탐하여 큰 이익을 잃어버림. 유자신 론(劉子新論) 탐애(貪愛)편.

貪欲無藝(탐욕무예) [30325042] 탐내는 욕심에 끝이 없음. 국어(國語) 진어(晉語) 8편. (유) 貪賂無藝

貪天之功(탐천지공) [30703262] 하늘의 공을 탐함. 남의 공을 도용함. <출> 춘추 좌씨전(春秋左氏傳) 진문공(晋文公)조.

湯池鐵城(탕지철성) [32325042] 金城湯池 참조. 끓는 못과 쇠로 만든 성.

太剛則折(태강즉절) [60325040] 너무 굳거나 빳빳하면 꺾어지기가 쉬움.

太古時代(태고시대) [60607262] 현재로부터 아주 멀리 떨어진 아주 오랜 시대.

太史之簡(태사지간) [60523240] 董狐之筆 참조. 太史는 중국에서 기록을 맡아보던 벼슬아치로 史官을 말하고, 簡은 문서를 말함. 역사가의 역사 기록. 역사를 기록함에 사실을 숨기지 아니하고 그대로 씀.

泰山北斗(태산북두) [32808042] 태산(泰山)과 북두칠성. 세상 사람들로부터 존경 받는 사람. <출> 당서(唐書) 한유전(韓愈傳). (유) 山斗, 泰斗

泰山壓卵(태산압란) [32804240] 큰 산이 알을 누름. 큰 위세와 위엄. 아주 쉬움. 진서(晋書) 손혜전(孫惠傳).

泰山峻嶺(태산준령) [32801232] 큰 산과 험한 고개.

太上皇后(태상황후) [60723212] 황제의 살아 있는 어머니, 선 황제의 살아 있는 아내.

胎生植物(태생식물) [20807072] 태생하는 식물. 열매가 익은 후에도 한동안 모체 내에 머물러 거기서 종자가 발아하고 뿌리가 나서 떨어져 번식함.

泰然自若(태연자약) [32707232] 마음에 어떠한 충동을 받아도 움직임이 없이 크 게 자연스러워 저절로 그런듯함.

太平聖代(태평성대) [60724262] 道不拾遺 참조. 어진 임금이 잘 다스리어 태평한 세상이나 시대.

太平煙月(태평연월) [60724280] 밥 짓는 연기에 은은한 달빛이 어리는 크게 평화 로운 풍경의 세월. 근심이나 걱정이 없는 편안한 세월.

土木工事(토목공사) [80807272] 철도를 놓고 뱃길을 내는 등의 땅과 하천 따위를 고쳐 만드는 공사.

土崩瓦解(토붕와해) [80303242] 흙이 무너지고 기와가 깨짐, 어떤 조직이나 사물 이 손을 쓸 수 없을 정도로 무너져 버림.

兔死狐悲(토사호비) [32601042] 토끼가 죽으니 여우가 슬퍼함. 같은 무리의 불행 을 슬퍼함. (유) 狐死兔泣, 狐死兔悲

兔營三窟(토영삼굴) [32408020] 토끼가 위기에서 벗어나기 위하여 세 개의 굴을 파 놓아둠. 자신의 안전을 위하여 미리 몇 가지 대비책을 짜 놓음.

吐盡肝膽(토진간담) [32403220] 간과 쓸개를 다 토함. 실정(實情)을 숨김없이 다 털어놓고 말함. (유) 吐盡

吐哺握髮(토포악발) [32102040] 민심을 수렴하고 정무를 보살피기에 잠시도 편안함이 없음. 훌륭한 인물을 잃을까 두려워하는 마음. 周公이 식사 때나 목욕할 때 내객이 있으면 먹던 것을 뱉고, 감고 있던 머리를 거머쥐고 영접하였다는 데서 유래. 한시외전(韓詩外傳). (유) 握沐, 握髮, 握髮吐哺, 吐握, 吐哺, 吐哺捉髮

吐哺捉髮(토포착발) [32103040] 吐哺握髮 참조. 먹던 것을 뱉고, 감고 있던 머리를 거머쥠.

通俗小說(통속소설) [60428052] 문학적 가치보다는 흥미에 중점을 두고, 재미있는 사건의 전개에 중점을 두는 소설.

投鞭斷流(투편단류) [40104252] 채찍을 던져 흐르는 강물을 막음. 병력이 많고 강대함을 비유하여 이르는 말. 진서(晉書) 견재기(堅載記).

投筆從戎(투필종융) [40524010] 붓을 던지고 창을 쫓음. 학문을 포기하고 종군(從軍)함. <출> 한서(漢書) 반초(班超)전.

特急列車(특급열차) [60624272] 보통의 급행열차보다 더 빨리 달리는 열차.

特別活動(특별활동) [60607272] 정규 과업 이외의 활동. 학교 교육 과정에서 교과 학습 이외의 교육 활동.

特筆大書(특필대서) [60528062] 大書特筆 참조. 특별하게 쓰고 큰 글씨로 씀.

破鏡重圓(파경중원) [42407042] 반으로 잘라졌던 거울이 합쳐져 다시 둥그런 본 모습을 찾게 됨. 생이별한 부부가 다시 만남.

破鏡之歎(파경지탄) [42403240] 깨어진 거울 조각을 들고 하는 탄식. 부부의 이별을 서러워하는 탄식.

破瓜之年(파과지년) [42203280] 破瓜는 여자의 생리나 처녀성 상실을 나타냄. 또 瓜를 破字하면 八八이 되므로 여자 나이 16세, 남자 나이 64세를 나타냄. 진(晉)나라 손작(孫綽)의 시 정인벽옥가(情人碧玉歌).

波瀾萬丈(파란만장) [42108032] 물결이 만 길임. 사람의 생활이나 일의 진행이 여러 가지 곡절과 시련이 많고 변화가 심함. (유) 波瀾重疊

波瀾重疊(파란중첩) [42107010] 波瀾萬丈 참조. 물결 위에 물결임.

破釜沈舟(파부침주) [42123230] 背水之陣 참조. 밥 지을 솥을 깨뜨리고 돌아갈 때 탈 배를 가라앉힘. 살아 돌아올 기약을 하지 않고 결사의 각오로 싸우겠다는 굳은 결의. <출> 사기(史記) 항우본기(項羽本紀).

破邪顯正(파사현정) [42324072] 불교(佛敎) 삼론종(三論宗)의 근본 교의로 사견(邪見)과 사도(邪道)를 깨고 정법(正法)을 드러냄 곧 부처의 가르침에 어긋나는 생각을 버리고 올바른 도리를 따른다는 의미. 2012년 올해의 사자성어. <출> 삼론현의(三論玄義) (유) 破顯, 衛正斥邪, 衛正斥邪

波狀攻擊(파상공격) [42424040] 파도 모양으로 일정한 시간 간격을 두고 되풀이하여 하는 공격.

破顔大笑(파안대소) [42328042] 매우 즐거운 표정으로 활짝 웃음. (유) 破顔一笑

破顔一笑(파안일소) [42328042] 破顔大笑 참조. 얼굴 모양이 깨질 정도로 한 번 크게 웃음.

破竹之勢(파죽지세) [42423242] 燎原之火 참조. 대를 쪼개는 기세. 적을 거침없이 물리치고 쳐들어가는 기세. 진서(晉書) 두예전(杜預傳).

阪上走丸(판상주환) [12724230] 언덕 위에서 공을 굴림, 어떤 세력에 힘입어 일을 꾀하면 쉽게 이루어지거나 잘 진전됨.

八年風塵(팔년풍진) [80806220] 오랜 세월 동안 바람 맞고 먼지를 뒤집어 씀, 오랜 세월 고생함, 유방이 8년을 고생한 끝에 항우를 멸한 데서 유래.

八方美人(팔방미인) [80726080] 어느 모로 보나 아름다운 사람. 여러 방면에 능통한 사람. 한 가지 일에 정통하지 못하고 온갖 일에 조금씩 손대는 사람. 주관이 없이 누구에게나 잘 보이도록 처세하는 사람.

八字靑山(팔자청산) [80708080] 미인의 고운 눈썹을 이름.

敗家亡身(패가망신) [50725062] 집안의 재산을 다 써 없애고 몸을 망침.

悖入悖出(패입패출) [10701070] 사리에 어긋나게 비정상적인 방법으로 얻은 재물은 비정상적으로 다시 나감. 대학(大學).

鞭長莫及(편장막급) [10803232] 돕고 싶지만 능력이 미치지 못함. 채찍이 길다 해도 말의 배까지는 닿지 않는다(雖鞭之長不及馬腹)라고 한 말에서 유래. <출> 춘추좌씨전(春秋左氏傳) 선공(宣公) 15년조.

平地風波(평지풍파) [72706242] 평온한 자리에서 일어나는 바람과 파도, 뜻밖에 분쟁이 일어남을 비유. 唐(당)나라의 시인 劉禹錫(유우석)의 竹枝詞(죽지사).

平和共生(평화공생) [72626280] 평온하고 화목하게 함께 살아감.

閉月羞花(폐월수화) [40801070] 傾國之色 참조. 여인의 얼굴과 맵시가 매우 아름다움. 미인. 미인을 보고 꽃도 부끄러워하고 달도 숨는다는 데서 유래.

廢寢忘食(폐침망식) [32403072] 잠을 안 자고, 밥 먹는 것도 잊음. 매우 열심히 공부(연구)함. 송사기사본말(宋史記事本末) 왕안석변법(王安石變法).

廢寢忘餐(폐침망찬) [32403020] 잠자리를 폐하고 먹는 것을 잊음, 일에 몰두함.

弊袍破笠(폐포파립) [32104210] 해진 옷과 부서진 갓. 초라한 차림새. (유) 敝袍破笠, 敝衣破冠 敝衣破笠

捕盜大將(포도대장) [32408042] 조선시대, 포도청의 으뜸 벼슬.

蒲柳之姿(포류지자) [10403240] 蒲柳之質 참조. 갯버들의 모습.

蒲柳之質(포류지질) [10403252] 갯버들의 자질. 잎이 일찍 떨어지는 연약한 나무. 몸이 잔약하여 병에 걸리기 쉬운 체질. <출> 세설신어(世說新語) 언어편(言語篇). (유) 蒲柳之姿, 蒲柳質 (상) 松栢之質

抱腹絶倒(포복절도) [30324232] 배를 그러안고 넘어질 정도로 몹시 웃음. (유) 捧腹絶倒, 絶倒, 抱腹

飽食暖衣(포식난의) [30724260] 錦衣玉食 참조. 배부르게 먹고, 따듯하게 입음.

抱薪救火(포신구화) [30105080] 救火投薪 참조. 戰國時代 魏나라의 蘇代가 秦의 割讓 요구에 왕에게 충고하기를 "진나라의 목적은 위나라를 병합하는 것이므로 화의를 맺어도 침공은 그치지 않을 것입니다. 그러므로 진나라에 할양하는 것은 '땔나무를 안고 불을 끄려는 것(抱薪救火)'과 같아, 땔나무가 없어지지 않는 한 불은 꺼지지 않듯이, 땅을 할양하는 것도 이와 마찬가지입니다"라고 한데서 유래. 史記 魏世家.

布衣之交(포의지교) [42603260] 베옷을 입고 다닐 때의 사귐. 벼슬을 하기 전 선비 시절의 사귐. 또는 그렇게 사귄 벗.

鋪裝道路(포장도로) [20407260] 길바닥에 돌이나 시멘트 따위를 깔고 평평하고 단단하게 다져 사람이나 자동차가 다닐 수 있도록 꾸민 비교적 넓은 길.

布帳馬車(포장마차) [42405072] 비바람, 햇볕 따위를 막기 위하여 포장을 둘러친 마차, 손수레 따위에 네 기둥을 세우고 포장을 씌워 만든 이동식 간이 주점.

庖丁解牛(포정해우) [10404250] 기술이 매우 뛰어남. 고대의 이름난 요리사 포정(捕丁)이 소 몸의 생김대로 自然스럽게 칼질하여 소의 살과 뼈를 다치지 않는 것은 물론 칼날에도 손상이 안가도록 소를 잘 잡았다는 데서 유래 <출> 장자(莊子) 양생주편(養生主篇).

抱痛西河(포통서하) [30408050] 공자의 제자인 자하(子夏)가 서하(西河)에서 아들을 잃고 너무 비통해 한 끝에 실명한 고사로 부모가 자식을 잃고 슬퍼함

暴虎馮河(포호빙하) [42321250] 맨손으로 범을 때려잡고 걸어서 황하(黃河)를 건넘. 무모한 용기. <출> 논어(論語) 술이편(述而篇).

表裏不同(표리부동) [62327270] 겉과 속이 다름. 마음이 음흉하고 불량함.

豹死留皮(표사유피) [10604232] 人死留名 참조. 표범은 죽어서 가죽을 남김. 사람은 죽어서 명예를 남겨야 함. 구양수(歐陽脩)의 신오대사(新五代史) 사절전(死節傳).

表音文字(표음문자) [62627070] 말소리를 그대로 기호로 나타낸 문자.

風木之悲(풍목지비) [62803242] 風樹之歎 참조. 바람이 잦아들 날 없는 나무의 슬픔.

風樹之感(풍수지감) [62603260] 風樹之歎 참조. 바람이 잦아들 날 없는 나무의 느낌.

風樹之悲(풍수지비) [62603242] 風樹之歎 참조. 바람이 잦아들 날 없는 나무의 슬픔.

風樹之歎(풍수지탄) [62603240] 효도를 다하지 못한 채 어버이를 여읜 자식의 슬픔. 나무는 고요하고자 하나 바람이 그치지 않고, 자식은 봉양하고자하나 부모님은 기다려 주시지 않네(樹欲靜而風不止, 子欲養而親不待)라는 구절에서 유래. 한시외전(韓詩外傳). (유) 風木之悲, 風樹之感, 風樹之悲

風雲之會(풍운지회) [62523262] 용이 바람과 구름을 얻어서 기운을 얻음. 총명한

임금과 어진 신하가 서로 만남. 영웅호걸이 때를 만나 뜻을 이룰 수 있는 좋은 기회.

風月主人(풍월주인) [62807080] 맑은 바람과 밝은 달 따위의 아름다운 자연을 즐기는 사람.

風前燈燭(풍전등촉) [62724230] 累卵之危 참조. 바람 앞의 등불.

風前燈火(풍전등화) [62724280] 累卵之危 참조. 바람 앞의 등불. 사물이 매우 위태로운 처지에 놓임.

風前燭火(풍전촉화) [62723080] 累卵之危 참조. 바람 앞의 촛불.

風塵表物(풍진표물) [62206272] 속세를 벗어난 사람. (유) 風塵外物

風餐露宿(풍찬노숙) [62203252] 바람을 맞으며 밥을 먹고, 이슬을 맞으며 잠을 잔다는 데서. 객지에서 겪는 숱한 고생을 이름.

風化作用(풍화작용) [62526262] 암석이 물리 현상으로 점차 분해되어 토양으로 형성되는 작용.

皮骨相接(피골상접) [32405242] 살가죽과 뼈가 맞붙음, 몹시 마른 몸을 이름.

被選擧權(피선거권) [32505042] 선거에 입후보하여 뽑힌 사람이 될 수 있는 권리.

避獐逢虎(피장봉호) [40123232] 노루를 피하다가 호랑이를 만남, 작은 해를 피하려다 도리어 큰 화를 당함.

彼此一般(피차일반) [32328032] 저나 나나 한가지, 두 편이 서로 같음.

被害妄想(피해망상) [32523242] 남이 자기에게 해를 입힌다고 생각하는 망상.

筆記試驗(필기시험) [52724242] 답안을 글로 써야 하는 시험.

匹馬單騎(필마단기) [30504232] 한 필의 말을 혼자 탐, 지원세력이 없음.

匹夫之勇(필부지용) [30703262] 깊은 생각 없이 혈기만 믿고 함부로 부리는 소인의 용기. <출> 맹자(孟子) 양혜왕(梁惠王) 하편. (유) 小人之勇

匹夫匹婦(필부필부) [30703042] 甲男乙女 참조. 한 사람의 남자와 한 사람의 여자.

必有曲折(필유곡절) [52705040] 반드시 무슨 까닭이 있음. (유) 必有事端

必有事端(필유사단) [52707242] 必有曲折 참조. 반드시 무슨 일의 실마리가 있음.

下等動物(하등동물) [72627272] 진화 정도가 낮아 몸의 구조가 단순한 원시적인 동물.

夏爐冬扇(하로동선) [70327010] 여름의 화로와 겨울의 부채. 격(格)이나 철에 맞지 아니함. 논형(論衡) 봉우편(逢遇篇). (유) 冬扇, 冬扇夏爐 (상) 夏葛冬裘

下石上臺(하석상대) [72607232] 姑息之計 참조. 아랫돌 빼서 윗돌 괴고 윗돌 빼서 아랫돌 굄.

夏扇冬曆(하선동력) [70107032] 여름의 부채와 겨울의 새해 책력. 선사하는 물건이 철에 맞음.

下愚不移(하우불이) [72327242] 아주 어리석고 못난 사람의 기질은 변하지 아니함.

下情上達(하정상달) [72527242] 백성의 뜻이 위에 미침

下穽投石(하정투석) [72104060] 落穽下石 참조. 함정에 빠진 사람에게 돌을 던짐.

下學上達(하학상달) [72807242] 아래를 배워 위에 도달함. 쉬운 지식을 배워 어려운 이치를 깨달음. <출> 논어(論語) 헌문(憲問).

下厚上薄(하후상박) [72407232] 아랫사람에게 후하고 윗사람에게는 박하게 함.

鶴首苦待(학수고대) [32526060] 학의 목처럼 목을 길게 빼고 간절히 기다림. (유) 鶴首, 鶴望, 鶴企, 鶴立

學如不及(학여불급) [80427232] 배움은 모자란 듯이 여김. 배움의 길은 끝이 없으므로 자만하지 말고 끊임없이 학문에 정진하여야 함.

學而知之(학이지지) [80305232] 三知 참조. 배워서야 앎에 이름.

漢江投石(한강투석) [72724060] 한강에 돌 던지기. 지나치게 미미하여 아무런 효과를 미치지 못함.

限界狀況(한계상황) [42624240] 죽음 등 인생에서 불가피하게 직면할 수밖에 없는 상황.

韓方醫術(한방의술) [80726062] 약초와 침 등으로 병을 치료하는 우리나라 의술.

汗牛充棟(한우충동) [32505220] 짐으로 실으면 소가 땀을 흘리고, 쌓으면 들보에까지 참. 가지고 있는 책이 매우 많음. 柳宗元(유종원) 陸文通先生墓表(육문통선생묘표). (유) 五車, 五車書, 五車之書

割席分坐(할석분좌) [32606232] 자리를 갈라서 따로 앉음. 교제를 끊고 같은 자리에 앉지 아니함. <출> 세설신어(世說新語) 덕행(德行) 편.

緘口無言(함구무언) [10705060] 입을 다물고 아무 말도 하지 아니함. (유) 緘口不言

緘口不言(함구불언) [10707260] 緘口無言 참조. 입을 다물고 아무 말도 하지 아니함.

含憤蓄怨(함분축원) [32404240] 분한 마음을 품고 원한을 쌓음.

含哺鼓腹(함포고복) [32103232] 잔뜩 먹고 배를 두드림. 먹을 것이 풍족하여 즐겁게 지냄.

咸興差使(함흥차사) [30424060] 심부름을 가서 오지 아니함. 朝鮮 태조 이성계가 왕위를 물려주고 함흥에 있을 때에, 태종이 보낸 차사를 혹은 죽이고 혹은 잡아 가두어 돌려보내지 아니하였던 데서 유래. 연려실기술((燃藜室記述) 권2. (유) 終無消息, 一無消息

合成樹脂(합성수지) [60626020] 유기 화합물의 합성으로 만들어진 수지 모양의 고분자 화합물을 통틀어 이르는 말.

合縱連衡(합종연횡) [60324232] 소진(蘇秦)의 합종설과 장의(張儀)의 연횡설을 아울러 이르는 말. <출> 사기(史記) 소진열전(蘇秦列傳) 등.

合浦珠還(합포주환) [60323232] 잃었던 것을 찾거나 떠난 것이 돌아옴. 합포군은 진주조개로 유명하였으나 탐관오리들이 지나치게 많은 진주를 캐내는 바람에, 자취를 감추었다가, 맹상이 불법행위를 엄단하고 진주조개의 생산과 보호를 장려하자, 합포 바다에 다시 진주조개가 나타났다는데서 유래. <출> 후한서(後漢書) 맹상전(孟嘗傳).

航空母艦(항공모함) [42728020] 항공기를 싣고 다니면서 뜨고 내리게 할 수 있는 설비를 갖춘 큰 군함.

航空郵便(항공우편) [42724070] 비행기로 우편물을 실어 나르는 우편.

恒茶飯事(항다반사) [32323272] 밥 먹고 차 마시는 것처럼 늘 있는 일. 항상 있어서 이상하거나 신통할 것이 없는 일. (유) 茶飯事, 日常茶飯事

亢龍有悔(항룡유회) [12407032] 하늘 끝까지 다다른 용(항룡)이 내려갈 길 밖에 없음을 후회함. 부귀영화가 극도에 다다른 사람은 쇠락할 염려가 있음. 욕심에 한계가 없으면 반드시 후회하게 됨. 역경(易經) 효사(爻辭).

偕老同穴(해로동혈) [10707032] 百年偕老 참조. 살아서는 같이 늙고 죽어서는 한 무덤에 묻힘. 생사를 같이하자는 부부의 굳은 맹세. 偕老는 시경(詩經) 패풍(邶風) 격고편(擊鼓篇), 용풍(鄘風) 군자해로편(君子偕老篇), 위풍(衛風) 맹편(氓篇)에 同穴은 시경(詩經) 왕풍(王風) 대거편(大車篇).

海陸珍味(해륙진미) [72524042] 膏粱珍味 참조. 바다와 뭍에서 나는 진귀하고 맛난 것.

海水浴場(해수욕장) [72805072] 바닷물에서 헤엄칠 수 있는 시설을 갖춘 장소.

海翁好鷗(해옹호구) [72304220] 사람에게 야심(野心)이 있으면 새도 그것을 알고 가까이 하지 않음. 바닷가의 어떤 사람이 갈매기와 친하였는데, 하루는 그 사람의 아버지가 갈매기를 잡아오라고 하여, 바닷가로 나갔으나 전과 달리 갈매기들은 그 사람의 머리 위를 맴돌며 날 뿐 내려오지 않았다는 데서 유래. . <출> 열자(列子) 황제(黃帝) 편.

解衣推食(해의추식) [42604072] 자기 옷을 벗어주고 먹을 것을 건네줌. 다른 사람을 따뜻하게 배려함. 漢나라 유방(劉邦)이 한신(韓信)을 이와 같이 대접하였다는 데에서 유래. <출> 사기(史記) 회음후(淮陰侯) 열전.

行動擧止(행동거지) [60725050] 몸을 움직이거나 멈춰 하는 모든 짓.

行方不明(행방불명) [60727262] 간 곳이나 방향을 모름.

行不由徑(행불유경) [60726032] 길을 가는데 지름길이나 뒤안길로 가지 않고 큰 길로 감. 행동을 공명정대(公明正大)하게 함. <출> 논어(論語) 옹야편(雍也篇). (유) 君子大路行

幸災不仁(행재불인) [62507240] 남의 재난을 다행으로 여기는 것은 어질지 못함. <출> 춘추좌씨전(春秋左氏傳) 희공(僖公) 14년조.

向隅之歎(향우지탄) [60103240] 구석을 향하여 한탄함. 좋은 때(기회)를 만나지 못한 것을 한탄함.

虛禮虛飾(허례허식) [42604232] 헛된 예절이나 법식, 정성이 없이 겉으로만 번드르르하게 꾸밈.

虛無孟浪(허무맹랑) [42503232] 터무니없이 거짓되고 실속이 없음.

虛送歲月(허송세월) [42425280] 하는 일 없이 헛되이 세월만 보냄.

虛心坦懷(허심탄회) [42701032] 품은 생각을 터놓고 말할 만큼 아무 거리낌이 없고 솔직함.

許由巢父(허유소부) [50601280] 부귀영화를 마다하는 사람. * 요임금이 허유에게 천하를 주겠다고 하자 허유는 더러운 말을 들었다고 하여 潁水 강물에 귀를 씻었으며, 소부는 허유가 귀를 씻은 더러운 물을 소에게 먹일 수 없다고 하여 소를 끌고 돌아갔다는 데에서 유래.

虛張聲勢(허장성세) [42404242] 실속은 없으면서 큰소리치거나 허세를 부림.

軒軒丈夫(헌헌장부) [30303270] 외모가 준수하고 풍채가 당당한 남자. (유) 軒軒大丈夫

懸梁刺股(현량자고) [32323210] 허벅다리를 찌르고 머리카락을 노끈으로 묶음. 잠을 물리치며 학업에 매우 힘씀. <출> 전국시대의 소진(蘇秦)은 졸음이 오면 송곳으로 허벅다리를 찌르고, 초나라의 손경(孫敬)은 머리카락을 새끼로 묶어 대들보에 매달아 졸음을 쫓았다는 데서 유래. <출> 전국책(戰國冊) 진책(秦策)과 삼자경(三字經). (유) 刺股, 刺股懸梁

賢母良妻(현모양처) [42805232] 어진 어머니이면서 착한 아내.

懸河口辯(현하구변) [32507040] 懸河之辯 참조. 경사가 급하여 위에서 아래로 쏜 살같이 흐르는 강과 같은 말.

懸河雄辯(현하웅변) [32505040] 懸河之辯 참조. 경사가 급하여 위에서 아래로 쏜 살같이 흐르는 강과 같은 유창한 말.

懸河之辯(현하지변) [32503240] 경사가 급하여 위에서 아래로 쏜살같이 흐르는 강과 같은 말. 다는 말로, 말. 거침없이 유창하게 엮어 내려가는 말. 진서(晋書) 곽상전(郭象傳). (유) 懸河口辯, 懸河雄辯, 靑山流水

血肉之親(혈육지친) [42423260] 骨肉之親 참조. 부자나 형제 등의 육친(肉親).

兄亡弟及(형망제급) [80508032] 형이 아들 없이 죽었을 때 아우가 혈통(血統)을 잇는 일.

螢雪之功(형설지공) [30623262] 반딧불과 눈을 이용한 공부. 고생을 하면서 부지런하고 꾸준하게 공부함. 晉나라 차윤(車胤)이 반딧불을 모아 그 불빛으로 글을 읽고, 손강(孫康)이 겨울밤 눈빛에 비추어 글을 읽었다는 고사에서 유래. 진서(晋書)의 차윤전(車胤傳), 손강전(孫康傳). (유) 車胤聚螢, 孫康映雪

兄友弟恭(형우제공) [80528032] 형은 아우를 사랑하고 아우는 형을 공경(公卿)함.

形而上學(형이상학) [62307280] 철학에서 형체를 갖추고 있는 사물을 넘어서는 사물의 본질, 존재의 근본 원리를 사유나 직관에 의하여 탐구하는 학문.

形而下學(형이하학) [62307280] 철학에서 형체를 갖추고 있는 사물을 연구하는 학문. 주로 자연과학을 이름.

兄弟姉妹(형제자매) [80804040] 남자 동기의 형과 아우, 여자 동기의 언니와 아우를 아울러 이름.

形形色色(형형색색) [62627070] 많은 모양과 많은 빛깔.

狐假虎威(호가호위) [10423240] 남의 권세를 빌려 위세를 부림. 여우가 호랑이의 위세를 빌려 호기를 부린다는 데서 유래. <출> 전국책(戰國策) 초책(楚策).

互角之勢(호각지세) [30623242] 역량이 서로 비슷비슷한 위세. 互角은 쇠뿔의 양쪽이 서로 길이나 크기가 같다는 데에서 유래.

虎溪三笑(호계삼소) [32328042] 동양화 화제(畫題)의 하나. 학문이나 예술에 열중함. 중국 진(晋)나라의 혜원 법사가 여산(廬山)의 동림사(東林寺)에 은거하면서, 호계(虎溪)를 건너지 않기로 하였으나 도연명, 육수정(陸修靜)을 배웅할 때 이야기에 도취해 무심코 건너버려 세 사람이 크게 웃었다는 고사에서 유래. 여산기(廬山記). (유) 三笑

虎口餘生(호구여생) [32704280] 여러 차례 죽을 고비를 겪고 겨우 살아남은 목숨. 송(宋)나라 때, 호주(湖州)에 사는 주태(朱泰)라는 사람이 호랑이에게 물려가다 겨우 살아났다는 데서 유래.

狐丘之戒(호구지계) [10323240] 남에게 원한을 사는 일이 없도록 조심함. 호구(狐丘)에 사는 한 노인이 초(楚)나라 대부(大夫) 손숙오(孫叔敖)에게 사람들이 가지는 세 가지 원망, 즉 고관에 대한 세인의 질투, 현신에 대한 군주의 증오, 녹(봉급)이 많은 고관에 대한 세인의 원망을 조심하라고 충고했다는 고사에서 유래. . <출> 열자(列子) 설부편(說符篇).

糊口之計(호구지계) [10703262] 糊口之策 참조. 입에 풀칠하는 계책.

糊口之方(호구지방) [10703272] 糊口之策 참조. 입에 풀칠하는 방책.

糊口之策(호구지책) [10703232] 입에 풀칠하는 계책. 가난한 살림에서 그저 겨우 먹고살아 가는 방책. (유) 糊口之計, 糊口之方, 糊口策

豪氣萬丈(호기만장) [32728032] 氣高萬丈 참조. 꺼드럭거리는 기운이 만 길임.

虎狼之國(호랑지국) [32103280] 호랑이같은 나라. 신의가 없는 나라, 포악한 나라. 굴원(屈原)이 진(秦)나라를 가리켜 한 말. <출> 사기(史記) 굴원(屈原)열전.

胡馬望北(호마망북) [32505280] 首丘初心 참조. 북쪽오랑캐의 말이 북쪽을 바라봄.

毫毛斧柯(호모부가) [30421012] 수목을 어릴 때 베지 않으면 마침내 도끼를 사용하게 됨. 화근(禍根)은 크기 전에 없애야 함. 나쁜 버릇은 어릴 때 고쳐야 함. 공자가어(孔子家語) 관주(觀周) 편.

好事多魔(호사다마) [42726020] 좋은 일에는 흔히 방해되는 일이 많음. 또는 그런 일이 많이 생김. (유) 鰌魚多骨

狐死首丘(호사수구) [10605232] 首丘初心 참조. 여우가 죽을 때 머리를 제가 살던 굴이 있는 언덕으로 돌림.

虎死留皮(호사유피) [32604232] 人死留名 참조. 호랑이는 죽어서 가죽을 남김.

狐死兔悲(호사토비) [10603242] 兔死狐悲 참조. 여우가 죽으면 토끼가 슬퍼함.

狐死兔泣(호사토읍) [10603230] 兔死狐悲 참조. 여우가 죽으면 토끼가 욺.

虎視眈眈(호시탐탐) [32421010] 범이 눈을 부릅뜨고 먹이를 노려봄. 남의 것을 빼앗기 위하여 형세를 살피며 가만히 기회를 엿봄. 또는 그런 모양. 주역(周易) 이괘편(頤卦篇).

豪言壯談(호언장담) [32604050] 거리낌없고 씩씩하게 말함.

浩然之氣(호연지기) [32703272] 하늘과 땅 사이에 가득 찬 넓고 큰 원기. 거침없이 넓고 큰 기개. <출> 맹자(孟子) 공손추(公孫丑) 상편.
(유) 浩氣, 正氣

號曰百萬(호왈백만) [60307080] 실상은 얼마 되지 아니한 것을 많은 것처럼 과장하여 말함.

豪雨警報(호우경보) [32524242] 세찬 큰비에 주의하라는 소식.

狐疑不決(호의불결) [10407252] 의심이 많아 결단을 내리지 못함. 여우는 얼음 위를 걸을 때, 이상한 소리가 나면 곧 얼음이 갈라지는 것을 예감하고 가던 길을 되돌아온다는 데서 유래. 술정기(述征記).

好衣好食(호의호식) [42604272] 錦衣玉食 참조. 좋은 옷 입고 좋은 음식을 먹음.

戶籍抄本(호적초본) [42403060] 호적 원본에 기재된 것 가운데 특정인의 기록만 뽑아서 베낀 증명 문서.

胡蝶之夢(호접지몽) [32303232] 나비의 꿈. 나와 외물(外物)은 본디 하나이던 것이 현실에서 갈라진 것에 불과하다는 이치. 장자가 꿈에 나비가 되었다가 깬 뒤에 자기가 꿈속에서 나비가 되었는지 원래 나비였던 자기가 꿈속에서 장자가 되었는지 알 수 없게 되었다는 고사에서 유래. <출> 장자(莊子) 제물론(齊物論). (유) 莊周之夢, 胡蝶夢, 蝶夢

護疾忌醫(호질기의) [42323060] 병을 숨기면서 의사에게 보이지 않음. 즉 문제가 있는데도 다른 사람의 충고를 듣지 않는다는 뜻. 2008년 올해의 사자성어 (유) 諱疾忌醫

昊天罔極(호천망극) [12703042] 하늘과 같이 다함이 없음, 어버이의 은혜가 넓고 큼, 주로 부모의 제사에서 祝文(축문)에 쓰이는 말.

皓齒丹脣(호치단순) [12423230] 丹脣皓齒 참조. 흰 이와 붉은 입술.

呼兄呼弟(호형호제) [42804280] 서로 형이라 부르고 아우라 부름, 매우 가까운 친구로 지냄을 이름.

互惠關稅(호혜관세) [30425242] 서로에게 혜택이 되는 관세, 통상 협정을 한 두 국가 사이에 서로 관세를 인하하여 무역 증진을 꾀하는 관세.

浩浩蕩蕩(호호탕탕) [32321010] 끝없이 넓고 넓음. 기세 있고 힘참.

豪華燦爛(호화찬란) [32401220] 사치스럽고 화려하여 눈이 부실 정도로 빛남.

惑世誣民(혹세무민) [32721080] 세상을 어지럽히고 백성을 미혹하게 하여 속임.

魂不附身(혼불부신) [32723262] 魂飛魄散 참조. 넋이 몸에 붙어있지 않음.

魂不附體(혼불부체) [32723262] 魂飛魄散 참조. 넋이 몸에 붙어있지 않음.

魂飛魄散(혼비백산) [32421040] 혼백이 어지러이 흩어짐. 몹시 놀라 넋을 잃음. (유) 魄散, 魂不附身, 魂不附體

昏睡狀態(혼수상태) [30304242] 완전히 의식을 잃고 인사불성이 된 상태.

渾然一致(혼연일치) [10708050] 의견이나 주장 따위가 완전히 하나로 일치함.

昏定晨省(혼정신성) [30603062] 밤에는 부모의 잠자리를 보아 드리고 이른 아침에는 부모의 밤새 안부를 여쭘. 부모를 잘 섬기고 효성을 다함. 예기(禮記) 곡례편(曲禮篇). (유) 定省, 朝夕定省, 扇枕溫席

忽顯忽沒(홀현홀몰) [32403232] 문득 나타났다 문득 없어짐.

紅東白西(홍동백서) [40808080] 제사 때에 신위를 기준으로, 붉은 과실은 동쪽에 흰 과실은 서쪽에 차리는 격식.

紅爐點雪(홍로점설) [40324062] 빨갛게 달아오른 화로 위에 약간의 눈. 큰일을 함에 있어 작은 힘으로는 아무 도움이 되지 아니함. 사욕(私慾)이나 의혹(疑惑)이 일시에 꺼져 없어짐. (유) 紅爐上一點雪

紅毛碧眼(홍모벽안) [40423242] 붉은 털과 푸른 눈에서 서양인을 가리킴.

洪範九疇(홍범구주) [32408012] 우(禹) 임금이 정한 정치 도덕의 아홉 원칙. 書經(서경)의 홍범.

紅顔薄命(홍안박명) [40323270] 佳人薄命 참조. 붉은 얼굴(미인)은 명이 짧음.

弘益人間(홍익인간) [30428072] 널리 인간을 이롭게 함. 고조선의 건국이념.

和光同塵(화광동진) [62627020] 빛이 섞이어 먼지와 함께함. 자기의 어짊과 능력을 드러내지 않고 세속에 섞여 살면서도 본질은 변치 않음. <출> 노자(老子). (유) 和光

畵龍點睛(화룡점정) [60404010] 무슨 일을 하는 데에 가장 중요한 부분을 완성함. 글을 짓거나 일을 하는 데서 가장 요긴한 어느 한 대목을 성공적으로 완성함. 남북조(南北朝)시대, 양(梁)나라에 장승요(張僧繇)라는 사람이 용을 그리고 난 후에 마지막으로 눈동자를 그려 넣었더니 그 용이 실제 용이 되어 홀연히 구름을 타고 하늘로 날아 올라갔다는 고사에서 유래. 수형기(水衡記). (유) 點睛

畵蛇添足(화사첨족) [60323072] 뱀을 다 그리고 나서 있지도 아니한 발을 덧붙여 그려 넣음. 쓸데없는 군짓을 하여 도리어 잘못되게 함. <출> 전국책(戰國策) 제책(齊策), 사기(史記) 초세가(楚世家). (유) 蛇足

華胥之夢(화서지몽) [40103232] 낮잠 또는 좋은 꿈. 고대 중국의 황제(黃帝)가 낮잠을 자다 꿈을 꾸었는데 화서(華胥)라는 나라에 가서 그 나라의 어진 정치를 보고 깨어나 통치의 도를 깊이 깨달았다는 데서 유래. . <출> 열자(列子) 황제편(黃帝篇).

火繩拳銃(화승권총) [80123242] 방아쇠가 있으나 격동쇠가 밖으로 나와 붙은 구식 권총.

和氏之璧(화씨지벽) [62403210] 화씨의 구슬. 천하의 귀중한 보배. 뛰어난 인재. (유) 隋侯之珠, 隋珠

火旺之節(화왕지절) [80123252] 五行(오행)에서, 火氣(화기)가 왕성한 절기, 여름.

花容月態(화용월태) [70428042] 傾國之色 참조. 꽃처럼 아름다운 얼굴과 달처럼 고운 자태.

和而不同(화이부동) [62307270] 남과 화목하게 지내기는 하나 중용을 넘어서까지 무턱대고 어울리지는 아니함.

華而不實(화이부실) [40307252] 꽃은 피었으나 열매가 없음. 가식과 허영에 지나지 않음. <출> 춘추좌씨전(春秋左氏傳) 문공(文公) 5년조.

禍轉爲福(화전위복) [32404252] 塞翁之馬 참조. 화가 옮기어 복이 됨.

花朝月夕(화조월석) [70608070] 꽃 피는 아침과 달 밝은 밤. 경치가 좋은 시절.

음력 2월 보름과 8월 보름. (유) 朝花月夕

畫中之餠(화중지병) [60803210] 그림의 떡. 먹거나 얻을 수 없음. 아무 소용이 없음. (유) 畫餠

和風暖陽(화풍난양) [62624260] 솔솔 부는 화창한 바람과 따스한 햇볕이라는 뜻으로, 따뜻한 봄 날씨를 이르는 말.

化學武器(화학무기) [52804242] 독가스, 화염 방사기 등 화학전에 쓰는 무기.

畫虎不成(화호불성) [60327262] 畫虎類狗 참조. 범을 그리려다가 이루지 못함. 부족한 자질로 큰일을 하려다가 도리어 일을 그르침.

畫虎類狗(화호유구) [60325230] 범을 그리려다가 개를 그림. 부족한 자질로 큰일을 하려다가 도리어 일을 그르침. <출> 후한서(後漢書) 마원전(馬援傳). (상) 刻鵠類鵝, 刻鵠類鶩 (유) 畫虎不成

確固不動(확고부동) [42507272] 튼튼하고 굳어 흔들리거나 움직이지 아니함.

換骨奪胎(환골탈태) [32403220] 뼈대를 바꾸어 끼고 태를 바꾸어 씀. 사람이 보다 나은 방향으로 변하여 전혀 딴사람처럼 됨. 고인의 시문의 형식을 바꾸어서 그 짜임새와 수법이 먼저 것보다 잘되게 함을 이르는 말. 중국 남송의 중 혜홍(惠洪)의 냉재야화(冷齋夜話). (유) 奪胎, 換骨, 換奪

歡呼雀躍(환호작약) [40421030] 기뻐서 크게 소리를 치며 날뜀.

黃口小兒(황구소아) [60708052] 부리가 누런 새 새끼같이 어린아이. 철없이 미숙한 사람을 낮잡아 이르는 말. (유) 黃口, 黃口幼兒

黃口幼兒(황구유아) [60703252] 黃口小兒 참조. 부리가 누런 새 새끼같이 어린아이.

黃口乳臭(황구유취) [60704030] 口尙乳臭 참조. 부리가 누런 새 새끼같이 어려서 아직 젖비린내가 남. 어리고 하잘것없음을 비난조로 이르는 말.

黃金萬能(황금만능) [60808052] 돈만 있으면 무엇이든지 마음대로 할 수 있음을 이름.

黃金分割(황금분할) [60806232] 사람이 가장 아름답고 조화를 이룬 모양으로 받아들이는 분할형태로, 한 선분을 두 부분으로 나눌 때에, 전체에 대한 큰 부분의 비와 큰 부분에 대한 작은 부분의 비가 같도록 나눈 것인데, 그 비는 1.618:1이라고 함.

黃粱之夢(황량지몽) [60103232] 邯鄲之夢 참조. 메조의 꿈.

皇天后土(황천후토) [32701280] 하늘의 신과 땅의 신.

悔過遷善(회과천선) [32523250] 改過遷善 참조. 허물을 뉘우쳐 착한 데로 옮김.

懷璧有罪(회벽유죄) [32107050] 분수에 맞지 않는 귀한 물건을 지니고 있으면 훗날 화를 초래할 수 있음. 주(周)나라의 속담에 '필부는 죄가 없어도 구슬을 가지고 있으면 그것이 곧 죄가 된다(匹夫無罪 懷璧其罪)'고 한 데서 유래. <출> 춘추좌씨전(春秋佐氏傳).

繪事後素(회사후소) [10727242] 그림 그리는 일은 흰 바탕이 있은 이후에 함. 먼저 바탕을 손질한 후에 그림을 그림. 사람은 좋은 바탕(어짊)이 있은 뒤에 형식(禮度)을 더해야 함. 형식적인 예(禮)보다는 그 예의 본질인 인(仁)한 마음이 중요함. <출> 논어(論語)

팔일(八佾).

灰色分子(회색분자) [40706272] 흑백이 분명치 않은 재색을 띤 부분체, 사상적 경향 따위가 뚜렷하지 않은 사람.

會者定離(회자정리) [62606040] 만난 자는 반드시 헤어짐. 모든 것이 무상함.

回轉木馬(회전목마) [42408050] 빙글빙글 도는 나무말, 기둥 둘레의 원판 위에 설치한 목마에 사람을 태워 빙글빙글 돌리는 놀이 기구.

橫斷步道(횡단보도) [32424272] 사람이 가로질러 건너다닐 수 있도록 안전표지나 도로 표지를 설치하여 차도 위에 마련한 보행길.

橫來之厄(횡래지액) [32703230] 殃及池魚 참조. 옆에서 오는 재앙. 뜻밖에 닥쳐오는 불행.

橫說竪說(횡설수설) [32521052] 조리가 없이 말을 이러쿵저러쿵 지껄임. (유) 橫竪說去, 橫竪說話

橫竪說去(횡수설거) [32105250] 橫說竪說 참조. 조리가 없이 말을 이러쿵저러쿵 지껄임.

橫竪說話(횡수설화) [32105272] 橫說竪說 참조. 조리가 없이 말을 이러쿵저러쿵 지껄임.

孝道觀光(효도관광) [72725262] 자식이 어버이를 다른 지방이나 다른 나라에 가서 그곳의 풍경이나 문물 따위를 구경하시도록 함.

孝悌忠信(효제충신) [72104262] 어버이에 대한 효도, 형제끼리의 우애, 임금에 대한 충성, 벗 사이의 믿음.

後起之秀(후기지수) [72423240] 후배 중의 우수한 인물. <출> 세설신어(世說新語) 상예(賞譽)편.

後生可畏(후생가외) [72805030] 장래성 있는 후배는 두려워 할 만함. "후배들은 두려워할 만하다. 장래에 그들이 지금의 우리만 못하리라는 것을 어찌 알 수 있겠는가. 그러나 40세, 50세가 되어도 세상에 이름이 나지 않는다면 두려워할 바 없다." 라고 한 공자 말씀에서 유래. <출> 논어(論語) 자한(子罕).

厚生事業(후생사업) [40807262] 사람들의 생활을 넉넉하고 윤택하게 하기 위한 사업.

喉舌之臣(후설지신) [20403252] 임금의 명령을 비롯하여 나라의 중대한 언론을 맡은 신하, 承旨(승지)를 달리 이르는 말. (유) 喉舌

後時之歎(후시지탄) [72723240] 晚時之歎 참조. 때가 늦은 것을 탄식함.

厚顔無恥(후안무치) [40325032] 낯가죽이 두꺼워서 뻔뻔스럽고 부끄러움이 없음. <출> 서경(書經) 하서(夏書) 오자지가(五子之歌).

後悔莫及(후회막급) [72323232] 때늦은 뉘우침은 이미 벌어진 상황을 되돌릴 수 없음, 이미 잘못된 뒤에 아무리 후회하여도 다시 어찌할 수가 없음.

訓蒙字會(훈몽자회) [60327062] 조선 중종 22년(1527)에 최세진이 지은 한자 학습서.

訓民正音(훈민정음) [60807262] 백성을 가르치는 바른 소리, 1443년에 세종이 창제한 표음문자를 이르는 말, 세종 28년(1446)에 훈민정음 28자를 세상에 반포할 때에 찍어 낸 판각 원본.

諱疾忌醫(휘질기의) [10323060] 병을 숨기고 의사를 꺼려함. 자신의 결점을 감추고 고치려 하지 않음. 주돈이(周敦頤)의 주자통서(周子通書).

凶惡無道(흉악무도) [52525072] 성질이 거칠고 사나우며 도의심이 없음.

胸有成竹(흉유성죽) [32706242] 대나무 그림을 그리기 이전에 마음속에 이미 완성된 대나무 그림이 있음. 일을 처리함에 있어 미리 계산이 모두 서있음. 소식(蘇軾)의 운당곡언죽기(篔簹谷偃竹記)와 조보지(晁補之)의 증문잠생양극일학문여가화죽구시(贈文潛甥楊克一學文與可畫竹求詩).

黑衣宰相(흑의재상) [50603052] 정치에 참여하여 큰 영향력을 행사하는 중. 黑衣는 중이 입는 가사나 장삼 따위의 옷을 나타냄.

吸收合倂(흡수합병) [42426020] 합병 회사 가운데 한 회사가 다른 회사를 흡수하는 방식의 합병. (유) 竝呑合倂(병탄합병)

興亡盛衰(흥망성쇠) [42504232] 榮枯盛衰 참조. 흥성하고 멸망함과 번성하고 쇠퇴함.

興味津津(흥미진진) [42422020] 흥과 맛이 넘쳐흐를 정도로 매우 많음.

興盡悲來(흥진비래) [42404270] 즐거운 일이 다하면 슬픈 일이 닥쳐옴. 세상일은 순환되는 것임. (상) 苦盡甘來

稀代未聞(희대미문) [32624262] 매우 드물어 좀처럼 듣지 못함.

喜怒哀樂(희로애락) [40423262] 기쁨과 노여움과 슬픔과 즐거움.

喜色滿面(희색만면) [40704270] 기쁜 빛이 얼굴에 가득함.

稀少價値(희소가치) [32705232] 드물기 때문에 인정되는 가치.

喜喜樂樂(희희낙락) [40406262] 매우 기뻐하고 매우 즐거워함.

유의어[類義語(同義語, 同意語)_結合語]

價値(가치) [5232]	歌詠(가영) [7030]	恪謹(각근) [1030]	懇切(간절) [3252]
加增(가증) [5042]	歌謠(가요) [7042]	恪愼(각신) [1032]	揀選(간선) [1050]
加添(가첨) [5030]	歌唱(가창) [7050]	殼皮(각피) [1032]	揀擇(간택) [1040]
呵責(가책) [1052]	苛虐(가학) [1020]	覺寤(각오) [4010]	簡略(간략) [4040]
家室(가실) [7280]	苛酷(가혹) [1020]	覺悟(각오) [4032]	簡札(간찰) [4020]
家屋(가옥) [7250]	街衢(가구) [4210]	刊刻(간각) [3240]	簡擇(간택) [4040]
家宅(가택) [7252]	街道(가도) [4272]	奸邪(간사) [1032]	肝膽(간담) [3220]
家戶(가호) [7242]	街路(가로) [4260]	奸僞(간위) [1032]	艱苦(간고) [1060]
暇隙(가극) [4010]	街巷(가항) [4230]	奸慝(간특) [1010]	艱困(간곤) [1040]
歌曲(가곡) [7050]	駕御(가어) [1032]	姦淫(간음) [3032]	艱難(간난) [1042]
歌樂(가악) [7062]	刻銘(각명) [4032]	懇誠(간성) [3242]	間隔(간격) [7232]

間隙(간극) [7210]	綱維(강유) [3232]	檢査(검사) [4250]	結締(결체) [5220]
竭盡(갈진) [1040]	腔腸(강장) [1040]	檢閱(검열) [4230]	缺乏(결핍) [4210]
葛藤(갈등) [2020]	講釋(강석) [4232]	檢察(검찰) [4242]	訣別(결별) [3260]
勘檢(감검) [1042]	講誦(강송) [4230]	劫迫(겁박) [1032]	兼倂(겸병) [3220]
勘校(감교) [1080]	講解(강해) [4242]	怯怖(겁포) [1020]	謙遜(겸손) [3210]
勘査(감사) [1050]	降下(강하) [4072]	偈頌(게송) [1040]	謙讓(겸양) [3232]
勘審(감심) [1032]	愾憤(개분) [1040]	憩息(게식) [2042]	京都(경도) [6050]
堪耐(감내) [1032]	改悛(개전) [5010]	憩休(게휴) [2070]	傾倒(경도) [4032]
堪忍(감인) [1032]	漑灌(개관) [1010]	擊打(격타) [4050]	傾斜(경사) [4032]
感覺(감각) [6040]	蓋覆(개복) [3232]	格式(격식) [5260]	勁健(경건) [1050]
憾怨(감원) [2040]	開啓(개계) [6032]	激烈(격렬) [4040]	卿尹(경윤) [3012]
憾恨(감한) [2040]	開闢(개벽) [6010]	激衝(격충) [4032]	境界(경계) [4262]
敢勇(감용) [4062]	客旅(객려) [5252]	隔間(격간) [3272]	境域(경역) [4240]
柑橘(감귤) [1010]	坑塹(갱참) [2010]	隔阻(격조) [3210]	慶福(경복) [4252]
減削(감삭) [4232]	倨慢(거만) [1030]	堅剛(견강) [4032]	慶祝(경축) [4250]
減省(감생) [4262]	倨傲(거오) [1030]	堅強(견강) [4060]	慶賀(경하) [4232]
減損(감손) [4240]	居館(거관) [4032]	堅勁(견경) [4010]	敬虔(경건) [5210]
監觀(감관) [4252]	居留(거류) [4042]	堅硬(견경) [4032]	敬恭(경공) [5232]
監視(감시) [4242]	居住(거주) [4070]	堅固(견고) [4050]	景光(경광) [5062]
監察(감찰) [4242]	巨大(거대) [4080]	牽挽(견만) [3010]	更迭(경질) [4010]
甲殼(갑각) [4010]	擧動(거동) [5072]	牽曳(견예) [3010]	梗槪(경개) [1032]
強健(강건) [6050]	渠率(거수) [1032]	牽引(견인) [3042]	梗塞(경색) [1032]
強勁(강경) [6010]	渠帥(거수) [1032]	絹紗(견사) [3010]	瓊玉(경옥) [1242]
強硬(강경) [6032]	渠首(거수) [1052]	譴呵(견가) [1010]	競爭(경쟁) [5050]
強固(강고) [6050]	距離(거리) [3240]	譴責(견책) [1052]	經過(경과) [4252]
剛健(강건) [3250]	車輛(차량) [7220]	決潰(결궤) [5210]	經歷(경력) [4252]
剛堅(강견) [3240]	乾枯(건고) [3230]	決斷(결단) [5242]	經理(경리) [4262]
剛勁(강경) [3210]	乾燥(건조) [3230]	決判(결판) [5240]	經營(경영) [4240]
剛毅(강의) [3210]	健剛(건강) [5032]	潔白(결백) [4280]	耕墾(경간) [3210]
康寧(강녕) [4232]	健勁(건경) [5010]	潔齋(결재) [4210]	警覺(경각) [4240]
慷慨(강개) [1030]	建立(건립) [5072]	潔淨(결정) [4232]	警戒(경계) [4240]
江河(강하) [7250]	虔恭(건공) [1032]	結構(결구) [5240]	鏡鑑(경감) [4032]
疆境(강경) [1242]	虔誠(건성) [1042]	結紐(결뉴) [5210]	驚訝(경아) [4010]
疆界(강계) [1262]	虔肅(건숙) [1040]	結縛(결박) [5210]	驚愕(경악) [4010]
疆域(강역) [1240]	乞求(걸구) [3042]	結束(결속) [5252]	驚駭(경해) [4010]
綱紀(강기) [3240]	檢督(검독) [4242]	結約(결약) [5252]	契券(계권) [3240]

契約(계약) [3252]	高卓(고탁) [6250]	貢獻(공헌) [3232]	館閣(관각) [3232]
季末(계말) [4050]	高亢(고항) [6212]	鞏固(공고) [1050]	光明(광명) [6262]
季節(계절) [4052]	哭泣(곡읍) [3230]	寡少(과소) [3270]	光色(광색) [6270]
悸慄(계율) [1010]	曲鞠(곡국) [5012]	戈矛(과모) [2020]	光耀(광요) [6212]
溪川(계천) [3270]	穀糧(곡량) [4040]	果敢(과감) [6240]	光彩(광채) [6232]
界境(계경) [6242]	鵠的(곡적) [1052]	果實(과실) [6252]	光輝(광휘) [6230]
界域(계역) [6240]	困窘(곤군) [4010]	科目(과목) [6260]	匡矯(광교) [1030]
繫縛(계박) [3010]	困窮(곤궁) [4040]	誇矜(과긍) [3210]	匡正(광정) [1072]
繫束(계속) [3052]	困憊(곤비) [4010]	過去(과거) [5250]	壙穴(광혈) [1032]
繼嗣(계사) [4010]	困乏(곤핍) [4010]	過謬(과류) [5220]	廣漠(광막) [5232]
繼續(계속) [4042]	棍棒(곤봉) [1010]	過失(과실) [5260]	廣博(광박) [5242]
繼承(계승) [4042]	棍杖(곤장) [1010]	過誤(과오) [5242]	廣衍(광연) [5212]
計算(계산) [6270]	汨沒(골몰) [1032]	過剩(과잉) [5210]	廣闊(광활) [5210]
計數(계수) [6270]	骨骸(골해) [4010]	顆粒(과립) [1010]	卦兆(괘조) [1032]
計策(계책) [6232]	供給(공급) [3250]	廓大(확대) [1080]	乖戾(괴려) [1010]
階級(계급) [4060]	供與(공여) [3240]	冠帽(관모) [3220]	乖愎(괴팍) [1010]
階段(계단) [4040]	共同(공동) [6270]	官尹(관윤) [4212]	乖悖(괴패) [1010]
階層(계층) [4040]	功勳(공훈) [6220]	官爵(관작) [4230]	傀儡(괴뢰) [2010]
古昔(고석) [6030]	孔穴(공혈) [4032]	寬宥(관유) [3210]	怪奇(괴기) [3240]
告白(고백) [5280]	工作(공작) [7262]	慣習(관습) [3260]	怪訝(괴아) [3210]
告示(고시) [5250]	工匠(공장) [7210]	棺柩(관구) [1010]	怪異(괴이) [3240]
告諭(고유) [5210]	工造(공조) [7242]	款誠(관성) [2042]	愧羞(괴수) [3010]
孤獨(고독) [4052]	恐怯(공겁) [3210]	款項(관항) [2032]	愧慙(괴참) [3030]
拷打(고타) [1050]	恐悸(공계) [3210]	灌漑(관개) [1010]	愧恥(괴치) [3032]
敲擊(고격) [1040]	恐懼(공구) [3230]	管理(관리) [4062]	魁帥(괴수) [1032]
枯渴(고갈) [3030]	恐慄(공률) [3210]	管掌(관장) [4032]	魁首(괴수) [1052]
枯凋(고조) [3010]	恐怖(공포) [3220]	管轄(관할) [4010]	宏廓(굉곽) [1010]
考究(고구) [5042]	恐惶(공황) [3210]	觀覽(관람) [5240]	宏大(굉대) [1080]
考慮(고려) [5040]	恭虔(공건) [3210]	觀視(관시) [5242]	僑寓(교우) [2010]
膏油(고유) [1060]	恭敬(공경) [3252]	觀察(관찰) [5242]	嬌艶(교염) [1010]
苦艱(고간) [6010]	恭遜(공손) [3210]	貫穿(관천) [3210]	巧妙(교묘) [3240]
苦難(고난) [6042]	攻擊(공격) [4040]	貫徹(관철) [3232]	攪亂(교란) [1040]
苦辛(고신) [6030]	攻伐(공벌) [4042]	貫通(관통) [3260]	敎誨(교회) [8010]
雇傭(고용) [2020]	攻討(공토) [4040]	關鍵(관건) [5212]	敎訓(교훈) [8060]
顧眄(고면) [3010]	空虛(공허) [7242]	關鎖(관쇄) [5232]	校勘(교감) [8010]
高峻(고준) [6212]	貢納(공납) [3240]	關與(관여) [5240]	橋梁(교량) [5032]

狡猾(교활) [1010]	溝瀆(구독) [1010]	宮殿(궁전) [4232]	糾彈(규탄) [3040]
矯正(교정) [3072]	溝壑(구학) [1010]	窮困(궁곤) [4040]	規格(규격) [5052]
矯直(교직) [3072]	矩度(구도) [1060]	窮究(궁구) [4042]	規例(규례) [5060]
郊野(교야) [3060]	究竟(구경) [4230]	窮窘(궁군) [4010]	規範(규범) [5040]
驕倨(교거) [1010]	究考(구고) [4250]	窮極(궁극) [4042]	規式(규식) [5060]
驕慢(교만) [1030]	苟且(구차) [3030]	窮塞(궁색) [4032]	規律(규율) [5042]
驕傲(교오) [1030]	衢街(구가) [1042]	窮盡(궁진) [4040]	規則(규칙) [5050]
驕逸(교일) [1032]	謳歌(구가) [1070]	倦憊(권비) [1010]	規度(규탁) [5060]
驕恣(교자) [1030]	謳吟(구음) [1030]	倦惰(권타) [1010]	逵路(규로) [1060]
丘壟(구롱) [3210]	購買(구매) [2050]	倦怠(권태) [1030]	閨房(규방) [2042]
丘陵(구릉) [3232]	軀體(구체) [1062]	券契(권계) [4032]	均等(균등) [4062]
丘阜(구부) [3212]	驅馳(구치) [3010]	勸勵(권려) [4032]	均調(균조) [4052]
久遠(구원) [3260]	龜裂(균열) [3032]	勸勉(권면) [4040]	均平(균평) [4072]
仇讐(구수) [1010]	鞠養(국양) [1252]	勸獎(권장) [4040]	克堪(극감) [3210]
仇敵(구적) [1042]	鞠育(국육) [1270]	圈牢(권뢰) [2010]	克勝(극승) [3260]
具備(구비) [5242]	君王(군왕) [4080]	權稱(권칭) [4240]	極窮(극궁) [4240]
區別(구별) [6060]	君主(군주) [4070]	權衡(권형) [4232]	極盡(극진) [4240]
區分(구분) [6062]	窘困(군곤) [1040]	眷顧(권고) [1030]	隙間(극간) [1072]
區域(구역) [6040]	窘窮(군궁) [1040]	蹶起(궐기) [1042]	根本(근본) [6060]
嘔吐(구토) [1032]	窘急(군급) [1062]	闕失(궐실) [2060]	覲謁(근알) [1030]
寇盜(구도) [1040]	窘迫(군박) [1032]	潰決(궤결) [1052]	覲見(근현) [1052]
寇掠(구략) [1030]	窘塞(군색) [1032]	潰崩(궤붕) [1030]	謹愼(근신) [3032]
寇賊(구적) [1040]	群黨(군당) [4042]	潰瘍(궤양) [1010]	擒捉(금착) [1030]
寇奪(구탈) [1032]	群黎(군려) [4010]	潰裂(궤열) [1032]	琴瑟(금슬) [3212]
拘拿(구나) [3210]	群衆(군중) [4042]	詭怪(궤괴) [1032]	禁錮(금고) [4210]
救援(구원) [5040]	軍旅(군려) [8052]	詭詐(궤사) [1030]	禽鳥(금조) [3242]
救濟(구제) [5042]	軍兵(군병) [8052]	詭僞(궤위) [1032]	金鐵(금철) [8050]
救恤(구휼) [5010]	軍士(군사) [8052]	軌轍(궤철) [3010]	錦綺(금기) [3210]
枸杞(구기) [1010]	郡邑(군읍) [6070]	歸還(귀환) [4032]	急迫(급박) [6232]
構造(구조) [4042]	郡縣(군현) [6030]	貴重(귀중) [5070]	急速(급속) [6260]
構築(구축) [4042]	屈曲(굴곡) [4050]	鬼神(귀신) [3262]	急躁(급조) [6210]
毆擊(구격) [1040]	屈枉(굴왕) [4010]	叫喚(규환) [3010]	急促(급촉) [6232]
毆打(구타) [1050]	屈撓(굴요) [4010]	叫吼(규후) [3010]	給賜(급사) [5030]
求乞(구걸) [4230]	屈折(굴절) [4040]	糾結(규결) [3052]	給與(급여) [5040]
求索(구색) [4232]	窟穴(굴혈) [2032]	糾明(규명) [3062]	矜誇(긍과) [1032]
溝渠(구거) [1010]	宮闕(궁궐) [4220]	糾察(규찰) [3042]	矜恤(긍휼) [1010]

企望(기망) [3252]　綺絹(기견) [1030]　單獨(단독) [4252]　度量(탁량) [6050]
伎倆(기량) [1010]　羈絆(기반) [1010]　團圓(단원) [5242]　徒黨(도당) [4042]
伎藝(기예) [1042]　耆老(기로) [1270]　斷決(단결) [4252]　徒輩(도배) [4032]
冀望(기망) [1252]　肌膚(기부) [1020]　斷切(단절) [4252]　悼懼(도구) [2030]
冀願(기원) [1250]　記錄(기록) [7242]　斷截(단절) [4210]　淘汰(도태) [1010]
嗜慾(기욕) [1032]　記識(기지) [7252]　斷絶(단절) [4242]　渡涉(도섭) [3230]
嗜好(기호) [1042]　譏弄(기롱) [1032]　段階(단계) [4040]　濤瀾(도란) [1010]
器具(기구) [4252]　譏謗(기방) [1010]　端末(단말) [4250]　濤波(도파) [1042]
器皿(기명) [4210]　起立(기립) [4272]　端正(단정) [4272]　盜賊(도적) [4040]
器什(기집) [4210]　起發(기발) [4262]　緞絹(단견) [1030]　盜竊(도절) [4030]
基址(기지) [5212]　飢饉(기근) [3010]　鍛鍊(단련) [2032]　禱祈(도기) [1032]
奇怪(기괴) [4032]　飢餓(기아) [3030]　撻笞(달태) [1010]　禱祝(도축) [1050]
寄付(기부) [4032]　麒麟(기린) [1212]　達成(달성) [4262]　賭博(도박) [1042]
寄寓(기우) [4010]　緊要(긴요) [3252]　達通(달통) [4260]　跳躍(도약) [3030]
崎險(기험) [1040]　懦弱(나약) [1062]　擔任(담임) [4252]　逃亡(도망) [4050]
己身(기신) [5262]　拿捕(나포) [1032]　潭沼(담소) [2012]　逃避(도피) [4040]
忌憚(기탄) [3010]　難艱(난간) [4210]　潭淵(담연) [2012]　道塗(도도) [7230]
忌嫌(기혐) [3030]　難苦(난고) [4260]　談說(담설) [5052]　道途(도도) [7232]
忌諱(기휘) [3010]　納貢(납공) [4032]　談言(담언) [5060]　道路(도로) [7260]
技倆(기량) [5010]　納入(납입) [4070]　談話(담화) [5072]　道理(도리) [7262]
技術(기술) [5062]　納獻(납헌) [4032]　遝至(답지) [1042]　都市(도시) [5072]
技藝(기예) [5042]　耐忍(내인) [3232]　堂室(당실) [6280]　都邑(도읍) [5070]
旗幟(기치) [7010]　女娘(여랑) [8032]　撞突(당돌) [1032]　陶瓷(도자) [3210]
旣已(기이) [3032]　年齡(연령) [8010]　當該(당해) [5230]　瀆汚(독오) [1030]
棄却(기각) [3030]　年歲(연세) [8052]　刀劍(도검) [3232]　獨孤(독고) [5240]
棄捐(기연) [3010]　念慮(염려) [5240]　到達(도달) [5242]　敦篤(돈독) [3030]
棄擲(기척) [3010]　念想(염상) [5242]　到着(도착) [5252]　敦厚(돈후) [3040]
機械(기계) [4032]　努力(노력) [4272]　圖畫(도화) [6260]　突忽(돌홀) [3232]
欺瞞(기만) [3010]　奴僕(노복) [3210]　堵墻(도장) [1030]　動搖(동요) [7230]
欺誣(기무) [3010]　奴隸(노예) [3230]　導引(도인) [4242]　同等(동등) [7062]
欺詐(기사) [3030]　駑鈍(노둔) [1030]　導訓(도훈) [4260]　同一(동일) [7080]
欺騙(기편) [3010]　濃厚(농후) [2040]　屠戮(도륙) [1010]　憧憬(동경) [1010]
畿甸(기전) [3212]　農耕(농경) [7232]　屠殺(도살) [1042]　洞窟(동굴) [7020]
祈禱(기도) [3210]　訥澁(눌삽) [1010]　島嶼(도서) [5010]　洞里(동리) [7070]
祈祝(기축) [3250]　溺沒(익몰) [2032]　度矩(도구) [6010]　洞穴(동혈) [7032]
紀綱(기강) [4032]　但只(단지) [3230]　度揆(도규) [6012]　洞達(통달) [7042]

洞通(통통) [7060]　連波(연파) [1242]　樓館(누관) [3232]　末尾(말미) [5032]
疼痛(동통) [1040]　練習(연습) [5260]　漏泄(누설) [3210]　亡逋(망포) [5010]
頭首(두수) [6052]　輦車(연차) [1072]　漏洩(누설) [3210]　忘失(망실) [3060]
遁避(둔피) [1040]　連續(연속) [4242]　陋鄙(누비) [1010]　昧冥(매명) [1030]
鈍頑(둔완) [3010]　鍊鍛(연단) [3220]　陋隘(누애) [1010]　每常(매상) [7242]
登陟(등척) [7012]　殮殯(염빈) [1010]　流浪(유랑) [5232]　煤煙(매연) [1042]
等級(등급) [6260]　囹圄(영어) [1010]　留住(유주) [4270]　邁進(매진) [1042]
謄寫(등사) [2050]　玲瓏(영롱) [1210]　謬誤(유오) [2042]　脈絡(맥락) [4232]
懶慢(나만) [1030]　鈴鐸(영탁) [1010]　戮殺(육살) [1042]　猛勇(맹용) [3262]
懶惰(나타) [1010]　零落(영락) [3050]　陸地(육지) [5270]　猛暴(맹포) [3242]
懶怠(나태) [1030]　靈魄(영백) [3210]　淪沒(윤몰) [1032]　猛悍(맹한) [3210]
羅列(나열) [4242]　靈神(영신) [3262]　輪廻(윤회) [4020]　盟誓(맹세) [3230]
樂歌(악가) [6270]　靈魂(영혼) [3232]　律法(율법) [4252]　萌芽(맹아) [1032]
絡脈(낙맥) [3242]　領率(영솔) [5032]　隆盛(융성) [3242]　勉勵(면려) [4032]
落墮(낙타) [5030]　領受(영수) [5042]　隆昌(융창) [3232]　面貌(면모) [7032]
駱駝(낙타) [1010]　領統(영통) [5042]　隆興(융흥) [3242]　面顔(면안) [7032]
亂攪(난교) [4010]　例規(예규) [6050]　凌蔑(능멸) [1020]　面容(면용) [7042]
欄檻(난함) [3210]　例法(예법) [6052]　稜角(능각) [1062]　滅亡(멸망) [3250]
浪漫(낭만) [3230]　例式(예식) [6060]　陵丘(능구) [3232]　冥闇(명암) [3010]
冷涼(냉량) [5032]　例典(예전) [6052]　俚俗(이속) [1042]　名稱(명칭) [7240]
冷寒(냉한) [5050]　隷僕(예복) [3010]　利益(이익) [6242]　名號(명호) [7260]
掠奪(약탈) [3032]　勞勤(노근) [5240]　吏胥(이서) [3210]　命令(명령) [7050]
略省(약생) [4062]　勞務(노무) [5242]　里閭(이려) [7010]　明光(명광) [6262]
糧穀(양곡) [4040]　擄掠(노략) [1030]　離別(이별) [4060]　明朗(명랑) [6252]
良善(양선) [5250]　老翁(노옹) [7030]　吝嗇(인색) [1010]　明瞭(명료) [6210]
良好(양호) [5242]　虜獲(노획) [1032]　摩擦(마찰) [2010]　明白(명백) [6280]
諒知(양지) [3052]　祿俸(녹봉) [3220]　痲痺(마비) [2010]　明輝(명휘) [6230]
旅客(여객) [5252]　論議(논의) [4242]　磨耗(마모) [3210]　溟海(명해) [1072]
閭里(여리) [1070]　弄玩(농완) [3210]　磨研(마연) [3242]　酩酊(명정) [1010]
閭閻(여염) [1012]　牢獄(뇌옥) [1032]　魔鬼(마귀) [2032]　侮蔑(모멸) [3020]
麗美(여미) [4260]　雷震(뇌진) [3232]　彎曲(만곡) [1050]　募集(모집) [3062]
黎黑(여흑) [1050]　料量(요량) [5050]　彎屈(만굴) [1040]　慕戀(모련) [3232]
憐憫(연민) [3030]　料度(요탁) [5060]　挽引(만인) [1042]　慕愛(모애) [3260]
憐恤(연휼) [3010]　聊賴(요뢰) [1032]　滿盈(만영) [4212]　摸擬(모의) [1010]
戀慕(연모) [3232]　遼遠(요원) [1260]　蔓延(만연) [1040]　模倣(모방) [4030]
戀愛(연애) [3260]　樓閣(누각) [3232]　末端(말단) [5042]　模範(모범) [4040]

模擬(모의) [4010]　剝割(박할) [1032]　徘徊(배회) [1010]　別離(별리) [6040]
模楷(모해) [4010]　搏擊(박격) [1040]　排斥(배척) [3230]　別差(별차) [6040]
毛髮(모발) [4240]　朴素(박소) [6042]　胚孕(배잉) [1010]　倂兼(병겸) [2032]
牟麥(모맥) [1232]　朴質(박질) [6052]　胚胎(배태) [1020]　倂合(병합) [2060]
謀策(모책) [3232]　樸質(박질) [1052]　配分(배분) [4262]　兵士(병사) [5252]
沐浴(목욕) [2050]　舶船(박선) [2050]　配偶(배우) [4232]　兵卒(병졸) [5252]
沒溺(몰닉) [3220]　迫劫(박겁) [3210]　配匹(배필) [4230]　病患(병환) [6050]
蒙昧(몽매) [3210]　迫急(박급) [3262]　陪隨(배수) [1032]　保衛(보위) [4242]
廟祠(묘사) [3010]　迫脅(박협) [3232]　陪侍(배시) [1032]　保護(보호) [4242]
描寫(묘사) [1050]　伴侶(반려) [3010]　陪從(배종) [1040]　堡壘(보루) [1010]
杳冥(묘명) [1030]　搬運(반운) [2062]　煩苛(번가) [3010]　報告(보고) [4252]
渺茫(묘망) [1030]　畔畝(반묘) [1010]　煩悶(번민) [3010]　報道(보도) [4272]
舞佾(무일) [4012]　返還(반환) [3032]　煩數(번삭) [3070]　報償(보상) [4232]
茂盛(무성) [3242]　頒布(반포) [1042]　繁茂(번무) [3232]　報酬(보수) [4210]
誣欺(무기) [1030]　飯食(반식) [3272]　蕃茂(번무) [1032]　補裨(보비) [3210]
貿易(무역) [3240]　拔擢(발탁) [3210]　蕃盛(번성) [1042]　輔助(보조) [1242]
問訊(문신) [7010]　發起(발기) [6242]　蕃殖(번식) [1020]　僕奴(복노) [1032]
文書(문서) [7062]　發射(발사) [6240]　藩籬(번리) [1010]　僕隷(복례) [1030]
文章(문장) [7060]　發展(발전) [6252]　飜譯(번역) [3032]　僕從(복종) [1040]
文彩(문채) [7032]　醱酵(발효) [1010]　氾濫(범람) [1030]　福祚(복조) [5212]
紊亂(문란) [2040]　坊里(방리) [1070]　氾溢(범일) [1010]　福祉(복지) [5210]
門戶(문호) [8042]　妨害(방해) [4052]　法規(법규) [5250]　覆蓋(복개) [3232]
物件(물건) [7250]　幫助(방조) [1042]　法度(법도) [5260]　本根(본근) [6060]
物品(물품) [7252]　彷彿(방불) [1010]　法例(법례) [5260]　本源(본원) [6040]
尾末(미말) [3250]　彷徨(방황) [1010]　法律(법률) [5242]　俸祿(봉록) [2032]
彌久(미구) [1232]　放釋(방석) [6232]　法式(법식) [5260]　奉仕(봉사) [5252]
微細(미세) [3242]　放蕩(방탕) [6210]　法典(법전) [5252]　奉承(봉승) [5242]
微小(미소) [3280]　方道(방도) [7272]　法則(법칙) [5250]　奉獻(봉헌) [5232]
美麗(미려) [6042]　方隅(방우) [7210]　璧玉(벽옥) [1042]　封緘(봉함) [3210]
美艶(미염) [6010]　方正(방정) [7272]　碧綠(벽록) [3260]　棒杖(봉장) [1010]
迷惑(미혹) [3032]　紡績(방적) [2040]　碧靑(벽청) [3280]　逢遇(봉우) [3240]
憫憐(민련) [3030]　膀胱(방광) [1010]　變改(변개) [5250]　鋒刃(봉인) [1020]
敏速(민속) [3060]　邦國(방국) [3080]　變更(변경) [5240]　付託(부탁) [3220]
敏捷(민첩) [3010]　防禦(방어) [4210]　變易(변역) [5240]　剖判(부판) [1040]
旻天(민천) [1270]　俳優(배우) [2040]　變革(변혁) [5240]　副次(부차) [4242]
密緻(밀치) [4210]　俳倡(배창) [2010]　變化(변화) [5252]　扶翼(부익) [3232]

扶助(부조) [3242]　悲哀(비애) [4232]　士兵(사병) [5252]　散漫(산만) [4030]

扶護(부호) [3242]　悲慘(비참) [4230]　奢侈(사치) [1010]　珊瑚(산호) [1010]

斧斤(부근) [1030]　悲愴(비창) [4210]　寺刹(사찰) [4220]　産生(산생) [5280]

浮泛(부범) [3210]　憊困(비곤) [1040]　師傅(사부) [4212]　算數(산수) [7070]

腐敗(부패) [3250]　批評(비평) [4040]　思考(사고) [5050]　殺戮(살육) [4210]

腐朽(부후) [3210]　比較(비교) [5032]　思念(사념) [5052]　森林(삼림) [3270]

腑臟(부장) [1032]　沸涌(비용) [1010]　思慮(사려) [5040]　滲透(삼투) [1032]

芙蓉(부용) [1010]　沸湯(비탕) [1032]　思慕(사모) [5032]　上昇(상승) [7232]

負荷(부하) [4032]　琵琶(비파) [1010]　思想(사상) [5042]　傷痍(상이) [4010]

賦與(부여) [3240]　緋緞(비단) [1010]　思惟(사유) [5030]　傷愴(상창) [4010]

部隊(부대) [6242]　臂膊(비박) [1010]　斜傾(사경) [3240]　商賈(상고) [5212]

部類(부류) [6252]　裨補(비보) [1032]　查檢(사검) [5042]　商量(상량) [5250]

附屬(부속) [3240]　裨助(비조) [1042]　査閱(사열) [5030]　喪失(상실) [3260]

附着(부착) [3252]　誹謗(비방) [1010]　査察(사찰) [5042]　庠校(상교) [1280]

分配(분배) [6242]　譬喩(비유) [1010]　沙汰(사태) [3210]　想念(상념) [4252]

分別(분별) [6260]　費耗(비모) [5010]　瀉痢(사리) [1010]　想思(상사) [4250]

分析(분석) [6230]　費用(비용) [5062]　社會(사회) [6262]　爽快(상쾌) [1042]

分割(분할) [6232]　鄙陋(비루) [1010]　紗絹(사견) [1030]　狀態(상태) [4242]

吩咐(분부) [1010]　鄙俚(비리) [1010]　紗錦(사금) [1032]　相互(상호) [5230]

墳墓(분묘) [3040]　鄙吝(비린) [1010]　紗緞(사단) [1010]　祥瑞(상서) [3020]

墳塚(분총) [3010]　飛翔(비상) [4210]　舍屋(사옥) [4250]　色彩(색채) [7032]

奔走(분주) [3242]　貧困(빈곤) [4240]　舍宅(사택) [4252]　生産(생산) [8052]

憤愾(분개) [4010]　貧窮(빈궁) [4240]　詐欺(사기) [3030]　生出(생출) [8070]

憤慨(분개) [4030]　賓客(빈객) [3052]　賜給(사급) [3050]　生活(생활) [8072]

扮飾(분식) [1032]　憑據(빙거) [1040]　辭說(사설) [4052]　甥姪(생질) [1030]

扮裝(분장) [1040]　憑依(빙의) [1040]　辭讓(사양) [4032]　徐緩(서완) [3232]

焚燒(분소) [1032]　憑藉(빙자) [1010]　邪慝(사특) [3210]　暑熱(서열) [3050]

紛擾(분요) [3210]　憑證(빙증) [1040]　飼養(사양) [2052]　書籍(서적) [6240]

拂拭(불식) [3210]　聘召(빙소) [3030]　飼育(사육) [2070]　書冊(서책) [6240]

崩壞(붕괴) [3032]　聘招(빙초) [3040]　削減(삭감) [3242]　瑞祥(서상) [2030]

崩潰(붕궤) [3010]　事務(사무) [7242]　削剝(삭박) [3210]　胥吏(서리) [1032]

朋黨(붕당) [3042]　事業(사업) [7262]　削除(삭제) [3242]　誓盟(서맹) [3032]

朋友(붕우) [3052]　些少(사소) [1070]　刪削(산삭) [1032]　逝去(서거) [3050]

卑賤(비천) [3232]　使令(사령) [6050]　刪省(산생) [1062]　釋放(석방) [3262]

庇蔭(비음) [1010]　使役(사역) [6032]　山陵(산릉) [8032]　善良(선량) [5052]

悲慨(비개) [4230]　嗣續(사속) [1042]　山岳(산악) [8030]　旋回(선회) [3242]

羨慕(선모) [1032]	燒灼(소작) [3210]	獸畜(수축) [3232]	施設(시설) [4242]
船舶(선박) [5020]	疏註(소주) [3210]	瘦瘠(수척) [1010]	時期(시기) [7250]
船艦(선함) [5020]	素朴(소박) [4260]	睡眠(수면) [3032]	柴薪(시신) [1210]
選拔(선발) [5032]	素質(소질) [4252]	秀傑(수걸) [4040]	猜忌(시기) [1030]
選別(선별) [5060]	蔬菜(소채) [3032]	竪立(수립) [1072]	猜妬(시투) [1010]
選擢(선탁) [5010]	蕭寂(소적) [1032]	羞愧(수괴) [1030]	試驗(시험) [4242]
選擇(선택) [5040]	訴訟(소송) [3232]	羞恥(수치) [1032]	式例(식례) [6060]
鮮麗(선려) [5242]	逍遙(소요) [1030]	蒐輯(수집) [1020]	式典(식전) [6052]
泄瀉(설사) [1010]	騷擾(소요) [3010]	蒐集(수집) [1062]	拭拂(식불) [1032]
洩漏(설루) [1032]	束縛(속박) [5210]	輸送(수송) [3242]	植栽(식재) [7032]
設施(설시) [4242]	損減(손감) [4042]	酬報(수보) [1042]	飾粧(식장) [3232]
說話(설화) [5272]	損傷(손상) [4040]	首魁(수괴) [5210]	伸張(신장) [3040]
殲滅(섬멸) [1032]	損失(손실) [4060]	首頭(수두) [5260]	呻吟(신음) [1030]
纖細(섬세) [2042]	損害(손해) [4052]	讎敵(수적) [1042]	宸闕(신궐) [1020]
攝理(섭리) [3062]	遜恭(손공) [1032]	宿寢(숙침) [5240]	愼謹(신근) [3230]
姓氏(성씨) [7240]	悚懼(송구) [1030]	淑淸(숙청) [3262]	愼重(신중) [3270]
性心(성심) [5270]	悚慄(송률) [1010]	熟練(숙련) [3252]	申告(신고) [4252]
成就(성취) [6240]	悚惶(송황) [1010]	肅嚴(숙엄) [4040]	神鬼(신귀) [6232]
盛旺(성왕) [4212]	訟訴(송소) [3232]	巡邏(순라) [3210]	神靈(신령) [6232]
省減(생감) [6242]	碎破(쇄파) [1042]	巡廻(순회) [3220]	薪柴(신시) [1012]
省略(생략) [6240]	衰弱(쇠약) [3262]	純潔(순결) [4242]	薪樵(신초) [1010]
省察(성찰) [6242]	修習(수습) [4260]	純粹(순수) [4210]	訊問(신문) [1070]
聲音(성음) [4262]	修飾(수식) [4232]	術藝(술예) [6242]	身軀(신구) [6210]
誠款(성관) [4220]	修葺(수즙) [4210]	崇高(숭고) [4062]	身體(신체) [6262]
世界(세계) [7262]	受領(수령) [4250]	崇尙(숭상) [4032]	辛苦(신고) [3060]
世代(세대) [7262]	壽命(수명) [3270]	濕潤(습윤) [3232]	辛辣(신랄) [3010]
洗滌(세척) [5210]	守衛(수위) [4242]	習慣(습관) [6032]	辛烈(신열) [3040]
洗濯(세탁) [5230]	授與(수여) [4240]	習練(습련) [6052]	迅急(신급) [1062]
細微(세미) [4232]	收斂(수렴) [4210]	習癖(습벽) [6010]	迅速(신속) [1060]
召喚(소환) [3010]	收拾(수습) [4232]	習學(습학) [6080]	迅疾(신질) [1032]
小微(소미) [8032]	收穫(수확) [4230]	承繼(승계) [4240]	失敗(실패) [6050]
搔爬(소파) [1010]	樹林(수림) [6070]	承奉(승봉) [4252]	室家(실가) [8072]
梳櫛(소즐) [1010]	樹木(수목) [6080]	侍陪(시배) [3210]	實果(실과) [5262]
消滅(소멸) [6232]	殊異(수이) [3240]	始創(시창) [6242]	悉皆(실개) [1030]
消耗(소모) [6210]	殊特(수특) [3260]	始初(시초) [6250]	審査(심사) [3250]
燒焚(소분) [3210]	狩獵(수렵) [1030]	弑戮(시륙) [1010]	尋訪(심방) [3042]

心性(심성) [7052]	厄禍(액화) [3032]	妍艶(연염) [1210]	汚瀆(오독) [3010]
深奧(심오) [4210]	液汁(액즙) [4210]	捐棄(연기) [1030]	汚穢(오예) [3010]
甚酷(심혹) [3220]	揶揄(야유) [1010]	淵潭(연담) [1220]	汚濁(오탁) [3030]
什器(집기) [1042]	約結(약결) [5252]	煙煤(연매) [4210]	誤謬(오류) [4220]
什物(집물) [1072]	約束(약속) [5252]	燃燒(연소) [4032]	誤錯(오착) [4232]
兒童(아동) [5262]	藥劑(약제) [6220]	硏究(연구) [4242]	屋舍(옥사) [5042]
衙府(아부) [1042]	壤土(양토) [3280]	硏磨(연마) [4232]	屋宇(옥우) [5032]
訝惑(아혹) [1032]	恙憂(양우) [1032]	硏修(연수) [4242]	獄牢(옥뢰) [3210]
阿丘(아구) [3232]	楊柳(양류) [3040]	筵席(연석) [1060]	玉璧(옥벽) [4210]
阿諂(아첨) [3210]	樣態(양태) [4042]	緣因(연인) [4050]	溫暖(온난) [6042]
惡慝(악특) [5210]	養育(양육) [5270]	軟脆(연취) [3210]	溫煖(온난) [6010]
安康(안강) [7242]	圄囹(어령) [1010]	悅樂(열락) [3262]	穩全(온전) [2072]
安寧(안녕) [7232]	御駕(어가) [3210]	閱覽(열람) [3040]	蘊蓄(온축) [1042]
安全(안전) [7272]	御領(어령) [3250]	閱視(열시) [3042]	雍塞(옹색) [1032]
安靖(안정) [7210]	漁撈(어로) [5010]	閱眼(열안) [3042]	雍滯(옹체) [1032]
安平(안평) [7272]	語辭(어사) [7040]	艶美(염미) [1060]	雍和(옹화) [1262]
按檢(안검) [1042]	抑壓(억압) [3242]	映照(영조) [4032]	訛謬(와류) [1020]
按撫(안무) [1010]	堰堤(언제) [1030]	榮華(영화) [4240]	訛誤(와오) [1042]
按察(안찰) [1042]	言談(언담) [6050]	永久(영구) [6032]	訛僞(와위) [1032]
眼目(안목) [4260]	言辭(언사) [6040]	永遠(영원) [6060]	婉麗(완려) [1042]
顔面(안면) [3270]	言說(언설) [6052]	盈滿(영만) [1242]	婉媚(완미) [1010]
斡旋(알선) [1032]	言語(언어) [6070]	英特(영특) [6060]	婉美(완미) [1060]
庵廬(암려) [1012]	嚴肅(엄숙) [4040]	詠歌(영가) [3070]	完全(완전) [5072]
暗昧(암매) [4210]	嚴峻(엄준) [4012]	詠吟(영음) [3030]	玩弄(완롱) [1032]
暗冥(암명) [4230]	奄忽(엄홀) [1032]	詠唱(영창) [3050]	緩徐(완서) [3232]
闇冥(암명) [1030]	掩蔽(엄폐) [1030]	曳引(예인) [1042]	頑固(완고) [1050]
壓抑(압억) [4232]	業務(업무) [6242]	穢汚(예오) [1030]	頑鈍(완둔) [1030]
殃災(앙재) [3050]	業事(업사) [6272]	穢濁(예탁) [1030]	頑愚(완우) [1032]
殃禍(앙화) [3032]	輿地(여지) [3070]	藝術(예술) [4262]	旺盛(왕성) [1242]
秧苗(앙묘) [1030]	餘暇(여가) [4240]	裔孫(예손) [1060]	旺興(왕흥) [1242]
哀悼(애도) [3220]	餘饒(여요) [4210]	裔胄(예주) [1010]	枉曲(왕곡) [1050]
愛戀(애련) [6032]	餘剩(여잉) [4210]	銳利(예리) [3062]	枉屈(왕굴) [1040]
愛慕(애모) [6032]	域境(역경) [4042]	傲慢(오만) [3030]	汪洋(왕양) [1260]
愛寵(애총) [6010]	役使(역사) [3260]	娛樂(오락) [3062]	矮短(왜단) [1062]
曖昧(애매) [1010]	驛站(역참) [3210]	懊恨(오한) [1040]	猥濫(외람) [1030]
隘陋(애루) [1010]	妍麗(연려) [1242]	梧桐(오동) [2020]	畏怯(외겁) [3010]

畏懼(외구) [3030]　願望(원망) [5052]　隱匿(은닉) [4010]　湮沈(인침) [1032]
妖艶(요염) [2010]　冤痛(원통) [1040]　隱遁(은둔) [4010]　認識(인식) [4252]
寥寂(요적) [1032]　偉大(위대) [5280]　隱祕(은비) [4040]　認知(인지) [4252]
搖動(요동) [3072]　危殆(위태) [4032]　隱諱(은휘) [4010]　一同(일동) [8070]
撓屈(요굴) [1040]　委任(위임) [4052]　吟詠(음영) [3030]　佚蕩(질탕) [1010]
擾亂(요란) [1040]　委託(위탁) [4020]　淫姦(음간) [3230]　佾舞(일무) [1240]
要求(요구) [5242]　萎凋(위조) [1010]　音聲(음성) [6242]　妊娠(임신) [2010]
要緊(요긴) [5232]　違乖(위괴) [3010]　音韻(음운) [6232]　賃貸(임대) [3232]
遙遠(요원) [3060]　違錯(위착) [3032]　泣哭(읍곡) [3032]　入納(입납) [7040]
邀招(요초) [1040]　幼少(유소) [3270]　依據(의거) [4040]　剩餘(잉여) [1042]
饒足(요족) [1072]　幼稚(유치) [3232]　依倣(의방) [4030]　孕胎(잉태) [1020]
勇敢(용감) [6240]　悠久(유구) [3232]　依憑(의빙) [4010]　仔詳(자상) [1032]
勇猛(용맹) [6232]　愉樂(유락) [1062]　宜當(의당) [3052]　仔細(자세) [1042]
容貌(용모) [4232]　愉悅(유열) [1032]　意思(의사) [6250]　刺衝(자충) [3232]
庸常(용상) [3042]　柔懦(유나) [3210]　意義(의의) [6242]　姿貌(자모) [4032]
用費(용비) [6250]　油膏(유고) [6010]　意志(의지) [6242]　恣擅(자천) [3010]
聳峙(용치) [1012]　油脂(유지) [6020]　意趣(의취) [6240]　慈愛(자애) [3260]
踊躍(용약) [1030]　裕足(유족) [3272]　擬像(의상) [1032]　慈仁(자인) [3240]
鎔冶(용야) [1210]　誘拐(유괴) [3210]　疑訝(의아) [4010]　疵瑕(자하) [1010]
宇宙(우주) [3232]　諛媚(유미) [1010]　衣服(의복) [6060]　疵痕(자흔) [1010]
愚頑(우완) [3210]　諭告(유고) [1052]　議論(의논) [4242]　自己(자기) [7252]
愚癡(우치) [3210]　蹂躪(유린) [1010]　醫療(의료) [6020]　諮問(자문) [2070]
憂慮(우려) [3240]　遊戲(유희) [4032]　弛緩(이완) [1032]　資財(자재) [4052]
憂愁(우수) [3232]　遺失(유실) [4060]　弛解(이해) [1042]　資質(자질) [4052]
憂患(우환) [3250]　肉身(육신) [4262]　怡悅(이열) [1232]　資貨(자화) [4042]
羽翼(우익) [3232]　肉體(육체) [4262]　爾汝(이여) [1030]　棧橋(잔교) [1050]
迂曲(우곡) [1050]　育鞠(육국) [7012]　移徙(이사) [4210]　殘餘(잔여) [4042]
迂遠(우원) [1060]　育養(육양) [7052]　移運(이운) [4262]　箴警(잠경) [1042]
迂闊(우활) [1010]　潤濕(윤습) [3232]　移轉(이전) [4240]　箴戒(잠계) [1040]
迂廻(우회) [1020]　潤澤(윤택) [3232]　仁慈(인자) [4032]　獎勸(장권) [4040]
云謂(운위) [3032]　胤裔(윤예) [1210]　咽喉(인후) [1020]　獎勵(장려) [4032]
運動(운동) [6272]　戎兵(융병) [1052]　因緣(인연) [5040]　丈夫(장부) [3270]
運搬(운반) [6220]　融通(융통) [2060]　引牽(인견) [4230]　匠工(장공) [1072]
怨恨(원한) [4040]　融和(융화) [2062]　引導(인도) [4242]　將帥(장수) [4232]
援救(원구) [4050]　恩寵(은총) [4210]　忍耐(인내) [3232]　帳幕(장막) [4032]
院宇(원우) [5032]　恩惠(은혜) [4242]　湮沒(인몰) [1032]　掌管(장관) [3240]

臟腑(장부) [3210]　積疊(적첩) [4010]　粘着(점착) [1052]　題目(제목) [6260]

薔薇(장미) [1010]　積蓄(적축) [4042]　霑潤(점윤) [1032]　齊整(제정) [3240]

藏匿(장닉) [3210]　賊盜(적도) [4040]　霑洽(점흡) [1010]　兆朕(조짐) [3210]

裝飾(장식) [4032]　全完(전완) [7250]　接續(접속) [4242]　凋枯(조고) [1030]

長久(장구) [8032]　典例(전례) [5260]　停留(정류) [5042]　凋萎(조위) [1010]

障礙(장애) [4220]　典範(전범) [5240]　停住(정주) [5070]　助幇(조방) [4210]

才術(재술) [6262]　典法(전법) [5252]　停駐(정주) [5020]　嘲弄(조롱) [1032]

才藝(재예) [6242]　典式(전식) [5260]　停止(정지) [5050]　嘲謔(조학) [1010]

栽植(재식) [3270]　典律(전율) [5242]　偵探(정탐) [2040]　彫刻(조각) [2040]

災殃(재앙) [5030]　典籍(전적) [5240]　征伐(정벌) [3242]　早速(조속) [4260]

災厄(재액) [5030]　塡塞(전색) [1032]　情意(정의) [5262]　照映(조영) [3240]

災禍(재화) [5032]　塡充(전충) [1052]　情誼(정의) [5210]　眺覽(조람) [1040]

財貨(재화) [5242]　奠定(전정) [1060]　挺傑(정걸) [1040]　眺望(조망) [1052]

財賄(재회) [5210]　專擅(전천) [4010]　挺秀(정수) [1040]　租賦(조부) [3232]

齋潔(재결) [1042]　展舒(전서) [5212]　整頓(정돈) [4012]　租稅(조세) [3242]

齋戒(재계) [1040]　廛鋪(전포) [1020]　整齊(정제) [4032]　稠密(조밀) [1042]

齋室(재실) [1080]　悛改(전개) [1050]　旌旗(정기) [1270]　糟粕(조박) [1010]

爭競(쟁경) [5050]　悛換(전환) [1032]　旌麾(정휘) [1210]　組織(조직) [4040]

爭鬪(쟁투) [5040]　戰爭(전쟁) [6250]　正匡(정광) [7210]　肇始(조시) [1062]

咀嚼(저작) [1010]　戰鬪(전투) [6240]　正直(정직) [7272]　詔勅(조칙) [1010]

咀呪(저주) [1010]　癲癇(전간) [1010]　淨潔(정결) [3242]　調均(조균) [5240]

抵抗(저항) [3240]　癲狂(전광) [1032]　禎祥(정상) [1230]　調和(조화) [5262]

著述(저술) [3232]　箋釋(전석) [1032]　貞直(정직) [3272]　躁急(조급) [1062]

著作(저작) [3262]　箋註(전주) [1010]　靖安(정안) [1072]　造作(조작) [4262]

詛呪(저주) [1010]　轉移(전이) [4042]　靜謐(정밀) [4010]　遭逢(조봉) [1032]

貯積(저적) [5040]　轉回(전회) [4042]　靜寂(정적) [4032]　遭遇(조우) [1040]

貯蓄(저축) [5042]　銓衡(전형) [1032]　啼哭(제곡) [1032]　阻隔(조격) [1032]

邸舍(저사) [1042]　錢幣(전폐) [4030]　啼泣(제읍) [1030]　阻塞(조색) [1032]

邸第(저제) [1062]　顚倒(전도) [1032]　堤堰(제언) [3010]　存在(존재) [4060]

邸宅(저택) [1052]　餞送(전송) [1042]　帝王(제왕) [4080]　尊高(존고) [4262]

寂寞(적막) [3210]　切斷(절단) [5242]　祭祀(제사) [4232]　尊貴(존귀) [4250]

寂寥(적요) [3210]　截斷(절단) [1042]　第次(제차) [6242]　尊崇(존숭) [4240]

寂靜(적정) [3240]　竊盜(절도) [3040]　第宅(제택) [6252]　卒兵(졸병) [5252]

敵讎(적수) [4210]　節季(절계) [5240]　製作(제작) [4262]　拙劣(졸렬) [3030]

積累(적루) [4032]　絶斷(절단) [4242]　製造(제조) [4242]　從僕(종복) [4010]

積貯(적저) [4050]　店鋪(점포) [5220]　除減(제감) [4242]　終結(종결) [5052]

終端(종단) [5042]	汁液(즙액) [1042]	質素(질소) [5242]	讒謗(참방) [1010]
終了(종료) [5030]	增加(증가) [4250]	跌宕(질탕) [1010]	讖緯(참위) [1030]
終末(종말) [5050]	憎惡(증오) [3252]	迭代(질대) [1062]	倉庫(창고) [3240]
終止(종지) [5050]	證憑(증빙) [4010]	斟酌(짐작) [1030]	倡優(창우) [1040]
綜合(종합) [2060]	贈給(증급) [3050]	集團(집단) [6252]	創始(창시) [4262]
腫瘍(종양) [1010]	贈與(증여) [3040]	集募(집모) [6230]	創作(창작) [4262]
座席(좌석) [4060]	贈呈(증정) [3020]	集會(집회) [6262]	創初(창초) [4250]
挫折(좌절) [1040]	地輿(지여) [7030]	徵聘(징빙) [3230]	唱歌(창가) [5070]
罪辜(죄고) [5010]	志意(지의) [4262]	徵收(징수) [3242]	槍矛(창모) [1020]
罪過(죄과) [5052]	支撐(지탱) [4210]	懲戒(징계) [3040]	漲溢(창일) [1010]
主君(주군) [7040]	旨意(지의) [2062]	澄淸(징청) [1062]	瘡瘍(창양) [1010]
住居(주거) [7040]	智慧(지혜) [4032]	嗟歎(차탄) [1040]	瘡痍(창이) [1010]
做作(주작) [1062]	知識(지식) [5252]	差別(차별) [4060]	瘡腫(창종) [1010]
胄裔(주예) [1010]	祉福(지복) [1052]	差異(차이) [4040]	菖蒲(창포) [1010]
胄胤(주윤) [1012]	脂膏(지고) [2010]	次第(차제) [4262]	彩紋(채문) [3232]
呪詛(주저) [1010]	脂肪(지방) [2010]	蹉跌(차질) [1010]	彩色(채색) [3270]
周圍(주위) [4040]	脂油(지유) [2060]	遮掩(차엄) [2010]	採擇(채택) [4040]
州郡(주군) [5260]	至遝(지답) [4210]	錯誤(착오) [3242]	菜蔬(채소) [3230]
朱紅(주홍) [4040]	嗔怒(진노) [1042]	撰述(찬술) [1032]	冊書(책서) [4062]
珠玉(주옥) [3242]	塵埃(진애) [2012]	燦爛(찬란) [1220]	策謀(책모) [3232]
紬緞(주단) [1010]	珍寶(진보) [4042]	纂輯(찬집) [1020]	責任(책임) [5252]
紬綾(주릉) [1010]	眞實(진실) [4252]	纂集(찬집) [1062]	凄涼(처량) [1032]
舟船(주선) [3050]	辰宿(진수) [3252]	讚譽(찬예) [4032]	悽慘(처참) [2030]
註疏(주소) [1032]	進陟(진척) [4212]	贊助(찬조) [3242]	悽愴(처창) [2010]
註解(주해) [1042]	進出(진출) [4270]	饌膳(찬선) [1010]	斥黜(척출) [3010]
誅戮(주륙) [1010]	進就(진취) [4240]	篡奪(찬탈) [1032]	天穹(천궁) [7010]
躊躇(주저) [1010]	陳列(진열) [3242]	察見(찰견) [4252]	天覆(천부) [7032]
駐留(주류) [2042]	叱罵(질매) [1010]	察觀(찰관) [4252]	擅恣(천자) [1030]
俊傑(준걸) [3040]	叱責(질책) [1052]	僭濫(참람) [1030]	淺薄(천박) [3232]
峻嚴(준엄) [1240]	嫉妬(질투) [1010]	參與(참여) [5240]	穿鑿(천착) [1010]
峻險(준험) [1240]	疾病(질병) [3260]	塹壕(참호) [1012]	踐踏(천답) [3232]
浚渫(준설) [1210]	疾患(질환) [3250]	塹濠(참호) [1020]	遷徙(천사) [3210]
遵守(준수) [3042]	秩序(질서) [3250]	慘酷(참혹) [3020]	闡明(천명) [1062]
中央(중앙) [8032]	窒塞(질색) [2032]	慚愧(참괴) [3030]	撤收(철수) [2042]
重複(중복) [7040]	質朴(질박) [5260]	慚羞(참수) [3010]	鐵鋼(철강) [5032]
重疊(중첩) [7010]	質樸(질박) [5210]	懺悔(참회) [1032]	尖端(첨단) [3042]

添加(첨가) [3050]	叢萃(총췌) [1010]	測度(측탁) [4260]	探訪(탐방) [4042]
諂諛(첨유) [1010]	叢聚(총취) [1012]	層階(층계) [4040]	探索(탐색) [4032]
捷速(첩속) [1060]	塚墓(총묘) [1040]	治理(치리) [4262]	探偵(탐정) [4020]
貼付(첩부) [1032]	寵愛(총애) [1060]	癡鈍(치둔) [1030]	耽樂(탐락) [1262]
淸潔(청결) [6242]	寵恩(총은) [1042]	癡呆(치매) [1010]	貪慾(탐욕) [3032]
淸淑(청숙) [6232]	聰明(총명) [3062]	稚幼(치유) [3232]	搭乘(탑승) [1032]
淸淨(청정) [6232]	催促(최촉) [3232]	緻密(치밀) [1042]	搭載(탑재) [1032]
淸澄(청징) [6210]	墜落(추락) [1050]	馳驅(치구) [1030]	兌換(태환) [1232]
聽聞(청문) [4062]	抽拔(추발) [3032]	馳走(치주) [1042]	怠慢(태만) [3030]
請囑(청촉) [4210]	抽擢(추탁) [3010]	勅詔(칙조) [1010]	怠惰(태타) [3010]
靑綠(청록) [8060]	椎擊(추격) [1040]	侵掠(침략) [4230]	態樣(태양) [4240]
靑碧(청벽) [8032]	追隨(추수) [3232]	侵犯(침범) [4240]	汰沙(태사) [1032]
靑蒼(청창) [8032]	追從(추종) [3240]	沈淪(침륜) [3210]	泰平(태평) [3272]
靑翠(청취) [8010]	酋帥(추수) [1032]	沈沔(침면) [3212]	胎孕(태잉) [2010]
替代(체대) [3062]	畜牛(축우) [3250]	沈沒(침몰) [3232]	胎胞(태포) [2040]
替換(체환) [3032]	祝慶(축경) [5042]	沈默(침묵) [3232]	宅舍(택사) [5242]
涕淚(체루) [1030]	祝禱(축도) [5010]	沈潛(침잠) [3232]	撑支(탱지) [1042]
滯塞(체색) [3232]	築構(축구) [4240]	浸透(침투) [3232]	土壤(토양) [8032]
締結(체결) [2052]	蓄積(축적) [4240]	蟄伏(칩복) [1040]	土地(토지) [8070]
體軀(체구) [6210]	出生(출생) [7080]	蟄藏(칩장) [1032]	討伐(토벌) [4042]
體身(체신) [6262]	黜斥(출척) [1030]	墮落(타락) [3050]	慟哭(통곡) [1032]
初創(초창) [5042]	充滿(충만) [5242]	惰怠(타태) [1030]	痛冤(통원) [4010]
憔悴(초췌) [1010]	充塡(충전) [5210]	打擊(타격) [5040]	統領(통령) [4250]
招聘(초빙) [4030]	衝激(충격) [3240]	打撞(타당) [5010]	統率(통솔) [4232]
招邀(초요) [4010]	衝突(충돌) [3232]	打撲(타박) [5010]	統帥(통수) [4232]
超過(초과) [3252]	贅瘤(췌류) [1010]	卓越(탁월) [5032]	統合(통합) [4260]
超越(초월) [3232]	吹噓(취허) [3210]	擢拔(탁발) [1032]	通貫(통관) [6032]
醋酸(초산) [1020]	翠碧(취벽) [1032]	濁穢(탁예) [3010]	通達(통달) [6042]
促急(촉급) [3262]	聚斂(취렴) [1210]	濁汚(탁오) [3030]	通融(통융) [6020]
促迫(촉박) [3232]	聚集(취집) [1262]	琢磨(탁마) [2032]	通徹(통철) [6032]
囑託(촉탁) [1020]	脆弱(취약) [1062]	鐸鈴(탁령) [1010]	通透(통투) [6032]
寸節(촌절) [8052]	脆軟(취연) [1032]	坦夷(탄이) [1030]	堆積(퇴적) [1040]
忖度(촌탁) [1060]	趣意(취의) [4062]	坦平(탄평) [1072]	槌擊(퇴격) [1040]
村落(촌락) [7050]	側傍(측방) [3230]	彈劾(탄핵) [4010]	退却(퇴각) [4230]
村閭(촌려) [7010]	惻憫(측민) [1030]	奪掠(탈략) [3230]	妬忌(투기) [1030]
村里(촌리) [7070]	惻愴(측창) [1010]	探求(탐구) [4042]	投擲(투척) [4010]

透徹(투철) [3232]	平和(평화) [7262]	品件(품건) [5250]	航船(항선) [4250]
透浸(투침) [3232]	幣帛(폐백) [3010]	品物(품물) [5272]	咳喘(해천) [1010]
透通(투통) [3260]	廢棄(폐기) [3230]	豊饒(풍요) [4210]	害毒(해독) [5242]
鬪爭(투쟁) [4050]	廢亡(폐망) [3250]	豊足(풍족) [4272]	害損(해손) [5240]
鬪戰(투전) [4062]	弊害(폐해) [3252]	豊厚(풍후) [4240]	懈惰(해타) [1010]
慝惡(특악) [1052]	斃死(폐사) [1060]	疲困(피곤) [4040]	懈怠(해태) [1030]
特殊(특수) [6032]	包括(포괄) [4210]	疲勞(피로) [4052]	楷正(해정) [1072]
特異(특이) [6040]	包容(포용) [4242]	疲憊(피비) [4010]	海洋(해양) [7260]
把握(파악) [3020]	包圍(포위) [4240]	皮膚(피부) [3220]	解放(해방) [4262]
波濤(파도) [4210]	包含(포함) [4232]	皮革(피혁) [3240]	解散(해산) [4240]
波瀾(파란) [4210]	匍匐(포복) [1010]	被衾(피금) [3210]	解釋(해석) [4232]
波浪(파랑) [4232]	咆號(포호) [1060]	畢竟(필경) [3230]	解消(해소) [4262]
破碎(파쇄) [4210]	咆哮(포효) [1010]	逼迫(핍박) [1032]	解弛(해이) [4210]
芭蕉(파초) [1010]	怖悸(포계) [2010]	下降(하강) [7240]	該當(해당) [3052]
判決(판결) [4052]	怖慄(포율) [2010]	河川(하천) [5070]	諧謔(해학) [1010]
販賣(판매) [3050]	抛棄(포기) [2030]	瑕疵(하자) [1010]	諧和(해화) [1062]
悖亂(패란) [1040]	抛擲(포척) [2010]	賀慶(하경) [3242]	邂逅(해후) [1010]
悖戾(패려) [1010]	抱擁(포옹) [3030]	遐遠(하원) [1060]	駭愕(해악) [1010]
悖逆(패역) [1042]	抱懷(포회) [3032]	壑谷(학곡) [1032]	骸骨(해골) [1040]
敗亡(패망) [5050]	捕拿(포나) [3210]	學習(학습) [8060]	行動(행동) [6072]
敗北(패배) [5080]	捕虜(포로) [3210]	寒冷(한랭) [5050]	行爲(행위) [6042]
澎湃(팽배) [1010]	捕捉(포착) [3230]	恨歎(한탄) [4040]	鄕村(향촌) [4270]
膨脹(팽창) [1010]	捕獲(포획) [3232]	悍毒(한독) [1042]	虛空(허공) [4272]
便安(편안) [7072]	泡沫(포말) [1010]	旱魃(한발) [3010]	虛無(허무) [4250]
偏僻(편벽) [3220]	胞胎(포태) [4020]	澣滌(한척) [1010]	虛僞(허위) [4232]
編纂(편찬) [3210]	葡萄(포도) [1210]	澣濯(한탁) [1030]	許可(허가) [5050]
鞭撻(편달) [1010]	襃稱(포칭) [1040]	罕罔(한망) [1030]	許諾(허락) [5032]
鞭策(편책) [1032]	逋逃(포도) [1040]	閑隙(한극) [4010]	憲法(헌법) [4052]
鞭笞(편태) [1010]	逋亡(포망) [1050]	割剝(할박) [3210]	獻納(헌납) [3240]
騙欺(편기) [1030]	庖廚(포주) [1010]	緘封(함봉) [1032]	歇息(헐식) [1042]
貶降(폄강) [1040]	暴虐(포학) [4220]	艦船(함선) [2050]	險峻(험준) [4012]
貶下(폄하) [1072]	暴露(폭로) [4232]	艦艇(함정) [2020]	懸掛(현괘) [3230]
平均(평균) [7240]	剽勇(표용) [1062]	銜勒(함륵) [1010]	玄妙(현묘) [3240]
平等(평등) [7262]	慓悍(표한) [1010]	陷沒(함몰) [3232]	絃線(현선) [3062]
平安(평안) [7272]	標榜(표방) [4010]	合倂(합병) [6020]	賢良(현량) [4252]
平坦(평탄) [7210]	表皮(표피) [6232]	抗拒(항거) [4040]	顯著(현저) [4032]

顯現(현현) [4062]	混亂(혼란) [4040]	荒蕪(황무) [3210]	恤救(휼구) [1050]
嫌忌(혐기) [3030]	混雜(혼잡) [4040]	荒廢(황폐) [3232]	兇惡(흉악) [1052]
嫌惡(혐오) [3052]	混濁(혼탁) [4030]	遑急(황급) [1062]	凶猛(흉맹) [5232]
協和(협화) [4262]	渾沌(혼돈) [1010]	回歸(회귀) [4240]	凶惡(흉악) [5252]
峽谷(협곡) [2032]	渾濁(혼탁) [1030]	回旋(회선) [4232]	凶暴(흉포) [5242]
狹隘(협애) [1010]	魂靈(혼령) [3232]	回轉(회전) [4240]	洶涌(흉용) [1010]
狹窄(협착) [1010]	魂魄(혼백) [3210]	恢廣(회광) [1052]	胸膈(흉격) [3210]
脅迫(협박) [3232]	鴻雁(홍안) [3030]	悔恨(회한) [3240]	胸襟(흉금) [3210]
刑罰(형벌) [4042]	化變(화변) [5252]	懷孕(회잉) [3210]	胸臆(흉억) [3210]
形貌(형모) [6232]	和睦(화목) [6232]	懷抱(회포) [3230]	欣悅(흔열) [1032]
形像(형상) [6232]	和平(화평) [6272]	會社(회사) [6262]	欣喜(흔희) [1040]
形象(형상) [6240]	和諧(화해) [6210]	會集(회집) [6262]	痕跡(흔적) [1032]
形式(형식) [6260]	和協(화협) [6242]	繪畫(회화) [1060]	痕迹(흔적) [1010]
形容(형용) [6242]	禍殃(화앙) [3230]	賄賂(회뢰) [1010]	欠缺(흠결) [1042]
形態(형태) [6242]	禍厄(화액) [3230]	獲得(획득) [3242]	欠乏(흠핍) [1010]
荊棘(형극) [1010]	禍災(화재) [3250]	哮咆(효포) [1010]	欽敬(흠경) [1252]
惠恩(혜은) [4242]	話說(화설) [7252]	哮吼(효후) [1010]	歆饗(흠향) [1010]
惠澤(혜택) [4232]	話言(화언) [7260]	曉晨(효신) [3030]	吸飮(흡음) [4262]
慧智(혜지) [3240]	貨財(화재) [4252]	曉喩(효유) [3010]	興起(흥기) [4242]
互相(호상) [3052]	貨幣(화폐) [4230]	曉諭(효유) [3010]	興隆(흥륭) [4232]
壕塹(호참) [1210]	畫圖(화도) [6062]	後昆(후곤) [7210]	興旺(흥왕) [4212]
昊天(호천) [1270]	確固(확고) [4250]	勳功(훈공) [2062]	喜樂(희락) [4062]
毫毛(호모) [3042]	喚叫(환규) [1030]	訓敎(훈교) [6080]	喜悅(희열) [4032]
毫髮(호발) [3040]	患憂(환우) [5032]	訓導(훈도) [6042]	希望(희망) [4252]
濠塹(호참) [2010]	歡悅(환열) [4032]	訓誨(훈회) [6010]	希願(희원) [4250]
琥珀(호박) [1010]	歡喜(환희) [4040]	毀壞(훼괴) [3032]	犧牲(희생) [1010]
皓白(호백) [1280]	還歸(환귀) [3240]	毀碎(훼쇄) [3010]	稀貴(희귀) [3250]
豪宕(호탕) [3210]	恍惚(황홀) [1010]	彙類(휘류) [1052]	稀少(희소) [3270]
豪俠(호협) [3210]	惶怯(황겁) [1010]	諱忌(휘기) [1030]	戲遊(희유) [3240]
酷毒(혹독) [2042]	惶悸(황계) [1010]	諱祕(휘비) [1040]	戲謔(희학) [3210]
酷甚(혹심) [2032]	惶恐(황공) [1032]	輝光(휘광) [3062]	詰難(힐난) [1042]
婚姻(혼인) [4030]	惶懼(황구) [1030]	輝耀(휘요) [3012]	詰問(힐문) [1070]
婚娶(혼취) [4010]	惶悚(황송) [1010]	輝煌(휘황) [3010]	詰責(힐책) [1052]
昏冥(혼명) [3030]	慌惚(황홀) [1010]	休憩(휴게) [7020]	
昏闇(혼암) [3010]	皇王(황왕) [3280]	休息(휴식) [7042]	
混沌(혼돈) [4010]	皇帝(황제) [3240]	携帶(휴대) [3042]	

유의어[類義語(同義語, 同意語)_2字]

佳客(가객)-嘉賓(가빈) [3252-1030]
佳客(가객)-佳賓(가빈) [3252-3230]
歌客(가객)-歌人(가인) [7052-7080]
佳客(가객)-珍客(진객) [3252-4052]
價格(가격)-價額(가액) [5252-5240]
佳境(가경)-蔗境(자경) [3242-1042]
家計(가계)-家道(가도) [7262-7272]
架空(가공)-構虛(구허) [3272-4042]
架空(가공)-虛構(허구) [3272-4240]
架空(가공)-懸空(현공) [3272-3272]
佳果(가과)-佳實(가실) [3262-3252]
家敎(가교)-家訓(가훈) [7280-7260]
家敎(가교)-庭敎(정교) [7280-6280]
家敎(가교)-庭訓(정훈) [7280-6260]
家眷(가권)-家屬(가속) [7210-7240]
家眷(가권)-眷率(권솔) [7210-1032]
家眷(가권)-食率(식솔) [7210-7232]
家規(가규)-家法(가법) [7250-7252]
加給(가급)-加俸(가봉) [5050-5020]
佳期(가기)-佳節(가절) [3250-3252]
佳氣(가기)-瑞氣(서기) [3272-2072]
佳氣(가기)-休氣(휴기) [3272-7072]
歌女(가녀)-歌姬(가희) [7080-7020]
可憐(가련)-惻隱(측은) [5030-1040]
苛斂(가렴)-箕斂(기렴) [1010-1210]
街路(가로)-街道(가도) [4260-4272]
家祿(가록)-世祿(세록) [7232-7232]
佳名(가명)-嘉名(가명) [3272-1072]
家名(가명)-家聲(가성) [7272-7242]
假名(가명)-假銜(가함) [4272-4210]
家母(가모)-家慈(가자) [7280-7232]
家母(가모)-慈親(자친) [7280-3260]
家母(가모)-主母(주모) [7280-7080]

家門(가문)-家閥(가벌) [7280-7220]
家門(가문)-門閥(문벌) [7280-8020]
可否(가부)-贊反(찬반) [5040-3262]
可否(가부)-贊否(찬부) [5040-3240]
家産(가산)-家財(가재) [7252-7252]
家書(가서)-家信(가신) [7262-7262]
加速(가속)-增速(증속) [5060-4260]
假睡(가수)-假寐(가매) [4230-4210]
佳約(가약)-約婚(약혼) [3252-5240]
佳約(가약)-定婚(정혼) [3252-6040]
佳約(가약)-婚約(혼약) [3252-4052]
家業(가업)-世業(세업) [7262-7262]
嘉月(가월)-桃月(도월) [1080-3280]
佳作(가작)-佳篇(가편) [3262-3240]
假裝(가장)-假扮(가분) [4240-4210]
假裝(가장)-假飾(가식) [4240-4232]
假裝(가장)-粧撰(장찬) [4240-3210]
家長(가장)-戶主(호주) [7280-4270]
苛政(가정)-悖政(패정) [1042-1042]
苛政(가정)-暴政(폭정) [1042-4242]
苛政(가정)-虐政(학정) [1042-2042]
家族(가족)-食口(식구) [7260-7270]
加罪(가죄)-加律(가율) [5050-5042]
加罪(가죄)-加刑(가형) [5050-5040]
苛責(가책)-刻責(각책) [1052-4052]
加派(가파)-增派(증파) [5040-4240]
家品(가품)-門品(문품) [7252-8052]
家風(가풍)-家行(가행) [7262-7260]
家風(가풍)-門風(문풍) [7262-8062]
加筆(가필)-補筆(보필) [5052-3252]
加害(가해)-刺刻(자각) [5052-3240]
加護(가호)-斗護(두호) [5042-4242]
佳姬(가희)-美姬(미희) [3220-6020]

覺得(각득)-悟得(오득) [4042-3242]
角燈(각등)-提燈(제등) [6242-4242]
刻銘(각명)-勒銘(늑명) [4032-1032]
各封(각봉)-別封(별봉) [6232-6032]
刻石(각석)-刊石(간석) [4060-3260]
覺悟(각오)-決心(결심) [4032-5270]
覺悟(각오)-決意(결의) [4032-5262]
各人(각인)-各名(각명) [6280-6272]
各地(각지)-各所(각소) [6270-6270]
各地(각지)-各處(각처) [6270-6242]
角逐(각축)-逐鹿(축록) [6230-3030]
奸計(간계)-奸策(간책) [1062-1032]
看過(간과)-放過(방과) [4052-6252]
間隙(간극)-間隔(간격) [7210-7232]
艱難(간난)-苦楚(고초) [1042-6012]
看病(간병)-看護(간호) [4060-4042]
幹線(간선)-本線(본선) [3262-6062]
看守(간수)-藏守(장수) [4042-3242]
奸臣(간신)-妖臣(요신) [1052-2052]
奸賊(간적)-奸盜(간도) [1040-1040]
看做(간주)-置簿(치부) [4010-4232]
諫止(간지)-諫制(간제) [1050-1042]
間諜(간첩)-五列(오열) [7220-8042]
揀擇(간택)-揀選(간선) [1040-1050]
敢決(감결)-敢斷(감단) [4052-4042]
鑑戒(감계)-鏡戒(경계) [3240-4040]
堪耐(감내)-堪忍(감인) [1032-1032]
感動(감동)-感銘(감명) [6072-6032]
感奮(감분)-感發(감발) [6032-6062]
感想(감상)-所感(소감) [6042-7060]
減衰(감쇠)-衰減(쇠감) [4232-3242]
甘言(감언)-甘辭(감사) [4060-4040]
監役(감역)-董役(동역) [4232-1232]
敢戰(감전)-敢鬪(감투) [4062-4040]
勘罪(감죄)-論勘(논감) [1050-4210]
敢行(감행)-敢爲(감위) [4060-4042]

減劃(감획)-減筆(감필) [4232-4252]
減劃(감획)-減畫(감획) [4232-4260]
甲馬(갑마)-介馬(개마) [4050-3250]
甲富(갑부)-首富(수부) [4042-5242]
甲族(갑족)-甲班(갑반) [4060-4062]
強姦(강간)-劫姦(겁간) [6030-1030]
強姦(강간)-劫辱(겁욕) [6030-1032]
強姦(강간)-劫奪(겁탈) [6030-1032]
強弓(강궁)-勁弓(경궁) [6032-1032]
強弓(강궁)-勁弩(경노) [6032-1010]
強記(강기)-牢記(뇌기) [6072-1072]
降壇(강단)-下壇(하단) [4050-7250]
強迫(강박)-劫迫(겁박) [6032-1032]
講士(강사)-演士(연사) [4252-4252]
鋼索(강삭)-索條(삭조) [3232-3240]
強敵(강적)-劇敵(극적) [6042-4042]
強敵(강적)-大敵(대적) [6042-8042]
強奪(강탈)-劫掠(겁략) [6032-1030]
強奪(강탈)-劫奪(겁탈) [6032-1032]
強奪(강탈)-勒奪(늑탈) [6032-1032]
強奪(강탈)-掠奪(약탈) [6032-3032]
強奪(강탈)-抑奪(억탈) [6032-3232]
強奪(강탈)-脅奪(협탈) [6032-3232]
強風(강풍)-勁風(경풍) [6062-1062]
強風(강풍)-猛風(맹풍) [6062-3262]
強風(강풍)-甚風(심풍) [6062-3262]
江港(강항)-河港(하항) [7242-5042]
講解(강해)-講釋(강석) [4242-4232]
講解(강해)-講話(강화) [4242-4272]
強虎(강호)-猛虎(맹호) [6032-3232]
強化(강화)-補強(보강) [6052-3260]
改刊(개간)-改版(개판) [5032-5032]
開刊(개간)-發刊(발간) [6032-6232]
開刊(개간)-創刊(창간) [6032-4232]
改稿(개고)-改敲(개고) [5032-5010]
改稿(개고)-敲推(고퇴) [5032-1040]

改稿(개고)-潤文(윤문) [5032-3270]
改稿(개고)-推敲(퇴고) [5032-4010]
改過(개과)-改心(개심) [5052-5070]
改過(개과)-改悛(개전) [5052-5010]
改過(개과)-反省(반성) [5052-6262]
概觀(개관)-概見(개견) [3252-3252]
開校(개교)-開學(개학) [6080-6080]
開國(개국)-開元(개원) [6080-6052]
開國(개국)-建國(건국) [6080-5080]
開東(개동)-破曉(파효) [6080-4230]
開東(개동)-平旦(평단) [6080-7232]
開落(개락)-開謝(개사) [6050-6042]
改良(개량)-改善(개선) [5052-5050]
改曆(개력)-換歲(환세) [5032-3252]
概論(개론)-概說(개설) [3242-3252]
概論(개론)-汎論(범론) [3242-2042]
概論(개론)-氾論(범론) [3242-1042]
概論(개론)-汎說(범설) [3242-2052]
開發(개발)-啓發(계발) [6062-3262]
開封(개봉)-開書(개서) [6032-6062]
開悟(개오)-解悟(해오) [6032-4232]
改元(개원)-改號(개호) [5052-5060]
介意(개의)-懸念(현념) [3262-3252]
開戰(개전)-開仗(개장) [6062-6010]
改定(개정)-更定(경정) [5060-4060]
改正(개정)-更正(경정) [5072-4072]
改除(개제)-改差(개차) [5042-5040]
改造(개조)-更造(경조) [5042-4042]
開拓(개척)-開墾(개간) [6032-6010]
開拓(개척)-開荒(개황) [6032-6032]
開閉(개폐)-開鎖(개쇄) [6040-6032]
改票(개표)-改札(개찰) [5042-5020]
改革(개혁)-改變(개변) [5040-5052]
客狀(객상)-客況(객황) [5242-5240]
客席(객석)-客位(객위) [5260-5250]
客席(객석)-客座(객좌) [5260-5240]

客愁(객수)-客恨(객한) [5232-5240]
客室(객실)-客房(객방) [5280-5242]
客室(객실)-賓室(빈실) [5280-3080]
更讀(갱독)-再讀(재독) [4062-5062]
更生(갱생)-甦生(소생) [4080-1080]
更生(갱생)-蘇生(소생) [4080-3280]
更生(갱생)-再生(재생) [4080-5080]
醵出(갹출)-醵金(갹금) [1070-1080]
居甲(거갑)-居魁(거괴) [4040-4010]
巨木(거목)-巨樹(거수) [4080-4060]
巨富(거부)-大富(대부) [4042-8042]
居士(거사)-處士(처사) [4052-4252]
巨商(거상)-大賈(대고) [4052-8012]
巨商(거상)-大商(대상) [4052-8052]
巨商(거상)-富賈(부고) [4052-4212]
巨商(거상)-富商(부상) [4052-4252]
巨商(거상)-勝商(승상) [4052-6052]
巨商(거상)-豪商(호상) [4052-3252]
巨細(거세)-洪纖(홍섬) [4042-3220]
巨細(거세)-洪細(홍세) [4042-3242]
巨儒(거유)-宏儒(굉유) [4040-1040]
巨財(거재)-巨産(거산) [4052-4052]
拒絶(거절)-拒否(거부) [4042-4040]
居接(거접)-住接(주접) [4042-7042]
居處(거처)-居所(거소) [4042-4070]
據奪(거탈)-據執(거집) [4032-4032]
健康(건강)-健勝(건승) [5042-5060]
建軍(건군)-創軍(창군) [5080-4280]
建議(건의)-建白(건백) [5042-5080]
巾櫛(건즐)-梳洗(소세) [1010-1052]
建築(건축)-造營(조영) [5042-4240]
健筆(건필)-健毫(건호) [5052-5030]
健筆(건필)-筆健(필건) [5052-5250]
傑物(걸물)-傑人(걸인) [4072-4080]
傑作(걸작)-名作(명작) [4062-7262]
劍客(검객)-劍俠(검협) [3252-3210]

檢査(검사)-査檢(사검) [4250-5042]
劍術(검술)-劍技(검기) [3262-3250]
劍術(검술)-劍法(검법) [3262-3252]
檢眼(검안)-檢視(검시) [4242-4242]
儉約(검약)-經濟(경제) [4052-4242]
儉約(검약)-寡約(과약) [4052-3252]
儉約(검약)-節約(절약) [4052-5252]
怯夫(겁부)-懦夫(나부) [1070-1070]
隔年(격년)-隔歲(격세) [3280-3252]
隔年(격년)-一易(일역) [3280-8040]
激勵(격려)-鼓舞(고무) [4032-3240]
激勵(격려)-鼓吹(고취) [4032-3232]
激論(격론)-劇論(극론) [4042-4042]
激務(격무)-劇務(극무) [4042-4042]
隔意(격의)-疏意(소의) [3262-3262]
激戰(격전)-劇戰(극전) [4062-4062]
隔阻(격조)-久阻(구조) [3210-3210]
隔阻(격조)-久闊(구활) [3210-3210]
隔阻(격조)-積阻(적조) [3210-4010]
激震(격진)-劇震(극진) [4032-4032]
堅持(견지)-堅執(견집) [4040-4032]
見黜(견출)-見逐(견축) [5210-5230]
結末(결말)-結局(결국) [5250-5252]
結盟(결맹)-訂盟(정맹) [5232-3032]
決死(결사)-殊死(수사) [5260-3260]
決死(결사)-限死(한사) [5260-4260]
決水(결수)-決河(결하) [5280-5250]
結實(결실)-結果(결과) [5252-5262]
缺點(결점)-短所(단소) [4240-6270]
缺點(결점)-短點(단점) [4240-6240]
缺點(결점)-短處(단처) [4240-6242]
缺點(결점)-短行(단행) [4240-6260]
缺乏(결핍)-不足(부족) [4210-7272]
缺乏(결핍)-絶乏(절핍) [4210-4210]
缺陷(결함)-瑕疵(하자) [4232-1010]
決行(결행)-斷行(단행) [5260-4260]

結婚(결혼)-嫁娶(가취) [5240-1010]
結婚(결혼)-婚姻(혼인) [5240-4030]
謙恭(겸공)-謙遜(겸손) [3232-3210]
謙恭(겸공)-謙虛(겸허) [3232-3242]
兼攝(겸섭)-兼勤(겸근) [3230-3240]
兼攝(겸섭)-兼掌(겸장) [3230-3232]
謙讓(겸양)-謙辭(겸사) [3232-3240]
兼任(겸임)-兼務(겸무) [3252-3242]
兼任(겸임)-兼職(겸직) [3252-3242]
輕減(경감)-減輕(감경) [5042-4250]
境界(경계)-區劃(구획) [4262-6032]
敬啓(경계)-謹啓(근계) [5232-3032]
敬啓(경계)-拜啓(배계) [5232-4232]
敬具(경구)-敬白(경백) [5252-5280]
傾國(경국)-傾城(경성) [4080-4042]
傾國(경국)-國色(국색) [4080-8070]
傾國(경국)-國香(국향) [4080-8042]
警邏(경라)-警巡(경순) [4210-4232]
鯨浪(경랑)-鯨波(경파) [1032-1042]
敬老(경로)-尙齒(상치) [5270-3242]
敬慕(경모)-敬仰(경앙) [5232-5232]
驚服(경복)-駭服(해복) [4060-1060]
經費(경비)-所入(소입) [4250-7070]
慶事(경사)-嘉事(가사) [4272-1072]
慶事(경사)-祥慶(상경) [4272-3042]
經世(경세)-經國(경국) [4272-4280]
敬愛(경애)-畏愛(외애) [5260-3060]
敬畏(경외)-寅畏(인외) [5230-3030]
輕雨(경우)-小雨(소우) [5052-8052]
耕作(경작)-耕墾(경간) [3262-3210]
競爭(경쟁)-爭競(쟁경) [5050-5050]
經典(경전)-常道(상도) [4252-4272]
景祚(경조)-景福(경복) [5012-5052]
慶兆(경조)-慶祥(경상) [4232-4230]
慶兆(경조)-慶瑞(경서) [4232-4220]
慶弔(경조)-吉凶(길흉) [4230-5052]

慶祝(경축)-慶賀(경하) [4250-4232]
敬稱(경칭)-尊稱(존칭) [5240-4240]
京鄕(경향)-都鄙(도비) [6042-5010]
傾向(경향)-動向(동향) [4060-7260]
經驗(경험)-體驗(체험) [4242-6242]
更革(경혁)-矯革(교혁) [4040-3040]
計減(계감)-計除(계제) [6242-6242]
階段(계단)-段階(단계) [4040-4040]
階段(계단)-層階(층계) [4040-4040]
繼代(계대)-代承(대승) [4062-6242]
計略(계략)-計策(계책) [6240-6232]
計略(계략)-謀略(모략) [6240-3240]
計略(계략)-方略(방략) [6240-7240]
計量(계량)-計測(계측) [6250-6242]
系譜(계보)-世譜(세보) [4032-7232]
繼述(계술)-繼襲(계습) [4032-4032]
季氏(계씨)-介弟(개제) [4040-3280]
季氏(계씨)-令弟(영제) [4040-5080]
桂月(계월)-桂秋(계추) [3280-3270]
鷄皮(계피)-鶴髮(학발) [4032-3240]
溪壑(계학)-溪谷(계곡) [3210-3232]
溪壑(계학)-望蜀(망촉) [3210-5212]
高歌(고가)-高唱(고창) [6270-6250]
苦懇(고간)-懇請(간청) [6032-3242]
苦懇(고간)-懇囑(간촉) [6032-3210]
枯渴(고갈)-空竭(공갈) [3030-7210]
顧見(고견)-顧護(고호) [3052-3042]
高見(고견)-尊意(존의) [6252-4262]
高官(고관)-達官(달관) [6242-4242]
高官(고관)-顯職(현직) [6242-4042]
高敎(고교)-高訓(고훈) [6280-6260]
故國(고국)-祖國(조국) [4280-7080]
古宮(고궁)-古殿(고전) [6042-6032]
顧忌(고기)-顧望(고망) [3030-3052]
顧念(고념)-顧視(고시) [3052-3042]
高談(고담)-高話(고화) [6250-6272]

高德(고덕)-俊德(준덕) [6252-3052]
叩頭(고두)-叩首(고수) [1060-1052]
苦樂(고락)-甘苦(감고) [6062-4060]
考量(고량)-思量(사량) [5050-5050]
考量(고량)-思料(사료) [5050-5050]
苦勞(고로)-作苦(작고) [6052-6260]
固壘(고루)-堅壘(견루) [5010-4010]
高樓(고루)-崇樓(숭루) [6232-4032]
高樓(고루)-危樓(위루) [6232-4032]
高名(고명)-嘉稱(가칭) [6272-1040]
高名(고명)-大名(대명) [6272-8072]
高名(고명)-令名(영명) [6272-5072]
高名(고명)-有名(유명) [6272-7072]
顧命(고명)-遺詔(유조) [3070-4010]
古木(고목)-老木(노목) [6080-7080]
古木(고목)-老樹(노수) [6080-7060]
叩門(고문)-叩扉(고비) [1080-1010]
古物(고물)-故物(고물) [6072-4272]
古物(고물)-古品(고품) [6072-6052]
古物(고물)-老物(노물) [6072-7072]
告白(고백)-披瀝(피력) [5280-1010]
高士(고사)-高人(고인) [6252-6280]
考査(고사)-考驗(고험) [5050-5042]
高山(고산)-喬陟(교척) [6280-1012]
孤山(고산)-獨山(독산) [4080-5280]
古書(고서)-古典(고전) [6062-6052]
古書(고서)-舊典(구전) [6062-5252]
古書(고서)-陳編(진편) [6062-3232]
固守(고수)-墨守(묵수) [5042-3242]
高手(고수)-上手(상수) [6272-7272]
古式(고식)-舊式(구식) [6060-5260]
古式(고식)-舊套(구투) [6060-5210]
古式(고식)-陳套(진투) [6060-3210]
苦心(고심)-苦慮(고려) [6070-6040]
苦心(고심)-苦思(고사) [6070-6050]
苦心(고심)-苦衷(고충) [6070-6020]

苦心(고심)-勞思(노사) [6070-5250]
苦心(고심)-勞心(노심) [6070-5270]
苦心(고심)-焦勞(초로) [6070-2052]
苦心(고심)-焦思(초사) [6070-2050]
苦心(고심)-焦心(초심) [6070-2070]
考案(고안)-案考(안고) [5050-5050]
高額(고액)-多額(다액) [6240-6040]
苦役(고역)-苛役(가역) [6032-1032]
高恩(고은)-大恩(대은) [6242-8042]
高恩(고은)-隆恩(융은) [6242-3242]
高恩(고은)-鴻恩(홍은) [6242-3042]
高吟(고음)-高詠(고영) [6230-6230]
苦戰(고전)-苦鬪(고투) [6062-6040]
苦戰(고전)-難戰(난전) [6062-4262]
高節(고절)-高槪(고개) [6252-6232]
古刹(고찰)-古寺(고사) [6020-6042]
高喊(고함)-大喊(대함) [6210-8010]
苦海(고해)-苦域(고역) [6072-6040]
苦行(고행)-淨人(정인) [6060-3280]
故鄕(고향)-鄕里(향리) [4242-4270]
古稀(고희)-從心(종심) [6032-4070]
古稀(고희)-七旬(칠순) [6032-8032]
古稀(고희)-稀年(희년) [6032-3280]
古稀(고희)-稀壽(희수) [6032-3232]
曲徑(곡경)-私徑(사경) [5032-4032]
困境(곤경)-曲境(곡경) [4042-5042]
困境(곤경)-難境(난경) [4042-4242]
困睡(곤수)-困臥(곤와) [4030-4030]
困睡(곤수)-困寢(곤침) [4030-4040]
困絶(곤절)-困渴(곤갈) [4042-4030]
困絶(곤절)-困竭(곤갈) [4042-4010]
骨氣(골기)-骨力(골력) [4072-4072]
共感(공감)-同感(동감) [6260-7060]
公告(공고)-公發(공발) [6252-6262]
公告(공고)-公示(공시) [6252-6250]
公告(공고)-公布(공포) [6252-6242]

公告(공고)-頒布(반포) [6252-1042]
功過(공과)-功罪(공죄) [6252-6250]
孔隙(공극)-空隙(공극) [4010-7210]
攻落(공락)-攻陷(공함) [4050-4032]
公路(공로)-孔路(공로) [6260-4060]
空老(공로)-虛老(허로) [7270-4270]
功勞(공로)-效勞(효로) [6252-5252]
共謀(공모)-同謀(동모) [6232-7032]
空房(공방)-空閨(공규) [7242-7220]
空房(공방)-空室(공실) [7242-7280]
空白(공백)-空欄(공란) [7280-7232]
空白(공백)-餘白(여백) [7280-4280]
空白(공백)-虛點(허점) [7280-4240]
工事(공사)-工役(공역) [7272-7232]
功業(공업)-功烈(공렬) [6262-6240]
公用(공용)-公務(공무) [6262-6242]
公用(공용)-公費(공비) [6262-6250]
公用(공용)-官費(관비) [6262-4250]
公用(공용)-國費(국비) [6262-8050]
公用(공용)-國用(국용) [6262-8062]
公賊(공적)-公盜(공도) [6240-6240]
空前(공전)-曠前(광전) [7272-1072]
共存(공존)-同存(동존) [6240-7040]
恐縮(공축)-惶縮(황축) [3240-1040]
瓜年(과년)-瓜期(과기) [2080-2050]
瓜年(과년)-瓜滿(과만) [2080-2042]
瓜年(과년)-瓜時(과시) [2080-2072]
瓜年(과년)-破瓜(파과) [2080-4220]
過念(과념)-過慮(과려) [5252-5240]
寡德(과덕)-薄德(박덕) [3252-3252]
過失(과실)-闕失(궐실) [5260-2060]
過失(과실)-違失(위실) [5260-3060]
過失(과실)-罪過(죄과) [5260-5052]
過言(과언)-過談(과담) [5260-5250]
過飮(과음)-長酒(장주) [5262-8040]
過從(과종)-相從(상종) [5240-5240]

過讚(과찬)-過稱(과칭) [5240-5240]
寡妻(과처)-荊婦(형부) [3232-1042]
寡妻(과처)-荊妻(형처) [3232-1032]
灌漑(관개)-灌注(관주) [1010-1062]
官界(관계)-宦海(환해) [4262-1072]
官權(관권)-官力(관력) [4242-4272]
關聯(관련)-牽聯(견련) [5232-3032]
關聯(관련)-聯關(연관) [5232-3252]
貫流(관류)-通流(통류) [3252-6052]
管理(관리)-管句(관구) [4062-4042]
官吏(관리)-官憲(관헌) [4232-4240]
寬免(관면)-宥恕(유서) [3232-1032]
官帽(관모)-制帽(제모) [4220-4220]
官務(관무)-廳務(청무) [4242-4042]
官福(관복)-宦數(환수) [4252-1070]
寬裕(관유)-廣裕(광유) [3232-5232]
官銀(관은)-官金(관금) [4260-4280]
官銀(관은)-官錢(관전) [4260-4240]
官邸(관저)-公邸(공저) [4210-6210]
觀點(관점)-見地(견지) [5240-5270]
廣告(광고)-廣布(광포) [5252-5242]
匡救(광구)-匡濟(광제) [1050-1042]
鑛夫(광부)-坑夫(갱부) [4070-2070]
狂夫(광부)-狂漢(광한) [3270-3272]
鑛夫(광부)-採工(채공) [4070-4072]
狂言(광언)-狂談(광담) [3260-3250]
廣義(광의)-汎意(범의) [5242-2062]
廣義(광의)-泛意(범의) [5242-1062]
匡正(광정)-矯正(교정) [1072-3072]
匡正(광정)-廓正(확정) [1072-1072]
掛冠(괘관)-掛冕(괘면) [3032-3012]
怪奇(괴기)-傀奇(괴기) [3240-2040]
乖離(괴리)-乖隔(괴격) [1040-1032]
槐宸(괴신)-楓宸(풍신) [1210-3210]
宏圖(굉도)-宏規(굉규) [1062-1050]
宏圖(굉도)-宏謀(굉모) [1062-1032]

宏圖(굉도)-宏謨(굉모) [1062-1012]
校規(교규)-校則(교칙) [8050-8050]
驕矜(교긍)-驕誇(교과) [1010-1032]
校內(교내)-學內(학내) [8072-8072]
交代(교대)-交迭(교질) [6062-6010]
交代(교대)-遞代(체대) [6062-3062]
交代(교대)-替代(체대) [6062-3062]
教徒(교도)-信徒(신도) [8040-6240]
教徒(교도)-信者(신자) [8040-6260]
攪亂(교란)-亂攪(난교) [1040-4010]
攪亂(교란)-擾亂(요란) [1040-1040]
嬌誣(교무)-矯僞(교위) [1010-3032]
交番(교번)-代番(대번) [6060-6260]
交番(교번)-遞番(체번) [6060-3060]
交分(교분)-交誼(교의) [6062-6010]
交分(교분)-交情(교정) [6062-6052]
交分(교분)-情交(정교) [6062-5260]
交分(교분)-情分(정분) [6062-5262]
交分(교분)-情誼(정의) [6062-5210]
交聘(교빙)-通聘(통빙) [6030-6030]
巧詐(교사)-巧僞(교위) [3230-3232]
巧詐(교사)-詐巧(사교) [3230-3032]
咬傷(교상)-咬創(교창) [1040-1042]
交涉(교섭)-折衝(절충) [6030-4032]
嬌兒(교아)-嬌童(교동) [1052-1062]
郊野(교야)-郊原(교원) [3060-3050]
巧言(교언)-巧說(교설) [3260-3252]
交戰(교전)-交戟(교극) [6062-6010]
巧拙(교졸)-工拙(공졸) [3230-7230]
教旨(교지)-教趣(교취) [8020-8040]
巧智(교지)-術智(술지) [3240-6240]
校合(교합)-校正(교정) [8060-8072]
謳歌(구가)-謳吟(구음) [1070-1030]
口渴(구갈)-燥渴(조갈) [7030-3030]
舊穀(구곡)-陳穀(진곡) [5240-3240]
舊功(구공)-舊勞(구로) [5262-5252]

舊功(구공)-舊勳(구훈) [5262-5220]　　舊恨(구한)-舊怨(구원) [5240-5240]

寇掠(구략)-寇奪(구탈) [1030-1032]　　鳩合(구합)-鳩聚(구취) [1060-1012]

舊例(구례)-舊慣(구관) [5260-5232]　　球形(구형)-球狀(구상) [6262-6242]

久留(구류)-遲留(지류) [3242-3042]　　國境(국경)-邦域(방역) [8042-3040]

舊面(구면)-熟面(숙면) [5270-3270]　　國民(국민)-國人(국인) [8080-8080]

究明(구명)-闡究(천구) [4262-1042]　　局部(국부)-局所(국소) [5262-5270]

歐美(구미)-西洋(서양) [2060-8060]　　國譯(국역)-韓譯(한역) [8032-8032]

救民(구민)-濟民(제민) [5080-4280]　　國憂(국우)-國患(국환) [8032-8050]

口碑(구비)-口承(구승) [7040-7042]　　國運(국운)-國步(국보) [8062-8042]

口碑(구비)-口傳(구전) [7040-7052]　　菊月(국월)-菊秋(국추) [3280-3270]

口碑(구비)-口占(구점) [7040-7040]　　國情(국정)-國狀(국상) [8052-8042]

鉤狀(구상)-鉤形(구형) [1042-1062]　　國恥(국치)-國辱(국욕) [8032-8032]

拘束(구속)-羈束(기속) [3252-1052]　　軍機(군기)-戰機(전기) [8040-6240]

拘束(구속)-籠絆(농반) [3252-2010]　　軍備(군비)-武備(무비) [8042-4242]

拘束(구속)-束縛(속박) [3252-5210]　　軍備(군비)-兵備(병비) [8042-5242]

口誦(구송)-音讀(음독) [7030-6262]　　軍勢(군세)-武旅(무려) [8042-4252]

口述(구술)-口宣(구선) [7032-7040]　　軍勢(군세)-兵勢(병세) [8042-5242]

口述(구술)-口演(구연) [7032-7042]　　群臣(군신)-諸臣(제신) [4052-3252]

舊惡(구악)-宿惡(숙악) [5252-5252]　　群英(군영)-群芳(군방) [4060-4032]

舊緣(구연)-舊因(구인) [5240-5250]　　群英(군영)-群花(군화) [4060-4070]

舊友(구우)-故舊(고구) [5252-4252]　　軍營(군영)-兵舍(병사) [8040-5242]

舊友(구우)-故友(고우) [5252-4252]　　軍律(군율)-軍規(군규) [8042-8050]

舊友(구우)-故人(고인) [5252-4280]　　君恩(군은)-恩光(은광) [4042-4262]

救援(구원)-援救(원구) [5040-4050]　　群衆(군중)-群民(군민) [4042-4080]

舊恩(구은)-前恩(전은) [5242-7242]　　屈服(굴복)-屈膝(굴슬) [4060-4010]

舊章(구장)-舊典(구전) [5260-5252]　　掘鑿(굴착)-鑿掘(착굴) [2010-1020]

救災(구재)-救難(구난) [5050-5042]　　窮相(궁상)-貧相(빈상) [4052-4252]

俱存(구존)-俱慶(구경) [3040-3042]　　窮色(궁색)-窮氣(궁기) [4070-4072]

具陳(구진)-具稟(구품) [5232-5210]　　弓術(궁술)-射技(사기) [3262-4050]

舊債(구채)-宿債(숙채) [5232-5232]　　窮心(궁심)-用慮(용려) [4070-6240]

九天(구천)-九野(구야) [8070-8060]　　窮心(궁심)-用心(용심) [4070-6270]

九天(구천)-層宵(층소) [8070-4010]　　窮村(궁촌)-窮鄕(궁향) [4070-4042]

具體(구체)-具象(구상) [5262-5240]　　窮村(궁촌)-貧村(빈촌) [4070-4270]

驅逐(구축)-驅出(구출) [3030-3070]　　勸告(권고)-勸說(권설) [4052-4052]

口臭(구취)-口過(구과) [7030-7052]　　眷顧(권고)-眷佑(권우) [1030-1012]

口筆(구필)-口書(구서) [7052-7062]　　勸勉(권면)-勸力(권력) [4040-4072]

權謀(권모)-權略(권략) [4232-4240]	均衡(균형)-平衡(평형) [4032-7232]
勸善(권선)-進善(진선) [4050-4250]	劇盜(극도)-劇賊(극적) [4040-4040]
權術(권술)-權數(권수) [4262-4270]	極貧(극빈)-貧素(빈소) [4242-4242]
權輿(권여)-濫觴(남상) [4230-3010]	極上(극상)-難上(난상) [4272-4272]
權輿(권여)-嚆矢(효시) [4230-1030]	極上(극상)-太上(태상) [4272-6072]
勸獎(권장)-勸勵(권려) [4040-4032]	極凶(극흉)-慘凶(참흉) [4252-3052]
勸懲(권징)-懲勸(징권) [4030-3040]	根幹(근간)-幹根(간근) [6032-3260]
軌範(궤범)-範軌(범궤) [3040-4030]	根幹(근간)-根基(근기) [6032-6052]
歸家(귀가)-歸宅(귀택) [4072-4052]	根幹(근간)-根本(근본) [6032-6060]
歸家(귀가)-還家(환가) [4072-3272]	根幹(근간)-根底(근저) [6032-6040]
歸結(귀결)-歸斷(귀단) [4052-4042]	根幹(근간)-基礎(기초) [6032-5232]
歸農(귀농)-歸耕(귀경) [4072-4032]	近年(근년)-輓近(만근) [6080-1060]
歸隊(귀대)-歸營(귀영) [4042-4040]	近年(근년)-比年(비년) [6080-5080]
貴宅(귀택)-貴家(귀가) [5052-5072]	近來(근래)-比來(비래) [6070-5070]
貴宅(귀택)-尊家(존가) [5052-4272]	近隣(근린)-比隣(비린) [6030-5030]
貴宅(귀택)-尊宅(존택) [5052-4252]	勤勉(근면)-力勉(역면) [4040-7240]
歸路(귀로)-回路(회로) [4060-4260]	根性(근성)-性根(성근) [6052-5260]
貴命(귀명)-尊命(존명) [5070-4270]	謹身(근신)-恪謹(각근) [3062-1030]
貴門(귀문)-尊門(존문) [5080-4280]	謹身(근신)-恪愼(각신) [3062-1032]
貴賓(귀빈)-大賓(대빈) [5030-8030]	根源(근원)-起首(기수) [6040-4252]
歸元(귀원)-歸寂(귀적) [4052-4032]	根絶(근절)-根滅(근멸) [6042-6032]
歸元(귀원)-示寂(시적) [4052-5032]	謹弔(근조)-敬弔(경조) [3030-5230]
歸元(귀원)-入寂(입적) [4052-7032]	近處(근처)-近邊(근변) [6042-6042]
歸元(귀원)-遷化(천화) [4052-3252]	近處(근처)-隣近(인근) [6042-3060]
歸天(귀천)-歸泉(귀천) [4070-4040]	勤怠(근태)-勤慢(근만) [4030-4030]
歸降(귀항)-歸伏(귀복) [4040-4040]	謹賀(근하)-恭賀(공하) [3032-3232]
歸鄕(귀향)-歸省(귀성) [4042-4062]	覲見(근현)-覲光(근광) [1052-1062]
歸鄕(귀향)-還鄕(환향) [4042-3242]	覲見(근현)-覲謁(근알) [1052-1030]
規範(규범)-規模(규모) [5040-5040]	近況(근황)-近狀(근상) [6040-6042]
規範(규범)-繩矩(승구) [5040-1210]	近況(근황)-近勢(근세) [6040-6042]
規律(규율)-紀律(기율) [5042-4042]	禁斷(금단)-禁絶(금절) [4242-4242]
規程(규정)-規定(규정) [5042-5060]	今昔(금석)-今古(금고) [6230-6260]
規程(규정)-限定(한정) [5042-4260]	禽獸(금수)-鳥獸(조수) [3232-4232]
糾錯(규착)-糾紛(규분) [3032-3032]	琴瑟(금실)-比翼(비익) [3212-5032]
糾錯(규착)-糾纏(규전) [3032-3010]	琴瑟(금실)-連理(연리) [3212-4262]
叫喚(규환)-叫號(규호) [3010-3060]	禁煙(금연)-斷煙(단연) [4242-4242]

琴韻(금운)-琴音(금음) [3232-3262]
擒縱(금종)-縱擒(종금) [1032-3210]
禁酒(금주)-斷酒(단주) [4240-4240]
急命(급명)-急令(급령) [6270-6250]
急報(급보)-急告(급고) [6242-6252]
急死(급사)-猝死(졸사) [6260-1060]
急書(급서)-急信(급신) [6262-6262]
急書(급서)-急便(급편) [6262-6270]
急所(급소)-要部(요부) [6270-5262]
急所(급소)-要所(요소) [6270-5270]
急所(급소)-要點(요점) [6270-5240]
急所(급소)-要諦(요체) [6270-5210]
急襲(급습)-急擊(급격) [6232-6240]
給與(급여)-給料(급료) [5040-5050]
急進(급진)-過激(과격) [6242-5240]
急進(급진)-頓進(돈진) [6242-1242]
急患(급환)-急病(급병) [6250-6260]
急患(급환)-急症(급증) [6250-6232]
急患(급환)-頓病(돈병) [6250-1260]
矜大(긍대)-矜伐(긍벌) [1080-1042]
肯志(긍지)-贊意(찬의) [3042-3262]
棋客(기객)-棋士(기사) [2052-2052]
寄居(기거)-寄食(기식) [4040-4072]
寄居(기거)-寓食(우식) [4040-1072]
起工(기공)-着工(착공) [4272-5272]
器具(기구)-什物(집물) [4252-1072]
飢饉(기근)-飢餓(기아) [3010-3030]
技能(기능)-技倆(기량) [5052-5010]
奇談(기담)-奇譚(기담) [4050-4010]
奇談(기담)-珍話(진화) [4050-4072]
期待(기대)-企待(기대) [5060-3260]
期待(기대)-企望(기망) [5060-3252]
期待(기대)-期望(기망) [5060-5052]
期待(기대)-囑望(촉망) [5060-1052]
祈禱(기도)-祈求(기구) [3210-3242]
祈禱(기도)-祈望(기망) [3210-3252]

祈禱(기도)-祈願(기원) [3210-3250]
企圖(기도)-企劃(기획) [3262-3232]
綺羅(기라)-羅綺(나기) [1042-4210]
氣量(기량)-氣宇(기우) [7250-7232]
氣力(기력)-筋力(근력) [7272-4072]
氣力(기력)-精力(정력) [7272-4272]
耆老(기로)-耆舊(기구) [1270-1252]
耆老(기로)-耆年(기년) [1270-1280]
記錄(기록)-著錄(저록) [7242-3242]
寄留(기류)-託足(탁족) [4042-2072]
奇問(기문)-珍問(진문) [4070-4070]
器物(기물)-器皿(기명) [4272-4210]
奇書(기서)-奇籍(기적) [4062-4040]
奇石(기석)-怪石(괴석) [4060-3260]
既成(기성)-已成(이성) [3062-3262]
既述(기술)-上述(상술) [3032-7232]
既述(기술)-前述(전술) [3032-7232]
奇巖(기암)-怪巖(괴암) [4032-3232]
奇言(기언)-奇語(기어) [4060-4070]
寄與(기여)-貢獻(공헌) [4040-3232]
忌惡(기오)-忌憎(기증) [3052-3032]
忌惡(기오)-憎忌(증기) [3052-3230]
起臥(기와)-容止(용지) [4230-4250]
起臥(기와)-坐作(좌작) [4230-3262]
旗章(기장)-旗號(기호) [7060-7060]
氣絶(기절)-失氣(실기) [7242-6072]
氣絶(기절)-昏絶(혼절) [7242-3042]
寄贈(기증)-贈與(증여) [4030-3040]
寄贈(기증)-贈呈(증정) [4030-3020]
機智(기지)-頓才(돈재) [4040-1262]
機智(기지)-頓智(돈지) [4040-1240]
基層(기층)-底層(저층) [5240-4040]
其他(기타)-其外(기외) [3250-3280]
起泡(기포)-發泡(발포) [4210-6210]
氣品(기품)-風格(풍격) [7252-6252]
忌諱(기휘)-忌避(기피) [3010-3040]

繁談(긴담)-要談(요담) [3250-5250]
吉夢(길몽)-祥夢(상몽) [5032-3032]
吉月(길월)-令月(영월) [5080-5080]
吉日(길일)-令日(영일) [5080-5080]
吉占(길점)-吉卜(길복) [5040-5030]
吉兆(길조)-佳兆(가조) [5032-3232]
吉兆(길조)-吉祥(길상) [5032-5030]
懶農(나농)-怠農(태농) [1072-3072]
懶眠(나면)-惰眠(타면) [1032-1032]
拿引(나인)-拿來(나래) [1042-1070]
拿引(나인)-拿就(나취) [1042-1040]
拿引(나인)-拿致(나치) [1042-1050]
懶怠(나태)-怠慢(태만) [1030-3030]
落島(낙도)-孤島(고도) [5050-4050]
樂園(낙원)-樂土(낙토) [6260-6280]
落月(낙월)-傾月(경월) [5080-4080]
烙印(낙인)-燒印(소인) [1042-3242]
落第(낙제)-留級(유급) [5062-4260]
落着(낙착)-決定(결정) [5052-5260]
爛開(난개)-爛發(난발) [2060-2062]
難民(난민)-窮民(궁민) [4280-4080]
亂峯(난봉)-亂山(난산) [4032-4080]
亂射(난사)-亂擊(난격) [4040-4040]
爛商(난상)-熟談(숙담) [2052-3250]
爛商(난상)-熟議(숙의) [2052-3242]
蘭室(난실)-蘭閨(난규) [3280-3220]
難破(난파)-破船(파선) [4242-4250]
難解(난해)-難澁(난삽) [4242-4210]
濫用(남용)-亂用(난용) [3062-4062]
濫用(남용)-誤用(오용) [3062-4262]
南進(남진)-南下(남하) [8042-8072]
朗讀(낭독)-朗誦(낭송) [5262-5230]
浪費(낭비)-徒消(도소) [3250-4062]
浪死(낭사)-徒死(도사) [3260-4060]
來到(내도)-來着(내착) [7052-7052]
內亂(내란)-內寇(내구) [7240-7210]

內亂(내란)-內變(내변) [7240-7252]
內亂(내란)-內戰(내전) [7240-7262]
來歷(내력)-由來(유래) [7052-6070]
內密(내밀)-內祕(내비) [7242-7240]
內紛(내분)-內爭(내쟁) [7232-7250]
內紛(내분)-內訌(내홍) [7232-7210]
內事(내사)-祕事(비사) [7272-4072]
內事(내사)-陰事(음사) [7272-4272]
來屬(내속)-來服(내복) [7040-7060]
來屬(내속)-來伏(내복) [7040-7040]
來屬(내속)-來附(내부) [7040-7032]
內憂(내우)-內患(내환) [7232-7250]
來人(내인)-來者(내자) [7080-7060]
內子(내자)-室人(실인) [7272-8080]
內通(내통)-姦淫(간음) [7260-3032]
內通(내통)-內應(내응) [7260-7242]
內通(내통)-私通(사통) [7260-4060]
內通(내통)-野合(야합) [7260-6060]
內通(내통)-通情(통정) [7260-6052]
耐乏(내핍)-耐貧(내빈) [3210-3242]
來學(내학)-後學(후학) [7080-7280]
冷官(냉관)-薄宦(박환) [5042-3210]
冷氣(냉기)-寒氣(한기) [5072-5072]
冷淡(냉담)-薄情(박정) [5032-3252]
冷溫(냉온)-溫冷(온랭) [5060-6050]
老脚(노각)-老足(노족) [7032-7072]
老公(노공)-尊老(존로) [7062-4270]
老公(노공)-尊翁(존옹) [7062-4230]
怒氣(노기)-怒色(노색) [4272-4270]
老農(노농)-老圃(노포) [7072-7010]
怒濤(노도)-警濤(경도) [4210-4210]
怒濤(노도)-怒潮(노조) [4210-4240]
老妄(노망)-老狂(노광) [7032-7032]
老妄(노망)-妄靈(망령) [7032-3232]
老少(노소)-少長(소장) [7070-7080]
老衰(노쇠)-頹暮(퇴모) [7032-1030]

老鶯(노앵)-殘鶯(잔앵) [7010-4010]
勞賃(노임)-勞費(노비) [5232-5250]
勞作(노작)-力作(역작) [5262-7262]
露店(노점)-亂廛(난전) [3252-4010]
蘆汀(노정)-蘆洲(노주) [1212-1232]
路程(노정)-道程(도정) [6042-7242]
路程(노정)-里程(이정) [6042-7042]
露呈(노정)-呈露(정로) [3220-2032]
奴主(노주)-主僕(주복) [3270-7010]
老兄(노형)-兄丈(형장) [7080-8032]
鹿角(녹각)-落角(낙각) [3062-5062]
綠潭(녹담)-碧潭(벽담) [6020-3220]
綠堂(녹당)-綠窓(녹창) [6062-6062]
綠林(녹림)-靑林(청림) [6070-8070]
鹿尾(녹미)-鹿舌(녹설) [3032-3040]
綠水(녹수)-碧水(벽수) [6080-3280]
綠樹(녹수)-碧樹(벽수) [6060-3260]
錄紙(녹지)-錄片(녹편) [4270-4232]
鹿湯(녹탕)-鹿羹(녹갱) [3032-3010]
論斷(논단)-論決(논결) [4242-4252]
論駁(논박)-駁論(박론) [4210-1042]
論駁(논박)-駁說(박설) [4210-1052]
論駁(논박)-反駁(반박) [4210-6210]
論述(논술)-論陳(논진) [4232-4232]
論述(논술)-說述(설술) [4232-5232]
論意(논의)-論旨(논지) [4262-4220]
論議(논의)-談議(담의) [4242-5042]
論議(논의)-議論(의논) [4242-4242]
論爭(논쟁)-對論(대론) [4250-6242]
論責(논책)-論詰(논힐) [4252-4210]
論劾(논핵)-臺論(대론) [4210-3242]
論劾(논핵)-臺彈(대탄) [4210-3240]
論劾(논핵)-彈駁(탄박) [4210-4010]
論劾(논핵)-彈劾(탄핵) [4210-4010]
籠絡(농락)-牢籠(뇌롱) [2032-1020]
濃霧(농무)-大霧(대무) [2030-8030]

濃霧(농무)-暗霧(암무) [2030-4230]
農婦(농부)-田婦(전부) [7242-4242]
弄舌(농설)-饒舌(요설) [3240-1040]
農酒(농주)-農濁(농탁) [7240-7230]
農閑(농한)-農隙(농극) [7240-7210]
弄翰(농한)-弄筆(농필) [3220-3252]
雷同(뇌동)-附同(부동) [3270-3270]
累代(누대)-歷世(역세) [3262-5272]
累卵(누란)-風燈(풍등) [3240-6242]
累卵(누란)-風燭(풍촉) [3240-6230]
陋俗(누속)-陋習(누습) [1042-1060]
陋俗(누속)-陋風(누풍) [1042-1062]
累息(누식)-屛息(병식) [3242-3042]
累戰(누전)-連戰(연전) [3262-4262]
陋地(누지)-鄙地(비지) [1070-1070]
漏出(누출)-漏泄(누설) [3270-3210]
漏出(누출)-漏洩(누설) [3270-3210]
陋巷(누항)-隘巷(애항) [1030-1030]
能吏(능리)-材吏(재리) [5232-5232]
多寡(다과)-多少(다소) [6032-6070]
多年(다년)-宿年(숙년) [6080-5280]
多辯(다변)-多言(다언) [6040-6060]
多謝(다사)-多罪(다죄) [6042-6050]
多濕(다습)-高濕(고습) [6032-6232]
多食(다식)-健食(건식) [6072-5072]
多食(다식)-大食(대식) [6072-8072]
短見(단견)-管見(관견) [6252-4052]
短頸(단경)-短項(단항) [6210-6232]
單袴(단고)-袴衣(고의) [4210-1060]
單騎(단기)-一騎(일기) [4232-8032]
鍛鍊(단련)-硏磨(연마) [2032-4232]
鍛鍊(단련)-鍊磨(연마) [2032-3232]
鍛鍊(단련)-練磨(연마) [2032-5232]
短命(단명)-短世(단세) [6270-6272]
短命(단명)-短壽(단수) [6270-6232]
短命(단명)-薄命(박명) [6270-3270]

斷髮(단발)-落髮(낙발) [4240-5040]
斷髮(단발)-削髮(삭발) [4240-3240]
斷髮(단발)-斬髮(참발) [4240-2040]
單番(단번)-一擧(일거) [4260-8050]
丹誠(단성)-丹心(단심) [3242-3270]
丹誠(단성)-丹衷(단충) [3242-3220]
丹誠(단성)-赤心(적심) [3242-5070]
斷腸(단장)-斷魂(단혼) [4240-4232]
斷絕(단절)-絕斷(절단) [4242-4242]
單行(단행)-獨往(독왕) [4260-5242]
單行(단행)-獨行(독행) [4260-5260]
達辯(달변)-能辯(능변) [4240-5240]
達言(달언)-達辭(달사) [4260-4240]
潭邊(담변)-潭上(담상) [2042-2072]
痰聲(담성)-痰響(담향) [1042-1032]
答辭(답사)-答言(답언) [7240-7260]
踏襲(답습)-蹈襲(도습) [3232-1032]
踏襲(답습)-沿襲(연습) [3232-3232]
踏襲(답습)-因襲(인습) [3232-5032]
遝至(답지)-殺到(쇄도) [1042-4252]
當官(당관)-在冠(재관) [5242-6032]
當期(당기)-當季(당계) [5250-5240]
當代(당대)-當世(당세) [5262-5272]
當代(당대)-當朝(당조) [5262-5260]
黨類(당류)-同類(동류) [4252-7052]
黨類(당류)-同種(동종) [4252-7052]
黨類(당류)-伴當(반당) [4252-3052]
黨類(당류)-連類(연류) [4252-4252]
當選(당선)-入選(입선) [5250-7050]
當所(당소)-當處(당처) [5270-5242]
當夜(당야)-卽夜(즉야) [5260-3260]
唐冊(당책)-唐板(당판) [3240-3250]
大家(대가)-巨星(거성) [8072-4042]
大家(대가)-巨匠(거장) [8072-4010]
大綱(대강)-大略(대략) [8032-8040]
大綱(대강)-大要(대요) [8032-8052]

大哭(대곡)-啼哭(제곡) [8032-1032]
大功(대공)-丕績(비적) [8062-1240]
大國(대국)-大邦(대방) [8080-8030]
對立(대립)-對峙(대치) [6272-6212]
對面(대면)-對見(대견) [6270-6252]
對面(대면)-案對(안대) [6270-5062]
大寶(대보)-大極(대극) [8042-8042]
大寶(대보)-至寶(지보) [8042-4242]
大暑(대서)-大熱(대열) [8030-8050]
大雪(대설)-壯雪(장설) [8062-4062]
大聲(대성)-大音(대음) [8042-8062]
大勝(대승)-大捷(대첩) [8060-8010]
大屋(대옥)-廣宅(광택) [8050-5252]
待遇(대우)-待接(대접) [6040-6042]
待遇(대우)-處遇(처우) [6040-4240]
代員(대원)-代人(대인) [6242-6280]
大位(대위)-高位(고위) [8050-6250]
大位(대위)-盛位(성위) [8050-4250]
大位(대위)-崇班(숭반) [8050-4062]
大邑(대읍)-雄邑(웅읍) [8070-5070]
大任(대임)-大務(대무) [8052-8042]
大任(대임)-大役(대역) [8052-8032]
代任(대임)-代辦(대판) [6252-6210]
大作(대작)-巨作(거작) [8062-4062]
大才(대재)-碩才(석재) [8062-2062]
對敵(대적)-抵當(저당) [6242-3252]
大典(대전)-大儀(대의) [8052-8040]
大典(대전)-重典(중전) [8052-7052]
大罪(대죄)-大犯(대범) [8050-8040]
大衆(대중)-群俗(군속) [8042-4042]
大差(대차)-徑庭(경정) [8040-3262]
代辦(대판)-代辨(대변) [6210-6230]
代辦(대판)-代償(대상) [6210-6232]
代辦(대판)-代任(대임) [6210-6252]
大旱(대한)-長旱(장한) [8030-8030]
大海(대해)-鴻溟(홍명) [8072-3010]

對話(대화)-對談(대담) [6272-6250]
對話(대화)-對語(대어) [6272-6270]
對話(대화)-對言(대언) [6272-6260]
大孝(대효)-至孝(지효) [8072-4272]
德星(덕성)-瑞星(서성) [5242-2042]
悼歌(도가)-輓歌(만가) [2070-1070]
悼歌(도가)-挽歌(만가) [2070-1070]
渡江(도강)-渡河(도하) [3272-3250]
到達(도달)-當到(당도) [5242-5252]
徒黨(도당)-徒輩(도배) [4042-4032]
道德(도덕)-倫理(윤리) [7252-3262]
徒步(도보)-徒行(도행) [4042-4060]
徒步(도보)-步行(보행) [4042-4260]
屠殺(도살)-屠獸(도수) [1042-1032]
屠殺(도살)-屠宰(도재) [1042-1030]
盜殺(도살)-私屠(사도) [4042-4010]
盜視(도시)-盜見(도견) [4042-4052]
徒食(도식)-臥食(와식) [4072-3072]
徒食(도식)-菜食(채식) [4072-3272]
陶冶(도야)-陶鑄(도주) [3210-3232]
桃源(도원)-仙境(선경) [3240-5242]
桃源(도원)-仙界(선계) [3240-5262]
桃源(도원)-仙鄕(선향) [3240-5242]
刀匠(도장)-刀工(도공) [3210-3272]
途中(도중)-中途(중도) [3280-8032]
途中(도중)-中路(중로) [3280-8060]
到處(도처)-觸處(촉처) [5242-3242]
盜聽(도청)-密聽(밀청) [4040-4240]
陶枕(도침)-瓷枕(자침) [3230-1030]
淘汰(도태)-陶汰(도태) [1010-3210]
淘汰(도태)-汰沙(태사) [1010-1032]
都合(도합)-都數(도수) [5060-5070]
渡航(도항)-渡海(도해) [3242-3272]
獨斷(독단)-專決(전결) [5242-4052]
獨斷(독단)-專斷(전단) [5242-4042]
督勵(독려)-策勵(책려) [4232-3232]

禿木(독목)-禿樹(독수) [1080-1060]
毒殺(독살)-毒害(독해) [4242-4252]
毒手(독수)-毒牙(독아) [4272-4232]
獨宿(독숙)-獨寢(독침) [5252-5240]
毒藥(독약)-惡藥(악약) [4262-5262]
毒刃(독인)-凶刃(흉인) [4220-5220]
毒刃(독인)-兇刃(흉인) [4220-1020]
獨占(독점)-專有(전유) [5240-4070]
篤學(독학)-獨習(독습) [3080-5260]
突變(돌변)-豹變(표변) [3252-1052]
突變(돌변)-忽變(홀변) [3252-3252]
同甲(동갑)-同年(동년) [7040-7080]
同甲(동갑)-同齒(동치) [7040-7042]
凍結(동결)-氷結(빙결) [3252-5052]
洞窟(동굴)-洞穴(동혈) [7020-7032]
洞內(동내)-坊內(방내) [7072-1072]
棟梁(동량)-干城(간성) [2032-4042]
棟梁(동량)-棟樑(동량) [2032-2012]
棟梁(동량)-柱梁(주량) [2032-3232]
同僚(동료)-僚友(요우) [7030-3052]
同輩(동배)-等輩(등배) [7032-6232]
同腹(동복)-同母(동모) [7032-7080]
同席(동석)-同坐(동좌) [7060-7032]
同時(동시)-等時(등시) [7072-6272]
同意(동의)-贊成(찬성) [7062-3262]
洞長(동장)-洞首(동수) [7080-7052]
動靜(동정)-起居(기거) [7240-4240]
東征(동정)-東伐(동벌) [8032-8042]
動靜(동정)-動止(동지) [7240-7250]
同窓(동창)-同門(동문) [7062-7080]
同窓(동창)-同接(동접) [7062-7042]
同窓(동창)-同學(동학) [7062-7080]
胴體(동체)-胴部(동부) [1062-1062]
同行(동행)-同道(동도) [7060-7072]
同行(동행)-同伴(동반) [7060-7030]
同形(동형)-同樣(동양) [7062-7040]

頭目(두목)-頭領(두령) [6060-6050]
頭目(두목)-頭首(두수) [6060-6052]
頭目(두목)-首領(수령) [6060-5250]
頭目(두목)-主領(주령) [6060-7050]
頭緒(두서)-條理(조리) [6032-4062]
斗屋(두옥)-斗室(두실) [4250-4280]
遁逃(둔도)-逋逃(포도) [1040-1040]
鈍夫(둔부)-鈍漢(둔한) [3070-3072]
得暇(득가)-得由(득유) [4240-4260]
得談(득담)-得謗(득방) [4250-4210]
得意(득의)-得心(득심) [4262-4270]
等價(등가)-同價(동가) [6252-7052]
登校(등교)-出校(출교) [7080-7080]
登極(등극)-登位(등위) [7042-7050]
登極(등극)-登祚(등조) [7042-7012]
登極(등극)-卽位(즉위) [7042-3250]
騰落(등락)-高落(고락) [3050-6250]
登用(등용)-擧用(거용) [7062-5062]
登用(등용)-登庸(등용) [7062-7030]
登用(등용)-登擢(등탁) [7062-7010]
登用(등용)-昇擢(승탁) [7062-3210]
登陟(등척)-登行(등행) [7012-7060]
等閑(등한)-疎忽(소홀) [6240-1032]
魔境(마경)-魔界(마계) [2042-2062]
摩擦(마찰)-抹擦(말찰) [2010-1010]
莫及(막급)-莫甚(막심) [3232-3232]
幕後(막후)-背後(배후) [3272-4272]
萬感(만감)-萬念(만념) [8060-8052]
萬感(만감)-百感(백감) [8060-7060]
晩景(만경)-暮景(모경) [3250-3050]
萬國(만국)-萬域(만역) [8080-8040]
滿期(만기)-期滿(기만) [4250-5042]
晩年(만년)-老年(노년) [3280-7080]
滿堂(만당)-滿場(만장) [4262-4272]
晩來(만래)-老來(노래) [3270-7070]
萬物(만물)-群有(군유) [8072-4070]

萬物(만물)-萬有(만유) [8072-8070]
萬民(만민)-蒸民(증민) [8080-3280]
萬民(만민)-蒸庶(증서) [8080-3230]
萬病(만병)-百病(백병) [8060-7060]
漫步(만보)-漫行(만행) [3042-3060]
萬福(만복)-百福(백복) [8052-7052]
萬事(만사)-百事(백사) [8072-7072]
萬世(만세)-萬代(만대) [8072-8062]
萬世(만세)-萬葉(만엽) [8072-8050]
輓章(만장)-挽詩(만시) [1060-1042]
輓章(만장)-輓詩(만시) [1060-1042]
輓章(만장)-挽章(만장) [1060-1060]
滿潮(만조)-高潮(고조) [4240-6240]
晩鍾(만종)-暮鍾(모종) [3240-3040]
晩鍾(만종)-昏鍾(혼종) [3240-3040]
滿座(만좌)-一座(일좌) [4240-8040]
晩春(만춘)-殘春(잔춘) [3270-4070]
末境(말경)-老境(노경) [5042-7042]
末技(말기)-末藝(말예) [5050-5042]
末期(말기)-終期(종기) [5050-5050]
末技(말기)-下技(하기) [5050-7250]
末端(말단)-末尾(말미) [5042-5032]
末世(말세)-世末(세말) [5072-7250]
末世(말세)-惡世(악세) [5072-5272]
抹消(말소)-抹去(말거) [1062-1050]
末職(말직)-末官(말관) [5042-5042]
忘却(망각)-忘棄(망기) [3030-3030]
忘却(망각)-失念(실념) [3030-6052]
亡骨(망골)-亡物(망물) [5040-5072]
望臺(망대)-望樓(망루) [5232-5232]
妄發(망발)-妄言(망언) [3262-3260]
妄想(망상)-浪志(낭지) [3242-3242]
望鄕(망향)-懷鄕(회향) [5242-3242]
亡魂(망혼)-幽靈(유령) [5032-3232]
枚數(매수)-張數(장수) [2070-4070]
賣淫(매음)-賣笑(매소) [5032-5042]

每戶(매호)-戶戶(호호) [7242-4242]
魅惑(매혹)-魅了(매료) [2032-2030]
麥類(맥류)-麥穀(맥곡) [3252-3240]
麥類(맥류)-夏穀(하곡) [3252-7040]
猛毒(맹독)-劇毒(극독) [3242-4042]
猛將(맹장)-強將(강장) [3242-6042]
綿亘(면긍)-連亘(연긍) [3210-4210]
綿亘(면긍)-延亘(연긍) [3210-4010]
綿亘(면긍)-聯亘(연긍) [3210-3210]
面目(면목)-面貌(면모) [7060-7032]
面責(면책)-面詰(면힐) [7052-7010]
滅亡(멸망)-滅沒(멸몰) [3250-3232]
滅亡(멸망)-覆亡(복망) [3250-3250]
滅亡(멸망)-覆滅(복멸) [3250-3232]
滅門(멸문)-滅族(멸족) [3280-3260]
滅門(멸문)-族殺(족살) [3280-6042]
滅種(멸종)-絶種(절종) [3252-4252]
名家(명가)-名門(명문) [7272-7280]
名家(명가)-名手(명수) [7272-7272]
名家(명가)-名人(명인) [7272-7280]
銘旗(명기)-銘旌(명정) [3270-3212]
名馬(명마)-逸驥(일기) [7250-3212]
名望(명망)-聲望(성망) [7252-4252]
名文(명문)-逸文(일문) [7270-3270]
名簿(명부)-錄牒(녹첩) [7232-4210]
名分(명분)-名目(명목) [7262-7260]
名分(명분)-名色(명색) [7262-7270]
鳴謝(명사)-銘謝(명사) [4042-3242]
名勝(명승)-景勝(경승) [7260-5060]
名僧(명승)-名衲(명납) [7232-7210]
名僧(명승)-名釋(명석) [7232-7232]
名勝(명승)-勝景(승경) [7260-6050]
名勝(명승)-勝致(승치) [7260-6050]
銘心(명심)-銘記(명기) [3270-3272]
明月(명월)-名月(명월) [6280-7280]
冥恩(명은)-冥應(명응) [3042-3042]

冥恩(명은)-冥助(명조) [3042-3042]
名醫(명의)-良醫(양의) [7260-5260]
名匠(명장)-名工(명공) [7210-7272]
名族(명족)-著姓(저성) [7260-3272]
明證(명증)-明徵(명징) [6240-6232]
明察(명찰)-總察(총찰) [6242-4242]
名筆(명필)-大筆(대필) [7252-8052]
冥婚(명혼)-冥契(명계) [3040-3032]
冒瀆(모독)-瀆冒(독모) [3010-1030]
冒瀆(모독)-汚瀆(오독) [3010-3010]
冒頭(모두)-虛頭(허두) [3060-4260]
謀免(모면)-圖免(도면) [3232-6232]
謀免(모면)-謀避(모피) [3232-3240]
模範(모범)-龜鑑(귀감) [4040-3032]
募兵(모병)-募軍(모군) [3052-3080]
慕心(모심)-慕念(모념) [3270-3252]
模作(모작)-擬作(의작) [4062-1062]
模造(모조)-擬製(의제) [4042-1042]
謀陷(모함)-構陷(구함) [3232-4032]
謀陷(모함)-誣陷(무함) [3232-1032]
謀陷(모함)-誣害(무해) [3232-1052]
目擊(목격)-目睹(목도) [6040-6010]
牧舍(목사)-畜舍(축사) [4242-3242]
木性(목성)-木紋(목문) [8052-8032]
沐浴(목욕)-洗沐(세목) [2050-5220]
目下(목하)-當下(당하) [6072-5272]
目下(목하)-目今(목금) [6072-6062]
沒頭(몰두)-汨沒(골몰) [3260-1032]
沒頭(몰두)-極意(극의) [3260-4262]
沒頭(몰두)-專心(전심) [3260-4070]
沒殺(몰살)-滅殺(멸살) [3242-3242]
沒我(몰아)-忘我(망아) [3232-3032]
沒我(몰아)-無我(무아) [3232-5032]
蒙昧(몽매)-暗愚(암우) [3210-4232]
蒙昧(몽매)-夷昧(이매) [3210-3010]
蒙恩(몽은)-恩賴(은뢰) [3242-4232]

妙技(묘기)−奇技(기기) [4050−4050]
妙理(묘리)−妙諦(묘체) [4062−4010]
墓碑(묘비)−墓表(묘표) [4040−4062]
妙思(묘사)−妙想(묘상) [4050−4042]
描寫(묘사)−描出(묘출) [1050−1070]
妙所(묘소)−妙處(묘처) [4070−4042]
妙藥(묘약)−祕藥(비약) [4062−4062]
苗裔(묘예)−苗胤(묘윤) [3010−3012]
妙策(묘책)−奇計(기계) [4032−4062]
妙策(묘책)−奇策(기책) [4032−4032]
妙策(묘책)−奇劃(기획) [4032−4032]
無冠(무관)−無官(무관) [5032−5042]
無冠(무관)−無位(무위) [5032−5050]
武器(무기)−軍器(군기) [4242−8042]
武器(무기)−兵具(병구) [4242−5252]
武器(무기)−兵器(병기) [4242−5242]
武器(무기)−鬪具(투구) [4242−4052]
武略(무략)−軍謀(군모) [4240−8032]
無料(무료)−無給(무급) [5050−5050]
無謀(무모)−無算(무산) [5032−5070]
武術(무술)−武藝(무예) [4262−4242]
武神(무신)−軍神(군신) [4262−8062]
無敵(무적)−無前(무전) [5042−5072]
無退(무퇴)−不退(불퇴) [5042−7242]
無學(무학)−不學(불학) [5080−7280]
無學(무학)−非學(비학) [5080−4280]
默念(묵념)−默禱(묵도) [3252−3210]
默讀(묵독)−目讀(목독) [3262−6062]
默殺(묵살)−無視(무시) [3242−5042]
默想(묵상)−默考(묵고) [3242−3250]
默認(묵인)−默諾(묵낙) [3242−3232]
默認(묵인)−默許(묵허) [3242−3250]
文談(문담)−文話(문화) [7050−7072]
文德(문덕)−文道(문도) [7052−7072]
文士(문사)−詞伯(사백) [7052−3232]
文士(문사)−詞人(사인) [7052−3280]

問安(문안)−問候(문후) [7072−7040]
問責(문책)−叱責(질책) [7052−1052]
問責(문책)−責問(책문) [7052−5270]
問責(문책)−詰問(힐문) [7052−1070]
文筆(문필)−文墨(문묵) [7052−7032]
文華(문화)−文藻(문조) [7040−7010]
物名(물명)−品名(품명) [7272−5272]
物名(물명)−品目(품목) [7272−5260]
物神(물신)−呪物(주물) [7262−1072]
未開(미개)−原始(원시) [4260−5062]
未決(미결)−非決(비결) [4252−4252]
美德(미덕)−嘉德(가덕) [6052−1052]
美童(미동)−戀童(연동) [6062−3262]
美貌(미모)−美顔(미안) [6032−6032]
微聲(미성)−微音(미음) [3242−3262]
迷信(미신)−俗信(속신) [3062−4262]
微恙(미양)−小恙(소양) [3210−8010]
未然(미연)−事前(사전) [4270−7272]
美容(미용)−美粧(미장) [6042−6032]
美酒(미주)−嘉酒(가주) [6040−1040]
美酒(미주)−佳酒(가주) [6040−3240]
美醜(미추)−姸醜(연추) [6030−1230]
微風(미풍)−軟風(연풍) [3262−3262]
未畢(미필)−未了(미료) [4232−4230]
尾行(미행)−追跡(추적) [3260−3232]
未洽(미흡)−未滿(미만) [4210−4242]
民心(민심)−人心(인심) [8070−8070]
敏捷(민첩)−迅速(신속) [3010−1060]
密談(밀담)−蜜語(밀어) [4250−3070]
密令(밀령)−暗令(암령) [4250−4250]
密通(밀통)−暗通(암통) [4260−4260]
密閉(밀폐)−固閉(고폐) [4240−5040]
搏動(박동)−脈動(맥동) [1072−4272]
博覽(박람)−洽覽(흡람) [4240−1040]
薄俸(박봉)−薄祿(박록) [3220−3232]
薄俸(박봉)−小祿(소록) [3220−8032]

博識(박식)-多識(다식) [4252-6052]
博愛(박애)-汎愛(범애) [4260-2060]
薄葬(박장)-儉葬(검장) [3232-4032]
舶載(박재)-舶來(박래) [2032-2070]
舶載(박재)-船積(선적) [2032-5040]
薄才(박재)-劣才(열재) [3262-3062]
剝皮(박피)-去皮(거피) [1032-5032]
薄學(박학)-淺學(천학) [3280-3280]
反曲(반곡)-反屈(반굴) [6250-6240]
盤曲(반곡)-盤屈(반굴) [3250-3240]
盤曲(반곡)-盤折(반절) [3250-3240]
叛徒(반도)-逆黨(역당) [3040-4242]
班常(반상)-常班(상반) [6242-4262]
盤旋(반선)-盤回(반회) [3232-3242]
反逆(반역)-謀反(모반) [6242-3262]
叛意(반의)-背心(배심) [3062-4270]
反日(반일)-侮日(모일) [6280-3080]
反日(반일)-排日(배일) [6280-3280]
拔群(발군)-不群(불군) [3240-7240]
拔群(발군)-逸群(일군) [3240-3240]
拔群(발군)-出衆(출중) [3240-7042]
發端(발단)-始作(시작) [6242-6262]
發信(발신)-送信(송신) [6262-4262]
發議(발의)-發案(발안) [6242-6250]
拔萃(발췌)-拔抄(발초) [3210-3230]
拔萃(발췌)-拔取(발취) [3210-3242]
發火(발화)-發砲(발포) [6280-6242]
發火(발화)-點火(점화) [6280-4080]
發火(발화)-着火(착화) [6280-5280]
傍觀(방관)-放置(방치) [3052-6242]
傍觀(방관)-坐觀(좌관) [3052-3252]
傍觀(방관)-坐視(좌시) [3052-3242]
芳年(방년)-芳春(방춘) [3280-3270]
放談(방담)-縱談(종담) [6250-3250]
放發(방발)-放散(방산) [6262-6240]
放發(방발)-放砲(방포) [6262-6242]

方案(방안)-方策(방책) [7250-7232]
芳詠(방영)-芳吟(방음) [3230-3230]
防衛(방위)-守防(수방) [4242-4242]
放逸(방일)-縱逸(종일) [6232-3232]
紡績(방적)-紡織(방직) [2040-2040]
放縱(방종)-恣擅(자천) [6232-3010]
房中(방중)-房內(방내) [4280-4272]
放蕩(방탕)-逸蕩(일탕) [6210-3210]
訪韓(방한)-來韓(내한) [4280-7080]
防寒(방한)-禦寒(어한) [4250-1050]
妨害(방해)-妨礙(방애) [4052-4020]
妨害(방해)-障礙(장애) [4052-4220]
妨害(방해)-沮害(저해) [4052-2052]
芳香(방향)-佳芳(가방) [3242-3232]
芳香(방향)-芳薰(방훈) [3242-3212]
背景(배경)-後景(후경) [4250-7250]
拜納(배납)-奉納(봉납) [4240-5240]
配達(배달)-配布(배포) [4242-4242]
拜禮(배례)-敬拜(경배) [4260-5242]
背叛(배반)-乖叛(괴반) [4230-1030]
背叛(배반)-乖背(괴배) [4230-1042]
背叛(배반)-矛盾(모순) [4230-2020]
背叛(배반)-背反(배반) [4230-4262]
俳優(배우)-劇子(극자) [2040-4072]
背恩(배은)-忘德(망덕) [4242-3052]
倍前(배전)-倍舊(배구) [5072-5052]
背皮(배피)-背革(배혁) [4232-4240]
百穀(백곡)-各穀(각곡) [7040-6240]
白眉(백미)-壓卷(압권) [8030-4240]
白眉(백미)-錐囊(추낭) [8030-1010]
百態(백태)-百樣(백양) [7042-7040]
百花(백화)-衆芳(중방) [7070-4232]
罰酒(벌주)-罰杯(벌배) [4240-4230]
伐採(벌채)-削伐(삭벌) [4240-3242]
罰責(벌책)-責罰(책벌) [4252-5242]
凡夫(범부)-凡人(범인) [3270-3280]

凡夫(범부)-俗人(속인) [3270-4280]
凡夫(범부)-俗衆(속중) [3270-4242]
法臘(법랍)-戒臘(계랍) [5210-4010]
碧眼(벽안)-綠瞳(녹동) [3242-6010]
碧眼(벽안)-綠眼(녹안) [3242-6042]
碧雲(벽운)-綠雲(녹운) [3252-6052]
碧雲(벽운)-翠雲(취운) [3252-1052]
僻地(벽지)-僻幽(벽유) [2070-2032]
僻地(벽지)-深巷(심항) [2070-4230]
僻村(벽촌)-僻處(벽처) [2070-2042]
僻村(벽촌)-僻巷(벽항) [2070-2030]
僻村(벽촌)-僻鄕(벽향) [2070-2042]
辯論(변론)-論辨(논변) [4042-4230]
辯論(변론)-論辯(논변) [4042-4240]
辨理(변리)-辦理(판리) [3062-1062]
邊防(변방)-關防(관방) [4242-5242]
辨償(변상)-償復(상복) [3032-3242]
辨償(변상)-辦償(판상) [3032-1032]
辯舌(변설)-言辯(언변) [4040-6040]
變心(변심)-轉意(전의) [5270-4062]
變節(변절)-換節(환절) [5252-3252]
變遷(변천)-動轉(동전) [5232-7240]
變遷(변천)-變化(변화) [5232-5252]
變遷(변천)-沿革(연혁) [5232-3240]
變遷(변천)-轉變(전변) [5232-4052]
瞥見(별견)-瞥觀(별관) [1052-1052]
別館(별관)-分館(분관) [6032-6232]
別世(별세)-棄世(기세) [6072-3072]
兵甲(병갑)-甲仗(갑장) [5240-4010]
兵難(병난)-兵厄(병액) [5242-5230]
兵法(병법)-戰術(전술) [5252-6262]
病色(병색)-病氣(병기) [6070-6072]
病席(병석)-病床(병상) [6060-6042]
兵船(병선)-軍船(군선) [5250-8050]
病中(병중)-病間(병간) [6080-6072]
兵塵(병진)-戰塵(전진) [5220-6220]

寶劍(보검)-明劍(명검) [4232-6232]
寶劍(보검)-寶刀(보도) [4232-4232]
補修(보수)-修補(수보) [3242-4232]
保眼(보안)-養目(양목) [4242-5260]
保養(보양)-養生(양생) [4252-5280]
保有(보유)-保持(보지) [4270-4240]
普通(보통)-通常(통상) [4060-6042]
普遍(보편)-一般(일반) [4030-8032]
復啓(복계)-敬覆(경복) [4232-5232]
復啓(복계)-敬復(경복) [4232-5242]
復啓(복계)-拜復(배복) [4232-4242]
復啓(복계)-拜覆(배복) [4232-4232]
復歸(복귀)-歸復(귀복) [4240-4042]
卜姓(복성)-卜妾(복첩) [3072-3030]
服屬(복속)-屬服(속복) [6040-4060]
服用(복용)-賞藥(상약) [6062-5062]
服制(복제)-衣制(의제) [6042-6042]
福祉(복지)-福利(복리) [5210-5262]
復職(복직)-開復(개복) [4242-6042]
復職(복직)-復任(복임) [4242-4252]
本性(본성)-率性(솔성) [6052-3252]
本式(본식)-本格(본격) [6060-6052]
逢變(봉변)-逢辱(봉욕) [3252-3232]
封土(봉토)-封地(봉지) [3280-3270]
俯瞰(부감)-瞰視(감시) [1010-1042]
俯瞰(부감)-下瞰(하감) [1010-7210]
不當(부당)-失當(실당) [7252-6052]
婦德(부덕)-女德(여덕) [4252-8052]
婦道(부도)-女道(여도) [4272-8072]
駙馬(부마)-都尉(도위) [1050-5020]
駙馬(부마)-粉侯(분후) [1050-4030]
父母(부모)-兩親(양친) [8080-4260]
浮氷(부빙)-伐氷(벌빙) [3250-4250]
副業(부업)-副職(부직) [4262-4242]
訃音(부음)-告訃(고부) [1062-5210]
訃音(부음)-訃聞(부문) [1062-1062]

訃音(부음)-惡報(악보) [1062-5242]
訃音(부음)-哀啓(애계) [1062-3232]
訃音(부음)-諱音(휘음) [1062-1062]
訃音(부음)-凶聞(흉문) [1062-5262]
訃音(부음)-凶報(흉보) [1062-5242]
訃音(부음)-凶音(흉음) [1062-5262]
赴任(부임)-到任(도임) [3052-5252]
扶助(부조)-扶翼(부익) [3242-3232]
父執(부집)-父交(부교) [8032-8060]
北境(북경)-北疆(북강) [8042-8012]
分給(분급)-折給(절급) [6250-4050]
分擔(분담)-分任(분임) [6242-6252]
分擔(분담)-分掌(분장) [6242-6232]
墳墓(분묘)-山所(산소) [3040-8070]
分別(분별)-辨別(변별) [6260-3060]
分別(분별)-思慮(사려) [6260-5040]
紛失(분실)-遺失(유실) [3260-4060]
分野(분야)-境地(경지) [6260-4270]
分野(분야)-部門(부문) [6260-6280]
分野(분야)-領域(영역) [6260-5040]
奔逸(분일)-逸走(일주) [3232-3242]
盆栽(분재)-盆種(분종) [1032-1052]
奮戰(분전)-奮鬪(분투) [3262-3240]
憤痛(분통)-熱痛(열통) [4040-5040]
佛堂(불당)-雁堂(안당) [4262-3062]
不備(불비)-不具(불구) [7242-7252]
佛師(불사)-佛工(불공) [4242-4272]
不漁(불어)-凶漁(흉어) [7250-5250]
不運(불운)-悲運(비운) [7262-4262]
不遠(불원)-未久(미구) [7260-4232]
不遠(불원)-不久(불구) [7260-7232]
不意(불의)-非意(비의) [7262-4262]
不次(불차)-非次(비차) [7242-4242]
不許(불허)-不諾(불낙) [7250-7232]
不惑(불혹)-强仕(강사) [7232-6052]
不朽(불후)-不磨(불마) [7210-7232]

不朽(불후)-不滅(불멸) [7210-7232]
崩御(붕어)-賓天(빈천) [3032-3070]
崩御(붕어)-昇遐(승하) [3032-3210]
悲歌(비가)-哀歌(애가) [4270-3270]
悲感(비감)-哀感(애감) [4260-3260]
鄙見(비견)-陋見(누견) [1052-1052]
鄙見(비견)-陋心(누심) [1052-1070]
丕圖(비도)-鴻圖(홍도) [1262-3062]
非理(비리)-背理(배리) [4262-4262]
非理(비리)-悖理(패리) [4262-1062]
非命(비명)-橫死(횡사) [4270-3260]
祕方(비방)-祕傳(비전) [4072-4052]
祕本(비본)-祕籍(비적) [4060-4040]
祕本(비본)-珍書(진서) [4060-4062]
緋衣(비의)-朱衣(주의) [1060-4060]
批正(비정)-點定(점정) [4072-4060]
飛札(비찰)-飛書(비서) [4220-4262]
悲歎(비탄)-傷嗟(상차) [4240-4010]
悲歎(비탄)-痛歎(통탄) [4240-4040]
批評(비평)-批判(비판) [4040-4040]
批評(비평)-評論(평론) [4040-4042]
庇護(비호)-陰庇(음비) [1042-4210]
貧困(빈곤)-困窮(곤궁) [4240-4040]
貧困(빈곤)-貧窮(빈궁) [4240-4240]
氷鏡(빙경)-氷輪(빙륜) [5040-5040]
氷庫(빙고)-氷室(빙실) [5040-5080]
氷人(빙인)-月老(월로) [5080-8070]
私見(사견)-私意(사의) [4052-4062]
四境(사경)-四邊(사변) [8042-8042]
四境(사경)-四垂(사수) [8042-8032]
四極(사극)-四遠(사원) [8042-8060]
詐欺(사기)-欺詐(기사) [3030-3030]
思念(사념)-情念(정념) [5052-5252]
邪道(사도)-邪路(사로) [3272-3260]
師道(사도)-師術(사술) [4272-4262]
私利(사리)-私益(사익) [4062-4042]

私立(사립)-民立(민립) [4072-8072]
使命(사명)-任務(임무) [6070-5242]
思慕(사모)-思戀(사련) [5032-5032]
死文(사문)-空文(공문) [6070-7270]
私服(사복)-平服(평복) [4060-7260]
私費(사비)-自費(자비) [4050-7250]
詐術(사술)-僞計(위계) [3062-3262]
斜視(사시)-邪視(사시) [3242-3242]
賜與(사여)-施與(시여) [3040-4240]
四友(사우)-四寶(사보) [8052-8042]
詐僞(사위)-飾僞(식위) [3032-3232]
私邸(사저)-私館(사관) [4010-4032]
師傳(사전)-師承(사승) [4252-4242]
使嗾(사주)-敎唆(교사) [6010-8020]
辭職(사직)-辭免(사면) [4042-4032]
辭職(사직)-辭任(사임) [4042-4052]
寫眞(사진)-寫實(사실) [5042-5052]
寺刹(사찰)-寺院(사원) [4220-4250]
死體(사체)-死骸(사해) [6062-6010]
詐取(사취)-騙取(편취) [3042-1042]
詐稱(사칭)-冒名(모명) [3040-3072]
詐稱(사칭)-冒稱(모칭) [3040-3040]
私宅(사택)-私第(사제) [4052-4062]
四通(사통)-四達(사달) [8060-8042]
死鬪(사투)-死戰(사전) [6040-6062]
死灰(사회)-寒灰(한회) [6040-5040]
散鬱(산울)-消暢(소창) [4020-6230]
散策(산책)-散步(산보) [4032-4042]
散策(산책)-逍遙(소요) [4032-1030]
山後(산후)-山背(산배) [8072-8042]
殺人(살인)-殺越(살월) [4280-4232]
殺人(살인)-殺害(살해) [4280-4252]
撒布(살포)-撒散(살산) [1042-1040]
三代(삼대)-三族(삼족) [8062-8060]
三冬(삼동)-九冬(구동) [8070-8070]
三拜(삼배)-三禮(삼례) [8042-8060]

三春(삼춘)-九春(구춘) [8070-8070]
三夏(삼하)-九夏(구하) [8070-8070]
上古(상고)-遙昔(요석) [7260-3030]
上古(상고)-太古(태고) [7260-6060]
上官(상관)-上司(상사) [7242-7232]
常規(상규)-常律(상률) [4250-4242]
常規(상규)-常憲(상헌) [4250-4240]
詳記(상기)-詳錄(상록) [3272-3242]
詳覽(상람)-細覽(세람) [3240-4240]
商略(상략)-商計(상계) [5240-5262]
常例(상례)-通例(통례) [4260-6060]
尙武(상무)-右武(우무) [3242-7242]
尙文(상문)-右文(우문) [3270-7270]
賞杯(상배)-賞盞(상잔) [5030-5010]
賞罰(상벌)-賞刑(상형) [5042-5040]
賞罰(상벌)-褒罰(포벌) [5042-1042]
賞罰(상벌)-褒徵(포징) [5042-1032]
相法(상법)-相術(상술) [5252-5262]
詳報(상보)-細報(세보) [3242-4242]
上疏(상소)-拜疏(배소) [7232-4232]
上疏(상소)-奏書(주서) [7232-3262]
上疏(상소)-奏章(주장) [7232-3260]
常數(상수)-定數(정수) [4270-6070]
喪失(상실)-喪亡(상망) [3260-3250]
傷心(상심)-傷懷(상회) [4070-4032]
傷心(상심)-心傷(심상) [4070-7040]
常壓(상압)-定壓(정압) [4242-6042]
相議(상의)-相論(상론) [5242-5242]
相議(상의)-商議(상의) [5242-5242]
上意(상의)-上旨(상지) [7262-7220]
相爭(상쟁)-相鬪(상투) [5250-5240]
賞讚(상찬)-讚賞(찬상) [5040-4050]
上策(상책)-上計(상계) [7232-7262]
上策(상책)-上數(상수) [7232-7270]
傷歎(상탄)-歎傷(탄상) [4040-4040]
商品(상품)-物件(물건) [5252-7250]

桑海(상해)-桑碧(상벽) [3272-3232]
桑海(상해)-滄桑(창상) [3272-2032]
狀況(상황)-情勢(정세) [4240-5242]
常會(상회)-例會(예회) [4262-6062]
生氣(생기)-生彩(생채) [8072-8032]
省略(생략)-省減(생감) [6240-6242]
生路(생로)-初行(초행) [8060-5060]
生路(생로)-活計(활계) [8060-7262]
生蜜(생밀)-生淸(생청) [8030-8062]
生死(생사)-死命(사명) [8060-6070]
生死(생사)-死生(사생) [8060-6080]
生殺(생살)-殺活(살활) [8042-4272]
生色(생색)-生光(생광) [8070-8062]
生業(생업)-所業(소업) [8062-7062]
生業(생업)-職業(직업) [8062-4262]
生育(생육)-生長(생장) [8070-8080]
生前(생전)-身前(신전) [8072-6272]
生存(생존)-生息(생식) [8040-8042]
生後(생후)-生來(생래) [8072-8070]
書家(서가)-書師(서사) [6272-6242]
逝去(서거)-仙逝(선서) [3050-5230]
書庫(서고)-冊庫(책고) [6240-4040]
曙光(서광)-曉色(효색) [1062-3070]
書童(서동)-學童(학동) [6262-8062]
壻郎(서랑)-佳壻(가서) [1032-3210]
壻郎(서랑)-嬌客(교객) [1032-1052]
壻郎(서랑)-東床(동상) [1032-8042]
壻郎(서랑)-半子(반자) [1032-6272]
壻郎(서랑)-女壻(여서) [1032-8010]
壻郎(서랑)-令壻(영서) [1032-5010]
書面(서면)-文面(문면) [6270-7070]
署名(서명)-著銜(착함) [3272-3210]
庶民(서민)-白民(백민) [3080-8080]
庶民(서민)-平民(평민) [3080-7280]
瑞雨(서우)-滋雨(자우) [2052-1252]
瑞雨(서우)-慈雨(자우) [2052-3252]

敍任(서임)-敍位(서위) [3052-3050]
釋明(석명)-釋辯(석변) [3262-3240]
夕陽(석양)-落照(낙조) [7060-5032]
夕陽(석양)-殘陽(잔양) [7060-4060]
夕霞(석하)-晩霞(만하) [7010-3210]
仙家(선가)-仙居(선거) [5272-5240]
先覺(선각)-先醒(선성) [8040-8010]
先覺(선각)-先知(선지) [8040-8052]
船工(선공)-船匠(선장) [5072-5010]
先納(선납)-豫納(예납) [8040-4040]
仙女(선녀)-仙媛(선원) [5280-5212]
仙丹(선단)-神丹(신단) [5232-6232]
先導(선도)-啓行(계행) [8042-3260]
鮮明(선명)-章章(장장) [5262-6060]
選拔(선발)-簡拔(간발) [5032-4032]
選拔(선발)-簡擢(간탁) [5032-4010]
選拔(선발)-擇拔(택발) [5032-4032]
先輩(선배)-先進(선진) [8032-8042]
禪寺(선사)-禪閣(선각) [3242-3232]
先山(선산)-舊山(구산) [8080-5280]
先聖(선성)-前聖(전성) [8042-7242]
仙藥(선약)-聖藥(성약) [5262-4262]
先王(선왕)-先主(선주) [8080-8070]
先儒(선유)-前儒(전유) [8040-7240]
善意(선의)-好意(호의) [5062-4262]
仙人(선인)-道士(도사) [5280-7252]
善人(선인)-善者(선자) [5080-5060]
善人(선인)-良人(양인) [5080-5280]
先任(선임)-前任(전임) [8052-7252]
善政(선정)-善治(선치) [5042-5042]
船着(선착)-着船(착선) [5052-5250]
先哲(선철)-古賢(고현) [8032-6042]
先哲(선철)-昔賢(석현) [8032-3042]
先哲(선철)-先賢(선현) [8032-8042]
先哲(선철)-前賢(전현) [8032-7242]
先親(선친)-先子(선자) [8060-8072]

選擇(선택)-選擢(선탁) [5040-5010]　　性情(성정)-情性(정성) [5252-5252]
善行(선행)-嘉行(가행) [5060-1060]　　聖詔(성조)-聖諭(성유) [4210-4210]
善行(선행)-馴行(순행) [5060-1060]　　成就(성취)-達成(달성) [6240-4262]
線形(선형)-絲狀(사상) [6262-4042]　　城下(성하)-城底(성저) [4272-4240]
線形(선형)-線狀(선상) [6262-6242]　　姓銜(성함)-名銜(명함) [7210-7210]
舌劍(설검)-舌刀(설도) [4032-4032]　　盛會(성회)-高會(고회) [4262-6262]
說敎(설교)-敎說(교설) [5280-8052]　　世仇(세구)-世讎(세수) [7210-7210]
雪氣(설기)-雪意(설의) [6272-6262]　　世事(세사)-世故(세고) [7272-7242]
設立(설립)-建樹(건수) [4272-5060]　　世上(세상)-世界(세계) [7272-7262]
說明(설명)-說與(설여) [5262-5240]　　歲歲(세세)-連年(연년) [5252-4280]
說明(설명)-解說(해설) [5262-4252]　　洗手(세수)-洗顔(세안) [5272-5232]
說破(설파)-論破(논파) [5242-4242]　　洗心(세심)-洗肝(세간) [5270-5232]
雪害(설해)-雪禍(설화) [6252-6232]　　世智(세지)-世才(세재) [7240-7262]
雪後(설후)-雪餘(설여) [6272-6242]　　世智(세지)-俗才(속재) [7240-4262]
閃光(섬광)-閃火(섬화) [1062-1080]　　洗滌(세척)-洗淨(세정) [5210-5232]
蟾光(섬광)-蟾輝(섬휘) [1262-1230]　　世派(세파)-支派(지파) [7240-4240]
攝行(섭행)-兼行(겸행) [3060-3260]　　世波(세파)-荒波(황파) [7242-3242]
性格(성격)-氣質(기질) [5252-7252]　　細行(세행)-小節(소절) [4260-8052]
性交(성교)-房事(방사) [5260-4272]　　疏隔(소격)-疏遠(소원) [3232-3260]
聖德(성덕)-乾德(건덕) [4252-3252]　　小技(소기)-些技(사기) [8050-1050]
聖慮(성려)-聖情(성정) [4240-4252]　　少女(소녀)-童女(동녀) [7080-6280]
性靈(성령)-靈性(영성) [5232-3252]　　少女(소녀)-小娘(소랑) [7080-8032]
聲貌(성모)-聲影(성영) [4232-4232]　　少年(소년)-少童(소동) [7080-7062]
聖聞(성문)-天聽(천청) [4262-7040]　　所望(소망)-念願(염원) [7052-5250]
城壁(성벽)-城墻(성장) [4242-4230]　　消耗(소모)-費耗(비모) [6210-5010]
星狀(성상)-星形(성형) [4242-4262]　　沼畔(소반)-池畔(지반) [1210-3210]
盛時(성시)-盛期(성기) [4272-4250]　　沼畔(소반)-池邊(지변) [1210-3242]
盛時(성시)-盛世(성세) [4272-4272]　　蔬飯(소반)-菜飯(채반) [3032-3232]
誠心(성심)-懇意(간의) [4270-3262]　　小別(소별)-小分(소분) [8060-8062]
誠心(성심)-誠意(성의) [4270-4262]　　素服(소복)-素衣(소의) [4260-4260]
性慾(성욕)-色慾(색욕) [5232-7032]　　笑殺(소살)-大笑(대소) [4242-8042]
性慾(성욕)-色情(색정) [5232-7052]　　昭詳(소상)-仔細(자세) [3032-1042]
性慾(성욕)-慾情(욕정) [5232-3252]　　小序(소서)-小引(소인) [8050-8042]
盛運(성운)-旺運(왕운) [4262-1262]　　小僧(소승)-貧道(빈도) [8032-4272]
聖恩(성은)-聖慈(성자) [4242-4232]　　燒失(소실)-燒亡(소망) [3260-3250]
聖恩(성은)-優恩(우은) [4242-4042]　　素心(소심)-素意(소의) [4270-4262]

笑顔(소안)-笑容(소용) [4232-4242]
少額(소액)-低額(저액) [7040-4240]
消日(소일)-度日(도일) [6280-6080]
消日(소일)-消光(소광) [6280-6262]
消日(소일)-消寂(소적) [6280-6232]
消日(소일)-消閑(소한) [6280-6240]
小酌(소작)-小宴(소연) [8030-8032]
小酌(소작)-一酌(일작) [8030-8030]
召集(소집)-招集(초집) [3062-4062]
掃蕩(소탕)-掃攘(소양) [4210-4210]
消火(소화)-救火(구화) [6280-5080]
俗界(속계)-俗境(속경) [4262-4242]
俗氣(속기)-俗臭(속취) [4272-4230]
俗念(속념)-塵想(진상) [4252-2042]
俗談(속담)-俗語(속어) [4250-4270]
俗談(속담)-俗言(속언) [4250-4260]
俗談(속담)-俗諺(속언) [4250-4210]
俗談(속담)-俗話(속화) [4250-4272]
續騰(속등)-連騰(연등) [4230-4230]
續落(속락)-連落(연락) [4250-4250]
俗論(속론)-俗理(속리) [4242-4262]
俗論(속론)-俗議(속의) [4242-4242]
俗論(속론)-流議(유의) [4242-5242]
屬文(속문)-屬辭(속사) [4070-4040]
速步(속보)-疾步(질보) [6042-3242]
速步(속보)-疾足(질족) [6042-3272]
俗事(속사)-世塵(세진) [4272-7220]
俗世(속세)-塵世(진세) [4272-2072]
俗心(속심)-俗腸(속장) [4270-4240]
俗儒(속유)-鄙儒(비유) [4240-1040]
俗儒(속유)-世儒(세유) [4240-7240]
贖罪(속죄)-罪滅(죄멸) [1050-5032]
損益(손익)-損得(손득) [4042-4042]
率家(솔가)-率眷(솔권) [3272-3210]
送年(송년)-辭歲(사세) [4280-4052]
誦讀(송독)-讀誦(독송) [3062-6230]

誦文(송문)-誦呪(송주) [3070-3010]
送神(송신)-辭神(사신) [4262-4062]
送迎(송영)-迎送(영송) [4240-4042]
衰落(쇠락)-零落(영락) [3250-3050]
衰落(쇠락)-凋落(조락) [3250-1050]
衰運(쇠운)-倒運(도운) [3262-3262]
衰退(쇠퇴)-衰盡(쇠진) [3242-3240]
收監(수감)-收繫(수계) [4242-4230]
殊功(수공)-殊績(수적) [3262-3240]
守口(수구)-愼口(신구) [4270-3270]
收金(수금)-集金(집금) [4280-6280]
首肯(수긍)-共鳴(공명) [5230-6240]
袖納(수납)-袖傳(수전) [1040-1052]
手段(수단)-方法(방법) [7240-7252]
收錄(수록)-收載(수재) [4242-4232]
受命(수명)-拜命(배명) [4270-4270]
搜索(수색)-搜求(수구) [3032-3042]
首席(수석)-首位(수위) [5260-5250]
首席(수석)-一位(일위) [5260-8050]
首席(수석)-主位(주위) [5260-7050]
修繕(수선)-修理(수리) [4220-4262]
遂成(수성)-成遂(성수) [3062-6230]
獸性(수성)-獸慾(수욕) [3252-3232]
愁心(수심)-愁腸(수장) [3270-3240]
殊遇(수우)-殊眷(수권) [3240-3210]
水雲(수운)-雲水(운수) [8052-5280]
囚衣(수의)-獄衣(옥의) [3060-3260]
隨意(수의)-任意(임의) [3262-5262]
隨意(수의)-恣意(자의) [3262-3062]
殊才(수재)-宏才(굉재) [3262-1062]
殊才(수재)-鬼才(귀재) [3262-3262]
修正(수정)-訂正(정정) [4272-3072]
手製(수제)-手作(수작) [7242-7262]
守操(수조)-操守(조수) [4250-5042]
守卒(수졸)-守兵(수병) [4252-4252]
守卒(수졸)-戍人(수인) [4252-1080]

守株(수주)-株守(주수) [4232-3242]
收支(수지)-入出(입출) [4242-7070]
垂直(수직)-鉛直(연직) [3272-4072]
瘦瘠(수척)-憔悴(초췌) [1010-1010]
殊寵(수총)-殊恩(수은) [3210-3242]
壽限(수한)-大限(대한) [3242-8042]
水害(수해)-水災(수재) [8052-8050]
隨行(수행)-陪隨(배수) [3260-1032]
隨行(수행)-陪行(배행) [3260-1060]
首號(수호)-初號(초호) [5260-5060]
受勳(수훈)-受章(수장) [4220-4260]
宿契(숙계)-宿約(숙약) [5232-5252]
肅啓(숙계)-肅呈(숙정) [4032-4020]
熟考(숙고)-熟慮(숙려) [3250-3240]
熟考(숙고)-熟思(숙사) [3250-3250]
熟達(숙달)-練達(연달) [3242-5242]
熟達(숙달)-鍊達(연달) [3242-3242]
熟覽(숙람)-熟閱(숙열) [3240-3230]
宿命(숙명)-定命(정명) [5270-6070]
宿命(숙명)-天命(천명) [5270-7070]
塾生(숙생)-塾兒(숙아) [1080-1052]
淑性(숙성)-淑質(숙질) [3252-3252]
宿食(숙식)-寢食(침식) [5272-4072]
夙夜(숙야)-晨夜(신야) [1060-3060]
宿願(숙원)-宿望(숙망) [5250-5252]
宿願(숙원)-宿懷(숙회) [5250-5232]
宿儒(숙유)-宿學(숙학) [5240-5280]
肅恩(숙은)-肅謝(숙사) [4042-4042]
熟知(숙지)-熟識(숙식) [3252-3252]
熟知(숙지)-熟悉(숙실) [3252-3210]
熟知(숙지)-熟通(숙통) [3252-3260]
熟知(숙지)-委悉(위실) [3252-4010]
熟知(숙지)-知悉(지실) [3252-5210]
熟知(숙지)-洞知(통지) [3252-7052]
肅唱(숙창)-呼唱(호창) [4050-4250]
肅淸(숙청)-肅正(숙정) [4062-4072]

宿患(숙환)-痼疾(고질) [5250-1032]
宿患(숙환)-久疾(구질) [5250-3232]
宿患(숙환)-宿病(숙병) [5250-5260]
巡歷(순력)-歷巡(역순) [3252-5232]
巡杯(순배)-酒巡(주순) [3230-4032]
順産(순산)-正産(정산) [5252-7252]
巡遊(순유)-歷遊(역유) [3240-5240]
巡遊(순유)-遊歷(유력) [3240-4052]
馴育(순육)-飼馴(사순) [1070-2010]
順從(순종)-從順(종순) [5240-4052]
巡察(순찰)-巡省(순성) [3242-3262]
巡察(순찰)-巡視(순시) [3242-3242]
純忠(순충)-精忠(정충) [4242-4242]
馴致(순치)-敎擾(교요) [1050-8010]
順行(순행)-順進(순진) [5260-5242]
崇信(숭신)-信崇(신숭) [4062-6240]
濕氣(습기)-漏氣(누기) [3272-3272]
襲受(습수)-襲承(습승) [3242-3242]
濕地(습지)-沮澤(저택) [3270-2032]
昇級(승급)-昇座(승좌) [3260-3240]
乘機(승기)-乘時(승시) [3240-3272]
勝負(승부)-勝敗(승패) [6040-6050]
乘船(승선)-登船(등선) [3250-7050]
乘船(승선)-上船(상선) [3250-7250]
勝戰(승전)-戰勝(전승) [6062-6260]
昇進(승진)-喬遷(교천) [3242-1032]
昇進(승진)-登進(등진) [3242-7042]
昇進(승진)-昇階(승계) [3242-3240]
昇進(승진)-升揚(승양) [3242-2032]
昇進(승진)-榮轉(영전) [3242-4240]
昇天(승천)-飛昇(비승) [3270-4232]
詩歌(시가)-詩謠(시요) [4270-4242]
詩歌(시가)-永言(영언) [4270-6060]
侍講(시강)-勸講(권강) [3242-4042]
詩文(시문)-辭章(사장) [4270-4060]
詩文(시문)-詞章(사장) [4270-3260]

時服(시복)-時衣(시의) [7260-7260]	神慮(신려)-宸慮(신려) [6240-1040]
試算(시산)-驗算(험산) [4270-4270]	神慮(신려)-神思(신사) [6240-6250]
詩心(시심)-詩情(시정) [4270-4252]	信賴(신뢰)-委信(위신) [6232-4062]
詩心(시심)-詩魂(시혼) [4270-4232]	宸臨(신림)-臨御(임어) [1032-3232]
視野(시야)-視界(시계) [4260-4262]	臣民(신민)-臣庶(신서) [5280-5230]
視野(시야)-眼界(안계) [4260-4262]	新法(신법)-新律(신율) [6252-6242]
時宜(시의)-機宜(기의) [7230-4030]	新本(신본)-新刊(신간) [6260-6232]
猜疑(시의)-邪推(사추) [1040-3240]	神算(신산)-神策(신책) [6270-6232]
詩人(시인)-詩家(시가) [4280-4272]	信任(신임)-信委(신위) [6252-6240]
詩人(시인)-詩客(시객) [4280-4252]	神傳(신전)-神授(신수) [6252-6242]
詩人(시인)-吟客(음객) [4280-3052]	神助(신조)-神冥(신명) [6242-6230]
市井(시정)-閭閻(여염) [7232-1012]	信從(신종)-信服(신복) [6240-6260]
始祖(시조)-鼻祖(비조) [6270-5070]	信從(신종)-信伏(신복) [6240-6240]
始祖(시조)-元祖(원조) [6270-5270]	身體(신체)-肉體(육체) [6262-4262]
始終(시종)-頭尾(두미) [6250-6032]	神託(신탁)-託宣(탁선) [6220-2040]
始終(시종)-本末(본말) [6250-6050]	信標(신표)-信牌(신패) [6240-6210]
始終(시종)-首末(수말) [6250-5250]	失脚(실각)-失足(실족) [6032-6072]
始終(시종)-首尾(수미) [6250-5232]	失期(실기)-失時(실시) [6050-6072]
始初(시초)-厥初(궐초) [6250-3050]	失機(실기)-逸機(일기) [6040-3240]
始初(시초)-當初(당초) [6250-5250]	失禮(실례)-缺禮(결례) [6060-4260]
施行(시행)-施爲(시위) [4260-4242]	實利(실리)-實益(실익) [5262-5242]
食客(식객)-寄客(기객) [7252-4052]	失望(실망)-落膽(낙담) [6052-5020]
識見(식견)-見識(견식) [5252-5252]	失望(실망)-失意(실의) [6052-6062]
識見(식견)-知見(지견) [5252-5252]	實施(실시)-實行(실행) [5242-5260]
殖利(식리)-利殖(이식) [2062-6220]	失言(실언)-失語(실어) [6060-6070]
植木(식목)-植樹(식수) [7080-7060]	失業(실업)-失職(실직) [6062-6042]
飾辭(식사)-飾說(식설) [3240-3252]	失踪(실종)-失跡(실적) [6010-6032]
食言(식언)-負約(부약) [7260-4052]	實測(실측)-踏測(답측) [5242-3242]
食言(식언)-違約(위약) [7260-3052]	實吐(실토)-吐說(토설) [5232-3252]
食言(식언)-僞言(위언) [7260-3260]	實吐(실토)-吐實(토실) [5232-3252]
植栽(식재)-栽植(재식) [7032-3270]	失敗(실패)-落空(낙공) [6050-5072]
身計(신계)-身謀(신모) [6262-6232]	深計(심계)-淵謀(연모) [4262-1232]
身計(신계)-身謨(신모) [6262-6212]	深計(심계)-淵謨(연모) [4262-1212]
辛苦(신고)-辛酸(신산) [3060-3020]	心曲(심곡)-情曲(정곡) [7050-5250]
宸念(신념)-宸衷(신충) [1052-1020]	深交(심교)-深契(심계) [4260-4232]
神童(신동)-俊童(준동) [6262-3062]	深慮(심려)-玄慮(현려) [4240-3240]

審問(심문)-査問(사문) [3270-5070]
深思(심사)-尋思(심사) [4250-3050]
深愁(심수)-濃愁(농수) [4232-2032]
深愁(심수)-深憂(심우) [4232-4232]
心身(심신)-心骨(심골) [7062-7040]
深怨(심원)-深恨(심한) [4240-4240]
深智(심지)-深慧(심혜) [4240-4232]
審察(심찰)-審按(심안) [3242-3210]
深責(심책)-切責(절책) [4252-5252]
心祝(심축)-暗祝(암축) [7050-4250]
雙璧(쌍벽)-連璧(연벽) [3210-4210]
雙璧(쌍벽)-聯璧(연벽) [3210-3210]
我軍(아군)-友軍(우군) [3280-5280]
兒名(아명)-小字(소자) [5272-8070]
餓死(아사)-飢死(기사) [3060-3060]
阿諂(아첨)-阿附(아부) [3210-3232]
惡黨(악당)-惡漢(악한) [5242-5272]
惡黨(악당)-兇漢(흉한) [5242-1072]
惡黨(악당)-凶漢(흉한) [5242-5272]
樂律(악률)-樂調(악조) [6242-6252]
惡夢(악몽)-凶夢(흉몽) [5232-5232]
握髮(악발)-握沐(악목) [2040-2020]
握髮(악발)-吐握(토악) [2040-3220]
握髮(악발)-吐哺(토포) [2040-3210]
惡神(악신)-禍神(화신) [5262-3262]
惡語(악어)-惡舌(악설) [5270-5240]
惡語(악어)-惡說(악설) [5270-5252]
惡韻(악운)-惡詩(악시) [5232-5242]
惡筆(악필)-粗筆(조필) [5252-1052]
安樂(안락)-康樂(강락) [7262-4262]
按摩(안마)-摩娑(마사) [1020-2010]
安貧(안빈)-樂貧(낙빈) [7242-6242]
雁書(안서)-信音(신음) [3062-6262]
雁書(안서)-雁帛(안백) [3062-3010]
雁書(안서)-雁報(안보) [3062-3042]
雁書(안서)-雁使(안사) [3062-3060]

雁書(안서)-雁信(안신) [3062-3062]
雁書(안서)-雁札(안찰) [3062-3020]
安息(안식)-寧息(영식) [7242-3242]
安息(안식)-游息(유식) [7242-1042]
安息(안식)-遊息(유식) [7242-4042]
安心(안심)-放念(방념) [7270-6252]
安心(안심)-安堵(안도) [7270-7210]
安全(안전)-萬全(만전) [7272-8072]
安全(안전)-無故(무고) [7272-5042]
安全(안전)-無事(무사) [7272-5072]
安全(안전)-十全(십전) [7272-8072]
安住(안주)-安接(안접) [7270-7242]
按察(안찰)-按視(안시) [1042-1042]
案下(안하)-机下(궤하) [5072-1072]
案下(안하)-硯北(연북) [5072-2080]
案下(안하)-硏北(연북) [5072-4280]
案下(안하)-梧下(오하) [5072-2072]
案下(안하)-座下(좌하) [5072-4072]
斡旋(알선)-周旋(주선) [1032-4032]
巖居(암거)-巖處(암처) [3240-3242]
暗記(암기)-誦記(송기) [4272-3072]
暗誦(암송)-諷讀(풍독) [4230-1062]
暗示(암시)-示唆(시사) [4250-5020]
暗示(암시)-諷示(풍시) [4250-1050]
壓迫(압박)-威壓(위압) [4232-4042]
仰望(앙망)-仰企(앙기) [3252-3232]
仰望(앙망)-仰願(앙원) [3252-3250]
仰慕(앙모)-景慕(경모) [3232-5032]
仰慕(앙모)-景仰(경앙) [3232-5032]
快宿(앙숙)-雍齒(옹치) [1052-1242]
哀矜(애긍)-哀憐(애련) [3210-3230]
哀悼(애도)-憐悼(연도) [3220-3020]
愛慕(애모)-愛戀(애련) [6032-6032]
愛撫(애무)-字撫(자무) [6010-7010]
哀思(애사)-哀念(애념) [3250-3252]
哀訴(애소)-歎訴(탄소) [3232-4032]

哀怨(애원)-哀恨(애한) [3240-3240]
愛人(애인)-戀人(연인) [6080-3280]
愛酒(애주)-好酒(호주) [6040-4240]
愛妾(애첩)-寵妾(총첩) [6030-1030]
哀歡(애환)-喜悲(희비) [3240-4042]
縊死(액사)-勒死(늑사) [1060-1060]
野史(야사)-外史(외사) [6052-8052]
野翁(야옹)-村翁(촌옹) [6030-7030]
弱骨(약골)-弱質(약질) [6240-6252]
弱冠(약관)-弱年(약년) [6232-6280]
略裝(약장)-略服(약복) [4040-4060]
略筆(약필)-約文(약문) [4052-5270]
略筆(약필)-略文(약문) [4052-4070]
藥效(약효)-藥力(약력) [6252-6272]
兩脚(양각)-雙脚(쌍각) [4232-3232]
養鷄(양계)-鷄農(계농) [5240-4072]
讓渡(양도)-讓與(양여) [3232-3240]
養豚(양돈)-牧豬(목저) [5230-4210]
養兵(양병)-養軍(양군) [5252-5280]
陽傘(양산)-日傘(일산) [6020-8020]
釀成(양성)-釀造(양조) [1062-1042]
陽性(양성)-陽症(양증) [6052-6032]
養成(양성)-育成(육성) [5262-7062]
良案(양안)-名案(명안) [5250-7250]
良藥(양약)-良劑(양제) [5262-5220]
良友(양우)-勝友(승우) [5252-6052]
良友(양우)-良朋(양붕) [5252-5230]
諒知(양지)-察知(찰지) [3052-4252]
良策(양책)-高策(고책) [5232-6232]
良策(양책)-善策(선책) [5232-5032]
良妻(양처)-令妻(영처) [5232-5032]
良妻(양처)-賢妻(현처) [5232-4232]
良風(양풍)-美風(미풍) [5262-6062]
陽皮(양피)-包皮(포피) [6032-4232]
漁家(어가)-漁戶(어호) [5072-5042]
御庫(어고)-御府(어부) [3240-3242]

語氣(어기)-語勢(어세) [7072-7042]
語氣(어기)-語調(어조) [7072-7052]
御覽(어람)-聖覽(성람) [3240-4240]
魚籠(어롱)-魚藍(어람) [5020-5020]
魚龍(어룡)-魚鼈(어별) [5040-5010]
御馬(어마)-袞馬(곤마) [3250-1050]
御命(어명)-王命(왕명) [3270-8070]
御名(어명)-王名(왕명) [3272-8072]
御命(어명)-勅命(칙명) [3270-1070]
御物(어물)-御用(어용) [3272-3262]
漁夫(어부)-漁父(어보) [5070-5080]
漁夫(어부)-淵客(연객) [5070-1252]
御製(어제)-聖製(성제) [3242-4242]
御座(어좌)-玉座(옥좌) [3240-4240]
御座(어좌)-王座(왕좌) [3240-8040]
御筆(어필)-宸筆(신필) [3252-1052]
抑制(억제)-抑止(억지) [3242-3250]
抑制(억제)-沮抑(저억) [3242-2032]
億兆(억조)-億萬(억만) [5032-5080]
諺解(언해)-諺譯(언역) [1042-1032]
嚴斷(엄단)-嚴勘(엄감) [4042-4010]
嚴斷(엄단)-嚴處(엄처) [4042-4042]
嚴命(엄명)-嚴令(엄령) [4070-4050]
嚴罰(엄벌)-嚴治(엄치) [4042-4042]
嚴査(엄사)-嚴調(엄조) [4050-4052]
掩蔽(엄폐)-掩塞(엄색) [1030-1032]
業績(업적)-功績(공적) [6240-6240]
旅館(여관)-客舍(객사) [5232-5242]
旅毒(여독)-路毒(노독) [5242-6042]
輿望(여망)-衆望(중망) [3052-4252]
與否(여부)-然否(연부) [4040-7040]
餘生(여생)-餘壽(여수) [4280-4232]
餘生(여생)-殘命(잔명) [4280-4070]
餘業(여업)-餘烈(여열) [4262-4240]
旅裝(여장)-客裝(객장) [5240-5240]
女裝(여장)-女服(여복) [8040-8060]

旅情(여정)-客懷(객회) [5252-5232]
旅情(여정)-旅思(여사) [5252-5250]
旅情(여정)-旅抱(여포) [5252-5230]
餘澤(여택)-世澤(세택) [4232-7232]
餘澤(여택)-餘德(여덕) [4232-4252]
餘澤(여택)-遺恩(유은) [4232-4042]
餘澤(여택)-遺蔭(유음) [4232-4010]
餘澤(여택)-遺陰(유음) [4232-4042]
驛券(역권)-封傳(봉전) [3240-3252]
域內(역내)-域中(역중) [4072-4080]
力士(역사)-壯士(장사) [7252-4052]
逆臣(역신)-叛臣(반신) [4252-3052]
逆臣(역신)-賊臣(적신) [4252-4052]
逆心(역심)-逆意(역의) [4270-4262]
歷任(역임)-歷官(역관) [5252-5242]
逆賊(역적)-國賊(국적) [4240-8040]
逆賊(역적)-朝敵(조적) [4240-6042]
逆轉(역전)-反轉(반전) [4240-6240]
力戰(역전)-力爭(역쟁) [7262-7250]
歷朝(역조)-累朝(누조) [5260-3260]
逆行(역행)-逆進(역진) [4260-4242]
戀歌(연가)-情歌(정가) [3270-5270]
連結(연결)-結連(결련) [4252-5242]
研究(연구)-考究(고구) [4242-5042]
研究(연구)-考察(고찰) [4242-5042]
研究(연구)-研考(연고) [4242-4250]
延期(연기)-緩期(완기) [4050-3250]
延期(연기)-退期(퇴기) [4050-4250]
年老(연로)-年滿(연만) [8070-8042]
年老(연로)-年晚(연만) [8070-8032]
年末(연말)-暮歲(모세) [8050-3052]
年末(연말)-宿歲(숙세) [8050-5252]
連名(연명)-聯名(연명) [4272-3272]
連名(연명)-列名(열명) [4272-4272]
連名(연명)-合名(합명) [4272-6072]
連發(연발)-續發(속발) [4262-4262]

延燒(연소)-類燒(유소) [4032-5232]
淵源(연원)-本源(본원) [1240-6040]
戀情(연정)-戀心(연심) [3252-3270]
年次(연차)-序齒(서치) [8042-5042]
年次(연차)-歲次(세차) [8042-5242]
煙筒(연통)-煙管(연관) [4210-4240]
熱狂(열광)-狂熱(광열) [5032-3250]
列立(열립)-羅立(나립) [4272-4272]
悅服(열복)-愛服(애복) [3260-6060]
熱心(열심)-熱志(열지) [5070-5042]
烈火(열화)-猛火(맹화) [4080-3280]
烈火(열화)-炎火(염화) [4080-3280]
廉價(염가)-低價(저가) [3052-4252]
廉價(염가)-賤價(천가) [3052-3252]
艶美(염미)-艶羨(염선) [1060-1010]
艶色(염색)-艶容(염용) [1070-1042]
艶姿(염자)-艶態(염태) [1040-1042]
鹽池(염지)-鹽井(염정) [3232-3232]
廉探(염탐)-內探(내탐) [3040-7240]
廉探(염탐)-廉問(염문) [3040-3070]
廉探(염탐)-廉察(염찰) [3040-3042]
靈感(영감)-靈想(영상) [3260-3242]
靈龜(영귀)-神龜(신귀) [3230-6230]
永年(영년)-久年(구년) [6080-3280]
永年(영년)-永世(영세) [6080-6072]
英斷(영단)-雄斷(웅단) [6042-5042]
英略(영략)-英圖(영도) [6040-6062]
永眠(영면)-潛寐(잠매) [6032-3210]
永眠(영면)-他界(타계) [6032-5062]
靈廟(영묘)-靈殿(영전) [3230-3232]
迎賓(영빈)-延賓(연빈) [4030-4030]
迎聘(영빙)-請待(청대) [4030-4260]
營繕(영선)-修營(수영) [4020-4240]
靈藥(영약)-神藥(신약) [3262-6262]
營養(영양)-滋養(자양) [4052-1252]
靈域(영역)-靈境(영경) [3240-3242]

永遠(영원)−永久(영구) [6060−6032]
靈肉(영육)−形神(형신) [3242−6262]
永日(영일)−長日(장일) [6080−8080]
英姿(영자)−英風(영풍) [6040−6062]
榮爵(영작)−高爵(고작) [4230−6230]
永住(영주)−久住(구주) [6070−3270]
靈地(영지)−靈場(영장) [3270−3272]
領土(영토)−疆土(강토) [5080−1280]
領土(영토)−版圖(판도) [5080−3262]
英豪(영호)−英士(영사) [6032−6052]
英豪(영호)−英彦(영언) [6032−6012]
豫見(예견)−先見(선견) [4052−8052]
豫見(예견)−逆睹(역도) [4052−4210]
禮物(예물)−謝物(사물) [6072−4272]
禮物(예물)−幣物(폐물) [6072−3072]
例外(예외)−格外(격외) [6080−5280]
禮遇(예우)−禮待(예대) [6040−6060]
例題(예제)−例問(예문) [6062−6070]
誤記(오기)−誤錄(오록) [4272−4242]
汚泥(오니)−土泥(토니) [3032−8032]
傲慢(오만)−倨慢(거만) [3030−1030]
傲慢(오만)−驕慢(교만) [3030−1030]
五色(오색)−五彩(오채) [8070−8032]
誤審(오심)−誤斷(오단) [4232−4242]
誤審(오심)−誤判(오판) [4232−4240]
奧義(오의)−奧祕(오비) [1042−1040]
誤字(오자)−誤寫(오사) [4270−4250]
誤字(오자)−誤書(오서) [4270−4262]
汚點(오점)−惡穢(악예) [3040−5210]
烏合(오합)−烏集(오집) [3260−3262]
誤解(오해)−曲解(곡해) [4242−5042]
玉膚(옥부)−玉肌(옥기) [4220−4210]
玉食(옥식)−美食(미식) [4272−6072]
屋外(옥외)−戶外(호외) [5080−4280]
玉容(옥용)−玉面(옥면) [4242−4270]
玉容(옥용)−玉貌(옥모) [4242−4232]

玉音(옥음)−瓊音(경음) [4262−1262]
玉音(옥음)−德音(덕음) [4262−5262]
玉音(옥음)−御聲(어성) [4262−3242]
玉姿(옥자)−玉度(옥도) [4240−4260]
玉質(옥질)−麗質(여질) [4252−4252]
玉饌(옥찬)−佳饌(가찬) [4210−3210]
玉饌(옥찬)−嘉饌(가찬) [4210−1010]
玉體(옥체)−貴體(귀체) [4262−5062]
玉體(옥체)−尊體(존체) [4262−4262]
沃土(옥토)−膏壤(고양) [1280−1032]
沃土(옥토)−肥土(비토) [1280−3280]
沃土(옥토)−沃壤(옥양) [1280−1232]
溫室(온실)−暖室(난실) [6080−4280]
溫室(온실)−煖室(난실) [6080−1080]
溫顔(온안)−溫色(온색) [6032−6070]
溫顔(온안)−溫容(온용) [6032−6042]
溫熱(온열)−暖熱(난열) [6050−4250]
溫衣(온의)−暖衣(난의) [6060−4260]
溫衣(온의)−煖衣(난의) [6060−1060]
溫衣(온의)−熟衣(숙의) [6060−3260]
溫風(온풍)−煖風(난풍) [6062−1062]
溫風(온풍)−暖風(난풍) [6062−4262]
擁立(옹립)−迎立(영립) [3072−4072]
臥龍(와룡)−伏龍(복룡) [3040−4040]
臥龍(와룡)−鳳兒(봉아) [3040−3252]
臥病(와병)−病臥(병와) [3060−6030]
臥病(와병)−臥席(와석) [3060−3060]
瓦解(와해)−分崩(분붕) [3242−6230]
渦形(와형)−渦狀(와상) [1062−1042]
緩急(완급)−遲速(지속) [3262−3060]
完納(완납)−皆納(개납) [5040−3040]
完了(완료)−皆濟(개제) [5030−3042]
完了(완료)−完濟(완제) [5030−5042]
完了(완료)−完畢(완필) [5030−5032]
緩步(완보)−徐步(서보) [3242−3242]
緩步(완보)−徐行(서행) [3242−3260]

完備(완비)-全具(전구) [5042-7252]
完譯(완역)-全譯(전역) [5032-7232]
完全(완전)-萬全(만전) [5072-8072]
完全(완전)-十全(십전) [5072-8072]
完治(완치)-全治(전치) [5042-7242]
完敗(완패)-沒敗(몰패) [5050-3250]
王家(왕가)-王室(왕실) [8072-8080]
王家(왕가)-王族(왕족) [8072-8060]
往見(왕견)-往觀(왕관) [4252-4252]
王公(왕공)-貴顯(귀현) [8062-5040]
王權(왕권)-君權(군권) [8042-4042]
往來(왕래)-來往(내왕) [4270-7042]
枉臨(왕림)-尊來(존래) [1032-4270]
王孫(왕손)-王胤(왕윤) [8060-8012]
王者(왕자)-霸者(패자) [8060-2060]
王土(왕토)-王領(왕령) [8080-8050]
倭軍(왜군)-倭兵(왜병) [1280-1252]
外觀(외관)-外見(외견) [8052-8052]
畏懼(외구)-憺畏(담외) [3030-1030]
外國(외국)-異國(이국) [8080-4080]
外國(외국)-他國(타국) [8080-5080]
外泊(외박)-外宿(외숙) [8030-8052]
外城(외성)-外廓(외곽) [8042-8010]
外城(외성)-外郭(외곽) [8042-8030]
猥語(외어)-猥言(외언) [1070-1060]
外裝(외장)-外飾(외식) [8040-8032]
外題(외제)-標題(표제) [8062-4062]
外題(외제)-表題(표제) [8062-6262]
外戚(외척)-外族(외족) [8032-8060]
邀擊(요격)-逆擊(역격) [1040-4240]
邀擊(요격)-迎擊(영격) [1040-4040]
要訣(요결)-訣要(결요) [5232-3252]
妖怪(요괴)-妖魔(요마) [2032-2020]
拗堂(요당)-堂拗(당요) [1062-6210]
料理(요리)-調理(조리) [5062-5262]
妖物(요물)-邪物(사물) [2072-3272]

妖術(요술)-魔法(마법) [2062-2052]
妖術(요술)-魔術(마술) [2062-2062]
龍宮(용궁)-水宮(수궁) [4042-8042]
勇猛(용맹)-猛勇(맹용) [6232-3262]
勇猛(용맹)-武猛(무맹) [6232-4232]
勇猛(용맹)-雄悍(웅한) [6232-5010]
容貌(용모)-面像(면상) [4232-7032]
容貌(용모)-面相(면상) [4232-7052]
勇兵(용병)-猛士(맹사) [6252-3252]
容認(용인)-認容(인용) [4242-4242]
勇進(용진)-銳進(예진) [6242-3042]
容喙(용훼)-開喙(개훼) [4210-6010]
寓居(우거)-寓宿(우숙) [1040-1052]
優待(우대)-優遇(우우) [4060-4040]
優待(우대)-厚待(후대) [4060-4060]
愚論(우론)-愚說(우설) [3242-3252]
愚民(우민)-暗民(암민) [3280-4280]
愚夫(우부)-愚男(우남) [3270-3272]
愚婦(우부)-愚女(우녀) [3242-3280]
愚書(우서)-愚札(우찰) [3262-3220]
郵送(우송)-發送(발송) [4042-6242]
憂時(우시)-憂世(우세) [3272-3272]
友愛(우애)-友誼(우의) [5260-5210]
友愛(우애)-友情(우정) [5260-5252]
憂畏(우외)-憂懼(우구) [3230-3230]
優越(우월)-優勢(우세) [4032-4042]
愚人(우인)-愚物(우물) [3280-3272]
愚人(우인)-愚者(우자) [3280-3260]
右族(우족)-右姓(우성) [7260-7272]
偶話(우화)-偶語(우어) [3272-3270]
旭日(욱일)-曙日(서일) [1280-1080]
旭日(욱일)-朝日(조일) [1280-6080]
旭日(욱일)-曉日(효일) [1280-3080]
運命(운명)-運勢(운세) [6270-6242]
運送(운송)-運輸(운수) [6242-6232]
運送(운송)-轉運(전운) [6242-4062]

運送(운송)-通運(통운) [6242-6062]
運營(운영)-運用(운용) [6240-6262]
雄傑(웅걸)-雄豪(웅호) [5040-5032]
雄圖(웅도)-鵬圖(붕도) [5062-1262]
雄篇(웅편)-高篇(고편) [5040-6240]
遠計(원계)-遠謀(원모) [6062-6032]
遠代(원대)-遠世(원세) [6062-6072]
遠望(원망)-遠眺(원조) [6052-6010]
遠洋(원양)-絶海(절해) [6060-4272]
原因(원인)-理由(이유) [5050-6260]
遠地(원지)-遠方(원방) [6070-6072]
遠地(원지)-遠域(원역) [6070-6040]
遠行(원행)-高蹈(고도) [6060-6210]
元兇(원흉)-渠首(거수) [5210-1052]
元兇(원흉)-渠率(거수) [5210-1032]
元兇(원흉)-渠帥(거수) [5210-1032]
元兇(원흉)-魁首(괴수) [5210-1052]
越階(월계)-越任(월임) [3240-3252]
越尺(월척)-準尺(준척) [3232-4232]
違格(위격)-違式(위식) [3052-3060]
偉功(위공)-偉烈(위열) [5262-5240]
偉功(위공)-戎功(융공) [5262-1062]
威光(위광)-稜威(능위) [4062-1040]
慰撫(위무)-存撫(존무) [4010-4010]
違反(위반)-背違(배위) [3062-4230]
僞本(위본)-假本(가본) [3260-4260]
僞書(위서)-僞片(위편) [3262-3232]
威嚴(위엄)-威信(위신) [4040-4062]
威儀(위의)-儀觀(의관) [4040-4052]
僞造(위조)-假造(가조) [3242-4242]
位牌(위패)-靈位(영위) [5010-3250]
僞學(위학)-異學(이학) [3280-4080]
威脅(위협)-脅迫(협박) [4032-3232]
誘拐(유괴)-拐引(괴인) [3210-1042]
幼君(유군)-幼帝(유제) [3240-3240]
幼年(유년)-童年(동년) [3280-6280]

遊覽(유람)-浪遊(낭유) [4040-3240]
遊覽(유람)-遊觀(유관) [4040-4052]
流離(유리)-漂浪(표랑) [5240-3032]
流離(유리)-漂流(표류) [5240-3052]
流離(유리)-漂泊(표박) [5240-3030]
流離(유리)-漂寓(표우) [5240-3010]
遺民(유민)-餘民(여민) [4080-4280]
類別(유별)-種別(종별) [5260-5260]
遺産(유산)-遺財(유재) [4052-4052]
儒生(유생)-書生(서생) [4080-6280]
諭示(유시)-曉諭(효유) [1050-3010]
諭示(유시)-曉喩(효유) [1050-3010]
遺兒(유아)-棄兒(기아) [4052-3052]
遺兒(유아)-遺愛(유애) [4052-4060]
遺言(유언)-遺音(유음) [4060-4062]
誘引(유인)-誘出(유출) [3242-3270]
遺著(유저)-遺籍(유적) [4032-4040]
遺跡(유적)-古蹟(고적) [4032-6032]
遺跡(유적)-古跡(고적) [4032-6032]
遺跡(유적)-舊蹟(구적) [4032-5232]
遺跡(유적)-舊跡(구적) [4032-5232]
遺跡(유적)-遺蹟(유적) [4032-4032]
遺址(유지)-舊基(구기) [4012-5252]
遺址(유지)-舊址(구지) [4012-5212]
遺志(유지)-遺意(유의) [4042-4062]
類纂(유찬)-類編(유편) [5210-5232]
幼稚(유치)-未熟(미숙) [3232-4232]
誘爆(유폭)-殉爆(순폭) [3240-3040]
遺風(유풍)-遺俗(유속) [4062-4042]
育苗(육묘)-養苗(양묘) [7030-5230]
肉慾(육욕)-淫慾(음욕) [4232-3232]
陸運(육운)-陸輸(육수) [5262-5232]
潤澤(윤택)-豊富(풍부) [3232-4242]
潤筆(윤필)-染筆(염필) [3252-3252]
隱士(은사)-山林(산림) [4052-8070]
隱士(은사)-山長(산장) [4052-8080]

隱身(은신)-潛身(잠신) [4062-3262]
隱迹(은적)-遁迹(둔적) [4010-1010]
隱蔽(은폐)-隱匿(은닉) [4030-4010]
恩恤(은휼)-字恤(자휼) [4210-7010]
恩恤(은휼)-慈恤(자휼) [4210-3210]
陰謀(음모)-鬼胎(귀태) [4232-3220]
淫事(음사)-陰事(음사) [3272-4272]
淫祠(음사)-陰祠(음사) [3210-4210]
淫習(음습)-淫風(음풍) [3260-3262]
陰佑(음우)-陰助(음조) [4212-4242]
陰害(음해)-陰中(음중) [4252-4280]
揖讓(읍양)-揖遜(읍손) [1032-1010]
應變(응변)-隨機(수기) [4252-3240]
凝視(응시)-注視(주시) [3042-6242]
應接(응접)-應待(응대) [4242-4260]
議決(의결)-議約(의약) [4252-4252]
議決(의결)-議定(의정) [4252-4260]
意圖(의도)-計劃(계획) [6262-6232]
意圖(의도)-意思(의사) [6262-6250]
意圖(의도)-意志(의지) [6262-6242]
意圖(의도)-意向(의향) [6262-6260]
義務(의무)-責務(책무) [4242-5242]
意味(의미)-意義(의의) [6242-6242]
義憤(의분)-義怒(의노) [4240-4242]
疑訝(의아)-疑惑(의혹) [4010-4032]
依存(의존)-依支(의지) [4040-4042]
意表(의표)-料外(요외) [6262-5080]
義解(의해)-義疏(의소) [4242-4232]
異景(이경)-異觀(이관) [4050-4052]
夷界(이계)-蠻地(만지) [3062-2070]
夷界(이계)-蕃地(번지) [3062-1070]
利己(이기)-愛己(애기) [6252-6052]
移動(이동)-轉移(전이) [4272-4042]
異變(이변)-變事(변사) [4052-5272]
異說(이설)-異道(이도) [4052-4072]
耳順(이순)-杖鄉(장향) [5052-1042]

移植(이식)-移種(이종) [4270-4252]
異域(이역)-局外(국외) [4040-5280]
異域(이역)-國外(국외) [4040-8080]
異域(이역)-方外(방외) [4040-7280]
異域(이역)-海外(해외) [4040-7280]
已往(이왕)-旣往(기왕) [3242-3042]
利用(이용)-活用(활용) [6262-7262]
利潤(이윤)-利文(이문) [6232-6270]
利潤(이윤)-利益(이익) [6232-6242]
利潤(이윤)-利錢(이전) [6232-6240]
異議(이의)-異論(이론) [4042-4042]
移葬(이장)-遷墓(천묘) [4232-3240]
罹災(이재)-罹禍(이화) [1050-1032]
移轉(이전)-移住(이주) [4240-4270]
移轉(이전)-轉居(전거) [4240-4040]
以前(이전)-前往(전왕) [5272-7242]
釐正(이정)-釐革(이혁) [1072-1040]
異種(이종)-殊類(수류) [4052-3252]
移職(이직)-轉職(전직) [4242-4042]
移職(이직)-遷職(천직) [4242-3242]
異草(이초)-異卉(이훼) [4070-4010]
離脫(이탈)-脫離(탈리) [4040-4040]
理解(이해)-納得(납득) [6242-4042]
理解(이해)-了解(요해) [6242-3042]
理解(이해)-會得(회득) [6242-6242]
匿名(익명)-埋名(매명) [1072-3072]
溺死(익사)-水死(수사) [2060-8060]
人傑(인걸)-人豪(인호) [8040-8032]
人山(인산)-人海(인해) [8080-8072]
刃傷(인상)-刃創(인창) [2040-2042]
人相(인상)-人態(인태) [8052-8042]
仁愛(인애)-仁親(인친) [4060-4060]
人爲(인위)-人工(인공) [8042-8072]
引證(인증)-引據(인거) [4240-4240]
一家(일가)-室家(실가) [8072-8072]
一見(일견)-一觀(일관) [8052-8052]

一見(일견)-一望(일망) [8052-8052]
日計(일계)-日算(일산) [8062-8070]
一技(일기)-一能(일능) [8050-8052]
日當(일당)-日給(일급) [8052-8050]
日當(일당)-日俸(일봉) [8052-8020]
一帶(일대)-一圓(일원) [8042-8042]
逸樂(일락)-逸豫(일예) [3262-3240]
一列(일렬)-單列(단열) [8042-4242]
日錄(일록)-日譜(일보) [8042-8032]
日沒(일몰)-日盡(일진) [8032-8040]
一式(일식)-一襲(일습) [8060-8032]
日食(일식)-和食(화식) [8072-6272]
一隅(일우)-一角(일각) [8010-8062]
逸才(일재)-廣才(광재) [3262-5262]
逸才(일재)-宏材(굉재) [3262-1052]
逸才(일재)-上才(상재) [3262-7262]
逸才(일재)-秀才(수재) [3262-4062]
日照(일조)-日射(일사) [8032-8040]
一簇(일족)-一群(일군) [8010-8040]
一族(일족)-一門(일문) [8060-8080]
一周(일주)-一巡(일순) [8040-8032]
一策(일책)-一計(일계) [8032-8062]
逸脫(일탈)-脫逸(탈일) [3240-4032]
一品(일품)-逸品(일품) [8052-3252]
一品(일품)-絶品(절품) [8052-4252]
逸筆(일필)-逸毫(일호) [3252-3230]
逸話(일화)-逸聞(일문) [3272-3262]
入棺(입관)-納棺(납관) [7010-4010]
入費(입비)-浮費(부비) [7050-3250]
入侍(입시)-入覲(입근) [7032-7010]
立案(입안)-具案(구안) [7250-5250]
入養(입양)-養嗣(양사) [7052-5210]
入養(입양)-入後(입후) [7052-7072]
入荷(입하)-入貨(입화) [7032-7042]
立會(입회)-證參(증참) [7262-4052]
立後(입후)-立嗣(입사) [7272-7210]

自覺(자각)-自醒(자성) [7240-7210]
自警(자경)-自戒(자계) [7242-7240]
自國(자국)-本國(본국) [7280-6080]
紫禁(자금)-皇居(황거) [3242-3240]
自給(자급)-自足(자족) [7250-7272]
自負(자부)-自信(자신) [7240-7262]
自殺(자살)-自決(자결) [7242-7252]
自署(자서)-手署(수서) [7232-7232]
刺繡(자수)-繡刺(수자) [3210-1032]
自習(자습)-自學(자학) [7260-7280]
自然(자연)-天然(천연) [7270-7070]
字典(자전)-字類(자류) [7052-7052]
自讚(자찬)-自稱(자칭) [7240-7240]
自害(자해)-自傷(자상) [7252-7240]
作黨(작당)-作輩(작배) [6242-6232]
作黨(작당)-作牌(작패) [6242-6210]
雀盲(작맹)-雀目(작목) [1032-1060]
作文(작문)-行文(행문) [6270-6070]
爵號(작호)-爵名(작명) [3060-3072]
殘金(잔금)-餘錢(여전) [4080-4240]
殘金(잔금)-殘額(잔액) [4080-4040]
殘留(잔류)-殘存(잔존) [4042-4040]
殘雪(잔설)-宿雪(숙설) [4062-5262]
殘雪(잔설)-點雪(점설) [4062-4062]
殘熱(잔열)-餘熱(여열) [4050-4250]
殘熱(잔열)-餘炎(여염) [4050-4232]
殘熱(잔열)-殘暑(잔서) [4050-4030]
殘在(잔재)-遺在(유재) [4060-4060]
殘賊(잔적)-殘盜(잔도) [4040-4040]
殘寒(잔한)-餘寒(여한) [4050-4250]
潛伏(잠복)-伏在(복재) [3240-4060]
潛伏(잠복)-潛隱(잠은) [3240-3240]
潛魚(잠어)-潛鱗(잠린) [3250-3210]
箴言(잠언)-警句(경구) [1060-4242]
雜鬼(잡귀)-雜神(잡신) [4032-4062]
雜器(잡기)-雜具(잡구) [4042-4052]

雜念(잡념)－客慮(객려) [4052-5240]
雜木(잡목)－雜樹(잡수) [4080-4060]
雜物(잡물)－雜卜(잡복) [4072-4030]
雜輩(잡배)－雜類(잡류) [4032-4052]
長江(장강)－大河(대하) [8072-8050]
壯擧(장거)－偉擧(위거) [4050-5250]
壯觀(장관)－偉觀(위관) [4052-5252]
壯年(장년)－盛年(성년) [4080-4280]
壯談(장담)－壯言(장언) [4050-4060]
壯途(장도)－壯行(장행) [4032-4060]
將來(장래)－來頭(내두) [4270-7060]
長蘆(장로)－驚蔘(경삼) [8012-4020]
帳簿(장부)－帳冊(장책) [4032-4040]
長上(장상)－上長(상장) [8072-7280]
長逝(장서)－遠逝(원서) [8030-6030]
場所(장소)－處所(처소) [7270-4270]
長壽(장수)－長生(장생) [8032-8080]
裝飾(장식)－修飾(수식) [4032-4232]
裝飾(장식)－治粧(치장) [4032-4232]
裝塡(장전)－揷彈(삽탄) [4010-2040]
裝塡(장전)－裝藥(장약) [4010-4062]
裝塡(장전)－裝彈(장탄) [4010-4040]
長點(장점)－美點(미점) [8040-6040]
裝幀(장정)－裝訂(장정) [4010-4030]
長足(장족)－巨足(거족) [8072-4072]
裝着(장착)－附着(부착) [4052-3252]
裝着(장착)－付着(부착) [4052-3252]
藏置(장치)－祕藏(비장) [3242-4032]
才傑(재걸)－才俊(재준) [6240-6230]
齋戒(재계)－潔齋(결재) [1040-4210]
再起(재기)－更起(갱기) [5042-4042]
才器(재기)－才局(재국) [6242-6252]
才能(재능)－器量(기량) [6252-4250]
再錄(재록)－再記(재기) [5042-5072]
再論(재론)－更論(갱론) [5042-4042]
財物(재물)－財賄(재회) [5272-5210]

再發(재발)－更發(갱발) [5062-4062]
才士(재사)－才子(재자) [6252-6272]
財産(재산)－資産(자산) [5252-4052]
災殃(재앙)－殃禍(앙화) [5030-3032]
災殃(재앙)－災禍(재화) [5030-5032]
才媛(재원)－才女(재녀) [6212-6280]
財政(재정)－錢政(전정) [5242-4042]
再製(재제)－再造(재조) [5042-5042]
宰制(재제)－宰割(재할) [3042-3032]
在朝(재조)－在廷(재정) [6060-6032]
在職(재직)－在勤(재근) [6042-6040]
再會(재회)－更逢(갱봉) [5062-4032]
再會(재회)－再逢(재봉) [5062-5032]
爭論(쟁론)－爭議(쟁의) [5042-5042]
底意(저의)－內意(내의) [4062-7262]
著作(저작)－著述(저술) [3262-3232]
著作(저작)－撰述(찬술) [3262-1032]
積功(적공)－積勞(적로) [4062-4052]
適歸(적귀)－適從(적종) [4040-4040]
積德(적덕)－累德(누덕) [4052-3252]
適例(적례)－好例(호례) [4060-4260]
嫡流(적류)－嫡嫡(적적) [1052-1010]
摘發(적발)－摘出(적출) [3262-3270]
適法(적법)－如法(여법) [4052-4252]
適法(적법)－合法(합법) [4052-6052]
適否(적부)－當否(당부) [4040-5240]
適時(적시)－適期(적기) [4072-4050]
積載(적재)－裝載(장재) [4032-4032]
積載(적재)－載積(재적) [4032-3240]
敵情(적정)－敵況(적황) [4252-4240]
的中(적중)－臆中(억중) [5280-1080]
適職(적직)－適業(적업) [4042-4062]
敵彈(적탄)－敵丸(적환) [4240-4230]
全家(전가)－渾家(혼가) [7272-1072]
前揭(전게)－前載(전재) [7220-7232]
錢穀(전곡)－金穀(금곡) [4040-8040]

全國(전국)-擧國(거국) [7280-5080]

專念(전념)-專事(전사) [4052-4072]

專念(전념)-執一(집일) [4052-3280]

全道(전도)-一道(일도) [7272-8072]

箭筒(전동)-矢服(시복) [1010-3060]

顚落(전락)-顚墜(전추) [1050-1010]

傳來(전래)-渡來(도래) [5270-3270]

展望(전망)-眺望(조망) [5252-1052]

全貌(전모)-全姿(전자) [7232-7240]

前夕(전석)-昨晚(작만) [7270-6232]

電線(전선)-導線(도선) [7262-4262]

田稅(전세)-田租(전조) [4242-4232]

餞送(전송)-祖送(조송) [1042-7042]

傳言(전언)-託言(탁언) [5260-2060]

傳染(전염)-感染(감염) [5232-6032]

前衛(전위)-前拒(전거) [7242-7240]

戰慄(전율)-戰悸(전계) [6210-6210]

戰慄(전율)-戰懼(전구) [6210-6230]

戰慄(전율)-震恐(진공) [6210-3232]

戰慄(전율)-震懼(진구) [6210-3230]

戰慄(전율)-振慄(진율) [6210-3210]

戰慄(전율)-震慄(진율) [6210-3210]

戰慄(전율)-震怖(진포) [6210-3220]

前陣(전진)-先陣(선진) [7240-8040]

前陣(전진)-前軍(전군) [7240-7280]

典質(전질)-典執(전집) [5252-5232]

前債(전채)-先債(선채) [7232-8032]

前策(전책)-前計(전계) [7232-7262]

前轍(전철)-覆轍(복철) [7210-3210]

前轍(전철)-前軌(전궤) [7210-7230]

轉請(전청)-轉託(전탁) [4042-4020]

轉向(전향)-轉身(전신) [4060-4062]

折脚(절각)-折跌(절질) [4032-4010]

絶景(절경)-秀氣(수기) [4250-4072]

絶景(절경)-絶勝(절승) [4250-4260]

絶交(절교)-斷交(단교) [4260-4260]

絶技(절기)-絶藝(절예) [4250-4242]

絶代(절대)-絶世(절세) [4262-4272]

絶命(절명)-絶息(절식) [4270-4242]

絶壁(절벽)-岸壁(안벽) [4242-3242]

絶色(절색)-一色(일색) [4270-8070]

絶崖(절애)-斷岸(단안) [4210-4232]

絶崖(절애)-斷崖(단애) [4210-4210]

竊取(절취)-盜取(도취) [3042-4042]

絶後(절후)-無後(무후) [4272-5072]

絶後(절후)-絶嗣(절사) [4272-4210]

絶後(절후)-絶孫(절손) [4272-4260]

點檢(점검)-點査(점사) [4042-4050]

占考(점고)-占斷(점단) [4050-4042]

點眼(점안)-點藥(점약) [4042-4062]

漸漸(점점)-漸次(점차) [3232-3242]

漸漸(점점)-次次(차차) [3232-4242]

接境(접경)-交界(교계) [4242-6062]

接脣(접순)-近口(근구) [4230-6070]

接脣(접순)-接口(접구) [4230-4270]

政綱(정강)-權綱(권강) [4232-4232]

靖國(정국)-靖難(정난) [1080-1042]

精讀(정독)-味讀(미독) [4262-4262]

精讀(정독)-熟讀(숙독) [4262-3262]

精靈(정령)-靈魂(영혼) [4232-3232]

精靈(정령)-精氣(정기) [4232-4272]

定論(정론)-定說(정설) [6042-6052]

正味(정미)-純量(순량) [7242-4250]

征夫(정부)-征人(정인) [3270-3280]

頂上(정상)-絶頂(절정) [3272-4232]

精選(정선)-極擇(극택) [4250-4240]

精選(정선)-愼選(신선) [4250-3250]

政勢(정세)-政情(정정) [4242-4252]

定業(정업)-定職(정직) [6062-6042]

正誤(정오)-勘誤(감오) [7242-1042]

正坐(정좌)-端坐(단좌) [7232-4232]

政策(정책)-政略(정략) [4232-4240]

政策(정책)-政術(정술) [4232-4262]
正鐵(정철)-鍊鐵(연철) [7250-3250]
正鐵(정철)-練鐵(연철) [7250-5250]
正初(정초)-歲首(세수) [7250-5252]
正初(정초)-歲初(세초) [7250-5250]
正初(정초)-首歲(수세) [7250-5252]
正初(정초)-年頭(연두) [7250-8060]
情趣(정취)-情致(정치) [5240-5250]
情趣(정취)-風情(풍정) [5240-6252]
正則(정칙)-正度(정도) [7250-7260]
正統(정통)-正系(정계) [7242-7240]
情況(정황)-情景(정경) [5240-5250]
情況(정황)-情狀(정상) [5240-5242]
情況(정황)-情地(정지) [5240-5270]
情況(정황)-情形(정형) [5240-5262]
帝京(제경)-玉京(옥경) [4060-4260]
諸般(제반)-各般(각반) [3232-6232]
除煩(제번)-冠省(관생) [4230-3262]
除煩(제번)-刪蔓(산만) [4230-1010]
除煩(제번)-舌代(설대) [4230-4062]
祭費(제비)-祭資(제자) [4250-4240]
諸神(제신)-群神(군신) [3262-4062]
帝業(제업)-帝圖(제도) [4062-4062]
帝業(제업)-帝謨(제모) [4062-4012]
帝位(제위)-聖祚(성조) [4050-4212]
帝位(제위)-宸極(신극) [4050-1042]
帝位(제위)-帝祚(제조) [4050-4012]
帝威(제위)-皇威(황위) [4040-3240]
提議(제의)-提起(제기) [4242-4242]
提議(제의)-提論(제론) [4242-4242]
提議(제의)-提言(제언) [4242-4260]
制定(제정)-立制(입제) [4260-7242]
除塵(제진)-收塵(수진) [4220-4220]
帝統(제통)-帝系(제계) [4042-4040]
制憲(제헌)-立憲(입헌) [4240-7240]
弔歌(조가)-葬歌(장가) [3070-3270]

朝露(조로)-朝菌(조균) [6032-6032]
嘲弄(조롱)-欺弄(기롱) [1032-3032]
嘲弄(조롱)-愚弄(우롱) [1032-3232]
造昧(조매)-草昧(초매) [4210-7010]
弔辭(조사)-悼詞(도사) [3040-2032]
弔辭(조사)-弔詞(조사) [3040-3032]
早産(조산)-早生(조생) [4252-4280]
祖上(조상)-先代(선대) [7072-8062]
弔書(조서)-弔狀(조장) [3062-3042]
粗食(조식)-艱食(간식) [1072-1072]
操心(조심)-注意(주의) [5070-6262]
遭遇(조우)-會遇(회우) [1040-6240]
調劑(조제)-調藥(조약) [5220-5262]
早朝(조조)-詰朝(힐조) [4260-1060]
凋盡(조진)-凋弊(조폐) [1040-1032]
早春(조춘)-初春(초춘) [4270-5070]
措置(조치)-措處(조처) [2042-2042]
朝會(조회)-朝禮(조례) [6062-6060]
族長(족장)-族父(족부) [6080-6080]
尊容(존용)-尊貌(존모) [4242-4232]
尊丈(존장)-尊執(존집) [4232-4232]
拙見(졸견)-愚見(우견) [3052-3252]
拙見(졸견)-愚計(우계) [3052-3262]
拙稿(졸고)-愚稿(우고) [3032-3232]
卒壽(졸수)-凍梨(동리) [5232-3230]
拙策(졸책)-拙謀(졸모) [3032-3032]
從今(종금)-從此(종차) [4062-4032]
終尾(종미)-終末(종말) [5032-5050]
種子(종자)-種物(종물) [5272-5272]
從卒(종졸)-從兵(종병) [4052-4052]
佐理(좌리)-佐治(좌치) [3062-3042]
挫傷(좌상)-挫創(좌창) [1040-1042]
座中(좌중)-座上(좌상) [4080-4072]
左遷(좌천)-降等(강등) [7232-4062]
左遷(좌천)-落等(낙등) [7232-5062]
左遷(좌천)-遷謫(천적) [7232-3210]

罪囚(죄수)-繋囚(계수) [5030-3030]
罪囚(죄수)-累囚(누수) [5030-3230]
罪囚(죄수)-囚人(수인) [5030-3080]
罪律(죄율)-罪罰(죄벌) [5042-5042]
酒客(주객)-酒豪(주호) [4052-4032]
住居(주거)-居第(거제) [7040-4062]
住居(주거)-住家(주가) [7040-7072]
住居(주거)-住宅(주택) [7040-7052]
酒狂(주광)-酒亂(주란) [4032-4040]
酒狂(주광)-酒妄(주망) [4032-4032]
酒道(주도)-酒德(주덕) [4072-4052]
駐輦(주련)-駐駕(주가) [2010-2010]
主謀(주모)-發頭(발두) [7032-6260]
住民(주민)-居民(거민) [7080-4080]
主賓(주빈)-正客(정객) [7030-7252]
誅殺(주살)-誅戮(주륙) [1042-1010]
酒色(주색)-酒淫(주음) [4070-4032]
註釋(주석)-註明(주명) [1032-1062]
註釋(주석)-註解(주해) [1032-1042]
主演(주연)-主役(주역) [7042-7032]
周遊(주유)-周流(주류) [4040-4052]
周遊(주유)-周章(주장) [4040-4060]
主將(주장)-主帥(주수) [7042-7032]
鑄貨(주화)-鑄錢(주전) [3242-3240]
鑄貨(주화)-鑄幣(주폐) [3242-3230]
奏效(주효)-成效(성효) [3252-6252]
竹簡(죽간)-簡冊(간책) [4240-4040]
竹簡(죽간)-簡策(간책) [4240-4032]
竹簡(죽간)-竹冊(죽책) [4240-4240]
準據(준거)-依準(의준) [4240-4042]
蠢動(준동)-蠢爾(준이) [1072-1010]
俊辯(준변)-大辯(대변) [3040-8040]
俊辯(준변)-逸辯(일변) [3040-3240]
峻峯(준봉)-危峯(위봉) [1232-4032]
俊才(준재)-駿良(준량) [3062-1252]
俊才(준재)-俊良(준량) [3062-3052]

俊才(준재)-俊逸(준일) [3062-3032]
俊才(준재)-駿逸(준일) [3062-1232]
駿足(준족)-驥足(기족) [1272-1272]
駿足(준족)-上馬(상마) [1272-7250]
駿足(준족)-駿馬(준마) [1272-1250]
準則(준칙)-準規(준규) [4250-4250]
仲介(중개)-居間(거간) [3232-4072]
仲介(중개)-居媒(거매) [3232-4032]
中斷(중단)-中絶(중절) [8042-8042]
重病(중병)-大病(대병) [7060-8060]
重病(중병)-篤疾(독질) [7060-3032]
仲陽(중양)-仲春(중춘) [3260-3270]
衆愚(중우)-衆盲(중맹) [4232-4232]
重疊(중첩)-千疊(천첩) [7010-7010]
仲兄(중형)-次兄(차형) [3280-4280]
卽席(즉석)-卽座(즉좌) [3260-3240]
櫛雨(즐우)-櫛風(즐풍) [1052-1062]
增軍(증군)-增兵(증병) [4280-4252]
增俸(증봉)-增給(증급) [4220-4250]
證憑(증빙)-憑證(빙증) [4010-1040]
增稅(증세)-加稅(가세) [4242-5042]
增額(증액)-加額(가액) [4240-5040]
增築(증축)-增修(증수) [4242-4242]
贈賄(증회)-贈賂(증뢰) [3010-3010]
遲刻(지각)-晩到(만도) [3040-3252]
遲刻(지각)-遲參(지참) [3040-3052]
地境(지경)-境域(경역) [7042-4240]
知己(지기)-淡交(담교) [5252-3260]
知己(지기)-水魚(수어) [5252-8050]
知己(지기)-心友(심우) [5252-7052]
知己(지기)-知音(지음) [5252-5262]
知己(지기)-知人(지인) [5252-5280]
知己(지기)-親舊(친구) [5252-6052]
知己(지기)-親友(친우) [5252-6052]
智略(지략)-機略(기략) [4040-4040]
智略(지략)-智謀(지모) [4040-4032]

持論(지론)-執說(집설) [4042-3252]
支流(지류)-分流(분류) [4252-6252]
志望(지망)-志願(지원) [4252-4250]
知命(지명)-半百(반백) [5270-6270]
知命(지명)-艾年(애년) [5270-1280]
芝眉(지미)-芝宇(지우) [1230-1232]
支配(지배)-統治(통치) [4242-4242]
地上(지상)-地面(지면) [7072-7070]
地上(지상)-現世(현세) [7072-6272]
至誠(지성)-虔誠(건성) [4242-1042]
智識(지식)-知力(지력) [4052-5272]
至材(지재)-絶才(절재) [4252-4262]
地主(지주)-土主(토주) [7070-8070]
至親(지친)-至情(지정) [4260-4252]
支撑(지탱)-扶支(부지) [4210-3242]
支撑(지탱)-扶持(부지) [4210-3240]
支撑(지탱)-支持(지지) [4210-4240]
至痛(지통)-極痛(극통) [4240-4240]
至痛(지통)-劇痛(극통) [4240-4040]
地形(지형)-地相(지상) [7062-7052]
直感(직감)-卽感(즉감) [7260-3260]
職工(직공)-工員(공원) [4272-7242]
直買(직매)-卽賣(즉매) [7250-3250]
織婦(직부)-機女(기녀) [4042-4080]
織婦(직부)-機婦(기부) [4042-4042]
直屬(직속)-直隷(직례) [7240-7230]
直通(직통)-直放(직방) [7260-7262]
眞景(진경)-實景(실경) [4250-5250]
塵念(진념)-塵慮(진려) [2052-2040]
盡力(진력)-極力(극력) [4072-4272]
盡力(진력)-奔走(분주) [4072-3242]
盡力(진력)-爲力(위력) [4072-4272]
眞理(진리)-眞道(진도) [4262-4272]
珍味(진미)-佳味(가미) [4042-3242]
珍味(진미)-嘉味(가미) [4042-1042]
進拜(진배)-進謁(진알) [4242-4230]

進步(진보)-開明(개명) [4242-6062]
進步(진보)-開進(개진) [4242-6042]
進步(진보)-開化(개화) [4242-6052]
珍寶(진보)-琦賂(기뢰) [4042-1210]
進步(진보)-發達(발달) [4242-6242]
進步(진보)-前進(전진) [4242-7242]
進步(진보)-向上(향상) [4242-6072]
塵事(진사)-塵務(진무) [2072-2042]
珍羞(진수)-盛饌(성찬) [4010-4210]
珍羞(진수)-華饌(화찬) [4010-4010]
珍襲(진습)-珍藏(진장) [4032-4032]
鎭壓(진압)-制壓(제압) [3242-4242]
眞僞(진위)-眞假(진가) [4232-4242]
眞僞(진위)-眞否(진부) [4232-4240]
振作(진작)-振起(진기) [3262-3242]
進退(진퇴)-去就(거취) [4242-5040]
進退(진퇴)-趨舍(추사) [4242-2042]
質問(질문)-質疑(질의) [5270-5240]
疾風(질풍)-迅風(신풍) [3262-1062]
執權(집권)-執柄(집병) [3242-3212]
集錄(집록)-輯錄(집록) [6242-2042]
集錄(집록)-纂錄(찬록) [6242-1042]
集注(집주)-集註(집중) [6262-6210]
集注(집주)-集中(집중) [6262-6280]
集票(집표)-集札(집찰) [6242-6220]
集荷(집하)-集貨(집화) [6232-6242]
借券(차권)-借書(차서) [3240-3262]
次席(차석)-次位(차위) [4260-4250]
差額(차액)-差金(차금) [4040-4080]
借用(차용)-貸用(대용) [3262-3262]
着劍(착검)-帶劍(대검) [5232-4232]
着劍(착검)-佩儉(패검) [5232-1040]
鑿空(착공)-鑿路(착로) [1072-1060]
着席(착석)-着座(착좌) [5260-5240]
錯誤(착오)-差錯(차착) [3242-4032]
着彈(착탄)-彈着(탄착) [5240-4052]

饌間(찬간)－饌房(찬방) [1072-1042]
篡立(찬립)－篡弑(찬시) [1072-1010]
篡立(찬립)－篡位(찬위) [1072-1050]
篡立(찬립)－篡奪(찬탈) [1072-1032]
讚辭(찬사)－賞詞(상사) [4040-5032]
讚頌(찬송)－讚美(찬미) [4040-4060]
讚頌(찬송)－讚揚(찬양) [4040-4032]
贊助(찬조)－贊翼(찬익) [3242-3232]
贊助(찬조)－協贊(협찬) [3242-4232]
刹那(찰나)－瞬間(순간) [2030-3272]
刹那(찰나)－瞬時(순시) [2030-3272]
刹那(찰나)－瞬息(순식) [2030-3242]
刹那(찰나)－轉瞬(전순) [2030-4032]
刹那(찰나)－片刻(편각) [2030-3240]
察任(찰임)－察職(찰직) [4252-4242]
參見(참견)－參涉(참섭) [5252-5230]
參考(참고)－參照(참조) [5250-5232]
慘殺(참살)－殘殺(잔살) [3042-4042]
慙色(참색)－愧色(괴색) [3070-3070]
斬首(참수)－斷頭(단두) [2052-4260]
蒼空(창공)－碧空(벽공) [3272-3272]
漲滿(창만)－漲溢(창일) [1042-1010]
唱隨(창수)－倡隨(창수) [5032-1032]
倡義(창의)－起義(기의) [1042-4242]
創造(창조)－肇造(조조) [4242-1042]
蒼波(창파)－碧波(벽파) [3242-3242]
倉荷(창하)－倉貨(창화) [3232-3242]
採訪(채방)－採探(채탐) [4042-4040]
菜蔬(채소)－菜麻(채마) [3230-3232]
採種(채종)－取種(취종) [4052-4252]
冊匣(책갑)－書帙(서질) [4010-6210]
策略(책략)－謀策(모책) [3240-3232]
策略(책략)－策謀(책모) [3240-3232]
處女(처녀)－室女(실녀) [4280-8080]
處女(처녀)－處子(처자) [4280-4272]
妻妾(처첩)－嫡妾(적첩) [3230-1030]

賤待(천대)－賤視(천시) [3260-3242]
千慮(천려)－萬慮(만려) [7040-8040]
天賦(천부)－天稟(천품) [7032-7010]
天外(천외)－九涯(구애) [7080-8030]
天佑(천우)－佑命(우명) [7012-1270]
天運(천운)－歷運(역운) [7062-5262]
天胤(천윤)－天嗣(천사) [7012-7010]
天子(천자)－皇帝(황제) [7072-3240]
天裁(천재)－勅裁(칙재) [7032-1032]
天誅(천주)－天討(천토) [7010-7040]
天地(천지)－堪輿(감여) [7070-1030]
天地(천지)－乾坤(건곤) [7070-3230]
天地(천지)－覆載(부재) [7070-3232]
賤妾(천첩)－奴家(노가) [3230-3272]
天險(천험)－天阻(천조) [7040-7010]
撤廢(철폐)－廢撤(폐철) [2032-3220]
捷報(첩보)－勝報(승보) [1042-6042]
請暇(청가)－謁告(알고) [4240-3052]
淸覽(청람)－高覽(고람) [6240-6240]
淸覽(청람)－尊覽(존람) [6240-4240]
請老(청로)－乞身(걸신) [4270-3062]
請老(청로)－乞骸(걸해) [4270-3010]
淸吏(청리)－廉吏(염리) [6232-3032]
淸望(청망)－淸名(청명) [6252-6272]
淸白(청백)－淸廉(청렴) [6280-6230]
請賓(청빈)－請客(청객) [4230-4252]
淸掃(청소)－掃拭(소식) [6242-4210]
淸掃(청소)－刷掃(쇄소) [6242-3242]
淸掃(청소)－淨掃(정소) [6242-3242]
請援(청원)－請助(청조) [4240-4242]
淸節(청절)－淸操(청조) [6252-6250]
請託(청탁)－干囑(간촉) [4220-4010]
請託(청탁)－請囑(청촉) [4220-4210]
淸濁(청탁)－好惡(호오) [6230-4252]
請婚(청혼)－求婚(구혼) [4240-4240]
滯納(체납)－滯給(체급) [3240-3250]

滯納(체납)-滯拂(체불) [3240-3232]
滯留(체류)-滯在(체재) [3242-3260]
體樣(체양)-態樣(태양) [6240-4240]
涕泣(체읍)-流泣(유읍) [1030-5230]
草家(초가)-草堂(초당) [7072-7062]
初段(초단)-一段(일단) [5040-8040]
招待(초대)-招請(초청) [4060-4042]
抄錄(초록)-抄寫(초사) [3042-3050]
招撫(초무)-招慰(초위) [4010-4040]
焦眉(초미)-燃眉(연미) [2030-4030]
抄本(초본)-略本(약본) [3060-4060]
草屋(초옥)-茅屋(모옥) [7050-1250]
蜀道(촉도)-蜀路(촉로) [1272-1260]
村婦(촌부)-俚婦(이부) [7042-1042]
村野(촌야)-村郊(촌교) [7060-7030]
村場(촌장)-村市(촌시) [7072-7072]
村中(촌중)-村內(촌내) [7080-7072]
寸土(촌토)-尺土(척토) [8080-3280]
寸評(촌평)-短評(단평) [8040-6240]
聰明(총명)-記性(기성) [3062-7252]
聰明(총명)-明哲(명석) [3062-6212]
寵兒(총아)-寵人(총인) [1052-1080]
寵愛(총애)-特愛(특애) [1060-6060]
聰智(총지)-聰哲(총철) [3040-3032]
最高(최고)-至上(지상) [5062-4272]
最高(최고)-最上(최상) [5062-5072]
最善(최선)-極善(극선) [5050-4250]
秋景(추경)-秋容(추용) [7050-7042]
秋情(추정)-秋思(추사) [7052-7050]
推尊(추존)-推尙(추상) [4042-4032]
推薦(추천)-薦達(천달) [4030-3042]
推測(추측)-推量(추량) [4042-4050]
秋波(추파)-眼波(안파) [7042-4242]
秋毫(추호)-分毫(분호) [7030-6230]
秋毫(추호)-一毫(일호) [7030-8030]
秋毫(추호)-毫釐(호리) [7030-3010]

秋毫(추호)-毫末(호말) [7030-3050]
祝儀(축의)-祝典(축전) [5040-5052]
蓄積(축적)-積貯(적저) [4240-4050]
祝電(축전)-祝報(축보) [5072-5042]
築造(축조)-造築(조축) [4242-4242]
縮退(축퇴)-退縮(퇴축) [4042-4240]
春景(춘경)-春容(춘용) [7050-7042]
椿堂(춘당)-令尊(영존) [1262-5042]
春情(춘정)-春機(춘기) [7052-7040]
出家(출가)-出門(출문) [7072-7080]
出兵(출병)-出軍(출군) [7052-7080]
出産(출산)-生産(생산) [7052-8052]
出産(출산)-出生(출생) [7052-7080]
出船(출선)-發船(발선) [7050-6250]
出獄(출옥)-出監(출감) [7032-7042]
出征(출정)-征行(정행) [7032-3260]
出版(출판)-刊出(간출) [7032-3270]
出版(출판)-刊行(간행) [7032-3260]
出版(출판)-刷行(쇄행) [7032-3260]
出荷(출하)-積出(적출) [7032-4070]
充滿(충만)-彌滿(미만) [5242-1242]
充滿(충만)-洋溢(양일) [5242-6010]
充塡(충전)-塡充(전충) [5210-1052]
悴顔(췌안)-悴容(췌용) [1032-1042]
取捨(취사)-用捨(용사) [4230-6230]
測地(측지)-度地(탁지) [4270-6070]
致景(치경)-美景(미경) [5050-6050]
稚氣(치기)-乳氣(유기) [3272-4072]
治法(치법)-治術(치술) [4252-4262]
治下(치하)-管下(관하) [4272-4072]
親分(친분)-契分(계분) [6062-3262]
親政(친정)-親朝(친조) [6042-6060]
親筆(친필)-肉筆(육필) [6052-4252]
親筆(친필)-自筆(자필) [6052-7252]
七去(칠거)-七出(칠출) [8050-8070]
沈降(침강)-沈下(침하) [3240-3272]

沈降(침강)-下沈(하침) [3240-7232]　　脫獄(탈옥)-越獄(월옥) [4032-3232]
寢具(침구)-衾枕(금침) [4052-1030]　　脫獄(탈옥)-破獄(파옥) [4032-4232]
寢臺(침대)-寢床(침상) [4032-4042]　　脫字(탈자)-缺字(결자) [4070-4270]
侵迫(침박)-侵逼(침핍) [4232-4210]　　脫字(탈자)-闕字(궐자) [4070-2070]
浸入(침입)-浸沈(침침) [3270-3232]　　脫字(탈자)-闕劃(궐획) [4070-2032]
沈着(침착)-冷靜(냉정) [3252-5040]　　脫字(탈자)-落字(낙자) [4070-5070]
侵虐(침학)-陵虐(능학) [4220-3220]　　脫字(탈자)-逸字(일자) [4070-3270]
蟄居(칩거)-屈蟄(굴칩) [1040-4010]　　脫盡(탈진)-奪氣(탈기) [4040-3272]
蟄居(칩거)-閉居(폐거) [1040-4040]　　脫出(탈출)-脫去(탈거) [4070-4050]
稱頌(칭송)-稱道(칭도) [4040-4072]　　探求(탐구)-索求(색구) [4042-3242]
稱頌(칭송)-稱辭(칭사) [4040-4040]　　探求(탐구)-探索(탐색) [4042-4032]
稱頌(칭송)-稱說(칭설) [4040-4052]　　耽美(탐미)-唯美(유미) [1260-3060]
稱冤(칭원)-呼冤(호원) [4010-4210]　　探査(탐사)-鉤校(구교) [4050-1080]
稱讚(칭찬)-賞美(상미) [4040-5060]　　貪虐(탐학)-貪橫(탐횡) [3020-3032]
稱讚(칭찬)-賞揚(상양) [4040-5032]　　蕩女(탕녀)-蕩婦(탕부) [1080-1042]
稱讚(칭찬)-賞譽(상예) [4040-5032]　　蕩盡(탕진)-蕩竭(탕갈) [1040-1010]
快諾(쾌락)-快許(쾌허) [4232-4250]　　泰斗(태두)-山斗(산두) [3242-8042]
快癒(쾌유)-快復(쾌복) [4210-4242]　　擇用(택용)-鉤用(구용) [4062-1062]
快癒(쾌유)-快差(쾌차) [4210-4240]　　吐露(토로)-吐破(토파) [3232-3242]
快調(쾌조)-好調(호조) [4252-4252]　　土俗(토속)-土風(토풍) [8042-8062]
快活(쾌활)-活潑(활발) [4272-7210]　　土堤(토제)-土坡(토파) [8030-8012]
他人(타인)-他者(타자) [5080-5060]　　痛感(통감)-切感(절감) [4060-5260]
他地(타지)-外地(외지) [5070-8070]　　痛哭(통곡)-慟哭(통곡) [4032-1032]
妥帖(타첩)-妥貼(타첩) [3010-3010]　　統括(통괄)-統轄(통할) [4210-4210]
妥帖(타첩)-打合(타합) [3010-5060]　　通交(통교)-通好(통호) [6060-6042]
他村(타촌)-外村(외촌) [5070-8070]　　統率(통솔)-統領(통령) [4232-4250]
他鄕(타향)-客地(객지) [5042-5270]　　通人(통인)-通士(통사) [6080-6052]
他鄕(타향)-殊鄕(수향) [5042-3242]　　統制(통제)-統御(통어) [4242-4232]
卓論(탁론)-卓說(탁설) [5042-5052]　　通知(통지)-報知(보지) [6052-4252]
拓本(탁본)-碑帖(비첩) [3260-4010]　　通則(통칙)-通規(통규) [6050-6050]
託送(탁송)-傳送(전송) [2042-5242]　　通則(통칙)-通律(통률) [6050-6042]
彈琴(탄금)-擊琴(격금) [4032-4032]　　通則(통칙)-通法(통법) [6050-6052]
歎賞(탄상)-稱歎(칭탄) [4050-4040]　　統稱(통칭)-都名(도명) [4240-5072]
歎賞(탄상)-歎稱(탄칭) [4050-4040]　　統稱(통칭)-總稱(총칭) [4240-4240]
脫落(탈락)-遺落(유락) [4050-4050]　　統稱(통칭)-通稱(통칭) [4240-6040]
脫獄(탈옥)-牢脫(뇌탈) [4032-1040]　　退遁(퇴둔)-退避(퇴피) [4210-4240]

頹落(퇴락)-朽落(후락) [1050-1050]
褪色(퇴색)-減色(감색) [1070-4270]
褪色(퇴색)-退色(퇴색) [1070-4270]
退息(퇴식)-退休(퇴휴) [4242-4270]
頹運(퇴운)-頹勢(퇴세) [1062-1042]
退任(퇴임)-退職(퇴직) [4252-4242]
投歸(투귀)-投化(투화) [4040-4052]
透寫(투사)-影寫(영사) [3250-3250]
投藥(투약)-給藥(급약) [4062-5062]
鬪爭(투쟁)-爭鬪(쟁투) [4050-5040]
鬪志(투지)-鬪心(투심) [4042-4070]
特別(특별)-各別(각별) [6060-6260]
特色(특색)-特徵(특징) [6070-6032]
特殊(특수)-特異(특이) [6032-6040]
特製(특제)-別製(별제) [6042-6042]
特酒(특주)-名酒(명주) [6040-7240]
特酒(특주)-銘酒(명주) [6040-3240]
特品(특품)-殊品(수품) [6052-3252]
特效(특효)-卓效(탁효) [6052-5052]
破壞(파괴)-殘毁(잔훼) [4232-4030]
波紋(파문)-水紋(수문) [4232-8032]
破産(파산)-倒産(도산) [4252-3252]
破碎(파쇄)-碎破(쇄파) [4210-1042]
破屋(파옥)-頹屋(퇴옥) [4250-1050]
破片(파편)-斷片(단편) [4232-4232]
板刻(판각)-刻板(각판) [5040-4050]
販賣(판매)-發賣(발매) [3050-6250]
八方(팔방)-八面(팔면) [8072-8070]
八旬(팔순)-杖朝(장조) [8032-1060]
八字(팔자)-祿命(녹명) [8070-3270]
悖德(패덕)-敗德(패덕) [1052-5052]
悖倫(패륜)-背倫(배륜) [1032-4232]
悖倫(패륜)-不倫(불륜) [1032-7232]
悖倫(패륜)-傷倫(상륜) [1032-4032]
悖倫(패륜)-逆倫(역륜) [1032-4232]
敗亡(패망)-敗滅(패멸) [5050-5032]

敗北(패배)-敗戰(패전) [5080-5062]
偏嗜(편기)-惑嗜(혹기) [3210-3210]
遍歷(편력)-轉歷(전력) [3052-4052]
編著(편저)-編述(편술) [3232-3232]
片舟(편주)-芥舟(개주) [3230-1030]
片舟(편주)-扁舟(편주) [3230-1230]
便紙(편지)-簡札(간찰) [7070-4020]
便紙(편지)-書簡(서간) [7070-6240]
便紙(편지)-書疏(서소) [7070-6232]
便紙(편지)-書信(서신) [7070-6262]
便紙(편지)-書狀(서장) [7070-6242]
便紙(편지)-書札(서찰) [7070-6220]
便紙(편지)-書尺(서척) [7070-6232]
便紙(편지)-書翰(서한) [7070-6220]
便紙(편지)-書函(서함) [7070-6210]
便紙(편지)-聲問(성문) [7070-4270]
便紙(편지)-信書(신서) [7070-6262]
便紙(편지)-札翰(찰한) [7070-2020]
便紙(편지)-尺簡(척간) [7070-3240]
便紙(편지)-片紙(편지) [7070-3270]
編輯(편집)-纂輯(찬집) [3220-1020]
編輯(편집)-綴輯(철집) [3220-1020]
編纂(편찬)-纂修(찬수) [3210-1042]
編纂(편찬)-編修(편수) [3210-3242]
偏頗(편파)-偏私(편사) [3230-3240]
貶斥(폄척)-減黜(감출) [1030-4210]
貶毁(폄훼)-貶論(폄론) [1030-1042]
貶毁(폄훼)-貶辭(폄사) [1030-1040]
評決(평결)-評定(평정) [4052-4060]
平凡(평범)-尋常(심상) [7232-3042]
平素(평소)-平常(평상) [7242-7242]
廢家(폐가)-壞屋(괴옥) [3272-3250]
廢鑛(폐광)-閉山(폐산) [3240-4080]
廢亡(폐망)-廢滅(폐멸) [3250-3232]
廢船(폐선)-死船(사선) [3250-6050]
弊衣(폐의)-敗衣(패의) [3260-5060]

暴棄(포기)－自棄(자기) [4230－7230]
暴棄(포기)－自暴(자포) [4230－7242]
抱腹(포복)－絕倒(절도) [3032－4232]
抱負(포부)－雄志(웅지) [3040－5042]
抱負(포부)－壯志(장지) [3040－4042]
捕斬(포참)－擒斬(금참) [3220－1020]
逋脫(포탈)－逋稅(포세) [1040－1042]
逋脫(포탈)－逋租(포조) [1040－1032]
抱恨(포한)－抱冤(포원) [3040－3010]
包懷(포회)－包藏(포장) [4232－4232]
咆哮(포효)－哮吼(효후) [1010－1010]
暴君(폭군)－亂君(난군) [4240－4040]
暴騰(폭등)－急騰(급등) [4230－6230]
暴落(폭락)－急落(급락) [4250－6250]
暴力(폭력)－腕力(완력) [4272－1072]
暴雨(폭우)－猛雨(맹우) [4252－3252]
暴飮(폭음)－宏飮(굉음) [4262－1062]
暴飮(폭음)－轟飮(굉음) [4262－1062]
暴飮(폭음)－大飮(대음) [4262－8062]
標本(표본)－表率(표솔) [4060－6232]
剽竊(표절)－盜作(도작) [1030－4062]
稟申(품신)－稟告(품고) [1042－1052]
品評(품평)－品定(품정) [5240－5260]
品行(품행)－素行(소행) [5260－4260]
品行(품행)－操行(조행) [5260－5060]
豊年(풍년)－登歲(등세) [4280－7052]
豊年(풍년)－熟歲(숙세) [4280－3252]
風浪(풍랑)－風濤(풍도) [6232－6210]
風輪(풍륜)－風神(풍신) [6240－6262]
風聞(풍문)－風聽(풍청) [6262－6240]
風習(풍습)－氣習(기습) [6260－7260]
豊作(풍작)－上作(상작) [4262－7262]
風節(풍절)－風尙(풍상) [6252－6232]
風害(풍해)－風難(풍난) [6252－6242]
披覽(피람)－披見(피견) [1040－1052]
必須(필수)－要須(요수) [5230－5230]

逼奪(핍탈)－剽掠(표략) [1032－1030]
下校(하교)－退校(퇴교) [7280－4280]
下答(하답)－下回(하회) [7272－7242]
夏服(하복)－暑衣(서의) [7060－3060]
下賜(하사)－御賜(어사) [7230－3230]
賀狀(하장)－賀書(하서) [3242－3262]
河海(하해)－江海(강해) [5072－7272]
遐鄕(하향)－遐方(하방) [1042－1072]
下懷(하회)－下情(하정) [7232－7252]
虐待(학대)－驅迫(구박) [2060－3032]
虐待(학대)－虐遇(학우) [2060－2040]
鶴首(학수)－鶴企(학기) [3252－3232]
鶴首(학수)－鶴立(학립) [3252－3272]
鶴首(학수)－鶴望(학망) [3252－3252]
學窓(학창)－螢窓(형창) [8062－3062]
閑居(한거)－燕息(연식) [4040－3242]
寒暖(한란)－寒煖(한란) [5042－5010]
寒暖(한란)－寒溫(한온) [5042－5060]
閑步(한보)－閑行(한행) [4042－4060]
寒暑(한서)－冷暖(냉난) [5030－5042]
寒暑(한서)－冷煖(냉난) [5030－5010]
旱熱(한열)－旱炎(한염) [3050－3032]
閑人(한인)－閑客(한객) [4080－4052]
漢籍(한적)－漢書(한서) [7240－7262]
閑地(한지)－靜境(정경) [4070－4042]
閑地(한지)－閑職(한직) [4070－4042]
割賦(할부)－賦拂(부불) [3232－3232]
含怨(함원)－結怨(결원) [3240－5240]
咸池(함지)－昧谷(매곡) [3032－1032]
合計(합계)－合算(합산) [6062－6070]
合致(합치)－一致(일치) [6050－8050]
恒常(항상)－每常(매상) [3242－7242]
降者(항자)－降人(항인) [4060－4080]
抗爭(항쟁)－抗戰(항전) [4050－4062]
航海(항해)－航走(항주) [4272－4242]
解劍(해검)－脫刀(탈도) [4232－4032]

海內(해내)-區極(구극) [7272-6042] 嫌嫉(혐질)-嫌厭(혐염) [3010-3020]
該當(해당)-當該(당해) [3052-5230] 嫌恨(혐한)-嫌怨(혐원) [3040-3040]
解毒(해독)-破毒(파독) [4242-4242] 俠氣(협기)-氣俠(기협) [1072-7210]
海東(해동)-東邦(동방) [7280-8030] 協力(협력)-戮力(육력) [4272-1072]
解夢(해몽)-占夢(점몽) [4232-4032] 刑具(형구)-獄具(옥구) [4052-3252]
解冤(해원)-雪憤(설분) [4210-6240] 刑民(형민)-刑人(형인) [4080-4080]
海賊(해적)-海盜(해도) [7240-7240] 衡平(형평)-水平(수평) [3272-8072]
核心(핵심)-中心(중심) [4070-8070] 惠鑑(혜감)-惠存(혜존) [4232-4240]
核心(핵심)-中核(중핵) [4070-8040] 護國(호국)-衛國(위국) [4280-4280]
幸運(행운)-利運(이운) [6262-6262] 浩氣(호기)-正氣(정기) [3272-7272]
行爲(행위)-所爲(소위) [6042-7042] 虎狼(호랑)-狼虎(낭호) [3210-1032]
行人(행인)-路人(노인) [6080-6080] 好色(호색)-貪淫(탐음) [4270-3032]
香氣(향기)-芳氣(방기) [4272-3272] 互讓(호양)-交讓(교양) [3032-6032]
鄕士(향사)-鄕儒(향유) [4252-4240] 好雨(호우)-甘雨(감우) [4252-4052]
饗宴(향연)-宴饗(연향) [1032-3210] 好雨(호우)-膏雨(고우) [4252-1052]
香煙(향연)-香雲(향운) [4242-4252] 豪雨(호우)-甚雨(심우) [3252-3252]
向意(향의)-向慕(향모) [6062-6032] 好雨(호우)-適雨(적우) [4252-4052]
香草(향초)-芳草(방초) [4270-3270] 豪族(호족)-豪家(호가) [3260-3272]
許可(허가)-承諾(승낙) [5050-4232] 酷吏(혹리)-苛吏(가리) [2032-1032]
許可(허가)-認可(인가) [5050-4250] 酷使(혹사)-苦使(고사) [2060-6060]
許可(허가)-許諾(허락) [5050-5032] 酷使(혹사)-虐使(학사) [2060-2060]
許給(허급)-許施(허시) [5050-5042] 酷暑(혹서)-極暑(극서) [2030-4230]
虛名(허명)-空名(공명) [4272-7272] 酷暑(혹서)-劇暑(극서) [2030-4030]
虛名(허명)-白望(백망) [4272-8052] 酷暑(혹서)-酷陽(혹양) [2030-2060]
虛言(허언)-空言(공언) [4260-7260] 酷評(혹평)-苛評(가평) [2040-1040]
獻納(헌납)-獻供(헌공) [3240-3232] 酷評(혹평)-冷評(냉평) [2040-5040]
獻米(헌미)-誠米(성미) [3260-4260] 酷寒(혹한)-苦寒(고한) [2050-6050]
革新(혁신)-刷新(쇄신) [4062-3262] 酷寒(혹한)-劇寒(극한) [2050-4050]
革新(혁신)-維新(유신) [4062-3262] 酷寒(혹한)-極寒(극한) [2050-4250]
革新(혁신)-鼎新(정신) [4062-1262] 酷寒(혹한)-烈寒(열한) [2050-4050]
懸心(현심)-懸懸(현현) [3270-3232] 酷刑(혹형)-峻刑(준형) [2040-1240]
賢愚(현우)-賢否(현부) [4232-4240] 婚禮(혼례)-婚儀(혼의) [4060-4040]
賢才(현재)-才賢(재현) [4262-6242] 婚需(혼수)-資賄(자회) [4032-4010]
血肉(혈육)-骨肉(골육) [4242-4042] 混雜(혼잡)-混亂(혼란) [4040-4040]
血鬪(혈투)-血爭(혈쟁) [4240-4250] 混戰(혼전)-亂戰(난전) [4062-4062]
血鬪(혈투)-血戰(혈전) [4240-4262] 弘益(홍익)-廣益(광익) [3042-5242]

鴻積(홍적)-洪業(홍업) [3040-3262]
鴻積(홍적)-鴻業(홍업) [3040-3062]
火工(화공)-火夫(화부) [8072-8070]
火輪(화륜)-外車(외차) [8040-8072]
禍福(화복)-災祥(재상) [3252-5030]
畫仙(화선)-畫聖(화성) [6052-6042]
和顔(화안)-怡顔(이안) [6232-1232]
花容(화용)-佳容(가용) [7042-3242]
花容(화용)-容華(용화) [7042-4240]
化粧(화장)-丹粧(단장) [5232-3232]
化粧(화장)-姸粧(연장) [5232-1232]
還甲(환갑)-周甲(주갑) [3240-4040]
還甲(환갑)-華甲(화갑) [3240-4040]
還甲(환갑)-還曆(환력) [3240-3232]
還甲(환갑)-回甲(회갑) [3240-4240]
換骨(환골)-奪胎(탈태) [3240-3220]
換骨(환골)-換奪(환탈) [3240-3232]
歡談(환담)-歡語(환어) [4050-4070]
歡待(환대)-懇待(간대) [4060-3260]
還都(환도)-還京(환경) [3250-3260]
患者(환자)-病者(병자) [5060-6060]
皇陵(황릉)-帝陵(제릉) [3232-4032]
荒墳(황분)-荒塚(황총) [3230-3210]
皇恩(황은)-皇澤(황택) [3242-3232]
皇族(황족)-帝戚(제척) [3260-4032]
荒地(황지)-曠土(광토) [3270-1080]
黃泉(황천)-九原(구원) [6040-8050]
黃泉(황천)-九泉(구천) [6040-8040]
黃泉(황천)-冥途(명도) [6040-3032]
黃泉(황천)-冥曹(명조) [6040-3010]
黃泉(황천)-遺界(유계) [6040-4062]
黃泉(황천)-幽都(유도) [6040-3250]
黃泉(황천)-陰府(음부) [6040-4242]
黃泉(황천)-重泉(중천) [6040-7040]
黃泉(황천)-泉壤(천양) [6040-4032]
黃泉(황천)-玄宅(현택) [6040-3252]

黃土(황토)-黃壤(황양) [6080-6032]
回答(회답)-回貼(회첩) [4272-4210]
回答(회답)-回帖(회첩) [4272-4210]
回覽(회람)-輪示(윤시) [4240-4050]
回覽(회람)-轉照(전조) [4240-4032]
回報(회보)-答報(답보) [4242-7242]
回信(회신)-答信(답신) [4262-7262]
回信(회신)-返信(반신) [4262-3062]
灰燼(회신)-燼灰(신회) [4010-1040]
回憶(회억)-緬憶(면억) [4232-1032]
會議(회의)-集議(집의) [6242-6242]
懷抱(회포)-宿抱(숙포) [3230-5230]
劃一(획일)-一律(일률) [3280-8042]
橫行(횡행)-方行(방행) [3260-7260]
效力(효력)-效能(효능) [5272-5252]
效力(효력)-效用(효용) [5272-5262]
效力(효력)-效驗(효험) [5272-5242]
孝鳥(효조)-慈鳥(자조) [7242-3242]
後軍(후군)-殿軍(전군) [7280-3280]
後面(후면)-背面(배면) [7270-4270]
厚賜(후사)-優賜(우사) [4030-4030]
後嗣(후사)-遺嗣(유사) [7210-4010]
後嗣(후사)-胤嗣(윤사) [7210-1210]
厚顔(후안)-强顔(강안) [4032-6032]
後妻(후처)-繼妻(계처) [7232-4032]
後哲(후철)-後彦(후언) [7232-7212]
後退(후퇴)-退却(퇴각) [7242-4230]
後患(후환)-後顧(후고) [7250-7230]
後患(후환)-後憂(후우) [7250-7232]
訓戒(훈계)-勸戒(권계) [6040-4040]
訓長(훈장)-學究(학구) [6080-8042]
毁損(훼손)-壞損(괴손) [3040-3240]
休息(휴식)-休憩(휴게) [7042-7020]
休息(휴식)-休止(휴지) [7042-7050]
休養(휴양)-靜養(정양) [7052-4052]
休紙(휴지)-敗紙(패지) [7070-5070]

凶計(흉계)-惡計(악계) [5262-5262]
凶計(흉계)-兇計(흉계) [5262-1062]
凶計(흉계)-凶謀(흉모) [5262-5232]
凶年(흉년)-儉年(검년) [5280-4080]
凶黨(흉당)-兇黨(흉당) [5242-1042]
凶黨(흉당)-凶徒(흉도) [5242-5240]
凶黨(흉당)-兇徒(흉도) [5242-1040]
凶事(흉사)-禍事(화사) [5272-3272]
凶事(흉사)-兇事(흉사) [5272-1072]
凶日(흉일)-惡日(악일) [5280-5280]
胸中(흉중)-胸臆(흉억) [3280-3210]
黑髮(흑발)-烏髮(오발) [5040-3240]
黑白(흑백)-白黑(백흑) [5080-8050]
黑白(흑백)-是非(시비) [5080-4242]
黑牛(흑우)-烏牛(오우) [5050-3250]
黑雲(흑운)-烏雲(오운) [5052-3252]
欽慕(흠모)-悅慕(열모) [1232-3232]

興起(흥기)-興作(흥작) [4242-4262]
興亡(흥망)-盛衰(성쇠) [4250-4232]
興亡(흥망)-營悴(영췌) [4250-4010]
興亡(흥망)-興壞(흥괴) [4250-4232]
興亡(흥망)-興敗(흥패) [4250-4250]
興亡(흥망)-興廢(흥폐) [4250-4232]
興味(흥미)-興趣(흥취) [4242-4240]
希望(희망)-所願(소원) [4252-7050]
希望(희망)-願望(원망) [4252-5052]
喜捨(희사)-捨撤(사철) [4030-3020]
喜色(희색)-悅色(열색) [4070-3270]
稀姓(희성)-僻姓(벽성) [3272-2072]
喜悅(희열)-欣悅(흔열) [4032-1032]
喜悅(희열)-喜樂(희락) [4032-4062]
詰難(힐난)-指彈(지탄) [1042-4240]
詰責(힐책)-罵倒(매도) [1052-1032]

유의어[類義語(同義語, 同意語)_3字]

可燃物(가연물) － 可燃體(가연체) [504072-504062]
加入金(가입금) － 加入費(가입비) [507080-507050]
家庭欄(가정란) － 家庭面(가정면) [726232-726270]
懇親會(간친회) － 親睦會(친목회) [326062-603262]
監督員(감독원) － 監督者(감독자) [424242-424260]
監視員(감시원) － 監視人(감시인) [424242-424280]
監視員(감시원) － 監視者(감시자) [424242-424260]
改良種(개량종) － 育成種(육성종) [505252-706252]
改良策(개량책) － 改善策(개선책) [505232-505032]
槪算給(개산급) － 槪算渡(개산도) [327050-327032]
改札係(개찰계) － 改札員(개찰원) [502042-502042]
開創地(개창지) － 開拓地(개척지) [604270-603270]
開催者(개최자) － 主催者(주최자) [603260-703260]
開票所(개표소) － 開票場(개표장) [604270-604272]
改革家(개혁가) － 改革者(개혁자) [504072-504060]

車同軌(거동궤) － 書同文(서동문) [727030-627070]
巨細事(거세사) － 大小事(대소사) [404272-808072]
建造物(건조물) － 建築物(건축물) [504272-504272]
建築家(건축가) － 建築士(건축사) [504272-504252]
建築家(건축가) － 建築者(건축자) [504272-504260]
儉約家(검약가) － 經濟家(경제가) [405272-424272]
儉約家(검약가) － 節約家(절약가) [405272-525272]
檢閱員(검열원) － 檢閱者(검열자) [423042-423060]
揭示板(게시판) － 案內板(안내판) [205050-507250]
結果期(결과기) － 結實期(결실기) [526250-525250]
決死戰(결사전) － 殊死戰(수사전) [526062-326062]
警覺心(경각심) － 警戒心(경계심) [424070-424070]
警報器(경보기) － 報知機(보지기) [424242-425240]
警備網(경비망) － 警備線(경비선) [424220-424262]
經常稅(경상세) － 常時稅(상시세) [424242-427242]
景勝地(경승지) － 名勝地(명승지) [506070-726070]
經驗談(경험담) － 體驗談(체험담) [424250-624250]
姑息策(고식책) － 彌縫策(미봉책) [324232-122032]
孤兒院(고아원) － 保育院(보육원) [405250-427050]
考案物(고안물) － 考案品(고안품) [505072-505052]
高潮線(고조선) － 滿潮線(만조선) [624062-424062]
空腹感(공복감) － 空腹症(공복증) [723260-723232]
空想家(공상가) － 夢想家(몽상가) [724272-324272]
共通點(공통점) － 同一點(동일점) [626040-708040]
觀客席(관객석) － 觀覽席(관람석) [525260-524060]
官公署(관공서) － 官公廳(관공청) [426232-426240]
關聯性(관련성) － 聯關性(연관성) [523252-325252]
管理員(관리원) － 管理人(관리인) [406242-406280]
管理員(관리원) － 管理者(관리자) [406242-406260]
官費生(관비생) － 國費生(국비생) [425080-805080]
觀相學(관상학) － 人相學(인상학) [525280-805280]
光澤紙(광택지) － 有光紙(유광지) [623270-706270]
槐安夢(괴안몽) － 南柯夢(남가몽) [127232-801232]
教鍊場(교련장) － 訓鍊場(훈련장) [803272-603272]
校費生(교비생) － 貸費生(대비생) [805080-325080]
教育家(교육가) － 教育者(교육자) [807072-807060]

交際家(교제가) － 社交家(사교가) [604272-626072]
交通網(교통망) － 道路網(도로망) [606020-726020]
交通業(교통업) － 運輸業(운수업) [606062-623262]
具象化(구상화) － 具體化(구체화) [524052-526252]
國內法(국내법) － 內國法(내국법) [807252-728052]
軍事費(군사비) － 軍需錢(군수전) [807250-803240]
窮八十(궁팔십) － 上八十(상팔십) [408080-728080]
勸解人(권해인) － 仲裁人(중재인) [404280-323280]
極上等(극상등) － 最上級(최상급) [427262-507260]
極上品(극상품) － 最上品(최상품) [427252-507252]
極惡人(극악인) － 重惡人(중악인) [425280-705280]
勤勞者(근로자) － 勞動者(노동자) [405260-527260]
金蘭契(금란계) － 金蘭交(금란교) [803232-803260]
金蘭契(금란계) － 魚水親(어수친) [803232-508060]
金蘭契(금란계) － 知音人(지음인) [803232-526280]
今世界(금세계) － 今世上(금세상) [627262-627272]
給水船(급수선) － 水槽船(수조선) [508050-801050]
給水柱(급수주) － 給水塔(급수탑) [508032-508032]
期功親(기공친) － 朞功親(기공친) [506260-106260]
技能工(기능공) － 技術工(기술공) [505272-506272]
騎馬術(기마술) － 乘馬術(승마술) [325062-325062]
寄生物(기생물) － 寄生者(기생자) [408072-408060]
棄捐金(기연금) － 義捐金(의연금) [301080-421080]
起泡劑(기포제) － 發泡劑(발포제) [421020-621020]
起火箭(기화전) － 神機箭(신기전) [428010-624010]
喫煙室(끽연실) － 吸煙室(흡연실) [104280-424280]
樂天論(낙천론) － 樂天說(낙천설) [627042-627052]
耐水紙(내수지) － 防水紙(방수지) [328070-428070]
耐水布(내수포) － 防水布(방수포) [328042-428042]
來往人(내왕인) － 往來人(왕래인) [704280-427080]
勞動服(노동복) － 作業服(작업복) [527260-626260]
能辯家(능변가) － 達辯家(달변가) [524072-424072]
丹粧室(단장실) － 化粧室(화장실) [323280-523280]
達辯家(달변가) － 能辯家(능변가) [424072-524072]
達辯家(달변가) － 好辯客(호변객) [424072-424052]
當局者(당국자) － 當路者(당로자) [525260-526060]

當務者(당무자) − 實務者(실무자) [524260−524260]
大滿員(대만원) − 超滿員(초만원) [804242−324242]
貸本業(대본업) − 貰冊業(세책업) [326062−204062]
貸付料(대부료) − 貸與料(대여료) [323250−324050]
都大體(도대체) − 大關節(대관절) [508062−805252]
逃亡人(도망인) − 逃亡者(도망자) [405080−405060]
逃亡人(도망인) − 逃走者(도주자) [405080−404260]
都市民(도시민) − 都市人(도시인) [507280−507280]
都心部(도심부) − 都心地(도심지) [507062−507070]
桃源境(도원경) − 桃源鄕(도원향) [324042−324042]
桃源境(도원경) − 別乾坤(별건곤) [324042−603230]
桃源境(도원경) − 別世界(별세계) [324042−607262]
桃源境(도원경) − 別天界(별천계) [324042−607062]
桃源境(도원경) − 別天地(별천지) [324042−607070]
桃源境(도원경) − 理想鄕(이상향) [324042−624242]
到着順(도착순) − 先着順(선착순) [525252−805252]
到彼岸(도피안) − 波羅蜜(바라밀) [523232−424230]
毒舌家(독설가) − 險口家(험구가) [424072−407072]
同期生(동기생) − 同窓生(동창생) [705080−706280]
同鄕會(동향회) − 鄕友會(향우회) [704262−425262]
童話集(동화집) − 童話冊(동화책) [627262−627240]
杜門令(두문령) − 禁足令(금족령) [128050−427250]
摩擦傷(마찰상) − 擦過傷(찰과상) [201040−105240]
忘年交(망년교) − 忘年友(망년우) [308060−308052]
媒介物(매개물) − 媒介體(매개체) [323272−323262]
賣上金(매상금) − 賣出金(매출금) [507280−507080]
賣淫窟(매음굴) − 私娼窟(사창굴) [503220−401020]
綿洋襪(면양말) − 木洋襪(목양말) [326010−806010]
模造紙(모조지) − 白上紙(백상지) [404270−807270]
模造品(모조품) − 擬製品(의제품) [404252−104252]
無缺勤(무결근) − 無缺席(무결석) [504240−504260]
無賴漢(무뢰한) − 浮浪者(부랑자) [503272−323260]
無名氏(무명씨) − 無名人(무명인) [507240−507280]
無産家(무산가) − 無産者(무산자) [505272−505260]
巫山夢(무산몽) − 巫山雨(무산우) [108032−108052]
巫山夢(무산몽) − 巫山雲(무산운) [108032−108052]

巫山夢(무산몽) — 雲雨樂(운우락) [108032-525262]
巫山夢(무산몽) — 薦枕席(천침석) [108032-303060]
無所得(무소득) — 無收入(무수입) [507042-504270]
貿易國(무역국) — 通商局(통상국) [324080-605252]
門下生(문하생) — 門下人(문하인) [807280-807280]
文化物(문화물) — 文化財(문화재) [705272-705252]
未開人(미개인) — 野蠻人(야만인) [426080-602080]
未曾有(미증유) — 破天荒(파천황) [423270-427032]
民聲函(민성함) — 輿論函(여론함) [804210-304210]
民有林(민유림) — 私有林(사유림) [807070-407070]
民有地(민유지) — 私有地(사유지) [807070-407070]
半空日(반공일) — 半休日(반휴일) [627280-627080]
發頭人(발두인) — 主謀者(주모자) [626080-703260]
發明家(발명가) — 發明者(발명자) [626272-626260]
發祥地(발상지) — 發源地(발원지) [623070-624070]
放浪者(방랑자) — 流浪者(유랑자) [623260-523260]
訪問客(방문객) — 訪問者(방문자) [427052-427060]
訪問記(방문기) — 探訪記(탐방기) [427072-404272]
妨礙物(방애물) — 妨害物(방해물) [402072-405272]
妨礙物(방애물) — 障礙物(장애물) [402072-422072]
方外客(방외객) — 局外者(국외자) [728052-528060]
紡錘形(방추형) — 流線型(유선형) [201020-526220]
配給所(배급소) — 配給處(배급처) [425070-425042]
排氣管(배기관) — 排氣筒(배기통) [327240-327210]
背反者(배반자) — 反側者(반측자) [426260-623260]
排水孔(배수공) — 排水口(배수구) [328040-328070]
排水孔(배수공) — 排水門(배수문) [328040-328080]
辨明調(변명조) — 辨明套(변명투) [306252-306210]
保管料(보관료) — 保管費(보관비) [424050-424050]
保有者(보유자) — 保持者(보지자) [427060-424060]
補助員(보조원) — 補助者(보조자) [324242-324260]
普遍性(보편성) — 一般性(일반성) [403052-803252]
普遍化(보편화) — 一般化(일반화) [403052-803252]
復仇心(복구심) — 復讎心(복수심) [421070-421070]
本土種(본토종) — 在來種(재래종) [608052-607052]
負傷兵(부상병) — 戰傷兵(전상병) [404052-624052]

賻儀金(부의금) − 弔慰金(조위금) [104080−304080]
賻儀金(부의금) − 弔意金(조의금) [104080−306280]
不足量(부족량) − 不足分(부족분) [727250−727262]
紛失物(분실물) − 遺失物(유실물) [326072−406072]
不具者(불구자) − 障礙人(장애인) [725260−422080]
不老草(불로초) − 不死藥(불사약) [727070−726062]
不死身(불사신) − 不死鳥(불사조) [726062−726042]
比翼鳥(비익조) − 連理枝(연리지) [503242−426232]
比翼鳥(비익조) − 鴛鴦契(원앙계) [503242−101032]
邪敎徒(사교도) − 邪宗徒(사종도) [328040−324240]
事業家(사업가) − 事業者(사업자) [726272−726260]
殺人狂(살인광) − 殺人鬼(살인귀) [428032−428032]
相思病(상사병) − 戀愛病(연애병) [525060−326060]
相思病(상사병) − 花風病(화풍병) [525060−706260]
相思病(상사병) − 懷心病(회심병) [525060−327060]
想定量(상정량) − 推定量(추정량) [426050−406050]
賞春客(상춘객) − 享春客(향춘객) [507052−307052]
上八字(상팔자) − 好八字(호팔자) [728070−428070]
喪布契(상포계) − 爲親契(위친계) [324232−426032]
喪布契(상포계) − 初喪契(초상계) [324232−503232]
生動感(생동감) − 躍動感(약동감) [807260−307260]
生活苦(생활고) − 生活難(생활난) [807260−807242]
書道家(서도가) − 書藝家(서예가) [627272−624272]
庶民層(서민층) − 平民層(평민층) [308040−728040]
宣言文(선언문) − 宣言書(선언서) [406070−406062]
先着手(선착수) − 先着鞭(선착편) [805272−805210]
設計圖(설계도) − 靑寫眞(청사진) [426262−805042]
雪白色(설백색) − 純白色(순백색) [628070−428070]
細工師(세공사) − 細工人(세공인) [427242−427280]
世紀病(세기병) − 時代病(시대병) [724060−726260]
洗面所(세면소) − 洗面室(세면실) [527070−527080]
洗面所(세면소) − 洗面場(세면장) [527070−527072]
洗面所(세면소) − 洗手間(세수간) [527070−527272]
小賣商(소매상) − 小賣人(소매인) [805052−805080]
消費高(소비고) − 消費量(소비량) [625062−625050]
消費高(소비고) − 消費額(소비액) [625062−625040]

小兒服(소아복) － 乳兒服(유아복) [805260-405260]
所有物(소유물) － 掌中物(장중물) [707072-328072]
所有人(소유인) － 所有者(소유자) [707080-707060]
所持人(소지인) － 所持者(소지자) [704080-704060]
俗世間(속세간) － 俗世界(속세계) [427272-427262]
損失金(손실금) － 損害金(손해금) [406080-405280]
受領人(수령인) － 受取人(수취인) [425080-424280]
手續金(수속금) － 手續費(수속비) [724280-724250]
宿命觀(숙명관) － 運命觀(운명관) [527052-627052]
宿泊料(숙박료) － 宿泊費(숙박비) [523050-523050]
熟設間(숙설간) － 帳設間(장설간) [324272-404272]
純損失(순손실) － 純損害(순손해) [424060-424052]
瞬息間(순식간) － 一瞬間(일순간) [324272-803272]
瞬息間(순식간) － 一刹那(일찰나) [324272-802030]
瞬息間(순식간) － 轉瞬間(전순간) [324272-403272]
乘務員(승무원) － 乘組員(승조원) [324242-324042]
勝戰國(승전국) － 戰勝國(전승국) [606280-626080]
屍體房(시체방) － 屍體室(시체실) [206242-206280]
申告人(신고인) － 申告者(신고자) [425280-425260]
新年辭(신년사) － 年頭辭(연두사) [628040-806040]
伸縮性(신축성) － 融通性(융통성) [304052-206052]
實力家(실력가) － 實力者(실력자) [527272-527260]
實馬力(실마력) － 軸馬力(축마력) [525072-205072]
實社會(실사회) － 實世間(실세간) [526262-527272]
實吐情(실토정) － 實通情(실통정) [523252-526052]
實行家(실행가) － 實行者(실행자) [526072-526060]
案內員(안내원) － 案內役(안내역) [507242-507232]
案內員(안내원) － 引導者(인도자) [507242-424260]
安樂國(안락국) － 安養界(안양계) [726280-725262]
愛國心(애국심) － 祖國愛(조국애) [608070-708060]
愛酒家(애주가) － 好酒家(호주가) [604072-424072]
藥材商(약재상) － 藥種商(약종상) [625252-625252]
藥劑室(약제실) － 調劑室(조제실) [622080-522080]
養蜂園(양봉원) － 養蜂場(양봉장) [523060-523072]
漁撈期(어로기) － 漁獲期(어획기) [501050-503250]
億萬年(억만년) － 萬億年(만억년) [508080-805080]

女信徒(여신도) — 女信者(여신자) [806240-806260]
旅行家(여행가) — 周遊家(주유가) [526072-404072]
力農家(역농가) — 勤農家(근농가) [727272-407272]
力農家(역농가) — 篤農家(독농가) [727272-307272]
力不足(역부족) — 力不及(역불급) [727272-727232]
沿海邊(연해변) — 沿海地(연해지) [327242-327270]
染色家(염색가) — 染色工(염색공) [327072-327072]
厭惡症(염오증) — 嫌惡症(혐오증) [205232-305232]
永久性(영구성) — 恒久性(항구성) [603252-323252]
豫想高(예상고) — 豫想量(예상량) [404262-404250]
豫想高(예상고) — 豫想額(예상액) [404262-404240]
隷屬物(예속물) — 從屬物(종속물) [304072-404072]
汚物場(오물장) — 汚穢場(오예장) [307272-301072]
汚物場(오물장) — 塵芥場(진개장) [307272-201072]
汚物桶(오물통) — 塵芥桶(진개통) [307210-201010]
外國人(외국인) — 異邦人(이방인) [808080-403080]
外國製(외국제) — 外製品(외제품) [808042-804252]
料理器(요리기) — 調理器(조리기) [506242-526242]
料理臺(요리대) — 調理臺(조리대) [506232-526232]
料理法(요리법) — 調理法(조리법) [506252-526252]
料理師(요리사) — 調理士(조리사) [506242-526252]
料理室(요리실) — 調理室(조리실) [506280-526280]
料理用(요리용) — 調理用(조리용) [506262-526262]
宇宙船(우주선) — 衛星船(위성선) [323250-424250]
運動員(운동원) — 運動家(운동가) [627242-627272]
運動員(운동원) — 運動者(운동자) [627242-627260]
運轉士(운전사) — 運轉者(운전자) [624052-624060]
遠距離(원거리) — 長距離(장거리) [603240-803240]
月旦評(월단평) — 月朝評(월조평) [803240-806040]
流動性(유동성) — 移動性(이동성) [527252-427252]
有力家(유력가) — 有力者(유력자) [707272-707260]
有意味(유의미) — 有意義(유의의) [706242-706242]
潤筆料(윤필료) — 揮毫料(휘호료) [325250-403050]
應援客(응원객) — 應援團(응원단) [424052-424052]
義勇軍(의용군) — 義勇隊(의용대) [426280-426242]
擬人化(의인화) — 人格化(인격화) [108052-805252]

依存心(의존심) － 依賴心(의뢰심) [404070-403270]
異教徒(이교도) － 外教人(외교인) [408040-808080]
移住民(이주민) － 移住者(이주자) [427080-427060]
理解力(이해력) － 理會力(이회력) [624272-626272]
一家見(일가견) － 一隻眼(일척안) [807252-802042]
一個人(일개인) － 一私人(일사인) [804280-804080]
資産家(자산가) － 財産家(재산가) [405272-525272]
殘留物(잔류물) － 殘存物(잔존물) [404272-404072]
雜所得(잡소득) － 雜收入(잡수입) [407042-404270]
雜貨店(잡화점) － 雜貨廛(잡화전) [404252-404210]
再構成(재구성) － 再組織(재조직) [504062-504040]
再構成(재구성) － 再編成(재편성) [504062-503262]
再武裝(재무장) － 再軍備(재군비) [504240-508042]
著作家(저작가) － 著述家(저술가) [326272-323272]
貯炭所(저탄소) － 貯炭場(저탄장) [505070-505072]
適法性(적법성) － 合法性(합법성) [405252-605252]
全國紙(전국지) － 中央紙(중앙지) [728070-803270]
展望臺(전망대) － 眺望臺(조망대) [525232-105232]
全無識(전무식) － 判無識(판무식) [725052-405052]
全盛期(전성기) － 最盛期(최성기) [724250-504250]
停車場(정거장) － 停留場(정류장) [507272-504272]
精米所(정미소) － 製粉所(제분소) [426070-424070]
整備工(정비공) － 整備士(정비사) [404272-404252]
罪責感(죄책감) － 罪惡感(죄악감) [505260-505260]
罪責感(죄책감) － 罪障感(죄장감) [505260-504260]
仲介國(중개국) － 中間國(중간국) [323280-807280]
重勞動(중노동) － 重勞役(중노역) [705272-705232]
支給額(지급액) － 支拂額(지불액) [425040-423240]
志望生(지망생) － 志望者(지망자) [425280-425260]
指名人(지명인) － 指名者(지명자) [427280-427260]
紙物鋪(지물포) － 紙物商(지물상) [707220-707252]
地方色(지방색) － 地方熱(지방열) [707270-707250]
地方色(지방색) － 鄕土色(향토색) [707270-428070]
地域性(지역성) － 地方性(지방성) [704052-707252]
支援軍(지원군) － 救援兵(구원병) [424080-504052]
進度表(진도표) － 進行表(진행표) [426062-426062]

眞面目(진면목) − 眞面貌(진면모) [427060−427032]
珍風景(진풍경) − 異風景(이풍경) [406250−406250]
嫉妬心(질투심) − 妬忌心(투기심) [101070−103070]
集結所(집결소) − 集結地(집결지) [625270−625270]
集會所(집회소) − 集會場(집회장) [626270−626272]
簒立者(찬립자) − 簒奪者(찬탈자) [107260−103260]
千萬年(천만년) − 千萬代(천만대) [708080−708062]
鐵工所(철공소) − 鐵工場(철공장) [507270−507272]
哲學家(철학가) − 哲學者(철학자) [328072−328060]
滯納金(체납금) − 滯拂金(체불금) [324080−323280]
祝賀客(축하객) − 賀禮客(하례객) [503252−326052]
快男兒(쾌남아) − 快男子(쾌남자) [427252−427272]
快速船(쾌속선) − 快走船(쾌주선) [426050−424250]
脫獄囚(탈옥수) − 脫獄者(탈옥자) [403230−403260]
通告文(통고문) − 通達書(통달서) [605270−604262]
通告文(통고문) − 通知書(통지서) [605270−605262]
通俗物(통속물) − 大衆物(대중물) [604272−804272]
痛快感(통쾌감) − 痛快味(통쾌미) [404260−404242]
特殊性(특수성) − 特異性(특이성) [603252−604052]
販賣所(판매소) − 發賣所(발매소) [305070−625070]
販賣所(판매소) − 販賣處(판매처) [305070−305042]
悖倫兒(패륜아) − 破倫者(파륜자) [103252−423260]
敗北者(패배자) − 敗戰者(패전자) [508060−506260]
表具店(표구점) − 表具舍(표구사) [625252−625242]
標識板(표지판) − 標示板(표시판) [405250−405050]
香味料(향미료) − 香味劑(향미제) [424250−424220]
鄕愁病(향수병) − 懷鄕病(회향병) [423260−324260]
歇泊地(헐박지) − 歇泊處(헐박처) [103070−103042]
嫌惡感(혐오감) − 嫌惡症(혐오증) [305260−305232]
好天候(호천후) − 好天氣(호천기) [427040−427072]
紅一點(홍일점) − 一點紅(일점홍) [408040−804040]
貨物船(화물선) − 回漕船(회조선) [427250−421050]
換節期(환절기) − 換候期(환후기) [325250−324050]
荒蕪地(황무지) − 荒廢地(황폐지) [321070−323270]
回想記(회상기) − 回想錄(회상록) [424272−424242]
後男便(후남편) − 後書房(후서방) [727270−726242]

休閑地(휴한지) – 休耕地(휴경지) [704070-703270]
詰問答(힐문답) – 詰論議(힐논의) [107072-104242]

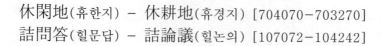

유의어[類義語(同義語, 同意語)_4字]

呵呵大笑(가가대소) – 哄然大笑(홍연대소) [10108042-10708042]
家家門前(가가문전) – 家家戶戶(가가호호) [72728072-72724242]
架空導體(가공도체) – 架空電線(가공전선) [32724262-32727262]
街談巷說(가담항설) – 街談巷語(가담항어) [42503052-42503070]
街談巷說(가담항설) – 街談巷議(가담항의) [42503052-42503042]
街談巷說(가담항설) – 街說巷談(가설항담) [42503052-42523050]
街談巷說(가담항설) – 道聽塗說(도청도설) [42503052-72403052]
街談巷說(가담항설) – 流言蜚語(유언비어) [42503052-52601070]
家徒四壁(가도사벽) – 家徒壁立(가사벽립) [72408042-72404272]
假弄成眞(가롱성진) – 弄假成眞(농가성진) [42326242-32426242]
可視半徑(가시반경) – 視界半徑(시계반경) [50426232-42626232]
佳人薄命(가인박명) – 美人薄命(미인박명) [32803270-60803270]
佳人薄命(가인박명) – 紅顔薄命(홍안박명) [32803270-40323270]
家藏什物(가장집물) – 家財道具(가재도구) [72321072-72527252]
刻苦勉勵(각고면려) – 刻苦精勵(각고정려) [40604032-40604232]
刻苦勉勵(각고면려) – 恪勤勉勵(각근면려) [40604032-10404032]
刻骨難忘(각골난망) – 結草報恩(결초보은) [40404230-52704242]
刻骨難忘(각골난망) – 難忘之恩(난망지은) [40404230-42303242]
刻骨難忘(각골난망) – 難忘之澤(난망지택) [40404230-42303232]
刻骨難忘(각골난망) – 白骨難忘(백골난망) [40404230-80404230]
刻骨憤恨(각골분한) – 刻骨之痛(각골지통) [40404040-40403240]
刻骨憤恨(각골분한) – 刻骨痛恨(각골통한) [40404040-40404040]
各樣各色(각양각색) – 形形色色(형형색색) [62406270-62627070]
刻舟求劍(각주구검) – 刻船求劍(각선구검) [40304232-40504232]
刻舟求劍(각주구검) – 守株待兔(수주대토) [40304232-42326032]
干卿何事(간경하사) – 干卿甚事(간경심사) [40303272-40303272]
干卿何事(간경하사) – 干卿底事(간경저사) [40303272-40304072]
干卿何事(간경하사) – 底事干卿(저사간경) [40303272-40724030]
肝膽楚越(간담초월) – 肝膽胡越(간담호월) [32201232-32203232]
干城之材(간성지재) – 棟梁之器(동량지기) [40423252-20323242]

干城之材(간성지재) ─ 棟梁之材(동량지재) [40423252-20323252]
干城之材(간성지재) ─ 命世之才(명세지재) [40423252-70723262]
奸臣賊子(간신적자) ─ 亂臣賊子(난신적자) [10524072-40524072]
間於齊楚(간어제초) ─ 鯨戰蝦死(경전하사) [72303212-10621060]
甘井先竭(감정선갈) ─ 甘泉先竭(감천선갈) [40328010-40408010]
甲男乙女(갑남을녀) ─ 張三李四(장삼이사) [40723280-40806080]
甲男乙女(갑남을녀) ─ 匹夫匹婦(필부필부) [40723280-30703042]
康衢煙月(강구연월) ─ 擊壤之歌(격양지가) [42104280-40323270]
康衢煙月(강구연월) ─ 鼓腹擊壤(고복격양) [42104280-32324032]
強近之族(강근지족) ─ 強近之親(강근지친) [60603260-60603260]
剛木水生(강목수생) ─ 乾木生水(건목생수) [32808080-32808080]
個個服招(개개복초) ─ 個個承服(개개승복) [42426040-42424260]
改過遷善(개과천선) ─ 改過自新(개과자신) [50523250-50527262]
改過遷善(개과천선) ─ 悔過遷善(회과천선) [50523250-32523250]
開門納賊(개문납적) ─ 開門揖盜(개문읍도) [60804040-60801040]
個別教授(개별교수) ─ 個別指導(개별지도) [42608042-42604242]
個人業者(개인업자) ─ 個人業主(개인업주) [42806260-42806270]
乾坤一擲(건곤일척) ─ 一擲乾坤(일척건곤) [32308010-80103230]
隔世之感(격세지감) ─ 今昔之感(금석지감) [32723260-62303260]
隔靴搔癢(격화소양) ─ 隔靴爬癢(격화파양) [32201010-32201010]
見卵求鷄(견란구계) ─ 見彈求炙(견탄구자) [52404240-52404210]
犬馬之勞(견마지로) ─ 犬馬之誠(견마지성) [40503252-40503242]
犬馬之勞(견마지로) ─ 犬馬之役(견마지역) [40503252-40503232]
犬馬之勞(견마지로) ─ 狗馬之心(구마지심) [40503252-30503270]
犬馬之勞(견마지로) ─ 粉骨碎身(분골쇄신) [40503252-40401062]
犬馬之勞(견마지로) ─ 盡忠竭力(진충갈력) [40503252-40421072]
犬馬之齒(견마지치) ─ 犬馬之年(견마지년) [40503242-40503280]
犬馬之齒(견마지치) ─ 犬馬之齡(견마지령) [40503242-40503210]
見不如聞(견불여문) ─ 見不逮聞(견불체문) [52724262-52723062]
犬牙相錯(견아상착) ─ 犬牙相制(견아상제) [40325232-40325242]
犬牙相錯(견아상착) ─ 犬牙相値(견아상치) [40325232-40325232]
犬牙相錯(견아상착) ─ 犬牙差互(견아차호) [40325232-40324030]
見危授命(견위수명) ─ 見危致命(견위치명) [52404270-52405070]
結義兄弟(결의형제) ─ 桃園結義(도원결의) [52428080-32605242]
兼奴上典(겸노상전) ─ 身兼奴僕(신겸노복) [32327252-62323210]
傾國之色(경국지색) ─ 傾城之色(경성지색) [40803270-40423270]

傾國之色(경국지색) ‒ 丹脣皓齒(단순호치) [40803270‒32301242]
傾國之色(경국지색) ‒ 萬古絶色(만고절색) [40803270‒80604270]
傾國之色(경국지색) ‒ 無比一色(무비일색) [40803270‒50508070]
傾國之色(경국지색) ‒ 雪膚花容(설부화용) [40803270‒62207042]
傾國之色(경국지색) ‒ 羞花閉月(수화폐월) [40803270‒10704080]
傾國之色(경국지색) ‒ 月態花容(월태화용) [40803270‒80427042]
傾國之色(경국지색) ‒ 絶世佳人(절세가인) [40803270‒42723280]
傾國之色(경국지색) ‒ 朱脣白齒(주순백치) [40803270‒40308042]
傾國之色(경국지색) ‒ 朱脣皓齒(주순호치) [40803270‒40301242]
傾國之色(경국지색) ‒ 天下一色(천하일색) [40803270‒70728070]
傾國之色(경국지색) ‒ 天下絶色(천하절색) [40803270‒70724270]
傾國之色(경국지색) ‒ 沈魚落雁(침어낙안) [40803270‒32505030]
傾國之色(경국지색) ‒ 閉月羞花(폐월수화) [40803270‒40801070]
傾國之色(경국지색) ‒ 皓齒丹脣(호치단순) [40803270‒12423230]
傾國之色(경국지색) ‒ 花容月態(화용월태) [40803270‒70428042]
經國之才(경국지재) ‒ 經國大才(경국대재) [42803262‒42808062]
驚弓之鳥(경궁지조) ‒ 傷弓之鳥(상궁지조) [40323242‒40323242]
驚弓之鳥(경궁지조) ‒ 吳牛喘月(오우천월) [40323242‒12501080]
驚弓之鳥(경궁지조) ‒ 懲羹吹菜(징갱취채) [40323242‒30103232]
經世致用(경세치용) ‒ 利用厚生(이용후생) [42725062‒62624080]
鷄犬昇天(계견승천) ‒ 拔宅飛升(발택비승) [40403270‒32524220]
鷄犬昇天(계견승천) ‒ 淮南鷄犬(회남계견) [40403270‒12804040]
階級觀念(계급관념) ‒ 階級意識(계급의식) [40605252‒40606252]
鷄鳴狗盜(계명구도) ‒ 鷄鳴之客(계명지객) [40403040‒40403252]
溪壑之慾(계학지욕) ‒ 望蜀之歎(망촉지탄) [32103232‒52123240]
股肱之臣(고굉지신) ‒ 股掌之臣(고장지신) [10103252‒10323252]
古今無雙(고금무쌍) ‒ 古今獨步(고금독보) [60625032‒60625242]
高臺廣室(고대광실) ‒ 高閣大樓(고각대루) [62325280‒62328032]
高臺廣室(고대광실) ‒ 高樓巨閣(고루거각) [62325280‒62324032]
膏粱珍味(고량진미) ‒ 山珍海味(산진해미) [10104042‒80407242]
膏粱珍味(고량진미) ‒ 山珍海錯(산진해착) [10104042‒80407232]
膏粱珍味(고량진미) ‒ 山珍海饌(산진해찬) [10104042‒80407210]
膏粱珍味(고량진미) ‒ 山海珍味(산해진미) [10104042‒80724042]
膏粱珍味(고량진미) ‒ 水陸珍味(수륙진미) [10104042‒80524042]
膏粱珍味(고량진미) ‒ 水陸珍饌(수륙진찬) [10104042‒80524010]
膏粱珍味(고량진미) ‒ 龍味鳳湯(용미봉탕) [10104042‒40423232]

膏粱珍味(고량진미) – 海陸珍味(해륙진미) [10104042-72524042]

枯木發榮(고목발영) – 枯木生花(고목생화) [30806242-30808070]

枯木朽株(고목후주) – 枯株朽木(고주후목) [30801032-30321080]

叩盆之歎(고분지탄) – 鼓盆之歎(고분지탄) [10103240-32103240]

姑息之計(고식지계) – 凍足放尿(동족방뇨) [32423262-32726220]

姑息之計(고식지계) – 目前之計(목전지계) [32423262-60723262]

姑息之計(고식지계) – 彌縫之策(미봉지책) [32423262-12203232]

姑息之計(고식지계) – 上石下臺(상석하대) [32423262-72607232]

姑息之計(고식지계) – 上下撑石(상하탱석) [32423262-72721060]

姑息之計(고식지계) – 臨時防牌(임시방패) [32423262-32724210]

姑息之計(고식지계) – 臨時方便(임시방편) [32423262-32727270]

姑息之計(고식지계) – 臨時排布(임시배포) [32423262-32723242]

姑息之計(고식지계) – 臨時變通(임시변통) [32423262-32725260]

姑息之計(고식지계) – 臨時處變(임시처변) [32423262-32724252]

姑息之計(고식지계) – 下石上臺(하석상대) [32423262-72607232]

苦肉之計(고육지계) – 苦肉之策(고육지책) [60423262-60423232]

孤掌難鳴(고장난명) – 獨掌難鳴(독장난명) [40324240-52324240]

固定不變(고정불변) – 一定不變(일정불변) [50607252-80607252]

固執不通(고집불통) – 剛戾自用(강려자용) [50327260-32107262]

固執不通(고집불통) – 剛愎自用(강퍅자용) [50327260-32107262]

高枕安眠(고침안면) – 高枕而臥(고침이와) [62307232-62303030]

骨肉相爭(골육상쟁) – 骨肉相殘(골육상잔) [40425250-40425240]

骨肉相爭(골육상쟁) – 骨肉相戰(골육상전) [40425250-40425262]

公營放送(공영방송) – 公共放送(공공방송) [62406242-62626242]

公益事業(공익사업) – 公共事業(공공사업) [62427262-62627262]

孔子穿珠(공자천주) – 不恥下問(불치하문) [40721032-72327270]

寡不敵衆(과부적중) – 衆寡不敵(중과부적) [32724242-42327242]

科學武器(과학무기) – 科學兵器(과학병기) [62804242-62805242]

官能檢査(관능검사) – 官能審査(관능심사) [42524250-42523250]

管中窺豹(관중규표) – 望洋之歎(망양지탄) [40801010-52603240]

管中窺豹(관중규표) – 井中觀天(정중관천) [40801010-32805270]

管中窺豹(관중규표) – 坐井觀天(좌정관천) [40801010-32325270]

管中窺豹(관중규표) – 通管窺天(통관규천) [40801010-60401070]

管鮑之交(관포지교) – 高山流水(고산유수) [40123260-62805280]

管鮑之交(관포지교) – 膠漆之交(교칠지교) [40123260-20323260]

管鮑之交(관포지교) – 膠漆之心(교칠지심) [40123260-20323270]

管鮑之交(관포지교) – 金蘭之契(금란지계) [40123260-80323232]
管鮑之交(관포지교) – 金蘭之交(금란지교) [40123260-80323260]
管鮑之交(관포지교) – 金蘭之誼(금란지의) [40123260-80323210]
管鮑之交(관포지교) – 斷金之契(단금지계) [40123260-42803232]
管鮑之交(관포지교) – 斷金之交(단금지교) [40123260-42803260]
管鮑之交(관포지교) – 淡水之交(담수지교) [40123260-32803260]
管鮑之交(관포지교) – 莫逆之友(막역지우) [40123260-32423252]
管鮑之交(관포지교) – 水魚之交(수어지교) [40123260-80503260]
管鮑之交(관포지교) – 水魚之親(수어지친) [40123260-80503260]
管鮑之交(관포지교) – 魚水之交(어수지교) [40123260-50803260]
管鮑之交(관포지교) – 魚水之親(어수지친) [40123260-50803260]
管鮑之交(관포지교) – 知己之友(지기지우) [40123260-52523252]
管鮑之交(관포지교) – 芝蘭之交(지란지교) [40123260-12323260]
刮目相對(괄목상대) – 日進月步(일진월보) [10605262-80428042]
刮目相對(괄목상대) – 日就月將(일취월장) [10605262-80408042]
光明正大(광명정대) – 大公至平(대공지평) [62627280-80624272]
光明正大(광명정대) – 至公無私(지공무사) [62627280-42625040]
光明正大(광명정대) – 至公至平(지공지평) [62627280-42624272]
光陰流水(광음유수) – 光陰如箭(광음여전) [62425280-62424210]
曠日彌久(광일미구) – 曠日持久(광일지구) [10801232-10804032]
矯角殺牛(교각살우) – 矯枉過正(교왕과정) [30624250-30105272]
矯角殺牛(교각살우) – 矯枉過直(교왕과직) [30624250-30105272]
矯角殺牛(교각살우) – 惜指失掌(석지실장) [30624250-32426032]
矯角殺牛(교각살우) – 小貪大失(소탐대실) [30624250-80308060]
巧言令色(교언영색) – 阿諛苟容(아유구용) [32605070-32103042]
究竟涅槃(구경열반) – 大般涅槃(대반열반) [42301010-80321010]
究竟涅槃(구경열반) – 無上涅槃(무상열반) [42301010-50721010]
九曲羊腸(구곡양장) – 九折羊腸(구절양장) [80504240-80404240]
九死一生(구사일생) – 幾死僅生(기사근생) [80608080-30603080]
九死一生(구사일생) – 起死回生(기사회생) [80608080-42604280]
九死一生(구사일생) – 萬死一生(만사일생) [80608080-80608080]
九死一生(구사일생) – 百死一生(백사일생) [80608080-70608080]
九死一生(구사일생) – 十生九死(십생구사) [80608080-80808060]
口尙乳臭(구상유취) – 黃口乳臭(황구유취) [70324030-60704030]
鳩首會議(구수회의) – 鳩首凝議(구수응의) [10526242-10523042]
九牛一毛(구우일모) – 大海一粟(대해일속) [80508042-80728030]

九牛一毛(구우일모) ─ 大海一滴(대해일적) [80508042-80728030]
九牛一毛(구우일모) ─ 滄海一粟(창해일속) [80508042-20728030]
九牛一毛(구우일모) ─ 滄海一滴(창해일적) [80508042-20728030]
救火投薪(구화투신) ─ 負薪救火(부신구화) [50804010-40105080]
救火投薪(구화투신) ─ 抱薪求禍(포신구화) [50804010-30104232]
國際舞臺(국제무대) ─ 世界舞臺(세계무대) [80424032-72624032]
群鷄一鶴(군계일학) ─ 鷄群孤鶴(계군고학) [40408032-40404032]
群鷄一鶴(군계일학) ─ 鷄群一鶴(계군일학) [40408032-40408032]
群盲撫象(군맹무상) ─ 群盲評象(군맹평상) [40321040-40324040]
軍不厭詐(군불염사) ─ 兵不厭詐(병불염사) [80722030-52722030]
窮鼠莫追(궁서막추) ─ 窮狗莫追(궁구막추) [40103232-40303232]
窮鼠莫追(궁서막추) ─ 窮寇勿迫(궁구물박) [40103232-40103232]
窮鼠莫追(궁서막추) ─ 窮寇勿迫(궁구물추) [40103232-40103232]
窮餘之策(궁여지책) ─ 窮餘一策(궁여일책) [40423232-40428032]
權謀術數(권모술수) ─ 權謀術策(권모술책) [42326270-42326232]
權不十年(권불십년) ─ 勢不十年(세불십년) [42728080-42728080]
勸善懲惡(권선징악) ─ 彰善懲惡(창선징악) [40503052-20503052]
貴鵠賤鷄(귀곡천계) ─ 貴耳賤目(귀이천목) [50103240-50503260]
近墨者黑(근묵자흑) ─ 近朱者赤(근주자적) [60326050-60406050]
金石盟約(금석맹약) ─ 金石牢約(금석뇌약) [80603252-80601052]
金石盟約(금석맹약) ─ 金石相約(금석상약) [80603252-80605252]
金石盟約(금석맹약) ─ 金石之約(금석지약) [80603252-80603252]
金城湯池(금성탕지) ─ 金城鐵壁(금성철벽) [80423232-80425042]
金城湯池(금성탕지) ─ 難攻不落(난공불락) [80423232-42407250]
金城湯池(금성탕지) ─ 湯池鐵城(탕지철성) [80423232-32325042]
琴瑟之樂(금실지락) ─ 琴瑟相和(금슬상화) [32123262-32125262]
琴瑟之樂(금실지락) ─ 比翼連理(비익연리) [32123262-50324262]
琴瑟之樂(금실지락) ─ 如鼓琴瑟(여고금슬) [32123262-42323212]
琴瑟之樂(금실지락) ─ 連理比翼(연리비익) [32123262-42625032]
琴瑟之樂(금실지락) ─ 鴛鴦之契(원앙지계) [32123262-10103232]
琴瑟之樂(금실지락) ─ 二姓之樂(이성지락) [32123262-80723262]
金銀寶石(금은보석) ─ 金銀財寶(금은재보) [80604260-80605242]
金銀寶石(금은보석) ─ 金銀珠玉(금은주옥) [80604260-80603242]
錦衣夜行(금의야행) ─ 繡衣夜行(수의야행) [32606060-10606060]
錦衣夜行(금의야행) ─ 夜行被繡(야행피수) [32606060-60603210]
錦衣夜行(금의야행) ─ 衣錦夜行(의금야행) [32606060-60326060]

金盞玉臺(금잔옥대) － 金盞銀臺(금잔은대) [80104232-80106032]
金枝玉葉(금지옥엽) － 瓊枝玉葉(경지옥엽) [80324250-12324250]
及瓜而代(급과이대) － 瓜時而代(과시이대) [32203062-20723062]
急難之風(급난지풍) － 急人之風(급인지풍) [62423262-62803262]
氣高萬丈(기고만장) － 氣焰萬丈(기염만장) [72628032-72108032]
氣高萬丈(기고만장) － 豪氣萬丈(호기만장) [72628032-32728032]
己飢己溺(기기기닉) － 人溺己溺(인닉기닉) [52305220-80205220]
己飢己溺(기기기익) － 人飢己飢(인기기기) [52305220-80305230]
羈絆藝術(기반예술) － 效用藝術(효용예술) [10104262-52624262]
飢餓線上(기아선상) － 飢餓之境(기아지경) [30306272-30303242]
騎虎之勢(기호지세) － 騎獸之勢(기수지세) [32323242-32323242]
騎虎之勢(기호지세) － 騎虎難下(기호난하) [32323242-32324272]
落膽喪魂(낙담상혼) － 喪魂落膽(상혼낙담) [50203232-32325020]
落帽之辰(낙모지신) － 孟嘉落帽(맹가낙모) [50203232-32105020]
落帽之辰(낙모지신) － 龍山落帽(용산낙모) [50203232-40805020]
落穽下石(낙정하석) － 下穽投石(하정투석) [50107260-72104060]
爛商討論(난상토론) － 爛商公論(난상공론) [20524042-20526242]
爛商討論(난상토론) － 爛商公議(난상공의) [20524042-20526242]
爛商討論(난상토론) － 爛商熟議(난상숙의) [20524042-20523242]
爛商討論(난상토론) － 爛商討議(난상토의) [20524042-20524042]
難兄難弟(난형난제) － 難伯難仲(난백난중) [42804280-42324232]
難兄難弟(난형난제) － 莫上莫下(막상막하) [42804280-32723272]
難兄難弟(난형난제) － 伯仲之間(백중지간) [42804280-32323272]
難兄難弟(난형난제) － 伯仲之勢(백중지세) [42804280-32323242]
南柯一夢(남가일몽) － 南柯之夢(남가지몽) [80128032-80123232]
南柯一夢(남가일몽) － 盧生之夢(노생지몽) [80128032-12803232]
南柯一夢(남가일몽) － 榮枯一炊(영고일취) [80128032-42308020]
南柯一夢(남가일몽) － 一場春夢(일장춘몽) [80128032-80727032]
南柯一夢(남가일몽) － 一炊之夢(일취지몽) [80128032-80203232]
南柯一夢(남가일몽) － 黃粱之夢(황량지몽) [80128032-60103232]
南橘北枳(남귤북지) － 橘化爲枳(귤화위기) [80108010-10524210]
南橘北枳(남귤북지) － 橘化爲枳(귤화위지) [80108010-10524210]
南船北馬(남선북마) － 北馬南船(북마남선) [80508050-80508050]
囊中之錐(낭중지추) － 錐處囊中(추처낭중) [10803210-10421080]
囊中取物(낭중취물) － 探囊取物(탐낭취물) [10804272-40104272]
內憂外患(내우외환) － 近憂遠慮(근우원려) [72328050-60326040]

怒甲移乙(노갑이을) － 怒甲乙移(노갑을이) [42404232－42403242]
怒甲移乙(노갑이을) － 怒室色市(노실색시) [42404232－42807072]
老萊之戲(노래지희) － 斑衣之戲(반의지희) [70123232－10603232]
老馬之智(노마지지) － 老馬識途(노마식도) [70503240－70505232]
勞務賠償(노무배상) － 役務賠償(역무배상) [52422032－32422032]
怒發大發(노발대발) － 怒髮衝冠(노발충관) [42628062－42403232]
勞心焦思(노심초사) － 焦心苦慮(초심고려) [52702050－20706040]
老漢少楚(노한소초) － 老紅少靑(노홍소청) [70727012－70407080]
農本主義(농본주의) － 農本思想(농본사상) [72607042－72605042]
農時方劇(농시방극) － 農時方張(농시방장) [72727240－72727240]
弄瓦之慶(농와지경) － 弄瓦之喜(농와지희) [32323242－32323240]
累卵之危(누란지위) － 竿頭之勢(간두지세) [32403240－10603242]
累卵之危(누란지위) － 累卵之勢(누란지세) [32403240－32403242]
累卵之危(누란지위) － 百尺竿頭(백척간두) [32403240－70321060]
累卵之危(누란지위) － 危機一髮(위기일발) [32403240－40408040]
累卵之危(누란지위) － 危如累卵(위여누란) [32403240－40423240]
累卵之危(누란지위) － 危如一髮(위여일발) [32403240－40428040]
累卵之危(누란지위) － 危如朝露(위여조로) [32403240－40426032]
累卵之危(누란지위) － 風前燈燭(풍전등촉) [32403240－62724230]
累卵之危(누란지위) － 風前燈火(풍전등화) [32403240－62724280]
累卵之危(누란지위) － 風前燭火(풍전촉화) [32403240－62723080]
陵雲之志(능운지지) － 靑雲之志(청운지지) [32523242－80523242]
多士濟濟(다사제제) － 濟濟多士(제제다사) [60524242－42426052]
單獨一身(단독일신) － 孤獨單身(고독단신) [42528062－40524262]
談笑自若(담소자약) － 言笑自若(언소자약) [50427232－60427232]
黨同伐異(당동벌이) － 同黨伐異(동당벌이) [42704240－70424240]
大驚失色(대경실색) － 大驚失性(대경실성) [80406070－80406052]
代代孫孫(대대손손) － 子子孫孫(자자손손) [62626060－72726060]
大同小異(대동소이) － 小異大同(소이대동) [80708040－80408070]
大同小異(대동소이) － 五十笑百(오십소백) [80708040－80804270]
大書特筆(대서특필) － 大書特記(대서특기) [80626052－80626072]
大書特筆(대서특필) － 大書特書(대서특서) [80626052－80626062]
大書特筆(대서특필) － 大字特書(대자특서) [80626052－80706062]
大書特筆(대서특필) － 特筆大書(특필대서) [80626052－60528062]
大逆無道(대역무도) － 大逆不道(대역부도) [80425072－80427272]
大衆食堂(대중식당) － 公衆食堂(공중식당) [80427262－62427262]

徒勞無功(도로무공) – 勞而無功(노이무공) [40525062-52305062]
倒履相迎(도리상영) – 倒履迎客(도리영객) [32325240-32324052]
倒履相迎(도리상영) – 倒履迎之(도리영지) [32325240-32324032]
屠門戒殺(도문계살) – 屠門談佛(도문담불) [10804042-10805042]
道不拾遺(도불습유) – 路不拾遺(노불습유) [72723240-60723240]
道不拾遺(도불습유) – 塗不拾遺(도불습유) [72723240-30723240]
道不拾遺(도불습유) – 堯舜時代(요순시대) [72723240-12127262]
道不拾遺(도불습유) – 堯舜時節(요순시절) [72723240-12127252]
道不拾遺(도불습유) – 堯舜之節(요순지절) [72723240-12123252]
道不拾遺(도불습유) – 太平聖代(태평성대) [72723240-60724262]
逃避思想(도피사상) – 遁避思想(둔피사상) [40405042-10405042]
同工異曲(동공이곡) – 同工異體(동공이체) [70724050-70724062]
同工異曲(동공이곡) – 同巧異曲(동교이곡) [70724050-70324050]
同工異曲(동공이곡) – 同巧異體(동교이체) [70724050-70324062]
東問西答(동문서답) – 問東答西(문동답서) [80708072-70807280]
同病相憐(동병상련) – 同氣相求(동기상구) [70605230-70725242]
同病相憐(동병상련) – 同聲相應(동성상응) [70605230-70425242]
同病相憐(동병상련) – 同舟相救(동주상구) [70605230-70305250]
同病相憐(동병상련) – 類類相從(유유상종) [70605230-52525240]
同病相憐(동병상련) – 草綠同色(초록동색) [70605230-70607070]
東奔西走(동분서주) – 南船北馬(남선북마) [80328042-80508050]
東奔西走(동분서주) – 南行北走(남행북주) [80328042-80608042]
東奔西走(동분서주) – 東西奔走(동서분주) [80328042-80803242]
東奔西走(동분서주) – 東走西奔(동주서분) [80328042-80428032]
東奔西走(동분서주) – 東馳西走(동치서주) [80328042-80108042]
東奔西走(동분서주) – 東行西走(동행서주) [80328042-80608042]
東奔西走(동분서주) – 北馬南船(북마남선) [80328042-80508050]
東山高臥(동산고와) – 梅妻鶴子(매처학자) [80806230-32323272]
東山高臥(동산고와) – 安閑自適(안한자적) [80806230-72407240]
東山高臥(동산고와) – 悠然自適(유연자적) [80806230-32707240]
東山高臥(동산고와) – 悠悠自適(유유자적) [80806230-32327240]
同床異夢(동상이몽) – 同床各夢(동상각몽) [70424032-70426232]
冬扇夏爐(동선하로) – 夏爐冬扇(하로동선) [70107032-70327010]
同族相爭(동족상쟁) – 同族相殘(동족상잔) [70605250-70605240]
同族相爭(동족상쟁) – 民族相殘(민족상잔) [70605250-80605240]
東取西貸(동취서대) – 東西貸取(동서대취) [80428032-80803242]

東取西貸(동취서대) ‒ 東推西貸(동추서대) [80428032‒80408032]
董狐之筆(동호지필) ‒ 太史之簡(태사지간) [12103252‒60523240]
頭髮上指(두발상지) ‒ 怒髮衝冠(노발충관) [60407242‒42403232]
頭髮上指(두발상지) ‒ 髮植穿冠(발식천관) [60407242‒40701032]
痲姑搔癢(마고소양) ‒ 痲姑爬癢(마고파양) [32321010‒32321010]
磨斧作針(마부작침) ‒ 磨斧爲針(마부위침) [32106240‒32104240]
磨斧作針(마부작침) ‒ 面壁九年(면벽구년) [32106240‒70428080]
磨斧作針(마부작침) ‒ 山溜穿石(산류천석) [32106240‒80101060]
磨斧作針(마부작침) ‒ 水滴穿石(수적천석) [32106240‒80301060]
磨斧作針(마부작침) ‒ 愚公移山(우공이산) [32106240‒32624280]
磨斧作針(마부작침) ‒ 積小成大(적소성대) [32106240‒40806280]
磨斧作針(마부작침) ‒ 積水成淵(적수성연) [32106240‒40806212]
磨斧作針(마부작침) ‒ 積塵成山(적진성산) [32106240‒40206280]
磨斧作針(마부작침) ‒ 積土成山(적토성산) [32106240‒40806280]
磨斧作針(마부작침) ‒ 塵合泰山(진합태산) [32106240‒20603280]
馬耳東風(마이동풍) ‒ 對牛彈琴(대우탄금) [50508062‒62504032]
馬耳東風(마이동풍) ‒ 如風過耳(여풍과이) [50508062‒42625250]
馬耳東風(마이동풍) ‒ 牛耳讀經(우이독경) [50508062‒50506242]
馬耳東風(마이동풍) ‒ 牛耳誦經(우이송경) [50508062‒50503042]
莫無可奈(막무가내) ‒ 莫可奈何(막가내하) [32505030‒32503032]
莫無可奈(막무가내) ‒ 無可奈何(무가내하) [32505030‒50503032]
萬頃蒼波(만경창파) ‒ 萬里滄波(만리창파) [80323242‒80702042]
萬古風霜(만고풍상) ‒ 萬古風雪(만고풍설) [80606232‒80606262]
萬里同風(만리동풍) ‒ 千里同風(천리동풍) [80707062‒70707062]
萬無一失(만무일실) ‒ 萬不失一(만불실일) [80508060‒80726080]
萬壽無疆(만수무강) ‒ 萬世無疆(만세무강) [80325012‒80725012]
萬壽無疆(만수무강) ‒ 壽考無疆(수고무강) [80325012‒32505012]
晚時之歎(만시지탄) ‒ 後時之歎(후시지탄) [32723240‒72723240]
萬全之計(만전지계) ‒ 萬全之策(만전지책) [80723262‒80723232]
萬壑千峯(만학천봉) ‒ 千峯萬壑(천봉만학) [80107032‒70328010]
萬壑千峯(만학천봉) ‒ 千山萬壑(천산만학) [80107032‒70808010]
亡國之音(망국지음) ‒ 亡國之聲(망국지성) [50803262‒50803242]
亡國之音(망국지음) ‒ 桑間之音(상간지음) [50803262‒32723262]
亡國之音(망국지음) ‒ 鄭衛桑間(정위상간) [50803262‒12423272]
亡國之音(망국지음) ‒ 鄭衛之音(정위지음) [50803262‒12423262]
罔極之痛(망극지통) ‒ 天崩之痛(천붕지통) [30423240‒70303240]

忘年之友(망년지우) - 忘年之交(망년지교) [30803252-30803260]
亡羊補牢(망양보뢰) - 渴而穿井(갈이천정) [50423210-30301032]
亡羊補牢(망양보뢰) - 亡牛補牢(망우보뢰) [50423210-50503210]
望雲之情(망운지정) - 望雲之懷(망운지회) [52523252-52523232]
麥秀之歎(맥수지탄) - 亡國之歎(망국지탄) [32403240-50803240]
麥秀之歎(맥수지탄) - 亡國之恨(망국지한) [32403240-50803240]
麥秀之歎(맥수지탄) - 麥秀黍油(맥수서유) [32403240-32401060]
盲龜遇木(맹귀우목) - 盲龜浮木(맹귀부목) [32304080-32303280]
孟母三遷(맹모삼천) - 斷機之戒(단기지계) [32808032-42403240]
孟母三遷(맹모삼천) - 斷機之敎(단기지교) [32808032-42403280]
孟母三遷(맹모삼천) - 孟母斷機(맹모단기) [32808032-32804240]
孟母三遷(맹모삼천) - 三遷之敎(삼천지교) [32808032-80323280]
盲人直門(맹인직문) - 盲者正門(맹자정문) [32807280-32607280]
盲人直門(맹인직문) - 盲者直門(맹자직문) [32807280-32607280]
面無人色(면무인색) - 面如土色(면여토색) [70508070-70428070]
面從腹背(면종복배) - 面從後言(면종후언) [70403242-70407260]
面從腹背(면종복배) - 陽奉陰違(양봉음위) [70403242-60524230]
滅門之禍(멸문지화) - 滅門之患(멸문지환) [32803232-32803250]
滅門之禍(멸문지화) - 滅族之禍(멸족지화) [32803232-32603232]
明鏡高懸(명경고현) - 秦鏡高懸(진경고현) [62406232-12406232]
明鏡止水(명경지수) - 雲心月性(운심월성) [62405080-52708052]
名落孫山(명락손산) - 孫山之外(손산지외) [72506080-60803280]
名門大家(명문대가) - 名門巨族(명문거족) [72808072-72804060]
名不虛傳(명불허전) - 名不虛得(명불허득) [72724252-72724242]
明若觀火(명약관화) - 不問可知(불문가지) [62325280-72705052]
明若觀火(명약관화) - 不言可想(불언가상) [62325280-72605042]
明若觀火(명약관화) - 不言可知(불언가지) [62325280-72605052]
命在頃刻(명재경각) - 命在朝夕(명재조석) [70603240-70606070]
目不識丁(목불식정) - 魚魯不辨(어로불변) [60725240-50127230]
目不識丁(목불식정) - 一文不知(일문부지) [60725240-80707252]
目不識丁(목불식정) - 一文不通(일문불통) [60725240-80707260]
目不識丁(목불식정) - 一字無識(일자무식) [60725240-80705052]
目不識丁(목불식정) - 一字不識(일자불식) [60725240-80707252]
木石不傅(목석불부) - 木石難得(목석난득) [80607212-80604242]
木石不傅(목석불부) - 木石難傅(목석난부) [80607212-80604212]
沐雨櫛風(목우즐풍) - 艱難辛苦(간난신고) [20521062-10423060]

猫項懸鈴(묘항현령) － 猫頭懸鈴(묘두현령) [10323210-10603210]
武陵桃源(무릉도원) － 別有乾坤(별유건곤) [42323240-60703230]
武陵桃源(무릉도원) － 別有天地(별유천지) [42323240-60707070]
武陵桃源(무릉도원) － 小國寡民(소국과민) [42323240-80803280]
舞馬之災(무마지재) － 馬舞之災(마무지재) [40503250-50403250]
舞文曲筆(무문곡필) － 舞文弄筆(무문농필) [40705052-40703252]
無不通知(무불통지) － 無不通達(무불통달) [50726052-50726042]
無爲徒食(무위도식) － 浪遊徒食(낭유도식) [50424072-32404072]
無爲之治(무위지치) － 無爲而治(무위이치) [50423242-50423042]
無害無得(무해무득) － 無得無失(무득무실) [50525042-50425060]
墨子悲染(묵자비염) － 墨子泣絲(묵자읍사) [32724232-32723040]
文房四友(문방사우) － 文房四寶(문방사보) [70428052-70428042]
門前成市(문전성시) － 門庭若市(문정약시) [80726272-80623272]
文筆盜賊(문필도적) － 膝甲盜賊(슬갑도적) [70524040-10404040]
勿失好機(물실호기) － 時不可失(시불가실) [32604240-72725060]
尾大難掉(미대난도) － 尾大不掉(미대부도) [32804210-32807210]
未熟練工(미숙련공) － 非熟練工(비숙련공) [42325272-42325272]
博覽強記(박람강기) － 博學多識(박학다식) [42406072-42806052]
盤溪曲徑(반계곡경) － 旁岐曲徑(방기곡경) [32325032-12125032]
飯囊酒袋(반낭주대) － 衣架飯囊(의가반낭) [32104010-60323210]
飯囊酒袋(반낭주대) － 酒囊飯袋(주낭반대) [32104010-40103210]
飯囊酒袋(반낭주대) － 酒袋飯囊(주대반낭) [32104010-40103210]
半面之分(반면지분) － 半面之識(반면지식) [62703262-62703252]
半信半疑(반신반의) － 且信且疑(차신차의) [62626240-30623040]
反哺之孝(반포지효) － 烏鳥私情(오조사정) [62103272-32424052]
反哺之孝(반포지효) － 願乞終養(원걸종양) [62103272-50305052]
發光信號(발광신호) － 閃光信號(섬광신호) [62626260-10626260]
傍若無人(방약무인) － 眼中無人(안중무인) [30325080-42805080]
傍若無人(방약무인) － 眼下無人(안하무인) [30325080-42725080]
拜金主義(배금주의) － 拜金思想(배금사상) [42807042-42805042]
背水之陣(배수지진) － 捨量沈舟(사량침주) [42803240-30503230]
背水之陣(배수지진) － 濟河焚舟(제하분주) [42803240-42501030]
背水之陣(배수지진) － 破釜沈船(파부침선) [42803240-42123250]
背水之陣(배수지진) － 破釜沈舟(파부침주) [42803240-42123230]
百計無策(백계무책) － 計無所出(계무소출) [70625032-62507070]
百年佳約(백년가약) － 百年佳期(백년가기) [70803252-70803250]

百年佳約(백년가약) - 百年言約(백년언약) [70803252-70806052]
百年佳約(백년가약) - 百年之約(백년지약) [70803252-70803252]
百年大計(백년대계) - 百年之計(백년지계) [70808062-70803262]
百年之客(백년지객) - 半子之名(반자지명) [70803252-62723272]
百年河淸(백년하청) - 千年一淸(천년일청) [70805062-70808062]
百年河淸(백년하청) - 何待歲月(하대세월) [70805062-32605280]
百年偕老(백년해로) - 百年同樂(백년동락) [70801070-70807062]
百年偕老(백년해로) - 百年偕樂(백년해락) [70801070-70801062]
百年偕老(백년해로) - 偕老同穴(해로동혈) [70801070-10707032]
百發百中(백발백중) - 一發必中(일발필중) [70627080-80625280]
百日祈禱(백일기도) - 百日致誠(백일치성) [70803210-70805042]
百戰老將(백전노장) - 幽燕老將(유연노장) [70627042-32327042]
百折不屈(백절불굴) - 百折不撓(백절불요) [70407240-70407210]
百花滿發(백화만발) - 百花爛漫(백화난만) [70704262-70702030]
百花滿發(백화만발) - 百花燎亂(백화요란) [70704262-70701040]
補過拾遺(보과습유) - 拾遺補過(습유보과) [32523240-32403252]
覆車之戒(복거지계) - 不踏覆轍(부답복철) [32723240-72323210]
覆車之戒(복거지계) - 殷鑑不遠(은감불원) [32723240-12327260]
覆車之戒(복거지계) - 以古爲鑑(이고위감) [32723240-52604232]
覆車之戒(복거지계) - 前車可鑑(전거가감) [32723240-72725032]
覆車之戒(복거지계) - 前覆後戒(전복후계) [32723240-72327240]
覆車之戒(복거지계) - 學于古訓(학우고훈) [32723240-80306060]
蓬頭垢面(봉두구면) - 蓬首垢面(봉수구면) [12601070-12521070]
浮生如夢(부생여몽) - 浮生若夢(부생약몽) [32804232-32803232]
負薪之憂(부신지우) - 采薪之憂(채신지우) [40103232-12103232]
釜中之魚(부중지어) - 魚遊釜中(어유부중) [12803250-50401280]
夫唱婦隨(부창부수) - 女必從夫(여필종부) [70504232-80524070]
附和雷同(부화뇌동) - 雷同附和(뇌동부화) [32623270-32703262]
附和雷同(부화뇌동) - 附和隨行(부화수행) [32623270-32623260]
附和雷同(부화뇌동) - 隨衆逐隊(수중축대) [32623270-32423042]
附和雷同(부화뇌동) - 旅進旅退(여진여퇴) [32623270-52425242]
憤氣衝天(분기충천) - 憤氣騰騰(분기등등) [40723270-40723030]
焚書坑儒(분서갱유) - 坑儒焚書(갱유분서) [10622040-20401062]
分袖相別(분수상별) - 分手作別(분수작별) [62105260-62726260]
不顧廉恥(불고염치) - 廉恥不顧(염치불고) [72303032-30327230]
不俱戴天(불구대천) - 戴天之讎(대천지수) [72302070-20703210]

不俱戴天(불구대천) − 不共戴天(불공대천) [72302070−72622070]
不老長生(불로장생) − 長生不死(장생불사) [72708080−80807260]
不問曲直(불문곡직) − 曲直不問(곡직불문) [72705072−50727270]
不問曲直(불문곡직) − 不問曲折(불문곡절) [72705072−72705040]
不易之法(불역지법) − 不易之典(불역지전) [72403252−72403252]
不遠千里(불원천리) − 不遠萬里(불원만리) [72607070−72608070]
不遺餘力(불유여력) − 全力投球(전력투구) [72404272−72724062]
不撤晝夜(불철주야) − 不知寢食(부지침식) [72206060−72524072]
不撤晝夜(불철주야) − 不解衣帶(불해의대) [72206060−72426042]
不撤晝夜(불철주야) − 夜以繼晝(야이계주) [72206060−60524060]
不撤晝夜(불철주야) − 晝而繼夜(주이계야) [72206060−60304060]
不偏不黨(불편부당) − 無偏無黨(무편무당) [72327242−50325042]
不合理性(불합리성) − 非合理性(비합리성) [72606252−42606252]
非夢似夢(비몽사몽) − 似夢非夢(사몽비몽) [42323032−30324232]
飛耳長目(비이장목) − 長目飛耳(장목비이) [42508060−80604250]
鼻下政事(비하정사) − 鼻下公事(비하공사) [50724272−50726272]
飛黃騰達(비황등달) − 飛黃騰踏(비황등답) [42603042−42603032]
氷姿玉質(빙자옥질) − 仙姿玉質(선자옥질) [50404252−52404252]
四顧無親(사고무친) − 四顧無託(사고무탁) [80305060−80305020]
四面楚歌(사면초가) − 孤立無援(고립무원) [80701270−40725040]
四面春風(사면춘풍) − 到處春風(도처춘풍) [80707062−52427062]
四面春風(사면춘풍) − 四時春風(사시춘풍) [80707062−80727062]
四分五裂(사분오열) − 三分五裂(삼분오열) [80628032−80628032]
死不瞑目(사불명목) − 死不顚目(사불전목) [60721060−60721060]
死生關頭(사생관두) − 生死關頭(생사관두) [60805260−80605260]
死生同苦(사생동고) − 死生契闊(사생계활) [60807060−60803210]
捨生取義(사생취의) − 殺身成仁(살신성인) [30804242−42626240]
捨生取義(사생취의) − 殺身立節(살신입절) [30804242−42627252]
射石爲虎(사석위호) − 金石爲開(금석위개) [40604232−80604260]
射石爲虎(사석위호) − 中石沒矢(중석몰시) [40604232−80603230]
些少之事(사소지사) − 細微之事(세미지사) [10703272−42323272]
死而不亡(사이불망) − 死且不朽(사차불후) [60307250−60307210]
社稷之臣(사직지신) − 柱石之臣(주석지신) [62123252−32603252]
四通八達(사통팔달) − 四達五通(사달오통) [80608042−80428060]
四通八達(사통팔달) − 四通五達(사통오달) [80608042−80608042]
事必歸正(사필귀정) − 邪不犯正(사불범정) [72524072−32724072]

四海同胞(사해동포) – 四海兄第(사해형제) [80727040-80728062]
山窮水盡(산궁수진) – 山盡水窮(산진수궁) [80408040-80408040]
山窮水盡(산궁수진) – 山盡海渴(산진해갈) [80408040-80407230]
酸洗滌酸(산세척산) – 酸洗滌劑(산세척제) [20521020-20521020]
山紫水明(산자수명) – 山明水麗(산명수려) [80328062-80628042]
山紫水明(산자수명) – 山明水紫(산명수자) [80328062-80628032]
山紫水明(산자수명) – 山明水淸(산명수청) [80328062-80628062]
山紫水明(산자수명) – 山紫水麗(산자수려) [80328062-80328042]
三顧草廬(삼고초려) – 草廬三顧(초려삼고) [80307012-70128030]
三年不飛(삼년불비) – 一鳴驚人(일명경인) [80807242-80404080]
三頭六臂(삼두육비) – 三面六臂(삼면육비) [80608010-80708010]
森羅萬象(삼라만상) – 萬彙群象(만휘군상) [32428040-80104040]
三日天下(삼일천하) – 五日京兆(오일경조) [80807072-80806032]
三從之道(삼종지도) – 三從依托(삼종의탁) [80403272-80404030]
三從之道(삼종지도) – 三從之德(삼종지덕) [80403272-80403252]
三從之道(삼종지도) – 三從之禮(삼종지례) [80403272-80403260]
三從之道(삼종지도) – 三從之法(삼종지법) [80403272-80403252]
三從之道(삼종지도) – 三從之義(삼종지의) [80403272-80403242]
三從之道(삼종지도) – 三從之托(삼종지탁) [80403272-80403230]
上樓擔梯(상루담제) – 勸上搖木(권상요목) [72324210-40723080]
上樓擔梯(상루담제) – 登樓去梯(등루거제) [72324210-70325010]
上樓擔梯(상루담제) – 上樹拔梯(상수발제) [72324210-72603210]
桑蓬之志(상봉지지) – 桑弧蓬矢(상호봉시) [32123242-32101230]
桑田碧海(상전벽해) – 高岸深谷(고안심곡) [32423272-62324232]
桑田碧海(상전벽해) – 陵谷之變(능곡지변) [32423272-32323252]
桑田碧海(상전벽해) – 白雲蒼狗(백운창구) [32423272-80523230]
桑田碧海(상전벽해) – 碧海桑田(벽해상전) [32423272-32723242]
桑田碧海(상전벽해) – 桑田滄海(상전창해) [32423272-32422072]
桑田碧海(상전벽해) – 桑滄之變(상창지변) [32423272-32203252]
桑田碧海(상전벽해) – 桑海之變(상해지변) [32423272-32723252]
桑田碧海(상전벽해) – 滄桑之變(창상지변) [32423272-20323252]
桑田碧海(상전벽해) – 滄海桑田(창해상전) [32423272-20723242]
塞翁之馬(새옹지마) – 反禍爲福(반화위복) [32303250-62324252]
塞翁之馬(새옹지마) – 塞翁得失(새옹득실) [32303250-32304260]
塞翁之馬(새옹지마) – 塞翁禍福(새옹화복) [32303250-32303252]
塞翁之馬(새옹지마) – 轉禍爲福(전화위복) [32303250-40324252]

塞翁之馬(새옹지마) － 禍轉爲福(화전위복) [32303250－32404252]
生面不知(생면부지) － 一面不知(일면부지) [80707252－80707252]
生死骨肉(생사골육) － 生死肉骨(생사육골) [80604042－80604240]
生者必滅(생자필멸) － 雪泥鴻爪(설니홍조) [80605232－62323010]
生者必滅(생자필멸) － 人生無常(인생무상) [80605232－80805042]
生者必滅(생자필멸) － 人生朝露(인생조로) [80605232－80806032]
西方世界(서방세계) － 西方國家(서방국가) [80727262－80728072]
西山落日(서산낙일) － 日落西山(일락서산) [80805080－80508080]
西山落日(서산낙일) － 日落咸池(일락함지) [80805080－80503032]
先發制人(선발제인) － 先聲奪人(선성탈인) [80624280－80423280]
先發制人(선발제인) － 先則制人(선즉제인) [80624280－80504280]
雪上加霜(설상가상) － 雪上加雪(설상가설) [62725032－62725062]
雪上加霜(설상가상) － 前虎後狼(전호후랑) [62725032－72327210]
說往說來(설왕설래) － 言去言來(언거언래) [52425270－60506070]
說往說來(설왕설래) － 言三語四(언삼어사) [52425270－60807080]
說往說來(설왕설래) － 言往說來(언왕설래) [52425270－60425270]
說往說來(설왕설래) － 言往言來(언왕언래) [52425270－60426070]
成功身退(성공신퇴) － 成功者去(성공자거) [62626242－62626050]
成功身退(성공신퇴) － 成功者退(성공자퇴) [62626242－62626042]
盛夏炎熱(성하염열) － 盛夏之熱(성하지열) [42703250－42703250]
歲寒松柏(세한송백) － 雪中松柏(설중송백) [52504020－62804020]
笑裏藏刀(소리장도) － 口蜜腹劍(구밀복검) [42323232－70303232]
笑裏藏刀(소리장도) － 笑中有劍(소중유검) [42323232－42807032]
笑裏藏刀(소리장도) － 笑中有刀(소중유도) [42323232－42807032]
消息不通(소식불통) － 音信不通(음신불통) [62427260－62627260]
速戰速決(속전속결) － 速進速決(속진속결) [60626052－60426052]
首丘初心(수구초심) － 胡馬望北(호마망북) [52325070－32505280]
首丘初心(수구초심) － 狐死首丘(호사수구) [52325070－10605232]
首鼠兩端(수서양단) － 左顧右眄(좌고우면) [52104242－72307210]
首鼠兩端(수서양단) － 左顧右視(좌고우시) [52104242－72307242]
首鼠兩端(수서양단) － 左眄右顧(좌면우고) [52104242－72107230]
首鼠兩端(수서양단) － 左右顧眄(좌우고면) [52104242－72723010]
首鼠兩端(수서양단) － 左瞻右顧(좌첨우고) [52104242－72127230]
水天彷彿(수천방불) － 水天一碧(수천일벽) [80701010－80708032]
水火氷炭(수화빙탄) － 水火相剋(수화상극) [80805050－80805210]
熟慮斷行(숙려단행) － 思慮分別(사려분별) [32404260－50406260]

宿虎衝鼻(숙호충비) − 驚蛇入草(경사입초) [52323250−40327070]
宿虎衝鼻(숙호충비) − 飛鳥驚蛇(비조경사) [52323250−42424032]
宿虎衝鼻(숙호충비) − 打草驚蛇(타초경사) [52323250−50704032]
脣亡齒寒(순망치한) − 輔車相依(보거상의) [30504250−12725240]
脣亡齒寒(순망치한) − 脣齒輔車(순치보거) [30504250−30421272]
脣亡齒寒(순망치한) − 脣齒之國(순치지국) [30504250−30423280]
承意順旨(승의순지) − 先意順旨(선의순지) [42625220−80625220]
承意順旨(승의순지) − 先意承旨(선의승지) [42625220−80624220]
時代精神(시대정신) − 時代思想(시대사상) [72624262−72625042]
視死如生(시사여생) − 視死如歸(시사여귀) [42604280−42604240]
是也非也(시야비야) − 曰是曰非(왈시왈비) [42304230−30423042]
申申當付(신신당부) − 申申付託(신신부탁) [42425232−42423220]
室內競技(실내경기) − 屋內競技(옥내경기) [80725050−50725050]
深思熟考(심사숙고) − 深思熟慮(심사숙려) [42503250−42503240]
深山幽谷(심산유곡) − 深山窮谷(심산궁곡) [42803232−42804032]
十年知己(십년지기) − 舊年親舊(구년친구) [80805252−52806052]
十年寒窓(십년한창) − 十年窓下(십년창하) [80805062−80806272]
十中八九(십중팔구) − 十常八九(십상팔구) [80808080−80428080]
十寒一曝(십한일폭) − 一曝十寒(일폭십한) [80508010−80108050]
握髮吐哺(악발토포) − 吐哺握髮(토포악발) [20403210−32102040]
握髮吐哺(악발토포) − 吐哺捉髮(토포착발) [20403210−32103040]
眼高手卑(안고수비) − 眼高手低(안고수저) [42627232−42627242]
安貧樂道(안빈낙도) − 淸貧樂道(청빈낙도) [72426272−62426272]
暗黑社會(암흑사회) − 暗黑世界(암흑세계) [42506262−42507262]
暗黑社會(암흑사회) − 暗黑天地(암흑천지) [42506262−42507070]
殃及池魚(앙급지어) − 池魚之殃(지어지앙) [30323250−32503230]
殃及池魚(앙급지어) − 橫來之厄(횡래지액) [30323250−32703230]
藥籠之物(약롱지물) − 藥籠中物(약롱중물) [62203272−62208072]
羊頭狗肉(양두구육) − 羊質虎皮(양질호피) [42603042−42523232]
羊頭狗肉(양두구육) − 表裏不同(표리부동) [42603042−62327270]
梁上君子(양상군자) − 綠林豪客(녹림호객) [32724072−60703252]
梁上君子(양상군자) − 綠林豪傑(녹림호걸) [32724072−60703240]
梁上君子(양상군자) − 無本大商(무본대상) [32724072−50608052]
養虎後患(양호후환) − 養虎遺患(양호유환) [52327250−52324050]
漁夫之利(어부지리) − 犬兔之爭(견토지쟁) [50703262−40323250]
漁夫之利(어부지리) − 漁人之功(어인지공) [50703262−50803262]

漁夫之利(어부지리) － 田夫之功(전부지공) [50703262－42703262]
語不成說(어불성설) － 萬不成說(만불성설) [70726252－80726252]
億兆蒼生(억조창생) － 萬戶衆生(만호중생) [50323280－80424280]
焉敢生心(언감생심) － 敢不生心(감불생심) [30408070－40728070]
焉敢生心(언감생심) － 敢不生意(감불생의) [30408070－40728062]
焉敢生心(언감생심) － 不敢生意(불감생의) [30408070－72408062]
言語道斷(언어도단) － 言語同斷(언어동단) [60707242－60707042]
言中有骨(언중유골) － 言中有言(언중유언) [60807040－60807060]
言中有骨(언중유골) － 言中有響(언중유향) [60807040－60807032]
言之無益(언지무익) － 言之何益(언지하익) [60325042－60323242]
嚴冬雪寒(엄동설한) － 三冬雪寒(삼동설한) [40706250－80706250]
與民同樂(여민동락) － 與民偕樂(여민해락) [40807062－40801062]
與世推移(여세추이) － 與世浮沈(여세부침) [40724042－40723232]
與羊謀肉(여양모육) － 與虎謀皮(여호모피) [40423242－40323232]
與羊謀肉(여양모육) － 與狐謀皮(여호모피) [40423242－40103232]
歷歷可數(역력가수) － 歷歷可知(역력가지) [52525070－52525052]
緣木求魚(연목구어) － 上山求魚(상산구어) [40804250－72804250]
連城之寶(연성지보) － 價重連城(가중연성) [42423242－52704242]
連城之寶(연성지보) － 價値連城(가치연성) [42423242－52324242]
炎涼世態(염량세태) － 世態炎涼(세태염량) [32327242－72423232]
榮枯盛衰(영고성쇠) － 興亡盛衰(흥망성쇠) [42304232－42504232]
永久公債(영구공채) － 利息公債(이식공채) [60326232－62426232]
營利保險(영리보험) － 營業保險(영업보험) [40624240－40624240]
營營汲汲(영영급급) － 營營逐逐(영영축축) [40401010－40403030]
永遠無窮(영원무궁) － 永永無窮(영영무궁) [60605040－60605040]
傲慢無道(오만무도) － 傲慢無禮(오만무례) [30305072－30305060]
寤寐不忘(오매불망) － 寤寐思服(오매사복) [10107230－10105060]
吾不關焉(오불관언) － 袖手傍觀(수수방관) [30725230－10723052]
五言金城(오언금성) － 五言長城(오언장성) [80608042－80608042]
烏合之卒(오합지졸) － 烏合之衆(오합지중) [32603252－32603242]
烏合之卒(오합지졸) － 瓦合之卒(와합지졸) [32603252－32603252]
玉石俱焚(옥석구분) － 蘭艾同焚(난애동분) [42603010－32127010]
玉石俱焚(옥석구분) － 玉石同碎(옥석동쇄) [42603010－42607010]
蝸角之爭(와각지쟁) － 蝸角之勢(와각지세) [10623250－10623242]
矮人看戲(왜인간희) － 矮人看場(왜인간장) [10804032－10804072]
矮人看戲(왜인간희) － 矮人觀場(왜인관장) [10804032－10805272]

矮人看戲(왜인간희) – 矮子看戲(왜자간희) [10804032－10724032]
外柔內剛(외유내강) – 內剛外柔(내강외유) [80327232－72328032]
要領不得(요령부득) – 不得要領(부득요령) [52507242－72425250]
憂國之情(우국지정) – 憂國之心(우국지심) [32803252－32803270]
運命論者(운명론자) – 宿命論者(숙명론자) [62704260－52704260]
雲雨之樂(운우지락) – 巫山之夢(무산지몽) [52523262－10803232]
雲雨之樂(운우지락) – 巫山之雨(무산지우) [52523262－10803252]
雲雨之樂(운우지락) – 巫山之雲(무산지운) [52523262－10803252]
雲雨之樂(운우지락) – 雲雨之情(운우지정) [52523262－52523252]
雲雨之樂(운우지락) – 朝雲暮雨(조운모우) [52523262－60523052]
月下氷人(월하빙인) – 月下老人(월하노인) [80725080－80727080]
柔能制剛(유능제강) – 柔能勝剛(유능승강) [32524232－32526032]
流離乞食(유리걸식) – 轉轉乞食(전전걸식) [52403072－40403072]
有名無實(유명무실) – 虛名無實(허명무실) [70725052－42725052]
意氣揚揚(의기양양) – 得意洋洋(득의양양) [62723232－42626060]
意氣揚揚(의기양양) – 得意揚揚(득의양양) [62723232－42623232]
異口同聲(이구동성) – 如出一口(여출일구) [40707042－42708070]
異口同聲(이구동성) – 異口同音(이구동음) [40707042－40707062]
異國情趣(이국정취) – 異國情調(이국정조) [40805240－40805252]
以卵擊石(이란격석) – 杯水車薪(배수거신) [52404060－30807210]
以卵擊石(이란격석) – 杯水救車(배수구거) [52404060－30805072]
以卵擊石(이란격석) – 杯水輿薪(배수여신) [52404060－30803010]
以卵擊石(이란격석) – 以卵投石(이란투석) [52404060－52404060]
以卵擊石(이란격석) – 漢江投石(한강투석) [52404060－72724060]
以卵擊石(이란격석) – 紅爐點雪(홍로점설) [52404060－40324062]
理所固然(이소고연) – 理所當然(이소당연) [62705070－62705270]
以實直告(이실직고) – 實陣無諱(실진무휘) [52527252－52405010]
以實直告(이실직고) – 以實告之(이실고지) [52527252－52525232]
以實直告(이실직고) – 從實直告(종실직고) [52527252－40527252]
以心傳心(이심전심) – 心心相印(심심상인) [52705270－70705242]
已往之事(이왕지사) – 旣往之事(기왕지사) [32423272－30423272]
離合集散(이합집산) – 聚散離合(취산이합) [40606240－12404060]
因果應報(인과응보) – 因果報應(인과보응) [50624242－50624242]
因果應報(인과응보) – 種瓜得瓜(종과득과) [50624242－52204220]
因果應報(인과응보) – 種豆得豆(종두득두) [50624242－52424242]
人琴俱亡(인금구망) – 人琴之歎(인금지탄) [80323050－80323240]

人死留名(인사유명) − 豹死留皮(표사유피) [80604272−10604232]
人死留名(인사유명) − 虎死留皮(호사유피) [80604272−32604232]
人跡未踏(인적미답) − 人跡不到(인적부도) [80324232−80327252]
人種之末(인종지말) − 人中之末(인중지말) [80523250−80803250]
一刻三秋(일각삼추) − 三秋之思(삼추지사) [80408070−80703250]
一刻三秋(일각삼추) − 一日三秋(일일삼추) [80408070−80808070]
一見如舊(일견여구) − 一面如舊(일면여구) [80524252−80704252]
一顧傾國(일고경국) − 一顧傾城(일고경성) [80304080−80304042]
一騎當千(일기당천) − 一人當千(일인당천) [80325270−80805270]
一刀兩斷(일도양단) − 一刀割斷(일도할단) [80324242−80323242]
一得一失(일득일실) − 一利一害(일리일해) [80428060−80628052]
一落萬丈(일락만장) − 一落千丈(일락천장) [80508032−80507032]
一覽不忘(일람불망) − 過目成誦(과목성송) [80407230−52606230]
日暮途窮(일모도궁) − 日暮途遠(일모도원) [80303240−80303260]
一木難支(일목난지) − 一柱難支(일주난지) [80804242−80324242]
一無可取(일무가취) − 一無所取(일무소취) [80505042−80507042]
一罰百戒(일벌백계) − 以一警百(이일경백) [80427040−52804270]
一罰百戒(일벌백계) − 懲一勵百(징일여백) [80427040−30803270]
一瀉千里(일사천리) − 九天直下(구천직하) [80107070−80707272]
一石二鳥(일석이조) − 一擧兩得(일거양득) [80608042−80504242]
一石二鳥(일석이조) − 一擧兩實(일거양실) [80608042−80504252]
一石二鳥(일석이조) − 一擧兩取(일거양취) [80608042−80504242]
一石二鳥(일석이조) − 一擧二得(일거이득) [80608042−80508042]
一世之雄(일세지웅) − 一時之傑(일시지걸) [80723250−80723240]
一言半句(일언반구) − 一言半辭(일언반사) [80606242−80606240]
一言一行(일언일행) − 一言一動(일언일동) [80608060−80608072]
一葉片舟(일엽편주) − 一葉小船(일엽소선) [80503230−80508050]
一衣帶水(일의대수) − 指呼之間(지호지간) [80604280−42423272]
一人二役(일인이역) − 一身兩役(일신양역) [80808032−80624232]
一字千金(일자천금) − 一字百金(일자백금) [80707080−80707080]
一長一短(일장일단) − 一短一長(일단일장) [80808062−80628080]
一喜一悲(일희일비) − 一悲一喜(일비일희) [80408042−80428040]
臨渴掘井(임갈굴정) − 臨耕掘井(임경굴정) [32302032−32322032]
臨機應變(임기응변) − 隨機應變(수기응변) [32404252−32404252]
臨機應變(임기응변) − 隨時應變(수시응변) [32404252−32724252]
臨機應變(임기응변) − 臨時應變(임시응변) [32404252−32724252]

立身揚名(입신양명) - 立身出世(입신출세) [72623272-72627072]
自家撞着(자가당착) - 矛盾撞着(모순당착) [72721052-20201052]
自家撞着(자가당착) - 自己矛盾(자기모순) [72721052-72522020]
刺股懸梁(자고현량) - 懸梁刺股(현량자고) [32103232-32323210]
自今以後(자금이후) - 而今以後(이금이후) [72625272-30625272]
自手成家(자수성가) - 自成一家(자성일가) [72726272-72628072]
自業自得(자업자득) - 自業自縛(자업자박) [72627242-72627210]
自業自得(자업자득) - 自作自受(자작자수) [72627242-72627242]
自然淘汰(자연도태) - 自然選擇(자연선택) [72701010-72705040]
自然選擇(자연선택) - 優勝劣敗(우승열패) [72705040-40603050]
自然災害(자연재해) - 氣象災害(기상재해) [72705052-72405052]
自作地主(자작지주) - 在村地主(재촌지주) [72627070-60707070]
自稱君子(자칭군자) - 自稱天子(자칭천자) [72404072-72407072]
昨非今是(작비금시) - 今是昨非(금시작비) [62426242-62426242]
殘杯冷羹(잔배냉갱) - 殘杯冷炙(잔배냉적) [40305010-40305010]
殘忍無道(잔인무도) - 殘惡無道(잔악무도) [40325072-40525072]
殘忍無道(잔인무도) - 殘虐無道(잔학무도) [40325072-40205072]
藏頭露尾(장두노미) - 藏形匿影(장형익영) [32603232-32621032]
長袖善舞(장수선무) - 多錢善賈(다전선고) [80105040-60405012]
再三思之(재삼사지) - 再考三思(재고삼사) [50805032-50508050]
著名人士(저명인사) - 知名人士(지명인사) [32728052-52728052]
低唱淺酌(저창천작) - 淺酌低唱(천작저창) [42503230-32304250]
寂寞江山(적막강산) - 寞天寂也(막천적야) [32107280-10703230]
赤手空拳(적수공권) - 隻手空拳(척수공권) [50727232-20727232]
前代未聞(전대미문) - 前古未聞(전고미문) [72624262-72604262]
戰歿將兵(전몰장병) - 戰亡將卒(전망장졸) [62104252-62504252]
前無後無(전무후무) - 空前絕後(공전절후) [72507250-72724272]
前無後無(전무후무) - 曠前絕後(광전절후) [72507250-10724272]
輾轉反側(전전반측) - 輾轉不寐(전전불매) [10406232-10407210]
切齒腐心(절치부심) - 切齒扼腕(절치액완) [52423270-52421010]
頂門一針(정문일침) - 頂門一鍼(정문일침) [32808040-32808010]
頂門一鍼(정문일침) - 頂門一針(정문일침) [32808010-32808040]
頂門一鍼(정문일침) - 頂上一鍼(정상일침) [32808010-32728010]
頂門一針(정문일침) - 頂上一鍼(정상일침) [32808040-32728010]
朝令暮改(조령모개) - 朝改暮變(조개모변) [60503050-60503052]
朝令暮改(조령모개) - 朝令夕改(조령석개) [60503050-60507050]

朝令暮改(조령모개) － 朝變暮改(조변모개) [60503050－60523050]
朝令暮改(조령모개) － 朝變夕改(조변석개) [60503050－60527050]
朝令暮改(조령모개) － 朝夕變改(조석변개) [60503050－60705250]
朝不慮夕(조불려석) － 朝不謀夕(조불모석) [60724070－60723270]
粗衣惡食(조의악식) － 惡衣惡食(악의악식) [10605272－52605272]
粗衣惡食(조의악식) － 粗衣粗食(조의조식) [10605272－10601072]
左衝右突(좌충우돌) － 東衝西突(동충서돌) [72327232－80328032]
左衝右突(좌충우돌) － 左右衝突(좌우충돌) [72327232－72723232]
主客顚倒(주객전도) － 客反爲主(객반위주) [70521032－52624270]
晝耕夜讀(주경야독) － 晴耕雨讀(청경우독) [60326062－30325262]
酒池肉林(주지육림) － 肉山脯林(육산포림) [40324270－42801070]
竹馬故友(죽마고우) － 竹馬交友(죽마교우) [42504252－42506052]
竹馬故友(죽마고우) － 竹馬舊友(죽마구우) [42504252－42505252]
竹馬故友(죽마고우) － 竹馬之友(죽마지우) [42504252－42503252]
中途而廢(중도이폐) － 半途而廢(반도이폐) [80323032－62323032]
衆目環視(중목환시) － 衆人環視(중인환시) [42604042－42804042]
中華思想(중화사상) － 華夷思想(화이사상) [80405042－40305042]
支離滅裂(지리멸렬) － 支離分散(지리분산) [42403232－42406240]
盡善盡美(진선진미) － 盡善完美(진선완미) [40504060－40505060]
珍羞盛饌(진수성찬) － 山海珍味(산해진미) [40104210－80724042]
進退兩難(진퇴양난) － 進退無路(진퇴무로) [42424242－42425060]
進退兩難(진퇴양난) － 進退維谷(진퇴유곡) [42424242－42423232]
此日彼日(차일피일) － 此月彼月(차월피월) [32803280－32803280]
借廳借閨(차청차규) － 借廳入室(차청입실) [32403220－32407080]
天高馬肥(천고마비) － 秋高馬肥(추고마비) [70625032－70625032]
千慮一失(천려일실) － 智者一失(지자일실) [70408060－40608060]
千萬多幸(천만다행) － 萬萬多幸(만만다행) [70806062－80806062]
千萬多幸(천만다행) － 萬分多幸(만분다행) [70806062－80626062]
天方地軸(천방지축) － 天方地方(천방지방) [70727020－70727072]
天府之國(천부지국) － 天府之土(천부지토) [70423280－70423280]
千思萬量(천사만량) － 千思萬度(천사만탁) [70508050－70508060]
天壤之差(천양지차) － 雲泥之差(운니지차) [70323240－52323240]
天壤之差(천양지차) － 天壤之間(천양지간) [70323240－70323272]
天壤之差(천양지차) － 天壤之判(천양지판) [70323240－70323240]
天壤之差(천양지차) － 天淵之差(천연지차) [70323240－70123240]
千紫萬紅(천자만홍) － 萬紫千紅(만자천홍) [70328040－80327040]

千載一遇(천재일우) － 千歲一時(천세일시) [70328040－70528072]
千載一遇(천재일우) － 千載一時(천재일시) [70328040－70328072]
天地開闢(천지개벽) － 開天闢地(개천벽지) [70706010－60701070]
千差萬別(천차만별) － 千態萬象(천태만상) [70408060－70428040]
千篇一律(천편일률) － 一律千篇(일률천편) [70408042－80427040]
天下無雙(천하무쌍) － 天下第一(천하제일) [70725032－70726280]
徹頭徹尾(철두철미) － 徹上徹下(철상철하) [32603232－32723272]
徹天之冤(철천지원) － 徹地之冤(철지지원) [32703210－32703210]
徹天之冤(철천지원) － 徹天之恨(철천지한) [32703210－32703240]
靑山流水(청산유수) － 口若懸河(구약현하) [80805280－70323250]
靑山流水(청산유수) － 口如懸河(구여현하) [80805280－70423250]
靑山流水(청산유수) － 靑山雨水(청산우수) [80805280－80805280]
靑山流水(청산유수) － 懸河口辯(현하구변) [80805280－32507040]
靑山流水(청산유수) － 懸河雄辯(현하웅변) [80805280－32505040]
靑山流水(청산유수) － 懸河之辯(현하지변) [80805280－32503240]
靑出於藍(청출어람) － 出藍之譽(출람지예) [80703020－70203232]
草家三間(초가삼간) － 三間草家(삼간초가) [70728072－80727072]
草家三間(초가삼간) － 三間草屋(삼간초옥) [70728072－80727050]
草家三間(초가삼간) － 數間斗屋(수간두옥) [70728072－70724250]
草家三間(초가삼간) － 數間草屋(수간초옥) [70728072－70727050]
焦眉之急(초미지급) － 燒眉之急(소미지급) [20303262－32303262]
吹毛覓疵(취모멱자) － 吹毛求疵(취모구자) [32421210－32424210]
七落八落(칠락팔락) － 七零八落(칠령팔락) [80508050－80308050]
七步之才(칠보지재) － 七步成詩(칠보성시) [80423262－80426242]
七顚八倒(칠전팔도) － 十顚九倒(십전구도) [80108032－80108032]
卓上空論(탁상공론) － 机上空論(궤상공론) [50727242－10727242]
卓上空論(탁상공론) － 紙上兵談(지상병담) [50727242－70725250]
貪欲無藝(탐욕무예) － 貪賂無藝(탐뢰무예) [30325042－30105042]
太古之民(태고지민) － 太古順民(태고순민) [60603280－60605280]
太平歲月(태평세월) － 太平煙月(태평연월) [60725280－60724280]
通俗歌謠(통속가요) － 大衆歌謠(대중가요) [60427042－80427042]
波瀾萬丈(파란만장) － 波瀾重疊(파란중첩) [42108032－42107010]
破顔大笑(파안대소) － 破顔一笑(파안일소) [42328042－42328042]
破竹之勢(파죽지세) － 勢如破竹(세여파죽) [42423242－42424242]
破竹之勢(파죽지세) － 燎原之火(요원지화) [42423242－10503280]
蒲柳之質(포류지질) － 蒲柳之姿(포류지자) [10403252－10403240]

抱腹絶倒(포복절도) － 捧腹絶倒(봉복절도) [30324232－10324232]
風樹之歎(풍수지탄) － 風木之悲(풍목지비) [62603240－62803242]
風樹之歎(풍수지탄) － 風樹之感(풍수지감) [62603240－62603260]
風樹之歎(풍수지탄) － 風樹之悲(풍수지비) [62603240－62603242]
匹夫之勇(필부지용) － 小人之勇(소인지용) [30703262－80803262]
必有曲折(필유곡절) － 必有事端(필유사단) [52705040－52707242]
何以得此(하이득차) － 何以爲之(하이위지) [32524232－32524232]
河海之恩(하해지은) － 河海之澤(하해지택) [50723242－50723232]
閑談客說(한담객설) － 閑談屑話(한담설화) [40505252－40501072]
汗牛充棟(한우충동) － 五車之書(오거지서) [32505220－80723262]
緘口無言(함구무언) － 緘口不言(함구불언) [10705060－10707260]
咸興差使(함흥차사) － 一無消息(일무소식) [30424060－80506242]
咸興差使(함흥차사) － 終無消息(종무소식) [30424060－50506242]
行動擧止(행동거지) － 動容周旋(동용주선) [60725050－72424032]
血肉之親(혈육지친) － 骨肉之親(골육지친) [42423260－40423260]
螢雪之功(형설지공) － 孫康映雪(손강영설) [30623262－60424062]
螢雪之功(형설지공) － 車胤聚螢(차윤취형) [30623262－72121230]
糊口之策(호구지책) － 糊口之計(호구지계) [10703232－10703262]
糊口之策(호구지책) － 糊口之方(호구지방) [10703232－10703272]
狐死兔悲(호사토비) － 兔死狐悲(토사호비) [10603242－32601042]
狐死兔悲(호사토비) － 狐死兔泣(호사토읍) [10603242－10603230]
好衣好食(호의호식) － 錦衣玉食(금의옥식) [42604272－32604272]
好衣好食(호의호식) － 暖衣飽食(난의포식) [42604272－42603072]
好衣好食(호의호식) － 飽食暖衣(포식난의) [42604272－30724260]
魂飛魄散(혼비백산) － 魂不附身(혼불부신) [32421040－32723262]
魂飛魄散(혼비백산) － 魂不附體(혼불부체) [32421040－32723262]
昏定晨省(혼정신성) － 扇枕溫席(선침온석) [30603062－10306060]
昏定晨省(혼정신성) － 朝夕定省(조석정성) [30603062－60706062]
和氏之璧(화씨지벽) － 隋侯之珠(수후지주) [62403210－12303232]
花朝月夕(화조월석) － 朝花月夕(조화월석) [70608070－60708070]
黃口幼兒(황구유아) － 黃口小兒(황구소아) [60703252－60708052]
黃金萬能(황금만능) － 金權萬能(금권만능) [60808052－80428052]
橫說竪說(횡설수설) － 橫竪說去(횡수설거) [32521052－32105250]
橫說竪說(횡설수설) － 橫竪說話(횡수설화) [32521052－32105272]
諱疾忌醫(휘질기의) － 護疾忌醫(호질기의) [10323060－42323060]

상대어[相對語(反對語, 反意語, 反義語, 對義語)_結合語]

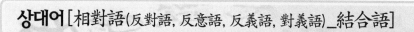

加減(가감) [5042]　曲直(곡직) [5072]　肌骨(기골) [1040]　得喪(득상) [4232]
加除(가제) [5042]　昆弟(곤제) [1080]　起結(기결) [4252]　得失(득실) [4260]
可否(가부) [5040]　供需(공수) [3232]　起伏(기복) [4240]　登降(등강) [7040]
嫁娶(가취) [1010]　公私(공사) [6240]　起陷(기함) [4232]　登落(등락) [7050]
干戈(간과) [4020]　功過(공과) [6252]　飢飽(기포) [3030]　騰落(등락) [3050]
干滿(간만) [4042]　功罪(공죄) [6250]　吉凶(길흉) [5052]　來去(내거) [7050]
簡細(간세) [4042]　攻防(공방) [4042]　拮抗(길항) [1040]　來往(내왕) [7042]
艱易(간이) [1040]　攻守(공수) [4042]　諾否(낙부) [3240]　冷暖(냉난) [5042]
甘苦(감고) [4060]　空陸(공륙) [7252]　難易(난이) [4240]　冷煖(냉난) [5010]
強弱(강약) [6062]　戈盾(과순) [2020]　南北(남북) [8080]　冷熱(냉열) [5050]
剛柔(강유) [3232]　官民(관민) [4280]　男女(남녀) [7280]　冷溫(냉온) [5060]
江山(강산) [7280]　寬猛(관맹) [3232]　內外(내외) [7280]　良否(양부) [5240]
開閉(개폐) [6040]　廣狹(광협) [5210]　奴婢(노비) [3232]　斂散(염산) [1040]
去來(거래) [5070]　巧拙(교졸) [3230]　濃淡(농담) [2032]　勞使(노사) [5260]
去留(거류) [5042]　敎習(교습) [8060]　濃薄(농박) [2032]　老少(노소) [7070]
巨細(거세) [4042]　敎學(교학) [8080]　多寡(다과) [6032]　老幼(노유) [7032]
乾坤(건곤) [3230]　舅姑(구고) [1032]　多少(다소) [6070]　陸海(육해) [5272]
乾濕(건습) [3232]　舅甥(구생) [1010]　單複(단복) [4240]　利害(이해) [6252]
京鄉(경향) [6042]　君民(군민) [4080]　斷續(단속) [4242]　吏民(이민) [3280]
慶弔(경조) [4230]　君臣(군신) [4052]　旦夕(단석) [3270]　理亂(이란) [6240]
硬軟(경연) [3232]　屈伸(굴신) [4030]　短長(단장) [6280]　離合(이합) [4060]
經緯(경위) [4230]　弓矢(궁시) [3230]　當落(당락) [5250]　滿干(만간) [4240]
輕重(경중) [5070]　倦勤(권근) [1040]　當否(당부) [5240]　蠻狄(만적) [2010]
啓閉(계폐) [3240]　貴賤(귀천) [5032]　大小(대소) [8080]　賣買(매매) [5050]
古今(고금) [6062]　戟盾(극순) [1020]　貸借(대차) [3232]　俛仰(면앙) [1232]
姑舅(고구) [3210]　勤慢(근만) [4030]　都農(도농) [5072]　明滅(명멸) [6232]
姑婦(고부) [3242]　勤惰(근타) [4010]　冬夏(동하) [7070]　明暗(명암) [6242]
考妣(고비) [5010]　勤怠(근태) [4030]　動靜(동정) [7240]　母子(모자) [8072]
苦樂(고락) [6062]　今古(금고) [6260]　動止(동지) [7250]　矛盾(모순) [2020]
高落(고락) [6250]　今昔(금석) [6230]　同異(동이) [7040]　巫覡(무격) [1010]
高卑(고비) [6232]　擒縱(금종) [1032]　東西(동서) [8080]　問答(문답) [7072]
高低(고저) [6242]　及落(급락) [3250]　頭尾(두미) [6032]　文武(문무) [7042]
高下(고하) [6272]　急緩(급완) [6232]　鈍敏(둔민) [3030]　物心(물심) [7270]

美惡(미악) [6052]	死活(사활) [6072]	收支(수지) [4242]	爺孃(야양) [1020]
美醜(미추) [6030]	邪正(사정) [3272]	水陸(수륙) [8052]	陽陰(양음) [6042]
民官(민관) [8042]	朔望(삭망) [3052]	水火(수화) [8080]	抑揚(억양) [3232]
班常(반상) [6242]	朔晦(삭회) [3010]	瘦肥(수비) [1032]	言文(언문) [6070]
發着(발착) [6252]	山海(산해) [8072]	需給(수급) [3250]	言行(언행) [6060]
方圓(방원) [7242]	殺活(살활) [4272]	首尾(수미) [5232]	與受(여수) [4042]
背向(배향) [4260]	上下(상하) [7272]	叔姪(숙질) [4030]	與野(여야) [4060]
白黑(백흑) [8050]	常班(상반) [4262]	順逆(순역) [5242]	然否(연부) [7040]
煩簡(번간) [3040]	詳略(상략) [3240]	乘降(승강) [3240]	炎涼(염량) [3232]
腹背(복배) [3242]	賞罰(상벌) [5042]	乘除(승제) [3242]	榮枯(영고) [4230]
本末(본말) [6050]	生滅(생멸) [8032]	勝負(승부) [6040]	榮辱(영욕) [4232]
鳳凰(봉황) [3210]	生沒(생몰) [8032]	勝敗(승패) [6050]	盈虛(영허) [1242]
俯仰(부앙) [1032]	生死(생사) [8060]	昇降(승강) [3240]	迎送(영송) [4042]
夫婦(부부) [7042]	生殺(생살) [8042]	匙箸(시저) [1010]	迎餞(영전) [4010]
夫妻(부처) [7032]	序跋(서발) [5010]	始末(시말) [6250]	豫決(예결) [4052]
浮沈(부침) [3232]	庶嫡(서적) [3010]	始終(시종) [6250]	銳鈍(예둔) [3030]
父母(부모) [8080]	暑寒(서한) [3050]	是非(시비) [4242]	寤寐(오매) [1010]
父子(부자) [8072]	先後(선후) [8072]	伸縮(신축) [3040]	玉石(옥석) [4260]
北南(북남) [8080]	善惡(선악) [5052]	信疑(신의) [6240]	溫冷(온랭) [6050]
分合(분합) [6260]	成敗(성패) [6250]	新古(신고) [6260]	溫涼(온량) [6032]
糞尿(분뇨) [1020]	盛衰(성쇠) [4232]	新舊(신구) [6252]	翁壻(옹서) [3010]
匕箸(비저) [1010]	醒醉(성취) [1032]	臣民(신민) [5280]	緩急(완급) [3262]
卑高(비고) [3262]	細大(세대) [4280]	身心(신심) [6270]	往來(왕래) [4270]
悲樂(비락) [4262]	疏阻(소조) [3210]	失得(실득) [6042]	往返(왕반) [4230]
悲歡(비환) [4240]	疎密(소밀) [1042]	實否(실부) [5240]	往復(왕복) [4242]
悲喜(비희) [4240]	續斷(속단) [4242]	心身(심신) [7062]	往還(왕환) [4232]
翡翠(비취) [1010]	損得(손득) [4042]	心體(심체) [7062]	凹凸(요철) [1010]
肥瘠(비척) [3210]	損益(손익) [4042]	深淺(심천) [4232]	夭壽(요수) [1032]
臂脚(비각) [1032]	送受(송수) [4242]	雅俗(아속) [3242]	用捨(용사) [6230]
誹譽(비예) [1032]	送迎(송영) [4240]	安否(안부) [7240]	優劣(우열) [4030]
貧富(빈부) [4242]	受給(수급) [4250]	安危(안위) [7240]	右左(우좌) [7272]
賓主(빈주) [3070]	受拂(수불) [4232]	仰俯(앙부) [3210]	雨晴(우청) [5230]
氷炭(빙탄) [5050]	壽夭(수요) [3210]	哀樂(애락) [3262]	雄雌(웅자) [5020]
士民(사민) [5280]	手足(수족) [7272]	哀歡(애환) [3240]	怨恩(원은) [4042]
師弟(사제) [4280]	授受(수수) [4242]	愛惡(애오) [6052]	遠近(원근) [6060]
死生(사생) [6080]	收給(수급) [4250]	愛憎(애증) [6032]	鴛鴦(원앙) [1010]

月日(월일) [8080]　淨穢(정예) [3210]　憎愛(증애) [3260]　取捨(취사) [4230]

有無(유무) [7050]　精粗(정조) [4210]　贈答(증답) [3072]　娶嫁(취가) [1010]

恩讎(은수) [4210]　弟兄(제형) [8080]　智愚(지우) [4032]　聚散(취산) [1240]

恩怨(은원) [4240]　早晚(조만) [4232]　知行(지행) [5260]　醉醒(취성) [3210]

隱見(은견) [4052]　朝暮(조모) [6030]　遲速(지속) [3060]　治亂(치란) [4240]

隱現(은현) [4062]　朝夕(조석) [6070]　眞假(진가) [4242]　親疏(친소) [6010]

隱顯(은현) [4040]　朝野(조야) [6060]　眞僞(진위) [4232]　沈浮(침부) [3232]

陰陽(음양) [4260]　燥濕(조습) [3032]　進退(진퇴) [4242]　快鈍(쾌둔) [4230]

陰晴(음청) [4230]　祖孫(조손) [7060]　桎梏(질곡) [1010]　吞吐(탄토) [1032]

異同(이동) [4070]　存亡(존망) [4050]　集配(집배) [6242]　炭氷(탄빙) [5050]

因果(인과) [5062]　存滅(존멸) [4032]　集散(집산) [6240]　吐納(토납) [3240]

日月(일월) [8080]　存沒(존몰) [4032]　借貸(차대) [3232]　吐吞(토탄) [3210]

任免(임면) [5232]　存無(존무) [4050]　着發(착발) [5262]　投打(투타) [4050]

入落(입락) [7050]　存廢(존폐) [4032]　贊反(찬반) [3262]　敗興(패흥) [5042]

入出(입출) [7070]　尊卑(존비) [4232]　陟降(척강) [1240]　廢立(폐립) [3272]

姉妹(자매) [4040]　尊侍(존시) [4232]　天壤(천양) [7032]　廢置(폐치) [3242]

子女(자녀) [7280]　終始(종시) [5062]　天地(천지) [7070]　褒貶(포폄) [1010]

子母(자모) [7280]　縱擒(종금) [3210]　淺深(천심) [3242]　表裏(표리) [6232]

自他(자타) [7250]　縱橫(종횡) [3232]　凸凹(철요) [1010]　豊薄(풍박) [4232]

雌雄(자웅) [2050]　坐立(좌립) [3272]　添減(첨감) [3042]　豊凶(풍흉) [4252]

昨今(작금) [6262]　坐臥(좌와) [3230]　添削(첨삭) [3032]　彼我(피아) [3232]

將兵(장병) [4252]　左右(좌우) [7272]　晴曇(청담) [3010]　彼此(피차) [3232]

將士(장사) [4252]　罪罰(죄벌) [5042]　晴雨(청우) [3052]　皮骨(피골) [3240]

將卒(장졸) [4252]　罪刑(죄형) [5040]　晴陰(청음) [3042]　夏冬(하동) [7070]

長短(장단) [8062]　主客(주객) [7052]　淸濁(청탁) [6230]　寒暖(한란) [5042]

長幼(장유) [8032]　主僕(주복) [7010]　推挽(추만) [4010]　寒煖(한란) [5010]

低昂(저앙) [4210]　主從(주종) [7040]　推輓(추만) [4010]　寒暑(한서) [5030]

嫡庶(적서) [1030]　晝宵(주소) [6010]　醜美(추미) [3060]　寒熱(한열) [5050]

前後(전후) [7272]　晝夜(주야) [6060]　春秋(춘추) [7070]　寒溫(한온) [5060]

田畓(전답) [4230]　中外(중외) [8080]　出缺(출결) [7042]　閑忙(한망) [4030]

絶嗣(절사) [4210]　衆寡(중과) [4232]　出納(출납) [7040]　鹹淡(함담) [1032]

正反(정반) [7262]　重輕(중경) [7050]　出沒(출몰) [7032]　海空(해공) [7272]

正副(정부) [7242]　增減(증감) [4242]　出入(출입) [7070]　海陸(해륙) [7252]

正邪(정사) [7232]　增削(증삭) [4232]　忠奸(충간) [4210]　向背(향배) [6042]

正誤(정오) [7242]　增删(증산) [4210]　忠逆(충역) [4242]　虛實(허실) [4252]

正僞(정위) [7232]　增損(증손) [4240]　取貸(취대) [4232]　玄素(현소) [3242]

賢愚(현우) [4232]　好惡(호오) [4252]　會散(회산) [6240]　凶豊(흉풍) [5242]

顯微(현미) [4032]　弧矢(호시) [1030]　膾炙(회자) [1010]　胸背(흉배) [3242]

顯密(현밀) [4042]　昏明(혼명) [3062]　橫竪(횡수) [3210]　黑白(흑백) [5080]

兄弟(형제) [8080]　和戰(화전) [6262]　厚薄(후박) [4032]　興亡(흥망) [4250]

刑罪(형죄) [4050]　禍福(화복) [3252]　後先(후선) [7280]　興敗(흥패) [4250]

形影(형영) [6232]　活殺(활살) [7242]　毀譽(훼예) [3032]　喜怒(희로) [4042]

呼吸(호흡) [4242]　晦朔(회삭) [1030]　凶吉(흉길) [5250]　喜悲(희비) [4042]

상대어[相對語(反對語, 反意語, 反義語, 對義語)_2字]

可決(가결)↔否決(부결) [5052↔4052]　減額(감액)↔增額(증액) [4240↔4240]

架空(가공)↔實在(실재) [3272↔5260]　減退(감퇴)↔增進(증진) [4242↔4242]

可能(가능)↔不能(불능) [5052↔7252]　剛健(강건)↔優柔(우유) [3250↔4032]

家父(가부)↔家母(가모) [7280↔7280]　剛健(강건)↔柔弱(유약) [3250↔3262]

加數(가수)↔減數(감수) [5070↔4270]　剛硬(강경)↔軟弱(연약) [3232↔3262]

可燃(가연)↔不燃(불연) [5040↔7240]　剛硬(강경)↔柔和(유화) [3232↔3262]

加入(가입)↔脫退(탈퇴) [5070↔4042]　强固(강고)↔薄弱(박약) [6050↔3262]

苛政(가정)↔寬政(관정) [1042↔3242]　强骨(강골)↔弱骨(약골) [6040↔6240]

可便(가편)↔否便(부편) [5070↔4070]　强國(강국)↔弱國(약국) [6080↔6280]

加劃(가획)↔減劃(감획) [5032↔4232]　强群(강군)↔弱群(약군) [6040↔6240]

閣內(각내)↔閣外(각외) [3272↔3280]　强大(강대)↔弱小(약소) [6080↔6280]

姦婦(간부)↔姦夫(간부) [3042↔3070]　降等(강등)↔昇進(승진) [4062↔3242]

幹線(간선)↔支線(지선) [3262↔4262]　强勢(강세)↔弱勢(약세) [6042↔6242]

干涉(간섭)↔放任(방임) [4030↔6252]　降壓(강압)↔昇壓(승압) [4042↔3242]

間接(간접)↔直接(직접) [7242↔7242]　强靭(강인)↔懦弱(나약) [6010↔1062]

干潮(간조)↔滿潮(만조) [4040↔4240]　强者(강자)↔弱者(약자) [6060↔6260]

減軍(감군)↔增軍(증군) [4280↔4280]　强敵(강적)↔弱敵(약적) [6042↔6242]

減給(감급)↔加給(가급) [4250↔5050]　强點(강점)↔弱點(약점) [6040↔6240]

減量(감량)↔增量(증량) [4250↔4250]　强卒(강졸)↔弱卒(약졸) [6052↔6252]

減配(감배)↔增配(증배) [4242↔4242]　降職(강직)↔昇職(승직) [4042↔3242]

減俸(감봉)↔增俸(증봉) [4220↔4220]　强化(강화)↔弱化(약화) [6052↔6252]

減稅(감세)↔增稅(증세) [4242↔4242]　開館(개관)↔廢館(폐관) [6032↔3232]

減速(감속)↔加速(가속) [4260↔5060]　開館(개관)↔閉館(폐관) [6032↔4032]

減收(감수)↔增收(증수) [4242↔4242]　開校(개교)↔廢校(폐교) [6080↔3280]

減壓(감압)↔加壓(가압) [4242↔5042]　開口(개구)↔閉口(폐구) [6070↔4070]

開口(개구)↔緘口(함구) [6070↔1070]
開國(개국)↔鎖國(쇄국) [6080↔3280]
開幕(개막)↔閉幕(폐막) [6032↔4032]
開門(개문)↔閉門(폐문) [6080↔4080]
開房(개방)↔閉房(폐방) [6042↔4042]
開放(개방)↔閉鎖(폐쇄) [6062↔4032]
開封(개봉)↔緘封(함봉) [6032↔1032]
改善(개선)↔改惡(개악) [5050↔5052]
開市(개시)↔閉市(폐시) [6072↔4072]
開式(개식)↔閉式(폐식) [6060↔4060]
開業(개업)↔閉業(폐업) [6062↔4062]
開業(개업)↔廢業(폐업) [6062↔3262]
開院(개원)↔閉院(폐원) [6050↔4050]
開園(개원)↔閉園(폐원) [6060↔4060]
開場(개장)↔閉場(폐장) [6072↔4072]
開店(개점)↔閉店(폐점) [6052↔4052]
開廷(개정)↔閉廷(폐정) [6032↔4032]
開環(개환)↔閉環(폐환) [6040↔4040]
開會(개회)↔閉會(폐회) [6062↔4062]
客僧(객승)↔主僧(주승) [5232↔7032]
坑內(갱내)↔坑外(갱외) [2072↔2080]
巨大(거대)↔微小(미소) [4080↔3280]
巨富(거부)↔極貧(극빈) [4042↔4242]
巨視(거시)↔微視(미시) [4042↔3242]
巨額(거액)↔寡額(과액) [4040↔3240]
建設(건설)↔破壞(파괴) [5042↔4232]
乾燥(건조)↔濕潤(습윤) [3230↔3232]
傑作(걸작)↔拙作(졸작) [4062↔3062]
儉素(검소)↔奢侈(사치) [4042↔1010]
儉約(검소)↔濫用(남용) [4052↔3062]
儉約(검약)↔浪費(낭비) [4052↔3250]
儉約(검약)↔奢侈(사치) [4052↔1010]
揭揚(게양)↔下旗(하기) [2032↔7270]
格上(격상)↔格下(격하) [5272↔5272]
激增(격증)↔激減(격감) [4042↔4042]
結果(결과)↔動機(동기) [5262↔7240]

結果(결과)↔原因(원인) [5262↔5050]
結團(결단)↔解團(해단) [5252↔4252]
決裂(결렬)↔合意(합의) [5232↔6062]
結緣(결연)↔離緣(이연) [5240↔4040]
決定(결정)↔留保(유보) [5260↔4242]
結婚(결혼)↔離婚(이혼) [5240↔4040]
謙遜(겸손)↔倨慢(거만) [3210↔1030]
謙遜(겸손)↔驕慢(교만) [3210↔1030]
謙遜(겸손)↔傲慢(오만) [3210↔3030]
輕減(경감)↔加重(가중) [5042↔5070]
境內(경내)↔境外(경외) [4272↔4280]
經度(경도)↔緯度(위도) [4260↔3060]
經絲(경사)↔緯絲(위사) [4240↔3040]
經常(경상)↔臨時(임시) [4242↔3272]
輕稅(경세)↔重稅(중세) [5042↔7042]
輕罪(경죄)↔重罪(중죄) [5050↔7050]
輕症(경증)↔重症(중증) [5032↔7032]
輕刑(경형)↔重刑(중형) [5040↔7040]
硬化(경화)↔軟化(연화) [3252↔3252]
輕患(경환)↔重患(중환) [5050↔7050]
階上(계상)↔階下(계하) [4072↔4072]
季主(계주)↔大主(대주) [4070↔8070]
苦境(고경)↔樂境(낙경) [6042↔6242]
高空(고공)↔低空(저공) [6272↔4272]
高級(고급)↔低級(저급) [6260↔4260]
古例(고례)↔新例(신례) [6060↔6260]
苦味(고미)↔甘味(감미) [6042↔4042]
高尙(고상)↔卑俗(비속) [6232↔3242]
高尙(고상)↔低俗(저속) [6232↔4242]
高聲(고성)↔低聲(저성) [6242↔4242]
高速(고속)↔低速(저속) [6260↔4260]
高雅(고아)↔卑俗(비속) [6232↔3242]
高雅(고아)↔低俗(저속) [6232↔4242]
苦言(고언)↔甘言(감언) [6060↔4060]
高溫(고온)↔低溫(저온) [6260↔4260]
高率(고율)↔低率(저율) [6232↔4232]

股陰(고음)↔股陽(고양) [1042↔1060]

孤陰(고음)↔孤陽(고양) [4042↔4060]

高音(고음)↔低音(저음) [6262↔4262]

古人(고인)↔今人(금인) [6080↔6280]

苦戰(고전)↔樂戰(낙전) [6062↔6262]

高調(고조)↔低調(저조) [6252↔4252]

孤族(고족)↔繁族(번족) [4060↔3260]

孤族(고족)↔蕃族(번족) [4060↔1060]

古註(고주)↔新註(신주) [6010↔6210]

高地(고지)↔低地(저지) [6270↔4270]

古參(고참)↔新參(신참) [6052↔6252]

苦痛(고통)↔快樂(쾌락) [6040↔4262]

曲學(곡학)↔正學(정학) [5080↔7280]

困難(곤란)↔容易(용이) [4042↔4240]

公開(공개)↔隱蔽(은폐) [6260↔4030]

公金(공금)↔私金(사금) [6280↔4080]

公談(공담)↔私談(사담) [6250↔4050]

公畓(공답)↔私畓(사답) [6230↔4030]

公領(공령)↔私領(사령) [6250↔4050]

公論(공론)↔私論(사론) [6242↔4042]

公利(공리)↔私利(사리) [6262↔4062]

空腹(공복)↔滿腹(만복) [7232↔4232]

公憤(공분)↔私憤(사분) [6240↔4040]

公傷(공상)↔私傷(사상) [6240↔4040]

公席(공석)↔私席(사석) [6260↔4060]

共有(공유)↔專有(전유) [6270↔4070]

公益(공익)↔私益(사익) [6242↔4042]

公敵(공적)↔私敵(사적) [6242↔4042]

公座(공좌)↔私座(사좌) [6240↔4040]

空包(공포)↔實包(실포) [7242↔5242]

公翰(공한)↔私翰(사한) [6220↔4020]

過多(과다)↔過少(과소) [5260↔5270]

過多(과다)↔僅少(근소) [5260↔3070]

寡聞(과문)↔多聞(다문) [3262↔6062]

過小(과소)↔過大(과대) [5280↔5280]

過疏(과소)↔過密(과밀) [5232↔5242]

過失(과실)↔故意(고의) [5260↔4262]

寡言(과언)↔多言(다언) [3260↔6060]

寡慾(과욕)↔多慾(다욕) [3232↔6032]

寡慾(과욕)↔多欲(다욕) [3232↔6032]

寡照(과조)↔多照(다조) [3232↔6032]

郭外(곽외)↔郭內(곽내) [3080↔3072]

館內(관내)↔館外(관외) [3272↔3280]

管內(관내)↔管外(관외) [4072↔4080]

灌木(관목)↔喬木(교목) [1080↔1080]

官尊(관존)↔民卑(민비) [4242↔8032]

貫徹(관철)↔挫折(좌절) [3232↔1040]

光明(광명)↔暗黑(암흑) [6262↔4250]

廣義(광의)↔狹義(협의) [5242↔1042]

巧妙(교묘)↔拙劣(졸렬) [3240↔3030]

校外(교외)↔校內(교내) [8080↔8072]

郊餞(교전)↔郊迎(교영) [3010↔3040]

舊官(구관)↔新官(신관) [5242↔6242]

舊館(구관)↔新館(신관) [5232↔6232]

舊規(구규)↔新規(신규) [5250↔6250]

構內(구내)↔構外(구외) [4072↔4080]

舊道(구도)↔新道(신도) [5272↔6272]

舊都(구도)↔新都(신도) [5250↔6250]

舊路(구로)↔新路(신로) [5260↔6260]

舊物(구물)↔新物(신물) [5272↔6272]

舊法(구법)↔新法(신법) [5252↔6252]

舊射(구사)↔新射(신사) [5240↔6240]

舊說(구설)↔新說(신설) [5252↔6252]

拘束(구속)↔放免(방면) [3252↔6232]

拘束(구속)↔釋放(석방) [3252↔3262]

拘束(구속)↔解放(해방) [3252↔4262]

口語(구어)↔文語(문어) [7070↔7070]

舊譯(구역)↔新譯(신역) [5232↔6232]

俱存(구존)↔俱沒(구몰) [3040↔3032]

具體(구체)↔抽象(추상) [5262↔3040]

舊稱(구칭)↔現稱(현칭) [5240↔6240]

舊態(구태)↔現態(현태) [5242↔6242]

國內(국내)↔國外(국외) [8072↔8080] 急性(급성)↔慢性(만성) [6252↔3052]
國初(국초)↔國末(국말) [8050↔8050] 及第(급제)↔落第(낙제) [3262↔5062]
君子(군자)↔小人(소인) [4072↔8080] 急增(급증)↔急減(급감) [6242↔6242]
宮內(궁내)↔宮外(궁외) [4272↔4280] 急進(급진)↔漸進(점진) [6242↔3242]
圈內(권내)↔圈外(권외) [2072↔2080] 急行(급행)↔緩行(완행) [6260↔3260]
權利(권리)↔義務(의무) [4262↔4242] 肯定(긍정)↔否定(부정) [3060↔4060]
權買(권매)↔權賣(권매) [4250↔4250] 旣刊(기간)↔未刊(미간) [3032↔4232]
勸買(권매)↔勸賣(권매) [4050↔4050] 起稿(기고)↔脫稿(탈고) [4232↔4032]
卷首(권수)↔卷尾(권미) [4052↔4032] 起工(기공)↔竣工(준공) [4272↔1072]
權外(권외)↔權內(권내) [4280↔4272] 旣得(기득)↔未得(미득) [3042↔4242]
闕內(궐내)↔闕外(궐외) [2072↔2080] 起立(기립)↔着席(착석) [4272↔5260]
厥終(궐종)↔厥初(궐초) [3050↔3050] 期末(기말)↔期初(기초) [5050↔5050]
歸京(귀경)↔離京(이경) [4060↔4060] 旣發(기발)↔未發(미발) [3062↔4262]
貴骨(귀골)↔賤骨(천골) [5040↔3240] 旣設(기설)↔未設(미설) [3042↔4242]
歸納(귀납)↔演繹(연역) [4040↔4210] 旣成(기성)↔未成(미성) [3062↔4262]
歸路(귀로)↔往路(왕로) [4060↔4260] 奇數(기수)↔偶數(우수) [4070↔3270]
貴人(귀인)↔賤人(천인) [5080↔3280] 飢餓(기아)↔飽食(포식) [3030↔3072]
貴地(귀지)↔陋地(누지) [5070↔1070] 記憶(기억)↔忘却(망각) [7232↔3030]
歸鄕(귀향)↔離鄕(이향) [4042↔4042] 奇日(기일)↔偶日(우일) [4080↔3280]
均等(균등)↔差等(차등) [4062↔4062] 旣娶(기취)↔未娶(미취) [3010↔4210]
極大(극대)↔極小(극소) [4280↔4280] 起筆(기필)↔閣筆(각필) [4252↔3252]
極東(극동)↔極西(극서) [4280↔4280] 旣婚(기혼)↔未婚(미혼) [3040↔4240]
極北(극북)↔極南(극남) [4280↔4280] 緊張(긴장)↔解弛(해이) [3240↔4210]
極少(극소)↔極多(극다) [4270↔4260] 緊縮(긴축)↔緩和(완화) [3240↔3262]
極惡(극악)↔極善(극선) [4252↔4250] 吉卦(길괘)↔凶卦(흉괘) [5010↔5210]
極左(극좌)↔極右(극우) [4272↔4272] 吉報(길보)↔凶報(흉보) [5042↔5242]
極下(극하)↔極上(극상) [4272↔4272] 吉事(길사)↔凶事(흉사) [5072↔5272]
勤農(근농)↔懶農(나농) [4072↔1072] 吉相(길상)↔兇相(흉상) [5052↔1052]
勤勉(근면)↔懶怠(나태) [4040↔1030] 吉相(길상)↔凶相(흉상) [5052↔5252]
勤勉(근면)↔怠惰(태타) [4040↔3010] 吉星(길성)↔凶星(흉성) [5042↔5242]
禁男(금남)↔禁女(금녀) [4272↔4280] 吉運(길운)↔厄運(액운) [5062↔3062]
錦衣(금의)↔布衣(포의) [3260↔4260] 吉占(길점)↔凶占(흉점) [5040↔5240]
禁止(금지)↔解禁(해금) [4250↔4242] 吉鳥(길조)↔凶鳥(흉조) [5042↔5242]
禁止(금지)↔許可(허가) [4250↔5050] 吉兆(길조)↔凶兆(흉조) [5032↔5232]
急激(급격)↔緩慢(완만) [6240↔3230] 樂觀(낙관)↔悲觀(비관) [6252↔4252]
急流(급류)↔緩流(완류) [6252↔3252] 樂勝(낙승)↔辛勝(신승) [6260↔3060]

樂園(낙원)↔地獄(지옥) [6260↔7032]

樂天(낙천)↔厭世(염세) [6270↔2072]

暖流(난류)↔寒流(한류) [4252↔5052]

暖房(난방)↔冷房(냉방) [4242↔5042]

難解(난해)↔容易(용이) [4242↔4240]

亂後(난후)↔亂前(난전) [4072↔4072]

男系(남계)↔女系(여계) [7240↔8040]

南極(남극)↔北極(북극) [8042↔8042]

南端(남단)↔北端(북단) [8042↔8042]

濫罰(남벌)↔濫賞(남상) [3042↔3050]

男服(남복)↔女服(여복) [7260↔8060]

男相(남상)↔女相(여상) [7252↔8052]

男性(남성)↔女性(여성) [7252↔8052]

男孫(남손)↔女孫(여손) [7260↔8060]

男囚(남수)↔女囚(여수) [7230↔8030]

男子(남자)↔女子(여자) [7272↔8072]

男裝(남장)↔女裝(여장) [7240↔8040]

男情(남정)↔女情(여정) [7252↔8052]

南下(남하)↔北上(북상) [8072↔8072]

男婚(남혼)↔女婚(여혼) [7240↔8040]

朗讀(낭독)↔默讀(묵독) [5262↔3262]

內艱(내간)↔外艱(외간) [7210↔8010]

內客(내객)↔外客(외객) [7252↔8052]

內供(내공)↔外供(외공) [7232↔8032]

內廓(내곽)↔外廓(외곽) [7210↔8010]

內廓(내곽)↔外郭(외곽) [7210↔8030]

內道(내도)↔外道(외도) [7272↔8072]

內面(내면)↔外面(외면) [7270↔8070]

內侮(내모)↔外侮(외모) [7230↔8030]

乃父(내부)↔乃母(내모) [3080↔3080]

內部(내부)↔外部(외부) [7262↔8062]

內城(내성)↔外城(외성) [7242↔8042]

內需(내수)↔外需(외수) [7232↔8032]

內容(내용)↔外觀(외관) [7242↔8052]

內容(내용)↔形式(형식) [7242↔6260]

內憂(내우)↔外患(외환) [7232↔8050]

內衣(내의)↔外衣(외의) [7260↔8060]

內因(내인)↔外因(외인) [7250↔8050]

內在(내재)↔外在(외재) [7260↔8060]

內助(내조)↔外助(외조) [7242↔8042]

內地(내지)↔外地(외지) [7270↔8070]

內層(내층)↔外層(외층) [7240↔8040]

內包(내포)↔外延(외연) [7242↔8040]

耐寒(내한)↔耐暑(내서) [3250↔3230]

冷却(냉각)↔加熱(가열) [5030↔5050]

冷水(냉수)↔溫水(온수) [5080↔6080]

駑馬(노마)↔駿馬(준마) [1050↔1250]

老婆(노파)↔老翁(노옹) [7010↔7030]

弄談(농담)↔眞談(진담) [3250↔4250]

濃霧(농무)↔薄霧(박무) [2030↔3230]

農繁(농번)↔農閑(농한) [7232↔7240]

濃粧(농장)↔淡粧(담장) [2032↔3232]

濃縮(농축)↔稀釋(희석) [2040↔3232]

濃厚(농후)↔稀薄(희박) [2040↔3232]

樓上(누상)↔樓下(누하) [3272↔3272]

累增(누증)↔累減(누감) [3242↔3242]

累進(누진)↔累退(누퇴) [3242↔3242]

訥辯(눌변)↔能辯(능변) [1040↔5240]

能動(능동)↔被動(피동) [5272↔3272]

多量(다량)↔少量(소량) [6050↔7050]

多數(다수)↔少數(소수) [6070↔7070]

多雨(다우)↔寡雨(과우) [6052↔3252]

多元(다원)↔一元(일원) [6052↔8052]

多作(다작)↔寡作(과작) [6062↔3262]

多層(다층)↔單層(단층) [6040↔4240]

單記(단기)↔連記(연기) [4272↔4272]

壇上(단상)↔壇下(단하) [5072↔5072]

單數(단수)↔複數(복수) [4270↔4070]

單式(단식)↔複式(복식) [4260↔4060]

達筆(달필)↔惡筆(악필) [4252↔5252]

淡色(담색)↔濃色(농색) [3270↔2070]

當番(당번)↔非番(비번) [5260↔4260]

當選(당선)↔落選(낙선) [5250↔5050]
當籤(당첨)↔落籤(낙첨) [5210↔5010]
唐慌(당황)↔沈着(침착) [3210↔3252]
大劍(대검)↔小劍(소검) [8032↔8032]
大過(대과)↔小過(소과) [8052↔8052]
大國(대국)↔小國(소국) [8080↔8080]
大群(대군)↔小群(소군) [8040↔8040]
大郡(대군)↔小郡(소군) [8060↔8060]
大器(대기)↔小器(소기) [8042↔8042]
大道(대도)↔小道(소도) [8072↔8072]
大盜(대도)↔小盜(소도) [8040↔8040]
大量(대량)↔小量(소량) [8050↔8050]
大路(대로)↔小路(소로) [8060↔8060]
大輪(대륜)↔小輪(소륜) [8040↔8040]
大利(대리)↔小利(소리) [8062↔8062]
大門(대문)↔小門(소문) [8080↔8080]
大邦(대방)↔小邦(소방) [8030↔8030]
大別(대별)↔小別(소별) [8060↔8060]
大事(대사)↔小事(소사) [8072↔8072]
大乘(대승)↔小乘(소승) [8032↔8032]
大失(대실)↔小失(소실) [8060↔8060]
對野(대야)↔對與(대여) [6260↔6240]
對外(대외)↔對內(대내) [6280↔6272]
大雨(대우)↔小雨(소우) [8052↔8052]
大邑(대읍)↔小邑(소읍) [8070↔8070]
大義(대의)↔少義(소의) [8042↔7042]
大人(대인)↔小人(소인) [8080↔8080]
大賊(대적)↔小賊(소적) [8040↔8040]
大敵(대적)↔小敵(소적) [8042↔8042]
大戰(대전)↔小戰(소전) [8062↔8062]
大節(대절)↔小節(소절) [8052↔8052]
貸主(대주)↔借主(차주) [3270↔3270]
大智(대지)↔大愚(대우) [8040↔8032]
大差(대차)↔小差(소차) [8040↔8040]
大村(대촌)↔小村(소촌) [8070↔8070]
大針(대침)↔小針(소침) [8040↔8040]

大秤(대칭)↔小秤(소칭) [8010↔8010]
大敗(대패)↔大勝(대승) [8050↔8060]
大幅(대폭)↔小幅(소폭) [8030↔8030]
大豊(대풍)↔大凶(대흉) [8042↔8052]
代筆(대필)↔自筆(자필) [6252↔7252]
臺下(대하)↔臺上(대상) [3272↔3272]
大型(대형)↔小型(소형) [8020↔8020]
大形(대형)↔小形(소형) [8062↔8062]
對話(대화)↔獨白(독백) [6272↔5280]
大火(대화)↔小火(소화) [8080↔8080]
德談(덕담)↔惡談(악담) [5250↔5250]
都心(도심)↔郊外(교외) [5070↔3080]
獨居(독거)↔雜居(잡거) [5240↔4040]
獨女(독녀)↔獨男(독남) [5280↔5272]
獨立(독립)↔隷屬(예속) [5272↔3040]
獨立(독립)↔依存(의존) [5272↔4040]
獨立(독립)↔依他(의타) [5272↔4050]
獨房(독방)↔雜房(잡방) [5242↔4042]
獨占(독점)↔均霑(균점) [5240↔4010]
獨創(독창)↔模倣(모방) [5242↔4030]
獨處(독처)↔雜處(잡처) [5242↔4042]
同居(동거)↔別居(별거) [7040↔6040]
童男(동남)↔童女(동녀) [6272↔6280]
東端(동단)↔西端(서단) [8042↔8042]
同樂(동락)↔同苦(동고) [7062↔7060]
動令(동령)↔豫令(예령) [7250↔4050]
同腹(동복)↔異腹(이복) [7032↔4032]
同父(동부)↔異父(이부) [7080↔4080]
同姓(동성)↔異姓(이성) [7072↔4072]
同義(동의)↔反義(반의) [7042↔6242]
同議(동의)↔異議(이의) [7042↔4042]
同意(동의)↔異意(이의) [7062↔4062]
棟箭(동전)↔長箭(장전) [2010↔8010]
冬至(동지)↔夏至(하지) [7042↔7042]
動態(동태)↔靜態(정태) [7242↔4042]
同化(동화)↔異化(이화) [7052↔4052]

杜絶(두절)↔不絶(부절) [1242↔7242]
斗出(두출)↔斗入(두입) [4270↔4270]
得勢(득세)↔失勢(실세) [4242↔6042]
得意(득의)↔失意(실의) [4262↔6062]
得點(득점)↔失點(실점) [4240↔6040]
登壇(등단)↔降壇(강단) [7050↔4050]
登盆(등분)↔退盆(퇴분) [7010↔4210]
登山(등산)↔下山(하산) [7080↔7280]
騰勢(등세)↔落勢(낙세) [3042↔5042]
登場(등장)↔退場(퇴장) [7072↔4272]
登廳(등청)↔退廳(퇴청) [7040↔4240]
漠然(막연)↔確然(확연) [3270↔4270]
灣內(만내)↔灣外(만외) [2072↔2080]
滿船(만선)↔空船(공선) [4250↔7250]
晩播(만파)↔早播(조파) [3230↔4230]
晩婚(만혼)↔早婚(조혼) [3240↔4240]
亡父(망부)↔亡母(망모) [5080↔5080]
亡夫(망부)↔亡妻(망처) [5070↔5032]
望後(망후)↔望前(망전) [5272↔5272]
賣價(매가)↔買價(매가) [5052↔5052]
賣氣(매기)↔買氣(매기) [5072↔5072]
賣名(매명)↔買名(매명) [5072↔5072]
賣主(매주)↔買主(매주) [5070↔5070]
賣出(매출)↔買入(매입) [5070↔5070]
買土(매토)↔賣土(매토) [5080↔5080]
賣票(매표)↔買票(매표) [5042↔5042]
買血(매혈)↔賣血(매혈) [5042↔5042]
滅亡(멸망)↔隆盛(융성) [3250↔3242]
滅亡(멸망)↔隆興(융흥) [3250↔3242]
明朗(명랑)↔憂鬱(우울) [6252↔3220]
名譽(명예)↔恥辱(치욕) [7232↔3232]
母系(모계)↔父系(부계) [8040↔8040]
冒頭(모두)↔末尾(말미) [3060↔5032]
母親(모친)↔父親(부친) [8060↔8060]
模型(모형)↔原型(원형) [4020↔5020]
目迎(목영)↔目送(목송) [6040↔6042]

妙郎(묘랑)↔妙女(묘녀) [4032↔4080]
無蓋(무개)↔有蓋(유개) [5032↔7032]
無梗(무경)↔有梗(유경) [5010↔7010]
無莖(무경)↔有莖(유경) [5010↔7010]
無故(무고)↔有故(유고) [5042↔7042]
無期(무기)↔有期(유기) [5050↔7050]
無機(무기)↔有機(유기) [5040↔7040]
無量(무량)↔限量(한량) [5050↔4250]
無料(무료)↔有料(유료) [5050↔7050]
無病(무병)↔有病(유병) [5060↔7060]
無柄(무병)↔有柄(유병) [5012↔7012]
無佛(무불)↔有佛(유불) [5042↔7042]
無産(무산)↔有産(유산) [5052↔7052]
無償(무상)↔有償(유상) [5032↔7032]
無色(무색)↔有色(유색) [5070↔7070]
無性(무성)↔有性(유성) [5052↔7052]
無聲(무성)↔有聲(유성) [5042↔7042]
無稅(무세)↔有稅(유세) [5042↔7042]
無神(무신)↔有神(유신) [5062↔7062]
無信(무신)↔有信(유신) [5062↔7062]
無言(무언)↔有言(유언) [5060↔7060]
無賃(무임)↔有賃(유임) [5032↔7032]
無子(무자)↔有子(유자) [5072↔7072]
無罪(무죄)↔有罪(유죄) [5050↔7050]
無職(무직)↔有職(유직) [5042↔7042]
無限(무한)↔有限(유한) [5042↔7042]
無害(무해)↔有害(유해) [5052↔7052]
無血(무혈)↔流血(유혈) [5042↔5242]
無形(무형)↔有形(유형) [5062↔7062]
聞得(문득)↔聞損(문손) [6242↔6240]
文明(문명)↔野蠻(야만) [7062↔6020]
門外(문외)↔門內(문내) [8080↔8072]
未決(미결)↔旣決(기결) [4252↔3052]
美男(미남)↔醜男(추남) [6072↔3072]
美女(미녀)↔醜女(추녀) [6080↔3080]
微動(미동)↔劇動(극동) [3272↔4072]

부록
Ⅰ

微騰(미등)↔微落(미락) [3230↔3250]　保守(보수)↔革新(혁신) [4242↔4062]
美聞(미문)↔醜聞(추문) [6062↔3062]　報恩(보은)↔背恩(배은) [4242↔4242]
未遂(미수)↔旣遂(기수) [4230↔3030]　複雜(복잡)↔簡單(간단) [4040↔4042]
未熟(미숙)↔老鍊(노련) [4232↔7032]　複雜(복잡)↔單純(단순) [4040↔4242]
未熟(미숙)↔成熟(성숙) [4232↔6232]　本校(본교)↔他校(타교) [6080↔5080]
未定(미정)↔旣定(기정) [4260↔3060]　本業(본업)↔副業(부업) [6062↔4262]
未濟(미제)↔旣濟(기제) [4242↔3042]　本質(본질)↔現象(현상) [6052↔6240]
未知(미지)↔旣知(기지) [4252↔3052]　富家(부가)↔貧家(빈가) [4272↔4272]
微風(미풍)↔強風(강풍) [3262↔6062]　富國(부국)↔貧國(빈국) [4280↔4280]
敏感(민감)↔鈍感(둔감) [3060↔3060]　父權(부권)↔母權(모권) [8042↔8042]
敏腕(민완)↔鈍腕(둔완) [3010↔3010]　富貴(부귀)↔貧賤(빈천) [4250↔4232]
密夫(밀부)↔密婦(밀부) [4270↔4242]　部內(부내)↔部外(부외) [6272↔6280]
薄利(박리)↔暴利(폭리) [3262↔4262]　富農(부농)↔貧農(빈농) [4272↔4272]
博學(박학)↔薄學(박학) [4280↔3280]　富民(부민)↔貧民(빈민) [4280↔4280]
反騰(반등)↔反落(반락) [6230↔6250]　扶桑(부상)↔昧谷(매곡) [3232↔1032]
反駁(반박)↔共鳴(공명) [6210↔6240]　扶桑(부상)↔咸池(함지) [3232↔3032]
返濟(반제)↔借用(차용) [3042↔3262]　敷衍(부연)↔省略(생략) [2012↔6240]
搬出(반출)↔搬入(반입) [2070↔2070]　富裕(부유)↔貧窮(빈궁) [4232↔4240]
反抗(반항)↔服從(복종) [6240↔6040]　父子(부자)↔母女(모녀) [8072↔8080]
發掘(발굴)↔埋沒(매몰) [6220↔3032]　富者(부자)↔貧者(빈자) [4260↔4260]
潑剌(발랄)↔萎縮(위축) [1010↔1040]　富村(부촌)↔貧村(빈촌) [4270↔4270]
潑剌(발랄)↔陰鬱(음울) [1010↔4220]　分洞(분동)↔合洞(합동) [6270↔6070]
發毛(발모)↔脫毛(탈모) [6242↔4042]　奔騰(분등)↔奔落(분락) [3230↔3250]
發信(발신)↔受信(수신) [6262↔4262]　分離(분리)↔結合(결합) [6240↔5260]
發港(발항)↔着港(착항) [6242↔5242]　分離(분리)↔合體(합체) [6240↔6062]
放熱(방열)↔吸熱(흡열) [6250↔4250]　分散(분산)↔集中(집중) [6240↔6280]
拜外(배외)↔排外(배외) [4280↔3280]　分析(분석)↔綜合(종합) [6230↔2060]
排日(배일)↔親日(친일) [3280↔6080]　分析(분석)↔統合(통합) [6230↔4260]
排他(배타)↔依他(의타) [3250↔4050]　分筆(분필)↔合筆(합필) [6252↔6052]
白髮(백발)↔紅顔(홍안) [8040↔4032]　分解(분해)↔合成(합성) [6242↔6062]
白髮(백발)↔黑髮(흑발) [8040↔5040]　不納(불납)↔納附(납부) [7240↔4032]
白色(백색)↔黑色(흑색) [8070↔5070]　不納(불납)↔納付(납부) [7240↔4032]
白眼(백안)↔靑眼(청안) [8042↔8042]　不良(불량)↔善良(선량) [7252↔5052]
白晝(백주)↔深夜(심야) [8060↔4260]　不變(불변)↔可變(가변) [7252↔5052]
變則(변칙)↔正則(정칙) [5250↔7250]　不溶(불용)↔可溶(가용) [7212↔5012]
保守(보수)↔進步(진보) [4242↔4242]　不通(불통)↔開通(개통) [7260↔6060]

不和(불화)↔親和(친화) [7262↔6062]　詳說(상설)↔略說(약설) [3252↔4052]
卑近(비근)↔高遠(고원) [3260↔6260]　上水(상수)↔下水(하수) [7280↔7280]
悲報(비보)↔朗報(낭보) [4242↔5242]　詳述(상술)↔槪述(개술) [3232↔3232]
悲報(비보)↔喜報(희보) [4242↔4042]　詳述(상술)↔略述(약술) [3232↔4032]
碑表(비표)↔碑陰(비음) [4062↔4042]　上顎(상악)↔下顎(하악) [7210↔7210]
私心(사심)↔公心(공심) [4070↔6270]　上位(상위)↔下位(하위) [7250↔7250]
死者(사자)↔生者(생자) [6060↔8060]　相引(상인)↔相斥(상척) [5242↔5230]
事前(사전)↔事後(사후) [7272↔7272]　上日(상일)↔下日(하일) [7280↔7280]
私函(사함)↔公緘(공함) [4010↔6210]　上田(상전)↔下田(하전) [7242↔7242]
私函(사함)↔公函(공함) [4010↔6210]　賞酒(상주)↔罰酒(벌주) [5040↔4240]
山上(산상)↔山下(산하) [8072↔8072]　上策(상책)↔下策(하책) [7232↔7232]
散在(산재)↔密集(밀집) [4060↔4262]　喪妻(상처)↔喪夫(상부) [3232↔3270]
山前(산전)↔山後(산후) [8072↔8072]　上側(상측)↔下側(하측) [7232↔7232]
産前(산전)↔産後(산후) [5272↔5272]　上層(상층)↔下層(하층) [7240↔7240]
上京(상경)↔下京(하경) [7260↔7260]　上學(상학)↔下學(하학) [7280↔7280]
上計(상계)↔下計(하계) [7262↔7262]　上限(상한)↔下限(하한) [7242↔7242]
上官(상관)↔下官(하관) [7242↔7242]　上行(상행)↔下行(하행) [7260↔7260]
上級(상급)↔下級(하급) [7260↔7260]　上向(상향)↔下向(하향) [7260↔7260]
上段(상단)↔下段(하단) [7240↔7240]　上廻(상회)↔下廻(하회) [7220↔7220]
上端(상단)↔下端(하단) [7242↔7242]　塞外(새외)↔塞內(새내) [3280↔3272]
上達(상달)↔下達(하달) [7242↔7242]　生家(생가)↔養家(양가) [8072↔5272]
上答(상답)↔下答(하답) [7272↔7272]　生男(생남)↔生女(생녀) [8072↔8080]
相對(상대)↔絶對(절대) [5262↔4262]　生年(생년)↔卒年(졸년) [8080↔5280]
上欄(상란)↔下欄(하란) [7232↔7232]　生靈(생령)↔死靈(사령) [8032↔6032]
上里(상리)↔下里(하리) [7270↔7270]　生路(생로)↔熟路(숙로) [8060↔3260]
上面(상면)↔下面(하면) [7270↔7270]　生面(생면)↔熟面(숙면) [8070↔3270]
上半(상반)↔下半(하반) [7262↔7262]　生鰒(생복)↔熟鰒(숙복) [8010↔3210]
上方(상방)↔下方(하방) [7272↔7272]　生産(생산)↔消費(소비) [8052↔6250]
詳報(상보)↔略報(약보) [3242↔4042]　生食(생식)↔火食(화식) [8072↔8072]
相逢(상봉)↔離別(이별) [5232↔4060]　生前(생전)↔死後(사후) [8072↔6072]
上部(상부)↔下部(하부) [7262↔7262]　生菜(생채)↔熟菜(숙채) [8032↔3232]
上府(상부)↔下府(하부) [7242↔7242]　生祝(생축)↔死祝(사축) [8050↔6050]
上司(상사)↔下司(하사) [7232↔7232]　生花(생화)↔造花(조화) [8070↔4270]
相生(상생)↔相剋(상극) [5280↔5210]　暑苦(서고)↔寒苦(한고) [3060↔5060]
上船(상선)↔下船(하선) [7250↔7250]　暑威(서위)↔寒威(한위) [3040↔5040]
詳說(상설)↔約說(약설) [3252↔5252]　徐行(서행)↔速行(속행) [3260↔6060]

夕刊(석간)↔朝刊(조간) [7032↔6032]　消滅(소멸)↔發生(발생) [6232↔6280]

碩學(석학)↔淺學(천학) [2080↔3280]　消滅(소멸)↔生成(생성) [6232↔8062]

先覺(선각)↔後覺(후각) [8040↔7240]　疎生(소생)↔密生(밀생) [1080↔4280]

仙界(선계)↔紅塵(홍진) [5262↔4020]　疎遠(소원)↔繁密(긴밀) [1060↔3242]

先代(선대)↔後代(후대) [8062↔7262]　疎遠(소원)↔親近(친근) [1060↔6060]

善德(선덕)↔惡德(악덕) [5052↔5252]　消火(소화)↔放火(방화) [6280↔6280]

禪門(선문)↔禪尼(선니) [3280↔3220]　速成(속성)↔晚成(만성) [6062↔3262]

先發(선발)↔後發(후발) [8062↔7262]　速效(속효)↔遲效(지효) [6052↔3052]

先輩(선배)↔後輩(후배) [8032↔7232]　送舊(송구)↔迎新(영신) [4252↔4062]

先拂(선불)↔後拂(후불) [8032↔7232]　送信(송신)↔受信(수신) [4262↔4262]

善友(선우)↔惡友(악우) [5052↔5252]　送話(송화)↔受話(수화) [4272↔4272]

先月(선월)↔後月(후월) [8080↔7280]　受賂(수뢰)↔贈賂(증뢰) [4210↔3010]

善意(선의)↔惡意(악의) [5062↔5262]　受理(수리)↔却下(각하) [4262↔3072]

善人(선인)↔惡人(악인) [5080↔5280]　受賞(수상)↔授賞(수상) [4250↔4250]

善者(선자)↔惡者(악자) [5060↔5260]　守勢(수세)↔攻勢(공세) [4242↔4042]

善政(선정)↔惡政(악정) [5042↔5242]　需要(수요)↔供給(공급) [3252↔3250]

先祖(선조)↔後裔(후예) [8070↔7210]　受任(수임)↔授任(수임) [4252↔4252]

先主(선주)↔後主(후주) [8070↔7270]　收入(수입)↔支出(지출) [4270↔4270]

先次(선차)↔後次(후차) [8042↔7242]　受章(수장)↔授章(수장) [4260↔4260]

先天(선천)↔後天(후천) [8070↔7270]　守節(수절)↔失節(실절) [4252↔6052]

先牌(선패)↔末牌(말패) [8010↔5010]　守節(수절)↔毁節(훼절) [4252↔3052]

先學(선학)↔後學(후학) [8080↔7280]　受注(수주)↔發注(발주) [4262↔6262]

善行(선행)↔惡行(악행) [5060↔5260]　收縮(수축)↔膨脹(팽창) [4240↔1010]

設契(설계)↔破契(파계) [4232↔4232]　輸出(수출)↔輸入(수입) [3270↔3270]

成功(성공)↔落空(낙공) [6262↔5072]　手下(수하)↔手上(수상) [7272↔7272]

成功(성공)↔失敗(실패) [6262↔6050]　收賄(수회)↔贈賄(증회) [4210↔3010]

性急(성급)↔悠長(유장) [5262↔3280]　熟讀(숙독)↔素讀(소독) [3262↔4262]

城外(성외)↔城內(성내) [4280↔4272]　順境(순경)↔逆境(역경) [5242↔4242]

盛饌(성찬)↔粗饌(조찬) [4210↔1010]　順路(순로)↔逆路(역로) [5260↔4260]

成會(성회)↔流會(유회) [6262↔5262]　順流(순류)↔逆流(역류) [5252↔4252]

洗練(세련)↔稚拙(치졸) [5252↔3230]　順産(순산)↔難産(난산) [5252↔4252]

歲前(세전)↔歲後(세후) [5272↔5272]　順喪(순상)↔惡喪(악상) [5232↔5232]

歲出(세출)↔歲入(세입) [5270↔5270]　純陰(순음)↔純陽(순양) [4242↔4260]

細評(세평)↔概評(개평) [4240↔3240]　順調(순조)↔逆調(역조) [5252↔4252]

所得(소득)↔損失(손실) [7042↔4060]　純種(순종)↔雜種(잡종) [4252↔4052]

消燈(소등)↔點燈(점등) [6242↔4042]　順差(순차)↔逆差(역차) [5240↔4240]

順天(순천)↔逆天(역천) [5270↔4270]	新式(신식)↔舊式(구식) [6260↔5260]
順坦(순탄)↔險難(험난) [5210↔4042]	新任(신임)↔舊任(구임) [6252↔5252]
順風(순풍)↔逆風(역풍) [5262↔4262]	新作(신작)↔舊作(구작) [6262↔5262]
順行(순행)↔逆行(역행) [5260↔4260]	新錢(신전)↔舊錢(구전) [6240↔5240]
純血(순혈)↔混血(혼혈) [4242↔4042]	新政(신정)↔舊政(구정) [6242↔5242]
拾得(습득)↔紛失(분실) [3242↔3260]	新製(신제)↔舊製(구제) [6242↔5242]
拾得(습득)↔遺失(유실) [3242↔4060]	愼重(신중)↔輕率(경솔) [3270↔5032]
承諾(승낙)↔拒否(거부) [4232↔4040]	新體(신체)↔舊體(구체) [6262↔5262]
承諾(승낙)↔拒絶(거절) [4232↔4042]	新派(신파)↔舊派(구파) [6240↔5240]
勝利(승리)↔敗北(패배) [6062↔5080]	新版(신판)↔舊版(구판) [6232↔5232]
勝報(승보)↔敗報(패보) [6042↔5042]	新品(신품)↔古品(고품) [6252↔6052]
勝勢(승세)↔敗勢(패세) [6042↔5042]	新型(신형)↔舊型(구형) [6220↔5220]
勝訴(승소)↔敗訴(패소) [6032↔5032]	室內(실내)↔室外(실외) [8072↔8080]
承認(승인)↔拒否(거부) [4242↔4040]	實名(실명)↔假名(가명) [5272↔4272]
承認(승인)↔拒絶(거절) [4242↔4042]	實質(실질)↔名目(명목) [5252↔7260]
勝因(승인)↔敗因(패인) [6050↔5050]	實兄(실형)↔實弟(실제) [5280↔5280]
勝者(승자)↔敗者(패자) [6060↔5060]	深謀(심모)↔淺謀(천모) [4232↔3232]
昇天(승천)↔降臨(강림) [3270↔4032]	心的(심적)↔物的(물적) [7052↔7252]
始期(시기)↔終期(종기) [6250↔5050]	雙利(쌍리)↔片利(편리) [3262↔3262]
市內(시내)↔市外(시외) [7272↔7280]	雙務(쌍무)↔片務(편무) [3242↔3242]
始務(시무)↔終務(종무) [6242↔5042]	我國(아국)↔他國(타국) [3280↔5080]
始發(시발)↔終發(종발) [6262↔5062]	我軍(아군)↔敵軍(적군) [3280↔4280]
始發(시발)↔終着(종착) [6262↔5052]	衙奴(아노)↔衙婢(아비) [1032↔1032]
始業(시업)↔終業(종업) [6262↔5062]	我邦(아방)↔異邦(이방) [3230↔4030]
是認(시인)↔否認(부인) [4242↔4042]	我方(아방)↔敵方(적방) [3272↔4272]
式前(식전)↔式後(식후) [6072↔6072]	阿父(아부)↔阿母(아모) [3280↔3280]
食前(식전)↔食後(식후) [7272↔7272]	亞父(아부)↔亞母(아모) [3280↔3280]
新刊(신간)↔舊刊(구간) [6232↔5232]	雅語(아어)↔俗語(속어) [3270↔4270]
新穀(신곡)↔舊穀(구곡) [6240↔5240]	雅言(아언)↔俗言(속언) [3260↔4260]
新年(신년)↔舊年(구년) [6280↔5280]	雅儒(아유)↔俗儒(속유) [3240↔4240]
新墓(신묘)↔舊山(구산) [6240↔5280]	惡果(악과)↔善果(선과) [5262↔5062]
新本(신본)↔古本(고본) [6260↔6060]	惡女(악녀)↔善男(선남) [5280↔5072]
新本(신본)↔舊本(구본) [6260↔5260]	惡女(악녀)↔善女(선녀) [5280↔5080]
新婦(신부)↔新郞(신랑) [6242↔6232]	惡法(악법)↔良法(양법) [5252↔5252]
新寺(신사)↔古寺(고사) [6242↔6042]	惡手(악수)↔好手(호수) [5272↔4272]
紳士(신사)↔淑女(숙녀) [2052↔3280]	惡心(악심)↔善心(선심) [5270↔5070]

惡用(악용)↔善用(선용) [5262↔5062]　　憐憫(연민)↔憎惡(증오) [3030↔3252]
惡運(악운)↔好運(호운) [5262↔4262]　　年上(연상)↔年下(연하) [8072↔8072]
惡妻(악처)↔良妻(양처) [5232↔5232]　　連勝(연승)↔連敗(연패) [4260↔4250]
惡風(악풍)↔良風(양풍) [5262↔5262]　　延長(연장)↔短縮(단축) [4080↔6240]
安定(안정)↔動搖(동요) [7260↔7230]　　年初(연초)↔年末(연말) [8050↔8050]
暗色(암색)↔明色(명색) [4270↔6270]　　連豊(연풍)↔連凶(연흉) [4242↔4252]
暗示(암시)↔明示(명시) [4250↔6250]　　廉賣(염매)↔廉買(염매) [3050↔3050]
愛他(애타)↔愛己(애기) [6050↔6052]　　染色(염색)↔脫色(탈색) [3270↔4070]
愛好(애호)↔嫌惡(혐오) [6042↔3052]　　永劫(영겁)↔瞬間(순간) [6010↔3272]
額內(액내)↔額外(액외) [4072↔4080]　　永劫(영겁)↔瞬時(순시) [6010↔3272]
野圈(야권)↔與圈(여권) [6020↔4020]　　永劫(영겁)↔瞬息(순식) [6010↔3242]
野黨(야당)↔與黨(여당) [6042↔4042]　　永劫(영겁)↔轉瞬(전순) [6010↔4032]
夜學(야학)↔晝學(주학) [6080↔6080]　　永劫(영겁)↔刹那(찰나) [6010↔2030]
夜行(야행)↔晝行(주행) [6060↔6060]　　永劫(영겁)↔片刻(편각) [6010↔3240]
揚名(양명)↔落名(낙명) [3272↔5072]　　榮光(영광)↔羞恥(수치) [4262↔1032]
良書(양서)↔惡書(악서) [5262↔5262]　　迎年(영년)↔送年(송년) [4080↔4280]
良俗(양속)↔陋俗(누속) [5242↔1042]　　營奴(영노)↔營婢(영비) [4032↔4032]
良松(양송)↔惡松(악송) [5240↔5240]　　零上(영상)↔零下(영하) [3072↔3072]
讓受(양수)↔讓渡(양도) [3242↔3232]　　迎神(영신)↔送神(송신) [4062↔4262]
讓位(양위)↔受禪(수선) [3250↔4232]　　營外(영외)↔營內(영내) [4080↔4072]
良質(양질)↔惡質(악질) [5252↔5252]　　令前(영전)↔令後(영후) [5072↔5072]
抑賣(억매)↔抑買(억매) [3250↔3250]　　迎接(영접)↔餞送(전송) [4042↔1042]
嚴格(엄격)↔寬大(관대) [4052↔3280]　　靈魂(영혼)↔肉體(육체) [3232↔4262]
女監(여감)↔男監(남감) [8042↔7242]　　銳利(예리)↔鈍濁(둔탁) [3062↔3030]
餘慶(여경)↔餘殃(여앙) [4242↔4230]　　豫買(예매)↔豫賣(예매) [4050↔4050]
女工(여공)↔男工(남공) [8072↔7272]　　豫算(예산)↔決算(결산) [4070↔5270]
女權(여권)↔男權(남권) [8042↔7242]　　豫習(예습)↔復習(복습) [4060↔4260]
女僧(여승)↔男僧(남승) [8032↔7232]　　午前(오전)↔午後(오후) [7272↔7272]
女兒(여아)↔男兒(남아) [8052↔7252]　　屋內(옥내)↔屋外(옥외) [5072↔5080]
女優(여우)↔男優(남우) [8040↔7240]　　沃畓(옥답)↔薄畓(박답) [1230↔3230]
女體(여체)↔男體(남체) [8062↔7262]　　玉碎(옥쇄)↔瓦全(와전) [4210↔3272]
女湯(여탕)↔男湯(남탕) [8032↔7232]　　沃土(옥토)↔薄土(박토) [1280↔3280]
驛奴(역노)↔驛婢(역비) [3232↔3232]　　穩健(온건)↔強硬(강경) [2050↔6032]
域外(역외)↔域內(역내) [4080↔4072]　　穩健(온건)↔過激(과격) [2050↔5240]
年頭(연두)↔歲暮(세모) [8060↔5230]　　溫氣(온기)↔冷氣(냉기) [6072↔5072]
軟毛(연모)↔剛毛(강모) [3242↔3242]　　溫暖(온난)↔寒冷(한랭) [6042↔5050]

溫室(온실)↔冷室(냉실) [6080↔5080]
溫湯(온탕)↔冷湯(냉탕) [6032↔5032]
完備(완비)↔不備(불비) [5042↔7242]
完勝(완승)↔完敗(완패) [5060↔5050]
完帙(완질)↔落帙(낙질) [5010↔5010]
王道(왕도)↔霸道(패도) [8072↔2072]
往復(왕복)↔片道(편도) [4242↔3272]
往信(왕신)↔返信(반신) [4262↔3062]
外殼(외각)↔內殼(내각) [8010↔7210]
外簡(외간)↔內簡(내간) [8040↔7240]
外界(외계)↔內界(내계) [8062↔7262]
外寇(외구)↔內寇(내구) [8010↔7210]
外國(외국)↔內國(내국) [8080↔7280]
外勤(외근)↔內勤(내근) [8040↔7240]
外壘(외루)↔內壘(내루) [8010↔7210]
外柔(외유)↔內剛(내강) [8032↔7232]
外賊(외적)↔內賊(내적) [8040↔7240]
外戚(외척)↔內戚(내척) [8032↔7232]
外側(외측)↔內側(내측) [8032↔7232]
外向(외향)↔內向(내향) [8060↔7260]
凹面(요면)↔凸面(철면) [1070↔1070]
凹彫(요조)↔凸彫(철조) [1020↔1020]
勇敢(용감)↔卑怯(비겁) [6240↔3210]
容共(용공)↔反共(반공) [4262↔6262]
傭男(용남)↔傭女(용녀) [2072↔2080]
愚答(우답)↔賢答(현답) [3272↔4272]
優待(우대)↔虐待(학대) [4060↔2060]
愚鈍(우둔)↔英敏(영민) [3230↔6030]
優等(우등)↔劣等(열등) [4062↔3062]
優良(우량)↔不良(불량) [4052↔7252]
優良(우량)↔劣惡(열악) [4052↔3052]
愚問(우문)↔賢問(현문) [3270↔4270]
優勢(우세)↔劣勢(열세) [4042↔3042]
優位(우위)↔劣位(열위) [4050↔3050]
友好(우호)↔敵對(적대) [5242↔4262]
雨後(우후)↔雨前(우전) [5272↔5272]

韻文(운문)↔散文(산문) [3270↔4070]
遠隔(원격)↔近接(근접) [6032↔6042]
原告(원고)↔被告(피고) [5052↔3252]
員內(원내)↔員外(원외) [4272↔4280]
院內(원내)↔院外(원외) [5072↔5080]
圓內(원내)↔圓外(원외) [4272↔4280]
原理(원리)↔應用(응용) [5062↔4262]
原書(원서)↔譯書(역서) [5062↔3262]
遠心(원심)↔求心(구심) [6070↔4270]
遠洋(원양)↔近海(근해) [6060↔6072]
原語(원어)↔譯語(역어) [5070↔3270]
越南(월남)↔越北(월북) [3280↔3280]
月末(월말)↔月初(월초) [8050↔8050]
違法(위법)↔適法(적법) [3052↔4052]
違法(위법)↔合法(합법) [3052↔6052]
僞善(위선)↔僞惡(위악) [3250↔3252]
有給(유급)↔無給(무급) [7050↔5050]
有能(유능)↔無能(무능) [7052↔5052]
流動(유동)↔固定(고정) [5272↔5060]
有利(유리)↔不利(불리) [7062↔7262]
有名(유명)↔無名(무명) [7072↔5072]
有備(유비)↔無備(무비) [7042↔5042]
類似(유사)↔相違(상위) [5230↔5230]
有識(유식)↔無識(무식) [7052↔5052]
柔軟(유연)↔硬直(경직) [3232↔3272]
有用(유용)↔無用(무용) [7062↔5062]
有效(유효)↔無效(무효) [7052↔5052]
六順(육순)↔六逆(육역) [8052↔8042]
肉食(육식)↔草食(초식) [4272↔7072]
六正(육정)↔六邪(육사) [8072↔8032]
允許(윤허)↔不允(불윤) [1250↔7212]
隆起(융기)↔沈降(침강) [3242↔3240]
隆起(융기)↔陷沒(함몰) [3242↔3232]
恩惠(은혜)↔怨恨(원한) [4242↔4040]
陰角(음각)↔陽角(양각) [4262↔6062]
淫女(음녀)↔淫男(음남) [3280↔3272]

陰德(음덕)↔陽德(양덕) [4252↔6052]
陰文(음문)↔陽文(양문) [4270↔6070]
陰性(음성)↔陽性(양성) [4252↔6052]
陰數(음수)↔陽數(양수) [4270↔6070]
陰精(음정)↔陽精(양정) [4242↔6042]
飮酒(음주)↔禁酒(금주) [6240↔4240]
陰症(음증)↔陽症(양증) [4232↔6032]
陰識(음지)↔陽識(양지) [4252↔6052]
陰地(음지)↔陽地(양지) [4270↔6070]
陰片(음편)↔陽片(양편) [4232↔6032]
凝固(응고)↔溶解(용해) [3050↔1242]
凝固(응고)↔融解(융해) [3050↔2042]
意譯(의역)↔直譯(직역) [6232↔7232]
利器(이기)↔鈍器(둔기) [6242↔3042]
利己(이기)↔利他(이타) [6252↔6250]
利己(이기)↔犧牲(희생) [6252↔1010]
以內(이내)↔以外(이외) [5272↔5280]
利刀(이도)↔鈍刀(둔도) [6232↔3032]
異例(이례)↔通例(통례) [4060↔6060]
理論(이론)↔實際(실제) [6242↔5242]
離陸(이륙)↔着陸(착륙) [4052↔5252]
以上(이상)↔以下(이하) [5272↔5272]
異說(이설)↔定說(정설) [4052↔6052]
異說(이설)↔通說(통설) [4052↔6052]
理性(이성)↔感性(감성) [6252↔6052]
理性(이성)↔感情(감정) [6252↔6052]
利益(이익)↔損害(손해) [6242↔4052]
移入(이입)↔移出(이출) [4270↔4270]
理直(이직)↔理屈(이굴) [6272↔6240]
異質(이질)↔同質(동질) [4052↔7052]
異質(이질)↔等質(등질) [4052↔6252]
離韓(이한)↔着韓(착한) [4080↔5280]
易行(이행)↔難行(난행) [4060↔4260]
異形(이형)↔同形(동형) [4062↔7062]
以後(이후)↔以前(이전) [5272↔5272]
益友(익우)↔損友(손우) [4252↔4052]

益鳥(익조)↔害鳥(해조) [4242↔5242]
人爲(인위)↔自然(자연) [8042↔7270]
引下(인하)↔引上(인상) [4272↔4272]
日前(일전)↔日後(일후) [8072↔8072]
日進(일진)↔日退(일퇴) [8042↔8042]
任命(임명)↔解任(해임) [5270↔4252]
任意(임의)↔強制(강제) [5262↔6042]
賃借(임차)↔賃貸(임대) [3232↔3232]
入京(입경)↔出京(출경) [7060↔7060]
入庫(입고)↔出庫(출고) [7040↔7040]
入口(입구)↔出口(출구) [7070↔7070]
入闕(입궐)↔退闕(퇴궐) [7020↔4220]
入團(입단)↔退團(퇴단) [7052↔4252]
入黨(입당)↔脫黨(탈당) [7042↔4042]
入社(입사)↔退社(퇴사) [7062↔4262]
入山(입산)↔出山(출산) [7080↔7080]
入禪(입선)↔放禪(방선) [7032↔6232]
入城(입성)↔出城(출성) [7042↔7042]
入域(입역)↔出域(출역) [7040↔7040]
入場(입장)↔退場(퇴장) [7072↔4272]
入定(입정)↔出定(출정) [7060↔7060]
入廷(입정)↔退廷(퇴정) [7032↔4232]
立體(입체)↔平面(평면) [7262↔7270]
入超(입초)↔出超(출초) [7032↔7032]
入學(입학)↔退學(퇴학) [7080↔4280]
入港(입항)↔出港(출항) [7042↔7042]
入會(입회)↔脫會(탈회) [7062↔4062]
自家(자가)↔他家(타가) [7272↔5072]
自動(자동)↔手動(수동) [7272↔7272]
自動(자동)↔他動(타동) [7272↔5072]
自力(자력)↔他力(타력) [7272↔5072]
自立(자립)↔隷屬(예속) [7272↔3040]
自立(자립)↔依存(의존) [7272↔4040]
自立(자립)↔依他(의타) [7272↔4050]
自問(자문)↔自答(자답) [7270↔7272]
自社(자사)↔他社(타사) [7262↔5062]

自由(자유)↔束縛(속박) [7260↔5210]　　嫡兄(적형)↔庶兄(서형) [1080↔3080]
自律(자율)↔他律(타율) [7242↔5042]　　前景(전경)↔後景(후경) [7250↔7250]
自意(자의)↔他意(타의) [7262↔5062]　　前頸(전경)↔後頸(후경) [7210↔7210]
自作(자작)↔他作(타작) [7262↔5062]　　前期(전기)↔後期(후기) [7250↔7250]
子正(자정)↔正午(정오) [7272↔7272]　　前端(전단)↔後端(후단) [7242↔7242]
暫逢(잠봉)↔暫別(잠별) [3232↔3260]　　前段(전단)↔後段(후단) [7240↔7240]
潛在(잠재)↔顯在(현재) [3260↔4060]　　轉貸(전대)↔轉借(전차) [4032↔4032]
帳內(장내)↔帳外(장외) [4072↔4080]　　前輪(전륜)↔後輪(후륜) [7240↔7240]
墻內(장내)↔墻外(장외) [3072↔3080]　　前面(전면)↔後面(후면) [7270↔7270]
場內(장내)↔場外(장외) [7272↔7280]　　前文(전문)↔後文(후문) [7270↔7270]
長命(장명)↔短命(단명) [8070↔6270]　　前門(전문)↔後門(후문) [7280↔7280]
長壽(장수)↔夭折(요절) [8032↔1040]　　前半(전반)↔後半(후반) [7262↔7262]
葬前(장전)↔葬後(장후) [3272↔3272]　　前方(전방)↔後方(후방) [7272↔7272]
長處(장처)↔短處(단처) [8042↔6242]　　前部(전부)↔後部(후부) [7262↔7262]
在來(재래)↔外來(외래) [6070↔8070]　　前世(전세)↔後世(후세) [7272↔7272]
在野(재야)↔在朝(재조) [6060↔6060]　　前述(전술)↔後述(후술) [7232↔7232]
低價(저가)↔高價(고가) [4252↔6252]　　戰勝(전승)↔戰敗(전패) [6260↔6250]
著騰(저등)↔著落(저락) [3230↔3250]　　全勝(전승)↔全敗(전패) [7260↔7250]
低利(저리)↔高利(고리) [4262↔6262]　　前身(전신)↔後身(후신) [7262↔7262]
低邊(저변)↔高邊(고변) [4242↔6242]　　前室(전실)↔後室(후실) [7280↔7280]
低熱(저열)↔高熱(고열) [4250↔6250]　　前緣(전연)↔後緣(후연) [7240↔7240]
低吟(저음)↔高吟(고음) [4230↔6230]　　前列(전열)↔後列(후열) [7242↔7242]
咀呪(저주)↔祝福(축복) [1010↔5052]　　專用(전용)↔共用(공용) [4062↔6262]
咀呪(저주)↔祝願(축원) [1010↔5050]　　前衛(전위)↔後衛(후위) [7242↔7242]
咀呪(저주)↔祝賀(축하) [1010↔5032]　　前任(전임)↔後任(후임) [7252↔7252]
抵抗(저항)↔屈服(굴복) [3240↔4060]　　轉入(전입)↔轉出(전출) [4070↔4070]
抵抗(저항)↔投降(투항) [3240↔4040]　　前者(전자)↔後者(후자) [7260↔7260]
嫡家(적가)↔庶家(서가) [1072↔3072]　　前章(전장)↔後章(후장) [7260↔7260]
積極(적극)↔消極(소극) [4042↔6242]　　前肢(전지)↔後肢(후지) [7210↔7210]
嫡女(적녀)↔庶女(서녀) [1080↔3080]　　前進(전진)↔後進(후진) [7242↔7242]
嫡流(적류)↔庶流(서류) [1052↔3052]　　前陣(전진)↔後陣(후진) [7240↔7240]
積善(적선)↔積惡(적악) [4050↔4052]　　全體(전체)↔個別(개별) [7262↔4260]
嫡孫(적손)↔庶孫(서손) [1060↔3060]　　前便(전편)↔後便(후편) [7270↔7270]
嫡子(적자)↔庶子(서자) [1072↔3072]　　前項(전항)↔後項(후항) [7232↔7232]
嫡統(적통)↔庶系(서계) [1042↔3040]　　戰後(전후)↔戰前(전전) [6272↔6272]
嫡派(적파)↔庶派(서파) [1040↔3040]　　切上(절상)↔切下(절하) [5272↔5272]

節約(절약)↔濫用(남용) [5252↔3062]	縱斷(종단)↔橫斷(횡단) [3242↔3242]
節約(절약)↔浪費(낭비) [5252↔3250]	縱帶(종대)↔橫帶(횡대) [3242↔3242]
節約(절약)↔奢侈(사치) [5252↔1010]	縱隊(종대)↔橫隊(횡대) [3242↔3242]
絶讚(절찬)↔酷評(혹평) [4240↔2040]	縱列(종렬)↔橫列(횡렬) [3242↔3242]
絶筆(절필)↔援筆(원필) [4252↔4052]	終禮(종례)↔朝禮(조례) [5060↔6060]
漸加(점가)↔漸減(점감) [3250↔3242]	終了(종료)↔開始(개시) [5030↔6062]
漸騰(점등)↔漸落(점락) [3230↔3250]	縱斑(종반)↔橫斑(횡반) [3210↔3210]
正格(정격)↔變格(변격) [7252↔5252]	從僕(종복)↔從婢(종비) [4010↔4032]
精巧(정교)↔粗惡(조악) [4232↔1052]	縱絲(종사)↔橫絲(횡사) [3240↔3240]
貞男(정남)↔貞女(정녀) [3272↔3280]	縱書(종서)↔橫書(횡서) [3262↔3262]
精農(정농)↔惰農(타농) [4272↔1072]	縱線(종선)↔橫線(횡선) [3262↔3262]
正答(정답)↔誤答(오답) [7272↔4272]	終演(종연)↔開演(개연) [5042↔6042]
正道(정도)↔邪道(사도) [7272↔3272]	終映(종영)↔始映(시영) [5040↔6240]
精讀(정독)↔濫讀(남독) [4262↔3062]	終戰(종전)↔開戰(개전) [5062↔6062]
情郎(정랑)↔情娘(정랑) [5232↔5232]	縱綴(종철)↔橫綴(횡철) [3210↔3210]
正論(정론)↔曲論(곡론) [7242↔5042]	左開(좌개)↔右開(우개) [7260↔7260]
精密(정밀)↔粗雜(조잡) [4242↔1040]	左肩(좌견)↔右肩(우견) [7230↔7230]
精算(정산)↔概算(개산) [4270↔3270]	左傾(좌경)↔右傾(우경) [7240↔7240]
靜肅(정숙)↔騷亂(소란) [4040↔3040]	左顧(좌고)↔右眄(우면) [7230↔7210]
精神(정신)↔物質(물질) [4262↔7252]	左記(좌기)↔右記(우기) [7272↔7272]
正室(정실)↔小室(소실) [7280↔8080]	左面(좌면)↔右面(우면) [7270↔7270]
政友(정우)↔政敵(정적) [4252↔4242]	左方(좌방)↔右方(우방) [7272↔7272]
靜的(정적)↔動的(동적) [4052↔7252]	左番(좌번)↔右番(우번) [7260↔7260]
定着(정착)↔漂流(표류) [6052↔3052]	左邊(좌변)↔右邊(우변) [7242↔7242]
正統(정통)↔異端(이단) [7242↔4042]	座席(좌석)↔立席(입석) [4060↔7260]
除隊(제대)↔入隊(입대) [4242↔7042]	左旋(좌선)↔右旋(우선) [7232↔7232]
早年(조년)↔老年(노년) [4280↔7080]	左手(좌수)↔右手(우수) [7272↔7272]
早熟(조숙)↔晩熟(만숙) [4232↔3232]	左眼(좌안)↔右眼(우안) [7242↔7242]
操心(조심)↔放心(방심) [5070↔6270]	左岸(좌안)↔右岸(우안) [7232↔7232]
朝陽(조양)↔夕陽(석양) [6060↔7060]	左列(좌열)↔右列(우열) [7242↔7242]
早參(조참)↔遲參(지참) [4252↔3052]	左腕(좌완)↔右腕(우완) [7210↔7210]
存續(존속)↔廢止(폐지) [4042↔3250]	左翼(좌익)↔右翼(우익) [7232↔7232]
尊稱(존칭)↔卑稱(비칭) [4240↔3240]	左足(좌족)↔右足(우족) [7272↔7272]
終價(종가)↔始價(시가) [5052↔6252]	左遷(좌천)↔喬遷(교천) [7232↔1032]
終講(종강)↔開講(개강) [5042↔6042]	左遷(좌천)↔登進(등진) [7232↔7042]
縱貫(종관)↔橫貫(횡관) [3232↔3232]	左遷(좌천)↔昇階(승계) [7232↔3240]

左遷(좌천)↔升揚(승양) [7232↔2032]
左遷(좌천)↔昇職(승직) [7232↔3242]
左遷(좌천)↔升進(승진) [7232↔2042]
左遷(좌천)↔昇進(승진) [7232↔3242]
左遷(좌천)↔榮轉(영전) [7232↔4240]
左側(좌측)↔右側(우측) [7232↔7232]
左便(좌편)↔右便(우편) [7270↔7270]
左頰(좌협)↔右頰(우협) [7210↔7210]
晝間(주간)↔夜間(야간) [6072↔6072]
主觀(주관)↔客觀(객관) [7052↔5252]
主室(주실)↔客室(객실) [7080↔5280]
主體(주체)↔客體(객체) [7062↔5262]
俊才(준재)↔駑才(노재) [3062↔1062]
俊才(준재)↔駑材(노재) [3062↔1052]
重視(중시)↔輕視(경시) [7042↔5042]
重臣(중신)↔微臣(미신) [7052↔3252]
中止(중지)↔續行(속행) [8050↔4260]
重厚(중후)↔輕薄(경박) [7040↔5032]
卽前(즉전)↔卽後(즉후) [3272↔3272]
增加(증가)↔減少(감소) [4250↔4270]
增産(증산)↔減産(감산) [4252↔4252]
增勢(증세)↔減勢(감세) [4242↔4242]
增水(증수)↔減水(감수) [4280↔4280]
增員(증원)↔減員(감원) [4242↔4242]
增益(증익)↔減益(감익) [4242↔4242]
增便(증편)↔減便(감편) [4270↔4270]
持戒(지계)↔破戒(파계) [4040↔4240]
遲鈍(지둔)↔敏速(민속) [3030↔3060]
遲鈍(지둔)↔敏捷(민첩) [3030↔3010]
地上(지상)↔地下(지하) [7072↔7072]
持續(지속)↔間歇(간헐) [4042↔7210]
止血(지혈)↔出血(출혈) [5042↔7042]
直系(직계)↔傍系(방계) [7240↔3040]
直言(직언)↔曲言(곡언) [7260↔5060]
直前(직전)↔直後(직후) [7272↔7272]
進軍(진군)↔退軍(퇴군) [4280↔4280]

進路(진로)↔退路(퇴로) [4260↔4260]
進步(진보)↔保守(보수) [4242↔4242]
進步(진보)↔退步(퇴보) [4242↔4242]
眞本(진본)↔假本(가본) [4260↔4260]
眞實(진실)↔虛僞(허위) [4252↔4232]
眞心(진심)↔假心(가심) [4270↔4270]
進取(진취)↔退嬰(퇴영) [4242↔4210]
進化(진화)↔退化(퇴화) [4252↔4252]
秩序(질서)↔混沌(혼돈) [3250↔4010]
質疑(질의)↔答辯(답변) [5240↔7240]
質疑(질의)↔對答(대답) [5240↔6272]
質疑(질의)↔應答(응답) [5240↔4272]
集權(집권)↔分權(분권) [6242↔6242]
集合(집합)↔解散(해산) [6260↔4240]
徵稅(징세)↔納稅(납세) [3242↔4042]
差益(차익)↔差損(차손) [4042↔4040]
借賃(차임)↔貸賃(대임) [3232↔3232]
借地(차지)↔貸地(대지) [3270↔3270]
贊成(찬성)↔反對(반대) [3262↔6262]
贊託(찬탁)↔反託(반탁) [3220↔6220]
贊評(찬평)↔酷評(혹평) [3240↔2040]
斬新(참신)↔陳腐(진부) [2062↔3232]
創刊(창간)↔終刊(종간) [4232↔5032]
彰善(창선)↔彰惡(창악) [2050↔2052]
創造(창조)↔摸倣(모방) [4242↔1030]
創造(창조)↔模倣(모방) [4242↔4030]
天然(천연)↔人造(인조) [7070↔8042]
天才(천재)↔白癡(백치) [7062↔8010]
添加(첨가)↔削減(삭감) [3050↔3242]
添加(첨가)↔削除(삭제) [3050↔3242]
捷徑(첩경)↔迂路(우로) [1032↔1060]
淸江(청강)↔濁江(탁강) [6272↔3072]
淸潔(청결)↔不潔(불결) [6242↔7242]
廳上(청상)↔廳下(청하) [4072↔4072]
淸世(청세)↔濁世(탁세) [6272↔3072]
淸水(청수)↔濁水(탁수) [6280↔3080]

聽者(청자)↔話者(화자) [4060↔7260]　就任(취임)↔離任(이임) [4052↔4052]

晴天(청천)↔曇天(담천) [3070↔1070]　就寢(취침)↔起床(기상) [4040↔4242]

遞加(체가)↔遞減(체감) [3050↔3042]　治世(치세)↔亂世(난세) [4272↔4072]

體內(체내)↔體外(체외) [6272↔6280]　稚魚(치어)↔成魚(성어) [3250↔6250]

初面(초면)↔舊面(구면) [5070↔5270]　親家(친가)↔媤宅(시댁) [6072↔1052]

初聞(초문)↔舊聞(구문) [5062↔5262]　親孫(친손)↔外孫(외손) [6060↔8060]

初盤(초반)↔終盤(종반) [5032↔5032]　稱讚(칭찬)↔非難(비난) [4040↔4242]

超人(초인)↔凡人(범인) [3280↔3280]　稱讚(칭찬)↔詰難(힐난) [4040↔1042]

促進(촉진)↔抑制(억제) [3242↔3242]　快勝(쾌승)↔慘敗(참패) [4260↔3050]

寸內(촌내)↔寸外(촌외) [8072↔8080]　快調(쾌조)↔不調(부조) [4252↔7252]

總角(총각)↔室女(실녀) [4262↔8080]　妥當(타당)↔不當(부당) [3052↔7252]

總角(총각)↔處女(처녀) [4262↔4280]　他殺(타살)↔自殺(자살) [5042↔7242]

總角(총각)↔處子(처자) [4262↔4272]　他薦(타천)↔自薦(자천) [5030↔7230]

最高(최고)↔最低(최저) [5062↔5042]　脫帽(탈모)↔着帽(착모) [4020↔5220]

最多(최다)↔最少(최소) [5060↔5070]　脫衣(탈의)↔着衣(착의) [4060↔5260]

最大(최대)↔最小(최소) [5080↔5080]　泰運(태운)↔否運(비운) [3262↔4062]

最上(최상)↔最下(최하) [5072↔5072]　通加(통가)↔通減(통감) [6050↔6042]

最善(최선)↔最惡(최악) [5050↔5052]　統一(통일)↔分裂(분열) [4280↔6232]

最新(최신)↔最古(최고) [5062↔5060]　退勤(퇴근)↔出勤(출근) [4240↔7040]

最長(최장)↔最短(최단) [5080↔5062]　退院(퇴원)↔入院(입원) [4250↔7050]

最前(최전)↔最後(최후) [5072↔5072]　特大(특대)↔特小(특소) [6080↔6080]

最初(최초)↔最終(최종) [5050↔5050]　特殊(특수)↔普遍(보편) [6032↔4030]

推仰(추앙)↔凌蔑(능멸) [4032↔1020]　特殊(특수)↔一般(일반) [6032↔8032]

縮圖(축도)↔伸圖(신도) [4062↔3062]　波丘(파구)↔波谷(파곡) [4232↔4232]

蓄髮(축발)↔祝髮(축발) [3240↔5040]　罷接(파접)↔開接(개접) [3042↔6042]

出國(출국)↔入國(입국) [7080↔7080]　便利(편리)↔不便(불편) [7062↔7270]

出金(출금)↔入金(입금) [7080↔7080]　偏頗(편파)↔公平(공평) [3230↔6272]

出牢(출뢰)↔入牢(입뢰) [7010↔7010]　平等(평등)↔差別(차별) [7262↔4060]

出發(출발)↔到着(도착) [7062↔5252]　平凡(평범)↔奇拔(기발) [7232↔4032]

出帆(출범)↔歸帆(귀범) [7010↔4010]　平凡(평범)↔非凡(비범) [7232↔4232]

出生(출생)↔死亡(사망) [7080↔6050]　暴騰(폭등)↔暴落(폭락) [4230↔4250]

出席(출석)↔缺席(결석) [7060↔4260]　豊漁(풍어)↔凶漁(흉어) [4250↔5250]

出所(출소)↔入所(입소) [7070↔7070]　豊作(풍작)↔凶作(흉작) [4262↔5262]

出獄(출옥)↔入獄(입옥) [7032↔7032]　避暑(피서)↔避寒(피한) [4030↔4050]

忠臣(충신)↔逆臣(역신) [4252↔4252]　被害(피해)↔加害(가해) [3252↔5052]

就任(취임)↔辭任(사임) [4052↔4052]　畢讀(필독)↔始讀(시독) [3262↔6262]

必然(필연)↔蓋然(개연) [5270↔3270]
必然(필연)↔偶然(우연) [5270↔3270]
畢婚(필혼)↔開婚(개혼) [3240↔6040]
下降(하강)↔上升(상승) [7240↔7220]
下降(하강)↔上昇(상승) [7240↔7232]
賀客(하객)↔弔客(조객) [3252↔3052]
下記(하기)↔上記(상기) [7272↔7272]
下待(하대)↔恭待(공대) [7260↔3260]
下落(하락)↔騰貴(등귀) [7250↔3050]
下落(하락)↔昂騰(앙등) [7250↔1030]
下馬(하마)↔上馬(상마) [7250↔7250]
下午(하오)↔上午(상오) [7272↔7272]
下車(하차)↔上車(상차) [7272↔7272]
下車(하차)↔乘車(승차) [7272↔3272]
閑散(한산)↔繁忙(번망) [4040↔3230]
閑月(한월)↔忙月(망월) [4080↔3080]
割引(할인)↔割增(할증) [3242↔3242]
合流(합류)↔分流(분류) [6052↔6252]
合乘(합승)↔分乘(분승) [6032↔6232]
合葬(합장)↔各葬(각장) [6032↔6232]
合縱(합종)↔連衡(연횡) [6032↔4232]
合憲(합헌)↔違憲(위헌) [6040↔3040]
港內(항내)↔港外(항외) [4272↔4280]
解冬(해동)↔結冬(결동) [4270↔5270]
解氷(해빙)↔結氷(결빙) [4250↔5250]
海外(해외)↔海內(해내) [7280↔7272]
解制(해제)↔結制(결제) [4242↔5242]
害蟲(해충)↔益蟲(익충) [5242↔4242]
幸運(행운)↔不運(불운) [6262↔7262]
向上(향상)↔低下(저하) [6072↔4272]
獻饌(헌찬)↔撤饌(철찬) [3210↔2010]
顯官(현관)↔微官(미관) [4042↔3242]
賢臣(현신)↔愚臣(우신) [4252↔3252]
現實(현실)↔空想(공상) [6252↔7242]
現實(현실)↔理想(이상) [6252↔6242]

賢者(현자)↔愚者(우자) [4260↔3260]
好感(호감)↔惡感(악감) [4260↔5260]
好食(호식)↔惡食(악식) [4272↔5272]
好衣(호의)↔惡衣(악의) [4260↔5260]
好材(호재)↔惡材(악재) [4252↔5252]
好轉(호전)↔惡化(악화) [4240↔5252]
好轉(호전)↔逆轉(역전) [4240↔4240]
好評(호평)↔惡評(악평) [4240↔5240]
好況(호황)↔不況(불황) [4240↔7240]
酷暑(혹서)↔酷寒(혹한) [2030↔2050]
和氣(화기)↔怒氣(노기) [6272↔4272]
和睦(화목)↔反目(반목) [6232↔6260]
和解(화해)↔決裂(결렬) [6242↔5232]
和解(화해)↔紛爭(분쟁) [6242↔3250]
擴大(확대)↔縮小(축소) [3080↔4080]
換金(환금)↔換物(환물) [3280↔3272]
歡迎(환영)↔歡送(환송) [4040↔4042]
歡喜(환희)↔悲哀(비애) [4040↔4232]
滑降(활강)↔滑昇(활승) [2040↔2032]
活物(활물)↔死物(사물) [7272↔6072]
活水(활수)↔死水(사수) [7280↔6080]
活用(활용)↔死藏(사장) [7262↔6032]
皇子(황자)↔皇女(황녀) [3272↔3280]
獲得(획득)↔喪失(상실) [3242↔3260]
厚待(후대)↔薄待(박대) [4060↔3260]
厚德(후덕)↔薄德(박덕) [4052↔3252]
厚祿(후록)↔薄祿(박록) [4032↔3232]
訓讀(훈독)↔音讀(음독) [6062↔6262]
黑字(흑자)↔赤字(적자) [5070↔5070]
吸氣(흡기)↔排氣(배기) [4272↔3272]
吸氣(흡기)↔呼氣(호기) [4272↔4272]
興奮(흥분)↔安靜(안정) [4232↔7240]
興奮(흥분)↔鎭靜(진정) [4232↔3240]
喜悅(희열)↔憤怒(분노) [4032↔4042]

상대어[相對語(反對語, 反意語, 反義語, 對義語)_3字]

可變性(가변성) ↔ 不變性(불변성) [505252↔725252]

可燃性(가연성) ↔ 不燃性(불연성) [504052↔724052]

可溶性(가용성) ↔ 不溶性(불용성) [501252↔721252]

加害者(가해자) ↔ 被害者(피해자) [505260↔325260]

減少量(감소량) ↔ 增加量(증가량) [427050↔425050]

減少勢(감소세) ↔ 增加勢(증가세) [427042↔425042]

減少率(감소율) ↔ 增加率(증가율) [427032↔425032]

降壓器(강압기) ↔ 昇壓器(승압기) [404242↔324242]

開架式(개가식) ↔ 閉架式(폐가식) [603260↔403260]

開架制(개가제) ↔ 閉架制(폐가제) [603242↔403242]

開幕式(개막식) ↔ 閉幕式(폐막식) [603260↔403260]

開放性(개방성) ↔ 閉鎖性(폐쇄성) [606252↔403252]

開放的(개방적) ↔ 閉鎖的(폐쇄적) [606252↔403252]

開式辭(개식사) ↔ 閉式辭(폐식사) [606040↔406040]

開院式(개원식) ↔ 閉院式(폐원식) [605060↔405060]

開被覆(개피복) ↔ 閉被覆(폐피복) [603232↔403232]

開會辭(개회사) ↔ 閉會辭(폐회사) [606240↔406240]

開會式(개회식) ↔ 閉會式(폐회식) [606260↔406260]

坑內夫(갱내부) ↔ 坑外夫(갱외부) [207270↔208070]

巨視的(거시적) ↔ 微視的(미시적) [404252↔324252]

高踏的(고답적) ↔ 世俗的(세속적) [623252↔724252]

高利債(고리채) ↔ 低利債(저리채) [626232↔426232]

高物價(고물가) ↔ 低物價(저물가) [627252↔427252]

古書籍(고서적) ↔ 新書籍(신서적) [606240↔626240]

高性能(고성능) ↔ 低性能(저성능) [625252↔425252]

高所得(고소득) ↔ 低所得(저소득) [627042↔427042]

高速度(고속도) ↔ 低速度(저속도) [626060↔426060]

高姿勢(고자세) ↔ 低姿勢(저자세) [624042↔424042]

高潮期(고조기) ↔ 退潮期(퇴조기) [624050↔424050]

高地帶(고지대) ↔ 低地帶(저지대) [627042↔427042]

高學年(고학년) ↔ 低學年(저학년) [628080↔428080]

高學歷(고학력) ↔ 低學歷(저학력) [628052↔428052]

曲在我(곡재아) ↔ 曲在彼(곡재피) [506032↔506032]

公文書(공문서) ↔ 私文書(사문서) [627062↔407062]
公保險(공보험) ↔ 私保險(사보험) [624240↔404240]
公生活(공생활) ↔ 私生活(사생활) [628072↔408072]
過房男(과방남) ↔ 過房女(과방녀) [524272↔524280]
過小視(과소시) ↔ 過大視(과대시) [528042↔528042]
光明面(광명면) ↔ 暗黑面(암흑면) [626270↔425070]
購買者(구매자) ↔ 販賣者(판매자) [205060↔305060]
舊思想(구사상) ↔ 新思想(신사상) [525042↔625042]
舊時代(구시대) ↔ 新時代(신시대) [527262↔627262]
舊制度(구제도) ↔ 新制度(신제도) [524260↔624260]
舊主人(구주인) ↔ 新主人(신주인) [527080↔627080]
具體的(구체적) ↔ 抽象的(추상적) [526252↔304052]
舊體制(구체제) ↔ 新體制(신체제) [526242↔626242]
極大量(극대량) ↔ 極少量(극소량) [428050↔427050]
極大點(극대점) ↔ 極小點(극소점) [428040↔428040]
極大値(극대치) ↔ 極小値(극소치) [428032↔428032]
極大化(극대화) ↔ 極小化(극소화) [428052↔428052]
極尊稱(극존칭) ↔ 極卑稱(극비칭) [424240↔423240]
極左翼(극좌익) ↔ 極右翼(극우익) [427232↔427232]
極左派(극좌파) ↔ 極右派(극우파) [427240↔427240]
近地點(근지점) ↔ 遠地點(원지점) [607040↔607040]
擒而縱(금이종) ↔ 縱而擒(종이금) [103032↔323010]
急降下(급강하) ↔ 急上昇(급상승) [624072↔627232]
急騰勢(급등세) ↔ 急落勢(급락세) [623042↔625042]
及第生(급제생) ↔ 落第生(낙제생) [326280↔506280]
及第點(급제점) ↔ 落第點(낙제점) [326240↔506240]
肯定性(긍정성) ↔ 否定性(부정성) [306052↔406052]
肯定式(긍정식) ↔ 否定式(부정식) [306060↔406060]
旣墾地(기간지) ↔ 未墾地(미간지) [301070↔421070]
旣決案(기결안) ↔ 未決案(미결안) [305250↔425250]
奇順列(기순열) ↔ 偶順列(우순열) [405242↔325242]
旣婚者(기혼자) ↔ 未婚者(미혼자) [304060↔424060]
樂觀論(낙관론) ↔ 悲觀論(비관론) [625242↔425242]
落地前(낙지전) ↔ 落地後(낙지후) [507072↔507072]
落帙本(낙질본) ↔ 完帙本(완질본) [501060↔501060]
樂天家(낙천가) ↔ 厭世家(염세가) [627072↔207272]

男系親(남계친) ↔ 女系親(여계친) [724060↔804060]
南極圈(남극권) ↔ 北極圈(북극권) [804220↔804220]
南極帶(남극대) ↔ 北極帶(북극대) [804242↔804242]
南極點(남극점) ↔ 北極點(북극점) [804240↔804240]
南端部(남단부) ↔ 北端部(북단부) [804262↔804262]
內國人(내국인) ↔ 外國人(외국인) [728080↔808080]
內斜面(내사면) ↔ 外斜面(외사면) [723270↔803270]
內疏薄(내소박) ↔ 外疏薄(외소박) [723232↔803232]
內在性(내재성) ↔ 外在性(외재성) [726052↔806052]
內在律(내재율) ↔ 外在律(외재율) [726042↔806042]
內地産(내지산) ↔ 外地産(외지산) [727052↔807052]
內向性(내향성) ↔ 外向性(외향성) [726052↔806052]
老新郎(노신랑) ↔ 老新婦(노신부) [706232↔706242]
老處女(노처녀) ↔ 老總角(노총각) [704280↔704262]
農繁期(농번기) ↔ 農閑期(농한기) [723250↔724050]
多數者(다수자) ↔ 少數者(소수자) [607060↔707060]
多數派(다수파) ↔ 少數派(소수파) [607040↔707040]
多數票(다수표) ↔ 少數票(소수표) [607042↔707042]
多作家(다작가) ↔ 寡作家(과작가) [606272↔326272]
單純性(단순성) ↔ 複雜性(복잡성) [424252↔404052]
單層林(단층림) ↔ 多層林(다층림) [424070↔604070]
當選人(당선인) ↔ 落選人(낙선인) [525080↔505080]
當選者(당선자) ↔ 落選者(낙선자) [525060↔505060]
大家族(대가족) ↔ 小家族(소가족) [807260↔807260]
大公演(대공연) ↔ 小公演(소공연) [806242↔806242]
大公園(대공원) ↔ 小公園(소공원) [806260↔806260]
大口徑(대구경) ↔ 小口徑(소구경) [807032↔807032]
大區分(대구분) ↔ 小區分(소구분) [806062↔806062]
大規模(대규모) ↔ 小規模(소규모) [805040↔805040]
大吉日(대길일) ↔ 大凶日(대흉일) [805080↔805280]
大納會(대납회) ↔ 大發會(대발회) [804062↔806262]
大部隊(대부대) ↔ 小部隊(소부대) [806242↔806242]
大部分(대부분) ↔ 小部分(소부분) [806262↔806262]
大手術(대수술) ↔ 小手術(소수술) [807262↔807262]
大有年(대유년) ↔ 大殺年(대살년) [807080↔804280]
大丈夫(대장부) ↔ 拙丈夫(졸장부) [803270↔303270]

大戰鬪(대전투) ↔ 小戰鬪(소전투) [806240↔806240]
大豊年(대풍년) ↔ 大凶年(대흉년) [804280↔805280]
大貨物(대화물) ↔ 小貨物(소화물) [804272↔804272]
都給人(도급인) ↔ 受給人(수급인) [505080↔425080]
到着驛(도착역) ↔ 出發驛(출발역) [525232↔706232]
到着地(도착지) ↔ 出發地(출발지) [525270↔706270]
同義語(동의어) ↔ 反義語(반의어) [704270↔624270]
同意語(동의어) ↔ 反意語(반의어) [706270↔626270]
同意者(동의자) ↔ 反對者(반대자) [706260↔626260]
同質性(동질성) ↔ 異質性(이질성) [705252↔405252]
同質化(동질화) ↔ 異質化(이질화) [705252↔405252]
得人心(득인심) ↔ 失人心(실인심) [428070↔608070]
末梢的(말초적) ↔ 根幹的(근간적) [501052↔603252]
忙中閑(망중한) ↔ 閑中忙(한중망) [308040↔408030]
賣却損(매각손) ↔ 賣却益(매각익) [503040↔503042]
賣渡人(매도인) ↔ 買受人(매수인) [503280↔504280]
賣渡側(매도측) ↔ 買受側(매수측) [503232↔504232]
母系制(모계제) ↔ 父系制(부계제) [804042↔804042]
母系親(모계친) ↔ 父系親(부계친) [804060↔804060]
母權制(모권제) ↔ 父權制(부권제) [804242↔804242]
無鑛質(무광질) ↔ 有鑛質(유광질) [504052↔704052]
無期限(무기한) ↔ 有期限(유기한) [505042↔705042]
無能力(무능력) ↔ 有能力(유능력) [505272↔705272]
無夫妓(무부기) ↔ 有夫妓(유부기) [507010↔707010]
無稅地(무세지) ↔ 有稅地(유세지) [504270↔704270]
無稅品(무세품) ↔ 有稅品(유세품) [504252↔704252]
無主物(무주물) ↔ 有主物(유주물) [507072↔707072]
無職者(무직자) ↔ 有職者(유직자) [504260↔704260]
無限大(무한대) ↔ 無限小(무한소) [504280↔504280]
無形界(무형계) ↔ 有形界(유형계) [506262↔706262]
無形物(무형물) ↔ 有形物(유형물) [506272↔706272]
彌縫的(미봉적) ↔ 根本的(근본적) [122052↔606052]
密輸入(밀수입) ↔ 密輸出(밀수출) [423270↔423270]
密入國(밀입국) ↔ 密出國(밀출국) [427080↔427080]
搬入量(반입량) ↔ 搬出量(반출량) [207050↔207050]
搬入地(반입지) ↔ 搬出地(반출지) [207070↔207070]

搬入品(반입품) ↔ 搬出品(반출품) [207052↔207052]
發信人(발신인) ↔ 受信人(수신인) [626280↔426280]
發信日(발신일) ↔ 受信日(수신일) [626280↔426280]
排他心(배타심) ↔ 依他心(의타심) [325070↔405070]
白眼視(백안시) ↔ 靑眼視(청안시) [804242↔804242]
複局地(복국지) ↔ 單局地(단국지) [405270↔425270]
本校生(본교생) ↔ 他校生(타교생) [608080↔508080]
富農家(부농가) ↔ 貧農家(빈농가) [427272↔427272]
不當性(부당성) ↔ 正當性(정당성) [725252↔725252]
富益富(부익부) ↔ 貧益貧(빈익빈) [424242↔424242]
不戰勝(부전승) ↔ 不戰敗(부전패) [726260↔726250]
分流式(분류식) ↔ 合流式(합류식) [625260↔605260]
不景氣(불경기) ↔ 好景氣(호경기) [725072↔425072]
不計勝(불계승) ↔ 不計敗(불계패) [726260↔726250]
不良品(불량품) ↔ 優良品(우량품) [725252↔405252]
不文律(불문율) ↔ 成文律(성문율) [727042↔627042]
不運兒(불운아) ↔ 幸運兒(행운아) [726252↔626252]
非賣品(비매품) ↔ 販賣品(판매품) [425052↔305052]
非常時(비상시) ↔ 平常時(평상시) [424272↔724272]
費差損(비차손) ↔ 費差益(비차익) [504040↔504042]
死亡地(사망지) ↔ 出生地(출생지) [605070↔708070]
死差損(사차손) ↔ 死差益(사차익) [604040↔604042]
三大月(삼대월) ↔ 三小月(삼소월) [808080↔808080]
三損友(삼손우) ↔ 三益友(삼익우) [804052↔804252]
三惡聲(삼악성) ↔ 三喜聲(삼희성) [805242↔804042]
上極限(상극한) ↔ 下極限(하극한) [724242↔724242]
上級生(상급생) ↔ 下級生(하급생) [726080↔726080]
上級者(상급자) ↔ 下級者(하급자) [726060↔726060]
上級職(상급직) ↔ 下級職(하급직) [726042↔726042]
相對的(상대적) ↔ 絶對的(절대적) [526252↔426252]
上等品(상등품) ↔ 下等品(하등품) [726252↔726252]
上半期(상반기) ↔ 下半期(하반기) [726250↔726250]
上死點(상사점) ↔ 下死點(하사점) [726040↔726040]
上昇期(상승기) ↔ 下降期(하강기) [723250↔724050]
上昇線(상승선) ↔ 下降線(하강선) [723262↔724062]
上顎骨(상악골) ↔ 下顎骨(하악골) [721040↔721040]

上顎部(상악부) ↔ 下顎部(하악부) [721062↔721062]
上位圈(상위권) ↔ 下位圈(하위권) [725020↔725020]
上終價(상종가) ↔ 下終價(하종가) [725052↔725052]
上層部(상층부) ↔ 下層部(하층부) [724062↔724062]
上限價(상한가) ↔ 下限價(하한가) [724252↔724252]
上限線(상한선) ↔ 下限線(하한선) [724262↔724262]
上行線(상행선) ↔ 下行線(하행선) [726062↔726062]
夕刊紙(석간지) ↔ 朝刊紙(조간지) [703270↔603270]
先覺者(선각자) ↔ 後覺者(후각자) [804060↔724060]
先發隊(선발대) ↔ 後發隊(후발대) [806242↔726242]
先次性(선차성) ↔ 後次性(후차성) [804252↔724252]
盛需期(성수기) ↔ 非需期(비수기) [423250↔423250]
少女團(소녀단) ↔ 少年團(소년단) [708052↔708052]
送年辭(송년사) ↔ 新年辭(신년사) [428040↔628040]
送荷人(송하인) ↔ 受荷人(수하인) [423280↔423280]
送話器(송화기) ↔ 受話器(수화기) [427242↔427242]
送貨人(송화인) ↔ 受貨人(수화인) [424280↔427280]
送話者(송화자) ↔ 受話者(수화자) [427260↔427260]
收賂罪(수뢰죄) ↔ 贈賂罪(증뢰죄) [421050↔301050]
輸入國(수입국) ↔ 輸出國(수출국) [327080↔327080]
輸入率(수입률) ↔ 輸出率(수출률) [327032↔327032]
輸入商(수입상) ↔ 輸出商(수출상) [327052↔327052]
輸入稅(수입세) ↔ 輸出稅(수출세) [327042↔327042]
輸入額(수입액) ↔ 輸出額(수출액) [327040↔327040]
輸入品(수입품) ↔ 輸出品(수출품) [327052↔327052]
輸入港(수입항) ↔ 輸出港(수출항) [327042↔327042]
順機能(순기능) ↔ 逆機能(역기능) [524052↔424052]
順天命(순천명) ↔ 逆天命(역천명) [527070↔427070]
拾得物(습득물) ↔ 紛失物(분실물) [324272↔326072]
勝利者(승리자) ↔ 敗北者(패배자) [606260↔508060]
勝者戰(승자전) ↔ 敗者戰(패자전) [606062↔506062]
乘車口(승차구) ↔ 下車口(하차구) [327270↔727270]
始務式(시무식) ↔ 終務式(종무식) [624260↔504260]
始發驛(시발역) ↔ 終着驛(종착역) [626232↔505232]
始業式(시업식) ↔ 終業式(종업식) [626260↔506260]
新勢力(신세력) ↔ 舊勢力(구세력) [624272↔524272]

惡感情(악감정) ↔ 好感情(호감정) [526052↔426052]
惡影響(악영향) ↔ 好影響(호영향) [523232↔423232]
惡印象(악인상) ↔ 好印象(호인상) [524240↔424240]
惡材料(악재료) ↔ 好材料(호재료) [525250↔425250]
惡條件(악조건) ↔ 好條件(호조건) [524050↔424050]
惡天候(악천후) ↔ 好天候(호천후) [527040↔427040]
眼孔大(안공대) ↔ 眼孔小(안공소) [424080↔424080]
愛他心(애타심) ↔ 愛己心(애기심) [605070↔605270]
野黨圈(야당권) ↔ 與黨圈(여당권) [604220↔404220]
夜學生(야학생) ↔ 晝學生(주학생) [608080↔608080]
夜行性(야행성) ↔ 晝行性(주행성) [606052↔606052]
兩非論(양비론) ↔ 兩是論(양시론) [424242↔424242]
養祖母(양조모) ↔ 養祖父(양조부) [527080↔527080]
嚴侍下(엄시하) ↔ 慈侍下(자시하) [403272↔323272]
女同生(여동생) ↔ 男同生(남동생) [807080↔727080]
女俳優(여배우) ↔ 男俳優(남배우) [802040↔722040]
女先生(여선생) ↔ 男先生(남선생) [808080↔728080]
女性觀(여성관) ↔ 男性觀(남성관) [805252↔725252]
女性美(여성미) ↔ 男性美(남성미) [805260↔725260]
女性服(여성복) ↔ 男性服(남성복) [805260↔725260]
女聲部(여성부) ↔ 男聲部(남성부) [804262↔724262]
女性誌(여성지) ↔ 男性誌(남성지) [805240↔725240]
女學校(여학교) ↔ 男學校(남학교) [808080↔728080]
女學生(여학생) ↔ 男學生(남학생) [808080↔728080]
逆輸入(역수입) ↔ 逆輸出(역수출) [423270↔423270]
逆移入(역이입) ↔ 逆移出(역이출) [424270↔424270]
逆轉勝(역전승) ↔ 逆轉敗(역전패) [424060↔424050]
劣等感(열등감) ↔ 優越感(우월감) [306260↔403260]
午前班(오전반) ↔ 午後班(오후반) [727262↔727262]
緩流水(완류수) ↔ 急流水(급류수) [325280↔625280]
外四寸(외사촌) ↔ 親四寸(친사촌) [808080↔608080]
外三寸(외삼촌) ↔ 親三寸(친삼촌) [808080↔608080]
外孫女(외손녀) ↔ 親孫女(친손녀) [806080↔606080]
外孫子(외손자) ↔ 親孫子(친손자) [806072↔606072]
優等生(우등생) ↔ 劣等生(열등생) [406280↔306280]
偶然性(우연성) ↔ 必然性(필연성) [327052↔527052]

願賣人(원매인) ↔ 願買人(원매인) [505080↔505080]

越北者(월북자) ↔ 越南者(월남자) [328060↔328060]

委託人(위탁인) ↔ 受託人(수탁인) [402080↔422080]

委託者(위탁자) ↔ 受託者(수탁자) [402060↔422060]

違憲性(위헌성) ↔ 合憲性(합헌성) [304052↔604052]

唯物論(유물론) ↔ 唯心論(유심론) [307242↔307042]

有夫女(유부녀) ↔ 有婦男(유부남) [707080↔704272]

有産者(유산자) ↔ 無産者(무산자) [705260↔505260]

有識者(유식자) ↔ 無識者(무식자) [705260↔505260]

愉快感(유쾌감) ↔ 不快感(불쾌감) [104260↔724260]

六正臣(육정신) ↔ 六邪臣(육사신) [807252↔803252]

陰性化(음성화) ↔ 陽性化(양성화) [425252↔605252]

理想派(이상파) ↔ 現實派(현실파) [624240↔625240]

理性的(이성적) ↔ 感情的(감정적) [625252↔605252]

離任辭(이임사) ↔ 就任辭(취임사) [405240↔405240]

利差損(이차손) ↔ 利差益(이차익) [624040↔624042]

離婚女(이혼녀) ↔ 離婚男(이혼남) [404080↔404072]

賃貸料(임대료) ↔ 賃借料(임차료) [323250↔323250]

賃貸物(임대물) ↔ 賃借物(임차물) [323272↔323272]

賃貸人(임대인) ↔ 賃借人(임차인) [323280↔323280]

賃貸地(임대지) ↔ 賃借地(임차지) [323270↔323270]

入庫量(입고량) ↔ 出庫量(출고량) [704050↔704050]

入金額(입금액) ↔ 出金額(출금액) [708040↔708040]

自立心(자립심) ↔ 依存心(의존심) [727270↔404070]

再移入(재이입) ↔ 再移出(재이출) [504270↔504270]

低金利(저금리) ↔ 高金利(고금리) [428062↔628062]

積極性(적극성) ↔ 消極性(소극성) [404252↔624252]

積極的(적극적) ↔ 消極的(소극적) [404252↔624252]

積極策(적극책) ↔ 消極策(소극책) [404232↔624232]

前男便(전남편) ↔ 後男便(후남편) [727270↔727270]

專門家(전문가) ↔ 門外漢(문외한) [408072↔808072]

前半期(전반기) ↔ 後半期(후반기) [726250↔726250]

前半部(전반부) ↔ 後半部(후반부) [726262↔726262]

前半生(전반생) ↔ 後半生(후반생) [726280↔726280]

前半身(전반신) ↔ 後半身(후반신) [726262↔726262]

前半戰(전반전) ↔ 後半戰(후반전) [726262↔726262]

前室宅(전실댁) ↔ 後室宅(후실댁) [728052↔728052]
專有物(전유물) ↔ 共有物(공유물) [407072↔627072]
前任者(전임자) ↔ 後任者(후임자) [725260↔725260]
轉入生(전입생) ↔ 轉出生(전출생) [407080↔407080]
轉入者(전입자) ↔ 轉出者(전출자) [407060↔407060]
戰敗國(전패국) ↔ 戰勝國(전승국) [625080↔626080]
早熟性(조숙성) ↔ 晚熟性(만숙성) [423252↔323252]
縱斷面(종단면) ↔ 橫斷面(횡단면) [324270↔324270]
左半分(좌반분) ↔ 右半分(우반분) [726262↔726262]
座席券(좌석권) ↔ 立席券(입석권) [406040↔726040]
左側面(좌측면) ↔ 右側面(우측면) [723270↔723270]
左回轉(좌회전) ↔ 右回轉(우회전) [724240↔724240]
重患者(중환자) ↔ 輕患者(경환자) [705060↔505060]
支出金(지출금) ↔ 收入金(수입금) [427080↔427080]
支出簿(지출부) ↔ 收入簿(수입부) [427032↔427032]
支出額(지출액) ↔ 收入額(수입액) [427040↔427040]
直輸入(직수입) ↔ 直輸出(직수출) [723270↔723270]
差損金(차손금) ↔ 差益金(차익금) [404080↔404280]
差異點(차이점) ↔ 共通點(공통점) [404040↔626040]
贊成票(찬성표) ↔ 反對票(반대표) [326242↔626242]
債務者(채무자) ↔ 債權者(채권자) [324260↔324260]
初盤戰(초반전) ↔ 終盤戰(종반전) [503262↔503262]
總收入(총수입) ↔ 總支出(총지출) [424270↔424270]
最高價(최고가) ↔ 最低價(최저가) [506252↔504252]
最高額(최고액) ↔ 最低額(최저액) [506240↔504240]
最高點(최고점) ↔ 最下點(최하점) [506240↔507240]
最大量(최대량) ↔ 最少量(최소량) [508050↔507050]
最大限(최대한) ↔ 最小限(최소한) [508042↔508042]
最大化(최대화) ↔ 最小化(최소화) [508052↔508052]
最東端(최동단) ↔ 最西端(최서단) [508042↔508042]
最上級(최상급) ↔ 最下級(최하급) [507260↔507260]
最上等(최상등) ↔ 最下等(최하등) [507262↔507262]
最上層(최상층) ↔ 最下層(최하층) [507240↔507240]
最上品(최상품) ↔ 最下品(최하품) [507252↔507252]
出席生(출석생) ↔ 缺席生(결석생) [706080↔426080]
出席者(출석자) ↔ 缺席者(결석자) [706060↔426060]

判定勝(판정승) ↔ 判定敗(판정패) [406060↔406050]
敗戰國(패전국) ↔ 勝戰國(승전국) [506280↔606280]
廢刊號(폐간호) ↔ 創刊號(창간호) [323260↔423260]
暴落勢(폭락세) ↔ 暴騰勢(폭등세) [425042↔423042]
豊漁期(풍어기) ↔ 凶漁期(흉어기) [425050↔525050]
避暑地(피서지) ↔ 避寒地(피한지) [403070↔405070]
避妊法(피임법) ↔ 胞胎法(포태법) [402052↔402052]
下落勢(하락세) ↔ 上昇勢(상승세) [725042↔723242]
下半部(하반부) ↔ 上半部(상반부) [726262↔726262]
下半身(하반신) ↔ 上半身(상반신) [726262↔726262]
下層流(하층류) ↔ 上層流(상층류) [724052↔724052]
合法化(합법화) ↔ 不法化(불법화) [605252↔725252]
解氷期(해빙기) ↔ 結氷期(결빙기) [425050↔525050]
向日性(향일성) ↔ 背日性(배일성) [608052↔428052]
紅一點(홍일점) ↔ 一點紅(일점홍) [408040↔804040]
紅一點(홍일점) ↔ 靑一點(청일점) [408040↔808040]
歡迎曲(환영곡) ↔ 歡送曲(환송곡) [404050↔404250]
歡迎辭(환영사) ↔ 還送辭(환송사) [404040↔324240]
歡迎宴(환영연) ↔ 歡送宴(환송연) [404032↔404232]
歡迎會(환영회) ↔ 歡送會(환송회) [404062↔404262]

상대어[相對語(反對語, 反意語, 反義語, 對義語)_4字]

渴而穿井(갈이천정) ↔ 居安思危(거안사위) [30301032↔40725040]
渴而穿井(갈이천정) ↔ 曲突徙薪(곡돌사신) [30301032↔50321010]
渴而穿井(갈이천정) ↔ 安居危思(안거위사) [30301032↔72404050]
渴而穿井(갈이천정) ↔ 有備無患(유비무환) [30301032↔70425050]
強大國家(강대국가) ↔ 弱小國家(약소국가) [60808072↔62808072]
剛毅木訥(강의목눌) ↔ 巧言令色(교언영색) [32108010↔32605070]
見利思義(견리사의) ↔ 見利忘義(견리망의) [52625042↔52623042]
輕擧妄動(경거망동) ↔ 思慮分別(사려분별) [50503272↔50406260]
輕擧妄動(경거망동) ↔ 隱忍自重(은인자중) [50503272↔40327270]
景氣上昇(경기상승) ↔ 景氣下降(경기하강) [50727232↔50727240]
景氣回復(경기회복) ↔ 景氣後退(경기후퇴) [50724242↔50727242]
階高職卑(계고직비) ↔ 階卑職高(계비직고) [40624232↔40324262]

高官大爵(고관대작) ↔ 微官末職(미관말직) [62428030↔32425042]
古今同然(고금동연) ↔ 古今不同(고금부동) [60627070↔60627270]
高臺廣室(고대광실) ↔ 一間斗屋(일간두옥) [62325280↔80724250]
高山流水(고산유수) ↔ 市道之交(시도지교) [62805280↔72723260]
苦盡甘來(고진감래) ↔ 興盡悲來(흥진비래) [60404070↔42404270]
過大評價(과대평가) ↔ 過小評價(과소평가) [52804052↔52804052]
管鮑之交(관포지교) ↔ 市道之交(시도지교) [40123260↔72723260]
巧言令色(교언영색) ↔ 誠心誠意(성심성의) [32605070↔42704262]
膠漆之交(교칠지교) ↔ 市道之交(시도지교) [20323260↔72723260]
膠漆之心(교칠지심) ↔ 市道之交(시도지교) [20323270↔72723260]
極大感覺(극대감각) ↔ 極小感覺(극소감각) [42806040↔42806040]
近墨者黑(근묵자흑) ↔ 麻中之蓬(마중지봉) [60326050↔32803212]
近朱者赤(근주자적) ↔ 麻中之蓬(마중지봉) [60406050↔32803212]
金蘭之契(금란지계) ↔ 市道之交(시도지교) [80323232↔72723260]
金蘭之交(금란지교) ↔ 市道之交(시도지교) [80323260↔72723260]
金蘭之誼(금란지의) ↔ 市道之交(시도지교) [80323210↔72723260]
錦上添花(금상첨화) ↔ 雪上加霜(설상가상) [32723070↔62725032]
錦上添花(금상첨화) ↔ 雪上加雪(설상가설) [32723070↔62725062]
錦上添花(금상첨화) ↔ 前虎後狼(전호후랑) [32723070↔72327210]
金輸入點(금수입점) ↔ 金輸出點(금수출점) [80327040↔80327040]
錦衣玉食(금의옥식) ↔ 惡衣惡食(악의악식) [32604272↔52605272]
錦衣玉食(금의옥식) ↔ 粗衣惡食(조의악식) [32604272↔10605272]
錦衣玉食(금의옥식) ↔ 粗衣粗食(조의조식) [32604272↔10601072]
肯定命題(긍정명제) ↔ 否定命題(부정명제) [30607062↔40607062]
奇數拍子(기수박자) ↔ 偶數拍子(우수박자) [40704072↔32704072]
吉則大凶(길즉대흉) ↔ 凶則大吉(흉즉대길) [50508052↔52508050]
樂觀論者(낙관론자) ↔ 悲觀論者(비관론자) [62524260↔42524260]
落地以前(낙지이전) ↔ 落地以後(낙지이후) [50705272↔50705272]
暖房裝置(난방장치) ↔ 冷房裝置(냉방장치) [42424042↔50424042]
暖衣飽食(난의포식) ↔ 惡衣惡食(악의악식) [42603072↔52605272]
暖衣飽食(난의포식) ↔ 粗衣惡食(조의악식) [42603072↔10605272]
暖衣飽食(난의포식) ↔ 粗衣粗食(조의조식) [42603072↔10601072]
南極距離(남극거리) ↔ 北極距離(북극거리) [80423240↔80423240]
男尊女卑(남존여비) ↔ 女尊男卑(여존남비) [72428032↔80427232]
男唱女隨(남창여수) ↔ 女唱男隨(여창남수) [72508032↔80507232]
內剛外柔(내강외유) ↔ 內柔外剛(내유외강) [72328032↔72328032]

內剛外柔(내강외유) ↔ 外剛內柔(외강내유) [72328032↔80327232]
內部抵抗(내부저항) ↔ 外部抵抗(외부저항) [72623240↔80623240]
弄瓦之慶(농와지경) ↔ 弄璋之慶(농장지경) [32323242↔32123242]
弄瓦之喜(농와지희) ↔ 弄璋之慶(농장지경) [32323240↔32123242]
凌雲之志(능운지지) ↔ 陵雲之志(능운지지) [10523242↔32523242]
凌雲之志(능운지지) ↔ 靑雲之志(청운지지) [10523242↔80523242]
斷金之契(단금지계) ↔ 市道之交(시도지교) [42803232↔72723260]
斷金之交(단금지교) ↔ 市道之交(시도지교) [42803260↔72723260]
淡水之交(담수지교) ↔ 市道之交(시도지교) [32803260↔72723260]
對人春風(대인춘풍) ↔ 持己秋霜(지기추상) [62807062↔40527032]
同腹兄弟(동복형제) ↔ 異腹兄弟(이복형제) [70328080↔40328080]
凍氷寒雪(동빙한설) ↔ 和風暖陽(화풍난양) [32505062↔62624260]
莫逆之友(막역지우) ↔ 市道之交(시도지교) [32423252↔72723260]
亡羊補牢(망양보뢰) ↔ 居安思危(거안사위) [50423210↔40725040]
亡羊補牢(망양보뢰) ↔ 曲突徙薪(곡돌사신) [50423210↔50321010]
亡羊補牢(망양보뢰) ↔ 安居危思(안거위사) [50423210↔72404050]
亡羊補牢(망양보뢰) ↔ 有備無患(유비무환) [50423210↔70425050]
亡牛補牢(망우보뢰) ↔ 居安思危(거안사위) [50503210↔40725040]
亡牛補牢(망우보뢰) ↔ 曲突徙薪(곡돌사신) [50503210↔50321010]
亡牛補牢(망우보뢰) ↔ 安居危思(안거위사) [50503210↔72404050]
亡牛補牢(망우보뢰) ↔ 有備無患(유비무환) [50503210↔70425050]
賣方選擇(매방선택) ↔ 買方選擇(매방선택) [50725040↔50725040]
買入操作(매입조작) ↔ 賣出操作(매출조작) [50705062↔50705062]
買入割引(매입할인) ↔ 賣出割引(매출할인) [50703242↔50703242]
賣主獨占(매주독점) ↔ 買主獨占(매주독점) [50705240↔50705240]
賣主選擇(매주선택) ↔ 買主選擇(매주선택) [50705040↔50705040]
賣主市場(매주시장) ↔ 買主市場(매주시장) [50707272↔50707272]
名實相符(명실상부) ↔ 名實不符(명실불부) [72525232↔72527232]
母系家族(모계가족) ↔ 父系家族(부계가족) [80407260↔80407260]
母系制度(모계제도) ↔ 父系制度(부계제도) [80404260↔80404260]
母系親族(모계친족) ↔ 父系親族(부계친족) [80406060↔80406060]
母系血族(모계혈족) ↔ 父系血族(부계혈족) [80404260↔80404260]
無男獨女(무남독녀) ↔ 無妹獨子(무매독자) [50725280↔50405272]
無資格者(무자격자) ↔ 有資格者(유자격자) [50405260↔70405260]
無換輸入(무환수입) ↔ 無換輸出(무환수출) [50323270↔50323270]
門前成市(문전성시) ↔ 門前雀羅(문전작라) [80726272↔80721042]

門前雀羅(문전작라) ↔ 門庭若市(문정약시) [80721042↔80623272]
物價騰貴(물가등귀) ↔ 物價下落(물가하락) [72523050↔72527250]
博引旁證(박인방증) ↔ 單文孤證(단문고증) [42421240↔42704040]
崩城之痛(붕성지통) ↔ 鼓盆之歎(고분지탄) [30423240↔32103240]
崩城之痛(붕성지통) ↔ 叩盆之歎(고분지탄) [30423240↔10103240]
崩城之痛(붕성지통) ↔ 鼓盆之痛(고분지통) [30423240↔32103240]
崩城之痛(붕성지통) ↔ 叩盆之痛(고분지통) [30423240↔10103240]
事半功倍(사반공배) ↔ 事倍功少(사배공소) [72626250↔72506270]
生年月日(생년월일) ↔ 卒年月日(졸년월일) [80808080↔52808080]
夕刊新聞(석간신문) ↔ 朝刊新聞(조간신문) [70326262↔60326262]
先富後貧(선부후빈) ↔ 先貧後富(선빈후부) [80427242↔80427242]
歲入豫算(세입예산) ↔ 歲出豫算(세출예산) [52704070↔52704070]
損者三樂(손자삼요) ↔ 益者三樂(익자삼요) [40608062↔42608062]
損者三友(손자삼우) ↔ 益者三友(익자삼우) [40608052↔42608052]
松柏之質(송백지질) ↔ 蒲柳之姿(포류지자) [40203252↔10403240]
松柏之質(송백지질) ↔ 蒲柳之質(포류지질) [40203252↔10403252]
水魚之交(수어지교) ↔ 市道之交(시도지교) [80503260↔72723260]
水魚之親(수어지친) ↔ 市道之交(시도지교) [80503260↔72723260]
輸入關稅(수입관세) ↔ 輸出關稅(수출관세) [32705242↔32705242]
輸入免狀(수입면장) ↔ 輸出免狀(수출면장) [32703242↔32703242]
收入豫算(수입예산) ↔ 支出豫算(지출예산) [42704070↔42704070]
輸出貿易(수출무역) ↔ 輸入貿易(수입무역) [32703240↔32703240]
輸出乘數(수출승수) ↔ 輸入乘數(수입승수) [32703270↔32703270]
輸出業者(수출업자) ↔ 輸入業者(수입업자) [32706260↔32706260]
輸出組合(수출조합) ↔ 輸入組合(수입조합) [32704060↔32704060]
輸出超過(수출초과) ↔ 輸入超過(수입초과) [32703252↔32703252]
市道之交(시도지교) ↔ 魚水之交(어수지교) [72723260↔50803260]
市道之交(시도지교) ↔ 魚水之親(어수지친) [72723260↔50803260]
市道之交(시도지교) ↔ 知己之友(지기지우) [72723260↔52523252]
市道之交(시도지교) ↔ 芝蘭之交(지란지교) [72723260↔12323260]
始終一貫(시종일관) ↔ 龍頭蛇尾(용두사미) [62508032↔40603232]
我田引水(아전인수) ↔ 易地思之(역지사지) [32424280↔40705032]
惡衣惡食(악의악식) ↔ 飽食暖衣(포식난의) [52605272↔30724260]
惡衣惡食(악의악식) ↔ 好衣好食(호의호식) [52605272↔42604272]
語不成說(어불성설) ↔ 萬不成說(만불성설) [70726252↔80726252]
抑強扶弱(억강부약) ↔ 抑弱扶強(억약부강) [32603262↔32623260]

言語不通(언어불통) ↔ 言語相通(언어상통) [60707260↔60705260]
連戰連勝(연전연승) ↔ 連戰連敗(연전연패) [42624260↔42624250]
屋外競技(옥외경기) ↔ 屋內競技(옥내경기) [50805050↔50725050]
沃田沃畓(옥전옥답) ↔ 薄田薄畓(박전박답) [12421230↔32423230]
外貧內富(외빈내부) ↔ 外富內貧(외부내빈) [80427242↔80427242]
外柔內剛(외유내강) ↔ 內柔外剛(내유외강) [80327232↔72328032]
外柔內剛(외유내강) ↔ 外剛內柔(외강내유) [80327232↔80327232]
愚問賢答(우문현답) ↔ 賢問愚答(현문우답) [32704272↔42703272]
右側通行(우측통행) ↔ 左側通行(좌측통행) [72326060↔72326060]
違法行爲(위법행위) ↔ 適法行爲(적법행위) [30526042↔40526042]
流芳百世(유방백세) ↔ 遺臭萬年(유취만년) [52327072↔40308080]
異腹同生(이복동생) ↔ 同腹同生(동복동생) [40327080↔70327080]
人工選擇(인공선택) ↔ 自然選擇(자연선택) [80725040↔72705040]
人性本善(인성본선) ↔ 人性本惡(인성본악) [80526050↔80526052]
一擧兩失(일거양실) ↔ 一擧兩得(일거양득) [80504260↔80504242]
一擧兩失(일거양실) ↔ 一擧兩實(일거양실) [80504260↔80504252]
一擧兩失(일거양실) ↔ 一擧兩取(일거양취) [80504260↔80504242]
一擧兩失(일거양실) ↔ 一石二鳥(일석이조) [80504260↔80608042]
一列縱隊(일렬종대) ↔ 一列橫隊(일렬횡대) [80423242↔80423242]
一衣帶水(일의대수) ↔ 蓬萊弱水(봉래약수) [80604280↔12126280]
入金傳票(입금전표) ↔ 出金傳票(출금전표) [70805242↔70805242]
自下達上(자하달상) ↔ 自上達下(자상달하) [72724272↔72724272]
積善餘慶(적선여경) ↔ 積惡餘殃(적악여앙) [40504242↔40524230]
積善之家(적선지가) ↔ 積惡之家(적악지가) [40503272↔40523272]
定率上昇(정률상승) ↔ 定率降下(정률강하) [60327232↔60324072]
粗衣惡食(조의악식) ↔ 飽食暖衣(포식난의) [10605272↔30724260]
粗衣惡食(조의악식) ↔ 好衣好食(호의호식) [10605272↔42604272]
粗衣粗食(조의조식) ↔ 飽食暖衣(포식난의) [10601072↔30724260]
粗衣粗食(조의조식) ↔ 好衣好食(호의호식) [10601072↔42604272]
晝長夜短(주장야단) ↔ 晝短夜長(주단야장) [60806062↔60626080]
智者一失(지자일실) ↔ 千慮一得(천려일득) [40608060↔70408042]
贊成投票(찬성투표) ↔ 反對投票(반대투표) [32624042↔62624042]
千慮一失(천려일실) ↔ 千慮一得(천려일득) [70408060↔70408042]
最高氣溫(최고기온) ↔ 最低氣溫(최저기온) [50627260↔50427260]
最大極限(최대극한) ↔ 最小極限(최소극한) [50804242↔50804242]
最大限度(최대한도) ↔ 最小限度(최소한도) [50804260↔50804260]

出生申告(출생신고) ↔ 死亡申告(사망신고) [70804252↔60504252]
下意上達(하의상달) ↔ 上意下達(상의하달) [72627242↔72627242]
下厚上薄(하후상박) ↔ 上厚下薄(상후하박) [72407232↔72407232]
形骸之內(형해지내) ↔ 形骸之外(형해지외) [62103272↔62103280]
吸入行程(흡입행정) ↔ 排氣行程(배기행정) [42706042↔32726042]

동음이의어(同音異義語)

可恐(가공) [5032] 두려워하거나 놀랄 만함.

架空(가공) [3272] 어떤 시설물을 공중에 가설함. 이유나 근거가 없음. 사실이 아니고 거짓이나 상상으로 꾸며냄.

佳句(가구) [3242] 잘 지은 글귀.

架構(가구) [3240] 낱낱의 재료를 조립하여 만든 구조물.

佳器(가기) [3242] 좋은 그릇. 훌륭한 인재를 비유.

佳妓(가기) [3210] 아름다운 기생.

佳期(가기) [3250] 좋은 계절. 사랑을 처음 맺게 되는 좋은 시기.

佳氣(가기) [3272] 자연의 상서롭고 맑은 기운.

嫁期(가기) [1050] 시집갈 만한 나이.

佳婦(가부) [3242] 5「명」용모와 재질이 뛰어나고 얌전한 신부(新婦).

可否(가부) [5040] 옳고 그름.

歌詞(가사) [7032] 5「명」가곡, 가요, 오페라 따위로 불려질 것을 전제로 하여 쓰여진 글. ≒노랫말. ¶곡에 가사를 붙이다/노래의 가사를 외우다.§

歌辭(가사) [7040] 시가와 산문 중간 형태의 문학.

假像(가상) [4232] 실물처럼 보이는 거짓 형상.

架上(가상) [3272] 시렁 또는 선반의 위.

假飾(가식) [4232] 말이나 행동 따위를 거짓으로 꾸밈. 임시로 장식함.

加飾(가식) [5032] 어떤 것을 꾸밈.

假葬(가장) [4232] 5「명」「1」임시로 장사 지냄. 또는 그 장사. 「2」어린아이의 시체를 묻음. 「3」시체를 되는 대로 대강 또는 임시로 묻음.

假裝(가장) [4240] 태도를 거짓으로 꾸밈.

佳節(가절) [3252] 좋은 시절이나 계절. 좋은 명절.

佳絶(가절) [3242] 빼어나게 아름다움.

呵責(가책) [1052] 자기나 남의 잘못에 대하여 꾸짖어 책망함.

苛責(가책) [1052] 몹시 심하게 꾸짖음.

佳趣(가취) [3240] 좋은 취미.

嫁娶(가취) [1010] 시집가고 장가듦.

佳稱(가칭) [3240] 좋은 명칭.

嘉稱(가칭) [1040] 칭찬하여 아름답게 여김. 명예로운 이름.

架版(가판) [3232] 인쇄하기 전에 연판이나 원판을 인쇄기 판 위에 페이지 차례대로 정돈하여 인쇄할 수 있도록 준비하는 공정.

街販(가판) [4230] 길거리에 물건을 벌여 놓고 파는 일

各其(각기) [6232] 저마다의 사람이나 사물.

脚氣(각기) [3272] 비타민 비 원(B1)이 부족하여 일어나는 영양실조 증상.

刻字(각자) [4070] 글자를 새김.

覺者(각자) [4060] 진리를 깨달은 사람.

却下(각하) [3072] 물리침. 행정상 신청을 배척하는 처분. 또는 상소 따위가 형식적인 요건을 갖추지 못한 경우 소송을 종료하는 일.

脚下(각하) [3272] 다리 아래라는 뜻으로, 현재 또는 지금 당장을 이르는 말.

閣下(각하) [3272] 특정한 고급 관료에 대한 경칭.

奸計(간계) [1062] 간사한 꾀.

諫戒(간계) [1040] 윗사람에게 잘못을 고치거나 주의하도록 간함.

懇談(간담) [3250] 서로 정답게 이야기를 주고받음. 또는 그 이야기.

肝膽(간담) [3220] 간과 쓸개. 속마음.

奸毒(간독) [1042] 간사하고 독살스러움.

懇篤(간독) [3230] 정성스럽고 돈독함.

奸婦(간부) [1042] 간악한 여자.

姦夫(간부) [3070] 간통한 남자.

姦婦(간부) [3042] 간통한 여자.

幹部(간부) [3262] 조직체의 중심이 되는 자리에서 책임을 맡거나 지도하는 사람.

奸詐(간사) [1030] 교활하게 거짓으로 남의 비위를 맞춤.

奸邪(간사) [1032] 간교하고 바르지 않음.

幹事(간사) [3272] 일을 맡아 주선하고 처리함. 또는 그런 일을 하는 사람.

肝腸(간장) [3240] 간과 창자. 애. 마음.

肝臟(간장) [3232] 간(肝).

奸智(간지) [1040] 간사한 지혜.

干支(간지) [4042] 5「명」천간(天干)과 지지(地支). 십간(十干)과 십이지(十二支) 또는 간(干)과 지(支)를 조합한 것을 이르는 말이다. 늑지간01(支干). ¶올해는 간지로 갑술년이다./황제의 기나긴 애기가 끝나자 젊은이는 다시 한동안 말없이 황제의 얼굴을 살피다가 사주의 간지 여덟 자를 물었다. ≪이문열, 황제를 위하여≫/전여관이가 손가락으로 간지를 짚어 햇수를 세자 모두 씁쓸하게 웃었다.≪송기숙, 녹두 장군≫§

幹枝(간지) [3232] 식물의 줄기와 가지.

葛布(갈포) [2042] 칡 섬유로 짠 베. 칡베.

褐袍(갈포) [1010] 거친 칡베로 지은 도포.

勘査(감사) [1050] 잘 살펴 조사함.

鑑査(감사) [3250] 주로 예술 작품의 우열이나 옳고 그름 따위를 감별하여 조사함.

感傷(감상) [6040] 하찮은 일에도 슬퍼져서 마음이 상함.

鑑賞(감상) [3250] 주로 예술 작품을 즐기고 평가함.

減壽(감수) [4232] 5「명」수명이 줆. ¶생명의 감수를 무릅쓴 결과가 겨우 돈 몇 푼 이라니?§

甘受(감수) [4042] 책망이나 괴로움 따위를 달갑게 받아들임.

憾情(감정) [2052] 원망하거나 성내는 마음.

甘井(감정) [4032] 물맛이 좋은 우물.

鑑定(감정) [3260] 사물의 특성이나 참과 거짓, 좋고 나쁨을 분별하여 판정함. 재판 관련 사항에 대하여 전문가가 의견과 지식을 보고하는 일.

剛氣(강기) [3272] 굳세고 꿋꿋한 기상.

綱紀(강기) [3240] 나라의 법과 풍속, 풍습에 대한 기율(紀律). 삼강오륜 등 사람이 지켜야 할 도리.

剛度(강도) [3260] 금속의 단단하고 센 정도.

強盜(강도) [6040] 폭행 따위의 수단으로 남의 재물을 빼앗는 행위.

剛薄(강박) [3232] 매우 딱딱하고 인정이 없음.

糠粕(강박) [1010] 쌀겨와 지게미.

強占(강점) [6040] 남의 것을 강제로 차지함.

強點(강점) [6040] 남보다 우세하거나 더 뛰어난 점.

剛直(강직) [3272] 마음이 꿋꿋하고 곧음.

降職(강직) [4042] 직위를 낮춤.

薑板(강판) [1050] 무, 생강, 과일 따위를 갈아 즙을 내거나 채를 만들기 위하여 사 용하는, 표면이 거칠게 생긴 도구.

鋼板(강판) [3250] 강철판.

降板(강판) [4050] 야구에서, 투수를 경기 도중에 마운드에서 내려오게 하는 일.

改刊(개간) [5032] 책 따위의 원판을 고치어 간행함.

開刊(개간) [6032] 신문이나 책 따위를 처음으로 간행함.

槪觀(개관) [3252] 전체를 대강 살펴봄. 윤곽, 구도 따위의 대체의 모양.

開館(개관) [6032] 도서관 따위의 기관이 처음으로 문을 엶.

愾然(개연) [3070] 억울하고 원통하여 몹시 분함.

蓋然(개연) [3270] 단정할 수는 없지만 대개 그럴 것이라고 생각되는 상태.

介意(개의) [3262] 어떤 일 따위를 마음에 두고 생각하거나 신경을 씀.

槪意(개의) [3262] 내용의 개략적인 뜻.

改訂(개정) [5030] 글의 틀린 곳 따위를 고쳐 바로잡음.

開廷(개정) [6032] 법정을 열어 재판을 시작하는 일.

巨富(거부) [4042] 큰 부자.

拒否(거부) [4040] 요구나 제의 따위를 물리침.

居士(거사) [4052] 숨어 살며 벼슬을 하지 않는 선비.

巨事(거사) [4072] 매우 큰 일.

巨星(거성) [4042] 뛰어난 인물을 비유적으로 이르는 말.

距星(거성) [3242] 5「명」『천』이십팔수에서 각 수(宿)의 가장 서쪽에 있는 별. 각 수에서 가장 밝아 초점이 된다.

乾位(건위) [3250] 남자의 신주나 위패 또는 무덤.

健胃(건위) [5032] 위(胃)를 튼튼하게 함.

劍劇(검극) [3240] 칼싸움을 내용으로 하는 연극이나 영화.

劍戟(검극) [3210] 칼과 창.

劍技(검기) [3250] 검을 다루는 솜씨.

劍氣(검기) [3272] 검의 칼날에서 풍기는 싸늘한 기운.

堅剛(견강) [4032] 성질 따위가 매우 굳세고 단단함.

牽強(견강) [3060] 이치에 맞지 않는 것을 억지로 끌고 감.

堅忍(견인) [4032] 굳게 참고 견딤.

牽引(견인) [3042] 끌어서 당김.

堅執(견집) [4032] 굳게 지님. 자신의 의견을 바꾸거나 고치지 않고 버팀.

見執(견집) [5232] 남에게 붙잡힘.

兼事(겸사) [3272] 둘 이상의 대상을 아울러 섬김. 한 가지 일을 하면서 동시에 다른 일도 아울러 함.

謙辭(겸사) [3240] 겸손하게 사양함. 겸손의 말.

警覺(경각) [4240] 잘못을 하지 않도록 정신을 차림.

頃刻(경각) [3240] 눈 깜빡할 사이. 아주 짧은 시간.

京畿(경기) [6032] 서울을 중심으로 한 주위의 지방.

驚起(경기) [4042] 놀라서 일어남.

傾倒(경도) [4032] 기울어 넘어짐. 또는 기울여 넘어뜨림. 온 마음을 기울여 사모하거나 열중함.

硬度(경도) [3260] 굳기.

驚倒(경도) [4032] 몹시 놀라 넘어짐.

輕傷(경상) [5040] 가벼운 상처.

鏡像(경상) [4032] 5「명」「1」『물』평면 거울에 반사된 물체의 상. 「2」『수1』한 직선 또는 평면에 대칭인 두 점을 각각 그 상대점에 대하여 이르는 말.

硬直(경직) [3272] 몸 따위가 굳어서 뻣뻣하게 됨. 사고방식 따위가 부드럽지 못함.

耕織(경직) [3240] 농사짓는 일과 길쌈하는 일.

更迭(경질) [4010] 어떤 직위에 있는 사람을 다른 사람으로 바꿈.

硬質(경질) [3252] 단단하고 굳은 성질.

敬歎(경탄) [5240] 우러러 감탄함.

驚歎(경탄) [4040] 몹시 놀라며 감탄함.

慶賀(경하) [4232] 경사스러운 일을 치하(致賀)함.

敬賀(경하) [5232] 공경하여 축하함.

硬化(경화) [3252] 물건이나 몸의 조직 따위가 단단하게 굳어짐. 주장이나 의견, 태도, 사고방식 따위가 강경해짐.

硬貨(경화) [3242] 금속으로 만든 화폐. 언제든지 금이나 다른 화폐로 바꿀 수 있는 화폐.

桂冠(계관) [3232] 월계수의 가지와 잎으로 만들어 경기의 우승자에게 씌워 주던 관.

鷄冠(계관) [4032] 닭의 볏.

契機(계기) [3240] 어떤 일이 일어나거나 변화하도록 만드는 결정적인 원인이나 기회.

繼起(계기) [4042] 어떤 일이나 현상이 잇따라 일어남.

啓導(계도) [3242] 남을 일깨우고 이끌어 줌.

戒刀(계도) [4032] 비구가 늘 가지고 다니는 작은 칼.

系圖(계도) [4062] 어떤 집안의 대대(代代)의 계통을 나타낸 도표.

溪流(계류) [3252] 산골짜기에 흐르는 시냇물.

繫留(계류) [3042] 밧줄 같은 것으로 붙잡아 매어 놓음. 어떤 사건이 해결되지 않은 상태임.

桂樹(계수) [3260] 계수나무.

溪水(계수) [3280] 산골짜기에 흐르는 시냇물.

契狀(계장) [3242] 계약서.

契長(계장) [3280] 계의 일을 맡아서 처리하는 책임자.

契主(계주) [3270] 계를 조직하여 관리하는 사람.

繼走(계주) [4042] 이어달리기.

桂皮(계피) [3232] 계수나무 껍질을 한방에서 이르는 말.

鷄皮(계피) [4032] 닭의 살갗처럼 거친 살갗. 늙은 사람.

高閣(고각) [6232] 높게 지은 집이나 누각.

鼓角(고각) [3262] 군중(軍中)에서 호령할 때 쓰던 북과 나발.

拷問(고문) [1070] 숨기고 있는 사실을 강제로 알아내기 위하여 육체적 고통을 주며 신문함.

顧問(고문) [3070] 의견을 물음. 자문에 응하여 의견을 제시하고 조언을 하는 직책. 또는 그런 사람.

顧復(고복) [3042] 부모가 자식을 기름.

鼓腹(고복) [3232] 배를 두드린다는 뜻으로, 생활이 풍족하여 태평한 세월을 즐기는 것을 이르는 말.

高峯(고봉) [6232] 높은 산봉우리.

高鳳(고봉) [6232] 아름다운 봉황(鳳凰).

告祀(고사) [5232] 액운(厄運)은 없어지고 풍요와 행운이 오도록 집안에서 섬기는
　　　　　　 신(神)에게 음식을 차려 놓고 비는 제사.

固辭(고사) [5040] 굳이 사양함.

枯死(고사) [3060] 나무나 풀 따위가 말라 죽음.

孤兒(고아) [4052] 부모를 여의거나 버림받아 몸 붙일 곳이 없는 아이.

高雅(고아) [6232] 뜻이나 품격 따위가 높고 우아함.

古蹟(고적) [6032] 남아 있는 옛날 건물이나 물건. 옛 문화를 보여 주는 건물이나
　　　　　　 물건이 있던 터.

孤寂(고적) [4032] 외롭고 쓸쓸함.

鼓笛(고적) [3232] 북과 피리.

公卿(공경) [6230] 삼공(三公)과 구경(九卿)을 아울러 이르는 말.

恭敬(공경) [3252] 공손히 받들어 모심.

公納(공납) [6240] 국고로 들어가는 조세. 또는 조세를 내는 일.

貢納(공납) [3240] 백성이 그 지방 특산물을 조정에 바치던 일.

公募(공모) [6230] 공개 모집.

共謀(공모) [6232] 공동 어떤 일을 꾀함.

供物(공물) [3272] 신령이나 부처 앞에 바치는 물건.

貢物(공물) [3272] 중앙 관서와 궁중의 수요를 충당하기 위하여 여러 군현에 부과
　　　　　　 상납하게 한 특산물. 조(租)용(庸)조(調)의 조(調).

供需(공수) [3232] 공급과 수요.

拱手(공수) [1072] 두 손을 마주잡아 공경의 뜻을 나타내는 예. 팔짱을 끼고 아무
　　　　　　 일도 하지 않고 있음.

攻守(공수) [4042] 공격과 수비.

空輸(공수) [7232] 항공 수송을 줄여 이르는 말.

攻襲(공습) [4032] 갑자기 공격하여 침.

空襲(공습) [7232] 공중 습격을 줄여 이르는 말.

公轉(공전) [6240] 한 천체(天體)가 다른 천체의 둘레를 주기적으로 도는 일.

空轉(공전) [7240] 기계나 바퀴 따위가 헛돎.

果刀(과도) [6232] 과일 깎는 칼.

過渡(과도) [5232] 한 상태에서 다른 상태로 넘어가거나 바뀌어 가는 도중.

寡慾(과욕) [3232] 욕심이 적음. 또는 그 욕심.

過慾(과욕) [5232] 욕심이 지나침. 또는 그 욕심.

冠帶(관대) [3242] 옛날 벼슬아치들의 공복(公服).

寬大(관대) [3280] 마음이 너그럽고 큼.

寬待(관대) [3260] 너그럽게 대접함.

款待(관대) [2060] 친절히 대하거나 정성껏 대접함.

冠禮(관례) [3260] 예전에, 남자가 성년에 이르면 어른이 된다는 의미로 상투를 틀

고 갓을 쓰게 하던 예식.

慣例(관례) [3260] 전례(前例)가 관습으로 굳어진 것.

官祿(관록) [4232] 관원(官員)에게 주던 봉급.

貫祿(관록) [3232] 쌓은 경력과 그에 따르는 권위.

官吏(관리) [4232] 관직에 있는 사람.

管理(관리) [4062] 어떤 일의 사무를 맡아 처리함.

冠詞(관사) [3232] 영어 따위에서 명사 앞에 놓여 단수, 복수, 성, 격 따위를 나타
내는 품사.

館舍(관사) [3242] 외국 사신이나 다른 곳에서 온 벼슬아치를 대접하고 묵게 하던
숙소.

官署(관서) [4232] 관청과 그 부속 기관을 통틀어 이르는 말.

寬恕(관서) [3232] 죄나 허물 따위를 너그럽게 용서함.

寬容(관용) [3242] 남의 잘못을 너그럽게 받아들이거나 용서함.

慣用(관용) [3262] 습관적으로 늘 씀.

管掌(관장) [4032] 일을 맡아서 주관함.

館長(관장) [3280] '관(館)' 자가 붙은 기관의 최고 책임자.

廣幅(광폭) [5230] 넓은 폭.

狂暴(광폭) [3242] 미쳐 날뛰듯이 매우 거칠고 사나움.

壞變(괴변) [3252] 무너져 모양이 바뀜.

怪變(괴변) [3252] 예상하지 못한 괴상한 재난이나 사고.

壞死(괴사) [3260] 생체 내의 조직이나 세포가 부분적으로 죽는 일.

怪死(괴사) [3260] 원인을 알 수 없이 죽음. 또는 그런 죽음.

宏飮(굉음) [1062] 술을 한꺼번에 대단히 많이 마심.

轟音(굉음) [1062] 몹시 요란하게 울리는 소리.

敎徒(교도) [8040] 종교를 믿는 사람이나 그 무리.

矯導(교도) [3042] 바로잡아 이끎.

僑民(교민) [2080] 외국에 나가 살고 있는 자기 나라의 사람.

巧敏(교민) [3230] 행동이 교묘하고 재빠름.

狡詐(교사) [1030] 교활하게 남을 속임.

絞死(교사) [2060] 목을 매어 죽음.

校訂(교정) [8030] 출판물 따위의 잘못된 글자나 글귀 따위를 바르게 고침.

矯正(교정) [3072] 틀어지거나 잘못된 것을 바로잡음. 재소자의 잘못된 품성이나
행동을 바로잡음.

具象(구상) [5240] 사물이 일정한 형태와 성질을 갖춤.

構想(구상) [4042] 일의 실현 방법 따위를 이리저리 생각함.

求償(구상) [4232] 5「명」『경』＝클레임(claim).

久遠(구원) [3260] 아득하게 멀고 오램.

救援(구원) [5040] 어려움이나 위험에 빠진 사람을 구하여 줌.

舊怨(구원) [5240] 오래전부터 품어 왔던 원한.

構築(구축) [4042] 쌓아 만듦.

驅逐(구축) [3030] 어떤 세력 따위를 몰아서 쫓아냄.

拘置(구치) [3242] 형(刑)을 집행하려고 피의자나 범죄자 따위를 일정한 곳에 가둠.

驅馳(구치) [3010] 말을 몰아 달리며 돌아다님. → 매우 바쁘게 돌아다님.

窮塞(궁색) [4032] 아주 가난함.

窮色(궁색) [4070] 곤궁한 기색.

歸京(귀경) [4060] 서울로 돌아가거나 돌아옴.

歸耕(귀경) [4032] 벼슬을 그만두고 시골로 돌아가서 농사를 지음.

克復(극복) [3242] 이기어 도로 회복함. 정도(正道)로 돌아감.

克服(극복) [3260] 악조건이나 고생 따위를 이겨 냄. 적을 이기어 굴복시킴.

根幹(근간) [6032] 뿌리와 줄기. 바탕이나 중심이 되는 중요한 것.

近刊(근간) [6032] 최근에 출판함.

斤兩(근량) [3042] 무게를 나타내는 단위인 근과 냥을 아울러 이르는 말.

斤量(근량) [3050] 저울로 단 무게.

禁輸(금수) [4232] 수입이나 수출을 금함.

禽獸(금수) [3232] 날짐승과 길짐승이라는 뜻으로, 모든 짐승을 이르는 말. 행실이 아주 더럽고 나쁜 사람을 비유.

錦繡(금수) [3210] 수를 놓은 비단. 아름답고 화려한 옷. 아름다운 시문(詩文).

襟章(금장) [1060] 군복이나 교복 따위의 제복의 옷깃에 붙여서 계급, 소속, 학년 따위를 표시하는 휘장.

錦帳(금장) [3240] 비단으로 된 휘장이나 장막.

其間(기간) [3272] 어느 때부터 다른 어느 때까지의 동안.

基幹(기간) [5232] 어떤 분야나 부문에서 가장 으뜸이 되거나 중심이 되는 부분.

旣刊(기간) [3032] 책 따위가 이미 간행됨. 또는 그런 간행물.

器械(기계) [4232] 연장, 연모, 그릇, 기구 따위를 통틀어 이르는 말. 구조가 간단하며 제조나 생산을 목적으로 하지 아니하고 사용하는 도구를 통틀어 이르는 말.

機械(기계) [4032] 동력을 써서 움직이거나 일을 하는 장치.

寄稿(기고) [4032] 신문, 잡지 따위에 싣기 위하여 원고를 써서 보냄. 또는 그 원고.

忌故(기고) [3042] 해마다 사람이 죽은 날에 제사를 지내는 일. 또는 그 날.

機關(기관) [4052] 일정한 역할과 목적을 위하여 설치한 기구나 조직.

氣管(기관) [7240] 호흡 기관.

汽管(기관) [5040] 증기를 보내는 관.

技巧(기교) [5032] 기술이나 솜씨가 아주 교묘함.

機巧(기교) [4032] 잔꾀와 솜씨가 매우 교묘함.

崎嶇(기구) [1010] 산길이 험함. 세상살이가 순탄하지 못하고 가탈이 많음.

機構(기구) [4040] 어떤 목적을 위하여 구성한 조직의 구성 체계.

祈求(기구) [3242] 원하는 바가 실현되도록 빌고 바람.

企圖(기도) [3262] 어떤 일을 이루려고 꾀함. 또는 그런 계획이나 행동.

祈禱(기도) [3210] 절대적 존재에게 빎. 또는 그런 의식.

幾萬(기만) [3080] 만의 몇 배가 되는 수.

欺瞞(기만) [3010] 남을 속여 넘김.

企望(기망) [3252] 어떠한 일이 이루어지기를 바람.

旣望(기망) [3052] 음력으로 매달 열엿샛날.

欺罔(기망) [3030] 남을 속여 넘김.

幾微(기미) [3032] 낌새.

機微(기미) [4032] 낌새.

機敏(기민) [4030] 눈치가 빠르고 동작이 날쌤.

飢民(기민) [3080] 굶주린 백성.

幾死(기사) [3060] 거의 다 죽게 됨.

棋士(기사) [2052] 바둑이나 장기를 두는 사람.

騎士(기사) [3252] 말을 탄 무사.

氣像(기상) [7232] 사람이 타고난 기개나 마음씨가 겉으로 드러난 모양.

氣象(기상) [7240] 대기 중에서 일어나는 물리적인 현상, 날씨.

其數(기수) [3270] 그 수.

奇數(기수) [4070] 홀수.

機首(기수) [4052] 비행기의 앞부분.

騎手(기수) [3272] 경마에서 말을 타는 사람.

旣述(기술) [3032] 이미 앞서 기술함.

記述(기술) [7232] 기록하여 서술함.

棄兒(기아) [3052] 남몰래 아이를 내다 버림. 또는 그렇게 버린 아이.

飢餓(기아) [3030] 굶주림.

奇遇(기우) [4040] 기이한 인연으로 만남.

杞憂(기우) [1032] 앞일에 대해 쓸데없는 걱정을 함.

氣宇(기우) [7232] 기개와 도량을 아울러 이르는 말.

祈雨(기우) [3252] 날이 가물 때에 비가 오기를 빎.

棋院(기원) [2050] 돈을 내고 바둑을 두는 곳. 바둑을 즐기는 사람들이 조직하는 단체.

祈願(기원) [3250] 바라는 일이 이루어지기를 빎.

紀元(기원) [4052] 연대를 계산하는 데에 기준이 되는 해.

起源(기원) [4240] 사물이 처음으로 생긴 근원.

其人(기인) [3280] 5「명」『역』「1」고려조선 시대에, 지방 호족 및 토호의 자제로 서 중앙에 볼모로 와서 그 출신 지방의 행정에 고문(顧問) 구실을 하던 사람. 또는 그런 제도. 지방 세력을 견제하고 중앙 집권을 강화하기 위한 정책으로, 신라의 상수리제에서 유래하였다. 늑기인 제도.「2」조선 전기에, 궁중의 잡역을 위하여 소집한 지방 백성.

奇人(기인) [4080] 성격이나 말, 행동 따위가 별난 사람.

幾日(기일) [3080] 몇 날.

忌日(기일) [3080] 해마다 돌아오는 제삿날. 불길하다 하여 꺼리는 날.

機長(기장) [4080] 항공기 승무원 가운데 최고 책임자.

記帳(기장) [7240] 장부에 적음. 또는 그 장부.

奇才(기재) [4062] 아주 뛰어난 재주를 가진 사람.

記載(기재) [7232] 문서 따위에 기록하여 올림.

基點(기점) [5240] 기본이 되는 점이나 곳.

起點(기점) [4240] 처음으로 일어나거나 시작되는 곳.

奇行(기행) [4060] 기이한 행동.

紀行(기행) [4060] 여행하는 동안에 겪은 것을 적은 것.

嗜好(기호) [1042] 즐기고 좋아함.

畿湖(기호) [3250] 경기도와 황해도 남부 및 충청남도 북부를 아울러 이르는 말.

亂國(난국) [4080] 질서가 없고 어지러운 나라.

亂局(난국) [4052] 어지러운 판국.

娘子(낭자) [3272] 예전에, '처녀'를 높여 이르던 말.

狼藉(낭자) [1010] 여기저기 흩어져 어지러움.

郎子(낭자) [3272] 예전에, 남의 집 총각을 점잖게 이르던 말.

內賓(내빈) [7230] 안손님.

來賓(내빈) [7030] 모임에 공식적으로 초대를 받고 온 사람.

內粧(내장) [7232] 집 안을 손질하고 꾸밈. 내부 수장을 줄여 이르는 말.

內臟(내장) [7232] 척추동물의 위, 간 등 여러 가지 기관.

內藏(내장) [7232] 밖으로 드러나지 않게 안에 간직함.

內裝(내장) [7240] 내부를 꾸미거나 설비를 갖춤.

耐寒(내한) [3250] 추위를 견딤.

耐旱(내한) [3230] 가물을 견딤.

奴婢(노비) [3232] 사내종과 계집종을 아울러 이르는 말.

老婢(노비) [7032] 늙은 여자종.

奴役(노역) [3232] 고용인에 의하여 일방적으로 혹사를 당하는 일. 노예로 부려지는 일.

勞役(노역) [5232] 몹시 괴롭고 힘든 노동.

蘆笛(노적) [1232] 갈피리.

露積(노적) [3240] 곡식 따위를 한데에 수북이 쌓음. 또는 그런 물건.

綠肥(녹비) [6032] 생물이나 생나무의 잎으로 만들어 완전히 썩지 아니하는 거름. 풋거름.

鹿皮(녹비) [3032] 사슴가죽.

濃淡(농담) [2032] 색깔, 명암, 용액 따위의 짙음과 옅음. 또는 진함과 묽음. 생각이나 표현의 강함과 약함.

弄談(농담) [3250] 실없이 놀리거나 장난으로 하는 말.

樓閣(누각) [3232] 사방을 바라볼 수 있도록 문과 벽이 없이 다락처럼 높이 지은 집.

漏刻(누각) [3240] 물시계. 누전(漏箭)에 새긴 눈금.

樓臺(누대) [3232] 누각과 대사와 같이 높은 건물.

累代(누대) [3262] 여러 대.

漏籍(누적) [3240] 호적, 병적, 학적 따위의 기록에서 빠뜨림.

累積(누적) [3240] 포개어 여러 번 쌓음. 또는 쌓임.

漏盡(누진) [3240] 모두 새어 없어짐.

累進(누진) [3242] 지위, 등급 따위가 차차 올라감. 가격, 수량 따위가 더해져 비율이 점점 높아짐.

凌上(능상) [1072] 아랫사람이 윗사람을 업신여김.

陵上(능상) [3272] 임금이나 왕후의 무덤. 능(陵).

多寡(다과) [6032] 수량의 많고 적음.

茶果(다과) [3262] 차와 과실.

斷髮(단발) [4240] 머리털을 짧게 깎음.

短髮(단발) [6240] 짧은 머리털.

但書(단서) [3262] 법률 조문이나 문서 따위에서, 본문 다음에 그에 대한 어떤 조건이나 예외 따위를 나타내는 글.

端緒(단서) [4232] 어떤 문제를 해결하는 방향으로 이끌어 가는 실마리.

丹粧(단장) [3232] 얼굴, 머리, 옷차림 따위를 곱게 꾸밈.

斷腸(단장) [4240] 몹시 슬퍼서 창자가 끊어지는 듯함.

端裝(단장) [4240] 단정하게 차림.

單層(단층) [4240] 하나로만 이루어진 층.

斷層(단층) [4240] 지각 변동으로 지층이 갈라져 어긋나는 현상. 또는 그런 지형.

斷片(단편) [4232] 끊어지거나 쪼개진 조각.

斷篇(단편) [4240] 내용이 연결되지 못하고 조각조각 따로 떨어진 짧은 글.

淡素(담소) [3242] 담담하고 소박함.

膽小(담소) [2080] 겁이 많고 배짱이 없음.

答辭(답사) [7240] 회답하는 말. 환영사 따위에 답하는 말.

踏査(답사) [3250] 현장에 가서 직접 보고 조사함.

堂姪(당질) [6230] 사촌 형제의 아들로, 오촌이 되는 관계. 종질(從姪).

糖質(당질) [3252] 당분(糖分)이 들어 있는 물질.

大刀(대도) [8032] 큰 칼.

大盜(대도) [8040] 큰 도둑.

臺詞(대사) [3232] 연극이나 영화 따위에서 배우가 하는 말.

臺辭(대사) [3240] 연극이나 영화 따위에서 배우가 하는 말.

代役(대역) [6232] 다른 사람이 역할을 대신 맡아 하는 일.

大役(대역) [8032] 국가적인 큰 공사. 큰 역할.

對譯(대역) [6232] 원문과 맞대어서 번역함.

對偶(대우) [6232] 5「명」「1」쌍이 되어 있는 것. 또는 대칭이 되어 있는 것. ¶대우
　　　　　를 이루다.§ 「2」『논』하나의 가언 명제에 대하여 그 후건의 부정을 전
　　　　　건으로 하고, 전건을 부정한 것을 후건으로 한 명제. 원명제와 대우 명
　　　　　제의 참과 거짓은 늘 일치한다.

待遇(대우) [6040] 예의를 갖추어 대하는 일.

大腸(대장) [8040] 큰창자.

臺帳(대장) [3240] 어떤 근거가 되도록 일정한 양식으로 기록한 장부. 상업상의 모
　　　　　든 계산을 기록한 원부.

垈地(대지) [2070] 집터로서의 땅.

臺地(대지) [3270] 주위보다 고도가 높고 넓은 면적의 평탄한 표면을 가지고 있는
　　　　　지형.

臺紙(대지) [3270] 그림이나 사진 따위의 뒤에 붙여 그 바탕이 되게 하는 두꺼운
　　　　　종이.

貸地(대지) [3270] 세를 받고 빌려 주는 땅.

倒壞(도괴) [3232] 넘어지거나 무너짐. 또는 넘어뜨리거나 무너뜨림.

盜魁(도괴) [4010] 도적의 우두머리.

塗壁(도벽) [3042] 벽에 종이나 흙을 바름.

盜癖(도벽) [4010] 습관적으로 물건을 훔치는 버릇.

桃園(도원) [3260] 복숭아나무가 많은 정원.

桃源(도원) [3240] 복숭아꽃이 핀 수원지라는 데서 살기 좋은 이상향, 별천지.

桃仁(도인) [3240] 복숭아씨의 알맹이를 한방에서 이르는 말.

陶人(도인) [3280] 옹기장이.

圖籍(도적) [6240] 지도와 호적. 그림과 책.

盜賊(도적) [4040] 도둑.

倒着(도착) [3252] 옷 따위를 거꾸로 입음.

倒錯(도착) [3232] 뒤바뀌어 거꾸로 됨. 사회나 도덕에 어그러진 행동을 나타냄.

盜聽(도청) [4040] 남의 이야기 따위를 몰래 엿듣는 일.

道廳(도청) [7240] 도의 행정을 맡아 처리하는 관청.

毒酒(독주) [4240] 매우 독한 술.

獨奏(독주) [5232] 한 사람이 악기를 연주하는 것.

讀奏(독주) [6232] 임금에게 아뢸 문서를 어전에서 읽던 일.

凍死(동사) [3260] 얼어 죽음.

動詞(동사) [7232] 사물의 동작이나 작용을 나타내는 품사.

凍傷(동상) [3240] 추위 때문에 살갗이 얼어서 조직이 상하는 일.

銅像(동상) [4232] 구리로 사람이나 동물의 형상을 만들거나 그런 형상에 구릿빛을 입혀서 만들어 놓은 기념물.

動靜(동정) [7240] 운동과 정지. 낌새.

童貞(동정) [6232] 5「명」이성과 한 번도 성교(性交)를 하지 아니하고 그대로 지키고 있는 순결. 또는 그런 사람. ¶동정을 지키다/동정을 잃다/동정을 바치다/최 군은 나이로선 우리와 그만큼 차이가 있었으나 여태까지 간직한 동정을 버리기 싫다는 핑계로 유곽 같은 델 가보자는 친구의 유혹을 뿌리친◎.≪이병주, 관부 연락선≫§

慢性(만성) [3052] 버릇이 되다시피 하여 쉽게 고쳐지지 아니하는 성질.

晩成(만성) [3262] 늦게 이루어짐.

晩禾(만화) [3230] 늦벼.

漫畫(만화) [3060] 붓 가는 대로 아무렇게나 그린 그림. 이야기 따위를 그린 그림.

妄覺(망각) [3240] 외부 세계의 자극을 잘못 지각하거나 없는 자극을 있는 것처럼 생각하는, 병적 현상.

忘却(망각) [3030] 어떤 사실을 잊어버림.

亡靈(망령) [5032] 죽은 사람의 영혼.

妄靈(망령) [3232] 늙거나 정신이 흐려서 말이나 행동이 정상을 벗어남.

忙忙(망망) [3030] 매우 바쁨.

茫茫(망망) [3030] 넓고 멂. 막연하고 아득함.

埋葬(매장) [3032] 시체나 유골 따위를 땅속에 묻음.

埋藏(매장) [3032] 묻어서 감춤. 지하자원 따위가 땅속에 묻히어 있음.

梅花(매화) [3270] 매화꽃. 매실나무.

梅畫(매화) [3260] 매화를 치는 일. 또는 그런 그림.

盲兒(맹아) [3252] 눈먼 아이.

盲啞(맹아) [3210] 장님과 벙어리.

萌芽(맹아) [1032] 식물에 새로 트는 싹. 움. 사물의 시초가 되는 것.

猛將(맹장) [3242] 용맹한 장수.

盲腸(맹장) [3240] 척추동물의, 작은창자에서 큰창자로 넘어가는 부분에 있는 주머니 모양의 부분. 막창자.

免死(면사) [3260] 죽음을 면함.

綿絲(면사) [3240] 솜에서 자아낸 실. 무명실.

免役(면역) [3232] 병역이나 부역(賦役) 따위를 면함.

免疫(면역) [3232] 몸속에 들어온 병원(病原)에 대항하는 항체를 생산하여 다음에는 그 병에 걸리지 않도록 된 상태. 반복되는 자극 따위에 반응하지 않고 무감각해지는 상태를 비유.

免職(면직) [3242] 일정한 직무에서 물러나게 함.

綿織(면직) [3240] 목화솜을 주원료로 하여 짠 직물.

冥府(명부) [3042] 사람이 죽은 뒤에 심판을 받는 곳.

名簿(명부) [7232] 어떤 일에 관련된 사람의 이름, 주소, 직업 따위를 적어 놓은 장부.

冒耕(모경) [3032] 땅 임자의 허락 없이 남의 땅에 농사를 지음.

暮境(모경) [3042] 늙바탕.

暮景(모경) [3050] 저녁때의 경치.

母系(모계) [8040] 어머니 쪽의 핏줄 계통.

謀計(모계) [3262] 계교를 꾸밈. 또는 그 계교.

模寫(모사) [4050] 사물을 형체 그대로 그림. 원본을 베끼어 씀.

謀事(모사) [3272] 일을 꾀함.

謀士(모사) [3252] 꾀를 써서 일이 잘 이루어지게 하는 사람.

摸索(모색) [1032] 일이나 사건 따위를 해결할 수 있는 방법이나 실마리를 더듬어 찾음.

貌色(모색) [3270] 얼굴의 생김새나 차린 모습.

模擬(모의) [4010] 실제의 것을 흉내 내어 그대로 해 봄.

謀議(모의) [3242] 어떤 일을 꾀하고 의논함. 두 사람 이상이 함께 범죄를 계획함.

夢寐(몽매) [3210] 잠을 자면서 꿈을 꿈.

蒙昧(몽매) [3210] 어리석고 사리에 어두움.

未刊(미간) [4232] 아직 간행되지 않음.

眉間(미간) [3072] 눈썹사이.

彌望(미망) [1252] 멀리 넓게 바라봄.

迷妄(미망) [3032] 사리에 어두워 갈피를 잡지 못하고 헤맴.

微笑(미소) [3242] 소리 없이 빙긋이 웃음.

美蘇(미소) [6032] 미국과 소련을 아울러 이르는 말.

未遂(미수) [4230] 목적한 바를 시도하였으나 이루지 못함.

米壽(미수) [6032] 여든 여덟 살을 달리 이르는 말.

微震(미진) [3232] 약한 지진.

未盡(미진) [4240] 다하지 못함.

尾行(미행) [3260] 다른 사람의 행동을 감시하거나 증거를 잡기 위하여 그 사람 몰래 뒤를 밟음.

微行(미행) [3260] 지위가 높은 사람이 무엇을 몰래 살피기 위하여 남루한 옷차림을 하고 남 모르게 다님.

密封(밀봉) [4232] 단단히 붙여 꼭 봉함.

蜜蜂(밀봉) [3030] 꿀벌.

剝皮(박피) [1032] 껍질이나 가죽을 벗김.

薄皮(박피) [3232] 얇은 껍질.

叛起(반기) [3042] 배반하여 일어남.

飯器(반기) [3242] 밥그릇.

盤上(반상) [3272] 밥상의 위. 장기판이나 바둑판 따위의 위.

飯床(반상) [3242] 격식을 갖추어 밥상 하나를 차리도록 만든 한 벌의 그릇. 반상기.

搬送(반송) [2042] 물건 따위를 운반하여 보냄.

盤松(반송) [3240] 키가 작고 가지가 옆으로 퍼진 소나무.

返送(반송) [3042] 돌려보냄.

斑點(반점) [1040] 동식물 따위의 몸에 박혀 있는 얼룩얼룩한 점.

飯店(반점) [3252] 주로 중국 음식을 파는 대중적인 음식점.

伴奏(반주) [3032] 노래나 기악의 연주를 도와주기 위하여 옆에서 다른 악기를 연주함. 또는 그렇게 하는 연주.

飯酒(반주) [3240] 밥을 먹을 때에 곁들여서 한두 잔 마시는 술.

傍白(방백) [3080] 연극에서, 등장인물이 말을 하지만 무대 위의 다른 인물에게는 들리지 않고 관객만 들을 수 있는 것으로 약속되어 있는 대사.

方伯(방백) [7232] 관찰사. 도지사를 예스럽게 이르는 말.

倍率(배율) [5032] 어떤 수(數)가 기준이 되는 수의 몇 배가 되는가를 나타내는 수.

排律(배율) [3242] 오언(五言)이나 칠언(七言)의 대구(對句)를 여섯 구 이상 늘어놓은 한시.

排出(배출) [3270] 안에서 밖으로 밀어 내보냄.

輩出(배출) [3270] 인재(人材)가 계속하여 나옴.

白沙(백사) [8032] 빛깔이 희고 깨끗한 모래.

白蛇(백사) [8032] 몸이 흰 뱀.

變喪(변상) [5232] 변고로 인하여 생긴 상사(喪事).

辨償(변상) [3032] 남에게 진 빚을 갚음.

補講(보강) [3242] 결강이나 휴강 따위로 빠진 강의를 보충함.

補強(보강) [3260] 보태거나 채워서 본디보다 더 튼튼하게 함.

普及(보급) [4032] 널리 펴서 많은 사람들에게 골고루 미치게 하여 누리게 함.

補給(보급) [3250] 물자나 자금 따위를 계속해서 대어 줌.

報償(보상) [4232] 남에게 진 빚 또는 받은 물건을 갚음.

補償(보상) [3232] 남에게 끼친 손해를 갚음.

寶殿(보전) [4232] 부처를 모셔 두는 건물.

補塡(보전) [3210] 부족한 부분을 보태어 채움.

補整(보정) [3240] 보태어 가지런히 정돈함.

補正(보정) [3272] 부족한 부분을 보태어 바르게 함. 오차를 없애고 참값에 가까운 값을 구하는 것.

保佐(보좌) [4230] 보호하여 도움.

補佐(보좌) [3230] 상관을 도와 일을 처리함.

腹水(복수) [3280] 배 속에 장액성(漿液性) 액체가 괴는 병증. 또는 그 액체.

複數(복수) [4070] 둘 이상의 수.

卜役(복역) [3032] 나라에서 백성에게 책임 지우던 강제 노동이나 병역.

服役(복역) [6032] 공역이나 병역 따위에 종사함. 징역을 삶.

本貫(본관) [6032] 성씨의 시조(始祖)가 난 곳.

本館(본관) [6032] 별관(別館)이나 분관(分館)에 상대하여 주가 되는 건물.

本殿(본전) [6032] 신령을 모시는 전당.

本錢(본전) [6040] 원금에 이자를 붙이지 아니한 돈.

封合(봉합) [3260] 봉투 따위를 열지 못하게 꼭 붙이거나 싸서 막아 붙임.

縫合(봉합) [2060] 수술을 하려고 절단한 자리나 외상(外傷)으로 갈라진 자리를 꿰매어 붙이는 일.

浮氣(부기) [3272] 부종(浮腫)으로 인하여 부은 상태.

簿記(부기) [3272] 자산, 자본, 부채의 수지증감 따위를 밝히는 기장법(記帳法).

附記(부기) [3272] 원문에 덧붙이어 적음. 또는 그런 기록.

負袋(부대) [4010] 종이, 피륙, 가죽 따위로 만든 큰 자루.

附帶(부대) [3242] 기본이 되는 것에 곁달아 덧붙임.

附圖(부도) [3262] 어떤 책에 부속된 지도나 도표. 딸린 그림.

不渡(부도) [7232] 기한이 되어도 어음이나 수표에 적힌 돈을 지불받지 못하는 일.

浮動(부동) [3272] 물이나 공기 중에 떠서 움직임. 고정되어 있지 않고 움직임.

不凍(부동) [7232] 얼지 않음.

浮上(부상) [3272] 물 위로 떠오름. 어떤 현상이 관심의 대상이 됨. 어떤 사람이 훨씬 좋은 위치로 올라섬.

負傷(부상) [4040] 몸에 상처를 입음.

符書(부서) [3262] 점술에서, 뒷날에 일어날 일을 미리 알아서 해석하기 어렵게 적어 놓은 글.

部署(부서) [6232] 기관, 기업, 조직 따위에서 일이나 사업의 체계에 따라 나뉘어 있는, 사무의 각 부문.

敷設(부설) [2042] 다리, 철도, 지뢰 따위를 설치함.

浮說(부설) [3252] 유언비어.

附設(부설) [3242] 어떤 기관 따위에 부속시켜 설치함.

腐植(부식) [3270] 흙 속에서 식물이 썩으면서 여러 가지 분해 단계에 있는 유기물의 혼합물을 만드는 일.

腐蝕(부식) [3210] 썩어서 문드러짐.

扶養(부양) [3252] 생활 능력이 없는 사람의 생활을 돌봄.

浮揚(부양) [3232] 가라앉은 것이 떠오름.

賦與(부여) [3240] 나누어 줌.

附與(부여) [3240] 권리 명예 임무 가치 따위를 지니도록 해 주거나, 붙여 줌.

負役(부역) [4032] 백성이 부담하는 공역.

賦役(부역) [3232] 국가나 공공 단체가 특정한 공익사업을 위하여 보수 없이 국민에게 의무적으로 책임을 지우는 노역.

赴役(부역) [3032] 병역이나 부역(賦役)을 치르러 나감.

附逆(부역) [3242] 국가에 반역이 되는 일에 동조하거나 가담함.

富裕(부유) [4232] 재물이 넉넉함.

浮遊(부유) [3240] 물 위나 물속, 또는 공기 중에 떠다님. 행선지를 정하지 아니하고 이리저리 떠돌아다님.

否定(부정) [4060] 그렇지 아니하다고 단정함.

不淨(부정) [7232] 깨끗하지 못함. 사람이 죽는 따위의 불길한 일.

不貞(부정) [7232] 정조를 지키지 아니함.

符合(부합) [3260] 부신(符信)이 꼭 들어맞듯 사물이나 현상이 서로 꼭 들어맞음.

附合(부합) [3260] 서로 맞대어 붙임. 분리하지 못할 상태에 있는 것.

富豪(부호) [4232] 재산이 넉넉하고 세력이 있는 사람.

符號(부호) [3260] 일정한 뜻을 나타내기 위하여 따로 정하여 쓰는 기호.

奮起(분기) [3242] 5「명」분발하여 일어남.

憤氣(분기) [4072] 분한 생각이나 기운.

奮然(분연) [3270] 떨쳐 일어서는 기운이 세차고 꿋꿋한 모양.

扮演(분연) [1042] 배우가 극중의 어떤 인물로 분장하여 출연함.

墳土(분토) [3080] 무덤의 흙.

糞土(분토) [1080] 썩은 흙. 똥을 섞은 흙.

不恭(불공) [7232] 공손하지 못함.

佛供(불공) [4232] 부처 앞에 공양을 드림.

不祥(불상) [7230] 상서롭지 못함.

佛像(불상) [4232] 부처의 형상을 표현한 상.

佛譯(불역) [4232] 프랑스 어로 번역함.

拂逆(불역) [3242] 마음에 거슬림.

悲鳴(비명) [4240] 슬피 욺.

碑銘(비명) [4032] 비석에 새긴 글.

卑俗(비속) [3242] 격이 낮고 속됨.

卑屬(비속) [3240] 아들 이하의 항렬에 속하는 친족을 통틀어 이르는 말.

丕績(비적) [1240] 훌륭하게 여길 만한 큰 공적.

匪賊(비적) [2040] 무장을 하고 떼를 지어 다니면서 사람들을 해치는 도둑.

沙器(사기) [3242] 흙을 원료로 하여서 구워 만든 그릇. 사기그릇.

詐欺(사기) [3030] 나쁜 꾀로 남을 속임.

邪氣(사기) [3272] 요사스럽고 나쁜 기운.

思戀(사련) [5032] 생각하여 그리워함.

邪戀(사련) [3232] 도덕이나 도리에 벗어나거나 떳떳하지 못한 연애.

奢利(사리) [1062] 석가모니나 성자의 유골. 부처의 법신의 자취인 경전.

私利(사리) [4062] 사사로운 이익.

斜面(사면) [3270] 경사가 진 평면이나 지면을 수평면에 상대하여 이르는 말. 비탈면. 빗면.

赦免(사면) [2032] 죄를 용서하여 형벌을 면제함.

辭免(사면) [4032] 맡아보던 일자리를 그만두고 물러남.

思慕(사모) [5032] 애틋하게 생각하고 그리워함.

私募(사모) [4030] 새로 주식이나 사채를 발행할 때에 발행 회사와 특정한 관계가 있는 곳에서 모집하는 일.

斯文(사문) [3070] 유학의 도의나 문화를 이르는 말.

蛇紋(사문) [3232] 뱀 껍질 모양의 무늬.

事象(사상) [7240] 관찰할 수 있는 사물과 현상.

死傷(사상) [6040] 죽거나 다침.

蛇床(사상) [3242] 5「명」『한』=사상자03(蛇床子) [2] .

斜線(사선) [3262] 비스듬하게 비껴 그은 줄. 빗금. 한 평면 또는 직선에 수직이 아닌 선.

蛇線(사선) [3262] 뱀이 기어가는 모양으로 구불구불한 줄.

私設(사설) [4042] 개인이 사사로이 설립한 시설.

辭說(사설) [4052] 늘어놓는 이야기 또는 푸념.

射手(사수) [4072] 대포나 총, 활 따위를 쏘는 사람.

斯須(사수) [3030] 잠깐.

詐術(사술) [3062] 남을 속이는 수단.

邪術(사술) [3262] 바르지 못한 요사스러운 술법.

捨身(사신) [3062] 수행과 보은을 위하여 속계의 몸을 버리고 불문에 들어감. 불사(佛事) 또는 불도의 수행을 위하여 자기의 몸과 목숨을 버림.

私信(사신) [4062] 개인의 사사로운 편지.

蛇身(사신) [3262] 뱀의 몸. 또는 뱀과 같은 몸.

邪神(사신) [3262] 재앙을 내린다고 하는 요사스러운 귀신.

私心(사심) [4070] 사사로운 마음. 자기 욕심을 채우려는 마음.

蛇心(사심) [3270] 뱀과 같이 간사하고 흉악한 마음.

邪心(사심) [3270] 간사스러운 마음.

斜陽(사양) [3260] 저녁때의 햇빛. 또는 저녁때의 저무는 해.

辭讓(사양) [4032] 겸손하여 받지 아니하거나 응하지 아니함.
事緣(사연) [7240] 앞뒤 사정과 까닭.
辭緣(사연) [4040] 편지나 말의 내용.
四維(사유) [8032] 사방의 네 방위 乾坤艮巽. 나라를 다스리는 데 지켜야 할 네 가
　　　　　　　지 원칙인 禮義廉恥.
思惟(사유) [5030] 대상을 두루 생각하는 일.
私有(사유) [4070] 개인이 사사로이 소유함.
蛇醫(사의) [3260] 5「명」『동』=도롱뇽 [2] .
辭意(사의) [4062] 맡아보던 일자리를 그만두고 물러날 뜻.
射場(사장) [4072] 활터.
査丈(사장) [5032] 사돈집의 웃어른을 높여 이르는 말.
死藏(사장) [6032] 사물 따위를 필요한 곳에 활용하지 않고 썩혀 둠.
私藏(사장) [4032] 개인이 사사로이 간직함.
事績(사적) [7240] 일의 실적이나 공적.
事蹟(사적) [7232] 사업의 남은 자취.
史籍(사적) [5240] 역사 기록 서적.
史跡(사적) [5232] 역사적으로 중요한 사건이나 시설의 자취.
史蹟(사적) [5232] 역사적으로 중요한 사건이나 시설의 자취. 국가가 법적으로 지
　　　　　　　정한 문화재.
司祭(사제) [3242] 주교와 신부를 통틀어 이르는 말. 주교의 아래인 성직자.
私製(사제) [4042] 개인이 사사로이 만듦.
四柱(사주) [8032] 사람이 태어난 연월일시의 네 간지(干支). 또는 이에 근거하여
　　　　　　　사람의 길흉화복을 알아보는 점.
蛇酒(사주) [3240] 뱀술.
社債(사채) [6232] 주식회사가 채권을 발행하여 사업 자금을 조달하는 채무.
私債(사채) [4032] 개인 사이의 사사로운 빚.
散亂(산란) [4040] 흩어져 어지러움, 어수선함.
産卵(산란) [5240] 알을 낳음.
山積(산적) [8040] 물건이나 일이 산더미같이 쌓임.
山賊(산적) [8040] 산속에 근거지를 둔 도둑.
相補(상보) [5232] 서로 모자란 부분을 보충함.
詳報(상보) [3242] 자세히 보고하거나 보도함.
上司(상사) [7232] 위 등급의 관청. 자기보다 벼슬이나 지위가 위인 사람.
喪事(상사) [3272] 사람이 죽은 사고.
相似(상사) [5230] 서로 비슷함.
上疏(상소) [7232] 임금에게 글을 올리던 일.
上訴(상소) [7232] 상급 법원에 재심을 요구하는 일.

上述(상술) [7232] 윗부분이나 앞부분에서 말하거나 적음.

詳述(상술) [3232] 자세하게 설명하여 말함.

喪輿(상여) [3230] 사람의 시체를 실어서 묘지까지 나르는 도구.

賞與(상여) [5040] 상으로 돈이나 물건 따위를 줌.

上奏(상주) [7232] 임금에게 말씀을 아뢰던 일.

喪主(상주) [3270] 주(主)가 되는 상제(喪制).

傷處(상처) [4042] 다친 자리.

喪妻(상처) [3232] 아내의 죽음을 당함.

桑弧(상호) [3210] 옛날 중국에서 남자가 태어나면 뽕나무로 만든 활과 쑥대로 만든 살을 천지 사방에 쏘아 큰 뜻을 이루기를 빌던 풍속에서 유래하여 남자가 큰 뜻을 세움을 비유.

相互(상호) [5230] 상대가 되는 이쪽과 저쪽 모두.

生彩(생채) [8032] 생생한 빛이나 기운.

生菜(생채) [8032] 익히지 아니하고 날로 무친 나물.

庶幾(서기) [3030] 거의.

西紀(서기) [8040] 5「명」‘서력기원’의 준말.

序詞(서사) [5032] 책 따위의 첫머리에 그 책의 취지나 내용을 적은 글.

敍事(서사) [3072] 사실을 있는 그대로 적음.

禪師(선사) [3242] 선종의 법리(法理)에 통달한 중.

膳賜(선사) [1030] 존경, 친근, 애정의 뜻을 나타내기 위하여 남에게 선물을 줌.

宣揚(선양) [4032] 명성이나 권위 따위를 널리 떨치게 함.

煽揚(선양) [1032] 부추기어 일으킴.

禪讓(선양) [3232] 임금의 자리를 물려줌.

宣傳(선전) [4052] 주장 따위를 널리 알리는 일.

宣戰(선전) [4062] 한 나라가 다른 나라에 대하여 전쟁을 시작한다는 의사 표시를 하는 일.

舌禍(설화) [4032] 5「명」「1」연설이나 강연 따위의 내용이 법률에 저촉되거나 타인을 노하게 하여 받는 재난. ¶선거 철학이나 무슨 명언을 토하는가 했더니 그랬다가는 공천(公薦)이 취소될 설화를 자초할까 보아◎.≪염상섭, 대를 물려서≫§「2」타인에 대한 중상이나 비방 따위로 받는 재난.

雪華(설화) [6240] 눈송이.

消却(소각) [6230] 지워서 없애 버림.

燒却(소각) [3230] 불에 태워 없애 버림.

消滅(소멸) [6232] 사라져 없어짐.

燒滅(소멸) [3232] 불살라 없앰.

召命(소명) [3070] 임금이 신하를 부르는 명령. 사람이 하나님의 일을 하도록 하나님의 부르심을 받는 일.

疏明(소명) [3262] 까닭이나 이유를 밝혀 설명함. 법에서 당사자가 제출하는 증거로 증명(證明)보다 낮은 정도의 심증(心證). 해명.

小盤(소반) [8032] 자그마한 밥상.

蔬飯(소반) [3032] 변변하지 아니한 음식.

小祥(소상) [8030] 사람이 죽은 지 1년 만에 지내는 제사.

昭詳(소상) [3032] 분명하고 자세함.

昭然(소연) [3070] 일이나 이치 따위가 밝고 선명함.

騷然(소연) [3070] 떠들썩함.

逍遙(소요) [1030] 자유롭게 이리저리 슬슬 거닐며 돌아다님.

騷擾(소요) [3010] 여럿이 떠들썩하게 들고 일어남.

疏遠(소원) [3260] 지내는 사이가 두텁지 아니하고 거리가 있어서 서먹서먹함.

訴願(소원) [3250] 하소연하여 바로잡아 주기를 바람.

燒印(소인) [3242] 불에 달구어 찍는, 쇠붙이로 된 도장.

騷人(소인) [3080] 시인이나 문필가를 이름.

訴狀(소장) [3242] 소송을 제기하기 위하여 제일심 법원에 제출하는 서류.

小腸(소장) [8040] 작은창자.

所藏(소장) [7032] 자기의 것으로 지니어 간직함.

召喚(소환) [3010] 법원이 소송관계인에게 지정한 일시에 지정한 장소에 나올 것을 명령하는 일.

召還(소환) [3032] 국제법에서, 본국에서 외국에 파견한 외교 사절이나 영사를 불러들이는 일. 헌법에서, 국가나 지방 자치 단체의 공직에 있는 사람을 임기가 끝나기 전에 국민의 투표로 파면하는 일.

訟事(송사) [3272] 재판에 의하여 원고와 피고 사이의 권리나 의무 따위의 법률관계를 확정하여 줄 것을 법원에 요구하는 일. 백성끼리 분쟁이 있을 때, 관부에 호소하여 판결을 구하던 일.

送辭(송사) [4240] 떠나는 사람을 이별하여 보내는 인사말.

頌辭(송사) [4040] 공덕을 기리는 말.

碎骨(쇄골) [1040] 뼈를 부숨.

鎖骨(쇄골) [3240] 가슴 위쪽 좌우에 있는 한 쌍의 뼈. 빗장뼈.

水耕(수경) [8032] 물재배.

水鏡(수경) [8040] 물안경. 남의 스승이 될 만한 인물. 달(月).

修鍊(수련) [4232] 인격, 기술, 학문 따위를 닦아서 단련함.

睡蓮(수련) [3032] 수련과의 여러해살이 수초.

受侮(수모) [4230] 모욕을 받음.

誰某(수모) [3030] 아무개.

垂髮(수발) [3240] 머리를 뒤로 길게 늘어뜨림. 또는 그 머리.

隨發(수발) [3262] 두 가지 이상의 일이 한꺼번에 일어남.

修辭(수사) [4240] 말이나 글을 다듬고 꾸미는 일.

搜査(수사) [3050] 찾아서 조사함. 범인을 발견, 확보하고 증거를 수집, 보전하는 수사 기관의 활동.

數詞(수사) [7032] 사물의 수량이나 순서를 나타내는 품사.

受像(수상) [4232] 텔레비전이나 사진 전송 따위에서, 신호로 받은 사물의 상을 재생하는 일.

垂裳(수상) [3232] 옷소매를 늘어뜨리고 팔짱을 낀다는 뜻으로, 아무 일도 하지 않음을 이르는 말.

殊常(수상) [3242] 보통과는 달리 이상하여 의심스러움.

愁心(수심) [3270] 매우 근심함. 또는 그런 마음.

獸心(수심) [3270] 짐승같이 사납고 모진 마음.

囚衣(수의) [3060] 죄수가 입는 옷.

壽衣(수의) [3260] 염습할 때에 송장에 입히는 옷.

獸醫(수의) [3260] 가축에 생기는 여러 가지 질병을 진찰하고 치료하는 의사.

隨意(수의) [3262] 자기의 마음대로 함.

收藏(수장) [4232] 거두어서 깊이 간직함.

水葬(수장) [8032] 시체를 물속에 넣어 장사 지냄. 물속에서 잃어버리거나 물속에 가라앉힘.

遂行(수행) [3060] 생각하거나 계획한 대로 일을 해냄.

隨行(수행) [3260] 일정한 임무를 띠고 가는 사람을 따라감.

熟眠(숙면) [3232] 잠이 깊이 듦.

熟面(숙면) [3270] 여러 번 보아서 낯이 익은 사람.

宿緣(숙연) [5240] 오래 묵은 인연.

肅然(숙연) [4070] 고요하고 엄숙함.

宿醉(숙취) [5232] 이튿날까지 깨지 아니하는 취기.

熟醉(숙취) [3232] 술에 흠뻑 취함.

旬刊(순간) [3232] 신문, 잡지 따위를 열흘에 한 번씩 간행하는 일. 또는 그런 간행물.

瞬間(순간) [3272] 아주 짧은 동안.

巡禮(순례) [3260] 종교적인 의미가 있는 곳을 찾아다니며 방문하여 참배함.

循例(순례) [3060] 관례나 전례를 따름.

巡視(순시) [3242] 돌아다니며 사정을 살핌.

瞬時(순시) [3272] 매우 짧은 시간.

旬葬(순장) [3232] 죽은 지 열흘 만에 지내는 장사.

殉葬(순장) [3032] 한 집단의 지배층 계급에 속하는 사람이 죽었을 때 그 사람의 뒤를 따라 강제로 혹은 자진하여 산 사람을 함께 묻던 일.

乘降(승강) [3240] 차, 배, 비행기 따위를 타고 내림.

昇降(승강) [3240] 오르고 내림.

乘務(승무) [3242] 차, 기차, 배, 비행기 따위의 안에서 운행과 관련된 직무와 승객에 관한 사무를 맡아봄.

僧舞(승무) [3240] 장삼과 고깔을 걸치고 부채를 쥐고 추는 민속춤.

時刻(시각) [7240] 시간의 어느 한 시점.

視覺(시각) [4240] 눈을 통해 빛의 자극을 받아들이는 감각 작용.

侍飯(시반) [3232] 어른이 식사할 때 곁에 모시고 서 있는 일.

屍斑(시반) [2010] 사람이 죽은 후에 피부에 생기는 반점.

侍婢(시비) [3232] 곁에서 시중을 드는 계집종.

施肥(시비) [4232] 거름주기.

柴扉(시비) [1210] 나뭇가지를 엮어서 만든 문짝을 단 문. 사립문.

詩碑(시비) [4240] 시를 새긴 비석.

屍身(시신) [2062] 송장.

柴薪(시신) [1210] 땔나무.

侍醫(시의) [3260] 궁중에서, 임금과 왕족의 진료를 맡은 의사.

時宜(시의) [7230] 그 당시의 사정에 알맞음.

始點(시점) [6240] 어떠한 것이 처음으로 일어나거나 시작되는 곳.

時點(시점) [7240] 시간의 흐름 가운데 어느 한순간.

視點(시점) [4240] 어떤 대상을 볼 때에 시력의 중심이 가 닿는 점.

施策(시책) [4232] 어떤 정책을 시행함.

時策(시책) [7232] 시국에 대처할 정책.

市虎(시호) [7232] 저자의 호랑이라는 데서 여러 사람이 한 입으로 하는 거짓말은
쇠도 녹임의 뜻.

柴戶(시호) [1242] 사립문. 가난한 집을 이르는 말.

諡號(시호) [1060] 제왕이나 재상, 유현(儒賢) 들이 죽은 뒤에, 그들의 공덕을 칭송
하여 붙인 이름.

豺虎(시호) [1032] 승냥이와 호랑이. 사납고 악독한 사람을 비유.

伸張(신장) [3040] 세력이나 권리 따위가 늘어남. 또는 늘어나게 함.

伸長(신장) [3080] 길이 따위를 길게 늘림.

腎臟(신장) [2032] 콩팥.

雙務(쌍무) [3242] 계약 당사자 양쪽이 서로 지는 의무.

雙舞(쌍무) [3240] 둘이 쌍을 이루어 추는 춤.

亞聖(아성) [3242] 유학에서 공자 다음가는 성인(聖人)이라고 하여 孟子를 이르는
말.

牙城(아성) [3242] 예전에, 주장(主將)이 거처하던 성. 아주 중요한 근거지를 비유.

亞鉛(아연) [3240] 질(質)이 무르고 광택이 나는 청색을 띤 흰색의 금속 원소.

啞然(아연) [1070] 너무 놀라거나 어이가 없어서 또는 기가 막혀서 입을 딱 벌리고
말을 못하는 모양.

安眠(안면) [7232] 편안히 잠을 잠.

顔面(안면) [3270] 얼굴. 서로 얼굴을 알 만한 친분.

安徐(안서) [7232] 잠시 보류함.

雁書(안서) [3062] 기러기 편지라는 데서 먼 곳에서 온 소식이나 편지.

安危(안위) [7240] 편안함과 위태함.

安慰(안위) [7240] 몸을 편안하게 하고 마음을 위로함.

按酒(안주) [1040] 술안주.

眼珠(안주) [4232] 눈망울.

哀惜(애석) [3232] 슬프고 아까움.

愛惜(애석) [6032] 사랑하고 아깝게 여김.

哀怨(애원) [3240] 슬프게 원망함.

哀願(애원) [3250] 소원이나 요구 따위를 들어 달라고 애처롭게 사정하여 간절히
          바람.

糧食(양식) [4072] 사람의 먹을거리.

樣式(양식) [4060] 일정한 모양이나 형식.

諒知(양지) [3052] 살피어 앎.

楊枝(양지) [3032] 나무로 만든 이쑤시개.

女裝(여장) [8040] 남자가 여자처럼 차림.

旅裝(여장) [5240] 여행할 때의 차림.

譯官(역관) [3242] 통역을 맡아보는 관리.「사역원의 벼슬아치를 통틀어 이르는 말.
          역학인.

驛館(역관) [3232] 역참에서 인마(人馬)의 중계를 맡아보던 집.

役事(역사) [3272] 토목이나 건축 따위의 공사. 하나님이 이룬 일.

驛舍(역사) [3242] 역으로 쓰는 건물.

曆術(역술) [3262] 해와 달의 운행을 재어 책력을 만드는 기술.

譯述(역술) [3232] 번역하여 기술함.

逆轉(역전) [4240] 형세가 뒤집혀짐.

驛前(역전) [3272] 역의 앞쪽. 역 앞.

曆學(역학) [3280] 천체의 운동을 관측하여 책력을 연구하는 학문.

易學(역학) [4080] 주역의 괘(卦)를 해석하여 음양 변화의 원리와 이치를 연구하는
          학문.

疫學(역학) [3280] 전염병 따위의 원인이나 변동 상태를 연구하는 학문.

譯學(역학) [3280] 조선 시대에, 외국어 학습·교육·연구·통역 따위의 분야를 통틀어
          이르던 말.

年暇(연가) [8040] 직원들에게 1년에 일정한 기간을 쉬도록 해 주는 유급 휴가.

戀歌(연가) [3270] 사랑을 표현하는 노래.

鍊金(연금) [3280] 쇠붙이를 불에 달구어 두드려 단련함.

軟禁(연금) [3242] 외부와의 접촉을 제한·감시하고 외출을 허락하지 아니함.

演舞(연무) [4240] 춤을 연습함, 춤을 추어 관중에게 보임.

煙霧(연무) [4230] 연기와 안개를 아울러 이르는 말.

戀書(연서) [3262] 연애편지.

連署(연서) [4232] 한 문서에 여러 사람이 잇따라 서명함.

燕息(연식) [3242] 한가로이 집에서 쉼.

緣飾(연식) [4032] 겉치레.

軟食(연식) [3272] 죽, 빵, 국수 따위의 주식에다 소화가 잘되는 반찬을 곁들인 부드러운 음식물.

聯作(연작) [3262] 한 작품을 여러 작가가 나누어 맡아서 짓는 일. 한 작가가 같은 주인공의 단편 소설을 몇 편 써서, 그것을 연결하여 장편으로 만드는 일.

燕雀(연작) [3210] 제비와 참새. 도량이 좁은 사람을 비유.

戀敵(연적) [3242] 연애의 경쟁자. 또는 연애를 방해하는 사람.

硯滴(연적) [2030] 벼루에 먹을 갈 때 쓰는, 물을 담아 두는 그릇.

延滯(연체) [4032] 정한 기한에 약속을 지키지 못하고 지체함.

軟體(연체) [3262] 연하고 무른 몸.

聯彈(연탄) [3240] 한 대의 피아노를 두 사람이 함께 치며 연주함.

軟炭(연탄) [3250] 역청탄. 검고 광택이 있는 가장 일반적인 석탄.

年賀(연하) [8032] 새해를 축하함.

煙霞(연하) [4210] 안개와 노을에서, 고요한 산수의 경치를 말함.

蓮花(연화) [3270] 연꽃.

軟化(연화) [3252] 단단한 것이 부드럽고 무르게 됨. 강경하게 주장하던 것을 버리고 타협하는 태도를 보임.

厭忌(염기) [2030] 싫어하고 꺼림.

鹽基(염기) [3252] 산과 반응하여 염을 만드는 물질.

鹽氣(염기) [3272] 소금기.

殮葬(염장) [1032] 시체를 염습하여 장사를 지냄.

鹽藏(염장) [3232] 소금에 절여 저장함.

厭症(염증) [2032] 싫증.

炎症(염증) [3232] 생체 조직이 손상을 입었을 때에 체내에서 일어나는 방어적 반응. 몸의 일부에 충혈, 부종, 발열, 통증을 일으키는 증상.

炎蒸(염증) [3232] 찌는 듯한 더위.

靈柩(영구) [3210] 시체를 담은 관.

永久(영구) [6032] 어떤 상태가 시간상으로 무한히 이어짐.

映寫(영사) [4050] 영화 따위의 필름에 있는 상을 비추어 나타냄.

詠史(영사) [3052] 역사적인 사실을 주제로 하여 시가(詩歌)를 적음. 또는 그 시가.

零上(영상) [3072] 0℃ 이상의 기온을 이르는 말.

影像(영상) [3232] 사람의 얼굴을 그린 족자. 빛의 굴절이나 반사에 의하여 물체의 상(像)이 비추어진 것.

映像(영상) [4032] 빛의 굴절이나 반사에 의하여 물체의 상(像)이 비추어진 것. 머릿속에서 그려지는 모습이나 광경.

嶺西(영서) [3280] 강원도의 대관령 서쪽에 있는 지역.

永逝(영서) [6030] 영원히 딴 세상으로 떠난다는 뜻으로, 죽음을 이르는 말.

零細(영세) [3042] 작고 가늘어 변변하지 못함. 살림이 보잘것없고 몹시 가난함.

迎歲(영세) [4052] 새해를 맞이함.

零時(영시) [3072] 이십사 시간제에서 24시부터 1시까지의 사이로 하루가 시작하는 시각.

詠詩(영시) [3042] 시를 읊음.

靈前(영전) [3272] 신이나 죽은 사람의 영혼을 모셔 놓은 자리의 앞.

影殿(영전) [3232] 임금의 초상을 모신 전각. 高僧의 화상(畫像)을 모신 집.

映窓(영창) [4062] 방을 밝게 하기 위하여 방과 마루 사이에 낸 두 쪽의 미닫이.

營倉(영창) [4032] 법을 어긴 군인을 가두기 위하여 부대 안에 설치한 감옥.

詠唱(영창) [3050] 오페라 따위에서 기악 반주가 있는 서정적인 가락의 독창곡. 아리아(aria).

映畫(영화) [4060] 움직이는 대상을 촬영하여 상황을 재현하는 종합 예술.

榮華(영화) [4240] 몸이 귀하게 되어 이름이 세상에 빛남.

午睡(오수) [7230] 낮잠.

汚水(오수) [3080] 구정물.

伍列(오열) [1042] 군대에서 오(伍)와 열(列)에 맞추어 짜여진 대열(隊列).

嗚咽(오열) [3010] 목메어 읊.

娛遊(오유) [3040] 즐기고 놂.

烏有(오유) [3270] 어찌 있겠느냐는 뜻으로, 있던 사물이 없게 되는 것을 이르는 말.

於戲(오호) [3032] 감탄하거나 찬미할 때 내는 소리.

嗚呼(오호) [3042] 슬플 때나 탄식할 때 내는 소리.

獄苦(옥고) [3260] 옥살이를 하는 고생.

玉稿(옥고) [4232] 훌륭한 원고라는 뜻으로, 다른 사람의 원고를 높여 이르는 말.

獄死(옥사) [3260] 감옥에서 죽음.

獄舍(옥사) [3242] 죄인을 가두어 두는 건물.

婉娩(완만) [1020] 여자의 태도가 의젓하고 부드러움.

緩慢(완만) [3230] 일 따위의 되어 가는 속도가 늦음.

倭寇(왜구) [1210] 13세기부터 16세기까지 중국과 우리나라 연안을 무대로 약탈을 일삼던 일본 해적.

矮軀(왜구) [1010] 키가 작은 체구.

療飢(요기) [2030] 시장기를 겨우 면할 정도로 조금 먹음.

妖氣(요기) [2072] 요사스러운 기운.

妖妄(요망) [2032] 요사스럽고 망령됨. 언행이 방정맞고 경솔함.

遙望(요망) [3052] 멀리 바라보거나 멀리서 바라봄.

夭折(요절) [1040] 젊은 나이에 죽음.

腰絶(요절) [3042] 몹시 우스워서 허리가 부러질 듯함.

龍顔(용안) [4032] 임금의 얼굴을 높여 이르는 말.

容顔(용안) [4232] 얼굴.

偶數(우수) [3270] 둘로 나누어 나머지 없이 떨어지는 수. 짝수.

優秀(우수) [4040] 여럿 가운데 뛰어남.

憂愁(우수) [3232] 근심과 걱정을 아울러 이르는 말.

優劣(우열) [4030] 나음과 못함.

愚劣(우열) [3230] 어리석고 못남.

元帥(원수) [5232] 대장의 위로 군대에서 가장 높은 계급.

怨讐(원수) [4010] 원한이 맺힐 정도로 자기에게 해를 끼친 사람이나 집단.

僞裝(위장) [3240] 본래의 정체나 모습이 드러나지 않도록 거짓으로 꾸밈.

胃腸(위장) [3240] 위(胃)와 장(腸)을 아울러 이르는 말.

僞貨(위화) [3242] 위조한 화폐.

違和(위화) [3062] 조화가 어그러짐.

遺孤(유고) [4040] 부모가 다 죽은 외로운 아이.

遺稿(유고) [4032] 죽은 사람이 생전에 써서 남긴 원고.

有機(유기) [7040] 생활 기능을 갖추고 있음. 생물체처럼 전체를 구성하고 있는 각
　　　　　　　　부분이 서로 밀접하게 관련을 가지고 있음.

遺棄(유기) [4030] 내다 버림.

鍮器(유기) [1042] 놋그릇.

柔道(유도) [3272] 두 사람이 맨손으로 던져 넘어뜨리거나 조르거나 눌러 승부를
　　　　　　　　겨루는 운동.

誘導(유도) [3242] 사람이나 물건을 목적한 장소나 방향으로 이끎. 물체가 전기 마
　　　　　　　　당이나 자기 마당의 영향을 받아 전기나 자기를 띠는 것.

流離(유리) [5240] 일정한 집과 직업이 없이 이곳저곳으로 떠돌아다님.

遊離(유리) [4040] 따로 떨어짐.

類似(유사) [5230] 서로 비슷함.

遺事(유사) [4072] 예로부터 전하여 오는 사적.

由緒(유서) [6032] 예로부터 전하여 내려오는 까닭과 내력.

遺書(유서) [4062] 유언을 적은 글.

遺緒(유서) [4032] 선대(先代)부터 이어온 사업.

幼兒(유아) [3252] 생후 1년부터 만 6세까지의 어린아이.

幽雅(유아) [3232] 그윽하고 품위가 있음.

乳業(유업) [4062] 우유나 유제품을 생산하거나 판매하는 사업.

遺業(유업) [4062] 선대(先代)부터 이어온 사업.

悠然(유연) [3270] 침착하고 여유가 있음.

柔軟(유연) [3232] 부드럽고 연함.

幽遠(유원) [3260] 심오하여 아득함.

悠遠(유원) [3260] 아득히 멂.

游園(유원) [1060] 산책하며 놀 만하게 설비하여 놓은 공원.

誘因(유인) [3250] 어떤 일 또는 현상을 일으키는 원인.

誘引(유인) [3242] 주의나 흥미를 일으켜 꾀어냄.

乳脂(유지) [4020] 크림(cream). 젖이나 우유에 들어 있는 지방. 젖기름.

維持(유지) [3240] 어떤 상태나 상황을 그대로 보존하거나 변함없이 계속하여 지탱함.

遺志(유지) [4042] 죽은 사람이 살아서 이루지 못하고 남긴 뜻.

遺旨(유지) [4020] 죽은 사람이 살아 있을 때에 가졌던 생각.

幼稚(유치) [3232] 나이가 어림. 수준이 낮거나 미숙함.

幼齒(유치) [3242] 어린 나이.

誘致(유치) [3250] 꾀어서 데려옴. 행사나 사업 따위를 이끌어 들임.

乳化(유화) [4052] 5「명」『물』융합되지 아니하는 두 가지의 액체에 계면 활성제를 넣어서 섞고 한쪽의 액체를 다른 쪽의 액체 가운데에 분산하여 에멀션을 만드는 조작.

柔和(유화) [3262] 성품이 부드럽고 온화함.

銀絲(은사) [6040] 은을 얇게 입힌 실. 은으로 가늘게 만든 실.

隱士(은사) [4052] 예전에, 벼슬하지 아니하고 숨어 살던 선비.

隱人(은인) [4080] 산야에 묻혀 숨어 사는 사람.

隱忍(은인) [4032] 5「명」밖으로 드러내지 아니하고 마음속에 감추어 참고 견딤.

音域(음역) [6240] 음넓이. 소리 높이의 범위.

音譯(음역) [6232] 한자를 가지고 외국어의 음을 나타내는 일.

異動(이동) [4072] 전임이나 퇴직 따위로 말미암은 직책의 변동.

異同(이동) [4070] 다른 것과 같은 것.

異名(이명) [4072] 본명 외에 달리 부르는 이름.

耳鳴(이명) [5040] 귀울림. 귓속에 잡음이 들리는 병적인 상태.

吏房(이방) [3242] 조선 시대에, 승정원과 지방 관아의 두었던 육방(六房) 가운데 하나로 문관의 인사(人事) 따위에 관한 일을 맡아보던 관아.

異邦(이방) [4030] 다른 나라.

異常(이상) [4042] 정상적인 상태와 다름.

異狀(이상) [4042] 평소와는 다른 상태.

異蹟(이적) [4032] 5 [이적만[이:정-]] 「명」「1」기이한 행적. 「2」=기적03(奇跡) [1] . ¶이적을 보이다/이적을 행하다/끝까지 신앙심을 잃지 않고 그 대상자를 원망하지 않으면서도 이적이라도 나타내어 주기를 안타까이 기다

리는 그 심정.≪심훈, 상록수≫§

移籍(이적) [4240] 호적을 옮김. 운동선수가 소속 팀으로부터 다른 팀으로 적을 옮기는 일.

痢疾(이질) [1032] 변에 곱이 섞여 나오며 뒤가 잦은 증상을 보이는 법정 전염병.

姨姪(이질) [1030] 언니나 여동생의 아들딸. 아내의 자매의 아들딸.

仁慈(인자) [4032] 마음이 어질고 따뜻함.

仁者(인자) [4060] 마음이 어진 사람.

一旦(일단) [8032] 우선 먼저. 우선 잠깐.

一段(일단) [8040] 한 계단. 한 토막. 한 단계.

一齊(일제) [8032] 여럿이 한꺼번에 함.

日帝(일제) [8040] 일본 제국주의의 준말.

立脚(입각) [7232] 어떤 사실이나 주장 따위에 근거를 두어 그 입장에 섬.

入閣(입각) [7032] 내각(內閣)의 한 사람이 됨.

刺戟(자극) [3210] 외부에서 작용을 주어 감각이나 마음에 반응이 일어나게 함.

磁極(자극) [2042] 자석이 쇠붙이를 끌어당기는 힘이 가장 센 곳.

仔詳(자상) [1032] 찬찬하고 자세함. 인정이 넘치고 정성이 지극함.

刺傷(자상) [3240] 칼 따위의 날카로운 것에 찔려서 입은 상처.

子爵(자작) [7230] 다섯 등급으로 나눈 귀족의 작위(爵位) 가운데 넷째.

自酌(자작) [7230] 자기 스스로 술을 따라 마심.

暫福(잠복) [3252] 세상에서 갖는 잠시 동안의 행복.

潛伏(잠복) [3240] 드러나지 않게 숨음. 병원체에 감염되어 있으면서도 병의 증상이 겉으로 드러나지 않음.

杖家(장가) [1072] 집안에서 지팡이를 짚을 만한 나이라는 뜻으로, 쉰 살을 이르는 말.

葬歌(장가) [3270] 죽은 사람을 조상하기 위한 악곡.

帳記(장기) [4072] 필요한 물건의 이름과 값 따위를 적어 놓은 글.

臟器(장기) [3242] 내장의 여러 기관.

壯途(장도) [4032] 중대한 사명이나 장한 뜻을 품고 떠나는 길.

粧刀(장도) [3232] 주머니 속에 넣거나 옷고름에 늘 차고 다니는 칼집이 있는 작은 칼.

長途(장도) [8032] 오랜 기간의 여행.

丈夫(장부) [3270] 다 자란 씩씩한 남자. 남편. 불성(佛性)의 이치를 깨달은 사람.

帳簿(장부) [4032] 물건의 출납이나 돈의 수지(收支) 계산을 적어 두는 책.

藏府(장부) [3242] 예전에, 창고(倉庫)를 이르던 말.

壯士(장사) [4052] 몸이 우람하고 힘이 아주 센 사람.

葬事(장사) [3272] 죽은 사람을 땅에 묻거나 화장하는 일.

長蛇(장사) [8032] 크고 긴 뱀.

藏書(장서) [3262] 책을 간직하여 둠. 또는 그 책.

長逝(장서) [8030] 영영 가고 돌아오지 아니한다는 뜻으로 죽음을 완곡하게 이르는 말.

將帥(장수) [4232] 군사를 거느리는 우두머리.

長壽(장수) [8032] 오래도록 삶.

粧飾(장식) [3232] 얼굴 따위를 매만져 꾸밈.

裝飾(장식) [4032] 옷이나 액세서리 따위로 치장하는 것.

丈人(장인) [3280] 아내의 아버지. 늙은이를 이르는 말. 죽은 할아버지를 이르는 말.

匠人(장인) [1080] 손으로 물건을 만드는 것을 업으로 하는 사람. 예술가를 두루 이르는 말.

壯丁(장정) [4040] 나이가 젊고 기운이 좋은 남자.

長征(장정) [8032] 5「명」「1」먼 노정에 걸쳐 정벌함. 「2」『역』=서천03(西遷).

莊重(장중) [3270] 씩씩하고 무게가 있음.

藏中(장중) [3280] 광이나 창고의 속.

裁斷(재단) [3242] 마름질. 옳고 그름을 가려 결정함.

齋壇(재단) [1050] 신(神)에게 제사를 지내는 곳.

裁量(재량) [3250] 자기의 생각과 판단에 따라 일을 처리함.

載量(재량) [3250] 물건을 쌓아 실은 분량이나 중량.

在籍(재적) [6040] 학적 따위의 명부(名簿)에 이름이 올라 있음.

載積(재적) [3240] 실어서 쌓음.

再版(재판) [5032] 이미 간행된 책을 다시 출판함.

裁判(재판) [3240] 옳고 그름을 따져 판단함. 법관이 공권적 판단을 내리는 일.

咀嚼(저작) [1010] 음식을 입에 넣고 씹음.

著作(저작) [3262] 예술이나 학문에 관한 책이나 작품 따위를 지음.

敵機(적기) [4240] 적군의 비행기.

適期(적기) [4050] 알맞은 시기.

摘採(적채) [3240] 무엇을 따거나 캠.

積債(적채) [4032] 오랫동안 쌓이고 쌓여 많아진 빚.

殿閣(전각) [3232] 궁궐. 전(殿)이나 각(閣) 자가 붙은 커다란 집.

篆刻(전각) [1040] 나무, 돌, 금옥 따위에 인장을 새김. 흔히 전자(篆字)로 글을 새긴 데서 유래.

前途(전도) [7232] 앞으로 나아갈 길.

顚倒(전도) [1032] 엎어져 넘어지거나 넘어뜨림. 차례, 이치 따위가 뒤바뀌어 거꾸로 됨.

前略(전략) [7240] 편지나 글, 말의 앞부분을 줄임.

戰略(전략) [6240] 전쟁을 전반적으로 이끌어 가는 방법이나 책략.

專賣(전매) [4050] 어떤 물건을 독점하여 팖.

轉賣(전매) [4050] 샀던 물건을 도로 다른 사람에게 팔아넘김.

典範(전범) [5240] 본보기가 될 만한 모범.

戰犯(전범) [6240] 전쟁 범죄 또는 그를 저지른 사람.

專用(전용) [4062] 남과 공동으로 쓰지 아니하고 혼자서만 씀. 오로지 한 가지만을
씀.

轉用(전용) [4062] 예정되어 있는 곳에 쓰지 아니하고 다른 데로 돌려서 씀.

前儒(전유) [7240] 전대의 유생(儒生).

專有(전유) [4070] 혼자 독차지하여 가짐.

典籍(전적) [5240] 책.

前績(전적) [7240] 이전에 이루어 놓은 업적.

戰績(전적) [6240] 상대와 싸워서 얻은 실적.

田籍(전적) [4240] 토지대장.

前奏(전주) [7232] 성악이나 기악 독주의 반주 첫머리.

箋註(전주) [1010] 본문의 뜻을 설명한 주석.

電柱(전주) [7232] 전봇대.

剪枝(전지) [1032] 가지치기.

電池(전지) [7232] 전극 사이에 전기 에너지를 발생시키는 장치.

全篇(전편) [7240] 글이나 책 따위의 한 편 전체.

前篇(전편) [7240] 두세 편으로 나누어진 책이나 영화 따위의 앞 편.

截取(절취) [1042] 잘라 냄. 자름.

竊取(절취) [3042] 남의 물건을 몰래 훔치어 가짐.

漸漸(점점) [3232] 조금씩 더하거나 덜하여지는 모양.

點點(점점) [4040] 낱낱의 점.

淨潔(정결) [3242] 매우 깨끗하고 깔끔함.

貞潔(정결) [3242] 정조가 굳고 행실이 깨끗함.

征夫(정부) [3270] 5「명」「1」전쟁터로 나가는 군사. 「2」먼 길을 가는 남자.

正否(정부) [7240] 바른 것과 그른 것.

情緒(정서) [5232] 사람의 마음에 일어나는 여러 가지 감정. 또는 감정을 불러일으
키는 기분이나 분위기.

淨書(정서) [3262] 글씨를 깨끗이 씀.

整數(정수) [4070] 자연수.

淨水(정수) [3280] 5「명」물을 깨끗하고 맑게 함. 또는 그 물. ¶정수와 생수/정수 과
정을 거친 물/정수를 마시다.§

貞淑(정숙) [3232] 여자로서 행실이 곧고 마음씨가 맑고 고움.

靜淑(정숙) [4032] 여자의 성품과 몸가짐이 조용하고 얌전함.

靜寂(정적) [4032] 고요하고 쓸쓸함.

靜的(정적) [4052] 정지 상태에 있는. 또는 그런 것.

亭亭(정정) [3232] 나무 따위가 우뚝하게 높이 솟음. 늙은 몸이 굳세고 건강함.

訂正(정정) [3072] 글자나 글 따위의 잘못을 고쳐서 바로잡음.

停潮(정조) [5040] 만조나 간조 때에 물의 높이가 변하지 아니하는 기간.

貞操(정조) [3250] 5「명」「1」=정절03(貞節). ¶지아비가 있어 정조를 지켜야 할 처지도 아니다.≪박경리, 토지≫ §「2」이성 관계에서 순결을 지니는 일. ¶정조 관념/정조를 바치다/그는 정조를 파는 여자이다. 그가 정조를 팔 때마다 나를 생각할 것이다.≪나도향, 환희≫ §

正坐(정좌) [7232] 몸을 바르게 하고 앉음.

靜坐(정좌) [4032] 마음을 가라앉히고 몸을 바르게 하여 조용히 앉음.

早稻(조도) [4230] 올벼.

照度(조도) [3260] 단위 면적이 단위 시간에 받는 빛의 양.

弔禮(조례) [3060] 남의 상사(喪事)에 대하여 조상하는 예절.

條例(조례) [4060] 조목조목 적어 놓은 규칙이나 명령.

助詞(조사) [4232] 체언 따위에 붙어 문법적 관계를 표시하거나 말뜻을 도와주는 품사.

弔辭(조사) [3040] 죽은 사람을 슬퍼하여 조상(弔喪)의 뜻을 표하는 글이나 말.

嘲笑(조소) [1042] 비웃음.

彫塑(조소) [2010] 조각과 소조. 재료를 깎고 새기거나 빚어서 입체 형상을 만듦. 또는 그런 미술.

兆域(조역) [3240] 무덤이 있는 지역.

助役(조역) [4232] 일을 도와줌.

存續(존속) [4042] 어떤 대상이나 현상이 그대로 있거나 계속됨.

尊屬(존속) [4240] 부모 또는 그와 같은 항렬 이상에 속하는 친족.

宗廟(종묘) [4230] 왕실 조상의 위패를 모시던 사당.

種苗(종묘) [5230] 식물의 씨나 싹을 심어서 가꿈. 또는 그런 모종이나 묘목.

坐像(좌상) [3232] 앉은 모습을 묘사한 그림이나 조소 작품.

座上(좌상) [4072] 여러 사람이 모인 자리에서 가장 나이가 많거나 으뜸 되는 사람.

主幹(주간) [7032] 어떤 일을 책임지고 맡아서 처리함.

週刊(주간) [5232] 한 주일에 한 번씩 간행함.

周忌(주기) [4030] 사람이 죽은 뒤 그 날짜가 해마다 돌아오는 횟수.

酒氣(주기) [4072] 술기운.

周到(주도) [4052] 주의가 두루 미쳐서 빈틈없음.

酒道(주도) [4072] 술을 마시거나 술자리에 있을 때의 도리.

主謀(주모) [7032] 주장하여 일을 꾸밈.

酒母(주모) [4080] 술밑. 술청에서 술을 파는 여인.

呪文(주문) [1070] 음양가나 점술가가 술법을 부리거나 귀신을 쫓을 때 외는 글귀.

다라니의 글. 천도교에서, 교인들이 심령을 닦고 한울님에게 빌고 맹세할 때 외는 글.

奏文(주문) [3270] 임금에게 아뢰는 글.

州司(주사) [5232] 주의 관사(官司). 또는 주의 벼슬아치.

注射(주사) [6240] 약액을 생물체의 조직이나 혈관 속에 직접 주입하는 일.

酒邪(주사) [4032] 술 마신 뒤에 버릇으로 하는 못된 언행.

柱石(주석) [3260] 기둥과 주춧돌을 아울러 이르는 말. 가장 중요한 자리에 있거나 구실을 하는 사람을 비유적으로 이르는 말.

註釋(주석) [1032] 낱말이나 문장의 뜻을 쉽게 풀이함. 또는 그런 글.

主役(주역) [7032] 주된 역할. 또는 주된 역할을 하는 사람.

註譯(주역) [1032] 주를 달면서 번역함. 또는 그 번역.

主潮(주조) [7040] 주된 조류나 경향.

酒造(주조) [4042] 술을 빚어 만듦.

鑄造(주조) [3242] 녹인 쇠붙이를 거푸집에 부어 물건을 만듦.

住持(주지) [7040] 절을 주관하는 중.

周知(주지) [4052] 여러 사람이 두루 앎.

俊秀(준수) [3040] 생김, 풍채 따위가 빼어남.

遵守(준수) [3042] 규칙 따위를 그대로 좇아서 지킴.

仲媒(중매) [3232] 결혼이 이루어지도록 중간에서 소개하는 일.

仲買(중매) [3250] 생산자와 판매상, 또는 도매상과 소매상의 중간에서 물건이나 권리의 매매를 중개하고 이익을 얻는 일.

中伏(중복) [8040] 삼복(三伏)의 하나. 하지가 지난 뒤 네 번째 경일(庚日).

重複(중복) [7040] 거듭하거나 겹침.

重役(중역) [7032] 책임이 무거운 역할. 중요한 임무를 맡은 임원.

重譯(중역) [7032] 한 번 번역된 말이나 글을 다시 다른 말이나 글로 번역함.

仲兄(중형) [3280] 5「명」자기의 둘째 형. ≒중씨(仲氏) [2] .

重刑(중형) [7040] 5「명」아주 무거운 형벌. ≒중률(重律). ¶중형에 처하다/중형을 받다. §

知覺(지각) [5240] 알아서 깨달음.

遲刻(지각) [3040] 정해진 시각보다 늦게 출근하거나 등교함.

地緣(지연) [7040] 살고 있는 지역을 근거로 하는 인연.

遲延(지연) [3040] 무슨 일을 더디게 끌어 시간을 늦춤.

支持(지지) [4240] 어떤 의견 따위에 찬동하여 힘을 보탬.

紙誌(지지) [7040] 신문과 잡지 따위를 통틀어 이르는 말.

進攻(진공) [4240] 나아가 공격함.

震恐(진공) [3232] 5「명」떨면서 무서워함.

陳謝(진사) [3242] 까닭을 설명하며 사과의 말을 함.

震死(진사) [3260] 벼락을 맞아 죽음.

珍姓(진성) [4072] 흔하게 볼 수 없는 아주 드문 성(姓).

盡誠(진성) [4042] 정성을 다함.

珍羞(진수) [4010] 진귀하고 맛이 좋은 음식.

辰宿(진수) [3252] 모든 별자리의 별들.

眞宰(진재) [4230] 노장철학에서, 도(道)의 본체인 하늘을 이르는 말. 우주의 주재자. 또는 조화의 신.

震災(진재) [3250] 지진으로 생긴 재해.

鎭定(진정) [3260] 반대하는 세력이나 기세를 억눌러 안정되게 함.

鎭靜(진정) [3240] 몹시 소란스럽고 어지러운 일을 가라앉힘.

陳情(진정) [3252] 실정이나 사정을 진술함.

眞珠(진주) [4232] 진주조개 대합 전복 따위의 조가비나 살 속에 생기는 아름다운 빛깔의 광택이 나는 딱딱한 덩어리.

進奏(진주) [4232] 임금 앞에 나아가 아룀.

陳奏(진주) [3232] 사정을 윗사람에게 진술하여 아룀.

鎭痛(진통) [3240] 아픈 것을 가라앉혀 멎게 하는 일.

陣痛(진통) [4040] 해산할 때에, 짧은 간격을 두고 주기적으로 반복되는 복부의 통증.

振幅(진폭) [3230] 진동하고 있는 물체가 정지 또는 평형 위치에서 최대 변위까지 이동하는 거리.

震幅(진폭) [3230] 지반(地盤)의 흔들림이 지진계에 감촉되어 기록되는 그 너비.

珍貨(진화) [4042] 진귀한 물품.

秦火(진화) [1280] 秦의 始皇帝가 儒學과 諸子百家의 서적을 불태운 일, 焚書坑儒.

鎭火(진화) [3280] 불이 난 것을 끔. 말썽, 소동, 소문 따위를 해결함.

疾徐(질서) [3232] 빠름과 느림을 아울러 이르는 말.

秩序(질서) [3250] 혼란 없이 순조롭게 이루어지게 하는 사물의 순서나 차례.

執拗(집요) [3210] 몹시 고집스럽고 끈질김.

輯要(집요) [2052] 요점만을 모음. 또는 그런 책.

徵收(징수) [3242] 나라, 공공 단체, 지주 등이 돈, 곡식, 물품 따위를 거두어들임.

澄水(징수) [1080] 맑고 깨끗한 물.

此日(차일) [3280] 이날.

遮日(차일) [2080] 햇볕을 가리기 위하여 치는 포장.

慘事(참사) [3072] 비참하고 끔찍한 일.

慘死(참사) [3060] 비참하게 죽음.

慘殺(참살) [3042] 참혹하게 죽임.

斬殺(참살) [2042] 칼로 목을 베어 죽임.

敞然(창연) [1270] 드높아 시원스러움.

蒼然(창연) [3270] 빛깔이 몹시 푸름. 날이 저물어 어둑어둑함. 물건 따위가 오래되어 예스러운 느낌이 은근함.

債券(채권) [3240] 남에게 빌린 돈의 금액을 적는 장부. 사업에 필요한 자금을 차입하기 위하여 발행하는 유가 증권.

債權(채권) [3242] 특정인이 다른 특정인에게 재산과 관련한 어떤 행위를 청구할 수 있는 권리.

脊髓(척수) [1010] 등골. 척추의 관 속에 있는 중추 신경.

隻手(척수) [2072] 외손. 매우 외로움을 비유적으로 이르는 말.

天桃(천도) [7032] 선가(仙家)에서, 하늘나라에서 난다고 하는 복숭아.

遷都(천도) [3250] 도읍을 옮김.

天覆(천부) [7032] 넓은 하늘이 덮은 그 아래.

天賦(천부) [7032] 하늘이 주었다는 뜻으로, 타고날 때부터 지님.

捷報(첩보) [1042] 싸움에 이겼다는 소식이나 보고.

諜報(첩보) [2042] 상대편의 정보나 형편을 몰래 알아내어 보고함.

疊字(첩자) [1070] 같은 글자를 거듭 씀. 또는 그렇게 쓴 글자.

諜者(첩자) [2060] 간첩. 한 국가나 단체의 비밀이나 상황을 몰래 알아내어 경쟁 또는 대립 관계에 있는 국가나 단체에 제공하는 사람.

滯在(체재) [3260] 객지에 가서 머물러 있음.

體裁(체재) [6232] 생기거나 이루어진 틀. 또는 그런 됨됨이.

滯症(체증) [3232] 먹은 음식이 잘 소화되지 아니하는 증상. 교통의 흐름이 순조롭지 아니하여 길이 막히는 상태.

遞增(체증) [3042] 수량이 차례로 점차 늚.

初喪(초상) [5032] 사람이 죽어서 장사 지낼 때까지의 일.

肖像(초상) [3232] 사진, 그림 따위에 나타낸 사람의 얼굴이나 모습.

稍遠(초원) [1060] 조금 멂.

超遠(초원) [3260] 아득히 멂.

初婚(초혼) [5040] 처음으로 하는 혼인.

招魂(초혼) [4032] 사람이 죽었을 때에, 그 혼을 소리쳐 부르는 일.

觸覺(촉각) [3240] 물건이 피부에 닿아서 느껴지는 감각.

觸角(촉각) [3262] 절지동물의 머리 부분에 있는 감각 기관. 더듬이.

燭數(촉수) [3070] 촉광의 정도를 나타내는 수.

觸手(촉수) [3272] 하등 무척추동물의 몸 앞부분이나 입 주위에 있는 돌기 모양의 기관으로 촉각, 미각 따위의 감각 기관. 물건을 쥐는 손. 오른손. 사물에 손을 댐. 어떤 작용이나 행동이 미치는 영향을 비유.

促進(촉진) [3242] 다그쳐 빨리 나아가게 함.

觸診(촉진) [3220] 진맥 등 환자의 몸을 손으로 만져서 진단하는 일.

推計(추계) [4062] 일부를 가지고 전체를 미루어 계산함.

秋季(추계) [7040] 가을철.

追求(추구) [3242] 목적을 이룰 때까지 뒤쫓아 구함.

追究(추구) [3242] 근본까지 깊이 캐어 들어가 연구함.

追慕(추모) [3232] 죽은 사람을 그리며 생각함.

醜貌(추모) [3032] 보기 흉한 용모. 또는 못생긴 용모.

抽象(추상) [3040] 여러 가지 사물이나 개념에서 공통되는 특성이나 속성 따위를 추출하여 파악하는 작용.

秋霜(추상) [7032] 가을의 찬 서리.

追想(추상) [3242] 지나간 일을 돌이켜 생각함.

抽身(추신) [3062] 바쁘거나 어려운 처지에서 몸을 뺌.

追伸(추신) [3230] 뒤에 덧붙여 말한다는 뜻으로, 편지의 끝에 더 쓰고 싶은 것이 있을 때에 그 앞에 쓰는 말.

追增(추증) [3242] 나중에 더 보탬.

追贈(추증) [3230] 종이품 이상 벼슬아치의 죽은 아버지, 할아버지, 증조할아버지에게 벼슬을 주던 일. 나라에 공로가 있는 벼슬아치가 죽은 뒤에 품계를 높여 주던 일.

畜舍(축사) [3242] 가축을 기르는 건물.

祝辭(축사) [5040] 축하의 뜻을 나타내는 글이나 말.

出廷(출정) [7032] 법정에 나가는 일.

出征(출정) [7032] 군에 입대하여 싸움터에 나감. 군사를 보내어 정벌함.

恥部(치부) [3262] 남에게 드러내고 싶지 아니한 부끄러운 부분.

置簿(치부) [4232] 금전이나 물건의 들어오고 나감을 기록함. 또는 그런 장부. 마음속으로 그러하다고 보거나 여김.

恥事(치사) [3272] 행동이나 말 따위가 쩨쩨하고 남부끄러움.

致詞(치사) [5032] 다른 사람을 칭찬함. 경사가 있을 때에 임금에게 올리던 송덕(頌德)의 글.

侵攻(침공) [4240] 다른 나라를 침입하여 공격함.

針工(침공) [4072] 바느질을 하는 기술.

寢睡(침수) [4030] 잠의 높임말.

沈水(침수) [3280] 물에 잠김.

浸水(침수) [3280] 물에 젖거나 잠김.

寢殿(침전) [4032] 임금의 침실이 있는 전각.

沈澱(침전) [3210] 액체 속에 있는 물질이 밑바닥에 가라앉음. 기분 따위가 가라앉음.

沈痛(침통) [3240] 슬픔이나 걱정 따위로 몹시 마음이 괴롭거나 슬픔.

鍼筒(침통) [1010] 침을 넣어 보관하는 작은 통.

唾具(타구) [1052] 가래나 침을 뱉는 그릇.

楕球(타구) [1062] 타원형으로 된 공.

彈性(탄성) [4052] 힘을 가하면 모양이 바뀌었다가, 힘을 빼면 본디 모양으로 되돌아가려고 하는 성질.

歎聲(탄성) [4042] 한탄하거나 탄식하는 소리.

奪取(탈취) [3242] 빼앗아 가짐.

脫臭(탈취) [4030] 냄새를 빼어 없앰.

探偵(탐정) [4020] 드러나지 않은 사정을 몰래 살펴 알아냄.

貪政(탐정) [3042] 탐욕을 부려 재물을 약탈하고 백성을 억압하는 정치를 함.

殆半(태반) [3262] 거의 절반.

胎盤(태반) [2032] 임신 중 태아와 모체의 자궁을 연결시키는 기관.

擇一(택일) [4080] 여럿 가운데에서 하나를 고름.

擇日(택일) [4080] 운수가 좋은 날을 가려서 고름.

妬忌(투기) [1030] 강샘. 지나치게 시기함.

投機(투기) [4040] 기회를 틈타 큰 이익을 보려고 함.

鬪技(투기) [4050] 서로 맞붙어 다툼.

投射(투사) [4040] 창이나 포탄 따위를 내던지거나 쏨.

透射(투사) [3240] 빛이 물건을 꿰뚫고 들어감.

鬪士(투사) [4052] 싸우거나 싸우려고 나선 사람.

特殊(특수) [6032] 특별히 다름. 평균 수준을 넘음.

特需(특수) [6032] 특별한 상황에서 발생하는 수요.

扁桃(편도) [1232] 사람의 입속 양쪽 구석에 퍼져 있는 림프 소절의 집합체.

片道(편도) [3272] 가고 오는 길 가운데 어느 한쪽. 일방적으로만 함.

編曆(편력) [3232] 달력을 만듦.

遍歷(편력) [3052] 이곳저곳을 널리 돌아다님. 여러 가지 경험을 함.

偏母(편모) [3280] 아버지가 죽거나 이혼하여 홀로 있는 어머니.

片貌(편모) [3232] 단편적인 모습.

片志(편지) [3242] 자그마한 뜻.

片紙(편지) [3270] 안부, 소식, 용무 따위를 적어 보내는 글.

偏執(편집) [3232] 편견을 고집하고, 남의 말을 듣지 않음.

編輯(편집) [3220] 여러 가지 재료를 모아 신문, 잡지, 책, 작품 따위를 만드는 일.

廢家(폐가) [3272] 버려 두어 낡아 빠진 집.

弊家(폐가) [3272] 말하는 이가 자기 집을 낮추어 이르는 말.

廢校(폐교) [3280] 학교의 운영을 폐지함.

閉校(폐교) [4080] 학교 문을 닫고 수업을 중지하고 쉼.

捕球(포구) [3262] 공을 잡음.

浦口(포구) [3270] 배가 드나드는 개의 어귀.

捕食(포식) [3272] 다른 동물을 잡아먹음.

飽食(포식) [3072] 배부르게 먹음.

哺育(포육) [1070] 동물이 새끼를 먹여 기름.

脯肉(포육) [1042] 얇게 저미어서 양념을 하여 말린 고기.

被服(피복) [3260] 옷을 문어적으로 이르는 말. 공공 기관의 제복을 이르는 말.

被覆(피복) [3232] 거죽을 덮어씌움. 덮기.

畢竟(필경) [3230] 끝장에 가서는.

筆耕(필경) [5232] 직업으로 글이나 글씨를 씀. 등사 원지(原紙)에 글씨를 씀.

必需(필수) [5232] 반드시 있어야 함. 또는 반드시 쓰임.

必須(필수) [5230] 꼭 있어야 하거나 하여야 함.

匹敵(필적) [3042] 능력이나 세력이 엇비슷하여 서로 맞섬.

筆跡(필적) [5232] 글씨의 모양이나 솜씨.

漢籍(한적) [7240] 한문으로 쓴 책.

閑寂(한적) [4032] 5'한적하다01'의 어근.

閑適(한적) [4040] 한가하고 고요함.

喊聲(함성) [1042] 여러 사람이 함께 지르는 고함 소리.

陷城(함성) [3242] 성이 함락됨. 또는 성을 함락함.

艦艇(함정) [2020] 크거나 작은 군사용 배를 통틀어 이르는 말.

陷穽(함정) [3210] 짐승 따위를 잡기 위한 위장한 구덩이. 빠져나올 수 없는 상황
이나 남을 해치기 위한 계략을 비유.

合掌(합장) [6032] 두 손바닥을 합하여 마음이 한결같음을 나타냄.

合葬(합장) [6032] 여러 사람의 시체를 한 무덤에 묻음.

降意(항의) [4062] 항복할 뜻.

抗議(항의) [4042] 반대의 뜻을 주장함.

享受(향수) [3042] 어떤 혜택을 받아 누림. 예술적인 아름다움이나 감동 따위를 음
미하고 즐김.

鄕愁(향수) [4232] 고향을 그리워하는 마음이나 시름.

歇后(헐후) [1012] 대수롭지 아니함.

歇後(헐후) [1072] 뒤끝에 붙은 말을 줄여 버림.

玄關(현관) [3252] 건물의 출입문이나 건물에 붙이어 따로 달아낸 문간. 깊고 묘한
이치에 드는 관문(關門).

縣官(현관) [3042] 현(縣)의 우두머리인 현령과 현감을 아울러 이르던 말.

眩亂(현란) [1040] 정신을 차리기 어려울 정도로 어수선함.

絢爛(현란) [1020] 눈이 부시도록 찬란함. 시나 글에 아름다운 수식이 많아서 문체
가 화려함.

懸象(현상) [3240] 일월, 천문, 천상(天象) 따위의 천상(天上)에 걸린 현상(現象).

懸賞(현상) [3250] 무엇을 모집하거나 구하거나 사람을 찾는 일 따위에 현금이나
물품 따위를 내걺.

現像(현상) [6232] 노출된 필름이나 인화지를 약품으로 처리하여 상이 나타나도록
함.

現象(현상) [6240] 인간이 지각할 수 있는, 사물의 모양과 상태.

糊口(호구) [1070] 입에 풀칠을 한다는 뜻으로, 겨우 끼니를 이어 감을 이르는 말.

虎口(호구) [3270] 범의 아가리란 뜻으로, 매우 위태로운 처지나 형편을 이르는 말. 어수룩하여 이용하기 좋은 사람을 비유. 바둑에서, 바둑돌 석 점이 둘러싸고 한쪽만이 트인 그 속.

好機(호기) [4240] 좋은 기회.

浩氣(호기) [3272] 호연지기. 하늘과 땅 사이에 가득 찬 넓고 큰 원기.

豪氣(호기) [3272] 씩씩하고 거리낌 없는 기상.

浩蕩(호탕) [3210] 물이 넓어서 끝이 없음. 세차게 내달리는 듯한 힘이 있음. 흐무러지게 아름다움.

豪宕(호탕) [3210] 호기롭고 걸걸함.

互換(호환) [3032] 서로 교환함.

虎患(호환) [3250] 호랑이에게 당하는 화(禍).

惑世(혹세) [3272] 어지러운 세상. 세상을 어지럽게 함.

酷稅(혹세) [2042] 가혹한 세금.

婚齡(혼령) [4010] 혼인할 나이.

魂靈(혼령) [3232] 죽은 사람의 넋. 영혼(靈魂).

婚需(혼수) [4032] 혼인에 드는 물품.

昏睡(혼수) [3030] 정신없이 잠이 듦. 의식을 잃고 인사불성이 되는 일.

婚前(혼전) [4072] 결혼하기 전.

混戰(혼전) [4062] 두 편이 어지럽게 뒤섞여서 승패를 가름할 수 없을 만큼 치열하게 다툼.

紅顔(홍안) [4032] 붉은 얼굴이란 뜻으로, 젊어서 혈색이 좋은 얼굴.

鴻雁(홍안) [3030] 큰 기러기와 작은 기러기를 아울러 이르는 말.

花郞(화랑) [7032] 신라 때에 둔, 심신 수련을 위한 귀족 청소년 단체.

畫廊(화랑) [6032] 그림 따위의 미술품을 진열하여 관람하도록 만든 방.

禍事(화사) [3272] 좋지 못한 일.

華奢(화사) [4010] 화려하게 고움.

和尙(화상) [6232] 수행을 많이 한 중. 중을 높여 이르는 말.

火傷(화상) [8040] 데었을 때에 일어나는 피부의 손상.

畫像(화상) [6032] 사람의 얼굴을 그림으로 그린 형상.

化粧(화장) [5232] 화장품 따위로 얼굴을 곱게 꾸밈. 머리나 옷의 맵시를 냄.

火葬(화장) [8032] 죽은 사람을 불에 살라 장사 지냄.

喚起(환기) [1042] 주의나 여론, 생각 따위를 불러일으킴.

換氣(환기) [3272] 탁한 공기를 맑은 공기로 바꿈.

還俗(환속) [3242] 중이 다시 속인이 됨.

還屬(환속) [3240] 이전의 소속으로 다시 돌려보냄.

皇國(황국) [3280] 황제가 다스리는 나라.

黃菊(황국) [6032] 누런색의 국화.

回顧(회고) [4230] 뒤를 돌아다봄. 지나간 일을 돌이켜 생각함.

懷古(회고) [3260] 옛 자취를 돌이켜 생각함.

回轉(회전) [4240] 어떤 것을 축으로 물체 자체가 빙빙 돎.

廻轉(회전) [2040] 어떤 것을 축으로 물체 자체가 빙빙 돎. 또는 어떤 축을 중심으로 그 둘레를 빙빙 돎. 방향을 바꾸어 움직임. 투자한 자금이 모두 걷히는 기간. 또는 구입한 상품이 모두 팔릴 때까지의 기간. 돌기.

厚謝(후사) [4042] 후하게 사례함.

厚賜(후사) [4030] 물건 따위를 후하게 내려 줌.

兇相(흉상) [1052] 좋지 못한 관상. 보기 흉한 몰골.

胸像(흉상) [3232] 사람의 모습을 가슴까지만 표현한 그림이나 조각.

稀少(희소) [3270] 매우 드물고 적음.

戲笑(희소) [3242] 실없이 희롱으로 웃음.

喜壽(희수) [4032] 나이 일흔일곱 살을 달리 이르는 말.

稀壽(희수) [3232] 나이 일흔 살을 달리 이르는 말.

약자(略字)

가 假 42	仮	개 概 32	概
가 價 52	価	개 慨 30	慨
각 覺 40	覚	개 漑 10	溉
각 殼 10	殻	거 據 40	拠
감 減 42	減	거 擧 50	挙 舉
감 監 42	监	검 儉 40	倹
감 鑑 32	鑑	검 劍 32	剣
개 蓋 32	盖	검 檢 42	検
개 個 42	个	격 擊 40	撃
개 箇 10	個 个	견 堅 40	堅

음	정자	급수	약자·속자
모	貌	32	皃
몽	夢	32	梦
묘	廟	30	庙 庙
묵	墨	32	墨
묵	默	32	黙
미	彌	12	弥
박	迫	32	廹
발	發	62	発
배	輩	32	輩
배	拜	42	拝
번	繁	32	繁
변	變	52	変
변	邊	42	辺 边
병	屛	30	屏
병	倂	20	併
병	竝	30	並
보	寶	42	宝
부	富	42	冨
부	敷	20	尃
불	佛	42	仏
불	拂	30	払
빈	濱	10	浜
사	寫	50	写 写 寫

음	정자	급수	약자·속자
사	師	42	师
사	辭	40	辞
살	殺	42	殺
삼	滲	10	渗
삽	揷	20	揷
삽	澁	10	澁
상	嘗	30	甞
상	桑	30	桒
상	狀	42	状
새	璽	10	璽
서	敍	30	叙
서	緖	32	绪
석	釋	32	釈
선	船	50	舩
선	禪	32	禅
섭	纖	20	纖
섭	攝	30	摂
섭	爕	12	変
성	聲	42	声
세	歲	52	岁 歳
소	燒	32	烧
속	屬	40	属
속	續	42	続

온~잡 (左)

讀	字	番
온	穩	20
요	堯	12
요	謠	42
요	遙	30
요	搖	30
울	鬱	20
원	員	42
원	遠	60
위	僞	30
위	圍	40
위	爲	42
은	隱	40
응	應	42
의	宜	30
의	醫	60
이	貳	20
이	爾	10
일	壹	20
자	者	60
잔	棧	10
잔	殘	40
잠	蠶	20
잡	雜	40

異體字: 穩 堯 謠 遙 搖 蔚 負 遠 僞 囲 爲 隐 応 宜 医 弍 尔 壱 者 棧 殘 蚕 雜
穩 堯 謠 遙 搖 · 弐 · 隐

장~정 (右)

讀	字	番
장	壯	40
장	將	42
장	莊	32
장	裝	40
장	奬	40
장	醬	10
장	蔣	12
장	臟	32
장	藏	32
재	哉	30
쟁	爭	50
저	豬	10
전	傳	52
전	戰	62
전	轉	40
전	錢	40
전	塵	10
절	竊	30
절	節	52
점	點	40
정	定	60
정	靜	40
정	淨	32

異體字: 壯 将 莊 裝 奬 醬 蔣 臟 藏 哉 爭 豬 伝 戦 転 銭 厘 窃 節 点 之 静 浄
獎 · 戰 · 奌

치 癡 10
칭 稱 40
타 墮 30
탄 彈 40
태 兌 12
택 擇 40
택 澤 32
토 兔 32
패 霸 20
폐 廢 30
학 學 80
함 鹹 10
함 艦 20
함 銜 10
허 虛 42
허 噓 10
헌 獻 32
험 險 40
험 驗 42
현 縣 30
현 賢 42
현 顯 40

痴 称 堕 弹 兊 択 沢 兎 覇 廃 学 醎 艦 唧 虚 嘘 献 険 験 県 贤 顕

협 峽 20
협 陜 12
협 俠 10
협 挾 10
협 狹 10
협 頰 10
형 螢 30
혜 惠 32
호 號 60
화 畫 60
확 擴 30
환 歡 40
향 鄕 42
회 會 62
회 懷 32
회 繪 10
효 曉 30
효 效 52
훈 勳 20
흑 黑 50
흥 興 42
희 戲 32

峡 陕 侠 挟 狭 頬 蛍 恵 号 画 拡 欢 郷 会 懐 絵 暁 効 勲 黒 兴 戯

歓 郷 戲

속음 한자어(俗音 漢字語)

家(가) 自家(자갸/자가) 자갸는 자기(自己)를 예스럽게 조금 높여 이르는 말. 자가는
　　　자기 집. 假家(가게/가가) * 가게는 물건 파는 집. 가가는 가게 또는 임시로
　　　지은 집.

架(가) 架子꾼(갸자꾼) 架子(갸자/가자)

艱(간) 艱難(가난/간난) * 가난은 살림살이가 넉넉하지 못하고 쪼들림의 뜻. 간난은
　　　가난의 뜻 외에 몹시 힘들고 고생스러움의 뜻이 있음.

間(간) '방 한 間(방 한 칸)' '나머지 間(나머지 칸)'

喝(갈) 喝食(할식) 喝參(할참) 喝火(할화)

牽(견) 牽馬(경마/견마)

庫(고) 醬庫(장꼬) 醬庫媽媽(장꼬마마)

鼓(고) 杖鼓(장구) 長鼓(장구)

供(공) 供養米(고양미/공양미) 供養主(고양주/공양주) 香供養(향고양/향공양)

孔(공) 孔蛇無尺(궁사무척/공사무척)

貫(관) 貫革(과녁/관혁)

口(구) 於口(어귀) 燕口(연귀/연구) 燕口실(연귀실) 燕口자(연귀자) 燕口장부(연귀장
　　　부) 燕口板(연귀판) 안鑢燕口(안촉연귀) 안꽊燕口(안꽊연귀) 鑢燕口(촉연귀)
　　　맞댄燕口(맞댄연귀) 맞燕口(맞연귀)

句(구) 句글(귀글) 글句(글귀)

垢(구) 僂垢(누후)

卷(권) 卷煙(궐련/권연) 卷煙草(궐련초/권연초) 卷煙匣(궐련갑) 卷煙딱지(궐련딱지)
　　　卷煙箱子(궐련상자) 葉卷煙(엽궐련) 잎卷煙(잎궐련) 紙卷煙(지궐련/지권연)
　　　紙卷煙匣(지궐련갑)

筋(근) 筋斗(곤두) 筋頭(곤두)

及(급) 出埃及(출애굽) 出埃及記(출애굽기)

旣(기) 蝕旣(식개/식기)

拏(나) 漢拏山(한라산)

諾(낙) 內諾(내락) 受諾(수락) 唯諾(유락) 一呼再諾(일호재락) 快諾(쾌락) 許諾(허
　　　락) * 모음 뒤에서 '락'

暖(난) 寒暖(한란)

煖(난) 寒煖(한란)

難(난) 困難(곤란) 論難(논란) * 'ㄴ' 뒤에서 '란'

南(남) 南無(나무) * 나무(南無, Namas)는 돌아가 의지한다는 뜻.

納(납) 干納(간랍/간납) 肝納(간랍/간납) 納哈出(나하추)

囊(낭) 牛囊(우랑/우낭)

娘(낭) 姑娘菜(고랑채)

乃(내) 乃終(나중/내종)

內(내) 內人(나인/내인) * 나인은 고려 조선 시대에, 궁궐 안에서 왕과 왕비를 가까이 모시는 내명부를 통틀어 이르던 말. 내인은 아낙네의 뜻.

女(녀) 婦女(부네/부녀) * 부네는 하회 별신굿 다섯째 마당에 등장하는 젊은 부인. 부녀는 성인 여자의 뜻.

撚(년) 强撚(강연) 交撚(교연) 左撚(좌연) 合撚(합연). 속음인 '연'음이 대세, 본음은 檢撚器(검년기/검연기) 정도에만 남아있음.

涅(녈) 拂涅(불열) * 사실상 '녈'음이 남아있지 않음.

念(념) 報念(보렴)

寧(녕) 古寧(고령) 敦寧(돈령) 武寧王(무령왕) 靡寧(미령) 保寧(보령) 富寧(부령) 遼寧(요령) 宜寧(의령) 載寧(재령) 會寧(회령) 孝寧大君(효령대군) * 'ㄴ'과 모음 뒤에서 '령'

奴(노) 雇奴(고로)

怒(노) 大怒(대로) 喜怒(희로) 喜怒哀樂(희로애락)

撓(뇨) 可撓性(가요성) 屈撓(굴요) 不撓(불요) * 逗撓(두뇨)를 제외하고는 사실상 '요'음이 대세.

紐(뉴) 龜紐(귀유/귀뉴)

能(능) 幹能(간릉/간능)

匿(닉) 舍匿(사익/사닉)

丹(단) 契丹(글안/거란) 契丹場(글안장/거란장) 牡丹(모란)

糖(당) 沙糖(사탕) 砂糖(사탕) 雪糖(설탕) 屑糖(설탕) 糖水肉(탕수육) 紅糖(홍탕)

大(대) 大年號(다년호/대년호)

帶(대) 冠帶(관디/관대)

刀(도) 斫刀(작두/작도)

桃(도) 胡桃(호두) 櫻桃(앵두) 鸎桃(앵두) 鸎桃(앵두) 紫桃(자두)

道(도) 使道(사또)

都(도) 軍都目(군두목)

頓(돈) 匈奴冒頓(흉노묵특/흉노묵돌)

動(동) 擧動(거둥/거동) * 거둥은 임금의 나들이. 거동은 몸을 움직임. 또는 그런 짓이나 태도. 擧動길(거둥길) 天動(천둥/천동)

東(동) 廣東布(광당포/광동포)

銅(동) 白銅(백통/백동)

頭(두) 上頭(상투/상두) 包頭連배추(포도련배추/포두련배추)

邏(라) 巡邏(술래/순라) * 술래는 술래잡기 놀이에서, 숨은 아이들을 찾아내는 아이. 순라는 순라군이 도둑 화재 따위를 경계하느라고 도성 안을 돌아다니던 일.

剌(랄) 水剌(수라) 尼剌部陀(이라부타)

冷(랭) 去冷(거냉)

兩(량) 錢兩(전냥) 兩重(냥쭝)

糧(량) 佛糧畓(불양답/불량답)

戀(련) 失戀(실연) 戀戀(연연)

列(렬) 系列(계열) 戰列(전열) 등 * 모음과 'ㄴ' 뒤에서 '렬', '률'은 모두 '열', '율'

劣(렬) 卑劣(비열) 鈍劣(둔열) 등 * 모음과 'ㄴ' 뒤에서 '렬', '률'은 모두 '열', '율'

烈(렬) 義烈(의열) 先烈(선열) 등 * 모음과 'ㄴ' 뒤에서 '렬', '률'은 모두 '열', '율'

裂(렬) 破裂(파열) 分裂(분열) 등 * 모음과 'ㄴ' 뒤에서 '렬', '률'은 모두 '열', '율'

鈴(령) 懸鈴(설령/현령) * 설령은 처마 따위에 방울을 단 것. 현령은 설령 또는 관아
　　　　에서 통신을 보낼 때, 그 급한 정도를 나타내기 위하여 봉투에 동그라미를
　　　　찍던 일.

擄(로) 侵擄(침노)

蘆(로) 葫蘆瓶(호리병/호로병)

論(론) 議論(의논) 議論調(의논조)

籠(롱) 紙籠(지농/지롱) * 지농은 종이를 발라 만든 장롱. 지롱은 종이로 만든 등롱.

牢(뢰) 周牢(주리/주뢰) 周牢대(주릿대)

寥(료) 寂寥(적요)

柳(류) 美柳(미루)

留(류) 彌留滯(미루체/미류체)

六(륙) 五六月(오뉴월) 六月(유월) 三六(삼육) 上六(상육) 林園十六志(임원십육지)

戮(륙) 殺戮(살육) 殄戮(진육/진륙)

律(률) 旋律(선율) 戒律(계율) 등 * 모음과 'ㄴ' 뒤에서 '렬', '률'은 모두 '열', '율'

慄(률) 戰慄(전율) 愧慄(괴율) 등 * 모음과 'ㄴ' 뒤에서 '렬', '률'은 모두 '열', '율'

栗(률) 乾栗(건율) 棗栗(조율) 등 * 모음과 'ㄴ' 뒤에서 '렬', '률'은 모두 '열', '율'

率(률) 高率(고율) 比率(비율) 등 * 모음과 'ㄴ' 뒤에서 '렬', '률'은 모두 '열', '율'

離(리) 支離(지루)

馬(마) 雪馬(썰매/설마)

木(목) 乾木瓜(건모과) 木瓜(모과/목과) 木瓜나무(모과나무) 木瓜熟(모과수/모과숙)
　　　　木瓜正果(모과정과) 木瓜粥(모과죽) 木瓜편(모과편)

彌(미) 彌里介(며리개)

柏(백) 椒柏酒(초박주/초백주)

分(분) 分重(푼쭝) 四分(사푼/사분) *사푼은 넓이의 단위. 사분은 '넷으로 나누다.'의
　　　　뜻. 一分錢(일푼전) 錢錢分分이(전전푼푼이) 隻分(척푼) 隻分隻厘(척푼척리)
　　　　分厘(푼리/분리) 分數(푼수/분수) * 푼수는 얼마에 상당하는 정도, 상태나 형
　　　　편의 뜻이고, 분수는 사물을 분별하는 지혜. 한도나 한계, 수학에서 정수 a를
　　　　0이 아닌 정수 b로 나눈 몫을 a/b로 표시한 것을 뜻한다.

盆(분) 洋盆(양푼) 小洋盆(소양푼)

不(불) 不當(부당) 不知(부지) 不實(부실) 등 * 뒷말 초성이 'ㄷ', 'ㅈ' 일 때 '부'음
　　　　이나 不實은 예외. '부'음도 正音이나 國語에서는 없고 漢文의 의문사로 쓰일

때 音임.

沙(사)   墨沙(묵새)

蛇(사)   委蛇(위타/위이) *위타는 미꾸라지, '위이'로 읽으면 구불구불 기어가는 모양
        의 뜻. 니膩(니)

朔(삭)   朔月貰(사글세)

上(상)   各貢上下(각공차하)

生(생)   初生(초승/초생) * 초승은 음력으로 그달 초하루부터 처음 며칠 동안을 일컬
        음. 초생은 갓 생겨남의 뜻. 初生달(초승달)

書(서)   休書(수세/휴서)

誓(서)   盟誓(맹세/맹서) 盟誓文(맹세문) 盟誓書(맹세서) 盟誓지거리(맹세지거리) 盟
        誓코(맹세코)

鼠(서)   靑鼠毛(청설모/청서모)

舌(설)   能舌(능혈)

雪(설)   雪馬(썰매/설마)

城(성)   城隍(서낭/성황)

鎖(쇄)   獄鎖丁(옥사정)

手(수)   套手(토시/투수)

袖(수)   套袖(토시/투수)

熟(숙)   熟肉(수육/숙육) 木瓜熟(모과수/모과숙)

巡(순)   巡邏(술라/순라) * 술래는 술래잡기 놀이에서, 숨은 아이들을 찾아내는 아이.
        순라는 순라군이 도둑 화재 따위를 경계하느라고 도성 안을 돌아다니던 일.

瑟(슬)   琴瑟(금실/금슬) *금실은 '부부간의 사랑.'의 뜻. 금슬은 '거문고' 또는 '거문
        고와 비파'의 뜻. 琴瑟之樂(금실지락)

晨(신)   霜晨(상진/상신)

薪(신)   薪炭手(실탄수)

身(신)   身毒(건독)

實(실)   實답다(시답다/실답다) 實답잖다(시답잖다)

十(십)   十月(시월) 十五里(시오리) 十方(시방) 十王(시왕)

惡(악)   惡米(앵미/악미)

揚(양)   擧揚(거량/거양) * 거량은 설법할 때, 죽은 이의 영혼을 부르는 일. 거양은
        높이 들어 올리거나 칭찬하여 높임의 뜻.

煙(연)   卷煙(궐련/권연) 卷煙草(궐련초/권연초) 卷煙匣(궐련갑) 卷煙딱지(궐련딱지)
        卷煙箱子(궐련상자) 葉卷煙(엽궐련) 잎卷煙(잎궐련) 紙卷煙(지궐련/지권연)
        紙卷煙匣(지궐련갑)

軟(연)   軟鷄(영계/연계)

熱(열)   庚熱(경렬/경열)

染(염)   愛染(애렴/애염) 後染(후렴/후염) 退染(토렴/퇴염)

炎(염)   肺炎(폐렴)

鹽(염) 胡鹽(호렴/호염)

曳(예) 頭髮扶曳(두발부리/두발부예)

豫(예) 豫防(이방/예방)

牛(우) 碧昌牛(벽창호)

迂(우) 迂怪(오괴/우괴) 迂妄(오망/우망) 迂闊(오활/우활)

月(월) 朔月貰(사글세)

醫(의) 虛醫(허예)

異(이) 智異山(지리산)

人(인) 四人轎(사린교/사인교) 四人籃輿(사린남여/사인남여) 四人方床(사린방상/사인방상)

子(자) 白子(백지/백자) 黑子(흑지/흑자) * 흑지는 바둑돌의 검은 알을, 흑자는 사마귀를 가리킴. 障子(장지/장자) 鍾子(종지/종자)

字(자) 退字(퇴짜/퇴자)

滋(자) 滋味(재미/자미) * 재미는 즐거운 기분이나 느낌, 생활의 형편, 좋은 성과나 보람의 뜻이고, 자미는 양분이 많고 맛도 좋음의 뜻임.

瓷(자) 洋瓷器(양재기/양자기)

芍(작) 芍藥(사약/작약)

場(장) 道場(도량/도장) * 도량은 도를 얻으려고 수행하는 곳. 도장은 무예를 닦는 곳.

張(장) 돈張(돈짱)

腸(장) 腸子(창자) 大腸(대창/대장) * 대창은 '소 같은 큰 짐승의 대장.', 대장은 '큰 창자.'의 뜻. 大腸저냐(대창저냐) 大腸젓(대창젓) 새腸(새창)

豬(저) 豬頭片(제두편)

的(적) 金的李的(김지이지)

赤(적) 蠹赤(도치) 祕闍赤(비도치) 迂達赤(우달치) 詔羅赤(조라치) 八加赤(팔가치) 必闍赤(필도치) 速古赤(속고지) 時波赤(시파지) 必者赤(필자지) 忽赤(홀지) 火兒赤(화아지)

錢(전) 私錢(사천/사전) *사천은 부녀자가 살림살이에 쓸 돈을 절약하여 남몰래 모아 둔 돈이나 개인이 사사로이 가진 돈을 사전은 개인이 위조한 가짜돈을 뜻함.

漸(점) 痢漸(이정/이점)

定(정) 人定(인경/인정) 人定殿(인경전)

幀(정) 幀(탱) 幀畫(탱화)

提(제) 菩提(보리/보제) 三藐三菩提(삼먁삼보리)

祭(제) 祭酒(좨주/제주) * 좨주는 高麗 시대에, 석전(釋奠)의 제향(祭享)을 맡아 하던 종삼품 벼슬. 朝鮮 시대에, 성균관에 속한 정삼품 벼슬. 제주는 제사에 쓰는 술.

操(조) 才操(재주/재조)

棗(조) 大棗(대추/대조) 風落棗(풍락초)

祖(조) 父祖(부주/부조) * 부주는 날 때부터 자손에게 전해져 내려오는 소질이나 성질의 뜻. 부조는 아버지와 할아버지.

調(조) 才調(재주/재조)

阻(조) 胞阻(포저)

足(족) 奉足(봉죽/봉족)

從(종) 侍從(시중/시종) * 시중은 옆에 있으면서 여러 가지 심부름을 하는 일. 시종은 임금을 모시던 벼슬. 從容(조용/종용) * 종용은 성격이나 태도가 차분하고 침착하다의 뜻, 조용은 차분하고 얌전하다는 뜻 외에도 고요하다, 평안하다, 한가하다, 은밀하다의 뜻으로 확장되어 쓰임.

終(종) 乃終(나중/내종)

座(좌) 解座(해자/해좌)

中(중) 日中(일종/일중) * 일종은 불교에서 1월, 5월, 9월의 초하루와 보름에 한 끼씩만 먹는 행사. 여러 겁(劫)에 걸치어 지은 죄업을 소멸하고 내세에 복을 받아 많은 양식을 받기 위해서 한다. 일중은 정오 때, 밤낮의 길이가 같은 때(춘분과 추분), 가난하여 아침과 저녁은 굶고 낮에 한 번만 먹는 것을 뜻한다.

重(중) 分重(푼쭝) 兩重(냥쭝) 斤兩重(근량쭝) 斤重(근쭝/근중) * 쭝(重)은 의존 명사 '냥, 돈, 푼' 따위의 뒤에 붙어 무게의 뜻을 더하는 접미사로 근쭝은 무게의 단위. 근중은 '무게가 무겁다.'의 뜻.

指(지) 指路(찌로/지로) 찌로는 朝鮮 시대에, 병조 판서가 대궐 문 안에 들어설 때 그의 길을 인도하라는 뜻으로 각 문을 지키는 군사가 차례로 길게 빼어 외치던 소리. 지로는 길을 가리켜 인도함의 뜻.

帙(질) 帙冊(길책/질책)

遮(차) 遮那(자나) 毘盧遮那佛(비로자나불) 遮文茶(자문다)

着(착) 主着(주책)

漲(창) 漲潮流(장조류/창조류)

菖(창) 石菖蒲(석장포/석창포) 菖蒲(장포/창포) 菖蒲水(장포수)

采(채) 封采(봉치/봉채)

鐵(철) 鐵丸(처란/철환)

帖(첩/체) 印成帖(인성접) 差帖(차접)

諦(체) 四諦(사제/사체) 苦諦(고제) 集諦(집제) 滅諦(멸제) 道諦(도제) 俗諦(속제/속체) 진제(眞諦) 四聖諦(사성제) 四眞諦(사진제)

礎(초) 柱礎(주추)

總(총) 大總(대충/대총)

醜(추) 地醜德齊(지취덕제/지추덕제)

築(축) 防築(방죽/방축)

出(출) 出斂(추렴/출렴) 納哈出(나하추)

充(충) 充實(중실/충실) * 중실은 '몸이 단단하고 실하다.'의 뜻으로 충실은 튼튼하다의 뜻 이외에도 '내용이 알차고 단단함.'의 뜻으로도 쓰임.

陀(타) 旃陀羅(전다라/전타라) 加那陀(가나다) 曼陀羅(만다라) 乾陀羅(건다라) 陀羅尼(다라니/타라니)

宅(택) 貴宅(귀댁) 宅內(댁내) 別宅(별댁/별택) * 별댁은 첩이나 첩의 집. 별택은 본집 이외에 따로 지어 놓은 집. 本宅(본댁) 査宅(사댁) 媤宅(시댁)

退(퇴) 退染(토렴/퇴염)

套(투) 套袖(토시/투수) 套手(토시/투수)

婆(파) 乾闥婆(건달바) 婆羅門(바라문) 娑婆(사바/사파)

派(파) 長派(장패/장파)

板(판) 剪板(전반) 翦板(전반)

八(팔) 初八日(초파일/초팔일) * 초파일은 부처님 오신날, 초팔일은 초여드렛날을 뜻함. 八日(파일) 八日燈(파일등) 四八虛通(사발허통/사팔허통)

牌(패) 官牌子(관배자)

貝(패) 寶貝(보배/보패)

愎(팍) 乖愎(괴팍) * 중모음의 단모음화를 지양한 것이나 剛愎(강팍) 暗愎(암팍) 등은 '팍'음을 허용하고 있어 일관성이 없음. '괴팍'도 인정하여야 할 듯.

布(포) 布施(보시/포시) 勸善布施(권선보시) 布施攝(보시섭) 布施쌀(보시쌀) 布施돈(보싯돈) 살布施(살보시) 財布施(재보시) 齋布施(재보시)

葡(포) 靑葡萄눈(청보도눈)

庖(포) 庖廚(푸주/포주)

皮(피) 鹿皮(녹비/녹피)

避(피) 避接(비접/피접)

蛤(합) 黑蛤(흑첩/흑합)

項(항) 揮項(휘양/휘항) 木揮項(목휘양/목휘항)

驗(험) 靈驗(영검/영험)

革(혁) 貫革(과녁/관혁)

懸(현) 懸鈴(설렁/현령) * 설렁은 처마 따위에 방울을 단 것. 현령은 설렁 또는 관아에서 통신을 보낼 때, 그 급한 정도를 나타내기 위하여 봉투에 동그라미를 찍던 일.

懸(현) 懸盤(선반/현반)

胡(호) 胡椒(후추/호초)

丸(환) 鐵丸(처란/철환)

休(휴) 休書(수세/휴서)

痕(흔) 淚痕(누한/누흔) * 누한은 '도자기의 표면에 눈물이 흐른 모양으로 잿물이 흘러내린 자국.' 누흔은 '눈물이 흐른 자국'의 뜻.

장단음 한자어(長短音 漢字語)

1. 長音 漢字

苛	가혹할 가:	拒	막을 거:	械	기계 계:
假	거짓 가:	距	상거(相距)할 거:	悸	두근거릴 계:
呵	꾸짖을 가:	巨	클 거:	係	맬 계:
架	시렁 가:	虔	공경할 건:	繫	맬 계:
佳	아름다울 가:	健	굳셀 건:	癸	북방/천간 계:
可	옳을 가:	建	세울 건:	計	셀 계:
暇	틈/겨를 가:	鍵	자물쇠/열쇠 건:	啓	열 계:
揀	가릴 간:	檢	검사할 검:	系	이어맬 계:
姦	간음할 간:	儉	검소할 검:	繼	이을 계:
懇	간절할 간:	劍	칼 검:	界	지경 계:
諫	간할 간:	揭	높이들[擧]/걸[掛] 게:	告	고할 고:
澗	산골물 간:	偈	불시(佛詩) 게:	袴	바지 고:
敢	감히/구태여 감:	憩	쉴 게:	古	예 고:
感	느낄 감:	繭	고치 견:	袞	곤룡포 곤:
減	덜 감:	譴	꾸짖을 견:	困	곤할 곤:
憾	섭섭할 감:	遣	보낼 견:	孔	구멍 공:
慷	슬플 강:	見	볼 견:	뵈올 현:	貢	바칠 공:
講	욀 강:	鏡	거울 경:	供	이바지할 공:
凱	개선할 개:	儆	경계할 경:	攻	칠[擊] 공:
介	낄 개:	慶	경사 경:	拱	팔짱낄 공:
塏	높은땅 개:	磬	경쇠 경:	共	한가지 공:
概	대개 개:	敬	공경 경:	果	실과 과:
漑	물댈 개:	憬	깨달을/동경할 경:	誇	자랑할 과:
愾	성낼 개:	警	깨우칠 경:	寡	적을 과:
慨	슬퍼할 개:	競	다툴 경:	過	지날 과:
价	클 개:	竟	마침내 경:	款	항목 관:
羹	국 갱:	璟	옥빛 경:	廣	넓을 광:
去	갈 거:	梗	줄기/막힐 경:	壙	뫼구덩이 광:
倨	거만할 거:	戒	경계할 계:	曠	빌 광:
據	근거 거:	桂	계수나무 계:	鑛	쇳돌 광:
擧	들 거:	季	계절 계:	壞	무너질 괴:

愧	부끄러울 괴:	肯	즐길 긍:	疼	아플 동:		
傀	허수아비 괴:	妓	기생 기:	凍	얼 동:		
敎	가르칠 교:	懦	나약할 나:	動	움직일 동:		
矯	바로잡을 교:	那	어찌 나:	鈍	둔할 둔:		
校	학교 교:	拏	잡을 나:	遁	숨을 둔:		
救	구원할 구:	拿	잡을[拏同] 나:	鄧	나라이름 등:		
灸	뜸 구:	煖	더울 난:	等	무리 등:		
舊	예 구:	暖	따뜻할 난:	懶	게으를 라:		
久	오랠 구:	耐	견딜 내:	癩	문둥이 라:		
郡	고을 군:	內	안 내:	裸	벗을 라:		
窘	군색할 군:	乃	이에 내:	爛	빛날 란:		
倦	게으를 권:	念	생각 념:	卵	알 란:		
勸	권할 권:	怒	성낼 노:	亂	어지러울 란:		
眷	돌볼 권:	濃	짙을 농:	濫	넘칠 람:		
拳	주먹 권:	撓	휠 뇨:	朗	밝을 랑:		
櫃	궤짝 궤:	斷	끊을 단:	狼	이리 랑:		
潰	무너질 궤:	但	다만 단:	冷	찰 랭:		
軌	바퀴자국 궤:	蛋	새알 단:	兩	두 량:		
詭	속일 궤:	痰	가래 담:	輛	수레 량:		
几	안석 궤:	膽	쓸개 담:	濾	거를 려:		
机	책상 궤:	待	기다릴 대:	慮	생각할 려:		
鬼	귀신 귀:	代	대신할 대:	呂	성(姓)/법칙 려:		
貴	귀할 귀:	對	대할 대:	礪	숫돌 려:		
歸	돌아갈 귀:	貸	빌릴/뀔 대:	戾	어그러질 려:		
近	가까울 근:	戴	일[首荷] 대:	侶	짝 려:		
僅	겨우 근:	道	길 도:	勵	힘쓸 려:		
槿	무궁화 근:	途	길[行中] 도:	戀	그리워할/그릴 련:		
謹	삼갈 근:	倒	넘어질 도:	鍊	쇠불릴/단련할 련:		
瑾	아름다운옥 근:	鍍	도금할 도:	練	익힐 련:		
饉	주릴 근:	到	이를 도:	斂	거둘 렴:		
禁	금할 금:	導	인도할 도:	殮	염(殮)할 렴:		
錦	비단 금:	頓	조아릴 돈:	醴	단술[甘酒] 례:		
襟	옷깃 금:	洞	골 동: | 밝을 통:	例	법식 례:		
衾	이불 금:	瞳	눈동자 동:	禮	예도 례:		
兢	떨릴 긍:	憧	동경할 동:	隷	종 례:		
矜	자랑할 긍:	董	바를[正] 동:	路	길 로:		

老	늙을 로:	寐	잘 매:	務	힘쓸 무:
壟	밭두둑 롱:	猛	사나울 맹:	問	물을 문:
弄	희롱할 롱:	眄	곁눈질할 면:	尾	꼬리 미:
儡	꼭두각시 뢰:	面	낯 면:	味	맛 미:
賴	의뢰할 뢰:	冕	면류관 면:	返	돌이킬 반:
了	마칠 료:	免	면할 면:	反	돌이킬/돌아올 반:
淚	눈물 루:	沔	물이름/빠질 면:	半	반(半) 반:
陋	더러울 루:	勉	힘쓸 면:	叛	배반할 반:
漏	샐 루:	俛	힘쓸/구푸릴 면:	伴	짝 반:
屢	여러 루:	皿	그릇 명:	傍	곁 방:
累	여러/자주 루:	命	목숨 명:	旁	곁 방:
瘤	혹 류:	酩	술취할 명:	榜	방(榜)붙일 방:
理	다스릴 리:	慕	그릴 모:	訪	찾을 방:
離	떠날 리:	某	아무 모:	謗	헐뜯을 방:
里	마을 리:	母	어미 모:	配	나눌/짝 배:
履	밟을 리:	暮	저물 모:	背	등 배:
吏	벼슬아치/관리 리:	猫	고양이 묘:	陪	모실 배:
裏	속 리:	描	그릴 묘:	輩	무리 배:
裡	속 리:	苗	모 묘:	賠	물어줄 배:
俚	속될 리:	妙	묘할 묘:	培	북돋울 배:
李	오얏/성(姓) 리:	墓	무덤 묘:	拜	절 배:
痢	이질 리:	昴	별이름 묘:	汎	넓을 범:
利	이할 리:	廟	사당 묘:	氾	넘칠 범:
馬	말 마:	渺	아득할/물질펀할 묘:	帆	돛 범:
慢	거만할 만:	卯	토끼 묘:	泛	뜰 범:
輓	끌/애도할 만:	巫	무당 무:	犯	범할 범:
娩	낳을 만:	茂	무성할 무:	範	법 범:
晚	늦을 만:	貿	무역할 무:	梵	불경 범:
挽	당길 만:	誣	속일 무:	范	성(姓) 범:
卍	만(卍) 만:	霧	안개 무:	弁	고깔 변:
萬	일만 만:	憮	어루만질 무:	辯	말씀 변:
漫	흩어질 만:	拇	엄지손가락 무:	變	변할 변:
妄	망령될 망:	畝	이랑 무: ㅣ 이랑 묘:	辨	분별할 변:
望	바랄 망:	戊	천간 무:	卞	성(姓) 변:
罵	꾸짖을 매:	舞	춤출 무:	竝	나란히 병:
買	살 매:	武	호반 무:	丙	남녀 병:

餠	떡 병:	負	질[荷] 부:	徙	옮길 사:
昞	밝을 병:	剖	쪼갤 부:	赦	용서할 사:
昺	밝을 병:	奮	떨칠 분:	嗣	이을 사:
病	병 병:	吩	분부할 분:	事	일 사:
炳	불꽃 병:	憤	분할 분:	死	죽을 사:
倂	아우를 병:	忿	성낼 분:	賜	줄 사:
柄	자루 병:	備	갖출 비:	使	하여금/부릴 사:
秉	잡을 병:	比	견줄 비:	産	낳을 산:
報	갚을/알릴 보:	婢	계집종 비:	算	셈 산:
步	걸음 보:	憊	고단할 비:	散	흩을 산:
補	기울 보:	卑	낮을 비:	想	생각 상:
普	넓을 보:	鄙	더러울 비:	爽	시원할 상:
輔	도울 보:	庇	덮을 비:	上	윗 상:
潽	물이름 보:	翡	물총새 비:	逝	갈[往] 서:
寶	보배 보:	緋	비단 비:	薯	감자 서:
堡	작은성 보:	砒	비상 비:	黍	기장 서:
譜	족보 보:	匕	비수 비:	棲	깃들일 서:
甫	클 보:	譬	비유할 비:	暑	더울 서:
俸	녹(祿) 봉:	匪	비적 비:	署	마을[官廳] 서:
奉	받들 봉:	批	비평할 비:	誓	맹세할 서:
鳳	봉새 봉:	肥	살찔 비:	犀	무소 서:
俯	구부릴 부:	祕	숨길 비:	壻	사위 서:
赴	다다를/갈[趨] 부:	悲	슬플 비:	瑞	상서 서:
簿	문서 부:	費	쓸 비:	曙	새벽 서:
副	버금 부:	秕	쭉정이 비:	緖	실마리 서:
訃	부고 부:	鼻	코 비:	庶	여러 서:
埠	부두 부:	臂	팔 비:	恕	용서할 서:
駙	부마 부:	四	넉 사:	鼠	쥐 서:
賦	부세 부:	似	닮을 사:	序	차례 서:
賻	부의 부:	泗	물이름 사:	敍	펼 서:
富	부자 부:	巳	뱀 사:	舒	펼 서:
付	부칠 부:	捨	버릴 사:	抒	풀 서:
傅	스승 부:	史	사기(史記) 사:	選	가릴 선:
腐	썩을 부:	謝	사례할 사:	繕	기울 선:
否	아닐 부:	麝	사향노루 사:	羨	부러워할 선:| 무덤길 연:
阜	언덕 부:	士	선비 사:	膳	선물/반찬 선:

善	착할 선:	匙	숟가락 시:	也	이끼/어조사 야:
姓	성 성:	豺	승냥이 시:	冶	풀무 야:
聖	성인 성:	諡	시호 시:	癢	가려울 양:
性	성품 성:	弑	윗사람죽일 시:	養	기를 양:
盛	성할 성:	是	이[斯]/옳을 시:	攘	물리칠 양:
細	가늘 세:	市	저자 시:	恙	병/근심할 양:
稅	세금 세:	屍	주검 시:	讓	사양할 양:
貰	세놓을 세:	矢	화살 시:	壤	흙덩이 양:
洗	씻을 세:	柿	감 시:	御	거느릴 어:
世	인간 세:	紳	띠[帶] 신:	禦	막을 어:
歲	해 세:	訊	물을 신:	語	말씀 어:
勢	형세 세:	信	믿을 신:	瘀	어혈질 어:
所	바 소:	燼	불탄끝 신:	彦	선비 언:
笑	웃음 소:	愼	삼갈 신:	諺	언문/속담 언:
小	작을 소:	腎	콩팥 신:	掩	가릴 엄:
少	적을 소:	甚	심할 심:	奄	문득 엄:
遜	겸손할 손:	瀋	즙낼/물이름 심:	汝	너 여:
損	덜 손:	我	나 아:	與	더불/줄 여:
頌	기릴/칭송할 송:	餓	주릴 아:	輿	수레 여:
悚	두려울 송:	雁	기러기 안:	硏	갈 연:
送	보낼 송:	顔	낯 안:	妍	고울 연:
宋	성(姓) 송:	眼	눈 안:	衍	넓을 연:
訟	송사할 송:	晏	늦을 안:	捐	버릴 연:
誦	욀 송:	鞍	안장 안:	硯	벼루 연:
碎	부술 쇄:	岸	언덕 안:	軟	연할 연:
灑	뿌릴 쇄:	案	책상 안:	宴	잔치 연:
鎖	쇠사슬 쇄:	闇	숨을 암:	演	펼 연:
刷	인쇄할 쇄:	癌	암 암:	艶	고울 염:
繡	수놓을 수:	暗	어두울 암:	染	물들 염:
順	순할 순:	仰	우러를 앙:	厭	싫어할 염:
侍	모실 시:	礙	거리낄 애:	影	그림자 영:
施	베풀 시:	靄	아지랑이 애:	永	길 영:
示	보일 시:	野	들[坪] 야:	暎	비칠 영:
視	볼 시:	夜	밤 야:	詠	읊을 영:
始	비로소 시:	揶	야유할 야:	泳	헤엄칠 영:
柴	섶[薪] 시:	惹	이끌 야:	譽	기릴/명예 예:

曳	끌 예:	窈	고요할 요:	應	응할 응:
銳	날카로울 예:	曜	빛날 요:	意	뜻 의:
穢	더러울 예:	夭	일찍죽을 요:	擬	비길 의:
預	맡길/미리 예:	勇	날랠 용:	義	옳을 의:
豫	미리 예:	踊	뛸 용:	耳	귀 이:
芮	성(姓) 예:	涌	물 솟을 용:	珥	귀고리 이:
睿	슬기 예:	聳	솟을 용:	爾	너 이:
詣	이를[至] 예:	用	쓸 용:	弛	늦출 이:
藝	재주 예:	茸	풀날 용: ㅣ 버섯 이:	異	다를 이:
濊	종족이름 예:	羽	깃 우:	二	두 이:
裔	후손 예:	佑	도울 우:	貳	두/갖은두 이:
傲	거만할 오:	又	또 우:	餌	미끼 이:
誤	그르칠 오:	遇	만날 우:	以	써 이:
悟	깨달을 오:	友	벗 우:	已	이미 이:
午	낮 오:	祐	복(福) 우:	刃	칼날 인:
五	다섯 오:	寓	부칠[寄] 우:	壬	북방 임:
伍	다섯사람 오:	雨	비 우:	妊	아이밸 임:
汚	더러울 오:	右	오를/오른(쪽) 우:	賃	품삯 임:
墺	물가 오:	宇	집 우:	剩	남을 잉:
娛	즐길 오:	偶	짝 우:	孕	아이밸 잉:
懊	한할 오:	隕	떨어질 운:	藉	깔/핑계할 자:
蘊	쌓을 온:	運	옮길 운:	恣	마음대로/방자할 자:
擁	낄 옹:	韻	운 운:	姿	모양 자:
甕	독 옹:	殞	죽을 운:	諮	물을 자:
訛	그릇될 와:	苑	나라동산 원:	藏	감출 장:
瓦	기와 와:	援	도울 원:	掌	손바닥 장:
臥	누울 와:	遠	멀 원:	丈	어른 장:
緩	느릴 완:	願	원할 원:	臟	오장 장:
婉	순할/아름다울 완:	裕	넉넉할 유:	醬	장 장:
玩	즐길 완:	有	있을 유:	葬	장사지낼 장:
往	갈 왕:	允	맏[伯] 윤:	壯	장할 장:
枉	굽을 왕:	潤	불을 윤:	再	두 재:
旺	왕성할 왕:	尹	성(姓) 윤:	載	실을 재:
畏	두려워할 외:	閏	윤달 윤:	栽	심을 재:
外	바깥 외:	膺	가슴 응:	在	있을 재:
猥	외람할 외:	凝	엉길 응:	宰	재상 재:

低	낮을 저:	弟	아우 제:	峻	높을/준엄할 준:
沮	막을[遮] 저:	帝	임금 제:	竣	마칠 준:
抵	막을[抗] 저:	制	절제할 제:	晙	밝을 준:
底	밑 저:	祭	제사 제:	准	비준 준:
貯	쌓을 저:	際	즈음/가[邊] 제:	遵	좇을 준:
觝	씨름 저:	製	지을 제:	俊	준걸 준:
咀	씹을 저:	第	차례 제:	駿	준마 준:
狙	원숭이/엿볼 저:	趙	나라 조:	準	준할 준:
詛	저주할 저:	釣	낚을/낚시 조:	重	무거울 중:
邸	집 저:	助	도울 조:	衆	무리 중:
廛	가게 전:	藻	마름 조:	進	나아갈 진:
悛	고칠 전:	眺	볼 조:	盡	다할 진:
轉	구를 전:	肇	비롯할 조:	振	떨칠 진:
氈	담(毯) 전:	照	비칠 조:	震	우레 진:
錢	돈 전:	早	이를 조:	晋	진나라 진:
輾	돌아누울 전:	弔	조상할 조:	朕	나 짐:
顫	떨 전:	詔	조서 조:	且	또 차:
癲	미칠 전:	造	지을 조:	借	빌/빌릴 차:
電	번개 전:	腫	종기 종:	嗟	탄식할 차:
典	법 전:	挫	꺾을 좌:	讚	기릴 찬:
餞	보낼 전:	佐	도울 좌:	贊	도울 찬:
箭	살[矢] 전:	坐	앉을 좌:	纂	모을 찬:
戰	싸움 전:	左	왼 좌:	饌	반찬 찬:
澱	앙금 전:	座	자리 좌:	燦	빛날 찬:
顚	엎드러질/이마 전:	罪	허물 죄:	璨	옥빛 찬:
殿	전각 전:	註	글뜻풀 주:	撰	지을 찬:
篆	전자(篆字) 전:	駐	머무를 주:	簒	빼앗을 찬:
奠	정할/제사 전:	躊	머뭇거릴 주:	僭	주제넘을 참:
展	펼 전:	注	부을 주:	倡	광대 창:
店	가게 점:	呪	빌 주:	漲	넘칠 창:
漸	점점 점:	住	살 주:	唱	부를 창:
整	가지런할 정:	宙	집 주:	脹	부을 창:
鄭	나라 정:	浚	깊게할 준:	創	비롯할 창:
定	정할 정:	濬	깊을 준:	愴	슬플 창:
濟	건널 제:	蠢	꾸물거릴 준:	昶	해길 창:
悌	공손할 제:	埈	높을 준:	暢	화창할 창:

菜	나물 채:	炊	불땔 취:	罷	마칠 파:
債	빚 채:	脆	연할 취:	把	잡을 파:
埰	사패지(賜牌地) 채:	娶	장가들 취:	悖	거스를 패:
蔡	성(姓) 채:	醉	취할 취:	沛	비쏟아질 패:
彩	채색 채:	翠	푸를/물총새 취:	唄	염불소리 패:
採	캘 채:	置	둘[措] 치:	霸	으뜸 패:
采	풍채 채:	致	이를 치:	貝	조개 패:
處	곳 처:	砧	다듬잇돌 침:	佩	찰[帶] 패:
悽	슬퍼할 처:	枕	베개 침:	敗	패할 패:
穿	뚫을 천:	寢	잘 침:	稗	피[穀類] 패:
擅	멋대로할 천:	浸	잠길 침:	貶	낮출 폄:
闡	밝힐 천:	惰	게으를 타:	評	평할 평:
踐	밟을 천:	楕	길고둥글 타:	閉	닫을 폐:
喘	숨찰 천:	墮	떨어질 타:	陛	대궐섬돌 폐:
淺	얕을 천:	妥	온당할 타:	蔽	덮을 폐:
遷	옮길 천:	打	칠 타:	斃	죽을 폐:
薦	천거할 천:	唾	침[涎] 타:	弊	폐단/해질 폐:
賤	천할 천:	誕	낳을/거짓 탄:	廢	폐할/버릴 폐:
諂	아첨할 첨:	炭	숯 탄:	肺	허파 폐:
寸	마디 촌:	歎	탄식할 탄:	幣	화폐 폐:
村	마을 촌:	彈	탄알 탄:	砲	대포 포:
忖	헤아릴 촌:	綻	터질 탄:	抛	던질 포:
總	다[皆] 총:	坦	평탄할 탄:	哺	먹일 포:
寵	사랑할 총:	湯	끓을 탕:	疱	물집 포:
最	가장 최:	蕩	방탕할 탕:	飽	배부를 포:
催	재촉할 최:	宕	호탕할 탕:	抱	안을 포:
萃	모을 췌:	態	모습 태:	捕	잡을 포:
膵	췌장 췌:	攄	펼 터:	鮑	절인물고기 포:
悴	파리할 췌:	統	거느릴 통:	品	물건 품:
贅	혹 췌:	慟	서러워할 통:	稟	여쭐 품:
取	가질 취:	痛	아플 통:	被	입을 피:
就	나아갈 취:	腿	넓적다리 퇴:	彼	저 피:
臭	냄새 취:	退	물러날 퇴:	避	피할 피:
趣	뜻 취:	褪	바랠[褪色] 퇴:	下	아래 하:
聚	모을 취:	堆	쌓을 퇴:	夏	여름 하:
吹	불 취:	破	깨뜨릴 파:	賀	하례할 하:

旱	가물 한:	憲	법 헌:	禍	재앙 화:
罕	드물 한:	驗	시험 험:	患	근심 환:
悍	사나울 한:	險	험할 험:	換	바꿀 환:
翰	편지 한:	峴	고개 현:	宦	벼슬 환:
恨	한[怨] 한:	縣	고을 현:	煥	빛날 환:
漢	한수/한나라 한:	現	나타날 현:	幻	헛보일 환:
限	한할 한:	顯	나타날 현:	況	상황 황:
檻	난간 함:	懸	달[繫] 현:	誨	가르칠 회:
陷	빠질 함:	絢	무늬 현:	繪	그림 회:
喊	소리칠 함:	炫	밝을 현:	悔	뉘우칠 회:
艦	큰 배 함:	眩	어지러울 현:	會	모일 회:
巷	거리 항:	衒	자랑할 현:	賄	재물/뇌물 회:
抗	겨룰 항:	瀅	물맑을 형:	檜	전나무 회:
沆	넓을 항:	彗	살별 혜:	膾	회(膾) 회:
航	배 항:	慧	슬기로울 혜:	效	본받을 효:
港	항구 항:	惠	은혜 혜:	酵	삭힐 효:
項	항목 항:	浩	넓을 호:	曉	새벽 효:
懈	게으를 해:	澔	넓을 호:	孝	효도 효:
海	바다 해:	護	도울 호:	候	기후 후:
邂	우연히만날 해:	扈	따를 호:	厚	두터울 후:
解	풀 해:	晧	밝을 호:	後	뒤 후:
害	해할 해:	互	서로 호:	逅	만날 후:
幸	다행 행:	好	좋을 호:	嗅	맡을 후:
杏	살구 행:	戶	집 호:	朽	썩을 후:
嚮	길잡을 향:	昊	하늘 호:	吼	울부짖을 후:
享	누릴 향:	鎬	호경 호:	后	임금/왕후 후:
響	울릴 향:	琥	호박(琥珀) 호:	訓	가르칠 훈:
饗	잔치할 향:	混	섞을 혼:	毀	헐 훼:
向	향할 향:	渾	흐릴 혼:	欠	하품 흠:
獻	드릴 헌:	貨	재물 화:		

2. 漢字語에 따라 長短이 구분되는 漢字

가駕　駕轎(가:교)를 제외하고는 모두 短音.

가街　街道(가:도) 街頭(가:두)를 제외하고는 모두 短音.

간間　間隔(간격) 間隙(간극), 그리고 間數(간수) 등 '間'이 '집의 공간'을 나타내는
　　　漢字語인 경우 이외에는 모두 長音.

간癎　癎氣(간기) 癎癖(간벽)을 제외하고는 대부분 長音.

간肝　肝氣(간기) 肝油(간유) 肝腸(간장)을 제외하고는 모두 長音.

간簡　簡單(간단) 簡略(간략) 簡素(간소) 등 '간단하다'의 뜻이 담긴 말은 簡易(간:
이)만 제외하고 모두 短音. 기타 뜻은 모두 長音.

강降　降兵(항병) 降伏(항복) 등 '항'음은 短音, 降等(강:등) 降雪(강:설) 등 '강'음
은 長音.

강强　强氏(강:씨) 强姦(강:간) 强盜(강:도) 强勸(강:권) 强制(강:제) 등 姓氏, 억지
로 시킴, 불법적 행위가 담긴 漢字語는 長音. 기타는 短音. 특히 强大(강대)
强力(강력) 强化(강화) 등 '강하다'의 뜻은 모두 短音.

개箇　個 참조.

개蓋　蓋棺(개관) 蓋草(개초) 등을 예외로 하고 대부분 長音.

개個　個別(개:별) 個性(개:성) 個體(개:체) 등 자립명사는 대부분 長音. 個人(개
인) 個數(개수) 등은 예외. 個當(개당) 個所(개소) 個條(개조) 등 의존명사
는 短音.

개改　改札(개찰) 改漆(개칠) 등을 예외로 하고 대부분 長音.

거釀　釀金(갹금) 釀出(갹출) 등 '갹'음은 短音, 釀金(거:금) 釀出(거:출) 등 '거'음
은 長音.

경更　更迭(경질) 更張(경장) 등 '경'음은 短音. 更年期(갱:년기) 更生(갱:생) 更新
(갱:신) 등 '갱'음은 長音

경景　景品(경:품), 景雲(경:운) 景慕(경:모) 등 '상서롭다, 우러르다'의 뜻을 지닌
말, 景武臺(경:무대) 景福宮(경:복궁) 등 궁궐명, 인명, 지명, 연호(年號) 등
은 長音. 景槪(경개) 景氣(경기) 景物(경물) 景致(경치) 등 '볕, 경치'의 뜻을
지닌 말, 景況(경황) 景印本(경인본) 景風(경풍) 景天(경천) 景行(경행) 등
은 短音.

계契　契(설) 契丹(글안) 契闊(결활) 등 '설, 글, 결'음은 短音. 契機(계:기) 契約
(계:약) 등 '계'음은 長音.

고故　故로(고로) 故鄕(고향)을 제외하고는 모두 長音.

고考　考妣(고:비), 考古(고:고) 考究(고:구)의 '연구'의 뜻이 담긴 말, 考査(고:사)
考試(고:시) 考課(고:과)의 '시험' 관련된 말은 長音. 기타는 短音

고固　지명 固城(고:성)을 제외하고는 모두 短音.

공恐　恐怖(공포)를 제외하고 모두 長音.

과課　課稅(과:세)를 제외하고 課業(과업) 課程(과정) 課題(과제) 등 기타 말은 短
音.

과菓　菓品(과:품)을 제외하고 菓子(과자) 등 기타 말은 短音.

관貫　貫珠(관:주) 貫革(관:혁)은 長音. 貫流(관류) 貫通(관통) 貫鄕(관향) 貫徹(관
철) 등 기타 말은 短音.

괴怪　怪怪(괴괴) 怪常(괴상) 怪惡(괴악) 怪異(괴이) 怪歎(괴탄)을 제외하고 모두
長音.

구口　口文(구문) 口錢(구전)만 短音. 기타는 長音.

구具　具氏(구:씨)의 姓氏일 때만 長音. 기타는 短音.

구嘔	嘔吐(구:토)는 長音. 기타는 短音.
권卷	卷煙(궐:련)을 예외로 하고, 기타는 短音.
근勤	勤苦(근고) 勤仕(근사) 勤事(근사)를 예외로 하고, 기타는 長音.
긍亘	亘古(긍고) 등 '긍'음은 長音. '선'음은 短音.
난難	難堪(난:감) 難色(난:색) 難處(난:처) 難兄難弟(난:형난제)를 제외하면 대체로 短音.
단短	短距離(단거리) 短點(단점) 短縮(단축)을 제외하면 대체로 長音.
당唐	唐突(당:돌)을 예외로 하고 기타는 短音.
대大	大邱(대구) 大田(대전) 大口(대구) 大宗孫(대종손) 大斗(대두) 大文(대문), 大佛(대불)을 제외하고는 모두 長音.
대帶	帶狀(대상) 帶率(대솔)을 제외하고는 대체로 長音.
도度	度外(도외)를 제외하고는 모두 長音. 度支部(탁지부) 등 '탁'음은 短音. 참고로 度外(도외)가 短音이면 그에 딸린 度外視, 度外置之 등은 마찬가지로 短音이 됨.
도盜	盜跖(도:척)을 예외로 하고 모두 短音.
동冬	冬瓜(동과) 冬葵(동규) 冬臘月(동납월) 冬柏(동백) 冬白蝦(동백하) 冬芽(동아) 冬衣(동의) 冬至(동지) 冬胞子(동포자) 冬灰(동회)를 제외하고는 모두 長音.
동童	童蒙(동몽)을 예외로 하고 기타는 長音.
랑浪	浪太(낭태)를 예외로 하고 기타는 長音.
래來	來生(내:생) 來世(내:세) 來月(내:월) 來週(내:주) 來秋(내:추) 來春(내:춘) 來夏(내:하) 來學期(내:학기) 來學年(내:학년) 등 '다음, 돌아오는'의 뜻을 지닌 말은 長音. 來客 來貢 來到 來訪 來賓 來聘 來社 來孫 來襲 來信 來謁 來演 來往 來遊 來電 來店 來朝 來住 來着 來聽 來便 來韓 來航 來現 來會는 長音. 기타는 短音. '다음, 돌아오는'의 뜻을 지닌 말 중에서도 來年(내년) 來日(내일)은 短音.
령令	令監(영:감)을 제외하고는 모두 短音.
로露	露積(노:적)을 예외로 하고 모두 短音.
롱籠	籠球(농:구) 籠絡(농:락)을 제외하고는 대부분 短音.
료料	料理(요리) 料食(요식) 料亭(요정) 등 '요리' 관련 말, 料量(요량) 料察(요찰) 등 '헤아림'의 뜻을 지닌 말은 短音. 料金(요:금) 料給(요:급) 料祿(요:록) 料率(요:율) 등 '돈, 봉급' 관련된 말은 長音.
류柳	柳氏(유씨)의 성씨는 短音. 柳京(유경) 柳眉(유미)는 短音. 기타는 대부분 長音.
류類	類달리(유달리)는 短音. 기타는 長音.
마麻	麻雀(마:작)은 예외, 기타는 短音.
만滿	滿洲(만주) 滿淸(만청) 滿鐵(만철) 滿軍(만군) 滿蒙(만몽) 滿文(만문) 滿字(만자) 등 滿洲와 관련된 漢字語, 滿나이(만나이) 滿年齡(만연령) 등 滿나이와 관련된 漢字語, 滿干(만간) 滿期(만기) 滿喫(만끽) 滿了(만료) 滿滿(만만) 滿腹(만복) 滿朔(만삭) 滿살窓(만살창) 滿水(만수) 滿員(만원) 滿願(만

원) 滿溢(만일) 滿點(만점) 滿足(만족) 滿幅(만폭) 滿艦飾(만함식) 滿瑚臺
(만호대) 滿瑚杯(만호배)는 短音. 기타는 長音.

매 賣 賣買(매매)를 제외하고 모두 長音.

매 每 每양(←常) 每日(매일)을 제외하고 모두 長音.

맹 孟 孟浪(맹랑)을 제외하고 모두 長音.

면 緬 緬羊(면양) 緬然(면연) 緬甸(면전)을 제외하고 모두 長音.

모 侮 侮辱(모욕)을 제외하고 모두 長音.

목 木 木瓜(모:과)는 장음. '목'음은 모두 短音.

무 撫 憮摩(무마)를 제외하고 모두 長音.

문 聞 聞慶(문경)을 제외하고 모두 長音.

미 美 美國(미국) 美人(미인─ 미국인) 美軍(미군) 美機(미기) 美弗(미불) 美貨(미
화) 등 美國과 관련된 漢字語는 短音. 美濃紙(미농지) 美德島(미덕도) 美川
王(미천왕)은 短音. 기타는 長音.

미 迷 迷亂(미란) 迷失(미실) 迷兒(미아) 迷鳥(미조) 迷走(미주) 迷彩(미채) 迷惑
(미혹)은 短音. 迷見(미:견) 迷境(미:경) 迷界(미:계) 迷宮(미:궁) 迷途(미:
도) 迷路(미:로) 迷妄(미:망) 迷夢(미:몽) 迷想(미:상) 迷信(미:신)은 長音.

미 未 未安(미안)을 제외하고 모두 長音.

방 彷 彷佛(방:불)은 장음. 彷徨(방황) 등 기타는 短音.

방 放 放學(방학)은 예외, 기타는 長音.

배 倍 倍達(배달)은 短音. 기타는 長音.

범 凡 凡氏(범씨)의 姓氏는 短音. 凡節(범절)은 短音, 기타는 長音.

병 屛 屛迹(병:적)은 장음, 기타는 短音.

보 保 保單子(보단자) 保手(보수) 保人(보인) 保證(보증) 등 '보증서는 것'과 관련
된 한자어는 短音. 기타는 長音.

복 復 復刊(복간) 復古(복고) 復歸(복귀) 復學(복학) 등 '복'음은 短音. 復活(부:활)
復興(부:흥) 등 '부'음은 長音.

부 敷 敷敎(부:교) 敷設(부:설) 敷衍(부:연)은 長音. 敷地(부지) 등 기타는 短音.

부 府 府君(부:군) 府制(부:제)는 長音. 기타는 短音.

부 符 符信(부:신) 符作(부:작) 符籍(부:적) 符識(부:첨) 符合(부:합) 符號(부:호)는
長音. 符節(부절) 등 기타는 短音.

부 附 附子(부자)는 短音. 기타는 長音.

북 北 '북'은 短音. '배'음은 長音이나 國語에 해당 용어 없음.

분 分 分數(분:수) 分內(분:내) 分外(분:외) 分義(분:의) 分際(분:제) 分限(분:한)
등 지위에 맞는 한도로서의 '분수'와 관련된 漢字語는 長音. 分福(분:복) 分付
(분:부/吩咐) 分量(분:량)은 長音. 分配(분배) 分數(분수;수학) 등 기타는 短
音.

분 粉 粉紅(분:홍)을 제외하고 모두 短音.

비 泌 泌尿(비:뇨) 泌乳(비:유) 등 '비'음은 長音. '필'음은 短音이나 國語에 해당 漢
字語 없음.

비非	非但(비단) 非才(비재)는 短音. 기타는 長音.
비沸	沸水(불수) 沸波(불파) 등 '불'音은 短音. 沸騰(비등) 沸涌(비용) 등 '비'音은 長音.
비脾	脾髓(비:수)는 長音. 기타는 短音.
사寺	寺門(사문) 寺院(사원) 寺刹(사찰) 등 '사'音은 短音. 寺奴婢(시노비) 寺人(시인) 寺正(시정) 등 시'音은 長音.
사思	思想(사:상)은 長音. 기타는 短音.
사獅	獅孫(사손)은 短音. 獅子(사:자)는 長音.
사射	射場(사:장) 射亭(사:정)은 長音. 기타는 短音.
사瀉	瀉材(사:재) 瀉劑(사:제) 瀉血(사:혈)은 長音. 瀉藥(사약) 등 기타는 短音.
사仕	仕宦(사:환)은 長音. 기타는 短音.
살殺	殺氣(살기) 殺伐(살벌) 殺傷(살상) 등 '살'音은 短音. 殺到(쇄:도) 등 '쇄'音은 長音.
상喪	喪配(상:배) 喪夫(상:부) 喪偶(상:우) 喪妻(상:처)는 長音. 기타는 短音.
상尙	尙氏(상씨)의 姓氏는 短音. 尙宮(상궁) 尙父(상보) 尙門(상문) 등 벼슬과 官廳名은 短音. 尙州(상주) 등 地名은 短音. 尙友(상우) 尙子(상자) 尙齒(상치)는 短音. 尙古 尙農 尙德 尙禮 尙武 尙文 尙商派 尙志 尙靑 尙賢 尙好 등 '숭상하다, 높이다, 좋아하다' 등의 뜻이 담긴 말은 대부분 長音. 尙未晚(상:미만) 尙有良心(상:유양심) 尙早(상:조) 尙饗(상:향) 등 '아직, 오히려' 등의 뜻이 담긴 말은 長音. 尙論(상:론)은 長音.
상狀	狀態(상태) 狀況(상황) 등 '상'音은 短音. 狀啓(장:계) 狀頭(장:두) 등 '장'音은 長音.
서嶼	國語에 실례 없음.
서徐	徐氏(서씨)의 姓氏는 短音. 徐羅伐(서라벌) 등의 國名이나 地名은 短音. 기타 '천천히' 등의 뜻이 담긴 말은 모두 장음. [장] 徐步(서:보) 徐徐(서:서)히 徐行(서행)
설說	說明(설명) 說往說來(설왕설래) 說樂(열락) 등 '설'과 '열'音은 短音. 說客(세:객) 등 '세'音은 長音.
소燒	燒餠(소:병) 燒紙(소:지)는 長音. 기타는 短音.
소素	素氏(소:씨)의 姓氏는 長音. 素物(소:물) 素服(소:복) 素饌(소:찬) 素症(소:증) 素琴(소:금) 素英(소:영) 등 "꾸밈없는" 관련 뜻의 말은 長音. 素氣(소:기)는 長音. 素問(소:문) 素官(소:관) 등 號, 벼슬이름, 책이름 관련 말은 長音. 素朴(소박)은 短音. 素量(소:량) 素粒子(소:립자) 등 단위와 관련된 말은 長音. 素貧(소빈) 素數(소수) 素質(소질) 素餐(소찬) 등 '본디, 평소' 등의 뜻이 담긴 말은 短音.
소掃	掃除(소:제) 掃地(소:지) 掃天表(소:천표)는 長音. 기타는 短音.
손孫	後孫의 준말인 孫(손:)을 제외하고 모두 短音.
수手	手巾(수:건)을 제외하고 모두 短音.
수受	受苦(수:고)를 제외하고 모두 短音.
수數	數罟(촉고) 數尿症(삭뇨증) 등 '촉'과 '삭'音은 短音. 數量(수량) 數學(수학)

등 '수'음은 長音.

| 숙宿 | 宿根(숙근) 宿德(숙덕) 宿命(숙명) 宿食(숙식) 등 '숙'음은 短音. 宿曜(수요)의 '수'음은 長音. |

숙宿　宿根(숙근) 宿德(숙덕) 宿命(숙명) 宿食(숙식) 등 '숙'음은 短音. 宿曜(수요)의 '수'음은 長音.

시試　試合(시합) 試驗(시험)을 제외하고 모두 長音.

심審　審藥(심:약) 審議(심:의) 審判(심:판)을 제외하고 모두 短音.

아亞　亞歐(아구) 亞細亞(아세아) 亞州(아주) 등 音譯語, 亞麻(아마)의 풀이름, 亞鉛(아연)의 광물이름 말은 短音. 기타 亞綱(아:강) 亞灌木(아:관목) 亞炭(아:탄) 등의 생물과 화학물질 관련 용어, 亞房(아:방) 亞將(아:장) 등 벼슬 관련 용어, 亞流(아:류) 亞聖(아:성) 등 '버금'의 뜻을 지닌 말 등은 모두 長音.

아雅　雅淡(아담) 제외, 기타는 長音.

아啞　啞鈴(아:령)을 제외하고 모두 短音.

안按　按摩(안마) 按酒(안주)를 제외하고, 기타는 長音.

애愛　愛國(애국) 愛人(애인) 愛情(애정) 愛酒(애주)를 제외, 기타는 長音.

양襄　襄氏(양씨)의 姓氏는 短音. 襄公(양공) 등 인명은 短音. 襄荷(양하)의 풀이름은 短音. 襄陽(양양)의 지명은 短音. 기타는 長音, 특히 襄禮(양:례) 襄奉(양:봉) 등 장례 관련 용어는 長音.

역易　易數(역수) 易理(역리) 易學(역학) 등 '역'음은 短音. 易行(이:행) 등 '이'음은 長音.

연燕　燕山君(연산군) 燕京(연경) 燕行(연행) 등 人名, 地名 관련 용어는 短音. 기타는 長音

연沿　沿革(연:혁)을 제외, 기타는 短音.

영映　映寫(영사) 映像(영상) 映畫(영화) 등 영화 관련 용어는 短音. 기타는 長音.

오梧　梧島(오:도)는 예외, 기타는 短音.

오奧　奧陶系(오도계) 奧密稠密(오밀조밀)은 短音. 기타는 長音.

완阮　阮國(원국)의 국명은 短音. 기타 '완'음은 모두 長音.

완腕　腕力(완력)은 短音. 기타는 長音.

왕汪　汪氏(왕씨)의 姓氏는 短音. 기타는 長音.

요要　要緊(요긴) 要領(요령) 要事(요사) 要素(요소) 要所(요소) 要約(요약)은 短音. 기타는 長音.

우禹　禹氏(우:씨)의 姓氏는 長音. 기타는 短音.

원怨　怨讐(원수)는 短音. 기타는 長音.

원冤　冤痛(원통)은 短音. 기타는 長音.

위爲　爲人(위:인—사람을 위함) 등 '爲(위:)하다'의 뜻은 長音. 爲人(위인—사람됨) 등 기타는 短音.

음飮　飮毒(음독) 飮料(음료)는 短音. 기타는 長音.

응鷹　鷹德嶺(응:덕령) 鷹峰山(응:봉산) 鷹岩洞(응:암동) 등 지명은 長音. 기타는 短音.

의議　議政府(의:정부)는 長音. 기타는 短音.

임任　任氏(임씨)의 姓氏는 短音. 기타는 長音.

자煮　　煮繭(자견) 煮沸(자비)는 短音. 기타는 長音.

자刺　　刺殺(척살) 등 '척'音은 短音. 刺戟(자:극) 刺客(자:객) 등 '자'音은 長音.

잠暫　　暫時(잠:시)는 長音. 기타는 短音.

장杖　　杖鼓(장고_장구)를 제외하고 모두 長音.

장長　　長官(장:관) 長老(장:로) 長成(장:성) 長者(장:자) 등 '어른, 맏이, 우두머리'의 뜻이 담긴 말은 모두 長音. 기타는 '길다'의 뜻을 지닌 말 포함 모두 短音.

장將　　將校(장:교) 將帥(장:수) 將兵(장:병) 將星(장:성) 등 '장수, 장군'의 뜻이 담긴 말은 將軍(장군)만 제외하고 모두 長音. 기타는 將氏(장씨)의 姓氏 포함 모두 短音.

장奬　　奬忠壇(장충단) 奬忠洞(장충동) 등 지명은 短音. 기타는 長音.

저著　　著押(착압) 등 '착'音은 短音. 著書(저서) 著述(저술) 著者(저자) 등 '저'音은 長音.

전剪　　剪燈新話(전등신화) 剪裁(전재)는 短音. 기타는 長音.

전煎　　煎餅(전병) 煎油魚(전유어)는 短音. 기타는 長音.

전銓　　銓衡(전형)은 短音. 기타는 長音.

점占　　占卦(점괘) 占卜(점복) 占術(점술) 등 '점치는 것'과 관련된 말은 短音. 占據(점:거) 占領(점:령) 占有(점:유) 등 '차지하다, 점령하다'의 뜻을 지닌 말은 長音.

점點　　點心(점:심)은 長音. 기타는 短音.

정靖　　靖國(정:국)을 제외하고 기타는 短音.

정正　　正月(정월) 正日(정일) 正朝(정조) 正初(정초) 등 '정월, 설날' 관련 말은 短音. 기타는 '바르다'의 뜻 포함 모두 長音.

정井　　井邑詞(정:읍사)는 長音. 기타는 短音.

조操　　操鍊(조:련) 操練(조:련) 操船(조:선) 操心(조:심) 操典(조:전) 操車(조:차) 操舵(조:타)는 長音. 기타는 短音.

종種　　種犬(종견) 種鷄(종계) 種子(종자) 種豚(종돈) 種族(종족) 등 '씨'와 관련된 말은 短音. 기타 種類(종:류) 種目(종:목) 種別(종:별) 등 사물의 갈래와 관련된 말 포함 모두 長音.

종從　　從弟(종:제) 從祖(종:조) 從姪(종:질) 從兄(종:형) 등 친척과 관련된 말은 長音. 기타는 短音.

주酒　　酒酊(주:정)은 長音. 기타는 短音.

주奏　　奏效(주효)는 短音. 기타는 長音.

중仲　　仲氏(중:씨) 仲兄(중:형) 仲父(중:부) 등 친인척 관련 말은 모두 長音. 仲介(중개) 仲媒(중매) 仲秋(중추) 등 기타는 短音.

증症　　화증(火症)의 뜻으로서의 症(증:)[예 症 나다.]을 제외하고 모두 短音.

진津　　津氣(진:기)는 長音. 기타는 短音.

진鎭　　鎭南浦(진남포)의 지명은 短音. 鎭靜(진정) 鎭魂(진혼)은 短音. 기타는 長音.

진陳　　陳列(진:열) 陳設(진:설) 陳述(진:술) 등 '베풀다, 벌이다'의 뜻이 담긴 말은 모두 長音. 陳腐(진부) 등 '묵다, 낡다' 등의 뜻이 담긴 말 포함 기타는 短音.

차遮	遮額(차액) 遮陽(차양) 遮掩(차엄) 遮容(차용) 遮音(차음) 遮日(차일) 遮彈(차탄) 遮湖(차호)는 短音. 遮戒(차:계) 遮光(차:광) 遮斷(차:단) 遮當(차:당) 遮道(차:도) 遮燈(차:등) 遮路(차:로) 遮面(차:면) 遮壁(차:벽) 遮水(차:수) 遮惡(차:악) 遮遏(차:알) 遮障(차:장) 遮詮(차:전) 遮情(차:정) 遮罪(차:죄) 遮止(차:지) 遮蔽(차:폐)는 長音.
참斬	斬奸(참간) 斬級(참급) 斬新(참신)은 短音. 기타는 長音.
참站	站運(참운)은 短音. 기타는 長音.
창昌	昌慶苑(창경원) 昌德宮(창덕궁) 昌盛(창성)은 長音, 昌寧(창녕) 昌平(창평) 등 기타는 短音.
창娼	娼女(창:녀) 娼婦(창:부)는 長音. 娼家(창가) 娼妓(창기) 등 기타는 短音.
창倉	倉卒(창:졸)은 長音. 기타는 短音.
침沈	沈氏(심:씨) 沈淸(심:청)의 姓氏는 長音. 沈溺(침닉) 沈淪(침륜) 沈默(침묵) 沈潛(침잠) 沈澱(침전) 沈靜(침정) 沈重(침중) 沈醉(침취)는 長音. 沈降(침강) 沈柿(침시) 沈鬱(침울) 沈積(침적) 沈着(침착) 沈滯(침체) 沈痛(침통)은 短音.
침針	針小棒大(침소봉대) 針葉樹(침엽수) 등 '바늘' 관련 말은 短音. 針母(침:모) 針房(침:방) 針線(침:선) 등 '바느질' 관련 말은 長音.
토吐	吐露(토로) 吐하다(토하다) 吐手(*토시)는 短音. 吐谷渾(토욕혼) 吐魯蕃(토로번) 吐蕃(토번) 吐渾(토혼) 吐解尼師今(토해이사금) 등 音譯語, 人名, 國名 등은 短音. 吐根(토:근) 吐瀉(토:사) 吐血(토:혈) 등 기타는 長音.
토討	討伐(토벌) 討滅(토멸) 討食(토식) 討破(토파) 등 '치다'의 뜻이 담긴 말은 短音. 討論(토:론) 討議(토:의) 등 '따지고, 의견을 나누는' 개념의 말은 長音.
파跛	跛蹇(파건) 跛行(파행) 등 '파'음은 短音. 跛立(피립) 跛倚(피의) 등 '피'음은 長音.
파播	播說(파:설) 播種(파:종) 播遷(파:천)은 長音. 기타는 短音.
편便	便紙(편:지)는 長音. 기타는 短音.
편片	片紙(편:지)는 長音. 기타는 短音.
포包	包匣(포갑) 包囊(포낭) 包袋(포대) 包絡(포락) 包裝(포장) 包藏(포장) 包紙(포지) 包皮(포피) 包含(포함) 包涵(포함) 包背裝(포배장) 包子(포자) 包藏禍心(포장화심) 包懷(포회)는 短音. 包莖(포:경) 包裹(포:과) 包括(포:괄) 包攝(포:섭) 包容(포:용) 包圍(포:위) 包有(포:유) 包領(포:령)은 長音.
포布	布木(포목) 布笠(포립) 布網(포망) 布衣寒士(포의한사) 등 '베'의 뜻을 지닌 말은 短音. 布告(포:고) 布石(포:석) 布陣(포:진) 등 '알리다, 벌이다' 개념의 말은 長音.
포胞	胞胎(포:태)는 長音. 기타는 短音.
폭暴	暴徒(폭도) 暴露(폭로) 暴行(폭행) 등 '폭'음은 短音. 暴惡(포:악) 暴虐(포:학) 등 '포'음은 長音.
하荷	荷物(하:물) 荷役(하:역)은 長音. 기타는 短音.
한韓	韓國(한:국) 韓服(한:복) 韓族(한:족) 등 '나라, 종족'과 관련된 말은 長音. 기타 韓氏(한씨) 韓山(한산) 등 '姓氏, 地名' 관련 어휘 등은 모두 短音.
한汗	汗國(한국) 汗黨(한당)은 短音. 기타 汗馬(한:마) 汗衫(한:삼) 汗蒸(한:증)

汗疹(한:진) 등 '땀' 관련 말은 모두 長音.

행行 行實(행:실)은 長音. 기타는 短音.

호號 號角(호각)은 短音. 기타는 長音.

호虎 虎班(호반)은 短音. 기타는 長音.

화畫 畫順(획순) 畫一(획일) 畫策(획책) 등 '획'音은 短音. 畫家(화:가) 畫幅(화:폭) 등 '화'音은 長音.

화火 火曜(화요)는 短音. 기타는 長音.

화化 化學(화학) 化粧(화장)은 短音. 기타는 長音.

환環 環境(환:경)은 長音. 기타는 短音.

흥興 興味(흥:미) 興趣(흥:취) 등 '즐거운 감정'의 뜻을 지닌 말은 모두 長音. 興亡(흥:망)은 長音. 興氏(흥씨)의 姓氏, 興南(흥남) 등 地名, 興盛(흥성) 등 기타는 短音.

동자다음 한자어(同字多音 漢字語)

賈	성(姓) 가 ┃ 장사 고	賈島(가도) 賈船(고선) 商賈(상고)
干	방패 간 ┃ 벼슬아치 한	干戈(간과) 若干(약간) 干支(한지) 阿干(아한) 鹽干(염한)
喝	꾸짖을 갈 ┃ 꾸짖을 할	喝破(갈파) 恐喝(공갈) 傳喝(전갈) 喝食(할식) 喝參(할참) 喝火(할화)
降	내릴 강: ┃ 항복할 항	降等(강등) 降伏(항복) 降雨(강우) 投降(투항)
醵	추렴할 거: ┃ 추렴할 갹	醵金(거금/갹금) 醵飲(거음/갹음) 醵出(거출/갹출)
車	수레 거 ┃ 수레 차	客車(객차) 車庫(차고) 車馬(거마) 人力車(인력거)
乾	하늘/마를 건 ┃ 마를 간	乾坤(건곤) 乾濕(건습) 乾木水生(간목수생) 乾淨(간정) 白乾蠶(백간잠)
見	볼 견: ┃ 뵈올 현:	見聞(견문) 見積(견적) 見齒(현치) 發見(발견) 謁見(알현) 朝見(조현)
結	맺을 결 ┃ 상투 계	結實(결실) 締結(체결) 魋結(추계) 椎結(추계)
更	고칠 경 ┃ 다시 갱:	更生(갱생) 更新(갱신) 更張(경장) 變更(변경)
契	맺을 계: ┃ 근고할 결 ┃ 나라이름 글 ┃ 사람이름 설	契機(계기) 契約(계약) 契(설) 契丹(글안) 契闊(결활)
告	고할 고: ┃ 고할 곡	告白(고백) 廣告(광고) 出必告(출필곡)
叩	두드릴 고 ┃ 두드릴 구	叩頭(고두) 叩扉(고비) 叩解(구해)
鵠	고니/과녁 곡 ┃ 고니 혹	鵠志(곡지) 鴻鵠(홍곡) 寡鵠(과혹)
谷	골 곡 ┃ 나라이름 욕	溪谷(계곡) 吐谷渾(토욕혼)
汨	골몰할 골 ┃ 물이름 멱	汨董(골동) 汨沒(골몰) 汨羅(멱라) 汨水(멱수)
廓	둘레 곽 ┃ 클 확	廓開(확개) 廓大(확대) 城廓(성곽) 外廓(외곽)

串	꿸 관 ㅣ 땅 이름 곶	石串洞(석관동) 魚串(어관) 長山串(장산곶) 竹串島(죽곶도)
較	견줄 교 ㅣ 견줄 각	較量(교량) 計較(계교) 獵較(엽각/엽교)
龜	거북 구 ㅣ 거북 귀 ㅣ 터질 균	龜鑑(귀감) 龜裂(균열) 龜旨歌(구지가)
蹶	일어설/넘어질 궐 ㅣ 움직일 궤	蹶起(궐기) 蹶蹶(궤궤) 驚蹶(경궐) 顚蹶(전궐)
金	쇠 금 ㅣ 성(姓) 김	金賞(금상) 純金(순금) 金氏(김씨)
涅	열반(涅槃) 녈 ㅣ 검은 물들일 날	涅槃(열반) 涅而不緇(날이불치)
茶	차 다 ㅣ 차 차	茶道(다도) 茶房(다방) 綠茶(녹차) 紅茶(홍차)
單	홀 단 ㅣ 오랑캐임금 선	簡單(간단) 單純(단순) 食單(식단) 單于(선우)
大	큰 대(:) ㅣ 큰 태:	大捷(대첩) 擴大(확대) 大保(태보) 大僕(태복) 大傅(태부) 大社(태사)
跳	뛸 도 ㅣ 뛸 조	跳馬(도마) 跳躍(도약) 幅跳(폭도) 跳驅(조구) 跳騰(조등) 魚跳(어조)
度	법도 도(:) ㅣ 헤아릴 탁	角度(각도) 軌度(궤도) 度支(탁지) 預度(예탁)
讀	읽을 독 ㅣ 구절 두	講讀(강독) 購讀(구독) 句讀點(구두점) 吏讀(이두)
頓	조아릴 돈: ㅣ 무딜 둔: ㅣ 흉노왕이름 돌	頓悟(돈오) 挫頓(좌돈) 沈頓(침둔) 冒頓(묵돌)
洞	골 동: ㅣ 밝을 통:	洞長(동장) 洞達(통달) 洞察(통찰) 洞燭(통촉) 洞穴(동혈)
兜	투구 두 ㅣ 도솔천(兜率天) 도	兜率(도솔) 兜轎(두교) 兜籠(두롱) 兜侵(두침)
懶	게으를 라: ㅣ 게으를 란:	懶慢(나만) 懶怠(나태) 慵懶(용란)
樂	즐길 락 ㅣ 노래 악 ㅣ 좋아할 요	苦樂(고락) 管絃樂(관현악) 極樂(극락) 樂曲(악곡) 樂山樂水(요산요수)
驪	검은말 려 ㅣ 검은말 리	驪州(여주) 驪駒曲(이구곡) 驪龍(이룡) 驪珠(이주)
礫	조약돌 력 ㅣ 조약돌 륵	沙礫(사력) 瓦礫(와력) 瓦礫(와륵)
逞	쾌할 령 ㅣ 쾌할 정	逞欲(영욕) 不逞(불령) 逞志(정지)
隷	종 례: ㅣ 종 예:	直隷(직례) 賤隷(천례) 衙隷(아례) 家隷(가예) 奴隷(노예) 僕隷(복예)
綸	벼리 륜 ㅣ 관건 관	綸巾(윤건) 綸命(윤명) 修綸(수륜) 綸巾(관건)
率	비율 률 ㅣ 거느릴 솔	輕率(경솔) 能率(능률) 率先(솔선) 率直(솔직) 利率(이율) 稅率(세율)
免	면할 면: ㅣ 상복 문	免稅(면세) 贖免(속면) 祖免(단문)
冒	무릅쓸 모 ㅣ 선우이름 묵	冒稱(모칭) 冒險(모험) 冒頓(묵돌)
牡	수컷 모 ㅣ 수컷 무	牡牛(모우) 肥牡(비모) 牡痔(무치) 一牡多牝(일무다빈)
畝	이랑 무: ㅣ 이랑 묘:	頃畝法(경무법) 田畝(전묘)
磻	반계(磻溪) 반 ㅣ 반계 번	磻溪(반계) 碌磻洞(녹번동)

泛	뜰 범: | 엎을 봉:	泛宅(범택) 浮泛(부범) 泛駕之馬(봉가지마)
洑	보 보 | 스며 흐를 복	洑稅(보세) 洑主(보주) 洑流(복류) 湍洑(단복)
覆	덮을 복(부) | 다시 복	覆刻(복각) 覆蓋(복개) 覆面(복면) 覆育(부육) 覆翼(부익)
輻	바퀴살 복 | 바퀴살 폭	輻射(복사) 輻輳(폭주) 輪輻(윤복) 車輻(거폭)
伏	엎드릴 복 | 새알품을 부	蟄伏(칩복) 降伏(항복) 伏鷄(부계)
復	회복할 복 | 다시 부:	光復(광복) 復舊(복구) 復活(부활) 復興(부흥)
棒	막대 봉 | 막대 방	棍棒(곤봉) 鐵棒(철봉) 棒戲(방희) 棍棒(곤방) 擊棒(격방) 一棒(일방)
否	아닐 부: | 막힐 비:	可否(가부) 否認(부인) 安否(안부) 否塞(비색) 否運(비운)
父	아비 부 | 남자미칭 보	父親(부친) 嶽父(악부) 尙父(상보) 漁父(어보) 尼父(이보) 古公亶父(고공단보)
北	북녘 북 | 달아날 배:	北極(북극) 越北(월북) 敗北(패배)
沸	끓을 비: | 용솟음할 불	沸騰(비등) 沸湯(비탕) 沸沫(불말) 沸泉(불천)
馮	탈(乘) 빙 | 성(姓) 풍	馮氣(빙기) 馮河(빙하) 馮夷(풍이) 馮氏(풍씨)
寺	절 사 | 내관(內官) 시:	寺刹(사찰) 山寺(산사) 寺正(시정) 九寺(구시)
殺	죽일 살 | 감할/빠를 쇄:	殺蟲(살충) 暗殺(암살) 減殺(감쇄) 惱殺(뇌쇄) 相殺(상쇄) 殺到(쇄도)
狀	형상 상 | 문서 장:	告訴狀(고소장) 年賀狀(연하장) 狀態(상태) 症狀(증상)
塞	막힐 색 | 변방 새	拔本塞源(발본색원) 塞翁之馬(새옹지마) 要塞(요새) 閉塞(폐색)
索	찾을 색 | 노(새끼줄) 삭	檢索(검색) 思索(사색) 索道(삭도)鐵索(철삭)
羨	부러워할 선: | 무덤길 연:	羨望(선망) 羨慕(선모) 羨道(연도) 羨門(연문)
說	말씀 설 | 달랠 세: | 기쁠 열	槪說(개설) 浪說(낭설) 遊說(유세) 說樂(열락)
省	살필 성 | 덜 생	歸省(귀성) 反省(반성) 省略(생략)
衰	쇠할 쇠 | 상복 최	盛衰(성쇠) 衰落(쇠락) 斬衰(참최)
數	셈 수: | 자주 삭 | 빽빽할 촉	計數(계수) 級數(급수) 疏數(소삭) 煩數(번삭) 數罟(촉고)
帥	장수 수 | 거느릴 솔	將帥(장수) 統帥(통수) 帥師(솔사) 帥先(솔선)
宿	잘 숙 | 별자리 수:	露宿(노숙) 留宿(유숙) 星宿(성수) 宿願(숙원) 辰宿(진수)
拾	주울 습 | 열 십	收拾(수습) 拾得(습득) 拾萬(십만)
食	밥/먹을 식 | 밥 사	間食(간식) 食糧(식량) 菜食(채식) 簞食(단사)
識	알 식 | 기록할 지	鑑識(감식) 面識(면식) 博識(박식)識別(식별) 標識(표지)

什	열 사람 십 │ 세간 집	什吏(십리) 什長(십장) 什具(집구) 什器(집기)
氏	각시/성씨(姓氏) 씨 │ 나라이름 지	某氏(모씨) 姓氏(성씨) 氏族(씨족) 月氏(월지)
惡	악할 악 │ 미워할 오	發惡(발악) 善惡(선악) 憎惡(증오) 嫌惡(혐오)
縊	목맬 액 │ 목맬 의	縊刑(액형) 絞縊(교액) 縊架(의가)
若	같을 약 │ 반야 야	萬若(만약) 明若觀火(명약관화) 般若心經(반야심경)
於	어조사 어 │ 탄식할 오	甚至於(심지어) 於焉間(어언간) 於乎(오호)
易	바꿀 역 │ 쉬울 이:	簡易(간이) 貿易(무역) 易經(역경) 容易(용이)
葉	잎 엽 │ 고을이름 섭	枯葉(고엽) 葉書(엽서) 枝葉(지엽) 迦葉(가섭)
豫	미리 예: │ 미리 여	豫感(예감) 豫探(여탐)
莞	빙그레할 완 │ 왕골 관	莞島(완도) 莞蒲(관포)
阮	성(姓) 완: │ 나라이름 원	阮元(완원) 阮籍(완적) 阮咸(완함) 阮國(원국)
宛	완연할 완 │ 나라이름 원	宛然(완연) 宛轉(완전) 大宛(대원)
歪	기울 왜 │ 기울 외	舌歪(설왜) 歪曲(왜곡) 歪調(외조)
茸	풀날 용: │ 버섯 이:	茸茂(용무) 鹿茸(녹용) 茸巖(이암) 眞茸(진이)
蔚	고을이름/우거질 울 │ 익모초/우거질 위	蔚山(울산) 蔚珍(울진) 蔚興(울흥) 彬蔚(빈위) 芃蔚(충위)
咽	목구멍 인 │ 목 멜 열 │ 삼킬 연	咽喉(인후) 咽塞(열색) 呑咽(탄연)
佚	편안 일 │ 질탕 질	佚樂(일락) 佚蕩(질탕) 安佚(안일)
炙	구울 자 │ 구울 적	炙膾(적회) 魚炙(어적) 親炙(친자) 膾炙(회자)
刺	찌를 자: │ 찌를 척	刺客(자객) 刺殺(척살)
滓	찌끼 재 │ 찌끼 자	滓穢(재예) 酒滓(주자)
著	나타날 저: │ 붙을 착	論著(논저) 名著(명저) 著名(저명) 著述(저술) 著押(착압)
躇	머뭇거릴 저 │ 건너뛸 착	躇階(착계) 躊躇(주저)
切	끊을 절 │ 온통 체	斷切(단절) 一切(일절/일체) 適切(적절) 切親(절친)
諸	모두 제 │ 어조사 저	諸國(제국) 諸賢(제현) 諸侯(제후) 忽諸(홀저) 居諸(거저)
稠	빽빽할 조 │ 빽빽할 주	稠密(조밀) 稠濁(조탁) 稠疊(주첩) 稠人廣衆(주인광중)
枳	탱자 지 │ 탱자 기 │ 해칠 기	枳殼(지각/기각) 橘化爲枳(귤화위지) 枳塞(기색) 枳礙(기애)
辰	별 진 │ 때 신	辰星(진성) 生辰(생신) 日辰(일진) 誕辰(탄신)
斟	짐작할 짐 │ 술부을 침	斟問(짐문) 斟酌(짐작) 斟量(침량) 斟酒(침주)
徵	부를 징 │ 화음 치	象徵(상징) 徵兵(징병) 特徵(특징) 徵調(치조) 宮商角徵羽(궁상각치우)
差	다를 차 │ 어긋날 치 │ 부릴 채	誤差(오차) 差別(차별) 參差(참치) 差備(채

비)

鑿	뚫을 착 | 구멍 조	鑿巖(착암) 掘鑿(굴착) 圓鑿(원조)
參	참여할 참 | 석 삼	古參(고참) 持參(지참) 參觀(참관) 參拾(삼십)
菖	창포 창 | 창포 장	菖蒲(창포) 白菖(백창) 石菖蒲(석장포) 菖蒲(장포)
拓	넓힐 척 | 박을 탁	干拓(간척) 開拓(개척) 拓本(탁본)
帖	문서 첩 | 체지 체	帖文(첩문) 墨帖(묵첩) 帖紙(체지) 招帖(초체)
推	밀 추 | 밀 퇴	推尋(추심) 推讓(추양) 推敲(퇴고) 推窓(퇴창)
槌	칠(擊) 추 | 방망이 퇴	槌鑿(추착) 槌提(퇴제) 硏槌(연퇴) 鐵槌(철퇴)
悴	파리할 췌: | 파리할 취:	憔悴(초췌) 盡悴(진췌)
趣	뜻 취 | 뜻 추:	趣旨(취지) 興趣(흥취) 三惡趣(삼악추)
則	법칙 칙 | 곧 즉	規則(규칙) 犯則(범칙) 準則(준칙) 學則(학칙) 불연즉(不然則)
沈	잠길 침 | 성(姓) 심	浮沈(부침) 沈降(침강) 沈默(침묵) 沈氏(심씨)
筒	통 통 | 통 동	算筒(산통) 煙筒(연통) 동아(筒兒) 箭筒(전동)
跛	절름발이 파 | 비스듬히 설 피:	跛行(파행) 偏跛(편파) 跛立(피립)
遍	두루 편 | 두루 변	遍歷(편력) 普遍(보편) 遍照(변조) 遍知(변지)
便	편할 편(:) | 똥오줌 변	簡便(간편) 男便(남편) 大便(대변) 用便(용변)
暴	사나울 폭 | 모질 포:	狂暴(광포) 亂暴(난폭) 暴動(폭동) 橫暴(횡포)
曝	쪼일 폭 | 쪼일 포	曝露(폭로) 曝書(폭서) 曝白(포백) 曝氣(포기)
邯	조(趙)나라 서울 한 | 사람 이름 감	姜邯瓚(강감찬) 邯鄲之夢(한단지몽)
合	합할 합 | 홉 홉	結合(결합) 合格(합격) 合理(합리) 會合(회합) 十合(십홉)
行	다닐 행(:) | 항렬 항	旅行(여행) 流行(유행) 行列(항렬/행렬)
陜	좁을 협 | 땅 이름 합	隘陜(애협) 陜川(합천)
瑩	밝을 형 | 옥돌 영	崔瑩(최영) 瑩鏡(영경) 瑩然(영연) 瑩澈(형철/영철) 未瑩(미형)
畫	그림 화: | 그을 획(劃)	圖畫(도화) 漫畫(만화) 畫順(획순)
滑	미끄러울 활 | 익살스러울 골	圓滑(원활) 潤滑油(윤활유) 滑降(활강) 滑稽(골계) 滑汨(골골)
噫	한숨쉴 희 | 트림할 애	噫氣(애기) 噫嗚(희오) 噫噫(희희)

漢字

(사) 한국어문회 주관 / 한국한자능력검정회 시행

부록 Ⅱ

최근 기출문제

실전문제

최근 기출문제 & 실전문제 정답

제102회 기출문제 (2023. 08. 26 시행)

㈜한국어문회 주관·한국한자능력검정회 시행

01 다음 문장의 밑줄 친 漢字語의 讀音을 쓰시오. [1~20]

○ 경제적으로 극도로 [1]窮乏하고 사방에서 [2]逼迫 받는 형세.

○ [3]侮蔑과 [4]揶揄와 [5]詛呪는 自尊을 갉아먹는 사촌 같은 버릇이다.

○ [6]姦慝한 자는 [7]狡猾하기도 한 법이다.

○ 극심한 [8]旱魃과 [9]餘厄으로 [10]閭閻이 함께 고통을 겪고 있다.

○ [11]颱風이나 홍수가 지나간 후에는 農漁民의 고통을 [12]忖度하고 [13]浚渫
    작업에도 동참해야 한다.

○ [14]敷衍 설명이 너무 길면 [15]鮮明性이 모자라 보이기 쉽다.

○ 현실은 [16]苛酷하고 [17]冷嚴하기까지 하여, 이성적인 판단이 요구된다.

○ [18]癡呆로 맑지 못한 정신과 [19]瘦瘠해진 몸매로 거리를 [20]彷徨하고 있다.

[1] [   ]   [2] [   ]   [3] [   ]

[4] [   ]   [5] [   ]   [6] [   ]

[7] [   ]   [8] [   ]   [9] [   ]

[10] [   ]   [11] [   ]   [12] [   ]

[13] [   ]   [14] [   ]   [15] [   ]

[16] [   ]   [17] [   ]   [18] [   ]

[19] [   ]   [20] [   ]

02 다음 漢字語의 讀音을 쓰시오. [21~50]

[21] 僭稱 [   ]   [22] 詔勅 [   ]   [23] 島嶼 [   ]

[24] 兆朕 [   ]   [25] 斥黜 [   ]   [26] 陋醜 [   ]

[27] 飢饉 [   ]   [28] 翁壻 [   ]   [29] 寤寐 [   ]

[30] 孕胎 [   ]   [31] 誹謗 [   ]   [32] 壅滯 [   ]

[33] 登攀 [   ]   [34] 憑藉 [   ]   [35] 掘鑿 [   ]

[36] 奢侈 [   ]   [37] 嬰兒 [   ]   [38] 臂膊 [   ]

[39] 萌芽 [   ]   [40] 乖愎 [   ]   [41] 絨緞 [   ]

[42] 諧謔 [   ]　　[43] 袂別 [   ]　　[44] 惶悚 [   ]

[45] 漲溢 [   ]　　[46] 嚆矢 [   ]　　[47] 阿諂 [   ]

[48] 支撐 [   ]　　[49] 遭遇 [   ]　　[50] 涅槃 [   ]

03 다음 漢字의 訓과 音을 쓰시오. [51~82]

[51] 艱 [   ]　　[52] 雁 [   ]　　[53] 燼 [   ]

[54] 靄 [   ]　　[55] 鞍 [   ]　　[56] 窄 [   ]

[57] 彙 [   ]　　[58] 糠 [   ]　　[59] 逞 [   ]

[60] 窒 [   ]　　[61] 輦 [   ]　　[62] 疳 [   ]

[63] 帖 [   ]　　[64] 稟 [   ]　　[65] 羈 [   ]

[66] 捺 [   ]　　[67] 磊 [   ]　　[68] 櫛 [   ]

[69] 詰 [   ]　　[70] 澎 [   ]　　[71] 妬 [   ]

[72] 舐 [   ]　　[73] 崖 [   ]　　[74] 柴 [   ]

[75] 欠 [   ]　　[76] 夙 [   ]　　[77] 礫 [   ]

[78] 椽 [   ]　　[79] 秤 [   ]　　[80] 錐 [   ]

[81] 踊 [   ]　　[82] 疽 [   ]

04 다음 글의 밑줄 친 單語를 漢字[正字]로 바꾸어 쓰시오. [83~112]

○ 토론이나 토의에서는 자기 생각만 [83]고집할 것이 아니라, [84]보편 [85]타당한 견해를 제시해야 한다.

○ 형의 교복을 [86]수선해 입으면서 [87]우울증이 더 심해졌다.

○ 동아시아 외교 [88]갈등이 여전한데, 일본은 진실을 [89]왜곡하지 말고 과거 [90]만행에 대하여 사과해야 한다.

○ 김대감은 [91]묵지에 물을 담고 [92]필연을 꺼내 서찰 쓸 준비를 하였다.

○ 청춘의 피가 뜨거운지라, 인간의 동산에는 사랑의 풀이 돋고, 이상의 꽃이 피고, 희망이 놀고 뜨고, [93]열락의 새가 운다. 사랑의 풀이 없으면 인간 은 [94]사막이다. 오아시스도 없는 사막이다. 이상의 꽃이 없으면 쓸쓸한 인간에 남는 것은 [95]영락과 [96]부패뿐이다. 낙원을 [97]장식하는 [98]천자

[99]만홍이 어디 있으랴! 석가는 무엇을 위해 설산에서 고행하고, 예수는 무엇을 위해 광야에서 방황하였으며, 공자는 무엇을 위해 천하를 철환하였을까? 그들은 커다란 이상, 곧 만천하의 대중을 품에 안고, 그들에게 밝은 길을 찾아주며, 그들을 행복스럽고 평화스러운 곳으로 [100]인도하겠다는 커다란 이상을 품었기 때문이다. 〈민태원,『청춘예찬』〉

○ 그 회사는 적자가 [101]누적되어 [102]도산하고 말았다.

○ 우리 학교가 [103]농구대회 결승에서 치열한 접전 끝에 전국을 [104]제패하였다.

○ [105]흡연은 [106]후두암을 [107]유발하므로 주의해야 한다.

○ 방송의 [108]편파적인 보도는 [109]시청자의 판단을 [110]저해한다.

○ 숲이 [111]무성한 한라산에 눈이 쌓여 무척 [112]순결해 보인다.

[83] [　　　]	[84] [　　　]	[85] [　　　]
[86] [　　　]	[87] [　　　]	[88] [　　　]
[89] [　　　]	[90] [　　　]	[91] [　　　]
[92] [　　　]	[93] [　　　]	[94] [　　　]
[95] [　　　]	[96] [　　　]	[97] [　　　]
[98] [　　　]	[99] [　　　]	[100] [　　　]
[101] [　　　]	[102] [　　　]	[103] [　　　]
[104] [　　　]	[105] [　　　]	[106] [　　　]
[107] [　　　]	[108] [　　　]	[109] [　　　]
[110] [　　　]	[111] [　　　]	[112] [　　　]

05 다음의 意味를 지닌 單語를 漢字[2音節 正字]로 쓰시오. [113~122]

[113] 매우 위급함.　　　　　　　　　　　　　　　　　　[　　　]

[114] 열성 있고 성실함.　　　　　　　　　　　　　　　[　　　]

[115] 남빛을 띤 녹색.　　　　　　　　　　　　　　　　[　　　]

[116] 임금이 난리를 피해 안전한 곳으로 떠남.　　　[　　　]

[117] 물에 떠서 흘러감.　　　　　　　　　　　　　　　[　　　]

[118] 남을 그럴듯하게 속임.　　　　　　　　　　　　　[　　　]

[119] 상서로운 기운. [   ]

[120] 쓸데없는 군더더기. [   ]

[121] 여든여덟 살. [   ]

[122] 공로와 벼슬 경력이 많은 집안. [   ]

06 다음 ( ) 안에 비슷한 뜻을 가진 漢字[正字]를 써 넣어 文句를 完成하시오. [123~127]

[123] (_____)墓가 도열한 공동묘지.

[124] 祭(_____) 덕에 이밥이라.

[125] 船(_____)의 설계와 건조.

[126] 텅 빈 (_____)穀 창고.

[127] 脈(_____)이 이어지지 않는 글.

07 다음 ( ) 안에 뜻이나 訓이 비슷한 漢字를 써 넣어 單語를 完成하시오. [128~132]

[128] (   )諱   [129] 淺(   )

[130] 骸(   )   [131] (   )棄

[132] (   )惡

08 다음 각 항에서 첫 音節이 長音인 것을 가려 그 번호를 쓰시오. [133~142]

[133] ① 眞檀   ② 震檀   [   ]

[134] ① 統長   ② 通帳   [   ]

[135] ① 使丁   ② 私情   [   ]

[136] ① 新寺   ② 紳士   [   ]

[137] ① 同期   ② 動機   [   ]

[138] ① 辭典   ② 死前   [   ]

[139] ① 聖人   ② 成人   [   ]

[140] ① 訴願　② 所願　　[　　　]

[141] ① 始作　② 詩作　　[　　　]

[142] ① 義務　② 醫務　　[　　　]

09 다음 (　) 안에 밑줄 친 漢字와 意味上 反對 또는 相對되는 漢字를 써 넣어 文章을 完成하시오. [143~147]

[143] 공무 처리에서는 친소, (　　　)近을 가리지 아니한다.

[144] 행동이 민첩한가 무딘가를 (　　　)鈍이라 표현한다.

[145] 사람의 평가에는 勤(　　　)가 첫째다.

[146] 首(　　　)가 相應하다.

[147] 신분에는 貴(　　　)이 없다.

10 다음 각 漢字와 뜻이 反對 또는 相對되는 漢字[正字]를 써 넣어 2音節 漢字語를 만드시오. [148~152]

[148] 縱(　　)　　　　　　[149] (　　)俗

[150] 愛(　　)　　　　　　[151] (　　)削

[152] 吞(　　)

11 다음 (　　) 안에 알맞은 漢字를 써 넣어 四字成語를 完成하시오. [153~167]

[153] 泰山峻(　　)　　　　[154] 博而不(　　)

[155] (　　)天大笑　　　　[156] (　　)呼雀躍

[157] 夏(　　)冬扇　　　　[158] 厚顏無(　　)

[159] 丹(　　)皓齒　　　　[160] 外柔內(　　)

[161] 狐假(　　)威　　　　[162] 魚魯不(　　)

[163] (　　)本塞源　　　　[164] 炎(　　)世態

[165] 雪泥(　　)爪　　　　[166] 蝸角之(　　)

[167] 日(　　)月將

12 다음 漢字의 部首를 쓰시오. [168~177]

[168] 夜   [　　　　]

[169] 幕   [　　　　]

[170] 殘   [　　　　]

[171] 蹴   [　　　　]

[172] 頂   [　　　　]

[173] 鳴   [　　　　]

[174] 雜   [　　　　]

[175] 霜   [　　　　]

[176] 獸   [　　　　]

[177] 看   [　　　　]

13 다음 漢字語의 뜻을 간단히 풀이하시오. [178~187]

[178] 舊臘   [　　　　　　　　　　　　]

[179] 汁滓   [　　　　　　　　　　　　]

[180] 股肱   [　　　　　　　　　　　　]

[181] 桀紂   [　　　　　　　　　　　　]

[182] 光陰   [　　　　　　　　　　　　]

[183] 如反掌   [　　　　　　　　　　　　]

[184] 壓卷   [　　　　　　　　　　　　]

[185] 幽囚   [　　　　　　　　　　　　]

[186] 技倆   [　　　　　　　　　　　　]

[187] 駿馬   [　　　　　　　　　　　　]

14 다음 문장 속의 밑줄 친 同音異義語를 漢字[正字]로 쓰시오.
[188~197]

○ 1950년대에는 빈민 [188]구제의 여러 방법 중에 기생충 [189]구제 조치부터 서둘러야 했다.

○ 독립운동가를 [190]수색하는 일본 경찰과 이를 지켜보는 이웃의 [191]수색 (근심스런 기색)

○ 일정을 [192]변경하여 완도 [193]변경을 탐사하기로 하였다.

○ 정치꾼 같은 [194]모사를 꾀하지 말고, 미술관에서 [195]모사를 배우기로 결심하였다.

○ 지방 [196]유지 한 분이 전통문화를 [197]유지 계승하기 위하여 기름종이 유지 만드는 방법을 기록으로 남겼다.

[188] [ ]	[189] [ ]	[190] [ ]
[191] [ ]	[192] [ ]	[193] [ ]
[194] [ ]	[195] [ ]	[196] [ ]
[197] [ ]		

15 다음 漢字를 널리 통용되는 略字로 쓰시오. [198~200]

[198] 觸   [   ]

[199] 轉   [   ]

[200] 蠶   [   ]

제103회 기출문제 (2023. 11. 11 시행)

(社)한국어문회 주관·한국한자능력검정회 시행

01 다음 문장의 밑줄 친 漢字語의 讀音을 쓰시오. [1~20]

○ [1]素饌이지만, [2]療飢라도 하시지요.

○ [3]穀類는 [4]纖維素가 많아 [5]糖尿의 예방에 도움이 된다.

○ [6]胸痛이 [7]滋甚하여 구급차를 불러 응급실로 갔다.

○ [8]石炭을 [9]採掘하는 일이나, 학업의 [10]研鑽에 [11]精進하는 일이나 [12]誠心 과 끈기가 요구됨은 마찬가지다.

○ [13]窮僻한 산골에 [14]隱居하여도 [15]安穩을 즐길 수 있다.

○ [16]悠久한 역사와 전통을 가진 우리 문화는 [17]壅拙하기 짝이 없는 '한글 전용' 논쟁으로 1[18]世紀의 세월을 허송하고 말았다.

○ [19]庸劣한 사람일수록 非凡함을 투기하고, [20]儉朴함을 얕보는 법이다.

[1] [   ]　　[2] [   ]　　[3] [   ]

[4] [   ]　　[5] [   ]　　[6] [   ]

[7] [   ]　　[8] [   ]　　[9] [   ]

[10] [   ]　　[11] [   ]　　[12] [   ]

[13] [   ]　　[14] [   ]　　[15] [   ]

[16] [   ]　　[17] [   ]　　[18] [   ]

[19] [   ]　　[20] [   ]

02 다음 漢字語의 讀音을 쓰시오. [21~50]

[21] 殲滅 [   ]　　[22] 搖籃 [   ]　　[23] 姦慝 [   ]

[24] 佩劍 [   ]　　[25] 憑藉 [   ]　　[26] 兆朕 [   ]

[27] 撑天 [   ]　　[28] 狡猾 [   ]　　[29] 遝至 [   ]

[30] 痢疾 [   ]　　[31] 腫瘍 [   ]　　[32] 島嶼 [   ]

[33] 季嫂 [   ]　　[34] 懲毖 [   ]　　[35] 諡號 [   ]

[36] 敷衍 [   ]　　[37] 旱魃 [   ]　　[38] 瘦瘠 [   ]

[39] 忖度 [   ]　　[40] 麒麟 [   ]　　[41] 鬱寂 [   ]

[42] 嚆矢 [   ]　　[43] 陵虐 [   ]　　[44] 硯滴 [   ]

[45] 辛辣 [   ]　　[46] 荊棘 [   ]　　[47] 鄙軀 [   ]

[48] 閭閻 [   ]　　[49] 浚渫 [   ]　　[50] 痕迹 [   ]

03 다음 漢字의 訓·音을 쓰시오. [51~82]

[51] 攀 [   ]　　[52] 燼 [   ]　　[53] 鰊 [   ]

[54] 鮑 [   ]　　[55] 酬 [   ]　　[56] 薑 [   ]

[57] 蚊 [   ]　　[58] 悉 [   ]　　[59] 袂 [   ]

[60] 橘 [   ]　　[61] 晏 [   ]　　[62] 淮 [   ]

[63] 惚 [   ]　　[64] 迅 [   ]　　[65] 膝 [   ]

[66] 虔 [   ]　　[67] 礪 [   ]　　[68] 駁 [   ]

[69] 愉 [   ]　　[70] 闡 [   ]　　[71] 葺 [   ]

[72] 疋 [   ]　　[73] 裼 [   ]　　[74] 衢 [   ]

[75] 汶 [   ]　　[76] 猥 [   ]　　[77] 喘 [   ]

[78] 稟 [   ]　　[79] 搭 [   ]　　[80] 秤 [   ]

[81] 皎 [   ]　　[82] 歿 [   ]

04 다음 밑줄 친 漢字語를 漢字[正字]로 바꾸어 쓰시오. [83~112]

○ 오랜 실용 역사 속에서 漢字의 國字化 國語化 노력이 [83]연면히 이어져
왔음을 [84]확인할 수 있다. 이러한 과정은 漢字와 漢字語를 [85]무조건的
으로 [86]배척하려는 사람들에게 새로운 [87]성찰의 [88]계기를 마련해 줄
수도 있을 것이다. 고유 국어와 漢字語를 [89]조화시킨 언어생활의 풍요화,
비슷한 뜻을 지닌 漢字語 사이의 [90]미세한 의미 [91]변별을 통한 정밀하
고 정확한 표현, 앞으로도 무한히 계속될 新의미 영역의 개발 등 先人의
[92]지혜와 노력은 마땅히 본받고 이어져야 할 것이기 때문이다.

○ 그는 이 [93]후보가 후보직을 사퇴하자 자신이 [94]지지하는 사람이 없다며
투표에 [95]기권하였다.

○ 겨울철에는 [96]피부 관리를 잘 해야 한다.

○ 인삼 [97]재배 농가의 [98]격감으로 인삼 [99]가격이 [100]폭등하였다.

○ 그이가 [101]긴박한 [102]상황에도 불구하고 [103]침착하게 일을 처리하는 모
  습에 나는 완전히 압도당했다.
○ [104]환경 [105]오염에 대한 대책이 없으면 인류는 [106]재앙을 피할 수 없을
  것이다.
○ 선생님 말씀에 [107]고무되어 한층 더 [108]분발하였다.
○ 대한민국의 경제 [109]질서는 개인과 [110]기업의 경제상의 자유와 [111]창의를
  [112]존중함을 기본으로 한다. 〈대한민국 헌법 제 119조〉

[83] [   ]   [84] [   ]   [85] [   ]
[86] [   ]   [87] [   ]   [88] [   ]
[89] [   ]   [90] [   ]   [91] [   ]
[92] [   ]   [93] [   ]   [94] [   ]
[95] [   ]   [96] [   ]   [97] [   ]
[98] [   ]   [99] [   ]   [100] [   ]
[101] [   ]   [102] [   ]   [103] [   ]
[104] [   ]   [105] [   ]   [106] [   ]
[107] [   ]   [108] [   ]   [109] [   ]
[110] [   ]   [111] [   ]   [112] [   ]

05 다음의 의미를 가진 單語를 漢字[2音節의 正字]로 쓰시오. [113~122]

[113] 임금이 난리를 피해 안전한 곳으로 떠남.   [   ]
[114] 두렵고 무서움.   [   ]
[115] 몹시 심한 더위.   [   ]
[116] 피가 모자란 환자를 위하여 피를 뽑아 줌.   [   ]
[117] 숨통이 막히거나 산소가 부족해 숨을 쉴 수 없게 됨. [   ]
[118] 국가 권력에 의한 신체 자유의 구속.   [   ]
[119] 심한 추위로 피부가 얼어 상하는 일.   [   ]
[120] 광선이나 그림자를 비춤.   [   ]
[121] 크고 작은 군사용 배를 통틀어 이르는 말.   [   ]
[122] 어떤 일을 꾀하고 의논함.   [   ]

06 다음 글의 ( ) 안에 비슷한 뜻을 가진 漢字[正字]를 써 넣어 文句를 完成하시오. [123~127]

[123] 주차 금지 구역에 주차된 차량을 牽(　　)하였다.

[124] 공비를 討(　　)하다.

[125] 유행의 (　　)端을 걷다.

[126] (　　)慢한 성격은 불치병이다.

[127] 미루어 斟(　　)할 수 있다.

07 다음 ( ) 안에 訓이나 뜻이 비슷한 漢字를 써 넣어 單語를 完成하시오. [128~132]

[128] (　　)集　　　　　　　[129] 謹(　　)

[130] (　　)憚　　　　　　　[131] 脆(　　)

[132] (　　)只

08 다음 각 항에서 첫 音節이 長音인 것을 찾아 그 번호를 쓰시오. [133~142]

[133] ① 奉旨　② 封紙　　[　　　]

[134] ① 副文　② 部門　　[　　　]

[135] ① 帽子　② 母子　　[　　　]

[136] ① 王子　② 往者　　[　　　]

[137] ① 原稿　② 遠古　　[　　　]

[138] ① 詐欺　② 史記　　[　　　]

[139] ① 演技　② 延期　　[　　　]

[140] ① 假想　② 街上　　[　　　]

[141] ① 監司　② 感謝　　[　　　]

[142] ① 誇張　② 課長　　[　　　]

09 다음 ( ) 안에 밑줄 친 漢字와 의미상 反對 또는 相對되는 漢字를 써 넣어 文句를 完成하시오. [143~147]

[143] 바둑판은 (____)橫으로 19줄이다.

[144] 首(____)가 相應하다.

[145] 너무 빨리 달려 呼(____)이 가빴다.

[146] (____)迎客이 많아 공항이 붐빈다.

[147] 직업에는 貴(____)이 없다.

10 다음 각 漢字와 뜻이 反對 또는 相對되는 漢字[正字]를 써 넣어 2音節 漢字語를 만드시오. [148~152]

[148] 動(   )　　　　　[149] (   )閉

[150] 取(   )　　　　　[151] (   )姪

[152] 鹹(   )

11 다음 ( ) 안에 알맞은 漢字를 써 넣어 四字成語를 完成하시오. [153~167]

[153] 宿虎(   )鼻　　　　[154] 三(   )草廬

[155] 堂(   )風月　　　　[156] 群鷄一(   )

[157] (   )角殺牛　　　　[158] (   )袍破笠

[159] 鴛鴦衾(   )　　　　[160] 蓬頭(   )髮

[161] (   )田碧海　　　　[162] 目不(   )丁

[163] 阿鼻(   )喚　　　　[164] 膏粱(   )味

[165] 堅忍不(   )　　　　[166] 信賞必(   )

[167] 肝(   )相照

12 다음 漢字의 部首를 쓰시오. [168~177]

[168] 岳   [　　　]

[169] 店   [　　　]

[170] 徑   [　　　]

[171] 孝   [　　　]

[172] 利   [　　　]

[173] 夢   [　　　]

[174] 被   [　　　]

[175] 敎   [　　　]

[176] 狩   [　　　]

[177] 罪   [　　　]

13 다음 漢字語의 뜻을 간단히 풀이하시오. [178~187]

[178] 蕩逸   [　　　　　　　　　　　]

[179] 酒草   [　　　　　　　　　　　]

[180] 巨擘   [　　　　　　　　　　　]

[181] 股肱   [　　　　　　　　　　　]

[182] 駙馬   [　　　　　　　　　　　]

[183] 糟糠   [　　　　　　　　　　　]

[184] 杞憂   [　　　　　　　　　　　]

[185] 折檻   [　　　　　　　　　　　]

[186] 壓卷   [　　　　　　　　　　　]

[187] 咫尺   [　　　　　　　　　　　]

14 다음 문장의 밑줄 친 同音異義語를 漢字로 쓰시오. [188~197]

○ 피해자 [188]구조를 위해서는 건물 [189]구조부터 파악해야 한다.

○ 그 분 [190]배우자 직업은 [191]배우이다.

○ 그 태권[192]도장은 현재 내부[193]도장 작업이 진행 중이다.

○ 기말[194]고사 일정과 겹쳐 즐거운 여행 참가를 [195]고사할 수밖에 없다.

○ 나라에서 열어준 [196]사연에 참석하지 못하는 [197]사연을 설명하기가 매우
힘들었다.

[188] [   ]   [189] [   ]   [190] [   ]

[191] [   ]   [192] [   ]   [193] [   ]

[194] [   ]   [195] [   ]   [196] [   ]

[197] [   ]

15 다음 漢字의 略字를 쓰시오. [198~200]

[198] 禮   [   ]

[199] 寶   [   ]

[200] 團   [   ]

제104회 기출문제 (2024. 02. 24 시행)

(社)한국어문회 주관·한국한자능력검정회 시행

01 다음 문장에서 밑줄 친 漢字語의 讀音을 쓰시오. [1~20]

○ [1]壅塞하고 [2]寒冷한 살림살이에서 인물도 나고 우애도 자라는 법이다.

○ 이른 아침 기상하여 [3]巾櫛을 마친 후 [4]机案 앞에 앉았다.

○ 오랜 벗과 냇가에 마주 앉으니, [5]甕器 잔이 바로 [6]霞觴이로다.

○ 자랄 때 주위의 [7]欽慕를 받던 수재가 한순간의 실수로 [8]那落으로 떨어지는 경우도 매우 많다.

○ 살아서 인·의·예·지·신의 五常을 살피지 못한 자에게 [9]死去를 [10]憑藉하여 [11]輓章이 수만 장 휘날린들 무엇하랴!

○ 피고인에게는 [12]改悛의 정이 보이지 않고, [13]逃走의 [14]憂慮까지 느껴진다.

○ 코로나 19로 인하여 많은 사람이 목숨을 잃고, 논밭은 [15]廢墟가 되고, 인심도 [16]洶洶해졌으며, 세계 경제도 추락하고 있다. 그러나 우주 만물에는 [17]深奧한 이치가 있는 법이어서, 이런 사태로 우리 인간이 반성할 일은 없는 것인가 깊이 생각할 필요가 있다.

○ 새 건물에 [18]瑕疵가 생겼다.

○ 수명이 길어지면서 [19]腦軟化症, 인지장애 같은 [20]疾患이 크게 늘어나고 있다.

[1] [ ]	[2] [ ]	[3] [ ]
[4] [ ]	[5] [ ]	[6] [ ]
[7] [ ]	[8] [ ]	[9] [ ]
[10] [ ]	[11] [ ]	[12] [ ]
[13] [ ]	[14] [ ]	[15] [ ]
[16] [ ]	[17] [ ]	[18] [ ]
[19] [ ]	[20] [ ]	

02 다음 漢字語의 讀音을 쓰시오. [21~50]

[21] 乖愎 [　　　]　　[22] 嚆矢 [　　　]　　[23] 支撐 [　　　]

[24] 闇溫 [　　　]　　[25] 萌芽 [　　　]　　[26] 絨緞 [　　　]

[27] 淨穢 [　　　]　　[28] 縛纏 [　　　]　　[29] 孀鰥 [　　　]

[30] 湮淪 [　　　]　　[31] 恤辜 [　　　]　　[32] 鹹淡 [　　　]

[33] 狡猾 [　　　]　　[34] 無恙 [　　　]　　[35] 玉璽 [　　　]

[36] 辛辣 [　　　]　　[37] 兆朕 [　　　]　　[38] 姦慝 [　　　]

[39] 瘦瘠 [　　　]　　[40] 鄙軀 [　　　]　　[41] 旱魃 [　　　]

[42] 諡號 [　　　]　　[43] 荊棘 [　　　]　　[44] 浚渫 [　　　]

[45] 癡呆 [　　　]　　[46] 欣快 [　　　]　　[47] 駱駝 [　　　]

[48] 捕繩 [　　　]　　[49] 羊羹 [　　　]　　[50] 奢侈 [　　　]

03 다음 漢字의 訓과 音을 쓰시오. [51~82]

[51] 翔 [　　　]　　[52] 筏 [　　　]　　[53] 穆 [　　　]

[54] 凜 [　　　]　　[55] 褐 [　　　]　　[56] 憺 [　　　]

[57] 驪 [　　　]　　[58] 溟 [　　　]　　[59] 恰 [　　　]

[60] 咳 [　　　]　　[61] 罕 [　　　]　　[62] 嗤 [　　　]

[63] 斃 [　　　]　　[64] 蠢 [　　　]　　[65] 鰻 [　　　]

[66] 歃 [　　　]　　[67] 畔 [　　　]　　[68] 疝 [　　　]

[69] 顎 [　　　]　　[70] 灑 [　　　]　　[71] 綽 [　　　]

[72] 飄 [　　　]　　[73] 苔 [　　　]　　[74] 脆 [　　　]

[75] 渠 [　　　]　　[76] 痰 [　　　]　　[77] 黎 [　　　]

[78] 猜 [　　　]　　[79] 邑 [　　　]　　[80] 貶 [　　　]

[81] 薑 [　　　]　　[82] 孕 [　　　]

04 다음 글의 밑줄 친 單語를 漢字[正字]로 바꾸어 쓰시오. [83~112]

○ 매일 [83]채소를 많이 [84]섭취한다.

○ 인간은 [85]농담을 하는 동물이다. 이상 성격이나 저지능인 [86]극소수를 제외한다면 거의 모든 사람이 농담을 주고받는다. 농담은 [87]윤활유와 같다. 자칫 [88]사막처럼 [89]건조하고 전쟁터처럼 [90]살벌할 수도 있는 일상에 농담은 웃을 수 있는 [91]여유를 주고, 때로는 한바탕 웃음이 삶에 지치고 꼬인 우리들에게 새롭게 살아갈 힘을 주기도 한다. 〈이혜성, 어문수상〉

○ [92]환경이 [93]오염되면 인간에게 큰 [94]재앙이 될 수밖에 없다.

○ [95]편파적인 보도는 [96]시청자의 [97]판단을 [98]저해한다.

○ 국가는 [99]균형 있는 국민경제의 성장 및 안정과 적정한 [100]소득의 [101]분배를 [102]유지하고, 시장의 지배와 경제력의 [103]남용을 [104]방지하며, 경제 주체간의 조화를 통한 경제의 민주화를 위하여 경제에 관한 규제와 [105]조정을 할 수 있다. 〈대한민국 헌법 제 119조〉

○ 나는 [106]정치면에서의 [107]이상은 민주주의이다. 모든 사람이 개인으로서 [108]존경을 받아야 하며, 어떤 사람도 [109]우상화되어서는 안 된다. 그런데 바로 내가 바라지도 않으면서 분에 넘치는 존경을 받아왔다는 것은 [110]운명의 장난이 아닐 수 없다. 아마 내게 대한 이러한 존경은, [111]미력하나마 내가 [112]발전시킨 이론을 잘 이해할 수 없는 사람들의 충족되지 못한 소망에서 오는 것일 것이다. 〈아인슈타인, '모든 예술과 과학의 원천'〉

[83] [　　　]	[84] [　　　]	[85] [　　　]
[86] [　　　]	[87] [　　　]	[88] [　　　]
[89] [　　　]	[90] [　　　]	[91] [　　　]
[92] [　　　]	[93] [　　　]	[94] [　　　]
[95] [　　　]	[96] [　　　]	[97] [　　　]
[98] [　　　]	[99] [　　　]	[100] [　　　]
[101] [　　　]	[102] [　　　]	[103] [　　　]
[104] [　　　]	[105] [　　　]	[106] [　　　]
[107] [　　　]	[108] [　　　]	[109] [　　　]
[110] [　　　]	[111] [　　　]	[112] [　　　]

05 다음의 뜻을 지닌 單語를 漢字[2音節의 正字]로 쓰시오. [113~122]

[113] 몹시 심한 더위.   [   ]

[114] 잘난 체하여 방자함.   [   ]

[115] 어떤 일을 꾀하고 의논함.   [   ]

[116] 두렵고 무서움.   [   ]

[117] 보이지 않게 파묻음.   [   ]

[118] 상서로운 기운.   [   ]

[119] 인재를 천거함.   [   ]

[120] 반란을 꾀하는 무리.   [   ]

[121] 허물을 용서하여 면하게 함.   [   ]

[122] 단단히 봉함.   [   ]

06 다음 글의 ( ) 안에 비슷한 뜻을 가진 漢字를 써 넣어 文句를 完成하시오. [123~127]

[123] 이것이 요즘 인기리에 販(   )되는 상품이다.

[124] (   )絡이 닿지 않는 글.

[125] 休(   )室에 음료가 비치되어 있다.

[126] 자원 (   )渴이 심각한 상태이다.

[127] 痕(   )도 없이 사라졌다.

07 다음 ( ) 안에 訓이나 뜻이 비슷한 漢字를 써 넣어 單語를 完成하시오. [128~132]

[128] 迷(   )   [129] 弛(   )

[130] (   )濤   [131] (   )着

[132] (   )遁

08 다음 각 單語 중 첫 音節이 길게 소리 나는 것을 찾아 그 번호를 쓰
시오. [133~142]

[133] ① 私商　② 事象　　　[　　　　]

[134] ① 船首　② 選手　　　[　　　　]

[135] ① 古典　② 苦戰　　　[　　　　]

[136] ① 信使　② 新寺　　　[　　　　]

[137] ① 上代　② 相對　　　[　　　　]

[138] ① 友情　② 優定　　　[　　　　]

[139] ① 歡迎　② 幻影　　　[　　　　]

[140] ① 鄕愁　② 享壽　　　[　　　　]

[141] ① 朱衣　② 注意　　　[　　　　]

[142] ① 廣州　② 光州　　　[　　　　]

09 다음 (　) 안에 밑줄 친 漢字와 의미상 반대 또는 상대되는 漢字를
써 넣어 文句를 完成하시오. [143~147]

[143] (　　　)沈이 심한 인생.

[144] 伸(　　　)性이 좋은 옷감.

[145] 원고를 (　　　)削하다.

[146] 적군의 動(　　　)을 살피다.

[147] 당락에 喜(　　　)가 엇갈리다.

10 다음 각 漢字와 뜻이 반대 또는 상대되는 漢字를 써 넣어 2音節 漢
字語를 만드시오. [148~152]

[148] (　　)疎　　　　　[149] 嫡(　　　)

[150] 勤(　　　)　　　　[151] 明(　　　)

[152] (　　)鈍

11 다음 ( ) 안에 알맞은 漢字를 써 넣어 四字成語를 完成하시오.
[153~167]

[153] ( )脣皓齒   [154] 汗牛充( )

[155] 孤掌難( )   [156] 宗( )社稷

[157] 左( )右眄   [158] 焚書( )儒

[159] 滄海一( )   [160] 暖衣( )食

[161] 日( )途遠   [162] 臥薪嘗( )

[163] ( )袍破笠   [164] 膏粱( )味

[165] 隔( )搔癢   [166] 曲學( )世

[167] 曖昧( )糊

12 다음 漢字의 部首를 쓰시오. [168~177]

[168] 肩 [   ]   [169] 賓 [   ]   [170] 盛 [   ]

[171] 創 [   ]   [172] 循 [   ]   [173] 庫 [   ]

[174] 帶 [   ]   [175] 夜 [   ]   [176] 補 [   ]

[177] 拘 [   ]

13 다음 漢字語의 뜻을 간단히 풀이하시오. [178~187]

[178] 汁滓   [   ]

[179] 糟糠   [   ]

[180] 囹圄   [   ]

[181] 濃霧   [   ]

[182] 飢餓   [   ]

[183] 瞳孔   [   ]

[184] 夢寐   [   ]

[185] 巨擘   [   ]

[186] 駙馬   [   ]

[187] 股肱   [   ]

14 다음 밑줄 친 漢字語의 同音異義語를 漢字로 쓰시오. [188~197]

○ [188]전제 군주제도를 폐지하는 [189]전제 조건 아래 회담이 시작되었다.
○ 빈민 [190]구제의 여러 방법 중에 우선 국민 건강을 위해 기생충 [191]구제를 위한 조치를 서둘러야 했다.
○ 태권[192]도장의 내부 [193]도장 작업이 진행 중이다.
○ 노년이 되면 음식물 咀嚼 기능만 떨어지는 것이 아니라 학술작품 [194]저작능력도 떨어진다.
○ 김[195]과장은 표현에 [196]과장이 너무 심하다.
○ 그는 아직 初老의 나이일 뿐인데, 풀에 맺힌 이슬 [197]초로 같은 자신을자주 느낀다.

[188] [   ]   [189] [   ]   [190] [   ]
[191] [   ]   [192] [   ]   [193] [   ]
[194] [   ]   [195] [   ]   [196] [   ]
[197] [   ]

15 다음 漢字의 部首를 쓰시오. [198~200]

[198] 邊   [   ]
[199] 靈   [   ]
[200] 鹽   [   ]

제105회 기출문제 (2024. 05. 25 시행)

㈜한국어문회 주관·한국한자능력검정회 시행

01 다음 문장에서 밑줄 친 漢字語의 讀音을 쓰시오. [1~20]

○ 원술이 황제를 [1]僭稱하고 [2]詔勅을 발표하였다.

○ 피고인에게 [3]改悛의 정은 보이지 않고 [4]憤氣 [5]撑天하여 호통치고 있다.

○ 고속도로를 만들고자 산을 [6]掘鑿하고, 눈 내린 도로에 염화칼슘을 [7]撒布하고 있다.

○ [8]華奢하고 [9]濃艶한 [10]治粧보다 [11]謙遜하고 [12]儉約한 모습이 더 고와 보일 수도 있다.

○ 이웃을 [13]詛呪하는 것보다 성공을 [14]冀願하고 [15]祝福을 보내는 것이 스스로 행복해지는 [16]祕訣이다.

○ [17]崎嶇한 운명을 타고나, 홀로 [18]堪當하기 어려운 [19]試鍊을 겪고 있으나, 몇 친구와의 [20]敦篤한 우정이 세월이 갈수록 큰 힘이 되고 있다.

[1] [   ]   [2] [   ]   [3] [   ]

[4] [   ]   [5] [   ]   [6] [   ]

[7] [   ]   [8] [   ]   [9] [   ]

[10] [   ]   [11] [   ]   [12] [   ]

[13] [   ]   [14] [   ]   [15] [   ]

[16] [   ]   [17] [   ]   [18] [   ]

[19] [   ]   [20] [   ]

02 다음 漢字語의 讀音을 쓰시오. [21~50]

[21] 糟糠 [   ]   [22] 狡猾 [   ]   [23] 奚琴 [   ]

[24] 堤堰 [   ]   [25] 橘餠 [   ]   [26] 靡寧 [   ]

[27] 佩符 [   ]   [28] 辛辣 [   ]   [29] 瘡疹 [   ]

[30] 醱酵 [   ]   [31] 巾櫛 [   ]   [32] 束縛 [   ]

[33] 去滓 [   ]   [34] 巫覡 [   ]   [35] 孕胎 [   ]

[36] 揖讓 [   ]   [37] 咀嚼 [   ]   [38] 掩埋 [   ]

[39] 揶揄 [   ]   [40] 瘦瘠 [   ]   [41] 凱旋 [   ]

[42] 癡呆 [   ]   [43] 島嶼 [   ]   [44] 惶悚 [   ]

[45] 堡壘 [   ]   [46] 荊棘 [   ]   [47] 乖愎 [   ]

[48] 涅槃 [   ]   [49] 蹂躪 [   ]   [50] 旱魃 [   ]

03 다음 漢字의 訓과 音을 쓰시오. [51~82]

[51] 峽 [   ]   [52] 塵 [   ]   [53] 灘 [   ]

[54] 截 [   ]   [55] 偕 [   ]   [56] 綻 [   ]

[57] 涕 [   ]   [58] 阻 [   ]   [59] 漲 [   ]

[60] 亘 [   ]   [61] 綺 [   ]   [62] 轟 [   ]

[63] 詣 [   ]   [64] 羨 [   ]   [65] 罵 [   ]

[66] 鵲 [   ]   [67] 丕 [   ]   [68] 礁 [   ]

[69] 喧 [   ]   [70] 燼 [   ]   [71] 悴 [   ]

[72] 闍 [   ]   [73] 懦 [   ]   [74] 尨 [   ]

[75] 爪 [   ]   [76] 繩 [   ]   [77] 醴 [   ]

[78] 怵 [   ]   [79] 笞 [   ]   [80] 陞 [   ]

[81] 套 [   ]   [82] 痼 [   ]

04 다음 漢字語와 뜻이 가장 비슷한 單語를 찾아 그 번호를 쓰시오. [83~87]

[83] 推敲 [   ]   ① 推薦   ② 鼓吹   ③ 改稿   ④ 杜撰

[84] 教唆 [   ]   ① 先生   ② 使嗾   ③ 使役   ④ 咐囑

[85] 賄賂 [   ]   ① 瀆職   ② 渴求   ③ 津梁   ④ 黍稷

[86] 逍遙 [   ]   ① 疏遠   ② 修行   ③ 散策   ④ 蕭瑟

[87] 濫觴 [   ]   ① 獻爵   ② 曲水   ③ 嚆矢   ④ 庠序

05 다음 글의 밑줄 친 單語를 漢字[正字]로 바꾸어 쓰시오. [88~112]

○ 미영의 [88]모함, 자신의 [89]우둔, 그에 대한 분개와 [90]혐오, 준구는 가슴이 부글부글 끓어올랐다. 〈이영치, 흐린 날 황야에서〉

○ 국가는 [91]균형 있는 국민경제의 성장 및 안정과 적정한 [92]소득의 [93]분배를 [94]유지하고, 시장의 지배와 경제력의 남용을 [95]방지하며, 경제 주체 간의 조화를 통한 경제의 민주화를 위하여 경제에 관한 [96]규제와 [97]조정을 할 수 있다. 〈대한민국 헌법 제 119조〉

○ 신라는 三國 중 가장 후진이었고 漢字의 전래도 늦었으나, [98]이두나 [99]향찰과 같은 [100]차자표기법이 크게 발달하였다. 또한 신라어에 중국어의 [101]영향이 커져서 漢字語 사용이 증가한 흔적이 많다. 8세기에 지명과 관직명을 중국식으로 개칭하고 나중에 인명에까지 중국식이 일반화된 사실은 그 이전의 漢字語와는 [102]계보를 달리 하는 국내 기원의 신조어가 [103]양산되었음을 알려준다.

○ 화교였던 그는 남녀노소를 [104]망라하고 모든 사람들에게 친절했는데, [105]매혹적인 얼굴과 양 어깨에 [106]견장을 찬 멋진 옷을 입고 주변을 [107]순회할 때면 모두들 그를 흠모했다.

○ [108]철근 [109]골조가 힘을 받지 못해 건물이 [110]붕괴될 [111]위험에 처해 있는 부실 공사였다.

○ 이 두 물체는 결코 [112]융합할 수 없다.

[88] [ ]	[89] [ ]	[90] [ ]
[91] [ ]	[92] [ ]	[93] [ ]
[94] [ ]	[95] [ ]	[96] [ ]
[97] [ ]	[98] [ ]	[99] [ ]
[100] [ ]	[101] [ ]	[102] [ ]
[103] [ ]	[104] [ ]	[105] [ ]
[106] [ ]	[107] [ ]	[108] [ ]
[109] [ ]	[110] [ ]	[111] [ ]
[112] [ ]		

부록 Ⅱ

06 다음의 意味를 가진 單語를 漢字[2音節의 正字]로 쓰시오. [113~122]

[113] 장례와 제례를 아울러 이르는 말.   [   ]

[114] 임금이 난리를 피해 안전한 곳으로 떠남.   [   ]

[115] 군사용 배를 통틀어 이르는 말.   [   ]

[116] 두렵고 무서움.   [   ]

[117] 물에 떠서 흘러감.   [   ]

[118] 단단히 붙여 꼭 봉함.   [   ]

[119] 쓸데없는 군더더기.   [   ]

[120] 아주 완고해 쓸모없는 선비.   [   ]

[121] 예물을 보내어 손님을 초빙함.   [   ]

[122] 늙은 신선.   [   ]

07 다음 글의 (　) 안에 비슷한 뜻을 가진 漢字를 써 넣어 文句를 完成하시오. [123~127]

[123] 脈(　　　)이 닿지 않는 글.

[124] 공비 (　　　)伐.

[125] 미루어 斟(　　　)할 수 있다.

[126] 잡초가 (　　　)盛한 古家.

[127] 梧(　　　)나무로 만든 거문고.

08 다음 (　) 안에 訓이나 뜻이 비슷한 漢字를 써 넣어 單語를 完成하시오. [128~132]

[128] (　　　)宕   [129] 裝(　　　)

[130] 嘔(　　　)   [131] (　　　)擲

[132] (　　　)憨

09 다음 각 單語 중 첫 音節이 長音인 것을 찾아 그 번호를 쓰시오.
[133~142]

[133] ① 苦戰   ② 古典   [   ]
[134] ① 死前   ② 私田   [   ]
[135] ① 安全   ② 眼前   [   ]
[136] ① 會議   ② 懷疑   [   ]
[137] ① 社告   ② 事故   [   ]
[138] ① 頂上   ② 正常   [   ]
[139] ① 戰功   ② 專攻   [   ]
[140] ① 聖人   ② 成人   [   ]
[141] ① 浮上   ② 負傷   [   ]
[142] ① 徒勞   ② 道路   [   ]

10 다음 ( ) 안에 밑줄 친 漢字와 意味上 反對 또는 相對되는 漢字를 써 넣어 文句를 完成하시오. [143~147]

[143] 감정의 起(____)이 심하다.
[144] 왕조의 애환과 榮(____)이 서려 있는 역사의 현장
[145] 정신없이 이어지는 閑(____)의 세월.
[146] (____)雄을 決하다.
[147] 빛깔의 濃(____).

11 다음 각 漢字와 뜻이 反對 또는 相對되는 漢字를 써 넣어 2音節 漢字語를 만드시오. [148~152]

[148] 長(   )   [149] (   )捨

[150] 嫡(   )   [151] (   )橫

[152] 經(   )

12 다음 ( ) 안에 알맞은 漢字를 써 넣어 四字成語를 完成하시오.
[153~167]

[153] 左(　)右眄　　　　　　[154] 汗牛充(　)

[155] 丹(　)皓齒　　　　　　[156] 鴛鴦衾(　)

[157] (　)田碧海　　　　　　[158] 宿虎(　)鼻

[159] 隔(　)搔癢　　　　　　[160] (　)呼雀躍

[161] 泰山峻(　)　　　　　　[162] 雪泥(　)爪

[163] 蝸角之(　)　　　　　　[164] 駭怪罔(　)

[165] 千(　)一失　　　　　　[166] (　)木求魚

[167] 萬(　)改諭

13 다음 漢字의 部首를 쓰시오. [168~177]

[168] 菊　[　　　] 　　[169] 載　[　　　] 　　[170] 稗　[　　　]

[171] 賓　[　　　] 　　[172] 鳴　[　　　] 　　[173] 狩　[　　　]

[174] 聾　[　　　] 　　[175] 芳　[　　　] 　　[176] 霜　[　　　]

[177] 夜　[　　　]

14 다음 漢字語의 뜻을 간단히 풀이하시오. [178~187]

[178] 遁迹　　　　　　[　　　　　　　　　　　　]

[179] 柴奴　　　　　　[　　　　　　　　　　　　]

[180] 掃灑　　　　　　[　　　　　　　　　　　　]

[181] 瑕累　　　　　　[　　　　　　　　　　　　]

[182] 驅馳　　　　　　[　　　　　　　　　　　　]

[183] 臂膊　　　　　　[　　　　　　　　　　　　]

[184] 萌芽　　　　　　[　　　　　　　　　　　　]

[185] 屠戮　　　　　　[　　　　　　　　　　　　]

[186] 攪亂　　　　　　[　　　　　　　　　　　　]

[187] 玉璽　　　　　　[　　　　　　　　　　　　]

15 다음 밑줄 친 漢字語의 同音異義語를 漢字로 쓰시오. [188~194]

○ 기말 [188]고사 준비로 동창회 참가를 [189]고사할 수밖에 없었다.

○ 일정을 [190]변경하여 독도 [191]변경을 탐사하기로 하였다.

○ 흔해 빠진 흙그릇 [192]사기를 신라 때 [193]사기[절터]에서 나온 보물이라 속인 [194]사기꾼.

[188] [   ]   [189] [   ]   [190] [   ]

[191] [   ]   [192] [   ]   [193] [   ]

[194] [   ]

16 다음 提示된 뜻을 참조하여 (   ) 속 漢字語의 同音異義語를 漢字 [正字]로 쓰시오. [195~197]

[195] (喜笑) : 매우 드물고 적음.   [   ]

[196] (水色) : 더듬어 찾음.   [   ]

[197] (京外) : 공경하고 두려워함.   [   ]

17 다음 漢字를 널리 通用되는 略字로 쓰시오. [198~200]

[198] 寶   [   ]

[199] 舊   [   ]

[200] 黨   [   ]

제1회 실전문제

(社)한국어문회 주관·한국한자능력검정회 시행

01 다음 漢字의 讀音을 쓰시오. [1~50]

[1] 隆盛 [　　　] [2] 嚆矢 [　　　] [3] 慧眼 [　　　]

[4] 宏壯 [　　　] [5] 高敞 [　　　] [6] 耐久 [　　　]

[7] 彌勒 [　　　] [8] 鷄糞 [　　　] [9] 模樣 [　　　]

[10] 隸屬 [　　　] [11] 堯舜 [　　　] [12] 斟酌 [　　　]

[13] 兵站 [　　　] [14] 剩餘 [　　　] [15] 逼迫 [　　　]

[16] 馴致 [　　　] [17] 提携 [　　　] [18] 豪宕 [　　　]

[19] 孕胎 [　　　] [20] 琴瑟 [　　　] [21] 刺戟 [　　　]

[22] 龜裂 [　　　] [23] 隱匿 [　　　] [24] 捏造 [　　　]

[25] 螺絲 [　　　] [26] 黎明 [　　　] [27] 誣告 [　　　]

[28] 敷衍 [　　　] [29] 攝取 [　　　] [30] 凹凸 [　　　]

[31] 漲溢 [　　　] [32] 湮滅 [　　　] [33] 脊髓 [　　　]

[34] 宦官 [　　　] [35] 貶下 [　　　] [36] 東軒 [　　　]

[37] 剽竊 [　　　] [38] 鷹峰 [　　　] [39] 斡旋 [　　　]

[40] 詭詐 [　　　] [41] 島嶼 [　　　] [42] 三陟 [　　　]

[43] 標識 [　　　] [44] 渤海 [　　　] [45] 吏讀 [　　　]

[46] 鼎談 [　　　] [47] 懲戒 [　　　] [48] 芍藥 [　　　]

[49] 舞踊 [　　　] [50] 咀呪 [　　　]

02 다음 漢字의 訓과 音을 쓰시오. [51~82]

[51] 伽 [　　　]   [52] 桓 [　　　]   [53] 峴 [　　　]

[54] 錫 [　　　]   [55] 彊 [　　　]   [56] 麟 [　　　]

[57] 亮 [　　　]   [58] 謨 [　　　]   [59] 槿 [　　　]

[60] 毘 [　　　]   [61] 淳 [　　　]   [62] 傅 [　　　]

[63] 熊 [　　　]   [64] 倭 [　　　]   [65] 澈 [　　　]

[66] 峙 [　　　]   [67] 葡 [　　　]   [68] 姬 [　　　]

[69] 乞 [　　　]   [70] 翁 [　　　]   [71] 纖 [　　　]

[72] 垈 [　　　]   [73] 虐 [　　　]   [74] 唆 [　　　]

[75] 穩 [　　　]   [76] 誓 [　　　]   [77] 摩 [　　　]

[78] 燭 [　　　]   [79] 偵 [　　　]   [80] 惹 [　　　]

[81] 飜 [　　　]   [82] 弓 [　　　]

03 다음에서 밑줄 친 漢字語를 漢字로 쓰시오. [83~97]

[83] 운동을 할 때는 몸의 <u>균형</u>을 잘 유지해야 한다.   [　　　]

[84] <u>희곡</u>은 연극의 3요소 중 하나다.   [　　　]

[85] 漢字를 알아야 글의 의미를 제대로 <u>파악</u>할 수 있다.   [　　　]

[86] 붓글씨를 쓰려고 <u>연적</u>도 하나 준비했다.   [　　　]

[87] 가을은 <u>수확</u>의 계절이다.   [　　　]

[88] 사람은 10미터 높이에서 가장 큰 <u>공포</u>를 느낀다고 한다.   [　　　]

[89] <u>신장</u>을 콩팥이라고도 부른다.   [　　　]

[90] 출퇴근 시간에는 전철 시간의 <u>간격</u>이 짧아진다.   [　　　]

[91] 경찰의 <u>수사</u>가 끝나고 사건이 검찰로 넘어갔다.   [　　　]

[92] 食水源의 <u>오염</u>이 날로 심각한 상태다.   [   ]

[93] 불요불급한 예산이 많이 <u>삭감</u>되었다.   [   ]

[94] 직종간의 봉급 차이가 계속 커진다.   [   ]

[95] 요즘은 <u>민박</u>집들이 아주 高級化하였다.   [   ]

[96] 얌체란 <u>염치</u>없는 사람을 일컫는 말이 되었다.   [   ]

[97] 한라산 정상의 <u>백록담</u>이 아름답다.   [   ]

04 다음 訓과 音에 알맞은 漢字를 쓰시오. [98~122]

[98] 운 운   [   ]   [99] 벼슬 위   [   ]

[100] 공 훈   [   ]   [101] 집 헌   [   ]

[102] 뿌릴 파   [   ]   [103] 덮을 개   [   ]

[104] 겸손할 겸   [   ]   [105] 아교 교   [   ]

[106] 탐낼 탐   [   ]   [107] 추할 추   [   ]

[108] 뽑을 초   [   ]   [109] 버금 중   [   ]

[110] 모두 제   [   ]   [111] 손바닥 장   [   ]

[112] 방자할 자   [   ]   [113] 생각할 유   [   ]

[114] 기와 와   [   ]   [115] 제비 연   [   ]

[116] 싹 아   [   ]   [117] 드리울 수   [   ]

[118] 욀 송   [   ]   [119] 클 석   [   ]

[120] 부세 부   [   ]   [121] 잔 배   [   ]

[122] 그물 망   [   ]

05 다음 각항의 漢字語 중 첫소리가 長音인 것을 하나씩 가려 그 기호 ① ~ ④를 쓰시오. [123~132]

[123] ① 快活   ② 姉妹   ③ 晚餐   ④ 蒼空   [   ]

[124] ① 辨明   ② 課程   ③ 群衆   ④ 銅錢   [   ]

[125] ① 違憲   ② 滯症   ③ 次期   ④ 臥病   [   ]

[126] ① 眞實   ② 湖畔   ③ 怨望   ④ 腰痛   [   ]

[127] ① 除夜   ② 稚拙   ③ 傳統   ④ 裸體   [   ]

[128] ① 敢行   ② 寒露   ③ 榮華   ④ 哀愁   [   ]

[129] ① 修道   ② 彩色   ③ 謁見   ④ 慘事   [   ]

[130] ① 派遣   ② 毫髮   ③ 誠金   ④ 丈母   [   ]

[131] ① 經濟   ② 膽囊   ③ 餘白   ④ 淨水器   [   ]

[132] ① 壬辰年 ② 話法   ③ 訂正   ④ 葛布   [   ]

06 다음 각 漢字와 뜻이 反對 또는 相對되는 漢字를 써 넣어 單語를 完成 하시오. [133~142]

[133]   優 ↔ (   )   [134]   厚 ↔ (   )

[135]   濃 ↔ (   )   [136]   今 ↔ (   )

[137]   勤 ↔ (   )   [138]   (   ) ↔ 姪

[139]   (   ) ↔ 濁   [140]   (   ) ↔ 盾

[141]   (   ) ↔ 急   [142]   (   ) ↔ 借

07 다음 괄호 안에 알맞은 漢字를 써 넣어 成語를 完成하시오.
[143~157]

[143] 男負女(　　)   [144] 七顚八(　　)

[145] 虛心坦(　　)   [146] 換骨(　　)胎

[147] 桑田(　　)海   [148] 牽強(　　)會

[149] 賊反(　　)杖   [150] 指(　　)爲馬

[151] 過(　　)不及   [152] 三(　　)草廬

[153] 切(　　)腐心   [154] (　　)忍自重

[155] (　　)世誣民   [156] (　　)本塞源

[157] (　　)風弄月

08 다음 漢字의 部首를 쓰시오. [158~167]

[158] 卦 [　　]   [159] 常 [　　]   [160] 黃 [　　]

[161] 裏 [　　]   [162] 恕 [　　]   [163] 稟 [　　]

[164] 閑 [　　]   [165] 突 [　　]   [166] 翰 [　　]

[167] 斑 [　　]

09 다음 각 漢字와 訓이 같은 漢字를 써 넣어 單語를 完成하시오.
[168~177]

[168] 燦－(　　)   [169] 洗－(　　)

[170] 逮－(　　)   [171] 慙－(　　)

[172] 遙－(　　)   [173] (　　)－得

[174] (　　)－旨   [175] (　　)－托

[176] (　　)－置   [177] (　　)－賣

10 다음 漢字語의 同音異義語를 하나씩 쓰되 제시한 뜻에 맞도록 하시오. [178~187]

[178] 塗裝 － (   ) :   무예를 닦는 곳

[179] 遷延 － (   ) :   자연 그대로임

[180] 具象 － (   ) :   보상을 청구함

[181] 代謝 － (   ) :   배우가 무대에서 외는 말

[182] 返信 － (   ) :   반역한 신하

[183] 油袴 － (   ) :   죽은 이가 남긴 원고

[184] 瓷器 － (   ) :   자석이 끌어당기는 기운

[185] 旌善 － (   ) :   잘 골라 뽑음

[186] 方面 － (   ) :   얽매인 상태에서 놓아 줌

[187] 釣船 － (   ) :   우리나라 이름 중 하나

11 다음 漢字語의 뜻을 간단히 쓰시오. [188~197]

[188] 捺印 [   ]   [189] 旱魃 [   ]

[190] 柴扉 [   ]   [191] 咫尺 [   ]

[192] 涕淚 [   ]   [193] 佩物 [   ]

[194] 鵲巢 [   ]   [195] 沃畓 [   ]

[196] 潰滅 [   ]   [197] 蔑視 [   ]

12 다음 漢字의 略字를 쓰시오. [198~200]

[198] 蠶 [   ]   [199] 龍 [   ]   [200] 蠻 [   ]

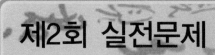 

제2회 실전문제

㈜한국어문회 주관·한국한자능력검정회 시행

01 다음 漢字語의 讀音을 쓰시오. [1~50]

[1] 膨脹 [　　　]   [2] 撒布 [　　　]   [3] 憔悴 [　　　]

[4] 歆饗 [　　　]   [5] 撲殺 [　　　]   [6] 攪亂 [　　　]

[7] 雇傭 [　　　]   [8] 篆刻 [　　　]   [9] 褒貶 [　　　]

[10] 欣快 [　　　]   [11] 蔚山 [　　　]   [12] 結紐 [　　　]

[13] 喧騷 [　　　]   [14] 熊津 [　　　]   [15] 勅令 [　　　]

[16] 蟄居 [　　　]   [17] 容喙 [　　　]   [18] 膾炙 [　　　]

[19] 島嶼 [　　　]   [20] 充溢 [　　　]   [21] 脆弱 [　　　]

[22] 奢侈 [　　　]   [23] 未洽 [　　　]   [24] 天秤 [　　　]

[25] 猜忌 [　　　]   [26] 攄得 [　　　]   [27] 涕泣 [　　　]

[28] 馴致 [　　　]   [29] 羈絆 [　　　]   [30] 殲滅 [　　　]

[31] 囹圄 [　　　]   [32] 痕迹 [　　　]   [33] 剽竊 [　　　]

[34] 狂暴 [　　　]   [35] 犧牲 [　　　]   [36] 陛下 [　　　]

[37] 失墜 [　　　]   [38] 沛澤 [　　　]   [39] 儺禮 [　　　]

[40] 弛緩 [　　　]   [41] 潑剌 [　　　]   [42] 登攀 [　　　]

[43] 魅了 [　　　]   [44] 賭博 [　　　]   [45] 宏壯 [　　　]

[46] 耽羅 [　　　]   [47] 渤海 [　　　]   [48] 旌善 [　　　]

[49] 波濤 [　　　]   [50] 胡蝶 [　　　]

02 다음 漢字의 訓과 音을 쓰시오. [51~82]

[51] 彊 [　　] 　 [52] 煥 [　　] 　 [53] 赫 [　　]

[54] 峙 [　　] 　 [55] 勳 [　　] 　 [56] 紡 [　　]

[57] 侮 [　　] 　 [58] 療 [　　] 　 [59] 拉 [　　]

[60] 託 [　　] 　 [61] 塵 [　　] 　 [62] 握 [　　]

[63] 倂 [　　] 　 [64] 朔 [　　] 　 [65] 厭 [　　]

[66] 諮 [　　] 　 [67] 塗 [　　] 　 [68] 譜 [　　]

[69] 殿 [　　] 　 [70] 棋 [　　] 　 [71] 亮 [　　]

[72] 旺 [　　] 　 [73] 焦 [　　] 　 [74] 灘 [　　]

[75] 葡 [　　] 　 [76] 賠 [　　] 　 [77] 鷹 [　　]

[78] 槿 [　　] 　 [79] 址 [　　] 　 [80] 釜 [　　]

[81] 巢 [　　] 　 [82] 艾 [　　]

03 다음에서 밑줄 친 漢字語를 漢字로 쓰시오. [83~97]

[83] 골짜기에 임시로 다리를 가설하였다.　　　　　　　[　　]

[84] 파견군이 모두 무사히 귀환하였다.　　　　　　　　[　　]

[85] 열대 지방에는 파종하는 시기가 따로 없다.　　　　[　　]

[86] 길몽을 꾸었으니 우선 복권을 사야겠다.　　　　　[　　]

[87] 중국집 배달원이 특강의 강사로 초빙되었다.　　　[　　]

[88] 어렸을 때 영양분을 골고루 섭취하는 것이 중요하다.　[　　]

[89] 붓 가는 대로 쓰는 글을 수필이라고 한다.　　　　[　　]

[90] 중국에는 아직 신앙의 자유가 없다.　　　　　　　[　　]

[91] 市內의 어떤 구간은 온 종일 차량의 정체가 심하다.　[　　]

[92] 필리핀에서 인기 있는 스포츠는 <u>농구</u>다. [   ]

[93] 합성섬유로 된 옷은 <u>세탁</u>이 편하다. [   ]

[94] 같은 말이라도 <u>상황</u>에 따라 그 의미가 다를 수 있다. [   ]

[95] <u>헌혈</u>은 건강에도 도움이 된다고 한다. [   ]

[96] 近年에 한라산 <u>백록담</u>이 많이 훼손되었다. [   ]

[97] 新羅시대 고승 <u>원효</u>의 俗姓은 薛氏이다. [   ]

04 다음 訓과 音에 맞는 漢字를 쓰시오. [98~122]

[98] 상서 서   [   ]   [99] 자석 자   [   ]

[100] 오직 유   [   ]   [101] 빌 걸   [   ]

[102] 계집 희   [   ]   [103] 집 주   [   ]

[104] 재상 재   [   ]   [105] 담 장   [   ]

[106] 맡길 예   [   ]   [107] 나 여   [   ]

[108] 모름지기 수   [   ]   [109] 세놓을 세   [   ]

[110] 벗 붕   [   ]   [111] 배우 배   [   ]

[112] 묻을 매   [   ]   [113] 못할 렬   [   ]

[114] 돼지 돈   [   ]   [115] 안방 규   [   ]

[116] 거칠 황   [   ]   [117] 사이뜰 격   [   ]

[118] 줄기 간   [   ]   [119] 마를 고   [   ]

[120] 오줌 뇨   [   ]   [121] 눈썹 미   [   ]

[122] 수풀 삼   [   ]

05 다음 각항의 漢字語 중 첫소리가 長音인 것을 하나씩 가려 그 번호를 쓰시오. [123~132]

[123] ① 贈與　② 俊傑　③ 加勢　④ 娘子　　　[　　　]

[124] ① 魔鬼　② 寢上　③ 垈地　④ 蘭草　　　[　　　]

[125] ① 蠻族　② 餘裕　③ 珠玉　④ 敬恭　　　[　　　]

[126] ① 漫談　② 除外　③ 香水　④ 誠金　　　[　　　]

[127] ① 修飾　② 樓閣　③ 肥滿　④ 韻律　　　[　　　]

[128] ① 妨害　② 純粹　③ 施賞　④ 皆旣　　　[　　　]

[129] ① 禪僧　② 簿記　③ 謀議　④ 緣分　　　[　　　]

[130] ① 奴婢　② 傾向　③ 舞踊　④ 勞賃　　　[　　　]

[131] ① 違憲　② 慈悲　③ 丘陵　④ 悔恨　　　[　　　]

[132] ① 但書　② 看板　③ 微笑　④ 幻影　　　[　　　]

06 다음 각 漢字와 뜻이 反對 또는 相對되는 漢字를 써 넣어 單語를 完成 하시오. [133~142]

[133] 尊 ↔ (　　　)　　　　　[134] 厚 ↔ (　　　)

[135] 縱 ↔ (　　　)　　　　　[136] 愛 ↔ (　　　)

[137] 貴 ↔ (　　　)　　　　　[138] (　　　) ↔ 坤

[139] (　　　) ↔ 借　　　　　[140] (　　　) ↔ 益

[141] (　　　) ↔ 歡　　　　　[142] (　　　) ↔ 姪

07 다음 괄호 안에 알맞은 漢字를 써 넣어 成語를 完成하시오.
[143~157]

[143] 主客顚(   )   [144] 靑出於(   )

[145] 坦坦大(   )   [146] 寤寐不(   )

[147] 鶴首(   )待   [148] 切磋(   )磨

[149] 袖手(   )觀   [150] 後生(   )畏

[151] 附(   )雷同   [152] 換(   )奪胎

[153] 魂(   )魄散   [154] 苛(   )誅求

[155] (   )言蜚語   [156] (   )本塞源

[157] (   )羞盛饌

08 다음 漢字의 部首를 쓰시오. [158~167]

[158] 圈 [   ]   [159] 裏 [   ]   [160] 割 [   ]

[161] 毫 [   ]   [162] 染 [   ]   [163] 蓋 [   ]

[164] 閃 [   ]   [165] 譽 [   ]   [166] 點 [   ]

[167] 衛 [   ]

09 다음 각 漢字와 訓이 같은 漢字를 써 넣어 單語를 完成하시오.
[168~177]

[168] 解−(   )   [169] 纖−(   )

[170] 飢−(   )   [171] 跳−(   )

[172] 閱−(   )   [173] (   )−索

[174] (   )−詠   [175] (   )−謂

[176] (   )−置   [177] (   )−倣

10 다음 漢字語의 同音異義語를 하나씩 쓰되 제시한 뜻에 맞도록 하시오.
[178~187]

[178] 矯正 — (   ) :   책의 잘못된 곳을 고쳐 바로잡음

[179] 斜陽 — (   ) :   겸손하여 받지 않거나 응하지 않음

[180] 扶養 — (   ) :   떠오름

[181] 鑑札 — (   ) :   감시하여 살핌

[182] 詛嚼 — (   ) :   책을 씀

[183] 憂愁 — (   ) :   특별히 빼어남

[184] 邪氣 — (   ) :   남을 속임

[185] 磬聲 — (   ) :   단단한 성질

[186] 救贖 — (   ) :   마음대로 못하게 얽어맴

[187] 齋壇 — (   ) :   마름질

11 다음 漢字語의 뜻을 간단히 쓰시오. [188~197]

[188] 羨望 [   ]   [189] 移秧 [   ]

[190] 慙愧 [   ]   [191] 狩獵 [   ]

[192] 哨兵 [   ]   [193] 諧謔 [   ]

[194] 腎臟 [   ]   [195] 膽汁 [   ]

[196] 喫煙 [   ]   [197] 樵夫 [   ]

12 다음 漢字의 略字를 쓰시오. [198~200]

[198] 灣 [   ]   [199] 稱 [   ]   [200] 貳 [   ]

제102회 답안지

■ 사단법인 한국어문회·한국한자능력검정회   2023. 08. 26. (토)   １０１ ■

수험번호 □□□-□□-□□□□   성명 □□□□□

생년월일 □□□□□□   ※ 유성 싸인펜, 붉은색 필기구 사용 불가.

※ 답안지는 컴퓨터로 처리되므로 구기거나 더럽히지 마시고, 정답 칸 안에만 쓰십시오.
글씨가 채점란으로 들어오면 오답처리가 됩니다.

제102회 전국한자능력검정시험 1급[국가공인] 답안지(1)

번호	정답	채점란	번호	정답	채점란	번호	정답	채점란
1	궁핍		31	비방		61	가마 련	
2	핍박		32	옹체		62	황달 달	
3	모멸		33	등반		63	문서 첩	
4	야유		34	빙자		64	여쭐 품	
5	저주		35	굴착		65	굴레 기	
6	간특		36	사치		66	누를 날	
7	교활		37	영아		67	돌무더기 뢰	
8	한발		38	비박		68	빗 즐	
9	여액		39	맹아		69	꾸짖을 힐	
10	여염		40	괴팍(퍅)		70	물소리 팽	
11	태풍		41	융단		71	샘낼 투	
12	촌탁		42	해학		72	씨름 저	
13	준설		43	몌별		73	언덕 애	
14	부연		44	황송		74	섶 시	
15	선명성		45	창일		75	하품 흠	
16	가혹		46	효시		76	이를 숙	
17	냉엄		47	아첨		77	조약돌 력	
18	치매		48	지탱		78	서까래 연	
19	수척		49	조우		79	저울 칭	
20	방황		50	열반		80	송곳 추	
21	참칭		51	어려울 간		81	뛸 용	
22	조칙		52	기러기 안		82	감질 감	
23	도서		53	불탄끝 신		83	固執	
24	조짐		54	아지랑이 애		84	普遍	
25	척출		55	안장 안		85	妥當	
26	누추		56	함정 정		86	修繕	
27	기근		57	무리 휘		87	憂鬱症	
28	옹서		58	겨 강		88	葛藤	
29	오매		59	쾌할 령		89	歪曲	
30	잉태		60	막힐 질		90	蠻行	

감독위원		채점위원(1)		
(서명)		(득점)	(서명)	※뒷면으로 이어짐

※ 본 답안지는 컴퓨터로 처리되므로 구겨지거나 더럽혀지지 않도록 조심하시고 글씨를 칸 안에 또박또박 쓰십시오.

제102회 전국한자능력검정시험 1급[국가공인] 답안지(2)

번호	정답	채점란	번호	정답	채점란	번호	정답	채점란
91	墨池		128	忌		165	鴻	
92	筆硯		129	薄		166	爭	
93	悅樂		130	骨		167	就	
94	沙漠(砂漠)		131	抛		168	夕	
95	零落		132	嫌		169	巾	
96	腐敗		133	②		170	歹	
97	裝飾		134	①		171	足	
98	千紫		135	①		172	頁	
99	萬紅		136	②		173	鳥	
100	引導		137	②		174	佳	
101	累積		138	②		175	雨	
102	倒産		139	①		176	犬	
103	籠球		140	②		177	目	
104	制霸(覇)		141	①		178	지난해 섣달	
105	吸煙		142	①		179	즙을 짜낸 찌꺼기	
106	喉頭癌		143	遠		180	임금이 가장 믿는 신하	
107	誘發		144	銳		181	대표적인 폭군	
108	偏頗		145	怠		182	세월	
109	視聽者		146	尾		183	매우 쉬움	
110	沮害		147	賤		184	가장 뛰어난 부분	
111	茂盛		148	橫		185	잡아 가둠	
112	純潔		149	雅		186	기능	
113	焦眉		150	憎		187	잘 달리는 우수한 말	
114	篤實		151	添		188	救濟	
115	藍碧		152	吐		189	驅除	
116	蒙塵		153	嶺		190	搜索	
117	漂流		154	精		191	愁色	
118	欺罔		155	仰		192	變更	
119	瑞氣		156	歡		193	邊境	
120	蛇足		157	爐		194	謀事	
121	米壽		158	恥		195	模寫	
122	閥族(閥閱)		159	脣		196	有志	
123	墳		160	剛		197	維持	
124	祀		161	虎		198	觸	
125	舶		162	辨		199	転	
126	糧		163	拔		200	蚕	
127	絡		164	涼				

제103회 답안지

수험번호 □□□-□□-□□□□　　　　　　　　성명 □□□□□

생년월일 □□□□□□□　　　　　　※ 유성 싸인펜, 붉은색 필기구 사용 불가.

※ 답안지는 컴퓨터로 처리되므로 구기거나 더럽히지 마시고, 정답 칸 안에만 쓰십시오.
　글씨가 채점란으로 들어오면 오답처리가 됩니다.

제103회 전국한자능력검정시험 1급[국가공인] 답안지(1)

번호	정답	채점란	번호	정답	채점란	번호	정답	채점란
1	소찬		31	종양		61	늦을 안	
2	요기		32	도서		62	물이름 회	
3	곡류		33	계수		63	황홀할 홀	
4	섬유소		34	징비		64	빠를 신	
5	당뇨		35	시호		65	무릎 슬	
6	흉통		36	부연		66	공경할 건	
7	자심		37	한발		67	숫돌 려	
8	석탄		38	수척		68	논박할 박	
9	채굴		39	촌탁		69	즐거울 유	
10	연찬		40	기린		70	밝힐 천	
11	정진		41	울적		71	기울 즙	
12	성심		42	효시		72	필 필	
13	궁벽		43	능학		73	바랠(퇴색) 퇴	
14	은거		44	연적		74	네거리 구	
15	안온		45	신랄		75	물이름 문	
16	유구		46	형극		76	외람할 외	
17	옹졸		47	비구		77	숨찰 천	
18	세기		48	여염		78	여쭐 품	
19	용렬		49	준설		79	탈 탑	
20	검박		50	흔적		80	저울 칭	
21	섬멸		51	백반 반		81	달밝을 교	
22	요람		52	불탄끝 신		82	죽을 몰	
23	간특		53	홀아비 환		83	連綿	
24	패검		54	절인물고기 포		84	確認	
25	빙자		55	갚을 수		85	無條件	
26	조짐		56	생강 강		86	排斥	
27	탱천		57	모기 문		87	省察	
28	교활		58	다 실		88	契機	
29	답지		59	소매 메		89	調和	
30	이질		60	귤 귤		90	微細	

감독위원	채점위원(1)	
(서명)	(득점)	(서명)

※뒷면으로 이어짐

※ 본 답안지는 컴퓨터로 처리되므로 구겨지거나 더럽혀지지 않도록 조심하시고 글씨를 칸 안에 또박또박 쓰십시오.

제103회 전국한자능력검정시험 1급[국가공인] 답안지(2)

번호	정답	채점란	번호	정답	채점란	번호	정답	채점란
91	辨別		128	募		165	拔	
92	智慧		129	愼		166	罰	
93	候補		130	忌		167	膽	
94	支持		131	弱		168	山	
95	棄權		132	但		169	广	
96	皮膚		133	①		170	彳	
97	栽培		134	①		171	子	
98	激減		135	②		172	刀(刂)	
99	價格		136	②		173	夕	
100	暴騰		137	②		174	衣	
101	緊迫		138	②		175	攵	
102	狀況		139	①		176	犭(犬)	
103	沈着		140	①		177	罒(网)	
104	環境		141	②		178	방탕하여 절제가 없음	
105	汚染		142	①		179	술과 담배	
106	災殃		143	縱		180	학식이 뛰어난 사람	
107	鼓舞		144	尾		181	임금이 가장 믿는 신하	
108	奮發		145	吸		182	임금의 사위	
109	秩序		146	送		183	지게미와 쌀겨. 매우 구차함	
110	企業		147	賤		184	쓸데없는 군걱정	
111	創意		148	靜		185	강경하게 간함	
112	尊重		149	開		186	가장 뛰어난 부분	
113	蒙塵		150	捨		187	아주 가까운 거리	
114	恐怖		151	叔		188	救助	
115	酷暑		152	淡		189	構造	
116	獻血		153	衝		190	配偶	
117	窒息		154	顧		191	俳優	
118	拘禁		155	狗		192	道場	
119	凍傷		156	鶴		193	塗裝	
120	投射		157	矯		194	考査	
121	艦艇		158	弊		195	固辭	
122	謀議		159	枕		196	賜宴	
123	引		160	亂		197	事緣	
124	伐		161	桑		198	礼	
125	尖		162	識		199	宝	
126	傲		163	叫		200	団	
127	酌		164	珍				

제104회 답안지

■ 사단법인 한국어문화·한국한자능력검정회　　2024. 02. 24. (토)　　1 0 1　■

수험번호 □□□-□□-□□□□　　　　　성명 □□□□□

생년월일 □□□□□□　　　　※ 유성 싸인펜, 붉은색 필기구 사용 불가.

※ 답안지는 컴퓨터로 처리되므로 구기거나 더럽히지 마시고, 정답 칸 안에만 쓰십시오.
글씨가 채점란으로 들어오면 오답처리가 됩니다.

제104회 전국한자능력검정시험 1급[국가공인] 답안지(1)

번호	정답	채점란	번호	정답	채점란	번호	정답	채점란
1	옹색		31	휼고		61	드물 한	
2	한랭		32	함담		62	비웃을 치	
3	건즐		33	교활		63	죽을 폐	
4	궤안		34	무양		64	꾸물거릴 준	
5	옹기		35	옥새		65	뱀장어 만	
6	하상		36	신랄		66	이랑 무(묘)	
7	흠모		37	조짐		67	밭두둑 반	
8	나락		38	간특		68	산중 산	
9	사거		39	수척		69	턱 악	
10	빙자		40	비구		70	뿌릴 쇄	
11	만장		41	한발		71	너그러울 작	
12	개전		42	시호		72	나부낄 표	
13	도주		43	형극		73	이끼 태	
14	우려		44	준설		74	연할 취	
15	폐허		45	치매		75	개천 거	
16	흉흉		46	흔쾌		76	가래 담	
17	심오		47	낙타		77	검을 려	
18	하자		48	포승		78	시기할 시	
19	뇌연화증		49	양갱		79	막힐 옹	
20	질환		50	사치		80	낮출 폄	
21	괴팍		51	날 상		81	생강 강	
22	효시		52	뗏목 벌		82	아이밸 잉	
23	지탱		53	화목할 목		83	菜蔬	
24	은온		54	찰 름		84	攝取	
25	맹아		55	갈색(굵은 베) 갈		85	弄談	
26	융단		56	참담할 담		86	極少數	
27	정예		57	검은 말 려(리)		87	潤滑油	
28	박전		58	바다 명		88	沙(砂)漠	
29	상환		59	흡사할 흡		89	乾燥	
30	인륜		60	기침 해		90	殺伐	

감독위원	채점위원(1)	
(서명)	(득점)　(서명)	※뒷면으로 이어짐

※ 본 답안지는 컴퓨터로 처리되므로 구겨지거나 더렵혀지지 않도록 조심하시고 글씨를 칸 안에 또박또박 쓰십시오.

제104회 전국한자능력검정시험 1급[국가공인] 답안지(2)

번호	정답	채점란	번호	정답	채점란	번호	정답	채점란
91	餘裕		128	惑		165	靴	
92	環境		129	緩		166	阿	
93	汚染		130	波		167	模	
94	災殃		131	到		168	月(肉)	
95	偏頗		132	隱		169	貝	
96	視聽者		133	②		170	皿	
97	判斷		134	②		171	刀(刂)	
98	沮害		135	①		172	彳	
99	均衡		136	①		173	广	
100	所得		137	①		174	巾	
101	分配		138	①		175	夕	
102	維持		139	②		176	衣(衤)	
103	濫用		140	②		177	手(扌)	
104	防止		141	②		178	즙을 짜내고 남은 찌꺼기	
105	調整		142	①		179	지게미와 쌀겨. 변변치 못한 음식	
106	政治		143	浮		180	범죄자를 가두는 곳	
107	理想		144	縮		181	짙은 안개	
108	尊敬		145	添		182	굶주림	
109	偶像		146	靜		183	눈동자	
110	運命		147	悲		184	잠자며 꿈을 꿈	
111	微力		148	親		185	학식이 남달리 뛰어난 사람	
112	發展		149	庶		186	임금의 사위	
113	酷暑		150	怠		187	임금이 가장 신임하는 중신	
114	傲慢		151	暗		188	專制	
115	謀議		152	銳		189	前提	
116	恐懼		153	丹/朱		190	救濟	
117	埋沒		154	棟		191	驅除	
118	瑞氣		155	鳴		192	道場	
119	推薦		156	廟		193	塗裝	
120	叛徒		157	顧		194	著作	
121	恕免		158	坑		195	課長	
122	密封		159	粟		196	誇張	
123	賣		160	飽		197	草露	
124	脈		161	暮		198	辺	
125	憩		162	膽		199	灵	
126	枯		163	弊(敝)		200	塩	
127	跡(迹)		164	珍				

■ 사단법인 한국어문회·한국한자능력검정회　2024. 05. 25. (토)　1 0 1　■

| 수험번호 | □□□-□□-□□□□ | 성명 | □□□□□ |

생년월일 □□□□□□ ※ 유성 싸인펜, 붉은색 필기구 사용 불가.

※ 답안지는 컴퓨터로 처리되므로 구기거나 더럽히지 마시고, 정답 칸 안에만 쓰십시오.
글씨가 채점란으로 들어오면 오답처리가 됩니다.

제105회 전국한자능력검정시험 1급[국가공인] 답안지(1)

번호	정답	채점란	번호	정답	채점란	번호	정답	채점란
1	참칭		31	건즐		61	비단 기	
2	조칙		32	속박		62	울릴/수레소리 굉	
3	개전		33	거재		63	이를 예	
4	분기		34	무격		64	부러워할 선/무덤길 연	
5	탱천		35	잉태		65	꾸짖을 매	
6	굴착		36	읍양		66	까치 작	
7	살포		37	저작		67	클 비	
8	화사		38	엄매		68	암초 초	
9	농염		39	야유		69	지껄일 훤	
10	치장		40	수척		70	불탄끝 신	
11	겸손		41	개선		71	파리할 췌	
12	검약		42	치매		72	마을 려	
13	저주		43	도서		73	나약할 나	
14	기원		44	황송		74	삽살개 방	
15	축복		45	보루		75	손톱 조	
16	비결		46	형극		76	노끈 승	
17	기구		47	괴팍/괴퍅		77	단술 례	
18	감당		48	열반		78	아름다울 휴	
19	시련		49	유린		79	볼기칠 태	
20	돈독		50	한발		80	대궐섬돌 폐	
21	조강		51	골짜기 협		81	씌울 투	
22	교활		52	가게 전		82	고질 고	
23	해금		53	여울 탄		83	③	
24	제언		54	끊을 절		84	②	
25	굴병		55	함께 해		85	①	
26	미령		56	터질 탄		86	③	
27	패부		57	눈물 체		87	③	
28	신랄		58	막힐 조		88	謀陷	
29	창진		59	넘칠 창		89	愚鈍	
30	발효		60	뻗칠 긍/베풀 선		90	嫌惡	

감독위원	채점위원(1)	
(서명)	(득점)　(서명)	※뒷면으로 이어짐

※ 본 답안지는 컴퓨터로 처리되므로 구겨지거나 더럽혀지지 않도록 조심하시고 글씨를 칸 안에 또박또박 쓰십시오.

제105회 전국한자능력검정시험 1급[국가공인] 답안지(2)

번호	정답	채점란	번호	정답	채점란	번호	정답	채점란
91	均衡		128	豪		165	廬	
92	所得		129	飾		166	緣	
93	分配		130	吐		167	端	
94	維持		131	投		168	艸	
95	防止		132	愧		169	車	
96	規制		133	②		170	禾	
97	調整		134	①		171	貝	
98	吏讀		135	②		172	鳥	
99	鄕札		136	①		173	犬	
100	借字表記法		137	②		174	耳	
101	影響		138	②		175	艸	
102	系譜		139	①		176	雨	
103	量産		140	①		177	夕	
104	網羅		141	②		178	종적을 감춤	
105	魅惑的		142	②		179	땔나무 하는 머슴	
106	肩章		143	伏		180	먼지를 쓸고 물을 뿌림. 청소	
107	巡廻		144	辱		181	흠. 하자	
108	鐵筋		145	忙		182	빨리 달림	
109	骨組		146	雌		183	팔과 어깨	
110	崩壞		147	淡		184	식물에 새로 트는 싹	
111	危險		148	短(幼)		185	모두 무찔러 죽임	
112	融合		149	取		186	뒤흔들어 어지럽게 함	
113	葬祭		150	庶		187	임금의 인장	
114	蒙塵		151	縱		188	考查	
115	艦艇		152	緯		189	固辭	
116	恐怖		153	顧		190	變更	
117	漂流		154	棟		191	邊境	
118	密封		155	脣		192	沙器(砂器)	
119	蛇足		156	枕		193	寺基	
120	腐儒		157	桑		194	詐欺	
121	幣聘		158	衝		195	稀少	
122	仙翁		159	靴		196	搜索	
123	絡		160	歡		197	敬畏	
124	討		161	嶺		198	宝	
125	酌		162	鴻		199	旧	
126	茂		163	爭		200	党	
127	桐		164	測				

제1회 실전문제 답안지

수험번호 □□□ - □□ - □□□□　　　　　성명 □□□□□
생년월일 □□□□□□　　　　※ 유성 싸인펜, 붉은색 필기구 사용 불가.

※ 답안지는 컴퓨터로 처리되므로 구기거나 더럽히지 마시고, 정답 칸 안에만 쓰십시오.
글씨가 채점란으로 들어오면 오답처리가 됩니다.

제1회 전국한자능력검정시험 1급 실전답안지(1)

번호	정답	채점란	번호	정답	채점란	번호	정답	채점란
1	융성		31	창일		61	순박할 순	
2	효시		32	인멸		62	스승 부	
3	혜안		33	척수		63	곰 웅	
4	굉장		34	환관		64	왜나라 왜	
5	고창		35	폄하		65	맑을 철	
6	내구		36	동헌		66	언덕 치	
7	미륵		37	표절		67	포도 포	
8	계분		38	응봉		68	계집 희	
9	모양		39	알선		69	빌 걸	
10	예속		40	궤사		70	늙은이 옹	
11	요순		41	도서		71	가늘 섬	
12	짐작		42	삼척		72	집터 대	
13	병참		43	표지		73	모질 학	
14	잉여		44	발해		74	부추길 사	
15	핍박		45	이두		75	편안할 온	
16	순치		46	정담		76	맹세할 서	
17	제휴		47	징계		77	문지를 마	
18	호탕		48	작약		78	촛불 촉	
19	잉태		49	무용		79	염탐할 정	
20	금슬		50	저주		80	이끌 야	
21	자극		51	절 가		81	번역할 번	
22	균열		52	굳셀 환		82	활 궁	
23	은닉		53	고개 현		83	均衡	
24	날조		54	주석 석		84	戲曲	
25	나사		55	굳셀 강		85	把握	
26	여명		56	기린 린		86	硯滴	
27	무고		57	밝을 량		87	收穫	
28	부연		58	꾀 모		88	恐怖	
29	섭취		59	무궁화 근		89	腎臟	
30	요철		60	도울 비		90	間隔	

감독위원	채점위원(1)	
(서명)	(득점)	(서명)

※뒷면으로 이어짐

※ 본 답안지는 컴퓨터로 처리되므로 구겨지거나 더렵혀지지 않도록 조심하시고 글씨를 칸 안에 또박또박 쓰십시오.

제1회 전국한자능력검정시험 1급 실전답안지(2)

번호	정답	1검	2검	번호	정답	1검	2검	번호	정답	1검	2검
91	搜査			128	①			165	穴		
92	汚染			129	②			166	羽		
93	削減			130	④			167	文		
94	俸給			131	②			168	爛		
95	民泊			132	①			169	濯		
96	廉恥			133	劣			170	捕		
97	白鹿潭			134	薄			171	愧		
98	韻			135	淡			172	遠		
99	尉			136	昔			173	獲		
100	勳			137	怠			174	趣		
101	軒			138	叔			175	委		
102	播			139	淸			176	措		
103	蓋			140	矛			177	販		
104	謙			141	緩			178	道場		
105	膠			142	貸			179	天然		
106	貪			143	戴			180	求償		
107	醜			144	起			181	臺詞		
108	抄			145	懷			182	叛臣		
109	仲			146	奪			183	遺稿		
110	諸			147	碧			184	磁氣		
111	掌			148	附			185	精選		
112	恣			149	荷			186	放免		
113	惟			150	鹿			187	朝鮮		
114	瓦			151	猶			188	도장 찍음		
115	燕			152	顧			189	가뭄, 가물음, 가뭄의 신		
116	芽			153	齒			190	사립문		
117	垂			154	隱			191	(아주) 가까운 거리		
118	誦			155	惑			192	눈물 흘림, 흐르는 눈물		
119	碩			156	拔			193	노리개, 몸에 차는 장식물		
120	賦			157	吟			194	까치집		
121	杯			158	卜			195	기름진 논		
122	網			159	巾			196	무너져 망함		
123	③			160	黃			197	업신여김		
124	①			161	衣			198	蚕		
125	④			162	心			199	竜		
126	③			163	禾			200	蛮		
127	④			164	門						

부록 II

■ 사단법인 한국어문회·한국한자능력검정회   ⬜0⬜1⬜ ■

수험번호 ⬜⬜⬜ – ⬜⬜ – ⬜⬜⬜⬜   성명 ⬜⬜⬜⬜⬜
생년월일 ⬜⬜⬜⬜⬜⬜   ※ 유성 싸인펜, 붉은색 필기구 사용 불가.

※ 답안지는 컴퓨터로 처리되므로 구기거나 더럽히지 마시고, 정답 칸 안에만 쓰십시오.
   글씨가 채점란으로 들어오면 오답처리가 됩니다.

제2회 전국한자능력검정시험 1급 실전답안지(1)

번호	정답	채점란	번호	정답	채점란	번호	정답	채점란
1	팽창		31	영어		61	티끌 진	
2	살포		32	흔적		62	쥘 악	
3	초췌		33	표절		63	아우를 병	
4	흠향		34	광포		64	초하루 삭	
5	박살		35	희생		65	싫어할 염	
6	교란		36	폐하		66	물을 자	
7	고용		37	실추		67	칠할 도	
8	전각		38	패택		68	족보 보	
9	포폄		39	나례		69	전각 전	
10	흔쾌		40	이완		70	바둑 기	
11	울산		41	발랄		71	밝을 량	
12	결뉴		42	등반		72	왕성할 왕	
13	흰소		43	매료		73	탈 초	
14	웅진		44	도박		74	여울 탄	
15	칙령		45	굉장		75	포도 포	
16	칩거		46	탐라		76	물어줄 배	
17	용훼		47	발해		77	매 응	
18	회자		48	정선		78	무궁화 근	
19	도서		49	파도		79	터 지	
20	충일		50	호접		80	가마 부, 솥 부	
21	취약		51	굳셀 강		81	새집 소	
22	사치		52	빛날 환		82	쑥 애	
23	미흡		53	빛날 혁		83	架設	
24	천칭		54	언덕 치		84	歸還	
25	시기		55	공 훈		85	播種	
26	터득		56	길쌈 방		86	吉夢	
27	체읍		57	업신여길 모		87	招聘	
28	순치		58	병고칠 료		88	攝取	
29	기반		59	끌 랍		89	隨筆	
30	섬멸		60	부탁할 탁		90	信仰	

감독위원	채점위원(1)		※뒷면으로 이어짐
(서명)	(득점)	(서명)	

※ 본 답안지는 컴퓨터로 처리되므로 구겨지거나 더렵혀지지 않도록 조심하시고 글씨를 칸 안에 또박또박 쓰십시오.

제2회 전국한자능력검정시험 1급 실전답안지(2)

번호	정답	1검	2검	번호	정답	1검	2검	번호	정답	1검	2검
91	停滯			128	③			165	言		
92	籠球			129	②			166	黑		
93	洗濯			130	③			167	行		
94	狀況			131	④			168	釋		
95	獻血			132	①			169	細		
96	白鹿潭			133	卑			170	餓(饉)		
97	元曉			134	薄			171	躍		
98	瑞			135	橫			172	覽		
99	磁			136	憎			173	搜		
100	唯			137	賤			174	吟		
101	乞			138	乾			175	云		
102	姬			139	貸			176	措		
103	宙			140	損			177	模		
104	宰			141	哀			178	校訂		
105	墻			142	叔			179	辭讓		
106	預			143	倒			180	浮揚		
107	予			144	藍			181	監察		
108	須			145	路			182	著作		
109	貰			146	忘			183	優秀		
110	朋			147	苦			184	詐欺		
111	俳			148	琢			185	硬性		
112	埋			149	傍			186	拘束		
113	劣			150	可			187	裁斷		
114	豚			151	和			188	부러워함		
115	閨			152	骨			189	모내기, 모심기		
116	荒			153	飛			190	부끄러움, 부끄러워함		
117	隔			154	斂			191	사냥		
118	幹			155	流			192	망보는 병사		
119	枯			156	拔			193	익살, 익살스러운 농담, 유머		
120	尿			157	珍			194	콩팥		
121	眉			158	口			195	쓸개즙		
122	森			159	衣(衤)			196	담배피움		
123	②			160	刀(刂)			197	나무꾼		
124	②			161	毛			198	灣		
125	④			162	木			199	称		
126	①			163	++(艸)			200	弌		
127	④			164	門						

부록 Ⅱ

漢字
한자능력검정시험

저자	남기탁(南基卓)
약력	한국어문교육연구회 편찬위원장
	사단법인 한국어문회 이사
	한국한자능력검정회 부회장
	강원대학교 인문대학 국어국문학과 교수

한자능력검정시험 1급

초판발행 | 2004년 3월 20일
19판발행 | 2025년 3월 10일

발 행 인 | 한국어문교육연구회
발 행 처 | 한국어문교육연구회
주   소 | 경기도 남양주시 다산순환로 20 B동
　　　　　 3층 34호(다산현대 프리미엄캠퍼스몰)
전   화 | 1566-1400
등록번호 | 제22-1555호
I S B N | 979-11-91238-72-3　13700

정가　33,000원

공|급|처　　T. 02-332-1275, 1276 | F. 02-332-1274
푸른하늘　www.skymiru.co.kr